刘锦棠集辑校

Compilation and Proofreading of
Liu Jintang's Anthology

上 册

杜宏春 辑校

图书在版编目(CIP)数据

刘锦棠集辑校/杜宏春辑校. —北京:中华书局,2021.12
(国家社科基金后期资助项目)
ISBN 978-7-101-15450-4

Ⅰ.刘… Ⅱ.杜… Ⅲ.刘锦棠(1844~1894)-书信集
Ⅳ.K825.2

中国版本图书馆CIP数据核字(2021)第235442号

书　名	刘锦棠集辑校(全三册)
辑校者	杜宏春
丛书名	国家社科基金后期资助项目
责任编辑	杜艳茹
出版发行	中华书局 (北京市丰台区太平桥西里38号　100073) http://www.zhbc.com.cn E-mail:zhbc@zhbc.com.cn
印　　刷	北京瑞古冠中印刷厂
版　　次	2021年12月北京第1版 2021年12月北京第1次印刷
规　　格	开本/710×1000毫米　1/16 印张92　插页6　字数1450千字
国际书号	ISBN 978-7-101-15450-4
定　　价	460.00元

国家社科基金后期资助项目出版说明

后期资助项目是国家社科基金设立的一类重要项目,旨在鼓励广大社科研究者潜心治学,支持基础研究多出优秀成果。它是经过严格评审,从接近完成的科研成果中遴选立项的。为扩大后期资助项目的影响,更好地推动学术发展,促进成果转化,全国哲学社会科学工作办公室按照"统一设计、统一标识、统一版式、形成系列"的总体要求,组织出版国家社科基金后期资助项目成果。

全国哲学社会科学工作办公室

目 录

上册

前言 ·· 1
凡例 ·· 1

奏议 ·· 1

同治十二年—光绪六年 ·· 3

001. 据情代奏刘锦棠谢恩折
　　同治十二年二月初一日（1873年2月27日）············ 3
002. 代奏刘锦棠等恩赏世职谢恩折
　　光绪二年十月二十一日（1876年12月6日）············ 4
003. 代奏刘锦棠等赏花翎谢恩折
　　光绪三年八月初六日（1877年9月12日）············ 5
004. 代奏刘锦棠以三品京堂候补谢恩折
　　光绪四年二月十九日（1878年3月22日）············ 6
005. 奏为晋升二等男加官等谢恩折
　　光绪四年三月二十四日（1878年4月26日）············ 6
006. 奏报补授太常寺卿谢恩折
　　光绪四年六月初四日（1878年7月3日）············ 8
007. 奏报补授通政使司通政使谢恩折
　　光绪四年九月二十日（1878年10月15日）············ 9
008. 奏报御赏荷包等物谢恩折
　　光绪五年闰三月二十八日（1879年5月18日）············ 9
009. 奏为御赏福字荷包等物谢恩折
　　光绪六年三月初九日（1880年4月17日）············ 10
010. 奏为帮办新疆军务谢恩折

　　　　光绪六年三月二十一日(1880年4月29日)……………………11
　011. 奏报启用新关防日期片
　　　　光绪六年三月二十一日(1880年4月29日)……………………12
　012. 奏报遵旨密陈新疆西路边防折
　　　　光绪六年四月初二日(1880年5月10日)……………………12
　013. 前赴哈密筹商边防善后起程日期折
　　　　光绪六年八月二十一日(1880年9月25日)……………………15
　014. 署理钦差大臣督办新疆军务谢恩折
　　　　光绪六年十月十五日(1880年11月17日)……………………17
　015. 接钦差大臣关防及启用日期等情片
　　　　光绪六年十月十五日(1880年11月17日)……………………18
　016. 奏报布置南路暨哈密等处防务折
　　　　光绪六年十一月二十日(1880年12月21日)……………………19
　017. 增设行营粮台并遴员督办台务片
　　　　光绪六年十一月二十日(1880年12月21日)……………………22
　018. 请饬部注册知州罗镇嵩候补日期片
　　　　光绪六年十一月二十日(1880年12月21日)……………………23
　019. 请准户部主事刘兆梅留营差遣片
　　　　光绪六年十一月二十日(1880年12月21日)……………………24
　020. 游击黄新发等缮名有误请饬更正片
　　　　光绪六年十一月二十日(1880年12月21日)……………………24

光绪七年……………………………………………………………………25
　001. 统辖哈密及镇迪道属文武办理折
　　　　光绪七年正月十九日(1881年2月17日)……………………25
　002. 请准候补知府陈名钰留营差遣片
　　　　光绪七年正月十九日(1881年2月17日)……………………26
　003. 原保知州刘昭南请仍分省补用片
　　　　光绪七年正月十九日(1881年2月17日)……………………27
　004. 荡平南北两路出力案内沈先锜改奖片
　　　　光绪七年正月十九日(1881年2月17日)……………………28
　005. 特参知县王镜心请旨留省降补片

目 录

　　　　光绪七年正月十九日（1881年2月17日） …………… 29

006. 原保清单内顾鸣升等缮名错误请饬更正片

　　　　光绪七年正月十九日（1881年2月17日） …………… 29

007. 奏为御赏福字荷包等物谢恩折

　　　　光绪七年正月二十四日（1881年2月22日） …………… 31

008. 郑锡溥剿办边寇异常出力请给予奖叙片

　　　　光绪七年正月二十四日（1881年2月22日） …………… 32

009. 奏参知县甘泰澍等查办重案不实折

　　　　光绪七年二月二十五日（1881年3月24日） …………… 32

010. 原保知州田立慈等员另核请奖片

　　　　光绪七年二月二十五日（1881年3月24日） …………… 35

011. 请将知府邓维钰等员保案更正缘由片

　　　　光绪七年二月二十五日（1881年3月24日） …………… 36

012. 请免余虎恩骑射缘由片

　　　　光绪七年二月二十五日（1881年3月24日） …………… 38

013. 查明张珂名等缮名错误请饬更正片

　　　　光绪七年二月二十五日（1881年3月24日） …………… 39

014. 请将户部主事许应骙从优议恤片

　　　　光绪七年二月二十五日（1881年3月24日） …………… 40

015. 请饬各省拨解本年新饷并找解欠款折

　　　　光绪七年三月初六日（1881年4月4日） …………… 41

016. 请将上年军需归入前任督臣案内报销片

　　　　光绪七年三月初六日（1881年4月4日） …………… 42

017. 委令龙锡庆办理新疆总粮台事务片

　　　　光绪七年三月初六日（1881年4月4日） …………… 42

018. 奏筹边重寄才力难胜再陈下悃折

　　　　光绪七年三月二十二日（1881年4月20日） …………… 43

019. 请旌烈妇刘李氏缘由折

　　　　光绪七年三月二十二日（1881年4月20日） …………… 44

020. 委令丁连科署理甘肃哈密协副将片

　　　　光绪七年三月二十二日（1881年4月20日） …………… 46

021. 委令萧承恩署理甘肃迪化州知州片
　　光绪七年三月二十二日（1881年4月20日）……………… 46
022. 请饬使臣向俄理论解送惩办折
　　光绪七年三月二十八日（1881年4月26日）……………… 47
023. 委任陈名钰总查新疆善后事宜片
　　光绪七年四月初十日（1881年5月7日）………………… 49
024. 奏报新疆命盗案件请暂行变通办理折
　　光绪七年四月初十日（1881年5月7日）………………… 50
025. 请饬河南照额协解嵩武军饷片
　　光绪七年四月初十日（1881年5月7日）………………… 52
026. 奏报新疆南路五次剿平边寇情形折
　　光绪七年四月初十日（1881年5月7日）………………… 53
027. 呈新疆南路五次剿平边寇出力人员清单
　　光绪七年四月初十日（1881年5月7日）………………… 55
028. 原保案内选训导史自培等请奖片
　　光绪七年四月初十日（1881年5月7日）………………… 89
029. 奏为吁恳节哀折
　　光绪七年四月二十四日（1881年5月21日）……………… 90
030. 奏请优恤补用提督萧迎祥缘由折
　　光绪七年五月十九日（1881年6月15日）………………… 91
031. 奏请旌表烈妇萧贺氏缘由片
　　光绪七年五月十九日（1881年6月15日）………………… 92
032. 新疆荡平案内章榕等员另核请奖折
　　光绪七年六月初二日（1881年6月27日）………………… 93
033. 呈新疆荡平案内章榕等另核请奖清单
　　光绪七年六月初二日（1881年6月27日）………………… 93
034. 请准候补知县郑锡滜免缴捐复银两片
　　光绪七年六月初二日（1881年6月27日）………………… 100
035. 奏报陕安镇总兵余虎恩饬赴本任片
　　光绪七年六月初二日（1881年6月27日）………………… 101
036. 原保都司吴明德姓名有误请饬更正片

目 录

光绪七年六月初二日（1881年6月27日）………… 101

037. 乌鲁木齐提标营制未复请饬缓催造册折
光绪七年七月初一日（1881年7月26日）………… 102

038. 核改原保案内何宗武等请奖片
光绪七年七月初一日（1881年7月26日）………… 103

039. 提标及各路员弁关防遗失请饬部补铸片
光绪七年七月初一日（1881年7月26日）………… 104

040. 核改原保案内县丞方家璧请奖片
光绪七年七月初一日（1881年7月26日）………… 105

041. 都司张旺保案缮名有误请饬更正片
光绪七年七月初一日（1881年7月26日）………… 105

042. 奏报西四城兴修各工完竣等情折
光绪七年七月初二日（1881年7月27日）………… 106

043. 奏报湘军文武员弁积劳病故请恤折
光绪七年七月二十七日（1881年8月21日）………… 110

044. 呈湘军文武员弁积劳病故请恤清单
光绪七年七月二十七日（1881年8月21日）………… 111

045. 奏请内阁中书陶森甲留营差委片
光绪七年七月二十七日（1881年8月21日）………… 114

046. 原保南北两路荡平案内出力卢润霖另奖片
光绪七年七月二十七日（1881年8月21日）………… 114

047. 奏请议恤补用知府丁翰片
光绪七年七月二十七日（1881年8月21日）………… 115

048. 奏报接收伊犁及分界事宜现筹办理折
光绪七年闰七月初二日（1881年8月26日）………… 116

049. 科布多所属布伦托海无庸拨营驻扎片
光绪七年闰七月初二日（1881年8月26日）………… 118

050. 请指拨西征协饷省分摊还息借洋款数目折
光绪七年闰七月二十六日（1881年9月19日）………… 118

051. 呈指拨浙江等省协甘饷内摊还洋款本息清单
光绪七年闰七月二十六日（1881年9月19日）………… 120

052. 奏报回子郡王之子承袭世爵缘由折
　　　光绪七年闰七月二十七日（1881年9月20日） …………… 122
053. 奏报回部坎巨提呈进贡沙金片
　　　光绪七年闰七月二十八日（1881年9月21日） …………… 123
054. 奏报擒获安夷监禁已久分别办理折
　　　光绪七年八月十七日（1881年10月9日） ………………… 124
055. 原保案内余炳奎底衔有误请更正奖叙片
　　　光绪七年八月十七日（1881年10月9日） ………………… 126
056. 奏调候补道雷声远回省委用缘由片
　　　光绪七年八月十七日（1881年10月9日） ………………… 126
057. 请准陕西臬司沈应奎暂缓交卸折
　　　光绪七年九月十七日（1881年11月8日） ………………… 127
058. 请将原保各省筹饷出力各员奖叙缘由片
　　　光绪七年九月十七日（1881年11月8日） ………………… 128
059. 奏报关内外裁减兵勇发给饷银片
　　　光绪七年九月十七日（1881年11月8日） ………………… 130
060. 吁恳收还成命另简贤能接替折
　　　光绪七年十月初一日（1881年11月22日） ………………… 130
061. 审拟已革提督李泗益等被控一案情形折
　　　光绪七年十月二十日（1881年12月11日） ………………… 132
062. 请免郑锡溇缴捐复银两片
　　　光绪七年十月二十日（1881年12月11日） ………………… 134
063. 请将李永飞等底衔分别更正片
　　　光绪七年十月二十日（1881年12月11日） ………………… 136
064. 请将刘思谦保案饬部注销片
　　　光绪七年十月二十日（1881年12月11日） ………………… 137
065. 请将道员杨杰交部优恤片
　　　光绪七年十月二十日（1881年12月11日） ………………… 138
066. 请准提督丁桂智免其骑射片
　　　光绪七年十月二十日（1881年12月11日） ………………… 139
067. 请将赈恤土尔扈特南部落银两核销折

　　　　光绪七年十一月二十一日(1882年1月10日) …………… 139
068. 奏闻乌鲁木齐营政未复无从办理军政折
　　　　光绪七年十一月二十一日(1882年1月10日) …………… 140
069. 请准提督屈德复汇保案内更名片
　　　　光绪七年十一月二十一日(1882年1月10日) …………… 141
070. 汇保案内列保守备唐植等请更名片
　　　　光绪七年十一月二十一日(1882年1月10日) …………… 142
071. 奏报刊换督办西征粮台关防片
　　　　光绪七年十一月二十一日(1882年1月10日) …………… 143
072. 汇保案内樊凌汉名字错误请饬更正片
　　　　光绪七年十一月二十一日(1882年1月10日) …………… 144
073. 汇保案内袁春江等四员改留甘肃注册片
　　　　光绪七年十一月二十一日(1882年1月10日) …………… 144
074. 奏闻保奖案内县丞叶祖沅请饬改奖片
　　　　光绪七年十一月二十一日(1882年1月10日) …………… 145
075. 奏为授钦差大臣督办新疆军务谢恩折
　　　　光绪七年十一月二十七日(1882年1月16日) …………… 146
076. 呈保举提督曾义良等员职名单
　　　　光绪七年(1881年) ……………………………………… 147

光绪八年 ……………………………………………………………… 147
001. 俄商往来新疆贸易不得行销中国土货折
　　　　光绪八年正月初四日(1882年2月21日) ……………… 147
002. 请准张积功等借补提标城守都司折
　　　　光绪八年正月初四日(1882年2月21日) ……………… 149
003. 奏报候补知县张声远保案改奖片
　　　　光绪八年正月初四日(1882年2月21日) ……………… 150
004. 刘兆梅署迪化知州并朱冕荣署哈密通判片
　　　　光绪八年正月初四日(1882年2月21日) ……………… 152
005. 请饬将原保同知韩炳章底衔更正片
　　　　光绪八年正月初四日(1882年2月21日) ……………… 152
006. 李庆棠因与远祖同名请更正片

光绪八年正月初四日(1882年2月21日) …………… 153

007. 查明营员互揭请旨革职折
光绪八年二月十六日(1882年4月3日) …………… 154

008. 请饬陕西候补道周汉迅赴新疆差委片
光绪八年二月十六日(1882年4月3日) …………… 156

009. 委令徐占彪署理巴里坤镇总兵等员缺片
光绪八年二月十六日(1882年4月3日) …………… 156

010. 奏为保举提督董福祥片
光绪八年二月十六日(1882年4月3日) …………… 157

011. 奏报神灵显应恳赐匾额封号折
光绪八年三月初一日(1882年4月18日) …………… 158

012. 奏明五次剿平边寇保案部驳员弁另奖折
光绪八年三月初二日(1882年4月19日) …………… 159

013. 呈五次剿平边寇案内部驳另奖清单
光绪八年三月初二日(1882年4月19日) …………… 160

014. 都司查春华请更正保案片
光绪八年三月初二日(1882年4月19日) …………… 163

015. 复陈裁撤营勇并挑选标兵改支坐粮折
光绪八年三月初七日(1882年4月24日) …………… 164

016. 请将李占元等员原保衔名更正片
光绪八年三月初七日(1882年4月24日) …………… 166

017. 请奖新疆办差出力之曾宪谟等员片
光绪八年三月初七日(1882年4月24日) …………… 169

018. 奏报新疆光绪六年分征收额粮税厘数目片
光绪八年三月初七日(1882年4月24日) …………… 173

019. 汇报光绪七年夏秋冬三季变通办结命盗各案折
光绪八年四月初二日(1882年5月18日) …………… 174

020. 呈光绪七年夏秋冬三季变通办结命盗各案清单
光绪八年四月初二日(1882年5月18日) …………… 175

021. 办结缠回阿不拉等纠众谋乱片
光绪八年四月初二日(1882年5月18日) …………… 177

022. 奏委郝永刚接任哈密副将篆务片
　　　光绪八年四月初二日（1882年5月18日） …………… 180
023. 奏报库车回子郡王承袭折
　　　光绪八年四月十五日（1882年5月31日） …………… 181
024. 请以丁连科借补巴里坤镇标中军游击折
　　　光绪八年四月十五日（1882年5月31日） …………… 182
025. 原保史悠顺等奖叙请饬分别核改注册片
　　　光绪八年四月十五日（1882年5月31日） …………… 182
026. 原保吴锡钺等衔名错误请饬更正片
　　　光绪八年四月十五日（1882年5月31日） …………… 184
027. 恳请给假一月在营调理缘由片
　　　光绪八年四月十五日（1882年5月31日） …………… 184
028. 新疆北路留营分防卓胜军分别留遣折
　　　光绪八年五月初二日（1882年6月17日） …………… 185
029. 查明原保黄惟荣等衔名错误请饬更正片
　　　光绪八年五月初二日（1882年6月17日） …………… 188
030. 奏报巴里坤镇属各营应办军政请缓折
　　　光绪八年六月初二日（1882年7月16日） …………… 189
031. 委令甘承谟等署理知县员缺片
　　　光绪八年六月初二日（1882年7月16日） …………… 189
032. 奏报销病假缘由片
　　　光绪八年六月初二日（1882年7月16日） …………… 190
033. 奏报遵旨拟设南路郡县缘由折
　　　光绪八年七月初三日（1882年8月16日） …………… 191
034. 请将新疆各属归为甘肃一省缘由折
　　　光绪八年七月初三日（1882年8月16日） …………… 193
035. 各城旗丁并归伊犁满营添设抚标官兵片
　　　光绪八年七月初三日（1882年8月16日） …………… 195
036. 奏报罗镇嵩现有经手事件暂缓赴部片
　　　光绪八年七月初三日（1882年8月16日） …………… 197
037. 奏调候补道员张宗翰回哈密片

　　　　光绪八年七月初三日(1882年8月16日) …………… 197

038. 裁撤阿奇木伯克等另设头目并考试回童片
　　　　光绪八年七月初三日(1882年8月16日) …………… 198

039. 委令张怀玉等调署副将员缺片
　　　　光绪八年七月初三日(1882年8月16日) …………… 200

040. 奏报额外主事陈兆甲请留营差遣片
　　　　光绪八年七月初三日(1882年8月16日) …………… 200

041. 奏报回部坎巨提进贡沙金请赏折
　　　　光绪八年八月二十四日(1882年10月5日) ………… 201

042. 奏报陈登魁等借补守备等缺情形折
　　　　光绪八年八月二十四日(1882年10月5日) ………… 201

043. 奏报邓锦云等员衔名误缮请饬更正片
　　　　光绪八年八月二十四日(1882年10月5日) ………… 202

044. 奏报陈宝善等委署镇迪道等篆务片
　　　　光绪八年八月二十四日(1882年10月5日) ………… 203

045. 奏报南路剿案内出力各员另核请奖片
　　　　光绪八年八月二十四日(1882年10月5日) ………… 203

046. 委令刘嘉德等署理同知篆务片
　　　　光绪八年八月二十四日(1882年10月5日) ………… 205

047. 奏报提督方友升请免骑射缘由片
　　　　光绪八年八月二十四日(1882年10月5日) ………… 205

048. 请拨部款弥补新疆所免厘金并接济军饷折
　　　　光绪八年九月二十二日(1882年11月2日) ………… 206

049. 请饬部预筹解济西征欠饷折
　　　　光绪八年九月二十二日(1882年11月2日) ………… 208

050. 请饬山西弥补卓胜军垫款片
　　　　光绪八年九月二十二日(1882年11月2日) ………… 209

051. 请饬筹解金顺张曜军协饷片
　　　　光绪八年九月二十二日(1882年11月2日) ………… 214

052. 审讯甘泰澍捏造逆书奏请定夺缘由折
　　　　光绪八年九月二十二日(1882年11月2日) ………… 214

053. 奏报副将余兰桂谬妄侵欺请毋庸开复片
　　光绪八年九月二十二日（1882年11月2日） ………… 219
054. 奏报饷糈告匮请旨饬部筹拨库款折
　　光绪八年十月初四日（1882年11月14日） ………… 220
055. 请恤道员张宗翰并事迹宣付史馆折
　　光绪八年十月二十七日（1882年12月7日） ………… 221
056. 请准知县杨得炳请饬部照原保奖叙片
　　光绪八年十月二十七日（1882年12月7日） ………… 224
057. 奏报原保知县顾衷等另行请奖片
　　光绪八年十月二十七日（1882年12月7日） ………… 225
058. 奏报精河营都司张旺病故开缺片
　　光绪八年十月二十七日（1882年12月7日） ………… 226
059. 奏报补用县丞周浑在营病故请恤片
　　光绪八年十月二十七日（1882年12月7日） ………… 227
060. 奏报光绪八年春夏二季变通办结命盗各案折
　　光绪八年十一月初八日（1882年12月17日） ………… 227
061. 呈光绪八年春夏办结命盗等案摘由汇报清单
　　光绪八年十一月初八日（1882年12月17日） ………… 228
062. 奏委题奏道王久铭督办行营粮台片
　　光绪八年十一月初八日（1882年12月17日） ………… 232
063. 委令候补道周汉迅赴新疆军营差委片
　　光绪八年十一月初八日（1882年12月17日） ………… 232
064. 复陈哈密大营未便移扎乌鲁木齐等情折
　　光绪八年十一月二十一日（1882年12月30日） ………… 233
065. 请假两月在营调理缘由片
　　光绪八年十一月二十一日（1882年12月30日） ………… 235
066. 奏报俄国驻喀领事权饬局员兼顾片
　　光绪八年十一月二十一日（1882年12月30日） ………… 236
067. 奏请按约索还乌什之贡古鲁克缘由折
　　光绪八年十二月十八日（1883年1月26日） ………… 237
068. 请准都司王玉林免予骑射缘由片

光绪八年十二月十八日（1883年1月26日）…………… 242

069. 奏为试用知县朱承均请改奖加级片
光绪八年十二月十八日（1883年1月26日）…………… 243

070. 委令李佐兴署镇西抚民同知片
光绪八年十二月十八日（1883年1月26日）…………… 243

071. 请将知县文麟另核请奖片
光绪八年十二月十八日（1883年1月26日）…………… 244

072. 奏请内务府补用知府忠曾赴军差遣片
光绪八年十二月二十三日（1883年1月31日）…………… 244

光绪九年 ………………………………………………………… 245

001. 奏为御赏福字荷包等物谢恩折
光绪九年正月二十八日（1883年3月7日）…………… 245

002. 请开缺回籍治病并恳简员接办边事折
光绪九年正月二十八日（1883年3月7日）…………… 246

003. 遵照部议原保同知胡应奎等改奖片
光绪九年正月二十八日（1883年3月7日）…………… 248

004. 原保谢万盛人名误缮请旨更正片
光绪九年正月二十八日（1883年3月7日）…………… 248

005. 请止安集延人领俄票赴新疆贸易等事折
光绪九年二月初十日（1883年3月18日）…………… 249

006. 奏报借拨土尔扈特福晋银两片
光绪九年二月初十日（1883年3月18日）…………… 252

007. 请将遣犯释回缘由片
光绪九年二月初十日（1883年3月18日）…………… 253

008. 复陈裁勇补兵暨未裁之营仍旧支给行饷折
光绪九年三月十六日（1883年4月22日）…………… 254

009. 奏报前垫饷银仍应由晋补解等情折
光绪九年三月十六日（1883年4月22日）…………… 256

010. 奏报湘楚等军病故文武员弁请恤折
光绪九年三月十六日（1883年4月22日）…………… 258

011. 呈湘楚等军病故文武员弁请恤清单

　　　　光绪九年三月十六日（1883年4月22日）……259
012. 奏报刊送新疆南路分界大臣关防片
　　　　光绪九年三月十六日（1883年4月22日）……261
013. 奏为赏假三月并人参六两谢恩折
　　　　光绪九年四月初九日（1883年5月15日）……262
014. 奏报大臣长顺会勘南界起程日期片
　　　　光绪九年四月初九日（1883年5月15日）……263
015. 请旌杨溢中祖母陈氏五世同堂折
　　　　光绪九年四月初九日（1883年5月15日）……263
016. 特参庸劣不职知县分别降革缘由折
　　　　光绪九年四月初十日（1883年5月16日）……264
017. 特参知府陈琛招摇钻营请旨革职片
　　　　光绪九年四月初十日（1883年5月16日）……265
018. 委令左兆凤等署理哈密通判等缺片
　　　　光绪九年四月初十日（1883年5月16日）……266
019. 奏报委员试署南路各官并筹现办折
　　　　光绪九年四月二十日（1883年5月26日）……266
020. 换铸巴里坤总兵印并补发哈密协副将敕书片
　　　　光绪九年四月二十日（1883年5月26日）……281
021. 奏请汇奖防戍出力人员折
　　　　光绪九年五月初七日（1883年6月11日）……282
022. 核办蒙部案件请照变通章程折
　　　　光绪九年五月初七日（1883年6月11日）……284
023. 请将尽先游击王有道等留甘补用片
　　　　光绪九年五月初七日（1883年6月11日）……285
024. 遵照部议核改原保甘肃知府陈晋蕃片
　　　　光绪九年五月初七日（1883年6月11日）……286
025. 新疆八年秋冬两季命盗案件摘由汇报折
　　　　光绪九年六月十七日（1883年7月20日）……286
026. 呈八年秋冬两季办结命盗等案摘由汇报清单
　　　　光绪九年六月十七日（1883年7月20日）……287

027. 奏报力疾销假仍恳开缺简员接替折
　　光绪九年六月十七日(1883年7月20日) ………… 289
028. 奏报遵旨保荐人才缘由折
　　光绪九年六月十七日(1883年7月20日) ………… 291
029. 特参知府李培先贪劣不职请革职讯办片
　　光绪九年六月十七日(1883年7月20日) ………… 294
030. 请饬同知赵兴隽留营差遣片
　　光绪九年六月十七日(1883年7月20日) ………… 295
031. 奏报关外营勇数目驻防处所缮单立案折
　　光绪九年七月初一日(1883年8月3日) ………… 296
032. 呈关外马步各营旗员弁勇丁等数目清单
　　光绪九年七月初一日(1883年8月3日) ………… 297
033. 呈关外各营旗驻扎处所并员弁数目清单
　　光绪九年七月初一日(1883年8月3日) ………… 298
034. 奏报关外各军支发章程请旨立案折
　　光绪九年七月初一日(1883年8月3日) ………… 301
035. 呈关外各营旗文武员弁夫役杂支等项清单
　　光绪九年七月初一日(1883年8月3日) ………… 302
036. 呈关内各营旗驻扎处所并统领衔名清单
　　光绪九年七月初一日(1883年8月3日) ………… 313
037. 奏报恭进新疆回部贡金情形折
　　光绪九年八月二十二日(1883年9月22日) ………… 316
038. 请以王有道借补木垒营守备缘由折
　　光绪九年八月二十二日(1883年9月22日) ………… 316
039. 委令英林署理镇迪道片
　　光绪九年八月二十二日(1883年9月22日) ………… 317
040. 奏报都司李万福因病出缺日期片
　　光绪九年八月二十二日(1883年9月22日) ………… 318
041. 奏报委署南路道厅州县员缺片
　　光绪九年八月二十二日(1883年9月22日) ………… 318
042. 奏报举人瑞洵留心边事请饬营差委片

光绪九年八月二十二日(1883年9月22日) ………… 319

043. 代奏谭上连补授西宁镇总兵谢恩折
光绪九年九月初六日(1883年10月6日) ………… 320

044. 代奏戴宏胜补授汉中镇总兵谢恩折
光绪九年九月初六日(1883年10月6日) ………… 321

045. 奏为恳恩奖叙江宁藩司缘由折
光绪九年九月初八日(1883年10月8日) ………… 322

046. 奏请饬下各省关赶解协饷片
光绪九年九月初八日(1883年10月8日) ………… 324

047. 奏为旌赏祖母陈氏五世同堂谢恩折
光绪九年九月二十六日(1883年10月26日) ………… 325

048. 请补镇迪道所属厅县员缺折
光绪九年九月二十六日(1883年10月26日) ………… 326

049. 呈请补镇西等厅县甘承谟等履历清单
光绪九年九月二十六日(1883年10月26日) ………… 328

050. 奏请奖叙兴筑乌垣城工缘由片
光绪九年九月二十六日(1883年10月26日) ………… 331

051. 审拟已革县丞酒醉戮毙武职大员折
光绪九年十月初二日(1883年11月1日) ………… 332

052. 请将总兵杨秀元饬部比例议恤片
光绪九年十月初二日(1883年11月1日) ………… 334

053. 请将都司赵兴体等革职片
光绪九年十月初二日(1883年11月1日) ………… 334

054. 代奏提督金运昌开缺回籍就医缘由折
光绪九年十月二十七日(1883年11月26日) ………… 335

055. 发遣之犯请变通改归南路州县管束片
光绪九年十月二十七日(1883年11月26日) ………… 337

056. 请给南北两路官员办公津贴缘由折
光绪九年十一月初四日(1883年12月3日) ………… 338

057. 南疆新设郡县工费恳拨实饷折
光绪九年十一月初四日(1883年12月3日) ………… 341

058. 请将奇台县治移建古城片
　　　光绪九年十一月初四日（1883年12月3日）……………… 345

059. 奏为补授兵部右侍郎吁恳收回成命折
　　　光绪九年十一月十六日（1883年12月15日）…………… 347

060. 奏报关内外光绪七八两年收支饷项数目折
　　　光绪九年十二月二十日（1884年1月17日）……………… 349

061. 呈光绪七年借到洋款划还商款并分还前欠清单
　　　光绪九年十二月二十日（1884年1月17日）……………… 350

062. 呈关内光绪七八两年办理军需善后收支清单
　　　光绪九年十二月二十日（1884年1月17日）……………… 352

063. 呈关外光绪七八两年办理军需善后收支清单
　　　光绪九年十二月二十日（1884年1月17日）……………… 355

064. 呈光绪八年司库及各属收支粮草清单
　　　光绪九年十二月二十日（1884年1月17日）……………… 361

065. 奏报西饷支绌请饬通筹全局片
　　　光绪九年十二月二十日（1884年1月17日）……………… 362

066. 奏报裁撤甘肃织呢局情形片
　　　光绪九年十二月二十日（1884年1月17日）……………… 365

光绪十年 ……………………………………………………………… 366

001. 奏为御赏福字荷包等物谢恩折
　　　光绪十年正月十六日（1884年2月12日）………………… 366

002. 奏为补授兵部右侍郎谢恩折
　　　光绪十年正月十六日（1884年2月12日）………………… 367

003. 奏为请旌节妇李周氏折
　　　光绪十年正月二十二日（1884年2月18日）……………… 368

004. 奏请颁发回子郡王番篆缘由折
　　　光绪十年正月二十二日（1884年2月18日）……………… 369

005. 刊给南路道厅州县木质关防铃记片
　　　光绪十年正月二十二日（1884年2月18日）……………… 370

006. 请将道员魏炳蔚留营差遣片
　　　光绪十年正月二十二日（1884年2月18日）……………… 371

007. 请补乌鲁木齐都司等缺缘由片
　　光绪十年正月二十五日(1884年2月21日) ……… 371
008. 请以黄丙焜补吐鲁番同知片
　　光绪十年正月二十五日(1884年2月21日) ……… 372
009. 请将县丞方家璧底衔饬部更正片
　　光绪十年正月二十五日(1884年2月21日) ……… 373
010. 奏报新疆命盗案件按季摘由汇陈折
　　光绪十年二月初一日(1884年2月27日) ……… 373
011. 呈新疆命盗案件按季摘由清单
　　光绪十年二月初一日(1884年2月27日) ……… 374
012. 喀什噶尔界务请由金顺复陈片
　　光绪十年二月初一日(1884年2月27日) ……… 379
013. 请给回子郡王三年廉俸并恤银片
　　光绪十年二月二十六日(1884年3月23日) ……… 379
014. 复陈统兵大员等侵蚀军饷各节折
　　光绪十年二月二十八日(1884年3月25日) ……… 380
015. 奏报关外营旗局站数目暨裁并新收缘由折
　　光绪十年二月二十八日(1884年3月25日) ……… 386
016. 呈关外诸军营旗员弁勇丁夫马数目清单
　　光绪十年二月二十八日(1884年3月25日) ……… 387
017. 呈甘肃关外设立各台局站义学清单
　　光绪十年二月二十八日(1884年3月25日) ……… 388
018. 南路城廨工作碍难中止仍恳饬拨银两片
　　光绪十年二月二十八日(1884年3月25日) ……… 391
019. 请准陶廷相等借补都司等缺折
　　光绪十年四月初三日(1884年4月27日) ……… 394
020. 请恤罗长祜并将战绩事实宣付史馆折
　　光绪十年四月初三日(1884年4月27日) ……… 395
021. 请将黄玑等三员底衔饬部更正片
　　光绪十年四月初三日(1884年4月27日) ……… 398
022. 请将知县张丙嘉等员饬部改叙片

光绪十年四月初三日(1884年4月27日) ……… 399
023. 奏报新疆南路分界大臣关防销毁片
光绪十年四月初三日(1884年4月27日) ……… 400
024. 委令娄绍豫署理哈密通判片
光绪十年四月初三日(1884年4月27日) ……… 400
025. 遵旨统筹新疆情形以规久远折
光绪十年四月二十八日(1884年5月22日) ……… 401
026. 哈密办事协办衙门员役暂照向章支廉片
光绪十年四月二十八日(1884年5月22日) ……… 409
027. 新疆南北两路命盗案件按季汇陈折
光绪十年五月二十八日(1884年6月21日) ……… 410
028. 呈光绪九年秋冬变通办理命盗各案清单
光绪十年五月二十八日(1884年6月21日) ……… 411
029. 奏报南路军台安设驿站酌拟经费章程折
光绪十年五月二十八日(1884年6月21日) ……… 415
030. 哈密巴里坤军台拟改驿站分段管理片
光绪十年五月二十八日(1884年6月21日) ……… 417
031. 委令张清和署理玛纳斯协副将片
光绪十年五月二十八日(1884年6月21日) ……… 418
032. 知县张恩黻底衔有误请饬部更正片
光绪十年五月二十八日(1884年6月21日) ……… 418
033. 原保杜芳锦等底衔错误请饬更正片
光绪十年五月二十八日(1884年6月21日) ……… 419
034. 原保胡应奎底衔错误请饬更正片
光绪十年五月二十八日(1884年6月21日) ……… 420
035. 葛苍等原保底衔错误请饬更正片
光绪十年五月二十八日(1884年6月21日) ……… 421
036. 特参补用游击段家集请旨革职片
光绪十年五月二十八日(1884年6月21日) ……… 422
037. 奏报呈进回部贡金折
光绪十年闰五月十四日(1884年7月6日) ……… 422

038. 请恤总兵何作霖并附祀忠壮专祠片
　　光绪十年闰五月十四日（1884年7月6日）………… 423
039. 奏委雷声远署理阿克苏道片
　　光绪十年闰五月十四日（1884年7月6日）………… 424
040. 请更正汤彦和等员官阶缘由片
　　光绪十年闰五月十四日（1884年7月6日）………… 424
041. 酌并马步各营并实存数目缮单立案折
　　光绪十年六月二十七日（1884年8月17日）………… 425
042. 呈关外改营为旗实存员弁勇丁数目清单
　　光绪十年六月二十七日（1884年8月17日）………… 427
043. 查明喀城底台递送折件迟延片
　　光绪十年六月二十七日（1884年8月17日）………… 428
044. 请饬袁垚龄迅赴臣军差委片
　　光绪十年六月二十七日（1884年8月17日）………… 429
045. 请准军犯张得太留营医治片
　　光绪十年六月二十七日（1884年8月17日）………… 429
046. 请命率师与法夷决战缘由折
　　光绪十年七月初一日（1884年8月21日）………… 430
047. 奏为遵旨酌度仍申前请缘由折
　　光绪十年七月二十四日（1884年9月13日）………… 432
048. 奏报遵保各省筹饷人员吁恳恩施折
　　光绪十年八月二十二日（1884年10月10日）………… 435
049. 呈酌保后路各台局尤为出力之员弁清单
　　光绪十年八月二十二日（1884年10月10日）………… 438
050. 呈酌保各省关筹饷出力人员清单
　　光绪十年八月二十二日（1884年10月10日）………… 445
051. 请将提督张曜等员奖叙缘由片
　　光绪十年八月二十二日（1884年10月10日）………… 459
052. 委令杨敏等署理奇台县知县员缺片
　　光绪十年八月二十二日（1884年10月10日）………… 460
053. 奏为酌保关外诸军出力人员缘由折

　　　　　光绪十年八月二十二日(1884年10月10日)……………… 461
054. 酌保关外诸军异常出力文武员弁清单
　　　　　光绪十年八月二十二日(1884年10月10日)……………… 462
055. 酌保关外各局尤为出力文武员弁清单
　　　　　光绪十年八月二十二日(1884年10月10日)……………… 463
056. 防御奇兴阿具控店主案证未获请旨革职折
　　　　　光绪十年九月二十四日(1884年11月11日)……………… 470
057. 复陈新疆遣犯酌量变通缘由折
　　　　　光绪十年九月二十四日(1884年11月11日)……………… 471
058. 奏报守备吴得喜与守备陈登魁对调折
　　　　　光绪十年九月二十四日(1884年11月11日)……………… 474
059. 哈密协副将郝永刚恳请开缺就医片
　　　　　光绪十年九月二十四日(1884年11月11日)……………… 474
060. 奏为故道罗长祐恳恩允照成案附祀片
　　　　　光绪十年九月二十四日(1884年11月11日)……………… 475
061. 查明胡世贵等员名字笔误请饬更正片
　　　　　光绪十年九月二十四日(1884年11月11日)……………… 476
062. 奏报张曜一军开拔遴员替防酌添营伍折
　　　　　光绪十年十月十六日(1884年12月3日)………………… 476
063. 恳恩豁免镇迪道属历年民欠各项银粮折
　　　　　光绪十年十月十六日(1884年12月3日)………………… 478
064. 奏请豁免镇西厅应征额粮片
　　　　　光绪十年十月十六日(1884年12月3日)………………… 479
065. 请注销革员永不叙用并赏六品顶戴片
　　　　　光绪十年十月十六日(1884年12月3日)………………… 481
066. 奏报题奏道袁垚龄赴营差委片
　　　　　光绪十年十月十六日(1884年12月3日)………………… 481
067. 奏报原署镇西厅同知李佐兴落井身死片
　　　　　光绪十年十月十六日(1884年12月3日)………………… 482
068. 奏为补授新疆巡抚谢恩并沥陈下悃折
　　　　　光绪十年十一月十五日(1884年12月31日)……………… 483

目 录

069. 奏报赏加兵部尚书衔谢恩折
　　光绪十年十一月二十四日(1885年1月9日) ………… 484

070. 奏为赏赐祖母匾额等件谢恩折
　　光绪十年十一月二十四日(1885年1月9日) ………… 485

071. 奏报军饷涸竭请严催赶解折
　　光绪十年十一月二十六日(1885年1月11日) ………… 486

072. 新疆南路拟设佐杂及分防巡检各缺折
　　光绪十年十一月二十六日(1885年1月11日) ………… 488

073. 奏报哨弁戕毙营官胁众哗溃随即扑灭折
　　光绪十年十一月二十六日(1885年1月11日) ………… 489

074. 奏报拟借款行用补水等银片
　　光绪十年十一月二十六日(1885年1月11日) ………… 492

075. 呈各省关应解新疆工程银两各数目清单
　　光绪十年十一月二十六日(1885年1月11日) ………… 493

076. 奏报试署直隶州知州员缺请实授折
　　光绪十年十二月二十日(1885年2月4日) ………… 494

077. 呈请补温宿直隶知州等缺各员履历清单
　　光绪十年十二月二十日(1885年2月4日) ………… 496

078. 奏明原保知州文韫等另核请奖缘由片
　　光绪十年十二月二十日(1885年2月4日) ………… 498

079. 查明已革补用知府李培先实在情形片
　　光绪十年十二月二十日(1885年2月4日) ………… 499

080. 奏明南济凤等员名字错误请饬更正片
　　光绪十年十二月二十日(1885年2月4日) ………… 499

中　册

光绪十一年 ………………………………………………… 501

001. 奏为御赏福字荷包等物谢恩折
　　光绪十一年二月初二日(1885年3月18日) ………… 501

002. 奏报呈进回部贡金情形折
　　光绪十一年二月初二日(1885年3月18日) ………… 501

003. 奏报各属命盗案件按季汇奏折
　　　光绪十一年二月初二日（1885 年 3 月 18 日） …………… 502
004. 呈光绪十年春夏办结命盗等案摘由清单
　　　光绪十一年二月初二日（1885 年 3 月 18 日） …………… 503
005. 特参守备徐文玉私刑酿命请旨革职递籍片
　　　光绪十一年二月初二日（1885 年 3 月 18 日） …………… 507
006. 新疆驿站经费请参酌部议量为变通折
　　　光绪十一年二月二十六日（1885 年 4 月 11 日） ………… 508
007. 奏报历年欠发军饷恳饬提款清厘折
　　　光绪十一年二月二十六日（1885 年 4 月 11 日） ………… 510
008. 奏报昌吉县知县方希林积劳病故折
　　　光绪十一年二月二十六日（1885 年 4 月 11 日） ………… 514
009. 请将故员文艺等照例议恤缘由片
　　　光绪十一年二月二十六日（1885 年 4 月 11 日） ………… 515
010. 特参补用都司金昌霱请旨革职片
　　　光绪十一年二月二十六日（1885 年 4 月 11 日） ………… 516
011. 委任周发镛等署理叶城县知县片
　　　光绪十一年二月二十六日（1885 年 4 月 11 日） ………… 516
012. 奏报协领凌云循例请假离营片
　　　光绪十一年二月二十六日（1885 年 4 月 11 日） ………… 517
013. 奏报道员魏炳蔚循例回避回陕片
　　　光绪十一年二月二十六日（1885 年 4 月 11 日） ………… 518
014. 奏报移营乌鲁木齐日期折
　　　光绪十一年三月初六日（1885 年 4 月 20 日） …………… 518
015. 登复关外各营应支杂支章程缘由折
　　　光绪十一年三月初六日（1885 年 4 月 20 日） …………… 519
016. 呈关外各军支发款项逐款登复清单
　　　光绪十一年三月初六日（1885 年 4 月 20 日） …………… 521
017. 奏报伊犁匪徒勾勇劫杀经防军扑灭折
　　　光绪十一年三月初六日（1885 年 4 月 20 日） …………… 533
018. 奏报办结精骑马队溃勇缘由片

目录

光绪十一年三月初六日(1885年4月20日) ………… 535

019. 奏报总兵谭拔萃在营病故请恤折
　　光绪十一年三月十四日(1885年4月28日) ………… 536

020. 提督刘文和祖母寿臻百岁请旨旌表折
　　光绪十一年三月二十二日(1885年5月6日) ………… 538

021. 请实授黄光达喀什噶尔道员缘由折
　　光绪十一年四月十二日(1885年5月25日) ………… 539

022. 奏报行抵乌鲁木齐行省情形片
　　光绪十一年四月十二日(1885年5月25日) ………… 541

023. 奏为京察交部从优议叙谢恩折
　　光绪十一年四月二十二日(1885年6月4日) ………… 542

024. 请加镇迪道按察使衔缘由折
　　光绪十一年五月十三日(1885年6月25日) ………… 543

025. 奏报启用甘肃新疆布政使关防片
　　光绪十一年五月十三日(1885年6月25日) ………… 544

026. 奏报委任魏光焘综理营务片
　　光绪十一年五月十三日(1885年6月25日) ………… 544

027. 奏报遣犯到配安插详细章程缘由折
　　光绪十一年五月二十五日(1885年7月7日) ………… 545

028. 奏报满营移并古城并请改设城守尉折
　　光绪十一年五月二十五日(1885年7月7日) ………… 546

029. 拟设城守尉请于领队协领内简放片
　　光绪十一年五月二十五日(1885年7月7日) ………… 549

030. 请将折平银两拨归古城片
　　光绪十一年五月二十五日(1885年7月7日) ………… 550

031. 奏报各属命盗案件照章按季摘由汇报等由折
　　光绪十一年六月十九日(1885年7月30日) ………… 551

032. 呈光绪十年秋冬变通办结命盗等件清单
　　光绪十一年六月十九日(1885年7月30日) ………… 552

033. 查明原保克复河州出力都司杨万魁请奖片
　　光绪十一年六月十九日(1885年7月30日) ………… 555

034. 请恤王镇墉等员片
　　光绪十一年六月十九日（1885年7月30日）…………… 556
035. 特参都司师保行止卑污请旨革职片
　　光绪十一年六月十九日（1885年7月30日）…………… 558
036. 奏报伊犁礼字营勇丁哗变戕官缘由折
　　光绪十一年六月二十三日（1885年8月3日）…………… 558
037. 奏报刘文和新招勇丁哗溃片
　　光绪十一年六月二十三日（1885年8月3日）…………… 560
038. 奏报谭上连生母年逾八旬吁恳恩施折
　　光绪十一年七月十六日（1885年8月25日）…………… 561
039. 奏报提臣金运昌呈请开缺缘由折
　　光绪十一年七月十六日（1885年8月25日）…………… 562
040. 会商拣员署理乌垣提缺片
　　光绪十一年七月十六日（1885年8月25日）…………… 564
041. 奏报新疆建省请改设添设各官缘由折
　　光绪十一年七月十六日（1885年8月25日）…………… 564
042. 请将巡抚藩司廉俸照江苏例支给片
　　光绪十一年七月十六日（1885年8月25日）…………… 566
043. 和阗等驿站经费照变通章程支给片
　　光绪十一年七月十六日（1885年8月25日）…………… 566
044. 哈密通判划归镇迪道管辖并添设书役片
　　光绪十一年七月十六日（1885年8月25日）…………… 567
045. 奏请题奏道王久铭暂缓回籍守制片
　　光绪十一年七月十六日（1885年8月25日）…………… 568
046. 委任周锡文等署抚民同知员缺片
　　光绪十一年七月十六日（1885年8月25日）…………… 568
047. 奏报伊塔各大臣分别应裁应留缘由折
　　光绪十一年八月十二日（1885年9月20日）…………… 569
048. 奏报刊按察使关防启用片
　　光绪十一年八月十二日（1885年9月20日）…………… 571
049. 查明新疆防营台局十年分实在数目折

光绪十一年九月初五日(1885年10月12日)……… 571

050. 呈新疆马步各营旗员弁勇丁数目清单
　　光绪十一年九月初五日(1885年10月12日)……… 572

051. 呈现存新疆设立各台局义学清单
　　光绪十一年九月初五日(1885年10月12日)……… 574

052. 酌议新疆补署各缺补用人员章程折
　　光绪十一年九月初五日(1885年10月12日)……… 576

053. 籍隶甘肃人员准按序班毋庸回避片
　　光绪十一年九月初五日(1885年10月12日)……… 577

054. 奏报萨凌阿交卸回京缘由片
　　光绪十一年九月初五日(1885年10月12日)……… 578

055. 奏请旌表烈妇谭金氏缘由折
　　光绪十一年九月二十八日(1885年11月4日)……… 579

056. 裁撤粮员改设同知巡检等缺折
　　光绪十一年九月二十八日(1885年11月4日)……… 580

057. 委令杨廷珍署理拜城县知县片
　　光绪十一年九月二十八日(1885年11月4日)……… 581

058. 奏委谭上连署理乌提篆务片
　　光绪十一年九月二十八日(1885年11月4日)……… 581

059. 拣补王凤鸣等副将员缺缘由折
　　光绪十一年十月二十七日(1885年12月3日)……… 582

060. 酌裁回官恳赏回目顶戴缘由折
　　光绪十一年十月二十七日(1885年12月3日)……… 583

061. 奏报驰赴伊犁会办事务起程日期缘由折
　　光绪十一年十月二十七日(1885年12月3日)……… 584

062. 奏报本年春夏办结命盗等案摘由汇报折
　　光绪十一年十月二十七日(1885年12月3日)……… 586

063. 呈本年春夏变通办结命盗等案摘由清单
　　光绪十一年十月二十七日(1885年12月3日)……… 586

064. 奏报顾得喜勾匪谋变登时扑灭情形片
　　光绪十一年十月二十七日(1885年12月3日)……… 589

065. 奏报办结伊犁杀毙俄属陕回命案片

　　光绪十一年十月二十七日（1885年12月3日） …………… 590

066. 恳恩豁免被旱奇台县额粮折

　　光绪十一年十二月初二日（1886年1月6日） …………… 591

067. 奏请缓征迪化被旱各属额粮片

　　光绪十一年十二月初二日（1886年1月6日） …………… 592

068. 各省应解工程银两恳饬扫数解清片

　　光绪十一年十二月初二日（1886年1月6日） …………… 594

069. 奏报驰抵伊犁日期片

　　光绪十一年十二月初二日（1886年1月6日） …………… 595

070. 奏报防勇及各台局光绪十一年春夏实存数目折

　　光绪十一年十二月十四日（1886年1月18日） …………… 595

071. 呈各台局义学光绪十一年上半年四柱清单

　　光绪十一年十二月十四日（1886年1月18日） …………… 596

072. 呈新疆兵马数目光绪十一年上半年四柱清单

　　光绪十一年十二月十四日（1886年1月18日） …………… 598

073. 请将袁尧龄补授阿克苏道员缺缘由折

　　光绪十一年十二月十四日（1886年1月18日） …………… 599

074. 奏报都统升泰奉文丁忧日期折

　　光绪十一年十二月十四日（1886年1月18日） …………… 601

075. 奏报都统员缺应否派员护理片

　　光绪十一年十二月十四日（1886年1月18日） …………… 602

076. 奏参知县符顺玠私铸银钱请旨革职片

　　光绪十一年十二月十四日（1886年1月18日） …………… 602

077. 开源节流就新疆情形逐条分晰复陈折

　　光绪十一年十二月十九日（1886年1月23日） …………… 603

078. 呈筹办开源节流二十四条逐条议复清单

　　光绪十一年十二月十九日（1886年1月23日） …………… 604

光绪十二年 ………………………………………………………… 607

001. 特参知府游春泽等贪劣不法请旨革职折

　　光绪十二年正月十二日（1886年2月15日） …………… 607

目 录

002. 恳饬部指提有着实饷分限解甘缘由折
       光绪十二年正月二十一日(1886年2月24日) …………… 609
003. 奏报关外营饷杂支章程再按部议登复折
       光绪十二年正月二十一日(1886年2月24日) …………… 611
004. 呈部议支发饷项及杂支章程逐款登复清单
       光绪十二年正月二十一日(1886年2月24日) …………… 612
005. 奏为御赏福字荷包等物谢恩折
       光绪十二年二月十二日(1886年3月17日) ……………… 617
006. 代奏哈密回子亲王谢年终恩赏折
       光绪十二年二月十二日(1886年3月17日) ……………… 617
007. 新疆命盗重案难照内地旧制遵部议拟折
       光绪十二年二月十二日(1885年3月17日) ……………… 618
008. 奏报古城守尉拟由抚臣兼辖请旨简放折
       光绪十二年二月十二日(1886年3月17日) ……………… 619
009. 奏为恳发奇台县属春赈缘由折
       光绪十二年二月十二日(1886年3月17日) ……………… 621
010. 奏报海防捐输限满无人报捐片
       光绪十二年二月十二日(1886年3月17日) ……………… 622
011. 奏报估修新省城垣及抚藩臬署等工折
       光绪十二年二月二十一日(1886年3月26日) …………… 622
012. 古城修理完竣哈密将次完工请立案片
       光绪十二年二月二十一日(1886年3月26日) …………… 623
013. 奏委潘效苏等署理直隶州知州员缺片
       光绪十二年二月二十一日(1886年3月26日) …………… 624
014. 委令刘嘉德等署理直隶州知州等缺片
       光绪十二年二月二十二日(1886年3月27日) …………… 624
015. 伊犁营勇查明裁并分成发给存饷折
       光绪十二年三月初六日(1886年4月9日) ……………… 625
016. 奏报回省日期并吉江马队由将军遣散折
       光绪十二年三月初六日(1886年4月9日) ……………… 626
017. 奏报南路建置已定请令署提移防折

　　　　　光绪十二年四月初四日(1886年5月7日)……………… 627
018. 请准董福祥署阿克苏镇总兵缘由片
　　　　　光绪十二年四月初四日(1886年5月7日)……………… 629
019. 奏报由伊犁抵省日期及照常办事片
　　　　　光绪十二年四月初四日(1886年5月7日)……………… 629
020. 复陈伊犁屯务防务拟办大概情形折
　　　　　光绪十二年四月二十一日(1886年5月24日)………… 630
021. 奏报守备傅国相与守备杜得润对调片
　　　　　光绪十二年四月二十一日(1886年5月24日)………… 631
022. 奏委左宗翰等署理同知等缺片
　　　　　光绪十二年四月二十一日(1886年5月24日)………… 632
023. 奏报新疆地方瘠苦拟请酌加公费折
　　　　　光绪十二年六月初二日(1886年7月3日)……………… 633
024. 奏请以刘嘉德借补英吉沙尔同知折
　　　　　光绪十二年六月初二日(1886年7月3日)……………… 634
025. 声复道员袁垚龄保案并请补缺片
　　　　　光绪十二年六月初二日(1886年7月3日)……………… 636
026. 原保千总杜锡斌衔名笔误请饬更正片
　　　　　光绪十二年六月初二日(1886年7月3日)……………… 637
027. 请准南路各官初任交代宽免起限片
　　　　　光绪十二年六月初二日(1886年7月3日)……………… 637
028. 恭报光绪十二年正月雨水粮价情形折
　　　　　光绪十二年六月十二日(1886年7月13日)…………… 638
029. 呈新疆各属光绪十二年正月粮价清单
　　　　　光绪十二年六月十二日(1886年7月13日)…………… 639
030. 请以李时熙补授阜康知县缘由折
　　　　　光绪十二年六月十二日(1886年7月13日)…………… 641
031. 代奏回王展缓期满呈恳按班朝觐折
　　　　　光绪十二年六月十二日(1886年7月13日)…………… 642
032. 查明斩犯马牲异等殴毙人命案由折
　　　　　光绪十二年六月十二日(1886年7月13日)…………… 643

033. 恭报启用关防日期并请缴回钦差关防折
　　　光绪十二年七月初四日（1886 年 8 月 3 日）……………… 644
034. 奏报光绪十二年二月雨雪粮价情形折
　　　光绪十二年七月初四日（1886 年 8 月 3 日）……………… 645
035. 呈新疆光绪十二年二月粮价清单
　　　光绪十二年七月初四日（1886 年 8 月 3 日）……………… 646
036. 委令黄丙焜等署理直隶知州员缺片
　　　光绪十二年七月初四日（1886 年 8 月 3 日）……………… 649
037. 奏报新疆需才治理照章拣员留省折
　　　光绪十二年七月十六日（1886 年 8 月 15 日）……………… 649
038. 查明防营弁勇及各台局实数开单立案折
　　　光绪十二年七月十六日（1886 年 8 月 15 日）……………… 651
039. 呈光绪十一年下半年各台局义学清单
　　　光绪十二年七月十六日（1886 年 8 月 15 日）……………… 651
040. 呈新疆防营弁勇及各台局实数清单
　　　光绪十二年七月十六日（1886 年 8 月 15 日）……………… 653
041. 拣员署理塔尔巴哈台参赞大臣员缺折
　　　光绪十二年七月十六日（1886 年 8 月 15 日）……………… 654
042. 奏报估修吐鲁番等城需款数目立案片
　　　光绪十二年七月十六日（1886 年 8 月 15 日）……………… 656
043. 奏报新疆各属光绪十二年三月雨雪粮价折
　　　光绪十二年七月二十六日（1886 年 8 月 25 日）……………… 656
044. 呈新疆各属光绪十二年三月粮价清单
　　　光绪十二年七月二十六日（1886 年 8 月 25 日）……………… 657
045. 奏报发给伊犁勇营存饷请饬核销折
　　　光绪十二年七月二十六日（1886 年 8 月 25 日）……………… 660
046. 奏报潘效苏补和阗直隶州知州折
　　　光绪十二年七月二十六日（1886 年 8 月 25 日）……………… 661
047. 奏报领队大臣魁福交卸回京片
　　　光绪十二年七月二十六日（1886 年 8 月 25 日）……………… 662
048. 奏报讯明不法乡约正法缘由片

光绪十二年七月二十六日(1886年8月25日) …… 663

049. 奏报去年秋冬今年春季命盗案由折

光绪十二年八月十八日(1886年9月15日) …… 664

050. 呈去年秋冬今年春季办结命盗等案清单

光绪十二年八月十八日(1886年9月15日) …… 665

051. 拟将义塾学童另行酌奖备取佾生折

光绪十二年八月十八日(1886年9月15日) …… 668

052. 奏报呈进新疆回部贡金折

光绪十二年八月二十日(1886年9月17日) …… 670

053. 奏报新疆各属光绪十二年四月雨雪粮价折

光绪十二年八月三十日(1886年9月27日) …… 670

054. 呈新疆各属光绪十二年四月粮价清单

光绪十二年八月三十日(1886年9月27日) …… 671

055. 新设佐杂并添改正佐各官请饬铸印颁发折

光绪十二年八月三十日(1886年9月27日) …… 674

056. 奏报镇迪二属岁科两考改归抚臣办理折

光绪十二年八月三十日(1886年9月27日) …… 675

057. 奏报阜康需用祭祀祭品由司库支发片

光绪十二年八月三十日(1886年9月27日) …… 676

058. 登复光绪七八两年关外报销部驳缘由折

光绪十二年九月十八日(1886年10月15日) …… 676

059. 呈光绪七八两年军需善后报销各款登复清单

光绪十二年九月十八日(1886年10月15日) …… 678

060. 胪陈已故大臣贤劳事实恳宣付史馆折

光绪十二年九月十八日(1886年10月15日) …… 684

061. 查明省垣四次阵亡殉难官绅兵民请恤折

光绪十二年九月十八日(1886年10月15日) …… 687

062. 新疆人命重案恳暂准变通办理折

光绪十二年九月十八日(1886年10月15日) …… 688

063. 请恤故员张恩浚等缘由片

光绪十二年九月十八日(1886年10月15日) …… 689

064. 委令道员陈晋蕃接办粮台事务片
　　　光绪十二年九月十八日(1886 年 10 月 15 日) ············· 690
065. 奏委蒋诰等署理直隶州知州员缺片
　　　光绪十二年九月十八日(1886 年 10 月 15 日) ············· 691
066. 奏报提督萧元亨委署哈密协副将片
　　　光绪十二年九月十八日(1886 年 10 月 15 日) ············· 691
067. 奏报恭缴钦差大臣关防折
　　　光绪十二年九月二十四日(1886 年 10 月 21 日) ············· 692
068. 奏报新疆各属光绪十二年五月雨雪粮价折
　　　光绪十二年十月十九日(1886 年 11 月 14 日) ············· 693
069. 呈新疆各属光绪十二年五月粮价清单
　　　光绪十二年十月十九日(1886 年 11 月 14 日) ············· 694
070. 请设库尔喀喇乌苏照磨兼司狱员缺折
　　　光绪十二年十月十九日(1886 年 11 月 14 日) ············· 696
071. 请以潘震补授新疆库车同知缘由折
　　　光绪十二年十月十九日(1886 年 11 月 14 日) ············· 697
072. 新疆应设抚标及城守等营员缺拟办折
　　　光绪十二年十月十九日(1886 年 11 月 14 日) ············· 699
073. 呈设抚标及城守各营官兵数目清单
　　　光绪十二年十月十九日(1886 年 11 月 14 日) ············· 702
074. 呈拟定新疆各营旗营制饷章清单
　　　光绪十二年十月十九日(1886 年 11 月 14 日) ············· 704
075. 呈抚标城守营官弁应支养廉各项清单
　　　光绪十二年十月十九日(1886 年 11 月 14 日) ············· 706
076. 奏报刊就木质阿克苏等处总兵关防片
　　　光绪十二年十月十九日(1886 年 11 月 14 日) ············· 708
077. 奏报谭上连赴喀什噶尔提督署任片
　　　光绪十二年十月十九日(1886 年 11 月 14 日) ············· 709
078. 奏报新疆各属光绪十二年六月雨雪粮价情形折
　　　光绪十二年十一月初三日(1886 年 11 月 28 日) ············· 709
079. 呈新疆各属光绪十二年六月粮价清单

光绪十二年十一月初三日（1886 年 11 月 28 日）……… 710

080. 查明部驳原保筹饷出力人员另核请奖折
光绪十二年十一月初三日（1886 年 11 月 28 日）……… 713

081. 呈各省关筹解西征协饷各员请奖清单
光绪十二年十一月初三日（1886 年 11 月 28 日）……… 713

082. 奏报光绪六载边防另奖白文清等缮单注册折
光绪十二年十一月初三日（1886 年 11 月 28 日）……… 717

083. 呈光绪六载边防另核保奖白文清等员清单
光绪十二年十一月初三日（1886 年 11 月 28 日）……… 718

084. 知府郑子兆经理饷装出力请开复处分片
光绪十二年十一月初三日（1886 年 11 月 28 日）……… 722

085. 奏报新疆各属光绪十二年七月雨雪粮价折
光绪十二年十一月十五日（1886 年 12 月 10 日）……… 723

086. 呈新疆各属光绪十二年七月粮价清单
光绪十二年十一月十五日（1886 年 12 月 10 日）……… 724

087. 奏销关外光绪九年军需善后收支各款折
光绪十二年十一月十五日（1886 年 12 月 10 日）……… 726

088. 呈关外光绪九年军需善后收支各款清单
光绪十二年十一月十五日（1886 年 12 月 10 日）……… 728

089. 代奏董福祥署理阿克苏总兵谢恩折
光绪十二年十一月十五日（1886 年 12 月 10 日）……… 732

090. 审拟伊犁佣工胡风田斗殴命案折
光绪十二年十一月十五日（1886 年 12 月 10 日）……… 732

091. 特参知县刘冕擅收规费请旨革职片
光绪十二年十一月十五日（1886 年 12 月 10 日）……… 733

092. 查明新疆用款无可删减存储报部缘由折
光绪十二年十一月二十八日（1886 年 12 月 23 日）……… 734

093. 新疆大计巨典恳缓至下届办理折
光绪十二年十一月二十八日（1886 年 12 月 23 日）……… 735

094. 奏报新疆各属光绪十二年八月雨雪粮价折
光绪十二年十二月初四日（1886 年 12 月 28 日）……… 736

095. 呈新疆各属光绪十二年八月粮价清单
   光绪十二年十二月初四日（1886年12月28日）……737

096. 请旨严催协解西征欠饷缘由折
   光绪十二年十二月初四日（1886年12月28日）……740

097. 请以袁运鸿补授乌什同知缘由折
   光绪十二年十二月初四日（1886年12月28日）……743

098. 库尔喀喇乌苏领队大臣双全请旨候用片
   光绪十二年十二月初四日（1886年12月28日）……744

099. 奏报新疆各属光绪十二年九月雨雪粮价折
   光绪十二年十二月十八日（1887年1月11日）……745

100. 呈新疆各属光绪十二年九月粮价清单
   光绪十二年十二月十八日（1887年1月11日）……745

101. 查明伊犁副都统二员应与将军同城驻扎折
   光绪十二年十二月十八日（1887年1月11日）……748

102. 新疆司道各员循例年终密考缮单具陈折
   光绪十二年十二月十八日（1887年1月11日）……750

103. 呈新疆司道各员循例年终密考清单
   光绪十二年十二月十八日（1887年1月11日）……750

104. 委令杨其澍署理昌吉县知县片
   光绪十二年十二月十八日（1887年1月11日）……751

105. 奏报新疆光绪十二年夏秋收成分数折
   光绪十二年十二月十九日（1887年1月12日）……751

106. 呈新疆光绪十二年夏秋收成分数清单
   光绪十二年十二月十九日（1887年1月12日）……752

107. 奏报各属来春无须接济缘由折
   光绪十二年十二月十九日（1887年1月12日）……753

108. 办理吐鲁番厅属偏灾拟分别蠲缓片
   光绪十二年十二月十九日（1887年1月12日）……754

109. 审明叶城县民怕沙劝殴毙命按律定拟折
   光绪十二年十二月二十日（1887年1月13日）……755

110. 审明莎车州民克里木殴妻致命按律定拟折

光绪十二年十二月二十日(1887年1月13日)……………… 756

111. 奏报新疆助垦人犯筹款安插折

光绪十二年十二月二十日(1887年1月13日)……………… 757

光绪十三年 ……………………………………………………… 760

001. 奏为年终赏赐谢恩折

光绪十三年二月初八日(1887年3月2日)………………… 760

002. 奏报兴办屯垦安插户口查报隐粮折

光绪十三年二月十二日(1887年3月6日)………………… 760

003. 奏报游击程步云病故即请开缺片

光绪十三年二月十二日(1887年3月6日)………………… 762

004. 请增库尔喀喇乌苏同知公费片

光绪十三年二月十二日(1887年3月6日)………………… 762

005. 请准库车等属交代宽免起限片

光绪十三年二月十二日(1887年3月6日)………………… 763

006. 查明防营弁勇及营局上年春夏实数折

光绪十三年二月十七日(1887年3月11日)……………… 764

007. 呈马步诸军各营旗员弁勇丁等清单

光绪十三年二月十七日(1887年3月11日)……………… 765

008. 呈各台局义学光绪十二年上半年四柱清单

光绪十三年二月十七日(1887年3月11日)……………… 767

009. 审拟回民托古大斗殴毙命一案折

光绪十三年二月十七日(1887年3月11日)……………… 768

010. 委任黄光达署理阿克苏道员片

光绪十三年二月十七日(1887年3月11日)……………… 769

011. 请准开缺回籍省亲就医折

光绪十三年二月十九日(1887年3月13日)……………… 769

012. 奏报新疆光绪十二年十月雨水粮价折

光绪十三年二月二十三日(1887年3月17日)…………… 771

013. 呈新疆各属光绪十二年十月粮价清单

光绪十三年二月二十三日(1887年3月17日)…………… 772

014. 审拟英吉沙尔回民木沙捉奸伤命折

光绪十三年二月二十三日(1887年3月17日) ………… 774
015. 请以刘嘉德调补莎车直隶知州缘由折
光绪十三年二月二十八日(1887年3月22日) ………… 776
016. 审拟回民马夏西子斗殴毙命一案折
光绪十三年二月二十八日(1887年3月22日) ………… 777
017. 请恤乌垣等处阵亡殉难官绅兵民折
光绪十三年二月二十八日(1887年3月22日) ………… 778
018. 特参李清贵任意妄为请旨革职片
光绪十三年二月二十八日(1887年3月22日) ………… 779
019. 查明毛运如积劳病故并眷属殉难片
光绪十三年二月二十八日(1887年3月22日) ………… 779
020. 奏报新疆田赋户籍造册咨部立案折
光绪十三年三月初五日(1887年3月29日) ………… 780
021. 奏报西征欠饷逾期未到恳拨库款折
光绪十三年三月初五日(1887年3月29日) ………… 782
022. 奏报新疆光绪十二年十一月雨雪粮价折
光绪十三年三月初九日(1887年4月2日) ………… 787
023. 呈新疆光绪十二年十一月粮价清单
光绪十三年三月初九日(1887年4月2日) ………… 788
024. 审拟疏勒州民帕土因奸酿命一案折
光绪十三年三月初九日(1887年4月2日) ………… 790
025. 奏报拟设伊塔道府等官缘由折
光绪十三年三月十二日(1887年4月5日) ………… 791
026. 奏报城守尉到省会商满营迁并事宜折
光绪十三年四月初四日(1887年4月26日) ………… 794
027. 奏报副都统富勒铭额交卸并请擢用片
光绪十三年四月初四日(1887年4月26日) ………… 795
028. 审拟奇台客民蔡殿学斗殴毙命一案折
光绪十三年四月十四日(1887年5月6日) ………… 796
029. 请将王德溥并其母姚氏妻郭氏旌恤片
光绪十三年四月十四日(1887年5月6日) ………… 797

030. 请将提督谭拔萃附祀片
　　　光绪十三年四月十四日(1887年5月6日)……………… 798
031. 特参守备徐泰先不守营规请旨革职片
　　　光绪十三年四月十四日(1887年5月6日)……………… 798
032. 奏报新疆光绪十二年十二月雨雪粮价情形折
　　　光绪十三年四月二十七日(1887年5月19日)…………… 799
033. 呈新疆各属光绪十二年十二月粮价清单
　　　光绪十三年四月二十七日(1887年5月19日)…………… 799
034. 奏报拣员请补叶城县要缺知县折
　　　光绪十三年四月二十七日(1887年5月19日)…………… 802
035. 奏报提督呈请复姓归宗折
　　　光绪十三年闰四月初四日(1887年5月26日)…………… 803
036. 新疆无秋审人犯请饬核议册式及日期折
　　　光绪十三年闰四月初四日(1887年5月26日)…………… 804
037. 奏报新疆光绪十三年正月雨水粮价情形折
　　　光绪十三年闰四月初四日(1887年5月26日)…………… 805
038. 呈新疆各属光绪十三年正月粮价清单
　　　光绪十三年闰四月初四日(1887年5月26日)…………… 805
039. 原保通判王孚征等底衔有误请饬更正片
　　　光绪十三年闰四月初四日(1887年5月26日)…………… 808
040. 奏报伊犁将军病势较轻毋庸驰往折
　　　光绪十三年闰四月十一日(1887年6月2日)…………… 809
041. 奏报知县李原琳试署期满请旨实授折
　　　光绪十三年闰四月十三日(1887年6月4日)…………… 810
042. 奏请设立抚署笔帖式缘由折
　　　光绪十三年闰四月十三日(1887年6月4日)…………… 811
043. 请以杨廷珍补授喀喇沙尔同知折
　　　光绪十三年闰四月十三日(1887年6月4日)…………… 812
044. 蒙部缠回改归地方管辖并改铸关防片
　　　光绪十三年闰四月十三日(1887年6月4日)…………… 813
045. 奏报呈进新疆回部贡金折

　　　　　光绪十三年闰四月二十七日(1887年6月18日) ………… 814
046. 奏为赏假三月并人参八两谢恩折
　　　　　光绪十三年闰四月二十七日(1887年6月18日) ………… 815
047. 奏报各属光绪十三年二月雨水粮价折
　　　　　光绪十三年五月初九日(1887年6月29日) …………… 816
048. 呈新疆各属光绪十三年二月粮价清单
　　　　　光绪十三年五月初九日(1887年6月29日) …………… 816
049. 审拟叶城县民苏皮盖殴毙人命一案折
　　　　　光绪十三年五月初九日(1887年6月29日) …………… 819
050. 光绪十二年新疆命盗案件摘由汇奏折
　　　　　光绪十三年五月初九日(1887年6月29日) …………… 820
051. 奏为请颁司道传敕缘由折
　　　　　光绪十三年五月初九日(1887年6月29日) …………… 821
052. 奏为请颁王命旗牌片
　　　　　光绪十三年五月初九日(1887年6月29日) …………… 821
053. 奏报各属光绪十三年三月雨水粮价情形折
　　　　　光绪十三年五月二十二日(1887年7月12日) ………… 822
054. 呈新疆各属光绪十三年三月粮价清单
　　　　　光绪十三年五月二十二日(1887年7月12日) ………… 822
055. 奏报防营弁勇及各台局光绪十二年秋冬实数折
　　　　　光绪十三年五月二十二日(1887年7月12日) ………… 825
056. 呈防营员弁勇丁光绪十二年秋冬实数清单
　　　　　光绪十三年五月二十二日(1887年7月12日) ………… 826
057. 呈新疆各台局义学光绪十二年秋冬清单
　　　　　光绪十三年五月二十二日(1887年7月12日) ………… 827
058. 奏报温宿州乌什厅被水大概情形片
　　　　　光绪十三年五月二十二日(1887年7月12日) ………… 829
059. 查明总兵黄得遇底衔错误请饬更正片
　　　　　光绪十三年五月二十二日(1887年7月12日) ………… 830
060. 查明何品忠等原保错误请饬更正片
　　　　　光绪十三年五月二十二日(1887年7月12日) ………… 830

061. 审拟伊犁客民马卖尔拒奸毙命一案折
　　　光绪十三年六月初二日（1887年7月22日）……………831
062. 审拟昌吉客民李宏见致毙人命一案折
　　　光绪十三年六月初二日（1887年7月22日）……………832
063. 奏为请旌节妇李欧阳氏缘由折
　　　光绪十三年六月初二日（1887年7月22日）……………833
064. 审拟疏附县民思拉木卡巴克因赌斗毙折
　　　光绪十三年六月十一日（1887年7月31日）……………834
065. 新省额设坛庙祠宇祀典请饬立案折
　　　光绪十三年六月十一日（1887年7月31日）……………836
066. 奏报拜城县报被水灾情片
　　　光绪十三年六月十一日（1887年7月31日）……………837
067. 奏报各属光绪十三年四月雨水粮价情形折
　　　光绪十三年六月二十四日（1887年8月13日）…………837
068. 呈新疆各属光绪十三年四月粮价清单
　　　光绪十三年六月二十四日（1887年8月13日）…………838
069. 审拟伊犁民人王连生妒奸毙命一案折
　　　光绪十三年六月二十四日（1887年8月13日）…………840
070. 查明呼图克图徒众迁徙并筹哈巴河防务折
　　　光绪十三年六月二十四日（1887年8月13日）…………842
071. 奏报总兵戴宏胜因病出缺片
　　　光绪十三年六月二十四日（1887年8月13日）…………846
072. 请赏坎巨提头目翎顶片
　　　光绪十三年六月二十四日（1887年8月13日）…………846
073. 奏销关外光绪七八两年报销各款折
　　　光绪十三年七月初三日（1887年8月21日）……………847
074. 呈光绪七八两年部驳关外报销各款登复清单
　　　光绪十三年七月初三日（1887年8月21日）……………848
075. 奏报新省添设税务局试办缘由折
　　　光绪十三年七月初三日（1887年8月21日）……………856
076. 遵照部议候选州判舒体元另核请奖片

光绪十三年七月初三日（1887年8月21日）………… 857

077. 饬令库车直隶同知潘震即赴新任片
光绪十三年七月初三日（1887年8月21日）………… 858

078. 奏报效力赎罪人员赵沃投到日期片
光绪十三年七月初三日（1887年8月21日）………… 858

079. 前乌鲁木齐都统银印及关防缴销片
光绪十三年七月初三日（1887年8月21日）………… 859

080. 奏报塔台营勇溃变并筹办大概情形折
光绪十三年七月初七日（1887年8月25日）………… 859

081. 查明溃勇就抚拟筹整顿缘由折
光绪十三年七月十一日（1887年8月29日）………… 861

082. 请以张起宇借补英吉沙尔同知折
光绪十三年七月二十日（1887年9月7日）………… 863

083. 新疆各属光绪十二年征收征信册遵章印发折
光绪十三年七月二十日（1887年9月7日）………… 864

084. 新疆本年军政呈请仍准展缓片
光绪十三年七月二十日（1887年9月7日）………… 866

085. 奏报各属光绪十三年闰四月雨水粮价折
光绪十三年七月二十六日（1887年9月13日）………… 867

086. 呈新疆各属光绪十三年闰四月粮价清单
光绪十三年七月二十六日（1887年9月13日）………… 868

087. 审拟叶城县民胡完殴毙人命一案折
光绪十三年七月二十六日（1887年9月13日）………… 870

088. 奏报新疆城署各工告竣请奖缘由折
光绪十三年七月二十六日（1887年9月13日）………… 872

089. 催解南路工程银两并筹拨北路专款片
光绪十三年七月二十六日（1887年9月13日）………… 873

090. 奏报筹发欠饷并恳请续假折
光绪十三年八月初一日（1887年9月17日）………… 874

091. 查明司库支绌请立案备拨缘由折
光绪十三年八月初一日（1887年9月17日）………… 875

092. 奏报旗营归并古城酌拟旗制饷章折
　　　光绪十三年八月初一日（1887 年 9 月 17 日）……… 877

093. 呈满营归并古城拟设六旗官兵清单
　　　光绪十三年八月初一日（1887 年 9 月 17 日）……… 879

094. 满营归并古城六旗应需饷项清单
　　　光绪十三年八月初一日（1887 年 9 月 17 日）……… 880

095. 审拟英吉沙尔厅民于素普强奸毙命折
　　　光绪十三年八月初八日（1887 年 9 月 24 日）……… 884

096. 奏为胪陈戴宏胜战绩请饬优恤缘由折
　　　光绪十三年八月初八日（1887 年 9 月 24 日）……… 885

097. 请恤邹鲁彦等六员缘由片
　　　光绪十三年八月初八日（1887 年 9 月 24 日）……… 886

098. 奏调道员王久铭赴新疆差遣片
　　　光绪十三年八月初八日（1887 年 9 月 24 日）……… 887

099. 请以杨敏借补玛喇巴什通判缘由折
　　　光绪十三年八月十四日（1887 年 9 月 30 日）……… 888

100. 奏报新疆暂难规复制钱缘由折
　　　光绪十三年八月十四日（1887 年 9 月 30 日）……… 889

101. 奏报迪化府城隍神灵显应请敕封号折
　　　光绪十三年九月初一日（1887 年 10 月 17 日）……… 890

102. 奏报新疆光绪十三年五月雨水粮价情形折
　　　光绪十三年九月初一日（1887 年 10 月 17 日）……… 891

103. 呈新疆各属光绪十三年五月粮价清单
　　　光绪十三年九月初一日（1887 年 10 月 17 日）……… 892

104. 关外光绪十年军需善后收支请饬查销折
　　　光绪十三年九月初一日（1887 年 10 月 17 日）……… 894

105. 呈光绪十年关外军需善后收支数目清单
　　　光绪十三年九月初一日（1887 年 10 月 17 日）……… 895

106. 奏报遵旨筹办塔尔巴哈台事务折
　　　光绪十三年九月初十日（1887 年 10 月 26 日）……… 899

107. 特参通判周锡文庸劣不职请旨革职折

光绪十三年九月十九日（1887年11月4日）⋯⋯⋯⋯⋯⋯ 902
108. 请旌节妇张杨氏缘由折
光绪十三年九月十九日（1887年11月4日）⋯⋯⋯⋯⋯⋯ 903
109. 审拟缠回玉素甫谋杀人命案由折
光绪十三年九月十九日（1887年11月4日）⋯⋯⋯⋯⋯⋯ 904
110. 审拟温宿客民吾受尔斗殴毙命一案折
光绪十三年九月十九日（1887年11月4日）⋯⋯⋯⋯⋯⋯ 905
111. 奏报镇西厅禾稼被灾片
光绪十三年九月十九日（1887年11月4日）⋯⋯⋯⋯⋯⋯ 906
112. 特参游击邓德贵等请旨革职片
光绪十三年九月十九日（1887年11月4日）⋯⋯⋯⋯⋯⋯ 907
113. 奏报新疆光绪十三年六月雨水粮价情形折
光绪十三年九月二十八日（1887年11月13日）⋯⋯⋯⋯⋯⋯ 907
114. 呈新疆各属光绪十三年六月粮价清单
光绪十三年九月二十八日（1887年11月13日）⋯⋯⋯⋯⋯⋯ 908
115. 请将原保守备王大兴底衔饬部更正片
光绪十三年九月二十八日（1887年11月13日）⋯⋯⋯⋯⋯⋯ 910
116. 奏报绥来等处秋禾被灾情形片
光绪十三年九月二十八日（1887年11月13日）⋯⋯⋯⋯⋯⋯ 911
117. 奏报都司向科德因病身故请旨开缺片
光绪十三年九月二十八日（1887年11月13日）⋯⋯⋯⋯⋯⋯ 912
118. 审拟奇台客民许昌家被贼抢劫一案折
光绪十三年十月十七日（1887年12月1日）⋯⋯⋯⋯⋯⋯ 913
119. 奏报库尔喀喇乌苏厅稻谷被灾片
光绪十三年十月十七日（1887年12月1日）⋯⋯⋯⋯⋯⋯ 917
120. 委令黄率淮署理库尔喀喇乌苏同知片
光绪十三年十月十七日（1887年12月1日）⋯⋯⋯⋯⋯⋯ 917
121. 委令连喜署理乌鲁木齐左翼佐领片
光绪十三年十月十七日（1887年12月1日）⋯⋯⋯⋯⋯⋯ 918
122. 新疆诸军员缺营制饷章仿照抚标拟议折
光绪十三年十月二十七日（1887年12月11日）⋯⋯⋯⋯⋯⋯ 918

123. 呈拟设新疆诸军各营哨官弁勇数目清单
　　　光绪十三年十月二十七日(1887 年 12 月 11 日)………… 921
124. 呈拟定诸军各营旗哨等营制饷章清单
　　　光绪十三年十月二十七日(1887 年 12 月 11 日)………… 925
125. 呈拟设新疆诸军各营官弁数目清单
　　　光绪十三年十月二十七日(1887 年 12 月 11 日)………… 928
126. 奏报新疆光绪十三年七月雨水粮价情形折
　　　光绪十三年十一月初一日(1887 年 12 月 15 日)………… 933
127. 呈新疆各属光绪十三年七月粮价清单
　　　光绪十三年十一月初一日(1887 年 12 月 15 日)………… 933
128. 请准以陈希洛补授迪化县知县折
　　　光绪十三年十一月初一日(1887 年 12 月 15 日)………… 936
129. 估修古城衙署兵房等工立案折
　　　光绪十三年十一月初一日(1887 年 12 月 15 日)………… 937
130. 查明边防案内原保不符遵照部议另奖折
　　　光绪十三年十一月二十一日(1888 年 1 月 4 日)………… 938
131. 呈边防案内原保遵照部议另奖清单
　　　光绪十三年十一月二十一日(1888 年 1 月 4 日)………… 938
132. 奏报镇西等处被灾请分别蠲缓额征折
　　　光绪十三年十一月二十一日(1888 年 1 月 4 日)………… 940
133. 边防遵保各省筹饷出力人员另核请奖折
　　　光绪十三年十一月二十四日(1888 年 1 月 7 日)………… 942
134. 呈各省关筹饷出力人员另核请奖清单
　　　光绪十三年十一月二十四日(1888 年 1 月 7 日)………… 942
135. 奏报新疆光绪十三年八月雨水粮价情形折
　　　光绪十三年十一月二十九日(1888 年 1 月 12 日)………… 944
136. 呈新疆各属光绪十三年八月粮价清单
　　　光绪十三年十一月二十九日(1888 年 1 月 12 日)………… 945
137. 奏报温宿等处被灾请予蠲缓额征折
　　　光绪十三年十一月二十九日(1888 年 1 月 12 日)………… 947
138. 病难速痊仍恳开缺回籍就医折

　　　　光绪十三年十二月十三日（1888年1月25日）……949
139. 查明被灾各属来春分别接济折
　　　　光绪十三年十二月十四日（1888年1月26日）……950
140. 指拨新疆光绪十四年饷数并应议各条复陈折
　　　　光绪十三年十二月十四日（1888年1月26日）……951
141. 呈报新疆省应议各条分晰复陈清单
　　　　光绪十三年十二月十四日（1888年1月26日）……953
142. 委令夏毓衡等署理知县等缺片
　　　　光绪十三年十二月十四日（1888年1月26日）……956
143. 奏请核销光绪九年以前收支银粮折
　　　　光绪十三年十二月十六日（1888年1月28日）……957
144. 呈核销光绪九年以前收支本色京斗粮石清单
　　　　光绪十三年十二月十六日（1888年1月28日）……958
145. 呈核销光绪九年以前收支各款银两数目清单
　　　　光绪十三年十二月十六日（1888年1月28日）……960
146. 奏报新疆光绪十三年九月雨水粮价折
　　　　光绪十三年十二月十六日（1888年1月28日）……962
147. 呈新疆各属光绪十三年九月粮价清单
　　　　光绪十三年十二月十六日（1888年1月28日）……963
148. 奏报新疆光绪十三年夏秋禾约收分数折
　　　　光绪十三年十二月十六日（1888年1月28日）……965
149. 呈新疆光绪十三年夏禾约收分数清单
　　　　光绪十三年十二月十六日（1888年1月28日）……966
150. 呈新疆光绪十三年秋禾约收分数清单
　　　　光绪十三年十二月十六日（1888年1月28日）……967
151. 新疆总兵城守尉司道等官年终密考折
　　　　光绪十三年十二月十六日（1888年1月28日）……967
152. 呈新疆文武大员年终密考清单
　　　　光绪十三年十二月十六日（1888年1月28日）……968
153. 核销新疆光绪十年收支银粮各数折
　　　　光绪十三年十二月十八日（1888年1月30日）……968

154. 呈新疆光绪十年收支各款银两数目清单
    光绪十三年十二月十八日（1888 年 1 月 30 日）………… 970

155. 呈新疆光绪十年收支粮石草束各数清单
    光绪十三年十二月十八日（1888 年 1 月 30 日）………… 971

156. 新疆十一年分司库收支恳饬核销折
    光绪十三年十二月十八日（1888 年 1 月 30 日）………… 973

157. 呈光绪十一年新疆各属收支各款清单
    光绪十三年十二月十八日（1888 年 1 月 30 日）………… 975

158. 呈光绪十一年新疆各属各色粮石清单
    光绪十三年十二月十八日（1888 年 1 月 30 日）………… 977

159. 呈新疆通省光绪十一年本色草束清单
    光绪十三年十二月十八日（1888 年 1 月 30 日）………… 978

160. 云骑尉世职许世万年已及岁请准承袭折
    光绪十三年十二月十九日（1888 年 1 月 31 日）………… 979

161. 奏为已故大臣明春请建专祠折
    光绪十三年十二月十九日（1888 年 1 月 31 日）………… 980

162. 审拟缠民土的因奸殴毙堂嫂一案折
    光绪十三年十二月十九日（1888 年 1 月 31 日）………… 982

163. 审拟疏勒缠民托古答殴毙妻命一案折
    光绪十三年十二月十九日（1888 年 1 月 31 日）………… 983

164. 审拟张叙汶等图财害命一案折
    光绪十三年十二月二十日（1888 年 2 月 1 日）………… 984

下册

光绪十四年 ………………………………………………… 987

001. 奏为赏福字及荷包等物谢恩折
    光绪十四年二月初五日（1888 年 3 月 17 日）………… 987

002. 代奏回子亲王沙木胡索特谢赏折
    光绪十四年二月初五日（1888 年 3 月 17 日）………… 987

003. 奏报呈进回部贡金折
    光绪十四年二月初五日（1888 年 3 月 17 日）………… 988

004. 恭报呈缴朱批原件折

　　光绪十四年二月初五日（1888 年 3 月 17 日）……………… 988

005. 奏报新疆光绪十三年十月雨水粮价折

　　光绪十四年二月初十日（1888 年 3 月 22 日）……………… 989

006. 呈新疆各属光绪十三年十月粮价清单

　　光绪十四年二月初十日（1888 年 3 月 22 日）……………… 989

007. 委令曾松明署理城守营副将片

　　光绪十四年二月初十日（1888 年 3 月 22 日）……………… 992

008. 委令陈名钰等调署知府等缺片

　　光绪十四年二月初十日（1888 年 3 月 22 日）……………… 992

009. 查明游春泽等不法各员分别议拟缘由折

　　光绪十四年二月十一日（1888 年 3 月 23 日）……………… 993

010. 吴炳鑫等被参亏款冤抑请饬开复原官片

　　光绪十四年二月十一日（1888 年 3 月 23 日）……………… 1000

011. 审拟于阗回妇海力姐谋杀本夫一案折

　　光绪十四年二月十九日（1888 年 3 月 31 日）……………… 1002

012. 审拟英吉沙尔缠民苦则斗殴毙命一案折

　　光绪十四年二月十九日（1888 年 3 月 31 日）……………… 1004

013. 请饬官员解缴所欠新疆经费银两片

　　光绪十四年二月十九日（1888 年 3 月 31 日）……………… 1005

014. 提督陈建厚打仗受伤请免骑射片

　　光绪十四年二月十九日（1888 年 3 月 31 日）……………… 1006

015. 委令袁运鸿等署理直隶厅同知片

　　光绪十四年二月十九日（1888 年 3 月 31 日）……………… 1006

016. 欠饷清理就绪恳饬指拨以清借款折

　　光绪十四年三月初一日（1888 年 4 月 11 日）……………… 1007

017. 奏为遵保提镇各员缘由折

　　光绪十四年三月初一日（1888 年 4 月 11 日）……………… 1009

018. 呈遵保提镇各员并填注考语清单

　　光绪十四年三月初一日（1888 年 4 月 11 日）……………… 1009

019. 请恤道员雷声远等片

　　　　光绪十四年三月初一日(1888 年 4 月 11 日) ………… 1010
020. 原保补用道孙寿昶另核请奖片
　　　　光绪十四年三月初一日(1888 年 4 月 11 日) ………… 1011
021. 查明原保候选道曾尔昌另核请奖片
　　　　光绪十四年三月初一日(1888 年 4 月 11 日) ………… 1012
022. 审拟张得胜刃伤滕海云毙命一案折
　　　　光绪十四年三月初三日(1888 年 4 月 13 日) ………… 1013
023. 审拟缠民拉思尔与沙拉以顶斗殴毙命一案折
　　　　光绪十四年三月初三日(1888 年 4 月 13 日) ………… 1014
024. 奏报光绪十三年十一月雨水粮价折
　　　　光绪十四年三月初六日(1888 年 4 月 16 日) ………… 1015
025. 呈新疆光绪十三年十一月粮价清单
　　　　光绪十四年三月初六日(1888 年 4 月 16 日) ………… 1016
026. 奏报副将张大林底衔有误请饬更正片
　　　　光绪十四年三月初六日(1888 年 4 月 16 日) ………… 1018
027. 查明训导熊焕章出身请照原保核奖片
　　　　光绪十四年三月初六日(1888 年 4 月 16 日) ………… 1019
028. 审拟和阗回妇立的皮谋杀人命一案折
　　　　光绪十四年三月初九日(1888 年 4 月 19 日) ………… 1020
029. 新疆十三年办理情罪大案摘由汇报折
　　　　光绪十四年三月初九日(1888 年 4 月 19 日) ………… 1021
030. 呈办理情罪重大案件摘由汇报清单
　　　　光绪十四年三月初九日(1888 年 4 月 19 日) ………… 1022
031. 查明游击杨德法底衔错误请饬更正片
　　　　光绪十四年三月初九日(1888 年 4 月 19 日) ………… 1025
032. 查明副将张清和底衔错误请饬更正片
　　　　光绪十四年三月初九日(1888 年 4 月 19 日) ………… 1026
033. 奏报光绪十三年春夏防营官兵及台局数目折
　　　　光绪十四年三月十六日(1888 年 4 月 26 日) ………… 1027
034. 呈光绪十三年春夏防营官兵等数目清单
　　　　光绪十四年三月十六日(1888 年 4 月 26 日) ………… 1028

035. 呈各台局义学光绪十三年上半年清单
　　光绪十四年三月十六日(1888 年 4 月 26 日) ………… 1029
036. 查明提督谭正南底衔错误请饬更正片
　　光绪十四年三月十六日(1888 年 4 月 26 日) ………… 1031
037. 审拟和阗州民胡完争殴毙命一案折
　　光绪十四年三月十九日(1888 年 4 月 29 日) ………… 1031
038. 审拟莎车州民托古大斗殴毙命一案折
　　光绪十四年三月十九日(1888 年 4 月 29 日) ………… 1032
039. 修建南路衙署并拟修通省武官营署折
　　光绪十四年三月二十八日(1888 年 5 月 8 日) ………… 1033
040. 估修迪化府及经历衙署监狱银数片
　　光绪十四年三月二十八日(1888 年 5 月 8 日) ………… 1034
041. 奏报光绪十三年十二月雨水粮价折
　　光绪十四年四月初三日(1888 年 5 月 13 日) ………… 1035
042. 呈新疆光绪十三年十二月粮价清单
　　光绪十四年四月初六日(1888 年 5 月 13 日) ………… 1035
043. 审拟吐鲁番客民朱元斗殴毙命一案折
　　光绪十四年四月初三日(1888 年 5 月 13 日) ………… 1038
044. 审拟缠民托胡大阿生木斗殴毙命一案折
　　光绪十四年四月初三日(1888 年 5 月 13 日) ………… 1039
045. 奏为奉旨开复降级处分谢恩折
　　光绪十四年四月二十四日(1888 年 6 月 3 日) ………… 1040
046. 查明新疆现办税务情形折
　　光绪十四年四月二十五日(1888 年 6 月 4 日) ………… 1041
047. 原保选用训导陈寿昌请准改奖片
　　光绪十四年四月二十五日(1888 年 6 月 4 日) ………… 1042
048. 奏报故大臣左宗棠专祠告成请饬立案折
　　光绪十四年四月二十五日(1888 年 6 月 4 日) ………… 1042
049. 奏报捐建左宗棠祠宇并请附祀立案片
　　光绪十四年四月二十五日(1888 年 6 月 4 日) ………… 1043
050. 奏报新疆省捐修湘军忠义祠立案片

051. 审拟温宿买迈托胡达斗殴毙命一案折
　　　光绪十四年四月二十五日(1888年6月4日) …………… 1044
052. 审拟吐鲁番民秦禧伤人毙命一案折
　　　光绪十四年四月二十七日(1888年6月6日) …………… 1044
053. 奏报新疆光绪十四年正月雨水粮价折
　　　光绪十四年四月二十七日(1888年6月6日) …………… 1045
054. 呈新疆光绪十四年正月粮价清单
　　　光绪十四年五月十五日(1888年6月24日) …………… 1046
055. 委任柳葆元署理疏附县知县片
　　　光绪十四年五月十五日(1888年6月24日) …………… 1047
056. 请设迪化府学额缘由折
　　　光绪十四年五月十五日(1888年6月24日) …………… 1049
057. 奏委陈晋蕃署理伊塔道篆务片
　　　光绪十四年五月十七日(1888年6月26日) …………… 1050
058. 奏报新疆光绪十四年二月雨水粮价折
　　　光绪十四年五月十七日(1888年6月26日) …………… 1051
059. 呈新疆各属光绪十四年二月粮价清单
　　　光绪十四年五月二十六日(1888年7月5日) …………… 1052
060. 提督萧拱照未能约束勇丁请旨处分片
　　　光绪十四年五月二十六日(1888年7月5日) …………… 1052
061. 委令联恩仍回伊犁理事同知原任片
　　　光绪十四年五月二十六日(1888年7月5日) …………… 1055
062. 委令高敬昌等署理知县片
　　　光绪十四年五月二十六日(1888年7月5日) …………… 1055
063. 酌定伊塔旗营员缺并筹办营务折
　　　光绪十四年五月二十六日(1888年7月5日) …………… 1056
064. 奏报龙神灵应请敕加封号折
　　　光绪十四年五月二十八日(1888年7月7日) …………… 1056
065. 奏请旌表节妇陈王氏折
　　　光绪十四年六月十二日(1888年7月20日) …………… 1058
　　　光绪十四年六月十二日(1888年7月20日) …………… 1059

066. 奏报讯明溃弁就地正法情形片

　　光绪十四年六月十二日(1888年7月20日)……………1060

067. 查明总兵余福章底衔错误请饬更正片

　　光绪十四年六月十二日(1888年7月20日)……………1061

068. 查明提督周天财名字错误请饬更正片

　　光绪十四年六月十二日(1888年7月20日)……………1061

069. 复陈关外光绪七八两年报销恳饬准销折

　　光绪十四年六月二十二日(1888年7月30日)…………1062

070. 呈光绪七八两年关外报销收支各款清单

　　光绪十四年六月二十二日(1888年7月30日)…………1064

071. 原保即选知府邵醴泉另核改奖片

　　光绪十四年六月二十二日(1888年7月30日)…………1070

072. 奏报新疆光绪十四年三月雨水粮价折

　　光绪十四年七月初一日(1888年8月8日)……………1070

073. 呈新疆光绪十四年三月粮价清单

　　光绪十四年七月初一日(1888年8月8日)……………1071

074. 奏报废员防守出力请旨减释缘由折

　　光绪十四年七月初一日(1888年8月8日)……………1074

075. 奏报满营官兵迁并古城到防日期折

　　光绪十四年七月初一日(1888年8月8日)……………1074

076. 委令德克吉本署理满营左翼佐领片

　　光绪十四年七月初一日(1888年8月8日)……………1075

077. 查明叶锡麟被参缘由并请即行革职片

　　光绪十四年七月初一日(1888年8月8日)……………1075

078. 奏报动用商借银两分别抵销归还折

　　光绪十四年七月初七日(1888年8月14日)……………1076

079. 奏报阿克苏道黄光达闻讣丁忧等情折

　　光绪十四年七月十三日(1888年8月20日)……………1078

080. 请准提督董福祥留于新疆补用片

　　光绪十四年七月十六日(1888年8月23日)……………1079

081. 恳准开缺回籍就医藉遂乌私缘由折

　　　　　光绪十四年七月十九日（1888 年 8 月 26 日）……………… 1080
082. 奏报光绪十四年四月雨水粮价折
　　　　　光绪十四年七月二十四日（1888 年 8 月 31 日）……………… 1081
083. 呈新疆各属光绪十四年四月粮价清单
　　　　　光绪十四年七月二十四日（1888 年 8 月 31 日）……………… 1082
084. 审拟温宿缠民哎曼尔斗殴毙命一案折
　　　　　光绪十四年七月二十四日（1888 年 8 月 31 日）……………… 1084
085. 请准亲军校保庆留新疆差遣片
　　　　　光绪十四年七月二十四日（1888 年 8 月 31 日）……………… 1085
086. 哈密等处回王年班恳分年分班赴京折
　　　　　光绪十四年七月二十六日（1888 年 9 月 2 日）……………… 1086
087. 委任英林署理伊塔兵备道片
　　　　　光绪十四年七月二十六日（1888 年 9 月 2 日）……………… 1088
088. 特参知县郑廷璧请旨革职归案审办折
　　　　　光绪十四年七月二十七日（1888 年 9 月 3 日）……………… 1088
089. 新疆抚标城守各营添改官缺均作题缺折
　　　　　光绪十四年七月二十九日（1888 年 9 月 5 日）……………… 1090
090. 奏报光绪十三年秋冬防营官兵台局数目折
　　　　　光绪十四年八月初六日（1888 年 9 月 11 日）……………… 1091
091. 呈光绪十三年秋冬防营官兵等数目清单
　　　　　光绪十四年八月初六日（1888 年 9 月 11 日）……………… 1092
092. 呈新疆各台局义学光绪十三年下半年清单
　　　　　光绪十四年八月初六日（1888 年 9 月 11 日）……………… 1095
093. 奏报伊犁营勇亟宜裁汰整顿折
　　　　　光绪十四年八月十二日（1888 年 9 月 17 日）……………… 1097
094. 奏报黄袠饬赴叶城县知县本任片
　　　　　光绪十四年八月十二日（1888 年 9 月 17 日）……………… 1099
095. 奏报查明镇西厅被旱被鼠大概片
　　　　　光绪十四年八月十二日（1888 年 9 月 17 日）……………… 1100
096. 请准布政使魏光焘暂缓陛见片
　　　　　光绪十四年八月十二日（1888 年 9 月 17 日）……………… 1100

097. 乌垣提标参游以下各官一律开缺咨补折
　　光绪十四年八月二十二日(1888年9月27日) ………… 1102
098. 呈乌垣标营参游以下等官开缺清单
　　光绪十四年八月二十二日(1888年9月27日) ………… 1103
099. 奏报新疆光绪十四年五月雨水粮价折
　　光绪十四年九月十三日(1888年10月17日) ………… 1103
100. 呈新疆各属光绪十四年五月粮价清单
　　光绪十四年九月十三日(1888年10月17日) ………… 1104
101. 请旌烈妇周罗氏缘由折
　　光绪十四年九月十三日(1888年10月17日) ………… 1107
102. 审拟库车缠民托哈斗殴毙命一案折
　　光绪十四年九月十三日(1888年10月17日) ………… 1108
103. 奏报人犯在配脱逃请饬部议罪名折
　　光绪十四年九月十三日(1888年10月17日) ………… 1109
104. 奏报新疆绥来县被雹大概情形片
　　光绪十四年九月十三日(1888年10月17日) ………… 1110
105. 委任陈名钰署理阿克苏道篆片
　　光绪十四年九月十三日(1888年10月17日) ………… 1110
106. 委任潘效苏署理伊犁府知府片
　　光绪十四年九月十三日(1888年10月17日) ………… 1111
107. 估拨光绪十五年新饷汇入关内统收分支折
　　光绪十四年九月十五日(1888年10月19日) ………… 1111
108. 新疆首次遵办郑工捐输恳饬奖叙折
　　光绪十四年九月十五日(1888年10月19日) ………… 1112
109. 请将防御哲克栋俄开复革职处分片
　　光绪十四年九月十五日(1888年10月19日) ………… 1113
110. 奏报光绪十四年六月雨水粮价折
　　光绪十四年九月二十六日(1888年10月30日) ………… 1114
111. 呈新疆各属光绪十四年六月粮价清单
　　光绪十四年九月二十六日(1888年10月30日) ………… 1115
112. 代奏回子亲王恳请暂缓进京朝贺折

光绪十四年九月二十六日(1888年10月30日)……1117

113. 请准提督黄万鹏等留于新疆补用片
　　光绪十四年九月二十六日(1888年10月30日)……1118

114. 奏报金永声年已及岁请准承袭世职片折
　　光绪十四年九月二十八日(1888年11月1日)……1119

115. 审拟库车缠民那买提等共殴毙命一案折
　　光绪十四年九月二十八日(1888年11月1日)……1120

116. 汇报光绪十四年春夏办理情罪重大案件折
　　光绪十四年九月二十八日(1888年11月1日)……1121

117. 呈光绪十四年春夏办理情罪重大案件清单
　　光绪十四年九月二十八日(1888年11月1日)……1122

118. 请将知县冯森楷与陈希洛革职议处片
　　光绪十四年九月二十八日(1888年11月1日)……1124

119. 请将城守营守备邓得胜革职片
　　光绪十四年九月二十八日(1888年11月1日)……1125

120. 奏报光绪十三年征收额粮及散发征信各册折
　　光绪十四年十月初三日(1888年11月6日)……1125

121. 特参游击秦上标请旨革职归审片
　　光绪十四年十月初三日(1888年11月6日)……1127

122. 原保副将黄泗元等衔名错误请饬更正片
　　光绪十四年十月初三日(1888年11月6日)……1127

123. 原保补用都司彭炳南请旨改奖片
　　光绪十四年十月初三日(1888年11月6日)……1128

124. 筹议古城满营官兵随缺地亩等情折
　　光绪十四年十月初八日(1888年11月11日)……1129

125. 审拟叶城缠民哈生木致毙人命一案折
　　光绪十四年十月初八日(1888年11月11日)……1130

126. 审拟疏勒缠民沙五提拒杀人命一案折
　　光绪十四年十月初八日(1888年11月11日)……1131

127. 整顿伊犁勇营先将拟办情形陈明折
　　光绪十四年十月二十三日(1888年11月26日)……1132

128. 请饬各省关速解银两以清垫款折
　　光绪十四年十月二十三日(1888年11月26日) ………… 1134
129. 呈报南路已修城署等工收支经费清单
　　光绪十四年十月二十三日(1888年11月26日) ………… 1136
130. 委任张起宇署理吐鲁番厅同知片
　　光绪十四年十月二十三日(1888年11月26日) ………… 1138
131. 奏报新疆光绪十四年七月雨水粮价折
　　光绪十四年十一月初六日(1888年12月8日) ………… 1138
132. 呈新疆各属光绪十四年七月粮价清单
　　光绪十四年十一月初六日(1888年12月8日) ………… 1139
133. 请旌节妇王刘氏缘由折
　　光绪十四年十一月初六日(1888年12月8日) ………… 1142
134. 审拟缠回坎闵殴杀一家二命案由折
　　光绪十四年十一月初六日(1888年12月8日) ………… 1143
135. 奏报新疆并无征收杂税未完片
　　光绪十四年十一月初六日(1888年12月8日) ………… 1144
136. 请以刘澄清补授奇台县知县缘由折
　　光绪十四年十一月十四日(1888年12月16日) ………… 1144
137. 审拟吐鲁番回民故杀人命一案缘由折
　　光绪十四年十一月十四日(1888年12月16日) ………… 1145
138. 恳饬核销光绪九十两年部议删除行查各款折
　　光绪十四年十一月十四日(1888年12月16日) ………… 1146
139. 呈光绪九十两年关外报销军需收支清单
　　光绪十四年十一月十四日(1888年12月16日) ………… 1147
140. 请蠲免镇西等处额粮及民欠粮石折
　　光绪十四年十一月十四日(1888年12月16日) ………… 1151
141. 奏为赏假六月并人参八两谢恩折
　　光绪十四年十一月二十二日(1888年12月24日) ……… 1153
142. 恳恩展假数月回籍省亲缘由折
　　光绪十四年十一月二十二日(1888年12月24日) ……… 1153
143. 奏报新疆光绪十四年八月雨水粮价折

　　　　　光绪十四年十一月二十八日（1888 年 12 月 30 日）………1155
144. 呈新疆各属光绪十四年八月粮价清单
　　　　　光绪十四年十一月二十八日（1888 年 12 月 30 日）………1155
145. 奏报新疆光绪十四年夏秋禾约收分数折
　　　　　光绪十四年十一月二十八日（1888 年 12 月 30 日）………1158
146. 呈光绪十四年夏秋禾约收分数清单
　　　　　光绪十四年十一月二十八日（1888 年 12 月 30 日）………1159
147. 查明新疆被灾各属来春毋庸接济折
　　　　　光绪十四年十一月二十八日（1888 年 12 月 30 日）………1160
148. 请简放新疆提督总兵各缺缘由折
　　　　　光绪十四年十一月二十八日（1888 年 12 月 30 日）………1161
149. 请以谭上连等补授提镇员缺片
　　　　　光绪十四年十一月二十八日（1888 年 12 月 30 日）………1162
150. 审拟叶城县缠民斯的克斗殴毙命一案折
　　　　　光绪十四年十一月二十九日（1888 年 12 月 31 日）………1162
151. 审拟疏勒缠民阿和普殴毙庶母一案折
　　　　　光绪十四年十一月二十九日（1888 年 12 月 31 日）………1163
152. 遵旨清结中俄积案并陈交涉情形折
　　　　　光绪十四年十一月二十九日（1888 年 12 月 31 日）………1164
153. 讯结已革都司李占奎被控欠价一案片
　　　　　光绪十四年十一月二十九日（1888 年 12 月 31 日）………1166
154. 特参知县娄绍豫、典史冯敬亭庸劣不职片
　　　　　光绪十四年十一月二十九日（1888 年 12 月 31 日）………1167
155. 奏销新疆光绪十一年防军善后收支各款折
　　　　　光绪十四年十二月初三日（1889 年 1 月 4 日）………1167
156. 呈光绪十一年甘肃关外防军收支各款清单
　　　　　光绪十四年十二月初三日（1889 年 1 月 4 日）………1169
157. 新疆光绪十二年分司库收支恳饬核销折
　　　　　光绪十四年十二月初三日（1889 年 1 月 4 日）………1172
158. 呈新疆各属光绪十二年收支各款银粮草束清单
　　　　　光绪十四年十二月初三日（1889 年 1 月 4 日）………1173

目录

159. 请将巴里坤镇标副游都守开缺另补折
    光绪十四年十二月初十日（1889年1月11日）………… 1177

160. 呈巴里坤镇标原设实缺武员姓名清单
    光绪十四年十二月初十日（1889年1月11日）………… 1178

161. 奏报新疆光绪十四年九月雨水粮价折
    光绪十四年十二月十五日（1889年1月16日）………… 1178

162. 呈新疆各属光绪十四年九月粮价清单
    光绪十四年十二月十五日（1889年1月16日）………… 1179

163. 伊犁新设各官关防印信请饬铸造颁发折
    光绪十四年十二月十五日（1889年1月16日）………… 1182

164. 委任刘昭南等署理知州等缺片
    光绪十四年十二月十五日（1889年1月16日）………… 1182

165. 请将陈名钰开去署缺仍留新疆叙补折
    光绪十四年十二月十八日（1889年1月19日）………… 1183

166. 光绪十二年防军善后收支恳饬核销折
    光绪十四年十二月十八日（1889年1月19日）………… 1184

167. 呈关外光绪十二年防军善后收支清单
    光绪十四年十二月十八日（1889年1月19日）………… 1185

168. 奏报新疆文武官员年终密呈考语折
    光绪十四年十二月十八日（1889年1月19日）………… 1189

169. 呈新疆司道府官员年终密呈考语清单
    光绪十四年十二月十八日（1889年1月19日）………… 1189

170. 查明守备宋继唐等底衔错误请饬更正片
    光绪十四年十二月十八日（1889年1月19日）………… 1190

171. 原保参将谢复胜底衔错误请饬更正片
    光绪十四年十二月十八日（1889年1月19日）………… 1190

172. 原保提督田九福底衔错误请饬更正片
    光绪十四年十二月十八日（1889年1月19日）………… 1191

光绪十五年 ……………………………………………… 1192

001. 筹议承化寺僧众迁徙事宜折
    光绪十五年正月二十四日（1889年2月23日）………… 1192

002. 奏报遵驳复核奸妇媚兰罪名缘由折
　　　光绪十五年正月二十五日（1889年2月24日）……………… 1195

003. 审拟托古大因奸谋毙人命一案缘由折
　　　光绪十五年正月二十五日（1889年2月24日）……………… 1197

004. 原保州判王礼元衔名错误请饬更正片
　　　光绪十五年正月二十五日（1889年2月24日）……………… 1198

005. 委任明征署理绥定县知县片
　　　光绪十五年正月二十五日（1889年2月24日）……………… 1198

006. 特参知州严先礼形同无赖请旨革职片
　　　光绪十五年正月二十五日（1889年2月24日）……………… 1199

007. 奏报新疆光绪十四年十月雨水粮价折
　　　光绪十五年正月三十日（1889年3月1日）………………… 1199

008. 呈新疆光绪十四年十月粮价清单
　　　光绪十五年正月三十日（1889年3月1日）………………… 1200

009. 奏报光绪十四年春夏防营官兵台局数目折
　　　光绪十五年正月三十日（1889年3月1日）………………… 1202

010. 呈光绪十四年上半年防营官兵等数目清单
　　　光绪十五年正月三十日（1889年3月1日）………………… 1203

011. 呈新疆各台局义学光绪十四年春夏清单
　　　光绪十五年正月三十日（1889年3月1日）………………… 1205

012. 原保知县陈日新底衔错误请饬更正片
　　　光绪十五年正月三十日（1889年3月1日）………………… 1206

013. 审拟缠民哎不都克米斗殴毙命一案折
　　　光绪十五年二月初一日（1889年3月2日）………………… 1207

014. 审拟缠民下玉斯坦杀毙人命一案折
　　　光绪十五年二月初一日（1889年3月2日）………………… 1208

015. 奏为年终赏福字及荷包等物谢恩折
　　　光绪十五年二月初二日（1880年3月3日）………………… 1209

016. 代奏回子亲王沙木胡索特谢赏折
　　　光绪十五年二月初二日（1889年3月3日）………………… 1210

017. 伊犁塔城等处事权不一请旨定夺折

　　　　　光绪十五年二月初二日（1889年3月3日）………… 1210
018. 审拟哈密绕子买卖提斗毙人命一案折
　　　　　光绪十五年二月初十日（1889年3月11日）………… 1212
019. 审拟库车民人阿依斗毙人命一案折
　　　　　光绪十五年二月初十日（1889年3月11日）………… 1213
020. 关外光绪七八两年收支银粮等项报销折
　　　　　光绪十五年二月初十日（1889年3月11日）………… 1214
021. 呈关外税厘各局支发薪粮等项清单
　　　　　光绪十五年二月初十日（1889年3月11日）………… 1215
022. 奏报恭缴朱批折件折
　　　　　光绪十五年二月十二日（1889年3月13日）………… 1220
024. 奏报巴里坤八旗古城满营迁并到防折
　　　　　光绪十五年二月二十四日（1889年3月25日）………… 1221
025. 奏报总兵徐占彪呈请开缺缘由折
　　　　　光绪十五年二月二十四日（1889年3月25日）………… 1222
026. 审拟缠民买卖热亦木因奸杀人一案折
　　　　　光绪十五年二月二十四日（1889年3月25日）………… 1223
027. 审拟缠民木沙斗殴毙命一案缘由折
　　　　　光绪十五年二月二十四日（1889年3月25日）………… 1224
028. 查明潘凤翔等底衔错误请饬更正片
　　　　　光绪十五年二月二十四日（1889年3月25日）………… 1225
029. 原保蒋镇先衔名错误请饬更正片
　　　　　光绪十五年二月二十四日（1889年3月25日）………… 1226
030. 代缴巴里坤领队银印及协领关防片
　　　　　光绪十五年二月二十四日（1889年3月25日）………… 1227
031. 奏委黄万鹏等署理副将员缺片
　　　　　光绪十五年二月二十四日（1889年3月25日）………… 1227
032. 请恤故员赵奉乐等八员片
　　　　　光绪十五年二月二十四日（1889年3月25日）………… 1228
033. 保举郎中桂荣洋务出力请予奖叙片
　　　　　光绪十五年二月二十四日（1889年3月25日）………… 1228

034. 恳将留营军犯张得太释回片
　　　光绪十五年二月二十四日（1889年3月25日）…………1229
035. 赏假回籍省视祖母谢恩折
　　　光绪十五年二月二十五日（1889年3月26日）…………1230
035. 奏报二次遵办郑工捐输请旨奖叙折
　　　光绪十五年二月二十五日（1889年3月26日）…………1231
037. 奏报呈进新疆回部贡金折
　　　光绪十五年二月二十五日（1889年3月26日）…………1231
038. 奏报交卸起程日期折
　　　光绪十五年二月二十五日（1889年3月26日）…………1232
039. 原保裴传明底衔有误请饬更正片
　　　光绪十五年二月二十五日（1889年3月26日）…………1233
040. 游春泽等侵冒一案移交护抚审拟片
　　　光绪十五年二月二十五日（1889年3月26日）…………1233
041. 委令沈先锜署理哈密通判片
　　　光绪十五年二月二十五日（1889年3月26日）…………1234
042. 奏报转解伊犁勇饷日期片
　　　光绪十五年二月二十五日（1889年3月26日）…………1235
043. 委任袁垚龄等署理新疆藩司等缺片
　　　光绪十五年二月二十五日（1889年3月26日）…………1236
044. 奏为赏加太子少保衔谢恩折
　　　光绪十五年五月初十日（1889年6月8日）…………1236
045. 赐祭原任广东提督刘松山谢恩折
　　　光绪十五年五月初十日（1889年6月8日）…………1237
046. 奏报抵籍日期片
　　　光绪十五年八月二十四日（1889年9月18日）…………1238
047. 奏报俟祖母病势稍痊即行回任片（王文韶代）
　　　光绪十五年八月二十九日（1889年9月23日）…………1239
047. 奏报祖母病笃恳开缺终养缘由折
　　　光绪十五年十二月十三日（1890年1月3日）…………1239

光绪十六年—光绪二十年 …………………………… 1241

目 录

001. 奏为年终赏赐谢恩折
　　　光绪十六年正月二十二日（1890年2月11日）……… 1241
002. 奏为御赏祖母人参谢恩折
　　　光绪十六年闰二月初九日（1890年3月29日）……… 1242
003. 奏为恩赏祖母缎匹谢恩折
　　　光绪十六年三月十五日（1890年5月3日）………… 1243
004. 奏为祖母病革恳暂行开缺折
　　　光绪十六年三月十五日（1890年5月3日）………… 1244
005. 奏为恳辞赏加太子太保片
　　　光绪十六年三月十五日（1890年5月3日）………… 1246
006. 奏为赏加太子太保衔谢恩折
　　　光绪十六年五月二十七日（1890年7月13日）…… 1247
007. 奏为代奏恳请开缺终养折
　　　光绪十六年七月十八日（1890年9月1日）………… 1247
008. 奏为请俟假满后起程赴京折
　　　光绪十六年十月初六日（1890年11月17日）……… 1249
009. 奏为赏祖母匾额绸缎谢恩折
　　　光绪十七年正月二十二日（1891年3月2日）……… 1251
010. 奏为年终御赏谢恩折
　　　光绪十七年正月二十二日（1891年3月2日）……… 1252
011. 奏为丁祖母承重忧例应开缺片
　　　光绪十七年正月二十七日（1891年3月7日）……… 1252
012. 奏为暂缓进京陛见缘由折
　　　光绪十九年正月二十四日（1893年3月12日）…… 1253
013. 奏为俟病体稍痊即行赴京折
　　　光绪十九年四月二十八日（1893年6月12日）…… 1254
014. 奏为刘鼐补授江西督粮道谢恩折
　　　光绪二十年三月十八日（1894年4月23日）……… 1255
015. 奏为晋一等男谢恩并请祝嘏折
　　　光绪二十年三月二十六日（1894年5月1日）…… 1256
016. 奏报病危遗折

　　　　光绪二十年七月初九日(1894年8月9日) ………… 1258

外交函件 ……………………………………………………… 1261
  001. 咨请嗣后英商贸易未便照准由
      光绪七年十一月三十日(1882年1月19日) ………… 1263
  002. 咨将办理情形咨呈核示由
      光绪七年十二月二十三日(1882年2月11日) ……… 1265
  003. 俄商不得行销土货奉旨咨呈由
      光绪八年四月二十八日(1882年6月13日) ………… 1266
  004. 咨查缠回在俄贩货应照章纳税由
      光绪八年七月二十九日(1882年9月11日) ………… 1267
  005. 函复免税遵办惟饷需应添各情由
      光绪八年十月十九日(1882年11月29日) ………… 1268
  006. 致总署抄录奏稿咨呈由
      光绪九年三月初一日(1883年4月7日) …………… 1269
  007. 安人滋事一折恭录谕旨知照由
      光绪九年五月二十七日(1883年7月1日) ………… 1269
  008. 安集延通商难准请照会俄使由
      光绪九年九月初一日(1883年10月1日) ………… 1269
  009. 俄商路票舛错已饬属严禁由
      光绪十年三月初七日(1884年4月4日) …………… 1271
  010. 俄人入境咨查俄督复文各情由
      光绪十年三月初七日(1884年4月4日) …………… 1272
  011. 安集延到喀请照会公使申禁由
      光绪十年五月初六日(1884年5月30日) ………… 1273
  012. 安人前助逆者照会转饬回籍由
      光绪十年五月初六日(1884年5月30日) ………… 1273
  013. 照会俄使转饬领事按约办理由
      光绪十年六月十二日(1884年8月2日) …………… 1275
  014. 限制安夷混来贸易办法等情由
      光绪十年六月十二日(1884年8月2日) …………… 1276

015. 咨请照会俄使照约开办纳税由
　　光绪十一年十月初七日（1885年11月13日） ………… 1279
016. 黑里黑斯滋事已由领事查办由
　　光绪十二年四月初八日（1886年5月11日） ………… 1280
017. 俄商欠银一案请转行俄使速结由
　　光绪十二年六月二十四日（1886年7月25日） ……… 1281
018. 现拟条规六则希照复领事照办由
　　光绪十二年九月二十六日（1886年10月23日） ……… 1283
019. 咨请总署颁条约等书籍由
　　光绪十三年十月初五日（1887年11月19日） ………… 1285
020. 喀兵掠俄商马饬查并领事照会由
　　光绪十三年十月初七日（1887年11月21日） ………… 1285
021. 前驻塔城领事呈验公文虚假由
　　光绪十三年十月初七日（1887年11月21日） ………… 1286
022. 咨送光绪十二年俄商进出货物价值由
　　光绪十三年十月初七日（1887年11月21日） ………… 1289
023. 哈密米尔开里请照会公使处决由
　　光绪十三年十一月二十一日（1888年1月4日） ……… 1309
024. 咨行俄领事文函往来姑予通融由
　　光绪十三年十二月初四日（1888年1月16日） ………… 1310
025. 拟改俄商贸易票照式样呈阅由
　　光绪十四年正月初五日（1888年2月15日） …………… 1311
026. 派员会讯买买提阿立普债务案情由
　　光绪十四年正月初五日（1888年2月15日） …………… 1313
027. 和阗回民买买提阿立普帐债一案等情由
　　光绪十四年五月初二日（1888年6月11日） …………… 1315
028. 请领商票夹带私茶事咨由
　　光绪十四年八月初八日（1888年9月13日） …………… 1316
029. 查明绥来征收税项一案等情由
　　光绪十四年八月初八日（1888年9月13日） …………… 1317
030. 照会七河巡抚改发票照等情由

光绪十四年八月二十五日(1888年9月30日)……1318

031. 咨报俄商违章饬照会领事究办由

光绪十四年九月二十八日(1888年11月1日)……1319

032. 咨报光绪十三年俄商进出口货物咨呈由

光绪十四年十月十四日(1888年11月17日)……1321

033. 俄领事请以俄人派充乡约难准由

光绪十四年十一月初一日(1888年12月3日)……1341

034. 俄商违约已饬镇迪道备文照会由

光绪十四年十一月初一日(1888年12月3日)……1343

035. 安回充当乡约违约知照禁革等情由

光绪十五年正月二十九日(1889年2月28日)……1344

036. 俄人贩卖牲畜量与通融及禁止由

光绪十五年三月初三日(1889年4月2日)……1345

037. 桑株布回业经恭顺呈进免究由

光绪十五年三月初九日(1889年4月8日)……1346

附　录……1347

附录一　奏恤、祀典、列传……1349

01. 奏报前新疆巡抚刘锦棠病故缘由折

光绪二十年七月十七日(1894年8月17日)……1349

02. 赐恤上谕

光绪二十年八月初五日(1894年9月4日)……1350

03. 请准于原籍建刘锦棠专祠折

光绪二十一年闰五月二十一日(1895年7月13日)……1351

04. 湘抚陈宝箴奏报刘道谦请袭世职片

光绪二十三年八月二十九日(1897年9月25日)……1352

05. 湘抚俞廉三奏报刘锦棠专祠落成片

光绪二十五年五月初四日(1899年6月11日)……1353

06. 署新抚吴引孙奏请故道英林附祀专祠片

光绪三十二年四月二十四日(1906年5月17日)……1353

07.《清史稿·刘锦棠传》……1354

附录二 左宗棠等保奏折件 ………… 1357

01. 左宗棠保举刘锦棠接统老湘全军片
同治九年正月（1870年1月30日—2月28日）………… 1357

02. 奏报合围金积堡之役详细情形折
同治九年十月二十日（1870年11月12日）………… 1357

03. 左宗棠奏请赏给刘锦棠父母封典片
同治九年十月二十五日（1870年11月17日）………… 1366

04. 奏报刘锦棠攻剿大捷并请奖出力员弁折
同治十一年十一月初九日（1872年12月9日）………… 1367

05. 左宗棠奏委刘锦棠署理西宁道片
同治十三年九月（1874年10月10日—11月8日）………… 1373

06. 奏报刘锦棠调补西宁道篆缘由缺
光绪元年十月十五日（1875年11月12日）………… 1374

07. 奏报刘锦棠等攻克达阪等城折
光绪三年四月二十五日（1877年6月6日）………… 1375

08. 奏报新疆肃清并恳奖恤阵亡各员弁折
光绪四年二月初二日（1878年3月6日）………… 1380

09. 请饬在籍新疆巡抚刘锦棠驰回本任折
光绪十六年五月二十七日（1890年7月13日）………… 1385

附录三 刘锦棠被参之案 ………… 1387

01. 代奏李昌振特参刘锦棠折
光绪十年十二月初七日（1885年1月22日）………… 1387

02. 呈递抄录李昌振呈文
光绪十年十二月初七日（1885年1月22日）………… 1387

03. 特参刘锦棠等请旨查究折
光绪十年十二月初七日（1885年1月22日）………… 1388

04. 奏明刘锦棠等被参一案缘由折
光绪十一年四月十六日（1885年5月29日）………… 1391

参考文献 ………… 1394

前　言

　　刘锦棠(1844—1894)，字毅斋，湖南湘乡人。其父亲刘厚荣战殁于岳州。为报父仇，刘锦棠随叔父刘松山转战于江西、安徽、陕西等地，成为老湘军中后起的年青将领。同治九年(1870)，其叔父广东陆路提督刘松山阵亡，经陕甘总督左宗棠举荐，刘锦棠得加三品卿衔，总统刘松山旧部。十年(1871)，破金积堡，捕杀马化龙，得赏穿黄马褂、云骑尉世职。十三年(1874)，署甘肃西宁兵备道。光绪元年(1875)，升补甘肃甘凉道员，调甘肃西宁道。二年(1876)，率部攻克乌鲁木齐，歼灭天山北路的妥明等部，封骑都尉世职。三年(1877)，攻占达阪、托克逊等城，迫使阿古柏惧罪自杀。随后乘胜追歼阿古柏残部，攻克库车、拜城、喀什噶尔等地。四年(1878)晋二等男爵，擢太常寺卿，授通政使司通政使。六年(1880)，帮办新疆军务，旋以左宗棠奉诏晋京，署钦差大臣督办新疆军务，统哈密及镇迪道所属文武地方官。七年(1881)，擢钦差大臣督办新疆军务。八年(1882)，收复伊犁，提出新疆建省方案。九年(1883)，补授兵部右侍郎。十年(1884)，清廷批准新疆建省，刘锦棠任新疆巡抚，加尚书衔，仍以钦差大臣督办新疆事宜。担任巡抚期间，执行左宗棠建设新疆的规划，在修水利、奖励农桑、改革军事和田赋制度、修治驿道和城池等方面做出了重大贡献。十三年(1887)，署伊犁将军。十五年(1889)，回籍侍养。卒赠太子太傅，谥襄勤。有《刘襄勤公奏稿》存世。

　　本书以中国第一历史档案馆藏《朱批原件》《军机录副》和台北故宫博物院藏《军机及宫中档》及台北"中央研究院"近代史所档案馆藏《总理各国事务衙门档案》为底本，以《刘襄勤公奏稿》为校本，并查照《上谕档》《清实录》等史料，对所辑内容进行点校整理。全书共收刘锦棠奏议和外交文件等九百多件，涉及政治、经济、军事、外交、民族、民生、地方治安以及宗教等一系列重大问题，勾勒出许多历史事件和决策实行的演变进程，反映了清王朝与地方官吏对新疆、陕甘地区的治理情况，内容涉及广泛，史料丰富翔实。

在整理过程中，发现《刘襄勤公奏稿》与成形的奏议有些许差异，且《奏稿》中的具奏时间时有阙载或讹误，尤其是今天所见部分奏稿经后人整理，存在遗漏或删改的情况，因此在辑校时做了一些考订、补苴工作。相比于《刘襄勤公奏稿》所收的三百多篇，本次辑录在篇幅上有所扩充，更为全面，希望向晚清史、新疆史研究者提供完备而可靠的一手文献。本次整理，对所收文献一律不作删改，以存原貌；对历史人物的历史局限和认识偏差，读者可自行辨析批评。

我国边疆距内地途程窎远，民族杂居，风俗各异，治理非易。作为执行者，刘锦棠等边臣疆吏的奏报和治理思路影响着晚清边疆政策的制订与实施；而大部分奏议的批示意见，也体现出清政府的对内对外政策和在边疆、民族问题上的考量。尤其是作为收复新疆后的首任巡抚，刘锦棠在任内五年，其文献对于晚清外交、民族政策的研究有重要参考价值，也能够为今日治疆思路提供一些思考。此外，本书作为晚清新疆社会阶层和社会状况的第一手史料，也为研究近代以来边疆的社会与自然环境提供了宝贵资料。

凡　例

一、标点。本书一律采用新式标点。

二、辑校。辑录文字，以各处所藏相关档案文件为底本，以《刘襄勤公奏稿》为校本，凡底本不误，均不出校，两本歧异或有必要说明者于页脚出校。具奏时间、具奏者等内容各本不一致时，以案语形式略作说明。

三、补录。查照《上谕档》《清实录》及《随手档》等，于正文后补录批复内容，以资参考。

四、与正文内容密切相关的史料，则以附件形式录于正文之后，俾资参考。重要人物酌情予以注释。

五、部分折件所涉人名音译前后互异，均作统一。

六、各篇标题下方附中西历日期，以便查照。

七、为便行文，书中所用缩略语如下：

1.《刘襄勤公奏稿》一律简称《奏稿》。

2. 中国第一历史档案馆藏《朱批奏折（片）》和《录副奏折（片）》，案语部分一律简称"原件"和"录副"，脚注则均作《朱批原件》和《军机录副》。

3. 台北故宫博物院藏《宫中档》和《军机处折件》，统一简称为《军机及宫中档》。

奏议

同治十二年—光绪六年

001. 据情代奏刘锦棠谢恩折
同治十二年二月初一日（1873年2月27日）

钦差大臣陕甘总督一等恪靖伯臣左宗棠跪奏，为据情代奏，恭谢天恩事。

据三品衔道员刘锦棠禀称：窃锦棠于同治十一年十二月初十日接奉行知：十一月二十日，内阁奉上谕：左宗棠、豫师①奏剿匪获捷、西宁府城解围出力员弁请奖一折。道员刘锦棠着赏给白玉翎管一枝，白玉搬指一个，大荷包一对，小荷包两个，火镰一把，以示优异等因。钦此。谨即恭设香案，望阙叩头祗领。

伏念锦棠潇湘下士，砆砾庸材。冠首铠以从戎，忝簪翠羽；任指鹿于行阵，强挽燕弧。术效囊沙，幸奏湟中之捷；错防铸铁，敢言阃外之勋。乃荷优褒，渥膺懋赏，冠缨有美，荣增玉管之辉；决拾同调，恩比彤弓之贲。佩鱼符于锦袋，义协垂绅；仰鸿制于赤刀，光分赐火。宠荣下贲，伛偻难胜。惟有感切弹冠，勉图定箭。櫜囊思戢，奋虎旅之三千；烽燧全销，答鸿施于万一。

所有感激下忱，恳请据情转奏，恭谢天恩前来。理合恭折代奏，伏乞皇上圣鉴。谨奏。同治十二年二月初一日。②

---

①豫师(1825—1906)，字锡之，内务府镶黄旗汉军。咸丰二年(1852)，中式进士。三年(1853)，选内阁中书，转汉本堂中书。同年，充典籍厅行走、国史馆校对、文渊阁检阅。五年(1855)，补内阁汉本堂侍读，管理稽察房事务。七年(1857)，升补御史。八年(1858)，充四川乡试副考官。九年(1859)，补山东道监察御史。十年(1860)，转陕西道监察御史，管内城团防事务。同治元年(1862)，署兰州府府，加道衔。三年(1864)，补授平凉府知府。四年(1865)，迁兰州道，加按察使衔。同年，兼署巩秦阶道、陕甘总粮台，晋布政使衔。九年(1870)，授西宁青海办事大臣，加副都统衔。光绪四年(1878)，兼署乌鲁木齐都统。
②中国第一历史档案馆藏：《朱批原件》，档案编号：04—01—12—0513—077。

002. 代奏刘锦棠等恩赏世职谢恩折

光绪二年十月二十一日（1876年12月6日）

钦差大臣大学士督办新疆军务陕甘总督一等恪靖伯加一等轻车都尉臣左宗棠跪奏，据情代奏，恭谢天恩事。

窃据三品卿衔布政使衔西宁道云骑尉世职法福灵阿巴图鲁刘锦棠、头品顶戴记名提督甘肃宁夏镇总兵嘎什普祥巴图鲁谭拔萃①、头品顶戴题奏提督陕西汉中镇总兵博奇巴图鲁谭上连②、头品顶戴题奏提督陕西陕安镇总兵奇车博巴图鲁余虎恩③、头品顶戴记名提督奇朗阿巴图鲁谭和义、头品顶戴记名提督霍隆武巴图鲁席大成呈称：接奉恭录行知：准兵部火票递到光绪二年八月十六日内阁奉上谕：前据左宗棠奏攻破古牧地坚巢，克复乌鲁木齐、迪化州各城等因。钦此。谨即恭设香案，望阙叩头谢恩。

---

①谭拔萃（？—1884），字冠英，湖南湘潭人。咸丰初投身湘军，随同刘松山辗转大江南北及陕甘地区，与太平军、捻军、陕甘回军作战。历擢哨长、参将、总兵加提督衔。史称"松山部将，推拔萃为首"。同治九年（1870），经左宗棠保奏，署宁夏镇总兵，赏穿黄马褂。光绪元年（1875），补授宁夏镇总兵。光绪二年（1876），丁母艰，仍留营统前军赴敌。北疆平定后，挥师越天山南下。三年（1877），会同各军连下达阪、吐鲁番、托克逊三城，打开南疆大门。同年，取喀喇沙尔、收复库车、阿克苏、乌什等地。四年（1878），克和田，收复新疆。五年（1879），返回军营。六年（1880），统安远军驻库车，旋移屯喀喇沙尔、古城子。

②谭上连（？—1890），湖南衡阳人。咸丰八年（1858），投效湘军，转战湖北、安徽、江南等省，迭克名城，以骁勇闻，累保花翎副将。同治六年（1867），随广东陆路提督刘松山入陕，剿办回、捻，委带寿字后营马队，浒保总兵，以提督记名。八年（1869），委统领楚军副、中马步等营，兼带老湘十旗马队，驻扎肃州。光绪二年（1876），补授陕西汉中镇总兵。旋因伤发，请假赴湖北就医。五年（1879），复调出关，历统马步等军。九年（1883），调补甘肃西宁镇总兵，以防务吃紧，奏署乌鲁木齐提督，旋移驻喀什噶尔。十五年（1889），补授喀什噶尔提督。

③余虎恩（1836—1905），湖南平江人。咸丰四年（1854），投效曾国藩军营，随同进剿鄂省，旋改投平江老湘各营，转战江西、福建、安徽、广西、广东等省，积功保副将。同治四年（1865），经刘松山派充先锋，由临淮进剿徐州，赴援山东。六年（1867），破张总愚部，剿平岐山等处。七年（1868），经左宗棠橄调赴直，以功保提督，赏头品顶戴，加奇车博图鲁名号。八年（1869），进剿金积堡。九年（1870），赏三代正一品封典。十年（1871），请假回籍，奉调募勇，解西宁之围，赏穿黄马褂。十二年（1873），攻克大通、肃州。十三年（1874），补授陕西陕安镇总兵。同年，经左宗棠奏调赴甘，委统寿字、恪靖马队。光绪二年（1876），督师出关，拔黄田，克古牧地，收复辑怀、乌鲁木齐等城，赏云骑尉、骑都尉世职。四年（1878），改骑都尉为一等轻车都尉。七年（1881），交卸营务，到陕安镇任。十一年（1885），因旧伤复发开缺。十七年（1891），统带湖南振字营。二十年（1894），调补广东高州镇总兵。旋调赴山海关，移扎河西遣撤。同年，请假回籍。二十六年（1900），擢喀什噶尔提督。同年，开缺请假回籍。三十一年（1905），因伤复发病故。

伏念锦棠等湖湘下士，军旅粗材，久厕戎行，愧无寸效，迭膺鹗荐，仰荷鸿施。兹复以远塞会师，坚城连下，更邀圣恩逾格，世职优加，闻命自天，衔感无地。锦棠等惟有互相奋勉，扫除余孽于星海东西；勉效驰驱，靖残氛于天山南北。誓竭驽骀之报，聊申犬马之忱。

所有感激荣幸下忱，恳请代奏，恭谢天恩。谨据情代奏，伏乞皇太后、皇上圣鉴。谨奏。十月二十一日。

军机大臣奉旨：知道了。钦此。①

光绪二年十一月二十九日，军机大臣奉旨：知道了。钦此。②

003. 代奏刘锦棠等赏花翎谢恩折
光绪三年八月初六日（1877年9月12日）

钦差大臣大学士督办新疆军务陕甘总督一等恪靖伯加一等轻车都尉臣左宗棠跪奏，据情代奏，恭谢天恩事。

窃据三品卿衔布政使衔西宁道骑都尉世职法福灵阿巴图鲁刘锦棠、头品顶戴题奏提督陕西汉中镇总兵博奇巴图鲁谭上连、头品顶戴题奏提督陕西陕安镇总兵奇车博巴图鲁余虎恩、头品顶戴记名提督甘肃宁夏镇总兵嘎什普祥巴图鲁谭拔萃、头品顶戴记名提督奇朗阿巴图鲁谭和义、头品顶戴记名提督伯奇巴图鲁黄万鹏呈称：接奉恭录行知：准兵部火票递到光绪三年五月初十日内阁奉上谕：道员刘锦棠出奇决胜，允协机宜，着加恩赏戴双眼花翎。提督谭上连、余虎恩、谭拔萃、谭和义加恩均着赏给骑都尉世职，黄万鹏着赏给云骑尉世职。钦此。谨即恭设香案，望阙叩头谢恩。

伏念锦棠等南湘下士，西域从戎，忝佐前驱，供指挥于紫塞；偶因薄效，膺首荐于彤廷。前以准部伟平，钦承凤纶；近复回疆报捷，渥荷鸿施。或弁美如星彩，焕珠联之色，或赏延于世宠，增门荫之华。凡兹异数便蕃，洵属非常遭际，自天有命，伏地滋惭。惟有勉效鹰扬，进规雁碛，同袍偕作，誓清沙漠之尘；荷戟长征，齐矢涓埃之报。

所有感奋荣幸下忱，恳请代为陈奏，恭谢天恩。谨据情代奏，伏乞皇太

---

①台北故宫博物院藏：《军机及宫中档》，文献编号：408006052。
②中国第一历史档案馆藏：《军机录副》，档案编号：03—5115—102。

后、皇上圣鉴。谨奏。光绪三年八月初六日。

军机大臣奉旨：知道了。钦此。①

光绪三年九月初六日，军机大臣奉旨：知道了。钦此。②

004. 代奏刘锦棠以三品京堂候补谢恩折
光绪四年二月十九日（1878年3月22日）

钦差大臣大学士督办新疆军务陕甘总督一等恪靖伯加一等轻车都尉臣左宗棠跪奏，为据情代奏，恭谢天恩事。

窃据候补三品京堂骑都尉世职法福灵阿巴图鲁刘锦棠呈称：接奉恭录行知：准兵部火票递到光绪三年十一月二十一日内阁奉上谕：刘锦棠着开缺，以三品京堂候补。钦此。即恭设香案，望阙叩头谢恩。

伏念锦棠奉檄誓师，出关讨贼，供指挥于行列，膺首荐之频仍；荷宠命之遥领，抚菲才而知愧。兹因四城告捷，复跻九列清班，异数钦承，私衷过望，处恩愈渥，报称弥艰。惟有永靖狼燹，列成解防秋之甲；廓清雁碛，销兵净幽夏之尘，以期仰答高厚鸿慈于万一。

所有感激荣幸下忱，恳请代为陈奏，恭谢天恩前来。理合恭折据情代奏，伏乞皇太后、皇上圣鉴。谨奏。光绪四年二月十九日。

军机大臣奉旨：知道了。钦此。③

光绪四年三月二十八日，军机大臣奉旨：知道了。钦此。④

005. 奏为晋升二等男加官等谢恩折
光绪四年三月二十四日（1878年4月26日）

遇缺前补三品京堂二等男臣刘锦棠跪奏，为恭谢天恩，仰祈圣鉴事。

窃臣于三月二十二日在喀什噶尔行营，接奉督办新疆军务大学士陕甘督臣左宗棠恭录行知：准兵部火票递到光绪四年二月十二日内阁奉上谕：

---

① 台北故宫博物院藏：《军机及宫中档》，文献编号：408006105。
② 中国第一历史档案馆藏：《军机录副》，档案编号：03—5122—114。
③ 台北故宫博物院藏：《军机及宫中档》，文献编号：408006148。
④ 中国第一历史档案馆藏：《军机录副》，档案编号：03—5128—092。

候补三品京堂刘锦棠智勇深沉，出奇制胜，用能功宣绝域。着由骑都尉世职晋为二等男，遇有三品京堂缺出，开列在前。钦此。① 闻命自天，衔感无地。谨即恭设香案，望阙叩头谢恩。

伏念臣两世从军，久随节钺，三边于役，更领师干。每虞驽钝之庸材，莫靖鸱张之骄虏。幸播威声于天讨，兼承方略于元戎，直捣龙荒，廓清鹘部。鼠五能而俱尽，朽折枯摧；兔三窟而俄空，爌灰冰泮。聊效驰驱于薄伐，敢希甑禄之殊恩。乃荷圣慈，迭膺懋赏。执蒲滥晋，殿居高爵之班；列棘遥跻，首备清漕之选。荣非意及，感极涕零。惟有励翼从公，靖边尘而疆以周索；倾忱图报，驯异族而渐以华风。

所有感奋荣幸下怀，谨缮折恭谢天恩，伏乞皇太后、皇上圣鉴。谨奏。光绪四年三月二十四日。

军机大臣奉旨：知道了。钦此。②

光绪四年六月初四日，军机大臣奉旨：知道了。③

【案】光绪四年五月初一日，西宁府知府邓承伟移文曰：

钦加二品顶戴盐运使衔尽先补用道西宁府正堂蒙恩加一级并加二级纪录三次邓，为移明事。光绪四年二月十二日，蒙署西宁兵备道张宪牌：本年四月十七日，准甘肃军需总局移：案蒙帮办陕甘军务太仆寺正堂刘照会：案准左大臣爵阁部堂咨开：钦奉光绪四年二月十二日谕旨：刘锦棠着由骑都尉世职晋为二等男，遇有三品京堂缺出，开列在前等因。钦此。应即刊换关防，以昭信守。兹刊就"钦差大臣行营总理营务处总统马步各军遇缺前补三品京堂二等男法福灵阿巴图鲁"关防一颗，除咨行外，相应咨会等因。到本寺堂。准此，除分行外，合行檄饬。为此照会该军需局，即便移行知照等因。到局，移道，行府。蒙

---

① 光绪三年十一月，清廷将刘锦棠开缺，以三品京堂候补，见《德宗景皇帝实录（一）》，卷六十二，光绪三年十一月下，中华书局，1987年，第860—861页。光绪三年十二月初十日，清廷仍令刘锦棠以三品京堂候补。旋陕甘总督左宗棠附片复奏曰："再，甘肃西宁道刘锦棠经臣奏奉谕旨：刘锦棠着开缺，以三品京堂候补等因。钦此。臣维西宁道员缺，前经署督臣沈兆霖奏请，将西宁道府二缺比照省会首府之例，由外调补，经部议准咨覆在案。兹刘锦棠既奉旨开缺，容臣于通省实缺内遴选人地相宜之员，奏请调补。谨附片陈明，伏乞圣鉴。谨奏。"（中国第一历史档案馆藏：《朱批原件》，档案编号：04—01—13—0435—004。）

② 中国第一历史档案馆藏：《军机录副》，档案编号：03—5128—067。又《奏稿》第49—52页。

③ 此奉旨日期与内容，据《军机处随手登记档》（档案编号：03—020—2—1204—149）校补。

此,拟合就移,为此合关者。右关循化分府安。光绪四年五月初一日移,五月十二日到。①

006.奏报补授太常寺卿谢恩折
光绪四年六月初四日(1878年7月3日)

太常寺卿二等男臣刘锦棠跪奏,为恭谢天恩,仰祈圣鉴事。

窃臣在喀什噶尔行营,接奉督办新疆军务大学士陕甘督臣左宗棠恭录咨行:准吏部咨:光绪四年四月初四日,奉上谕:刘锦棠补授太常寺卿。钦此。谨即恭设香案,叩头祇谢天恩。

伏念臣猥以凡庸,久参行列,肆伐偶呈其薄效,崇阶迭拜夫殊施。② 前以师进花门,懋赏忝分列爵;兹复班联棘寺,清秩更晋儒官。问朝仪而未娴,罔知攸措;叨容台之滥厕,曾不逾时。是诚梦寐所难期,曷禁感惭之交集。臣惟有恪勤励志,敬慎从公,冀摅葵藿之微忱,少答生成于大造。

所有微臣感激荣幸下怀,谨缮折具奏,恭谢天恩,伏乞皇太后、皇上圣鉴。谨奏。光绪四年六月初四日。

军机大臣奉旨:知道了。钦此。③

光绪四年八月初一日,军机大臣奉旨:知道了。钦此。④

【案】光绪四年七月初五日,西宁府知府邓承伟以刘锦棠补授太常寺卿刊换关防事移知循化厅,知照施行:

钦加二品顶戴盐运使衔尽先补用道西宁府正堂蒙恩加一级并加二级纪录三次邓,为移知事。光绪四年六月十七日,蒙署西宁兵备道张宪牌:本年六月初八日,准钦差帮办陕甘军务太仆寺正堂刘照会:案准左大臣爵阁部堂咨开:准吏部咨:钦奉光绪四年四月初四日谕旨:刘锦棠补授太仆寺卿。钦此。应行刊换关防,咨送启用,以昭信守。兹刊钦差太常寺卿总统马步各军二等男法福灵阿巴图鲁关防一颗,除咨行外,相应咨会等因。准此,除分行外,合就行知,为此照会该局,即便

---

① 中国第一历史档案馆藏:《青海档案》,档案编号:07—65—25。
② "肆伐偶呈其薄效,崇阶迭拜夫殊施",《奏稿》作"偶呈薄效,迭拜殊施"。
③ 中国第一历史档案馆藏:《朱批原件》,缩微号:436—0419。又《奏稿》第53—55页。
④ 中国第一历史档案馆藏:《军机录副》,档案编号:03—5795—072。

知照等因到局。蒙此,拟合移知。为此合移,烦为转饬所属,一体知照施行等因。准此,拟合就行。为此仰府官吏查照来文事理,转饬所属,一体知照毋违等因。蒙此,拟合就移,为此合关。贵厅烦照来文事理,知照施行。须至关者。右关循化分府安。光绪四年七月初五日移,十八日到。①

007. 奏报补授通政使司通政使谢恩折
光绪四年九月二十日(1878年10月15日)

通政使司通政使二等男臣刘锦棠跪奏,为恭谢天恩,仰祈圣鉴事。

窃臣在喀什噶尔行营,接准督办新疆军务大学士陕甘督臣左宗棠恭录咨行:准吏部咨:钦奉光绪四年七月初八日谕旨:刘锦棠补授通政使司通政使。钦此。谨即恭设香案,望阙叩头,祇谢天恩。

伏念臣湘中下士,樗散庸材,猥缘行列微劳,幸晋台阶显秩。恩承三锡,躐跻同位之荣;任重太常,曾厕崇班之列。凡兹便蕃之异数,已非痌瘝所能安。矧复玉阶恩来,银台忝领。懔传宣于尧殿,喉舌攸司;慎出纳于虞廷,敷陈宜允。殊施迭被,薄效难期,感激悚惶,罔知所措。惟有导扬威德,永清戎索之风尘;宣布仁恩,俾识天家之雨露。他日全销兵气,汉关看振旅而还;斯时速奠遐荒,边户尽启扉而卧。庶伸蚁悃,稍慰鸿慈。

所有微臣感激荣幸愚忱,谨缮折具奏,恭谢天恩,伏乞皇太后、皇上圣鉴。谨奏。光绪四年九月二十日。

军机大臣奉旨:知道了。钦此。②

光绪四年十一月二十八日,军机大臣奉旨:知道了。钦此。③

008. 奏报御赏荷包等物谢恩折
光绪五年闰三月二十八日(1879年5月18日)

通政使司通政使二等男臣刘锦棠跪奏,为恭谢天恩,仰祈圣鉴事。

---

① 中国第一历史档案馆藏:《青海档案》,档案编号:07—25—24。
② 中国第一历史档案馆藏:《朱批原件》,缩微号:391—0225。
③ 中国第一历史档案馆藏:《军机录副》,档案编号:03—5132—080。

窃臣闰三月二十三日在喀什噶尔行营,承准督办新疆军务大学士陕甘督臣左宗棠咨行:准兵部火票递到光绪五年三月十六日内阁奉上谕:刘锦棠运筹决策,调度有方,用能迅赴戎机,实堪嘉尚,着赏给白玉柄小刀一把、荷包一对、小荷包二个等因。钦此。谨即恭设香案,望阙叩头,谢恩祗领。

伏念臣防秋乏策,用夏鲜功,致滋余孽之鸱张,尚待劳师于雕剿。虽不逾时而告捷,迅扫边氛;然既先事之莫防,敢言战绩。乃荷恩言下逮,兼膺懋赏优加。鸾綍辉煌,惊宠褒之溢量;鹈膏拂拭,仰法制于尚方。佩左分赐火之荣,光生金燧;迭双表垂绅之度,彩绚锦囊。赐自彤廷,颁来紫塞,瞻天衔感,伏地拜登。臣惟有韬略穷研,铅刀勉效,狼烟永靖,销锋镝以长安;雁碛无惊,櫜弓矢于不用,以期仰答鸿慈于万一。

所有微臣感激荣幸下忱,谨缮折具奏,恭谢天恩,伏乞皇太后、皇上圣鉴。谨奏。光绪五年闰三月二十八日。

军机大臣奉旨:知道了。钦此。①

光绪五年六月十九日,军机大臣奉旨:知道了。钦此。②

009. 奏为御赏福字荷包等物谢恩折
光绪六年三月初九日(1880年4月17日)

通政使司通政使二等男臣刘锦棠跪奏,为恭谢天恩,仰祈圣鉴事。

光绪六年三月初六日,准兵部火票递到军机处咨行:赍奉单开,交出恩赏福字并荷包、银钱、银锞、食物诸珍。谨即恭设香案,望阙叩头祗领。

伏惟皇上福被九垓,文同八表,乾学展珠囊之秘,坤珍启银瓮之祥。禹甸孟安,修金贡之三品;尧厨鼎养,隆玉食于万方。臣幸际昌熙,远从征役,领绿营于西徼,未伸寸效于涓埃;瞻紫气之东来,更沐湛恩之汪濊。芝纶宠贲,钦承锡嘏之文;藻绘遥临,普仰垂裳之治。宝则形成麟趾,泉府源流;珍则味拟龙膏,上方下逮。鸿施渥被,鳌戴难胜。从此永托福林,三边溢庆;同依仁宇,九塞销兵。乐包容而来献其琛,遐荒进银镂笒磬;蒙煦育而既饱

---

①中国第一历史档案馆藏:《朱批原件》,缩微号:391—2054。又《奏稿》第61—64页。
②中国第一历史档案馆藏:《军机录副》,档案编号:03—5139—082。

以德,边氓悉含甘吮滋。

所有微臣感激荣幸下忱,谨缮折具奏,恭谢天恩,伏乞皇太后、皇上圣鉴。谨奏。三月初九日。

光绪六年五月十七日,军机大臣奉旨:知道了。钦此。①

010. 奏为帮办新疆军务谢恩折

光绪六年三月二十一日(1880年4月29日)

帮办新疆军务通政使司通政使二等男臣刘锦棠跪奏,为恭谢天恩,仰祈圣鉴事。

窃臣于三月十三日在喀什噶尔行营,承准督办新疆军务大学士陕甘督臣左宗棠恭录咨行:准兵部火票递到光绪六年正月二十一日内阁奉上谕:通政使司通政使刘锦棠着帮办新疆军务。钦此。② 谨即恭设香案,望阙叩头,谢恩任事。

伏念臣狠以凡庸,久从征役。前驱勉效,幸无豕突之虞;懋赏迭承,时懔鹈濡之义。涓埃未报,梦寐难安。乃复恩纶荣颁,边筹忝佐。感非常之知遇,祗倍切夫悚惶。

查新疆地处极西,幅员辽阔,朔南路别,种族既属,蕃多中外,界连藩篱,尤为紧要。虽余氛虿经净扫,而武备究难稍松,边防之关系匪轻,帮办之仔肩甚重。如臣梼昧,深惧弗胜。惟有勉竭驽骀,益加勤恪,随时咨商督办新疆军务大学士陕甘督臣左宗棠暨帮办新疆军务伊犁将军臣金顺③,统筹时势,妥慎图维,枕戈立先事之防,同泽收和衷之义,益以仰副皇上厪念西陲至意,庶伸愚悃,少答宠施。

---

① 中国第一历史档案馆藏:《军机录副》,档案编号:03—5150—082。又《奏稿》第65—68页。
② 光绪六年正月二十三日,清廷以边关紧要,时事艰难,饬令刘锦棠帮办新疆军务,与左宗棠等通盘筹画,以固疆圉(见《德宗景皇帝实录(二)》,卷一百八,光绪六年正月下,588页)。
③ 金顺(1831—1886),字和甫,伊尔根觉罗氏,世居吉林,隶满洲镶蓝旗,图尔格齐巴图鲁。咸丰四年(1854),充领催。六年(1856),补吉林骁骑校。八年(1858),升吉林防御。十年(1860),授协领,加副都统衔。同治三年(1864),补镶黄旗汉军副都统。同年,调补西安左翼副都统。五年(1866),迁宁夏副都统。同年,署宁夏将军。九年(1870),率军下金积堡,平宁夏。十年(1871),擢乌里雅苏台将军。十二年(1873),授正白旗汉军都统。十三年(1874),充帮办新疆军务大臣。光绪元年(1875),调补乌鲁木齐都统。二年(1876),授伊犁将军,封云骑尉。十二年(1886),回京述职,卒于途。赠太子太保,谥忠介。

所有微臣感激下忱，谨缮折具奏，恭谢天恩，伏乞皇太后、皇上圣鉴。谨奏。光绪六年三月二十一日。

军机大臣奉旨：知道了。钦此。①

光绪六年五月十八日，军机大臣奉旨：知道了。钦此。②

011. 奏报启用新关防日期片
光绪六年三月二十一日（1880年4月29日）

再，臣于三月十三日承准督办新疆军务大学士陕甘督臣左宗棠刊刻木质关防一颗，咨送到营，文曰：钦差帮办新疆军务总统马步各军通政使司通政使二等男法福灵阿巴图鲁关防。臣谨于三月二十一日拜折谢恩，即行启用。

除分咨外，理合附片具陈，伏乞圣鉴。谨奏。

光绪六年五月十八日，军机大臣奉旨：知道了。钦此。③

012. 奏报遵旨密陈新疆西路边防折
光绪六年四月初二日（1880年5月10日）

帮办新疆军务通政使司通政使二等男臣刘锦棠跪奏，为遵旨密陈新疆西路边防情形，仰祈圣鉴事。

窃臣于三月十三日承准军机大臣密寄：正月二十一日奉上谕：本日据王大臣等会议筹备边防事宜一折。此次俄国与崇厚所议条约章程多所要求，断难允准，已改派曾纪泽前往再议。惟该国不遂所欲，恐其伺隙启衅。必须有备无患，以折狡谋。新疆防务紧要，左宗棠熟悉边情，老于军事，即着将南北两路边防通盘筹画，务臻周密。本日有旨，令刘锦棠帮办新疆军务。刘锦棠、金顺两军均在前敌，尤为吃重，并着随时侦探防范，会商左宗棠，妥为布置。锡纶现驻塔城，兵力太单，且与俄人逼处，宜策万全，如能就

---

①中国第一历史档案馆藏：《朱批原件》，档案编号：04—01—17—0128—049。又《奏稿》第69—71页。
②中国第一历史档案馆藏：《军机录副》，档案编号：03—5150—087。
③中国第一历史档案馆藏：《军机录副》，档案编号：03—5666—026。

地选募边人,招徕蕃属,亦可壮我声威,着与左宗棠商酌办理。棍噶札拉参①久在边疆,闻为俄人所惮。该呼图克图前经给假三年,现当用人之际,着锡纶传旨,令其销假赴营,统带所部,以为犄角。锡纶驾驭有方,当可收指臂之助。左宗棠前有移营哈密之奏,究竟移扎该处,能否联络声势,有裨前敌,于后路不致悬隔,可以兼顾,该督当斟酌情形,妥筹进止。至练生军以防老师,足粮食以计长久,联兵势以完后路,均系目前要著,并着悉心经画,以固疆圉。现在时势艰难,全赖该督等为国宣勤,同仇敌忾。所有一切机宜,着于奉旨一月内具奏,以慰廑系。将此由五百里各密谕知之。钦此。②

窃惟俄国前乘回变,攘窃伊犁。迨官军廓清天山南北,又复数我逋逃,不行缚送。血气之伦,固已同深愤懑。此次因退还伊犁,多所要挟。界务、商务各条,枝节横生,居心尤为险谲。现在曾纪泽衔命往俄,再与辩议。该国知前约决难允准,或者稍抑狡谋,俯首以从,亦未可定。惟戎心叵测,凡在边疆将士,自应先事预防,以期有备无患。若果兵衅一开,则天山南北两路均关紧要,自非合力图之不可。

臣承准督办新疆军务大学士陕甘督臣左宗棠,咨送二月二十三日拜发折稿,以精河一带坚扼要隘之任,责之伊犁将军金顺。以塔尔巴哈台防务,责之参赞大臣锡纶。而派广东陆路提督张曜③,率师由阿克苏冰岭。而派

---

① 棍噶札拉参(1835—1895),又译棍噶札勒参,转世喇嘛,出生于甘肃巩昌府洮州厅卓尼杨氏土司。同治元年(1862),应新疆库尔喀喇乌苏乌讷恩素珠克图等延请出关,在库尔喀喇乌苏、塔尔巴哈台等处传授经典。四年(1865),以塔尔巴哈台回族、哈萨克族起事,率卫拉特兵剿办,赏加呼图克图名号。七年(1868),受命统辖流移于阿尔泰山之索伦营、塔城厄鲁特人众,妥办安插事宜。八年(1869),赴阿勒泰创修千佛庙,赐名"承化寺"。十一年(1872),率所部索伦、厄鲁特兵驻塔城,加强塔尔巴哈台防务。光绪二年(1876),率众迎击沙俄波塔宁骑兵,将其逐出。七年(1881),离开新疆,前往西藏熬茶布施。十三年(1887),进京陛见。二十年(1894),由八音沟赴临洮诵经。圆寂后,清廷赏银五百两,准其转世为八音沟承化寺呼图克图,并于塔尔巴哈台建祠致祭。
② 光绪六年正月二十一日,清廷发布多道谕旨,饬令李鸿章等将现有兵力认真整顿,一面备齐战舰,于烟台、大连湾等处择要扼扎,以固北洋门户(见《德宗景皇帝实录(二)》,卷一百八,光绪六年正月下,第587—588页)。
③ 张曜(1832—1891),字亮臣,号朗斋,直隶大兴(今属北京)人,原籍钱塘。咸丰初,以县丞留河南补用。四年(1854),请假回籍。五年(1855),保知县,加同知衔。六年(1856),署固始县知县。七年(1857),保直隶州知州,赏换花翎,加霍钦巴图鲁名号。八年(1858),保知府,加道衔。九年(1859),署光州直隶州知州。十年(1860),保道员,晋按察使衔。同年,丁母忧,继丁(转下页)

臣分兵，取到乌什，西绕布鲁特游牧地，亦指伊犁，以断俄人图援伊犁之路。如此路难进，则屯兵喀什噶尔外卡，遥张深入俄境之势，使知内患堪虞，时勤狼顾，不敢复为豨突。老成至计，固已无微弗喻。臣查乌什绕赴伊犁，从前本有换防官兵往来捷径，果能由此直捣大城，则避实击虚，出奇制胜，洵为兵家上策。惟该处布鲁特向属回地，是以官兵往来如行衽席之上。自同治年间回疆不靖，该布鲁特即为俄人诱往服属。现在乌什北行二百余里，出拜代里达阪，即系俄境。今昔情形倏然迥异。乌什地势偏北，由喀什噶尔前往该城，已十余站，再向前进，又十余站，与臣现驻之回疆西路四城，相距窎远，难于兼顾。此乌什之西未便进兵之实在情形也。

回疆幅员广莫，缠回、土回、布鲁特，族种繁多，民志未定，控制安抚，本未易言，而喀什噶尔、英吉沙尔、叶尔羌、和阗四城尤有甚难者。按阿克苏、拜城一带与伊犁相值，以地势考之，西路四城斗出伊犁几二千里，沿边卡伦与俄国图尔齐斯坦总督所驻之塔什罕、七河巡抚所驻之阿里木台，均不甚远。而纳林桥托和玛克窝什、阿来等俄城，在在紧邻。伏读谕旨，尤为吃重等因。仰见圣明洞烛无遗，下怀莫名钦服。

臣自肃清新疆，逐日训练士马，如临大敌。而四年之九月、十月，五年之正月、八月，陕回安集延、布鲁特等逆四次犯边。幸仗天威，随时扑灭。其为不可一日弛备，已可概见。再，查喀什噶尔由伊斯里克小路出卡至俄地之亦特木梭，计程一千二百余里，与乌什往伊犁之路相会，较乌什前去约多七百余里，而可省绕走乌什之十余站，似进兵稍为便利。然由喀什噶尔起行，三百四十里至铁勒克达阪下，亦即俄属布鲁特各部，若以孤军深入，不特运道必有疏虞，即军行亦难畅达。臣现部马步万人，防守玛喇尔巴什以至和阗各城，绵长三千里，差敷分布。如分队涉历俄境，远图进取，就现在兵力，实属有所未逮。且所部将士，久从征役，疲病颇多。上年咨商陕甘督臣左宗棠派队出关，以资换补，已经左宗棠奏明，调派题奏提督陕西汉中镇总兵谭上连、记名提督宁夏镇总兵谭拔萃等统率前来。虽饷项奇绌，军

（接上页）父忧。十一年（1861），迁河南布政使，旋以"目不识丁"被劾。同治元年（1862），改保总兵。二年（1863），加提督衔。四年（1865），乞假葬亲。六年（1867），保提督，赏骑都尉世职。九年（1870），补授广东陆路提督，加骑都尉兼一云骑尉，赏双眼花翎。光绪二年（1876），随左宗棠入疆，收复伊犁。三年（1877），加一等轻车都尉兼一云骑尉。六年（1880），署帮办新疆军务。十年（1884），加巡抚衔、头品顶戴。十一年（1885），补广西巡抚，加兵部尚书衔。十二年（1886），调补山东巡抚。十五年（1889），加太子少保。卒赠太子太保，谥勤果。

数未能多增,而挑补生军,裁汰疲弱,仍可足成万人原额。拟俟陆续到齐,加以整顿,可期士气常新,将来天山北路一有举动,或须抽拨队伍,分屯喀什噶尔外卡,以张深入俄境之势,自应遵照左宗棠原奏,妥慎办理。

至侦探敌情,本属要务,惟彼族稽查严密,必使夷类前往,方不致滋生事端。臣于四年夏间商明左宗棠,招募有身家之布鲁特两哨,充当马队,并令该营头目出具切实保结,俾其轮班扮作商民,往俄侦探,较为得实。遇有俄国确实举动,仍随时咨报左宗棠,以便代为驰奏,仰恳宸廑。所有一切机宜,臣才识短浅,何敢率陈!缘钦奉谕旨,于一月内迅速具奏。

谨将西路四城防务情形撮举大概,恭折密陈,伏乞皇太后、皇上圣鉴训示施行。谨奏。光绪六年四月初二日。

光绪六年五月十三日①,军机大臣奉旨:另有旨。钦此。②

【案】此案于是年五月获清廷批旨:

军机大臣字寄:光绪六年五月十三日奉上谕:刘锦棠奏复陈新疆西路各城边防情形一折。所陈进兵道路及侦探敌情各节尚为详悉。该京卿所部现在防守玛喇尔巴什以至和阗各城,地段辽阔,务当就现有兵力,严密布置,以期有备无患。喀什噶尔等城边境多与俄境毗连,尤宜不动声色,勤加侦探,随时咨商左宗棠,相机防范,毋稍疏虞。将此由五百里谕令知之。钦此。③

013. 前赴哈密筹商边防善后起程日期折
光绪六年八月二十一日(1880年9月25日)

帮办新疆军务通政使司通政使二等男臣刘锦棠跪奏,为微臣前赴哈密筹商边防善后各事宜,暨由喀什噶尔启程日期,恭折陈明,仰祈圣鉴事。

窃维新疆西四城地方毗连夷境,道路绵长,边防事宜较他处尤为吃重。臣以菲材,驻防要地,兼之善后诸务头绪繁多,恒恐勿克胜任,致有贻误。因拟轻骑减从,亲赴哈密,与督办新疆军务大学士陕甘督臣左宗棠面商一

---

①中国第一历史档案馆藏:《军机处随手登记档》,档案编号:03—0229—2—1206—132。
②中国第一历史档案馆藏:《军机录副》,档案编号:03—6014—053。又《奏稿》第157—167页。
③《德宗景皇帝实录(二)》,卷一百十三,光绪六年五月,第661页。

切机宜。八月十四日,接阅左宗棠来函,亦有沿途防务如已周密,应即赴哈一行,以便详细熟筹等语,自应遵照办理。

查俄国前有兵屯扎喀属界外,嗣据探报,业已悉数撤回。现在边卡地方一律安静,布鲁特各部落亦俱恭顺。惟安集延种族切近边卡,向称狡悍,闻臣远赴哈密,难保不勾结不逞野回复图滋扰。当经传集所部将领道员罗长祜①、陕西陕安镇总兵余虎恩、陕西汉中镇总兵谭上连、记名提督董福祥②、张俊③等,密示战守机宜,并饬令和衷共济,分任防剿,毋得互相推诿。至各营暨善后税厘各局日行寻常文件,檄委刘长佑,代拆代行。其事关紧要者包封,递臣行次,自行核办,以昭慎重。现在布置业已就绪,择于八月二十一日,携带木质关防,自喀什噶尔起程。查由喀至哈,往返一万余里,倍道兼行,年内当可回喀,不致久延。

除咨报左宗棠知照外,所有微臣前赴哈密暨由喀什噶尔起程日期,谨恭折驰陈,伏乞皇太后、皇上圣鉴。谨奏。光绪六年八月二十一日。

光绪六年九月二十八日④,军机大臣奉旨:另有旨。钦此。⑤

【案】此折于是年九月得允行:

军机大臣字寄:光绪六年九月二十八日奉上谕:刘锦棠奏前赴哈密与左宗棠筹商边防善后各事宜一折。览奏,已悉。左宗棠现在来京陛见,前有旨令刘锦棠署理钦差大臣,督办新疆军务。刘锦棠行抵哈

---

①罗长祜(?—1884),湖南湘乡人。师事原任陕西抚臣刘蓉。年二十,仗剑游浙,继度陇,襄办大学士左宗棠营务,肃清关陇,累功由通判保升花翎知府。光绪元年(1875),随刘锦棠进规新疆,综理营务。四年(1878),委署理阿克苏道,仍统湘军,旋实斯缺。十年(1884),因病出缺。
②董福祥(1839—1908),字星五,甘肃固原人。同治元年(1862),率众抗清,为刘松山所败,遂投清,所部改编为董字三营,先后从刘松山等剿办西北民变,以功保提督。光绪元年(1875),进兵新疆,以收复乌鲁木齐等地及平定南疆功,加云骑尉、骑都尉世职,授阿尔杭阿巴图鲁勇号。十二年(1886),经刘锦棠奏请,补阿克苏总兵。十六年(1890),擢喀什噶尔提督。二十年(1894),晋尚书衔。二十二年(1896),调补甘肃提督,赏太子少保衔。二十六年(1900),授随扈大臣。三十四年(1908),卒于甘肃。
③张俊(1840—1900),字杰三,倭欣巴图鲁,甘肃灵州(今属灵武)人。同治九年(1870),报捐都司。十二年(1873),署理西宁永安营游击。同年,升参将。十三年(1874),迁副将,加总兵衔。光绪元年(1875),补西宁北川营都司。二年(1876),晋提督衔。三年(1877),授定远军统领。五年(1879),署阿克苏镇乌什协副将。十五年(1889),补甘肃西宁镇总兵。同年,调伊犁镇总兵。二十一年(1895),擢喀什噶尔提督。二十三年(1897),调署甘肃提督。二十五年(1899),授武卫全军翼长。卒谥壮勤。
④中国第一历史档案馆藏:《军机处随手登记档》,档案编号:03—0229—3—1206—263。
⑤中国第一历史档案馆藏:《军机录副》,档案编号:03—6015—039。

密,即祗领关防任事。所有新疆一切布置,务向左宗棠详细咨商,遵照办理,并将边防事宜与金顺、张曜和衷商榷,切实筹办。诸将士久戍西陲,亦宜威惠兼施,俾得踊跃用命,随时分饬各军认真防守,不得稍涉大意,亦不得轻举妄动,以靖边疆。将此由五百里谕令知之。钦此。①

014. 署理钦差大臣督办新疆军务谢恩折

光绪六年十月十五日(1880年11月17日)

署理钦差大臣督办新疆军务通政使司通政使二等男臣刘锦棠跪奏,为恭谢天恩,沥陈下悃,仰祈圣鉴事。

窃臣于本年八月二十一日由喀什噶尔起程前赴哈密缘由,当经恭折驰陈在案。九月二十七日,在吐鲁番途次,承准督办新疆军务大学士陕甘督臣左宗棠恭录咨会:承准军机大臣字寄:光绪六年八月二十二日,奉上谕:左宗棠现在料理启程来京,关外一切事宜,应即交替。刘锦棠威望素著,办理新疆善后事宜,诸臻妥协,着署理钦差大臣,督办新疆军务。俟刘锦棠到哈密后,左宗棠即将钦差大臣关防交给祗领。所有新疆一切布置,并着详细告知,妥为筹办,即行迅速北上等因。钦此。② 跪聆之下,感悚莫名。十月初六日,行抵哈密。十二日,承准左宗棠移交钦差大臣关防前来。谨即恭设香案,望阙叩头谢恩,祗领任事。

伏念臣起家寒畯,材质庸愚,年未及冠,即随臣叔父已故广东陆路提督臣刘松山,转战各省,廿载驰驱,习惯劳苦,于战守之道尚能粗窥崖略。每自揣绵薄,身领偏师,为国敌忾,但令饷需接济,遇事勤慎,或可幸免偾事。至于督师重任、地方吏事,自顾不学无术,识暗才尘,实难胜任。乃蒙圣恩高厚,倚畀非常,五内屏营,罔知攸措。

臣维新疆地处极边,幅员辽阔,属兹饷源日缩,隐患方殷,一切军务善后暨中外交涉诸事宜,最为艰巨。以左宗棠耆勋硕望,用达体闳,犹且竭虑殚精,兢兢业业,乃克有济。臣之才力既万不及左宗棠,臣之资望则尤不但

---

①《德宗景皇帝实录(二)》,卷一百二十,光绪六年九月下,第743—744页。
②见光绪六年八月初四日陕甘总督左宗棠《遵旨荐举贤员折》(中国第一历史档案馆藏:《军机录副》,档案编号:03—6015—041)。

不及左宗棠，即如金顺、杨昌濬①暨张曜等，亦皆老成素望，非臣后起新进所能比并。内揆愚分，外审事势，重寄忝膺，实不足以孚众心而维全局。设有贻误，微臣之贪荣恋栈，固无解于当世之讥评，而万里岩疆必更烦朝廷之擘画。扪心自省，寝馈难安。合无仰恳恩施，垂念边陲重地，另简贤能大员，畀以钦符，督办新疆军务，庶西事藉免疏虞，而臣亦得以自安愚拙。

至现在左宗棠奉旨陛见，克期起程，臣自应暂行署理，一切恪守左宗棠成规，与金顺、杨昌濬等和衷商办，恭候钦派大员前来交代。臣两世叨受国恩，自关外用兵一二年间，由道员时擢卿班，并邀爵赏，异数频仍，有加无已，捐躯糜顶，未足云酬。现际时事多艰，臣具有天良，苟心力之所能为，正当藉效涓埃，勉图报称，何敢意存规避，自外生成。只以力有不逮，不得不据实沥陈，吁恳矜全区区苦衷。惟乞圣明察谅，边事幸甚，微臣幸甚。

所有感激悚惶下悃，谨缮折具奏，伏乞皇太后、皇上圣鉴训示施行。谨奏。十月十五日。

光绪六年十一月二十四日，军机大臣奉旨：览奏。具见敬慎之忱。惟朝廷正深倚畀，刘锦棠务当恪守左宗棠成规，将新疆一切事宜妥为筹办，与金顺、张曜等和衷共济，用副委任，毋庸固辞。钦此。②

015. 接钦差大臣关防及启用日期等情片
光绪六年十月十五日（1880年11月17日）

再，臣于本年十月十三日承准督办新疆军务大学士陕甘督臣左宗棠移交钦差大臣关防前来，当即祗领。谨于十五日拜折谢恩，即行启用。所有

---

①杨昌濬（1827—1897），字石泉，湖南湘乡人。咸丰二年（1852），从罗泽南练乡勇，会集湘潭，出《讨粤匪檄》，后随湘军进剿太平军。十年（1860），补知县，并赏戴花翎。同治元年（1862），保同知。同年，升浙江衢州府知府。二年（1863），授浙江粮储道。三年（1864），迁浙江盐运使，加按察使衔。同年，晋浙江按察使，署浙江布政使。五年（1866），升补浙江布政使。八年（1869），署浙江巡抚。九年（1870），擢浙江巡抚。光绪二年（1876），因杨乃武案革职。四年（1878），经左宗棠奏调赴陕甘，赏四品顶戴。五年（1879），署甘肃布政使，加二品顶戴。六年（1880）晋头品顶戴，护理陕甘总督。七年（1881），补授甘肃布政使，仍护理陕甘总督。九年（1883），迁漕运总督。十年（1884），帮办福建军务。同年，补授闽浙总督。十一年（1885），兼署福建巡抚。十四年（1888），调补陕甘总督。十五年（1889），监临乡试，嗣因回民暴动革职。二十年（1894），加太子太保衔。

②中国第一历史档案馆藏：《军机录副》，档案编号：03—5154—119。又《奏稿》第73—78页。

原用钦差帮办新疆军务总统马步各军通政使司通政使二等男法福灵阿巴图鲁木质关防，业经销毁。

除分别咨行外，理合附片陈明，伏乞圣鉴。谨奏。

光绪六年十一月二十四日，军机大臣奉旨：知道了。钦此。①

016. 奏报布置南路暨哈密等处防务折

光绪六年十一月二十日（1880年12月21日）

署理钦差大臣督办新疆军务通政使司通政使二等男臣刘锦棠跪奏，为布置南路暨哈密等处防务，恭折驰陈，仰祈圣鉴事。

窃臣于本年十月十九日在哈密行营，承准军机大臣字寄：光绪六年九月二十八日奉上谕：刘锦棠奏前赴哈密与左宗棠筹商边防善后各事宜一折。览奏，已悉。左宗棠现在来京陛见，前有旨令刘锦棠署理钦差大臣，督办新疆军务。刘锦棠行抵哈密，即祗领关防任事。所有新疆一切布置，务向左宗棠详细咨商，遵照办理，并将边防事宜与金顺、张曜和衷商榷，切实筹办。诸将士久戍西陲，亦宜威惠兼施，俾得踊跃用命，随时分饬各军认真防守，不得稍涉大意，亦不得轻举妄动，以靖边疆。将此由五百里谕令知之。钦此。跪聆之下，仰见朝廷绥定边疆之至意，寸衷钦感，莫可名言。

伏念臣才尘识暗，望浅资轻，猥蒙圣恩高厚，倚畀非常，力小任重，时惧弗胜。臣自本年十月十二日接篆任事，谨于十五日专折恭谢天恩，并沥陈下悃，吁恳另简贤能接替，以免贻误。区区苦衷，计邀圣慈察谅。然臣任事一日，自当尽一日心力，以藉图报称于万一。

窃查新疆南北两路，形势并重，北路防务历经左宗棠、金顺会同筹办，诸臻安协。即将来有应相机变通之处，臣当与金顺等体察情形，随时会商办理。惟南路防务，左宗棠现由哈密抽队北行，臣仍应驻哈，扼南北总汇之地，以便兼顾。局面一变，不得不另为布置。西四城为极边冲要，内则幅员辽阔，诸事草创，种类蕃杂，厥性难驯。外则邻邦密迩，沿边一带，路径纷歧，在在皆属要害，以言安内靖外，实非容易。臣在彼数载，凡事与左宗棠

---

①中国第一历史档案馆藏：《军机录副》，档案编号：03—5812—072。

随时商办，幸免陨越。自本年八月间由喀什噶尔东赴哈密，当经传集文武各员，面授机宜，饬令分任营局各务。数月以来，接据文报，知各员尚能循分供职，和衷共济，地方一律安谧，塞上烽火无惊。惟此乃一时权宜之计，实非可久之道。

臣既移驻哈密，西四城军民诸事件，自难一一遥制。而各将领、局员才分相埒，事权不一，非得文武兼资、威望夙著之大员前往督率，局势终嫌涣散，边事难期万全。现已缄商张曜，请其率带全部，移防喀什噶尔、英吉沙尔两城，总办西四城边防善后暨中外交涉诸事宜。喀、英两城与俄境尤为切近，张曜宜自喀城就近调度壹是。嵩武一军，近新募生力军千余人，壁垒一新，移防后，臣当于现驻喀、英两城各军内，饬题奏提督董福祥所统之董字军步队中、左、右三营，题奏提督张俊所统之定远军步队中、左、右三营，记名提督夏辛酉、张宗本①所带之恪靖马队右、后两营，并交董福祥统领，移驻叶尔羌、和阗等处，并饬喀什噶尔防营步队一旗、缠回、布鲁特马队各一旗，仍驻喀城，计马步十一营旗，概行拨归张曜节制调遣，俾厚兵力。

至阿克苏、乌什两城筹备，亦须周密。嵩武军开拔后，拟于现驻西四城各军内，饬总理营务处道员罗长祜，将所部老湘右军五营、中军右营一营，共步队六营，裁汰疲弱，并为四营，另拨记名提督谭慎典、陈建厚所带之白旗、寿字马队各一营，共马步六营，归其统带，移防阿克苏、玛纳尔巴什一带。饬陕西汉中镇总兵谭上连率所部恪靖马队中、前、左三营，并将现驻叶、和两城陕西陕安镇总兵余虎恩所部老湘左军步队五营，裁汰疲弱，并为三营，共马步六营，交谭上连统带，移驻乌什。又甘肃宁夏镇总兵谭拔萃、记名提督谭和义，上年经左宗棠奏明，檄由湖南招募步队二千数百人，西来时以老湘马队诸军弁勇有久役思归、疲病不堪复用者，拟分别假遣，以谭拔萃等所募新勇填补缺额。兹既于老湘步队十一营内裁减四营，所有谭拔萃

---

① 张宗本(1838—1911)，字修卿，山东巨野人。同治七年(1868)，投效湘军，随军赴陕，以功保守备，赏戴蓝翎。十一年(1872)，保郡司，换花翎。十二年(1873)，保游击，加参将衔。光绪元年(1875)，随军出关。二年(1876)，保参将，晋副将衔，加竖勇巴图鲁名号。三年(1877)，保总兵记名。是年，换奇臣巴图鲁名号。四年(1878)，保提督记名。十七年(1891)，补和阗营参将。十九年(1893)，升补乌什协副将。二十年(1894)，护理阿克苏总兵。二十三年(1897)，擢阿克苏镇总兵。同年，署理喀什噶尔提督。二十九年(1903)，交卸回籍。三十年(1904)，补授山东兖州镇总兵。宣统三年(1911)，卸职归里。

等新募队伍,可无庸再行裁拆,并哈密原有亲军步队暨旌善马队各起,前经左宗棠奏派营务处盐运使衔分省补用知府王诗正,带赴张家口驻扎,已于本月二十日启行。臣须添设亲军,现于谭拔萃等新募四营中提拨两营,并檄调臣原驻喀城亲兵一并来哈,填扎营垒,俾免空虚。谭拔萃等新募之军,除调驻哈密两营外,其余两营以一营交谭和义督带,暂驻吐鲁番,听候调拨;以一营交谭拔萃督带,进驻库车。查库车、哈喇沙尔两城马步各防营,向归记名提督易开俊节制调遣,易开俊业经病故,现委谭拔萃接统,以一号令而专责成。以上布置各情形,臣前与左宗棠当面咨商,亦以为然,即当赶为部署,用速戎机。

属兹时事多艰,边防吃紧,臣当与金顺、张曜督饬诸将认真整顿,严密戒备,仍不准先事张皇,稍动声色,务期在在不露战之迹,时时不忘之念,养精蓄锐,静以观变。臣维古之善用兵者,每多意思安闲。如不欲战,而战则必胜。臣虽不足以语此,窃愿与金顺、张曜互相勉励,以期上纾宵旰西顾之忧。

所有微臣布置南路八城暨哈密等处防务各缘由,理合恭折陈明。是否有当? 伏乞皇太后、皇上圣鉴训示。谨奏。光绪六年十一月二十日。

军机大臣奉旨:另有旨。钦此。①

光绪六年十二月十五日,军机大臣奉旨:另有旨。钦此。②

【案】此案于是年十二月得批旨:

军机大臣字寄:光绪六年十二月十五日奉上谕:刘锦棠奏布置防务一折。刘锦棠现在驻扎哈密,新疆南路防务自应另筹布置。西四城事务繁杂,且近俄边,一切尤关紧要,各将领事权不一,必须才兼文武之大员前往督率。刘锦棠商令张曜移扎喀什噶尔,就近调度,所筹甚合机宜,即着张曜统率全部,迅赴喀城,将西四城边防善后暨中外交涉事宜,随时妥筹,与刘锦棠会商办理。所有提督董福祥等马步十一营旗,均归节制。至阿克苏、乌什等城,并着刘锦棠饬令道员罗长祜等分投扼扎,认真防守。其余布置各节,均着照所议行。北路防务将来有应变通之处,着刘锦棠、金顺相机酌办。左宗棠现在来京,该大臣等责

---

① 中国第一历史档案馆藏:《朱批原件》,缩微号:450—0805。又《奏稿》第177—186页。
② 中国第一历史档案馆藏:《军机录副》,档案编号:03—6015—108。

任綦重,惟当遇事和衷,相期共济,以副委任。将此由五百里各谕令知之。钦此。

017. 增设行营粮台并遴员督办台务片
光绪六年十一月二十日(1880年12月21日)

再,西征饷糈诸务最为繁剧。左宗棠督办军务时,除奏销归后路各粮台汇造外,其余钩稽出纳,向派行营支应处幕僚,分任其事,由左宗棠综核办理。以左宗棠精心强记,自可措之裕如。臣于理财一道,素非所长,自顾才力远不逮左宗棠,而军需关系重大,条绪纷杂,深恐或有疏失,前经咨商左宗棠议增行营粮台,拣员督办,所有奏销案件,照旧归西征粮台、陕甘后路粮台会同汇办。其各军营台局银粮出入诸事宜,此后概归督办之员一手经理。遇有应行筹酌之处,仍由臣裁决饬遵。至原设支应处,则专管臣营饷事。如此分别办理,庶界限清而责成专,臣得以藉免贻误。惟督办粮台之任,实非贤能可靠之员不足以当之。

兹查有三品衔浙江补用道候补知府陈宝善,老成谙练,廉正明达,堪以胜任。即当派令承办,以资得力。该员原系在浙候补人员,经左宗棠奏调来营,总查新疆善后事宜。北路各城业经该员查勘周遍,将地方诸事禀由左宗棠斟酌损益。惟南路尚未前往,现在行营粮台,舍该员无可当斯任者,不得不移彼就此。

其南路善后事宜,臣自秋间由喀什噶尔前来哈密,沿途留心访察,各处情形早已得其大概,仍当另派妥员,周历各城,过细查察。陈宝善久官牧令,政声卓著,吏治深谙,将来当举臣夙所闻见,并另员巡察情形,与该员商酌兴革,以期妥善而规久远。

所有增设行营粮台遴员督办各缘由,谨附片陈明,伏乞圣鉴训示。谨奏。

光绪六年十二月十五日,军机大臣奉旨:知道了。钦此。①

---

①中国第一历史档案馆藏:《军机录副》,档案编号:03—5154—064。又《奏稿》第187—189页。

018.请饬部注册知州罗镇嵩候补日期片

光绪六年十一月二十日（1880年12月21日）

再，据臣军委员花翎留甘归候补班前遇缺补用直隶州知州罗镇嵩禀称：该员现年二十八岁，系湖南湘乡县人。同治九年，由文童来甘，投效军营，于克复巴燕戎格城池暨肃清河州等处案内，经陕甘督臣左宗棠保奏，同治十三年八月初三日奉上谕：文童罗镇嵩着以从九品不论双单月，遇缺即选。钦此。关陇肃清案内经左宗棠汇案保奏，光绪二年二月初四日奉上谕：候选从九品罗镇嵩着以巡检分省即补。钦此。克复乌鲁木齐、玛纳斯等城，经左宗棠汇案保奏，光绪三年九月初五日奉上谕：分省补用巡检罗镇嵩，着免补本班，以县丞分省归候补班前补用，并赏戴蓝翎。钦此。攻克达阪城、托克逊并会克吐鲁番满汉两城案内，经左宗棠汇案保奏，光绪四年正月二十五日奉上谕：蓝翎分省补用县丞罗镇嵩，着免补县丞，以知县仍分省，归候补班前补用。钦此。荡平新疆案内，经左宗棠汇保，光绪六年正月二十日奉上谕：蓝翎分省补用知县罗镇嵩，着免补本班，以直隶州知州留甘肃，归候补班前遇缺补用，并赏戴花翎。钦此。钦遵各在案，理合禀请给咨赴部引见等情前来。

查该员系劳绩保举留甘人员，照章本应给咨赴部引见，到省方可接班序补。惟该员在臣军办事多年，深资得力，现在用人之际，该员尚有经手未完事件，未便遽准离营、更易生手。合无仰恳天恩，伏念边地需才，可否将花翎留甘候补班前遇缺补用直隶州知州罗镇嵩，照章准以光绪六年正月三十日荡平新疆保案奉旨后第五日由部行文之日起，由京至甘肃省程限五十五日减半扣算，应扣至六年三月初三日，作为该员到省候补日期，饬部先行注册，并咨行陕甘总督查照，俟补缺后，再行给咨赴部引见，以符定制之处，出自逾格鸿慈。谨附片陈明，伏乞圣鉴。谨奏。

光绪六年十二月十五日，军机大臣奉旨：吏部知道。钦此。①

【案】此片具奏日期，录副署"光绪六年十二月十五日"。查《军机

---

①中国第一历史档案馆藏：《军机录副》，档案编号：03—5154—061。

处随手登记档》①，有"报五百里，十一月二十日发"等字样。据此，此片具奏日期当为"光绪六年十一月二十日"，兹据校正。

019. 请准户部主事刘兆梅留营差遣片

光绪六年十一月二十日（1880年12月21日）

再，臣前准大学士陕甘督臣左宗棠咨开：上年行营差遣需员，查有湖南请假在籍户部主事刘兆梅，品行端方，才识明达，当经檄调来甘，留营差遣，诸称得力。现值交卸北上，咨请酌留委用等因前来。

臣查该员勤干有为，于边事尤为熟悉，合无仰恳天恩俯准留营差委，饬部备案，俾臣藉资臂助。

除咨部外，谨附片具奏，伏乞圣鉴。谨奏。

光绪六年十二月十五日，军机大臣奉旨：着照所请，吏部知道。钦此。②

【案】此片具奏日期，录副署"光绪六年十二月十五日"。查《军机处随手登记档》③，有"报五百里，十一月二十日发"等字样。据此，此片具奏日期当为"光绪六年十一月二十日"，兹据校正。

020. 游击黄新发等缮名有误请饬更正片

光绪六年十一月二十日（1880年12月21日）

再，大学士陕甘督臣左宗棠于肃清新疆南北两路请奖案内列保之补用游击黄新发请赏给三品封典、补用都司张树槐请以游击补用，光绪六年正月三十日奉旨允准钦遵在案。查黄新发系樊新发，张树槐系张澍魁，缮折时书写错误，兹据原保营员呈请具奏、更正前来。

臣复查无异。合无仰恳天恩俯准，饬部于官册内将新疆南北两路肃清案内列保之三品封典补用游击黄新发改为樊新发、补用游击张树槐改为张澍魁，分别注册，俾资遵守。

---

①中国第一历史档案馆藏：《军机处随手登记档》，档案编号：03—0229—4—1206—337。
②中国第一历史档案馆藏：《军机录副》，档案编号：03—5154—063。
③中国第一历史档案馆藏：《军机处随手登记档》，档案编号：03—0229—4—1206—337。

除咨部查照外，谨附片陈明，伏乞圣鉴训示。谨奏。

光绪六年十二月十五日，军机大臣奉旨：兵部知道。钦此。①

【案】此片具奏日期，录副署"光绪六年十二月十五日"。查《军机处随手登记档》②，有"报五百里，十一月二十日发"等字样。据此，此片具奏日期当为"光绪六年十一月二十日"，兹据校正。

光绪七年

001. 统辖哈密及镇迪道属文武办理折

光绪七年正月十九日（1881年2月17日）

署理钦差大臣督办新疆军务通政使司通政使二等男臣刘锦棠跪奏，为奉旨统辖哈密及镇迪道属地方文武官员，谨将钦遵办理缘由恭折具陈，仰祈圣鉴事。

窃臣承准军机大臣字寄：光绪六年十一月初四日奉上谕：左宗棠另片奏请将哈密、镇迪道归刘锦棠统辖等语。③ 哈密、镇迪道所属文武地方官，均着暂归刘锦棠统辖等因。钦此。④ 跪聆之下，感悚莫名。

---

①中国第一历史档案馆藏：《军机录副》，档案编号：03—5812—124。
②中国第一历史档案馆藏：《军机处随手登记档》，档案编号：03—0229—4—1206—337。
③见光绪六年十月十二日左宗棠《奏请将哈密及镇迪一道军政各项差务归属刘锦棠办理片》（中国第一历史档案馆藏：《军机录副》，档案编号：03—5153—090）。
④此廷寄曰："军机大臣字寄：钦差大臣督办新疆军务大学士陕甘总督二等恪靖侯左、署钦差大臣督办新疆军务通政使司通政使刘、帮办军务伊犁将军金、署帮办军务广东陆路提督张，传谕护理陕甘总督署甘肃布政使杨昌濬：光绪六年十一月初四日奉上谕：左宗棠奏交卸起程，并酌带马步队入关各折片。已明降谕旨，以刘锦棠署理钦差大臣，督办新疆军务。命张曜署理帮办军务，杨昌濬护理陕甘总督矣。西陲军事紧要，刘锦棠责无旁贷，务当按照左宗棠布置成规，妥为筹办，以期动合机宜。张曜已署理帮办军务，着刘锦棠与金顺、张曜随时彼此会商，和衷共济，毋得毋得各存意见，以副委任。左宗棠现在驰赴兰州，交卸督篆，杨昌濬一切有所遵循，地方应办事宜，即着悉心经理，毋得稍有贻误。所有藩臬篆务，着左宗棠拣派妥员署理。该督此次酌带马步二千余名入关，赴张家口驻扎，俟俟抵京后再行相机办理。另片奏请将哈密镇迪道归刘锦棠统辖等语。哈密及镇迪道所属文武地方官，均着暂归刘锦棠统辖。将此由六百里谕知左宗棠、刘锦棠、金顺、张曜，并传谕杨昌濬知之。钦此。遵旨寄信前来。"（中国第一历史档案馆编：《光绪朝上谕档》，第六册，广西师范大学出版社，1996年，第283页）。

伏念臣猥以凡庸，荷蒙非常知遇，命署钦差大臣篆务。受代以来，办理边防及回疆善后、中外交涉诸事宜，已觉时形竭蹶。兹复奉旨统辖哈密及镇迪道属地方文武官员，事件益繁，责任益重。自顾军旅粗材，廿年戎马，于从政之道未尝学习，膺兹宠命，何以克胜。查哈密以西，旧设一直隶州、四县、三厅，幅员辽阔，政务殷繁。其一切事宜经左宗棠极力筹办，固已纲举目张，秩然有成规可守。惟是兵燹之后，民困未苏，亟宜抚绥安集，以期渐次复元。其余澄清吏治，整饬营伍，在在胥关紧要。

臣既奉旨暂行统辖，自当振刷精神，认真办理，仍与护理陕甘督臣杨昌濬、伊犁将军臣金顺、乌鲁木齐都统臣恭镗①、乌鲁木齐提督臣金运昌②，随时商榷，务臻周妥，用副朝廷轸念边陲之至意。

所有微臣奉旨统辖哈密及镇迪道属地方文武官员钦遵办理缘由，谨缮折具奏，伏乞皇太后、皇上圣鉴训示。谨奏。光绪七年正月十九日。

军机大臣奉旨：知道了。钦此。③

光绪七年二月十二日，军机大臣奉旨：知道了。钦此。④

002. 请准候补知府陈名钰留营差遣片
光绪七年正月十九日（1881年2月17日）

再，三品衔升用道安徽候补知府陈名钰⑤，前随已故道员王鑫暨臣胞

---

①恭镗（1837—1889），字振魁，满洲正黄旗人，博尔济吉特氏。咸丰初，充刑部笔帖式。四年（1854），选吏部主事。同治元年（1862），补员外郎。二年（1863），升御史。三年（1864），兼管内务府银库员外郎。同年，升郎中，兼内务府六库郎。五年（1866），充总理各国事务衙门章京、理藩院内外馆监督。六年（1867），兼理步军统领衙门章京。是年，放湖北荆宜施道，加按察使衔。十年（1871），迁奉天府尹。光绪元年（1875），署盛京将军。三年（1877），授二等侍卫，任乌鲁木齐领队大臣。同年，署乌鲁木齐都统。五年（1879），擢乌鲁木齐都统。九年（1883），调补西安将军。十二年（1886），署黑龙江将军。十四年（1888），授黑龙江将军。十五年（1889），补授杭州将军。同年，晋京陛见，卒于天津途次。

②金运昌（？—1886），字景亭，安徽盱眙（今江苏盱眙）人。从郭宝昌剿捻，积功洊升游击，迁总兵，擢提督，复姓金。同治八年（1869），代郭宝昌率卓胜营，剿办西北民变。九年（1870），攻金积堡。光绪三年（1877），抵乌鲁木齐。同年，擢乌鲁木齐提督。十一年（1885），病归。

③中国第一历史档案馆藏：《朱批原件》，档案编号：04—01—16—0207—080。

④中国第一历史档案馆藏：《军机录副》，档案编号：03—5814—069。

⑤陈名钰（1827—？），湖南宁远人。咸丰五年（1855），因克复湖南东安等处出力，保训导。七年（1857），以功保以本班不论双单月遇缺即选，并赏加五品衔。八年（1858），赏戴蓝翎。十年（1860），以克复安徽建德等处出力，保知县，加知州衔。十一年（1861），保知州，赏戴（转下页）

叔原任广东陆路提督刘松山①,效力湘军,十有余载。同治七年,请假离营,赴部引见。八年五月十二日,试用期满,奉委署理池州府知府事。十一年,交卸署任。光绪元年,闻讣丁父忧回籍,服满起复,于四年七月二十七日回原省候补。旋于六年请假措资,三月十六日离省回籍。臣前以行营办事乏人,檄调该员由湖南原籍西来,充当差使。该员老成谙练,深资得力。

惟系曾经到省人员,例应回原省候补,合无仰恳天恩,俯念边事需才,准将三品衔升用道安徽候补知府陈名钰留营差委,并改归甘肃补用,以该员原在安徽到省日期作为到甘候补日期,按班序补,饬部备案之处,出自逾格鸿慈。谨附片陈明,伏乞圣鉴训示施行。谨奏。

军机大臣奉旨:着照所请,该部知道。钦此。②

光绪七年二月十二日,军机大臣奉旨:着照所请,该部知道。钦此。③

【案】此片具奏日期,录副署"光绪七年二月十二日"。查《军机处随手登记档》④,有"报四百里,正月十九日哈密发"等字样。据此,此片具奏日期当为"光绪七年正月十九日",兹据校正。

003. 原保知州刘昭南请仍分省补用片

光绪七年正月十九日(1881年2月17日)

再,臣据知府衔补用直隶州知州刘昭南禀称:该员系由甘肃西宁府贵德厅附生,历保知县分发省分。嗣经左宗棠汇入荡平新疆南北两路案内,

---

(接上页)花翎。同治五年(1866),保直隶州知州留安徽补用。六年(1867),保知府,晋道衔。七年(1868),因功经陕甘总督左宗棠保升道员,并加三品衔。同年,予三品封典。八年(1869),经吏部带领引见,以道员升用。十年(1871),署安徽池州府篆。光绪元年(1875),丁父忧。四年(1878),回原省候补。六年(1880),请假回籍措资。七年(1881),经刘锦棠奏留甘肃补用,办理新疆南路善后事宜。十年(1884),借补温宿直隶州知州。十四年(1888),署迪化府知府。同年,署理阿克苏道篆。十六年(1890),迁阿克苏道。

①刘松山(1833—1870),字寿卿,湖南湘乡人。同治元年(1862),分统老湘一军。后从曾国藩剿办太平军,历任守备、游击、参将。同治三年(1864),陷天京,升总兵。同治五年(1866),入陕剿捻。同治六年(1867),擢提督。同治七年(1868),从左宗棠剿办陕甘回变。同治九年(1870),率军攻金积堡,中炮阵亡。谥壮武。

②中国第一历史档案馆藏:《朱批原件》,档案编号:04—01—12—0528—033。

③中国第一历史档案馆藏:《军机录副》,档案编号:03—5158—039。

④中国第一历史档案馆藏:《军机处随手登记档》,档案编号:03—0232—1—1207—037。

请免补本班，以直隶州知州留甘，归候补班前遇缺补用，并加知府衔，奉旨允准。该员系甘肃籍保留甘肃，核与定章不符，请仍以原保官衔分省补用等情，恳请具奏更正前来。

臣复核无异。合无仰恳天恩俯准，将刘昭南仍以原官原衔分省补用，饬部更正注册，出自鸿慈。除咨部外，谨附片具奏，伏乞圣鉴训示施行。谨奏。

光绪七年二月十二日，军机大臣奉旨：吏部议奏。钦此。①

【案】此片具奏日期，录副署"光绪七年二月十二日"。查《军机处随手登记档》②，有"报四百里，正月十九日哈密发"等字样。据此，此片具奏日期当为"光绪七年正月十九日"，兹据校正。

004. 荡平南北两路出力案内沈先锜改奖片
光绪七年正月十九日（1881年2月17日）

再，查新疆南北两路一举荡平案内，经左宗棠汇保之蓝翎分省遇缺即补县丞沈先锜，请免补本班，以知县分省归候补班补用，并请赏加同知衔，光绪六年正月三十日，奉旨允准钦遵咨行在案。旋准吏部咨开：蓝翎遇缺即补县丞沈先锜请免补本班，以知县分省归候补班补用，并加同知衔。查原保清单内，并未声叙沈先锜系何省候补，碍难办理，应令登明复奏，再行核办，于光绪六年六月初八日具奏，奉旨：依议。钦此。钦遵知照前来。

臣检查原案，该员原保底衔系由蓝翎分省遇缺即补县丞请免补本班，以知县分省归候补班补用，并请赏加同知衔。实因缮写时误将"分省"二字遗落。合无仰恳天恩俯准，饬部将荡平新疆南北两路案内经左宗棠列保之蓝翎遇缺即补县丞沈先锜底衔更正，仍请免补本班，以知县分省归候补班补用，并请赏加同知衔，分别注册，以昭核实。除咨部外，谨附片陈明，伏乞圣鉴训示。谨奏。

军机大臣奉旨：吏部议奏。钦此。③

---

① 中国第一历史档案馆藏：《军机录副》，档案编号：03—5158—040。
② 中国第一历史档案馆藏：《军机处随手登记档》，档案编号：03—0232—1—1207—037。
③ 中国第一历史档案馆藏：《朱批原件》，档案编号：04—01—12—0528—081。

光绪七年二月十二日,军机大臣奉旨:吏部议奏。钦此。①

【案】此片具奏日期,录副署"光绪七年二月十二日"。查《军机处随手登记档》②,有"报四百里,正月十九日哈密发"等字样。据此,此片具奏日期当为"光绪七年正月十九日",兹据校正。

005. 特参知县王镜心请旨留省降补片
光绪七年正月十九日(1881年2月17日)

再,准署理帮办军务广东陆路提臣张曜咨称:查留甘补用知县王镜心,因办蚕桑下乡,向该处明伯克借用银五十二两零,以致该伯克转向民间摊借。虽无勒索情事,究属不知自爱。除饬将借用银两发还外,应请奏参将留甘补用知县王镜心以从九品仍留原省降补等因。咨请附奏前来。

臣复查无异,应请旨饬部将留甘补用知县王镜心以从九品仍留原省降补注册,以示薄惩。除咨部外,谨附片具陈,伏乞圣鉴训示。谨奏。

军机大臣奉旨:着照所请,吏部知道。钦此。③

光绪七年二月十二日,军机大臣奉旨:着照所请,吏部知道。钦此。④

【案】此片具奏日期,录副署"光绪七年二月十二日"。查《军机处随手登记档》⑤,有"报四百里,正月十九日哈密发"等字样。据此,此片具奏日期当为"光绪七年正月十九日",兹据校正。

006. 原保清单内顾鸣升等缮名错误请饬更正片
光绪七年正月十九日(1881年2月17日)

再,前准吏部咨:劳绩保举核与例章不符应行驳正人员,单开选用训导顾鸣升,原请以本班不论双单月,归部遇缺即选;查照章程,增生、附生出身人员,无论何项劳绩,如保加教职各项班次者,一律议驳;奉旨允准之案,仍

---

① 中国第一历史档案馆藏:《军机录副》,档案编号:03—5158—041。
② 中国第一历史档案馆藏:《军机处随手登记档》,档案编号:03—0232—1—1207—037。
③ 中国第一历史档案馆藏:《朱批原件》,档案编号:04—01—16—0207—041。
④ 中国第一历史档案馆藏:《军机录副》,档案编号:03—5158—042。
⑤ 中国第一历史档案馆藏:《军机处随手登记档》,档案编号:03—0232—1—1207—037。

应奏请更正。今顾鸣升原保清单并未声明何项出身，所请奖励，碍难核准，应令查明复奏，再行核办。又准咨：查不论双单月遇缺尽先选用训导蔡钟藩，请免选本班，以教谕归部不论双单月遇缺尽先即选，并戴蓝翎。

查奏定章程：增生、附生出身人员，无论何项劳绩，如有由训导保升教谕，及有保加教职各项班次者，一律议驳。今蔡钟藩原保清单内并未声叙何项出身，碍难办理，应令查明声复具奏，再行核办等因。当即分别咨行查复去后。兹准署理帮办军务广东陆路提臣张曜咨：据顾鸣升禀称：该员系浙江平湖县学廪生，考充岁贡。同治十三年四月，在部呈请就教，蒙准以复设训导选用，领有贡单执照。嗣于会克吐鲁番满汉两城在事出力案内，经陕甘督臣左宗棠汇案保奏，请以训导不论双单月遇缺即选，并声明原名鸿升，笔误写作"鸣升"，应请更正等因前来。

查选用训导顾鸿升，既系岁贡生出身，核与例章相符。又据蔡钟藩禀称：该员原系湖南湘潭县廪贡生，前于克复乌鲁木齐、玛纳斯各城在事出力案内，经陕甘督臣左宗棠汇案保奏，光绪三年九月初五日，奉上谕：廪贡生蔡钟藩着以训导不论双单月，遇缺尽先选用。钦此。嗣于新疆南北两路一举荡平在事出力案内，经陕甘督臣左宗棠汇案保奏，光绪六年正月三十日奉上谕：不论双单月遇缺尽先选用训导蔡钟藩，着免选本班，以教谕归部不论双单月，遇缺尽先即选，并赏戴蓝翎。钦此。均经遵奉行知各在案。该员系由廪贡生历保今职，核与例章相符。再，左宗棠于荡平新疆南北两路在事出力案内汇保童生谭炳昆，请以从九品留甘尽先前补用，奉旨允准。兹准吏部咨：查该员验看呈结内系谈炳昆，行令查明姓氏因何不符，奏明办理。臣查该员原保案据，本属谈炳昆，当系缮写时，"谈"字误写"谭"字。并准据各前情，咨请附奏前来。

臣复查无异。应恳天恩俯准，敕部将顾鸿升仍照原保训导不论双单月遇缺即选，并请将该员顾鸣升更正，改为鸿升；蔡钟藩仍照原保教谕，归部不论双单月遇缺尽先即选，并戴蓝翎；留甘尽先前补用从九品谭炳昆更正，改为谈炳昆，分别注册，出自鸿慈。除咨吏部查照核办外，谨附片一并陈明，伏乞圣鉴训示施行。谨奏。

军机大臣奉旨：吏部议奏。钦此。①

---

①中国第一历史档案馆藏：《朱批原件》，档案编号：04—01—12—0528—032。

光绪七年二月十二日，军机大臣奉旨：吏部议奏。钦此。①

【案】此片具奏日期，录副署"光绪七年二月十二日"。查《军机处随手登记档》②，有"报四百里，正月十九日哈密发"等字样。据此，此片具奏日期当为"光绪七年正月十九日"，兹据校正。

007. 奏为御赏福字荷包等物谢恩折

光绪七年正月二十四日（1881年2月22日）

署理钦差大臣督办新疆军务通政使司通政使二等男臣刘锦棠跪奏，为恭谢天恩，仰祈圣鉴事。

窃臣于光绪七年正月十四日准兵部火票递到军机处咨行赍奉单开：交出御赏福字荷包、银钱、银锞、食物等项。谨恭设香案，望阙叩头祗领讫。钦惟皇上文德诞敷，福基永绍，圣学括珠囊之秘，天庥迓银瓮之祥。尧厨萃水陆珍奇，勤万几而不遑暇食；虞殿颂星云纪缦，覆群生而与③物皆春。六管调阳，一人有庆。臣仰叨福荫，忝佩兵符。职列银台，时懔素餐之咏；宠邀锡典，猥蒙紫陛之恩。璇题与义画同垂，墨和露湛；宝翰揭箕畴之旨，福自天申。绾鱼袋以章身，霞裳并耀；镂鲸文而利用，雪锭交辉。撷草木之精英，义不忘乎怀核；沐醍醐之醲泽，味更渥于投醪。甘分八膳之珍，餐传玉屑；瑞应双歧之麦，制妙银丝。备荷鸿施，曷胜鳌戴。从此书绅志感，役万里而心懔纶言；挟纩腾欢，祝三多而厘凝黼扆。帝德之包涵至广，岛人皆贡宝输琛；皇仁之煦育维深，边户尽丰衣足食。

所有微臣感激荣幸下忱，谨缮折具陈，恭谢天恩，伏乞皇太后、皇上圣鉴。谨奏。光绪七年正月二十四日。

军机大臣奉旨：知道了。钦此。④

光绪七年二月三十日，军机大臣奉旨：知道了。钦此。⑤

---

①中国第一历史档案馆藏：《军机录副》，档案编号：03—5158—043。
②中国第一历史档案馆藏：《军机处随手登记档》，档案编号：03—0232—1—1207—037。
③"与"，原件、录副均作"兴"，似未确。兹从《奏稿》。
④中国第一历史档案馆藏：《朱批原件》，档案编号：04—01—12—0527—040。又《奏稿》第79—82页。
⑤中国第一历史档案馆藏：《军机录副》，档案编号：03—5158—101。

008. 郑锡滜剿办边寇异常出力请给予奖叙片
光绪七年正月二十四日（1881年2月22日）

再，查大学士前任陕甘督臣左宗棠于剿办阶州番匪案内，奏请开复之已革花翎升用同知浙江候补知县郑锡滜，于光绪三年因余杭案被议革职①，旋经左宗棠奏调西来，派赴臣营差遣。② 臣前在回疆剿办边寇，该员随队打仗，异常出力。嗣于光绪五年冬，该员奉差入关，适值阶州番匪滋事，复经左宗棠派往该处，随同署兰州道刘璈③等办理剿抚事宜，尤为得力，是以左宗棠于剿办番匪案内，奏请开复原官原衔翎枝，并免缴捐复银两，奉旨：着该部议奏。钦此。

伏思该员郑锡滜于剿办边寇案内，在事异常出力，未便没其老勚，自应列入汇案请奖。查该员前经左宗棠奏请开复之案，现在尚未接准部复，以致此案底衔难以悬拟。合无仰恳天恩，准将该员此案应得保奖俟接准前案部复后，再由臣奏请甄叙，以昭公允而免向隅之处，出自逾格鸿慈。谨附片陈明，伏乞圣鉴。谨奏。

军机大臣奉旨：该部知道。钦此。④

009. 奏参知县甘泰澍等查办重案不实折
光绪七年二月二十五日（1881年3月24日）

署理钦差大臣督办新疆军务通政使司通政使二等男臣刘锦棠跪奏，为

---

① 此案缘于光绪元年浙江余杭葛品连身死案，因葛毕氏、杨乃武均被刑逼，妄供因奸谋毙葛品连，枉坐重罪，郑锡滜于密查案情后，含糊禀复，于光绪三年二月被拟革职。
② 详见光绪六年六月十五日陕甘总督左宗棠《奏为差遣需员奏调郑锡滜等赴甘差委片》（中国第一历史档案馆藏：《朱批原件》，档案编号：04—01—16—0212—062）。
③ 刘璈（1829—1887），字兰洲，湖南岳阳人。咸丰初年，在籍办团练。十年（1860），随左宗棠剿办太平军。同治三年（1864），以功保道员，赏戴花翎。八年（1869），补浙江台州府知府。十一年，以道员开缺，加二品顶戴。光绪元年（1875），丁父忧，在籍守制。三年（1877），服满起复，经两江总督沈葆桢奏赴江苏候补。同年，奏赴左宗棠军营差遣。五年（1879），调赴兰州，署理兰州道篆务。七年（1881），迁福建台湾道。同年，加按察使衔。十一年（1885），经刘铭传奏参获罪，抄没家产，发配黑龙江效力赎罪。十三年（1887），在配身故。
④ 中国第一历史档案馆藏：《朱批原件》，档案编号：04—01—16—0207—089。

特参查办重案不实率行会详之营县并原详案内参将、千总，请旨先行革职，归案讯办，恭折仰祈圣鉴事。

窃臣于光绪六年十月十九日，据署玛纳斯协副将余兰桂、署绥来县知县甘泰澍会详：十月初三日，据曾国胜、邹祖玉喊禀：参将李福贵由昌吉地方假招营勇，行抵绥来，非刑吊拷等情，随往该参将寓所察看情形，殊觉可疑，即将李福贵并所招勇丁十余名拿获，起出马匹、军器等件，录取犯证口供，详请核办。经臣批饬，拣派弁勇，将李福贵等一干人证押解行营查讯。十月二十五日，复据该营县申称：兹又搜获李福贵红呢得胜袋，细视其里一层，外用白线密缝，内似有物，拆看有通逆首白彦虎信二件，一系马如虎，一系赵成龙，均云李福贵兄弟办事能干，招有数百余人，求其收用，并有马金子前来，一切之事问他知道云云。十月初八日，李福贵之弟李福德由吐鲁番招募马勇数十名至绥来。该县是日因公往州，李福德使马勇多人，各带洋炮、马刀，追至乐土驿，势甚凶悍。幸卓胜军及余兰桂派人踵至，始得随队回绥。初九日，会商前往搜捕，将李福德获案，各马勇均已逃散。探闻李福德在吐鲁番，招有马队数百，亦即陆续可到，究竟多少，尚不知其虚实。李福贵违令冒招，不轨之心，已属显然。况有通白彦虎之信，谋叛情节更为确凿。现将李福贵等分别禁押，申请批示办理等情前来。

臣细阅文内所称搜获马如虎、赵成龙信件，究系何人何日于何处搜出，是否当堂拆阅，获信后如何讯供，两次所起行李、军器、马匹现在何处，未据明晰声叙，因饬仍遵前批，解哈密审讯。旋于十二月初二日，将案内犯证、卷宗并得胜袋、逆书等件，派弁押解到营。经臣派员复讯，与原详情节迥不相符，因飞调余兰桂、甘泰澍兼程来哈，札委营务委员留甘补用知府杨杰、已革浙江补用知县郑锡溁、署哈密厅通判甘肃补用知县李寿芝，会同研讯。

兹据杨杰等禀称：讯据李福贵供：向在军营效力，历保副将衔河南尽先补用参将、固勇巴图鲁。四年五月，在嵩武军告假出来，到昌吉县种地营生。招募马勇系奉塔尔巴哈台参赞大臣部下提督刘文和札委。九月间，复奉停招札饬即行停止，先率招到之马勇十四名，由昌吉启行，一面函饬胞弟停招，赶赴塔尔巴哈台投效，所以不肯将勇遣散者，实因发过粮料、柴草无从报销。十月初一日，抵绥来。初三日，曾国胜告假不准，邹祖玉因不肯认窃洋枪，被我训责，才相约往绥来县衙门喊控。甘泰澍遂于是日将我并各勇拿获收押。红呢得胜袋是勇丁董永和之物，何时入署，究竟有信无信，我不晓得。甘泰澍并非当面拆阅，亦未当堂问过。直至十月二十二日，镇迪道委员彭椿年到县会审，始知有通信白彦虎的话。信内所说马如虎、赵成龙并马金子三人，不但不认识，亦未听见此名。又据李福德供：向在军营，历保守备衔千总。本年七月间，提督刘文和委我招勇，并托我胞兄帮招，我就到吐鲁番去了。后接胞兄来信云，已奉到刘文和停招文书，嘱我同往塔尔巴哈台投效，我就带了吐鲁番所招马勇十八名起程。十月初八日，到绥来，住城中义兴店，闻胞兄管押，又闻甘泰澍于是日往州，因派马勇六名赶请甘泰澍回县，验明文札，并无别意。次日早晨，本城副将余兰桂带领兵勇围住客店，将我拿住。所招马勇均各逃散。所有行李、军装马匹并同寓官弁商民之物，均被抢夺。马如虎、赵成龙、马金子，我不认得，得胜袋不知是谁的。又据董永和供：红呢得胜袋实是我前在南路当马勇时制办，用了多年，从未装过信件，此次亦无人托我带信。这袋内逆书不知从哪里来的。质之马勇蒋吉昌、马双元、马洪英、马晏禄、马吉祥、马有福、马天喜、金同福、王清近、金全石等十名并原告曾国胜、邹祖玉，佥称并未闻李福贵兄弟有通逆情事，亦不知袋内有无逆书。至喊禀一节，曾国胜供：系因告假不准，反被辱詈。邹祖玉供：因李福贵失去洋枪一杆，疑我偷卖，严刑拷打。二人情愤，赴县呼冤，此外并无别情。又据甘泰澍家丁魏升供称：十月初六日，家主命我往客店内，起取李福贵洋炮、护书。我找不着洋炮，但见护书、得胜袋，因将此二件取到家。家主在堂上查看护书，内有信，又有停招札子，当时并未看得胜袋内有无物件，讯毕我即将得胜袋送到家主卧室，交与伺候小僮手收。如何拆出袋中逆书，我未在场，实不知道各等供。连日设法隔别熬审，加以刑吓，各犯证等坚执前供，迄无异词，理合会同禀复等情。

臣查此案前经行营随员凉庄理事通判承荫、镇迪道委员候补同知彭椿年、迪化州委员候选知县张熙载先后前往查访，据禀情形与现审各供词大略相同。起出逆书词意、笔迹似出一人之手。白彦虎通逃外国，困苦异常，据信内所云，李福贵兄弟与白逆并非旧交，何以起义往从？且引诱各勇闯出边卡，事极繁难。信内何仅系寒暄烂套，并无切实紧要之语？两信均属汉文，马如虎信尾另有三字，据余兰桂、甘泰澍申称，系属回字。臣与僚属传观，实非回字式样。即传随营毛拉通事等人识认，亦均不识。赵成龙信尾填八月六日等字，月字下半节六字上一字，纸破无存。经杨杰等面询甘泰澍，据云系八月十六日查刘文和停招文札，明填九月初六日，何以八月十六日赵成龙信内即有刘大人来文又不要了之语？马如虎、赵成龙及马金子既与白逆往来，自系著名回目，何以北路官民佥称不知其人？且得胜袋搁在店内数日始起入署，存署数日始拆出逆书，逐细推敲，殊多疑窦。案关谋反重情，虚实均应彻究。

所有草率详报之署绥来县知县同知衔留甘补用知县甘泰澍、附和会详并任令勇丁抢夺之署玛纳斯协副将记名简放提督纳清额巴图鲁余兰桂，及副将衔河南尽先补用参将固勇巴图鲁李福贵、五品顶戴千总曾国胜、守备衔尽先拔补千总李福德，应请旨一并先行革职，归案严行审办，务期水落石出，以成信谳。至蒋吉昌等十名，讯系无辜，业饬递回各原籍，取保释放，听候传质，藉免拖累。其玛纳斯协副将一缺，前经大学士前任陕甘督臣左宗棠牌委提督王化成署理。绥来县知县一缺，查有留甘补用同知欧阳振先，谨慎稳练，堪以署理。

除给委饬遵外，理合会同护理陕甘督臣杨昌濬、乌鲁木齐都统臣恭镗、乌鲁木齐提臣金运昌，合词恭折具奏，伏乞皇太后、皇上圣鉴训示施行。谨奏。光绪七年二月二十五日。

光绪七年三月十六日，军机大臣奉旨：此案情节支离，亟应彻底根究。甘泰澍、余兰桂、李福贵、曾国胜、李福德，均着先行革职，归案审办。钦此。①

010.原保知州田立慈等员另核请奖片

光绪七年二月二十五日（1881年3月24日）

再，前准吏部咨：议复陕甘督臣左宗棠奏，筹解西征军饷三万两以上之补用直隶州知州田立慈改为给予本班尽先补用等因。于光绪五年闰三月十八日具奏，奉旨：依议。钦此。钦遵令转饬遵照去后。兹据办理西征粮台陕西按察使沈应奎详：准四川藩司咨：据知府用四川尽先补用直隶州知州田立慈禀称：该员前于剿办永昌等府属匪徒出力案内得保本班尽先补用，此次解饷无误，改奖以本班尽先补用，系属重复，请转恳改奖。查部章：

---

①中国第一历史档案馆藏：《朱批原件》，档案编号：04—01—01—0945—033。又《军机录副》，档案编号：03—7245—019。

管解银一万两以上者，准加寻常二级。该员田立慈管解银三万两，应照部章改奖，请给予军功随带加三级。

又陕甘督臣左宗棠于新疆南北两路肃清案内，汇保知府用甘肃尽先补用同知龙昆，请俟补知府后，以道员升用，嗣准部驳，另请核奖等因。行查去后。兹据龙昆申称：该员以知府用后，已于陕省存奖案内得保知府用，先换顶戴，因重复请改三品顶戴，经部议准以四品顶戴，自未便再加道衔。此次保案应请改奖。

又左宗棠奏，各省关筹解西征协饷及各项差使出力人员汇案请奖案内列保之三品衔安徽补用道陈烺，请加按察使衔，业经奉旨允准在案。嗣准安徽抚臣咨称：查该员陈烺，前请保加按察使衔未经具奏之先，该员因办晋省赈捐案内出力，业经山西抚臣保加二品衔，应将该员前请保加按察使衔改为以道员遇缺题奏。准据各前情，恳请附奏改奖前来。

臣复核无异。可否仰恳天恩俯准，敕部将知府用四川尽先补用直隶州知州田立慈改奖给予军功随带加三级、四品顶戴知府用甘肃尽先补用同知龙昆改奖归知府班后加盐运使衔、三品衔安徽候补道陈烺改奖以道员遇缺题奏之处，均出自鸿慈。

除咨部查照外，谨附片具陈，伏乞圣鉴训示。谨奏。

军机大臣奉旨：吏部议奏。钦此。①

光绪七年三月十六日，军机大臣奉旨：吏部议奏。钦此。②

【案】此片具奏日期，朱批目录署"光绪七年三月二十二日"；录副目录虽署"光绪七年二月二十五日"，然加方括号，以示未确。查《军机处随手登记档》③，载有"报四百里，二月二十五日哈密发"等字样。据此，此片具奏日期当为"光绪七年二月二十五日"，兹据校正。

011. 请将知府邓维钰等员保案更正缘由片

光绪七年二月二十五日（1881年3月24日）

再，大学士陕甘督臣左宗棠于新疆南北两路肃清案内，汇保三品衔道

---

① 中国第一历史档案馆藏：《朱批原件》，档案编号：04—01—12—0527—059。
② 中国第一历史档案馆藏：《军机录副》，档案编号：03—6083—045。
③ 中国第一历史档案馆藏：《军机处随手登记档》，档案编号：03—0232—1—1207—071。

员用遇缺尽先前补用知府邓维钰，请以道员分省尽先补用，奉旨允准在案。嗣准吏部咨：奏定章程，军务省分人员，如保留之省仍系军务省分，应行议准。其余无论何项劳绩、何处保奏，概不准保举离省。如有因劳绩保举离省者，查明奏请改归原省、奉旨允准之案，仍应奏请更正。今原保清单内并未声叙邓维钰系何省候补，爰难办理，应令查明复奏，再行核办等因，当经转行查明去后。兹据署甘肃按察使魏光焘①禀：据三品道员用留甘遗缺尽先前补用知府邓维钰禀称：该员由优廪生投效军营，历保花翎三品衔道员用补用知府，于克复狄道州渭源县城池在事出力案内，经前署陕甘督臣穆图善②保奏，同治九年七月十五日奉上谕：着以本班仍留甘肃，遇缺尽先前补用。钦此。钦遵在案。前开衔名将"留甘"字样漏叙，请转详更正。

又据留甘补用知县王澍霖禀称：同治十年，投效甘肃军营，于克复西宁河湟案内在事出力，经陕甘督臣左宗棠汇案保奏，同治十三年七月二十八日内阁奉上谕：文童王澍霖着以从九品不论双单月，归部遇缺即选。钦此。关陇肃清案内在事出力，经左宗棠汇案奏保，光绪二年二月初四日内阁奉上谕：候选从九品王澍霖着以县丞留甘，归候补班前补用。钦此。新疆肃清案内在事出力，经左宗棠汇案保奏，光绪六年正月三十日内阁奉上谕：选

---

①魏光焘（1837—1916），字光邴，号午庄，湖南邵阳人，魏源族孙。咸丰六年（1856），投效湘军，办理老湘军营务，后随左宗棠赴陕勘乱。九年（1859），以功保从九品选用。十年（1860），保县丞，并赏戴蓝翎。十一年（1861），保县丞，加知州衔。同治二年（1863），保同知，晋运同衔，赏戴花翎。三年（1864），保知府。四年（1865），保道员，加扬勇巴图鲁勇号。五年（1866），升盐运使衔。七年（1868），保道员改留陕西，加西林巴图鲁勇号，并赏二品顶戴。八年（1869），署甘肃平庆泾固道。光绪二年（1876），晋按察使衔。七年（1881），升补甘肃按察使。八年（1882），署甘肃藩司。九年（1883）补授甘肃布政使。十年（1884），调补新疆布政使。十五年（1889），护理甘肃新疆巡抚。十八年（1892），开缺回籍。二十年（1894），随帮办军务大臣湖南巡抚吴大澂赴辽东抗日，与日军战于海城。二十一年（1895），补江西布政使。同年，擢云南巡抚，调补陕西巡抚。二十五年（1899），署陕甘总督。二十六年（1900），实授陕甘总督。二十七年（1901），调补云贵总督。二十八年（1902），兼署云南巡抚。同年，调两江总督兼南洋大臣。三十年（1904），补授闽浙总督。三十一年（1905），褫职。宣统三年（1911），补授湖广总督，以武昌兵变未赴任。
②穆图善（1828—1886），字春岩，满洲镶黄旗人，那拉搭氏。道光二十六年（1846），充骁骑校。咸丰三年（1853），补委参领。五年（1855），赏戴蓝翎。六年（1856），赏换花翎。七年（1857），升防御。八年（1858），授佐领。九年（1859），迁协领。十年（1860），加副都统衔。十一年（1861），加西林巴图鲁勇号。同治元年（1862），补西安左翼副都统，晋都统衔。三年（1864），署钦差大臣，督办关陇军务。同年，擢荆州将军。四年（1865），补授宁夏将军。六年（1867），兼署陕甘总督。十二年（1873），授云骑尉。光绪元年（1875），署正白旗汉军都统、吉林将军。三年（1877），补青州副都统。是年，补授察哈尔都统。五年（1879），调补福州将军。十一年（1885），授钦差大臣，会办东三省练兵事。卒谥果勇。

用县丞王澍霖着免选本班,以知县留甘补用。钦此。均遵奉行知各在案。查前次所保知县,误开选用县丞底衔,系属错误。

又据遇缺尽先选用从九品安庆禀称:同治十三年,投效甘肃军营,于官军克复古牧地、乌鲁木齐、玛纳斯各城案内得保不论双单月归部遇缺尽先选用从九品。嗣于攻克达阪城案内,请免选本班,以主簿分省,归候补班尽先前补用。比经陕甘督臣左宗棠汇案具奏时,误将安庆缮作"安徽"字样各等情。呈请附片具奏更正前来。

臣复查无异。合无仰恳天恩俯准,饬部将花翎三品衔道员用留甘遇缺尽先前补用知府邓维钰,仍以道员留甘尽先补用;关陇肃清案内已保留甘归候补班前补用县丞王澍霖,仍以留甘补用县丞作为底衔,其新疆肃清案内改为免补本班,以知县仍留原省补用;攻克达阪城案内分省归候补班前补用主簿安徽改为安庆,分别更正注册、以免歧异之处,出自鸿慈。

除咨部查照外,谨附片具陈,伏乞圣鉴训示。谨奏。

军机大臣奉旨:吏部议奏。钦此。①

光绪七年三月十六日,军机大臣奉旨:吏部议奏。钦此。②

【案】此片具奏日期,朱批目录署"光绪七年三月二十二日";录副目录虽署"光绪七年二月二十五日",然加方括号,以示未确。查《军机处随手登记档》③,有"报四百里,二月二十五日哈密发"等字样。据此,此片具奏日期当为"光绪七年二月二十五日",兹据校正。

012. 请免余虎恩骑射缘由片

光绪七年二月二十五日(1881年3月24日)

再,分统老湘左军陕西陕安镇总兵余虎恩,于咸丰九年随同官军在江西饶州府攻克浮梁县城,右腿受矛伤二处。又是年在广东连州剿贼,右乳下受矛伤一处。又于咸丰十一年在安徽徽州府,力解城围,右膝盖受矛伤一处。又于同治七年在直隶吴桥县,追剿游贼,身受矛伤七处。又于同治

---

①中国第一历史档案馆藏:《朱批原件》,档案编号:04—01—12—0527—060。
②中国第一历史档案馆藏:《军机录副》,档案编号:03—5159—056。
③中国第一历史档案馆藏:《军机处随手登记档》,档案编号:03—0232—1—1207—071。

八年攻克甘肃灵州,右手受矛伤二处。是年,复攻克吴忠堡贼巢,右腿受炮伤一处,骨损,子未出。虽经随时医愈,然筋骨被损,时作痛楚,以致骑射均属不便。据禀请奏免骑射前来。

臣复核无异。合无仰恳天恩俯准,将陕西陕安镇总兵余虎恩免其骑射之处,出自逾格鸿慈。除咨部外,谨附片具陈,伏乞圣鉴训示。谨奏。

军机大臣奉旨:着照所请,兵部知道。钦此。①

光绪七年三月十六日,军机大臣奉旨:着照所请,兵部知道。钦此。②

【案】此片具奏日期,朱批目录仅署"光绪朝",录副目录署"光绪七年三月十五日",《奏稿》则为"光绪七年二月二十五日"。查《军机处随手登记档》③,有"报四百里,二月二十五日哈密发"等字样。据此,此片具奏日期当为"光绪七年二月二十五日",兹据校正。

013. 查明张珂名等缮名错误请饬更正片

光绪七年二月二十五日(1881年3月24日)

再,案准大学士陕甘督臣左宗棠咨:据升用提督陕甘尽先补用总兵张珂明禀称:总兵原名张珂名,自军功保至花翎尽先游击,均以"珂名"开保。嗣于直隶暨陕西全境肃清、荡平金积堡、克复巴燕戎格等城并关陇肃清、新疆南北两路一举荡平各案内,由游击历保升用提督,均经奉旨允准在案。惟此六案内汇列时,误将"珂名"缮作"珂明"。

又准咨:据管带恪靖亲军正后哨哨长补用提督喻先知转据补用守备易桂英禀称:守备原名易桂瑛,同治九年,由武生于荡平金积堡贼巢、宁灵肃清案内,咨保尽先拔补把总,缮写时误将"瑛"字缮作"英"字。嗣后克复巴燕戎格案内咨保蓝翎拔补千总、新疆南北两路一举荡平案内奏保补用守备,均将前案之误以"瑛"作"英",致与入学名字歧异。

又准咨:克复乌鲁木齐各城案内列保之尽先拔补把总周廷瑞,请免补把总、千总,以守备尽先补用,并戴蓝翎,奉旨允准在案。查该员原名周庭瑞,此

---

①中国第一历史档案馆藏:《朱批原件》,档案编号:04—01—17—0181—033。又《奏稿》第195—196页。

②中国第一历史档案馆藏:《军机录副》,档案编号:03—5815—087。

③中国第一历史档案馆藏:《军机处随手登记档》,档案编号:03—0232—1—1207—071。

次保案误缮"周廷瑞"。又攻克达阪城暨新疆南北两路肃清案内列保之花翎尽先补用游击赵国珍，请以参将尽先补用，并加副将衔，奉旨允准在案。查该员原名赵珍国，因两次保案误缮"赵国珍"各等因。先后咨请附奏前来。

臣复核无异。合无仰恳天恩俯准，敕部将升用提督甘肃尽先补用总兵张珂明改为张珂名，补用守备易桂英改为易桂瑛，尽先补用守备周廷瑞改为周庭瑞，尽先补用参将赵国珍改为赵珍国，更正注册。

除咨部查照外，谨附片陈明，伏乞圣鉴训示。谨奏。

军机大臣奉旨：该部知道。钦此。①

光绪七年三月十六日，军机大臣奉旨：该部知道。钦此。②

【案】此片具奏日期，朱批目录署"光绪七年三月二十二日"，录副目录署"光绪七年三月十六日"。查《军机处随手登记档》③，有"报四百里，二月二十五日哈密发"等字样。据此，此片具奏日期当为"光绪七年二月二十五日"，兹据校正。

014. 请将户部主事许应骙从优议恤片
光绪七年二月二十五日（1881年3月24日）

再，臣准大学士陕甘督臣左宗棠咨称：查已故营务委员户部主事许应骙，于光绪三年八月十二日到营，当经委办营务事宜。比时关外战事吃紧，筹办粮饷、转运一切事务，甚属繁冗。该员夙夜在公，不辞劳怨，深资得力。惟该员体质素弱，以致积劳成疾，始患痰喘，不甚介意，仍复力疾从公，毫未贻误，后转咯血之证，元气大亏，医药罔效，五年闰五月十五日在营病故，实系积劳所致，殊堪悯惜。其时漏未奏请恤典，咨请具奏等因前来。

臣复查无异，可否仰恳天恩俯准，敕部将已故户部主事许应骙照军营积劳病故例从优议恤、以彰劳荩之处，出自逾格鸿慈。除咨部外，谨附片具陈，伏乞圣鉴训示施行。谨奏。

军机大臣奉旨：许应骙着交部照军营积劳病故例从优议恤。钦此。④

---

①中国第一历史档案馆藏：《朱批原件》，档案编号：04—01—16—0207—108。
②中国第一历史档案馆藏：《军机录副》，档案编号：03—5815—038。
③中国第一历史档案馆藏：《军机处随手登记档》，档案编号：03—0232—1—1207—071。
④中国第一历史档案馆藏：《朱批原件》，档案编号：04—01—16—0207—109。

光绪七年三月十六日，军机大臣奉旨：许应骙着交部照军营积劳病故例从优议恤。钦此。①

【案】此片具奏日期，朱批目录署"光绪七年三月二十二日"，录副目录署"光绪七年二月二十五日"。查《军机处随手登记档》②，有"报四百里，二月二十五日哈密发"等字样。据此，此片具奏日期当为"光绪七年二月二十五日"，兹据校正。

015.请饬各省拨解本年新饷并找解欠款折
光绪七年三月初六日（1881年4月4日）

署理钦差大臣督办新疆军务通政使司通政使二等男臣刘锦棠、头品顶戴护理陕甘总督会办新疆善后事宜署甘肃布政使臣杨昌濬跪奏，为存饷将罄，军用方殷，请旨饬部行令各省关将本年新饷提前赶解，并找解五、六两年欠饷，以资接济，恭折仰祈圣鉴事。

窃甘肃新疆饷需向赖各省协济，六年协饷截至本年正月底止，解足十成者，有江苏、江西、福建、安徽、河南、湖南、山东、闽海关等处；浙江解足八成以上，四川解至九成以上，广东解至七成以上，湖北解至五成以上，山西解不足二成，河东协甘常饷亦不及八成，江苏协济老湘军之饷，除解尚短九万两，合计六年分共短解百七十余万两；以五、六年并计，则短解已三百数十万两矣。在各省关顾全西陲大局，可谓不遗余力。惟综计收数，除划还华、洋各商借款本息银二百一十七万余两外，实收到银三百三十余万两。各军远悬绝域，诸物昂贵。上年因边事吃紧，不特未能撤防，且添募马步出关，月饷猛增，而筹办地方善后亦在在须费。

臣锦棠接办军务，于所辖湘、楚各军之饷固责无旁贷，即金顺、张曜各军遇有缺乏，无不能不通融挪济。现因老湘弁勇久役思归，拟裁并四营，须筹给存饷约三十万两之谱，而陕西提臣雷正绾③亦有积欠。去腊，前督臣

---

①中国第一历史档案馆藏：《军机录副》，档案编号：03—5815—035。
②中国第一历史档案馆藏：《军机处随手登记档》，档案编号：03—0232—1—1207—071。
③雷正绾（？—1897），字伟堂，又字纬堂，四川成都人。咸丰初年，从军湖北，由把总拔千总，补守备。咸丰四年（1854），任梁万营都司，迁游击，升将军。九年（1859），加副将衔。十年（1860），晋提督衔。十一年（1861），调补陕安镇总兵。同治元年（1862），擢陕西固原提督。（转下页）

左宗棠行次西安，檄令西征粮台于今春发给银九万余两，而其调赴张家口马步各营月饷仍应由西征粮台按月汇解。是本年用款有增无减。刻查后路存饷将罄，而本年新饷仅据江南、江西、河南各报解一批，此外尚无所闻。据总粮台司道查明奏催前来。

相应请旨饬部行令各省关，将本年新饷提前赶解，并找解五、六两年欠款，用资接济。倘能各筹大批于五月以前到营，即无须再借洋款，免耗息银。

是否有当？谨合词恭折由驿驰陈，伏乞皇太后、皇上圣鉴训示施行。

再，此折系臣昌濬主稿，合并声明。谨奏。三月初六日。

光绪七年三月十六日，军机大臣奉旨：户部知道。钦此。①

016. 请将上年军需归入前任督臣案内报销片
光绪七年三月初六日（1881年4月4日）

再，关内外各营饷需及各台局用款，截至去年九月底止，业经前督臣左宗棠奏奉谕旨，准其开单报销在案。惟查甘肃新疆各军饷项，因积欠过巨，多系前后套搭。去年九月以前之饷项，至冬间始能陆续发给。左宗棠交卸篆务已在腊月初间，即冬季用款大半尚系前督臣任内经手之事。所有自十月初一以后至去年年底止一切军需款项，可否纳入前案一并准其开单报销，其自七年正月起即由甘肃新疆总粮台另案造报，以清界限而昭核实，出自恩戴。臣等未敢擅拟，谨附片具陈，伏乞圣鉴训示施行。谨奏。

光绪七年三月十六日，军机大臣奉旨：着照所请，该部知道。②

017. 委令龙锡庆办理新疆总粮台事务片
光绪七年三月初六日（1881年4月4日）

再，驻省支应处改为甘肃新疆总粮台，业经前督臣左宗棠奏奉谕旨，经

（接上页）三年（1864），赐黄马褂。十年（1871），加达春巴图鲁名号。光绪十六年（1890），赏太子少保衔。二十年（1894），晋尚书衔，加骑都尉。二十一年（1895），以循化撒回倡乱，督剿无功，革职留任。二十三年（1897），罢职。

① 中国第一历史档案馆藏：《军机录副》，档案编号：03—6083—046。
② 中国第一历史档案馆藏：《军机录副》，档案编号：03—6083—047。

部议准在案。随饬据该司道将粮台房屋修理完整,并将支应处存饷发交藩库收存。所有支应委员择其公事认真、款目熟悉者,酌留数员,仍赴粮台办事,并酌定章程,详明立案。惟台务纷繁,该司道各有本衙门应办公事,非得廉干大员赴台提调,难期妥协。

兹查有留甘补用道员龙锡庆,精细廉明,实心任事,堪以委办。该道前经办阶、文赈抚善后,现在赈务早停,阶州善后亦经报竣,虽文县尚有城垣、庙宇、衙署各工,有委员萧建元会同该县经理,不致贻误。其一切收发饷需事宜,应从本年正月起概归该粮台报销,以清界限。

除檄饬龙锡庆赶紧来省提调事务外,理合附片陈明,伏乞圣鉴。谨奏。

光绪七年三月十六日,军机大臣奉旨:知道了。钦此。①

018. 奏筹边重寄才力难胜再陈下悃折

光绪七年三月二十二日(1881年4月20日)

署理钦差大臣督办新疆军务通政使司通政使二等男臣刘锦棠跪奏,为筹边重寄,微臣才力难胜,再陈下悃,吁祈圣鉴事。

窃臣于上年恭奉恩命,署理钦差大臣,督办新疆军务,当经具折陈谢,并声明督师任重,非臣所能胜,仰恳天恩,另简贤能接替在案。旋于十二月三十日差弁赍回原折,钦奉谕旨:览奏,具见敬慎之忱。惟朝廷正深倚畀,刘锦棠务当恪守左宗棠成规,将新疆一切事宜妥为筹办,与金顺、张曜等和衷共济,用副委任,毋庸固辞等因。钦此。跪聆之下,感悚莫名。时以俄约未定,防务正殷,未敢再事渎陈,仰劳宸廑。数月以来,一切边务及善后事宜,与金顺、张曜等随时酌商,虽幸边事敉安,实觉时形竭蹶,兢兢祗惧,夙夜屏营。伏念臣起自寒畯,效命疆场,两世荷高厚之仁,匹夫膺非次之宠。斯即捐糜顶踵,莫报涓埃。苟有寸长可效,何敢自外生成,致涉饰让沽名之嫌、辞难诿责之诮。惟量能而处,人臣之职,尸位妨贤,古今所戒。

查新疆地处边冲,幅员辽阔,外则夷部邻接,内则种族羼居。在承平之

①中国第一历史档案馆藏:《军机录副》,档案编号:03—5159—053。

日，尚须才望最优者，乃足以资钤御。矧值时事多艰之际、地方兵燹之余，兵则藉力各军，食则仰给他省，苟非远驭长驾之材，实难以孚众望而维全局。现在与俄议和，事尤繁剧，将来通商划界，暨交收伊犁，筹办善后，利弊动关久远，措置更宜精详，稍有失宜，贻误匪浅。臣才识愚昧，不娴学术，徒有枕戈之怀，曾无致远之用，遽膺斯任，负乘滋惭，不独难厌众心，亦恐见轻外夷。且才德卓著者，今尚不乏，臣何人斯，贸然尘忝，在一时承乏，已多丛脞之忧，若久领重任，实昧覆𫗧之戒。

又臣自同治八、九年间，随同臣叔父已故广东陆路提督臣刘松山，围攻金积堡逆巢时，贼引渠水灌营。臣与诸将士竭力堵御，往来泥淖之中、寝处沮洳之场者数月，自此后，臣两腿不时作痛，发辄数日，困惫不堪。据医云，风湿深入筋骨，非静为调治不能即期痊可。臣屡牍请左宗棠代奏，未蒙转陈。近年腿痛渐数，势将增剧，以不才如彼，而患疾如此，倘复自欺，何以副我皇上殷殷绥边之意。

再四思维，与其贻误而负罪于将来，不若循分而沥陈于此日。区区愚忱，惟有再申前请，仰恳天恩，俯垂曲鉴，另简贤能大员，畀以钦符，督办军务，俾臣得安愚拙之分，稍免陨越之羞，不徒微臣感激，实边庭所深赖也。如蒙俯允，宽其拂命之愆，臣仍当在营效力，断不敢偷安自逸。

所有岩疆重寄微臣才力难胜缘由，谨再披沥下忱。伏乞皇太后、皇上圣鉴训示。谨奏。三月二十二日。

光绪七年四月二十七日，军机大臣奉旨：刘锦棠在新疆军营有年，情形较熟，朝廷量材简任，深资倚畀。该京卿惟当将一切事宜竭力筹办，以安边圉，毋再固辞。钦此。①

019. 请旌烈妇刘李氏缘由折

光绪七年三月二十二日（1881年4月20日）

署理钦差大臣督办新疆军务通政使司通政使二等男臣刘锦棠跪奏，为烈妇殉夫殒命，节义堪嘉，吁恳旌表，以维风化，恭折具陈，仰祈圣鉴事。

---

①中国第一历史档案馆藏：《军机录副》，档案编号：03—5815—112。又《奏稿》第197—201页。

窃准乌鲁木齐都统臣恭镗咨开：据镇迪道福裕①详：据迪化直隶州知州陶模②申：据前代理绥来县知县彭椿年、乌垣采访局委员刘高傧会详称：查得已故同知衔甘肃补用知县前署绥来县知县刘铨之妾李氏，甘肃古浪县民女，同治十三年，刘铨娶以为妾。光绪六年四月间，刘铨在绥来县署任，赴乡查禁罂粟，过于劳瘁，旧病忽发。李氏左右侍奉汤药，衣不解带者数月。嗣刘铨病势益增，医治罔效，旋于七月初六日辰时病故。李氏痛哭，晕绝几次，哀毁异于恒常，亲视殓殡。初八日，扶榇安厝后，沐浴更衣，自言欲以身殉。众以其悲伤过情，善言劝慰，犹未深信。及晚，传请夫弟，嘱托后事，又复掩面悲啼。询诸侍婢，始知早已吞服金叶，多方解救，业已无及，遂于是夜气绝。计距刘铨病故日期，仅止三日，洵属节烈可风，呈请转咨具奏等因。

臣查已故知县刘铨，系湖南湘阴县人，由军营劳绩经陕甘督臣左宗棠洊保今职，嗣委署理甘肃永昌、阜康知县，复调署绥来县篆，因病身故。其妾李氏矢以身殉，得遂其志，庸行奇节，足以维持风化，矜式里闾。兹准乌鲁木齐都统臣恭镗咨据镇迪道福裕详，转据迪化州知州陶模申，据该各印委查明确据，依次加结，造具李氏事实清册，详报前来。

臣复查确实，应请旨旌表，以慰幽魂而励末俗。除将赍到册结送部查核并咨明湖南抚臣知照外，谨会同会办新疆善后事宜护理陕甘总督臣杨昌濬、乌鲁木齐都统臣恭镗、甘肃学政臣郑衍熙，恭折具奏，伏乞皇太后、皇上

---

①福裕（？—1900），蒙古正红旗人，乌齐格里氏。同治四年（1865），以一品荫生充理藩院员外郎。同年，补国史馆详校官。六年（1867），充步军统领衙门司员。十一年（1872），加布政使衔。十三年（1874），升郎中。光绪二年（1876），简授甘肃镇迪道。同年，署理安肃道。四年（1878），署西宁办事大臣。七年（1881），兼署乌鲁木齐领队大臣。九年（1883），补授甘肃宁夏道。十二年（1886），署西宁办事大臣。十三年（1887），补授两淮盐运使。同年，署理江苏布政使。十六年（1890），迁江西按察使。十九年（1893），署理江西布政使。二十年（1894），擢奉天府府尹。二十六年（1900），卒于任。

②陶模（1835—1902），字方之，一字子方，浙江秀水（今嘉兴）人。同治七年（1868），中式进士，改翰林院庶吉士。十年（1871），授甘肃文县知县。十二年（1873），补甘肃皋兰县知县。光绪元年（1875），升甘肃秦州直隶州知州。五年（1879），署甘州府知府，调甘肃迪化州知州，六年（1880），加盐运使衔。七年（1881），擢甘肃宁夏知府。八年（1882），任甘肃乡试内监试。九年（1883），署兰州府知府，迁甘肃兰州道。十年（1884），署甘肃按察使，旋调补直隶按察使。十四年（1888），升补陕西布政使。同年，护理陕西巡抚。十七年（1891），擢甘肃新疆巡抚。二十一年（1895），署陕甘总督。二十二年（1896），实授陕甘总督。二十六年（1900），调补两广总督。卒谥勤肃，赠太子少保。

圣鉴,饬部议复施行。谨奏。光绪七年三月二十二日。

军机大臣奉旨:着准其旌表,礼部知道。钦此。①

光绪七年四月二十七日,军机大臣奉旨:着准其旌表,礼部知道。钦此。②

020. 委令丁连科署理甘肃哈密协副将片
光绪七年三月二十二日(1881年4月20日)

再,署甘肃哈密协副将蒋富山因案撤委,所遗副将篆务,查有头品顶戴记名提督绰勒果罗勖额巴图鲁丁连科,久历戎行,朴实勇敢,堪以委署。

除分饬遵照外,谨会同会办新疆善后事宜护理陕甘督臣杨昌濬、乌鲁木齐提臣金运昌,附片具陈,伏乞圣鉴。谨奏。

光绪七年四月二十七日,军机大臣奉旨:知道了。钦此。③

021. 委令萧承恩署理甘肃迪化州知州片
光绪七年三月二十二日(1881年4月20日)

再,署甘肃迪化州昌吉县知县杨方炽署事期满遗缺。查有补用知州甘肃补用知县萧承恩,才具开展,办事稳练,堪以委署。

除由臣檄饬遵照外,谨会同会办新疆善后事宜护理陕甘总督臣杨昌濬、乌鲁木齐都统臣恭镗,合词附片具陈,伏乞圣鉴。谨奏。

光绪七年四月二十七日,军机大臣奉旨:知道了。钦此。④

【案】此片具奏日期,录副目录署"光绪七年四月十七日",兹据《军机处随手登记档》⑤校正。

---

①中国第一历史档案馆藏:《朱批原件》,档案编号:04—01—12—0627—061。
②中国第一历史档案馆藏:《军机录副》,档案编号:03—5535—078。
③中国第一历史档案馆藏:《军机录副》,档案编号:03—5815—113。
④中国第一历史档案馆藏:《军机录副》,档案编号:03—5159—180。
⑤中国第一历史档案馆藏:《军机处随手登记档》,档案编号:03—0232—2—1207—110。

022. 请饬使臣向俄理论解送惩办折

光绪七年三月二十八日（1881年4月26日）

署理钦差大臣督办新疆军务通政使司通政使二等男臣刘锦棠跪奏，为首逆逋诛，请饬行使臣向俄理论，解送惩办，以靖后患，恭折具陈，仰祈圣鉴事。

窃逆酋白彦虎与其党马壮及安夷阿古柏之子伯克胡里等，久为叛逆，关内、新疆遭其蹂躏。迨大军痛剿，穷窜入俄。因敦睦邻之谊，姑未加兵，一切情形经左宗棠奏报在案。① 四年二月二十二日，钦奉谕旨：总理各国事务衙门奏新疆首逆逃入俄界，现与俄国使臣理论情形一折。② 逆首白彦虎与伯克胡里及马壮等均逃入俄国境内，经总理各国事务衙门与俄国使臣布策理论。据布策面称及其照会，均谓咨报本国，本国于此事能查照条约所载办理，仍须左宗棠照会图尔齐斯坦总督等语。白彦虎为积年恶首，罪不容诛，现与伯克胡里及马壮等窜匿俄疆，亟应执约理论，令其迅速交出，以免死灰复燃，致贻后患。着左宗棠查照总理各国事务衙门前函，即日行文俄国图尔齐斯坦总督，并令刘锦棠先行就近行知，务将白彦虎等照约解回，听凭治罪，未可稍涉大意。③ 该衙门王大臣仍不时催询布策，转咨本国后，究系如何办理，亦不得稍涉松劲等因。钦此。仰见圣谟深远、除恶务尽至意。左宗棠与臣先后钦遵查照，而俄官以收养难民饰词见复。上年崇厚使俄所议条约，又未载明。

臣等正深疑虑，因已另简使臣，未及论列。昨承准总理各国事务衙门来缄，知使臣曾纪泽已换新约，奉旨准其画押。④ 所议若何，臣不得其详。

---

①见光绪三年七月十九日陕甘总督左宗棠《奏报新疆南路官军克期进剿应防贼踪纷窜缘由折》（《左宗棠全集·奏稿六》，岳麓书社，2009年，第660—661页）。
②见光绪四年二月二十二日总理衙门《奏报与俄国交涉引渡白彦虎情形折》（王彦威纂辑，王亮、王敬立校：《清季外交史料》，书目文献出版社，1987，第242—243页）。
③见光绪四年四月十四日陕甘总督左宗棠《奏报探知白彦虎经俄官安置托呼玛克地方折》（台北故宫博物院藏：《军机及宫中档》，文献编号：408006162；又《左宗棠全集·奏稿七》，第90—92页）。
④见光绪七年二月十五日曾纪泽《具奏中俄改订条约盖印画押缘由折》（《曾惠敏公遗集》，《近代中国史料丛刊》第十九辑，文海出版社，1968年，第119—136页；王彦威纂辑，王亮、王敬立校：《清季外交史料》，第459—463页）。

既蒙俞允，何庸再为顾虑。惟白逆等如何交出，仍未闻议及。愚昧之见，有不能不详陈于圣主之前以备刍荛之采者。

夫通和事关久远，利弊必须熟筹。当此定约之初，正可理论之际，商务则宜防其收罗外部，遂彼浸广之谋，累华商而扰地方，犹其后矣。界务则宜防其占踞要冲，予我孤注之地，失巨费而得空城，犹其小矣。至索取逆酋，则犹当务之急，不可度外置之者也。白逆等负其豺狼之性，济以剽狡之谋，倡乱历年，党羽景附。其于各处之军情形势，又无不亲历而周知。当其逆焰方张，固有众莫敢撄之势。及其力穷出窜，亦未忘致死于我之心。

数年来，引奸出亡、嗾党入犯之案，层见迭出。现在饷项奇绌，亟应酌量裁勇，以节縻费，亦因此而不能一旦解严。当天威远震之时，大军压境，犹频有边警。若数年之后，防军凯撤，边备稍松，该逆党羽之散处内地者，尚怀往日乐乱之情，其随从窜俄者，亦有思归故土之意，窥隙思便，起而乘之。即不必俄人诱使，不必白逆躬为，而内之奸民、外之黠虏亦或有借以为资而起者，虽小丑不能有为，而师动费随，不免重烦宸廑，且各将士之与该逆角战，各地方之被该逆残害者，无不欲得而甘心。若与俄通和之后，即该逆不复为乱，而昂然出入，藐我将吏，虐我民人。坐视其横，则难销积怒者之愤；追诛前罪，则易启左袒者之嫌。不惟天讨莫伸，亦虑边陲多故。至其为叛人之逋薮，启外部之戒心，因事而构间是非，输诚而教敌战阵，斯又弃刑章而养边寇，事在意中者矣。

自古通款寻盟，必弭虞诈。苟有收亡纳叛，岂为睦邻！查咸丰十年所议条款内载：凡有重罪人犯，或逃入境内，一经行查，即将该犯送交本国，按律治罪等语。今白逆之为重犯，人所共知，成约具存，岂容收纳？况此枭獍之徒，饱扬饥附，在我则为法无可宽之大憨，在俄则为材无可取之匹夫。若违约庇奸，又示下以背叛之道，想亦俄人所深恶也。

臣仰荷殊恩，忝司边役，不敢缄默于此日，而贻后患于无穷。乘此合议初更，尚堪补救，惟有仰恳圣明，仍饬总理各国事务衙门与彼国驻京公使，执约理论，或令曾纪泽向俄言明，务将白彦虎等解回，或就近押交臣与金顺、张曜营中，恭候明谕，再行惩办，以彰国法而快人心。其随该逆窜入俄境者，亦悉令押回，分别办理，则边境永安，而邦交益固矣。至此外如何通商、如何划界，使臣当已拟定，无从置喙。

所有首逆逋诛，亟应执约理论以靖后患情形，谨缮折驰陈，伏乞皇太后、皇上圣鉴训示。谨奏。

光绪七年四月十七日,军机大臣奉旨:另有旨。钦此。①

【案】此折经军机大臣议复具奏②,清廷于光绪七年四月初七日颁布廷寄:

军机大臣字寄:光绪七年四月十七日奉上谕:刘锦棠奏首逆逋诛,请饬使臣向俄理论、解送惩办一折。刘锦棠以曾纪泽已与俄国另立新约,白逆等如何交出,未闻议及,急应执约理论,不可置之度外等语。白彦虎一事,前于二月间,据曾纪泽电寄总理各国事务衙门,询及办法,当以此事自颁论及,应否即议,或俟换约后再议,由曾纪泽审量办理。经该衙门由电报传旨寄复,曾纪泽接奉此旨,当能相度机宜,妥为筹办。俟曾纪泽奏到时,再行谕知刘锦棠遵照。③ 将此由四百里谕令知之。钦此。④

023. 委任陈名钰总查新疆善后事宜片
光绪七年四月初十日(1881年5月7日)

再,新疆善后事宜,前经陕甘督臣左宗棠奏派三品衔浙江补用道候补知府保升改留甘肃遇缺题奏道陈宝善总查一是。北路各郡县经该员查勘周遍,将地方诸务禀由左宗棠斟酌损益。上年,该员由北路差竣回营,正拟驰赴南路,适因增设行营粮台事关重大,综理乏才,经臣奏委该员督办,并声明另拣委员往查南路,奉旨:知道了。钦此。钦遵在案。

兹查有三品衔升用道改留甘肃补用知府陈名钰,老成稳慎,堪以总查善后事宜,业经臣檄委前往南路,周历各城,过细访察,举凡利弊兴革,随时据实呈报,由臣核酌办理。该员已于本年四月初六日由哈密起程,理合附片陈明,伏乞圣鉴。谨奏。

---

①此奉旨日期据与内容据《军机处随手登记档》(档案编号:03—0232—2—1207—100)校补。
②中国第一历史档案馆藏:《军机录副》,档案编号:03—7426—101。
③见光绪七年十月二十四日曾纪泽《奏报逆酋白彦虎等窜入俄国境内一案》(《曾惠敏公遗集》,第189—192页)。
④《奏稿》第207—215页。

军机大臣奉旨：知道了。钦此。①

光绪七年五月初一日，军机大臣奉旨：知道了。钦此。②

024. 奏报新疆命盗案件请暂行变通办理折
光绪七年四月初十日（1881年5月7日）

署理钦差大臣督办新疆军务通政使司通政使二等男臣刘锦棠跪奏，为新疆远在边荒，情形迥殊内地，请旨饬将命盗案件暂行变通办理，以期妥速而归简易，恭折仰祈圣鉴事。

窃查安集延逆酋阿古柏，占据新疆十又余载，弱肉强食，民气益嚣。向来缠回杀死人命，均由凶犯出买命银数两至数十两不等，给与尸亲，从无抵偿之说。阿古柏惟利是图，变本加厉，以致殷实土豪视杀人为儿戏，而抢劫之风亦因之日甚。臣于光绪三年由托克逊进规南路，每克一城，即传集该地民人，宣布朝廷德威，饬令荡涤污俗，共保身家，并责成各头目挨户劝导，如仍前不法，罔知悛改，立即扭送惩办。头目容隐不报，一经查出，并行究治。续经大学士陕甘督臣左宗棠译刊《圣谕十六条》《附律易解》一卷，刷印多本，分发各城义塾及大小伯克头目，诵读讲解，并令传告乡民，共知观感。察看近日情形，从前贪忍鸷悍习气似已稍戢，间有甘不畏死，杀毙一二命，与伙众持械抢劫，讯明供证，赃物确凿无疑，法难曲宥者，以地方甫经收复，民志未定，即依军法，就地尽法惩办。其情节稍轻之犯，分别拟以管押，系杆、枷号、笞杖，并酌量时日久暂，笞杖多寡，取保释放。案结后，均摘叙案由及办理各节，译缮简明通俗告示，张贴市镇通衢并犯事地方，俾顽梗凶徒见之，互相传述，冀可收革面洗心之效。

惟南路各城相距，近者数百里，远者至一二千里，交关之外，大都戈壁碱滩，往往行数日程，渺无人烟，解犯就道，时有戒心，非节次派勇防护不可。自吐鲁番以西，仅有善后总、分各局，向无州县及例设监禁、书役，即略知例案之幕友，亦因离家窎远，视为畏途，无从延请。是以平日办事，既苦乏人襄助，遇有过往人犯，收管局内，又不免疏失之虞。北路虽设有印委各

①中国第一历史档案馆藏：《朱批原件》，档案编号：04—01—12—0527—093。
②中国第一历史档案馆藏：《军机录副》，档案编号：03—5160—007。

官,而举目荒凉,民气未复,亦与南路情形大略相同。

且查新疆户民,种类繁多,风气不一,语言文字、制度仪文、衣冠嗜欲,各自为俗。南路以缠头布鲁特族类为最众,蒙古次之,汉、回又次之。北路以哈萨克族类为最众,蒙古、汉、回次之,缠头又次之。而满汉孑遗之民,则两路均寥寥无几。该民人等久违声教,初就范围,譬如牧群之马,一时难免受羁靮,其奔轶之性,究难猝除。臣再四思维,惟有于犯案到官,勤审勤结,择其尤不法者,立予痛惩,庶各种莠民咸生畏惮。若泥于文法,不远数千里辗转解勘,不独签解收管事事为难而迁延日久,纵将重犯处以严刑,愚民事过即忘,亦将熟视无睹,不足以震动其心。昔汉朝初定,关中除秦苛政,约法三章:杀人者死,伤人及盗抵罪。厥后班超平定西域,亦诫受代之任尚,以水清无大鱼,察政不得下和,宜荡佚简易,宽小过,总大纲。任尚不从,卒至变乱。《记》云:"修其教,不易其俗。齐其政,不易其宜。"诚以军旅之后、荒远之区,尤当蠲除烦苛,与民休息,不可以常例拘也。

伏查乾隆元年平定黔省苗疆,开设郡县,钦奉谕旨:苗民风俗与内地百姓迥别,嗣后苗民一切自相争讼之事,俱照苗例完结,不必绳以官法等因。钦此。仰见我高宗纯皇帝慎重岩疆,圣意渊深,无微不至。虽新疆久入版图,似非初开苗疆可比,然道里绵长,台站疲困,种类错杂,俗尚纷歧,欲一旦用夏变夷,遽臻上治,实未易言。臣上年在喀什噶尔行营,曾将命盗案办法咨商左宗棠,旋准咨复:历代抚驭边氓,立法最宜简易。现在草创伊始,所办各节,因地制宜,本无不合。应俟改设行省后,由新疆督抚体察情形,奏咨办理。刻下如有前项案情,即饬各善后局员酌量拟办,复核遵行等因,咨行到臣,左宗棠旋即交卸北上。

臣自维资质庸愚,不谙吏事,骤膺拔擢,权摄钦符,并奉特旨,暂辖哈密镇迪道所属文武地方官,职任愈重,兢惕滋深。而改设行省,又非一时所能就绪,区区愚昧之见,不敢缄默不言。合无仰恳天恩,俯念万里穷边与内地省分情形不同,饬将新疆南北两路命盗案件暂行变通办理,俾得就地迅速审拟完结,由臣按季摘由汇奏,一面咨部立案,似于抚治边防大有裨益。臣仍当会同帮办军务伊犁将军臣金顺、护理陕甘督臣杨昌濬、乌鲁木齐都统臣恭镗、署帮办军务广东陆路提臣张曜,督饬各善后局员、各印官,于一切重案悉心研鞫,勿任刑求,务期无枉无纵,定谳具详,再行逐细复核饬行,以仰副朝廷明罚敕罚、刑期无刑之至意。

所有新疆命盗案件拟请暂行变通办理缘由，谨恭折具陈，伏乞皇太后、皇上圣鉴训示施行。谨奏。四月初十日。

光绪七年五月初一日，军机大臣奉旨：着照所请，刑部知道。钦此。①

025. 请饬河南照额协解嵩武军饷片

光绪七年四月初十日（1881年5月7日）

再，臣准署帮办新疆军务广东陆路提臣张曜咨称：所部嵩武军原额马队二营、步队十二营，按月额定饷银三万七千两有奇，向由河南省批解。迨回疆肃清后，各营勇丁久从征戍，疲弱较多，于光绪四年三月简汰步勇二营，月减额饷银五千两。上年筹备边防，整顿队伍，由河南添募新勇一千二百人，除换补外，实余壮勇五百名。当此移防喀什噶尔，必须多用骑兵，以资得力，已将余勇改设马队二营，仍符原额马步十四营之数，照从前额饷马步每营月支大数相同，请自光绪七年正月为始，河南省每月仍按原定额饷三万七千两，按月批解等因。

臣维嵩武一军，征戍日久，将士不无疲弱。上年筹备边防，经张曜招募新勇，挑汰换补。此次移防喀什噶尔，以所余壮勇添设马队二营，原期整饬戎行，以固边围，且于原定马步十四营额数并未增加。惟该军月饷向由河南省专协，该省连年亢旱，协款稀解。前督臣左宗棠随时接济，既已不遗余力。臣自接办军务，迭准张曜函牍商请借拨银两，以济要需。时值臣军饷项竭蹶，上年各省关欠解既多，本年新饷解者亦属寥寥，彼此固同在艰窘，亦不能不于万难设法之中腾挪接济，共维时局。现在该军仍照原额，添足马步十四营，需饷尤殷，相应请旨饬下河南抚臣，查照原定每月三万七千两零饷饷数，按月批解，以冀饱腾。谨附片陈明，伏乞圣鉴训示施行。谨奏。

军机大臣奉旨：另有旨。钦此。②

---

①中国第一历史档案馆藏：《军机录副》，档案编号：03—7304—032。又《奏稿》第217—224页。
②中国第一历史档案馆藏：《朱批原件》，档案编号：04—01—01—0944—071。又《奏稿》第225—227页。

奏议(光绪七年) 53

光绪七年五月初一日,军机大臣奉旨:另有旨。钦此。①

【案】原件具奏日期署"光绪七年三月二十日",兹据录副、《奏稿》校改。此折于光绪七年五月初一日得清廷允准:

军机大臣字寄:河南巡抚涂,光绪七年五月初一日奉上谕:刘锦棠奏张曜所统嵩武一军,原额马队二营、步队十二营,旋经简汰步勇二营,现仍改设马队二营,与原额马步十四营之数相符。该军月饷,请自光绪七年正月为始,仍由河南省每月按原定额饷,拨解三万七千两零等语。张曜一军现在移防喀什噶尔,需饷甚殷,着涂宗瀛督饬藩司,按照原定额饷,每月拨解三万七千两零,以资应用,毋稍迟缓。将此由四百里谕令知之。钦此。遵旨寄信前来。②

026. 奏报新疆南路五次剿平边寇情形折
光绪七年四月初十日(1881年5月7日)

署理钦差大臣督办新疆军务通政使司通政使二等男臣刘锦棠跪奏,为新疆南路诸军五次剿平边寇,所有在事出力文武员弁钦遵迭奉恩旨,择尤汇案保奖,谨缮清单,恭折仰祈圣鉴事。

窃查大学士前任陕甘督臣左宗棠,移交光绪四年十一月初三日奏陕回逃匿俄境,分道寇边,经官军截剿净尽一折。③ 是年十一月十六日奉上谕:在事出力将士,着准其择尤保奏等因。钦此。④ 光绪四年十二月初六日奏剿捕逆回竣事一折。⑤ 是年十二月二十日奉上谕:所有出力将弁勇丁,准其附入截剿陕回案内,择尤请奖等因。钦此。⑥ 光绪四年十二月二十一日

---
①中国第一历史档案馆藏:《军机录副》,档案编号:03—6084—038。再,《奏稿》文尾:"同日,承准知会,已奉有寄信谕旨,令河南巡抚照额拨解矣。"
②中国第一历史档案馆编:《光绪朝上谕档》,第七册,第84页。
③见光绪四年十一月初三日陕甘总督左宗棠《陕回逃匿俄境分道寇边经官军截剿净尽折》(台北故宫博物院藏:《军机及宫中档》,文献编号:408006198;《左宗棠全集·奏稿七》,第186—190页)。
④此廷寄见《德宗景皇帝实录(二)》,卷八十二,光绪四年十一月下,第251—252页。又《左宗棠全集·奏稿七》,第190页。
⑤详见光绪四年十二月初六日陕督左宗棠《奏报缠回聚众谋逆官军剿捕竣事折》(台北故宫博物院藏:《军机及宫中档》,文献编号:408006204;《左宗棠全集·奏稿七》,第202—204页)。
⑥此廷寄见《德宗景皇帝实录(二)》,卷八十四,光绪四年十二月下,第281页。

奏安集延逆目窜匿俄境，复潜入布鲁特，纠众谋逆，官军剿捕歼戮事，首逆伏诛，边境安谧一折。① 五年正月初六日奉上谕：此次出力员弁，着准其汇案保奖等因。钦此。② 光绪五年三月初三日奏布鲁特、安集延两部合谋入寇，官军进剿大获全捷一折。③ 是年三月十六日奉上谕：此次在事出力各员弁，着照所请汇案，分别从优保奖等因。钦此。④ 光绪五年十月初一日奏漏逸贼酋纠众犯边，官军进剿大获全胜一折⑤，将前后剿办陕回安、布各贼迭次尤为出力员弁并案，随折请奖，并声明此外出力将士尤多，应归另案保奖。是年十月十四日奉上谕：余着照所议办理等因。钦此。钦遵各在案。均经左宗棠恭录，宣示行间，将士欢呼感奋，有口同声。节据各统将按照各次劳绩，开具请保清单，呈由左宗棠核定。正拟入告，适奉诏北上，移交微臣接办。

查原单内开各员弁，经左宗棠暨臣将其战功稍次者切实删减，惟剿办边寇，劳师至四五次，诸军员弁勇丁更番出战，其中实多异常出力未可掩抑者，是以人数虽仍属不少，而详加考核，并无冒滥。谨汇为一案，酌拟甄叙开单，恭呈御览。其蓝翎六品武职以下各弁，另案清单，照例咨部注册。

臣维历次战状，早经奏明有案，无俟微臣赘陈。第念关外征战之苦，百倍内地，而湘楚、嵩武诸军五次剿办边寇，师行绝塞，多系自来人迹不到之处，其险阻艰难又十倍于新疆腹地。溯自光绪四、五年间，缠回、陕回安集延、布鲁特各逆目，于全疆肃清后，乘官军积劳解严，相继窃发，纠党犯顺，阴狡鸷悍，其锋殆不可当。维时各贼酋又假教祖后裔，煽诱众回，人心惑乱，讹言雷动，向非剿办得手，回疆大局将不堪设想。幸而事机顺利，所向克捷，先后擒斩著名首要各逆以数十计，歼除匪党以数千计，立解色勒库尔城围，速遏伊阿瓦提乱萌，良由诸军将士沐国家养兵之泽，感朝廷信赏之

---

① 见光绪四年十二月二十一日陕甘总督左宗棠《奏报安集延逆回窜匿俄境纠众谋逆官军剿捕情形折》（台北故宫博物院藏：《军机及宫中档》，文献编号：408006212；《左宗棠全集·奏稿七》，第217—220页）。
② 此廷寄见《德宗景皇帝实录（二）》，卷八十五，光绪五年正月上，第296页。
③ 见光绪五年三月初三日陕甘总督左宗棠《奏报布鲁特、安集延两部合谋入寇，官军进剿大获全捷情形折》（《左宗棠全集·奏稿七》，第259—264页）。
④ 此廷寄见《德宗景皇帝实录（二）》，卷九十，光绪五年三月下，第352页。
⑤ 见光绪五年十月初一日陕甘总督左宗棠《漏逸贼酋纠众犯边经官军进剿大获全胜情形折》（中国第一历史档案馆藏：《朱批原件》，档案编号：04—01—30—0195—046）。

恩，忠诚激发，效命致身，艰险备尝，毫无畏避。虽调发频仍，而锐气常新，到底不懈，用能消丑类滋蔓之患，绝远人窥伺之心。皇威遐畅，边域乂安，其行役之劳、义勇之气有足录者。

所有清单内开各员暨另单咨部注册各弁，均系战功卓著。伏恳鸿慈逾格，免其逐一填注考语，俯允分别照单给奖，庶偿前劳而策后效。臣得藉励军心，勉效驰驱，感戴恩施，同无既极。

谨会同署帮办新疆军务广东陆路提臣张曜，恭折具陈，伏乞皇太后、皇上圣鉴训示施行。谨奏。光绪七年四月初十日。

军机大臣奉旨：另有旨。钦此。①

光绪七年五月十八日，军机大臣奉旨。钦此。②

【案】此案于是年五月二十日得清廷允准：

光绪七年五月二十日内阁奉上谕：刘锦棠奏新疆南路诸军剿平边寇出力员弁开单请奖一折。光绪四、五年间，边外在逃回匪暨安集延、布鲁特各逆目迭次纠党入犯，均经官军剿捕，毙匪甚多，边境一律安谧。在事各员弁尚属著有微劳，自应量予奖叙。所有单开各员弁，均着照所请奖叙，该部知道，单并发。钦此。③

027. 呈新疆南路五次剿平边寇出力人员清单
光绪七年四月初十日（1881年5月7日）

谨将新疆南路诸军五次剿平边寇在事出力文武员弁，择尤酌拟奖叙，缮具清单，恭呈御览。

题奏提督李隆宝，记名提督潘长清、陈建厚、刘福田、丁连科、李云照、张仕林、赵宝林、喻先达、彭明达、万胜常、李其森、周恒升，补用提督彭祯祥，均请交部照头等军功从优议叙。丁连科并请赏给正一品封典。

记名提督资勇巴图鲁曾义良，记名提督胜勇巴图鲁戴贵品，记名提督策勇巴图鲁张添习，记名提督辑勇巴图鲁戴富臣，记名提督运勇巴图鲁米

---

①中国第一历史档案馆藏：《朱批原件》，档案编号：04—01—01—0944—031。又《奏稿》第229—237页。
②中国第一历史档案馆藏：《军机录副》，档案编号：03—6016—055。
③此谕旨见《奏稿》。

荣昌,记名提督勉勇巴图鲁米祥兴,记名提督雄勇巴图鲁王春发,记名提督健勇巴图鲁张复良,记名提督圣勇巴图鲁谭声彩,均请赏换清字勇号。

头品顶戴记名提督胡义和,头品顶戴补用提督王义和,记名提督黄万福、李定贵、许得胜、谭致祥、张宏胜、邓金波、周鹏鬻、陈国明、刘得胜、易有才、吴贵年、徐祖意、周应堂、邓净云,提督衔留陕题奏总兵段发义,提督衔记名总兵胡仁和、张魁元,提督衔四川补用总兵郑三元,均请赏给正一品封典,周鹏鬻并请赏给勇号。

记名提督李祥麟、陈美仙、龙春华,简放总兵潘凤翔,均请赏给头品顶戴。

记名提督杨春林,升用提督补用总兵易国治,提督衔补用总兵侯祖朝,记名总兵夏子云、曾昭德、蒋迎胜、赵武和、谭正南,提督衔记名总兵李飞鹏,陕甘补用总兵汤文千,均请赏给勇号,并请赏给正二品封典。

记名总兵龙同春、陈文明、易松林、彭里堂,陕甘补用总兵贺元和,均请以提督交军机处记名,遇有提督、总兵缺出,请旨简放。

记名总兵何觐光、李长裕、匡群臣、蒋殿勋、杨月照、黎忠明,甘肃题奏总兵张琳、傅其政,留陕甘补用总兵吴焕章,均请赏加提督衔,蒋殿勋并请赏给正一品封典。

升用提督记名总兵杰勇巴图鲁陈友明,提督衔遇缺简放总兵桓勇巴图鲁王太山,提督衔留甘记名总兵奋勇巴图鲁欧阳云峰,提督衔记名总兵固勇巴图鲁廖廷赞,提督衔记名总兵杰勇巴图鲁贺撏绅,提督衔记名题奏总兵凼勇巴图鲁姚期珍,记名总兵克勇巴图鲁郑松春,记名总兵捷勇巴图鲁王秀纬,陕甘题奏总兵懋勇巴图鲁王辉臣,记名总兵利勇巴图鲁田印洪,记名总兵坚勇巴图鲁黄清发,记名总兵烈勇巴图鲁李春德,记名总兵信勇巴图鲁胡得贵,总兵衔留甘肃推补副将勃勇巴图鲁王定德,均请赏换清字勇号。

记名总兵陈秀华、赵克闵、龚得胜、刘万泰、刘先华,留甘题奏总兵王全胜,升用总兵江西补用副将何品忠,总兵衔补用副将余醒寿,均请赏给正二品封典。

总兵衔两江补用副将成保元,请免补副将,以总兵仍留原省,遇缺提前请旨简放。

总兵衔补用副将刘高汉,总兵衔陕甘补用副将李大秋、刘道忠、周太胜、总兵衔推补副将吴首怀、赵云发、石有基、王长发，总兵衔留陕补用副将张仲、洪友发，推补副将罗义俊、刘熙春、聂达盛、王致祥、王成林、萧得胜、洪长春、张宝祥、谭华武、杨文清、谭宝源，补用副将刘忠亮、彭福春、沈山连，陕甘推补副将杨全胜，留陕补用副将胡金科，留甘推补副将何克元，总兵衔留甘补用副将黄金玉，均请免补副将，以总兵交军机处记名，遇有总兵缺出，请旨简放。李大秋并请赏加提督衔，周太胜、聂达盛、王成林、萧得胜、洪长春，并请赏给正二品封典。刘高汉、王致祥、谭华武、黄金玉，并请赏给勇号。

推补副将李良辉、贺福春，补用副将陈福星，均请免补副将，以总兵尽先推补。

推补副将谢荣升，请免补副将，以总兵留于甘肃，尽先推补。

陕甘补用副将张再泗、王锦堂，留甘补用副将林语，均请免补副将，以总兵仍留各原省，尽先补用。

补用副将李品高、陈怡升、钟孝贵、欧金福、梁清和，推补副将胡友全、喻桂芳、白宽、孟玉成、连福、谈永胜、萧益星、刘义春、文由义，陕甘补用副将蓝胜和、颜鲁东，留陕补用副将萧文典、刘万明，湖南补用副将谭其祥，留陕补用副将腾勇巴图鲁雷振邦，均请赏加总兵衔。梁清和、谈永胜、刘义春、文由义、蓝胜和、颜鲁东、萧文典，并请赏给二品封典。胡友全、喻桂芳、白宽、孟玉成、连福、刘万明，并请赏给勇号。雷振邦并请赏换清字勇号。

补用副将李世恩、程正兴，留甘推补副将金涌华，留陕补用副将王宝山，湖南补用副将黄黼卿，均请赏给二品封典。

总兵衔推补副将陈桂廷、罗宗升、张德华，推补副将徐耀南、李正元、张兴廷、舒茂堂、屈仕贵、周金顺、许长发，补用副将李良其、张毓灵、萧忠泉，总兵衔江西补用副将周升朝，陕甘推补副将赵达元，总兵衔陕甘补用副将王才吉，留陕补用副将黄泽忠、刘星辉，留甘补用副将孙光南、屈洪德，总兵衔留甘补用副将程东海、陈德怀，留湖南补用副将唐仕隆，归部即选副将李振湘，均请赏给勇号。

蓝翎陕甘补用副将李昌熙，蓝翎副将衔补用参将李臣贵，均请赏换花翎。

副将衔补用参将汤殿恒、葛友仁、袁亨山、何光田、易盛富、李仁美、江辉堂、赵珍国、萧启本、刘春台、李盛元、彭先荣、陈世林、周廷韵、宾恩照、胡振明，副将衔推补参将焦大聚，副将衔补用参将才勇巴图鲁谭用宾，蓝翎副将衔补用参将陈国富、刘贤春，均请免补参将，以副将尽先补用。刘春台、彭先荣、陈世林，并请赏加总兵衔。赵珍国并请赏给二品封典，谭用宾并请赏换清字勇号。汤殿恒、李仁美、江辉堂、胡振明、焦大聚，并请赏给勇号。陈国富、刘贤春，并请赏换花翎。

补用参将魏腾义、冯世明、谢春生、倪三星、戚松林、朱得胜、吴家庆、杨定邦、胡兰柱、罗明祥、易国斌、李善堂，蓝翎补用参将朱义胜、谭复胜，均请免补参将，以副将尽先推补。魏腾义并请赏加总兵衔，谢春生并请赏给二品封典，朱义胜、谭复胜并请赏换花翎。

副将衔补用参将汤春汉、张禹廷、蔡允明、罗明高，留甘推补参将汤金榜，补用参将王咸临，均请免补参将，以副将留于陕甘，尽先推补。汤春汉并请赏加总兵衔，张禹廷、罗明高、汤金榜并请赏加二品封典。

副将衔陕甘即补参将李元友、汤万棠、刘连轩、彭定胜，副将衔留陕补用参将萧志高，副将衔留陕补用参将邓云远、李明熙、汤臣辅，副将衔贵州补用参将安大成，副将衔安徽补用参将李扬廷，湖南补用参将余华松、唐润泉，留陕补用参将罗宝林、刘有成、潘宗岳，均请免补参将，以副将仍留各原省，尽先推补。刘连轩、彭定胜、邓云远、李扬廷，并请赏加总兵衔。李明熙、汤臣辅、安大成，并请赏给勇号。

副将衔补用参将陈复升，请免补参将，以副将留于湖南，尽先推补。

副将衔补用参将张进昌，请免补参将，以副将留于甘肃，遇缺尽先题奏，并请赏加勇号。

湖南补用参将李锦恒、张友胜，均请免补参将，以副将改留甘肃，尽先推补。

补用参将李得朋、汤得胜、谢贤炳、张正修、徐光斗、张青富、熊福堂，均请免补参将，以副将尽先推补，并请赏加勇号。

补用参将刘明魁、周汉溪、胡大海，均请免补参将，以副将留于甘肃尽先补用。

补用参将朱长胜、唐星发、张国胜，留甘补用参将朱增文，均请赏加副将衔。朱长胜并请赏给二品封典。

副将衔湖南补用参将沈光友，副将衔补用参将陈保林、董国元、凌国贤，补用参将朱位佳、田种德，副将衔留甘补用参将赵常山、王扬声，留甘补用参将陶廷相,留甘补用游击何大吉,参将衔补用游击符永光、李国彩、萧宝臣,补用都司杨长茂,均请赏给勇号。

副将衔补用游击邓纯礼、许清文、任贵清,参将衔补用游击王桂林,补用游击赵兴骥、贺道贵,均请免补游击,以参将尽先补用,并请赏给勇号。

参将衔补用游击蒋光楼、陈连升,补用游击李云涛、杨光美、张春和、冯福田、王鸿恩,均请免补游击,以参将留于陕甘尽先推补。陈连升、李云涛并请赏加副将衔。

补用游击畲文藻,请免补游击,以参将留于福建,尽先推补。

参将衔陕甘补用游击欧阳胜、杨得胜、杨熙春,副将衔湖南补用游击袁馨远,留甘补用游击丁万发、王香斋、梁东魁、李森林、杨得功、邹洪胜、熊高禄,陕甘补用游击陈尚新、罗春林、易长春、丁协和、薛成德、王凤臣、侯明俊、李清华,江西补用游击王迎琦,湖南补用游击徐先发,留福建水师补用游击张玉峰,参将衔陕西补用游击黄泗元,均请免补游击,以参将仍留各原省尽先补用。欧阳胜、杨得胜、杨熙春、梁东魁、邹洪胜、熊高禄、陈尚新、罗春林、易长春、丁协和,并请赏给勇号。

参将衔补用游击李百炽,补用游击张得胜、赵凤寅,均请免补游击,以参将留于甘肃,尽先补用。张得胜、赵凤寅并请赏加副将衔。

参将衔补用游击任福年、王得荣、姜高阳、龙彩煌、萧庆寿、沈克俊、邹胜学、周德湘、伍才受、熊瑞清、汤辅廷、王德政、谢光德、朱金镛、闵必富、谢复胜、黄万里、周汉臣,补用游击杨秀春、何镇福、罗正高、章贤友、朱少益、李金全,尽先补用游击舒昭履,均请免补游击,以参将尽先推补,并请赏加副将衔。

两江督标补用游击顾怀福,请免补游击,以参将仍留原省原标,尽先补用。

补用游击孟占彪、龙升云、高学海,均请免补游击,以参将留于陕西尽先推补,并请赏加副将衔。

补用游击周德亮、向山仁、叶发青、彭长发、高金山、孔高明、薛明寿、丁魁、陈元佐、路建盈、白自灏,游击衔湖南补用都司何德勋,留陕补用都司潘鸿章、陈明星、张鼎元,陕甘补用都司田云龙、周平贵、袁大有、方绥定、桂国仁、李来玉、刘克俊、胡桂才,留甘补用都司石中璞、方中和、曹义魁、杨开太、王祥林、方治平,湖南补用都司刘德才、杨辅贤、成名,蓝翎两江补用都司周永兴，均请免补都司，以游击仍留各原省，遇缺尽先补用。陈明星并请赏加参将衔，文辉祥、周平贵并请赏加二品顶戴，周永兴并请赏换花翎。

补用都司朱干臣，请免补都司，以游击留于江西，尽先补用。

游击衔补用都司冯清华、李康海、黎春胜、张金林、王茂林、谭正坤，补用都司何玉澄、鲁福堂、王祖培、彭作猷、谢丛先、黄清龙、赵和益、文香发、杨胜辉、张福胜、张兴顺、田自礼、刘彦彪、贺明棠、李生富、邹克珍、马万福、皮焕轩、郑广洛、赵桢、王云贵、胡硕功、陈日升、周洪顺、郭春林、向运良、王兴发、鄘春华、成嗣魏、柳作栋、张俊金、李兴永、陈得胜、刘金榜、刘云程、江德蒸、朱有胜、黄寿益、陈法清，蓝翎补用都司贺福林、李恭安、彭云泰、贺镇发、李太和、戴方正、谭传鼎，均请免补都司，以游击尽先补用。杨胜辉并请赏给三品封典，田自礼、柳作栋并请赏给二品顶戴，戴方正并请赏换花翎。

游击衔补用都司田有乐、褚慎基，补用都司何举照、周征义、谭有德、王兰桥、彭福林、万松荣、雷世才、胡金田、丁士范、丁有胜、陈少林、祝绍田、屈发生、周国昌、吉步升、柳逢春、谢封申、吕长胜、尹良胜，均请免补都司，以游击尽先补用，并请赏加参将衔。

游击衔补用都司陈太福、陈东旸，补用都司谢兴礼、杨友成，留甘补用都司周德顺，均请免补都司，以游击留于甘肃，尽先补用。陈东旸并且赏加二品顶戴。

江西补用都司欧阳清，请免补都司，以游击仍留原省，遇缺尽先补用，并且赏加二品顶戴，赏给勇号。

游击衔补用都司冯应瑞、杨青山、冯金玉，补用都司张远联、郑尚勤、张得威、姜瑞廷，均请免补都司，以游击尽先推补，并请赏给勇号。

游击衔补用都司杨碧桂，补用都司叶福祥、曹洪胜、苏景照、谭荣华、朱万荣，蓝翎补用都司方义章，均请免补都司，以游击留于陕甘尽先推补，并请赏加参将衔。苏景照、谭荣华并请赏给勇号，方义章并请赏换花翎。

蓝翎游击衔补用都司马三高、蓝翎补用都司欧良辅、江其中、文龙理、张贤德、张桂林、谭楚胜、丁云龙、刘达祥、李耀祖、刘华章，均请免补都司，以游击尽先补用，并请赏换花翎。

游击衔补用都司李福衡，请免补都司，以游击留湖南，尽先补用。

游击衔补用都司黄善怀，补用都司胡三元、胡宝太、田正明、杨振江，均请免补都司，以游击尽先补用，并请赏加副将衔。

留陕西抚标补用都司张葆真、留安徽抚标补用都司李学文、朱有元,留甘补用都司罗立堂、方承猷,均请免补都司,以游击仍留各原省、原标尽先补用,并请赏给勇号。

花翎补用都司刘桂林、龙得贵、张有德,蓝翎补用都司卢春华、刘尚贤、左九丘、袁炽昌、周群先,均请赏加游击衔。卢春华、刘尚贤、左九丘、袁炽昌、周群先,并请赏换花翎。

补用都司刘吉臣,补用守备赵金山,均请赏戴花翎。

四品顶戴分省补用卫守备朱以成,请仍以卫守备归漕标,尽先前补用,并请赏给勇号。

都司衔补用守备蒋良瑞,请免补守备,以都司尽先补用,并请赏给勇号。

都司衔补用守备彭仁和、萧发升、陈俊和、薛蕴华、阎礼亨、史宝琛、姚炳义、刘凤祺、李凤山、谭承澍、汤东升、谭定斌、危作霖、韩生玉、陈希贤、安明、杨学遵,均请免补守备,以都司尽先补用。

蓝翎都司衔补用守备刘荣、孙起凤、吴炳元、张太清、蒋义方、周祯祥、何国福、张友胜、龙昌林、何恒兴、陈希贤、高天发、蔺如桂、杨万全、宋得贵、刘保、樊学成、韩仲义、孙建功、何占元、陈友、贾永泽、李得清、赵占鳌、马彩、殷全喜、戴富林、任新春,蓝翎补用守备李运隆、戴龙腾、钟玉声、喻连升、杨春华、苏得书、程得元、赵桂澜、喻达昱、张得兆、王开明、张世坤、李景秀、谭福春、张得升、王子章、金春华、柳永淑、洪福田、赵占鳌、武有名、袁得高,均请免补守备,以都司尽先补用,并请赏换花翎。都司衔补用守备叶致和、曹作霖、周德安、岳梓桢、夏宝亭,补用守备张祥和、贺德祥、丁大贵、汤玉和、陈明胜、赵定友、虎进林、罗祥发、陈润身、袁律胜、林贵和、侯忠才、魏在辛、李金声、张克仁、刘占奎、司天刚、胡洪祥、刘金山、徐春林、周如海、张荣斋、李玉成,均请免补守备,以都司尽先补用,并请赏加游击衔。

花翎补用守备李义生、沈仁贵、丁宗德、周自文、朱文焕、戴寿山、周笃生、杨清久、李余春、李喜恩、朱占奎、李应富、徐廷珍、罗镇清、王自贵、任一举、孙友义、潘祯祥、贺得云、杨得贵、李如盛、吴再全、李玉山、孙继武、李长发、黄其升、杨朝臣、李胜祥、彭得胜、任友明、赵金元、罗绍勋、成玉洲、贾福昌,补用守备张义从、李广发、吴学兴、杨达管、袁云松、尹昌富、邓满德、余玉春、萧北先、唐植林、李瑞林、喻汝霖、周世定、谭世明、陈亨柏、王登高、蔡魁元、龚良益、张必祥、谭秀春、殷海棠、杨有才、谭承祥、龙照纲、寻山和、李清泉、刘春廷、王汉卿、周瑞泉、钟寿生，均请免补守备，以都司尽先补用。贾福昌并请赏给勇号，李瑞林并请赏戴蓝翎。

都司衔留陕补用守备罗生云，陕甘补用守备潘英南、那广义、姚楚斌、萧玉廷，湖南补用守备黄春霆、朱望隆、张泽忠、文绵馥，陕西陕安镇标补用守备王忠美、李增润，浙江提标水师补用守备吴忠选，留甘补用守备王景祥，均请免补守备，以都司仍留各原省、原标，尽先补用。罗生云、萧玉廷、文绵馥、吴忠选，并请赏加游击衔，黄春霆并请赏给四品封典。

蓝翎补用守备钟海兰、曹克兴，补用守备许尔昌、邹凌云，均请免补守备，以都司留陕甘，尽先补用。曹克兴并请赏换花翎。

补用守备周翰香，请免补守备，以都司留于福建，尽先补用。

补用守备杨连升，请免补守备，以都司留广东，尽先补用。

蓝翎补用守备冯盛德、李青山、杨忠惠、罗茂兰，补用守备贺得云、吴岳云、周凤亭，均请免补守备，以都司留甘肃，尽先补用。冯盛德、李青山、杨忠惠、罗茂兰，并请赏换花翎。

补用守备刘宗清、贺永贵、马占荣，均请免补守备，以都司尽先补用，并请赏戴花翎。

补用守备陕甘督标左营把总耿炳，请免补守备，以都司仍留陕甘督标，尽先补用。

蓝翎分省补用卫守备杨保定，请仍以卫守备分省，归候补班前先补用，并请赏换花翎，赏加都司衔。

补用守备罗云汉、吴长胜、陶树棠、党维新，漕标即补卫守备张毅，补用卫守备王寿珠，均请赏加都司衔。罗云汉、张毅、王寿珠，并请赏给四品封典。

补用守备旷忠道，请赏给五品封典。

蓝翎都司衔补用守备赵玉坤、邓泰祥，蓝翎补用守备周源清、陶定邦、罗隆声、方端臣、曾茂林、王庆春、彭致文、谭尧钦、刘维顺、陈晓初、彭封美、刘铭芳、谢盛德、符云祥、周贵华、金玉振、胡春煦、谭扬廷、张彩廷、谈隽祺，蓝翎守备衔拔补千总江培源、周启贤、易海青，均请赏换花翎。

补用守备朱豪杰，守备衔拔补千总汤英才，拔补千总刘绍祥，均请赏戴蓝翎。

花翎防御衔尽先补用骁骑校德克吉木,请免补骁骑校、防御,以佐领尽先补用。

守备衔拔补千总萧兰斋、谭胜魁、伍交松、杨庆春、石光贤、张守祥、严上桢、连广财、陈丕德、许万清、雷科瀛、王治邦、高生茂、王积山、李景福、陈金贵、张从芳、欧万总、周占魁、谢得朝,均请免补千总,以守备尽先补用,并请赏加都司衔。

蓝翎守备衔拔补千总刘兴福、李广明、易长松、汤成明、萧成烈、钟华美、张运兰、李隆清、张起保、苏永发、李秋华、刘宗藩、陈桓义、杨才、王全兴、韩国相、施登桂、赵广才、方有成、何春福、张锦寅、田占魁、姚有举、李锡贤、冯财、李新有、马玉泉、刘世保、武克昌、李成福、王森桂、贺德胜、孟金元、李文龙、李连升、张建林、唐伦楹、陈福田、周家泰、万胜卿、龙锡霖、王兆善、陈天禄、姚文元、王文成、马茂森、鄢蓝田、沈永吉、葛镇全、董玉清、胡友胜、萧春华、袁鉴福、王正清、秦春鸣、陈清和、张翠、申荣贵、李攀桂、周登基、王福仓、田益堂、赵福,蓝翎五品衔拔补千总周维新,蓝翎拔补千总刘长春、刘福堂、蒋荣华、刘华林、胡世卿、李葆桢、李复胜、钟林祥、张洪发、詹凤祥、贺时雨、吕辉远、丁明山、李春和、刘恒丰、彭云志、马正元、冯振魁、仵发祥、成章焕、詹福泰、姚玉林、周照雄、陈庆魁、戴冠冕、赵树栋、赵全隆、段有清、谢万宝、张登瀛、陈裕华、文郁盛、成裕和、汤义贵、阎治邦、杜殿贵、王万顺、丁任海、周复华、宁绳武、徐仓、樊倬、张生彦、彭兆瑞、谢益清、周世福、萧贵龄、蒋登科、阎顺芝、杨坤、黄惠亭、周南杰、周文质、王裕昆、邹迪祥、李仕成、李正清、聂金元、魏光明、丁忠辉、吴占元、巢玉春、孙文礼、董良法、赵学芝、丁得保、李广安、李得成、马桂林、王吉山、陈玉林、庄荣、陈作发、陈文秀、王胜清、彭乐春、唐咏祥、蒋世均、彭义发、成希仁,均请免补千总,以守备尽先补用,并请赏换花翎。

蓝翎守备衔拔补千总苏意成、杨香庭、彭显廷、陈悦来、吴祥达、李广森、钟凤山、苏彦魁、郭胜奇、张洪仪、刘连传、任玉发、张学保、罗得胜、胡大升、李长青、章祖文、廖玉贵、伍定有、刘步轩、曾本铿、萧义胜、凌玉和、彭紫春、郑德发、彭有和、曾长吉、周有贵、谭玉成、杨永学、范得胜、何兴亮、李忠良、王席珍、朱美峰、符桂林、彭玉树、谌安镇、周友明、何瑞祥、胡楚汉、何俊德、成国泰、赵泽春、傅伍才、戴瑞兰,守备衔拔补千总龙岳云、谭玉成、李祖植、丁万仓、王朝栋,蓝翎五品衔拔补千总喻忠智,蓝翎拔补千总唐珊辉、魏荣发、过春华、彭连升、臧方元、孙进才、田春发、谭桂馥、杨大成、李应臣、徐中贵、丁有福、朱楚南、续怀堂、蒋得喜、刘德才、张云虎、刘笃烈、梁启治、贺义顺、谭瀛滨、钟官德、黄长春、谢荣钦、陈克昌、刘震祥、罗秀忠、王殿魁、朱心良、张心田、李方义、彭映新、刘有成，拔补千总熊吉春、杨鑫、陈自远，并请赏戴花翎。

五品蓝翎伊犁锡伯营镶红旗喀尔玛阿佐领下尽先即补骁骑校巴吐，请免补骁骑校，以防御尽先即补，并请赏换花翎。

蓝翎守备衔拔补千总曾明亮、孙凤福，蓝翎拔补千总胡彦龙、马登云、张楚英、陶立忠、冯立本，蓝翎留甘拔补千总路绍谦，花翎守备衔留甘拔补千总张国良，守备衔拔补千总易荣贵、罗俊杰，均请免补千总，以守备留甘肃尽先补用。孙凤福、陶立忠、冯立本、路绍谦并请赏换花翎，张楚英、张国良并请赏加都司衔，易荣贵并请赏戴蓝翎。

蓝翎拔补千总彭俊友，请免补千总，以卫守备归漕标，遇缺前先补用。

卫守备衔分省补用卫千总武英，蓝翎五品衔分省补用卫千总袁芳菁，归标补用卫千总陈国基，分省补用卫千总张永祜，均请免补卫千总，以卫守备归漕标以卫守备归漕标，遇缺前先补用。

守备衔拔补千总陈耀彩、彭峨情、张运璋，守备用拔补千总樊正清，拔补千总丁忠蔚、王长青、谭拱辰、陈家亮、李义发、杜长荣、赵万庆，武举李毓龙、傅作楫，均请免补千总，以守备尽先补用，并请赏戴蓝翎。

蓝翎拔补千总常大顺、谢昆山，均请免补千总，以守备留湖南抚标，尽先补用。

蓝翎守备衔安徽寿春镇标拔补千总刘宗翰，请免补千总，以守备仍留原省、原标，尽先前即补，并请赏换花翎。

蓝翎拔补千总刘燮松，请免补千总，以守备留安徽抚标，遇缺尽先前补用，并请赏换花翎。

拔补千总陈斌生、姚传洲，请免补千总，以守备留陕甘，尽先补用。

拔补千总钟鼎勋，请免补千总，以守备留浙江，尽先补用，并请赏戴蓝翎。

蓝翎拔补千总唐长青、吴庆源、张德才、萧永春、何满福、石明德、陈云章、唐春华，均请赏加守备衔。

蓝翎拔补把总宋世德、卢秀春、董祥达、李怡顺、杨福禄、杨伯玉、吕永福,均请免补把总,以千总留甘肃尽先拔补,并请赏加守备衔。

拔补把总陈锡周,请免补把总、千总,以卫守备分省,尽先补用。

蓝翎守备衔拔补把总陕甘督标中营外委袁杰、蓝翎拔补把总甘州提标中营经制徐彪、蓝翎拔补把总陕甘督标中营步兵曾秉一,均请免补把总,以千总仍留各原省、原标,尽先拔补,并请赏换花翎。徐彪、曾秉一并请赏加守备衔。

蓝翎拔补把总杨绥廷、丁流玙、汤秉诚,均请免补把总,以卫千总归漕标,遇缺尽先即补,并请赏加卫守备衔。

蓝翎拔补把总寻学汉,请免补把总,以千总留湖南,尽先拔补,并请赏加守备衔。

蓝翎拔补把总刘同发、刘步林、赖照吉、张光宗、武襄恩、刘俊发、钟咸玺、曹金榜、马生贵、郑麟勋、邓荣汉、杨一揆、欧阳春、文章、苏胜安、谭日升、陈盈庭、黄正扬、熊义山、王有胜、王玉堂、陈庆安、杨世全、任仁兴、秦有广、王友田、成福祥、尹德发、吕贵廷、刘忠信、雷镇南、陈义胜、李显忠、李占名、李芝南、熊秀春、石常然、华玉林、周桂亭、李春华、易春元、段伟勋、彭呈玉、吉鹏翥、胡信友、胡义信、陈洛、张仁丰、苟炳忠、张胜才、胡仁义、李得胜、吴镜庭、陈金山、张泽润、童维和、余锡峰、王祥发、胥登山、白福贵、朱明魁、党桂林、彭运春、胡桂亭、黄添有、彭禹廷、苏佑臣、汤炳南、曾德元、刘永胜、张义福、段文选、刘志伶、何名兰、李万喜、孙得荫、赵万瑞、赵康、赵守忠、方登第、董福庆、石金山、李长新、李治虎、祁膺简、张行志、孙大才、王仁福、李得芳、刘建有、陈义成、马得福、张生才、伍秀、刘春华、刘长魁、韩文炳、侯明达、郭得成、何起凤、张全泰、杨永兴、张万祥、杨生财、阎瑞芝、米生花、张生玉、李洪贵、李全春、陈起云、杨国栋、郭瑞隆、任天佑、张全礼、苏有才、韩定邦、赵全瑞、聂厚孝、何满仓、魏振甲、牛全保、倪尚书、陈士发、赵大魁、郭富华、黄玉海、李聚胜、刘显财、李毓林、李昌逢、牛喜、吴正玉、袁松亭、夏得时、姚生元、李得胜、张从世、孙占魁、刘得发、张有福、李生贵、朱绥禧、王进魁、敬全龙、李玉林、阎大明、孙仁福、胡占魁、刘兴发、石威山、张成魁、吴进葆、朱玉平、臧积善、刘起才、耿有章、符占库、张从福、王得有、高大有、田宗仁、谭承湘、孙世广、李占彪、谭必煌、许从心、石春华、徐祖滔、彭玉昌、易瑞昌、杨庆普、谢昆山、汪万财、王大荣、袁玉恒、张占镳、戴元忠、于上海、江永泰、白小海、胡万方、龙尚恢、李世洪、黄江发、彭国清、张三阳、成道恕、马振威、谢汉翘、朱华祺、彭贵升、李清云、谭见得、成润生、夏登魁、段道生、沈福、陶福春、章恭葵、张翔、何月星、唐典谟、徐得胜、唐运泰、杨占清、王得武、喻望高、龚景春、夏德珍、王百治、朱瀫咏、孙占彪、拔补把总张雨沛、曹富友、张朝元、康得明、刘瑞才、李建勋、刘忠友、王莲贵、刘宗成、杨德贵、王桂馥、刘云昌、吴福全、黄登科、庄福云、关永兴、刘德忠、马秀春、王宝泰、任德成、胡忠信、孔信义、白云兴、符玉昌、吴恒祖、杨厚宗、刘福昌、李复成、张文福、李福盛、王日隆、龚述窗、甘荣爵、杨开俊、徐世清、尚忠发、马生金、袁魁廷、张自义、丁受魁、胡三星、黄杰、龙以德、梁全盛、张生成、王得胜、赵富玉、刘万荣、赵玉元、刘恒胜、许绍堂，均请免补把总，以千总尽先拔补，并请赏加守备衔。

六品顶翎孙显良、罗象春、李成斌，均请赏给五品顶戴。

六品顶翎徐树锷，请赏给五品顶翎。

六品军功回目苏棠八素、六品顶戴布鲁特马队哨长卖买提哈里克，均请赏给五品顶翎。

六品顶戴布鲁特头目呼里恰克萨、乙特蒙素尔，均请赏给五品蓝翎。

六品顶戴缠回马勇解喜木索里马干散哈生木满素尔，六品顶戴布鲁特马勇牙和布以斯、俩木纳斯尔、毛拉吐勒的、买卖提沙依布、买卖提条勒、克的克萨、可巴依哈里迈提、胡尔班嘉巴尔，均请赏给五品顶戴。

盐运使衔留陕遇缺尽先题奏道王久铭，请赏加二品顶戴，并请赏给正二品封典。

分省遇缺即补知府武条第，请赏加盐运司衔。

花翎甘肃候补班前遇缺补用直隶州知州罗镇嵩，请俟补缺后，在任以知府遇缺尽先前题奏，先换顶戴，并请赏给四品封典。

花翎留甘尽先补用同知直隶州知州李庆棠，请免补本班，以知府仍归原省候补班前尽先即补。

蓝翎分省补用直隶州知州章鹤年，请赏换花翎。

分省遇缺即补直隶州知州余运昌，同知衔分省补用知县谭传彝，均请赏给正五品封典。

留甘补用知州李凌汉，请赏加运同衔。

选缺候补用同知候选通判秦绍钦，请免选本班，以同知分省归候补班前遇缺尽先即补。

蓝翎盐提举衔知州用分省补用州同萧彰棣，请免补本班，以知州留于甘肃，归军功候补班前先补用，并请赏换花翎。

同知衔补缺候补用直隶州知州分省补用知县袁春江，请免补各本班，以知府留陕西，归候补班前遇尽先即补。

同知衔留甘补用知县彭俊磷，请免补本班，以同知仍留原省，归候补班前遇缺尽先即补。

留陕补用知县刘赓，请免补本班，以知州仍留原省，归军功班前先补用。

分省补用知县寻选，请免补本班，以知州留于甘肃，归候补班前遇缺尽先即补。

蓝翎同知衔分省遇缺即补知县沈先锲、刘兆麟，均请赏换花翎。

分省补用知县章兆璜、成心中，陕西尽先补用知县李炳莲，均请赏加同知衔。成心中、李炳莲，并请赏戴蓝翎。

同知衔留陕即补知县宋先培，请赏戴花翎。

同知衔分省即补知县谭钊一，请俟补缺后，以同知直隶州知州用，并请赏给正五品封典。

分省补用知县左兆凤，请仍以知县分发省分，归候补班前遇缺尽先即补，并请赏戴蓝翎。

蓝翎六品衔遇缺尽先选用盐大使在任遇缺即补知县张介祺，请补知县后，以同知在任遇缺前尽先即补，先换顶戴，并请俟归知县班后，赏换花翎。

不论双单月归部即选教谕蔡钟藩，同知衔知县用候补县丞周振岳，均请免选本班，以知县分发省分，归候补班前遇缺尽先补用。蔡钟藩并请赏加同知衔。

留甘尽先即补县丞朱希知、杨承泽，均请免补本班，以知县仍留甘肃，归候补班前遇缺尽先即补。朱希知并请赏加同知衔。

双月即选州判邓干，请仍以州判留于甘肃，归候补班前遇缺尽先即补，并请赏戴蓝翎。

分省补用县丞陈楚善，请俟补缺后，以知县用。

分省补用主簿黄端镐，分省即补巡检张复观，均请免补各本班，以县丞仍分省，归候补班前遇缺尽先即补。

补缺后升用盐知事分省补用税课大使陈方义，请免补各本班，以盐经历分省，归候补班前尽先补用，并请赏加知州衔。

文童张荫龄,请以从九品分省,归候补班前即补,并请赏戴蓝翎。

二品顶戴按察使衔甘肃题奏道张宗翰,请交部照头等军功,从优议叙。

分省遇缺尽先题奏道袁鸿佑,请赏加按察司衔,并请赏给正三品封典。

分省遇缺题奏道英林,请赏加二品顶戴,并请赏给二品封典。

分省遇缺题奏道刘作梁,留甘补用知府危兆麟,留陕补用知府王耀銮,均请赏加盐运使衔,并请赏给三品封典。

道衔不论双单月尽先选用知府刘占鳌,请免选本班,以道员分省,遇缺尽先题奏。

不论双单月选用同知杨鸿度,请免选本班,以知府分省,归候补班即补。

四品衔补用直隶州知州魏敬先,知府衔分省补用直隶州知州刘昭南,均请免补本班,以知府仍分省,归候补班前遇缺尽先即补。

知府衔补用直隶州知州留甘尽先即补知州王翔,请免补各本班,以知府仍留原省,遇缺尽先前题奏。

知府衔留甘补用同知彭绍丰,分省补用知州禹金声,留甘补用知县李永飞,留陕补用知县侯寿山,同知衔分省补用知县舒宾,州同衔分省补用知县黄旭臣,均请赏戴蓝翎。禹金声并请赏给五品封典。

蓝翎留陕补用同知黄元龙,蓝翎留陕补用知州阎礼堂,蓝翎同知衔分省补用知县高樟,蓝翎同知衔分省即补知县喻先麓,蓝翎同知衔留甘补用知县曾纪叙,均请赏戴花翎。

留甘补用州同彭允孚,留甘补用知县徐鼎藩,均请免补各本班,以知州仍留甘肃,归候补班前补用。

同知衔直隶州知州用分省即补知县张起宇,分省尽先即补知县罗锡畴,均请免补知县,以直隶州知州仍分省,归候补班前即补。张起宇并请赏加知府衔。

五品衔分省补用知县张运芙,请免补本班,以知州仍分省,归候补班前遇缺尽先即补。

浙江补用布政司理问朱宗洛,请俟补缺后,以同知用。

同知衔分省补用知县杨星炳、张恩浚,均请以本班留于甘肃,归候补班前尽先补用。杨星炳并请赏戴花翎,张恩浚并请俟补缺后,再行送部引见。

同知衔分省补用知县史宜长、谭泽湘、喻庠,请赏给正五品封典。

留陕补用知县彭棣云,请俟补缺后,以直隶州知州用,先换顶戴。

留陕补用知县樊鹤鸣,留甘补用知县李作霖、石翰瑛、陈奎、陈大章,蓝翎留甘补用知县文培夏,分省补用知县胡绍麟、叶藻春、李徽高,六品翎顶留陕补用知县张儒珍,均请赏加同知衔。文培夏、张儒珍,并请赏换花翎,李作霖并请赏戴蓝翎。

分省补用知县焦怡润、刘济坤,均请以知州仍分省,尽先补用。

开复盐提举衔分省补用知县罗正湘,请免缴捐复银两,仍以知县留于甘肃,尽先补用。

分省补用州判刘毓坤,请免补本班,以通判仍分省,归候补班前即补。

知县用候选县丞胡岑,候选县丞李郁芳,均请免选本班,以知县分省,尽先补用。李郁芳并请赏加五品衔。

补缺候补用知县留甘补用县丞谭叶庚,升用知县湖南补用县丞聂家遂,留甘补用县丞张鋆、陈日新,均请免选本班,以知县仍留各原省,归候补班前补用。张鋆并请赏加同知衔。

分省补用县丞陈凤鸣,请免补本班,以知县留于甘肃,归候补班前先即补。

分省补用县丞章瑞麟,请免补本班,以州判仍分省,归候补班前先补用,并请赏加州同衔。

不论双单月即选府经历李征煦,请俟选缺后,以知县用。

五品衔分省补用县丞成鸿庥,分省补用县丞余金盛、吴昞荃、谭龙高、皮士鹄、侯维汉、萧贻蓼,留甘补用县丞萧贻淞,分省即补府经历李晃,留福建补用县丞李云骏,均请俟补缺后,以知县用。李晃并请赏戴蓝翎。

分省补用县丞蒋相纶、李滋蕃、谭师竹、潘德礽、危焕章、甘瑞坚,留甘补用县丞李翰垣、夏纪钊,留陕补用县丞刘固桢,候选县丞夏继言,留甘补用府经历萧焕章,分省补用盐大使吴珍亭,五品军功州同衔候选府经历王兆元,五品顶翎补缺候补用知县分省补用县丞李妍春,归部不论双单月即选从九品刘永桂,均请赏戴蓝翎。

不论双单月归部选用县丞冯南锟,双月候选县丞王良弼、王树镕,均请以本班分省,归候补班尽先前补用。冯南锟、王良弼并请赏戴蓝翎。

补用县丞不论双单月选用主簿王文鼎,不论双单月归部选用主簿谭恩荣,候选从九品何本恭,分省补用从九品王诗志,均请免选、免补各本班,以县丞留甘，归候补班前先补用。谭恩荣并请赏戴蓝翎。

选缺候补用县丞不论双单月选用从九品彭存耀，县丞用不论双单月选用从九品罗炳南，分省补用主簿胡之蒸、谭履端、夏鸿谟，分省即补主簿王镜清，分省补用巡检王登瀛、何礼章、陈炽昌、刘煊，分省补用县主簿左辉玠，不论双单月归部即选从九品颜昌禄，候选从九品刘锷，分省补用从九品蒋炳森、杨成德、陈舜典，分省即补从九品周源，均请免选、免补各本班，以县丞分省，归候补班前先即补。彭存耀、谭履端并请赏戴蓝翎。

不论双单月选用按司狱张介寿，请免选本班，以盐大使遇缺前尽先即选，并请赏戴蓝翎。

遇缺即选县主簿吴世谟，不论双单月归部即选从九品刘昌蕃，候选从九品王槐，均请免选各本班，以盐大使分省，归候补班前即补。吴世谟并请赏戴蓝翎。

留甘补用主簿陈国琛，留甘补用巡检邓世藩，浙江分缺先前用从九品魏镕，均请免补各本班，以县丞仍留各原省，归候补班前先补用。陈国琛、魏镕并请赏戴蓝翎。

分省即补从九品方正廉，请以府经历县丞仍分省，归候补班前遇缺尽先补用。

不论双单月选用主簿何缨颂，请以本班分省，遇缺尽先前补用。分省补用巡检杨光灿，分省即补从九品葛镇亮，请俟补缺后，以县丞用。

双月选用巡检方绥远，请免选本班，以县主簿不论双单月遇缺尽先即选，并请赏戴蓝翎。

留甘补用从九品袁家桢，请免补本班，以主簿仍留原省，归候补班前遇缺尽先即补。

分省补用州吏目彭怀棣，分省补用从九品段泽洪、喻志藩，分省补用未入流谢文炳、闰先达、冯卓英，不论双单月选用未入流刘宗陶，均请免补、免选各本班，以主簿分省，归候补班前先补用。闰先达、刘宗陶并请赏戴蓝翎。

补用县丞留甘补用从九品何炳焕，分省即补巡检何振汉，分省补用巡检李占魁，分省补用从九品南济凤、余兆兰、倪岳松、龚应榜、何书俊、杨丕甲，不论双单月选用从九品王叶康，分省补用未入流苏国桢，均请赏戴蓝翎。

不论双单月尽先即选从九品王植山，请以县丞分省，尽先即补。双月选用从九品刘鸿杰、段典昆，选用从九品黄传湛，均请以本班分省，归候补班前先即补。刘鸿杰并请赏戴蓝翎。

分省补用未入流刘枢，请免补本班，以巡检仍分省，归候补班前先补用，并请赏戴蓝翎。

廪贡生曹曷星、廪生雷崇德，均请以训导归部，不论双单月遇缺前先即补。

附生龚一桂、谭泽兰，文童魏程先、周宗溪、刘泽寰，均请以巡检分省，归候补班前遇缺尽先即补，并请赏戴蓝翎。

附生周寿樨，文童张复琛、贺宗章，均请以巡检分省，归候补班前即补。

从九职衔丁流蕃、谢述罕，附生孔日文，文童李凝禧、曾兴宇、陈济云，均请以从九品不论双单月归部遇缺前先即选。孔日文并请赏戴蓝翎。

文童左兆龙、张颐、余际盛、陈光谟、罗春驹、曹文昭、李振鹏、汤瑞恩、杨开鸣、王化成，均请以从九品分省，归候补班前即补。余际盛并请赏戴蓝翎。

六品顶翎王润生，文童王道昌，均请以巡检不论双单月尽先前选用。

文童董文定、陈兆鸿、彭文藻、宾寿和、谭克安、罗淦、余兆芬、熊光焘、陈道浚、段润之、何麂鹿、谭本藩、戴承恩、江培德、涂树棠、冯巨源、熊廷瑜、应正栋、陶灿、石宝臣、李儒昌，均请以未入流留甘，归候补班前补用。

记名提督杨玉周、张忠武，均请交部照头等军功从优议叙。

题奏提督刘文有，记名提督王名滔、李嘉泰，升用提督留甘补用总兵刘见荣，提督衔陕甘补用总兵易玉林，记名副都统古城协领富勒铭额，均请赏加头品顶戴。

补用提督喻先知、邓荣佳、贺兴隆、王紫田、谭会友、邓汉南、瞿珍海、刘春祥，补用提督赫勇巴图鲁钟南英，升用提督陕甘补用总兵张珂名，均请以提督交军机处记名，遇有提督、总兵缺出，请旨简放。喻先知并请赏给正一品封典，刘春祥并请赏加头品顶戴，钟南英并请赏换清字勇号。

头品顶戴记名提督徐占彪，记名提督谭洪发，提督衔补用总兵刘本桂，提督衔留甘补用总兵张清和，均请赏给正一品封典。

题奏提督锋勇巴图鲁陈家贵，记名提督锐勇巴图鲁谭桂林，记名提督利勇巴图鲁丁全德，提督衔记名总兵略勇巴图鲁李茂干，陕甘补用副将迅勇巴图鲁陶新知，均请赏换清字勇号。

补用总兵龙在田,请赏给清字勇号。

补用提督借补陕甘督标左营参将胡珍品,升用提督补用总兵左步云、王桂高、夏胜本、刘春庭,升用提督陕甘补用总兵刘星胜、畲忠泰,补用提督留浙江补用总兵王正和,提督衔留甘补用总兵首焕林,提督衔留陕补用总兵周万俊,提督衔补用总兵李全高,提督衔记名总兵志胜、黄本富、陈辉章、曾传礼、萧镇江,补用总兵李洪超、杜青云、殷有胜、王大茂、章万彬、李致辉,分省补用总兵陈罗,闽浙补用总兵符光升,陕甘补用总兵滕春山,均请以提督交军机处记名,遇有提督、总兵缺出,请旨简放。胡珍品并请赏给正一品封典,首焕林、志胜并请赏给勇号。

记名简放副都统宁夏满营管理八旗蒙古协领凌云,请交军机处记名,遇有副都统缺出,开列在前,请旨简放,并请赏加头品顶戴。

提督衔福建补用总兵熊道宾,提督衔留甘补用总兵张益贵,补用总兵程玉廷、陈鸿举,留甘补用总兵刘德明、吴贵年,总兵衔留陕补用副将刘辅军,留甘补用副将陈友明,补用副将叶三春,副将衔两江补用参将李清华,均请赏给勇号。程玉廷并请赏加提督衔。

留甘补用总兵江进贤、曾嘉照,补用总兵陈玉麒、刘友胜、郝长庆、彭寿山、武魁,均请以总兵交军机处记名,遇有总兵缺出,请旨简放。刘友胜、武魁并请赏给勇号。

升用总兵补用副将王香山、单体成,升用总兵留陕补用副将戴连臣,总兵衔补用副将徐光明,总兵衔四川补用副将黎飞雄,总兵衔安徽补用副将张祥锐,补用副将熊大宾、贺桂元、汪大吉、黎定斌、罗同春、向兰桂,均请免补副将,以总兵交军机处记名,遇有总兵缺出,请旨简放。徐光明、张祥锐并请赏给勇号,黎飞雄并请赏加提督衔。

留陕补用总兵陈龙伸,升用总兵推补副将成旗亭、林长福,均请赏加提督衔。成旗亭、林长福并请赏给正一品封典。

补用总兵留甘补用副将张玉魁,总兵衔留甘补用副将邹冠群,总兵衔两江补用副将龙自蛟,湖南补用副将陈德华,留甘补用副将周沛春、周诒芳、黄福春、王得胜,两湖补用副将霍春和,均请免补副将,以总兵仍留各原省尽先补用。邹冠群并请赏加提督衔,周沛春并请赏给正二品封典。

升用总兵补用副将杨万胜、尚恒禄、潘世才、柳育兴,补用副将殷亮、左文彬、蒋复胜,留甘补用副将罗平安,均请免补副将,以总兵遇缺尽先补用。

罗平安并请赏给勇号。

留甘补用副将文馥春、陈廷福、张献琛、彭有才,蓝翎留甘补用副将向太元,均请仍以副将留原省前先补用。文馥春、张献琛并请赏给勇号,陈廷福、彭有才并请赏加总兵衔,向太元并请赏换花翎。

补用副将徐丕先,请以副将留于陕甘,尽先前补用。

补用副将蔡义兴,请赏给二品封典。

副将衔留甘补用参将劲勇巴图鲁李宗经,副将衔留甘补用参将杨文进、苏扬福,副将衔陕甘补用参将钟紫云,升用副将留陕补用参将苏遂意,留甘补用参将齐彩辉、董大荣、曹玉龙、毕昌鼎、江云山,陕甘补用参将马彦春、邓有元,蓝翎留甘补用参将欧阳万明、羿大业、余桂山,蓝翎留陕补用参将吴镇楚,均请免补参将,以副将仍留各原省尽先补用。李宗经并请赏换清字勇号,苏扬福、钟紫云、马彦春,并请赏给勇号。欧阳万明、羿大业、余桂山、吴镇楚,并请赏换花翎。

副将衔补用参将蒋福春、翁宝林、刘星贤,补用参将戴绍田、刘连升、张凤寅、蒋得胜、李有载、周运信、邓洪懋、甘镇南、方甫佑、陈依钦,蓝翎补用参将何义廷、邓宏发,均请免补参将,以副将尽先补用。刘星贤并请赏给二品封典,何义廷、邓宏发并请赏换花翎。

补用参将萧明贵,留陕补用参将余兆阳,均请赏加副将衔。余兆阳并请赏给二品封典。

参将衔补用游击□德友,补用游击陈瑛、余魁龙、赵明祥、卢裕馥、丁有才、萧福贵、张万元、陈佑春、王发祥、胡九成、王启善,均请免补游击,以参将尽先补用,并请赏加副将衔。

蓝翎补用游击何德茂、喻新瑞、邹大林、张福美、何桂林、尹桂廷,蓝翎参将衔补用游击吴槐庭,均请免补游击,以参将尽先补用,并请赏换花翎。

参将衔陕甘补用游击周廷瑞,蓝翎留甘补用游击黄金凤、许山青,蓝翎陕甘补用游击王华珍,留陕补用游击刘秀颜,留甘补用游击李必胜、陈炳熙、吴锡忠、张梅俊、吴兴元、宋高魁、王梓材、邓咸林、冯流宝,均请免补游击,以参将仍留各原省尽先补用。黄金凤、许山青、王华珍,并请赏换花翎,邓咸林并请赏加副将衔。

天津镇标补用游击孟玉奎,请免补游击,以参将仍留原省、原标,尽先补用,并请赏加副将衔。

补用游击廖茂林,请免补游击,以参将留于甘肃,尽先补用,并请赏加副将衔。

蓝翎补用游击贺茂棠,请赏换花翎。

黑龙江城镶红旗汉军摄车布佐领下尽先补用佐领绰哈布,请免补佐领,以协领尽先补用,先换顶戴。

蓝翎补用都司刘琼友、谭藻贤、张友元、王定太、刘秀宽、李朝宗、吴世昭、郭洪喜、万邦乎,均请免补都司,以游击尽先补用,并请赏换花翎。

游击衔尽先都司袁孝平,补用都司郭明扬、江天锡、萧孝田、潘玉临、刘长清、林镇湘、唐青云、李都扬、张有贵、李元榜、刘熙春、贺其祥、泰祖全、卢润玉、李得财、黄汉清、谈定国、董鑫潮、喻德良、喻少林、李文志、曾樊贵、袁紫林、宋万胜、左新盛、潘应春,均请免补都司,以游击尽先补用。江天锡、萧孝田、黄汉清、李元榜,并请赏戴花翎,李文志并请赏戴蓝翎。

补用都司李胜辉、龙玉堂、柳正镕,均请免补都司,以游击留于甘肃尽先补用。柳正镕并请赏加参将衔。

补用都司董绍荣、徐承元,均请免补都司,以游击留于四川,尽先补用。

蓝翎留甘补用都司谢登见、唐国光、陈吉高、黄德耀、邹玉祥、汤玉林、何绍志、刘志美、戴国恩,蓝翎留陕补用都司杨志进,留甘补用都司孙治平,留陕补用都司汤贵和,游击衔陕甘补用都司刘万钟,湖南抚标补用都司陈黄哲,均请免补都司,以游击仍留各原省尽先补用。陈吉高、汤玉林、何绍志、刘志美、杨志进,并请赏换花翎。孙治平、陈黄哲并请赏戴蓝翎,刘万钟并请赏加副将衔。

蓝翎补用都司周扬馨、王庆贵、李高升、徐恒山、欧光彩、严裕临,均请赏加游击衔,并请赏换花翎。

蓝翎留甘补用都司萧春浓,请以都司仍留原省,尽先补用,并请赏换花翎。

蓝翎补用都司彭立义、陈鹤林、张国恩,均请以都司尽先补用,并请赏换花翎。

黑龙江布特哈正黄旗奇布松武佐领下花翎即补防御领催库隆,请免补防御,以佐领尽先即补,并请赏加三品衔。

防御连喜,宁夏满营正黄旗满洲防御成元,均请以佐领尽先即补。连喜并请赏戴花翎,成元并请赏加协领衔。

佐领衔防御讷尔精额，请免补防御，以佐领尽先补用，并请赏加协领衔。

云骑尉都成额，请以防御遇缺尽先即补，并请赏戴花翎。

蓝翎守备王德森，请免补守备，以都司留于贵州抚标补用，并请赏换花翎。

蓝翎补用守备徐茂林、万远清、周洪顺、李钦山、曾昌贵、曾云富、黄钦来、王玉田、谭光电、易桂瑛、张洪胜、钟茂春、文贵和、李汉臣、谭清选、刘泰兴、刘立、向昌林、杨文蔚、赵立龙、萧启胜、董南斌、杨楚亭、刘春霖、王有得、张洪泰、丘文林，均请免补守备，以都司尽先补用，并请赏换花翎。

补用守备黄尧安、李亨坤、李海源、徐珍、王元、宋得元、宋玉、阎德馨、杨洪胜、王训贤、方金兰、何家佑、苏荣发、傅胜辉、李福齐、刘松青、李长青、谭在郊、胡云贵、高连元、唐文林、李永发、余竹青、高洪庆、陈耀湘、殷发芝、龚永清、刘东益、钟正田、彭协春、陈仕林、易少文、邹玉龙、赵荆璞、王有德、孙福、牟占彪、徐占鳌、王廷禄、李茂林、邓得风、易九皋，都司衔补用守备马定邦，均请免补守备，以都司尽先补用。马定邦、胡云贵并请赏加游击衔，余竹青并请赏戴蓝翎。

蓝翎补用守备周香乔、王永清，均请赏换花翎。

花翎守备杨玉麟，请免补守备，以都司留于两江督标尽先补用。

补用守备谭师尚，请免补守备，以都司留陕甘，尽先补用。

蓝翎留甘补用守备彭同祥、王介圭、姚惟贵，均请免补守备，以都司仍留原省尽先补用，并请赏换花翎。

蓝翎补用守备杨文高，请以卫守备留于湖广，尽先补用，并请赏换花翎。

正白旗满洲祥瑞佐领下护军校文元，请免补委副护军参领，以护军参领即补，并请赏加副都统衔。

正白旗满洲诺木欢佐领下护军校胜泰，请以委护军参领尽先即补，并请赏加副护军参领衔。

黑龙江齐齐哈尔城镶黄旗汉军巴克精阿佐领下蓝翎尽先即补骁骑校披甲德明，请免补骁骑校，以防御尽先即补，先换顶戴。

蓝翎尽先即补骁骑校巴彦布，请免补骁骑校，以防御尽先即补，并请赏换花翎。

京旗补用骁骑校阿纳欢，请免补骁骑校，以本旗佐领尽先补用，先换顶戴。

蓝翎守备衔拔补千总萧价藩，拔补千总李永钦、狄福生、潘瑞生、殷成谱，均请免补千总，以守备尽先补用，并且赏加四品顶戴。

守备衔拔补千总沈春寿，蓝翎拔补千总周溪江、蒋鼎山、左海晏、胡昌文、邓登先、成明远、胡凤吉、蒋星和、张转星、周映堂、陈煦亮、吴斌胜、徐友胜、范得亮、刘人杰、刘少连、林华德、蒋德华、王国春、薛晴岚、刘锡山、殷成仁、张泰和、郭彩亭、刘锡光、张友发、罗青云、吴成宗、周并堂、邹敦仁、孙明坤、叶连云、何作孚、谈绍云、吴梓奇、王胜和、史明贵、许竹青、周直和、黄树廷、郑宝生、廖有材、饶世明、胡玉泽、冯进魁、萧楚南、周云魁、曹越庵、李寿德、蔡上崇、张嘉田、王得南、陈则运、江孝全、曾大英、杨宗朝、漆多见、喻鼎兴、傅添明、吴福堂、邹云彪、浮宗德、易胜芳、唐国良、蒋有庆、苏朝贵、陈为亮，拔补千总陈骏业、刘绎武，均请免补千总，以守备尽先补用。沈春寿、刘少连、林华德、蒋德华、王国春、唐国良、苏朝贵，并请赏加都司衔。陈为亮、陈骏业并请赏戴蓝翎。

蓝翎拔补千总秦自春、李福田、傅卓云、李万明、王三友、谭信裕、徐凤林、李生福、左雨霖、张致和、丁连益、易荣华、彭荣耀、王金文、杨兰生、易菊亭、庞清华、张春溪、蒋梓卿、罗韶春、谢紫山、周永清、李春林、刘金榜、张先提、文茂华、吴祖榜、李得喜、彭书义、胡元祖、何佑忠、刘义华、吴贵发、张启栋，蓝翎守备衔开复甘州提标补用千总宋德昌，均请免补千总，以守备尽先补用，并请赏换花翎。

蓝翎守备衔千总张文新，请以千总留于四川督标，尽先补用，并请赏换花翎，赏给四品封典。

甘肃西宁镇海协标札什巴汛千总杜长荣，请以守备尽先补用。

蓝翎拔补千总朱宗闿、谭煜斌，均请免补千总，以守备留于湖南尽先补用。

蓝翎拔补千总瞿湜龙、杨明溥，均请免补千总，以守备留于陕西尽先补用，并请赏换花翎。

蓝翎拔补千总陈起凤，蓝翎补用守御所千总周公瑞，蓝翎五品衔拔补千总熊首华，均请免补千总，以卫守备分省尽先补用。熊首华并请赏加都司衔。

蓝翎补用守御所千总周清和、吴邦栋，均请免补千总，以卫守备归漕标尽先补用。

正黄旗汉军联恩佐领下六品军功马甲保亮，请以骁骑校尽先即补，并请赏加五品衔。

五品衔把总何安祥、丁捷，五品军功拔补把总王楚中、余赓卿，均请免补把总，以卫守备尽先补用。何安祥、丁捷并请赏加都司衔。

拔补把总曹全标、刘国栋、李全成、黄德兴、游永庆、刘名扬、熊清义、龙成章、魏承先、彭家彦、萧锡蕃、萧延福、谈炳南、曾彬全、黄元发、郑国忠、杨德承、李金和、黄满堂、汤瑶龄、黄瑞松、袁宝和、虎吉清、李元清、戴义才、齐爵廷、李泰安、谭泗海、钟镜波、蒋运堂、李广财、李岳嵩、王春芳、乔得桂、胡起凤、何万顺、李有龙、谭有信、聂复元、陈明德、罗永云，均请免补把总，以千总尽先拔补，并请赏加守备衔。

蓝翎浙江补用千总李懋钰，请免补千总，以守备留浙江尽先补用，并请赏换花翎。

蓝翎五品顶戴拔补把总谢兆成，把总王连修、李九如，均请免补把总，以千总尽先拔补。谢兆成并请赏换花翎，王连修、李九如并请赏给五品衔蓝翎。

六品军功外委汪长贵、石开山、韩朝金，均请免补外委，以把总尽先拔补，并请赏戴蓝翎，赏加五品衔。

蓝翎六品军功孟玉林，请免补外委，以把总留于天津镇标尽先拔补，并请赏加五品衔。

蓝翎尽先外委靳万福，请免补外委，以把总尽先拔补，并请赏加五品顶戴，赏换花翎。

三品衔甘肃试用道雷声远，请以本班仍留原省，遇缺尽先题奏，并请赏加二品顶戴。

三品衔甘肃遇缺题奏道陈宝善，留甘遇缺尽先题奏道谭信矩，均请赏戴花翎。谭信矩并请赏加按察使衔。

盐运使衔分省补用知府王诗正，请免补本班，以道员仍分省，遇缺尽先题奏。

道衔留甘遇缺题奏知府杨杰，请免补本班，以道员仍留甘肃，遇缺尽先题奏，并请赏戴花翎。

知府衔分省补用直隶州知州邓业毅、郭相焘，均请免补本班，以知府分省，遇缺尽先题奏。郭相焘并请赏加盐运使衔。

知府用甘肃补用同知李培先，指发江西试用同知陈亮采，留甘补用直隶州知州余兆奎、蒋本艾，均请免补各本班，以知府仍留各原省，遇缺尽先前题奏。余兆奎并请赏戴花翎。

补缺候补用知府留甘补用同知萧毓英，请先换知府顶戴。

候选员外郎邹兆元，知府衔浙江补用同知胡晋甡，补用知府留甘补用同知督院笔帖式承绪、桂安，候选同知锡章，四品衔江苏补用知州谢国恩，荫袭知州王诗质，均请赏戴花翎。王诗质并请俟选缺后，以直隶州知州用。

留甘补用直隶州知州江鑫、黄丙焜，均请俟补缺后，再行送部引见，并请赏戴花翎。

甘肃补用直隶州知州石本清，请俟补缺后，以知府补用，先换顶戴。

蓝翎知府用山西补用同知马汝屏，蓝翎留甘补用同知潘琳，均请赏换花翎。马汝屏并请赏给三品封典。

分省补用知州冯志熙，请免补知州，以直隶州知州分省，前先补用。

选用通判兼袭云骑尉谢陶，请免选本班，以直隶州知州留于甘肃，前先即补，并请赏戴花翎。

户部主事刘兆梅，请以直隶州知州留于甘肃，归候补班前遇缺尽先补用，并请赏戴花翎。

留甘补用通判欧阳乐清，请以同知仍留原省，归候补班前先即补。

五品衔双月选用通判严先礼，请免选本班，以知州留甘补用。

陕西补用通判杨敏，盐提举衔甘肃试用通判裘如林，均请免补本班，以同知仍留各原省前先补用。杨敏并请赏戴蓝翎。

六品荫生张恒鸿，请以知州分省，归候补班前先补用，并请赏戴花翎。

蓝翎盐提举衔甘肃补用通判张照，留甘补用知县汪谷元，留陕补用知县周发镛，均请免补各本班，以知州仍留各原省，归候补班前先补用。汪谷元并请赏给五品封典，周发镛并请赏戴蓝翎。

蓝翎运同衔选用通判张懋德，分省补用知县刘兆霁，均请以本班，留于甘肃，归候补班前先即补，并请赏换花翎。刘兆霁并请赏加同知衔。

兵部七品小京官朱冕荣，请以同知分省，归候补班前遇缺尽先补用，并请赏戴花翎。

五品衔补用同知留陕前先补用知县柳葆元，请俟同知补缺后，以知府补用，先换顶戴，并请赏给四品封典。

盐提举衔即补同知直隶州知州江苏补用知县周绍斌，同知衔留甘补用知县刘嘉德，留甘补用知县同镇甡，均请免补本班，以直隶州知州仍留各原省，归候补班前尽先补用。周绍斌并请赏加知府衔。

同知衔补缺候补用直隶州知州留陕补用知县王骏仪，五品顶戴甘肃补用知县李原琳，补用同知先换顶戴甘肃补用知县李佐兴，同知衔留甘补用知县巨藩、周兆璋，均请赏戴花翎。李原琳并请赏加同知衔。

五品衔分省补用知县方希孟，请免补本班，以知州分省前先补用。

同知衔留甘补用知县杨得炳，请俟补缺后，再行送部引见，并请赏给正五品封典。

蓝翎盐提举衔知府用补用直隶州知州甘肃候补知县方希林，镶白旗满洲祥元佐领下蓝翎同知衔留甘即补知县罕札布，蓝翎五品衔江苏补用知县程锦澄，蓝翎五品衔甘肃试用知县李寿芝，均请赏换花翎。李寿芝并请赏给随带军功加三级。

分省补用知县左宗翰，请免补本班，以知州留甘，归候补班前先补用，并请赏给五品封典。

同知衔选用知县刘凤翔，补缺候补用知州先换顶戴甘肃补用知县萧承恩，均请赏给五品封典。萧承恩并请赏戴蓝翎。

留甘补用知县王懋勋、赵先矩，蓝翎留甘补用知县秦鼎升，留陕归候补班补用知县甘象干，留陕归候补班前补用知县甘曜湘，分省补用知县左昭煌、左新前、葛棠、沈永祐、李时熙，六品衔留陕补用知县徐好仁，候选知县刘玉堂，六品顶戴甘肃补用知县王荣，均请赏加同知衔。秦鼎升并请赏换花翎，王懋勋、甘象干、甘曜湘、左昭煌、葛棠、沈永祐，并请赏戴蓝翎。左新前并请赏给正五品封典。

同知衔分省补用知县柳岳龄，请以本班留甘补用，并请俟补缺后，再行送部引见。

开复甘肃补用知县方观海，请免缴捐复银两。

五品衔知县用直隶候补直隶州州判张丙焘，留甘补用州判蒋士修、李文焕，布理问衔留甘补用州判魏承恩，留甘补用县丞魏国钧、麦廷赓、陈纯治、易建藩、危荣斗，湖北试用县丞林长庆，补缺候补用知县陕西试用府经历程坝，留甘补用府经历罗林润，均请免补各本班，以知县仍留各原省，归候补班前先补用。蒋士修、麦廷赓、陈纯治、程坝，并请赏加同知衔。张丙嘉并请赏给四品封典。

五品顶戴山东试用盐大使邓锡藩，请赏戴花翎。

补缺候补用知县分省补用县丞李连杜，分省补用县丞王殿清、唐受桐、何运昌、吴鸿猷、高维寅、谭传科、文立山，均请免补本班，以知县分省归候补班前先补用。李连杜、王殿清、吴鸿猷、谭传科，并请赏加同知衔。何运昌并请赏戴蓝翎。

蓝翎升用知县选用县丞王兆鼎，不论双单月候选县丞周为楷，均请免选本班，以知县分省，归候补班前先补用，并请赏戴蓝翎。

理问衔候选县丞胡琦，请免选本班，以知县不论双单月尽先即选，并请赏加同知衔。

五品顶戴浙江试用盐大使杨恕，请以本班归候补班前先补用，俟补缺后，以知县用。

五品衔分省补用县丞郑锡山，分省补用县丞王廷赞，请免补本班，以知县留甘，归候补班前补用。王廷赞并请赏加同知衔。

分省补用县丞刘本敦，请免补本班，以知县留陕，归候补班前补用。

选缺候补用知县候选县丞傅泽霖，请免选本班，以知县留甘补用。

蓝翎不论双单月选用府经历县丞董宜安，请免选本班，以通判不论双单月尽先即选。

留甘补用县丞胡执中、潘力垂、杨溥霖，均请以知县仍留原省，归候补班前先补用。

留陕补用县丞陈进禄，请俟补缺后，以知县用。

选用县丞王钰，选用教谕吴才矩，均请俟选缺后，以知县补用。吴才矩并请俟归知县班后，赏加五品衔。

补用府经历刘熙仁，请免补本班，以州同留甘尽先补用。

五品翎顶升用知县不论双单月即选县丞李祖鑫，请以本班留甘前补用。

双月候选府经历余起鹏，请以本班分省，归候补班前先补用，并请赏戴蓝翎。

不论双单月选用训导罗炳坤，分发试用训导刘浤，均请免选本班，以教谕不论双单月尽先即选,并请赏戴蓝翎。

廪贡生国子监学正衔双月选用训导余益楷,请免选训导,以学正教谕归部,不论双单月遇缺尽先即选。

镶黄旗满洲祥英佐领下翻译举人前锋恩升,请以知县分省,遇缺前先即补。

分省补用县丞黄承萱,留陕补用县丞刘得源、柴士桢、邱登岳、杨膺禄、张秉懿,选缺候补用县丞遇缺即选从九品王好贤,均请赏加六品衔。

选用主簿谭中粹,不论双单月即选巡检刘孔乙,均请免选本班,以县丞分省,归候补班前补用。谭中粹并请赏戴蓝翎。

五品衔翰林院待诏罗会焜,请赏戴花翎。

捐纳同知职衔刘继祖,请以州判留陕,尽先前补用。

留甘补用巡检李雍,请免补本班,以县主簿仍留原省,归候补班前先补用。

分省补用从九品刘远望、王仪隆、沈霖、张耀光,分省补用巡检夏在仁、张德全,均请免补各本班,以县丞仍分省,归候补班前先补用。张德全并请赏加布政司理问衔,沈霖并请赏加五品衔。

留甘补用从九品黎庶怀,留陕补用从九品王佽,均请免补本班,以县丞仍留各原省,归候补班前补用。

归部选用从九品王炳坤,请免选本班,以县丞留陕补用。

分省补用从九品周廷爵、宋均平,州吏目任洪久,均请免补各本班,以盐大使分省,归候补班前补用。

不论双单月即选从九品陈映坤,不论双单月选用巡检蒋孝泉,均请免选本班,以县丞归部,不论双单月遇缺即选。

不论双单月遇缺即选从九品李恒贞、李荣德、郭彩纪,选用从九品袁运钧、章豫,均请免选本班,以县主簿留甘前先补用。

归部不论双单月即选从九品杨凌汉,请免选本班,以县主簿不论双单月尽先选用。

不论双单月即选从九品杨孝恭、宋宗翼,分省补用巡检吴楚藩,均请赏戴蓝翎。

廪生武夔卿、周先浚,请以训导归部,不论双单月遇缺即选。武夔卿并请赏戴蓝翎。

附生高昌运、邹代钧,贡生唐远琳,附贡生左宗概,均请以县丞分省,归候补班前先补用。

附生酆甲瑛、易鼎元,均请以府经历留甘,归候补班前尽先补用。

监生邓宗沅、周召南,附生寻汝偲,文童周名驹、任仁静、彭运壬,均请以从九品分省,归候补班前先补用。邓宗沅、寻汝偲、彭运壬,并请赏戴蓝翎。

监生陈帱、陈其煁、王运泰,从九职衔陈名锋,文童欧阳纶、龙骧、李寿骥、刘钧镕、汪逢源、左德清、刘裕、陈庆銮,均请以巡检分省,归候补班前补用。陈帱、陈其煁、陈名锋、汪逢源,并请赏戴蓝翎。

文童严庆阳、瞿燮昌、陈云卿、吉殿杰,均请以巡检,留陕补用。

文童宋振清、鲁国璠、陈裕良、何先发、龙可怀、王翰、谭楷、陈运恒、吴庇南、罗敬熙、许惠元、熊淦,六品顶翎首书田,均请以典史分省,归候补班前先补用。

分省补用未入流丘培运,请免补本班,以从九品分省,归候补班前补用,并请赏戴蓝翎。

头品顶戴提督衔记名总兵图桑阿巴图鲁武朝聘,请赏穿黄马褂。

遇缺简放提督总兵孙金彪,请交部照头等军功,从优议叙。

补用提督振勇巴图鲁杨寿山,补用提督锐勇巴图鲁王得魁,补用总兵锐勇巴图鲁刘世俊、孙万林,均请赏换清字勇号。

记名总兵林秀全,请赏加提督衔。

总兵衔补用副将李福云、郭汝亭,补用副将罗辅臣,均请免补副将,以总兵记名简放。李福云并请赏加提督衔。

补用副将冯英华,请赏加总兵衔。

总兵衔补用副将徐化周,补用副将朱廷芳,副将衔补用参将李鸿春、冯南超,副将衔补用游击郭仕儒,均请赏给二品封典。

副将衔尽先参将谷振杰,请免补参将,以副将留甘尽先补用,并请赏给勇号。

副将衔补用参将周金山、姜成立、张觐臣、李金彪,副将衔陕西补用参将周炳生,尽先参将毛守礼,均请免补参将,以副将尽先补用。周炳生并请留陕西补用,毛守礼并请赏给二品封典。

补用参将冯志道、孙蓝田,均请赏加副将衔。

候补游击杜金标、胥明德、陈国毓、曹凤仪、许世忠、袁春和、朱明山、许万胜、于得魁、邓万春、李学成、秦凤山、岳浩然，补用游击杨洪顺、许锦荣、张宗文，均请免补游击，以参将尽先补用，并请赏加副将衔。

补用游击李连得、张宝银、余兴旺、李兴隆、史忠魁、李占彪、曹文祥、雷鸣霖，均请免补游击，以参将尽先补用。李连得并请赏给勇号。

蓝翎补用参将梁嘉乐，蓝翎补用游击李万明、于登会，蓝翎补用都司王殿魁、刘绍源、王顺芳，蓝翎补用守备余西庚、丁金山、徐荣、樊广修、彭殿元，蓝翎五品荫生伊立布，蓝翎守备衔千总贾祥麟，均请赏换花翎。

游击衔补用都司徐海山、李志和、平文，补用都司张林年、房景山，均请免补都司，以游击尽先补用，并请赏加副将衔。

游击衔补用都司刘同志、李清安、李元成、杨玉清、冯占魁，补用都司秦永合、张宏道、李建功、喻康发、马继明、刘凤林、冯之顺、孙万龄、刘占元、李玉魁、齐玉功、王道林、彭金山、韩孝忠、孟广山、李加保、刘全胜、胡元泰、刘廷兰、胡金鳌、薛文德、董贯章、王金贵、杨泽魁、白玉和、王春安、杜学成、梁长西、孙紫成、傅汉秋、袁忠平、白文治、萧大纶，蓝翎都司曹守和、张富清，均请免补都司，以游击尽先补用。曹守和、张富清并请赏换花翎。

补用游击常治国，尽先防御恒瑞，补用守备丁良修、夏续春，均请赏戴蓝翎。

蓝翎都司衔补用守备王得胜、杨舒发、孟玉魁、任泰来，都司衔补用守备王凤鸣，均请免补守备，以都司尽先补用。王得胜、杨舒发、孟玉魁、任泰来，并请赏换花翎，王凤鸣并请赏戴蓝翎。

留山东补用守备武朝富，留湖南补用守备萧长清，均请免补守备，以都司仍留各原省，尽先补用，并请赏加游击衔。

都司衔补用守备桑友良、王占元、赖馥，补用守备王梦祥、陈得胜、李士仁、焦文亮、孔昭魁、杨东秀、胡占魁、金尚才，均请免补守备，以都司尽先补用，并请赏加游击衔。

选用卫守备刘三保，请免选卫守备，以都司分省，尽先补用。

选用卫守备黄国华，请俟选缺后，以营都司补用，并请赏戴蓝翎。

补用守备陈小球、唐丙焜、叶奎标、于锦城、陈光玉、熊元龙、彭福田、孙蛟、方其祥、郭华堂、焦得胜、高金声、李铎奎、张连山、刘玉兰、靳呈云、李寿山、范有才、李万俊、周国华、苗凤魁、冯嘉宾、武朝贵、刘明义、马朝立、李公献、徐占魁、王永敬、张登云、乔振堂、周景洛、李自明、惠洪胜、高连升、修良友、冯玉文、尚青云、赵玉山、董文山、李运升、杨得胜、方得应、殷受林、甘辅清、蒋兆麟、林寅、黄定开、李玉雄、刘全胜、王玉山、何得胜、汤玉贵、李光元，均请免补守备，以都司尽先补用。

承袭云骑尉拔补把总徐华鼎，请以都司归标尽先补用。

都司衔尽先千总郭成山、李嘉平、白得胜、李连升、王保全、刘春晖，守备衔尽先千总王荣宇、姬鸣章、于宜山、李德馨、刘福星、李景星、裴树森、杨作钊、孙长麟，守备衔谭胜馥，千总贺彩云、邹有传、黄纲纪、谌吉山，蓝翎补用千总冯以成，都司衔补用千总苏振方，尽先千总左友朋，守备衔补用千总萧玉林，补用千总杜魁元、李琛、王得胜、刘凤朝、金连升、范青山、买占元、袁文灿、李景槐、李德兴、岳得胜、左治仁、袁宗宇、李得功、王振兴、石泰山、张凤麟、宋海蓝、范魁元、曹占修、邵心堂、王武文、杨学言、孙治田、吕得功、张遇春、姚文富、万凤林、宋山海、杨富贵、王兴海、李金玉、刘锦堂、宋得功、尹太清、郑永德、单思云、常金棠、刘遇春、张文彬、陈丰林、张儒林、李连成、张鸿福、魏连元、张庆发、许志仁、杨有才、金正钧、王华鹏、魏廷杰、王怀清、黎廷栋、张国斌、王兴发、李广俊、武朝凤、张广安、袁朝宾、杨万里、师启捷、朱英、陈光裕、司马玉和、牟镇疆、冯锡锟、朱守闾、刘占魁、朱庄严，均请免补千总，以守备尽先补用。冯以成并请赏换花翎，苏振方、左有朋、萧玉林，并请赏戴蓝翎。杜魁元、李琛、王得胜、刘凤朝，并请赏加都司衔。

卫守备用武进士刘凤章，请以卫守备不论双单月选用，并请赏戴蓝翎。

补用卫千总陶金胜、钱斌，请免补卫千总，以卫守备尽先补用。

补用骁骑校成喜、文祥，均请免补骁骑校，以防御尽先补用。马甲蔚文、图克丹布，均请以骁骑校尽先补用，并请赏加五品衔。

分发江西试用知府冯芳植，分发四川试用同知祝汝晋，均请归候补班前遇缺即补。

蓝翎留甘补用同知周汉，蓝翎分省补用同知奚麟、王树棠，均请赏换花翎。

留甘尽先补用直隶州知州陈嘉绩，请免补本班，以知府仍留甘肃，归候补班前补用，并请赏戴花翎。

分省补用直隶州知州潘时策，请免补本班，以知府分省补用。

留甘补用同知欧阳振先，请免补本班，以知府仍留原省补用。

甘肃补用直隶州知州陈延芬,请俟补缺后,以知府用。

留甘补用直隶州知州冯彬,分省补用直隶州知州龙魁,同知衔留甘补用知县张廷楣,均请赏戴花翎。

分省补用知州易上达,留甘补用知州潘力谋,均请赏加四品衔。易上达并请赏给四品封典。

分省补用知州陶必良、王绍,同知衔选用知县沈康,均请赏给五品封典。

甘肃凉庄理事通判承荫,请俟俸满后,以六部员外郎选用。

分省补用通判何运昌,请免补本班,以同知分省补用。

选用通判蒋銮英,请免选本班,以同知分省,前先补用。

开复江苏候补通判鲁沛,开复湖北来凤县知县钮福嘉,均请免缴捐复银两,留陕补用。

奏留道员用河南丁忧知县孙寿昶,请免补各本班,以道员仍留河南,服阕后尽先补用,并请赏加按察使衔。该员立功在先,丁忧在后,合并声明。

留甘补用知县胡燮元,请免补本班,以直隶州知州仍留原省补用。

留甘补用知县余猷澄,蓝翎分省补用知县娄绍豫,均请赏加同知衔。娄绍豫并请赏换花翎。

选用知县张成基,请免选本班,以知州不论双单月尽先选用。

湖南候补知县闵宪曾,请俟补缺后,送部引见。

留湖北补用知县陈砥澜,分省补用知县潘运蔚,均请赏戴蓝翎。潘运蔚并请赏加知州衔。

拣选知县陈作基,举人李庆铺、许延祺,均请以知县分省补用,并请赏加同知衔。

留甘补用州判姬恺臣,请赏加五品衔。

捐纳同知衔舒体元,请以州判不论双单月遇缺即选。

指分两淮试用盐大使贾场,请免补本班,以知县仍留原省补用。

选用县丞余起鸿,知县用候选县丞徐彦成,均请免选县丞,以知县分发省分,尽先补用。余起鸿并请赏加同知衔。

分省补用盐大使史文光,留甘补用县丞师保恒、喻先隽,分省补用县丞章守铭,均请免补本班,以知县留甘前先补用。

分省补用盐大使张式楷，分省补用县丞金正声、吴凤章、夏绣春，均请免补本班，以知县仍分省，归候补班前补用。

金正声并请赏加同知衔。选用县丞谈镇坤、吴清葆，请免选本班，以知县留甘前先补用。

指分四川试用府经历龚长奎，请免补本班，以知县仍留原省补用。

分省补用县丞朱斌侯、潘生华、王振文、李连杰，均请赏戴蓝翎。朱斌侯并请俟补缺后，以知县补用。

选用训导周凤仪，请俟选缺后，以知县用。

湖北补用县丞蒋文俊，湖北试用县丞杨昌炽，均请俟补缺后，以知县用。杨昌炽并请俟归知县班后，赏加五品衔。

候选县丞周觐光，请以本班留甘补用。

县丞用分省补用巡检沈锜，请免补本班，以县丞分省，归候补班前补用，并请赏戴蓝翎。

选用巡检陈际丰、唐耀楠，选用从九品彭寿棠，均请免补本班，以县丞分省，归候补班前补用。陈际丰并请赏戴蓝翎。

选用主簿买汝贤，县丞用分省补用巡检叶星南，分省补用巡检于桂馨，主簿用选用未入流王章玉，均请赏戴蓝翎。

选用从九品谭道渊、贺维新，均请免选本班，以盐大使分省前先补用。

增生颜传诰，附生郑浚明、周浑、徐嵩峻、王泽存、余庚、孙恒升、冯炳□，均请以县丞分省补用。颜传诰、周浑并请赏戴蓝翎。

附生武鸣琴、周南，均请以县主簿分省补用。武鸣琴并请赏戴蓝翎。

监生周全德，文童江家驹、徐锐先，均请以从九品留陕补用，并请赏戴蓝翎。

文童吴庆鉴、谢南澄、林之翰、陆之骧、童文茂、屠开运、郭兴岐、汪守谦、潘时澍、喻东园、李维翰、杜元清、熊品全，均请以巡检留甘，遇缺即补。吴庆鉴并请赏戴蓝翎。

文童蒋效、丁铿、吴樾、李成桂、李长照、孙以燕、陶谔光、王文勃、丁擎、侯守清，均请以从九品分省，遇缺即补。

文童喻于义、吴光岳、黄宪仪，均请以巡检分省补用。

开复翎顶已革闽浙督标中军副将李东升，前署福建漳州镇总兵，丁忧回籍后，经闽浙督臣、福建抚臣于光绪六年二月以委权专阃贪鄙不职，奏参革职。此案该革员在事尤为出力，请开复原官，仍以副将留原省尽先补用。

已革留陕补用副将甘肃宁夏镇标后营兼管城守营都司刘春藻，前以藉端勒索、擅责商民情事，经陕甘督臣左宗棠于光绪五年正月二十二日奏参革职，永不叙用。此案该革员随队打仗，实属异常出力，请注销"永不叙用"字样。

已革花翎尽先选用副将借补长江水师提标芜湖营前领哨守备李华庭，同治十一年，经前兵部侍郎臣彭玉麟于奏参庸劣不职各员弁案内，奏奉谕旨革职，不准留营。此案该革员在事尤为出力，请注销"不准留营"字样。

留甘肃降补府经历县丞前甘肃花翎补用同知施补华，前经陕甘督臣左宗棠派赴阿克苏军营密查地方情形，路过辟展，不容该处巡检杨培元置辩，声色交加，致杨培元愧忿莫释，自缢身死。经左宗棠奏奉谕旨拔去花翎，仍留甘肃，以府经历县丞降补。此案该员在事异常出力，请开复原官翎枝，仍留甘肃补用。

已革蓝翎同知衔安徽盱眙县知县陶炳南，前经安徽抚臣裕禄甄别庸劣不职及人地未宜各员，据实参奏，光绪元年正月十六日奉上谕：盱眙县知县陶炳南居心巧滑，办事颟顸，着即行革职等因。钦此。该革员嗣来新疆，投效军营，迭次剿办边寇，均在事异常出力，请开复原官、原衔翎枝，仍以知县分省补用。

已革同知衔留甘补用知县徐茂光，前署甘肃巩昌府会宁县知县，光绪二年六月，经陕甘总督臣左宗棠于随时甄别案内，以庸才议闻、贪利忘公奏参，奉旨革职，旋即出关，投效军营，随同剿办边寇，异常出力，请开复原官、原衔，仍以知县分发省分，归候补班前补用。

已革同知衔留甘补用知县蒋顺达，前署甘肃安西直隶州敦煌县知县，与前任知县谢荣勋互相禀讦，经陕甘督臣左宗棠奏参革职，旋经督臣奏审明革员怀私挟诈请旨惩处一折，光绪三年六月二十六日奉上谕：蒋顺达浮收失察，业经革职，免其置议等因。钦此。此案该革员在事异常出力，请开复原官原衔，仍留原省补用。

已革花翎记名简放提督乌勒兴额巴图鲁甘大有，前于领款诸多辽辑，朦混亏挪，经陕甘总督臣左宗棠于同治十二年四月奏参革职，不准投效军营。嗣经缴清饷项，赴营效力，随同克复新疆南路八城，复经左宗棠奏请开复副将翎枝、勇号，免缴捐复银两。经部臣核议，以该革员既不准投效军营，所请开复之处，均毋庸议。光绪六年六月十九日具奏，本日奉旨：依议。钦此。此案该革员在事异常出力，请注销"不准投效军营"字样。

已革闽浙督标中军副将杨在元，前署福建台湾镇总兵，告病开缺回籍。后经闽浙督臣访闻，该革员在任有侵吞营饷、滥委营缺各情，奏请暂行革职，调闽归案讯办。嗣经福建司道讯明，并无侵吞滥委等情，详由福建督臣具奏。旋经部议，虽经司道等讯无侵吞贿弊重情，究属擅专背谬，既经革职，应毋庸置议等因。此案该革员在事尤为出力，请开复原官，仍以副将留原省尽先补用。

已革花翎总兵衔补用副将前任巴里坤中营游击陈升恒，请开复原官、原衔、翎枝。

降补甘肃府经历县丞前留甘补用直隶州知州王新铭，前代理甘肃迪化直隶州知州奇台县知县，经陕甘督臣左宗棠于甄别各员案内，以才可有为，利心颇重，奏奉谕旨以府经历县丞降补，仍留甘肃。该员深自愧奋，交卸奇台县事，即赴军营效力，随队打仗，劳绩卓著。请开复原官，仍以直隶州知州留甘，归候补班前补用。

降补府经历县丞前花翎安徽遇缺即补直隶州知州杨克勤，同治十年，经安徽抚臣英翰于甄别庸劣不职案内，奏请降补。十一年正月二十六日奉上谕：安徽候补直隶州知州杨克勤，居心巧滑，不堪造就，着以府经历县丞降补。钦此。此案该革员在事异常出力，请开复原官翎枝，仍留原省补用。

已革留湖南补用副将前署甘肃靖边营游击陈南波，已革营守备武进士周之道，均请开复原官。

留甘补用同知吴人寿，前在驻陕军需局，因解饷渡河遇风失事，经陕甘督臣左宗棠于同治十一年十二月奏奉谕旨，交部议处。此案该革员在事出力，请开复疏失饷鞘处分，仍以同知留甘补用，并请俟补缺后，再行送部引见。

已革同知衔湖北补用知县吴锡震，前署湖北宜都县知县，光绪四年，经湖广督臣、湖北抚臣于甄别案内奏参革职，旋即投效军营，异常出力，请开复原官原衔，分省补用。①

----

① 中国第一历史档案馆藏：《清单》，档案编号：03—5816—027。此单未署具呈者，兹据内容判定。

028. 原保案内选训导史自培等请奖片

光绪七年四月初十日（1881年5月7日）

再，前准吏部咨送折稿内开：查候选训导史自培，请免选本班，以教谕归部不论双单月，遇缺尽先即选；试用训导高照暄请免选本班，以教谕归部不论双单月，遇缺尽先即选。查奏定章程：增生、附生出身人员，无论何项劳绩，如有由训导保升教谕，及有保加教职各项班次者，一律议驳。今史自培、高照暄原保清单内并未声明何项出身，碍难办理，应令查明声复具奏，再行核办等因。抄折咨会到营，当经行查去后。

兹据分统董字、定远等营题奏提督董福祥禀：据候选训导史自培禀称：该员原系陕西宝安县岁贡生，于同治十三年呈请吏部就职，以训导选用，祗领执照，当即投效军营。光绪二年，随队出关，于新疆南北两路一律肃清案内，经前陕甘督臣左宗棠汇案保奏，六年正月三十日奉上谕：候选训导史自培着免选本班，以教谕归部不论双单月，遇缺尽先前即选。钦此。遵奉行知在案。兹奉前因，伏查该员由岁贡生就职训导，旋保今职，与部议定章相符。

又据试用训导高照暄禀称：该员原系陕西米脂县廪贡生，遵筹饷例报捐训导，并分发试用。光绪二年，投效军营，随队出关，新疆南北两路一律肃清案内，经前陕甘督臣左宗棠汇案保奏，六年正月三十日奉上谕：试用训导高照暄着免选本班，以教谕归部不论双单月，遇缺尽先前即选。钦此。遵奉行知在案。兹奉前因，伏查该员由廪贡生报捐训导，旋保今职，与部议定章相符各等情，恳请附片具奏前来。

臣复查无异，可否仰恳天恩俯准，将史自培、高照暄仍照原保官阶饬部注册之处，出自鸿慈。除咨部查照外，谨附片具陈，伏乞圣鉴训示。谨奏。

军机大臣奉旨：吏部议奏。钦此。①

光绪七年五月初一日，军机大臣奉旨：吏部议奏。钦此。②

【案】此片具奏日期，原件仅署"光绪七年"，录副署"光绪七年五

---

①中国第一历史档案馆藏：《朱批原件》，档案编号：04—01—12—0527—058。
②中国第一历史档案馆藏：《军机录副》，档案编号：03—5160—008。

月初一日"。查光绪七年五月初一日《军机处随手登记档》①,载有"报四百里,四月初十日哈密发"等字样。据此,此奏片具奏日期当为"光绪七年四月初十日",兹据校正。

029. 奏为吁恳节哀折

光绪七年四月二十四日(1881年5月21日)

署理钦差大臣督办新疆军务通政使司通政使二等男臣刘锦棠跪奏,为敬陈怆痛愚悃,吁恳节哀,仰祈圣鉴事。

窃臣接准护理陕甘督臣杨昌濬转咨部文到营,惊悉光绪七年三月初十日大行慈安端裕康庆昭和庄敬皇太后慈驭上宾,万里攀号,五中震裂,当即会同哈密办事大臣明春②,率文武各员,举哀成礼。

伏惟大行慈安端裕康庆昭和庄敬皇太后临朝听政,前后十有余年,旰食宵衣,屡平大难,湛恩闿泽,深浃人心。诚坤德之难名,为宇内所共戴。兹乃遽尔升遐,薄海臣民悲慕何极!我皇上仁孝性成,猝成大事,怆怛曷胜。惟念列圣付托之重,又值慈禧端佑康颐昭豫庄诚皇太后体气甫康,伏恳节哀顺变,善葆圣躬,上纾慈怀之戚,下慰中外之望。

臣谬蒙知遇,报称毫无,现复奉旨无庸来京,未获叩谒梓宫,稍申犬马依恋之忱,尤觉寝馈难安。惟有竭尽心力,勉效涓埃,藉图追答鸿恩于万一。

所有怆痛愚悃谨缮折具陈,伏乞皇太后、皇上圣鉴。谨奏。光绪七年四月二十四日。

军机大臣奉旨:知道了。钦此。③

光绪七年六月初六日,军机大臣奉旨:知道了。钦此。④

---

①中国第一历史档案馆藏:《军机处随手登记档》,档案编号:03—0232—2—1207—114。
②明春(? —1887),巴禹特氏,蒙古正红旗人,博奇巴图鲁。同治三年(1864),充前锋参领。四年(1865),委办前敌营务处事宜,兼统健锐提标前营。同年,补副都统。十二年(1873),授哈密帮办大臣。光绪二年(1876),升哈密办事大臣。十一年(1885),署理塔尔巴哈台参赞大臣。
③中国第一历史档案馆藏:《朱批原件》,档案编号:04—01—14—0080—003。又《奏稿》第239—241页。
④中国第一历史档案馆藏:《军机录副》,档案编号:03—5535—130。

030. 奏请优恤补用提督萧迎祥缘由折

光绪七年五月十九日（1881年6月15日）

署理钦差大臣督办新疆军务通政使司通政使二等男臣刘锦棠、头品顶戴护理陕甘总督会办新疆善后事宜臣杨昌濬跪奏，为营员积劳病故，吁恳天恩俯准，饬部从优议恤，恭折仰祈圣鉴事。

窃查前管带楚军刚毅左营补用提督西朗阿巴图鲁萧迎祥，湖南湘乡县人。咸丰七年，投入湘果后营，从征江西，转战四川、陕西、甘肃等省，前后二十余年，迭受重伤，战功卓著。光绪六年，经大学士陕甘督臣左宗棠檄调，带队出关，在喀喇沙尔行次闻讣丁亲母忧，当经左宗棠奏请留营，奉旨允准。①嗣该员抵喀什噶尔防所，哀痛之余，伤疾陡发。屡据禀请回籍守制、治伤，情词迫切。臣锦棠见其形容毁瘠，神志昏乱，不能任事，不得已给假，令其南归，以示体恤。讵于本年正月二十日，在哈密旅次积劳病故。饬据总理关内防军营务处兼统武威、刚毅等营甘肃按察使魏光焘查明，禀请具奏前来。

臣等复查已故提督萧迎祥屡立战功，素称得力。兹以痛母情切，触发旧伤，遽致身故，洵属忠孝无亏，殊堪矜悯。可否仰恳天恩俯准，饬部将已故补用提督西朗阿巴图鲁萧迎祥照军营积劳病故例，从优议恤，以彰劳荩之处，出自逾格鸿慈。除咨部外，谨合词恭折具奏，伏乞皇太后、皇上圣鉴训示施行。再，此折系臣锦棠主稿，合并声明。谨奏。光绪七年五月十九日。

军机大臣奉旨：着照所请，该部知道。钦此。②

光绪七年六月初十日，军机大臣奉旨：着照所请，该部知道。钦此。③

---

①详见光绪五年九月十四日陕甘总督左宗棠《奏请将萧迎祥等留于陕甘补用缘由》（中国第一历史档案馆藏：《军机录副》，档案编号：03—5142—039）。
②中国第一历史档案馆藏：《朱批原件》，档案编号：04—01—12—0528—017。又《奏稿》第243—245页。
③中国第一历史档案馆藏：《军机录副》，档案编号：03—5816—056。

031. 奏请旌表烈妇萧贺氏缘由片

光绪七年五月十九日（1881年6月15日）

再，前管带刚毅左营补用提督萧迎祥积劳病故，业经臣等查明奏请赐恤。复据关内防军营务处甘肃按察使魏光焘禀：转据提督唐凤辉、李日新、副将彭开星、彭桂馥、同知曾传节、彭绪瞻、王开斌、知县聂邦光、陈希洛、龚炳奎、张纪南等禀称：已故补用提督萧迎祥之妻贺氏，系湖南湘乡县贺俊卿之女。同治十三年，同县之萧迎祥凭媒聘定为室，因从军秦陇，未遑迎娶。光绪六年，萧迎祥之母胡氏念其子年四十余尚未娶妇，携聘媳贺氏来甘肃完婚，行抵兰州，适萧迎祥先已带队，起程出关。萧胡氏正料理西进，忽患咳嗽之证，不能就道，央贺俊卿送贺氏前行，及萧迎祥于哈密合卺后，萧贺氏寓居哈城，萧迎祥遂拔垒而西。嗣萧胡氏在兰州身亡，萧迎祥由喀什噶尔请假南归，因哀毁太过，触发旧伤，医治不愈，光绪七年正月二十日在哈密旅寓积劳病故。萧贺氏痛不欲生，仰药数次，因救获苏。其父贺俊卿责以不可遽死大义，反复开导，始勉延残喘，扶榇入关。三月初九日，抵兰州，惨抚双棺，一恸几绝。时夫弟游击萧迎吉在旁，该氏即将衣物、锁钥亲手点交，且云两世旅榇，宜即南返，未亡人所以苟活至斯者，徒以长途无夫家亲属可托，今将相从地下等语。萧迎吉及贺俊卿劝慰百端，并嘱其婢用心防护。是月十三日卯刻，该氏乘婢出，即沐浴更衣，投缳自缢，年仅二十三岁。凤辉等谊属同乡，见闻较切，谨合词禀恳转详等情。查萧贺氏与萧迎祥成婚未久，遽丧所天。因念万里之夫骨未归、九原之姑灵莫奠，含悲揾泪，隐忍扶丧，卒之恸抚姑棺，殉夫地下，洵属从容就义，节烈可嘉，据情禀请鉴核具奏前来。

臣等复查，已故提督萧迎祥积劳病故，其妻萧贺氏由关外扶榇，行抵兰州，将衣物、锁钥点交夫弟萧迎吉收存，夫棺付托得人，祭奠姑灵毕事，方乘间沐浴更衣，投缳殒命，庸行奇节，非一时激烈者可比，允足维持风化，矜式里闾。兹据甘肃臬司魏光焘转据提督唐凤辉等联名具禀前来。

臣等复查无异。相应吁恳天恩俯准，给予旌表，以慰幽魂而励末俗。除咨部并湖南抚臣知照外，谨会同甘肃学政臣郑衍熙，合词附片具奏，伏乞圣鉴训示施行。再，此折系臣锦棠主稿，合并声明。谨奏。

军机大臣奉旨：着准其旌表，礼部知道。钦此。①

光绪七年六月初十日，军机大臣奉旨：着准其旌表，礼部知道。钦此。②

032. 新疆荡平案内章榕等员另核请奖折
光绪七年六月初二日（1881年6月27日）

署理钦差大臣督办新疆军务通政使司通政使二等男刘锦棠跪奏，为新疆南北两路一举荡平案内差使出力人员，遵旨另核请奖，恭折仰祈圣鉴事。

窃大学士前陕甘督臣左宗棠于光绪五年十二月十七日汇保新疆荡平各项差使出力员弁一折，光绪六年正月二十六日奉旨：该部议奏。钦此。嗣准吏部咨：议奏各项差使出力人员，核与例章相符者应行照准外，惟花翎直隶试用知府章榕等二百六十四员名，核与例章不符，应令另核请奖，于光绪六年八月初九日具奏，奉旨：依议。钦此。等因。知照前来。比即钦遵查照。

除知府用江苏候补同知陈家琮等七员蒙经移行原保各员查复应俟复到再行具陈外，所有遵照部章另核保奖之章榕等二百六十四员名，谨缮清单，恭呈御览。合无仰恳恩准，饬部分别注册，以示鼓励。理合恭折具陈，伏乞皇太后、皇上圣鉴训示。谨奏。六月初二日。

光绪七年七月初四日，军机大臣奉旨：该部议奏，单并发。钦此。③

033. 呈新疆荡平案内章榕等另核请奖清单
光绪七年六月初二日（1881年6月27日）

谨将新疆荡平各省关筹解协饷及各项差使出力请奖案内与例章不符各员，另核请奖，缮具清单，恭呈御览。

花翎直隶试用知府章榕，原请归候补班遇缺即补，并请赏加盐运使衔，改请赏加盐运使衔。

道员用陕西前先补用知府饶应祺，原请免补知府，以道员尽先题奏，改

---

①中国第一历史档案馆藏：《朱批原件》，档案编号：04—01—12—0527—092。又《奏稿》第247—250页。
②中国第一历史档案馆藏：《军机录副》，档案编号：03—5535—134。
③中国第一历史档案馆藏：《军机录副》，档案编号：03—5511—007。

请俟归道员班后，赏加二品衔。

花翎前福建盐法道署福建布政使按察使卢士杰，原请赏加布政使衔，并请赏给三代正一品封典；盐运使衔道员用湖南候补班前补用知府吕世田，原请以道员仍留湖南补用。以上二员，改请交部从优议叙。

花翎布政使衔福建督粮道叶永元，原请赏给三代正一品封典，改请赏给二品封典。

三品衔河南粮储盐法道调任南汝光道陈世勋，原请赏给二品封典，改请赏给三品封典。

按察使衔河南候补道郭溶，原请赏给二品封典，改请赏给正三品封典。

知府用候补直隶州知州朱廷桂、熊自勋，原请赏给三品封典，均改请给正五品封典。

花翎四品衔补用同知达昌、花翎运同衔尽先补用直隶州知州中卫县知县顾衺，原请赏给三品封典，均改请赏给四品封典。

二品顶戴前署河南按察使候补道蒋珣，原请赏给正二品封典，改请赏给从二品封典。

六品顶戴粮道库大使顾瑞骏，原请赏给五品封典，改请赏给六品封典。

六品衔江苏试用知县许肇基，原请归候补班前补用，改请归试用班前先补用。

分发省分试用从九品郭本俭，原请分省后归候补班补用，改请俟分省后仍归试用班前尽先补用。

分发江苏试用典史凌锡璜，原请归候补班补用，改请仍归试用班前尽先补用。

湖北试用未入流庄祖培，原请赏加六品衔；甘肃西宁县典史张承宗，原请赏加布理问衔；陕西候补未入流黄锡琮、甘肃试用典史姚连三，原请赏给六品顶戴。以上四员，改请赏加七品衔。

同知用同知衔直隶候补知县李毓桢，原请赏戴蓝翎；知府用北河候补同知吴承钧，原请赏戴花翎；同知衔知县用候补县丞谭光宗，原请以知县归部不论双单月选用；盐提举衔即补同知直隶州知州江苏补用知县周绍斌、花翎直隶州知州用甘肃尽先补用知县余长铭、花翎补用同知调补皋兰县知县余泽春、蓝翎补用同知隆德县知县田芬、花翎补缺后同知留甘补用知县聂坤、补用直隶州知州候补知县王基寅、补用直隶州知州大挑知县程燕曾，原均请赏给四品顶戴；山西归化城理事同知常桂，原请赏加知府衔；蓝翎同知衔补用直隶州知州宁夏县知县张珩，原请赏加四品衔；花翎补缺后补用同知候补知县崔学敩，原请赏加运同衔；陕西补用知县张鉴清、兰州府狄道州沙泥州判沈瑞霖，原请赏加盐提举衔；花翎盐运使衔道员用分缺先用知府晏方琦，原请归候补知府正班补用；盐运使衔道员用江苏尽先补用知府刘毓敏，原请以道员补用；知府用先换顶戴湖南候补班前补用同知直隶州知州陈澜，原请以知府尽先补用；道衔知府用江苏候补同知直隶州知州黄伦秩，原请俟补缺后以道员用；补用知府江苏候补直隶州知州张锦瑞，原请俟补缺后以道员用；知府衔直隶州用江苏候补知县张恩黻、运同衔直隶州用江苏遇缺即补知县金元烺、知府衔直隶州用江苏候补班前补用知县朱培深，原均请俟补直隶州后以知府用；运同衔同知直隶州用江苏候补班前先补用知县徐炳煃、湖南补用同知直隶州知州候补通判汪箎，原均请俟补同知直隶州知州后以知府用；三品衔补用监掣同知两淮候补运判张元恺，原请俟归监掣同知班后以知府前先补用；湖南补用同知直隶州知州试用知县洪锡绶、湖南补用同知直隶州知州候补知县陈万全，原均请俟补同知直隶州知州后以知府补用；湖南补用直隶州知州候补知县张宪和，原请俟补直隶州后以知府补用；湖南补用同知候补知县任凤藻，原请俟补同知后以知府补用；蓝翎知府用即补直隶州知州升补宁羌州知州马毓华，原请以直隶州知州在任补用；同知衔分省补用知县吴兆张、盐提举衔甘肃试用通判刘学锦，原均请俟补缺后以同知补用；盐提举衔江苏补用通判易绍勋，原请俟补缺后以同知归候补班补用；同知衔分省补用知县朱宗源、同知衔试用知县萧延禧、五品衔大挑知县朱燮元，原均请俟补缺后以直隶州知州用；蓝翎同知衔湖北候补班尽先知县康士铨、同知衔湖北候补知县陈承泽、程景贤，花翎同知衔湖北候补班前先知县郑梦庚，原均请俟补缺后以直隶州知州，仍留原省补用；三品顶戴道衔补用知府齐克慎，原请俟补缺后以道员用；候补直隶州知州补缺后以应升之缺升用邓启华、花翎甘肃补用直隶州知州石本清，原均请俟补直隶州后以知府用；甘肃试用同知沈体仁，原请俟补缺后以知府升用；盐提举衔分省候补班前补用通判熊振盘、盐提举衔甘肃候补通判张润，原均请俟补缺后以同知用；同知衔甘肃候补知县王宝镛，原请俟补缺后以同知升用；花翎四品衔湖北分缺先补用知州宋熙曾，原请不论班次即补；同知衔教习知县李如莲、同知衔补用知县张寿熙、花翎留陕前先补用知州万麓斌、陕西候补知县周裕怀、蓝翎甘肃候补知州雷霈霖、花翎运同衔山西候补知州刘景芬，原均请俟补缺后以直隶州知州补用；同知衔宁夏府盐捕通判桂森，原请在任以同知候补；花翎道衔固原直隶州知州廖溥明，原请以知府尽先补用；蓝翎同知衔甘肃平远县知县英麟，原请在任以知州补用；六品顶戴湖北试用县丞林长庆，原请俟补缺后以知县补用；在任候补同知直隶州知州藩库大使胡承寅，原请俟补直隶州知州后以知府升用；花翎五品衔留陕遇缺补用知县沈发祥，原请以知县仍留原省，遇缺尽先即补；直隶州用本班尽先前先补用知县杨邦卫、候补班前先补用州判曾纪安，原均请赏给五品封典；蓝翎六品衔留甘补用知县嘉峪关巡检王文琳，原请赏给五品顶戴；州同衔补用府经历县丞分省补用县主簿洪锡祺、补用府经历县丞江苏补用县主簿李鋆，原均请俟补府经历县丞后以知县用；州同衔升用知县分省遇缺前先补用县丞汪宗垲，原请免补县丞，以知县分发省分补用；湖北试用州判史赓云、提举衔补用州判李蔚然，原请俟补缺后以知县补用；湖北试用通判沈齐献，原请俟补缺后以同知补用；盐提举衔分省试用通判许应鑫，原请以本班留甘尽先补用；盐提举衔候选通判孙金镜，原请以本班留甘，归候补班补用；候选通判成光荣，原请以本班分省补用；五品衔候选知县蔡纶书，原请仍以知县归广东候补班补用；盐提举衔福建试用通判徐星钤、沈光绶，原均请以通判归候补班前补用；提举衔捐升通判钱彝甫、王存善，原均请归候补班尽先补用；同知衔试用知县松堉，原请仍以知县归候补班前补用，并请赏加运同衔；广东试用知县管筶，原请仍以知县归候补班补用；知州衔湖北试用州同闫怡，原请俟补缺后以知州补用。以上八十员，改请赏给军功随带加三级。

试用知府周书中，原请仍留广东原省，归候补班补用，改请赏加盐运使衔。

留甘补用知县冯森楷，原请俟补缺后以同知补用；留甘补用知县汪谷元，原请俟补缺后以知州补用；副榜候选知县刘寿曾，原请以本班留陕西补用。以上三员，改请赏加同知衔。

知州衔升用知县平罗县宝丰县丞汪圻，原请以知县在任遇缺即补，改请以知县尽先升用。

按司狱兼茶库大使郭炽昌，原请俟服阙后以部库大使留甘补用，该请俟服阕后以应升之缺升用。

知县用湖南尽先补用府经历王浩，原请即以知县用；知县用候补县丞葛子澧，原请免补县丞，以知县分省补用；县丞陈东耀，原请以本班分省尽先补用；指分甘肃试用县丞杨德五，原请以本班尽先补用；就职复设教谕拔贡生安存健，原请以本班尽先选用；候选教谕王用宾、遇缺即选训导李炳、候选训导殷铭、崔晓岚、朱应离，原均请赏加国子监学正衔。以上十员，改请赏加六品衔。

　　廪生张干禄，原请赏加光禄寺署正衔；廪生舒理元，原请赏加盐大使衔；翰林院待诏衔高耀升、监生崔国庆、汪仁栋，原均请赏给六品顶戴；附生冯永清、王踞，原均请赏加翰林院待诏衔。以上七员，改请赏加七品衔。

　　甘肃布政司照磨潘文镜、甘肃补用从九品吕云祥、即选从九品李春荣、谭秉清、舒世荣，原均请赏加布理问衔；分缺用从九品王嵩寿、候选从九品沈德炯、汪廷瑞，原均请赏给六品顶戴；湖北试用巡检汪洪霆，原请赏加六品衔。以上九员，改请赏加七品衔。

　　湖北试用县丞恽元复、留浙江补用县丞李兴仑、甘肃分缺先用县丞白琦珍、蓝翎指分甘肃补用县丞白受采、湖南试用县丞于筠、甘肃试用县丞刘树基、留直隶遇缺即补县丞周作霖、甘肃候补县丞危树滋、留甘补用县丞林宪章、江苏试用县丞李福康，原均请俟补缺后以知县补用；蓝翎留甘尽先用县丞傅仁德、甘肃补用县丞秦元庆、甘肃试用县丞罗森、留甘补用县丞张惟涌、河南补用府经历崔运生、分省候补班前先补用盐课大使汪存宽，原均请俟补缺后以知县用；留甘试用县丞周曰庠，原请俟补缺后以知县尽先补用；候选县丞胡岑、朱运丁，原均请俟补缺后以知县分省补用；陕西候补县丞余腾鹏，原请俟补缺后以知县升用；甘肃补用县丞张宗扬，原请俟补缺后以州判补用；分发试用县丞周昌立，原请俟补缺后以州同补用；双月选用县丞张廷祺，原请以本班留甘补用；双月选用县丞樊宏，原请以本班不论双单月选用；候选县丞赵宪张，原请俟选县丞后以知县归原省补用；候选县丞朱瑞田、不论双单月选用县丞姚佩贤、候选县丞李昭文，原均请俟选缺后以知县补用；候选县丞李炎南，原请俟选缺后以知县用；候选县丞彭邦蔚、陈明睿，原均请俟选缺后以州同补用。以上三十一员，改请赏加六品衔。

　　在任候选知县西宁教谕慕暲，原请在任以知县不论班次，遇缺尽先即选，改请俟选知县后赏加同知衔。试用训导曹国名，原请俟选缺后以知县归部选用，改请赏加六品衔。运同衔河南候补知县蒋如淦，原请俟补缺后以直隶州知州补用。该员系降补府经历县丞，改请赏给军功随带加三级。候选州判王建中，原请俟选缺后以知县补用，改请赏给五品衔。候选县丞姜培齐、谭傅绶，选用县丞杜忠临、候选县丞郭俊，原均请以本班分省补用；候选县丞周沛昌，原请以本班分发省分，归候补班补用。以上五员，改请赏加六品衔。

布理问衔湖北试用县丞朱承均、蓝翎六品衔留甘遇缺前即补县丞宣树松，原均请俟补缺后以知县补用；五品顶戴甘肃候补县丞刘澍棠、五品衔留甘补用县丞陈炳基、六品衔留甘归试用班尽先补用县丞黄文翰，原请俟补缺后以知县用。以上五员，改请俟补缺后以应升之缺尽先升用。

五品衔候选县丞刘兆寿，原请俟补缺后以知县补用；蓝翎盐提举衔尽先选用县丞王铸，原请俟选缺后以知县不论双单月选用。以上二员，改请俟选缺后以应升之缺尽先升用。

蓝翎五品衔候选县丞曾长林，原请俟选缺后以知县补用，改请赏给五品封典。蓝翎五品顶戴留甘试用县丞陈联树，原请以本班尽先补用，改请仍归试用班前尽先补用。

布理问衔高台县毛日县丞娄英，原请以县丞在任候补；甘肃尽先补用从九品余琪干、留甘分缺先补用典史谢荣恩、陕西试用典史崔文华，原均请俟补缺后以县丞用；分发甘肃补用典史黄继濂，原请俟补缺后以主簿仍留原省补用；留陕归候补班前补用从九品孙高增，原请俟补缺后以主簿补用；甘肃试用未入流涂士勋，原请俟补缺后以县丞补用；六品衔留甘候补班尽先补用从九品蒋光照，原请俟补缺后以府经历即补；甘肃候补巡检胡瑞霖，原请俟补缺后以县丞升用；未入流康德贞，原请以巡检尽先补用；六品衔留甘尽先补用未入流严稽，原请以从九品留甘补用；安徽试用从九品祝庆恩，原请以巡检归候补班遇缺即补；江苏本班尽先前补用从九品许庆埏，原请以巡检仍留原省，归候补班补用。以上十四员，改请俟补缺后以应升之缺尽先升用。

六品衔县丞用河南候补典史朱鹏文，原请俟补县丞缺后以知县用，改请赏给六品封典。不论双单月遇缺尽先选用从九品黄椿寿，原请选缺后以布照磨补用；蓝翎选用从九品郭自振，原请俟选缺后以主簿用；尽先选用从九品颜桂鑫，原请以主簿不论双单月，遇缺尽先选用。不论双单月选用从九品李定焜，原请俟选缺后以主簿尽先补用；候选从九品姚煦元，原请俟选缺后以主簿补用；不论双单月选用从九品谢炳谟，原请俟选缺后以县丞补用；双月选用从九品盛文松、候选从九品刘运昌，原请俟选缺后以主簿补用。以上八员，改请俟选缺后以应升之缺尽先升用。

候选从九品何衣云，原请选缺后以府经历用，改请赏加七品衔。六品衔候选从九品吴本礼，原请分发省分补用，改请赏给六品封典。候选典史王瑞，候选从九品张锡龄、张锡瑞，原均请以本班分省补用；候选典史林振基，原请以典史分发省分补用；补用主簿尽先补用从九品李盈堂，原请以本班留甘补用；候选从九品刘世昌，原请以从九品分发省分补用；蓝翎即补县丞选用主簿张仁祺，原请免选主簿以县丞用。以上七员，改请赏加七品衔。

试用典史曹启宗，原请以本班归候补班前补用；指分甘肃试用典史蒋珍，原请仍以典史遇缺尽先补用。以上二员，改请仍归试用班前尽先补用。六品蓝翎候选从九品陈宝林，原请分发省分补用，改请以本班尽先补用。江苏试用从九品洪吉瑛，原请以巡检归候补班用，改请归试用班前尽先补用。

文生易家璠、吴之英、李含春，原均请以主簿分发省分，归候补班补用；附生蒋泽泗，原请以主簿留甘尽先补用；附生黄元采，原请以巡检归部选用；监生卜曾洽，原请以从九品分发省分补用；监生罗忠桢，原请以从九品归部选用。以上八名，改请赏加七品衔。

六品衔监生张俊、六品衔孙家煦，原请以从九品分发省分补用。以上二名，改请赏给六品封典。

文童沈瑞麟、朱大镜，原均请以巡检分发省分，归候补班补用；文童金嘉谟，原请以未入流双月归部选用；俊秀周维桢、周寿昌，原均请以从九品归部，不论双单月遇缺即选；文童徐树藩、卢承基、谭吉泰、杨茂溪、刘开基、黎均、刘绍煃、戴美和，原均请以从九品不论双单月遇缺前先选用；文童邹仲英，原请以从九品分省补用；文童龙光耀、杨文希、孙家麟，原均请以从九品归部选用；文童徐庆，原请以典史归部选用；文童蒋若霖，原请以典史留甘补用；文童陈源泰、曹天锡，原请以从九品归部尽先选用；文童胡庆元、朱从善、严用炳，原请以巡检分发省分补用；文童周懋琳、后珩书、洪志新，均请以从九品分发省分，归候补班补用；未满吏龚步銮、叶向荣、吴永鉴、程汝翼、张秉坤、袁森培，原均请以从九品不论双单月遇缺先前选用。以上三十三名，改请赏加从九品职衔。

从九品衔奚凤銮，原请以从九品归部选用；从九品衔罗清，原请以从九品分省尽先补用。以上二名，改请以从九品双月选用。

六品顶戴刘立诚、王祥发，原请赏给五品顶戴，均改请以从九品双月选用。

军机大臣奉旨：览。钦此。①

【案】此清单未署具呈者，具呈日期仅署"光绪七年"，兹据内容判定其为03—5511—007号折附件。

034. 请准候补知县郑锡澡免缴捐复银两片

光绪七年六月初二日（1881年6月27日）

再，查臣营委员开复花翎升用同知浙江候补知县郑锡澡，前于新疆南路诸军五次剿平边寇案内，随队打仗，异常出力。本年四月间，臣遵旨汇保此案在事出力各员弁，当因该员先于剿办阶州番匪案内，经大学士前任陕甘督臣左宗棠奏请开复原官原衔翎枝，并免缴捐复银两。奉旨：着该部议奏。等因。钦此。其时，尚未接准部复，致此案底衔难以悬拟。比经附片陈明，恳将该员此案应得保奖俟接准前案部复，再由臣奏请甄叙在案。

兹准护理陕甘总督臣杨昌濬咨：准吏部咨开：郑锡澡应准其开复原官原衔翎枝，仍按章程饬令该员补缴加倍捐复银两，俟银两缴清，咨报吏户二部，并给咨该员赴部引见等因。于光绪七年三月初一日具奏，奉旨：依议。钦此。钦遵知照前来。

臣查郑锡澡既于剿办番匪案内开复原官、原衔、翎枝，所有五次剿平边寇案内，该员实属异常出力，未便没其劳绩，合无仰恳天恩，准将开复花翎升用同知浙江候补知县郑锡澡免其补缴加倍捐复银两，以知县仍留浙江补用，并俟补缺后，再行送部引见，出自逾格鸿慈。谨附片具陈，伏乞圣鉴训示施行。谨奏。

光绪七年七月初四日，军机大臣奉旨：该部议奏。钦此。②

---

①中国第一历史档案馆藏：《清单》，档案编号：03—5511—026。
②中国第一历史档案馆藏：《军机录副》，档案编号：03—6016—075。

035. 奏报陕安镇总兵余虎恩饬赴本任片
光绪七年六月初二日（1881年6月27日）

再，头品顶戴尽先简放提督陕西陕安镇总兵一等轻车都尉世职奇车博巴图鲁余虎恩，在湘军效力二十余年，身经数百战，屡摧大敌，迭克名城，其劳烈昭彰，历经奏报有案，实统将中最为出色之员。臣前以边防稍松、饷源日绌，将所部老湘左军马步等营裁简归并，余存营数无多，已分交陕西汉中镇总兵谭上连、道员罗长祜兼统驻防阿克苏、乌什两城，无须更设专员统带。

臣查余虎恩勇敢血诚，老于战事，任以专阃重寄，必能整饬戎行，缓急足恃。现已交卸营务，并无经手未完事件，相应请旨饬赴本任，以重职守。

谨会同护理陕甘督臣杨昌濬、陕西抚臣冯誉骥①、陕西固原提臣雷正绾，附片陈明，伏乞圣鉴训示施行。谨奏。六月初二日。

光绪七年七月初四日，军机大臣奉旨：知道了。钦此。②

036. 原保都司吴明德姓名有误请饬更正片
光绪七年六月初二日（1881年6月27日）

再，臣据管带楚军水师健捷副营副将衔游击张理玉详：据前哨领哨都司吴明德禀称：该员由武童于咸丰七年投入楚军水师健捷副营，因随队打仗及在各处转运出力，历保花翎升用都司，奉旨允准，并接奉行知在案。嗣于新疆南北两路肃清案内在事出力，经前陕甘督臣左宗棠汇案保奏，光绪六年正月三十日奉上谕：花翎升用都司吴元春着以都司补用。钦此。查该

---

①冯誉骥（1822—1884），字卓如，号展云、崧湖、钝叟，广东高要人。道光二十四年（1844），中式进士，选庶吉士。二十五年（1845），授翰林院编修。二十六年（1846），充广西乡试正考官。二十八年（1848），充翰林院侍读。同年，授山东学政。咸丰元年（1851），补右庶子。三年（1853），补左庶子，署日讲起居注官。同年，授翰林院侍讲学士。四年（1854），放湖北学政。八年（1858），任翰林院侍读学士。十一年（1861），授江西学政。同治十二年（1873），补詹事府少詹事。同年，授福建学政。光绪二年（1876），升内阁学士兼礼部侍郎衔。三年（1877），署刑部右侍郎、刑部左侍郎、礼部左侍郎。四年（1878），迁礼部右侍郎，调刑部左侍郎。五年（1879），兼署吏部左侍郎，充江南乡试正考官。是年，擢陕西巡抚。九年（1883），以任用非人革职。

②中国第一历史档案馆藏：《军机录副》，档案编号：03—5817—023。

员迭次保案均名"明德",此次奉到恭录行知书作"元春",实系该营开保时因该都司别号"元春",以致缮写错误,恳请复奏更正前来。

臣复查无异。应恳天恩俯准,饬部将补用都司吴元春改为吴明德,更正注册,俾免歧异。除咨部外,谨附片具陈,伏乞圣鉴训示。谨奏。六月初二日。

光绪七年七月初四日,军机大臣奉旨:该部知道。钦此。①

037. 乌鲁木齐提标营制未复请饬缓催造册折
光绪七年七月初一日(1881年7月26日)

署理钦差大臣督办新疆军务通政使司通政使二等男臣刘锦棠、头品顶戴护理陕甘总督会办新疆善后事宜臣杨昌濬跪奏,为乌鲁木齐提标营制未复,无从造送兵册,恳恩饬部暂缓行催,恭折具陈,仰祈圣鉴事。

窃臣等据署理甘肃布政使李慎②详称:前奉兵部行催,通行各省将现在实存兵丁造册送部,以备纂修则例等因。当即咨行各提、镇、协,饬属遵办咨送,以便汇造总册。嗣接准乌鲁木齐提臣金运昌咨复:乌垣自经兵燹,营制无存,所有应造实存兵丁清册,无从办理,请俟关外军务大定,营制规复,再行遵办。由司详请具奏,请旨饬部查照前来。

臣等查乌垣自经兵燹,营制本属无存。上年,前任督臣左宗棠筹备边防,以乌城等处均系要地,不可空虚,曾饬署乌鲁木齐中军参将张光春、署玛纳斯协副将③余兰桂,各募土勇五百名,分段防扎,以补罅隙。嗣仅据张光春报招土勇三百七十名,编列成旗,月需饷银一千七百余两,解由前任提臣博昌验收分放,原议此起土勇系为将来改复营制之用。本年春间,臣锦棠因玛纳斯协营地当冲要,准金运昌咨募精壮勇丁四十名,每名照土勇章程,月给口粮银三两,已饬哈密行营粮台按月搭解,亦为规复制兵而设,但

---

①中国第一历史档案馆藏:《军机录副》,档案编号:03—5817—024。
②李慎(1828—1888),字勤伯,汉军正白旗人。咸丰三年(1853),中式进士,分发工部学习,充工部主事、员外郎。同治二年(1863),考取记名御史。四年(1865),保升知府。五年(1866),补授陕西凤翔府知府。同年,保道员。十年(1871),署理陕西西安府知府,加盐运司衔。十三年(1874),补授陕西西安府知府。光绪五年(1879),迁陕西延榆绥道。六年(1880),署西宁办事大臣。七年(1881),署理甘肃布政使。八年(1882),加副都统衔。同年,擢西宁办事大臣。十二年(1886),丁父忧,回旗守制。十四年(1888),因病开缺。
③协副将,原折无"协"。据下文"玛纳斯协营"可知,似夺"协"字。

粮饷均仍系勇章,究非兵额。至于提标各营员缺,现虽颇有委署,藉图逐渐整饬,然有官无兵,官仍虚设。

臣锦棠迭准金运昌函请,分设各营土勇,暂资遣使。因饷项不逮,无以应之。窃维复绿营以规久远,固为新疆之要图,而裁营勇以复制兵,尤属目前之先务。现在和议既定,防务稍松,虽交割伊犁,划分界限,事关紧要,仍须有备无患,以免彼族生心。果有劲旅数支,缓急足恃,扼吭驻扎,即可壮我声威。臣等拟俟局势稍定,酌裁营勇,或仍先募土勇,渐复制兵,即以裁勇之饷作为制兵之饷,务使支放不至拮据,兵政可收实效,以期仰副朝廷慎重边疆至意。一俟营制规复,再行遵造兵册,以符定例。

除咨明兵部查照外,所有乌鲁木齐提标营制未复、兵册无从办理、恳恩饬部查照缘由,谨会同乌鲁木齐提臣金运昌,合词恭折具奏,伏乞皇太后、皇上圣鉴训示施行。再,此折系臣锦棠主稿,合并声明。谨奏。光绪七年七月初一日。

军机大臣奉旨:兵部知道。钦此。①

光绪七年七月二十三日,兵部知道。钦此。②

038. 核改原保案内何宗武等请奖片

光绪七年七月初一日(1881年7月26日)

再,臣据甘肃善后局呈称:蒙护理陕甘总督臣杨昌濬照会:准吏部咨:议复陕甘督臣左宗棠奏更正何宗武等底衔一折,粘单内开:候选从九品何宗武,据该督奏称,西宁办事大臣豫师前已汇保西宁出力案内,误将该员作为县丞底衔请免选本班,以知县尽先选用,今请更正,于西宁保案内将该员改为免选从九品,以县丞尽先选用,应请照准。又该员于南疆肃清案内经该督禀请加同知衔,今请改为免选县丞,以知县尽先选用。查奏定章程驳令另奖之案:原未请官阶仅请加衔者,如改请免选、免补本班,即将该员劳绩改为议叙等语。惟系该督查明、奏请更正,自与奏驳另奖之案不同,应毋庸改为议叙,准禀请加衔。今请免选本班,以升阶选

①中国第一历史档案馆藏:《朱批原件》,档案编号:04—01—01—0944—022。又《奏稿》第253—256页。
②中国第一历史档案馆藏:《军机录副》,档案编号:03—5817—067。

用,系属改奖,优于原奖,应令该督于新疆肃清之案,将该员另核,奏明请奖。

文童周炳离,据该督奏称,西宁办事大臣豫师前已汇保西宁出力案内,将从九品作为底衔,请免选本班,以县丞遇缺前先选用。此次该督请于西宁案内将周炳离改为从九品,归部即选。臣等核与章程相符,应准其更正。又该员于新疆肃清案内经该督原请将周炳离俟选缺后以知县补用,此次奏请改为免选从九品,以县丞遇缺前先选用。查奏定章程驳令另奖之案:原由候选请奖免选本班以升阶用,应将该员劳绩改为议叙。今周炳离系该督查明,奏请更正,自与奏驳另奖之案不同,应毋庸改为议叙。惟该员原案请奖系由候选人员保举选缺后升阶,今改请免选本班以升阶选用,系属改奖,优于原奖,应令该督将该员新疆肃清之案另核奏明请奖。光绪六年十二月二十五日具奏,奉旨:依议。钦此。钦遵咨行前来。相应呈请核办饬遵等情。当经臣转饬遵照去后。兹据该原保营员呈请另核请奖,具奏更正前来。

臣复核无异。合无仰恳天恩俯准,饬部将新疆南北两路肃清案内尽先选用县丞何宗武,原请改为免选本班,以知县尽先选用,今请改奖选缺后以应升之缺升用;归部即选从九品周炳离原请改为免选本班,以县丞遇缺前先选用,今请改奖选缺后以主簿升用,分别注簿,俾昭核实之处,出自鸿慈。除咨部外,谨附片具奏,伏乞圣鉴训示。谨奏。七月初一日。

军机大臣奉旨:吏部议奏。钦此。①

光绪七年七月二十三日,军机大臣奉旨:吏部议奏。钦此。②

039. 提标及各路员弁关防遗失请饬部补铸片

光绪七年七月初一日(1881年7月26日)

再,乌鲁木齐提督总兵官印信并提标中军参将、玛纳斯协副将、济木萨营参将、库尔喀喇乌苏营游击、精河营都司、巩宁满城城守营都司各关防及喀噶巴尔噶逊营守备条记,前因地方失陷,均遗失未获。兹据署甘肃布政

---

①中国第一历史档案馆藏:《朱批原件》,档案编号:04—01—13—0350—041。
②中国第一历史档案馆藏:《军机录副》,档案编号:03—5161—188。

使李慎造具印模清册到营。此外，遗失之乌鲁木齐提标左营游击、右营都司并迪化城守营都司以及玛纳斯协标左右二营都司各关防，司中查无旧案印信篆文等情，详请具奏颁发前来。

臣等复核无异。除将赍到印模清册并将未造册之乌鲁木齐提标左营游击、右营都司并迪化城守营都司、玛纳斯协标左右二营都司应颁各关防咨部分别查办外，相应请旨饬部，一并补铸，颁发启用，以昭信守。

谨会同乌鲁木齐提臣金运昌，合词附片具陈，伏乞圣鉴训示施行。再，此片系臣锦棠主稿，合并声明。谨奏。

光绪七年七月二十三日，军机大臣奉旨：礼部知道。钦此。①

040. 核改原保案内县丞方家璧请奖片
光绪七年七月初一日（1881年7月26日）

再，新疆南北两路一举荡平案内，经前大学士前任陕甘督臣左宗棠汇保之选用县丞方家璧，请免选本班，以知县分省补用，于光绪六年正月三十日奉旨允准，钦遵在案。兹准署理帮办军务广东陆路提督臣张曜咨称：查该员前以双月县丞来营投效，随队肃清南疆事竣，假旋河南省亲，在协黔捐局加捐县丞三班，指发江西试用，领有执照。所有前保之案请作为指分江西试用县丞，免补本班，以知县仍留原省补用等因，咨请附奏更正前来。

臣复查无异。合无仰恳天恩俯准，将新疆荡平案内选用县丞方家璧底衔更正请免补本班，以知县仍留原省补用，饬部注册，以昭核实。除咨部外，谨附片具陈，伏乞圣鉴训示。谨奏。

光绪七年七月二十三日，军机大臣奉旨：吏部知道。钦此。②

041. 都司张旺保案缮名有误请饬更正片
光绪七年七月初一日（1881年7月26日）

再，案准乌鲁木齐提臣金运昌咨称：据总兵衔即补副将借补精河营都

---

①中国第一历史档案馆藏：《军机录副》，档案编号：03—5817—069。又《奏稿》第257—258页。再，《奏稿》具奏日期署"七月阙日"，兹据录副校改为"光绪七年七月初一日"。
②中国第一历史档案馆藏：《军机录副》，档案编号：03—5161—190。

司张旺呈称：该副将原名张旺，自军功保至都司，均以张旺开保。嗣于防剿缠津、黄福川等处，防剿山西归绥并新疆南北两路一举荡平，暨剿办窜扰陕回、擒斩席卷西北、西路肃清各案内，由游击历保至总兵衔即补副将，均经奉旨允准在案。惟此四案汇列时误将"张旺"缮作"张兴旺"。咨请附奏更正前来。

臣复核无异。合无仰恳天恩俯准，饬部将总兵衔补用副将借补精河营都司张兴旺改为张旺，更正注册。除咨部外，谨附片陈明，伏乞圣鉴训示。谨奏。

光绪七年七月二十三日，军机大臣奉旨：兵部知道。钦此。①

042. 奏报西四城兴修各工完竣等情折

光绪七年七月初二日（1881年7月27日）

署理钦差大臣督办新疆军务通政使司通政使二等男臣刘锦棠跪奏，为回疆西四城兴修河渠、桥路、官店、城仓已经完竣各工并新疆南北两路尚有应修工程，现筹办理情形，恭折具陈，仰祈圣鉴事。

窃臣自光绪三年率师克复新疆南路各城，治军之暇，兼筹善后事宜，目击地方凋敝情状，知最为切要之务，莫急于兴水利以除民患，通驿路以便行旅，固城防以资守御。迭经咨商大学士前任陕甘督臣左宗棠，次第举行。数载以来，颇著成效。

回疆西四城水道以葱岭南北两河为最著，乌兰乌苏河由喀什噶尔城南折而东，北经牌素巴特、龙口桥各处，以达玛喇尔巴什，又数百里入噶巴克阿克集大河，是为葱岭北河，今所谓红水河是也。叶尔羌、托克布隆河与听杂布河合流于城东之莫克里庄，东北行经爱吉特虎各军台，绕出玛喇尔巴什以东数百里至噶巴克阿克集地方，与乌兰乌苏河会，是为葱岭南河，今所谓玉河是也。玉河东面大半依傍山麓，河岸占高。西面自爱吉特虎台起至阿克萨克台止，绵长四百余里，河岸较东面为低。河岸之外，向筑有长堤一道。咸丰年间以后，河道久未疏治，河岸与长堤久未培补，致陆续壅溃多处，从前既未随时修浚，迨经变乱，逆酋不恤民困，更

---

①中国第一历史档案馆藏：《军机录副》，档案编号：03—5817—068。

无有过而问者，以致年深月久，愈壅愈高，愈决愈宽，河水从各决口汹涌四出，径由玛喇尔巴什以上直趋喀什噶尔之乌兰乌苏河，并不率由故道。自爱吉特虎台起至察巴克台止，数百里间，田庐漂没，驿程梗阻，城堡坍塌。而玛喇尔巴什地方本为回疆东四城赴西四城咽喉要路，因地处低洼，遂为群水所汇，竟成泽国。

臣派员前往查看，勘得赖里克台东二十里决口一处，迈那特台东二里许决口一处，又东三十里决口一处，阿郎格台东十五里决口一处。又赖里克台以下三百余里河中，壅有大小沙洲十余处。估计工程极为浩大，而民瘼所关，不能不急图拯救。因饬陕西陕安镇总兵余虎恩、提督汤彦和①、陶生林、刘福田、李克常、已革总兵杨德俊等，各带所部营勇，兼督民夫，堵筑决口，挑挖沙州，并将老岸及长堤加高加厚。军民分段工作，以次蒇事，堤岸均臻稳固，河道一律疏通。其玛喇尔巴什一城，向多膏腴之地，自河水为灾，渠堤尽毁，居民靡有孑遗。臣饬提督陶生林、方友升、万胜常、知县文培夏等，将该处大连渠、小连渠、北连渠逐一修复，并饬多开支渠，以备蓄泄。一面招徕流亡，散发牛籽、农具，难民渐次复业。此兴修叶尔羌所属河渠工程之大略情形也。

其喀什噶尔乌兰乌苏河之水，不独喀城之民资其利以耕作，即玛喇尔巴什地亩亦赖以灌溉。因兵燹久未修治，于龙口桥上面二十余里冲决一口，河水直注玉代里克各台，经提督汤彦和、杨金龙等率带勇丁、民夫相度地理，开挖支河以分水势，堵塞决口以截横流。由龙口桥以达玉代里克、卡纳克沁、屈尔盖各台，本有可耕之地，特以渠道久废，旱潦无备，遂致土地荒芜。臣饬提督董福祥、张俊开浚渠道，引龙口桥之水以灌玉代里克一带，散给贫民牛具、籽种，俾资开垦。自龙口桥以上，如英阿瓦提、牌素巴特、和硕阿瓦提、大阿尔圆什、黑子尔、普巴依托、海雅卖雅、七克托、苏湾浪浪各水

---

①汤彦和（1837—?），湖南湘潭人。咸丰五年（1855），由武童投效湘军。同治元年（1862），保把总，赏戴蓝翎。四年（1865），保千总，加守备衔。同年，保守备，晋都司衔。五年（1866），保都司，换花翎。六年（1867），保参将，加副将衔，经部核改游击补用。七年（1868），保副将，加总兵衔，赏给卫勇巴图鲁名号。同年，保总兵遇缺简放，加提督衔，赏给正一品封典。九年（1870），换扎福孔阿巴图鲁名号。十年（1871），赏头品顶戴。十二年（1873），署甘肃灵武营参将。光绪四年（1878），赏穿黄马褂。五年（1879），交部照头等军功议叙。十年（1884），保提督记名简放。十五年（1889），署理巴里坤镇总兵。十八年（1892），补授陕西河州镇总兵。二十一年（1895），因打仗溃败革职。二十三年（1897），开复原官。

渠河道，均以岁久失修，或沙石淤垫，或堤岸溃决，先后饬道员罗长祜、提督董福祥、张俊、侯名贵、同知王维国等，一律修整完善。此兴修喀什噶尔所属河渠工程之大略情形也。

以驿路言之，臣自光绪三年冬，穷追陕回安集延，贼多掘水断桥，以缓我师。大军所过，率系凫水踏冰而进，仓卒不及修整。重以葱岭南北两河水患方殷，西北自喀什噶尔城南乌兰乌苏河上游起，西南自叶尔羌之爱吉特虎台起，均至玛喇尔巴什、察巴克台等处止，每当伏秋盛暑，诸山冰雪消融，河水暴涨，近河各站，一望泺漫，悉为巨浸，道路桥梁，荡然无存。凡转运驿递暨往来各项差使，迂道而行，率多迟误。商贾裹足，税厘减色，官民为之交困。自两河工程经始，即饬道员罗长祜、提督张春发①、段伯溪、总兵刘必胜，在喀什噶尔城南各路修大小桥梁三十余座，修平道路数百里。饬同知王维国，在七克托地方修桥梁二座。饬提督汤彦和、杨金龙，修整龙口桥、玉代里克各台桥路。并饬陕西西安镇总兵余虎恩、提督李克常、陶生林、方友升、已革总兵杨德俊等，自爱吉特虎台起至玛喇尔巴什、察巴克台等处止，搭造大小桥梁二十余座，道路一律平治。又查回疆西四城各台站，乱后举目荒凉，居民无多。凡转运暨各往来差使员弁，以无驻宿公所，每多占住民舍。居民房屋卑陋，粮饷、军装时多疏失之虞，且恐不肖弁丁藉差滋扰，遗黎不堪其苦。因分饬各路营局，就近在于各站盖造官店，以为经过差使人等栖息之所。此兴修各驿工程之大略情形也。

以城防言之，喀什噶尔、叶尔羌、英吉沙尔、和阗汉回各城，自同治初年回疆叛变以至官军克复，迭经围攻，屡有损伤。各贼酋本无远略，并未随时修葺，历年既久，倾圮愈甚。其各城仓廒亦多破坏，以致城内不能广积军食。因通饬各营局，将各城墙垣门卡暨濠上吊桥概行补葺完善，并添造仓廒，以资储峙。又喀什噶尔、叶尔羌两城之外教场，地当扼吭，向各有演武厅一所，极为雄峙，久已颓废，亦经一体修造，用复旧观而重形势。此兴修

---

① 张春发（1843—1915），字兰陔，江西新余人。同治初，投效隶刘松山军营。五年（1866），拔千总，加守备衔。六年（1867），升都司，晋游击衔，加杰勇巴图鲁名号。七年（1868），保参将，递副将，赐哲尔精阿巴图鲁勇号。八年（1869），充马队第四旗管带。九年（1870），加提督衔。同年，署玉泉营游击。光绪四年（1878），封云骑尉。十二年（1886），补授广西右江镇总兵。十三年（1887），署广西左江镇总兵。二十年（1894），署广东陆路提督。二十一年（1895），擢广东陆路提督。二十六年（1900），调补湖北提督。二十七年（1901），补云南提督。三十年（1904），被参革职。三十三年（1907），总理两江营务处。宣统三年（1911），因病开缺。

各城工程之大略情形也。

以上所修河渠、桥路、官店、城仓,工程本皆浩繁,且回疆土地非沙即碱,厥性轻浮,消长无常,兴修工程非多用人力万分结实,鲜不旋修旋坏。加以大乱之后,百物昂贵,民人稀少,若一概取资公家,所费不知凡几。臣办理各项工程,系半藉营勇,半资民力。各军弁勇自有应领粮饷,毋庸另给食用。此外,由各善后局转饬各回目,纠集民夫民匠,带赴工次,归督修之员调遣。所有夫役皆系被灾穷民,仿以工代赈之法,每日给发食粮。惟所雇民匠,除日给食粮外,仍按日酌发工价银两。其购制木料、石块、砖瓦、石灰、铁器暨应用各物并运脚、犒赏、民匠工价诸费,均系挪用军饷,所用粮料系在征收粮石项下支放。各项工程系于光绪四、五、六三年内先后兴修,陆续完竣,均经委员勘验,并无草率偷减情事,历经咨报左宗棠有案,并经分饬各营局督率各阿奇木伯克,随时保护,以期永久。窃见回疆西四城自兴修各项工程以来,闾阎鲜水旱之忧,行旅忘跋涉之苦,转输文报,无虑迟延,田赋税厘,渐有起色,则非诸将士踊跃从公之力,其效或未易臻此也。

再,查新疆南北两路,自遭寇乱十有余年,地方糜烂已极,各处城池、衙署、庙宇、河渠暂难尽复旧规。虽经左宗棠暨臣等极力筹办,先其所急,然以言百废具兴,则当期之十年以后。现在南北两路应修工程尚多,即如玛喇尔巴什,因久被水灾,城垣尽圮,正在鸠工兴修。又如迪化州、绥来县、精河、镇西厅等处城垣,均多颓废,亟须修葺。喀喇沙尔之开都河堤岸、叶尔羌之图木舒克各台渠坝,亦须整修。各工程或业已兴役,或正在勘估。迭准乌鲁木齐提臣金运昌咨商,并据印委各员禀请前来。臣细加查核,皆地方应办之事,未可以烦难劳费,稍涉因循。惟新疆地属边荒,又值久乱积罢之余,一切情形与内地迥异,大小各工程若必依照例章,势将拘牵窒碍,于地方转鲜实效。凡遇应修各工程,臣惟有督饬承修各员,切实举办,务求完固。需用银粮即在军需项下暨地方入款内,随时筹发,力加撙节,以期费省事举,于边疆有所裨益。

所有回疆西四城兴修河渠、桥路、官店、城仓已经完竣各工并新疆南北两路尚有应修工程现筹办理情形,理合恭折具陈,伏乞皇太后、皇上圣鉴。谨奏。光绪七年七月初二日。

军机大臣奉旨:知道了。所有应修各项工程,着仍督饬承修各员,实力举办,务求完固,以重边疆。余依议。钦此。①

光绪七年七月二十三日,军机大臣奉旨:知道了。所有应修各项工程,着仍督饬承修各员,实力举办,务求完固,以重边疆。余依议。钦此。②

043. 奏报湘军文武员弁积劳病故请恤折
光绪七年七月二十七日(1881年8月21日)

署理钦差大臣督办新疆军务通政使司通政使二等男臣刘锦棠跪奏,为续查新疆立功后积劳病故文武各员弁,请旨饬部议恤,谨缮清单,恭折仰祈圣鉴事。

窃西征各军营迭次阵亡、伤亡、病故文武员弁,历经大学士前任陕甘督臣左宗棠奏请赐恤在案。兹据老湘诸军统带官禀称:续查积劳病故文武员弁,花翎盐运使衔分省归候补班前补用知府胡焜等八十五员弁,先后开具衔名、籍贯,呈恳奏请恤典等情前来。

臣维边陲征战之苦,百倍内地。自关外用兵,老湘诸军各员弁怀忠抱悫,踊跃前驱。仰仗国家福威,逆氛迅扫,全疆敉平,而各员弁备尝险阻艰难。蒇事之后,多因积年辛苦过甚,患病身故,实堪矜悯,非吁恳朝廷恩恤,似无以励荩勤而慰幽魂。所有花翎盐运使衔分省归候补班前补用知府胡焜等八十五员弁,均系立功后积劳病故。谨将该各衔名、籍贯另缮清单,恭呈御览。仰恳天恩俯准,饬部一并照军营立功后积劳病故例,从优议恤。此外如尚有遗漏未报员弁,应俟各军续查报到,再行具奏。

除咨部外,理合恭折具陈,伏乞皇太后、皇上圣鉴训示施行。谨奏。光绪七年七月二十七日。

军机大臣奉旨:胡焜等均着照所请,交部议恤,单并发。钦此。③

光绪七年八月初六日,胡焜等均着照所请,交部议恤,单并发。钦此。④

---

① 中国第一历史档案馆藏:《朱批原件》,档案编号:04—01—05—0176—005。又《奏稿》第259—271页。
② 中国第一历史档案馆藏:《军机录副》,档案编号:03—9592—030。
③ 中国第一历史档案馆藏:《朱批原件》,档案编号:04—01—12—0528—012。又《奏稿》第273—275页。
④ 中国第一历史档案馆藏:《军机录副》,档案编号:03—5163—020。

044. 呈湘军文武员弁积劳病故请恤清单
光绪七年七月二十七日（1881年8月21日）

谨将老湘诸军立功后积劳病故文武员弁衔名、籍贯，缮具清单，恭呈御览。
花翎盐运使衔分省归候补班前补用知府胡焜，湖南浏阳县人。
甘肃归军功班遇缺先补用知府黄鬻先，湖北钟祥县人。
花翎留甘肃归候补班尽先补用直隶州知州袁锡龄，湖南长沙县人。
蓝翎分省归候补班前补用同知陈兆莲，湖南湘阴县人。
留甘补用知州蒋孝勋，湖南湘阴县人。
同知衔分省补用知县王承泽，湖南湘阴县人。
蓝翎分省补用知县黄国巩，湖南善化县人。
分省补用知县莫湘杰，湖南长沙县人。
分省补用知县叶藻春，湖南湘乡县人。
五品衔补用县丞陈基瑀，湖南湘乡县人。
候选府经历周国璇，湖南湘乡县人。
主簿李苞，甘肃环县人。
蓝翎补用从九品廖映祥，湖南宁乡县人。
不论双单月选用从九品谢胜，湖南新化县人。
头品顶戴记名提督易荣昌，湖南湘乡县人。
记名提督张辅文，湖南宁乡县人。
提督衔记名总兵奇臣巴图鲁胡仁和，湖南湘乡县人。
提督衔补用总兵易荣华，湖南宁乡县人。
陕甘遇缺题奏总兵胜勇巴图鲁谭连元，湖南茶陵县人。
记名简放总兵李兰亭，湖南长沙县人。
记名总兵谭声骏，湖南湘潭县人。
尽先补用副将胡林洲，湖北黄陂县人。
两湖补用副将曹良占，湖南衡山县人。
补用副将彭安仁，江西吉水县人。
补用参将陈士杰，湖南衡阳县人。
二品封典副将衔尽先补用游击罗元善，湖南湘乡县人。

花翎游击魏全成,湖南湘乡县人。
补用游击熊连升,湖南湘乡县人。
补用游击杨吉祥,湖南衡山县人。
补用游击欧义和,湖南常宁县人。
补用游击成湘其,湖南湘乡县人。
游击衔补用都司刘瑞祥,湖南湘乡县人。
花翎尽先补用都司吴德曾,安徽泾县人。
花翎留陕甘尽先补用都司濮庆升,江苏上元县人。
补用都司傅文胜,湖南湘阴县人。
蓝翎留陕甘补用都司汤立成,湖南宁乡县人。
游击衔补用都司江得蒸,湖北黄陂县人。
都司告占荣,甘肃平远县人。
尽先补用都司陈紫春,湖南湘乡县人。
花翎守备李元亨,湖南平江县人。
花翎留陕甘补用守备刘加任,湖南宁乡县人。
花翎守备王金山,四川广元县人。
花翎尽先补用守备魏长清,江苏上元县人。
花翎尽先补用守备皮家绥,湖南湘乡县人。
蓝翎守备王正超,湖北江夏县人。
蓝翎守备朱豪杰,湖南平江县人。
蓝翎守备萧永春,湖北襄阳县人。
蓝翎守备范金魁,湖北永绥厅人。
花翎守备周如海,湖南湘乡县人。
守备孙占武,甘肃平远县人。
守备邓有元,陕西咸阳县人。
守备王登荣,甘肃靖远县人。
蓝翎补用千总邓春生,湖南湘乡县人。
蓝翎补用千总杨茂胜,安徽宣城县人。
尽先补用千总贺祥胜,湖南湘乡县人。
千总冯得连,甘肃河州人。
千总萧麒麟,湖南湘乡县人。

千总祁千福,湖北郧县人。
把总曾继美,湖南湘乡县人。
把总田运官,湖南永定县人。
把总刘得贵,甘肃河州人。
把总姚春福,甘肃肃州人。
把总范得胜,甘肃平远县人。
把总丁得胜,甘肃金县人。
把总黄进保,甘肃固原州人。
把总王新臣,甘肃环县人。
把总安兴邦,甘肃安化县人。
把总闻正福,甘肃灵州人。
把总徐守廉,甘肃安化县人。
把总杨永胜,甘肃固原州人。
把总张明义,甘肃固原州人。
把总白举成,甘肃环县人。
把总刘全成,甘肃西宁县人。
蓝翎拔补把总杨恒洲,湖南湘潭县人。
蓝翎拔补把总袁湘林,湖南湘乡县人。
蓝翎拔补把总高万兴,陕西岐山县人。
蓝翎拔补把总张梓臣,湖南湘乡县人。
蓝翎拔补把总李云树,湖南湘乡县人。
蓝翎拔补把总沈云祥,湖南湘乡县人。
蓝翎拔补把总唐春华,湖南湘乡县人。
尽先拔补把总刘正禄,甘肃洮州厅人。
尽先拔补把总扬长发,湖南湘乡县人。
尽先拔补把总谢长胜,山西河津县人。
尽先拔补外委张复亭,湖南宁乡县人。
蓝翎拔补外委钟文瑞,湖南湘乡县人。
军机大臣奉旨:览。钦此。①

---

①中国第一历史档案馆藏:《军机录副》,档案编号:03—5163—021。

045. 奏请内阁中书陶森甲留营差委片
光绪七年七月二十七日（1881年8月21日）

再，内阁中书陶森甲于光绪五年十月间到阁行走。六年三月，请假出京，回籍措资。臣前以行营办事需人，缄调该员西来，以光绪七年四月二十日到营当差。该员才识明敏，学问优长，深资得力。合无仰恳天恩，俯念边事需才，准将该员留营差遣，从到营之日起，仍按照在阁行走资格挨次序补，饬部备案之处，出自逾格鸿慈。谨附片具陈，伏乞圣鉴训示。谨奏。

军机大臣奉旨：吏部议奏。钦此。①

光绪七年八月初六日，军机大臣奉旨：吏部议奏。钦此。②

【案】此片具奏日期，原件署"光绪七年"，录副署"光绪七年八月初六日"。查《军机处随手登记档》③，据同批朱批折件可知，此片具奏日期当为"光绪七年七月二十七日"，兹据校正。

046. 原保南北两路荡平案内出力卢润霖另奖片
光绪七年七月二十七日（1881年8月21日）

再，大学士前任陕甘总督左宗棠于新疆南北两路一举荡平案内列保之主簿卢润霖，请以县丞分省补用，于光绪六年正月三十日奉旨允准钦遵在案。查该员原名润林，此案"林"字讹作"霖"字，自系开送衔名时笔误所致。兹据呈请具奏更正前来。

臣复查无异。合无仰恳天恩俯准，饬部将新疆南北两路荡平案内所保之分省尽先补用县丞卢润霖改为卢润林，更正注册，俾免两歧，出自鸿慈。除咨部外，谨附片陈明，伏乞圣鉴训示。谨奏。

军机大臣奉旨：吏部知道。钦此。④

---

①中国第一历史档案馆藏：《朱批原件》，档案编号：04—01—13—0350—030。
②中国第一历史档案馆藏：《军机录副》，档案编号：03—5163—023。
③中国第一历史档案馆藏：《军机处随手登记档》，档案编号：03—0232—3—1207—235。
④中国第一历史档案馆藏：《朱批原件》，档案编号：04—01—13—0432—049。

光绪七年八月初六日,军机大臣奉旨:吏部知道。钦此。①

【案】此片具奏日期,原件署"光绪朝",录副署"光绪七年八月初六日"。查《军机处随手登记档》②,据同日朱批折件可知,此片具奏日期当为"光绪七年七月二十七日",兹据校正。

047. 奏请议恤补用知府丁翰片
光绪七年七月二十七日（1881年8月21日）

再,花翎按察使衔前分省补用道降选知府丁翰,曾经大学士前任陕甘督臣左宗棠以才具难胜繁剧之任,奏请以简缺知府归部铨选,仍留原衔③,于光绪五年十二月初八日军机大臣奉旨:着照所请,吏部知道。钦此。嗣准部咨内开:该督所请该员仍留原衔,查按察使衔,系知府本管上司衔,应不准其戴用等因。该员自降选后,深自愧奋。臣凤知其才具虽短,品学尚优,且久历戎行,营务颇为熟习。因于上年咨商左宗棠,调赴喀什噶尔行营办理营务。该员到营后,筹画边防,竭虑殚精,甚多裨益。去冬,派赴沿边一带,巡察各处卡伦。时值严寒,该员逾越雪碛冰梯,不辞况瘁,以致积劳成疾。本年正月间,复力疾来哈密行营,禀商一切事宜,行次辟展地方,病益加剧,竟于三月二十三日身故,殊堪悯恻。

合无仰恳天恩,俯准将已故花翎按察使衔前分省补用道降选知府丁翰开复原官原衔,饬部照军营积劳病故例议恤以励荩勤之处,出自逾格鸿慈。除咨部外,谨附片陈明,伏乞圣鉴训示施行。谨奏。

军机大臣奉旨:丁翰着照所请,交部议恤。钦此。④

光绪七年八月初六日,军机大臣奉旨:丁翰着照所请,交部议恤。钦此⑤。

---

①中国第一历史档案馆藏:《军机录副》,档案编号:03—5163—024。
②中国第一历史档案馆藏:《军机处随手登记档》,档案编号:03—0232—3—1207—235。
③详见光绪五年十一月陕甘总督左宗棠于附奏营随员花翎按察使衔分省补用道丁翰,曾委赴古城,办理采买、转运局务三年,尚无贻误情形（中国第一历史档案馆藏:《朱批原件》,档案编号:04—01—05—0226—006;《军机录副》,档案编号:03—5143—024）。
④中国第一历史档案馆藏:《朱批原件》,档案编号:04—01—13—0350—039。又《奏稿》第277—279页。
⑤中国第一历史档案馆藏:《军机录副》,档案编号:03—5163—022。

【案】此片具奏日期，《奏稿》署"光绪七年七月二十七日"，原件署"光绪七年"，录副署"光绪七年八月初六日"。兹据《奏稿》及《军机处随手登记档》①同批折件校正。

048. 奏报接收伊犁及分界事宜现筹办理折
光绪七年闰七月初二日（1881年8月26日）

署理钦差大臣督办新疆军务通政使司通政使二等男臣刘锦棠跪奏，为接收伊犁及分界诸事宜现筹办理情形，恭折具陈，仰祈圣鉴事。

窃臣承准军机大臣字寄：光绪七年五月十六日奉上谕：接收伊犁及分界事宜，前派锡纶会商金顺，相机筹办。现在曾纪泽与俄国新订约章，业经批准，一俟互换后，俄国派有大员，约定在何处交收，即着锡纶懔遵前旨，驰往会晤，并着升泰②一同前往，按照曾纪泽新订条约及所绘界图，妥慎办理。此事关系甚重，务当与刘锦棠、金顺、张曜详细筹度，总期界画分明，永昭信守，不得稍涉轻心，致贻后患等因。钦此。并经总理各国事务衙门咨送改订条约前来。

臣维收城分界诸务，事体最为繁重，非熟筹审处，不足以杜流弊而规久远。钦奉明旨，命锡纶、升泰与臣详细筹度，臣等自应竭识虑所能及，互相商榷，务臻周妥，断不敢以朝廷派有专员，意存推诿。惟臣驻扎哈密，距伊犁、喀什噶尔暨沿边等处程途遥远，文报往还，动需时日。若锡纶、升泰凡事必与臣会商，势将多费周折，转虞迟误。臣意收城、划界二者，遇有重大紧要须臣与闻之处，锡纶、升泰知会到臣，即当举臣所见，与之商酌，以期有所补益。至其余一切事件，均有订约可循，锡纶、升泰自可就近会商金顺、张曜办理，较为便速。其新疆通商诸务，此时固宜豫为筹及，然必俟俄国领

---

①中国第一历史档案馆藏：《军机处随手登记档》，档案编号：03—0232—3—1207—235。
②升泰（1838—1892），字竹珊，卓特氏，蒙古正黄旗人。咸丰十一年（1861），捐纳户部四川司员外郎。同治二年（1863），掌湖广司印钥，充内仓监督，加四品衔。同年，转掌陕西司印钥，兼军需局总办、则例馆提调。三年（1864），任捐纳房总办，晋三品衔。五年（1866），授南档房领办、俸饷处总办。六年（1867），放山西汾州府知府。十年（1871），补山西太原府知府。同年，升山西河东道。十三年（1874），晋布政使衔。光绪二年（1876），迁浙江按察使。四年（1878），署浙江布政使。同年，调补云南布政使。七年（1881），加副都统衔，授伊犁参赞大臣。八年（1882），迁内阁学士兼礼部侍郎衔。同年，署乌鲁木齐都统。十一年（1885），授驻藏帮办大臣。十五年（1889），擢驻藏办事大臣。卒谥恭勤。

事官到日，方能定妥一是。届时臣当会同金顺、张曜，按约开办。伊犁收还时，金顺自应率部，进驻该城。臣昨得其来缄，言及所部行当拔垒，深以饷项支绌为虑。臣军饷需虽同处艰窘之会，然亦不能不勉为挹注，即当量力接济，资其前进。该军启行时，应由金顺申明纪律，务令秋毫无犯。将来伊犁善后诸事宜，即由金顺遴员设局，与臣随时会商办理。以臣愚见，窃谓伊犁居民，其愿迁居俄国者，既须照约听其自便。官军到彼，总须严禁扰累，善为抚辑，藉以维系人心，否则孑遗之民将相率他往，徒得空城，亦甚无谓。至从前被贼迫胁情有可原之民教人等，应由金顺按照新约第二条，恭录光绪五年内闰三月二十四日、四月初七日两次恩旨，会列臣等前衔，就近出示晓谕，以广皇仁。

再，查新约第五条内开，两国特派大臣遵照督办交收伊犁事宜之陕甘总督与土尔吉斯坦总督商定，次序开办，陕甘总督奉到批准条约，将通行之事派委妥员，前往塔什干城，知照土尔吉斯坦总督等因，自系曾纪泽订约时因左宗棠前以陕甘总督兼钦差大臣督办新疆军务，故有此议。臣与护理陕甘总督臣杨昌濬缄商，以现在局势变迁，未便拘泥条约。而所派之员苟非谙练边务，转恐偾事。哈密距伊犁太远，臣行营差遣各员，求其熟悉伊犁等处情形者，一时殊难其选，应即由金顺会商锡纶、升泰，就近派委妥员前往，以期便捷而资得力。

所有接收伊犁及分界诸事宜现筹办理情形，谨恭折具陈。是否有当？伏乞皇太后、皇上圣鉴训示施行。谨奏。光绪七年闰七月初二日。

光绪七年闰七月二十一日①，军机大臣奉旨：览奏，均悉。官军进扎伊犁，自应严禁扰累，善为抚辑，将来善后诸事，着刘锦棠随时与金顺会商办理。前已派金顺督办交收伊犁事宜，锡纶作为特派大臣，该京卿当仍遵前旨，与该将军等妥商筹办。钦此。②

【案】《清实录》：

辛亥，督办新疆军务通政使刘锦棠奏，接收伊犁及与俄国分界事宜现筹办理情形。得旨，官军进扎伊犁，自应严禁扰累，善为抚辑，将来善后诸事，着刘锦棠随时与金顺会商办理。前已派金顺督办交收伊犁事

---

①此奉旨日期，据《军机处随手登记档》（档案编号：03—0232—3—1207—221）校补。
②《奏稿》第281—286页。

宜,锡纶作为特派大臣,该京卿当仍遵前旨,与该将军等妥商筹办。①

049. 科布多所属布伦托海无庸拨营驻扎片
光绪七年闰七月初二日(1881年8月26日)

再,科布多参赞大臣臣清安等,曾于上年咨请大学士前任陕甘督臣左宗棠拨军驻扎布伦托海地方,以固边圉。左宗棠意以调营前往,则粮饷军装等项必须源源接济,方能有恃无恐。该处南距镇迪道所属之古城玛纳斯等处,程途窎远,转馈维艰,且其时新疆诸军正议添灶,无力兼顾。若仅拨一二营分驻,又恐形单力薄,不能御敌,多则转运愈难。是以左宗棠踌躇,未即拨营,比经咨复清安等,令其与臣等悉心筹议,嗣经清安等奏明,依照左宗棠复文,由臣妥筹办理,奉旨恭录咨会前来。

臣查科布多所属之布伦托海,地处极边,毗连俄境。前值防务戒严,自不能不筹兵设守。现在和约已定,边防稍松,今昔情形迥不相侔。即令投俄之哈萨克、陕回各种,或有零股出没,清安等所辖兵丁当足以资捕剿,自可无庸再由臣军拨营前往。且新疆南北两路各军现以饷源日绌,正在分别裁剪归并,力图撙节。所存马步各防营仅敷分布,亦实无余力可以他及,并非故存畛域之见也。

所有布伦托海地方现在毋庸由臣拨营驻扎缘由,谨附片具陈,伏乞圣鉴。谨奏。

光绪七年闰七月二十一日,奉旨:知道了。钦此。②

【案】此片仅见于《奏稿》,原件、录副俱缺,《清季外交史料》《光绪朝东华录》以及《钦定平定陕甘回匪方略》诸书亦均未收录,仅理校。

050. 请指拨西征协饷省分摊还息借洋款数目折
光绪七年闰七月二十六日(1881年9月19日)

署理钦差大臣督办新疆军务通政使司通政使二等男臣刘锦棠、头品顶

---

① 《德宗景皇帝实录(二)》,卷一百三十三,光绪七年闰七月,第924—925页。
② 此奉旨日期与内容,据《军机处随手登记档》(档案编号:03—0232—3—1207—221)校补。

戴护理陕甘总督会办新疆善后事宜署甘肃布政使臣杨昌濬跪奏，为酌拟援案指拨应解西征协饷省分摊还息借洋款，以资的实，恭折驰陈，仰祈圣鉴事。

窃臣前准户部咨开：光绪七年四月十三日，议复大学士左宗棠奏西征饷绌，息借洋商巨款，以资接济，须将归还款项筹妥的实，以免届时辗转迟误，应请饬下臣锦棠与臣昌濬悉心商酌，预为归还之地等因一折。奉旨：依议。钦此。钦遵。并抄稿飞咨到臣。详议原奏内开：据左宗棠奏称，该大学士抵都后，胡光墉偕德国泰来行夥福克及英国汇丰行夥勘密伦先后来见，业经向汇丰行议定借库平足银四百万两，作六年清还，周年九厘七毫五丝系行息。其息银六个月一付，分六年十二期归清；其本银则先两年停还，至第三、四、五、六等年，每年还银一百万两，还本减息，仍作四年完结，如期由上海采运局经手交还等语。查前项息借洋款四百万两，原因各省关新欠协饷过多所致。现在既经向各国商夥议定出借，自应由各省关应解西征饷银内按期归还。惟恐各省关届时或未能解足，希冀户部如数垫付。部库关系根基至计，岂能举此巨款付诸外垫？所有此项息借洋款四百万两，自应由西征粮台暨各省关如期归还，以免瞻顾而昭的实等因。当即咨商臣锦棠，并分行台局去后。

兹据办理甘肃新疆总粮台司道呈称：遵查此次借用洋款本银四百万两，又息银一百六十五万七千五百两，自光绪七年十一月初一日起，至十三年四月初一日止，分十二期归还。惟甘省素称瘠苦，自经回乱，地丁钱粮尚未复元，全恃各省关协饷，以资周转。此次所借洋款，维由陕甘出票，究竟甘省无款可指，而洋款本、息银两届期又不能稍缓，失信远人，应由各省关协甘饷内划拨，按期清还，以期有着。查近沪各省，惟浙江、湖北、广东、江苏、福建五省为便。从前息借洋款，均系由该各省拨还，此次拟请即由该五省在于协甘饷内，按期匀拨，照依原案数目作五股分摊等情，缮具清单，呈请奏咨前来。

臣窃维此次息借洋款四百万两，原因各省关欠解甚巨，西征饷绌，无可接济，作此万不得已之计。部库关系根本，不能举巨款付诸外垫。而甘肃向称瘠苦，额征钱粮本属无多，自经兵燹，更形凋敝。西征粮台所收协饷同一，入不敷出，无款可指，均属实在情形，自应仍就各省关应解协饷内按期拨还，以归的实而免贻误。查光绪三年息借洋款五百万两，在于浙江、广东、江苏、湖北四省协甘饷内,分作七年十四期拨还,计光绪十年五月本息还清。四年,续借华洋商款三百五十万两,在于湖北、江苏、广东、浙江、福建五省协甘饷内,分作六年十二期拨还,计光绪十年七月本息亦可还清。此次所借洋款四百万两及息银一百六十五万七千五百两,应仍在该五省协甘饷内按期匀拨,且原议先两年停还本银。自本年十一月初一日起,至九年五月初一日,计四期,每期仅给息银十九万五千两,以五省匀拨,每省每期不过应拨银三万五千两,尚不为难。自九年十一月初一日起,至十三年四月初一日止,每期应还本银五十万两,及随给息银为数较多,然以五省匀摊计之,每省每期多不过十三万余两,少则十万余两,且其时从前两次拨还之款均已还清,专顾此次所借洋款本息,其力亦纾。如此指拨,似不致有所窒碍。臣等往复缄商,意见相同。合无仰恳天恩,饬下浙江、湖北、广东、江苏、福建各督抚臣转饬藩司,查照单开银数,按期筹拨,先二十日解交上海采运局胡道光墉兑收,届期交还汇丰洋行,俾免失信远人、贻累部库。

除咨明户部、军机处外,所有酌拟援案指拨应解西征协饷省分摊还息借洋款、以归的实缘由,是否有当?谨合词恭折由驿驰陈,并缮具清单,恭呈御览。伏乞皇太后、皇上圣鉴训示施行。再,此折系臣昌濬主稿,合并声明。谨奏。闰七月二十六日。

光绪七年八月初八日,军机大臣奉旨:该衙门知道,单并发。钦此。①

051. 呈指拨浙江等省协甘饷内摊还洋款本息清单

光绪七年闰七月二十六日(1881年9月19日)

谨将指拨浙江、湖北、广东、江苏、福建五省应协甘饷内分期匀还新借洋款本息银两数目,缮具清单,恭呈御览。

一、光绪七年十一月初一日第一期,给息银一十九万五千两。拟拨浙江、湖北、广东、江苏、福建每省给银三万九千两。

一、光绪八年五月初一日第二期,给息银一十九万五千两。拟拨浙江、湖北、广东、江苏、福建每省给银三万九千两。

---

①中国第一历史档案馆藏:《军机录副》,档案编号:03—6606—049。

一、光绪八年十一月初一日第三期，给息银一十九万五千两。拟拨浙江、湖北、广东、江苏、福建每省给银三万九千两。

一、光绪九年正月初一日第四期，给息银一十九万五千两。拟拨浙江、湖北、广东、江苏、福建每省给银三万九千两。

一、光绪九年十一月初一日第五期，还本银五十万两，给息银一十九万五千两。拟拨浙江、湖北、广东、江苏、福建每省给银一十三万九千两。

一、光绪十年五月初一日第六期，还本银五十万两，给息银一十七万六百二十五两。拟拨浙江、湖北、广东、江苏、福建每省划还银一十三万四千一百二十五两。

一、光绪十年十月初一日第七期，还本银五十万两，给息银一十四万六千二百五十两。拟拨浙江、湖北、广东、江苏、福建每省划还银一十二万九千二百五十两。

一、光绪十一年四月初一日第八期，还本银五十万两，给息银一十二万一千八百七十五两。拟拨浙江、湖北、广东、江苏、福建每省划还银一十二万四千三百七十五两。

一、光绪十一年十月初一日第九期，还本银五十万两，给息银九万七千五百两。拟拨浙江、湖北、广东、江苏、福建每省划还银一十一万九千五百两。

一、光绪十二年四月初一日第十期，还本银五十万两，给息银七万三千一百二十五两。拟拨浙江、湖北、广东、江苏、福建每省划还银一十一万四千六百二十五两。

一、光绪十二年十月初一日第十一期，还本银五十万两，给息银四万八千七百五十两。拟拨浙江、湖北、广东、江苏、福建每省划还银一十万九千七百五十两。

一、光绪十三年四月初一日第十二期，还本银五十万两，给息银二万四千三百七十五两。拟拨浙江、湖北、广东、江苏、福建每省划还银一十万四千八百七十五两。

以上六年十二期，共还本银四百万两，给息银一百六十五万七千五百两，合并声明。

军机大臣奉旨：览。钦此。①

052. 奏报回子郡王之子承袭世爵缘由折
光绪七年闰七月二十七日（1881年9月20日）

署理钦差大臣督办新疆军务通政使司通政使二等男臣刘锦棠跪奏，为已故回子郡王之子年已及岁，请旨饬议，承袭世爵，恭折具陈，仰祈圣鉴事。

窃据委办吐鲁番善后局务甘肃候补道雷声远禀称：已故吐鲁番鲁克沁回子郡王阿克拉依都，原任叶尔羌阿奇木伯克。②同治三年，库车逆回犯叶尔羌城。该回王随同官兵打仗被执，于同治十二年遇害捐躯。其子玛木特现已及岁，可否请袭世爵等因。当饬署吐鲁番同知杨大年，查取宗图册结，旋据加结盖印，详送前来。

卷查光绪四年，臣在喀什噶尔行营，采访回疆西四城历年殉难满汉文武官员及各阿奇木伯克衔名、事实。据已故鲁克沁回子郡王前叶尔羌阿奇木伯克阿克拉依都之子玛木特禀称，伊父承袭鲁克沁回子郡王世爵，充当叶尔羌阿奇木伯克。同治三年，库车等处汉回变乱，犯叶尔羌城。伊父随同官兵，出城打仗，力竭被执，拥至库车监禁三年，又移喀什噶尔监禁六年，始终不屈。十二年，安集延逆酋阿古柏于禁中取出杀害，经臣咨报大学士前任陕甘督臣左宗棠，具奏请恤。嗣经理藩院于光绪五年五月初五日议奏，本日奉旨：给恤赏银一千一百两等因。钦此。钦遵在案。

臣维吐鲁番鲁克沁回子郡王，自额敏和卓肇封，三传至阿克拉依都。咸丰年间，曾充叶尔羌阿奇木伯克。嗣因逆回倡乱，随同官军打仗，力竭被执，监禁九年之久，未尝屈辱，卒遇戕害，大节无亏。伊子玛木特年已及岁，例得承袭鲁克沁回子郡王世爵。相应请旨饬下理藩院核议，以便

---

①中国第一历史档案馆藏：《清单》，档案编号：03—6606—050。
②关于回子郡王阿克拉依都之事迹，参见咸丰四年三月初十日叶尔羌参赞大臣德龄会同和阗办事大臣法福礼以叶尔羌伯克阿克拉依都等呈请捐助军饷情形（中国第一历史档案馆藏：《军机录副》，档案编号：03—4262—082）。又咸丰八年十一月十九日，叶尔羌参赞大臣庆英会同喀什噶尔参赞大臣固庆，具折保举阿奇木伯克阿克拉依都等缘由（中国第一历史档案馆藏：《军机录副》，档案编号：03—4136—105）。

奏议（光绪七年）

遵行。

除将赍到宗图册结一并咨院查照外，理合恭折具陈，伏乞皇太后、皇上圣鉴训示施行。谨奏。光绪七年闰七月二十七日。

军机大臣奉旨：该衙门议奏。钦此。①

光绪七年九月二十六日，军机大臣奉旨：该衙门议奏。钦此。②

053. 奏报回部坎巨提呈进贡沙金片

光绪七年闰七月二十八日（1881年9月21日）

再，新疆色勒库尔之南回部坎巨提③向例进贡沙金。该头目俄则项前于光绪四年呈进，经大学士前任陕甘督臣左宗棠奏奉谕旨，饬理藩院议奏，援案赏给大缎二匹，由左宗棠就近发给祗领在案。④ 兹准署帮办新疆军务广东陆路提臣张曜咨称：现据该头目俄则项循例呈到进贡沙金一两五钱，咨请具奏前来。

臣复查无异。除将例赏大缎二匹由臣发交、转给俄则项祗领并将所进沙金一两五钱咨送内务府呈进外，理合附片陈明，伏乞圣鉴。谨奏。

军机大臣奉旨：知道了。钦此。⑤

光绪七年九月二十六日，军机大臣奉旨：知道了。钦此。⑥

---

①中国第一历史档案馆藏：《朱批原件》，档案编号：04—01—12—0528—022。又《奏稿》第293—296页。
②此奉旨日期与内容，据《军机处随手登记档》（档案编号：03—0232—3—1207—285）校补。
③坎巨提，一译干竺特、谦珠特、喀楚特，是亚洲中部古国，位于今巴基斯坦控制下的克什米尔北部吉尔吉特—巴尔蒂斯坦的棍杂河谷一带。乾隆年间平定大小和卓之乱后，位于克什米尔一带的诸国始与清廷建立联系。乾隆二十六年（1761），其酋长黑斯娄遣其子至叶尔羌入贡，成为属国。其后定为三年一贡，贡物为砂金一两五钱，分装为十五袋，一般由其酋长之子送至喀什噶尔。喀什噶尔参赞大臣或喀什噶尔道按例赏给其大缎二匹及粮饷等物。同治间，新疆爆发动乱并遭阿古柏入侵，无暇顾及。光绪年间，清军收复新疆，坎巨提酋长俄则项循旧例遣使贡金，清廷赏给其五品顶戴。光绪十七年（1891），英国军队向帕米尔推进，攻占坎巨提，坎巨提酋长赛必德艾里罕逃往中国。光绪十八年（1892），立赛必德哎里罕之弟买买提艾孜木为酋长。民国后，停止向中国进贡。
④详见光绪四年十月左宗棠奏片（中国第一历史档案馆藏：《军机录副》，档案编号：03—5796—111）。
⑤《奏稿》第297—298页。
⑥此奉旨日期与内容，据《军机处随手登记档》（档案编号：03—0232—3—1207—285）校补。

054. 奏报擒获安夷监禁已久分别办理折
光绪七年八月十七日（1881年10月9日）

署理钦差大臣督办新疆军务通政使司通政使二等男臣刘锦棠跪①奏，为前克达坂城，擒获安夷，监禁肃州已久，现拟分别办理，恭折具陈，仰祈圣鉴事。

窃臣前于光绪三年三月初七日，督师攻克达坂城，生擒夷回一千二百名，内除讯明系南八城及吐鲁番、托克逊等处缠回八百六十五名，喀喇沙尔、土尔扈特种人六十九名，本地回民一百六十四名，各给衣粮，分别遣归安插，报由大学士前任陕甘督臣左宗棠奏明外，其余所获之安集延夷官大通哈一名，其名为爱伊德尔呼里。夫通哈者，犹华言大总管也。又胖色提六名，一名爱什迈特，一名宜牙子迈特，一名毛喇阿迈特，一名他亦尔呼罗，一名爱里迈特，一名迈买地里。胖色提者，犹华言营官也。又安集延玉子巴什三十六名，南八城玉子巴什十二名。玉子巴什者，犹华言哨官也。又安集延职事人等如华言什长之类者四十六名，此外尚有被胁夷众一百二名。计共获安集延二百十三名。时因大通哈供称，愿遣人报知帕夏阿古柏，缚送陕酋白彦虎，表顺归诚，再求恩宥。各胖色提亦同声代阿古柏乞款。臣比许其各遣亲信数人往告阿古柏，一面将大通哈并各夷众派员羁押，以俟回报。均禀由左宗棠核明奏报在案。旋以遣去夷众回报需时，而此项擒获安集延人数过多，行营方长驱前进，未便久押，禀经左宗棠批解肃州，暂行监禁。

臣于得批后，委派总兵凌应高点验起解。除各夷目遣归送信未还及因被擒受伤过重旋即身死并在押、在途病毙外，计解到肃州一百一十二名。左宗棠饬于肃城南隅隙地，另修狱房一所，房外四面高筑围墙，将各夷犯圈禁其中，饬肃州镇标中军守备拨兵防范，俾免疏失。并由肃州转运局按月给予口粮，届冬仍各给棉衣，以示体恤。嗣因夷目大通哈、胖色提并各玉子巴什等潜谋凿墙逃走，经左宗棠查悉，立将各夷目及谋逃各犯讯明，军前正法。余存安集延人七十名，仍行圈禁。计自三年九月十八日解肃收禁，至

---
①因缺原件、录副，此前衔系推补。

今已逾四年之久。检查从前被获时原讯口供,现存各安集延人等多系胁从,并有为酋长勒令随队贸易者,委非甘心从逆,情本可原。且达坂城一役,所擒之汉缠并本地各回及土尔扈特种人,凡系胁从,或遣归原籍,或就近安插,均经奏明办理有案。此起安夷虽与汉缠回民有别,然核其受酋胁制之情,初无二致。现在豢养数载,均能守法安分,感激国恩。据安肃道王必达①详请核办前来。

臣维达坂城所擒之安集延人等,原因该夷目大通哈等自请公同上书帕夏阿古柏,劝其缚献白逆,是以由营押解肃州,暂行圈禁。迨后阿古柏以势穷力蹙,服毒身死,缚献白逆一节亦遂无回报,而大通哈等凿墙谋逃,经左宗棠讯明正法,其余各犯因系胁从,又未同谋逃走,仍行圈禁,以至于今。左宗棠原拟俟军务大定,奏恳恩施。惟此起系安集延胁从之犯,较之从前擒获缠回胁从各犯,办理颇难。若远迁内地,该犯等语言不通,服食不同,自难望其安处。若概行迁归本国,安集延地方切近回疆,窃恐遣归之后,若辈视从逆为故常,亦非所以示远人而昭儆戒。若仍久禁肃州,则中俄和议已定,肃州现准通商,安集延今属俄人边部,将来俄人至肃,其中难保无代为请命者。允则不成事体,不允又虑枝节横生。此种情形,均为事所或有。若不先事虑及,临时必致差谬。

臣思维再四,拟恳天恩将肃州监禁各安集延之原供贸易者遣归本国。其余被胁勉从者,酌发南八城各阿奇木伯克为奴,严加管束,不准远出滋事。似此分别拟办,庶遣归者共戴皇仁,而分发为奴者亦知守法安分矣。如蒙俞允,再由臣将各犯行提到营,宣布朝廷抚良诛匪德意,晓以利害,反复开陈,务使遣归、分发各夷类,咸知怀德畏威,不敢妄萌异志,方为得宜。

所有前克达坂城擒获安夷监禁肃州日久,现拟分别办理缘由,是否有当?理合恭折具陈,伏乞皇太后、皇上圣鉴训示。谨奏。

---

①王必达(1822—1881),字质夫,号霞轩,广西临桂(今广西壮族自治区桂林市)人。道光二十三年(1843),中式举人。咸丰二年(1852),因军功经广西巡抚劳崇光保知县。五年(1855),选江西南康府建昌县知县。同年,捐升知州。八年(1858),保知府。同年,署理建昌府知府。十一年(1861),署理南昌府知府。同治元年(1862),补授饶州知府。三年(1864),保道员,戴花翎。七年(1868),大计卓异,加一级,以道员补用。九年(1870),署理江西按察使。十二年(1873),升江西督粮道。十三年(1874),丁父忧,回籍守制。光绪三年(1877),补授甘肃安肃兵备道。七年(1881),调补广东惠潮嘉兵备道。

光绪七年九月初十日①,军机大臣奉旨:着照所请,该部知道。钦此。②

055. 原保案内余炳奎底衔有误请更正奖叙片
光绪七年八月十七日(1881年10月9日)

再,新疆南北两路一举荡平案内,经大学士前任陕甘督臣左宗棠汇保之附生余炳奎,请以盐大使分省尽先补用,并请赏戴蓝翎,于光绪六年正月三十日奉旨允准钦遵在案。查该员前以附生来营投效,随队肃清南疆,事竣假旋湖南长沙原籍,于光绪四年九月应本省科试,考取一等。五年十二月,廪贡缺出,经湖南学政臣咨部补廪注册。兹据该员禀恳具奏更正,将前案"附生"底衔改为"廪生"字样等情前来。

臣复查无异。仰恳天恩俯准,将新疆荡平案内附生金炳奎底衔改为廪生,请以盐大使分省尽先补用,并请赏戴蓝翎,饬部注册,俾免两歧。除咨部外,谨附片具陈,伏乞圣鉴,训示,施行。谨奏。

光绪七年九月初十日,军机大臣奉旨:该部知道。钦此。③

056. 奏调候补道雷声远回省委用缘由片
光绪七年八月十七日(1881年10月9日)

再,前据督办吐鲁番采运抚辑善后总局甘肃候补道雷声远禀称:吐城善后诸事宜,现均办有条绪,政务较前稍简,此后无庸设局专管,拟即裁局,以节縻费,将一切经手事件移交吐鲁番同知衙门经理,自请回省候补等情。

臣查雷声远,自光绪三年间经大学士前任陕甘督臣左宗棠奏委,办理吐鲁番采运抚辑善后事宜。④ 臣驻军托克逊、吐鲁番一带,方谋进规南路,

---

① 此奉旨日期据《军机处随手登记档》(档案编号:03—0232—3—1207—269)校补;另见《德宗景皇帝实录(二)》,卷一百三十六,光绪七年九月上,第957页。
② 《奏稿》第299—305页。
③ 中国第一历史档案馆藏:《军机录副》,档案编号:03—5818—072。
④ 详见光绪四年二月二十二日陕甘总督左宗棠《奏报循例甄别试用道员情形折》(台北故宫博物院藏:《军机及宫中档》,文献编号:408006151—1;中国第一历史档案馆藏:《军机录副》,档案编号:03—5128—101)。

以粮运维艰、师行乏食，引为深虑。幸该员办理采运最为得力，臣得率诸军扫荡而前，士饱马腾，无后顾忧，用能速摧狂寇，底定八城。而其时吐鲁番属境乱后地荒民散，凋残已极。该员洁己奉公，将地方应办诸务切实举行。数载以来，地利日兴，户口日增，固已大著成效。据禀请裁局各节，臣详加查核，系属实在情形，当经批准照办去后。兹复据禀称，撤局、交代诸事业已逐一清厘，恳请咨送回省前来。

臣查该员老成稳慎，廉正忠实，使膺监司之任，必能不负职守。现既交卸局务，应即准其回甘肃省城，听候委用。除咨护理陕甘督臣杨昌濬查照外，谨附片具陈，伏乞圣鉴。谨奏。

光绪七年九月初十日，军机大臣奉旨：知道了。钦此。①

057. 请准陕西臬司沈应奎暂缓交卸折

光绪七年九月十七日（1881 年 11 月 8 日）

署理钦差大臣督办新疆军务通政使司通政使二等男臣刘锦棠、头品顶戴会办新疆善后事宜护理陕甘总督甘肃布政使臣杨昌濬跪奏，为升任臬司经手粮台军需报销未竣，请暂缓交卸，以清要案，恭折会陈，仰祈圣鉴事。

窃臣于光绪七年九月初八日接准吏部咨开：八月十三日内阁奉上谕：贵州布政使着沈应奎②补授。钦此。自应循例吁请陛见，迅赴新任。惟查沈应奎经前督臣吴棠委办驻陕军需局，嗣该局裁并，复筹办西征粮台，前后十有余年，所有经理后路一切收支及转运接办事宜，廉明精晰，巨细兼综。每当支绌万分之际，尤能设法筹措，力济饿军，前督臣依赖最殷，臣等深资其助。自同治五年十月起至光绪三年底止，所有军需收支款目，

---

①中国第一历史档案馆藏：《军机录副》，档案编号：03—5164—037。
②沈应奎（1821—1895），字小筠，号吉田。咸丰间，选为云南恩安待铨知县。同治五年（1866），保同知，加知府衔。同年，代理泉州府知府。八年（1869），改留陕西。十年（1871），保道员，办理陕西军需局事务。十三年（1874），署陕安道。光绪元年（1875），署陕西盐法道。五年（1879），办理粮台驻陕局事务。六年（1880），升陕西按察使。七年（1881），迁贵州布政使。十年（1884），被参革职。十三年（1887），赴台湾办理军需事务。同年，经刘铭传奏请开复原官。旋署台湾藩司。十五年（1889），署理台湾藩司。十七年（1891），补授台湾布政使，护理台湾巡抚。同年，进京陛见，卒于途。

遵旨开单报销，以归简易，均饬由该升司三次钦遵开单造报，经左宗棠详核具奏在案。

兹查光绪四年正月起至六年底止，关内外各军营局收支用款，经前督臣左宗棠及臣等奏奉恩旨，仍准开单报销，自应仍由该台赶紧汇案造报，以免延误。光绪六年以前军需收支各款项，系左宗棠任内之事，左宗棠离甘以后，层界曲折，头绪纷繁，非在事年久熟悉款目之员办理，难臻妥洽。刻查关内各军款册已满，惟关外各营局用款册籍尚未查取齐全，臣等正在催令查办，事关紧要，未便遽易生手。合无仰恳天恩，俯准升任陕西臬司沈应奎暂缓交卸，俾将此案报销一手赶办完竣，一俟告藏，即行饬令北上，不致久稽。仰荷鸿慈，曷胜感悚。

所有臣等请暂留升任臬司清结销案缘由，谨会同陕西抚臣冯誉骥，恭折由驿驰陈，伏乞皇太后、皇上圣鉴训示。再，此折系臣昌濬主稿，合并声明。谨奏。九月十七日。

光绪七年九月二十八日，军机大臣奉旨：沈应奎俟叶伯英到陕交卸臬篆，将经手事件办竣，仍遵前旨来京陛见。钦此。①

058. 请将原保各省筹饷出力各员奖叙缘由片
光绪七年九月十七日（1881年11月8日）

再，前督臣左宗棠于新疆南北两路一律荡平各省关筹解协饷及各项差使出力各员请奖案内列保之提举衔布经历杨震清等语，照原单给奖。光绪六年正月二十六日奉旨：着该部议奏，钦此。旋准部咨，分别准驳各员，遵旨复奏。光绪六年八月初九日具奏，奉旨：依议。钦此。钦遵将所保各员援引光绪五年三月初二日钦奉谕旨"不准率行滥保"，请旨撤销，并将准驳各员钞单咨行前来。

臣等伏查光绪五年钦奉谕旨不准滥保，系专指劝捐各员而言。该员等均系筹办西征协饷，历时十数年之久，银至九百余万之多，在事异常出力。其兼办陕、甘、云、贵四省捐输，亦与他省劝捐不同，悉数分解，藉资

①中国第一历史档案馆藏：《军机录副》，档案编号：03—5164—096。

接济。准江西抚臣李文敏①咨称:江西并未留用丝毫。该员等久历辛勤,收捐将及百万,未便没其劳勋,实无稍涉冒滥。合无仰恳天恩俯准,将原请给奖之提举衔布经历杨震清已于另案准保在任候补知州,今请改保俟补知州后,以直隶州知州补用;蓝翎二品顶戴分省补用同知王向荣已于另案准保知府,今改请加道衔;提举衔在任候选通判按察司司狱汤济川现已丁忧开缺,今改请保俟服阕后,以通判留江西补用;同知衔升用同知直隶州江西候补班前补用知县蒋诚,前保四品顶戴,与例未符,今改请加随带三级;花翎在任候选知府尽先升用同知直隶州临川县知县汪以诚,系在任候选知府,今改请保以知府在任补用;调补丰城县知县孟庆云已于另案准保同知,今改请俟补同知后,以知府补用;花翎运同衔遇缺补用同知前赣县知县崔国榜,已准补南昌府同知,今请改保以知府在任补用。其余盐运使衔江西候补知府颜钟骥,仍请照依原保候补缺后,以道员用;补用道江西候补知府刘锡鸿仍请照依原保,加盐运使衔;江西尽先补用知府南昌县知县汪世泽仍请俟补缺后,以道员用;又原保应升之缺升用部库大使吴鸣盛系现任江西布政使库大使,仍请以知县留江西补用。以上各员,臣等接准江西抚臣李文敏咨会前来。复加查核无异,西征协饷,惟江西筹解极为尽力。

所有各员奖案未便任其向隅,谨合词附片陈明,伏乞圣鉴,饬部照请给奖施行。谨奏。

光绪七年九月二十六日,军机大臣奉旨:吏部议奏。钦此。②

【案】此片具奏日期,录副目录署"光绪七年九月二十六日"。查《军机处随手登记档》③,载有"朱批刘锦棠、杨昌濬折,报四百里,九月十七日甘肃省城发"等字样。据此,此片具奏日期当为"光绪七年九

---

①李文敏(1822—1890),字少颎,号捷峰,陕西西乡人。咸丰二年(1852),中式进士,签分礼部祀祭司兼仪制司行走。七年(1857),赴奉天督办皇陵工程,升补主事。同治元年(1862),补授主客司主事。二年(1863),升祠祭司员外郎。三年(1864),京察一等,升祠祭司郎中。四年(1865),充会试正提调官。同年,保道员,赏戴花翎。五年(1866),补授安徽凤阳府知府。七年(1868),调补天津府知府。十年(1871),迁广东按察使,调江西按察使。光绪元年(1875),升授江西布政使。同年,护理江西巡抚。四年(1878),擢江西巡抚兼署江西提督。八年(1882),被参以原品休致。十一年(1885),诏授两江总督,以年老辞归。
②中国第一历史档案馆藏:《军机录副》,档案编号:03—5164—097。
③中国第一历史档案馆藏:《军机处随手登记档》,档案编号:03—0232—3—1207—287。

月十七日",兹据校正。

059.奏报关内外裁减兵勇发给饷银片
光绪七年九月十七日(1881年11月8日)

再,臣等前准部咨内称:现在借定洋款,一切布置自当宽然有余,应将各营勇量为裁并,总期饷力稍纾,预为归还洋款之地等因。当即会商分饬各统领营官遵照、切实挑汰在案。现截至八月底止,关内各营陆续裁撤马步弁勇一千一百余名,共发积欠饷银四万九千五百余两。关外各营陆续裁撤马步弁勇四千一百余名,共发积欠饷银五十七万八千六百余两。总计本年关内外先后共裁撤马步弁勇五千二百余名,合共发给饷银六十二万八千有奇,均在前借洋款及协饷内提给。此后仍当随时酌量裁减,以期撙节而纾饷力。谨附片陈明,伏祈圣鉴。谨奏。

光绪七年九月二十六日,军机大臣奉旨:该部知道。钦此。①

【案】此片具奏日期,录副目录署"光绪七年九月二十六日"。查《军机处随手登记档》②,载有"朱批刘锦棠、杨昌濬折,报四百里,九月十七日甘肃省城发"等字样。据此,此片具奏日期当为"光绪七年九月十七日",兹据校正。

060.吁恳收还成命另简贤能接替折
光绪七年十月初一日(1881年11月22日)

钦差大臣督办新疆军务通政使司通政使二等男臣刘锦棠跪奏,为吁恳天恩,收还成命,另简贤能接替,以重边疆而免贻误,恭折仰祈圣鉴事。

窃臣准吏部咨开:光绪七年八月二十四日内阁奉上谕:通政使司通政使刘锦棠,着授为钦差大臣,督办新疆军务等因。钦此。伏念臣识浅才疏,不学无术。自接权篆务以来,夤作夜思,时形竭蹶,于边域全无裨益,自知力小任重,弗克负荷,曾经两次披沥下忱,具折恳辞,未获仰邀俞允,五内屏

---

①中国第一历史档案馆藏:《军机录副》,档案编号:03—6690—061。
②中国第一历史档案馆藏:《军机处随手登记档》,档案编号:03—0232—3—1207—287。

营,不知所出。微臣之愚,犹谓暂行署理,不过目前权宜之举,一切事宜惟有勉循左宗棠规画成法,静候交代。乃蒙倚畀益隆,授为钦差大臣,督办新疆军务。闻命之下,悚惶莫名。臣自束发从军以洎于今,受恩至为深重,即捐糜顶踵,难言报称。前次迭辞重任,均荷温谕训勉,已不禁感激涕零。兹复荣膺特授,宠遇愈优。臣心非木石,苟为绵力之所克逮,自当黾勉以从,藉答涓埃,何敢饰让沽名,畏难诿责,以自外高厚生成。惟新疆幅员周二万余里,内而种族蕃杂,外而强邻密迩。属兹久乱积疲之后,以防务言之,则饷项日绌,筹画綦难。以善后言之,则事系创举,繁重异常。至于中外交涉诸事件,尤动关全局安危。疆事之艰巨,倍于各省;督办之仔肩,重于督抚。是非勋望夙著、卓有经世之略者,不足以策久安而资统辖。

臣本军旅粗材,国家苟有缓急,属以偏师,俾效驰驱,仰赖福威方略,或可幸呈薄效。至关外岩疆重寄,实非臣之庸陋所能济事。在一时承乏,已愧建树毫无,若复贪荣恋栈,居之不疑,终必误公旷职,烦朝廷异时西顾之忧。迨至偾事之余,即治臣以应得之罪,而贻害已属不浅。与其陨越于将来,不若渎陈于此日。合无仰恳天恩,俯念西事关重,收还成命,另简贤能大员,畀以钦符,督办新疆军务,庶边境可期永奠,而臣得藉以自循愚分。如蒙允准,拟俟交替后,即行徼装北上,泥首宫门,以伸犬马恋主之忱。

臣从前剿办关内外逆回,出入锋镝之中者十有余年,初未尝有所规避,何至顿改效命之初心,自便偷安之私计! 只以才力不及,不得不吁恳,矜全区区愚悃。倘邀圣慈垂谅,匪独微臣之幸,实边事之大幸也。

谨缮折由驿具奏,伏乞皇太后、皇上圣鉴训示施行。谨奏。光绪七年十月初一日。

军机大臣奉旨:览奏,情词恳切,具见寅畏之忱。惟念刘锦棠任事经年,办理一切,颇臻妥协。该大臣膺兹重寄,惟当将防务善后及中外交涉诸事竭力筹办,以期边圉久安,用副委任,毋许固辞。钦此。①

光绪七年十月二十日,军机大臣奉旨:览奏,情词恳切,具见寅畏之忱。惟念刘锦棠任事经年,办理一切,颇臻妥协。该大臣膺兹重寄,惟当将防务善后及中外交涉诸事竭力筹办,以期边圉久安,用副委任,毋许固辞。②

---

① 中国第一历史档案馆藏:《朱批原件》,档案编号:04—01—16—0213—027。又《奏稿》第311—316页。
② 台北故宫博物院藏:《军机及宫中档》,文献编号:119106。

061. 审拟已革提督李泗益等被控一案情形折
光绪七年十月二十日（1881年12月11日）

钦差大臣督办新疆军务通政使司通政使二等男臣刘锦棠跪奏，为审明原参营员前办局务、差务尚无诈索侵匿各情，分别拟结，恭折具陈，仰祈圣鉴事。

窃臣前在喀什噶尔行营因案查出已经准假回籍之记名提督李泗益、尽先补用都司黄金钺，有侵匿逆财、诈索银两各情事，当经咨请大学士陕甘督臣左宗棠奏革提营、以凭讯办①，奉上谕：着照所请，兵部知道。钦此。钦遵由左宗棠分别转行该革员等原籍地方官，查解来哈密行营。因案内人证均远在喀什噶尔，未便提讯，致滋拖累，仍将该革员等递解喀城，发交湘军总理营务处，会同喀什噶尔善后总局，提案研审去后。兹据营务处道员罗长祜、善后局道员袁鸿佑讯明，录供会详前来。

臣复加查核，缘已革记名提督李泗益前于光绪三年随队克复喀什噶尔后，委办回城稽查局，查缴缠回家藏军械。十一月内，李泗益赴乡亲查，适有小阿尔吐什庄缠回玉素普报称，该庄回子哎三家中有安集延抛弃银两。李泗益往查属实，计查获大宝银三十锭，合湘平重一千五百五十一两三钱。当即携带回籍，如数报明呈缴在案。是月二十四日，忽据哎三回子赴局呈称：家中尚有未缴逆财尾数银四十三两，今一并呈缴，一面干咎。李泗益比即验收，因系尾数，未及转呈，拟俟另有查获，再行一律补缴。时值贫难，汉民赴局求给衣履。李泗益因时当严寒，地方初复，尚未设有善后、赈抚各局，即将收到尾数逆财饬交阿奇木购备衣履，散发贫民，计共用去银一百一十二两四钱。除付过逆财外，尚不敷银六十余两。李泗益因阿奇木开单请领前来，即将不敷银数自行捐垫。旋因母病请假，嘱令局友李兰坡将制备贫民衣履用去逆财尾数具报。李兰坡因挟李泗益往日酒醉口角微嫌，又以伊告假在即，遂将散给贫民衣履一事全行捏作捐垫禀报，并不声明用去逆财一节，意图陷害。李泗益向不识字，未及查明，自以收到尾数已经报过，

---

① 详见光绪五年四月十二日陕甘总督左宗棠参奏花翎记名提督西林巴图鲁李泗益、花翎尽先补用都司黄金钺前在关外有侵匿诈索银两情事缘由（中国第一历史档案馆藏《朱批原件》，档案编号：04—01—17—0181—060;《军机录副》，档案编号：03—7386—054）。

当即离营回籍。李兰坡亦即出局他往。嗣缠回哎三查知李泗益迅速假归，恐前次缴到银两未能转交，遂将先后缴过数目自行呈报到营，核与李泗益所交数目两不相符，经臣咨请左宗棠奏革提案，讯悉前情，调验稽查局卷宗并制备贫民衣履帐单，确有可据；缉拿李兰坡无踪，严审李泗益，坚供如前，尚无隐瞒，悔于收到逆财尾数并不即时呈缴，迨经局友捏词禀报，又不细心查察。此李泗益办事颟顸之实在情形也。

又已革尽先补用都司黄金钺，前于光绪三年随队出力，经臣派充行营巡捕差使。是年冬间，克复喀什噶尔各城，因暂行委署阿奇木伯克员缺，承当差役，所有委札均饬令黄金钺查明确交，以免错误。黄金钺转派通事喜儿一名、亲兵张得贵一名，分别送交去后。旋据阿奇木伯克尼牙子派人送到陕甘银锞一十二锭，计重二十五两三钱，以作折办酒席之资。黄金钺初不肯受，饬令如数退还。次日，该阿奇木来营谢委，又将昨日银两拿来，口称我们缠头回子向来委了阿奇木伯克，要请送委札的人吃喜酒，今蒙送委下来，本要请吃喜酒，奈喀什方才克复，城内尚无酒席馆，我们缠头又不吃猪肉，难以成席，特意送点银两，请自办酒席，此外我们并无干求，不要见弃等语。黄金钺即晓以行营不准收受礼物，该阿奇木仍再三申说，执意要送，旋将银两丢放椅上走了。黄金钺见其词意真切，又无他求，随即收下。黄金钺旋即告假回籍。嗣臣访闻各回目等性喜钻营，因出示严禁馈送，违者与受同科，并饬查克复各城时各营员弁有无诈索情事。该阿奇木尼牙子以从前曾送过黄金钺银两恐被查出，心生畏惧，因见黄金钺告假回家，恃无对质，即以黄金钺诈索具控。经臣咨请奏革解营，提同尼牙子，审悉前情。尼牙子于讯明后旋即病故。勒令黄金钺缴出收受银两，严诘黄金钺，委因递送阿奇木委札收受馈送折办酒席银两外，并无贪婪诈索。所派通事喜儿、亲兵张得贵亦无知情分赃情事。此黄金钺在营充当巡捕、违犯禁令之实在情形也。

以上二案，均经逐一讯明，尚无遁饰。据营务处会同喀什噶尔善后局道员拟议会详前来，应即拟结。查已革记名提督西林巴图鲁李泗益，前办喀什噶尔回城稽查局务，于前缠回呈缴逆财尾数并不即时呈报，辄因贫民求恳，擅行购办衣履散给，已属不合。迨经嘱令局友禀报，又不查明确实，以致李兰坡捏词具禀，遂将用去逆财漏未声叙，虽讯无隐瞒侵匿入己情事，实属办事糊涂，业经革职，应毋庸议，仍勒令将漏报逆财照数赔缴，以重官项。

已革尽先补用都司黄金钺,前充行营巡捕差使,并不遵照行军禁令,于分发回目委札,辄敢收受馈送银至二十余两之多,虽经饬令如数缴出,讯无诈索贪婪情事,实属不法,业经革职,应请永不叙用,仍由应递解回籍,交地方官严加管束,以肃营规。

回目尼牙子馈送黄金钺银两,因臣出示严禁,恐被查出获咎,以致具控诈索,实属居心狡诈,有意虚诬,应即按诬治罪。惟尼牙子业于讯明后病故,应与具控有因之回子哎三、并不知情之通事喜儿、亲兵张得贵,均免置议。案内无干省释。完缴赃银,充公动拨。

除李兰坡一犯获日另结外,所有审明原参营员前办局务、差务尚无侵匿诈索各情分别议拟缘由,理合恭折具奏,伏乞皇太后、皇上圣鉴训示施行。谨奏。光绪七年十月二十日。

军机大臣奉旨:着照所请,该部知道。钦此。①

光绪七年十一月十四日,军机大臣奉旨:着照所请,该部知道。钦此。②

062. 请免郑锡澡缴捐复银两片

光绪七年十月二十日(1881年12月11日)

再,臣军委员开复花翎升用同知浙江候补知县郑锡澡,前于新疆南路诸军五次剿平边寇案内在事尤为出力,经臣与本年六月初二日附片奏保,请免其补缴加倍捐复银两,以知县仍留浙江补用,并俟补缺后,再行送部引见。光绪七年七月初四日,军机大臣奉旨:该部议奏。钦此。兹准吏部咨开:查郑锡澡革职原案,系属私罪,今得有劳绩,请免缴捐复银两,仍留浙江补用,并未奉旨允准,且例应引见人员,非军务省分,概不准保俟补缺后再行引见。所请免其补缴加倍捐复银两仍以知县仍留浙江补用并俟补缺后再行送部引见之处,均核与章程不符,应毋庸议。仍饬该员补缴加倍捐复银两,俟银两缴清,给咨赴部引见,由部另擎省分补用等因。于光绪七年闰七月十四日具奏,奉旨:依议。钦此。恭录知照到臣。

①台北故宫博物院藏:《军机及宫中档》,文献编号:119506。
②台北故宫博物院藏:《军机及宫中档》,文献编号:119505。

伏思此案既经吏部议驳，奉旨依议，自应钦遵办理。惟查郑锡滜前随臣迭次剿办边寇，打仗奋勇，阵斩要逆，实属异常出力。虽此次所请奖叙系属奉旨交议，并非已蒙允准之案，然臣于本年四月初十日陈明五次剿平边寇案内，郑锡滜应得褒奖，请俟剿办阶州番匪保案部复到营，再行甄叙。奉旨：该衙门知道。钦此。钦遵在案。

是郑锡滜著有劳绩未可掩抑，固已早邀圣明洞鉴。若因该员保案现经部臣一并议驳，臣遂将所立战功置不复录，而同案出力诸员，皆已仰蒙恩奖，独任郑锡滜一员向隅，将何以昭公允而作士气！在部臣谨守成法，自不容不遇事循例，而边疆军务非信赏难以图功，臣亦不能不为另核请奖。合无仰恳恩施，准将开复花翎升用同知浙江候补知县郑锡滜，免其补缴加倍捐复银两，仍俟该员经手事件完竣，给咨赴部引见，由部另行签掣省分补用，以奖前劳而策后效之处，出自逾格鸿慈。谨附片具陈。是否有当？伏乞圣鉴训示施行。谨奏。

光绪七年十一月十四日，军机大臣奉旨：着照所请，该部知道。钦此。①

【案】关于郑锡滜上缴捐复银两一案，清廷仍勒令按限追缴。光绪十二年十一月初十日，浙江巡抚卫荣光附片曰：

再，稽核豁免总局布政使许应鑅详称：本届查豁民欠、追提滥款案内，有回籍及改省各欠员，现经开单详奉奏咨，将各该员押解来浙，以凭严追在案。迄今日久，未准咨复，亦未据各该员来浙完解，均属任意违延。兹查……郑锡滜一员，贵州玉屏县人，欠缴银七千五百二十七两。该员现在新疆效力。……以上四员，皆非无力完缴，岂容日久延宕。开单详请分别奏咨前来。

臣查陈宝善等均系有官人员，现有差委，应缴浙省豁免案内滥款银两，自应遵饬完纳。除开单分咨各该员改省元将军、都统、督抚等转饬赶紧扫解外，相应请旨饬下各该将军、督同、督抚等转饬各该员将应缴前项银两迅速扫解，如在迟延，即行委员押解来浙，以便按限勒追，以重库款而儆玩延。理合附片陈请，伏乞圣鉴训示。谨奏。②

---

①台北故宫博物院藏：《军机及宫中档》，文献编号：119514。又《奏稿》第317—321页。
②中国第一历史档案馆藏：《军机录副》，档案编号：03—6558—071。据卫荣光此奏，郑锡滜捐复银两仍勒令按限追缴（《德宗景皇帝实录（四）》，卷二百三十五，光绪十二年十一月下，第169页）。

063. 请将李永飞等底衔分别更正片

光绪七年十月二十日（1881年12月11日）

再，新疆南北两路一举荡平，大学士前任陕甘督臣左宗棠汇保在事出力员弁案内，选用县丞李永飞，请免选本班，以知县留甘补用。浙江试用县丞王弼，请以知县补用。均于光绪六年正月三十日奉旨允准钦遵在案。惟李永飞底衔原系分省补用县丞，此案误作选用县丞；王弼底衔原系指分广西试用县丞，此案误作浙江试用县丞。应将李永飞底衔改为分省补用县丞，仍免补本班，以知县留甘补用。王弼底衔应改为指分广西试用县丞，仍以知县补用。

又新疆南路诸军五次剿平边寇，经臣汇保在事出力员弁案内，升用提督陕甘补用总兵余忠泰，请以提督交军机处记名，遇有提督、总兵缺出，请旨简放。蓝翎盐提举衔知府用补用直隶州知州甘肃候补知县方希林，请赏换花翎。均于光绪七年五月二十日奉旨允准钦遵在案。惟余忠泰底衔原系补用提督，此案误作升用提督陕甘补用总兵；方希林底衔原系蓝翎知府用补知县后补用直隶州知州先换顶戴甘肃候补知县，此案误作蓝翎盐提举衔知府用补用直隶州知州甘肃候补知县。应将余忠泰底衔改为补用提督，仍以提督交军机处记名，遇有提督、总兵缺出，请旨简放；方希林底衔应改为蓝翎知府用补知县后补用直隶州知州先换顶戴甘肃候补知县，仍赏换花翎。所有以上四员保案底衔错误之处，实因当初行取衔名，该各营原呈清单笔误所致。兹据该员等禀请具奏更正前来。

臣复核无异。合无仰恳天恩俯准，饬部分别更正注册，俾免歧异而昭核实，出自逾格鸿慈。除咨部外，谨附片陈明，伏乞圣鉴训示施行。谨奏。

光绪七年十一月十四日，军机大臣奉旨：该部知道。钦此。①

【案】此片具奏日期，录副目录署"光绪七年十一月十四日"。查《军机处随手登记档》②，载有"朱批刘锦棠折，报四百里，十月二十日

---

①台北故宫博物院藏：《军机及宫中档》，文献编号：119511。
②中国第一历史档案馆藏：《军机处随手登记档》，档案编号：03—0232—4—1207—330。

哈密发"等字样。据此，此片具奏日期当为"光绪七年十月二十日"，兹据校正。

064. 请将刘思谦保案饬部注销片

光绪七年十月二十日（1881年12月11日）

再，云贵督臣刘长佑①曩以新疆军务吃紧，遣其子正二品荫生刘思谦远来关外，投营报效，于新疆南北路一举荡平案内在事出力，经大学士前陕甘督臣左宗棠汇保，请以直隶州知州留于陕西，遇缺即补，光绪六年正月三十日，奉旨允准钦遵在案。惟查刘思谦本系未经考试之正二品荫生，此案底衔误作六部候选主事。旋复于新疆南路诸军五次荡平边寇案内著有劳绩，臣于本年四月间遵旨汇保在事出力各员弁，原拟将刘思谦酌量保奖，以示鼓励。而刘思谦以边防现已解严，志在读书考试、学习部务，再三坚辞，情词恳切，是以未经汇列请奖。然臣心终有未安，正拟据实具奏，适据禀请注销留陕西遇缺即补直隶州知州保案，仍以正二品荫生赴部听候考试等情前来。

臣维刘长佑关怀全局，当西事孔殷之际，训其子以忠义，饬令荷戈万里之外，藉报国恩，深有合于大臣公忠之道。而刘思谦自奉父命从军，遇事勇锐血诚，不避劳怨，屡著战功，退然不以自居，兹以边防解严，志在读书考试、学习部务，禀请注销保案，其志趣甚属可嘉。自来世禄之家，每鲜贤能子弟如刘思谦之质朴刚直，志行俱好，盖不可多覯。合无仰恳天恩准将刘思谦前保留山西遇缺即补直隶州知州一案，饬部注销。其迭次所著劳绩，可否另加恩施、用昭激劝之处，出自逾格鸿慈，微臣未敢擅拟。如蒙俞允，俟刘思谦经手事件完竣，即当给咨，令其赴部，合并声明。

谨附片具奏，伏乞圣鉴训示。谨奏。

---

①刘长佑（1818—1887），字子默，号荫渠，湖南新宁人。道光二十九年（1849），拔贡。咸丰二年（1852），充教谕，选知县。六年（1856），加按察使衔。七年（1857），晋布政使衔，加齐普图巴图鲁勇号。九年（1859），补广西按察使。同年，授广西布政使。十年（1860），擢广西巡抚。十一年（1861），兼署广西提督。同治元年（1862），补授两广总督。同年，调补直隶总督。十年（1871），补广东巡抚。同年，调广西巡抚。光绪元年（1875），补云贵总督。九年（1883），开缺回籍。卒赠太子太保，谥武慎。

光绪七年十一月十四日,军机大臣奉旨:吏部议奏。钦此。①

【案】此片具奏日期,录副目录署"光绪七年十一月十四日"。查《军机处随手登记档》②,载有"朱批刘锦棠折,报四百里,十月二十日哈密发"等字样。据此,此片具奏日期当为"光绪七年十月二十日",兹据校正。

065. 请将道员杨杰交部优恤片

光绪七年十月二十日(1881年12月11日)

再,臣行营已故营务处委员花翎留甘肃遇缺尽先题奏道杨杰,自咸丰年间投效军营,夙著勤劳。前值边防戒严,营务异常繁剧,该员承办一切,勇于任事,夙夜从公,不辞劳瘁,实军中最为得力之人。③ 奈该员体素清羸,因用心过度,以致元气大亏,渐成虚劳之证,始犹不甚介意,仍复力疾办公,毫无贻误。旋因关外寒热无常,水土不宜,外感乘虚,深入膏肓,医药罔效,竟于光绪七年闰七月十八日在哈密行营病故,实系积劳所致,深堪悯惜。合无仰恳天恩俯准,饬部将已故花翎留甘肃遇缺尽先题奏道杨杰,照军营积劳病故例,从优议恤,以彰劳荩之处,出自逾格鸿慈。谨附片具陈,伏乞圣鉴训示施行。谨奏。

光绪七年十一月十四日,军机大臣奉旨:杨杰着照所请,交部从优议恤。钦此。④

【案】此片奉旨日期,录副缺署。据《清实录》:"壬寅,予已故甘肃遇缺题奏道杨杰优恤。"⑤"壬寅"即"十一月十四日",与《军机处随手登记档》⑥所载一致。兹据校补。

---

①台北故宫博物院藏:《军机及宫中档》,文献编号:119515。
②中国第一历史档案馆藏:《军机处随手登记档》,档案编号:03—0232—4—1207—330。
③详见光绪五年九月十四日陕甘总督左宗棠以杨杰等精明干练奏留办理善后事宜缘由(中国第一历史档案馆藏:《朱批原件》,档案编号:04—01—12—0526—029。又《军机录副》,档案编号:03—5142—034)。
④台北故宫博物院藏:《军机及宫中档》,文献编号:119507。又《奏稿》第323—324页。
⑤《德宗景皇帝实录(二)》,卷一百三十九,光绪七年十一月,第995页。
⑥中国第一历史档案馆藏:《军机处随手登记档》,档案编号:03—0232—4—1207—330。

066. 请准提督丁桂智免其骑射片
光绪七年十月二十日（1881年12月11日）

再，据头品顶戴记名遇缺简放提督壮勇巴图鲁丁桂智禀称：前于同治七年二月间随同官军，攻克甘肃狄道州城，右腿受炮子伤一处，筋骨损折。近年带队出关，每值阴雨，伤痕辄发，痛楚难堪，虽时常医药调理，然受伤过重，不能马上挽弓，恳请奏免骑射前来。臣复查无异，合无仰恳天恩俯准，免其骑射，以示体恤，出自逾格鸿慈。谨附片具陈，伏乞圣鉴训示。谨奏。

光绪七年十一月十四日，军机大臣奉旨：着照所请，兵部知道。钦此。①

【案】此片具奏日期，录副目录署"光绪七年十一月十四日"。查《军机处随手登记档》②，载有"朱批刘锦棠折，报四百里，十月二十日哈密发"等字样。据此，此片具奏日期当为"光绪七年十月二十日"，兹据校正。

067. 请将赈恤土尔扈特南部落银两核销折
光绪七年十一月二十一日（1882年1月10日）

钦差大臣督办新疆军务通政使司通政使二等男臣刘锦棠跪奏，为遵旨发过土尔扈特南部落人众赈恤银两，恳请饬下理藩院核销，恭折具陈，仰祈圣鉴事。

窃查大学士前任陕甘督臣左宗棠移交案卷内，光绪四年九月间，土尔扈特南部落难民七千八百余名口，由伊犁西湖仍归喀喇沙尔珠尔都斯地方游牧，经喀喇沙尔善后局员黄丙焜③、防营营官黄长周妥为安插，查明待赈

---

① 台北故宫博物院藏：《军机及宫中档》，文献编号：119509。
② 中国第一历史档案馆藏：《军机处随手登记档》，档案编号：03—0232—4—1207—330。
③ 黄丙焜（1838—1919），字云轩，湖南长沙人。光绪二年（1876），随前大学士左宗棠出关，保បន州。八年（1882），借补吐鲁番同知。十二年（1886），调署疏勒直隶州知州。十五年（1889），调署迪化府知府。十七年（1891），记升补伊犁府知府。十九年（1893），署阿克苏道。二十五年（1899），调署伊塔道。二十九年（1903），迁阿克苏道。同年，调署镇迪道兼按察使衔。嗣经伊犁将军长庚、马亮两次奏保，交军机处记名，请咨送引。三十三年（1907），由吏部带领引见。三十四年（1908），交北洋大臣差遣委用，补授四川成绵龙茂道。同年，调补四川建昌道。

者四千余名口,比即按名发给赈粮,俾资日食。嗣左宗棠钦奉光绪四年十二月初四日上谕:金顺奏,土尔扈特南部落人众旋回喀喇沙尔珠尔都斯地方游牧一折。土尔扈特南部落人众,自逆回构乱以来,逃散各处,颠沛流离,经该署盟长派员前往收集,约计一万余人,现已迁移,仍回珠尔都斯游牧。该部人众困苦情形,殊堪矜念,加恩着赏给银四万两,由左宗棠给发,用示优恤藩部至意等因。钦此。当经左宗棠恭录宣布,并饬局员黄丙焜等察酌,贫户赈粮仍须接续给发。该部落多系插帐游牧,须换制帐房,购买羊种,即酌给银两备办,用示朝廷优恤藩部至意,历经左宗棠奏明在案。①

兹据局员黄丙焜禀称:该部落福晋恩克巴图自光绪四年九月起至六年九月止,陆续由该局领过各色赈粮七十二万九千九十九斤十两,按照本地采运价值,折合银一万四千八百二十八两二钱四分三厘。又领过羊种一千六十只,每只采价银五钱六分,共合银五百九十三两六钱。又领过现银二万四千五百七十八两一钱五分七厘。统共合算银四万两。取具该福晋总散领状,禀请核办前来。

臣复查无异。窃惟土尔扈特人众,自遭逆回变乱以来,转徙地方,流离困苦。迨归复旧土,仰荷皇仁,赏给四万两,该部落人众得资生活,永庆安居。数年以来,生齿渐繁,畜牧日富,莫不含哺鼓腹,歌颂高厚鸿恩于无极。该部落人民浑朴,近尚安静,足以上慰圣怀。

所有发过该部落赈恤银四万两,相应请旨饬下理藩院核销。除分咨外,谨恭折具陈,伏乞皇太后、皇上圣鉴训示施行。谨奏。十一月二十一日。

光绪七年十二月十三日,军机大臣奉旨:该衙门知道。钦此。②

068. 奏闻乌鲁木齐营政未复无从办理军政折

光绪七年十一月二十一日(1882年1月10日)

钦差大臣督办新疆军务通政使司通政使二等男臣刘锦棠跪奏,为乌鲁

---

①详见光绪四年十二月初六日陕甘总督左宗棠具报安插土尔扈特人众缘由(《左宗棠全集·奏稿七》,第205—206页)。又光绪四年十二月二十八日左宗棠复奏赈恤土尔扈特南部落新归人众情形(台北故宫博物院藏:《军机及宫中档》,文献编号:408006215;《左宗棠全集·奏稿七》,第230—231页)。

②台北故宫博物院藏:《军机及宫中档》,文献编号:120085。又《奏稿》第325—328页。

木齐提督所属各营旧制未复，无从办理军政，恭折具陈，仰祈圣鉴事。

窃臣准乌鲁木齐提臣金运昌咨称：接奉兵部札开：自光绪三年军政以后至光绪八年，又届军政之期，各省提镇大员例应于光绪八年十月内送部，由部详核实绩，议写清单，恭呈御览。其副将以下官员应卓异者，查明旧额，定章办理。如合例人员不敷，不准勉强滥保足额。应劾官员，确核实迹，详细登注，各为一本，分别保题参奏。其不入计典照常留任者，并令填注考语，造册送部，俱于光绪八年十月以内具题到部等因。承准此，伏查乌鲁木齐等处自经兵燹，绿营旧制荡然无存，现在委署员缺尚不及三分之一，其间有补实缺人员，亦尚未接札到任。所有光绪八年军政之期，现无有应举、应劾人员，无从核办，应俟营制复旧，再行照章办理，以符定例，恳请具奏前来。

臣查定例：军政荐举官员，必须才技优长、年力精壮、驭兵有术、纪律严明、给饷无虚、兵民和安、历俸已满三年者，方准荐举。现在乌鲁木齐等处绿营副、参、游、都、守、千总委署员缺，尚不及三分之一，其间有补实缺人员，或未领札到任，或未俸满三年，并无合例堪应荐举之员。至于庸劣不职、有干八法者，自当随时甄劾。此次军政无从办理，拟俟营制规复，再行遵办，以符定例。

所有乌鲁木齐提督所属各营旧制未复无从办理军政缘由，应恳天恩俯准，饬部查照。除咨明兵部外，谨会同护理陕甘督臣杨昌濬，恭折具陈，伏乞皇太后、皇上圣鉴训示施行。谨奏。十一月二十一日。

光绪七年十二月十三日，军机大臣奉旨：知道了。钦此。①

069.请准提督屈德复汇保案内更名片

光绪七年十一月二十一日（1882年1月10日）

再，记名简放提督额图洪额巴图鲁屈德复，自咸丰七年以武童投效军营，由军功历保都司，从前各保案原名得福。嗣于同治五年剿贼，河南西华、上蔡等处迭获胜仗案内，由游击衔两江补用都司请保免补游击，以参将仍留两江尽先补用，将"得福"二字误作"德复"。旋于六年陕西同朝击贼

①台北故宫博物院藏：《军机及宫中档》，文献编号：120077。

大获胜仗、保固河防案内及七年克复陕西绥德州城并在河北直隶境内迭次剿贼、轰毙要逆案内，又是年直隶、山东、山西境内追剿捻匪获胜案内，又光绪三年克复吐鲁番满汉两城案内，又新疆南北两路荡平案内，均作"屈德复"请保，时值军务倥偬，未及呈明。兹据该员禀恳具奏更正前来。

臣复查无异。合无仰恳天恩俯准，饬部将记名简放提督额图洪额巴图鲁屈德复历次保案改为屈得福，更正注册，俾免歧异而昭核实之处，出自逾格鸿慈。

除咨部外，谨附片具陈，伏乞圣鉴训示施行。谨奏。

军机大臣奉旨：兵部知道。钦此。①

光绪七年十二月十三日，军机大臣奉旨：兵部知道。钦此。②

【案】此片具奏日期，原件、录副均缺署。查《军机处随手登记档》③，载有"朱批刘锦棠折，报四百里，十一月二十一日哈密发"等字样。据此，此片具奏日期当为"光绪七年十一月二十一日"，兹据校正。

070. 汇保案内列保守备唐植等请更名片

光绪七年十一月二十一日（1882年1月10日）

再，大学士前任陕甘督臣左宗棠于克复巴燕戎格暨肃清河州案内列保之蓝翎守备唐植，请以都司补用；又于新疆南北路一举荡平案内列保之守备衔尽先千总周钊，请以守备尽先补用，均经奉旨允准钦遵行知在案。兹据统带官李良穆禀称：转据该员等禀：查唐植原名唐植正，周钊原名周永钊，前次保案误作唐植、周钊，呈请附奏更正前来。

臣复核无异。合无仰恳天恩俯准，饬部将克复巴燕戎格暨肃清河州案内汇保之补用都司唐植改为唐植正，新疆南北路一举荡平案内汇保之尽先补用守备周钊改为周永钊，一并更正注册，俾免歧异。

除咨部外，理合附片陈明，伏乞圣鉴训示施行。谨奏。

军机大臣奉旨：兵部知道。钦此。④

---

① 台北故宫博物院藏：《军机及宫中档》，文献编号：120082。
② 台北故宫博物院藏：《军机及宫中档》，文献编号：120079。
③ 中国第一历史档案馆藏：《军机处随手登记档》，档案编号：03—0232—4—1207—358。
④ 台北故宫博物院藏：《军机及宫中档》，文献编号：120081。

奏议(光绪七年) 143

光绪七年十二月十三日,军机大臣奉旨:兵部知道。钦此。①

【案】此片具奏日期,原件、录副均缺署。查《军机处随手登记档》②,载有"朱批刘锦棠折,报四百里,十一月二十一日哈密发"等字样。据此,此片具奏日期当为"光绪七年十一月二十一日",兹据校正。

071. 奏报刊换督办西征粮台关防片

光绪七年十一月二十一日(1882年1月10日)

再,陕西按察使沈应奎蒙恩擢授贵州布政使,例应陛见,即赴新任。臣与护理陕甘督臣杨昌濬因其有经手军需报销尚未办竣,不便遽易生手,前经会衔奏留,恳将沈应奎暂缓交卸西征粮台事务,以清要案,奉旨:沈应奎着俟叶伯英到陕,交卸臬篆,将经手事件办竣,仍遵前旨,来京陛见。钦此。钦遵在案。

臣查沈应奎从前办理西征粮台事务,由大学士前任陕甘督臣左宗棠刊发"钦差大臣营务处办理西征粮台布政使衔陕西按察使司按察使关防"一颗,曾经奏明有案。③ 现在沈应奎既已升贵州藩司,暂行留办销案,自应刊换关防,俾资信守。兹由臣改刻木质关防一颗,文曰钦差大臣奏委总理营务处督办西征粮台贵州布政使司布政使关防,发交沈应奎启用,并饬将原用关防即行销毁。至该台应行奏催及咨行各省关事件,仍照旧呈由陕西抚臣核办,一面呈报陕甘督臣衙门暨臣行营察核,以符原案。

谨会同护理陕甘督臣杨昌濬、陕西抚臣冯誉骥,附片陈明,伏乞圣鉴。谨奏。

光绪七年十二月十三日,军机大臣奉旨:知道了。钦此。④

【案】此片具奏日期,录副缺署。查《军机处随手登记档》⑤,载有

---

①台北故宫博物院藏:《军机及宫中档》,文献编号:120080。
②中国第一历史档案馆藏:《军机处随手登记档》,档案编号:03—0232—4—1207—358。
③详见光绪六年五月初三日陕甘总督左宗棠奏请沈应奎帮办西征粮台事务缘由(中国第一历史档案馆藏:《朱批原件》,档案编号:04—01—17—0186—016;《左宗棠全集·奏稿七》,第486—487页)。
④台北故宫博物院藏:《军机及宫中档》,文献编号:120086。
⑤中国第一历史档案馆藏:《军机处随手登记档》,档案编号:03—0232—4—1207—358。

"朱批刘锦棠折,报四百里,十一月二十一日哈密发"等字样。据此,此片具奏日期当为"光绪七年十一月二十一日",兹据校正。

072. 汇保案内樊凌汉名字错误请饬更正片
光绪七年十一月二十一日(1882年1月10日)

再,嵩武军、蜀军会克吐鲁番等城保奖出力员弁案内,双月选用县丞樊凌璞,请以通判分省尽先补用。部议通判非县丞应升之阶,应行另核请奖,经大学士前任陕甘督臣左宗棠附奏,改请俟选缺后,以知县尽先补用。奉旨:该部议奏。钦此。嗣经吏部复奏:查原保单内系樊凌璞,此次改奖系樊凌汉,应查明具奏,再行核办等因,当经左宗棠转行去后。

兹准帮办新疆军务广东陆路提臣张曜咨称:该员呈验原捐执照,实系樊凌汉,湖北钟祥县人,于光绪二年在甘肃第二十六次捐米案内,报捐县丞双月选用,原保单内缮作樊凌璞系属笔误,咨请奏明前来。

臣复核无异。合无仰恳天恩,饬部将樊凌璞改为樊凌汉,更正注册,仍准其俟选缺后,以知县尽先补用,俾免错误而示鼓励之处,出自逾格鸿慈。谨附片具奏,伏乞圣鉴训示施行。谨奏。

光绪七年十二月十三日,军机大臣奉旨:吏部知道。钦此。①

【案】此片具奏日期,录副缺署。查《军机处随手登记档》②,载有"朱批刘锦棠折,报四百里,十一月二十一日哈密发"等字样。据此,此片具奏日期当为"光绪七年十一月二十一日",兹据校正。

073. 汇保案内袁春江等四员改留甘肃注册片
光绪七年十一月二十一日(1882年1月10日)

再,新疆南路诸军五次荡平边寇案内,经臣汇保之同知衔补缺后补用直隶州知州分省补用知县袁春江,请免补各本班,以知府留陕西,归候补班前遇缺尽先即补;分省补用县丞刘本敦,请免补本班,以知县留陕,归候补

---
①台北故宫博物院藏:《军机及宫中档》,文献编号:120083。
②中国第一历史档案馆藏:《军机处随手登记档》,档案编号:03—0232—4—1207—358。

班前补用；归部选用从九品王炳坤，请免选本班，以县丞留陕补用；文童吉殿杰，请以巡检留陕补用。均奉谕旨允准钦遵在案。嗣经吏部议复：查奏定章程：无论何项劳绩，不准援引筹饷例内指项名目。今该员等系在甘肃出力，陕西并非出力省分，所有保留陕西之处，均系指省名目，应令奏明请奖等因。于光绪七年闰七月二十五日具奏，奉旨：依议。钦此。钦遵钞单知照到臣。应即将该员等保留省分核改，以符定章。

仰恳天恩俯准，将留陕西归候补班前遇缺尽先即补知府袁春江、留陕归候补班前补用知县刘本敦、留陕补用县丞王炳坤、留陕补用巡检吉殿杰四员，仍各照原保官阶，改留甘肃，饬部注册，出自鸿慈。除咨部外，谨附片具陈，伏乞圣鉴训示施行。谨奏。

光绪七年十二月十三日，军机大臣奉旨：吏部知道。钦此。①

【案】此片具奏日期，录副缺署。查《军机处随手登记档》②，载有"朱批刘锦棠折，报四百里，十一月二十一日哈密发"等字样。据此，此片具奏日期当为"光绪七年十一月二十一日"，兹据校正。

074. 奏闻保奖案内县丞叶祖沅请饬改奖片
光绪七年十一月二十一日（1882年1月10日）

再，大学士前任陕甘督臣左宗棠奏嵩武军、蜀军会克吐鲁番等城保奖原案，准部咨复，核与定章不符、应行驳正人员，于光绪四年六月初五日具奏，奉旨：依议。钦此。当经左宗棠钦遵恭录，行令原保各员另拟去后。

兹据统领蜀军提督徐占彪③呈称：甘肃候补班遇缺补用县丞叶祖沅，原请免补本班，以州同仍留原省，归军功班补用，改请免补本班，以知县仍留原省，归军功班补用。恳请具奏改奖等情前来。

臣复核无异。仰恳天恩俯准，饬部注册，以示鼓励。谨附片具陈，伏乞

---

①台北故宫博物院藏：《军机及宫中档》，文献编号：120087。
②中国第一历史档案馆藏：《军机处随手登记档》，档案编号：03—0232—4—1207—358。
③徐占彪（1840—1890），名承安，字昆山，四川西充人，坚勇巴图鲁，晋清字哈西巴巴图鲁名号。咸丰十年（1860），投效果勇营。因功拔千总，同治五年（1866），升守备。同年，保都司，加游击衔。十二年（1873），封云骑尉。光绪二年（1876），奉调率部出关。三年（1877），进军南疆，收复吐鲁番等地。八年（1882），补授巴里坤镇总兵，赏黄马褂，戴双眼花翎。十五年（1889），因病开缺。

圣鉴训示施行。谨奏。

光绪七年十二月十三日,军机大臣奉旨:吏部议奏。钦此。①

【案】此片具奏日期,录副缺署。查《军机处随手登记档》②,载有"朱批刘锦棠折,报四百里,十一月二十一日哈密发"等字样。据此,此片具奏日期当为"光绪七年十一月二十一日",兹据校正。

075. 奏为授钦差大臣督办新疆军务谢恩折

光绪七年十一月二十七日(1882年1月16日)

钦差大臣督办新疆军务通政使司通政使二等男臣刘锦棠跪奏,为恭谢天恩,仰祈圣鉴事。

窃臣前准吏部咨开:光绪七年八月二十四日内阁奉上谕:通政使司通政使刘锦棠,着授为钦差大臣督办新疆军务等因。钦此。③ 当于十月初一日拜折,奏恳天恩,收还成命,另简贤能接替,以重边疆而免贻误。兹于光绪七年十一月二十日接准兵部火票递回原折,后开军机大臣奉旨:览奏。情词恳切,具见寅畏之忱。惟念刘锦棠任事经年,办理一切,颇臻妥协。该大臣膺兹重寄,惟当将防务善后及中外交涉诸事竭力筹办,以期边圉久安,用副委任,毋许固辞。钦此。跪聆之下,感悚莫名。谨即恭设香案,望阙叩头谢恩。

伏念臣猥以凡庸,仰蒙倚畀,忝膺督师之任,愧非负重之材。自接篆以来,遇事每形竭蹶,内窥愚分,陨越堪虞。是用再三恳辞,屡渎天听。乃复纶綍钦承,垂训勉之温旨,寓驱策之深心。自顾何人,邀兹殊荣,不禁惭惧汗下,感激涕零。臣具有天良,更何敢终蹈拂命之咎,以自外高厚生成!惟有矢慎矢勤,任劳任怨,就才识之所克逮,懔遵圣诲,将防务善后及中外交涉诸事竭力筹办,以期边圉久安,庶效涓埃,少酬知遇。

所有感悚下忱,谨缮折具奏,恭谢天恩,伏乞皇太后、皇上圣鉴。谨奏。

光绪七年十一月二十七日。

---

①台北故宫博物院藏:《军机及宫中档》,文献编号:120088
②中国第一历史档案馆藏:《军机处随手登记档》,档案编号:03—0232—4—1207—358。
③见中国第一历史档案馆编:《光绪朝上谕档》,第七册,第224页。

军机大臣奉旨:知道了。钦此。①

光绪八年正月十四日,军机大臣奉旨:知道了。钦此。②

076. 呈保举提督曾义良等员职名单
光绪七年(1881年)

刘锦棠保清字:

提督曹义良,换喀拉冲依。戴贵品,换那斯洪阿。张沛习,换嘎尔桑阿。戴富臣,换乌抚星额。朱荣昌,换霍钦。朱祥兴,换桂里。王春发,换阿克敦。张复良,换色拉谨。谭声彩,换图拉洪额。

总兵陈友明,换穆特木。王泰山,换哈丰阿。欧阳云峰,换法福凌阿。廖廷赞,换莽阿。贺楷绅,换乌珍。姚朝珍,换刚安。郑松春,换绰拉欢。王秀伟,换经济。王辉臣,换业普肯。田洪印,换达桑阿。黄清发,换德楞额。李春□,换铿□阿。李如陵,换呢铿额。胡得贵,换扎普栋阿。

副将王定德,换巴克坦。雷振邦,换伊拉达穆。

以上皆清字。③

光绪八年

001. 俄商往来新疆贸易不得行销中国土货折
光绪八年正月初四日(1882年2月21日)

钦差大臣督办新疆军务通政使司通政使二等男臣刘锦棠跪奏,为俄商往来新疆贸易,应遵查验,不得行销中国土货,以符约章,恭折具陈,仰祈圣鉴事。

---

①中国第一历史档案馆藏:《军机录副》,档案编号:03—5819—017。据朱批可断,此折即属原件。又《奏稿》第83—86页。
②台北故宫博物院藏:《军机及宫中档》,文献编号:120727。
③中国第一历史档案馆藏:《清单》,档案编号:03—5165—027。

窃臣前准总理各国事务衙门递到中俄和约，当经分别咨行遵办在案。近准伊犁将军臣金顺咨称：现议交收伊犁，俟收城之后，划界通商，当次第举行等语。大凡商务所关，固应早为议定，各自通饬谕知，俾两国皆有遵守，一经开办，庶几免触禁令，弭衅端即以固和好，是亦重邦交之道也。

臣维新疆各城，久已设局，抽收税厘，商货出入，必须查验，始准销售。今俄商货运进卡，如至新疆有税厘局地方，自应呈请查验，于货单、货包上盖用查验查过戳记①，方可行销。如未销完，运赴别处，亦应将销过货物开注单内，呈局查明，盖戳放行。续至有税厘局之处，均应照此办理。倘货照不符，即送交俄官区处，以杜包庇贩运情弊。约章载有专条，在中国顺势就施，不过略增繁费。而俄人甫经入市，讵必尽悉约章。若待临时分辩，易起争执，不如由俄官早自传闻，务使成范各怀，迨至进卡，即踵而行之，以是为固然而无所迟阻，于行商岂不甚善！条约又载，俄商办运中国土货，由恰克图及新疆回国，特将"回国"二字标明，则在中国途间只当逐遵查验，以防夹带私货，原无准其销售之理，就令已运出卡，亦不得由陆路复运进卡。

详考旧章，有由海口办运中国土货复运内地销售之说，而无自俄贩运中国土货由陆路复进口内销卖明文。凡新约所未改者，皆可仍旧照行。而俄国边界商民皆不知此，往往将中国土货复运进口，虽经在事各员频令折回，似仍于义未晓。此事于华商大有关碍，所以然者，华商完厘次数多而成本重，俄商完厘次数少而成本轻，故未可任其运销，恐妨华商生计耳。俄官应将和约宣告该国官商，于办货时加意斟酌，遇有此等土货，幸勿错误，再行购买贩运前来，则可免其阻滞折耗，为益实不少也。

合无仰恳天恩饬下总理各国事务衙门，照会俄国驻京使臣，移知该国官员一律照办，以符约章而保商本。谨恭折具陈，伏乞皇太后、皇上圣鉴训示施行。谨奏。正月初四日。

光绪八年正月二十七日，军机大臣奉旨：该衙门知道。钦此。②

---

① "查验查过戳记"，《奏稿》作"查验戳记"。
② 台北故宫博物院藏：《军机及宫中档》，文献编号：120979。又《奏稿》第335—338页。又王彦威纂辑，王亮、王敬立校：《清季外交史料》，第496—497页。台北"中央研究院"近代史所藏：《外交档案》，馆藏号：01—20—006—02—002。

002. 请准张积功等借补提标城守都司折

光绪八年正月初四日（1882年2月21日）

钦差大臣督办新疆军务通政使司通政使二等男臣刘锦棠、头品顶戴护理陕甘总督会办新疆善后事宜臣杨昌濬跪奏，为拣员借补都司、守备各缺，以实营伍而重巡防，恭折具陈，仰祈圣鉴事。

窃臣等接准乌鲁木齐提臣金运昌咨：乌鲁木齐城守营都司喀尔通、玛纳斯协标右营都司安桂、提标左营守备李科、喀喇巴尔噶逊营守备马文蔚，均殉难遗缺。又提标中营守备康林、玛纳斯协标左营守备钟志洁，均病故遗缺。又提标城守营守备张维昶阵亡遗缺。现当规复营制之初，应即拣员借补。兹拣选得花翎尽先即补游击张积功，心地朴实，熟习营务，堪以借补提标城守营都司员缺；陕甘督标补用参将傅廷，诚实勤慎，勇于战阵，堪以借补玛纳斯协标右营都司员缺；留甘尽先补用都司黄桂芳，精细勤能，办事可靠，堪以借补提标左营守备员缺；留甘尽先即补守备杨柏材，心地明白，熟于营伍，堪以拔补喀喇巴尔噶逊营守备员缺；留甘补用游击殷树洪，质实勤谨，久历戎行，堪以借补提标左营守备员缺；花翎副将衔留甘补用参将李桂馨，谨饬安详，战阵勇敢，堪以借补玛纳斯协标左营守备员缺；副将衔陕甘督标尽先补用游击张金榜，稳练勤能，打仗奋勇，堪以借补提标城守营守备员缺，以实营伍。并造具各员履历清册，咨请奏补前来。

臣等察看得花翎尽先即补游击张积功，才技优长，熟于营伍，堪以借补提标城守营都司员缺；陕甘督标补用参将傅廷，年壮才明，办事勤谨，堪以借补玛纳斯协标右营都司员缺；留甘尽先补用都司黄桂芳，久历戎行，技艺娴熟，堪以借补提标左营守备员缺；留甘尽先即补守备杨柏材，年力富强，知趣向上，堪以拔补喀喇巴尔噶逊营守备员缺；留甘补用游击殷树洪，办事精细，有守有为，堪以借补提标中营守备员缺；花翎副将衔留甘补用参将李桂馨，年力富强，胆识兼优，堪以借补玛纳斯协标左营守备员缺；副将衔陕甘督标尽先补用游击张金榜，办事勤能，心地朴实，堪以借补提标城守营守备员缺。以上各员，借补前项各缺均能胜任，合无仰恳天恩俯念员缺紧要，虚悬日久，准以该员等分别借补，以重边防而期得力。如蒙俞允，应请饬部一并先给署札，俟防务告竣，即行给咨送部引见，以符定制。

除将各员履历清册咨部查照外，谨会同乌鲁木齐提臣金运昌，合词恭折具陈，伏乞皇太后、皇上圣鉴训示施行。再，此折系臣锦棠主稿，合并声明。谨奏。光绪八年正月初四日。

军机大臣奉旨：兵部议奏。钦此。①

光绪八年正月二十七日，军机大臣奉旨：兵部议奏。钦此。②

003. 奏报候补知县张声远保案改奖片

光绪八年正月初四日（1882年2月21日）

再，荡平金积堡贼巢、宁灵肃清及中路官军剿办回、土各匪迭次获胜战功案内，经前任陕甘督臣左宗棠列保之知府用免补同知安徽候补班前先即补知县张声远，请给四品封典，于同治十年十月初三日奉旨允准。嗣经吏部奏驳，查该员并无先换知府顶戴，所请四品封典核与定章不符，应令该督另行奏请核奖。知照到营，当经前陕甘督臣左宗棠钦遵转行在案。兹据该员张声远禀称：已报捐请有五品封典，请俟补知县开缺归知府班后，加三品衔，恳请附片奏明改奖前来。

臣复查无异。合无仰恳天恩俯准，将荡平金积堡贼巢、宁灵肃清案内列保之知府用免补同知安徽候补班前先即补知县张声远，改请俟补知县开缺归知府班后加三品衔之处，出自鸿施。谨附片具陈，伏乞圣鉴训示施行。谨奏。

军机大臣奉旨：吏部议奏。钦此。③

光绪八年正月二十七日，军机大臣奉旨：吏部议奏。钦此。④

【案】此片原件未署具奏日期，录副所署为奉旨日期。查《军机处随手登记档》⑤，载有"朱批刘锦棠、杨昌濬折，报四百里，正月初四日哈密发"等字样。据此，此片具奏日期当为"光绪八年正月初四日"，兹据校正。

---

①中国第一历史档案馆藏：《军机录副》，档案编号：03—5820—001。
②台北故宫博物院藏：《军机及宫中档》，文献编号：120977。
③中国第一历史档案馆藏：《朱批原件》，档案编号：04—01—16—0214—035。
④台北故宫博物院藏：《军机及宫中档》，文献编号：120981。
⑤中国第一历史档案馆藏：《军机处随手登记档》，档案编号：03—0235—1—1208—023。

【案】此案由吏部于八月初六日奏准,于四月十一日咨呈军机处:

吏部谨奏,为遵旨议奏事。

内阁钞出督办新疆军务通政使司通政使刘锦棠片奏荡平金积堡贼巢、宁灵肃清及中路官军剿办回、土各匪迭次获胜战功案内,经前任陕甘督臣左宗棠列保之知府用免补同知安徽候补班前先即补知县张声远,请给四品封典,于同治十年十月初三日奉旨允准。嗣经吏部奏驳:查该员并无先换知府顶戴,所请四品封典,核与定章不符,应令该督另行奏请核奖。知照到营。当经前陕甘督臣左宗棠钦遵转行在案。兹据该员张声远禀称:已报捐请有五品封典,请俟补知县开缺归知府班后,加三品衔。恳请附片奏明改奖前来。臣复查无异,仰恳天恩俯准,将荡平金积堡贼巢、宁灵肃清案内列保之知府用免补同知安徽候补班前先即补知县张声远,俟补知县开缺归知府班后加三品衔之处,出自鸿慈等因。光绪八年正月二十七日,军机大臣奉旨:吏部议奏。钦此。钦遵钞出到部。

查该员前由同知衔安徽候补班前尽先即补知县,经左宗棠于陕北肃清案内请俟知县补缺后,以同知仍留原省补用;克复灵州案内请俟知县补缺后免补同知,以知府仍留原省补用。臣部核与奏定章程相符。同治九年十二月初十日具奏,奉旨:依议。钦此。复于荡平金积堡贼巢、宁灵肃清案内,经左宗棠保奏,请给四品封典。臣部查该员并无先换知府顶戴,所请四品封典,核与定章不符,应令另行奏请。同治十年十二月初一日具奏,奉旨:依议。钦此。钦遵先后知照在案。

兹据刘锦棠奏称,请将知府用免补同知安徽候补班前即补知县张声远,请俟补知县开缺归知府班后,加三品衔。钦奉谕旨:吏部议奏。臣等查此次据该大臣奏称,该员已报捐五品封典,请改俟补知县开缺归知府班后加三品衔,核与奏定章程相符,相应照准。所有臣等遵旨议奏缘由,缮折具奏,伏乞圣鉴训示遵行。谨奏。光绪八年四月初六日具奏,奉旨:依议。钦此。

吏部为知照事。文选司案呈:所有督办新疆军务通政使司通政使刘锦棠奏知县张声远改奖、遵旨复奏一折,于光绪八年四月初六日具奏,奉旨:依议。钦此。相应粘连原奏知照可也。须至咨者。右咨军机处。光绪八年四月十一日。郎中博昌。①

004. 刘兆梅署迪化知州并朱冕荣署哈密通判片
光绪八年正月初四日（1882年2月21日）

再，迪化直隶州知州陶模现已奉旨补授甘肃宁夏府知府员缺，应饬交卸进关，听候陕甘总督饬赴新任。所遗迪化州篆务，臣与杨昌濬往返函商，应即就近拣员接署，以重职守。查有营务委员甘肃归候补班前遇缺尽先补用直隶州知州刘兆梅，器局开展，办事稳练，堪以委署。又署哈密通判李寿芝署事期满，应饬交卸。所遗之缺查有分省补用同知朱冕荣，办事勤谨，人尚廉能，堪以委署。

除由臣分别檄遵外，谨会同护理陕甘督臣杨昌濬，附片奏明，伏乞圣鉴。谨奏。

光绪八年正月二十七日，军机大臣奉旨：知道了。钦此。②

【案】此片具奏日期，录副署"光绪八年正月二十七日"。查《军机处随手登记档》③朱批刘锦棠、杨昌濬折，载有"报四百里，正月初四日哈密发"等字样。据此，此片具奏日期当为"光绪八年正月初四日"，兹据校正。

005. 请饬将原保同知韩炳章底衔更正片
光绪八年正月初四日（1882年2月21日）

再，新疆南北两路一举荡平案内，经大学士前任陕甘督臣左宗棠列保之候选同知韩炳章，请免选本班，以知府分省尽先补用，于光绪六年正月三十日奉旨允准钦遵知照在案。

兹据该员韩炳章禀称：现年四十五岁，湖南善化县人，由廪贡生在湖南新黔捐局递捐员外郎，并免保举，于同治七年十二月十五日经户部核准。

---

① 台北故宫博物院藏：《军机及宫中档》，文献编号：122347。
② 台北故宫博物院藏：《军机及宫中档》，文献编号：120980。
③ 中国第一历史档案馆藏：《军机处随手登记档》，档案编号：03—0235—1—1208—023。

光绪二年丙子科,中湖南本省乡试举人。四年,在两湖晋捐局,由举人候选员外郎捐升知府,递捐三班,又捐分发试用。经大学士直隶督臣李鸿章汇归天津晋捐局五十次案内奏奖,光绪五年户部核准、给发执照在案。兹奉保案行知底衔实有未符,理合禀请附奏更正等情前来。

臣复查无异。合无仰恳天恩俯准,饬部将新疆南北两路一举荡平案内列保之候选同知韩炳章底衔改为分发试用知府,仍请以本班分省,归候补班前先补用注册之处,出自鸿施。除咨部外,谨附片具陈,伏乞圣鉴训示施行。谨奏。

光绪八年正月二十七日,军机大臣奉旨:吏部议奏。钦此。①

【案】此片具奏日期,录副署"光绪八年正月二十七日"。查《军机处随手登记档》②朱批刘锦棠、杨昌濬折,载有"报四百里,正月初四日哈密发"等字样。据此,此片具奏日期当为"光绪八年正月初四日",兹据校正。此案由吏部议奏得允行,并于光绪八年四月初五日咨呈军机处知照:

吏部为知照事。文选司案呈:所有督办新疆军务通政使司通政使刘锦棠奏请将知府韩炳章底衔更正、遵旨复奏一折,于光绪八年三月二十七日具奏,奉旨:依议。钦此。相应粘连原奏知照可也。须至咨者。右咨军机处(计粘单一纸)。光绪八年四月初五日。郎中博昌。③

006. 李庆棠因与远祖同名请更正片
光绪八年正月初四日(1882年2月21日)

再,据臣军办理军装局委员留甘尽先即补知府李庆棠禀称:弱冠离家,久从征役,于族谱未甚周悉。近因族人函告,始知"棠"字与远祖名同,心殊不安,拟更名"庆扬",禀请奏咨更正前来。臣复查该员禀请更名"庆扬",系为敬避祖名起见,并无别项违碍情事,应准更名。除咨部查照外,理合奏明,恳恩饬部更正注册。谨附片具陈,伏乞圣鉴训示施行。谨奏。

---

①台北故宫博物院藏:《军机及宫中档》,文献编号:120978。
②中国第一历史档案馆藏:《军机处随手登记档》,档案编号:03—0235—1—1208—023。
③台北故宫博物院藏:《军机及宫中档》,文献编号:122247。

光绪八年正月二十七日,军机大臣奉旨:吏部知道。钦此。①

【案】此片具奏日期,录副署"光绪八年正月二十七日"。查《军机处随手登记档》②朱批刘锦棠、杨昌濬折,载有"报四百里,正月初四日哈密发"等字样。据此,此片具奏日期当为"光绪八年正月初四日",兹据校正。

007. 查明营员互揭请旨革职折

光绪八年二月十六日(1882年4月3日)

钦差大臣督办新疆军务通政使司通政使二等男臣刘锦棠跪奏,为查明营员互揭,据实开参,请旨一并革职,以肃军政而儆官邪,恭折仰祈圣鉴事。

窃臣访闻巴里坤镇总兵席大成与该镇标中军游击柳臣玖有私役官弁、玩视营务情事,正查办间,接据席大成呈称:柳臣玖抗公不办,任书需索。又据柳臣玖禀称:席大成擅挪兵饷,私役官弁。并各以希图分蚀空缺银两等情,互揭到营,经臣札饬行营总理营务处二品顶戴浙江遇缺题奏道袁尧龄③前往查办去后。兹据该道逐款确查,缘席大成领护本任积年廉俸银一千三百余两,以济家用,并将标营季饷暂挪六百余两,凑成二千两,派经制外委李进财送回湖南原籍,旋即筹款如数划还。柳臣玖到任之初,兵丁王殿杰、唐玉卿私送该游击衙门稿书赵万年钱三千文、传号傅兆武钱二千文。柳臣玖殊不知觉。又镇标库存光绪七年春、夏、秋三季裁汰老弱及逃亡兵丁空缺银二千五百余两,席大成拟俟年底汇报,旋饬柳臣玖造具请领各季兵饷印册。柳臣玖因前项空缺银两久未造报,恐干咎戾,遂将此项印册延展不造,故席大成以抗公不办详参柳臣玖,而兼及任书需索。柳臣玖亦以擅挪兵饷、私役官弁,禀揭席大成,并分辨册报稽延之故。其空缺银两积存镇库,席大成与柳臣玖均未动用分厘。惟各执一词,互相抵制,经该道袁尧龄查明禀复前来。

---

①台北故宫博物院藏:《军机及宫中档》,文献编号:120982。
②中国第一历史档案馆藏:《军机处随手登记档》,档案编号:03—0235—1—1208—023。
③袁尧龄(1835—1889),安徽泗州(今泗县)人。由文童投效湘军。同治三年(1864),以军功保知县。五年(1866),经湖北巡抚曾国荃饬调赴鄂,办理军务。十年(1871),赴甘肃佐刘锦棠营务,升同知。后饬赴新疆,攻剿阿古柏,克乌鲁木齐等城,保知府,加盐运使衔。光绪十二年(1886),补阿克苏道。十四年(1888),调补喀什噶尔道。十五年(1889),调署新疆藩司,未及赴任,病卒。

臣复核无异。随饬该总兵、游击等将库存空缺银两拨作正饷，造册开报，并将兵丁空缺募补足额，赵万年等分别责革各在案。臣维席大成以专阃大员，竟敢通挪兵饷，私派经制外委送回原籍，虽挪项即经归还，而违例营私实有应得之咎；柳臣玖职任中军，有经管钱粮、兵丁之责，始则听任席大成私役擅挪，而不随时禀报，有失察稿书赵万年等私收王殿杰等钱文，亦属不合。至堂属互揭，体制已乖，且该镇标裁汰、逃亡、兵丁缺额，历春、夏、秋三季之久，虚悬不补，又不按季造册汇报。其营务废弛，概可想见。是则席大成与柳臣玖厥罪惟钧，实未便稍事姑容。除将该总兵、游击先行撤任外，相应请旨将头品顶戴记名提督巴里坤镇总兵霍隆武巴图鲁席大成、留甘尽先补用总兵巴里坤镇标中军游击柳臣玖一并革职，以肃军政而儆官邪。如蒙允准，巴里坤镇总兵员缺紧要，拟请迅赐简放，以重职守。其该镇标中军游击一缺，应请扣留外补，合并陈明。

所有查明营员互揭缘由，除咨部外，谨会同陕甘督臣谭钟麟①、乌鲁木齐都统臣恭镗、乌鲁木齐提臣金运昌，恭折具陈，伏乞皇太后、皇上圣鉴训示。谨奏。光绪八年二月十六日。

（朱批）：该总兵、游击互相参揭，成何事体！总由不能洁清自爱，实属有玷官箴。席大成、柳臣玖均着革职。兵丁空缺，罪干禁令，况银数积至二千五百余两之多，作何使用？此一节着详细推鞫。②

军机大臣奉旨：另有旨。钦此。③

光绪八年三月初八日，军机大臣奉旨。钦此。④

【案】此折原件有二，其一有朱批，疑为抄件，做练习所用。

---

①谭钟麟(1822—1905)，字文卿、云覸，湖南茶陵人。咸丰六年(1856)，中式进士，改庶吉士。九年(1859)，授翰林院编修。十年(1860)，充会试同考官。同治元年(1862)，充湖北乡试副考官。二年(1863)，补江南道监察御史。五年(1866)，放杭州府知府。六年(1867)，加道衔。同年，署杭嘉湖道。七年(1868)，升河南按察使。八年(1869)，丁母忧，回籍终制。十年(1871)，迁陕西布政使。十二年(1873)，护理陕西巡抚。光绪元年(1875)，擢陕西巡抚，晋头品顶戴。五年(1879)，调补浙江巡抚。七年(1881)，补授陕甘总督。十四年(1888)，告病辞职。十七年(1891)，补吏部左侍郎，兼署户部左侍郎，管理三库事务。十八年(1892)，署理工部尚书。同年，补授闽浙总督，兼福建船政大臣。二十年(1894)，加太子少保，兼署福州将军。同年，调补四川总督。二十一年(1895)，补授两广总督，兼署广州将军。二十五年(1899)，兼署广东巡抚，旋以病归。卒谥文勤。
②中国第一历史档案馆藏：《朱批原件》，档案编号：04—01—16—0214—085。
③中国第一历史档案馆藏：《朱批原件》，档案编号：04—01—16—0214—083。
④台北故宫博物院藏：《军机及宫中档》，文献编号：121749。

008. 请饬陕西候补道周汉迅赴新疆差委片

光绪八年二月十六日（1882年4月3日）

再，新疆大难初平，宜筹善后，以期经久。头绪繁重，规画甚难。臣才识庸闭，急需忠勤干练之员，相助为理，庶免贻误。查有丁忧在籍陕西候补道周汉，器识闳远，守洁才长，前随臣转战关内外，多历年所，办理行营营务事件，不避嫌怨，不辞劳苦。谋虑所及，动合机宜，僚辈服其清勤，臣尤感其患难相依，始终不懈。光绪四年，该员丁祖父承重忧，回湖南宁乡县原籍。六年秋间，臣接权斯篆，拟即奏调来营，适该员又丁祖母承重忧。迭经函商，该员坚以丧服未阙为辞，盖其凛然守义尤有足多者矣。

方今时事多艰，需才孔亟，如周汉者，若令从事边陲，必能殚竭血诚，上酬君父，而臣亦得收臂助之益。合无吁恳天恩俯念边域需人，饬下湖南抚臣涂宗瀛转饬丁忧在籍陕西候补道周汉，迅赴新疆军营，交臣差遣，以重边事而资得力，出自逾格鸿慈。是否有当？谨附片具奏，伏乞圣鉴训示。谨奏。

军机大臣奉旨：另有旨。钦此。①

光绪八年三月初八日，军机大臣奉旨：另有旨。钦此。②

【案】此片具奏日期，原件、录副均未确。查《军机处随手登记档》③，载有"朱批刘锦棠折，报四百里，二月十六日哈密发"等字样。据此，此片具奏日期当为"光绪八年二月十六日"。

009. 委令徐占彪署理巴里坤镇总兵等员缺片

光绪八年二月十六日（1882年4月3日）

再，巴里坤镇总兵席大成暨该镇标中军游击柳臣玖，业经臣专案奏请革职。所遗总兵、游击员缺，自应遴员接署，以重操防。查有头品顶戴记名提督云骑尉世职哈西巴巴图鲁徐占彪，勇敢朴诚，治军严肃，堪以委署巴里坤镇总兵

---

①中国第一历史档案馆藏：《朱批原件》，档案编号：04—01—16—0214—091。
②台北故宫博物院藏：《军机及宫中档》，文献编号：121751。
③中国第一历史档案馆藏：《军机处随手登记档》，档案编号：03—0235—1—1208—062。

印务;副将衔尽先参将巴里坤镇标右营屯田游击马世勋,办事稳练,熟悉营务,堪以委署巴里坤镇标中军游击印务。所遗右营屯田游击一缺,查有总兵衔留甘补用副将借补塔尔纳沁营屯田都司向科德,才具明晰,操防认真,堪以调署。

除分别咨行外,谨会同陕甘督臣谭钟麟、乌鲁木齐都统臣恭镗、乌鲁木齐提臣金运昌,附片具陈,伏乞圣鉴。谨奏。

军机大臣奉旨:知道了。钦此。①

光绪八年三月初八日,军机大臣奉旨:知道了。钦此。②

【案】此片具奏日期,原件、录副均未确。查《军机处随手登记档》③,载有"朱批刘锦棠折,报四百里,二月十六日哈密发"等字样。据此,此片具奏日期当为"光绪八年二月十六日"。

010. 奏为保举提督董福祥片

光绪八年二月十六日(1882年4月3日)

再,头品顶戴题奏提督云骑尉世职阿尔杭阿巴图鲁董福祥,于同治八年投效臣叔父原任广东陆路提臣刘松山部下,见其打仗奋勇,饬令管带董字步队三营,颇著劳绩。迨臣任事以后,随同转战,无役不从,所向皆捷。现统领董字、定远马步各军,分驻叶尔羌、和阗各城,纪律严明,兵民相安,深资得力。该员忠勇果决,质朴寡言,临敌审机,胆识俱备,实系边才之选,求之将领中不可多得。

臣缘该员籍隶甘肃,所带营勇多系关陇土人,能耐劳苦,驻防关外,尤为相宜,故臣所部将领惟该员统兵较多,盖取其熟悉机宜,才可胜任,兼为将来局势大定留防塞上地步也。合无仰恳天恩,伏念该员战功卓著,识略优长,量予擢用,出自逾格鸿慈。

臣为边地需才起见,倘于军事有裨,自应遴举所知,以备圣明采择,断不敢妄为汲引,稍涉徇私,自取罪戾。冒昧上陈,不胜惶悚。伏乞圣鉴训示。谨奏。

---

①中国第一历史档案馆藏:《朱批原件》,档案编号:04—01—16—0214—092。
②台北故宫博物院藏:《军机及宫中档》,文献编号:121752。
③中国第一历史档案馆藏:《军机处随手登记档》,档案编号:03—0235—1—1208—062。

光绪八年三月初八日,军机大臣奉旨:留中。钦此。①

【案】此片具奏日期,原件、录副均未确。查《军机处随手登记档》②,载有"朱批刘锦棠折,报四百里,二月十六日哈密发"等字样。据此,此片具奏日期当为"光绪八年二月十六日",兹据校正。

011. 奏报神灵显应恳赐匾额封号折

光绪八年三月初一日(1882年4月18日)

钦差大臣督办新疆军务通政使司通政使二等男臣刘锦棠、头品顶戴乌鲁木齐都统臣恭镗跪奏,为神灵显应,据请吁恳天恩,赏赐匾额、封号,以答神庥,恭折仰祈圣鉴事。

窃据甘肃镇迪道福裕详称:据署镇西抚民同知陈晋蕃转据地方绅士前任巴里坤镇标中营游击陈升恒、补用游击李凤鸣、升用直隶州知州袁永丰并耆民人等联名呈称:巴里坤城北门外历有关圣帝君庙,建自唐时。雍正年间,建城设官,改为武圣庙,神灵最著。又南关历建有蒲类海龙神祠暨杨泗将军祠并城隍庙,户民因事祈祷,辄著灵应。同治三、四、五等年,回氛甚炽,斗粟万钱,乌垣、奇、古、吐、哈各城,相继不守,粮尽援绝,城关民人相食,四乡村堡焚掠一空,逆回噗党时扑孤城。当攻守吃紧时,在城官绅兵民等遂向关帝诸神庙祷求默佑,旋督同饥疲之官兵、团丁,登陴防守,随贼所向,拼死捍御,屡濒于危,贼均败退。夜间巡逻,将士时见神异,或闻兵马驰骤之声,或见衣甲舞刀,挺立城上。四年六月初九日,贼由东北城隅架云梯,猱升而上,前队业已登城,突遇神将挡御,贼众惊哗。我军死士遂当先轰击,贼卒以退,镇城亦因之而安。向非武圣各庙神灵护佑,人力何能逮此!伏查镇西地方守城换防将卒团绅民勇,生者仰蒙皇恩奖叙,死者亦荷赏恤入祠,独神庥未答,绅民等抚衷负歉,感悚交深,是以合词呈恳转详,奏请分别赏颁匾额,并赐封号等情前来。

臣等维新疆自逆回变乱,南北各城均已次第沦陷,惟巴里坤孤城悬注,粮尽援绝。当时官军尚能一意拒守,力保危城,为后此规复新疆驻军储粮

---

① 台北故宫博物院藏:《军机及宫中档》,文献编号:121750。又《奏稿》第339—341页。
② 中国第一历史档案馆藏:《军机处随手登记档》,档案编号:03—0235—1—1208—062。

根本。虽杀贼致果必赖各将士团丁忠勇之力，而神灵默佑，护国保民，其功德未可泯也。兹据镇迪道福裕具详转恳前来。

臣等复查无异。合无吁恳天恩，颁发巴里坤武圣庙、蒲类海龙神祠、杨泗将军庙匾额各一方，并恳赏赐巴里坤城隍神封号，用昭灵贶而顺舆情。谨合词恭折具奏，伏乞皇太后、皇上圣鉴训示施行。再，巴里坤城隍向无封号。又，此折系臣锦棠主稿，合并陈明。谨奏。光绪八年三月初一日。

军机大臣奉旨：另有旨。钦此。①

光绪八年三月二十二日，军机大臣奉旨：另有旨。钦此。②

【案】此折旋于是月二十二日得允行，《上谕档》：

光绪八年三月二十二日内阁奉上谕：刘锦棠等奏神灵显应请颁匾额并加封号一折。甘肃巴里坤武圣庙、龙庙祠、杨泗将军庙、城隍庙，素著灵应。同治年间，回匪屡次扑城，势甚危急。经官绅等虔谒祈祷，均获转危为安，实深寅感。着南书房翰林恭书匾额各一方，交刘锦棠等祗领，敬谨悬挂巴里坤武圣庙、龙庙祠、杨泗将军庙，以答神庥。所请加城隍庙封号之处，着礼部议奏。③ 钦此。④

《清实录》：

戊申，以神灵显应，颁甘肃巴里坤武圣庙匾额曰：布昭圣武；龙神祠匾额曰：威宣式遏；杨泗将军庙匾额曰：海祠表世。并加城隍神封号曰：灵济。⑤

012. 奏明五次剿平边寇保案部驳员弁另奖折

光绪八年三月初二日（1882年4月19日）

钦差大臣督办新疆军务通政使司通政使二等男臣刘锦棠跪奏，为新疆五次剿平边寇汇保案内核与例章不符人员，遵旨另核请奖，恭折仰祈圣

---

①中国第一历史档案馆藏：《朱批原件》，档案编号：04—01—14—0081—003。又《奏稿》第343—350页。

②台北故宫博物院藏：《军机及宫中档》，文献编号：122049。

③光绪八年五月初二日，经礼部议覆并片移军机处查核（台北故宫博物院藏：《军机及宫中档》，文献编号：123202）。

④中国第一历史档案馆编：《光绪朝上谕档》，第八册，第82页。

⑤《德宗景皇帝实录（三）》，卷一百四十四，光绪八年三月，第41页。

鉴事。

窃臣于光绪七年七月初十日汇保新疆五次剿平边寇在事出力文武员弁,钦遵迭奉恩旨择尤汇案保奖一折,光绪七年五月二十一日奉旨允准钦遵在案。嗣准吏部咨开:议奏核与例章不符应行驳正人员,于光绪七年闰七月二十五日具奏,奉旨:依议。钦此。等因。钞单知照前来。

比即钦遵查照,除同知马汝屏、州判张丙嘉、知州禹金声、知县杨得炳四员业行知原保各员查复,应俟复到再行具陈外,所有查明另核请奖并底衔不符应行更正之张介祺等三十四员,谨缮清单,恭呈御览。

合无仰恳恩准,饬部分别注册,以示鼓励。理合恭折具陈,伏乞皇太后、皇上圣鉴训示。谨奏。光绪八年三月初二日。

军机大臣奉旨:该部议奏,单一件、片二件并发。钦此。①

光绪八年四月初四日,军机大臣奉旨:该部议奏,单一件;片二件并发。钦此。②

013. 呈五次剿平边寇案内部驳另奖清单

光绪八年三月初二日(1882年4月19日)

谨将新疆五次剿平边寇请奖案内核与例章不符另行请奖并更正底衔各员弁,缮具清单,恭呈御览。

蓝翎六品衔在任遇缺即补知县遇缺尽先选用盐大使张介祺,原请俟补知县缺后,以同知在任遇缺前尽先即补,先换顶戴,并请俟归知县班后,赏换花翎。今该请俟归知县班后,赏加同知衔,并请赏换花翎。

捐纳同知衔刘继祖,原请以州判留陕尽先前补用,仍请以州判改为分省尽先前补用。

文童严庆阳、翟燮昌、陈云卿,原均请以巡检留陕补用,均仍请以巡检改为分省补用。

文童江家驹、徐锐先,原均请以从九品留陕补用,并请赏戴蓝翎,均仍请以从九品改为分省补用,并请赏戴蓝翎。

---

①中国第一历史档案馆藏:《朱批原件》,档案编号:04—01—12—0529—021。
②台北故宫博物院藏:《军机及宫中档》,文献编号:122230。

监生周全德，实系邹全德，请原以从九品留陕补用，并请赏戴蓝翎，仍请以从九品改为分省补用，并请赏戴蓝翎。

补用知府先换顶戴甘肃尽先补用同知陕甘总督衙门笔帖式承绪桂、安原，均请赏戴花翎。查该员等系新疆南北两路一举荡平案内请保补缺后补用知府先换顶戴，均于光绪六年正月三十日奉旨允准钦遵在案，兹仍请赏戴花翎。

五品衔补用同知留陕前先补用知县柳葆元，原请俟补同知缺后，以知府补用，先换顶戴，并赏给四品封典，改请俟补同知缺后，以知府补用，并赏给五品封典。查该员系关陇肃清案内请保五品衔，光绪二年二月初四日奉旨允准钦遵在案。

同知衔分省即补知县谭钊一，查系新疆南北两路一举荡平案内得保同知衔，并换花翎，光绪六年正月三十日奉旨允准钦遵在案，今仍请赏给正五品封典。

同知衔分省补用知县谭传彝、喻庠二员，查系新疆南北两路一举荡平案内均请加同知衔，光绪六年正月三十日奉旨允准钦遵在案，均仍请赏给正五品封典。

分省补用知州陶必良、王绍二员，查系新疆南北两路一举荡平案内均请保分省尽先补用知州，光绪六年正月三十日奉旨允准钦遵在案，均仍请赏给五品封典。

补缺后补用知州先换顶戴甘肃补用知县萧承恩，查系新疆南北两路一举荡平案内得保俟补知县缺后以知州补用，先换顶戴，光绪六年正月三十日奉旨允准钦遵在案，仍请赏给五品封典，并请赏戴蓝翎。

分省遇缺即补直隶州知州余运昌，查系新疆南北两路一举荡平案内得保直隶州知州，分省归候补班前遇缺补用，光绪六年正月三十日奉旨允准钦遵在案，仍请赏给正五品封典。

同知衔分省补用知县史宜长、谭泽湘二员，查系攻克达阪城、托克逊并会克吐鲁番满汉等城案内均请保同知衔，光绪四年正月二十五日奉旨允准钦遵在案，均仍请赏给正五品封典。

同知衔选用知县沈康，查系嵩武军、蜀军会克吐鲁番满汉等城改奖案内请以知县不论双单月遇缺即选，并加同知衔，光绪五年七月初六日奉旨允准钦遵在案，仍请赏给正五品封典。

不论双单月选用训导罗炳坤,查系甘肃庆阳府合水县人,由附生应光绪乙卯科试,考取一等,准补廪缺。此次仍请免选本班,以教谕尽先即选,并请赏戴蓝翎。

留甘补用知县潘力谋,原奖清单内误将底衔缮作知县,此次仍请赏加四品衔。

分省补用知县沈永祜,原请赏加同知衔,并请赏戴蓝翎。查该员于克复乌鲁木齐、玛纳斯等城案内请保蓝翎,光绪三年九月初五日奉旨允准钦遵在案,仍请赏加同知衔,改请赏换花翎。

分省补用州吏目任洪九,原请免补本班,以盐大使分省归候补班前补用。查该员底衔,实系候选未入流,应改请免选本班,以县主簿分省归候补班前补用。分省补用从九品张耀先,原请免补本班,以县丞仍分省归候补班前补用。查该员名字实系"曜先",应请更正。

同知衔选用知县刘凤翔,查系新疆南路各城一律肃清健锐、威仪两军历年防剿出力案内得保同知衔,于光绪六年正月十三日奉旨允准钦遵在案。此次仍请赏给五品封典。

分省试用训导刘浤,查系湖南岳州府巴陵县人,由附生应光绪乙亥科试,考取一等,补廪注册在案,仍请免选本班,以教谕不论双单月尽先即选,并请赏戴蓝翎。

留甘补用副将林语,原请免补副将,以总兵仍留原省尽先补用。查该员底衔,实系留甘补用参将,应改请免补参将,以副将仍留原省尽先补用。

蓝翎五品衔拔补千总熊首华,原请免补千总,以守备分省尽先补用,并请赏加都司衔。查该员底衔,实系蓝翎千总用补用把总,应改请免补把总,以卫千总分省尽先补用,并请赏加守备衔。

蓝翎拔补把总罗鸿宾,原请免补把总,以守御所千总尽先拔补。查该弁误缮入咨保单内,此次仍请免补把总,以守御所千总尽先补用。

副将衔留甘补用参将苏扬福,请免补参将,以副将仍留原省尽先补用,并请赏给镇勇巴图鲁名号。查该员名字,实系"阳福",误缮"扬福",应请更正。

留陕补用都司汤贵和,原请免补都司,以游击仍留原省尽先补用。查该员底衔系留陕甘即补都司,应请更正,仍请免补都司,以游击留陕甘尽先补用。

花翎尽先补用守备牟占彪,请免补守备,以都司尽先补用。查该员姓名实系"牟彪",误缮为"牟占彪",应请更正。

军机大臣奉旨:览。钦此。①

014. 都司查春华请更正保案片

光绪八年三月初二日(1882年4月19日)

再,关陇肃清案内经大学士前任陕甘督臣左宗棠列保之补用守备查春华,请免补守备,以都司尽先补用,奉旨允准钦遵在案。兹据总理行营营务处统领老湘右军陕西题奏道罗长祜禀称:该员查春华于攻拔古牧地坚巢、克复乌鲁木齐、迪化州等城随折案内,误以补用游击开作底衔,请免补游击,以参将尽先补用,并请赏加副将衔。嗣于攻克达阪城及托克逊坚巢并会克吐鲁番等城随折案内,由副将衔补用参将请以副将遇缺推补。克复西四城新疆肃清随折案内,由推补副将请免补副将,以总兵交军机处记名,遇有总兵缺出,请旨简放,并请赏给赳勇巴图鲁名号。光绪五年,贼首纠众犯边、官军追剿获胜随折案内,由总兵请交军机处记名,遇有提督、总兵缺出,尽先题奏。均奉谕旨允准钦遵各在案。惟查攻拔古牧地一案,该员以补用都司误开作补用游击,恳以题奏提督仍改为记名总兵,将提督一级抵补游击一级。禀请附片奏明更正前来。

查该员自从军出关以来,迭克名城,打仗奋勇,尤为出力。合无仰恳天恩俯准,将查春华攻拔古牧地一案改为免补都司,以游击尽先补用;攻克达阪城一案改为免补游击,以参将尽先补用,仍加副将衔;新疆肃清一案改为免补参将,以副将遇缺推补,仍给赳勇巴图鲁名号;贼首纠众犯边、官军追缴获胜一案,改为免补副将,以总兵交军机处记名,遇有总兵缺出,尽先题奏。饬部逐层更正注册,以昭核实而示奖励,出自逾格鸿施。谨附片具陈,伏乞圣鉴训示施行。谨奏。

光绪八年四月初四日,军机大臣奉旨:览。钦此。②

---

①台北故宫博物院藏:《军机及宫中档》文献编号:122230—B。此案经吏部于光绪八年六月十一日议复,并于六月十六日咨呈军机处,见台北故宫博物院藏:《军机及宫中档》,文献编号:123795。
②台北故宫博物院藏:《军机及宫中档》,文献编号:122231。

【案】此片具奏日期,录副未确。查《军机处随手登记档》[1],据同日朱批之折件可知,此片具奏日期当为"光绪八年三月初二日",兹据校正。

015. 复陈裁撤营勇并挑选标兵改支坐粮折

光绪八年三月初七日（1882年4月24日）

钦差大臣督办新疆军务通政使司通政使二等男臣刘锦棠跪奏,为遵旨复陈事。

窃臣于光绪八年正月初六日,承准军机大臣字寄:光绪七年十二月十五日奉上谕:户部奏,新疆局势大定亟应裁减营勇一折等因。钦此。仰见我皇上轸念边陲至意,下怀钦感,莫可名言。臣溯自光绪二年,大军陆续出关,次第规复南北两路。因伊犁未经收还,不敢弛备。于是防营薪粮、盐菜、军装转运等款,遂积久而愈多。幸赖各省关于西征协饷,源源拨解。朝廷复准息借洋款,以济缓急,用能迅赴戎机。[2] 臣受代以来,惧蹈师老财殚之失,故有随时裁撤各营之请,盖顿兵绝域,本难持久,匪仅国家经费有常,宜图节省也。恭绎谕旨,关内外现存马步若干营,如何渐次裁减之处,迅速酌核,奏咨办理。

臣维伊犁将军臣金顺一军,从前驻扎库尔喀喇乌苏,尚经大学士前陕甘督臣左宗棠派卓胜军,分防精河一带。今伊犁甫经接收,金顺移营前进,地面愈阔,沿边种落愈繁,必须加意镇抚,以安反侧而杜觊觎。已迁俄籍者,系中国顽民,心志叵测。倘俄人不能约束,致有内讧外犯之事,边疆亦即戒严。光绪四、五两年五次寇边之案,其前车也。广东陆路提督臣张曜所部豫军马步仅十四营,驻防喀什噶尔、英吉沙尔等城,毗连哈萨克、布鲁特及浩罕安集延各部落,情形吃重。臣方以兵力单薄为之虑,是金顺、张曜两军目前未能遽裁,乃不待再计始决者。此外,湘楚卓胜各军,光绪六年左宗棠遵旨入都,檄调亲兵一千五百余名、旌善马队五旗带赴直隶。上年八月以前,经臣于湘楚两军内又裁去马步弁勇四千一百余人,咨由前护督臣

---

[1] 中国第一历史档案馆藏:《军机处随手登记档》,档案编号:03—0235—2—1208—086。
[2] 光绪二年正月初七日,清廷以西征军务紧要允准左宗棠奏借洋款之请(《德宗景皇帝实录（一）》,卷二十五,光绪二年正月,第372—374页)。

杨昌濬会衔附奏在案。后又续裁二千一百余人。现在微臣所部共只马步六十营旗，约计二万五千余人。上年冬间，臣曾函商乌鲁木齐提臣金运昌，就所部卓胜军酌量裁并，现拟先裁步勇四营、马勇两营，并分行湘楚各军将领，视其防务稍松、兵力略厚者，先撤马队四营、步队两营，约计每撤一营，需银四万两有奇。臣智虑短浅，不足临边。惟现筹办理情形，约有数端，请为圣主陈之。

一、饷项急需接济也。查上年所借洋款四百万两，除划还华商旧欠外，报解到甘者，实止二百八十余万两。臣上年先后裁去弁勇六千三百余人，计散放饷银六十余万两。关内各军亦经杨昌濬裁汰不少。现又准陕甘督臣谭钟麟函称：拟将关内五十余营旗酌为遣散，需饷甚巨。今臣军续议减灶，出款愈繁，难资周转。且撤者应清积欠，防者月需薪粮，待哺嗷嗷，艰窘万状。相应请旨，饬下户部咨行各督抚、将军、监督，赶于本年夏秋间，迅筹大批起解，以济要需。否则，臣与谭钟麟、杨昌濬虽朝夕图谋，终难集事。

一、裁营必须逐渐也。新疆各军久役于外，强悍性成，离家至万数千里之远，一旦遣撤，既恐逗留关外，又虑沿途滋事。臣上年所遣各营，系将口粮摊匀数目，由后路各台局逐站点名给发，仍饬该原管将弁申明纪律，分起成行，煞费经营，始获率之东下。非如内地散军，刻期可以蒇事。臣现会商谭钟麟、杨昌濬，稽核粮台存饷多寡，及各省关报解衰旺，仍照上年撤营办法，挨次给饷，庶无他虞。

一、新疆宜定大局也。谨按乾隆年间勘定新疆，移满洲、蒙古、东三省索伦、锡伯等兵暨陕甘两省绿营兵，或携眷驻防，或按期换守，其见诸载籍者数逾四万。新疆现有之防营，仅足相抵。此后满洲、蒙古等兵能否移防，姑弗具论。至陕甘绿营兵，业经杨昌濬奏明，新疆行省无论设与不设，必须另立营制，未便再由关内调拨换防，致有顾此失彼之虞。是则湘楚、卓胜各军一裁，而南北两路无驻防，无番戍，乌鲁木齐提属之兵额，固属虚悬。即伊犁金顺、喀什噶尔张曜之军，亦无后劲，边防未可深恃矣。

臣愚以为，因革损益，国之常经。左宗棠改设行省之议①，是否可行，朝廷自有权衡，非臣所敢置喙。惟杨昌濬所请另立营制，则与改行省复旧

---

①详见光绪四年正月初七日陕甘总督左宗棠奏请新疆应否改设行省缘由（中国第一历史档案馆藏：《军机录副》，档案编号：03—5664—004；《左宗棠全集·奏稿七》，第3—5页）。

制二者均不相妨。若于关外现裁营勇中选其精壮、耐劳不愿回籍者,仿往代屯田之法,编成额兵,乌鲁木齐提标兵额,应饬由金运昌就所裁卓胜军,认真挑选,俾复步兵旧额之半,并改行饷为坐粮,以省馈运。一转移间,而营伍易实,边患可消,假勇得所,于新疆大局实有裨益。可否变通办理之处,微臣不敢擅专,伏望宸衷独断,立见施行,边事幸甚,大局幸甚。

所有遵旨复陈缘由,是否有当?除咨部外,理合恭折由驿五百里驰奏,伏乞皇太后、皇上圣鉴训示施行。谨奏。三月初七日。

光绪八年三月二十六日,军机大臣奉旨:另有旨。钦此。①

【案】此折于是年三月得允行:

军机大臣字寄:户部、钦差大臣督办新疆军务通政使司通政使刘:光绪八年三月二十六日奉上谕:刘锦棠奏遵旨复陈一折。据称金顺、张曜两军,目前未能遽裁。现拟卓胜军先裁步勇四营、马勇两营,并于湘楚各军,视其兵力略厚者,先撤马队四营、步队两营,约计每撤一营,需银肆万余两,饷项急需接济。及裁营逐渐遣撤,并请另立营制等语。所筹尚属周妥,即着将应撤各营仍照从前办法,妥为遣散,严饬原管将弁,申明纪律,毋任逗遛滋事。其所称关内各军,现拟裁遣,需饷已巨,关外又议减灶,已撤者应清积欠,留防者月需薪粮,出款愈繁,艰窘万状,自系实在情形。着户部咨行各督抚、将军、监督,务于本年夏秋间,迅筹大批济用,毋得延宕,致误要需。至所拟于现裁营勇中,选其精壮,仿屯田法,编成兵额,并由金运昌挑选标兵,复步兵旧额之半,及改行饷为坐粮各节,着刘锦棠会商谭钟麟等,悉心妥筹,奏明办理。将此谕知户部,并由五百里谕令刘锦棠知之。钦此。遵旨寄信前来。②

016. 请将李占元等员原保衔名更正片
光绪八年三月初七日(1882年4月24日)

再,荡平金积堡贼巢、宁灵肃清战功案内,经前任陕甘督臣左宗棠列保

---

①台北故宫博物院藏:《军机及宫中档》,文献编号:122118。又《奏稿》第355—364页。
②中国第一历史档案馆编:《光绪朝上谕档》,第八册,第87页。又《德宗景皇帝实录(三)》,卷一百四十四,光绪八年三月,第5页。

之蓝翎拔补把总李占元,请免补把总,以千总尽先拔补,并加守备衔,换花翎,于同治十年十月初三日奉旨允准钦遵在案。查李占元原名"占先",汇保单内误缮"占元",应请更正。

又新疆南北两路一举荡平战功案内列保之选用同知吴超然,请以知府分省,归候补班前尽先补用。查该员底衔系同知衔分省归军功候补班前先补用知县,误缮选用同知,应请旨饬部将吴超然原保知府注销,改请免补知县,以同知分发省分,归候补班前先补用,并赏加知府衔。

又同案列保之廪生罗延庆,请以县丞分省,遇缺即补。查该员曾由廪生于攻克玛纳斯南城战功案内,已保训导归部不论双单月遇缺即选,并戴蓝翎,光绪五年七月初一日奉旨允准。此次应请将底衔改为蓝翎不论双单月遇缺即选训导罗延庆,改请免选训导,以教谕归部不论双单月尽先选用。

又同案列保之附生武纬,请以从九品分省补用。查武纬实系文童,汇保案内误缮附生,应请改为文童,以未入流分省尽先补用。

又同案列保之四品顶戴员外郎衔候选主事唐化成,请赏给四品封典,于光绪六年正月三十日奉旨允准。嗣准吏部咨:查唐化成系属京官,应按照本职加级,另行奏明请奖等因,兹改请赏给五品封典。据各该员禀请奏明改奖更正前来。

臣复查无异。合无仰恳天恩,饬部核准,分别注册,以示鼓励而昭核实。除咨部查照外,谨附片具奏,伏乞圣鉴训示施行。谨奏。

光绪八年三月二十六日,军机大臣奉旨:该部议奏。钦此。①

【案】此片具奏日期未确,查光绪八年三月二十六日《军机处随手登记档》②,载有"报五百里,三月初七日哈密发"等字样。据此,此奏片具奏日期当为"光绪八年三月初七日",兹据校正。

此案经吏部于光绪八年六月初三日议复,并于六月初七日咨呈军机处:

吏部谨奏,为遵旨议奏事。内阁钞出督办新疆军务通政使司通政使刘锦棠片奏荡平金积堡贼巢、宁灵肃清案内,经前任陕甘督臣左宗棠列保之蓝翎拔补把总李占元,原名"占先",汇保单内误缮"占元",

---

①台北故宫博物院藏:《军机及宫中档》,文献编号:122120。
②中国第一历史档案馆藏:《军机处随手登记档》,档案编号:03—0235—1—1208—080。

应请更正。又新疆南北两路荡平案内列保之选用同知吴超然，请以知府分省，归候补班前尽先补用。查该员底衔系同知衔分省，归军功候补班前先补用知县，误缮选用同知，应请旨饬部将吴超然原保知府注销，改请免补知县，以同知分发省分，归候补班前先补用，并赏加知府衔。又同案列保之廪生罗延庆，请以县丞分省，遇缺即补。查该员曾由廪生于攻克玛纳斯南城案内，已保训导归部不论双单月遇缺即选，并戴蓝翎，光绪五年七月初一日，奉旨允准。此次应请将底衔改为蓝翎不论双单月遇缺即选训导罗延庆，改请免选训导，以教谕归部不论双单月尽先选用。又同案列保之附生武纬，请以从九品分省补用。查武纬实系文童，汇保案内误缮附生，应请改为文童，以未入流分省尽先补用。又同案列保之四品顶戴员外郎衔候选主事唐化成，请赏给四品封典，于光绪六年正月三十日奉旨允准。嗣准吏部咨：查唐化成系属京官，应按照本职加级，另行奏明请奖等因。兹改请赏给五品封典。据各该员禀请奏明改奖更正前来。臣复查无异，仰恳天恩饬部核准，分别注册，以示鼓励而昭核实等因。光绪八年三月二十六日，军机大臣奉旨：该部议奏。钦此。钦遵钞出到部。除武职人员应由兵部办理外，查臣部奏定章程：京官著有劳绩，准照加级；外官著有劳绩，准照加衔，奏请封典。如有违例奏请者，即行查明更正等语。兹据刘锦棠奏称，新疆南北两路荡平案内出力各员改奖更正。钦奉谕旨：该部议奏。臣等按照奏定章程，悉心核议敬缮清单，恭呈御览。所有臣等遵旨议奏缘由，谨缮折具奏，伏乞圣鉴训示施行。谨奏。光绪八年六月初三日具奏，奉旨：依议。钦此。

谨将督办新疆军务通政使司通政使刘锦棠奏新疆南北两路荡平案内出力改奖、更正各员，按照奏定章程，悉心核议，谨缮清单，恭呈御览。计开

廪生罗延庆，该员前由廪生请以县丞分省，遇缺即补，钦奉谕旨允准，臣部钦遵注册在案。兹据奏称该员曾由廪生攻克玛纳斯南城案内以保训导遇缺即选，并戴蓝翎。此次改请免选训导，以教谕归部不论双单月尽先选用。查该员既保训导，应将训导作为该员底衔，仍以县丞分省遇缺即补。所改免选训导以教谕归部不论双单月之处，系将已经奉旨之案复行改奖，应毋庸议。选用同知吴超然，该员前由选用同

知请以知府分省,归候补班前尽先补用,钦奉谕旨允准,臣部钦遵注册在案。兹据奏称该员底衔系同知衔分省归军功候补班前补用知县,误缮选用同知,请将原保知府注销,改请免补知县,以同知分发省分,归候补班前先补用,并加知府衔。查该员前由同知请以知府分省归候补班前尽先补用系属请奖一层,兹据该大臣改请系属改奖两层,应准将该员所请免补知县,以同知分发省分,归候补班前先补用注册,其添叙之知府衔,应毋庸议。附生武纬,该员前由附生请以从九品分省补用,钦奉谕旨允准,臣部钦遵注册在案。兹据奏称该员实系文童,误缮附生,请改由文童以未入流分省尽先补用,系将已经奉旨之案复行改奖,应毋庸议。至该员出身,应准其更正文童。四品顶戴员外郎衔候选主事唐化成,该员前请四品封典,经臣部查奏定章程,京官著有劳绩,准照加级;外官著有劳绩,准照加衔,奏请封典。如有违例奏请者,即行奏明更正。该员系属京官,应按本职加级,另行奏请知照在案。兹据奏称请将该员改请五品封典,系仍照加衔改请,核与奏定章程不符,应令另核奏明请奖。并该员系何项候补主事,应令一并声复。

吏部为知照事。文选司案呈:所有督办新疆军务通政使司通政使刘锦棠奏请将罗延庆等四员改奖、遵旨复奏一折,于光绪八年六月初三日具奏,奉旨:依议。钦此。相应粘连原奏知照可也。须至咨者。右咨军机处。光绪八年六月初七日。员外郎吴寿龄。①

017. 请奖新疆办差出力之曾宪谟等员片

光绪八年三月初七日(1882年4月24日)

再,前准吏部咨:议奏前任陕甘督臣左宗棠汇保关陇肃清各项差使出力案内之六品衔候选县丞曾宪谟、蓝翎理问衔即选主簿邓寿金,均改为选缺后以应升之缺升用。从九品衔胡洛畴,改请给六品顶戴。廪贡生余世藩、岁贡生高培寿,均请以训导即选。查该员等原案,均系局务劳绩,按照章程只准保举升衔、加级,交部议叙。如保奏官阶及由虚衔重复再保,一概议驳。今曾宪谟、邓寿金、余世藩、高培寿所请官阶顶戴,核与例章不符,仍

---

① 台北故宫博物院藏:《军机及宫中档》,文献编号:123768。

令另核奏明请奖。光绪五年正月三十日具奏,奉旨:依议。钦此。即钦遵移行原保各员知照在案。兹按照新章,请将六品衔候选县丞曾宪谟、蓝翎理问衔即选主簿邓寿金、从九品胡洛畴,均改请交部议叙。廪贡生余世潘、岁贡生高培寿,均改请赏加国子监典簿衔。又新疆南北两路一律肃清各项差使出力案内,请保补缺后以知州仍留四川尽先补用之同知衔试用通判孙培元、同知衔候补通判王继昌二员,原保单内并未声叙该员等系何省通判,碍难办理,应令查明,复奏到日,再行核办。又文童游瑞霖、何大章、夏绥镛、曾世琛、杨贻芳、韩宗清、章嗣芳、吴慎修八名,原保单内均系文童,请保从九品分发省分试用各等因。当经移行查照去后。

兹准四川督臣丁宝桢①咨:据筹饷报捐局详称:查明孙培元、王继昌二员,均系川省通判,恳请仍照原保给奖。又查文童游瑞霖、何大章、夏绥镛、曾世琛、杨贻芳、韩宗清、章嗣芳、吴慎修八名,原均请以从九品不论双单月选用。又新疆南北两路一举荡平各项差使出力案内,请保六品衔之选用从九品曾式斌,本系"世斌",误缮"式"字,咨请附片奏明核奖更正前来。又新疆南北两路一举荡平各项差使出力案内,部议另核请奖之六品衔甘肃尽先候补从九品蒋光照一员,经臣于光绪七年六月初二日奏请,改为俟补缺后,以应升之缺尽先升用,奉旨:该部议奏。钦此。嗣准吏部咨:查蒋光照所请奖叙,仍与奏定章程不符,应令另核奏明请奖等因,兹遵章改为赏给六品封典。

合无仰恳天恩,饬部核准,分别注册,以示鼓励。除咨部查照外,谨附片具陈,伏乞圣鉴训示施行。谨奏。

光绪八年三月二十六日,军机大臣奉旨:吏部议奏。钦此。②

【案】此片具奏日期未确,查光绪八年三月二十六日《军机处随手登记档》③,载有"报五百里,三月初七日哈密发"等字样。据此,此奏片具奏日期当为"光绪八年三月初七日",兹据校正。

---

①丁宝桢(1820—1885),字稚璜,贵州平远人。咸丰三年(1853),中式进士,选庶吉士。六年(1856),授翰林院编修。十年(1860),放湖南岳州府知府。同治元年(1862),调补长沙府知府。同年,署陕西按察使。二年(1863),升山东按察使。同年,迁山东布政使。五年(1866),署山东巡抚。次年,实授山东巡抚,兼理盐政。七年(1868),加太子少保。光绪二年(1876),调补四川总督。卒赠太子太保,谥文诚。
②台北故宫博物院藏:《军机及宫中档》,文献编号:122121。
③中国第一历史档案馆藏:《军机处随手登记档》,档案编号:03—0235—1—1208—080。

此案经吏部于光绪八年六月初三日议复,并于八月初七日咨呈军机处:

吏部谨奏,为遵旨议奏事。内阁钞出督办新疆军务通政使司通政使刘锦棠片奏,前准吏部咨:议奏前任陕甘督臣左宗棠汇保关陇肃清各项差使出力案内之六品衔候选县丞曾宪谟、蓝翎理问衔即选主簿邓寿金,均改为选缺后以应升之缺升用。从九品衔胡洛畴,改请给六品顶戴。廪贡生余世藩、岁贡生高培寿,均请以训导即选。查该员等原案,均系局务劳绩,按照章程,只准保举升衔、加级,交部议叙。如保奏官阶及由虚衔重复再保,一概议驳。今曾宪谟、邓寿金、余世藩、高培寿所请官阶顶戴,核与例章不符,仍令另核奏明请奖,于光绪五年正月三十日具奏,奉旨:依议。钦此。钦遵移行原保各员知照在案。兹按照新章,请将六品衔候选县丞曾宪谟、蓝翎理问衔即选主簿邓寿金、从九衔胡洛畴,均改请交部议叙。廪贡生余世藩、岁贡生高培寿,均改请赏加国子监典簿衔。又新疆南北两路一律肃清各项差使出力案内,请保补缺后以知州仍留四川尽先补用之同知衔试用通判孙培元、同知衔候补通判王继昌二员,原保单内并未声叙该员等系何省通判,碍难办理,应令查明复奏,再行核办。又文童游瑞霖、何大章、夏绶镛、曾世琛、杨贻芳、韩宗清、章嗣芳、吴慎修八名,原保单内均系文童,请保从九品分发省分试用各等因。当经移行查照去后。

兹准四川督臣丁宝桢咨:据筹饷报捐局详称:查明孙培元、王继昌二员,均系川省通判,恳请仍照原保给奖。又查文童游瑞霖、何大章、夏绶镛、曾世琛、杨贻芳、韩宗清、章嗣芳、吴慎修八名,原均请以从九品不论双单月选用。又新疆南北两路荡平各项差使出力案内,请保六品衔之选用从九品曾式斌,本系曾世斌,误缮"式"字,咨请附片奏明核奖更正前来。又新疆南北两路荡平各项差使出力案内,部议另核请奖之六品衔甘肃尽先候补从九品蒋光照一员,经臣于光绪七年六月初二日奏请,改为俟补缺后,以应升之缺尽先升用,奉旨:该部议奏。钦此。嗣准吏部咨:查蒋光照所请奖叙,仍与奏定章程不符,应令另核奏明请奖等因。光绪八年三月二十六日军机大臣奉旨:吏部议奏。钦此。钦遵钞出到部。

查臣部奏定章程:一切差委并各项局务出力人员著有微劳,只准保奏应升应得职衔等语。兹据刘锦棠奏称,请将关陇肃清各项差使出力各员另核请奖。钦奉谕旨:吏部议奏。臣等按照奏定章程,悉心核议,分别准驳,敬缮清单,恭呈御览。所有臣等遵旨议奏缘由,缮折具奏,伏乞圣鉴,训示。遵行。谨奏。光绪八年六月初三日具奏,奉旨:依议。钦此。

谨将督办新疆军务通政使司通政使刘锦棠奏前准部咨议奏关陇肃清各项差使出力另核请奖各员,按照奏定章程,悉心核议,分别准驳,敬缮清单,恭呈御览。计开

六品衔候选县丞曾宪谟,原改请选缺后以应升之缺升用,今改请交部议叙。蓝翎理问衔即选主事邓寿金,原同上,今同上。从九衔胡洛畴,原改请给六品顶戴,今同上。六品衔甘肃尽先补用从九品蒋光照,原改请俟补缺后,以应升之缺尽先升用,今改给六品封典。同知衔试用通判孙培元、同知衔候补通判王继昌。查孙培元、王继昌二员,原保清单内均请俟补缺后,以知州仍留四川尽先补用,并未声叙系何省通判,应令查明复奏,再行核办。光绪六年八月初九日具奏,奉旨:依议。钦此。兹据刘锦棠奏称,该员等均系四川省通判,恳请仍照原保给奖。文童游瑞霖、何大章、夏绶镛、曾世琛、杨贻芳、韩宗清、章嗣芳、吴慎修,查原保清单内均系文童,请以从九品分省,归候补班补用。当经臣部议驳,应免令补交分拨银两,仍令补交三班银两,俟补交银两后,均以从九品分省,归试用班补用。光绪六年八月初九日具奏,奉旨:依议。钦此。兹据刘锦棠奏称,游瑞霖等原均请以从九品不论双单月选用,汇案时误缮分省,应请仍照原保,改为以从九品不论双单月选用。选用从九品曾式斌,本系曾世斌,误缮"式"字,应请更正。以上十五员所请改奖、更正,核与奏定章程相符,应请照准。廪贡生余世藩,原请以训导归部即选,今改请加国子监典簿衔。岁贡生高培寿,原同上,今同上。查奏定章程:一切差委并各项局务出力人员著有微劳,只准保奏应升应得职衔。今余世藩、高培寿改加国子监典簿衔,非廪贡、岁贡应得职衔,应将该二员均请改为应得职衔。

吏部为知照事。文选司案呈:所有督办新疆军务通政使司通政使刘锦棠奏请将曾宪谟等十七员改奖,遵旨议复一折,于光绪八年六月初三日具奏,奉旨:依议。钦此。相应粘连原奏知照可也。须至咨者。

右咨军机处。光绪八年六月初七日。员外吴寿龄。①

018. 奏报新疆光绪六年分征收额粮税厘数目片
光绪八年三月初七日（1882年4月24日）

再，户部奏称：光绪六年七月，左宗棠奏，光绪四、五两年新疆共征收各色京斗粮五十一万五千余石，征收房租、地课、税厘等项银二十二万三千余两等语。② 查此项粮料，按新疆采买价值，每石合银四两至八两不等，加以税厘等项，每年约可征收银一百数十万两各等因。钞稿知照到臣。

伏惟新疆久罹兵燹，民鲜孑遗，耕种失业，而北路为尤甚。从前大兵出关，先由北路进取。值各该处粮价翔贵③，每石需银至七八两不等，甚且无从采办。官军粮料概由关内甘州、肃州暨包头、归化等处转运接济，劳费无算。迨至三年冬，克复南路各城，前敌各营则均就地采粮，价值与关内相等，小麦百斤值银不过六七钱，包谷、高粱百斤值银不过五六钱。而北路向多沃壤，经地方官招集难民，广为屯种，收成既丰，粮价亦渐次平减。刻下粮料充积，颇有谷贱伤农之患。惟哈密一处，缠回垦地不多，营中应用粮料仍须由他处转运，合之运脚，较为昂贵。

现查新疆六年分，共征收各色京斗粮料三十四万七千二百余石，较之四、五两年，多收八万余石。核计时价，每京斗小麦一石，值银九钱至一两不等，包谷各项价值尚须递减。以六年征收粮料数目计之，高低牵算，仅值银二十六七万两。其征收章程系照古人什一取一之法，未免取盈。将来清丈完竣，按亩升科，度必有减无增，征收数目尚难预定。此外，房租、地课、税厘各款，六年分除局费外，共得银二十二万七千余两。新疆每年入款只有此数，实无一百数十万两之多。至各处征粮，均照时值就近拨发防营济食，其价即于应领饷项内划扣清讫。

除咨部外，理合附片陈明，伏乞圣鉴。谨奏。三月初七日。

---

①台北故宫博物院藏：《军机及宫中档》，文献编号：123769。
②详见光绪六年四月十七日陕甘总督左宗棠奏报办理新疆善后事宜大略情形（中国第一历史档案馆藏：《军机录副》，档案编号：03—9528—011）。
③"翔贵"，《奏稿》作"昂贵"。

光绪八年三月二十六日,军机大臣奉旨:知道了。钦此。①

019. 汇报光绪七年夏秋冬三季变通办结命盗各案折
光绪八年四月初二日(1882年5月18日)

　　钦差大臣督办新疆军务通政使司通政使二等男臣刘锦棠跪奏,为新疆七年分夏秋冬三季变通办结命盗各案,遵旨摘由汇报,恭折仰祈圣鉴事。

　　窃臣前因新疆远在边荒,民情刁悍,向来缠回杀死人命,均由凶犯出买命银两,给与尸亲,从无抵偿之说。自安酋阿古柏占据以来,惟利是图,变本加厉,以致殷实土豪视人命如儿戏,而命盗案件亦因之日炽。又因各城相距窎远,往往行数十日程,渺无人烟,解犯就道,时有戒心,且南路自吐鲁番以西仅有善后总分各局,向无州县及例设监禁书役,北路虽有印委各官,而情形亦与南路大略相似,加以地方初复,该民人等久违声教,初就范围,一切凶恶匪徒猝难收革面洗心之效。若犯事到案必欲拘泥文法办理,不但不足以震慑其心,而案结无期,窃恐顽梗之徒越疆漏捆,殊非抚治万里穷边所宜。臣体察情形,于上年四月初十日曾将新疆命盗案件奏请暂行变通办理,择其憨不畏死、谋故逞凶、杀毙人命、与伙众持械抢劫,讯明供证、赃物确凿、法难宽宥者,即行批令就地正法。其情轻之犯,分别管禁系杆,并枷号笞杖,仍酌定时日久暂,笞杖多寡,取保释放,俾得就地迅速审拟完结,由臣按季摘由汇奏,一面咨部立案,奉旨:着照所请,刑部知道。钦此。钦遵分别遵办在案。

　　查上年夏秋冬三季,办结命盗案件共二十六起,均经臣严饬承审各员悉心研鞫,勿任刑求。北路各厅县之案,由州道复审;南路各局案件,咨由帮办军务广东陆路提臣张曜暨札饬各总局复审定谳,咨详由臣逐细确核,批饬照办。虽办理系属变通,仍揆度案情,参诸律例,酌量增减,择其犯之罪无可宽者,始批饬正法,俾昭炯戒。其情轻之犯,即照章分别锢禁系杆、枷号笞杖,务使案结后民情悦服,无枉无纵,以仰副朝廷明罚敕法、刑期无刑之至意。兹将光绪七年分夏秋冬三季变通办结命盗各案汇缮清单,恭呈御览。

---

①台北故宫博物院藏:《军机及宫中档》,文献编号:122119。又《奏稿》第351—353页。

除摘由咨部立案外，理合恭折具陈，伏乞皇太后、皇上圣鉴。再，新疆各城距臣行营窎远，案情驳正，往返动逾数月，是以汇报稍迟，合并陈明。谨奏。光绪八年四月初二日。

军机大臣奉旨：刑部知道，单并发。钦此。①

光绪八年四月二十三日，军机大臣奉旨：刑部知道，单并发。钦此。②

020. 呈光绪七年夏秋冬三季变通办结命盗各案清单

光绪八年四月初二日（1882年5月18日）

谨将新疆南北两路七年分夏秋冬三季变通办结命盗案件摘由，汇缮清单，恭呈御览。计开

夏季分：

一件：喀什噶尔缠回托各梭布与儿亦思殴打，适伤邻人是大克身死，讯系误伤，并无挟嫌谋故情事，经该处保甲局讯明，报经该城善后局复审无异，详经臣核明案情稍轻，批饬将托各梭布锢禁三年，满日折责发落，仍追葬埋银两，并将儿亦思折责，结案。

一件：和阗缠回以明下刃伤妹夫胡大拜的登时身死，经该城善后局获犯，讯供故杀不讳。饬据叶尔羌总局复审明确，经臣核明，该犯逞忿残杀，情罪较重，法无可宽，批饬就地正法，结案。

一件：辟展缠回色提八亥图财，杀伤客民刘清身死，经该处巡检获犯，解由吐鲁番厅审讯确供，饬据镇迪道复审无异，具详到营。臣核明图财杀人，情节较重，批令将该犯色提八亥就地正法，完结。

一件：济木萨县丞拿获昌吉地方抢劫匪犯郭秀，解交迪化州，审供抢劫不讳。复经镇迪道复讯，核明情罪，详经乌鲁木齐都统臣恭镗批饬斩枭，详报到营，结案。

秋季分：

一件：英吉沙尔缠回苦布定商同伊子阿不都拉，谋杀胡大拜的身死，经该城善后局讯据供认不讳，禀由帮办军务广东陆路提臣张曜复审拟咨到

① 台北故宫博物院藏：《军机及宫中档》，文献编号：122697。
② 台北故宫博物院藏：《军机及宫中档》，文献编号：122698。

营。臣核阅案犯情节较重，法无可宽，咨复转饬将该犯苦布定就地正法。其子阿不都拉一犯并未加功，拟即锢禁三年，满日折责发落，完结。

一件：叶尔羌缠回里底皮殴伤胡大拜的身死，经叶尔羌善后局拿获讯供，被殴抵格，适伤致毙，尚无逞忿谋故情事，详由张曜复讯咨办。臣核其情节稍轻，尚有可原，咨复转饬将该犯里底皮锢禁三年，满日折责，完结。

一件：叶尔羌窃匪沙黑因窃拒捕，戳伤他里布身死，经叶尔羌善后局拿获，讯据供认获赃故杀不讳，详经张曜复审拟咨到营。臣核阅案供相符，咨复转饬将该犯沙黑就地正法，结案。

一件：拜城回妇色格勒与奸夫帕拉斯谋杀亲夫买卖提身死，经该处善后分局验讯，供认因奸同谋不讳，解由阿克苏善后局复审无异，详经臣核其情节凶残，批饬即将奸妇色格勒、奸夫帕拉斯一并就地正法，完结。

一件：阿克苏缠回买卖提起意，商同艾买提、阿希木图财致死分省补用县丞文泽西一案，经该处善后局先后获犯，讯据供认图财谋害不讳，具详到营。臣复加核阅，情罪甚重，法无可宽，批饬将该三犯买卖提、艾买提、阿希木一并正法，首犯仍加枭示，完结。

冬季分：

一件：和阗缠回思拉木刃伤毛拉身死，经该城善后局拿获，验讯供词，饬据叶尔羌善后总局复审无异，具详到营。臣详加确核，死者理屈，情尚可原，批饬锢禁四年，满日折责发落，完案。

一件：和阗缠回铁米图财，谋杀胞姊古宋身死，经和阗善后局获犯验讯，供认确实，饬据叶尔羌总局复审无异，详经臣核阅案情，法无可贷，批饬将该犯铁米即行正法，仍枭首悬示，完案。

一件：叶尔羌缠回奴尔买提谋毒岳母沙泥比必身死，经叶尔羌善后总局获犯验讯，供认用毒谋杀不讳，具详到营。臣复加核阅，情节残忍，法无可宽，批饬将该犯奴尔买提就地正法，结案。

一件：和阗缠回沙一木殴伤妹夫托胡大买提身死，经该城善后局讯系被殴抵格适伤，并无挟嫌谋故情事，报由叶尔羌总局复审无异，详经臣核其情罪稍轻，批饬将该犯沙一木锢禁三年，满日折责发落，完案。

一件：叶尔羌缠回买买的散商同阿大买卖提，图财同谋安巴斯罕身死，经叶尔羌善后总局饬拿，首犯买买的散畏罪自尽，拿获从犯阿大买卖提，提讯据供称图财同谋不讳，详报到营。臣复加核阅，案情甚重。除首犯买买的散畏罪自尽不议外,从犯阿大买卖提同谋致毙,法无可宽,批饬将该犯阿大买卖提就地正法,结案。

一件:和阗窃贼由素云邀同司马衣,偷窃缠回那鲁士家,临时盗所拒杀事主身死,报由该城善后局拿获首从各犯,审供确凿,饬据叶尔羌总局复审无异,详报到营。臣核明情罪过重,批饬将首犯由素云正法。从犯司马衣并未在场拒捕,拟即系带铁杆三年,满日折责,完案。

一件:玛喇巴什缠回买卖托谷打戳伤伊妻堂叔毛拉可伯克身死,经该处善后分局获犯验讯,解由叶尔羌总局,讯系逞忿故杀,详经张曜复审咨办到营。臣核其情节过重,法所难宥,咨复转饬将该犯买卖托谷打就地正法,结案。

一件:英吉沙尔缠回思拉木先后殴毙他依阿洪、勒漫苏皮二命,经该城善后局拿获验讯,解由喀什噶尔善后总局讯系挟嫌故杀,详由张曜复审拟咨到营。臣复加核阅,该犯挟嫌连毙二命,情节凶残,咨复转饬立予正法,结案。

一件:和阗缠回自毛染提殴伤胞侄哎克木下身死,报经该城善后局验讯供词,并无挟嫌谋产情事,饬据叶尔羌总局复审无异,详经张曜拟咨到营。臣核明情罪稍轻,咨复折责发落,结案。

一件:库尔勒缠回克勒木行窃拒捕,刃伤事主阿布得里木身死,报经阿克苏善后局获犯,讯供确实,详经臣复核案情,法所难宽,批令将该犯克勒木就地正法,完结。

一件:乌什缠回毛拉和折殴伤强奸艾利希身死,经乌什善后局获犯,讯供确实,详报到营。臣复核案情稍轻,批饬将该犯毛拉和折锢禁两年,满日折责发落,结案。

军机大臣奉旨:览。钦此。①

021. 办结缠回阿不拉等纠众谋乱片

光绪八年四月初二日(1882年5月18日)

再,臣于上年五月十五日据英吉沙尔善后局委员知县罗正湘报称:访

---

①台北故宫博物院藏:《军机及宫中档》,文献编号:122698—A。

闻英属忙升庄缠头回子阿不拉,有图当帕夏、纠众谋乱情事。正密拿间,据署阿奇木爱沙禀报前来。随知会分防英吉沙尔之嵩武军统领记名提督孙金彪①拨弁勇,会同局员等,首先拿获阿不拉、外思定二名,讯据供出伙党姓名。又续获紫牙五定一名、库万占一名、毛拉阿洪一名、尼牙子一名、沙一提一名、赛一提阿吉一名,隔别研讯,欲乘英城队伍换防之际,起意谋乱属实。并在阿不拉家搜出洋枪、火药、弓刀各件,逆迹显然,录供驰报等情。并准帮办军务广东陆路提臣张曜咨:据英吉沙尔营局禀同前情等因各到营。臣以案关重大,当经咨请张曜,就近提讯,仍批饬罗正湘会营,严缉余犯,安抚人心去后。嗣准张曜咨开:饬派副将李福云前往,将该犯等一律提到,发交喀英善后总局道员张宗翰审讯,犯供与原审相符。惟缠回图谋共事,以抱经盟誓为信。此案抱经立誓者共系六人,已获阿不拉、外思定、紫牙五定三名,尚有五受儿、苏傅尼牙子、买卖土的三名未获。行据罗正湘会营,设法缉获,续交张宗翰隔讯无异,详解张曜行营,督同局委各员复加研审,各供符合。尚有知情在逃之毛拉克等未获。行据罗正湘禀称:该犯等闻拿在逃,悬赏通缉,获日另解。是逃犯弋获无期,现犯应先拟结,咨会到臣哈密行营。

臣详加确核,缘阿不拉系英吉沙尔忙升庄人,充当玉子巴什。因上年三月臣布置边防,饬将英城所扎之定远军移防叶尔羌所遗防地,经张曜派嵩武军统领孙金彪填扎。该犯阿不拉探闻一军将去,一军未来,遂乘隙想当帕夏,起意谋乱。帕夏者,即华言大元帅也。该犯先与素好之外思定商允,并捏称手下已约定数百人,嘱外思定往阿拉堡地方,邀约赛一提阿吉充当头目。缘赛一提阿吉向系念经缠回,人众悦服。该犯往约,意在勾结多人,易于成事。讵外思定一再相邀,坚拒不从。阿不拉只得捏称赛一提阿吉允当头目,许带一百五十人前来,军火、器械均已齐备等语,嘱外思定即以此言送信,各庄邀人,希图煽惑。曾遇面识之毛拉阿洪、尼牙子、沙一提、库万占等四人,说过约其一同起事,不准声张。毛拉阿洪等以其妄言,不置

---

① 孙金彪(? —1906),江苏元和(今属苏州)人。咸丰十年(1860),充枪船首领。同治元年(1862),以军功补千总。七年(1868),以出兵河南剿捻功升参将,加博奇巴图鲁名号。十年(1871),出兵甘肃,保记名提督,赏穿黄马褂。光绪三年(1877),出兵新疆,统领嵩武军。四年(1878),加头品顶戴。十三年(1887),调补陕西汉中镇总兵。同年,任山东烟台海口防营统领,归李鸿章节制调遣。二十五年(1899),赴京陛见。二十六年(1900),任武毅右军先锋队右翼长。二十七年(1901),调湖南永州镇总兵。二十九年(1903),办理苏州营务。

可否而去。

外思定一面邀得素好之紫牙五定、苏傅尼牙子、买卖土的三人并阿不拉，均到五受儿即乌舒儿白的克家，说明作乱情事。阿不拉家向埋有洋枪九杆、火药三大包并弓刀各件，系从前逆酋阿古柏当帕夏时埋的。外思定知其军火确实，遂一共六人，抱经立誓，都算头目。内尼牙子、买卖土的二人初不愿意，阿不拉又伪以赛一提阿吉入伙为词，勉强逼令抱经，约定四月二十二日夜间破城。外思定仍连日逢人密语，又向面识之毛拉克说知，不料临期各庄都无人来。苏傅尼牙子、买卖土的二人亦均未至，不能动手。阿不拉知事已败露，并闻善后局有人访拿甚严，该犯遂以外思定等作乱，先到阿奇木处首告，希冀卸罪。赛一提阿吉距城较远，正行首告，闻案已破，因即中止。旋获外思定到案，讯悉前情，并供出同伙人名不讳，当在阿不拉家起获洋枪、火药等件。阿不拉亦自认起意谋乱属实。饬拿各犯，毛拉克等闻拿，先期逃逸。旋经营局将案内各要犯先后拿获，隔别研讯，口供相符。罗正湘一面悬赏严缉逃犯，安抚人心，报经发交道员张宗翰讯明，详由张曜督同局委各员，复审无异。严诘各犯，此外并无同谋知情窝隐之人，咨请查照拟结等因前来，自应拟结。

查该犯阿不拉，身充玉子巴什，乃欲乘换防之际，图当帕夏，纠众倡乱，实属不法。迨至事机败露，率以外思定等作乱为名，向阿奇木首告，妄希卸罪。核与真心悔过、自行投首不同。若遂科以谋反大逆之条，究与攻城戕官酿成巨案者有别。新疆案件，前经臣奏请，变通办理，奉旨允准钦遵在案。应将此案首犯阿不拉与抱经立誓之从犯外思定、紫牙五定、五受儿四犯，不分首从，即行就地正法，并将首犯阿不拉枭首，传竿示众①，以昭炯戒而快人心。苏傅尼牙子、买卖土的二犯，当时抱经既系逼从，临期举事亦均未到，较之外思定等四犯，情罪稍轻，拟即在于英吉沙尔永远锢禁。其余毛拉阿洪、尼牙子、沙一提、库万占四犯，虽未同谋，而于外思定等告语之时，并不力拒其非，亦属首鼠两端，应一概迁徙喀喇沙尔地方，到日由局折责安置。

以上各犯，查明家属，一并迁徙，财产入官，枪药、弓刀验明存局。赛一提阿吉屡次拒不从乱，正行首告，案犯业已破获，应免置议。逃犯毛拉克，

---

① "传竿示众"，《奏稿》作"悬杆示众"。

获日另结。除咨复张曜饬局遵照，分别办结，仍将办结缘由缮具简明通俗告示，翻译回字，实贴犯事地方，俾共懔知，并饬据罗正湘禀称，英吉沙尔地方人心现已一律安定。

臣维新疆缠回，犬羊性成，瞽不畏死，一切顽梗凶恶之徒，所在皆有，全在各城营局员弁等随时留心访察，庶奸宄不致潜生。此次该犯阿不拉等图当帕夏，纠众谋乱，事虽未成，若非该营局员弁等先期访拿，迅获首要各犯，难保不摇动人心，酿成巨案。所有拿获此案首从各犯之员弁，缉捕尚属迅速，应请天恩，俯准将头品顶戴遇缺简放提督总兵博奇巴图鲁孙金彪、盐提举衔留甘尽先补用知县罗正湘等交部分别议叙，以昭激劝，实于新疆地方营务、捕务，两有裨益。

所有英吉沙尔缠回阿不拉等纠众谋乱，讯明办结，并请将缉捕出力员弁奖叙缘由，谨附片陈明，伏乞圣鉴训示。谨奏。四月初二日。

光绪八年四月二十三日，军机大臣奉旨：孙金彪、罗正湘均交部分别议叙。余依议，该部知道。钦此。①

022. 奏委郝永刚接任哈密副将篆务片

光绪八年四月初二日（1882年5月18日）

再，署甘肃哈密协副将丁连科署事期满，饬令交卸。所遗副将篆务，查有随营差遣之实任哈密协副将郝永刚②，现无经手未完事件，应饬该员回任，以重职守。除分饬遵照外，谨会同陕甘督臣谭钟麟、乌鲁木齐提督臣金运昌，附片具奏，伏乞圣鉴。谨奏。

光绪八年四月二十三日，军机大臣奉旨：知道了。钦此。③

【案】此片具奏日期未确，查光绪八年四月二十三日《军机处随手

---

①台北故宫博物院藏：《军机及宫中档》，文献编号：122696。又《奏稿》第367—376页。
②郝永刚（1835—？），直隶东明（今属山东）人。咸丰六年（1856），投效军营。七年（1857），加六品军功，保外委。十一年（1861），保把总，赏戴蓝翎。同年，再保千总。同治二年（1863），保守备，加部司衔。是年，再保都司。四年（1865），保游击。五年（1866），晋副将衔，赏换花翎。七年（1868），保参将。同年，递保副将，并加卓勇巴图鲁名号。八年（1869），加总兵衔。十一年（1872），保总兵。同年，以提督记名简放。光绪二年（1876），署理哈密副将。四年（1878），因案革职。八年（1882），委署哈密协副将。
③台北故宫博物院藏：《军机及宫中档》，文献编号：122699。

登记档》①刘锦棠折,载有"报四百里,四月初二日哈密发"等字样。据此,此奏片具奏日期当为"光绪八年四月初二日",兹据校正。

023. 奏报库车回子郡王承袭折

光绪八年四月十五日（1882年5月31日）

钦差大臣督办新疆军务通政使司通政使二等男臣刘锦棠跪奏,为已故回子郡王之子阿美提恳恩饬议,承袭世爵,恭折具陈,仰祈圣鉴事。

窃臣前于光绪四年在喀什噶尔行营,探访回疆西四城历年殉难满汉文武官员及各阿木奇伯克衔名事实,据署喀什噶尔三品阿奇木伯克阿美提禀称:该伯克祖父向居库车,其父爱玛特系头等台吉,曾袭郡王世职②,充阿克苏三品阿奇木伯克。③ 同治三年五月初一日,库车汉回作乱,该伯克之父爱玛特在城,为贼所执,监禁三日,旋被戕害等情,当经臣咨明大学士前任陕甘督臣左宗棠具奏请恤。④ 嗣准理藩院议奏,奉旨:赏给恤银一千一百两等因。钦此。钦遵在案。兹准帮办军务广东陆路提臣张曜咨:据喀英善后总局取具已故回子郡王爱玛特之子阿美提年貌、籍贯册结并宗图、亲供甘结,盖印呈请转咨,可否请袭世爵等因到营。

臣查库车回子郡王,自鄂斯满肇封,三传至爱玛特。同治三年,因逆回变乱,库车城陷,为贼所执,不屈而死,洵属大节无亏。其子阿美提例得承袭郡王世爵,臣前饬令署理喀什噶尔阿奇木事务,为人尚属谨慎。现又调署和阗三品阿奇木伯克,于应办诸事颇称认真。兹准咨请,核明具奏前来。

除将赍到宗图、亲供、册结各件一并咨院查照外,相应请旨饬下理藩院议复遵行。再,爱玛特请恤案内,因左宗棠原奏误作爱买提,经理藩院议复行查。嗣查该故回王名字,实系爱玛特,咨院更正有案,合并声明。

---

①中国第一历史档案馆藏:《军机处随手登记档》,档案编号:03—0235—2—1208—102。
②详见道光二十三年二月二十八日叶尔羌参赞大臣图明额奏请以和阗爱玛特承袭世职缘由（中国第一历史档案馆藏:《朱批原件》,档案编号:04—01—12—0460—064）。
③详见道光三十年六月初四日叶尔羌参赞大臣德龄代奏爱玛特调补阿克苏三品阿奇木伯克谢恩缘由（中国第一历史档案馆藏:《军机录副》,档案编号:03—2793—026）。
④详见光绪五年三月初三日陕甘总督左宗棠奏请饬下理藩院查明职衔议恤缘由（中国第一历史档案馆藏:《军机录副》,档案编号:03—5136—074。又《左宗棠全集·奏稿七》,第266页）。

谨缮折具奏，伏乞皇太后、皇上圣鉴训示施行。谨奏。光绪八年四月十五日。

军机大臣奉旨：该衙门议奏。钦此。①

光绪八年五月初六日，军机大臣奉旨：该衙门议奏。钦此。②

024. 请以丁连科借补巴里坤镇标中军游击折
光绪八年四月十五日（1882年5月31日）

钦差大臣督办新疆军务通政使司通政使二等男臣刘锦棠、头品顶戴陕甘总督臣谭钟麟跪奏，为拣员借补游击要缺，以实营伍，恭折仰祈圣鉴事。

窃照巴里坤镇标中军游击柳臣玖前经奏参革职，并声明此缺扣留外补，奉旨允准在案。查该中军游击一缺，有经管兵马钱粮之责，员缺未便久悬，自应拣员请补。臣等查有头品顶戴记名提督绰勒果罗勋额巴图鲁丁连科，老成稳练，朴实勇敢，前署哈密协副将篆务，于边防、营伍均能实力整饬，以之借补斯缺，洵堪胜任。合无仰恳天恩，准以该员借补巴里坤镇标中军游击员缺，以期得力。如蒙俞允，应请饬部先给署札，俟军务稍松，即行给咨送部引见，以符定制。

除将该员履历清册咨部查照外，谨会同乌鲁木齐提臣金运昌，合词恭折具陈，伏乞皇太后、皇上圣鉴训示施行。再，此折系臣锦棠主稿，合并声明。谨奏。四月十五日。

光绪八年五月初六日，军机大臣奉旨：兵部议奏。钦此。③

025. 原保史悠顺等奖叙请饬分别核改注册片
光绪八年四月十五日（1882年5月31日）

再，关陇肃清，各省关筹解协饷及各项差使出力案内，经大学士前任陕甘督臣左宗棠列保之山西候补州判史悠顺、知县用陕西试用县丞彭森，均请免补本班，以知县仍留原省前补用。嗣经吏部议奏：史悠顺等所请奖叙，

---

① 台北故宫博物院藏：《军机及宫中档》，文献编号：122964。
② 台北故宫博物院藏：《军机及宫中档》，文献编号：122969。又《奏稿》第379—382页。
③ 台北故宫博物院藏：《军机及宫中档》，文献编号：122963。

均与奏定章程不符，应令另核请奖。光绪二年十月十五日具奏，奉旨：依议。钦此。

又新疆南北两路一举荡平案内列保之候补知县詹鸿鼎，请以本班归部不论双单月遇缺前先即补，并请赏加同知衔；候选教谕周鸿渚，请遇缺尽先选用；同知衔升用知县两浙金山场大使余庆麟，请赏戴蓝翎。嗣经吏部议奏：詹鸿鼎系何项候补知县，周鸿渚系何项出身，余庆麟系两浙金山场大使，原保单内并未声叙因何赴甘，均应详细查明，俟该督复奏到日，再行核办。光绪六年六月初八日具奏，奉旨：依议。钦此。

又同案列保之已革蓝翎同知衔浙江候补知县顾德恒，请开复原官原衔，仍留浙江补用。嗣经吏部议奏：顾德恒准其开复原官原衔，仍留浙江补用。至顾德恒同知衔于何年月保举，抑系捐纳，应令该督查明复奏到日，再行核办，于光绪六年四月初三日具奏，奉旨：依议。钦此。各等因。先后钞单知照前来。比即钦遵行查去后。

兹据史悠顺、彭森禀称：均已于光绪二年六月间，在湖北协黔捐局遵例报捐免补本班，以知县仍留原省补用，祗领执照各在案。据詹鸿鼎禀称：实系捐纳不论双单月选用知县，汇保单内误将"选"字写作"补"字。据周鸿渚禀称：系由增生出身保举训导，补捐贡生，加捐教谕。据余庆麟禀称：于未补金山场大使之前，因运解军装、军饷迭次赴甘出力。据顾德恒禀称：同知衔系于同治二年八月二十日在江南粮台报销局遵例报捐，当领执照在案。该各员先后禀请附片具奏前来。

臣复核无异。合无仰恳天恩俯准，将关陇肃清各项差使出力案内已捐知县之史悠顺、彭森二员，改奖随带加三级；新疆南北两路一举荡平案内列保之詹鸿鼎底衔，改为选用知县，并将詹鸿鼎、周鸿渚、余庆麟、顾德恒四员仍照原保，饬部分别注册，出自鸿慈。除咨部外，谨附片具陈，伏乞圣鉴训示。谨奏。

军机大臣奉旨：该部知道。钦此。[1]

光绪八年五月初六日，军机大臣奉旨：该部知道。钦此。[2]

---

[1]台北故宫博物院藏：《军机及宫中档》，文献编号：122966。
[2]台北故宫博物院藏：《军机及宫中档》，文献编号：122970。

026. 原保吴锡钺等衔名错误请饬更正片
光绪八年四月十五日（1882年5月31日）

再，克复乌鲁木齐、玛纳斯等城案内，经大学士前任陕甘督臣左宗棠列保之优贡生吴锡钺，请以训导不论双单月尽先选用，于光绪三年九月初五日奉旨允准；又新疆南路诸军五次剿平边寇案内，经臣列保之记名提督万胜常，请交部照头等军功从优议叙；留甘肃补用知府危兆麟，请赏加盐运司衔，并请赏给三品封典；湖南候补知县闵宪曾，请俟补缺后，再行送部引见。均于光绪七年五月二十日奉旨允准，钦遵知照各在案。查吴锡钺底衔系优廪生，汇保单内误缮优贡生；万胜常系记名简放总兵，汇保单内误缮记名提督；危兆麐原名"兆麟"，汇保单内误缮"兆麐"；闵宪曾原名"显曾"，汇保单内误缮"宪曾"。兹据各该员禀请奏明更正前来。

臣复查无异。合无仰恳天恩，饬部将克复乌鲁木齐、玛纳斯等城案内列保之优贡生吴锡钺底衔改为优廪生，仍以训导不论双单月尽先选用；新疆南路诸军五次剿平边寇案内列保之记名提督万胜常底衔改为记名简放总兵，仍请交部照头等军功，从优议叙；危兆麐改为危兆麟；闵宪曾改为闵显曾注册，以免歧异而昭核实。除咨部外，谨附片具陈，伏乞圣鉴训示。谨奏。

军机大臣奉旨：该部知道。钦此。①

光绪八年五月初六日，军机大臣奉旨：该部知道。钦此。②

027. 恳请给假一月在营调理缘由片
光绪八年四月十五日（1882年5月31日）

再，臣自同治八九年间，随同臣叔父已故广东陆路提臣刘松山围攻甘肃宁夏金积堡贼巢时，逆回掘渠水灌营。臣与诸将士昼夜竭力堵御，往来泥淖之中，寝馈沮洳之场者数月。自此遂得两足疼痛之病。从前虽不时举

---

①台北故宫博物院藏：《军机及宫中档》，文献编号：122968。
②台北故宫博物院藏：《军机及宫中档》，文献编号：122971。

发,然速则二三日,迟亦不过五六日,即就平复。近岁以来,日渐增剧。本年三月间,偶感风寒,宿恙复作,腿膝酸痛异常,迄今将及一月,尚未少愈。每接见僚属,勉强酬答,如坐针毡。批阅案牍,甫及数行,即筋掣心悸,汗出神昏,不能毕事。据医者云,寒湿深入筋骨,元气大亏,必须谢绝宾客,静心调治,方能渐就痊可。

合无仰恳天恩俯准,赏假一月,在营调理。其营中日行公事,由营务处随时请示办理。如遇紧要事务,虽在病中,仍当力疾躬亲,以昭慎重。谨附片陈恳。伏乞圣鉴训示。谨奏。

光绪八年五月初六日①,军机大臣奉旨:着赏假一月。钦此。②

028. 新疆北路留营分防卓胜军分别留遣折
光绪八年五月初二日(1882年6月17日)

钦差大臣督办新疆军务通政使司通政使二等男臣刘锦棠跪奏,为新疆北路大河沿地方东至奎屯台等处,请旨饬令金顺留营,照旧分防,以便抽调现驻精河之卓胜军马步二千人,分别留遣,恭折驰陈,仰祈圣鉴事。

窃臣前准军机大臣字寄:光绪七年十二月十五日奉上谕:户部奏新疆局势大定,亟应裁减营勇一折等因。钦此。遵旨寄信前来。臣当即与谭钟麟等函牍会商,谭钟麟意以关外当合金顺、张曜两军通盘合算,酌定撤留。光绪八年三月十六日,谭钟麟奏遵旨裁减关内营勇并酌留防营情形,折内即曾声叙及此。臣因金顺、张曜两军均在前路,于本年三月初七日遵旨复陈折内,声明目前未能遽裁,惟请裁卓胜军马步六营、湘楚各军马步六营。嗣奉上谕:所筹尚属周妥,即着将应撤各营仍照从前办法,妥为遣撤等因。钦此。钦遵恭录,分咨金顺、张曜、金运昌等各在案。

兹准金顺来函,拟将全部拔赴伊犁,并称大河沿迤东至安集海,该军旧日驻防各处须由臣拨营填防。又准咨称:伊犁甫经收复,回缠、哈萨克杂处,其间向背莫测。俄兵未撤,人民未附,正需兵力镇抚。伊犁地势极形辽阔,本部马步实属不敷分布。精河、大河沿一带通连南北,山口过多,扼扎

---
①此奉旨日期,据《军机处随手登记档》(档案编号:03—0235—2—1208—116)校补。
②台北故宫博物院藏:《军机及宫中档》,文献编号:122967。又《奏稿》第377—378页。

更关紧要。揆时度势,防范万难稍松,应请将现驻精河卓胜军马步二千人,从缓调回裁撤各等因,到臣行营。

伏查现驻精河之卓胜军马步二千人,系左宗棠督办军务时因俄约未成,边防吃紧,拨助金顺防剿之队。臣前奉旨裁撤营勇,因伊犁既已收还,精河防务渐松,当经奏定,酌裁卓胜军步队四营、马队二营,自应钦遵办理,将卓胜军现驻精河之马步二千人调回,以便分别遣留。伏绎前奉裁营旨意,原为饷需难继、急求撙节之道。目下饷事日形支绌,臣与谭钟麟极力筹画,实已技穷势迫。若不将此二千人迅速调回,则卓胜军裁营事宜必致延搁。营勇迟裁一日,即粮饷多耗一日。此奏定裁撤之卓胜军马步六营万难中止、精河马步二千人急宜调回之实在情形也。

又查金顺所部马步营勇,官兵统计不下四十营。自距安集海一站之奎屯台起,西至伊犁等处地方,从宽计算,纵横不过二千里,以四十营扼要防守,初非不敷分布。现在新疆南北两路由臣处发饷之军,除从前裁并及现经奏定遣撤各营不计外,通共所存马步各队亦不过四十余营,而分防地段则自哈密起,南至乌什、和阗、喀什噶尔各城极边等处,北至绥来县属境,纵横一万余里,营数与金军略同,而防境之辽阔,实过金军数倍。兵力单薄,自可概见。

臣之初意,因金军原驻之奎屯台、库尔喀喇乌苏迤西一带,终须责成金顺防扎。回疆西四城,终须责成张曜所部嵩武军防扎。故前次有两军未能遽裁之议。不料金顺拟将全部移扎伊城,欲臣派拨队伍填扎至距伊城四百余里之大河沿。此臣自顾兵力实难照办者也。至金顺虑及伊犁甫经收复,种类杂处,俄兵未撤,人民未附,拟以兵威慑之。此大不然。窃谓伊犁一隅,有精实马步队十数营前往驻扎,即足以资镇抚。但能申明纪律,严禁骚扰,使各种人民怀我恩信,自可帖然就范。至中外交涉诸务,如果处置得宜,足以折服俄人之心。彼族虽狡,亦不致显背成约,自启衅端。若稍涉张皇,临之以大兵,不但人多约束难周,本地粮草难给,尤恐俄人暨诸反侧之徒心怀疑惧,转致别生变故。前阅总理各国事务王大臣致金顺函件,言及接收伊犁事宜,内有中国带兵但取足资弹压、不必过多等语。此论切中机宜,是金顺所部各营尽可兼顾后路,无庸悉数拔赴伊犁,揆诸时势,理有固然。

所有大河沿东至奎屯台等处,应请旨饬令金顺留营照旧分防,俾臣得调回现驻精河之卓胜军马步二千人，交金运昌合卓胜全军分别留遣，以安边事而节饷需。谨具折由驿驰陈。是否有当？伏乞皇太后、皇上圣鉴训示施行。谨奏。光绪八年五月初二日。

军机大臣奉旨：另有旨。钦此。①

朱批：新疆地方久已平靖，自当裁减勇丁，以纾饷力。该大臣所奏，尚合事理。着传旨金顺，毋得多留无用之兵，虚糜帑项。务当和衷商酌，期于事有济。朕既授刘锦棠为钦差大臣，则裁撤兵勇，自应听其调度，金顺何得妄生异同？况伊犁一隅，即须四十营，然则新疆万里，当用几十万人耶！金顺着传旨申饬。② 所有裁营事宜，着责成刘锦棠一手经理。③

光绪八年五月二十三日，军机大臣奉旨：另有旨。钦此。④

【案】此折原件现存两份，内容相同，惟奉旨内容有异，缘由备考。再，此折于是年五月获批旨：

军机大臣字寄：钦差大臣督办新疆军务通政使司通政使刘、帮办新疆军务伊犁将军金：光绪八年五月二十三日奉上谕：刘锦棠奏，迭接金顺函咨，拟将全部拔赴伊犁。该军向来驻防大河沿迤东至安集海各处，由刘锦棠拨营填防，并将现驻精河卓胜军从缓调回裁撤。该大臣自顾兵力单薄，防境辽阔，难以照办，及奏定裁撤之卓胜军急宜调回等语。所奏自系实在情形。金顺驻扎伊犁，所带马步各军，但取足资弹压，要在申明纪律严禁骚扰，怀以恩信，自可共释嫌疑，不致别生变故。所部各营，毋庸悉数拔往。所有大河沿东至奎屯台等处，仍着金顺酌量留军防守。其现驻精河之卓胜军马步二千人，即着刘锦棠调回，恪遵前旨，分别遣留，以节饷需。将此由五百里各谕令知之。钦此。遵旨寄信前来。

---

① 中国第一历史档案馆藏：《朱批原件》，档案编号：04—01—01—0946—017。又《奏稿》第383—392页。
② 伊犁将军金顺为清廷申饬后，即于光绪八年八月初一日具奏大河沿东至奎屯酌量留军防守布置情形（见中国第一历史档案馆藏：《朱批原件》，档案编号：04—01—01—0947—043），于九月十一日得清廷批复（见中国第一历史档案馆藏：《光绪朝上谕档》，第八册，第247页）。
③ 中国第一历史档案馆藏：《朱批原件》，档案编号：04—01—16—0214—067。
④ 台北故宫博物院藏：《军机及宫中档》，文献编号：123362。

029. 查明原保黄惟荣等衔名错误请饬更正片

光绪八年五月初二日（1882年6月17日）

　　再，关陇肃清案内，前任陕甘督臣左宗棠咨保之拔补把总黄惟荣，请免补把总，以千总尽先拔补，经兵部核准注册在案。兹据统带蜀军巴里坤镇总兵徐占彪禀称：该弁于克复乌鲁木齐、玛纳斯等城案内，误以补用守备开作底衔，请免补守备，以都司尽先补用，并请赏加游击衔。嗣于克复吐鲁番满汉两城案内，请免补都司，以游击尽先补用，均奉旨允准在案。又查克复乌鲁木齐一案，该弁黄惟荣名字误作"维荣"。并案禀请，附片奏明底衔更正。

　　又新疆南路诸军五次剿平边寇案内，经臣列保之留甘补用知县李作霖，请赏加同知衔，并请赏戴蓝翎，光绪七年五月二十日奉旨允准。查该员李作霖，于同治六年由文童在晋省水陆防军迭次堵击回捻各逆并越境剿贼获胜及保固地方出力案内，业经前任山西抚臣赵长龄会同陕甘督臣左宗棠汇保，以从九品不论双单月选用，并戴蓝翎。此次所保翎枝系属重复。据禀请改奖各等情前来。

　　臣复查无异。合无仰恳天恩俯准，将黄惟荣于克复乌鲁木齐、玛纳斯等城一案改为免补千总，以守备补用；克复吐鲁番满汉两城一案，改为免补守备，以都司尽先补用，并请赏加游击衔；并请将黄维荣名字更作"惟荣"。新疆五次剿平边寇案内重保蓝翎之同知衔留甘补用知县李作霖，改请赏换花翎。饬部注册，以昭核实而示奖励，出自逾格鸿慈。除咨部外，谨附片具陈，伏乞圣鉴训示施行。谨奏。

　　军机大臣奉旨：该部议奏。钦此。①

　　光绪八年五月二十三日，军机大臣奉旨：该部议奏。钦此。②

　　【案】此奏片原件未署具奏者，具奏日期仅署"光绪八年"，录副未署。查光绪八年五月二十三日《军机处随手登记档》③，载有"报五百

---

① 中国第一历史档案馆藏：《朱批原件》，档案编号：04—01—16—0214—084。
② 台北故宫博物院藏：《军机及宫中档》，文献编号：123363。
③ 中国第一历史档案馆藏：《军机处随手登记档》，档案编号：03—0235—2—1208—161。

里,五月初二日,哈密发"字样。据此,此片具奏日期当为"光绪八年五月初二日"。

030. 奏报巴里坤镇属各营应办军政请缓折
光绪八年六月初二日(1882年7月16日)

钦差大臣督办新疆军务通政使司通政使二等男臣刘锦棠跪奏,光绪八年分甘肃巴里坤镇所属各营应办军政拟请展缓,恭折具陈,仰祈圣鉴事。

窃臣准乌鲁木齐提臣金运昌咨开:光绪八年军政之期,提属巴里坤镇例应于标协各营副、游、都、守、千总等官内,确核实迹,分别应举、应留、应劾各员,造具履历清册,填注考语,咨送考核,以符定制。惟该镇属各营兵燹之后,营制甫立,各应实缺人员或尚未领札到任,或到任历俸未满三年,及开缺未补有人,现无应举、应劾人员,碍难遵办。咨请具奏展缓,俟下届再行照例办理等因前来。

臣查定例:军政荐举官员,必须才技优长、年力精壮、驭兵有术、纪律严肃、给饷无虚、兵民相安、历俸已满三年者,方准荐举。现在巴里坤镇所属各营副、游、都、守、千总实缺等官,并无合例堪膺荐举之员,应恳天恩俯准,将巴里坤镇本年军政暂行展缓,俟下届再行照例举行,以符定制。至于各营内如有庸劣不职、有干八法者,仍当随时参办,不敢稍事姑容。

所有光绪八年分甘肃巴里坤镇属各营应办军政、拟请展缓缘由,除咨明兵部外,谨会同陕甘督臣谭钟麟、乌鲁木齐提臣金运昌,恭折具奏,伏乞皇太后、皇上圣鉴训示施行。谨奏。光绪八年六月初二日。

军机大臣奉旨:着照所请,兵部知道。钦此。①

光绪八年六月二十三日,军机大臣奉旨:着照所请,兵部知道。钦此。②

031. 委令甘承谟等署理知县员缺片
光绪八年六月初二日(1882年7月16日)

再,署奇台县知县朱开懋因案撤委,遗缺查有署阜康县知县甘承谟,明

---

①中国第一历史档案馆藏:《朱批原件》,档案编号:04—01—16—0214—039。
②台北故宫博物院藏:《军机及宫中档》,文献编号:123987。

白稳慎,办事认真,堪以调署。所遗阜康县篆务,查有同知衔分省补用知县李时熙,心地朴实,办事勤谨,堪以委署。署绥来县知县欧阳振先因案撤委,遗缺查有分省补用同知杨廷珍,心地明白,办事勤慎,堪以委署。

除由臣分别檄饬遵照外,谨会同陕甘总督臣谭钟麟、乌鲁木齐都统臣恭镗,附片陈明,伏乞圣鉴。谨奏。

军机大臣奉旨:知道了。钦此。①

光绪八年六月二十三日,军机大臣奉旨:知道了。钦此。②

【案】此奏片具奏日期,原件目录署"光绪八年正月二十四日",录副署"光绪八年六月二十三日"。查《军机处随手登记档》③,载有"报四百里,六月初二日哈密发"等字样。据此,此片具奏日期当为"光绪八年六月初二日",兹据校正。

032. 奏报销病假缘由片

光绪八年六月初二日(1882年7月16日)

再,臣前因偶感风寒,触发足痛宿恙,日久不愈,于本年四月十五日附片陈恳赏假一月,在营调理。五月二十九日准兵部火票递回原片,后开军机大臣奉旨:着赏假一月。钦此。跪聆之余,衔感无地。臣于四、五月内,连服辛温发散之剂,外感业已全祛。惟足疾根株,一时难以尽拔,腿膝酸痛之证,犹复时发时止,幸尚能勉力支持。五月中旬,即已强起,照常视事,未敢稍涉疏懈。理合附片陈明,伏乞圣鉴。谨奏。④

光绪八年六月二十三日,奉旨:知道了。⑤

【案】此奏片具奏日期,原件目录署"光绪八年正月二十四日",录副署"光绪八年六月二十三日"。查《军机处随手登记档》⑥,载有"报四百里,六月初二日哈密发"等字样,与《奏稿》同。据此,此片具奏日

---

①中国第一历史档案馆藏:《朱批原件》,档案编号:04—01—12—0529—002。
②台北故宫博物院藏:《军机及宫中档》,文献编号:123989。
③中国第一历史档案馆藏:《军机处随手登记档》,档案编号:03—0235—2—1208—161。
④《奏稿》第395—396页。
⑤台北故宫博物院藏:《军机及宫中档》,文献编号:123988。
⑥中国第一历史档案馆藏:《军机处随手登记档》,档案编号:03—0235—2—1208—161。

期当为"光绪八年六月初二日",兹据校正。

033. 奏报遵旨拟设南路郡县缘由折

光绪八年七月初三日(1882年8月16日)

钦差大臣督办新疆军务通政使司通政使二等男臣刘锦棠、头品顶戴陕甘总督臣谭钟麟跪奏,为遵旨拟设新疆南路郡县,恭折复陈,仰祈圣鉴事。

窃臣等承准军机大臣字寄:光绪八年三月十七日奉上谕:谭钟麟又奏筹度新疆南路情形一折。所请酌度七城广狭繁简,设立丞倅牧令一员,更于喀什噶尔、阿克苏两处各设巡道一员,如镇迪道之例。着刘锦棠体察情形,会商该督,妥议具奏等因。钦此。遵旨寄信前来。仰见朝廷眷顾西陲动归久远之至意,跪聆之余,莫名钦感。

伏念新疆当久乱积疲之后,今昔情形判若霄壤。所有边疆一切事宜,无论拘泥成法,于时势多不相宜,且承平年间旧制,乱后荡然无存,万难再图规复。欲为一劳永逸之计,固舍增设郡县,别无良策。种种缘由,经大学士前任陕甘督臣左宗棠迭次奏明有案。仰蒙圣明洞鉴,准其因时制宜。在事诸臣先后禀承宸谟,筹办善后诸务,罔敢稍涉疏懈。

现在地利日辟,户口日增,各族向化诸事均有成效。郡县之设,时不可失。兹奉旨命臣等会商,妥议久安长治之基,实肇于此,自当竭愚虑所及,熟筹审度,以期妥协而垂永久。谨按经野建官之道,必量其地之民力物产,足以完纳国课,又可供给官吏、胥役而有余,然后视其形势之冲僻繁简,置官以治之。非从宽预为计画,则官困而民必受其害,故新疆添置郡县,设官未可过多,此必然之势也。

惟南路各城民人较多,腴区较广。其辖境之最辽阔者,纵横至数千里,少亦数百里。若设官太少,又虑鞭长莫及,难资治理,不足为经久定制。臣钟麟原奏内有一城不过数十庄,不及东南一小县,七城各设一官足矣等语。经臣锦棠就近体察情形,此说盖亦不尽然。又,臣钟麟原奏,将吐鲁番作为南路城池,有七城设官之议。臣锦棠查吐鲁番现不在八城数内。自吐城以西喀喇沙尔、库车、阿克苏、乌什,是为南路东四城。叶尔羌、喀什噶尔、英吉沙尔、和阗,是为南路西四城。应统八城,通盘筹画,一律改设郡县。

以上各节,均经臣锦棠与臣钟麟往复缄商,意见相合。谨公同酌议,除自哈密南至吐鲁番北至精河应暂照臣钟麟原奏无须另设多员外，回疆东四城拟设巡道一员，驻扎阿克苏。该道以守兼巡，为兵备道，督饬所属水利、屯垦、钱粮、刑名事件，抚驭蒙部，弹压布鲁特，稽查卡伦，作为冲繁疲三项要缺。喀喇沙尔与土尔扈特、和硕特游牧地方，犬牙相错，每有交涉事件，拟设直隶厅理事抚民同知①一员，治喀喇沙尔城。库车拟设直隶厅抚民同知一员，治库车城。阿克苏为古温宿国，拟设温宿直隶州知州一员，治阿克苏城。拜城县知县一员，治拜城，归温宿直隶州管辖。乌什紧邻布鲁特部落，为极边冲要，拟设直隶厅抚彝同知一员，治乌什城。以上各厅州县，应统归东四城巡道管辖。

回疆西四城拟设巡道一员，驻扎喀什噶尔回城。该道以守兼巡，为兵备道，管理通商事宜，督饬所属水利、屯垦、钱粮、刑名诸务，弹压布鲁特，控驭外夷，稽查卡伦，作为冲繁疲难请旨最要缺。喀什噶尔为古疏勒国，拟设疏勒直隶州知州一员，治汉城。疏附县知县一员，治回城，归疏勒直隶州管辖。英吉沙尔紧邻布鲁特，为极边冲要，情形与乌什略同，拟设直隶厅抚彝同知一员，治英吉沙尔城。叶尔羌为古莎车国，拟设莎车直隶州知州一员，治汉城。叶城县知县一员，治回城，归莎车直隶州管辖。叶尔羌所属玛喇巴什一城，为回疆东西咽喉要地，积年河水为患，必须置员抚治，拟设直隶厅水利抚民通判一员，治玛喇巴什城。和阗为古于阗国，拟设和阗直隶州知州一员，治和阗城。于阗县知县一员，治哈拉哈什地方，归和阗直隶州管辖。以上各厅州县，应统归西四城巡道管辖。

凡兹建置大略，较之光绪六年四月十八日左宗棠奏拟设立各员，稍为简省；较之臣钟麟原奏七城各设一官之议，略有加增。② 斟酌损益，务适于中，冀得免流弊而成永图。至于佐杂人员，应俟郡县设定，由道员暨各丞倅牧令就近察酌地方情形，将其必不可少者，详请奏设。其各厅州县疆界，应俟立官画分后，再行奏咨。各处地方暂时责成诸军统领、营官，督率营勇驻防，俟兵制议定，再行奏请设立总兵、副将、参、游、都、守、千、把等官。其余未尽事宜，统俟陆续筹议，随时奏请睿裁。

所有拟设新疆南路郡县大概情形，谨会同帮办军务臣张曜、帮办新疆

---

①"直隶厅理事抚民同知"，《奏稿》作"直隶厅抚民同知"。
②详见光绪六年四月十八日陕甘总督左宗棠陈奏新疆宜开设行省缘由（中国第一历史档案馆藏《军机录副》，档案编号：03—5092—010；《左宗棠全集·奏稿七》，第473—476页）。

善后事宜臣杨昌濬,恭折复陈。是否有当? 伏乞皇太后、皇上圣鉴训示施行。再,此折系臣锦棠主稿,合并声明。谨奏。七月初三日。

光绪八年七月二十二日,军机大臣奉旨:另有旨。钦此。①

034. 请将新疆各属归为甘肃一省缘由折
光绪八年七月初三日(1882年8月16日)

钦差大臣督办新疆军务通政使司通政使二等男臣刘锦棠跪奏,为哈密、镇迪道等处地方暨议设南路各道厅州县,拟请并归甘肃,合为一省,以规久远,恭折具陈,仰祈圣鉴事。

窃查光绪六年大学士前陕甘督臣左宗棠奏称,将来议设行省,必以哈密划隶新疆,形势始合。哈密及镇迪一道所属文武地方官,均应归刘锦棠统辖。所有升调、补署、考核及一切兴革事宜,均可就近办理,分别奏咨,陕甘总督无庸兼管等因。于光绪六年十一月初四日奉上谕:左宗棠奏请将哈密、镇迪道归刘锦棠统辖等语。哈密及镇迪道所属文武地方官,均着暂归刘锦棠统辖。钦此。钦遵在案。

伏念新疆改设行省之议,左宗棠实始发之。查本年三月十六日,陕甘督臣谭钟麟奏筹度新疆南路情形折内,亦有设立行省当从州县办起,然后递设督抚以统辖之等语。盖新疆本秦陇之屏障、燕晋之藩篱,此时回乱虽平,而外患方殷,亟宜经营尽善,以固吾圉。然旧制既不可复,自不得不另筹善策。左宗棠、谭钟麟所议改设行省,固无非维持永久之谋。至臣愚虑所及,则与左宗棠等不能尽同,有不容不及时陈明者。

臣自囊岁出关办贼,泊于今已历七载,熟度关外情形,求所以长治久安之道,固舍设郡县、易旧制,别鲜良图。此臣之所见与左宗棠等相同者也。

惟将新疆另为一省,则臣颇以为不然。现在臣等拟设之南路各厅州县,合之哈密及镇迪道等处原有各厅州县,总共不过二十余处。即将来地方日益富庶,所增亦必无多。卷查光绪六年四月十八日左宗棠复陈新疆宜建省开设郡县折内所载,拟设及原有各厅州县亦不过二三十处。尝考各省中郡县之最少者,莫如贵州、广西等省。新疆则尚不能及其半,难自成一省

①台北故宫博物院藏:《军机及宫中档》,文献编号:124515。又《奏稿》第397—404页。

也，亦已明矣。且新疆之与甘肃，形同唇齿。从前左宗棠以陕甘总督督办新疆军务，凡筹兵筹饷以及制办、转运诸务，皆以关内为根本。其势顺，故其事易举。臣之才力、资望，万不逮左宗棠，而受代以来两年之间，虽无寸功足录，然尚未至偾事者，皆赖谭钟麟、杨昌濬谊笃公忠，力顾全局，故能勉强支持。向使甘肃大吏稍存畛域之见，则边事已不堪问。若将关内外划为两省，以二十余州县孤悬绝域，其势难以自存，且后路转饷、制械诸务，必将与甘肃分门别户以清眉目，所需经费较目前必更浩繁，其将何以为继！故新疆、甘肃势难分为两省。臣所见有与左宗棠等不同者此也。

又，臣阅谭钟麟奏筹度新疆南路情形折稿，议将北路镇迪等处暨拟设南路郡县，皆归钦差大臣统辖。谨按，钦差大臣本非国家常设之官，且哈密及镇迪一道原系奉旨暂归微臣统辖。现在既议设南路郡县，必须熟筹可久之道，不得仍作权宜之计。况郡县设定后，诸事须照各省办法。而言例章，则臣营无旧案可稽；言用人，则军中无合例堪以补署之员。至于钱粮、刑名、升迁、调补诸事，又无藩臬两司可专责成。似兹窒碍难行之处，未可枚举。微臣之愚，拟请将哈密、镇迪道等处暨议设南路各厅州县，并归甘肃为一省，惟归甘督遥制，窃恐鞭长莫及，拟仿照江苏建置大略，添设甘肃巡抚一员，驻扎乌鲁木齐，管辖哈密以西南北两路各道厅州县，并请赏加兵部尚书衔，俾得统辖全疆官兵，督办边防。并设甘肃关外等处地方布政使一员，随巡抚驻扎。旧有镇迪道员，拟请援照福建、台湾之例，赏加按察使衔，令其兼管全疆刑名、驿传事务。改迪化直隶州为迪化县，添设迪化府知府一员，治迪化城，管辖迪化、昌吉、绥来、阜康、奇台五县。似此办理，实较另为一省稍免烦费，而于新疆时势亦甚相宜。如蒙圣明准行，仰恳迅简巡抚、藩司暨拟设之南路两道员，以便及早措置一是。

现在伊犁既经收还，分界亦不久可以蒇事，沿边无警，防务解严。如设巡抚，则钦差大臣尽可裁撤。臣拟俟巡抚西来，当举关外一切情形，详细告知，并将经手事件交其接办，再行呈缴关防。仍俟臣足疾医治全愈后，即当倣装北上，以伸累载恋阙之忱。盖新疆荡平已六年之久，此时军务日松，急宜定大局以修政理。臣于吏治向少阅历，关外郡县诸事宜多系创始，断非军旅粗材所能了局。区区愚悃，实恐贻误将来，并非意存规避。此不能不预先沥陈者也。

所有哈密、镇迪道等处地方暨议设南路各道厅州县拟请并归甘肃合为一省各缘由，臣系为规画久远起见，理合恭折具陈。是否有当？伏乞皇太后、皇上圣鉴训示施行。谨奏。光绪八年七月初三日。

军机大臣奉旨：另有旨。钦此。①

光绪八年七月二十二日，军机大臣奉旨：另有旨。钦此。②

035. 各城旗丁并归伊犁满营添设抚标官兵片

光绪八年七月初三日（1882年8月16日）

再，哈密以西各满营旗丁，乱后孑遗仅存，旧制万难规复。即以古城、乌鲁木齐两处言之，前此古城领队大臣胜安由京西来，道出哈密，与臣谈及古城满营房屋久已鞠为茂草，该处旗丁总共不过十数人。胜安自以补授斯缺，原应即行赴任，究竟古城无队可领，无营署可居，进退维谷，殊形狼狈。臣比属其与金顺、恭镗熟商自处之道，怅然逾天山北去。

臣于光绪二年夏秋之交，率师克复乌鲁木齐。其时满城倾圮，瓦砾荒凉，未见旗丁一人。嗣臣进克南路各城，始将旗丁之被贼裹胁者陆续拔出，迭送乌鲁木齐安插。然为数亦复无多，故以恭镗之精明强干，世受国恩，锐欲有所为，以图报称。然所管旗丁只有此数，虽都统有兼辖镇迪道之责，而政务亦甚简少，不足以发舒其才气。他如哈密办事大臣明春所部健锐威仪各营，现已奏明，全行裁撤。③ 其所辖回务，亦经左宗棠奏准，归哈密通判管理④，钦遵在案。

窃维国家建官分职，原各有分内应办之事。现在新疆时势变迁，都统暨办事领队各大臣兵少事简，几无异投闲置散。此不但非朝廷设官之初意，亦诸臣心所不安也。如蒙圣明俯察臣言，准照拟设甘肃巡抚之议，则乌鲁木齐自须设立抚标官兵，南北两路均宜另设额兵，添置总兵、副将、参、游、都、守、

---

① 中国第一历史档案馆藏：《朱批原件》，档案编号：04—01—01—0946—011。又《奏稿》第409—416页。
② 此奉旨日期与内容，据《军机处随手登记档》（档案编号：03—0235—3—1208—192）及《军机及宫中档》（文献编号：124518）校补。
③ 详见光绪六年十一月二十四日哈密办事大臣明春奏报裁并健锐各营情形（中国第一历史档案馆藏：《军机录副》，档案编号：03—5812—150）。
④ 详见光绪六年九月十一日陕甘总督左宗棠具奏哈密回务请由哈密通判兼管缘由（《左宗棠全集·奏稿七》，第523—524页）。

千、把等官，以为永远防边之计。乌鲁木齐提督应移驻喀什噶尔，以扼要害。吐鲁番暨南路旧有参赞、办事、领队各大臣员缺，固可一律裁去，即自哈密北至伊犁，所有都统暨办事、领队各大臣员缺，亦宜酌量裁撤。巴里坤、古城、乌鲁木齐、库尔喀喇乌苏等处所余旗丁，如目前之零星分布，终恐无济实用，不如并归伊犁满营，生聚教训，以期渐成劲旅。查承平时新疆南北两路，系归伊犁将军总统，乌鲁木齐都统亦兼辖镇迪一道。如设巡抚，则不但镇迪道无须都统兼辖，即将军亦无庸总统全疆，免致政出多门、巡抚事权不一。其伊犁满营似应改照各省驻防将军营制，从新整顿，务求精实可用，庶于边防有所裨益。总之，新疆不复旧制，便当概照行省办法。若二者兼行，则一切夹杂牵混之弊，难以枚举。属兹伊犁已还，界务将竣，大局急宜定夺。

臣忝绾钦符，既有所见，不敢不据实直陈，是否可行，祗候睿断。理合附片陈明，伏乞圣鉴训示施行。谨奏。

光绪八年七月二十二日，军机大臣奉旨：另有旨。钦此。①

【案】关于刘锦棠等创设行省、改设郡县、变通营制之议，直至光绪十年九月三十日，始得清廷批旨，并准其所议，添设新疆巡抚、布政使各一员。新疆旗绿各营兵数及关内外饷数，均照议核实，以资治理。《清实录》：

辛未……前经左宗棠创议改立行省，分设郡县，业据刘锦棠详晰陈奏，由部奏准，先设道厅州县等官。现在更定官制，将南北两路办事大臣等缺裁撤，自应另设地方大员，以资统辖。着照所议，添设甘肃新疆巡抚、布政使各一员。其应裁之办事、帮办、领队、参赞各大臣及乌鲁木齐都统等缺，除未经简放有人外，所有实缺及署任各员，着俟新设巡抚、布政使到任后，再行交卸，候旨简用。至伊犁参赞大臣一缺、塔尔巴哈台领队大臣二缺，应裁应留，着刘锦棠等酌定具奏。新疆旗绿各营兵数及关内外饷数，均照议核实经理。国家度支有常，不容稍涉耗费，刘锦棠务当与金顺等挑留精锐，简练军实，并随时稽查饷项，如将领中有侵冒情事，即着据实奏参，从重治罪。如有未尽事宜，仍着刘锦棠妥为筹画，陆续陈奏，再由该部详核定议。②

---

①台北故宫博物院藏：《军机及宫中档》，文献编号：124519。又《奏稿》第417—421页。
②《德宗景皇帝实录（三）》，卷一百九十四，光绪十年九月下，第764—765页。

036. 奏报罗镇嵩现有经手事件暂缓赴部片
光绪八年七月初三日（1882年8月16日）

再，据在任遇缺题奏知府准补甘肃固原直隶州知州罗镇嵩禀称：该员于光绪六年冬经臣奏奉谕旨，准俟补缺后，再行送部引见。嗣于光绪七年十一月二十七日护理陕甘总督臣杨昌濬奏请，补授甘肃固原直隶州知州要缺。是年十二月奉旨，吏部议奏。旋经吏部议复，核与变通请补章程相符，请旨准将劳绩保留甘肃候补班前遇缺补用祗领执照知州罗镇嵩补授固原直隶州知州，应令该督给咨该员，赴部引见等因，于光绪八年二月十七日具奏，奉旨：依议。钦此。该员遵奉行知，禀请给假离营，咨送回省，请咨赴部引见等情前来。

臣查罗镇嵩年富才长，熟悉边务，在臣行营办事多年，深资得力，现有经手未完事件，未便遽易生手。合无仰恳天恩，俯准甘肃固原直隶州知州罗镇嵩暂缓离营，俾将经手事件经理完竣，再行给咨赴部引见之处，出自鸿慈。除咨吏部查照外，谨合同陕甘督臣谭钟麟，合词附片陈明，伏乞圣鉴训示施行。谨奏。

军机大臣奉旨：着照所请，吏部知道。钦此。①

光绪八年七月二十二日，军机大臣奉旨：着照所请，吏部知道。钦此。②

【案】此奏片具奏日期，原件目录署"光绪八年五月初二日"，录副未署。查光绪八年七月二十三日《军机处随手登记档》③，载有"报五百里，七月初三日哈密发"等字样。据此，此片具奏日期当为"光绪八年七月初三日"，兹据校正。

037. 奏调候补道员张宗翰回哈密片
光绪八年七月初三日（1882年8月16日）

再，二品顶戴按察使衔前署西宁兵备道甘肃候补道张宗翰，经臣于光

---

①中国第一历史档案馆藏：《朱批原件》，档案编号：04—01—12—0529—034。
②台北故宫博物院藏：《军机及宫中档》，文献编号：124521。
③中国第一历史档案馆藏：《军机处随手登记档》，档案编号：03—0235—3—1208—192。

绪六年咨商大学士前任陕甘督臣左宗棠,调赴新疆,委办喀什噶尔、英吉沙尔等处善后总局。该员老成谙练,才品兼优,督办喀、英两城地方事宜,诸臻妥善。现因臣营总理营务处委员袁尧龄请假回籍,接替需人,因将张宗翰调回哈密,派委总理营务。惟查张宗翰前于光绪六年四月内离省,左宗棠未及奏闻报部,仰恳天恩饬部备案,出自鸿慈。谨附片陈明,伏乞圣鉴。谨奏。

光绪八年七月二十二日,军机大臣奉旨:吏部知道。钦此。①

【案】此奏片具奏日期,录副未署。查光绪八年七月二十二日《军机处随手登记档》②,有"报五百里,七月初三日哈密发"等字样。据此,此片具奏日期当为"光绪八年七月初三日",兹据校正。

038. 裁撤阿奇木伯克等另设头目并考试回童片
光绪八年七月初三日(1882年8月16日)

再,新疆各城向设阿奇木伯克等员,其职衔有三、四品者。现议建置郡县,拟设丞倅牧令各员,官阶既非甚崇,若回官仍循旧章,殊有枝大于本之嫌,似宜量为变通,以归妥善。郡县设定后,拟将回官各缺暨阿奇木伯克等名目概行裁去,各厅州县另行酌设头目额数,略如各省办公绅士,不可以官目之。遇有缺额,即行就地选举,出具切实考语,详由该管道转请边疆大员,发给委牌。惟须照回官向例,拨给地亩,作为办公薪资,免滋需索、侵吞诸弊。又南路缠回愚懦者居其大半,彼教中所谓条勒阿浑,往往捏造邪说,肆其诱胁之术,人心易为摇惑,祸乱每由此起。

缠回语言文字本与满汉不同,遇有讼狱、征收各事件,官民隔阂不通,阿奇木伯克通事人等得以从中舞弊。是非被以文教,无由除彼锢习。自全疆勘定以来,各城分设义塾,令回童读书识字,学习华语。其中尽多聪颖可造之资,授之以经,辄能背诵,学写楷书,居然端好,为之讲解义理,亦颇能领会。足见秉彝之良,无分中外,虽不必侈言化民成俗,而其效已有可睹。此时建置南路郡县,教职等官暂可不设,惟宜设法鼓励,使回族争奋于学,

①台北故宫博物院藏:《军机及宫中档》,文献编号:124520。
②中国第一历史档案馆藏:《军机处随手登记档》,档案编号:03—0235—3—1208—192。

庶教化可期渐兴。

所有原设各塾,应由各厅州县延师训课,以"小学"、《孝经》《论语》《孟子》《大学》《中庸》《诗》《书》《易》《礼》《春秋》教各回童。拟每岁令各厅州县考试一次,有能诵习一经熟谙华语者,不拘人数多寡,即送该管道衙门复试,详由边疆大员援照保举武弁之例咨部,给予生监顶戴。待其年已长大,即准充当头目。如有勤学不倦能多习一经或数经者,无论已未充当头目,均准各厅州县考送,由道复试请奖,再行递换五品以下各项顶戴,仍不得逾六品,以示限制。惟曾任三、四、五品阿奇木伯克者裁缺后,仍应准其照旧戴用翎顶,充当头目。其各项顶戴头目人等,如果承办差使异常出力,仍随时酌量保奏,恳恩赏给三、四、五品顶戴,用昭激劝。

理合会同帮办军务臣张曜、帮办新疆善后事宜臣杨昌濬,附片具陈。是否有当? 伏乞圣鉴训示施行。再,此片系臣锦棠主稿,合并声明。谨奏。

光绪八年七月二十二日,军机大臣奉旨:另有旨。钦此。①

【案】此奏片具奏日期,录副未署。查光绪八年七月二十二日《军机处随手登记档》②,载有"报五百里,七月初三日哈密发"等字样,据此,此片具奏日期当为"光绪八年七月初三日",兹据校正。

光绪八年七月二十三日清廷批复:

丁未,谕内阁:刘锦棠、谭钟麟、张曜奏请变通新疆官制、营制各折片。着各该衙门速议具奏。寻奏新设南路道厅州县等缺,系为治理得人起见,应准如所请。至三、四品阿奇木、依什罕伯克各有专责,今请裁撤衔额,仅留顶戴,回民能否相安,并世袭王公台吉所兼伯克职任暨吐鲁番协理旗务伯克等,向有呈进贡物及年班等事,是否仍照旧制,未据声明。应请旨饬令该大臣等妥议章程具奏。城垣、衙署、坛庙、仓廒、监狱、驿传、塘站等工,应令核实估计具报。其征粮较多之处,兵食有余,即行折征银两,与从前南路各城折变之例相符,均应照准。从之。③

——

①台北故宫博物院藏:《军机及宫中档》,文献编号:124516。又《奏稿》第405—408页。
②中国第一历史档案馆藏:《军机处随手登记档》,档案编号:03—0235—3—1208—192。
③《德宗景皇帝实录(三)》,卷一百四十九,光绪八年七月,第112页。

039. 委令张怀玉等调署副将员缺片
光绪八年七月初三日（1882年8月16日）

再，署玛纳斯协副将王化成因病请假，所遗副将员缺，查有头品顶戴遇缺题奏提督现署乌鲁木齐提标中营参将张怀玉，久经战阵，晓畅戎机，堪以调署。所遗提标中营参将员缺，查有两江补用总兵现署济木萨营参将武魁，精明稳练，熟谙营伍，堪以调署。所遗济木萨营参将员缺，查有副将衔留甘补用参将郝忠裔，久历戎行，诚朴稳练，堪以委署。

除由臣锦棠分饬遵照外，谨会同乌鲁木齐提臣金运昌，附片具陈，伏乞圣鉴。再，此片系臣锦棠主稿，合并声明。谨奏。

军机大臣奉旨：兵部知道。钦此。①

光绪八年七月二十二日，军机大臣奉旨：兵部知道。钦此。②

【案】此奏片具奏日期，原件署"光绪八年六月初二日"，录副未署。查光绪八年七月二十二日《军机处随手登记档》③，载有"报五百里，七月初三日哈密发"等字样。据此，此片具奏日期当为"光绪八年七月初三日"，兹据校正。

040. 奏报额外主事陈兆甲请留营差遣片
光绪八年七月初三日（1882年8月16日）

再，户部额外主事陈兆甲于光绪七年十一月间告假出京，赴甘肃措资，前来哈密军营。臣查看该司员笃实老成，能耐劳苦，目前边事需才，合无仰恳天恩俯准留于臣营差遣之处，出自逾格鸿慈。谨附片具奏，伏乞圣鉴训示施行。谨奏。

光绪八年七月二十二日，军机大臣奉旨：着照所请，吏部知道。钦此。④

---

①中国第一历史档案馆藏：《朱批原件》，档案编号：04—01—16—0214—040。
②台北故宫博物院藏：《军机及宫中档》，文献编号：124517。
③中国第一历史档案馆藏：《军机处随手登记档》，档案编号：03—0235—3—1208—192。
④台北故宫博物院藏：《军机及宫中档》，文献编号：124522。

【案】此奏片具奏日期，录副未署。查光绪八年七月二十二日《军机处随手登记档》①，载有"报五百里，七月初三日哈密发"等字样。据，此片具奏日期当为"光绪八年七月初三日"，兹据校正。

041. 奏报回部坎巨提进贡沙金请赏折
光绪八年八月二十四日（1882年10月5日）

钦差大臣督办新疆军务通政使司通政使二等男臣刘锦棠跪奏，为呈进回部贡金，恭折具陈，仰祈圣鉴事。

窃照新疆色勒库尔之南回部坎巨提，向来按年进贡沙金。该头目俄则项前于光绪四年呈进，经大学士前督办新疆军务陕甘臣左宗棠奏奉谕旨，饬理藩院议奏，援案赏给大缎二匹，由左宗棠就近发给祗领，历经钦遵办理在案。兹准署帮办新疆军务广东陆路提臣张曜咨称：现复据该头目俄则项呈到进贡沙金一两五钱，已将例赏大缎二匹发交俄则项祗领，咨请具奏前来。

臣复查无异。除将所进沙金一两五钱咨送内务府呈进外，理合恭折具奏，伏乞皇太后、皇上圣鉴。谨奏。八月二十四日。

光绪八年十月初四日，军机大臣奉旨：该衙门知道。钦此。②

042. 奏报陈登魁等借补守备等缺情形折
光绪八年八月二十四日（1882年10月5日）

钦差大臣督办新疆军务通政使司通政使二等男臣刘锦棠、头品顶戴陕甘总督臣谭钟麟跪奏，为拣员请补守备员缺，以实营伍而重操防，恭折具陈，仰祈圣鉴事。

窃照巴里坤镇标守备王克昌、右营守备马吉庆，查无下落，业经照依部章奏请开缺，并声明另行拣员请补、奉旨允准在案。兹据巴里坤镇总兵徐占彪呈称：拣选得花翎留陕甘尽先即补都司陈登魁，明干有为，营伍熟练，

---

①中国第一历史档案馆藏：《军机处随手登记档》，档案编号：03—0235—3—1208—192。
②中国第一历史档案馆藏：《军机录副》，档案编号：03—5170—015。

堪以借补中营守备员缺；花翎副将衔尽先即补参将右营千总傅国相，办事勤慎，历练戎行，堪以升补右营守备员缺，并造具该各员履历清册，呈请奏补前来。

臣等察看得花翎留陕甘尽先即补都司陈登魁，心地明白，任事勤能；花翎副将衔尽先即补参将巴里坤镇标右营千总傅国相，朴实耐劳，谙习营务。以之借补、升补巴里坤镇标中营、右营守备员缺，均能胜任。合无仰恳天恩，俯念边防紧要，准以该两员借补、升补守备员缺，必资得力。如蒙俞允，应请饬部先给署札，一俟防务告藏，即行给咨送部引见，以符定制。

除将该两员履历清册咨送兵部查照外，理合会同乌鲁木齐提督臣金运昌，合词恭折具奏，伏乞皇太后、皇上圣鉴训示施行。再，查陈登魁、傅国相二员，均系甘肃镇西厅人，例应回避，应俟准补后再行拣员对调，以符定例。此折系臣锦棠主稿，合并声明。谨奏。八月二十四日。

光绪八年十月初四日，军机大臣奉旨：兵部议奏。钦此。①

043. 奏报邓锦云等员衔名误缮请饬更正片

光绪八年八月二十四日（1882年10月5日）

再，新疆南路诸军五次剿平边寇案内经臣开保之记名提督邓锦云，请赏给正一品封典；分省补用县丞余全盛请俟补缺后，以知县用。均于光绪七年五月二十日奉旨允准。又新疆南北两路一举荡平案内，经大学士前督办新疆军务臣左宗棠奏保之试用县丞葛承霖，请以州同分省补用，光绪六年正月三十日，奉旨允准。均经钦遵先后恭录行知各在案。现查邓锦云原系提督衔补用总兵，前案底衔误作记名提督；余全盛本名才盛，前案误作全盛；葛承霖本名承霂，实系选用县丞，前案误作试用县丞葛承霖。均由该各营呈送请奖清单时笔误所致，兹据禀请奏明更正前来。

合无仰恳天恩俯准，将邓锦云底衔改为提督衔补用总兵，仍赏给正一品封典；余全盛改为余才盛，仍俟补缺后，以知县用；试用县丞葛承霖改为选用县丞葛承霂，仍以州同分省补用。饬部分别更正注册，俾免歧误而昭核实，出自鸿慈。

---

① 中国第一历史档案馆藏：《军机录副》，档案编号：03—5821—004。

谨附片具陈，伏乞圣鉴训示施行。谨奏。

光绪八年十月初四日，军机大臣奉旨：该部议奏。钦此。①

044. 奏报陈宝善等委署镇迪道等篆务片
光绪八年八月二十四日（1882年10月5日）

再，镇迪道福裕边俸期满，禀恳遴员接署道篆，以便交卸，请咨赴部引见等情，经臣锦棠批准在案。所遗镇迪道篆务系边陲最要之缺，亟应遴委妥员接署，以重职守。查有三品衔甘肃遇缺题奏道补用知府陈宝善，老成练达，为守兼优，堪以委署。

又署吐鲁番同知兼管理事回民事务贵德同知杨大年署事期满，所遗之缺查有留甘归候补班前尽先补用直隶州知州刘嘉德②，办事稳慎，操守谨饬，堪以委署。

除由臣锦棠分别檄饬遵照外，谨会同乌鲁木齐都统臣恭镗，附片陈明，伏乞圣鉴。再，此片系臣锦棠主稿，合并声明。谨奏。

光绪八年十月初四日，军机大臣奉旨：知道了。钦此。③

045. 奏报南路剿案内出力各员另核请奖片
光绪八年八月二十四日（1882年10月5日）

再，新疆南路诸军五次剿平边寇案内，经臣开保之甘肃补用直隶州知州石本清，请俟补缺后以知府补用，先换顶戴。现据石本清禀称：先于剿办阶州瓜子沟番匪、枪毙首逆案内，已经前护陕甘督臣杨昌濬奏保补缺后，以知府仍留原省尽先补用，先换顶戴。此次所得奖叙系属重复等情。臣拟将新疆南路诸军五次剿平边寇案内该员所得奖叙改为补缺后补用知府先换顶戴甘肃补用直隶州知州石本清，请赏给四品封典。

---

①中国第一历史档案馆藏：《军机录副》，档案编号：03—5821—005。
②刘嘉德（1845—1922），字瑞齐，安徽霍丘人。光绪元年（1875），随左宗棠出征新疆，历任济木萨县丞、奇台县知事、吐鲁番英沙尔厅知、莎车和阗直隶州、焉耆知府等。任内招集流亡，改良品种，改进生产，垦荒三十万亩，于罗布淖尔开渠数十条，总长二百余里。
③中国第一历史档案馆藏：《军机录副》，档案编号：03—5170—016。

又新疆南北路一举荡平各项差使出力员弁案内，经前大学士督办新疆军务臣左宗棠奏保之升用知县陕西补用府经历屈寿昌，请俟补缺后以知县补用，经吏部议准，于光绪六年八月初九日具奏，奉旨：依议。钦此。现据屈寿昌禀称：先已于光绪三年十一月由升用知县陕西补用府经历在湖南协黔捐局，遵例报捐免补本班，以知县归原省候补班补用。旋于边防案内经前陕甘抚臣谭钟麟奏保，俟补缺后以同知用，先换顶戴，光绪四年十二月十八日，奉旨允准。臣拟将新疆荡平各项差使出力员弁案内该员所得奖叙改为同知用先换顶戴陕西补用知县屈寿昌，请赏给随带军功加一级。

又新疆南北路一举荡平战功案内，经左宗棠开保之补用知府尽先补用同知浙江候补班前补用知县张凌斗，请赏加四品衔，并请赏给四品封典，光绪六年正月三十日，奉旨允准。嗣经部议：张凌斗系七品官，所请加四品衔，已逾加衔限制，应该为五品衔。其所请四品封典，应按照本职半衔，另行奏请。光绪九年六月初八日具奏，奉旨：依议。钦此。现据张凌斗禀称：先于荡平金积堡中、北两路各项差使出力案内，经左宗棠请保运同衔，曾经吏部议驳，改为五品衔。此次所改五品衔系属重复等情。臣拟将新疆荡平战功案内重改五品衔之补用知府尽先补用同知浙江候补班前补用知县张凌斗，改请随带军功加三级，并请赏给五品封典。

又新疆南北路一举荡平各项差使出力员弁案内部议另核请奖之甘肃补用县丞危树滋，经臣于光绪七年六月初二日奏请赏加六品衔，奉旨：该部议奏。钦此。嗣经吏部议复：危树滋所请奖叙，核与奏定章程相符，应请照准等因。于光绪七年八月二十一日具奏，奉旨：依议。钦此。现据危树滋禀称：先于光绪五年四月三十日在湖北滇捐局，由升缺升用甘肃候补县丞报捐五品升衔，领有执照等情。臣拟将新疆荡平差使出力案内该员所得奖叙改为请赏给随带军功加一级。

以上所拟各员改奖之处，合无仰恳天恩俯准所请，饬部分别注册，以示鼓励，出自鸿慈。除咨部外，谨附片具陈，伏乞圣鉴训示施行。谨奏。

光绪八年十月初四日，军机大臣奉旨：吏部议奏。钦此。①

---

①中国第一历史档案馆藏：《军机录副》，档案编号：03—5170—017。

046. 委令刘嘉德等署理同知篆务片

光绪八年八月二十四日（1882年10月5日）

再，镇迪道福裕边俸期满，禀恳遴员接署道篆，以便交卸，请咨赴部引见等情。经臣锦棠批准在案。所遗镇迪道篆务，系边陲最要之缺，亟应遴委妥员接署，以重职守。查有三品衔甘肃遇缺题奏道补用知府陈宝善，老成练达，为守兼优，堪以委署。

又署吐鲁番同知兼管理事回民事务贵德同知杨大年，署事期满。所遗之缺，查有留甘归候补班前尽先补用直隶州知州刘嘉德，办事稳慎，操守谨饬，堪以委署。

除由臣锦棠分别檄饬遵照外，谨会同乌鲁木齐都统臣恭镗，附片陈明，伏乞圣鉴。再，此片系臣锦棠主稿，合并声明。谨奏。

光绪八年十月初四日，军机大臣奉旨：知道了。钦此。①

047. 奏报提督方友升请免骑射缘由片

光绪八年八月二十四日（1882年10月5日）

再，管带新疆恪靖马队左营头品顶戴遇缺尽先题奏提督总兵方友升，自咸丰十一年从戎以来，转战四川、陕西、直隶、甘肃，迭受刀矛伤数处，随时调治就痊，尚无妨碍。惟同治二年克复四川太平县城池，生擒逆首周绍顺等，余匪殄除，该总兵腹胁受炮子伤一处。又于二年克复肃州城垣，喉边受炮子伤一处。虽经医愈，而每逢节令，时复疼痛，骑马挽弓，用力维艰，禀请奏免骑射等情前来。

臣复查无异。合无仰恳天恩俯准，将头品顶戴遇缺尽先题奏提督总兵方友升免其骑射，以示体恤之处，出自逾格鸿慈。

除咨部外，谨附片具陈，伏乞圣鉴训示。谨奏。

光绪八年十月初四日，军机大臣奉旨：着照所请，兵部知道。钦此。②

---

①中国第一历史档案馆藏：《军机录副》，档案编号：03—5170—016。
②中国第一历史档案馆藏：《军机录副》，档案编号：03—5821—006。

048.请拨部款弥补新疆所免厘金并接济军饷折

光绪八年九月二十二日(1882年11月2日)

钦差大臣督办新疆军务通政使司通政使二等男臣刘锦棠跪奏,为请拨部款,弥补新疆所免厘金,并军饷将罄,拟恳饬部暂借巨款,俾资接济,恭折具陈,仰祈圣鉴事。

窃臣承准军机大臣字寄:光绪八年五月二十三日奉上谕:总理各国事务衙门奏新疆开办商务,恳准暂免各城厘税一折。新疆地方设卡征厘,藉资军食。现在俄民运货往来,暂不纳税,而各部落人及内地华商,仍令照章完纳,未免苦乐不均,且恐弊窦丛生,于厘金亦有名无实。至沿边人众,尤宜广其谋生之路,以示招徕。所有进出卡伦货物往来新疆各城贸易者,着概行暂免厘税,俟商务兴旺,照约议立税则时,再复旧章。着刘锦棠、金顺、张曜、升泰遵照办理,并行知各城,一体遵办。钦此。仰见圣恩宽大、惠爱边氓之至意,跪聆之下,钦感莫名。

伏念新疆僻在极边,土地硗瘠。自祖宗朝平定准回两部以来,关外用款向赖内地协济。咸丰、同治年间,粤、捻、苗、回各匪相机叛乱,各省自救不暇,朝廷亦不能不急顾腹地。于是新疆变起,饷断援绝。戍边诸臣束手无策,坐以待毙。甚或临难苟免,不复知有忠义廉耻。臣自出关办贼,师行所至,每呼遗民老兵咨询往事,知从前新疆之乱,固由在事诸臣类多奉职无状,驯致诸事废弛,人心离异,酿成全疆失陷之祸。然关外军需动辄仰给于人,亦实难以自存也。

大学士前任陕甘督臣左宗棠深鉴前车,于各城戡定后,议行田赋、水利、厘税诸政,意以利源一开,即各省或有他故,协饷不以时至,尚可就地罗掘,勉强支持。其用心亦良苦矣。臣曩在喀什噶尔行营,见崇厚所议条约,内有俄商不纳税之说,即曾虑及厘务弊窦丛生,中外苦乐不均,拟请并免华商及各部落税厘。而其时左宗棠方锐意办理厘务,臣窃以为不然。后接帮办军务臣张曜暨统领老湘右军总理臣军营务道员罗长祜来函,亦以请免华商税厘为言。盖臣帮办军务时暨罗长祜等,虽闻筹饷之难,究无筹饷之责,知督办大员必不任饿军哗溃。即遇空乏,不过驰书告急,一举笔之劳而已。大凡天下事,不躬亲阅历,则其中之艰苦忧患,不切于己。

　　臣自接缍钦符，始不敢仍主免厘之议。率行陈请者，诚以厘税一项，虽岁入银不过二十余万两，而在新疆视之，则如渴极思饮，滴水皆珍也。现在既经总理各国事务衙门奏准，暂免征收，自应钦遵办理。臣于奉旨后，谨即恭录行知各城，一体遵办，将原设各局卡概行裁撤，并遍张告示，通谕商民暨沿边诸部落，俾各周知。细绎谕旨所有进出卡伦货物往来新疆各城贸易者，着概行暂免厘税等因，自是专指中外往来行商而言。至本地土产，如金铜、牲畜等项，额征课银，本国家维正之供，不得概予豁免，仍饬户民赴各厅州县衙门及各善后局，照常交纳。惟此项课银所入无几，从前新疆厘税收数较多，且系可靠之款，军食局费，藉资弥补。今骤少此一款，自不能以未克深恃之协饷，抵偿岁入有着之厘金。再四思维，惟有仰恳天恩，饬令户部从光绪八年五月二十三日奉旨免厘之日起，岁拨银二十余万两，专济关外厘金之缺，俾得稍免拮据。仍俟照约议立俄商税则、兴复厘务时，再行停拨。抑臣更有请者，本年各省关协饷起解寥寥，关内外遵旨裁撤各营旗应发欠饷，无从筹给。防营月需之现饷，亦属异常支绌，转瞬饷项告罄。即使各省关赶紧续解，已有缓不济急之势。

　　现在洋款既未便再借，不得不于户部暂借巨款，以资接济。仍于各省关应解西征协饷项下酌量摊划，定限归还。昨陕甘督臣谭钟麟与臣函商及此，意见相同，拟即由谭钟麟主稿，核酌数目，另折详细会奏。臣等明知部款关系国计根本，不应妄请拨借。惟臣等忝膺重寄，诸军饥乏堪虞，若不预为筹画，大局将难设想。事势所迫，计无所出，不得不作此冒昧之请。如蒙圣慈鉴允，实西事之大幸也。

　　所有请拨部款弥补新疆所免厘金，并军饷将罄，拟恳饬部暂借巨款，俾资接济各缘由，谨会同陕甘督臣谭钟麟，恭折具陈，伏乞皇太后、皇上圣鉴训示施行。谨奏。九月二十二日。

　　光绪八年十月十四日，军机大臣奉旨：户部议奏。钦此。①

---

① 中国第一历史档案馆藏：《军机录副》，档案编号：03—6017—082。又《奏稿》第431—438页。此案旋于十月十三日经户部议覆，得旨允行（台北"中央研究院"近代史所藏：《外交档案》，馆藏号：01—20—033—01—006）。

049. 请饬部预筹解济西征欠饷折

光绪八年九月二十二日（1882年11月2日）

钦差大臣督办新疆军务通政使司通政使二等男臣刘锦棠跪奏，为各省关历年应协西征军饷解不足数，并于光绪九年分新疆所需饷项亟宜预筹解济，请旨饬部核议指拨，恭折具陈，仰祈圣鉴事。

窃臣前奉光绪七年十二月十五日上谕：光绪八年西征月饷，饬各省关照旧拨解十成等因。钦此。并经部议，各省无论如何为难，亟应筹足十成，以资开放各等因。臣维西征协饷，现以关外为大宗，大约解款十成，关内用销其四，关外用销其六。各省关自奉拨以来，并未年清年款。查光绪五、六两年，各省关欠解银三百余万两；七年分欠解银二百三十余万两；八年截至六月底止，欠解银一百五十九万四千余两。又山西省应解卓胜军半饷每月一万八千两，自光绪三年二月起至八年六月止，欠解银一百二十余万两。年来关内外遣撤营勇，清发欠款及防营月饷之需，只此新借洋款，藉以支持。现在洋款荡罄，而各省关应解之饷尚不能赶紧筹解，以致已撤之假勇欠饷不能清厘，即月需之现饷，亦属无从筹发。万灶望哺，百事待举，而饷源日见其缩，办理诸形窘手。寸衷焦灼，莫可名言。

臣自光绪六年冬奉命督办新疆军务，准大学士前任陕甘督臣左宗棠移交关外各营局年需军饷暨善后、采运各项经费银三百七十余万两，各营欠发饷银二百五十余万两，经臣会商陕甘督臣谭钟麟、帮办新疆善后事宜臣杨昌濬，陆续裁减营勇，并将善后、采运诸费力加撙节。臣部现存马步四十八营，总计勇饷局费并哈密以西文武官廉俸及兵役、书吏、军台、驿站各项应发经费，年需银二百七十余万两。各营欠饷截至七年底止，总计银二百二十余万两。臣部四十余营，自哈密起北至昌吉、绥来一带，南至喀什噶尔、和阗等处，分防一万余里，幅员辽阔，队伍单薄。此时兵制未定，营勇遽难再裁，即饷需遽难再减。恭绎谕旨，八年协饷照旧拨解十成。是九年分饷项，部臣尚未筹及。即谭钟麟本年四月奏请饬部酌定各省起解的数①，

---

① 详见光绪八年四月陕甘总督谭钟麟具折奏请饬部酌定各省起解的数缘由（《谭文勤公奏稿》，《近代中国史料丛刊》第三十三辑，文海出版社，1969年，第511—514页）。

亦系为本年遣勇需费起见。

臣忝膺边务，为目前计，则望解大批以清旧欠；为将来计，则求拨的饷以资支放。合无仰恳天恩，饬下各省关将历年欠解西征协饷，迅速筹解大批西来，俾资急需。至光绪九年分，经臣节次简省，年需银止二百七十余万两。除老湘一军原有专饷应由江苏照旧解济不计外，各省关应协之饷果有银三百八十万两解到甘肃省城粮台，按照四六成核计，关外可得六成银二百三十万两。虽不能将新旧应发各款悉数发清，尚可视其缓急，勉为挹注。应并恳恩饬部核议，预筹的饷，以免临渴掘井之虞。边事幸甚，大局幸甚。

所有各省关历年协饷解不足数并九年饷项急需预筹各缘由，理合会同陕甘督臣谭钟麟，恭折具陈，伏乞皇太后、皇上圣鉴训示施行。谨奏。光绪八年九月二十二日。

军机大臣奉旨：户部速议具奏。钦此。①

光绪八年十月十四日，军机大臣奉旨：户部速议具奏。钦此。②

【案】光绪八年十月十四日，刘锦棠之奏得清廷批复，饬令山西巡抚张之洞按月如数批解，并将欠饷陆续归还，弥补从前垫款，俾资接济：

又谕：刘锦棠奏山西应协卓胜军半饷积欠过多，现在该军裁剩各营月需饷项，势难再行筹垫，请饬山西赶筹协济等语。近年关内外遣撤营勇，清发欠饷，并防营月需饷银，需款甚巨，若再兼筹卓胜军饷，恐有顾此失彼之虞，亟应赶紧筹解，以应要需。此后该军月需饷银一万六千两，着张之洞按月如数批解，毋得延欠。其山西积欠该军饷项，仍应陆续归还，弥补从前垫款，并着该抚按月酌量筹解，俾资接济。原片着钞给阅看。将此由四百里谕令知之。③

050. 请饬山西弥补卓胜军垫款片

光绪八年九月二十二日（1882年11月2日）

再，乌鲁木齐提督金运昌所部卓胜军饷章，原系山西、安徽两省分解接

---

①中国第一历史档案馆藏：《军机录副》，档案编号：03—6017—060。又《奏稿》第439—444页。
②中国第一历史档案馆藏：《军机录副》，档案编号：03—6017—080。
③《德宗景皇帝实录（三）》，卷一百五十三，光绪八年十月，第160—161页。

济。光绪二年，经大学士前督办新疆军务臣左宗棠奏调移防西来①，以该军去皖愈远，饷项难再由皖省解济，请由山西暨西征饷内，分任其半，蒙恩允准。嗣因晋省亢旱成灾，经前山西抚臣曾国荃于光绪三年奏请缓解。②当经部议，俟来年该省上忙钱粮征收有款，各路军饷即当赶紧陆续补解，毋再久悬等因。

查山西应解卓胜军半饷，每月一万八千两，除光绪二年十二月及三年正月分饷银三万六千两由金运昌收到外，其自光绪三年二月起，截至八年六月底止，共欠解银一百二十余万两。该军历年月饷均系于西征饷内勉为挹注，以固军心。近闻山西年岁尚好，民困日苏，前奉上谕：光绪八年西征月饷，饬各省关照旧解足十成等因。钦此。是山西应协卓胜军半饷，自应钦遵，一律解足。乃本年卓胜军饷项，晋省迄未起解一批。臣此次裁撤该军马步六营，应发欠饷三十四万余两，现由西征饷内勉强腾挪，尚难悉数发清。以后该军止存马步五营，综核每月饷银共需一万六千余两。比岁关内外遣撤营勇，清发欠饷，并防营月需之现饷，需银甚巨，拮据情形，久邀圣明洞鉴。

数年来，筹垫卓胜军各款，事虞顾此失彼，实属万份窘迫。合无仰恳天恩，饬下山西抚臣以后按足卓胜军饷银一万六千两，无庸由西征饷内分任其半，庶可稍免支绌之忧。其晋省积欠该军饷项，仍应陆续归还，按月筹解银二万两，俾得弥补从前垫款。山西抚臣张之洞深谙边事，素顾大局，当能勉筹接济，不至推诿。

谨附片具陈。是否有当？伏乞圣鉴训示施行。谨奏。

光绪八年十月十四日，军机大臣奉旨：另有旨。钦此。同日承准知会，已奉有寄信谕旨，令山西巡抚按月筹解矣。③

【案】此片于光绪八年十月十四日获清廷批复：

军机大臣字寄：山西巡抚张：光绪八年十月十四日奉上谕：刘锦棠

---

①详见光绪二年九月十七日陕甘总督左宗棠奏请筹调客军西来缘由（中国第一历史档案馆藏：《军机录副》，档案编号：03—6009—049；《左宗棠全集·奏稿六》，第508—511页），于光绪二年九月三十日得旨允行（《德宗景皇帝实录（一）》，卷四十，光绪二年九月，第580页）。

②详见光绪三年十月十七日山西巡抚曾国荃奏请将欠解西征等饷一律缓解缘由（中国第一历史档案馆藏：《军机录副》，档案编号：03—9355—029）。

③中国第一历史档案馆藏：《军机录副》，档案编号：03—6087—011。又《奏稿》第445—448页。

奏山西应协卓胜军半饷积欠过多，现在该军裁剩各营月需饷项，势难再行筹垫，请饬山西赶筹协济等语。近年关内外遣撤营勇，清发欠饷，并防营月需饷银，需款甚巨，若再兼筹卓胜军饷，恐有顾此失彼之虞，亟应赶紧筹解，以应要需。此后该军月需饷银一万六千两，着张之洞按月如数批解，毋得延欠。其山西积欠该军饷项，仍应陆续归还，弥补从前垫款，并着该抚按月酌量筹解，俾资接济。原片着钞给阅看。将此由四百里谕令知之。钦此。遵旨寄信前来。①

【附】光绪八年七月二十九日，陕西巡抚臣张之洞奏请将协拨各款分别展缓：

山西巡抚臣张之洞跪奏，为晋省财赋太绌，本务尤多，协拨各饷恳恩稍予展缓，以纾民力而顾岩疆，仰祈圣鉴事。

窃惟晋省跷确之地，荒歉之余，财用所资，惟在丁耗，岁入今止二百五六十万。本省旗绿额饷，湘、树、练军、绥远马队防饷、俸工、驿站、解部物料，一切杂支，极省亦须一百六十余万，协拨之饷至二百五十余万，积欠之饷至一千余万，计不敷银约一百六十万。而河东盐课岁拨五十二万，积欠二百余万不与焉。其赢绌之大较，固已久为圣明之所鉴照，计臣之所周知。前抚臣之缕陈而呼吁，无待于微臣之渎告者也。惟是目前情形则更有艰难于前数年者。盖光绪三、四、五等年，通省赋税虽多停征，京协各饷亦不催解，复合天下之全力，以相佽助，特有赈捐之巨款，犹得挹彼而注兹。六七年之间，余波未竭。今则捐协都止，挪垫已空，而满目荒芜，闾阎雕敝，正赋既已蠲缓，拖欠而不足额。兼以人物不蕃，工商不至，榷务夺于海票，盐策蹙于邻私，零税残厘，仅同拾涓。故岁入之数不能大加于光绪六、七两年。然而自六年以来，岁加东北边防经费十万。七、八两年，加拨伊犁偿款各八万。七年，始拨京饷四十万。八年，加拨京饷十万。七年、八年，加筹还部垫乌、科二城经费五万五千。八年，加拨乌、科四万八千。七年、八年，加金营提前各五万。是派拨之数，较之六年，极相悬殊，固不敢引为常例。然较之七年，已增多十四万有奇。在部臣自为湘军渐撤，晋力渐纾，而不知

---

① 中国第一历史档案馆编：《光绪朝上谕档》，第八册，第314页。

湘军仅撤七营，尚有曾国荃所部留晋湘军马步三营。上年，卫荣光以沿边不靖，新增大同练军马队五旗，其费当步队练军三营。且自近两年来，西征金营之饷，亦已逐年添解，虽不及额，除盐库不计，藩库已在三十万之外。是本省内支之数，较之六年则略减，较之七年则顿增。外协之数，本已不遗余力，有加无已。论省啬则无术，论派拨则屡增，论岁入则仍缺，论通挪则已竭。而各路边臣、将帅方谓晋事已有起色，火急追逋急奏，督趣差员沓至。夫以极贫之晋，枕漠环山，既不比江、湖、岭、蜀诸省地大物博，百川汇流，华番走集，可以别画生财之策，呼应于仓卒之间，又不能向烟火寥落之墟、鸠形鹄面之众，悍然追呼而取盈。仅恃此二百余万之岁常，欲为四百余万之供亿，虽有研桑，亦难为计，矧如臣之迂疏无术者哉？且晋省所以困敝至此极者，议者亦知其故乎？

案北方五省，惟晋号为殷实，非其物产盛蓄积多也，皆未富也。自咸丰军兴以来，各省被扰，而晋省骤贫。然而三十年来，征兵转饷，率以晋为大宗。官斯士者，从井救人，悉索敝赋，以应四方之求，甚至减成兵糈，又停两季。藩司印券，借贷票商，以供协饷。加以客兵来往，入塞防河，民间供顿，所糜又无虑万数。河东自免商以后，领运但出于贩夫，腹引责销于州县，课税所出，罔非晋民。以晋民筋力口食之所余百方辜榷，尽济邻疆，而本省曾不得其一锱一铢之用。由是盖藏尽空，公私俱竭，屡逢歉岁，追比如前。至丁戌之际，遂成奇灾。以国家之福、圣上之仁、四海之力、晋民之良，仅乃得免于乱。设有不靖，谁为历阶？盖尝综计晋省一隅所出以给天下之馈饷者，不下五六千万。今幸四方已定矣。譬如农田，地力乏者必一休之。譬如乘马，劳惫过者必少息之。况晋省善后事理，待用尤繁。

查善后之款，除两次报销开支湘、树两军防饷一百二十余万两毋庸归还外，其奏明垫欠应还者，为数尚巨。夫此款所自来，乃尧舜博施济众之殊恩，薄海内外匹夫匹妇铢积寸累之义举，为司牧者岂忍坐视民困，久假不归？臣愚以为此时宜为晋省稍留有余，俾司库借欠善后之款陆续抽还，以备利民之用。开源固囷，以次经营，待其内实外充以后，仍可为国家不涸不竭之区。其为度支计者，不已多乎？臣督同藩司，综核盈虚，熟权利害，与其枝梧于追呼之际，莫若披沥于圣主之前。

惟有将应解各饷,分别轻重缓急,上恳宸裁。除本年京饷五十万,自当督催解足,本年应交伊犁偿款八万、金营提前藩库五万、盐库五万业已如数完解外,其东北边防、西征协饷,原应竭力并解。惟京饷加拨十万,为数已多,去年因京饷东防骤增,遂致西征额款颇少。一勺之水,此盈彼绌,势有固然。

窃谓西征为戎索藩篱,东防为陪都后路;西征为善后之计,东防为开办之功。此时边情,自是东为急而西变缓。合无仰恳天恩准予量力酌剂。其西征一款,即使百事俱废,亦断难解足十成。惟现当裁兵定制之际,所需孔急,现已恪遵谕旨,筹拨大批解往,必较去年所解之数力求增多。至于东防所需,必不敢稍有蒂欠。其喀城张曜一军,塔城锡纶一军,皆系前敌重兵。乌、科两城旧章经费,西宁王公常年俸饷,皆系穷边口食,亦必如数应付,若固本饷六万两,先经前抚臣卫荣光奏准,缓至今年起解。现已届期,实难设措。且本省营伍,半菽不饱,衣甲不完,乃代为直隶谋练军之具,实无解于舍己芸人之讥。拟恳圣明垂谅,再行展缓三年,以光绪十一年起解。又若部垫乌、科之款,拟请每年匀解五千,陆续缴部。其余各项协饷,以及本年新拨各路旧欠,惟有尽其力之所能,视其事之缓急,酌量筹解。至于河东盐课,自光绪六年来,又已随时扫括,输之于刘锦棠、金顺两大营,每年三十七八万,今年已二十六万。晋省之协力与否,公论难诬,各路统兵大臣固知,必有怨施节用,不肯苛求者矣。

臣以陋儒薄植,仰荷高厚,授任封圻,分应力维全局,劻勷畛域,决非素心。若谓自安贫弱,不求综核开节之方,漫无区分,专以诉贫搪债为计,臣实耻之。然而奔命不遑,耗竭元气,将使疆事败坏于无形,不为国家之远谋,苟免目前之吏议,则臣亦所不为。既守晋疆,臣责攸在,时势所限,不敢不据实披露,仰吁恩慈。所有晋省财赋较前益绌,拟请将协拨各饷分别展缓缘由,理合缮折具陈,伏祈皇太后、皇上圣鉴,饬部核议施行。谨奏。七月二十九日。

光绪八年八月初八日,军机大臣奉旨:户部议奏。钦此。①

---

①中国第一历史档案馆藏:《军机录副》,档案编号:03—6607—005。

051. 请饬筹解金顺张曜军协饷片
光绪八年九月二十二日（1882年11月2日）

再，金顺、张曜两军，每遇饷需缺乏，辄驰书臣营告贷。从前尚有新借洋款，可以勉为挹注。除由前护陕甘督臣杨昌濬在甘肃新疆总粮台借拨不计外，臣自接绾钦符以来，先后由哈密行营粮台垫发过金顺军饷湘平银一十八万四千两，垫发过张曜军饷湘平银三十六万余两。现在洋款蠹罄，各省协解日少，臣与谭钟麟均属异常拮据，实在无力兼顾，应恳天恩饬下各省，将应协金顺、张曜军饷赶紧筹解，俾资接济，出自鸿慈。

谨附片具陈，伏乞圣鉴。谨奏。

光绪八年十月十四日，军机大臣奉旨：着户部查明应协金顺、张曜军饷省分，催令赶紧筹解，毋稍延误。钦此。①

052. 审讯甘泰澍捏造逆书奏请定夺缘由折
光绪八年九月二十二日（1882年11月2日）

钦差大臣督办新疆军务通政使司通政使二等男臣刘锦棠跪奏，为审讯已革知县捏造逆书，坚不承招，胪具众证情状，遵例奏请定夺事。

窃臣于光绪七年二月奏参查办重案不实署绥来县知县甘泰澍等一并革职，归案审办一折。三月十六日奉上谕：此案情节支离，亟应彻底根究等因。钦此。查此案前准乌鲁木齐都统臣恭镗咨：据署玛纳斯协副将余兰桂、署绥来县知县甘泰澍申报：拿获私招营勇之李福贵等，复又搜获通逆信件等情。当因传闻歧异，恐有别情，即经委员赴绥来会讯，一切供情与原报大不相符，其中疑窦尤多。既有所闻，据实咨会办理等因。臣比调余兰桂、甘泰澍来营查讯，甘泰澍因任内交代未清，并有折收科敛一案，经恭镗调往乌鲁木齐审办。嗣准恭镗咨：据镇迪道福裕详：据迪化州知州陶模讯明甘泰澍科敛银六十六两、折征长余银四十七两，供认不讳，自应计赃科罪。惟该革员另有通详李福贵等通逆一案，抄录原供，咨臣并案审办。十月二十

---

①中国第一历史档案馆藏：《军机录副》，档案编号：03—6017—081。又《奏稿》第449—450页。

奏议（光绪八年） 215

日，准臣恭镗委员将甘泰澍解回臣营，一面咨查塔尔巴哈台参赞大臣臣锡纶所部提督刘文和有无札饬李福贵等招勇情事及札内因何衔名不符。旋准锡纶咨复：据刘文和呈称，该营正在删汰募补，适卫队哨长都司梁炳炎称，有旧识参将李福贵兄弟，愿自募马勇数十名投效，比经允应。下札时，梁炳炎请署其弟守备李福德衔名，以致与参将李福贵衔名不符。嗣因日久未到，复经札饬停招，并函属李福贵尽所招人数带赴塔城，听候挑选。钞粘开招、停招札稿，咨复前来。

臣查此案原问官留甘补用知府杨杰，于上年闰七月内在营病故。臣督同营务处浙江题奏道袁垚龄、分省补用知县郑锡㴻、许茂光，提集人证，隔别研讯。缘甘泰澍系湖南长沙县人，由文童投效，历保同知衔留甘补用知县。六年，委署绥来县事。李福贵、李福德，同胞兄弟，安徽亳州人。李福贵系副将衔河南即补参将，李福德系守备衔拔补千总。光绪四年，由嵩武军请假离营，流寓昌吉县，务农为业。及李福德奉刘文和札委招募，遂由昌吉招得曾国胜、邹祖玉、董永和等十二名，交李福贵照管，自携札赴吐鲁番添募。及奉文停招，李福贵时在昌吉，比即函知李福德停招，自带马勇曾国胜等赴绥来，拟俟李福德续招队到，同往塔城。十月初一日，行抵绥来。李福贵失去洋炮一杆，疑为邹祖玉所窃，遂将邹祖玉训责追问。曾国胜亦因告假不准，反被詈骂。二人挟忿，同于初三日赴县，喊控李福贵私刑吊拷、假冒招勇各情。

先是，刘文和令李福德停招之后，恐有不肖闲员假招募名色，别生枝节，因将前情移请迪化州，饬属查拿。甘泰澍正奉查拿冒招之文，适有曾国胜等喊控假冒招勇之事，遂疑刘文和来文必阴指李福贵而言，随会同署玛纳斯协副将余兰桂，将李福贵并所招马勇全行拿案，追问文凭。其时，开招札文经李福德带去，而停招札文仓卒未及寻获。甘泰澍更疑假冒属实，随将李福贵等悉数收押，通详请示。迨初六日，搜出停招札文，而李福贵原称参将，札内填写守备，衔名均不相符，益滋疑议。至初八日，甘泰澍因公赴州，适李福德由吐鲁番率队抵绥来，询知李福贵被押，当遣马勇六名追甘泰澍，势甚凶悍。甘泰澍只得半途折回。绥来居民曾受叛回之害，见在押队勇多系回民，李福德又带马勇多名入城，追逼官长，遂起惊疑，讹传吐鲁番尚有马队数百，人心惶惑。初九日早，据甘泰澍称，在李福贵得胜袋内搜出通逆回白彦虎信二封，比会同余兰桂派所部营勇，并拿获李福德及马夫王清近，余皆逃逸。讵去勇往取李福德等行装、马匹，因而混取同店客物，致米贤炤赴臣恭镗衙门呈控余桂兰纵勇抢夺，咨臣并案究追。甘泰澍初称该营勇往取李福德行装时，误取客民米贤炤各物，旋经清查给领等语。臣恐不实不尽，委员查，并饬镇迪道福裕查复，给领属实，并取具米贤炤销案领状甘结到营，臣复查无异。此查讯此案实在原委也。

臣维此案甘泰澍等草率详报，李福贵兄弟举动离奇，臣并案奏请革职在案。即甘泰澍科收折征另案，亦已根查确实，无难援案，据实奏结。无如案情支离，尤在逆信虚实，亟应彻底根究，俾成信谳。据李福贵供：得胜袋是勇丁董永和之物，其中有无信件，不得而知。迨至镇迪道委员会审，始问到通白彦虎信件来历，革员实在不知头绪。信上马如虎三人名字都不知道等语。据董永和供：得胜袋是自己在旌善营做的，内装洋火、炮子各数十颗，并未放过书信。李福德先在吐鲁番未回，据供不知此信原委，尤属可信。又据病故原告之已革守备曾国胜供：当初喊控李福贵假冒招勇，实因抱病告假不准，心中疑惑，因此说出李福贵改从回教并娶回妇的话。今蒙审问，李福贵并未改教，亦无娶回妇的事，不敢诬执。得胜袋是董永和的，书信事实不知道。又据邹祖玉供：小的喊控李福贵，实因他失去六响洋炮，大众都赖小的，责打追问。小的害怕，因此告他私刑吊拷。至假冒招勇，是曾国胜喊控的。余与曾国胜供词略同。

臣谨案，案情虚实，全在听断详审。此案原告革弁曾国胜虽已在监病故，经臣委验填格，取结存卷，而其生前口供确凿可据。邹祖玉亦系首告李福贵之人，均称不知逆书来历。李福贵始终坚供不知。察其情节，似属虚诬。自非反复推求，难期水落石出。细核附卷逆书两函笔迹，系出一手，后注三字回文，不成字体，显系伪造。信尾署八月十六日。内有刘大人来文不要一语，意指刘文和而言。及调查刘文和停招札文，系九月初六日签发，寄信在二十日以前，何以逆知停招之事，显系临时意造。其作书①之马如虎、赵成龙、信内马金子，经臣通饬查复，均无其人。据甘泰澍等续详：搜获李福贵得胜袋，检出通逆回白彦虎信二件，初未叙明何人、何时在于何地搜获，有无见证，曾否质讯取供，率尔通详，本涉荒谬。卷查曾国胜、邹祖玉喊控李福贵假冒招勇，事在六年十月初三日。取出

---

①"作书"，《奏稿》作"诈书"。

得胜袋,事在初六日。而甘泰澍仍称,初九日早晨因取袋中洋火试枪,见有白线痕迹,检出逆信,有道署幕友刘良星、阜康县幕友刘春园因公到署,眼同拆视等语。

嗣臣饬迪化州知州陶模、委员知县张熙载先后查复,询据刘良星面称:十月初八日,路遇甘泰澍,邀宿署中。次早,与刘春园同至甘泰澍卧室,瞥见案上有封完书信二件,旁搁得胜袋。适余兰桂至,甘泰澍遂与余兰桂一同拆看,伊等比即回避外出,并未从旁与闻。复询刘春园,所称无异。质诸余兰桂称:十月初九日早饭后,甘泰澍邀去商量公事,案上先搁有信两封,当面拆阅,说是投白彦虎的话。革员甚是诧异,因是甘泰澍亲自搜出来的,故未想到假的一边去等语。查甘泰澍原申,亦称亲手搜出,比与余兰桂公同拆看。迨七年十月,提集臣营复讯,诘以两信初未拆阅,何以预知其有通逆情事。而甘泰澍则又忽称:两信初只私拆其一,又同众拆看一封。先后情词自相矛盾。此信虚诬情状,已不啻自发其伏。又据该家丁徐喜即小喜子供:六年十月初六日家长叫魏升到李福贵住处,取回马刀一把、得胜袋一个,交小的点收,只见洋火、洋炮子各一匣。袋上白线缝的,比时并未看着。提讯魏升及其门丁余升,均供得胜袋上初时并无白线痕迹。余供相同。而徐喜且有十月初八日夜四更后瞥见甘泰澍独自披衣然灯,在于卧房案上铺纸执笔作信,魏升并有七年二月二十一日早晨甘泰澍两次说到逆信是曾国胜害我,令将这宗事推到曾国胜身上,该丁不允各等供。

此案提营以后,凡案内有名人证,业经臣督饬先后承审各员,隔别研讯数十次。核对大众供单,均各符合无异。惟甘泰澍申详请节与后此亲供反复不定。如果通逆信件属实,则当取获得胜袋时上有白线绽痕,自应当堂凭众取验,以昭明信,何至案内物件携入私室,且延搁三日之久,经手家丁人等均不知觉,忽称查出逆信,当时并不穷究,后复设套串供,均出情理之外。及至理屈词穷,又称信尾日期与刘文和停招札文日期先后相悬,此信明是假造,但不知出在谁手。是其因案负气,捏故求胜,既知情不可掩,遁辞致饰,已可概见。

又该县幕友廖小峰供称:十月初九日甘泰澍向称搜出李福贵等通白逆信函,属办详稿。伊比劝令取供出详,甘泰澍坚执不从。后闻外间物议,追忆信上字画,仿佛甘泰澍笔迹,当堂给看,益觉逼真。比令甘泰澍作书比对,虽临时故变其体,而细核笔法,实出一手。臣复亲提,逐细鞫讯,并令其家丁魏升等三面环质。甘泰澍口塞气屏,不能登对一语。反复推究,众供确凿,遂令随营刑书,汇录成招披单,按名当堂朗诵一过,各令静听明晰。自称无屈,始令亲手画押。

臣复再四研讯,各许自行陈辩,众情咸服,矢口不移。独甘泰澍异常刁健,狡展如故。臣旋据其续呈,逐层驳诘。甘泰澍似知悔悟,俯首流涕。然捏造逆信,始终不肯招认。臣维此案肇衅,由于李福贵兄弟之招勇投效,恃符骄肆,蔑视印官。适邹祖玉等衔憾喊控,街市谣风肆起,环相凑合,遂成疑团。甘泰澍以地方印官因案查拿申报,本无不合,惟虚实未明,草率详报。虽属事出有因,究非寻常颠顸可比。今既众供确凿,逆书笔迹与甘泰澍相符,其为甘泰澍所造,已无疑义,自未便因一人坚不承招,悬案莫结,致滋拖累。

查例载:问刑衙门审办案件,遇有实在刁健坚不承招者,即具众证情状,奏请定夺。诬告叛逆,被诬之人已决者,斩立决。未决者,拟斩监候。又断罪无正条,引律比附,应加应减,定拟罪名。又二罪俱发以重论,钱粮不收本色、折收财物,亦以监守自盗论,四十两斩,杂犯徒五年。又因公科敛坐赃论,六十两杖八十。又同僚犯公罪,其余不知私情者,只依失出入人罪问拟。其申诉不实者,杖一百。又不应重律杖八十各等语。此案甘泰澍因公科敛,改收折色,又复捏造书信,诬李福贵等投逆,罪名按二罪俱发以重论,除科敛银两、改收折色均在轻罪不拟外,自应照依诬告叛逆未决拟斩监候例,甘泰澍应斩监候。惟原情定拟,究属事出有因,与平空诬告人从逆者有间,应于诬告叛逆未决拟斩监候上量减一等,拟以满流系职官,从重改发黑龙江,充当苦差。犯事虽在光绪七年五月十四日恩诏以前,系诬逆减流改发,应不准援免系职官,仍恭候钦定。甘泰澍坚不承招,谨遵例胪列众证情状,奏请定夺。已革署玛纳斯副将记名简放提督纳清额巴图鲁余兰桂,查明尚无纵勇抢夺情事,该勇丁等混取客物,业经如数给领完结。既非有心,亦未入己,例得免议。即以不知逆信虚实附和会详而论,只应按同僚犯公罪,其余不知私情,应依失出入人罪问拟,仅止降级。特事关通逆,情节较重,余兰桂冒昧会详,已由另案革职,应毋庸议。已革副将衔河南即补参将李福贵、已革守备衔拔补千总李福德,虽讯无通逆情弊,然刘文和开招札文系李福德衔名,李福贵即不应事外干预。李福德擅派马勇,威逼印官,举动均属乖谬。既经革职,均请无庸开复。邹祖玉因李福贵失去洋炮,将其训责,妄以私刑吊拷喊控,应照申诉不实杖一百律,邹祖玉拟杖一百。恭逢恩诏以前,请予援免。曾国胜挟告假不准微嫌,率以私招喊控,实肇衅端,罪有应得,业已身死,应与讯无凌虐之看役,并不知信系伪造代拟详稿之廖小峰,均免置议。两次所取李福贵等行李、军械、马匹,除行李等项已经甘泰澍点交外,其余军器收存绥来县库。马匹给领,无干省释。前此递回原籍取保之蒋吉昌等,行文一并开释。

除全案供招咨部外,是否有当?谨会同陕甘总督臣谭钟麟、乌鲁木齐都统臣恭镗、乌鲁木齐提督臣金运昌,合词恭折具奏,伏乞皇太后、皇上圣鉴,饬部核议施行。谨奏。光绪八年九月二十二日。①

军机大臣奉旨:刑部议奏。钦此。②

光绪八年十月十四日,奉旨:刑部议奏。③

053.奏报副将余兰桂谬妄侵欺请毋庸开复片
光绪八年九月二十二日(1882年11月2日)

再,前准大学士陕甘督臣左宗棠咨:署玛纳斯副将余兰桂奉檄选募土勇,原备复设制兵之用。兹闻委员按名点验,始招纳新勇补数,是所招土勇有名无实,情弊显然,诚不料若辈胆妄一至此极。现因北行在即,未及惩办,移交臣办理等因。臣查此起振武定西四旗,原系古城一带土著团丁,经前陕甘督臣左宗棠迭檄署玛纳斯副将余兰桂,汰除老弱,加意简练,改为绥勇。中、右两营,从优改照征军粮饷,听候拣员管带,拨交塔尔巴哈台参赞大臣臣锡纶调遣。原为通筹边备,恐该处兵力单薄,添拨营伍,俾资捍卫,以重边防,奏明在案。

乃该署副将余兰桂并不切实简练,一闻委员点验,临时招纳凑补。本应随即奏参,时因余兰桂另有附和已革署绥来县知县甘泰澍会详李福贵等通逆一案,奏参革职,归案审办,拟俟审结,并案严参。兹复准臣锡纶函称:

---

①此折具奏日期,《奏稿》署为"九月二十四日",误。
②中国第一历史档案馆藏:《朱批原件》,档案编号:04—01—01—0948—043。又《奏稿》第451—469页。
③此奉旨日期与内容,据《军机处随手登记档》(档案编号:03—0235—4—1208—273)校补。

绥勇中、右两营，拨来塔城人数既不足额，军器又不精利。细查两营之弊，多由余兰桂所致等语。是该革署副将记名简放提督纳清额巴图鲁余兰桂谬妄废弛，意存侵欺。现值筹备边防，整饬营务，未便稍事姑容。前因另案革职审办，应请毋庸开复，以昭儆戒。

是否有当？谨附片陈明，伏乞圣鉴训示施行。谨奏。

军机大臣奉旨：着照所请，兵部知道。钦此。①

光绪八年十月十四日，军机大臣奉旨：着照所请，兵部知道。钦此。②

054. 奏报饷糈告匮请旨饬部筹拨库款折
光绪八年十月初四日（1882年11月14日）

督办新疆军务大臣臣刘锦棠、头品顶戴陕甘总督臣谭钟麟跪奏，为饷需告匮，冬春之交万难支持，吁恳天恩饬部筹拨巨款，以应急需，恭折仰祈圣鉴事。

窃西征军饷，用款浩繁，频岁上烦宸廑。自五、六、七、八年，迭奉谕旨，饬各省关照原拨之数解足十成。诚能遵照解足，则月饷之外尚可分年补发欠饷，陆续遣撤营勇。无如五、六两年各省欠解三百数十万，七年又欠二百三十余万。臣钟麟于本年四月历陈饷绌情形，声明各省若照七年之数起解，则月饷不敷，更何从筹发欠饷？嗣经部议，仍令各省解足十成在案。

兹自八年正月起，截至八月底止，综计各省起解仅二百零二万余两。现已冬初，饷糈早竭，此后三月各省所解不但难期十成，即求如七年已解之数，恐不可得。查关内外每年支款，就目前裁撤各营后计算，臣锦棠一军月饷及转运、制造诸费，约需银二百四十万；月饷协张曜万二千两，不在此数。南北两路善后之费向由厘局支发，自关外停止抽厘，每年骤短有着之款二十余万，善后诸费又须另筹。关内制兵、防勇口粮及转运、善后诸费，凡可以节省者，无不力为裁减，每岁尚需一百六十余万。此月饷之必不可少者也。本年关外裁撤马步十二营，找发欠饷五十余万；关内春夏间裁减四千

---

①中国第一历史档案馆藏：《朱批原件》，档案编号：04—01—16—0214—058。
②中国第一历史档案馆藏：《军机录副》，档案编号：03—6017—083。

人,现又归并、裁改撤去千人,共发欠饷三十余万。此项现银八十余万,勇丁随到随发,不容片刻迟缓,后路各台局搜括一空,而现在各营又短发数月。夫旧欠未清,新欠又增,年复一年,何所底止? 转瞬年关,已不可支。向来各省司库春季入款绝少,故西饷鲜有解者。营勇计口授食,不能一日绌,若不先事预筹,万一饥溃,何堪设想?

臣等日夜焦灼,往返函商,不知所措。洋款万无再借之理,后路沪、鄂各局向华商挪借,耗息甚重,且不能多。明知部库万分支绌,何敢请拨巨款? 而事至无可如何,不得不吁恳于君父之前,可否仰恳天恩,饬部筹拨库款百五十万,以济冬春之急,仍于各省欠解西饷项下分年解还部库归款,一转移间,于库款无所出入,而西陲危局藉可支持。臣等不胜悚息待命之至。

谨合词恭折陈恳。伏乞皇太后、皇上圣鉴训示。再,此折系臣钟麟主稿,合并声明。谨奏。十月初四日。

光绪八年十月十六日,军机大臣奉旨:户部速议具奏。钦此。①

055. 请恤道员张宗翰并事迹宣付史馆折

光绪八年十月二十七日(1882年12月7日)

钦差大臣督办新疆军务通政使司通政使二等男臣刘锦棠跪奏,为道员立功后积劳病故,志节可传,吁恳天恩俯准赐恤附祀,并将事迹宣付史馆,恭折仰祈圣鉴事。

窃二品顶戴按察使衔前署西宁兵备道甘肃题奏道张宗翰,经臣于光绪六年咨商前陕甘督臣左宗棠,调办喀什噶尔、英吉沙尔等处善后总局。本年春间,因臣营总理营务道员袁尧龄请假回籍,接替需人,将该员调回哈密,派委总理营务,曾经附片陈明在案。该员上年出关,膂力方刚,本无宿恙,自委办善后总局,身当繁剧之任,拮据卒瘏,经营缔构,往往寝馈不遑,虑竭精殚,渐致眩瞀怔忡之疾。本年奉调前来哈密,跋涉长途,医药并缺,疾复迭作,闻臣左右乏人赞襄,冒寒暑,忍饥渴,舆疾趱程而至。抵营后,臣与晤接,见其面目清癯,询悉疾虽小愈,精神犹未复元。比属令从容调摄,勿以屡体过劳。乃仍巨细必亲,不肯晷刻自逸。九月十六日晨起披览军书

---

①中国第一历史档案馆藏:《军机录副》,档案编号:03—6087—015。

数寸许，忽痰涌气结，眩瞀仆地。据医者云，心血过亏，势极危险。连进温补之剂，神气稍清，迄无大效，延至二十一日午刻身故。临殁前数日，与臣论及时事多艰，皇太后、皇上宵旰忧勤，为唏嘘涕下者久之。握臣手，殷殷举往哲嘉言善行相勖。军中僚佐省视者，各以大义训励之。弥留之际，喃喃呐呐，语不成声。臣与僚佐侧耳细聆，犹莫非练兵、筹饷、画界、通商之事，繄可哀已！

该员籍隶湖南湘阴县，距臣原籍湘乡不过三百余里。臣自弱冠从军，蚤于梓桑袍泽间，饫闻其居心行事之梗概。嗣臣带兵关陇，该员经左宗棠檄赴平凉行营，委办文案，支应诸事。旋派总司营务，与臣共事一方者十年。当是时，虽彼此未尝朝夕相依，或缄牍往还，或于谒见左宗棠之便，把晤旬日，相与筹商兵事、饷事、运事，获其赞画之力居多。默窥左宗棠幕僚贤才荟萃，其忠清勤慎、始终如一者，实推该员为尤。左宗棠倚重之隆，亦推该员为最。臣既佩左宗棠知人善任，益信该员夙望匪虚焉。迨经臣咨调出关，委办哈、英两城善后事宜，维时荆榛甫辟，凡夫清查田赋，劝课蚕桑，创设义塾，修理城池、廨宇、仓廒、台站、渠堰、桥梁、道路，巡阅边卡，捕拿游匪，听断回汉词讼，抽收税厘，万绪千端，应接不暇。该员前后两载，办理悉臻妥善，成效较然可观。方拟荐达朝廷，共肩艰巨，乃以积劳致疾，年甫五十而没，实堪悯惜。在微臣才庸识陋，全赖二三贤杰辅立翼行，一旦人鉴云亡，恸悼原所应尔！而全疆僚属下至部曲走卒，见者闻者，无不酸心陨涕，感叹悲思，则其平昔德泽感孚，端可知已。

查该员自少读书，即励志圣贤之学。咸丰十年，前湖北抚臣胡林翼①闻而器之，手书敦聘②，爰始出山。是书刊载胡林翼遗稿中，班班可考。该员到鄂后，适值皖、吴战攻孔棘，发逆屡窜上游，群捻眈眈环伺。胡林翼扶

---

① 胡林翼（1812—1861），字润之，又字贶生，号咏之，湖南益阳人。道光十六年（1836），中式进士，改庶吉士。十八年（1838），授翰林院编修。十九年（1839），充国史馆协修。二十年（1840），任会试同考官、江南乡试副考官。二十一年（1841），丁父忧。二十六年（1846），以知府分发贵州补用。二十八年（1848），署安顺府知府。三十年（1850），署镇远府知府。同年，调署思南府知府，赏戴花翎。咸丰元年（1851），补贵州黎平府知府。四年（1854），升贵州贵东道。同年，升四川按察使，调补湖北按察使。五年（1855），迁湖北布政使，署湖北巡抚。六年（1856），擢湖北巡抚。八年（1858），加太子少保。卒授太子太保，赠骑都尉，谥文忠。
② "手书敦聘"，《奏稿》作"手书敦促"。

病理事，该员依依左右，多所裨益。胡林翼没后，前任陕甘督臣杨岳斌①罗而致之，相随度陇，正值回氛猖獗，标兵叛变，饷竭运艰，战事失利。该员相从患难，卧薪尝胆，矢死不离，其苦心孤诣、维持调护于其间者多矣。②屡在华亭县张家川暨洮州厅等处剿办贼匪，战功卓著，历经杨岳斌奏明有案。

杨岳斌卸篆回籍，该员相从归养者年余。旋经左宗棠檄调再出，复值宁灵战事，臣叔父刘松山阵亡，逆回扰近平、庆、泾、固之间，势且岌岌。幸左宗棠屹立不摇，从容布置，机局渐转，卒克削平。厥后勘定西宁、河州、肃州，复经三战，该员无役不从。虽由左宗棠总揽纲维，发纵指示，而该员献可替否与？夫汲引人才，调和将士，宣上意而达下情，所以佐成左宗棠事业，尤非浅鲜。迹其长才卓识，实堪任重致远，遗大投艰，徒以久羁幕僚，未获独当一面。中间虽权西宁道篆一次③，又以为时未久，不及尽展所长。而要其先后驰驱二十二年，备尝险阻艰难，坚忍卓绝，丹衷耿耿，至死不忍忘君，几于昔贤马革裹尸、三呼渡河风烈。其忠义之气，实有可廉顽而立懦者。历佐胡林翼、杨岳斌、左宗棠，皆一时人望，始终勤慎。上下远迩，胥无间言，亦属未易。至其清操，自矢一尘不染，家无百亩之田，敝庐不蔽风雨，妻子固不免饥寒，即老母高堂，菽水且虞不足。而臣间一询及，该员从不言贫。没后，检其遗囊，则图书、衣履而外，绝无私蓄，是尤难能而可贵者。使天假以年，其成就固未可限量。既不幸数奇不偶，赍志早终，惟有吁恳天恩，优给恤典，俾凡为臣子者闻风兴起，相勉于忠清勤慎，以报国家养士之恩，于世教不无小补。

除派员接办营务并委员护送该员遗榇回籍外，合无仰恳天恩俯准，饬部将二品顶戴按察使衔署甘肃西宁道甘肃题奏道张宗翰，照军营立功后积

---

① 杨岳斌(1822—1890)，名载福，字厚庵，湖南善化人。道光二十六年(1846)，充长沙协左营外委，后拔把总。咸丰二年(1852)，补宜章营千总。四年(1854)，以军功历升守备、前锋、都司、游击、参将，加副将衔。同年，迁湖南常德协副将，加总兵衔、彪勇巴图鲁勇号。五年(1855)，升湖北郧阳镇总兵，兼署湖北提督。六年(1856)，授提督衔。七年(1857)，擢福建陆路提督。八年(1858)，补福建水师提督。十一年(1861)，授云骑尉。同治三年(1864)，督办江西皖南军务。同年，授陕甘总督，加一等轻车都尉、太子少保。光绪元年(1875)，授长江水师统帅。五年(1879)，以病乞归。九年(1883)，赴江南帮办军务。十一年(1875)，赴援台湾，旋仍归里。卒赠太子太保，谥勇悫。
② "其苦心孤诣、维持调护于其间者多矣"，《奏稿》作"其苦心调护于其间者多矣"。
③ 详见光绪二年七月陕甘总督左宗棠奏报边陲要地需员情形(中国第一历史档案馆藏：《军机录副》，档案编号：03—5112—105)。

劳病故例，从优议恤，附祀前通政使司通政使臣刘典①甘肃省城专祠，并拟援照光绪五年闰三月二十三日谕准左宗棠奏请，将夏炘、王柏心等四员事迹宣付史馆成案，恳恩准将张宗翰事迹宣付史馆，以彰忠荩而资观感，出自逾格鸿慈。谨缮折具奏，伏乞皇太后、皇上圣鉴训示施行。谨奏。十月二十七日。

光绪八年十一月二十一日，军机大臣奉旨：着照所请，该部知道。钦此。②

056. 请准知县杨得炳请饬部照原保奖叙片
光绪八年十月二十七日（1882年12月7日）

再，新疆南路诸军五次剿平边寇案内经臣汇保之同知衔留甘补用知县杨得炳，请俟补缺后再行送部引见，并请赏加正五品封典。嗣经吏部议复：查杨得炳所请俟补缺后再行送部引见，核与定章相符，应请照准。所请封典，原保清单内并未声明官阶、加衔是否捐纳，抑系劳绩保举何年月日奉旨，碍难核议，应令详细声叙，复奏到日，再行核办。光绪七年闰七月二十五日具奏，奉旨：依议。钦此。钞单知照到臣，比即钦遵行查去后。

兹据杨得炳禀称：由文童投营效力，于克复浙江金华、汤溪、龙游、兰溪各郡县城案内，经闽浙总督臣左宗棠请以从九品遇缺即选，同治二年八月初二日奉旨允准；克复张家川、莲花城并解靖远、安定二县城围案内，经陕甘督臣杨岳斌请俟选缺后以县丞补用，并戴蓝翎，同治五年四月二十三日奉旨允准；攻剿陕西凤翔援回并解岐山县城围案内，经陕甘督臣左宗棠请免选从九、免补县丞，以知县分省补用，并加同知衔，同治六年十二月二十

---

①刘典（1819—1879），字伯敬，号克庵，湖南宁乡人。咸丰十年（1860），保候补四品京堂，选知县，加同知衔。十一年（1861），补直隶州知州，戴花翎。同治元年（1862），升知府，加道衔。同年，授浙江按察使。二年（1863），加阿尔刚阿巴图鲁勇号，晋布政使衔。三年（1864），帮办江皖军务。同年，晋二品顶戴，帮办福建军务。四年（1865），封云骑尉。五年（1866），补甘肃按察使，帮办陕甘军务。七年（1868），督办陕西军务。同年，署陕西巡抚。光绪元年（1875），帮办陕甘军务。二年（1876），擢太仆寺卿。三年（1877），晋头品顶戴。四年（1878），授通政使司通政使。卒谥果敏。

②中国第一历史档案馆藏：《军机录副》，档案编号：03—5821—059。又《奏稿》第471—479页。

三日奉旨允准；新疆南北两路一举荡平案内,经左宗棠请以知县留甘,归候补班补用,光绪六年正月三十日奉旨允准。遵奉行知各在案,恳请复奏等情前来。

臣复查无异。合无仰恳天恩俯准,饬部将杨得炳照臣原保清单注册、以示鼓励之处,出自鸿慈。谨附片具陈,伏乞圣鉴训示施行。谨奏。

光绪八年十一月二十一日,军机大臣奉旨:吏部议奏。钦此。①

【案】此片具奏日期,录副目录署"光绪八年十一月二十一日"。查《军机处随手登记档》②,载有"报四百里,十月二十七日哈密发"等字样。据此,此片具奏日期当为"光绪八年十月二十七日",兹据校正。

057. 奏报原保知县顾衷等另行请奖片
光绪八年十月二十七日(1882年12月7日)

再,新疆南北两路一举荡平各项差使出力员弁汇保案内部议另核请奖之花翎尽先补用直隶州知州中卫县知县顾衷,改请四品封典；留陕候补班前补用从九品孙高增改请俟补缺后以应升之缺尽先升用。经臣于光绪七年六月初二日具奏,奉旨:该部议奏。钦此。嗣经吏部议复:顾衷并未声叙加衔,是否捐纳,抑系劳绩保举,应令查明声叙,复奏到日,再行核办。孙高增饬令另核奏明请奖,光绪七年八月二十八日具奏,奉旨:依议。钦此。钞单知照到臣,比即遵照行知去后。

兹据顾衷禀称:于同治四年在平番县官绅案内,经甘肃布政使护理陕甘督臣恩麟③保加运同衔,已请有四品封典。据孙高增禀称:于光绪四年克复达阪城、托克逊并会克吐鲁番满汉两城案内,得保今职。旋由甘捐指

---

①中国第一历史档案馆藏:《军机录副》,档案编号:03—5171—070。
②中国第一历史档案馆藏:《军机处随手登记档》,档案编号:03—0235—4—1208—309。
③恩麟(1805—?),字君锡,号诗樵,满洲镶黄旗人。道光十八年(1838),中式进士。二十三年(1843),报捐笔帖式。二十五年(1845),补户部笔帖式。咸丰三年(1853),升户部主事,补员外郎。同年,管捐纳房掌印、捐铜局事务。五年(1855),署南档房帮办。同年,充陕西引、则例馆提调官,加知府衔。六年(1856),升郎中。同年,放甘肃兰州道。九年(1859),迁甘肃按察使。同治元年(1862),护理陕甘总督。同治三年(1864),署陕甘总督。八年(1869),授驻藏办事大臣。光绪五年(1879),擢兵部右侍郎。

项巡检各等因,恳请改奖前来。

臣复核无异。拟将新疆荡平案内差使出力之花翎运同衔尽先补用直隶州知州中卫县知县顾衷,改请赏给军功随带加一级;陕西补用巡检孙高增改请赏加六品衔。合无仰恳天恩俯准,饬部分别注册、以示鼓励之处,出自鸿慈。谨附片具陈,伏乞圣鉴训示施行。谨奏。

光绪八年十一月二十一日,军机大臣奉旨:吏部议奏。钦此。①

【案】此片具奏日期,录副目录署"光绪八年十一月二十一日"。查《军机处随手登记档》②,载有"报四百里,十月二十七日哈密发"等字样。据此,此片具奏日期当为"光绪八年十月二十七日",兹据校正。

058.奏报精河营都司张旺病故开缺片
光绪八年十月二十七日(1882年12月7日)

再,臣准乌鲁木齐提臣金运昌咨称:借补乌鲁木齐提属精河营都司张旺,于光绪八年六月在精河防次积劳病故,咨请查照核办等因前来。查该故员张旺,借补精河营都司,尚未领到札付,兹因积劳病故,相应奏明开缺容臣等另行拣员请补,以实营伍。

谨会同陕甘督臣谭钟麟、乌鲁木齐提臣金运昌,附片陈明,伏乞圣鉴训示。谨奏。

光绪八年十一月二十一日,军机大臣奉旨:知道了。钦此。③

【案】此片具奏日期,录副目录署"光绪八年十一月二十一日"。查《军机处随手登记档》④,载有"报四百里,十月二十七日哈密发"等字样。据此,此片具奏日期当为"光绪八年十月二十七日",兹据校正。

---

①中国第一历史档案馆藏:《军机录副》,档案编号:03—5171—071。
②中国第一历史档案馆藏:《军机处随手登记档》,档案编号:03—0235—4—1208—309。
③中国第一历史档案馆藏:《军机录副》,档案编号:03—5821—060。
④中国第一历史档案馆藏:《军机处随手登记档》,档案编号:03—0235—4—1208—309。

059. 奏报补用县丞周浑在营病故请恤片
光绪八年十月二十七日（1882年12月7日）

再，臣行营已故委员蓝翎分省补用县丞周浑，以附生投效军营，随同帮办军务臣张曜所部嵩武军剿办边寇，异常出力，经臣于五次剿平边寇案内奏保蓝翎分省补用县丞，奉旨允准在案。光绪七年春间，因行营差遣需人，檄调该员驰回哈密。时值营务繁冗，该员承办一切，勤奋从公，不辞劳苦，深资得力。奈该员体素清羸，遂致积劳成疾，又兼关外寒热靡常，外感乘虚而入，劳病既深，医药罔效，竟于光绪八年八月十二日在营病故。实系积劳所致，殊堪惋惜。

合无仰恳天恩俯准，饬部将已故蓝翎分省补用县丞周浑照军营立功后积劳病故例，从优议恤，出自逾格鸿慈施。谨附片具陈，伏乞圣鉴训示。谨奏。

光绪八年十一月二十一日，军机大臣奉旨：周浑着照军营立功后积劳病故例，从优议恤，该部知道。钦此。①

【案】此片具奏日期，录副目录署"光绪八年十一月二十一日"。查《军机处随手登记档》②，载有"报四百里，十月二十七日哈密发"等字样。据此，此片具奏日期当为"光绪八年十月二十七日"，兹据校正。

060. 奏报光绪八年春夏二季变通办结命盗各案折
光绪八年十一月初八日（1882年12月17日）

钦差大臣督办新疆军务通政使司通政使二等男臣刘锦棠跪奏，为新疆南北两路光绪八年春夏二季分变通办理命盗各案，遵旨摘由汇报，恭折仰祈圣鉴事。

窃臣前因新疆远在边荒，情形迥殊内地，所有命盗等案碍难拘泥成法。

---

①中国第一历史档案馆藏：《军机录副》，档案编号：03—5821—061。
②中国第一历史档案馆藏：《军机处随手登记档》，档案编号：03—0235—4—1208—309。

当经臣体察情形,奏请暂行变通办理,择其瞖不畏死、谋故逞凶、杀毙人命与伙众持械抢劫、讯明供证、赃物确凿、法难宽贷者,即行批令就地正法。其情轻之犯,分别管禁、系杆并枷号、笞杖,仍酌定时日久暂,笞杖多寡,取保释放,由臣按季摘由汇奏,一面咨部立案。钦奉谕旨允准。嗣将光绪七年冬季以前各案摘由汇报,旋准兵部火票递回原折,后开军机大臣奉旨:刑部知道,单并发。钦此。钦遵分别咨行各在案。

兹届八年春夏二季应行会奏之期,查新疆南北两路变通办理命盗等案,共计一十四起,南路善后各局之案系批饬录供详由帮办军务广东陆路提臣张曜,暨善后各总局复审;北路各厅县案件亦饬录供,详由道州复审,分别议拟咨详,由臣逐细确核。查其法难宽宥者,始批饬就地正法,以昭炯戒。其情罪稍轻之犯,即照章分别锢禁、系杆、枷号、笞杖。妇女犯皆军徒,亦令照律收赎。虽办理系属变通,第揆度案情,参诸律例,均无枉纵。谨将办结各案摘由,汇缮清单,恭呈御览。

除咨部立案外,所有新疆南北两路八年春夏二季变通办理各案缘由,理合恭折具陈,伏乞皇太后、皇上圣鉴。谨奏。十一月初八日。

光绪八年十二月初一日,军机大臣奉旨:刑部知道,单并发。钦此。①

061. 呈光绪八年春夏办结命盗等案摘由汇报清单

光绪八年十一月初八日(1882年12月17日)

谨将新疆南北两路光绪八年春夏两季分变通办结命盗等案摘由,汇缮清单,恭呈御览。计开

春季分:

一件:叶尔羌缠回胡达拜提持斧砍伤图奸伊妻哎乃比比未成,罪人素乃马身死。报经该城善后总局验讯,并无挟嫌及起衅别故,详由帮办军务广东陆路提臣张曜委审无异,咨经臣察核,砍由义忿,死系罪人,情节尚轻。当即咨饬将该犯胡达拜提锢禁三年,满日折责发落,完结。

一件:沙雅尔缠回以布拉英强夺思马意尔年甫十三岁之幼女阿巴克比必,奸占为妻;复诱拐卤嘴之妻木什太来比必同逃,追经思马意尔查

①中国第一历史档案馆藏:《军机录副》,档案编号:03—7305—040。

知、往捉送官,复敢拒捕,并纠邀多纳沙呵、拉呀提,持械行窃事主买卖西力皮等家衣物。经该城善后分局访获,讯供不讳,并无另犯抢劫不法别案,及知情容留分赃之人,解由库车善后总局复审无异,详经臣察核,该犯以布拉英淫凶已极,法无可贷,当即批饬将该犯就地正法。多纳沙呵、拉呀提听纠持械行窃,结伙已至三人,均属藐法,亦即照章批将该二犯枷号三个月,满日折责系带铁杆两年。木什太来比必知诱同逃,应依被诱之人减等满徒例,拟以满徒,系犯奸之妇,杖决徒赎,交本夫领回,听其去留。阿巴克比必幼稚无知,讯被强夺奸占,应毋庸议,给亲领回。获赃给主具领,完结。

一件:叶尔羌缠回帕沙尔因被雇主买卖提诬窃羊只,争殴夺斧,故杀买卖提身死。报经该城善后总局验讯,并无预谋及在场加功暨起衅别故,亦无主仆名分,解由帮办军务广东陆路提臣张曜委审无异,咨经臣察核,逞凶故杀,罪无可逭,当即咨饬将该犯帕沙尔就地正法,完结。

一件:哈密厅客民李椿花因李光催索借银争殴,夺棒殴伤李光右太阳穴走避,不期李光追殴,自行失跌,被门扆碰伤右额角身死。报经该厅验讯,死由碰伤,并无起衅别故,复审无异,详经臣察核,情罪尚轻,当即批饬将该犯李椿花锢禁两年,满日折责发落。仍照例追理银给尸亲具领,以资茔葬,欠银亦照追给领,完结。

一件:哈密厅客民张序信因王汶来酒醉,与其闲谈争殴,夺棍殴伤王汶来右太阳穴走避,不期王汶来追殴,被石绊跌,震伤内损身死。报经该厅验讯,死由震伤,并无起衅别故,复审无异,详经臣察核,情罪尚轻,当即批饬将该犯张序信锢禁两年,满日折责发落。仍照例追理银给尸亲具领,以资茔葬,完结。

一件:阜康县民人苗玉林因向詹复催索油银争殴,顺拾板凳殴伤詹复身死。报经该县验讯,并非有心欲杀,亦无起衅别故,解由迪化州审解镇迪道,复审无异,详经臣察核,死先逞凶,伤仅一处,情罪尚轻。当即批饬将该犯苗玉林锢禁三年,满日折责发落。詹复欠银,身死勿征,完结。

一件:和阗缠回哈思木因一布拉印私放公共渠水,邀同二买提克、拜克以米、下赛东拉、以明土地,向其理论争吵,共殴一布拉印身死。报经该城善后局验讯,并非预谋有心欲杀,亦无起衅别故,并称原验一布拉印系被哈思木最后脚踢其致命胸膛毙命,复审无异。详经臣察核,死本理屈,情罪尚轻,当即批饬将该犯哈思木锢禁三年,满日折责发落。二买提克、拜克以米、下赛东拉、以明土地,均照余人律,折责释放,完结。

夏季分:

一件:叶尔羌缠回买卖的明因挟伊分居胞叔哎沙屡次凌辱并不准少完粮石之嫌,持棍殴伤哎沙身死。维时尸子托古达怀抱幼女亦马,闻父喊救,仓猝将亦马掷地,误跌毙命。买卖的明畏惧,复将伊幼侄土的致死抵赖。报经该城善后总局验讯,供认不讳,并无同谋加功及起衅别故,解由帮办军务广东陆路提督臣张曜,委审无异。咨经臣察核,该犯买卖的明挟嫌谋杀期亲服叔,并故杀幼侄,凶残已极,罪不容诛,当即咨饬将该犯买卖的明就地正法。托古达因闻伊父喊救,仓猝将伊幼女亦马掷地,赶往查看,不期心慌手重,致将伊幼女跌毙,虽讯非耳目所不及,究系思虑所不到,核与初无害人之心而偶致杀人之律注相符,亦饬照依父过失杀子者勿论律,拟以勿论,完结。

一件:喀什噶尔缠回米满因与提拉瓦的口角起衅争殴,用刀抵戳,致伤提拉瓦的身死。报经保甲局验讯,并非有心欲杀,亦无起衅别故。解经喀英善后总局复审,详由帮办军务广东陆路提督臣张曜委审无异,咨经臣察核,伤由抵戳,情罪尚轻。当即咨饬将该犯米满锢禁三年,满日折责发落,完结。

一件:吐鲁番厅回民马文全将乞讨无服族妹马阿米主婚,与其胞弟马勒哲子完婚。嗣马勒哲子与马阿米口角,将其牙齿殴落八枚,经马阿米之胞叔马添复外归查知,控厅传讯。马文全之妻马马氏疑马添复控告系马阿米之外祖何义成教唆,又虑伊夫到官受累,起意商同夫妾色米蓝,各将子女致死抵赖,色米蓝应允。马马氏遂将自生幼子、色米蓝亦将自生幼女抱至何义成门首,致死图赖。报厅验讯,各供不移。复审无异,禀由镇迪道复核,详经臣察核,马马氏起意商同夫妾色米蓝各将子女致死图赖,实属故杀,二罪相等,应从一科断。当即批饬将马马氏、色米蓝分别首从,问拟军徒,仍照律改赎。马文全依嫁娶远律罪坐主婚,折责释放。马勒哲子亦依折人二齿以上律减等,折责发落。马阿米应离异,交马添复领回,另行择配。何义成讯无教唆情事,应毋庸议,完结。

一件:阜康县客民杨来儿因图财杀伤苏发澫身死。报经该县验讯,供认不讳,解由迪化州审解镇迪道,复审无异,详经臣察核,图财害命,法难宽宥,当即批饬将该犯杨来儿就地正法,完结。

一件:喀库回民王振武因挟马中瀍侵吞伙货银两并屡被殴骂之嫌,逼其胞弟王元同谋,杀伤马中瀍身死。经保甲局验讯,供认不讳,此外再无同谋加功之人,亦无起衅别故。解由该城善后局复审无异,详经臣察核,该犯王振武挟嫌谋杀,情罪甚重,当即批饬将该犯王振武就地正法。该犯王元虽被逼勉从加功,罪亦难逭。惟据该局详称,该犯等弟兄仅只二人,父母已故,均无子嗣。若遽将该犯弟兄一并正法,值令绝嗣,情殊可悯。并以定例弟兄犯罪俱拟正法者,尚准存留一人养亲,该犯等虽无应侍之亲,究有绝嗣之慨,况查马中瀍生有数子,请将该犯王元比照承嗣之例办理前来。臣复核情尚可原,亦即批饬将该犯王元锢禁三年,满日折责,准其比照承嗣之例办理释放,完结。

一件:库车回民马凤台因与马马氏恋奸情密,商同谋杀本夫马今财身死。报经保甲局验讯,供认不讳,此外再无同谋加功之人,亦无起衅别故。解由该城善后总局复审无异,详经臣察核,因奸谋杀亲夫,均罪无可逭。当即批饬将该犯马凤台、犯妇马马氏一并就地正法,完结。

一件:昌吉县游勇罗全良即罗报应因挟杨大仓未允借银之嫌,起意抢劫,纠选游勇祁开花炮即徐大发并在逃之罗顺儿强劫,杀伤杨大仓之母及伊弟兄子侄一家九命身死,劫去银两逃逸。报经该县勘验,先后获讯,供认不讳,并称该犯等均无父母、弟兄、妻子、货财。解由迪化州审解镇迪道,复审无异,详经臣察核,挟嫌强劫,连毙九命,实属凶暴异常,残忍已极,均罪不容诛。当即批饬将该犯罗全良、祁开花炮一并就地正法,仍枭首悬竿示众,以昭炯戒。逸犯罗顺儿勒缉,获日另结,完结。理合登明。

军机大臣奉旨:览。钦此。①

【案】此清单未署具呈者,具呈日期仅署"光绪八年"。查《军机处随手登记档》②,载有"朱批刘锦棠折,报四百里,十一月初八日哈密发"等字样,并于朱批主折下注有"刑部知道,单并发"字样。据此,此折清单具呈者为刘锦棠、具奏日期亦与主折一致,兹据校正。

---

①中国第一历史档案馆藏:《清单》,档案编号:03—7247—018。
②中国第一历史档案馆藏:《军机处随手登记档》,档案编号:03—0235—4—1208—318。

062. 奏委题奏道王久铭督办行营粮台片
光绪八年十一月初八日（1882年12月17日）

再，臣于光绪六年冬派委三品衔浙江补用道留甘遇缺题奏道补用知府陈宝善，督办行营粮台，当经奏奉谕旨钦遵在案。前因镇迪道福裕俸满交卸，经臣遴委陈宝善接署道篆，亦经会同陕甘督臣谭钟麟附片陈明。所遗行营粮台事务，关系重大，非得廉能可靠之员，难胜督办之任。兹查有二品顶戴盐运使衔陕西遇缺尽先题奏道王久铭，忠勤刚直，为守兼优，在甘肃新疆军营效力，历经檄委办理军需、粮饷、税厘诸务，勤劳夙著，以之督办臣营粮台事宜，可期得力。

除檄委外，谨附片具陈，伏乞圣鉴。谨奏。

光绪八年十二月初一日，军机大臣奉旨：知道了。钦此。①

【案】此片具奏日期，录副目录署"光绪八年十二月初一日"。查《军机处随手登记档》②，载有"朱批刘锦棠折，报四百里，十一月初八日哈密发"等字样。据此，此具奏日期当为"光绪八年十一月初八日"。

063. 委令候补道周汉迅赴新疆军营差委片
光绪八年十一月初八日（1882年12月17日）

再，丁忧陕西候补道周汉，前经臣附片奏请，调营差委。本年三月初六日，奉上谕：刘锦棠奏请调员差遣等语。丁忧在籍陕西候补道周汉，着涂宗瀛饬令迅赴新疆军营，交刘锦棠差遣，该部知道。钦此。钦遵恭录咨行去后。嗣该员于五月初二日自湖南原籍起程，九月初九日行抵哈密军次。现因臣营总理营务道员张宗翰积劳病故，接替需人，而新疆善后诸务条绪繁多，尤须才长心细之员，方足以匡臣所不逮。查该道员周汉，器识闳达，志虑忠纯，堪以派委总理营务。

---

① 中国第一历史档案馆藏：《军机录副》，档案编号：03—6087—052。
② 中国第一历史档案馆藏：《军机处随手登记档》，档案编号：03—0235—4—1208—318。

除檄委外,谨附片陈明,伏乞圣鉴。谨奏。

光绪八年十二月初一日,军机大臣奉旨:知道了。钦此。①

【案】此片具奏日期,录副目录署"光绪八年十二月初一日"。查《军机处随手登记档》②,载有"朱批刘锦棠折,报四百里,十一月初八日哈密发"等字样。据此,此具奏日期当为"光绪八年十一月初八日"。

064. 复陈哈密大营未便移扎乌鲁木齐等情折

光绪八年十一月二十一日(1882年12月30日)

钦差大臣督办新疆军务通政使司通政使二等男臣刘锦棠跪奏,为遵旨复陈,仰祈圣鉴事。

窃臣于光绪八年九月初九日承准军机大臣字寄:八月十九日奉上谕:恭镗奏请饬移哈密大营进扎乌鲁木齐一折。③据称乌鲁木齐为新疆扼要之地,近因金顺一军开拔伊犁,其驻乌之卓胜军及该都统前募马步各营,均已分别裁撤,所留营勇不敷分布。刘锦棠大营驻守哈密,节制南北,微嫌隔阂。若移扎乌鲁木齐,易资镇摄,且于办理通商事务尤为便宜等语。着刘锦棠体察情形,妥筹具奏。原折着钞给阅看。将此由四百里谕令知之。钦此等因。跪聆之下,伏见皇上系念边陲,宸谟周运,钦感莫名。

窃维军府之于行省,虽均取地方扼要,据其形胜,便于策应,然比诸营室,行省如堂奥,故多在腹地,军府如门户,故多在口隘。新疆大势,南北分歧,总以乌鲁木齐为堂奥,北以伊犁为边要、绥来为门闼;南以喀什噶尔为边要,吐鲁番为门闼。而哈密则关内外咽喉管毂、南北要津也。如将来行省议定,扼要建置,当以乌鲁木齐为最,臣与左宗棠固已先为筹及,奏明在案。

此时使臣驻军哈密,兼管地方善后诸务,系属一时权宜,原非建置之

---

①中国第一历史档案馆藏:《军机录副》,档案编号:03—5822—001。
②中国第一历史档案馆藏:《军机处随手登记档》,档案编号:03—0235—4—1208—318。
③详见光绪八年七月十六日乌鲁木齐都统恭镗具奏请饬移哈密大营进扎乌鲁木齐,以资控制南北而维持全局缘由(中国第一历史档案馆藏:《军机录副》,档案编号:03—6017—014)。

比。南疆八城辽远，数倍于镇迪辖境，故臣与张曜所部军营多驻南路。关内军装、饷鞘解抵哈密，约计分拨成数，解南路者需十之七，解北路者不过十之三而已。南北分途，按程计算，由哈密西南行，经吐鲁番径达八城，道平而又直捷。由哈密北行，绕乌鲁木齐迂折而南，路远九站，又须重越南山口、天山盘道与齐克达巴罕之险。臣忝握钦符，脱令大营进驻乌鲁木齐，则行营、粮台、军装、转运等局，势必随同移扎，劳费已属不赀。将来后路饷馈，均须解乌，汇总转解而南。路既迂折，暗中消耗脚价，积累滋多。际兹饷需艰窘万状，虽实在应用正款，犹须于无可省之中求省，断无舍近求远、避易就难、可省而不省之理也。

以局势论，臣军自遵旨裁撤，虽存马步四十余营，分防地段万里而遥，兵力本无一处厚积。而由喀喇沙尔东至哈密二十余站，中间仅吐鲁番、托克逊两城驻马步两营，犹属空虚。哈密办事大臣明春所部业经全撤，后路直抵嘉峪关，仅安西州有谭钟麟派扎步队一营。若臣大营进扎乌垣，则哈密津要之区关键尽撤，前突而后竭矣。恭镗所请，其义果何取哉？臣愚不得而知之矣。至北路防务，臣原议裁撤卓胜军马步六营，由金运昌挑选不愿回籍勇丁及土著精壮，先复标兵旧额之半，奉旨饬臣会商谭钟麟，悉心妥筹，奏明办理等因，比经臣钦遵咨行。

嗣准谭钟麟函，会改勇为兵，仍当束以防营之制，团扎一处，以便征调训练。金运昌亦以为关内现行制兵额饷太薄，招募维艰，请照土勇口粮办理。遂商由金运昌改并土勇一旗，招募土勇六旗，权作标兵，责成提属各将领管带。合现留卓胜军步队三营、马队两营，分防奎屯台至古牧地一带。以马步四千余人分防数百里地段，而南山各隘口又有恭镗马队扼扎。古牧地东行，向系臣军，由奎屯而西，又属伊犁将军金顺所部接防。乌垣兵力已不单薄。前因绥来迤西劫掠之案层见迭出，行旅戒严，经臣咨询金运昌，旋以裁留添募尚未集事，咨复到营。

臣惧有疏漏，比檄委陕西汉中镇总兵谭上连，率臣军亲军步队三营、马队一旗，开赴绥来，扼要驻扎，西接金顺防地，东接金运昌防地，换出原驻绥来之卓胜军队伍，回扎阜康、济木萨等处，以专责成。其南路西四城防务，臣原奏拟责成张曜嵩武一军，由驻防叶尔羌、和阗之提督董福祥所统马步八营内，抽调步队六营，移防阿克苏、乌什各城，仍归张曜节制调遣。换出总理行营营务道员罗长祐所统驻阿克苏之湘军马步各营，移防吐鲁番、托克逊一带，以便居中策应。南北酌留楚军马队四营、布鲁特马队一旗、土勇步队一旗，交张曜合嵩武一军，分防西四城，择要扼扎，以厚兵力。似此酌盈补虚，南北局势较前更为抟紧，周转一气。此臣布置北路兼筹南路边防之实在情形也。

嗣因张曜有乞假裁营之请，事机稍异，议遂中辍。幸赖圣恩高厚，温旨慰留。经臣复申前议，张曜均允照办无异。拟俟沿边划界事竣，即行分别移调，以符前议而昭周密。即以通商论，此时安设领事，偏在南路喀什噶尔、吐鲁番等处，臣驻军哈密，通筹全局，呼应灵通，隔阂似非所虑。爰蒙圣慈垂询，用敢据实复陈，藉纾宸廑。

所有臣大营驻守哈密未便移扎乌鲁木齐遵旨体察情形筹办各缘由，谨据实缕陈。愚昧之见，是否有当？伏乞皇太后、皇上圣鉴训示。谨奏。光绪八年十一月二十一日。

（朱批）：览奏，已悉。移驻乌鲁木齐，军装、粮饷转运维艰，着仍驻哈密，毋庸轻动。至该处地方辽阔，劫掠易滋，其相机防范，毋少疏懈。①

光绪八年十二月十四日，军机大臣奉旨：据奏哈密大营未便移扎及南北两路布置各情，均属周妥，仍着该大臣随时体察情形，将边防事宜妥为调度，以安疆圉。钦此。②

065. 请假两月在营调理缘由片

光绪八年十一月二十一日（1882年12月30日）

再，臣于本年四月间，因举发两足疼痛之病，日渐增剧，奏蒙圣恩，赏假一月调理，连服辛温发散之剂，略就痊可，即行强起，照常视事，均经附片陈明在案。数月以来，宿恙时发时止，尚能勉强支持，不甚措意。迨及十月下旬，天气寒冽，偶尔感冒，腿膝酸痛之证，遂一发而不可遏。冬至前后数日，更形困惫。现在筋掣心悸，饮食锐减，起坐为之不安。非但不能接见宾僚，即批阅文牍，甫及数行，动觉目眩神昏，不能终事。据医者云，积寒未祛，元气亏损，每遇严寒酷热、阴阳剥复之际，尤易触发。必须屏除酬应，安心调理，方能渐次就痊。

---

①中国第一历史档案馆藏：《朱批原件》，档案编号：04—01—30—0278—024。又《奏稿》第481—489页。
②中国第一历史档案馆藏：《军机录副》，档案编号：03—6017—124。

伏念臣以梼昧庸材,膺兹重寄,夜寐夙兴,尤虞旷职,寻常痛痒之疾,何敢辄而上陈,致烦慈厪!无如臣自同治八、九年间,围攻甘肃金积堡贼巢,寝馈沮洳之场,两足受病,深而且久。近年转战新疆天山南北两路,军事倥偬,不暇讲求医药。而冰天雪碛,阴寒中人,羸病之躯,更难禁受。若不及时调治,恐遂痿痹不仁,无以久供驱策。

合无仰恳天恩俯准,赏假两个月,在营安心调理,俾沉疴蚤愈,仍得奋勉从公,实感高厚生成之德。其营中日行公事,饬由营务处道员周汉等随时请示办理。如遇紧要事件,自当力疾躬亲,以昭慎重。谨附片陈恳。伏乞圣鉴训示。谨奏。

光绪八年十二月十四日,军机大臣奉旨:着赏假两月。钦此。①

066. 奏报俄国驻喀领事权饬局员兼顾片

光绪八年十一月二十一日(1882年12月30日)

再,臣接准帮办军务广东陆路提臣张曜咨开:俄国新设喀什噶尔领事官,已于本年十月十九日抵喀。所有中俄交涉公事,应饬喀英善后局员兼办。遇有重大事件,仍由局员禀商办理等因,咨会前来。

臣查新约条载,俄国领事官驻中国遇有公事,与本城地方官往来,均用公文。两国人民在中国贸易等事致生事端,应由该领事官与地方官公同查办等语。惟南疆各城尚未设官,中外互市交涉伊始,经理需人。该善后局员原管地方事务,所有与俄国驻喀领事官一切交涉公事,应权饬喀英善后局员,就近兼顾,以专责成。遇有重大事件,仍报由臣张曜督同办理,以昭妥慎。俟将来官职设定,另案奏明办理。

除咨复外,谨会同陕甘督臣谭钟麟、帮办军务臣张曜,合词附片具陈,伏乞圣鉴训示。谨奏。

光绪八年十二月十四日②,军机大臣奉旨:该衙门知道。钦此。③

---

①中国第一历史档案馆藏:《军机录副》,档案编号:03—5172—074。又《奏稿》第493—495页。
②此奉旨日期据《军机处随手登记档》(档案编号:03—0235—4—1208—331)校补。
③《奏稿》第491—492页。

067. 奏请按约索还乌什之贡古鲁克缘由折
光绪八年十二月十八日（1883年1月26日）

钦差大臣督办新疆军务通政使司通政使二等男臣刘锦棠跪①奏，为新疆南界乌什之贡古鲁克地方关系紧要，拟趁划分未定，据理按约索还津要，以通南北而利边防，恭折驰陈，仰祈圣鉴事。

窃新疆局势，自准部戡定，回疆全入版图。辟山通道，择要安设卡伦、台站，南北一气贯注。无事则换防征调，遵率自由，有事则振旅饷军，进退如志。庙谟宏远，睿虑精详，百世莫之或易也。

臣查伊犁通南捷径有四：一自那喇特卡伦，经朱勒都斯、察罕通格两山，以达喀喇沙尔。一由穆素尔达巴罕渡特克斯河，逾水岭以达阿克苏之札木台。一出伊克哈布哈克卡，越贡古鲁克达巴罕以达乌什。一出鄂尔果珠勒卡伦，逾善塔斯、巴尔珲两山，渡纳林河以达喀什噶尔。然阿克苏冰岭台路艰阻万状，夏月冰涣，四山坼裂溢流②，峭壁森立，莫能飞渡。乱后台站尽替，现仅阿属七台，经臣照旧安设，余已咨商伊犁将军臣金顺办理，尚未接准复文。其喀喇沙尔一路，旷废已届百年，其中陵谷变迁，道路通塞，水草有无，均难悬揣，迭经行查鲜据。

昨已函致金顺，请将山北情形确实查复，再议疏通。其纳林达道，蚤非我有，自可毋庸议及。独乌什之贡古鲁克一路，地界八城之中，为南北相通第一津要，远在界线东南。新旧条约、皇朝地舆图志，班班可考也。臣查中俄界约，大率按山水分宗。诚以山峙水流，古今莫易，故界线所至，辄指定某山之顶或水流去向，以定经界，山阴属俄，山阳属中。水西流之处属俄，东流之处属中。天然界限，朗若列眉。而经纬方隅，判然两截。虽地名沿革、语言文字称谓各殊，百变不能离其宗矣。

谨按塔城旧约所载伊犁南界过那林哈勒噶，由特穆尔图淖尔南边之罕腾格尔、萨瓦巴齐、贡古鲁克、喀克善等山③，统曰天山之顶。行至葱岭靠

---
①此前衔系推补。
②"夏月冰涣，四山坼裂溢流"，《清季外交史料》作"夏月冰涣，四山坼裂，波涛流澌"。
③"喀克善等山"，《清季外交史料》作"喀克北山"。

浩罕为界①,是那林迤南约载之贡古鲁克,明明与罕腾格尔诸山连类而及,且申言天山之顶,其确指贡古鲁克山顶而言②,非指乌什之贡古鲁克山麓为言,义至明也。

臣前虑南路沿边地界情形,在事诸臣或者难于洞悉,特饬驻军阿克苏道员罗长祜,将图约所载地名歧异阙略之处,遵照指示,详查细绎,赍由臣复加考核,函达金顺与伊犁参赞臣升泰。所有查勘乌什西北之格根特克斯、喀喇库勒等处,由俄境通伊大小路径远近、险易,条分缕晰,悉以相告。本年夏间,巴里坤领队臣沙克都林札布③奉旨勘分南界。臣复饬罗长祜,将原查情形就近详告沙克都林札布,用备采摭。

嗣据乌什善后局员知县周应棻申报:本年八月十三日,沙克都林札布带同俄使,自阿克苏行抵乌什,由贡古鲁克、雅满素④各卡伦绕贡古鲁克山麓,至别迭里达坂,共立界牌二处,俄使各埋铜牌一面。所过山峡、卡隘、城堡,逐一绘图,并将乌什城垣丈量规计。绕出布鲁特牧场,周回游历,延展四十余日,至九月二十六日,始出乌境。时帮办军务臣张曜已先期出卡,守候日久,咨报前因,请由臣理论行催。比经咨行查照,旋准张曜咨:初接沙克都林札布函会:从那林哈勒噶起程,度冰岭,由阿克苏、乌什先勘北界。十月初六日,沙克都林札布同俄使密登斯开行抵喀什噶尔,询知阿乌边界从罕腾格里至别迭里山已立界牌。其奇恰尔达坂迤西现已积雪难行,拟俟来年五月,再行勘办,并准抄录喀什噶尔互换界约,函寄到臣。

逐细核阅,如第一条,由那林哈勒噶河起,过穆匝尔特、达坂,向西天山中梁罕腾格尔顶,上接萨瓦巴齐,又从萨瓦巴齐山口卡子以至贡古鲁克山口,绕至天山,均因达坂高险,人难越过,通指天山中梁为界,天山东南属中,西北属俄,凡天山断处向西北流河水不许改截源流等语,尚与塔城旧约相符。该俄使似亦知约不可背者,何以贡古鲁克山口至别迭里之达坂路两

---

①"靠浩罕为界",《清季外交史料》作"靠浩罕界"。
②"而言",《清季外交史料》作"为言"。
③沙克都林札布(1842—1897),字振亭,库楚特依巴图鲁。咸丰六年(1856),授骑都尉,兼云骑尉。同治三年(1864),补二等侍卫,旋晋头等侍卫。四年(1865),加副都统衔。十一年(1872),调马队全营翼长。光绪二年(1876),帮办军务。十年(1884),升科布多参赞大臣。十五年(1889),调补吉林副都统。十九年(1893),署吉林将军。二十一年(1895),调宁古塔副都统。二十二年(1896),授珲春副都统,帮办吉林边防事宜。二十三年(1897),卒于任。
④"雅满素",《清季外交史料》作"雅满索"。

边相距离二十丈半又复埋立中俄两国界牌？鄂博耶所称别迭里，即毕底尔向西北流河水，当即阿克苏上流之毕底尔河山口。达坂路当即乌什出贡古鲁克卡以达伊犁之路也。

臣维天山南北分支，千条万派①，岿崇绵亘。每由中峰以至山麓，蟠屈引伸，百里一小曲，千里一曲一直矣②。故③按北山言之，由东而西起巴里坤之松山以至那林河源，凡数千里，统以腾格里指名中峰。由南而北，自阿克苏以至伊犁千二百余里④，总以冰岭达坂为中峰。中峰既定，然后分疆画界，可得而言也。以故塔城旧约虽详于北而略于南，然其第三条结束特指明罕腾格里、萨瓦巴齐、贡古鲁克、喀克善等山，统曰天山之顶一语。由辞译义，匪特罕腾格里确指天山中干之顶为界，即贡古鲁克、喀克善各支山冈，非各指天山顶为界也。骑岭分界，则乌什边外俄界应在贡古鲁克诸山之阴，不得侵入山阳中国境地也⑤。

今其所换界约，凡贡古鲁克以上各山，通指天山中梁为界，乃复于贡古鲁克山口及别迭里之达坂路两边相距二十二丈半埋立中俄两国界牌，鄂博侵占至毕底尔河源，且将乌什城垣丈量，就其约章，按其举动，实属支离刺谬，自相矛盾，居心叵测，已可概见。失今不言，后将指此次会勘新界为定界，甚且于俄界之外中界以内驻兵设卡，任意作难。忍之则有积薪厝火之忧，发之又有投鼠忌器之虑，如北路哈巴河故事有明征也。迄今科界黄线迤西蒙民暨哈萨克三万余众，抚绥安插，重烦宸廑，将来作何了局，尚难悬拟。若贡古鲁克至别迭里山南达坂路所立俄界两处，不趁画分未定，按约索还，则现隶乌什之奇里克、胡什齐两布鲁特部落，势必自撤藩篱，终归俄有。而贡古鲁克通伊犁捷径，非我所能问津，南北隔绝，即八城东西中间亦多梗阻，伊犁势成孤注。特斯克川虽得，亦犹之未得矣。微论有事⑥，征兵馈饷，窒碍不行，即平时之文报往来，必须绕越隔阂，孰甚焉！夫以中国固有之地，照约载地界画界俄人，我为主而彼为客，如其违约越占，曲在彼而

---

①"千条万派"，《清季外交史料》作"千条万脉"。
②"千里一曲一直矣"，《清季外交史料》作"千里一大曲"。
③"故"，《清季外交史料》作"姑"。
④"千二百余里"，《清季外交史料》作"二百余里"。
⑤"不得侵入山阳中国境地也"，《清季外交史料》作"不得侵入山阳中国境地明矣"。
⑥"微论有事"，《清季外交史料》作"微论有外患时"。

直在我，我自得以有辞①。如哈密帮办臣长顺深明此意，以故勘分中界有得无失，且将红线迤西之格登别珍岛诸山争为我有，抑其诡谋骄气，彼终詟服无词。办理洵为得手。向使勘分伊犁南界，守辙循途，亦即免此周折矣。

臣伏读本年八月初三日谕旨：西北边界条约所指地名，必须查考确实，方免混淆，稍有迁就，出入甚大，务当详慎妥办，不得稍涉大意。又读九月二十四日上谕：新约既定，惟有就原图应行勘分之处力与指辩，酌定新界，勿稍迁就各等谕。圣训煌煌，无微弗烛②。南路事同一律，自应恪遵办理，拟请饬下总理各国事务衙门，向俄国驻京公使据理按约与之辩论。所有伊犁南界，应照此次所定③格登山红线，循格根河，顺喀什噶尔西边行至葱岭，靠浩罕界为界，中间应行勘分之处，支节繁多，务须责成分界大臣，恪遵谕旨，力与指辩，酌定新界，勿稍迁就。然后由乌什、贡古鲁克出卡以达伊犁之路，足可索还④，事后不至别生梗阻。所立贡古鲁克及别迭里达坂路两处界牌，应一律拔除，凡新约越占之处，悉予更正，庶足清淆混而杜觊觎。并恳天恩谕令曾纪泽，与俄国原派全权大臣原始要终，以重邦交而清边界，必期两昭明信而后已。

臣明知新疆界务各有专责，何敢故越尊俎！然乌什贡古鲁克地方被俄人影射越占，夺我南北要津，关系重大。臣忝膺重寄，未报涓埃，倘事关全疆利害，知而不言，纵邀宽大殊施，扪心何以自问！区区之愚，实匪有他。

所有乌什之贡古鲁克地方关系紧要，拟趁画分未定请旨索还，以通南北而利边防各缘由，谨会同帮办军务臣张曜，据实具奏。愚昧之见，是否有当？伏乞皇太后、皇上圣鉴训示施行。谨奏。光绪八年十二月十八日⑤。

光绪九年正月十四日⑥，军机大臣奉旨：另有旨。钦此。⑦

【案】此案光绪九年正月十四日得允行，清廷饬派长顺会同沙克都林札布，查照刘锦棠所奏，向俄使按约力争，妥筹办理。《清实录》：

丙申，谕军机大臣等：刘锦棠奏新疆南界贡古鲁克地方关系紧要，

---

① "我自得以有辞"，《清季外交史料》作"我自有辞诘责"。
② "无微弗烛"，《清季外交史料》作"无远弗烛"。
③ "此次所定"，《清季外交史料》作"此次中界所定"。
④ "足可索还"，《清季外交史料》作"方可索还"。
⑤ 此具奏日期，据刻本及《军机处随手登记档》（档案编号：03—0238—1—1209—012）校补。
⑥ 此奉旨日期，据《清实录》及《随手档》校补。
⑦《奏稿》第497—509页。又《清季外交史料》，第568—570页。

请饬按约索还一折。据称乌什之贡古鲁克,为南北津要。旧约所载伊犁南界,系确指贡古鲁克山顶为言。上年沙克都林札布勘分南界,带同俄使由贡古鲁克等处卡伦绕贡古鲁克山麓,至别迭里达坂,设立界牌,侵占至毕底尔河源,若不趁画分未定,按约索还,南北隔绝,路多梗阻等语。前派沙克都林札布分勘西南边界,事体重大,宜如何详慎办理,乃不将地势考定明确,草率从事,于南北要路致有隔阂,关系甚大。着添派长顺,会同沙克都林札布查照刘锦棠所奏,向俄官立与指辩,应照此次中界所定格登山红线,循格根河,顺喀什噶尔西边至葱岭,靠浩罕界为界。现在虽已勘立界牌,而画分未定,正可趁此据理辩论,设法挽回。长顺前办中段界务甚属妥协,着金顺等饬令沙克都林札布与长顺和衷商榷,妥筹办理。总之新约既定,务当懔遵前旨,就曾纪泽原图应行勘分之处详定。如果关系全疆利害,务须妥慎勘分,免滋贻误。明春奏帮办大臣长顺丁忧请简一折。长顺着改为署任,暂缓回旗。将此由六百里各谕令知之。①

【附】光绪九年三月初七日,总理各国事务衙门接准长顺奏,遵旨会勘新疆南界,请派员公同商办,并饬总理衙门按约辩明:

三月初七日,军机处交出长顺抄折称:奏为遵旨会勘南界,拟请谕令熟悉形势大员会同商办,并恳饬下总理衙门及曾纪泽按约办明,令其转饬俄使听从理论,以免争竞而便挽回,恭折驰陈,仰祈圣鉴事。窃奴才于本年二月初二日承准军机大臣字寄:正月十四日,奉上谕:刘锦棠奏新疆南界贡古鲁克地方关系紧要,请饬按约索还一折等因。钦此。仰见朝廷慎重边圉无微不至,体恤臣仆既渥且优,闻命自天,感悚无地。伏思奴才受恩深重,莫报涓埃。当此事关全疆紧要,虽母丧未久,扶柩念切,揆以缓急轻重之议,不得不先公后私,驰往乌什地方,审形度势,会同复勘,以冀无失要区,稍纾宸廑。惟南路山川固有图约可考,而幅员辽阔,支派纷繁,奴才初到该处,刻难尽知。

查帮办军务张曜,驻军南路多年,又最留心边事,沉毅有谋,彼处一切形势,实早洞悉无遗。若蒙敕令就近会勘,与奴才等详慎讨论,庶免疏虞。其乌什局员知县周应荣,亦通晓地势,拟调备差遣,

①《德宗景皇帝实录(三)》,卷一百五十八,光绪九年正月,第222—223页。

以资臂助。至刘锦棠奏称沙克都林扎布带同俄使在贡古鲁克山口及别迭里达坂埋立界牌，侵占至毕底尔河原，致南北隔绝路多梗阻等语，自是为顾全大局起见。如果违约越占，仰仗圣主威福，就额定图约，力与指辩，应可据理索还，但界博已立，界约已换，且俄人素性狡黠，若未奉该国重勘明文，势必藉词推诿。虽画分未定，恐非奴才等之口舌无能争回。私心窃计，惟有吁恳饬下总理各国事务衙门，先向俄国驻京公使辩论明晰，并请谕令曾纪泽与俄国外部大臣反复详说，切指此处界牌所以误立之故，使彼折服，转饬分界俄官照约更正。奴才等复从而明白开导，如此筹画似觉较易。此外应行勘分之地，俟到该处，会同察看明确，妥为筹商。窃惟边陲土地尺寸为重，而新约既定，不能于界线外求有所得，断不敢于界线内稍有所失。奴才知识凡寓，深惧不克胜任。刻因南疆山路积雪难通，必须夏季血消才可行走。奴才拟俟三月初九日百日孝满，即于是月中旬由哈起程，星夜驰赴乌什，与沙克都林扎布等和衷商榷，同力挽回，以期永固边圉，仰答高厚鸿慈于万一。

所有遵旨会勘南界拟请大员商办，并恳饬下总理衙门及曾纪泽先行按约办明各缘由，谨恭折驰陈，伏乞皇太后、皇上圣鉴训示。再，此折系奴才专办界务，未会办事大臣明春衔名，合并声明。谨奏。

光绪九年三月初七日，军机大臣奉旨。钦此。①

068. 请准都司王玉林免予骑射缘由片
光绪八年十二月十八日（1883年1月26日）

再，据管带精骑后营陕西补用总兵借补甘肃西宁镇属南川营都司王玉林禀称：该员自咸丰七年在安徽蒙城县剿办苗逆，左臂受鸟枪子伤。同治九年，督队攻扑金积堡之马家滩贼巢，脊背受砖石伤数处，均经随时报验，调养稍就痊可。迩来血气渐衰，每逢节气、阴雨，旧伤辄作，痛楚倍至，挽弓驰马，肘腕不灵，恳请奏免骑射前来。

合无仰恳天恩俯准，将陕甘补用总兵借补南川营都司王玉林免其骑

---

① 台北"中央研究院"近代史所档案馆藏：《外交档案》，馆藏号：01—17—057—02—007。

射、以示体恤之处，出自鸿慈。谨附片具陈，伏乞圣鉴训示。谨奏。

军机大臣奉旨：着照所请，兵部知道。钦此。①

光绪九年正月十四日，军机大臣奉旨：兵部知道。钦此。②

069. 奏为试用知县朱承均请改奖加级片
光绪八年十二月十八日（1883年1月26日）

再，湖北试用县丞朱承均于新疆南北两路肃清奖叙各项差使出力人员案内，经前任陕甘督臣左宗棠汇保，单开布理问衔湖北试用县丞朱承均请俟补缺后，以知县补用，当经部驳。旋由臣改拟复奏请俟补缺后，以应升之缺尽先补用。复经部议，饬令另核请奖。

查奏定章程：一切差委出力人员著有微劳，准保加级升衔。兹该员原有布理问衔无须再保升衔，应请改奖加级。合无仰恳天恩俯准，将布理问衔湖北试用县丞朱承均改为随带加三级，以示奖励而符定章。除咨部外，谨附片陈明，伏乞圣鉴训示。谨奏。

军机大臣奉旨：吏部议奏。钦此。③

光绪九年正月十四日，军机大臣奉旨：吏部议奏。钦此。④

070. 委令李佐兴署镇西抚民同知片
光绪八年十二月十八日（1883年1月26日）

再，镇西抚民直隶同知长赟，据报在任丁亲父忧，所遗员缺查系极边冲要，亟应遴委妥员前往接署，以重职守。查有花翎补用同知先换顶戴甘肃补用知县李佐兴，心地明白，办事稳练，堪以委署。除由臣檄饬遵照外，谨会同陕甘总督臣谭钟麟、乌鲁木齐都统臣恭镗，附片具奏，伏乞圣鉴。再，该员长赟丁忧供结，据署镇迪道陈宝善详赍到臣行营，经臣咨会谭钟麟察核，照例具题，合并声明。谨奏。

---

①中国第一历史档案馆藏：《军机录副》，档案编号：03—5822—030。
②中国第一历史档案馆藏：《军机录副》，档案编号：03—5823—014。
③中国第一历史档案馆藏：《军机录副》，档案编号：03—5822—059。
④中国第一历史档案馆藏：《军机录副》，档案编号：03—5175—033。

光绪九年正月十四日,军机大臣奉旨:知道了。钦此。①

071. 请将知县文麟另核请奖片
光绪八年十二月十八日(1883年1月26日)

再,关陇肃清各项差使出力人员请奖案内,经迁任陕甘督臣左宗棠开保之陕西候补知县文麟,请以原班前先补用,并加同知衔,奉旨该部议奏。旋准部议:单内并未声叙文麟何项候补,碍难办理。应令详细查明复奏,再行核办等因各在案。

兹据署陕西布政使叶伯英详称:该员文麟由指分湖北补用县丞投效军营,于同治五年截剿陕西凤陇逆回案内,保俟补缺后,以知县用。旋捐离原省,改指陕西,并捐免本班,以知县归候补班补用。请咨赴部,于光绪四年十月十五日经钦派大臣验放到省,复遵例捐加同知衔,并归本班尽先补用。现准补宜君县知县员缺。该员前案叙保之前先补用、并加同知衔,系属重复,应请改保加级,庶免两歧,详请附奏前来。

臣复核无异,合无仰恳天恩俯准,将该员文麟前案劳绩改为随带加三级,以示奖励而昭核实,出自鸿慈。除咨部外,谨附片具陈,伏乞圣鉴训示。谨奏。

光绪九年正月十四日,军机大臣奉旨:吏部议奏。钦此。②

072. 奏请内务府补用知府忠曾赴军差遣片
光绪八年十二月二十三日(1883年1月31日)

再,新疆善后事宜头绪本极繁重,又□开办商务,南疆议设职官,时事方殷,需才尤切。查有内务府镶黄旗汉军常贵佐领下人三品顶戴道衔分省补用知府忠曾,朴干有为,志趣方正,向在甘肃办理营务,并筹饷运,于西陲情形较为熟悉。

合无吁恳天恩饬下内务府,转饬该镶黄旗佐领将三品顶戴道衔分省补

---

①中国第一历史档案馆藏:《军机录副》,档案编号:03—5175—031。
②中国第一历史档案馆藏:《军机录副》,档案编号:03—5175—032。

用知府忠曾饬赴臣军差遣,以资得力,出自鸿慈。除咨部外,谨附片陈请,伏乞圣鉴。谨奏。

光绪九年正月十四日,军机大臣奉旨:着照所请,该衙门知道。钦此。①

光绪九年

001. 奏为御赏福字荷包等物谢恩折

光绪九年正月二十八日(1883年3月7日)

钦差大臣督办新疆军务通政使司通政使二等男臣刘锦棠跪奏,为恭谢天恩,仰祈圣鉴事。

窃臣承准兵部火票递到军机处咨行:赍奉光绪八年十一月二十八日由内交出年终御赏福字荷包、银钱、银锞、食物等项。臣适患病未痊,谨恭设香案,力疾强起,望阙叩头,谢恩祗领。

钦惟我皇上永肇福基,包举宇内。富有四海,法无须龟贝金刀;玉食万方,味不外舜葱尧韭。康庶事而无远弗届,覆群生而与物皆春。六管调阳,一人有庆。臣久叨福荫,恭佩兵符,握银枪而赴戎机,饷嘉谷而羞每饭。猥荷九重之赐,不遗万里而遥。挥毫揭锡福之经,墨如湛露;束带叶括囊之象,服取章身。翻钱谱而轮郭攸宜,溢银坑而重轻惟准。醍醐酪乳,饫圣泽以如膏;困圆鹿方,灿御园之硕果。凡此鸿施之稠迭,实觉鳌戴之难胜。臣惟有配命自求,同袍学赋,效却金而修清节,常怀核以懔素餐。从兹三命益恭,载赓戢谷罄宜之什;更祝万年有道,永庇丰衣足食之麻。

所有微臣感激荣幸下忱,谨缮折叩谢天恩,伏乞皇太后、皇上圣鉴。谨奏。光绪九年正月二十八日。

军机大臣奉旨:知道了。钦此。②

---

① 中国第一历史档案馆藏:《军机录副》,档案编号:03—5175—034。
② 中国第一历史档案馆藏:《朱批原件》,档案编号:04—01—16—0213—038。又《奏稿》第87—90页。

光绪九年三月初二日,知道了。钦此。①

002. 请开缺回籍治病并恳简员接办边事折

光绪九年正月二十八日(1883年3月7日)

钦差大臣督办新疆军务通政使司通政使二等男臣刘锦棠跪奏,为微臣病难速痊,吁恳天恩,俯准开缺交卸差使回籍调治,并恳另简贤能大员接办边事,以免贻误,恭折沥陈,仰祈圣鉴事。

窃臣于同治八、九年间随同臣叔父已故广东陆路提臣刘松山,围攻甘肃宁夏金积堡贼巢。时逆回决渠水灌营,臣与诸将士昼夜竭力堵御,往来泥淖之中、寝馈沮洳之场者数月,自此遂得两足疼痛之病。从前虽不时举发,然速则二三日,迟亦不过五六日,即就平复。比岁于役天山南北两路,转战冰天雪碛中,阴寒袭人,病势遂日甚一日。上年三、四月间,为风寒触发,日久不愈,奏奉谕旨,赏假一月,在营调理。后外感全袪,虽旧恙时止时发,尚可勉力支持,于五月中旬强起,照常视事,曾经附片陈明在案。

迨至冬初,感冒严寒,疾复大作,于光绪八年十一月二十一日,奏乞赏假,在营调理。兹于光绪九年正月初十日,准兵部火票递回原片,后开军机大臣奉旨:着赏假两月。钦此。跪聆之下,衔感莫名。臣自去冬以来,延访良医,多方调治。现在外感实已尽除,而宿疾渐觉增剧。前次所患腿膝酸痛、饮食减少、心悸神昏及目眩筋掣汗出诸证,迄未少愈,近更添出腹泄头晕等证。臣肢体素肥,迩来两足肤肉忽形消瘦,终日闭门偃卧,呻吟之声,不绝于口。遇有重要事件,不能不亲自裁决,忍痛起步,必须人扶掖,乃能举足。坐阅文牍稍久,辄晕倒于地。困惫情形,难以言状。

据医者云,积寒中于下焦,历年太久,根株太深,已成沉痼之疾。又曩服发表去湿等药过多,以致元阳大亏,诸证丛生。现舍温寒补虚,别无治法。惟身处极边奇冷之区,日饮积雪融成之水,药饵之温补不敌水土之寒凉,故服附子至三十余斤,卒无效验。是非速回南方,从容医治,难期痊可。如再久羁寒土,寒邪日盛,两足日益瘦削,恐遂成瘫痪等语。

伏念臣猥以凡庸,受恩深重,捐躯糜顶,未足云酬。苟系寻常痛痒之

---

①中国第一历史档案馆藏:《军机录副》,档案编号:03—5824—002。

疾，何敢自耽安逸，图释仔肩？无如福薄灾生，沉疴日剧，若复贪荣恋栈，势将贻误边疆。关外军务善后暨中外交涉各事宜，本属异常艰巨，现复奉旨，饬设南路郡县，事体最为繁重。不才如臣即使夙兴夜寐，奋勉从公，犹虞疏失。今委顿至于此极，事无大小，均难躬亲，虽欲不旷职偾事，何可得也！况臣本军旅粗材，惟战阵劳苦之役，尚可藉答涓埃。倘以屡躯仍留西域，驯致痿痹不仁，竟成废器。异时国家苟有缓急，不能复效驰驱，上负鸿恩，永无报称之日。此尤臣所大惧也。再四思维，惟有吁恳矜全俯准，开去通政使司通政使员缺，并交卸钦差大臣篆务，俾得回籍养疴。湖南地气和暖，于病体较为相宜。

臣年甫四十，但得南归调理，宿恙全瘳，即当倮装北上，泥首宫门，求赏差使，致身报国，为日方长。至新疆边务，实非勋伟文武兼资之选，不足以孚众望而策久安，并恳迅简重臣前来交代，庶西事可免疏虞，而臣得善保此身，以为将来图报地步。如蒙圣慈俞允，大局幸甚，微臣幸甚！

所有病难速痊恳恩俯准开缺，交卸差使，回籍调治并恳简员接办边事各缘由，谨缮折具奏，不胜迫切待命之至。伏乞皇太后、皇上圣鉴训示施行。谨奏。光绪九年正月二十八日。

军机大臣奉旨：另有旨。钦此。①

光绪九年三月初三日，军机大臣奉旨：另有旨。钦此。②

【案】此折于是年三月初三日得允行：

军机大臣字寄：钦差大臣督办新疆军务通政使司通政使刘：光绪九年三月初三日，奉上谕：刘锦棠奏病难速痊、恳请开缺一折。览奏，情词恳切，实深厪系。第念刘锦棠自督办新疆军务以来，经理一切事宜，诸臻妥协，威望允孚，深资倚任。现在伊犁交涉之事尚多枝节，俄境匪类时出滋扰，外患未靖，大兵势难遽撤，边疆紧要，正赖重臣镇慑，未便遽易生手。刘锦棠着再赏假三月，在营安心调理，毋庸开缺，并发去人参六两，以资调摄。该大臣受恩深重，务当体念时艰，勉图报称，以纾朝廷西顾之忧，有厚望焉。前经谕令各直省将军、督抚暨统兵大

---

①中国第一历史档案馆藏：《朱批原件》，档案编号：04—01—16—0213—037。又《奏稿》第511—518页。
②中国第一历史档案馆藏：《军机录副》，档案编号：03—5177—016。

臣等，访求才略过人足任将帅者，秉公保荐。际此需才孔亟，该大臣平时见闻所及，必有所知。即着切实保奏，以备任使。将此由五百里谕令知之。钦此。遵旨寄信前来。①

003. 遵照部议原保同知胡应奎等改奖片
光绪九年正月二十八日（1883年3月7日）

再，新疆南北两路一举荡平案内，经前陕甘督臣左宗棠汇保之同知衔分省补用知县胡应奎，请俟补缺后，以同知直隶州知州补用，并请给四品封典，光绪六年正月三十日，奉旨允准。旋经部议：外官著有劳绩，准照升衔奏请封典，胡应奎奏请四品封典，核与定章不符，应令该督按照该员本职本衔，另行奏请等因。自应遵照定章办理。

又同案汇保之从九品职衔胡以恒，光绪六年正月三十日奉上谕：从九品职衔胡以恒着以从九品留陕，归候补班补用。钦此。当经钦遵行知在案。兹据办理西征粮台署陕西布政使叶伯英详称：从九品胡以恒系由文童投效楚军，前案所开从九职衔，委属缮写错误。详请附奏更正前来。

臣复核无异。合无仰恳天恩俯准，将前案准保之同知衔分省补用知县补缺后以同知直隶州知州补用胡应奎原请四品封典，改为赏给五品封典，以符定制；留陕补用从九品胡以恒原保误写之从九职衔改为文童，饬部更正注册，以昭核实，出自逾格鸿慈。除咨部外，谨附片具陈，伏乞圣鉴训示施行。谨奏。

光绪九年三月初二日，军机大臣奉旨：吏部知道。钦此。②

004. 原保谢万盛人名误缮请旨更正片
光绪九年正月二十八日（1883年3月7日）

再，荡平金积堡宁灵肃清案内经前任陕甘总督臣左宗棠列保之花翎尽先都司谢万顺，请以游击尽先补用，同治十年十月初三日，奉旨允准、钦遵

---

①中国第一历史档案馆编：《光绪朝上谕档》，第九册，第84页。又《德宗景皇帝实录（三）》，卷一百六十一，光绪九年三月，第255页。
②中国第一历史档案馆藏：《军机录副》，档案编号：03—5177—011。

行知在案。兹据陕西提臣雷正绾咨称：该员原名万盛，前案"盛"字讹作"顺"字，当系开送衔名时笔误所致，咨请附奏更正前来。

臣复核无异。合无仰恳天恩俯准，将荡平金积堡宁灵肃清案内所保之尽先补用游击谢万顺改为谢万盛，饬部更正注册，俾免歧误，出自鸿慈。除咨部外，谨附片陈明，伏乞圣鉴。谨奏。

光绪九年三月初二日，军机大臣奉旨：兵部知道。钦此。①

005. 请止安集延人领俄票赴新疆贸易等事折

光绪九年二月初十日（1883年3月18日）

钦差大臣督办新疆军务通政使司通政使二等男臣刘锦棠跪②奏，为安集延商人持领俄官路票，赴新疆各城贸易，恐开衅端，并附俄之汉缠各回及哈萨克人众越界滋事，亟应论办阻止，以杜后患而重邦交，恭折仰祈圣鉴事。

窃臣准帮办军务广东陆路提督臣张曜咨开：安集延部落与喀什噶尔境地相连，风气最为狡悍，从前扰乱南疆，大为民害。南八城扫荡后，流寓之安集延悉数驱逐出境，本不准其再来。惟该夷现归俄属，许俄通商，该夷即在其内，如查非向时驱逐之人，应准放卡，与商民一律看待。其安集延货物，天山之南只准在喀什噶尔一处销售，不得分赴各城，漫无禁止等因，比经分别咨行照办。

嗣准张曜咨称：据安集延商人禀称：俄国驻喀领事官发俄票十二张，凡安集延商人无论何城，都能去得，具禀请示等因。上年秋间，迭接喀喇沙尔游牧之土尔扈特南部福晋文报：伊犁西北哈萨克部落越境，抢掠牲畜，并将牧夫缚去。比经追捕，则翻珠勒都斯逸逃。该福晋由伊犁招回逃亡三百余丁，行至控吉斯河脑，被哈萨克抢去群马一百八十五匹。报由善后局转禀到营，经臣行文咨查究办。旋准伊犁将军臣金顺复称：俄属之哈萨克及汉缠各回时出抢劫，驻卡官兵，种种受害，咨会俄官严禁，置若罔闻。拿获到案，俄官必索回不办等语。先后咨会到臣行营。准此，臣维交邻之道，莫如

---

①中国第一历史档案馆藏：《军机录副》，档案编号：03—5824—003。
②此前衔系推补。

通德类情；驭边之谋，尤贵防微杜渐。非熟审交涉利害情形，预为申约，一旦因事龃龉，重烦口舌，小者尚可迁就了结，大者甚至支节环生，牵掣大局。履霜之渐，驯至坚冰，不可以不慎也。

中俄改定新约第十二条内载，准俄国人民在伊犁、塔尔巴哈台、喀什噶尔、乌鲁木齐暨关外之天山南北两路各城贸易，标出"俄国人民"四字，本非他部落所可影射。安集延虽归俄属，究非真正俄人。如果该夷素号驯良，与中国边民夙无嫌怨，则听赴各城贸易，与俄国人民一视同仁，有何不可？无如安集延羊狠狼贪，累世稔恶。

道光五年之张格尔、十一年之玉素普、同治三年之布籽罕牙和普，扰乱新疆，频烦申讨。此次帕夏阿古柏乘中国关陇有事，不暇及远，遂盗踞南疆各城。犯顺以来，杀人不以梃刃，有所仇恶，辄饵以毒药，登时毙命。缠回幼女自八岁以上，悉被奸淫，死者十常七八。又诛求无厌，终岁取盈。其最惨者，缠回亡一家长，安夷酋长恫喝之曰：尔家财产系尔家长所积，家长既亡，应将财产悉数充公。有不缴者，则非刑吊拷。一旦夕间，而缠回人亡家破，流离失所矣。似此残忍暴虐，迥出情理之外。缠回人众，莫不痛心疾首，饮憾至今。

光绪三年，臣率师规复南疆，查明安集延人流寓各城者，尚二千有余。查其树怨，于缠回甚深，必至耦俱相猜，终起边衅。迭经咨商前陕甘督臣左宗棠，札饬各营局稽查明确，设法放归安置，免贻养痈之患。乃四年冬间，即有安集延逆目阿里达什潜入布鲁特纠众犯边之举。

五年春，安集延又与布鲁特合谋入寇。漏逸逆酋阿布都勒哈玛与爱克木汗条勒两次纠众，大举犯边。臣迭次亲督各营出卡兜剿，痛加斩馘，逆焰始熄。搜出贼目金山身藏俄官路票两纸，咨称总理各国事务衙门，存案备查。并先后讯据贼供：逆目阿里达什初出犯边，系由俄官处告假潜出。其阿布都勒哈玛与爱克木汗条勒由俄纠众内犯时，俄官姜达郎属以此行务取喀什噶尔城池，否则不准再入俄境。故该贼酋在乌鲁克恰提卡外声言，奉俄国号令攻取喀英各城。以上情节，均经左宗棠专案奏报。其贼中搜获俄票，数见不鲜，尚有未及陈奏者。综观往事，安集延狡狯凶顽，甘为俄国鹰犬。缠回遭其荼毒，几于不共戴天。近年，张曜驻军喀什噶尔，各城头目纷纷具禀，请严禁安集延人往来回疆，免滋扰害等情。言之痛切。《易·大传》曰：凡物之情近而不相得则凶。际此互市初开，若安夷与俄商漫无分别，彼将恃俄为护符，遇事猖獗生风，势所必至。缠回积怨生忿，两不相下，寻衅报衅，将由此起。中国官吏约束，固虑其难周。即俄国领事徇庇，恐亦有所不及也。

臣又查关内外积年逆匪，窜入俄境者甚多，俄人坚不交还。北路自绥来县以西，时有游匪，肆行抢掠。一遇巡防严密之处，则伪为商民，贩货贸易，称系已归俄籍之人，莫可究诘。金顺来咨，有叵测情形难以枚举之语。难保无白彦虎余党，乘间拦入，以作不靖。今安集延之可虑如此，而若辈之滋事又如此。若准其持执俄票运货赴各城贸易，姑无论烬余逋寇，死灰尚虑其复然。万一各城缠回追念夙憾，出其不意，攘其货而戕其躯，甚至斗殴拒杀，缘引无穷。曲在彼则故为延宕，曲在我则徒贻口实。彼时办理棘手，更不待言。故中国于安集延，欲求始终弭衅，自以不准通商为上策。然彼既附俄，俄终得以有词。再四思维，惟有指定销货地方，俾有所限制，而不至于蔓延，则两得之道也。

臣谨按，欧洲各种公法，有通商不可强逼之条，就中俄盟好而论，陆路通商不便，原许酌商办理，有咸丰十年之续约第十四条，在即新约改定通商章程，亦并无安集延民人字样。现在新疆税厘既免，一切包庇营私之术，无所用之。遇有真正俄商出入往来，尚当随时保护，以敦和好。即布噶尔、爱乌罕、克什米耳、巴达克山各部落，在我有羁縻弗绝之谊，亦应广示怀柔。独安集延为南疆百姓所深憾，通商实多不便，而积年窜俄逆匪及附俄之哈萨克人众，假称俄商，越界生事。俄国既不申禁，而发觉又不肯惩办，踵事效尤，后患伊于胡底！边疆辽阔，防不胜防，小有疏虞，动摇全局。

臣鳃鳃过虑，实不能已于言。相应请旨饬下总理各国事务衙门，照会驻京俄使，熟权利害，转行俄国驻扎新疆各领事官遵照，此后安集延商人货物，南路准在喀什噶尔一处销售，北路准在伊犁一处销售，毋须发给路票分赴各城，以保商务而消隐患。彼如谓安集延即系俄人，应准援例贸易，要必与俄使约法，凡安集延前此从逆之众，如被缠回仇杀，不得向中国官吏求为申理。其附俄之哈萨克与伊犁新归俄籍之人，亦只准在伊、喀两城贸易，以便中俄官吏会同稽察，俄国领事尤当随时严加管束，毋任滋事。至中国窜俄之汉缠各回，均系百战死党，瞽不畏法，应行文俄国，与白逆一同禁锢，不得纵令为害，致伤和谊。言前定则不跲，或亦筹边之一道也。

臣为杜后患而重邦交起见，是否有当？谨会同帮办军务伊犁将军臣金顺、帮办军务广东陆路提臣张曜，专折具奏，伏乞皇太后、皇上圣鉴训示施行。谨奏。光绪九年二月初十日。

光绪九年三月初二日①,军机大臣奉旨:该衙门知道。钦此。②

006. 奏报借拨土尔扈特福晋银两片

光绪九年二月初十日(1883年3月18日)

再,土尔扈特南部落人民自遭兵燹,丧亡大半。光绪四、五两年,由伊犁西湖仍归喀喇沙尔珠尔都斯地方游牧,仰荷天恩赏给银四万两,经臣奏销在案。

数年以来,该部落共戴皇仁,以生以殖,间有缺乏,均经臣随时查明,酌量补助,渐就还定。惟流亡甫集,如大病之躯,刻难复元。去年秋间,由伊犁续归难民三百三十三丁口,行至控吉斯河脑,被俄属哈萨克抢去驮马一百八十五匹,经臣行查无着。冬间,又遭牛疫,倒毙过多。其汗旧有府第,兵燹之后,尚未修复。大小水渠,年久失修,需费甚巨。迭据该福晋恩克巴图呈恳奏请赈恤,并请筹借银二万两,分作五年归还各等情,由喀喇沙尔善后局委员黄丙焜转禀前来。

臣逐细查核,委属实在情形。惟臣军饷项支绌异常,一时腾挪费手,且分年归还,期限迂缓,殊碍报销。臣谨仰体圣慈,权为筹拨银一万两,分批解交该福晋祗领,作为渠工、宅第经费,令其撙节支销。其新归待赈丁口,自去年十月中旬起至本年见新止,饬由该局员照章给赈,开报所需牛种,并饬通融接济,俾资耕作,毋令坐失农时。所有借拨前项银一万两,可否仰恳天恩俯准,由臣援照前案,取具该福晋印领,咨送理藩院核销,续发牛种、赈粮,并准由臣作正开销之处,出自逾格鸿慈。谨附片具陈,是否有当?伏乞圣鉴训示施行。谨奏。

光绪九年三月初二日③,军机大臣奉旨:着照所请,该衙门知道。钦此。④

---

①此奉旨日期,据《外交档案》及《军机处随手登记档》(档案编号:03—0238—1—1209—057)校补。
②《奏稿》第521—531页。又台北"中央研究院"近代史所档案馆藏:《外交档案》,馆藏号:01—20—006—02—004。
③此奉旨日期,据《军机处随手登记档》(档案编号:03—0238—1—1209—057)校补。
④《奏稿》第533—535页。

007. 请将遣犯释回缘由片

光绪九年二月初十日（1883年3月18日）

再，据遣犯苏阿样呈称：遣犯现年七十五岁，广东湖州府海阳县人。道光十五年三月十六日，因行劫谢加修财物一案拟遣。十九年六月，充发新疆济木萨，在配守法。同治三年，新疆回乱，各城失守。曾随民团拒贼不支，乘间逃命肃州。后投入官军开花炮队提督邓增[1]营内，充当火勇，随同打仗数年之久，冀可自赎前罪，且家有老母，年届百岁，呈请开释回籍等情。据此，臣维该遣犯苏阿样犯事案册及到配年月，臣营无案可稽，比经行查乌鲁木齐都统、提督及济木萨参将、县丞，各衙门兵燹之后，均无档案。发局讯供，核与该犯呈词大略相同。

查例载：遣军流犯，如有因变逸出自行投归者，俱照原犯罪名各减一等发落。又历次不准援减之犯在配，因贼劫狱戕官，该犯等不甘从贼，乘间逸出，各自行投首，尚知畏法，量予末减，历经遵办在案。新疆自逆回肇乱，各城沦陷。比时在配遣犯乘间逃逸者，不下千百名，事后悉邀宽典，免予穷治究追。高厚恩施，覆冒无际。

兹该遣犯苏阿样在配四十余年，且知大义，不甘从贼，投效官军，随同打仗出力，经臣查明属实。现在年逾七十，精力衰朽，言及家有百岁老母，不知存亡，极为哀痛。较之因变逸出自行投首，情节尤为可矜。可否将该遣犯苏阿样释回交保管束之处，出自皇恩。是否有当？谨会同乌鲁木齐都统臣恭镗、提臣金运昌，合词附片陈明，伏乞圣鉴训示施行。谨奏。

光绪九年三月初二日，军机大臣奉旨：着照所请，该部知道。钦此。[1]

【案】此片具奏日期，录副署"正月二十八日"，与刻本相差十二

---

[1] 邓增（1843—1905），字锦亭，广东新会人。咸丰十一年（1861），赏给六品军功，加五品顶戴。同治二年（1863），保把总，并戴蓝翎。三年（1864），赏换花翎。五年（1866），保都司留福建尽先补用，加游击衔。同年，再保游击，晋参将衔。九年（1870），保参将。十年（1871），升副将。十一年（1872），保加总兵衔，换伊博德恩巴图鲁勇号。十二年（1873），保总兵。光绪二年（1876），保提督记名简放，并赏穿黄马褂。六年（1880），晋头品顶戴。十一年（1885），署伊犁镇总兵。同年，实授斯缺。十五年（1889），调补甘肃西宁镇总兵。二十二年（1896），擢陕西固原提督。

[1] 中国第一历史档案馆藏：《军机录副》，档案编号：03—7348—021。又《奏稿》第537—539页。

日。查《军机处随手登记档》,光绪九年三月初二日之批旨即有此片,并附"报四百里,二月初十日哈密发"字样。据此,《奏稿》具奏日期当无误。

008. 复陈裁勇补兵暨未裁之营仍旧支给行饷折
光绪九年三月十六日(1883年4月22日)

钦差大臣督办新疆军务通政使司通政使二等男臣刘锦棠、头品顶戴陕甘总督臣谭钟麟跪奏,为复陈关外现就已裁愿留之勇,并募镇迪各属汉民,按照土勇口粮编成旗哨,权抵制兵之额,遵照部议作为练军;其未裁之营,仍请照旧支给行饷,以重防务,合词恭折,仰祈圣鉴事。

窃臣锦棠于上年三月间具陈裁减营勇折内,声明新疆各军久役于外,强悍性成,一旦遣撤,恐其逗留滋事,请就现裁营勇中选其精壮耐劳、不愿回籍者,编成额兵。乌鲁木齐提标兵额应由金运昌就所裁卓胜军认真挑选,俾复步兵旧额之半,并改行饷为坐粮,以省馈运。奉旨饬令会商臣钟麟等悉心妥筹,奏明办理等因。钦此。在臣锦棠之初意,实见关外制兵久缺,嗣后防营逐渐裁散,深虞戍守无兵,而各遣勇如或愿留,乘此拣挑入伍,即可撙节饷需,复藉归还兵制,其于新疆全局不无裨补。臣钟麟自奉会商之旨,即函商臣锦棠改勇为兵,仍当束以防营之制,令其团扎一处,以便训练征调。

适臣锦棠近准兵部咨会:请旨饬裁各省防勇,择精壮者,挑补兵额,仿照直隶章程作为练军,与臣钟麟改勇为兵、团扎训练之意吻合。金运昌前以关内现行制兵额饷太薄,召募维艰,请照土勇口粮章程办理。缘土勇之饷章虽较优于制兵之额饷,而稍省于勇营之坐粮,遂由臣锦棠咨商金运昌,于裁撤卓胜军马步各营后,就地召募镇迪各属汉民与遣勇之不愿回籍者,编成旗哨,权抵标兵,责成提属各将弁管带。臣锦棠查乌鲁木齐提标步兵原额四千三百九十五名,而金运昌已报成军之土勇六旗,改并土勇一旗,共计二千五百九十余名,已符步兵半额之数,令其团扎训练,尤较标营得力。其已遣之勇不愿回籍者,虽属无多,亦即归伍就范,免致逗留。臣锦棠前就裁撤湘楚各营内之不愿回籍者,曾照坐粮章程编成马队一旗、步队两旗,将来亦可改作额兵。是提标之旧额,尚可徐图规复。

惟新疆幅员辽阔,臣锦棠谨案,乾隆年间勘定全疆,移满洲、蒙古、东三省索伦、锡伯等兵暨陕甘两省绿营兵,或携眷移驻,或按期换防,其见诸载籍者数逾四万。综计关外现存防营,数仅相抵。而应防之边界,较昔尤须严密。满蒙等兵,在今日未便轻议西来。陕甘之兵,杨昌濬曾请毋庸拨换,欲为另立营制,则必就募土著方可节饷。

而全疆之汉民向隶北路,久经兵燹,生齿未繁,就使营制议更,骤苦无人可募。凡扼守之地段,均赖营勇弹压,微论现值饷项支绌,猝无巨款可以裁遣多营。纵或勉筹酌遣,亦止就愿留者,复为改作土勇,减章支放。其未裁者,苦征绝塞,相距原籍远或万余里,近亦数千里,各有室家,不独事畜取给于此,即盘川之所费亦复不赀,行饷虽较从丰而计,每勇一名,月饷仅四两余。塞外百物腾昂,一身衣食而外,所余无几,已觉异常苦累,不免久役思归。非若关内各直省之应募往返川资既省,食用之价亦廉。虽照坐粮给发,尚比关外行饷为优。

臣锦棠原请就已遣之勇不愿回籍者,编成额兵,并由金运昌于前裁卓胜军各营内认真挑选,渐复步兵之数,改行饷为坐粮,业经次第举办。特只能就遣勇之不愿回籍与籍隶关外者为之编伍减饷。其裁而不愿留及现尚未裁者,情形既殊内地,断难强留,勒改坐粮,盖以巡守未可稍松,戍兵不能速复,必藉防营分驻,则其从征过远,仅恃饷章,少裕始足鼓励军心。

臣锦棠权辖边疆,极思节省冗费。无如迫于此时、限于此地,防营之设,既未能同内地骤议多裁行饷之章,又未能与内地一律核减,计已久在圣明洞鉴之中。但使此后饷源稍旺,先尽积欠较多之营裁遣,如有不愿回籍者,即照坐粮挑编旗哨,用备将来另立营制之选。

至未裁之营,应恳天恩仍旧支给行饷,以重防务,庶于新疆时局有益,而于部臣裁勇补兵之议,日后亦适相符。

除裁募人数随时由臣锦棠奏报分咨外,谨会同乌鲁木齐提督臣金运昌,恭折具陈,伏乞皇太后、皇上圣鉴训示施行。再,此折系臣锦棠主稿,合并陈明。谨奏。光绪九年三月十六日。

军机大臣奉旨:着照所请,该部知道。钦此。①

---

① 中国第一历史档案馆藏:《朱批原件》,档案编号:04—01—01—0950—004。又《奏稿》第543—549页。

光绪九年四月初七日,军机大臣奉旨:着照所请,该部知道。钦此。①

009. 奏报前垫饷银仍应由晋补解等情折
光绪九年三月十六日(1883年4月22日)

钦差大臣督办新疆军务通政使司通政使二等男臣刘锦棠跪奏,为复陈前垫卓胜军饷银仍应由晋按月补解,并拟遵照部议,续裁该军现存马步五营,亟须由晋先行凑解大批银两,以资散给,恭折仰祈圣鉴事。

窃臣接准户部咨会:遵旨议奏山西巡抚张之洞复奏,晋省财赋支绌,万无余力顾及该军,请旨饬下刘锦棠,将卓胜军月饷银一万六千两仍由西征饷内按月拨给,俾免贻误,并令斟酌缓急情形,如关外现在或无需此军,可否即将现存马步五营随时裁撤,以节縻费。奉旨:依议。钦此。等因。并准山西抚臣张之洞抄录折稿②咨送前来。

臣奉准之下,极思撙节腾拨,聊宽晋力。无如再四思维,臣营实难悬垫,必须由晋筹解,方足以资挹注而济眉急。盖臣自接绾钦符,刻以裁军节饷引为当务之先,一祈纾朝廷经画之劳,一免各省关悉索之苦,业经先后裁减多营,只以积欠过巨,凑发维艰。上年裁撤卓胜军马步六营,应发欠饷三十四万余两,系由西征饷内勉挪酌发。当时原以该军本系晋省协半之饷,现值该省民困渐苏,请旨由晋省每月按解该军存营月饷银一万六千两,并每月补解旧垫银二万两。仰荷圣慈,饬令照解。兹抚臣请饬由臣照旧拨济,抑或饬部改拨,部臣以各省关均有应协要款,亦难别议改拨各等语,皆以该军现既裁撤大半,所须月饷较少,臣营或可免支,初非有所推诿厚薄于其间也。然于刻下西征饷绌情形,则犹有未尽悉者。

查关外各营弁勇,积存薪粮银两多至数百,少亦百余、八九十两不等,久役辛勤,待此以为川资养命之源。一经点名截算月饷,即须如数找发欠项。而发一营之欠,足敷数营月饷之资。虽统筹原属节省,而并发转似骤增。各省协饷多未解足,除划还洋款大宗外,又与关内分成提用。而善后

---

① 中国第一历史档案馆藏:《军机录副》,档案编号:03—6089—004。
② 详见光绪八年十一月初三日山西巡抚张之洞具奏卓胜军饷银,晋省力难筹解,请旨敕下刘锦棠照旧解济,抑或饬部改拨缘由(中国第一历史档案馆藏:《军机录副》,档案编号:03—6087—033)。

经费、各军月饷，均须按月有着，是以每裁一营，预为多方牵算，或度可集已裁之月饷，匀发下存之营，或赖别有指拨之的银，弥补现挪之数。欲为清源节流之远计，致蹈剜肉医疮之拙谋。似此苦窘罗掘，不独抚臣未能深悉，即部臣亦或未及周知也。

前裁卓胜各营一举而需银三十余万，臣始以为山西欠解光绪三年二月起截至八年六月底止，以每月一万八千两计之，欠至一百二十万余两。彼时该省请缓，部议仍令来年上忙钱粮征收有款，即当赶紧陆续补解，毋再久悬。比闻三晋岁丰，张之洞履任后，凡于理财用人力加整顿，其见诸邸抄者，已深服其精核无遗。而每自东来者，佥言山西得贤大吏，救敝起衰，元气可以顿复。既庆灾后小民之得所，兼幸臣营垫款之不虚。又以该省曾遘奇祲，巨款猝难筹措，仅拟每月补解欠饷银二万两，现存马步五营月饷银一万六千两，计旧欠则分作五年摊补，月饷则每月减去二千，于奉旨后，满拟必系可靠，而张之洞力陈晋中之艰难，深虑臣处之窘迫，故有饬部改拨之请。部臣稔知各处协饷欠解尚多，与其另行改拨，徒付空谈，不若令臣通融，较省烦牍①。复恐此后月饷难继，议裁该军现存之马步五营，筹画本极周妥。

特臣边寄忝膺，辖疆辽阔，出款有常而不能稍缓，入款有限而未可克期。左宗棠前因晋饥，暂请缓解，其时饷裕于今，挪济尚易，且为不久遂可补归，而臣前裁该军各营，直恃晋省休养有年，索欠必能立偿，始敢为之清欠，以减月饷之需。若此军之垫饷竟虚，悬而无着，则是竭蹶立形。诸凡难于措手，万不获已，拟请嗣后由晋每月补解前欠卓胜军半饷银一万两。其现存马步五营，论边庭之紧要，本宜留以戍防，论馈饷之递加，自宜及时清理。如不趁此裁撤，势须按月解济。旧欠依然，新饷不减，应即遵照部议裁撤清算。

惟综计须得现银二十七八万两，乃能令其算遣，拟请从八年七月起至本年六月底止，计十二个月，应由晋省每月协解之一万六千两，合计十九万二千两，先由该省赶紧措解西来，以便扣放。下余不敷之项，再由臣营设法挪找，从此月饷可停，每月仅筹欠饷一万，是于减解积欠之中，藉收裁营节饷之效。在晋省稍予腾挪，庶将来不至续累，而臣营得此周转，于全局实大

---

① "烦牍"，《奏稿》作"烦渎"。

有裨。张之洞向来留心西事，必能畛域不分。合无仰恳天恩饬令山西照臣此次所定减解数目，无论如何为难，提前筹解，以顾目前，则边陲幸甚。除分咨外，理合恭折具奏，伏乞皇太后、皇上圣鉴训示施行。谨奏。光绪九年三月十六日。

军机大臣奉旨：另有旨。钦此。①

光绪九年四月初七日，军机大臣奉旨：另有旨。钦此。②

【案】此案于光绪九年四月初七日得允行：

军机大臣字寄：山西巡抚张：光绪九年三月初七日奉上谕：刘锦棠奏前垫卓胜军饷银请仍由晋省补解，并拟续裁该军各营亟需大批银两一折。据称卓胜军饷银，山西欠解甚多，前请由晋省每月补解旧垫银二万两，并月协该军饷银一万六千两。旋经户部奏明，令将此项月饷仍由西征饷内拨给，并将该军各营酌量裁撤。现因协饷难继，拟照部议将卓胜军马步五营裁撤，以节饷需。晋省自八年七月起至本年六月止，按月应解银一万六千两，共银十九万二千两，请饬先行赶紧措解，以便资遣，并请嗣后每月由晋补解前欠卓胜军半饷银一万两等语。卓胜军裁撤马步五营，需饷甚殷，即着张之洞竭力筹措，提前拨解，以应要需。将此由四百里谕令知之。钦此。遵旨寄信前来。③

010. 奏报湘楚等军病故文武员弁请恤折
光绪九年三月十六日（1883年4月22日）

钦差大臣督办新疆军务通政使司通政使二等男臣刘锦棠跪奏，为续查湘楚嵩武、卓胜各军营立功后积劳病故文武员弁，请旨饬部议恤，谨缮清单，恭折仰祈圣鉴事。

窃臣于光绪七年七月二十七日由行营具奏，请将新疆军营立功后积劳病故员弁胡焜等从优议恤一折，奉旨：胡焜等着照所请，交部议恤，单并发。

---

① 中国第一历史档案馆藏：《朱批原件》，档案编号：04—01—01—0950—001。又《奏稿》第551—558页。
② 中国第一历史档案馆藏：《军机录副》，档案编号：03—6089—005。
③ 中国第一历史档案馆编：《光绪朝上谕档》，第九册，第113页。又《德宗景皇帝实录（三）》，卷一百六十二，光绪九年四月，第272—273页。

钦此。仰见皇仁广被，槁壤幽泉，靡不沾洽。兹复据湘楚嵩武、卓胜各军陆续查报积劳病故文武员弁蓝翎留陕即补同知直隶州知州萧传薪等四十四员名，呈恳奏请恤典前来。

臣查该故员等半生励志，万里随征，或伤残而没于事后，或成役而卒于穷边，或转饷长途冒苦暑严寒而疾不起，或参谋戎幕历冰天雪碛而陨厥生。凡此奋不顾身，罔非情殷报国。兹际皇威遐畅，全疆敉平，自应一律吁恳恩施矜恤，庶足以彰荩绩而慰幽魂。所有蓝翎留陕即补同知直隶州知州萧传薪等四十四员弁，均系立功后积劳病故，谨将该各故员衔名、籍贯，另缮清单，恭呈御览。

合无仰恳天恩俯准，饬部一并照军营立功后积劳病故例议恤，内已革四品衔陕西补用知县田奎一员，前随卓胜军防晋时，因赴皖省领饷有失察家丁骚扰驿站情事，被参革职，后随队出关，效力前敌，积劳病故。该故员田奎拟恳恩施逾格，开复原官原衔，饬部一律议恤。此外如尚有遗漏未报员弁，容俟各军陆续查报到臣，另案办理。

除咨部外，理合恭折具奏，伏乞皇太后、皇上圣鉴训示施行。谨奏。光绪九年三月十六日。

军机大臣奉旨：着照所请，该部知道，单并发。钦此。①

光绪九年三月初七日，军机大臣奉旨：着照所请，该部知道，单并发。钦此。②

011. 呈湘楚等军病故文武员弁请恤清单

光绪九年三月十六日（1883年4月22日）

谨将湘楚嵩武、卓胜各军营立功后积劳病故文武员弁衔名、籍贯，缮具清单，恭呈御览。

蓝翎留陕即补同知直隶州知州萧传薪，湖南善化县人。

同知衔布理问龚兆克，湖南湘乡县人。

花翎同知衔留甘补用知县李作霖，湖南长沙县人。

---

①中国第一历史档案馆藏：《朱批原件》，档案编号：04—01—16—0213—076。又《奏稿》559—562页。
②中国第一历史档案馆藏：《军机录副》，档案编号：03—5824—052。

花翎同知衔分省补用知县曾广壝,湖南衡阳县人。
同知衔甘肃补用知县崔相清,湖南常宁县人。
同知衔甘肃候补知县柳增佳,安徽凤阳县人。
已革四品衔分发陕西补用知县田奎,安徽怀远县人。
蓝翎留甘补用州判谭楚蒲,湖南衡阳县人。
州判梁鼎锐,湖南安化县人。
五品衔分省补用县丞唐赓尧,安徽滁州人。
知县用补用县丞魏光黼,湖南邵阳县人。
候选县丞魏兆麟,湖南邵阳县人。
五品衔候选训导孙家需,安徽寿州人。
留甘补用主簿胡谦光,湖南长沙县人。
主簿蒋孝颐,湖南湘阴县人。
蓝翎留甘补用从九余兆兰,湖南平江县人。
从九吴天锡,湖南安仁县人。
候选从九李鼎,湖南善化县人。
候选从九赵常铭,山西代州崞县人。
甘肃试用典史朱映南,山西沔县人。
附生顾登俊,浙江仁和县人。
头品顶戴记名提督札普东阿巴图鲁头等军功加三级段伯溪,湖南安化县人。
提督衔留川补用总兵邹三元,湖南湘乡县人。
花翎升用提督补用总兵聂荣华,湖南湘阴县人。
花翎留甘补用副将宋南山,湖南善化县人。
花翎尽先补用副将甘富星,湖南湘阴县人。
花翎尽先补用副将聂克俊,湖南湘阴县人。
花翎补用副将翁经魁,江苏六合县人。
蓝翎补用副将欧阳藩,湖南邵阳县人。
花翎留甘尽先补用副将张光春,湖南长沙县人。
尽先补用副将冯心玉,安徽凤阳府宿州人。
总兵衔尽先参将纪勇巴图鲁张旺,江苏徐州府邳州人。
尽先参将诒勇巴图鲁何全忠,安徽涡阳县人。

花翎尽先补用参将杨荣华,湖南衡山县人。

尽先游击李占元,安徽凤阳府寿州人。

花翎尽先补用都司范朝海,江苏武进县人。

补用都司王世钟,湖南湘潭县人。

补用守备方登庸,安徽凤阳府寿州人。

补用守备吕东升,湖南邵阳县人。

蓝翎尽先拔补千总余秋农,湖南长沙县人。

守备衔安徽寿春镇标尽先千总夏鸿升,安徽寿州人。

蓝翎把总喻上谷,湖南宁乡县人。

军机大臣奉旨:览。钦此。①

012. 奏报刊送新疆南路分界大臣关防片

光绪九年三月十六日(1883年4月22日)

再,臣准署理哈密办事大臣长顺②咨称:光绪八年四月,遵旨勘分伊犁中段界务③,曾经伊犁将军臣金顺刊就木质关防,咨送启用奏咨在案。④ 现复奉命,添派会办南路界务,拟即遵旨,赶于三月内由哈密起程,前赴乌什

---

①中国第一历史档案馆藏:《军机录副》,档案编号:03—5824—053。
②长顺(1839—1904),字鹤亭、鹤汀,满洲正白旗人,郭博勒氏,恩特赫恩巴图鲁勇号。咸丰九年(1859),选蓝翎侍卫。十一年(1861),升二等侍卫。同治元年(1862),晋头等侍卫,加副都统衔。八年(1869),选镶黄旗汉军副都统。十年(1871),授科布多参赞大臣。十一年(1872),署乌里雅苏台将军。十三年(1874),充总理营务翼长。同年,以参案革职。光绪四年(1878),署巴里坤领队大臣。六年(1880),调补哈密帮办大臣。八年(1882),授伊犁段分界大臣,与俄国代表翡里德签订《伊犁界约》。九年(1883),勘分新疆中段界务。是年,擢乌鲁木齐都统。十年(1884),补正白旗汉军都统。十一年(1885),授乾清门侍卫。十四年(1888),调补吉林将军。十六年(1890),兼署吉林副都统。光绪二十二年(1896),以病去职。三十年(1904),补授吉林将军。卒赠太子少保、一等轻车都尉,谥忠靖。
③详见光绪八年十一月十四日署哈密办事大臣分界大臣长顺等奏报会同俄官,遵照图约,勘分伊境中段边界,逐次建立牌博,一律完竣情形(台北"中央研究院"近代史所档案馆藏:《外交档案·中俄伊犁约》,第1—4页,馆藏号:01—21—064—03—003;《德宗景皇帝实录(三)》,卷一百五十五,光绪八年十一月下,第186页)。
④此关防之刊刻日期,无从查照,而其销毁之日期,则有伊犁将军金顺于光绪九年五月二十二日之奏:"再,奴才于光绪九年五月初五日准会勘新疆南路界务署哈密帮办大臣长顺咨称:前将伊犁中段界务勘分完竣,所有前刊分界大臣木质关防即应销毁等因前来。奴才当将前刊伊塔分界大臣木质关防一颗,即行销毁讫,理合附片陈明,伏乞圣鉴。谨奏。光绪九年七月初三日,军机大臣奉旨:知道了。钦此。"(中国第一历史档案馆藏:《军机录副》,档案编号:03—5181—001)。

一带,与沙克都林札布、张曜等会同勘办南界。请援照旧章,由臣就近刊送关防等因前来。

臣复查该大臣会勘南路边界,遇有换约行文事件,均须钤用印信,以昭信守。业由臣刊就满汉文字木质关防一颗,文曰:新疆南路分界大臣关防。除咨送该大臣长顺查照启用外,理合附片陈明,伏乞皇太后、皇上圣鉴训示。谨奏。

光绪九年四月初七日①,军机大臣奉旨:知道了。钦此。②

013. 奏为赏假三月并人参六两谢恩折
光绪九年四月初九日(1883年5月15日)

钦差大臣督办新疆军务通政使司通政使二等男臣刘锦棠奏,为恭谢天恩,仰祈圣鉴事。

窃臣承准军机大臣字寄:光绪九年三月初三日,奉上谕:刘锦棠着再赏假三月,在营安心调理,毋庸开缺,并发去人参六两,以资调摄等因。钦此。当即恭设香案,望阙叩头祇领谢恩讫。

伏念臣质同蒲柳,养愧参苓,属以边寄忝膺,未先奏起症之效;深恐病躯贻误,遂沥陈乞退之情。方五夜以难安,莫报涓埃于此日;冀余生之静摄,犹供驱策于将来。乃蒙天语渥褒,造命之微权独运;圣慈曲逮,驻年之珍药遥颁。此在耆旧勋勋,已属非常之宠遇;矧以浅资强齿,尤为异数之荣施。感悚私衷,沦肌浃髓。臣惟有恪遵谕旨,专意服调,如其仰荷殊恩,沉疴渐起,即当勉图效命,尽瘁何辞,断不敢稍耽安逸,自外生成,以期仰答高厚鸿慈于万一。所有微臣感激下忱,谨缮折叩谢天恩,伏乞皇太后、皇上圣鉴。谨奏。光绪九年四月初九日。

军机大臣奉旨:知道了,钦此。③

光绪九年五月十一日,军机大臣奉旨:知道了。钦此。④

---

①此奉旨日期,据《军机处随手登记档》(档案编号:03—2338—2—1209—092)校补。
②《奏稿》第563—564页。
③中国第一历史档案馆藏:《朱批原件》,档案编号:04—01—16—0213—079。又《奏稿》第91—93页。
④中国第一历史档案馆藏:《军机录副》,档案编号:03—5179—032。

014. 奏报大臣长顺会勘南界起程日期片
光绪九年四月初九日（1883年5月15日）

再，臣准署哈密办事大臣长顺咨开：遵旨会勘南界，并拟于三月中旬起程缘由，前经自行奏明在案。兹定于本年三月二十二日随带文武员弁，由哈密起程，赶赴乌什地方，会同沙克都林札布等，妥商协办，所有起程日期咨请代奏前来。臣复查无异，理合附片呈明，伏乞圣鉴训示。谨奏。

光绪九年五月初三日，军机大臣奉旨：知道了。钦此。①

015. 请旌杨溢中祖母陈氏五世同堂折
光绪九年四月初九日（1883年5月15日）

钦差大臣督办新疆军务通政使司通政使二等男臣刘锦棠跪奏，为寿妇年逾八袤，五世同堂，慈孝相承，足式闾里，谨援照成例，据情吁恳旌表，以彰世瑞而励家修，恭折仰祈圣鉴事。

窃臣据二品顶戴盐运使衔陕西题奏道王久铭、陕西补用道兼袭云骑尉周汉、三品衔升用道甘肃候补知府王镇埔、甘肃遇缺题奏知府蒋本艾、遇缺题奏知府甘肃固原直隶州知州罗镇嵩、前署甘肃镇西抚民直隶厅同知升用知府陈晋蕃、署哈密通判分省补用知县左兆凤等联衔呈称：寿妇杨陈氏，籍隶湖南湘乡县，系五品封典例贡生杨荣烛之母、分省补用知县杨溢中之祖母也。秉性淑良，事夫勤俭，甫及卅三之岁，寡鹄长嗟。藐然十二之孤，遗雏是抚。该氏孝事慈姑，责兼严父，心盟古井，手画寒灰，能使继业青箱，有声簧序。固已妇道同称，义方有训矣。追咸丰之间，东南未靖，杨陈氏慨令杨溢中从事戎行，勉图报称。其深明大义，克振家声，尤非寻常巾帼所能及者。职等居同梓里，夙稔兰猷，观其媲美郝钟，宜足高标楔绰。而况年逾中寿，仍寒素之如恒，庆洽一堂，顾曾元而益豫。洵属熙朝之人瑞，宜膺懋典于天章。杨陈氏生于嘉庆四年，届今光绪九年，八十五岁，有子一人、孙二人、曾孙六人、元孙四人，五代同堂，孝慈素著。职等所闻既确，所见最真，

---

①中国第一历史档案馆藏：《军机录副》，档案编号：03—5179—006。

杨溢中现在甘肃新疆军营效力,造具系图事实册结,由职等联衔呈请核奏等情前来。

臣查例载:寿民、寿妇年届百岁及未届百岁五世同堂,由各省具题及各部院据呈奏请旌表者,均准造具事实册结送部,由部核复汇题,历经遵办在案。兹该寿妇杨陈氏福自德基,祥由和召,甲周又半,符八十曰耋、九十曰耄之文;丁庆重添,萃子又生子、孙又生孙之盛。是皆圣世重熙累洽,蕴为休征;皇朝雅化作人,蒸成瑞应。凡此坤元之贞吉,实符泰运之光亨。道员王久铭等谊关桑梓,公请咨奏,臣未敢壅于上闻。

合无仰恳天恩俯顺舆情,将寿妇杨陈氏恩予旌表,出自逾格鸿施。除系图、事实册结咨部查照外,谨循例恭折具陈,是否有当? 伏乞皇太后、皇上圣鉴训示施行。谨奏。光绪九年四月初九日。

军机大臣奉旨:着准其旌表,礼部知道。钦此。①

光绪九年五月十一日,军机大臣奉旨:着准其旌表,礼部知道。钦此。②

016. 特参庸劣不职知县分别降革缘由折

光绪九年四月初十日(1883年5月16日)

钦差大臣督办新疆军务通政使司通政使二等男臣刘锦棠跪奏,为特参庸劣不职之前署知县,分别降革,以肃官方而示惩儆,恭折仰祈圣鉴事。

窃维州县为亲民之官,凡地方利病,民生休戚,罔非视牧令之贤否为转移。新疆残破之区镇迪一道辖境,历经散给牛种,招徕兴屯,蠲豁薄赋,与民休息。数年以来,流亡始渐复业,斗价以次平减,旋定安集。虽已略著成效,而元气究犹未复也。臣自奉命权辖全疆,用人、行政,责无旁贷,故于属吏之贤否,随时随事留心察看,仍虑耳目不及,闻见难周,特饬该管道州,认真举劾详办,庶贤能者益加劝励,而庸劣者不至淆厕,以期仰副皇上整饬官常之至意。

臣前访闻署奇台县知县朱开懋,浮征苛派,署绥来县知县欧阳振先,纵丁匿命。正查办间,据该管道州禀揭,并准乌鲁木齐都统臣恭镗咨会前因,

---

①中国第一历史档案馆藏:《朱批原件》,档案编号:04—01—30—0213—005。又《奏稿》第567—571页。
②中国第一历史档案馆藏:《军机录副》,档案编号:03—5538—067。

臣比将朱开懋、欧阳振先一并撤任查办去后，兹据委员升用同知分省补用知县郑锡澡、署迪化直隶州知州刘兆梅禀复前来。

臣查卸署奇台县知县朱开懋任内征收额粮，虽据查明尚无浮勒情事，惟未能恪遵仓斗，殊属不合。其因公借用商民器具，折价赔偿未及如数。雇用民车，发脚短于民价。并查有擅罚民户银六百两、买补社谷之事，虽其事均属因公罚款，亦未入己，究竟办理乖方，显干朝廷例禁。卸署绥来县知县欧阳振先纵容家丁，查明尚无实据，其未报命案，虽非有心讳匿，究因性情迂缓，禀报迟延，才具平庸，已可概见。似此庸劣不职，未便稍事姑容。相应请旨将留甘补用知州卸署奇台县知县朱开懋即行革职，补用知府卸署绥来县知县欧阳振先以通判降补，以示惩儆而肃官方，实于地方吏治大有裨益。

所有特参庸劣不职之前署知县分别降革各缘由，谨会同陕甘总督臣谭钟麟、乌鲁木齐都统臣恭镗，合词恭折具奏，伏乞皇太后、皇上圣鉴训示施行。谨奏。光绪九年四月初十日。

军机大臣奉旨：着照所请，吏部知道。钦此。①

光绪九年五月初三日，军机大臣奉旨：着照所请，吏部知道。钦此。②

017. 特参知府陈琛招摇钻营请旨革职片
光绪九年四月初十日（1883年5月16日）

再，臣营差遣委员山东题奏知府陈琛，曩时随征陇边，近在左右委办一切，尚无贻误。去年夏间，因公委赴伊犁，数月之后，渐闻该员在伊遇事招摇、钻营美差。随经撤回臣营察看，虽所闻各节访查尚无确据，而人言啧啧，究非无因，似此卑鄙无耻，实属有玷官箴。若不严行参办，何以砺廉隅而澄吏治？除由臣勒令该员迅速回籍、不准逗遛外，相应请旨将山东遇缺题奏知府陈琛即行革职，永不叙用，以肃官箴。所有访闻卑鄙劣员请旨革职、永不叙用缘由，是否有当？谨附片具奏，伏乞圣鉴训示施行。谨奏。

---

① 中国第一历史档案馆藏：《朱批原件》，档案编号：04—01—12—0530—005。又《奏稿》第573—576页。

② 中国第一历史档案馆藏：《军机录副》，档案编号：03—5179—004。

军机大臣奉旨：着照所请，吏部知道。钦此。①

光绪九年五月初三日，军机大臣奉旨：着照所请，吏部知道。钦此。②

【案】此片具奏日期，原件目录仅署"光绪朝"，录副目录署"光绪九年五月初三日"。查光绪九年五月初三日《军机处随手登记档》③，载有"报四百里，四月初十日哈密发"等字样。据此，此片具奏日期当为"光绪九年四月初十日"，兹据校正。

018.委令左兆凤等署理哈密通判等缺片
光绪九年四月初十日（1883年5月16日）

再，署哈密通判朱冕荣署事期满，所遗员缺查有分省补用知县左兆凤，年壮才长，堪以委署。昌吉县知县萧承恩告病，遗缺查有陕西补用同知杨敏，心地朴实，堪以委署。除由臣分别檄饬遵照外，谨会同陕甘督臣谭钟麟、乌鲁木齐都统臣恭镗，附片具奏，伏乞圣鉴。谨奏。

军机大臣奉旨：知道了。钦此。④

光绪九年五月初三日，军机大臣奉旨：知道了。钦此。⑤

【案】此片具奏日期，原件目录仅署"光绪朝"，录副目录署"光绪九年五月初三日"。查光绪九年五月初三日《军机处随手登记档》⑥，载有"报四百里，四月初十日哈密发"等字样。据此，此片具奏日期当为"光绪九年四月初十日"，兹据校正。

019.奏报委员试署南路各官并筹现办折
光绪九年四月二十日（1883年5月26日）

钦差大臣督办新疆军务通政使司通政使二等男臣刘锦棠、头品顶戴陕

---

①中国第一历史档案馆藏：《朱批原件》，档案编号：04—01—13—0431—085。
②中国第一历史档案馆藏：《军机录副》，档案编号：03—5179—005。
③中国第一历史档案馆藏：《军机处随手登记档》，档案编号：03—0238—2—1209—115。
④中国第一历史档案馆藏：《朱批原件》，档案编号：04—01—13—0431—087。
⑤中国第一历史档案馆藏：《军机录副》，档案编号：03—5179—007。
⑥中国第一历史档案馆藏：《军机处随手登记档》，档案编号：03—0238—2—1209—115。

甘总督臣谭钟麟跪奏，为承准部复准设新疆南路道厅州县各官，现拟委员前往试署，以便详察地势民情，续陈未尽事宜，并筹现办情形，恭折仰祈圣鉴事。

窃臣锦棠承准吏部咨会：遵旨会议臣等前请变通新疆官制、营制具陈一折，奉旨：依议。钦此。粘连原奏，知照到营。当即钦遵，分咨关外在事诸臣，并饬现办善后局员，各将所管地段界址暨一切情形，详悉察夺具报去后。

伏维体国经野，通筹局势，须原始以要终，庶可大而可久。特当创办之初，有因一处之妨而致疑全局之多碍，有因一端之阻而动谓众务之未宜。风气之所侵渍，成例之所拘迫，欲变之于一旦，微论法制尚未详订，急切靡所适从，即使纲举目张，自谓灿然大备，且有箕风毕雨之好，足以淆我视听，扰我神明。种落之殊，教令之别，非独其地有以限之，抑由其俗积渐使然也。

关陇为天下之屏蔽，而塞外又踞关陇之上游，山水之所从出。其地则高寒而多沙碱，其人虽浑朴而不联属，不问向之居国行国，究其居处、服食、文字、语言，迥异中土。汉唐以来，殷忧西事，罔不经营捍御，聊固吾圉。盖既为形势所必争，则即为声教所必及，乃以一其习尚，无复他虞。夫因创之所乘，实由天时、人事之所凑拍。曩者汉置河西四郡，当时虽不免耗中事西之苦，而至今赖之。西域自古羁縻之地，往往一隅蠢动，腹地为震。自祖宗朝栉风沐雨，先后勘定南北两路，或分置屯防，或间设郡县，星罗棋布，远近相维。南疆地虽饶沃，而因俗类榛狉，难骤绳以礼法，于是分命大臣督率文武员弁兵丁，镇驻扼要之区，弹压巡缉，差徭赋税，量为征收。举凡疏节阔目，用壮厥声灵，坚其趋向，以待我皇太后、皇上今日因时制宜，变通尽利。

臣锦棠适躬逢其盛，前陈应设、应裁、应改、应移诸端，仰荷睿衡，饬部会议。兹各部院议复折内于议设者，如置巡抚、布政使，及镇迪道加按察使衔，管理刑名，改迪化州为县，设迪化府各节，暂从缓议。而议裁、议改、议移者，如裁各城都统、参赞、办事、领队各大臣，应俟南八城建置事宜办有成效，奉旨准设巡抚，再行会奏请旨。又裁去回官阿奇木伯克等，另行酌设头目，则以均有职掌责任，应更体察，妥议章程核办。改设额兵，将乌鲁木齐提督移驻喀什噶尔，亦令俟后请旨。回童现入义塾读书，有能诵习一经、熟悉华语者，咨部给予生监顶戴，议以向无成案，拟请俟回童粗通文艺时，酌设学额，凭文取进。如以该回童等但须读书认字，不必责其文理，应另酌给奖励，请旨遵行。至请南路改设道厅州县各官，均经先行议准，令将应办事宜会商妥协，次第奏明办理各等因，详绎部院诸臣议复各条，其余应准、应缓之事体，无不斟酌至当，上慰宸衷。诚以损益之举，动关久远之规，纵使疑无可疑，犹当慎之又慎。

然创制早开乎其先，则变通宜善乎其后。从前滇黔之改流官，近如台湾、奉天、吉林之添郡县，皆时会之所趋，圣化翔洽，几若行乎其所不得不行。回童如能熟诵儒书，谙习华语，日久渐摩，帖然就范。既已革其旧习，自当被以政教，故应裁、应改、应移者，刻下既须筹拟，一则一气相承，因势利导，可收及时整饬之功；一则经费宜定，合计从长，可免异日虚縻之弊。部臣深知其然，而现未即请旨饬办者，应俟准设之官具有规模，然后分别举行，盖即臣钟麟所拟设立行省当从州县办起之意。自准部复，即经往返函商，熟筹办法，定①即由臣锦棠就近先行委员往署，详察东西两道应分之界限，并各直隶州与其辖县应分之村境，各处城垣多未完固，尚有应行改建增修之城。各官衙署能否各就善后办公局屋改作，或应别筹营造。坛庙、仓廒、监狱，亦应择要修建。驿传塘站，视其冲僻，安设文员杂职，置辅分司。现除教职缓议外，其各厅州县之照磨、吏目、典史，应与印官同城佐理。

此外，各属辖境辽阔，应添州同、州判、县丞、巡检分防，各按所属繁简酌添，以便控制。凡此要图，务为先正其名而后能责其事，否则委员以空名理实政，既无职守，亦无考成，难期与斯民相维系，诚有如臣钟麟所云者。臣锦棠拟遵部议，就差遣各员内分委道员、同知直隶州知州、通判、知县各官，前往署理，暂刊木质关防、钤记，给令启用，俾昭信守。

惟是设官之后，文移、征收、词讼，宜照官署之式。南路向无汉民，镇迪所属自经兵燹，书吏更少于前，无可调派。前经分饬甘肃各府州，于所属书吏中拣公事谙练者，各派数名，优给川赀，令其携眷西来，备日后之分拨。回官三四品阿奇木、伊什罕伯克阶职较崇，臣前虑其权重扰累，曾请裁去衔额，实欲杜渐防微，而相沿已久，未可骤加屈抑，请仍留顶戴，略如各省州县之待所辖绅士，假以礼貌，使有别于齐民。昔之众伯克等分理粮役、讼狱诸务，将来拟分拟为吏、户、礼、兵、刑、工各书，与汉书胥杂处，互授汉回文言，

---

① "定"，《奏稿》作"拟"。

期于相观而善,既可收其把持之权,又可藉为公家之用,似属两有裨益。俟印官履任后,徐为图之,如能行之有济,届时另行奏报。各官每年应支廉俸、公费银两,已经部议,照镇迪道所属数目支领。所有应设书办及各项人役名数、月支工食、银两、面斤数目,亦应请照镇迪道所属定章,招设支发,以归一律。两道综司各属政务,须有通晓各项文字之人,以备翻译,应请各添清字、回文书办各数名,各属传讯讼案、勘划经界,必先通其语言,乃能从而剖断,应请各添回书通事数名。以上月支工食、银两、面斤数目,均请照镇迪道所属书吏章程开支。道员以下各官印信,应恳饬部按照拟就各项缺衔,铸造颁行。查吐鲁番同知之印文,系兼用清、汉、回字。此项印信似应一体兼铸回文,并恳饬下妥议定铸。

　　南疆此次设官,事属创始,当就练习边情之员,先将应办壹是赶紧兴办,方足以资治理。现准先设各官,吁恳天恩,准照吉林新设民官各缺成案,统归因地择人,由外拣补一次。则相从边塞者,知所奋勉,吏治可期起色。至于城垣、衙署、仓廒、监禁应修各工,举不容缓。南路土性松浮多碱,即烧成之砖块,曾不数年,多被潮碱剥蚀。墙垣基身,务较宽厚,始可耐久。已饬湘楚各军选派勇丁,赶将城工挑筑,并商帮办军务臣张曜,饬令嵩武军营勇,择要兴修,许以事竣,恳恩择尤奖励,均极踊跃用命。第计工程浩大,仍须兼雇缠回,乃能期其成功。其须用之铁木器及各项工匠器物,防营之不能办者,令各委员核实动用,再恳饬拨的款,以济要工。

　　值此经费支绌之际,臣等受恩深重,尤当格外撙节,无如地处边荒,工系创建,但期力杜浮冒,未能牵合成规。合无仰恳圣慈,俯准俟后葳役,除绘图贴说咨部外,即照实用实销,开单具报,藉省一再造册之烦。徭赋上关国计,下系民生。综计南路征粮,每年二十余万石。将来兵制酌改,需粮较少,日久积储,势难多备仓廒。变价又苦无从销售,潮腐堪虞。臣锦棠拟饬各属,于此后科定赋役时,权其轻重,或有前章稍重者,仰体皇仁,即予酌减。征粮较多之处,核计兵食之外,所余犹多,即行折征银两,凑充度支,以为涓滴之助,庶仓粮不至霉朽,而边储得以常充矣。

　　除屯田、兵制及未尽事宜容俟会商妥筹随时具奏外,所有承准部复准设新疆南路道厅州县各官,现拟委员前往试署,以便详察地势、民情,续陈未尽事宜,并筹现拟情形各缘由,是否有当?谨会同帮办军务广东陆路提督臣张曜,恭折具陈,伏乞皇太后、皇上圣鉴训示施行。再,此折系臣锦棠主稿,合并陈明。谨奏。光绪九年四月二十日。

军机大臣奉旨:该部议奏。钦此。①

光绪九年五月十三日,军机大臣奉旨:该部议奏。钦此。②

【案】光绪九年九月十九日,保宁府知府正堂为抄吏部奏请变通新疆官制营制事饬南部县札文,内附吏部等部之奏稿③:

吏部等部谨奏,为遵旨速议具奏事。光绪八年六月二十三日,内阁奉上谕:刘锦棠、谭钟麟、张曜奏请变通新疆官制、营制各折片,着各该衙门速议具奏。钦此。又八月初三日,准军机处交出本日军机大臣面奉谕旨:谭钟麟前奏新疆南路拟分设职官折,着各该衙门为入刘锦棠等折片,一并议奏。钦此。又八月初五日内阁奉上谕:翰林院编修刘海鳌奏新疆善后事宜请权缓急一折,着各该衙门归入刘锦棠等折片,一并议奏。钦此。钦遵。先后抄出,此部臣等查刘锦棠、谭钟麟会同张曜等原奏内称:承准军机大臣字寄:光绪八年三月十七日奉上谕:谭钟麟奏筹度新疆南路情形一折。所请酌度七城广狭繁简,设立丞倅牧令一员,更于喀什噶尔、阿克苏两处各设巡道一员,如镇迪道之例。着刘锦棠体察情形,会商该督妥议具奏等因。钦此。遵旨寄信前来。

伏念新疆当久乱积疲之后,今昔情形判若霄壤,所有边疆一切事宜,无论拘泥成法于时势多不相宜,且承平年间旧制,乱后荡然无存,欲为一劳永逸之计,固舍增设郡县,别无良策,经大学士前任陕甘督臣左宗棠迭次奏明有案。现在地利日辟,户口日增,各族向化,诸事均有成效,郡县之设,时不可失。谨按经野建官之道,必量其地之民力物产,足以完纳国课,又可供给官吏胥役而有余,然后视其形势之冲僻繁简,置官治之。非从宽预为计画,则官困而民必受其害。故新疆添置郡县,设官未可过多。惟南路各城民人较多,腴区较广,其辖境之最辽阔者,纵横至数千里,少亦数百里,若设官太少,又虑鞭长莫及,难资治理。自吐城以西喀喇沙尔、库车、阿克苏、乌什,是为南路东四城;叶尔羌、喀什噶尔、英吉沙尔、和阗,是为南路西四城。应统八城,通盘筹

---

① 中国第一历史档案馆藏:《朱批原件》,档案编号:04—01—01—0949—009。又《奏稿》第577—589页。
② 中国第一历史档案馆藏:《军机录副》,档案编号:03—5179—040。
③ 该折讹、夺、衍、误甚多,修正之处一律不予出校。若需考核,请参照各该原件或录副。

画,一律改设郡县。除自哈密南至吐鲁番、北至精河应暂照臣钟麟原奏无须另设多员外,回疆东四城拟设巡道一员,驻扎阿克苏。该道以守兼巡,为兵备道,督饬所属水利、屯垦、钱粮、刑名事件,抚驭蒙部,弹压布鲁特,稽查卡伦,作为冲繁疲三项要缺。喀喇沙尔与土尔扈特和硕特游牧地方,犬牙相错,每有交涉事件,拟设直隶厅抚民同知一员,治喀喇沙尔城。库车拟设直隶厅抚民同知一员,治库车城。阿克苏为古温宿国,拟设温宿直隶州知州一员,治阿克苏城。拜城县知县一员,治拜城,归温宿直隶州管辖。乌什紧邻布鲁特部落,为极边冲要,拟设直隶厅抚彝同知一员,治乌什城。以上各厅州县,应统归东四城巡道管辖。回疆西四城拟设巡道一员,驻扎喀什噶尔回城。该道以守兼巡,为兵备道,管理通商事宜,督饬所属水利、屯垦、钱粮、刑名诸务,弹压布鲁特,控驭外夷,稽查卡伦,作为冲繁疲难请旨最要缺。喀什噶尔为古疏勒国,拟设疏勒直隶州知州一员,治汉城,疏附县知县一员,治回城,归疏勒直隶州管辖。英吉沙尔紧邻布鲁特,为极边冲要,情形与乌什略同,拟设直隶厅抚彝同知一员,治英吉沙尔城。叶尔羌为古莎车国,拟设莎车直隶州知州一员,治汉城。叶城县知县一员,治回城,归莎车直隶州管辖。叶尔羌所属玛喇巴什一城,为回疆东西咽喉要地,积年河水为患,必须置员抚治,拟设直隶厅水利抚民通判一员,治玛喇巴什城。和阗为古于阗国,拟设和阗直隶州知州一员,治和阗城,于阗县知县一员,治哈拉哈什地方,归和阗直隶州管辖。以上各厅州县,统归西四城巡道管辖。凡建置大略,较之光绪六年四月十八日左宗棠奏拟设立各员稍为简省,较之臣钟麟原奏七城各设一官之议略有加增,斟酌损益,务适于中。至于佐杂人员,应俟郡县设定,由道员暨各丞倅牧令就近察酌地方情形,将其必不可少者,详请奏设。各处地方暂时责成诸军统领、营官督率营勇驻防,俟兵制议定,再行奏请设立总兵、副将、参、游、都、守、千、把等官。未尽事宜,统俟陆续筹议等语。

又该大臣刘锦棠原奏内称:光绪六年,左宗棠奏将来议设行省必以哈密划隶新疆形势,饬令哈密及镇迪一道所属各文武地方官,均着暂归刘锦棠统辖。所有升调、补署、考核及一切兴革事宜,均可就近办理,陕甘总督无庸兼管。十一月初四日奉上谕:左宗棠奏请将哈密、镇迪道归刘锦棠统辖等因。钦此。伏念新疆改设行省之议,左宗棠实始发之。查本年三月十六日陕甘督臣谭钟麟奏筹度新疆南路情形折内，亦有设立行省当从州县办起，然后递设督抚以统辖之等语。盖新疆本秦陇之屏障、燕晋之藩篱，亟宜经营尽善，以固吾圉。然旧制既不可复，自不得不另筹善策。左宗棠、谭钟麟所议改设行省，固无非维持永久之谋。惟将新疆另为一省，则臣颇以为不然。现在臣等拟设南路各厅州县，合之哈密及镇迪道等处原有各厅州县，总共不过二十余。即将来地方日益富庶，所增亦必无多。卷查左宗棠复陈新疆宜建省开设郡县折内所拟设及原有各厅州县，亦不过二三十处，难自成一省也，亦已明矣。且新疆之与甘肃形同唇齿。从前左宗棠以陕甘总督督办新疆军务，凡筹兵筹饷以及制办、转运诸务，皆以关内为根本。其势顺，故其事易举。若将关内外划为两省，以二十余州县孤悬绝域，其势难以自存，且后路转饷、制械诸务，必将与甘肃分门别户，所需经费，较目前必更浩烦，故新疆、甘肃势难分为两省。臣阅谭钟麟原奏，议将北路镇迪等处暨拟设南路郡县，皆归钦差大臣统辖。谨按，钦差大臣本非国家常设之官，且哈密及镇迪一道原系奉旨暂归微臣统辖。现既议设南路郡县，必须熟筹可久之道，况郡县设定后，诸事须照各省办法，而言例章，则臣营无旧案可稽，言用人，则军中无合例堪以补署之员。至于钱粮、刑名、升迁、调补诸事，又无藩臬两司可专责成。似兹窒碍难行之处，未可枚举。

臣愚拟请将哈密、镇迪道等处暨议设南路各厅州县，并为甘肃为一省。惟归甘督遥制，窃恐鞭长莫及，拟仿照江苏建置大略，添设甘肃巡抚一员，驻扎乌鲁木齐，管辖哈密以西南北两路各道厅州县，并请赏加兵部尚书衔，俾得统辖全疆官兵，督办边防。并设甘肃关外等处地方布政使一员，随巡抚驻扎。旧有镇迪道员拟请援福建、台湾之例，赏加按察使衔，令其兼管全疆刑名、驿传事务；改迪化直隶州为迪化县，添设迪化府知府一员，治迪化城，管辖迪化、昌吉、绥来、阜康、奇台五县。似此办理，实较另为一省稍免烦费，而于新疆时势亦甚相宜。现在伊犁既经收还，分界亦不久可以蒇事。如设巡抚，则钦差大臣尽可裁撤。臣于吏治向少阅历，关外郡县诸事宜多系创始，断非军旅粗材所能了局。

又该大臣片奏内称：哈密以西各满营旗丁，乱后孑遗仅存。臣于光绪二年夏秋之交,率师克复乌鲁木齐。其时满城倾圮,瓦砾荒凉,未见旗丁一人。嗣臣进克南路各城,始将旗丁之被贼裹胁者陆续拔出,迭送乌鲁木齐安插,为数亦属无多。他如哈密办事大臣所辖回务,亦经左宗棠奏准,归哈密通判办理。新疆时势变迁,都统及办事、领队各大臣兵少事简,几无异投闲置散。如蒙圣明俯察臣言,准照拟设甘肃巡抚之议,则乌鲁木齐自须设立抚标官兵,南北两路均宜另设额兵,添置总兵、副将、参、游、都、守、千、把等官,以为永远防边之计。乌鲁木齐提督应移驻喀什噶尔,以扼要害。吐鲁番暨南路旧有参赞、办事、领队各大臣员缺,固可一律裁去,即自哈密北至伊犁,所有都统暨办事、领队各大臣员缺,亦宜酌量裁撤。巴里坤、古城、乌鲁木齐、库尔喀喇乌苏等处所余旗丁零星分布,无济实用,不如并归伊犁满营,生聚教训,以期渐成劲旅。

查承平时,新疆南北两路系归伊犁将军总统。乌鲁木齐都统亦兼辖镇迪一道。如设巡抚,则不但镇迪道无须都统兼辖,即将军亦无庸总统全疆,免致政出多门,巡抚事权不宜。其伊犁满营似应改照各省驻防将军营制,从新整顿,务求精实可用,庶于边防有所裨益等语。又该大臣刘锦棠等片奏内称:新疆各城向设阿奇木伯克等员,其职衔有三、四品者,现拟建置郡县,拟设丞倅牧令各员,若回官仍循旧章,殊有枝大于本之嫌,似宜量为变通。郡县设定后,拟将回官各缺暨阿奇木伯克等名目概行裁去,各厅州县另行酌设头目额数,略如各省办公绅士,不可以官目之。遇有缺额,即行就地选举,由该管道转请边疆大员,发给委牌,照回官向例,拨给地亩,作为办公薪资。

又南路缠回愚懦者居其大半,彼教中所谓条勒阿浑,往往捏造邪说,肆其诱胁之术,人心易为摇惑,祸乱每由此起。缠回语言文字本与满汉不同,遇有讼狱、征收各事件,官民隔阂不通,阿奇木伯克通事人等得以从中舞弊。是非被以文教,无由除彼锢习。自全疆勘定以来,各城分设义塾,令回童读书识字,学习华语,其中尽多聪颖可造之资。此时建置南路郡县,教职等官暂可不设。惟宜设法鼓励,使回族争奋于学,庶教化可期渐兴。所有原设各塾,应由各厅州县延师训课,拟每岁令各厅州县考试一次,有能诵习一经熟谙华语者,不拘人数多寡,即送该管道衙门复试,详由边疆大员,援照保举武弁之例,咨部给予生监顶戴，待其年已长大，即准充当头目。如有勤学不倦能多习一经或数经者，无论已未充当头目，均准各厅州县考送，由道复试请奖，再行递换五品以下各项顶戴，仍不得逾六品，以示限制。惟曾任三、四、五品阿奇木伯克者，裁缺后仍应准其照旧戴用翎顶，充当头目。其各项顶戴头目人等，如果承办差使异常出力，仍随时酌量保奏，恳恩赏给三、四、五品顶戴等语。

又帮办军务广东陆路提督张曜原奏内称：论者谓新疆局势大定，今日之先务在于裁汰勇丁，以节饷项。奴才则谓裁汰勇丁即可为复额兵，变通营制方能永固边防。事有相因而成，兵有惟利是亲。愚见以为营制之宜变通者有三：曰增骑兵，曰重火器，曰设游击之师。各省绿营定制步多骑少。扼要防险，战于山谷，步兵之利也；出骑雕剿，平原荡次，骑兵之利也。新疆各城，广川大原，间以戈壁，减步增骑，亟宜变通者一也。

军兴以来，愈讲愈精，故外国水师非恃兵众，惟恃器精而又勤于习练，减养兵之资为购器之资，宜亟变通者二也。

至各城营拟设立制兵，为数不能过多。此城有警，彼城设防，各顾辖境，力难分救。故南北两疆宜各设游击之师，居中驻扎，统以知兵大员。此项兵丁不供他役，规模严整，以期士气常新。设遇各城有事，风驰电掣而赴之；无事之岁，南北两疆，各于边界定期会哨，振武扬威，隐戢奸宄，宜亟变通者三也。

至于各城兵额，督办新疆军务刘锦棠陈明，就关外现裁营勇中选其精壮耐劳者编成。其改行饷为坐粮，实为良策。盖关外营勇有籍隶陕甘去新疆较近风土相似者，有籍隶东南各省幼被贼掠辗转投营、里居氏族不能自知者，有籍遭兵田房已空、亲属已尽不可复归者，有寇乱之日树怨于乡以异地为亲土、以故里为畏途者，此若选为制兵，久经战阵，一利也。参用屯田之法，兵食两足，二利也。关外多一精兵，关内少一游勇，隐弭无数事端，三利也。边域要地，治兵为先。兵强则边固，边固则民安等语。又陕甘总督谭钟麟原奏内称：新疆底定，左宗棠请设行省，盖以难得久远之策。臣阅左宗棠原奏，自督抚司道府厅州县以及佐杂等官甚多，不但目前建置城池、衙署，一切需用浩繁，费资所出，即以后文武廉俸、役食等项经久之费，亦未易筹。

臣愚窃维目前办理善后，因革损益，百废待兴，而要以固结民心为主。即设立行省，亦当从州县官办起。如果地方日增富庶，然后递设督抚以统辖之，其势亦顺而易。查新疆北路，自哈密以至精河，中间镇迪道所属州县各官，均已复旧。伊犁同知，收复后即可委员往署。地旷人稀，现有之官足资控制，似毋须另设多员。惟南路八城仅吐鲁番一同知、辟展一巡检。其余七城克复以后，一切善后事宜，如清丈地亩及征收税厘，皆委员办理，已经数年，委员非尽力不善，第以空名办实事，时复更易，既无职守，亦无考查，安得有与斯民相维系之念！夫缠头回亦人也，族类虽殊，要各自有田园、室家之恋。其所以屡作不靖者，势迫之也。闻未乱以前，诛求无厌，正赋之外，需索繁多，大约官取其一，阿奇木伯克等取其二。官与民文字不同，言语不通，阿奇木等从中拨弄，传语恐吓，故往回视官如寇雠。比来回民颇有能通汉语者，诚得恺恻慈祥之吏安辑抚绥，均其赋役正额外，丝毫不以扰累，民知官之爱己也，自能上下相孚，相安无事。臣身受重恩，忝膺边寄，凡有关民生利弊，曷敢缄默不言！请特旨饬令刘锦棠体察南路七城情形，分别地方广狭繁简，设立丞倅牧令等官。一城不过数十庄，不及东南一小县，七城各设一官足矣。更于喀什噶尔、阿克苏两处各设巡道一员，如北路镇迪之例，皆归钦差大臣管辖，庶地方有所责成，民心有所系属。其余未尽事宜，臣当随时与刘锦棠互商办理，断不敢稍分畛域等语。

又编修刘海鳌原奏内称：臣伏读七月二十三日奉上谕：刘锦棠、谭钟麟、张曜奏请变通新疆官制各折片，着各该衙门速议具奏。钦此。臣通筹西域情形，则郡县未可遽设，屯田可以专办。新疆地势辽阔，以戈壁周回二万余里，版图初入，涉险建城不过二十余处，每城不过数十庄。离乱之后，户口益稀。今欲举一城百十庄而养一州县，合二十余城而成一省，臣知其不能也。地广人稀，并归甘肃既难遥制，改设官制亦属虚名。且库储支绌，西饷岁近千万，力已难支，又何能筹此巨款，以供经野设官之用？此郡县未可遽设也。至原奏屯田一法，实因地制宜之上策。新疆荡平六年，今收复伊犁，局势大定，惟营勇未可尽撤，营勇不撤，饷亦难继，欲收兵食两足之效，则屯田尚焉。天山南北不少膏腴，近闻西征士卒多有娶妻成家者，授之以田，其情甚愿，导之为农，其利自倍，请饬通筹专办。其营勇之精壮者酌留以备边防，余皆计口分田，各给籽种，使之自食其力，成熟之后缓数年以升科，广收租粮，以供军需，每年可节饷银数百万两。又和阗、古城、火道沟、塔尔巴哈台等处产金产玉，物力丰饶，使经理得人，通商惠工，其财不可胜用。兵化为农，戍卒感生成之德；养继以教，荒服消犷悍之风。长治久安之道，无逾于此。此屯田之可专办也。谕旨：交各该衙门速议具奏。

  吏部查乾隆年间削平准部，勘定新疆，各城议立将军、都统、参赞、领队、办事各大臣，统辖驻防旗营，以资镇守。并于伊犁、乌鲁木齐、哈密、吐鲁番等处设立道厅州县等官，归陕甘总督统辖，以资治理。百余年来，军务立而吏事修，速置规模，本无可议。迨同治初年，中原未靖，东南财力未能兼赡，西陲回汉各匪乘机肆扰，遂致新疆各处相继沦陷。自左宗棠调署陕甘，以钦差大臣督办新疆军务，竭十年之力，关内外一律肃清。本年伊犁地方方经归复，一切善后事宜自应次第举办，以固严疆。惟久乱之后今昔情形判若霄壤，拘泥成法，时势不相宜，诚有各该大臣等所云者，左宗棠首是例立行省、开设郡县之议，自系因时制宜、长治久安之计。且承平年间旧制，乱后荡然无存，万难再图规复，欲为一劳永逸之计。兹据刘锦棠、谭钟麟等先后奏陈，所论与左宗棠原议大略相同。惟谭钟麟以为设立行省当从州县办起，改置州县，但期足资治理。而刘锦棠则亲历回疆，量地设官，较之谭钟麟所拟稍有加增，而请添甘肃巡抚、布政使各一员，以资控制。

  该大臣等苦心经画，一则期于循序渐进，一则意在一气相承，均无非为统筹全局、绥边辑民起见。臣等公同悉心商酌，回部幅员辽阔，从前旧制既难规复，自不得不随宜建置，与时变通。拟请各该大臣等所奏，准于南路两疆、东西两城设巡道一员，扎阿克苏，以守兼巡，名为分巡甘肃阿克苏等处地方兵备道，督饬所属水利、屯垦、钱粮、刑名事件，拊驭蒙部，弹压布鲁特，稽查卡伦，作为冲繁疲三项要缺。喀喇沙尔与土尔扈特和硕是游牧地方，犬牙相错，每遇交涉事件，该大臣等请设直隶厅理事抚民同知一员。查各直省道缺，并无理事抚民同知一官，惟奉天、吉林理事同知通判一缺，现令改为抚民同知、通判，均加理事衔在案。应将喀喇沙尔准设直隶厅抚民同知一员并加理事同知衔，治喀喇沙尔城。库车设直隶厅抚民同知一员，治库车城。阿克苏设温宿直隶州知州一员，治阿克苏城。拜城县知县一员，治拜城，归温宿直隶州管辖。乌什紧邻布鲁特部落，为极边冲要，拟设直隶厅抚彝同知一员，治乌什城。以上各厅州县，应统归东四城巡道管辖。

回疆西四城拟设巡道一员，驻扎喀什噶尔回城。该道以守兼巡，名为分巡甘肃喀什噶尔等处地方兵备道，管辖通商事宜，督饬所属水利、屯垦、钱粮、刑名诸务，弹压布鲁特，稽查卡伦，作为冲繁疲难请旨最要缺。喀什噶尔改设疏勒直隶州知州一员，治汉城。疏附县知县一员，治回城，归疏勒直隶州管辖。英吉沙尔紧邻布鲁特，为极边冲要，情形与乌什略同，设直隶厅抚彝同知一员，治英吉沙尔城。叶尔羌设莎车直隶州知州一员，治汉城。叶城县知县一员，治回城，归莎车直隶州管辖。叶尔羌所属玛喇巴什一城，为回疆东西咽喉要地，积年河水为患，设直隶厅抚民水利通判一员，治玛喇巴什城。和阗设和阗直隶州知州一员，治和阗城。于阗县知县一员，治哈拉哈什地方，归和阗直隶州管辖。以上各厅州县，统归西四城巡道管辖，以资治理。

至刘锦棠另折请添巡抚、布政使各一员，驻扎乌鲁木齐，作为甘肃分省，并请将镇迪道照福建台湾之例，加按察使衔，改迪化州为县，设迪化府各节，应俟南八城建置事宜办有就绪，再行酌量情形，据实奏明请旨，目前应暂从缓议，庶布置其有次第，而物力亦可少纾。其谭钟麟奏称请将添设道员等官皆归钦差大臣统辖，刘锦棠奏称钦差大臣本非常设之官，窒碍难行，未可枚举各等语。臣等查新疆除旗营外，其旧有文武各官均归陕甘统辖。是此次议准回疆添设各缺，谭钟麟固属分无可诿。惟该督进驻兰州，一切创设之初，亦恐未能遥度。刘锦棠身亲其地，经营措置，具悉情形。虽钦差大臣本非常设之官，而善后规模定局，亦尚未能遽卸军符。所有此次开设郡县及镇迪道等处应办事务，应仍由该大臣妥筹经理，随时会商陕甘总督，和衷商榷，以期相与有成。应请旨饬下该大臣等将准设南路置厅州县等官一切应办事宜，会商妥协，次第奏明办理。俟建置其有规模，再由该大臣等查照准设各缺分别奏明，请旨施行。

至现在议设各员应支廉俸，户部查新疆南路从前惟准于乌鲁木齐等处额设镇迪粮务道员一员，岁支俸银一百五两、养廉银三千两、公费银七百两。迪化州知州一员，岁支俸银六十两、养廉银八百两、公费银七百两。奇台等县知县三员，每员岁支俸银四十五两、养廉银六百两、公费银七百两。理事通判一员,岁支俸银六十两、养廉银六百两、公费银七百两。伊犁额设同知二员,每员岁支俸银八十两、养廉银八百两、公费银七百两。其南路除吐鲁番额设同知一员,此外各城别无人员支领廉费。此次刘锦棠等奏请于南路东四城设巡道一员、直隶厅抚民同知二员、直隶州知州一员、知州一员、直隶厅抚民同知一员,西四城设巡道一员、直隶州知州三员、知州一员、直隶厅抚彝同知一员、知县一员、直隶厅抚民通判一员,即经吏部议准,所有该员等廉俸拟请照从前新疆北路额设各员应支廉俸银数,以归一律。其南路东西各四城分巡甘肃阿克苏等处兵备道、分巡甘肃喀什噶尔等处兵备道二员,应照镇迪道之例,各岁支俸银一百五两、养廉银三千两、公费银七百两。喀喇沙尔直隶厅理事抚民同知、库车直隶厅抚民同知、乌什直隶厅抚彝同知、英吉沙尔直隶厅抚彝同知等四员,照伊犁同知,各岁俸银八十两、养廉银八百两、公费银七百两。阿克苏温宿直隶州知州、喀什噶尔疏勒直隶州知州、叶尔羌莎车直隶州知州、和阗直隶州知州等四员,照迪化县,各岁支俸银六十两、养廉银八百两、公费银七百两。拜城县知县、疏附县知县、叶城县知县、于阗县知县等四员,照奇台等县,各员支俸银四十五两、养廉银六百两、公费银七百两。叶尔羌玛喇巴什直隶厅水利抚民通判,照乌鲁木齐理事通判,岁支俸银六十两、养廉银六百两、公费银七百两。以上各员,计每岁应支俸银一千零一十两、养廉银一万五千四百两、公费银一万零五百两。共总合银二万六千九百一十两,应由钦差大臣刘锦棠等查照现在放给章程,每年仍照案暂归西征粮台军需之款项下汇总报销。俟新疆善后事宜一律就绪,即行概归甘肃藩库支领,以符旧制。至设官以后所有经征银两一应出入款项,应令随时报部立案,以凭查核。

又刘锦棠片奏议裁各城都统、参赞、办事、领队各大臣,并伊犁满营改照各省驻防营制,乌鲁木齐提督移驻喀什噶尔城等语。兵部查新疆设立将军、都统、参赞、办事、领队各大臣,统辖旗营,其为久远计者,法至善也。今刘锦棠所陈各节,自系因今昔情形不同,现拟设立巡抚,须将原设之官制、营制及驻扎地方大为变通,方足以资统率而一事权。惟现经吏部核议,设立巡抚一节,姑从缓办。是拟设者方待议于将来,则原设者自难更于一旦。所请裁撤各大臣并伊犁改照各省驻防营制、提督移驻喀什噶尔之处，均应俟南路八城建置事宜办有成效，奉旨准立巡抚，再令该大臣会同陕甘总督，酌量情形，奏请旨办理。至新设巡道二员，均系兵备道，应否设立道标员缺并及各项兵丁，须令该大臣等妥筹具奏。

又刘锦棠等请裁回官阿奇木伯克等名目，另行酌设头目并被以教，考试回童，量与叙励等语。理藩院查回疆则例，内开凡回疆所属各缺，以及各庄均设有阿奇木伯克等官。以上各缺，为有因时制宜随时于则外添设议设者，每年终，该臣大臣报院源流册籍参考。又查则例，内载回疆伯克等官均有职掌等语。兹则刘锦棠奏称，现拟建置郡县，拟设臣倅牧令，郡县设定后，将回官各缺暨阿奇木伯克等名目概行裁去，另行酌设头目额数，曾任三、四、五品伯克裁缺后，设准戴用翎顶，充当头目各等语。详查各城向设有大小伯克，责任尤重，有总辖该村事务之责。今拟全行裁去，另行酌设头目，体制是否合宜，臣等不敢率行议准。相应请旨饬下各大臣，再行体察情形，悉心筹画，务期事无窒碍，回民相安，妥议章程复奏，臣院再行核办。礼部查学政会试内载各直省边远地方，如四川之羌民、广西、湖南之□□，有能读经应试，粗通文艺，均经部臣议准，均设学额。文理平常者，仍照到任缺革监，并无仅止诵习一经熟谙华语者即行给予生监顶戴之案。今该大臣以全疆敉定以来，各城皆设义塾，令回童读书识字，教习华语，其中尽多聪颖可造之士，宜设法鼓励，使回族争奋于学等因，系为振兴文教起见，自然量予嘉奖，以资鼓舞。惟所请将能诵习一经熟谙华语者咨部给予生监顶戴之处，核与臣部例案不符，拟请俟回童等粗通文艺时，再行酌设学额，凭文取进。如以该回众等但须读书认字，不必责其文理，应由该大臣另行酌设奖励，请旨遵行。

又张曜奏请规复兵额、变通营制等语。兵部查前据刘锦棠奏遵旨复陈一折，光绪八年三月二十六日奉上谕：刘锦棠所拟于现裁营中选其精壮，仿屯田法，编成额兵，并由金运昌挑选标兵，复步兵之半，及改行饷为坐粮各节，着刘锦棠会商谭钟麟，悉心妥筹，奏明办理等因。钦此。今据张曜裁汰勇丁，即可赶复兵额，变通营制，方能永固边防，与刘锦棠前奏大略相同。所请增骑兵、重火器、设游击之师，系为因时制宜、变通尽利起见，应请旨饬令刘锦棠妥筹具奏。

又编修刘海鳌奏请开办屯田一节。户部查臣部则例，内载伊犁满营屯田，种植杂粮，分田四万四千余亩，授八旗闲散余丁自行耕种。又伊犁商民垦种地三万九千六百十余亩，每年额征银一千九百八十两零。户民共种地三千零三十亩，额征银一百五十一两。又绿营春共分□□耕种三千四百三十亩，兵额征小麦三百零四石。塔尔巴哈台兵共种地五万四千亩，每年征收粮一万五千余石。阿克苏兵丁屯种地一百五十亩，每年共收稻谷五百卅余石。乌什屯兵屯种地五千亩，收粮五千七十余石零。乌鲁木齐商民分屯种地九千五百二十六顷八亩，每年共征粮七万四千九十四石零。吐鲁番屯兵种地□万四千一百亩，每年共征粮一万一千六百余石各等语。盖新疆屯田有旧制，有回屯、兵屯、民屯、户屯之殊，所获粮石有杂粮、小麦、稻谷之别，大约承平时南北两路可收获粮数十万石。自新疆变乱以来，成法荡然，兵民交困。迨官军次第收复，随时兴办，屯田不过千百之十一，不足以济兵食。迨光绪三年左宗棠督兵将新疆一律肃清，始行招集户民人等，兴办屯种开垦。前据左宗棠奏报，光绪四、五两年共征各色京斗粮五十一万五千石余，刘锦棠奏报六年分征收各色京斗粮三十四万七千二百余石。且现在收获粮石按照采买价值，每年已可节省饷银百数十万两。将来清丈完竣，征收尚不止此。兹据刘海鳌奏称，新疆专办屯田，择营勇之精壮者酌留，以备边防，余皆计口分田，使之自食其力，每年可节饷银百万两等语。查该编修所陈，自系新疆现时应办要务，一切事宜尚须斟酌情形，变通办理。从前各路屯田，添设伍都游官分颁之，而总辖于将军、参赞。现在南设八城，议设道厅州县，自应归地方官一手经理，以免分更章□之弊。而钱粮、考成应暂归钦差大臣，就近督饬稽核，明定章程，咨部立案，以专责成。大抵从前南路多回屯，现特各该处驻防，多不规复旧制，能否与民屯一律仿办，应由该大臣查酌办理。现在南路屯田，皆由大臣等分建各路善后局员办理。将来清丈告竣，生聚渐蓄，水利自开□□□一应征收赋税，尤当随时立定经制，以免漫无移核。相应请旨饬下该大臣等将屯田事宜因时度势，赶为开办，仍将为何办理情形详细奏报。其回民客户自种地亩及承种官地，按年升科，完纳丁粮，应如何比照旧制，约定数目，亦应并奏。该大臣等督饬承办各员,将各城开垦、征粮、本色折征各细数及留抵军需、廉俸若干,造具清册,咨部复核,以重赋税而节饷需。

其各路屯田置备农器等项,工部查新疆开办屯田置备农器等项,应令该大臣等即将应用农器先行咨部,立案备查。兵部查全疆底定,现议变通兵制,镇抚边陲,而足兵以足食为先,屯田之法诚为今时要务、经久良图。迭据刘锦棠、张曜先后奏请拟办屯田,应请旨饬下该大臣等妥速会商,奏明办理,并将易勇为兵、计口分田清册,咨送兵部,以备查核。工部查如有建设衙署、分立营汛及屯田兵丁建盖房屋工程,均应由钦差大臣会同陕甘总督,饬令承办官按照部例核由,且开具工段、物料、丈尺、做匠清册,分别奏咨,送部核饬。谨将臣等遵旨速议缘由,缮折具奏,伏乞圣鉴,训示。遵行。再,此折系吏部主稿,会同各衙门具拟,合并声明。谨奏。①

020. 换铸巴里坤总兵印并补发哈密协副将敕书片
光绪九年四月二十日(1883年5月26日)

再,臣锦棠接据甘肃巴里坤镇总兵徐占彪呈称:该镇现用印信前于乾隆年间颁发,迄今年久,清、汉文篆模糊,遵照向例,造具印模清册并印花各三分。又镇属哈密协副将、哈密协标中军都司、塔尔纳沁营屯田都司、古城营游击、木垒营守备、镇标左营游击、右营屯田游击、巴里坤城守营都司、中营守备、左营守备、右营守备等十一员,各原颁敕书或因兵燹遗失,或因年久破烂,恳请一并附奏换铸、补颁前来。

臣锦棠复核无异。除将赍到印模清册并印花咨送礼部、工部查核外,相应请旨饬部分别换铸,以昭信守而重官方。谨会同乌鲁木齐都统臣恭镗、乌鲁木齐提督臣金运昌,合词附片具陈,伏乞圣鉴训示施行。再,此片系臣锦棠主稿,合并声明。谨奏。

军机大臣奉旨:该部知道。钦此。②

---

①中国第一历史档案馆藏:《南部县档》,案卷号:00729。
②中国第一历史档案馆藏:《朱批原件》,档案编号:04—01—12—0533—097。又《奏稿》第591—592页。

光绪九年五月十三日,军机大臣奉旨:该部知道。钦此。①

021. 奏请汇奖防戍出力人员折
光绪九年五月初七日(1883年6月11日)

钦差大臣督办新疆军务通政使司通政使二等男臣刘锦棠跪奏,为新疆大定,伊犁收还,综计诸军防戍六年,历著劳绩,无异战功,拟恳天恩俯准,从优择尤汇奖;其办理各项差使出力人员,久役边塞,备历艰辛,并请汇奖列保,以示鼓励,恭折仰祈圣鉴事。

窃新疆地方虽远届西极,而为形势所必争。前因秦陇逆回揭竿犯顺,关外回酋安德璘、金相印等乘时作乱,遂致沦为异域。伊犁一隅,则俄罗斯窃占,名曰代守。厥后大学士前陕甘总督臣左宗棠肃清关内,奉命督办新疆军务,檄臣于光绪二年率师出塞,迄至三年,幸赖皇威遐畅,南北各城次第克复,由左宗棠报捷。臣愧无功,渥叨锡爵,诸军将士随亦同膺懋赏。其时外部尚怀观望,先后五次寇边,均由所在分防之营抽队捕剿,经左宗棠据实奏陈,奉旨准给奖励。

臣受代后,承准移交,择其在事尤为出力接战之员弁,保奏在案。至于诸军分守全疆,正值大难初平,人心未一,游匪零星出没无常,各营闻警驰往搜捕,不论昕宵,无分远迩,奔走于沙漠之中。风雪有时骤至,寒燠瞬息不同。戈壁荒凉,每须株守,幕灶遥隔,桴腹以从。既常著有擒斩之勋,实尤②苦于当场之战,艰险罔避,得以净扫残氛。适俄罗斯未将伊犁交出,挟其所欲,重烦朝廷西顾之忧。左宗棠因之移驻哈密,咨会臣等枕戈以待。在皇上怀柔为重,特不弛兵;在臣等军旅专司,只知有战。于是诸军文武员弁兵丁勇气倍增,各于巡缉之余,讲求歼夷之技,操练之勤,夜以继日,敌忾之念,矢志不渝。推其踊跃用命,直视取之如拾芥,击之若摧枯。睿谋深远,俯念邻藩,慎劳天下臣民,不惜曲从款议。

上年春间,俄人即经交还伊犁。本年二月,俄兵慑于天威,如期悉数撤退。现在帮办军务伊犁将军臣金顺与臣往返函商,赶紧筹办善后事宜。计

①中国第一历史档案馆藏:《军机录副》,档案编号:03—5825—011。
②"实尤",《奏稿》作"实有"。

自军兴以来，发、捻、苗、回各逆，以次削平。洎伊犁收还而后，中外乂安，与民休息。六合之内，罔弗臣仆。此固由我皇太后、皇上宸谟广运，枢署王大臣同心翊赞，用能销边患而竟全功。而戍防诸军会逢其盛，戒备整严，忠义愤发，尤仰见朝廷信赏之恩人人之深且固也。

伏惟皇上岁糜帑项，以养边军。举凡固圉靖邻，力之所能为者，皆应尽之职司。臣久历行间，深知塞外从征之苦寒倍蓰内地，而仰体圣主慎重名器之意，从未敢以寻常劳勚为诸将士渎恳恩施。兹值全疆底定，诸军远征绝徼，就镇邻封①，历时已久，于役极劳。前准统领卓胜军乌鲁木齐提督臣金运昌咨称：从前山西防军三年期满，例准请奖一次。此次诸军自剿办逆回诸役，辛勤戍守，复奋全力以詟强邻，时历六年，到底不懈，较之临时接仗胜负立分者，其坚忍艰难，殆尤过之。若照晋防三年请奖成案，已在两次保叙之列。合无吁恳天恩，准将在事出力文武员弁兵勇，从优照依战功，由臣择尤汇案请奖，以励前劳而策后效。

此外办理军粮、军械、柴草、转输、善后各项差使出力人员，前当各城初克，寇氛尚未悉除。该员弁等不惮险远，于防范难疏之际，任经营庶务之艰，凑赴事机，巨细无遗，迄今成效已著。迹其久役边庭，未便没其劳苦，理合并恳鸿慈俯准，由臣择尤汇保，以昭激励。如蒙俞允，俟奉到谕旨，即将诸军出力文武员弁兵勇及各项差使出力人员，分别拟保，并案具奏。其伊犁、塔尔巴哈台现驻各军应奖人员，应由金顺、锡纶自行汇奏，合并声明。

所有新疆大定、伊犁收还，综计诸军戍边六年异常出力，拟恳恩准从优比照战功奖叙缘由，谨会同帮办军务伊犁将军臣金顺、帮办军务广东陆路提督臣张曜，恭折具陈，伏乞皇太后、皇上圣鉴训示施行。谨奏。光绪九年五月初七日。

军机大臣奉旨：准其择尤酌保，毋许冒滥。钦此。②

光绪九年五月二十九日，军机大臣奉旨：准其择尤酌保，毋许冒滥。钦此。③

---

①"邻封"，《奏稿》作"邻邦"。
②中国第一历史档案馆藏：《朱批原件》，档案编号：04—01—16—0213—091。又《奏稿》第593—600页。
③中国第一历史档案馆藏：《军机录副》，档案编号：03—5825—039。

022. 核办蒙部案件请照变通章程折

光绪九年五月初七日（1883年6月11日）

钦差大臣督办新疆军务通政使司通政使二等男臣刘锦棠跪①奏，为新疆边境毗连蒙部，遇有蒙古纠伙劫夺伤人案件，例无专条，拟请仍照变通章程随时核实办结，按季汇报，以归简易而靖边隅，请旨定夺，恭折仰祈圣鉴事。

窃新疆边远与内地情形迥异，经臣奏请将命盗案件暂行变通办理，由臣按季汇报，奉旨允准钦遵在案。前因绥来以西劫杀之案层见叠出，檄派记名提督陕西汉中镇总兵谭上连，统带马队四营旗，前往填扎，令其认真操防缉捕，以靖地方。兹据谭上连禀报：所部营官提督戴宏胜、帮办军务伊犁将军臣金顺所部黑龙江马队统领乌克都喜等，派队擒获塔尔巴哈台所辖霍柯柏赛里、蒙古巴依尔等四名，抢夺民人针致和等，并用洋炮轰伤吴得楼头颅，棒伤李老九唇鼻。同时取获赃物，带同该事主，查明黉夜纠伙骑马持械行劫，得赃伤人属实，擒获盗犯四名，一并交县管押。其在逃之们都伯勒克一犯，恳请通缉等情，到臣行营。比经批饬绥来县研讯确供详夺，一面移行通缉去后，嗣据该县讯详声明，新疆、蒙古抢夺，例无治罪专条，请示前来。

臣查例载：民人蒙古番子偷窃四项牲畜，以蒙古内地界址为断，如在内地犯窃，即照刑律科断。又热河承德府所属地方遇有劫夺之案，如事主系民人，无论贼犯是蒙古、是民人，专用刑律等语。惟新疆境内蒙古抢夺，例无专条，亦无办过成案。际此皇威遐畅，边徼敉平。绥来为北道门户，接连西湖、精河，倚山滨湖，中间伏莽堪虞，行李时忧戒备。昔郑卿公孙侨治郑，先之以猛；汉臣诸葛亮治蜀，行之以严。方隅事势所限，不能不从权补救，力挽时局之穷。古今不甚相远，臣愚拟新疆沿边、蒙古、内地交界地方，举凡界属内地之处，遇有拿获骑马持械、纠伙行劫贼犯，或蒙古，或民人，无论白昼黉夜、曾否伤人，但令赃证明确，讯供属实，拟请仿照奏准新疆命盗重案变通新章，由臣等随时分别核办完结，归入季报汇奏，似于成例不背，而

---

①此前衔据前后折件推补。

于地方善后裨益实非浅鲜。抑或饬部妥议，酌定专条，以重刑律而昭法守之处，臣等未敢擅便，现获贼犯，拟俟奉到批旨，钦遵分别办理。们都伯勒克一犯，获案另结。

所有新疆边境毗连蒙部遇有蒙古纠伙劫夺伤人案件例无专条，请仍照变通章程随时核实办结，按季汇报，以归简易而靖边隅，请旨定夺各缘由，是否有当？谨会同帮办军务伊犁将军臣金顺、乌鲁木齐都统臣恭镗，恭折由驿具陈，伏乞皇太后、皇上圣鉴训示施行。谨奏。光绪九年五月初七日。

光绪九年五月二十九日①，军机大臣奉旨：刑部议奏。钦此。②

【案】此折具奏日期，《奏稿》署"光绪九年五月初十日"。查光绪九年五月二十九日《军机处随手登记档》③，载有"报四百里，五月初七日哈密发"字样。据此，此折具奏日期当为"光绪九年五月初七日"。

023. 请将尽先游击王有道等留甘补用片
光绪九年五月初七日（1883年6月11日）

再，从前投效陕甘人员随同军营立功、堪资差遣者，迭经大学士前任陕甘督臣左宗棠奏明，留于甘省补用，奉旨允准钦遵在案。兹据巴里坤镇总兵徐占彪呈称：查有花翎尽先游击王有道、花翎尽先都司景祥亨二员，随征甘肃，迭著战功，熟悉边情。呈请以原官原衔奏留甘肃，按班补用，实于营伍有裨等情前来。

臣等复核无异。合无仰恳天恩俯准，将王有道、景祥亨二员一并留于甘肃，按班补用，出自鸿慈。除该员等履历清册随折咨送兵部查照外，谨会同陕甘总督臣谭钟麟，附片具陈，伏乞圣鉴训示。谨奏。

军机大臣奉旨：着照所请，兵部知道。钦此。④

光绪九年五月二十九日，军机大臣奉旨：着照所请，兵部知道。钦此。⑤

---

①此奉旨日期，据《军机处随手登记档》校补。
②《奏稿》第601—605页。
③中国第一历史档案馆藏：《军机处随手登记档》，档案编号：03—0238—2—1209—140。
④中国第一历史档案馆藏：《朱批原件》，档案编号：04—01—17—0181—049。
⑤中国第一历史档案馆藏：《军机录副》，档案编号：03—5179—075。

024. 遵照部议核改原保甘肃知府陈晋蕃片

光绪九年五月初七日（1883年6月11日）

再，臣营营务处花翎甘肃升用知府陈晋蕃，于同治初年随同大学士前陕甘总督臣左宗棠度陇西征，襄理营务，由监生累功获保今职。据禀：接奉新疆南北两路荡平案内保举饬知，光绪六年正月三十日内阁奉上谕：直隶州知州陈晋蕃，着免补本班，以知府升用。钦此。钦奉之余，只以无班可归，呈请奏咨更正，以昭核实前来。

臣查接管卷宗，此案左宗棠原拟底册内开，花翎甘肃候补直隶州知州陈晋蕃，请免补本班，以知府补用。而饬知该员系照部复恭录，核与原保升阶字样两歧，委系原缮保折时误将"补"字缮作"升"字，应恳天恩饬部更正注册，免致歧异，出自鸿慈。

理合附片具陈，伏乞圣鉴训示。谨奏。

光绪九年五月二十九日，军机大臣奉旨：吏部知道。钦此。①

025. 新疆八年秋冬两季命盗案件摘由汇报折

光绪九年六月十七日（1883年7月20日）

钦差大臣督办新疆军务通政使司通政使二等男臣刘锦棠跪奏，为新疆南北两路命盗案件照章按季摘由汇报，恭折仰祈圣鉴事。

窃臣前因新疆边远，迥异内地，所有命盗等案碍难拘泥例限，经臣体察情形，奏请暂行变通办理，按季摘由汇报，咨部立案，奉旨允准，历经钦遵办理在案。兹查光绪八年秋冬二季照章办理完结各案，综计七起。其在新疆南路东四城者，由臣据其初案批饬该管善后总局，提案复审；西四城各局初案详，由帮办军务广东陆路提臣张曜提案委审；北路各厅县之案，饬令详由道州复审。分别议拟咨详，概由臣悉心核察，分别批复完结。办理虽属变通，而执法尚属平允。揆度案情，参诸律例，均无枉纵。谨将办结各案摘由，汇缮清单，恭呈御览。

---

①中国第一历史档案馆藏：《军机录副》，档案编号：03—5179—074。

除咨部立案外,所有新疆南北两路八年秋冬二季变通办结各案缘由,理合恭折具陈,伏乞皇太后、皇上圣鉴。谨奏。光绪九年六月十七日。

军机大臣奉旨:刑部知道,单并发。钦此。①

光绪九年七月初八日,军机大臣奉旨:刑部知道,单并发。钦此。②

026. 呈八年秋冬两季办结命盗等案摘由汇报清单

光绪九年六月十七日(1883年7月20日)

谨将新疆南北两路光绪八年秋冬二季分变通办结命盗等案摘由,汇缮清单,恭呈御览。计开

秋季分:

一件:吐鲁番厅回民米拉五提之父哎思拉充当差丁,亏公被控,经该厅断结。嗣色林八亥、札各尔、哎吉八亥等遇见哎思拉,同声责其不应再充差丁,而米拉五提误听有开令八亥逼令伊父勒写不当差丁甘结情事,怀忿起意图赖,谋杀七岁幼弟吉里尔于开令八亥院内。报厅验讯,开令八亥并无勒写甘结情事。惟色林八亥、札各尔、哎吉八亥等各有烦言,以致米拉五提误听图赖,亦无谋产挟仇情事,解由镇迪道复审无异,详经臣察核。该犯米拉五提谋杀幼弟图赖,实属残忍已极,罪不容诛。当即批饬将该犯就地正法。色林八亥、札各尔、哎吉八亥虽讯无谋充差丁情事,肇衅酿命,究属不合,亦饬均照不应重律,杖八十,折责发落。开令八亥既无勒写不当差丁甘结情事,应免置议。哎思拉革役,另派妥人接充。余照原断,完结。

一件:敦罕缠回塔什买提因哈立买特催索觉保欠银,与阿不都拉并其兄哎满提争斗,上前解劝,因被哎满提混殴,遂夺获木头,殴伤哎满提,越日身死。报经保甲局验讯,并非同谋共殴、有心致死,亦无起衅别故;并声明该犯系属亲老丁单,曾经查传该犯族邻、乡约人等,讯明属实,取具甘结,加具钤结,解由阿克苏善后总局复审加结,详经臣察核。已死哎满提首先逞凶,致被回殴,伤仅一处,情罪尚轻。当即批饬将该犯塔什买提枷号三个月,满日折责,取保释回,准其存留养亲。阿不都拉既立限觉保窝斯满短欠

---

①中国第一历史档案馆藏:《朱批原件》,档案编号:04—01—01—0950—024。
②中国第一历史档案馆藏:《军机录副》,档案编号:03—7248—042。

哈立买特獭皮价银，尚未届期，当哈立买特索讨时，并不婉为调停，辄吵闹揪扭，致伊兄哎满提帮护，死于非命。哈立买特索欠酿命，均属不合。亦饬各照不应重律，杖八十，分别折责发落。窝斯满欠银照追给领，完结。

一件：阿克苏缠回买卖提因伊母罕代俩被哎利克揪发殴打，事在危急，顺拾地上木头冒殴，适伤哎利克身死。报经保甲局验讯，供认不讳，并声明核与人命案内，如父母被人殴打，实系事在危急，其子救护情切，因而致死人命者、援例两请之例相符等情。解由该城善后总局复讯无异，详经臣察核，情罪尚轻，当即批饬将该买卖提锢禁两年，满日折责发落。犯母罕代俩讯无帮殴情事，应免置议，完结。

一件：沙雅尔缠回克南木因图财谋杀贾明益并其妻贾王氏各身死。报经保甲局验讯，供认不讳，解由库车善后总局复讯无异，详经臣察核，该犯克南木图财谋害一家二命，实属凶悍已极。当即批饬将该犯就地正法，仍枭首犯事地方，悬竿示众，以昭炯戒，完结。

一件：阿克苏客民石金亭因疯病忽发，砍伤缠回乔娄克，伤后中风身死。报经该城善后总局验讯，该犯实系疯迷，复审数次，供始明晰，验明乔娄克中风情形属实。并据声明该犯自锁锢后，再未举发，拟将该犯查照变通章程，酌量年限，选籍监禁等情。经臣察核，砍由疯发，死系中风，情罪尚轻。当即批饬将该犯石金亭选解原籍河南南阳府新野县，交地方官严行锢禁两年，期满确验疯病是否痊愈，照例办理，完结。

冬季分：

一件：奇台县寄寓吐鲁番厅缠回爱子兰因挟爱提八亥不准打牲之嫌，谋杀爱提八亥、阿不都父子二命，并致死阿斯八亥减口各身死。报经该县验讯，并无同谋加功及起衅别故，解由迪化州审解镇迪道，复审无异，详经臣察核，情节凶残已极，罪不容诛。当即批饬将该犯爱子兰就地正法，仍枭首犯事地方，悬竿示众，以昭炯戒，完结。

一件：叶尔羌缠回来立下因芒素与其嫂哎立买在沙滩行奸，登时用棍将芒素殴伤身死。报经该城善后总局验讯，并无挟嫌及起衅别故，详由帮办军务广东陆路提督臣张曜委审无异，咨经臣察核，杀由义忿，情罪尚轻，当即咨饬将该犯来立下锢禁半年，满日折责发落。哎则木先向哎立买调奸，复至沙滩宿候，原欲趁芒素与哎立买奸毕，再自与之行奸，虽因来立下捉殴芒素发觉，以致未成，究属不法。亦咨饬将该犯哎则木枷号一个月，满日折责发落。哎立买与芒素通奸,依军民相奸例,枷号一个月,杖一百,系犯奸之妇,杖讫枷赎给本夫领回,听其去留,完结。理合登明。

军机大臣奉旨:览。钦此。①

027. 奏报力疾销假仍恳开缺简员接替折
光绪九年六月十七日(1883年7月20日)

钦差大臣督办新疆军务通政使司通政使二等男臣刘锦棠跪奏,为微臣假期届满,病势较前稍减,谨体圣慈,权为销假,力疾趋公,藉以维系事局,勉支时月,仍恳天恩俯允,如臣原奏开缺,交卸差使,迅简贤员接替,以重边务,臣得赶为调治,图报将来,恭折沥陈,仰祈圣鉴事。

窃臣前因病难速痊,于本年正月二十八日奏请开缺交卸,回籍调治,旋于三月二十一日②承准军机大臣字寄:光绪九年三月初三日奉上谕:刘锦棠奏病难速痊、恳请开缺一折。览奏,情词恳切,实深廑系。第念刘锦棠自督办新疆军务以来,经理一切事宜,诸臻妥协,威望允孚,深资倚任。现在伊犁交涉之事尚多枝节,俄境匪类时出滋扰,外患未靖,大兵势难遽撤,边疆紧要,正赖重臣镇慑,未便遽易生手。刘锦棠着再赏假三月,在营安心调理,毋庸开缺,并发去人参六两,以资调摄。该大臣受恩深重,务当体念时艰,勉图报称,以纾朝廷西顾之忧,有厚望焉等因。钦此。跪聆之下,感激涕零。当即恭设香案,望阙叩头祗领,恭折叩谢天恩。感切再生,惧图报之无地;宠邀非分,矢尽瘁以何辞。

数月以来,专壹服调,倍加珍摄,日期速奏神效,立起沉疴。督臣谭钟麟怜臣困惫,函寄外治验方。臣比依方合药煮布,缝制襦裤,薄肉熨贴,寝息与俱,更番制换,总期内外夹攻,药力充足无息,或能积瘵渐除。前者自汗、惊悸、晕眩诸证与腿痛同时交作,而汗出尤甚,时自危惧。说者以为臣素体肥气壮,不离鞍马③,近因脚气,连服附桂峻剂过多,以至阳浮于上,自汗不止,劝令停药静摄,言之恳切。臣察其所言近理,停止汤药,已历数月,而病势如故,特自汗少戢而已。

---

①中国第一历史档案馆藏:《清单》,档案编号:03—7248—043。
②"旋于三月二十一日",《奏稿》作"旋于三月十一日"。
③"不离鞍马",《奏稿》作"不能鞍马"。

入夏以后,恪遵圣训,安心调理,加以外治。适值纯阳阴伏之时,寒退暑生,荷蒙再造鸿施,脚气较前轻减,渐能缓步幕庭。然阴寒湿渍,沉痼已深,元气大索。当兹盛暑,炎烈袭人,上体汗出如注,而由腿膝以达足拇,肤冷如冰,虽内着重棉,外附绒皮,当午并不发热,汗泽枯竭,左足消瘦更甚于前。每值天气阴凉,或早夜偶尔失检,脚气辄作,痛楚仍前,流注反复无定,时或麻木不支。坐治官书,批阅过多,思虑过度,辄发晕眩,夜不成寐,惊悸不宁。似此未秋先零,势必重辜高厚。伏读谕旨,殷忧西事,厚望微臣,感激五中,惶悚弥至。际兹边事未集,边防难弛,所有操防、善后、抚辑诸务稍有疏虞,动关大局。如臣驽钝,纵令夙夜经营,殚精竭虑,奋迅以图,犹惧疏脱,贻误事机。矧自去冬病剧乞假至今,历时已逾七月之久,举步维艰,迄未能冠带,接见僚属,或遇禀白机要,事情重大,必需躬亲,均就卧内裁决。委顿至此,泄沓之虑可胜言哉！

兹幸渥荷生成,腿痛稍减,谨恪遵慈训,敬于假满之日,力疾强起视事,藉以上纾朝廷西顾之忧,下系军民耳目之属。约计秋尽冬来,中俄画分界务,谅能次第就绪。南疆建置郡县诸事,委员试署,亦可粗具规模。各路防军经臣随时督饬,工役之暇照常操演,加意巡防,罔敢疏忽。伊犁自俄兵撤退后,规复旗营,修治城垣,清查善后,金顺业经次第举办。原设卡伦,亦均照旧安设,分隶各旗。绥来迤西,道途近尚安谧。其南路沿边内外卡伦,臣前驻军疏勒时,宣布天威,比饬①内附之布鲁特各部头目按段驻扎,分守卡隘,讥禁出入。臣每因事察情,该布夷人众均各感戴皇仁,怀德畏威,甘心臣仆。张曜接管西疆,恩信交孚,夷情帖服,部署经营,诸臻妥协,足纾宸廑。

伏念臣起自田里,待罪行间今二十年,体素强壮。曩时效力前驱,冰天雪夜中,尝与诸将领卒乘出入锋镝,枕戈露宿,习以为常。每逢大敌,指挥鏖战,疾进逐北,凫水登壁,驰骋淤淖,不离鞍马,未尝有病。而性偏忌药,金积受病之源,半由自恃血气,昧于调摄,以致渍渐成痼。数年以前,每逢节序作痛,不过数日,旋即平复如常,或当甚痛时遇有战事,据鞍上马,病遂若失,初不料日甚月益而岁不同,有如今日之困窘者也。近今两年,感时辄复发痛,入冬增剧,转届隆冬,又将如旧为灾,计将安出？据医者云,致病之

---

① "比饬",《奏稿》作"并饬"。

由，初因寒湿中于下焦，由表侵里，积年太久，浸成沉疴。趁此年力尚强，患处疼痛麻木，尚能自觉，犹可施剂疗治。若再迁延岁月，根株日深，将驯至不可救药。闻之心怦。

夫边防如此其紧要，宠任如此其专一，恩眷如此其隆崇，而微臣独如此其偃蹇。臣受恩深重，沦浃肌髓，倘令贪荣恋栈，不直陈于君父之前，万一因病废事，纵蒙圣慈宽宥，而臣心何以自安！再四图维，拟恳天恩，如臣前奏所请，藉得回籍，专心调治，勉图报称，不胜惶悚激切待命之至。

所有假期届满，病势较前稍减，谨体圣慈，权为销假，力疾趋公，藉以维系事局，勉支时月，仍恳天恩俯允，如臣原奏开缺，交卸差使，迅简贤员接替，以重边务，臣得赶于调治，图报将来各缘由，是否有当？谨恭折具陈，伏乞皇太后、皇上圣鉴训示。谨奏。光绪九年六月十七日。

军机大臣奉旨：览奏，已悉。该大臣年力正强，际此时艰孔棘，惟当勉图报称，以副委任。钦此。①

光绪九年七月初八日，军机大臣奉旨：览奏，已悉。该大臣年力正强，际此时艰孔棘，惟当勉图报称，以副委任。钦此。②

028. 奏报遵旨保荐人才缘由折

光绪九年六月十七日（1883年7月20日）

钦差大臣督办新疆军务通政使司通政使二等男臣刘锦棠跪奏，为遵旨切实复陈，仰祈圣鉴事。

窃臣钦奉本年三月初三日上谕：前经谕令各直省将军、督抚暨统兵大臣等访求才略过人足任将帅者，秉公保荐。际兹需才孔亟，该大臣平时见闻所及，必有所知。即着切实保奏，以备任使。将此由五百里谕令知之。钦此。等因。伏见皇太后、皇上明目达聪、博采旁咨、储才待用之至意，跪聆之下，钦感莫名。

臣窃维发虑治事本乎才，烛几决策视乎略，天姿学力之攸殊，事权时势之不一。历观往古，证之当今，大率将帅之选其凡有四：文武备足，智勇兼

---

① 中国第一历史档案馆藏：《朱批原件》，档案编号：04—01—16—0213—106。又《奏稿》第607—616页。
② 中国第一历史档案馆藏：《军机录副》，档案编号：03—5181—039。

优,遗大投艰而能不动声色、措理裕如者,上也。大略雄材,不拘末节,独当一面,辄能所向有功者,次也。沉毅有谋,善察地势、敌情,战胜攻取者,又其次也。至于忠勇朴练,战守两资,虽才智不过中人,而临危陷阵,独能奋不顾身、克成厥志者,则一将之良而已。盱衡时局,求其才略迈众而志节坚贞,不可摇夺,允叶师中之吉,真堪推毂之选者,盖亦难其人矣。

夫人臣之义莫大乎以人事君,而人不易知,尤贵有知人之哲。近如前大学士臣曾国藩、前湖北抚臣胡林翼,遭际圣明,因时刻荐。其所甄拔,或由诸生致位封圻,或由隶卒浻至专阃。文经武纬,垂光史册。中兴人才之盛,于斯为极,盖千载而一时矣。然曾国藩等类皆学有根柢,望重当时。方其抱膝长吟,已具揽辔澄清之慨,知人论世,寸心自足千古。其所蕴蓄者闳,故其所表见者大而远;其所赏鉴者真,故其所裁成者曲而当也。微臣效力行间,才识庸暗,山林奇伟之士,既少结纳于平时,而老成先达之流,又未敢谬登诸荐剡。伏读谕旨,该大臣平时见闻所及,必有所知,着即切实保奏,以备任使等谕。圣训煌煌,显示以举尔所知之意,用敢恪遵谕旨,就臣平时同役最久、相知最真之文武大员足备将帅之选者,为皇太后、皇上切实陈之。

太常寺卿吴大澂,学识闳远,文武兼资。曩时视学陇中,与臣纵谈边事、兵事,援古证今,不泥不悖,油然经术之腴,心为倾折者久之。洎观其钦奉简命,督办宁古塔事宜,治军察吏,具睹成效,固已早契乎宸衷,毋俟臣言琐琐矣。广东陆路提督张曜,忠勋卓著,智略过人,近尤敦尚儒术,深达政体。西四城善后诸事,经臣奏归综核,悉臻妥洽。其于南疆地势边情,了如指掌,尤善得外部夷商之心,其才略过人远矣。记名提督甘肃宁夏镇总兵谭拔萃,勇略冠群,才堪应变,经历行阵二十余年,先后剿办发、捻、回、土各逆,肃清全疆,由勇目累功历保今职,实授总兵,分领偏师,无役不从,所向克捷,实一时将臣中出色当行、堪胜专阃之任者。

题奏提督董福祥,朴讷勇敢,坚忍善战,自金积堡立功后,随臣转战陇边,荡平新疆南北两路,陷阵冲锋,赴机迅速。凡遇大股巨寇,攻拔险要,罔不身先士卒,亲冒矢石,故能战胜攻取,冲突无前。该提督生长西陲,于边徼地势、贼情,灼见真知。所部将卒大都关陇土著,习水土而知其心,置诸边要,实堪一面之寄。前经臣吁恳天恩擢用在案。察其忠勇,绰有原任陕西提督臣潘育龙①、原任太原镇总兵臣王进宝②之风,至足尚矣。其部将现统定远军题奏提督张俊,勇敢善战,不避艰险,且有机略,与董福祥同里相友善,自从征战,戮力一心,历久不渝,盖亦一时陇产中将才之杰也。如蒙圣慈,量予简用,必能忠义奋发,足备缓急。

  浙江题奏道袁垚龄,晓畅戎机,深达治体,向在臣军办理营务,身临前敌,忠信明决,宣力边疆十有二年,始终如一,每有献替,悉合机宜,允乎众望,现回安徽原籍,拟恳天恩破格录用,必能有裨时局,不负任使。陕西题奏道罗长祜,识略过人,练习边务,随臣督师出塞已逾十年,运筹决策,所向有功,两经奏恳鸿施,破格录用。该员现总理臣军营务,统领湘军,驻防阿克苏,和辑将卒,抚驭边民,悉能得其欢心,办理从无贻误,诚一时边才特出之选。统领礼字军记名提督伊犁镇总兵刘宏发③,胆识俱优,勇略出众。分统嵩武亲军补用总兵刘世俊,英毅勇敢,卓荦不群。兹二员者,随同金顺、张曜,转战数省,效命边疆,劳绩懋著,要皆边将之卓卓者。记名副都统恩泽,廉公不阿,学识淹贯,前在金顺军营襄赞戎幄,素以正派著名,臣所稔知。历署巴里坤、乌鲁木齐领队,整顿营伍,兴屯劝学,具有成效,盖一时儒将之杰也。

  臣维将帅之选,资禀固不系于人为,而才智之生韬钤,实半成于历练。军兴之始,夙将儒臣持节讨逆,而或不称厥职者,非其才略之必不如人,盖时异事殊,知经而不达权,安常而未能应变故也。幸赖神圣相承,虚衷延揽,破格用人,于是奇杰之士、朴勇之夫,各得展其所学而献其所长,报累朝养士之恩,抒臣子效忠之义,一倡百和,崛起不穷。虽方隅攸分,时势判隔,而临机应变,矩方规圆,或师其所长,则以敌资我,或攻其所短,则以我制人。备极艰险而才智生,出入生死而胆略生。勇敢则进之于智谋,深沉则益之以果毅。束以步伐之律,发其忠义之良。晓然兵屯相发之宜,则军无

---

①潘育龙(?—1719),字飞天,甘肃靖远人。康熙初从军,历官千总、守备,总兵,陕西提督,镇绥将军。封拖沙喇哈番世职。康熙年间,先后剿办三藩之乱、噶尔丹叛乱,转战宁夏、陕西、甘肃等处。卒谥襄勇。
②王进宝(1626—1685),字显吾,甘肃靖远人。初投效军营,保守备,累迁参将。康熙十二年(1673),擢西宁总兵,参与平定吴三桂叛乱。十五年(1676),迁陕西提督,攻平凉,克固原、庆阳等地,旋出师汉中,入四川,战功尤多,与赵良栋、张勇合称西北三汉将。卒赠太子太保,赐祭葬,谥忠勇。
③刘宏发,生卒年不详,湖北黄陂人,晚清将领。同治初,从金顺西征,克肃州,进军新疆,累官至提督。

乏食;明于军民相保之义,则兵不扰民。可战可守,能发能收,知经达权,应变莫测,具体偏长,均归有济。卅年以来,廓清寰宇,重熙累洽,得人之效,比隆前古,夫岂偶然？臣以凡庸,遭逢殊遇,忝边疆之重寄,更喉舌之攸司。恩眷特隆,获与保荐,敢不据实敷陈,对扬休命也哉！

至于金顺之老成重望,谋勇俱优,历著忠勋,久已圣心简在,臣何庸赘赞一辞！抑臣更有说者,全疆辽远,接壤强邻。西疆极边,去京师万里而遥,距兰垣亦七八千里,遇有警报,鞭长莫及。祖宗朝勘定回疆,历次进兵,均由伊犁北路取径而南。其时将军、大臣类皆勋旧老宿,生长北方,挑练索伦各旗营官兵暨陕甘绿营,大率一时精锐,将帅卒伍,指臂相使,水土相习,故能一气旋转,呼应灵通,扫穴犁庭,易如反掌。

将臣南产,惟杨遇春①而已。今兹边防紧要,迥非昔比。郡县设定后,局势一变。各路防军,如臣所部大率东南为多,久役边域,终非长策。将来提臣是否南移,届时应听圣裁。其应设武职营兵,臣愚以为宜慎选关陇土著、久经战阵之将领充选,从长计议,实于边戍、屯防、粮饷诸事深为合宜,较之多留客军征调换防,其利病相去远矣。刍荛之见,是否有当？伏候圣明采摭。

除仍随时访求边才另案保奏外,所有遵旨切实复陈各缘由,谨恭折具陈,伏乞皇太后、皇上圣鉴训示。谨奏。光绪九年六月十七日。

光绪九年七月初八日②,军机大臣奉旨:留中。钦此。③

029. 特参知府李培先贪劣不职请革职讯办片

光绪九年六月十七日(1883年7月20日)

再,留甘题奏知府李培先久在陕甘军营,历办粮屯、税厘、代理凉州府

---

①杨遇春(1760—1837),字时斋,四川崇庆人。武举出身,初任守备。乾隆六十年(1795),补云南督标中营都司,迁四川松潘镇标中营游击。嘉庆元年(1796),授四川普安营参将。是年,调广东罗定协副将。三年(1798),授甘肃西宁镇总兵官。五年(1800),署甘肃提督。六年(1801),实授甘肃提督,赏云骑尉、骑都尉世职。七年(1802),调补固原提督,晋二等轻车都尉。十一年(1806),补陕西宁陕镇总兵。十三年(1808),调陕西提督。同年,补乾清门侍卫。十八年(1813),授二等男。十九年(1814),封一等男。二十五年(1820),加太子少保。道光五年(1825),授陕甘总督。六年(1826),充钦差大臣。七年(1827),授太子太保。八年(1828),补陕甘总督。十五年(1835),加一等昭勇侯,嗣以年老辞官归里。卒赠太子太傅、兵部尚书,谥忠武。
②此奉旨日期,据《军机处随手登记档》(档案编号:03—0239—1—1209—176)校补。
③中国第一历史档案馆藏:《军机录副》,档案编号:03—5825—100。据文字及御批可断,此折即为原件。又《奏稿》第617—628页。

篆务,于陇边情形较为熟悉,经臣委办玛拉巴什善后分局,尚无贻误。嗣令接办阿克苏善后事宜,数月之后,渐闻该员声名甚劣,委员密查,所有掯取余粮、违例折色等弊,人言啧啧,均属有因。际此开设郡县之初,澄叙官方,尤为第一要务。似此贪劣不职,未便稍事姑容。

除将该员撤委提营查办,并拣员驰往接办局务外,相应请旨将留甘遇缺题奏知府李培先先行革职,以便归案究办。谨会同帮办军务广东陆路提督臣张曜,合词附片具陈,伏乞圣鉴训示。谨奏。

军机大臣奉旨:着照所请,该部知道。钦此。①

光绪九年七月初八日,军机大臣奉旨:着照所请,该部知道。钦此。②

030. 请饬同知赵兴隽留营差遣片

光绪九年六月十七日(1883年7月20日)

再,知府用甘肃补用直隶州知州署宁灵厅抚民同知赵兴隽,于同治年间先随湘军剿贼,迨宁灵肃清,同治十一年经前陕甘总督臣左宗棠遴委,该员署理宁夏水利同知。该处久遭兵燹,渠道湮塞。该员不惮艰辛,设法疏浚,后因金积堡为河东形胜之区,左宗棠疏请划地设官,裁并水利同知为宁灵厅抚民同知,以该员实心勤民,清操夙著,檄署斯缺,创立一切,悉臻妥善。该员以其胞兄无故、亲老思子,呈由左宗棠核明,准其回籍终养,附奏在案。上年,行营截算饷目,该员曾司湘军支应,尚有经手事件,比经函调,兹已到营,清厘就绪。该员思亲念切,即欲遄归,志不少待。

臣以新疆南路现值设官之始,地属穷边,事皆创建,必须得人而治。如该员之深谙事体,实属不可多得。闻其父母精力均甚强健,且查该员有子在籍,年已逾冠,足以承欢,不得不为地择人,勉留效力塞外。应恳天恩俯准,将知府用甘肃补用直隶州知州前署宁灵厅抚民同知赵兴隽留于臣营差遣,以资臂助,并恳饬下湖南巡抚,转饬该员原籍湘乡县知照,一俟差遣事竣,仍令回籍终养,俾遂孝思。

---

①中国第一历史档案馆藏:《朱批原件》,档案编号:04—01—13—0431—089。
②中国第一历史档案馆藏:《军机录副》,档案编号:03—5181—040。

除咨部外,谨附片具陈,伏乞圣鉴训示施行。谨奏。

军机大臣奉旨:赵兴隽着准其留营差遣,一俟差遣事竣,仍令回籍终养,即着该大臣咨行湖南巡抚,转饬知照。钦此。①

光绪九年七月初八日,军机大臣奉旨:赵兴隽着准其留营差遣,一俟差遣事竣,仍令回籍终养,即着该大臣咨行湖南巡抚,转饬知照。钦此。②

031. 奏报关外营勇数目驻防处所缮单立案折
光绪九年七月初一日(1883年8月3日)

钦差大臣督办新疆军务通政使司通政使二等男臣刘锦棠跪奏,为甘肃关外湘楚皖蜀诸军马步各营旗弁勇数目、驻防处所,谨分晰缮具清单,奏明立案,恭折仰祈圣鉴事。

窃臣接准户、兵两部咨开:凡兵勇数目,设防某处,从前未经奏明者,限即奏明报部等因。查前督臣左宗棠原部关外诸军,自臣受代以来,陆续裁遣多营,藉省饷需,现并权抵乌鲁木齐提标额兵之土勇,仅存五十余营旗。计自哈密,南至和阗,北至精河,纵横万里,均须节节布置。伏读谕旨,大兵未可遽裁。仰见圣谟广运、廑念西陲之至意。

就全疆之形势,哈密为关内外之咽喉、南北路之总汇,臣营驻此,策应各路,期于呼吸相通。随驻亲军,朝夕训练,以备不时之征调,兼顾转输之根本。其南路之吐鲁番、托克逊、喀喇沙尔、库尔勒、布告尔、库车、拜城、阿克苏、乌什、玛喇巴什、喀什噶尔、叶尔羌、和阗等处,北路之巴里坤、古城、阜康、古牧地、乌鲁木齐、玛纳斯、奎屯、安集海、精河等处,两路各城所属,南则缠回新抚所在,毗连外部,以喀什噶尔为边要之区,张曜之行营驻之;北则山岭纷歧,多接蒙壤,以伊犁为边要之区,金顺之军府在焉。

臣部统筹设防,视其冲僻,度其险夷,以定营数之多寡,远近相维,脉络贯注,须中坚而后劲,免百密之一疏。俄人新就款约,通商伊始,务在勤修边政,乃可固圉靖邻。臣前请改兵制,部议须俟缓图,则现存之营旗,论地

---
①中国第一历史档案馆藏:《朱批原件》,档案编号:04—01—13—0431—088。
②中国第一历史档案馆藏:《军机录副》,档案编号:03—5181—041。

方之辽远,兵力尚形其单;论协饷之艰难,供支恒虞不继。顷以咨商金运昌,将所存卓胜军之马步五营分作七、八、九三个月,概行裁撤。头起由臣设法腾挪,垫饷清欠,其二三起专恃山西迅筹大批西来,始为有著。而奉旨饬催该省提前赶解之款,尚未接准抚臣来咨指拨,实苦难于罗掘。除再咨催外,该五营既已尽遣,当另抽营填扎旧防,此外更难裁并。盖边疆要地必得重兵镇驻,方足以资防范而壮声威也。

所有关外湘楚皖蜀诸军马步各营旗弁勇数目及驻扎处所,谨分晰缮具清单,恭呈御览。伏乞皇太后、皇上圣鉴,饬部立案施行。谨奏。光绪九年七月初一日。

军机大臣奉旨:该部知道,单二件并发。钦此。①

光绪九年七月二十三日,军机大臣奉旨:该部知道,单二件并发。钦此。②

032. 呈关外马步各营旗员弁勇丁等数目清单
光绪九年七月初一日(1883年8月3日)

谨将甘肃关外湘楚皖蜀诸军马步各营旗自光绪七年正月起陆续裁并、酌留遣勇改支坐粮并新募土勇权抵乌鲁木齐提标额兵截至光绪九年三月止实存官弁、勇丁、马夫、马匹数目,开具四柱清单,恭呈御览。计开

旧管:光绪六年十二月底止,关外实存驻防步队四十七营一旗、马队二十三营六旗、开花炮队三哨、小马队五哨,共计实存旧额弁勇三万九百三十七员名,额外营哨官二百三十五员,额外火夫七百五名,额外长夫、马夫一万七千六百一十五名,额马六千五百五十八匹,炮车十八辆,车骡四十八头。

新收:光绪八年七月起,挑募工勇步队七旗,权抵乌鲁木齐提标额兵,并酌挑遣勇步队二旗、马队一旗,共计照额新添弁勇三千四百五十五员名,额外火夫十四名,额外长夫、马夫三百五十六名,额马一百二十七匹。

开除:光绪七年八月底止,裁并步队七营、马队一营三旗,又马队一旗,

---

①中国第一历史档案馆藏:《朱批原件》,档案编号:04—01—01—0949—005。又《奏稿》第629—647页。

②中国第一历史档案馆藏:《军机录副》,档案编号:03—6018—046。

内裁汰弁勇六十九员名,其余并作一哨。共计裁撤旧额步马弁勇四千一百九十四员名,撤去额外营哨官三十五员,裁去额外火夫七十七名,裁去额外长夫、马夫二千二百八名,裁减额马七百四匹。光绪八年五月底止,裁撤步队四营、马队二营,共计裁撤旧额弁勇二千五百员名,撤去额外营哨官二十员,裁去额外火夫五十四名,裁去额外长夫、马夫一千三百九十名,裁减额马五百四匹。光绪八年九月底止,裁撤步队二营、马队四营,共计裁撤额旧弁勇二千员名,撤去额外营哨官十员,裁去额外火夫一百八名,裁去额外长夫、马夫一千六百二十八名,裁去额马一千八匹。

实在:光绪九年四月起,实存行粮步队三十营一旗、坐粮步队二旗、土勇步队七旗、行粮马队十六营一旗、坐粮马队一旗,总计五十八营旗、开花炮队三哨、小马队五哨。共计实存额设弁勇二万三千五百一十七员名,实存额外营哨官一百五十员,额外火夫四百六十名,额外长夫、马夫一万一千七百六十五名,额马四千二百八十六匹,炮车十八辆,车骡四十八头。

军机大臣奉旨:览。钦此。①

033. 呈关外各营旗驻扎处所并员弁数目清单
光绪九年七月初一日(1883年8月3日)

谨将甘肃关外湘楚皖蜀诸军马步各营旗驻扎处所并统领营官衔名自光绪九年四月起实存数目,开具清单,恭呈御览。计开

一、大营亲军步队四营、官马队二营、开花炮队一哨。内副将谭用宾管带亲军前营步队一营,提督张仕林管带亲军左营步队一营,提督邓政升管带亲军右营步队一营,提督张复良管带亲军后队步队一营,提督苏贵兴管带官马队左营一营,副将焦大聚②管带官马队右营一营,游击廖克明管带

---

①中国第一历史档案馆藏:《清单》,档案编号:03—6092—054。
②焦大聚(1849—?),江苏上元(今属南京)人。光绪二年(1876),以把总尽先拔补。四年(1878),保都司,加游击衔,推补参将。七年(1881),保副将。十年(1884),加总兵衔。十五年(1889),保以副将留于新疆,尽先补用。十七年(1891),借补新疆吐鲁番营游击。二十一年(1895),署新疆抚标中营参将,统领督标亲军。次年,保以总兵遇缺简放,旋以提督记名简放。二十三年(1897),补授新疆伊犁镇总兵,署陕西河州镇总兵。二十六年(1900),擢新疆提督,兼署甘肃提督。先后赏加伟勇巴图鲁、胡松额巴图鲁勇号。

开花炮队一哨。以上亲军步队四营、官马队二营、开花炮队一哨,驻扎哈密附城。

一、哈密东西两路步队二营一旗、马队二营。内营务处记名提督萧章开管带绥定营步队一营,驻南山口。提督喻先达管带靖远营步队一营,驻瞭墩。提督丁连科管带安边步队一旗,驻黄芦冈,副将齐彩辉管带绥定营马队一营,驻辟展。提督陈美仙管带定远营马队一营,驻七克腾木。以上步队二营一旗、马队二营,归提督萧章开统领。

一、南路吐鲁番驻防步队一营、马队一营。内总兵徐万福管带建威营步队一营,驻防吐鲁番城。提督黄万鹏管带扬威马队一营,驻托克逊。以上马队一营、步队一营,均归提督萧章开统领。

一、喀喇沙尔、库车两城驻防步队三营一旗、马队一营。内记名提督甘肃宁夏镇总兵谭拔萃率小马队一哨、安远军中营步队一营,驻防库车城。总兵王文安管带安远军左营步队一营,驻防布告尔。补用知县刘兆松管带安远军右营步队一营,驻防库尔勒。总兵王玉林管带精骑后营马队一营,驻防喀喇沙尔城。提督万胜常管带安边步队一旗,驻扎喀喇沙尔。以上步队三营一旗、马队一营,均归提督谭拔萃统领。

一、阿克苏、乌什两城驻防步队六营、马队二营、开花炮队一哨。内总理营务处道员罗长祜率小马队一哨、老湘右军中营步队一营,驻防阿克苏城。提督汤彦和管带老湘右军前营步队一营,驻扎拜城。副将庄伟管带开花炮队一哨,驻防阿克苏城。提督曾楚胜管带老湘右军右营步队一营,驻防札木台。提督胡义和管带老湘右军左营步队一营,驻扎阿克苏附城。总兵刘必胜管带老湘军寿字马队一营,驻扎浑巴什。提督潘长清管带老湘左军左营步队一营,驻扎乌什附城。提督萧拱照管带老湘左军右营步队一营,驻扎乌什附城。提督杨德俊管带恪靖中营马队一营,驻防骆驼巴什。以上步队六营、马队二营、开花炮队一哨,归道员罗长祜统领。

一、叶尔羌、和阗两城及叶尔羌属之玛喇巴什城驻防步队三营、马队二营。内提督董福祥率小马队一哨、董字中营步队一营,驻扎叶尔羌汉城。提督杜锡斌管带董字左营步队一营,驻防玛喇巴什。提督田九福管带董字右营步队一营,驻扎叶尔羌附城。提督夏辛酉管带恪靖右营马队一营,驻扎叶尔羌附城。提督张宗本管带恪靖后营马队一营,驻扎叶尔羌附城。以上步队三营、马队二营,归提督董福祥统领。提督张俊率小马队一哨、定远中营步队一营,驻扎和阗城。提督胡登花管带定远左营步队一营,驻扎和阗附城。总兵周天才管带定远右营步队一营,驻扎杂瓦台。以上步队三营,归提督张俊统领。

一、喀什噶尔驻防马队二营一旗、步队一旗、开花炮队一哨。内提督武朝聘管带西征左营马队一营,驻扎喀什噶尔城南。游击陈文英管带开花炮队一哨,驻扎喀什噶尔汉城。副将谷振杰管带西征右营马队一营,驻扎牌素巴特。都司张洪畴管带布鲁特马队一旗,驻扎喀什噶尔回城。提督董天海管带喀什防营步队一旗,驻扎喀什噶尔回城。以上马队二营一旗、步队一旗、开花炮队一哨,归提督武朝聘统领。

一、北路巴里坤、古城驻防步队二营、马队二营。内提督李洪超管带呼敦左营马队一营,驻扎巴里坤。提督李玉春管带呼敦右营马队一营,驻防木垒河。总兵罗平安管带蜀军正营步队一营,驻扎巴里坤附城。提督宋贤声管带蜀军副营步队一营,驻扎古城。以上马队二营、步队二营,归巴里坤镇总兵徐占彪统领。

一、乌鲁木齐驻防步队三营、马队二营。内卓胜军营务处记名提督王凤鸣管带卓胜军亲兵步队一营,驻扎乌鲁木齐。游击王法贞管带卓胜军左营步队一营,驻扎阜康县。参将殷树洪管带卓胜军右营步队一营,驻扎古牧地。提督周云田管带卓胜军前营马队一营,驻扎柴窝铺。总兵牛允诚管带卓胜军后营马队一营,驻扎滋泥泉。以上步队三营,归提督王凤鸣统领。马队二营,归提督周云田统领。均归乌鲁木齐提督金运昌节制。

一、绥来、奎屯驻防步队三营、马队一旗。内记名提督调补甘肃西宁镇总兵谭上连率小马队一哨、老湘亲军中营步队一营,驻扎绥来城。提督新授陕西汉中镇总兵戴宏胜管带老湘亲军左营步队一营,驻扎奎屯台。总兵张清和管带老湘亲军右营步队一营,驻扎安集海。提督李其森管带定远马队一旗,驻扎绥来附近。以上步队三营、马队一旗,归记名提督谭上连统领。

一、乌鲁木齐提标新募土勇,权抵制兵步队七旗,内乌鲁木齐提标中军参将武魁管带中军土勇步队一旗,乌鲁木齐城守营都司张积功管带城守营土勇步队一旗,济木萨参将郝忠裔管带济木萨营土勇步队一旗,乌鲁木齐提标左营游击邓得贵管带左营土勇步队一旗,乌鲁木齐提标右营都司赵文斌管带右营土勇步队一旗,玛纳斯协副将张怀玉管带玛纳斯营土勇步队一旗，库尔喀喇乌苏营游击刘春元管带乌苏营土勇步队一旗。以上土勇步队七旗，各按汛地驻扎，均归乌鲁木齐提督金运昌统辖。

以上驻防甘肃新疆南北两路，共计步队三十营十旗，马队十六营二旗，开花炮队三哨，小马队五哨，系光绪九年四月起实数，与七、八两年之数不同。其管带营官时有更易，驻扎处所间或抽调。现开营官衔名、驻防地方，核与七、八两年册内互异，理合声明。

军机大臣奉旨：览。钦此。①

034. 奏报关外各军支发章程请旨立案折
光绪九年七月初一日（1883年8月3日）

钦差大臣督办新疆军务通政使司通政使二等男臣刘锦棠跪奏，为甘肃关外各军按照楚军行粮章程供支月饷，及新募土勇权抵乌鲁木齐提标额兵酌留遣勇支给坐粮，并善后台局文武员弁、勇夫、工匠、书役人等薪粮、工食、运脚、制办、采买一切杂用应发款目，谨照部议缮呈清单，奏明立案，恭折仰祈圣鉴事。

窃臣准户部咨内开：凡兵勇数目、营制、员弁薪水、口粮及军火、杂用等项，限即奏咨立案等因。当经抄录饬知行营粮台，遵照确查具报去后。臣查新疆军务，自光绪元年前陕甘督臣左宗棠奉命督办，檄调诸军，料量出塞。其时道路梗阻，往往数百里内寂无人烟。员弁、军士以及各色人等，无不视为畏途，动色相戒。地处极边，物产凋敝，凡百多仰给于关内，而长途转输，必得食息之所，于是分设粮料、柴草各局站，以资供应。至需用、军装等项，按程站之远近，设局储办，并设军塘、夫马，驰递文报，招致文武各员，分别差委。寒苦之区，从征诸人相距原籍远或万里，百物腾昂，薪粮较之关内必须格外优给，方敷食用。左宗棠正虑饷艰费巨，而各军犹以为地方辽远，戈壁荒凉，恒苦供亿之未周也。迨光绪三年南北两路肃清，善后诸务刻不容缓，乃于各路额设总分各局，清丈田亩，稽查保甲，征收粮税，又以南疆土沃宜桑，招匠教习缠回饲蚕缫丝之法，以尽地利。

全疆久沦异域，礼义不兴，务在正经善诱，广设义塾，急选儒生，教授汉

---

①中国第一历史档案馆藏：《清单》，档案编号：03—6092—055。

回各童,俾沾圣化,渐使风俗、文字轨于大同,以牖其秉彝之良,而格其嚚陵之气。因军兴而筹善后,因善后而广教泽,连类而及,义不获已。以上应行支用各款,截至光绪六年底止,业由左宗棠开单,会衔奏销在案。

臣于六年冬间接缵钦符,亟思裁省饷需,体察各项用款,于率由旧章之中权其缓急,设法撙节,并将防军遣撤多营,裁减月饷之资,以补协解之不足。其各省关协饷,左宗棠交卸之际,即经奏明关内分用四成,关外分用六成。甘肃省城设总粮台,统司收发。哈密设行营粮台,总司关外之供支。自七年起,各专责成。兹据行营粮台将七、八两年实支款目,开列二十四条,详请具奏立案前来。臣复核无异。其自九年起如有应行减并之项,即当随时报部,以节糜费。

除七、八两年实在收支已饬行营粮台造咨甘肃总台汇齐呈由督臣谭钟麟核明会奏、开单报销外,所有关外支发各项章程,谨缮清单,恭呈御览。伏乞皇太后、皇上圣鉴,饬部立案施行。谨奏。光绪九年七月初一日。

军机大臣奉旨:该部知道,单并发。钦此。①

光绪九年七月二十三日,军机大臣奉旨:该部知道,单并发。钦此。②

035.呈关外各营旗文武员弁夫役杂支等项清单
光绪九年七月初一日(1883年8月3日)

谨照部议条款,将甘肃关外马步各营旗应支月饷,随营文武暨各台局、塘站员弁、护勇薪粮、书役、工匠人等口食,转运、采买、制造价值及一切杂支等项,均照前督办军务陕甘总督臣左宗棠原定章程支发。兹将款目缮具清单,恭呈御览。计开

一、甘肃关外楚湘皖蜀马步各营旗及新挑各旗员弁勇夫薪粮,均照楚军营制行粮、坐粮章程分别支给款。查楚军行粮章程,步队每营以五百人为定额,营官、副哨官、长夫在外,每营营官一员,月支薪水银五十两、公费银一百五十两,帮办、书记、公用、公费在内,均不扣建。正哨官四员,每员日支薪粮银三钱。什长三十八名,每名日支口粮银一钱六分。亲兵六十

---

①中国第一历史档案馆藏:《朱批原件》,档案编号:04—01—01—0947—066。又《奏稿》第649—697页。

②中国第一历史档案馆藏:《军机录副》,档案编号:03—6090—035。

名、护勇三十名，每名日支口粮银一钱五分。正勇三百三十六名，每名日支口粮银一钱四分。火勇四十二名，每名日支口粮银一钱一分。外设副哨官四员，每员日支薪粮银二钱六分六厘六毫六丝六忽，每员给夫一名，日支口粮银一钱。外加长夫一百八十八名，每名日支口粮银一钱。以上共计步队一营，每大建月支银二千九百三十六两二钱，每小建月支银二千八百四十五两。

又步队每旗以三百七十人为定额，副哨官、长夫在外。内旗官一员，月支薪水银三十六两、公费银一百一十两，帮办、书记、公用、公费在内，均不扣建。正哨官三员，每员日支薪粮银三钱。什长二十八名，每名日支口粮银一钱六分。亲兵四十名，护勇十五名，每名日支口粮银一钱五分。正勇二百五十二名，每名日支口粮银一钱四分。火勇三十一名，每名日支口粮银一钱一分。外设副哨官三员，每员日支薪粮银二钱六分六厘六毫六丝六忽，每员给夫一名，日支口粮银一钱。外加长夫一百二十三名，每名日支口粮银一钱。以上共计步队一旗，每大建月支银二千一百四十七两六钱，每小建月支银二千八十两八钱八分。

又马队每营以二百五十人为定额，火夫、长夫、马夫在外。内营官一员，应支薪水银五十两，公费银八十两，帮办、书记、公用、公费、马药在内，均不扣建。正哨官四员，每员日支薪粮银三钱二分，月支杂费银一两二钱，每员给夫三名，每名日支口粮银一钱。副哨官四员，每员日支薪粮银二钱六分六厘六毫六丝六忽，月支杂费银一两二钱，每员给夫二名，每名日支口粮银一钱。先锋五名，每名日支口粮银二钱，月支杂费银六钱，每名给马夫一名，每名日支口粮银一钱。领旗二十名，每名日支口粮银一钱六分，月支杂费银六钱，每名给马夫一名，每名日支口粮银一钱。亲兵二十名、护勇十六名，每名日支口粮银一钱五分，月支杂费银六钱，每名给马夫一名，每名日支口粮银一钱。马勇一百八十名，每名日支口粮银一钱四分，月支杂费银六钱，每名给马夫一名，每名日支口粮银一钱。以上杂费均不扣建。火夫二十七名，每名日支口粮银一钱一分。公长夫五十名，每名日支口粮银一钱。额马二百五十二匹，内营官三匹，其余均各一匹。每匹日支草干银一钱。以上共计马队一营，每大建月支银三千一百七十六两七钱，每小建月支银三千八十两二钱八分。

又马队每旗以一百二十五人为定额，火夫、长夫、马夫在外。内旗总一员,月支薪水银四十两、公费银五十两,帮办、书记、公用、公费、马药在内,均不扣建。哨官二员,先锋四名,领旗十一名,亲兵二十七名,护勇八名,马勇七十二名,火夫十四名,公长夫二十五名,额马一百二十七匹,马夫、杂费、口粮、草干各项,均同前章。共计马队一旗,每大建月支银一千六百七两七钱,每小建月支银一千五百五十九两六钱三分。

又楚军坐粮章程,步队每营以五百人为定额,营官、长夫在外。每营营官一员,月支薪水银五十两、公费银四十两,帮办、书记、公用、公费在内,均不扣建。哨官四员,每员日支薪粮银二钱四分。什长三十八名,每名日支口粮银一钱三分。亲兵六十名、护勇三十名,每名日支口粮银一钱二分。正勇三百三十六名,每名日支口粮银一钱一分。火勇四十二名,每名日支口粮银九分。外加长夫一百八十八名,每名日支口粮银八分。以上共计步队一营,每大建月支银二千二百二十八两四钱,每小建月支银二千一百五十七两一钱二分。

又步队每旗以三百七十人为定额,长夫在外。内旗官一员,月支薪水银三十六两,公费银三十两,帮办、书记、公用、公费在内,均不扣建。哨官三员,什长二十八名,亲兵四十名,护勇十五名,正勇二百五十二名,火勇三十一名,口粮均同前章。共计步队一旗,每大建月支银一千六百二十九两三钱,每小建月支银一千五百七十七两一钱九分。

又马队每营以二百五十人为定额,火夫、长夫、马夫在外。内营官一员,月支薪水银五十两、公费银八十两,帮办、书记、公用、公费、马药在内,均不扣建。正哨官四员,每员日支薪粮银二钱四分,每员给夫二名,每名日支口粮银八分。副哨官四员,每员日支薪粮银一钱六分;每员给马夫二名,每名日支口粮银八分。先锋五名,每名日支口粮银一钱四分、杂费银一分,每名给马夫半名,每名日支口粮银四分。领旗二十名,每名日支口粮银一钱三分、杂费银一分,每名给马夫半名,日支口粮银四分。亲兵二十名、护勇十六名,每名日支口粮银一钱二分、杂费银一分,每名给马夫半名,日支口粮银四分。马勇一百八十名,每名日支口粮银一钱一分、杂费银一分,每名给马夫半名,日支口粮银四分。外火夫二十七名,每名日支口粮银九分。公长夫五十名,每名日支口粮银八分。额马二百五十二匹,内营官三匹,其余均各一匹。每匹日支草干银八分。以上共计马队一营,每大建月支银二千一百九十八两二钱,每小建月支银二千一百二十九两二钱六分。

又马队每旗以一百二十五人为定额，火夫、长夫、马夫在外。内旗官一员，月支薪水银四十两、公费银五十两，帮办、书记、公用、公费、马药在内，均不扣建。哨官二员，先锋四名，领旗十一名，亲兵二十七名，护勇八名，马勇七十二名，火夫十四名，公长夫二十五名，额马一百二十七匹，马夫、杂费、口粮、草干各项，均同前章。共计马队一旗，每大建月支银一千一百二十二两九钱，每小建月支银一千八十八两四钱七分。均按湘平支给。兹关外自光绪七年起均按定章支发，据实开报。弁勇数目、驻扎地方，另单开载。

一、甘肃关外喀什噶尔、阿克苏、哈密分设开花炮队，员弁勇夫照章支给薪粮款。查楚军兼用开花炮以利攻剿，定章每十七磅、十六磅平字号各样后膛开花大炮一座，需什长一名、炮勇十四名、火夫一名、车夫二名、车骡四头。每车轮后膛开花小炮、两截田鸡铜炮、月字号后膛车炮各一座，需什长一名、炮勇十一名、火夫一名、车夫一名、车骡二头。喀什噶尔、阿克苏、哈密三处，因系边防要地，各设大小开花炮、后膛车炮，以重防守。计喀什噶尔安设十六磅后膛开花大炮二座、车轮后膛开花小炮四座。阿克苏安设平字号后膛开花大炮二座、月字号后膛车炮四座。哈密安设十七磅后膛开花大炮一座、十六磅后膛开花大炮一座、两截田鸡铜炮二座、车轮后膛小炮二座。每处打炮弁勇均以九十九人为定额，内炮长一员，月支薪水银三十两、公费银二十两，均不扣建。什长六名，每名日支口粮银五钱。护勇五名、炮勇七十二名，每名日支口粮银二钱六分六厘六毫六丝六忽。车夫八名、火夫七名，每名日支口粮银一钱一分。以上每处炮队大建月支银八百五两五钱，小建月支银七百八十两三钱一分七厘。兹自光绪七年起，均照前章按湘平支发，据实开报。弁勇数目另单开载。

一、甘肃关外楚皖蜀马步各营旗统领，照章支给公费款。查楚军营制章程，除每营设立营官管带外，仍按营旗多寡，另设统领一员，俾资统率，酌给统领公费。凡统领一二营者，每月支给统领公费银一百两，加给公长夫十名，每名日支口粮银一钱。统领三营以上者，每月支给统领公费银一百五十两，加给公长夫十五名，每名日支口粮银一钱。统领五营以上者，每月支给统领公费银二百两，加给公长夫二十名，每名日支口粮银一钱。统领八营至十营者，每月支给统领公费银三百两，加给公长夫三十名，每名日支口粮银一钱。兹从光绪七年起，均照旧章支发，据实开报。

一、甘肃关外湘楚军马步各营旗统领、营务处，照章支给公费，并各员弁勇夫加给米折银两款。查湘军于光绪元年经左宗棠调派，料理出关，所有原部湘军及拨归统率之楚军马步各营旗拟定新章，另设总统一员、营务处二员、分统五员。除总统并营务处、帮办、哨官公费、薪粮截至六年底酌裁由左宗棠具报外，现留总理营务处一员，月支薪、公银二百两。分统五员，每分统一员，月支薪、公银二百两，文案、支应、书识薪水、办公银一百二十两，均不扣建。各率小马队一哨，内哨官一员，日支薪粮银六钱。给夫二名，日支口粮银一钱。护勇四名、什长四名，每名日支口粮银四钱。每名给马夫一名，日支口粮银一钱。马勇四十名，每名日支口粮银三钱；每名给马夫一名，日支口粮一钱。火夫五名，每名日支口粮银一钱一分。公长夫四十名，每名日支口粮银一钱。以上弁勇骑马均系自行购买，杂费、马干、倒马概不另给。

又湘军营制自同治年间剿捻后，凡马步各营员弁勇夫月支薪粮外，按名加给米折、柴草、津贴银两，历经照支。所有新归湘军统率出关之楚军马步各营旗，念其苦从绝徼，仅支行粮不敷食用，准照湘军旧章，一律加给米折、柴草、津贴银两，无论员弁勇夫，每员每名另给津贴、米折银四钱五分。每步队一营，每月给津贴、柴草价银一百六十两。每马队一营，给津贴、柴草价银八十两。均不扣建，以示体恤。现在各营驻防事务较简，所有前项津贴、柴草价银，自光绪七年正月起，饬令一律裁止，以节糜费。其津贴、米折银两一项，因关外食物昂贵，未便遽裁，仍饬令照支。兹从光绪七年起，均各按照前章支发，据实开报。

一、甘肃关外马队照章支给倒马价值款。查楚军营制马队章程，各营额马按每百匹扣足一年，准报倒毙三十匹，每匹准给价银十六两买补。兹从光绪七年起，接供关外马队各营旗骑马，均照十分倒三章程，按年核算，支发价银，据实开报。

一、甘肃关外军营台局派委办差文武各员弁支给薪粮款。查甘肃关外军饷、军装、军火、粮料，多由关内转运出关，设立台局存储，分解前敌应用，并由关外地方察看情形，酌量采买粮料，制办军装、硝药。沿途按站采备柴草，供应军营差使过境，分别派委员弁驻办。计哈密设立行营粮台、行营军装制办总局、督催粮运总局，古城设立屯采总局。安西、玉门、敦煌、巴里坤、奇台、吉布库、济木萨、吐鲁番、喀喇沙尔、库尔勒、布告尔、库车等处，设立采运局。吐鲁番、喀喇沙尔、库车、阿克苏、乌什等处，设立军装硝药局。安西州、小宛、布隆吉、四家滩、白墩子、红柳园、大泉驿、马莲井、库车、托和鼐、阿克苏、浑巴什、萨依里克、齐兰台、玛喇巴什、卡纳克、沁屈尔、盖察巴克、图木舒克、雅哈库图克、英吉沙尔、雅满雅尔、牌素巴特、英阿瓦特、龙口桥、玉代里克、黑孜堡等处，设立柴草局。

又于玉门县属境设立柴草站五处，哈密属境设立柴草站十六处，巴里坤属境设立柴草站五处，吐鲁番属境设立柴草站七处，喀库属境设立柴草站九处，察尔齐、札木台、玉尔滚、拜城、塞里木河色尔等处，各设立柴草站一处。所有在事大小文武员弁及行营办理营务、文案、支应委员，随营供差，并派赴各台局，备供押运差遣。文武各员弁应需薪水，均按官阶支给。文职道员、武职提督月给银八十两，知府、总兵、副将月给银六十两，同、通、州、县、参、游月给银四十两，佐杂、都司月给银三十两，守备月给银二十四两，千总月给银二十两，把总月给银十六两，经制、外委月给银十二两。从光绪七年起，仍照旧章支发，据实开报。

一、甘肃关外各台局站设立经帖各书支给口食，并酌给纸张、笔墨、油烛款。查甘肃关外哈密行营粮台，为南北两路总汇之所，一切事务纷繁，设经承十二名、贴写二十四名，月支笔墨、油烛、纸张银三十两。其行营军装制办总局、哈密督催粮运总局、古城屯采总局，事务亦繁，每局设经承六名、贴写十二名，月给笔墨、纸张、油烛银二十四两。安西、玉门、敦煌、巴里坤、奇台、吉布库、济木萨、吐鲁番、喀喇沙尔、库尔勒、布告尔、库车等处各采运局，暨吐鲁番、喀喇沙尔、库车、阿克苏、乌什等处各军装硝药局，每局设经承四名、贴写八名，月给笔墨、纸张、油烛银十二两。

又各柴草局事务较简，每局只设字识二三名不等，月给纸张、笔墨、油烛银六两。各柴草站每站设字识一名，月给纸张、笔墨、油烛银四两。经承每名月支工食银八两，贴写、字识每名月支工食银六两。兹自光绪七年起，仍照旧章支发，据实开报。

一、甘肃关外各台局招募防护勇夫，并设缠回字识、通事，照章支给口粮款。查甘肃关外各台局，凡收储军饷、军粮、军火重地，向按局务大小，分别招募勇夫防护，期免疏虞。行营粮台招募护勇一百名，行营军装制办总局、哈密督催粮运总局、古城屯采总局，各募护勇六十名。其各采运局、军装硝药局，每局招募护勇四十名及二三十名不等。各柴草局每局招募护勇四名、夫八名，各柴草站每站募护勇二名、夫六名，以资差防，应需口粮均系按照楚军营制行粮章程，什长日支口粮银一钱六分，勇丁日支口粮银一钱四分，长夫日支口粮银一钱。有因回疆文字、言语迥不相同，凡遇获匪谳案，讯取供招，察采地势情形及军民交易，必须有缠回字识、通事翻译传告。统领营官募用一二名不等，粮台及各局站按事之繁简，或募用三四名、二三名、一二名不等。每名日支口粮银一钱。自光绪七年起，均各照章支给，据实开报。

一、甘肃关外各军营需用粮料、柴草，分途采买，均照各处市估发价及应用仓夫、斗级工食款。查军需粮料、柴草，例准查明地方情形，确访时值采买。关外军营需用粮料甚巨，或由关内附近州县采买运送，或就关外地方察看情形，派员分途设局采买，以济军食。所需粮价各处情形不同，年岁丰歉不一，价值难归一致。计光绪七、八两年采买，大米每百斤需价银三两三四钱至五六两不等，小麦每百斤需价银一两二三钱至一两七八钱不等，包谷每百斤需价银四钱三四分至五六钱不等，青稞、杂粮每百斤需价银六钱二三分至一两四五分不等，柴草每百斤需价银二钱一二分至三四钱不等，均系按照各处当时市估给价。其采买、转运各局所需仓夫、斗级，各按局之大小，酌量雇用。计哈密督催粮运总局、古城屯采总局，各雇仓夫四名、斗级二名。其各采运分局每局雇仓夫二名、斗级一名，每名日支口粮银一钱。兹自光绪七年起，仍照旧章支发，据实开报。

一、甘肃关外各台局盖造房屋，支给经费及租赁民房支给租价款。查关外各台局办公并存储饷装、粮料、柴草等项，凡无官舍民房之处，系由各台局自行随时盖造。其有民房处所，即按房间多寡、大小，酌量给价租住，每月支给房租银二十两至十两、六两不等。其自行修造房厂者，工料、经费均照各处时估核给，不另支给租价。兹自光绪七年起，仍按照旧章支发，核实开报。

一、甘肃关外解运军饷、军装、军火、器械、员弁勇丁盘费款。查关外饷项、军装，由关内解至肃州转运局，再由肃州局员弁转解哈密，由哈另派员弁分解各路军营应用。所有管解员弁，每批饷装派委二员，各带护勇四名，按程途之远近，酌给盘费。由肃州至哈密，又由哈密南路至和阗、北路至玛纳斯，每员每站支给往返盘费银三两。兹自光绪七年起，仍照前章支发，据实开报。

一、甘肃关外转运军饷、军装、粮料需用驼骡、车辆支给脚价款。查关外需用军饷、军粮、军装，由内地运至肃州，再由肃州递运出关，先尽旧设官车、驼骡载运，余系由各台局就近觅雇民车、驼骡，轮番运送，由肃州运至哈密，又由哈密接运前进，途程远近不一，南路多涉戈壁，北路间有山岭。每百斤百里车运，给脚价银四钱，驼骡给脚价银三钱。现存官车、驼骡无几，多系觅雇民车、驼骡，节次递运。兹自光绪七年起，照依旧章支给，据实开报。

一、甘肃关外官车、官驼骡马派员经管，应用牵夫、车夫支给工食及草料杂费，并照章准报倒毙款。查关外旧设官车、官驼骡马，各按驻扎处所、运事繁简，分帮派员经管。官车自二十辆为一起，或三十、四十辆不等。驼骡自六十只头为一起，或八十至一百只头不等。其经管委员各照官阶支给薪水，每员给夫二名，外用车夫、牵夫，按每车一辆用车夫一名，每驼六只用牵夫一名，每骡马二头匹用牵夫一名，每名日支工食银一钱。又驼每只日支料四斤，草二十斤。骡马每头匹日支料六斤、草十五斤。又车每辆月支膏油银三钱，驼每只月支油盐银二钱，骡马每头匹月支饮水、歇店、灯油银四钱。此外，灌药及添补什物、修盖棚厂槽口，即照各处时估核给。又此项车骡驼马骡头向照楚军马队章程，按每百只头匹扣足一年，准照十分倒三之例，开报请销。如一年倒毙数在三分以下，应按实数具报。若逾三分之数，责令经管委员补赔。其报倒成数不再发价买补，以期渐次减裁。兹自光绪七年起，均照旧章支发，据实开报。

一、甘肃关外军营遣撤官弁勇丁及假汰老弱伤残病勇并阵亡病故员弁、勇夫灵柩回籍，酌给车脚价款。查关外各军营遣撤，外省员弁勇丁回籍，长途戈壁，跋涉维艰。酌定于防所起程行至肃州止，每官一员，给车一辆，作重八百斤。勇丁令其步行，随带行李，按八百斤合给车一辆。每勇一名随带行李不得过五十斤，以示限制。其假汰老弱伤残患病勇夫难以行走者，每六名合给坐车一辆。又从前阵亡病故官弁勇夫陆续搬运灵柩回籍，均于起程地方起至肃州止，每具给车一辆。兹自光绪七年起支过前项车脚银两，据实开报。

一、甘肃关外马步各军营打仗阵亡、受伤弁勇，支给恤赏、养伤款。查楚军恤养章程，凡打仗阵亡弁勇，每名给恤赏银三十两。受头等伤每名给养伤银十五两，二等伤每名给养伤银十两，三等伤每名给养伤银五两，历经照章办理。兹自光绪七年起，据实开报。

一、甘肃关外安设塘站、夫马，驰递文报，并派拨武弁、字识、兽医、铁匠，支给草料、薪工款。查关外地方，久为回逆窃踞。光绪二年，大军进剿，挨此设立军塘，驰递文报，按途程之远近，安设正、腰各站，每站派一武弁经管。设号书一名，安马十余匹，或二十余匹至三十匹不等，均系两马一夫。每三站设兽医、铁匠各一名，令居适中之地，往来医马、钉掌。号书、兽医、铁匠每名日支工食银一钱四分，马夫每名日支工食银一钱。每马一匹，日支料六斤、草十五斤。倒毙马匹，均照楚军马队倒毙章程按支。兹自光绪七年起，仍照章分别支给，据实开报。

一、甘肃关外各军装制造局原募浙、粤及本地匠工并各军营随带医生，分别支给薪工款。查关外军营习用洋炮、洋枪，悉由外洋采运，日久损坏，均需随时修整。向于哈密、喀喇沙尔、阿克苏等处设立军装制造各局，由上海招募浙、粤各工匠，分别等第，匠首每工给银一两四钱四分，一等匠每工给银一两八分，二等匠每工给银七钱二分，三等匠每工给银四钱三分二厘，四等匠每工给银二钱一分六厘。本地工匠分别等第，每工给银二钱及二千五分至三钱三分不等。各按实在工数核给，旷日不支。其军装制造局制造零星军物，雇用长匠，每名日给工价银一钱七八分至二钱一二分不等，各按工作优劣。每工匠八名合给火夫一名，日支银一钱一分。又关外地处极边，员弁勇夫不合水土，多患疾病，由内地招募医生，每营局一二名不等，每名月支银八两，每名准带跟丁一名，日给口粮银一钱。兹自光绪七年起，均照旧章支发，据实开报。

一、甘肃关外配制火药，照时价采办物料款。查关外零用洋土、火药，向由内地制办，解运各军应用。南疆平定，经左宗棠于喀喇沙尔、库车、阿克苏、乌什等处，就地设局，采办硝磺，招募工匠，制造火药，搭发各营，以备闲时操演，所需物料以硝磺为大宗。兹自光绪七年起，照旧于本地采买。硝磺提炼，每斤药需价银一钱。其配用酒炭、零星药料，均照时价采买。通计造成加工土火药每百斤需工料银一十六两零，土洋药每百斤需工料银二十九两零，据实开报。

一、甘肃关外添购各项军装及一切零星应用什物，按照时价采买办款。查关外军装，以帐房、号衣、旗帜、单夹、棉衣裤、包巾、帽兜、鞋袜为大宗。其余锄锹、锅碗、车驼骡马、什物、纸札、笔墨、药料、箱匣、口袋、篓包、芦席、绳索等项，多由后路各台局采备提用。间值后路未经解到，势难悬待，不得不就地采办，以应急需，抑或遇有本地物价相宜、藉省运脚及应随时修整，并一切应用零星什物必须就地采买者，均饬由各局临时按照市价采制。物料名目不一，时价贵贱不等，难于画一。兹自光绪七年起，仍系照旧办理，据实开报。

一、甘肃关外流寓闲员客民，分别资遣回籍，酌给川资口食车脚款。查关外平定以后，南北两路各城流寓闲员，多系历年随营效力，著有微劳，或因陆续裁营给假，无资回籍；或从前已经假归，复来投效，无可安置；甚或因病淹滞，资罄难归。该员等万里从征，行囊匮竭，欲归不得，情极可悯。若不分别资遣，恐流离失所，别滋事端。兹自光绪七年起，随时由保甲局确查，有职之员验明保札，酌给川资银或二十两、十六两、十二两、八两不等。其投效勇丁人等，均按程途远近，每名每日给口粮银一钱。又关外道多戈壁，跋涉维艰，凡资遣有职人员，每二员或三员合给坐车一辆，勇丁人等每六名合给行李车一辆，均按八百斤扣算，于起程地方起至肃州止，分别支给，据实开报。

一、甘肃关外新设乌鲁木齐提标各营汛步队七旗，照土勇饷章支给薪粮款。查乌鲁木齐提标，兵燹以后，营制废弛。上年酌撤卓胜军六营，招募土勇，权抵制兵，应需月饷，照楚军坐粮章程酌减，不募公长夫。每旗以三百七十人为定额，内旗官一员，月支薪水银三十六两、公费银二十四两，书识、公用公费在内，均不扣建。哨官三员，每员日支薪粮银二钱四分。什长二十八名，每名日支口粮银一钱二分。亲兵四十名、护勇十五名，每名日支口粮银一钱一分。正勇二百五十二名，每名日支口粮银一钱。火勇三十一名，每名日支口粮银八分。以上共计每旗大建月支银一千一百九十四两二钱，小建月支银一千一百五十六两四钱九分，均按湘平支给。至该土勇各旗官弁，内有由提标拣派员弁兼充，已由甘肃藩司挂发廉俸者，均随时按名扣除，不另支给薪工。计从光绪八年七月初一日挑选成旗起，系照前章支发，据实开报。弁勇数目，另单开载。

一、甘肃关外设立总分善后、征粮、保甲、蚕桑各局，调派文武员弁，募用经帖、护勇、仓夫、斗级、缠回字识、通事，支给薪粮，并酌给纸张、笔墨、油烛款。查新疆兵燹以后，地亩荒芜，人民离散。底定之初，经左宗棠拣派随营文武各员，分赴各城，次第设立总分各局，开办善后、保甲、清丈、征粮各事宜，招徕安集，散发农器、牛籽。各按局之大小、事务繁简，酌准募用经帖、护勇、仓夫、斗级，支给纸张、笔墨、油烛银两。计南路东四城善后总局兼办阿克苏善后，西四城善后总局兼办喀什噶尔善后，各募经承十名，贴写十六名，护勇六十名，缠回字识、通事各四名，月支笔墨、纸张、油烛银四十两。喀喇沙尔、库车、乌什、英吉沙尔、叶尔羌、和阗六城善后局，各募经承四名，贴写八名，护勇三十名，缠回字识、通事各三名，月支笔墨、纸张、油烛银二十四两。嗣因各局清丈地亩，推粮过户，编造册籍，事务纷繁，从七年正月起，各加募经承四名、贴写八名。喀什噶尔、叶尔羌、和阗、英吉沙尔、玛喇巴什、阿克苏、乌什七处征粮局，各设经承四名，贴写八名，护勇二十名，缠回字识、通事各三名，斗级二名，仓夫四名，月支纸张、笔墨、油烛银十六两。吐鲁番、迪化州两善后局及沙雅尔、拜城、玛喇巴什三处善后分局、阿克苏蚕织总局，各设经承二名，贴写四名，护勇二十名，缠回字识、通事各二名，月支纸张、笔墨、油烛银十二两。阿克苏、阿依克、叶尔羌、和阗、喀什噶尔、英吉沙尔、库车、库尔勒、吐鲁番、哈密、敦煌十一处蚕桑分局，哈密新城、老城，吐鲁番新城、老城，喀喇沙尔、库车、阿克苏、乌什、英吉沙尔、喀什回城、汉城、叶尔羌、和阗、古城、迪化、奇台、昌吉、绥来、济木萨、阜康、巴里坤二十一处保甲局，每局设经承一名，贴写二名，护勇十名，缠回字识、通事各一名，月支纸张、笔墨、油烛银八两。其办事文武员弁以及经、帖、护勇、仓夫、斗级、缠回字识、通事应需薪粮、工食，均照各台局原定章程支给。兹自光绪七年起，仍照旧章办理，据实开报。

一、甘肃关外设立蚕桑总分各局，招募司事、工匠，充当教习，分别支给工食款。查关外军务甫定，左宗棠以南疆各城土沃宜桑，非广兴饲蚕缫丝诸法，不足以尽地利。因于光绪六年，由浙招募司事、工匠，派员带赴阿克苏，设立蚕织总局。又于阿克苏、阿依克、叶尔羌、和阗、英吉沙尔、喀什噶尔、库车、库尔勒、吐鲁番、哈密、敦煌等处，设立蚕桑分局，各设司事，酌派工匠，分途教习。应需工食，按照各省原定工价支给。计司事每名日给薪粮银八钱，教习络丝、织机诸法首匠，每工日支银六钱。教习种桑、接桑、饲蚕、收茧诸法各匠，每工日支银四钱、三钱不等。又学成缠徒每名日支工食银五分、八分至一钱不等。兹自光绪七年正月起，仍照原定章程按支，据实开报。

一、甘肃关外分设义塾，延师教习，支给薪水、津贴及塾童书籍、纸笔、墨砚款。查关外初复，左宗棠前以各城地居边徼，文教久湮，亟应广选儒师，分设义学，因时训导，胥沾教泽，于哈密所属设立义学五堂，吐鲁番所属设立义学六堂，喀、库所属设立义学四堂，库车所属设立义学五堂，阿克苏所属设立义学五堂，乌什所属设立义学三堂，喀什噶尔所属设立义学五堂，玛喇巴什所属设立义学三堂，英吉沙尔所属设立义学三堂，叶尔羌所属设立义学七堂，和阗所属设立义学四堂，巴里坤所属设立义学四堂，奇台县所属设立义学四堂，济木萨所属设立义学三堂，阜康所属设立义学二堂，迪化州所属设立义学六堂，昌吉所属设立义学二堂，绥来所属设立义学四堂，呼图壁设立义学二堂。以上共计义学七十七堂，每堂塾师一员，月支薪水银二十两，加给津贴、朱墨、油烛银四两。又每塾师准给跟丁一名，日支口食银一钱。每塾塾童十五六名至二十名不等。所有各塾童应需书籍，均由后路各台局购运散发。所需纸笔墨砚，均由各城局就地按照时价购发应用。兹从光绪七年起，均照原定章程支给，据实开报。

以上军需善后款项二十四条，均系循照左宗棠酌定旧章，据实开报，核与军需则例未能逐一吻合，实因关外久经兵燹，道途荒远，物产凋零，情形迥殊内地，一切均极腾昂，必须因地因时变通办理。善后诸政尤为当务之急，势难省费。然总计七、八两年用过银两，通盘核算，与定章应用之数不甚悬殊，故未敢强为牵合例章。其自光绪九年起各款内如有应行裁减者，当随时报部，以节糜费外，所有应发各款，悉照前项款目章程支发开报，俾昭核实。再，查新疆款目繁杂，如有漏未列款者，容再确查，随时补报，合并声明。

军机大臣奉旨：览。钦此。①

036. 呈关内各营旗驻扎处所并统领衔名清单
光绪九年七月初一日（1883年8月3日）

谨将甘肃关内省城及东西南北四路马步各营旗驻扎处所并统领营官衔名，自光绪九年二月起实存数目，开具清单，恭呈御览。计开

---

① 中国第一历史档案馆藏：《清单》，档案编号：03—6090—036。光绪十年五月二十五日，户部议复甘肃关外防勇口粮杂支章程，详见马大正、吴丰培等编：《清代新疆稀见奏牍汇编·同治、光绪、宣统朝卷》中册，新疆人民出版社，1996年，第672—683页。

一、甘肃省城内外马队二旗、步队五旗。内头品顶戴补用提督署陕甘督标协副将邓荣佳管带督标左营马队一旗，驻扎兰州省城；参将周佩兰管带督标右营马队一旗，驻扎兰州省城；总兵陈孟魁管带平西左旗步队一旗，驻扎兰州省城。以上马队二旗、步队一旗，均归邓提督荣佳统领。副将罗吉亮管带武威中旗步队一旗，驻扎兰州省四城楼；总兵李日新管带刚毅副右旗步队一旗，驻扎省城东门外校场；提督唐凤辉管带刚毅副中旗步队一旗，驻扎省城东门外校场。以上步队三旗，均归甘肃藩司魏光焘统领。提督田连考管带虎威右旗步队一旗，驻扎省城东门外校场。

一、省城东路步队八旗、马队二营。内总兵武万才管带武威新前旗步队一旗，驻扎皋兰县属之甘草店一带，防护运道；提督朱正和管带武威新左营步队一旗，驻扎安定县一带，防护运道；副将彭桂馥管带武威后旗步队一旗，驻扎静宁州一带，防护运道。以上步队三旗，均归甘肃藩司魏光焘统领。总兵郎永清管带达春右翼马队一营，驻扎固原州属之瓦亭一带，防护运道；总兵张大雄管带中路右旗步队一旗，驻扎平凉一带，防护运道；总兵赵连科管带精选中旗步队一旗，驻扎平凉县属之白水驿一带，防护运道；副将叶紫成管带达春左翼马队一营，驻扎固原州一带；提督李广珠管带精选前旗步队一旗，驻扎固原州属之黑城子一带；参将胡起云管带精选右旗步队一旗，驻扎平原县属之半角城一带；副将岳正南管带镇固旗步队一旗，驻扎庆阳府属之环县一带。以上马队两营、步队伍旗，均归固原提督雷正绾统领。

一、省城西路步队十一旗、马队三旗。内提督刘仁和管带后路新后旗步队一旗，驻扎平番县一带，防护运道；提督吴禧德管带宣威中旗步队一旗，驻扎平番县属之岔口驿，防护运道；总兵王开琳管带中岳义旗步队一旗，驻扎碾伯县属之老鸦堡一带；提督周焕文管带中岳信旗步队一旗，驻扎巴燕戎格厅属之札什巴一带；西宁镇总兵何作霖管带西宁镇标马队一旗，驻扎西宁府；总兵郑连拔兼管安西中旗步队一旗，驻扎丹噶尔一带；副将童发旺管带安西马队一旗，驻扎西宁县一带；总兵张世才管带安西左旗步队一旗，驻扎大通一带；总兵邓少云管带安西右旗步队一旗，驻扎北大通一带。以上步队三旗、马队一旗，均归郑提督连拔统领。补用主簿刘锡渠管带武威新步队一旗，驻扎甘州一带，防护运道；副将童士俊管带副白旗马队一旗,驻扎高台县一带,防护运道;肃州镇总兵周绍濂兼带中路中旗步队一旗,驻扎肃州;总兵邹冠群管带武威新后旗步队一旗,驻扎嘉峪关一带,防护运道;副将李扬芬管带恪靖章营步队一旗,驻扎安西州一带,防护运道。以上步队三旗、马队一旗,均归周提督绍濂统领。

一、省城南路步队十旗、马队四旗。内河州镇总兵沈玉遂兼带后路新中旗步队一旗,驻扎河州;提督沈福田管带后路前旗步队一旗,驻扎河州宁河一带;提督杨耀关管带后路新右旗步队一旗,驻扎循化厅起台堡一带;参将李冠臣管带副红旗马队一旗,驻扎河州;总兵马占鳌管带河镇前旗马队一旗,驻扎河州西路;游击马悟真管带河镇左旗马队一旗,驻扎河州东路;游击马永瑞管带河镇右旗马队一旗,驻扎河州北路;补用同知聂邦光管带后路新前旗步队一旗,驻扎河州太子寺一带。以上步队四旗、马队四旗,均归河州镇沈玉遂统领。补用同知曾传节管带律勇后旗步队一旗,驻扎地道州一带;参将许永礼管带仁惠旗步队一旗,驻扎狄道沙泥站一带。以上步队二旗,均归曾传节统领。提督李良穆管带宗岳礼旗步队一旗,驻扎秦州一带;提督陈再益管带安左旗步队一旗,驻扎阶州一带;总兵李志刚管带左路后旗步队一旗,驻扎西固杀贼桥一带;总兵张佑庭管带刚毅后旗步队一旗,驻扎巩昌一带。

一、省城北路步队四旗、马队一旗。内提督冯南斌管带镇夏中旗步队一旗,驻扎宁夏府;总兵黄兆熊管带镇夏右旗步队一旗,驻扎中卫县一带;总兵温宗秀管带镇夏前旗步队一旗,驻扎宁灵厅一带;提督黄增广管带镇夏左旗步队一旗,驻扎平罗县一带。以上步队四旗,均归冯南斌统领。洪广营游击董福管带宁夏镇标马队一旗,驻扎宁夏府城。

以上驻防甘肃省城内外及东西南北四路,共计步队三十八旗、马队二营十旗,系光绪九年正月裁减改定后实数,与七、八两年册造之数不同。其管带营官不时更易,现开营官衔名亦与七、八两年册内互异,理合声明。

军机大臣奉旨:览。钦此。①

---

① 中国第一历史档案馆藏:《清单》,档案编号:03—6018—047。再,此单缺主折,具呈者存疑。

037. 奏报恭进新疆回部贡金情形折

光绪九年八月二十二日（1883年9月22日）

钦差大臣督办新疆军务通政使司通政使二等男臣刘锦棠跪奏，为呈进回部贡金，恭折具陈，仰祈圣鉴事。

窃照新疆色勒库尔之南回部坎巨提，向来按年进贡沙金。该头目俄则项前于光绪四年呈进，经大学士前督办新疆军务臣左宗棠奏奉谕旨，饬理藩院议奏，援案赏给大缎二匹，由左宗棠就近发给祗领，业经钦遵办理在案。兹准帮办军务广东陆路提臣张曜咨称：现复据该头目米尔阿札呈到进贡沙金一两五钱，已将例赏大缎二匹发交米尔阿札祗领，咨请具奏前来。

臣复查无异，除将所进沙金一两五钱咨送内务府呈进外，谨会同帮办军务广东陆路提督臣张曜，恭折具奏，伏乞皇太后、皇上圣鉴。谨奏。光绪九年八月二十二日。

军机大臣奉旨：该衙门知道。钦此。①

光绪九年九月二十五日，军机大臣奉旨：该衙门知道。钦此。②

038. 请以王有道借补木垒营守备缘由折

光绪九年八月二十二日（1883年9月22日）

钦差大臣督办新疆军务通政使司通政使二等男臣刘锦棠跪奏，为拣员请补守备员缺，以实营伍而重操防，恭折仰祈圣鉴事。

窃臣接准督臣谭钟麟咨开：案照留兰供差巴里坤镇属木垒营守备张泰，前因乘马往河北探亲，行至浮桥中间，马忽惊骤，失跌落河身故，业经饬取该故员原领札付以及嫡亲、委员印甘各结，奏明请旨开缺。现准兵部来咨，另拣妥员请补。惟查此缺系巴里坤镇所属，咨由臣拣员奏补等因，当经分别咨行在案。兹据巴里坤镇总兵徐占彪呈称：拣选得花翎留甘尽先补用游击王有道，老成稳练，熟悉边防，堪以借补，并造具该员履历清册，呈请奏

---

① 中国第一历史档案馆藏：《朱批原件》，档案编号：04—01—14—0081—046。
② 中国第一历史档案馆藏：《军机录副》，档案编号：03—5539—043。

补前来。

臣察看得花翎留甘尽先补用游击王有道,久历戎行,强壮稳练,以之借补,洵堪胜任。合无仰恳天恩,俯念边缺紧要,准照武职大衔借补小衔缺例,即以该员借补巴里坤镇属木垒营守备员缺,俾资得力。如蒙俞允,应请饬部先给署札,一俟防务告蒇,即行给咨送部引见,以符定制。

除将该员履历清册咨送兵部查照外,谨会同陕甘总督臣谭钟麟、乌鲁木齐提督臣金运昌,合词恭折具陈,伏乞皇太后、皇上圣鉴训示施行。谨奏。光绪九年八月二十二日。

军机大臣奉旨:兵部议奏。钦此。①

光绪九年九月十四日,军机大臣奉旨:兵部议奏。钦此。②

039. 委令英林署理镇迪道片

光绪九年八月二十二日(1883年9月22日)

再,署镇迪道陈宝善现在调署喀什噶尔兵备道员缺,所遗镇迪道篆务,亟应遴员接署,以重职守。查有二品顶戴分省题奏道英林,心地朴实,稳练有为,堪以委署。

除由臣檄饬遵照外,谨会同陕甘总督臣谭钟麟、乌鲁木齐都统臣恭镗,合词附片具陈,伏乞圣鉴。谨奏。

军机大臣奉旨:该部知道。钦此。③

光绪九年九月十四日,军机大臣奉旨:该部知道。钦此。④

【案】此片具奏日期,原件未署,录副署"光绪九年九月十四日"。查光绪九年九月十四日《军机处随手登记档》⑤刘锦棠折,载有"报四百里,八月二十二日哈密发"等字样。据此,此片具奏日期当为"光绪九年八月二十二日",兹据校正。

---

①中国第一历史档案馆藏:《朱批原件》,档案编号:04—01—16—0215—055。
②中国第一历史档案馆藏:《军机录副》,档案编号:03—5826—077。
③中国第一历史档案馆藏:《朱批原件》,档案编号:04—01—13—0431—002。
④中国第一历史档案馆藏:《军机录副》,档案编号:03—5826—078。
⑤中国第一历史档案馆藏:《军机处随手登记档》,档案编号:03—0239—1—1209—240。

040. 奏报都司李万福因病出缺日期片
光绪九年八月二十二日（1883年9月22日）

再，臣接准乌鲁木齐提臣金运昌咨：据巩宁城守营千总靳万福、把总王荣呈报：该巩宁城守营都司李万福于本年六月二十九日得患寒证，随即延医调治，不意七月初二日夜间，痰作气壅，不能服药，于初三日未时在任病故等情。转咨核办前来。

臣复核无异，应即请旨开缺。除将所遗都司员缺容臣另拣尽先合例人员请补，并饬取该故员原领都司札付及委员承查嫡亲印甘各结至日另咨送部外，谨会同陕甘总督臣谭钟麟、乌鲁木齐提督臣金运昌，附片陈明，伏乞圣鉴训示。谨奏。

军机大臣奉旨：知道了。钦此。①

光绪九年九月十四日，军机大臣奉旨：知道了。钦此。②

【案】此片具奏日期，原件未署，录副署"光绪九年九月十四日"。查光绪九年九月十四日《军机处随手登记档》③刘锦棠折，载有"报四百里，八月二十二日哈密发"等字样。据此，此片具奏日期当为"光绪九年八月二十二日"，兹据校正。

041. 奏报委署南路道厅州县员缺片
光绪九年八月二十二日（1883年9月22日）

再，新疆南路准设道厅州县员缺，应即委员往署，暂刊木质关防、钤记，给令启用，以重职守，前经臣会同督臣谭钟麟奏明在案。臣维两道综理庶政，同城之直隶州秉承一切，创立规模，其责较重。既奉准设之旨，势未可以稽延。所有阿克苏兵备道员缺，查有二品顶戴按察使衔陕西题奏道罗长祐，才识宏通，勤求治理，堪以委署。随刊木质关防一颗，文曰：分巡甘肃阿

---

①中国第一历史档案馆藏：《朱批原件》，档案编号：04—01—17—0181—047。
②中国第一历史档案馆藏：《军机录副》，档案编号：03—5826—079。
③中国第一历史档案馆藏：《军机处随手登记档》，档案编号：03—0239—1—1209—240。

克苏等处地方兵备道关防。

温宿直隶州知州员缺,查有三品衔升用道甘肃候补知府陈名钰,老成练达,志趣不苟,堪以委署。随刊木质钤记一颗,文曰:温宿直隶州知州之钤记。

喀什噶尔兵备道员缺,查有三品衔甘肃遇缺题奏道补用知府委署镇迪道陈宝善,才长识卓,为守兼优,堪以调署。随刊木质关防一颗,文曰:分巡甘肃喀什噶尔等处地方兵备道兼管通商事宜之关防。

疏勒直隶州知州员缺,查有道衔分省补用知府蒋诰,才具开展,勤奋有为,堪以委署。疏附县知县员缺,查有分省补用知县许鼎九,年力富强,才具明晰,堪以委署。随刊木质钤记二颗,一文曰:疏勒直隶州知州之钤记,一文曰:疏附县知县之钤记。

除由臣分饬遵照并将刊就木质关防、钤记给领,前往任事,以资治理,其余各厅州县容臣续行遴员委署届时奏报外,所有现在委员署理准设南路道厅州县各缺缘由,谨会同陕甘总督臣谭钟麟、帮办军务广东陆路提督臣张曜,附片具陈,伏乞圣鉴。谨奏。

光绪九年九月十四日,军机大臣奉旨:该部知道。钦此。①

042. 奏报举人瑞洵留心边事请饬营差委片
光绪九年八月二十二日(1883年9月22日)

再,新疆现在筹办善后,整顿地方,事务殷繁,必须留心边事之员,方足以资臂助。查有举人瑞洵,正黄旗满洲立瑞佐领下人,年壮才长,于读书稽古之余,讲求边务,稔悉西域情形,加以历练,必能有裨时局。

合无仰恳天恩,俯念边徼需才,饬下正黄旗转饬该佐领将举人瑞洵驰赴臣营,以便差委,俾得及时效力,出自鸿慈。理合附片具陈,伏乞圣鉴训示施行。谨奏。

光绪九年九月十四日,军机大臣奉旨,钦此。②

【案】此片具奏日期,原件未署,录副署"光绪九年九月十四日"。

---

①中国第一历史档案馆藏:《军机录副》,档案编号:03—5183—040。又《奏稿》第699—701页。
②中国第一历史档案馆藏:《军机录副》,档案编号:03—5826—080。

查光绪九年八月二十二日《军机处随手登记档》①，载有"报四百里，八月二十二日哈密发"等字样，兹据校正。

光绪九年十月初四日，正黄旗满洲都统恩承具折请免瑞洵发往刘锦棠军营差遣：

署理正黄旗满洲都统尚书臣恩承等谨奏，为据情代奏请旨事。

据臣旗印务参领丰安等禀称：据拣选知县文举人瑞麟呈称：本年九月十四日奉旨：刘锦棠奏请调举人差委等语。举人瑞洵着正黄旗满洲都统饬令前往刘锦棠军营，听候差遣。钦此。转饬钦遵等因。闻命之余，悚懔仿徨，不知所措。伏思瑞洵一介凡庸，仰荷纶音，俾之效力，人微恩重，感激涕零。本应勉竭颛愚，冀图报称，惟念新疆整顿伊始，诸务毕张，自非老成精干、熟悉公事之员，不足以资任使。瑞洵于吏治、军谋素无历练，虽于庚辰年省亲西域，而筹边远略，限于才识，未能讲求。维时防务正殷，钦差大臣刘锦棠即有将瑞洵调营之议，致函恳辞，始经寝罢。兹复奏奉谕旨饬赴军营，在瑞洵满洲旧仆，世受国恩，区区犬马之忱，敢辞驱策？无如抚衷循省，毫无寸长，一旦差委忝膺，实属力有不逮。再四思惟，惟有据实陈明，伏祈入奏，吁乞天恩免其发往，无任惶惧待罪之至等因。具呈前来。

臣等谨据情代奏，可否准如所请，免其发往，抑或饬令瑞洵仍遵前旨，迅即前往刘锦棠军营，听候差遣之处，伏乞皇太后、皇上圣鉴训示遵行。谨奏请旨。光绪九年十月初四日。②

043. 代奏谭上连补授西宁镇总兵谢恩折
光绪九年九月初六日（1883年10月6日）

钦差大臣督办新疆军务通政使司通政使二等男臣刘锦棠跪奏，为据情代奏，恭谢天恩，仰祈圣鉴事。

窃臣据新授甘肃西宁镇总兵谭上连呈称：光绪九年六月十六日，在于绥来防次接奉恭录行知：准兵部火票递到光绪九年四月初六日内阁奉上

---

①中国第一历史档案馆藏：《军机处随手登记档》，档案编号：03—0239—1—1209—240。
②中国第一历史档案馆藏：《军机录副》，档案编号：03—5827—006。

谕：甘肃西宁镇总兵员缺着谭上连补授。钦此。谨即恭设香案，望阙叩头谢恩。

伏念总兵军旅粗材，湖湘弱质，迭膺鹗荐登坛，忝冠一军，渥荷鸿施，作镇已逾七载，涓埃未报，五内滋惭。兹复仰邀特简，移镇西宁，闻命自天，感恩无地，自维庸碌，弥切悚惶！惟有益矢慎勤，勉图报称，于防所尽当为之职，俾庙堂纾西顾之忧，以期仰答高厚鸿慈于万一。所有感激荣幸下忱，恳请据情代为陈奏，恭谢天恩前来。

理合恭折据情代奏，伏乞皇太后、皇上圣鉴。谨奏。光绪九年九月初六日。

军机大臣奉旨：知道了。钦此。①

光绪九年十月十二日，军机大臣奉旨：知道了。钦此。②

044. 代奏戴宏胜补授汉中镇总兵谢恩折

光绪九年九月初六日（1883年10月6日）

钦差大臣督办新疆军务通政使司通政使二等男臣刘锦棠跪奏，为据情代奏，恭谢天恩，仰祈圣鉴事。

窃臣据新授陕西汉中镇总兵戴宏胜呈称：光绪九年六月十九日，在于奎屯防次接奉恭录行知，准兵部火票递到光绪九年四月初七日内阁奉上谕：陕西汉中镇总兵员缺，着戴宏胜补授。钦此。谨即恭设香案，望阙叩头谢恩。

伏念总兵三湘末质，一介武夫，久厕戎行，沙漠备驰驱之用；迭膺懋赏，簪缨窃非分之荣。兹复恭承命下，擢任汉中，荷逾格于九重，实抱惭于五内，惟有靖共夙夜，勉矢公忠，仰体宸廑，誓竭驽骀之报；益严防戍，敢辞犬马之劳，以期上答高厚鸿慈于万一。所有感激荣幸下忱，恳请据情代为陈奏，恭谢天恩前来。

理合恭折据情代奏，伏乞皇太后、皇上圣鉴。谨奏。光绪九年九月初六日。

---

①中国第一历史档案馆藏：《朱批原件》，档案编号：04—01—16—0215—087。
②中国第一历史档案馆藏：《军机录副》，档案编号：03—5827—028。

军机大臣奉旨：知道了。钦此。①

光绪九年十月二十日，军机大臣奉旨：知道了。钦此。②

045. 奏为恳恩奖叙江宁藩司缘由折
光绪九年九月初八日（1883年10月8日）

钦差大臣督办新疆军务通政使司通政使二等男臣刘锦棠、头品顶戴陕甘总督臣谭钟麟跪奏，为援照部议，先将筹解西饷历年均足十成之江宁藩司恳恩奖叙，其余协解足成之省关筹饷人员，容臣再咨取职名，并案请奖，以昭激劝，恭折仰祈圣鉴事。

窃查西征协饷，自前督臣左宗棠率师度陇，其时寇气正炽，动用浩繁，部臣奉命通筹，指各省关竭力解济，严贻误之处分，供诸军之要需。全陇荡平，新疆继复，经左宗棠先后查明报解较多之省关筹饷大小各员，吁恳恩施，其各督抚、监督协济公忠，亦经据实陈明、同膺懋赏在案。③ 臣等受代以来，极思裁营节饷，清以前之积欠，减日后之指拨，稍免各省悉索之苦。而左宗棠所借洋款，须为陆续扣还。实解到甘之银，遂顿觉其减色。其短解者，文牍频催，拖欠恒十之五六。除设法腾挪酌裁营勇外，统计幅员辽阔，外部俄邻比多接壤，现在所存之营，必须留之分防，始有备而无患。关内汉回杂处，抚绥弹压，不容稍疏。值此度支艰窘，无不力求撙节。关外虽定分用六成，而筹办善后要政，需费不赀，重以地当极塞，百物腾昂，情形又迥殊于关内。屡经往返函商，通盘合算，恒虞不支。频年办理一切，幸赖有解足十成之处为之牵补，并荷圣慈饬拨部款，得以勉力撑持，否则杯水车薪，立形竭蹶。前准户部咨会：屡年解足十成之江苏等省，仍声明请奖等因。

---

①中国第一历史档案馆藏：《朱批原件》，档案编号：04—01—16—0215—088。
②中国第一历史档案馆藏：《军机录副》，档案编号：03—5827—027。
③详见光绪二年正月初六日陕甘总督左宗棠为关陇肃清，所有各省关筹解协饷及各项差使出力文武员弁，汇为一案请奖缘由（台北故宫博物院藏《军机及宫中档》，文献编号：408006001；又《左宗棠全集·奏稿六》，第353—355页）。又于光绪五年十二月十七日奏请并案汇奖（中国第一历史档案馆藏：《朱批原件》，档案编号：04—01—16—0209—002；《左宗棠全集·奏稿》，第418—420页）。

臣等查江南自光绪五、六、七、八四年之内筹解西饷,均于厘捐项下,照依十成报解。江宁布政使梁肇煌综司出纳,备极经营,深藉转馈之功。查照部议,已在应行请奖之列。其随同董办厘捐各员,勤慎趋公,始终不懈。臣锦棠前以边军防戍将士久历艰辛,奏奉谕旨,准其择尤酌保。则是筹饷之劳,尤未可以掩抑。左宗棠系念西陲,每次寓书,虑饷源之告匮,既将辖疆协款提解足成,兼为多方筹画,兹准咨送应奖筹饷人员前来。可否仰恳天恩,先将江宁布政使梁肇煌赏加头品顶戴,以励其余而示优异,出自逾格鸿施。此外筹解足成之省关,再当核明数目,比较岁时,仍由臣等咨取各员职名并两江咨送之员,声请恩奖,以昭激劝。

至各督抚、监督诸臣,受恩深重,谊应共体时艰。即左宗棠从前之请殊施,讵可屡邀,臣等衡量事机,亦何敢妄有援引。第当拨协纷乘,督饬寮属,酌其缓急,权其轻重,于西事足济其穷,于他事一无所误,具见挹注精心,俾关内外藉资周转,纾朝廷西顾之忧,收整顿及时之效。臣等差免偾事,洵于大局有裨,积年既久,将来自应确查附陈。在诸臣膺疆寄之隆,边筹原所不忽;在臣等处受协之地,公道不可不明也。

所有援照部议先将筹解西饷历年均足十成之江宁藩司恳恩奖叙,其余协解足成之省关筹饷人员容再咨取职名并案请奖,以昭激劝缘由,是否有当?谨合词恭折具陈,伏乞皇太后、皇上圣鉴训示施行。再,此折系臣锦棠主稿,合并陈明。谨奏。光绪九年九月初八日。

军机大臣奉旨:另有旨。钦此。①

光绪九年九月三十日,军机大臣奉旨:另有旨。钦此。②

【案】此案旋是年九月得允行:

光绪九年九月三十日内阁奉上谕:刘锦棠等奏请将筹解西饷足数之布政使恳恩奖叙一折。西征饷需,关系紧要,所有竭力解济之员,自应量加奖叙。江宁布政使梁肇煌,历年筹解,均足十成,着赏加头品顶戴,以示鼓励。余依议,该部知道。钦此。③

---

①中国第一历史档案馆藏:《朱批原件》,档案编号:04—01—12—0530—045。又《奏稿》第707—713页。
②中国第一历史档案馆藏:《军机录副》,档案编号:03—6609—063。
③中国第一历史档案馆编:《光绪朝上谕档》,第九册,第327—328页。

046. 奏请饬下各省关赶解协饷片

光绪九年九月初八日（1883年10月8日）

再，各省关欠解西饷极多，久荷圣慈廑念。恭读光绪四年十二月十五日上谕：倘解不足数，即将该藩司、监督照贻误军饷例，指名严参等因。钦此。上年十月、本年五月，户部议复臣等请拨部款、预筹的饷各折内，亦经声明，如再延不报解，或解不足数，定将各该藩司指名奏参。是要需之不容少缓，各省关早已稔知。

兹查本年应得八成以上的饷，自正月至六月，湖南已及五成，河南及闽海、江汉二关已及四成，江苏、江西、安徽、四川已及三成有奇。其余浙江、山东、山西、广东、湖北、福建等省，或甫及一二成，又或一成未及，并全未起解不等。综计共报解银二百四万九千余两。除划还息借华洋各款及江南另解老湘一军专饷银二十二万五千两不计外，实解甘肃粮台者八十二万五千余两。其上年户部酌提各省积欠银五十万两，亦惟河南、湖北、山东共解十万。时已半年，入款只有此数。即使此后踊跃解足，犹恐不敷周转，又况拖延既久，行且援为故事。推其欠解之由，非尽意存漠视，亦或苦于筹措。无如甘肃新疆统算年需实银四百万两，系属必不可少。现在奉拨部款业已凑放无存，艰窘殆不可支。论误饷之处分，至京饷而已极。

臣等详查成案，虽曾奉有比例严参之旨，部议亦极森严，若非势当奇窘，何敢上渎宸聪！际此待用綦迫，瞬届年关，筹商再四，惟有吁恳天恩，饬下各省关督抚、将军严饬藩司、监督，将九年分的饷并户部限提积欠之五十万如数提前赶解，俾资接济。至八年以前之欠数，部议虽令补解，今又数月未准报解一批。但能早补一分，则关内外早清一分之欠，免致逐年递增，无所底止，并恳饬各省关分年解补，以便及时清厘。凡事周急，则虽当拮据之时，务求腾挪之术，为之多方凑集，期于有神。计各省关必能共念边筹，设法挹注尽解，以济急需。如仍似前延欠，责有攸归，深惧容隐贻误，应由臣等查明，随时指名严参，以维事局。

理合附片具陈，伏乞圣鉴训示施行。再，此片系臣锦棠主稿，合并陈明。谨奏。

军机大臣奉旨：着户部严催各省迅速提解，毋稍延误。钦此。①

光绪九年九月三十日，着户部严催各省迅速提解，毋稍延误。钦此。②

【案】此片原件、录副具奏日期均未确，兹据《奏稿》及《军机处随手登记档》③校正。

047. 奏为旌赏祖母陈氏五世同堂谢恩折

光绪九年九月二十六日（1883年10月26日）

钦差大臣督办新疆军务通政使司通政使二等男臣刘锦棠跪奏，为微臣叩谢天恩，恭折仰祈圣鉴事。

窃臣阅邸抄，光绪九年六月十九日内阁奉上谕：卞宝第④奏命妇五世同堂吁恳恩施一折。⑤原任广东陆路提督刘松山之母、现任通政使司通政使刘锦棠之祖母陈氏，年近八旬，亲见七代五世同堂，洵为熙朝人瑞，加恩着赏给御书匾额一方，颁发以示殊荣。所有例应旌赏之处，着礼部议奏。钦此。祗聆之下，钦感莫名！谨即恭设香案，望阙叩头谢恩。

伏念臣祖母井臼躬操，桑榆景迫。遭逢皇世，早分一命之荣；渥被皇仁，叠晋五花之诰。兹复以五世同堂之庆，荷九重逾格之施。宠锡褒嘉，天语则辉生子舍；璇题绰楔，奎章则捧出上方。凡兹未尽之年华，悉沐非常之雨露。臣边陲于役，侍奉久疏，闻命自天，感恩无地。惟有益矢勤慎，图报涓埃，遵慈训而勉竭驽骀，体宸廑而永靖瀚海，以期仰答高厚鸿慈于万一。

所有微臣感激荣幸下忱，谨缮折具陈，叩谢天恩，伏乞皇太后、皇上圣

---

① 中国第一历史档案馆藏：《朱批原件》，档案编号：04—01—30—0478—011。又《奏稿》第715—718页。
② 中国第一历史档案馆藏：《军机录副》，档案编号：03—6609—064。
③ 中国第一历史档案馆藏：《军机处随手登记档》，档案编号：03—0239—1—1209—256。
④ 卞宝第（1824—1894），字颂臣，江苏仪征人。咸丰元年（1851），中式举人。五年（1855），充刑部江西司主事。八年（1858），补刑部陕西司员外郎。九年（1859），升刑部直隶司郎中。十一年（1861），授浙江道监察御史。同年，署湖南道监察御史。同治元年（1862），补礼科给事中。同年，补授顺天府府丞。二年（1863），升顺天府府尹。五年（1866），迁河南布政使。六年（1867），擢福建巡抚。光绪八年（1882），调补湖南巡抚。九年（1883），署理湖广总督。十四年（1888），补授闽浙总督。同年，署理福州将军。十六年（1890），兼管福建船政，兼署福建陆路提督。十八年（1892），因病开缺。
⑤ 详见光绪九年五月二十日湖南巡抚卞宝第具折旌表刘锦棠之祖母刘陈氏缘由（中国第一历史档案馆藏：《军机录副》，档案编号：03—5538—080）。并于是年六月十九日得清廷允行（中国第一历史档案馆编：《光绪朝上谕档》，第九册，第209页）。

鉴。谨奏。光绪九年九月二十六日。

军机大臣奉旨：知道了。钦此。①

光绪九年十一月初二日，军机大臣奉旨：知道了。钦此。②

048. 请补镇迪道所属厅县员缺折
光绪九年九月二十六日（1883年10月26日）

钦差大臣督办新疆军务通政使司通政使二等男臣刘锦棠跪奏，为微臣暂辖新疆镇迪道所属厅县员缺，谨遵照变通章程，遴员汇补，以重地方而资治理，恭折仰祈圣鉴事。

窃臣前准吏部咨会：大学士陕甘总督左宗棠片奏，哈密及镇迪道所属文武地方官，均应归刘锦棠统辖，所有升、调、补、署、考核及一切兴革事宜，均可就近办理，分别奏咨，以专责成。陕甘总督相距过远，毋庸兼管。光绪六年十一月初四日奉上谕：左宗棠奏请将哈密、镇迪道归刘锦棠统辖等语。哈密及镇迪道所属文武地方官，均着暂归刘锦棠统辖。钦此。仰见朝廷廑念西陲，委任专一。钦奉之余，莫名感悚。

频年遇镇迪道属及哈密各官需员，均系由臣委员署理。留心察访，或有始终异辙及才不称职者，随时分别撤参在案。惟查官贵真除，事宜久任，古今以循、良称者由其与民相信已深，然后惠政斯成，仁声四溢。如因迁调频仍，未竟厥施，则莫不叹其为日之太促也。

臣于吏事素少讲求，自承恩命，边寄权膺，责有攸归，悚惶弥切。前因关外无两司之考察，核与除官之制诸多未符，屡商督臣谭钟麟拣补，以免虚悬。嗣接复缄：补署州县，应照变通章程，悉由行营拣员奏补，教职则咨部请选，不必由甘藩司具详，多一番周折，徒旷时日等语。诚以新疆异常瘠苦，早寒凛冽，人率视为畏途。而地处极边，从前各城设有旗营驻防，兼事屯垦，旗民交涉多用满员，亦或满汉并用，每拣实缺人员升调。刻下迥非昔比，分驻多系营勇，兼之水土骤难服习，又无内地堪调之员。光绪四年，左宗棠请将绥来县知县恩禄、昌吉县知县色普正颎等开缺，留于关内另补。是其明征。

---

①中国第一历史档案馆藏：《朱批原件》，档案编号：04—01—14—0081—040。又《奏稿》第95—98页。

②中国第一历史档案馆藏：《军机录副》，档案编号：03—5539—064。

臣维吏治关系民生国计，塞外新定，首重招徕抚绥，择吏固必廉明，尤贵能耐劳苦，所以各缺未即及时拣补者，实缘行营既无分任考察之员，臣于各员之操守、才识必须详细察看，始足征信无疑。值此南路设官分职，业已拣员往署，则北路旧设之官员缺，未便久悬。就各差遣人员留甘者多，且有前随左宗棠入陇，曾经署缺，复随行营供差，情形较为熟习，自应因地择人，庶足以重职守。

臣谨援照变通章程，逐加遴选，汇案请补各缺，以资治理。所有镇西厅直隶抚民同知系冲繁难三项要缺，查有甘肃候补班遇缺前先补用直隶州知州甘承谟，心地明白，办事稳练，堪以请补。吐鲁番同知系冲繁难三项要缺，查有甘肃候补直隶州知州黄丙焜，才具开展，有守有为，堪以请补。昌吉县知县系繁难二项边远要缺，查有补用知府直隶州知州甘肃候补知县方希林，勤慎廉明，任事实心，堪以请补。绥来县知县系冲繁难三项边远要缺，查有同知衔甘肃候补知县李原琳，年力正强，才具开展，堪以请补。

除截缺各日期先后不一，前值军兴，难悉查考，应请免叙外，以上四员，详细履历，谨另缮清单，恭呈御览。合无仰恳天恩，俯念边缺紧要，准以甘承谟等分补镇西厅等四厅县员缺，均堪胜任，尤于地方有裨。如蒙俞允，俟奉准部复后，除甘承谟一员业经赴部投供，钦派王大臣验放，奏请发往甘肃补用，毋庸送部引见外，其黄丙焜等三员，即行给咨，送部引见，以符定例。

臣为人地相宜、各专责成起见，是否有当？谨会同陕甘总督臣谭钟麟、乌鲁木齐都统臣恭镗，恭折具陈，伏乞皇太后、皇上圣鉴训示施行。再，新疆官制现正筹议整顿，一俟奉准定章，再行循照办理，合并陈明。谨奏。光绪九年九月二十六日。

军机大臣奉旨：吏部议奏，单并发。钦此。①

光绪九年十一月初三日，军机大臣奉旨：吏部议奏，单并发。钦此。②

【案】此折具奏日期，刻本署"九月阙日"，兹据原件、录副改为"九月二十六日"。

---

① 中国第一历史档案馆藏：《朱批原件》，档案编号：04—01—12—0530—041。又《奏稿》第719—724页。
② 中国第一历史档案馆藏：《军机录副》，档案编号：03—5185—015。

049. 呈请补镇西等厅县甘承谟等履历清单

光绪九年九月二十六日（1883年10月26日）

谨将请补镇西厅等四厅县各员年岁、籍贯、出身详细履历，缮具清单，恭呈御览。

一、请补镇西厅抚民直隶同知甘肃候补班遇缺前先补用直隶州知州甘承谟，现年四十九岁，湖南长沙府湘阴县人，由附生于同治七年投效前陕甘总督臣左宗棠军营，于陕省全境肃清案内汇保，同治九年十二月二十六日内阁奉上谕：附生甘承谟着以府经历不论双单月即选。钦此。于荡平金积堡贼巢、宁灵肃清暨中路剿办回土各匪迭次获胜案内汇保，同治十年十月初三日内阁奉上谕：即选府经历甘承谟，着免选本班，以州同分省补用。钦此。于克复巴燕戎格及剿灭河州窜贼、地方一律肃清在事出力案内汇保，十三年八月初三日内阁奉上谕：分省补用州同甘承谟，着免补本班，以知州分省，尽先补用。钦此。旋即请假离营，请咨赴部投供，验看分发，签掣甘肃。光绪元年十一月初三日，在部缮写履历。初十日，经钦派王大臣验放，奏请发往。十一月十一日，奉旨：依议。钦此。由部发给执照，遵即承领，起程赴甘，二年正月三十日到省缴照，咨部准予留省补用。经前督臣左宗棠于光绪三年十二月札委，署理绥来县知县员缺。四年三月初七日，接印视事。五年十月初九日，调署阜康县知县，于新疆北路克复、玛纳斯等城后反侧匪党迭次窜扰，经官军严防截剿，西北两路肃清，经伊犁将军臣金顺汇保，光绪六年六月十一日内阁奉上谕：甘肃补用知州甘承谟，着免补本班，以直隶州知州仍留原省，归候补班遇缺前先补用，并赏戴花翎。钦此。光绪八年三月，经臣札饬，调署奇台县知县。臣查该员甘承谟，心地明白，办事稳练。兹拟请借补镇西厅抚民直隶同知员缺，虽衔缺稍有未符，而该员久官北路，尽心抚字，甚著循声。以之借补斯缺，实属人地相需。再，查该员历署各缺，任内并无参罚案件，合并陈明。

一、请补吐鲁番同知甘肃候补直隶州知州黄丙焜，现年三十三岁，湖南长沙府长沙县人，由附生于光绪二年在湖南援防捐局报捐贡生，并加捐布理问双月选用，投效前陕甘总督臣左宗棠军营，于克复吐鲁番等城案内汇保，四年二月初四日内阁奉上谕：候选布理问黄丙焜，着免选本班，以知州分省,归候补班前先补用。钦此。于新疆南北两路荡平案内汇保,六年正月三十日内阁奉上谕:分省归候补班前先补用知州黄丙焜,着免补本班,以直隶州知州留甘肃、新疆,归候补班前补用。钦此。旋准吏部咨开:六年六月初八日,具奏关外沿边地方各缺,均隶甘肃,应将留甘肃、新疆归候补班前补用直隶州知州黄丙焜留于甘肃补用。奉旨:依议。钦此。于新疆五次剿平边寇案内经臣汇保,七年五月二十日内阁奉上谕:留甘补用直隶州知州黄丙焜,着俟补缺后,再行送部引见,并赏戴花翎。钦此。以奉旨后第五日由部行文之日起,由京至甘肃省程限五十五日,减半扣算,应于光绪七年六月二十二日,作为到省候补日期注册,扣至光绪八年六月二十二日,试看一年期满,经陕甘总督臣谭钟麟察看,以心地明白甄别具奏,堪以本班留省,照例补用等因。光绪九年四月初五日,差弁赍回原折,后开军机大臣奉旨:礼部知道。钦此。臣查该员黄丙焜,才具开展,有守有为。兹拟请借补吐鲁番同知员缺,虽衔缺稍有未符,而该员历在该处一带承办差务,情形最为熟悉,以之借补斯缺,实属人地相需,理合陈明。

一、请补昌吉县知县补用知府直隶州知州甘肃候选知府方希林,现年五十二岁,安徽安庆府桐城县人,由监生遵筹饷事例报捐县丞,指省陕西。咸丰八年九月,赴部验看、领照,九年二月到省。十年十月,奉委管解京饷无误,经户部题请归本班,尽先补用。同治二年,经前西安将军臣多隆阿①调营差遣,奉派随军,赴甘追剿回逆,于克复平凉府城案内汇保,同治三年十月十七日内阁奉上谕:方希林着免补本班,以知县仍留陕西,遇缺尽先即补。钦此。十年十月初十日,在秦州莲花城营次闻讣丁亲父忧。比即由营呈报转咨。四年,禀请离营,回籍终制。因军务紧急,未得即时就道。于攻克张家川、龙山镇、莲花城著名逆巢并四年力解靖远、安定二县城围及平毁中滩等处贼巢在事出力案内汇保,同治五年四月十三日内阁奉上谕:方希林着俟补缺后,以直隶州知州归候补班补用,先换顶戴,并赏戴蓝翎。钦此。是年六月到籍。六年正月初十日,服阕呈报起复,投效前陕甘督臣左

---

① 多隆阿(1817—1864),字礼堂,呼尔拉特氏,达斡尔族,隶属满洲正白旗。咸丰三年(1853),以骁骑校从曾格林沁出征,旋赏戴蓝翎,递补佐领。五年(1855),调湖北,充当营总。六年(1856),加副都统衔,补协领。七年(1857),擢副都统。十一年(1861),调补福州副都统,补授正红旗蒙古都统,调补荆州将军。同治元年(1862),赏骑都尉世职,督办陕西军务。同年,授钦差大臣,督办陕西军务。二年(1863),调补西安将军。三年(1864),攻战周至城,卒于军。赠太子太保、一等轻车都尉,谥忠勇。

宗棠军营，于荡平金积堡贼巢、宁灵肃清案内汇保，请俟补缺后，以应升之缺升用。经部议另核请奖。河湟肃清案内，经左宗棠附片奏请，以知县改留甘肃，尽先即补，并请俟补缺后，以直隶州知州补用，再行送部引见。钦奉朱批：吏部议奏。钦此。部议核准。于同治十三年十二月初五日复奏，本日奉旨：依议。钦此。遵照例章，以奉旨后第五日由部行文之日起，按甘肃程限减半扣算二十八日，应于光绪元年正月初七日作为到省候补日期。扣至二年正月初七日，试看一年期满，有司详请验看甄别，由前督臣左宗棠加具考语：查该员方希林，勤慎稳练，年壮才明，奏请堪以原官留甘补用等因。奉旨：吏部知道。钦此。于关内肃清案内汇保，光绪二年二月初四日内阁奉上谕：方希林着俟补直隶州知州后，以知府补用。钦此。是年闰五月，委署成县知县，光绪三年十二月十二日，交卸清楚进省，奉委管解新疆军饷，留营差遣，于新疆南北两路一律肃清案内汇保，光绪六年正月三十日内阁奉上谕：方希林着赏给随带加三级。钦此。于新疆南路诸军五次剿平边寇案内汇保，光绪七年五月二十日内阁奉上谕：方希林着赏换花翎。钦此。臣查该员方希林，勤慎廉明，任事实心。兹拟请借补昌吉县知县员缺，衔缺相当，人地亦极相宜。再，查该员前署成县任内并无参罚案件，合并陈明。

一、请补绥来县知县同知衔甘肃候补知县李原琳，现年三十六岁，湖南岳州府平江县人，由从九职衔投效老湘军，于荡平西宁府属回逆、力解府城重围、克复大通县城、肃清边境在事出力案内汇保，同治十三年七月二十八日内阁奉上谕：从九职衔李原琳，着以从九品留于甘肃补用。钦此。光绪三年九月，由湖南协黔捐局报捐县丞，指分甘肃试用，克复新疆托克逊、吐鲁番案内汇保，光绪四年十二月初四日内阁奉上谕：甘肃试用县丞李原琳，着免补本班，以知县仍留原省补用。钦此。于新疆肃清案内汇保，光绪六年正月三十日内阁奉上谕：甘肃补用知县李原琳，着俟补缺后，再行送部引见，并赏给五品顶翎。钦此。嗣准吏部议复：甘肃补用知县李原琳，着俟补缺后送部引见，并加五品顶戴注册，光绪六年六月初八日具奏，奉旨：依议。钦此。经臣咨会陕甘总督，以奉旨后第五日由部行文之日起，由京至甘肃省程限五十五日，减半扣算，应于光绪六年三月初三日作为到省候补日期。扣至光绪七年三月初三日，试看一年期满，由前护理陕甘总督臣杨昌濬据两司会详察看，以才具明练，办事勤能，照例甄别具奏，堪以烦缺知县补用等因。光绪七年七月二十日，军机大臣奉旨：吏部知道。钦此。于新疆五次剿平边寇在事出力案内汇保，光绪七年五月二十日内阁奉上谕：五品顶戴甘肃补用知县李原琳，着赏戴花翎，并赏加同知衔。钦此。臣查该员李原琳，年力正强，才具开展。兹拟请补绥来县知县员缺，衔缺相当，人地亦极相宜，理合陈明。

军机大臣奉旨：览。钦此。①

050. 奏请奖叙兴筑乌垣城工缘由片
光绪九年九月二十六日（1883年10月26日）

再，臣接准乌鲁木齐提臣金运昌咨开：乌垣自经兵燹，城垣并门楼、门洞以及四隅角楼概已坍塌。光绪七年春间，调集在防马步各营，分段兴筑。现将垣墙四围加高培厚，一律完固。至四门城楼、四隅角楼、四城门洞、南北月城门洞，于光绪七年六月动工，至八年九月止，由升任迪化直隶州知州陶模及现署知州刘兆梅先后监修完竣。所有置买瓦砖、铁木各项并员弁、匠工、兵勇人等津贴、犒赏，共用银一万一百一十二两五钱八分。又续建堆房抱舍十二间、火药局九间、义学十一间并濠沟、桥梁，共用银一千三百四十一两五钱六分二厘。综计共用银一万一千四百五十四两一钱四分二厘。除由陶模禀请在于迪化善后房租及古城厘金项下拨用银三千九百一十一两五钱外，实不敷银七千五百四十二两六钱四分二厘。因自念身受国恩，毫无报称，不敷银两已于历年所余薪公项下动支，作为捐修之款，相应开单，咨请奏咨立案等因。

臣维新疆自勘定后，各处城垣，半多残毁，亟须次第修理，以资捍卫。只苦功程浩大，筹款维艰，金运昌承修之迪化州城，残塌已久，工巨费繁，共用银一万一千四百余两。虽与例估不无轩轾，然以塞外物价腾昂核较，尚属节省，业经饬署镇迪道陈宝善逐一勘验，加结具报。兹据陈宝善详复履勘，委系工坚料实，并无浮冒，加具印结，恳请具奏前来。

臣查前项城工经费，仅于善后房租及古城厘金项下拨支银三千九百一十一两五钱，自应准其动用，已据署迪化直隶州知州刘兆梅造册加结，呈由

---
①中国第一历史档案馆藏：《清单》，档案编号：03—5185—016。

行营粮台核转汇案,报部核销。其由该提督捐修之款,应请免其造报,并恳天恩俯准,饬部立案。至该提督捐修巨款,克竣要工,应否仰恳恩施准予议叙,伏候圣裁。其在事出力员弁人等,督任龠捐,始终罔懈,不无微劳。可否由臣汇案择尤酌保之处,出自逾格鸿慈。

除咨户、工二部外,是否有当?谨会同乌鲁木齐都统臣恭镗,合词附片具陈,伏乞圣鉴训示。谨奏。

军机大臣奉旨:金运昌着该部核给奖叙。其余在事出力人员,着该大臣择尤保奖,毋许冒滥。余依议。钦此。①

光绪九年十一月初三日,军机大臣奉旨:金运昌着该部核给奖叙。其余在事出力人员,着该大臣择尤保奖,毋许冒滥。余依议。钦此。②

【案】此片具奏日期,原件署"光绪八年",录副署"光绪九年十一月初三日",兹据《奏稿》及《军机处随手登记档》③校正。

051. 审拟已革县丞酒醉戮毙武职大员折
光绪九年十月初二日(1883年11月1日)

钦差大臣督办新疆军务通政使司通政使二等男臣刘锦棠跪奏,为已革县丞酒醉昏迷,戮毙武职大员,审明定拟,恭折具陈,仰祈圣鉴事。

窃查指分贵州试用县丞周镜堂即周家鉴,因酒醉昏迷,戮伤安远营左哨副百长江西补用总兵杨秀元身死一案,前据统领安远军甘肃宁夏镇总兵谭拔萃查验,取具生供,嗣据报,因伤殒命,复移由库车善后局员验伤,解营审办,当经臣发委前署哈密通判朱冕荣审讯,并将周家鉴县丞咨部褫革。旋以案关营员,复经臣行提一干人证来营,发委行营发审,委员分省补用知县陶炳南、前湖北应城县知县黄维哲审详办去后。兹据委员陶炳南等复审明确,录供详解前来。

臣亲提研鞫,缘周镜堂即周家鉴,籍隶湖南宁乡县。同治十年,投效贵州武字营,于克复清平、黄平案内,得保分省补用从九品。十三年,在黔捐

---
① 中国第一历史档案馆藏:《朱批原件》,档案编号:04—01—37—0128—010。又《奏稿》第725—729页。
② 中国第一历史档案馆藏:《军机录副》,档案编号:03—6184—070。
③ 中国第一历史档案馆藏:《军机处随手登记档》,档案编号:03—0239—2—1209—289。

局加捐县丞,指省贵州,尚未验看。与安远营左哨副百长江西补用总兵看守库车北门之同县人已死杨秀元,先不认识。光绪六年,周家鉴出关,赴库谋事,会遇杨秀元,彼此问之姓名,从此交好,并无嫌隙。八年三月十五日,周家鉴接到家信,忆及家贫母老,伊又赋闲,不觉忧愁。是日下午,至市饮酒解闷。傍晚时,饮入醉乡,至谭楚光屠铺,索茶解渴。谭楚光遂至厨房烧茶。讵周家鉴酒气上涌,一时昏迷,不识如何,即取谭楚光肉架上屠刀走出,道经杨秀元卡房,入内啼哭。维时,杨秀元正在棹上写字,当以时当十五不应啼哭、犯伊禁忌之言,向其理斥。周家鉴酒后糊涂,不服混骂。杨秀元分辩回詈,不期周家鉴顺用屠刀,向杨秀元冒戮两下,适伤其右胳膊、心坎,扑跌倒地,致刀尖划伤其左胳肘。经杨秀元之亲兵董瑞庭、罗福胜闻声趋至,喝阻夺刀,并将周家鉴捆缚,投知该营左哨正百长许明耀,报经谭拔萃前往查验,询悉情由,饬医调治。比时,周家鉴昏迷无知。迨后酒醒,心始明白,悔恨莫及。杨秀元伤重,调治罔效,延至十六日早因伤殒命。复报经谭拔萃移局验伤,解营委审,据供前情不讳,严诘委因酒醉昏迷,冒戮适伤,并无捏饰情弊,亦无起衅别故。供证确凿,案无遁饰。

查律载:斗殴杀人者,不问手足、他物、金刃,并绞监候等语。此案已革县丞周镜堂即周家鉴,因酒醉昏迷,顺用屠刀戮伤杨秀元心坎等处身死,自应按律问拟。周镜堂即周家鉴合依斗殴杀人者不问手足、他物、金刃绞律,拟绞监候。察核戮由酒醉昏迷,讯无别故,情罪尚轻,本应仍照变通章程禁锢三年,惟周家鉴系文职人员,杨秀元亦系武职大员,若仅照变通章程,斗杀情轻人犯一律禁锢,未免无所区别。应请从重发往黑龙江,充当苦差,以示惩儆。据供母老丁单,但查死者,亦系母老子幼,不准查办留养。谭楚光不知周家鉴取刀情事,应与夺刀捆缚周家鉴救阻不及之并无不合之亲兵董瑞庭、罗福胜,均请免议。无干省释。尸棺饬令资送回籍,给属领埋。凶器屠刀,案结销毁。

除全案供招咨送刑部外,所有审明定拟缘由,是否允协?谨恭折具陈,伏乞皇太后、皇上圣鉴训示施行。谨奏。光绪九年十月初二日。

军机大臣奉旨：刑部议奏。钦此。①

光绪九年十月二十五日，军机大臣奉旨：刑部议奏。钦此。②

052. 请将总兵杨秀元饬部比例议恤片
光绪九年十月初二日（1883年11月1日）

再，安远营左哨副百长江西补用总兵杨秀元被已革县丞周镜堂即周家鉴酒醉昏迷、戮伤身死一案，业经臣将审拟缘由专折具奏在案。惟查该总兵杨秀元，系湖南宁乡县人，由勇丁投效湘军，转战数省，前后十余年，历著战功。嗣驻防库城，穷边万里，艰苦备尝。今因周家鉴酒醉啼哭，理斥争吵，致被戮伤殒命，实堪矜悯。该总兵虽非效命疆场，有格成例，第念前功，未便任其湮没，可否仰恳天恩俯准，饬部比例议恤，以彰劳荩而慰幽魂之处，出自逾格鸿慈。

除咨部外，谨附片具陈，伏乞圣鉴训示施行。谨奏。

军机大臣奉旨：该部议奏。钦此。③

光绪九年十月二十五日，军机大臣奉旨：该部议奏。钦此。④

053. 请将都司赵兴体等革职片
光绪九年十月初二日（1883年11月1日）

再，臣查记名总兵尽先即补副将署玛纳斯协左营中军都司赵兴体、蓝翎把总署玛纳斯协左营左哨头司把总乔连科等，擅理民词，任听土勇滋事，未便稍涉姑容。除先行撤任并将把总乔连科咨部斥革外，相应请旨将记名总兵尽先即补副将赵兴体即行革职，以儆官邪而肃营伍。

谨会同陕甘总督臣谭钟麟、乌鲁木齐提臣金运昌，恭折⑤具奏，伏乞圣

---

① 中国第一历史档案馆藏：《朱批原件》，档案编号：04—01—01—0950—018。又《奏稿》第731—736页。
② 中国第一历史档案馆藏：《军机录副》，档案编号：03—7306—051。
③ 中国第一历史档案馆藏：《朱批原件》，档案编号：04—01—17—0181—045。再，此片未署具奏者，具奏日期仅署"光绪朝"，兹据录副校正。
④ 中国第一历史档案馆藏：《军机录副》，档案编号：03—7306—052。
⑤ 应为"附片"。

鉴训示施行。谨奏。

军机大臣奉旨：着照所请，兵部知道。①

光绪九年十月二十五日，军机大臣奉旨：着照所请，兵部知道。钦此。②

【案】此片具奏日期，原件未署，录副署"光绪九年十月二十五日"。查光绪九年十月二十五日《军机处随手登记档》③，载有"报四百里，十月初二日哈密发"等字样。据此，此片具奏日期当为"光绪九年十月初二日"，兹据校正。

054. 代奏提督金运昌开缺回籍就医缘由折
光绪九年十月二十七日（1883年11月26日）

钦差大臣督办新疆军务通政使司通政使二等男臣刘锦棠跪奏，为迭准乌鲁木齐提督咨请代奏，吁恳天恩，开缺回籍就医省墓，谨据情代陈，并陈边疆紧要，现须筹复兵制、正资整理情形，恭折仰祈圣鉴事。

窃查提臣金运昌，自蒙恩旨补授乌鲁木齐提督，以边陲之重寄，独简在于帝心，同时侪辈，莫不荣之。金运昌感激图报，虽夙患咯血之证，前经举发，犹复力疾从公。迨边局粗定，曾请前督办臣左宗棠代奏，冀可回籍医治，经左宗棠申明大意，劝其勉力效忠，以慰宸望。旋值收还伊犁，臣适奉命接绾钦符，整顿边备。金运昌自念受恩深重，并未更申前请，倍加振奋，畅我皇威。臣尝佩其忠勇之诚，根诸至性，窃计新疆兵制正可藉以规复也。

上年，俄人既就款议，臣即亟筹裁营节饷，先将湘楚各军遣撤多营，继与金运昌熟商裁勇复兵，始裁所部卓胜马步六营，清欠至三十余万，另募土勇七旗，权抵标额。于是八年七月、十月，九年二月、五月，迭准咨请由臣代奏，恳恩开缺，以便养疴。各咨均言受病已深，聚难痊愈，而其情之最切者，

---

①中国第一历史档案馆藏：《朱批原件》，档案编号：04—01—17—0181—046。
②中国第一历史档案馆藏：《军机录副》，档案编号：03—7306—050。
③中国第一历史档案馆藏：《军机处随手登记档》，档案编号：03—0239—2—1209—281。

有曰：运昌幼失怙恃，孤苦伶仃，幸得寿春镇总兵郭宝昌①之母收养，以有今日。目下郭母年逾八旬，盼切一见。念养母桑榆之景有限，而运昌报国之日方长。此须定省者一端。又运昌双亲见背，荒乱贫寒，仅得藁葬。今三十年风雨摧残，实有为人子所不忍言者。若恋位希荣，置先人遗骸于不顾，是根本有亏。此坟墓祭扫久缺、下怀抱憾者一端。旧疾壮年尚不经意，现今年逾强仕，每逢节令发作，精神渐衰，一切公务难于综理各等因。臣以事局所系，为之多方谆劝，并经咨复，例得自行陈请在案。至五月后，奉旨悉裁卓胜马步存营，臣与金运昌商作三起遣散，截饷找欠。臣实不胜其罗掘之艰，瞬届年关，方苦难于支展，然以该军积欠极巨，兹为概清宿逋，在金运昌释此重负，当易调养见功。乃近准来咨，坚持前议，益形敦促。

臣与金运昌共事最久，其临敌勇敢，洵为统将中之杰出。此次率队出塞，锐欲有为，属以晋省坚推月饷，部议概行裁撤。大队既遣，地方不免空虚。臣上年与之赏募土勇二千五百余人，所有统率将领皆金运昌之旧部，期于差操一切，声息易为联络，计抵向额兵数已经逾半，并拟此后饷源稍旺，当更酌裁防营，陆续添募土勇，以抵标兵，合足旧章，团扎训练，庶几北路边防缉捕，即惟金运昌是赖，既可撙节饷需，又可振兴营伍，缓急之际，隐然可恃。比金运昌数以调疾省墓为请，固出臣意料之外，尤于目下局势未宜。臣既在四婉劝调摄，照常视事，而其退志已萌。提督为专阃大员，臣若始终劝慰，不为上达宸聪，匪特不谅于同舟，抑亦有关于公谊。金运昌自以久未复元，深惧因病旷职，敬慎之忱，固所共钦。特以边庭关重，金运昌督营镇驻，险要既悉，威望亦隆。当此裁勇复兵，假以岁月，必有成效可睹。臣边寄忝膺，既有所见，用敢不揣冒昧，披沥上陈，恭候圣裁，边疆幸甚。

所有迭准乌鲁木齐提督咨请代奏吁恳天恩开缺回籍就医省墓，并陈边陲紧要，现须筹复兵制、正资整理各缘由，是否有当？谨会同陕甘总督臣谭钟麟、乌鲁木齐都统臣恭镗，恭折具奏，伏乞皇太后、皇上圣鉴训示。谨奏。光绪九年十月二十七日。

军机大臣奉旨：金运昌向来办事得力，现在筹复兵制，正资整理，着刘

---

① 郭宝昌（？—1900），字子美，安徽凤阳人，法凌阿巴图鲁。咸丰年间，投效军营，充哨官。同治二年（1863），加提督衔。六年（1867），补寿春镇总兵。七年（1868），封骑都尉。光绪二十一年（1895），调补广东南韶连镇总兵。二十二年（1896），署寿春镇总兵。

锦棠传知该提督,勉图报称,以副委任,毋庸开缺。钦此。①

光绪九年十一月二十日,军机大臣奉旨:金运昌向来办事得力,现在筹复兵制,正资整理,着刘锦棠传知该提督,勉图报称,以副委任,毋庸开缺。钦此。②

055. 发遣之犯请变通改归南路州县管束片
光绪九年十月二十七日(1883年11月26日)

再,臣于上年春间准陕甘督臣谭钟麟咨:准湖北抚臣彭祖贤③咨:查新疆道路是否一律疏通,拟将发往新疆回城为奴之遣犯张菽培等照例起解等因,到营。

臣查例载,军流人犯应由应发省分④督抚大臣按所犯罪名,查照军流道里表,酌量远近,并在配军流多寡,均匀拨发先期定地。又发遣回城为奴之犯,先行酌给印房各章京、笔帖式役使。该章京等足敷使役,再分给大小伯克为奴,毋庸分给小回子,以免拖累各等语。

所有前项湖北遣犯,比以伊犁正值交收,而南路各城参赞、办事、领队各大臣均未简放,其印房章京、笔帖式等员以及驻防旗绿兵丁概无存留,人犯到配,无所归束,咨复暂缓发往在案。现在南疆各城改设官治,业已奏明委员署理,一切规制自应及时筹议。向例发遣回城为奴之犯,所以分给各章京、笔帖式以及大小伯克役使,系因别无衙门可以安插。今官署既定,前项遣犯又转准湖北咨催起解前来,事关刑律,未便拘例再延。相应请旨饬部核议,将发遣回城为奴之犯量为变通,改归南路各州县印官安置管束,以昭法守而专责成。

---

①中国第一历史档案馆藏:《朱批原件》,档案编号:04—01—16—0215—082。
②中国第一历史档案馆藏:《军机录副》,档案编号:03—5185—085。
③彭祖贤(1819—1885),字芍亭,又字商耆,江苏长洲(今江苏苏州)人。咸丰五年(1855),中式举人,加五品顶戴。六年(1856),保员外郎。七年(1857),补户部山西司员外郎。九年(1859),迁户部云南司郎中。同治元年(1862),交军机处记名以道府用,旋补鸿胪寺少卿、转通政司参议。四年(1865),以四品京堂候补。六年(1867),擢太仆寺少卿。十二年(1873),署光禄寺卿,升顺天府府尹。光绪三年(1877),补授顺天府府尹。四年(1878),调补江西布政使。六年(1880),擢湖北巡抚。八年(1882),署湖广总督。
④"由应发省分",《奏稿》作"由所发省分"。

是否有当？谨会同陕甘总督臣谭钟麟，合词附片具陈，伏乞圣鉴，训示。谨奏。

军机大臣奉旨：刑部议奏。钦此。①

光绪九年十一月二十日，军机大臣奉旨：刑部议奏。钦此。②

【案】此片具奏日期，原件署"光绪二十六年"，录副署"光绪九年十一月二十日"，兹据刻本及《军机处随手登记档》③校正。

056.请给南北两路官员办公津贴缘由折

光绪九年十一月初四日（1883年12月3日）

钦差大臣督办新疆军务通政使司通政使二等男臣刘锦棠跪奏，为新疆边远凋瘵，南北两路经始善后事繁费艰，道员暨正杂官吏拟按缺分优绌，分别酌给津贴，以资办公而均苦乐，恭折仰祈圣裁事。

窃维制禄驭富，道贵有以养其廉，而时异势殊，事贵有以通其变。新疆土旷人稀，残破之余，流亡甫集，贫寡交乘。北路镇迪辖境历年招徕安集，至今大县人民多者不过一二千户，少者数百户。回疆户口虽较繁殷，惟沦胥日久，迭遭安夷搜括席卷，杼柚罄空。其玛喇巴什、喀喇沙尔、拜城等处，蹂躏特甚，孑遗之民，翊戴皇仁，弥殷瞻就。际兹边围粗辑，百废待兴，慎选廉能，与民休息，久安长治之道，莫逾于此矣。顾土敝水烦，各有所妨，莅官位事，宜虑其始。一官一邑，庇民必有以庇身；群策群力，称事始期于先事。廉工应领之数与其日用必需之数，两相较筹，当使贤者优为。而中才以次举能，勉安所遇。然后能责其尽职，兴廉惩贪，可得而言矣。

伏查南疆新设郡县廉俸工食，部议准照镇迪道属赋役挂支，率由旧章，原属大公至正。惟道员廉银岁只三千两，同知、直隶州知州八百两，通判知县六百两，俸工役食，照章减折支给，为数更属无多。就地别无租课、羡余堪资垫补，而地介西表，今兹州县所治去京师远者万有余里，近亦八九千里，群吏奉檄之官、车马驺从之费，亦已数倍寻常。而幕友丁胥薪工有费，

---

①中国第一历史档案馆藏：《朱批原件》，档案编号：04—01—29—0028—017. 又《奏稿》第737—739页。

②中国第一历史档案馆藏：《军机录副》，档案编号：03—7400—033。

③中国第一历史档案馆藏：《军机处随手登记档》，档案编号：03—0289—2—1209—306。

迎送饩牵庆吊有费，俯仰事畜服食有费。荒徼残区，百物艰贵。家常粗粝，动费不赀，入不偿出，其大彰明较著者也。

曩者臣驻军前敌，创举善后，严禁摊派。八城局费、薪粮，各视其地之冲僻、事之繁简，以为差等，节省之中仍示以宽大。而事后熟察，且有因公负累者。迪属卸署人员，入塞半无资斧，臣所稔知。方今全疆善后未能即了，南疆工役正殷，一旦易局而官，劳费如前，而廉项入款较前顿减，虽有廉吏，莫能或支①，官病民穷，事何以举？迨至盘查交代，追取亏挪，甚且贪墨败官，重干例议，应得之咎，夫复何辞？而致此之由，究难免于纳之阱而启其窦者。臣忝边寄，权辖全疆，谋虑之疏、壅蔽之尤，后将谁执其咎哉？窃见乾隆间移徙陕甘满营实边驻防，其时官兵马甲、饷粮、料草，均按双分支给。绿营换防，官兵既支行粮，其家属仍准全支坐粮。祖宗厚泽深恩，虽下逮戍卒征夫，罔不曲尽其情，各遂所欲。成宪昭垂，至足钦矣。

臣愚拟恳天恩，允照黔省奏准津贴州县新章，由臣分别酌拟，请旨遵行。通计南北两路合吐鲁番两厅，共道厅州县、分防县丞二十五员缺，又原设佐、杂教职十四员缺。内巡道三员缺分相等，拟请每员每月给津贴银一百两，岁各加银一千二百两。其北路之镇西、迪化、昌吉、阜康，南路之喀喇沙尔、玛喇巴什、拜城同、通、州、县七缺，与哈密通判均属著名瘠苦，拟请每员各月给津贴银六十两，岁各加银七百二十两。又北路镇西、迪化、阜、昌四厅州县现任之学正、训导、吏目、典史、巡检、照磨，合哈密巡检共八员缺，拟请每员月给津贴银一十六两，岁共加银一千五百三十六两。悬缺未设各杂职及南服新募书吏应加口分，均请由臣随时察核，奏明办理。其余缺分稍优之处，北如奇台、绥来、济木萨、呼图壁，共知县、县丞、巡检、典史正杂七缺，南如叶、和、喀、英、阿、乌、库车，合吐鲁番、辟展，共同知、州县、巡检正杂十三缺，土沃民殷，均请毋庸津贴，以示区别。以上津贴，巡道正杂各官通共岁需实银一万八百九十六两②。

如荷鸿慈允准，请从此次奉旨之日起支，以清起讫，仍依前次部复，各官廉俸、公费统归西征粮台军需支销项下汇总开报，一俟地方复元，即由督臣察核，奏请停止。无缺之员署无员之缺，均请全支廉银，以示体恤。似

---

①"莫能或支"，《奏稿》作"必不能支"。
②"一万八百九十六两"，《奏稿》作"一万八百九十两"。

此办理,庶苦乐均适,官民称便,于地方吏治、民生裨益匪浅。

所有新疆边远凋瘵,南北两路经始善后事繁费艰,道员暨正杂官吏拟按缺分优绌分别酌给津贴,以资办公而均苦乐各缘由,谨会同陕甘总督臣谭钟麟、乌鲁木齐都统臣恭镗、帮办军务广东陆路提督臣张曜,合词恭折具奏。愚昧之见,是否有当?伏乞皇太后、皇上圣鉴训示,裁夺施行。谨奏。光绪九年十一月初四日。

军机大臣奉旨:户部议奏。钦此。①

光绪九年十一月二十七日,军机大臣奉旨:户部议奏。钦此。②

【案】光绪九年十二月二十五日,户部尚书额勒和布等议复刘锦棠奏请酌给道员等官廉俸公费银两一折:

再,督办新疆军务大臣刘锦棠奏请将新疆道员暨正杂官吏分别酌给津贴一折,光绪九年十一月二十七日,奉旨:户部议奏。钦此。钦遵于本月二十八日钞出到部。查原奏内称:南疆新设郡县,部议俸工、役食,照章减折支给,为数无多,拟照黔省津贴州县新章,分别酌拟。通计南北两路合叶、哈两厅,共道厅州县、分防县丞二十五员缺,又原设佐、杂教职十四员缺。内巡道三员缺相等,拟请每员每月给津贴银一百两。其北路之镇西、迪化、昌吉、阜康,南路之喀喇沙尔、玛喇巴什、拜城州县七缺,与哈密通判,均属著名瘠苦,拟请每员每员给津贴银六十两。又北路镇西、迪化、阜、昌四厅州县现任学正、训导、吏目、典史、巡检、照磨,合哈密巡检共八员缺,拟请每员每月给津贴银十六两。其余缺分稍优之处,均请毋庸津贴,以示区别。以上津贴各官通共岁需实银一万八百九十六两。无缺之员、无员之缺,均请全支养廉,以示体恤等语。

臣等查黔省因库款空虚,各官俸薪、养廉无从发给,是以议给津贴,以资办公。臣部现在核办,尚未复准。新疆各官廉俸之外复有公费,似无庸于定例之外多立名目。该大臣请将道员暨正杂各官酌给津贴之处,应毋庸议。至无员之缺、无缺之员应给养廉,例应分别开支。

---

① 中国第一历史档案馆藏:《朱批原件》,档案编号:04—01—35—0985—059。又《奏稿》第741—748页。
② 中国第一历史档案馆藏:《军机录副》,档案编号:03—6609—121。

该大臣所请全支养廉之处,与例不符,亦无庸议。惟是关外情形究与内地不同,若将俸工、役食照章核减,为数无多,诚如该大臣所奏。该大臣因俸工减成议给津贴名目,辄涉分歧,不如规复旧制,毋庸减成办理,较为切实。臣等公同商酌,现在新疆改设郡县,亟当慎选廉能,与民休息。责人以廉者,当养人以宽。新疆道员暨正杂实任各官俸廉、公费,拟请一律按十成实银发给,毋庸减折,以示体恤。其余各省均不得援以为例。如蒙俞允,由臣部行知该大臣即自奉旨之日为始,照例起支。再,查近来所谓优缺,非上侵国帑,即下朘民膏。该大臣考察群吏,但当核属员之贪廉,不必视缺分为肥瘠。今既优予廉俸、公费,该员等倘不知自爱,道府以属员馈送为陋规,州县以地方殷富为利薮,即由该大臣据实严参,以昭炯戒。所有臣等遵旨议奏缘由,理合附片具陈,伏乞皇太后、皇上圣鉴。谨奏。

光绪九年十二月二十五日,奉旨:依议。钦此。①

057. 南疆新设郡县工费恳拨实饷折
光绪九年十一月初四日(1883年12月3日)

钦差大臣督办新疆军务通政使司通政使二等男臣刘锦棠跪奏,为南疆新设郡县,建置一切,工费浩繁,无可筹措,吁恳天恩饬拨实饷,以济要工而维事局,恭折仰祈圣鉴事。

窃新疆地处极边,幅员辽阔,要荒之外,屏蔽为先。南路增置郡县,城垣、衙署等工,势不容已。臣于本年四月间,业将筹办大概并恳饬拨的款各情形奏明在案。惟边荒烬余,民穷财竭,补苴经始,事同缔造。当兹时局至艰,饷需奇绌,皇太后、皇上忧勤惕厉,俭德日崇。虽司农岁进正供,然且拨充国用。微臣受恩深重,具有天良,苟事所得已,饷馈稍资挹注,局势尚堪勉支,何敢以财用细微上烦慈系也哉! 惟前项工程,臣与张曜往复通筹,大率城垣为重,土工为多。回部孑遗残喘,重隶圣化,惟有②谨体皇仁,轻徭薄赋,与之休息。以故土工大凡专资勇丁之力,兼雇赤贫,以工代赈,蠲力

①马大正、吴丰培等编:《清代新疆稀见奏牍汇编·同治、光绪、宣统朝卷》中册,第626—627页。
②"惟有",《奏稿》作"极应"。

役，绝摊派，费省事集而民和，其便一也。臣等初议城垣因创随宜，各城衙署通就官局补葺，藉省工费，其便二也。需材随地购办，工雇回匠，黜华崇实，其便三也。

臣曩接准部复，比将前事等因咨行遵办，并檄饬各营局确估工费，分赍臣与张曜会核定夺，一面熟察缓急，次第兴工去后。兹据各该营局陆续详赍估册，具报兴工前来。臣逐加核阅，城工可因旧制改作者，东仅库车、乌什，西仅喀、英、叶、玛暨疏附县城七处。其东路之喀喇沙尔、阿克苏、拜城，西路之和阗直隶州城、于、叶两县城，均待择基另建。盖沧桑更变，今昔迥殊，或遗址虽存，而近时市集居民距城窎远，官民暌隔，于事非宜。度地因时，势不容已。陇边土性斥卤，下流逾甚，土城年久，剥落坍圮，鲜可因依。创制之初，土程允宜坚固，庶能一劳永逸，费不虚縻。以故新建之城六，城根、炮台、雉堞、瓮门一律通用烧砖杂石。城楼、官廨，鸠工庀材，均取坚朴。改修之城七，去其潮碱，输土重筑，添修城楼、炮台，间须推广城基，工料所费亦复不少。官司所治、仓库、厩狱暨同城佐杂衙门、科房、传舍，向与堂事相联属，例建坛庙，亦应从简，随署兼营。善后等局原本草创，改局为署，格于程式，而临民莅事，俱多未宜，碍难拘牵原议者，势也。

边疆百物奇昂，工匠稀贵，入山取材，路长脚多，动费巨款。通盘确估，八城东西两道所辖新设道厅州县十五员缺，计共城工十三起、衙署十五起。除嵩武、楚湘、董、定诸军帮修土工外，所需铁木、砖石、陶瓦、物料、匠役薪工、犒赏诸款，节之又节，通共需实银三十七万四千两有奇。工作适际环兴，巨款顿增，势难停待，就地绝无丝毫进项可筹，协饷只有此数。如本年遵照部议，原盼解足八成，现届十月，计算协解成数，除划抵、拨还华洋商债外，实在解甘银仅一百二十余万两。征军饷需暨臣权辖之南北两路印委人役薪廉、正杂诸款，统指①协饷通融。纵令畅解如常，出入只足相抵。矧今入款既大逊于往常，而一耗于清还商债，坐占实饷三百万两之多，再耗于续裁卓胜五营，代晋省挪空现饷二十余万两。而前项城工衙署专款积少成巨，又需银三十七万四千两，仍待由万艰之军饷点缀通挪。向使督臣固执前议，到甘之百余万两必与臣军分成提用，局势早已难撑。幸谭钟麟深维大局，饷馈必先塞外，遇有急需，设法摒凑飞挽，时惧不给，体国之忠、悉虑

---

①"统指"，《奏稿》作"统恃"。

之公,舟谊至足纫矣。昨与臣书云,息借洋款,部议停止,自应恪遵。惟念来源日见枯竭,催索鲜应,罗掘成虚,稔知臣军前竭后空,困窘万状,拟暂向陕、鄂华商筹借银两,凑解西来,权济眉急。而议之成否、数之多寡,仍难逆计也。

近迫岁阑,积年挪空之饷,填补无方,而及时应出之需,点金乏术。其城工衙署专款,为数既巨,需用正殷,尚属虚悬无着。如臣梼昧,委实难支,再四筹维,惟有吁恳圣慈俯念郡县建置关重边荒,穷窘异常,恩准饬拨部储实饷三十七万四千两,俾济要需而维事局,边事幸甚,微臣幸甚!此项部拨银两,仍饬就各省关欠解协甘军饷项下定限照数,解部归还,以重库款,臣不胜感悚屏营之至。

除遵造城垣、衙署、工段、工料简明切实估册分别另案咨部查核外,所有南疆新设郡县建署一切工费浩繁,无可筹措,吁恳天恩饬拨实饷,以济要工而维事局各缘由,是否有当?谨会同陕甘总督臣谭钟麟、帮办军务广东陆路提督臣张曜,合词具奏。伏乞皇太后、皇上圣鉴训示。谨奏。光绪九年十一月初四日。

军机大臣奉旨:该部议奏。钦此。①
光绪九年十一月二十七日,军机大臣奉旨:该部议奏。钦此。②

【案】光绪九年十二月二十五日③,户部尚书额勒和布等会议提拨南疆工程银两:

奏为遵旨会议具奏事。

钦差大臣督办新疆军务刘锦棠奏南疆新设郡县吁恳天恩饬拨实饷一折。光绪九年十一月二十七日,军机大臣奉旨:该部议奏。钦此。钦遵由内阁钞出到部。据原奏内称:南疆增置郡县城垣、衙署等工,臣与张曜往复通筹,大率城垣为重,土工为多,臣檄饬各营局确估工费去后。兹据各营局陆续具报兴工前来。臣逐加核阅,东仅库车、乌什,西仅喀、英、叶、玛暨疏附县城七处。其东路之喀喇沙尔、阿克苏、拜城,

---

① 中国第一历史档案馆藏:《朱批原件》,档案编号:04—01—37—0128—034。又《奏稿》第749—756页。
② 中国第一历史档案馆藏:《军机录副》,档案编号:03—6609—122。
③ 此具奏日期,据中国第一历史档案馆藏《清单》(档案编号:03—5677—034)校补。

西路之和阗直隶州、于、叶玛①两县，均待择基另建。官司、仓库、衙门，动费巨款。通盘确估，共计城工十三起、衙署十五起，除嵩武、湘、楚诸军帮修土工外，所需物料、工赈诸款共需银三十七万四千两有奇。征军饷需暨南北两路正杂诸款统指协饷，通融出入，只足相抵。惟有恳恩饬拨部储实饷各等语。臣等伏查新疆辽阔，守御为重，所有各项工程，以期边围完固，自是切要之图。第工费浩繁，仍当视饷项之盈绌，陆续兴修，是以腹地省分发、捻平近二十年，衙署等工不能与城垣一时并建。兹据该大臣声称，郡县建置穷窘异常，恳恩准拨部储银三十七万四千两，俾济要需等情。臣等查各省水旱频仍，海防吃紧，现在奏定拨款办防各省多请改拨，部库入不敷出，实难轻于外拨。且臣部节经奏明，无论何项军需，概不准请拨部款在案。惟西征饷项支绌，一切工费无可筹措，尚系实在情形。臣等公同商酌，除被灾等省及沿海办理防务省分碍难提拨外，拟由积欠西征月饷内，江西提银三万两，湖北提银四万两，湖南提银四万两，河南提银二万两，山西提银一万两，四川提银三万两，河东道提银一万两，共提银十八万两，限十年五月以前如数解交甘肃粮台，以济要需。

至原奏内称新疆地处极边，幅员辽阔，要荒之外，屏蔽为先，南疆新设郡县城署等工势不容缓，逐核城工可以改作者七处，择基另建者六处，城根、炮台、瓮门通用烧砖、杂石，城楼、官廨等项工程所需铁、木、砖、石、物料、匠役诸款，势难停待，请拨实饷，俾济要需等语。工部查城垣之设，保障攸关，最为紧要。南疆一带新设郡县应建城垣、炮台等工，既经户部酌拨饷需，自应赶紧次第兴修，以固金汤而重边徼。应令该大臣等先行委员揆度情形，勘定基址，总期据险要之区，足资捍卫；一面将改修、另筑各座城垣工程转饬承修各员，撙节估计，照例造具估册，绘图贴说，专案咨送臣部立案，并将各省解到银两核实动用，务使工坚料实，帑不虚糜。一俟工竣，陆续分案分起遵照臣部九年三月奏章，依限造册报销，用昭核实。

至官廨等工用款繁多，自应遵照户部所议，从缓办理。相应请旨饬下各省督抚等一体遵照，并请饬下督办新疆军务大臣刘锦棠、陕甘

①"玛"，疑衍。

总督谭钟麟、广东陆路提督张曜等,一俟收到此次奏提各款,酌量缓急情形,应以城垣为重,衙署等工自当缓办,庶不使万难之饷需徒滋糜费,是为至要。所有会议缘由,臣等理合恭折具陈,伏乞皇太后、皇上圣鉴。谨奏。

光绪九年十二月二十五日,奉旨:依议。钦此。①

058. 请将奇台县治移建古城片

光绪九年十一月初四日(1883年12月3日)

再,奇台县治屏营驿,逼近天山之阴,山原高亢,周回数里内无井泉、河渠之利。官民汲引,冬恃冰窖,春夏则恃天山雪水融化,引流作潴。偶值亢旱雪少,辄患枯竭。就地掘井,恒深至百余仞,莫能及泉。该县城关附郭向少居民,商旅不集,亦有由也。乾隆建城之初,盖取建瓴临下之意,且与木垒、古城两营东西相距各九十里。县治居中,联络防守,两资已耳。不若古城地当孔道,东接巴里坤,西接乌垣,南屏天山,北至科布多,东北通乌里雅苏台,西南为出吐鲁番间道,形势允称扼要。且其地适滨水磨河、格根河下泻之冲,众流所归。故其土性沃衍,人烟稠密。县境东西地头二三屯,各腴区密尔环抱,樵汲刍粮,取购近便。驻师兴屯,于事攸宜,建官出治,尤为允协。前乌鲁木齐都统臣景廉②督师西征,特设军

---

①马大正、吴丰培等编:《清代新疆稀见奏牍汇编·同治、光绪、宣统朝卷》中册,第625—626页。
②景廉(1823—1885),字俭卿、季泉,颜札氏,满洲正黄旗人。咸丰二年(1852),中式进士,改庶吉士。三年(1853),授翰林院编修,选侍讲,兼国史馆协修、文渊阁校理。四年(1854),授翰林院侍讲学士,兼文渊阁直阁事。五年(855),升咸安宫总裁、内阁学士兼礼部侍郎衔。六年(1856),补镶白旗蒙古副都统。七年(1857),擢工部右侍郎,兼管钱法堂事务。同年,管火药局,镶白旗蒙古新旧营房事务。八年(1858),授镶红旗满洲副都统,署正蓝旗满洲副都统、正红旗满洲副都统。九年(1859),补刑部右侍郎,兼吏部右侍郎。同年,调补伊犁参赞大臣。同治元年(1862),改叶尔羌参赞大臣。五年(1866),补哈密帮办大臣,加头等侍卫。十年(1871),擢乌鲁木齐都统。光绪元年(1875),调补正白旗汉军都统。同年,署军统领、正白旗蒙古都统。二年(1876),任军机大臣上学习行走、崇文门副监督。同年,署工部尚书,补授正红旗满洲都统。三年(1877),迁工部尚书,拜军机大臣,兼管内翻书房、火药局事务。同年,署正蓝旗蒙古都统、兼署镶红旗汉军都统。四年(1878),调户部尚书,署工部尚书,兼管新旧营房、户部三库事务。同年,授国史馆正总裁。五年(1879),署吏部尚书。六年(1880),管理左翼幼官学事务,补经筵讲官。七年(1881),任前引大臣。九年(1883),授内阁学士、吏部左侍郎兼礼部侍郎。同年,调兵部尚书。

府于此,就孚远故城①之东筑两土城,蝉接鳞次,委官试署,商民市集,亦即附丽其间,意至善也。

现查其倚南一堡,业经增修完固,作为孚远新城。古城领队与其协、佐领官兵驻扎其中,仍景廉军府之旧也。北城向为市集,惟其城根北边坐落水磨河,外无护堤、隙地,难议增改。垣中南北相距仅五十七丈,城身高只丈余,厚只五六尺,规模太狭。查其西关即古城营,旧堡基址尚存,平广爽垲,渐已由聚而邑。前据署知县甘承谟禀陈前由,请将奇台县治改建古城前来。臣比檄委署镇迪道陈宝善履勘详夺去后,兹据陈宝善委勘,详复前情无异,并准陕甘督臣谭钟麟、乌鲁木齐都统臣恭镗咨请会奏改建,到臣行营。

臣维经费至艰,建置关重,事苟得已,自以仍旧为宜。惟城治务择形胜便民,兹按奇古两相比较,利病相去,判若天渊,则奇台县治移建古城,洵属正办。谭钟麟、恭镗来咨,意见吻合。如蒙圣恩允准,再由臣调营帮工,藉资节省。古城营游击、千把、经制、额外各官弁暨分防奇台汛把总,均应照旧驻扎。其古城巡检应请移置奇台,兼管驿丞事务。奇台典史应随印官移驻,各专责成。俟奉旨后,臣当钦遵,檄饬确估,照例造具工段册,咨部查核。所需经费由臣附入南路城工,汇案请销,以昭核实。

臣为地方起见,是否有当?谨会同陕甘总督臣谭钟麟、乌鲁木齐都统臣恭镗,合词附片具陈,伏乞圣鉴,训示。谨奏。

军机大臣奉旨:该部议奏。钦此。②

光绪九年十一月二十七日,军机大臣奉旨:该部议奏。钦此。③

【案】原件具奏日期仅署"光绪朝",并无具奏者,兹据刻本、录副及《军机处随手登记档》④校正。

光绪十年三月初三日,刘锦棠请将奇台县改建古城之奏,经部议准,始得允行。《清实录》:

---

①"孚远故城",《奏稿》作"孚远古城"。
②中国第一历史档案馆藏:《朱批原件》,档案编号:04—01—02—0157—005。又《奏稿》第757—760页。
③中国第一历史档案馆藏:《军机录副》,档案编号:03—6184—072。
④中国第一历史档案馆藏:《军机处随手登记档》,档案编号:03—0239—2—1209—313。

戊寅,移建甘肃奇台县治于古城。从钦差大臣刘锦棠请也。①

059. 奏为补授兵部右侍郎吁恳收回成命折

光绪九年十一月十六日（1883年12月15日）

钦差大臣督办新疆军务通政使司通政使二等男臣刘锦棠跪奏,为钦奉恩纶,沥陈下悃,吁恳曲赐矜全,收回成命,俾微臣得稍安愚拙,以保余生,恭折仰祈圣鉴事。

窃臣于十一月初八日承准吏部咨开:文选司案呈:光绪九年十月初五日,内阁钞出初四日奉上谕:刘锦棠着补授兵部右侍郎。未到任以前,着徐用仪署理。钦此。恭录知照,到臣行营。跪聆之下,感高厚之隆施,实悚惭于无地。分宜恪遵谕旨,恭拜新除。特微臣万不获已之下,情势有不得不为我皇太后、皇上陈之者。

臣前以旧疾增剧,屡疏乞退就医,渥蒙赏颁珍药,宽给假期。温诏优褒,迥出非分。遵即加意服调,会当暑盛寒消,仰赖造命之福,疼痛较前略减。谨已具折,如期力疾销假,仍恳另简贤员接替,俯准开缺交卸,以免误公在案。盖深维圣慈曲被,即捐糜踵顶,犹未能酬其万一。兼以南路改设官治,规制一切,必须及时举行。裁营节饷,最为当务之急。病苟勉可支撑,义应强起筹办。窃计粗有端绪,遂当拜疏,坚申前请。惧以久病恋栈,无济边筹。乃自入冬以来,腿痛已发数次,并添手麻耳鸣之证,百计觅医,正苦诊治无验,何期复叨殊遇,超擢上卿。在朝廷宠臣特甚,不惜破格之加。

臣窃自恨福薄,灾生日久,缨疾不愈。宋臣朱熹有言:"一日立乎其位,则一日业乎其官。一日不得乎其官,则一日不敢居乎其位。"此言当官不称,断难忍待须臾,非谓以病躯尸位也。矧以臣之庸陋以视侍郎之职,固共知其万万不逮。即昔年所恃膂力方刚,习劳战守,以少报涓埃者,亦因久役寒侵,渐成沉痼。此臣内度之身疲苶无能而未敢居者也。尤难已于请者,臣自幼弃学从征,转战各省,驰驱戎马,以迄于今,未尝研究经史。伏思兵部佐平邦国,侍郎位隆陪贰,必其学行素著、资望允孚,始足上邀特简。实缘科目为取士之正途,不独多识往行,尤贵熟谙朝典,

---

① 《德宗景皇帝实录(三)》,卷一百七十九,光绪十年三月上,第493页。

扬历有年，措施悉当，堪以示属司之正轨，绝速化之幸思，法至善也。属因军兴，推广用人之格，士之困于士进者，效力前驱，多登荐剡。于是收用既杂，滥竽不免。然或仅晋虚衔，鲜有若臣之屡跻显秩。而臣前拜太常寺卿、通政使之命，时值军事方殷，臣沐逾格之荣，待罪行间，正所以激励将士。虽差足以自解，恒惧不衷为灾，极思陈情开缺，期得请以守愚。汉臣诸葛亮有言："才须学，学须识。"臣既失学，则才识果何由生？故凡核治文牍，人之所一思了然者，臣必更番审察而始决，是其明征。

臣苟以不学之粗质，忝厕司马之崇阶。揆之国家慎重名器之道，显有所妨，从来以他途进占清班贻讥史乘者，代不绝书。圣朝德懋懋官，一章一服，悉经权衡以与，靡不曰贤。今臣无端独承眷畀，则幸获高官之渐竟，若自臣而开，上累爵人之盛德。臣具有天良，扪心何以自安？此尤臣之所大惧而未敢居者也。

臣赋性驽钝，频年懋赏迭膺。边疆忝任，方愧叨荣已极，兹蒙恩擢，不禁宠极而惊，感深而泣，为臣梦想所不到，诚恐大骇观听，致碍任贤使能之大经。用敢不揣冒昧，披沥上陈。吁恳天恩矜全，收回成命，庶臣藉安愚拙，以保余生。斯官常幸甚，微臣幸甚！臣年甫四十，报国之日方长，一俟边局略定，并恳恩准，收销兵符，俾臣回籍养疴。但得医治稍痊，即当泥首宫门，求赏差使，以伸犬马恋主之忱。干渎宸严，不胜感悚激切待命之至。

谨缮折具陈，伏乞皇太后、皇上圣鉴训示施行。谨奏。光绪九年十一月十六日。

军机大臣奉旨：览奏，情词恳挚，具见悃忱。该侍郎向来办事认真，朝廷深资倚任，惟当勉图报称，将新疆应办事宜妥为经画，一面加意调治，以慰廑系，毋许固辞。钦此。①

光绪九年十二月初十日，军机大臣奉旨：览奏，情词恳挚，具见悃忱。该侍郎向来办事认真，朝廷深资倚任，惟当勉图报称，将新疆应办事宜妥为经画，一面加意调治，以慰廑系，毋许固辞。钦此。②。

---

①中国第一历史档案馆藏：《朱批原件》，档案编号：04—01—12—0530—038。又《奏稿》第761—768页。
②中国第一历史档案馆藏：《军机录副》，档案编号：03—5186—039。

060. 奏报关内外光绪七八两年收支饷项数目折

光绪九年十二月二十日（1884年1月17日）

督办新疆军务臣刘锦棠、头品顶戴陕甘总督臣谭钟麟跪奏，为查明甘肃关内外光绪七、八两年收支饷项数目，分开简明清单，陈恳核销，恭折仰祈圣鉴事。

窃准户部咨开：光绪八年十二月以前军需、善后未经报销各案，向开单者仍准开单，将勇数、饷数均照部定开单格式，详报请销等因。当经分饬遵照办理。查西征军需各款向系开单，所有光绪六年十二月以前收支数目，经前督臣左宗棠开单报销在案。其自光绪七年正月起改设粮台于兰州，亦经左宗棠奏明，每年粮台所收协饷分拨关外六成、关内四成，自应各将收支数目开报。所有沪、鄂、陕甘至肃州止各台局员弁薪水及水陆转运各款，系关内外合办，由粮台开支报销。至肃州以西台局转运各款，悉由关外开报。如伊犁将军金顺、嵩武军张曜借用之款，均由各军自行列收报销。又如光绪七年六月借用洋款四百万，原拟将六年以前所欠勇粮、恤赏等项三百五十八万一律补发，以清陈欠。迨洋款提到，经上海局胡光墉扣存银十万余两，又划还六年六月、七年四月借用本利二百余万，又拨解驻直各营饷四十六万余两，实解到甘者一百三十余万，以故六年欠饷尚短二百二十余万，而七、八两年所欠新饷不在此数也。

兹据粮台司道查明光绪七年正月起至八年十二月底止粮台经收各省关协饷，除划还洋款外，实解到台银六百八十九万两，并江苏协解湘军专饷、山东解西宁协款，综计旧管、新收共银九百三万八千余两。除开支各台局转运各费及西宁炮队饷四十三万七千余两暨金顺借款外，七、八两年实解关外哈密大营银五百十六万八千余两，拨解关内银三百三十四万七千余两，分开七年借用洋款为一单，粮台收支总数为一单，关内用款为一单，关外用款为一单，详请奏销前来。

查关内外六年底各营勇数、饷数及七、八两年裁撤之数，业经臣等于本年夏间分晰奏明。所有每年应用各款目，亦经臣钟麟、臣锦棠先后开列二十四条，奏咨立案。臣前奏关内外每年约需银四百万，系就八年裁撤营勇之后而言。究之七年用款，实不止此数。盖自八年起将营勇先后遣撤，一切薪水、局费大加裁减,故较前稍为节省。然七、八两年协饷不敷,计关外尚欠新饷一百四十一万零,关外尚欠新饷四十五万余,合之六年以前旧欠勇粮、恤赏,共三百零四万余两,与积年所欠洋款六百二十四万,均应由九年后收到协饷,陆续补发。

总之,西征用款浩繁,实由远道用兵,以致师劳财匮。十余年来,频烦宵旰焦劳。臣等具有天良,凡可以稍省者,尚无不力求撙节。兹查该司道等所开七、八两年收支细数,皆系实用实销,并无浮冒,理合缮具简明清单,恭呈御览,吁恳天恩饬部核销,以清积案。自光绪九年起,应照部章造册请销。

除将七、八两年收支清单分咨部、科外,谨合词缮折具陈,伏乞皇太后、皇上圣鉴训示。再,此折由臣钟麟主稿,合并陈明。谨奏。十二月二十日。

光绪十年正月初十日,军机大臣奉藏字谕旨:该部知道,单四件、片二件并发。钦此。①

061. 呈光绪七年借到洋款划还商款并分还前欠清单

光绪九年十二月二十日(1884年1月17日)

谨将光绪七年借到洋款项下划还商款并分还六年欠饷各数目,开具清单,恭呈御览。计开

一、收七年六月挪借洋款银四百万两。

一、除候补道胡光墉扣存银一十万六千七百八十四两三钱五分七厘。前项银两据称支给行用银二万两,由沪运鄂水脚、保险银三万二百九两三钱五分七厘,扣留补水银五万六千五百七十五两,合符前数,理合登明。

一、除还沪局七年四月挪借商款本银一百万两,又加给息银二万四千五百三十三两三钱三分三厘三毫三丝三忽三微。

一、除运沪局六年六月挪借商款本银六十万两,又加给息银八万五千二百两。

一、除还鄂台六年五月挪借商款本银八万两,又加给息银一万二千八

---

①台北故宫博物院藏:《军机及宫中档》,文献编号:124716。

百六十四两。

一、除还西征粮台六年十月挪借商款本银二十五万两，又加给息银一万四千九百六十两。前三项系上案报销，截至六年十二月底止，共欠还沪、鄂、陕各台局挪借银一百一十七万两，内除还过前三项本银九十三万两，并加给利息外，其余银二十四万两，另归收支协饷单内开列划还，理合登明。

一、除前督臣左宗棠随带驻直恪靖亲军十哨并左右两营及旌善马队饷银四十六万七百三十九两九钱四分七厘一毫三丝八忽四微。前项应由前督臣左宗棠列收报销，理合登明。

一、除划还欠发关内各营旗六年以前存饷银一百一十八万三千六百五十九两九钱四分一毫一丝五忽六微。前项系上案报销，截至光绪六年十二月底止，实共欠发关内外各营旗饷银三百三十三万四千四百八十四两九钱一分三厘六毫五丝六忽三微。除由此次洋款内陆续划还外，尚欠发关内外各营旗饷银一百九十七万七千三百三十二两七分六厘一毫三忽八微，另于协饷款内划还，理合登明。

一、除划还关内外各营旗六年以前恤赏、养伤银七千七百六十五两五钱二分四厘九毫七丝五忽八微。前项系上案报销，截至光绪六年十二月底止，欠发关内外各营旗阵亡、受伤弁勇恤赏、养伤银二十五万八千八百九十四两八钱四厘五毫三丝二忽九微，除由此次洋款内划还外，尚欠发银二十五万一千一百二十九两二钱七分九厘五毫五丝七忽一微，理合登明。

以上十三款，共开除银四百万两。查七年借到洋款，原拟将关内外六年十二月底以前各营欠饷、恤赏、养伤等银三百五十九万三千三百七十九两七钱一分八厘一毫八丝九忽二微，概行清还。嗣因候补道胡光墉扣存银一十万六千七百八十四两三钱五分七厘，又沪、鄂、陕扣环挪借商款本息银二百六万七千五百五十七两三钱三分三厘三毫三丝三忽三微，又拨解前督臣左宗棠驻直各营饷银四十六万七百三十九两九钱四分七厘一毫三丝八忽四微，仅余银一百三十六万四千九百一十八两三钱六分二厘五毫二丝八忽三微，以抵六年以前欠饷、恤赏等项，尚不敷银二百二十二万八千四百六十一两三钱五分五厘六毫六丝九微，另归收支协饷单内补发开报，理合登明。

军机大臣奉旨：览。钦此。①

062. 呈关内光绪七八两年办理军需善后收支清单
光绪九年十二月二十日（1884年1月17日）

谨将甘肃关内办理军需、善后自光绪七年正月初一日起至八年十二月底止收支各款，照案报销，开具简明清单，恭呈御览。计开

一、七年分共收协饷单内拨发关内银二百一十三万四千四百八两七钱八分一厘七毫六丝九忽二微。

一、七年分收各营局扣缴粮价银二千一百四十两八钱七分一厘二毫四丝八忽八微。前项银两系各营局领过粮料扣缴价银之款，理合登明。

一、七年分收各营旗报缴截旷银二万二千七百八十两八钱一分九厘二毫一丝七忽。

一、七年分收本台支发采买、制造等项，共扣回平余银一千一百七十二两一钱五分一厘。前项银两系照军需则例，每银百两扣平余银一两，共扣收前数，理合登明。

一、八年分共收协饷单内拨发关内银一百二十一万三千二百六十五两七钱三分一厘七毫九丝七忽五微。

一、八年分收各营局扣缴粮价银七千八百八十六两七钱六分四厘二毫五丝九忽四微。前项银两系各营局领过粮料扣缴价银之款，理合登明。

一、八年分收各营旗报缴截旷银一万九千六百五两五钱一分五厘五毫三丝八忽。

一、八年分收本台支发采买、制造等项，共扣回平余银四百八十九两七钱六分六厘。前项银两系照军需则例每银百两扣平余银一两，共扣收前数，理合登明。

以上八款，共收银三百四十万一千七百五十两四钱八毫二丝九忽九微。

开除：

一、除七年发马步各营旗饷银一百四十万一千九百六十五两二钱一分五

---

①台北故宫博物院藏：《军机及宫中档》，文献编号：124716—A。

厘四毫八忽六微。

一、除七年发马步各营旗统领经费银二万二千五百五十五两六钱六分三厘一毫一丝七忽一微。前项马步各营旗以及统领各官弁勇数目并支饷章程，均经奏咨有案，兹不重开，理合登明。

一、除七年发马步各营旗倒马价值银八千三百六十六两六钱九分八厘九毫三丝五忽一微。前项马价系照前督臣左宗棠酌定马队章程，按每马百匹每年准其买补倒毙马三十匹，每匹价银十六两，除扣皮脏银五钱外，实支银十五两五钱，理合登明。

一、除七年发采买粮料价值并仓夫、斗级口食银四万五千九百二十八两七钱九分一厘八毫六丝八忽三微。前项粮料现储在仓，俟各营旗领用后，再行扣价归款，理合登明。

一、除七年发火药局配造火药工料银二万七千七百二十三两八钱九厘二毫五丝四忽五微。

一、除七年发制造局外洋、浙、粤各匠工银二万九千九百二十三两五钱六分八厘二毫四丝七忽八微。

一、除七年发织呢、开河洋匠工银二万四千一百七十一两二钱二分一厘九毫六丝八忽。

一、除七年发资遣闲员、客民回籍川资银一千二百七十九两一钱二分三厘九毫一丝九忽。

前八项银两均系以湘平支发，折合库平开报，理合登明。

一、除七年发织呢局采办机器并外洋军火等项银四万三千七百八十五两四钱九分二厘。前项银两系由上海局采办外洋军火价值，均以库平支发开报，理合登明。

以上九款，共计七年分支发银一百二十四万五千六百九十九两七钱六分四厘七毫一丝三微。前项均系按照奏定章程，核实支发，应请照数准销，理合登明。

一、除七年拨发甘肃藩司借支绿营俸饷银四十六万九千八百二两八钱五分八厘五毫二丝四忽七微。前项应由甘肃藩司列收报销，理合登明。

一、除八年发马步各营旗饷银八十一万四百三十九两二钱七分一厘六毫七丝四忽七微。

一、除八年发马步各营旗统领经费银一万八千五两八钱八厘三毫二丝五忽三微。前项马步各营旗以及统领各官弁勇数目并支饷章程,均经奏咨有案,兹不重开,理合登明。

一、除八年补发马步各营旗六年以前存饷银四十四万五千两。前项欠饷系截至六年十二月底止,共计欠发关内各营旗饷银八十八万二千五百三十两五钱二分八厘五毫九丝一忽五微,内除洋款单内补发过银一十七万三千四百九十二两八钱九分七厘四毫三丝六忽九微,兹又补发银四十四万五千两外,实尚欠发银二十六万四千三十七两六钱三分一厘一毫五丝四忽六微,应归九年以后再行补发,理合登明。

一、除八年发马步各营旗倒马价值银七千九百八十五两五钱七分五厘九毫九丝二忽三微。前项马价系照前督臣左宗棠酌定马队章程,按每马百匹每年准其买补倒毙马三十匹,每匹价银十六两,除扣皮脏银五钱外,实支银十五两五钱,理合登明。

一、除八年发采买粮料价值并仓夫、斗级口食银二万八千三百七十六两一钱二分四厘一毫一丝六忽七微。前项粮料现储在仓,俟各营旗领用后,再行扣价归款,理合登明。

一、除八年发火药局配造火药工料银一万一千四百六十二两四钱四分五厘三毫四忽九微。

一、除八年发制造局外洋、浙、粤各匠工银一万七千七百三十五两二钱六分二厘三毫四丝二忽六微。

一、除八年发织呢洋匠工银一万六千一百五十一两八分八厘六丝九忽七微。前项洋匠均经遣撤回国,辛工截至八年十一月底止,理合登明。

一、除八年发资遣闲员、客民回籍川资银二千零八十五两七分二厘六毫四忽一微。前九项银两均系以湘平支发,折合库平开报,理合登明。

一、除八年发织呢局采办物料并外洋军火等项银九千三百四十四两四分七厘。前项银两系由上海局采办,外洋军火价值均以库平支发开报,理合登明。

以上十款,共计八年分支发银一百三十六万六千五百八十四两六钱九分五厘四毫三丝三微。前项均系按照奏定章程,核实支发,应请照数准销,理合登明。

一、除八年拨发甘肃藩司借支绿营俸饷银三十一万九千六百六十三两八分二厘一毫六丝四忽六微。前项应由甘肃藩司列收报销,理合登明。

统计七、八两年共开除银三百四十万一千七百五十两四钱八毫二丝九忽九微。查七年分关内马步各营旗应支薪粮、马干银一百三十万九千二百一十一两九分三厘九毫一忽三微，内除发过银一百四万一千九百六十五两三钱一分五厘四毫八忽六微外，实尚欠发银二十六万七千二百四十五两七钱七分八厘四毫九丝二忽七微。

又八年分关内马步各营旗应支薪粮、马干银九十九万五千一百一十四两一钱九分一厘六毫七丝四忽七微，内除发过银八十一万七百三十九两二钱七分一厘六毫七丝四忽七微外，实尚欠发银一十八万四千六百七十四两九钱二分。

又查上案截至六年年底止，欠发关内各营旗饷银八十八万二千五百三十两五钱二分八厘五毫九丝一忽五微，内除洋款单内补发过银一十七万三千四百九十二两八钱九分七厘四毫三丝六忽九微、又八年陆续补发银四十四万五千两外，实尚欠发银二十六万四千三十七两六钱三分一厘一毫五丝四忽六微。查前项由洋款内划拨，六年以前欠饷银两已于洋款收支单内分别开报，理合登明。

以上三项共计欠发各营旗饷银七十一万五千九百五十八两三钱二分九厘六毫四丝七忽三微，均应归入光绪九年以后陆续补发，已于协饷报销单内声明。

军机大臣奉旨：览。钦此。①

063. 呈关外光绪七八两年办理军需善后收支清单

光绪九年十二月二十日（1884年1月17日）

谨将甘肃关外办理军需、善后自光绪七年正月初一日起至八年十二月底止收支各款，照案报销，开具简明清单，恭呈御览。计开

一、七年分共收协饷单内拨发关外银二百九十一万一千七百八十八两三钱九分五毫七忽三微。

一、七年分收百货厘金及房租、地课、磨课、税契、征铜铸钱易银等项，共银二十一万九千四百八十三两九钱四分五厘九毫一丝三忽四微。

---

①台北故宫博物院藏：《军机及宫中档》，文献编号：124716—B。

一、七年分收折征粮价银三万四百一十四两七分四厘九毫四丝一忽五微。

一、七年分收各营旗扣缴粮价银二十八万八千八十三两三钱一分三厘六毫四丝六忽六微。前项系征收并采买存粮发给各营旗扣回价银之款，理合登明。

一、七年分收各营旗缴存病故勇丁口粮银一万四千三十四两三钱五分八厘四毫。

一、七年分收马步各营旗报缴截旷银三万七千五百九十二两七钱七分八厘七毫九丝一忽。

一、七年分收关外支发采买、制造、运脚等项，共扣回平余银四千三百八十七两五钱八分五厘。前项银两系照军需则例，每银百两扣平余银一两，共扣收前数，理合登明。

一、八年分共收协饷单内拨发关外银二百二十五万七千一百六十一两七钱一分六厘六毫九丝二忽二微。

一、八年分收百货厘金及房租、地课、磨课、税契、征铜铸钱易银等项，共银一十六万五千四百四十二两七钱五分六厘三毫九微。前项厘金系光绪八年五月二十三日奉旨停免抽收。计自八年正月起至六月底止，共收前数，合并声明。

一、八年分收折征粮价银六万九千四百三十两九钱七分三厘一毫四丝一忽五微。

一、八年分收各营旗扣缴粮价银二十四万四千一百六十三两六钱四分七厘五毫六丝二忽四微。前项系征收并采买存粮发给各营旗扣回价银之款，理合登明。

一、八年分收各营旗缴存病故勇丁口粮银七千五百七十两九钱三分一厘六毫。

一、八年分收马步各营旗报缴截旷银四万三千九百七十二两一钱六分一厘三丝。

一、八年分收关外支发采买、制造、运脚等项，共扣回平余银三千七百三十五两。前项银两系照军需则例，每银百两扣平余银一两，共扣收前数，理合登明。

以上七、八两年共收银六百二十九万七千二百六十一两六钱三分三厘五毫二丝六忽八微。

开除：

一、除七年发马步各营旗饷银一百七十五万四十五两七钱五分六厘三丝七忽四微。

一、除七年发开花炮队饷银二万九千九百七十二两一钱二分五厘八毫四丝七忽。

一、除七年发大营公费楚皖蜀马步各营旗统领经费银二万七千四百二十三两三分九厘六毫九丝二微。

一、除七年发湘军各营旗分统、营务处公费、小马队薪粮并员弁勇夫加给米折银一十四万二百七十一两九钱二分六厘四毫二丝七忽九微。前项马步各营旗以及开花炮队并统领、分统、小马队官弁勇丁数目并支发章程，均经奏咨有案，兹不重开，理合登明。

一、除七年发马队各营旗倒马价值银二万八千三百二十六两八钱八分七厘七毫五忽七微。前项马价系照前督臣左宗棠酌定马队章程，每马百匹每年准其买补倒毙马三十匹，每匹价银十六两，除扣皮脏银五钱外，实支银十五两五钱，理合登明。

一、除七年发关外各台局文武员弁薪水银五万五百一十一两七钱七分七厘三毫四丝七忽五微。

一、除七年发关外各台局经书、贴书口食并油烛、笔墨、纸张等项银一万五千七百八十一两二钱一分九厘七毫四丝八忽二微。

一、除七年发关外各台局护勇并缠回通事口粮银二万五百四十四两四钱七分二厘四毫一丝。

一、除七年发关外采买粮料、柴草价值并仓夫、斗级口食银九万二千五百八十三两一钱五分五厘八毫五丝六忽七微。

一、除七年发关外各台局房租及补修仓廒、官店房屋工料银二千八百二十九两七分八厘四毫六丝二忽四微。

一、除七年发关外转运军粮、饷装车骡脚价银二十六万四千九百九十六两七钱八厘六毫一丝五忽七微。

一、除七年发关外解运饷装、弁勇川资银九千一百九十四两五钱七分八厘八毫九丝六忽四微。

一、除七年发官车、官驼骡马、委员薪水、牵夫工食及骡马灌药、饮水、歇店、灯油、添制什物银三万五千五百二两二钱九分四厘二毫八丝八忽五微。

一、除七年发遣撤营员弁勇及假汰老弱伤残、病故员弁勇丁灵柩回籍车脚银一万三千一百一两一钱八分一厘二丝六忽七微。

一、除七年发各处军塘、驿站经费银四万二千六百七十八两六钱二分五厘三毫六丝三忽。

一、除七年发制造局外洋、浙、粤各匠工银二万四千二百九十四两三钱一分三厘六毫四丝九忽五微。

一、除七年发配造火药工价银一万九千五百一两九钱八分六毫三丝八忽九微。

一、除七年发采办军装、物料价银四万九千六百九十两四钱八分八厘五毫七丝七忽。

一、除七年发资遣闲员、客民回籍川资银一千三百九十两七分九厘三毫八丝四微。

一、除七年发善后、征粮、保甲各局文武员弁、经书、贴书、仓夫、斗级、缠回通事薪粮、口食、笔墨、油烛、纸张银九万六千八十八两一钱三分一厘六毫五丝五忽四微。

一、除七年发蚕桑局文武员弁薪水、经书、贴书、护勇、司事、教习、工匠工食银一万九千六百八十二两四钱五分八厘八毫五丝七忽七微。

一、除七年发义塾延师薪水、书籍、纸张、笔墨银二万九千九百九十三两一钱七分五毫七丝一忽一微。

以上二十二款共计七年分支发银二百七十六万四千四百三两四钱五分一厘五丝三忽三微。前项银两均系按照奏定章程核实，以湘平银支发，折合库平银开报，恳请照数准销，理合登明。

一、除七年发伊犁将军金顺借支饷银一十三万七千四百六十三两六钱九分七厘九毫六丝七忽一微。前项应由金顺列收报销，理合登明。

一、除七年发嵩武军借支饷银一十七万九千一百三两三分六厘八毫八丝二忽九微。又除七年拨发嵩武军粮料合价银六万九千二百三十七两九钱一分八厘。前二项应由嵩武军列收报销，理合登明。

一、除八年发马步各营旗饷银一百三十五万四千四百三十一两八钱三分三厘一毫五丝六忽三微。

一、除八年发开花炮队饷银二万七千七百五两九钱五分八厘三毫七丝三忽七微。

一、除八年发新设乌鲁木齐提标步队各旗饷银三万八千七百九两五钱九分七厘二毫八丝九忽四微。

一、除八年发大营公费楚皖蜀马步各营旗统领经费银一万八千二百八十七两九钱九分六厘一毫二丝七忽八微。

一、除八年发湘军各营旗分统、营务处公费、小马队薪粮并员弁勇夫加给米折银一十一万六千六百四十八两三钱五厘九毫五忽一微。前项马步各营旗以及开花炮队并统领、分统、小马队官弁勇丁数目并支发章程，均经奏咨有案，兹不重开，理合登明。

一、除八年补发马步各营旗六年以前存饷银六十万两。前项欠饷系截至六年十二月底止，共计欠发关外各营旗饷银二百四十五万一千九百五十四两三钱八分五厘六丝四忽八微，内除洋款单内补发过银一百一十八万三千六百五十九两九钱四分一毫一丝五忽六微，兹又补发银六十万两外，实尚欠发银六十六万八千二百九十四两四钱四分四厘九毫四丝九忽二微，应归九年以后再行补发，理合登明。

一、除八年发马步各营旗倒马价值银二万三千三百五十五两七钱八分四厘一毫二丝三忽九微。前项马价系照前督臣左宗棠酌定马队章程，每马百匹每年准其买补倒毙马三十匹，每匹价银十六两，除扣皮脏银五钱外，实支银十五两五钱，理合登明。

一、除八年发关外各台局文武员弁薪水银四万一千四百一十九两一钱六分七厘四毫七丝三忽三微。

一、除八年发关外各台局经书、贴书口食并油烛、笔墨、纸张等项银一万四千八百四十八两一分五厘四毫八丝八忽八微。

一、除八年发关外各台局护勇并缠回通事口粮银一万九千一百三两八钱七分二厘二毫一丝六忽。

一、除八年发关外采买粮料、柴草价值并仓夫、斗级口食银八万七千五百四十六两一钱七分六厘一毫八丝六忽。

一、除八年发关外各台局房租及补修仓廒、官店房屋工料银二千五百八十两八钱七分二厘八毫九丝四忽五微。

一、除八年发关外转运军粮、饷装车骡脚价银二十二万九千八百七十五两七钱一厘八毫三丝九忽三微。

一、除八年发关外解运饷装、弁勇川资银六千五百一十六两九钱四分九毫四丝八忽七微。

一、除八年发官车、官驼骡马、委员薪水、牵夫工食及骡马灌药、饮水、歇店、灯油、添制什物银三万三千八百五十四两九钱六分六厘一毫一丝八忽一微。

一、除八年发遣撤营员弁勇及假汰老弱伤残、病故员弁勇丁灵柩回籍车脚银一万一千八百六十六两七钱九分五厘七毫四丝五微。

一、除八年发各处军塘、驿站经费银四万一百六十三两八钱四分三厘一毫七丝五忽二微。

一、除八年发制造局外洋、浙、粤各匠工银二万七百三十八两九钱一分五厘七毫七丝九忽二微。

一、除八年发配造火药工价银一万四千七百五十二两七钱五分八厘九毫五丝四忽五微。

一、除八年发采办军装、物料价银三万四百八十八两六钱六分五厘九毫七丝二忽八微。

一、除八年发资遣闲员、客民回籍川资银二千三百九十五两一分二厘五毫八丝四忽七微。

一、除八年发善后、征粮、保甲各局文武员弁、经书、贴书、仓夫、斗级、缠回通事薪粮、口食、笔墨、油烛、纸张银八万五千二百六两四钱八分五厘九毫六丝三忽二微。

一、除八年发蚕桑局文武员弁薪水、经书、贴书、护勇、司事、教习、工匠工食银一万六千四十九两三分一厘九毫四丝五忽八微。

一、除八年发义塾延师薪水、书籍、纸张、笔墨银二万八千九百八两七钱二分八厘九毫四丝四忽八微。

以上二十四款，共计八年分支发银二百八十六万五千四百五十五两四钱二分七厘二毫一忽六微。前项银两均系按照奏定章程核实，以湘平支发，折合库平开报，应请照数准销，理合登明。

一、除八年发嵩武军借支饷银一十三万九千三百九十九两八钱六厘三毫八丝九忽一微。又除八年拨发嵩武军粮料合价银六万三千九百一十一两九钱二分五厘九毫一忽二微。前二项应由嵩武军列收报销，理合登明。

统计七、八两年共开除银六百二十一万八千九百七十二两五钱六分三厘三毫九丝五忽二微。查七年分关外马步各营旗应支薪粮、马干银二百六十一万三千一百一十二两六钱八分一厘五毫一丝二微，内除发过银一百七十五万四十五两七钱五分六厘三丝七忽四微外，实尚欠发银八十六万三千六十六两九钱二分五厘四毫七丝二忽八微。

又八年分关外马步各营旗应支薪粮、马干银一百八十九万五千三百八十一两一钱八分一厘二丝六忽一微，内除发过银一百三十五万四千四百三十一两八钱三分三厘一毫五丝六忽三微外，实尚欠发银五十四万九百四十九两三钱四分七厘八毫六丝九忽八微。

又乌鲁木齐提标各营应支薪粮银四万八千四十五两七钱五分二毫四丝二忽，内除发过银三万八千七百九两五钱九分七厘二毫八丝九忽四微外，实尚欠发银九千三百三十六两一钱五分二厘九毫五丝二忽六微。

又上案截至六年底止，共计欠发关外各营旗饷银二百四十五万一千九百五十四两三钱八分五厘六丝四忽八微，内除洋款单内补发过银一百一十八万三千六百五十九两九钱四分一毫一丝五忽六微。

又八年陆续补发银六十万两外，实尚欠发银六十六万八千二百九十四两四钱四分四厘九毫四丝九忽二微。查前项由洋款内划拨，六年以前欠饷银两已于洋款收支单内分别开报，此单内未另列收付，俾清眉目，理合登明。

以上四项共计欠发各营旗饷银二百八万一千六百四十六两八钱七分一厘二毫四丝四忽四微，应归入九年以后陆续补发，已于协饷报销单内声明。

军机大臣奉旨：览。钦此。①

064. 呈光绪八年司库及各属收支粮草清单

光绪九年十二月二十日（1884年1月17日）

谨将甘省光绪八年分司库及各属收支粮草，开局四柱清单，恭呈御览。

计开

---

①台北故宫博物院藏：《军机及宫中档》，文献编号：124716—C。

旧管（截至光绪七年止）：

一、存粮一十九万七千八百一十一石四斗四升五合二勺四抄五撮五圭。

一、存草一千一十五万二千七百五十七束六分一厘九毫八丝。

新收：

一、收正耗各色粮三十三万八千一百六十一石六斗三升七合一勺五抄。

一、收草二百九十九万一千一百八十五束五分二厘六毫四丝八忽。

开除：

一、支满绿各营兵粮二十二万二千八百二十七石四升二合三勺。

一、支廪贫、驿站、喇嘛、监犯等项粮一万八千四百九十九石一斗七升八合。

一、支满绿各营草一百五十七万九千五百九十九束八分二厘。

一、支各属厂储变价草六十七万八千一十一束九分一厘。

以上共支粮二十四万一千三百二十六石二斗二升三勺，共支草二百二十五万七千六百一十一束七分三厘。

实在：

存各色粮二十九万四千六百四十六石八斗六升二合九抄五撮五圭，存草一千八十八万六千三百三十一束四分一厘六毫二丝八忽。

军机大臣奉旨：览。钦此。①

065. 奏报西饷支绌请饬通筹全局片

光绪九年十二月二十日（1884年1月17日）

再，西饷支绌，去年蒙恩拨到部款五十万两，今春得以接济。曾经部议九年各省关均解八成，截至十一月底止，除划还洋款外，实解到甘省一百七十余万，关内外月饷不敷甚巨。函商署陕抚叶伯英，向西安号商代借三十万两，以支残冬。向来各省关春间绝少解款，而西安所借定期四月归还，则来岁春夏间将不知所以为计。

---

① 台北故宫博物院藏：《军机及宫中档》，文献编号：124716—D。

当兹时势艰难，偏灾迭见，宵旰忧劳，臣筹画无方，时以偏隅支绌琐渎宸聪，于心实有未安，而事至无可如何，不得不沥情上陈。仰恳天恩饬部通筹全局，务使勇有确数、饷有的款，定划一之规，为经久之计，则西事幸甚。

附片陈明，伏乞圣鉴训示。谨奏。

光绪十年正月初十日，军机大臣奉旨：览。钦此。①

【案】此片具奏日期，原件未署，录副署"光绪十年正月初十日"。查光绪十年正月初十日《军机处随手登记档》②，据同日朱批之折件，其具奏日期当为"光绪九年十二月二十日"，兹据校正。又光绪十年二月十七日，此案由户部尚书臣额勒和布等议奏：

再，刘锦棠等奏西饷支绌，请通筹全局一片，光绪十年正月初十日，军机大臣奉旨：览，钦此。钦遵于正月十一日钞出到部。

据原奏内称：西饷支绌，去年拨到部款五十万两，今春得以接济。曾经部议九年各省关均解八成，截至十一月底止，除划还洋款外，实解到甘省一百七十余万，关内外月饷不敷甚巨。函商署陕抚叶伯英，向西安号商代借三十万两，以支残冬。向来各省关春间绝少解款，而西安所借定期四月归还，则来岁春夏将不知所以为计，事至无可如何，不得不沥情上陈，仰恳天恩饬部通筹全局，务使勇有确数、饷有的款，定划一之规为经久之计等语。

臣部查光绪八年部拨库款，前因刘锦棠奏饷糈告匮，由臣部奏拨库储银五十万两；新疆厘金停收，饷款不敷，由臣部奏拨库储银二十万两。共银七十万两，均已如数拨清，实不止五十万两之数。光绪九年，各省关应协西征军饷系按八成或十成拨给，除划还过洋款银二百四十七万余两外，截至九年十二月底止，各省关共报解西征饷银二百一十余万两，计已陆续解到粮台。该大臣等撙节开支，或可敷用。今据该大臣等奏称关内外月饷不敷甚巨，函商署陕抚叶伯英向西安号商代借银三十万两，此款既由该大臣自行挪借，即应由该大臣自行筹还。所奏来岁春夏将不知所以为计，情词殊属窘迫，惟西路历年军饷岁需千

---

①台北故宫博物院藏：《军机及宫中档》，文献编号：124717。
②中国第一历史档案馆藏：《军机处随手登记档》，档案编号：03—0242—1—1210—008。

万有奇,各省关频岁供支,搜括殆尽。上年水旱频仍,海防吃紧,各省应解京饷或请悉数缓解,或请拨充海防。臣部深知各省岁出之款浮于岁入甚巨,不得不准其所请,是以部库万分支绌,所有应协西征军饷,臣部只能责令各省竭力筹解,不能令各省例外取盈。但使物力能供,以西陲要区,即多费数百万金,亦不当惜,何忍以中外交困之词上渎圣明之听,又何敢吝此财赋下寒将士之心!无如时局愈艰,入款则赋税、厘金日逊一日,出款则边防、机器年增一年。

西征饷项支绌,臣部为该大臣计,固属艰难;天下财赋只有此数,该大臣为臣部计,恐亦束手无策。为今之计,惟有令该大臣等省不急之用,裁冗食之员,将解到军饷撙节动用;臣部一面咨催各省关力顾大局,务当源源接济,以应急需。至该大臣等奏请通筹全局,使勇有确数、饷有的款,定划一之规为经久之计,具有远谋卓识。臣部以西饷浩繁,上年曾请开办屯田,以纾饷力,复虑屯田抵饷每年不过节省数十万金,若不裁勇,终虞难继,因复有统筹全局之议。正筹办间,该大臣所奏适至,与臣部所议大意符合。惟臣部前奏尚有未尽事宜,自当详细筹维,庶臻周密。臣部前奏请留兵勇四万,计应裁去一万余人。论者必以散勇无业为虑,岂知正供有限,断不能举天下无业之辈咸仰给于度支。况勇营半系空名,多非实数,总在该大臣确查勇数,核实归并,自无弃人;即勇无浮冒,遣散亦不为无法,其有愿归故里者,令该将领管带回籍,妥为遣散,以遂其思恋乡土之情,其不愿归者,尽可指拨荒地、使之耕种,以开其谋生之路。此安置散勇之法也。遣散之勇有应补发欠饷者,应照旧章补发欠饷,每勇一名不过数十两,裁一万余人,计需银数十万两,应由该大臣等将各省关解到饷银先尽遣散之勇放给。其旧欠饷银,照章悉令报效,概不找发,并将存留勇数、遣散勇数及停支补发旧欠饷银数目,报部查核。此补发散勇欠饷之法也。各军所留兵勇其中尚有欠饷者,应于光绪十年十二月底截清数目报部,将以前欠饷停缓,自十一年为始,将新饷按十成发给,毋庸补发积欠。俟新疆租赋、茶马、棉布、金玉利源日开,稍有赢余,再为补发。此截清欠饷、实发新饷之法也。

夫汰弱留强,合全疆满、蒙、汉兵勇以四万人为额,不准将弁空名冒领,则有确数矣。旧饷悉停,新定额饷以三百数十万两为断,俾各省关专顾新饷,则有的款矣。舍此而外,臣部别无良谋。若不能然,虽刘韩复生,恐亦更无善策。所有全疆事宜及今谋之犹惧已晚,若再延缓,补救愈难。刘锦棠等既有通筹全局之议,应仍由该大臣妥筹经久善策,将全疆官制、兵制一切办法迅速议复,由臣部会同吏、兵二部奏明办理。所有筹议西饷缘由,理合附片陈明,伏乞圣鉴。谨奏。①

066. 奏报裁撤甘肃织呢局情形片
光绪九年十二月二十日(1884年1月17日)

再,甘肃省城设立织呢局,前督臣左宗棠欲为地方兴利,其意甚美。无如甘省所出只羊毛一种,此外织呢机器、颜料各物皆购自外洋,其价固昂,转运尤难,且洋匠辛工甚贵,计自六年八月开办起至八年八月止,用费七八万,织成粗细呢毯一千数百匹,质厚而松,迭经减价出售,无人过问。臣于八年八月资遣各洋匠回国,将制造机器局归并织呢局,责成原办机器委员总兵赖长,率同广匠接办。自去年九月起至今年八月,织成呢毯千余匹,较前稍微精致,分运各府厘局出售,而民贫货贵,购者绝少。

本年九月,因机器锅破,又饬令裁减工匠,就现有毛货上紧织完;未染之呢,悉数染好,以便撤局。兹据左宗棠咨称:甘省呢毯苦无销路,金陵为各省通商之区,招商集股,开办织呢,易于集事,采办各项亦便。应饬赖长率同艺徒,将局用机器运赴江南等因。当饬赖长将未织未染各件赶紧办竣,即将织呢局裁撤,以省浮费。

谨附片陈明,伏乞圣鉴。谨奏。

光绪十年正月初十日,军机大臣奉旨:览。钦此。②

【案】此片具奏日期,原件未署,录副署"光绪十年正月初十日"。查光绪十年正月初十日《军机处随手登记档》③,据同日朱批之折件,其具奏日期当为"光绪九年十二月二十日",兹据校正。

---

①马大正、吴丰培等编:《清代新疆稀见奏牍汇编·同治、光绪、宣统朝卷》中册,第635—636页。
②台北故宫博物院藏:《军机及宫中档》,文献编号:124718。
③中国第一历史档案馆藏:《军机处随手登记档》,档案编号:03—0242—1—1210—008。

光绪十年

001. 奏为御赏福字荷包等物谢恩折

光绪十年正月十六日（1884年2月12日）

钦差大臣督办新疆军务兵部右侍郎二等男臣刘锦棠跪奏，为恭谢天恩，仰祈圣鉴事。

窃臣承准兵部火票递到军机处咨行：赍奉光绪九年十一月二十八日由内交出年终御赏福字荷包、银钱、银锞、食物等项。谨恭设香案，望阙叩头，谢恩祇领讫。

钦惟我皇上文教覃敷，福基永奠。珠囊绚彩，包容大一统之规；银瓮翔机，珍异却万方之贡。康庶事而不遑暇食，交梨火枣，并献尧厨；覆群生而与物皆春，燕粉鸡丝，同歌舜日。一人有庆，亿姓胪欢！

臣忝窃兵符，远违黼座。念何日得酬万一，伏地滋惭；感频年拜赐九重，自天申命。恩流藻翰，尧文偕义画同昭；宠佩荷囊，紫绶共金章一色。泉为府而利用，敢忘扑满之箴；银涌池以呈祥，即是不贪之宝。而且香浮麦陇，随琼糜玉糁以齐颁；洁比莲房，合绛质红襦而并锡。凡鸿施之俯逮，实鳌戴以难胜。

臣惟有益矢勤慎，仰承福荫，佩韦弦而力筹边备，式金玉而砥砺廉隅。果拜天家，诗懔素餐之训；甘分士卒，食先正席之尝。从兹贡宝输琛，邕皇风者卅六国；还祝宵衣旰食，介景福于亿万年。

所有微臣感激荣幸下忱，谨缮折具陈，恭谢天恩，伏乞皇太后、皇上圣鉴。谨奏。光绪十年正月十六日。

军机大臣奉旨：知道了。钦此。①

光绪十年二月二十一日，军机大臣奉旨：知道了。钦此。②

---

①中国第一历史档案馆藏：《朱批原件》，档案编号：04—01—12—0531—015。又《奏稿》第99—103页。
②台北故宫博物院藏：《军机及宫中档》，文献编号：125426。

002. 奏为补授兵部右侍郎谢恩折

光绪十年正月十六日（1884年2月12日）

　　钦差大臣督办新疆军务兵部右侍郎二等男臣刘锦棠跪奏，为恭谢天恩，仰祈圣鉴事。

　　窃臣于上年十一月初八日承准吏部咨开：钦奉谕旨，补授兵部右侍郎。① 旋经沥陈下悃，吁恳收回成命。兹于光绪十年正月初五日准兵部火票递到原件，后开军机大臣奉旨：览奏，情词恳挚，具见悃忱。该侍郎向来办事认真，朝廷深资倚任。惟当勉图报称，将新疆应办事宜妥为经画，一面加意调治，以慰廑系，毋许固辞。钦此。跪读之余，沐帱覆深仁，愈宠惊以无地。拜除固怀惭于午夜，渎请又恐负夫生成。当即恭设香案，望阙叩头谢恩。

　　伏念臣学愧芸编，材同樗散。会远征于西塞，已忝鹓班；复晋贰于中枢，未娴豻略。驱驰敢许，苦二竖之侵寻；艰大益投，非孱驱之可任。谨蚁忱之披沥，恳鸾绋之允收。乃荷温诏褒嘉，苟有微长必录；更蒙圣怀眷顾，若惟其疾之忧。感君父之矜全，极臣工之遭际。论阶资则尚多先达，对侪辈以何颜；论科目则起自戎行，实缥缃之失业。劳师远戍，功未奏乎赵屯；无术贻饥，读久疏于霍传。戴恩至重，循分曷安。臣惟有暂领偏师，恒枕戈以励志；权持使节，愿销甲以事农。体大造之好生，期祛风疾；饬边庭之要治，力固岩疆，庶以稍答高厚鸿慈于万一。

　　至若新设各官，现已次第委署。其有未尽事宜以及营饷兵制，臣必当立即统筹，迅速拟办，恭候圣裁，届时再乞恩准，收销兵符，俾臣开缺卸差，回籍调养，以图异日得效犬马之劳，合并陈明。

　　所有微臣感激荣幸下忱，谨缮折叩谢天恩，伏乞皇太后、皇上圣鉴。谨奏。光绪十年正月十六日。

　　军机大臣奉旨：知道了。钦此。②

---

① 见中国第一历史档案馆编：《光绪朝上谕档》，第九册，第343页。
② 中国第一历史档案馆藏：《朱批原件》，档案编号：04—01—16—0216—047。又《奏稿》第105—108页。

光绪十年二月二十二日,军机大臣奉旨:知道了。钦此。①

003. 奏为请旌节妇李周氏折

光绪十年正月二十二日(1884年2月18日)

钦差大臣督办新疆军务通政使司通政使二等男臣刘锦棠跪奏,为节妇年近七旬,孝慈素著,足式里闾,谨据情吁恳旌表,以阐贞潜,恭折仰祈圣鉴事。

窃臣据统领董定军遇缺题奏提督董福祥、记名提督田九福、署迪化州学正李思范等禀称:已故民人李柏林之妻李周氏,现年六十九岁,籍隶甘肃宁夏府灵州,系总兵衔留陕西补用副将霍伽春巴图鲁李双梁之母,质称淑慎,德本幽闲。道光二十年,李柏林病故,遗子二人,长双栋,年甫四龄。次双梁,尚在襁褓。氏时年二十五岁,含悲守节,矢志抚孤。家况奇贫,翁姑垂老,氏度日维艰,饔飧时有不给,而甘旨之奉悉藉纺绩经营,未尝或缺。道光丁未、戊戌年间,翁姑相继物故。周氏竭力营葬,备历苦辛,其节其孝久已乡闾啧称。同治元年,氏长子双栋又复病故。迨双梁成立,适值逆回扰乱,颠沛流离之际,周氏命双梁从军击贼,勉以忠义。双梁秉承母教,转战各处,得保今职。其深明大义,尤为巾帼中所罕见。职等同居梓里,凤穟兰犹。观其比美郝钟,洵足高标绰楔。现在李双梁与职等均在新疆军营效力,未克呈由地方官详请咨奏,惟以谊关戚友,情切乡邻,见闻既真,不忍听其湮没,谨造具事实册结,联衔禀恳核奏前来。

臣查节孝贞烈妇女,例准请旌,并准缮具事实册结送部,由部核复汇题,历经各直省遵办在案。兹节妇李周氏像比甘泉,心澄古井,历绮年之苦志,只凭纺绩为家,勖大义于藐孤,能执干戈卫国,况值双亲待哺,奉养无亏,斯为一节可嘉,表彰宜亟,既符年例,应沐褒扬。提督董福祥等夙共里间,熟知阃范,事允乎于众论,臣难壅于上闻。

合无仰恳天恩优旌苦节,庶并维持风化,悉荷皇仁。除册结咨部外,谨会同陕甘督臣谭钟麟、甘肃学政臣陆廷黻②,合词恭折具陈,伏乞皇太后、

---

①台北故宫博物院藏:《军机及宫中档》,文献编号:125435。
②陆廷黻(1837—1922),字渔笙,号已云,浙江鄞县(今浙江宁波)人。同治十年(1871),中式进士,历官翰林院修编、甘肃学政,有声绩。回籍后曾主教崇实书院、月湖书院。

皇上圣鉴训示。谨奏。光绪十年正月二十二日。

军机大臣奉旨：着准其旌表。礼部知道。钦此。①

光绪十年二月十四日，军机大臣奉旨：着准其旌表。礼部知道。钦此。②

004. 奏请颁发回子郡王番篆缘由折
光绪十年正月二十二日（1884年2月18日）

钦差大臣督办新疆军务通政使司通政使二等男臣刘锦棠跪奏，为据情代恳天恩，饬部补铸回子郡王番篆，颁发祗领，俾昭信守，恭折仰祈圣鉴事。

窃臣于光绪七年闰七月二十七日具奏已故吐鲁番鲁克沁回子札萨克郡王阿克拉依都之子玛木特③年已及岁，请旨饬议承袭世爵一折。嗣准理藩院来咨：于八年九月初一日议奏，本日奉旨允准等因。钦此。钦遵。当即恭录转行遵照，并据情代谢天恩各在案。

兹据署吐鲁番同知刘嘉德详：据新袭鲁克沁回子札萨克郡王玛木特呈称：世职故父阿克拉依都于咸丰二年充当叶尔羌三品阿奇木伯克，比经呈明吐鲁番领队大臣，将番篆交二品台吉穆胡谈权宜护理。旋于同治三年因安集延逆酋窜扰吐境，搜括财物，番篆遗失，无从寻觅，现于该处找获承平年间盖用旧印公件一纸粘恳转报具奏等情前来。

臣查该回子郡王番篆，前被安逆搜掳遗失，现在玛木特既经承袭世爵，所有应需番篆理合据情请旨饬部照例补铸，颁发臣营，以便转给祗领，俾昭信守。

除将赍到篆模分咨部院查照外，谨会同陕甘总督臣谭钟麟、乌鲁木齐都统臣恭镗，合词恭折具陈，伏乞皇太后、皇上圣鉴训示施行。谨奏。正月二十二日。

光绪十年二月十四日，军机大臣奉旨：该衙门知道。钦此。④

---

① 中国第一历史档案馆藏：《朱批原件》，档案编号：04—01—14—0082—026。又《奏稿》第769—772页。
② 台北故宫博物院藏：《军机及宫中档》，文献编号：125265。
③ 玛木特，阿克拉依都之子。光绪七年（1881），承袭吐鲁番郡王爵。十年（1884），以修墓署、葬亲请领伊故父恤赏银两，得允行。十五年（1889），进京朝觐，赏三眼花翎。
④ 台北故宫博物院藏：《军机及宫中档》，文献编号：125261。又《奏稿》第779—781页。

005. 刊给南路道厅州县木质关防钤记片

光绪十年正月二十二日（1884年2月18日）

再，新疆南路准设各官员缺，亟应一并委员署理，暂刊木质关防、钤记，给令启用，以重职守。所有理事同知衔喀喇沙尔抚民直隶同知员缺，查有分省补用直隶州知州龙魁，明干有为，勤能素著，堪以委署，随刊木质关防一颗，文曰：理事同知衔喀喇沙尔抚民直隶厅同知关防。库车抚民直隶厅同知员缺，查有分省补用知府潘时策，举止安详，办事诚实，堪以委署，随刊木质关防一颗，文曰：库车抚民直隶厅同知之关防。拜城县知县员缺，查有留陕补用知县衔蒋泽煦，明白朴实，办事可靠，堪以委署，随刊木质钤记一颗，文曰：拜城县知县之钤记。乌什抚彝直隶同知员缺，查有盐提举衔甘肃补用知县罗正湘，年富才明，勤能稳慎，堪以委署，随刊木质关防一颗，文曰：乌什抚彝直隶厅同知之关防。英吉沙尔抚彝直隶厅同知员缺，查有留甘补用直隶州知州刘嘉德，性情质直，勤慎廉明，堪以委署，随刊木质关防一颗，文曰：英吉沙尔抚彝直隶同知之关防。莎车直隶州知州员缺，查有三品顶戴道衔分省补用知府忠曾，器局安详，练达有为，堪以委署，随刊木质钤记一颗，文曰：莎车直隶州知州之钤记。叶城县知县员缺，查有分省补用知县周振岳，年富力强，才具明晰，堪以委署，随刊木质钤记一颗，文曰：叶城县知县之钤记。玛喇巴什水利、抚民直隶通判员缺，查有分省补用知府杨溢中，朴实谨厚，能耐劳苦，堪以委署，随刊木质关防一颗，文曰：玛喇巴什抚民直隶厅通判兼管水利之关防。和阗直隶州知州员缺，查有知府衔留甘补用直隶州知州刘式南，练达老成，留心民事，堪以委署，随刊木质钤记一颗，文曰：和阗直隶州知州之钤记。于阗县知县员缺，查有同知衔分省补用知县许茂光，性情质直，通达治理，堪以委署，随刊木质钤记一颗，文曰：于阗县知县之钤记。

又喀什噶尔兵备道员缺，前经臣檄委三品衔甘肃升用道候补知府陈宝善前往署理，嗣据陈宝善禀称，病势难支，恳请改委前来，自应遴员接署，以专责成。查有二品顶戴甘肃遇缺题奏道黄光达①，年壮才明，操守谨饬，现

---

① 黄光达（1844—1901），湖南湘乡人。同治四年（1865），由文童投效军营。六年（1867），保县丞。七年（1868），保知县。九年（1870），保同知，戴花翎，并赏五品封典。十年（1871），保知府。光绪二年（1876）保升道员。四年（1878），加盐运使衔。六年（1880），以道员改留甘肃，（转下页）

办叶尔羌、和阗善后总局,堪以就近委署。

除由臣分饬遵照并将刊就木质关防、钤记分别给领,前往任事,以资治理外,谨会同陕甘总督臣谭钟麟、帮办军务广东陆路提督臣张曜,附片具陈,伏乞圣鉴。谨奏。

光绪十年二月十四日,军机大臣奉旨:该部知道。钦此。①

006. 请将道员魏炳蔚留营差遣片
光绪十年正月二十二日(1884年2月18日)

再,道员魏炳蔚经前陕甘总督臣左宗棠奏赴行营效力②,历办营务、善后,保留甘肃补用,旋即请咨赴部引见。因现任甘肃藩司魏光焘系属同族叔侄,例应回避,声明改发陕西。上年五月到陕缴照,冬间请假回籍省亲,比由陕西抚臣核准咨部有案。

臣查该道员曾办新疆南路善后局务,尚有经手事件,当经札调由籍前来清厘。值此整饬边事之际,正资力于熟手,合无仰恳天恩,俯念边徼需才,准将盐运使衔陕西候补道员魏炳蔚留于臣营差遣,以资臂助,出自鸿慈。

除分咨外,理合附片具陈,伏乞圣鉴训示。谨奏。

光绪十年二月十四日,军机大臣奉旨:着照所请,吏部知道。钦此。③

007. 请补乌鲁木齐都司等缺缘由片
光绪十年正月二十五日(1884年2月21日)

再,臣接准陕甘督臣谭钟麟、乌鲁木齐提臣金运昌先后咨开:乌鲁木齐

(接上页)升二品顶戴。十三年(1887),署理阿克苏道,以阿克苏驻营较多,商旅辐辏,兵勇、细民日用所需零星者多,成整者少,且红钱素窘,兑换维艰,军民俱困,乃向道库借成本银,铸造光绪银元,史称"阿克苏造光绪银元"。十八年(1892),署理镇迪道兼按察使衔。十九年(1893),补授喀什噶尔道。
①台北故宫博物院藏:《军机及宫中档》,文献编号:125262。又《奏稿》第773—777页。
②详见光绪四年十二月初六日陕甘总督左宗棠奏请魏炳蔚留营差委片(中国第一历史档案馆藏:《军机录副》,档案编号:03—5132—156)。又《左宗棠全集·奏稿七》,第207—208页)。
③台北故宫博物院藏:《军机及宫中档》,文献编号:125267。又《奏稿》第783—784页。

提属玛纳斯协右营都司米庆于同治三年七月准补左营守备，朱庆福于同治十年二月由部拟补提标左营守备，吉升于同治元年四月准补喀喇巴尔噶逊营守备，邹步云于同治元年十二月由部拟补。现查均无下落。又玛纳斯协右营守备朱云于同治元年具报病故，均应照章奏请开缺另行拣补，以实营伍，咨会前来。

臣查关外营伍现正筹议整顿，员缺未便虚悬，既经查明玛纳斯协右营都司米庆等均无下落，右营守备朱云具报病故，相应请旨开缺。所遗都司各员缺，查新疆现有效力人员，边情较为熟悉，容臣另行拣员请补外，谨会同陕甘督臣谭钟麟、乌鲁木齐提臣金运昌，附片陈明，伏乞圣鉴。谨奏。

光绪十年二月十四日，军机大臣奉旨：兵部知道。钦此。①

【案】此片具奏日期，原件未署，录副署"光绪十年二月十四日"。查光绪十年二月十四日《军机处随手登记档》②朱批刘锦棠折，载有"报四百里，正月二十五日发"等字样。据此，此片具奏日期当为"光绪十年正月二十五日"，兹据校正。

008. 请以黄丙焜补吐鲁番同知片

光绪十年正月二十五日（1884年2月21日）

再，署吐鲁番同知留甘补用直隶州知州刘嘉德经臣檄委调署英吉沙尔抚民直隶同知篆务。所遗员缺查有甘肃候补直隶州知州黄丙焜，才具开展，有守有为，堪以委署。

除檄饬遵照外，谨会同陕甘总督臣谭钟麟、乌鲁木齐提都统臣恭镗，附片具陈，伏乞圣鉴。谨奏。

光绪十年二月十四日，军机大臣奉旨：吏部知道。钦此。③

【案】此片具奏日期，原件未署，录副署"光绪十年二月十四日"。查光绪十年二月十四日《军机处随手登记档》④朱批刘锦棠折，载有

---

①台北故宫博物院藏：《军机及宫中档》，文献编号：125263。
②中国第一历史档案馆藏：《军机处随手登记档》，档案编号：03—0242—1—1210—040。
③台北故宫博物院藏：《军机及宫中档》，文献编号：125264。
④中国第一历史档案馆藏：《军机处随手登记档》，档案编号：03—0242—1—1210—040。

"报四百里,正月二十五日发"等字样。据此,此片具奏日期当为"光绪十年正月二十五日",兹据校正。

009. 请将县丞方家璧底衔饬部更正片
光绪十年正月二十五日(1884年2月21日)

再,臣前奏请更正选用县丞方家璧保案底衔,作为指分江西试用县丞,并请免补本班,以知县留原省补用,奉旨:吏部知道。钦此。旋经吏部复奏:应查明该员加捐县丞三班指分江西试用之案,系何年月日上兑,声复到日再行核办。奉旨:依议。钦此。钦遵咨查到营,当经臣行查去后。

兹据帮办军务广东陆路提督臣张曜咨称:该员方家璧于光绪五年四月十二日在协黔捐局,由县丞加捐指省,分发江西试用,领有执照。新疆肃清案内,该员由县丞获保免选本班,以知县分省补用,奉旨日期在六年正月,系属捐案在前、保案在后,核与定章相符。咨请附奏前来。

臣复核无异。合无仰恳天恩,饬部将该员方家璧保案底衔更正,仍请免补本班,以知县留原省补用,分别注册,以昭核实,出自鸿慈。除咨部外,谨附片陈明,伏乞圣鉴训示。谨奏。

光绪十年二月十四日,军机大臣奉旨:吏部知道。钦此。[1]

【案】此片具奏日期,原件未署,录副署"光绪十年二月初四日"。查光绪十年二月十四日《军机处随手登记档》[2]朱批刘锦棠折,载有"报四百里,正月二十五日发"等字样。据此,此片具奏日期当为"光绪十年正月二十五日",兹据校正。

010. 奏报新疆命盗案件按季摘由汇陈折
光绪十年二月初一日(1884年2月27日)

钦差大臣督办新疆军务通政使司通政使二等男臣刘锦棠跪奏,为新疆南北两路命盗案件照章按季摘由汇报,恭折具陈,仰祈圣鉴事。

---

[1] 台北故宫博物院藏:《军机及宫中档》,文献编号:125266。
[2] 中国第一历史档案馆藏:《军机处随手登记档》,档案编号:03—0242—1—1210—040。

窃臣前因新疆边远、迥异内地，所有命盗等案碍难拘泥例限，经臣体察情形，奏请暂行变通办理，按季摘由汇报，咨部立案，奉旨允准，历经钦遵办理在案。兹查光绪九年春夏二季照章办结各案，总计一十九起。其在新疆南路东四城各局者，由臣据其初案批饬录供，解由该管善后总局复审，西四城各局初案，详由帮办军务广东陆路提臣张曜委审。如案情重大，恐有未确，臣即咨由张曜亲提审拟。北路各厅州县之案，饬令详由该管道州复审议拟，概由臣悉心核察，分别咨批完结。办理虽属变通，而执法期于平允，揆度案情，参诸律例，均无枉纵。谨将办结各案摘由，汇缮清单，恭呈御览。

除咨部立案外，所有新疆南北两路光绪九年春夏二季变通办结命盗各案缘由，理合恭折具陈，伏乞皇太后、皇上圣鉴。谨奏。光绪十年二月初一日。

军机大臣奉旨：刑部知道，单并发。钦此。①

光绪十年二月二十三日，军机大臣奉旨：刑部知道，单并发。钦此。②

011. 呈新疆命盗案件按季摘由清单
光绪十年二月初一日（1884年2月27日）

谨将新疆南北两路光绪九年春夏两季分变通办结命盗等案摘由，汇缮清单，恭呈御览。计开

春季分：

一件：喀什噶尔缠回沙木沙克帮同胡大拜的迎娶缠妇吉米莲为婚，因土的邀同塔里皮前往争娶，被殴情急，戳伤土的伤轻平复，并塔里皮伤重身死。报经保甲局验讯，并无预谋有心预杀，亦无在场帮殴之人及起衅别故，解经该城善后总局复审，详由帮办军务广东陆路提臣张曜委审无异，咨经臣审核，戳由情急，伤仅一处，情罪尚轻。当即咨饬将该犯沙木沙克锢禁三年，满日折责发落。吉米莲既许胡大拜的为婚，复许土的，虽均无通奸情事，惟致令争娶酿命，咎有应得。亦咨饬将吉米莲从重杖一百，枷号一个

---

①中国第一历史档案馆藏：《朱批原件》，档案编号：04—01—01—0952—024。
②台北故宫博物院藏：《军机及宫中档》，文献编号：125449。

月,系妇女,照律收赎,饬属领回,另行择配。土的争娶逞凶,伤已平复,应酌加枷号一个月,满日照不应重律,折责发落,完结。

一件:喀什噶尔缠回土的纠邀库完,行窃沙木沙克家衣物,被控拒捕,戳伤捕人阿乌拉克身死。报经保甲局勘验,讯供不讳,并无另犯抢劫不法别案及知情容留、分赃暨为从拒捕之人,解经该城善后总局复讯,详由帮办军务广东陆路提臣张曜委审无异,咨经臣察核,逞凶拒捕,罪无可逭。当即咨饬将该犯土的就地正法。库完仍依窃盗为从,计赃科罪,折责发落。已获葬衣,给主具领;未获各赃,照估追赔,完结。

一件:阿克苏缠回哈生木与缠妇盖亥立必比通奸,经本夫托胡大奸所获奸,登时将盖亥立必比杀伤身死。哈生木当时脱逃。报经保甲局获犯验讯,供认不讳,并无在场帮殴之人,亦无起衅别故。解由该城善后总局复审无异,详经臣察核,情罪尚轻,当即批饬将该犯哈生木锢禁三年,满日折责发落。托胡大照不应重律,折责释放,完结。

一件:喀什噶尔缠回艾里行窃,临时盗所拒捕,戳伤事主玉思阿洪身死。报经保甲局勘验,讯供不讳,并无另犯抢劫不法别案及知情容留暨为从拒捕之人。详经该城善后总局复讯,详由帮办军务广东陆路提臣张曜审无异,咨经臣察核,逞凶拒捕,罪不容诛。当即咨饬将该犯艾里就地正法,完结。

一件:喀什噶尔缠回艾沙因疯病复发,杀伤伊亲父毛拉木沙身死。报经保甲局验讯脈视,该犯艾沙六脉洪大,目瞪口呆,语无伦次,不能取供,确系疯迷。惟迭经尸亲见证、邻佑人等质证明确,并无装点捏饰情弊。解经该城善后总局复讯,详由帮办军务广东陆路提臣张曜委审无异,当以案关逆伦、情罪重大,未便稍稽显戮,随即就近批饬将该犯艾沙就地正法;容隐不报之尸兄买卖思依提及邻佑黑牙思、玉素普等,均各照例折责发落。见证毛拉拜救阻不及,应免置议咨会,完结。

一件:喀什噶尔缠回苏皮黑夜疑贼,殴伤与伊妻恰瓦续奸之吴舒身死。报经保甲局勘验,讯供不讳,并无在场帮殴之人,亦无起衅别故。解经该城善后总局复讯,详由帮办军务广东陆路提臣张曜审无异,咨经臣察核,殴由于疑,死系罪人,情罪尚轻。当即咨饬将该犯苏皮锢禁半年,满日折责发落。恰瓦依军民相奸律,杖一百,枷号一个月,系犯奸之妇,杖决枷赎,交亲属领回,听其去留,完结。

一件：叶尔羌缠回胡大拜尔提因买卖提哎孜子黑夜行窃，登时追捕，将其迭殴受伤身死。报经保甲局勘验，讯供不讳，亦无在场帮殴之人及起衅别故。解经该城善后总局复讯，详由帮办军务广东陆路提臣张曜委审无异，咨经臣察核，伤虽重迭，死系罪人，情罪尚轻。当即咨饬将该犯胡大拜尔提锢禁三年，满日折责发落，完结。

一件：迪化州客民李艺因冉四疑其多运伙砍干柴争殴情急，殴伤冉四身死。报经该州验讯，并非有心欲杀，亦无在场帮殴之人及起衅别故。解由镇迪道复审无异，详经臣察核，殴由情急，伤仅一处，情罪尚轻。当即批饬将该犯李艺锢禁三年，满日折责发落。伙砍干柴，饬令均分，以杜争端，完结。

一件：绥来县客民杨急有因马溁斥其割麦累工争殴，顺用镰刀架格，致砍伤马溁身死。报经该县验讯，并非有心欲杀，亦无在场帮殴之人及起衅别故。解经迪化州审解镇迪道，复审无异，详经臣察核，殴由架格，伤仅一处，情罪尚轻。当即批饬将该犯杨急有锢禁三年，满日折责发落，完结。

一件：库尔喀喇乌苏客民钟和三行窃被追拒捕，戳伤事主张世堂身死。报经该城粮员勘验，讯供不讳，并无另犯抢劫不法别案暨知情容留、分赃暨为从拒捕之人。解经迪化州审解镇迪道，复审无异，详经臣察核，逞凶拒捕，法难宽宥。当即批饬将该犯钟和三就地正法。获赃给主具领，未获追赔，完结。

一件：叶尔羌缠回土的玉素甫因挟缠妇爱里比比夺佃殴打之嫌，带同其子玉素皮，殴打泄忿，临时故杀爱里比比，并主使玉素皮殴伤爱里比比之子尼牙子各身死。报经保甲局验讯，供认不讳，诘非预谋及另有在场帮殴之人暨起衅别故。解由该城善后总局复讯，详经臣以案关一家二命，情罪重大，当即咨会帮办军务广东陆路提督臣张曜亲提审拟去后。旋准张曜以亲提审讯无异，并以土的玉素甫致毙一家二命，罪不容诛，拟请就地正法，以昭炯戒。玉素皮勉从下手，亦应锢禁两年，满日折责发落等因。咨会前来。臣查核情罪相符，随经咨复照办，完结。

夏季分：

一件：叶尔羌缠回你牙子因托古达什之妻托古达比比私借伊妻白瓦克比比青稞催索被殴，邀同伊兄库旺，殴打泄忿，共殴托古达什并其女赛各乃比比先后身死，并托古达比比及其子托和大娃娃伤轻平复。报经保甲局验讯,并非预谋有心预杀及另有在场帮殴之人暨起衅别故,并声明原验托古达什及赛各乃比比均被你牙子各殴一伤毙命,解经该城善后总局复讯,详经臣以案关一家二命,情节较重,当即咨会帮办军务广东陆路提督臣张曜亲提审拟去后。旋准张曜以亲提审讯无异,并以你牙子斗杀一家二命,法难宽宥,拟就地正法,以昭炯戒。库旺仅止殴伤托古达什一伤,应照余人律拟杖。惟兄助弟势,仍酌加枷号三个月,满日折责发落。白瓦克比比私借,致酿二命,应从重枷号一个月,满日杖一百,系妇女,仍照律收赎。托古达比比负欠逼凶,咎有应得,姑念伊夫、女已死非命,伊亦被殴伤已平复,从宽免议。托和大娃娃伤已平复,亦毋庸议。青稞照数追还等因。咨会前来。臣查核情罪相符,随经咨复照办,完结。

一件:已革县丞邓世藩因纵奸本夫和阗缠回尼牙子讹索拒绝,纠邀已革从九品衔沈济霖并曾升高、王春祥殴打,使其畏惧,戳伤尼牙子身死,弃尸不失。报经保甲局验讯,并非预谋有心预杀及另有在场帮殴之人暨起衅别故,并声明原验伤仅一处。解经该城善后局复讯,详由叶和善后局报经臣,恐案情未确,当即咨会帮办军务广东陆路提督臣张曜,就近亲提审拟,并将邓世藩县丞、沈济霖从九品职衔咨部斥革,各去后。旋准张曜以提喀迭次委审暨亲鞫无异,并以伤仅一处,情罪尚轻,拟将邓世藩锢禁三年,满日释放。奸妇金莲斯汉事前并不救阻,事后又不首告,实属恋奸忘仇,应比照奸夫自杀其夫、奸妇虽不知情绞候律上减等拟流,情节较重,未便收赎,实发巴里坤驻防为奴。所得邓世藩银钱,讯无确数,免其究追。沈济霖讯无帮殴情事,业已斥革,应毋庸议。听从弃尸不失并未帮殴之曾升高、王春祥,均各照例折责,递籍管束。尼牙子贪利纵奸,罪有应得,业已身死,应毋庸议等因。咨会前来。臣查核情罪相符,随经咨复照办,完结。

一件:喀什噶尔缠回买卖提因催索布银争殴,夺棍殴伤托胡达身死。报经保甲局验讯,并非有心欲杀,亦无在场帮殴之人及起衅别故。解经该城善后总局复讯,详由帮办军务广东陆路提臣张曜委审无异,咨经臣察核,棍系夺获,伤仅一处,情罪尚轻。当即咨饬将该犯买卖提锢禁三年,满日折责发落。托胡达负欠逼凶,咎有应得,业已身死,应毋庸议。欠银照例免追,完结。

一件:喀什噶尔缠回艾买提因伊弟阿喜木催索欠钱,被阿布都拉黑满并其兄阿布都札依提殴打,理论争殴,戳伤阿布都札依提身死。报经保甲局验讯,并非有心欲杀,亦无在场帮殴之人及起衅别故,解经该城善后总局复讯,详由帮办军务广东陆路提臣张曜委审无异,咨经臣察核,死本理曲,戳由情急,情罪尚轻。当即咨饬将该犯艾买提锢禁三年,满日折责发落。尸弟阿布都拉黑满负欠酿命,应照不应重律,折责保释。欠钱照追给领。阿布都札依提助弟逞凶,罪有应得,业已身死,应毋庸议,完结。

一件:奇台县客民王立得因霍二子妒奸争殴,情急戳伤霍二子身死。报经该县验讯,并非有心欲杀,亦无在场帮殴之人及起衅别故,解由迪化州审解镇迪道复审无异,详经臣察核,死系妒奸,戳由情急,情罪尚轻。当即批饬将该犯王立得锢禁三年,满日折责发落。万永六纵容其妻万柯氏与王立得等通奸,厥罪惟均各杖九十。万永六仍照例在本家门首枷号一月,系属笃疾,照律收赎。万柯氏系犯奸之妇,照律的决,仍离异归宗,所得王立得等银物,讯无确数,免其究追,完结。

一件:喀什噶尔缠回苏唐纠邀买卖提里、买卖迪力、阿五提肉则、毛拉克他依等,持械行窃,临时起意行强,与买卖提里、买卖迪力捆缚、拒伤事主艾沙、哈立丁父子二命,先后身死,抢劫银物。阿五提肉则、毛拉克他依在外,不知强情。报经保甲局验勘验,讯供不讳,并无另犯抢劫不法别案及知情容留分赃暨另有为从拒捕之人。解由该城善后总局复讯,详由帮办军务广东陆路提臣张曜委审无异,咨经臣察核,该犯苏唐纠伙行窃,复临时行强,与买卖提里、买卖迪力捆缚拒伤事主艾沙父子二命,实属凶残已极,均罪不容诛。当即咨饬将该犯苏唐、买卖提里、买卖迪力一并就地正法,仍枭首悬竿示众,以昭炯戒。阿五提肉则、毛拉克他依虽讯不知强情,惟听纠持械行窃,结伙已在三人以上,均属藐法,亦即照章咨饬将该犯阿五提肉则、毛拉克他依,均枷号三个月,满日折责系带铁杆两年。未获各赃,照估追赔,完结。

一件:喀什噶尔缠妇白衣沙因屡被打骂气忿,起意殴伤亲夫末思的身死。报经保甲局验讯,供认不讳,别无同谋加功之人,亦无起衅别故。解经该城善后总局复讯,详由帮办军务广东陆路提臣张曜委审无异,咨经臣察核,情罪重大,法难宽宥。当即咨饬将该犯妇白衣沙就地正法,以昭炯戒,完结。

一件:和阗缠回勒海买下纠邀古都勒提、子牙乌冻行窃,临时盗所拒捕,棍伤事主玉素夫,伤轻平复。报经该城善后总局勘验,讯供不讳,并无另犯抢劫不法别案及知情容留分赃暨另有为从拒捕之人。解由叶和善后总局复审无异,详经臣察核伤经平复,并非金刃,情罪尚轻。当即批饬将该首犯勒海买下照章枷号三个月,满日折责系带铁杆两年,并将该从犯古都勒提、子牙乌冻均减等加枷号五个月，满日折责保释。玉素夫伤已平复，赃亦给领，应毋庸议，完结。理合登明。

军机大臣奉旨：览。钦此。①

012. 喀什噶尔界务请由金顺复陈片
光绪十年二月初一日（1884年2月27日）

再，南路喀什噶尔西边界务，前因张曜、长顺互陈情形两歧，总理衙门议复，请饬由臣与金顺确查具奏，奉旨：依议。钦此。恭录钞折，咨行到臣。伏查南段分界，时越二年，迄今尚未就绪，上渎宸聪，微臣同深愧悚。

惟刻下所执之界，若遂由臣主办，则虽原悉大概形势，亦必另派大员知会俄官，前往会勘执办，始为有据。程途辽远，未暇与论界土之应否索还，而即此往返已届深秋，在彼将来转得有词。该处界段牧场，上年金顺所派之沙克都林札布均经亲历，久已了然于胸，比回伊犁，金顺计早询悉其详。且查俄领事官近驻伊城，即其外部大臣亦相距匪遥，尤易探其底蕴，应由金顺就近查夺，主稿复陈，庶免延误。

除由臣函商金顺筹办外，理合附片陈明，伏乞圣鉴训示。谨奏。

光绪十年二月二十三日，军机大臣奉旨：知道了。钦此。②

013. 请给回子郡王三年廉俸并恤银片
光绪十年二月二十六日（1884年3月25日）

再，臣于光绪四年在喀什噶尔行营探访库车回子郡王爱玛特、吐鲁番回子郡王阿克拉依都，均因汉回变乱、随同官兵打仗被执遇害各情，咨由前陕甘督臣左宗棠具奏请恤，奉旨各赏给恤银一千一百两。嗣臣因阿克拉依都之子玛木特、爱玛特之子阿密特例应承袭郡王世爵，先后请旨饬议，复荷皇仁允准承袭，圣恩优渥，该各藩部业已感激无地。

兹据新袭库车回子郡王爱玛特、新袭吐鲁番回子郡王玛木特禀称：坟

---

①台北故宫博物院藏：《军机及宫中档》，文献编号：125450—A。
②台北故宫博物院藏：《军机及宫中档》，文献编号：125451。又《奏稿》第785—786页。

墓、衙署曾毁于贼，故父遗榇尚未营葬，艰窘殆不可言。再四思维，惟有请领恤赏银两，并恳奏请借支廉俸，以济急需等情前来。

臣复查该新袭回子郡王等墓、署待修，遗榇待葬，需费不赀，委系实在情形。虽当饷项支绌，凡可从缓之项，皆须暂行停发，以资腾挪。而此项恤银久经奉旨照准，应恳天恩垂念回部窘迫，准其照数发给，并酌准预支三年廉俸，以济其穷，将来即归军需项下开报。至各郡王廉银每年应领若干，臣营无案可稽，相应请旨饬下理藩院查明咨照，以便遵行。

是否有当？谨附片具陈，伏乞圣鉴训示施行。谨奏。

光绪十年三月二十一日，军机大臣奉旨：该衙门议奏。钦此。①

【案】光绪十年闰五月初二日，刘锦棠之折经理藩院议奏，请旨得允行：

乙巳，谕内阁：理藩院奏遵议回子郡王请领恤赏银两，并恳借支廉俸一折。新袭库车回子郡王阿密特、吐鲁番回子郡王马木特，均因墓署待修，遗榇待葬，各请领伊故父恤赏银两。着照所请，即由刘锦棠就近照数给发祗领，报部核销，并准其借支三年俸银，以示体恤。②

014. 复陈统兵大员等侵蚀军饷各节折

光绪十年二月二十八日（1884年3月25日）

钦差大臣督办新疆军务兵部右侍郎二等男臣刘锦棠跪奏，为查明军营假退员弁呈控统兵大员并驻京委员侵蚀军饷各节，据实复陈，请旨定夺，恭折仰祈圣鉴事。

窃臣于光绪八年十二月初八日承准军机大臣字寄：光绪八年十一月十一日奉上谕：刑部奏军营员弁呈控统兵大员并驻京委员侵蚀军饷请饬查办一折。③ 据称从九吴正刚、守备张喜各供均投效哈密办事大臣明春军营，欠领薪水、口粮银两甚巨。该员等先后来京，向催饷委员副护军参领常恩

---

①台北故宫博物院藏：《军机及宫中档》，文献编号：125889。又《奏稿》第787—789页。
②《德宗景皇帝实录（三）》，卷一百八十五，光绪十年闰五月上，第579页。
③中国第一历史档案馆藏：《军机录副》，档案编号：03—6087—035。据折面文字及台北所藏之件可断，此折应为原件。

请领不发,并健、威两军每年领到协饷十余万两,未发过弁勇薪粮。前因遣散马队,奏请专饷八万两,由号商汇至凉州,经道员铁珊查知,只有四万两,亦未深究各等情。案关统兵大员侵蚀军饷,是否属实,亟应彻底根究。着刘锦棠按照所控各节,确切查明,据实参奏。吴正刚、张喜即着刑部解往,归案质讯。原折一件、呈二件①,着钞给阅看。将此谕令知之。钦此。钦奉之余,复准刑部咨同前因,当即恭录分别咨行,遴委臣营营务处分省题奏道员袁鸿佑②、分省升用同知郑锡㳘,会同按照该员弁等呈控事理,逐层确查,据实禀复,以凭核夺复奏去后。

嗣于光绪九年三月十六日,据报刑部递解之官犯吴正刚、张喜到哈,随饬袁鸿佑等查验年籍,悉心推讯。兹据禀称:此案牵涉人证多名,离营已久,途程窎远,更有事外株连,无从着落。若必概待传到,迁延不了,拖累滋甚,迭次禀请行催。除汤国俊、黎飞雄、周思敬、李朝俊未能到案,张廷举、赵半个娃、冯丽成由地方官讯取供结,徐小田即徐常镐具禀告假多年,呈内所指一概不知外,所有应讯之要证常恩、魏长林、马定邦、师玉春、陶联升、李洪超、刘成圆、谢长清等,业经先后提案。随时提该原告吴正刚、张喜,按款质讯,取具切实供结,禀请核办前来。

臣逐一查阅,其有关章程册据者,仍咨哈密办事大臣明春查取校核。如吴正刚原控办理健锐中营文案,照依楚章,每月薪水二十四两,积算至一千四百余两。查楚军文案,向由营官酌给薪水,从无限定二十四两之规。咨查该健锐军饷章,各营弁勇系照楚军章程支给。其文武员弁、书役人等,系照前哈密办事大臣文麟威仪军章程支给,每书识一名,月支银二两四钱,概由营官自行招募。

又控威仪军于光绪二年九月内,由左大臣处筹款,遣散弁勇四百八十余员名,其余归并步队一营、马队两旗等语。查左宗棠原拨此项,兼定资遣章程,均系照章将所借拨银三万两,按名散放,有案可稽。

又控健威军马步六营、威仪军马步三营,总共弁勇一千七百余员名,数

---

① 张喜原呈禀单见中国第一历史档案馆藏:《禀文》,档案编号:03—5822—115;刑部尚书文煜等钞《清单》,档案编号:03—5805—058。吴正刚原呈禀清单见中国第一历史档案馆藏:《禀文》,档案编号:03—5822—113;刑部尚书文煜等抄《清单》,档案编号:03—5805—059。

② 袁鸿佑(1841—1912),字樵荪,安徽泗州(今泗县)人。光绪十七年(1891),经护理新疆巡抚魏光焘奏调赴新差遣,以功保道员。二十九年(1903),署喀什噶尔道篆。民国元年(1912),任新疆都督。同年,遇刺身亡。

年来，并未发过大饷，只于年节犒赏，每年不过万两，历年领到之饷，究归何处等语。咨查该军营制，每马队一营，员弁勇夫共三百三十一员名。步队一营，员弁勇夫共七百六员名。① 计健锐、威仪两军马步共十一营外，随营文武员弁、书役人等共三百九十一员名。营中用款以采买粮料为大宗，年须市斗万石有奇。当光绪五年以前，每石价银十余两、十两不等，每年收到各省之饷，间尚不够粮价，势不能不按成酌发，腾款制办冬夏衣履，并发月饷，年复一年，积欠累累。所有历年支用饷数，据钞清册并送户部暨各省发饷公文，照核悉符。

又控山东欠饷，经常恩承领，未解回营，有前坐催委员师玉春等可证等语。据补用总兵师玉春投称：光绪二年，奉委催领山西、山东协饷，先于山西领获银三万三千两，除兑还商款外，实解到营六千两。三年，转赴山东。四年，领获银一万五千两，回营销差。至常恩经手之饷，实不知情，无可指证。据副都统衔补用参领常恩投称：前奉委催领山东之饷，东省拨银二万，委员解赴察哈尔都统衙门，转给承收，采办军装，比经造报。四年十二月，领银三万两，内除一万五千两交本军委员志胜领解回哈外，下余一万五千两，与原催委员候选知府景春经手领获之五万两，俱会同拨还商款、粮价，旋即闻讣丁忧。咨查系因营中汇借商款，并积欠回部粮价极钜，索取甚迫，各随委员守领，曾经奏明在于山东应解饷内，先为拨还借款、粮价，共银四万两，商款三万五千两，札饬该参领等照拨。嗣因山东欠发银一万两，致将回部粮价只发三万，另由川楚两省拨归一万，有片稿、部文可查。

又控遣散中、前两营马队共弁勇二百八十名，又准后营假勇五十名，有魏长林、马定邦、黎飞雄可证等语。据陕西候补游击魏长林投称：同治十三年，管带健锐中营马队。补用都司马定邦投称：光绪三年，管带健锐前营马队。均于光绪六年十一月奉札裁撤，每营员弁勇夫三百三十一员名，分别回汉，先后遣尽，只发半年欠饷。计营官一员，银一千二百两。哨官五员，每员银五十两。什长二十五名，每名银四十六两八钱。马勇二百二十五名，每名银四十五两。长夫七十五名，每名银十八两。两营计共给银二万八千二百三十两。当经造具册领，悉数领讫，愿具甘结互质。吴正刚供称：

---

① "每马队一营，员弁勇夫共三百三十一员名。步队一营，员弁勇夫共七百六员名"，《奏稿》作"每马队一营，员弁勇夫共七百六员名"。

该营原分回汉,分起遣散,但见头起回勇之数,即已离营,未知续裁后起汉勇。咨查从前抽裁健锐马步五营,共官弁勇夫二千七百八十员名,又裁随营文武员弁、书役一百八十四员名,悉照奏定章程补放半年欠饷,共需银八万六千五百八十一两八钱,请由户部垫发,俾速资遣。至各处欠解协饷,截至光绪六年六月,川、鄂两省欠至一百五十余万,断难补解,开谕合军,悉行报效,概不找补。领到饷银,照数分给,奏咨在案。均有册领、文稿可查。

又控闻风钻谋,视银如泥,送蜀军告假员弁李洪超川资一千两,假称制造军装等语。据提督李洪超投称:前带蜀军右营请假回川,路过哈密,送明大臣车辆、骡马并纸张等件。明大臣行知四川催饷委员给银千两,以偿价值。毫无别项情弊。互质吴正刚供称:当日所闻,说是送与川资,不知抵有车马、纸张各物。

又控张廷举、谢长清等,皆充当营官,历保二品,受伤成残,今在高台乞食等语。据安肃道就近传讯,详送供结:补用参将张廷举曾投效明大臣部下,告假之际,给过川资二百四十两,现于高台与人伙开小店糊口,并未乞食。补用副将谢长清投称:十年前,在文大臣麾下充当营官,受伤成残,请假出营,其时明大臣尚未接统,现在高台开店为业,尚未乞食。互质吴正刚供称:曾见两人旅寄高台,几与乞食相似,亦是极言其贫。

又控恣意嗜好,不惧物议,收戏旦赵半个娃为干儿,留住署内。又为花鼓戏旦冯丽成在署招赌,故军中有兵勇不如戏旦之谣等语。据安肃道就近提讯赵半个娃,详送供结,称系唱戏为生。光绪五年出关,曾在哈密营中演戏酬神,并未出入衙门,拜认干儿。随又进关,在金塔班演唱度日。又据库尔喀喇乌苏粮员就近提讯冯丽成,详送供结,称于光绪八年来哈,即在茶铺工作,并未在明大臣衙门邀赌抽头。是年冬月离哈,现来精河贸易。质之吴正刚供称:当时见有匿名揭帖,不能确指住署招赌之实据。

又控光绪八年二月来京禀呈苦衷,常恩匿不与面,嘱托刘成图相劝,同路旋陕,就陕饷局算给薪粮。讵意抵陕静候四月之久,仅于刘成图手给银一百五十两,欲归不得,欲止不能,只得转京泣叩等语。据常恩称:八年二月,晤刘成图,谈及有前充健锐中营①营书吴正刚来京,欲向借用银两,托其吹嘘。参领答以此人素未谋面,营友甚多,何能应付?以后刘成图如何

---

① "健锐中营",《奏稿》作"健锐军营"。

劝他、如何借银，概不得知。据参将刘成图投称：前年进京投咨引见，适晤吴正刚，据说欲向常恩算加薪水，不得会面，即欲在部禀控。参将因念同营，婉言劝阻，约同出京，愿代偿银一百五十两。此系参将担承，吴正刚并无异议。互质吴正刚供称：原未晤过常恩，有刘成图婉劝出京，共借银一百五十两，实系相爱。此案亦不与伊相干。

又控奏请专饷八万两，由协同庆号汇兑凉州，只有四万两，被铁道查知，有张喜可证等语。查核张喜呈内相同。据游击陶联升投称：光绪六年，奉明大臣委赴户部，请领专饷八万六千六百两，适哈密回王呈请，在京饷内拨兑三万两，交赴京之差弁那斯胡里。明大臣面谕照拨。旋经如数领到，当拨交回弁那斯胡里三万两，协同庆号汇兑凉州四万两，本军委员志胜由京回哈，带解银一万两。游击随自解银六千六百两。张喜只知汇兑之四万，不知尚有拨兑回弁之三万与志胜带解之一万。行据甘凉道铁珊禀复：传讯协同庆号供称：明大臣所汇京饷，实系四万两。又据哈密回王沙木胡索特①结称：光绪六年，职父迈哈默特差弁那斯胡里，赴京请领福晋册封，并制买衣料等物。值明大臣差领京饷，呈请就拨粮价，以便分完共挪商款，蒙准拨银三万两交那斯胡里。即于是年在明大臣应拨粮价内，照扣归还。互质吴正刚、张喜供称：当初不知另有拨解各项，但指汇数言之。

至张喜原控同治四年投入健锐军，充当马夫二十四年，共领过银一百二十四两，向算存储口粮八百六十九两，仅给盘费银十五两，本欲转恳恩施，奈营中不肯进言，再四筹维，惟有常恩与明大臣有表兄弟之亲，驻京坐催，可以转请算给等语。据常恩称：光绪元年到营，并不知有张喜其人，只丁忧在京时，不记日期，据家人回说，有张姓投信一件，拆阅系前统健锐军原任乌鲁木齐提督成禄②所致，托帮张喜盘费数十金，资其回籍。参领细思，与成禄提督素未谋面，若张喜更不认识，成在刑部，何能给信？疑其有诈，遂令拒绝而去。咨查系同治十二年接统健锐军出关，该弁请假，即给马匹、盘川遣出，口粮无存。

---

①沙木胡索特(1857—1930)，第九代哈密札萨克和硕亲王，哈密札萨克和硕亲王伯锡尔王府塔尔台吉之子。光绪八年(1882)，袭札萨克和硕亲王位。十一年(1885)，赏戴三眼花翎。二十一年(1895)，赏黄缰。三十年(1905)，赏穿膁褂。
②成禄，生卒年未详，满洲镶白旗人。咸丰三年(1853)，充火器营鸟枪护军。七年(1857)，保候补参领。十一年(1861)，加总兵衔。同治元年(1862)，补陕西陕安镇总兵。同年，晋提督衔。四年(1865)，擢乌鲁木齐提督。

至于旧欠，系前统该军成提督任内之事，无从查算。原讯该弁同治十二年以后，尚当马勇，系在何营何哨，无以为对。有守备马富侯、千总褚余良与张喜面质，光绪五年二月，张喜来哈，求差未收。伊等转恳明大臣赏给盘费、路票，不许在哈逗留。互质张喜供称：同治十二年以前应找口粮，原系成前统领缺饷欠发，因归明大臣接统，是以向算。余即词穷。吴正刚按算，尚应找银八钱，比已照补。据与张喜同供，营中历欠最巨，明大臣发银不敷使费，且闻汇饷数短，怀疑呈控，冀可多算挽领。今蒙讯明，不敢诬执，各出具误控悔结，恳免究办。经臣亲提研鞫无异，应即拟结。

此案吴正刚所控，以遣勇不符为冒支而求增薪水，系其切己之图。张喜所控，以汇饷不符为侵盗而求领旧欠，系其切己之图。例应随同管队头目公同陈告。乃吴正刚但见头起遣勇，又以仅放欠饷半年，疑有克扣，张喜因闻汇饷止四万两，疑系侵冒，各向常恩索借不遂，赴部具呈，奉旨饬臣查参，兹已质讯明确。似此以卑控尊，诬砌虚款，本应按律问拟。姑念其向算短欠薪粮，非出无因，一经环质，自知情虚，即据首悔，核与始终诬执者有间，应请旨将从九吴正刚由部斥革，守备张喜即行革职。均递解回籍，交地方官严加管束，嗣后不准在外滋事，并不准投效各路军营，希图开复，以示惩儆。

哈密办事大臣明春接统健锐各营，前因各省欠饷难恃，奏明抽裁营伍。其余遣勇、汇饷各数目，历有各营官及回王并经手各委员供结、册领可凭，实未从中侵蚀，余款亦属虚无。惟勇夫口粮既照楚军章程开支，而营书乃照威仪军之章，月仅给薪银二两四钱。塞外苦寒，百物昂贵，殊失体恤之道。且其平日队伍疏于训练，规制未能整肃，皆缘饷项艰窘，不免驭之过宽。幸赖天威，耆定全疆，业已陆续裁毕。明春久征边塞，曾著战功，可否宽其既往之处，出自鸿施。其常恩前此经手领饷，交卸清楚，丁忧回旗，与讯明案内人证均无不合，应请概免置议。未到免提，以省延累。

所有查明军营假退员弁呈控统兵大员并驻京委员侵蚀军饷各节，理合据实恭折复奏，是否有当？伏乞皇太后、皇上圣鉴训示施行。谨奏。光绪十年二月二十八日。

军机大臣奉旨：明春着免其议处，余依议，该部知道。钦此。①

---

① 中国第一历史档案馆藏：《朱批原件》，档案编号：04—01—01—0952—029。又《奏稿》第817—835页。

光绪十年三月二十一日,军机大臣奉旨:明春着免其议处,余依议,该部知道。钦此。①

015. 奏报关外营旗局站数目暨裁并新收缘由折
光绪十年二月二十八日(1884年3月25日)

钦差大臣督办新疆军务通政使司通政使二等男臣刘锦棠跪奏,为查明关外楚湘皖蜀诸军马步各营旗弁勇开除实在数目,暨陆续裁并、新收各局站,谨分晰缮具清单,奏明立案,恭折仰祈圣鉴事。

窃臣部关外马步诸军暨乌鲁木齐提标土勇,截至九年三月底止,共存五十八营旗,并驻防处所业经遵照部议,分别奏明在案。其自九年四月起,先将卓胜军马步五营咨商金运昌,分起一律遣撤。又道员罗长祐所统湘军马步各营驻扎阿克苏等处,地段本宽,臣再三筹度,分拨抽扎,酌裁步队两营,以节月饷。该两军遣勇口粮结算至九月、十一月底不等,由臣行营粮台竭力腾挪,先后找放清楚。计共裁撤步队五营、马队两营,统共开除员弁勇夫四千六百六十一员名、额马五百四匹。现除皖军业经全撤不计外,查湘楚蜀各军并乌鲁木齐提标土勇,仅存马步五十一营旗、开花炮队三哨、小马队五哨,合计实在共额设弁勇二万五百一十七名,额外营哨官并马夫、火夫、长夫一万七百十四员名,额马三千七百八十二匹。此臣部诸军截至九年十二月底止现存实数也。

至关外向设局站极多,臣自接绾钦符以来,体察情形,陆续裁减。上年曾将下存数目并设立处所、薪粮章程陈请饬部立案。刻下各台局站以及义学均为善后急务,特当度支艰窘,除万难裁并之处仍照常安设外,其余经臣权衡缓急,量为裁并。计共裁撤保甲五局、采运六分局、军装硝药五局,又开除、新收蚕桑各一局。此外柴草供支,饬由各站驿书兼办,免支薪粮,计共裁撤柴草二十六局四十六站。此南北两路截至九年十二月底止开除各局站实数也。

以上抽裁营局,原冀稍纾饷力,此外用款苟非万不得已,何敢妄动丝毫! 只以迩年塞外痘疫流行日甚一日,军民病此,恒多不治。臣目睹情形,

---
① 台北故宫博物院藏:《军机及宫中档》,文献编号:125890。

自应仰体圣慈,设法拯救。适据各善后局委员呈请,仿照内地设局点种牛痘。臣查牛痘之法,本极妥善,凡早经种过者多不再发。即间有传染,亦极轻微,并无险证,历试不爽。此法东南盛行,近渐行于西北。关外民力拮据,臣因酌拨经费,派员先行试办,访察极有效验,旋饬于哈密、巴里坤、昌吉、喀喇沙尔、库车、阿克苏、乌什、喀什噶尔、叶尔羌等处,招募痘医,酌给薪工、夫役,扼要设局。一面分段点种,一面择选回童入局教授,以广流传。开局以来,全活甚众。上年,乌讷恩苏珠克图旧土尔扈特东部落盟长札萨克、毕西埒勒图郡王巴雅尔,闻知喀喇沙尔土尔扈特人众子弟得种牛痘,均获保全,呈由金顺转咨拨医仿办。据禀业著成效。

伏查蒙回各部,素畏天花,但闻有患痘者,无论平顺与否,余皆相率避处,纷纷转徙,尽室偕行。此风相沿日久,未便强禁,诚能以牛痘之法行之,渐推渐广,利赖均沾,免使时相震动,不安其居。将来民间竞传其术,公局即可裁节。是目下所费无多,而可为绥辑边氓之一助也。兹据行营粮台开单呈请奏咨前来。臣复核无异。其自十年起南疆设官已定,一俟诸务办有头绪,仍当随时察看情形,力求裁省,以仰副朝廷安边节用之至意。

所有关外马步各军营旗弁勇除存实数暨陆续裁并、新收各局站,谨分晰缮具清单,恭呈御览。伏乞皇太后、皇上圣鉴,饬部立案施行。谨奏。光绪十年二月二十八日。

军机大臣奉旨:该部知道。单二件并发。钦此。①

光绪十年三月二十一日,军机大臣奉旨:该部知道。单二件并发。钦此。②

016. 呈关外诸军营旗员弁勇丁夫马数目清单
光绪十年二月二十八日(1884年3月25日)

谨将甘肃关外楚湘皖蜀诸军马步各营旗员弁、勇丁、夫马数目,自光绪九年四月初一日起至十二月底止,缮具四柱清单,恭呈御览。计开

---

①中国第一历史档案馆藏:《朱批原件》,档案编号:04—01—01—0951—008。又《奏稿》第791—808页。
②台北故宫博物院藏:《军机及宫中档》,文献编号:125887。

旧管：光绪九年三月底止，关外实存驻防行粮步队三十营、坐粮步队三旗、提标土勇步队七旗、行粮马队十六营、坐粮马队二旗、开花炮队三哨、小马队五哨，共计旧存额设弁勇二万三千五百一十七员名，额外哨官一百五十员，额外火夫四百六十名，额外长夫、马夫一万一千七百六十五名，额马四千二百八十六匹，炮车十八辆，车骡四十八头。

新收：无项。

开除：光绪九年七月底止，裁撤卓胜军步队二营，共计裁撤旧额弁勇一千员名、额外营哨官十员、额外长夫三百八十四名。光绪九年八月底止，裁撤卓胜军马队二营、步队一营，共计裁撤旧额弁勇一千员名，额外营哨官五员，额外火夫五十四名，额外长夫、马夫八百一十四名，裁减额马五百四匹。光绪九年九月底止，裁撤老湘左军步队一营，共计裁撤旧额弁勇五百员名、额外营哨官五员、额外长夫一百九十二名。光绪九年十一月底止，裁撤老湘右军步队一营，共计裁撤旧额弁勇五百员名、额外营哨官五员、额外长夫一百九十二名。

实在：光绪九年十二月底止，实存行粮步队二十五营、坐粮步队三旗。又提标土勇步队七旗、行粮马队十四营、坐粮马队二旗。总计五十一营旗、开花炮队三哨、小马队五哨，共计实存额设弁勇二万五百一十七员名，额外营哨官一百二十五员，额外火夫四百六名，额外长夫、马夫一万一百八十三名，额马三千七百八十二匹，炮车十八辆，车骡四十八头。

查关外马步各军，内步队三旗、马队二期，均系开支坐粮。据行营粮台呈称：前案实在项下误缮行粮步队一旗、马队一旗字样。此次旧管、实在两柱，谨即更正备案，合并陈明。

军机大臣奉旨：览。钦此。①

017. 呈甘肃关外设立各台局站义学清单
光绪十年二月二十八日（1884年3月25日）

谨将甘肃关外设立各台局站、义学自光绪九年正月初一日起至十二月底止，缮具四柱清单，恭呈御览。计开

---

① 台北故宫博物院藏：《军机及宫中档》，文献编号：125887—0—A。

旧管：

光绪八年十二月底止，实存哈密行营粮台、哈密行营军装制办总局、哈密督催粮运总局、古城屯采总局。

安西、玉门、敦煌、巴里坤、奇台、吉布库、济木萨、吐鲁番、喀喇沙尔、库尔勒、布告尔、库车等处十二采运分局。

吐鲁番、喀喇沙尔、库车、阿克苏、乌什等处五军装硝药局。

安西、小宛、布隆吉、四家滩、白墩子、红柳园、大泉驿、马莲井、库车、托和鼐、阿克苏、浑巴什、萨依里克、齐兰台、玛喇巴什、卡拉克沁、屈尔盖、察巴克、图木舒克、雅哈库图克、英吉沙尔、雅满雅尔、牌素巴特、英阿瓦特、龙口桥、玉代里克、黑孜堡等处二十七柴草局。

玉门属境五柴草站、哈密属境十六柴草站、巴里坤属境五柴草站、吐鲁番属境七柴草站、喀库属境九柴草站、察尔齐、札木台、玉尔滚、拜城、赛里木、河色尔等处共计四十八柴草站。

东四城善后总局兼办阿克苏善后局，西四城善后总局兼办喀什噶尔善后局，喀喇沙尔、库车、乌什、英吉沙尔、叶尔羌、和阗、吐鲁番、迪化州等处八善后局。

沙雅尔、拜城、玛喇巴什等处三善后分局，喀什噶尔、叶尔羌、和阗、英吉沙尔、玛喇巴什、阿克苏、乌什等处七征粮局，阿克苏蚕织总局，阿克苏、阿依克、叶尔羌、和阗、喀什噶尔、英吉沙尔、库车、库尔勒、吐鲁番、哈密、敦煌等处十一蚕桑分局。

哈密新城、老城，吐鲁番新城、老城，喀喇沙尔、库车、阿克苏、乌什、英吉沙尔、喀什噶尔回城、汉城、叶尔羌、和阗、古城、迪化州、奇台、昌吉、绥来、济木萨、阜康、巴里坤等处二十一保甲局。

哈密义学五堂，吐鲁番义学六堂，喀库义学四堂，库车义学五堂，阿克苏义学五堂，乌什义学三堂，喀什噶尔义学五堂，玛喇巴什义学三堂，英吉沙尔义学三堂，叶尔羌义学七堂，和阗义学四堂，巴里坤义学四堂，奇台义学四堂，济木萨义学三堂，阜康义学二堂，迪化州义学六堂，昌吉义学二堂，绥来义学四堂，呼图壁义学二堂，共计义学七十七堂。

新收：

光绪九年正月起，新设哈密、巴里坤、昌吉、喀喇沙尔、库车、阿克苏、乌什、喀什噶尔、叶尔羌等处九牛痘局。查关外向无传种牛痘之法，近因痘疫流行，因在内地招募痘医，安设各处医治。每处设痘医二名，每名月给工食银八两。每名给跟役二名，合给火夫一名、通事二名，月给油烛、纸张银四两。跟役、火夫、通事，每名日给口食银一钱。其余药资等项，由各官局按月核给。新设布告尔蚕桑分局一处，司事、工匠、夫役薪粮、口食，照章支给。

开除：

光绪九年八月底止，裁撤奇台、吉布库、济木萨、库尔勒、布告尔、库车等处六采运分局。光绪九年九月底止，裁并吐鲁番、喀喇沙尔、库车、阿克苏、乌什等处五军装硝药局。

光绪九年十一月底止，裁撤安西、小宛、布隆吉、四家滩、白墩子、红柳园、大泉驿、马莲井、库车、托和鼐、浑巴什、萨依里克、济兰台、玛喇巴什、卡拉克沁、屈尔盖、察巴克、图木舒克、雅哈库图克、英吉沙尔、雅满雅尔、牌素巴特、英阿瓦特、龙口桥、玉代里克、黑孜堡等处二十六柴草局。

又裁撤玉门属境五柴草站，哈密属境十五柴草站，巴里坤属境五柴草站，吐鲁番属境六柴草站，喀库属境九柴草站，察尔齐、札木台、玉尔滚、拜城、赛里木、河色尔等处六柴草站，共计四十六柴草站。

光绪九年八月底止，裁撤敦煌蚕桑分局，又裁撤奇台、昌吉、济木萨、阜康、巴里坤等处五保甲局。

实在：

光绪九年十二月底止，实存哈密行营粮台、哈密督催粮运总局、哈密行营军装制办总局、古城屯采总局。

安西、玉门、敦煌、巴里坤、吐鲁番、喀喇沙尔等处六采运分局。

阿克苏、哈密、吐鲁番三柴草局，东四城善后总局兼办阿克苏善后局，西四城善后总局兼办喀什噶尔善后局，喀喇沙尔、库车、乌什、英吉沙尔、叶尔羌、和阗、吐鲁番、迪化州等处八善后局，沙雅尔、拜城、玛喇巴什等处三善后分局，喀什噶尔、叶尔羌、和阗、英吉沙尔、玛喇巴什、阿克苏、乌什等处七征粮局。

阿克苏蚕织总局，阿克苏、阿依克、叶尔羌、和阗、喀什噶尔、英吉沙尔、库车、库尔勒、布告尔、吐鲁番、哈密等处十一蚕桑分局。

哈密新城、老城，吐鲁番新城、老城，喀喇沙尔、库车、阿克苏、乌什、英吉沙尔、喀什噶尔回城、汉城、叶尔羌、和阗、古城、迪化州、绥来等处十六保甲局。

哈密、巴里坤、昌吉、喀喇沙尔、库车、阿克苏、乌什、喀什噶尔、叶尔羌等处九牛痘局。

哈密义学五堂,吐鲁番义学六堂,喀库义学四堂,库车义学五堂,阿克苏义学五堂,乌什义学三堂,喀什噶尔义学五堂,玛喇巴什义学三堂,英吉沙尔义学三堂,叶尔羌义学七堂,和阗义学四堂,巴里坤义学四堂,奇台义学四堂,济木萨义学三堂,阜康义学二堂,迪化州义学六堂,昌吉义学二堂,绥来义学四堂,呼图壁义学二堂,共计义学七十七堂。

军机大臣奉旨:览。钦此。①

018. 南路城廨工作碍难中止仍恳饬拨银两片
光绪十年二月二十八日(1884年3月25日)

再,臣于上年十一月将估计修理南路新设各官城署一切共须实银三十七万四千两奏恳饬拨部款。嗣准户部抄咨会议折稿,以部库入不敷出,实难轻予外拨,拟由江西、湖北、湖南、江南、山西、四川及河东道各处,共提银十八万两,限十年五月以前如数解交甘肃粮台,即将应建城垣、炮台等工赶紧兴修,官廨从缓办理。奉旨:依议。钦此。等因。承准之余,伏见朝廷廑念西陲,正当赈务纷乘,海防吃紧,特准指拨款目,钦感曷言!

此项工用所迫,计各省必能先其所急,如期赶解。除一面飞催外,其衙署各项,部臣议令暂缓,意在少纾饷力,自应恪遵。惟查南疆改设官治,原欲一新缠回之耳目,俾涤旧染之污。公衙须有定所,规制亦有定程。非为官吏之安居,乃为民望之所属。军兴以来,腹地州县衙署间尚未及修复,诚有如部议所云者。然其民情迥异边氓,兼值互市通商,立制之初,未宜过从简易,盖显以示天朝之威仪,即隐以杜外夷之窥伺。

臣自接准改设官治之部复,遵筹兴修城署、仓监、坛庙,用资保障而具规模,饬各营局酌估。初议需银八十余万,经臣再三驳饬,凡旧有之寸木片石,均令凑集,归于实用。土工则多属之防营,责以倍加奋勉,随处撙节。通计至少需银三十七万四千两,早饬一律动工,经费权于军饷腾挪,本待请

---
①台北故宫博物院藏:《军机及宫中档》,文献编号:125887—0—B。

拨部银，遂为弥补。今城工准拨十八万两，衙署缓办。工作已兴，碍难中止。趁此营勇助劳，事半功倍，官制既经大备，吏治较易讲求。以往之劳费不虚，将来之苛派可免，绥辑边荒。此其尤大要也。

际兹时事多艰，司农每形支绌，何敢更申前请，只以工难停罢，万不获已，拟请将未拨之十九万四千两，仍恳天恩饬部在于欠解西饷各省关，照数限解，以济要需。臣忝膺重寄，苟稍可以裁省，无不力为经画。刻下事局所关，并修衙署各工，综计所费无多，日后所全实大。区区愚忱，不胜感悚待命之至。

除咨部外，谨会同陕甘总督臣谭钟麟、帮办军务广东陆路提督臣张曜，附片具陈，伏乞圣鉴训示施行。谨奏。

光绪十年三月二十一日①，军机大臣奉旨：户部议奏。钦此。②

【案】光绪十年四月初七日，户部尚书额勒和布等奏报议复刘锦棠之奏：

经筵讲官户部尚书臣额勒和布等谨奏，为遵旨议奏事。

督办新疆局务大臣刘锦棠等奏工难停罢，请将未拨银两在欠解西饷各省关照数限解，以济要需一片。光绪十年三月二十一日，军机大臣奉旨：户部议奏。钦此。钦遵。于三月二十二日钞出到部。据原奏内称：上年十一月，估修南路新设各官城署一切，共须实银三十七万四千两，奏拨部款。嗣准户部咨会折稿，以部库入不敷出，实难外拨，由江西、湖北、湖南、河南、山西、四川及河东道各处，共提银十八万两，解交甘肃粮台，即将应建城垣、炮台赶紧兴修，官廨从缓办理等因。惟查南疆改设官治，公衙须有定所，兼值互市通商，未宜过从简易。自接准改设官治之部复，早饬一律动工，拟于年饷腾挪，请拨弥补，趁此营勇助劳，工难停罢，拟请将未拨十九万四千两，仍恳天恩，在于欠解西饷各省关照数限解，以济要需等语。臣部查该大臣奏请修建南路十三处城垣、炮台、衙署、仓监各工，前次请拨银三十七万四千两，臣部因各省水旱频仍，海防紧要，碍难如数筹拨，当与江西等省提拨银十八万两，以为南路修理城垣、炮台之用，衙署等工暂行从缓。奏准、行知、遵照

---

①此奉旨日期据《军机处随手登记档》（档案编号：03—0242—1—1210—073）校补。
②《奏稿》第813—816页。

在案。今据该大臣等奏称，公廨须有定所，早已一律兴工，请将未拨银两于欠解西饷各省提解等语。

臣部查，现在滇粤边防、沿海各防一律吃紧，而山东河工拨款甚巨，各省关纷纷奏请停解改拨，筹款实属万分艰难。若在于欠解西饷各省关提拨，诚恐力有未逮，徒托空言。惟据该大臣声称，工作难停，且修建城工至十三起、衙署至十五起之多，请款仅三十余万两，办理尚属撙节。臣部自不得不于无可设法之中，代为筹画。查胡光墉于西征借用商款内，侵取行用、补水等银十万六千七百八十四两。据该大臣及陕甘总督咨称，应行着追。臣部已行令浙省追缴。据浙江巡抚刘秉璋咨复：所有公私各款，已将胡光墉各处典庄及药店查封备抵，此款自系有着。拟令该抚迅速变价，措银十万六千七百八十四两，勒限本年闰五月以前解赴甘肃粮台，以应急需，毋得延宕。

又查乌鲁木齐军饷，四川、山东各月协银二千两，江海、江汉、粤海、闽海各月协银一千两。现在乌鲁木齐营勇已裁，拟令自本年四月起，截至十二月底止，共应解银八万两，改解甘肃粮台，作为修理南路工程之用。合之浙省变价银款，共十八万六千七百八十四两，与该大臣此次所请提拨数目不甚悬殊，谅足敷用。如蒙俞允，即由臣部行知各该省督抚、将军、各管监督，一体遵照，赶紧如数提前报解，俾资应用。所有遵旨议奏缘由，理合恭折具陈，伏乞皇太后、皇上圣鉴。谨奏。光绪十年四月初七日。经筵讲官户部尚书臣额勒和布，户部尚书臣阎敬铭，户部左侍郎臣宗室福锟，户部左侍郎臣孙诒经（学差），署户部左侍郎顺天府府尹臣周家楣，户部右侍郎臣嵩申，户部右侍郎臣孙家鼐。①

同日，此折得清廷允行，饬令各省关迅速报解，以应急需：

军机大臣字寄：福州将军穆、署两江总督一等威毅伯曾、两广总督张、四川总督丁、署湖广总督湖南巡抚卞、江苏巡抚卫、浙江巡抚刘、湖北巡抚彭、山东巡抚陈、广东巡抚倪，传谕前粤海关监督崇光、粤海关监督海绪：光绪十年四月初七日奉上谕：户部奏筹拨新疆工程银两一折。据称新疆南路应修衙署等工，需款孔亟，请饬浙江将胡光墉侵取

---

① 台北故宫博物院藏：《军机及宫中档》，文献编号：126250。

西征借款行用、补水等银十万六千七百八十四两，于该革员备抵产业内，迅速变价，照数措齐，限本年闰五月以前解交甘肃粮台应用，并请将四川、山东及江海、江汉、粤海、闽海等关月协乌鲁木齐军饷，自本年四月起至十二月底止，共银八万两，改解甘肃粮台，作为修理南路工程之用等语。新疆应修衙署各工，势难停缓，自应酌拨款项，以济要需。着该将军、督抚、监督等，按照该部所拨各款，如数提前报解，毋稍延欠。将此谕知穆图善、曾国荃、张树声、丁宝桢、卞宝第、卫荣光、刘秉璋、彭祖贤、陈士杰、倪文蔚，并传谕崇光、海绪知之。钦此。遵旨寄信前来。①

019. 请准陶廷相等借补都司等缺折

光绪十年四月初三日（1884年4月27日）

钦差大臣督办新疆军务通政使司通政使二等男臣刘锦棠跪奏，为拣员请补都司、守备员缺，以实营伍而重操防，恭折仰祈圣鉴事。

窃查乌鲁木齐提属玛纳斯协右营都司米庆，于同治三年七月准补；喀喇巴尔噶逊营守备邹步云，于同治元年十二月由部拟补，现查均无下落。又玛纳斯右营守备朱云于同治元年具报病故。均经臣附片具陈，请旨开缺，并声明扣留外补在案。值此整饬营伍之际，员缺未便久悬。

臣于新疆出力武员内逐加拣选，查有留甘尽先补用参将陶廷相，朴实耐劳，久经战阵，以之借补玛纳斯协右营都司员缺，洵堪胜任。复准乌鲁木齐提督臣金运昌咨称：在于标协尽先合例人员内拣选得留甘尽先补用游击陈汝楫，久经战阵，认真操防，堪以借补乌鲁木齐提属喀喇巴尔噶逊营守备员缺。尽先补用都司杜得润，年富力强，志趣向上，堪以借补玛纳斯协右营守备员缺。并造具该员等履历清册，咨请奏补前来。

臣察看得留甘补用游击陈汝楫技艺娴熟，尽先补用都司杜得润年力精壮，应照来咨，以之借补该守备二缺，均能胜任。合无仰恳天恩，俯念边疆紧要，准照武职大衔借补小缺例，即以补用参将陶廷相借补玛纳斯协右营都司员缺，补用游击陈汝楫借补喀喇巴尔噶逊营守备员缺，补用都司杜得

---

①中国第一历史档案馆编：《光绪朝上谕档》，第十册，第90—91页。

润借补玛纳斯协右营守备员缺,以重营防而资整顿。如蒙俞允,应请饬部先给署札,一俟边防大定,即行给咨送部引见,以符定制。

除将该三员履历清册咨送兵部查照外,谨会同陕甘总督臣谭钟麟、乌鲁木齐提督臣金运昌,恭折具陈,伏乞皇太后、皇上圣鉴训示施行。谨奏。光绪十年四月初三日。

军机大臣奉旨:兵部议奏。钦此。①

光绪十年四月二十五日,军机大臣奉旨:兵部议奏。钦此。②

020. 请恤罗长祜并将战绩事实宣付史馆折
光绪十年四月初三日(1884年4月27日)

钦差大臣督办新疆军务兵部右侍郎二等男臣刘锦棠跪奏,为道员立功后积劳病故,志节可传,吁恳天恩俯准优恤建祠,将战绩事实宣付史馆,以彰忠荩而资观感,恭折仰祈圣鉴事。

窃统领湘军二品顶戴按察使衔署甘肃阿克苏兵备道留陕题奏道骑都尉世职讷齐欣巴图鲁罗长祜,上年患病累月,经臣给假,在营调理,遣医诊视。入春后,潮热自汗、惊悸咯血等证层见迭出。正月杪,手书抵臣言状条陈,减除差徭未尽事宜,并举替人。有云"死不足悲,惟国恩未报,时事多艰,伏枕饮泣,不能自已",尤殷殷以忠荩相勖。臣见其字迹欹斜,语皆沉痛,不忍卒读。因地方紧要,一时乏人接替。该道员虽因积劳致疾,而年力尚富,冀能将养复元,是以未即许其解任,讵于二月初二日因病殁于阿克苏行营。边事需才正殷,以南疆极称得力之员,竟尔遽夺其算。臣接报之余,不独为罗长祜悲,更为边氓惜也。

臣与罗长祜居同里闬,稔知其幼时即异凡童,读书过目成诵,能得其大旨,师事原任陕西抚臣刘蓉③,尝深器之。年二十,仗剑游浙,继度陇,襄办今大学士左宗棠营务,肃清关陇,累功由通判保升花翎知府。

---

①中国第一历史档案馆藏:《朱批原件》,档案编号:04—01—30—0186—022。
②台北故宫博物院藏:《军机及宫中档》,文献编号:126606。
③刘蓉(1816—1873),字孟蓉,号霞仙,湖南湘乡人。咸丰四年(1854),选训导。五年(1855),拔知县,赏戴花翎。同年,充罗泽南湘军左营管带,加同知衔。十年(1860),赴四川办理营务。十一年(1861),加三品顶戴,署四川布政使。同治元年(1862),迁四川布政使。二年(1863),擢陕西巡抚,后夺职回籍。

光绪元年，臣奉檄由西宁整旅，进规新疆。其时全疆沦陷日久，冰天雪窖之地，险阻艰难，闻者生畏，幕客方纷纷求去，罗长祐独毅然请行。左宗棠素爱其才、壮其气，委综臣军营务，随同出塞。所有臣军粮事、饷事、运事、兵事，相机筹策，罔不殚心。

二年六月，攻拔辑怀，既而迪化、巩宁、昌吉以次克复，适臣染患时疾甚剧，暂驻①迪化医治，遣罗长祐暨宁夏镇总兵谭拔萃、提督董福祥等会攻玛纳斯城，鏖战兼旬，继而该逆哀词求抚。罗长祐心知其诈，禀商今伊犁将军臣金顺，令其尽缴马械，始允投诚，纵令归巢自决。该逆旋率悍党结队出城，声言赴营自投。迨与我军薄近，仍复齐施枪炮，挺矛直前，拚死冲突。幸官军先绕长壕埋伏，截贼归路地道，齐轰贼众，内外隔绝。官军合力围剿，贼目韩刑脓、马有才等伏诛。臣初心许罗长祐能胜将领之任，于兹益信。

三年三月，攻克达阪城，臣即取道小草湖，进攻托克逊，别遣罗长祐、谭拔萃等乘胜趋吐鲁番。罗长祐谓安夷恂惧未定，疾乘之可迫走也，夷逆奔，则胁从之众可不战而胜。遂促队星驰，未至，而该夷果弃城先遁，缠土回子效顺就抚，悉免穷治，秋毫无犯。一面宣谕皇朝威德，欢声震地。嗣仍随臣移师南指，且战且前。数月之间，遂将喀喇沙尔、库尔勒、库车、拜城、阿克苏、乌什、叶尔羌、喀什噶尔各城池一律规复，厥功为多。全疆肃清，以道员拜赏穿黄马褂、云骑尉世职恩命。旋蒙特恩，改为骑都尉世职。罗长祐益加感奋，时以图报不及为惧。

四年十月，安酋阿里达什嗾其残党纠布鲁特，谋袭喀什噶尔。臣时正值足痛大作，力疾出师。罗长祐自请前驱，阵斩阿里达什。逾年正月，其余党阿布都拉哈玛复勾结爱克木汗，大举寇边。臣亲督马步进驻乌帕尔，以扼贼吭。罗长祐由间道径捣博斯塘特勒克贼巢，直犁其庭，赴机神速，往往如此。嗣是筹办善后，时与臣往复讨论，条举累千万言。其略云：回疆积病在于差徭无制，尤在头目太多，回性冥顽，逐末轻本，言语文字不通。非乘建置之始改弦更张，无能为治。请沙汰冗沓，慎选贤能，轻徭薄赋，与民休息，重农桑以正其趋，兴教化以植其本，修内乃可攘外，治法必赖治人。所论均切时要，故善后多资其议。自臣奉命接绾兵符，驻师哈密，檄罗长祐移

---

①"暂驻"，原件一、录副均无"暂"字。兹据原件二及《奏稿》补。

扎阿克苏,操防之外,凡中外交涉、边险要害、种落性情习尚,罔不运以精心,旁咨博采,洞烛底蕴,用能通方应变,操纵自如。继经臣奏委署理阿克苏道,仍统湘军,时已因劳致疾,强起从公。去秋之季,轻骑周历辖境,查察卡伦,问劳抚辑,殆无虚日。兹二月朔,犹力疾巡防。次晨,由所部寿字马队肩舆回其防所,汗出如注,救治罔应,临终无一语及家私,但云所志未竟,负国负知,目不能瞑,谕令官僚将佐照常治事,守法奉公。言毕而逝。

臣维罗长祜才识闳通,志节坚定,与臣共役垂十年,不避艰险,发纵指示,必竭肫诚。每临巨寇,辄帕首为诸将先,决策制胜,靡有遗遁,故能战胜攻取,所向有功。开诚布公,信赏必罚,廉而有恩,故能和辑将卒,战守两资。尤能留心时务,通达治体,事无巨细,必以躬亲,惨淡经营,苦心研究。每发一论,中边俱透,容有过当之处,从无不及之处。

臣常劝其稍稍节劳,顺时自卫。然终习惯成性,漫不经意。立功之由基于此,致疾之由亦即根于此矣。左宗棠称其文武兼资①,器识凝卓,两次奏请天恩破格录用。臣前遵特旨保荐将帅,谬附以人事君之义,将该道员登诸剡章,盖惟知之深,故敢言之切耳。推其志节、才识,扩而充之,使天假之年,更经历练,则其功业所就,有未可以寻常限者。时事多艰,边圉粗定,臣以驽钝忝膺重寄,正赖二三同志相与维持赞助,广益集思。今罗长祜三十有七,而遽赍志以殁,人才难得,似此慷慨激昂,敦尚志节,饶有古刘琨、祖逖风,实一时边材特出之选也。其在新疆战绩,均经随时奏明有案。兹因积劳尽瘁,志节可哀,并据提督汤彦和等联衔禀称,罗长祜功在地方,军民感戴,恳请具奏前来。拟恳天恩,俯允从优赐恤,准于新疆阿克苏地方立专祠,并将其生前战绩事实宣付史馆,以彰忠荩而资观感,出自鸿施。

除分别拣员接统湘军、署理阿克苏道以重地方另案奏明外,所有道员立功后,积劳病故,志节可传,吁恳天恩俯准优恤、建祠,将战绩事实宣付史馆,以彰忠荩而资观感各缘由,谨据实胪陈,伏乞皇太后、皇上圣鉴训示。谨奏。光绪十年四月初三日。

(朱批):据奏罗长祜有文武才,未尽其志,积劳病故,亦属可惜。着准其从优议恤。观其志节,虽祖逖击楫,刘琨闻鸡不是过也。听鼓鼙之声,思

---

① 详见光绪三年四月二十五日陕甘总督左宗棠以办理营务出力,附片奏请给予罗长祜等奖励(中国第一历史档案馆藏:《军机录副》,档案编号:03—5120—059;《左宗棠全集·奏稿六》,第616页)。

将帅之臣。朕阅此奏,不觉为之叹惜也。①

光绪十年四月二十五日,军机大臣奉旨:另有旨。钦此。②

【案】此折尚有两份原件,内容无异。然其一有朱批,其一无,奉旨内容同刻本。又此折于光绪十年四月二十五日得清廷批旨:

又谕:刘锦棠奏道员立功后积劳病故,恳恩优恤建祠,将战绩事实宣付史馆一折。署甘肃阿克苏道罗长祜,随同刘锦棠办理新疆军务,决策制胜,所向有功。筹办善后事宜,亦能尽心区画,深资得力。兹以积劳病故,着加恩交部从优议恤,并将该故员战绩事实宣付国史馆,以彰劳勚。至建立专祠,前经降旨不准擅行奏请。刘锦棠所请于新疆阿克苏地方建立罗长祜专祠之处,着不准行。③

021. 请将黄玑等三员底衔饬部更正片
光绪十年四月初三日(1884年4月27日)

再,臣接准帮办军务张曜咨开:新疆全境肃清案内,经前陕甘督臣左宗棠汇保,内有选用同知黄玑、分省补用通判王孚征、选用通判周文煦三员,均请以同知分省,归候补班前补用,奉旨允准钦遵行知各在案。

兹据黄玑等先后禀称:前以同知、通判随队,肃清新疆以后,奉准离营。黄玑于光绪五年四月在河南协黔捐局捐足三班同知,指分山东,到省试用。王孚征于五年五月在协黔捐局,以通判捐指东河补用。周文煦于五年三月在山西赈捐局,以通判捐指江苏,到省试用。拟将原保选用同知黄玑底衔改为山东试用同知,分省通判王孚征底衔改为指分东河补用通判,选用通判周文煦底衔改为江苏试用通判,仍以同知各留原省,归候补班前补用,咨请更正等情前来。

臣查黄玑等报捐在先,督臣保奏在后,以致底衔不符。合无仰恳天恩俯准,饬部更正,分别注册,出自逾格鸿慈。谨附片具陈,伏乞圣鉴训示施行。谨奏。

---

①中国第一历史档案馆藏:《朱批原件》,(一)档案编号:04—01—12—0231—027;(二)档案编号:04—01—16—0216—035。
②台北故宫博物院藏:《军机及宫中档》,文献编号:126603。又《奏稿》第839—848页。
③《德宗景皇帝实录(三)》,卷一百八十二,光绪十年四月下,第548页。

光绪十年四月二十五日,军机大臣奉旨:吏部议奏。钦此。①

【案】此片具奏日期,原件署"光绪九年正月二十八日",录副缺署。查光绪十年四月二十五日《军机处随手登记档》②,载有"报四百里,四月初三日哈密发"等字样。据此,此具奏日期当为"光绪十年四月初三日",兹据校正。

022. 请将知县张丙矗等员饬部改叙片
光绪十年四月初三日(1884年4月27日)

再,新疆南北两路一举荡平案内,经前陕甘总督臣左宗棠汇保之候选县丞胡岑,嗣准吏部议驳:原请俟选缺后以知县分省补用,核与定章不符,行令核明另奖。臣当奏请赏加六品衔。复经吏部议奏,七年八月二十八日,奉旨:依议。钦此。钞单知照到臣,比即钦遵行知去后。

兹据胡岑禀称:新疆南北两路一举荡平案内所保之选缺后以知县分省补用,既经吏部议驳,由臣核明改奖,则与五次荡平边寇案内所缮底衔不符,禀请更正等情。再,新疆五次荡平边寇案内,经臣汇保之五品衔候补班前先补用知县张丙矗,嗣准吏部议驳,以该员系五品衔,所请四品封典,核与定章不符,应令核明另奖,于七年闰七月二十五日具奏,奉旨:依议。钦此。钞单知照到臣,比即钦遵行知去后。兹据张丙矗禀请改奖等情。

臣复核无异。所有张丙矗五次荡平边寇案内应得奖叙,拟请改为赏给军功随带加三级,胡岑五次荡平边寇案内底衔改为六品衔候选县丞。合无仰恳天恩俯准,饬部更正,分别注册,出自鸿慈。谨附片具陈,伏乞圣鉴训示。谨奏。

光绪十年四月二十五日,军机大臣奉旨:吏部议奏。钦此。③

【案】此片具奏日期,原件署"光绪九年正月二十八日",录副缺署。查光绪十年四月二十五日《军机处随手登记档》④,载有"报四百里,四月初三日哈密发"等字样。据此,此具奏日期当为"光绪十年四

---

①台北故宫博物院藏:《军机及宫中档》,文献编号:126604。
②中国第一历史档案馆藏:《军机处随手登记档》,档案编号:03—0242—2—1210—106。
③台北故宫博物院藏:《军机及宫中档》,文献编号:126608。
④中国第一历史档案馆藏:《军机处随手登记档》,档案编号:03—0242—2—1210—106。

月初三日",兹据校正。

023. 奏报新疆南路分界大臣关防销毁片
光绪十年四月初三日(1884年4月27日)

再,新疆乌鲁木齐都统臣长顺于光绪九年三月内,遵旨会勘新疆南界,由哈密启行,经臣奏明刊就满汉文字木质关防一颗,咨送启用,以昭信守在案。兹于本年三月二十二日,准长顺咨开:现在界务完竣,所有互换舆图、节约事宜,已由沙克都林札布委员妥慎回营钤印画押,径寄伊犁将军臣金顺办理。所有原领木质关防相应封固,咨送销毁等因前来。

除将关防销毁外,理合附片陈明,伏乞圣鉴。谨奏。

光绪十年四月二十五日,军机大臣奉旨:知道了。钦此。①

【案】此片具奏日期,原件署"光绪九年正月二十八日",录副缺署。查光绪十年四月二十五日《军机处随手登记档》②,载有"报四百里,四月初三日哈密发"等字样。据此,此具奏日期当为"光绪十年四月初三日",兹据校正。

024. 委令娄绍豫署理哈密通判片
光绪十年四月初三日(1884年4月27日)

再,署哈密通判甘省补用知县左兆凤因病禀请交卸。所遗员缺查有同知衔分省补用知县娄绍豫,办事诚实,堪以委署。除由臣檄饬遵照外,谨会同陕甘总督臣谭钟麟,附片具陈,伏乞圣鉴。谨奏。

军机大臣奉旨:吏部知道。钦此。③

光绪十年四月二十五日,军机大臣奉旨:吏部知道。钦此。④

【案】此片具奏日期,原件署"光绪九年正月二十八日",录副缺

---

①台北故宫博物院藏:《军机及宫中档》,文献编号:126607。
②中国第一历史档案馆藏:《军机处随手登记档》,档案编号:03—0242—2—1210—106。
③中国第一历史档案馆藏:《朱批原件》,档案编号:04—01—12—0530—026。
④台北故宫博物院藏:《军机及宫中档》,文献编号:126605。

署。查光绪十年四月二十五日《军机处随手登记档》①,载有"报四百里,四月初三日哈密发"等字样。据此,此具奏日期当为"光绪十年四月初三日",兹据校正。

025. 遵旨统筹新疆情形以规久远折
光绪十年四月二十八日(1884年5月22日)

钦差大臣督办新疆军务兵部右侍郎二等男臣刘锦棠跪奏,为遵旨统筹新疆兵饷、官制、屯田情形,并陈欠饷不可折发,全疆宜联一气,以规久远,恭折仰祈圣鉴事。

窃臣承准军机大臣字寄:光绪十年二月十七日奉上谕:户部奏西路军饷浩繁,急须统筹全局,并详筹未尽事宜各折片。近年部库及各省库款倍形支绌,而供亿浩繁,以西路饷需为尤巨。似此年复一年,殊非持久之道。部臣通盘计算,请饬统筹,系属顾念时艰、力图久远起见。着刘锦棠、金顺、张曜、谭钟麟,按照该部所奏各节,悉心区画,切实筹商,将款项之应用应抵、兵勇之应留应汰,务就左宗棠原议三百数十万之饷,量入为出,撙节开支,以期经久而昭核实。议定后速行具奏。原折片均着钞给阅看。等因。钦此。跪读之余,仰见睿谟广运,下逮刍荛,莫名钦悚。

伏查新疆兵备,向有旗绿之分。旗则酌拨满洲、锡伯、索伦之兵,绿则酌拨陕西、甘肃标路之兵,或携眷驻守,或按期换防。当时庙算于各本营挂支额粮,可免骤增新饷。拓地周数万里之遥,兵不更添,而防戍周匝,棋布星罗。北路郡县而外,以伊犁为重镇,设将军、领队以下官,并设理事抚民同知。塔尔巴哈台设参赞,乌鲁木齐设都统、领队,库尔喀喇乌苏、古城、巴里坤设领队。又有乌鲁木齐提督、巴里坤镇总兵所辖官弁。南路则叶尔羌设参赞,和阗设协办,喀什噶尔、英吉沙尔、阿克苏、乌什、库车、喀喇沙尔设办事,吐鲁番设领队。哈密当南北之总汇,设办事、协办各一员。又喀什噶尔有换防总兵及各城副、参、游、都、守所辖官弁,更有章京、通判、粮员、笔帖式等专司征收各务大小员弁多至数千,兵屯并兴,以资弹压而辟荆榛。远近相维,疏密相间,种民效顺,部落畏威。百

---
①中国第一历史档案馆藏:《军机处随手登记档》,档案编号:03—0242—2—1210—106。

数十年，安之若素。

惟回疆民事委之于阿奇木伯克，情伪无可防咨，上下恒多隔阂，民怨沸腾，官尚罔觉。驯至全疆沦陷，一切荡然无存，耗宇内之金钱，始得削平大难。譬人久病之后，一息仅属，专赖滋培。征军之留戍者，除臣部诸军外，明春、恭镗所统各营近虽已散，而北有金顺、锡纶之军，南有张曜之军。若伊犁、塔尔巴哈台、乌鲁木齐、古城、巴里坤所存之旗兵，亦已渐次收集。饷章歧出，头绪纷纭，以云省费，诚有可省！左宗棠屡疏请设行省，实见时会所趋，舍此不足言治。勇粮则积欠愈深，协饷则报解日短，虽频年多方腾挪，陆续裁遣，无如月饷善后所需出入，断难弥缝。

臣仰荷恩纶，谬负督办之责，而自湘楚及提镇各营外，如金顺、张曜、锡纶所部，未能代为经画①，穷年累月，限制毫无，竭各省之转输，烦朝廷之廑系，时觉寝馈不安。部臣责以考核，又复深谅其艰，故以定额饷、定兵额、一事权三者为当务之亟，诚极②今日新疆之要图。所贵先具规模，力求搏节，于大局则骨节灵通，于协济则力堪供亿。谨按部臣原奏，就臣管见所及，综举四端，敬为我皇太后、皇上陈之。

一、拟留营兵勇以定饷数也。查承平时，新疆旗绿各营，数逾四万，协饷系与甘肃并估，一岁之中，预拨正拨③四百一十五万有奇，常例分半提用，曾经左宗棠查明奏报有案。④其换防之兵九千余人来自关内，则关外历来得饷较优，经出之名亦夥，就地抵征无几，概仰支于拨饷。乱后情形迥殊于昔，安集延各部为俄所并，哈萨克布鲁特大半归俄，于是南北两路边界多与毗连，所在防范宜周，不仅伊犁一隅扼要也。

从前额兵职官北路独多，今则两路并重。南路形胜以喀什噶尔为最，阿克苏、乌什次之。现拟规复兵额，全疆旗绿定以三万一千人为准，应如部臣所议，将旧有之乌鲁木齐、巴里坤、古城、库尔喀喇乌苏、吐鲁番各处旗丁归并伊犁，即以伊犁将军与塔尔巴哈台参赞为驻防旗制，合马步勇营共足万人，余以六千三百人归喀什噶尔道属，以四千五百人归阿克苏道属，以六

---

①"经画"，《奏稿》作"筹画"。
②"极"，《奏稿》作"系"。
③"预拨正拨"，《奏稿》作"预拨正饷"。
④详见光绪六年十二月初三日，陕甘总督左宗棠具奏甘肃、新疆方域攸分，谨酌拟划拨饷需，以充军实缘由（中国第一历史档案馆藏：《军机录副》，档案编号：03—6082—110。）。

千四百人归镇迪道属。其巴里坤镇则定三千八百人。甘肃兵饷旧章，满年四本八折，马兵每名月支银二两、粮二石，应支银十六两、粮八石。步兵每名月支银一两五钱、粮一石五斗，应支银十二两、粮六石。守兵每名月支银一两、粮一石，应支银八两、粮四石。遇闰递加。马步之饷稍裕，守兵几难自存。内地人稠，犹有疲弱充数，平时多不归伍，偶值迎送差使，始行招集，饷数过少，不能严以相绳。新疆地旷人稀，求其虚应伍籍，亦不可得。精壮之丁远来边外，募之为兵，必须优给饷银方敷食用。勇营无款悉裁①，势宜仍照行粮支给。臣曾沥陈苦况，仰蒙圣慈，准如所请。兵制未复，旧勇久役思归，若改坐粮，大都籍隶东南，距家万里，必非所愿。即伊、塔两处之锡伯、索伦、兀鲁特、察哈尔等各项旗兵，经此乱离，异常寒苦，月饷暂宜宽给，以稍养其元气。约计三年之内，当可设法将旧勇裁并，旗兵困亦少纾，再按坐粮起支。以马步三万一千人并算，马三步七，每年照行粮需银二百九十一万余两，照坐粮每年需银二百十万余两。兹除金顺、锡纶两军外，臣与张曜所部共计二万七千五百余员名。适谭钟麟息借陕西商款之三十万，分解哈密十八万。臣即勉为挪凑，已将董字、定远、蜀军改营为旗，裁并二千。

张曜之嵩武军自光绪元年出关，时阅十年，不无疲废，拟商抽裁千数百人。至臣前接部复，议准修建南路城署，当即分饬遵办，趁此防营相助，事半功倍，经费暂于军饷挹注，共需三十七万四千余两，满拟照数请拨部储，归款即可权挪，再裁二千余人。旋经户部议驳，艰窘概可想见。只以勇存饷积，年须多耗二十余万。能暂腾挪的款，臣得资以周转，将来并张曜所部于二万一千之额，亦无所溢，实为一举两得。部库未充，更何敢坚申前请？伏读谕旨，务就左宗棠原议三百数十万之饷，量入为出。揆时度势，目前断不能敷。无论如何，兵勇共留三万一千人，万难再减。除已改之坐粮标勇、土勇外，余存之营尚须照支行饷，则臣部应分饷银百五十万，加善后经费银十四万，添制军装、器械银十六万。金顺、锡纶共分饷银九十四万，加善后经费银十六万，添制军装、器械银十万。张曜共分兵饷、制办银四十万。已需三百四十万。顷接谭钟麟缄商，关内须分饷银百二十万。是合甘肃新疆现尚须的饷四百六十万，较之向额四百一十五万，仅多费银四十余万。若旧勇裁毕，统改坐粮，新疆每年可省兵饷八十余万。其善后之三十万两，于

---

①"悉裁"，《奏稿》作"可裁"。

三年后均可停止，则每年合关内外止须协银三百数十万两，适符左宗棠前奏所定之数。此通筹额兵以定饷数之大略也。

一、酌改营制以归实用也。查向来驻防旗营，例分前锋、领催、马甲、步甲及养育兵，月饷季粮，各有等第。绿营分马、步、守三项，今于伊、塔两处共拟分兵万人，必照旗例则概须以次安设。成规稍繁，边防关紧，征剿极不可忽。臣愚妄拟伊犁分七千人，塔尔巴哈台分三千人。伊犁即就该处现存之锡伯、索伦、察哈尔、兀鲁特及现拟移乌鲁木齐各城之旗丁内，挑选三千人以作旗兵，再于金顺所部勇营挑留四千人，作为马步游击之兵。应如何归旧设之伊犁总兵等官统驭，即由将军辖制酌定。伊犁各城旗丁素多，此后生齿繁衍，似应酌添旗兵之额，既便安插，且即资其捍卫，并由将军详察筹拟。塔城挑留旗兵一千人，再于锡纶所部勇营挑留二千人，作马步游击之兵。该处亦有绿营官弁，应由参赞酌夺，便于随时调派。兵力实已不单，战守自当确有把握。惟该两军并张曜之嵩武军均议裁汰旧勇，必须巨款解到乃能分遣，应请饬下原协各该军之省关，迅筹大批起解，以便各得赶定汰留，藉免贻累。日后其三道所属总二万一千人，马步分编，择驻险要，马为马营，步为步营，不相搀杂。有事出征，一兵可得一兵之用。左宗棠、杨昌濬等前议减兵加饷，声明酌提马步数成，择地团扎操练，技艺必须精强，枪炮务期有准，系为猝有战事起见。关外防守较前尤须严密，正在复兵伊始，除酌拨各处分汛足敷弹压匪类、查缉盗贼外，余兵随所隶之将军、参赞、巡抚、提镇驻扎常川练习，俾成劲旅。严除应差挂名离伍之陋习，即偶有蠢动，直可灭以朝食，不必悉藉客勇始足以珍寇氛。饷则由勇改兵，旧本行粮，今议俟后复兵，改支坐粮，业经节省。因其既已著籍，不须往返川资，且室人聚处，粮饷所入无颗粒分毫之浪掷。苟善用其经营之术，尚勉足以支撑。倘更减于坐粮，则将无以存活，何能养其锋锐，缓急足恃？是则司农给饷当持之以坚，不可久而核减；边将练兵当驭之有道，不可从而冒侵。庶几防剿兼资，斥堠无惊，允堪靖邻固圉。旗绿各兵常驻其地，从此不须换防，兼卫身家，其志益固。此酌改兵制以备征守之大略也。

一、酌定官制以一事权也。查关外向止有镇迪一道，近则南路添设两道，并划哈密通判以隶新疆，计厅州县二十余属。回疆始有治民之官，旗丁概归伊塔驻防。前此之都统、参赞、办事、协办、领队各官，若仍沿例简放，则直无事可办，无队可领，坐使有用之材置诸闲散之地。诸臣世受国恩，岂肯徒縻禄糈？且各州县抚此孑遗，疲瘠不堪，每遇大僚过境，虽无不格外体恤，然如车马所需，本系例所应供，况长途戈壁，使臣遄征，艰辛已极。有司守土，往往不待传索，谊应稍尽东道之情。塞外百物腾昂，一差经过，恒致负累。

兹欲从新整理，臣愚拟请除留伊犁将军、塔尔巴哈台参赞两处旗营外，其余两路之都统、参赞、办事、协办、领队各缺，概予裁撤。移乌鲁木齐提督于喀什噶尔，移喀什噶尔旧有之换防总兵于阿克苏。其所属各营旗分防城隘，应更详勘明确，再行定议。乌鲁木齐地可兼扼南北，即裁都统，则臣原议请设甘肃新疆巡抚、藩司未可再缓。镇迪道属之兵，即作抚标。倘缘节费不亟设省，别无钤辖之方。至暂留都统，仿前节制镇迪之例，系属权宜敷衍，终亦务须更张。每岁协饷仍归陕甘总督统估，按数分起拨解关外。各部不许各自派员坐催守提，免耗薪水、旅费，且免不肖委员挪饷带货，多索车马。而摊销抵饷之累，亦将不禁自除。又配造子药所需物料，虽不必尽由内地置办，而价昂工贵，甚不合算，应归总督督饬甘肃新疆总粮台，分别购办，拨解各处应用。共费若干，年终由应分协饷内划抵归款。

本地岁入之项，除伊塔两城不计外，三道所属岁征银六万八千余两，额粮二十四万余石，拨发各营，扣收价银，目前但勉敷各文员廉俸、书役工食及各军台、塘汛、驿站、卡伦、兵丁、夫马、工料之需。日后垦荒益广，额粮必增，入款可望起色。营旗各员参用营勇之章，便于训练，如副将作营官，即以中军都司为总哨，千把、经制、外委为正副哨长。参将、游击作营旗官，即以中军守备为总哨，千把、经制、外委为正副哨长。都司、守备作旗官，即以中军千总为总哨，把总、经制、外委为正副哨长。官署①即同行营壁垒，营官、总哨、哨长共居垒中。兵房随哨盖建，无故不准出外，逐日操演，俾其常存锐气，以免日久疏懈，渐就颓唐。否则各居衙署，散漫无归，骤难查察。其应如何安置眷属，容再详拟。从此官署兼仿营垒之式，则队伍自然整齐；马步分起编列成营，则声息自然联络。治兵之官不似往者之冗，牧令勤求民瘼，诚意感孚，使之渥沾圣化。去其阿奇木伯克之权，薄赋轻徭，相与维系。数年之间，语言文字或可渐轨大同，部臣所谓同是血气之伦，绥之斯来，理有固然。此筹议官制以一事权之大略也。

一、屯田归兵徐议抵饷也。前准户部咨钞折稿，以饷款艰难，新疆南北

---

①"官署"，《奏稿》作"兵署"。

两路急需大兴屯政,以裕边储。钦奉谕旨,饬臣等酌议办理。方与诸臣熟商,此次户部又以屯田抵饷为言。① 查屯田之说,自汉以后言兵农者,莫不引为足食节饷之大经。其制不一,唐之营田,明之卫田,所在有屯后,率有名无实。新疆旗屯、兵屯、商屯、回屯,酌收租粮。其效惟伊犁为最大,次则塔尔巴哈台亦设屯营。南路各城较少,而伊拉里克之水利经故督臣林则徐议修,于是中外称善。臣前率师经历两路,曾经访及屯务,如伊拉里克隶吐鲁番,旧有民耕坎井。其法系向天山之麓开井而下,更为上下浚渠,循此间十数丈,以次接开渠道暗通,导引雪水伏流,以资灌溉。每修一坎,费钱约千余缗,浇地二三百亩不等。其不修明渠者,一恐风沙吹压,一则渠深数丈,搬土较难。惟吐鲁番土质坚致,乃能潜流固岸,不虞浮壅,本是成法。林则徐复为加意讲求,其利益溥,故该处之地,民但有力,无不争垦。臣曾于南路哈密各处仿此试开,或无水可迎,或旋开旋塌。地势所限,有非人力所能强争者。

至若旗屯、兵屯,地率专为片段,中无民地淆杂。抵饷之议,臣昔以费繁饷绌,兴屯为大利源,极思仿而行之。比年试办,始知其效不可骤期。久遭兵燹,水道湮塞,兴修各工咸资力于营勇,未克一律尽力于农。非如宋臣陈恕之所云军卒骄惰也,各勇远征绝徼,复迫之东作,心志既不专一,人地本属生疏,将领虽严加程督,而时而耒耜,时而干戈,无非勉强以应,终难谙悉。驻营多在冲途,附近之可垦者早经土民承种。即以哈密言之,择地拨归营屯,求其与民无碍,除戈壁不任开垦外,偏在大泉湾、塔尔纳沁等处,远隔百余二百里。② 上年综计各处所获粮石,扣还成本,略无赢余。倘因屯垦之故移营以就,则应防之汛地又须添营填扎,不特甫辟之土成否尚未可必,即使丰收,已先专縻月饷,统算岂不极亏?此而欲抵实饷,必俟兵制定妥,宽予年限,乃有着落。盖农夫之于耕务,先谙其土性,播种随宜,然后秋成无误。勇丁各怀故土之思,暂耕于此,虽任耰锄之役,不期收获之丰,又须购器、豢牛、籽种之需,耗费颇巨。事属大众,只图塞责。如或界接民田,虽毫无骚扰,亦甚恐惶。浇水争先,漫无分志,燥湿过度,日至鲜成。民田固隐受其困,而官本亦坐耗矣。南路缠回多以农务为生,间有荒莱,则实苦于无水,张曜谓其有类石田。北路乌鲁木齐一带,恭镗咨称:旗兵各屯折

---

① 详见光绪九年十一月十八日户部尚书额勒和布等奏请饬令新疆南北两路大兴屯田缘由(中国第一历史档案馆藏:《军机录副》,档案编号:03—6714—082)。
②"远隔百余二百里",《奏稿》作"远隔百余或二百余里"。

抵，均无所获。伊犁境内，金顺、升泰复咨，亦云通算迄无利益。伊地夙号膏腴，果能不相攘害，咸愿耕于其野，委弃殊为可惜。塔城亦多沃壤，锡纶当不忽视。现拟复兵，臣愚请于裁勇后，除伊塔两处由金顺等妥筹外，余就各兵驻防之所，如有荒地可拨，为之酌数分给，即同己业。兵虽不皆土著，既经入伍，自各愿有室家。令其操防之暇，从事陇亩，人情各营其私，致力自倍寻常，甲年无息，取偿乙岁，扣抵复从其轻，必且乐此不疲。公家既得略抵饷项，仓储亦得藉以充盈，有恃不恐，其利可以操券。苟务期效旦夕，考成所迫，始长虑而却顾，卒致无功。此兴屯抵饷难求速效之大略也。

以上四者，部臣筹之甚切。臣苦识虑短浅，有惭远谟，而边寄忝膺，用敢竭诚条上，吁恳饬部详核复奏，请旨颁行，以节财用而策治安。抑臣更有请者，部臣鉴于迩来勇籍之多虚冒，务求核实归并，有云补半年欠饷，余欠悉令报效。值此度支万窘，几于筹无可筹，乃援明春裁营补发半年欠饷之请，以为旧章，意谓似此清厘，虽较积欠大减，究于实数无亏。然于臣部各军，则其情事大相径庭。

查乡勇越境剿贼，始自故大学士曾国藩，由湘而推行于江西、湖北。厥后帅臣各就其乡招募，遂遍各省。臣曩隶老湘军，稔知勇夫之于领饷，亦若农人之占天时，按候无差。每届准假，算明找补，不爽丝毫，故咸踊跃用命。父兄死事，子弟继之。上无克冒之弊，下尽心力之能，规制森严，莫敢撄犯。以言乎剿则电掣风驰，无坚不破；以言乎防则修工护运，无役不从。感圣朝之信赏，争先恐后，发捻苗回，次第芟夷。湘楚各军，从无折发旧欠之举。勇夫远戍穷边，离其父母、兄弟、妻子，至有十余年未获一还家者。少壮从戎，今且垂暮。平时存银，不能支取，家中或致冻饿，然犹有所待。上之所以慰勇者，曰俟后腾饷给假，分厘皆清；勇之所以慰家者，曰少迟领欠假旋，聊敷事畜。此实塞上征夫里间老幼所赖以为养命之源、历年遵行不渝者也。古语有之，政莫大于信。我皇太后、皇上平定四方，赋不少加，而偶灾必赈，俭以自奉。而养军惟优，厚泽深仁，独超往古，薄海臣民，罔不沦肌浃髓。比者西陲敉靖，各勇方庆凯旋有日。前之归者，役期若干，领欠若干，还而自按，若竟短扣，能无寒心？况其甘于远役，原恃饷款，聊可为身家之计，岂料至于折发？勇数并无浮报，入营悉属的期，彰彰在人耳目，尽堪稽考。部臣极虑年积一年，姑具此说。微臣受恩深重，倘可强为试行，甚愿因之清欠，而身任其职，洞悉其隐，不敢缄默。朝廷亦何吝此，致失大信于功成之后耶？伏恳天恩,矜念久征之勇,俟其裁撤,仍照原欠之数算找,则所全实大矣。

全疆既筹经久之策,要在通力合作。将来统留兵勇三万一千人,三道所属纵横约二万里,共拟分兵二万一千,更难兼防外境。伊塔分驻万人,辖境比之昔年,已形狭小,防战亦应预筹。其与俄人交涉,守约立威,军垒务须整饬,城防务须布置,必兵数无缺,饷数无侵。斯镇守非虚,士气常振,纪律严明,则商贾不至裹足,户民得以安居,强邻亦当震慑。前者伊犁收还,臣即缕晰函商金顺,速为筹办,洎今未接其复书。金顺成老硕望,战绩卓然,一经振刷精神,加之整顿,自足为西域之长城。统计新疆近费已不下数千万。俄壤紧接,嗣后但可进尺,不能退寸,尽在边臣激发天良,廉以持躬,恩以孚众,更精求武备,联为一气,勿存旗绿之见,尚可互借声援。积弊既除,铠仗一新,军容苟有可观,成效乃有可睹。如荷鸿慈垂诚,臣虽驽钝,惟罄人十己千之力,稍酬高天厚地之施。金顺等渥承眷畀,必当迅图振奋,力保岩疆。久远之规,实基于此矣。

除关内兵饷一切另由督臣谭钟麟通筹具奏外,臣与金顺、张曜等相距过远,必待一一函商,须延数月,重以西饷万分拮据,去冬息借之银,订于四月归楚,不特无款可还,而本年报解寥寥,即每月应发之盐菜银两,亦苦无以点缀。万灶所托迫切,殆难言状。惟有恳恩迅饬提解,以济燃眉,边局幸甚。不揣冒昧,谨先恭折复陈。是否有当?伏乞皇太后、皇上圣鉴训示施行。谨奏。光绪十年四月二十八日。

军机大臣奉旨:该部议奏。钦此。①

光绪十年五月十七日,军机大臣奉旨:该部议奏。钦此。②

【案】光绪十年九月三十日,清廷批复:

光绪十年九月三十日内阁奉上谕:户部等部会奏议复刘锦棠奏统筹新疆全局一折。前据刘锦棠奏,遵议新疆兵数、饷数一切事宜,当经谕令该部议奏。兹据会议复陈,新疆底定有年,绥边辑民,事关重大,允宜统筹全局,厘定新章。户部前奏,以定额饷、定兵数、一事权三端为要

---

① 中国第一历史档案馆藏:《朱批原件》,档案编号:04—01—30—0214—017。又《奏稿》第849—877页。
② 台北故宫博物院藏:《军机及宫中档》,文献编号:127021。此案户部于光绪十年九月二十九日具奏,清廷于九月三十日批复,见中国第一历史档案馆编:《光绪朝上谕档》,第十册,第301页。又《德宗景皇帝实录(三)》,卷一百九十四,光绪十年九月下,第764—765页。

图。刘锦棠所议留兵、改营、设官、屯田四条,与该部所奏用意相同,即着次第举行,以垂久远。前经左宗棠创议改立行省,分设郡县,业据刘锦棠详晰陈奏,由部奏准,先设道厅州县等官。现在更定官制,将南北两路办事大臣等缺裁撤,自应另设地方大员,以资统辖。着照所议,添设甘肃新疆巡抚、布政使各一员。其应裁之办事、帮办、领队、参赞各大臣及乌鲁木齐都统等缺,除未经简放有人外,所有实缺及署任各员,着俟新设巡抚、布政使到任后,再行交卸,候旨简用。至伊犁参赞大臣一缺、塔尔巴哈台领队大臣二缺,应裁应留,着刘锦棠等酌定具奏。新疆旗绿各营兵数及关内外饷数,均照议核实经理。国家度支有常,不容稍涉耗费,刘锦棠务当与金顺等挑留精锐,简练军实,并随时稽查饷项,如将领中有侵冒情事,即着据实奏参,从重治罪。余均照所议,分别办理。如有未尽事宜,仍着刘锦棠妥为筹画,陆续陈奏,再由该部详核定议。另片奏,会议金顺、谭钟麟所奏兵饷各节,着依议行。钦此。①

026.哈密办事协办衙门员役暂照向章支廉片

光绪十年四月二十八日(1884年5月22日)

再,臣前准户部咨,抄复陈哈密办事大臣明春奏恳指拨酌留各项人员经费并估拨公费,请饬由臣体察情形,会同伊犁将军、陕甘总督妥议具奏一折②,奉旨:依议。钦此。钦遵钞行到臣。

伏查哈密地方为新疆南北两路之总汇,从前回户颇多,兼有换防兵丁及各处定发遣犯,均须于此停顿。必得大僚镇守,方免意外之虞。此次乱平,所有哈密回务,经前督臣左宗棠奏请归哈密通判管理,换防之兵,亦正议停,情形迥殊于昔。诚如部臣所云,且既请设抚、藩,除伊犁、塔尔巴哈台两处旗营外,其余两路之都统、参赞、办事、协办、领队各缺,概拟请裁,不仅哈密一城也。惟目下大局未定,哈密协办大臣已蒙简放有人,则办事、协办衙门应用员役,似应暂照向来额设章程开支廉费,以免赔累。

除咨部外,是否有当?谨会同伊犁将军臣金顺、陕甘总督臣谭钟麟,附

---

①中国第一历史档案馆编:《光绪朝上谕档》,第十册,第301—302页。
②详见光绪九年九月二十二日明春奏请酌留各项人员经费并估拨公费缘由(中国第一历史档案馆藏:《军机录副》,档案编号:03—6609—077)。

片复奏,伏乞圣鉴训示施行。谨奏。

光绪十年五月十七日,军机大臣奉旨:该部议奏。钦此。①

【案】光绪十年十月,户部为议复刘锦棠请将哈密员役照章支给廉俸曰:

再,督办新疆事宜大臣刘锦棠等奏哈密办事、协办衙门应用员役,似应暂照向来额设章程开支廉费一片,光绪十年五月十七日奉旨:该部议奏。钦此。钦遵。于五月十八日钞出到部。臣部伏查哈密经费银两,经臣部奏准暂缓指拨,并声明河南已报解哈密饷银一万两,委员、书役等所需口食,令该大臣在前项银内动支等因。行知遵照在案。今据刘锦棠等奏请将哈密办事、协办衙门应用员役暂照向来额设章程开支廉费之处,前经刘锦棠议将哈密办事、协办大臣裁撤,其未经裁撤以前,自应如所奏办理。今哈密办事大臣、协办大臣现经兵部议准裁撤,即毋庸再筹拨支经费。是否有当?伏乞圣鉴。谨奏。

光绪十年十月二十三日,奉旨:依议。钦此。②

027. 新疆南北两路命盗案件按季汇陈折
光绪十年五月二十八日(1884年6月21日)

钦差大臣督办新疆军务通政使司通政使二等男臣刘锦棠跪奏,为新疆南北两路命盗案件,照章按季摘由汇报,恭折具陈,仰祈圣鉴事。

窃臣前因新疆边远迥异内地,所有命盗等案碍难拘泥例限,经臣体察情形,奏请暂行变通办理,按季摘由汇报咨部立案,奉旨允准,历经钦遵办理在案。兹查光绪九年秋冬二季照章办结各案,总计一十七起。其在新疆南路东四城各局者,由臣据其初报批饬录供,解由该管善后总局复审;西四城各局初报,详由帮办军务广东陆路提臣张曜委审。如案情重大,恐有未确,臣即咨由张曜亲提审拟;北路各厅州县之案,饬令详由该管道州复审议拟,概由臣悉心核察,分别咨批完结。办理虽属变通,而执法期于平允。揆度案情,参诸律例,均无枉纵。谨将办结各案摘由,汇缮清单,恭呈御览。

---

① 台北故宫博物院藏:《军机及宫中档》,文献编号:127022。
② 马大正、吴丰培等编:《清代新疆稀见奏牍汇编·同治、光绪、宣统朝卷》中册,第754页。

除咨部立案外,所有新疆南北两路光绪九年秋冬二季变通办理命盗各案缘由,理合恭折具陈,伏乞皇太后、皇上圣鉴。谨奏。光绪十年五月二十八日。

军机大臣奉旨:刑部知道,单并发。钦此。①

光绪十年闰五月二十一日,军机大臣奉旨:刑部知道,单并发。钦此。②

028. 呈光绪九年秋冬变通办理命盗各案清单
光绪十年五月二十八日(1884年6月21日)

谨将新疆南北两路光绪九年秋冬两季分变通办结命盗等案摘由汇缮清单,恭呈御览。计开

秋季分:

一件:命犯缠民末敏因所放牛只误撞买卖的敏,口角争殴,石伤买卖的敏身死。报经阿克苏善后局相验获犯,讯供不讳,诘非有心欲杀,亦无起衅别故及在场共殴之人,录供议拟具详前来。臣查此案衅起口角,情罪尚轻,批饬照变通章程,监禁三年,满日折责发落。

一件:命犯缠妇来勒必比因与夫弟之妻沙来必比有嫌,起意谋杀泄忿,商同夫弟呼大外的,将妻沙来必比用绳勒死。报经阿克苏善后局相验填格,获犯讯供不讳,此外别无同谋加功之人。再三究诘,矢口不移,录供议拟具详前来。臣查此案缠妇来勒必比挟嫌谋杀,凶恶已极,当即批饬就地正法。呼大外的合依夫谋杀妻之案,如系他人起意,本夫仅止听从加功者,于绞罪上减一等,杖一百,流三千里,照变通章程,监禁二年,满日折责发落。

一件:盗犯海名玉即海金玉、蔡老五、马急零、未获禹老二,均听从在逃之何正沆起意,行劫事主王恭卿家财物分用,当均允从。行至事主王恭卿门首,犬吠,马急零临时畏惧不行。事主王恭卿闻声开门查看,海名玉即用铁锄砍伤事主王恭卿颔颊,一同入室搜赃。事主王恭卿之妻王杨氏拢护喊救,被何正沆刀伤王杨氏右胁,立时殒命。劫去银两、首饰、衣物。马急零

---

①中国第一历史档案馆藏:《朱批原件》,档案编号:04—01—01—0952—025。
②台北故宫博物院藏:《军机及宫中档》,文献编号:127714。

事后分赃。报经署哈密通判朱冕荣勘验填格，获犯讯供不讳。朱冕荣未及详办卸事。接署哈密通判左兆凤查验事主王恭卿，伤已平复，录供详请核办前来。臣因行劫杀人情罪重大，提营督同发审委员陶炳南等复鞫，核与详供相符。犯系先后弋获，隔别讯问，供词如一，正盗无疑。查海名玉即海金玉、蔡老五二犯，罪不容诛，即行就地正法，枭首示众，以昭炯戒。从犯马急零听从行劫，临时畏惧不行，事后分赃，照例流二千里变通章程，系带铁杆一年，满日折责发落。逸犯何正沅等仍饬严缉，获日另结。

一件：命犯吴癸因娶再醮之曾氏为妻，已死马金六先与曾氏通奸，给过银二两，因见曾氏改嫁，向索银两，口角争殴。吴癸将马金六殴伤毙命。报经署绥来县知县杨廷珍相验填格，获犯讯供不讳，诘非有心欲杀，亦无起衅别故及在场帮殴之人。解由署迪化州知州刘兆梅讯明，转解署镇迪道陈宝善复鞫无异，录供议拟前来。臣查此案衅起不曲，伤仅一处，情罪尚轻，批饬照变通章程监禁三年，满日折责发落。曾氏照犯奸律，杖一百，枷号一个月，系犯奸之妇，杖决加赎，完结。

一件：凶犯翁馨云一人行窃拒捕，刀伤事主刘溁毙命。报经署镇西厅同知李佐兴勘验填格，获犯起赃，讯供不讳，并无同伙及另犯不法别案。解由署镇迪道英林复审无异。臣查此案赃犯翁馨云，拒捕杀人，法无可贷，批饬就地正法。所起原赃，给主认领，完结。

一件凶犯：何东溁因挟朱志期借贷未遂之嫌，起意将朱志期谋杀身死，搜劫银两。报经署奇台县知县甘承谟勘验，获犯起赃，讯供不讳，并无起衅别故以及同谋加功之人。解由署迪化州知州刘兆梅讯明，转解署镇迪道陈宝善复鞫无异，议拟详办前来。臣查凶犯何东溁，图财害命，罪不容诛，批饬就地正法。赃给主领，完结。

一件：命犯缠民胡大牙与妻海力见口角起衅，将海力见殴伤身死。报经和阗善后局相验填格，获犯讯供不讳，并非有心欲杀，亦无憎嫌及违犯教令起衅别故。解由叶和善后总局复审无异，详臣。此案胡大牙因与妻海力见小事口角，辄行捆殴致毙，自应照夫殴妻致死者律绞，拟以绞候。批照变通章程监禁三年，满日折责发落。

一件：准帮办军务广东陆路提督臣张曜咨称：南疆贼盗之风以喀什噶尔为最，迭经地方局员随时严禁，未能尽除锢习。查有匪徒中著名首恶缠民绕则沙哈一名，喀、英百姓深受其害，屡经告发，由英吉沙尔善后局拿获,提讯该犯,供认窝留贼盗,由该犯派出行窃之案共十三案之多;回逆安集延窜扰之时,该犯投入逆中当兵打枪等供不讳。解营亲提复鞫无异,并以此等匪徒任其勾连结众,边疆重地偶有风鹤之惊,势必乘机作乱,为害非浅,咨请就地正法等因。臣查匪犯绕则沙哈,扰害闾阎,且敢投逆,迨底定逃归,尚复窝留贼盗,实属瞽不畏法,亟应立予惩治,咨复照办,完结。

一件:凶犯余开榜挟嫌图财,谋杀宋世发夫妇一家二命,畏罪自戕身死。报经署奇台县知县甘承谟勘验,取具余开榜生供,自认挟嫌谋杀二命,别无同谋加功之人。余开榜旋因伤重毙命。详请核办。臣查案关谋杀一家二命,凶残已极,畏罪自戕身死,未便任其保全首领,批饬照例戮尸枭示,以昭炯戒。

一件:命犯缠民依斯拉木同已死玉山均与邻妇尔喇子比比通奸,因依斯拉木与尔喇子比比说笑被玉山见而诘问起衅,口角争殴。依斯拉木用小刀戳伤玉山右肋毙命。报经保甲分局相验填格,获犯讯供,诘非有心欲杀,亦无起衅别故。解由叶和善后局讯明,详经帮办军务广东陆路提臣张曜委审无异,咨臣。查此案衅起口角,伤仅一处,情罪尚轻。依斯拉木除犯奸轻罪不计外,合依斗殴杀人,拟绞监候,照变通章程监禁三年,满日折责发落。尔喇子比比依犯奸律,杖一百,枷号一个月,系犯奸之妇,杖决加赎,给本夫乌受领归,任其去留。玉山犯奸,罪有应得,业已身死,应与并不知情之乌受均免置议。咨复照办,完结。

冬季分:

一件:凶犯缠民思郎木强奸邻居九岁幼女紫薇比比已成,起意杀死灭口,用刀将其肚腹、喉嗓剖割身死。报经喀什保甲局相验填格,获犯讯供,解由叶和善后局复鞫,供认前情不讳。当以淫凶残忍,未便稍稽显戮,就近详经帮办军务广东陆路提督臣张曜查核,情罪重大,边民向化未久,碍难拘泥成例,批饬先行就地正法,枭首示众,以昭炯戒,咨臣。所办允协,当即咨复照办,完结。

一件:凶犯缠民思一提图财,谋杀哎沙身死,弃尸河中。报经叶城保甲局起出原赃、凶刀,获犯讯供不讳,诘无同谋加功之人。解由叶和善后总局复审详臣,以案关图财害命,弃尸灭迹,情罪重大,当即咨会帮办军务广东陆路提督臣张曜亲提审拟去后。旋准咨复,以亲提审讯无异,并以思一提因图得哎沙货物、银钱，起意谋杀，弃尸河中，漂没无获，自应按例从重问拟。思一提应照苗人图财害命照强盗杀人例，拟斩立决枭示，以昭炯戒。赃给主领等因前来。臣查核情罪相符，随即咨复照办，完结。

一件：命犯李开因着义侄胡喜看守膏梁口角起衅，拾取木棒吓殴，适伤胡喜额角殒命。报经署阜康县知县李时熙相验，获犯讯供，诘非有心欲杀，亦无起衅别故。解由署迪化州知州刘兆梅复鞫，转解镇迪道英林提讯，供认前情不讳，详请核办前来。臣查此案已死胡喜与凶犯李开异姓叔侄，并无名分，应依凡论。伤仅一处，情罪尚轻，批饬照变通章程，监禁三年，满日折责发落。

一件：命犯缠民哎沙因已死土的欲分买驴所赚钱文争论起衅，殴伤土的身死，弃尸不失。报经保甲局相验填格，获犯讯供，并非有心欲杀，亦无起衅别故。解由叶和善后局讯明，详经帮办军务广东陆路提臣张曜委审无异咨臣。查此案衅起口角，伤仅一处，情罪尚轻。哎沙一犯除弃尸不失情罪不议外，合依斗殴杀人，拟绞监候，变通章程，监禁三年，满日折责发落，咨复照办，完结。

一件：命犯郭洸汶因赵老汉邀赌索欠争殴，将赵老汉刃伤毙命。报经署阜康县知县李时熙相验填格，获犯讯供，诘非有心欲杀，亦无起衅别故以及帮殴同赌之人。解由署迪化州知州刘兆梅讯明，转解署镇迪道英林复讯无异详臣。查此案衅起不曲，刀由夺获，情罪尚轻，批饬照变通章程监禁三年，满日折责发落。

一件：命犯毛得顺因与曹和亭口角争殴，将曹和亭刃伤，越十四日毙命。报经署迪化州知州刘兆梅相验填格，获犯讯供，诘非有心欲杀，亦无起衅别故及在场帮殴之人。解镇迪道英林复鞫无异，录供议详前来。臣查此案衅起口角，伤由吓戳，情罪尚轻，批饬照变通章程监禁三年，满日折责发落。

一件：缠民司马衣殴伤假差买卖提牙，越七日身死。报经保甲分局相验，获犯讯供不讳，诘非有心欲杀，亦无起衅别故。解由叶和善后局复审，详经帮办军务广东陆路提督臣张曜委审无异，并声明司马衣丁老亲单，咨请核办前来。臣查死系罪人，伤仅一处，情节较轻，照变通章程监禁三年，咨复照办。嗣据叶和善后局取具司马衣户邻甘结，实系亲老丁单，由该局加结详臣复核，与例相符，批准照例枷号两个月，折责发落；仍追银二十两，给死者亲属赡养,完结。

军机大臣奉旨:览。钦此。①

029. 奏报南路军台安设驿站酌拟经费章程折

光绪十年五月二十八日(1884年6月21日)

钦差大臣督办新疆军务兵部右侍郎二等男臣刘锦棠跪奏,为新疆南路郡县暨哈密、巴里坤所设军台,均仿照北路一律安设驿站,酌拟经费章程,以纾民力而重邮传,恭折仰祈圣鉴事。

窃新疆极边辽远,邮递文报,尤关紧要。向来北路于州县驿站外,另于标绿各营安设营塘军台,专递上下夹板要件及限行紧急公文。应需夫马、工料,均准作正开报。南路安设台站,即由各城大臣在于例估经费项下统支。光绪初元,进规新疆,经大学士前陕甘督臣左宗棠先饬安设玉门、安西塘站,归肃州镇总兵经管。哈密、镇西厅辖境塘站,归巴里坤镇总兵经管。北路肃清,大军由北而南,经臣随时体察商酌,节节安设塘驿。其时军事方殷,文报最为繁重,未可刻延。地方初复,薪桂米珠,夫马、薪粮之类,不能不从宽优给,以免贻误事机。虽历年经臣次第核减,然北路各驿驿书,每名仍月给工资银八两。每马一匹,用驿卒一名,月给工资银六两、草干银三两六分。两马一夫,月给工资银四两。火夫每名月给银四两。每驿月支纸张、油烛银四两。所需鞍屉、绳索、灌药、钉掌一切杂费在外。南路每站驿书一名,月给薪水、纸张、油烛并津贴银十两至十五两不等,麦面各六十斤。其夫马工料由公家支给经费者,驿夫、毛拉、通事,每名月给工食银三四两不等,各给麦面六十斤。每马一匹,日支料六斤、草十斤至十五斤不等。巴里坤、哈密镇协所管军台,银粮料草与驿站经费约略相等,实因边事孔棘,时地攸殊,是以章程未能画一。

现赖皇威丕畅,全疆廓清,南路增置郡县,规模粗具。所有南北两路塘驿、军台,亟应从新厘剔,酌定画一章程,均归印官经管,文报通归驿站接递,以肃邮政而专责成。臣恭读雍正六年五月初六日上谕:各省所设驿站、夫役,原以预备公事之用。国家岁费帑金,本欲使州县无赔累之苦,民间无

---

①台北故宫博物院藏:《军机及宫中档》,文献编号:127714—A。

差派之扰,官民并受其福等因。① 伏见圣慈曲体,薄海臣民共沐鸿施。新疆长途戈壁,水草缺乏,官道设站处所,传舍之外,绝少人烟。入冬,冰雪严寒,常有裂肤堕指之惨。虽募外路夷夫,非厚其廪饩,无人应役。南路新设官治,事同一体。原设台站,自应仰体皇仁,改为驿站,援照北路,一律开报经费,以免扰累。其北路向例兼设之营塘、军台,现既归并驿站,亦应酌加夫马,以资周转。惟国家经费有常,当用固不能过惜,而可省要在必省。此次厘定务使夫马、刍料、役食相称,不致误公。官无垫赔,民无差扰,然后事可经久,饷不虚縻。

伏查哈密协营原管十三军台,应改归哈密厅通判管辖。巴里坤镇标原管十七军台,应分隶镇西抚民直隶厅同知暨奇台县知县,各按地界管辖。通计哈密厅通判管辖十三站,北路镇迪道管辖六十一站,南路阿克苏道属三十九站,喀什噶尔道属三十七站,共计一百五十站。其地方之冲僻,道里之远近,均系按照现在情形,详细查察,斟酌增损,逐一厘订。拟每站设驿书一名,月支工食银四两八钱、白面四十五斤。两马一夫,每名月支工食银三两、白面四十五斤。每驿月支油烛、纸张银三两。每马一匹,日支京斗料四升、草十四斤。外备站价一项,拟马一匹,月支银四钱五分。从前所用台员、驿卒、火夫、毛拉、通事诸名目,概行裁汰。除公费外,均扣建给领,遇闰照加。至每岁倒马之数,拟照塘马十分倒三之例,准其据实开报,照例给价买补,以资整顿。一俟局势大定,元气渐复,统归甘肃布、按两司,随时酌核减支,俾符定制。

以上所拟,均由臣熟筹局势及物价、人工,权宜核定。虽未能合于旧章,而比较现支款目,实已大加裁减,省之又省。约计南北两路每岁共支银五万四千一百余两、面五十四万四千三百余斤,折合京斗粮五千四十石、京斗料二万四千七百余石、草八百六十四万八千余斤。银归军需项下报销,面料草束即归地方拨给。缺草各站,照章每马一匹,月支草价银六钱。似此办理,南北均归一律,扰累得以永除,实于邮政、民生两有裨益。

除将安设驿站、马匹、里数暨挂支银粮、草料各数目开单分别咨送户、兵二部查照外,所有新疆南路郡县暨哈密、巴里坤所设军台均仿照北路一

---

① 见《世宗宪皇帝实录(一)》,卷六十九,雍正六年五月,第1041—1042页。

律安设驿站、酌拟经费章程缘由，是否有当？谨会同陕甘督臣谭钟麟，合词恭折具陈，伏乞皇太后、皇上圣鉴训示施行。谨奏。五月二十八日。

光绪十年闰五月二十一日，军机大臣奉旨：该部议奏。钦此。①

030.哈密巴里坤军台拟改驿站分段管理片
光绪十年五月二十八日（1884年6月21日）

再，前准兵部咨会：哈密协营军台十三处，月支银数核与例案不符，应将台弁照案通改为月支银三两。字识、兵夫、兽医、铁匠，改为月支银一两五钱以至九钱及四钱五分不等。马驼均改为月支草价银六钱，每日支料四升。公费概改为每台月支银一两二钱。其余溢支银数与夫面斤一律不准开销，以此次奉到部文之日起支。从前支款由臣奏明立案，照例造销等因。

伏查承平时，关外巴里坤、哈密等处军台充役官兵人等，系由绿营输派当差，各有本营挂支粮饷，兼支台差津贴。此时绿营兵额未复其半，各军台弁兵、夫役均系从新雇募。关外沙碛，寒苦倍常，百物昂贵，挂支粮饷必须勉敷食用，始能责令趋公。左宗棠前此权宜酌定，不过足资衣食之需，委非优给。现在哈密十三军台并巴里坤镇标所管十七军台，均经臣酌拟，一律改为驿站，分隶镇西、哈密二厅暨奇台县，各按所辖地段管理，以专责成。所有酌定人役薪粮章程，自应以此次钦奉谕旨之日为始，俾清起讫而免缪辀。

除咨部外，谨会同陕甘总督臣谭钟麟，附片陈明，伏乞圣鉴训示。谨奏。

军机大臣奉旨：该部议奏。钦此。②

光绪十年闰五月二十一日，军机大臣奉旨：该部议奏。钦此。③

【案】此片具奏日期，原件未署，录副署"光绪十年闰五月二十一日"，兹据《军机处随手登记档》④及《奏稿》校改。

---

①台北故宫博物院藏：《军机及宫中档》，文献编号：127708。又《奏稿》第883—890页。
②中国第一历史档案馆藏：《朱批原件》，档案编号：04—01—01—0951—005。又《奏稿》第891—893页。
③台北故宫博物院藏：《军机及宫中档》，文献编号：127710。
④中国第一历史档案馆藏：《军机处随手登记档》，档案编号：03—0242—2—1210—160。

031. 委令张清和署理玛纳斯协副将片
光绪十年五月二十八日（1884年6月21日）

再，署玛纳斯协副将张怀玉因病禀请交卸，经臣批准在案。所遗该协副将篆务，应即拣员接署，以重职守。兹查有提督衔留甘尽先补用总兵张清和，久历戎行，明白稳练，堪以委署。

除檄饬遵照外，谨会同陕甘总督臣谭钟麟、乌鲁木齐提督臣金运昌，附片具陈，伏乞圣鉴。谨奏。

军机大臣奉旨：兵部知道。钦此。①

光绪十年闰五月二十一日，军机大臣奉旨：兵部知道。钦此。②

【案】此片具奏日期，原件未署，录副署"光绪十年闰五月二十一日"。查光绪十年闰五月二十一日《军机处随手登记档》③刘锦棠折，载有"报四百里，五月二十八日哈密发"等字样。据此，此片具奏日期当为"光绪十年五月二十八日"，兹据校正。

032. 知县张恩黻底衔有误请饬部更正片
光绪十年五月二十八日（1884年6月21日）

再，臣前奏请将新疆荡平案内列保之知府衔直隶州用江苏候补知县张恩黻原保俟补直隶州后以知府用，改为军功随带加三级，当经吏部议准：所请军功字样应毋庸议。奉旨：依议。钦此。钦遵行知在案。

兹据大学士两江督臣左宗棠咨开：据金陵厘捐总局详称：该员张恩黻于同治七年剿平西捻出力案内，已由直隶州用江苏即补知县保俟补直隶州后以知府用。前案底衔缮作"知府衔直隶州用"，系属开单错误。咨请附奏更正前来。

臣复核无异。合无仰恳天恩俯准，将前案准保随带加三级之张恩黻误

---

① 中国第一历史档案馆藏：《朱批原件》，档案编号：04—01—12—0531—057。
② 台北故宫博物院藏：《军机及宫中档》，文献编号：127711。
③ 中国第一历史档案馆藏：《军机处随手登记档》，档案编号：03—0242—2—1210—160。

开"知府衔直隶州用"底衔字样，改为补直隶州后以知府用，饬部更正注册，以符原案而免歧异，出自鸿慈。

除咨部外，谨附片陈明，伏乞圣鉴训示。谨奏。

军机大臣奉旨：吏部知道。钦此。①

光绪十年闰五月二十一日，军机大臣奉旨：吏部知道。钦此。②

【案】此片具奏日期，原件未署，录副署"光绪十年闰五月二十一日"。查光绪十年闰五月二十一日《军机处随手登记档》③刘锦棠折，载有"报四百里，五月二十八日哈密发"等字样。据此，此片具奏日期当为"光绪十年五月二十八日"，兹据校正。

033. 原保杜芳锦等底衔错误请饬更正片
光绪十年五月二十八日（1884年6月21日）

再，新疆南北两路荡平案内，经前陕甘督臣左宗棠汇保之游击杜芳锦，请以参将补用，奉旨允准钦遵行知在案。兹准帮办军务广东陆路提督臣张曜咨称：杜芳锦前由浙江金华协标蓝翎守备投效甘肃军营，保升花翎都司。比时尚未到游击一阶，前案游击底衔系属缮单错误。

又同案汇保之武举何琪发，请免补把总、千总，以守备尽先补用，奉旨允准钦遵行知在案。兹据臣营中军炮队百长补用游击廖克明禀称：何琪发系由军功得保尽先拔补把总，实非武举。前案底衔缮作武举，委属错误。

又据管带哈密防营提督丁连科禀称：守备彭峨于五次剿平边寇案内，由守备衔尽先拔补千总获保免补千总，以守备尽先补用，并戴蓝翎。原缮清单误将原名彭峨误作彭峨情。呈请附奏更正等情，前来。

臣复核无异。合无仰恳天恩俯准，将新疆荡平案内杜芳锦误开游击底衔，改为浙江补用都司，其准保之补用参将一阶，改为以游击尽先补用；同案准保之蓝翎守备何琪发误开武举底衔，改为尽先拔补把总；五次荡平边

①中国第一历史档案馆藏：《朱批原件》，档案编号：04—01—12—0531—059。
②台北故宫博物院藏：《军机及宫中档》，文献编号：127713。
③中国第一历史档案馆藏：《军机处随手登记档》，档案编号：03—0242—2—1210—160。

寇案内准保守备误写之彭峨情改为彭峨，饬部分别更正注册，以昭核实而免歧异，出自鸿慈。

除咨部外，谨附片具陈，伏乞圣鉴训示。谨奏。

光绪十年闰五月二十一日，军机大臣奉旨：兵部知道。钦此。①

【案】此片具奏日期，原件未署，录副署"光绪十年闰五月二十一日"。查光绪十年闰五月二十一日《军机处随手登记档》②刘锦棠折，载有"报四百里，五月二十八日哈密发"等字样。据此，此片具奏日期当为"光绪十年五月二十八日"，兹据校正。

034. 原保胡应奎底衔错误请饬更正片

光绪十年五月二十八日（1884年6月21日）

再，臣前奏请将新疆南北两路肃清案内准保之同知衔分省知县补缺后补用同知直隶州知州胡应奎原请四品封典，改为赏给五品封典，光绪九年三元初二日，奉旨：吏部知道。钦此。旋经吏部复奏，应查明该员官阶、加衔是否捐纳，抑系劳绩保举，复奏到日，再行核办。奉旨允准，钦遵知照到营，当经臣行查去后。

兹据胡应奎呈称：同治四年冬，于截剿滇边苗、土各匪肃清案内获保同知衔分省即补知县，于同治八年八月二十四日奉旨允准。该员官阶、加衔原系劳绩保举，现复准吏部咨催奏明办理前来。

除咨复外，理合附片陈明，伏乞圣鉴训示。谨奏。

光绪十年闰五月二十一日，军机大臣奉旨：吏部知道。钦此。③

【案】此片具奏日期，原件未署，录副署"光绪十年闰五月二十一日"。查光绪十年闰五月二十一日《军机处随手登记档》④刘锦棠折，载有"报四百里，五月二十八日哈密发"等字样。据此，此片具奏日期当为"光绪十年五月二十八日"，兹据校正。

---

① 台北故宫博物院藏：《军机及宫中档》，文献编号：127709。
② 中国第一历史档案馆藏：《军机处随手登记档》，档案编号：03—0242—2—1210—160。
③ 台北故宫博物院藏：《军机及宫中档》，文献编号：127715。
④ 中国第一历史档案馆藏：《军机处随手登记档》，档案编号：03—0242—2—1210—160。

035. 葛苍等原保底衔错误请饬更正片

光绪十年五月二十八日（1884年6月21日）

再，选用通判葛苍于关陇肃清案内，经前任陕甘督臣左宗棠汇保，由尽先选用典史请以巡检归部不论双单月选用，奉旨允准钦遵行知在案。旋于陕西赈捐案内由巡检报捐通判。兹准陕甘督臣谭钟麟咨开：转据陕西捐饷局司道会详：该员葛苍前由文童投入商州协营，在本籍地方防剿出力，获保尽先选用未入流；关陇肃清保案底衔缮作尽先选用典史，与该员初保未入流官职不符。

又新疆南北两路肃清案内列保之陕西从九品张廷权，请以县丞仍留原省补用，奉旨允准钦遵行知在案。兹据帮办军务广东陆路提督臣张曜咨开：该员张廷权系由监生加捐分省试用从九品，前案底衔缮作陕西从九品，与该员原捐"分省"字样不符。

又同案请奖差使出力各员经部议驳之江苏试用从九品洪吉瑛，原请以巡检归候补班补用，由臣改请试用班前尽先补用。旋准部复，仍令另核奏明请奖，当经臣行知去后。兹据金陵防营支应总局司道详称：查同案改奖各员，有请随带加三级者，均邀核准。该员洪吉瑛粮台供差，年劳最久，请一律改为随带加三级，庶免向隅等情，详请附奏更正前来。

臣复核无异。合无仰恳天恩俯准，将关陇肃清案内列保之葛苍原开典史底衔改为未入流，新疆南北两路肃清案内列保之张廷权原开陕西从九品底衔改为分省试用从九品，并请以县丞分省补用；同案请奖经部核驳之江苏试用从九品洪吉瑛，原保归候补班补用巡检，改为随带加三级，饬部分别更正注册，以昭核实而示鼓励，出自逾格鸿慈。

除咨部外，谨附片具陈，伏乞圣鉴训示。谨奏。

光绪十年闰五月二十一日，军机大臣奉旨：吏部议奏。钦此。①

【案】此片具奏日期，原件未署，录副署"光绪十年闰五月二十一日"。查光绪十年闰五月二十一日《军机处随手登记档》②刘锦棠折，

---

①台北故宫博物院藏：《军机及宫中档》，文献编号：127716。
②中国第一历史档案馆藏：《军机处随手登记档》，档案编号：03—0242—2—1210—160。

载有"报四百里,五月二十八日哈密发"等字样。据此,此片具奏日期当为"光绪十年五月二十八日",兹据校正。

036. 特参补用游击段家集请旨革职片
光绪十年五月二十八日(1884年6月21日)

再,据统领安远军甘肃宁夏镇总兵谭拔萃申报:定远中营总哨许献德因患疯病,准假回籍调理。随同该总哨之胞兄许献朋、表亲王元,行抵库车之八台地方,许献德闯入官店,攫取烟袋,被安远左营修理官店之勇丁刘羽生等疑窃丛殴,致许献德因伤身死。当将倡率下手伤重之刘羽生讯明,照依军法,立于斩决,余人按律拟杖,并请将百长段家集奏参等情前来。

除由臣批饬完案,将余人赵勇昌等重责递解外,查该哨百长花翎尽先补用游击段家集,带队修理官店,有约束之责,勇丁疑窃丛殴,不能立刻禁止,致酿人命,实属咎有应得,相应请旨将花翎尽先补用游击段家集即行革职,以肃军律。

理合附片陈明,伏乞圣鉴训示。谨奏。

军机大臣奉旨:着照所请,兵部知道。钦此。①

光绪十年闰五月二十一日,军机大臣奉旨:着照所请,兵部知道。钦此。②

【案】此片具奏日期,原件未署,录副署"光绪十年闰五月二十一日"。查光绪十年闰五月二十一日《军机处随手登记档》③刘锦棠折,载有"报四百里,五月二十八日哈密发"等字样。据此,此片具奏日期当为"光绪十年五月二十八日",兹据校正。

037. 奏报呈进回部贡金折
光绪十年闰五月十四日(1884年7月6日)

钦差大臣督办新疆军务通政使司通政使二等男臣刘锦棠跪奏,为呈进

---

①中国第一历史档案馆藏:《朱批原件》,档案编号:04—01—16—0216—012。
②台北故宫博物院藏:《军机及宫中档》,文献编号:127712。
③中国第一历史档案馆藏:《军机处随手登记档》,档案编号:03—0242—2—1210—160。

回部贡金,恭折具陈,仰祈圣鉴事。

窃照新疆色勒库尔之南回部坎巨提,向来按年进贡沙金。该头目俄则项前于光绪四年呈进,经大学士前督办新疆军务臣左宗棠奏奉谕旨,饬理藩院议奏,援案赏给大缎二匹,由左宗棠就近发给祗领,业经钦遵办理在案。兹准帮办军务广东陆路提督臣张曜咨称:现在复据该头目米尔阿札呈到进贡沙金一两五钱,已将例赏大缎二匹发交米尔阿札祗领,咨请具奏前来。

臣复查无异。除将所进沙金一两五钱咨送内务府呈进外,谨会同帮办军务广东陆路提督臣张曜,恭折具奏,伏乞皇太后、皇上圣鉴。谨奏。光绪十年闰五月十四日。

军机大臣奉旨:该衙门知道。钦此。①

光绪十年六月二十三日,军机大臣奉旨:该衙门知道。钦此。②

038. 请恤总兵何作霖并附祀忠壮专祠片
光绪十年闰五月十四日(1884年7月6日)

再,头品顶戴赏穿黄马褂记名遇缺题奏提督已故甘肃西宁镇总兵何作霖,上年秋间交卸,赴兰州省途次病故,业经陕甘总督臣谭钟麟奏报在案。③

臣查该故员籍隶湖南湘潭县,咸丰四年,投效原统老湘军予谥壮武道员王鑫部下,随剿发逆,所向有功。嗣值捻逆窜扰直、东各省,官军跟踪追剿。该故员无不冒险冲锋,出奇制胜。剿捻蒇事,秦陇回氛正炽。大学士前陕甘总督臣左宗棠檄臣叔父刘松山率师西征,该故员即领老湘前军,肃清陕北,厥功甚伟。旋进攻金积堡老巢,间道而来,兵单粮绝,臣叔父刘松山受伤殒命,统将新失,人心惶骇。臣于此时接统湘军,军机万分吃紧,卒以血战荡平,多赖该故员之力。嗣是西宁之役,以小硖口为险要,该故员督队,身先士卒,鏖战两月,故能迅告成功,蒙恩简放西宁镇总兵员缺。其生平战绩,随时奏报有案。乃年齿未衰,竟至一病不起。盖其屡受重伤,精力俱瘁,有由来也。兹据甘肃候补道杨铭浚等备录该故员事实,禀

---

①中国第一历史档案馆藏:《朱批原件》,档案编号:04—01—12—0531—064。
②台北故宫博物院藏:《军机及宫中档》,文献编号:128366。
③详见光绪九年十一月初六日陕甘总督谭钟麟奏报总兵何作霖病故日期情形(中国第一历史档案馆藏:《军机录副》,档案编号:03—5827—097)。

请转奏前来。

合无仰恳天恩,饬部照军营积劳病故例,从优议恤,并乞恩准附祀予谥忠壮前广东陆路提督臣刘松山甘肃省城专祠,以励勋劳而资观感。谨会同陕甘总督臣谭钟麟,附片具陈,伏乞圣鉴训示施行。谨奏。

光绪十年六月二十三日,军机大臣奉旨:着照所请。兵部知道。钦此。①

039.奏委雷声远署理阿克苏道片
光绪十年闰五月十四日(1884年7月6日)

再,署阿克苏道罗长祐病故遗缺,前经臣饬委署温宿直隶州知州陈名钰暂行兼护在案。兹查有二品顶戴甘肃候补道雷声远,朴勤稳练,堪以委署,经臣商调出关。除檄饬遵照外,谨会同陕甘总督臣谭钟麟、帮办军务广东陆路提督臣张曜,附片具陈,伏乞圣鉴。谨奏。

军机大臣奉旨:吏部知道。钦此。②

光绪十年六月二十三日,军机大臣奉旨:吏部知道。钦此。③

【案】此片具奏日期,原件未署,录副署"光绪十年六月二十三日"。查光绪十年六月二十三日《军机处随手登记档》④,据同批之折件,具奏日期当为"光绪十年闰五月十四日",兹据校正。

040.请更正汤彦和等员官阶缘由片
光绪十年闰五月十四日(1884年7月6日)

再,提督汤彦和、陈美仙二员,自咸丰年间由武童投效湘军,获保今职,前据该提督等造赍出身履历清册。同治六年,陕西同朝等处剿贼获胜案内,经前任西安将军臣库克吉泰、前任陕西巡抚臣乔松年保奏,都司汤彦和、陈美仙请免补游击,以参将尽先补用,并加副将衔。卷查此案经部核

---

① 台北故宫博物院藏:《军机及宫中档》,文献编号:128369。又《奏稿》第895—897页。
② 台北故宫博物院藏:《军机及宫中档》,文献编号:128368。
③ 中国第一历史档案馆藏:《朱批原件》,档案编号:04—01—13—0357—037。
④ 中国第一历史档案馆藏:《军机处随手登记档》,档案编号:03—0242—2—1210—191。

驳,都司汤彦和、陈美仙改为免补都司,以游击尽先补用。旋经前陕甘总督臣左宗棠复奏部驳同朝剿贼出力各员内,汤彦和、陈美仙请仍照原保以参将尽先即补。同治七年,克复陕西绥德州城并河北、直隶地方剿平要逆案内汇保,底衔援照同朝原保开列。经左宗棠保奏,汤彦和、陈美仙均得保尽先推补副将,并加总兵衔。嗣随湘军征剿,该二员均由总兵衔尽先副将逐层累保,历经奉旨允准,钦遵行知在案。而同朝原保之尽先补用参将,又经兵部议驳,均属虚悬,经臣饬查去后。

兹据汤彦和、陈美仙呈称:同治七年,随军肃清直、东,渡河而西,二次部驳同朝之案,行知未及领获,是以克复绥德州保案底衔,仍照原保之尽先参将开列,以致嗣后保阶递误①,请将后此各案逐层递减,填补尽先参将虚悬之阶,呈恳奏咨更正前来。

臣查汤彦和等束发从戎,随同转战各省,宣力二十余年,战功懋著。老湘一军,自肃清直、东后,渡河而西,由陕北直攻宁灵,昕夕靡暇。其时驿递,绕道迂折,每多迟误。该员等未得领获续驳行知,遂由尽先补用参将累功保至提督。核其情节属实。合无仰恳天恩,俯准将官军克复绥德州城案内汤彦和、陈美仙获保之总兵衔尽先推补副将移补该员等前案驳空之尽先参将一阶,以后各案保奖,均照绥德州案逐层递减为记名总兵,饬部更正。其该员等于荡平金积堡等案内得保封典、清字勇号、头品顶戴,仍照原案一并注册,以昭核实而免歧异之处,出自逾格鸿施。

除将该员等造具出身履历咨部查核外,谨附片具陈,伏乞圣鉴训示。谨奏。

光绪十年六月二十三日,军机大臣奉旨:兵部议奏。钦此。②

041. 酌并马步各营并实存数目缮单立案折
光绪十年六月二十七日(1884年8月17日)

钦差大臣督办新疆军务兵部右侍郎二等男臣刘锦棠跪奏,为酌裁楚湘

---

①关于汤彦和原保底衔官阶之误,同治十年十二月陕甘总督左宗棠附片奏请饬部更正有案(中国第一历史档案馆藏:《朱批原件》,档案编号:04—01—17—0105—076。又《军机录副》,档案编号:03—4746—062)。
②台北故宫博物院藏:《军机及宫中档》,文献编号:128367。又《奏稿》第899—902页。

蜀军马步各营,改并成旗,并现在实存官弁勇夫数目,谨分晰缮具清单,奏明立案,恭折仰祈圣鉴事。

窃臣部马步诸军暨乌鲁木齐提标土勇截至九年十二月底止,共存五十一营旗、开花炮队三哨、小马队五哨,业经遵照部议,奏明立案。其自十年正月起,经臣再三筹度,先于行粮马队内饬将蜀军呼敦左右二营、楚军定边一营、湘军定远小马队一哨裁并,改为定远行粮马队一旗、呼敦行粮马队二旗、定边坐粮马队二旗。又于行粮步队内裁撤湘军定远中军一营,并将董字左右二营、定远左右二营、蜀军正副二营、楚军安远左右二营、建威一营裁并,改为董字左右二旗、定远左右二旗、蜀军正副二旗、安远左右二旗,改建威营为安远前旗。以上马步改营为旗,照章共留员弁勇夫五千九百一十五员名、额马六百三十五匹外,共开除二千九百六十三员名、额马一百二十一匹。其各营遣勇口粮结算至二三月底不等,由臣极力腾挪,并将分收上年息借陕商之款凑放清楚。

又喀喇沙尔地方险要,因就所辖蒙部内挑选蒙古马队一旗,照依土勇马队章程开支,以资防卫。其阿克苏道标土勇一旗,经部议准,现已挑募。合之楚湘蜀军并乌鲁木齐提标土勇,共五十四营旗、开花炮队三哨、小马队四哨。统共额设弁勇一万九千一百六十三员名,额外营哨官一百二员,额外火夫、长夫、马夫九千六百二名,额马三千七百八十八匹。此臣部截至十年三月底止现存实数也。兹据行营粮台开单,详请奏咨前来。

臣复核无异。计马队改旗者共三营,步队改旗者共九营,又并小马队一哨。较之上年营旗之数虽多三旗,而实在弁勇减并不少。论边地之辽阔,防勇未敢议裁;论欠饷之递增,必须及时清理。似此设法酌改,减一勇即节省一勇之粮,兼之汰弱留强,挑一勇真得一勇之用,于防守严密之中力求裁省,以期上副朝廷绥边节用之至意。

所有臣部诸军改营为旗挑募情形并现在实存数目,谨分晰缮具四柱清单,恭呈御览。伏乞皇太后、皇上圣鉴,饬部立案施行。谨奏。光绪十年六月二十七日。

军机大臣奉旨:该部知道,单并发。钦此。①

光绪十年七月十八日,军机大臣奉旨:该部知道,单并发。钦此。②

---

①中国第一历史档案馆藏:《朱批原件》,档案编号:04—01—01—0951—002。又《奏稿》第903—907页。
②台北故宫博物院藏:《军机及宫中档》,文献编号:128840。

042. 呈关外改营为旗实存员弁勇丁数目清单
光绪十年六月二十七日（1884年8月17日）

谨将甘肃关外楚湘蜀军马步各营旗员弁、勇丁、夫马数目，自光绪十年正月起至三月底止，缮具四柱清单，恭呈御览。计开

旧管：光绪九年十二月底止，实存行粮步队二十五营、坐粮步队三旗、提标土勇步队七旗、行粮马队十四营、坐粮马队二旗、行粮开花炮队三哨、行粮小马队五哨。共计旧存额设弁勇二万五百一十七员名，旧存额外营哨官一百二十五员，旧存额外伙夫四百六名，旧存额外长夫、马夫一万一百八十三名，旧存额马三千七百八十二匹，旧存炮车十八辆。

新收：光绪十年正月起，挑募喀喇沙尔蒙古土勇马队一旗、阿克苏土勇步队一旗。共计照额新添弁勇四百九十五员名，新添额外伙夫十四名，新添额外长夫、马夫九十名，新添额马一百二十七匹。

开除：光绪十年二月底止，酌将呼敦左右行粮马队二营、定远行粮马队一营、定远军小马队一哨裁并，改为定远行粮马队一旗、呼敦行粮马队二旗、定远坐粮马队二旗。除额存弁勇六百二十五员名，额外伙夫七十名，额外长夫、马夫六百三十九名，额马六百三十五匹，均于三月初一日起分别给向外，共计裁减旧额弁勇一百七十九员名，裁减额外伙夫十一名，裁减额外长夫、马夫三百八十四名，裁减额马一百二十一匹。光绪十年三月底止，裁撤定远中营步队一营，并裁并董字左右行粮步队二营、定远左右行粮步队二营、安远左右行粮步队二营、蜀军正副行粮步队二营、建威行粮步队一营，改为董字左右行粮步队二旗、定远左右行粮步队二旗、安远左右行粮步队二旗、蜀军正副行粮步队二旗，并改建威建威营为安远前旗。除额存弁勇三千三百三十员名，额外哨官二十七员，额外长夫一千二百二十四名，均于四月初一日起支饷外，共计裁减旧额弁勇一千六百七十员名，裁减额外哨官二十三员，裁减额外长夫六百九十六名。

实在：光绪十年三月底止，实存行粮步队二十五营九旗、坐粮步队三旗、提标土勇步队七旗、阿克苏土勇步队一旗、行粮马队十一营三旗、坐粮马队四旗、土勇马队一旗。总计五十四营旗、开花炮队三哨、小马队四哨。共计实存额设弁勇一万九千一百六十三员名，实存额外营官一百二员，实

存额外伙夫四百九名,实存额外长夫、马夫九千一百九十三名,实存额马三千七百八十八匹,实存炮车十八辆、车骡四十八头。

军机大臣奉旨:览。钦此。①

043. 查明喀城底台递送折件迟延片
光绪十年六月二十七日(1884年8月17日)

再,臣奉旨饬查长顺所奏喀城底台递送折件迟延,有无折损情弊②。其喀什底台驿书等,先经长顺饬提,发交阿克苏善后局管束。臣即钦遵恭录,行知阿克苏道查讯去后。

兹据前护阿克苏道署温宿直隶州知州陈名钰详称:讯据喀什噶尔底台驿书潘定贵供称,去年九月十七日午时下刻,长大臣发来夹板折件,伊适先赴回城,探看熟识友人,往返四十余里。迨闻信赶回,挂号发递,业已迟逾。因此行查,心中惶恐,即以迟填时辰为风雨阻滞摊算地步,回供极是糊涂。今蒙审讯,不敢捏饰,此外实无折损及别项情弊。再三究诘,矢口不移。二台雅满雅尔驿书郭钟岳,讯明未曾延误等情前来。

臣查限行奏报,必须随到随递。此案喀什底台驿书潘定贵,因探友稽延,虽讯无折损情弊,其前称迟填摊算,亦未始终狡执,而因擅离公舍,致误要件时刻,实属咎有应得。惟例无似此误时作何治罪之专条,自应变通定拟,将潘定贵酌照不应重律,拟杖八十,并加枷号一个月,满日折责革役,以示惩儆。其雅满雅尔台之驿书郭钟岳,既未延误,应毋庸议。现在南北两路驿务,臣正设法酌改,以归画一。

除新定章程嗣后不准稍涉疏忽外,所有遵旨查明拟办缘由,是否有当?谨附片陈明,伏乞圣鉴训示施行。谨奏。

军机大臣奉旨:知道了。钦此。③

---

①台北故宫博物院藏:《军机及宫中档》,文献编号:128840—A。
②详见光绪九年十月初十日乌鲁木齐都统长顺以喀城底台递送折件迟延奏请查办缘由(中国第一历史档案馆藏:《军机录副》,档案编号:03—7137—095),于是年十一月十二日得允行(《德宗景皇帝实录(三)》,卷一百七十三,光绪九年十一月上,第419页)。
③中国第一历史档案馆藏:《朱批原件》,档案编号:04—01—02—0130—031。又《奏稿》第909—911页。

光绪十年七月十八日，军机大臣奉旨：知道了。钦此。①

044. 请饬袁垚龄迅赴臣军差委片
光绪十年六月二十七日（1884年8月17日）

再，臣军总理营务二品顶戴盐运使衔浙江尽先题奏道那尔珲巴图鲁袁垚龄，前于光绪八年由哈密行营请假回籍，经臣奏明在案。该道员才识宏远，廉干老成，随臣督师陇边，进规关外，无役不从，历时最久，得力独多，实一时边材特出之选。现值改设官治，正资熟手，该员籍隶安徽来安县，吁恳天恩饬下安徽抚臣，转饬袁垚龄迅赴臣军差委，俾收指臂之助，实于边防事局深有裨益。谨附片陈明，伏乞圣鉴训示。谨奏。

军机大臣奉旨：另有旨。钦此。②

光绪十年七月十八日，军机大臣奉旨：另有旨。钦此。③

045. 请准军犯张得太留营医治片
光绪十年六月二十七日（1884年8月17日）

再，臣所部弁勇多系东南之人，从征各省，久为湿蒸，连年于役边庭，复为积寒侵骨，率多遍体酸痛。每届冬令，防护要差，风雪饕扑，往往堕趾裂肤，正苦无人诊治。适闻有安置甘肃靖远县之军犯张得太，精于针灸、推拶之术，经臣商调差送到营，医治勇夫，著有明效。因系定地之犯，应仍送回配所，以符例章。无如该军犯经医营中旧证尚多，势难中辍，合无仰恳天恩，俯念边军士卒，特准将军犯张得太留于臣营医治之处，出自鸿慈。

除咨部外，谨会同陕甘总督臣谭钟麟，附片具奏，伏乞圣鉴训示。再，该军犯籍隶天津县，前闻顺直水灾，情殷桑梓，愿将历年医药积存银五百两捐助赈需，业已如数呈缴，亦即悔过迁善之征。其原犯罪由系约人往拿盗犯，偶见同店客民杨姓，起意吓作，审依诬良为盗，发配到甘，合并陈明。谨奏。

① 台北故宫博物院藏：《军机及宫中档》，文献编号：128842。
② 中国第一历史档案馆藏：《朱批原件》，档案编号：04—01—17—0181—036。
③ 台北故宫博物院藏：《军机及宫中档》，文献编号：128841。

光绪十年七月十八日，军机大臣奉旨：刑部议奏。钦此。①

046. 请命率师与法夷决战缘由折

光绪十年七月初一日（1884年8月21日）

钦差大臣督办新疆军务兵部右侍郎二等男臣刘锦棠跪奏，为近闻法夷背约要挟，微臣谨拟布置西塞，请旨率师东下与之决战，以纾积愤，恭折密陈，仰祈圣鉴事。

窃查法夷上年逞兵越南。越之刘永福②督团屡与交锋，时亦获捷。朝廷保护藩封，命将出关，以彰挞伐。宿勋如彭玉麟、岑毓英③，衔诏分防，兼筹水陆。薄海臣民，罔不举手加额，群相称庆，待此一战，以威强虏，匪独可全属国，正以自固藩篱，恍然于前此之俯从款议者，实圣朝体念民艰，免增劳费，非示弱也。

迨后法夷渐次北侵，越之山西、北宁先后不守，势将逼近粤西、滇南之界。防军惊溃，严旨逮问抚提以下诸臣。法夷探知筹战已决，乃于是时就款津门，未返越南之侵地，且乞中界之通商。第以不索兵赀，号为恭顺。朝廷慎于劳师袭远，遂如其议，已属曲示宽大，力顾邦交。彼既阳博修睦之名，阴遂并吞之志，犬羊之性，犹为未足。比者纷纷传播法夷故肇衅端，数以兵船驶赴津沪，虚声恫喝。其说果信，是为迩来彼族要挟仅见之事，微臣不禁积愤填胸，极愿飞捣其巢，痛加剿洗，畅我皇威。

臣以菲庸忝膺边寄，深惭奉职无状，奚容更预外谋？矧现将帅如云，悉蒙简用。驽钝如臣，曾何足数顾？臣不能已于请者，稔闻泰西诸国恃其炮

---

① 台北故宫博物院藏：《军机及宫中档》，文献编号：128843。
② 刘永福（1837—1917），字渊亭，广东钦州（今广西钦州）人，祖籍博白东平，初任反清黑旗军将领。光绪九年（1883），率黑旗军参加中法战争，屡败法军。甲午战争期间，奉命赴台抗日，后失利。二十八年（1902），任广东碣石镇总兵。
③ 岑毓英（1829—1889），字彦卿，号匡国，广西西林人。早年投太平军，后从清。咸丰九年（1859），以功赏知州衔，加勉勇巴图鲁名号。十年（1860），加运同衔。同年，兼署澄江府知府。同治元年（1862），升按察使衔。四年（1865），晋布政使衔。五年（1866），升云南迤南道。是年，署云南布政使。六年（1867），迁云南藩司。七年（1868），擢云南巡抚。十二年（1873），封骑都尉、一等轻车都尉，加太子少保。同年，兼署云贵总督。光绪五年（1879），补授贵州巡抚。七年（1881），调补福建巡抚。九年（1883），权云贵总督。十一年（1885），封云骑尉世职。卒赠太子太保、太子太傅，谥襄勤。

利船坚,称雄海表,法夷则尤狡鸷异常,轻于发难。频岁各夷安分,海宇粜平,津沪闽之局厂仿造船炮子药,极图自强,据传已有明效。帱育无私,虽商旅咸萃市途,而条章务须遵守。今彼违约来犯,妄肆要求,则我之理直;各国图保商务,断不相助,则彼之势孤。或谓战不难于陆而难于水,不难于越境而难于海疆,固是持重之论。然就目前局势,沿海戒严,彼或佯以兵艘分扰,而于河口停泊,我即立与轰击,以逸待劳,以静待动,权常操之在我。

海口之最扼要者,莫若津沽。自李鸿章筹防筹战,惨淡经营,屹然可恃,久为中外所共信。彼即欲兴倾国之师,我静驻以攻之,旷日持久,彼登陆既势苦不能,常泊又所费甚巨,此理之显然者。次则沪渎、香港皆驻重兵,闽浙各埠悉有准备,彼之力量几何?商口为大家所护持,岂容彼独逞私而废?其枪炮之精锐,我与之同。兵勇之众多,彼远不逮。就以水战而言,均恃利器,均驾铁船,胜负亦恒相半,又况我仅防卫各口,不求涉洋远征。炮台扼扎,早已周密,彼既不得薄岸,纵擅精巧之技,苦无所施。此沿海决战之确有把握也。

至于陆战,则前此粤匪动聚数万或十数万,每以重价购用外洋枪炮,豕突狼冲,共称难制。捻匪善骑剽疾,万马飞腾,瞬息百里。官军跟踪追击,以步当马。回匪素业猎性,枪法至以条香为的,命中百不失一。河、湟、宁、灵,其地山谷盘亘,湖渠泥淖,猝蹈不测,即临奇险。若俄属安集延之酋长牙虎柏,窃踞回疆各城,曾用后堂开花各种枪炮,以与我抗,卒以次第削平。安夷旋屡入寇,名为该部寻仇,实由俄国嗾使。臣始驻军喀什噶尔,思必大加惩创,方免频来扰边,整队开道而前。其中童山突兀,峻坂悬岩,数百里内无一村落,盖向为人迹所不到、狐兔所不窟,阴瘴骤触,弱者绝息。缘崖上下,日月蔽亏,人畜凑乘,少不抖擞,遂遭蹂躏。时而层冰乍裂焉,殷雷土块,斗陨紧蹙其后,以视昔之阴平险巘,殆无不及。既得迎头拦截,士气百倍,阵斩无遗,至今沿边安枕。后值收回伊犁,军士踊跃之情,俄人隐有所惮。法夷近敢据我藩邦,和而复背,非逆料中国不果于战,即谬揣中国不善于战。用示公然鼓其螳臂,冀以饱其欲壑。

斯正中国威震四夷之会、群僚竭忠图报之时,臣之骸疾虽迄未痊,而当国家有急,奋不顾身,不揣冒昧,拟就关外诸军挑选三千人,再于关内添募三千,合足六千人,率之东下,暂住陕境以待。臣一面趋叩阙廷,谨聆圣训,指授机宜。敌情瞬变,届时何处吃紧,臣当力任其难,倘彼不复分扰,则请赶赴越南。凡法夷盘踞之区,径行进剿,兵壮器精,及锋而试,务令归越藩之侵地,绝中界之通商,不使稍占便宜。法之凶焰既挫,各国惧干天怒,隐以化其桀黠,就我范围。待法夷之穷蹙,然后纳款。越藩仍其旧,藉以屏蔽滇疆,树海上之金汤。此保越陆战之确有把握也。

臣自弱冠从戎,攻剿踞贼流匪,屡歼强悍。有时地险粮尽,多方经画,从未失利。彼纵器胜于我,而海道接济,立见其穷。一俟对垒,必设法以困之,且彼通国人数不敌中国一省,遽犯不韪,焉能为役?臣于战事苟无确见,何敢于君父之前妄自陈请?特以机不可失,未可再涉迟疑,言实有征,并非故为矜诩。爵赏断不敢邀,锋镝所不敢避。伏愿我皇太后、皇上鉴臣报效之愚悃,断自宸衷,俾臣得竭犬马之劳,斯为幸甚!如蒙俞允,新疆布置情形,以臣管见,刻下兵饷、官制尚未议妥,臣既东拔,则自肃州西迈,殊觉空虚,拟援光绪二年故事,督臣出驻肃州,庶玉关内外脉络皆可贯通,再以张曜移驻阿克苏,则南疆东西声息不虞隔阂。北路伊犁、乌鲁木齐等处防戍如故。臣所绾之钦符,亦请就交督臣,赶办清欠、复兵诸务。全局既定,当即吁请收销。似此一转移间,实于西南事局有益无损,而从此交涉各夷,先之以威,守之以信,使之由畏而怀,不必侈言远略,自足涵濡无外矣。

区区蚁忱,不胜悚惶待命之至。谨缮折密陈,伏乞皇太后、皇上圣鉴训示施行。谨奏。七月初一日。

光绪十年七月二十日,军机大臣奉旨:览奏,忠勇之忱,深堪嘉尚。刻下新疆甫就荡平,一切设官裁勇各事,均须妥筹布置,且该处密迩俄边,尤须得人镇抚。张曜一军,前有旨谕令北来。所有新疆防守事宜,该大臣尤当统筹兼顾,毋庸率师东下,用副委任。钦此。①

047. 奏为遵旨酌度仍申前请缘由折

光绪十年七月二十四日(1884年9月13日)

钦差大臣督办新疆军务兵部右侍郎二等男臣刘锦棠跪奏,为遵旨详加酌度,仍申微臣前疏之请,以期迅赴事机,恭折密陈,仰祈圣鉴事。

---

① 台北故宫博物院藏:《军机及宫中档》,文献编号:128888。又《奏稿》第913—927页。

奏议（光绪十年）

窃臣于本月二十日承准军机大臣密寄：光绪十年七月初四日奉上谕：新疆防务经刘锦棠随时布置，该大臣驻扎哈密，足资控驭。伊犁有金顺防营，兵力亦尚敷用。喀什噶尔防务较松，现在北路边防紧要，张曜一军如可抽调，着刘锦棠详加酌度，遴选熟悉边情之员，带营前往喀什噶尔接替，即令张曜督率所部，迅即北来，听候谕旨调派。该大臣酌定后，一面奏闻，一面即将此旨知会张曜，遵照办理。将此由六百里密谕知之。钦此。跪读之余，值宵旰之忧勤，恨驰驱之难骤。缩地无术，不禁寝馈难安。恭绎谕旨，饬臣详加酌度。仰见眷怀西域，指示周详，莫名钦服。连日以来，遵即审度时势，综计道途之远近，以协拔守之机宜。不揣冒昧，敬为我皇太后、皇上陈之。

臣与张曜共事一方，稔知其勋迹卓然，老成干济。此次苟能领兵应诏，洵于事局有裨。无如喀什噶尔紧接俄邻，为南疆之重镇。当此通商之始，固在守之以信，尤先示之以威。今将张曜一军抽调，在中国因其防疆既靖，可以权移，在彼族将谓远塞召援，转生疑讶。且须遴选资望素著之员前往换扎，方能镇抚。其间就臣部之在南路者，惟阿克苏之湘军较近。自道员罗长祜病故后，接统之提督汤彦和勇略虽饶，而新膺统带，其资尚浅。欲以上游各军藉归钤辖，势遽未克相下。帮办甫去，正宜力求和衷。似此为时过促，窒碍颇多。此抽调张曜一军之限于统将接替者也。

如飞调现扎北路奇台统领安远军宁夏统兵谭拔萃往驻，该员久统营伍，威望可孚。而自奇台至喀什噶尔，安程五十余站，谭拔萃如得替防，须于八月始可由奇拔队而南，沿途纵无阻延，抵哈已须冬月。张曜所部之营，分防和阗、叶尔羌各处，倘不待集旧部，而单骑以就外军，则兵与将不相习，将与帅不相习，何能如臂指之效用？求速亦复不得。查由喀什噶尔以至哈密，计将六十站。臣恭录密谕，飞致张曜，不俟接防之军赶紧料量，亦须于九月始可由喀而东。边陲风雪，凛冽异常，坦道迷离，断难飞越。即使将士咸怀忠愤，浑忘手足皲瘃，愿奋往于冰天，不少休于途次，抵哈亦在腊初，又况长途戈壁，随行辎重，平时且须略憩。矧届隆冬，屈计由哈入关，迄抵防所，须俟来年暮春。若以北路边防紧要而言，诚惧缓莫能应。而喀什接替之际，急切或致疏虞，既无益于北防，转有妨于西守，边关所系，不得不慎重出之。睿谟早已鉴及，谆饬由臣酌定。若不熟权缓急，扪心何以自安？此抽调张曜一军之限于道远天寒者也。

臣前因闻外间传播，法夷妄肆鸱张，背约要挟，遂觉积愤填胸，曾于月朔密疏，请旨率师东下，与之决战。其于新疆布置情形，就臣管见，拟援光绪二年故事，督臣出驻肃州，以通玉关内外之脉络①，张曜移驻阿克苏，以壮南路东西之声援。腾出微臣于关外挑选三千人，再于关内添募三千，合足六千人，趱程拔往，以为后劲。盖已熟审事局，乃敢陈于君父之前。兹先奉旨垂询，则是海防益形吃紧。津沽一带，实为京师门户，备御尤须严密。臣缘待罪塞外，不获立时奋起，稍分朝廷之忧，绕幕彷徨，莫知所措。但使沿海防军迩来仰承庙算，大挫夷氛，斯固敷天下之幸②，或彼仍鼓螳臂，凶梗相持同一。饬拨西兵，就行军才智言之，张曜自胜臣数倍；就现驻道里计之，张曜则远臣数千。此时局势必求可为先声之一助，庶国家之所以优待边军，与边军之所愿竭力图报者，藉收尺寸之效，亦即少酬高厚之施。计臣前折业奉批旨在途，能荷俞允，则拔行较捷，略无迟濡。如必俟臣复奏，再定简派，应恳天恩俯准如臣原拟，以期迅赴事机。张曜暂只移驻阿克苏，去喀匪遥，所部无须纷更，耳目有所专属，呼吸仍系一气，不虞隔阂。其喀什噶尔地方冲要，即由张曜拣委该军统领之资深者一人，责成弹压。臣与督臣奉命就道，东西相遇，尽可熟商交替。哈密毂南北，委属全疆行幕之咽喉。督臣既改驻肃州，则哈密之责已轻。特两路之馈饷，务必于此停顿分赍。行营粮台向设旧城，拟以一营保卫，更以一营填扎臣之行营，堪资防范。

此外，臣择其可调者，并即将亲兵营整队候拔。关陇靖谧，拟商之谭钟麟抽选劲旅，以备临时之需。张曜比定东驻，所有各军应悉归其调遣，呼应既灵，然后责无旁贷。全疆官制、兵制，会当定议，防务善后，及时振兴，足慰宸廑。臣现拟计行程，稽之时日，非臣领队北上，无能协于机宜，时事所迫。

除飞文密商张曜、谭钟麟外，兼将拔队一切暗为准备，奉旨即行，仗天威以杀敌，勉竭犬马之忱，抒义愤以致身，期靖鲸鲵之浪，曷任激切待命之至。谨缮折密陈，是否有当？伏乞皇太后、皇上圣鉴训示施行。谨奏。光绪十年七月二十四日。

---

①"脉络"，《奏稿》作"脉"。
②"斯固敷天下之幸"，《奏稿》作"斯固敷天之幸"。

军机大臣奉旨：另有旨。钦此。①

光绪十年八月十二日，军机大臣奉旨：另有旨。钦此。②

【案】此奏于是年八月十二日得旨：

军机大臣字寄：光绪十年八月十二日奉上谕：刘锦棠奏仍申前请、迅赴事机一折。据称张曜驻兵喀什噶尔，拔营不易，拟请自行领队北上等语。该大臣勇于任事，甚堪嘉尚。惟新疆防务及善后事宜，数年来，刘锦棠综理一切，具有条理，未便轻易生手。张曜驻扎喀什噶尔，虽途程较远，或于所部将领中酌派一人，暂带数营留防，一面再由该大臣派员前往扼扎，张曜即可先行起程，带队北上。着刘锦棠速即行知张曜，赶紧料理，应由何路行走较为迅速，即着张曜自行酌度奏闻。张曜移营后，喀什噶尔防务，刘锦棠务当妥筹布置，期臻周密。将此由六百里谕令知之。钦此。③

048. 奏报遵保各省筹饷人员吁恳恩施折

光绪十年八月二十二日（1884年10月10日）

钦差大臣督办新疆军务兵部右侍郎二等男臣刘锦棠、头品顶戴陕甘总督臣谭钟麟跪奏，为遵保各省关及后路各台局筹饷差委出力人员，谨缮清单，并陈各督抚、将军臣关心协饷，有裨事局，吁恳恩施，恭折仰祈圣鉴事。

窃臣等于上年九月间，疏请先将筹解协饷历年均足十成之江宁藩司恳恩奖叙，其余协解足成之省关筹饷人员，容再咨取职名，一并请奖，以昭激劝，并声明各督抚、监督诸臣督饬寮属，力济边军，积年既久，自应确查陈明，以彰公道等因。仰荷圣慈俞允，比即恭录分别咨行，兹准各省关将在事应奖人员咨送前来。

臣等伏查西饷向恃外协，此次戡定，兵勇未能遽减，拨协之数较多于前。旋值收还伊犁，举行善后，固由皇威遐暨，涵濡无外，而将士用命，咸

---

① 中国第一历史档案馆藏：《朱批原件》，档案编号：04—01—01—0947—070。又《奏稿》第929—940页。
② 台北故宫博物院藏：《军机及宫中档》，文献编号：129437。
③ 《奏稿》第940页。

资饱腾,则省关不分畛域,实有裨于边疆。就公谊言之,部文严限,诏旨频催,本有协解之责,原无可推之理。就时势言之,出款递加,入款有定,求其免于延误,要在妙于权衡。在彼尽周急之怀,初无关于损益;在此如倒悬之解,藉得为之腾挪。远征绝塞,一切仰给于人。频年月饷之资、裁遣之费,差幸源源报解,譬如渴极之饮,涓滴皆甘。臣等就其所入,设法挹注,因以勉力支撑。各省关筹饷司道以下各员备极经营,始终不懈,有足多者。

又甘肃新疆总粮台总司出纳,司道董核其成。各员分任其役,时经数稔,勤慎趋公。此外,自鄂至肃,水陆交运,台局各项差使员弁历久辛勤,不无微劳足录。兹谨核实酌保,分缮清单,恭呈御览。伏恳恩准奖叙,免其逐一注考,以昭激劝。

至各疆臣体国公忠,先其所急,如四川督臣丁宝桢、福州将军穆图善、署两江督臣曾国荃、安徽抚臣裕禄、江西抚臣潘霨①、浙江抚臣刘秉璋②、江苏抚臣卫荣光、前江西抚臣李文敏、山东抚臣陈士杰③、署山西抚臣奎斌,无不系念西陲,尽心筹措,臣等得所藉手,未敢安于缄默,应如何优加奖叙之处,伏乞圣裁。

---

① 潘霨(1816—1894),字蔚如,号韡园、心岸居士,江苏吴县人。咸丰二年(1852),捐纳顺天西路司狱。五年(1855),任天津县知县。十年(1860),补昌平州知州。十一年(1861),升天津府知府。同治元年(1862),迁山东登莱青道,兼东海关监督。三年(1864),加盐运使衔。六年(1867),晋按察使衔。七年(1868),授浙江盐运使,加布政使衔。同年,调补山东盐运使,兼署山东按察使。八年(1869),补福建按察使。九年(1870),授福建布政使。光绪三年(1877),调湖北布政使。四年(1878),擢湖北巡抚。八年(1882),调补江西巡抚。十一年(1885),署贵州巡抚。次年,授贵州巡抚。
② 刘秉璋(1826—1905),字仲良,安徽庐江人。咸丰十年(1860),中式进士。同治元年(1862),调赴李鸿章沪营,剿办太平军。四年(1865),补授江苏臬司。六年(1867),升江西藩司。十一年(1872),调补山西藩司。光绪元年(1875),擢江西巡抚。九年(1883),调补浙江巡抚。十年(1884),督师击败法国海军舰队。十二年(1886),补授四川总督。二十年(1894),以滥举非人革职留任。二十一年(1895),以办理四川教案荒谬褫职。
③ 陈士杰(1825—1893),字隽丞,湖南桂阳人。咸丰三年(1853),入曾国藩幕,赞襄军务。五年(1855),以军功升员外郎,赏戴花翎。九年(1859),以军功擢知府,晋道员。同治元年(1862),补授江苏按察使。四年(1865),加布政使衔。十年(1871),补山东按察使。十三年(1874),升福建布政使。光绪元年(1875),以巡抚文格案牵连褫职。五年(1879),署理福建按察使。六年(1880),补授山西布政使。七年(1881),擢浙江巡抚,调江西巡抚。八年(1882),调补山东巡抚。十二年(1886),以病免职。

其署湖广督臣卞宝第,前抚闽时,措解甘饷甚巨。河道总督臣觉罗成孚①、湖北抚臣彭祖贤、河南抚臣鹿传霖、陕西抚臣边宝泉,署湖南抚臣庞际云②、署安徽抚臣卢士杰,各在藩司任内按成解足,得济要需。诸臣现任疆圻,原非臣下所敢妄拟,特稽其前劳,查照成案,有不得不为之渎恳者。可否均请赏加头品顶戴以示优异之处,出自逾格鸿慈。

是否有当?谨合词恭折具奏,伏乞皇太后、皇上圣鉴训示。再,此折系臣锦棠主稿,合并陈明。谨奏。光绪十年八月二十二日。

军机大臣奉旨:另有旨。钦此。③

光绪十年十月初二日,军机大臣奉旨:另有旨。钦此。④

【案】此折于是年十月初二日得允行:

又谕:刘锦棠、谭钟麟奏遵保各省关及后路各台局筹解协饷各员,吁恳恩施,开单呈览一折。甘肃新疆戡定以来,举行善后事宜,协拨饷项较多,各省关历年筹解,力济边军,不分畛域,自应量予奖叙。四川总督丁宝桢、福州将军穆图善、两江总督曾国荃、前安徽巡抚裕禄、前江西巡抚潘霨、浙江巡抚刘秉璋、江苏巡抚卫荣光、前江西巡抚李文敏、山东巡抚陈士杰、署山西巡抚奎斌⑤,均着交部从优议叙。署湖广

---

① 觉罗成孚(1834—1895),字嘉甫,又字子中,号子鹤,满洲正红旗人。咸丰八年(1858),充刑部笔帖式。九年(1859),捐光禄寺署正分发行走、员外郎分发礼部行走。十一年(1861),选兵部武选司员外郎。同治元年(1862),补总理衙门章京。三年(1864),加知府衔。四年(1865),授武选司郎中。五年(1866),补授总理衙门章京。六年(1867),擢张家口监督。八年(1869),迁陈许道。十一年(1872),补授长芦盐运使。光绪三年(1877),调补广东盐运使。四年(1878),晋广东按察使,署广东布政使。同年,实授广东布政使。九年(1883),护理河南巡抚。同年,擢河东河道总督。嗣因事解职。
② 庞际云(?—1886),字省三,直隶宁津(今山东宁津)人。咸丰二年(1852),中式进士,选庶吉士。同治三年(1864),署江南盐巡道,旋实授。八年(1869),署两淮盐运使,加按察使衔。光绪三年(1877),补授淮扬海道。六年(1880),升湖北按察使。七年(1881),迁湖南布政使。十年(1884),护理湖南巡抚。十一年(1885),补授广东布政使。同年,调补云南布政使。
③ 中国第一历史档案馆藏:《朱批原件》,档案编号:04—01—16—0216—092。又《奏稿》第941—945页。
④ 中国第一历史档案馆藏:《军机录副》,档案编号:03—6610—031。
⑤ 奎斌(1821—1893),字乐山,蒙古镶白旗人,杭阿坦氏。道光二十四年(1844),充理藩院笔帖式。三十年(1850),署理藩院主事。咸丰三年(1853),补授理藩院主事。九年(1859),升理藩院员外郎,掌柔远司印。十年(1860),授热河乌兰哈达理事司员。同治元年(1862),掌司务厅、旗籍司印。五年(1866),补授理藩院郎中。六年(1867),充步军统领衙门兼办司员。八年(1869),迁直隶口北道。九年(1870),授张家口粮台总办。十二年(1873),加按察使衔。(转下页)

总督卞宝第、河东河道总督成孚、湖北巡抚彭祖贤、河南巡抚鹿传霖、陕西巡抚边宝泉、署湖南巡抚庞际云、署安徽巡抚卢士杰,均着赏加头品顶戴。其余单开出力各员所请奖叙,着该部议奏。①

049. 呈酌保后路各台局尤为出力之员弁清单

光绪十年八月二十二日(1884年10月10日)

谨将酌保后路各台局尤为出力之文武员弁,缮具清单,恭呈御览。

二品顶戴甘肃布政使魏光焘,请赏加头品顶戴。

二品衔甘肃按察使谭继洵,前署甘肃按察使甘肃兰州道曹秉哲,盐运使衔甘肃兰州道陶模,均请赏戴花翎。

甘肃候补道向邦倬,甘肃补用道杨铭浚,均请赏加按察使衔。

补用知府甘肃即补直隶州知州汪廷栋,请赏加盐运使衔。

甘肃题奏知府谭定垣、王翔,均请赏加盐运使衔,并请俟补缺后,再行送部引见。

同知衔补用直隶州知州甘肃镇番县知县汪矩,请俟补直隶州知州后,以知府补用。

甘肃补用同知王开斌、彭续瞻,均请赏加知府衔。

同知用甘肃补用知县黄仁治,补用直隶州同知衔甘肃补用知县周书,均请赏给随带军功加一级。

同知衔甘肃补用知县陈书寿、易策谦、王树槐、卢世坤、刘澄清,均请俟补缺后,以同知仍留原省,尽先补用。

五品顶戴双月选用通判刘鉴,请以通判归部,不论双单月遇缺尽先即选。

甘肃试用巡检王谟,请赏加六品衔。

布理问衔选用府经历县丞王克家,请以布理问尽先选用。

(接上页)十三年(1874),晋布政使衔。光绪元年(1875),授普陀峪万年吉地监督。三年(1877),补授甘肃安肃道。六年(1880),办理张家口独石口多伦诺尔三厅开垦事宜。八年(1882),办理丰镇宁远二厅开垦事宜。同年,升授山西按察使。九年(1883),迁山西布政使。十年(1884),署理山西巡抚。十一年(1885),调补直隶布政使。十二年(1886),擢湖北巡抚。十三年(1887),署理湖广总督。十五年(1889),补授察哈尔都统。十七年(1891),调补热河都统。

①《德宗景皇帝实录(三)》,卷一百九十五,光绪十年十月上,第772页。

甘肃补用典史戴光坫，请俟补缺后，以县丞用。

分省补用巡检熊仕翰、分省补用主簿余承桂，均请俟补各本班后，以县丞用。

即选从九品蒋洪涛、候选从九品易汉鼎，均请俟选缺后，以主簿升用。

选用典史米生荣，请以巡检升用。

文童盛世英、杨光杰、李熙瑞、倪文彬、胡海春、谭巨源、余显猷、赵光琳、赵启沃、刘灿、张家光，均请赏给从九职衔。

从九职衔谭开第，请以从九品归部，不论双单月选用。

分省试用从九品郭世桢、候选从九品杨炳坤，均请以主簿升用。

知府衔分省即补同知陈联科，请俟补缺后，以知府补用。

陕西补用知州谈维鼎，请赏加四品衔。

守备衔补用千总陕西西安城守协左哨把总刘琦、守备衔留陕甘补用千总王殿斌、陈凤仪，均请以守备仍留陕甘补用。

记名提督包荣道、王继美、王名滔、武交清、李胜本、刘星胜、吴次汉，均请交部议叙。

升用提督留陕甘总兵捷勇巴图鲁谭忠福、提督衔陕甘记名总兵坚勇巴图鲁罗长春、提督衔陕甘补用总兵速勇巴图鲁李祥德，均请赏换清字勇号。

提督衔陕甘补用总兵陈登桂、提督衔留甘补用总兵潘绍池，均请赏给勇号。

留甘补用总兵龚得胜、叶东元、记名总兵滕国义，均请赏加提督衔。

总兵衔副将刘保南，请以总兵尽先补用。

降补副将贺三元，请以副将留甘尽先补用。

补用副将张增庆、左宗灿、张得胜、龙德和、贺章彬、贾鸿增，补用副将甘肃凉州镇标左营游击姚发义，均请赏加总兵衔。

副将衔留甘补用参将湛先德、副将衔陕甘补用参将李绍裔、补用参将黎锦春，均请以副将尽先补用。

凉州镇标右营游击章凤先，补用游击赵景奎、邓仕高、赖望云、赖守文，均请赏加参将衔。

凉州镇标后营都司范德元，请赏加游击衔。

留甘补用参将王梓材、盛如升、补用参将李友胜、何迎发、李长富、赖榜，均请赏加副将衔。

陕甘尽先游击柳景德、留甘补用游击谢仁抚，均请以参将升用。

补用游击杨政卿，请以参将留甘尽先补用。

参将衔补用游击叶玉春、副将衔游击赖明佑，均请以参将尽先补用，叶玉春并请赏加副将衔。

参将衔补用游击胡得彪、毛熙隆，均请以参将补用。

湖南协标补用都司眭小春、尽先都司甘肃凉州镇标中营守备陈举，均请以游击升用。

留甘补用都司袁盈发、补用都司岳遵岱、高庆、曹高魁、陈念祖，均请以游击尽先升用。

蓝翎游击用补用都司王有德、蓝翎补用守备陈继祖、陈述祖，均请赏换花翎。

都司衔尽先守备王秀莲、补用守备朳延英、聂昭沛、王树声，都司衔升用守备凉州镇标中营千总雷德忠、升用都司凉州镇标右营把总吴忠得，均请以都司尽先补用。

守备衔补用千总魏献廷，请赏戴蓝翎。

补用千总李芳桂、黄登云、梁朝元、朱锦春，守备衔千总刘延功、段应甲、王喜贵，均请以守备补用。

都司衔郑标、许礼华，均请赏给三品顶戴。

蓝翎甘肃候补知府谢成凤，请赏换花翎。

运同衔留甘补用知州严先礼，请俟补缺后，以直隶州知州尽先补用。

分省即补从九品余荣绥，请以县主簿升用。

即选从九品严逢壬，请赏戴蓝翎。

增贡生杨道南、监生谢传霖，均请以巡检归部尽先即选。

文童何廷桢、余鹤年、李西庚、丁蔚森、严泽昆、邓秉忠、李钧、武镇南、邓植璧，均请赏给七品顶戴。

候选吏目晁尚荣，请赏加州同衔。

头品顶戴记名提督谭洪发，记名提督李全高、周万俊、丁全德、杜青云，升用提督留陕补用总兵周贵清，提督用记名总兵李荣华，均请交部议叙。

记名总兵向兰桂，请赏给正二品封典。

补用总兵柳育兴、殷亮，记名总兵江进贤，均请赏加提督衔。

蓝翎留甘补用参将晏明高，请赏换花翎。

游击衔补用都司危光华、补用都司杨文蔚，均请以游击尽先补用。

守备衔拔补千总倪嘉才、徐笙洛、龙成章，千总欧阳森、黄光武，均请以守备补用。

留陕甘推补副将肃州镇标右营游击周昆，请以总兵升用。

即补守备李善本，请以都司补用。

州同衔候选从九胡叶浚，请俟选缺后，以主簿用。

文童叶复初、范培元、王腾骥，均请赏给从九职衔。

陕西布政使叶伯英，请赏加头品顶戴。

选用从九品魏炘、史载笔、范棠、魏中田、王德峻、监生胡元佐，均请以巡检归部尽先选用。

指分山西补用按司狱唐景云，请俟补缺后，以布库大使升用。

同知衔知县用山西试用县丞杨辉楷、知县用陕西试用县丞周显焌，均请以知县仍留原省尽先补用。

东河候补通判李钟，请俟补缺后，送部引见。

布理问衔准补陕西兴安府照磨徐廷钰，请以布理问仍留原省补用。

主簿用候选从九品杨潮瀚，请以主簿归部尽先选用。

候选典史韩倬、候选从九品陈斐章，均请俟选缺后，以主簿升用。

文童杨仪隆、张承升、蔡声和、朱敬、史慎、何涛、雷启英、郭治臣、吴慎修、史坤，均请赏给从九职衔。

附生李攀桂、即选从九品陈广进，均请以县主簿选用。

县丞职衔魏鸿勖，请以县丞选用。

从九职衔倪恒源，请以按司狱选用。

理问衔四川试用州判杨士瑗，请赏戴蓝翎。

六品衔甘肃补用知县别莹，请俟补缺后，以通判用。

盐提举衔不论双单月选用通判孙金镜，请以本班不论双单月尽先选用。

同知衔补用直隶州陕西候补知县陈爵之、陈则龙，均请赏给随带加二级。

留甘补用县丞魏宝仁，请赏加州同衔。

升用主簿留陕补用从九品郑乃赓,请赏加州同衔。

附生蓝元福,请以吏目归部尽先选用。

从九品陈继本,请赏给六品顶戴。

陕西候补同知谭士赞,请以本班归候补班前补用。

分省补用巡检王尊贤,请以主簿升用。

五品顶戴不论双单月选用盐知事谭典,请以本班遇缺尽先即选。

知府衔河南候补直隶州知州前署淅川同知吴若烺,请俟补缺后,以知府补用。

理问衔河南淅川厅荆紫关县丞李庆霖,请以知县在任候升。

都司衔陕西提标即补守备苏金传、彭耀林,都司衔陕西提标补用守备王志才、王玉贵,都司衔留陕补用守备郑希成,都司衔留黔补用守备曾邦贵,陕西提标补用守备苏长德,陕甘补用守备张振国,均请以都司仍留各原省补用。

拔补千总杜广万,尽先千总丁德和、刘开福、徐国明,五品顶戴尽先千总蒋全德,均请以守备尽先补用。

补用守备李占胜,请以都司留陕补用。

都司衔陕西提标即补守备石凤鸣,都司衔留陕即补守备邹福山,补用守备胡德福、刘铭芳,都司用陕西芦塘营千总靳魁,都司衔尽先守备罗朝芝,均请以都司遇缺即补。

副将衔补用参将王佩玖,请赏给二品顶戴。

补用都司阎士秀、苏炳臣、龚自正、黄良田,补用都司陕西靖远营千总徐立功,升用都司河南荆紫关协左营千总刘允恒,均请赏加游击衔。

留陕补用都司刘得胜,请以游击仍留原省尽先补用。

副将衔补缺后尽先游击河南候补都司阎士俊,请赏给二品封典。

副将衔补用参将杨宗贤,请以副将仍留湖广尽先即补。

补用守备恩骑尉世职固原提标右营千总党玉春,请以都司仍留原标补用。

留陕提标补用千总叶魁、升用守备陕西抚标尽先把总李启云,均请以守备仍归原标补用。

甘肃提标补用千总王进禄、蓝翎千总李凤魁,均请赏加守备衔。

都司衔陕西抚标即补守备张玉成,请赏戴蓝翎。

都司衔陕西提标即补守备潘得胜，请俟补缺后，以都司仍留原标补用。

湖南抚标补用游击张宜仁，请赏加副将衔。

尽先游击饶正才，请以本班归湖南抚标尽先补用。

尽先游击蓝斯馨，请以参将补用。

参将用尽先游击沈永祜，请以参将归陕甘督标尽先补用。

河南尽先都司署荆紫关协左营都司世袭云骑尉范国栋，请俟补缺后，以游击升用。

记名提督署河南荆紫关协副将蓝斯明，请赏给勇号。

盐运使衔甘肃遇缺题奏道易孔昭，请赏加二品顶戴。

知府衔浙江补用运副唐福恒，请俟补缺后，以知府升用。

留甘补用同知周瑞清、分省补用同知吴鹤鸣，均请赏加知府衔。

分省补用知州王世烨、蔡棣荣、升用同知湖北襄阳县知县梅冠林，均请赏给随带加二级。

发甘委用知县匡翼之、分省补用知县王谆、候选知县黄学干，均请赏加同知衔。

五品衔候选州同胡乃麟、谢宝生，均请俟选缺后，以知州升用。

盐提举衔浙江补用通判陈寿祺，请以本班仍留原省，归候补班前补用。

知县用湖北补用县丞张南瑾，请以知县仍留原省补用。

分省补用县丞廖沛霖，请赏加州同衔。

湖北分缺先用典史宋学庄，请赏加州判衔。

江西试用县丞彭鋆、理问衔江西试用府经历李振清，均请俟补缺后，以知县升用。

指分河南试用巡检龚学源，请以本班仍留原省，归候补班前先补用。

选用从九品苏焕文，请俟选缺后，以县丞用。

候选从九品欧阳海门，请俟选缺后，以主簿用。

文童周寿麟、李灼南、吴英钧、王模龄，均请赏给从九职衔。

监生李锡壬，请以巡检选用。

候补参将田宝文，请赏加副将衔。

游击衔即补都司高长洪，请以游击留湖广补用。

候补都司张文连，请赏加游击衔。

拔补千总黄有星、梁春和、彭茂林，均请赏加守备衔。

记名总兵左有才，请赏给正二品封典。

尽先副将宋云友，请赏加总兵衔。

副将衔尽先参将杨昌基，请俟补缺后，以副将尽先即补。

即补参将左光元、尽先都司补缺后序补游击文定湘，均请赏加副将衔。

尽先游击丁胜友，请以参将补用。

都司衔尽先守备补缺后序补都司刘淇澳、尽先守备补缺后序补都司朱怀安，均请赏给三品顶戴。

留湖广即补卫守备邓得胜，请赏加四品衔。

尽先千总补缺后序补守备刘厚毓、黄静臣、邓岐山、刘万秀、谢有胜、罗义发、童加照、萧胜清、彭里仁，均请赏加都司衔。

尽先千总刘芝宇、刘逢春、刘胜友、萧昌喜、罗凤池，均请赏加守备衔。

文童周雨时、左玉振、易叶庚，均请赏给从九职衔。

附生邹希、孟佾生、张建勋，均请以巡检归部选用。

副将衔尽先游击湖南永绥协中军都司张理玉，请以副将尽先补用。

补用都司吴明德，请以游击升用。

副将衔湖北补用参将余岳祥，请以副将升用。

补用都司赵德开、胡材贵、史金鹏，均请赏加游击衔。

补用守备张理清、罗成龙，江南督标补用守备史飞鹏，均请赏加都司衔。

尽先千总徐全炳、张云来、刘明才、张鹤年，均请赏加守备衔。

升用守备陈士恒，请赏加都司衔。

补用都司沈步高，请赏加游击衔。

尽先把总祝洪升、张得胜，均请赏加守备衔。

留江南以千把用武举史佐尧，请以守备尽先补用。

盐运使衔湖北候补知府鲁欲仁，请赏给随带加一级。

选用主簿杨文宣，请以县丞升用。

分省补用巡检沈茂林，请赏加州判衔。

文童张舜臣、张紫英，均请赏给从九职衔。

总兵衔长江补用副将黄荣华，请俟补缺后，以总兵补用。

两江补用副将詹定邦，请赏加总兵衔。

尽先都司陶运亨、吴文瑞，均请赏加游击衔。

蓝翎都司衔尽先守备王兴仁、彭三泰,均请赏换花翎。

尽先守备陈启文、林万勇、萧全友,均请赏加都司衔。

守备衔尽先千总赵世荣,请以守备补用。

尽先千总王宝林、杨兴发、王万钟、覃国祥、朱诗章,均请赏加守备衔。

六品军功张秉钧,请赏给五品翎顶。

军机大臣奉旨:览。钦此。①

050. 呈酌保各省关筹饷出力人员清单

光绪十年八月二十二日(1884年10月10日)

谨将酌保各省关筹饷出力人员,缮具清单,恭呈御览。

金陵筹解协饷各员:

二品顶戴江苏候补道朱澄,请赏给随带加二级。

二品衔江苏候补道郭阶,请赏给随带加一级。

江苏补用道王开炳,请赏加二品衔。

三品衔道员用江苏试用知府程仪洛、胡廷玉,均请俟归道班后,赏加二品顶戴。

知府用江苏补用同知陈家熊、倪人涵,知府用江苏补用同知世袭云骑尉周澄清,均请俟归知府班后,赏加三品衔。

江苏候补班前先即补知州陆铣、补用知州江苏试用通判李孟康,均请赏加四品衔。

知府衔江苏试用同知曹荣黻、倪文英、聂徽琨,江苏候补同知周肇文,均请俟补缺后,以知府用。

升缺用江苏候补同知庆锡壬,请赏加知府衔。

同知衔同知用本班尽先江苏试用知县郝炳纶,请俟归同知班后,赏加知府衔。

同知衔直隶州用江苏候补知县桂正华,请俟归直隶州后,赏加四品顶戴。

四品衔江苏尽先试用通判倪人垲,请俟补缺后,以同知补用。

①中国第一历史档案馆藏:《清单》,档案编号:03—6610—033。

同知衔江苏候补知县敖春仁,请俟补缺后,以同知用。

同知衔江苏教习知县邢毓馨、江苏候补知县马光勋,均请以本班尽先补用。

江苏教习知县吴受颐、江苏优贡知县左斌、江苏候补知县陈维新,均请赏加同知衔。

同知衔泰兴县知县陈谟、同知衔准补崇明县知县吴成周,知府用补用直隶州江苏候补知县张恩黻,运同衔直隶州用江苏候补知县黎功叙,同知衔直隶州用江苏候补知县周玉鸿、王恩培,同知衔江苏候补知县郑兴仪、寻世珍、梁得山、龚长恩,同知衔江苏即用知县舒朝冕,同知衔江苏大挑知县张廷良,六品衔江苏试用知县许肇基,均请赏给议叙加二级。

大挑二等教职邢树馨,请以本班尽先选用。

江苏尽先试用布库大使张笃,请俟补缺后,以知县补用。

五品顶戴尽先补用县丞江苏候补班前尽先补用巡检陈昆笙,请赏给议叙加一级。

江苏试用从九品叶炜,请俟补缺后,以主簿用。

江苏试用从九品陈熙、候选从九品毛炳华,均请赏加六品衔。

廪生胡廷玮、监生王诗藻,均请赏加六品顶戴。

文童陈铣、季锡鸾、游建基、荆绍汾、胡廷翰、李世钧、万鸿勋、黄云鹤、吴庆荣、龚嗣浩、朱松龄,均请赏给从九职衔。

同知直隶州用江苏试用知县冯誉骥,请归候补班不论繁简,遇缺前先补用。

广西试用通判梁庆鎏,请俟补缺后,以知州补用。

江苏试用布政司理问吴凤池,请俟补缺后,以知州用。

江苏候补道孙传樾,请赏加二品顶戴。

知府衔江苏补用直隶州知州周绍斌,请赏给四品封典。

从九品衔沈瑞麟,请以巡检不论双单月选用。

候选正谕汪伯埙,请以本班尽先选用。

双单月选用训导孙传恩,请以本班不论双单月归部选用。

盐提举衔江苏补用通判易绍勋,请赏加四品顶戴。

五品衔江苏补用知县程锦澄,请赏给随带加一级。

文童洪汝沂、梁丕旭、洪文显、杨启昭,均请赏给从九职衔。

江苏候选训导王澄，请以本班遇缺尽先选用。

廪生汪文黼，请赏加六品顶戴。

候选内阁中书梁肇修，请赏加五品衔。

同知衔分省补用知县吴兆张，请俟补缺后，以同知补用。

州同衔补用府经历县丞分省补用主簿洪锡祺、补用府经历县丞江苏补用县主簿李銎，均请俟补府经历县丞后，以知县升用。

六品衔候选县丞周沛昌，请俟补本班后，以知县升用。

从九品职衔朱大铣、严用炳、胡庆元、朱从善、洪志新，均请以巡检归部选用。

从九品职衔周懋琳、后珩书，均请以从九品归部选用。

五品翎顶章勋，请赏换四品顶戴。

五品衔蓝翎候选州吏目江润，请赏给五品封典。

书吏郭启泰、阮乔生，均请赏给从九职衔。

文童王家振，请赏给七品顶戴。

应得职衔文生易家璠、吴之英，请以巡检归部不论双单月选用。

蓝翎两江拔补千总操芳猷，请赏加守备衔。

江苏试用从九品洪吉瑛，请赏加县丞职衔。

两江升用都司李家泰，请以游击仍留两江补用。

补用都司孙绍钧，请以游击留两江尽先补用。

俊秀郭宝时、赵金彝、孙廷奎，均请赏给从九品职衔。

江苏筹解协饷各员：

江苏布政使谭钧培，请赏加头品顶戴。

二品衔江苏按察使许应鑅，请赏给随带加一级。

二品顶戴江苏前先补用道汪福安、二品顶戴江苏候补道钱宝传，均请赏加一级记录二次。

二品顶戴按察使衔江苏题奏道苏元瑞，请赏给二品封典。

二品衔江苏候补道朱福清，请赏加二品顶戴。

盐运使衔补用道江苏候补知府李宝森、三品衔遇缺题奏道候补知府杨靖、三品衔补用道江苏候补知府方德骥，均请俟归道班后，赏加二品顶戴。

三品衔江苏补用知府杨锡麒、道衔江苏候补知府褚成绩、道衔江苏尽先补用知府吴道中、三品衔江苏尽先补用知府张榆，均请俟补缺后，以道员升用。

三品衔升用道江苏候补知府方鸿,请俟补缺后,以道员仍留原省,归候补班前补用。

江苏候补知府时乃风,请赏加三品衔。

道员用江苏尽先补用知府张炳生,请赏加盐运使衔。

四品衔前先补用知府江苏候补同知陆家櫰、知府用江苏候补同知翁庆龙,均请赏加三品顶戴。

补用知府江苏候补直隶州知州吴政祥,请以直隶州知州本班前先即补。

知府衔江苏候补直隶州知州丁骧、江苏尽先补用同知韦定桢,均请俟补缺后,以知府用。

补用知府江苏候补同知郭元昌,请俟补缺后,以知府前先补用。

四品衔江苏补用知州钱绳勋,请俟补缺后,以直隶州知州用。

江苏候补同知邵景书,请俟补缺后,以知府用。

知府用江苏苏州府总捕同知徐致和、四品衔补用知府前先直隶州准补高邮州知州谢国恩、知府衔补用同知直隶州江苏候补知县查以观、四品衔前先补用直隶州知州江苏尽先候补知县李玉方、补用同知直隶州江苏候补知县周相辅、五品顶戴补用知县江苏候补县丞翁廷槐,均请赏加一级记录二次。

盐提举衔江苏试用通判曾熙钧、同知衔江苏候补班前先补用知县姚锡爵、四品衔江苏候补知县钱麟图、五品衔江苏候补知县周濂,均请俟补缺后,以同知用。

江苏候补知县杨岳方、归班截取江苏试用知县乔骏、大挑江苏候补知县陈光湛,均请赏加同知衔。

补用同知直隶州知州江苏候补知县洪衍庆,请赏给议叙加二级。

同知衔升用同知江苏尽先补用知县吕明谦,请俟归同知班后,赏加知府衔。

补用同知江苏候补知县杨昌荣,请赏给五品封典。

补缺后知县用江苏候补经历吴长吉、补缺后知县用江苏试用县丞郑光森,均请赏加六品顶戴。

六品衔指分江苏试用府经历沈振彩、江苏遇缺即补县丞朱兆锜、州同衔江苏尽先补用县丞汪铭恩，均请俟补缺后，以知县升用。

五品衔在任候补知县江苏长洲县县丞陈叔谦，请开缺离任，归知县本班补用。

盐提举衔江苏即补府经历县丞张名世，请赏给五品封典。

同知衔升用知县江苏候补县丞何霁光，请俟补缺后，以知县仍留原省前先补用。

知县用江苏试用县丞孙应昭，请以县丞本班尽先前补用。

五品衔江苏补用县主簿程恩浩，请俟补缺后，以县丞仍留原省前先补用。

运判衔补用府经历分缺间用巡检陈时夏，请以巡检本班前先补用。

徐州府萧县典史李椿寿、不论双单月尽先选用从九品周镔基，均请赏加六品衔。

廪贡生段维桂，请赏加州同衔。

主簿用江苏试用从九品江图笙，请赏加布理问衔。

五品顶戴蓝翎尽先补用知县候选县丞陆寿慈，请赏加随带加一级。

军功六品顶戴韩梓瀛，请赏加五品顶戴。

俊秀彭家桢，请赏给从九品职衔。

安徽筹解协饷各员：

布政使衔安徽候补道刘传桢，请交部从优议叙。

三品衔安徽试用知府松峻，请俟补缺后，以道员用。

知府衔安徽试用直隶州知州孙启楣、运同衔安徽试用同知许以增，均请俟补缺后，以知府补用。

安徽候补同知沈德润、安徽试用同知吴乃斌、补缺后直隶州用安徽试用通判李汝霖，均请赏加知府衔。

同知衔安徽试用通判周维新，请以通判归候补班尽先补用。

提举衔安徽试用通判向懋楚，请俟补缺后，以知州用。

同知衔安徽候补知县谭廷献、吴云翔、柏其浚，均请俟补缺后，以同知用。

安徽试用县丞熊瑞生、黄锡琛、安徽试用府经历彭名保，均请俟补缺后，以知县用。

安徽试用巡检汪昌寿，请俟补缺后，以主簿用。

俊秀张垲，请赏给从九职衔。

补用都司魏本云，请俟补缺后，以游击用。

江西筹解协饷各员：

前署江西布政使升任福建布政使沈保靖，请交部从优议叙。

二品衔江西盐法道王嵩龄、盐运使衔江西候补道周溯贤、江西候补道范鸣龢、江西督粮道松昆，均请交部议叙。

盐提举衔江西布政司经历连级，请以知州在任补用。

江苏试用布理问吴继祖、四品衔候选布经历朱其昌，均请俟补缺后，以知州用。

盐运使衔道员用江西南昌府知府贺良桢、盐运使衔道员用江西补用知府荣绶、盐运使衔补用道江西临江府知府王之藩，均请俟补道员后，赏加二品顶戴。

前任江西南康府知府曹东浚、道员用江西候补知府刘锡鸿，均请赏加盐运使衔。

补用知府江西南昌县知县汪世泽，请俟归知府班后，赏加道衔。

盐运使衔江西候补知府颜钟骥、三品衔江西候补知府冯芳植，均请俟补缺后，以道员升用。

江西试用知府何焕章、叶如圭，均请赏加道衔。

同知衔江西即用知县朱彭年、同知衔江西补用知县汪恩潍、同知衔江西试用知县杨青选，均请俟补缺后，以同知用。

补用知府分省补用同知王向荣，请赏加道衔。

同知衔直隶州用江西雩都县知县庞福祥，请俟补直隶州后，以知府仍留原省补用。

运同衔江西南昌府同知崔国榜、在任候选知府尽先升用直隶州江西临川县知县汪以诚，均请赏给随带加一级。

同知衔江西贵溪县知县刘瑞璋、同知衔江西瑞金县知县文聚奎、同知衔江西鄱阳县知县贺宏勋、同知衔江西新建县知县冷鼎亨，均请以同知在任候补。

六品衔江西候补县丞许钟秀，请俟补缺后，以知县升用。

江西试用县丞张善铎，请以县丞归候补班前补用。

补用同知准补江西玉山县知县孟庆云，请俟补同知后，赏加知府衔。

道衔江西候补知府许善长,江西候补知府潘国祥,同知衔升用同知直隶州知州江西奉新县知县蒋诚,同知衔江西候补知县王鹏海、杨际云、陆垣,江西道库大使顾瑞骏,均请赏给随带加一级。

候选布理问吴寿康,请赏加五品衔。

提举衔留江试用通判汤济川,请以通判仍留江西,归候补班前遇缺补用。

江西分缺先用县丞兼袭云骑尉赵天向,请俟补缺后,以知县补用。

补用知县试用府经历张竹孙,请以府经历归候补班前补用。

升缺升用江西试用府照磨饶沛霖,请赏加六品顶戴。

试用典史韩效宗,请俟补缺后,以州吏目用。

五品顶戴不论双单月选用从九品刘达璋,请俟补缺后,以县主簿用。

五品顶戴应升之缺升用分缺先选用巡检裘雍礼,请以巡检不论双单月,遇缺尽先选用。

五品顶戴不论双单月选用从九萧炳贞,请选缺后,以主簿升用。

五品顶戴未入流方佐廷,请赏给五品封典。

五品顶戴张鹤龄,请赏戴蓝翎。

知县用江苏试用县丞刘忠坝,请以县丞归候补班前补用。

不论双单月选用从九品钟世福、刘谦,均请赏加六品衔。

未入流职衔郑以诚,请赏加六品顶戴。

五品顶戴不论双单月选用布经历袁骏,请俟选缺后,以同知补用。

府经历职衔伍式龄,请以府经历选用。

五品顶戴熊文治、六品顶戴程步瀛、七品顶戴宗升杰、监生刘天禄、俊秀赖培英,均请以从九品选用。

分缺先选用府照磨周修鉴,请赏加六品顶戴。

五品顶戴监生吴增炜,请以巡检用。

五品顶戴双月选用从九品吴庆声、双单月选用从九品丘观锡、五品顶戴双单月选用从九品叶澧,均请赏加县丞职衔。

五品顶戴李厚涛,请赏加四品衔。

同知衔分省补用知县刘静宜,请以本班仍分省尽先前补用。

五品顶戴刘萼荣、叶恩溥、刘树升,均请以从九品选用。

俊秀詹宝善、胡懋楠、杨维新、刘树春、罗祖香、周志濂,均请赏给从九职衔。

闽海关筹解协饷各员：

四品衔补用同知选用通判梁翼展，请以通判不论双单月，遇缺尽先即选。

道员用江苏补用知府柯玉栋、浙江补用知府李彤恩，均请赏加三品衔。

福州驻防镶蓝旗协领得泉，请赏加副都统衔。

五品顶戴补用同知福建试用通判沈学海，请赏加四品衔。

附生李淦，请以从九品归部，不论双单月选用。

浙江筹解协饷各员：

浙江布政使德馨，请赏加头品顶戴。

前两浙盐运使王化堂、惠年，现任两浙盐运使觉罗成允，前任浙江督粮道胡毓筠，现任浙江督粮道廖寿丰，均请交部议叙。

二品顶戴候补道蒋国桢，请以本班尽先前补用。

二品顶戴按察使衔补用道李幅耀，请赏给正二品封典。

布政使衔候补道盛康、盐运使衔补用道候补知府陈汝济，均请赏给议叙加一级。

三品衔补用道候补知府林祖述，请俟归道员后，赏加二品顶戴。

补用同知候补知县胡培元，请俟归同知后，赏加四品衔。

补用同知直隶州泰顺县知县孙晋梓，请俟补同知直隶州后，以知府用。

同知用教习知县孙寿彭，请赏给议叙加一级。

知州用布政使经历张溥，请俟补缺后，以知州归候补班前补用。

补用知县分缺间用府经历杨光熙，请以府经历本班分缺间前补用。

补用县丞吴喜孙，请俟补缺后，以知县用。

分缺先用巡检张世泰，请以本班归分缺先前补用。

试用从九品顾志莱，请以州吏目尽先前补用。

试用巡检江树勋、于俭，均请以本班尽先补用。

试用同知候选知县邹寿祺，请赏给议叙加一级。

三品衔题补道宋颐，请赏加二品顶戴。

三品衔补用道候补知府舒大章，请俟归道员后，赏加二品顶戴。

三品衔补用道候补知府杨叔泽，请俟补缺后，以道员归候补班尽先补用。

三品衔补用道候补知府常黻,请交部从优议叙。

同知衔升用知县前浙江仁和场大使余庆麟,请以盐大使本班仍留原省,归候补班前补用。

二品衔特用道梁恭辰,请交部议叙。

二品顶戴按察使衔候补道唐树森,请赏给正二品封典。

二品顶戴候补道吴崇阶,请以本班尽先前补用。

候补道魏汝弼,请赏加盐运使衔。

三品衔杭州府知府吴世荣,请赏给议叙加一级。

三品衔候补班前补用知府周李燮,请俟补缺后,以道员用。

五品衔候补知县江澄、李文藻,均请俟补缺后,以同知用。

同知衔尽先议叙知县庄殿华,请俟补缺后,以同知补用。

主簿用试用典史杨益晋、分发江苏试用府经历沈乃楫,均请各以本班尽先前补用。

五品衔补用县丞候补主簿何联芳,请赏给五品封典。

五品衔试用主簿潘诚志,请以县丞补用。

同知衔藩库大使程国嘉,请赏给议叙加一级。

提举衔在任前先补用知县运库大使于锡祉,请俟补知县后,以盐提举补用。

四品衔补用通判布理问兼粮库大使杜承恕,请赏给议叙加一级。

盐课大使衔徐干,请赏加州同衔。

知县用福建试用县丞沈谦,请以县丞本班尽先前补用。

从九品衔朱学海,请以从九品选用。

选用从九品周学本、选用未入流张庆桃,均请赏加六品顶戴。

六品衔选用从九品王黼卿,请俟补缺后,以县丞用。

四川筹解协饷出力各员：

四川候补知府唐翼祖、熊绍璜,均请赏加盐运使衔。

四川布政使易佩坤,请赏给随带加二级。

知府用四川候补同知萧锦、补用直隶州知州四川候补知县马德澄、同知衔四川候补班前尽先补用知县张楂、四川即用知县傅维弼、同知衔四川候补知县王德润、候补知州汪赞元,均请赏给随带加一级。

知州用四川分缺间补用通判李寿昌,请赏给四品顶戴。

四川试用知县庄荫葵，请俟补缺后，以知州用。

同知衔孝廉方正四川试用知县王翔麟、四川即用知县杨汝偕、韩镇周、四川大挑知县武宪章，均请以本班尽先补用。

同知衔四川候补知县周震、提举衔四川试用通判马廷培、同知衔候补知县凤全、同知衔补缺后直隶州用试用知县缪廷祺、直隶州知州用五品衔候补知县张佑，均请赏给议叙加二级。

六品衔知县用四川候补县丞亢如埧，请赏加五品顶戴。

四川议叙知县何念慈、试用知县吴开泰，均请赏加知州衔。

同知衔四川教习知县李如莲，请俟补缺后，以同知补用。

同知衔署库大使大挑知县借补涪州州同张璈，请以同知在任候升。

试用同知赵承基，请赏加运同衔。

候补知县施蓉，请赏加同知衔。

提举衔候补通判钱宝珍，请俟补缺后，以盐提举尽先补用。

候补知州陈溥，请以知州本班尽先补用。

候补知县孙潊，请以本班归候补班尽先补用。

候补知县陆嘉谟，请俟补缺后，以知州升用。

降补府经历县丞吴熙，请归降补府经历县丞本班，不论双单月尽先选用。

即用知县载锡麟，请以本班尽先前补用。

同知衔候补知县张毓松，请俟补缺后，以同知升用。

候补班前先补用直隶州知州马秉衡，请赏加知府衔。

六品军功万理源、吴书泽、周其清、向金恩、杨泽葵、巫理璋、何德凤、赵瑄、刘荧照、陈秉中、何安贞、胡云汉、吴世桢、李鸿海，均请赏给五品翎顶。

八品军功刘清和、杨振声、李时勋、冯培基、黄泽普、刘国才、刘祥瑞、黄克相、黎靖、李清忠、刘升懿、江济安、张汝湘、尹绍伊、卢灿章、黄庆云，均请赏给从九职衔。

文童刘藜照、李时芳、萧崇德、罗宗坊、卢明启、李绍陶、陈文焕、萧胜芳、戴羹和、黎珣、高绍阳、杨茂溪、韩大魁、郑开聪、余玉成、谭骧文、罗运礼、程大涵、张景丰、唐我辰、李荣臻、刘洪猷，均请赏给七品顶戴。

四川试用巡检王世明，请归候补班尽先补用。

县丞职衔谭廷弼，请赏给六品顶戴。

湖南筹解协饷各员：

布政使衔署湖南布政使按察使孙翘泽、二品衔湖南粮储道夏献云、湖南盐法长宝道郭从矩、按察使衔湖南候补道谢廷荣、二品衔湖南候补本班尽先补用道但湘良，均请交部从优议叙。

二品衔湖南候补道吴锦章，请赏给二品封典。

署理长沙府知府高万鹏，请赏加盐运使衔。

盐运使衔补用道湖南候补知府庄赓良，请俟补道员后，赏加二品顶戴。

补用道湖南候补知府盛庆绂、道衔湖南候补知府赵环庆，均请赏加三品顶戴。

湖南尽先补用知府范正声、湖南候补知府李有棻，均请赏加道衔。

盐运使衔道员用湖南候补班前先补用知府周麟图、同知衔湖南试用知县何廷俊，均请交部从优议叙。

三品衔知府用湖南尽先补用直隶州知州钱绍文、运同衔湖南试用同知谢尚琦、运同衔湖南候补直隶州知州董仲孚、补用直隶州知州湖南候补知县任如昉，就请赏加随带加一级。

尽先补用知府湖南候补直隶州知州陈国仲，请赏加盐运使衔。

提举衔补用同知直隶州知州湖南试用通判江篸，请赏加四品顶戴。

同知衔补用直隶州知州湖南候补本班尽先补用知县颜玉成、同知衔补用同知湖南候补班前补用知县胡学潮、同知衔湖南候补知县孙兆桐，均请赏给随带加一级。

同知衔湖南候补班补用知县张尔恒，请俟补缺后，以同知直隶州知州补用。

知府衔湖南试用同知孙家翙，请俟补缺后，以知府补用。

同知衔补用直隶州知州湖南候补知县吕懋赏，请俟归直隶州知州班后，赏加四品衔。

同知衔补用同知湖南候补知县任凤藻，请俟归同知班后，赏加四品衔。

湖南试用同知刘桐封，请归试用班前补用。

五品衔湖南候补班前补用州判浦文彬，请俟补缺后，以知县补用。

六品衔湖南尽先前补用巡检汪衡，请俟补缺后，以府经历县丞补用。

选用从九品牟阶平，请以巡检不论双单月，遇缺尽先选用。

同知衔补用直隶州知州遇缺即选知县朱辅廷，请俟归直隶州知州班后，赏加四品衔。

六品军功从九职衔徐寅清，请以从九品归部不论双单月选用。

文童罗诗玗、方绳武、彭耀焜，六品军功朱含章，均请赏给从九职衔。

选用未入流方发轫，请赏加六品顶戴。

广东筹解协饷各员：

广东布政使刚毅、升用云南布政使前署广东布政使龚易图，均请交部从优议叙。

二品顶戴广东盐运使周星誉、二品顶戴盐运使衔广东督粮道李培祜，均请交部议叙。

盐运使衔广东惠湖嘉道张联佳、按察使衔广东候补班前补用道周炳勋，均请赏加二品顶戴。

广东试用道彭懋谦，请赏加按察使衔。

广东候补班前补用知府常穆，请赏加道衔。

广东候补班前先补用直隶州知州吴宗焯，请赏加知府衔。

广东试用通判王存善、广东候补通判刘宗琨、广东大挑知县黄桢，均请赏加同知衔。

广东试用布政司经历程玮、广东试用县丞乌尔兴额、广东试用巡检丘世珍，均请以各本班尽先补用。

五品衔广东补用布政司经历俞士标，请赏给五品封典。

广东试用按察司经历周丽章，请赏加五品衔。

广东试用盐运司经历周继林、广东试用府经历王锡林、广东分缺先用府经历潘志赓，均请俟补缺后，以知县升用。

广东前先补用从九品胡德培，请俟补缺后，以县主簿升用。

河南筹解协饷各员：

蓝翎候选县丞王立本，请俟选县丞缺后，以知县升用。

六品顶戴候选巡检杨学士，请俟选缺后，以县丞升用。

分发湖北试用巡检冯亿，请以本班尽先补用。

五品顶翎王纯义、六品顶翎吕介臣、八品顶戴陈恭寿，均请赏给县丞职衔。

文童吴裕怀，请赏给从九职衔。

外奖六品翎顶典史吕贤文，请以巡检升用。

知府用候补同知英惠，请赏加知府衔。

提举衔候补通判徐承炽、提举衔同知用候补通判彭运鲸，均请赏加四品顶戴。

同知衔候补知县全德谦、于文泉，四品衔候补通判何桐青，候补县丞刘豫立，均请赏给议叙加一级。

候补府经历熊远光，请赏加州同衔。

候补巡检李伯镒，请赏加六品衔。

知县用候补府经历张祖荫，请赏加六品衔。

同知衔直隶州用题补渑池县知县傅檩、盐提举衔前陕州州判卫隽康，均请赏给议叙加二级。

文童田成德、常联第、李嘉言、曹豫章、陈传勋，均请赏给从九职衔。

候补府经历马希周，请以本班委用。

先补用候补府经历屠兆鸿，请赏加州同衔。

候选府经历许永年，请赏加六品衔。

候选州吏目李垣，请俟选缺后，以府经历升用。

候选典史吕宝三，请以本班仍归部，不论双单月遇缺尽先前选用。

附生张凤翔，请以典史归部，不论双单月尽先前选用。

六品蓝翎候选从九品王勋，请俟选缺后，以县丞升用。

七品顶戴典史张薰，请以巡检归部选用。

八品顶戴梁栋材，请赏给六品顶戴。

千总用尽先把总王云梯，请赏加守备衔。

山东筹解协饷各员：

头品顶戴山东布政使荣保，请赏给随带加一级。

同知衔候选知县燕华庆，请俟选缺后，以同知直隶州知州用。

候选府经历曹润田，请俟选缺后，以知县补用。

补用从九候选未入流曹万清，请以县丞选用。

山西筹解协饷各员：

山西试用知县张祖均、赵尔颐、祝汝霖，山西分缺间补用县丞严汝鹏，山西试用府仓大使陈开荣，山西分缺间补用巡检刘宝康，山西试用巡检周熙雍，均请各以本班归候补班前补用。

同知衔山西试用知县定荣，请俟补缺后，以同知直隶州知州用。

升用知县山西候补府经历戈锡英，请俟补缺后，以知县归候补班前先补用。

知县用山西尽先补用府经历齐福田，请俟府经历补缺后，以知县归候补班前先补用。

山西试用县主簿张良櫄，请俟补缺后，以府经历归候补班前先补用。

山西尽先补用按司狱王文玉、山西分缺先用巡检刘德淦，均请俟各本班补缺后，以府经历补用。

山西部库大使屠松本，请赏加五品顶戴。

山西试用直隶州知州福增、山西试用通判李德邻、山西试用知县吴之桓、郑书玑、山西试用府经历卢济恩、阎震甲、山西试用巡检李炳麟、山西试用同知张承熊，均请以各本班归候补班前先补用。

山西候补直隶州知州瑛连，请赏加知府衔。

陕西候补知县唐钰、赵业南、山西大挑知县马汝良，均请赏加同知衔。

山西候补府经历常冠嵩，请俟补缺后，以知县升用。

山西补用巡检曾德重，请俟补缺后，以县丞用。

山西分缺先用典史卢公元，请俟补缺后，以巡检补用。

河东试用盐经历韩国昌、戈随、孙文鋆、汪寿坤、河东试用盐巡检王春熙、鲁钧、程恩坤、冯家珽、宋恒年、方皋、张冲霄、于百龄、温绍先、王承熙、原作霖，均请以各本班尽先前补用。

河东中场盐大使吴傅纶、西场盐大使曹槐，均请赏给议叙加二级。

河东长乐司巡检申嗣元、圣惠司巡检苑春和、盐池司巡检袁缙业，均请赏给议叙加一级。

山西河东候补盐经历曾继荣、任植元，河东候补盐大使特通额，试用盐大使季波、蒋式榕，均请赏加盐运判衔。

候补盐巡检缪纪书，请赏加盐大使衔。

军机大臣奉旨：览。钦此。①

---

① 中国第一历史档案馆藏：《清单》，档案编号：03—6610—032。

051. 请将提督张曜等员奖叙缘由片
光绪十年八月二十二日（1884年10月10日）

再，新疆地方辽阔，仰赖朝廷威棱，迩来诸务粗有端绪。臣锦棠猥以孱庸膺兹边寄，实有辜于职掌，时觉寝馈难安。其差免偾事者，本督臣谭钟麟统筹兼顾，经画一切，靡不殚心，深蒙其利，盖其抚浙时关心西饷即浑忘畛域之见也。北路则帮办军务伊犁将军臣金顺，素勋重望，镇抚要边。南路则帮办军务广东陆路提督臣张曜，老成干济，遇事整顿，悉协机宜。前乌鲁木齐都统臣恭镗、塔尔巴哈台参赞大臣锡纶，整军边塞，锐欲有为。署乌鲁木齐都统内阁学士伊犁参赞大臣升泰、乌鲁木齐都统前哈密帮办大臣长顺、科布多帮办大臣额尔庆额①、巴里坤领队大臣沙克都林札布，勤于职司，迭次勘界，尤属懋著勤劳。哈密办事大臣明春、乌鲁木齐提督臣金运昌，久征塞外，劳瘁不辞。至漕运总督臣杨昌濬前曾护理督篆，帮办善后，其于边事惨淡经营，裨益实多。

以上诸臣悉蒙眷畀，或任重兼圻，或望隆专阃，谊应竭诚图报，何敢为之妄乞恩施！只以全疆大定，伊城统归，善后要政，次第举行，诸臣本得躬逢其盛，可否仰恳天恩将张曜、锡纶、升泰、额尔庆额赏加头品顶戴，余均优予褒叙之处，出自鸿慈。

臣锦棠不揣冒昧，谨专词附片具陈，伏乞圣鉴训示施行。谨奏。

光绪十年十月初三日，军机大臣奉旨：另有旨。钦此。②

【案】此片具奏日期，录副未署。据光绪十年十月初三日《军机处随手登记档》③同日朱批之折件，其具奏日期当为"光绪十年八月二十二日"，兹据校正。

---

①额尔庆额（1838—1893），字蔚堂，格何恩氏，隶满洲镶白旗。咸丰九年（1859），充骁骑校，旋赏戴花翎，补委参领。同治四年（1865），保以协领即补。五年（1866），加法福灵阿巴图鲁勇号。七年（1868），晋副都统衔。九年（1870），补授佐领，兼营总。十年（1871），授黑龙江副总管。同年，调补凉州副都统。光绪三年（1877），补古城领队大臣。六年（1880），兼署科布多参赞大臣、帮办大臣。七年（1881），授科布多帮办大臣。十年（1884），兼署科布多参赞大臣。十二年（1886），擢伊犁副都统。十四年（1888），授塔尔巴哈台参赞大臣。
②中国第一历史档案馆藏：《军机录副》，档案编号：03—5751—118。
③中国第一历史档案馆藏：《军机处随手登记档》，档案编号：03—0243—2—1210—288。

此案于光绪十年十月初四日得旨：

光绪十年十月初四日内阁奉上谕：刘锦棠另片奏请将关内外各大臣奖励等语。陕甘总督谭钟麟、伊犁将军金顺、前乌鲁木齐都统恭镗、乌鲁木齐都统长顺、巴里坤领队大臣沙克都林札布、哈密办事大臣明春、乌鲁木齐提督金运昌、闽浙总督前护陕甘总督杨昌濬，均着交部议叙。广东陆路提督张曜、塔尔巴哈台参赞大臣锡纶、科布多帮办大臣额尔庆额，均着赏加头品顶戴。伊犁参赞大臣升泰前经获咎，所请一并奖叙之处，着毋庸议。钦此。①

052. 委令杨敏等署理奇台县知县员缺片
光绪十年八月二十二日（1884年10月10日）

再，署奇台县知县甘承谟前已借补镇西厅抚民直隶同知，经臣饬赴本任，以专责成。所遗奇台县员缺，查有现署昌吉县知县杨敏，洁己爱民，堪以调署。所遗昌吉县员缺本任，方希林现有经手事件，骤难交卸前往。查有同知衔甘肃补用知县陈纯治，办事勤明，堪以委署。又署库车抚民直隶同知潘时策丁忧，遗缺查有现署阜康县知县李时熙，专心民事，堪以调署。所遗阜康县员缺，查有留甘补用知州左宗翰，办事诚实，堪以委署。

除由臣分别檄饬遵照外，谨会同陕甘总督臣谭钟麟、乌鲁木齐都统臣升泰，附片陈明，伏乞圣鉴。谨奏。

军机大臣奉旨：吏部知道。钦此。②

光绪十年十月初三日，军机大臣奉旨：吏部知道。钦此。③

【案】此片具奏日期，录副未署。据光绪十年十月初三日《军机处随手登记档》④同日朱批之折件，其具奏日期当为"光绪十年八月二十二日"，兹据校正。

---

①《奏稿》第952页。
②中国第一历史档案馆藏：《朱批原件》，档案编号：04—01—13—0431—086。
③中国第一历史档案馆藏：《军机录副》，档案编号：03—5829—071。
④中国第一历史档案馆藏：《军机处随手登记档》，档案编号：03—0243—2—1210—288。

053. 奏为酌保关外诸军出力人员缘由折

光绪十年八月二十二日（1884年10月10日）

钦差大臣督办新疆军务兵部右侍郎二等男臣刘锦棠跪奏，为遵旨酌保关外湘楚嵩武皖蜀诸军异常出力之文武员弁，其各项差使出力人员一并酌保，谨分缮清单，恭折仰祈圣鉴事。

窃臣于上年五月以新疆大定，伊犁收还，诸军防戍六年，历著劳绩，无异战功，奏恳天恩优奖，奉到谕旨：准其择尤酌保，毋许冒滥。钦此。跪聆之余，伏见圣朝廑念边军，有劳必录，纶音下逮，罔不浃髓沦肌。

溯自全疆初复，游匪零星出没。各军分防要隘，闻警驰往搜捕，不论昕宵，无分远迩，炎热熏蒸，风雪饕扑。每须株守以免疏虞，既常著有擒剿之勋，实尤苦于当场之战。嗣是残氛悉殄，伊犁未即交还，重烦睿虑。斯时臣等激励军士，整队严备，防汛辽阔，巡缉既未可稍懈，而练习之勤，夜以继日，寒燠无间，翕然振兴。俄人洞悉其情，隐有所惮。在诸军之奔命绝徼，气早奋于战之先。若强邻之震慑天威，效俨收于战之后。是其忠勇足嘉，正值收复名城，归还瓯脱，得以亲其役而逢其盛，情势固大异于平时者也。

臣前声请比照战功奖叙，诚以西域从戎，寒苦固已倍蓰内地，又当大难甫平，防剿时有斩获，俾归乂安，伊城既复，靖邻固圉，时阅六年，较之从前晋防三年请奖一次，不独久暂攸殊，亦且劳逸迥判。更有进者，此次统归疆宇，成熙代中兴之全功，为千载一时之良会。诸军幸际昌期，其待泽之殷，固又异于平时者也。若不从优请奖，竟与寻常劳绩靡所区分，则无以作其锐气，而边臣激劝之术亦有所穷，转非朝廷慎重名器之意。综计诸军文武员弁、兵丁，忍受鞍瘃于冰天，备尝艰险于沙漠，历年既久，劳绩异常。兹谨遵旨择尤酌保，按其劳资，厘定阶职，虽系比照战功，未敢稍涉冒滥。其各项差使人员，经营庶务，久役辛勤，因以凑赴事机，未便令其向隅，特一并遵保，谨分缮清单，恭呈御览。伏恳圣慈免其分别注考，恩准奖励，以示优异。前准部咨：各军人员，均先行咨部立案。又有省分人员，不准在他省列保各等因。臣查此次所保人员，均系立功在前、部章在后，外省人员向在边疆效力，自应一体列奖，方昭公允，合并声明。其后路各台局并各省关应奖人员，臣已会同陕甘督臣谭钟麟，另折开单，吁恳恩施。

除蓝翎千总以下各弁照例咨部注册外,是否有当？谨会同帮办军务伊犁将军臣金顺、帮办军务广东陆路提督臣张曜,恭折具陈,伏乞皇太后、皇上圣鉴训示施行。谨奏。光绪十年八月二十二日。

军机大臣奉旨：另有旨。钦此。①

光绪十年十月初三日,军机大臣奉旨：另有旨。钦此。②

【案】此案于是年十月初四日得旨允行：

光绪十年十月初四日,内阁奉上谕：刘锦棠奏遵保关外各军出力员弁开单请奖一折。新疆底定以来,经刘锦棠督饬各军,分防要隘,搜捕余匪,驰驱于冰天沙漠之中,阅时六载,实属懋著勤劳。刘锦棠着交部从优议叙。在事出力员弁,亦均不避艰险,异常出力,自应量予鼓励,以昭激劝。③

054. 酌保关外诸军异常出力文武员弁清单

光绪十年八月二十二日（1884年10月10日）

谨将酌保关外湘楚嵩武皖蜀诸军异常出力之文武员弁,缮具清单,恭呈御览。

头品顶戴记名提督西吉尔浑巴图鲁邓政升,请交部照头等军功,从优议叙。

头品顶戴记名提督瑃武巴图鲁彭祯祥,请交部从优议叙。

头品顶戴记名提督龙春华、张任林,记名提督唐义海,题奏总兵陈秀华,记名总兵赵武和,均请交部议叙。

记名提督沈宝堂、袁青云,提督衔补用总兵沈崇德,均请赏给一品封典。

记名提督勉勇巴图鲁李万明、补用总兵立勇巴图鲁马占鳌、总兵衔尽先推补副将锐勇巴图鲁詹嵩山、留甘尽先推补副将信勇巴图鲁徐积诚、提督衔福建题奏总兵刚勇巴图鲁赖长,均请赏换清字勇号。

---

①中国第一历史档案馆藏：《朱批原件》,档案编号 04—01—16—0216—094。又《奏稿》第 953—959 页。
②中国第一历史档案馆藏：《军机录副》,档案编号：03—5751—117。又档案编号：03—6019—024。
③中国第一历史档案馆编：《光绪朝上谕档》,第十册,第 309 页。其后所开清单从略。

提督衔补用总兵程玉廷,请以提督交军机处记名,遇有提督、总兵缺出,请旨简放。①

055.酌保关外各局尤为出力文武员弁清单
光绪十年八月二十二日(1884年10月10日)

谨将酌保关外各局尤为出力之文武员弁缮具清单,恭呈御览。

道衔甘肃安西直隶州知州廖溥明,请以知府在任候升。

留甘补用知县唐傅柄、唐受桐,均请赏加同知衔。

增生张润,请赏加州同衔。

文童周世堂、邹仲英、向振鹏,均请赏给从九职衔。

六品顶戴即选教谕李村荣,请赏给六品封典。

尽先即补守备刘国瑞,请以都司留甘补用。

留甘补用从九颜日新,请俟补缺后,以县丞前先补用。

留甘即补知府李庆棠、分省即补知府魏敬先,均请赏加盐运使衔。

留甘补用知县陈日新,请赏加同知衔。

五品衔陕西补用知县杨洪吉,请赏给五品封典。

候选同知倪忠贤,请赏加运同衔。

分省补用县丞袁彦熏,请赏加六品衔。

俟生张应峤,文童黄海峤、陈其昌、袁彦范、陈文先、易正光、胡恩荣、葛绍奭、陈梓、曾训吾、陈安策、萧登奎、曾孝林、陈晛垚、余鼎焜、杨文耀、李微焘、罗炳麟、周宣哲、刘光前、王香畹、李成龙,均请赏加从九职衔。

增生邸登籍,附生刘佩珩,监生龚桂芬、杨纪豫,均请以巡检,归部选用。

留甘补用县丞张芝云、留甘补用从九品吴应元、即选从九品陈秦源,均请赏加六品衔。

六品顶戴候选县丞陈举、选用府经历县丞周寿昆,均请俟选缺后,以知县用。

留甘补用县丞陈国麟,甘肃试用巡检龙骥,分省补用巡检周楷,即选从

---
①中国第一历史档案馆藏:《清单》,档案编号:03—5830—090。此单仅存此一页,以下残缺。

九品涂廷尉、谭华元、张光琥，陕西试用从九品姜华齐，候选从九品杨家锦、王熙，选用从九品朱宏诏、沈启浚，从九品衔陈源泰，均请赏戴蓝翎。

文童李璜、刘兆璜、陈常、夏文谟、谢泽湘、王溥光、黄冠英，均请赏给从九职衔。

候选从九品李凤林，选用从九品潘家熹、傅汝霖，即选从九品孔日文，均请俟选缺后，以县主簿用。

选用县丞易盛涛，请俟选缺后，以知县用。

岁贡生陈种德，其以训导归部选用。

留甘补用未入流何赓鹿，请俟补缺后，以巡检用。

双月选用从九品盛文松，请以本班不论双单月，遇缺尽先即选。

七品顶戴汤兆蓉、八品顶戴陈国泰，均请以从九品，归部选用。

留甘补用副将苏阳福，请赏加总兵衔。

记名总兵刘万泰，请赏加提督衔。

补用总兵彭运喜、补用副将刘开任、副将衔补用参将凌国贤，均请赏给二品封典。

蓝翎分省补用游击韦廷苞，蓝翎都司彭炳南，蓝翎补用守备朱东辅、陆玉乾、王殿魁、王松四、胡兰桂、张贵春，均请赏换花翎。

都司衔补用卫守备杨生汉，请赏戴蓝翎。

补用都司王定雍，请以游击补用。

补用游击聂炳寅，请赏给三品封典。

头品顶戴记名提督戴扬辉，请交部议叙。

总兵衔留陕补用副将蒋云龙，请以总兵仍留原省补用。

补用游击魏德发、曹得玉、刘玉泉，均请赏加参将衔。

副将衔补用参将陶懋林，请以副将补用。

补用守备张辛田、谢顺德，都司衔留湖南补用守备周中吾，均请以都司补用。

守备衔千总易连升、杨一撰、翁国宾、潘运培，拔补千总王久岸、彭德才、朱玉升、郝从矩、萧传科、杨达元、彭占魁、张住祥，均请以守备补用。

补用守备杨福忠、戴冠冕、谭桂馥，即补守备尚训，均请赏加都司衔。

直隶州知州用留甘补用知县李瑞禾，请赏戴蓝翎。

留甘补用知州黄率淮，请交部议叙。

拣选知县任钟彦，请以知县归候选班，遇缺尽先选用。

选用主簿郑黻猷，请俟选缺后，以县丞用。

文童徐树德、王镒、李泽江、彭钦恩、彭英杰、刘树声、朱祥麟、曹盛虞、宋焕章、彭隆蔚、刘继陶、袁黻章、熊藻，均请赏给从九职衔。

分省补用从九品何书俊、分省补用县丞何炳焕、候选训导高廷选，均请赏加六品衔。

双月选用县丞卜逢吉、留甘补用府经历萧焕章，均请赏加州同衔。

理问衔留甘补用县丞周芳煦，请俟补缺后，以理问升用。

留甘即补典史张万培，请俟补缺后，以巡检用。

分省补用从九品赵杰、附生萧贻淦、孙崇益，均请以巡检，归部选用。

四品衔指分两淮补用运判张寿嵩，请赏给四品封典。

五品衔浙江试用驿丞陈煌，请以本班归候补班，尽先前遇缺即补。

选用从九品周寿枚，请俟选缺后，以县丞用。

留甘试用从九品关宗汉，请以本班归候补班前，尽先选用。

布理问职衔张培桢，请以从九品，归部选用。

留甘补用主簿邹道藩、应升之缺升用山西试用州吏目郭鹏举，均请俟补缺后，以县丞用。

应升之缺升用甘肃试用从九品杨光咏，请俟补缺后，以县主簿升用。

附生周澄曜、增生王钦，均请以县主簿用。

选用从九品胡官俊，请俟选缺后，以主簿用。

俊秀徐铎、吴效智、吴启堮、屈自伸、吴继均、张俊鹏、陶峙衡、刘舒翼、刘安信、江澄清、刘锡龄、刘绍藩，均请赏给七品顶戴。

文童刘炳焱、曹元升、刘宸、王渔舫、舒明焜，均请赏给九品顶戴。

补用都司刘大贵，请赏加游击衔。

守备衔拔补千总张洪江，请以守备留甘补用。

守备衔分省补用卫千总熊首华，请以守备补用。

留甘补用直隶州知州周礼昌、分省补用同知左振柄，均请赏加知府衔。

留甘即补知县雷天裕，请赏加州同衔。

分省补用县丞喻晋康、即选县丞陈伯信，均请俟补缺后，以知县用。

候选从九品程锡龄，请赏加州判衔。

分省补用从九品萧德进、姜灏，留甘补用典史刘锡浩，均请赏加县丞职衔。

文童左倚相、刘厚灏、周希智、萧荣曜、吴朝翼、彭国翼、吴朝翔、胡怀沛、杨甲英、曾毓瑜,均请赏给从九职衔。

尽先都司刘文祥,请赏加游击衔。

都司衔尽先守备黄玉芳、选用卫守备康玉林,均请以都司补用。

拔补千总张希顺,请以守备补用。

分省补用直隶州知州龙魁,请俟补缺后,以知府用。

甘肃候补班前补用知州徐鼎藩,请俟补缺后,再行送部引见。

五品翎顶分省补用通判谭作宾,请俟补缺后,以知州用。

四川补用知县龚长奎、留甘补用知县朱燉、分省补用知县夏绣春、留陕补用知县薛泽煦、分省补用知县向贵镰、留陕补用州同葛德蒸,均请赏加同知衔。

分省补用府经历彭名膺,分省补用县丞陈潒、卢润林,均请俟补缺后,以知县升用。

升用知县尽先选用县丞杨敬熙,请以知县归部选用。

候选府经历县丞刘宗汉,留甘补用县丞周宗恒,分省补用县丞王翰、蒋元善、陶福基,均请赏加州同衔。

训导周巨镇,请以教谕升用。

六品衔双月选用县丞郭俊,双月选用从九品许得胜、蒋卓威、夏瀚,均请以各本班不论双单月尽先选用。

留甘补用县丞胡传芝、李思乐,选用从九品周受荣,均请赏加六品衔。

即选从九品黄承萼,请俟选缺后,以县丞升用。

分省补用州吏目,请俟补缺后,以县主簿升用。

分省补用主簿廖鹏,留甘即补巡检姚文藻,分省补用从九品周东皋、陈廷珍、彭如寿、胡传枝,候选从九品殷邦杰,选用从九品邓寿麟,均请赏戴蓝翎。

附生李如海,请以县主簿用。

州同衔监生卢朝霳,请以州吏目,归部选用。

附生陈显治、李廷暂、李兆秋,监生聂承柱,均请以巡检归部选用。

从九职衔刘传作,请以从九品归部,不论双单月选用。

文童郭象离、刘杕、易松、周康庶、黄宗宪、黄承彝、曾泽霖、毛国钧、熊连校、殷邦甸、龙阜、彭吉、李翰昌、刘清赏、康俊、杨希时、王缙、李希云、陈家桂、黄琨、刘绍基、陈国宾、潘运芝、杨声澍、周继龙、蒋孝纶、蒋丙辉、张荣斌、郭大鸿、刘甲鳌、周发扬、向炳勋、张祖畋、刘达鋆,均请赏给从九职衔。

六品顶翎杨兆熊,请以典史归部选用。

文童文命新、周培浩、危向枢、龙国珍、马云龙、盛兴咏,均请赏给六品顶戴。

补用参将李世英,请以副将升用。

留甘补用游击龙玉堂,请赏加参将衔。

留陕补用游击张鼎元,请赏戴蓝翎。

补用都司李清泉,请以参将补用。

湖广督标即补都司唐宗潢,请赏加游击衔。

蓝翎补用都司易九皋,蓝翎补用守备杨绍成、邹有傅、张义良、王鹤鸣,蓝翎守备衔千总郭桂秋,均请赏换花翎。

补用守备傅冠善,请以都司留甘补用。

补用守备朱利仁,请以都司补用。

补用守备贺彩云、孙德辉,均请赏加都司衔。

补用千总喻联辉、拔补千总王正清,均请以守备补用。

拔补千总谢世恩、陶魁佑、任允升、高新山、欧光炳、李耀森、蒋鹤林、丁湘南,均请赏加守备衔。

甘肃遇缺补用道丁鹗,请赏加二品顶戴。

盐运使衔留甘补用知府危兆麟、三品顶戴道衔分省补用知府忠曾,均请俟补缺后,以道员升用。

知府用甘肃补用直隶州知州刘式南,请俟补缺后,以知府升用。

同知衔同知用选用知县冯瑞申、同知衔留甘补用知县秦鼎,均请赏给五品封典。

知县用分省补用县丞萧贻蓼,请以知县仍分省补用。

试用知县湖北试用县丞龚钧,请以知县,仍留原省补用。

留甘补用县丞何本恭,江苏补用县丞徐耀赓,分省补用县丞甘瑞坚、喻藻鸿,分省即补县丞左辉玠、谭师竹,均请俟补缺后,以知县升用。

六品衔双月选县丞朱运丁,请仍以本班不论双单月,尽先选用。

分省补用县丞沈作麟、杨燕宾、蒋瑜光,分省补用从九品彭俊峨,即选从九品郑乐定、罗会桢,候选从九品唐福霖,分省补用典史陈运恒,留甘补用未入流罗淦、彭文藻,均请赏戴蓝翎。

补用县丞分省补用从九品夏曰瑚,请以县丞仍分省,尽先补用。

遇缺后补用县丞尽先即选从九品潘鹤泉,请赏加州同衔。

六品顶翎即选从九品黄杰,请俟选缺后,以县丞升用。

分省补用从九品何应元,请以县丞升用。

优贡生虞凤韶,请以训导,归部选用。

留甘补用巡检刘国桢、补用巡检喻于义,均请俟补缺后,以县主簿升用。

浙江补用同知谭嗣同,请俟补缺后,以知府仍留原省,归候补班前补用,先换顶戴。

选用从九品杨毓芳、欧阳德华,均请赏加六品衔。

遇缺即选未入流陈章汉,请以巡检升用。

附生周洪涛、代文隽,监生刘定宇,均请以巡检,归部选用。

文童周应昌、崔祝荣、王国鑫、易瑞成、仲华、刘昌涛、龙翼舒、吴启均、罗鸿运、萧廷俊、谭安民、符佐卿、蒋先昆、伍秉烈、易润湘、刘觐、王裔杰、杜佐兴、史济干、朱锡爵、张鹏甲、秦馥陔、危振邦、张耀翔、罗正文、王光斗、周树基、许祖镕、郭际盛、王彦邦、崔家式、朱俊棠、冯恩树、夏炳勋、胡钧、何彰健、王琨、谭钟毓、周宽、颜岳松、潘炳垣、萧贞松、谭策安、黄光墀、彭名甲、龚绍遂、胡国履、李凤芝、易霖章、蒋荫隆、夏维藩、夏肇成、黄钦明、王焕,均请赏给从九职衔。

附生刘际昌、监生丁倬,均请以巡检,归部选用。

文童周镇昌、李树勋、董毓昌、刘健鹏、傅焕、彭浚源、欧阳琨、蒋元麟、许荫棠、郭汇祥、胡光斗,均请赏给七品顶戴。

记名总兵精勇巴图鲁黄蔚森、副将衔留陕甘补用参将张树春,均请赏给二品封典。

副将衔补用参将何超宇,请以副将补用。

补用游击秦上标、左桂华,均请赏加副将衔。

蓝翎补用游击刘安炳、王怀芝、谢朝亮,蓝翎游击衔补用都司张濊涤,蓝翎补用都司潘家德,蓝翎都司衔补用守备左炳堂,蓝翎留甘补用守备范玉春,蓝翎守备衔拔补千总唐汉廷、张吉祥、王道俊,均请赏换花翎。

游击衔补用都司周文林,补用都司萧荣胜、成玉洲、危作霖,游击衔留甘补用都司魏先泰,均请以游击补用。

补用守备成光樾、蒋文英、刘登高、魏忠杰、董玉学、成玉和、李升,留甘补用守备曾明亮,均请以都司尽先补用。

守备衔拔补千总许邓开、郑麟勋、唐贵祥,拔补千总张楚贤、何朝相、章楚善、毛萱卿、周振兴,均请以守备尽先补用。

拔补千总丁长胜、留甘拔补千总曹玉全,均请赏加守备衔。

安徽寿春镇标补用参将陈凤鸣,请以副将补用。

安徽寿春镇标补用都司徐成美,请以游击补用。

都司衔安徽寿春镇标补用守备周济才、安徽寿春镇标补用守备张怀礼,均请以都司补用。

守备衔安徽寿春镇标拔补千总郭德永、郭福昌,五品衔安徽寿春镇标拔补千总范金玉,守备用安徽寿春镇标拔补千总魏金吾、李魁元、杜春林,安徽寿春镇标拔补千总梁鸿升、廖炳勋、乔占魁,均请以守备尽先补用。

分省补用同知吴鹤鸣,请赏加运同衔。

三品衔知府用即选知州邵醴泉,请以知府归部不论双单月,尽先即选。

安徽补用同知周心培、候选同知熊承祖、五品翎顶分省补用知州雷天荫,均请赏加四品衔。

江苏候补通判李铨,请以同知升用。

直隶州知州用甘肃候补知县苏进宝、直隶州知州用候选知县郭占鳌,均请俟补直隶州知州后,赏加知府衔。

分省补用县丞张振翔,请俟补缺后,以知县升用。

候选训导孙传惠、孙传栋,均请俟选缺后,以教谕用。

江苏试用巡检孙多龄、孙傅垣,均请俟补缺后,以县丞用。

俊秀杨启进、张昌龢、许善胜、王良辅、陈廷瑞、周灏、方嘉善、昆源、王懋辰、陈廷桢、吴绍璘、刘人瑞、王鼎铭、方保、穆联芳、金慎修,均请赏给从九职衔。

六品蓝翎文童魏象乾、附生刘道俾,均请以巡检用。

二品顶戴分省遇缺尽先题奏道英林,请赏给正二品封典。

二品顶戴甘肃遇缺尽先题奏道雷声远,请交部从优议叙。

甘肃候补直隶州知州准补镇西厅抚民同知甘承谟,请赏加知府衔。

同知衔甘肃补用知县江景耀，请赏给正五品封典。①

056.防御奇兴阿具控店主案证未获请旨革职折
光绪十年九月二十四日（1884年11月11日）

钦差大臣督办新疆军务通政使司通政使二等男臣刘锦棠跪奏，为营弁途次逗遛，具控客店吞骗寄物，店户自尽，案证未获，请旨先将营弁革职，以便归案讯办，恭折仰祈圣鉴事。

窃臣于上年九月间，据署镇西厅同知李佐兴详报：准伊犁将军委员代理巴里坤转运局富升阿移：据防御奇兴阿具控店户石金三吞骗推展等词，移会讯断，当经饬差传唤，适因公至哈密，忽据照磨禀称：原役张万年等于八月十三日将石金三传到，讵其旧病羊角疯证复发，医调罔效身死。该厅回署验讯，死系因病，看役及医生人等并无凌害违方情弊，应毋庸议等情。臣以案情支离，驳令再行审验详夺，一面访查该店户石金三死由服毒，即派行营委员前安徽怀宁县知县彭广钟前往讯验，并将李佐兴撤任，另委随营差遣陕西候补同知闻端兰代理镇西厅事。嗣经彭广钟会同闻端兰，如法复验得已死石金三委系生前服毒身死。

讯据丁差供称：八月十三日下午，石金三到巴里坤，先来奇兴阿所住高家店内，传差催唤，石金三从奇兴阿屋里出来，随即紧跟至厅。看管之际，寻得石金三带袋内有铜盒一个，大家开视，约有洋药钱余，登时将盒收藏。到三更后，石金三说心不好过，呕吐不出，医方无效，就没了气了。据奇兴阿供称：向来办理伊犁将军南山口马拨差务，后来奉文裁撤，饬令归旗当差。去年三月，收拾前行，路过松树塘，住石家店。至第三日，忽失马二匹，前去找寻，把棉线搭连口袋一个，内装些旧衣服并零星物件、洋土四包，银子一包重九十余两，捆作一个毡卷，寄放石金三并其伙谢殿智住房内。找了十余天，马没找着，回店查取毡卷，并没失物。到六月底，要往哈密找马，又将毡卷交放石金三住房，时谢殿智及雇工周林均不在旁，有店内之李胯子可证。到哈找了月余，没见马匹，扔回店住，是日天晚。到第二天，向取毡卷，打开就将棉线搭连背在肩上，恰石金三、谢殿智、周林邀同吃饭，伊吃

---

①中国第一历史档案馆藏：《清单》，档案编号：03—5830—097。

了些,把搭连背回自己房内,查点失去银子一包重九十余两、洋土两包,重百四两零。比问石金三,不认。伊要他找李胯子,过七八日不见,才想告他,并将告他的话说知草局王树兰。迨至镇西厅,候了几天,未见石金三前来,是以控告的。

据王树兰供称:先不认识奇兴阿。去年八月,奇兴阿往巴里坤,路过草局,说起在石金三店里丢失银、土的事,要赴镇西衙门告追。伊比劝过。随后石金三来,伊把奇兴阿的话述之。石金三着急说:我们受苦人怎与他官人告状!情愿央伊说和认赔。伊随赴厅城挽和,奇兴阿说要问转运局富。伊赴局说,竟没答应,就没了管了。各等供。饬解来营提讯,情节略同,余供不赘叙外,迭经录咨帮办军务伊犁将军臣金顺查核,历准咨复,奇兴阿留讯,并将干预之富升阿调营究办在案。

臣查奇兴阿充当营差,历保花翎防御。此次奉裁归旗,早经料理就道,自应按程前进,何必甫至松树塘店,距南山口仅及一站,遂以迁延失马,先后寻觅、逗遛数月之久,以致滋讼酿命。其所控客店屯骗银、土,据称系凭石金三、李胯子二人交存。今石金三自尽,则原寄之银、土有无,必须李胯子到案,质证明确,方足以成信谳。除饬严缉李胯子务获,提同一干人证讯明定拟外,相应请旨将花翎防御奇兴阿即行革职,以便归案讯办。

是否有当?谨会同陕甘总督臣谭钟麟、署乌鲁木齐都统臣升泰,恭折具陈,伏乞皇太后、皇上圣鉴训示施行。谨奏。光绪十年九月二十四日。

军机大臣奉旨:着照所请,该部知道。钦此。①

光绪十年十月十八日,军机大臣奉旨:着照所请,该部知道。钦此。②

057. 复陈新疆遣犯酌量变通缘由折

光绪十年九月二十四日(1884年11月11日)

钦差大臣督办新疆军务兵部右侍郎二等男臣刘锦棠、头品顶戴陕甘总

---

①中国第一历史档案馆藏:《朱批原件》,档案编号:04—01—01—0952—020。
②中国第一历史档案馆藏:《军机录副》,档案编号:03—5829—072。

督臣谭钟麟、帮办新疆军务伊犁将军臣金顺、乌鲁木齐都统臣升泰跪奏,为新疆遣犯宜酌量变通,谨按部臣前奏,并就地方情形悉心会议,恭折复陈,仰祈圣鉴事。

窃臣钟麟准刑部咨,议复臣锦棠前奏发遣回城为奴人犯改归南路各厅州县印官安置管束一片,请旨饬下臣等通盘筹画,会商议奏等因。伏查部臣前奏,新疆平靖已久,正在招募屯垦,似可将改发充军人犯仍复旧例,发往种地、当差,系为疏通内地起见。嗣奏新疆密迩外夷,此例一开,人数拥挤,设如纷纷逃入异域,难保不滋事端,系为慎重边圉起见,一贵随时补救,一贵因地制宜,要在妥筹安插,方于时局有裨。当饬南北两路各巡道筹议具详,旋据各该道详复前来。或称西四城紧接俄境,交涉事多,目前兵制未定,此等遣犯,诚恐羁管难周。或称南路回民生聚日繁,荒地不及北路之多,郡县初设,百废具举,于改交州县役使为宜。或称北路地旷人稀,频年招徕,户鲜加增,若以各省罪犯改发种地,用实边徼,诚为目前至计。

臣等复核,均与部议略同。但臣顺查伊犁距俄仅隔霍尔果斯一河,沿途环居随俄缠头、哈萨克、汉回、陕回,俱非良善。各犯照旧发遣于伊犁,似不相宜。臣泰亦虑抚驭失宜,咨商严定管束章程,以免流弊。臣锦棠现在缄商臣钟麟,通盘筹画,应如部臣前奏所云,不必拘泥成法,但求于事有济。例载,新疆遣犯,北路发乌鲁木齐、伊犁等处,南路发回城为奴。今请北路以镇迪道辖境为限,南路除阿克苏道辖境应听酌发外,其喀什噶尔道所属,惟和阗直隶州尚有荒地,且距外夷甚远,尽可安置。此外各属及伊塔等处,均属极边冲要,毗连俄境,应请暂从缓议,俟数年后,酌量情形,再行奏复定地旧例。此因地制宜不能拘泥成法者一也。

溯查道光年间,因新疆遣犯拥挤,部议酌停二十六项。咸丰八年,因新疆遣犯日积日多,部议改发极边足四千里充军加等拟遣者三十八条,改发驻防为奴者三条。至同治九年,续纂暂行监禁八条。俟新疆道路疏通,再行照例发往。又改发极边烟瘴充军,仍以足四千里为限,到配后锁带铁杆石礅二年者十一条。又照前改发到配锁带铁杆石礅一年者十四条。是新疆人犯拥挤,承平时已属不免。今定地较窄,匀拨愈难。设以数十年停遣,一旦起解,诚如部议,接踵而至,难以拘管。若待人数拥挤,复请停发,亦属不成事体,应请将从前业经停遣者概行截止,或暂行监禁八条,人犯人数不多,暂将此项人犯先行起解。其余已改归内地发遣者,悉仍其旧。自此次奏定章程奉准部文之日起，以后各直省办理此等案犯，照例发遣，仍将年逾五十不能耕作之人，毋庸拟发新疆。如此量为变通，庶于内地无日益增加之患，而于新疆亦无壅滞之虞。此随时补救不能拘泥成法者又其一也。

至遣犯到配，由臣等妥筹安插，先尽兵屯，察其年力精壮者，照章发给牛籽、口粮，按屯均匀拨派种地、当差，交屯官兵目管束，即以屯官为专管官。其不能种地者，由配所衙门于舆轿、伞扇、水火、巡更等夫，量为役使，即给以额设夫役应得口分。其余小贸技艺，各随其长。后有年老力衰者，酌量应当差使，责令承充，俾资养赡。均责成巡典官，依限点验，仍照例各设总散遣头，取具连环保结，以资钤束。然此等遣犯素性不驯，狡脱是其惯技，必使其心有所惧而不敢逃，情有所系而不轻逃。

查例载，民人发往伊犁、乌鲁木齐等处为奴遣犯，在配安分已逾十年，止令永远种地，不准为民。若发往当差遣犯，果能悔过悛改，定限五年，编入该处民户册内，给地耕种纳粮，俱不准回籍。又例载，待罪应缘坐等项犯属，仍照例佥发。其余发乌鲁木齐等处人犯家属，均毋庸签配。如有情愿携带妻室、子女者，听其自便，不得官为资送各等语。

新疆边界甫定，诸事草创。其拨派屯种之犯，应请破除成例。例如，原犯为奴罪名定限五年，原犯当差罪名定限三年，果能安分出力，即编入本地民册，给地耕种纳粮。如有能将该处脱逃遣犯拿获者，无论当差、为奴，仍照例不拘年限，准其为民入籍。犯属除照例签配不计外，其有情愿携带妻室子女者，应请量为资送，藉以羁縻。如此则各犯谋食有资，安身有所，又得室家相聚。更遇招徕屯垦之际，宽其期限，予以自新。复与专管官时常见面，不许远离散处。虽在犷悍之徒，当亦奉法维谨。如再有暋不畏法辄敢逃逸者，如系强盗免死发遣新疆给官兵为奴人犯，仍照例拿获后，即行正法。余亦按例分别惩办，专管官依例议处。倘有行凶为匪及另有不法情事，各按罪名轻重，查照定例办理，俾知儆惧而免效尤，庶犯徒就此安置，不致别滋事端，而垦荒实边之道，即隐寓其中矣。

所有遵议安插遣犯，谨按部臣前奏并就地方情形，拟请酌量变通缘由，是否有当？谨合词恭折具奏，伏乞皇太后、皇上圣鉴，饬部酌议，核复施行。再，此折系臣锦棠主稿，合并声明。谨奏。光绪十年九月二十四日。

军机大臣奉旨:刑部议奏。钦此。①

光绪十年十月十八日,军机大臣奉旨:刑部议奏。钦此。②

058.奏报守备吴得喜与守备陈登魁对调折
光绪十年九月二十四日(1884年11月11日)

钦差大臣督办新疆军务通政使司通政使二等男臣刘锦棠跪奏,为拣员对调守备员缺,恭折仰祈圣鉴事。

窃臣接准乌鲁木齐提臣金运昌咨称:借补巴里坤镇标中营守备陈登魁,籍隶镇西厅,例应回避,拣员对调。随查有乌鲁木齐提标右营守备吴得喜,系兰州府皋兰县人,与巴里坤镇标中营守备陈登魁对调,于例相符。咨请查照核办前来。

臣查看得乌鲁木齐提标右营守备吴得喜,堪以调补巴里坤镇标中营守备员缺。其所遗提标右营守备员缺,即请以该守备陈登魁调补。如此一转移间,员缺相当,人地均各得宜,于例亦属符合。如蒙俞允,应请饬部换给该员等札付,令其任事,以符定制。

除饬取该员等履历清册至日另咨送部查照外,谨合同陕甘督臣谭钟麟、乌鲁木齐提臣金运昌,合词恭折具奏,伏乞皇太后、皇上圣鉴训示施行。谨奏。光绪十年九月二十四日。

军机大臣奉旨:兵部议奏。钦此。③

光绪十年十月十八日,军机大臣奉旨:兵部议奏。钦此。④

059.哈密协副将郝永刚恳请开缺就医片
光绪十年九月二十四日(1884年11月11日)

再,甘肃哈密协副将郝永刚,于光绪二年补授斯缺。四年十月,因案撤

---

① 中国第一历史档案馆藏:《朱批原件》,档案编号:04—01—28—0023—009。又《奏稿》第965—972页。
② 中国第一历史档案馆藏:《军机录副》,档案编号:03—7400—038。
③ 中国第一历史档案馆藏:《朱批原件》,档案编号:04—01—12—0216—085。
④ 中国第一历史档案馆藏:《军机录副》,档案编号:03—6044—033。

任,仍留哈密行营效力。臣锦棠接绾军符,随时留心察看,该副将虽性情迂缓,而人尚诚实,饬赴本任,冀于屯防诸事均可由臣就近督责。讵该副将旋即病腿,驯至手足麻木,医治日久不效,禀请交卸前来。

臣复核无异。窃维新疆军务正在整顿之际,又值试办屯田,尤非年力精壮、耐苦熟悉之员,难期振作。相应请旨饬部,将哈密协副将郝永刚开缺,以便回籍就医调理。所遗员缺,查有补用总兵凉州镇属新城营都司龙在田,明干稳练,堪以委署。

除分饬遵照并咨部外,谨会同陕甘督臣谭钟麟、乌鲁木齐提臣金运昌,合词附陈,伏乞圣鉴训示。再,哈密地方冲要,如蒙俞允,甘省现有合例人员,遗缺应请扣留外补,合并声明。谨奏。

光绪十年十月十八日,军机大臣奉旨:兵部知道。钦此。①

060. 奏为故道罗长祜恳恩允照成案附祀片

光绪十年九月二十四日(1884年11月11日)

再,道员罗长祜立功后积劳病故,经臣奏荷恩纶:署甘肃阿克苏道罗长祜,随同刘锦棠办理新疆军务,决策制胜,所向有功。筹办善后事宜,亦能尽心区画,深资得力。兹已积劳病故,着加恩交部,从优议恤,并将该故员战绩事实宣付史馆,以彰劳勤。钦此。煌煌天语,竹帛比华衮而弥荣;藐藐孤臣,带砺与山河而并寿。有劳必录,无美勿彰。凡在同袍,孰不闻风感泣,勉图效命于疆场!至建祠旷典,非臣下所敢擅请,圣训周详,尤应钦遵办理。惟念罗长祜前驱效力,原隶湘军,其战绩事实业经先后奏明,不幸赍志以终,实能以死勤事。切同仇而思将帅,怯听鼓鼙;感遗爱而念循良,悲凄棠杜。

兹据署知州陈名钰呈报:该故员灵榇已于本年八月十二日就道东下,所属缠民扶老携幼,攀升伏道,唏嘘泣涕,颙蒙之忱,去后之思,爱戴不能自已。盖其平日之绥辑拊循,实亦有足多者。

除俟其灵榇行抵哈密由臣派员护送回南外,合无仰恳天恩,允照道员张宗翰附祀成案,准将罗长祜附祀敕建原任广东陆路提督臣刘松山兰州省

---

①中国第一历史档案馆藏:《军机录副》,档案编号:03—5829—073。

城专祠,以妥英灵而昭激励,出自鸿施。

是否有当？理合附片陈明,伏乞圣鉴训示。谨奏。

光绪十年十月十八日,军机大臣奉旨:着照所请,该部知道。钦此。①

061. 查明胡世贵等员名字笔误请饬更正片

光绪十年九月二十四日(1884年11月11日)

再,记名总兵伯勇巴图鲁胡世贵,咸丰年间投效老湘军,累保今职。同治六年,陕西同朝保固河防打仗出力案内,由千总得保免补千总尽先补用守备,清单误将胡世贵缮作吴世贵。又游击柳正瑢五次剿平边寇案内,由都司获保留甘尽先补用游击,并加参将衔,清单误将柳正瑢缮作柳正镕。又巡检汪运泰五次剿平边寇案内,由监生获保分省归候补班补用巡检,清单误将汪运泰缮作王运泰。兹据各该员先后呈请附奏更正前来。

查胡世贵一员,经臣咨由前署陕甘督臣叶伯英,查明原保底案,系因"胡""吴"字音相近,"胡"字误作"吴"字。柳正瑢、汪运泰二员,由臣行营检查原案,柳正瑢"瑢"字书作"金"旁,汪运泰"汪"字遗脱偏旁,均系缮写笔误。合无仰恳天恩俯准,将同朝案内准保免补千总尽先补用守备之吴世贵改为胡世贵,五次剿平边寇案内准保参将衔留甘尽先补用游击之柳正镕改为柳正瑢,准将分省补用巡检之王运泰改为汪运泰,饬部分别更正注册,以免歧异,出自鸿慈。

除咨部外,谨附片具陈,伏乞圣鉴训示。谨奏。

光绪十年十月十八日,军机大臣奉旨:该部知道。钦此。②

062. 奏报张曜一军开拔遴员替防酌添营伍折

光绪十年十月十六日(1884年12月3日)

钦差大臣督办新疆军务兵部右侍郎二等男臣刘锦棠跪奏,为帮办军务

---

① 中国第一历史档案馆藏:《军机录副》,档案编号:03—5829—074。又《奏稿》第973—975页。
② 中国第一历史档案馆藏:《军机录副》,档案编号:03—5751—122。

广东陆路提督张曜一军遵旨开拔,遴员统军前往替防,并酌添营伍、分布填扎情形,恭折仰祈圣鉴事。

窃臣前奉七月初四日寄谕,饬令张曜一军迅即北来,听候调派,比经恭录知会。因张曜驻军喀什噶尔,程途过远,换防甚需时日,即遵旨详加酌度,仍申微臣前疏率师东下之请,以便迅赴事机。旋奉两次批回,均以新疆甫就荡平、密迩俄境为念,谆饬毋庸率师东下。跪聆之下,仰见圣谟广运、廑念边防之至意。

张曜自奉初次恭录密旨,即经量料诸务。臣于各统将中择其替防迅速而资深者,惟现驻喀什噶尔之统领董字定远军头品顶戴题奏提督云骑尉世职阿尔杭阿巴图鲁董福祥,相距较近。该提督老成练达,谋勇兼资,从征塞上有年,深谙边务。遂飞檄迅率所部七营旗,赶紧拔赴喀什噶尔接防,并令总统原驻喀什、叶尔羌之恪靖西征马队,分防各城。另由驻阿克苏之湘军内抽出步队一营,前赴玛喇巴什,以资防护。特喀什噶尔为极边要区,强邻逼处,外部环伺。通商以来,俄人所在觊觎。现虽饷项艰绌万分,而该处营伍则势不宜过于单薄,已由哈密新募汉回马队二百五十人,编为两旗,起支坐粮,饬令趱程赴喀。又准张曜缄商,该军近年陆续添补陕甘勇丁,欲其远赴海疆,似非所愿。拟酌留步队二旗,亦照坐粮支给,俟编就后,归董提督节制调遣。此填防喀什噶尔西四城之情形也。

其董提督所遗库车、喀喇沙尔防地,延袤千余里,防范不容稍懈,只得另募行粮步队一旗,并将哈密协标步兵二百七十余人添足一旗,改支土勇口粮,腾出哈密、乌鲁木齐之靖远、绥定马步四营旗,前往填驻,均经先后拔行。董提督已于九月初十日率队前进。张曜已定亲率马步九营,于九月十六日由喀先行开拔,暂留记名提督王连三①照料后队,一俟接替各营到防,再行陆续东下。至该军启程日期并如何分起取道,均由张曜自行具奏在案。①

---

①王连三(1845—?),河南邓州人,法什尚阿巴图鲁。咸丰间,以云骑尉世职从戎。同治七年(1867),统领嵩武军。十年(1871),晋记名提督。十二年(1873),办理山东防务。光绪十五年(1889),补授山东曹州镇总兵。二十四年(1898),署直隶正定镇总兵。二十五年(1899),补授大名镇总兵。

①详见光绪十年九月十九日帮办新疆军务广东陆路提督张曜奏报酌度道路情形,拟分起北上缘由(中国第一历史档案馆藏:《军机录副》,档案编号:03—6019—034),张曜具奏迅速换防缘由(中国第一历史档案馆藏:《军机录副》,档案编号:03—6019—036)。

臣维新疆防务，沿边一带比多与俄接壤，极关紧要。张曜前以帮办军务驻喀什噶尔，其地最要，其望甚隆，深资镇摄。此次骤抽该军六千人以行，虽于各处匀拨填扎，而添补马步仅乃数旗，较臣前折议复兵制数目，犹觉减少。暂虽勉为分布，究无团扎之师足备缓急。值此时局多艰，臣惟有饬各将领竭力整顿，严密防维，较之平时慎益加慎，省益求省，以稍纾朝廷之西顾耳。

所有张曜一军遵旨开拔、遴员统军前往替防，并酌添营伍分布填扎各缘由，是否有当？谨恭折具奏，伏乞皇太后、皇上圣鉴训示。谨奏。光绪十年十月十六日。

军机大臣奉旨：该部知道。钦此。①

光绪十年十一月初八日，军机大臣奉旨：该部知道。钦此。②

063. 恳恩豁免镇迪道属历年民欠各项银粮折
光绪十年十月十六日（1884年12月3日）

钦差大臣督办新疆军务兵部右侍郎二等男臣刘锦棠、头品顶戴陕甘总督臣谭钟麟跪奏，为关外镇迪道属历年民欠未完额籽牛价各项银粮，吁恳天恩，概予豁免，以纾民力，恭折仰祈圣鉴事。

窃查关外久经兵燹，民多流亡，田地鞠为茂草。肃清后，前督臣左宗棠饬各地方官，散给牛籽，招徕开垦。已垦熟地应纳额粮，均照善后章程，限期分别征收。无如地旷人稀，迄未一律认垦。即已垦者，收成亦甚歉薄。其间或被旱灾，或被蝗灾，或被冻萎，或报逃亡，据各厅州县随时具禀前来。自光绪三年起，经左宗棠暨臣锦棠先后委员查勘，均属实在情形。各厅州县积年代征旧欠，日事追呼，终苦无力输缴。拟请自光绪三年起至八年止，镇迪道属各厅州县实在民欠未完市斗、额籽、牛价、借食各色粮一万八千六百二十七石五斗六升六合五勺四秒五撮四圭、京斗额粮一万七千一百一石八斗二升五合七秒九撮四圭三微③、牛价地课银

---

①中国第一历史档案馆藏：《朱批原件》，档案编号：04—01—01—0947—089。又《奏稿》第983—987页。
②中国第一历史档案馆藏：《军机录副》，档案编号：03—6044—036。
③"三微"，《奏稿》作"三粟"。

三千八百三十二两三钱五分八厘五毫五丝四忽。又昌吉县光绪九年麦收歉薄，减免极贫四十八户三成额征京斗粮四十七石五斗五升三合二勺七秒三撮一圭五粟。一律豁免，以纾民力。其自光绪九年起以后应征各项粮石，由臣锦棠通饬各厅州县仍照已垦之数征收，不准稍有蒂欠，并竭力招垦，以期速复旧额。据镇迪道转赍各厅州县造具请免银粮清册，详请具奏前来。

臣等复核无异。合无仰恳天恩，俯念边氓困苦，准将镇迪道属光绪八年以前民欠各项银粮并昌吉县减免九年三成额征粮石，概行豁免。如蒙俞允，俟钦奉谕旨后，再由臣钟麟饬司将该各厅州县民欠各项银粮数目，分别详细开载，刊刻誊黄，遍行晓谕，以广皇仁而恤民瘼。

是否有当？除将清册咨部查照外，谨会同署乌鲁木齐都统臣升泰，合词恭折具陈，伏乞皇太后、皇上圣鉴训示施行。再，此折系臣锦棠主稿，合并声明。谨奏。光绪十年十月十六日。

军机大臣奉旨：另有旨。钦此。①

光绪十年十一月初八日，军机大臣奉旨：另有旨。钦此。②

064. 奏请豁免镇西厅应征额粮片

光绪十年十月十六日（1884年12月3日）

再，甘肃新疆镇西厅逼近天山，地气高寒，土硗产薄，立夏始能布种。乱后招垦，民多却顾。比岁歉收，经臣锦棠随时抚恤。本年入夏以来，旸雨愆期。六月十五日前后，连日朔风，积雪数寸。春麦、稞豆全行冻萎，收成失望。间有薄收一二三分不等，入磨研面，概成黑灰，不堪作食。据代理该厅同知闻端兰禀报前来，当经臣锦棠委员查勘无异。

兵燹遗黎，招徕粗集，岁需牛具、籽种，均仰给于官司。连欠之后，遘此大浸，杼柚罄空，匪独官本钱粮无力缴完，即日食生计因之顿促，纷纷逃徙。经臣锦棠饬由奇台县拨发仓粮三千石，交该印官择尤计口，散给赈食，捐给寒衣，俾资生活。其丁壮人等，各饬就牛驾车，负贩营生，并以工代赈之类，

---

① 中国第一历史档案馆藏：《朱批原件》，档案编号：04—01—35—0093—016。又《奏稿》第989—992页。
② 中国第一历史档案馆藏：《军机录副》，档案编号：03—5593—013。

不令一夫失所。一面札饬该厅张示晓谕，明年仍筹发牛种，以安其心，俾免逃散。

其巴里坤驻防满营兵食，岁由镇西厅仓粮拨济，由该营自行造销。兹准护领队臣金贵牍称：本岁仓粮无着，请饬筹拨前来，遂并由奇台拨给仓粮二千石，以资接济。再有不敷，应由该满营领获专饷内通挪买补，以期兵民兼济。该厅本年应征额粮并九年民欠，拟恳天恩，概予豁免，以广皇仁。

除拨给仓粮并恳免该厅本年钱粮、九年民欠各细数，应由甘藩司遵照汇案造销，并由臣等咨部查照外，是否有当？谨会同署乌鲁木齐都统臣升泰，合词附陈，伏乞圣鉴训示。再，此片系臣锦棠主稿，合并陈明。谨奏。

军机大臣奉旨：另有旨。钦此。①

光绪十年十一月初八日，军机大臣奉旨：另有旨。钦此。②

【案】《上谕档》：

光绪十年十一月初八日内阁奉上谕：刘锦棠等奏关外镇迪道属历年民欠各项银粮，恳恩概予豁免一折。甘肃关外久经兵燹，民多流亡，前经左宗棠饬属散给牛籽，招徕开垦，迄今尚未一律垦种。即已垦者，收成亦甚歉薄，且间有被旱、被蝗、冻萎情形。若将各属民欠未完银粮照旧征收，民力实有未逮。加恩着照所请，自光绪三年起至八年止，镇迪道属各厅州县民欠未完市斗、额籽、牛价、借食各色粮一万八千六百二十七石零，京斗额粮一万七千一百一石零，牛价、地课银三千八百三十二两零，又昌吉县光绪九年麦收歉薄，减免极贫四十八户三成额征京斗粮四十七石零，一律豁免，以纾民力。另片奏请旨豁免镇西厅应征额粮等语。甘肃新疆镇西厅，本年入夏以来，旸雨愆期，收成歉薄。加恩着将本年应征额粮并九年民欠，概予豁免。该督抚即刊刻誊黄，遍行晓谕，务使实惠均沾，毋任吏胥舞弊，用副轸念民艰至意。余着照所议办理，该部知道。钦此。③

---

①中国第一历史档案馆藏：《朱批原件》，档案编号：04—01—23—0210—016。又《奏稿》第993—998页。
②中国第一历史档案馆藏：《军机录副》，档案编号：03—5593—014。
③中国第一历史档案馆编：《光绪朝上谕档》，第十册，第367—368页。

奏议（光绪十年）

065. 奏请注销革员永不叙用并赏六品顶戴片
光绪十年十月十六日（1884年12月3日）

再，据提督董福祥禀称：现在接防喀什噶尔要边，汛地辽阔，事务殷繁。边情所系，首在刚柔得宜，必须熟悉情形之员，前往佐理。查有已革五品衔甘肃补用知县龙寿昌，前在喀什噶尔承办边卡数年，稔知其历练已深。近在哈密差遣，应请饬该革员赴喀什噶尔，襄理营务等情前来。臣查龙寿昌前于安化县任内因案参革①，旋于光绪六年投效嵩武军，经帮办军务臣张曜委办喀什噶尔卡伦，整理一切。该员昕宵从事，艰苦备尝，嗣是承办营务，均极得力。张曜书来，每称其勤慎干练，不可多得。上年差委到哈，臣即缄商张曜，将该革员暂留臣营，迭经委办要件，实属井然有条。前于新疆六年边防请照战功奖叙案内，吁恳天恩饬部注销该革员永不叙用字样在案。刻值董福祥接防之际，其间毗连外部，接壤俄邻，交涉綦多，务在得人而理。已令该革员迅速驰往，期有裨于边事。惟参革人员与外夷官商接见，恐启其狎玩之心，可否仰恳恩施，赏给革员六品顶戴，俾得勉效驰驱，出自逾格鸿慈。

臣为边事择人起见，是否有当？谨附片具陈，伏乞圣鉴训示施行。谨奏。

光绪十年十一月初八日，军机大臣奉旨：着照所请，该部知道。钦此。②

066. 奏报题奏道袁壵龄赴营差委片
光绪十年十月十六日（1884年12月3日）

再，综理臣军营务陕西候补道兼袭云骑尉世职周汉因病请假，回籍就医。查臣前奏调之二品顶戴盐运使衔浙江尽先题奏道那尔珲巴图鲁袁壵

---

①详见光绪五年正月二十四日陕甘总督左宗棠具折奏报知县被控贪劣各款，请旨先行革职，以便严讯惩办缘由（中国第一历史档案馆藏：《朱批原件》，档案编号：04—01—01—0941—029、04—01—01—0941—030；《军机录副》，档案编号：03—5135—101），又光绪五年五月十六日奏报已革前代理安化县知县龙寿昌被控各款情形（中国第一历史档案馆藏：《朱批原件》，档案编号：04—01—08—0053—002；《军机录副》，档案编号：03—7386—057）。
②中国第一历史档案馆藏：《军机录副》，档案编号：03—5829—094。又《奏稿》第979—981页。

龄，业经钦遵谕旨，赴营差委。该道员器识闳远，廉公练达，随臣督师边塞十余年，竭虑尽职，始终不渝，以之总理臣军营务，实于边疆事局大有裨益。除檄委外，谨附片陈明，伏乞圣鉴。谨奏。

光绪十年十一月初八日，军机大臣奉旨：知道了。钦此。①

067. 奏报原署镇西厅同知李佐兴落井身死片
光绪十年十月十六日（1884年12月3日）

再，臣前因署镇西厅同知李佐兴于验讯店户石金三一案情节不实，当经撤任，委员代理在案。嗣据代理该厅同知闻端兰具报：三月十三日辰刻，李佐兴忽落其所寓后院井内，比经缒系出井，即往看视，不能言语，解救不及，至巳时身死等情。臣即札委甘肃候补同知杨廷珍前往，会同该厅查验情形，取具确供，详候核办去后。旋据详称：勘得李佐兴寓所东偏后院有井一口，马屋、厨房往来均由井边经过，井面四方嵌木，中空二尺零，底空四尺，深二丈一尺有余，向不掩盖。

讯据伙夫陈芳田供：十三早，小的烧水，主人顺过厨门，盼咐快些办饭，今日要往哈密去。据马夫刘吉福供：十三早晨，正在喂马，主人来说，今日起身赴哈，赶紧收拾。又叫小的往城守营打听送镇台出城的事，由厅屋过身。跟班邹从元要小的转请主人洗脸，主人说：你快走城守营。我就进来。小的由城守营转回，遇邹从元，说正找主人没见。小的走到井边，有人在水里摆动。小的疑喊，莫是主人跌下井了，大家亲属都来缒救的。

据家丁汤文玉、邹从元同供：主人自正月交卸厅事后，不记日期，对小的们说过，石金三一案不知将来如何了结，亏空交代定要设法清楚才好。嗣屡要赴哈密，昨十一日，叫小的们整饬行李，定十三日起身。是日，主人起得甚早，盼咐小的汤文玉买菜，预备路上吃食，小的邹从元收拾赴哈。又叫舀水洗脸。主人往马屋去了，小的就要马夫请洗的。小的汤文玉后闻主人跌井，大家用绳缒下，水齐小的膝头。主人斜躺井内，脚尚上冲。小的急扶起坐，满面泥糊，口鼻有泡。小的用衣袖揩脸，衔吸数口，回气一声，说好些，安扶老太太，眼动仍闭，抱着系绳出井，抬至房内，用方急救没效，到了

---

①中国第一历史档案馆藏：《军机录副》，档案编号：03—5829—095。

巳时，就没了气了。各等供。再三复鞫无异。该故员棺尚未封，起视委系落井身死，并无别故等情前来。

臣当饬该厅传知家属，妥为棺殓，一面赶将交代了清，以重公储。除该故员家属现已措缴搬柩回籍外，谨会同陕甘总督臣谭钟麟、署乌鲁木齐都统臣升泰，附片具陈，伏乞圣鉴。谨奏。

军机大臣奉旨：知道了。钦此。①

光绪十年十一月初八日，军机大臣奉旨：知道了。钦此。②

068. 奏为补授新疆巡抚谢恩并沥陈下悃折

光绪十年十一月十五日（1884年12月31日）

钦差大臣督办新疆事宜甘肃新疆巡抚二等男臣刘锦棠跪奏，为叩谢天恩，并沥陈下悃，恭折仰祈圣鉴事。

窃臣于十一月十一日承准吏部咨开：文选司案呈内阁钞出光绪十年十月初二日奉上谕：刘锦棠着补授甘肃新疆巡抚，仍以钦差大臣督办新疆事宜。钦此。恭录知照到臣行营。感宠赉之自天，倍惶悚于无地。比即恭设香案，望阙叩头谢恩讫。

伏念臣本至愚，幼而失学。遭时悉窃驰驱戎马，以至于今。其于文献典籍、经远之略、郅治之源，卒未得分心研究，是以智术短浅，鲜所贯通。而夙患脚气、晕眩诸证，积年未瘥，曾经疏请开缺调理，未邀俞允。只以微臣受恩深重，身在行间，际此时事多艰，边防紧要，靖邻固圉，动为全局所系，不能不力疾趋公，勉图报称。每逢恩纶，辄累日寝食失次，蹐跼难安。盖惟质性凡庸，是以扪心而自愧。而天恩高厚，即令捐躯以难酬。此微臣所日夜兢兢者也。

新疆幅员周广几二万里，高踞西北上游，屏蔽畿辅。祖宗朝累烦庙算，始隶版舆，疆比戎索，天下大势所在举可知矣。皇太后、皇上启中兴之景运，建万世之鸿规。命将出师，整军经武，廓清全疆。而时异事殊，沿边藩篱尽撤，因时制宜之道，计非设省建官，不足以策治安而规久远。此新疆开

---

①中国第一历史档案馆藏：《朱批原件》，档案编号：04—01—08—0186—003。
②中国第一历史档案馆藏：《军机录副》，档案编号：03—7307—013。

设行省之议所由兴也。嗣经臣遵旨议复,请照前督臣左宗棠原议,量为变通,新疆各道郡县仍合甘肃为一省,添设巡抚、布政使等官,以资控制。敬按时局,遵旨敷陈,业蒙圣明,饬部核准。至于封疆大吏,任大责重。新设边缺,诸凡创始,允非得文武兼资之员,难期胜任。

臣以军务粗材,不习吏事,业于光绪八年七月初三日奏请添设抚藩折内,缕晰沥陈,早邀圣慈洞鉴。乃殊恩下逮,实为梦想所不期。而对扬天休,弥觉每怀之靡及。盖新疆之必设抚臣者,时会之所趋也;而微臣之自度不堪者,才分之有限也。不敢居而又不敢辞者,事情之所迫也。惟有矢慎矢勤,己千己百,以期仰副鸿慈于万一。仍乞天恩俯赐,察臣原奏,另简贤能,以重疆寄。边事幸甚,微臣幸甚。如蒙恩允,臣仍暂留行营,帮同新任抚臣商办一切,断不敢置身事外,致负逾格恩施,无任感悚之至。

除设省一切事宜由臣会商将军、督臣随时具奏办理外,所有微臣感激荣幸并沥陈下悃缘由,谨缮折叩谢天恩,伏乞皇太后、皇上圣鉴训示。谨奏。光绪十年十一月十五日。

军机大臣奉旨:览奏,具见悃忱。吏治与军事相表里,该大臣能存敬畏,筹办一切,自无贻误,着毋庸固辞。钦此。①

光绪十年十二月初九日,军机大臣奉旨:览奏,具见悃忱。吏治与军事相表里,该大臣能存敬畏,筹办一切,自无贻误,着毋庸固辞。钦此。②

069.奏报赏加兵部尚书衔谢恩折
光绪十年十一月二十四日(1885年1月9日)

钦差大臣督办新疆事宜尚书衔甘肃新疆巡抚二等男臣刘锦棠跪奏,为微臣叩谢天恩,仰祈圣鉴事。

窃臣于十一月十三日准兵部咨开:光绪十年十一月初一日内阁钦奉慈禧端佑康颐昭豫庄诚皇太后懿旨:本年五旬万寿庆典,迭沛恩纶。因念封疆大臣,实能为国宣力者,允宜优加奖叙。兵部右侍郎刘锦棠,慎固边防,克勤职守,着加恩赏加尚书衔等因。钦此。恭录知照到臣行营。闻命自

---

①中国第一历史档案馆藏:《朱批原件》,档案编号:04—01—12—0531—123。又《奏稿》第999—1004页。
②中国第一历史档案馆藏:《军机录副》,档案编号:03—5191—025。

天,感悚无地,谨即恭设香案,望阙叩头谢恩。

钦惟皇太后德协坤元,道隆豫顺。慈辉远荫,炽昌开百世之基;寿寓延洪,尊养惬万古之愿。皇上奉觞北极,展礼南宫,当尧门荐祉之辰,正用道化光之会。普天笃庆,薄海胪欢。臣遐荒远役,恋赏迓膺,幸际昌期,恭逢圣寿。未遂瞻天之颜,华祝遥伸;乃蒙逾格之施,头衔特晋。感鸿慈之俯逮,实鳌戴以难胜,臣惟有丹悃弥虔,赤诚共励。竭驽骀之薄效,沐纶音而益奋风云;抚毡毳之遗黎,率种族而长依日月。

所有微臣感激荣幸下忱,谨缮折叩谢天恩,伏乞皇太后、皇上圣鉴。谨奏。光绪十年十一月二十四日。

光绪十年十二月三十日,军机大臣奉旨:知道了。钦此。①

【案】中国第一历史档案馆藏有吏部呈奏补放甘肃新疆巡抚刘锦棠应否兼兵部尚书衔事等折旨单一件,曰:"十月十四日,吏部奏补放甘肃新疆巡抚刘锦棠应否兼兵部尚书衔请旨事。拟请旨传,着兼兵部尚书衔。"②

070. 奏为赏赐祖母匾额等件谢恩折

光绪十年十一月二十四日(1885年1月9日)

钦差大臣督办新疆事宜尚书衔甘肃新疆巡抚二等男臣刘锦棠跪奏,为恭谢天恩,仰祈圣鉴事。

窃臣于十一月十九日准兵部火票递到光绪十年十月初八日内阁奉上谕:恭遇慈禧端佑康颐昭豫庄诚皇太后五旬万寿,前经降旨,令吏兵等部、八旗都统查明京外实任大员老亲,候旨施恩。兹据查明,京外大员老亲有年逾八十者,承欢禄养,爱日舒长,洵属升平人瑞,允宜优加赏赉。钦差大臣尚书衔甘肃新疆巡抚刘锦棠之祖母陈氏,着赏给御书匾额一面、紫檀三镶玉如意一柄、大卷江绸袍料二匹、大卷八丝缎袍褂料二匹,用示锡类推恩至意。钦此。由驿驰递到臣行营。谨即恭设香案,望阙叩头,谢恩祇领讫。

---

①中国第一历史档案馆藏:《朱批原件》,档案编号:04—01—14—0082—095。又《军机录副》,档案编号:03—5191—096。
②中国第一历史档案馆藏:《清单》,档案编号:03—5678—063。

伏念臣祖母年逾八秩，诰捧五花，累沐殊施，实惭非分。兹者恭逢圣寿，复荷恩颁，璇题分奎璧之光，宝墨焕星云之采。报平安于天语，葱竹长春；锡如意之嘉名，陔华集祜。荣增翟茀，宫衣而捧出上方；宠被鸾章，云锦则辉生予舍。当西塞承恩之日，正北堂设帨之辰。惟帝锡龄瞻，天纫感臣，桐枝缺养，芝綍滥膺。惟有益励葵诚，勉遵获训，慎戎疆之职守，遍八荒而风静。参旗瞻虞升之光华，拜十赉而心依斗极。

所有微臣感激荣幸下忱，谨缮折恭谢天恩，伏乞皇太后、皇上圣鉴。谨奏。光绪十年十一月二十四日。

军机大臣奉旨：知道了。钦此。①

光绪十年十二月三十日，军机大臣奉旨：知道了。钦此。②

071. 奏报军饷涸竭请严催赶解折

光绪十年十一月二十六日（1885年1月11日）

钦差大臣督办新疆事宜尚书衔甘肃新疆巡抚二等男臣刘锦棠跪奏，为军饷源涸流竭，局势难支，谨遵部议，请旨严催赶解，以应急需而全大局，恭折仰祈圣鉴事。

窃本年西征新饷，迭经部臣奏准解足八成以上，统限十月以前扫数解清，毋得延欠，并准分别奖劾。前次截至九月，解款仅及三成，待饷孔亟，复经督臣奏经部议，奉旨着该将军、督抚等严饬藩运各司，将西征军饷赶筹大批，迅速解往，俾资应用。如能解足八成以上者，照案奏请优奖。倘再任意延欠，即着指名奏参。钦此。钦遵在案。睿谟周运，轸念征夫，凡荷戈远戍之俦，莫不同深感涕。虽各省时艰同际，海防供亿浩繁，然新疆边远苦瘠甲于天下，军饷一切要需，纯恃协饷接济，久在圣明洞鉴，亦各省疆臣所灼见而深知者也。

臣军勇有定额，饷有定数，解有常期。往年协解稍旺，尽发各军七八九关不等。欠发之饷，假旋全数找给，历经遵办无异。本年八月以前，仅能凑解四关。嗣因饷源久涸，挪凑挪挡，每营每月酌发银两，点缀盐菜，仍许饷

---

①中国第一历史档案馆藏：《朱批原件》，档案编号：04—01—14—0082—097。
②中国第一历史档案馆藏：《军机录副》，档案编号：03—5540—088。

到照章补足。际此海氛未靖,微臣寝馈不安,但令势可勉支,何敢动烦宸廑!无如十月之限早已过期,而截算本年新饷,实解到甘者仅一百六十一万六千余两。臣与关内分别划提,现银只有此数,出入两抵,差短过半。频年应出饷需,经臣核实确估,报部核准,委实无可删减。而春间腾饷裁勇,近复挪款添募,出款愈增,入款愈短,先已腾挪罄空,以故每批解款到营,随到随尽。瞬届岁阑,各军年关满饷,现尚无着,何以勉系士心?而年外月饷,亦难悬待明年新饷散发。臣军与协饷各省相距万里而遥,至转解西路边防,计程又远五六千里。悬军边徼,万灶待炊。而各省关协解近更寂寂无闻,源竭流枯,罔知所措。又值微臣钦奉恩命,巡抚新疆,张曜全军业经拔行,局势一变,西四城防吃重,应由臣部兼顾,添募填防。兵不能减,饷则有加,右绌左支,不堪言状。

当开设行省之初,除旧更新,诸务创始。揆度事势情形,臣当进驻乌垣,控制南北,且便与藩司魏光焘遇事熟计通筹,以免丛脞贻误。然非俟解款稍裕,通融挹注,则设省、兴举、迁徙①一切要务,均属措手无从。臣材轾任重,罗掘计穷,昨已缄商督臣,权就兰垣商号筹借大批,飞挽应急,仍就解到本年新饷划还,以清界限。应恳天恩,俯念新疆一隅关系大局,边军远戍,待饷孔殷,饬下协饷各省关将军、督抚等恪遵前次谕旨,严饬藩运各司赶筹大批,迅速解济,仍遵部议,务将本年应解西征八成新饷,随后扫数措解赴甘,以济饥军,大局幸甚,微臣幸甚。其金顺、锡纶两军同处窎乡,饷军裁勇,需用至急。锡纶以书抵臣,派员索借,臣无以应。伏恳恩施,严饬专协省分,赶速筹拨,合并陈明。

除十一年新饷应由督臣主持,行省应办事宜由臣随时会商奏明办理外,所有饷需涸竭,请旨严催赶解各缘由,谨会同督臣谭钟麟,恭折驰陈,伏乞皇太后、皇上圣鉴训示。谨奏。光绪十年十一月二十六日。

军机大臣奉旨:另有旨。钦此。②

光绪十年十二月十九日,军机大臣奉旨:另有旨。钦此。③

【案】刘锦棠之奏于光绪十年十二月十九日得允行:

---

①"设省、兴举、迁徙",《奏稿》作"设省与举迁"。
②中国第一历史档案馆藏:《朱批原件》,档案编号:04—01—12—0947—072。又《奏稿》第1005—1010页。
③中国第一历史档案馆藏:《军机录副》,档案编号:03—6094—031。

军机大臣字寄：户部，福州将军，两江、闽浙、四川各总督，江苏、安徽、江西、浙江、湖北、湖南、福建、山东、山西、河南各巡抚，传谕粤海关监督：光绪十年十二月十九日奉上谕：刘锦棠奏饷需涸竭，请旨严催赶解一折。前据户部奏，本年西征军饷，各省关欠解甚巨，当谕令该将军督抚等迅解。刻下西征各军待饷孔急，亟须迅筹拨解，以济要需。现据户部查开各省关已解、未解饷数清单，即着该将军、督抚等，懔遵前旨，严饬藩运各司赶筹大批，迅速解往，务将本年应解西征八成新饷，按照户部单开，扫数措解赴甘，毋稍延欠，致干咎戾。原单着分别钞给阅看。据刘锦棠奏称金顺、锡纶两军需饷至急等语。金顺军饷，前据户部奏称万难垫发，请旨饬催。已谕各省关赶紧报解。锡纶军饷，着户部查明专协省分，催令迅速筹拨，俾资应用……将此谕知户部，并由五百里谕知福州将军，两江、闽浙、四川各总督，江苏、安徽、江西、浙江、湖北、湖南、福建、山东、山西、河南各巡抚，并传谕粤海关监督知之。钦此。遵旨寄信前来。①

072. 新疆南路拟设佐杂及分防巡检各缺折
光绪十年十一月二十六日（1885年1月11日）

钦差大臣督办新疆事宜尚书衔甘肃新疆巡抚二等男臣刘锦棠跪奏，为新疆南路道厅州县拟设佐杂及分防巡检各缺，以资佐理，恭折仰祈圣鉴事。

窃查南路各厅州县应设照磨、吏目、典史，及各属辖境辽阔，须添佐职分防。经臣等奏明，承准部复，令由臣等随时体察情形，会商妥议，奏请办理在案。兹据署喀什噶尔道员黄光达、护理阿克苏道员陈名钰等先后详称：阿克苏、喀什噶尔两道所辖厅州县额征钱粮，通应报道，综核估拨，汇总报销，并有须量为折变者，拟各设道库大使一员，专管收支事件。该库大使衙署应修于道署仪门之侧，其库房则于道署大堂侧起造，以便主守。其温宿、莎车、和阗、疏勒四直隶州，设立吏目各一员。拜城、于阗、叶城、疏勒四

---
① 中国第一历史档案馆编：《光绪朝上谕档》，第十册，第450—451页。又《德宗景皇帝实录（三）》，卷二百，光绪十年十二月下，第843页。

县,设立典史各一员。喀喇沙尔、库车、乌什、英吉沙尔、玛喇巴什五直隶厅,各设立照磨一员,兼司监狱、缉捕。以上各厅州县佐杂衙署,均紧接监狱,俾专责成。又阿克苏旧城地当冲衢,五方杂处,拟添设巡检一员,稽查匪类,弹压居民。其余各属辖境较广,户民隔居窎远者,拟于喀喇沙尔所属之布告尔适中地方,设立巡检一员。叶城县现拟移建哈哈里克。其莎车回城拟设巡检一员,资其就近弹压。详请核办前来。

臣伏查新疆土旷民稀,佐杂各员原未可以多设。惟边远辽阔,长途戈壁,诚有鞭长莫及之势,自应酌量添设,藉资控制。该道员黄光达等察看情形,细心商酌,所拟尚属妥协。应恳天恩,俯准设立南疆八城佐杂各员缺,俾有专司而资治理。至此项设立之分防巡检各缺,拟均作为要缺,由外拣补。其同城佐杂各员缺,照例概归部选,仍恳照吉林新设民官各缺成案①,统归因地择人,由外先行拣补一次。

又臣原奏叶城县治设立叶尔羌回城,于阗县治设立哈拉哈什。现据黄光达详称:该两县治各应改设所辖适中之地,拟将叶城县移建哈哈里克地方,于阗县治移建克里雅地方,庶资兼顾,且免添设分防佐杂等情。臣复查无异,批令照办,相应请旨饬部核复,以便遵循。

除未尽事宜容查明陆续具奏外,所有新疆南路道厅州县拟设佐杂及分防巡检员缺各缘由,谨会同督臣谭钟麟,合词恭折具陈,伏乞皇太后、皇上圣鉴训示施行。再,帮办军务臣张曜现已入关,故未列衔,合并声明。谨奏。光绪十年十一月二十六日。

军机大臣奉旨:该部议奏。钦此。②

光绪十年十二月十八日,军机大臣奉旨:该部议奏。钦此。③

073. 奏报哨弁戕毙营官胁众哗溃随即扑灭折

光绪十年十一月二十六日(1885年1月11日)

钦差大臣督办新疆事宜尚书衔新疆甘肃巡抚二等男臣刘锦棠、乌鲁木

---

①详见光绪四年九月初九日吉林将军铭安呈报吉林改设府厅州县佐杂等官章程(中国第一历史档案馆藏:《清单》,档案编号:03—5091—031)。
②中国第一历史档案馆藏:《朱批原件》,档案编号:04—01—01—0950—037。又《奏稿》第1015—1019页。
③中国第一历史档案馆藏:《军机录副》,档案编号:03—5092—030。

齐都统臣升泰跪奏，为哨弁戕毙营官，胁众哗溃，随即追捕扑灭，首要就擒，地方如常静谧，恭折仰祈圣鉴事。

窃驻扎乌鲁木齐精骑马队营官总兵王玉林，由阜康移防未久。忽据署镇迪道英林、迪化州知州潘效苏禀：本年十月十五日夜三更时，该马队后哨哨长赵良敬乘王玉林熟睡，率什长杨玉成等携带铡刀，悄入卧内，猛将王玉林用刀戕毙，嗾党持刃追胁马勇一百数十人，向西哗溃。蹑追无及，余人越垒奔散等情前来。

臣锦棠窃计绥来西至奎屯，向系臣部统领亲军甘肃西宁镇总兵谭上连汛地。该溃卒仓猝盗兵，惊愕无定，夙知大道防汛严密，势必避而走险。惟彼时地已冻合，如其绕出安集海，则头头是道，且与伊塔两城地界毗连，不无可虑。比飞饬谭上连迅率所部，分道拦截，相机剿抚，查明首要之外，胁从免治。一面拨营策应，并知会金顺、锡纶密为戒备。

臣升泰闻报，比饬英林等亲往勘验，确查起衅根由，收辑在营弁勇，归哨管束。会商提臣金运昌，专弁执持大令，探踪招抚，宣示悔罪免死，并传饬北路印官、营汛，严防截堵。殊该溃卒星夜亡命疾驰，顷越昌吉而西。十六日夜半，已绕过乐土驿，由绥来县治东黑梁湾地方取径西窜。时谭上连先已得报，诇知溃卒所向，随督同所部署玛纳斯协副将张清和、头起马队提督李其森，率队分道拦截。

次日黎明，李其森马队已先夺路迎堵。谭上连等步队亦至。传令军士大呼："下马弃械自首者准抚。"众心观望未定。赵良敬情急计生，乘招谕之隙，暗执洋炮，向李其森测准窃发，洞中右颧，登时殒命。并嗾杨玉成等齐放枪炮，怒马冲突。谭上连挥队围攻，阵毙溃卒十余名，夺获旗帜、矛杆二十余件、洋枪十一杆、战马三十余匹，生擒四名。薄至河岸，斫毙二名。官军亦有伤折。赵良敬等溃围，向西南乡牛圈子一带狂窜，分合不定。官军以步当马，跟踪蹑剿。适十八至二十一等日，连需大雪，道路弥漫莫辨，军士耐寒穷追，堕指裂肤，苦难言状。

二十二日初更时，追至湖家海子，该溃卒全股麕聚民庄，拚死抗拒。谭上连率队层层合围，阴挽柴草。次日黎明，督队环攻，枪炮齐发，一面纵火焚堡，且轰且烧，一鼓歼灭，生擒十余名，夺获战马一百余匹，洋枪、矛杆一百三十余件。突围逸出者不过二十余骑。讯据擒犯供称：赵良敬冒火遁走，杨玉成业已阵毙。官军阵亡七员名，受伤二十四员名。其牛圈子等处逃逸零骑，经绥来县知县李原琳、已革都司赵兴体所调民团马队，沿途截杀，擒获共四十余名。据谭上连、李原琳先后禀报到臣锦棠行营。饬即录供，详报候夺。惟赵良敬为此案渠魁，罪不容诛，并在逃各犯亟应严拿按治。

正悬赏缉拿间，旋据统领安远军宁夏镇总兵谭拔萃呈报：赵良敬同余犯刘正乾、乔礼和等三名，骑马三匹，业据署济木萨县丞旷琦弋获，同该营派去巡查押送古城。讯据赵良敬供：年四十七岁，安徽宿州人，向来在营吃粮。光绪八年，由精骑马队右旗拨归后营。本年二月，升充后哨哨长。王营官每次领到饷银，当堂发散，并无克扣。惟遇事督责，鞭打辱詈，令人难堪。该犯前次督队修路，遭其怒骂，罚跪多时，怀憾在心。十月十三日合操，又被痛辱。中哨史金山、杨玉成首先倡率，平日积憾，诸人共推该犯作主，议乘间杀害王营官，泄忿远遁。连日集议不定，微露风声。该犯惧事情败露，祸生不测。十五日，乘正副哨长内有四人出差未回，定更后，暗邀史金山暨同谋之二十余人，齐集后哨三棚定议。三更后，探听王营官熟睡，该犯一干各执马刀在外堵御，断其救援。杨玉成手持铡刀，闯入卧内，将王营官猛力砍毙，迫胁各哨队一百余人，骑马乘夜同逃，日夜兼程，将到玛纳斯，被官军截住大路，混打一仗，多有伤亡。计议去向，各人意见不合，致马彪带十余人为一起，杨玉成带数十人为一起，该犯同史金山一起，各投小路分窜。二十二日，杨玉成一股仍在湖家海子会合，不料官兵抄至，致被围住。该犯由后门乘间率十七骑冲出，弃械向东逃命，昨到大龙口民家借宿，被拿送案。所供是实。刘正乾、乔礼和供词略同。已交县锁解赴哈讯办，并钞具逸犯名单，赍呈前来。

臣锦棠查赵良敬供词，核与英林等原报情节相符，其无起衅别故，似无疑义，应俟赵良敬解到臣营，复讯定夺。至西征马队，原以二百五十骑为定额。该马队哗溃后，随经英林赴营点验，未溃人数实存弁勇六十一名，续后连日逃回收伍，通计存营哨长六员名，正勇八十八名，火勇十二名。核计溃卒实止一百四十余名。据昌吉、绥来营县原报，并裹胁人数约近二百名，经官军两次堵杀围扑暨民团擒斩，核与原溃人数无甚参差。惟据犯供，马彪另起十余骑，又同逃之十七骑，尚有十四名在逃未获。要犯史金山已否伏诛，仍由臣严饬确查，通缉务获，归案讯明，分别核办，断不敢稍涉枉纵。被戕之王玉林，已据报验，右面受铡刀砍伤一处，从耳际起，横断头颈过半，尸具殓殆浅厝。存营弁勇由臣锦棠委员管带。其昌吉、绥来之西南各乡被害民户、被毁村堡,已饬该县复勘,极力抚恤,毋任一夫失所。此精骑马队仓促哗溃业经追捕、扑灭、办理之实在情形也。

臣查王玉林本皖军旧将,前督办臣左宗棠委带精骑马队,治军严整,遇事奋勉,臣等均所素知。惟驭下严峻,致罹斯祸。幸赖威棱远慑,谭上连等赴机迅速,浃旬之间,全股扑灭,首要就擒,地方如常静谧,足纾宸廑。臣锦棠忝司边寄,疏于防范,应请旨交部议处。所有阵亡记名提督李其森,应恳天恩饬部从优议恤,以彰劳勚而慰忠魂。至总兵王玉林战绩卓著,兹因治军稍严,猝被戕害,可否一并赐恤之处,出自鸿施。其余阵亡弁勇,容臣锦棠查明,照例办理。

除谭上连暨出力将士由臣分别记功奖励外,所有哨弁戕毙营官、胁众哗溃,随即追捕扑灭,首要就擒,地方如常静谧各缘由,谨会同督臣谭钟麟、提臣金运昌,合词恭折具陈,伏乞皇太后、皇上圣鉴训示。再,此折由臣锦棠主稿,合并声明。谨奏。光绪十年十一月二十六日。

军机大臣奉旨:览奏,已悉。所有要犯史金山并在逃未获各犯,仍着饬属严拿,务获究办。刘锦棠疏于防范,咎有应得,惟办理尚为迅速,所请交部议处,着加恩宽免。李其森着交部从优议恤。王玉林着交部议恤。余依议。钦此。①

光绪十年十二月十八日,军机大臣奉旨:览奏,已悉。所有要犯史金山并在逃未获各犯,仍着饬属严拿,务获究办。刘锦棠疏于防范,咎有应得,惟办理尚为迅速,所请交部议处,着加恩宽免。李其森着交部从优议恤。王玉林着交部议恤。余依议。钦此。②

074. 奏报拟借款行用补水等银片

光绪十年十一月二十六日(1885年1月11日)

再,臣接准部咨:议复南疆工程势难停缓,请拨的款以应要需,拟将胡

---

①中国第一历史档案馆藏:《朱批原件》,档案编号:04—01—26—0076—028。又《奏稿》第1021—1031页。
②中国第一历史档案馆藏:《军机录副》,档案编号:03—6019—076。另见《德宗景皇帝实录(三)》,卷二百,光绪十年十二月下,第842页。

光墡应缴西征借款行用、补水等银十万六千七百八十四两,并四川、山东及江海、江汉、粤海、闽海等关月协乌鲁木齐军饷银八万两,一并解交甘肃粮台,作为南路修理工程之用。连前次议拨南路城垣、炮台工款于江西等省提解银十八万两,合共银三十六万六千七百八十四两,先后奏奉谕旨各在案。

除胡光墡一款应俟浙江抚臣于该革员备抵产业内变价解交外,其余各省关应解银二十六万两,内惟山西省及河东道各提银一万两,业经报解清楚。山东省、闽海、江汉二关共亦先后报解银二万二千两。此外江西、湖北、湖南、河南、四川等省、江海、粤海二关,迄今未据报解分厘。统计欠解银二十一万八千两。仰屋兴嗟,莫名焦灼。

窃臣自檄饬各承修委员估计工费后,即据陆续具报兴工。凡木石铁炭一切物料及工匠口食,在在皆资现款。适值本年饷项支绌万分,无从挹注,地方又无他款堪资设法通挪,以致屡作屡辍,未能限期告竣。若再行迁延时日,诚恐倒塌溃裂,尽弃前功。合无仰恳天恩,饬下各省关迅将应解前款银两限明年春季内,扫数解清,不得藉词延宕,俾臣得以分发经手工程各员,勒限蒇事,以竟全功,实于固圉绥边大有裨益。

谨附片陈明,并将各省关应解南路工程银两已解、未解各数目,缮具清单,恭呈御览。伏乞圣鉴训示。谨奏。

军机大臣奉旨:另有旨。钦此。①

光绪十年十二月十九日,军机大臣奉旨:另有旨。钦此。②

075. 呈各省关应解新疆工程银两各数目清单

光绪十年十一月二十六日(1885年1月11日)

谨将各省关应解新疆工程银两已解欠解各数目,缮具清单,恭呈御览。

江西省应解银三万两,全未报解。

湖北省应解银四万两,全未报解。

湖南省应解银四万两,全未报解。

---

①中国第一历史档案馆藏:《朱批原件》,档案编号:04—01—37—0156—031。又《奏稿》第1011—1013页。

②中国第一历史档案馆藏:《军机录副》,档案编号:03—6610—089。

河南省应解银二万两,全未报解。

山西省应解银一万两,全数报解。

山西河东道应解银一万两,业经全数报解。

四川省应解银五万两,全未报解。

山东省应解银二万两,已报解银一万两,欠解银一万两。

江海关应解银一万两,全未报解。

粤海关应解银一万两,全未报解。

闽海关应解银一万两,已报解银五千两,欠解银五千两。

江汉关应解银一万两,已报解银七千两,欠解银三千两。

以上各省关共应解工程银二十六万两,已报解银四万二千两,欠解银二十一万八千两。又部拨革员胡光墉一款银十万六千七百八十四两,未据浙江抚臣措齐报解,合并声明。

军机大臣奉旨:览。钦此。①

【案】此案于同年十二月十九日得允行:

军机大臣字寄:户部,福州将军,两江、闽浙、四川各总督,江苏、安徽、江西、浙江、湖北、湖南、福建、山东、山西、河南各巡抚,传谕粤海关监督:光绪十年十二月十九日,奉上谕:刘锦棠奏……另片奏各省关应解新疆工程银两,开单请饬迅解等语。着该将军、督抚等赶紧拨解,限明年春季内,扫数解清,不准藉词延宕。原单并着分别抄给阅看。现在关外各项饷需关系极要,该将军、督抚等毋得稍存膜视,致误事机。将此谕知户部,并由五百里谕知福州将军,两江、闽浙、四川各总督,江苏、安徽、江西、浙江、湖北、湖南、福建、山东、山西、河南各巡抚,并传谕粤海关监督知之。钦此。遵旨寄信前来。②

076. 奏报试署直隶州知州员缺请实授折

光绪十年十二月二十日(1885年2月4日)

钦差大臣督办新疆事宜尚书衔新疆甘肃巡抚二等男臣刘锦棠跪奏,为

---

① 中国第一历史档案馆藏:《清单》,档案编号:03—7154—063。

② 中国第一历史档案馆编:《光绪朝上谕档》,第十册,第450—451页。又《德宗景皇帝实录(三)》,卷二百,光绪十年十二月下,第843页。

新设边要直隶州知州员缺拣员试署,著有成效,恳请实授,以资治理,恭折仰祈圣鉴事。

窃全疆甫就荡平,遗黎初集,南路新设郡县,诸凡创始,缠民语言文字隔阂不通,与内地情形迥别。州县为亲民之官,非得明干耐苦、边情熟习之员,久于其任,安辑抚绥,难资治理。臣前奏设南路各缺,请照吉林新章,由外拣补一次,当经部臣复准由臣先后委员试署在案。又前奉部章:甘肃升调补缺变通办理,无论何项缺出,择人地相宜之员请补,俟军务告竣,另起序补班次各等语。兹查温宿直隶州知州,地当冰岭冲要,辖境辽阔,抚驭率属,政务殷繁,应作为冲烦疲三项要缺。疏勒直隶州知州,抚辑回氓,兼需弹压外部。现值办理商务,中俄交涉事繁,应作为冲烦疲难四项要缺。

以上二缺,臣营无合例堪以请补之员。该署温宿直隶州知州甘肃候补知府陈名钰,老成稳练,为守兼优。署疏勒直隶州知州分省补用知府蒋诰,性情质直,通达治理。该二员均在甘肃新疆军营历练有年,其于边徼形势、土俗民情,最为熟习。上年八月间,委署斯缺。设官之初,经营部署,讲求吏治,遇事躬亲,地方日见起色。届试署期满,舆情爱戴,未便遽易生手,应请补授各该员实缺,俾得从容展布,期收成效。虽以知府借补直隶州知州员缺,衔缺稍有未符,但人地相需,例得专折奏请。

除将该二员详细履历谨另缮清单、恭呈御览外,合无仰恳天恩,俯念边陲员缺紧要,难拘成例,准以三品衔升用道甘肃候补知府陈名钰借补温宿直隶州知州员缺,以道衔分省补用知府蒋诰借补疏勒直隶州知州员缺,实于边疆吏治民生大有裨益。如蒙俞允,容俟接准部复,即行给咨,送部引见,以符定例。

臣为边才难得、因地择人起见,是否有当?谨会同陕甘督臣谭钟麟,恭折具陈,伏乞皇太后、皇上圣鉴训示施行。谨奏。光绪十年十二月二十日。

军机大臣奉旨:吏部议奏,单并发。钦此。①

光绪十一年正月十四日,军机大臣奉旨:吏部议奏,单并发。钦此。②

---

① 中国第一历史档案馆藏:《朱批原件》,档案编号:04—01—12—0531—140。又《奏稿》第1033—1036页。
② 中国第一历史档案馆藏:《军机录副》,档案编号:03—5192—037。

077. 呈请补温宿直隶知州等缺各员履历清单

光绪十年十二月二十日（1885年2月4日）

　　谨将请补温宿直隶州知州等二缺各员年岁、籍贯、出身详细履历，缮具清单，恭呈御览。

　　一、请补温宿直隶州知州三品衔升用道甘肃候补知府陈名钰，现年五十五岁，系湖南永川府宁远县人，由廪生投效老湘营，于咸丰五年克复湖南东安等处案内汇保，六年五月十九日奉上谕：廪生陈名钰，着以训导尽先选用。钦此。七年，江西临江、吉安一带剿贼案内汇保，八年三月初十日奉上谕：训导陈名钰，着以本班不论双单月，遇缺即选，并赏加五品衔。钦此。八年，克复江西抚州、建昌两府城、崇仁、宜黄、乐安、南丰四县城案内汇保，八年十二月十一日奉上谕：五品衔训导陈名钰，着赏戴蓝翎。钦此。十年，克复安徽黟、建、德等县城暨迭次攻剿水陆各隘案内汇保，十一年七月初四日奉上谕：五品衔训导陈名钰，着免选本班，以知县遇缺即选，并赏加知州衔。钦此。是年，克复安徽休宁、黟等县及徽州府暨迭次攻剿各岭隘案内汇保，是年十二月初九日奉上谕：知州衔知县陈名钰，着免选本班，以知州不论双单月尽先即选。钦此。是年，安徽徽州解围案内汇保，同治元年十一月初八日奉上谕：知州陈名钰，着以知州留于安徽，遇缺即补。钦此。六年，陕西同朝剿贼获胜保固河防案内汇保，是年九月十六日奉上谕：安徽候补直隶州知州陈名钰，着免补本班，以知府仍留原省，遇缺即补，并赏加道衔。钦此。是年，克复陕西绥德州。七年正、二月间，在直隶境内节次剿贼案内汇保，请将道衔安徽遇缺即补知府陈名钰俟补缺后，以道员尽先升用，并请先赏三品衔。七年五月初四日，准兵部火票递回原片，后开军机大臣奉旨：着照所请，该部知道。钦此。是年七月，肃清直隶、山东案内汇保，八月初六日奉上谕：三品衔尽先升用道安徽遇缺即补知府陈名钰，着赏给三品封典。钦此。遵即请咨赴京，于八年二月十四日引见，十五日奉上谕：陈名钰着准其免补本班，以知府仍留安徽，遇缺即补。俟补缺后，以道员升用，并赏给三品衔。钦此。遵即领凭到省。十年，委署池州府知府事，五月初十日到任。十一年四月初十日，卸事回省。光绪元年十二月十八日，在省寓闻讣，丁父忧，当经禀请详咨，回籍守制。三年五月十八日，服满，遵例起复，回省候补。六年二月二十二日，禀请回籍措资，旋经臣檄调来甘，于七年正月十九日附片奏请，将三品衔升用道安徽候补知府陈名钰留营差遣，并改归甘肃补用。以原在安徽到省日期作为到甘日期，按班序补。是年三月初七日，准兵部火票递回原片，后开军机大臣奉旨：着照所请，该部知道。钦此。钦遵行知在案。九年八月，经臣委署温宿直隶州知州事，于是月二十七日到任视事。

臣查该员陈名钰，老成稳练，为守兼优。兹拟请借补温宿直隶州知州员缺，虽衔缺稍有未符，而该员现署斯缺，尽心抚字，表率有方，以之借补斯缺，实属人地相需。再，查该员署缺任内，并无参罚案件，合并声明。

一、请补疏勒直隶州知州道衔分省补用知府蒋诰，现年四十八岁，系福建福州府闽县人，由附生投入楚军办事，于克复广东嘉应、镇平各州县城池案内汇保，同治五年十二月初五日奉上谕：附生蒋诰，着以训导遇缺尽先选用。钦此。克服甘肃渭源狄道各州县城池甘南肃清案内汇保，十年十一月初十日奉上谕：遇缺尽先选用训导蒋诰，着免选本班，以教谕不论双单月，遇缺尽先前即选。钦此。十二年二月，在甘肃捐输总局遵筹饷例，由教谕报捐不论双单月选用同知，并加捐知府衔，奉旨允准。旋于克复巴燕戎格城擒斩各要逆案内汇保，十三年八月初三日奉上谕：知府衔不论双单月选用同知蒋诰，着以知府分省补用。钦此。光绪二年五月，在甘肃捐输总局遵筹饷例，由知府加捐道员升衔，奉旨允准。十年九月，随同官军进剿新疆，于新疆南北两路荡平案内汇保，六年正月三十日奉上谕：道衔分省补用知府蒋诰，着赏戴花翎。钦此。钦遵各在案。九年八月，经臣委署疏勒直隶州知州事，于是年十月十二日到任视事。

臣查该员蒋诰，性情质直，通达治理。兹拟请借补疏勒直隶州知州员缺，虽衔缺稍有未符，而该员委署斯缺，理民率属，为守兼优，以之借补斯缺，实属人地相需。再，查该员署缺任内，并无参罚案件，理合陈明。

军机大臣奉旨：览。钦此。①

---

①中国第一历史档案馆藏：《清单》，档案编号：03—5192—038。

078. 奏明原保知州文韫等另核请奖缘由片

光绪十年十二月二十日（1885年2月4日）

再，攻克达阪城、托克逊贼巢，并会师克复吐鲁番城案内汇保之花翎选用直隶州知州文韫，请俟选缺后，以知府用。又新疆南北两路一举荡平案内汇保之副将衔留甘补用参将陈德怀，请免补参将，以副将仍留原省尽先补用，并加总兵衔。均各奉旨允准钦遵行知在案。咨准督办福建军务臣左宗棠咨称：该员文韫光绪三年七月，托友人在湖南协黔捐局由直隶州知州报捐双月知府，是年十二月十八日，接到户部执照，捐纳在前，列保在后，前案所保知府用，系属重复。据陈德怀禀称，该员于荡平西宁府属回逆、克复大通县城案内，由游击衔都司请保以游击留于陕甘补用，并加参将衔。前案列保，因奉差出营，营官错开底衔，嗣后未及呈请更正，以致五次剿平边寇案内由总兵衔留甘补用副将列保，奉旨赏给鼓勇巴图鲁名号。本年边防案内复由前衔汇请，赏给正二品封典。均请附奏更正前来。

臣复核无异。合无仰恳天恩俯准，将攻克达阪城并会师克复吐鲁番案内准保知府用候选直隶州知州文韫，改为双月知府，请保俟选缺后，以道员用；新疆南北两路一举荡平案内准保总兵衔留甘尽先补用副将陈德怀改为由参将衔留陕甘补用游击，请免补游击，以参将仍留陕甘尽先补用，并赏加副将衔。五次剿平边寇案内，该员陈德怀底衔请改为由副将衔留陕甘尽先补用参将，仍恳恩赏给鼓勇巴图鲁勇号；本年边防案内改由副将衔留陕甘尽先补用参将鼓勇巴图鲁，请赏给二品封典。饬部更正注册，以昭核实而示鼓励，出自逾格鸿慈。

除咨部外，谨附片具陈，伏乞圣鉴训示施行。谨奏。

光绪十一年正月十四日，军机大臣奉旨：该部知道。钦此。[1]

【案】此片具奏日期，录副未署。查光绪十一年正月十四日《军机处随手登记档》[2]，载有"报四百里，十年十二月二十日哈密行营发"等字样。据此，其具奏日期当为"光绪十年十二月二十日"，兹据校正。

---

[1] 中国第一历史档案馆藏：《军机录副》，档案编号：03—5831—021。
[2] 中国第一历史档案馆藏：《军机处随手登记档》，档案编号：03—0246—1—1211—013。

079. 查明已革补用知府李培先实在情形片
光绪十年十二月二十日（1885年2月4日）

再，臣前奏参阿克苏善后局员留甘补用知府李培先掯取余粮，违例折色，请先行革职，归案讯办一折，奉旨：着照所请，该部知道。钦此。遵即恭录转饬查办去后。嗣据已故阿克苏道罗长祐、接办局务署理温宿直隶州知州陈名钰等详复：遵饬确查已革知府李培先，经征仓粮，照数盘量，查无多取余粮实据，亦无纳户告发。其该革员经收折色粮二千七百八十石九斗五升八合，委因是年阿属收成歉薄，粮少银贱，该花户人等再四恳求，愿照市价折色交仓折收银两，业经照数移交后任，结报清楚等情。并将该革员押解来营。经臣复按无异，自应拟结。

此案已革知府李培先经征仓粮，既据照数盘量，并无多取余粮实据，应免置议。至征收折色，虽据称花户情愿折交，所折价值亦与市价相埒，并未入己，究属擅更旧章，有违定例，咎有应得。既经革职，应毋庸议。

是否有当？谨附片具奏，伏乞圣鉴训示施行。谨奏。

军机大臣奉旨：着照所请，该部知道。钦此。①

光绪十一年正月十四日，军机大臣奉旨：着照所请，该部知道。钦此。②

【案】此片具奏日期，录副未署。查光绪十一年正月十四日《军机处随手登记档》③，载有"报四百里，十年十二月二十日哈密行营发"等字样。据此，其具奏日期当为"光绪十年十二月二十日"，兹据校正。

080. 奏明南济凤等员名字错误请饬更正片
光绪十年十二月二十日（1885年2月4日）

再，五次剿平边寇案内经臣列保之分省补用从九品南济凤，请赏戴蓝

---

①中国第一历史档案馆藏：《朱批原件》，档案编号：04—01—12—0531—136。
②中国第一历史档案馆藏：《军机录副》，档案编号：03—6674—050。
③中国第一历史档案馆藏：《军机处随手登记档》，档案编号：03—0246—1—1211—013。

翎;陕甘补用守备那广义,请免补守备,以都司仍留原省补用;蓝翎守备衔拔补千总萧成烈,请赏换花翎。光绪七年五月二十日奉旨允准,钦遵行知在案。兹据总统西四城各军提督董福祥禀称:南济凤原名凤济;统领湘军提督汤彦和禀称:那广义原名广彦,萧成烈原名承烈,均系缮写错误,先后禀请附片更正前来。

臣复核无异。合无仰恳天恩俯准,饬部将前案准保蓝翎南济凤改为南凤济,留陕甘补用都司那广义改为那广彦,花翎补用守备萧成烈改为萧承烈,更正注册,俾免歧异,出自鸿慈。

除咨部外,谨附片具陈,伏乞圣鉴训示。谨奏。

光绪十一年正月十四日,军机大臣奉旨:该部知道。钦此。①

【案】此片具奏日期,录副未署。查光绪十一年正月十四日《军机处随手登记档》②,载有"报四百里,十年十二月二十日哈密行营发"等字样。据此,其具奏日期当为"光绪十年十二月二十日",兹据校正。

---

①中国第一历史档案馆藏:《军机录副》,档案编号:03—5512—018。
②中国第一历史档案馆藏:《军机处随手登记档》,档案编号:03—0246—1—1211—013。

刘锦棠集辑校

Compilation and Proofreading of
Liu Jintang's Anthology

中 册

杜宏春 辑校

光绪十一年

001. 奏为御赏福字荷包等物谢恩折
光绪十一年二月初二日(1885年3月18日)

钦差大臣督办新疆事宜尚书衔甘肃新疆巡抚二等男臣刘锦棠跪奏,为恭谢天恩,仰祈圣鉴事。

窃臣承准兵部火票递到军机处咨行:赍奉光绪十年十一月二十八日由内交出年终御赏福字荷包、银钱、银锞、食物等珍品,到臣行营。谨即恭设香案,望阙叩头,谢恩祗领讫。

伏念臣猥以庸愚,从征塞徼,骤领封圻之寄,已深惶悚之忱。兹以凤钥新更,鸿施复逮,颁御题之嘉福,敷锡九畴;普春色于太和,包容万类。重以白榆星朗,辉映袅蹄;绛果霞鲜,匀圆鹤顶。劈将珠颗,配宜剥枣之甘;屑作琼糜,润到滴酥之味。领八珍之贵品,宠渥醍醐;拜十赉于尚方,香生匕箸。凡此恩荣之特被,实非梦寐所敢期。臣惟有震恐省愆,师干励职。勉摅丹悃,豁贞亮为一絷;慎懔素餐,矢忠诚以百炼。悬奎章于日月,永靖铸兵带剑之风;巩鼎祚之河山,仰纾旰食宵衣之念。

所有微臣感激下忱,谨缮折叩谢天恩,伏乞皇太后、皇上圣鉴。谨奏。光绪十一年二月初二日。

军机大臣奉旨:知道了。钦此。①

光绪十一年三月初四日,军机大臣奉旨:知道了。钦此。②

002. 奏报呈进回部贡金情形折
光绪十一年二月初二日(1885年3月18日)

钦差大臣督办新疆事宜尚书衔甘肃新疆巡抚二等男臣刘锦棠跪奏,为

---

①中国第一历史档案馆藏:《朱批原件》,档案编号:04—01—16—0217—028。又《奏稿》第109—112页。
②中国第一历史档案馆藏:《军机录副》,档案编号:03—5194—016。

呈进回部贡金，恭折具陈，仰祈圣鉴事。

窃照新疆色勒库尔之南回部坎巨提，向来按年进贡沙金。该头目俄则项前于光绪四年呈进，经大学士前督办军务臣左宗棠奏奉谕旨，饬理藩院议奏，援案赏给大缎二匹，由左宗棠就近发给祗领，历经钦遵办理在案。

兹据署喀什噶尔巡道黄光达申称：现复据该头目米尔阿札呈到进贡沙金一两五钱，遵将例赏大缎二匹发交米尔阿札祗领，申请具奏前来。

臣复查无异。除将所进沙金一两五钱咨送内务府呈进外，谨恭折具奏，伏乞皇太后、皇上圣鉴。谨奏。二月初二日。

光绪十一年三月初五日，军机大臣奉旨：该衙门知道。钦此。①

003. 奏报各属命盗案件按季汇奏折
光绪十一年二月初二日（1885年3月18日）

钦差大臣督办新疆军务尚书衔甘肃新疆巡抚二等男臣刘锦棠跪奏，为新疆各属命盗案件，照章按季摘由汇报，恭折具陈，仰祈圣鉴事。

窃臣前因新疆边远、迥异内地，所有命盗等案碍难拘泥例限，奏请暂行变通办理，按季摘由汇报，咨部立案，奉旨允准历经钦遵办理在案。现在南路新设道厅州县，命盗等案仍难照例招解，既恐长途戈壁易滋疏失，尤虑尸亲人证拖累难堪。然全不由该管州道复勘，亦不足以昭慎重。臣再四筹思，南路州县命盗案件初报录供，通详至厅复审拟罪，由该管州道层递，复核加勘。如案情可疑，即由该管州道行提犯证，亲加鞫讯，议拟详办，庶于变通之中仍专责成之意。

至于禁锢年份，核其情罪，绳诸律义，或有未能尽协之处，仍由臣悉心体察，不厌详审，以期允当。行固期于简便，法务归于平允。兹查光绪十年春夏二季照章办结各案，总计一十六起。其南路东五属由阿克苏道核转，西八属由喀什噶尔道核转，仍归帮办军务广东陆路提臣张曜就近复核。北路各属案件由镇迪道核转，概由臣悉心察核，分别咨批完结，参诸律义，尚无枉纵。

除将办结各案另行咨部立案外，所有新疆南北所属州县光绪十年春夏

---

① 中国第一历史档案馆藏：《军机录副》，档案编号：03—5194—017。

二季变通办理命盗各案缘由，谨汇缮清单，恭折具陈，伏乞皇太后、皇上圣鉴。再，张曜现已率师入关，故未列衔，合并陈明。谨奏。光绪十一年二月初二日。

军机大臣奉旨：刑部知道，单并发。钦此。①

光绪十一年三月初六日，军机大臣奉旨：刑部知道，单并发。钦此。②

004. 呈光绪十年春夏办结命盗等案摘由清单

光绪十一年二月初二日（1885年3月18日）

谨将新疆南北两路光绪十年春夏两季分变通办结命盗等案摘由，汇缮清单，恭呈御览。计开

春季分：

一、叶属哈什芦庄缠民克拜克商同雇工艾沙，偷窃事主沙一提家驴头跑走。艾沙被获声喊，克拜克转身救护，用斧背殴伤邻佑毛拉、艾沙平复。报经保甲局验讯，供认不讳，解由该城善后总局复讯，详经臣以该犯克拜克已离盗所，因艾沙被获，帮护拒捕，尚非金刃，又未折伤，情节尚轻。当即批饬将该犯克拜克枷号一个月，满日折杖一百，系带铁杆两年，限满保释。艾沙枷号六个月，满日折责发落，完结。

一、昌吉县客民黄添义图谋雷登春财银物，将其殴伤未死。报经该县勘验获犯，讯据供认前情不讳，无另犯不法别案及知情分赃之人。该犯收禁后，乘间逃脱，复经该县勒差于限内拿获讯供，详由迪化州审解镇迪道复审无异，详经臣察核。该犯图财伤人，业已得财，又复越狱脱逃，实属藐法已极，罪无可逭。当即批饬将该犯就地正法，以昭炯戒。该犯同伴之李克文、容留之以思麻、寄赃之二布都等，虽严讯，均不知该犯图财伤人情事，究属不合。当拟各笞四十，折责发落。禁卒张廷显、更夫刘得胜于该犯脱逃后，限内捕获，均照免罪律，拟以免罪。雷登春伤早平复，赃亦给领，应毋庸议，完结。

一、昌吉县客民李富昌因求秦王氏续奸未遂，被骂气忿，用刀将秦王氏

---

①中国第一历史档案馆藏：《朱批原件》，档案编号：04—01—01—0954—064。
②中国第一历史档案馆藏：《军机录副》，档案编号：03—7250—006。

戳伤。报经该县验讯,供认不讳,详由迪化州审解镇迪道,复审无异,详经臣察核,续奸未成,刃伤本妇,殊属不法。当即批饬将该犯李富昌枷号两个月,监禁二年,满日折责发落。秦王氏犯奸,悔过有据,伤经平复,其夫秦福保并无纵奸情事。王富等救阻不及,均免置议,完结。

一、玛喇巴什厅缠民托逊因饿向姜必克汉讨面,口角起衅,顺拾拨火棍吓殴,适伤姜必克汉右太阳穴,登时殒命。报经该厅验讯,供认不讳。诘非有心欲杀及起衅别故,详经臣察核,殴由于吓,伤仅一处,情节尚轻。当即批饬将该犯锢禁四年,满日折责发落,完结。

一、绥来县客民曹占彪起意图财,商允张正濉,谋杀刘老五、王兴发各身死。报经该县勘验获犯,讯据供认不讳,究明此外并无抢劫别案,逃后亦无行凶为匪及知情容留之人。由迪化州审解镇迪道,复审无异,并经臣札委营务处补用知县郑锡滓复审研究,供与原详相符。详经臣察核,曹占彪、张正濉等图财害命,实属罪大恶极,未便稍稽显戮,当即批饬将该二犯就地正法,以昭炯戒,完结。

一、绥来县客民徐致先听从刘新胜行窃,临时拒伤事主张大肚子身死。报经该县勘验获犯,供认前情不讳,严诘此外并无窝伙窃劫别案,逃后亦无行凶为匪及知情容留之人,由迪化州审解镇迪道,复审无异,详经臣察核,该犯徐致先听从行窃,胆敢临时护贼,拒伤事主身死,实属法无可逭,当即批饬将该犯就地正法,以昭炯戒。首犯刘新胜起意商同行窃,虽徐致先护贼拒杀之时该犯并不知情,若止依盗窃论,尚觉轻纵,亦即批饬将该犯系带铁杆一年,满日折责发落。户民王永贵等因乡约外出,恐尸躯被兽残食,暂行掩埋后,找寻乡约赴城报案,尚与有心匿报者有间,应同失于禀报之乡约徐魁均照不应轻律,笞四十发落,完结。

一、喀尔喀南境距哈密六站明岗迤东地方有缠回绕子买卖提,杀死蒙民格林都皮一家男妇七命,乘便攫取财物、牲畜。报经哈密办事大臣明春差拿该犯到案,讯据供认前情不讳,将该犯发交哈密厅监禁,咨由臣转咨乌里雅苏台将军臣查照,一面札委署哈密厅通判娄绍豫,并由明春添派副将焦得荣,一同押犯前往失事地方,会同蒙员德克津额勘验填格,取结埋尸,将犯解台审办。旋准将犯仍行解哈,咨请径由哈密议结。臣等将犯发交哈密厅,札委行营发审委员彭广钟,会同娄绍豫审讯明确,并以该犯一人杀死一家七命,难保无同谋加功之人,饬令细加研诘,以成信讝。旋据该委员禀称：遵将该犯连日熬审，据供实系衅起索羊口角，顿起杀机，所杀七人非在一处，并无加功之人。再三研讯，矢口不移。其供认下手情形，核与各尸伤痕相符。且据塔尔斯克台吉供结声称：去腊踏勘雪地，只一钉掌马迹，委系一人一骑，其为该犯一人所杀无疑等情。议拟详请核办前来。臣察核杀死一家七命，实属罪大恶极，当即批饬将该犯照律，凌迟处死，传首犯事地方，悬竿示众，以昭炯戒。犯妻勿胡卢必必，犯长子阿不都买买提七岁，次子你牙斯五岁，均经拿获监禁。以备文咨查被杀之格林都皮曾否绝嗣，俟咨复至日，再行照例办理。该犯攫取财物、牲畜，已追给领，完结。

夏季分：

一、喀喇沙尔厅缠回以布拉引疑奸，起意谋杀塔乙尔身死。报经该厅验讯，供认不讳，诘无起衅别故及同谋加功之人，详经臣察核，疑奸谋杀，情节较重。当即批饬将该犯就地正法，以昭炯戒，完结。

一、和阗州缠民托胡大因同伙恰瓦告知曾被肉则、羊主、铁勒鞭打，一同往寻铁勒未遇，向肉则查问，起衅互骂，托胡大致被肉则抽出身带小刀戳伤左胁，越日殒命。报经该州验讯，供认不讳，诘非有心欲杀，亦无起衅别故及在场帮殴之人，详经臣察核，衅起口角，伤仅一处，情节尚轻。当即批饬将该犯肉则锢禁四年，满日折责发落。托胡大、羊主、克拜克因铁勒家颇饶富，教令托胡大诬攀系被铁勒戳伤。虽托胡大并未告官，迨托胡大毙命后，克拜克又来代为狡执，究属不合，应将克拜克拟杖一百，以示儆惩。恰瓦肇衅酿命，应照不应重律，杖八十。铁勒用柳条鞭打恰瓦，并未成伤，应照他物殴人不成伤律，笞三十。克拜克、恰瓦、铁勒等所得杖笞各罪，分别折责发落，完结。

一、湖南湘潭县民郭海春听从游勇苏南方等，分持扁担、木棍，强劫瓦子坪地方王大顺饭店内挑送茶庄银两，将挑夫刘名扬等拒伤。禀经湘潭县勘验，先后将苏南方、苏运林、庞子达、郭儆斋、罗三、庞西林缉获到案。郭海春闻拿逃逸，该县将该户族郭升阶等押案勒交。嗣该族弟郭莲芳等因在哈密谋事，听人谈及前情，遇见该犯，盘问得实，禀经臣派员率勇将该犯拿获委讯，据供认前情不讳。当照邻省盘获盗犯例，将该犯发交哈密厅监禁，一面录供咨明湖广总督臣卞宝第、湖南巡抚臣潘鼎新①,札饬湘潭县查核该犯所供是否与苏南方等各供相符,并应如何定拟,咨复核办去后。旋准咨称:札据湘潭县知县洪锡绶禀复:瓦子坪劫案,查阅郭海春供词,与原讯苏南方等各供俱相吻合。苏南方等已经分别正法、系杆、杖枷发落。该犯听纠上盗,亦应照章正法之犯,道路遥远,拟请即在哈密就地正法等情。咨复核办前来。臣随饬哈密厅将该犯郭海春提案,验明的身,绑赴市曹,立予斩决,完结。

一、绥来县民高德法因向杨丁氏借用镢头,起衅争吵,辄出秽语,致杨丁氏气忿,吞服洋药身死。报经该县验讯,议拟详办。臣恐尚有不实不尽,批饬复讯确情,妥拟具详,并一面札委营务处补用知县郑锡潆前往,确切查讯。旋据禀称:查讯高德法,实系口出秽语致杨丁氏气忿轻生,并无别故等情。经臣批饬该县复讯议拟,详由迪化州审解镇迪道,复审无异,详经臣察核,批饬将该犯高德法锢禁二年,满日折责发落,完结。

一、昌吉县客民张智因争公共渠水口角起衅,被咬情急,殴伤曾银顶心身死。报经该县勘验获犯,讯据供认不讳,诘非有心欲杀,亦无起衅别故及另有在场帮殴之人,详由迪化州审解镇迪道,复审无异,详经臣察核,殴由情急,伤仅一处,情节尚轻。当即批饬将该犯锢禁四年,满日折责发落,完结。

一、莎车直隶州属克里阳庄缠民哎孜木因被木沙巴海逼索赌欠起衅,扭打跌地,被压情急,遂抽腰间小刀猛戳,致将拢劝之安邦右膝戳伤致毙。报经保甲局验讯,供认不讳,解由该城善后总局复讯,详经臣察核,杀由于误,伤仅一处,情节尚轻。当即批饬将该犯哎孜木锢禁四年,满日折责发落。木沙巴海于偶然会聚之际,辄敢起意赌博;买卖提阿布拉等亦即听从共赌,均属不法。木沙巴海照例枷号三个月,买卖提阿布拉照例枷号两个月,均于满日折责发落。在场天罡十三元,仍于哎孜木名下追出入官,

---

①潘鼎新(1831—1888),字琴轩,安徽庐江人。咸丰七年(1857),投效安徽军营,以功议叙知县。八年(1858),保同知。同治元年(1862),保知府留江苏补用,赏戴花翎。二年(1863),署理江苏常镇通海道,加按察使衔。三年(1864),晋布政使衔。四年(1865),补授常镇通海道。同年,升补山东按察使。六年(1867),迁山东布政使。七年(1868),封云骑尉、一等轻车都尉。十一年(1872),办理津沽冬防。十二年(1873),随办日本换约事宜。十三年(1874),补授云南布政使。光绪二年(1876),擢云南巡抚。十年(1884),调署湖南巡抚。同年,补授广西巡抚。十一年(1885),以镇南关失守解职。

完结。

一、温宿州缠回沃洛大什因托吐纳甫向克南木代求找补分种粮食未允起衅，口角争殴。吐纳甫锄头落地，该犯抢拾到手，吐纳甫向夺，该犯举锄吓殴，适伤吐纳甫右太阳穴，移时殒命。报经该州勘验获犯，讯据供认不讳，诘无有心欲杀及起衅别故，详由阿克苏道复讯明确，经臣察核，锄系夺获，伤由吓殴，情节尚轻。当即批饬将该犯锢禁四年，满日折责发落。伙种粮食，饬令找补清楚，完结。

一、英吉沙尔厅缠民塔盆因肚饿向五受讨饭，起衅揪扭，顺拾开地镶吓殴，适伤五受左耳根毙命。报经该厅验讯，供认不讳，诘非有心欲杀，亦无在场帮殴之人，解由喀什噶尔道复讯明确，详经臣察核，情因肚饿，伤由吓殴，情节尚轻。当即批饬将该犯锢禁四年，满日折责发落，完结。

一、吐鲁番厅缠民易麻木牙思挟高自得未遂借贷之嫌起意，谋杀高自得夫妇二命，乘便攫取财物。报经该厅验讯，供认不讳，严诘实系挟嫌，独自谋杀，别无同谋加功之人，详由镇迪道复审无异，经臣察核，挟嫌谋杀一家二命，实属凶残，罪大恶极。当即批饬将该犯易麻木牙思就地正法，传首犯事地方，悬竿示众，以昭炯戒。该犯讯系赤贫，所有例应断给财产，应毋庸议。攫取财物，已追给主。犯妻易米以纳讯无知情同谋，亦毋庸议，完结。理合登明。

军机大臣奉旨：览。钦此。①

005. 特参守备徐文玉私刑酿命请旨革职递籍片
光绪十一年二月初二日（1885年3月18日）

再，臣访闻巴里坤镇署账友蓝翎补用守备徐文玉，因跟丁杨映和偷窃饷银，私擅刑责，致有毙命情事。正查办间，适据该镇徐占彪呈称：账友守备徐文玉因事外出，嘱跟丁杨映和照管房屋。晚间回署，开箱取银，失去库平原封并零星银二百七十余两，当向杨映和查问，行色慌张。禀经该镇提讯，供认行窃属实，银交素识张中才收藏。饬营查缉，张中才逃逸无获。正待移送镇西厅究办，适该镇赴黄田查验军屯，徐文玉一时气忿，将杨映和用

---

①中国第一历史档案馆藏：《清单》，档案编号：03—7250—007。

刑擅责,旋即因病殒命等情,并据代理镇西厅闻端兰禀同前由。

臣查杨映和偷窃饷银,计赃逾贯,供认不讳,罪有应得。惟徐文玉不俟送厅究办,辄乘徐占彪公出,私擅用刑,致受刑后因病殒命,实属谬妄已极。若不从严参革,不足以示惩儆,相应请旨将蓝翎补用守备徐文玉即行革职,并拔去蓝翎,递解回籍,交地方官严加管束,永不准投效各军营、希图开复。杨映和业已身死,应毋庸议。失去饷银,勒令徐文玉如数赔缴。张中才缉获另结。

是否有当？谨会同乌鲁木齐提臣金运昌,附片具陈,伏乞圣鉴训示。谨奏。

军机大臣奉旨:徐文玉着即行革职,余依议。钦此。①

光绪十一年三月初六日,军机大臣奉旨:徐文玉着即行革职,余依议。钦此。②

【案】此片具奏日期,录副未署,原件仅署"光绪十一年"。查《军机处随手登记档》③刘锦棠折,据同批折件可知,其具奏日期为"光绪十一年二月初二日",兹据校正。

006. 新疆驿站经费请参酌部议量为变通折
光绪十一年二月二十六日（1885年4月11日）

钦差大臣督办新疆事宜尚书衔甘肃新疆巡抚二等男臣刘锦棠跪奏,为新疆岁支驿站经费刻难一律照例,仍就现在情形参酌部议,量为变通,恭折复陈,仰祈圣鉴事。

窃臣前奏新疆南路郡县暨哈密、巴里坤军台一律仿照北路改为驿站一折,现准部臣议复:哈密并南北两路同、通、州、县共设一百五十驿,马一千七百十六匹,核与例额数目有减无浮,应请照准。至驿书一名,照例月支工食银一两五钱。两马一夫,每名照例支半年本色粮六石、半年折色银六两。每马一匹,照例日给草料银八分,岁支站价银三两四钱二分五厘,倒马照例

---

① 中国第一历史档案馆藏：《朱批原件》,档案编号：04—01—17—0136—010。
② 中国第一历史档案馆藏：《军机录副》,档案编号：03—7388—002。
③ 中国第一历史档案馆藏：《军机处随手登记档》,档案编号：03—0246—1—1211—064。

二分报倒买补。马价应照甘肃定例，每匹准销银八两。其余浮多银两、面斤、油烛、纸张、草料，概应删除等因，奏奉谕旨允准，钦遵咨行到臣。

查甘肃驿站、军塘原额续增，合计关内外共设马六千三百五十余匹，夫三千六百余名，并所牛拉车马夫岁共需银二十五万七千余两。新疆既设行省，驿站即应分拨。计东自哈密猩猩峡起，西至喀什噶尔以达和阗州本城驿止，共六千九百余里。北路亦二千八百余里。较他省站口道里悠阻过半。甘省驿站，前经督臣谭钟麟认真裁减，仅酌留东西大道宁夏、西宁两府，驿马一千六百八十余匹，夫一千三百四十余名。此外，如安西玉门军塘暨巩秦阶等处偏僻各驿，夫马无多，岁共需银十万六千余两，节省经费为数甚巨。

新疆久经兵燹，长途戈壁，或十余站，或六七站，全无耕种。中间各驿食粮、草料，均由远道搬运而来，需用一切，劳费倍蓰。且民间佣作每日率取值二三钱，较关内辄昂数倍。若使在官人役，终年所入尚不及佣值之十一，亦谁肯舍其艺事，枵腹从公？臣前奏设新疆各驿，共设马一千七百余匹，较甘肃微有所增。夫仅八百余名，较甘肃实已大减。盖以饷项支绌，不得不格外撙节，然非厚其工食，使之足敷养赡，则在役者势必纷纷求去，窃虑有误邮传。以故少设夫马，优给饷糈，挹彼注兹，为一时权宜之计，并声明局势大定，元气渐复，再随时酌核减支，非遂以此为定例也。

然合新疆南北两路，岁共支银五万余两，较之从前，支款裁减已多。以关内外原额续增二十五万七千余两之数计之，节省将及十万。在部臣体念时艰，自应律以成例。然事经创始，又必因地制宜，两得其平，始无窒碍。兹谨就部臣原议详加斟酌，所有马料、草价、岁支站价、买马价银、倒马分数以及扣建、减平、截旷等项，均应如部臣所议，其每驿月支油烛、纸张银三两。每驿书一名，月支工食银四两八钱。每夫一名，月支工食银三两。

仰恳天恩俯念边荒寒苦，人役艰辛，准照臣前议支给，并准月支白面四十五斤。各于应得工食银两项下酌扣价银六钱，按月报缴，以示限制，于撙节之中仍寓体恤之意，庶几州县可免赔累，民间永无差派，驿递可期迅速矣。一俟招徕渐广，随时察酌情形，奏请核减，实于邮政大有裨益。

是否有当？谨会同陕甘督臣谭钟麟，合词恭折复陈，伏乞皇太后、皇上圣鉴训示施行。谨奏。光绪十一年二月二十六日。

军机大臣奉旨：着照所请，该部知道。钦此。①

光绪十一年三月十七日，军机大臣奉旨：着照所请，该部知道。钦此。②

007.奏报历年欠发军饷恳饬提款清厘折

光绪十一年二月二十六日（1885年4月11日）

钦差大臣督办新疆事宜尚书衔甘肃新疆巡抚二等男臣刘锦棠跪奏，为遵旨查明臣军历年欠发军饷实数，照依部议截算至光绪十年止，以清界限，并恳天恩饬部指提的款，解甘清厘，以昭大信，恭折仰祈圣鉴事。

窃臣前准部咨：遵旨会议具奏臣锦棠原奏统筹新疆兵饷、官制、屯田情形，以规久远一折，恭录谕旨，咨行到臣行营。除钦遵办理外，查部咨后开：现议汰留兵勇，各军欠饷实数，臣部尚难核计，应截至光绪十年止，令该大臣等将现存兵勇实数若干，历年欠发某营某年饷项实数若干，于光绪十一年正月间一面具奏，一面分晰造册，送部酌量，奏明办理等因。

臣惟西征军饷，向由前督臣左宗棠按照所辖马步实在人数、需饷实数，通盘确估，奏明请旨饬经部臣核准，指拨协济。果令报解之数各如指拨之数，则以入偿出，年清年款，军需各就清厘，营饷安有积欠？无如每年牵算协饷，实解之数至旺不过六七成，少则四五成不等。左宗棠前因军饷匮乏，酌量变通，每年每营照章发给满饷三关，余月酌发银两点缀盐菜。其余欠发之饷，按名存记，凯撤假旋之日，由该管将领截算清楚，申送行营，照册点验，如数满发，不折不扣，在公中稍资周转，在兵勇藉免花销，相示以诚，相要以久，以故时阅十余年，师行万余里，仰赖朝廷威福，绎如秩如。

臣于光绪六年十月间接绾兵符，准左宗棠移交关外马步，饷需一切出项岁需银三百七十余万两，欠发各营饷银二百五十余万两。经臣与督臣等极力裁减，每年尚需实饷二百七十余万两。各省如能将协饷按年解足，则腾挪节缩，酌盈剂虚，所有历年旧欠自可勉图补苴，不致重烦宸厪。

伏查西征协饷，除光绪四年以前各省关欠解银三千一百六十余万两遵照部议停拨外，其五年以后应解足十成，九、十等年应解足八成以上，迭经

---

①中国第一历史档案馆藏：《朱批原件》，档案编号：04—01—01—0954—032。
②中国第一历史档案馆藏：《军机录副》，档案编号：03—7138—003。

钦奉谕旨饬遵在案。现计此六年之间，续欠甘饷又增至一千一百数十万两，各省之款解日短。此臣军之欠饷所由日增也。从前奏销，截至光绪八年止，臣军共欠发马步各营旗存饷湘平银二百一十五万三百四十一两二钱一分七厘九毫九丝七忽六微。兹截至光绪十年止除支发外，实欠发各营存饷湘平银二百八十五万五百九十两八钱四分七厘七毫五丝七忽八微。此各军欠饷截算至光绪十年止之实在银数也。据行营粮台道员王久铭呈报前来。臣复查无异。

窃维臣军远戍边陲，如楚军西征恪靖各营，均由左宗棠旧部拨归统辖。老湘各军系随臣转战关内，嗣复率同出塞，阅年既久，时异事殊。从前裁并凯撤，辄因饷项有限，先尽疲弱假归。现查欠饷最巨勇丁，均系多年老卒，锋镝余生，锱铢积累，始能具有成数。万山万水旅费恃兹，父母妻子事畜恃兹。或遣或留，已多觖望。乃前之归者，欠饷均已全发，而后之归者，欠饷忽将折发，抚今追昔，能无寒心？圣朝厚泽深仁，超迈往代，赋不议加，饷无折扣，薄海军民，翊戴皇仁，与天无极，其所由来者久矣。臣原奏陈明欠饷不宜折发者此也。

本年甘肃新饷业经部臣通筹指拨，严定考成，当无不给之虑。惟欠饷巨款，尚属虚悬，息息如担重负。上年冬间，指望八成新饷旺解，藉得稍资清厘，经臣据实奏明，钦奉谕旨，严催赶解，祗候日久，而报解之饷仍属寥寥。查上年西征协饷入款，江苏、安徽解足八成，河南、山西约解七成，湖南约解六成，四川、湖北仅解四成数分。其余江西、山东、浙江、闽海等处解款仅及二三成不等。盖海防吃紧，且有代还洋款出项，闽浙诸省先其所急，力难兼顾西饷，势所必然。至若四川、河南等省，现有本年应解协甘新饷，湖北亦有川省抵拨之饷。各省才力能否兼筹上年欠饷，微臣无由悬揣。纵令各省关恪遵谕旨，关怀大局，竭力措解，未必悉能如数。且旧饷向与关内四六成划分，杯水车薪，于臣军欠发巨款终鲜实济，势必致如部臣所虑，率将新饷填补旧欠，又启新亏，愈累愈深，伊于胡底？臣原奏旧勇裁毕，统改坐粮，新疆每年节省兵饷不少。然欠饷最多各营均系行粮，必待专筹的饷解营，陆续撤旧换新，递将行粮渐改坐粮，俾微臣得释重负，而饷需从此节省，于国计边防实多裨益。

再四思维，惟有吁恳天恩俯允，饬部专指光绪六年以后协济西征省分欠解项下，如数支提的饷二百八十五万两，分年分批，扫数拨解，再无延欠，臣得有所藉手，及早清偿旧欠，改定坐粮，边事幸甚。

臣愚窃谓提各省欠解西征之饷补西征欠饷之军，在部臣免从新筹措之烦，在各省关为协济应解之款，为期不迫，为数有限，当必力筹解济，不致频烦圣虑。臣忝膺边寄，时惧陨越，愚虑所及，是否有当？敬听宸断。其臣军马步弁勇名额并驻扎地段，业经照章按季造册送部。光绪八年以前欠发营饷实数，亦经照章造销各在案。其九、十两年欠饷实数，兹已分年赶造细册，容俟咨由督臣会核具奏。此次邀免另造细数，以省烦渎。关内欠饷，应另由督臣谭钟麟奏明办理，合并声明。

所有遵旨查明臣军历年欠发军饷实数，照依部议截算至光绪十年止，以清界限，并恳天恩饬部指提的款，解甘清厘，以昭大信各缘由，谨会同督臣谭钟麟，恭折驰陈，伏乞皇太后、皇上圣鉴训示施行。谨奏。光绪十一年二月二十六日。

军机大臣奉旨：户部议奏。钦此。①

光绪十一年三月十七日，军机大臣奉旨：户部议奏。钦此。②

【案】光绪十一年四月二十一日，户部议复刘锦棠请将欠发军饷指提解甘一折：

户部尚书额勒和布等谨③奏，为遵旨议奏，恭折仰祈圣鉴事。

督办新疆军务大臣刘锦棠奏，截算历年欠发军饷实数，并恳天恩饬部指提的款解甘清厘一折，光绪十一年三月十七日奉旨：户部议奏。钦此。钦遵由军机处钞交到部。据原奏内称：臣惟西征军饷，果令报解之数年清年款，营饷安有积欠？无如每年牵算协饷之数至旺不过六七成，少则四五成不等。各省款解日短，臣军欠饷所由日增。兹截至光绪十年止，除支发外，实欠发各营存饷湘平银二百八十五万五百九十两八钱四分七厘七毫五丝七忽八微。惟有吁恳天恩俯允，饬部专指协济西征省分欠解项下，如数支提的饷二百八十五万两，分年分批，扫数拨解，再无延欠，臣得有所藉手，及早清偿旧欠，改定坐粮。其臣军马步弁勇并驻扎地段，业经照章按季造册送部。光绪

---

①中国第一历史档案馆藏：《朱批原件》，档案编号：04—01—01—0953—027。
②中国第一历史档案馆藏：《军机录副》，档案编号：03—6096—016。
③此前衔系推补。

八年以前欠发营饷实数,亦经照章造销。其九、十两年欠饷实数,兹已分年赶造细册,容俟咨由督臣会核具奏。此次邀免另造细册等语。臣部伏查光绪十一年分甘肃新疆军饷虽已汇奏指拨,而光绪十年以前各省关欠解西征军饷为数甚巨,以致该大臣积欠勇饷迄未清厘,兹据奏称:由部专指协济西征省分欠解项下如数指提的饷二百八十五万两,分年分批拨解,俾得及早清偿旧欠,改定坐粮等语。自应如数指提,以清积欠。

臣等公同商酌,拟按各省关历年欠解数目多寡,分别提拨,应拨浙江省银一百八十五万两、福建省银三十八万两、广东省银五十六万两、闽海关银六万两。以上共提银二百八十五万两,均系光绪十年以前各省关积欠西征军饷,相应请旨饬下福州将军、两广、闽浙各总督,福建、浙江、广东各巡抚,按照臣部指拨数目匀分三年,解赴甘肃粮台,以便转解关外。所有期限截至光绪十四年年底作为期限,务须分年分批赶解,毋稍延误。至兵勇数目季册,据该大臣奏称,业经按季送部。臣部并未收到,应令查明究系何处延搁,即行查办。历年积欠实数,应令仍照臣部奏案,将某年欠发某营饷项若干分晰造册送部,以凭查核。所有臣等遵旨议奏缘由,理合恭折具陈,伏乞皇太后、皇上圣鉴。谨奏。光绪十一年四月二十一日。

奉旨:依议。钦此。①

同日,户部附片奏报变通办理西征积欠军饷:

再,西征积欠饷银,臣部已照刘锦棠所奏数目另折奏请,分别指提。各省果能如数筹解,则该军旧欠自可全清。惟各省办防日久,竭蹶堪虞,自当另备变通办法,以求有济。查新疆三道所属额兵定勇二万一千人,马三步七,若自光绪十三年起改支坐粮,每年约可节省银五十万两,即以此节省之饷银补发昔日之旧欠,此截长补短之一法也。然改支坐粮,仅能弥补欠饷三分之一,势不能不就地取资。新疆物产丰盈,幅员万里,厥有金、玉、铜、铁、铅、锡、棉花、茧丝、毡罽、羽毛、齿革之利,而洋药、土药,天山南北近年行销尤多。且臣部前有会奏筹饷章程二十四条,该大臣可以择要举行,藉资补苴。此就地取资之一

---

①马大正、吴丰培等编:《清代新疆稀见奏牍汇编·同治、光绪、宣统朝卷》中册,第806页。

法也。

　　新疆若能自筹款项，二三年内当可弥补旧欠数十万两，下欠百余万两，俟海防捐输一年限满之后，即照云南、贵州改奖章程，按常捐例银实数，请给封典、虚衔。二项一体改奖，大约欠饷不必专在勇丁，多在统领营官名下，或承办委员未领之项，统名之曰：欠饷。今既准其改奖，众人有顶戴之荣，公家有补发之款，成案俱在，自可仿行。此因时制宜之一法也。

　　臣部所陈各节事求实济，尚非难行。如蒙俞允，即请饬下督办新疆大臣刘锦棠斟酌情形，悉心筹办，庶欠饷获就清厘，而度支亦可节省矣。臣等愚昧之见，是否有当？伏乞圣鉴。谨奏。光绪十一年四月二十一日。

　　奉旨：依议。钦此。①

008. 奏报昌吉县知县方希林积劳病故折
光绪十一年二月二十六日（1885年4月11日）

　　钦差大臣督办新疆事宜尚书衔甘肃新疆巡抚二等男臣刘锦棠跪奏，为知县在营因病出缺，恭折具报，仰祈圣鉴事。

　　窃补用知府直隶州知州准补昌吉县知县方希林，年五十三岁，安徽安庆府桐城县人，由监生报捐县丞，指省陕西。同治二年，经前西安将军多隆阿调营差遣，旋投效前陕甘督臣左宗棠军营，浐保知县，留甘补用，并递请俟补缺后以知府直隶州知州补用。光绪二年，经左宗棠委署成县知县。② 嗣交卸进省，管解新疆军饷，臣留行营总理支应事务。九年九月，请补昌吉县知县，经部议复，于是年十二月十五日奉旨允准。因营中尚有经手事件，未及饬赴新任。上年十二月二十一日，该员方希林在哈密行营积劳病故，相应请旨饬部开缺。

　　至所遗昌吉县知县，系繁难二项边远要缺，先经臣委员署理，应请扣留外补。除咨部查照外，谨会同陕甘督臣谭钟麟，恭折具奏，伏乞皇太后、皇

---

①马大正、吴丰培等编：《清代新疆稀见奏牍汇编·同治、光绪、宣统朝卷》中册，第807页。
②详见光绪二年二月十九日陕甘总督左宗棠奏报方希林等试用期满甄别情形（台北故宫博物院藏：《军机及宫中档》，文献编号：408006144）。

上圣鉴训示施行。谨奏。光绪十一年二月二十六日。

军机大臣奉旨：吏部知道。钦此。①

光绪十一年三月十七日，军机大臣奉旨：吏部知道。钦此。②

009. 请将故员文艺等照例议恤缘由片

光绪十一年二月二十六日（1885年4月11日）

再，新疆南路各城，自同治初年汉回妥明等肇乱，相继沦陷。所有西四城历年阵亡殉难满蒙文武员弁及各伯克等，经臣饬据各善后局员采访，开具衔名清单，咨送前督臣左宗棠奏请饬下吏、兵二部及八旗都统，核明有无讹错，随时更正，分别从优议恤在案。③

臣接绾兵符，复饬逐加采访，据库车善后局道员黄光达禀称：同治三年四月，逆回田满拉、苏满拉同到库车，勾通汉回马三保、马泷二登围城。时英吉沙尔领队大臣文艺告病回籍，道经库车，与该处办事大臣萨临阿会同守城。因贼众兵单，至五月初三日城陷，文艺、萨临阿及其家属同时殉难。并据声明该大臣等有无升衔，籍隶何旗，无从查考。

上年，准哈密帮办臣祥麟④交出正黄旗满洲二甲松全佐领下三品顶戴三等侍卫衔兼骑都尉图晟呈称：故父文艺由蓝翎二等侍卫补头等侍卫班长，于道光二十七年补德州城守尉。三十年，调补京口副都统，后补乌什办事大臣。同治二年，调署英吉沙尔领队大臣。旋告病回旗，于同治四年⑤四月行抵库车，适值逆回之变，与萨临阿协力守城，贼众兵单，城被攻陷。图晟故父及庶母秋氏、王氏，弟图昌、图升，妹大姑，家人徐忠、苏升、李福、李顺，仆妇李氏等三口、使女二口，共亲丁人等十五名口，同时殉难，呈恳转

---

①中国第一历史档案馆藏：《朱批原件》，档案编号：04—01—12—0532—026。
②中国第一历史档案馆藏：《军机录副》，档案编号：03—5194—059。
③详见光绪五年二月十五日陕甘总督左宗棠具报查明新疆南路西四城历年阵亡殉难满蒙文武员弁及各伯克衔名，先行开单分别从优议恤缘由（中国第一历史档案馆藏：《朱批原件》，档案编号：04—01—16—0209—052）。
④祥麟，生卒年不详，满洲正黄旗人。同治十三年（1874），中式进士，选翻译庶吉士。光绪二年（1876），授翰林院检讨，旋补詹事府少詹事。九年（1883），升内阁学士兼礼部侍郎衔。同年，调补哈密帮办大臣，加副都统衔。十一年（1885），补授乌里雅苏台参赞大臣，兼署乌里雅苏台将军。二十二年（1894），擢总统察哈尔八旗都统。
⑤"同治四年"，《奏稿》作"同治三年"。

查各等情，请奏前来。

臣复查该故员文艺及其家属一门殉难，遗骸委诸沙碛，死事情形殊为惨烈。合无仰恳天恩，饬部从优议恤，并分别旌表，以彰忠节而慰幽魂。其库车办事大臣萨临阿同时殉难，并恳饬部从优议恤。惟萨临阿籍隶何旗，由何项官阶，何年补授，名字有无讹错，臣行营无案可稽。伏恳饬下吏、兵二部及八旗都统，通查往年册籍，互相稽考。如有讹错，随加更正，以期核实。理合会同陕甘督臣谭钟麟、伊犁将军臣金顺，谨附片陈明，伏乞圣鉴训示。谨奏。

军机大臣奉旨：文艺、萨临阿均着交部从优议恤。余依议。钦此。①

光绪十一年三月十七日，奉旨：文艺、萨临阿均着交部从优议恤，余依议。②

010. 特参补用都司金昌焘请旨革职片

光绪十一年二月二十六日（1885年4月11日）

再，据署哈密通判娄绍豫详报：商民吴占魁、余有望、张云程等具控都司金昌焘改造簿据，昧骗银两等情。当经查核簿据，反复审讯，情弊已露，尚敢恃符刁抗，详请奏参革职，以便比追前来。

臣复查无异。相应请旨将花翎尽先补用都司金昌焘即行革职，拔去花翎，以便严追，理合附片具陈，伏乞圣鉴训示。谨奏。

军机大臣奉旨：着照所请，兵部知道。钦此。③

光绪十一年三月十七日，军机大臣奉旨：着照所请，兵部知道。钦此。④

011. 委任周发镛等署理叶城县知县片

光绪十一年二月二十六日（1885年4月11日）

再，署莎车直隶州知州忠曾、署叶城县知县周振岳，均调营差遣。所遗

---

①中国第一历史档案馆藏：《朱批原件》，档案编号：04—01—17—0136—014。
②此奉旨日期与内容，据《军机处随手登记档》（档案编号：03—0246—1—1211—075）校补。
③中国第一历史档案馆藏：《朱批原件》，档案编号：04—01—17—0136—013。
④中国第一历史档案馆藏：《军机录副》，档案编号：03—5194—061。

各缺亟应遴委妥员前往接署,以重职守。查有补用知府留甘补用直隶州知州刘兆梅,器宇轩豁,通达治体,堪以委署莎车直隶州知州篆务。留陕归候补班前先补用知县周发镛,举止安详,办事诚实,堪以委署叶城县知县篆务。

除由臣分别檄饬遵照外,谨会同陕甘督臣谭钟麟,附片具陈,伏乞圣鉴。谨奏。

军机大臣奉旨:吏部知道。钦此。①

光绪十一年三月十七日,军机大臣奉旨:吏部知道。钦此。②

012. 奏报协领凌云循例请假离营片

光绪十一年二月二十六日(1885年4月11日)

再,记名副都统宁夏八旗蒙古协领凌云于光绪六年经前任陕甘督臣左宗棠檄调来营,翻译中外交涉文件,由宁夏将军臣善庆、宁夏副都统臣谦禧奏明,奉旨允准在案。兹据该员禀称:协领自光绪元年遵旨赴京引见,早经六年期满,例应由宁夏请咨赴部引见,呈请给假离营等情前来。

臣查该员恪慎持躬,老成练达,调营以来迄今四载,办理翻译事件,毫无遗误。兹循例请假离营,应即照准。

除咨由宁夏将军、副都统给咨外,谨附片具陈,伏乞圣鉴。谨奏。

军机大臣奉旨:知道了。钦此。③

光绪十一年三月十七日,军机大臣奉旨:知道了。钦此。④

【案】此片具奏日期,录副作"光绪十一年三月十七日"。查《军机处随手登记档》⑤刘锦棠折,载有"报五百里,二月二十六日发"等字样。据此,此片具奏日期当为"光绪十一年二月二十六日",兹据校正。

---

①中国第一历史档案馆藏:《朱批原件》,档案编号:04—01—16—0217—019。
②中国第一历史档案馆藏:《军机录副》,档案编号:03—5194—060。
③中国第一历史档案馆藏:《朱批原件》,档案编号:04—01—16—0217—018。
④中国第一历史档案馆藏:《军机录副》,档案编号:03—6020—011。
⑤中国第一历史档案馆藏:《军机处随手登记档》,档案编号:03—0246—1—1211—075。

013. 奏报道员魏炳蔚循例回避回陕片

光绪十一年二月二十六日（1885年4月11日）

再，盐运使衔陕西候补道员魏炳蔚经臣于上年正月奏调来营差遣，奉旨允准在案。兹据禀称：该员由广东补用同知经陕甘督臣左宗棠奏调来甘，洊保盐运使衔，以道员留甘补用。光绪七年，赴部引见。实因族侄魏光焘补授甘肃臬司，例应回避，当在吏部呈明，奏奉谕旨，改发陕西。此次魏光焘调补新疆藩司，仍应回避回陕，并请就便回籍省亲，再行到省等情前来。

查该员才具开展，稳练有为，委办诸事，从无遗误。兹因循例回避，应准咨送回陕，以符定例。再该员现已离营，并无经手未完事件，合并声明。

除履历咨部外，理合附片陈明，伏乞圣鉴。谨奏。

军机大臣奉旨：吏部知道。钦此。①

光绪十一年三月十七日，军机大臣奉旨：吏部知道。钦此。②

【案】此片具奏日期，录副作"光绪十一年三月十七日"。查《军机处随手登记档》③刘锦棠折，载有"报五百里，二月二十六日发"等字样。据此，此片具奏日期当为"光绪十一年二月二十六日"，兹据校正。

014. 奏报移营乌鲁木齐日期折

光绪十一年三月初六日（1885年4月20日）

钦差大臣督办新疆事宜尚书衔甘肃新疆巡抚二等男臣刘锦棠跪奏，为微臣移营乌鲁木齐行省日期，恭折仰祈圣鉴事。

窃臣前钦奉恩命，补授甘肃新疆巡抚，比经恭折叩谢天恩，并沥陈下情，未邀俞允。当时事孔棘之秋，正犬马图报之日，自应勉膺艰巨，何敢有

---

① 中国第一历史档案馆藏：《朱批原件》，档案编号：04—01—12—0532—025。
② 中国第一历史档案馆藏：《军机录副》，档案编号：03—5194—062。
③ 中国第一历史档案馆藏：《军机处随手登记档》，档案编号：03—0246—1—1211—075。

外生成？窃维全疆地处极边，幅员辽廓，行省诸务创始，举凡兵饷、吏治、屯垦、起废振兴，在在均关紧要。而强邻逼处，整军经武，尤为今日要图。

臣以愚昧，膺兹重任，窃虑弗胜，惟有恪遵圣训，敬畏时存，庶几勉竭驽骀，少酬高厚。哈密为南北枢纽，论行军转饷，呼吸相通，本属新疆要地。然此时既设行省，局势迥别。臣当及时晋驻乌鲁木齐，暂居行营，规画一切，业于前奏陈明。适据藩司魏光焘禀报，已于本年二月二十二日由兰州启行西来。臣准期三月初六日率亲兵队伍，由哈密晋驻乌垣。后路权留行营营务处办理哈密粮台道员王久铭，兼带湘军步队中旗官马队一起，合哈密协营土勇一旗，分扎操防，兼护馈运。

至行省应办各事宜，头绪繁多，拟俟微臣抵省后，悉心体察，随时随事与金顺、谭钟麟等和衷商酌，督同魏光焘熟计兼筹，次第奏明办理。再，甘肃新疆巡抚、布政使两缺，系属新设，应恳天恩饬部拟篆巡抚关防模式一颗、布政使印模一颗，恭候钦定铸造，颁发启用，以昭信守，合并陈明。

所有微臣移营晋驻乌鲁木齐行省日期各缘由，谨具折驰报。伏乞皇太后、皇上圣鉴训示施行。谨奏。光绪十一年三月初六日。

军机大臣奉旨：该部知道。钦此。①

光绪十一年三月二十六日，军机大臣奉旨：该部知道。钦此。②

015. 登复关外各营应支杂支章程缘由折

光绪十一年三月初六日（1885年4月20日）

钦差大臣督办新疆事宜尚书衔甘肃新疆巡抚二等男臣刘锦棠跪奏，为关外各营旗应支月饷及一切杂支章程，开单立案，经部臣分别准驳，谨逐款登复，吁恳天恩饬部查核准销，以昭核实，恭折仰祈圣鉴事。

窃臣前将关外应支月饷及一切杂支等项开单，奏明立案，钦奉谕旨：该部知道，单并发。钦此。嗣准户部咨开：核复前项各款，分别准驳，钞单知照到臣，当经转饬行营粮台，查核议复去后。

兹据督办行营粮台陕西候补道王久铭详称：遵查准驳各条，检对历年

---

①中国第一历史档案馆藏：《朱批原件》，档案编号：04—01—12—0532—055。
②中国第一历史档案馆藏：《军机录副》，档案编号：03—5194—097。

支发各款成案，参酌现在情形，逐一细心妥议。如营饷则分别行粮、坐粮，勇数陆续裁并，有减无增。南路设官分职，前设善后总、分各局，已从十年正月以后次第裁撤，改归地方官办理。未裁以前已支款项，应请核销。其九年底止酌留之保甲十六局，暂难裁撤。蚕桑总、分各局，已拟裁撤五分局。其蚕织总局、蚕桑六分局，未便全行裁撤，均已于清折内声叙明晰。至库车、喀喇沙尔、吐鲁番各处原设军装硝药各局及沿途柴草局站，曾经陆续分别撤留，随时详明在案。新疆南北两路情形不同，丰歉亦异，光绪六年分，报收各色京斗粮三十四万七千余石，内惟南路为最多。北路自兵燹之后，人民稀少，由官设法招徕，筹给牛籽、农具。八年，征获各色粮石无多。分防各营自喀喇沙尔以东至哈密，自哈密以北至精河，各军马步营旗需用粮料，皆须采运。是督催粮运、屯采、采运各局，应请暂缓议撤。湘楚各军员弁勇夫津贴、米折银两，已于九年秋季概行停支。义学、牛痘经费，本属地方官应办之事，除由军需项下已支款项应请核销外，嗣后应如何就地方筹款支给，及房租、杂税能否足数。义学经费之用，应由各管道妥议办理。谨遵照将关外营饷局费及一切杂支等项核明，逐款登复，缮呈清折，详请鉴核，奏咨立案，以便报销等情前来。

　　臣查饷项出入，国帑攸关，不容丝毫浮滥。部臣综理度支，先于奏报立案章程详加考核，以杜滥支冒销，自属实事求是之道。惟新疆僻处穷边，幅员辽阔，即南北两路同属新疆，亦有相距之五六千里者。浮沙碱滩戈壁，触目皆是，可耕地土不过十分之二。所需食用各物，全赖内地各省以车驼运载而来，价值本异常昂贵。兵燹后，南路汉民及北路孑遗寥寥无几，因之商贾罕到，物价较承平时更增数倍。臣军员弁、勇夫、匠役多系东南各省之人，边荒远役，时切归思，亦人情所不免。若不厚给薪粮，稍加体恤，断难踊跃从事。现值时事多艰，饷项奇绌，宵衣旰食，昕夕不遑。微臣具有天良，自应力求撙节，以期饷不虚縻。数年以来，与营务、粮台各员逐一讲求，将左宗棠所定章程酌量变通，于可裁节者，即行裁节。诸凡归并马步营旗、汰减台局员弁、拟定兵数饷数，实已省之又省。其碍难议裁议减之款，不得不仍照旧章支发。

　　查核道员王久铭详赍逐款声复清单，均系新疆实在情形。合无仰恳天恩饬部，照单悉予核销。自九年起有应遵照裁减者，有应归并者，有因地制宜暂难循例者，有按照成案办理仍须略为变通者，仰乞恩施饬部分别立案，免予核驳，边事幸甚。

所有关外支发各款章程现准户部核驳各条，谨已逐一登复。除咨户部查照外，谨缮清单，恭呈御览。伏乞皇太后、皇上圣鉴训示施行。谨奏。光绪十一年三月初六日。

军机大臣奉旨：户部知道，单并发。钦此。①

光绪十一年三月二十六日，军机大臣奉旨：户部知道，单并发。钦此。②

016. 呈关外各军支发款项逐款登复清单

光绪十一年三月初六日（1885年4月20日）

谨将甘肃关外支发各军饷项及一切杂款章程，遵照部驳原单，逐款分晰，缮具清单，恭呈御览。

一、户部原奏清单内开：甘肃关外楚湘皖蜀马步各营旗暨新挑各旗员弁勇夫薪粮，均照楚军营制行粮坐粮章程分别支给款。查楚军旧制，有哨长，无副哨官，应将副哨官仍改为哨长。旧制哨长日给银二钱，今日支银二钱六分六厘六毫六丝六忽，计多银六分有奇，应令删除。旧制每营用长夫一百八十名，只许减少，不准增多。今用长夫一百九十二名，计多夫一十二名，应令删除。嗣后除搬运夫三十六名由兵部核销外，其余一百四十四名，应归臣部核销。至勇数、饷数，尚与旧制符合，拟请照准。再，旧制营官公费，凡帮办及管账目军装书记、医生、工匠薪粮并制办旗帜、号补各费在内，应行添注，以杜另支浮销等因。

遵查楚军行粮章程，前经左宗棠核定勇数、饷数，酌量变通。步队每营大建月支银二千九百三十六两二钱，小建月支银二千八百四十五两。每营以五百人为定额，营官、副哨长、长夫在外。每营分前、左、右、后四哨，亲兵队归营官自带。前、左、右、后四哨，每哨正哨长一员，除应支薪粮外，每员给私夫二名。外加副哨长四员，本无哨官名目，应遵照改为哨长，每员日支薪粮银二钱六分六厘六毫六丝六忽，每员给私夫一名，计每营共用私夫一十二名。部议所谓多夫十二名者，即指此项私夫而言。查正副哨长必择久

---

①中国第一历史档案馆藏：《朱批原件》，档案编号：04—01—35—0986—039。又《奏稿》第1069—1074页。
②中国第一历史档案馆藏：《军机录副》，档案编号：03—6096—020。

经战阵之员充当，冀其勤加训练，俾勇丁悉成劲旅。有事则以一员带队、一员守营，责任均属綦重，故哨长薪粮量为从优，并分等加给私夫，系为激励戎行起见。其私夫口粮，即于定章月饷内支给，并非于月饷外另有增加。已咨户部，请仍照向章准销。至营官公费，凡帮办及管账目书记薪粮并官衔、姓旗、号补公用公费在内，遵照部议添注。惟医生向系另支，不在公费之内。查新疆与内地情形不同，营中不带医生，则员弁勇夫遇有疾病，无人诊治，碍难裁减。

又部单内开：查旧制并不分旗，今新章以三百七十人为一旗，亲兵四队、中左右三哨，核计弁勇数目，与旧制符合。惟长夫一项，旧制亲兵每劈山炮队用长夫三名，每刀矛小枪队用长夫二名。今亲兵队概用长夫三名，计多夫三名。哨官每员多私夫二名，共多六名。副哨官即哨长每名多夫一名，共多夫三名。统共多夫十二名，应令删除。嗣后除搬运夫二十四名由兵部核销外，其余一百名均归臣部核销等因。

遵查楚军步队一旗行粮章程，每旗员弁勇夫按照营制递减，每大建月支银二千一百四十七两六钱，小建月支银二千八十两八钱八分。每旗以三百七十人为定额，副哨长、长夫在外。亲兵四队归旗官自带，按照营章，每队用长夫三名，内劈山炮队除照章三名外，依营制应加长夫一名，向由旗官公夫内变通匀给，不另开支。是旗制亲兵队长夫较营制只有减少，并无增加。至中左右三哨设正哨长三员，每员给私夫二名，外加副哨长三员，每员给私夫一名，均照营章即在月饷内支给，并无浮多。前条业经声叙。所有正副哨长私夫及亲兵队长夫名数定额，已咨户部，请仍照原单立案。

又部单内开：查楚军旧制，马队每营营官一员、字识一名，分前后左右中五哨。其前后左右四哨，各立正哨官一员、副哨官一员。中哨即以营官为正哨外，立副哨官二员。每哨马勇五十名。每棚什长一名，一营共什长二十五名，散勇二百二十五名。营官及两副哨、帮办、书识等，共用火夫二名。四哨之正副哨官，共用火夫四名。二十五棚每棚用火夫一名，通营共火夫三十一名。其薪米口粮之制，营官月给薪米并马干银五十两、公费银一百两、马四匹。帮办月给银十六两、马一匹。字识月给银九两、马一匹。正哨官每员月给银十八两，副哨官每员月给银十五两，各给马二匹。什长每名日给银二钱六分，马勇每名日给银二钱四分，均各给马一匹。火夫日支银一钱一分等语。今单开马夫一项、公长夫一项，均旧制所无。领旗、先锋,旧制亦无此名目。至于杂费、马干,旧制亦不另行开支。通盘计算,旧制每大建月支银二千二百余两,今单开月支银三千一百余两,未免浮多。所有马队营制、饷项,应令仍照旧制办理,以归划一。再,查旧章,兽医、铁匠、旗帜、大小扫把、铁刮、竹槽,出自营官公费,应行添注,以杜另支浮销等因。

遵查马队一营行粮章程,前经左宗棠核定,按照旧制,酌量变通增减。每营以二百五十人为定额,火夫、长夫、马夫在外。改什长为领旗名目,并未加增口粮。裁中哨副哨官二员,改设先锋五名,以资差遣哨探,日夜巡查。定额马为二百五十二匹,内营官三匹,余均各给一匹,每匹定给马干外,不另支草料。营官马夫由长夫内提用,其余每马一匹,给夫一名,专司牧养,为各弁勇蓄锐分劳,平时不废操防,临阵亦皆骁勇。故将各弁勇薪粮酌定,分别加给夫干杂费,认真整顿,以成劲旅。定给杂费,为修整皮鞍、笼头、皮条、缰绳、钉掌各项之用,庶各知爱惜,俾一切鲜明精致,足以壮我军威。公用长夫五十名,搬运军装、子药及一切差使,全赖其力。通盘计算,尚无浮多。虽新章旧制稍有参差,而勇数、饷数惟求核实。计自光绪六年以前,均照核定章程支发核销在案。所有马队一营应支杂费、马干、马夫、公长夫等项,现均查照向章办理,实属难于议减。已咨户部,请仍照原单立案。其兽医、铁匠、旗帜、大小扫把、铁刮、竹槽,出自营官公费,遵照部议添注。

又部单内开:查马队每旗人数,以全营折算,殊多不合。先锋、领旗较什长多三名,亲兵多十七名,马勇少十八名。如难以强分,应令按照旧制,并旗为营,以归划一等因。

遵查楚军马队一旗章程,系按照全营递减,每旗以一百二十五人为定额,火夫、马夫、长夫在外。内旗官一员,分中左右三哨,左右两哨各设哨官一员,中哨归旗官自带。设立先锋四名,亲兵三队。改什长为领旗,每队领旗一名,亲兵九名。左右两哨每哨哨官一员、护勇四名。每哨四队,每队领旗即什长一名,马勇九名。外火夫十四名,公用长夫二十五名,额马一百二十七匹,内旗官三匹。马夫由长夫内提用。余均各给一匹。每马给夫一名。所有薪粮、杂费、草干,均同营章,每大建月支银一千六百七两七钱,小建月支银一千五百十九两六钱三分。盖以局势维艰,饷源支绌,裁勇仍可节饷,并营仍旧驻防。新疆地处极边,幅员辽阔,必每处驻营,则兵力、饷力均有不敷。若分扎哨队,于操防一切,既多不便,且恐该管官难于照察,或致别生事端。节饷筹防,势须兼顾,方为妥协。是以酌量并营为旗,编伍微有变通,操防仍归一致,于分防地段既属相宜,而声威亦无稍损,蝉联一路,气息相通。故饷数虽减于全军一半,而获益与全军无异,向系循章办理。已咨户部,请仍照原单立案。

又部单内开:查楚军旧制,每营五百人,营官、哨官在外。新章将哨长裁去,合哨官共五百人为一营,按名核计,均与旧章符合。惟长夫一项,较旧制互有增减。通盘计算,多夫十二名,应令删除。嗣后除搬运夫三十六名由部核销外,其余一百四十名,应归臣部核销。至坐粮饷章较旧制核减,每月约可节省银六百余两,拟请照准。再,查公费银一项,旧制有帮办、管账目军装书记、医生、工匠薪粮并制办旗帜、号补各费在内字样,应行添注,以杜另支浮销等因。

遵查楚军步队一营坐粮饷数,较行粮核减,勇数按照行粮定额。除裁减副哨长四员、私夫四名外,其余员弁勇夫数目,均与行粮营章符合。通盘计算,并无浮多。已于行粮款内声明。至营官公费,凡帮办及管账目书记薪粮并官衔、姓旗、号补、公用公费在内,遵照部议添注。惟医生在外,已于前款内声明。已咨户部,请仍照原单立案。

又部单内开:每旗人数以全营折算,尚与旧章符合。惟长夫一项,旧制每劈山炮队用长夫三名,每刀矛小枪队用长夫二名。今亲兵概用长夫三名,计多夫三名。又旧制并无私夫,今哨长各有私夫二名,统计多夫九名,应令删除。嗣后除搬运夫二十四名由兵部核销外,其余一百名均归臣部核销等因。

遵查楚军步队一旗坐粮饷数,较行粮旗章核减。步队一旗每大建月支银一千六百二十九两三钱,小建月支银一千五百七十七两一钱九分。勇数每旗以三百七十人为定额,外长夫一百三十三名,按照行粮核减。副哨长三员,私夫三名,所有亲兵队长夫、哨长、私夫额数,均同行粮章程,已于行粮款内声明,尚系循章办理,并无浮多。已咨户部,请仍照原单立案。

又部单内开:查旧制并无杂费、公长夫,应照章删除。旧制亦无先锋、领旗名目。惟旧制什长系二十五名,今先锋、领旗亦二十五名,口粮均较什长有减无增。又旧制饷项较厚,不另支马干,亦无马夫。今饷项较少,所有马干、马夫口粮,均请照准。其余各项人数、饷数,核与旧制均无浮多。再,查旧制，兽医、铁匠、旗帜、大小扫把、铁刮、竹槽，出自营官公费，应行添注，以杜另支浮销等因。

遵查楚军马队一营坐粮，其员弁勇夫、马干、杂费，均按照行粮定章，惟饷数则较行粮核减。所有杂费、公长夫、先锋、领旗名目，均于行粮款内声明，向系循章办理。其兽医、铁匠、旗帜、大小扫把、铁刮、竹槽，出自营官公费，自应遵照添注。

又部单内开：查马队每旗人数，较全营已减一半，薪公亦应照数核减。营官薪水应改为月支二十五两，公费改为月支四十两。再，查每旗人数，以全营折算，殊多不合。先锋、领旗共多三名，亲兵多十七名，马勇少十八名。如难以强分，应令并旗为营，以归划一。至饷项准驳，概同前款等因。

遵查楚军马队一旗坐粮，其员弁勇夫马干、杂费，均按照行粮定章，饷数则较行粮核减。惟旗官一员，月支薪水银四十两、公费银五十两，以原定帮办、书记薪粮及公用公费、马药等项在内。营官、旗官所管勇数虽有不同，而用款所差无几，薪公减去三分之一，已属格外撙节，似难再为核减。计马队一旗坐粮，较行粮每月约可节省银四百八十余两，向系循章办理，已于行粮款内声明。已咨户部，请仍照原单立案。

又部单内开：关外喀什噶尔、阿克苏、哈密分设开花炮队，员弁勇夫照章支给薪粮款。查开花炮队向无定章，今拟比照楚军行粮章程，酌量加增。炮长拟比照正哨官，加倍支给，日支银六钱。计月支薪水银十八两，公费即照原议月支银二十两，不扣建。什长拟比照步队什长，加倍支给，每名日支银三钱。护勇、炮勇拟比照步队正勇，加半支给，每名日支银二钱一分。车夫、火夫仍照原议，每名日支银一钱一分。至内地各省炮队，不得援以为例等因。

遵查行军以火器为先，开花、后堂、田鸡各炮，采自外洋，穿以铁杆、走轮，驾以骡马，名曰炮车，洵为军中利器。洋药、弹子均按堂口采购，价值固属不赀。况由沪上转运西来，运脚亦复不少。必须熟谙机器之人，用法精详，方能命中。前经左宗棠再三筹画，招募上海、广东、浙江熟习炮手，勤加训练，著有成效。因关外地方险远，酌照洋匠，分别定章，原较步队哨官、什长、正勇行粮，特加优厚，择要安设。每处员弁勇夫以九十九人为定额，内炮长一员，月支薪水银三十两、公费银二十两，均不扣建。什长六名，每名日支银五钱。护勇五名，炮勇七十二名，每名日支银二钱六分六厘六毫六丝六忽。车夫八名，火夫其七名，每名日支银一钱一分。以上每处炮队，大建月支银八百五两五钱，小建月支银七百八十两三钱一分七厘。诚以关外地方寒苦，远至万里，非厚给薪粮，不足赡其身家，难期得力。故向依旧章，核实支给。再四思维，实属难以议减。已咨户部，请仍照原单立案。

一、部单内开：甘肃关外楚皖蜀马步各军营旗统领，照章分别支给公费款。查楚军旧制，凡统领自带一营，本营之薪水、公费已足敷用，此外从优酌加。凡统至三千人以上者，每月加银一百两，加夫十名。统至五千人以上者，每月加银二百两，加夫二十名。统至万人以上者，每月加银三百两，加夫三十名。今单开统领公费一款，与旧制不合，应令仍照旧制办理，以节冗费。现在各处防营并无出征之事，只准照章给银，毋庸加夫等因。

遵查统费一项，前经左宗棠核定，按所统营数，酌给统费、长夫，以资应用。因统领所部营旗，随时训练，整顿营规，事务浩繁。其弁勇中之差操勤慎者，分别酌赏，如临阵打仗，奋勇争先，或侦探确切，俾运筹分布，悉合机宜。犒赏尤须从厚，以示鼓励。故于统费量为从优，藉资津贴。楚军营制，凡营中员弁勇夫各有专司，昼则梭探操防，夜间支更放哨，轮流互换，劳逸均匀。其余杂差，不准支使。故又于统费外分等另给长夫，轮班差使，用示区别。现在虽无出征之事，而地连夷壤，防务仍未敢松劲。凡各统领统费、长夫，均循照旧章，仍按所统营旗多寡，分等支给，以示体恤。揣度情形，碍难议减，已咨户部，请仍照原单立案。

一、部单内开：甘肃关外湘楚军马步各营旗统领营务处，照章支给公费并各员弁勇夫加给米折银两款。查总理营务处及分统各员，据该大臣各营旗驻扎清单内开，均管带为步营勇，自应按照旧制，计所统勇数多寡，从优酌加公费，不得另按营务处分统名目，重复支给。至文案、支应、书识薪水，办公究系支给何营之项，未据声叙明晰，令查复再行核办。小马队一哨，旧章无此营制，应令归并成营，以归划一。柴草价银既经该大臣裁止，应毋庸议。至楚军马步各营旗无论员弁勇夫，每员名月给津贴、米折银四钱五分，据称关外食物昂贵，未便遽裁一节。查光绪六年，据该大臣奏称，关外粮价较贱，颇有谷贱伤农之患。是该处食物并非昂贵，已有可据。所有米折一款应悉删除，以节糜费等因。

遵查营务处二员、分统五员，前经左宗棠核定薪米公费。各营旗员弁勇夫并小马队一哨，按名加给米折、柴草、津贴银两。截至六年底止，均经奏明在案。自光绪七年正月起，将柴草津贴裁撤。酌留总理营务处一员，月支薪公银二百两，分统五员，每员月支薪公银二百两、公费银一百二十两。因各分统军书旁午，不能无文案、支应、书识各员帮同案牍、册籍。各员薪水即于公费一百二十两内支给，并未另给何营。其分统薪水量予从优、藉资津贴缘由，前条业已缕晰声明。至总理营务处一员，凡行营所部各军关涉营务之事，无论巨细，均归该员核办，最为繁剧。随同办事员弁薪粮为数不少，故不得不优给薪工，免致赔垫。分统专司所属一军之事，情形不同，是以自出关后，凡营务处分统薪水、公费，均系分别另行支给，以资应用，应请准销。至小马队一项，各分统临阵打仗，开差守营，全赖其护卫。平日凡有调遣指挥，亦藉资驱使。无此则号令全不灵动，每至贻误事机，故令挑选久经战阵、奋勇得力者，准其自蓄私马，编成一哨，以资护卫冲锋。除照章支给马夫、火夫、公长夫外，其马干、杂费、倒马价银，概不另支，以示撙节。因地变通，虽为旧制所无，实为行军切要。至米折一项，查湘军营制，自同治年间剿捻时，即有米折及津贴、柴草银两。出关时，酌拨楚军马步营旗，同役遐陬，员弁勇夫行粮不敷食用，与湘军事同一律，未便歧视，致生觖望。故循照湘军旧章，楚军员弁勇夫亦按名月给津贴、米折银四钱五分，并分别津贴、柴草价值，以示体恤而资饱腾。食物昂贵，原不专指米粮，关外各项用物，无不异常昂贵。地方甫经兵燹，商贾尚未流通，不得不量予从优。除柴草价银业于七年正月起一律裁止外，米折一项亦于九年九月底裁止。以上各项，已咨户部，请仍照原单立案。

一、部单内开：甘肃关外军营台局派委办差文武各弁支给薪粮款。查光绪六年，据该大臣奏称，关外每年收粮三十余万石，以充军食，划抵兵饷。核计该军勇数、该处粮数，每年军食之外，尽有余粮，何须采运？关外改设州县，军营差使过境，自有地方官供应，毋须另行派员。所有督催粮运总局、屯采总局及柴草局、柴草站文武员弁，应令全行裁撤。行营军装制办总局以及行营办理文案、押运差遣文武各员弁，应令大加裁减，酌定额数，分晰报部查核。至应支薪水，未免繁费，拟照关内章程，量为加增文职道员、武职提督，月给银六十两。知府、总兵、副将月给银五十两。同、通、州、县、参将，月给银三十五两。佐杂、都司月给银二十五两，守备月给银二十两，千总月给银十六两，把总月给银十二两，经制、外委月给银十两，以示体恤等因。

遵查六年报收各色京斗粮食三十四万余石，南路西四城居其大半。其余自喀什噶尔东至哈密，北至镇迪道各属，兵燹之后，户口甚少，所获粮石无多。所有驻防营勇距西四城远至三四十站，少亦二十站不等，不能不设局派员，另筹采运，以备供支。所有督催粮运、屯采、柴草各局站，虽渐次裁并，究难全行裁撤。至行营军装制办总局以及行营办理文案、押运、差遣文武员弁，自新疆肃清以来，已属减而又减。关外物价昂贵，较之内地奚啻倍蓰，各员弁久役边关，尽心供职，与内地当差劳逸迥殊。若仅照关内章程少为加增，尚无以示体恤。所有关外军营台局办差文武员弁支给薪粮章程，已咨户部，请仍照原单立案。

一、部单内开：甘肃关外各台局站设立经帖各书，支给口食，并酌给纸张、笔墨、油烛款。查督催粮运总局、屯采总局、采运局及柴草局、柴草站均已议裁，所有经承、贴写、字识均应裁撤。纸张、笔墨、油烛银两亦毋庸开支。至粮台及军装硝药局经承、贴写额数，月给纸张、笔墨、油烛银两，军需例则内载酌量事务繁简，查明奏办。应如该大臣所议办理，核实报销。至经承、贴写应比照臣部则例，书吏日支京升票米八合三勺，月支银四两八钱，扣建支给。又纸张、笔墨关外既开支银两，甘肃、鄂、陕各台即毋庸代为购办。如必须由后路购买，即于该台局应支银两扣出，不得另支。应知照工部暨陕甘总督，查照办理等因。

遵查督催粮运总局、屯采、采运总分各局及柴草局、柴草站、硝药局暂难全裁情形，业于前条缕晰陈明。其应行裁撤者，遵照截至九年底酌量裁撤，归地方官采备供支，均经奏咨在案。其经承、贴写、字识月支工食及月支纸张、笔墨、油烛各项银两，均截至九年底裁撤止。从前已支之款，应请仍照原单一并核销。至于未撤之粮台、军装制办、督催、粮运及屯采、采运总分各局并酌留之柴草局经承、贴写、字识，原应比照则例，书吏口分支给银粮。惟回疆自兵燹之后，人民稀少，物用昂贵，经帖、字识由内地应募而来，均属赤贫，离家皆数千里或万里不等。若按照军需则章支给，一身衣食尚属难敷，家口更无可养赡。已咨户部，请仍照原单立案。纸张、笔墨既支银两，如由后路购办，应遵照部章，在于应支银内划扣，不再另支。

一、部单内开：甘肃关外各台局招募防护勇夫，并设缠回字识、通事，照章支给口粮款。查督催粮运总局、屯采总局及柴草局、柴草站，均已议撤。所有防护勇夫及杂色人等应令裁撤。至粮台及军装局招募护勇，系为慎重起见,应准招募,并酌定额数,报部查核。所需口粮应照楚军坐粮章程,什长日支口粮银一钱三分,勇丁日支口粮银一钱一分。毋庸招募长夫,以归节省。至缠回通事、字识、翻译,据称统领营官募用一二名不等。查张曜一军,系在回疆。该军报销并无此项名目,应令删除。粮台及军装局需用缠回字识、通事、翻译若干名,应令该大臣酌定额数,报部查核。所有口粮应如原议办理等因。

遵查督催粮运总局、屯采总局,暂难裁撤。惟采运分局、军装硝药局及柴草局、柴草站截至九年底止陆续酌量裁撤,业经分别撤留,开单奏咨在案。其各局站护勇、长夫、缠回字识、翻译口粮银两,截至九年底止,及粮台督催总局、屯采、采运总分各局、军装局、柴草局从前已支之款,应请仍照原单,一律准销。至护勇口粮,分别什长、勇夫,按照坐粮支给,原是正办。惟念该勇夫等均由内地招募而来,离家皆数千里或万余里不等,虽专护台局,平时差操防护,放哨更变,昼夜轮派,无间寒暑。其勤劳辛苦,究与行营无殊,故向来均照行粮支给,并准招募长夫,分任其劳。兹准部核议,自应遵办。拟自光绪十年六月底止,已发各台局站勇夫薪粮,请仍照楚军营制行粮章程准销。十年七月初一日起,遵照部文,改为坐粮,并停止募夫,以资撙节。至缠回字识、翻译,该统领营官原募者,应遵照删除,由各统领营官自行支给,不另开支。其各台局站需用缠回字识、通事、翻译若干名,遵照分别事之繁简,据实支给口粮造报。已咨户部,请仍照原单立案。

一、部单内开:甘肃关外军营需用粮料、柴草,分途采买,均照各处市估发价,及应用仓夫、斗级工食款。查光绪六年,据前督臣左宗棠奏称,光绪四年分,镇迪一道暨南路各城收粮二十六万一千余石。光绪八年,复据该大臣奏称,三年冬,克复南路,前敌各营均能就地采粮,价值与关内相等。刻下粮料充积,颇有谷贱伤农之患。六年分共收各色京斗粮三十四万七千余石。每京斗小麦一石,值银九钱至一两不等。各处征粮,均照时价,就近拨发防营济食,其价即于应领项内划扣清讫等语。该大臣既称粮料充积,颇有谷贱伤农之患,何须由关内采运?每年收粮三十余万石,均就近拨发各防营。核计该军人数,支食之外,尚剩二十余万石,何须官为采买?及应须仓夫、斗级口食,应毋庸议。至柴草局站均议裁撤,亦毋庸采买,应令地方官照例供支差使,以节经费等因。

遵查光绪六年,据各衙门善后局册报,征收各色京斗粮三十四万七千余石,内惟南路西四城征收为最多。粮料充积,颇有谷贱伤农之患,系专指南路西四城而言。镇迪道属及哈密、吐鲁番各城,兵燹之后,人民稀少,由官设法招徕,筹给牛籽、农具,征获究属无多。其余各城相距数千余里,各营旗择要驻防,需用粮料甚巨,而行营屯扎,哈密所用更属浩繁,不得不由关内州县及附近粮石稍多之处设局分采,接济军食。各局雇用仓夫、斗级需用工食银两,已咨户部,请仍照原单立案。其已裁撤之柴草局站处所,自十年正月起,由地方官采办供支,以节经费。

一、部单内开:甘肃关外新设乌鲁木齐提标各营汛步队七旗,照土勇饷章支给薪粮款。查左宗棠原定楚勇饷章,以五百零二员名为一营。今以三百七十人为一旗,人数既减,薪工亦应核减。所有营官薪水应改为月支银二十八两,公费应改为月支银十八两。又向章马干在薪水之内,书识、纸张、马药、油烛,均在公费之内,应行添注,以杜另支。其余弁勇饷数,均与土勇章程符合,拟请照准。至各旗官弁内有由藩司挂发廉俸者,应按名扣除薪公等项,分晰开报备核等因。

遵查楚军坐粮旗章,旗官月支薪水银三十六两、公费银三十两,帮办、书记薪粮、公用公费在内,长夫另支。现按章酌量核减公费、长夫,已属格外撙节,况旗官薪公内应行支放之款颇多,关外地方瘠苦,百物昂贵,与内地情形大相悬殊,势难再为核减。已咨户部,请仍照原单立案。至各旗官弁内有由藩司挂发廉俸者,遵照按名扣除薪公、口粮,分晰开报备案。

一、部单内开:甘肃关外设立总分善后、征粮、保甲、蚕桑各局,调派文武员弁,募用经帖、护勇、长夫、斗级、缠回字识、通事,支给薪粮,并酌给纸张、笔墨、油烛款。查关外南路,现已改设州县。所有善后、征粮、保甲、蚕桑各局文武员弁、经帖、护勇、杂色人等,应令全行裁撤,改归地方官办理,无庸另支薪粮并纸张、笔墨、油烛银两等因。

遵查关外南路各城总分善后、征粮各局应支经费,已于十年正月起陆续裁撤,改归地方官办理,不再另支薪粮并纸张、笔墨、油烛银两。惟南路设官分职,事属创始,政务极繁,兼之地方辽阔,华夷杂处,必须编查保甲,认真稽察,方免奸宄混迹。若仅责令地方官办理,窃恐顾虑难周,是保甲各局未便遽裁。蚕桑为地方兴利,创办之初,必须娴熟蚕务之员经理,以资开导引诱,现著有成效,而利源未广,练习间有未精,除将各局酌量裁并五处归地方官办理外,其余蚕桑各局,未便全行裁撤。所有南路总分善后、征粮、蚕桑各局，业经陆续裁撤之文武员弁、经帖、护勇、杂色人等薪粮并纸张、笔墨、油烛等项经费，截至十年底止从前已支之款，应请一律准销。其保甲及蚕桑总分局，仍须暂行酌留。其文武员弁、经帖、护勇、杂色人等纸张、笔墨、油烛、薪水等项经费银两，按月支给。已咨户部，请仍照原单立案。

一、部单内开：甘肃关外分设义塾，延师教习，支给薪水津贴及塾童书籍、纸笔墨砚款。查乌鲁木齐销案内开：设立满汉义学两处，每学每月束脩等银十二两。今哈密等处设立义塾七十七堂，应比照乌鲁木齐成案，每学每月给束脩等项银十二两，一切杂款均在其内，以归划一，毋庸另给津贴。跟丁口食银两、塾童书籍、纸笔墨砚等项，毋庸官为购发。七十七堂之外，亦毋庸再议加增。嗣后义学经费即在房租税内动支，所有用过银两，按年专案，报部查核，不得随同兵饷报销，以免牵混等因。

遵查分设义学，教习缠童，原冀文教诞敷，化其嚣凌之气，移风易俗，莫善于此。关外兵燹之后，人物凋残，欲求文理清顺者，必于内地各省择取。新疆多系缠回，言语不通。各塾师舌耕异域，若不优给脩金，即无以慰其心志，招之使来。查阅各路课本，现已渐有成效，虽覆一篑未始非九仞之基。至塾童应须书籍、纸笔墨砚，关外阙如。创始之初，设非官为购发，其势固有所不能。应均请照原单立案。至义学现设七十七堂，自应遵照，外不加增。惟房租杂税关外无多，不敷各义塾经费之用。除七、八、九等年已支之数及征获房租、杂税，概由军需报销单内分别收支已咨户部，请仍照原单立案，以便造销外，其自十年正月起虽已饬各州县就地通筹，窃恐房租、杂税仍属开支不敷，势不能不由军需款内添给造报，届时随案声明，请免其专案报销，以归划一。

一、部单内开：甘肃关外流寓闲员、客民，分别资遣回籍，酌给川资、口食、车脚款。查资遣闲员、客民川资等项，应由兵部核办。惟现在饷项支绌，自当力求撙节，以期无误要需，不得以有限之度支供此无名之冗费。所有关外流寓闲员、客民，尽可听其去留，或拨给荒地耕种，俾资谋生，毋庸官为资遣等因。

遵查资遣员弁，支给车脚口食，七、八、九三年循章支给，前经咨部核销。十年正月以后，自应遵照兵部核议，查照伊犁奏准成案办理。

一、部单内开：甘肃关外转运军饷、军装、粮料，需用驼骡车辆支给脚价款。查解运饷装,应由兵部核办。至粮料无须转运,臣部已于前款声明,毋得另支脚价等因。

遵查转运饷装、粮料需用驼骡车辆,支给脚价,向系循章办理,前经咨部核销。至采运粮料情形,已于第八条内声明,咨明户部,请仍照原单立案。

一、部单内开:甘肃关外各军装制造局原募浙、粤及本地匠工并各军营随带医生,支给薪公款。查制造军装工匠,应由工部核办,内医生工食应由臣部核办。查各营均有公费,所有医生薪工应由公费内发给,不得另支。再,查军需则例,医生每名月支工食银三两;跟役一名,月支盐菜银五钱。医生、跟役每名日支口粮米八合三勺。所有各台局医生应照例支给,并酌定额数,报部查核。又续据该大臣奏称,因痘疫流行,于哈密、巴里坤、昌吉、喀喇沙尔、库车、阿克苏、乌什、喀什噶尔、叶尔羌等处设立牛痘局九处,每处设痘医二名,每名月给工食银八两。每名给跟役二名,合给火夫一名、通事二名,月给油烛、纸张银四两。跟役、火夫、通事每名日给银一钱。药资由各官局按月核给等语。臣部查关外传种牛痘,系属创始,所有痘医工食,应如该大臣原奏办理。别项医生及内地各处不得援以为例。医生跟役仍旧照例准给一名,月支盐菜银五钱,日支口粮米八合三勺。至火夫、通事工食及油烛、纸张银两,应如该大臣原奏办理。药资一项,每月每局需银若干,应令该大臣酌定数额,报部核查。一俟种痘之法流传既广,当于一二年内即行撤局,以节经费。所有痘局用款,应就地筹款发给,另案报销,不得随同兵饷请销等因。

遵查关外地处边徼,迥殊内地,一遇疾疫,医药俱无。官军出关之时,多虑不服水土,或感触山岚瘴气,染成疾病。因于内地招募医生,每营每局随带一二名不等,每名月给工食银八两;跟役一名,日支口食银一钱。关外食用价昂,此项薪工银两,若照军需则例支给,实属不敷。且查楚军营制、饷章,此项薪工本不在营官公费之内。已咨户部,请仍照原单核销。其牛痘局九处,痘医工食、火夫、通事口粮、油烛、纸张银两,虽已奉准照办,惟查跟役随同痘医,朝夕奔走,其劳苦与通事、火夫无异,口粮应请照通事、火夫一体支给。各牛痘局医生传种痘苗,诊视痘症,应随时驰赴各乡庄,距局道里远近不一,只给跟役一名,势多掣肘。应请仍照原议,每痘医一名,准给跟役二名,以资使用。至药料为种痘而设,每月种生若干、需药若干,原无定数,每局每月需药资银多寡,均按行苗痘症多少、轻重支给,势难预定。

至种痘之法能否于一二年内撤局之处，届时再行酌量办理。其痘局用费，除由军需项下已支之款应奏咨核销外，十年以后各厅州县能否就地筹款支给、另行报销之处，业已通饬妥议办理。

一、部单内开：甘肃关外添购各项军装及一切零星应用什物，按照时价采买款。查采买军装及零星什物，应由工部核办，内旗帜、号衣照章出自营官公费，不得另行开支等因。

遵查楚军营制，各营旗旗帜、号衣成营以后接连添换，均由各该营旗公费内动员，不另支销。惟成营之初，一应创始，营官公费无多，不敷应用。所需旗帜、号衣概由官局制备领用，免扣价值，以示体恤，历经办理请领在案，已咨户部，请照原单立案。

军机大臣奉旨：览。钦此。①

017.奏报伊犁匪徒勾勇劫杀经防军扑灭折
光绪十一年三月初六日（1885年4月20日）

钦差大臣督办新疆事宜尚书衔甘肃新疆巡抚二等男臣刘锦棠、署乌鲁木齐都统奴才升泰跪奏，为伊犁匪徒勾结营勇，戕官劫杀，向东溃窜，经防军拦截扑灭，现在赶紧缉拿余匪，筹办大概情形，恭折仰祈圣鉴事。

窃臣锦棠于本年二月二十二日据驻防绥来统领亲军西宁镇总兵谭上连禀称：据分防奎屯左营管带官陕西汉中镇总兵戴宏胜文称：据探报，二月十三日夜间，伊犁绥定城突有匪徒勾结营勇，诳称吉江马队官兵，乘夜抢劫南关汉民铺户，向东狂窜②，经伊犁将军金顺派队追捕，微有擒斩，连日驰过三台、四台，合沿途裹胁共有五百余骑。十五日亥刻，已抵大河沿。旋据续报：此起叛卒，查系强勇马队暨亲兵营步队，伙结匪徒，藉闹饷为名，仓卒肇变。伊犁南山游匪乘风乌合，以致人数众多等情。迭据北路营县禀报，情形约略相符。臣比飞饬谭上连迅率中右两营行队、定边一起马队，星夜驰赴奎屯台，与戴宏胜合队，会同西路防营，相机拦截。一面檄调驻扎乌鲁

---

①中国第一历史档案馆藏：《清单》，档案编号：03—6096—021。光绪十一年六月初三日，户部议复刘锦棠登复甘肃关外防营口粮杂支章程，见马大正、吴丰培等编：《清代新疆稀见奏牍汇编·同治、光绪、宣统朝卷》中册，第808—812页。
②"狂窜"，《奏稿》作"溃窜"。

木齐等处之安远左旗总兵王文安、定边四起马队总兵查春华、精骑后旗提督汤咏山,并定边二起马队提督张复良,各率行队向奎屯疾进,统归谭上连调遣。又调驻扎辟展之定边三起马队提督张怀玉、古城之安远中右两营旗副将谭用宾、知县刘兆松,移扎乌鲁木齐,统领蜀军巴里坤镇总兵徐占彪移扎古城,以期联络而便策应。臣升泰先于二月十八日据署镇迪道英林并各处禀报前情,比经飞饬前途地方文武各官,严密防范,檄派查春华率带该起马队,驰往会剿,咨会臣锦棠查照。

嗣二十八日,据谭上连报称:现经率队,倍道驰抵三道河,探得十八日该叛卒窜至精河口,被官军截住,声言乞降,旋复闯越东奔,经统领卓胜营提督马玉昆、统领英字营提督徐得标挥队堵剿,生擒匪首何偏颈等三名,阵毙叛卒不少。其胁从人众长跪乞抚,马玉昆等悉行收留,请示办理。残党二百余骑向西湖一路窜走,马玉昆、徐得标各率骑队尾追,二十五日五更及贼于东井子,一鼓扑灭,仅剩数十骑,向塔尔巴哈台之台路地方豕突遁去。马玉昆等跟踪蹑剿。谭上连得报,即将步队留驻安集海,随派马队,分向头台、沙湾、九架楼等处及南山各隘口,节节搜捕等情,呈报前来。当经批令照办,并饬调派各营旗,权就所扎地段设卡,分队搜捕余匪,沿途营汛印官一体加意严密缉拿,务期尽绝根株,不留余孽。此臣等会办防剿伊犁叛卒并防军截剿扑灭之大概情形也。

嗣于二十九日接准金顺咨开:本年二月十三日晚间,营务处亲兵小队向该营官万升索饷,势甚凶悍,弹压不止,突有外来汉回百数十人,勾结入营,遽然哗溃,杀伤官勇数人,万升亦被戕害,蜂拥出营,约有三百余人。当派伊犁镇总兵刘宏发带所部礼字各营并亲兵卫队马步追剿至三工地方,阵斩百余名,夺获马械各百余件,生擒二十余名。刘宏发尚未收队,讯供咨照通缉。

臣伏查来咨系二月十七日由伊犁发驿,后路传闻异词,事情瞬变,是以情节稍殊。除一切详晰情形应由金顺自行陈奏①外,所有伊犁匪徒勾结营勇,戕官劫杀,向东溃窜,业经防军截剿扑灭②,现在赶紧缉拿余匪、筹办大概情形各缘由,谨会同乌鲁木齐提督臣金运昌,恭折驰陈,伏乞皇太后、皇

---

①详见光绪十一年三月初五日伊犁将军金顺奏请将营记名提督徐得标即行革职缘由(中国第一历史档案馆藏:《军机录副》,档案编号:03—5832—099)。同日,金顺又特参副将李得林请旨将其革职(中国第一历史档案馆藏:《军机录副》,档案编号:03—5832—098)。
②"扑灭",《奏稿》作"捕灭"。

上圣鉴训示。再,此折系臣锦棠主稿,合并陈明。谨奏。三月初六日。

光绪十一年三月二十六日,军机大臣奉旨:览奏,已悉。着该大臣等会同金顺,督饬各军及地方文武,赶紧缉拿余匪,务尽根株,并随时认真弹压,勿稍疏懈。各营饷项,严饬带兵员弁,不得稍有克扣,致酿事端。钦此。①

018. 奏报办结精骑马队溃勇缘由片
光绪十一年三月初六日(1885年4月20日)

再,精骑后营哨弁赵良敬戕毙营官,胁众哗溃,随经追捕扑灭,首要就擒各缘由,前于上年十一月二十六日经臣等奏明,钦奉谕旨:览奏,已悉。所有要犯史金山并在逃未获各犯,仍着饬属严拿,务获究办。刘锦棠疏于防范,咎有应得,惟办理尚为迅速,所请交部议处,着加恩宽免。李其森着交部从优议恤。王玉林着交部议恤。余依议。钦此。跪聆之下,感悚莫名。当即钦遵咨行办理。

嗣据各属陆续弋获并先时阵擒缉拿送案之首要各犯赵良敬等,共计七十四名。其已解乌鲁木齐各犯,派委署理镇迪道英林,督同迪化州知州潘效苏,研讯确供,详由臣升泰提讯,咨照定案。起解哈密各犯,派委总理营务处道员袁垚龄,督同署理哈密通判娄绍豫,研讯确供,详由臣锦棠提讯定案,以期情罪相当,无枉无纵。

窃惟赵良敬身充哨长,竟敢逞忿造谋,戕害营官,胁众拒捕,致酿巨案,实属情浮于法,罪不容诛。要犯史金山、王世田等十一名,起意同谋,怙恶不悛。从犯刘正乾等二十名,同恶相济,目无法纪,均属罪无可逭。各据供认前情不讳,自未便久稽显戮。当于哈密行营将该犯赵良敬凌迟处死,并枭首传示。王世田一并斩枭。史金山等十名,均饬就地斩决、枭示。刘正乾等二十名,均各就地正法,以肃纪纲而昭炯戒。余犯内除在监病故一名外,其余四十一名,均经确切讯明,实系临时被胁,并未抗拒官军,情有可原,仍由臣等分别杖责,锁项递解各该原籍,交地方官管束,以免滋生事端。

除在逃之马彪一犯仍勒限严饬通缉外,所有获犯办结缘由,谨合词附片驰陈,伏乞圣鉴训示。再,此片由臣锦棠主稿,合并声明。谨奏。

---
①中国第一历史档案馆藏:《军机录副》,档案编号:03—7412—035。又《奏稿》第1079—1084页。

军机大臣奉旨:知道了。逃犯马彪仍着严拿,务获惩办。钦此。①

光绪十一年三月二十六日,军机大臣奉旨:知道了。逃犯马彪仍着严拿,务获惩办。钦此。②

【案】此片原件具奏日期,原件、录副均未确。查《军机处随手登记档》③刘锦棠折,载有"报五百里,三月初六日发"等字样。据此,此片具奏日期当为"光绪十一年三月初六日",兹据校正。

019.奏报总兵谭拔萃在营病故请恤折
光绪十一年三月十四日（1885年4月28日）

钦差大臣督办新疆事宜尚书衔甘肃新疆巡抚二等男臣刘锦棠跪奏,为实缺总兵在营积劳病故,恳恩饬部从优议恤,恭折仰祈圣鉴事。

窃头品顶戴记名提督赏穿黄马褂甘肃宁夏镇总兵一等轻车都尉世职嘎什普祥巴图鲁谭拔萃,上年经臣檄饬统领所部安远军,移防乌鲁木齐、古城暨吐鲁番一带。嗣因积劳成疾,牵动旧伤,屡请交卸军事,臣曾批准给假医调,尚未离营。兹据营官王文安等禀称:该统领病势日增,医治罔效,于本年正月二十三日在营因病出缺等情前来。

查该故提督谭拔萃,初以武童投效湘军,随臣胞叔原任广东陆路提督刘松山剿办发、捻等逆,转战湖南、江西、安徽、河南、山东、山西、直隶、陕西各省,无役不从,战功卓著。自逆回扰乱,关陇震惊,官军自陕西北山节节扫荡入甘,直抵金积堡老巢,攻剿不克,臣叔阵亡,军中恟惧。该故提督誓为主将雪耻,激励士卒,奋勇搏战,渠魁授首,臣得藉手以竟前功。至今思之,犹为泣下。光绪元年,该故提督在甘肃宁夏镇总兵任内,经前督办军务大学士左宗棠奏调,统领老湘左军,当即随臣出关。④ 二年六月,该故提督在营闻讣丁亲母忧。其时,官军会剿乌鲁木齐、古牧地各城踞贼,正在得

---

① 中国第一历史档案馆藏:《朱批原件》,档案编号:04—01—16—0215—027。又《奏稿》第1075—1077页。
② 中国第一历史档案馆藏:《军机录副》,档案编号:03—7412—036。
③ 中国第一历史档案馆藏:《军机处随手登记档》,档案编号:03—0246—1—1211—084。
④ 详见光绪元年六月二十八日陕甘总督左宗棠奏请以谭拔萃简补宁夏镇总兵缘由（中国第一历史档案馆藏:《朱批原件》,档案编号:04—01—16—0202—002;《军机录副》,档案编号:03—5769—077）。

手,经左宗棠奏请改为署任,留营带队。① 该故提督凛移孝作忠之义,墨缞将事,每战先登,遂定北路各郡县,积年回匪一律荡平。

三年,移兵南路,猛攻达阪城,克之,进复吐鲁番满汉两城,战功为一军最。是秋,连复喀喇沙尔、库车、阿克苏、乌什。十一月,西四城亦全行恢复。计自九月初一日进师喀喇沙尔,至十一月晦收复和阗、南疆各城,延袤五六千里,仅及三月,悉复版图。仰赖朝廷威福,远震遐荒。而该故提督协和袍泽,倡率诸军,转战而前,无坚不破。其功不可泯也。

四年,军务稍松,始饬率带假勇入关,就便回籍,补行穿孝。② 该故提督以身许国,竭力疆场,南北驰驱,未扫坟墓者至是盖十有八年矣。

次年,复由原籍檄调西来。六年,委统安远军,驻防库车,旋复调防喀喇沙尔。③ 十年春,又复移驻古城。九月,据禀染患噎膈疾证,牵引旧伤④,致面浮喉肿,头晕耳鸣,精力不支,恳请交卸军事,回籍就医。臣以防务紧要,一时实难其选,且塞外天气早寒,病躯亦难就道,属其在营加意医调,并遴派医生前往诊治。十二月间,续据禀称,所患各证有加无瘳,仍请准假。臣察其情词肫切,始准给假一年,俾得安心调理。讵意该故提督自交春后,病势日甚一日,竟以不起垂殁,盥沐具衣冠,恭设香案,令人扶起,望阙叩头,深以未报涓埃为憾,神识坚定,语不及私。臣闻信之余,不禁雪涕。

伏念该故提督谭拔萃,忠勇廉明,器识宏远,有古名将风。治军纪律甚严,待卒伍如子弟,教诲抚循,一出以诚,临财毫发不苟。其前在宁夏总兵任内及叶尔羌、库车、喀喇沙尔、古城驻防,尤能深得民心。闻其病殁,无论军民,莫不悲恋。溯该故提督自咸丰九年投效湘军以后,身经百战,勋绩烂然,洊保提督,实任宁夏镇总兵,迭蒙赏穿黄马褂,赏给勇号、正一品封典、花翎、头品顶戴,一等轻车都尉从优议叙一次、一等军功从优议叙二次。该

---

① 详见光绪二年八月十八日陕甘总督左宗棠奏恳将丁忧总兵谭拔萃仍留营带队缘由(台北故宫博物院藏:《军机及宫中档》,文献编号:408006048;中国第一历史档案馆藏:《军机录副》,档案编号:03—5779—041)。
② 详见光绪四年九月二十四日陕甘总督左宗棠以回疆勘定,军务稍松,奏报总兵谭拔萃请给假回籍,补行穿孝(台北故宫博物院藏:《军机及宫中档》,文献编号:408006185;中国第一历史档案馆藏:《军机录副》,档案编号:03—5796—110)。
③ 详见光绪六年九月十二日陕甘总督左宗棠奏请将署任总兵谭拔萃改为实任缘由(中国第一历史档案馆藏:《军机录副》,档案编号:03—5811—108)。
④ 详见光绪四年四月初二日陕甘总督左宗棠以总兵谭拔萃身受重伤,不能挽强运重,奏请免其骑射,得旨允行(中国第一历史档案馆藏:《军机录副》,档案编号:03—5794—009)。

故提督感荷圣恩优渥,惧无报称,益以奋力疆场自励。臣于九年曾经据实保荐,奉旨留中,钦遵在案。意谓该故提督年力尚壮,将来历练愈深,资望弥重,可当朝廷一面之寄,不期竟以积岁劳伤,遽尔病没,殊堪悯惜。合无仰恳天恩俯准,饬部照提督军营立功后在营病故例,从优议恤,并将其生平战绩宣付史馆立传,以彰忠荩。

该故提督无子,有胞侄三人。遗嘱以幼侄代岳为嗣,年甫三岁。业饬该军营官王文安等,将该故提督身后一切妥为料理。其遗榇暂厝古城,交秋后,由臣委员护送回湖南原籍,并请饬行沿途地方官妥为照料。至应否建祠予谥,出自逾格鸿施,非微臣所敢擅请。所有记名提督甘肃宁夏镇总兵员缺,应即请旨简放,以重职守。

除将该故提督履历咨部查照外,谨会同陕甘督臣谭钟麟,恭折具陈,伏乞皇太后、皇上圣鉴训示施行。谨奏。光绪十一年三月十四日。

军机大臣奉旨:另有旨。钦此。①

光绪十一年四月初九日,军机大臣奉旨:另有旨。钦此。②

【案】此折于是年九月初四日得清廷批旨:

光绪十一年四月初九日,内阁奉上谕:刘锦棠奏总兵积劳病故,请饬从优议恤一折。记名提督甘肃宁夏镇总兵谭拔萃,于咸丰、同治年间随同已故提督刘松山带兵剿贼,转战湖南、江西、安徽、河南、山东、山西、直隶、陕西、甘肃等省,嗣经随同刘锦棠出关,迭克各城,战功卓著。兹以积劳身故,殊堪轸惜。加恩着交部照提督军营立功后在营病故例,从优议恤,并将生平战绩宣付国史馆立传,以彰劳勤。钦此。③

020. 提督刘文和祖母寿臻百岁请旨旌表折

光绪十一年三月二十二日(1885年5月6日)

臣刘锦棠、奴才锡纶跪奏,为正一品命妇寿臻百岁,五世同堂,吁恳天恩旌表,以彰世瑞,恭折具奏,仰祈圣鉴事。

---

①中国第一历史档案馆藏:《朱批原件》,档案编号:04—01—16—0217—047。又《奏稿》第1085—1093页。
②中国第一历史档案馆藏:《军机录副》,档案编号:03—5812—085。
③中国第一历史档案馆编:《光绪朝上谕档》,第十册,第88页。

窃臣等据布政使衔甘肃补用道陶兆熊、五品衔补用知县雷玉、保升知县周润生、补用县丞杨仲猷等联衔禀称：同乡头品顶戴记名提督署塔尔巴哈台总理屯防副将给勇巴图鲁刘文和之祖母、正一品封典刘左氏，籍隶湖南湘乡县，生于乾隆四十九年二月，嗣于嘉庆八年于归已故一品封职刘庄鉴。生子三人，孙十一人，曾孙八人，元孙二人，以次孙刘文和职封正一品，现已寿届百岁，五世同堂，苦节昭然，孝慈素著。且年至期颐，精神尚健，持家以俭，勖孙以忠。职等居近梓乡，见闻真确，今刘文和在塔城副将任所，造具系图事实册结，由职等联衔禀请复奏等情。

臣等伏查寿民寿妇年届百岁，及未届百岁，五世同堂，曾由各省循例奏请旌表者，并臣刘锦棠前年奏请之寿妇杨陈氏，亦蒙恩俯准。窃念刘左氏既臻百龄上寿，五世同堂，洵为盛世祥征，遂作熙朝耆瑞，允符年例，宜沐褒荣。兹既据道员陶兆熊等禀请核办，实不敢壅于圣聪。合无仰恳天恩，将寿妇刘左氏旌表之处，出自鸿慈。

除将系图册结咨部并分行查照外，理合恭折具陈。再，此折系奴才锡纶主稿，合并声明，伏乞皇太后、皇上圣鉴训示。谨奏。光绪十一年三月二十二日。

军机大臣奉旨：着准其旌表，礼部知道。钦此。①

光绪十一年五月十三日，军机大臣奉旨：着准其旌表，礼部知道。钦此。②

021. 请实授黄光达喀什噶尔道员缘由折
光绪十一年四月十二日（1885年5月25日）

钦差大臣督办新疆事宜尚书衔甘肃新疆巡抚二等男臣刘锦棠跪奏，为新设边疆道员要缺拣员试署，著有成效，恳请实授，以资治理，恭折仰祈圣鉴事。

窃臣前奏设新疆南路道厅州县各缺，请照吉林新章，由外拣补一次，当经部臣复准由臣先后委员试署在案。兹查喀什噶尔兵备道员缺，辖境辽

---

①中国第一历史档案馆藏：《朱批原件》，档案编号：04—01—14—0082—055。
②中国第一历史档案馆藏：《军机录副》，档案编号：03—5541—052。

远，紧接俄疆，所属水利、屯垦、钱粮、刑名暨通商事件，政务殷繁，应作为冲繁疲难最要缺。南疆设官伊始，百废待兴。道员率属绥民，尤关紧要，非得廉明干济之员久于其任，不足以资治理。

查现署喀什噶尔道二品顶戴盐运使衔甘肃遇缺尽先题奏道黄光达，现年四十二岁，湖南湘乡县人，由文童投效军营，于收复江西崇仁、东乡、宜黄、南丰、雩都各县城案内保奏，同治四年闰五月初四日奉上谕：着以从九品遇缺即选。钦此。是年，截剿江闽一带窜匪并克复嘉应州城案内保奖，经吏部议奏，应俟选缺后，以应升之缺升用，准戴蓝翎。六年三月十七日奉旨：依议。钦此。是年，陕西同朝剿捻获胜案内保奏，九月十六日奉上谕：着免选本班，以县丞不论双单月尽先即选。钦此。克复陕西绥德州城暨直隶剿贼案内保奏，七年六月初六日奉上谕：着免选本班，以知县不论双单月尽先即选。钦此。是年，肃清直东捻逆案内保奏，八月初六日奉上谕：着赏加同知衔，赏换花翎。钦此。肃清陕北并克复甘肃灵州城池，两案并保，九年闰十月二十五日奉上谕：着以本班留于陕西，归军功候补班前先补用。补缺后，以同知直隶州知州归候补班前先补用，并赏五品封典。钦此。经吏部议奏，该员所叙在后之请给五品封典已逾准奖层数，应毋庸议。十二月初十日奉旨：依议。钦此。荡平金积堡贼巢宁灵肃清案内保奏，十年十月初三日奉上谕：着俟补同知直隶州后，以知府用，先换顶戴，并赏给四品封典。钦此。经吏部议奏，该员所请先换顶戴，系本管上司衔，应毋庸议。所请四品封典亦与定章不符。十二月初一日奉上谕：依议。钦此。解西宁府城重围并克复大通县城案内保奏，十三年七月二十八日奉上谕：着以同知直隶州知州，仍留原省补用。钦此。克复肃州关内一律肃清案内保奏，光绪二年二月初四日奉上谕：着免补同知直隶州知州，以知府仍留原省，归候补班前补用。钦此。是年，攻拔新疆古牧地坚巢并克复迪化州城案内保奏，八月十六日奉上谕：着免补本班，以道员仍留原省，尽先补用。钦此。攻克达阪城、托克逊、吐鲁番案内保奏，四年正月二十五日奉上谕：着赏加盐运使衔。钦此。新疆南北两路一举荡平案内保奏，六年正月三十日奉上谕：着仍以道员改留甘肃，遇缺尽先题奏，并加二品顶戴。钦此。

该员才识练达，操守谨严，从事戎行二十余年，懋着勤劳。光绪二年，随臣出关，深资臂助，历办库车、叶尔羌、和阗善后各局，于边地情形极为熟悉。上年,委署斯缺,措置裕如,均无贻误。① 该员试署已久,衔缺相当,拟请补授实缺,俾得从容展布,以收驾轻就熟之效。合无仰恳天恩,俯念边缺紧要,准以二品顶戴盐运使衔甘肃遇缺尽先题奏道黄光达补授喀什噶尔兵备道员缺,实于边远地方有裨。如蒙俞允,俟接准部复,再行给咨送部引见,以符定制。

是否有当?谨会同陕甘督臣谭钟麟,恭折具陈,伏乞皇太后、皇上圣鉴训示施行。谨奏。光绪十一年四月十二日。

军机大臣奉旨:吏部议奏。钦此。②

光绪十一年五月十三日,军机大臣奉旨:吏部议奏。钦此。③

022. 奏报行抵乌鲁木齐行省情形片

光绪十一年四月十二日(1885年5月25日)

再,臣前由哈密移营晋驻乌鲁木齐行省,业将起程日期具折奏报在案。旋即率带亲军队伍,按期前进。④ 比因天山雪深数尺,车辆动为所限,迟滞四日,始克逾山而北。四月初二日,行抵乌鲁木齐。沿途经过巴里坤、奇台、阜康等处,随加察看,地方尚称安静,居民亦皆及时耕作。

查北路村庄,水地系山头积雪消融,引导灌溉,旱地则专赖雨泽滋润。现在冬麦将及含穗,春麦亦嫩绿平铺,惟旱地待泽孔殷,正拟设坛祈祷,幸迪化州属已于初六日得雨,透土三寸有余。其余各属已否得雨,刻未据禀报前来,尚望普沛甘霖,庶克均占丰稔。

至沿途分防各营,除酌留操防外,或派役城工,或整理渠道。土勇标营,或就近兴屯,因地试办,尚能认真操作。虽地方甫经兵燹,蕃庶难以骤期,而耕种相安,实亦渐有起色,足以上慰宸廑。臣抵省后,即饬于新建满城之东,择地筑造行营,暂行驻扎,以便规画一切,次第举行。其满兵移驻

---

①详见光绪十年九月十九日帮办军务提督张曜奏报黄光达才具明达,办理交涉事件诸臻妥协(中国第一历史档案馆藏:《军机录副》,档案编号:03—6019—035)。
②中国第一历史档案馆藏:《朱批原件》,档案编号:04—01—12—0532—063。又《奏稿》第1099—1105页。
③中国第一历史档案馆藏:《军机录副》,档案编号:03—5196—040。
④详见光绪十一年三月初八日哈密办事大臣明春、祥麟会衔奏报由哈密起程情形(中国第一历史档案馆藏:《军机录副》,档案编号:03—5195—023)。

事宜,容俟与署乌鲁木齐都统臣升泰,妥慎筹商,再行陈明办理。

所有微臣行抵乌鲁木齐行省及察看沿途地方情形各缘由,理合附片具陈,伏乞圣鉴。谨奏。

军机大臣奉旨:知道了。钦此。①

光绪十一年五月十三日,军机大臣奉旨:知道了。钦此。②

【案】此奏片具奏日期,原件、录副均未确。查《军机处随手登记档》③刘锦棠折,载有"报四百里,四月十二日新疆迪化州发"等字样。据此,此片具奏日期当为"光绪十一年四月十二日",兹据校正。

023. 奏为京察交部从优议叙谢恩折

光绪十一年四月二十二日(1885年6月4日)

钦差大臣督办新疆事宜尚书衔甘肃新疆巡抚二等男臣刘锦棠跪奏,为恭谢天恩,仰祈圣鉴事。窃臣阅邸抄,光绪十一年正月二十四日奉上谕:朕奉慈禧端佑康颐昭豫庄诚皇太后懿旨:三载考绩为国家激扬大典,中外满汉诸臣有能恪其职守、劳勚最著者,尤宜特加奖叙,以示优眷。兹当京察届期,吏部开单题请甘肃新疆巡抚刘锦棠镇抚边陲,才猷卓著,着交部议叙。钦此。④ 跪聆之下,感悚莫名。

伏念臣起自戎行,忝膺疆寄,未有涓埃之报,屡蒙高厚之施。分封而宠以男任,晋秩则侪诸卿长。溯整旅出关而后,旋领钦符;际设官经野之时,何知吏治。乃以激扬之大典,遽邀甄别与边陲。闻命滋荣,抚躬知愧。臣惟有冰兢自凛,勉竭愚忱,以期仰答鸿慈于万一。

所有微臣感激下忱,谨缮折恭谢天恩,伏乞皇太后、皇上圣鉴。谨奏。

光绪十一年四月二十二日。

军机大臣奉旨:知道了。钦此。⑤

---

① 中国第一历史档案馆藏:《朱批原件》,档案编号:04—01—30—0219—003。又《奏稿》第1107—1109页。
② 中国第一历史档案馆藏:《军机录副》,档案编号:03—6020—030。
③ 中国第一历史档案馆藏:《军机处随手登记档》,档案编号:03—0246—2—1211—130。
④ 见中国第一历史档案馆编:《光绪朝上谕档》,第十一册,第14页。
⑤ 中国第一历史档案馆藏:《朱批原件》,档案编号:04—01—12—0532—067。又《奏稿》第113—115页。

光绪十一年六月十八日，军机大臣奉旨：知道了。钦此。①

【案】此折具奏日期，刻本作"（光绪十一年）四月初九日"，而原件、录副均作"光绪十一年四月二十二日"，刻本应误。

024. 请加镇迪道按察使衔缘由折
光绪十一年五月十三日（1885年6月25日）

钦差大臣督办新疆事宜尚书衔甘肃新疆巡抚二等男臣刘锦棠跪奏，为镇迪巡道拟恳天恩允照微臣原奏兼按察使衔，兼管全疆刑名、驿传，以专责成而资治理，恭折仰祈圣鉴事。

窃新疆刑名，前经臣奏奉谕旨，准其变通办理，按季摘由汇报，以归简易。南路设官以后，所有各属命盗重案，经臣饬由该管道州层递核转，再由臣悉心察核定谳，历经办理在案。然狱者民之大命，法者国之大经。如情罪或失其平，其间出入等差，关系匪浅，必赖有专管之官，始能殚精研究，胥归允当。臣于光绪八年七月初三日奏请添设甘肃新疆巡抚、布政使折内，声明镇迪道员请仍照福建台湾道成例，准加按察使衔，兼管全疆刑名、驿传事务。嗣经部议，须俟南路八城建置事宜办有头绪，再行酌量具奏，奉旨：依议。钦此。钦遵在案。

伏查南路建置诸务，随时举办，渐有规模。臣与藩司魏光焘业于本年四月初二、二十六等日，先后晋驻乌鲁木齐省垣，筹商部署，头绪繁多，而刑名尤在所重。若仍漫无总汇，办理恐涉纷歧。合无仰恳天恩俯准，将镇迪巡道加按察使衔，所有全疆刑名统归该道员总核详转，仍兼管驿传事务，俾整纲饬纪，得专责成，实于边徼刑政深有裨益。

再，例载，距省城辽远之府州所属各州县承审案件，罪应斩绞及命案内量减军流人犯，解省勘转。其寻常遣军流徒各犯，均归该管巡道就近审转等语。新疆情形核与内地迥别，南路极边州县距省五六千里之遥。若斩绞及命案内量减军流人犯照例解省勘转，匪特罪犯、人证拖累难堪，且恐长途戈壁，易滋疏脱。然刑贵详慎，全不层递勘转，又不足以示慎重。臣谨体皇上矜恤庶狱之意，拟再量为变通，距省辽远所属一切案件，均由该管巡道核

---

①中国第一历史档案馆藏：《军机录副》，档案编号：03—5197—048。

转。设案情不确,即由该管巡道提审问拟,统咨镇迪道兼按察使衔衙门,详加核定,以期周妥。如蒙俞允,应恳圣恩饬部换颁关防,俾昭信守。其余未尽事宜,容臣与将军、督臣等随时商酌,奏明请旨施行。

所有镇迪巡道拟恳准加按察使衔缘由,是否有当?谨会同伊犁将军臣金顺、陕甘总督臣谭钟麟、署乌鲁木齐都统臣升泰,恭折具陈,伏乞皇太后、皇上圣鉴训示。谨奏。光绪十一年五月十三日。

军机大臣奉旨:着照所请,该部知道。钦此。①

光绪十一年六月十三日,军机大臣奉旨:着照所请,该部知道。钦此。②

025. 奏报启用甘肃新疆布政使关防片

光绪十一年五月十三日(1885年6月25日)

再,调补甘肃新疆布政使魏光焘,于本年四月二十六日抵省,经臣饬赴新任。惟该藩司印信尚未准部颁到省,应暂行刊给关防,以昭信守。兹刊就木质关防一颗,文曰"甘肃新疆等处承宣布政使司关防",由臣饬发祗领启用。谨会同陕甘督臣谭钟麟,附片陈明,伏乞圣鉴。谨奏。

军机大臣奉旨:知道了。钦此。③

光绪十一年六月十三日,军机大臣奉旨:知道了。钦此。④

026. 奏报委任魏光焘综理营务片

光绪十一年五月十三日(1885年6月25日)

再,藩司魏光焘以道员统兵,转战关陇,懋著战功,尤能尽心屯垦。嗣在甘肃藩司任内,经督臣委综关内防军营务,治军转饷,悉协机宜,于边地情形亦极熟悉。该藩司现抵新任,应即檄委综理臣军营务,以资臂助。除檄饬遵照外,谨附片具陈,伏乞圣鉴。谨奏。

---

① 中国第一历史档案馆藏:《朱批原件》,档案编号:04—01—12—0533—008。又《奏稿》第1113—1117页。
② 中国第一历史档案馆藏:《军机录副》,档案编号:03—5197—029。
③ 中国第一历史档案馆藏:《朱批原件》,档案编号:04—01—16—0217—061。
④ 中国第一历史档案馆藏:《军机录副》,档案编号:03—5197—080。

光绪十一年六月十三日,军机大臣奉旨:知道了。钦此。①

027. 奏报遣犯到配安插详细章程缘由折

光绪十一年五月二十五日(1885年7月7日)

钦差大臣督办新疆事宜尚书衔降一级留任甘肃新疆巡抚二等男臣刘锦棠跪奏,为遵议改发秋审免死人犯到配安插详细章程,恭折仰祈圣鉴事。

前准刑部咨:议复新疆遣犯奏请酌量变通一折,内称嗣后遇有秋审减等之犯,即令同妻室子女发配,车辆、口粮一并由沿途地方官拨护资送,并请饬下抚臣饬属妥议章程,同户部前议各条,奏明办理等因。嗣准钦奉恩旨查办减等条款到营,复虑人犯太多,沿途支应不易,新疆急难安插,议将陕甘、山西、四川、直隶、山东、河南七省人犯,先行起解。余仍照例,定地发配,俾得从容就理。尤见思深虑远,体贴入微。当经先后饬议去后。

查南路各属相距较远,若待展转议复,尚需时日,且荒地无多,部臣亦谓无须在此数处安置罪犯。北路镇迪道属,迭据查报,遗荒甚多。臣昨开拔赴省,沿途察勘,情形属实。应请将七省人犯陆续饬令起解,先尽迪化州境安置,次及阜康、奇台、昌吉、绥来、镇西、哈密等厅县。前奏请交屯官兵目管束,系指种地当差遣犯而言。此项秋审减等非军遣以上罪名可比,投之远徼,无非为兴屯起见。现值诸务初始,提臣移防未定,抚标兵制未设,兵屯考察,刻难就绪,且地段大小、亩数多寡、渠水衰旺,均难一律。应请俟各犯到配,择其年力精壮有室家者,由地方官酌量多少,随处安插,交乡约领保,分拨荒地,与平民椿户错壤,犬牙相接,出入守望,同兹作息,使其有所纠察。仍饬地方官按季查验,以昭慎密。其只身人犯及不能种地之人,即交配所衙门役使,或酌令小贸,届时察看办理,俾资钤束。农具、牛籽、房屋、食粮等项,应请照新疆垦地户民例,从优借给,分年缴还,并酌量年限,准其入籍为民,仍按甘肃屯垦启征章程,量为展缓年限,俾知格外从宽。官犯有能督办开垦,地多获广,应即遵照部

---
①中国第一历史档案馆藏:《军机录副》,档案编号:03—5197—031。

议,随时奏请减释。

惟本年恭逢恩诏,减等之犯较多。查甘肃一省,已不下八九十名,若直隶、山东、四川更不止此,合计七省当在千名内外。无论由何省起解出关,甘肃系总汇之路。此项人犯随带家室,口粮、车辆等费需款尤巨。甘肃及关外州县均属瘠苦,不但难以赔累,即筹垫车、粮银两,亦不易易,应请准照实在垫发数目,作正开报,以示体恤。

又查乌鲁木齐、伊犁遣犯,向有铁厂捐银及铅厂帮捐衣物例,酌定年限,准其分别为民回籍。此等官犯可否仿照办理,令其帮捐屯田经费,或援照军台废员赎罪章程,按日月之浅深,定捐输之成数,准予回籍免遣,统将银两解交藩库存储,以备屯垦拨用之处,非臣下所敢擅请。

再,部臣谓宜时加安辑,无苛剥欺凌,俾人尽力乐生,洵属确论。臣自应严饬各属,谕令各该乡约户民一体遵照。第各省差役护解人犯,需索诛求,在所不免,哀此羁縻,何敢申诉?今许签配妻子,携带财物之犯必多,应请旨饬下各省督抚,严饬所属先行出示晓谕,准于点验起解时,当堂呈明财物,填注解牌,以杜搜索。倘有前项情弊,许各该犯临时喊禀,一经审实,立予痛惩。其余未尽事宜,容再随时奏咨办理。至户部前议各条,应俟兵制一律设妥,拨地垦种已有头绪,再行另案详细奏报。

所有遵议安插七省秋审免死人犯缘由,是否有当?谨会同陕甘总督臣谭钟麟、伊犁将军臣金顺、署乌鲁木齐都统臣升泰,恭折具奏,伏乞皇太后、皇上圣鉴训示。谨奏。光绪十一年五月二十五日。

军机大臣奉旨:该部议奏。钦此。①

光绪十一年六月二十二日,军机大臣奉旨:该部议奏。钦此。②

028. 奏报满营移并古城并请改设城守尉折
光绪十一年五月二十五日(1885年7月7日)

钦差大臣督办新疆事宜尚书衔降一级留任甘肃新疆巡抚二等男臣刘锦棠、署乌鲁木齐都统内阁学士兼礼部侍郎衔革职留任伊犁参赞大臣臣升

---

①中国第一历史档案馆藏:《朱批原件》,档案编号:04—01—12—0954—069。又《奏稿》第1121—1126页。

②中国第一历史档案馆藏:《军机录副》,档案编号:03—7250—028。

奏议(光绪十一年)

泰跪奏,为改议巴里坤、乌鲁木齐满营移并古城,并请改设城守尉一员,以专责成而规久远,恭折具陈,仰祈圣鉴事。

窃臣锦棠前遵部议,请将旧有之乌鲁木齐、巴里坤、古城等处旗丁归并伊犁旗营,于光绪十年四月二十八日具奏,奉旨允准钦遵在案。旋准伊犁将军臣金顺咨到奏稿,内称伊犁各营现存官兵及丁口共六万七千八百余员名,拟就各营原有官兵,挑补五千人训练,下余兵丁足敷额数。若再将乌鲁木齐各城旗营官兵归并伊犁,更属无可位置。塔尔巴哈台为北路边要,向无驻防之兵。承平时,系各处拨兵换防,现拟将换防之例停止。该城仅恃客兵,终非久计,请将乌鲁木齐各城旗营官兵迁归塔城,作为塔城永远驻防等因,亦经部议允准。

兹准护巴里坤领队大臣金贵咨:据各旗马步兵丁等禀称:兵丁等边域驻守,世受国恩,忆自逆回蠢动,迭被围攻,力守危城,外援俱绝,壮丁迎敌,妇女登陴,幸获无恙。旋遇古城、阜康之变,千里赴援,继复东剿哈密叛回,冒雪冲锋,伤亡尤众。其存者又频遭荒歉,糊口维艰。全疆底定以来,赖历任各领队加意拊循,少能苏息,而积困之后,生计仍属拮据。现闻议令迁驻塔城,该处毗连俄界,窃恐凋敝之余,难资御侮。且地隔巴城近三千里,先人坟墓祭扫尤难,禀请咨转核办前来。

臣等伏查新疆自乾隆年间,设立巴里坤、古城、吐鲁番、库尔喀喇乌苏、乌鲁木齐五处领队,以都统辖之,而悉归伊犁将军总统节制,提纲挈领,成法昭然。及同治初年,逆回不靖,除库尔喀喇乌苏专管蒙古游牧向无满营不计外,其吐鲁番、乌鲁木齐、古城各处满营额设兵丁,散失殆尽。惟巴里坤防营历更艰险,仅仅得存。平定以来,吐鲁番满营未经复设,其余各营招集散亡,人数终属无几。此次新疆设立行省,裁并营旗,所有巴里坤等处满营,自应归并伊犁,庶符体例。惟既经金顺奏明,伊犁兵数过多,无从安插,则迁徙伊犁之议,自难强以必行。至欲移驻塔城,实多未便。该处既非沃壤,又处极边,向来俱系换防,不使边兵久戍。今则与俄逼处,防兵尤贵于精,虽议停止换防,变通营制,自应由锡纶量为部署。若巴里坤各处之喘息仅存,贫不中徙,亦系实情。若欲强以必行,又非朝廷所以轸恤边兵之意。臣等思维再四,亟宜改图,未便以成议在先少事迁就。案查臣升泰接管卷内,光绪九年五月前都统臣恭镗具奏,巴里坤著名寒瘠,饷运艰难,请将该处满营移驻乌鲁木齐。其所遗户地官屯,可悉数留给镇标绿营管理。又古城为北路咽喉重地，该旗人数过少，不敷分布，请由归化城满营闲散挑选若干，准其携眷移驻古城，以资扼要，奏奉谕旨准行钦遵在案。①

窃维恭镗所奏，其时新疆行省议尚未定，乌鲁木齐新筑巩宁城廓，其有容移驻旗营，自无不可。今乌鲁木齐定为省治，设官分职，情事顿殊。旧有旗营尚须迁徙，自未便更从增置。至古城地当冲要，东接巴里坤，西达乌鲁木齐，南并天山，北至科布多，东北通乌里雅苏台，西南为出吐鲁番间道，形势便利，亟应增设重兵，以资控驭，诚有如恭镗所奏者。臣锦棠前请将奇台县治移建古城，亦诚以地利所存，不容坐废也。今巴里坤等处满营迁塔迁伊，既无成见，而古城一处尚待增防，以应迁之兵置应防之地，其便一。毋庸更向归化城满营挑选闲散，节劳省费，其便二。相距不远，迁徙不难。既迁之后，即遇有请假省墓之事，往返不过旬日，其便三。上年奏准于古城度地修造新城，以便奇台移治，现在城工告竣，既议移驻满营，则奇台可暂仍旧治，异日满营居止，即可因其已成，只须添盖营房，毋庸更议城工经费，其便四。巴里坤现有镇标绿营足资镇守，可无须满营驻防。古城土膏沃衍，素系产粮之区，非若巴里坤地气苦寒，岁多不熟。生养休息，精足易期，其便五。

谨案，乾隆三十九年，因巴里坤粮运不给，始定分驻古城，是该处移防本有成案。②各营旗迁并于此，需用粮石，就地取给，无烦由他处采运，所省实多。此时既未便迁并伊犁，则舍此实无善策也。臣锦棠始谋未豫，殊切悚惶。现经反复熟商，意见相合，伏乞圣明采择。其一切迁徙应办事宜，容再妥筹具奏。

现在该旗既议归并，领队、协领各员缺，并经奉旨裁撤。查乌鲁木齐、古城现存员弁兵丁共二百九十五员名，巴里坤现存员弁勇丁七百七十九员名，拟仿照河南、山西及甘肃庄浪满营之例，改设城守尉一员。如蒙俞允，应请旨迅赐简放，以重职守。其佐领、防御以下官应否各仍其旧，容俟城守

---

① 详见光绪九年五月二十八日乌鲁木齐都统恭镗奏请将巴里坤满营移扎乌鲁木齐缘由（中国第一历史档案馆藏：《军机录副》，档案编号：03—6018—035）。
② 详见乾隆三十九年三月十三日陕甘总督勒尔谨以裕兵粮而节国帑，奏请移驻满兵一千名驻扎古城（台北故宫博物院藏：《军机及宫中档》，文献编号：403028392）。又同年七月初九日，陕甘总督勒尔谨等奏报会勘古城，移驻满兵缘由（台北故宫博物院藏：《军机及宫中档》，文献编号：403029261）。

尉简放有员,再行会商核办。又查城守尉,山西二员,一归巡抚兼辖,一归绥远城将军管辖。河南一员,归巡抚兼辖。庄浪城守尉归凉州副都统管辖。此次议设古城城守尉应否由新疆巡抚兼辖,或由伊犁将军管辖之处,恭候钦定,臣等未敢擅拟。

所有改议巴里坤、乌鲁木齐满营归并古城,并请改设城守尉一员以资统率各缘由,谨会同伊犁将军臣金顺、陕甘总督臣谭钟麟,合词具奏。愚昧之见,是否有当?伏乞皇太后、皇上圣鉴训示施行。再,此折系臣锦棠主稿,合并声明。谨奏。光绪十一年五月二十五日。

(朱批):巴里坤旗兵迁伊、迁塔,迄无定议。今议设古城城守尉,实为居中扼要,着照所请行。①

光绪十一年六月二十二日,军机大臣奉旨:该部议奏。片并发。钦此。②

【案】此折有两份原件,其一无朱批,而所载奉旨内容与录副、刻本同;其一载有朱批,但无刻本之奉旨内容。兹存疑。

029. 拟设城守尉请于领队协领内简放片
光绪十一年五月二十五日(1885年7月7日)

再,头品顶戴副都统衔古城领队大臣讷恩登额巴图鲁魁福③、头品顶戴副都统衔古城协领署乌鲁木齐领队大臣坚勇巴图鲁富勒铭额④、护理

---

①中国第一历史档案馆藏:《朱批原件》,档案编号:04—01—12—0953—021。又《奏稿》第1127—1135页。
②中国第一历史档案馆藏:《军机录副》,档案编号:03—6020—039。又《朱批原件》,档案编号:04—01—0953—019。
③魁福(?—1910),原籍吉林,满洲镶白旗人,讷恩登额巴图鲁。同治四年(1865),任骁骑校。七年(1868),调任三姓防御。九年(1870),补吉林佐领。十一年(1872),晋副都统衔。光绪七年(1881),署古城领队大臣。十二年(1886),擢科布多帮办大臣。十七年(1891),调补科布多参赞大臣。二十六年(1900),迁察哈尔副都统。
④富勒铭额(?—1903),佚其氏,隶满洲镶白旗。道光年间,任前锋校。光绪九年(1883),署乌鲁木齐满营协领,兼署乌鲁木齐领队大臣。十二年(1885),署理乌鲁木齐都统。十四年(1887),以都统恭镗荐,迁伊犁副都统。十六年(1889),以伊犁副都统兼署伊犁将军。十九年(1892),调补塔尔巴哈台参赞大臣。

巴里坤领队大臣副都统衔右翼协领金贵①、副都统衔巴里坤左翼协领英魁②等，久经战阵，洞晓戎机，履任以来，于各该处驻防事宜，措理裕如，悉臻妥善。现经裁撤领队、协领各员缺，拟请设古城城守尉一员，如蒙俞允，将来旗营归并，迁徙安置，事极繁难，必得熟习之员为之经理，庶期周密。

可否即于各该员内准予简放，以资熟手而专责成。其余各员均属著有成劳，应如何擢用，俾人人得以自效，出自鸿慈，臣等未敢擅便，谨合词附奏，伏乞圣鉴训示。再，此片系臣锦棠主稿，合并声明。谨奏。

军机大臣知会奉旨：留中。钦此。③

光绪十一年六月二十二日，留中。④

【案】原件具奏日期错误，兹据《奏稿》及《军机处随手登记档》⑤校正。

030. 请将折平银两拨归古城片

光绪十一年五月二十五日（1885年7月7日）

再，前准户部咨：光绪十年九月二十九日，附奏乌鲁木齐、巴里坤等处

---

①金贵，清代将领，生平未详。但宣统二年二月二十八日，副都统连魁等奏请金贵原品休致可供参观："左翼副都统臣连魁、荆州将军臣恩存、左翼副都统臣松鹤跪奏，为佐领因病呈请休致，恭折具陈，仰祈圣鉴事。窃据镶白旗满洲佐领金贵呈称：窃职现年七十三岁，共食俸饷五十七年，于咸丰八年跟随协领安贵出征湖北武昌府所属通山等处，共打仗四十三次，杀贼六名，捉生六名，夺获刀矛十六件，于十一年蒙前任湖广总督官文保奏，是年十一月，奉旨：金贵着赏戴花翎、五品顶戴。钦此。前在军营染受湿潮，手足麻木，延医调治，尚能就痊。不意去岁入冬以来，旧疾复发，医治罔效，竟成残疾。伏思佐领任重，曷敢恋栈！恳请原品休致等情。据此，当经饬交左司掌关防协领多寿验看。旋据多寿呈称：验看得佐领金贵，因病残废属实。出具保结呈请前来。臣等复核无异，恳请俯准该员原品休致，可否援例赏食全俸之处，出自天恩逾格。除造具该员履历劳绩清册咨送陆军部查核外，所有佐领因病呈请休致缘由，理合恭折具陈，伏乞皇上圣鉴训示。谨奏。宣统二年二月二十八日。宣统二年三月十六日，奉朱批：着照所请，并赏食全俸，该部知道。钦此。"（中国第一历史档案馆藏：《朱批原件》，档案编号：04—01—16—0304—057。又《军机录副》，档案编号：03—7482—011。）

②英魁，生卒年不详，满洲镶黄旗人。光绪二年（1876），经乌鲁木齐都统金顺奏保，任副都统衔巴里坤左翼协领。

③中国第一历史档案馆藏：《军机录副》，档案编号：03—5865—134。又《奏稿》第1137—1138页。

④此奉旨日期等，据《军机处随手登记档》校补。

⑤中国第一历史档案馆藏：《军机处随手登记档》，档案编号：03—020—2—1211—168。

旗丁已经议准归并伊犁,在在需款。除金顺、锡纶共应分用兵饷等项银一百二十万两外,查臣部此次拨定西饷,共银四百八十万两。各省应按库平库色起解,而甘省近年支放勇饷均系以湘平动支,以每两扣银四分升平扣算①,此项扣平约近二十万两,应令每年由谭钟麟将此项扣出银二十万两,以十万两解交金顺,专作为伊犁满营经费,三年后即行停止等因,奏奉谕旨允准钦遵在案。

伏查乌鲁木齐等处旗丁,原议归并伊犁,此项银两自应拨归伊犁动用。现因金顺奏称,伊犁兵数过多,不便安插,改议归并古城驻扎②。如蒙允准,即应迁移,地虽不同,而需用则一。前遵部议,本年正、二两月,各该旗未到伊犁之先,所有俸饷每月约需银万两,由臣锦棠及谭钟麟就近垫发。现因移防之地尚须更议,未即迁赴伊犁。其二月以后俸饷应由何处支放,亦不便久悬。合无仰恳天恩,俯准将此项扣平银十万两拨归古城,作为各该旗俸饷及迁徙一切经费,至三年停止后,各该旗若仍由伊犁将军管辖,则所需俸饷自应由伊犁将军于分用兵饷等项银一百二十万两内,照章供支。若不由伊犁将军管辖,则各该旗所需俸饷应如何划款支放之处,并乞饬部核复遵行。

谨合词附片具陈,伏乞圣鉴训示。再,此片系由臣锦棠主稿,合并声明。谨奏。

军机大臣奉旨:览。钦此。③

光绪十一年六月二十二日,军机大臣奉旨:览。钦此。④

031. 奏报各属命盗案件照章按季摘由汇报等由折

光绪十一年六月十九日(1885年7月30日)

钦差大臣督办新疆军务尚书衔降一级留任甘肃新疆巡抚二等男臣刘

---

① "扣算",《奏稿》作"核算"。
② 详见光绪十年闰五月二十四日伊犁将军金顺奏报遵旨筹办裁留伊犁地方兵额缘由(台北故宫博物院藏:《军机及宫中档》,文献编号:128651)。同日,伊犁将军金顺又附片请将塔城索伦营仍令全数撤回伊犁,即将乌鲁木齐各城旗营官兵迁归塔城,作为塔城永远驻防,得旨允行(台北故宫博物院藏:《军机及宫中档》,文献编号:128652。又中国第一历史档案馆藏:《军机处随手登记档》,档案编号:03—0243—1—1210—205)。
③ 中国第一历史档案馆藏:《朱批原件》,档案编号:04—01—01—0953—047。又《奏稿》第1139—1141页。
④ 此奉旨日期等,据《军机处随手登记档》(档案编号:03—02—2—1211—168)校补。

锦棠跪奏,为新疆各属命盗案件,照章按季摘由汇报并办理减等缘由,恭折具陈,仰祈圣鉴事。

窃臣前因新疆边远、迥异内地,命盗等案碍难拘泥例限,奏请暂行变通办理,按季摘由汇报,咨部立案,奉旨允准历经遵办在案。去岁南路新设道厅州县,统计新疆纵横万里,各属相距五六千里之遥,仍不能不筹变通之法。臣详加审度,拟各属命盗及杂犯等案,即责成该管州道层递核转,庶于简便之中仍寓慎重之意。

光绪十年秋冬二季照章审办命盗等案,总共一十五起,由各该管道复核转详,概由臣悉心体察,参诸律例,按供定谳,期于平允,不敢稍有枉纵。兹恭逢光绪十一年正月初四日恩诏,查办减等,谨遵奉发条款,凡犯事在本年正月初四日以前定案各犯,揆核案情,按照准减、不准减章程,分别办理。其前经摘由奏报已拟监禁人犯,亦当一体查办。凡案情在不准减等者,毋庸置议。其案在准减之列、原拟绞候、变通章程监禁四年者,减为流三千里,仍照章改为监禁三年。以次按照条款,酌量递减。枷杖人犯,立予免释,以广皇仁。

谨将办结各案摘由,汇缮清单,恭呈御览,并咨部立案外,所有新疆省光绪十年秋冬二季变通办理命盗各案,并查办减等各缘由,理合恭折具陈,伏乞皇太后、皇上圣鉴。谨奏。光绪十一年六月十九日。

军机大臣奉旨:刑部知道,单并发。钦此。①

光绪十一年七月二十日,军机大臣奉旨:刑部知道,单并发。钦此。②

032. 呈光绪十年秋冬变通办结命盗等件清单

光绪十一年六月十九日(1885年7月30日)

谨将新疆省光绪十年秋冬两季分变通办结命盗等件,并恭逢十一年正月初四日恩诏,查办准减、不准减各案摘由,汇缮清单,恭呈御览。计开

秋季分:

一件:绞犯缠民一思拉木因艾立克被胡受掀按地上,喝令殴打,遂用铁

---

①中国第一历史档案馆藏:《朱批原件》,档案编号:04—01—26—0076—010。
②中国第一历史档案馆藏:《军机录副》,档案编号:03—7250—032。

锄殴伤胡受顶心,移时殒命。据署乌什同知罗正湘将一思拉木审依共殴下手致命伤重者拟绞。艾立克喝殴系被胡受掀按情急,于原谋满流上量减一等,杖一百,徒三年,解由署阿克苏道雷声远复审无异,详经臣查绞犯一思拉木,殴由听从,伤止一处,情节较轻,照变通章程监禁四年。艾立克喝由情急,准予量减,杖一百,徒三年,亦照章监禁一年。均于限满杖一百发落。兹恭逢光绪十一年正月初四日恩诏,核奉颁减等条款,共殴情轻,绞罪减为流三千里。今一思拉木一犯应减为流三千里,仍照章改为监禁三年,免责省释。艾立克徒罪应减为杖一百,业已监禁九个月,与到配无异,应予免释。

一件:绞犯张老八纠伙马元、张三成并在逃之米大汉,抢劫得财,杀伤事主常惟善,登时殒命。据署奇台县知县杨敏审依强盗拟斩,解由迪化州知州潘效苏转解镇迪道英林复审无异,详经臣查盗犯张老八、马元、张三成三犯,同恶相济,罪不容诛,照变通章程正法枭首,以昭炯戒。逸犯米大汉获日另结。

一件:斩犯回民禹成洲故杀刘添玉身死,搜取财物。库尔喀喇乌苏粮员吉喇图审依故杀拟斩,解由迪化州知州潘效苏转解署镇迪道英林,复审无异,详经臣查斩犯禹成洲,逞忿故杀,搜取财物,法实难宥,照变通章程,就地正法,完结。

一件:绞犯陈玉贵因被索欠口角,踢伤关汶年右腰眼,越日身死。据迪化州知州潘效苏审依斗杀拟绞,解署镇迪道英林,复审无异,详经臣查绞犯陈玉贵,衅起口角,伤由吓踢,情节较轻,照变通章程,监禁四年,限满杖一百发落。兹恭逢光绪十一年正月初四日恩诏,核奉颁减等条款,斗杀情轻,绞罪减为流三千里。今陈玉贵一犯应减为流三千里,仍照章改为监禁三年,届期免责省释。

一件:斩犯杜桂林纠伙李贵成,抢夺民户陈贵马匹,棍伤事主。据迪化州知州潘效苏审依抢夺伤人,分别问拟斩、流,解由署镇迪道英林,复审无异,详经臣查斩犯杜桂林,纠抢伤人,法无可贷,照变通章程,就地正法。伙犯李贵成合依抢夺伤人斩罪上减一等,拟以满流,亦照变通章程,监禁三年,满日杖一百发落。兹恭逢光绪十一年正月初四日恩诏,核其所犯抢窃拒捕系在不准减等之列,毋庸查办。

一件:斩犯缠民于斯允因与胞兄艾克木放羊口角,用棍殴伤艾克木左耳根殒命。据疏勒州知州蒋诰审明拟斩,解署喀什噶尔道黄光达,复审无异,详经臣查斩犯于斯允,有心干犯,罪不容诛,照变通章程,就地正法,完结。

一件:绞犯缠民道勒提疑奸,棍殴热子右手腕,越日身死。据吐鲁番同知黄丙焜审依斗杀拟绞,解由署镇迪道英林,复审无异,详经臣查绞犯道勒提,衅起疑奸,伤仅一处,情节较轻,照变通章程,监禁四年,满日杖一百发落。兹恭逢光绪十一年正月初四日恩诏,核奉颁减等条款,斗杀情轻,绞罪减为流三千里。今道勒提一犯应减为流三千里,仍照章改为监禁三年,届期免责省释。

冬季分:

一件:绞犯缠民托合大因佃主赛的拉计租口角,用拳回殴,适伤赛的拉左太阳,移时殒命。据和阗州知州刘式南审依斗杀拟绞,解由署喀什噶尔道黄光达,复审无异,详经臣查绞犯托合大,衅起口角,伤由回殴,情节较轻,照变通章程,监禁四年,满日杖一百发落。兹恭逢光绪十一年正月初四日恩诏,核奉颁减等条款,斗杀情轻,绞罪减为流三千里。今托合大一犯应减为流三千里,仍照章改为监禁三年,满日免责省释。

一件:斩犯缠民哈偲木因赌起衅,砍死热合买提及缠妇艾之子非一家二命。据和阗州知州刘式南审明拟斩,解由署喀什噶尔道黄光达,复审无异,详经臣查斩犯哈偲木,连伤二命,凶残已极,照变通章程,就地正法。哈逊依偶然会聚、开场窝赌例,枷号三个月,杖一百。白什塔干阿洪及阿洪以达耶提听从赌博,亦照例枷号两个月、杖一百,折责发落。

一件:斩犯缠民哈四木犯窃在逃,用刀拒伤应捕之阿必提右乳身死,并伙犯阿不都克里在场助势,未曾帮殴;哈生木等仅止听从行窃。据代理库车同知杨敬熙审明,分别照例问拟,解由署阿克苏道雷声远,复审无异,详经臣查斩犯哈四木,拒捕杀人,法无可贷,照变通章程,就地正法。伙犯阿不都克里改发极边,足四千里充军,亦照章监禁三年,枷号五个月。其听从伙窃之哈生木,依纠伙三人以上、但有一人持械者为从,仗九十、徒二年半,均照章监禁十个月,满日杖责发落。兹恭逢光绪十一年正月初四日恩诏,核所犯窃盗、纠伙三人以上持械行窃,系在奉颁不准减等之列,毋庸查办。

一件:逆犯李全因窃伊母舅石生福银两,被外祖母石冉氏瞥见,夺住银袋。该犯胆敢顺拾羊角,连殴外祖母石冉氏头顶,登时殒命。据署哈密通判娄绍豫会同行营发审委员周锡文等，验讯明确，起获原赃，详经臣查逆犯李全，蔑伦逞凶，罪大恶极，未便稍稽显戮，当饬署哈密副将龙在田等将逆犯李全绑赴犯事地方，照律凌迟处死，以昭炯戒。

一件：斩犯何清贵行窃马鞍，被郁存纪撞遇，起意将郁存纪谋杀身死，弃尸不失。据署阜康县知县李时熙审拟斩决，解由迪化州知州潘效苏转解镇迪道英林，复审无异，详经臣查斩犯何清贵，行窃败露，起意谋杀，罪不容诛，照变通章程，就地正法，以示惩儆。张复才、李益宗受雇抬埋，并不知情，均照例杖八十，折责发落。

一件：斩犯缠民铁木儿图得买卖提亦敏、阿黑要路货物，起意商通哈生木，各用棍殴买卖提亦敏、阿黑要路二人身死，得财分用。据署玛喇巴什通判杨溢中审明拟斩，详经臣查斩犯铁木儿、哈生木，图财害命，罪无可逭，照变通章程，均就地正法，完结。

一件：绞犯杨生全盘获贼犯谢成幅，并不送官，辄主使吊拷，屏去服食，致令冻饿身死。据署奇台县知县杨敏审依擅杀拟绞，解由迪化州知州潘效苏转解镇迪道英林，复审无异，详经臣查绞犯杨生全，衅起惩贼，杀系罪人，情节较轻，照变通章程，监禁四年，满日杖一百发落。兹恭逢光绪十一年正月初四日恩诏，核奉颁减等条款，擅杀绞罪减为流三千里。今杨生全一犯应减为流三千里，照章改为监禁三年，届期免责省释。

一件：绞犯缠民阿五提与易不拉尹口角，刀伤易不拉尹小腹毙命。据代理库车同知杨敬熙审依斗杀拟绞，解由署阿克苏道雷声远，复审无异，详经臣查该犯阿五提，衅起不屈，伤由吓戳，情节较轻，照变通章程，监禁四年，满日杖一百发落。兹恭逢光绪十一年正月初四日恩诏，核奉颁减等条款，斗杀情轻，绞罪减为流三千里。今阿五提一犯应减为流三千里，仍照章改为监禁三年，届期免责省释。

军机大臣奉旨：览。钦此。①

033. 查明原保克复河州出力都司杨万魁请奖片

光绪十一年六月十九日（1885年7月30日）

再，花翎补用都司杨万魁由六品蓝翎尽先拔补把总于克复河州城池案

---

① 中国第一历史档案馆藏：《清单》，档案编号：03—7250—072。

内拟保以千总补用,因赍送保案过迟,未及汇奖,经前陕甘督臣左宗棠行知,俟河湟肃清时从优奖叙,先给拟保千总,札饬存记汇咨。嗣于关陇肃清案内以千总底衔保奖守备,复于新疆南北两路荡平案内由守备递保都司,均奉旨允准在案。该员前奉饬造履历,因未接奉千总行知,据禀请查前来。

臣检查前案存记,拟保补用千总杨万魁实系漏未汇奖,当经咨请部示,旋准咨复,应由臣自行奏明办理等因。可否仰恳天恩俯念该员杨万魁前于克复河州城池打仗出力,准将拟保补用千总一层补入克复河州城池案内,饬部注册,以昭核实而资奖励之处,出自逾格鸿慈。

除咨部外,谨附片具陈,伏乞圣鉴训示施行。谨奏。

军机大臣奉旨:兵部议奏。钦此。①

光绪十一年七月二十日,军机大臣奉旨:兵部议奏。钦此。②

【案】此奏片具奏日期,原件、录副均未确。查《军机处随手登记档》③刘锦棠折,载有"报四百里,六月十九日新疆省城发"等字样。据此,此片具奏日期当为"光绪十一年六月十九日",兹据校正。

034. 请恤王镇墉等员片

光绪十一年六月十九日(1885年7月30日)

再,花翎三品衔留甘肃遇缺尽先题奏道王镇墉,于同治初年投效前大学士臣曾国藩军营,迭著劳绩。嗣臣在甘肃接统湘军,稔知该员才识过人,禀商曾国藩檄饬西来,委办营务,随攻西宁等处,遇事赞画,悉中机宜。旋经陕甘督臣左宗棠委署灵州④、狄道州⑤、秦州直隶州知州各员缺⑥,允洽舆

---

①中国第一历史档案馆藏:《朱批原件》,档案编号:04—01—17—0136—011。再,此原件未署具奏者,兹据录副、《军机处随手登记档》判定为刘锦棠所奏。
②中国第一历史档案馆藏:《军机录副》,档案编号:03—5834—058。
③中国第一历史档案馆藏:《军机处随手登记档》,档案编号:03—0247—1—1211—195。
④详见同治十二年四月十六日陕甘总督左宗棠奏报王镇墉等署理知州等员缺缘由(中国第一历史档案馆藏:《朱批原件》,档案编号:04—01—12—0516—041)。
⑤详见光绪三年左宗棠奏报委任王镇墉等署理狄道州知州等缺缘由(中国第一历史档案馆藏:《朱批原件》,档案编号:04—01—13—0435—071)。
⑥详见光绪五年四月十一日陕甘总督左宗棠奏请以王镇墉借补秦州知州缘由(中国第一历史档案馆藏:《朱批原件》,档案编号:04—01—12—0526—110;《军机录副》,档案编号:03—5038—160)。

情，士民爱戴。① 嗣交卸到省，适值臣营需员，复咨商督臣谭钟麟札调出关，仍饬办理营务。该员竭虑殚精，昕宵无闲，洵营中最为得力之员。惟在营积劳日久，致心脾两亏，染患痰喘之证，时发时止，犹复力疾趋公，不肯稍自暇逸。上年入冬以后，病势增剧，医药罔效，于十一月初九日在营病故。

又臣行营支应委员补用知府直隶州知州准补昌吉县知县方希林，由陕西候补县丞于同治二年经前西安将军多隆阿调营差遣，嗣投效前陕甘督臣左宗棠军营，卓著劳绩，以知县留甘补用，洊保俟补缺后，以知府直隶州知州递补。② 光绪二年，经陕甘督臣左宗棠委署成县知县，勤政爱民，廉洁自矢。嗣交卸进省，奉委管解新疆军饷。臣以方希林为守俱优，留营总理支应事务。该员会计精详，深资臂助。光绪九年九月，请补昌吉县知县，因经手事件骤难交替，未及檄饬赴任。该员综核一切，用心过度，致有自汗不寐等证。上年冬，感冒风寒，触发旧疾，病势遽增，于十二月二十一日在营病故。

查王镇墉从事行间，勋勤卓著。方希林驰驱戎马，备历艰辛。兹因积劳先后病故，悼惜殊深。合无仰恳天恩俯准，饬部将已故花翎三品衔甘肃遇缺尽先题奏道王镇墉、补用知府直隶州知州准补昌吉县知县方希林，均照军营积劳病故例，从优议恤，以彰劳绩，出自逾格鸿慈。是否有当？谨附片陈明，伏乞圣鉴训示施行。谨奏。

军机大臣奉旨：王镇墉、方希林均着交部，照军营积劳病故例，从优议恤。钦此。③

光绪十一年七月二十日，军机大臣奉旨：王镇墉、方希林均着交部，照军营积劳病故例，从优议恤。钦此。④

---

①详见光绪六年三月初一日陕甘总督左宗棠复奏请仍以王镇墉借补秦州知州缘由（中国第一历史档案馆藏：《朱批原件》，档案编号：04—01—13—0348—025；《军机录副》，档案编号：03—5148—162），于光绪六年三月二十七日得清廷批复（《德宗景皇帝实录（二）》，卷一百十一，光绪六年三月，第634页）。
②详见陕甘总督左宗棠于同治十三年六月二十日附片奏请将即补知县方希林以知县改留甘肃尽先即补缘由（台北故宫博物院藏：《军机及宫中档》，文献编号：116256）。
③中国第一历史档案馆藏：《朱批原件》，档案编号：04—01—13—0357—031。又《奏稿》第1143—1146页。
④中国第一历史档案馆藏：《军机录副》，档案编号：03—5198—075。

035. 特参都司师保行止卑污请旨革职片

光绪十一年六月十九日（1885 年 7 月 30 日）

再，花翎补用都司师保逗留哈密，滋生事故，行止卑污，实属有玷名器。现当关外改设行省，整顿地方，此等恶劣之员，未便稍事姑容。相应请旨将花翎补用都司师保即行革职，并拔去花翎，以肃官常。

除追出历保奖札咨部核销外，理合附片具陈，伏乞圣鉴训示施行。谨奏。

军机大臣奉旨：着照所请，兵部知道。钦此。①

光绪十一年七月二十日，军机大臣奉旨：着照所请，兵部知道。钦此。②

【案】此片原件未署具奏者，具奏日期仅署"光绪十一年"，录副署"光绪十一年七月二十日"。查《军机处随手登记档》③刘锦棠折，载有"报四百里，六月十九日新疆省城发"等字样。据此，其具奏日期当为"光绪十一年六月十九日"，兹据校正。

036. 奏报伊犁礼字营勇丁哗变戕官缘由折

光绪十一年六月二十三日（1885 年 8 月 3 日）

钦差大臣督办新疆事宜尚书衔甘肃新疆巡抚二等男臣刘锦棠、署乌鲁木齐都统内阁学士兼礼部侍郎衔革职留任伊犁参赞大臣臣升泰跪④奏，为伊犁礼字后营勇丁哗变戕官，匪徒趁势滋扰，先将大概情形恭折驰陈，仰祈圣鉴事。

窃臣等前奏伊犁匪徒勾结营勇，戕官劫杀，向东溃窜，经防军拦截扑灭，并赶紧缉拿余匪筹办情形，本年四月二十三日奉旨：览奏，已悉。着该大臣等会同金顺，督饬各军及地方文武，赶紧缉拿余匪，务尽根株，并随时认真弹压，勿稍疏懈。各营饷项，严饬带兵员弁，不得稍有克扣，致酿事端。

---

① 中国第一历史档案馆藏：《朱批原件》，档案编号：04—01—17—0136—012。
② 中国第一历史档案馆藏：《军机录副》，档案编号：03—7388—015。
③ 中国第一历史档案馆藏：《军机处随手登记档》，档案编号：03—0247—1—1211—195。
④ 此前衔据《军机处随手登记档》（档案编号：03—0247—1—1211—196）校补。

钦此。钦遵在案。

兹据驻防绥来统领亲军西宁镇总兵谭上连禀：准分防奎屯陕西汉中镇总兵戴宏胜报称：五月初一日，伊犁绥定镇总兵刘宏发所部驻防清水河之礼字后营，因闹饷滋事。是夜二更，将营官段云阳戕害①，经刘宏发督队剿捕，斩杀数十名，余均向果子沟逃窜，刘宏发亦受枪伤②等情。又据前充绥定营差弁洪隆廷面禀：五月十六日，由伊犁起身，次日行至果子沟，闻大西沟游匪突出，因驻扎四台之詹营官率队护饷未回，乘势劫营，杀伤数人而去。途值驻扎大河沿之营官张长安督带马队，护饷回转，时交五鼓，在南山头相遇，未及防备，被此起游匪将马队冲散，伤毙哨长孙姓及勇丁六名，掳去数名，其余逃散之勇随后零星回营。大西沟毗连果子沟，路径丛杂，松林盘绕，附近并无居民，地与俄罗斯交界。匪首李皮帽纠合汉回游勇，盘踞其间，闻有千余人，出没无常，逢人抢劫，来往官商受害者不少。又于六月初十日有商民陈作英等，由伊犁来，当饬传问称：五月初一日，礼字后营哗变溃勇均向大西沟逃窜。大西沟及霍尔果斯一带盘踞匪党甚多，势极猖獗。商民等经过四台，该处原有马队一营驻扎，前数日间，营官带了几成队护送饷车，到绥定城去，其守营队伍多被匪裹去，并将营盘烧毁，贼匪向西窜去各等情。

据此，臣维伊犁为新疆要地，大西沟在伊犁西北，紧与俄邻，又为伊犁要地。贼匪之负嵎其地者，隐以俄为奥援。营勇之变乱相寻者，又显与俄为渊薮。若不将营务认真整顿，则祸患将无底止，况强邻逼处，时欲肆其狡谋，遇事刁难，不一而足，设一旦蹈瑕抵隙，挠我藩篱，又将何以为计？以上各节，臣等早有所闻，特未见前途牍报，不敢冒昧上陈。兹据禀报前情，又迭据自伊犁来者，事经目击，所述大略相同，自属彰彰可信。上年，臣锦棠所部精骑马队溃变，蒙恩宽贷，愧悚实深。讵伊犁营勇又相寻溃变，匪徒复如此披猖。金顺身在事中，自应随时咨会，以凭商办。乃迄未咨报到臣，事

---

① 详见光绪十一年五月二十五日伊犁将军金顺奏报段云阳因整顿营规被刺身死缘由（中国第一历史档案馆藏：《军机录副》，档案编号：03—5834—071）。
② 详见光绪十一年七月初三日伊犁将军金顺奏报伊犁镇总兵刘宏发因病出缺缘由（中国第一历史档案馆藏：《军机录副》，档案编号：03—5835—040）。光绪十四年二月二十三日，署伊犁将军锡纶奏report查明伊犁镇总兵刘宏发系因伤身故缘由（中国第一历史档案馆藏：《军机录副》，档案编号：03—5855—045），于是年三月十三日获清廷批旨（《德宗景皇帝实录（四）》，卷二百五十三，光绪十四年三月，第417—418页）。

关边防重要，似此讳疾忌医，窃恐有误大局。

除通饬各防营严密巡防，相机截剿，并飞咨金顺查询确情，会商办理，再行具奏外，所有伊犁营勇哗变、匪徒滋扰大概情形，谨合词恭折具奏。再，此折系臣锦棠主稿，合并声明，伏乞皇太后、皇上圣鉴训示。谨奏。光绪十一年六月二十三日①。

光绪十一年七月二十一日②，军机大臣奉旨：另有旨。钦此。③

037. 奏报刘文和新招勇丁哗溃片

光绪十一年六月二十三日（1885 年 8 月 3 日）

再，臣据驻防绥来统领亲军西宁镇总兵谭上连呈报：本年五月，有塔尔巴哈台统领绥靖营④副将刘文和，前至绥来招募补勇，适闻伊犁一带近多不靖，催其作速回防。该副将即于六月初一日，率所募勇丁二百名起程返塔。诇初八日准分防奎屯汉中镇总兵戴宏胜报称：宏胜查察防境，便道由旧城到西湖，与伊犁分防各营一会。忽据绥靖营⑤车夫驰报：刘文和于初七日带队行抵库尔喀喇乌苏之头台，三更时，该新募勇丁突然哗溃，焚烧驿店，杀伤数人，抢劫马匹、服物，相率西窜。刘文和幸未遇害，已派队分途查拿等情。

又迭据各处禀报，或称因川资缺乏哗变，或称有游匪潜来勾结，现已由沙拉乌苏驿北窜渡河，畏官兵跟踪追捕，将该处渡船沉毁，复向车排子一带奔窜，声言往大西沟与匪首李皮帽合伙等语。

臣查大西沟紧接俄境，时有匪徒出没，行旅戒严。现正咨商伊犁将军臣金顺，查复办理。⑥ 此起新募溃勇亟应严密查拿，毋任蔓延滋患。除仍飞咨金顺暨塔尔巴哈台参赞臣锡纶迅速查办，并分饬各防营一体严防截剿

---

① 此具奏日期，据《奏稿》及《军机处随手登记档》（档案编号：03—0247—1—1211—196）校补。
② 此奉旨日期据《奏稿》及《军机处随手登记档》（档案编号：03—0247—1—1211—196）校补。
③《奏稿》第 1147—1152 页。
④"绥靖营"，《奏稿》作"绥来营"。
⑤"绥靖营"，《奏稿》作"绥来营"。
⑥ 详见光绪十一年七月初四日塔尔巴哈台参赞大臣锡纶奏报查明塔城总理屯防副将刘文和办事草率，请旨革职缘由，得旨允行（中国第一历史档案馆藏《朱批原件》，档案编号：04—01—16—0217—013；《军机录副》，档案编号：03—5835—053）。

外,所有刘文和新募补勇哗溃缘由,谨附片驰陈。再,此片系臣锦棠主稿,合并声明,伏乞圣鉴训示。谨奏。

光绪十一年七月二十一日,军机大臣奉旨:另有旨。钦此。①

【案】此折片于是年七月二十一日获清廷批旨:

军机大臣字寄:钦差大臣督办新疆事宜甘肃新疆巡抚刘、帮办军务伊犁将军金、署乌鲁木齐都统伊犁参赞大臣内阁学士升、塔尔巴哈台参赞大臣锡:光绪十一年七月二十一日奉上谕:刘锦棠等奏伊犁营勇哗变、匪徒滋扰情形及副将刘文和新募勇丁哗溃各折片。据称五月初一日,总兵刘宏发所部礼字后营勇丁,因闹饷滋事,戕害营官。刘宏发督队剿捕,亦受枪伤,该勇丁向大西沟一带逃窜。其大西沟等处向有匪首李皮帽盘踞,纠党抢劫,并有伤毙哨长、烧毁营盘等情。前据刘锦棠等奏,伊犁匪徒勾结营勇滋事,当谕令金顺等缉拿余匪,并严饬带兵员弁,不得克扣饷项,何以该处营勇复有闹饷戕官之事?且事逾两月,金顺何以尚未奏到?殊属玩泄!着传旨申饬。即着该将军派拨队伍,迅将此股溃勇悉数查拿,从重惩办。一面查明该营带兵各员,如有克扣饷项情事,即着严行参奏。至匪首李皮帽聚众滋扰,尤应迅速缉捕,并着金顺饬军剿办,尽歼丑类,毋任日久滋蔓。其刘文和新募勇丁行抵库尔喀喇乌苏之头台,哗溃西窜,尤恐勾结游匪,为患地方,着金顺、锡纶认真查办,分饬各营一体截剿,以杜纷窜。并着刘锦棠等派队会同办理,不得稍分畛域。至新疆军饷,已有旨饬催迅解矣。将此由五百里各谕令知之。钦此。遵旨寄信前来。②

038. 奏报谭上连生母年逾八旬吁恳恩施折
光绪十一年七月十六日(1885年8月25日)

钦差大臣督办新疆事宜尚书衔降一级留任甘肃新疆巡抚二等男臣刘锦棠跪奏,为统兵大员生母年逾八旬,吁恳恩施,恭折仰祈圣鉴事。

①中国第一历史档案馆藏:《军机录副》,档案编号:03—5834—066。又《奏稿》第1153—1155页。
②中国第一历史档案馆编:《光绪朝上谕档》,第十一册,第168页。又《德宗景皇帝实录(三)》,卷二百十二,光绪十一年七月下,第990—991页。

窃查光绪十年九月二十六日内阁奉上谕：本年十月初十日，恭遇慈禧端佑康颐昭豫庄诚皇太后五旬万寿，候旨施恩等因。钦此。仰见圣慈锡类，闾泽旁敷，中外臣工，同深钦感。

兹据头品顶戴奏提督统领亲军等营甘肃西宁镇总兵官谭上连文称：生母姚氏，现年八十一岁，有子五人，孙七人，曾孙一人，曾沐一品封典。上连驻防边圉，远隔庭闱，奉养久疏，倍情殷于爱日。承欢有自，幸恭际夫昌期。倘邀雨露之殊恩，庶慰门闾之属望。恳请代奏前来。

臣查一品命妇谭姚氏，淑慎持躬，忠勤勖子。晋八旬而开稚，逢吉康强；合四世以同堂，增麻蕃衍。似此慈祥召福，允宜纶綍推恩。该提督系实任二品武职大员，其生母姚氏应否特加赏赉，出自鸿慈。

除将籍贯、年岁、姓氏另单咨送军机处查照外，谨会同陕甘督臣谭钟麟，恭折具奏，伏乞皇太后、皇上圣鉴训示施行。谨奏。光绪十一年七月十六日。

军机大臣奉旨：另有旨。钦此。①

光绪十一年八月十五日，军机大臣奉旨：另有旨。钦此。②

【案】此折于是年八月十五日得允行：

光绪十一年八月十五日，内阁奉上谕：上年恭遇慈禧端佑康颐昭豫庄诚皇太后五旬万寿，迭经降旨，覃敷闾泽。兹据刘锦棠奏称，总兵谭上连老亲年逾八秩，禄养承欢，允宜一体施恩。甘肃西宁镇总兵谭上连之母姚氏，着赏给御书匾额一面、紫檀三镶玉如意一柄、小卷江绸袍褂料二件、小卷八丝缎袍褂料二件，用示锡类推恩至意。钦此。③

039. 奏报提臣金运昌呈请开缺缘由折

光绪十一年七月十六日（1885 年 8 月 25 日）

钦差大臣督办新疆事宜尚书衔降一级留任甘肃新疆巡抚二等男臣刘

---

① 中国第一历史档案馆藏：《朱批原件》，档案编号：04—01—16—0217—009。又《奏稿》第 1165—1169 页。
② 中国第一历史档案馆藏：《军机录副》，档案编号：03—5541—082。
③ 中国第一历史档案馆编：《光绪朝上谕档》，第十一册，第 191 页。另见《德宗景皇帝实录（三）》，卷二百十三，光绪十一年八月上，第 1005 页。

锦棠跪奏，为提臣旧疾复发，恳请开缺回籍就医，据情代奏，仰祈圣鉴事。

窃臣前于光绪九年十月具奏乌鲁木齐提督臣金运昌恳请开缺，回籍就医等情，奉旨：金运昌向来办事得力，现在筹复兵制，正资整理，着刘锦棠传知该提督，勉图报称，以副委任，毋庸开缺。钦此。钦遵在案。

该提督钦奉温谕，感激图报，仍复力疾从公，未敢稍存诿卸。兹准咨称：运昌转战东南，与贼对垒，辄多露宿，致两腿受寒酸痛。洎围攻金积堡老巢，逆匪决水灌营。运昌昼夜防守，行走泥淖，寝馈沮洳，潮湿浸入骨髓。其后移军河套，驻防乌垣，均系极寒之区，旧疾时常感发。数年以来，膝胯痛楚，有如芒刺，跬步皆须扶掖，且寒气深入，心血过亏，微闻声响，心即下悸。日饮薄粥一瓯，夜无片刻成寐。日前呕血数碗，神识昏愦，得药灌救，良久乃苏。现当整饬边防，规复兵制，在在悉关紧要。恐病躯恋栈，贻误事机，展转思维，惟有再申前请，恳恩开缺，回籍就医。一俟医治就痊，即当泥首宫门，求赏差使，断不敢稍图安逸，有负生成，咨请代奏，并准将日行公事暂委中军参将代拆代行等情咨行前来。

臣维金运昌久历戎行，不辞劳苦，自膺简畀，益矢精勤，训练操防，悉臻周妥。惟以积劳过甚，致抱沉疴。上年十一月间，又以乞假就医为请，当嘱安心调养，冀其春暖即痊。讵病证至今未曾稍减，其不能接见宾客已五六月矣。臣往视疾，见其沉绵卧榻，转侧需人，感念同袍，为之心恻。关外既苦无良医，察其病势，又非旦夕所能奏效，未便再四慰留。合无仰恳天恩，准其开缺回籍就医，以示体恤。如蒙俞允，所遗乌鲁木齐提督员缺紧要，应请旨迅赐简放，以重职守。

所有提臣金运昌恳请开缺回籍就医各缘由，理合据情代奏。谨会同陕甘督臣谭钟麟、署乌鲁木齐都统臣升泰，恭折由驿驰陈，伏乞皇太后、皇上圣鉴训示。谨奏。光绪十一年七月十六日。

军机大臣奉旨：另有旨。钦此。①

光绪十一年八月十五日，军机大臣奉旨：另有旨。钦此。②

【案】此奏旋得允行：

---

①中国第一历史档案馆藏：《朱批原件》，档案编号：04—01—16—0217—010。又《奏稿》第1173—1177页。
②中国第一历史档案馆藏：《军机录副》，档案编号：03—5835—015。

光绪十一年八月十五日，内阁奉上谕：刘锦棠奏提臣金运昌旧疾复发，恳请开缺回籍就医，据情代奏一折。乌鲁木齐提督金运昌，着准其开缺。钦此。①

040. 会商拣员署理乌垣提缺片
光绪十一年七月十六日（1885年8月25日）

再，新疆既设行省，臣上年奏准将乌鲁木齐提督移驻喀什噶尔，自应按照原议妥筹办理。且提臣统辖防营，日有应行事件，亦未便少有延搁。金运昌卧病日久，不能视事，现在恳恩开缺。如蒙俞允，简放实缺人员，窃恐道途辽远，到任尚需时日。可否由臣会商督臣暂行委员署理，以免贻误之处，恭候谕旨遵行。

谨会同陕甘总督臣谭钟麟、署乌鲁木齐都统臣升泰，附片陈明，伏乞圣鉴训示。谨奏。

军机大臣奉旨：金运昌已有旨准其开缺。乌鲁木齐提督着该抚会商谭钟麟，派委妥员，暂行署理。钦此。②

光绪十一年八月十五日，军机大臣奉旨：金运昌已有旨准其开缺。乌鲁木齐提督着该抚会商谭钟麟，派委妥员，暂行署理。钦此。③

041. 奏报新疆建省请改设添设各官缘由折
光绪十一年七月十六日（1885年8月25日）

钦差大臣督办新疆事宜尚书衔降一级留任甘肃新疆巡抚二等男臣刘锦棠跪奏，为新疆建立省会，应请改设、添设各官，以专责成而资治理，恭折仰祈圣鉴事。

窃照新疆改建行省，治迪化州城，所有省会应设各官自应分别添改，除臬司仍照原议无庸专设，经臣奏请加镇迪道按察使衔兼管全疆刑名、驿传

---

①中国第一历史档案馆编：《光绪朝上谕档》，第11册，第191—192页。
②中国第一历史档案馆藏：《朱批原件》，档案编号：04—01—16—038—2406。又《奏稿》第1179—1180页。
③中国第一历史档案馆藏：《军机录副》，档案编号：03—5835—016。

事务外，惟省会应有首府，附府应有首县，以期指臂相使，大小相维。臣前奏设立甘肃新疆巡抚、布政使折内，请改迪化府县等官，嗣经部议，应俟南路八城建置事宜办有头绪，再行酌量具奏，奉旨：依议。钦此。钦遵在案。

伏查南路建置诸务随时举办，渐有规模，臣与藩司魏光焘业经先后抵任，筹办一切，需员臂助，省会各官未可再缓，应请升迪化直隶州为迪化府，设知府一员，治迪化城。增置迪化县知县一员，为附郭首县，与迪化州原属之昌吉、绥来、阜康、奇台共五县，均隶迪化府属，遇事由该府核转。其迪化州原管之户籍、田赋、驿刑、考试及地方一切事宜，概归迪化县经理。此外，藩司衙门首领各有职司，拟请设布政司经历一员，又库大使一员，专司库务，库拟请名新裕。

至镇迪道既兼刑名，应请设道库大使兼按司狱一员。迪化府首领应设府经历兼司狱一员。查迪化城旧有巡检一员，为稽查弹压而设。现既建置省会，情形不同，拟请即裁该巡检缺，改设府经历。迪化县应设县典史一员，专司监狱督捕，拟请即改迪化州吏目为县典史。学官则迪化州原设学正一员，兼管所属各县学务。今升州为府，拟请升学正为府教授，照旧兼管各县学事，一俟将来学校大兴，再议添设，以省縻费。

以上各缺，应定为何项缺分，俟设定后，再行拟议办理，仍恳照吉林新设各缺酌补一次成案，由外拣补一次，庶于地方有裨。据藩司魏光焘详请具奏前来。臣复查无异。合无仰恳天恩俯准，饬部核复，以便遵循。

除未尽事宜容俟查明陆续陈奏外，所有省会各官拟请改设、添设各缘由，是否有当？谨会同陕甘督臣谭钟麟，恭折具陈，伏乞皇太后、皇上圣鉴训示施行。谨奏。光绪十一年七月十六日。

军机大臣奉旨：吏部议奏。钦此。①

光绪十一年八月十五日，军机大臣奉旨：吏部议奏。钦此。②

---

① 中国第一历史档案馆藏：《朱批原件》，档案编号：04—01—01—0953—001。又《奏稿》第1159—1162页。

② 中国第一历史档案馆藏：《军机录副》，档案编号：03—5093—005。

042. 请将巡抚藩司廉俸照江苏例支给片
光绪十一年七月十六日（1885 年 8 月 25 日）

再，新疆初建行省，南路添设阿克苏、喀什噶尔两道属正佐各官，应支廉项等银，均经部臣先后比照镇迪道成例奏奉恩准，行令钦遵办理各在案。臣查镇迪道厅州县，均于应领廉俸外各酌加公费银两。推原立法之初，盖以新疆远系绝域，一官赴任，车马、服物、幕宾、仆从以及岁时一切不可知之费，较之关内不啻倍蓰，特予从宽酌定。此次南疆各官，部臣比照办理，亦犹古者议增吏俸之意。臣与藩司魏光焘业于本年四月初二、二十六等日先后抵任，一切事宜均须厘定，廉俸亦其一端。

查臣前奏设甘肃新疆巡抚、布政使员缺，系仿照江苏建置大略办理，所有抚臣、藩司岁支廉俸，应否比照江苏巡抚、布政使成例支给，以符原奏，仍照关外各官章程酌加公费，以资办公，应请旨饬部核复，以便遵办。

是否有当？谨会同陕甘督臣谭钟麟，附片具陈，伏乞圣鉴训示。谨奏。

光绪十一年八月十五日，军机大臣奉旨：户部议奏。钦此。①

043. 和阗等驿站经费照变通章程支给片
光绪十一年七月十六日（1885 年 8 月 25 日）

再，臣前奏新疆南路改设驿站，并请酌量变通支给各驿经费银两等因，业奉谕旨允准，钦遵在案。兹查叶城县治，前于拟设南路佐杂折内奏明，移建哈哈里克，该处原设驿站，应请改为叶城底驿。其原在叶尔羌回城拟设之叶城底驿，应即毋庸安设。于阗县治，奏明移建克里雅，该处距和阗州城四百五十余里，应请在于多罗白、石头渠、勒罕兰及于阗本城，各设一驿，以资邮递。所有该五驿现设书夫、马匹经费银两，应饬悉照奏定变通章程支给，以归画一。

除将马匹、里数开单咨送户、兵二部查照外，谨会同陕甘督臣谭钟麟，附片具陈，伏乞圣鉴，饬部立案。谨奏。

---

①中国第一历史档案馆藏：《军机录副》，档案编号：03—6612—068。又《奏稿》第 1163—1164 页。

军机大臣奉旨:该部知道。钦此。①

光绪十一年八月十五日,军机大臣奉旨:该部知道。钦此。②

044.哈密通判划归镇迪道管辖并添设书役片
光绪十一年七月十六日(1885年8月25日)

　　再,查哈密通判一缺,向隶甘肃安肃道管辖。光绪六年,臣接绾钦符,经前陕甘督臣左宗棠奏称,将来议设行省,必以哈密划隶新疆,形势始合,请将哈密及镇迪道属归臣统辖。嗣臣奏设甘肃新疆巡抚、布政使员缺,亦曾声明巡抚一员驻乌鲁木齐,管辖哈密以西南北两路各道厅州县。现在行省设定,臣与藩司魏光焘均经抵任,哈密办事、帮办大臣奉旨裁撤。该地方回务,前左宗棠奏准照吐鲁番例,由哈密通判兼管,办理数年,汉回称便。通判一缺应请划归镇迪道管辖,遇事由该道核转,以专责成。

　　惟查《赋役全书》,该厅向无额设书办,而兼理回务、命盗、词讼,概归经理,办事需人,历任不无赔累。兹既划归镇迪道属,拟请仿照前乌鲁木齐理事、通判例,添设书办二名,并原设各役四十二名工食银两及本官廉俸、公费等项,均请照理事通判章程支给,以资办公。其哈密巡检一缺,亦请照辟展巡检开支,俾归一律。据藩司魏光焘详请具奏前来。

　　臣复核无异。相应请旨饬部核议,以凭遵办。是否有当?谨会同陕甘督臣谭钟麟,附片具陈,伏祈圣鉴训示。谨奏。

军机大臣奉旨:该部议奏。钦此。③

光绪十一年八月十五日,军机大臣奉旨:该部议奏。钦此。④

---

①中国第一历史档案馆藏:《朱批原件》,档案编号:04—01—35—0986—059。又《奏稿》第1171—1172页。
②中国第一历史档案馆藏:《军机录副》,档案编号:03—7138—006。
③中国第一历史档案馆藏:《朱批原件》,档案编号:04—01—12—0533—071。又《奏稿》第1181—1183页。
④中国第一历史档案馆藏:《军机录副》,档案编号:03—5199—037。

045. 奏请题奏道王久铭暂缓回籍守制片
光绪十一年七月十六日（1885 年 8 月 25 日）

再，督办行营粮台陕西题奏道王久铭遣丁呈称：本年四月初四日接到家信，继母彭氏于光绪十年十二月初十日在湖南湘乡县原籍病故，恳祈奔丧回籍，并请委员接替等情前来。臣查该员王久铭，自光绪八年委办台务以来，总核精详，任劳任怨，迄今三载，经手款项，头绪繁多，现正赶造报销，应由该员一手经理，俾免舛误。当饬该员赶紧核办，俟经手事件清楚，即行给咨回籍守制。

除咨部查照外，理合附片陈明，伏乞圣鉴训示。谨奏。

军机大臣奉旨：知道了。钦此。①

光绪十一年八月十五日，军机大臣奉旨：知道了。钦此。②

046. 委任周锡文等署抚民同知员缺片
光绪十一年七月十六日（1885 年 8 月 25 日）

再，署喀喇沙尔抚民同知龙魁、署哈密通判娄绍豫，均调省差遣。所遗各缺，亟应遴委妥员前往接署，以重职守。查有候补通判周锡文，办事稳练，堪以委署喀喇沙尔抚民直隶同知篆务；候补知府冯森楷练达老成，堪以委署哈密通判篆务。据藩司魏光焘具详前来。

除由臣批饬给委外，谨会同陕甘总督臣谭钟麟，附片具陈，伏乞圣鉴。谨奏。

军机大臣奉旨：吏部知道。钦此。③

光绪十一年八月十五日，军机大臣奉旨：吏部知道。钦此。④

---

① 中国第一历史档案馆藏：《朱批原件》，档案编号：04—01—16—0217—003。
② 中国第一历史档案馆藏：《军机录副》，档案编号：03—5199—038。
③ 中国第一历史档案馆藏：《朱批原件》，档案编号：04—01—12—0533—027。
④ 中国第一历史档案馆藏：《军机录副》，档案编号：03—5199—039。

047. 奏报伊塔各大臣分别应裁应留缘由折

光绪十一年八月十二日（1885年9月20日）

帮办新疆军务头品顶戴伊犁将军云骑尉世职臣金顺、钦差大臣督办新疆事宜尚书衔降一级留任甘肃新疆巡抚二等男臣刘锦棠、头品顶戴降五级留用暂停开缺塔尔巴哈台参赞大臣臣锡纶跪奏，为遵旨酌议伊犁参赞大臣、塔尔巴哈台领队大臣各员缺，分别应裁应留，恭折复陈，仰祈圣鉴事。

窃臣等前准户部咨开：光绪十年九月三十日内阁奉上谕：户部等部①会奏，议复刘锦棠奏统筹新疆全局一折。着照所议，添设甘肃新疆巡抚、布政使各一员。其应裁之办事、帮办、领队、参赞各大臣及乌鲁木齐都统等缺，除未经简放有人外，所有实缺及署任各员，着俟新设巡抚、布政使到任后，再行交卸，候旨简用。至伊犁参赞大臣一缺、塔尔巴哈台领队大臣二缺，应裁应留，着刘锦棠等酌定具奏等因。钦此。跪聆之下，仰见圣虑周详，刍荛并采，臣等莫名钦感。

伏查内地驻防营制，将军以次率置左右翼副都统二员，或与同城，或分防要地，规模不尽从同，要在因地制宜，归于允协。伊犁将军所辖向有领队大臣五员，分领满洲、锡伯、索伦、察哈尔、额鲁特各营。该处地当边要，事务殷繁，各领队职有专司，分任则有余，兼资则不足。以故旧制于将军之次，更设参赞大臣，同寅协恭，遇事得有商榷，裨益实多，亦犹建牧立监，设参傅伍，法制相维，至为周备。今若照内地驻防营制，量设左右翼副都统，则参赞大臣一缺自可裁撤。如暂时不设副都统，则参赞大臣一缺未可遽裁。其应否改设副都统，抑或仍留参赞大臣员缺，伏乞圣明裁夺。

至塔尔巴哈台领队大臣二缺，一为满洲领队。旧制换防满兵，专归管辖。新疆底定以来，乌鲁木齐及伊犁满营，兵数寥寥，无从征调，故满洲领队大臣一缺，迄未请旨简放有员。该处现已增设副将，统带勇兵，其满洲领队大臣一缺，应请裁撤。一为额鲁特领队，专管该蒙部游牧。同治初年，回匪叛乱，该蒙古官兵随棍噶扎拉参呼图克图战剿历年，伤亡甚众，余多转徙

---
①"户部等部"，《奏稿》作"户、兵等部"。

流离，靡有定所。迨后该营总管巴彦特古斯署理领队大臣，招集散亡，渐能保聚。复经前参赞臣英廉①奏请简放实缺人员到任②，并奏明将该蒙部人众迁回塔城，仍饬在额依宾山、巴尔鲁克一带旧地住牧。光绪五年，臣锡纶奉旨选募边人，招徕蕃属，因勇队较单，遵即挑练蒙兵成队，定为选锋五营，奏交领队大臣图瓦强阿③统带。塔城西北两路紧与俄邻，尚赖训练蒙兵，随时戒备，应请仍留额鲁特领队大臣一缺，以固边防。

臣等往复函商，意见相合，应请旨饬部议复，以便遵行。所有遵旨酌议各情形，谨会同陕甘总督臣谭钟麟，合词具奏。是否有当？伏乞皇太后、皇上圣鉴训示。再，此折系臣锦棠主稿。署乌鲁木齐都统臣升泰，因伊犁参赞大臣是其本缺，故未列衔，合并陈明。谨奏。八月十二日。

光绪十一年九月初九日，军机大臣奉旨：该部议奏。钦此。④

【案】此折于是年九月初九日经兵部议复，得旨允行：

又谕：甘肃新疆巡抚刘锦棠等奏，酌议伊犁参赞大臣、塔尔巴哈台领队大臣各员缺，分别应裁应留，下部议。寻兵部议，伊犁将军之次，准其改设副都统二员，所有参赞大臣一缺自应裁撤。其改设副都统，或与同城，或分防要地，应由该抚体察情形，奏明办理。至塔尔巴哈台领队大臣二缺，裁去满洲领队，仍留额鲁特领队，管理蒙部游牧。从之。⑤

---

①英廉（？—1900），蒙古正蓝旗人，伊克明安氏。咸丰三年（1853），充笔帖式。六年（1856），补护军校。同治元年（1862），委护军参领。三年（1864），保参领，赏戴花翎。同治四年（1865），补正蓝旗蒙古护军参领。五年（1866），保副将。六年（1867），管带八旗汉军排枪队。七年（1868），保副都统。十年（1871），擢伊犁帮办大臣。十二年（1873），加副都统衔。同年，调补塔尔巴哈台参赞大臣。光绪三年（1877），加头品顶戴。八年（1882），调神机营全营翼长。同年，补镶白旗护军统领。九年（1883），补授正蓝旗汉军副都统，署马兰镇总兵。同年，任总管内务府大臣。十年（1884），授马兰镇总兵，兼总管内务府大臣。二十年（1894），授镶红旗汉军副都统、八旗汉军炮队专操大臣。
②详见同治十二年九月十九日塔尔巴哈台参赞大臣英廉奏请简放额鲁特领队大臣员缺缘由（中国第一历史档案馆藏：《军机录副》，档案编号：03—4758—010）。
③图瓦强阿（1824—1909），新疆伊犁人。同治五年（1866）起，历任索伦营、塔尔巴哈台营、兀鲁特营总管、领队大臣，署理塔尔巴哈台参赞大臣。九年（1870），加梅勒章京衔，赏巴得让阿巴图鲁名号，授二品顶戴。光绪三十年（1904年），以原品休养，食半俸。
④中国第一历史档案馆藏：《军机录副》，档案编号：03—5835—083。又《奏稿》第1195—1198页。
⑤《德宗景皇帝实录（三）》，卷二百十五，光绪十一年九月上，第1028页。

奏议（光绪十一年）

048. 奏报刊按察使关防启用片

光绪十一年八月十二日（1885年9月20日）

再，甘肃新疆镇迪巡道，前经臣奏请加按察使衔，兼管全疆刑名、驿传事务，并恳饬部颁换关防，业奉谕旨允准在案。惟由部颁换关防尚需时日，亟应先行刊给关防，以昭信守。兹刊就木质关防一颗，文曰：甘肃新疆镇迪道兼按察使衔管理全省刑名驿传事务关防。

除由臣饬发祗领取用外，谨会同陕甘督臣谭钟麟，附片陈明，伏乞圣鉴。谨奏。

军机大臣奉旨：知道了。钦此。①

光绪十一年九月初九日，军机大臣奉旨：知道了。钦此。②

【案】此片具奏日期，《奏稿》署"八月十一日"，录副日期未确。查《军机处随手登记档》③刘锦棠折，载有"报五百里，八月十二日发"字样。据此，此片具奏日期当为"光绪十一年八月十二日"，兹据校正。

049. 查明新疆防营台局十年分实在数目折

光绪十一年九月初五日（1885年10月12日）

钦差大臣督办新疆事宜尚书衔降一级留任甘肃新疆巡抚二等男臣刘锦棠跪奏，为查明新疆防营弁勇光绪十年四月起至十二月底止及各台局十年分实在各数目，分别缮具清单，奏明立案，恭折仰祈圣鉴事。

窃臣所部马步诸军暨乌鲁木齐提标土勇，截至光绪十年三月底止共存五十四营旗、开花炮队三哨、小马队四哨，业经遵照部议奏明立案。兹据行营粮台详称：光绪十年九月以后，添募湘军中旗行粮步队一旗、旌善左右汉回坐粮马队二旗，挑留嵩武军假勇编为董字前旗坐粮步队一旗、董字前旗

---

① 中国第一历史档案馆藏：《朱批原件》，档案编号：04—01—30—0077—050。又《奏稿》第1187—1188页。
② 中国第一历史档案馆藏：《军机录副》，档案编号：03—5200—037。
③ 中国第一历史档案馆藏：《军机处随手登记档》，档案编号：03—0247—1—1211—242。

坐粮马队一旗。原有哈密协标步兵二百七十一员名，酌添数十人改为土勇一旗。又十年五月起先后裁并恪靖、精骑两营，改为行粮马队各一旗。通截至十年十二月底止，共存六十营旗、开花炮队三哨、小马队四哨。合计共额设弁勇二万三百九十八员名，额外营哨官一百五员，额外伙夫、长夫、马夫九千八百四十一名。此马步各军员弁勇夫之实数也。关外向设备台局，除陆续裁并截至九年底止，曾经奏报有案。查十年分先后共裁撤善后十五局、蚕桑六局、征粮七局、采运四局、柴草两局，增设牛痘四局。截至十年十二月底止，下存各局之实数以及各营局新收、开除、起止日期，均于单内分别开明，详请奏咨等情前来。

臣复核无异。窃维新疆地方辽阔，又居极边。上年，张曜一军奉旨开拔入关，臣于十月十六日将遴员替防并酌添营伍填扎情形驰奏在案。只以饷项不继，添补马步勇丁仅此数旗，勉为分布，兵力较单。臣惟有督饬各将领，随时整顿，加意巡防，以固边圉。至南北两路所存各局，除万难裁并之处仍照常安设外，其余或量为裁撤，或归并地方官经理，故十年分各项局员比较九年大加裁减。

所有关外各营局十年分实在数目，除咨部查照外，谨缮清单，恭呈御览。伏乞皇太后、皇上圣鉴，饬部立案施行。谨奏。光绪十一年九月初五日。

军机大臣奉旨：该部知道，单二件并发。钦此。①

光绪十一年十月初四日，军机大臣奉旨：该部知道，单二件并发。钦此。②

050. 呈新疆马步各营旗员弁勇丁数目清单

光绪十一年九月初五日（1885年10月12日）

谨将甘肃新疆楚湘蜀军马步各营旗员弁勇丁数目自光绪十年四月初一日起至十二月底止，缮具四柱清单，恭呈御览。

旧管：

---

①中国第一历史档案馆藏：《朱批原件》，档案编号：04—01—12—0533—069。
②中国第一历史档案馆藏：《军机录副》，档案编号：03—6098—033。

光绪十年三月底止，实存行粮步队十五营九旗、坐粮步队三旗、提标土勇步队七旗、阿克苏土勇步队一旗、行粮马队十一营三旗、坐粮马队四旗、土勇马队一旗。总计五十四营旗、开花炮队三哨、小马队四哨。共计实存额设弁勇一万九千一百六十三员名，实存额外营哨官一百二员，实存额外伙夫四百九名，实存额外长夫、马夫九千一百九十三名，实存额马三千七百八十八匹，实存炮车十八辆、车骡四十八头。

新收：

光绪十年九月起，添募湘军中旗行粮步队一旗、旌善左右汉回坐粮马队二旗，共计照额新添弁勇六百二十员名。新添额外副哨长三员，新添额外伙夫二十八名，新添额外长夫三百一十六名，新添额马二百五十四匹。

光绪十年十一月起，挑留嵩武军假勇，编为董字前旗坐粮步队一旗、董字前旗坐粮步队一旗，共计照额新添弁勇四百九十五员名，新添额外伙夫十四名，新添额外长夫、马夫二百二十三名，新添额马一百二十七匹。

光绪十年十二月起，将哈密协标原有弁兵二百七十一员名，照额新添弁勇九十九名，编为土勇一旗，按照提标土勇章程支给饷项。

再，光绪十年九月初一日起，调派安边一旗步队，随同提督董福祥开复喀什噶尔，填防要隘，改支行饷，以均苦乐而资得力，合并陈明。

开除：

光绪十年五月底止，裁并恪靖后营马队，改为行粮马队一旗。除照额挑留弁勇一百二十五员名、额外伙夫十四名、额外长夫一百五十三名、额马一百二十七匹外，共计裁减旧额弁勇一百二十五员名，裁减额外伙夫一十三名，裁减额外长夫、马夫一百五十八名，裁减额马一百二十五匹。

光绪十年十一月底止，酌将精骑后营马队未溃勇丁，改为安远中旗行粮马队一旗，除照额挑留弁勇一百二十五员名、额外伙夫十四名、额外长夫、马夫一百五十三名、额马一百二十七匹外，共计裁减旧额弁勇一百二十五员名，裁减额外伙夫一十三名，裁减额外长夫、马夫一百五十八名，裁减额马一百二十五匹。

实在：

光绪十年十二月底止，实存行粮步队十五营十一旗、坐粮步队三旗、土勇步队九旗、行粮马队九营五旗、坐粮马队七旗、土勇马队一旗，总计六十营旗、开花炮队三哨、小马队四哨。共计实存额设弁勇二万三百九十八员名,实存额外营哨官一百五员,实存额外伙夫四百二十五名,实存额外长夫、马夫九千四百一十六名,实存额马三千九百一十九匹,实存炮车十八辆、车骡四十八头。

军机大臣奉旨:览。钦此。①

051. 呈现存新疆设立各台局义学清单

光绪十一年九月初五日(1885年10月12日)

谨将甘肃新疆设立各台局、义学自光绪十年五月一日起至十二月底止,缮具清单,恭呈御览。

旧管:

光绪九年十二月底止,实存哈密行营粮台、哈密督催粮运总局、哈密行营军装制办总局、古城屯采总局。

安西、玉门、敦煌、巴里坤、吐鲁番、喀喇沙尔等处六采运分局。

阿克苏、吐鲁番、哈密三柴草局,东四城善后总局兼办阿克苏善后局,西四城善后总局兼办喀什噶尔善后局,喀喇沙尔、库车、乌什、英吉沙尔、叶尔羌、和阗、吐鲁番、迪化州等处八善后局,沙雅尔、拜城、玛喇巴什等处三善后分局。

喀什噶尔、叶尔羌、和阗、英吉沙尔、玛喇巴什、阿克苏、乌什等处七征粮局。

阿克苏蚕织总局,阿克苏、阿依克、叶尔羌、和阗、喀什噶尔、英吉沙尔、库车、库尔勒、布告尔、吐鲁番、哈密等处十一蚕桑分局。

哈密新城、老城,吐鲁番新城、老城,喀喇沙尔、库车、阿克苏、乌什、英吉沙尔、喀什噶尔回城、汉城、叶尔羌、和阗、古城、迪化州、绥来等处十六保甲局。

哈密、巴里坤、昌吉、喀喇沙尔、库车、阿克苏、乌什、喀什噶尔、叶尔羌等处九牛痘局。

哈密义学五堂,吐鲁番义学六堂,喀库义学四堂,库车义学五堂,阿克苏义学五堂,乌鲁木齐义学三堂,喀什噶尔义学五堂,玛喇巴什义学三堂,

---

①中国第一历史档案馆藏:《清单》,档案编号:03—6098—034。

英吉沙尔义学三堂，叶尔羌义学七堂，和阗义学四堂，巴里坤义学四堂，奇台义学四堂，济木萨义学三堂，阜康义学二堂，迪化州义学六堂，昌吉义学二堂，绥来义学四堂，呼图壁义学二堂，共计义学七十七堂。

新收：

光绪十年八月初一日，起添设和阗、英吉沙尔、玛喇巴什、吐鲁番等处四牛痘局。查和阗、英吉沙尔、玛喇巴什、吐鲁番等处，向未安设牛痘局，近因痘法办有成效，全活较众，各城缠民相率求医点种，冀免灾疫，由该地方官呈请暂行设局经理，以顺舆情。所有该痘医薪工仍照向章支给。

开除：

光绪十年二月底止，裁撤东四城善后总局兼阿克苏善后局，迪化州、吐鲁番、喀喇沙尔、库车、乌什等处五处善后局，沙雅尔、拜城两善后分局。

光绪十年四月底止，裁撤西四城善后总局兼办喀什噶尔善后局，英吉沙尔、叶尔羌、和阗等处三善后局，玛喇巴什善后分局。又裁撤喀什噶尔、叶尔羌、和阗、英吉沙尔、玛喇巴什、阿克苏、乌什等处七征粮局。又裁撤阿克苏、阿依克、英吉沙尔、库尔勒、布告尔五处蚕桑分局。

光绪十年十月底止，裁撤阿克苏蚕织总局，归地方官经理。又裁撤阿克苏药草局、喀喇沙尔采运分局。光绪十年十二月底止，裁撤安西、玉门、敦煌等处三采运分局，又裁撤吐鲁番柴草局。

实在：

光绪十年十二月底止，实存哈密行营粮台，哈密督催粮运总局，哈密行营军装制办总局，古城屯采总局，巴里坤、吐鲁番二采运分局，哈密柴草局。

叶尔羌、和阗、喀什噶尔、库车、吐鲁番、哈密等处六蚕桑分局。

哈密新城、老城，吐鲁番新城、老城，喀喇沙尔、库车、阿克苏、乌什、英吉沙尔、喀什噶尔回城、汉城，叶尔羌、和阗、古城、迪化州、绥来等处十六保甲局。

哈密、巴里坤、昌吉、吐鲁番、喀喇沙尔、库车、阿克苏、乌什、喀什噶尔、英吉沙尔、玛喇巴什、叶尔羌、和阗等处十三牛痘局。

哈密义学五堂，吐鲁番义学六堂，喀库义学四堂，库车义学五堂，阿克苏义学五堂，乌鲁木齐义学三堂，喀什噶尔义学五堂，玛喇巴什义学三堂，英吉沙尔义学三堂，叶尔羌义学七堂，和阗义学四堂，巴里坤义学四堂，奇台义学四堂，济木萨义学三堂，阜康义学二堂，迪化州义学六堂，昌吉义学二堂,绥来义学四堂,呼图壁义学二堂,共计义学七十七堂。

军机大臣奉旨:览。钦此。①

052. 酌议新疆补署各缺补用人员章程折

光绪十一年九月初五日（1885年10月12日）

钦差大臣督办新疆事宜尚书衔降一级留任甘肃新疆巡抚二等男臣刘锦棠跪奏,为酌议新疆补署各缺留省补用人员章程,恳恩俯准饬部立案,恭折仰祈圣鉴事。

窃维为政之要,重在得人。立法之初,贵乎因地。新疆著名荒瘠,自经兵燹,雕劫尤甚,整顿抚绥,悉关紧要。而汉回杂处,言语文字隔阂不通,非习知其情,无从求治。故从前各项差委,皆以随营办事人员择能而任。现值设省之始,亦应酌立定章。新疆北路实缺人员向由关内调补,以后甘肃人员应准于新疆酌量委用,拟请凡甘肃候补曾经引见验看、领照到省及实缺人员,如熟悉边务,调赴新疆差遣,遇有人地相宜缺出,准予分别请补、请调,无庸先行奏留。若留甘尚未引见验看,先经随营当差,拟即查取履历,分咨部籍,无论正杂,亦择人地相宜之缺,准其酌补。其现在随营人员内有分省候选并他省候补各员,从事有年,于边务亦多熟悉,拟请照依变通章程分别奏咨,无论曾否委署地方,均准留于甘肃新疆,照章补署。若向未在营当差,仍不得概援此章,以示限制。

至请补各项员缺,除南路经臣奏准仿照吉林章程由外拣补一次外,北路添改各缺,事同一律,亦应先行由外拣补一次。均请于外拣一次之后,与北路旧有各缺一体援照云贵、甘肃变通章程请补。② 统俟地方事务大定,再照向章办理,以归画一。惟新疆各缺例准俸满调升内地,原以鼓励人才,于边缺特示优异。现在新设各厅州县有距甘省在七八千里以外者,各该员捧檄驰驱,不辞劳瘁。若仅恃此二十余属以为升调,窃恐鼓励之道有时而穷。且此二十余属又多瘠苦,尤不足以广激劝。查新疆北路各缺,例限三年、五年分别俸满。南路程途更远,应请比照办事文员三年期满例,均作为

---

①中国第一历史档案馆藏:《清单》,档案编号:03—7188—074。
②详见光绪九年十月初二日陕甘总督谭钟麟奏报甘省升调、补署各缺请仍照变通章程办理缘由（中国第一历史档案馆藏:《军机录副》,档案编号:03—5184—068）。

三年俸满,届期由藩司察其在任实心任事,出具考语,详由抚臣验看,咨送甘省,照例升用。

再,实缺人员例准保送卓异。甘肃州县以上定例六员、教佐二员。乌鲁木齐都统所属同通杂职,果有实系出色,亦准保荐一员。每届计典,新疆向由甘省办理。兹既改置行省,增设郡县,可否从宽酌定额数,分别核办,应请饬部并议示复,以便将来择尤保荐,如不得其人,任缺毋滥。倘有庸劣不职,仍随时查明参劾。如此分别定章,庶于变通之中仍寓慎重之意。据藩司魏光焘详请具奏前来。

臣复核无异。合无仰恳天恩,饬部核准立案,以凭遵办。所有酌拟新疆补署各缺留省补用人员章程各缘由,是否有当? 谨会同陕甘督臣谭钟麟,恭折具奏,伏乞皇太后、皇上圣鉴训示施行。谨奏。光绪十一年九月初五日。

军机大臣奉旨:该部议奏,片并发。钦此。①

光绪十一年十月初四日,军机大臣奉旨:该部议奏,片并发。钦此。②

053. 籍隶甘肃人员准按序班毋庸回避片
光绪十一年九月初五日(1885 年 10 月 12 日)

再,查定例:各省文职官员除教职外,俱回避本省。又例载:邻省距本籍五百里以内之缺,应行回避。新疆虽向归甘肃管辖,而相距甚远,即哈密最近之区,亦离甘省三千余里。其南北两路各城远至四五千里或七八千里不等,车马驰驱,极多繁费,与东南各省舟航四达、朝发夕至情形,迥不相同。且甘肃与新疆人民居处既远,亦无姻亲、族党之嫌。

现在新疆改建行省,添设道员以下各缺,可否仰求天恩饬部核议,凡原籍甘肃人员,准其分发新疆差委,与籍隶他省人员一律按班序补,毋庸回避,俸满后仍由司详抚臣验看,如果任事实心,循良有绩,准予加具考语,送部引见,由内升调他省,与籍隶他省人员俸满升调甘省者略示变通,似可并行不悖。该员等距家稍近,民情较易谙习,即到省盘费亦可稍从节省。如

---

①中国第一历史档案馆藏:《朱批原件》,档案编号:04—01—12—0533—069。又《奏稿》第1199—1123 页。
②中国第一历史档案馆藏:《军机录副》,档案编号:03—5836—012。

此一转移间,于边外吏治不无裨益。

是否有当?谨会同陕甘总督臣谭钟麟,附片具奏,伏乞圣鉴训示。谨奏。

军机大臣奉旨:览。钦此。①

光绪十一年十月初四日,军机大臣奉旨:览。钦此。②

054. 奏报萨凌阿交卸回京缘由片

光绪十一年九月初五日(1885年10月12日)

再,臣准伊犁将军臣金顺咨称:新疆南北两路办事、帮办、领队各大臣员缺奉旨裁撤,所有实缺及署任各员俱应钦遵交卸,候旨简用。兹准统领吉江马队乌鲁木齐领队大臣萨凌阿牍称:遵将所统各起队伍交卸清楚,由伊犁赴省,拟照例驰驿回京,恳请转咨代奏前来。

臣维萨凌阿自同治初年由吉林奉派出征,继随金顺出关,统领吉江马队,防守西湖、伊犁等处边要。光绪五年,蒙恩补授乌鲁木齐领队大臣员缺。因值防务吃紧,经金顺奏请留营,仍令统领兵勇,以资得力。③ 该领队从征数省,前后二十余载,久经战阵,卓著勋勤。昨抵乌鲁木齐,晤谈数次,老成练达,洞晓戎机。自以身受国恩,亦欲及时图报。乌鲁木齐领队大臣是其本缺,未及到任即经奉旨裁缺,所统兵勇亦已交卸,并无经手未完事件,现在回京,应如何擢用之处,出自鸿慈。

除咨部查照外,谨会同伊犁将军臣金顺、署乌鲁木齐都统臣升泰,附片代陈,伏乞圣鉴。谨奏。

军机大臣奉旨:知道了。钦此。④

光绪十一年十月初四日,军机大臣奉旨:知道了。钦此。⑤

---

①中国第一历史档案馆藏:《朱批原件》,档案编号:04—01—12—0533—070。又《奏稿》第1205—1207页。

②中国第一历史档案馆藏:《军机录副》,档案编号:03—5836—013。

③详见光绪五年伊犁将军金顺以边防紧要奏请萨凌阿留营带队缘由(中国第一历史档案馆藏:《朱批原件》,档案编号:04—01—16—0218—028)。

④中国第一历史档案馆藏:《朱批原件》,档案编号:04—01—16—0218—024。又《奏稿》第1209—1211页。

⑤中国第一历史档案馆藏:《军机录副》,档案编号:03—5836—014。

055. 奏请旌表烈妇谭金氏缘由折

光绪十一年九月二十八日（1885年11月4日）

钦差大臣督办新疆事宜尚书衔降一级留任甘肃新疆巡抚二等男臣刘锦棠跪奏，为烈妇殉夫，吁恳旌表，以维风化，恭折仰祈圣鉴事。

窃臣据陕西遇缺尽先题奏道王久铭、记名提督汤彦和、邓政升、记名总兵谭用宾、甘肃迪化直隶州知州潘效苏、遇缺尽先即选知州袁运鸿等呈称：已故记名提督甘肃宁夏镇总兵谭拔萃之妾金氏，系浙江鄞县民女，随父流寓兰州。谭拔萃征剿历年，旋赴官宁夏。正妻汤氏在湖南湘潭县原籍，未以自随，似续缺然，因于同治十三年纳该氏为妾。光绪二年，谭拔萃奉调督队出关，留该氏肃州居住。本年正月二十三日，谭拔萃在古城防营积劳病故。未没之先，用宾以族侄孙随营在侧，见其病势沈重，为谋觊屋，迎氏出关。及该氏兼程驰至，而谭拔萃已卒，未得一见为诀，呼号陨绝，誓不独生。仆妇闻知，昼夜为备，卒于二十七日乘间仰药以殉。职等见闻既确，不忍湮没勿彰，赍具册结，呈恳具奏前来。

臣维已故记名提督甘肃宁夏镇总兵谭拔萃，久从征战，国尔忘家。本年正月，在古城防营因病出缺，经臣奏奉谕旨，交部照提督军营立功后在营病故例，从优议恤，并将平生战绩宣付史馆立传等因。钦此。其妾金氏痛夫病没，义不独生，矢以身殉，卒遂其志，庸行奇节，洵属可风。据报前情，臣复核无异。相应请旨旌表，以慰贞魂而维风化。

除册结咨部查核外，谨会同陕甘总督臣谭钟麟、甘肃学政臣陆廷黻，合词恭折具奏，伏乞皇太后、皇上圣鉴训示施行。谨奏。光绪十一年九月二十八日。

军机大臣奉旨：谭金氏着准其旌表，礼部知道。钦此。[1]

光绪十一年十月二十七日，军机大臣奉旨：谭金氏着准其旌表，礼部知道。钦此。[2]

---

[1] 中国第一历史档案馆藏：《朱批原件》，档案编号：04—01—01—0953—012。又《奏稿》第1227—1230页。

[2] 中国第一历史档案馆藏：《军机录副》，档案编号：03—5542—023。

056. 裁撤粮员改设同知巡检等缺折

光绪十一年九月二十八日（1885年11月4日）

钦差大臣督办新疆事宜尚书衔降一级留任甘肃新疆巡抚二等男臣刘锦棠跪奏，为边疆员缺紧要，粮员难资镇抚，亟宜量为裁改，以期整顿而重地方，恭折仰祈圣鉴事。

窃查库尔喀喇乌苏旧设领队大臣一员，管理库城、精河土尔扈特游牧及屯田事宜，并设库城粮员一员、精河粮员一员，由部拣派司理户民粮务。军兴以来，粮员暂行由外委署。查库城为西路冲衢，东距迪化城六百九十里，距绥来城三百五十里，西达伊犁，至精河界二百五十里，北通塔城，至塔城界三百三十里，幅员广阔，地方扼要。军务初定，游民商旅杂出其途，兼有土尔扈特游牧民人，稽查弹压，悉关紧要。现在领队员缺裁撤，粮员既无地方之责，窃恐难资镇抚。

臣前奏设南北两路驿站，请将库城、精河两处改台为驿，归该粮员经管。嗣奉部咨复准：地方情形、体制，均与曩昔迥殊，自应变通筹办，改设官员，以期有裨。但欲隶归绥来，则相距较远，鞭长莫及。因查库城旧设县丞，后改同知，于乾隆四十八年裁改粮员。拟请仿照旧制，裁汰粮员，仍改设库尔喀喇乌苏抚民直隶同知员缺一员，兼理事衔，管理地方户籍、田赋、刑案，兼管土尔扈特游牧诸事宜，并辖精河属境。精河西与伊犁接界，相距二百二十里，东接库城界一百七十五里，旧设典史，后改粮员，所管四驿，辖境亦广，拟请裁粮员缺，设分防驿粮巡检一员，管理户粮、驿站、缉捕等事，仍隶同知管辖，遇事由同知核转。其同知仍隶道属，以专责成。

又镇迪道旧辖喀喇巴尔噶逊粮员一员，地在迪化南一百八十里，原管户民本由迪化分拨，兵燹后，员缺久悬，户民均系由州经管。臣前奏请升迪化直隶州为迪化府，增迪化县为附郭首县，距城较近，一切事宜，县中自能兼顾。其原设粮员一缺，亦应裁汰。库城、精河原额户民、屯兵及征纳额粮、房租、园租等项，均历有成案可考。现在户口凋零，兵屯未复，一切征收虽属寥寥，然为抚绥弹压起见，似因时制宜莫要于此。官制既定，得人而理，数年之后，自必日有起色。其改设各官应定为何项缺分，俟设定后，再行拟议办理，仍恳照吉林新设各缺酌补一次成案，由外先行拣补一次。据藩司魏光焘详请具奏前来。

臣复查无异。合无仰恳天恩俯念边疆员缺紧要，量为变通，以资整顿，实于地方大有裨益。如蒙俞允，应请饬部核复示遵。

所有拟请裁撤库尔喀喇乌苏、精河、喀喇巴尔噶逊三粮员改设同知、巡检各缺缘由，是否有当？谨会同伊犁将军臣金顺、陕甘总督臣谭钟麟、署乌鲁木齐都统臣升泰，恭折具陈，伏乞皇太后、皇上圣鉴训示。谨奏。光绪十一年九月二十八日。

军机大臣奉旨：该部议奏。钦此。①

光绪十一年十月二十七日，军机大臣奉旨：该部议奏。钦此。②

057. 委令杨廷珍署理拜城县知县片

光绪十一年九月二十八日（1885年11月4日）

再，署拜城县知县蒋泽煦因案撤委，遗缺查有知府衔甘肃候补同知杨廷珍，明白勤慎，堪以委署。据藩司魏光焘具详前来。

除批饬给委外，谨会同陕甘总督臣谭钟麟，附片具奏，伏乞圣鉴。谨奏。

军机大臣奉旨：吏部知道。钦此。③

光绪十一年十月二十七日，军机大臣奉旨：吏部知道。钦此。④

058. 奏委谭上连署理乌提篆务片

光绪十一年九月二十八日（1885年11月4日）

再，臣前奏乌鲁木齐提督金运昌患病日久，恳恩开缺，可否暂行委员署理等情。奉旨：金运昌已有旨准其开缺。乌鲁木齐提督着该抚会商谭钟麟派委妥员，暂行署理。钦此。钦遵在案。查有头品顶戴题奏提督甘肃西宁镇总兵谭上连，智勇深沉，廉能朴实，久经战阵，洞悉边情。该员现在统领

---

① 中国第一历史档案馆藏：《朱批原件》，档案编号：04—01—16—0218—008。
② 中国第一历史档案馆藏：《军机录副》，档案编号：03—5201—098。
③ 中国第一历史档案馆藏：《朱批原件》，档案编号：04—01—12—0533—060。
④ 中国第一历史档案馆藏：《军机录副》，档案编号：03—5201—100。

亲军，驻防北路玛纳斯一带，距省不远，堪以就近暂行署理乌鲁木齐提督篆务。臣与督臣谭钟麟会商，意见相同。

除咨委外，谨会同陕甘总督臣谭钟麟、署乌鲁木齐都统臣升泰，合词附片具陈，伏乞圣鉴。谨奏。

军机大臣奉旨：兵部知道。钦此。①

光绪十一年十月二十七日，军机大臣奉旨：兵部知道。钦此。②

059. 拣补王凤鸣等副将员缺缘由折

光绪十一年十月二十七日（1885年12月3日）

钦差大臣督办新疆事宜尚书衔降一级留任甘肃新疆巡抚二等男臣刘锦棠跪奏，为拣员调补、借补副将要缺，以重边防，恭折具陈，仰祈圣鉴事。

窃臣前奏哈密协副将郝永刚因病恳请开缺，并声明遗缺扣留外补，奉旨允准在案。查哈密系新疆南北要冲，该处副将员缺非熟谙边情、练习营伍之员，弗克胜任。查有头品顶戴题奏提督借补玛纳斯协副将王凤鸣，练达廉明，有为有守，堪以调补。所遗玛纳斯副将员缺，查有现署该协副将记名提督张清和，朴诚勇敢，勤慎耐劳，自署任以来，于边防、屯务均能实力讲求，以之借补斯缺，洵堪胜任。

合无仰恳天恩，俯准以王凤鸣调补哈密协副将员缺，张清和借补玛纳斯协副将员缺，以期得力。如蒙俞允，应请饬部分别给札，一俟防务大定，即行给咨，赴部引见，以符定制。

除饬取该员等履历至日另咨送部外，谨会同陕甘总督臣谭钟麟、暂署乌鲁木齐提督臣谭上连，合词恭折具陈，伏乞皇太后、皇上圣鉴训示。谨奏。光绪十一年十月二十七日。

军机大臣奉旨：兵部议奏。钦此。③

---

①中国第一历史档案馆藏：《朱批原件》，档案编号：04—01—16—0218—009。又《奏稿》第1225—1226页。

②中国第一历史档案馆藏：《军机录副》，档案编号：03—5201—099。

③中国第一历史档案馆藏：《朱批原件》，档案编号：04—01—16—0218—028。又《奏稿》第1135—1137页。

光绪十一年十一月二十六日，军机大臣奉旨：兵部议奏。钦此。①

060. 酌裁回官恳赏回目顶戴缘由折
光绪十一年十月二十七日（1885年12月3日）

钦差大臣督办新疆事宜尚书衔降一级留任甘肃新疆巡抚二等男臣刘锦棠跪②奏，为酌裁新疆各城回官并恳恩赏给出力回目顶戴，以省烦苛而昭激劝，恭折具陈，仰祈圣鉴事。

窃臣于光绪八年七月间，奏请将阿奇木等伯克裁去，仍准戴用翎顶，经理藩院遵旨议复：各城裁去伯克，体制是否合宜，未敢率行议准，请饬再行体察情形，悉心妥议复奏。嗣臣于委署新设南路道厅州县各官折内声明，拟将伯克分拨为吏、户、礼、兵、刑、工各书，复经部议，系为随时变通、期于两有裨益起见，似应准如所请。惟伯克各有专责，从未议及更张，一旦骤加增改，回民能否相安，似难遥计。请饬酌度情形，妥议核办等因。先后奏奉谕旨：依议。钦此。钦遵各在案。

窃维回疆民事，从前委之阿奇木伯克等官，原以约束部众，乃该回目等往往倚权藉势，鱼肉乡民，为所欲为，毫无顾忌。缠回语言文字隔阂不通，民怨沸腾，而下情无由上达。继遭安夷之变，该回目等苛酷尤甚，横征暴敛，朘削靡遗，民命不绝如缕。幸赖皇威遐畅，天戈所指，莫不闻风披靡，举二万余里之疆土，还隶版图，使边民重睹天日。臣曩年规复南疆，每于进克一城，即咨商前督臣左宗棠，拣员设局，办理善后，招集流亡，筹给牛籽、农具，疏浚沟渠，使之尽力耕作，轻徭薄赋，与民休息。数年以来，荒芜渐辟，户口日增，地方渐有起色。其大小伯克额缺虽亦拣委署理，究竟地方应办事宜，均责成各该局员察看情形，禀承遵办，但藉回目传颁教令，初未尝假以事权。

现在南路新设道厅州县各官委署以历年余，规模渐具，不乘此时量为变通，则过此以往，又必有积重难返之势。况阿奇木等承充伯克，多系三品、四品，州县官阶尚居其下。乡愚无知，恐启玩狎之渐，而与州县俨然并

---
①中国第一历史档案馆藏：《军机录副》，档案编号：03—5836—101。
②此前衔据其同日折件校补。

立,于体制亦不相宜。在部院诸臣以事属更张,自应长思熟虑,而微臣见闻既确,非裁去回官,实无以苏民困而言治理。上年通饬南路各厅州县,传集各该城关阿奇木等伯克,剀切开导,谕以在所必裁之故,准其各留原品顶戴,仍视城关事务繁简,分设乡约,专司稽查,即于裁缺之回目选令承充,并视品级之崇卑,分送道厅州县衙门充当书吏。乡约酌给租粮,书吏酌给口食,以资养赡。不愿者听其乡庄地远,骤难户晓,旧有之伯克暂仍不裁,遇有缺额,亦不另补,以期渐照城关,一律改设乡约。

现据各属禀报,自试裁城关伯克后,经年以来,甚觉相安,毫无觖望。回民去其壅蔽,意亦渐与官亲。若更需以时日,言语相通,则疾苦可以自陈,而弊窦可期永绝矣。容再由臣督饬各该地方官随时察看,务令措置得宜,不敢稍涉因循,惮于改易,亦不敢过于操切,致启事端,以仰副朝廷眷顾西陲至意。

惟各城出力回目,前以军务方殷,正资驱使,或派令向导,或委办军粮,颇能不辞劳瘁。若不立予奖励,无以作其急公向义之心,当经臣与前督臣左宗棠、前帮办军务臣张曜随时核酌,与以拟保翎顶行知,俟汇案奏请奖叙。现在历年既久,未便没其前劳。合无仰恳天恩,俯念该回目等效力疆场,允照臣等拟保行知,赏给翎顶,以昭激劝,出自逾格鸿慈。谨将拟保各回目翎顶,缮具清单,恭呈御览。

所有酌裁回官并恳恩赏给回目翎顶各缘由,谨缮折具陈,伏乞皇太后、皇上圣鉴训示施行。谨奏。光绪十一年十月二十七日。

军机大臣奉旨:着照所请,该衙门知道,单并发。钦此。①

光绪十一年十一月二十六日,军机大臣奉旨:着照所请,该衙门知道,单并发。钦此。②

061. 奏报驰赴伊犁会办事务起程日期缘由折

光绪十一年十月二十七日(1885年12月3日)

钦差大臣督办新疆事宜尚书衔降一级留任甘肃新疆巡抚二等男臣刘

---

①《奏稿》第 1243—1249 页。再,此折所附清单查无下落,待考。
②此奉旨日期与内容,据《军机处随手登记档》(档案编号:03—0247—2—1211—318)校补。

锦棠跪奏,为遵旨驰赴伊犁会办事务,谨将起程日期及布置大概情形恭折具奏,仰祈圣鉴事。

窃臣于八月二十八日承准军机大臣字寄:光绪十一年八月初四日奉上谕:谭钟麟奏,密陈伊犁现在情形,据称弭乱之策,一在筹款以清欠饷,一在择人以整营规。金顺所部各营欠饷约计三十万两,可以了结等语。本日已明降谕旨,令金顺来京陛见,并派锡纶署理伊犁将军。其塔尔巴哈台参赞大臣,已派明春驰往署理,俾锡纶迅速起程矣。伊犁兵勇屡次哗变,朝廷眷顾西陲,正深廑系。兹据该督所奏各节,亟应将该处将弁兵勇极力整顿,并先清理欠饷,俾该勇等无所借口。着户部拨银三十万两,解交甘省,未到以前,谭钟麟无论何款先行筹措实银三十万两,迅解刘锦棠军营。该大臣俟饷银到后,酌带队伍,驰赴伊犁,会同锡纶将金顺所部各营核实查点,分别入营久暂、欠饷多少,分成匀给,并将勇丁应去、应留确切查明归并,严定营规。其贪劣素著之营哨官,严办一二,以儆其余。锡纶到任后,与刘锦棠和衷商办,务将各该营积习悉力涤除,毋稍弥缝,致贻后患,亦不得操之过蹙,别滋事端等因。钦此。

正在与锡纶函商料理一切,复于九月三十日奉上谕:谭钟麟奏遵旨赶筹伊犁饷银,解赴刘锦棠军营,请饬将金顺所部勇丁核明在营久暂,欠饷多少,分成匀给。并称锡纶在塔城经手营饷,款目繁多,到任迟速,未能豫定,请饬刘锦棠先到伊犁,速行办理等语。刘锦棠着俟饷银到日,迅即驰赴伊犁,将整顿营勇、清理欠饷各事宜妥速筹办,毋稍迟延。钦此。跪聆之下,仰见圣慈廑念边防,莫名钦服。

臣本应早日启行,惟北路天气严寒,近日地冻雪深,车行迟滞。督臣谭钟麟措解银三十万两,一时未能解到。臣飞饬沿途严加催趱,始于本月二十五日晚间解到。臣谨定于二十七日启程,商令署乌鲁木齐提督谭上连,由绥来防所酌率队伍,进驻库尔喀喇乌苏,以资防护。另选亲军马步一千五百人,交陕西汉中镇总兵戴宏胜统带,随臣前进。省中日行事件,委由藩司魏光焘代拆代行。遇有紧要公务,仍随时递臣行营办理,以昭妥慎。现接锡纶来信,拟将参赞篆务交领队暂行护理,准于二十六日起身。

除伊犁应办事宜到时与锡纶妥细筹商再行陈奏外,所有微臣遵旨驰赴伊犁起程日期及布置大概情形,理合恭折具奏。再,署塔尔巴哈台参赞大臣明春,于二十二日行抵省城,与臣面商一是,定于二十八日由省起程赴任,合并陈明,伏乞皇太后、皇上圣鉴训示。谨奏。光绪十一年十月二十七日。

光绪十一年十一月二十六日,军机大臣奉旨:知道了。钦此。①

062. 奏报本年春夏办结命盗等案摘由汇报折
光绪十一年十月二十七日(1885年12月3日)

钦差大臣督办新疆事宜尚书衔降一级留任甘肃新疆巡抚二等男臣刘锦棠跪奏,为新疆各属命盗案件照常按季摘由汇报,恭折具陈,仰祈圣鉴事。

窃臣前因新疆边远,迥异内地,命盗等案碍难拘泥例限,奏请暂行变通办理,按季摘由汇报,咨部立案,奉旨允准历经遵办。去岁南路新设道厅州县,统计全疆纵横万里,各属距省远至五六千里之遥,一切命盗等案因招解为难,仍责成该管道州层递核转。本年五月,复请将镇迪道加按察使衔,总理全疆刑名,期于变通之中仍寓慎重之意,均经奏奉谕旨允准各在案。

兹查光绪十一年春夏二季照章审办命盗等案总共一十三起,由各该管道复核转详,概由臣悉心体察,参诸律例,按供定谳,期归平允,不敢稍有枉纵。臣现准部咨:嗣后命盗等案仍须循复旧例。容俟体察情形,另行陈奏。

所有新疆光绪十一年春夏二季变通办结命盗等案,除咨部立案外,理合恭折具陈,伏乞皇太后、皇上圣鉴。谨奏。光绪十一年十月二十七日。

军机大臣奉旨:刑部知道,单并发。钦此。②

光绪十一年十一月二十六日,军机大臣奉旨:刑部知道,单并发。钦此。③

063. 呈本年春夏变通办结命盗等案摘由清单
光绪十一年十月二十七日(1885年12月3日)

谨将新疆南北两路光绪十一年春夏两季分变通办结命盗等案摘由,汇

---

① 中国第一历史档案馆藏:《军机录副》,档案编号:03—5202—089。又《奏稿》第1251—1255页。
② 中国第一历史档案馆藏:《朱批原件》,档案编号:04—01—26—0076—029。
③ 中国第一历史档案馆藏:《军机录副》,档案编号:03—7250—055。

缮清单，恭呈御览。计开

春季分：

一、疏勒州缠民阿买地因向哎迈提追索靴带起衅，被扭殴打情急，用刀吓戳，适伤哎迈提左肩甲毙命。报由喀什噶尔道复审，供认不讳，诘非有心欲杀及起衅别故，详经臣查核，戳由于吓，伤仅一处，情节尚轻，当即批饬将该犯锢禁四年，满日折责发落，完结。

一、精河客人刘致卿即刘子清，因见同寓回民马德银两、羊只起意图财，将马德用石打闷，绳勒殒命，赶出羊只，被店主即乡约舒德胜盘获。报经精河粮员奎光勘验提犯，讯据供认前情不讳，并经臣批行镇迪道委员通判马珍前往，会审明确，诘无另犯不法别案及知情分赃之人，详经臣察核，该犯图财害命，罪无可逭，当即批饬将该犯就地正法，以昭炯戒，完结。

一、疏勒县回民阿不都鲁苏稔知兄嫂足木拉汉与本城回民艾里通奸，将足木拉汉用刀戳死。报经该县验讯，供认前情不讳，诘无挟嫌及起衅别故，详由疏勒州及喀什噶尔道复讯明确，详经臣察核，衅起捉奸，杀由义忿，情节尚轻，当即批饬将该犯阿不都鲁苏锢禁四年，限满杖责一百保释。奸夫艾里亦批饬锢禁一年，满日按照本法杖责保释，完结。

一、疏附县缠民尼牙子被胞弟艾萨毛拉谓其种地懒惰，定要撵逐。尼牙子之妻沙里比必出而争辩，艾萨毛拉批其颊，尼牙子拢护起衅，顺拔身佩小刀，戳伤艾萨毛拉脊背身死。报经该县验讯，供认不讳，诘非有心欲杀及起衅别故，详由疏勒州及喀什噶尔道，复讯明确，详经臣察核，衅起理直，戳由拢护，情节尚轻，当即批饬将该犯锢禁两年，限满按照本法，杖责保释，完结。

一、库车厅客民徐占魁与唐姓同伴住宿口角，夺刀戳伤唐姓右项颈等处，十二日因风身死。报经该厅验讯，供认前情不讳，诘非有心欲杀，亦无起衅别故及在场帮殴之人，详由阿克苏道复核，详经臣察核，衅起口角，死系因风，情节尚轻，当即批饬将该犯锢禁三年，限满杖责保释。

一、阿克苏道据四街乡约呈报：缠民买卖提他个浪纠党阿不拉等五名迭窃，屡次被获，管押释放，乃怙终不悛，复纠伙肆行偷窃多至四十余次，得赃累累。当经该道亲提，复发交发审局委员严讯，均皆直认不讳。开折赉呈请示严办前来。臣查该犯买卖提他个浪，纠党迭窃前后约计四十余次之多，实属目无法纪，自应从重拟办而靖闾阎。当即批饬将该犯买卖提他个浪锢禁三年,限满再系带铁杆一年。如能安分,限满开释。若仍不悛改,即令永远系带。伙犯阿不拉等五名,亦饬各予重责,准其自新,具结释放,完结。

夏季分:

一、阜康县户民杨仗全图娶杨来幅子之妻杨牛氏,起意将杨来幅子谋杀身死。报经该县验讯,供认前情不讳,严诘实止图娶,并无与杨牛氏通奸、同谋情事,亦无加功之人,详由迪化州及镇迪道复审无异,详经臣察核,图娶谋杀,罪无可逭,当即批饬将该犯就地正法,以昭炯戒,完结。

一、库车厅客民马金保因马登云奸拐其妻马谭氏逃走,追获向索未允,隐忍随行。嗣见马登云等同房睡熟,一时忿恨,先用石击伤马登云,又用石击伤马谭氏身死,复用剃头刀将其头颅一并割落,装入布袋。报经该厅验讯,供认不讳,诘无起衅别故及帮同下手之人,详由阿克苏道复讯无异,详经臣察核,获在奸,所杀在登时,照例勿论,完结。

一、玛喇巴什厅缠民八拉提偷窃事主阿不图拉羊只,事后被其搜获,辄敢用斧砍,殴伤阿不图拉,登时殒命,并吓令库鲁班帮抬弃尸,补刀灭口。报经该厅验讯,供认前情不讳,严诘此外并无窝伙窃劫别案及再无帮同下手之人。详由喀什噶尔道复讯无异,详经臣察核,该犯八拉提因窃赃被获,胆敢砍殴事主身死,实属法无可贷,当即批饬将该犯八拉提就地正法,以昭炯戒。库鲁班听从帮抬弃尸,补刀灭口,亦属不法,亦即批饬将该犯库鲁班锢禁十个月,满日折责发落,完结。

一、镇西厅革役石兴被何万年索欠口角,用拳殴伤何万年右耳窍,移时殒命。报经该厅验讯,供认不讳,诘非有心欲杀,亦无起衅别故,详由镇迪道复讯无异,详经臣察核,衅起口角,伤止一处,情节尚轻,当即批饬将该犯锢禁四年,限满折责发落,完结。

一、乌什厅缠民四拉木与沙里汉通奸情密,起意商允将其前妻所生四岁幼女阿依汉致死,一同逃亡别处,以作长久之计。嗣因阿依汉啼哭,遂用拳殴伤其肚腹等处,登时殒命。报经该厅获犯验讯,供认不讳,详由阿克苏道复审无异,详经臣察核,因奸谋杀四岁幼女,情节较重,当即批饬将该犯四拉木就地正法,枭首示众,以昭炯戒。沙里汉以继母因奸听从将子女致死,亦属不法,亦即批饬将该犯妇锢禁五年,满日取保释放,完结。

一、喀喇沙尔厅缠民司的克因同堂大功弟托和达羊只踏坏冬麦起衅,口角气忿,将托和达夯伤身死。报经该厅验讯,供认前情不讳,严诘实系一时气忿,并无预谋及起衅别故,详由阿克苏道复讯无异,详经臣察核,情属故杀,服属功尊,当即批饬将该犯锢禁四年,限满杖责一百保释,完结。

一、温宿州缠民下的因屡向禾洛大什索债不偿,心怀不平,纠同其弟扎以提各持木棍,并雇工铁木耳沙克、艾沙哈生、木思底克、买卖尼牙子、米艾克木、八拉提等均各徒手前往,殴打出气。甫进门时,下的等撞见禾洛大什,即向索债,仍属无还。扎以提遂用木棍殴伤禾洛大什额颅,登时倒地。下的遂喝令铁木耳等将禾洛大什拖抬出门,随亦用棍在禾洛大什左肩甲、左右胳膊等处殴打几下,伤尚轻浅。铁木耳等九名在场,均未动手。禾洛大什旋即因伤殒命。报经该州验讯,供认不讳,诘非有心欲杀,再无在场帮殴之人。详由阿克苏道复审无异,详经臣察核,索欠无偿,纠同共殴,情节尚轻,当即批饬将该犯扎以提锢禁四年,下的亦批饬锢禁三年,均于限满杖责一百保释。铁木耳等均照余人杖一百,折责发落,完结。

军机大臣奉旨:览。钦此。①

064. 奏报顾得喜勾匪谋变登时扑灭情形片

光绪十一年十月二十七日(1885年12月3日)

再,臣据总统西四城马步各军提督董福祥呈称:九月二十三日,据喀什噶尔稽查委员报称:闻有游勇张姓勾结定远左旗勇丁顾姓,约定今夜三更,胁众滋事等语,当即分饬各营官严密查拿。定远左旗驻扎处所距城稍远,及密信至,旗官胡登花已先有所闻,于初更时候,正在点名,忽有营勇二十余人奔至营外。胡登花随率亲兵出营追捕,不半里许,闻前面人声嘈杂,即饬开枪轰击。该匪初犹开枪抗拒。胡登花被飞子中伤右颧,仍饬队上前擒捕。该匪不支,始各逃窜。董左旗旗官杜锡斌得报,亦率亲兵前来探视,途遇逃匪,击毙七名。连日据各营卡拿获首犯张大发、顾得喜及余匪共二十九名。讯据张大发供称:系安徽蒙城县人,原在嵩武军吃粮。上年队伍入关,未曾随行,流落在此,屡与相识之营勇顾得喜叙说苦情,遂潜与结会商约数十人,抢劫买卖街店铺,冀得盘川,便可入关。本拟二十三日夜间起

---

① 中国第一历史档案馆藏:《清单》,档案编号:03—7250—056。

事,是日初更时分,率队同伙二十余人,伏于定远左旗营外,适顾得喜着人告知①,旗官点名,事已败露,不能久待。随见顾得喜带同二十余人,飞奔营外,旗官跟追。犯人等仓皇无计,开了几枪,就逃走了。据顾得喜亦供认前情不讳。经提督会同地方官讯明,将首犯张大发、顾得喜等十六名分别斩枭。此外,李春成等十三名,讯系被其煽诱,情有可原,量为惩治。其未获各犯尚有六名,俟缉获再行讯办等情,具报前来。

臣维提督董福祥,平日治军尚称严整,只因近年裁并营勇,间有游手之徒远羁万里,谋生无自,欲归未能,遂藉会匪名色,煽惑颟蒙。此次匪徒张大发勾结营勇顾得喜等起意同谋,希图抢劫。经董福祥先时觉察,分饬各营预为防范。旗官胡登花于该匪等起事之时,即行追捕,登时扑散,首要各犯旋亦就擒,不致扰害地方,办理尚为迅速。可否邀恩均免置议,出自逾格鸿慈。

除饬将在逃余匪严密查拿务获究办外,谨附片具陈,伏乞圣鉴训示。谨奏。

军机大臣奉旨:知道了。董福祥等均着免其置议,仍饬将在逃余匪严密查拿,按名弋获,毋任漏网。钦此。②

光绪十一年十一月二十六日,军机大臣奉旨:知道了。董福祥等均着免其置议,仍饬将在逃余匪严密查拿,按名弋获,毋任漏网。钦此。③

065. 奏报办结伊犁杀毙俄属陕回命案片

光绪十一年十月二十七日(1885年12月3日)

再,臣于光绪十年八月初二日承准总理各国事务衙门咨开:光绪十年七月初九日具奏伊犁清河杀毙俄属陕回二名一事,请旨饬交督办新疆军务大臣刘锦棠,派员会同俄领事公平迅速议结一片④,本日奉旨:依议。钦此。钦遵知照,并将与俄使两次来往照会抄咨到臣。

---

① "着人告知",《奏稿》作"被人告知"。
② 中国第一历史档案馆藏:《朱批原件》,档案编号:04—01—14—0082—053。又《奏稿》第1239—1242页。
③ 中国第一历史档案馆藏:《军机录副》,档案编号:03—6020—087。
④ 详见光绪十年七月初九日总理衙门奏报查明伊犁清汉河子杀毙俄属陕回二名缘由(台北故宫博物院藏:《军机及宫中档》,文献编号:128699)。

复查伊犁将军臣金顺前与俄商魏哩粮价龃龉，经年未结，由总理衙门商知领事，函嘱臣派员前往办理。当委甘肃候补道员丁鹗前赴伊犁，三面议结。嗣准前咨，臣复加委该员承办去后。旋据该员禀称：到伊面晤领事，与议命案，则以先清粮价为词。与议粮价，则又再三狡展。必并两案清厘，未免稍需时日。经臣迭次札催，迅图了结在案。

现准金顺咨称：据道员丁鹗详称：窃查光绪八年，统领伊犁礼字等营提督刘宏发报称：新附俄属之陕回马六、魏满娃二名被杀一案，屡与俄领事辩驳，情愿议结。惟面称二陕回被杀在中国地面，请抚恤其家属等语。职道念两国和好，酌给银一千四百两，以示体恤。该领事商允了案，取具完案回文，详请转咨等因前来。

臣查杀毙俄属陕回一案，详阅领事照会，始称违约私杀，请办在事官员。继复借故生端，希索偿命银两。迁延既久，枝节横生，现经就案了结，无任借口，即粮价亦已一律算清，毫无龃龉。

除粮价由臣另文咨复总理衙门查照外，所有办结伊犁杀毙俄属陕回命案各缘由，理合附片具奏，伏乞圣鉴。谨奏。

光绪十一年十一月二十六日①，军机大臣奉旨：该衙门知道。钦此。②

066. 恳恩豁免被旱奇台县额粮折
光绪十一年十二月初二日（1886年1月6日）

钦差大臣督办新疆事宜尚书衔降一级留任甘肃新疆巡抚二等男臣刘锦棠跪奏，为新疆奇台县属被旱成灾地亩本年应征额粮，吁恳天恩，概予豁免，以纾民困，恭折仰祈圣鉴事。

窃查本年春夏以来，新疆北路雨泽稀少，奇台一县自播种之后，夏秋二麦多未发生，即间苗萌芽，亦半多黄萎。嗣得微雨二次，润土未深，禾苗旋复枯槁。该县属之大板河、东湾头、二三畦、永丰渠、中葛根、红大渠、东吉尔、西吉尔、隆旧渠、上开垦、董子沟、白杨河、牛王宫、半截沟、小堡、西葛根、碧流沟、莺格布拉、兴平渠、下开垦、平定渠、新

---

①此奉旨日期据《军机处随手登记档》（档案编号：03—0247—2—1211—318）校补。
②《奏稿》第1257—1259页。

户渠、木垒河、平顶山等处户民，种地五万九百七十八亩二分二厘，所种禾苗全无收获，即间有收获，籽粒亦多属秕稃，磨不成面。委员勘验，实系被旱成灾。

伏查关外兵燹之后，民鲜盖藏，每届春耕，必由官筹给籽粮，始能有事东作。今岁遭此大祲，秋成失望，匪特额粮无出，抑且日食维艰，待哺嗷嗷，情殊可悯。核计前项被灾地亩，本年应征京斗额粮二千四十二石二斗二升六合五勺，委属无力完缴，拟恳概予豁免。其十年分各该户欠完额粮及本年借领籽种，请一并缓至来年秋收后，分别带征，以纾民困，业经司檄饬该署县杨敏，先行出示停征，使胥役无从舞弊。仍一面查明极贫、次贫各户，分别给赈，由该县督查监放，俾令实惠均沾，毋任一夫失所。其赈粮即由仓储项下动支，事竣核实造报。至来春应否接济，届时熟察情形，再行斟酌核办。据藩司魏光焘详请具奏前来。臣复核无异。

合无仰恳天恩，俯念边民困苦，准将奇台县属本年被旱成灾地亩应缴额征粮石概予豁免，其十年分欠完额粮及本年所借籽种，一律缓征。如蒙俞允，俟钦奉谕旨后，即饬司将被灾各户蠲免额粮并缓征粮石，分别详细开载，敬刊誊黄，遍行晓谕，俾令周知，以广皇仁而彰实惠。

是否有当？谨会同陕甘总督臣谭钟麟，恭折具陈，伏乞皇太后、皇上圣鉴训示。谨奏。光绪十一年十二月初二日。

军机大臣奉旨：着照所请，户部知道，片并发。钦此。①

光绪十二年正月初九日，军机大臣奉旨：着照所请，户部知道，片并发。钦此。②

067. 奏请缓征迪化被旱各属额粮片

光绪十一年十二月初二日（1886年1月6日）

再，本年新疆北路雨泽稀少，除奇台一县被旱成灾地亩专折奏保外，其余迪化州及所属各县户民地亩亦被灾祲。查迪化州属之上下头屯、安南、

---

①中国第一历史档案馆藏：《朱批原件》，档案编号：04—01—35—0093—036。又《奏稿》第1261—1264页。
②中国第一历史档案馆藏：《军机录副》，档案编号：03—9469—001。

夷户、军户、宣仁、中夷、铁厂、西工头、二三坪、沙门、新渠、乱山渠、合阳渠、头二七、工渠、水西沟、板房沟等处被旱夏禾地七千五百三十二亩，昌吉县属之上元庄、下元庄、利庄、亨庄等处被旱夏禾地一万二千八百三十八亩，阜康县属之头工、二道河、兵户、东五运、五工梁、西五六八九运、七十东八运等处被旱夏禾地四千四百七十九亩，绥来县属之甘沟、石厂、牛圈、博洛、同古、新户、庙塔、西河等处被旱夏禾地一万一千三百七十三亩，呼图壁巡检所属之芳草湖、庄下、芨芨渠①、破口渠、单板、五户地等处被旱夏禾地二千二百六十六亩四分，先后据该管地方官详报，饬司委员勘验，或因泉流涸竭，灌荫失时，或因雨泽愆期，沾润不足，以致受旱轻重不同。各以合境计之，尚未全灾，惟收成实属歉薄。

核计各属被旱地亩，迪化州应征京斗额粮二百九十一石六斗一升八合四勺，昌吉县应征粮五百四十四石三斗四升七合六勺，阜康县应征粮二百七十九石九升，绥来县应征粮三百九十六石四斗五升一合，呼图壁应征粮九十二石一斗三升八合。民情困苦，实属无力输将，拟恳将本年应征前项额粮缓至来年秋收后再行带征，由司檄饬各该州县，先行出示晓谕，毋使胥役从中舞弊，仍查明被灾轻重，酌量抚恤，毋任失所。据藩司魏光焘详请附奏前来。

臣复核无异。合无仰恳天恩俯准，将各属被旱地亩本年应征额粮一律缓征，以纾民力，出自逾格鸿慈。

是否有当？谨会同陕甘总督臣谭钟麟，附片具陈，伏乞圣鉴训示。谨奏。

军机大臣奉旨：览。钦此。②

光绪十二年正月初九日，军机大臣奉旨：览。钦此。③

【案】此片具奏日期，原件仅署"光绪十一年"，录副署"光绪十二年正月初九日"具奏日期，均未确。查光绪十二年正月初九日《军机处随手登记档》④刘锦棠折，载有"报四百里，十一年十二月初二日发"

---

① "芨芨渠"，《奏稿》作"岌岌梁"。
② 中国第一历史档案馆藏：《朱批原件》，档案编号：04—01—35—0093—039。又《奏稿》第1265—1268页。
③ 中国第一历史档案馆藏：《军机录副》，档案编号：03—9469—002。
④ 中国第一历史档案馆藏：《军机处随手登记档》，档案编号：03—0247—1—1211—195。

等字样。据此,此片具奏日期当为"光绪十一年十二月初二日",兹据校正。

068. 各省应解工程银两恳饬扫数解清片
光绪十一年十二月初二日(1886年1月6日)

再,新疆南路应需工程经费,前经部议指拨银三十六万六千七百八十四两。上年因报解无几,兴修各工,制办一切物料、工匠口食,需款甚急,经臣奏请饬催各省关,将应解银两限本年春季扫数解清,奉旨:令各将军、督抚等迅解等因,钦此。钦遵在案。

兹查各省关承拨工程经费,除山西省、江汉关、闽海、江海、粤海等关及山西河东道共应解银六万两,均已全数解清。山东省应解银二万两,已解银一万两,仍应解银一万两。其余四川应解银五万两,湖南、湖北各应解银四万两,江西应解银三万两,河南应解银二万两,又胡光墉应缴西征借款行用、补水等银十万六千七百八十四两,应由浙江抚臣于该革员备抵产业内变价解交,共银二十九万六千七百八十四两,迄今均未报解。

此项经费奉拨已历二年,合计收数不及十成之二。各处工程正报兴修,均需现款,而饷项异常支绌万分,无可腾挪,不得不停工以待。若再迁延时日,则未竣之工风雨飘摇,不免坍塌,从新修补,又增耗费。据行营粮台详请奏催前来。

臣维新疆初设行省,地处极边,城垣、炮台、衙署、仓库、监狱各工,在在均关紧要。合无仰恳天恩饬下各该省迅将应解前项银两扫数解清,无再延宕,俾臣得以分发各处,勒限完工,以固边圉而昭安慎。

谨附片具陈,伏乞圣鉴训示。谨奏。

军机大臣奉旨:着户部咨催各督抚迅速筹解,以济要需,无再延宕。钦此。①

光绪十二年正月初九日,军机大臣奉旨:着户部咨催各督抚迅速筹解,以济要需,毋再延宕。钦此。②

---

①中国第一历史档案馆藏:《朱批原件》,档案编号:04—01—35—0987—003。又《奏稿》第1271—1273页。
②中国第一历史档案馆藏:《军机录副》,档案编号:03—7155—035。

069. 奏报驰抵伊犁日期片

光绪十一年十二月初二日（1886年1月6日）

再，臣于十月二十七日遵旨驰赴伊犁，当将起程日期恭折具奏在案。途中积雪过深，步队跋涉维艰，不无迟滞，前月十九日始抵伊犁。因地冻不能筑营，所带队伍即就塔勒奇城，支帐居住。锡纶前于大河沿地方与臣会商，早一日进发，是日清晨先到。二十二日，锡纶接印视事。

查此间勇营较多，吉江马队只一千六百余人，清理饷事，应先从勇营着手，当会饬各统领营官，造具勇丁实在清册，开明入伍日期，以凭核办，并出示晓谕勇丁，告以此次清理之后，即当裁并营旗，务求精实。留营者，按月发饷，悉照定章。裁撤者，酌给川资，遣归原籍。其有已经裁撤而愿在此落业者，即饬地方官，查照屯垦章程，一律妥为安插。现在兵勇尚皆安静，沿途经过地方，民情亦均安堵，堪以上慰宸廑。

除俟应办各事宜清理就绪再行详细奏陈外，所有微臣驰抵伊犁日期，理合附片具陈，伏乞圣鉴训示。谨奏。

军机大臣奉旨：知道了。钦此。①

光绪十二年正月初九日，军机大臣奉旨：知道了。钦此。②

【案】此片具奏日期，原件仅署"光绪十一年"，录副署"光绪十二年正月初九日"。查光绪十二年正月初九日《军机处随手登记档》③刘锦棠折，载有"报四百里，十一年十二月初二日发"等字样。据此，此片具奏日期当为"光绪十一年十二月初二日"，兹据校正。

070. 奏报防勇及各台局光绪十一年春夏实存数目折

光绪十一年十二月十四日（1886年1月18日）

钦差大臣督办新疆事宜尚书衔降一级留任甘肃新疆巡抚二等男臣刘

---

①中国第一历史档案馆藏：《朱批原件》，档案编号：04—01—35—0063—018。又《奏稿》第1269—1270页。
②中国第一历史档案馆藏：《军机录副》，档案编号：03—6050—028。
③中国第一历史档案馆藏：《军机处随手登记档》，档案编号：03—0247—1—1211—195。

锦棠跪奏,为查明新疆防营弁勇及各台局光绪十一年正月起至六月底止实在数目,分别缮具清单,奏明立案,恭折仰祈圣鉴事。

窃臣所部马步诸军暨乌鲁木齐提标土勇,截至光绪十年十二月底止,共计存六十营旗、开花炮队三哨、小马队四哨,及各台局十年分实在各数目,业经遵照部议,分别奏咨在案。

兹据行营粮台详称:安边一旗于上年九月开赴喀什噶尔,改支坐粮,内有照章添补副哨长三员、私夫三名,前案据该旗原册漏未明晰声叙,兹经查明应请于本年勇营新收项下,照章开报。又于本年四月起,新添布政使魏光焘由关内率带出关驻防新疆省城之武威中旗行粮步队一旗。通截至本年六月底止,共存六十一营旗、开花炮队三哨、小马队四哨,合计共额设弁勇二万七百六十八员名,额外营哨官一百一十一员,额外伙夫、长夫、马夫九千九百八十名。此马步各军员弁勇夫之实在数目也。又本年三月起,在于省城添设采运局、柴草局、行营军装局,截至六月底止,原存台局实数以及新收营局日期,分晰开具清单,详请奏咨前来。

臣查安边一旗,自上年九月改支行粮,照章添补额外副哨长三员、私夫三名,前次清单实系漏未开列,应请饬部查明更正,以符营制,余均复核无异。

所有新疆各营局自本年正月起截至六月底止实在数目,除咨部查照外,理合缮具清单,恭呈御览。伏乞皇太后、皇上圣鉴,饬部立案施行。谨奏。光绪十一年十二月十四日。

军机大臣奉旨:该部知道,单二件并发。钦此。①

光绪十二年正月二十二日,军机大臣奉旨:该部知道,单二件并发。钦此。②

071. 呈各台局义学光绪十一年上半年四柱清单

光绪十一年十二月十四日(1886年1月18日)

谨将新疆各台局、义学自光绪十一年正月初一日起至六月底止,缮具

---

①中国第一历史档案馆藏:《朱批原件》,档案编号:04—01—16—0218—068。
②中国第一历史档案馆藏:《军机录副》,档案编号:03—5753—001。

四柱清单，恭呈御览。计开

旧管：

光绪十年十二月底止，实存哈密行营粮台，哈密督催粮运总局，哈密行营军装制办总局，古城屯采总局，巴里坤、吐鲁番二采运分局，哈密柴草局。

叶尔羌、和阗、喀什噶尔、库车、吐鲁番、哈密等处六蚕桑分局。

哈密新城、老城，吐鲁番新城、老城，喀喇沙尔、库车、阿克苏、乌什、英吉沙尔、喀什噶尔回城、汉城，叶尔羌、和阗、古城、迪化州、绥来等十六处保甲局。

哈密、巴里坤、昌吉、吐鲁番、喀喇沙尔、库车、阿克苏、乌什、喀什噶尔、英吉沙尔、玛喇巴什、叶尔羌、和阗等十三牛痘局。

哈密义学五堂，吐鲁番义学六堂，喀库义学四堂，库车义学五堂，阿克苏义学五堂，乌什义学三堂，喀什噶尔义学五堂，玛喇巴什义学三堂，英吉沙尔义学三堂，叶尔羌义学七堂，和阗义学四堂，巴里坤义学四堂，奇台义学四堂，济木萨义学三堂，阜康义学二堂，迪化州义学六堂，昌吉义学二堂，绥来义学四堂，呼图壁义学二堂，共计义学七十七堂。

新收：

光绪十一年三月初一日起，添设新疆省城采运局，又添设柴草局，添设省城行营军装局。查前项添设各局，因行营移驻省垣，需用粮料、柴草、军装、军火等项甚多，不能不设局储备。其粮局、柴草局委员津贴、护勇薪粮、油烛等项，均照章支给。军装局添设办理委员一员、文案收文二员、护勇二十名。此外津贴、工匠均由哈密军装制办总局分拨来省应用。所有薪粮、油烛仍照哈局章程支给。

开除：无项。

实在：

光绪十一年六月底止，实存哈密行营粮台，哈密督催粮运总局，古城屯采总局，省城军装局，巴里坤、吐鲁番、省城三采运局，哈密及省城二柴草局。

叶尔羌、和阗、喀什噶尔、库车、吐鲁番、哈密等六处蚕桑分局。

哈密新城、老城，吐鲁番新城、老城，喀喇沙尔、库车、阿克苏、乌什、英吉沙尔、喀什噶尔回城、汉城，叶尔羌、和阗、古城、迪化州、绥来等处十六保甲局。

哈密、巴里坤、昌吉、吐鲁番、喀喇沙尔、库车、阿克苏、乌什、喀什噶尔、英吉沙尔、玛喇巴什、叶尔羌、和阗等处十三牛痘局。

哈密义学五堂，吐鲁番义学六堂，喀库义学四堂，库车义学五堂，阿克苏义学五堂，乌什义学三堂，喀什噶尔义学五堂，玛喇巴什义学三堂，英吉沙尔义学三堂，叶尔羌义学七堂，和阗义学四堂，巴里坤义学四堂，奇台义学四堂，济木萨义学三堂，阜康义学二堂，迪化州义学六堂，昌吉义学二堂，绥来义学四堂，呼图壁义学二堂，共计义学七十七堂。①

072. 呈新疆兵马数目光绪十一年上半年四柱清单

光绪十一年十二月十四日（1886年1月18日）

谨将新疆楚湘蜀诸军马步各营旗员弁勇丁、夫马各数目，自光绪十一年正月初一日起截至六月底止，缮具四柱清单，恭呈御览。计开

旧管：

光绪十年十二月底止，实存行粮步队十五营十一旗，坐粮步队三旗，土勇步队九旗，行粮马队九营五旗，坐粮马队七旗，土勇马队一旗，总计六十营旗，开花炮队三哨，小马队四哨。实存额设弁勇二万三百九十八员名，实存额外营哨官一百五员，实存额外伙夫四百二十五名，实存额外长夫、马夫九千四百一十六名，实存额马三千九百一十九匹，实存炮车十八辆、车骡四十八头。

新收：

光绪十一年正月初一日起，安边一旗行粮步队照章新添额外副哨长三员，新添额外副哨长私夫三名。查安边一旗原系坐粮，自十年九月初一日起移防喀什噶尔，改支行粮，照章添额外副哨长三员、私夫三名。前次清单漏未列入，应行补报，以符营制，合并声明。

光绪十一年四月初一日起，新添武威中旗行粮步队一旗，照额新添弁勇三百七十员名，新添额外副哨长三员，新添额外公长夫并副哨长私夫一百三十六名。查武威中旗原驻防关内，支放坐粮，于十一年四月初一日起改支行粮，由新疆布政使魏光焘率带出关，驻防乌垣。所有该旗饷项除三

---

①中国第一历史档案馆藏：《清单》，档案编号：03—5753—002。

月以前由关内补发清讫不计外,自四月初一日起归关外,照章支给。

开除:无项。

实在:

光绪十一年六月底止,实存行粮步队十五营十二旗,坐粮步队三旗,土勇步队九旗,行粮马队九营五旗,坐粮马队七旗,土勇马队一旗,总计六十一营旗,开花炮队三哨,小马队四哨。实存额设弁勇二万七百六十八员名,实存额外营哨官一百十一员,实存额外伙夫四百二十五名,实存额外长夫、马夫九千五百五十五名,实存额马三千九百十九匹,实存炮车十八辆、车骡四十八头。

军机大臣奉旨:览。钦此。①

073. 请将袁尧龄补授阿克苏道员缺缘由折
光绪十一年十二月十四日(1886年1月18日)

钦差大臣督办新疆事宜尚书衔降一级留任甘肃新疆巡抚二等男臣刘锦棠跪奏,为新设边疆巡道要缺,遵照章拣员请补,以资整饬,恭折仰祈圣鉴事。

窃新疆南路新设道厅州县各缺,臣前奏请照吉林新章由外拣补一次,业经奉准部复在案。兹查阿克苏兵备道员缺,抚驭蒙部,弹压布鲁特,稽察卡伦,督饬所属水利、屯垦、钱粮、刑名事件,政务殷繁,应作为冲繁疲三项要缺。现值建官伊始,该道以守兼巡,率属绥民,在在均关紧要,非得廉明素著、熟悉边情之员,不足以资整饬。

查有总理臣营营务处二品顶戴盐运使衔浙江尽先题奏道那尔珲巴图鲁袁尧龄,现年五十二岁,安徽泗州直隶州人。咸丰十一年,由文童投效吉字营,帮办营务,于水陆官军迭复江岸各城隘六案并保案内保奏,同治元年六月初一日奉上谕:着以从九品,遇缺尽先即选。钦此。嗣于金陵雨花台解围案内保奏,二年五月初六日奉上谕:着免选本班,以县丞不论双单月遇缺即选。钦此。又于克复金陵省城案内保奏,三年八月二十一日奉上谕:着免选本班,以知县留于浙江,遇缺尽先即补,并赏戴蓝翎。

---

①中国第一历史档案馆藏:《清单》,档案编号:03—5753—003。

钦此。五年八月，经前湖北抚臣曾国荃奏调赴鄂，帮办营务。六年，水陆各军防剿捻逆，迭次猛战，并克复云梦、应城、天门等县案内保奏，是年八月二十三日，军机大臣奉旨：该部核议具奏。钦此。旋经吏部复奏，查蓝翎浙江遇缺尽先即补知县袁垚龄，系奏调到营，此次迭斩贼目，并克复县城，所请加同知衔并换花翎，与例案相符，应请照准，奉旨：依议。钦此。十年，调赴臣军，办理营务，攻破小峡要隘坚垒数十座、径薄西宁府城、立解重围案内随折保奏，十一年十一月二十日奉上谕：着俟补缺后，以同知归军功候补班前先补用。钦此。又于荡平西宁府属回逆、力解府城重围、克复大通县城、肃清边境、安辑回番案内保奏，十三年七月二十九日奉上谕：着赏给四品顶戴。钦此。旋经吏部议复：查该员所请，已逾加衔限制，应改为五品顶戴。是年十二月二十八日具奏，奉旨：依议。钦此。关陇肃清案内保奏，光绪二年二月初四日奉上谕：着免补知县，以同知直隶州知州仍留原省，归候补班前补用，俟补缺后以知府用，先换顶戴。钦此。官军攻拔古牧地坚巢、克复乌鲁木齐等城案内，随折保奏，是年八月十六日奉上谕：着免补本班，以知府仍留原省，归军功候补班前补用，并赏加盐运使衔。钦此。旋署迪化直隶州知州事。次年，因规复南疆，复经臣檄调，交卸回营，办理营务，于剿办安集延、布鲁特、陕回金山股逆获胜案内出力，随折保奏，又经左宗棠奏明剿办安集延各案随折保奖员弁，内有前次克复西四城南疆肃清案内已经拟保官阶，请作为底衔等因。奉旨允准。五年十月十四日奉上谕：花翎盐运使衔浙江补用知府拟保二品顶戴留原省尽先题奏道袁垚龄，着赏给那尔珲巴图鲁名号，并赏给二品封典。钦此。新疆六年边防案内保奏，十年十月初五日奉上谕：着交部照头等军功，从优议叙。钦此。

查该员前在曾国荃行营，涉历有年，深资得力。及臣督师关陇，需人襄理，与曾国荃函商再四，始听臣檄调来营，自是无役不从，备尝艰苦。每遇疑难所在，得该员一言剖断，悉合机宜，才识闳通，而处事务求实际。前署迪化州事，为日无多，而招集流亡，来者日众，设法安抚，条理秩然，至今该处人民犹相称道。

察其体用兼备，实近时不可多得之员，臣前于遵旨保奏人才切实复陈折内，吁恳恩施，破格录用，期于时局有裨，奉旨留中。今拟请补授阿克苏道员缺，衔缺相当。合无仰恳天恩，俯念边疆员缺紧要，准以二品顶戴盐运使衔浙江尽先题奏道那尔珲巴图鲁袁垚龄补授阿克苏兵备道员缺,于地方实有裨益。

是否有当?谨会同陕甘总督臣谭钟麟,恭折具陈,伏乞皇太后、皇上圣鉴训示施行。谨奏。光绪十一年十二月十四日。

军机大臣奉旨:吏部议奏。钦此。①

光绪十二年正月二十二日,军机大臣奉旨:吏部议奏。钦此。②

074.奏报都统升泰奉文丁忧日期折

光绪十一年十二月十四日(1886年1月18日)

钦差大臣督办新疆事宜尚书衔降一级留任甘肃新疆巡抚二等男臣刘锦棠、头品顶戴署伊犁将军塔尔巴哈台办事大臣臣锡纶跪奏,为具报署都统臣奉文丁忧日期,恭折仰祈圣鉴事。

窃据藩司魏光焘详称:署乌鲁木齐都统升泰遣家丁报称:光绪十一年十一月初八日,准兵部咨开:准正黄蒙古旗分咨称:本旗恩杰佐领下革职留任副都统衔内阁学士兼礼部侍郎衔伊犁参赞大臣署乌鲁木齐都统升泰之亲母爱新觉罗氏,于本年九月初十日在京病故等因。升泰系属亲子,例应丁忧,交卸回旗守制,当将都统印信封存,其应行事件,暂委领队衙门代拆代行,报由迪化州申转,详请具奏,并据署乌鲁木齐领队大臣富勒铭额报同前情。

臣等复核无异。所有署乌鲁木齐都统臣升泰奉文丁忧日期,除分咨旗、部存查外,谨会同陕甘总督臣谭钟麟,合词具奏。再,此折系臣锦棠主稿,合并陈明,伏乞皇太后、皇上圣鉴。谨奏。光绪十一年十二月十四日。

军机大臣奉旨:知道了。钦此。③

光绪十二年正月二十一日,军机大臣奉旨:知道了。钦此。④

---

①中国第一历史档案馆藏:《朱批原件》,档案编号:04—01—12—0533—100。又《奏稿》第1279—1286页。
②中国第一历史档案馆藏:《军机录副》,档案编号:03—5207—105。
③中国第一历史档案馆藏:《朱批原件》,档案编号:04—01—12—0533—098。
④中国第一历史档案馆藏:《军机录副》,档案编号:03—5839—020。

075. 奏报都统员缺应否派员护理片

光绪十一年十二月十四日（1886年1月18日）

再，乌鲁木齐都统员缺，前经奉旨裁撤，惟正议归并旗营之际，尚多应行事件。升泰现在丁忧，应否派员护理印务，俾升泰得以迅速交卸回旗。伏候谕旨遵行。谨会同陕甘总督臣谭钟麟，合词附奏。再，此片系臣锦棠主稿，合并陈明，伏乞圣鉴训示。谨奏。

军机大臣奉旨：即着富勒铭额暂行护理。钦此。①

光绪十二年正月二十二日，军机大臣奉旨：即着富勒铭额暂行护理。钦此。②

【案】此片具奏日期，原件目录署"光绪十年九月二十四日"，具奏者为"伊犁将军金顺"，二者皆误。兹据《奏稿》及《军机处随手登记档》③校正。

076. 奏参知县符顺玠私铸银钱请旨革职片

光绪十一年十二月十四日（1886年1月18日）

再，臣前准帮办军务臣张曜咨称：叶尔羌征粮局委员分省补用知县符顺玠行为不端，声名狼藉，将该员撤委，勒令回籍等因。臣复访闻该员有雇用缠民、私铸天罡银钱情事，当饬喀什噶尔道黄光达确查。兹据复称：查明符顺玠从前私铸天罡属实。似此贪鄙荒谬，未便少事姑容，相应请旨将分省补用知县符顺玠即行革职，以儆官邪。

谨附片具陈，伏乞圣鉴训示。谨奏。

军机大臣奉旨：符顺玠着即革职，吏部知道。钦此。④

光绪十二年正月二十二日，军机大臣奉旨：符顺玠着即革职，吏部知

---

① 中国第一历史档案馆藏：《朱批原件》，档案编号：04—01—16—0216—086。又《奏稿》第1277—1278页。
② 中国第一历史档案馆藏：《军机录副》，档案编号：03—5205—062。
③ 中国第一历史档案馆藏：《军机处随手登记档》，档案编号：03—0250—1—1212—020。
④ 中国第一历史档案馆藏：《朱批原件》，档案编号：04—01—12—0533—092。

道。钦此。①

【案】此片具奏日期,原件未确,录副署"光绪十二年正月二十二日"。查《军机处随手登记档》②刘锦棠折,载有"报四百里,十一年十二月十四日伊犁行营发"等字样。据此,此片具奏日期当为"光绪十一年十二月十四日",兹据校正。

077. 开源节流就新疆情形逐条分晰复陈折

光绪十一年十二月十九日(1886年1月23日)

钦差大臣督办新疆事宜尚书衔降一级留任甘肃新疆巡抚二等男臣刘锦棠跪奏,为遵照部议开源节流二十四条,就新疆现在情形逐条分晰复陈,谨缮清单,恭折具奏,仰祈圣鉴事。

窃臣于光绪十一年正月初八日接准部咨:会议开源节流二十四条,令即认真举办等因。准此,窃维时势艰难,饷糈奇绌,部臣统筹全局,规画不厌周详。③而微臣忝任封圻,利弊尤须熟虑。查新疆屯军设戍百有余年,供亿繁多,悉皆取之协济。诚以地居边远,瘠苦异常,朝廷抚驭要荒,非有利于其地也。现虽改设行省,以规久远,然诸凡创始,亦与内地各省事有不同。数月以来,就部议各条,督同司道地方官熟察情形,悉心筹画,其中有亟应照办者,有限于地势实难举行者,有可收效于将来而不能期之旦夕者。兹据藩司魏光焘逐条拟议具详前来。

臣仍当率同僚属,遇事讲求,以期有益民生而渐纾饷力。所有议复各情形,除咨部查照外,谨分晰缮具清单,恭呈御览。

是否有当?伏乞皇太后、皇上圣鉴训示。谨奏。光绪十一年十二月十九日。

军机大臣奉旨:户部知道,单并发。钦此。④

---

①中国第一历史档案馆藏:《军机录副》,档案编号:03—5205—063。
②中国第一历史档案馆藏:《军机处随手登记档》,档案编号:03—0250—1—1212—008。
③《清实录》:"本日,军机大臣面奉慈禧端佑康颐昭豫庄诚皇太后懿旨:醇亲王奕譞奏开源节流宜统核出入款项等语。所筹甚为切当。着户部按照所奏,悉心查核,分列清单,奏明办理。钦此。"
(中国第一历史档案馆藏:《谕旨》,档案编号:03—6613—141)
④中国第一历史档案馆藏:《朱批原件》,档案编号:04—01—35—0987—008。

光绪十二年正月二十九日,军机大臣奉旨:户部知道,单并发。钦此。①

078. 呈筹办开源节流二十四条逐条议复清单

光绪十一年十二月十九日（1886年1月23日）

谨将部议筹办开源节流二十四条,就新疆情形逐条议复,缮具清单,恭呈御览。计开

一、领票行盐,酌定捐输。查新疆地处极边,土瘠人稀,从前并无额设引盐、征收盐课及开办盐法之案。现饬据各属查复,南路缠民多就地取碱,浸以为盐。饮食所需,咄嗟立办。到处有碱,即到处皆盐,色味不佳,而本地习食已惯,不烦购买,应用有余。北路迪化州之土墩、南湖,镇西厅之东西盐池,绥来之海沿子及精河等处,向均产盐。又蒙地西凹庆,向亦产盐。承平时,尚有商人贩运,乱后商贩绝迹,间有脚户携以易换粮食者。然贫民煮碱为盐,与南路大率相等,故来者取值虽廉,行销亦滞。现在南北两路实无从招商领票,酌定捐输。

一、整顿鹾务。查新疆向无额设盐引及各属产盐情形,已于前条陈明。前准部咨:新疆既建行省,所有盐法、茶务、关税、钱法、库储各事宜,均须次第讲求,图经久远等因。当经通饬,认真查办,应俟各属产盐之区查明能否行销畅旺,再行试办征收税课。

一、就出茶处所征收茶课。查新疆向来行销官茶,系归甘肃额引分运发售,课银亦归甘肃,照章征收。自兵燹后,甘肃茶务改引行票,除每引完课厘银四两四钱四分外,复由肃州厘局完纳出口厘金一道。现在哈密设立税局,征收东来货税,将来肃州出口茶厘改由哈密带收,每百斤征银二两。其晋商由归绥道衙门呈请部票。贩运千两、百两等茶在北路销售者,前已议定每引照甘肃完纳课厘银四两四钱四分,兹仍加抽落地税银二两,由古城税局征收,仍不准其侵占南路引地。惟晋商原领部票本系定限一年缴销,现已逾限,应令遵章呈缴,以杜回环冒运,有碍甘引。如该商情愿办茶,即令来甘请票采办,以符定章。

至种茶一节,前准部咨,饬属查复佥称:南北两路从未种过茶树,缘茶

---

①中国第一历史档案馆藏:《军机录副》,档案编号:03—6614—015。

性喜暖，关外雪地冰天，寒冷倍于关内，种植本不相宜。然亦有察其地气较暖请购茶籽试种之处，应俟购买茶籽到日，发属试种，有无成效，随时查明办理。又部咨内称：伊犁地方出产茶斤，官为设局抽税等语。饬据前署伊犁同知上官振勋查明，伊犁所属大西沟、阿敦盖两处，向有一种野树，土人取以充茶，叶大枝粗，味亦远出南茶之下，乱后无人采用。如果将来利有可兴，再行酌办。

一、推广洋药捐输。查新疆向无洋药入境行销，本地所销只有土药一项。现饬哈密、古城两局，按照甘肃土药章程，征收税课。此物久为民害，自未便招商领运。而来者又皆零星小贩，亦无从议及捐输。惟有饬令各该局认真稽查，严防偷漏，以期于税课稍有裨益。

一、推广沙田牙帖捐输。查新疆向无沙田名目，无从推广捐输。至牙帖一项，新疆向无埠头，牙行自来并未领帖，盖以地处极边，无多出产。民间日用所需不过粗布、棉花零星各物。北路多系小铺地摊，南路每逢八栅之期，手提肩负，互相交易，无所谓行。臣现饬委员，会同地方官，查明各该处出产货物，酌令照章纳税。俟试办数年后，果有成效，再当饬令缴捐领帖，以符定例。

一、烟酒行店入资给帖。查新疆并无烟酒行店，无从取资给帖，已于推广沙田牙帖捐输条内缕晰陈明。

一、汇兑商号入资给帖。查新疆初设行省，尚无汇兑商号，无从取资给帖。

一、划定各项减平核减。查新疆初设藩司，一切文武例款均查照定例及现时章程，分别核实支发。内文职各官廉俸、公费、役食各款，查照部议，按十成给发。武职养廉一项，亦照甘肃章程，以十成支发。其余俸薪、疏红、马干、粮料、草折各项，则按甘肃定章，分别核减。以上凡应扣六分减平者，仍扣平支发。向不扣平者，照依部章扣除四分支发。应饬司将一切支发章程专案详由臣咨部，立案备查。

一、严提交代征存未解银两，并严定交代限期。查北路各厅州县，从前交代悉由甘藩司详由陕甘督臣咨部核办。现既改设行省，应自光绪十一年起，由新疆藩司详由臣核咨。遇有交代，应照旧例，定限办理。征存银两饬令随时解清，不准开报存库名目。至南路皆系新设之区，尚未举办交代，且因赋额未定，而收支一切又多与善后军需各款互相牵涉。藩司到任后，正在饬查各款厘定赋额，应俟一切款项厘定章程，再行照例起限办理。

一、严催亏空应缴应赔各款。查新疆尚无应追亏赔案件。此后遇有应缴应赔之案，自当照例分别认真查追，以重帑项。

一、入官产业勒限变价解部。查新疆并无入官产业变价解部之案。

一、酌提漕粮、盐务、盐规余款。查新疆并无漕粮、盐务、盐规余款，无从酌提。此外，牲畜、货物一切税务正在筹办，均令尽收尽解，并无格外余款。

一、裁减厘局经费。查新疆本年四月，于哈密、古城两处设立税局，抽收百货入境税银，能否抽收畅旺，此时尚不可必。另设分卡数处，以便稽查偷漏。事经创始，经费未能画一，应俟办有成效，再按收数多寡，将应需经费酌定章程，咨部查核。此外并无厘局，合并陈明。

一、核减各关经费。查新疆并无关税，从未开支经费。

一、核定各省局员额数、银数。查新疆现设粮台、军装、采运、柴草、保甲、稽查、蚕桑、牛痘各局，前已于关外勇饷杂支章程案内，逐层奏咨立案。其有随时增减者，并饬粮台按季造册，详由臣咨部在案，现时无庸另行核定。

一、随营文武分别裁减及酌定额数、银数。查新疆随营文武各员弁，除七、八两年员数、银数已于前次报销单内分别注明有案外，现经随时裁减，仍于销案内分别造报。

一、酌减内地防军长夫。

一、酌减内地防军口粮。

一、核定内地兵勇饷数。

以上三款，查部文系指内地而言。其关外防军口粮，均经臣历次奏咨有案，现在尚难遽减。至饷数自光绪十一年起，连善后经费每年指拨二百二十万两，已奉部议指拨。长夫一项，拟酌量裁减，以资节省。

一、防军有营房者，不准再领帐棚折价。查新疆防军，筑有营防者，均不领发帐棚，亦无折价之事。如系行营，并无营房，自应发给帐棚。日久或有破损，缴旧换新，不准遗失。

一、确估各项军饷，按年指拨一次。查新疆军饷及善后经费，自十一年起，业经部议，按年指拨，至十三年为止。此两年中，应请毋庸另估请拨。

一、停止不急工程。查新疆北路各厅州县，兵燹之后，旧制荡然，一切应修应补工程甚多，虽历年择要举办，究以饷绌，诸从缺略。南路新设各厅州县应修城垣、衙署各工，势不能缓，前经请定工程经费，而各省报解寥寥，今尚停工以待。现在新设省会，亦系择要兴工，俟饷项稍裕，随时酌量修理。此外不急之工并未举办。

一、各项欠发，勒限清厘。各项预支，分别核办。查新疆自本年藩司到任后，由司核发各项，均经按季给领，尚无欠发款目。其十一年以前欠发之款，应由甘藩司核办。至于欠发勇饷，前经臣奏请专饷，以资补发，业经部议指拨，不在此列。若预支之项，则新疆饷项支绌，从来无此名目。

一、另定各省起运存留。查新疆赋税，各属征收只有粮石，并无丁银。所有各属支款承平时由估拨经费项下开支，无起运存留名目。现在初设行省，一切赋额系全省入款大宗，自应厘定报部立案。现在饬司清查，一俟定案，即行咨部查核。

军机大臣奉旨：览。钦此。①

光绪十二年

001. 特参知府游春泽等贪劣不法请旨革职折
光绪十二年正月十二日（1886年2月15日）

臣刘锦棠、奴才锡纶跪奏，为特参贪劣不法文武各员，拟请旨先行革职，以便彻底查讯，分别惩办，谨合词恭折，仰祈圣鉴事。

窃伊犁逼近强邻，华夷杂处，既须兵力以资镇摄，尤赖文武以效勤勉。善后工程，军营粮饷，尤关紧要，况际此时艰，稍有天良者，宜如何束身自爱，竭诚奉公，乃竟有贪劣不法，胆大妄为，如金顺所委用之文武各员者，奴才等先后驰赴伊犁，沿途具控各员者已不下数十纸。比抵伊犁后，细为察访，证以目击耳闻，其贪妄竟有出于情理之外者。奴才固不敢遇事吹求，邻

---

①中国第一历史档案馆藏：《清单》，档案编号：03—6614—016。

刻薄之习；亦不敢曲为回护，博宽厚之名。

除清厘欠饷、裁并各营另案会奏外，兹查有总理营务处办理善后事务花翎江苏尽先题奏知府游春泽，专事欺蒙，招权纳贿，办理善后，诸多捏报，侵吞公帑，玩视边防。记名副都统伊犁驻防满洲正白旗协领和陈泰，居心贪鄙，朋比为奸，办理善后账目，与游春泽同谋侵蚀，诸务废弛。知府衔甘肃补用直隶州知州李永祜，行为卑鄙，遇事贪婪，办理城工，专务欺饰，逢迎献媚。管理饷局二品顶戴陕西遇缺题奏道伊伯德恩巴图鲁王金海，变乱饷章，罔顾大局，封殖取媚，激变军心。游击衔四川提标补用都司万铭，贪黩营私，行同市侩。管理支发粮局花翎甘肃补用直隶州知州许文，居心刁狡，借公肥私，勒领腐粮，致激兵变。副将衔尽先即补参将业普崇额巴图鲁周元庆，出身微贱，令色巧言，恃势招摇，贪赃巨万。伯都讷正白旗佐领花翎副都统衔尽先协领云骑尉贵庆、游击衔尽先即补都司骠勇巴图鲁李占奎，弄权嫁祸，倚势贪赃，狼狈为奸，商民切齿。

以上九员皆属劣迹昭著，众怨所归。值此伊犁方资整顿之时，若不彻底严行查办，将何以伸士气而儆效尤！奴才等往返商酌，意见相同，拟请旨将游春泽、和陈泰等九员均拔去花翎，先行革职；王金海、周元庆、李占奎等三员，并请注销勇号，以便彻底严行查讯，分别惩办。惟周元庆甫闻金顺解任之信，自知积愤多端，意图狡脱，即求奏请开去伊犁镇标右营都司之缺，于上年九月间雇车，由俄国取道恰克图，潜匿张家口、归化城、包头一带。查该员舞弊弄权，怨声载道，拟请敕下库伦大臣、张家口都统、绥远城将军、山西、陕西巡抚通饬所属，毋论该员行抵何处查获，押解来伊，归案审办。至王金海等八员先俱经请假、请咨，现已欲陆续动身。奴才等拟一面参劾后，一面发交抚民同知看管，听候传讯。其余尚有应行查办之员，俟访有实在不法情迹，再行陈请办理。

奴才等为慎重帑项、整饬官常起见，是否有当？谨会同陕甘总督臣谭钟麟，恭折具陈，伏祈皇太后、皇上圣鉴训示。再，此折系奴才锡纶主稿，合并声明。谨奏。光绪十二年正月十二日。

军机大臣奉旨：另有旨。钦此。①

---

①中国第一历史档案馆藏：《朱批原件》，档案编号：04—01—12—0534—009。

光绪十二年二月十八日,军机大臣奉旨:另有旨。钦此。①

【案】此折于是年二月十八日得旨:

壬午,谕内阁:刘锦棠、锡纶奏参贪劣不法文武各员一折。江苏尽先题奏知府游春泽,专事欺蒙,招权纳贿;伊犁驻防满洲正白旗协领和陈泰,居心贪鄙,朋比为奸;甘肃补用直隶州知州李永祐,行为卑鄙,遇事贪婪;陕西遇缺题奏道王金海,变乱饷章,罔顾大局;四川提标补用都司万铭,贪黩营私,行同市侩;甘肃补用直隶州知州许文,居心刁狡,藉公肥私;尽先即补参将周元庆,恃势招摇,婪赃巨万;伯都讷正白旗佐领贵庆、尽先即补都司李占奎,狼狈为奸,商民切齿。均着拔去花翎,先行革职。王金海、周元庆、李占奎并着注销勇号,以示惩儆。仍着刘锦棠等将该革员等贪劣各节彻底严行查讯具奏,分别惩办。

谕军机大臣等:刘锦棠、锡纶奏参贪劣各员请先行革职查讯一折,本日已明降谕旨,将游春泽等九员先行革职,令刘锦棠等查讯分别惩办矣。惟据称参将周元庆于上年九月间雇车由俄国取道恰克图,潜匿张家口、归化城、包头一带,请饬查拿等语。着克蒙额、绍祺、那逊绰克图、刚毅、鹿传霖通饬所属,无论该员行抵何处,严查务获,解赴伊犁归案审办。将此各谕令知之。②

002. 恳饬部指提有着实饷分限解甘缘由折
光绪十二年正月二十一日(1886 年 2 月 24 日)

钦差大臣督办新疆事宜尚书衔降一级留任甘肃新疆巡抚二等男臣刘锦棠跪奏,为臣军欠饷未清,就地艰于设法,仍乞天恩饬部,指提有着实饷,分限解甘,以慰军心而资清理,恭折仰祈圣鉴事。

窃臣前奏遵将臣军欠饷截算至光绪十年止,请旨饬部于光绪六年以后各省积欠西征协饷内,指提银二百八十五万两,分年解济,以资清理。经部臣议准,指拨浙江省银一百八十五万两、福建省银三十八万两、广东省银五十六万两、闽海关银六万两,匀分三年报解,截至光绪十四年年底止作为限

---

①中国第一历史档案馆藏:《军机录副》,档案编号:03—7389—004;03—7389—005。
②《德宗景皇帝实录(四)》,卷二百二十四,光绪十二年二月,第28页。

满，并条举变通办理三法，咨行到臣。兹复准部咨开：议复陕甘督臣谭钟麟奏请将前项拨款改由江苏筹解一折。① 江苏物力并非有余，仍应查照前奏变通办法，切实筹画，以求自立等因。奉旨：依议。钦此。

臣维饷者师徒之大命，非此则无以行军。饷者将帅之微权，非此亦无以示信。此次臣军欠饷经部指拨的款，何容置议？即难照督臣之请，而仍就原定各省关指拨的款，臣亦何容置议？惟变通三法有难期速效者，臣敢不缕晰陈之。

臣自督师出关，迄今十有余载，仰赖朝廷威福，南北两路次第荡平，申画郊圻，以为郡县。而臣军将士半皆募自湖湘，风土异宜，好尚异俗。故虽全疆底定，劳逸迥殊，而展转怀归，不能禁止。前次酌裁老勇，臣即拟由甘肃另募防军，诚念甘肃之与新疆本为一省，以甘肃之民充新疆之勇，譬犹使一家之父子，自卫其门庭，其俗易安，其情常顺，由是渐裁行饷，改发坐粮。旧有各军愿去者，遂其归思；愿留者，编为新伍。转移于不觉，操纵于无形，节饷筹边，莫便于此。然非发清欠饷，实未能遽改坐粮。

部臣谓既改坐粮，即可以后此节省之饷银，补发前此之积欠。是欲使未清旧欠先改坐粮，不知臣所部各军思归久矣。照常发饷尚难安其心，一改坐粮，势必纷纷求去，欲去而发清存饷，听其去可也。欲去而无银可发，势必留之勉强，留之而不能得力，又将何以为计？部臣谓从来欠饷不必专在勇丁，宜令统领营官报捐改奖。查臣军欠饷，在勇丁者恒多，在统领营官者恒少。即统领营官随臣有素，不难晓以大义，酌令捐输。然非筹发实银，臣亦何由提劝？银归实发，则捐自易行，譬如献貑者，必先使私有其豵，人各遂其私，则公尔之心自出也。

部臣又谓新疆幅员万里，物产丰盈，宜就地取资，以期弥补。查上年接准部咨，发到筹饷章程二十四条，当经臣督同司道，悉心查核，逐款陈明。大抵新疆患不在贫而在于寡，诚使从容不迫，招徕日多，庶几乐事劝功，官收其利。譬如种树，灌溉于数年之前，而得荫常在数年之后。圣明在上，何敢取近功？是三法者，将来自可取资，而未可以为事前之张本也。

臣诚知各省之饷力已殚，部臣之筹画已尽。然以新疆目下情形而论，

---

① 详见光绪十一年八月二十一日陕甘总督谭钟麟奏请由江南筹饷指拨刘锦棠所部各军缘由（中国第一历史档案馆藏：《军机录副》，档案编号：03—6613—017；《谭文勤公奏稿》，第723—724页）。

譬如婴儿学步,骨殖犹未坚强,若非保抱携持,势必立见倾仆,臣无论矣,如大局何？再四思维,惟有仰恳天恩饬部,仍就应拨欠饷,各省关靠实指提,分限解甘,俾臣得及早清厘,以便陆续改照坐粮,妥为布置,边事幸甚。

所有臣军欠饷急待清厘,就近艰于设法各情形,谨会同陕甘总督臣谭钟麟,恭折具奏,伏乞皇太后、皇上圣鉴训示施行。谨奏。光绪十二年正月二十一日。

军机大臣奉旨:户部速议具奏。钦此。①

光绪十二年二月二十七日,军机大臣奉旨:户部速议具奏。钦此。②

003. 奏报关外营饷杂支章程再按部议登复折

光绪十二年正月二十一日（1886年2月24日）

钦差大臣督办新疆事宜尚书衔降一级留任甘肃新疆巡抚二等男臣刘锦棠跪奏,为甘肃关外营饷杂支各项章程,谨再按部议,逐款据实登复,吁恳天恩饬部立案准销,以昭核实,恭折仰祈圣鉴事。

窃臣准户部咨:复核甘肃关外防营口粮及杂支章程一折,光绪十一年六月初二日具奏,奉旨:依议。钦此。钦遵。钞单知照到臣。伏查部臣原奏,有曰在未定章程之先已支者,分别准销。既定章程之后应支者,自当照办。是部臣期于搏节,而未尝刻以相绳综核,一秉至公,臣亦何容更计？惟其中窒碍难行之处尚有数端,利弊所关,实难迁就。臣与粮台司道再四筹商,思之至熟,敢不据实再敬陈之。

部议步队行粮副哨长日支银两及马队行粮月支银两,均与楚军旧制不符,饬仍照旧办理。查西征楚军马步营制,经原任陕甘督臣左宗棠核定,内步队副哨长日支银二钱六分六厘六毫六丝六忽,外加私夫一名。核比旧制名虽多银六分有奇,实则少夫一名。通盘合算,原与旧制支银有减无增。今私夫业经遵照部议裁减,所有该副哨长口粮银两,应恳照旧支销,以昭平允。其步队公长夫、子药夫之外,每队各有棚夫,马队则每勇各准马夫一名,外无棚夫,牧养裹带,均资其力。立法原至周详,历经遵办奏销在案。

---

①中国第一历史档案馆藏:《朱批原件》,档案编号:04—01—01—0956—062。又《奏稿》第1305—1310页。

②中国第一历史档案馆藏:《军机录副》,档案编号:03—6100—070。

至马队坐粮章程，经臣改为两马一夫，实已省而又省。其每马照章月支杂费银六钱，专为添补鞍屉、羁线、铁掌各项之用。如关外长途戈壁，物价昂贵，马掌每副需银三四钱不等，月换一次，断不能少。其余鞍屉各物添新补旧之费，无月不有。马勇口粮有限，难任赔垫。若坐粮马队杂费，业经臣核减一半，为数更属无几。今部议饬照旧制，则马夫、杂费二项概应删除。度理揆情，实多不便。所有马队行粮每大建月支银三千一百余两，应恳天恩饬部核准，照旧支销。

其余核驳之夫银、薪公、杂支等项，均遵部议。截至光绪十年十二月底止，以前已支之款，无从追缴，应恳天恩准予照旧开销。以后自十一年正月起，概照新章办理。其义学、牛痘经费，分别在于善后项下动支添给，请免专案造销。据办理粮台藩司魏光焘等具详前来。

臣复核无异。谨按款缮具清单，恭呈御览。除咨部查照外，谨恭折具奏，是否有当？伏乞皇太后、皇上圣鉴训示。谨奏。光绪十二年正月二十一日。

军机大臣奉旨：户部议奏，单并发。钦此。①

光绪十二年二月二十七日，军机大臣奉旨：户部议奏，单并发。钦此。②

004. 呈部议支发饷项及杂支章程逐款登复清单

光绪十二年正月二十一日（1886年2月24日）

谨将部议新疆支发各军营旗饷项及一切杂支章程，逐款登复分晰，缮具清单，恭呈御览。计开

一、部议楚军营制，步队行粮旧制副哨长日支银二钱，今日支银二钱六分六厘六毫六丝六忽，计多银六分有奇。每营用长夫一百八十名，今用长夫一百九十二名，计多夫十二名。营官公费、医生各费在内等因。查正副哨长加给私夫十二名，缘由前经臣据实复奏在案。兹部议仍令删除，惟截至十年十二月底止，以前已发之款，无从追缴，应请照旧报销。自十一年正月起，即遵照删除。如有征调，另行核议。其各副哨长日支银两，计多六分

---

①中国第一历史档案馆藏：《朱批原件》，档案编号：04—01—01—0956—063。又《奏稿》第1311—1316页。
②中国第一历史档案馆藏：《军机录副》，档案编号：03—6100—071。

有奇一节。查原任两江督臣曾国藩核定湘军旧制，正哨长每名日支银三钱，外加私夫三名，每名日支银一钱，合计月支银十八两。副哨长每员日支银二钱，外加私夫二名，每名日支银一钱，月支银十二两。原任陕甘总督臣左宗棠核定楚军营制，正哨长每员日支银三钱，外加私夫二名，每名日支银一钱，月共支银十五两。副哨长每员日支银二钱六分六厘六毫六丝六忽，外加私夫一名，日支银一钱，月共支银十一两。虽与旧制不符，而通盘比较，实于旧制有减无增。兹私夫既经部议删除，该副哨长日支薪粮银只有此数，若再核减，实属不敷应用，应请仍旧支给。至营官公费内本无医生名目，截至十年底止已支之款，应请核销。自十一年正月起，各营医生工食应不另支。其与营制无涉者，仍另款开报。

一、部议步队每旗多夫十二名等因。查每旗正副哨长私夫九名，均照营章。截至十年底止已支之款，应请核销。自十一年正月起，遵照删除。其亲兵步队每棚长夫三名一节。查部议谓旧制亲兵每劈山炮队用长夫三名，刀矛小枪队用长夫二名。今亲兵队概用长夫三名，计多夫三名等语。伏查关外遵用原任督臣左宗棠核定营制，内开亲兵队每棚长夫三名，内劈山炮二队，共加长夫二名。是每旗亲兵队每棚长夫本系三名，而比照营制，劈山炮队尚应加夫一名。兹应加一名之饷，只由旗官公夫内匀给，不另开支，已较营制有减无增。所有前项亲兵队长夫三名，实系照章，应请照旧支给。至于坐粮步队每营多夫十二名，每旗多夫九名，均已于行粮款内声明。截至十年底止已支之款，应请核销。自十一年正月起，遵照删除，按行粮步队一律办理。

一、部议马队行粮月支银两与楚军旧制不符等因。查原任两江督臣曾国藩原定马队营制，每营月支银二千二百五十四两三钱，有无外支之款，无从查悉。惟关外遵用原任督臣左宗棠核定营制，部议谓与旧制不符者，一以无公长夫、马夫，一以杂费、马干不另开支，一以无领旗先锋名目，前经臣将变通增减情形据实奏陈在案。兹查旧制每勇日支银二钱四分，综计月支银七两二钱。关外现章，每勇日支银一钱四分，又每马一匹，日支草干银一钱，综计亦月支银七两二钱，数目相符。旧制未提干银名目，是否即以干银统在马勇日支口分之内，抑或另发草料，无从查悉。其较旧制所多之马夫、杂费二项，在定章之始，盖以步队营制，公长夫、子药夫之外，每棚仍有长夫。马队则仅给公长夫，外无棚夫，况马队利在驰骋迅速，所需刍粮不能令其驮负，故每勇准给马夫一名，出队可任裹带，收队可司刍秣，勇丁藉资休息，养其精锐，而战马亦无疲乏之虞。坐粮则减为两马一夫，已属从省。此马夫之不能核减者也。若杂费银两，专为添补铁掌、鞍屉、笼头、皮条、缰带各项之用。关外戈壁长途，遍地沙石，每马每月向换铁掌一次，需价银三四钱不等。若开差出队，马掌尤易剥落，而鞍屉、笼头、皮条、缰绳等项，遇有损坏，亦应随时买补，方能适用。马勇口粮月仅四两二钱，与步勇相等，前项杂费计月支银六钱。通年牵算，仅勉强敷用，亦间有不够支销勇自赔垫者。坐粮则减半支给，尤属无多。此杂费之不能核减者也。东南与西北地势迥殊，关外较内地情形更苦，士卒远戍边荒，哨探梭巡，动辄奔驰数百里。若必节此用费，该勇等既任驰驱，又司刍牧，一日之内将无喘息之时，而口粮所入，日用又复难支，何能作其锐气，俾成劲旅？现虽边圉安静，而强邻逼处，奸宄潜窥，防范正宜严密。养有用之兵，为缓急之备，揆时度势，实难议裁。所有马步行粮、坐粮马夫杂费，拟恳仍旧支给。至公长夫一项，十年底已支之款，应请核销。自十一年起，遵照删除。

一、部议开花炮队薪粮按步队行粮或加倍或加半支给，已属优厚，难以再行议加，应令仍照奏定章程办理。如将来有出征外域之事，再按该大臣原议支给，以励戎行等因。查开花炮队薪粮，本系循照原任督臣左宗棠原定章程支给。该各炮队现分驻喀什噶尔、阿克苏、乌鲁木齐等处，远戍绝塞，与出征外域无异，本属难以议减。惟既奉部议，应请截至十年底止已支之款，照旧报销，自十一年正月起，遵照新章办理。

一、部议统领统费、长夫，查楚军旧制，军中浪费最忌官员太多、夫价太多。原奏章程系照旧制办理，惟将长夫裁去，今拟长夫一项，仍准其照定章支给。至于统领按人数多寡加给统费、长夫，旧章亦有限制，应请仍照奏定章程办理等因。查楚军旧制，除每营设立营官管带外，仍按营旗多寡，另设统领一员，俾资统帅。按所统勇数，酌给统费、长夫。现在专事操防，事务稍简，应请裁至十年底止，已支之款仍旧报销。自十一年起，遵照新章办理。如有征调，再行核议。

一、部议营务处一员事务较繁，应如该大臣原议，月支公费银二百两。如有兼差，不得重支。查楚军旧制，营官公费一项，帮办及管账目、军装书记、医生、工匠薪粮均在其内，该分统各员按前条分别所统勇数多少，加给统费。所有文案支应、书识薪水即应在内开支，自不得于统费之外另开薪水、公费。小马队口粮应准照前条马队行粮章程支给。应用火夫，照章按哨官一员火夫一名，什长、散勇十一名共用火夫一名等因。查总理营务处一员分统五员薪公、公费，惟故道罗长祜总理营务，兼充分统。该故道营务薪公及分统薪公、公费，截至是年二月底止。其余营务分统薪公、公费暨小马队口粮，截至十年底止已支之款，请照成案报销。自十一年正月起，遵照新章办理。医生工食已于马步营旗款内声明。惟军装局、军火局所用修整工匠，另行开报，不与营制相涉。

一、部议各军营台局差遣文武各员弁应支薪水，照关内章程，量为加增。应令仍照奏定章程办理。新疆军务久平，一切委员亟应裁撤。现在所存台局各若干、委员各若干，应令遵照奏案，大加裁减，酌定额数，报部查核等因。查关外物价昂贵，较之内地奚啻倍蓰。各员弁久役边关，与内地当差劳逸迥殊，本难议减。惟值此饷源支绌，自应力图节省。自十一年正月起，遵照部议办理。局站委员数目，均经陆续裁减，随时报明有案，合并陈明。

一、部议督催粮运总局、屯采总局、采运局及柴草局站经承、贴写、字识，均应裁撤。纸张、笔墨、油烛银两，亦无庸开支。至粮台及军装硝药局经承、贴写，应比照则例，书吏日支京斗粟米八合三勺，月支银四两八钱，扣建支给等因。查各局站经承、贴写工食、纸张、笔墨、油烛银两，有已截至九年底止，酌量陆续裁撤，归地方官办理，均经奏咨在案。其九年十二月底止，从前已支之款，请照原议报销。其未撤之粮台、军装、制办、督催、粮运及屯采、采运总分各局经承、贴写、字识工食，截至十年十二月底止已支之款，请照原议报销。自十一年正月起，遵照则例，书吏米银数目扣建支给。

一、部议各台局需用护勇、缠回字识、通事、翻译若干名，酌定额数等因。查护勇、缠回字识、通事、翻译，各台局自七年正月起陆续裁减。截至八年十二月底止销案内，均经报明在案，理合登明。

一、部议如仓夫、斗级工食必不可少，应令按照楚军长夫坐粮章程，日支银八分等因。遵照截至十年底止已支之款，请照成案报销。自十一年正月起，按照楚军长夫坐粮章程支给。

一、部议保甲、蚕桑各局文武员弁、经贴、护勇杂色人等薪粮，并酌给纸张、笔墨、油烛，应将现存几局委员若干、杂色人等若干，分别再行裁减，酌定额数报部，应需纸张、笔墨、油烛银两，应如原议十二两及八两支给。委员薪水、经承、贴写、字识、通事，应照前款核定之数支给。所有保甲、蚕桑各局护勇，应行删除。截至光绪十二年十二月底，一律全裁，即归地方官办理等因。遵查现存保甲、蚕桑各局数目，均经报明有案。护勇未便遽裁，截至十二年底止护勇口分，请照原单报销。自十一年正月起，按照楚军长夫坐粮章程，日支银八分，截至十二年十二月底止，能否一律全裁、改归地方官办理之处，届时酌量办理。

一、部议义学经费应查明房租、杂税是否敷用之处，报部查核。如有不敷，即在善后经费内动支，毋庸由军需款内添给，以免牵混等因。查义学现设七十七堂，应需经费七、八、九等年已支之款暨征获房租、杂税，概由军需报销单内分别收支。惟房租、杂税本属无多，实难敷用。自十年正月起不敷之款，遵照在于善后经费内，动支添给，统归善后报销，请免专案造报。

一、部议采运粮料情形，查各营现在无事，尽可令长夫自行搬运，并屯田自给等因。查关外戈壁长途，动辄数百里，势不能使长夫自行搬运。现虽兴修屯垦，然各营驻扎之地，不尽可耕之地，应用粮料有必资采运者。此项运费未便一概议裁。

一、部议医生薪工应由各营公费内发给。再，查军需例载：医生每名月支工食银三两，跟役一名月支盐菜银五钱。医生、跟役每名日支米八合三勺。所有各台局医生应令照例支给，并酌定额数，报部查核等因。查营制公费内向无医生名目，已于前款声明，截至十年底止已支之款，应请核销。自十一年正月分起，各台局医生遵照军需则例支给开报。

一、部议关外传种牛痘医生工食、跟役，应如原奏办理。查各台局医生工食，定章在公费内支给，已于前款声明。至各台局医生，查伊犁将军原奏章程，照例岁支银六十两，原议照军需则例支给之处，应毋庸议。关外种痘系属创始，痘医跟役照通事、火夫一体支给，原议跟役二名之处，应暂如所议办理。撤局时停支。痘局经费既经通饬妥议，俟议复再行核办等因。查各局医生跟役工食，已于前款声明，自十一年正月起，遵照则例办理。至痘局暂难裁撤，痘医工食、跟役既照原议办理，经费自应照支。已据各厅州县议复，请暂由善后经费内支销。俟二三年后，种痘之法流传既广，或裁或留，或就地筹款，届时再行核议。

军机大臣奉旨：览。钦此。①

005. 奏为御赏福字荷包等物谢恩折
光绪十二年二月十二日（1886年3月17日）

钦差大臣督办新疆事宜尚书衔留任甘肃新疆巡抚二等男臣刘锦棠跪奏，为恭谢天恩，仰祈圣鉴事。

窃臣于光绪十二年正月二十九日承准军机处咨开：年终恩赏福字荷包、银钱、银锞、食物等项，交兵部由驿驰递到臣。当即恭设香案，叩头祗领讫。

伏念臣幸际昌期，愧无报称。望北辰于万里，赋天保以弥殷；处西域者十年，物土宜而未辨。兹以始和布令，庆赐遂行。昭云汉以摛文，衍箕畴而赐福。缀服耀缨缕之色，宠重银章；登筵增匕鬯之光，珍颁玉食。臣惟有谨加什袭，时懔素餐。劝戎所以农桑，务安鸿雁；戴尧天之日月，上颂鸳鸯。

所有微臣感激荣幸下忱，谨缮折恭谢天恩，伏祈皇太后、皇上圣鉴。光绪十二年二月十二日。

军机大臣奉旨：知道了。钦此。②

光绪十二年四月初四日，军机大臣奉旨：知道了。钦此。③

006. 代奏哈密回子亲王谢年终恩赏折
光绪十二年二月十二日（1886年3月17日）

钦差大臣督办新疆事宜尚书衔降一级留任甘肃新疆巡抚二等男臣刘锦棠跪奏，为据情代奏，恭谢天恩，仰祈圣鉴事。

窃臣据哈密札萨克回子亲王沙木胡索特呈到满文，饬据译称：光绪十二年正月初十日，接奉军机处咨到满文，内开年终恩赏荷包、银锞、银钱、食

---

①中国第一历史档案馆藏：《清单》，档案编号：03—6104—075。再，此清单未署具呈者，具呈日期亦未确，兹据内容判定为04—01—01—0956—063号折附件。
②中国第一历史档案馆藏：《朱批原件》，档案编号：04—01—12—0534—060。又《奏稿》第117—119页。
③中国第一历史档案馆藏：《军机录副》，档案编号：03—5208—014。

物等件，交兵部由驿递到。当即望阙碰头，敬谨承领。伏以微生多幸，大造无私，备万里之藩封，荷重九之珍赐，益惭僻陋，未报涓埃。所有感激荣幸下忱，呈请代奏前来。

臣查此案向由哈密办事大臣代奏，现在办事大臣员缺奉旨裁撤，臣理合据情代奏，恭谢天恩，伏乞皇太后、皇上圣鉴。谨奏。光绪十二年二月十二日。

光绪十二年四月初四日，军机大臣奉旨：知道了。钦此。①

007. 新疆命盗重案难照内地旧制遵部议拟折
光绪十二年二月十二日（1885年3月17日）

钦差大臣督办新疆事宜尚书衔降一级留任甘肃新疆巡抚二等男臣刘锦棠跪奏，为新疆命盗重案碍难照内地旧制，并遵部议拟办缘由，恭折具陈，仰祈圣鉴事。

窃臣准刑部咨开：议奏嗣后新疆命盗等案应照例定拟罪名，专折奏明请旨，俟奉准部复：将应行立决人犯，再行处决。应入情实缓决各犯，归入秋审办理。其遣军流徒各犯，即于南北互相调发等因。奉旨：依议。钦此。仰见朝廷明慎用刑、矜恤庶狱之至意，臣自应恪遵办理。

惟新疆情形与内地迥别，蒙回杂处，种类繁多，泯泯棼棼，罔知畏法。加之地方辽廓，稽查难周，游勇潜踪，动辄滋事，若辈视抢劫杀人以为故常。臣前于命盗案件奏请变通办理，原期辟以止辟。而数年来，劫杀之风犹未尽息，盖习染既深，非旦夕所能丕变也。查例载：新疆地方兵丁、跟役如有白昼抢夺杀人及为强盗等事，该办事大臣审实，一面奏闻，一面就地正法等语。是新疆命盗案件承平之时已与内地立法不同。

又查关内各直省近年游勇抢劫杀人等案，皆系就地正法，尚未规复旧制，况关外诸凡草创，新设州县，监狱未备。若以亡命死囚久拘缧絏，设有疏失，逃入邻境，为患滋深。揆诸现在情形，碍难遵照内地旧制。合无仰恳圣明垂察，准将凌迟、斩、绞立决及秋审例实入勾各犯，仍照变通章程办理，按季摘由奏报，咨部立案。俟数年后，再行体察情形，奏请办理。此外斩、

---
①中国第一历史档案馆藏：《军机录副》，档案编号：03—5208—015。

绞监候入缓人犯,照例应归秋审。惟新疆所属州县距省远者五六千里,长途解犯,匪特易滋疏失,且恐尸亲、人证拖累难堪。若仅凭州县爰书,又虑近于简率。再四思维,惟有责成该管州道,层递加看,如案情未确,拟罪未协,均就近提审。统咨兼按察使衔镇迪道复核转详,再由臣按例定拟,庶于变通之中仍寓慎重之意。

刻下案犯既未便照例解勘,则秋审自难举行,拟请照内地旧事秋审之例,届时造具罪犯清册,咨送刑部核议,内有改流及仍应监候者,均候部复祇遵。至此项斩、绞监候、秋审入缓各犯,原拟监禁五年、四年,折责省释,诚如部议,未免过轻。拟将此项人犯及遣军流徒各犯,嗣后均按例定拟,随时分别奏咨,听候部复办理。其遣军流徒等犯,亦遵照部议,南北互相调发,仍按罪名之重轻,定地方之远近,以昭平允而示区别。据藩司魏光焘、署镇迪道兼按察使衔英林议拟,详请具奏前来。

臣复核无异。所有新疆命盗重案碍难遽复内地旧制并遵部议拟办缘由,谨会同陕甘总督臣谭钟麟、署伊犁将军臣锡纶,恭折具陈,伏乞皇太后、皇上圣鉴训示施行。再,乌鲁木齐都统臣升泰现在丁忧,故未列衔,合并陈明。谨奏。光绪十二年二月十二日。

光绪十二年三月十九日,军机大臣奉旨:着照所请,刑部知道。钦此。①

【案】据原件及《军机处随手登记档》②,此折具奏日期当为"光绪十二年二月十二日",《奏稿》误。《清实录》:

壬子,谕军机大臣等:又奏,新疆命盗重案,暂难遵照部章,请于变通之中,仍寓慎重之意,分别情形办理。从之。③

008. 奏报古城守尉拟由抚臣兼辖请旨简放折

光绪十二年二月十二日(1886年3月17日)

钦差大臣督办新疆事宜尚书衔降一级留任甘肃新疆巡抚二等男臣刘锦棠、头品顶戴署伊犁将军塔尔巴哈台参赞大臣臣锡纶跪奏,为新设古城

---

①中国第一历史档案馆藏:《朱批原件》,档案编号:04—01—01—0956—040。又《奏稿》第1037—1041页。
②中国第一历史档案馆藏:《军机处随手登记档》,档案编号:03—0250—1—1213—075。
③《德宗景皇帝实录(四)》,卷二百二十五,光绪十二年三月,第42页。

城守尉遵照部议会商，拟由抚臣兼辖，并请旨迅赐简放，以专责成，恭折仰祈圣鉴事。

窃照光绪十一年十一月二十八日准兵部咨：遵旨议复刘锦棠等奏，请将巴里坤等处满营归并古城，并添设城守尉一折。古城地当冲要，旗营归并于此，自不可无专员钤束以专责成。该处本有领队等官，业已奉旨裁撤。应如该抚等所请，准其添设城守尉一员。其佐领、防御以下应否仍旧，及新设城守尉归于何处管辖，应请旨饬下伊犁将军、新疆巡抚，体察道里形势，会商奏明办理等因。奉旨：依议。钦此。钦遵咨行前来。

窃维设官分职，国家自有常经，臣等何容置议！惟新疆事经创始，无可率循。此次议设城守尉，尚未酌定由何处管辖，经部臣议令臣等会商具奏，敢不悉心以熟筹之？查古城为新疆东路，距省四百余里，声息相通。伊犁在其西二千余里，山川绵亘，中隔数城，文报往来，动需时日。以道里形势而论，远近判若不同。臣等往复函商，意见相合，拟请将新设古城城守尉援照河南及山西太原城守尉之例，归于新疆巡抚臣兼辖。是否有当？伏候圣明采择。

现在领队等官既已奉旨裁撤，各旗营兵丁诚不可无专员钤束，且归并古城之议发已经年，各旗营计日待迁，亦不容再缓。新设城守尉员缺，蒙恩俞允，应请旨迅赐简放，以便各旗营得以从速迁移。至佐领、防御等官应否仍旧，俟城守尉到任，再行会商核办。其各旗营兵丁花名清册，现饬分别造报，俟造赍到日，再当送部备查。

所有新设古城城守尉遵议会商拟由抚臣兼辖各缘由，谨会同陕甘总督臣谭钟麟，合词具陈，伏乞皇太后、皇上圣鉴训示。再，此折系臣锦棠主稿，署乌鲁木齐都统臣升泰现在丁忧，故未列衔，合并声明。谨奏。光绪十二年二月十二日。

军机大臣奉旨：着照所请。兵部知道。钦此。①

光绪十二年三月十九日，军机大臣奉旨：着照所请。兵部知道。钦此。②

---

①中国第一历史档案馆藏：《朱批原件》，档案编号：04—01—12—0534—079。又《奏稿》第1321—1324页。
②中国第一历史档案馆藏：《军机录副》，档案编号：03—5753—011。

009. 奏为恳发奇台县属春赈缘由折

光绪十二年二月十二日（1886年3月17日）

　　钦差大臣督办新疆事宜尚书衔降一级留任甘肃新疆巡抚二等男臣刘锦棠跪奏，为新疆奇台县属上年被旱成灾各户，拟恳续发春赈，以资接济，恭折仰祈圣鉴事。

　　窃奇台县属上年被旱成灾地亩应征额粮，业经臣奏恳天恩，概予豁免，并声明极贫、次贫分别给赈，今春应否接济，届时熟察情形，斟酌核办在案。兹查该县灾民上冬所谓次贫者，入春以来，亦转为极贫。其原系极贫各户，至今尤无生计，待哺嗷嗷，情堪悯恻。若不妥为抚恤，势必陆续逃亡。伏读上年十月初三日上谕：各省有无被灾地方应行调济抚恤之处，着该将军、督抚等一并查奏，候旨施恩等因。钦此。① 仰见皇上轸念灾黎至意，钦感莫名。

　　兹奇台县被灾户民情形，实属困苦，自应仰体皇仁，妥筹接济。拟自本年正月初一日起，按大小丁口通赈三个月食粮，饬由该县督察监放，严杜冒滥侵蚀等弊，务期实惠及民。此项赈粮仍由仓储项下动支，事竣核实造报。据藩司魏光焘详请具奏前来。

　　臣复核无异。合无仰恳天恩俯念该县灾民困苦，准予通赈三个月食粮，俾资接济，出自逾格鸿慈。

　　所有查明奇台县属被灾户民拟恳续发春赈缘由，是否有当？谨会同陕甘督臣谭钟麟，恭折具陈，伏乞皇上圣鉴训示。谨奏。光绪十二年二月十二日。

　　军机大臣奉旨：着照所请，续发春赈。该大臣务当督饬地方官，核实散给，毋稍弊混。钦此。②

　　光绪十二年三月十九日，军机大臣奉旨：着照所请，续发春赈。该大臣

---

① 此廷寄见中国第一历史档案馆编：《光绪朝上谕档》，第十一册，第241—242页；《德宗景皇帝实录（三）》，卷二百十七，光绪十一年十月上，第1047—1048页。
② 中国第一历史档案馆藏：《朱批原件》，档案号：04—01—01—0955—003。又《奏稿》第1317—1319页。

务当督饬地方官,核实散给,毋稍弊混。钦此。①

010. 奏报海防捐输限满无人报捐片
光绪十二年二月十二日(1886年3月17日)

再,臣前准户部咨:捐纳房案呈本部具奏,所有部库及各直省藩库收捐海防声明限满停止日期通行遵照附片一件,光绪十一年九月二十一日具奏,本日奉旨:依议。钦此。刊录附片,飞咨查照等因,当经臣饬行藩司移道饬属一体晓谕遵办去后。

兹据藩司魏光焘详称:新疆远处边荒,地方瘠苦,此次海防捐输迄今限满,并无一人报捐,无从造册详办等情,呈请奏咨前来。

臣复查无异。除咨部查照外,谨会同陕甘总督臣谭钟麟,附片陈明,伏乞圣鉴。谨奏。

军机大臣奉旨:户部知道。钦此。②

光绪十二年三月十九日,军机大臣奉旨:户部知道。钦此。③

011. 奏报估修新省城垣及抚藩廨署等工折
光绪十二年二月二十一日(1886年3月26日)

钦差大臣督办新疆事宜尚书衔降一级留任甘肃新疆巡抚二等男臣刘锦棠跪奏,为估修新疆省城城垣及抚藩廨署等工,请旨饬部立案,恭折奏明,仰祈圣鉴事。

窃臣据藩司魏光焘详称:迪化州城前经定为新疆省治,该处原建满汉两城,只西北隅向有城垣,迤逦相接。其东南一带,势若箕张,不相联属。且城身低薄,于省城要地亦不相宜。现饬印委各员会同履勘,拟将汉城东北之便门及满城之南右门一律划平,即于满城之东南隅起接至汉城南门止,展筑城基,使两城合而为一,并于旧城三面增高培厚,使与新筑城身一律完固,估计应用银六万三千二百余两。又创建抚臣廨署,估银二万九千

---

①中国第一历史档案馆藏:《军机录副》,档案编号:03—5594—009。
②中国第一历史档案馆藏:《朱批原件》,档案编号:04—01—35—0697—046。
③中国第一历史档案馆藏:《军机录副》,档案编号:03—6535—086。

余两,藩司衙署估银二万五千余两。以上各工,俱拟照向章,派营勇轮流应役,详请核办前来。

臣查南路城垣及衙署等工,前经臣奏请拨款,择要兴修,奉旨允准钦遵在案。迪化系新疆北路,旧有两城,形势悉皆狭隘,今既定为省治,自应量加修葺,扩而充之,庶地邑民居参相得也。至抚藩衙署,体制攸关,非度地兴工,亦不足以示等威而定民志。

除饬撙节动用不得稍有浮滥,以重饷需,仍俟各项工竣,核实具报,以凭咨部核销外,所有估修新疆省城城垣及抚藩衙署等工,理合先行陈明,请旨饬部立案。是否有当?谨会同陕甘总督臣谭钟麟,恭折具奏,伏乞皇太后、皇上圣鉴训示。谨奏。光绪十二年二月二十一日。

军机大臣奉旨:该部知道,片并发。钦此。①

光绪十二年三月十八日,军机大臣奉旨:该部知道,片并发。钦此。②

012. 古城修理完竣哈密将次完工请立案片
光绪十二年二月二十一日(1886年3月26日)

再,新疆南路城垣等工,既经择要次第兴修。北路除省城专折奏明办理外,其余厅县有无要工,自应一体查明,酌量举办。古城毗连外部,东通归化包头,商贾所趋,人烟辐辏。原议以奇台县治移设于此,当就市廛之外建筑城垣,楼堞池隍,悉皆备具。现议归并旗营,添设城守尉一员,驻防其地,自可因其已成,无烦更置。

又哈密为南北通衢,设戍屯粮,悉关紧要,旧有城垣规模狭小,当由印委各员会勘兴工,扩充旧式。查两处工程,悉藉各防营勇丁之力,轮流合作,十日犒赏一次,省费实多。惟木石工料皆由远道搬运而来,脚价未能过少。古城计用银二万九千余两,哈密估用银二万六千余两。现在古城工已告竣,哈密亦将次完工。据粮台司道汇详前来。

臣复核无异。除饬俟工竣并案报销外,谨会同陕甘总督臣谭钟麟,附片陈明,伏乞圣鉴训示,饬部立案施行。谨奏。

---

①中国第一历史档案馆藏:《朱批原件》,档案编号:04—01—37—0129—090。又《奏稿》第1327—1329页。

②中国第一历史档案馆藏:《军机录副》,档案编号:03—7155—048。

军机大臣奉旨：览。钦此。①

光绪十二年三月二十八日，军机大臣奉旨：览。钦此。②

013. 奏委潘效苏等署理直隶州知州员缺片
光绪十二年二月二十一日（1886年3月26日）

再，署和阗直隶州知州刘式南因案撤委，遗缺查有迪化直隶州知州潘效苏③，通达政体，办事实心，堪以调署。递遗迪化直隶州知州员缺，查有候补知府李庆棠，才具明晰，办事稳慎，堪以委署。据藩司及兼臬司会详前来。

臣复核无异。除批饬分别给委外，理合附片陈明，伏乞圣鉴。谨奏。

军机大臣奉旨：吏部知道。钦此。④

光绪十二年三月二十八日，军机大臣奉旨：吏部知道。钦此。⑤

014. 委令刘嘉德等署理直隶州知州等缺片
光绪十二年二月二十二日（1886年3月27日）

再，署莎车直隶州知州刘兆梅，因案撤委，遗缺查有现署英吉沙尔厅同知刘嘉德，明白练达，办事勤恳，堪以调署。递遗英吉沙尔厅同知员缺，查有候补知府危兆麟，堪以委署。据藩臬两司会详前来。

臣复核无异。除批饬分别给委外，理合附片陈明，伏乞圣鉴。谨奏。

军机大臣奉旨：吏部知道。钦此。⑥

---

①中国第一历史档案馆藏：《朱批原件》，档案编号：04—01—37—0147—025。又《奏稿》第1331—1332页。
②中国第一历史档案馆藏：《军机录副》，档案编号：03—7155—049。
③潘效苏（1839—1913），字少泉，号重贤，湖南湘乡人。同治八年（1869），补肤施县知县。九年（1870），调澄城知县。十年（1871），署狄州知州。光绪五年（1879），署河州知州。八年（1882），补西宁府循化同知。九年（1883），调补迪化直隶州知州。十二年（1886），改和阗直隶州知州。十四年（1888），迁伊犁知府。十五年（1889），补授迪化府知府，旋加盐运使衔。二十一年（1895），以道员归甘肃新疆补用，入关总理行营劳务，赏戴花翎。二十二年（1896），署镇迪道兼按察使衔；二十三年（1897），补授镇迪道兼按察使衔。二十四年（1898），调补巴里坤道。同年，署新疆藩司。二十七年（1901），补授甘肃臬司。同年，升新疆藩司。二十八年（1902），擢新疆巡抚，赏加头品顶戴。三十一年（1905），因案褫职，发牢台赎罪。宣统元年（1909），释回。
④中国第一历史档案馆藏：《朱批原件》，档案编号：04—01—13—0425—036。
⑤中国第一历史档案馆藏：《军机录副》，档案编号：03—5207—127。
⑥中国第一历史档案馆藏：《朱批原件》，档案编号：04—01—13—0425—033。

光绪十二年三月十九日，军机大臣奉旨：吏部知道。钦此。①

015. 伊犁营勇查明裁并分成发给存饷折

光绪十二年三月初六日（1886年4月9日）

钦差大臣督办新疆事宜尚书衔降一级留任甘肃新疆巡抚二等男臣刘锦棠、头品顶戴署伊犁将军塔尔巴哈台参赞大臣臣锡纶跪奏，为遵旨将伊犁营勇查明裁并，分成发给存饷，恭折驰陈，仰祈圣鉴事。

窃臣锦棠前将遵旨驰赴伊犁日期并与臣锡纶商办各事，拟先从勇营着手大概情形，于上年十二月初二日附奏，陈明在案。旋准将军臣金顺咨送册开：伊犁防勇马步二十八营旗，员弁勇丁共一万五百余名，其中多有上年八月以后新募入伍者。此项新勇又多招之市井，并非无业可归者。然已入营数月，各有应得口粮，不能一概不发，当经臣等商定，于伊犁应分月饷内酌发满饷一关，饬各统领营官将新勇概行裁去，以免多侵存饷，再将实存勇丁开具花名清册，听候点验。续据开呈，多不如法，一再驳诘另开，于本年正月及二月初间，始陆续详开具报。计开除新勇二千余名，实存七千余名，当饬挑留精壮，改为马队九旗、步队十三旗，委提督马玉昆、李考祥、绥定镇总兵邓增等，分起统带。其余裁撤勇丁，遣归原籍，内有情愿于伊犁落业屯垦者，准其报明，拨地安插。此归并各营之实在情形也。

各营每月向照七天半发给饷银外，有发过食粮及衣履包巾，均未曾扣价，为日既多，无从查核。臣等复经商议，定以入营在一年之内者，发存饷银四两。一年之外，每岁酌加银二两，按年递加。积至十年者，发银二十二两。其有入营在十年以上者，远无可考，未便更加，率以十年为断。哨官每员发银六十两。统领营官，稽其久暂，酌发薪公银两。帮办及幕友薪水等项，即由各该统领营官自行清理，不另开支。

其裁撤回籍之弁勇，视留营之所应领数各倍之。惟道里远近不同，此次发给存饷，只能按年递加，不能再分道里，俟至乌鲁木齐，察其归程较远而所领不敷盘费者，尚应酌量增加。此项约需银一万余两。其不能在此遽

---

① 中国第一历史档案馆藏：《军机录副》，档案编号：03—5027—082。

加者,缘留营之勇所领无多,恐不免因之计较也。其情愿寄居落业者,照回籍弁勇酌减四分之一。日内派员按名核发,各营勇始犹申诉,展转求加。当饬统领营官再三开导,始各无词以退。以上约共银二十一万五六千两。下存八万余两,拟以为吉江马队遣撤回旗盘费。各勇营每年领饷既无细数可稽,每人应存若干,即问之勇丁,亦不能自悉。此次蒙恩饬拨部款,为之清理旧欠,得银多寡,视日浅深。臣等奉命以行,幸得帖然无事。随谕各统领、旗官,将从前欠饷一概截止,以后月饷,自本年二月另行起支。此又清理勇营欠饷之实在情形也。

查伊犁营勇,臣锦棠前奏请以四千人为度,经部议核准,自应照办。惟现在境内盗风犹未尽戢,居民、商旅时有戒心。禁暴诘奸,不容疏忽。且裁去新勇二千余人,又裁去老弱二千余人,按原册一万五百人之数,裁撤已将及半。现在军心甫定,亦未便再事减裁,当饬各统领营官,将挑留勇丁俱照楚军营制,训练操防,并照楚军行粮章程,按月关饷,不得少有克扣。营旗存数应由臣锡纶遵照部章,按季查明,开单具报。

至伊犁东路接至西湖,向由金顺派所部分屯其地。现在伊犁各营既经裁并,地远不敷分布。其从伊犁至大河沿,由臣锡纶派队驻扎。精河以东接至西湖,中间四站,由臣锦棠抽调所部马步六营旗,委陕西汉中镇总兵戴宏胜统带,逐段填防,以期周密。

所有钦遵谕旨会商办理各情形,谨会同陕甘总督臣谭钟麟,合词具陈,伏乞皇太后、皇上圣鉴训示。再,此折系臣锦棠主稿,合并声明。谨奏。光绪十二年三月初六日。

军机大臣奉旨:该部知道。钦此。①

光绪十二年四月初八日,军机大臣奉旨:该部知道。钦此。②

016. 奏报回省日期并吉江马队由将军遣散折

光绪十二年三月初六日(1886年4月9日)

钦差大臣督办新疆事宜尚书衔降一级留任甘肃新疆巡抚二等男臣刘

---

①中国第一历史档案馆藏:《朱批原件》,档案编号:04—01—30—0146—016。又《奏稿》第1333—1338页。
②中国第一历史档案馆藏:《军机录副》,档案编号:03—5753—015。

锦棠跪奏,为恭报微臣由伊犁回省日期,并陈明吉江马队由署将军臣妥筹遣撤,恭折仰祈圣鉴事。

窃臣前奉谕旨:着俟饷银到日,迅即驰赴伊犁,将整顿营勇、清理欠饷各事宜妥速筹办等因。钦此。现在勇营欠饷一律清理就绪,并裁并成旗,责成各统领旗官认真训练。事局大端已定,惟吉江马队久役思归,稽其应调出征,远者将二十稔,昔年精锐,强半凋零。若不及早遣归,亦非朝廷所以轸恤边军之意。上年,臣与锡纶清理勇营之际,即饬各该旗营①一并造具口粮清册,前月二十日外,始据陆续送齐,款目纷繁,臣既不能深悉,且前后事更多手,缪辀尤多。即欲清厘,亦非急切所能蒇事。而省城公务积至数月,皆待躬为料理,臣亦未便久留。

窃维旗营兵丁本属将军专责,此起吉江马队一千六百余名,相率求归,自应由署将军臣锡纶妥筹遣撤。查督臣谭钟麟原奏,请以三十万两了伊犁营勇欠款。现除发清勇营欠款外,当将余款银八万两交由锡纶,凑发各该起马队遣撤回旗盘费。臣谨定于三月初七日,由伊犁启程回省。

所有微臣回省日期并吉江马队应由署将军臣妥筹遣撤各缘由,理合会同署伊犁将军臣锡纶、陕甘总督臣谭钟麟,恭折具奏,伏乞皇太后、皇上圣鉴训示。谨奏。光绪十二年三月初六日。

军机大臣奉旨:知道了。钦此。②

光绪十二年四月初八日,军机大臣奉旨:知道了。钦此。③

017. 奏报南路建置已定请令署提移防折

光绪十二年四月初四日(1886年5月7日)

头品顶戴陕甘总督臣谭钟麟、钦差大臣督办新疆事宜尚书衔降一级留任甘肃新疆巡抚二等男臣刘锦棠跪奏,为新疆南路建置已定,仰恳天恩准令署提督臣迅即移防,以资整理,恭折驰陈,仰祈圣鉴事。

---

①"旗营",《奏稿》作"旗官"。
②中国第一历史档案馆藏:《朱批原件》,档案编号:04—01—16—0219—109。又《奏稿》第1339—1341页。
③中国第一历史档案馆藏:《军机录副》,档案编号:03—5840—062。

窃臣锦棠前奏请将乌鲁木齐提督移扎喀什噶尔，并移喀什噶尔换防总兵于阿克苏。经部议称，应如所请。其乌鲁木齐提标原设副、参、游、都、守、千、把、外委等官，是否全行移拨喀什噶尔驻扎，应由该大臣奏明办理等因，于光绪十年九月二十九日奏奉谕旨允准，钦遵在案。

伏查喀什噶尔为南疆要地，紧与俄邻，亟应安设重兵，以资扼守。提督有统辖全省制兵之责，必提督移赴南路，筹设制兵，其原驻营勇始可次第裁改；必提标营制既定，其余各标应如何增设，始可次第议行。上年，臣锦棠初到乌鲁木齐，值提臣金运昌患病，恳请开缺，经臣等奏蒙恩准，以西宁镇总兵谭上连暂署乌鲁木齐提督篆务。该署提臣原统亲军，驻防北路玛纳斯地方，一时未得替人，又值臣锦棠奉有驰赴伊犁、清理勇营之命，奏派该署提督，酌带队伍，驻扎库尔喀喇乌苏，故未便遽申前请。

现在伊犁勇营清理就绪，北路精河一带经臣锦棠派令陕西汉中镇总兵戴宏胜，统领马步六营旗，分段填防，谭上连毋庸兼顾。且南路道厅州县建置已及三年，设险屯兵，不容再缓。谭上连谋勇兼备，声望素孚，移驻南疆，于边防实有裨益。合无仰恳天恩，准令署提督臣谭上连迅即起程，驰赴喀什噶尔，将任内应办事宜妥筹布置，伏候谕旨遵行。

其乌鲁木齐提标原设副、参、游以下等官，应留俟改为抚标，及分防各营毋庸移驻喀什噶尔。至提督印文原刊乌鲁木齐字样，现经议准移驻喀什噶尔，应请旨饬部换给提督喀什噶尔总兵官印。其移驻阿克苏总兵，应请照巴里坤及绥定镇总兵之例，作为挂印总兵。如蒙俞允，并请旨饬部颁发镇守阿克苏等处总兵官之印，以昭信守。

臣等为慎重边防起见，是否有当？谨合词恭折具陈，伏乞皇太后、皇上圣鉴训示施行。再，此折系臣锦棠主稿，合并声明。谨奏。光绪十二年四月初四日。

军机大臣奉旨：着照所请，该部知道。钦此。①

光绪十二年五月初二日，军机大臣奉旨：着照所请，该部知道。钦此。②

---

①中国第一历史档案馆藏：《朱批原件》，档案编号：04—01—01—0955—029。又《奏稿》第1343—1346页。
②中国第一历史档案馆藏：《军机录副》，档案编号：03—6021—053。

018. 请准董福祥署阿克苏镇总兵缘由片
光绪十二年四月初四日（1886年5月7日）

再，光绪十年，前帮办军务臣张曜奉命入关，经臣锦棠奏委提督董福祥总统西四城马步各军，驻扎喀什噶尔。该员久经战阵，果决廉明，实为边才之选。臣锦棠前于光绪八年、九年，两次奏恳天恩量予擢用，均奉旨留中。该员到防以来，兵民相安，诸务悉臻妥协。现在乌鲁木齐提督移驻喀什噶尔，拟令董福祥酌带马步队伍，移赴阿克苏驻扎。

查阿克苏地居冲要，距俄亦近。前议移喀什噶尔换防总兵于此，经部议准，尚未请旨简放有员。可否即以提督董福祥署理阿克苏镇总兵事务，俾将该处标营早为措置，出自鸿慈。

臣等未敢擅便，谨合词附陈，伏乞圣鉴训示。再，此片系臣锦棠主稿，合并声明。谨奏。

军机大臣奉旨：着照所请，兵部知道。钦此。①

光绪十二年五月初二日，军机大臣奉旨：着照所请，兵部知道。钦此。②

019. 奏报由伊犁抵省日期及照常办事片
光绪十二年四月初四日（1886年5月7日）

再，臣锦棠前月初七日由伊犁回省，当将启程日期恭折奏明在案。旋取道固尔札，马行入山，出登努斯口，以达精河。兹于二十六日到省，照常办事。沿途经过地方积雪初融，渠流畅旺，军民亦均安堵，堪以上慰宸廑。

所有微臣到省日期，理合附片陈明，伏乞圣鉴。谨奏。

军机大臣奉旨：知道了。钦此。③

光绪十二年五月初二日，军机大臣奉旨：知道了。钦此。④

---

①中国第一历史档案馆藏：《朱批原件》，档案编号：04—01—16—0219—104。又《奏稿》第1347—1348页。
②中国第一历史档案馆藏：《军机录副》，档案编号：03—6021—054。
③中国第一历史档案馆藏：《朱批原件》，档案编号：04—01—25—0527—048。
④中国第一历史档案馆藏：《军机录副》，档案编号：03—5209—006。

【案】此片具奏日期，原件未署，录副署"光绪十二年五月初二日"。查光绪十二年五月初二日《军机处随手登记档》①，载有"报五百里，四月初四日新疆省城发"等字样。据此，其具奏日期当为"光绪十二年四月初四日"，兹据校正。

020. 复陈伊犁屯务防务拟办大概情形折
光绪十二年四月二十一日（1886年5月24日）

钦差大臣督办新疆事宜尚书衔降一级留任甘肃新疆巡抚二等男臣刘锦棠跪奏，为伊犁地方屯务、防务均关紧要，谨将拟办大概情形据实陈明，恭折仰祈圣鉴事。

窃臣承准军机大臣字寄：光绪十一年十二月二十五日奉上谕：谭钟麟奏伊犁办理屯田，应派员督办一折。边塞屯田，本属善策，惟须经理得宜，方于兵民两有裨益。分疏渠道，得资水利，尤为耕种要术。现在伊犁举行屯田，是否必须派员督办，着刘锦棠、锡纶筹度情形，会商定议等因。钦此。伏查伊犁为北路奥区，土膏沃衍，泉源沟洫，处处可通。承平时，于九城之地分置旗屯、兵屯、民屯、回屯，以资耕种。边氓相劝，利莫厚焉。乱后地亩荒芜，耕者不及十分之二，且听兵民自占，旧时经界，无可遵循。现经锡纶派委三品衔分省补用知府王者彦，按亩稽查，以期集事。惟委员之与印官，其势不相统属。谭钟麟原奏请将各处同知均归督办之员管辖，究系权宜之计。

臣愚以为欲厚民生，须由郡县。欲增郡县，须设监司，况新疆北路向设有道厅州县。现在全疆改设行省，南路经营建置亦已三年。各该地方官奉法顺流，与民更始，其效较然可睹。伊犁及塔尔巴哈台等处原系新疆北路，辅车相依，不容膜视，拟请仿照镇迪道之制，增置伊塔道一员，驻扎伊犁，兼管塔城事务。改伊犁抚民厅为府，改塔城通判为抚民同知，加理事衔，兼管屯田、水利，庶几官事有联，而屯政亦因之具举。当与锡纶计议，并函商明春，均以为然。可否施行，伏候圣明采择。如蒙俞允，其道府以下等官应如何增设，容臣与谭钟麟、锡纶、明春等筹度情形，详细具奏。

抑臣更有陈者，伊犁幅员辽廓，地处极边，屯垦在所当行，而防守尤为

---

① 中国第一历史档案馆藏：《军机处随手登记档》，档案编号：03—0250—2—1212—116。

要务。谨按：嘉庆九年，该处增置旗兵屯地，当时谕旨有谓：新疆重地，武备最为紧要。此项地亩只可专交闲散余丁，代为耕种，不当令官兵亲身力作，有妨操练等因。① 仰见圣谟广运，惟怀永图，实百世不易之至计。今则与俄逼处，边事日多，附近哈萨克又时有勾结游匪、抢劫杀人之案。若不从严惩办，加意操防，窃恐民不聊生，而屯务亦将终废。是欲兴屯以足食，必先设险以卫民，否则利少害多，民将不至也。

该处营勇现经臣与锡纶会商裁并，汰弱留强，饷项照章发给，诚使各统领营官激发天良，认真训练，自可渐成劲旅。前奉谕旨：锡纶到任后，与刘锦棠和衷商办，务将各该营积习悉力湔除，毋稍弥缝，致贻后患，亦不得操之过蹙，别滋事端。圣训周详，无微弗至。此后宜如何策励，俾免疏虞，是在锡纶随时体察、慎以行之者矣。

臣忝任封圻，自不容置身事外。愚见所及，理合恭折具陈，伏乞皇太后、皇上圣鉴训示。谨奏。光绪十二年四月二十一日。

军机大臣奉旨：览奏，均悉。伊犁营勇，现经刘锦棠会商锡纶，汰弱留强，照章给饷，自应随时训练，俾成劲旅。即着该大臣会同该将军，督饬各该营官，激发天良，认真操练，以免疏虞。所请增改道厅各官，系为因时制宜起见，着该部妥议具奏。钦此。②

光绪十二年五月二十三日，军机大臣奉旨：览奏，均悉。伊犁营勇，现经刘锦棠会商锡纶，汰弱留强，照章给饷，自应随时训练，俾成劲旅。即着该大臣会同该将军，督饬各该营官，激发天良，认真操练，以免疏虞。所请增改道厅各官，系为因时制宜起见，着该部妥议具奏。钦此。③

021. 奏报守备傅国相与守备杜得润对调片
光绪十二年四月二十一日（1886年5月24日）

再，臣据巴里坤总兵徐占彪呈称：借补该镇标右营守备傅国相，籍隶镇西厅，例应回避，呈请拣员对调前来。臣查有借补乌鲁木齐提属玛纳斯协右营守备杜得润，系甘肃兰州府皋兰县人，堪以调补巴里坤镇标右营守备。

---

① 见《仁宗睿皇帝实录（二）》，卷一百三十八，嘉庆九年十二月，第882—883页。
② 中国第一历史档案馆藏：《朱批原件》，档案编号：04—01—01—0956—043。
③ 中国第一历史档案馆藏：《军机录副》，档案编号：03—9554—048。

其所遗玛纳斯协右营守备员缺,即以傅国相调补,人地均属相宜,与例亦合。如蒙俞允,应请饬部换给该员等札付,令其任事,以符定例。

除饬取该员等履历清册另咨送部查核外,谨会同陕甘总督臣谭钟麟、署乌鲁木齐提督臣谭上连,附片具陈,伏乞圣鉴训示。谨奏。

军机大臣奉旨:兵部议奏。钦此。①

光绪十二年五月二十三日,军机大臣奉旨:兵部议奏。钦此。②

【案】此片具奏日期,原件未署,录副署"光绪十二年五月二十三日"。查光绪十二年五月二十三日《军机处随手登记档》③,载有"报四百里,四月二十一日发"等字样。据此,其具奏日期当为"光绪十二年四月二十一日",兹据校正。

022. 奏委左宗翰等署理同知等缺片

光绪十二年四月二十一日(1886年5月24日)

再,署乌什厅同知罗正湘禀请交卸回省,遗缺查有现署阜康县知县张宗翰,朴诚谨饬,办事实心,堪以调署。递遗之缺查有候补同知王廷赞,堪以委署。署玛喇巴什通判杨溢中调省,遗缺查有候补知县夏毓衡,堪以委署。署于阗县知县许茂光病故,遗缺查有候补知县娄绍豫,堪以委署。署奇台县知县杨敏禀请交卸回省,遗缺查有候补知县刘澄清,堪以委署。据藩臬两司会详前来。

臣复核无异。除批饬分别给委外,谨会同陕甘督臣谭钟麟,附片具陈,伏乞圣鉴。谨奏。

军机大臣奉旨:吏部知道。钦此。④

光绪十二年五月二十三日,军机大臣奉旨:吏部知道。钦此。⑤

【案】此片具奏日期,原件未署,录副署"光绪十二年五月二十三

---

① 中国第一历史档案馆藏:《朱批原件》,档案编号:04—01—17—0185—005。
② 中国第一历史档案馆藏:《军机录副》,档案编号:03—5841—042。
③ 中国第一历史档案馆藏:《军机处随手登记档》,档案编号:03—0250—2—1212—137。
④ 中国第一历史档案馆藏:《朱批原件》,档案编号:04—01—13—0425—035。
⑤ 中国第一历史档案馆藏:《军机录副》,档案编号:03—5209—086。

日"。查光绪十二年五月二十三日《军机处随手登记档》①，载有"报四百里，四月二十一日发"等字样。据此，其具奏日期当为"光绪十二年四月二十一日"，兹据校正。

023. 奏报新疆地方瘠苦拟请酌加公费折
光绪十二年六月初二日（1886年7月3日）

钦差大臣督办新疆事宜尚书衔降一级留任甘肃新疆巡抚二等男臣刘锦棠跪奏，为新疆地方异常瘠苦，拟仿照内地加增养廉之例，于各官例定养廉公费外酌加公费，以资办公而示体恤，恭折仰祈圣鉴事。

窃臣前奏请升迪化直隶州为府，增设知府以下等官及藩臬两司首领官，经部议核准，并议定每岁应支俸银及养廉公费银两，令于新疆征收地粮银内动支，仍照光绪十年奏准成案，除扣六分减平外，毋庸减成等因。于光绪十二年二月初八日具奏，奉旨：依议。钦此。钦遵咨行在案。查臣前奏请将迪化一道兼按察使衔，管理通省刑名、驿传，经部议核准，尚未议定养廉、公费。该道例定每年养廉银三千两、办公银七百两。现既兼管通省刑名、驿传，公事较前倍增，拟请每年除照例支给按察使俸银外，加给公费银二千两，毋庸另给按察使养廉。此外，各官向有养廉公费，即此次省会添设各官，亦经部议，比照向章支给。廉俸、公费，本可毋庸更议。惟新疆地处极边，商贾罕到，日用之艰难，百物之昂贵，较之内地何止倍蓰？各员竭蹶从公，实属入不敷出。臣前奏请加给各官津贴银两，部议以为多立名目，转涉纷歧，不如酌将廉俸、公费概照十成发给等因。于光绪九年十二月二十五日复奏，奉旨允准，钦遵在案。

查养廉一项，自甘肃军兴以来，已经督臣奏明关内外一体发给实银。惟公费俸银仍照章七成折减，现经部议准发十成，以每员例定公费银七百两计之，每岁所增二百余两，在内地宜无不足，而新疆地方既属异常瘠苦，核其所入，仍有不敷，使各员以自顾弗遑之故，而至因此误公，亦非朝廷所以绥靖边疆之意也。伏查甘肃皋兰一县及东西大路各繁缺州县，向来均有加增养廉之例，公费亦较他属为多，拟请仿照办理，于例定养廉、公费外酌

---

① 中国第一历史档案馆藏：《军机处随手登记档》，档案编号：03—0250—2—1212—137。

加公费,庶名目不至纷歧,而公事可收实效。

南路两道除各旧有公费银,每岁请各加银一千两。新设迪化府及迪化县除各例定公费银,每岁请各加银八百两。镇西、哈密、喀喇沙尔、玛喇巴什、阜康、昌吉、拜城七厅县,除各旧有公费,每岁请各加银六百两。迪化州学正向有准支公费银八十两,现请改为府教授,经部议照镇西府教授例,岁给公费银六十两。除此项例定公费外,每岁请加银一百二十两。镇西厅训导除例定公费外,每岁请加银一百两。其余杂职,新疆向无公费,惟该员等均以末秩远塞从公,拟请仿照正印人员,一体酌给公费。布政司经历一员,库大使一员,每岁请各给公费银一百六十两。道库大使兼按察司司狱一员,迪化府经历一员,镇西厅照磨一员,迪化、阜康、昌吉县典史三员,哈密厅巡检一员,每岁请各给公费银一百二十两。以上岁共加银一万一千一百八十两,均请遵照部章,概以十成实银发给,仍请在于新疆征收地粮银内动支,分年汇总报部。据藩司魏光焘详请具奏前来。

臣复加查核,自兼臬司以下均系择其员缺尤为瘠苦,酌量请加,非此实无以办公。合无仰恳天恩俯念新疆各员缺实属异常瘠苦,饬部核准于例定养廉、公费外,照数酌加公费,以资办公而示体恤,出自逾格鸿施。

是否有当?谨会同陕甘总督臣谭钟麟,恭折具陈,伏乞皇太后、皇上圣鉴训示施行。谨奏。光绪十二年六月初二日。

军机大臣奉旨:该部议奏。钦此。①

光绪十二年七月初七日,军机大臣奉旨:该部议奏。钦此。②

024. 奏请以刘嘉德借补英吉沙尔同知折
光绪十二年六月初二日(1886年7月3日)

钦差大臣督办新疆事宜尚书衔降一级留任甘肃新疆巡抚二等男臣刘锦棠跪奏,为拣员借补要缺同知,以重地方,恭折仰祈圣鉴事。

窃据甘肃新疆布政使魏光焘、兼按察使衔署镇迪道英林会详:新疆新设英吉沙尔同知,东南界莎车州,北界疏勒州,西与布鲁特部紧接,地

---

① 中国第一历史档案馆藏:《朱批原件》,档案编号:04—01—35—0987—032。又《奏稿》第1361—1366页。
② 中国第一历史档案馆藏:《军机录副》,档案编号:03—5211—020。

当冲要，责重抚彝。且居民散处，治理繁难，应请定为冲烦难三项要缺。该处系属新设，应即拣员请补，以重职守。前请照吉林新章由外拣补一次，奉部复准在案。

兹查有知府用留甘肃补用直隶州知州刘嘉德，现年四十九岁，安徽颖州府霍丘县人，由附贡生于光绪二年遵筹饷例，在湖北协黔捐局报捐双月选用县丞，投效甘肃军营。四年正月，委署济木萨县丞，于克复吐鲁番案内汇保，是年二月初四日奉上谕：着免选本班，以知县留于甘肃，尽先补用。钦此。五年三月，委署奇台县事。嗣在福建茶叶、洋药十三次捐案内，捐加同知衔。新疆五次剿平边寇案内汇保，七年五月二十日奉上谕：着免补本班，以直隶州知州仍留原省，归候补班前，尽先补用。钦此。八年七月，委署吐鲁番同知。乌鲁木齐历办边防善后案内汇保，九年十月初八日奉上谕：着俟补缺后以知府用，先换顶戴。钦此。是年十一月，调署英吉沙尔同知。新疆六载边防案内汇保，十年十月初四日奉上谕：着赏戴花翎。钦此。十二年正月，调署莎车直隶州知州，四月初三日接印视事。该司等查该员刘嘉德，守节才明，实心任事，在新疆年久，历任地方，于土俗边情最为熟悉。前署英吉沙尔同知，正当设官之初，措置一切，极其妥协。以之请补斯缺，洵于地方有裨。虽以直隶州借补同知，与例稍有未符，但该同知为关外新设之缺，各班人数无多，与各省情形本有不同，详请具奏前来。

臣查该员刘嘉德，稳练端详，尽心民事，以之酌量奏请借补英吉沙尔同知，实堪胜任，人地极其相宜。合无仰恳天恩，俯念要缺需员，准以该员借补英吉沙尔同知员缺，洵于地方有裨。如蒙俞允，俟奉部复，即行给咨，送部引见，以符例章。仍令试署年满，另请销去试字。

是否有当？谨会同陕甘督臣谭钟麟，恭折具陈，伏乞皇太后、皇上圣鉴训示。谨奏。光绪十二年六月初二日。

军机大臣奉旨：吏部议奏。[1]

光绪十二年七月初七日，军机大臣奉旨：吏部议奏。钦此。[2]

---

[1]中国第一历史档案馆藏：《朱批原件》，档案编号：04—01—30—0062—030。
[2]中国第一历史档案馆藏：《军机录副》，档案编号：03—5211—016。

025. 声复道员袁垚龄保案并请补缺片
光绪十二年六月初二日（1886年7月3日）

再，臣前奏遵照新章请以二品顶戴盐运使衔浙江尽先题奏道那尔珲巴图鲁袁垚龄补授阿克苏兵备道员缺，奉旨：吏部议奏。钦此。经部议称：该员保二品顶戴留原省尽先题奏道之案，查光绪四年二月十二日左宗棠等奏，克复南路西四城回疆一律肃清案内，并无袁垚龄之名，是否另案保奖，系在何处出力，何年月日奉旨，应令将该员保案声复具奏，再行核办等因。于光绪十二年二月二十四日具奏，奉旨：依议。钦此。钦遵咨行到臣。

查该员袁垚龄，于剿办陕回金山股逆及两次剿办安集延布鲁特匪尤为出力员弁随折开单请奖案内，经左宗棠奏保单开，花翎盐运使衔浙江补用知府拟保二品顶戴留原省尽先题奏道袁垚龄，请赏给清字勇号，并请赏给二品封典等因。于光绪五年十月初一日具奏，并附奏此案请奖各员有于前次克复西四城南疆肃清案内已经拟保官阶者，均于单内声明，作为各员底衔加保，恳恩饬部一并注册。臣于克复西四城南疆肃清案内即便查照开除，不致重复等因。奉旨：着照所请，该部知道。钦此。旋奉是年十月十四日上谕：拟保二品顶戴留原省尽先题奏道袁垚龄，着赏给那尔珲巴图鲁名号，并赏给二品封典。钦此。均准部复行知在案。

臣维克复南路西四城在事出力各员随折请奖在剿办安集延各匪之前，而汇案请奖在剿办安集延各匪随折保奖之后。凡与剿办安集延随折保奖之员，其克复南路西四城汇保案内，悉皆查照开除。该员袁垚龄于克复南路西四城回疆一律肃清汇保案内拟保官阶，实已于剿办安集延等匪随折保奖案内，经左宗棠奏明作为底衔，奉旨允准，钦遵有案。该员从役有年，深资得力，于边地情形尤为熟悉。合无仰恳天恩饬部核准，以该员袁垚龄补授阿克苏兵备道员缺，于地方实有裨益。兹奉前因，相应声复。

谨会同陕甘总督臣谭钟麟，附片具陈，伏乞圣鉴训示施行。谨奏。

军机大臣奉旨：吏部知道。钦此。①

---

① 中国第一历史档案馆藏：《朱批原件》，档案编号：04—01—17—0186—024。又《奏稿》第1367—1370页。

光绪十二年七月初七日，军机大臣奉旨：吏部知道。钦此。①

026. 原保千总杜锡斌衔名笔误请饬更正片
光绪十二年六月初二日（1886年7月3日）

再，臣据总统西四城马步各军提督董福祥呈称：管带董字左旗提督杜锡斌于同治年间投效军营，累保今职。前于陕北肃清克复雷州出力案内，由军功得保免补外委，以把总尽先拔补，并戴蓝翎；又于金积堡贼巢、宁灵肃清出力案内得保免补把总，以千总尽先拔补，并加守备衔，换戴花翎。均将杜锡斌"锡"字缮作"习"字，实系开送衔名时笔误所致，呈请附奏更正前来。

臣复核无异。合无仰恳天恩俯准，将陕北肃清案内准保蓝翎尽先拔补把总暨荡平金积堡案内准保花翎守备衔尽先拔补千总之杜习斌，改为杜锡斌，饬部更正注册，以免歧异，出自鸿施。

除咨部外，谨附片具陈，伏乞圣鉴训示。谨奏。

光绪十二年七月初七日，军机大臣奉旨：兵部知道。钦此。②

【案】此片具奏日期，录副署"光绪十二年七月初七日"。查光绪十二年七月初七日《军机处随手登记档》③，载有"报四百里，六月初二日发"等字样。据此，其具奏日期当为"光绪十二年六月初二日"，兹据校正。

027. 请准南路各官初任交代宽免起限片
光绪十二年六月初二日（1886年7月3日）

再，据藩司魏光焘详称：查定例，各厅州县经手仓库、钱粮交卸后限两个月，移交后任接收结报，历经遵办在案。惟查新疆初设行省，除北路各属交代尚承甘肃向例照旧办理外，南路各厅州县皆属新设，交代系属创案。

---

① 中国第一历史档案馆藏：《军机录副》，档案编号：03—5842—012。
② 中国第一历史档案馆藏：《军机录副》，档案编号：03—5842—011。
③ 中国第一历史档案馆藏：《军机处随手登记档》，档案编号：03—0250—3—1212—177。

从前设局办理善后收款,无论采买、征粮、支款,无论军需、善后,概系统收统支。遇有交卸造报,款目纷歧,与例定交代情形迥别。现经该司分别厘定,截至未设郡县以前,所有善后征粮各局收支动存银粮,概行提出,饬令造册,报由粮台核办。其自设官到任日起,分别军需、善后、例支为三大宗,以例款作为常年定额归入交代,照例造册结报。其善后、军需各项仍分款报由粮台,汇案核销,以清界限而免牵混。第初任交代既属创办,一切章程未定,一案到司,必须会同粮台分别清厘,始能饬行遵办,展转更造,有需时日,实难依限结报等情,详请具奏前来。

臣复查无异。合无仰恳天恩俯念设省之初,未能骤照定例,准予饬部将南路各属,凡系设官初任交代,概行宽免起限,一俟次任,再行循例办理。

除咨部查照外,谨会同陕甘总督臣谭钟麟,附片具陈,伏乞圣鉴训示。谨奏。

军机大臣奉旨:户部知道。钦此。①

光绪十二年七月初七日,军机大臣奉旨:户部知道。钦此。②

【案】原件具奏日期署"光绪十四年",录副署"光绪十二年七月初七日"。兹据《军机处随手登记档》③及《奏稿》校正。

028. 恭报光绪十二年正月雨水粮价情形折
光绪十二年六月十二日(1886年7月13日)

钦差大臣督办新疆事宜尚书衔降一级留任甘肃新疆巡抚二等男臣刘锦棠跪奏,为恭报光绪十二年正月分粮价并得雪情形,谨缮折具陈,仰祈圣鉴事。

窃照内地各直省米粮时估及雨水阴晴,向系按月奏报。新疆初设行省,所有雨水、粮价情形应从本年正月分起,遵例核报。查新疆向来雨水稀少,各地屯垦专赖冬春积雪融化入渠,以资灌溉。本年正月分,迪化等州厅

---

①中国第一历史档案馆藏:《朱批原件》,档案编号:04—01—35—0995—048。又《奏稿》第1371—1373页。
②中国第一历史档案馆藏:《军机录副》,档案编号:03—5689—006。
③中国第一历史档案馆藏:《军机处随手登记档》,档案编号:03—0250—3—1212—177。

属具报得雪五寸有余及三四寸不等。惟吐鲁番、哈密两厅平地未曾得雪，各处民情尚称安谧。至通省粮价，亦参差不一。据藩司魏光焘汇详请奏前来。

理合恭折具陈，并缮粮价清单，敬呈御览。伏乞皇太后、皇上圣鉴。再，新省地方辽阔，此案开办伊始，各属折报不齐，且未能一律遵式，由藩司分别行催饬查，是以办理稍迟，合并陈明。谨奏。光绪十二年六月十二日。

军机大臣奉旨：知道了。钦此。①

光绪十二年七月十八日，军机大臣奉旨：知道了。钦此。②

029. 呈新疆各属光绪十二年正月粮价清单

光绪十二年六月十二日（1886年7月13日）

谨将新疆各属光绪十二年正月分米粮时估价值缮具清单，恭呈御览。计开

正月分：

镇迪道属

迪化直隶州：大米每京石价银四两四钱四厘，小麦每京石价银一两五钱九分二厘，莞豆每京石价银一两六钱五分六厘，青稞每京石价银一两二钱五分八厘。

昌吉县：大米每京石价银三两六钱三厘，小麦每京石价银一两三钱四分七厘，莞豆每京石价银一两四钱八分六厘，青稞每京石价银九钱五分八厘。

阜康县：粟米每京石价银一两五钱九分二厘，小麦每京石价银一两四钱八分六厘，莞豆每京石价银一两四钱一分五厘，高粱每京石价银七钱七分八厘。

绥来县：大米每京石价银三两一钱八分二厘，小麦每京石价银一两一钱六分七厘，莞豆每京石价银一两三钱一分九厘，高粱每京石价银八钱九分七厘。

---

①中国第一历史档案馆藏：《朱批原件》，档案编号：04—01—25—0527—021。
②中国第一历史档案馆藏：《军机录副》，档案编号：03—6853—023。

奇台县：大米每京石价银三两四钱五分二厘，小麦每京石价银一两七钱六分九厘，莞豆每京石价银一两三钱八分一厘。

哈密厅：粟米每京石价银二两八钱八分，小麦每京石价银一两四钱二分一厘，莞豆每京石价银一两四钱四分，青稞每京石价银一两七分三厘。

镇西直隶厅：小麦每京石价银二两一钱五分，莞豆每京石价银一两八钱三分，青稞每京石价银一两四钱。

吐鲁番厅：小麦每京石价银一两七钱七分四厘，大麦每京石价银七钱四分六厘，高粱每京石价银八钱五分七厘，黄豆每京石一两四钱九分三厘。

库尔喀喇乌苏粮员：粟米每京石价银一两二钱，小麦每京石价银一两四钱，莞豆每京石价银二两，高粱每京石价银一两四钱四分。

精河粮员：大米每京石价银三两八钱五分，小麦每京石价银七钱，高粱每京石价银六钱三分，莞豆每京石价银一两二钱五分九厘。

阿克苏道属

温宿直隶州：大米每京石价银一两八钱二分四厘，小麦每京石价银八钱二分八厘，大米每京石价银四钱八分，包谷每京石价银五钱四分四厘。

拜城县：小麦每京石价银六钱九分，大麦每京石价银三钱八分八厘，莞豆每京石价银五钱六分，包谷每京石价银五钱六分。

喀喇沙尔直隶厅：大米每京石价银二两七钱一分，小麦每京石价银一两三分五厘，莞豆每京石价银七钱六分八厘，包谷每京石价银八钱四分。

库车直隶厅：大米每京石价银一两四钱八分，小麦每京石价银五钱六分九厘，莞豆每京石价银三钱七分，包谷每京石价银三钱四厘。

乌什直隶厅：大米每京石价银二两三钱八分四厘，小麦每京石价银六钱六分，大麦每京石价银二钱八分八厘，包谷每京石价银四钱五分八厘。

喀什噶尔道属

疏勒直隶州：大米每京石价银二两八钱五分，小麦每京石价银一两五钱一分八厘，包谷每京石价银一两五钱，高粱每京石价银一两一钱五分。

疏附县：大米每京石价银二两八钱五分，小麦每京石价银一两五钱八分七厘，包谷每京石价银一两七分二厘，高粱每京石价银一两一钱五分。

莎车直隶州：大米每京石价银二两六钱六分四厘，小麦每京石价银一两三分五厘，大麦每京石价银八钱七分五厘，包谷每京石价银九钱五分四厘。

叶城县：大米每京石价银三两四分五厘，小麦每京石价银一两三钱七分五厘，包谷每京石价银九钱，高粱每京石价银一两。

和阗直隶州：大米每京石价银三两八分，小麦每京石价银一两六钱五分六厘，包谷每京石价银一两二钱八分，青稞每京石价银一两二钱四分二厘。

于阗县：大米每京石价银五两二钱四分四厘，小麦每京石价银二两一钱四分四厘，包谷每京石价银一两五钱三分六厘。

英吉沙尔厅：大米每京石价银三两九钱五分二厘，小麦每京石价银二两二钱八厘，包谷每京石价银一两三钱四分，大麦每京石价银一两四分四厘。

玛喇巴什厅：大米每京石价银三两二钱四分，小麦每京石价银一两二钱五分，包谷每京石价银一两二钱。

军机大臣奉旨：览。钦此。①

030. 请以李时熙补授阜康知县缘由折

光绪十二年六月十二日（1886年7月13日）

钦差大臣督办新疆事宜尚书衔降一级留任甘肃新疆巡抚二等男臣刘锦棠跪奏，为拣员请补要缺知县，以重地方，恭折仰祈圣鉴事。

窃据甘肃新疆布政使魏光焘、兼按察使衔署镇迪道英林会详：新疆阜康县知县系冲繁难三项要缺，例应由外拣调。该县员缺久悬，亟应拣员请补，以重职守。前于酌拟新疆补署各缺案内将北路镇迪道属旧有各缺拟请援照云贵、甘肃变通章程请补，经臣奏明在案。又查变通章程内开：云贵、甘肃升补知县要缺一项，初任候补并拣发、委用以及到省在后各员，均准通融拣选题补各等语。

今阜康县知县系要缺，该司于现任、候补各员内逐加遴选，查有同知衔留甘补用知县李时熙，年四十二岁，系湖南长沙府益阳县民籍，由文童投效湖北军营，于克复崇阳、通城、咸宁、蒲圻等县城池并剿退兴国、大

———
① 中国第一历史档案馆藏：《清单》，档案编号：03—6853—024。

沽、通山等处地方逆匪、南岸一律肃清案内汇保,咸丰十一年十二月初十日奉上谕:着以从九品留于安徽,遇缺前先补用。钦此。旋经吏部奏驳,以奏定章程劳绩保举不准援引筹饷例指省名目,李时熙请改以从九品不论双单月遇缺前先选用,于同治元年四月二十六日奉旨:依议。钦此。八年。投效陕甘军营,于关陇肃清案内汇保,光绪二年二月初四日奉上谕:着免选本班,以县丞分省补用。钦此。是年差派出关,于新疆南北两路一举荡平案内汇保,六年正月三十日奉上谕:着以知县分省尽先补用。钦此。新疆南路诸军五次剿平边寇案内汇保,七年五月二十日奉上谕:着赏加同知衔。钦此。八年三月,委署阜康县知县。是年九月,经吏部奏明,照章留于甘肃,以原官归原班补用,奉旨:依议。钦此。新疆六载边防案内汇保,十年十月初四日奉上谕:着赏戴花翎。钦此。是年七月,调补库车直隶厅抚民同知,十二月二十四日,接印视事。该司等查该员李时熙,年强才明,勤于民事,在新疆年久,熟悉情形,前署阜康县事,措置裕如,民情爱戴。以之请补阜康县知县,实堪胜任,人地亦极相宜等情,详请具奏前来。

臣查该员李时熙,心地朴实,办事精详,兹请补阜康县知县,洵堪胜任。合无仰恳天恩俯念要缺需员,准以该员补授阜康县知县,实于地方有裨。如蒙俞允,俟奉准部复,即行给咨送部引见,以符例章;仍令试署年满,如果称职,另请销去试字。

是否有当?谨会同陕甘督臣谭钟麟,恭折具陈,伏乞皇太后、皇上圣鉴训示。谨奏。光绪十二年六月十二日。

军机大臣奉旨:吏部议奏。钦此。①

光绪十二年七月十八日,军机大臣奉旨:吏部议奏。钦此。②

031. 代奏回王展缓期满呈恳按班朝觐折

光绪十二年六月十二日(1886年7月13日)

钦差大臣督办新疆事宜尚书衔降一级留任甘肃新疆巡抚二等男臣刘

---

①中国第一历史档案馆藏:《朱批原件》,档案编号:04—01—30—0062—031。
②中国第一历史档案馆藏:《军机录副》,档案编号:03—5211—074。

锦棠跪奏,为据情代奏哈密回子亲王展缓期满,呈恳按班朝觐,恭折仰祈圣鉴事。

窃据哈密札萨克回子亲王沙木胡索特呈称:前呈经哈密办事大臣明春等于光绪十年十一月二十一日代奏,吁恳天恩准予暂缓二年,俟军差稍减,回民安辑,再行呈请按班朝觐一折,嗣奉饬知,光绪十年十二月二十日军机大臣奉旨:该回王着准其暂缓入觐。钦此。钦遵在案。现届展缓期满,诸务稍松,溯自蒙恩承袭以来,尚未入觐天颜,供差廷阙,惶悚实深,未便再行延误,呈请代奏前来。

臣复查无异。相应据情代奏,恳恩准予该回王按班朝觐,以符定制。如蒙俞允,恭候命下,即行转饬遵照。

所有代陈哈密回子亲王恳请按班朝觐各缘由,恭折具奏,伏乞皇太后、皇上圣鉴训示。谨奏。光绪十二年六月十二日。

光绪十二年七月十八日,军机大臣奉旨:着准其按班朝觐,该衙门知道。钦此。①

032. 查明斩犯马牲异等殴毙人命案由折

光绪十二年六月十二日(1886年7月13日)

钦差大臣督办新疆事宜尚书衔降一级留任甘肃新疆巡抚二等男臣刘锦棠跪奏,为伊犁斩犯在监病故,绞犯应入本年秋审,分别开除入缓,恭折具陈,仰祈圣鉴事。

窃臣准署伊犁将军臣锡纶咨:据署伊犁抚民同知骆恩绥详报:监犯马牲异在监病故。当饬行营委员候选知县明征,带同刑仵诣验,填格取结详办去后。兹据复称:验明监犯马牲异,实系病故,并无凌虐违方等弊,取具医生、禁卒人等甘结,赍呈备案,相应咨请核转等因。又准咨称:案准刑部议据伊犁将军金顺奏称,赛斯克因酒醉口角起衅,殴伤色斯克身死,请照变通章程监禁四年,限满折责保释,臣部碍难率准,请旨饬下该将军会同新疆巡抚,查照臣部前奏,速即妥议章程,俟复奏到日,再行核办,奉旨:依议。钦此。所有赛斯克殴伤色斯克身死一案,应如何妥议章程,即乞定拟具奏,

---

①中国第一历史档案馆藏:《军机录副》,档案编号:03—5211—075。又《奏稿》第1377—1379页。

先后咨会前来。

臣查新疆刑名案件，向系变通章程，并未办理秋审。去秋刑部议奏，新疆命盗等案规复旧制，经臣体察情形，拟将凌迟、斩绞立决及斩绞监候情实入勾各犯，仍照变通章程，就地正法。其斩绞监候秋审入缓及遣军流徒人犯，照例随时奏咨，听候部复。此项监候入缓各犯，照旧事秋审之例办理，业蒙圣慈俞允。嗣后刑名案件，自应恪遵办理。第前次伊犁斩犯马牲异、绞犯赛斯克二案，均在镇迪道未加按察使衔之前，未由该道核转，无案可稽。现准锡纶咨臣定拟具奏，臣查斩犯马牲异，系因挟忿谋杀，用斧砍伤陈彰身死案内，照谋杀拟斩监候，恭逢光绪十一年恩诏停勾，应入本年秋审之犯。既已在监病故，禁卒人等讯无凌虐情弊，自应议结，于本年秋审内开除。其绞犯赛斯克一名，金顺原奏请照变通章程监禁四年，经部驳令妥议章程，再行核办。

现在新疆斩绞入缓人犯，既经奏准照例定例，赛斯克一犯罪应绞候，自应照例归入本年秋审办理。惟查原奏衅起酒醉，伤非金刃，情节较轻，应请入缓。相应请旨饬部，分别开除入缓。

除将咨钞各结并摘叙原案咨送刑部查核外，谨会同署伊犁将军臣锡纶，恭折具陈，伏乞皇太后、皇上圣鉴施行。谨奏。光绪十二年六月十二日。

军机大臣奉旨：刑部知道。钦此。①

光绪十二年七月十八日，军机大臣奉旨：刑部知道。钦此。②

033. 恭报启用关防日期并请缴回钦差关防折
光绪十二年七月初四日（1886年8月3日）

钦差大臣督办新疆事宜尚书衔降一级留任甘肃新疆巡抚二等男臣刘锦棠跪奏，为恭报微臣启用关防日期，并请旨缴回钦差大臣关防，恭折具陈，仰祈圣鉴事。

窃臣于光绪十二年六月十七日准礼部咨，由差弁赍到光字二十六号甘

―――

①中国第一历史档案馆藏：《朱批原件》，档案编号：04—01—28—0023—095。
②中国第一历史档案馆藏：《军机录副》，档案编号：03—7396—012。

肃新疆巡抚关防一颗，当即恭设香案，望阙叩头祗领启用。

伏念新疆当设官经野之初，巡抚有率属绥民之责，以臣愚昧，首佩宠章，敢不矢慎矢勤，以期仰副朝廷永靖边陲之至意。惟臣自光绪六年仰承恩命，接绾钦符，感荷殊施，时忧竭蹶。幸赖圣谟广运，烛照无遗，总挈方隅，悉从省制，量设巡抚以下等官，并特加巡抚兵部尚书衔，俾节制全疆军务，目张纲举，因地制宜，时会所乘，规模渐具。但冀各省关应拨协饷，报解如期。此外应办事宜，悉属抚臣专责。

臣谬当斯任，兢惕方深，若复久绾钦符，尤虞陨越。合无仰恳天恩俯准，缴回钦差大臣关防，俾得少安。愚拙之处，伏候谕旨遵行。

谨恭折具奏，伏乞皇太后、皇上圣鉴训示。谨奏。光绪十二年七月初四日。

军机大臣奉旨：着准其回缴。所有新疆改设一切未尽事宜，仍着刘锦棠悉心妥筹办理。钦此。①

光绪十二年八月初六日，军机大臣奉旨：着准其回缴。所有新疆改设一切未尽事宜，仍着刘锦棠悉心妥筹办理。钦此。②

034. 奏报光绪十二年二月雨雪粮价情形折
光绪十二年七月初四日（1886年8月3日）

钦差大臣督办新疆事宜尚书衔降一级留任甘肃新疆巡抚二等男臣刘锦棠跪奏，为恭报光绪十二年二月分粮价并雨雪情形，谨缮折具奏，仰祈圣鉴事。

窃照本年正月分粮价并得雪情形，业经臣奏报在案。兹查本年二月分，北路迪化各属具报得雪三四寸有余及一二寸不等，南路多未得雪。然地气本暖，山中积雪融化，梁水亦渐流通，各处民情尚称安谧。至通省粮价，温宿、和阗、迪化、镇西、吐鲁番、库尔喀喇乌苏等州厅及昌吉、绥来两县，俱与上月相同，余略有增减。据藩司魏光焘汇详请奏前来。

理合恭折具陈，并缮粮价清单，敬呈御览。伏乞皇太后、皇上圣鉴。谨

①中国第一历史档案馆藏：《朱批原件》，档案编号：04—01—12—0535—031。
②中国第一历史档案馆藏：《军机录副》，档案编号：03—5689—034。

奏。光绪十二年七月初四日。

军机大臣奉旨：知道了。钦此。①

光绪十二年八月初六日，军机大臣奉旨：知道了。钦此。②

035. 呈新疆光绪十二年二月粮价清单

光绪十二年七月初四日（1886年8月3日）

谨将新疆各属光绪十二年二月分米粮时估价值缮具清单，恭呈御览。计开

二月分：

镇迪道属

迪化直隶州：大米每京石价银四两四钱四厘，小麦每京石价银一两五钱九分二厘，莞豆每京石价银一两六钱五分六厘，青稞每京石价银一两二钱五分八厘。俱与上月相同。

昌吉县：大米每京石价银三两六钱三厘，小麦每京石价银一两三钱四分七厘，莞豆每京石价银一两四钱八分六厘，青稞每京石价银九钱五分八厘。俱与上月相同。

阜康县：粟米每京石价银一两五钱九分二厘，与上月相同。小麦每京石价银一两五钱九分二厘，较上月贵一钱六厘。莞豆每京石价银一两五钱九分二厘，较上月贵一钱七分七厘。高粱每京石价银七钱七分八厘，与上月相同。

绥来县：大米每京石价银三两一钱八分二厘，小麦每京石价银一两一钱六分七厘，莞豆每京石价银一两三钱一分九厘，高粱每京石价银八钱九分七厘。俱与上月相同。

奇台县：大米每京石价银二两九钱三分四厘，较上月贱五钱一分八厘。小麦每京石价银一两六钱九分八厘，较上月贱七分一厘。莞豆每京石价银一两三钱四分六厘，较上月贱三分五厘。

哈密厅：粟米每京石价银二两七钱五分，较上月贱一钱三分。小麦每

---

① 中国第一历史档案馆藏：《朱批原件》，档案编号：04—01—25—0527—020。
② 中国第一历史档案馆藏：《军机录副》，档案编号：03—6854—010。

京石价银一两四钱六分,较上月贵三分九厘。莞豆每京石价银一两六钱四分,较上月贵二钱。青稞每京石价银一两七分三厘,与上月相同。

镇西直隶厅:小麦每京石价银二两一钱五分,莞豆每京石价银一两八钱三分,青稞每京石价银一两四钱。俱与上月相同。

吐鲁番厅:小麦每京石价银一两七钱四分七厘,大麦每京石价银七钱四分六厘,高粱每京石价银八钱五分七厘,黄豆每京石价银一两四钱九分三厘。俱与上月相同。

库尔喀喇乌苏粮员:粟米每京石价银一两二钱,小麦每京石价银一两四钱,莞豆每京石价银二两,高粱每京石价银一两四钱四分。俱与上月相同。

精河粮员:大米每京石价银三两八钱五分;小麦每京石价银七钱,与上月相同。莞豆每京石价银一两二钱六分,较上月贵一厘。高粱每京石价银六钱三分三厘,较上月贵三厘。

阿克苏道属

温宿直隶州:大米每京石价银一两八钱二分四厘,小麦每京石价银八钱二分八厘,大麦每京石价银四钱八分,包谷每京石价银五钱四分四厘。俱与上月相同。

拜城县:小麦每京石价银七钱三分,较上月贵四分。大麦每京石价银四钱三分,较上月贵四分二厘。莞豆每京石价银六钱三厘,较上月贵四分三厘。包谷每京石价银六钱三厘,较上月贵四分三厘。

喀喇沙尔直隶厅:大米每京石价银二两七钱一分,与上月相同。小麦每京石价银一两三分五厘,与上月相同。莞豆每京石价银八钱四分,较上月贵七分二厘。包谷每京石价银七钱六分八厘,较上月贱七分二厘。

库车直隶厅:大米每京石价银一两七钱七分,较上月贵二钱九分。小麦每京石价银六钱一分,较上月贵四分一厘。莞豆每京石价银六钱五分,较上月贵二钱八分。包谷每京石价银四钱四分四厘,较上月贵一钱四分。

乌什直隶厅:大米每京石价银二两三钱八分四厘,与上月相同。小麦每京石价银五钱九分四厘,较上月贱六分六厘。大米每京石价银三钱二分一厘,较上月贵三分三厘。包谷每京石价银四钱五分八厘,与上月相同。

喀什噶尔道属

疏勒直隶州:大米每京石价银二两七钱七分五厘,较上月贱七分五厘。小麦每京石价银一两五钱五分二厘,较上月贵三分四厘。包谷每京石价银一两七钱二厘,较上月贱四钱二分八厘。高粱每京石价银一两一钱五分,与上月相同。

疏附县:大米每京石价银二两七钱七分五厘,较上月贱七分五厘。小麦每京石价银一两五钱五分二厘,较上月贱三分五厘。包谷每京石价银一两七分二厘,与上月相同。高粱每京石价银一两一钱五分,与上月相同。

莎车直隶州:大米每京石价银二两七钱四分七厘,较上月贵八分三厘。小麦每京石价银一两一钱四厘,较上月贵六分九厘。大麦每京石价银八钱五分,较上月贱二分五厘。包谷每京石价银九钱七分,较上月贵一分六厘。

叶城县:大米每京石价银二两九钱,较上月贵一钱四分五厘。小麦每京石价银一两三钱,较上月贱七分五厘。包谷每京石价银九钱,与上月相同。高粱每京石价银一两,与上月相同。

和阗直隶州:大米每京石价银三两八分,小麦每京石价银一两六钱五分六厘,包谷每京石价银一两二钱八分,青稞每京石价银一两二钱四分二厘。俱与上月相同。

于阗县:大米每京石价银五两二钱四分四厘,与上月相同。小麦每京石价银二两四钱一分二厘,较上月贵二钱六分八厘。包谷每京石价银一两五钱三分六厘,与上月相同。

英吉沙尔直隶厅:大米每京石价银三两九钱五分二厘,与上月相同。小麦每京石价银一两九钱三分二厘,较上月贱二钱七分六厘。包谷每京石价银一两二钱六厘,较上月贱一钱三分四厘。大麦每京石价银一两四分四厘,与上月相同。

玛喇巴什直隶厅:大米每京石价银三两六钱九分八厘,较上月贵四钱五分八厘。小麦每京石价银一两三钱八分,较上月贵一钱三分。包谷每京石价银一两二钱,与上月相同。

军机大臣奉旨:览。钦此。①

---

①中国第一历史档案馆藏:《清单》,档案编号:03—6854—011。

036. 委令黄丙焜等署理直隶知州员缺片
光绪十二年七月初四日（1886年8月3日）

再，疏勒直隶州知州蒋诰调省另有差委，遗缺查有吐鲁番同知黄丙焜，守洁才优，办事稳练，堪以调署。递遗之缺查有候补直隶州知州龙魁，堪以委署。署喀喇沙尔同知周锡文禀请交卸回省，遗缺查有候补直隶州知州江遇璞，堪以委署。新设库尔喀喇乌苏同知员缺，查有候补直隶州知州符瑞，堪以委署。据藩臬两司会详前来。

臣复查无异。除批饬分别给委外，谨合同陕甘督臣谭钟麟，附片具陈，伏乞圣鉴。谨奏。

军机大臣奉旨：吏部知道。钦此。①

光绪十二年八月初六日，军机大臣奉旨：吏部知道。钦此。②

【案】此片具奏日期，原件、录副均未确。查光绪十二年八月初六日《军机处随手登记档》③，载有"报四百里，七月初四日发"等字样。据此，此片具奏日期当为"光绪十二年七月初四日"，兹据校正。

037. 奏报新疆需才治理照章拣员留省折
光绪十二年七月十六日（1886年8月15日）

钦差大臣督办新疆事宜尚书衔降一级留任甘肃新疆巡抚二等男臣刘锦棠跪奏，为新疆设省伊始，需才治理，拟照变通委署留补章程，拣员留省，恳恩饬部注册，以资差委，恭折仰祈圣鉴事。

窃维新疆荒瘠之区，兵燹之后，地方雕敝，民气未纾。当此建立行省，新设郡县，整顿抚绥，期在得人而理。臣前于酌拟新疆补署各缺留省补用章程案内，请将随营当差之分省候选并他省候补各项人员内从事有年、熟悉边务者，照依变通章程，留于甘肃新疆补用。接准部复：随营之分省候选

---
①中国第一历史档案馆藏：《朱批原件》，档案编号：04—01—13—0425—032。
②中国第一历史档案馆藏：《军机录副》，档案编号：03—5212—030。
③中国第一历史档案馆藏：《军机处随手登记档》，档案编号：03—0250—3—1212—205。

并他省候补各员,自应准其留于新疆补用,照甘肃从前变通章程,分别奏咨办理。又查变通章程内开:云贵、甘肃如因地方紧要,遴才任使,须将他省候补及候选分发各员变通委署者,应准该督抚将该员留于该省,分别补用,毋庸再归候选原班及候补原省各等语。

兹查有三品衔分省候补班补用知府①张起宇、开复道衔签掣省分遇缺奏补知府刘肇瑞、知府用江西补用直隶州知州江遇璞、遇缺尽先即选知州袁运鸿、四品衔尽先选用通判世袭骑都尉孙志焘、提举衔补缺后在任候补直隶州知州广东候补班前尽先补用知县黄袁②、知州用尽先选用知县任兆观③、同知衔分省补用知县杨其澍、同知衔尽先即选知县李征煦、同知衔分省候补班尽先前遇缺即补知县喻先麓、同知衔分省补用知县邓以潢等十一员,均在营当差有年,于边情、土俗熟悉谙练,应请照章留于甘肃新疆补用。据藩司魏光焘详请具奏前来。

臣复查无异。合无仰恳天恩准予饬部将该员等一律注册,留于甘肃新疆补用,期于地方有裨。

除查取各该员履历咨部外,谨会同陕甘督臣谭钟麟,恭折具陈,伏乞皇太后、皇上圣鉴训示。谨奏。光绪十二年七月十六日。

军机大臣奉旨:着照所请,吏部知道。钦此。④

光绪十二年八月十八日,军机大臣奉旨:着照所请,吏部知道。钦此。⑤

---

①"补用知府",《奏稿》作"候补知府"。
②黄袁(1842—1900),湖南善化人。由捐纳盐提举衔广东试用盐运司经历保举花翎。光绪十二年(1886),留新疆委用。十三年(1887),补叶城县知县。十六年(1890),调补迪化县知县,历署疏附县及和阗直隶州各缺。二十一年(1895),升补英吉沙尔直隶厅同知。二十三年(1897),署温宿直隶州知州。二十五年(1899),交卸回省。次年九月,赴英吉沙尔同知本任,行抵焉耆府,因病身故。
③任兆观(1848—?),云南昆明人。光绪七年(1881),随同伊犁参赞大臣升泰出关。十二年(1886),留新疆试用。嗣经伊犁将军色楞额保奏,补缺后以同知补用。十六年(1890),署昌吉县知县。十九年(1893),署阜康县知县。二十一年(1895),实授。二十七年(1901),署绥来县知县。二十九年(1903),补授镇西厅同知。
④中国第一历史档案馆藏:《朱批原件》,档案编号:04—01—01—0955—001。又《奏稿》第1385—1388页。
⑤中国第一历史档案馆藏:《军机录副》,档案编号:03—5212—072。

038. 查明防营弁勇及各台局实数开单立案折

光绪十二年七月十六日（1886年8月15日）

　　钦差大臣督办新疆事宜尚书衔降一级留任甘肃新疆巡抚二等男臣刘锦棠跪奏，为查明新疆防营弁勇及各台局自光绪十一年七月初一日起至十二月底止实在数目，分别缮具清单，奏明立案，恭折仰祈圣鉴事。

　　窃臣所部马步诸军暨乌鲁木齐提标土勇截至光绪十一年六月底止共存六十一营旗、开花炮队三哨、小马队四哨及各台局实在数目，业经遵照部议分别奏咨在案。兹据粮台司道详称：前次造赍清单，自光绪十一年正月初一日起截至六月底止，实存额外长夫、马夫九千五百五十五名。嗣遵部议，裁减各营旗公长夫一千二百三十二名，又续裁武威中旗哨长私夫九名，一并划除，实存长夫、马夫八千三百十四名。八月、十二月内，先后新募驭远布鲁特即旌善前旗、坐粮马队各一旗，通截至十二月底止，共存六十三营旗、开花炮队三哨、小马队四哨，合计共额设弁勇二万一千一十八员名，额外营哨官一百一十一员，额外伙夫、长夫、马夫八千八百九十七名。至各台局内于九月底裁撤叶尔羌、和阗、喀什噶尔、库车、吐鲁番、哈密蚕桑分局六处，该台将原存营局及新添、裁撤各数目、日期分晰缮具清单，详请奏咨前来。

　　臣复核无异。所有新疆各营局自光绪十一年七月初一日起截至十二月底止实在数目，除咨部查照外，理合缮具清单，恭呈御览。伏乞皇太后、皇上圣鉴，饬部立案施行。谨奏。光绪十二年七月十六日。

　　军机大臣奉旨：该部知道，单二件并发。钦此。①

　　光绪十二年八月十八日，军机大臣奉旨：该部知道，单二件并发。钦此。②

039. 呈光绪十一年下半年各台局义学清单

光绪十二年七月十六日（1886年8月15日）

　　谨将新疆各台局义学自光绪十一年七月初一日起截至十二月底止缮

---
①中国第一历史档案馆藏：《朱批原件》，档案编号：04—01—16—0219—076。
②中国第一历史档案馆藏：《军机录副》，档案编号：03—5753—038。

具四柱清单,恭呈御览。计开

旧管：

光绪十一年六月底止,实存行营粮台、哈密督催粮运总局、哈密军装制办总局、古城屯采总局、省城军装局。

巴里坤、吐鲁番、省城三采运局,哈密及省城二柴草局。

叶尔羌、和阗、喀什噶尔、库车、吐鲁番、哈密等处六蚕桑分局。

哈密新城、老城,吐鲁番新城、老城、喀喇沙尔、库车、阿克苏、乌什、英吉沙尔、喀什噶尔回城、汉城、叶尔羌、和阗、古城、迪化州、绥来等处十六保甲局。

哈密、巴里坤、昌吉、吐鲁番、喀喇沙尔、库车、阿克苏、乌什、喀什噶尔、英吉沙尔、玛喇巴什、叶尔羌、和阗等处十三牛痘局。

哈密义学五堂,吐鲁番义学六堂,喀库义学四堂,库车义学五堂,阿克苏义学五堂,乌什义学三堂,喀什噶尔义学五堂、玛喇巴什义学三堂,英吉沙尔义学三堂,叶尔羌义学七堂,和阗义学四堂,巴里坤义学四堂,奇台义学四堂,济木萨义学三堂,阜康义学二堂,迪化州义学六堂,昌吉义学二堂,绥来义学四堂,呼图壁义学二堂,共计义学七十七堂。

新收:无项。

开除：

光绪十一年九月底止,裁撤叶尔羌、和阗、喀什噶尔、库车、吐鲁番、哈密等处六蚕桑分局,归地方官兼办,不支薪粮。

实在：

光绪十一年十二月底止,实存新疆行营粮台、哈密督催粮运总局、哈密军装制办总局、古城屯采总局、省城军装局,巴里坤、吐鲁番、省城三采运局,哈密及省城二柴草局。

哈密新城、老城,吐鲁番新城、老城、喀喇沙尔、库车、阿克苏、乌什、英吉沙尔、喀什噶尔回城、汉城、叶尔羌、和阗、古城、迪化州、绥来等处十六保甲局。

哈密、巴里坤、昌吉、吐鲁番、喀喇沙尔、库车、阿克苏、乌什、喀什噶尔、英吉沙尔、玛喇巴什、叶尔羌、和阗等处十三牛痘局。

哈密义学五堂,吐鲁番义学六堂,喀库义学四堂,库车义学五堂,阿克苏义学五堂,乌什义学三堂,喀什噶尔义学五堂、玛喇巴什义学三堂,英吉沙尔义学三堂,叶尔羌义学七堂,和阗义学四堂,巴里坤义学四堂,奇台义学四堂,济木萨义学三堂,阜康义学二堂,迪化州义学六堂,昌吉义学二堂,绥来义学四堂,呼图壁义学二堂,共计义学七十七堂。

军机大臣奉旨:览。钦此。①

040. 呈新疆防营弁勇及各台局实数清单
光绪十二年七月十六日(1886年8月15日)

谨将甘肃新疆马步各营旗员弁勇丁、夫马炮车数目自光绪十一年七月初一日起截至十二月底止,缮具四柱清单,恭呈御览。计开

旧管:

光绪十一年六月底止,实存行粮步队十五营十二旗,坐粮步队三旗,土勇步队九旗,行粮马队九营五旗,坐粮马队七旗,土勇马队一旗,总计六十一营旗,开花炮队三哨,小马队四哨。

实存额设弁勇二万七百六十八员名,实存额外营哨官一百一十一员,实存额外伙夫四百二十五名,实存额外长夫、马夫八千三百十四名。合前次造赍光绪十一年正月初一日起截至六月底止折载实存额外长夫、马夫九千五百五十五名。嗣遵部议,从光绪十一年正月起,行粮步队每营裁减哨长私夫十二名,每旗裁减哨长私夫九名;坐粮步队每旗裁减哨长私夫六名,行粮马队每营裁减公长夫五十名,每旗裁公长夫二十五名;小马队每哨裁公长夫四十名。计共裁公长夫一千二百三十二名。

又从四月初一日起新添武威中旗应裁减哨长私夫九名,一并划除。实存额外长夫、马夫,合符前数。实存额马三千九百一十九匹,实存炮车十八辆、车骡四十八头。

新收:

光绪十一年八月初一日起,新募驭远布鲁特坐粮马队一旗,照额新添弁勇一百二十五员名,新添额外伙夫十四名,新添额外马夫、私夫六十五名,新添额马一百二十七匹。

光绪十一年十二月十五日起,新募旌善前旗坐粮马队一旗,照额新添弁勇一百二十五员名,新添额外火夫十四名,新添额外长夫、马夫六十五

---

①中国第一历史档案馆藏:《清单》,档案编号:03—5753—040。

名,新添额马一百二十七匹。

开除:无项。

实在:

光绪十一年十二月底止,实存行粮步队十五营十二旗,坐粮步队三旗,土勇步队九旗,行粮马队九营五旗,坐粮马队九旗,土勇马队一旗,总计六十三营旗,开花炮队三哨,小马队四哨。实存额设弁勇二万一千一十八员名,实存额外营哨官一百一十一员,实存额外伙夫四百五十三名,实存额外长夫、马夫八千四百四十四名。实存额马四千一百七十三匹,实存炮车十八辆、车骡四十八头。

军机大臣奉旨:览。钦此。①

041. 拣员署理塔尔巴哈台参赞大臣员缺折

光绪十二年七月十六日(1886年8月15日)

钦差大臣督办新疆事宜尚书衔降一级留任甘肃新疆巡抚二等男臣刘锦棠、头品顶戴署伊犁将军塔尔巴哈台参赞大臣臣锡纶跪奏,为遵旨拣员署理参赞大臣员缺,恭折仰祈圣鉴事。

窃臣等准兵部咨:光绪十二年三月二十二日内阁奉上谕:署塔尔巴哈台参赞大臣明春奏病难速痊,请开署缺一折。②明春着准开署缺,回旗调理。塔尔巴哈台参赞大臣员缺,着刘锦棠、锡纶就近拣员,奏派署理。钦此。钦遵咨行前来。

臣等窃维塔尔巴哈台地处极边,屯垦操防及通商事务,在在悉关紧要,非熟悉边情、刚柔交济,不足以资抚驭。兹查有伊犁额鲁特领队大臣春满,办事勤笃,有守有为,于边务夷情尤多谙练,以之接署斯缺,可期措理裕如。臣等往复函商,意见相合。

除咨春满查照并由臣锡纶派员接署额鲁特领队大臣事务,另折奏明办

---

① 中国第一历史档案馆藏:《清单》,档案编号:03—5753—039。
② 详见光绪十二年二月十六日塔尔巴哈台参赞大臣明春以病难速痊,恳请开缺调理缘由(台北故宫博物院藏:《军机及宫中档》,文献编号:408008260),于是年三月二十二日得旨允行(《德宗景皇帝实录(四)》,卷二百二十五,光绪十二年三月,第45页)。

理①外，谨会同陕甘总督臣谭钟麟，合词具陈，伏乞皇太后、皇上圣鉴训示施行。再，此折系由臣刘锦棠主稿，合并声明。谨奏。光绪十二年七月十六日。

军机大臣奉旨：知道了。钦此。②

光绪十二年八月十八日，军机大臣奉旨：知道了。钦此。③

【附】光绪十三年二月初十日，前任塔尔巴哈台参赞大臣明春具折自陈病危：

奴才明春跪奏，为恭上遗折，仰祈圣鉴事。

窃奴才于上年二月内因病陈情，渥蒙恩旨准开署缺，回旗调理，于八月二十六日交卸塔尔巴哈台参赞大臣印务。因本任内新饷尚未解齐，欠发各营月饷，并哈密积欠商款、粮价等项，待款清厘。旋值天气寒冷，奴才喘证未愈，不任跋涉，未能起程北上。本年正月初五日，忽患咳嗽，痰壅气喘，精神萎靡，医药调治，日渐沉重，自觉不能久延于世。

伏念奴才蒙古世仆，于咸丰年间由京营出兵，从征发捻各匪，历皖、豫、秦、陇，转战出关，驱驰几三十年。其间迭受多伤，屡患重病，不敢顾惜微躯，诚以受恩深重，虽捐靡顶踵，未能图报万一。讵意福薄灾生，久膺痼疾，所有奴才经手未完事件，如塔城军饷报销并前奏奉旨允准清还哈密积欠商款、粮价等项，均面托付现署参赞大臣春满，督饬承办委员逐款造册，呈赍查核，代为奏明办理。所最难瞑目者，开缺将及一载，未获趋叩阙廷，跪觐天颜。负鸿恩之高厚，矢图报于来生！伏愿皇太后颐养圣躬，皇上勤求郅治，永固金汤，不胜哀鸣叩祷之至。

兹当弥留之际，谨伏枕口授大意，缮具遗折，叩谢天恩，交春满代为恭递。伏乞皇太后、皇上圣鉴。谨奏。光绪十三年二月初十日。④

---

①详见光绪十二年九月初三日署塔尔巴哈台参赞大臣春满具报到任接署篆务日期（台北故宫博物院藏：《军机及宫中档》，文献编号：408008269）。

②中国第一历史档案馆藏：《朱批原件》，档案编号：04—01—16—0219—077。又《奏稿》第1393—1395页。

③中国第一历史档案馆藏：《军机录副》，档案编号：03—5212—070。

④中国第一历史档案馆藏：《军机录副》（据折面文字，属原件无疑），档案编号：03—5219—041。

042. 奏报估修吐鲁番等城需款数目立案片

光绪十二年七月十六日（1886年8月15日）

再，据藩司魏光焘详称：镇迪道属吐鲁番为南北咽喉重地，该处城垣历久未修，兵燹以后，城门、瓮洞、腰角、城楼，均经坍塌，四面城身垛墙，亦多倾圮，亟宜修理，以资保卫。又绥来县城前于光绪二年贼盘踞时，官军围攻，多被开花炮击损，颓敝难堪，虽经防营将城身稍为补葺，而频年雨雪所侵，仍多裂毁。该县为省西门户，西通伊犁，北达塔城，地当冲繁，最关紧要。前据各该厅县禀奉饬修，并拨防营帮同版筑，一应工料仍饬切实估计在案。兹据吐鲁番同知估报，此项城工土作以勇丁任役，经费较减。

惟应需木料须采自伊拉湖山北，计程七百余里，往返约须半月，道远运艰，烧砖柴薪亦极昂贵。计需银一万五千六百余两，绥来县城估用银七千一百九十余两，食粮在外。查关外工程，均经随时奏报，工竣核实报销。该两厅县城工事同一律，详请一并具奏前来。

臣复查无异。谨会同陕甘总督臣谭钟麟，附片陈明，伏乞圣鉴训示，饬部立案施行。谨奏。

军机大臣奉旨：该部知道。钦此。①

光绪十二年八月十八日，军机大臣奉旨：该部知道。钦此。②

【案】此奏片原件具奏日期署"光绪十一年"，兹据《军机处随手登记档》③、录副及《奏稿》校正。

043. 奏报新疆各属光绪十二年三月雨雪粮价折

光绪十二年七月二十六日（1886年8月25日）

钦差大臣督办新疆事宜尚书衔降一级留任甘肃新疆巡抚二等男臣刘锦棠跪奏，为恭报光绪十二年三月分粮价并雨雪情形，谨缮折具奏，仰祈圣

---

① 中国第一历史档案馆藏：《朱批原件》，档案编号：04—01—37—0129—025。又《奏稿》第1389—1391页。
② 中国第一历史档案馆藏：《军机录副》，档案编号：03—6022—023。
③ 中国第一历史档案馆藏：《军机处随手登记档》，档案编号：03—0250—3—1212—217。

鉴事。

窃照本年二月分各厅州县粮价并得雪情形,业经臣奏报在案。兹查本年二月分,北路迪化各属得雪三四寸有余及雨入土三四寸不等,南路并未得雪,间有微雨。时值山中积雪融化,梁水畅流,地土滋润,民情亦均安贴。

至通省粮价,迪化、温宿、吐鲁番、乌什、玛喇巴什、精河等州厅暨阜康县,俱与上月相同,余均略有增减。据藩司魏光焘汇详请奏前来。

理合恭折具陈,并缮粮价清单,敬呈御览。伏乞皇太后、皇上圣鉴。谨奏。光绪十二年七月二十六日。

军机大臣奉旨:知道了。钦此。①

光绪十二年九月初一日,军机大臣奉旨:知道了。钦此。②

044. 呈新疆各属光绪十二年三月粮价清单

光绪十二年七月二十六日(1886年8月25日)

谨将新疆各属光绪十二年三月分米粮时估价值缮具清单,恭呈御览。计开

三月分:

镇迪道属

迪化直隶州:大米每京石价银四两四钱四厘,小麦每京石价银一两五钱九分二厘,莞豆每京石价银一两六钱五分六厘,青稞每京石价银一两二钱五分八厘。俱与上月相同。

昌吉县:大米每京石价银三两六分一厘,较上月增三钱五分八厘。小麦每京石价银一两三钱四分七厘,莞豆每京石价银一两四钱八分六厘,青稞每京石价银九钱五分八厘。俱与上月相同。

阜康县:粟米每京石价银一两五钱九分二厘,小麦每京石价银一两五钱九分二厘,莞豆每京石价银一两五钱九分二厘,高粱每京石价银七钱七分八厘。俱与上月相同。

绥来县:大米每京石价银三两一钱八分二厘,与上月相同。小麦每京

---

①中国第一历史档案馆藏:《朱批原件》,档案编号:04—01—25—0527—023。
②中国第一历史档案馆藏:《军机录副》,档案编号:03—6855—001。

石价银一两二钱七分三厘,较上月增一钱六厘。莞豆每京石价银一两七钱一分一厘,较上月增三钱九分二厘。高粱每京石价银一两一钱九分九厘,较上月增三钱三厘。

奇台县:大米每京石价银三两一钱七厘,较上月增一钱七分三厘。小麦每京石价银一两六钱九分八厘,莞豆每京石价银一两三钱四分六厘。俱与上月相同。

哈密厅:粟米每京石价银二两八钱,较上月增五分。小麦每京石价银一两四钱六分,莞豆每京石价银一两六钱四分,青稞每京石价银一两七分三厘。俱与上月相同。

镇西直隶厅:小麦每京石价银二两三钱一分,较上月增一钱六分。莞豆每京石价银二两二分,较上月增一钱九分。青稞每京石价银一两五钱二分,较上月增一钱二分。

吐鲁番厅:小麦每京石价银一两七钱四分七厘,大麦每京石价银七钱四分六厘,高粱每京石价银八钱五分七厘,黄豆每京石价银一两四钱九分三厘。俱与上月相同。

库尔喀喇乌苏粮员:粟米每京石价银一两二钱,与上月相同。小麦每京石价银一两二钱,较上月减二钱。莞豆每京石价银二两,高粱每京石价银一两四钱四分。俱与上月相同。

精河粮员:大米每京石价银三两八钱五分,小麦每京石价银七钱,莞豆每京石价银一两二钱六分,高粱每京石价银六钱三分三厘。俱与上月相同。

阿克苏道属

温宿直隶州:大米每京石价银一两八钱二分四厘,小麦每京石价银八钱二分八厘,大麦每京石价银四钱八分,包谷每京石价银五钱四分四厘。俱与上月相同。

拜城县:小麦每京石价银七钱八分,较上月增五分。大麦每京石价银四钱三分,与上月相同。莞豆每京石价银六钱四分,较上月增三分七厘。包谷每京石价银六钱三厘,与上月相同。

喀喇沙尔直隶厅:大米每京石价银二两三分八厘,较上月增二分八厘。小麦每京石价银一两一钱四分,较上月增六分九厘。莞豆每京石价银九钱三分六厘,较上月增九分六厘。包谷每京石价银八钱三分二厘,较上月增六分四厘。

库车直隶厅：大米每京石价银二两七钱，较上月增三钱。小麦每京石价银六钱九分，较上月增八分。莞豆每京石价银七钱四分，较上月增九分。包谷每京石价银五钱一分，较上月增六分六厘。

乌什直隶厅：大米每京石价银二两三钱八分四厘，小麦每京石价银五钱九分四厘，大麦每京石价银三钱二分一厘，包谷每京石价银四钱五分八厘。俱与上月相同。

喀什噶尔道属

疏勒直隶州：大米每京石价银三两一钱八分，较上月增四钱五分。小麦每京石价银一两六钱五分，较上月增九分八厘。包谷每京石价银三钱四分，较上月增二钱六分八厘。高粱每京石价银一两三钱八分，较上月增二钱三分。

疏附县：大米每京石价银三两一钱五分，较上月增三钱七分五厘。小麦每京石价银一两六钱五分，较上月增九分八厘。包谷每京石价银一两三钱四分，较上月增二钱六分八厘。高粱每京石价银一两三钱八分，较上月增二钱三分。

莎车直隶州：大米每京石价银二两九钱六分，较上月增二钱一分三厘。小麦每京石价银一两二钱五分五厘，较上月增一钱五分一厘。大麦每京石价银八钱七分五厘，较上月增二分五厘。包谷每京石价银一两八分二厘，较上月增一钱一分二厘。

叶城县：大米每京石价银三两四钱八分，较上月增五钱八分。小麦每京石价银一两三钱，与上月相同。包谷每京石价银七钱八分，较上月减一钱二分。高粱每京石价银八钱七分五厘，较上月减一钱二分五厘。

和阗直隶州：大米每京石价银三两八分，小麦每京石价银一两六钱五分六厘。俱与上月相同。包谷每京石价银一两四钱八分，较上月增二钱。青稞每京石价银一两三钱八分，较上月增一钱三分八厘。

于阗县：大米每京石价银四两九钱四分，较上月减三钱四厘。小麦每京石价银一两八钱五分，较上月减五钱六分二厘。包谷每京石价银一两二钱八分，较上月减二钱五分六厘。

英吉沙尔直隶厅：大米每京石价银三两七钱九分，较上月减一钱六分三厘。小麦每京石价银一两五钱一分八厘，较上月减四钱一分四厘。包谷每京石价银一两七分二厘,较上月减一钱三分四厘。大麦每京石价银九钱二分八厘,较上月减一钱一分六厘。

玛喇巴什直隶厅:大米每京石价银三两七钱,小麦每京石价银一两三钱八分,包谷每京石价银一两二钱。俱与上月相同。

军机大臣奉旨:览。钦此。①

045. 奏报发给伊犁勇营存饷请饬核销折
光绪十二年七月二十六日(1886年8月25日)

钦差大臣督办新疆事宜尚书衔降一级留任甘肃新疆巡抚二等男臣刘锦棠、头品顶戴署伊犁将军塔尔巴哈台参赞大臣臣锡纶跪奏,为发给伊犁勇营存饷,谨逐款陈明,请旨饬部核销,以清款目,恭折仰祈圣鉴事。

窃臣等前奉谕旨,清厘伊犁勇营欠饷,当由督臣谭钟麟委员解到垫款银三十万两,臣等悉心商议,于弁勇之中分别挑留、裁撤,又于裁撤之中分别回籍、落户,列为三项。挑留各勇议以入营在一年之内者,发银四两。一年之外,每岁酌加二两,按年递加。积至十年者,发银二十二两。十年以上,远无可考,未便更加,率以十年为断。哨官每员发银六十两。统领营官,稽其久暂,酌发薪公银两,帮办及幕友薪水在内,不另开支。其裁撤回籍之弁勇,视留营弁勇按年之所应领数各倍之,仍按其道里较远而所领不敷盘费者,另外酌加银两。其情愿寄居落户者,照回籍弁勇约减四分之一。所有会办情形当于本年三月初七日据实奏明,奉旨:该部知道。钦此。钦遵在案。

兹查挑留一项,发银九万九千一十八两。裁撤回籍一项,发银九万四千六百九十八两,其籍隶远省各勇丁每名加发银十两,即在其内。落户一项,发银一万一千六百一十八两。统领、营哨各官,酌发薪公,亦于三项之内分别开列。

又病故员弁十七员,均系在营日久,各有应领薪公,遗橥未归,待此举发。内如原任绥定镇总兵刘宏发,前带英、礼等营,尚有帮带营官及幕友薪水未曾发清。查该故员名下应领薪公,为数尚多,自应酌量支给,此项共发

―――――
①中国第一历史档案馆藏:《清单》,档案编号:03—6855—002。

奏议(光绪十二年)

银五千四百两。车脚照章应付共银二千六百五十九两有零。以上总共发银二十一万三千三百九十三两三钱五厘。据行营银钱所委员开报前来。

臣等复核无异。窃维此次清厘各该营欠饷，均系钦遵谕旨，分成匀给，与寻常发饷事有不同，自应实用实销。至此外存余一款，臣锦棠前在伊犁移交臣锡纶银八万两，当经奏明在案。兹仍存银六千六百余两，应一并解赴伊犁，合前次移交之款共银八万六千六百六两六钱九分五厘，归入吉江马队遣撤回旗盘费项下，由臣锡纶另案报销。

所有酌发伊犁勇营存饷各数目，除开单咨部核销外，谨会同陕甘总督臣谭钟麟，合词具陈，伏乞皇太后、皇上圣鉴，饬部查照施行。再，此折系臣锦棠主稿，合并声明。谨奏。光绪十二年七月二十六日。

军机大臣奉旨：该部知道。钦此。①

光绪十二年九月初一日，军机大臣奉旨：该部知道。钦此。②

046. 奏报潘效苏补和阗直隶州知州折

光绪十二年七月二十六日(1886年8月25日)

钦差大臣督办新疆事宜尚书衔降一级留任甘肃新疆巡抚二等男臣刘锦棠跪奏，为拣员请补新设直隶州知州员缺，以重地方，恭折仰祈圣鉴事。

窃据新疆布政使魏光焘、兼按察使衔署镇迪道英林③详称：新疆新设和阗直隶州知州，西北有莎车州以当其冲，东南有于阗县以扼其要，距省四千七百余里，人烟稠密，俗敝民偷，应请定为疲难二项边远请调中缺。该处系属新设，应即拣员请补，以重职守。查南路新设各缺，前请照吉林新章由外拣补一次，奉部复准在案。

兹查有知府用裁缺撤回留新疆另补即用直隶州知州潘效苏，年四十八

---

①中国第一历史档案馆藏：《朱批原件》，档案编号：04—01—01—0955—016。又《奏稿》第1397—1400页。

②中国第一历史档案馆藏：《军机录副》，档案编号：03—6102—055。

③英林(1847—1903)，满州镶黄旗人。同治六年(1867)，捐纳同知，分发山西，旋投效军营。七年(1868)，赏戴花翎。十年(1871)，保知府。十三年(1874)，左宗棠奏留甘肃差委。光绪三年(1877)，保参将。七年(1881)，以功加二品顶戴，并赏二品封典。九年(1883)，委署镇迪道篆。十一年(1885)，兼理新疆按察使。十四年(1888)，委署伊塔道篆。十七年(1891)，补授伊塔道员缺。二十一年(1895)，调署镇迪道。二十五年(1899)，调补甘肃西宁道。

岁，湖南长沙府湘乡县人，由俊秀于咸丰十一年投效军营，历保同知衔福建补用通判。嗣于追剿直隶捻逆案内，保免补本班，以同知改留陕西补用，赴部引见，奉旨：准其免补本班，以同知改留陕西补用。钦此。同治八年五月，到陕缴照，历署肤施、澄城等县事。复经调甘委署河州篆务，经部议奏，照章留于甘肃，以原官归原班补用，并免补交分发银两。嗣丁母忧回籍，服满到甘，管带恪靖中营，兼带左路左、后等营，旋交卸营务，委署狄道州事，荡平新疆南北两路案内，保俟补缺后以知府用，先换顶戴，调署河州知州，奏补西宁府循化同知。八年四月，饬赴循化同知本任。九年十月，札调来营，旋经调补①迪化直隶州知州，十年三月二十二日，接印视事。十二年，调署和阗直隶州知州，于二月初一日交卸迪化州事。旋奉到部文，因迪化州改设知府，撤回留于新疆，归即用直隶州知州班内另补。该司等查该员潘效苏，练达有为，办事勤干，久任边缺，熟悉民情，以之请补和阗直隶州知州，实堪胜任，人地亦极相宜等情，详请具奏前来。

臣查该员潘效苏，朴实勤能，才具开展，合无仰恳天恩，准以该员补授和阗直隶州知州员缺，实于地方有裨。如蒙俞允，该员系撤回另补直隶州知州，请补直隶州知州，衔缺相当，毋庸送部引见，任内并无参罚案件。

谨会同陕甘督臣谭钟麟，恭折具陈，伏乞皇太后、皇上圣鉴训示。谨奏。光绪十二年七月二十六日。

军机大臣奉旨：吏部议奏。钦此。②

光绪十二年九月初一日，军机大臣奉旨：吏部议奏。钦此。③

047. 奏报领队大臣魁福交卸回京片

光绪十二年七月二十六日（1886年8月25日）

再，臣准古城领队大臣魁福牍称：新疆各大臣员缺奉旨裁撤，所有实缺、署任各员俱应钦遵交卸，候旨简用。现在古城改设城守尉员缺，该领队并无经手未完事件，亟应请旨交卸回京，听候简用，呈请代奏前来。

---

①"调补"，《奏稿》作"奏补"。
②中国第一历史档案馆藏：《朱批原件》，档案编号：04—01—12—0535—036。又《奏稿》第1401—1404页。
③中国第一历史档案馆藏：《军机录副》，档案编号：03—5213—001。

臣查魁福,曩随前湖广督臣官文①、前陕甘督臣左宗棠、前伊犁将军臣金顺,转战鄂、豫、燕、齐、晋、陇间,继复驰驱关外,会剿乌鲁木齐等处,所向克捷,勤劳卓著。自光绪七年署理古城领队大臣,八年蒙恩补授实缺,迄今六载,于边防要务均能认真办理,力顾大局。其性情爽直,持正不阿,尤为难得。现在领队员缺奉旨裁撤,理合据情代奏,吁恳天恩准其交卸回京,应如何擢用之处,出自鸿慈。

除咨部查照外,谨会同护理乌鲁木齐都统臣富勒铭额,附片代陈,伏乞圣鉴训示。谨奏。

军机大臣奉旨:魁福着准其交卸回京,该部知道。钦此。①

光绪十二年九月初一日,军机大臣奉旨:魁福着准其交卸回京,该部知道。钦此。②

048. 奏报讯明不法乡约正法缘由片

光绪十二年七月二十六日(1886年8月25日)

再,臣等前据民人丁三成,喊控伊犁回民乡约马凤三藉公诈害等情,当委道员袁垚龄讯明,丁三成原领牛籽银八十八两,马凤三屡向催缴,强折牛车,又逼令出卖儿媳,实共收过丁三成银一百九十六两之多,而马凤三原日承领各户民牛籽银共一千零十二两,至今仅呈缴一半,捏报逃亡属实。检阅伊犁抚民同知衙门案卷,马凤三欠交牛籽数目亦皆相符。旋饬解赴省城,交兼臬司讯取供词,具详前来。

---

①官文(1798—1871),即王家官文,字秀峰,满洲正白旗拜唐阿,初隶内务府汉军正白旗。道光元年(1821),充蓝翎侍卫。六年(1826),升三等侍卫。十二年(1832),拔侍卫副班领。十八年(1838),补二等侍卫班领。同年,迁头等侍卫。二十年(1840),兼管养狗处养狗使。二十一年(1841),补广州汉军副都统。二十七年(1847),调荆州左翼副都统。咸丰四年(1854),授荆州将军。五年(1855),授钦差大臣,补湖广总督。八年(1858),来署湖北巡抚,加太子少保。是年,擢协办大学士。十年(1860),晋大学士。十一年(1861),授文渊阁大学士,晋太子太保。同治元年(1862),升文华殿大学士。三年(1864),封一等伯。四年(1865),加封一等果威伯。六年(1867),任正白旗蒙古都统,兼署镶白旗蒙古都统、正蓝旗满洲都统,充稽察坛庙大臣、玉牒馆总裁。同年,调直隶总督,兼署长芦盐政。八年(1869),调三库大臣,转内大臣。九年(1870),授崇文门正监督。卒赠太保,谥文恭。
①中国第一历史档案馆藏:《朱批原件》,档案编号:04—01—17—0140—045。又《奏稿》第1405—1407页。
②中国第一历史档案馆藏:《朱批原件》,档案编号:03—5213—002。

臣锦棠复经亲提审讯，据供认前情不讳。查马凤三原系甘肃狄道州叛回，关内关外地方扰害殆遍，其在金积堡时尤为犷悍。前次大军进剿新疆南路，追至乌什，马凤三始由山径逃匿，得以漏网，嗣查知在伊犁充当乡约。比以为果能革面洗心，自应仰体朝廷宽大之仁，不加深究。乃马凤三怙恶不悛，冒领牛籽，捏报逃亡，索诈穷民，至于破家鬻女，自未便再事姑容，况伊犁土旷人希，全赖安抚流亡，渐兴屯垦，以实边陲。似此不法乡约，为害间阎，若不从严惩办，何以安孑遗而儆效尤？臣锦棠于讯明后，即饬将马凤三正法，俾昭炯戒。

合将讯明不法乡约即行正法缘由，谨合词附片具陈，伏乞圣鉴训示。再，此片系臣锦棠主稿，合并声明。谨奏。

光绪十二年九月初一日，军机大臣奉旨：刑部知道。钦此。①

049. 奏报去年秋冬今年春季命盗案由折

光绪十二年八月十八日（1886年9月15日）

钦差大臣督办新疆事宜尚书衔降一级留任甘肃新疆巡抚二等男臣刘锦棠跪奏，为新疆各属命盗案件仍照旧章，按季摘由汇报，恭折具陈，仰祈圣鉴事。

窃臣前因新疆边远，迥异内地，命盗等案碍难拘泥例限，奏请暂行变通，按季摘由汇报，奉旨允准，历经遵办在案。去秋，部议规复旧制，又经臣体查情形，拟将斩、绞立决及斩、绞监候秋审例实入勾各犯，仍照变通章程，就地正法，按季摘由奏报。其斩绞监候秋审入缓及遣军流徒等众，即照旧例随时奏咨，听候部复，于本年四月二十日递到原折，后开奉旨：着照所请，该部知道。钦此。嗣后斩、绞监候秋审入缓及遣军流徒各犯，自应随时议拟，分别奏咨，以符旧制。

至去年秋冬暨本年春季办结各案共一十七起，系在未更章程之先，均照前次变通章程，由各该管道咨送兼按察司衔署镇迪道英林复核转详，概由臣揆核情罪，参诸律例，不敢稍有枉纵。

所有十一年秋冬暨十二年春季办结命盗等案，除咨送刑部外，理合恭

① 中国第一历史档案馆藏：《军机录副》，档案编号：03—7413—012。又《奏稿》第1409—1411页。

折具陈,伏乞皇太后、皇上圣鉴。谨奏。光绪十二年八月十八日。

军机大臣奉旨:刑部知道,单并发。钦此。①

光绪十二年九月二十二日,军机大臣奉旨:刑部知道,单并发。钦此。②

050. 呈去年秋冬今年春季办结命盗等案清单
光绪十二年八月十八日(1886年9月15日)

谨将新疆光绪十一年秋冬两季暨十二年春季变通办结命盗等案摘由,汇缮清单,恭呈御览。计开

十一年秋季分:

一、库尔喀喇乌苏客民张海亮起意谋财,用刀砍伤贾连章咽喉等处,立时殒命,搜取衣物。据代理该厅粮员吉喇图获犯解省,经迪化州潘效苏审以谋财害命,拟斩立决,解由署兼臬司衔镇迪道英林复审无异,详经臣查凶犯张海亮,图财谋杀,凶恶已极,批饬就地正法,完结。

一、温宿州缠妇哎则子必比与哎立克通奸起意,商同将本夫你牙斯谋杀身死,报经该州陈名钰验讯获犯,将哎则子必比依妻因奸同谋杀死亲夫者凌迟处死,哎立克依奸夫拟斩监候。详由阿克苏道雷声远复审无异,详经臣察核,因奸谋杀,淫凶已极,当即批饬将哎则子必比、哎立克二犯就地正法,以昭炯戒,完结。

一、迪化州客民王得功纠约阎世敬、杨吉贤、高进山,行窃索伦旗兵伯合图家财物。王得功、阎世敬临时行强,各用木棍拒伤事主伯合图等。杨吉贤等在外,不知强情,事后分赃。报经该州潘效苏,将王得功、阎世敬二犯审依窃盗临时拒捕杀伤人者皆斩律,拟斩;在外之杨吉贤、高进山按窃盗本律问拟。详经臣督率署兼臬司衔镇迪道英林复审无异,将王得功、阎世敬二犯就地正法,杨吉贤等各按窃盗本律发落。

一、迪化州回民高沉纵妻祁氏与颜近名通奸,后因口角争殴起衅,将颜近名刃伤毙命。报经该州潘效苏审依贪利与之通奸,复因无力资助、拒奸至死,仍依谋故斗等各本律定拟,照斗杀拟绞监候,解由署兼臬司衔镇迪道

---

①中国第一历史档案馆藏:《朱批原件》,档案编号:04—01—26—0076—023。
②中国第一历史档案馆藏:《军机录副》,档案编号:03—7309—044。

英林复审无异。详经臣查命犯高沉，衅起纵奸，杀非有心，情节较轻，照变通章程，监禁四年，满日杖一百省释。奸妇高祁氏杖决加赎，给本夫领回，听其去留，完结。

十一年冬季分：

一、和阗州缠民四干旦恐人偷挖渠水，纠邀克白克毛拉，预带木棒前往看视，以备殴打挖水之人。适拜的挖放渠水，当即同谋共殴拜的身死。报经该州刘式南验讯，将四干旦依同谋共殴人乱殴不知先后轻重者坐原谋为首绞律，拟绞监候。克白克毛拉依余人杖一百律，拟杖一百。详由喀什噶尔道黄光达及署兼臬司衔镇迪道英林，均各复核无异。详经臣察核，同谋共殴，例应入缓，当即批饬将四干旦锢禁四年，满日折责保释；克白克毛拉照余人杖一百，折责发落，完结。

一、疏勒州缠民胡大白的因哎山不去赶驴，口角起衅，用棍殴伤哎山身死。报经该州蒋诰验讯，将胡大白的依斗杀律，拟绞监候。详由喀什噶尔道黄光达复审及署兼臬司衔镇迪道英林复核，均各无异。详经臣察核，衅起斗杀，情节尚轻，当即批饬将胡大白的锢禁四年，满日折责保释，完结。

一、疏附县缠民夏瓦斯因伊妻则海贝贝不肯随同搬回英爱里克村内种地，携带开土锓铁锅行走则海贝贝处，及造饭无具，赶去索计铁锅，起衅掀扭，一时气忿，用拳殴伤则海贝贝身死。报经该县许鼎九验讯，将夏瓦斯依夫殴妻致死者绞律，拟绞监候。详由疏勒州蒋诰转详喀什噶尔道黄光达复审及署兼臬司衔镇迪道英林，复核无异。详经臣察核，衅起掀扭，杀由气忿，情节尚轻，当即批饬将夏瓦斯锢禁四年，满日折责保释，完结。

一、疏附县缠民赛买提因挟阿不都米希提借贷不遂之嫌，起意图财，将阿不都米希提棍打刀戳，致伤身死。报经该县许鼎九验讯，将赛买提依图财害命未得财斩监候例，拟斩监候。详由疏勒州蒋诰转详喀什噶尔道黄光达复审及署兼臬司衔镇迪道英林复核，均各无异。详经臣察核，图财害命，凶恶已极，当即批饬将赛买提就地正法，完结。

一、库车厅客民孙长春因缠妇哎责子比必不许拴驴门口，起衅撕斗，一时情急，用脚踢伤哎责子比必身死。报经该厅李时熙验讯，将孙长春依斗杀律，拟绞监候。详由阿克苏道雷声远及署兼臬司衔镇迪道英林复核，均各无异。详经臣察核，衅起斗杀，情节尚轻，当即批饬将孙长春锢禁四年，满日折责保释，完结。

一、莎车州缠民海布拉起意行窃缠妇买士到尔比必衣物,盗所被获图脱,拒伤事主买士到尔比必身死。报经该州刘兆梅验讯,将海布拉依窃盗临时盗所拒捕杀人者斩立决例,拟斩立决。详由喀什噶尔道黄光达复审及署兼臬司衔镇迪道英林复核,均各无异。详经臣查核,行窃拒捕,情节较重,当即批饬将海布拉就地正法,完结。

一、喀喇沙尔厅缠民于素普因向不知姓名老缠民乞讨辣丝未允被骂,顿起杀机,用木棍连殴伤老缠民身死。报经该厅周锡文验讯,将于素普依故杀者斩律,拟斩监候。详由阿克苏道雷声远及署兼臬司衔镇迪道英林复核,均各无异。详经臣察核,逞忿故杀,情节较重,当即批饬将于素普就地正法,完结。

一、于阗县缠民一不拉引先已窥破其妻紫为特与于素甫有奸,嗣复见于素甫与紫为特接面交谈,当向于素甫盘问,因其不服扑殴,顿拔身带单刀,戳伤于素甫身死。报经该县许茂光验讯,将一不拉引依奸所获奸非登时而杀者,拟以满徒;紫为特依军民相奸者,拟以枷杖。详由和阗州刘式南转详喀什噶尔道黄光达及署兼臬司衔镇迪道英林,均各复核无异。详经臣察核,衅起捉奸,杀由义忿,情节尚轻,当即批饬将一不拉引锢禁一年,满日折责发落;紫为特系犯奸之妇,杖决加赎,给本夫领回,听其去留,完结。

一、疏勒州缠民乌硕因挟买卖提于素伏疑其作贼,逼令赔赃,兼欲用绳捆缚报官之嫌,一时气忿,顺用砍土镘殴伤买卖提于素伏及其妻思拉玛罕,先后身死。报经该州蒋诰验讯,将乌硕依杀一家非死罪二人者,拟斩立决枭示。详由喀什噶尔道黄光达复审,及署兼臬司衔镇迪道英林复核无异。详经臣察核,杀死一家二命,凶顽已极,当即批饬将乌硕就地正法,完结。

十二年春季分:

一、绥来县客民周帼明、苏有幅伙同在逃之段得正,图财谋杀刘汶成身死。据该县杨廷珍勘验,获犯详报,未及详办卸事。接任知县李原琳审依图财害命得财而杀死人命,首犯与从而加工者,俱拟斩立决。解由迪化州潘效苏转详署兼臬司衔镇迪道英林,复审无异。详经臣查斩犯周帼明、苏有幅,图财害命,罪不容诛,照变通章程,就地正法。逸犯段得正获日另结。

一、吐鲁番厅缠民业吉普因胞弟热伏海与刘伏得帐项口角,该犯从中劝解。刘伏得疑其帮护,棍殴业吉普成伤。业吉普即拾地下木棍抵格,误伤在旁拉劝之周兴旺头脑身死。报经该厅黄丙焜审依斗杀而误杀旁人以斗杀论，照斗杀拟绞监候。解由署臬司衔镇迪道英林复审无异。详经臣查命犯业吉普、衅起拉劝，伤由于误，情节较轻，援照变通章程，监禁三年，满日杖一百省释。刘伏得、热伏海均照不应重律，杖八十，完结。

一、迪化州客民赵得胜起意纠约贾蚁弓等及续获之苏得任，骑马持械，赶至黑沟驿，抢劫事主蔡禹敷等银两等物。据该州潘效苏缉获赵得胜、贾蚁弓、班正沉、黄永倡、刘金彪、黄兆基、皮登溁七犯，起获原赃银八百六十五两并玉器等件，审依强盗已行但得财者不分首从皆斩，拟斩立决，通详请示。适臣奉命赴伊犁清厘饷项，省中公事委藩司代行，当批藩司魏光焘会同署兼臬司衔镇迪道英林，提犯复审，将赵得胜等七犯就地正法。臣由伊犁行营续获逸犯苏得任，供认听从赵得胜起意、伙同贾蚁弓等抢劫分赃等情不讳。即由行营将苏得任就地正法，完结。

一、绥来县客民胡老么起意纠约在逃之徐彦武、马生林、铁香尔、李石头并续获之马添详，抢劫狼娃沟喀萨克银两、马匹、衣物。马添详临时畏惧不行，事后分得银两、衣物。经该县李原琳将胡老么一犯审依强盗已行但得财者斩，拟斩立决。解由迪化州潘效苏转解署兼臬司衔镇迪道英林，复审无异。详经臣查盗犯胡老么，行劫得财，法无可贷，批饬就地正法。随据代理库尔喀喇乌苏粮员吉喇图续获逸犯马添详，解省审办。复经署兼臬司衔镇迪道英林将马添详一犯审依共谋为盗临时畏惧不行、事后分赃例，杖一百，流二千里，援照变通章程，监禁二年，满日责释。详经臣批准照办。徐彦武等获日另结。

军机大臣奉旨：览。钦此。①

051. 拟将义塾学童另行酌奖备取佾生折

光绪十二年八月十八日（1886年9月15日）

钦差大臣督办新疆事宜尚书衔降一级留任甘肃新疆巡抚二等男臣刘锦棠跪奏，为遵照部议，拟将义塾学童另行酌奖，备取佾生，以资观感，恭折仰祈圣鉴事。

窃臣于光绪八年间附奏，裁撤各城回官，请将读书回童分别给予顶戴

---

① 中国第一历史档案馆藏：《清单》，档案编号：03—7309—045。

一片,经部议复:回童诵习一经,熟谙华语,咨部给予生监顶戴之处,核与例案不符,应俟粗通文艺时,再行酌设学额,凭文取进。如以该回众等但须读书认字,不必责其文理,应由该大臣另行酌给奖励等因。当经分别咨商去后。

旋准前甘肃学政臣陆廷黻咨称:查历届考试,于取进儒童之外,另案备取俏生。回童中有能诵习一经、熟谙华语者,既经部议准其另行酌奖,可否仿照办理,存俟设学后,充作俏舞,免其府县两考,庶于例案无碍,亦足以示鼓励。又准督臣谭钟麟咨称:此事难期速效,应俟一二年后,再行察看,奏咨立案各等因。

准此,窃维新疆地居边塞,缠回聚处,谣俗异宜。底定以来,建置行省,欲使殊方异族同我华风,非泽以诗书不能为力。前于各城创设义学,选缠回子弟入塾读书,创办之初,群相疑沮,非特不知向学,且意读书入塾为使之当差。迨经臣议定规条,分饬地方官遵照办理,大概以易汉服、通华语为先务,以读书、讲解经意为紧要法门,并仿照内地书院章程,取其粗知文义者,按月酌给膏火银粮,以示奖励。行之数年,渐知向化。

迭据各厅州县申赍季课卷本,核阅破承起讲,尽多可造之资,近日乡民竟有带领子弟恳求入塾者,是风气渐开之候。拟即按照部臣、学臣原咨各节,奏请办理。然犹恐各塾课卷或有粉饰之弊,因于上年八月遴委拣选知县任兆观、即选教谕罗霁,前赴南路各城,面加考试。据禀各该童等多能诵习经书,讲解文义,并赍呈课卷,核与地方官所报尚属相符。当饬每塾拔取一二名,以凭咨送甘肃学臣衙门注册,备作俏生。俟设学后,俾充俏舞,免其府县两考。

合无仰恳天恩,俯念边氓初知向学,准其变通办理,备取俏生,仍俟学业有成,再议设学官,议定学额,以符定制。

臣为鼓励边氓起见,是否有当?谨会同陕甘总督臣谭钟麟、甘肃学政臣秦澍春①,恭折驰陈,伏乞皇太后、皇上圣鉴训示施行。谨奏。光绪十二年八月十八日。

军机大臣奉旨:着照所请,礼部知道。钦此。②

---

① 秦澍春(1844—1893),河北遵化人。咸丰十三年(1864),中式进士,选翰林院庶吉士。历官翰林院编修、侍读学士、侍讲学士、补广西学政。十一年(1885),调补甘肃学政。十七年(1891),补授山东学政。同年,迁右庶子。
② 中国第一历史档案馆藏:《朱批原件》,档案编号:04—01—38—0167—025。又《奏稿》第1413—1416页。

光绪十二年九月二十二日,军机大臣奉旨:着照所请,礼部知道。钦此。①

052. 奏报呈进新疆回部贡金折
光绪十二年八月二十日(1886年9月17日)

钦差大臣督办新疆事宜尚书衔降一级留任甘肃新疆巡抚二等男臣刘锦棠跪奏,为呈进回部贡金,恭折具陈,仰祈圣鉴事。

窃照新疆色勒库尔之南回部坎巨提向来按年进贡沙金,该头目俄则项前于光绪四年遵例呈进,经前大学士陕甘总督左宗棠奏准,援案赏给大缎二匹,由左宗棠就近发给祗领,历经钦遵办理在案。兹据喀什噶尔道黄光达申称:据该头目米尔阿札呈到光绪十二年分进贡沙金一两五钱,遵将例赏大缎二匹发交米尔阿札祗领,申请具奏前来。

臣复核无异。除将所进沙金一两五钱咨送内务府呈进外,谨恭折具奏,伏乞皇太后、皇上圣鉴。谨奏。光绪十二年八月二十日。

军机大臣奉旨:该衙门知道。钦此。②

光绪十二年十月初七日,军机大臣奉旨:该衙门知道。钦此。③

053. 奏报新疆各属光绪十二年四月雨雪粮价折
光绪十二年八月三十日(1886年9月27日)

钦差大臣督办新疆事宜尚书衔降一级留任甘肃新疆巡抚二等男臣刘锦棠跪奏,为恭报光绪十二年四月分粮价并雨雪情形,谨缮折具奏,仰祈圣鉴事。

窃照本年三月分各州厅县粮价并雨雪情形,业经臣奏报在案。兹查本年四月分,北路迪化各属得雨入土三四寸有余。南路库车、叶城得雨入土二三寸不等,余皆微雨,约只数分。幸值天气和暖,渠水畅流,地亩足资灌溉。

---

① 中国第一历史档案馆藏:《军机录副》,档案编号:03—7189—061。
② 中国第一历史档案馆藏:《朱批原件》,档案编号:04—01—14—0082—064。
③ 中国第一历史档案馆藏:《军机录副》,档案编号:03—5544—022。

至通省粮价,迪化、温宿、和阗、哈密镇西、吐鲁番等州厅暨昌吉、阜康、绥来等县,俱与上月相同,余均略有增减。据藩司魏光焘汇详请奏前来。

理合恭折具陈,并缮粮价清单,敬呈御览。伏乞皇太后、皇上圣鉴。谨奏。光绪十二年八月三十日。

军机大臣奉旨:知道了。钦此。①

光绪十二年十月初一日,军机大臣奉旨:知道了。钦此。②

054. 呈新疆各属光绪十二年四月粮价清单

光绪十二年八月三十日(1886年9月27日)

谨将新疆各属光绪十二年四月分米粮时估价值缮具清单,恭呈御览。计开

四月分:

镇迪道属

迪化直隶州:大米每京石价银四两四钱四厘,小麦每京石价银一两五钱九分二厘,莞豆每京石价银一两六钱五分六厘,青稞每京石价银一两二钱五分八厘。俱与上月相同。

昌吉县:大米每京石价银三两六分一厘,小麦每京石价银一两三钱四分七厘,莞豆每京石价银一两四钱八分六厘,青稞每京石价银九钱五分八厘。俱与上月相同。

阜康县:粟米每京石价银一两五钱九分二厘,小麦每京石价银一两五钱九分二厘,莞豆每京石价银一两五钱九分二厘,高粱每京石价银七钱七分八厘。俱与上月相同。

绥来县:大米每京石价银三两一钱八分二厘,小麦每京石价银一两二钱七分三厘,莞豆每京石价银一两七钱一分一厘,高粱每京石价银一两一钱九分九厘。俱与上月相同。

奇台县:大米每京石价银三两二钱七分九厘,较上月增一钱七分三厘。

---

①中国第一历史档案馆藏:《朱批原件》,档案编号:04—01—25—0527—025。
②中国第一历史档案馆藏:《军机录副》,档案编号:03—6856—001。

小麦每京石价银一两六钱六分二厘,较上月减三分五厘。莞豆每京石价银一两二钱七分七厘,较上月减六分九厘。

哈密厅:粟米每京石价银二两八钱,小麦每京石价银一两四钱六分,莞豆每京石价银一两六钱四分,青稞每京石价银一两七分三厘。俱与上月相同。

镇西直隶厅:小麦每京石价银二两三钱一分,莞豆每京石价银二两二分,青稞每京石价银一两五钱二分。俱与上月相同。

吐鲁番厅:小麦每京石价银一两七钱四分七厘,大麦每京石价银七钱四分六厘,高粱每京石价银八钱五分七厘,黄豆每京石价银一两四钱九分三厘。俱与上月相同。

库尔喀喇乌苏粮员:粟米每京石价银一两二钱,与上月相同。小麦每京石价银一两四钱,较上月增二钱。莞豆每京石价银二两,高粱每京石价银一两四钱四分,俱与上月相同。

精河粮员:大米每京石价银三两八钱五分,与上月相同。小麦每京石价银七钱七分,较上月增七分。莞豆每京石价银一两六钱六分六厘,较上月增四钱六厘。高粱每京石价银八钱八分,较上月增二钱四分七厘。

阿克苏道属

温宿直隶州:大米每京石价银一两八钱二分四厘,小麦每京石价银八钱二分八厘,大麦每京石价银四钱八分,包谷每京石价银五钱四分四厘。俱与上月相同。

拜城县:小麦每京石价银八钱一分,较上月增三分。大麦每京石价银四钱三分,与上月相同。莞豆每京石价银六钱九分,较上月增五分。包谷每京石价银七钱三分,较上月增一钱二分七厘。

喀喇沙尔直隶厅:大米每京石价银二两八钱一分二厘,较上月增七分三厘。小麦每京石价银一两一钱四厘,莞豆每京石价银九钱三分六厘,包谷每京石价银八钱三分二厘,俱与上月相同。

库车直隶厅:大米每京石价银二两五钱,较上月增四钱三分。小麦每京石价银九钱七分,较上月增二钱八分。莞豆每京石价银八钱三分,较上月增九分。包谷每京石价银六钱四分,较上月增一钱三分。

乌什直隶厅:大米每京石价银二两三钱八分四厘,与上月相同。小麦每京石价银五钱四分九厘,较上月减四分五厘。大麦每京石价银三钱二分一厘,包谷每京石价银四钱五分八厘,俱与上月相同。

喀什噶尔道属

疏勒直隶州:大米每京石价银三两三钱,较上月增一钱二分。小麦每京石价银一两六钱五分,包谷每京石价银三钱四分,高粱每京石价银一两三钱八分,俱与上月相同。

疏附县:大米每京石价银三两一钱五分,小麦每京石价银一两六钱五分,包谷每京石价银一两三钱四分,高粱每京石价银一两三钱八分。俱与上月相同。

莎车直隶州:大米每京石价银三两二钱五分六厘,较上月增二钱九分六厘。小麦每京石价银一两五钱一分八厘,较上月增二钱六分三厘。大麦每京石价银八钱七分五厘,与上月相同。包谷每京石价银九钱七分七厘,较上月减一分五厘。

叶城县:大米每京石价银三两一钱九分,较上月减二钱九分。小麦每京石价银一两一钱二分,较上月减一钱八分。包谷每京石价银七钱六分八厘,较上月减一分二厘。高粱每京石价银八钱七分五厘,与上月相同。

和阗直隶州:大米每京石价银三两八分,小麦每京石价银一两六钱五分六厘,包谷每京石价银一两四钱八分,青稞每京石价银一两三钱八分。俱与上月相同。

于阗县:大米每京石价银五两一钱七分五厘,较上月减二钱三分五厘。小麦每京石价银二两一分,较上月减一钱六分。包谷每京石价银一两四钱七分二厘,较上月增一钱九分二厘。

英吉沙尔直隶厅:大米每京石价银三两六钱三分二厘,较上月减一钱五分八厘。小麦每京石价银一两五钱一分八厘,包谷每京石价银一两七分二厘,俱与上月相同。大麦每京石价银七钱九分八厘,较上月减一钱三分。

玛喇巴什直隶厅:大米每京石价银三两七钱,与上月相同。小麦每京石价银一两五钱五分,较上月增一钱七分。包谷每京石价银一两二钱八分,较上月增八分。

军机大臣奉旨:览。钦此。①

---

①中国第一历史档案馆藏:《清单》,档案编号:03—6856—002。

055. 新设佐杂并添改正佐各官请饬铸印颁发折
光绪十二年八月三十日（1886年9月27日）

钦差大臣督办新疆事宜尚书衔降一级留任甘肃新疆巡抚二等男臣刘锦棠跪奏，为新疆新设佐杂并添设正佐各官应用印信、关防，请旨饬部铸造，颁发启用，以昭信守，恭折仰祈圣鉴事。

窃查新疆南路八城新设巡检、照磨、吏目、典史，又省城添设、改设迪化府县并首领、佐杂，以及库尔喀喇乌苏、精河粮员改设同知、巡检各官，均经先后接奉部文议准，分别委员署理，暂行刊给木质钤记，以资整顿各在案。所有需用印信、关防，亟应铸造颁发，俾垂久远。又各直省每岁刊发时宪书，例颁钦天监时宪书印，存储备用。现在新设行省，所需时宪书印，亦应请颁备用。

兹据藩司魏光焘详请查照例章，添铸迪化府印、迪化县印、布政司经历印、司库大使印、镇迪道库大使兼按司狱印、阿克苏、喀什噶尔两道库大使印、莎车州回城、阿克苏旧城、布告尔、精河四巡检印、迪化府儒学教授印、迪化府经历兼司狱印，英吉沙尔、乌什、库车、喀喇沙尔四同知、照磨印，玛喇巴什通判、照磨兼司狱印各一颗，钦天监时宪书印一颗，库尔喀喇乌苏同知关防一颗，开单呈请具奏前来。

臣复核无异。相应请旨饬部分别铸造，颁发启用，以昭信守。除开具清单分咨各部查照外，谨会同陕甘总督臣谭钟麟，恭折具奏，伏乞皇太后、皇上圣鉴训示。至吏目、典史各官应用钤记，已饬藩司照例由外刊给，合并陈明。谨奏。光绪十二年八月三十日。

军机大臣奉旨：礼部知道。钦此。①

光绪十二年十月初一日，军机大臣奉旨：礼部知道。钦此。②

---

①中国第一历史档案馆藏：《朱批原件》，档案编号：04—01—12—0535—051。又《奏稿》第1417—1419页。
②中国第一历史档案馆藏：《军机录副》，档案编号：03—5214—002。

056. 奏报镇迪二属岁科两考改归抚臣办理折
光绪十二年八月三十日（1886年9月27日）

钦差大臣督办新疆事宜尚书衔降一级留任甘肃新疆巡抚二等男臣刘锦棠、头品顶戴陕甘总督臣谭钟麟、提督甘肃学政臣秦澍春跪奏，为镇迪二属岁科两试，拟请仿照都统扃试旧章，改归抚臣办理，恭折仰祈圣鉴事。

窃臣等准礼部咨：关外镇迪二属生童向由乌鲁木齐都统代为扃试，现在都统已经奏撤，自应改归巡抚衙门办理。惟甘肃自光绪元年奏准添设学政，与从前陕甘学政兼考两省不同。① 所有镇迪二属考试事宜，或仿照都统扃试旧章，由巡抚严行扃试，抑或即由该学政按临乌鲁木齐专棚考试，应会同体察情形，奏明办理等因。

臣等窃维新疆南路设各厅州县，初令缠童入塾，诵习经书，均尚未能设学。北路镇迪两属，自乾隆年间议定学额，向由学臣于按临肃州以前，将考试生童题目封固，豫行密送都统扃试，仍将试卷封固，移送学臣，按额取进，三年一次，科岁并行，历经办理在案。现虽改设行省，而各该属生童应试为数无多，仍未便专棚考试，且道途遥远，往返需时。学臣按试出关，于关内考试事宜必多迟滞，应仍照依旧制，俟各属观摩日久，文风渐盛，再行体察情形，照内地考试章程，奏明办理。惟现在乌鲁木齐都统既经奉旨裁撤，各该属生童自应改归抚臣扃试。

臣等往复咨商，意见相合，拟请嗣后迪化各属及镇西厅属生童每届考试，即由学臣于按试肃州之前，豫将题目密送抚臣，仿照都统扃试旧章办理。

是否有当？谨合词恭折具奏，伏乞皇太后、皇上圣鉴训示施行。再，此折系臣树春咨由臣锦棠主稿，合并声明。谨奏。光绪十二年八月三十日。

军机大臣奉旨：着照所请，礼部知道。钦此。②

---

①光绪元年十月初二日，陕甘总督左宗棠具折请旨简放甘肃学政并应办一切事宜，得旨允行（中国第一历史档案馆藏：《军机录副》，档案编号：03—7208—011）。
②中国第一历史档案馆藏：《朱批原件》，档案编号：04—01—38—0167—026。又《奏稿》第1423—1425页。

光绪十二年十月初一日,军机大臣奉旨:着照所请,礼部知道。钦此。①

【案】此折原件具奏者仅署陕甘总督谭钟麟,兹据《奏稿》、原件及《军机处随手档》②可断,此折应为刘锦棠主稿。

057. 奏报阜康需用祭祀祭品由司库支发片
光绪十二年八月三十日(1886年9月27日)

再,臣据甘肃新疆藩司魏光焘详称:乌鲁木齐博克达山在阜康县南,乾隆三十八年列入祀典③,每岁由太常寺颁发香帛,经都统于迪化州郊外望祀,例需祭品银九两八钱八分,在于经费项下动支,历经遵办在案。嗣于光绪七年经前都统臣恭镗以山神功德在民,祈祷辄应,捐廉在山麓建庙,奏请颁发匾额。除都统每岁照例望祀外,仍饬阜康县于春秋二季诣庙行礼,每季需用祭品银六两,由该县垫发开报。现在改设行省,一切祭祀银两均由司库支领。所有前项春秋二季共需祭品银一十二两,拟由司库一并支发造报,详请具奏前来。

臣复核无异。相应请旨饬部立案,以便造销而垂久远。除咨部外,谨附片具陈,伏乞圣鉴训示。谨奏。

光绪十二年十月初一日,军机大臣奉旨:户部知道。钦此。④

058. 登复光绪七八两年关外报销部驳缘由折
光绪十二年九月十八日(1886年10月15日)

钦差大臣督办新疆事宜尚书衔降一级留任甘肃新疆巡抚二等男臣刘锦棠跪奏,为光绪七、八两年甘肃关外报销,遵照部驳,另开详细清单,逐款登复,送部查核,吁恳天恩饬部照章准销,以清积案,恭折仰祈圣鉴事。

窃臣准户部咨:议复甘肃关内外光绪七、八两年收支饷项,开具清单报

---

①中国第一历史档案馆藏:《军机录副》,档案编号:03—7189—062。
②中国第一历史档案馆藏:《军机处随手登记档》,档案编号:03—0250—4—1212—258。
③乾隆二十四年九月初六日,清廷定西域祀典,博克达山即居其中,见《高宗纯皇帝实录(八)》,卷五百九十六,乾隆二十四年九月上,第640—641页。
④中国第一历史档案馆藏:《军机录副》,档案编号:03—5544—019。又《奏稿》第1421—1422页。

销一折①,关外收支单内统计七、八两年,共应支库平银七百六十余万两,内除七、八两年欠发勇饷银一百四十余万两,只该银六百二十余万两。再,伊犁将军金顺及嵩武军借支并嵩武军粮料扣合价银另案办理外,实应请销银五百六十余万两,内除由兵、工两部核销九十余万两。臣部实销银四百七十一万二千二百六十一两八钱三分六厘六毫八忽八微,内除删除银二十万一千一百二十八两六钱五分四厘四毫三忽七微,行查银四万一千七百三十八两四钱三分一厘七毫五丝二忽二微,实准销银四百四十六万九千三百九十四两七钱五分四毫丝二忽九微,分缮清单具奏,奉旨:依议。钦此。钦遵咨行到臣。

除造报洋款、关内外协饷暨关内收支单内行查各款,由陕甘督臣谭钟麟另行核奏外,兹据办理新疆粮台司道等将部驳七、八两年关外收支各款,逐一核明,分别声复、开单,详请奏咨核销前来。

臣查关外七、八两年报销收支单内,部议有另行核办者,有应列入收再列入支者,有应分晰造报者,已饬遵办。至单开皖楚蜀各军统领官暨湘军营务处分统各员开支各项,共删除银二万四千四百三十余两,行查银二万九千四十余两。又管理官车骡驼员弁薪水,共行查银一万二千六百九十余两。除行查各款另于清单内声复,所有部议删除银两实属已支之款,无从着追,应请照单准销。

又议令删除七、八两年采买粮料、柴草价银十七万六千六百九十余两,并知照兵部删除运粮脚价银三十六万一千二百八十余两。又提运抚彝厅、高台县采买粮石脚价银九千三百九十余两。伏查关外地多戈壁,肥硗原至不齐。北路地瘠人稀,虽加意抚辑,究难与南路并论。当左宗棠出关之始,以远塞行师不扣粮价,其后虽扣粮价,而价值太昂,兵勇正饷只有此数,不得不酌量收扣,不敷仍由公中津贴,以示体恤。盖时地有以限之也。即七、八两年以后边陲静谧,而防勇巡防搜捕以及一切工作未尝稍休,驻扎尤不能尽在膏腴之乡,以故采运津贴不能骤裁,委系因地而施,并无浮滥。合无仰恳天恩,饬部一并准销,以昭核实。至采运价值既仍请销,有军需善后台局经贴人等支过各款,应恳毋庸加销,以免重复。

---

①详见光绪十年二月十七日户部议驳甘肃关内外光绪七、八两年军需报销缘由(马大正、吴丰培等编:《清代新疆稀见奏牍汇编·同治、光绪、宣统朝卷》中册,第640页)。

除咨部查照外，谨缮具清单，合同陕甘总督臣谭钟麟，恭折具奏，伏乞皇太后、皇上圣鉴训示。谨奏。光绪十二年九月十八日。

军机大臣奉旨：该部知道，单并发。钦此。①

光绪十二年十月十九日，军机大臣奉旨：该部知道，单并发。钦此。②

059. 呈光绪七八两年军需善后报销各款登复清单
光绪十二年九月十八日（1886年10月15日）

谨将光绪七、八两年办理军需善后报销收支单内除业准部咨核销者不重列外，所有奉准驳查各款，逐款登复，缮具清单，恭呈御览。计开

一、部议七年分收百货厘金银二十万四千五百五两二钱二分九厘四毫六忽一微，八年分收银十四万九千二百三十八两一钱三分二厘一毫八丝九忽一微。部查此项厘金是否关外征收，每年收银若干，未据报部。俟报部时再行核对等语。查此项系关外七、八两年各厘局经收实数，历由粮台统收统支，奉部议准，开单报销，故按款列单造报，应请即就此单核销，免其另造。

一、部议七年分收房租、地课、磨课、税契等项，共银一万四千九百七十八两七钱一分六厘五毫七忽三微，八年分收房租等项共银一万六千二百四两六钱四厘一毫一丝一忽八微。部查房租、地课等项，七、八两年未据奏销，无从核对。俟报部时，再行核办等语。查此项系关外七、八两年各善后局及各州县经收实数，历由粮台统收统支，奉部议准，开单报销，故按款列单造报，应请即就此单核销，免其另造。

一、部议七年分收折征粮价银三万四百十四两七分四厘九毫四丝一忽五微，八年分收银六万九千四百三十两九钱七分三厘一毫四丝一忽五微。部查折征粮价，未据奏销，无从核对。俟报部时，再行核办等语。查此项系关外七、八两年各善后局及各州县经收实数，历由粮台统收统支，奉部议准，开单报销，故按款列单造报，应请即就此单核销，免其另造。

一、部议七年分收各军营旗扣缴征粮价银二十七万八千二百四十六两

---

①中国第一历史档案馆藏：《朱批原件》，档案编号：04—01—35—0987—046。又《奏稿》第1427—1431页。
②中国第一历史档案馆藏：《军机录副》，档案编号：03—6103—022。

六钱，八年分扣缴征粮价银二十三万四千九百七十一两二钱六分。部查征粮扣价，京斗大米每石扣银三两，小麦每石扣银一两一钱，高粱、包谷每石各扣银五钱，究竟动用何年，征粮若干，发充兵粮若干，均未分晰，应令查明报部，再行核办等语。查此项征粮，从前南疆各城未设州县，均归善后征粮局委员按年征收，随时拨发各军营旗支用，款目繁杂，未及分晰。兹准部查，应即分别造报。

一、部议七年分收各军营旗扣缴采买存粮价银九千八百三十六两七钱一分三厘六毫四丝六忽六微，八年分收扣缴存粮银九千一百九十二两三钱八分七厘五毫六丝二忽四微。部查采买粮石，七年分开除银九万有奇，八年分开除银八万有奇，运脚一项尤属不赀，何以扣缴粮价为数不及十分之一，殊属不实不尽，应令扣除此款，不得列收，由该台局自行办理等语。查采运粮石供支防营，委系关外情形不同，势非得已，以及应扣价银各节，均于采买粮料款内详细声复，应请查照准销。

一、部议七年分收各营旗缴存病故勇丁口粮银一万四千三十四两三钱五分八厘四毫，收报缴截旷银三万七千五百九十二两七钱七分八厘七毫九丝一忽。八年分收各营旗缴存病故勇丁口粮银七千五百七十两九钱三分一厘六毫，收报缴截旷银四万三千九百七十二两一钱六分一厘三丝。部查勇丁病故截旷，应行报缴，既据声明，应毋庸议等语。查截旷银两，系例应报缴充公之款。至各营旗缴存病故勇丁口粮，与报缴截旷有别，应仍存俟各该故勇亲属搬柩回籍请领，至日照数发给，历经办理报销有案。应请免其报缴，以示体恤。

一、部议征粮作价七、八两年军需、善后、蚕桑各局经书、贴写、护勇、司事、教习人等，共发大米九百六十五石二斗，每石作价银三两，小麦七千三百十九石二斗，每石作价银一两一钱，包谷一千五百六十五石四斗六升，每石作价银五钱。总计三色粮石共折价银一万一千四百二十八两五钱四分八厘八毫八丝三忽二微，应行列收。部查此项折价粮石，未据声明动用某年征收粮石若干，应令查明报部，再行核办等语。查前项粮石，从前善后、征粮各局委员按年经征，统收统支，未及分晰。兹准部咨，应即查明，分别造报。

一、部议七年分发关外皖楚蜀马步各营旗统领官九员，共支统费及长夫口粮折合库平银二万一千一百三十两六钱八分七厘三毫一丝八忽五微。

部查楚军章程内开：凡统领自带一营，本营之薪水、公费已足敷用，此外从优酌加。凡统至三千以上，每月加银百两。今七年分关外各营旗除陆续裁撤外，现存弁勇不及三万。以三千人以上合计，应准设统领九员，与单开九员相符。准每员应月支统领费银一百两，共应支银九百两，连闰十三个月，核计应准销银一万一千七百两。每员加夫十名，应准加夫九十名，每名日支口粮银一钱，共应日支口粮银九两，连闰共三百八十四日，共应准支夫役口粮银三千四百五十六两，并统费共应支湘平折合库平银一万四千六百七十一两八钱二分九厘六毫二丝二忽四微，删除库平银六千四百五十八两八钱五分七厘六毫九丝六忽一微等语。查各军统领官月支统费及长夫口粮，前于登复户部复核二十四条章程案内，曾经声明请从十一年正月起，遵照部章办理。所有已支之款无从着追，应请照单准销。

一、部议七年分发湘军各营旗分统及营务处公费，共折合库平银二万二千六百五十二两四钱六分八厘五毫三丝八忽二微。部查营务处一员，月支公费银二百两，该员是否兼差，有无另支口分，未据声明。分统五员，各带小马队一哨，人数较少，所支公费即不能较各营旗为优，究竟小马队有无另支公费，分统五员有无另支统费、薪水，单内并未开载，均应行查，俟报部再行核办。至分统各员各月支文案、支应、书识薪水、办公等项银一百二十两，应即在统费内支给，不得另开薪水、公费。统计此款共行查湘平折合库平银一万五千一百一两六钱四分五厘六毫九丝二忽一微，删除折合库平银七千五百五十两八钱二分二厘八毫四丝六忽一微等语。查湘军总理营务处暨分统各员月支公费及各分统月支文案、支应、书识薪水、办公银两，前于登复户部复核二十四条章程案内，曾经声明请从十一年正月起，遵照部章办理。所有七年分已支之款无从着追，应请照单准销。至奉查营务处是否兼差、有无另支口分，查单开总理营务处一员，即系前分统亿股道远兼统。查该故道兼差，系在未奉部驳以前，所有月支薪水、办公，业经截至十年二月底停支在案。此外分统各员月支公费之外，并无另支统费薪水。其各带小马队一哨，亦未另给公费，合并登复。

一、部议七年分发关外采买粮料、柴草支银，除扣缴供支营局粮料、柴草价值银外，实支湘平折合库平银九万七百九十八两八钱三分八厘三毫三丝四忽九微。部查光绪四年，据前督臣左宗棠奏称，关外米粮及百货价值与东南各省腹地相若，且有较内地市价更为平减者。复据该大臣奏称，三年冬克复南路前敌各营,均就地采买,粮料充积,颇有谷贱伤农之患。六年分共收各色粮三十四万六千余石各等语。既称粮料充积,何须另行采买?每年收粮三十余万石,合计该军人数,支食之外,尚有余粮二十余万石,更无须另行采买,理所必然。况采买粮石七年支用银至九万余两之多,脚价尚不在内,而收款内扣缴存粮银仅九百余两。其中不实不尽,更属显然。以柴草而论,各营柴草据该大臣奏称,已于七年正月起一律截止,至各局内亦无开支柴草之条。所有开支采买粮料折合库平银九万七百九十八两八钱三分八厘三毫三丝四忽九微,应即删除等语。

查新疆南北两路,远者相距五六千里,地土肥硗不同,年岁丰歉亦异。伏查臣原奏粮料充积、谷贱伤农情形,系专指南路西四城而言。该处征粮较多,每年除供支防营外,尚有赢余,无须另采。若由喀什噶尔东至哈密、北至镇迪所属,兵燹以后,户口雕零,每年征粮无几。现按北路各属征粮,除拨支满绿各营暨各衙门例支外,再无余剩分给防营。关外重山戈壁,地多不毛,军营驻防处所,往往数百里,黄沙白草,樵汲断绝,五谷不生。勇营扼要驻防,不能移营就食,必须迂途转馈,方免乏食。是以岁需粮料,或由库车、布告尔等处采运,以供喀喇沙尔之军。或由安西、玉门、敦煌采运,以供哈密、巴里坤之军。或由奇台、古城、济木萨、阜康、昌吉、绥来等处采运,以供乌鲁木齐一带之军。吐鲁番、托克逊、辟展各处均有采运,就近拨供。东西盐池十数站,防军之食,官采过多,价值愈形翔贵,故不敷之数尚须由关内高台、抚彝、肃州等处,源源采运,以备支食。虽其间不无耗费,而军食所关,地利所限。合新疆而论,南路之粮济军则有余,北路之粮赡军则不足。既不能移北路之勇以就南路之粮,而以南路之粮供北路,则耗费愈多,故不能不择其附近产粮地方,采运供支,俾资接济。此新疆军营采运必不可少之实在情形也。

至各营领粮扣价,向系查照前督臣左宗棠核定章程办理,每大米百斤始初扣银三两,后经核减扣银二两。豆麦杂料等色以次递减。缘西征之初,大军入关度陇,正值斗价奇昂,师行粮随,全赖后路辘轳挽济,脚价尤属不赀。后此关外用兵,馈运愈形艰阻,大率每粮按斗折斤合算,每斤摊合价银多至七八分至一钱数分不等,勇丁食用所需专靠口粮开销,额饷只有此数,如挂支粮斤,各按采运实价摊扣,则该勇正饷不敌应扣粮价之多,其不能不由公中津贴者,势也。以故酌定章程,无论采买运价多寡,除照章扣价外，余银概归公中津贴，历经遵办奏销无异。七八等年斗价虽较曩时稍减，然加入运脚，耗费仍多。此采运津贴之实在情形也。

至各营柴草津贴，各营柴草津贴银两，虽于七年正月起一律停止，尚有军塘、驿站、炮车、官车、官骡驼马及上下一切差使照例准支者，仍旧照支，均不扣价。又七、八两年单开采运粮料，内除照例支销不计外，其照章应扣价银，有已经扣收列入收款者，有于经书、贴写、护勇人等应支薪工银两项下叙明，除支领粮石、扣价抵银、虚列收支者，有未经扣收统归九年分扣缴归款者，三共应扣价银一十四万一千四百六十余两。查七、八两年采买粮石价银一十七万两有奇，除以应扣之数作抵外，计实支津贴粮料价值暨照例支给不扣价银各款，共银三万五千有奇，运脚尚不在内。今奉部议删除七、八两年采买粮料、柴草价银一十七万六千六百余两，并知照兵部删除运粮脚价银三十六万一千余两，令于各军欠发内扣抵。

伏思此项津贴，除各营支领扣价作抵外，计实支过脚价津贴银两，委系因地制宜，势非得已。若不蒙准核销，势必归于军饷，悉数照扣。无如此项粮料多属北路各军支用，令照价摊扣，则所扣粮价必较南路各军偏重。如就欠饷内满扣，则南路防军不能为北路防军垫补粮价。况七、八两年领粮之勇，此时不能悉数在营，更难向离营之勇追还粮价。至例支不应扣价之粮料价值，尤不便摊扣在勇丁之实饷，再三筹酌，实属窒碍难行。所有七、八两年支过采运粮料、柴草价银，应请照章悉数准销。现在各路防营已极力裁并，地方人民渐复，产粮渐多，以故十一年以后采运之费，较从前减省为多，合并声明。

一、部议七年分发关外官车官驼骡马、委员薪水、牵夫口食并骡马灌药、饮水、歇店、灯油、添制什物各项。部查官车、官驼骡马，派员经管。据称内提督一员、总兵二员、参将一员、都司三员、守备四员。该员有无另支口分，未据声明，应令声复到部，再行核办。除牵夫工食、杂费等项由兵、工二部核销外，户部计行查银六千二百九十五两六分二厘九毫二丝三忽五微等语。查前项委员每月照章支领薪水之外，并无重复另支口分，应请照单准销。

一、部议七年分关外转运饷装、粮料脚价及各路采运局雇民车，解运饷鞘、粮料，计二十款。部查此款应归兵部核销，内运粮脚价折合库平银十八万二千五百二十一两二钱六分三厘二丝二微，应知照兵部，照数划扣删除。

缘采买粮石，户部未准开支收款，内扣还粮价亦未准其列收等语。查采运津贴脚价碍难删除实在情形，已于前采粮价银项下详细声明。此款应请照单准销。

一、部议八年分发关外楚皖蜀马步各营旗统领官六员，共支统费及长夫口粮折合库平银一万二千四百七十九两六钱七分八毫六丝一忽六微。部查应删除折合库平银三千四百五十三两五钱三分三厘三毫九丝六忽八微等语。查此款已于七年分已支统领费及长夫口粮项下详细声明，应请照单准销。

一、部议八年分发关外湘军各营旗分统及营务处公费，共折合库平银二万九百九两九钱七分九毫五丝八忽四微。部查统计此款，共行查折合库平银一万三千九百三十九两九钱八分六毫三丝九忽，删除折合库平银六千九百六十九两九钱九分三毫一丝九忽四微等语。查此款已于七年分湘军营务处暨分统公费及各分统月支文案、支应、书识薪水、办公银两项下详细声明，应请照单准销。

一、部议八年分发关外采买粮料、柴草价值，内除扣缴供支各营局价银外，实支湘平折合库平银八万五千八百九十六两六钱一分一厘八毫一丝四微。部查采买粮料、柴草，应照案删除等语。查此款已于七年分采买粮料、柴草项下详细声明，应请照单准销。

一、部议八年分发关外官车官骡马、委员薪水、牵夫工食并骡马灌药、饮水、歇店、灯油、添制什物各项，请由户部核销薪水银六千四百一两七钱四分二厘四毫九丝七忽六微。部查单内提督、总兵、副将、参将、都司、守备共十一员，该员有无重复另支口分，未据声晰，应令声复到部，再行核办等语。查该员等每月照章支领薪水之外，并无重复另支口分，应请照单准销。

一、部议八年分发关外转运饷装、粮料脚价及各路采运局雇民车，解运饷鞘，计十九款，部查系兵部应销之款，应归兵部核销，内运粮脚价折合库平银十七万八千七百六十一两一钱二分四厘一毫一丝四忽二微，应知照兵部，照数划扣删除等语。查此款于七年分采运粮料项下，详细声明，应请照单准销。

一、部议七、八两年关内外支销运脚单内，肃州转运局提运抚彝厅及高台县采买粮石，用过脚价湘平折合库平共银九千三百九十余两，现已删除采买粮石数目，概由该督抚自行办理，应行知照兵部删除等语。查此款于七年分采运粮料项下详细声明，应请照单准销。

军机大臣奉旨：览。钦此。①

060. 胪陈已故大臣贤劳事实恳宣付史馆折
光绪十二年九月十八日（1886年10月15日）

钦差大臣督办新疆事宜尚书衔降一级留任甘肃新疆巡抚二等男臣刘锦棠跪奏，为已故大臣贤劳卓著，功在西陲，谨胪陈事实，吁恳天恩，宣付史馆，恭折仰祈圣鉴事。

窃原任大学士臣左宗棠，上年七月在闽病故②，渥荷圣慈，优加褒恤。其生平战功、政绩，经杨昌濬据实胪陈③，臣亦何容烦渎？惟念臣于左宗棠有乡子弟之谊，自束发从戎，即随同该故大学士转战晋、豫、燕、齐、关陇间，相从万数千里，历事二十余年。其于左宗棠平日立心行事，亲炙日久，相知最深。谨就见闻所及，为皇太后、皇上敬陈之。

伏查左宗棠廉正果毅，学问深纯。道光末年里居不仕，授徒自给。旋于邑中柳庄置薄田，躬自稼穑，淡泊明志，啸歌陶然。乡人士咸以汉臣诸葛亮目之。会粤西发逆肇变，湘楚戒严，原任湖广督臣张亮基、湖南抚臣骆秉章④先后强起入幕。⑤ 左宗棠遇事持正，不避嫌怨，遂为言者所摘。荷蒙文

---

① 中国第一历史档案馆藏：《清单》，档案编号：03—6103—023。
② 详见光绪十一年七月二十八日福州将军穆图善、闽浙总督杨昌濬联衔奏报大学士左宗棠因病出缺日期并代递遗折缘由（中国第一历史档案馆藏：《军机录副》，档案编号：03—9444—009）。同日，又呈光绪十一年七月二十六日钦差大臣大学士左宗棠口授遗折（中国第一历史档案馆藏：《军机录副》，档案编号：03—5834—086）。
③ 详见光绪十一年十一月初四日闽浙总督杨昌濬以原任大学士左宗棠贤劳卓著，据实胪陈其生前事迹，并请宣付史馆立传缘由（中国第一历史档案馆藏：《军机录副》，档案编号：03—5542—034）。
④ 骆秉章（1793—1867），字吁门，号儒斋，祖籍广东。道光十二年（1832），中式进士，改庶吉士。次年，授编修。十五年（1835），任国史馆协修。十八年（1838），补江南道监察御史。十九年（1839），任署江南道监察御史。二十年（1840），充会试同考官，掌四川道监察御史。二十一年（1841），补工科给事中。二十二年（1842），补鸿胪寺少卿、奉天府府丞、兼奉天学政。二十四年（1844），补左庶子、日讲起居注官。二十八年（1848），改右庶子，升侍讲学士，调补湖北按察使。二十九年（1849），迁贵州布政使，再调云南布政使。三十年（1850），升授湖南巡抚。咸丰二年（1852），署湖北巡抚。三年（1853），补授湖南巡抚。十一年（1851），调补四川总督。同治元年（1862），加太子少保。二年（1863），晋太子太保。三年（1864），封一等轻车都尉。六年（1867），擢协办大学士，卒于任。追赠太子太傅，谥文忠。
⑤ 详见咸丰六年五月十七日湖南巡抚骆秉章奏保湖南湘阴县举人左宗棠缘由（中国第一历史档案馆藏：《军机录副》，档案编号：03—4275—051）。

宗显皇帝特达之知,感激奋发,以身许国。遭逢殊遇,由举人擢升卿寺,历任疆圻,襄赞纶扉,赏延世爵,宠任倚畀,蔑有以加。而謇謇臣心,确有万变不渝者。①

其莅事也,无精粗巨细,必从根本做起,而要以力行,如师行万里沙碛之地,虽酷暑严寒,必居营账,与士卒同甘苦。民房、官舍,从不少即休止。垒旁隙地,悉令军士开垦。荒芜既辟,招户承种,民至如归。城堡、桥梁、沟渠、馆舍②,每乘战事余暇,修治完善。官道两旁,树株遍植,迄今关陇数千里,柳阴夹道,行旅便之。蚕织、畜牧诸政,罔不因势利导,有开必先。而襟怀浩荡,绝无凝滞。公余辄徒步出营,循畦流览,或作书适意。在兰州督署时,尝就阁后凿池引流,同民汲饮。家私一无所营,玩好一无所嗜。其历任廉俸,除置田供祀与岁给同怀兄嫂外,余悉以充义举。军兴日久,教泽寖衰。

该故大学士身在行间,讲学不辍,尝手书《孝经》《东西铭》《正气歌》之类,付手民刊布。每克复一城,招徕抚绥,兴教劝学,尝以为士者民之望也,不作士气,无以劝民,故于甘肃乡试,请旨分闱,鼓舞振兴,常如不及。俄官索斯诺福斯齐游历过甘,携带教师,沿途阐说西教。迨至兰州,该故大学士接见如仪,饮食酬酢,备极款曲,与讲孟子三自反之义,俄官为之敛容。臣时在坐,拱默而已。后语臣曰:"忠信笃敬,蛮貊可行。彼亦人也,心知气血不甚相远,但能积诚相与,久将自感,无他道也。"索斯诺福斯齐自请由斋桑淖尔代购面粮以济军食,订约而去。其遇事善存国体,持名教类如此。

素性嗜学,博通经史,旁及舆地掌故,罔不追宗探赜,得其指归。凡有设施,援古证今,不泥不悖。虽入官以来夙夜宣勤,于著述未暇旁及,然军书旁午,批答如流,章奏悉由手出,连篇累牍,何啻等身!其所发明,多出人意表。治军严整有制,好谋而成。自荡平发逆,由闽浙总督调任陕甘,值逆回、捻匪内外交讧,该故大学士自度生平足迹未涉关陇,所部南方将士于西北风土、捻回伎俩毫无闻见,陇上残敝尤甚,弥望蒿芜,师行艰难,百倍他省,非熟审主客长短之势、饥饱劳逸之情,权其轻重,察其缓急,虑善以动,随机立应,莫要厥成。乃定议进兵次第,先捻后回,先陕后陇,分道并进,剿

---

①详见咸丰七年邵焌杰片奏保举湖南巡抚幕宾左宗棠缘由(中国第一历史档案馆藏:《军机录副》,档案编号:03—4119—170)。又咸丰八年八月二十四日,湖南巡抚骆秉章以兵部郎中左宗棠堪任繁剧奏请赏加四品职衔(中国第一历史档案馆藏:《军机录副》,档案编号:03—4133—023)。
②"馆舍",《奏稿》作"官舍"。

抚兼施。必清后路，然后进驻兰州；必清河、湟，定肃州，然后及于关外。议既定，犹未及行。适捻逆张总愚全股渡河狂窜，凶焰甚炽。

该故大学士遵旨北向，臣时随侍臣叔原任广东陆路提督臣刘松山，率步队从之，常以步当马，日驰二三百里，截剿骑贼。左宗棠日在行间，亲自督战。捻患平，奉旨陛见，返旆入关，专讨回逆。同治八年冬，肃清陕北。逾年，荡平金积堡老巢，肃清宁、灵。十一年冬，克复西宁，定河狄。十二年冬，肃州平，传檄玉关以西，皇威丕畅。其间叛将、溃弁、土匪、游勇以及就抚复叛之逆回等，随时追捕，各伏其辜。关陇全境肃清，以时奏绩，皆如其言。其奉命进规新疆也，虑粮运万分不给，乃创为分起出师之议。先派张曜置屯哈密，金顺进驻古城。远自晋边、俄境，近而甘、凉、肃州，四路筹策，军储备足，然后檄臣率大军出关，与金顺会师，先清北路，以固根本。既定吐鲁番、辟展，然后遣师南向，势如破竹，南路八城，一鼓戡定。虽帕夏残党五次寇边，随即扑灭。不数年而全疆底定，收还伊犁，谋出万全，故能奏功迅速。师行所至，罔不仰体皇仁，切禁枉杀。于关内收抚降回，拨地安插，所全活甚众。

关内外自遭兵燹，田地荒芜，无所得食。左宗棠筹发籽种，使兵民杂耕，收获有余，以市价官为收买。尝自谓筹防边地，莫要于屯田，然兴屯必多筹经费，今度支告绌，安可复以此上烦朝廷？故行军以来，未尝一言显及于屯政，其实力所能行，无一非屯田遗意也。其言如此，以故兵民相劝，耕者日多，民务盖藏，而军无匮乏。

其与人也，开诚布公，取长略短，奖励诱掖，唯恐不至。于旧僚宿将，与共患难者，念之尤不能忘，待降将一出以坦白，以故随从征剿，均能得其死力。爱人而不流于姑息，疾恶而不伤于苛细，精察明断，不为已甚。非独性情之正，抑亦学术有以济之。及新疆既平，乃议设行省，以规久远。臣愚不学，猥承其后，所以展转数年，尚无遗误者，皆左宗棠先事预筹之力也。其东南事迹，杨昌濬已陈者，臣毋庸复陈。其平日见于奏报者，臣亦毋庸琐述。谨就见闻所及，据实胪陈。合无仰恳天恩，宣付史馆，以备采择。

除新疆立功地方专祠告成另行奏明立案外，谨恭折具陈，伏乞皇太后、皇上圣鉴训示。谨奏。光绪十二年九月十八日。

军机大臣奉旨：着照所请，该衙门知道。钦此。①

光绪十二年十月十九日，军机大臣奉旨：着照所请，该衙门知道。钦此。②

061. 查明省垣四次阵亡殉难官绅兵民请恤折

光绪十二年九月十八日（1886年10月15日）

钦差大臣督办新疆事宜尚书衔降一级留任甘肃新疆巡抚二等男臣刘锦棠跪奏，为乌鲁木齐等处四次查明阵亡、殉难官绅兵民，恳恩饬部，从优议恤，恭折仰祈圣鉴事。

窃查乌鲁木齐属境阵亡、殉难满汉员弁兵丁，经前任都统臣恭镗设局采访，计三次共采一千四百余员名，先后奏蒙恩准，交部从优议恤在案。③迨光绪九年，甘肃省城善后局裁撤，乌垣采访亦即停止。臣于上年四月移驻新疆省城，溯自全疆沦陷，前后历十四年，凡官绅、士民、妇女死事惨烈者，不下数十万人，虽未能一律查明，而有姓名事实可考者，未便任其湮没勿彰。经臣札饬布政使魏光焘、署镇迪道兼按察使衔英林，督同委员设局采访。

兹据该司道等详称：查有从前四次已采未及详奏官绅兵民，共四千二百六员名，检查卷宗，核对册案，其中或力战阵亡，或转输遇害，或被执不屈，或闻变自戕，大节凛然，宜邀恤典，并造具花名清册，详请具奏前来。

臣复核无异。合无仰恳天恩饬部从优议恤，以彰忠义而慰幽魂。除饬该司道等督饬局员再行详加采访，由臣复核陆续陈奏，并将赍到花名清册咨送各部查照外，所有乌鲁木齐等处四次查明阵亡、殉难官绅兵民恳请恩恤缘由，谨会同陕甘总督臣谭钟麟、护理乌鲁木齐都统臣富勒铭额，恭折具

---

① 中国第一历史档案馆藏：《朱批原件》，档案编号：04—01—12—0535—062。又《奏稿》第1433—1442页。
② 中国第一历史档案馆藏：《军机录副》，档案编号：03—5544—027。
③ 详见光绪五年四月二十八日署乌鲁木齐都统恭镗奏报续查乌鲁木齐等处满汉殉难员弁，恳恩饬部从优议恤缘由（中国第一历史档案馆藏：《军机录副》，档案编号：03—5801—047）。又光绪六年七月十六日，乌鲁木齐都统恭镗再报续查乌鲁木齐等处殉难员弁，恳恩优恤，得旨允行（中国第一历史档案馆藏：《军机录副》，档案编号：03—5533—091）。又光绪八年五月十一日，乌鲁木齐都统恭镗奏报续查乌鲁木齐等处殉难员弁，恳恩议恤（台北故宫博物院藏：《军机及宫中档》，文献编号：123712—1）。

陈,伏乞皇太后、皇上圣鉴训示。谨奏。光绪十二年九月十八日。

军机大臣奉旨:着照所请,该部知道。钦此。①

光绪十二年十月十九日,军机大臣奉旨:着照所请,该部知道。钦此。②

062. 新疆人命重案恳暂准变通办理折

光绪十二年九月十八日(1886年10月15日)

钦差大臣督办新疆事宜尚书衔降一级留任甘肃新疆巡抚二等男臣刘锦棠跪奏,为新疆人命重案碍难遽复旧制,仍恳天恩暂准变通办理,恭折具陈,仰祈圣鉴事。

窃臣准刑部咨:议复新疆办理命盗案件一折。新疆抢劫盗案,暂准就地正法。命案罪应凌迟、斩绞立决及监候各犯,均由该抚等详细核勘,照例拟定罪名,专折奏明请旨,俟奉到部复后,将罪应凌迟、斩绞立决及例实入勾之犯再行处决等因。奉旨:依议。钦此。仰见朝廷钦恤民命、明慎用刑之至意,臣自应恪遵办理。第新疆地处极边,迥异内地,其窒碍难行之处略有二端,敬为皇太后、皇上缕晰陈之。

查例载:州县承审事件定拟,招解上司,按律改正,该督抚均于题咨内据实声明,俟刑部核复后,系州县官原拟错误者,即照部驳改正例,按其罪名出入,分别议处等语。新疆新设州县,事属草创,襄理乏人,略知例案者多不愿游幕万里之外。即由关内招募刑作,大半滥竽充数,验伤填格,诸多未谙。臣于各属案件,只期供情确实,并不责其爰书,概由臣督同镇迪道兼臬司衔详度案情,参诸律例,酌拟完结。若如部议办理,必由州县定拟如律,则新疆州县几无一员可以自全。此不能遽照旧制者一也。

凡罪至凌迟、立决,皆系决不待时。即斩绞例实入勾人犯,亦属法无可贷。此等亡命死囚久稽囹圄,设使瘐毙,宪典幸逃。倘有疏失,逃入邻境,为害滋深,自宜早申国法。然不能不稍为迟延者,缠回等言语不通,犯供真情颇不易得,绳以照例承审限期,势必不行。各属距省窎远,详批往返约三两月,设有驳诘申复,往返亦需时日。情罪既重,核转上司,或应亲提鞫问,长途

①中国第一历史档案馆藏:《朱批原件》,档案编号:04—01—12—0535—063。又《奏稿》第1447—1449页。
②中国第一历史档案馆藏:《军机录副》,档案编号:03—5544—028。

解犯，动辄千数百里，追供情审定，转详到省，每结一案，速则大半年，迟则年余，已属迟之又久。若照部议随时具奏，京师距新疆省八千余里，奉准部复，去来程限亦须三月有奇。再由臣行文犯事地方，又需月余。通盘合算，处一决不待时之犯，总须一年以外。此不能遵照旧制者又其一也。

恭读嘉庆十二年四月十六日上谕：盛驻等奏，拿获图财害命之回犯审明定拟一折。此案胡特鲁克着即处斩。回疆非内地可比，嗣后遇有此等案件，情节较重者，讯明正凶后，着即立时惩办，毋致久稽显戮等因。钦此。是回疆情形不比内地早在圣明洞鉴之中。现虽改设行省，而风气所趋究非旦夕所能丕变。合无仰恳天恩俯念新省地处极边，州县诸凡创始，暂准将命案罪应凌迟、斩绞立决及斩绞监候例实入勾各犯，仍照变通章程，就地正法，按季摘由汇报。俟三数年后，察看情形，再行奏请规复旧制。至斩绞监候入缓人犯，即遵部议办理，专案具奏，听候部复，应行减军、减流，即同寻常遣军流徒等犯一体，南北两路互相调发，匀拨地亩，以助屯垦。据藩司魏光焘、镇迪道兼按察使衔恩纶会详请奏前来。

臣复查无异。所有新疆人命重案碍难遽复旧制，仍请饬部暂准变通办理各缘由，谨会同陕甘总督臣谭钟麟、署伊犁将军臣锡纶，恭折具奏，伏乞皇太后、皇上圣鉴，训示施行。谨奏。光绪十二年九月十八日。

军机大臣奉旨：着照所请，刑部知道。钦此。①

光绪十二年十月十九日，军机大臣奉旨：着照所请，刑部知道。钦此。②

063. 请恤故员张恩浚等缘由片

光绪十二年九月十八日（1886年10月15日）

再，臣于光绪九年三月十六日具奏，请将立功后积劳病故员弁萧传薪等议恤一折，并声明尚有遗漏未报员弁，容俟各军陆续查报到日，另案办理。奉旨：着照所请，该部知道。钦此。钦遵在案。

兹据各营陆续查报积劳病故文武员弁十二名，呈恳奏请恩恤前来。臣查已故同知衔甘肃候补知县张恩浚，湖南善化县人。盐提举衔前湖北崇阳

---

①中国第一历史档案馆藏：《朱批原件》，档案编号：04—01—01—0956—037。又《奏稿》第1451—1456页。
②中国第一历史档案馆藏：《军机录副》，档案编号：03—7226—049。

县知县祝应焘，浙江仁和县人。选用州判柳鼎勋，湖南湘阴县人。甘肃补用从九品吴国棠，湖南长沙县人。候选未入流熊霈湖、冯兆焜，均湖南湘乡县人。记名提督李玉春，四川犍为县人。记名总兵许献德，甘肃固原州人。记名总兵郭恒昌，安徽凤阳县人。总兵刘必胜，湖南湘乡县人。总兵衔尽先副将白祥，甘肃张掖县人。玛纳斯协右营右哨经制外委王清山，四川巴州人。

该故员弁等均系立功后积劳病故。合无仰恳天恩俯准，饬部一并照军营立功后积劳病故例议恤，以昭激劝而慰幽魂。除咨部外，理合附片具陈，伏乞圣鉴训示。谨奏。

军机大臣奉旨：张恩浚等，均着照军营立功后积劳病故例议恤，该部知道。钦此。①

光绪十二年十月十九日，军机大臣奉旨：张恩浚等均着照军营立功后积劳病故例议恤，该部知道。钦此。②

【案】此片具奏日期，原件、录副均未确。查《军机处随手登记档》③，载有"报四百里，九月十八日发"等字样。据此，此片具奏日期当为"光绪十二年九月十八日"，兹据校正。

064. 委令道员陈晋蕃接办粮台事务片
光绪十二年九月十八日（1886年10月15日）

再，督办新疆粮台陕西题奏道王久铭，上年闻讣丁继母忧，经臣饬将经手事件核办完竣，再行给咨回籍，于上年七月附奏陈明在案。兹据该员禀称：承办事务业已就绪，并无经手未完事件，恳请回籍守制等情前来。

臣复查无异。当经照例给咨回籍。所遗粮台事务，查有营务处三品衔甘肃遇缺尽先题奏道陈晋蕃，廉能朴实，综核精详，堪以接办。

除由臣檄饬遵照并饬司道会同办理外，理合附片具陈，伏乞圣鉴。谨奏。

军机大臣奉旨：吏部知道。钦此。④

---

①中国第一历史档案馆藏：《朱批原件》，档案编号：04—01—13—0425—038。又《奏稿》第1443—1445页。
②中国第一历史档案馆藏：《军机录副》，档案编号：03—5214—046。
③中国第一历史档案馆藏：《军机处随手登记档》，档案编号：03—0250—4—1212—273。
④中国第一历史档案馆藏：《朱批原件》，档案编号：04—01—13—0425—037。

光绪十二年十月十九日，军机大臣奉旨：吏部知道。钦此。①

【案】此片具奏日期，原件、录副均未确。查《军机处随手登记档》②，载有"报四百里，九月十八日发"等字样。据此，此片具奏日期当为"光绪十二年九月十八日"，兹据校正。

065. 奏委蒋诰等署理直隶州知州员缺片
光绪十二年九月十八日（1886年10月15日）

再，新疆迪化直隶州知州一缺，前经臣奏请升为迪化府知府，并请添设迪化县知县一缺，均奉部复准在案，自应委员署理，以资整顿而重职守。查有疏勒直隶州知州蒋诰，为守兼优，通达政体，堪以调署迪化府知府事；候补知县陈希洛堪以委署迪化县知县事。又署哈密通判冯森楷调省，遗缺查有候补知县喻先麓，堪以委署。署疏附县知县许鼎九调省，遗缺查有候补知县张介祺，堪以委署。据藩臬两司会详前来。

除由臣批饬分别给委外，谨合同陕甘督臣谭钟麟，附片具陈，伏乞圣鉴。谨奏。

军机大臣奉旨：吏部知道。钦此。③

光绪十二年十月十九日，军机大臣奉旨：吏部知道。钦此。④

【案】此片具奏日期，原件、录副均未确。查《军机处随手登记档》⑤，载有"报四百里，九月十八日发"等字样。据此，此片具奏日期当为"光绪十二年九月十八日"无疑，兹据校正。

066. 奏报提督萧元亨委署哈密协副将片
光绪十二年九月十八日（1886年10月15日）

再，署哈密协副将龙在田经臣调省，所遗副将篆务，查有头品顶戴记名

---

①中国第一历史档案馆藏：《朱批原件》《军机录副》，档案编号：03—5214—047。
②中国第一历史档案馆藏：《军机处随手登记档》，档案编号：03—0250—4—1212—273。
③中国第一历史档案馆藏：《朱批原件》，档案编号：04—01—13—0425—030。
④中国第一历史档案馆藏：《军机录副》，档案编号：03—5093—025。
⑤中国第一历史档案馆藏：《军机处随手登记档》，档案编号：03—0250—4—1212—273。

提督骑都尉世职巴克坦巴图鲁萧元亨,朴诚稳练,胆识俱优,堪以委署。除分咨遵照外,谨会同陕甘总督臣谭钟麟、署乌鲁木齐提督臣谭上连,附片具陈,伏乞圣鉴。谨奏。

军机大臣奉旨:兵部知道。钦此。①

光绪十二年十月十九日,军机大臣奉旨:兵部知道。钦此。②

【案】此片具奏日期,原件、录副均未确。查《军机处随手登记档》③,载有"报四百里,九月十八日发"等字样。据此,此片具奏日期当为"光绪十二年九月十八日",兹据校正。

067. 奏报恭缴钦差大臣关防折

光绪十二年九月二十四日(1886年10月21日)

尚书衔降一级留任甘肃新疆巡抚二等男臣刘锦棠跪奏,为恭缴钦符,仰祈圣鉴事。

窃臣前奏奉到巡抚关防,请缴回钦差大臣关防一折。光绪十二年九月初七日,奉旨:着准其回缴,所有新疆改设一切未尽事宜,仍着刘锦棠悉心妥筹办理。钦此。仰见圣慈垂察,体念无遗,谅其心之所未安,策以职之所当任,臣自应随时随事,勉竭愚忱,以期仰答高厚生成于万一。

惟新疆建置之初,与内地情形迥别。内地各谨其财赋,岁用有余;新疆则地处穷边,向资协济。内地各修其政,刑纪纲具在;新疆则事皆创始,无可率循。所望后此疆臣仍按以定章,毋令轸域;部臣少宽于成宪,量与变通。此则区区之愚不得不沥陈于君父之前者。

除将咸字八十一号钦差大臣关防一颗敬谨封固,派弁赍送军机处验收并咨部查照外,理合缮折具陈,伏乞皇太后、皇上圣鉴。谨奏。光绪十二年九月二十四日。

军机大臣奉旨:该部知道。钦此。④

---

① 中国第一历史档案馆藏:《朱批原件》,档案编号:04—01—17—0185—031。
② 中国第一历史档案馆藏:《军机录副》,档案编号:03—5844—014。
③ 中国第一历史档案馆藏:《军机处随手登记档》,档案编号:03—0250—4—1212—273。
④ 中国第一历史档案馆藏:《朱批原件》,档案编号:04—01—12—0535—061。又《奏稿》第1457—1459页。

光绪十二年十一月十二日,军机大臣奉旨:该部知道。钦此。①

【案】同日,新疆巡抚刘锦棠为奏旨恭缴钦差大臣关防致军机处咨呈:

兵部尚书兼都察院右副都御史降一级留任巡抚甘肃新疆等处地方二等男刘,为咨呈事。

为照本爵部院前恭报启用巡抚关防日期,并请缴回钦差大臣关防一折,于光绪十二年九月初七日奉旨:着准其回缴,所有新疆改设一切未尽事宜,仍着刘锦棠悉心妥筹办理等因。钦此。应即派委妥员赍京呈缴,以昭慎重。除将原颁咸字八十一号钦差大臣关防一颗敬谨封固,粘贴印花,派委花翎守备王席珍、蓝翎尽先千总练生科恭缴并奏报外,相应咨呈,为此合咨呈贵处,谨请鉴照验收,仍希赐复施行。须至咨呈者。计恭缴钦差大臣关防壹颗。右咨呈军机处。光绪十二年九月二十四日。(首尾各钤甘肃新疆巡抚关防一印)②

068. 奏报新疆各属光绪十二年五月雨雪粮价折

光绪十二年十月十九日(1886年11月14日)

钦差大臣督办新疆事宜尚书衔降一级留任甘肃新疆巡抚二等男臣刘锦棠跪奏,为恭报光绪十二年五月分粮价并得雨情形,谨缮折具奏,仰祈圣鉴事。

窃照本年四月分各州厅县粮价并得雨情形,业经臣奏报在案。兹查本年五月分,北路迪化各属得雨入土二三寸及五六寸不等。南路拜城得雨入土一寸有余,余皆微雨,约只数分。幸值天气渐热,渠水畅流,地亩足资灌溉,民情安贴。至通省粮价,迪化、镇西、乌什、英吉沙尔等州厅暨昌吉、阜康、绥来、拜城、疏附等县,俱与上月相同,余均略有增减。据藩司魏光焘汇详请奏前来。

理合恭折具陈,并缮粮价清单,敬呈御览。伏乞皇太后、皇上圣鉴。谨奏。光绪十二年十月十九日。

---

①中国第一历史档案馆藏:《军机录副》,档案编号:03—5691—046。
②中国第一历史档案馆藏:《咨文》,档案编号:03—5690—029。

军机大臣奉旨：知道了。钦此。①

光绪十二年十月十九日，军机大臣奉旨：知道了。钦此。②

069. 呈新疆各属光绪十二年五月粮价清单

光绪十二年十月十九日（1886年11月14日）

谨将新疆各属光绪十二年五月分米粮时估价值缮具清单，恭呈御览。计开

五月分：

镇迪道属

迪化直隶州：大米每京石价银四两四钱四厘，小麦每京石价银一两五钱九分二厘，莞豆每京石价银一两六钱五分六厘，青稞每京石价银一两二钱五分八厘。俱与上月相同。

昌吉县：大米每京石价银三两六分一厘，小麦每京石价银一两三钱四分七厘，莞豆每京石价银一两四钱八分六厘，青稞每京石价银九钱五分八厘。俱与上月相同。

阜康县：粟米每京石价银一两五钱九分二厘，小麦每京石价银一两五钱九分二厘，莞豆每京石价银一两五钱九分二厘，高粱每京石价银七钱七分八厘。俱与上月相同。

绥来县：大米每京石价银三两一钱八分二厘，小麦每京石价银一两二钱七分三厘，莞豆每京石价银一两七钱一分一厘，高粱每京石价银一两一钱九分九厘。俱与上月相同。

奇台县：大米每京石价银三两二钱七分九厘，与上月相同。小麦每京石价银一两五钱二分一厘，较上月减一钱四分二厘。莞豆每京石价银一两二钱八厘，较上月增三厘。

哈密厅：粟米每京石价银一两八钱，较上月减一两。小麦每京石价银一两三钱四分，较上月减一钱二分。莞豆每京石价银一两五钱一分，较上月减一钱三分。青稞每京石价银一两七分二厘，较上月减一厘。

---

①中国第一历史档案馆藏：《朱批原件》，档案编号：04—01—25—0527—026。
②中国第一历史档案馆藏：《军机录副》，档案编号：03—6856—015。

镇西直隶厅：小麦每京石价银二两三钱一分，莞豆每京石价银二两二分，青稞每京石价银一两五钱二分。俱与上月相同。

吐鲁番厅：小麦每京石价银一两七钱四分七厘，与上月相同。大麦每京石价银五钱六分，较上月减一钱八分六厘。高粱每京石价银七钱四分六厘，较上月减一钱一分一厘。黄豆每京石价银一两四钱九分三厘，与上月相同。

库尔喀喇乌苏粮员：粟米每京石价银一两二钱，与上月相同。小麦每京石价银一两六钱，较上月增二钱。莞豆每京石价银三两，较上月增一两。高粱每京石价银一两四钱四分，与上月相同。

精河粮员：大米每京石价银三两八钱五分，与上月相同。小麦每京石价银八钱七分五厘，较上月增一分五厘。莞豆每京石价银一两六钱六分六厘，与上月相同。高粱每京石价银八钱八分，与上月相同。

阿克苏道属

温宿直隶州：大米每京石价银一两九钱，较上月增七分六厘。小麦每京石价银八钱二分八厘，与上月相同。大麦每京石价银四钱八分，与上月相同。包谷每京石价银五钱四分四厘，与上月相同。

拜城县：小麦每京石价银八钱一分，大麦每京石价银四钱三分，莞豆每京石价银六钱九分，包谷每京石价银七钱三分。俱与上月相同。

喀喇沙尔直隶厅：大米每京石价银二两八钱一分二厘，与上月相同。小麦每京石价银一两三分五厘，较上月减六分九厘。莞豆每京石价银九钱三分六厘，与上月相同。包谷每京石价银八钱三分二厘，与上月相同。

库车直隶厅：大米每京石价银二两七钱七分，较上月增二钱七分。小麦每京石价银九钱四分，较上月减三分。莞豆每京石价银八钱三分，与上月相同。包谷每京石价银六钱四分，与上月相同。

乌什直隶厅：大米每京石价银二两三钱八分四厘，小麦每京石价银五钱四分九厘，大麦每京石价银三钱二分一厘，包谷每京石价银四钱五分八厘。俱与上月相同。

喀什噶尔道属

疏勒直隶州：大米每京石价银三两三钱，与上月相同。小麦每京石价银一两六钱五分，与上月相同。包谷每京石价银一两四钱，较上月增六分。高粱每京石价银一两三钱八分，与上月相同。

疏附县：大米每京石价银三两一钱五分，小麦每京石价银一两六钱五分，包谷每京石价银一两三钱四分。高粱每京石价银一两三钱八分。俱与上月相同。

莎车直隶州：大米每京石价银三两二钱五分六厘，与上月相同。小麦每京石价银一两三钱八分，较上月减一钱三分八厘。大麦每京石价银八钱七分五厘，与上月相同。包谷每京石价银九钱七分七厘，与上月相同。

叶城县：大米每京石价银二两九钱，较上月减二钱九分。小麦每京石价银一两，较上月减一钱二分。包谷每京石价银七钱六分八厘，与上月相同。高粱每京石价银九钱三分七厘，较上月增六分二厘。

和阗直隶州：大米每京石价银三两八分，与上月相同。小麦每京石价银一两五钱一分八厘，较上月减一钱三分八厘。包谷每京石价银一两二分四厘，较上月减四钱五分六厘。青稞每京石价银一两三钱八分，与上月相同。

于阗县：大米每京石价银五两二分，较上月增三钱四分五厘。小麦每京石价银一两九钱五分六厘，较上月减五分四厘。包谷每京石价银一两五钱二分三厘，较上月增五分一厘。

英吉沙尔直隶厅：大米每京石价银三两六钱三分二厘，小麦每京石价银一两五钱一分八厘，包谷每京石价银一两七分二厘，大麦每京石价银七钱九分八厘。俱与上月相同。

玛喇巴什直隶厅：大米每京石价银三两二钱五分，较上月减四钱五分。小麦每京石价银一两三钱八分，较上月减一钱七分。包谷每京石价银一两二钱，较上月减八分。

军机大臣奉旨：览。钦此。①

070. 请设库尔喀喇乌苏照磨兼司狱员缺折

光绪十二年十月十九日（1886年11月14日）

尚书衔降一级留任甘肃新疆巡抚二等男臣刘锦棠跪奏，为库尔喀喇乌苏抚民同知拟请添设照磨兼司狱员缺，以资佐理而裨地方，恭折仰祈圣

---

①中国第一历史档案馆藏：《清单》，档案编号：03—6856—016。

鉴事。

窃照库尔喀喇乌苏地方向设粮员由部拣派，经臣奏请改设抚民同知一员，加理事衔，并于折内声明未尽事宜，随时奏明办理，已奉谕旨饬部核议复准，钦遵在案。兹据新疆布政使魏光焘、兼按察使衔镇迪道恩纶会详称：库尔喀喇乌苏为通伊犁、塔尔巴哈台冲道，改设同知，经管地方户口、田赋、刑案，事务殷繁，所有缉捕、监狱，须有专员经理，设遇同知因公出境，或下乡勘验案件，亦可藉资弹压，请仿照南疆各同知之例，添设库尔喀喇乌苏同知照磨兼司狱一员，管理监狱、缉捕，以资佐理等情前来。

臣查库尔喀喇乌苏为入伊塔两城要道，缉捕弹压，诚关紧要。精河虽改设驿粮巡检，距厅治窎远，势难兼顾。合无仰恳天恩俯准库尔喀喇乌苏添设同知照磨兼司狱一员，于地方实有裨益。如蒙俞允，应需养廉、俸银并书役名数、工食等项，请照南疆各厅照磨章程支给，并照吉林新设各缺酌补一次成案，由外拣补一次。至应定为何项缺分，请俟设妥后，由臣定拟。

所有拟添库尔喀喇乌苏同知照磨兼司狱员缺缘由，是否有当？谨会同伊犁将军臣锡纶、陕甘总督臣谭钟麟，合词具奏，伏乞皇太后、皇上圣鉴训示。谨奏。光绪十二年十月十九日。

军机大臣奉旨：该部议奏。钦此。①

光绪十二年十一月二十一日，军机大臣奉旨：该部议奏。钦此。②

【案】《清实录》：
疆巡抚刘锦棠奏，库尔喀喇乌苏拟请添设照磨兼司狱员缺。下部议。寻议上，设库尔喀喇乌苏抚民直隶同知一人、照磨兼司狱一人，如所议行。③

071. 请以潘震补授新疆库车同知缘由折

光绪十二年十月十九日（1886年11月14日）

尚书衔降一级留任甘肃新疆巡抚二等男臣刘锦棠跪奏，为拣员请补同

---

①中国第一历史档案馆藏：《朱批原件》，档案编号：04—01—12—0535—073。又《奏稿》第1461—1463页。
②中国第一历史档案馆藏：《军机录副》，档案编号：03—5215—090。
③《德宗景皇帝实录（四）》，卷二百三十五，光绪十二年十一月下，第169页。

知员缺,以裨地方,恭折仰祈圣鉴事。

窃据甘肃新疆布政使魏光焘、兼按察使衔署镇迪道英林会详称:新疆新设库车同知辖境辽阔,户口殷繁,地方亦当冲要,应请作为冲繁二项请调中缺。该处系属新设,应即拣员请补,以重职守。查南路新设各缺,前经臣请照吉林章程由外拣补一次,又于新疆留省补缺各章程内请将甘肃候补及实缺人员调新差遣,遇有人地相宜缺出,准其分别请补、调补,均经奉部复准在案。

兹查有在任候补同知直隶州知州准补甘肃华亭县知县潘震[①],年三十七岁,系安徽太平府当涂县人,由监生遵例报捐典史,分发甘肃试用,在巩昌采运局办理文案,关陇肃清案内汇保,光绪二年十月十五日,奉旨:着俟补缺后,以应升之缺升用。钦此。旋在武威军办理文案,复遵例加捐州判,仍分发甘肃试用。六年三月,离营赴部,经钦派王大臣验看,领照起程,到省缴照。新疆南北两路一律肃清案内汇保,是年正月三十日,奉旨:着以知县补用钦此。随即禀请过班试,试看年满甄别,以知县留省补用。旋于修理董志县丞合水、平远各县城工案内保奏,八年六月二十日,奉旨:赏加同知衔。钦此。九年三月,奏补甘肃平凉府华亭县知县。十一年,调赴新疆差遣,当于是年四月二十九日到新禀到当差,于新疆六载边防案内汇保,十年十月初四日,奉旨:着以同知直隶州知州在任候补。钦此。该司等查该员潘震,心细才明,办事练达,以之请补斯缺,实堪胜任,人地亦极相宜。至所遗甘肃华亭县知县缺,咨查甘肃现有应补人员,应请扣留由甘肃遴员请补,相应声明等情,详请具奏前来。

臣查该员潘震处事精详,有为有守,系甘肃实缺人员,于边务极为熟悉,以之请补库车同知员缺,洵堪胜任。合无仰恳天恩俯准以该员补授库车同知,于地方实有裨益。如蒙俞允,俟接奉部复,照例给咨送部引见,仍

---

① 潘震(1850—1926),字鹿碛,安徽当涂人。光绪元年(1875),报捐典史,分发甘肃试用。二年(1876),加捐州判。六年(1880),关陇肃清案内保知县。八年(1882),加同知衔,署理华亭县知县。九年(1883),补甘肃华亭县知县。十年(1884),保同知直隶州知州。十一年(1885),调赴新疆差遣。十二年(1886),补授新疆莎车直隶同知。十五年(1889),调补和阗直隶州知州。二十九年(1903),升补迪化府知府。三十一年(1905),兼护镇迪道篆务。三十二年(1906),署理阿克苏道篆。宣统元年(1909),开去迪化府知府本缺,以道员留新补用。二年(1910),署伊塔道篆。民国元年(1912),授新疆布按使,兼国税厅筹备处、计分处处长。三年(1914),出任新疆财政厅长。

俟试俸年满另请销去试字。

是否有当？谨会同陕甘总督臣谭钟麟，恭折具陈，伏乞皇太后、皇上圣鉴，训示。谨奏。光绪十二年十月十九日。

军机大臣奉旨：吏部议奏。钦此。①

光绪十二年十一月二十一日，军机大臣奉旨：吏部议奏。钦此。②

【案】此奉旨日期，录副误为"光绪十二年十月二十一日"，兹据原件及《军机处随手登记档》③校正。

072. 新疆应设抚标及城守等营员缺拟办折
光绪十二年十月十九日（1886年11月14日）

头品顶戴陕甘总督臣谭钟麟、尚书衔降一级留任甘肃新疆巡抚二等男臣刘锦棠跪奏，为新疆应设抚标及城守等营各员缺，谨将拟办情形分别缮具清单，恭折仰祈圣鉴事。

窃维兵者国家之常制，承平日久，兵不可用。一旦有事，始改而募勇。新疆自遭回乱迄乎底定，十余年来，所恃以防卫地方者，皆为客勇。边疆瘠苦，勇丁远从征役，饷糈难以骤减，至今犹发行粮。揆以度支有常，勇非经制，原应改设制兵，以规久远。然他省之勇势不能强使为本地之兵，再四思维，惟有因勇设标，以官带勇，先设定员缺，以期渐就规模。

臣锦棠于光绪十年四月二十八日具奏遵旨统筹新疆全局折内，请将标营员弁参用勇营章程，如副将作营旗官，即以中军都司为总哨，千把总、经制外委为正副哨长。参将、游击作营旗官，即以中军守备为总哨，千把总、经制外委为正副哨长。都司、守备作营旗官，即以中军千总为总哨，把总、经制外委为正副哨长。经部臣议奏，奉旨允准钦遵在案。兹值提臣移驻喀什噶尔，拟就原隶提标各处应改定者，先议及之。

查向章，勇丁一营，自营官、总哨以下至副哨长，共计官弁十员。标营设官，若一一牵合，其数未免过多，拟每营旗只以副、参、游、都、守作营旗

---

①中国第一历史档案馆藏：《朱批原件》，档案编号：04—01—12—0535—075。
②中国第一历史档案馆藏：《军机录副》，档案编号：03—5215—088。
③中国第一历史档案馆藏：《军机处随手登记档》，档案编号：03—0250—4—1212—303。

官,而量设千、把为哨长、经制外委为巡查。其总哨、副哨长概从减省。又勇丁营制,步队一营,火勇占额四十余名,一旗火勇占额三十余名。马队火勇向在额外。标营则向无火勇。兹既仍照勇营之制,蓄养精锐,使一勇得一勇之用,未便再以执爨负薪分其余力,火勇自难裁减。拟改步队以四百九十八人为一营,三百六十七人为一旗,官弁、火勇一概在内。马队以二百五十人为一营,一百二十六人为一旗,官弁在内,火勇在外,以符向章。而议设标营则不计火勇,以足原议镇迪道属设兵六千四百名之数。抚标拟以旧有之提标中、左、右三营改设,内设中军参将一员、游击二员并中军守备以下等官共四十余员,勇二千余人。虽未能尽如内地各抚标之制,然内地如河南抚标两营兵额,亦多至二千余人。

　　边省情形迥异,防守不容不严,设额自不宜过少。省城重地,城守尤关紧要,拟合旧有之迪化、巩宁二营,设省城城守协副将一员并中军都司以下等官,亦①仿各直省城守协营之制,而以旧有之喀喇巴尔噶逊营隶之。此外玛纳斯营、济木萨、库尔喀喇乌苏营,皆依旧制,略为增减。精河旧设都司,其地当伊犁要冲,拟设参将一员,以资控制。吐鲁番昔为换防之兵,其地属镇迪道,今拟就镇迪道属设兵数内,增设游击一员,驻扎其地。以上均隶抚臣兼辖。计设副将二员、参将三员、游击四员、都司四员、守备十三员、千总十九员、把总五十二员、经制外委三十四员,共官一百三十一员。步队八营三旗,马队十五旗。除火勇不计外,共正勇六千四百四名。此拟设各标营制之大略也。

　　饷则照坐粮章程,有应稍为变通者。新疆各营旗勇丁类皆招自南方,各有室家,各怀乡里,断难强其改隶兵籍。大抵隶兵籍者,必以土著为宜。新疆北路人烟稀少,南路尽系缠回,土著无可招募,惟有招之关内。然由甘肃至新疆,近者五六千里,远或八九千里。小民抛弃室家,来隶营伍,欲其安心用命,亦当代计其身家。关内制兵挑练,则议练军之饷,诚以一经团扎,日事操防,则不能别营生业,故饷亦因之以加。

　　关外百物昂贵,较关内倍蓰。民间雇一小工,日尚需银二三钱不等。彼此相形,多愿佣工而不愿入伍。前此提标七旗土勇,照土勇章程发饷,试办之初,只期节省,究之逃亡踵接。其勉强应募者,率皆游惰之民,核其情

---

① "亦",《奏稿》作"宜"。

形,虽给以坐粮,仍恐难资得力。土勇且犹如此,若由关内招募而来,使仅糊其口,而无丝毫余蓄,孰肯别离乡井,努力戎行? 惟有略筹变计,较坐粮每名按月加银三钱,长夫概行不设。以坐粮章程每营每岁需饷二万四千余两,总数核计,仍属有减无增。较之现在勇营行粮额数,节省尤巨,与原奏每年关内外需饷三百数十万两之议,亦属相符。至各员廉俸薪蔬、马干草料各项,悉照标营旧制。惟新疆文职各官廉俸等项,现均给发实银,并无减折。塞上地方瘠苦,文武事同一律。可否仰恳天恩准一体发给十成实银,毋庸减折,以示体恤。此拟定各标饷章之大略也。

据藩司及镇迪道兼臬司详请具奏前来。臣等复核无异,谨分别缮具清单,恭呈御览,伏乞饬下户、兵等部核议施行。如蒙俞允,其余提镇各标营应请概照此章,以次议设。其分防汛地勇营既宜团扎,难尽如标营旧制节节设塘分汛,将来惟有择要屯防,使之同力合操,咸成劲旅。

抑臣等更有请者,新疆现拨新饷,岁有定数,必须裁一营客勇,始能招一营土勇。而客勇欠饷累累,前经部臣指拨各省关欠解协饷银二百八十万两,仅福建解银二万两,余均至今未见报解。旧勇不裁,新勇即难招募,而欲裁一名旧勇,必将挪一名新饷,是徒设标营,究无实效,转使旧欠未清,新亏又起。况各勇等锋镝余生,久羁绝域,日惟盼此余资,得以早还乡里。伏乞天恩饬部严催报解,俾得陆续裁旧改新,庶标营早定一日,饷糈早纾一分,边防幸甚,时局幸甚。

所有拟设抚标及城守等营各情形,谨会同署提督臣谭上连,合词具陈,伏乞皇太后、皇上圣鉴训示。再此折系臣锦棠主稿,合并声明。谨奏。光绪十二年十月十九日。

军机大臣奉旨:该部议奏,单三件并发。其各省关欠解饷银,着户部严催报解,毋任延缓。钦此。①

光绪十二年十一月二十一日,军机大臣奉旨:该部议奏,单三件并发。其各省关欠解饷银,着户部严催报解,毋任延缓。钦此。②

---

①中国第一历史档案馆藏:《朱批原件》,档案编号:04—01—30—0186—034。又《奏稿》第1465—1474页。
②中国第一历史档案馆藏:《军机录副》,档案编号:03—5844—074。

073. 呈设抚标及城守各营官兵数目清单

光绪十二年十月十九日（1886年11月14日）

谨将拟设抚标及城守各营官兵数目缮具清单，恭呈御览。计开

一、拟设抚标步队三营，马队六旗。中营步队一营，营官参将一员，前左两哨哨长千总二员，右后两哨哨长把总二员，巡查经制外委二员。左旗马队一旗，旗官中军守备一员，左右两哨哨长把总二员，巡查经制外委一员。右旗马队一旗，旗官守备一员，左右两哨哨长把总二员，巡查经制外委一员。左营步队一营，营官游击一员，前左两哨哨长千总二员，右后两哨哨长把总二员，巡查经制外委二员。左旗马队一旗，旗官中军守备一员，左右两哨哨长把总二员，巡查经制外委一员。右旗马队一旗，旗官守备一员，左右两哨哨长把总二员，巡查经制外委一员。右营步队一营，营官游击一员，前左两哨哨长千总二员，右后两哨哨长把总二员，巡查经制外委二员。左旗马队一旗，旗官中军守备一员，左右两哨哨长把总二员，巡查经制外委一员。右旗马队一旗，旗官守备一员，左右两哨哨长把总二员，巡查经制外委一员。

一、原设提标城守营，步兵五百六十八名，马兵四百三十三名，都司一员，守备一员，千总二员，把总四员，经制外委六员。巩宁城守营。步兵一百七十一名，马兵一百三十三名，都司一员，千总一员，把总一员，经制外委二员。改设省城城守营。步队一营一旗，马队二旗。中营步队一营，营官副将一员，前左两哨哨长千总二员，右后两哨哨长把总二员，巡查经制外委二员。中旗步队一旗，旗官中军都司一员，中哨哨长千总一员，左右两哨哨长把总二员，巡查经制外委一员。左旗马队一旗，旗官都司一员，左右两哨哨长把总二员，巡查经制外委一员。右旗马队一旗，旗官守备一员，左右两哨哨长把总二员，巡查经制外委一员。

一、原设喀喇巴尔噶逊营，步兵一百七十一名，马兵一百三十三名，守备一员，把总二员，经制外委二员。改设喀喇巴尔噶逊营。马队一旗，旗官守备一员，左右两哨哨长把总二员，巡查经制外委一员，隶城守营管辖。

一、原设玛纳斯协营，左营步兵四百三十九名，马兵三百四十二名，右营步兵四百三十八名，马兵三百四十四名，副将一员，都司二员，守备二员，

千总四员,把总七员,经制外委十员。改设玛纳斯协营。步队一营一旗,马队二旗。中营步队一营,营官副将一员,前左两哨哨长千总二员,左后两哨哨长把总二员,巡查经制外委二员。中旗步队一旗,旗官中军都司一员,中哨哨长千总一员,左右两哨哨长把总二员,巡查经制外委一员。左旗马队一旗,旗官都司一员,左右两哨哨长把总二员,巡查经制外委一员。右旗马队一旗,旗官守备一员,左右两哨哨长把总二员,巡查经制外委一员。

一、原设济木萨营,步兵五百零四名,马兵三百八十八名,参将一员,守备一员,千总二员,把总四员,经制外委八员。改设济木萨营。步队一营,营官参将一员,前左两哨哨长千总二员,左后两哨哨长把总二员,巡查经制外委二员。马队一旗,旗官中军守备一员,左右两哨哨长把总二员,巡查经制外委一员。

一、原设库尔喀喇乌苏营,步兵三百四十一名,马兵二百六十八名,游击一员,守备一员,千总二员,把总二员,经制外委司员。改设库尔喀喇乌苏营。步队一营,营官游击一员,前左两哨哨长千总二员,左后两哨哨长把总二员,巡查经制外委二员。马队一旗,旗官中军守备一员,左右两哨哨长把总二员,巡查经制外委一员。

一、原设精河营,步兵二百二十七名,马兵一百一十九名,都司一员,千总一员,把总二员,经制外委三员。改设精河营。步队一营,营官参将一员,前左两哨哨长千总二员,左后两哨哨长把总二员,巡查经制外委二员。马队一旗,旗官中军守备一员,左右两哨哨长把总二员,巡查经制外委一员。

一、添设吐鲁番营,步队一旗,旗官游击一员,中哨哨长千总一员,左右两哨哨长把总二员,巡查经制外委一员。马队一旗,旗官中军守备一员,左右两哨哨长把总二员,巡查经制外委一员。

以上计步队八营三旗、马队十五旗,共员弁一百三十一员,勇丁六千四百零四名。除员弁廉俸照章支给不计外,勇饷照拟改坐粮,扣算每年约计六大建六小建,共需银肆拾贰万柒千玖百肆拾陆两肆钱。

军机大臣奉旨:览。钦此。①

---

①中国第一历史档案馆藏:《清单》,档案编号:03—5844—075。

074. 呈拟定新疆各营旗营制饷章清单

光绪十二年十月十九日（1886年11月14日）

谨将拟定各营旗营制、饷章缮具清单，恭呈御览。计开

一、步队一营以四百九十八人为定额，私夫在外。每营营官一员，除每岁廉俸薪蔬、马干、本折、料草等项银两照章支领外，每月加制办旗帜、号衣银六十两，不扣建。私夫十六名，每名月支银二两七钱，扣建。营书四名，每名月支银六两，扣建。前左两哨哨长千总二员，除每岁养廉、俸薪、马干等项银两照章支领外，每员加私夫二名，每名月支银二两七钱，扣建。右后两哨哨长把总二员，除每岁养廉、俸薪、马干等项银两照章支领外，每员加私夫二名，月支银二两七钱，扣建。巡查经制外委二员，除每岁养廉、马干等项银两照章支领外，每员加私夫二名，每名月支银二两七钱，扣建。亲兵什长额外外委六名，每名月支银四两五钱，扣建。各哨什长三十二名，每名月支银四两二钱，扣建。亲兵六十六名，哨书护兵二十名，每名月支银三两九钱，扣建。正勇三百二十名，每名月支银三两六钱，扣建。伙夫四十三名，每名月支银三两，扣建。共大建月支银一千九百三十七两四钱，小建月支银一千八百七十四两八钱二分。

一、步队一旗以三百六十七人为定额，私夫在外。每旗旗官一员，除每岁廉俸、薪蔬、纸红、马干等项银两照章支领外，每月加制办旗帜、号衣银五十两，不扣建。私夫八名，每名月支银二两七钱，扣建。营书三名，每名月支银六两，扣建。中哨哨长千总一员，除每岁养廉、俸薪、马干等项银两照章支领外，加私夫二名，每名月支银二两七钱，扣建。左右两哨哨长把总二员，除每岁养廉、俸薪、马干等项银两照章支领外，每员加私夫二名，每名月支银二两七钱，扣建。巡查经制外委一员，除每岁养廉、马干等项银两照章支领外，加私夫二名，每名月支银二两七钱，扣建。亲兵什长额外外委四名，每名月支银四两五钱，扣建。各哨什长二十四名，每名月支银四两二钱，扣建。亲兵四十四名，哨书护兵十五名，每名月支银三两九钱，扣建。正勇二百四十名，每名月支银三两六钱，扣建。伙夫三十二名，每名月支银三两，扣建。共大建月支银一千四百二十两零一钱，小建月支银一千三百七十四两四钱三分。

一、马队一营以二百五十人为定额,伙夫、私夫、马夫在外。每营营官一员,除每岁廉俸、薪蔬、马干等项银两照章支领外,每月加制办旗帜、号衣银五十两,不扣建。私夫十六名,每名月支银二两七钱,扣建。营书三名,每名月支银六两,马夫各半名,月支银一两三钱五分,扣建。月支杂费银六钱,不扣建。前左两哨哨长千总二员,除每岁养廉、俸薪、马干等项银两照章支领外,加私夫二名,每名月支银二两七钱,扣建。右后两哨哨长把总二员,除每岁养廉、俸薪、马干等项银两照章支领外,加私夫二名,每名月支银二两七钱,扣建。巡查经制外委二员,除每岁养廉、马干等项银两照章支领外,加私夫二名,每名月支银二两七钱,扣建。亲兵领旗额外外委二名,每名月支银四两五钱。马夫各半名,月支银一两三钱五分,扣建。月支杂费银六钱,不扣建。各哨领旗二十名,每名月支银四两二钱。马夫各半名,月支银一两三钱五分,扣建。月支杂费银六钱,不扣建。亲兵十八名,哨书护兵二十名,每名月支银三两九钱。马夫各半名,月支银一两三钱五分,扣建。月支杂费银六钱,不扣建。马勇一百八十名,每名月支银三两六钱。马夫各半名,月支银一两三钱五分,扣建。月支杂费银六钱,不扣建。伙夫二十七名,每名月支银三两,扣建。营书、额外外委及领旗、哨书、亲兵、护兵、正勇,每名骑马一匹,每匹月支马干银二两四钱,扣建。其营哨、巡查各官马匹、本折、料草、马干,照章支领,不另议给。共大建月支银二千一百七十两八钱五分,小建月支银二千一百零五两零一分五厘。倒马价照章支领。

一、马队一旗以二百二十六人为定额,伙夫、私夫、马夫在外。每旗旗官一员,除每岁养廉、薪蔬、纸红、马干等项银两照章支领外,每月加制办旗帜、号衣银二十五两,不扣建。私夫八名,每名月支银二两七钱,扣建。营书二名,每名月支银六两。马夫各半名,月支银一两三钱五分,扣建。月支杂费银六钱,不扣建。左右两哨哨长把总二员,除每岁养廉、俸薪、马干等项银两照章支领外,加私夫二名,每名月支银二两七钱,扣建。巡查经制外委一员,除每岁养廉、马干等项银两照章支领外,加私夫二名,每名月支银二两七钱,扣建。亲兵领旗额外外委三名,每名月支银四两五钱。马夫各半名,月支银一两三钱五分,扣建。月支杂费银六钱,不扣建。各哨领旗八名,每名月支银四两二钱。马夫各半名,月支银一两三钱五分,扣建。月支杂费银六钱,不扣建。亲兵二十七名,哨书护兵一十名,每名月支银三两九钱。马夫各半名，月支银一两三钱五分，扣建。月支杂费银六钱，不扣建。马勇七十二名，每名月支银三两六钱。马夫各半名，月支银一两三钱五分，扣建。月支杂费银六钱，不扣建。伙夫十四名，每名月支银三两，扣建。营书、额外外委及领旗、哨书、亲兵、护兵、正勇，每名骑马一匹，每匹月支马干银二两四钱，扣建。其旗哨、巡查各官马匹、本折、料草、马干，照章支领，不另议给。共大建月支银一千零九十八两一钱，小建月支银一千零六十四两七钱七分。倒马价照章支领。

军机大臣奉旨：览。钦此。①

075. 呈抚标城守营官弁应支养廉各项清单

光绪十二年十月十九日（1886年11月14日）

谨将抚标城守营官弁应支养廉、俸薪、蔬红、马干、本折、草料各项缮具清单，恭呈御览。计开

一、拟设抚标步队三营、马队六旗，共官四十五员，内参将一员，游击二员，守备六员，千总六员，把总十八员，经制外委十二员，官例马一百零四匹，岁需俸薪、蔬红、廉例等项，各按定章，折实银九千四百六十三两三钱八分，公费银二千四百三十八两九钱四分五厘，折实银一千七百七两二钱六分一厘，一半本色京斗料四百一石一斗四升二合八勺，一半本色草一万八千七百二十束。

一、城守营改设步队一营一旗、马队二旗，共官二十四员，内副将一员，都司二员，守备一员，千总三员，把总八员，经制外委五员，官例马五十一匹，岁需俸薪、蔬红、廉例等项，各按定章，折实银四千九百四十二两一钱三分六厘，公费银一千三百六十五两五钱九分七厘，折实银九百五十五两九钱一分八厘，一半本色京斗料一百九十六石七斗一升四合三勺，一半本色草九千一百八十束。

一、喀喇巴尔噶逊营改设马队一旗，共官四员，内守备一员，把总二员，经制外委一员，官例马九匹，岁需俸薪、蔬红、廉例等项，各按定章，折实银

---

①中国第一历史档案馆藏：《清单》，档案编号：03—5846—011。再，此单呈报日期仅署"光绪十二年"，且未署具报者，兹据内容推断。

七百四十一两八钱二分七厘，公费银二百六十六两八钱三厘，折实银一百八十六两七钱六分二厘，一半本色京斗料三十四石七斗一升四合二勺，一半本色草一千六百二十束。

一、玛纳斯协营改设步队一营一旗、马队二旗，共官二十员，内副将一员，都司二员，守备一员，千总三员，把总八员，经制外委五员，官例马五十一匹，岁需俸薪、蔬红、廉例等项，各按定章，折实银四千九百四十二两一钱三分六厘，公费银一千三百六十五两五钱九分七厘，折实银九百五十五两九钱一分八厘，一半本色京斗料一百九十六石七斗一升四合三勺，一半本色草九千一百八十束。

一、济木萨营改设步队一营、马队一旗，共官十一员，内参将一员，守备一员，千总二员，把总四员，经制外委三员，官例马二十七匹，岁需俸薪、蔬红、廉例等项，各按定章，折实银二千五百五十九两五钱，公费银七百九十两八钱六分七厘，折实银五百五十三两六钱七厘，一半本色京斗料一百四石一斗四升二合八勺，一半本色草四千八百六十束。

一、库尔喀喇乌苏营改设步队一营、马队一旗，共官十一员，内游击一员，守备一员，千总二员，把总四员，经制外委三员，官例马二十五匹，岁需俸薪、蔬红、廉例等项，各按定章，折实银二千三百三十九两二钱，公费银五百三十四两五钱二分，折实银三百七十四两一钱六分四厘，一半本色京斗料九十六石四斗二升八合六勺，一半本色草四千五百束。

一、精河营改设步队一营、马队一旗，共官十一员，内参将一员，守备一员，千总二员，把总四员，经制外委三员，官例马二十七匹，岁需俸薪、蔬红、廉例等项，各按定章，折实银二千五百五十九两五钱，公费银七百九十两八钱六分七厘，折实银五百五十三两六钱七厘，一半本色京斗料一百四石一斗四升二合八勺，一半本色草四千八百六十束。

一、添设吐鲁番营步队一旗、马队一旗，共官九员，内游击一员，守备一员，千总一员，把总四员，经制外委二员，官例马二十二匹，岁需俸薪、蔬红、廉例等项，各按定章，折实银二千八十六两一分一厘，公费银五百三十四两五钱二分，折实银三百七十四两一钱六分四厘，一半本色京斗料八十四石八斗五升七合一勺，一半本色草三千九百六十束。

总共设官一百三十一员，岁需俸薪、蔬红、廉例等项，折实银二万九千六百三十三两六钱九分，公费银八千八十七两七钱一分六厘，折实银五千六百六十一两四钱一厘,一半本色京斗料一千二百一十八石八斗五升六合九勺,一半本色草五万六千八百八十束。

军机大臣奉旨:览。钦此。①

【案】《清实录》:

陕甘总督谭钟麟等奏,新疆应设抚标及城守等营各员缺。得旨:该部议奏。其各省关欠解银两,着户部严催报解,毋任延缓。寻议上,改乌鲁木齐提标各营为抚标,设城守协副将一、都司二、守备一、千总三、把总八、外委五。改原设提标中左右三营为抚标中左右三营,设参将一、游击二、守备六、千总六、把总十八、外委十二。改喀喇巴尔噶逊营为马队一旗,设守备一、把总二、外委一,归城守营管辖。改玛纳斯协营为步队一营一旗、马队二旗。步队营官,设副将一、千总二、把总二、外委二。步队旗官,设中军都司一、千总一、把总二、外委一。左旗马队旗官,设都司一、把总二、外委一。右旗马队旗官,设守备一、把总二、外委一。改济木萨营为步队一营、马队一旗。步队营官,设参将一、千总二、把总二、外委二。马队旗官,设中军守备一、把总二、外委一。改库尔喀喇乌苏营为步队一营、马队一旗。步队营官,设游击一、千总二、把总二、外委二。马队旗官,设中军守备一、把总二、外委一。改精河营为步队一营、马队一旗。步队营官,设参将一、千总二、把总二、外委二。马队旗官,设中军守备一、把总二、外委一。增设吐鲁番步队一旗、马队一旗。步队旗官,设游击一、千总一、把总二、外委一。马队旗官,设中军守备一、把总二、外委一。均隶抚标兼辖。如所议行。②

076. 奏报刊就木质阿克苏等处总兵关防片

光绪十二年十月十九日(1886年11月14日)

再,臣等前奏请以提督董福祥署理阿克苏镇总兵,并于乌鲁木齐提督臣移防折内请旨饬部颁发镇守阿克苏总兵官之印,均奉旨允准,钦遵恭录行知,

---

① 中国第一历史档案馆藏:《清单》,档案编号:03—6099—063。再,此单呈报日期仅署"光绪十一年",且未署具报者,兹据内容推断。
② 《德宗景皇帝实录(四)》,卷二百三十五,光绪十二年十一月下,第168—169页。

并檄董福祥赴任各在案。惟阿克苏总兵印信由部铸颁尚需时日，亟应先行刊给关防，以昭信守。兹刊就木质关防一颗，文曰：镇守阿克苏等处总兵官防。

除由臣锦棠檄发祗领启用外，谨会同署提督臣谭上连，合词附陈，伏乞圣鉴。再，此片系臣锦棠主稿，合并声明。谨奏。

军机大臣奉旨：该部知道。钦此。①

光绪十二年十一月二十一日，军机大臣奉旨：该部知道。钦此。②

077. 奏报谭上连赴喀什噶尔提督署任片
光绪十二年十月十九日（1886年11月14日）

再，臣等于本年四月初四日奏恳天恩，准令署提督臣移防喀什噶尔等因。奉旨：着照所请，该部知道。钦此。署提督臣谭上连旋由玛纳斯来省，与臣锦棠面商一切。当于八月初二日由省起程，沿途抽调马步八营旗，带赴喀什噶尔。顷据咨报：于九月二十一日到防，所有应办事宜妥为商榷，随时会同奏明办理。其原募提标土勇七旗，仍留省城，俟改拨抚标及城守等营，以资训练。

至乌鲁木齐提标实缺署事各员弁，向系兼充旗官、哨官，应请照原奏留，俟设定抚标及城守各营，酌量开缺另补。

是否有当？谨合词附奏，伏乞圣鉴训示。再，此片系臣锦棠主稿，合并声明。谨奏。

军机大臣奉旨：该部知道。钦此。③

光绪十二年十一月二十一日，军机大臣奉旨：该部知道。钦此。④

078. 奏报新疆各属光绪十二年六月雨雪粮价情形折
光绪十二年十一月初三日（1886年11月28日）

尚书衔降一级留任甘肃新疆巡抚二等男臣刘锦棠跪奏，为恭报光绪十

---

①中国第一历史档案馆藏：《朱批原件》，档案编号：04—01—16—0219—034。
②中国第一历史档案馆藏：《军机录副》，档案编号：03—5844—077。
③中国第一历史档案馆藏：《朱批原件》，档案编号：04—01—16—0219—035。
④中国第一历史档案馆藏：《军机录副》，档案编号：03—5844—076。

二年六月分粮价并得雨情形,谨缮折具陈,仰祈圣鉴事。

窃照本年五月分各州厅县粮价并得雨情形,业经臣奏报在案。兹查本年六月分,北路镇迪各属得雨入土四五寸不等,南路温宿、拜城得雨入土五寸有余,余皆微雨。幸值天气炎热,渠水畅流,地亩足资灌溉,民情亦均安贴。

至通省粮价,迪化、温宿、疏勒、吐鲁番、喀喇沙尔、乌什、精河等州厅暨昌吉、阜康、绥来等县,俱与上月相同,余均略有增减。据藩司魏光焘汇详请奏前来。

理合恭折具陈,并缮粮价清单,敬呈御览。伏乞皇太后、皇上圣鉴。谨奏。光绪十二年十一月初三日。

军机大臣奉旨:知道了。钦此。①

光绪十二年十二月初七日,军机大臣奉旨:知道了。钦此。②

079. 呈新疆各属光绪十二年六月粮价清单
光绪十二年十一月初三日(1886年11月28日)

谨将新疆各属光绪十二年六月分米粮时估价值缮具清单,恭呈御览。计开

六月分:

镇迪道属

迪化直隶州:大米每京石价银四两四钱四厘,小麦每京石价银一两五钱九分二厘,莞豆每京石价银一两六钱五分六厘,青稞每京石价银一两二钱五分八厘。俱与上月相同。

昌吉县:大米每京石价银三两六分一厘,小麦每京石价银一两三钱四分七厘,莞豆每京石价银一两四钱八分六厘,青稞每京石价银九钱五分八厘。俱与上月相同。

阜康县:粟米每京石价银一两五钱九分二厘,小麦每京石价银一两五钱九分二厘,莞豆每京石价银一两五钱九分二厘,高粱每京石价银七钱七分八厘。俱与上月相同。

---

① 中国第一历史档案馆藏:《朱批原件》,档案编号:04—01—25—0527—028。
② 中国第一历史档案馆藏:《军机录副》,档案编号:03—6858—002。

绥来县：大米每京石价银三两一钱八分二厘，小麦每京石价银一两二钱七分三厘，莞豆每京石价银一两七钱一分一厘，高粱每京石价银一两一钱九分九厘。俱与上月相同。

奇台县：大米每京石价银三两一钱七厘，较上月减一钱七分二厘。小麦每京石价银一两四钱五分，较上月减七分一厘。莞豆每京石价银一两三钱一分二厘，较上月增一钱四厘。

哈密厅：粟米每京石价银一两八钱，与上月相同。小麦每京石价银一两七厘，较上月减三钱三分三厘。莞豆每京石价银一两四钱四分，较上月减七分。青稞每京石价银七钱二分，较上月减二钱五分二厘。

镇西直隶厅：小麦每京石价银二两一钱五分，较上月减一钱六分。莞豆每京石价银二两二分，与上月相同。青稞每京石价银一两二钱四分，较上月减二钱八分。

吐鲁番厅：小麦每京石价银一两七钱四分七厘，大麦每京石价银五钱六分，较上月减一钱八分六厘。高粱每京石价银七钱四分六厘，黄豆每京石价银一两四钱九分三厘。俱与上月相同。

库尔喀喇乌苏粮员：粟米每京石价银二两，较上月增八钱。小麦每京石价银一两六钱，与上月相同。莞豆每京石价银二两，较上月减一两。高粱每京石价银一两四钱，较上月减四分。

精河粮员：大米每京石价银三两八钱五分，小麦每京石价银八钱七分五厘，莞豆每京石价银一两六钱六分六厘，高粱每京石价银八钱八分。俱与上月相同。

阿克苏道属

温宿直隶州：大米每京石价银一两九钱，小麦每京石价银八钱二分八厘，大麦每京石价银四钱八分，包谷每京石价银五钱四分四厘。俱与上月相同。

拜城县：小麦每京石价银五钱二分，较上月减二钱九分。大麦每京石价银三钱九分，较上月减四分。莞豆每京石价银四钱七分，较上月减二钱二分。包谷每京石价银五钱二分，较上月减二钱一分。

喀喇沙尔直隶厅：大米每京石价银二两八钱一分二厘，小麦每京石价银一两三分五厘，莞豆每京石价银九钱三分六厘，包谷每京石价银八钱三分二厘。俱与上月相同。

库车直隶厅：大米每京石价银二两二钱二分，较上月减五钱五分。小麦每京石价银六钱九分，较上月减二钱五分。莞豆每京石价银六钱五分，较上月减一钱八分。包谷每京石价银四钱八分，较上月减一钱六分。

乌什直隶厅：大米每京石价银二两三钱八分四厘，小麦每京石价银五钱四分九厘，大麦每京石价银三钱二分一厘，包谷每京石价银四钱五分八厘。俱与上月相同。

喀什噶尔道属

疏勒直隶州：大米每京石价银三两三钱，小麦每京石价银一两六钱五分，包谷每京石价银一两四钱，高粱每京石价银一两三钱八分。俱与上月相同。

疏附县：大米每京石价银三两三钱，与上月相同。小麦每京石价银一两一钱四厘，较上月减五钱四分六厘。包谷每京石价银九钱三分八厘，较上月减四钱二厘。高粱每京石价银九钱二分，较上月减三钱六分。

莎车直隶州：大米每京石价银二两六钱六分四厘，较上月减五钱九分二厘。小麦每京石价银一两三钱八分，与上月相同。大麦每京石价银六钱二分五厘，较上月减二钱五分。包谷每京石价银八钱五分八厘，较上月减一钱一分五厘。

叶城县：大米每京石价银三两三钱三分五厘，较上月增四钱三分五厘。小麦每京石价银九钱三分七厘，较上月减六分三厘。包谷每京石价银七钱八分，较上月增六分三厘。高粱每京石价银一两，较上月增六分三厘。

和阗直隶州：大米每京石价银二两八钱，较上月减二钱八分。小麦每京石价银一两二钱四分二厘，较上月减二钱七分六厘。包谷每京石价银八钱九分六厘，较上月减一钱二分八厘。青稞每京石价银一两五分四厘，较上月减三钱二分六厘。

于阗县：大米每京石价银四两九钱六分八厘，较上月增五钱五分二厘。小麦每京石价银一两六钱八厘，较上月减三钱四分八厘。包谷每京石价银一两二钱八分，较上月减二钱四分三厘。

英吉沙尔直隶厅：大米每京石价银三两三钱九分八厘，较上月减二钱三分四厘。小麦每京石价银一两二钱五分四厘，较上月减二钱六分四厘。包谷每京石价银一两七分二厘，大麦每京石价银七钱九分八厘，俱与上月相同。

玛喇巴什直隶厅：大米每京石价银三两二钱五分，与上月相同。小麦每京石价银一两一钱,较上月减二钱八分。包谷每京石价银一两二分,较上月减一钱八分。

军机大臣奉旨:览。钦此。①

080. 查明部驳原保筹饷出力人员另核请奖折
光绪十二年十一月初三日(1886年11月28日)

头品顶戴陕甘总督臣谭钟麟、尚书衔降一级留任甘肃新疆巡抚二等男臣刘锦棠跪奏,为新疆六载边防遵保各省关筹饷出力人员案内部驳另核请奖查明声复并更正衔名各员,谨缮清单,恭折仰祈圣鉴事。

窃臣等于光绪十年八月二十二日具奏,遵保各省关及后路各台局筹饷差委出力人员一折,奉旨:该部议奏,单二件并发。钦此。嗣准吏部咨:议奏各省关单开各员,按其劳绩应得奖叙,分别准驳,光绪十一年十二月十七日具奏,奉旨:依议。钦此。等因。知照前来。

比即钦遵咨行原保各将军、督抚臣查明具复。其业经陆续咨复到臣,或系遵照部议另核请奖,或应查明声复,并各该员另行呈请更正衔名杨光熙等三十八员,谨缮清单,恭呈御览,仰恳恩准饬部分别注册,以示鼓励。其余未经查复各员,仍俟复到再行另案奏办。

是否有当?理合恭折具陈,伏乞皇太后、皇上圣鉴训示。再,此折系臣锦棠主稿,合并声明。谨奏。光绪十二年十一月初三日。

军机大臣奉旨:该部议奏,单并发。钦此。②

光绪十二年十二月初七日,军机大臣奉旨:该部议奏,单并发。钦此。③

081. 呈各省关筹解西征协饷各员请奖清单
光绪十二年十一月初三日(1886年11月28日)

谨将各省关筹解西征协饷各员遵照部议另核请奖,查明声复,并请更正衔名各缘由,缮具清单,恭呈御览。

---

①中国第一历史档案馆藏:《清单》,档案编号:03—6858—003。
②中国第一历史档案馆藏:《朱批原件》,档案编号:04—01—12—0536—013。
③中国第一历史档案馆藏:《军机录副》,档案编号:03—6104—021。

补用知县分缺间用府经历杨光熙，原请以府经历本班分缺间前补用；分缺先用巡检张世泰，原请以本班归分缺先前补用；同知衔升用知县前任浙江仁和场大使余庆麟，原请以盐大使本班仍留原省归候补班前补用；盐课大使衔附生徐干，原请赏加州同衔。部议查杨光熙、张世泰所保系筹饷名目，余庆麟业经丁忧，应归知县升班；徐干系衔上加衔，均核与例章不符，应令另核请奖等因。杨光熙拟改请加布理问衔，张世泰拟改请赏加一级，余庆麟拟改请俟补知县缺后，以盐大使归部选用。

五品顶戴张鹤龄，原请赏戴蓝翎；未入流职衔郑以诚，原请赏加六品顶戴；五品顶戴李厚涛，原请赏加四品衔；五品顶戴应升之缺升用分缺先选用巡检裘雍礼，原请以巡检不论双单月遇缺尽先选用。部议张鹤龄、郑以诚、李厚涛、裘雍礼四员所请，均与例章不符，应令另核请奖等因。张鹤龄、郑以诚、李厚涛三员，拟改请以从九品归部选用。裘雍礼于同治三年由五品顶戴遵筹饷例，在江西藩库报捐巡检不论双单月分缺先选用，领有执照在案。嗣因筹解陕甘协饷出力，经前陕甘督臣左宗棠汇保，请俟选巡检后以应升之缺升用，光绪六年八月初九日，奉旨：依议。钦此。拟改请赏加六品衔。

六品军功万理源、吴书泽、周其清、向金恩、杨泽葵、巫理璋、何德凤、赵瑄、刘荧照、陈秉中、何安贞、胡云汉、吴世桢、李鸿海，原均请赏给五品翎顶。部议万理源等十四员所请五品翎顶，核与例章不符，应令另核请奖等因。拟改请均以巡检不论双单月尽先选用。二品顶戴按察使衔补用道李辅耀，原请赏给正二品封典，部议李辅耀官阶、加衔、顶戴是否捐纳，抑系劳绩保举，应令查明报部再办等因。查该员于办理浙江东塘、念汛、石塘等工二限案内出力，保加按察使衔，光绪四年十一月初八日，奉旨：依议。钦此。三限案内出力，保加二品顶戴，八年二月初九日，奉旨：依议。钦此。拟仍请赏给正二品封典。

同知衔候选知县燕华庆，原请俟选缺后以同知直隶州知州用；候选府经历曹润田，原请俟选缺后以知县补用；补用从九品候选未入流曹万清，原请以县丞选用。部议燕华庆等三员，臣部册档并无其名，应查明该员等是否劳绩保举、捐纳，声复报部，再行核办等因。查燕华庆系由候选县丞在于新疆南路各城一律肃清，健锐、威仪两军历年防剿出力案内，经哈密办事大臣明春汇保，请免选本班，以知县不论双单月尽先即选，并加同知衔，于光绪六年正月十三日奉旨：着照所请奖励。钦此。旋于是年五月十四日接准部咨：核与章程相符，应即遵旨照准，钦遵注册在案。候选府经历曹润田系由候选从九品，于新疆南路各城一律肃清，健锐、威仪两军历年防剿出力案内，经哈密办事大臣明春汇保，请免选本班，以府经历不论双单月尽先即选，于光绪六年正月十三日奉旨：着照所请奖励。钦此。旋于是年五月十四日接准部咨：核与章程相符，应即遵旨照准，钦遵注册在案。补用从九品候选未入流曹万清，系由俊秀在于山东省同治四年至七年省防、城防、黄、运河防并前敌各营肃清捻逆案内，经升任山东抚臣丁宝桢汇保，同治七年十月二十八日，奉上谕：曹万清着以未入流不论双单月，遇缺选用。钦此。又于关陇肃清所有筹解协饷及各项差使出力各员请奖案内，经前陕甘督臣左宗棠汇保，俟补未入流后以从九品补用，光绪二年十月十五日，奉旨：依议。钦此。钦遵在案。燕华庆仍请俟选缺后，以同知直隶州知州用；曹润田仍请俟选缺后，以知县补用；曹万清仍请以县丞补用。

知县用福建试用县丞沈谦，原请以县丞本班尽先前补用；选用未入流张庆桃，原请赏加六品顶戴；六品衔选用从九品王黼卿，原请俟补缺后，以县丞用；补用县丞吴喜孙，原请俟补缺后以知县用。部议查沈谦、张庆桃、王黼卿，臣部官册内并无其名，吴喜孙系候补主簿，并无县丞升阶。该员等是否劳绩保举，抑系捐纳，应令查明声复，再行核办等因。查沈谦系由双月候选府经历于光绪四年十一月三十日在浙省晋豫赈捐第四次请奖案内报捐县丞双月三班，并指分福建试用。六年四月初十日，经部核准。办理浙省晋豫赈捐出力案内，经前任山西抚臣曾国荃汇保，请俟补缺后以知县用，光绪五年十二月初九日经部议准复奏，本日奉旨：依议。钦此。张庆桃系于浙省承运光绪八年起运七年漕粮出力案内，由俊秀保以未入流不论双单月尽先补用，经部议准。光绪九年五月十七日复奏，奉旨：依议。钦此。王黼卿系于筹解西征协饷出力案内，保以从九品归部，不论双单月尽先选用，经部议准。光绪六年八月初九日具奏，奉旨：依议。钦此。浙海关征收洋税出力案内保加六品衔，经部议准，于光绪九年二月初九日具奏，奉旨：依议钦此。吴喜孙系由浙江尽先前用府照磨海运出力案内保以县丞用，经部议准，于光绪四年六月初十日具奏，奉旨：依议。钦此。东塘、念汛、石塘等工二限出力案内保加六品衔，经部议准，四年十一月初八日奏，奉旨：依议。钦此。旋请兼袭云骑尉世职，八年十月十五日，奉旨：准其兼袭。钦此。钦遵各在案。沈谦拟改请俟补知县后,以县主簿尽先补用。该员本名黼卿,部复清单刊刷黻清,自系笔误,并恳饬部更正注册,以免歧异。吴喜孙拟改请赏给五品封典。

五品顶戴选用未入流方佐廷,原请赏给五品封典。部议方佐廷官册并无其名,是否捐纳,抑系劳绩保举,应令查明报部再办等因。查方佐廷前于办理陕甘协饷出力案内,经陕甘督臣左宗棠由五品顶戴保奏,奉准以未入流归部选用,光绪六年八月初九日,奉旨:依议。钦此。拟改请赏加六品衔。再,该员原保清单系方佐廷,部复清单误作左廷,自系笔误,并恳饬部更正注册,以免歧异。

知府衔江苏补用直隶州知州周绍斌,原请赏给四品封典。部议查周绍斌等官阶、加衔、顶戴是否捐纳,抑系劳绩,应令查明声复等因。兹据该员禀称:前由盐提举衔即补同知直隶州知州江苏补用知县于新疆南路诸军五次剿平边寇案内汇保,光绪七年五月二十日内阁奉上谕:周绍斌着免补本班,以直隶州知州仍留原省,归候补班前尽先补用,并赏加知府衔。钦此。钦遵在案。禀请核办前来。臣复核无异,拟仍请赏给四品封典。

江苏试用从九品洪吉瑛,原请赏加县丞职衔,兹据该员禀称:前于同治四年由附生投效军营,曾经直隶督臣李鸿章于续行查明剿平西捻水陆各军在事出力人员案内保奏,同治九年四月初二日内阁奉上谕:文生洪吉瑛着赏戴蓝翎,并赏加国子监典簿衔。钦此。钦遵接奉行知在案。嗣于光绪二年报捐贡生,加捐从九品,指分江苏试用,赴部验看,到省供差。是早保有蓝翎国子监典簿衔。兹复保县丞职衔,系属重复。禀请更正前来。臣查该省原开奖单,将该员洪吉瑛蓝翎国子监典簿衔底衔漏未开载,只以江苏试用从九品洪吉瑛列奖,以致衔上加衔。今拟改请免补从九品,以府经历县丞仍留原省补用。

从九职衔谭开第,原请以从九品归部不论双单月选用,经部核议照准,行令遵照在案。兹据该员禀称:本姓谈氏,奖札内误书谭字。恳请更正前来。臣查原开清单,谈开第误缮谭开第,自系笔误,应请饬部更正注册,以免歧异。

三品衔补用道候补知府常绂,原请交部从优议叙。部议应照章给予加一级记录二次,兹准浙江抚臣刘秉璋咨称:该员实名常绂,部文作黻,自系原保清单笔误。咨请更正前来。臣复核无异,应恳饬部更正注册,以免歧异。

蓝翎候选县丞王立本,原请俟选县丞缺后以知县升用,外奖六品翎顶;典史吕贤文,原请以巡检升用。部议王立本所请核与章程相符,应行照准。吕贤文所请系免选,核与章程不符,应改为得缺后以应升之缺升用等因。旋准河南抚臣鹿传霖咨称:王立本名字实系本立,兹单内缮作立本;吕贤文系六品翎顶未满典史,今底衔缮作典史;恐均系笔误。咨请更正前来。臣复核无异,拟恳饬部将该二员名字、底衔分别更正注册,吕贤文并改请以从九品不论双单月尽先选用。

提督衔留陕甘记名总兵坚勇巴图鲁罗长春,原请赏换清字勇号。部议核与历办成案不符,应令另核请奖等因。拟改请给予加一级。

军机大臣奉旨:览。钦此。①

082. 奏报光绪六载边防另奖白文清等缮单注册折

光绪十二年十一月初三日(1886年11月28日)

尚书衔降一级留任甘肃新疆巡抚二等男臣刘锦棠跪奏,为新疆六载边防案内部议应行驳正人员遵旨另核请奖查明声复并更正衔名改奖各员,缮具清单,恭折仰祈圣鉴事。

窃臣于光绪十一年五月二十四日准吏部咨:议奏新疆六载边防请奖一折,所有劳绩保举核与例章不符应行驳正人员,于光绪十一年五月初四日具奏,奉旨:依议。钦此。等因。知照前来。比即钦遵移行原保各军,查明具复。

除未经查复各员应俟到日再行另案办理外,所有业经查复另案褒奖及请更正衔名改奖之白文清等二十八员名,谨缮具清单,恭呈御览。仰恳天恩俯准饬部分别注册,以示鼓励。

理合恭折具陈,伏乞皇太后、皇上圣鉴训示。谨奏。光绪十二年十一月初三日。

---

①中国第一历史档案馆藏:《清单》,档案编号:03—6104—022。

军机大臣奉旨:该部议奏,单并发。钦此。①

光绪十二年十二月初七日,军机大臣奉旨:该部议奏,单并发。钦此。②

083. 呈光绪六载边防另核保奖白文清等员清单

光绪十二年十一月初三日(1886年11月28日)

谨将新疆六载边防案内部议另核请奖查明声复及各员禀请更正衔名改请奖叙各缘由,缮具清单,恭呈御览。

盐运使衔道员用尽先知府分省补用知州白文清,原请免补各本班,以道员仍分省尽先补用,并赏加二品顶戴。运判用分省补用盐大使瞿福昌,原请免补盐大使,以运判仍分省补用。部议该员等所请均非应升之项,应令另核请奖等因。白文清拟改请免补知州,以知府仍令分省尽先补用,并先换盐运使衔顶戴。瞿福昌拟改请免补盐大使,以知县仍分省补用。

蓝翎补用知州甘肃前先补用知县萧承恩,原请赏换花翎。部议并未声叙有五品以上升衔顶戴,所请核与章程不符,应令另核请奖等因。查该员萧承恩已于新疆荡平案内,由知县保俟补缺后以知州前先补用,先换顶戴,光绪六年正月三十日奉旨允准、钦遵行知在案。是该员已有五品升衔顶戴,所请赏换花翎核与例章相符,拟仍请赏换花翎。

六品衔分省补用主簿童光湖,原请免补本班,以盐大使仍分省补用;选用郎中叶季铨,原请以直隶州知州不论双单月遇缺即选;分省补用县丞黄承琳,原请免补本班,以布经历前先补用,并赏加知州衔;选用县丞李庚,原请免选本班,以布经历遇缺即选,并赏加五品衔。部议该员等所请奖叙,核与奏定章程不符,应与黄承琳、李庚所请之加衔一并另案奏明请奖等因。童光湖拟改请免补本班,以县丞仍分省归候补班,遇缺前先补用;叶季铨拟改请免选本班,以知府不论双单月遇缺即选;黄承琳拟改请免补本班,以知县仍分省前先补用,并赏加知州衔;李庚拟改请免选本班,以知县不论双单月遇缺即选,并赏加五品衔。

---

①中国第一历史档案馆藏:《朱批原件》,档案编号:04—01—16—0219—014。
②中国第一历史档案馆藏:《军机录副》,档案编号:03—5845—016。

分部笔帖式孚慧，原请以通判尽先即选。部议该员系几品笔帖式，是否满洲、蒙古，抑系汉军？应令查明复奏，再行核办等因。查该员孚慧系分部九品笔帖式，镶蓝旗满洲人，拟仍请以通判尽先即选。

甘肃秦安县训导张价，原请以教谕不论双单月遇缺即选；候选训导杨容熙，原请以本班不论双单月遇缺尽先前选；不论双单月即选训导曹昺星、罗霁，原均请免选训导，以教谕不论双单月遇缺即选；训导周巨镇，原请以教谕升用。部议该员等均未声叙何项出身，碍难办理，应令查明复奏，再行核办等因。查该员张价系甘肃文县人，由廪生于同治十一年考取补行同治元年岁贡，经前陕甘督臣左宗棠验看，咨部铨选。光绪九年，选授秦安县训导。杨容熙，湖南湘乡县人，由光绪五年岁贡遵例呈请吏部就职，经部发给执照，准其以训导复设训导注册铨选。曹昺星，湖南湘乡县人，由廪生于光绪元年在湖南协黔捐局报捐贡生，嗣投效湘军，于新疆南路诸军五次剿平边寇案内经臣汇保，请以训导归部不论双单月，遇缺前先即选，光绪七年五月二十日奉旨允准。罗霁，湖南湘乡县人，由廪生投效湘军，于新疆荡平案内，经前陕甘督臣左宗棠汇保，请以训导归部不论双单月，遇缺前先即选，光绪六年正月三十日奉旨允准。周巨镇系由甘肃西宁府学廪生投效楚军，于官军荡平西宁府属逆回、克复大通县城案内，经前陕甘督臣左宗棠汇保，请以训导不论双单月，归部遇缺即选，并赏戴蓝翎，同治十三年七月二十八日奉旨允准、钦遵行知各在案。查张价等五员均系廪生出身，所保训导、教谕核与例章相符，拟仍请均照原保给奖。

运同衔留甘补用知州李凌汉，原请赏给四品封典，并请俟补缺后，再行送部引见；同知衔同知用选用知县冯瑞中，原请赏给五品封典。部议该员等官阶、加衔是否捐纳，抑系劳绩保举，应令查明复奏，再行核办等因。查该员李凌汉，于同治十三年十二月十六日遵筹饷例在西征粮台报捐通判双月选用，俟随征出力，历保花翎留甘补用知州。新疆南路诸军五次荡平边寇案内，经臣汇保赏加同知衔，光绪七年五月二十日奉旨允准。冯瑞中由文童投效军营，历保花翎知县用候补县丞，嗣于山东防河、剿匪出力案内，经前山东抚臣阎敬铭汇保，同治五年十月二十二日奉上谕：知县用候选县丞冯瑞中，着免选县丞，以知县不论双单月遇缺尽先选用，并赏加同知衔。钦此。复于防黄、剿匪出力案内，经前山东抚臣丁宝桢汇保，同治七年七月十一日奉上谕：蓝翎同知衔选用知县冯瑞中，着俟知县选缺后，以同知用，并赏换花翎。钦此。钦遵行知各在案。查该二员官阶、加衔,均属有案可稽。李凌汉拟仍请赏给四品封典,并请俟补缺后,再行送部引见;冯瑞中拟仍请赏给五品封典。

同知衔候选州判舒体元,原请免选本班,以知州不论双单月选用,复请免选本班,以知县不论双单月遇缺即选。经部议复:舒体元两处列名是否一人,抑系两人,应令查明声复具奏,再行核办等因。查该员舒体元,原在臣军效力,嗣复投效张曜所部之嵩武军,先后由各该管统领开列该员衔名,禀由臣汇案请奖。此案列保人数较多,缮单时未经查出,是以两处列名。拟请仍照原保以知州不论双单月选用。其请保免选本班以知县不论双单月遇缺即选之舒体元,应恳饬部删除,以免重复。

不论双单月选用主簿傅煊,原请免选本班以县丞仍归部,不论双单月尽先选用,奏奉谕旨、钦遵行知在案。嗣准署伊犁将军臣锡纶咨称:该员傅煊于新疆南北两路荡平案内,业由尽先补用主簿经前陕甘督臣左宗棠汇案请奖,光绪六年正月三十日奉上谕:尽先选用主簿傅煊,着免选本班,以县丞分省补用。钦此。此案复由主簿保升县丞委属底衔错误,以致县丞一阶列保重复。咨请改奖前来。臣复核无异,拟恳饬部将此案单开之不论双单月选用主簿傅煊底衔更作分省补用县丞,改请免补县丞,以知县仍分省尽先补用,以免重复而示鼓励。

五品顶戴廪生陈寿昌,原请以训导不论双单月选用遇缺即选,奉旨允准,钦遵行知在案。嗣据该员禀称:光绪九年,运河伏秋大汛防守出力案内,业由五品顶戴廪生经前两江督臣左宗棠汇保,请以训导不论双单月归部前先选用。光绪十年五月初十日,经部议准具奏,奉旨:依议。钦此。此案复保训导委属重复。禀请改奖前来。臣复核无异,拟恳饬部将此案单开之五品顶戴廪生陈寿昌底衔更作五品顶戴不论双单月前先选用,并请赏戴蓝翎。

留甘补用县丞陈国麟,原请赏戴蓝翎,奉旨允准,钦遵行知在案。嗣据该员禀称:底衔委系留甘补用从九品,此案以县丞列保系属错误。禀请更正前来。臣复核无异,拟恳饬部将此案单开留甘补用县丞准保蓝翎之陈国麟底衔更作留甘补用从九品注册,以昭核实。

分省补用县丞何炳焕,原请赏加六品衔,奉旨允准,钦遵行知在案。嗣据该员禀称:前由甘肃补用从九品,于新疆荡平案内经前陕甘督臣左宗棠汇保，光绪六年正月三十日奉上谕：留甘补用从九品何炳焕，着俟补缺后，以县丞补用。钦此。此案底衔错误。禀请更正前来。臣复核无异，拟恳饬部将此案单开分省补用县丞准加六品衔之何炳焕底衔更作补缺后补用县丞留甘补用从九品注册，以昭核实。

布理问职衔张培桢，原请以从九品归部选用，嗣据该员禀称：曾遵黔捐例报捐布政司理问分省补用，经部议准在案。此案以布理问职衔列保系属错误。禀请更正改奖前来。臣复核无异，拟恳饬部将此案单开之布理问职衔张培桢底衔更作分省补用布政司理问，改请赏给五品翎顶。

留甘补用知县龙仲孝，原请俟补缺后送部引见，并请赏加同知衔。咨准山东抚臣张曜咨：据龙仲孝禀称，该员底衔系分省补用知县，原保奖单误开留甘字样。咨请更正前来。臣复核无异，应恳饬部将龙仲孝底衔改为分省补用知县，仍请以知县分发省分，归军功班前先补用，并赏加同知衔。

选用从九品文宗汉，原请以县主簿遇缺即选。嗣据文宗汉禀称：该员实系文童，并无选用从九品底衔，自系原军汇咨笔误。恳请更正前来。臣复核无异，应恳饬部将选用从九品文宗汉原保县主簿注销，仍由文童文宗汉请以未入流归部，遇缺尽先前选用，俾昭核实。

已革花翎运同衔在任候补直隶州知州山西岢岚州知州吴光熊，原请开复原官原衔，照例用，并请开复翎枝。部议核与章程相符，应行核准，奉旨：依议。钦此。钦遵行知在案。兹据该员禀称：前于同治十二年由花翎仍留山西知州，分发到省。光绪三年十二月奏补应州知州，四年三月于剿灭宁朔股匪并大青山后游匪在事出力案内，经前山西抚臣曾国荃汇保俟补缺后，以直隶州知州补用，并加运同衔。是年三月二十六日奉旨允准，照章保举，奉旨后第五日行文，按照程限减半计算，以光绪四年四月十六日作为直隶州知州到省候补日期。此次保案底衔虽经叙明花翎运同衔在任候补直隶州知州山西岢岚州知州，而于开复原官、原衔、翎枝内漏未声叙开复升阶字样。禀请更正前来。臣复核无异，拟恳饬部将该员原有之直隶州知州升阶，一并注册开复，以免遗漏。

记名总兵师玉春，原请赏加提督衔，奉旨允准，钦遵行知在案。嗣据该员禀称：新疆肃清防剿出力案内，业由总兵衔山西补用副将经前任哈密办事大臣明春汇保，光绪六年正月十三日，奉上谕：师玉春着以总兵交军机处记名,遇缺请旨简放,并赏加提督衔。钦此。此案复加提督衔,委属重复。禀请改奖前来。臣复核无异,师玉春拟改请赏给三代正一品封典。

总兵衔补用副将沈毅堂,原请赏给正二品封典;湖南抚标补用游击兼袭骑都尉黄哲,原请免补游击,以参将仍留原省遇缺尽先推补;蓝翎补用守备李楚南,原请赏加都司衔,并换花翎,钦奉谕旨允准,钦遵行知在案。嗣据各该管统领营官禀称:沈毅堂本名义堂,奖案行知误作毅堂;黄哲本姓陈,名黄哲,行知仅缮黄哲,遗漏陈字;李楚南本系朱楚南,行知缮作李楚南,不知因何错误。先后禀请查明更正前来。臣查该原保清单底案,均系笔误,应恳饬部将此案单开总兵衔补用副将准保正二品封典之沈毅堂名字更作沈义堂,准保免补游击以参将仍留湖南遇缺尽先推补之黄哲更作陈黄哲,蓝翎补用守备准保加都司衔并换花翎之李楚南更作朱楚南,一并注册,以免歧异。

军机大臣奉旨:览。钦此。①

084. 知府郑子兆经理饷装出力请开复处分片
光绪十二年十一月初三日(1886年11月28日)

再,三品衔降四级调用陕西候补知府前署西安府知府郑子兆,因在署西安府任内率转醴泉县相元杰一案,经部议以降四级调用。光绪十年八月二十三日,臣于遵保各军六载边防出力员弁并各项差使出力人员案内具奏,以该员历充西征粮台提调,办理军装、饷需,卓著勤劳,请开复降调处分,经部议称:该员降调系于光绪十年闰五月二十七日议奏,其获咎后并未续有劳绩,所有胪列该员从前劳绩请开复降调处分之处,未便遽予核准,应毋庸议等因,于光绪十一年三月初一日具奏,奉旨:依议。钦此。钦遵咨行在案。

惟查该员于光绪十年闰五月降调后,台务殷繁,未便遽易生手,仍令该员充当提调,历次筹解饷糈及军装、军火,不遗余力。至次年三月底撤台后,所有后路转解未尽饷糈、军装各事宜,复责成该员一手经理,于十月完

---

①中国第一历史档案馆藏:《清单》,档案编号:03—5845—017。

竣,始终勤慎,从无遗误,实属获咎后续有劳绩。若不量予奖励,未免向隅,且该员前在西安府署任声名甚好,若竟听其沦抑,亦觉可惜!合无仰恳天恩,仍饬部将该员郑子兆开复降四级调用处分、以知府归原省补用之处,出自逾格鸿慈。

除咨部外,谨会同陕甘总督臣谭钟麟,附片具陈,伏乞圣鉴训示。谨奏。

光绪十二年十二月初七日,军机大臣奉旨:览。钦此。①

【案】此片具奏日期,录副作"光绪十二年十二月初七日"。查《军机处随手登记档》②,载有"报四百里,十一月初三日发"等字样。据此,此片具奏日期当为"光绪十二年十一月初三日",兹据校正。

085. 奏报新疆各属光绪十二年七月雨雪粮价折

光绪十二年十一月十五日(1886年12月10日)

尚书衔降一级留任甘肃新疆巡抚二等男臣刘锦棠跪奏,为恭报光绪十二年七月分粮价并得雨情形,谨缮折具陈,仰祈圣鉴事。

窃照本年六月分各州厅县粮价并得雨情形,业经臣奏报在案。兹查本年七月分,北路镇迪各属得雨入土四五寸至八寸不等,南路温宿、玛喇巴什、拜城、叶城得雨一寸至三寸不等,余皆得有微雨。秋粮沾润,成熟有期,民情亦均安帖。

至通省粮价,镇西、哈密、吐鲁番、喀喇沙尔、疏附等厅县,俱与上月相同,余均略有增减。据藩司魏光焘汇详请奏前来。

理合恭折具陈,并缮粮价清单,敬呈御览。伏乞皇太后、皇上圣鉴。谨奏。光绪十二年十一月十五日。

军机大臣奉旨:知道了。钦此。③

光绪十二年十二月十九日,军机大臣奉旨:知道了。钦此。④

---

①中国第一历史档案馆藏:《军机录副》,档案编号:03—5216—018。
②中国第一历史档案馆藏:《军机处随手登记档》,档案编号:03—0250—4—1212—318。
③中国第一历史档案馆藏:《朱批原件》,档案编号:04—01—25—0527—027。
④中国第一历史档案馆藏:《军机录副》,档案编号:03—6858—027。

086. 呈新疆各属光绪十二年七月粮价清单
光绪十二年十一月十五日（1886年12月10日）

谨将新疆各属光绪十二年七月分米粮时估价值缮具清单，恭呈御览。计开

七月分：

镇迪道属

迪化直隶州：大米每京石价银四两七钱五分六厘，较上月增三钱五分。小麦每京石价银一两六钱五分六厘，较上月增六分四厘。莞豆每京石价银一两六钱五分六厘，青稞每京石价银一两二钱五分八厘，俱与上月相同。

昌吉县：大米每京石价银三两六分一厘，小麦每京石价银一两三钱四分七厘，俱与上月相同。莞豆每京石价银一两三钱四分五厘，较上月减一钱四分一厘。青稞每京石价银九钱一分七厘，较上月减四分一厘。

阜康县：粟米每京石价银一两五钱九分二厘，与上月相同。小麦每京石价银一两五钱五分七厘，较上月减三分五厘。莞豆每京石价银一两五钱二分一厘，较上月减七分一厘。高粱每京石价银七钱七分八厘，与上月相同。

绥来县：大米每京石价银三两一钱八分二厘，与上月相同。小麦每京石价银九钱一分九厘，较上月减三钱五分九厘。莞豆每京石价银九钱九分八厘，较上月减七钱一分三厘。高粱每京石价银一两一钱九分九厘，与上月相同。

奇台县：大米每京石价银三两四钱五分二厘，较上月增三钱四分五厘。小麦每京石价银一两五钱二分一厘，较上月增七分一厘。莞豆每京石价银一两七分，较上月减二钱四分二厘。

哈密厅：粟米每京石价银一两八钱，小麦每京石价银一两七厘，莞豆每京石价银一两四钱四分，青稞每京石价银七钱二分。俱与上月相同。

镇西直隶厅：小麦每京石价银二两一钱五分，莞豆每京石价银二两二分，青稞每京石价银一两二钱四分。俱与上月相同。

吐鲁番厅：小麦每京石价银一两七钱七分四厘，大麦每京石价银五钱六分，高粱每京石价银七钱四分六厘，黄豆每京石价银一两四钱九分三厘。俱与上月相同。

库尔喀喇乌苏同知：粟米每京石价银二两，与上月相同。小麦每京石价银一两五钱五分，较上月减五分。高粱每京石价银一两四钱，较上月减四分。莞豆每京石价银一两七钱，较上月减三钱。

阿克苏道属

温宿直隶州：大米每京石价银一两九钱，小麦每京石价银八钱二分八厘，俱与上月相同。大麦每京石价银四钱二分，较上月减六分。包谷每京石价银五钱四分四厘，与上月相同。

拜城县：小麦每京石价银四钱七分，较上月减五分。大麦每京石价银三钱，较上月减九分。莞豆每京石价银四钱三分，较上月减四分。包谷每京石价银四钱三分，较上月减九分。

喀喇沙尔直隶厅：大米每京石价银二两八钱一分二厘，小麦每京石价银一两三分五厘，莞豆每京石价银九钱三分六厘，包谷每京石价银八钱三分二厘。俱与上月相同。

库车直隶厅：大米每京石价银一两九钱二分，较上月减三钱。小麦每京石价银六钱，较上月减九分。莞豆每京石价银五钱五分，较上月减一钱。包谷每京石价银四钱八分，与上月相同。

乌什直隶厅：大米每京石价银二两六钱八分二厘，较上月增二钱九分八厘。小麦每京石价银五钱二分八厘，较上月减二分一厘。大麦每京石价银二钱六分七厘，较上月减五分一厘。包谷每京石价银三千九分三厘，较上月减六分五厘。

喀什噶尔道属

疏勒直隶州：大米每京石价银三两三钱，与上月相同。小麦每京石价银一两一钱四厘，较上月减五钱四分六厘。包谷每京石价银九钱三分八厘，较上月减四钱六分二厘。高粱每京石价银九钱二分，较上月减四钱六分。

疏附县：大米每京石价银三两三钱，小麦每京石价银一两一钱四厘，包谷每京石价银九钱三分八厘，高粱每京石价银九钱二分。俱与上月相同。

莎车直隶州：大米每京石价银二两八钱一分二厘，较上月增一钱四分八厘。小麦每京石价银一两二钱四分二厘，较上月减一钱三分八厘。大麦每京石价银七钱五分，较上月增二分五厘。包谷每京石价银九钱二分四厘，较上月增六分六厘。

叶城县：大米每京石价银三两一钱九分，较上月减一钱四分五厘。小麦每京石价银八钱七分五厘,较上月减六分二厘。包谷每京石价银八钱一分六厘,较上月增三分六厘。高粱每京石价银八钱七分五厘,较上月减一钱二分五厘。

和阗直隶州:大米每京石价银二两八钱,与上月相同。小麦每京石价银九钱六分六厘,较上月减二钱七分六厘。包谷每京石价银七钱六分八厘,较上月减一钱二分八厘。青稞每京石价银八钱二分八厘,较上月减二钱二分六厘。

于阗县:大米每京石价银四两九钱五分,较上月减一分八厘。小麦每京石价银一两二钱六厘,较上月减四钱二厘。包谷每京石价银一两二钱四厘,较上月减二钱五分六厘。

英吉沙尔直隶厅:大米每京石价银三两七钱二厘,较上月增三钱四厘。小麦每京石价银一两二钱五分四厘,包谷每京石价银一两七分二厘,大麦每京石价银七钱九分八厘,俱与上月相同。

玛喇巴什直隶厅:大米每京石价银三两二钱五分,与上月相同。小麦每京石价银九钱七分,较上月减一钱三分。包谷每京石价银九钱,较上月减一钱二分。

军机大臣奉旨:览。钦此。①

087. 奏销关外光绪九年军需善后收支各款折
光绪十二年十一月十五日(1886年12月10日)

尚书衔降一级留任甘肃新疆巡抚二等男臣刘锦棠跪奏,为造报甘肃关外光绪九年分军需善后收支各款,分缮细数清册,吁恳天恩饬部核销,恭折仰祈圣鉴事。

窃臣前准部咨:各省军需善后用款,自九年起一体造具细数清册,分送各部核销,勿得笼统开报等因,当经转行遵照。兹据新疆粮台司道详称:各省协甘军饷经前督臣左宗棠奏定,自光绪七年起,除开支后路各台局转运公用并还旧欠外,按关外六成、关内四成划分。前办七、八两年报销,经甘肃总粮台将协饷收款为一单,关外、关内支款各为一单,现经接续造报关外

---

①中国第一历史档案馆藏:《清单》,档案编号:03—6858—028。

九年细数销册,除九年分各省协饷暨后路各台局转运公用并关内收支各款业经甘肃总粮台造册详请奏咨外,所有关外九年自正月初一日起截至十二年底止,旧管关外报销单内存银七万八千二百八十九两七分。上案截至八年十二月底止,欠发关外各军营旗六年以前并七、八两年饷银二百八万一千六百四十六两八钱七分一厘,新收部库筹拨弥补新疆免厘并甘肃总粮台分拨协饷、山西省筹解卓胜军遣勇欠饷、新疆折征课金、畜税、房租、地课、水磨碓租课、税契、征铜、铸钱易银、征粮变价、蚕织总局变卖丝绸及各军营旗报缴截旷、采买、制办、运脚、扣回平余等项,通计满年共收银二百七十八万一千八百四十八两九钱三分一厘。此关外收款之总数也。

除关外计发九年分关饷、统费、米折、倒马共银一百二十六万一百四十余两,遣撤马步七营并假汰弁勇清发六年以前及七、八两年欠饷银四十三万六千四百余两,随营及各台局薪粮、口食、运脚、采买、制办各项杂款共银四十二万四千九百七十余两,塘台、驿站、善后各项共银二十三万三百三十余两,拨给金顺、张曜各军、前乌鲁木齐都统恭镗、前哈密帮办大臣长顺共银一百四十万七千二百三十八两八钱五分三厘,尚存银四十七万三千二十九两六分五厘,欠发各军营旗八年以前并九年分饷银二百二十二万六千八百八十八两四钱三分六厘。此关外防军、善后杂款支用、拨给、欠发之实数也。至关外七、八两年报销,前次奏请立案章程二十四条内奉部驳各款迭经分别登复,请将十年以前业经支用之款仍照旧开报,亦有以奉到部复之日起遵照例章开支者,均于册内分别声明。遵造支用各款总散细数清册,详请查核奏咨请销前来。

臣查该司道等所开关外军需、善后收支细数,皆系实用实销,并无浮冒,理合缮具简明清单,恭呈御览。仰恳天恩饬部核销,以清积案。

除将清册分送各部查核外,谨会同陕甘总督臣谭钟麟,合词恭折具奏,伏乞皇太后、皇上圣鉴训示。再,关外十年、十一年销案已饬司道等依次赶办,应俟造报到日,再行分案办理,合并陈明。谨奏。光绪十二年十一月十五日。

军机大臣奉旨:该部知道,单并发。钦此。①

光绪十二年十二月十九日,军机大臣奉旨:该部知道,单并发。钦此。②

---

①中国第一历史档案馆藏:《朱批原件》,档案编号:04—01—01—0956—047。
②中国第一历史档案馆藏:《军机录副》,档案编号:03—6104—052。

088. 呈关外光绪九年军需善后收支各款清单

光绪十二年十一月十五日（1886年12月10日）

谨将光绪九年分甘肃关外防军、善后收支各项数目缮具清单，恭呈御览。计开

旧管：

一、上案关外防军、善后报销单开截至光绪八年十二月底止，实存银七万八千二百八十九两七分。

一、截至光绪八年十二月底止，欠发关外各军营旗六年以前并七、八两年饷银二百八万一千六百四十六两八钱七分一厘。

新收：

一、收部库筹拨弥补新疆免厘银二十万两。

一、收山西省拨解卓胜军撤勇欠饷银八万两。

一、收协饷册内分拨关外银二百二十七万九千四十八两八钱八分九厘。

一、收各军营旗报缴截旷银二万八百四十两一钱三分二厘。

一、收各台局支发运脚、采买、制办等项扣回平余银三千三百一十七两一钱八分九厘。

一、收各军营旗领七、八两年采买粮扣回价银一十一万三百六十三两四钱三分。

一、收新疆折征课金、畜税、征铜、铸钱易银、水磨碓租课、地课、房租、税契、照费、征粮、蚕织局丝绸变价，共银二十万三百六十二两九钱六分七厘。

开除：

一、除马步各军营旗九年关现饷银一百一十三万六百四十七两三钱七分七厘。

一、除发开花炮队九年关现饷银一万七千二百一十七两六钱七分八厘。

一、除发各军九年分统领公费银三万二千两四钱八分四厘。

一、除发小马队九年关现饷银二万七千六百七十一两六钱一厘。

一、除发湘军马步各营九年正月起至九月底停支止米折银三万四千七十四两九分四厘。

一、除发马队各营旗九年分倒马价值银一万八千五百三十六两九钱七分九厘。

一、除发钦差大臣九年分公费银五千八百八两三钱二分五厘。

一、除发营务文案、支应随营及各台局文武员弁九年分薪水银四万四千三百六十一两四钱三厘。

一、除发各台局站经帖各书、字识九年分口食银一万一千四百八十八两八钱六分七厘。

一、除发各台局站九年分纸张、笔墨、油烛银二千五百七十八两八钱九分六厘。

一、除发各台局站护勇、长夫、通事九年分口粮银二万三百二十二两七钱六分八厘。

一、除发各采运局仓夫、斗级九年分工食银一千四百三十七两五钱六分。

一、除发采买粮料、柴草价值暨津贴、粮价银八万六千七百七十七两三钱二分五厘。

一、除发新疆塘台、驿站书役九年分工食及倒马、添补鞍屉等项价值银五万六千一百六十五两九钱二分九厘。

一、除发各台局转运饷装委员、差弁、护勇九年分盘费银六千四百八十六两三钱五分。

一、除发官车驼骡马、委员薪水，护运长夫、牵夫九年分工食并骡马灌药、饮水、歇店、灯油、添制什物等项银三万一千一百九十两八钱三分八厘。

一、除发采购骡马价值银一万七千七百三十四两七钱五分三厘。

一、除发军装制办局招募浙粤并关内本地各匠九年分共收银一万一千一百九十三两九分三厘。

一、除发各营局医生、跟役九年分工食、口食银五千二百三十六两二钱五厘。

一、除发遣撤营员、弁勇及假汰老弱、伤残、病故员弁勇丁灵柩、车脚银一万四百七十三两三钱七分。

一、除发资遣闲员、客民回籍川资、口食、车脚等项银二千九十八两七钱三分三厘。

一、除发转运粮料、饷装、军火脚价除官车驼骡马不再支销外，共支陆路运脚银一十六万二千七百六十一两一钱七分六厘。

一、除发转运军装、军火等项水路脚价银四百七十七两五钱四分二厘。

一、除发采办军装、军火、骡马鞍屉、绳索、蚕织、蚕桑器具、颜料并修整军装、器械、车骡、什物等项价值银二万五千四百七十一两二钱九分二厘。

一、除发制造火药物料、工价银九千三百六十九两一钱五分五厘。

一、除发各局房租及各处修补仓廒、官店、桥梁、渠坝、坎井工料银六千二百三十七两一钱五分三厘。

一、除发善后、征粮、保甲、蚕织、蚕桑各局文武员弁九年分口食银二万三千九十四两八钱六分九厘。

一、除发善后、征粮、保甲、蚕织、蚕桑各局护勇、缠回字识九年分口粮银三万二千三百四十两七钱三分五厘。

一、除发善后、征粮、保甲、蚕织、蚕桑各局九年分纸张、笔墨、油烛银六千一百四十三两二钱七分二厘。

一、除发各征粮局斗级、仓夫九年分口食银一千四百三十九两三钱三厘。

一、除发义学塾师九年分薪水暨购办纸笔墨砚银二万六千五百二十八两二钱三分四厘。

一、除发蚕织、蚕桑各局司事、工匠、艺徒九年分工食、口食银九千九十二两四钱三分九厘。

一、除发牛痘局医生、跟役、火夫九年分工食暨种生药资银三千八百二十两六钱六分四厘。

一、除发色勒库尔、坎巨提头目及阿奇木伯克例赏大缎、办公、盐菜、犒赏、羊只、布匹、茶叶等项银二百二十五两七钱五分。

一、除发土尔扈特福晋借支修理渠工、第宅银九千六百八十两五钱四分二厘。

以上三十六款，共支发银一百九十一万五千四百四十八两六分四厘。

一、除补发马步各军营旗六年以前并七、八两年存饷银四十三万六千四百五两六钱九分五厘。

一、除拨发伊犁将军、嵩武军、乌鲁木齐都统、哈密帮办大臣借支各项并粮料合价，共银一十四万七千二百三十八两八钱五分三厘。前项应由伊犁将军、嵩武军、乌鲁木齐都统、哈密帮办大臣等处，各自列收报销，理合登明。

通共支销、拨发共银二百四十九万九千九十二两六钱一分二厘，内除拨发伊犁将军、嵩武军、乌鲁木齐都统、哈密帮办大臣借支各项及粮料合价银一十四万七千二百三十八两八钱五分二厘外，应由兵部核销步队各营旗子药夫口粮、马队倒马价值、塘台、驿站经费、转运军装、饷装、遣撤、资遣营员、闲员、弁勇脚价、官车驼骡经费，解运饷装盘费等项银三十一万五千四百七十两四钱六分五厘。

应由工部核销制办军装、军火、车骡马鞍屉、绳索、什物、蚕织、蚕桑、颜料、器具、义学书籍等件，修整车骡、军装、器械、物料、渠工、第宅等项银五万七千八百四十五两三钱四分五厘。

应由户部核销各军营旗及随营各台局站薪水、口食、公费、统费、欠饷、采买价值、笔墨、油烛、纸张及善后、征粮、保甲、蚕织、蚕桑各局薪粮、工食、口食、义学、医生、洋炮、铁木各匠薪水、工食等项银一百九十七万八千五百三十七两九钱四分九厘。

实在：

一、存银四十七万三千二十九两六分五厘。

一、欠各军营旗八年以前并九年分饷银，共二百二十二万六千八百八十八两四钱三分六厘。前件查截至八年底止，原欠关外各军营旗六年以前并七、八两年欠饷银二百八万一千六百四十六两八钱七分一厘。

开除项下，补发银四十三万六千四百五两六钱九分五厘外，仍尚欠六年以前并七、八两年饷银一百六十四万五千二百四十一两一钱七分六厘。

又九年分关外马步各军营旗开花炮队、小马队共计应支薪粮、马干等项银一百七十五万七千一百八十三两九钱一分六厘。

开除项下，支发关外现饷银一百一十七万五千五百三十六两六钱五分六厘外，尚欠九年分饷银五十八万一千六百四十七两二钱六分。

共计欠发饷银，合符前数，均应归十年以后饷内陆续补发，理合登明。

军机大臣奉旨：览。钦此。①

---

①中国第一历史档案馆藏：《清单》，档案编号：03—6104—053。

089. 代奏董福祥署理阿克苏总兵谢恩折
光绪十二年十一月十五日（1886年12月10日）

尚书衔降一级留任甘肃新疆巡抚二等男臣刘锦棠跪奏，为据情代奏，恭谢天恩，仰祈圣鉴事。

窃臣于光绪十二年四月初四日会同陕甘总督臣谭钟麟，附片奏请以提督董福祥署理阿克苏总兵事务，奉旨：着照所请，兵部知道。钦此。当即钦遵，檄委赴任，并刊给木质关防，附奏陈明在案。兹准该署镇呈称：遵于十月二十日恭设香案，望阙叩头，谢恩任事。

伏念福祥历年行伍，一介粗材，未效涓埃，已深悚惕。兹以边疆置守，镇篆权膺，当修明军政之初，有扼控冲途之责。标营规制尚俟妥筹，辖境巡防尤关紧要。自维愚昧，惧弗克胜，惟有审度机宜，认真经理，以期仰答高厚鸿慈于万一。

所有到任日期及感激下忱，呈请代奏，叩谢天恩，理合据情代奏，伏乞皇太后、皇上圣鉴。谨奏。十一月十五日。

光绪十二年十二月十九日，军机大臣奉旨：知道了。钦此。①

090. 审拟伊犁佣工胡风田斗殴命案折
光绪十二年十一月十五日（1886年12月10日）

尚书衔降一级留任甘肃新疆巡抚二等男臣刘锦棠跪奏，为斗殴毙命，审明定拟，恭折具陈，仰祈圣鉴事。

窃查前据署伊犁抚民同知上官振勋详称：光绪十一年四月十五日，据职员陈胜荣呈报：族兄陈志仕于本月初四日晚，因口角起衅，被胡风田夺转耕田铁爬，殴伤陈志仕左后肋，医治无效，于本月十四日夜殒命，报经验讯等情，详由臣批饬，讯拟招解。嗣因未加看语，经前署镇迪道兼按察使衔英林批饬另详。适上官振勋另案撤参，接署抚民同知骆恩绥遵批加看，详由英林核转，漏叙全案供招。英林亦即交卸。复经臣批据镇迪道兼按察使衔

---
① 中国第一历史档案馆藏：《军机录副》，档案编号：03—5845—049。

恩纶验看，查录全案供招，按例问拟，详请具奏前来。

臣复加查核。缘胡风田籍隶天津，在伊犁佣工，与已死陈志仕同院居住，素好无嫌。光绪十一年四月初四日晚，陈志仕工作回家，至胡风田厨房，向其雇工徐进才索欠争闹。胡风田斥其不应。陈志仕不服詈骂。胡风田赶出理论。胡风田即拿耕田三齿铁爬向殴，胡风田将爬夺转，陈志仕扑拢拼命，胡风田侧身闪让，聚爬吓殴，适伤陈志仕左后肋，经田伙胡起和扶归，医治无效，延至十四日因伤殒命。当经署伊犁抚民同知上官振勋验看，详由臣批饬，讯拟招解。嗣因未加看语，经前署镇迪道兼按察使衔英林批饬加看，上官振勋另案撤参，骆恩绶接准移交，复审定拟，详由英林转核，漏叙全案供招。复经臣批据镇迪道兼按察使衔恩纶，查录全案供招，按例定拟，详臣复核，案无遁饰。

查律载：斗殴杀人者，不问手足他物金刃，并绞监候等语。此案胡风田口角起衅，夺转铁爬吓殴，适伤陈志仕，越十日身死，自应按律问拟。胡风田合依斗殴杀人者不问手足他物金刃并绞律，拟绞监候，秋后处决。雇工徐进才所欠银两，随即清还。惟争斗酿命究属不合，照不应重律杖八十，折责发落。无干省释。

是否有当？除全案供招咨送刑部外，合将斗殴毙命审明定拟缘由，谨会同署伊犁将军臣锡纶，恭折具奏，伏乞皇太后、皇上圣鉴，饬部核议实行。谨奏。光绪十二年十一月十五日。

（朱批）：刑部议奏。①

光绪十二年十二月十九日，军机大臣奉旨：刑部议奏。钦此。②

091. 特参知县刘冕擅收规费请旨革职片
光绪十二年十一月十五日（1886年12月10日）

再，新疆初设行省，当以整饬吏治为先务。兹查有卸署喀喇沙尔厅布告尔巡检补用知县刘冕，擅收规费，任性妄为，未便稍事姑容，相应请旨将卸署布告尔巡检补用知县刘冕即行革职，以示惩儆而肃官方。

---

①中国第一历史档案馆藏：《朱批原件》，档案编号：04—01—26—0076—021。
②中国第一历史档案馆藏：《军机录副》，档案编号：03—7309—059。

除咨部外，谨会同陕甘总督臣谭钟麟，附片具奏，伏乞圣鉴训示。谨奏。

军机大臣奉旨：刘冕着即行革职，该部知道。钦此。①

光绪十二年十二月十九日，军机大臣奉旨：刘冕着即行革职，该部知道。钦此。②

【案】此片具奏日期，原件未署，录副署"光绪十二年十二月十九日"。查《军机处随手登记档》③，载有"报四百里，十一月十五日发"等字样。据此，此片具奏日期当为"光绪十二年十一月十五日"，兹据校正。

092. 查明新疆用款无可删减存储报部缘由折
光绪十二年十一月二十八日（1886年12月23日）

尚书衔降一级留任甘肃新疆巡抚二等男臣刘锦棠跪奏，为遵旨查明新疆各项用款无可删减存储报部，恭折具陈，仰祈圣鉴事。

窃臣迭次钦奉寄谕，令各直省核实删减用款，存储报部等因。④ 仰见

---

①中国第一历史档案馆藏：《朱批原件》，档案编号：04—01—13—0425—034。
②中国第一历史档案馆藏：《军机录副》，档案编号：03—5216—072。
③中国第一历史档案馆藏：《军机处随手登记档》，档案编号：03—0250—4—1212—330。
④《上谕档》："军机大臣字寄：各直省将军、督抚，传谕粤海关监督：光绪十二年六月二十二日，钦奉慈禧端佑康颐昭豫庄诚皇太后懿旨：前因海防善后，用项浩繁，及加旗营饷需，必须筹款支给，先后谕令各该省关，将每年出入款目分晰奏报，并将现有勇营切实核减，冗局闲员大加裁汰，每省每年可以节省若干专款存储解部，节经各直省将军、督抚、监督等陆续奏到。其能节省解部者，仅止江苏、安徽、湖北、湖南、陕西、山东、山西、河南数省，余则非入不敷出，即出入相抵。在各省用款繁多，每谓无可裁减，殊不知近来积习相沿，每办一事，即创立一局，位置冗员，开支公费，种种滥用，弊窦甚多。虽经屡次严谕，迄未大加裁减，总由各督抚未能严饬藩司实心经理，致以国家之正供，作无益之冗费。国用何时可充，饷需何时可足耶！况王公、百官、旗营俸饷，现已照旧全数放给，海军创立，需款尤多，非宽筹饷项不足以资周转而应要需。各该将军、督抚、监督等受国厚恩，务当共矢公忠，破除情面，能省一分浮费，即多一分正用。所有奏明无款可拨各省，着再将各项可省之款核实删减，无论正款闲款，不拘数目多寡，每省每年可以节省若干存储解部，即行筹议具奏，不得以入不敷出，无可节省，一奏塞责，稍涉推诿。当此时事艰难，饷需支绌，但得每省能节若干，积少成多，不无裨益。谅各该将军、督抚、监督等必能共体时艰，力为筹措也。至已经奏明节省饷需存储备拨各省，即着照数批解，勿稍迟延。如尚有可省之处，并着随时筹画，据实奏闻。将此由四百里谕知各省将军、督抚，并传谕粤海关监督知之。钦此。遵旨寄信前来。"（中国第一历史档案馆藏：《光绪朝上谕档》，第十二册，第42—243页。又《德宗景皇帝实录（四）》，卷二百二十九，光绪十二年六月，第95—96页。）

皇太后、皇上经国理财、实事求是之至意，当经先后恭录饬查去后。

兹据藩司魏光焘会同粮台司道详称：查新疆出款，除满营俸饷及现议迁徙各费以奉拨平余银两抵支不计外，其文职廉费、俸工、驿站夫马、工食、草料并标营官兵俸饷，共岁需银三十一万余两，现经奏准之加增公费并一切祭祀杂款及提标土勇口粮，向由军需项下开支，均不在内。而每岁入款、额粮、税课各项，共合银二十三万余两，以入抵出，不敷尚巨。此司库出入之大较也。防营陆续裁并，现存步队十五营二十四旗、马队九营十六旗、开花炮队三哨、小马队五哨，周回万数千里之地，兵力已形单薄。岁定协饷二百二十万两，上年各省关报解仅及九成，内应划拨制办善后经费银三十万两。

又南北两路城垣、衙署等工，因指拨专款解不足数，垫发尤多，余亦不敷支放。此粮台收发之大较也。至各路台局，原设一百四十余处，近来裁撤除牛痘局外，只存二十余处。体察各项用款，实系万难议减。详请复奏前来。臣维新疆地处边荒，向资协济，迥非内地各直省能于就地取资可比。近年裁并营旗，力求节省。现复拟就防勇改设标营，以便徐改坐粮，渐裁行饷。而各省关指拨欠饷银二百八十五万两，只闽海关解到二万两，余均未闻报解。日复一日，新欠又加，此臣所日夜悚惶而不能自已者。即使各项用款实有可裁，亦当以羡余弥补积欠，其不能提存解部已在圣明洞鉴之中。臣惟有率同僚属，认真经理，以期厚一分民生，即可纾一分饷力。

所有查明各项用款无可删减存储解部各情形，除咨部查照外，理合恭折具陈，伏乞皇太后、皇上圣鉴训示。再，伊犁、塔尔巴哈台等处有无款项可裁，应由署伊犁将军臣锡纶等查核复陈，合并声明。谨奏。光绪十二年十一月二十八日。

军机大臣奉旨：户部知道。钦此。①

093. 新疆大计巨典恳缓至下届办理折

光绪十二年十一月二十八日（1886年12月23日）

尚书衔降一级留任甘肃新疆巡抚二等男臣刘锦棠跪奏，为新疆初设行

---

① 中国第一历史档案馆藏：《朱批原件》，档案编号：03—6616—001。又《奏稿》第1475—1478页。

省,各员历俸未满三年,本年大计巨典碍难举办,吁恳恩准展至下届办理,以昭慎重,恭折仰祈圣鉴事。

窃臣准吏部咨:定例各省官员,大计三年一次。自光绪九年十二月扣至本年十二月,三年之期已届,令将大计卓异按额荐举,有干六法之员,照例参奏,于光绪十二年十二月内具题各等因。光绪十二年八月十六日题,本月十八日奉旨:依议。钦此。钦遵知照到臣,当经饬司遵照去后。

兹据新疆布政使魏光焘、兼按察使衔镇迪道恩纶会详称:查定例,道府州县各官,核计本省历俸已满三年,任内并无正项钱粮未完,其平日循声政绩,该上司实系灼见真知,准其列入荐举等因,历经遵办在案。新疆初设行省,北路镇迪道所属各官,虽系旧有之缺,而署事人员较多,即有实缺人员,亦历俸未满三年。南路新设各缺,委员先行署理,多系十年到任。其有请补实缺者,亦皆于十一年始行奉准核计,均无历俸已满三年之员,与大计荐举之例不符,详请具奏展缓前来。

臣复核无异,合无仰恳天恩,准予展至下届再行举办,以昭慎重。如有应劾人员,臣仍当随时访察,据实参奏,断不敢稍事徇隐,贻误地方。

是否有当?除咨部查照外,谨会同陕甘总督臣谭钟麟,恭折具奏,伏乞皇太后、皇上圣鉴训示。谨奏。光绪十二年十一月二十八日。

军机大臣奉旨:着照所请,吏部知道。钦此。①

光绪十三年正月初二日,军机大臣奉旨:着照所请,吏部知道。钦此。②

094. 奏报新疆各属光绪十二年八月雨雪粮价折

光绪十二年十二月初四日(1886年12月28日)

尚书衔降一级留任甘肃新疆巡抚二等男臣刘锦棠跪奏,为恭报光绪十二年八月分粮价并得雨情形,谨缮折具陈,仰祈圣鉴事。

窃照本年七月分各州厅县粮价并得雨情形,业经臣奏报在案。兹查本年八月分,北路镇迪各属得雨入土一二寸及三寸有余,南路乌什、玛喇巴什、叶城得雨入土二三寸至六寸不等,余皆微雨。秋粮渐已成熟,民情亦均

---

① 中国第一历史档案馆藏:《朱批原件》,档案编号:04—01—12—0536—022。又《奏稿》第1479—1482页。
② 中国第一历史档案馆藏:《军机录副》,档案编号:03—5545—001。

安帖。

至通省粮价，吐鲁番、喀喇沙尔、乌什、迪化、绥来等厅县，俱与上月相同，余均略有增减。据藩司魏光焘汇详请奏前来。

理合恭折具陈，并缮粮价清单，敬呈御览。伏乞皇太后、皇上圣鉴。谨奏。光绪十二年十二月初四日。

军机大臣奉旨：知道了。钦此。①

光绪十三年正月初八日，军机大臣奉旨：知道了。钦此。②

095. 呈新疆各属光绪十二年八月粮价清单

光绪十二年十二月初四日（1886年12月28日）

谨将新疆各属光绪十二年八月分米粮时估价值缮具清单，恭呈御览。计开

八月分：

镇迪道属

迪化县：大米每京石价银四两七钱五分六厘，小麦每京石价银一两六钱五分六厘，莞豆每京石价银一两六钱五分六厘，青稞每京石价银一两二钱五分八厘。俱与上月相同。

昌吉县：大米每京石价银三两六分一厘，小麦每京石价银一两三钱四分七厘，莞豆每京石价银一两三钱四分五厘，俱与上月相同。青稞每京石价银八钱七分五厘，较上月减四分二厘。

阜康县：粟米每京石价银一两五钱九分二厘，与上月相同。小麦每京石价银一两四钱八分六厘，较上月减七分一厘。莞豆每京石价银一两四钱一分五厘，较上月减一钱六厘。高粱每京石价银七钱七分八厘，与上月相同。

绥来县：大米每京石价银三两一钱八分二厘，小麦每京石价银九钱一分九厘，莞豆每京石价银九钱九分八厘，高粱每京石价银一两一钱九分九厘。俱与上月相同。

---

①中国第一历史档案馆藏：《朱批原件》，档案编号：04—01—25—0527—024。
②中国第一历史档案馆藏：《军机录副》，档案编号：03—6859—010。

奇台县：大米每京石价银三两四钱五分二厘，与上月相同。小麦每京石价银一两一钱六分七厘，较上月减三钱五分四厘。莞豆每京石价银一两三分六厘，较上月减三分四厘。

哈密厅：粟米每京石价银一两八钱，小麦每京石价银一两七厘，俱与上月相同。莞豆每京石价银一两二钱九分，较上月减一钱五分。青稞每京石价银七钱一分四厘，较上月减六厘。

镇西直隶厅：小麦每京石价银一两九钱，莞豆每京石价银一两六钱八分，青稞每京石价银一两一钱二分，较上月减一钱二分。

吐鲁番厅：小麦每京石价银一两七钱七分四厘，大麦每京石价银五钱六分，高粱每京石价银七钱四分六厘，黄豆每京石价银一两四钱九分三厘。俱与上月相同。

库尔喀喇乌苏厅：小麦每京石价银一两三钱一分一厘，较上月减二钱三分九厘。高粱每京石价银九钱五分，较上月减四钱。莞豆每京石价银一两四钱，较上月减三钱。

阿克苏道属

温宿直隶州：大米每京石价银一两九钱，与上月相同。小麦每京石价银六钱九分，较上月减一钱三分八厘。大麦每京石价银三钱六分，较上月减六分。包谷每京石价银五钱四分四厘，与上月相同。

拜城县：小麦每京石价银四钱，较上月减七分。大麦每京石价银二钱四分，较上月减六分。莞豆每京石价银三钱五分，较上月减八分。包谷每京石价银三钱九分，较上月减四分。

喀喇沙尔直隶厅：大米每京石价银二两八钱一分二厘，小麦每京石价银一两三分五厘，莞豆每京石价银九钱三分六厘，包谷每京石价银八钱三分二厘。俱与上月相同。

库车直隶厅：大米每京石价银一两七钱八分，较上月减一钱四分。小麦每京石价银六钱，较上月减九分。莞豆每京石价银五钱五分，与上月相同。包谷每京石价银四钱，较上月减八分。

乌什直隶厅：大米每京石价银二两六钱八分二厘，小麦每京石价银五钱二分八厘，大麦每京石价银二钱六分七厘，包谷每京石价银三钱九分三厘。俱与上月相同。

喀什噶尔道属

疏勒直隶州：大米每京石价银三两七钱五分，较上月增四钱五分。小麦每京石价银一两三钱八分，较上月增二钱七分六厘。包谷每京石价银八钱九分六厘，较上月减四分二厘。高粱每京石价银九钱二分，与上月相同。

疏附县：大米每京石价银三两七钱五分，较上月增四钱五分。小麦每京石价银一两三钱八分，较上月增二钱七分六厘。包谷每京石价银九钱三分八厘，高粱每京石价银九钱二分，俱与上月相同。

莎车直隶州：大米每京石价银二两六钱六分四厘，较上月减一钱四分八厘。小麦每京石价银九钱六分六厘，较上月减二钱七分五厘。大麦每京石价银七钱五分，与上月相同。包谷每京石价银七钱九分二厘，较上月减一钱三分二厘。

叶城县：大米每京石价银三两三钱三分五厘，较上月增一钱四分五厘。小麦每京石价银七钱七分五厘，较上月减一钱。包谷每京石价银七钱八分，较上月减三分六厘。高粱每京石价银八钱七分五厘，与上月相同。

和阗直隶州：大米每京石价银二两六钱，较上月减二钱。小麦每京石价银八钱二分八厘，较上月一钱三分八厘。包谷每京石价银六钱四分，较上月减一钱二分八厘。青稞每京石价银六钱九分，较上月减一钱三分八厘。

于阗县：大米每京石价银五两二钱四分四厘，较上月增二钱九分四厘。小麦每京石价银一两一钱三分九厘，较上月减六分七厘。包谷每京石价银一两二分四厘，与上月相同。

英吉沙尔直隶厅：大米每京石价银三两六钱二分七厘，较上月减七分五厘。小麦每京石价银一两二钱五分四厘，包谷每京石价银一两七分二厘，大麦每京石价银七钱九分八厘，俱与上月相同。

玛喇巴什直隶厅：大米每京石价银二两八钱一分，较上月减四钱四分。小麦每京石价银一两一钱，较上月增一钱三分。包谷每京石价银一两一分，较上月增一钱一分。

军机大臣奉旨：览。钦此。①

---

①中国第一历史档案馆藏：《清单》，档案编号：03—6859—011。

096. 请旨严催协解西征欠饷缘由折

光绪十二年十二月初四日（1886年12月28日）

　　尚书衔降一级留任甘肃新疆巡抚二等男臣刘锦棠跪奏，为部拨闽浙、广东各省关协解西征欠饷，屡催罔应，请旨严催迅解，以清积欠而固边防，恭折仰祈圣鉴事。

　　窃照臣军饷项，截算至光绪十年底止，共欠发银二百八十五万两。经部臣议奏，指拨浙江省银一百八十五万两，福建省银三十八万两，广东省银五十六万两，闽海关银六万两，请旨饬下各该省将军、督抚臣按照所拨数目，匀分三年，解赴甘肃粮台，转解关外。所有限期截至光绪十四年年底止，作为限满，务须分年分批赶解，毋稍延误等因。光绪十一年四月二十一日具奏，奉旨：依议。钦此。旋经陕甘督臣谭钟麟奏请改拨江苏协饷，部议江苏物力并非有余，仍应由原拨各省关按年报解。又于光绪十二年三月初六日经部议奏，各省关倘仍前延宕，即由该抚指名严参等因。均奉旨：依议。钦此。钦遵。先后咨行在案。是部臣于此项拨款审度再三，期在必无迟误。乃迄今已届一年期限，只闽海关解到银二万两，余悉未闻报解。缄牍频催，均未见复。

　　窃念西征兵勇，自咸丰年间由江、浙、闽、粤转战入关，旋折而东，歼除发捻，然后由关度陇，逾陇益西，时阅二十年，行经数万里。军兴以来，惟此一军从役最为久远。此次存饷二百八十余万，合之于公家，则为数甚巨。散之于兵勇，则每名至多不过百余金、少或数十金而已。各该兵勇少壮从军，至于暮齿，不能持此为归休之计，夫岂甘心？设有不虞，臣罪滋重。待其哗溃，然后从而收拾，为费益多。况新疆地处极边，重在武备，承平时筹兵裕饷，以全力注于西陲，旋值中原多故，饷馈拮据，遂致全疆沦陷。迨关陇肃清，仰赖宸谟广运，协饷之外，发部款贷洋款，多方接济，故能师行顺利，挈旧有之疆土还隶版图。今则经野设官，比于腹地，然沿边诸境紧与俄邻，视承平之时，防务尤为吃紧。

　　臣谬当斯任，竞惕实深，思所以慎守封圻，惟在简练军实。旧时士卒日夜思归，加以衰病侵寻，所在多有，不思更换，徒耗饷需。前于酌改营制折内陈明，拟由甘肃招募新勇，以资挑补，去弱留强，庶几缓急足恃。惟是地方瘠苦，非若台湾设省可以就地取资，事待他求，遂多停滞。欠饷迟迟不至，则老勇未可遽裁。老勇未裁，则新勇尚难增募，措施鲜据，职此之由。臣前议裁行饷，改发坐粮，以为节省饷需之计，现在积欠未清，亦未便遽裁行饷。

上年及本年新饷幸赖江南、安徽、湖广、四川、河南、陕西、山西各疆臣之力，源源解济，得以勉应急需。然数米析薪，已无余剩。若挂发旧欠，又启新亏。部臣申诫在先，臣亦何容冒昧？在部臣指提旧欠，自非画饼相贻；在微臣事处万难，尤望同舟共济。各省关力能筹解，安事迟回？即或力有未能，亦应早为陈奏。若复似此稽迟，置之不理，又将何以为计？新疆事事仰给于人，若必遵照部议，指名奏参，又失和衷之义。

臣惟有仰恳天恩，俯念边疆紧要，饬下两广、闽浙各督臣，福建、浙江、广东各抚臣，将此项指拨欠饷迅筹报解，毋再迟延，致滋贻误。如各该省实系力难全任，即当督饬藩司通盘筹画，切实声明每年能解若干，不敷之数奏请谕旨，饬部另拨的款，以便及早清厘，妥为布置。边军幸甚，大局幸甚！

谨会同陕甘总督臣谭钟麟，据实沥陈，伏乞皇太后、皇上圣鉴训示施行。谨奏。光绪十二年十二月初四日。

军机大臣奉旨：户部速议具奏。钦此。①

光绪十三年正月初八日，军机大臣奉旨：户部速议具奏。钦此。②

【案】光绪十三年正月十八日，户部尚书阎敬铭等联衔具奏：

大学士管理户部事务臣阎敬铭等谨奏，为遵旨速议具奏事。

甘肃新疆巡抚刘锦棠奏，部拨闽浙、广东各省关协解西征欠饷，请旨严催迅解，以清积欠而固边防一折，光绪十三年正月初八日，军机大臣奉旨：户部速议具奏。钦此。钦遵。由军机处钞交到部。据原奏内称：臣军饷项，截算至光绪十年底止，共欠发银二百八十五万两。经部臣议奏，指拨浙江省银一百八十五万两，福建省银三十八万两，广东省银五十六万两，闽海关银六万两，请旨饬下各该省将军、督抚臣按照所拨数目，匀分三年，解赴甘肃粮台，转解关外。所有限期截至光绪十四

---

①中国第一历史档案馆藏：《朱批原件》，档案编号：04—01—35—0987—060。又《奏稿》第1487—1492页。
②中国第一历史档案馆藏：《军机录副》，档案编号：03—6616—011。

年年底止，作为限满等因。又于光绪十二年三月经部议奏，各省关倘仍前延宕，即由该抚指名严参等因。均奉旨：依议。钦此。钦遵。先后咨行在案。乃迄今已届一年期限，只闻海关解到银二万两，余悉未闻报解。缄牍频催，未蒙见复。该兵勇设有哗溃，然后从而收拾，为费益多。前于酌改营制折内陈明，拟由甘肃招募新勇，以资挑补。欠饷迟迟不至，则老勇未可遽裁。老勇未裁，则新勇尚难增募，措施鲜据，职此之由。臣前议裁行饷，改发坐粮，以为节省饷需之计，现在积欠未清，亦未便遽裁行饷。惟有仰恳天恩，俯念边疆紧要，饬下两广、闽浙各督臣，福建、浙江、广东各抚臣，将此项指拨欠饷迅筹报解，毋再迟延，致滋贻误等语。

臣部伏查此项指提银两，原系各省关积欠该军饷银。臣部定限分明，理应遵照臣部奏定限期，分年分批起解，以便刘锦棠有所措手，及早清厘旧欠，改定坐粮。乃各省关任意宕延，置臣部奏章于不顾。上年七月，除闽海关报解银二万两外，其余福建、浙江、广东三省丝毫均未解甘。现据该抚奏请严催，并陈防务紧要，情形甚为迫切。关外现改营制，拟由甘肃招募新勇，以资挑补。据称欠饷不至，则老勇未可遽裁。老勇未裁，则新勇尚难增募。前议行饷改发坐粮，现在积欠未清，亦未便遽裁行饷，自系实在情形。相应请旨饬下福州将军、两广、闽浙各总督，福建、浙江、广东各巡抚，按照臣部前次指提积欠西征军饷数目，仍令分年分批赶解甘肃，转解新疆，毋得再延，致滋贻误。倘仍前稽延宕，即照案由该抚指名参奏。

所有遵旨速议缘由，理合恭折具陈，伏乞皇太后、皇上圣鉴。谨奏。光绪十三年正月十八日。

大学士管理户部事务臣阎敬铭，经筵讲官协办大学士户部尚书臣宗室福锟，户部尚书臣翁同龢，户部左侍郎臣嵩申学差，户部左侍郎臣孙诒经，户部右侍郎臣景善，户部右侍郎臣孙家鼐。①

光绪十三年正月十八日廷寄：

军机大臣字寄：福州将军、闽浙、两广、福建、浙江、广东、甘肃新疆各督抚：光绪十三年正月十八日奉上谕：户部奏各省关协解西征欠饷，

---

①中国第一历史档案馆藏：《军机录副》，档案编号：03—6105—011。

请饬严催迅解一折。据称协解西征欠饷，前经部拨浙江省银一百八十五万两，福建省银三十八万两，广东省银五十六万两，闽海关银六万两，匀分三年，解赴甘肃，转解关外。迄今已届一年，仅据闽海关解过银二万两，其余各省均丝毫未解，殊属任意延宕，贻误要需。现在关外拟改营制，需饷情形甚为迫切。该将军督抚等务当力顾大局，将此项未解银两迅速依限筹解。倘仍前迟误，即着该抚指名奏参。将此由五百里各谕令知之。钦此。遵旨寄信前来。①

097. 请以袁运鸿补授乌什同知缘由折

光绪十二年十二月初四日（1886年12月28日）

尚书衔降一级留任甘肃新疆巡抚二等男臣刘锦棠跪奏，为拣员请补要缺同知，以裨地方，恭折仰祈圣鉴事。

窃据甘肃新疆布政使魏光焘、兼按察使衔镇迪道英林会详称：新疆新设乌什同知，地方紧接俄夷，管辖布鲁特部落，稽查卡伦，最关紧要，应请定为繁疲难三项极边请调最要缺。该处系属新设，应即遴员请补，以重职守。查南路新设各缺，前经臣请照吉林章程由外拣补一次，奉部复准在案。今乌什同知一缺，境接夷边，时有交涉事件，非精明练达、熟悉夷情之员，难堪治理。该司等于通省现任、候补同知各员内逐加拣选，均属人地不宜。

惟查有奏留甘肃新疆委用知州袁运鸿，年四十一岁，系湖南宁乡县人，由附生应同治十二年癸酉科本省乡试，中式第六十八名举人。光绪丙子恩科会试后，遵例赴部注册，以知县归部拣选。光绪七年，出关投效臣营，委办文案、通商事件。六载边防案内汇案保奏，光绪十年十月初四日奉上谕：着免选本班，以知州归部不论双单月，遇缺尽先即选，并赏戴花翎。钦此。旋经臣饬留新省供差，于光绪十一年九月二十一日到省。本年，经臣奏留甘肃新疆差遣委用。该司等查该员袁运鸿，明干有为，才具开展，在营委办中俄通商交涉各事已历年所，措理一切，毫无贻误；于边俗夷情极为熟悉，以之请补斯缺，实堪胜任，人地亦极相宜；虽以知州请补同知，与例稍有未符，但新疆初设行省，候补各班

---

① 中国第一历史档案馆编：《光绪朝上谕档》，第十二册，第18页。《德宗景皇帝实录（四）》，卷二百三十八，光绪十三年正月，第207页。

人少，与他省情形本有不同；且要缺需人，更未便拘于常格等情，详请具奏前来。

臣查该员袁运鸿，勤能稳练，才识优长，办理甘肃新疆中外交涉事宜，历无贻误，于边俗夷情洵称熟悉，以之请补乌什同知员缺，实堪胜任。合无仰恳天恩，俯念要缺需员，准以该员补授乌什同知，以裨地方。如蒙俞允，俟奉部复，照例给咨送部引见；仍令试俸年满，另请销去试字。

是否有当？谨会同陕甘总督臣谭钟麟，恭折具陈，伏乞皇太后、皇上圣鉴训示。谨奏。光绪十二年十二月初四日。

军机大臣奉旨：吏部议奏。钦此。①

光绪十三年正月初六日，军机大臣奉旨：吏部议奏。钦此。②

098. 库尔喀喇乌苏领队大臣双全请旨候用片

光绪十二年十二月初四日（1886年12月28日）

再，库尔喀喇乌苏领队大臣员缺奉旨裁撤，所有实缺人员自应钦遵交卸，候旨简用。兹准护乌鲁木齐都统臣富勒铭额咨：准库尔喀喇乌苏领队大臣双全牍称：现奉署伊犁将军臣锡纶派委，护送遣撤吉林二、四起马队，就便回京，遵即束装前进，由伊抵省，拟照例驰驿回京，恳请代奏前来。

臣维双全自同治十二年由三等侍卫调营差遣，历带索伦、吉林四起暨统伊犁三起官兵，经前将军臣金顺奏署库尔喀喇乌苏领队大臣，兼充伊犁军营翼长。光绪七年，蒙恩简放该领队大臣员缺。溯自从征新疆，已历十有余载，久经战阵，卓著勤劳。自以身受国恩，亟欲及时图报。库尔喀喇乌苏领队大臣本缺业经裁撤，并无经手未完事件，现在护送遣撤马队回京，应如何擢用之处，出自鸿慈。

除咨部查照外，谨会同署伊犁将军臣锡纶、护乌鲁木齐都统臣富勒铭额，附片代陈，伏乞圣鉴。谨奏。

军机大臣奉旨：知道了。钦此。③

光绪十三年正月初八日，军机大臣奉旨：知道了。钦此。④

---

①中国第一历史档案馆藏：《朱批原件》，档案编号：04—01—12—0536—061。
②中国第一历史档案馆藏：《军机录副》，档案编号：03—5218—018。
③中国第一历史档案馆藏：《朱批原件》，档案编号：04—01—17—0185—006。
④中国第一历史档案馆藏：《军机录副》，档案编号：03—5847—005。

099. 奏报新疆各属光绪十二年九月雨雪粮价折
光绪十二年十二月十八日（1887年1月11日）

尚书衔降一级留任甘肃新疆巡抚二等男臣刘锦棠跪奏，为恭报光绪十二年九月分粮价并得雪情形，谨缮折具陈，仰祈圣鉴事。

窃照本年八月分各州厅县粮价并得雨情形，业经臣奏报在案。兹查本年九月分，北路镇迪各属得雪积地一二寸及三寸有余，南路库车、拜城得雪积地二三寸至五寸不等，秋粮渐次登场，地土滋润，民情安帖。

至通省粮价，哈密、吐鲁番、库尔喀喇乌苏、喀喇沙尔等厅，俱与上月相同，余均略有增减。据藩司魏光焘汇详请奏前来。

理合恭折具陈，并缮粮价清单，敬呈御览。伏乞皇太后、皇上圣鉴。谨奏。光绪十二年十二月十八日。

军机大臣奉旨：知道了。钦此。①

光绪十三年正月十八日，军机大臣奉旨：知道了。钦此。②

100. 呈新疆各属光绪十二年九月粮价清单
光绪十二年十二月十八日（1887年1月11日）

谨将新疆各属光绪十二年九月分米粮时估价值缮具清单，恭呈御览。计开

九月分：

镇迪道属

迪化县：大米每京石价银四两四钱四厘，较上月减三钱五分二厘。小麦每京石价银一两五钱九分二厘，较上月减六分四厘。莞豆每京石价银一两六钱五分六厘，青稞每京石价银一两二钱五分八厘，俱与上月相同。

昌吉县：大米每京石价银三两六分一厘，小麦每京石价银一两三钱四分七厘，莞豆每京石价银一两三钱四分五厘，俱与上月相同。青稞每京石

---

①中国第一历史档案馆藏：《朱批原件》，档案编号：04—01—25—0527—022。
②中国第一历史档案馆藏：《军机录副》，档案编号：03—6859—016。

价银九钱一分七厘,较上月增四分二厘。

阜康县:粟米每京石价银一两四钱八分六厘,较上月减一钱六厘。小麦每京石价银一两三钱八分,较上月减一钱六厘。莞豆每京石价银一两二钱七分三厘,较上月减一钱四分二厘。高粱每京石价银六钱七分二厘,较上月减一分六厘。

绥来县:大米每京石价银二两八钱一分,较上月减三钱七分二厘。小麦每京石价银一两六分二厘,较上月增一钱四分三厘。莞豆每京石价银一两二钱二分四厘,较上月增二钱二分六厘。高粱每京石价银八钱八分三厘,较上月减三钱一分六厘。

奇台县:大米每京石价银三两六钱九分七厘,较上月减三钱四分五厘。小麦每京石价银一两六分一厘,较上月减一钱六厘。莞豆每京石价银八钱六分三厘,较上月减一钱七分三厘。

哈密厅:粟米每京石价银一两八钱,小麦每京石价银一两七厘,莞豆每京石价银一两二钱九分,青稞每京石价银七钱一分四厘。俱与上月相同。

镇西直隶厅:小麦每京石价银一两六钱八分,较上月减二钱二分。莞豆每京石价银一两七钱二分,较上月增四分。青稞每京石价银一两一钱二分,与上月相同。

吐鲁番厅:小麦每京石价银一两七钱七分四厘,大麦每京石价银五钱六分,高粱每京石价银七钱四分六厘,黄豆每京石价银一两四钱九分三厘。俱与上月相同。

库尔喀喇乌苏厅:小麦每京石价银一两三钱一分一厘,高粱每京石价银九钱五分,莞豆每京石价银一两四钱。俱与上月相同。

阿克苏道属

温宿直隶州:大米每京石价银一两五钱五分,较上月减三钱五分。小麦每京石价银六钱九分,大麦每京石价银三钱六分,俱与上月相同。包谷每京石价银四钱八厘,较上月减一钱三分六厘。

拜城县:小麦每京石价银三钱五分,较上月减五分。大麦每京石价银二钱,较上月减四分。莞豆每京石价银三钱,较上月减五分。包谷每京石价银三钱,较上月减九分。

喀喇沙尔直隶厅:大米每京石价银二两八钱一分二厘,小麦每京石银一两三分五厘,莞豆每京石价银九钱三分六厘,包谷每京石价银八钱三分二厘。俱与上月相同。

库车直隶厅:大米每京石价银一两七钱八分,与上月相同。小麦每京石价银五钱八分,较上月减二分。莞豆每京石价银五钱二分,较上月减三分。包谷每京石价银三钱六分八厘,较上月减三分二厘。

乌什直隶厅:大米每京石价银二两六钱八分二厘,小麦每京石价银五钱二分八厘,大麦每京石价银二钱六分七厘,包谷每京石价银三钱九分三厘。俱与上月相同。

喀什噶尔道属

疏勒直隶州:大米每京石价银三两,较上月减七钱五分。小麦每京石价银一两三钱八分,包谷每京石价银八钱九分六厘,高粱每京石价银九钱二分,俱与上月相同。

疏附县:大米每京石价银三两,较上月减七钱五分。小麦每京石价银一两三钱八分,包谷每京石价银九钱三分八厘,高粱每京石价银九钱二分,俱与上月相同。

莎车直隶州:大米每京石价银二两三钱六分八厘,较上月减二钱九分六厘。大麦每京石价银六钱二分五厘,较上月减一钱二分五厘。小麦每京石价银八钱二分八厘,较上月减一钱三分八厘。包谷每京石价银五钱二分八厘,较上月减二钱六分四厘。

叶城县:大米每京石价银二两五钱五分二厘,较上月增七钱八分三厘。小麦每京石价银七钱,较上月减七分五厘。包谷每京石价银六钱七分二厘,较上月减一钱八厘。高粱每京石价银八钱六分二厘,较上月减一分三厘。

和阗直隶州:大米每京石价银二两二钱四分,较上月减三钱六分。小麦每京石价银八钱二分八厘,与上月相同。包谷每京石价银五钱一分二厘,较上月减一钱二分八厘。青稞每京石价银五钱五分二厘,较上月减一钱三分八厘。

于阗县:大米每京石价银四两五钱五分四厘,较上月减六钱九分。小麦每京石价银一两七分二厘,较上月减六分七厘。包谷每京石价银八钱九分六厘,较上月减一钱二分八厘。

英吉沙尔直隶厅:大米每京石价银三两六钱四分八厘,较上月增二分一厘。小麦每京石价银一两一钱二分五厘,较上月减一钱二分九厘。包谷每京石价银六钱七分九厘,较上月减三钱九分三厘。大麦每京石价银六钱七分五厘,较上月减一钱二分三厘。

玛喇巴什直隶厅:大米每京石价银二两八钱一分,小麦每京石价银一两一钱,俱与上月相同。包谷每京石价银一两二分,较上月增一分。

军机大臣奉旨:览。钦此。①

101. 查明伊犁副都统二员应与将军同城驻扎折

光绪十二年十二月十八日(1887年1月11日)

尚书衔降一级留任甘肃新疆巡抚二等男臣刘锦棠跪奏,为遵旨查明伊犁新设副都统二员,均应与将军同城驻扎,恭折复陈,仰祈圣鉴事。

窃臣承准军机大臣字寄:光绪十二年十月二十日,奉上谕:新疆新设副都统二员,前经兵部奏称,或与将军同城,或令分防要地,应由该抚奏明请旨。现已简放长庚②、额尔庆额二员,究应驻扎何处,着刘锦棠迅速具奏,毋稍延缓。将此由五百里谕令知之。钦此。伏查此案前准部咨:令臣体察情形,奏明办理。属当伊犁等处议设道府以下等官,事在统筹,不容偏举,故未便即时陈奏,致烦圣慈垂问,悚仄实深。

窃维伊犁向设参赞一员,与将军同城办事,所以集思广益,相辅而行,立法至为周备。现经部议裁去参赞大臣员缺,改设副都统二员,自应仿照参赞旧章,均与将军同城,以便随时得资计议。且现在各营领队多已分驻外处,副都统亦毋庸更议分防。惟查伊犁将军及参赞等,向均驻扎惠远大

---

①中国第一历史档案馆藏:《清单》,档案编号:03—6859—017。
②长庚(1844—1914),字少白,伊尔根觉罗氏,满洲正黄旗人。同治三年(1864),入乌鲁木齐都统平瑞幕。六年(1867),捐县丞指分山西,旋保补缺后以知县用。九年(1870),管解拨偿俄国银两,加知州衔。十三年(1874),调金顺军营,总理营务。光绪元年(1875),经乌鲁木齐都统景廉奏调,赴新疆军营差遣。二年(1876),保山西直隶州知州,晋知府衔。同年,保山西候补知府,升盐运使衔。四年(1878),署伊犁巴彦岱领队大臣。六年(1880),保升陕西题奏道员,加二品顶戴。七年(1881),补伊犁巴彦岱领队大臣,加副都统衔。十二年(1886),授伊犁副都统。十四年(1888),调补驻藏办事大臣。十六年(1890),擢伊犁将军。二十二年(1896),任镶蓝旗汉军都统。二十三年(1897),调成都将军。二十八年(1902),前往阿尔泰山,查勘科塔两城借地。三十年(1904),迁兵部尚书。三十一年(1905),充考验改编三镇新军大臣。宣统元年(1909),补授陕甘总督,兼会办盐政大臣。卒谥恭厚。

城,其后年久失修,城身为河水所啮,渐就倾圮。及收还伊犁,原任将军臣金顺因绥定城尚无大损,遂加修葺,移营驻之,不过暂资休止。现拟设伊犁府县,绥定城地居腹里,宜量设亲民之官。其惠远大城业经金顺奏明,移筑于旧城十五里高敞地方,丈尺加增,形势亦为扼要①各等因在案。是将军与新设之副都统,揆之旧制,按之今时,均应驻于其地。如蒙俞允,其建造衙署、修盖兵房及一切迁徙经费,应如何筹款,伏乞饬下伊犁将军臣切实估计,奏明请旨,饬部核议遵行。

至各营领队,职有专司,除巴彦岱领队大臣一缺经金顺奏明裁撤外,其余各领队员缺应裁与否,尚待熟商。如尚有应裁或需副都统分防,届时应由将军臣就近察酌情形,再行会商具奏。

所有遵旨查明伊犁新设副都统应与将军同城各缘由,谨恭折复陈,是否有当?伏乞皇太后、皇上圣鉴训示。再,伊犁拟设府县各事宜,现正饬司详议,容臣另案奏明办理,合并声明。谨奏。光绪十二年十二月十八日。

(朱批):另有旨。②

光绪十三年正月十八日,奉朱批:另有旨。钦此③。

【案】此案于光绪十三年正月得允行:

军机大臣字寄:甘肃新疆巡抚刘、伊犁将军色、署伊犁将军锡:光绪十三年正月十八日奉上谕:刘锦棠奏遵查伊犁新设副都统二员,均应与将军同城驻扎一折。据称伊犁改设副都统二员,应仿照参赞旧章,与将军同驻惠远大城,以期集思广益。即着照所请行。其建造衙署、兵房及一切迁徙经费,如何筹款,着该将军切实估计,请旨办理。至各领队。如尚有应裁员缺及需副都统分防之处,并着察酌情形,与刘锦棠会商具奏。原折着钞给色楞额、锡纶阅看。将此由四百里各谕令知之。钦此。遵旨寄信前来。④

---

①详见光绪八年十一月十九日伊犁将军金顺、参赞升泰会奏改建惠远新城开工日期(中国第一历史档案馆藏:《朱批原件》,档案编号:04—01—37—0128—016;《军机录副》,档案编号:03—7154—014)。

②中国第一历史档案馆藏:《朱批原件》,档案编号:04—01—16—0219—006。又《奏稿》第1493—1497页。

③中国第一历史档案馆藏:《军机录副》,档案编号:03—5847—017。

④中国第一历史档案馆编:《光绪朝上谕档》,第十二册,第19页。《德宗景皇帝实录(四)》,卷二百三十八,光绪十三年正月,第207页。

102. 新疆司道各员循例年终密考缮单具陈折
光绪十二年十二月十八日（1887年1月11日）

尚书衔降一级留任甘肃新疆巡抚二等男臣刘锦棠跪奏，为新疆司道各员循例年终密考，缮具清单，恭折仰祈圣鉴事。

窃照内地各直省镇、司、道、府等官，例应于年终出具切实考语，密行陈奏。新疆建置行省，吏治所关，自应照章办理。臣上年到省，诸凡创始，冬间又值奉命前赴伊犁，清理饷事，未及以时陈奏。兹复勤加察看，于各员之才识、操守皆有以观其深。全省员缺无多，知府又只一缺，尚未补授有员。实缺既少，访察亦易。

除署事及未经到任人员例不注考外，所有现任各员，理合出具切实考语，密缮清单，恭呈御览。伏乞皇太后、皇上圣鉴。谨奏。光绪十二年十二月十八日。

（朱批）：知道了，单留中。①

光绪十三年正月十八日，奉朱批：知道了，单留中。钦此。②

103. 呈新疆司道各员循例年终密考清单
光绪十二年十二月十八日（1887年1月11日）

布政使魏光焘，器识宏远，综核精详，明于吏治，习于兵事，堪胜文武兼资之任。

镇迪道兼按察使衔恩纶，见识精到，遇事廉明，历练已深，有为有守。

喀什噶尔道黄光达，践履笃实，廉洁自持，勤慎耐劳，尽心武事。③

---

① 中国第一历史档案馆藏：《朱批原件》，档案编号：04—01—12—0536—050。又《奏稿》第1501—1502页。
② 中国第一历史档案馆藏：《军机录副》，档案编号：03—5218—047。
③ 台北故宫博物院藏：《军机及宫中档》，文献编号：408008626。又中国第一历史档案馆藏：《清单》，档案编号：03—5218—049。

104. 委令杨其澍署理昌吉县知县片
光绪十二年十二月十八日（1887年1月11日）

再，署昌吉县知县陈纯治请假，遗缺查有奏留新疆委用知县杨其澍，堪以委署。据藩、臬两司会详前来。

除由臣批饬给委外，谨会同陕甘总督臣谭钟麟，附片具陈，伏乞圣鉴。谨奏。

（朱批）：吏部知道。①

光绪十三年正月十八日，奉朱批：吏部知道。钦此。②

【案】此奏片具奏日期，原件仅署"光绪十二年"，具奏者署"谭钟麟"。据录副及《军机处随手登记档》③，具奏日期当为"光绪十二年十二月十八日"，具奏者为刘锦棠，兹据校正。

105. 奏报新疆光绪十二年夏秋收成分数折
光绪十二年十二月十九日（1887年1月12日）

尚书衔降一级留任甘肃新疆巡抚二等男臣刘锦棠跪奏，为查明甘肃新疆本年夏秋禾约收分数，开具清单，恭折仰祈圣鉴事。

窃照直省夏秋禾收成分数，例应按期具奏。兹据藩司魏光焘将光绪十二年新疆省所属各州厅县夏秋禾分数查明详报，并声明新疆地处极边，天时地气迥异内地，北路夏秋禾收获向系六、七、八、九等月接续登场。从前镇迪道属收成分数，系于每年十一月内由乌鲁木齐都统奏报一次，南路夏禾稍早，而相距较远，文报难按期而至，且同系一省，又未便与北路分报。除本年事属创始，因行查各属及具报未能如式，由司往返驳查，以致详报稍迟外，拟请此后每年夏秋禾收成分数统于十一月内，并案奏报一次等情，详请具奏前来。

①中国第一历史档案馆藏：《朱批原件》，档案编号：04—01—12—0536—056。
②中国第一历史档案馆藏：《军机录副》，档案编号：03—5218—048。
③中国第一历史档案馆藏：《军机处随手登记档》，档案编号：03—0253—1—1213—016。

臣复加查核，本年南北两路各州厅县所属通盘牵算，夏禾收成约七分有余，秋禾收成约七分，谨分别缮具清单，恭呈御览，并恳天恩俯念新疆地处极边，与内地情形迥异，准将以后夏秋禾收成分数每年统于十一月内并案奏报一次，以归简易。

除咨部查照外，谨会同陕甘总督臣谭钟麟，恭折具奏。是否有当？伏乞皇太后、皇上圣鉴训示。谨奏。光绪十二年十二月十九日。

（朱批）：知道了，该部知道。①

光绪十三年正月二十三日，奉朱批：知道了，该部知道。钦此。②

106. 呈新疆光绪十二年夏秋收成分数清单

光绪十二年十二月十九日（1887年1月12日）

谨将甘肃新疆省各属光绪十二年夏秋约收分数开具清单，恭呈御览。

计开：

约收九分者，疏附县。

约收八分有余者，济木萨县、莎车州、叶城县、英吉沙尔厅。

约收八分者，奇台县、疏勒州。

约收七分有余者，库车厅。

约收七分者，阜康县、镇西厅、精河巡检、温宿州、拜城县、喀喇沙尔厅、乌什厅、和阗州。

约收六分有余者，迪化县、昌吉县、库尔喀喇乌苏厅、玛喇巴什厅。

约收六分者，哈密厅、于阗县。

约收五分有余者，吐鲁番厅、呼图壁巡检。查吐鲁番厅系除被灾三百二十户计算，合并声明。

约收五分者，绥来县。

（朱批）：览。③

---

① 中国第一历史档案馆藏：《朱批原件》，档案编号：04—01—23—0203—006。
② 中国第一历史档案馆藏：《军机录副》，档案编号：03—6718—008。
③ 中国第一历史档案馆藏：《清单》，档案编号：03—6718—009。

107. 奏报各属来春无须接济缘由折

光绪十二年十二月十九日（1887年1月12日）

尚书衔降一级留任甘肃新疆巡抚二等男臣刘锦棠跪奏，为遵旨查明新疆各属本年收成中稔，来春无须接济，恭折复陈，仰祈圣鉴事。

窃臣于光绪十二年十一月初六日承准军机大臣字寄：光绪十二年十月初三日奉上谕：本年直隶、山西、陕西、湖南等处灾荒地亩，节经各该省奏到，已加恩将新旧钱粮分别蠲免、缓征，并因顺天、直隶各属水灾先后钦奉懿旨，拟给顺天银二万两、直隶银二万两，迭经谕令李鸿章等截留江苏漕米五万二千八百余石、奉天粟米一万三千二百余石，截拨江北漕米五万石，提直隶藩库银十万两，分拨顺天、直隶。复因奉天海成县等处水灾，钦奉懿旨，拨给银一万两；山东何王庄决口，章丘等县民埝大堤浸溢，拨给漕米十万石，藉资赈济；直隶热河被水，江西广信等府被水，浙江衢州等处被风、被雹、被水，福建省城及延平等府被水，河南淅川厅等处被水、被雹，山东寿张等处被水，山西太原等处被水、被雹，陕西临潼等县被雹，留坝等处被水，甘肃皋兰等处被雹，广东省城被火，云南丘北县地震，剥隘等处被火，腾越被水，均经该督抚等查勘抚恤，小民谅可不至失所。惟念来春青黄不接之时，民力未免拮据，着传谕该督抚等体察情形，如有应行接济之处，即查明据实复奏，务于封印以前奏到，候朕于新正降旨加恩。再，江苏萧县被风，安徽安庆等府被水，浙江嘉兴等属被风、被雹，湖南安乡等县、华容等县被水，河南南召县被水，陕西商州等处被水、被雹，武功县被水，甘肃兰州各属被水、被雹，广东广州等属被水，均经该督抚等委员查勘，即着迅速办理，并将来春应否接济之处一并查明，于封印前奏到。此外各省有无被灾地方应行调剂抚恤之处，着该将军、督抚等一并查奏，候旨施恩等因。钦此。仰见圣慈轸念民依有加无已之至意，臣当即行司遵办去后。

兹据藩司魏光焘详称：遵查光绪十二年新疆吐鲁番厅夏秋田禾间被偏灾，前经委员会勘，已请将应征粮石分别奏明蠲缓。至应否酌借籽种，应俟来春察看情形，再行酌办在案。其余各属收成尚称中稔，应请毋庸接济等情，详请具奏前来。

臣复查甘肃新疆省地方，除吐鲁番厅间被偏灾业经臣奏恳圣恩将应征额粮分别蠲缓，并饬由该厅于来春察看情形，应否酌借籽种、妥为抚恤外，其余各属收成中稔，均请来春无庸接济。

谨会同陕甘总督臣谭钟麟，恭折复奏，伏乞皇太后、皇上圣鉴。谨奏。光绪十二年十二月十九日。

（朱批）：知道了。①

光绪十三年正月二十三日，奉朱批：知道了。钦此。②

108.办理吐鲁番厅属偏灾拟分别蠲缓片
光绪十二年十二月十九日（1887年1月12日）

再，新疆全境本年尚称丰稔，惟吐鲁番属间有禾苗地亩忽生螣虫，夏禾大麦、小麦均被虫食，秋禾棉花、高粱亦多被伤。其被伤之棉花、高粱，又续被狂风吹折。小民终岁勤动，收成难望，情殊堪悯。当饬该地方官将被灾庄民妥为安抚，俟秋后查看被灾轻重，分别核办蠲缓。

兹据印委各员亲往托克逊、伊拉湖、鸦儿湖、黑山头、雅尔巴什、西宁工、凉州工、沙渠子、二工、洋沙尔、东坎尔、底湖、胜金、木头沟、二堡、三堡、洋海、苏巴什、汉墩共一十九庄，逐一履勘，内灾民二百二十户。所有地亩被虫、被风，夏秋禾苗全无收获，即有收者，亦不敷籽种之数。核计本年应征京斗额粮一千四百八十一石九斗七合七勺，委属无力完缴，造赍分别蠲缓清册，出具切结，由司出示晓谕，先行停征，并俟来年察看情形应否赈抚及酌借籽种，再行酌办。据藩司魏光焘详请具奏前来。

臣复核无异。相应奏恳天恩，俯准将吐鲁番属十九庄本年被灾地亩应征粮石蠲免八百八十八石六斗五升八合六勺，缓征粮五百九十二石四斗三升九合一勺，分作三年带征，以纾民力。如蒙俞允，俟钦奉谕旨后，即饬司将被灾各户蠲免粮石分别详细开载，敬刊誊黄，遍行晓谕，俾令周知，以广皇仁而彰实惠。

所有办理吐鲁番所属偏灾分别蠲缓缘由，谨会同陕甘总督臣谭钟麟，附片具陈。是否有当？伏乞圣鉴训示。谨奏。

---

①中国第一历史档案馆藏：《朱批原件》，档案编号：04—01—23—0203—007。
②中国第一历史档案馆藏：《军机录副》，档案编号：03—9633—003。

（朱批）：另有旨。①

光绪十三年正月二十三日，奉朱批：另有旨。钦此。②

【案】此奏片于光绪十三年正月得旨允行：

军机大臣字寄：光绪十三年正月二十三日，内阁奉上谕：刘锦棠奏查明被灾地亩，请将粮石分别蠲缓等语。新疆吐鲁番上年被虫、被风，收成歉薄。若将应征粮石照常征收，民力实有未逮，加恩着照所请。所有吐鲁番属托克逊、伊拉湖、鸦儿湖、黑山头、雅尔巴什、西宁工、凉州工、沙渠子、二工、洋沙尔、东坎尔、底湖、胜金、木头沟、二堡、三堡、洋海、苏巴什、汉墩十九庄应征粮石，着蠲免八百八十八石零，缓征粮五百九十二石零，分作三年带征，以纾民力。该抚即刊刻誊黄，遍行晓谕，务使实惠均沾，毋任吏胥舞弊，用副轸念民艰至意，该部知道。钦此。③

109. 审明叶城县民怕沙劝殴毙命按律定拟折

光绪十二年十二月二十日（1887年1月13日）

尚书衔降一级留任甘肃新疆巡抚二等男臣刘锦棠跪奏，为核明解劝吓殴，误伤毙命，按例定拟，恭折具奏，仰祈圣鉴事。

窃照叶城县缠回怕沙误伤托古大什比比身死一案，前据该县禀详，当经臣批饬讯拟招解去后。兹据该县审拟详解喀什噶尔道黄光达，咨由兼臬司镇迪道恩纶核明，具详前来。

臣亲加复核，缘怕沙系叶城县缠回，务农度日，与已死缠妇托古大什比比邻居无嫌。光绪十一年间，怕沙并其兄哎沙于耕种麦禾之外，复与买卖提胡完伙同种瓜。托古大什比比之子乌沙提亦种麦禾。是年五月二十二日初更时分，怕沙携锄往公渠上放水荫麦。嗣买卖提胡完亦因瓜地缺水，知乌沙提私渠水足，前来商允哎沙携锄同往，挖放灌溉，被乌沙提捕见，不依欲殴。买卖提胡完携锄跑走。乌沙提遂与哎沙争闹，两相揪扭。维时怕

---

①中国第一历史档案馆藏：《朱批原件》，档案编号：04—01—35—0093—058。又《奏稿》第1503—1507页。
②中国第一历史档案馆藏：《军机录副》，档案编号：03—6718—010。
③中国第一历史档案馆编：《光绪朝上谕档》，第十三册，第23页。

沙放水转回,闻闹趋至,询悉情由,当向解劝。乌沙提等对立,紧揪不放,怕沙举锄背向中间吓殴,冀其松手。不期托古大什比比亦闻声从黑暗中走至怕沙对面拉劝,怕沙收锄不及,误殴伤托古大什比比左耳根倒地。哎沙释手,与怕沙一同跑走。托古大什比比移时因伤殒命。报验获犯讯详,批饬讯拟招解。旋据审拟详由兼臬司镇迪道核明具详,经臣复核无异。

查例载:斗殴而误杀其人之母一命,依斗杀本律科罪。又律载:斗殴杀人者,不问手足、他物、金刃,并绞监候各等语。此案该犯怕沙因其兄哎沙与乌沙提揪扭,解劝不听,聚锄吓殴,致误伤乌沙提之母托古大什比比左耳根身死。核其情节,该犯虽非有意助殴,但举锄吓禁,已有争斗情形,自应按例问拟。怕沙合依斗殴而误杀其人之母一命,依斗杀本律科罪,斗殴杀人者,不问手足、他物、金刃并绞律,拟绞监候,秋后处决。哎沙与买卖提胡完肇衅酿命,均照不应重律,杖八十,折责发落。乌沙提衅起护水,且其母系死于误杀,核与别项肇衅累亲致毙者不同,应免置议。无干省释。

除全案供招咨部外,所有核明此案按例办理缘由,理合恭折具奏。伏乞皇太后、皇上圣鉴。谨奏。光绪十二年十二月二十日。

(朱批):刑部议奏。①

光绪十三年正月二十四日,奉朱批:刑部议奏。钦此。②

110. 审明莎车州民克里木殴妻致命按律定拟折
光绪十二年十二月二十日(1887年1月13日)

尚书衔降一级留任甘肃新疆巡抚二等男臣刘锦棠跪奏,为核明殴妻致死,按律定拟,恭折具奏,仰祈圣鉴事。

窃照寄居莎车州缠回克里木殴伤其妻热瓦比比身死一案,前据该州禀详,当经臣批饬讯拟招解去后。兹据该州审拟,详解喀什噶尔道黄光达,咨由兼臬司镇迪道恩纶核明,具详前来。

臣亲加复核,缘克里木籍隶和阗州,寄居莎车州,种地度日。光绪九

---

①中国第一历史档案馆藏:《朱批原件》,档案编号:04—01—26—0076—080。
②中国第一历史档案馆藏:《军机录副》,档案编号:03—7310—003。

年,克里木娶热瓦比比为妻,赁乡约他易房屋居住。其妻母浑都比比亦伴女过度。热瓦比比性情悍泼,屡经克里木及浑都比比训诫不悛。克里木因见房主他易,啧有烦言,遂在附近阿奇克牙尔地方盖房两间,预备搬移另居。十二年五月十七日,克里木用木棒背负衣物,带同热瓦比比等起身。浑都比比行走落后,热瓦比比央恳克里木等待同行,克里木未允,仍向前行。热瓦比比拉其身背衣物不放,并肆泼闹。克里木一时气忿,随即卸去衣物,闪至热瓦比比身旁,用木棍吓殴一下,适伤其脑后倒地。浑都比比望见赶拢,热瓦比比已不言语。克里木将其扶至新盖房内,调治不效,延至十九日,因伤殒命。报验获犯讯详,批饬讯拟招解。旋据审拟,详由兼臬司镇迪道核明具详,经臣复核无异。

查律载:夫殴妻致死者,绞监候等语。此案该犯克里木因其妻热瓦比比性情悍泼,被房主他易,啧有烦言,搬移另居。热瓦比比于起身后,因其母浑都比比行走落后,央恳该犯等待同行未允,拉住不放,并肆泼闹。该犯一时气忿,用木棍吓殴,伤热瓦比比脑后,越二日身死,自应按律问拟。克里木合依夫殴妻致死者绞律,拟绞监候,秋后处决。浑都比比赶救不及,应毋庸议。无干省释。

除全案供招咨部外,理合恭折具奏,伏乞皇太后、皇上圣鉴。谨奏。光绪十二年十二月二十日。

(朱批):刑部议奏。①

光绪十三年正月二十四日,奉朱批:刑部议奏。钦此。②

111. 奏报新疆助垦人犯筹款安插折

光绪十二年十二月二十日(1887年1月13日)

尚书衔降一级留任甘肃新疆巡抚二等男臣刘锦棠跪奏,为遵旨复陈新疆助垦人犯现时安插情形,恭折仰祈圣鉴事。

窃臣准刑部咨:议复陕甘督臣谭钟麟片奏七省发遣新疆人犯中途恃众逞强,有殴毙营兵、殴伤解役、乘间脱逃之事,请由前途省分量为截留,分起

①中国第一历史档案馆藏:《朱批原件》,档案编号:04—01—26—0076—081。
②中国第一历史档案馆藏:《军机录副》,档案编号:03—7310—002。

递解，并知照直隶等省，酌定人数，间日发遣①，系为酌量变通，免致拥挤起见，应如所奏办理。惟是七省应发人数，统计共有二千七百余名，加以妻室子女，至少亦在五六千人上下。现在办理已形掣肘，若不预先布置妥协，将来必致愈费周章。且该犯等万里投荒，倘或不能咸安耕作，势必别滋事端，殊于边陲大有关系。相应请旨饬下该督，再行会同新疆巡抚，详查地方实在情形，务将经费如何筹画，究竟有无着落，其已经发到之犯究竟如何分拨，并以后七省人犯到齐，能否一律安插，一并妥议，迅速具奏等因。奉旨：依议。钦此。仰见朝廷慎重边陲、实事求是之至意。

臣查新疆北路，土旷人稀，屯垦最为要务，而招民内地，道远费艰。部议将各省秋审减等人犯，签同妻室子女，发新助垦，车辆、口粮一并由沿途地方官拨护资送。原以此等人犯携有室家，于屯务实为有济。迨臣奏请仿照民屯，优给牛籽、房具、口粮，而部臣援引遣犯种地、当差之例，谓未经入籍为民，不得照户民办理。其实助屯垦之犯，与实犯外遣不同，非照民屯，难收成效。

查现拟办民屯章程，每二人为一户，拨上地六十亩，给农具银六两、修屋银八两、耕牛二只、银二十四两、籽种粮三石，月给口粮面九十斤、盐菜银一两八钱。自春耕至秋获，按八个月计算，籽粮照时价扣，合共需银七十三两有奇，由公借发，限初年缴还一半，次年全还，遇歉酌缓。额粮则自第三年始，初年征半，次年全征，仍仿营田之制，十户举一屯长，月给口粮银二两。五十户派一屯正，月给口粮银四两，亦以八个月为限，但免扣还。每屯正五名，复派一委员管理，以资递相钤束。修浚渠道，仍由公中给款。各该犯到日，臣当饬设局，派员按名点验，先行酌发盐菜、口粮。眷口按大小发给。一经拨垦，一切悉如民屯。粮则动用仓储，不足则益以采买。官犯捐输一项，此时尚无可筹，应发现银，即于善后及制办军装款内，暂饬挪移垫用。此筹画经费之实在情形也。

计自陆续安插以来，有家之犯，悉安耕作。只身人犯，间不免恃强争殴，已饬印委各员严加管束。其老弱不能力耕者，于各衙门分派役使，或给资本，贸易营生。兹查迪化县属，已安三百户。其余人犯拟于奇台、阜康、

---

① 详见光绪十二年八月初一日陕甘总督谭钟麟以发遣新疆军流人犯过多，屡滋事端，相应请旨饬下刑部，酌议七省已定发新疆者，咨行各省酌定人数，间日起解，免致拥挤滋事（中国第一历史档案馆藏：《军机录副》，档案编号：03—6717—052）。

昌吉、绥来四县,各安百户,以次推及济木萨、呼图壁并镇西、库尔喀喇乌苏等厅及精河各处。此又分拨安插之实在情形也。

部议准如督臣之请,知照直隶等省,酌定人数,间日发遣,自可免沿途拥挤、恃众逞强之患。惟查各省咨报起解人犯,已有一千五百余名,而随带妻室子女者不过十之一二,殊与部臣实边之初意相左。且询据各犯声称,沿途州县每名每日发给钱文,恒不获一饱,势不得不向民间强求饮食。解役稍稍禁束,因而不服,不免忿争。是督臣谭钟麟所奏各情大抵皆由于此。此辈孑遗一身,远行绝域,既无室家,遂无顾忌,聚集一隅之地,诚恐滋生事端。而十年生聚之谋亦终,于此辈无望。惟有仰恳天恩,饬令直隶等七省,凡发遣新疆人犯有室家者,务必签同起解,仍准一体发给口粮,以免该犯等万里携家川资不逮。

又查刑部咨准河南巡抚臣边宝泉①咨请于例给口粮外,每名每日捐给钱四十文,如签同妻子,一律按名捐给,并于起解时,每名捐给川资钱二千文。在该州县所费不多,而该犯等均沾实惠。诚能各省照办,将见发遣新疆之犯,室家相保,生齿日繁,屯务可收实效,而沿途恃强逞凶诸弊亦将不禁自除矣。至各犯到后,应请概照新疆先办民屯章程办理,均于钱粮全完之年,即准入籍为民,以广皇仁而实边圉。据布政使魏光焘、镇迪道兼按察使衔恩纶会详请奏前来。

臣复核无异。所有遵议发遣新疆助垦人犯等款安插各缘由,是否有当?谨会同陕甘总督臣谭钟麟,恭折复陈,伏乞皇太后、皇上圣鉴,饬部议复施行。谨奏。光绪十二年十二月二十日。

(朱批):该部议奏。②

光绪十三年正月二十四日,奉朱批:该部议奏。钦此。③

---

①边宝泉(1831—1898),字廉溪,号润民,汉军镶红旗人。同治二年(1863),中式进士,授编修,充乡试会试考官、户科给事中等职。十一年(1872),补浙江道监察御史。同年,迁户科给事中。光绪三年(1877),升陕西督粮道。同年,晋陕西布政使。九年(1883),擢陕西巡抚。十一年(1885),调补河南巡抚。十三年(1887),因病解任。二十年(1894),补授闽浙总督兼船政大臣。二十一年(1895),兼署福州将军。
②中国第一历史档案馆藏:《朱批原件》,档案编号:04—01—28—0023—097。又《奏稿》第1509—1516页。
③中国第一历史档案馆藏:《军机录副》,档案编号:03—9554—067。

光绪十三年

001. 奏为年终赏赐谢恩折

光绪十三年二月初八日（1887年3月2日）

尚书衔降一级留任甘肃新疆巡抚二等男臣刘锦棠跪奏，为恭谢天恩，仰祈圣鉴事。

窃臣承准军机处咨开：光绪十二年年终恩赏福字荷包、银钱、银锞、食物等项，交兵部由驿驰递到臣。当即恭设香案，望阙叩头祗领讫。

伏念臣滥膺边寄，未效寸长，鹈濡恒懔夫丹忱，鹤俸滋惭于素食。兹以新更岁纪，仰沐宸慈。法羲画以垂型，自天赐祉；敷箕畴而建极，匝地熙春。重以章灿七襄，紫罗纫佩；币登三品，赤仄同颁。果饵风香，润到滴酥之味；粉酏雪洁，佐将餐玉之方。宠渥鸿施，悚深鳌戴。臣惟有倍加震省，冀叶履绥。体宵衣旰食之勤，下修职守；际岳贡川珍之盛，上颂升平。

所有微臣感激下忱，谨缮折恭谢天恩，伏乞皇太后、皇上圣鉴。谨奏。光绪十三年二月初八日。

（朱批）：知道了。钦此。①

光绪十三年四月初一日，奉朱批：知道了。钦此。②

002. 奏报兴办屯垦安插户口查报隐粮折

光绪十三年二月十二日（1887年3月6日）

尚书衔降一级留任甘肃新疆巡抚二等男臣刘锦棠跪奏，为兴办屯垦，酌拟章程，并查明镇迪各属十二年安插户口、发过经费及南北路查报隐粮各数目，恭折具陈，仰祈圣鉴事。

---

①中国第一历史档案馆藏：《朱批原件》，档案编号：04—01—16—0222—067。又《奏稿》第121—123页。
②中国第一历史档案馆藏：《军机录副》，档案编号：03—5221—002。

窃照新疆地方，幅员辽阔，戈壁之外，不乏膏腴，兵燹以来，鞠为茂草。继经平定，招集流亡，加意抚绥，兴修屯垦。南路缠民繁庶，荒地尚属无多。北路镇迪各属已垦熟地不过十之二三。田赋缺额既多，闾阎亦形雕敝。新招各户，率皆贫乏，非由公中酌借成本，不足以广招徕。臣前饬据藩司魏光焘体察情形，悉心筹画，酌拟章程，每户给地六十亩，由公中借给籽种粮三石、制办农具银六两、修盖房屋银八两、耕牛两头，合银二十四两。或父子共作，或兄弟同居，或雇伙结伴，均按以二人为一户，并月给盐菜银一两八钱、口粮面九十斤。自春耕起，按八个月计算，通计每户银粮牵算，共需借给成本银七十三两一钱，定限初年还半，次年全缴。设遇歉收，查明酌展。缴本之后，按亩升科，启征额粮。自第三年始征半，次年全征。仍仿营田之制，十户派一屯长，如营中什长之制。五十户派一屯正，如营中百长之制。每屯正五名，派一委员，管理凡请领成本、督查农工一切事宜。地方官责之委员，委员责之屯正，屯正责之屯长，仍十户出具连环保结，互相纠察，层层钤束，以免领本潜逃、耗费旷功及滋事不法诸弊。其屯正、屯长每名仍准领地六十亩，借给成本，一如户民之例。惟每月另给屯正银四两、屯长银二两，仍按八个月计算，但免扣还，以示奖励，前于复陈安插助垦人犯折内逐一声明在案。

兹查迪化县安插三百六户，奇台县安插一百户，昌吉县安插一百四户，阜康县安插五十三户，绥来县安插三百二十户，济木萨县丞安插六十六户，呼图壁巡检安插七十四户，哈密通判安插四十五户，精河巡检安插二十二户，总计安插土客一千九十户。除籽种、口粮由仓粮项下借发外，共领过成本银四万九千八百余两，另由公中筹给修渠经费银四千八百余两，均于善后经费项下开支。其旧户中有隐匿正赋，亦定章饬属严查，准各户自行首报，即于具报到官之日按亩升科，姑宽既往。如不行首报，查出严惩，仍追历年隐赋。已据各属查报隐粮一千三百四十余石，均自十二年起征。此上年定章兴办屯垦并清查隐赋之各项情形也。

惟新疆屯地，向资渠水灌溉，乱后渠多壅废。开办之初，择其易于为力者，先加疏浚，经费尚属无多，以后续筹安插，此款必须增巨。现值安插遣犯，需费不赀，即以收回成本周转，能否招垦民户如上年之数，应俟察看情形，酌量筹办，以期户口日增，荒芜日辟，额赋日加，渐臻富庶。至南路各属亦据报新垦地一万九千余亩，分年启征，均系报明不领垦费，合并声明。

除咨部查照外,谨会同陕甘总督臣谭钟麟,恭折具陈。是否有当?伏乞皇太后、皇上圣鉴训示。谨奏。光绪十三年二月十二日。

(朱批):着照所请,该部知道。①

光绪十三年三月十一日,奉朱批:着照所请,该部知道。钦此。②

003. 奏报游击程步云病故即请开缺片

光绪十三年二月十二日(1887年3月6日)

再,臣据巴里坤镇总兵徐占彪呈报:卸任古城营游击程步云于光绪十二年十一月初十日在坤病故,取到该故员原领游击札付及印、甘各结,呈请核办前来。臣复核无异,应即请旨开缺。

除所遗游击员缺容臣另拣尽先合例人员请补,并将赍到札付、各结咨送兵部外,谨会同陕甘总督臣谭钟麟、署乌鲁木齐提督臣谭上连,附片陈明,伏乞圣鉴训示。谨奏。

(朱批):兵部知道。③

光绪十三年三月十一日,奉朱批:兵部知道。钦此。④

【案】此具奏日期,原件存疑,录副署"光绪十三年三月十一日"。查光绪十三年三月十一日《军机处随手登记档》⑤朱批刘锦棠折,载有"报四百里,二月十二日发"等字样。据此,此片具奏日期当为"光绪十三年二月十二日",兹据校正。

004. 请增库尔喀喇乌苏同知公费片

光绪十三年二月十二日(1887年3月6日)

再,臣据藩司魏光焘详:据库尔喀喇乌苏同知符瑞禀称:库属地方瘠

---

① 中国第一历史档案馆藏:《朱批原件》,档案编号:04—01—22—0063—027。又《奏稿》第1517—1521页。
② 中国第一历史档案馆藏:《军机录副》,档案编号:03—9554—070。
③ 中国第一历史档案馆藏:《朱批原件》,档案编号:04—01—30—0186—037。
④ 中国第一历史档案馆藏:《军机录副》,档案编号:03—5848—020。
⑤ 中国第一历史档案馆藏:《军机处随手登记档》,档案编号:03—0253—1—1213—067。

苦,人工货物昂贵,倍于各属。且路当冲繁,差务频仍,供支甚巨,额领廉费不敷应用,委属异常支绌。恳请援案酌加公费等情。查南北路各厅州县稍苦员缺,均蒙奏准酌加办公银两。该厅系属新设,缺分最苦,可否援照喀喇沙尔同知之例,除旧有公费外,按月给予加增公费银五十两等情,详请具奏前来。

臣查新设库尔喀喇乌苏同知,前经部议,比照吐鲁番同知例,岁支养廉银八百两、公费银七百两,俸银照五品例,岁支八十八两。兹据称该厅地方瘠苦,查系实情,自应量加体恤,俾昭平允。合无仰恳天恩俯允,饬部准照喀喇沙尔同知之例,除旧有公费外,按月给予加增公费银五十两,以资办公,出自逾格鸿施。

是否有当?谨会同陕甘总督臣谭钟麟,附片具奏,伏乞圣鉴训示。谨奏。

(朱批):着照所请,该部知道。①

光绪十三年三月十一日,奉朱批:着照所请,该部知道。钦此。②

005. 请准库车等属交代宽免起限片
光绪十三年二月十二日(1887年3月6日)

再,臣前准户部咨:新疆新设官员,初任交代变通初参、二参往返程途,例限辞任交代,仍照例限办理,以符定制。奏奉谕旨,飞咨遵照等因到臣。当经饬行遵办去后。

兹据藩司魏光焘详称:查清厘交代,例定限期,原为杜积延、清仓库起见。前因南路新设各厅州县,初任交代皆属创案,一切章程未定,必须分别清厘,展转更造,有需时日,未能骤照定例,故详请奏明,免予起限。然钱粮关重,本司责无旁贷。虽请免起限,而催查结报,仍未尝稍从宽假,并不敢以未经起限,遂听各属任意稽延。兹查未经扣限者,库车同知、莎车直隶州、叶城县、喀喇沙尔同知、拜城县先后交代五起,均在未奉部文之先,应恳奏咨仍照前奏,免予起限。其以后交代,凡系初任,均遵此次部议,加倍扣

---

①中国第一历史档案馆藏:《朱批原件》,档案编号:04—01—35—0988—027。又《奏稿》第1523—1524页。
②中国第一历史档案馆藏:《军机录副》,档案编号:03—6616—054。

限。次任交代,概照例限办理等情。详请具奏前来。

臣复查无异。合无仰恳天恩俯准,饬部将未奉部文以前库车等五厅州县未经扣限初任交代五起,仍予宽免起限。一俟次任,再行循例办理,以符定制。

除咨部查照外,谨会同陕甘总督臣谭钟麟,附片具陈,伏乞圣鉴训示。谨奏。

(朱批):着照所请,该部知道。①

光绪十三年三月十一日,奉朱批:着照所请,该部知道。钦此。②

006. 查明防营弁勇及营局上年春夏实数折

光绪十三年二月十七日(1887年3月11日)

尚书衔降一级留任甘肃新疆巡抚二等男臣刘锦棠跪奏,为查明新疆防营弁勇及各台局光绪十二年正月初一日起至六月底止实在数目,分别缮具清单,奏明立案,恭折仰祈圣鉴事。

窃臣所部马步诸军暨乌鲁木齐提标土勇截至光绪十一年底止,共存六十三营旗、开花炮队三哨、小马队四哨及各台局实在数目,业经遵照部议分别奏咨在案。

兹据粮台司道详称:十二年四、五、六等月新募帮统董定各军提督张俊所部坐粮小马队一哨,又将定远左旗行粮步队添募成营,改为定远左营。又新募玛纳斯协标坐粮马队一旗,并于六月内将绥定行粮步队一营裁并,改为绥定中旗,仍支给行粮。通截至十二年六月底止,共存六十四营旗、开花炮队三哨、小马队五哨。共计额设弁勇二万一千一百四十八员名,额外营哨官一百一十员,额外火夫、公私长夫、马夫九千七十五名。其各台局于五月底裁撤哈密柴草局一处,照章将原存营局及新添、裁改各数目、日期,分晰缮具清单,详请奏咨前来。

臣复核无异。所有新疆各营局自光绪十二年正月初一日起至六月底止实在数目,除咨部外,理合缮具清单,恭呈御览。伏乞皇太后、皇上圣鉴,

---

①中国第一历史档案馆藏:《朱批原件》,档案编号:04—01—35—0830—058。又《奏稿》第1525—1527页。

②中国第一历史档案馆藏:《军机录副》,档案编号:03—5220—033。

饬部立案施行。谨奏。光绪十三年二月十七日。

（朱批）：该部知道，单二件并发。①

光绪十三年三月十九日，奉朱批：该部知道，单二件并发。钦此。②

007. 呈马步诸军各营旗员弁勇丁等清单

光绪十三年二月十七日（1887年3月11日）

谨将新疆楚湘蜀诸军马步各营旗员弁勇丁、夫马炮车数目，自光绪十二年正月初一日起至六月底止，缮具四柱清单，恭呈御览。计开

旧管：

光绪十一年十二月底止，实存行粮步队十五营十二旗、坐粮步队三旗、土勇步队九旗、行粮马队九营五旗、坐粮马队九旗、土勇马队一旗，总计六十三营旗、开花炮队三哨、小马队四哨，实存额设弁勇二万九百七十四员名。

查上届造赍光绪十一年七月初一日起截至十二月底止，单载实存额设弁勇二万一千一十八员名，内应将小马队四哨、每哨伙夫五名，开花炮队三哨、每哨车夫八名，共计伙夫、车夫四十四名，照数划除，归入额外伙夫、长夫项下列存开报，实存额设弁勇合符前数。

实存额外营哨官一百一十一员，实存额外伙夫四百七十三名。

查上届造赍光绪十一年七月初一日起截至十二月底止，单载实存额外伙夫四百五十三名，兹将旧设小马队四哨、每哨伙夫五名，共计划归伙夫二十名，实存额外伙夫合符前数。

实存额外长夫、马夫八千四百六十八名。

查上届造赍光绪十一年七月初一日起截至十二月底止，单载实存额外长夫、马夫八千四百四十四名，兹将旧设开花炮队三哨、每哨车夫八名，共计划归车夫二十四名，实存额外长夫、马夫合符前数。

实存额马四千三百六十九匹。

查上届造赍光绪十一年七月初一日起截至十二月底止，单载实存额马

---

①中国第一历史档案馆藏：《朱批原件》，档案编号：04—01—01—0959—092。
②中国第一历史档案馆藏：《军机录副》，档案编号：03—5754—011。

四千一百七十三匹，兹将额设小马队四哨，遵照前次部准改照行粮马队饷章，从光绪十一年正月起，改支饷项一律改用官马，计每哨应添额马四十九匹，共添额马一百九十六匹，应于此次补列旧管，合并登明。

实存炮车十八辆、车骡四十八头。

新收：

光绪十二年四月十六日起，新添帮统董定马步各军题奏提督张俊所部坐粮小马队一哨，照章新添弁勇四十九员名，新添额外伙夫五名，新添额外马夫、私夫五十名，新添额马四十九匹。

光绪十二年五月初一日起，将定远左旗行粮步队添募成营，改为定远左营，除旧存额弁勇外，照章新添弁勇一百三十五员名，新添额外营哨官二员，新添额外公长夫五十三名。

光绪十二年六月初一日起，新募玛纳斯协标坐粮马队一旗，照章新添官弁勇丁一百二十五员名，新添额外伙夫十四名，新添额外马夫、私夫六十五名，新添额马一百二十七匹。

开除：

光绪十二年六月初一日起，将绥定营裁并，改为绥定中旗行粮步队一旗，除照额挑留官弁勇丁三百七十员名、额外副哨官三员、公长夫一百二十七名外，计裁减额设弁勇一百三十员名，裁减额外营哨官二员，裁减额外公长夫五十三名。

实在：

光绪十二年六月底止，实存行粮步队十五营十二旗、坐粮步队三旗、土勇步队九旗、行粮马队九营五旗、坐粮马队十旗、土勇马队一旗，总计马步六十四营旗、开花炮队三哨、小马队五哨。计实存弁勇二万一千一百四十八员名，实存额外营哨官一百一十一员，实存额外伙夫四百九十二名，实存额外公私长夫、马夫八千五百八十三名，实存额马四千五百四十五匹，实存炮车十八辆、车骡四十八头。

（朱批）：览。①

---

①中国第一历史档案馆藏：《清单》，档案编号：03—5754—012。

008. 呈各台局义学光绪十二年上半年四柱清单

光绪十三年二月十七日（1887年3月11日）

谨将新疆各台局义学自光绪十二年正月初一日起截至六月底止缮具四柱清单，恭呈御览。计开

旧管：

光绪十一年十二月底止，实存新疆粮台、哈密督催粮运总局、哈密军装制办总局、古城屯采总局、省城军装局，巴里坤、吐鲁番、省城三采运局，哈密及省城二柴草局。

哈密新城、老城，吐鲁番新城、老城，喀喇沙尔、库车、阿克苏、乌什、英吉沙尔，喀什噶尔回城、汉城，叶尔羌、和阗、古城、迪化州、绥来等处十六保甲局。

哈密、巴里坤、昌吉、吐鲁番、喀喇沙尔、库车、阿克苏、乌什、喀什噶尔、英吉沙尔、玛喇巴什、叶尔羌、和阗等处十三牛痘局。

哈密义学五堂，吐鲁番义学六堂，喀库义学四堂，库车义学五堂，阿克苏义学五堂，乌什义学三堂，喀什噶尔义学五堂，玛喇巴什义学三堂，英吉沙尔义学三堂，叶尔羌义学七堂，和阗义学四堂，巴里坤义学四堂，奇台义学四堂，济木萨义学三堂，阜康义学二堂，迪化州义学六堂，昌吉义学二堂，绥来义学四堂，呼图壁义学二堂，共计义学七十七堂。

新收：无项。

开除：

光绪十二年六月底止，裁撤哈密柴草局一处。

实在：

光绪十二年六月底止，实存新疆粮台、哈密督催粮运总局、哈密军装制办总局、古城屯采总局、省城军装局，巴里坤、吐鲁番及省城三采运局，省城柴草局。

哈密新城、老城，吐鲁番新城、老城，喀喇沙尔、库车、阿克苏、乌什、英吉沙尔，喀什噶尔回城、汉城，叶尔羌、和阗、古城、迪化州、绥来等处十六保甲局。

哈密、巴里坤、昌吉、吐鲁番、喀喇沙尔、库车、阿克苏、乌什、喀什噶尔、

英吉沙尔、玛喇巴什、叶尔羌、和阗等处十三牛痘局。

哈密义学五堂，吐鲁番义学六堂，喀库义学四堂，库车义学五堂，阿克苏义学五堂，乌什义学三堂，喀什噶尔义学五堂，玛喇巴什义学三堂，英吉沙尔义学三堂，叶尔羌义学七堂，和阗义学四堂，巴里坤义学四堂，奇台义学四堂，济木萨义学三堂，阜康义学二堂，迪化州义学六堂，昌吉义学二堂，绥来义学四堂，呼图壁义学二堂，共计义学七十七堂。

（朱批）：览。①

009. 审拟回民托古大斗殴毙命一案折
光绪十三年二月十七日（1887年3月11日）

尚书衔降一级留任甘肃新疆巡抚二等男臣刘锦棠跪奏，为核明斗殴毙命，按律定拟，恭折具奏，仰祈圣鉴事。

窃照莎车州缠回托古大殴伤哎里身死一案，前据署该州知州刘兆梅禀详，当经臣批饬讯拟招解去后。刘兆梅未及审解卸事，移交署知州刘嘉德审拟，详解喀什噶尔道黄光达，咨由兼臬司镇迪道恩纶核明，具详前来。

臣亲加复核，缘托古大籍隶莎车州，种地为业。已死哎里系其堂舅母吉米里比比之子，素好无嫌。光绪十一年六月间，哎里借用托古大牛只犁地，言明使牛一天，还工两日。迨后哎里犁毕地亩，只还一工，再未前往。是月十四日早饭后，托古大因割麦禾紧急，工复难雇，往寻哎里割麦，适于途遇，告述前情。哎里答称不暇还工，随在身上取出天罡一元，给令另雇。托古大不依，斥其懒惰。哎里分辩回詈，并拢揪托古大胸衣，举拳欲殴。托古大挣不脱身，致指甲抓伤哎里咽喉，哎里仍不松手。托古大情急，用拳冒殴一下，致伤哎里左太阳穴倒地，擦伤左额角、胸膛。经买卖托和大路过瞥见，趋至喝阻，询悉情由，通知尸母吉米里比比，前往看明扶救，移时哎里因伤殒命。投明玉孜巴什报验，获犯讯详，批饬讯拟招解。刘兆梅未及审解卸事，移交刘嘉德审拟，详由兼臬司镇迪道核明具详，经臣复核无异。

查律载：斗殴杀人者，不问手足、他物、金刃，并绞监候等语。此案托古大用拳殴伤哎里身死，查哎里系托古大堂舅母吉米里比比之子，并无服制，

---

①中国第一历史档案馆藏：《清单》，档案编号：03—5754—013。

应同凡论,依律问拟。托古大合依斗殴杀人者,不问手足、他物、金刃并绞律,拟绞监候,秋后处决。见证买卖托和大救阻不及,应毋庸议。无干省释。

除全案供招咨部外,所有核明此案按律办理缘由,理合恭折具奏,伏乞皇太后、皇上圣鉴训示。谨奏。光绪十三年二月十七日。

(朱批):吏部议奏。①

光绪十三年三月十九日,奉朱批:刑部议奏。钦此。②

010. 委任黄光达署理阿克苏道员片

光绪十三年二月十七日(1887年3月11日)

再,前据署阿克苏道雷声远禀称:患病日加沉重,恳请给假交卸等情。当经查有喀什噶尔道黄光达安详谨慎,办事实心,堪以调署。递遗之缺查有营务处二品顶戴盐运使衔准补阿克苏道袁尧龄,器识闳深,善待大体,堪以委署。

正在檄饬遵照间,适据三品衔甘肃遇缺尽先题奏道陈名钰禀称:雷声远已于正月二十九日因病出缺,所有关防由署道库大使杨升承送交州署封存,禀报前来。

除饬该州陈名钰暂行兼护道篆,并催黄光达俟袁尧龄到日,迅速交卸起程驰赴署任外,谨会同陕甘总督臣谭钟麟,附片具奏,伏乞圣鉴。谨奏。

(朱批):吏部知道。③

光绪十三年三月十九日,奉朱批:吏部知道。钦此。④

011. 请准开缺回籍省亲就医折

光绪十三年二月十九日(1887年3月13日)

尚书衔降一级留任甘肃新疆巡抚二等男臣刘锦棠跪奏,为微臣病势日

---

①中国第一历史档案馆藏:《朱批原件》,档案编号:04—01—26—0076—036。
②中国第一历史档案馆藏:《军机录副》,档案编号:03—7310—008。
③中国第一历史档案馆藏:《朱批原件》,档案编号:04—01—16—0222—059。
④中国第一历史档案馆藏:《军机录副》,档案编号:03—5220—052。

增，亲年日迈，吁恳天恩允准开缺，赏假一年，俾回籍省亲，兼得就医调理，恭折仰祈圣鉴事。

窃臣前因患病，累疏陈情，仰蒙优给假期，锡之珍药，俾在营安心调理。温纶迭贲，奖励有加。臣何人斯，遭兹宠遇，即糜顶踵，未足云酬。苟可勉自支持，何敢复有所请？惟三四年来，医治迄今未能收效，始犹时发时止，发亦不过月余。至去年夏间，病泄失调，数月不愈，牵动旧时目眩头晕、心悸汗下诸证，侵寻靡已。冬间脚气又发，行步须人，甚或数日不能履地，卧阅文书，或接见僚属于卧榻之侧，又畏寒特甚，重裘抱火，犹不自禁，苦嗽多痰，动辄盈碗。关外极寒之地，医药俱无。如臣福薄灾生，但有日积日深而已。

昔人尝谓，人苦则呼天，疾痛则呼父母。臣父昔年殁于行阵，臣甫数龄，赖祖母陈氏抚以成立，及后臣叔原任广东陆路提督刘松山又没于战阵。臣祖母所恃以慰迟暮者，惟臣兄弟二人。臣以朴愚，尤所偏爱。然自从军以后，只同治十年送臣叔遗榇回湘，依侍两月，旋即带队出关，迄今又十六年，未曾归省。上年臣弟自河南乞假，回籍省视。祖母闻报，以为臣也。及见后，问对移时，始恍然抚之而泣，知其为误。盖年八十有三，神识昏耄久矣。臣弟书来，备述其状，臣益无以自安。

伏读光绪九年三月初三日上谕：现在伊犁交涉之事尚多枝节，俄境匪类时出滋扰，外患未靖，大兵势难遽撤，边疆紧要，正赖重臣镇慑，未便遽易生手等因。是臣犬马力衰、体羸多病早在圣慈垂悯之中。特边事未平，义难力请。今则界务已定，外匪无踪，惟欠饷未清，客勇未能尽撤。但使各该省应期报解，则按名遣发，尽人所能。

臣本粗才，惟知军旅，如察吏、安民、劝学、屯田诸要政，举无所知。到任以来，幸赖督臣谭钟麟启发于前，藩司魏光焘举行于后，始得稍免愆尤。该藩司久在行间，习于兵事，历官内地，吏治尤其所长。所定科条，臣但能画诺，而病躯委顿，犹且弗堪。每一议行，辄经旬月。若复迟疑恋栈，贻误必多，负国望亲，臣罪滋重。

再四思维，惟有仰恳天恩俯准开缺，赏假一年，回籍省亲，兼得就医调理。臣受恩深重，具有天良，但得到家一视，稍慰臣祖母垂暮之思，臣疾医治稍痊，即当趋叩阙廷，求赏差使，断不敢稍耽安逸，有负生成。臣今年四十有四，自度病痊尚可从容效力，所谓报国之日长，事亲之日短也。

臣不胜乌鸟之私,谨恭折沥陈,伏乞皇太后、皇上圣鉴训示。谨奏。光绪十三年二月十九日。

(朱批):另有旨。①

光绪十三年三月二十六日,奉朱批:另有旨。钦此。②

【案】《上谕档》:

军机大臣字寄:甘肃新疆巡抚刘:光绪十三年三月二十六日,奉上谕:刘锦棠奏请开缺赏假一年、省亲就医一折。览奏,情词肫挚,殊深廑系。现在新疆地方紧要,所有屯田、遣勇各事宜,尚须妥筹经理。该抚久膺边寄,办事认真,于新疆一切情形尤为熟悉。朝廷眷顾西陲,正资倚畀,虽据陈情恳切,惟当此时事艰难,自应国尔忘家,益图报称。刘锦棠着赏假三月,并加恩赏给人参八两,在任安心调理,毋庸开缺。将此谕令知之。钦此。遵旨寄信前来。③

012. 奏报新疆光绪十二年十月雨水粮价折

光绪十三年二月二十三日(1887年3月17日)

尚书衔降一级留任甘肃新疆巡抚二等男臣刘锦棠跪奏,为恭报光绪十二年十月分粮价并得雪情形,谨缮折具陈,仰祈圣鉴事。

窃照十二年九月分各厅州县粮价并得雨情形,业经臣奏报在案。兹查十二年十月分,北路镇迪各属得雪积地一二寸及三四寸不等。南路库车得雪积地二寸有余。秋粮均已登场,民情安帖。至通省粮价,镇西、吐鲁番、乌什、玛喇巴什、莎车、迪化、阜康等厅州县,俱与上月相同,余均略有增减。据藩司魏光焘汇详请奏前来。

理合恭折具陈,并缮粮价清单,敬呈御览。伏乞皇太后、皇上圣鉴。谨奏。光绪十三年二月二十三日。

(朱批):知道了。④

---

① 中国第一历史档案馆藏:《朱批原件》,档案编号:04—01—16—0222—106。又《奏稿》第1529—1535页。
② 中国第一历史档案馆藏:《军机录副》,档案编号:03—5220—085。
③ 中国第一历史档案馆编:《光绪朝上谕档》,第十三册,第129页。
④ 中国第一历史档案馆藏:《朱批原件》,档案编号:04—01—25—0528—042。

光绪十三年三月二十五日,奉朱批:知道了。钦此。①

013. 呈新疆各属光绪十二年十月粮价清单

光绪十三年二月二十三日(1887年3月17日)

谨将新疆各属光绪十二年十月分米粮时估价值缮具清单,恭呈御览。计开

十月分:

镇迪道属

迪化县:大米每京石价银四两四钱四厘,小麦每京石价银一两五钱九分二厘,莞豆每京石价银一两六钱五分六厘,青稞每京石价银一两二钱五分八厘。俱与上月相同。

昌吉县:大米每京石价银三两六钱,较上月减三钱六分一厘。小麦每京石价银一两三钱四分七厘,莞豆每京石价银一两三钱四分五厘,青稞每京石价银九钱一分七厘,俱与上月相同。

阜康县:粟米每京石价银一两四钱八分六厘,小麦每京石价银一两三钱八分,莞豆每京石价银一两二钱七分三厘,高粱每京石价银六钱七分二厘。俱与上月相同。

绥来县:大米每京石价银二两五钱四厘,较上月减三钱六厘。小麦每京石价银一两一钱三分二厘,较上月增七分。莞豆每京石价银一两二钱九厘,较上月减一分五厘。高粱每京石价银八钱八分三厘,与上月相同。

奇台县:大米每京石价银四两一钱四分二厘,较上月增三钱四分五厘。小麦每京石价银一两一钱三分二厘,较上月增七分一厘。莞豆每京石价银八钱六分三厘,与上月相同。

哈密厅:银粟米每京石价银一两四钱四分,较上月减三钱六分。小麦每京石价银九钱二分,较上月减八分四厘。莞豆每京石价银一两一钱五分,较上月减一钱四分。青稞每京石价银七钱一分四厘,与上月相同。

镇西直隶厅:小麦每京石价银一两六钱八分,莞豆每京石价银一两七钱二分,青稞每京石价银一两一钱二分。俱与上月相同。

①中国第一历史档案馆藏:《军机录副》,档案编号:03—6861—030。

吐鲁番厅：小麦每京石价银一两七钱七分四厘，大麦每京石价银五钱六分，高粱每京石价银七钱四分六厘，黄豆每京石价银一两四钱九分三厘。俱与上月相同。

库尔喀喇乌苏厅：小麦每京石价银一两三钱一分一厘，与上月相同。高粱每京石价银一两一分九厘，较上月增五分九厘。莞豆每京石价银一两四钱八分，较上月增八分。

阿克苏道属

温宿直隶州：大米每京石价银一两一钱一分九厘，较上月减四钱三分一厘。小麦每京石价银六钱九分，大麦每京石价银三钱六分，包谷每京石价银四钱八厘，俱与上月相同。

拜城县：小麦每京石价银三钱五分，大麦每京石价银二钱，俱与上月相同。莞豆每京石价银二钱七分，较上月减三分。包谷每京石价银三钱，与上月相同。

喀喇沙尔直隶厅：大米每京石价银二两八钱一分二厘，小麦每京石价银一两三分五厘，莞豆每京石价银九钱三分六厘，包谷每京石价银八钱三分二厘。俱与上月相同。

库车直隶厅：大米每京石价银一两七钱八分，与上月相同。小麦每京石价银五钱九分，较上月增一分。莞豆每京石价银四钱六分，较上月减六分。包谷每京石价银三钱七分，较上月增二厘。

乌什直隶厅：大米每京石价银二两三钱八分四厘，小麦每京石价银五钱二分八厘，大麦每京石价银二钱六分七厘，包谷每京石价银三钱九分三厘。俱与上月相同。

喀什噶尔道属

疏勒直隶州：大米每京石价银三两，与上月相同。小麦每京石价银一两五钱一分八厘，较上月增一钱三分八厘。包谷每京石价银八钱九分六厘，高粱每京石价银九钱二分，俱与上月相同。

疏附县：大米每京石价银三两，与上月相同。小麦每京石价银一两五钱一分八厘，较上月增一钱三分八厘。包谷每京石价银九钱三分八厘，高粱每京石价银九钱二分，俱与上月相同。

莎车直隶州：大米每京石价银二两三钱六分八厘，大麦每京石价银六钱二分五厘，小麦每京石价银八钱二分八厘，包谷每京石价银五钱二分八厘。俱与上月相同。

叶城县：大米每京石价银二两四钱六分五厘，较上月减八分七厘。小麦每京石价银七钱，与上月相同。包谷每京石价银五钱二分八厘，较上月减一钱四分四厘。高粱每京石价银八钱六分二厘，与上月相同。

和阗直隶州：大米每京石价银一两八钱二分，较上月减四钱二分。小麦每京石价银八钱二分八厘，与上月相同。包谷每京石价银三钱八分四厘，较上月减一钱二分八厘。青稞每京石价银四钱一分四厘，较上月减一钱三分八厘。

于阗县：大米每京石价银四两二钱七分八厘，较上月减二钱七分六厘。小麦每京石价银一两七分二厘，与上月相同。包谷每京石价银七钱六分八厘，较上月减一钱二分八厘。

英吉沙尔直隶厅：大米每京石价银二两八钱九分六厘，较上月减七钱五分二厘。小麦每京石价银八钱五厘，较上月减三钱二分。包谷每京石价银五钱九厘，较上月减一钱七分。大麦每京石价银五钱一分八厘，较上月减一钱五分七厘。

玛喇巴什直隶厅：大米每京石价银二两八钱一分，小麦每京石价银一两一钱，包谷每京石价银一两二分，俱与上月相同。

（朱批）：览。①

014. 审拟英吉沙尔回民木沙捉奸伤命折
光绪十三年二月二十三日（1887年3月17日）

尚书衔降一级留任甘肃新疆巡抚二等男臣刘锦棠跪奏，为核明捉奸已离奸所非登时杀死不拒捕奸夫，按例定拟，恭折具奏，仰祈圣鉴事。

窃照英吉沙尔厅回民木沙戳伤回民哈生木身死，并畏罪自戕平复一案，前据署英吉沙尔同知刘嘉德禀详，当经臣批饬将犯伤医痊，讯拟招解去后。嗣犯伤平复，刘嘉德未及审解卸事，移交接署同知危兆麟审拟，详解喀什噶尔道黄光达，咨由兼臬司镇迪道恩纶核明具详前来。

臣亲加复核，缘木沙籍隶英吉沙尔厅，种地度日，与已死哈生木素识无

---

①中国第一历史档案馆藏：《清单》，档案编号：03—6861—031。

嫌。木沙之妻来里比比先未嫁木沙时,哈生木常至其家来往,来里比比见面不避。光绪十年六月间,哈生木乘间与来里比比调戏成奸,后非一次,并未给过钱物。来里比比之夫木沙及母白合塔加罕均不知情。迨十月间,来里比比嫁与木沙,哈生木常潜往续奸,木沙亦不知觉。嗣来里比比恐木沙撞破奸情,常住娘家,与哈生木遇便奸宿。自此木沙生疑,屡次留心查察。

十一年十一月十七日,来里比比与哈生木在娘家后园行奸,经木沙捕见扑捉。哈生木夺路跑走未获,拉进来里比比,投知白合塔加罕,严加训责。旋令偕归。白合塔加罕因木沙正值忿恨,若许同归,必被殴责,约俟稍缓,伴送回归。木沙负气走去。

十八日,木沙前往催令来里比比归家,走至村外,瞥见哈生木与艾里牙同在一处弯身砍柴,触起前忿,赶拢斥骂哈生木不应欺奸伊妻。哈生木回头观看,木沙抽出身带小刀,戳伤其右肩甲、心坎。艾里牙正欲拢劝,哈生木转身逃跑。木沙复赶至身后,戳伤其脊膂倒地。艾里牙连忙赶拢喝阻,木沙亦即畏罪自戕胸膛歇手。艾里牙通知哈生木之兄纳士来前往看明,抬回救治罔效,延至二十日,哈生木因伤殒命。投明玉孜巴什,报验讯详,批饬将犯伤医痊,讯拟招解。嗣犯伤平复,刘嘉德未及审解卸事,移交危兆麟审拟,详由兼臬司镇迪道核明具详,经臣复核无异。

查例载:本夫捉奸已离奸所非登时杀死不拒捕奸夫者,照罪人不拒捕而擅杀律绞监候等语。此案木沙捕见哈生木与其妻来里比比行奸,扑捉未获,嗣经瞥见气忿,赶拢斥骂,并用小刀伤脊膂等处身死,捉非奸所,杀非登时,自应按例问拟。木沙合依本夫捉奸已离奸所非登时杀死不拒捕奸夫者,照罪人不拒捕而擅杀律,拟绞监候,秋后处决。来里比比与哈生木通奸,合依军民相奸,奸妇枷号一个月,杖一百,杖决加赎,饬属领回,听其去留。奸夫哈生木罪有应得,业已身死,应与救阻不及之艾里牙均毋庸议。无干省释。

除全案供招咨部外,所有核明此案按例办理缘由,理合恭折具奏,伏乞皇太后、皇上圣鉴训示。谨奏。光绪十三年二月二十三日。

(朱批):刑部议奏。①

---

①中国第一历史档案馆藏:《朱批原件》,档案编号:04—01—25—0076—039。

光绪十三年三月二十五日,奉朱批:刑部议奏。钦此。①

015. 请以刘嘉德调补莎车直隶知州缘由折
光绪十三年二月二十八日(1887年3月22日)

尚书衔降一级留任甘肃新疆巡抚二等男臣刘锦棠跪奏,为拣员调补新设要缺直隶州知州,以重地方,恭折仰祈圣鉴事。

窃据新疆布政使魏光焘、兼按察使衔镇迪道恩纶会详称:新设莎车直隶州地方,东南毗连叶城,西北与英吉沙尔接壤,东北界玛喇巴什,正南为色勒库尔城,以达瓦罕、坎巨提各回部,地广丁多,商贾辐辏。各外部往来贸易,杂处其间,稽查弹压,在在悉关紧要。应请定为冲繁难三项要缺。该处知州系属新设,应即拣员请补,以重职守。查南路新设各缺,前奉部议,准照吉林新章由外拣补一次在案。

兹查有知府用准补英吉沙尔同知署莎车直隶州知州刘嘉德,年五十岁,安徽颍州府霍丘县人,由附贡生报捐双月选用县丞,投效甘肃军营,于克复吐鲁番案内,保免选本班,以知县留于甘肃,尽先补用,历署济木萨县丞、奇台县知县各篆务。嗣在福建茶叶洋药十三次案内,捐加同知升衔。新疆五次剿平边寇案内,保免补本班,以直隶州知州仍留原省,归候补班前先补用,委署吐鲁番同知。乌鲁木齐历办边防善后案内,保俟补缺后以知府用,先换顶戴,调署英吉沙尔同知。新疆六载边防案内,保戴花翎,又调署莎车直隶州知州事。光绪十二年三月十九日,交卸英吉沙尔同知篆务。四月初三日,接印任事。是年六月,奏补英吉沙尔同知,奉部复准在案。该司等查该员刘嘉德,有为有守,办事实心,在新疆年久,熟悉边情,历任地方,均无贻误。现署斯缺,措置咸宜,舆情爱戴,以之调补莎车直隶州知州,洵于地方有裨等情,详请具奏前来。

臣查该员刘嘉德,廉明果决,勤慎耐劳。合无仰恳天恩,准以该员调补莎车直隶州知州员缺,以裨地方。如蒙俞允,俟奉部复,即行给咨,并案送部引见,以符例章。仍令试俸年满,另请销去试字。再,该员各任内并无参罚案件,合并声明。

---

① 中国第一历史档案馆藏:《军机录副》,档案编号:03—7310—009。

是否有当？谨会同陕甘总督臣谭钟麟，恭折具陈，伏乞皇太后、皇上圣鉴训示。谨奏。光绪十三年二月二十八日。

（朱批）：吏部议奏。①

光绪十三年四月初一日，奉朱批：吏部议奏。钦此。②

016. 审拟回民马戛西子斗殴毙命一案折

光绪十三年二月二十八日（1887年3月22日）

尚书衔降一级留任甘肃新疆巡抚二等男臣刘锦棠跪奏，为核明斗殴毙命，按律定拟，恭折具奏，仰祈圣鉴事。

窃照乌鲁木齐回民马戛西子戳伤喀喇沙尔厅回民马三哇子身死，并畏罪自戕平复一案，前据署喀喇沙尔同知龙魁禀详，当经臣批饬将犯伤医痊，讯拟招解去后。嗣犯伤平复，龙魁未及审解卸事，移交接署同知周锡文，提犯复讯，供词狡展，随传要证马巴海，适前去喀什噶尔贸易。迭经关提，于光绪十二年八月二十四日，始据疏勒州将马巴海传案解质，据供原情不讳，由周锡文审拟，详解阿克苏道雷声远，咨由兼枲司镇迪道恩纶核明具详前来。

臣亲加复核，缘马戛西子籍隶乌鲁木齐，与已死喀喇沙尔厅回民马三哇子素好无嫌。光绪十年十月间，马三哇子向马戛西子借用银十两，言明不久即还，并未立约议息。过后马三哇子屡索未偿。十一年正月初一日，马戛西子至何庆云池塘洗澡，因其出外拜年，只有小孩在店，索水不便，即生炉旁烤火。适马三哇子解披长衣，亦来沐浴。马戛西子复向索银，马三哇子斥骂不应新年讨帐。马戛西子分辩回骂，马三哇子卸去长衣扑殴，马戛西子抽出身带小刀，连戳伤其顶心偏右。马三哇子跑往门外拾石，马戛西子赶至马三哇子身后，复连戳伤其脊背、脊膂。马三哇子转身，举足相踢，马戛西子复闪侧，连戳伤其右后肋、左后肋、左后胁。马三哇子又向夺刀，马戛西子复连戳伤其右手腕、左手心倒地。马戛西子畏罪，随即自扎肚腹，经马巴海走至瞥见喝阻，将刀格落，询悉情由，找同何庆云，通知尸父马

---

① 中国第一历史档案馆藏：《朱批原件》，档案编号：04—01—12—0537—066。又《奏稿》第1537—1540页。
② 中国第一历史档案馆藏：《军机录副》，档案编号：03—5221—001。

得保前往看明，将马三哇子抬回，救治罔效，移时因伤殒命。投约报验，获犯讯详，批饬将犯伤医痊，讯拟招解。嗣犯伤平复，龙魁未及审解卸事，移交周锡文提讯，供词狡展，随关提要证马巴海，解案环质，供认前情、议拟，详由兼臬司镇迪道核明具详，经臣复核无异。

查律载：斗殴杀人者，不问手足、他物、金刃，并绞监候等语。此案马戛西子用刀戳伤马三哇子左手心等处身死，自应依律问拟。马戛西子合依斗殴杀人者，不问手足、他物、金刃并绞律，拟绞监候，秋后处决。据供母老丁单，查被杀之人亦系独子，其亲尚存，无人侍奉，毋庸查办留养。见证马巴海救阻不及，应毋庸议。马三哇子欠银，身死免征。无干省释。

除全案供招咨部外，所有核明此案按例办理缘由，理合恭折具奏，伏乞皇太后、皇上圣鉴训示。谨奏。光绪十三年二月二十八日。

（朱批）：刑部议奏。①

光绪十三年四月初一日，奉朱批：刑部议奏。钦此。②

017. 请恤乌垣等处阵亡殉难官绅兵民折

光绪十三年二月二十八日（1887年3月22日）

尚书衔降一级留任甘肃新疆巡抚二等男臣刘锦棠跪奏，为续查乌鲁木齐等处阵亡殉难官绅、兵民、妇女，汇恳饬部分别从优旌恤，恭折具奏，仰祈圣鉴事。

窃查前乌鲁木齐都统臣恭镗，四次采访未奏阵亡殉难官绅、兵民四千二百六员，经臣于上年奏请饬部从优议恤，并声明已饬司道督同局员再行采访，陆续陈奏，奉旨允准，咨行钦遵在案。兹迭据采访局司道详称：共采访得官绅、兵民暨妇女死事惨烈者，计一万九千二百一十六员名口，均属大节凛然，允宜同邀旷典，分次造具花名清册，详请汇奏前来。臣复核无异，合无仰恳天恩饬部，分别从优旌恤，以彰忠节而慰幽魂。

除将赍到花名清册咨部外，谨会同陕甘总督臣谭钟麟、护理乌鲁木齐都统臣富勒铭额，恭折具奏，伏乞皇太后、皇上圣鉴训示。谨奏。光绪十三

---

①中国第一历史档案馆藏：《朱批原件》，档案编号：04—01—26—0076—038。
②中国第一历史档案馆藏：《军机录副》，档案编号：03—7310—011。

年二月二十八日。

（朱批）：着照所请，该部知道，片并发。钦此。①

光绪十三年四月初一日，奉朱批：着照所请，该部知道，片并发。钦此。②

018. 特参李清贵任意妄为请旨革职片

光绪十三年二月二十八日（1887年3月22日）

再，臣查有湘军总哨官提督李清贵，性情暴戾，任意妄为，现当整顿营规之际，未便稍事姑容，相应请旨将头品顶戴记名提督李清贵先行革职，以便查明惩办。

是否有当？理合附片具陈，伏乞圣鉴训示施行。谨奏。

（朱批）：李清贵着先行革职，查明惩办，兵部知道。③

光绪十三年四月初一日，奉朱批：李清贵着先行革职，查明惩办，兵部知道。钦此。④

【案】此片具奏日期，原件署"光绪十三年二月二十八日"，录副署"光绪十三年四月初一日"。查光绪十三年四月初一日《军机处随手登记档》⑤朱批刘锦棠折，载有"报四百里，二月二十八日发"等字样。据此，此片具奏日期当为"光绪十三年二月二十八日"，兹据校正。

019. 查明毛运如积劳病故并眷属殉难片

光绪十三年二月二十八日（1887年3月22日）

再，乌鲁木齐等处殉难官绅、兵民、妇女，现经臣续查汇奏。查内有同知衔前绥来县知县毛运如，系湖南长沙县人，由附生中式道光甲午科本省

---

① 中国第一历史档案馆藏：《朱批原件》，档案编号：04—01—16—0222—044。又《奏稿》第1541—1543页。
② 中国第一历史档案馆藏：《军机录副》，档案编号：03—5848—056。
③ 中国第一历史档案馆藏：《朱批原件》，档案编号：04—01—16—0222—115。
④ 中国第一历史档案馆藏：《军机录副》，档案编号：03—5221—003。
⑤ 中国第一历史档案馆藏：《军机处随手登记档》，档案编号：03—0253—2—1213—083。

乡试举人，选授甘肃环县知县，调署靖远县知县，嗣调补绥来县知县，于咸丰十一年八月到任，修废习勤，民情爱戴。同治元年，有匪徒魏大力等聚众房掠，该故员亲率民壮，捣其巢穴，谕以大义。贼众感悟，顿首请罪，乃戮渠魁，而释其胁从，绥来赖以复安。二年，逆匪变乱。该故员编查保甲，督率巡防，不遗余力，如是经年，患咯血证，三年四月十一日病故，年五十八岁。其妻黄氏痛夫情切，屡绝复苏。六月，南城陷，乃促其孤子世黼缒城逃出。八月，贼又将陷北城。黄氏及其夫姊黄毛氏、幼女新贞、孙女东贞、云贞，同时仰药自尽。及城陷，贼入，于时新贞、云贞气犹未绝，因极口骂贼，贼脔割之。仆妇贺王氏、婢女玉全、家人黄钰、任福，同时殉难。经绥来县绅士职员晁明智、廪生魏金城等禀由绥来县知县李原琳详经采访局司道等查明，转恳奏请旌恤前来。

臣复查无异，除该故员及其妻、其姊与幼女、孙女并仆婢、家人姓名业经分别列入续查清册，奏恳天恩饬部从优议请旌恤外，所有已故同知衔绥来县知县毛运如积劳病故及其眷属、仆婢、家人殉难死事情形，谨会同陕甘总督臣谭钟麟、护理乌鲁木齐都统臣富勒铭额，据实附陈。

再，查该故员之子毛世黼，现系山西尽先补用通判①，合并声明，伏乞圣鉴，饬部核复施行。谨奏。

（朱批）：览。②

光绪十三年四月初一日，奉朱批：览。钦此。③

020. 奏报新疆田赋户籍造册咨部立案折

光绪十三年三月初五日（1887年3月29日）

尚书衔降一级留任甘肃新疆巡抚二等男臣刘锦棠跪奏，为新疆通省田赋、户籍汇造清册，咨部立案，恭折具陈，仰祈圣鉴事。

窃照新疆军兴以来，地多荒废，收复之后，渐次招垦。不特昔年民屯、

---

①详见光绪二十三年五月初十日山西巡抚胡聘之奏请以毛世黼补授和林格尔通判缘由（中国第一历史档案馆藏：《朱批原件》，档案编号：04—01—12—0581—062；台北故宫博物院藏：《军机及宫中档》，文献编号：139510）。
②中国第一历史档案馆藏：《朱批原件》，档案编号：04—01—16—0222—045。
③中国第一历史档案馆藏：《军机录副》，档案编号：03—5848—057。

兵屯、园租地亩不能悉依旧地，即各属原管地亩，亦有非复旧制者。如昌吉县旧管头屯所地亩，早经拨作迪化兵屯。喀喇巴尔噶逊粮员旧管地亩，亦归迪化管辖。是事虽因旧，不啻更新。现在清理田赋，只期丈量地亩，按地科粮。若必牵合旧章，转多窒碍。经前陕甘督臣左宗棠暨臣迭次派员清丈，迪化、昌吉、阜康、绥来、奇台、吐鲁番、济木萨、呼图壁各属，均按上中下地亩，分别升科。上地每亩科粮七升，中地四升，下地三升，照章概不征耗。其镇西、哈密、库尔喀喇乌苏、精河，仍照旧章科则办理。迭据各属清查科算，除去兵屯，荒熟并计，应征粮石，均与原额相若。惟吐鲁番科征粮数多于原额，科征银数少于原额，而银粮相抵，有赢无绌。此北路清查田赋情形也。

南路征粮，前准部案，或有地亩科则，或无地数科则，并有征收铜斤普尔钱，一切章程不同。且从前分驻大臣经管，此时改设郡县，划分疆界，情形大非昔比，不能不从新厘定。前督臣左宗棠派员办理善后、征粮各局，暂按什一征收。嗣臣查照各局员详赍亩册等则，酌定试办，继以轻重间有失平，复经酌减，各按地方情形，上地每亩科粮五升、四升不等，科草五斤；中地每亩科粮三升，科草三斤；下地每亩科粮一升五合、一升不等，科草二斤。耗草不另加征。其折征铜斤、金课、地亩，向章无论是否业铜、业金，户民但种额铜额金之地，即须交纳铜金，于民殊多未便。臣现酌定章程，委员试办矿务，凡旧日额征铜金地亩，一律改征粮石。所有铜斤各矿，听民开采，纳课归官。

又各城伯克向有养廉地亩，自改郡县，伯克多经裁撤，廉地归官，招佃承租，额粮照则收纳。其未裁伯克廉地及拨作义学、坛庙香火各官地，均科额粮，归入此次田赋案内。至额征粮石，以小麦六成、包谷四成交纳，亦间有搭征稻谷之处。其距城二百里以外完纳本色不便者，则准完折色，按时估酌定每小麦一石，折银一两；包谷一石，折银六钱。第仓储为兵食所关，自又以多征本色为是。现定需粮较多之区，则全征本色，或仅折三成，或准折五成，或量准五成以上。惟草束需用较少，折色较多，每百斤折银五分，统于此次一律核定，作为永额。此南路清查田赋情形也。

综计通省南北两路三道属，共查丈各等荒熟地一千一百四十八万一百九十四亩四分五厘。其额征本色粮二十七万六千五十一石三斗一升四合一勺，额征本色草一千四百九十万二千七百一斤七两七分。额征粮草折色及地课银五万九千一百四十八两四钱一分一厘四毫四丝七忽,内现垦熟地每年应征本色粮二十万二千二百二十九石二斗三升八合二勺,应征本色草一千三百九十五万八千二百一十六斤一十两二钱八分,应征粮草折色及地课银五万七千九百五十二两一钱六厘二毫一丝七忽。

其荒地已经招垦者,升科之年,再列入熟地核算。未经开垦者,饬令随时招垦,照章科粮,以昭核实。又粮由户出,田赋既均,户口即可并计。现饬造赍户口清册,通省汉回缠民及入籍安民共计二十六万六千九百五十九户,男女大小一百二十三万八千五百八十三丁口。逐加查核,内以北路户口为最稀,尚须极力招徕抚辑,以期生齿日盛,额赋日增等情。据藩司魏光焘详请具奏前来。

臣复核无异。除将汇赍田赋、户口各册咨部查核立案外,谨会同陕甘总督臣谭钟麟,恭折具奏。是否有当?伏乞皇太后、皇上圣鉴训示。再,新疆各属征收银粮①,皆于每年秋收后开征,并无上忙应征之款,以后应办考核各案,应请免造上忙,合并陈明。谨奏。光绪十三年三月初五日。

(朱批):户部知道。②

光绪十三年四月初四日,奉朱批:户部知道。钦此。③

021. 奏报西征欠饷逾期未到恳拨库款折

光绪十三年三月初五日(1887年3月29日)

尚书衔降一级留任甘肃新疆巡抚二等男臣刘锦棠跪奏,为各省关奉拨西征欠饷逾期未到,吁恳天恩,饬部垫拨库款,权济急需,恭折具陈,仰祈圣鉴事。

窃臣于光绪十二年十二月初四日具奏,部拨闽浙、广东、闽海各省关协解西征欠饷,频催罔应,请旨严催迅解一折,奉旨:户部速议具奏。钦此。旋承准军机大臣字寄:光绪十三年正月十八日奉上谕:户部奏,各省关协解西征欠饷,请饬严催迅解一折。据称协解西征欠饷,前经部拨浙江省银一

---

① "征收银粮",《奏稿》作"征收银两"。
② 中国第一历史档案馆藏:《朱批原件》,档案编号:04—01—35—0610—022。又《奏稿》第1557—1563页。
③ 中国第一历史档案馆藏:《军机录副》,档案编号:03—9470—005。

百八十五万两，福建省银三十八万两，广东省银五十六万两，闽海关银六万两，匀分三年，解赴甘肃，转解关外。迄今已届一年，仅据闽海关解过银二万两，其余各省均丝毫未解，殊属任意延宕，贻误要需。现在关外拟改营制，需饷情形甚为迫切。该将军督抚等务当力顾大局，将此项未解银两迅速依限筹解。倘仍前迟误，即着该抚指名奏参等因。钦此。仰见朝廷眷顾西陲、轸恤边军之至意，臣自当静候部臣严催各省关报解，何敢再三晓渎。

惟查臣所部湘军自平定发逆以后，转战出关，迄今二十余年，未曾遣撤。西征马队则前督臣左宗棠前时剿捻募自直东，董军则同治七年募于陕北，其余各营亦皆非近时所募。为时既久，则欠饷愈多；军务既清，则归思愈切。近年各弁勇纷纷乞假，亦时有遣裁，然饷项未充，只能择其存饷较少者遣之。其存饷较多之勇，虽年力就衰，思归尤切，臣亦无由遣之使去。前议酌定营制，招募新军，改行粮为坐粮，以资节省。今老勇不能去，则新勇不能招。新勇不能招，则坐粮不能速改。国家岁縻数百万新饷养此疲军，已为非计，又况遏其归志，远或二十余年，愈积愈深，势将有不可复禁者，一旦如决堤溃障，其为害岂可胜言！

上年，臣饬由新饷项下极力腾挪，酌量裁并。截至十月底止，先后裁撤弁勇及额外夫共二千二百余员名，此外各营旗兵勇应裁并挑补者尚多。当经派员入关，由甘肃招募新勇三千人，分起督带出关，以便改照坐粮，陆续挑补，为釜底抽薪之计。除新募勇丁应俟到日照章支给坐粮外，所有裁并各营旗弁勇新饷，按名发讫。又补发各该弁勇十年前旧欠银二十八万六千余两，内除收到闽海关欠饷银二万两，余均系由新饷项下挪移动用。明知部臣前次虑启新亏，谓不得挪新补旧。

惟欠饷迟迟不至，各弁勇待已逾年，非以此少安其心，则目下已难安静。此次挪移动用，出于万不得已。然新饷支绌，亦无可再挪，即启新亏，又无以应各弁勇求归之请，数月之后又将奈何？窃念各该省此次谕旨严催之后，自当按期报解，不似前次稽延。惟际此时艰，仍恐未能大批赶解，且相距太远，非数月之久不能运解到甘，由甘转运新疆又非数月不达。展转之间，即须经岁，况其迟者又将不止一年。是即报解如期，亦已缓不济急，日复一日，贻误实多。

臣再四思维，计无所出，惟有仰恳天恩饬部垫拨库款银一百四十万两，遴委妥员，迅解甘肃，转解新疆，俾臣得将应办各事宜从速料理。臣前奏明此项欠饷,在勇丁者不能短发,在统领营官者尚可提捐。如蒙圣慈俞允,饬部垫发前项银两,臣自当开导各该营将弁,量力捐输,以便截清余欠。各该省奉拨臣军欠饷,即可先尽部款提还,余俟臣所部各军汇有报捐确数,再当据实奏明,请分别减拨续解。如此一转移间,庶部款不至虚悬,各该省可少留余力,而臣军旧勇得归,新饷亦可期节省矣。臣不胜迫切屏营呼仰之至。

谨会同陕甘总督臣谭钟麟,恭折沥陈,伏乞皇太后、皇上圣鉴训示。谨奏。光绪十三年三月初五日。

(朱批):户部速议具奏。①

光绪十三年四月初四日,奉朱批:户部速议具奏。钦此。②

【案】光绪十三年四月初八日,大学士管理户部事务阎敬铭等奏报遵旨速议新疆巡抚刘锦棠奏请垫拨西征欠饷等事:

大学士管理户部事务革职留任臣阎敬铭等谨奏,为速议具奏事。

新疆巡抚刘锦棠会同陕甘总督谭钟麟奏请由部垫拨西征欠饷一折,于光绪十三年四月初四日奉朱批:户部速议具奏。钦此。钦遵,由军机处钞交到部。据原奏内称:臣所部各营皆非近时所募,为时久则欠饷愈多,归思愈切。臣前议招募新军,改行粮为坐粮,以资节省。老勇不能去,则新勇不能招;新勇不能招,则坐粮不能改。养此疲军,已为非计,又况遏其归志,远或二十余年,愈积愈深,势将不可复禁。一旦决堤溃障,其害岂可胜言!上年酌量裁并,截至十月底止,先后裁撤弁勇及额外夫共二千二百余员名,此外各营旗应裁并挑补者尚多。当由甘肃招募新勇三千人,分起出关,以便改照坐粮,陆续挑补。除新募勇丁俟到日支给坐粮外,所有裁并兵勇补发十年前旧欠银二十八万六千余两,内除收到闽海关欠饷银二万两,余均由新饷项下挪用。各省欠饷迟迟不至,各弁勇待已逾年,非似此少安其心,目下已难安静。此次挪用,出于万不得已,然新饷支绌,已无可再挪。既启新亏,又无以应各弁勇求归之请,数月以后又将奈何!惟有仰恳天恩,饬部垫发库款银一百四十万两,遴员迅解甘肃,转解新疆,俾得将应办各事从速料

---

①中国第一历史档案馆藏:《朱批原件》,档案编号:04—01—01—0958—079。又《奏稿》第1549—1555页。
②中国第一历史档案馆藏:《军机录副》,档案编号:03—6106—001。

理。臣前奏明此项欠饷,在勇丁者不能短发,在统领营官者尚可提捐。如蒙俞允,饬部垫拨前项银两,臣自当开导各将弁,量力捐输,以便截清余欠。各省奉拨欠饷可先尽部款提还,余俟臣所部各军汇有报捐确数,再当奏请分别减拨续解,庶臣军旧勇得归,新饷亦可节省等语。

臣部伏查刘锦棠一军,自光绪十一年起改定章程,兵有定数,饷有定额,每年由臣部汇案指拨。此即所谓新饷也。查该军剿办发逆,自同治初年以迄光绪十年底止,前据该抚截算奏报,实欠发各营存饷二百八十五万五百九十两零。经臣部于光绪十一年议准,由广东、福建、浙江等省欠解饷内如数提拨。此即所谓西征欠饷也。此项西征欠饷,除闽海关报解二万两外,余均未解。前据该抚奏请严催,今又以部垫为请,不知近来如山东省河工、东三省边防、海军衙门及江、浙、闽、广添购之船炮、神机营及广东、福建所借之洋款,加以在京官兵俸饷规复原额,采办滇铜、洋铜,鼓铸制钱,需款之多,较之数年前增出款千数百万。至于滇、粤及沿海各省新募设防之勇,目前又未全裁,所增饷项尚不在内。在边陲各省辄谓地贫饷绌,筹拨必须的款。而财赋之区则皆自收自用,坚云无可减裁。

臣等补救无方,昕夕祗惧。窃以西征旧欠本多,原不能皆系欠发勇丁之款,部库所存无几,并不能筹给该军欠饷之需。惟查自奏定新饷章程后,每年已少拨该军饷银数百万两,且现据奏称,补发欠饷之后,改行粮为坐粮,则新饷亦可节省。臣部核计每年可节省银三十余万两,冀以规复承平旧额,自不得不代为竭力区画,设法腾挪,旋于各省关应行解部款内,指拨银一百万两,以应急需。谨将所拨款目另缮清单,恭呈御览。如蒙俞允,相应请旨饬下福州将军,直隶、两江、闽浙、两广、四川、湖广各总督,山东、山西、江苏、浙江、广东、湖南、湖北、江西、安徽、河南各巡抚,粤海关监督,于文到日,匀挪款项,立行如数起解,限本年五月底,即速解至甘肃,由甘转解该抚应用,不准稍涉宕延。如有迟逾,即行奏参。再,臣部拨之有着之款,实因该督抚奏称改支坐粮可以节省,与各省补发欠饷情形不同,于无法支应之中百计匀挪,勉为拨凑,应再请旨饬下陕甘总督谭钟麟、新疆巡抚刘锦棠,务践所言,从速料理,尽此了结该军勇丁欠饷。若再请款,臣部实属无可罗掘,万难准行。其余欠款如何报捐之处,应令奏明办理。

至臣部支绌情形，中外共知，兼以新增各款，度用更虞不给。此次挪巨款以济急，尤必即设法以归还，专恃该抚节省之款，以资弥补，应令速将每年节省若干奏报。自光绪十四年起，臣部即于该抚应分新饷内，由部划扣，归还部库此次垫款，以免虚悬。

所有遵旨速议具奏缘由，理合恭折具陈，伏乞皇太后、皇上圣鉴训示。再，臣部光绪十一年由各省提拨西征欠饷，现在有无起程批解，尚不可知，应由臣部随时查明办理，理合并声明。谨奏。光绪十三年四月初八日。

大学士管理户部事务革职留任臣阎敬铭，经筵讲官内阁大学士户部尚书革职留任臣宗室福锟，户部尚书革职留任臣翁同龢，户部左侍郎革职留任臣嵩申，户部左侍郎革职留任臣孙诒经，户部右侍郎臣熙敬，户部右侍郎候臣曾纪泽。①

【案】大学士阎敬铭等呈报各省关应行解部之款改令弥补西征欠饷各数清单：

谨将各省关丁亥年应行解部之款改令弥补西征欠饷各数，缮具清单，恭呈御览。

江苏省银二万两。福建省银六万两。闽海关四成洋税银六万两，闽海关六成洋税银十万两。粤海关四成洋税银六万两。江汉关四成洋税银六万两，江汉关六成洋税银八万两。江海关六成洋税银六万两。以上各款，均令于筹边军饷内划出报解。山西省银四万两。山东省银四万两。浙江省银四万两。湖北省银四万两。湖南省银二万两。河南省银二万两。安徽省银二万两。江西省银三万两。江苏省银二万两。广东省银二万两。以上各款，均令于地丁、京饷内划出报解。长芦银三万两。两浙银二万两。以上各款，均令于盐课、盐厘、京饷内划出报解。湖北省银二万两。四川省银二万两。以上各款，均令于盐课、京饷内划出报解。粤海关银二万两。闽海关银二万两。九江关银二万两。浙海关银二万两。江海关银二万两。江汉关银二万两。

以上各款，均令于洋药、京饷内划出报解。总计以上共银一百万

---

①中国第一历史档案馆藏：《军机录副》，档案编号：03—6106—004。

两,均限于文到日,即行起解,五月底解至甘肃,专咨报部查核。①

《清实录》:

又谕:户部奏,速议西征欠饷,请于各省关应行解部款内指拨一折。刘锦棠一军应拨欠饷,前经户部议准,于浙江等省欠饷内分年拨解,时逾一年,仅据闽海关解银二万两。各该省任意玩延,实属不顾大局。该军远驻关外,为时愈久,欠饷愈多。前拟酌改营制,遣撤旧勇,非筹给大批的饷不足以应急需。现据户部于各省关应行解部款内,指拨银一百万两,着该将军、督抚、监督迅速筹拨,务于五月底如数解至甘肃,转解刘锦棠应用。一面将起解日期专案奏报。此系本应解部有着之款,不准稍涉推诿迟延,致有贻误。倘逾期不解,即着户部指名奏参。谭钟麟、刘锦棠于此项拨款解到后,务当从速料理,尽此一百万两,清厘该军欠饷。其余欠款,各该统领营官如何报捐之处,即行奏明办理。余照该部所议行。原单着钞给古尼音布等阅看。将此由五百里谕知古尼音布、李鸿章、曾国荃、杨昌濬、张之洞、刘秉璋、裕禄、谭钟麟、张曜、刚毅、崧骏、卫荣光、吴大澂、卞宝第、奎斌、陈彝、边宝泉、刘锦棠,并传谕李嘉乐、增润知之。②

022. 奏报新疆光绪十二年十一月雨雪粮价折
光绪十三年三月初九日(1887年4月2日)

尚书衔降一级留任甘肃新疆巡抚二等男臣刘锦棠跪奏,为恭报光绪十二年十一月分粮价并得雪情形,谨缮折具陈,仰祈圣鉴事。

窃照光绪十二年十月分各厅州县粮价并得雪情形,业经臣奏报在案。兹查十一月分北路镇迪各属得雪积地一二寸及三寸有余,南路玛喇巴什、英吉沙尔等厅得雪二三寸不等,民情均各安帖。

至通省粮价,镇西、吐鲁番、库尔喀喇乌苏、喀喇沙尔、温宿、疏勒、迪化、昌吉、阜康、绥来、于阗等厅州县,俱与上月相同,余均略有增减。据藩司魏光焘汇详请奏前来。

---

① 中国第一历史档案馆藏:《清单》,档案编号:03—6106—005。
② 《德宗景皇帝实录(四)》,卷二百四十一,光绪十三年四月,第248—249页。

理合恭折具陈,并缮粮价清单,恭呈御览。伏乞皇太后、皇上圣鉴。谨奏。光绪十三年三月初九日。

(朱批):知道了。①

光绪十三年四月十一日,奉朱批:知道了。钦此。②

023. 呈新疆光绪十二年十一月粮价清单

光绪十三年三月初九日(1887年4月2日)

谨将新疆各属光绪十二年十一月分米粮时估价值缮具清单,恭呈御览。计开:

十一月分:

镇迪道属

迪化县:大米每京石价银四两四钱四厘,小麦每京石价银一两五钱九分二厘,莞豆每京石价银一两六钱五分六厘,青稞每京石价银一两二钱五分八厘。俱与上月相同。

昌吉县:大米每京石价银三两六钱,小麦每京石价银一两三钱四分七厘,莞豆每京石价银一两三钱四分五厘,青稞每京石价银九钱一分七厘。俱与上月相同。

阜康县:粟米每京石价银一两四钱八分六厘,小麦每京石价银一两三钱八分,莞豆每京石价银一两二钱七分三厘,高粱每京石价银六钱七分二厘。俱与上月相同。

绥来县:大米每京石价银二两五钱四厘,小麦每京石价银一两一钱三分二厘,莞豆每京石价银一两二钱九厘,高粱每京石价银八钱八分三厘。俱与上月相同。

奇台县:大米每京石价银二两九钱三分四厘,较上月减一两二钱八厘。小麦每京石价银一两六分一厘,较上月减七分一厘。莞豆每京石价银八钱二分八厘,较上月减三分五厘。

哈密厅:粟米每京石价银一两四钱四分,与上月相同。小麦每京石价

---

①中国第一历史档案馆藏:《朱批原件》,档案编号:04—01—25—0528—041。
②中国第一历史档案馆藏:《军机录副》,档案编号:03—6862—017。

银一两八厘,较上月增八分八厘。莞豆每京石价银一两二钱九分八厘,较上月增一钱四分八厘。青稞每京石价银七钱八分七厘,较上月增七分三厘。

镇西厅:小麦每京石价银一两六钱八分,莞豆每京石价银一两七钱二分,青稞每京石价银一两一钱二分。俱与上月相同。

吐鲁番厅:小麦每京石价银一两七钱七分四厘,大麦每京石价银五钱六分,高粱每京石价银七钱四分六厘,黄豆每京石价银一两四钱九分三厘。俱与上月相同。

库尔喀喇乌苏厅:小麦每京石价银一两三钱一分一厘,高粱每京石价银一两一分九厘,莞豆每京石价银一两四钱八分。俱与上月相同。

阿克苏道属

温宿直隶州:大米每京石价银一两一钱一分九厘,小麦每京石价银六钱九分,大麦每京石价银三钱六分,包谷每京石价银四钱八厘。俱与上月相同。

拜城县:小麦每京石价银三钱五分,与上月相同。大麦每京石价银一钱八分,较上月减二分。莞豆每京石价银二钱七分,包谷每京石价银三钱,俱与上月相同。

喀喇沙尔直隶厅:大米每京石价银二两八钱一分二厘,小麦每京石价银一两三分五厘,莞豆每京石价银九钱三分六厘,包谷每京石价银八钱三分二厘。俱与上月相同。

库车直隶厅:大米每京石价银一两七钱八分,与上月相同。小麦每京石价银六钱五厘,较上月增一分五厘。莞豆每京石价银五钱二分,较上月增六分。包谷每京石价银四钱,较上月增三分。

乌什直隶厅:大米每京石价银二两二钱三分五厘,较上月减一钱四分九厘。小麦每京石价银五钱二分八厘,大麦每京石价银二钱六分七厘,包谷每京石价银三钱九分三厘,俱与上月相同。

喀什噶尔道属

疏勒直隶厅:大米每京石价银三两,小麦每京石价银一两五钱一分八厘,包谷每京石价银八钱九分六厘,高粱每京石价银九钱二分。俱与上月相同。

疏附县:大米每京石价银三两,与上月相同。小麦每京石价银一两六钱五分,较上月增一钱三分二厘。包谷每京石价银一两七分二厘,较上月增一钱三分四厘。高粱每京石价银一两三分五厘,较上月增一钱一分五厘。

莎车直隶州:大米每京石价银二两七分二厘,较上月减二钱九分六厘。大麦每京石价银六钱二分五厘,小麦每京石价银八钱二分八厘,包谷每京石价银五钱二分八厘,俱与上月相同。

叶城县:大米每京石价银二两五钱五分二厘,较上月增八分七厘。小麦每京石价银七钱,与上月相同。包谷每京石价银四钱八分,较上月减四分八厘。青稞每京石价银六钱二分五厘,较上月减二钱三分七厘。

和阗直隶州:大米每京石价银一两八钱九分,较上月增七分。小麦每京石价银八钱二分八厘,包谷每京石价银三钱八分四厘,青稞每京石价银四钱一分四厘,俱与上月相同。

于阗县:大米每京石价银四两二钱七分八厘,小麦每京石价银一两七分二厘,包谷每京石价银七钱六分八厘。俱与上月相同。

英吉沙尔厅:大米每京石价银二两六钱七分二厘,较上月减二钱二分四厘。小麦每京石价银八钱五厘,包谷每京石价银五钱九厘,大麦每京石价银五钱一分八厘,俱与上月相同。

玛喇巴什直隶厅:大米每京石价银二两七钱七分,较上月减四分。小麦每京石价银一两三分五厘,较上月减六分五厘。包谷每京石价银九钱六分,较上月减六分。

(朱批):览。①

024. 审拟疏勒州民帕土因奸酿命一案折

光绪十三年三月初九日(1887年4月2日)

尚书衔降一级留任甘肃新疆巡抚二等男臣刘锦棠跪奏,为本夫奸所获奸,登时杀死奸妇,拿获奸夫到官,供认奸情不讳,核明定拟,恭折具陈,仰祈圣鉴事。

窃照疏勒州缠民帕土因与铁木尔之妻土的罕通奸,被本夫奸所获奸,

---

①中国第一历史档案馆藏:《清单》,档案编号:03—6862—018。

登时殴伤奸妇身死,奸夫到官认奸一案,据疏勒州知州蒋诰验讯,招解喀什噶尔道黄光达,咨由兼按察使衔镇迪道恩纶复核,详请具奏前来。

臣复核无异,缘帕土籍隶疏勒州,佣工度日,与铁木尔邻近居住。铁木尔之妻土的罕习见不避。光绪十二年正月,不记日期,与土的罕调戏成奸。铁木尔并不知情。二月初八日早饭后,土的罕至帕土家借用小刀,适帕土独坐在房,即拉土的罕进房续奸。铁木尔回家,未见土的罕,至帕土家中,撞见伊妻与帕土在房行奸,上前扑捕。帕土夺门逃跑。铁木尔即拾地上小刀,先割土的罕发辫。土的罕夺刀撩弃,铁木尔用手抓伤土的罕咽喉,并顺拾木棍乱殴土的罕左右背肘、左右臀、左右胁揪及偏右倒地。经铁木尔之母爱勒比比、胞兄哎沙闻闹趋视,询悉情由,将土的罕扶归,救治罔效,延至初九日因伤殒命。哎沙投约保验,获犯审讯,供认前情不讳。臣复核无异。

查例载:本夫奸所获奸,登时将奸妇杀死,奸夫当时逃脱,后被拿获到官,审明奸情是实,奸夫供认不讳者,将奸夫拟绞监候,本夫杖八十等语。此案帕土与铁木尔之妻土的罕通奸,被铁木尔撞获,奸夫帕土当时逃跑,本夫铁木尔将奸妇土的罕奸所登时殴伤,旋即身死;奸夫帕土到官,供认不讳。自应照例问拟。帕土合依本夫奸所获奸,登时将奸妇杀死,奸夫当时逃脱,后被拿获到官,审明奸情是实,奸夫供认不讳者,将奸夫拟绞例,拟绞监候,秋后处决。本夫铁木尔按例拟杖八十,折责发落。奸妇土的罕犯奸,罪有应得,业已身死,免其置议。无干省释。

除全案供招咨部外,所有核明此案按例办理缘由,理合恭折具奏,伏乞皇太后、皇上圣鉴,饬部核复施行。谨奏。光绪十三年三月初九日。

(朱批):刑部议奏。①

光绪十三年四月十一日,奉朱批:刑部议奏。钦此。②

025. 奏报拟设伊塔道府等官缘由折

光绪十三年三月十二日(1887年4月5日)

头品顶戴陕甘总督臣谭钟麟、尚书衔降一级留任甘肃新疆巡抚二等男

---

①中国第一历史档案馆藏:《朱批原件》,档案编号:04—01—26—0076—043。
②中国第一历史档案馆藏:《军机录副》,档案编号:03—7253—018。

臣刘锦棠跪奏，为遵照部议，拟设伊犁、塔城等处道府以下等官，恭折具陈，仰祈圣鉴事。

窃臣锦棠于光绪十二年四月二十一日具奏，请增置伊塔道一员，驻扎伊犁，兼管塔城事务，改伊犁抚民厅为府，改塔城通判为抚民同知，加理事衔，兼管屯田水利。如蒙俞允，其道府以下等官应如何增设，容臣等筹度情形，详悉具奏。奉旨：所请增改道厅各官，系为因时制宜起见，着该部妥议具奏等因。钦此。经部议称，应令将该处道府以下州县等官作何增设详细情形具奏到日，再行一并核议，于光绪十二年八月十三日复奏，奉旨：依议。钦此。钦遵知照到臣，当经分别咨行去后。

兹据新疆布政使魏光焘、兼按察使衔镇迪道恩纶等详称：遵查伊犁列城有九，其西六城，曰惠远，曰绥定，曰拱宸，曰广仁，曰瞻德，曰塔勒奇。旧制将军、参赞驻惠远城，现因旧城颓废，重建新城，衙署、兵房缺然未备，暂时驻于绥定。将来应以惠远新城作为满城，仍请将军移往驻之，以仿照内地驻防之制。其余各城形势，以绥定为扼要，距广仁六十里、瞻德四十里、塔勒奇十里。惟距拱宸即霍尔果斯九十里为最远，拟升伊犁厅为府，裁抚民同知。设知府一员，治绥定城，设附府知县一员，为绥定县，以广仁、瞻德、拱宸、塔勒奇四城隶之。

东三城，曰宁远，曰惠宁，曰熙春，以宁远为扼要。旧制回屯居此，设一粮员。此时商贾辐辏，俄领事亦驻于此，距惠宁三十里、熙春十里。拟设宁远县知县一员，治宁远城，隶伊犁府，而以惠宁、熙春两城隶之。设伊塔道一员，以守兼巡，为兵备道，督饬所属水利、屯田、钱粮、刑名诸务，稽查卡伦，兼管通商事宜，作为冲繁疲难请旨最要缺，驻扎宁远，与知县同城，府道东西分驻。绥定向驻总兵，设府县而其镇益重。宁远为俄商聚集、领事驻扎之所，驻巡道而势不偏轻，且就近经理通商各事，尤为周妥。霍尔果斯紧连俄界，又有索伦各旗分屯，其地距县城较远，拟裁旧设之巡检，置伊犁府分防通判一员，加理事衔，驻霍尔果斯，管理旗务并中俄交涉及督捕弹压诸务。广仁城为伊犁通衢，人民庞杂，现以惠宁城巡检移驻弹压，拟即改为广仁城巡检，隶绥定县。

越广仁而东，历头、二、三、四台至大河沿，交精河界四台之北一站即博罗塔拉，为伊塔适中之地，察哈尔游牧于此，田地亦多，西临俄境，形势亦为扼要，应设杂职一员，招民屯垦其地，并管理督捕、弹压诸务，开通驿道，以联伊犁、塔城之声气。惟隶之绥定，相距较远。查精河向设粮员，上年改设巡检，隶库尔喀喇乌苏同知管辖。该处系伊犁后路冲要，西南出登努斯口直达宁远，相距甚近，应请设精河直隶厅抚民同知一员，隶于伊塔道。而以前设之精河巡检移驻博罗塔拉，隶之精河同知，则骨节灵通，事机亦顺。此外杂职各官，即拟裁旧设之惠远城巡检，改设伊犁府经历兼司狱一员。裁绥定城巡检，改设绥定县典史一员。裁宁远城巡检，改设宁远县典史一员，并增设伊塔道库大使一员、精河同知照磨兼司狱一员，以资分任。仍留旧设伊犁理事同知，随将军驻惠远城，办理旗务。塔尔巴哈台理事通判拟改为塔城直隶厅抚民同知，仍兼理事衔，管理民屯、旗务及地方一切刑名事件，仍设同知照磨兼司狱一员，同为伊塔道属。

所有拟设各官应需养廉、公费，应请悉照新疆现行章程支给，仍仿照定章，均准加给公费，以资办公，并请仿照吉林新章由外拣补一次。其自府厅以下应定为何项缺分，及画定疆界与一切未尽事宜，应俟各官到任后，察看情形，再行核办。至标营员缺应否酌量变通，亦应俟道府各官到任后，再行核办，会同议，详请具奏前来。

臣等复核无异。惟查伊犁向有旗屯、兵屯、民屯、回屯，塔城向有兵屯、民屯，现拟改设道府厅县，所有民屯、回屯自应由地方官分拨耕种。其旗绿各营屯地兵数未能复额，已耕之外，余地尚多，应并由地方官酌量招民屯垦，以免荒废。

是否有当？除咨部外，谨会同署伊犁将军臣锡纶、署塔尔巴哈台参赞大臣臣春满①，合词具陈，伏乞皇太后、皇上圣鉴，饬部核复施行。再，此折系臣锦棠主稿，合并声明。谨奏。光绪十三年三月十二日。

（朱批）：该部知道。②

光绪十三年四月十一日，奉朱批：该部知道。钦此。③

---

①春满（1839—1905），字少册，满洲镶白旗人，伊尔根觉罗氏，克勇巴图鲁。同治二年（1863），充吉林伊通骁骑校。三年（1864），补三姓正白旗防御。四年（1865），擢吉林满洲正黄旗佐领。七年（1868），调补乌拉正黄旗佐领，转乌拉镶白旗佐领。光绪三年（1877），加副都统衔。九年（1883），署理伊犁索伦领队大臣，旋实授。十二年（1886），调补额鲁特领队大臣。同年，署理塔尔巴哈台参赞大臣。十九年（1893），补授察哈尔领队大臣。二十三年（1897），擢伊犁副都统。
②中国第一历史档案馆藏：《朱批原件》，档案编号：04—01—30—0004—019。又《奏稿》第1565—1571页。
③中国第一历史档案馆藏：《军机录副》，档案编号：03—9990—058。

026. 奏报城守尉到省会商满营迁并事宜折

光绪十三年四月初四日（1887年4月26日）

尚书衔降一级留任甘肃新疆巡抚二等男臣刘锦棠跪奏，为新设古城城守尉现已到省，拟将满营迁并事宜会商办理，并请旨饬颁印信，以资启用，恭折仰祈圣鉴事。

窃臣前奏满营迁并古城，应否仍设佐领、防御等官，应俟城守尉到任，再行会商核办，奉旨允准钦遵在案。现在古城城守尉德胜已于三月十九日抵省①，臣比照会到任。惟古城满营衙署、兵房，因匠役缺乏、工艰费巨，修造尚未及半，城守尉办公无所，令暂住省垣。德胜此次出关，值天山雪深难行，绕由南路进省，于巴里坤、古城旗营一切情形未能查悉。各该旗营兵丁亟应切实查明，通盘筹画，以便早日酌定旗分营制，可裁则裁，可并则并，庶几饷不虚糜，兵归实用。臣已商令德胜，刻日驰赴巴里坤城，并由臣加派遇缺题奏道英林，会同前往核实点验，并便道察看古城地方工程情形。臣仍一面饬催承修委员，将衙署、兵房赶紧修理，俾各旗营得以及早迁移，城守尉得以专意统辖。

现在古城工程既未告竣，各处旗营尚难归并。除乌鲁木齐满营事务应由富勒铭额移交德胜接办外，巴里坤相距较远，德胜现驻省城，难于兼顾。该领队大臣应请暂缓交卸，俟归并古城之日，再行奏请移交。

至城守尉一缺，系属新设，未颁印信。臣现刊刻木质关防一颗，文曰：镇守古城城守尉之关防，暂给启用。应请饬部铸造古城城守尉印一颗，颁发应用，以昭信守，合并陈明。

所有古城城守尉到省日期并会商办理各情形，谨会同署伊犁将军臣锡纶、陕甘总督臣谭钟麟，恭折具陈，伏乞皇太后、皇上圣鉴训示施行。谨奏。光绪十三年四月初四日。

（朱批）：着照所请，该部知道。②

---

①详见光绪十二年八月二十四日大学士额勒和布以新授古城城守尉德胜由京赴疆程途窎远，奏请准其驰驿缘由（中国第一历史档案馆藏：《军机录副》，档案编号：03—5843—037）。
②中国第一历史档案馆藏：《朱批原件》，档案编号：04—01—01—0958—065。又《奏稿》第1573—1576页。

光绪十三年闰四月初四日,奉朱批:着照所请,该部知道。钦此。①

027. 奏报副都统富勒铭额交卸并请擢用片
光绪十三年四月初四日(1887年4月26日)

再,乌鲁木齐都统及各领队大臣等,前经奉旨裁缺,另候简用。上年,乌鲁木齐都统臣升泰丁忧。其时新设古城城守尉尚未到省,都统尚有应办事宜,经臣代奏奉旨:着富勒铭额暂行护理。钦此。钦遵在案。兹准头品顶戴副都统衔护理乌鲁木齐都统署领队大臣坚勇巴图鲁富勒铭额咨称:新任古城城守尉德胜现已到省,应将乌鲁木齐满营事件并领队大臣文卷一并移交城守尉接办。原刊领队大臣木质关防一颗,应请收销。其都统文卷,应请就近经收。银印一颗,应请代为送部,并请代为奏请交卸等因。咨会前来。

臣查乌鲁木齐满营事件并领队大臣文卷,城守尉德胜既已到任,自应移交德胜接收。其护理都统任内支领粮饷,系由藩司援案照发,原由满营自行报销,自应赶将以前一切报销办理完竣,由臣接收,以清眉目。至富勒铭额应署乌鲁木齐领队大臣及护理都统,与臣共事,于一切边防要务,靡不和衷商办,议见老成,洵为不可多得,以身受国恩,亟思图报。

除由臣咨复请将经手事件赶紧清厘外,可否吁恳天恩准其交卸,并应如何擢用之处,出自鸿施,理合会同署伊犁将军臣锡纶、陕甘总督臣谭钟麟,附片具陈,伏乞圣鉴训示。谨奏。

(朱批):知道了。②

光绪十三年闰四月初四日,奉朱批:知道了。钦此。③

【案】此片具奏日期,原件未署,录副署"光绪十三年闰四月初四日"。查光绪十三年闰四月初四日《军机处随手登记档》④,载有"报四百里,四月初四日发"等字样。据此,此片具奏日期当为"光绪十三年四月初四日",兹据校正。

---

①中国第一历史档案馆藏:《军机录副》,档案编号:03—5222—009。
②中国第一历史档案馆藏:《朱批原件》,档案编号:04—01—16—0220—064。
③中国第一历史档案馆藏:《军机录副》,档案编号:03—5222—018。
④中国第一历史档案馆藏:《军机处随手登记档》,档案编号:03—0253—2—1213—116。

028. 审拟奇台客民蔡殿学斗殴毙命一案折

光绪十三年四月十四日（1887年5月6日）

尚书衔降一级留任甘肃新疆巡抚二等男臣刘锦棠跪奏，为斗殴毙命，核明定拟，恭折具陈，仰祈圣鉴事。

窃奇台县客民蔡殿学因与王得成口角争殴，踢伤王得成心坎，越日身死一案，据署奇台县知县刘澄清验讯获犯，议拟招解，由迪化府知府蒋诰转详镇迪道兼按察使衔恩纶复审，详请具奏前来。臣亲提复讯无异，缘蔡殿学籍隶甘肃武威县，寄居奇台，种地度日，与已死王得成邻近居住，素好无嫌。光绪十二年九月初四日，蔡殿学到王得成家，找寻同居之魏长礼。王丁氏嫌其常来常往，叫门琐碎，口出烦言。蔡殿学分辩，王丁氏詈骂，蔡殿学生气，闻王得成在地上收割庄稼，前往投诉。王得成言：骂就骂了。蔡殿学斥其护短，与王得成口角争闹。王得成手拿镰刀向蔡殿学扑殴，蔡殿学将刀格落，王得成赶近蔡殿学身前，弯身拾刀。蔡殿学恐被拾起，举脚吓踢，适伤王得成心坎。经周福生赶拢喝散，将王得成扶归，医治罔效，延至九月初七日，因伤殒命。投保报验，获犯审讯，供认前情不讳。再三究诘，委系吓踢适伤，并非有心致死，案无遁饰。

查律载：斗殴杀人者，不问手足、他物、金刃，并绞监候等语。此案蔡殿学因被王丁氏詈骂，向其夫王得成投诉，口角起衅，踢伤王得成心坎，越六日毙命，自应照律问拟。蔡殿学合依斗殴杀人者，不问手足、他物、金刃并绞律，拟绞监候，秋后处决。王丁氏詈骂肇衅，本有不合，惟系妇女，其夫王得成已被蔡殿学踢伤殒命，应与救阻不及之周福生，均免置议。无干省释，尸棺饬属领埋，凶鞋案结销毁。

是否允协？除全案供招咨送刑部外，合将斗殴毙命核明定拟缘由，恭折具陈，伏乞皇太后、皇上圣鉴，饬部核议施行。谨奏。光绪十三年四月十四日。

（朱批）：刑部议奏。①

---

①中国第一历史档案馆藏：《朱批原件》，档案编号：04—01—26—0076—049。

光绪十三年闰四月十八日,奉朱批:刑部议奏。钦此。①

029. 请将王德溥并其母姚氏妻郭氏旌恤片
光绪十三年四月十四日(1887年5月6日)

再,臣据已故前署哈密协副将世袭一等子爵王德溥堂弟王惠溥禀称:王德溥系甘肃靖远县人,前奋威将军王进宝九世嫡孙,由世袭一等子爵历署督标后营、定远、芦塘等营游击。同治二年,委署哈密协副将②,迎其母就养,妻亦随侍到署。三年八月,关外逆回倡乱,围攻哈密厅城,火弹坠城中如雨。王德溥时方卧病,急起登陴固守,历七昼夜,贼犹未退。恐事不可为,乃留书与诸弟相诀。既而乘间出师击贼,贼败走,城赖以全。四年,贼复至,哈密失陷,王德溥力战阵亡。其母姚氏、妻郭氏,均自焚以殉。谨开具事实,并赍呈所寄家书,禀恳查核具奏,请旨旌恤等情。

臣当照会巴里坤镇总兵徐占彪,并饬前署哈密协副将龙在田、前署哈密通判娄绍豫,将该副将王德溥死事情形详细查明去后。旋据徐占彪等呈称:遵查同治四年五月二十四日,南路大股逆回窜至哈密,围攻厅城,王德溥督队逆战,屡挫贼锋。贼四面纵火,至二十六日酉刻,南城失陷。王德溥振臂大呼,提兵巷战,贼至益众,力竭阵亡。当城破时,其母姚氏、妻郭氏以硝磺实篓中,皆自焚死。先后查复前来。

臣复加查核,与王惠溥所禀情节相符。臣维逆回倡乱时,哈密孤悬徼外。该副将王德溥以世受国恩,思图报称,遂乃慷慨授命,合室自焚。至今读其家书,忠义之气犹凛然可见也。可否仰恳天恩俯准,饬部将前署哈密协副将世袭一等子爵王德溥并其母姚氏、妻郭氏分别从优议请旌恤,以慰忠魂而彰节烈,出自逾格鸿慈。

除咨部外,谨会同陕甘总督臣谭钟麟,附片具奏,伏乞圣鉴训示。谨奏。

---

①中国第一历史档案馆藏:《军机录副》,档案编号:03—7310—029。
②详见同治二年五月十一日护理陕甘总督恩麟奏报哈密协副将员缺先经改委世袭子爵王德溥前往署理缘由(台北故宫博物院藏:《军机及宫中档》,文献编号:089768),又同治二年九月十六日护理陕甘总督恩麟奏请王德溥留于陕甘省差遣委用缘由(台北故宫博物院藏:《军机及宫中档》,文献编号:092337)。

（朱批）：王德溥并其母姚氏、妻郭氏分别从优旌恤，该部知道。①

光绪十三年闰四月十八日，奉朱批：王德溥并其母姚氏、妻郭氏分别从优旌恤，该部知道。钦此。②

030. 请将提督谭拔萃附祀片

光绪十三年四月十四日（1887年5月6日）

再，臣前奉光绪十一年四月初九日上谕：刘锦棠奏总兵积劳病故，请饬从优议恤一折。记名提督甘肃宁夏镇总兵谭拔萃，于咸丰、同治年间随同已故提督刘松山带兵剿贼，转战湖南、江西、安徽、河南、山东、山西、直隶、陕西、甘肃等省，嗣经随同刘锦棠出关，迭克各城，战功卓著。兹以积劳病故，殊堪轸惜。加恩着交部，照提督军营立功后在营病故例，从优议恤，并将生平战绩宣付国史馆立传，以彰劳勚。钦此。仰见圣慈褒奖成劳之至意，臣缅怀袍泽，感戴同深。

惟查谭拔萃，始以武童投效湘军，即随同臣叔刘松山转战东南，以至关陇，相从最久，立功亦最多。可否仰恳天恩，准其附祀原任广东陆路提督臣刘松山甘肃省城及湖南省城专祠，以妥英魂而昭激劝之处，出自鸿施。

谨会同陕甘总督臣谭钟麟，附片具奏，伏乞圣鉴训示。谨奏。

光绪十三年闰四月十八日，奉朱批：着照所请，该部知道。钦此。③

【案】此片具奏日期，录副署"光绪十三年三月二十九日"，兹据《奏稿》及《军机处随手登记档》④校正。⑤

031. 特参守备徐泰先不守营规请旨革职片

光绪十三年四月十四日（1887年5月6日）

再，蜀军呼敦马队左旗哨官花翎守备徐泰先，性情乖戾，不守营规。据

---

①中国第一历史档案馆藏：《朱批原件》，档案编号：04—01—16—0220—007。又《奏稿》第1581—1584页。
②中国第一历史档案馆藏：《军机录副》，档案编号：03—6023—043。
③中国第一历史档案馆藏：《军机录副》，档案编号：03—5594—088。又《奏稿》第1579—1580页。
④中国第一历史档案馆藏：《军机处随手登记档》，档案编号：03—0253—2—1213—130。
⑤《德宗景皇帝实录（四）》，卷二百四十二，光绪十三年闰四月，第263页。

统领蜀军巴里坤镇总兵徐占彪呈请奏参前来。臣复查无异。相应请旨将花翎补用守备徐泰先即行革职,并拔去花翎,以肃戎政而儆效尤。除咨兵部外,谨附片具奏,伏乞圣鉴训示。谨奏。

(朱批):徐泰先着即革职,拔去花翎。兵部知道。①

光绪十三年闰四月十八日,奉朱批:徐泰先着即革职,拔去花翎。兵部知道。钦此。②

032. 奏报新疆光绪十二年十二月雨雪粮价情形折
光绪十三年四月二十七日(1887年5月19日)

尚书衔降一级留任甘肃新疆巡抚二等男臣刘锦棠跪奏,为恭报光绪十二年十二月分粮价并得雪情形,谨缮折具陈,仰祈圣鉴事。

窃照光绪十二年十一月分各厅州县粮价并得雪情形,业经臣奏报在案。兹查十二月分北路镇迪道所属绥来县得雪积地四寸有余,南路温宿、疏勒、库车、喀喇沙尔等州厅得雪三四寸及五六寸不等。民情均各安帖。

至通省粮价,镇西、吐鲁番、库尔喀喇乌苏、喀什噶尔、英吉沙尔、玛喇巴什、库车、乌什、温宿、和阗、迪化、拜城、于阗等厅州县俱与上月相同,余均略有增减。据藩司魏光焘汇详请奏前来。

理合恭折具陈,并缮粮价清单,恭呈御览。伏乞皇太后、皇上圣鉴。谨奏。光绪十三年四月二十七日。

(朱批):知道了。③

光绪十三年闰四月二十七日,奉朱批:知道了。钦此。④

033. 呈新疆各属光绪十二年十二月粮价清单
光绪十三年四月二十七日(1887年5月19日)

谨将新疆各属光绪十二年十一月分米粮时估价值缮具清单,恭呈御

---

①中国第一历史档案馆藏:《朱批原件》,档案编号:04—01—16—0220—006。
②中国第一历史档案馆藏:《军机录副》,档案编号:03—5849—033。
③中国第一历史档案馆藏:《朱批原件》,档案编号:04—01—25—0528—039。
④中国第一历史档案馆藏:《军机录副》,档案编号:03—6863—039。

览。计开

十二月分

镇迪道属

迪化县：大米每京石价银四两四钱四厘，小麦每京石价银一两五钱九分二厘，莞豆每京石价银一两六钱五分六厘，青稞每京石价银一两二钱五分八厘。俱与上月相同。

昌吉县：大米每京石价银三两二钱四分一厘，较上月减三钱五分九厘。小麦每京石价银一两三钱四分七厘，莞豆每京石价银一两三钱四分五厘，青稞每京石价银九钱一分七厘，俱与上月相同。

阜康县：粟米每京石价银一两四钱五分六厘，较上月减三分。小麦每京石价银一两三钱八分，莞豆每京石价银一两二钱七分三厘，高粱每京石价银六钱七分二厘，俱与上月相同。

绥来县：大米每京石价银二两二钱二分，较上月减二钱八分四厘。小麦每京石价银一两一钱三分二厘，莞豆每京石价银一两二钱九厘，高粱每京石价银八钱八分三厘，俱与上月相同。

奇台县：大米每京石价银三两一钱七厘，较上月增一钱七分三厘。小麦每京石价银九钱九分，较上月增七分一厘。莞豆每京石价银八钱三分五厘，较上月增七厘。

哈密厅：粟米每京石价银一两五钱一分，较上月增七分。小麦每京石价银一两一钱七分，较上月增一钱六分二厘。莞豆每京石价银一两三钱六分，较上月增一钱六分二厘。青稞每京石价银七钱八分六厘，较上月增七分三厘。

镇西直隶厅：小麦每京石价银一两六钱八分，莞豆每京石价银一两七钱二分，青稞每京石价银一两一钱二分。俱与上月相同。

吐鲁番厅：小麦每京石价银一两七钱七分四厘，大麦每京石价银五钱六分，高粱每京石价银七钱四分六厘，黄豆每京石价银一两四钱九分三厘。俱与上月相同。

库尔喀喇乌苏厅：小麦每京石价银一两三钱一分一厘，高粱每京石价银一两一分九厘，莞豆每京石价银一两四钱八分。俱与上月相同。

阿克苏道属

温宿直隶州：大米每京石价银一两一钱一分九厘，小麦每京石价银六钱九分,大麦每京石价银三钱六分,包谷每京石价银四钱八厘。俱与上月相同。

拜城县:小麦每京石价银三钱五分,大麦每京石价银一钱八分,莞豆每京石价银二钱七分,包谷每京石价银三钱。俱与上月相同。

喀喇沙尔直隶厅:大米每京石价银二两八钱一分二厘,小麦每京石价银一两三分五厘,莞豆每京石价银九钱三分六厘,包谷每京石价银八钱三分二厘。俱与上月相同。

库车直隶厅:大米每京石价银一两七钱八分,小麦每京石价银六钱五厘,莞豆每京石价银五钱二分,包谷每京石价银四钱。俱与上月相同。

乌什直隶厅:大米每京石价银二两二钱三分五厘,小麦每京石价银五钱二分八厘,大麦每京石价银二钱六分七厘,包谷每京石价银三钱九分三厘。俱与上月相同。

喀什噶尔道属

疏勒直隶厅:大米每京石价银三两,小麦每京石价银一两五钱一分八厘,包谷每京石价银八钱九分六厘,俱与上月相同。高粱每京石价银八钱五厘,较上月减一钱一分五厘。

疏附县:大米每京石价银三两,与上月相同。小麦每京石价银一两九钱三分二厘,较上月增二钱八分二厘。包谷每京石价银九钱三分八厘,较上月减一钱三分四厘。高粱每京石价银一两三钱五厘,与上月相同。

莎车直隶州:大米每京石价银二两三钱六分八厘,较上月增二钱九分六厘。大麦每京石价银六钱二分五厘,小麦每京石价银八钱二分八厘,包谷每京石价银五钱二分八厘,俱与上月相同。

叶城县:大米每京石价银二两九钱,较上月增三钱四分八厘。小麦每京石价银六钱五分,较上月减五分。包谷每京石价银三钱八分四厘,较上月减九分六厘。青稞每京石价银六钱五分,较上月增二分五厘。

和阗直隶州:大米每京石价银一两八钱九分,小麦每京石价银八钱二分八厘,包谷每京石价银三钱八分四厘,青稞每京石价银四钱一分四厘。俱与上月相同。

于阗县:大米每京石价银四两二钱七分八厘,小麦每京石价银一两七分二厘,包谷每京石价银七钱六分八厘。俱与上月相同。

英吉沙尔厅:大米每京石价银二两六钱七分二厘,小麦每京石价银八钱五厘,包谷每京石价银五钱九厘,大麦每京石价银五钱一分八厘,俱与上月相同。

玛喇巴什直隶厅:大米每京石价银二两七钱七分,小麦每京石价银一两三分五厘,包谷每京石价银九钱六分。俱与上月相同。

(朱批):览。

034. 奏报拣员请补叶城县要缺知县折

光绪十三年四月二十七日(1887年5月19日)

尚书衔降一级留任甘肃新疆巡抚二等男臣刘锦棠跪奏,为拣员请补要缺知县,以重地方,恭折仰祈圣鉴事。

窃据甘肃新疆布政使魏光焘、兼按察使衔镇迪道恩纶会详称:新疆新设莎车直隶州署叶城县知县,所辖幅员宽广,东南两面戈壁居多,人民散处,地土亦肥硗不一,且南有卡伦,为温都斯坦商民往来要道。稽查弹压,治理匪易,应请定为冲疲难三项要缺。该县系属新设,应即拣员请补,以重职守。查南路新设各缺,前奉部议准,照吉林新章由外拣补一次在案。

兹查有补缺后在任候补直隶州知州留新疆委用知县黄袁,年四十五岁,湖南长沙府善化县人,由附贡生于同治十二年,在湖南援防捐局报捐盐运司经历,指分广东,加盐课司提举升衔,并免赴部验看。是年十一月,经湖南抚臣验看给咨,十三年五月十四日到省试用,奉准部咨注册。前陕甘督臣左宗棠因该员前在军营效力,于克复乌鲁木齐等城案内汇保,光绪三年九月初五日奉上谕:黄袁着免补本班,以知县仍留广东,归候补班前尽先补用。钦此。六年,复奉委赴甘肃,侦探军务,于十二月十八日抵湖南原籍,便道省亲,适于七年正月二十一日丁母忧。九年四月二十一日服满,呈明咨部起复。经臣札调出关,随营差遣。六载边防案内汇保,十年十月初四日奉上谕:黄袁着俟补缺后,以直隶州知州在任候补,并赏戴花翎。钦此。是年,委办臣营总理文案事务。十一年,留省候补,八月十七日禀到。十二年,经臣奏留新疆差遣委用,十月二十六日奉上谕:着照所请,吏部知道。钦此。钦遵各在案。

该司等查该员黄袁,处事安详,才具稳练,在新疆当差有年,熟悉边情,以之请补叶城县知县,实堪胜任,人地亦极相宜,且与变通章程相符等情,详请具奏前来。

臣查该员黄袁,通达政体,办事实心。合无仰恳天恩俯念边疆员缺紧要,准以留新委用知县黄袁补授叶城县知县,洵于地方有裨。如蒙俞允,俟奉部复,即行给咨,送部引见,以符例章,仍令试署年满,另请销去试字。

是否有当? 谨会同陕甘总督臣谭钟麟,恭折具陈,伏乞皇太后、皇上圣鉴训示。谨奏。光绪十三年四月二十七日。

(朱批):吏部议奏。①

光绪十三年闰四月二十七日,奉朱批:吏部议奏。钦此。②

035. 奏报提督呈请复姓归宗折

光绪十三年闰四月初四日(1887年5月26日)

尚书衔降一级留任甘肃新疆巡抚二等男臣刘锦棠跪奏,为提督大员呈请复姓归宗,援例具陈,仰祈圣鉴事。

窃臣据总统东四城马步各军题奏提督阿克苏镇总兵董福祥呈称:董字中营正哨长记名提督达桑阿巴图鲁董占富,甘肃固原州人,本姓王氏,因遭回乱,全家离散,福祥怜其年幼无依,养为义子,遂从董姓。该员随营二十年,迭著战功,累保今职。上年请假进关,寻访亲族,始悉其父母俱故,家无次丁,并无期功近支之人,请复姓王氏,俾承宗祧,取具印甘各结,代请核办前来。

臣查光绪十一年兵部议奏,提镇大员及副、参等官,或已补实缺,或现在军营效力,如有更名复姓等项,均取具印甘各结,由统兵大臣暨各督抚奏明办理等因。奉旨:依议。钦此。钦遵咨行在案。兹董占富系在营效力提督大员,呈请复姓,与例相符。合无仰恳天恩俯准,将该员董占富复姓王氏,饬部注册,出自鸿施。

除将印甘各结咨部外,谨会同陕甘总督臣谭钟麟,合词恭折具陈,伏乞皇太后、皇上圣鉴训示。谨奏。光绪十三年闰四月初四日。

---

① 中国第一历史档案馆藏:《朱批原件》,档案编号:04—01—12—0538—108。又《奏稿》第1585—1588页。
② 中国第一历史档案馆藏:《军机录副》,档案编号:03—5222—132。

（朱批）:该部议奏。①

光绪十三年五月初七日,奉朱批:该部议奏。钦此。②

036. 新疆无秋审人犯请饬核议册式及日期折

光绪十三年闰四月初四日（1887年5月26日）

尚书衔降一级留任甘肃新疆巡抚二等男臣刘锦棠跪奏,为查明新疆各属本届新事秋审并无应办人犯,仍请旨饬部议定册式及截止日期,以便遵循,恭折仰祈圣鉴事。

窃臣于光绪十三年四月初四日,接准刑部咨催办理秋审等因。查新疆人命案件,业经奏准,随时奏咨,听候部复。应归秋审人犯,免其解省,仿照各省旧事秋审之例办理。所有上年十一月起陆续具奏人命案件,仅伊犁客民胡凤田殴伤陈志仕身死一案,奉准刑部议复,例得减流,令将该犯南北互相调发,匀拨地亩,以驻屯政等因。自应遵照办理,毋庸归入秋审。

其余所奏人命案件,均未奉到部复,无从查办。至原任伊犁将军金顺前奏缠民赛斯克殴伤色斯克身死一案③,已经去岁秋审查办在案,应入本年旧事秋审摘叙案由,造册咨送刑部查办。此外亦无旧事秋审应办案件。

再,准刑部钞单内开:新疆案件,嘉庆元年钦遵谕旨,改缮黄册。又查秋审截止日期,各省亦有不同。现在改设行省,其秋审应用何项册式及截止日期,均应及时议定。相应请旨饬下刑部,一并核议示复,以便遵循。据镇迪道兼按察使衔恩纶④详请具奏前来。

臣复查无异。所有查明本届新事秋审并无应办人犯仍请饬部核议册式及截止日期各缘由,理合缮折具陈,伏乞皇太后、皇上圣鉴施行。谨奏。

---

①中国第一历史档案馆藏:《朱批原件》,档案编号:04—01—16—0220—076。又《奏稿》第1589—1591页。

②中国第一历史档案馆藏:《军机录副》,档案编号:03—5849—071。

③详见光绪十一年九月十一日伊犁将军金顺奏报缠回赛斯克与色斯克醉酒互殴,致色斯克身死一案审明议拟情形（中国第一历史档案馆藏:《军机录副》,档案编号:03—7308—063）。

④恩纶(1824—?),满洲正红旗人。同治九年(1870),由礼部员外郎保升道员,并加按察使衔。十年(1871),补授甘肃镇迪道。十一年(1872),因城防出力,保加布政使衔。光绪二年(1876),因病开缺,回旗调理。十年(1884),署理西宁道篆。十二年(1886),补授镇迪道兼按察使衔。十五年(1889),兼理新疆布政使。

光绪十三年闰四月初四日。

（朱批）：刑部议奏。①

光绪十三年五月初七日，奉朱批：刑部议奏。钦此。②

037. 奏报新疆光绪十三年正月雨水粮价情形折
光绪十三年闰四月初四日（1887年5月26日）

尚书衔降一级留任甘肃新疆巡抚二等男臣刘锦棠跪奏，为恭报光绪十三年正月分粮价并得雪情形，谨缮折具陈，仰祈圣鉴事。

窃照光绪十二年十二月分各厅州县粮价并得雪情形，业经臣奏报在案。兹查本年正月分北路镇西、迪化等厅县，均微雪不能及寸。南路英吉沙尔、库车两厅得雪积地一二寸有余，余皆微雪。民情均各安帖。

至通省粮价，镇西、吐鲁番、喀喇沙尔、英吉沙尔、莎车、迪化、昌吉、疏附、于阗等厅州县，俱与上月相同，余均略有增减。据藩司魏光焘汇详请奏前来。

理合恭折具陈，并缮粮价清单，敬呈御览。伏乞皇太后、皇上圣鉴。谨奏。光绪十三年闰四月初四日。

（朱批）：知道了。③

光绪十三年五月初七日，奉朱批：知道了。钦此。④

038. 呈新疆各属光绪十三年正月粮价清单
光绪十三年闰四月初四日（1887年5月26日）

谨将新疆各属光绪十三年正月分米粮时估价值缮具清单，恭呈御览。计开

正月分

---

①中国第一历史档案馆藏：《朱批原件》，档案编号：04—01—01—0961—044。又《奏稿》第1593—1595页。
②中国第一历史档案馆藏：《军机录副》，档案编号：03—7226—058。
③中国第一历史档案馆藏：《朱批原件》，档案编号：04—01—25—0528—059。
④中国第一历史档案馆藏：《军机录副》，档案编号：03—6864—011。

镇迪道属

迪化县：大米每京石价银四两四钱四分，小麦每京石价银一两五钱九分二厘，莞豆每京石价银一两六钱五分六厘，青稞每京石价银一两二钱五分八厘。俱与上月相同。

昌吉县：大米每京石价银三两二钱四分一厘，小麦每京石价银一两三钱四分七厘，莞豆每京石价银一两三钱四分五厘，青稞每京石价银九钱一分七厘。俱与上月相同。

阜康县：粟米每京石价银一两二钱七分三厘，较上月减一钱八分三厘。小麦每京石价银一两三钱八分，莞豆每京石价银一两二钱七分三厘，高粱每京石价银六钱七分二厘，俱与上月相同。

绥来县：大米每京石价银二两一钱一分，较上月减一钱一分。小麦每京石价银一两一钱三分二厘，莞豆每京石价银一两二钱九厘，高粱每京石价银八钱八分三厘，俱与上月相同。

奇台县：大米每京石价银三两一钱七厘，与上月相同。小麦每京石价银八钱八分四厘，较上月减一钱六厘。莞豆每京石价银九钱三分二厘，较上月增九分七厘。

哈密厅：粟米每京石价银一两五钱一分，小麦每京石价银一两一钱七分，俱与上月相同。莞豆每京石价银一两九钱八分四厘，较上月增二钱二分四厘。青稞每京石价银八钱五分八厘，较上月减二厘。

镇西厅：小麦每京石价银一两六钱八分，莞豆每京石价银一两七钱二分，青稞每京石价银一两一钱二分。俱与上月相同。

吐鲁番厅：小麦每京石价银一两七钱七分四厘，大麦每京石价银五钱六分，高粱每京石价银七钱四分六厘，黄豆每京石价银一两四钱九分三厘。俱与上月相同。

库尔喀喇乌苏厅：小麦每京石价银一两二钱七分五厘，较上月减三分六厘。莞豆每京石价银一两五钱一分，较上月增三分。高粱每京石价银一两一分九厘，与上月相同。

阿克苏道属

温宿直隶州：大米每京石价银一两三厘，较上月减一钱一分六厘。小麦每京石价银六钱四分六厘，较上月减四分四厘。大麦每京石价银三钱六分，包谷每京石价银四钱八厘，俱与上月相同。

拜城县：小麦每京石价银三钱二分，较上月减三分。大麦每京石价银一钱七分，较上月减一分。莞豆每京石价银二钱七分，包谷每京石价银三钱，俱与上月相同。

喀喇沙尔直隶厅：大米每京石价银二两八钱一分二厘，小麦每京石价银一两三分五厘，莞豆每京石价银九钱三分六厘，包谷每京石价银八钱三分二厘。俱与上月相同。

库车直隶厅：大米每京石价银一两七钱八分，与上月相同。小麦每京石价银五钱九分，较上月减一分五厘。莞豆每京石价银四钱六分，较上月减六分。包谷每京石价银三钱八分，较上月减二分。

乌什直隶厅：大米每京石价银一两七钱八分，较上月减四钱五分五厘。小麦每京石价银五钱二分八厘，大米每京石价银二钱六分七厘，包谷每京石价银三钱九分三厘，俱与上月相同。

喀什噶尔道属

疏勒直隶州：大米每京石价银三两，与上月相同。小麦每京石价银一两九钱三分二厘，较上月增四钱一分四厘，包谷每京石价银八钱九分六厘，与上月相同。高粱每京石价银一两三分五厘，较上月增二钱三分。

疏附县：大米每京石价银三两，小麦每京石价银一两九钱三分二厘，包谷每京石价银九钱三分八厘，高粱每京石价银一两三分五厘。俱与上月相同。

莎车直隶州：大米每京石价银二两三钱六分八厘，大麦每京石价银六钱二分五厘，小麦每京石价银八钱二分八厘，包谷每京石价银五钱二分八厘。俱与上月相同。

叶城县：大米每京石价银二两九钱，小麦每京石价银六钱五分，包谷每京石价银三钱八分四厘，俱与上月相同。青稞每京石价银五钱，较上月减一钱五分。

和阗直隶州：大米每京石价银二两一钱七分，较上月增二钱八分。小麦每京石价银八钱二分八厘，包谷每京石价银三钱八分四厘，青稞每京石价银四钱一分四厘，俱与上月相同

于阗县：大米每京石价银四两二钱七分八厘，小麦每京石价银一两七分二厘，包谷每京石价银七钱六分八厘。俱与上月相同。

英吉沙尔直隶厅：大米每京石价银二两六钱七分二厘，小麦每京石价

银八钱五厘,包谷每京石价银五钱九厘,大麦每京石价银五钱一分八厘,俱与上月相同。

玛喇巴什直隶厅:大米每京石价银二两七钱七分,与上月相同。小麦每京石价银一两一钱,较上月增六分五厘。包谷每京石价银一两二分,较上月增六分。

(朱批):览。①

039. 原保通判王孚征等底衔有误请饬更正片
光绪十三年闰四月初四日(1887年5月26日)

再,新疆肃清案内分省补用通判王孚征,拟请以同知分省,归候补班前补用;选用训导周宝衡请免选本班,以知县分省补用。均经奉旨允准,钦此。钦遵咨行在案。

嗣据王孚征禀称,该员捐指东河在先,保案在后,请更正底衔作为指分东河补用通判,以同知仍留原省,归候补班前补用,经臣奏奉谕旨,吏部议奏。旋准吏部议复:王孚征在何省黔捐局报捐,并未声明,应令查明具奏,再行核办等因。比即咨行饬查去后。兹据复称:该员由分省补用通判在河南黔捐局报捐指分东河,系于光绪五年五月上兑,请附奏更正注册。

又据周宝衡禀称:该员由浙江仁和县入学附生投效嵩武军,选锋派江浙采运军装,在籍更名郑表,补廪捐贡,在浙江统捐局加捐训导,归六次捐案核准,肃清案内误开原名,呈验捐照,请更名郑表各等情,先后禀由山东巡抚臣张曜咨请具奏前来。

臣复核无异。合无仰恳天恩俯准,将分省补用通判王孚征底衔更作东河补用通判,以同知仍留原省,归候补班前补用;选用训导周宝衡更名周郑表,仍以知县分省补用。饬部分别注册,以示鼓励而免歧异,出自鸿施。

除咨部查照外,理合附片具陈,伏乞圣鉴训示。谨奏。

(朱批):吏部知道。②

光绪十三年五月初七日,奉朱批:吏部知道。钦此。③

---

①中国第一历史档案馆藏:《清单》,档案编号:03—6864—012。
②中国第一历史档案馆藏:《朱批原件》,档案编号:04—01—12—0538—016。
③中国第一历史档案馆藏:《军机录副》,档案编号:03—5223—021。

040. 奏报伊犁将军病势较轻毋庸驰往折

光绪十三年闰四月十一日（1887年6月2日）

尚书衔降一级留任甘肃新疆巡抚二等男臣刘锦棠跪奏，为查明署伊犁将军臣病势较前轻减，臣毋庸驰往伊犁，恭折复陈，仰祈圣鉴事。

窃臣于闰四月初八日承准军机大臣字寄：光绪十三年四月十八日奉上谕：谭钟麟奏锡纶患病甚重，请饬色楞额①速赴新任一折②。本日已谕知色楞额，于文硕③接任后，迅速驰赴新任矣。该督所奏锡纶病情，殊深廑系，发去如意金黄散二匣，谭钟麟即派员赍交锡纶祗领，俾资医治。倘锡纶病竟不支，伊犁地方不可无人统摄。着刘锦棠即行驰往，暂署将军篆务。甘肃新疆巡抚，着魏光焘暂行护理。刘锦棠素抱公忠，务当力疾从事，以副倚任。将此由五百里各谕令知之。钦此。仰见朝廷眷顾西陲，轸念边臣之至意，跪聆之下，钦感莫名。

伏查锡纶于上年春间，额角生痈，日久未散，前在伊犁相见，每指以示臣，虑其为患。至冬间溃烂，毒气蔓延，下及肩项，皆生疮疖，痛楚异常。本

---

①色楞额（？—1890），字石友，满洲正白旗人。咸丰六年（1856），充蓝翎侍卫。九年（1859），随叔父荆州将军都兴阿出兵江南，升三等侍卫。十一年（1861），加二等侍卫。同治三年（1864），随都兴阿出兵甘肃，晋头等侍卫。四年（1865），加副都统衔。七年（1868），赏戴花翎。光绪元年（1875），署兴京副都统。二年（1876），实授兴京副都统。三年（1877），调成都副都统。五年（1879），调补驻藏帮办大臣，旋授驻藏办事大臣。九年（1883），补库伦掌印办事大臣。十二年（1886），擢伊犁将军。

②详见光绪十三年三月二十九日陕甘总督谭钟麟以伊犁将军锡纶患病甚，军务繁紧，奏请饬催新授伊犁将军色楞额速赴新任缘由（中国第一历史档案馆藏：《朱批原件》，档案编号：04—01—01—0958—008；《军机录副》，档案编号：03—5848—092），清廷颁寄信谕旨曰："军机大臣字寄：光绪十三年四月十一日，奉上谕：文硕自简任驻藏大臣后，于上年二月请训赴任，迄今已逾一年，尚未据报到任，实属任意迁延。本日据谭钟麟奏，锡纶患病甚重，请饬色楞额速赴新任等语。西陲地方关系紧要，锡纶现既患病，尤须色楞额迅往接任。惟必俟文硕到任，方能交替起程。该大臣现已行至何处，着即兼程前进，速抵西藏，不准再有耽延，致干咎戾。色楞额交卸后，并着迅速驰赴新任，将一切应办事宜实心经理，以副委任。将此由五百里各谕令知之。钦此。遵旨寄信前来。"（中国第一历史档案馆藏：《光绪朝上谕档》，第十三册，第151页。又《德宗景皇帝实录（四）》，卷二百四十一，光绪十三年四月，第250—251页。）

③文硕，生卒年不详，字俪南，满洲正蓝旗人，费莫氏。咸丰六年（1856），选户部员外郎。十年（1860），升内阁学士兼礼部侍郎。同治三年（1864），授鸿胪寺少卿。八年（1869），补授布伦托海办事大臣。光绪七年（1881），迁内阁侍读学士，旋加副都统衔。十年（1884），补光禄寺少卿，授内阁学士。十一年（1885），调补驻藏办事大臣。十三年（1887），抵藏，次年褫职。

年二月间,势尤沉重。迭据总理伊犁营务处提督曹正兴等先后呈报,与谭钟麟此次所奏情形相同。臣当饬该提督等妥为延医,用心调护。三月二十日,接到锡纶来信云:已渐次就痊,地方幸俱静谧等语。又据各员弁禀报,均称锡纶肩项间各证皆已平复。惟额角一疮未愈,现已能强起办公,并照常接见僚属。昨又有自伊犁来者,询之无异。是锡纶病势实已较前轻减。谭钟麟相距过远,此次所奏当系据三月以前禀报言之,以后情形尚未能周悉也。

前准谭钟麟来咨,商令道员英林前赴伊犁照料,时臣已奏派该员,会同城守尉德胜,前往巴里坤点验旗营册籍,未及令其折转。现在锡纶病势既已较前轻减,且于一应公事均尚照常办理,臣亦毋庸驰往伊犁。色楞额未到新任以前,遇有伊犁要事,臣自当与锡纶和衷商办,以期上慰宸廑。

所有查明署伊犁将军臣病势较前轻减各情形,除咨会督臣查照外,理合缮折由驿驰奏,伏乞皇太后、皇上圣鉴训示。谨奏。光绪十三年闰四月十一日。

(朱批):知道了。①

光绪十三年五月十二日,奉朱批:知道了。钦此。②

041. 奏报知县李原琳试署期满请旨实授折

光绪十三年闰四月十三日(1887年6月4日)

尚书衔降一级留任甘肃新疆巡抚二等男臣刘锦棠跪奏,为知县试署年满,呈请实授,恭折仰祈圣鉴事。

窃查甘肃新疆绥来县知县,前经吏部议准以同知衔甘肃候补知县李原琳补授,仍另请实授等因。奉旨:依议。钦此。钦遵转行去后。兹据甘肃新疆布政使魏光焘、按察使衔镇迪道恩纶会详称:准前署镇迪道英林咨:据前署迪化州知州李庆棠转据绥来县知县李原琳申称:现年四十一岁,湖南平江县人,由从九品衔保从九品留甘补用,加捐县丞,于克复新疆托、吐及新疆肃清等案内,历保免补本班,以知县仍留原省补用,并俟补缺后,送部

---

① 中国第一历史档案馆藏:《朱批原件》,档案编号:04—01—16—0220—080。又《奏稿》第1597—1660页。
② 中国第一历史档案馆藏:《军机录副》,档案编号:03—5849—086。

引见,加五品顶戴注册,于光绪六年三月初三日作为到省候补,扣至七年三月初三日,年满甄别,经前护督臣杨昌濬具奏,堪以烦缺知县补用。复于新疆五次荡平边寇案内准保花翎,并加同知衔。九年,请补绥来县知县,奉部复准,于十年六月十二日到任,扣至十一年六月十二日,试署一年期满,例应呈请实授,叙明履历,申请到州。该署迪化直隶州知州李庆棠查该员李原琳,每逢朔望宣讲圣谕广训,黎民咸知向化,设立义学,捐廉奖励,学校振兴;征收钱粮,并无抑勒腾挪;清厘词讼,随到随审,亦无拖累;稽查保甲,开垦荒田,均著有效。该员年富才优,尽心民事,堪以实授。造具年岁履历事迹清册,详由该司道等会查,该员年力富强,办事勤慎,任内并无降革参罚违碍处分,应请实授,并声明因册造不合,辗转驳更,详办稍迟等情前来。

臣查知县以上官员试署年满,例应实授,兹据该司道等会详,绥来县知县李原琳试署一年期满,堪以实授。查该员勤慎抚字,办事细心,洵属称职。合无仰恳天恩饬部议复,以该员实授绥来县知县员缺,以符定制。

除将履历清册分送部、科外,谨会同陕甘总督臣谭钟麟,恭折具奏,伏乞皇太后、皇上圣鉴训示。再,此案系改题为奏,合并声明。谨奏。光绪十三年闰四月十三日。

(朱批):吏部议奏。①

光绪十三年五月十七日,奉朱批:吏部议奏。钦此。②

042. 奏请设立抚署笔帖式缘由折

光绪十三年闰四月十三日(1887年6月4日)

尚书衔降一级留任甘肃新疆巡抚二等男臣刘锦棠跪奏,为请设新疆抚臣衙门笔帖式员缺,以资翻译而符定制,恭折仰祈圣鉴事。

窃照新疆初设行省,官制未备,所有抚臣衙门笔帖式员缺尚未议设,遇有满蒙文件,虽暂委员翻译,究与定制不符。兹据新疆布政使魏光焘详称:查定例,各督抚衙门笔帖式由京补用,六年期满,各该处注考送部,以京缺

---

①中国第一历史档案馆藏:《朱批原件》,档案编号:04—01—12—0538—024。
②中国第一历史档案馆藏:《军机录副》,档案编号:03—5223—041。

补用。又例载：直隶、云南总督衙门笔帖式各一人，陕甘、四川总督衙门笔帖式各二人，山西巡抚衙门笔帖式二人，陕西巡抚衙门笔帖式一人各等语。新疆地处极边，所属土尔扈特、和硕特及哈密回部，亦时有往来文件，翻译较多，拟请仿照山西巡抚衙门笔帖式之例，设新疆抚臣衙门笔帖式二员，掌理翻译，其俸银照品支给。养廉一项，查新疆道远地瘠，百物昂贵，拟请从优照陕甘总督衙门笔帖式之例，每员岁支银二百五十两，并照甘肃津贴公费章程，每员岁给公费银六百两，以资办公等情，详请具奏前来。

臣复核无异。合无仰恳天恩俯念翻译关重，准予添设新疆抚臣衙门笔帖式二员，并请饬下部院核议补放，以符定制。

是否有当？谨会同陕甘总督臣谭钟麟，恭折具奏，伏乞皇太后、皇上圣鉴训示。谨奏。光绪十三年闰四月十三日。

（朱批）：该衙门议奏。①

光绪十三年五月十七日，奉朱批：该衙门议奏。钦此。②

043. 请以杨廷珍补授喀喇沙尔同知折

光绪十三年闰四月十三日（1887年6月4日）

尚书衔降一级留任甘肃新疆巡抚二等男臣刘锦棠跪奏，为拣员请补要缺同知，以重地方，恭折仰祈圣鉴事。

窃据甘肃新疆布政使魏光焘、兼按察使衔镇迪道恩纶会详称：新疆新设喀喇沙尔同知，地当冲要，兼管土尔扈特、和硕特各部落游牧事务，抚驭弹压，最关紧要，应请作为冲繁难三项要缺。该厅系属新设，应即拣员请补，以重职守。查南路新设各缺，前奉部议准照吉林新章由外拣补一次在案。兹查有知府用留任补用同知杨廷珍，年四十四岁，湖南宁乡县人，由附生于同治三年投效武字营，襄办营务。剿抚松潘各路全境肃清案内汇案保奏，五年八月初六日奉上谕：杨廷珍着以训导不论双单月，遇缺尽先前选用。钦此。十年，在京铜局遵筹饷例，报捐通判，并补交附生捐监实银，领有执照。十一年三月二十日，奉上谕：准以通判双月选用。钦此。嗣于攻

---

① 中国第一历史档案馆藏：《朱批原件》，档案编号：04—01—01—0957—082。又《奏稿》第1601—1603页。
② 中国第一历史档案馆藏：《军机录副》，档案编号：03—5093—030。

拔贵州全黔底定案内汇保,光绪元年正月十六日奉上谕:杨廷珍着免选本班,以同知分发省分,归候补班补用。钦此。六年,投效新疆军营。八年,委署绥来县知县篆务。四月二十八日接印任事,奉吏部按照定章留甘,以原官归原班补用。九月初二日具奏,奉旨:依议。钦此。监修乌鲁木齐巩宁满城案内汇保,经部议复,补缺后以应升之缺升用。九年十月十三日具奏,奉旨:依议。钦此。交卸绥来县事。复经臣调营差遣,乌鲁木齐历办边防善后汇保,经部议复,俟补缺后以知府用,先换顶戴。是年十月初八日具奏,奉旨:依议。钦此。新疆六载边防案内汇保,十年十月初四日奉上谕:杨廷珍着赏戴花翎。钦此。钦遵各在案。十一年,委署拜城县知县篆务,于十月初二日接印任事。该司等查该员杨廷珍,年强才明,办事谙练,在新疆历署地方,均能措置裕如,毫无贻误,以之请补喀喇沙尔同知,实堪胜任,人地亦极相宜,且与请补变通章程相符等情,会详请奏前来。

臣查该员杨廷珍,安详谨慎,勤干有为,合无仰恳天恩,准以知府用留甘补用同知杨廷珍补授喀喇沙尔同知,洵于地方有裨。如蒙俞允,俟奉部复,即行给咨送部引见,以符例章;仍令试俸年满,如果称职,另请实授。再,该员各署任内并无参罚案件,合并声明。

是否有当?谨会同陕甘总督臣谭钟麟,恭折具奏,伏乞皇太后、皇上圣鉴训示。谨奏。光绪十三年闰四月十三日。

（朱批）：吏部议奏。①

光绪十三年五月十七日,奉朱批:吏部议奏。钦此。②

044.蒙部缠回改归地方管辖并改铸关防片
光绪十三年闰四月十三日（1887年6月4日）

再,喀喇沙尔、库尔喀喇乌苏办事、领队大臣各员缺,前经奉旨裁撤,并准设喀喇沙尔、库尔喀喇乌苏直隶抚民同知各一员,加理事衔,管理地方户籍、田赋、刑案,兼管土尔扈特游牧事宜各在案。是土尔扈特等蒙众向隶办事、领队管辖者,自应改归地方官管辖。第事属创始,诚恐各蒙民为能户

①中国第一历史档案馆藏:《朱批原件》,档案编号:04—01—12—0538—006。
②中国第一历史档案馆藏:《军机录副》,档案编号:03—5223—042。

晓,遇有交涉事件,办理仍多窒碍。相应请旨饬下理藩院,申明新设定制,转行各该蒙部一体遵照,以资治理。

至哈密厅缠回,亦经前督臣左宗棠援照吐鲁番例,奏归哈密通判兼管,一切案件由官审报。应请饬部仿照吐鲁番同知之例,改铸哈密通判兼管理事回民事务关防一颗,颁发领用,以专责成。仍由臣督饬各该地方官,遇事秉公办理,俾蒙、汉、缠回一体相安,以仰副朝廷绥靖边藩之至意。

谨会同陕甘总督臣谭钟麟、署伊犁将军臣锡纶,附片具陈。是否有当?伏乞圣鉴训示。谨奏。

(朱批):该衙门知道。①

光绪十三年五月十七日,奉朱批:该衙门知道。钦此。②

045. 奏报呈进新疆回部贡金折

光绪十三年闰四月二十七日(1887年6月18日)

尚书衔降一级留任甘肃新疆巡抚二等男臣刘锦棠跪奏,为呈进回部贡金,恭折具陈,仰祈圣鉴事。

窃照新疆色勒库尔之南回部坎巨提,向来按年进贡沙金。该头目俄则项前于光绪四年遵例呈进,经前大学士陕甘总督臣左宗棠奏准,援案赏给大缎二匹,由左宗棠就近发给祗领,历经钦遵办理在案。兹据署喀什噶尔巡道黄光达申称:据该头目赛必德哎里罕呈到光绪十三年分进贡沙金一两五钱,遵将例赏大缎二匹发交赛必德哎里罕祗领,申请具奏前来。

臣复查无异,除将所进沙金一两五钱咨送内务府呈进外,谨恭折具奏,伏乞皇太后、皇上圣鉴。谨奏。光绪十三年闰四月二十七日。

(朱批):该衙门知道。③

光绪十三年六月十四日,奉朱批:该衙门知道。钦此。④

---

①中国第一历史档案馆藏:《朱批原件》,档案编号:04—01—01—0957—081。又《奏稿》第1605—1606页。
②中国第一历史档案馆藏:《军机录副》,档案编号:03—5093—031。
③中国第一历史档案馆藏:《朱批原件》,档案编号:04—01—14—0083—121。
④中国第一历史档案馆藏:《军机录副》,档案编号:03—5545—132。

046. 奏为赏假三月并人参八两谢恩折

光绪十三年闰四月二十七日（1887年6月18日）

尚书衔降一级留任甘肃新疆巡抚二等男臣刘锦棠跪奏，为恭谢天恩，并陈愚悃，仰祈圣鉴事。

窃臣承准军机大臣字寄：光绪十三年三月二十六日奉上谕：刘锦棠奏请开缺赏假一年省亲就医一折。览奏，情词肫挚，殊深廑系！现在新疆地方紧要，所有屯田、遣勇各事宜，尚须妥筹经理。该抚久膺边寄，办事认真，于新疆一切情形尤为熟悉，朝廷眷顾西陲，正资倚畀。虽据陈情恳切，惟当此时事艰难，自应国尔忘家，益图报称。刘锦棠着赏假三月，并加恩赏给人参八两，在任安心调理，毋庸开缺。将此谕令知之。钦此。跪聆之下，感激涕零。当即恭设香案，望阙叩头祗领。

伏念臣谬应重寄，时懔素餐，属当二竖之侵寻，仰荷九重之眷注。宠颁异数，珍药频加，奖励微劳，温纶曲逮。扩天地生成之量，极古今际遇之荣。刻骨何言，糜身莫报。臣敢不节宣其气，饮食以时，冀延草木之年，庶获涓埃之效。惟臣自远离乡土，久缺晨昏，负相依为命之心，抱贪禄忘亲之愧！西山景短，北阙恩长。非蒙天鉴垂怜照于此时，恐至人子不忍言之一日。

查边事屯田为要，现已奏定章程，即各军欠饷未清，亦荷指提协济。计协款到臣之日，正假期届满之时。臣自当力疾从公，妥筹布置，发清旧欠，募补新军，悉改坐粮，以资节饷，期于事济，不敢后时。愿及亲存，再申前请。未到还家之日，魂梦皆惊；倘邀锡类之恩，须臾亦幸。寸私可遂，万险奚辞。臣近来痰嗽未除，犹苦昏眩，幸交夏令，脚气渐平，日事按摩，强能步履。仍当赶紧医治，以期上慰宸廑。

谨恭折恭谢天恩，并陈愚悃。伏乞皇太后、皇上圣鉴。谨奏。光绪十三年闰四月二十七日。

（朱批）：知道了。钦此。[①]

光绪十三年六月十五日，奉朱批：知道了。钦此。[②]

[①]中国第一历史档案馆藏：《朱批原件》，档案编号：04—01—12—0538—004。又《奏稿》第125—128页。
[②]中国第一历史档案馆藏：《军机录副》，档案编号：03—5224—060。

047. 奏报各属光绪十三年二月雨水粮价折

光绪十三年五月初九日（1887年6月29日）

尚书衔降一级留任甘肃新疆巡抚二等男臣刘锦棠跪奏，为恭报光绪十三年二月分粮价并得雪情形，谨缮折具陈，仰祈圣鉴事。

窃照本年正月分各厅州县粮价并得雪情形，业经臣奏报在案。兹查本年二月分北路迪化、昌吉、绥来等县，得雪积地一二寸及四寸不等；南路玛喇巴什、库车、叶城等厅县得雨入土亦二三寸及四寸不等，兼以地气本暖，山雪渐化，渠水渐流，民情亦均安谧。

至通省粮价，镇西、吐鲁番、迪化、昌吉、阜康、绥来、奇台等厅县，俱与上月相同，余均略有增减。据藩司魏光焘汇详请奏前来。

理合恭折具陈，并缮粮价清单，敬呈御览。伏乞皇太后、皇上圣鉴。谨奏。光绪十三年五月初九日。

（朱批）：知道了。①

光绪十三年六月初八日，奉朱批：知道了。钦此。②

048. 呈新疆各属光绪十三年二月粮价清单

光绪十三年五月初九日（1887年6月29日）

谨将新疆各属光绪十三年二月分米粮时估价值缮具清单，恭呈御览。计开

二月分：

镇迪道属

迪化县：大米每京石价银四两四钱四分，小麦每京石价银一两五钱九分二厘，莞豆每京石价银一两六钱五分六厘，青稞每京石价银一两二钱五分八厘。俱与上月相同。

昌吉县：大米每京石价银三两二钱四分一厘，小麦每京石价银一两三

---

①中国第一历史档案馆藏：《朱批原件》，档案编号：04—01—25—0529—037。
②中国第一历史档案馆藏：《军机录副》，档案编号：03—6865—010。

钱四分七厘,莞豆每京石价银一两三钱四分五厘,青稞每京石价银九钱一分七厘。俱与上月相同。

阜康县:粟米每京石价银一两二钱七分三厘,小麦每京石价银一两三钱八分,莞豆每京石价银一两二钱七分三厘,高粱每京石价银六钱七分二厘。俱与上月相同。

绥来县:大米每京石价银二两一钱一分,小麦每京石价银一两一钱三分二厘,莞豆每京石价银一两二钱九厘,高粱每京石价银八钱八分三厘。俱与上月相同。

奇台县:大米每京石价银三两一钱七厘,小麦每京石价银八钱八分四厘,莞豆每京石价银九钱三分二厘。俱与上月相同。

哈密厅:粟米每京石价银一两五钱八分四厘,较上月增七分四厘。小麦每京石价银一两二钱一分一厘,较上月增四分一厘。莞豆每京石价银一两六钱五分六厘,较上月增七分二厘。青稞每京石价银九钱三分,较上月增七分二厘。

镇西厅:小麦每京石价银一两六钱八分,莞豆每京石价银一两七钱二分,青稞每京石价银一两一钱二分。俱与上月相同。

吐鲁番厅:小麦每京石价银一两七钱七分四厘,大麦每京石价银五钱六分,黄豆每京石价银一两四钱九分三厘,高粱每京石价银七钱四分六厘。俱与上月相同。

库尔喀喇乌苏厅:小麦每京石价银一两一钱三分五厘,较上月减一钱四分。莞豆每京石价银一两五钱一分,与上月相同。高粱每京石价银一两一两六分,较上月增四分一厘。

阿克苏道属

温宿直隶州:大米每京石价银一两一钱一分九厘,较上月增一钱一分六厘。小麦每京石价银六钱九分,较上月增四分四厘。大麦每京石价银三钱六分,与上月相同。包谷每京石价银四钱八厘,与上月相同。

拜城县:小麦每京石价银三钱二分,与上月相同。大麦每京石价银一钱七分,与上月相同。莞豆每京石价银二钱五分,较上月减二分。包谷每京石价银三钱,与上月相同。

喀喇沙尔直隶厅:大米每京石价银二两八钱一分,较上月减二厘。小麦每京石价银一两三分五厘,莞豆每京石价银九钱三分六厘,包谷每京石价银八钱三分二厘,俱与上月相同。

库车直隶厅:大米每京石价银一两九钱,较上月增一钱二分。小麦每京石价银六钱,较上月增一分。包谷每京石价银三钱五分,较上月减三分。莞豆每京石价银六钱四分,较上月增一钱八分。

乌什直隶厅:大米每京石价银二两八分六厘,较上月增三钱六厘。小麦每京石价银五钱二分八厘,大米每京石价银二钱六分七厘,包谷每京石价银三钱九分三厘,俱与上月相同。

喀什噶尔道属

疏勒直隶州:大米每京石价银三两,与上月相同。小麦每京石价银一两九钱五分九厘,较上月增二分七厘。包谷每京石价银一两一钱一厘,较上月增二钱五厘。高粱每京石价银一两三分五厘,与上月相同。

疏附县:大米每京石价银三两,与上月相同。小麦每京石价银一两九钱五分九厘,较上月增二分七厘。包谷每京石价银一两一钱五分,较上月增二钱一分二厘。高粱每京石价银一两三分五厘,与上月相同。

莎车直隶州:大米每京石价银二两二钱二分,较上月减一钱四分八厘。大麦每京石价银五钱,较上月减一钱二分五厘。小麦每京石价银八钱二分八厘,包谷每京石价银五钱二分八厘,俱与上月相同。

叶城县:大米每京石价银二两三钱二分,较上月减五钱八分。小麦每京石价银七钱,较上月增五分。包谷每京石价银三钱六分,较上月增三分。青稞每京石价银五钱,与上月相同。

和阗直隶州:大米每京石价银二两三钱八分,较上月增二钱一分。小麦每京石价银八钱九分七厘,较上月增六分九厘。包谷每京石价银四钱四分八厘,较上月增六分四厘。青稞每京石价银四钱八分,较上月增六分九厘。

于阗县:大米每京石价银四两二钱七分八厘,小麦每京石价银一两七分二厘,俱与上月相同。包谷每京石价银八钱七分,较上月增一钱二厘。

英吉沙尔直隶厅:大米每京石价银二两八钱二分,较上月增一钱五分二厘。小麦每京石价银六钱九分,较上月减一钱一分五厘。包谷每京石价银四钱二分四厘,较上月减八分五厘。大麦每京石价银五钱一分八厘,与上月相同。

玛喇巴什直隶厅:大米每京石价银二两五钱五分,较上月减二钱二厘。

小麦每京石价银一两一钱，与上月相同。包谷每京石价银八钱九分，较上月减一钱二分四厘。

（朱批）：览。①

049. 审拟叶城县民苏皮盖殴毙人命一案折
光绪十三年五月初九日（1887年6月29日）

尚书衔降一级留任甘肃新疆巡抚二等男臣刘锦棠跪奏，为审明卑幼杀本宗小功尊属毙命，按律分别定拟，恭折具奏，仰祈圣鉴事。

窃照叶城县缠民苏皮盖殴伤小功服叔则依提身死一案，前据署叶城县知县周发镛禀详，当经臣批饬讯拟提解去后。兹据该县审拟，详由署莎车州知州刘嘉德转解喀什噶尔道黄光达，咨镇迪道兼按察使衔恩纶核明，具详前来。

臣亲加复核，缘苏皮盖籍隶叶城县，兄弟三人。已死则依提系苏皮盖共曾祖堂叔，服属小功，早年分居另度，和好无嫌。光绪十二年十月十六日上午，则依提撞遇苏皮盖耕牛到伊苞谷场上，两次赶走，用斧丢去，致伤牛腿。苏皮盖傍晚归家，查知牛腿受伤情事，遂与则依提理论。阿布都色衣提与米拉星两人从中劝说，则依提亦□认赔牛只，或交伊整好，只以苏皮盖因牛被砍伤，很是气忿，一面将牛牵去，一面用绳子搭在则衣提颈上拖拉，声言定要控告。则衣提不依，两人抓扭。阿布都色衣提等亦复从中劝解，适苏皮盖之胞弟白拉走来，远远望见，心疑一团扭结，均系殴打伊兄之人，遂顺拾柳木棍一根，故意声张，猛然拢去，原想吓散。讵拉劝之阿布都色衣提等二人虑被殴伤，见而跑走。惟则衣提与苏皮盖揪扭，仍未放手，白拉用柴棍殴伤则衣提顶心偏左，苏皮盖即行松手。讵则衣提以被殴伤不甘，随拾石块，殴伤白拉左眉丛，并拳伤白拉左眼胞。苏皮盖赶拢帮殴，顺拾木棍，适伤脑后，登时倒地。苏皮盖兄弟均各跑走。阿布都色衣提等一同救治罔效，延至十七日夜，因伤殒命。报经该县验讯通详，奉批审拟，解州转道，提犯复鞫，据供前情不讳。诘非有心欲杀，亦无起衅别故。再三究诘，矢口不移，案无遁饰，咨经该兼司转详，经臣复核无异。

---

①中国第一历史档案馆藏：《清单》，档案编号：03—6865—011。

查律载:卑幼杀本宗小功尊属死者斩。注云:在本宗则决。又卑幼殴本宗小功兄姊,杖六十,徒一年,尊属加一等各等语。此案苏皮盖与弟白拉共殴小功服叔则衣提身死,查则衣提被白拉所殴顶心偏左,伤仅红色,均非致命之伤。惟被苏皮盖殴脑后,皮破骨损,委系死于脑后一伤,应以苏皮盖拟□,虽杀出无心。第核其情节,始以砍伤牛腿之故,辄敢用绳将则衣提拖拉,继则见其与白拉殴打,复敢用木棍吓殴,致伤殒命,情同互斗,自应按律问拟。苏皮盖一犯合依卑幼杀本宗小功尊属死者斩律,拟斩立决。白拉撞见,从中殴打,意在吓散,且伤痕尚轻,与伊兄苏皮盖既无预谋共殴之情,亦无临时主使之命,自应照伤科罪。白拉一犯合依卑幼小功尊属加殴小功兄姊一等律,拟杖七十,徒一年半。无干省释。

除全案供招咨部外,所有核明此案按律办理缘由,理合恭折具奏,伏乞皇太后、皇上圣鉴,饬部核议施行。谨奏。五月初九日。

光绪十三年六月初九日,奉朱批:刑部速议具奏。钦此。①

050. 光绪十二年新疆命盗案件摘由汇奏折

光绪十三年五月初九日(1887年6月29日)

尚书衔降一级留任甘肃新疆巡抚二等男臣刘锦棠跪奏,为光绪十二年各属命盗案件未准部复以前,仍照旧章摘由汇报,恭折具陈,仰祈圣鉴事。

窃臣前因新疆边远,迥异内地,命盗等案奏请变通办理,按季摘由汇报,奉旨允准,历经遵办在案。本年三月初七日,准刑部议复嗣后新疆情罪重大及实系决不待时人犯,暂准就地正法。其余服制、罪应凌迟、斩、绞立决并寻常命案,仍由该抚拟定罪名,专折奏明请旨,听候部复等因。奉旨:依议。钦此。仰见朝廷慎重刑章之至意。以后新疆服制、人命等案,自应恪遵办理。

惟十二年夏秋冬三季系在未奉定章之先,以照前次变通章程,由各该管道咨送兼臬司复核转详,概由臣揆核案情,参诸律例,分别办理,不敢稍有枉纵。所有截至光绪十二年冬季止办结命盗各案,应仍查照旧章,按季汇报。

---

①中国第一历史档案馆藏:《军机录副》,档案编号:03—7310—043。

除咨送刑部外,谨汇缮清单,恭折具陈,伏乞皇太后、皇上圣鉴。谨奏。光绪十三年五月初九日。

(朱批):刑部知道,单并发。①

光绪十三年六月初九日,奉朱批:刑部知道,单并发。钦此。②

051. 奏为请颁司道传敕缘由折

光绪十三年五月初九日(1887年6月29日)

尚书衔降一级留任甘肃新疆巡抚二等男臣刘锦棠跪奏,为请旨颁发新省司道传敕,以资信守,恭折仰祈圣鉴事。

窃臣据新疆布政使魏光焘详称:定例各省布、按二司、守巡各道给予传敕。新疆新设布政使及镇迪道新加按察使衔并新设阿克苏道、喀什噶尔道,均应请领敕书,以符定制。造具清册,详请具奏前来。

臣复查无异。相应请旨饬下内阁,撰给新疆新设布政使、镇迪道新兼按察使衔并新设阿克苏道、喀什噶尔道敕书各一道,俾资信守。

除将清册分咨查照外,谨恭折具陈,伏乞皇太后、皇上圣鉴训示施行。谨奏。光绪十三年五月初九日。

(朱批):该衙门知道。③

光绪十三年六月初九日,奉朱批:该衙门知道。钦此。④

052. 奏为请颁王命旗牌片

光绪十三年五月初九日(1887年6月29日)

再,查各直省巡抚衙门,例有应颁王命旗牌等件。新疆巡抚系属初设,所有应领王命旗牌尚未奉发,相应请旨饬部,照例颁发施行。谨附片具陈,伏乞圣鉴训示。谨奏。

---

①中国第一历史档案馆藏:《朱批原件》,档案编号:04—01—01—0962—042。
②中国第一历史档案馆藏:《军机录副》,档案编号:03—7310—044。
③中国第一历史档案馆藏:《朱批原件》,档案编号:04—01—01—0957—078。又《奏稿》第1611—1612页。
④中国第一历史档案馆藏:《军机录副》,档案编号:03—5093—033。

（朱批）：该部知道。①

光绪十三年六月初九日，奉朱批：该部知道。钦此。②

053. 奏报各属光绪十三年三月雨水粮价情形折

光绪十三年五月二十二日（1887年7月12日）

尚书衔降一级留任甘肃新疆巡抚二等男臣刘锦棠跪奏，为恭报光绪十三年三月分粮价并得雨情形，谨缮折具陈，仰祈圣鉴事。

窃照本年二月分各厅州县粮价并得雨情形，业经臣奏报在案。兹查本年三月分北路迪化、昌吉、绥来等县，得雪入土一二寸不等；南路英吉沙尔得雨入土亦二寸有余，余皆微雨。时值山中积雪融化，渠水畅流，土膏滋润，民情安谧。

至通省粮价，吐鲁番、乌什、玛喇巴什、库尔喀喇乌苏、温宿、和阗、迪化、阜康、绥来、疏附等厅州县，俱与上月相同，余均略有增减。据藩司魏光焘汇详请奏前来。

理合恭折具陈，并缮粮价清单，敬呈御览。伏乞皇太后、皇上圣鉴。谨奏。光绪十三年五月二十二日。

（朱批）：知道了。③

光绪十三年六月二十六日，奉朱批：知道了。钦此。④

054. 呈新疆各属光绪十三年三月粮价清单

光绪十三年五月二十二日（1887年7月12日）

谨将新疆各属光绪十三年三月分米粮时估价值缮具清单，恭呈御览。

计开

三月分：

---

①中国第一历史档案馆藏：《朱批原件》，档案编号：04—01—01—0957—079。又《奏稿》第1613页。
②中国第一历史档案馆藏：《军机录副》，档案编号：03—5093—034。
③中国第一历史档案馆藏：《朱批原件》，档案编号：04—01—25—0529—036。
④中国第一历史档案馆藏：《军机录副》，档案编号：03—6865—033。

镇迪道属

迪化县：大米每京石价银四两四钱四分，小麦每京石价银一两五钱九分二厘，莞豆每京石价银一两六钱五分六厘，青稞每京石价银一两二钱五分八厘。俱与上月相同。

昌吉县：大米每京石价银二两八钱八分，较上月减三钱六分一厘。小麦每京石价银一两三钱四分七厘，莞豆每京石价银一两三钱四分五厘，青稞每京石价银九钱一分七厘，俱与上月相同。

阜康县：粟米每京石价银一两二钱七分三厘，小麦每京石价银一两三钱八分，莞豆每京石价银一两二钱七分三厘，高粱每京石价银六钱七分二厘。俱与上月相同。

绥来县：大米每京石价银二两一钱一分，小麦每京石价银一两一钱三分二厘，莞豆每京石价银一两二钱九厘，高粱每京石价银八钱八分三厘。俱与上月相同。

奇台县：大米每京石价银三两二钱七分九厘，较上月增一钱七分二厘。小麦每京石价银八钱一分三厘，较上月减七分一厘。莞豆每京石价银八钱六分三厘，较上月减六分三厘。

哈密厅：粟米每京石价银一两五钱八分四厘，与上月相同。小麦每京石价银一两二钱五分五厘，较上月增四分四厘。莞豆每京石价银一两七钱二分八厘，较上月增七分二厘。青稞每京石价银一两二厘，较上月增七分二厘。

镇西厅：小麦每京石价银一两九钱，较上月增二钱二分。莞豆每京石价银一两七钱六分，较上月增四分。青稞每京石价银一两一钱二分，与上月相同。

吐鲁番厅：小麦每京石价银一两七钱七分四厘，大麦每京石价银五钱六分，黄豆每京石价银一两四钱九分三厘，高粱每京石价银七钱四分六厘。俱与上月相同。

库尔喀喇乌苏厅：小麦每京石价银一两一钱三分五厘，莞豆每京石价银一两五钱一分，高粱每京石价银一两一两六分。俱与上月相同。

阿克苏道属

温宿直隶州：大米每京石价银一两一钱一分九厘，小麦每京石价银六钱九分，大麦每京石价银三钱六分，包谷每京石价银四钱八厘。俱与上月相同。

拜城县：小麦每京石价银三钱，较上月减二分。大麦每京石价银一钱七分，莞豆每京石价银二钱五分，俱与上月相同。包谷每京石价银二钱八分，较上月减二分。

喀喇沙尔直隶厅：大米每京石价银二两八钱一分二厘，较上月增二厘。小麦每京石价银一两三分五厘，莞豆每京石价银九钱三分六厘，包谷每京石价银八钱三分二厘，俱与上月相同。

库车直隶厅：大米每京石价银一两九钱，与上月相同。小麦每京石价银五钱二分，较上月减八分。包谷每京石价银三钱五分，莞豆每京石价银七钱五分，较上月增一钱一分。

乌什直隶厅：大米每京石价银二两八分六厘，小麦每京石价银五钱二分八厘，大米每京石价银二钱六分七厘，包谷每京石价银三钱九分三厘。俱与上月相同。

喀什噶尔道属

疏勒直隶州：大米每京石价银三两，与上月相同。小麦每京石价银一两八钱四分九厘，较上月减一钱一分。包谷每京石价银一两一钱，较上减一厘。高粱每京石价银一两三分五厘，与上月相同。

疏附县：大米每京石价银三两，小麦每京石价银一两九钱五分九厘，包谷每京石价银一两一钱五分，高粱每京石价银一两三分五厘。俱与上月相同。

莎车直隶州：大米每京石价银二两七分二厘，较上月减一钱四分八厘。大麦每京石价银五钱，小麦每京石价银八钱二分八厘，包谷每京石价银五钱二分八厘，俱与上月相同。

叶城县：大米每京石价银二两四钱六分五厘，较上月增一钱四分五厘。小麦每京石价银七钱五分，较上月增五分。包谷每京石价银三钱二分四厘，较上月减三分六厘。青稞每京石价银五钱，与上月相同。

和阗直隶州：大米每京石价银二两三钱八分，小麦每京石价银八钱九分七厘，包谷每京石价银四钱四分八厘，青稞每京石价银四钱八分。俱与上月相同。

于阗县：大米每京石价银四两五钱五分四厘，较上月增二钱七分六厘。小麦每京石价银一两七分二厘，与上月相同。包谷每京石价银九钱九分八厘,较上月增一钱二分八厘。

英吉沙尔直隶厅:大米每京石价银三两一钱四分,较上月增三钱一分六厘。小麦每京石价银八钱二分八厘,较上月增一钱三分八厘。包谷每京石价银五钱五分,较上月增一钱二分六厘。大麦每京石价银五钱一分八厘,与上月相同。

玛喇巴什直隶厅:大米每京石价银二两五钱五分,小麦每京石价银一两一钱,包谷每京石价银八钱九分。俱与上月相同。

（朱批）:览。①

055. 奏报防营弁勇及各台局光绪十二年秋冬实数折

光绪十三年五月二十二日（1887年7月12日）

尚书衔降一级留任甘肃新疆巡抚二等男臣刘锦棠跪奏,为查明新疆防营员弁勇丁及各台局自光绪十二年七月初一日起至十二月底止实在数目,分别缮具清单,奏明立案,恭折仰祈圣鉴事。

窃臣所部马步诸军并乌鲁木齐提标土勇截至光绪十二年六月底止,共存六十四营旗、开花炮队三哨、小马队五哨,及各台局实在数目,前经遵照部议,分别奏咨在案。

兹据新疆粮台司道详称:查新疆各防营截至十二年九月底止,将老湘右军中前右三营及左军左营裁并,改为老湘步队四旗。又将老湘寿字马队一营、恪靖中左马队二营裁并,改为马队三旗,均仍支行粮。又于十月底止,裁撤安远右旗行粮步队一旗。通截至十二年十二月底止,共存马步六十三营旗,开花炮队三哨、小马队五哨,共计额设弁勇一万九千八百八十三员名,额外营哨官一百员,额外伙夫、公长夫、马夫、私夫八千二百一十九名。共各台局亦于九月底止,裁撤哈密老城、吐鲁番老城、喀什噶尔回城保甲局三处。照章将原存营局及裁改各数目、日期分晰,缮具清单,详请奏咨前来。

臣复核无异。所有新疆各营局自光绪十二年七月初一日起至十二月底止实在数目,除咨部外,理合缮具清单,恭呈御览。伏乞皇太后、皇上圣鉴,饬部立案施行。谨奏。

---

①中国第一历史档案馆藏:《清单》,档案编号:03—6865—034。

（朱批）：该部知道，单二件并发。①

光绪十三年六月二十六日，奉朱批：该部知道，单二件并发。钦此。②

056. 呈防营员弁勇丁光绪十二年秋冬实数清单

光绪十三年五月二十二日（1887年7月12日）

谨将新疆驻防湘、楚、蜀诸军马步各营旗员弁勇丁、夫马炮车数目，自光绪十二年七月初一日起至十二月底止，缮具四柱清单，恭呈御览。

旧管：

光绪十二年六月底止，实存行粮步队十五营十二旗，坐粮马队三旗，土勇步队九旗，行粮马队九营五旗，坐粮马队十旗，开花炮队三哨，小马队五哨。计旧存额设弁勇二万一千一百四十八员名，旧存额外营哨官一百一十一员，旧存额外火夫四百九十二名，旧存额外公长夫、马夫、私夫八千五百一十三名。

查上届造报光绪十二年正月初一日起至六月底止折载，实存额外长夫、马夫八千五百八十三名，内应删除光绪十二年四月十六日新添帮统董定各军题奏提督张俊所部小马队一哨。误载额外马夫、私夫五十名，谨按坐粮章程核算，计多夫二十五名。

又光绪十二年六月底，遵将旧存行粮步队十二旗、坐粮步队三旗，均各查照部章，每旗应减夫三名，计步队十五旗，裁减公长夫四十五名。总计应裁夫七十名，兹于旧管项下照数划除。实存额外长夫、马夫合符前数。合并登明。旧存额马四千五百四十五匹，旧存炮车十八辆、车骡四十八头。

新收：无项。

开除：

光绪十二年九月底止，遵将老湘右军中前右三营及左军左营裁并，改为老湘行粮步队四旗，除照额批留官弁勇丁一千四百八十员名、额外副哨长十二员、额外公长夫四百九十六名外，计裁减旧额弁勇五百二十员名，裁减额外营哨官八员，裁减额外公长夫二百二十四名。

---

①中国第一历史档案馆藏：《朱批原件》，档案编号：04—01—16—0220—117。
②中国第一历史档案馆藏：《军机录副》，档案编号：03—6023—054。

光绪十二年九月底止，遵将老湘寿字马队一营及恪靖中右马队二营裁并，改为行粮马队三旗，除照额挑留官弁勇丁三百七十五员名、额外伙夫四十二名、马夫私夫三百八十四名、额马三百八十一匹外，计裁减旧额官弁勇丁三百七十五员名，裁减额外伙夫三十九名，裁减额外私夫、马夫三百九十九名，裁减额马三百七十五匹。

光绪十二年十月底止，裁撤安远右旗行粮步队一旗，计裁撤旧额官弁勇丁三百七十员名，裁撤额外副哨长三员，裁撤额外公长夫一百二十四名。

以上总共裁并马步七营，改为七旗。又裁撤步队一旗，除照章挑留官弁勇夫外，共计裁撤旧设官弁勇丁一千二百六十五员名，裁撤额外营哨官十一员，额外伙夫三十九名，公长夫、马夫、私夫七百四十七名、额马三百七十五匹。

实在：

光绪十二年十二月底止，实存行粮步队十一营十五旗，坐粮步队三旗，土勇步队九旗，行粮马队六营八旗，坐粮马队十旗，土勇马队一旗。总共存马步六十三营旗，开花炮队三哨，小马队五哨。共计实存额设弁勇一万九千八百八十三员名，实存额外营哨官一百员，实存额外伙夫四百五十三名，实存额外公长夫、马夫、私夫七千七百六十六名，实存额马四千一百七十匹，实存炮车十八辆、车骡四十八头。

（朱批）：览。①

057. 呈新疆各台局义学光绪十二年秋冬清单

光绪十三年五月二十二日（1887年7月12日）

谨将新疆各台局、义学数目自光绪十二年七月初一日起截至十二月底止，缮具四柱清单，恭呈御览。

旧管：

光绪十二年六月底止，实存新疆粮台、哈密督催粮运总局、哈密军装制办总局、古城屯采总局、省城军装局、巴里坤、吐鲁番及省城三采运局，省城柴草局。

---

①中国第一历史档案馆藏：《清单》，档案编号：03—6023—055。

哈密新城、老城、吐鲁番新城、老城、喀喇沙尔、库车、阿克苏、乌什、英吉沙尔、喀什噶尔回城、汉城、叶尔羌、和阗、古城、迪化州、绥来县等处十六保甲局。

哈密、巴里坤、昌吉、吐鲁番、喀喇沙尔、库车、阿克苏、乌什、喀什噶尔、英吉沙尔、玛喇巴什、叶尔羌、和阗等处十三牛痘局。

哈密义学五堂，吐鲁番义学六堂，喀库义学四堂，库车义学五堂，阿克苏义学五堂，乌什义学三堂，喀什噶尔义学五堂，玛喇巴什义学三堂，英吉沙尔义学三堂，叶尔羌义学七堂，和阗义学四堂，巴里坤义学四堂，奇台义学四堂，济木萨义学三堂，阜康义学二堂，迪化州义学六堂，昌吉义学二堂，绥来义学四堂，呼图壁义学二堂，共计义学七十七堂。

新收：无项。

开除：

光绪十二年十二月底止，裁撤哈密老城、吐鲁番老城、喀什噶尔回城三保甲局。其余各处保甲局归佐职官兼办，不支薪水，应需办公油烛、纸张及经贴各书、局勇口食等项银两，仍照章支给，合并声明。

实在：

光绪十二年十二月底止，实存新疆粮台、省城军装总局、省城及巴里坤、吐鲁番三采运局，哈密粮运局、哈密军装局、古城屯采局、省城柴草局。

哈密新城、吐鲁番新城、喀喇沙尔、库车、阿克苏、乌什、英吉沙尔、喀什噶尔回汉城、叶尔羌、和阗、古城、迪化州、绥来县等处十三保甲局。

哈密、巴里坤、昌吉、吐鲁番、喀喇沙尔、库车、阿克苏、乌什、喀什噶尔、英吉沙尔、玛喇巴什、叶尔羌、和阗等处十三牛痘局。

哈密义学五堂，吐鲁番义学六堂，喀库义学四堂，库车义学五堂，阿克苏义学五堂，乌什义学三堂，喀什噶尔义学五堂，玛喇巴什义学三堂，英吉沙尔义学三堂，叶尔羌义学七堂，和阗义学四堂，巴里坤义学四堂，奇台义学四堂，济木萨义学三堂，阜康义学二堂，迪化州义学六堂，昌吉义学二堂，绥来义学四堂，呼图壁义学二堂，共计义学七十七堂。

（朱批）：览。①

---

①中国第一历史档案馆藏：《清单》，档案编号：03—6189—052。再，此清单既未署具呈者，具呈日期亦未确，兹据内容推定为04—01—16—0220—117号折附件。

058. 奏报温宿州乌什厅被水大概情形片

光绪十三年五月二十二日（1887年7月12日）

再，据温宿直隶州知州陈名钰禀报：该州入夏以来，天气清和，至闰四月十三日夜，雷雨大作，逾时而息。十五日未刻，复雨，势若倾盆，直至十六日戌刻始止。该州地本低洼，兹值霪雨连绵，山水涨溢，平地成湖。新城街署、营房、城垣因积水难消，多有坍塌损坏。城关内外暨沿河一带民房、桥梁、道路并附近村庄、禾麦，冲塌淹没，亦复不少。其距新城二十五里之旧回城，东面①受水尤急，城门、民屋均被冲倒，经州筹款赈恤，并据调署阿克苏道黄光达、署阿克苏镇总兵董福祥报同前情。

正在饬办间，续据署乌什直隶厅抚彝同知左宗翰禀称：该厅闰四月十五日大风，十六日大雨自子刻迄亥正始止。查城乡房屋暨各处桥梁、道路，均有倾圮。东乡洋海、托克逊、西乡哈喇、玉尔滚、南乡伯什、克勒木哈、哈土鲁、北乡哈喇八克等庄，地势较低，被水尤甚，冲刷麦豆地千余亩，余亦间有洗坏，经厅酌借籽种，饬令赶种秋粮等情前来。

经臣先后批饬布政司魏光焘，移行该管道，督同该州，再行亲赴各处，确切查明，民房实系坍塌若干，地亩实系淹没若干，分别轻重，妥为抚恤，并查勘阿克苏新老城城垣、门洞、衙署、营房，塌损实有几处，仍分饬所属各厅县，查明有无水患，是否成灾，会衔由司汇核详办。

除俟查复至日，应否分别赈济、量为蠲缓，毋令灾黎失所，另行奏办外，所有温宿州、乌什厅现报被水大概情形，谨附片具陈，伏乞圣鉴训示。谨奏。

（朱批）：知道了。着即饬属查明被灾户口，妥为抚恤，毋任失所。余依议。钦此。②

光绪十三年六月二十六日，奉朱批：知道了。着即饬属查明被灾户口，妥为抚恤，毋任失所。余依议。钦此。③

---

①"东面"，《奏稿》作"东门"。
②中国第一历史档案馆藏：《朱批原件》，档案编号：04—01—05—0294—065。
③中国第一历史档案馆藏：《军机录副》，档案编号：03—7103—012。

059. 查明总兵黄得遇底衔错误请饬更正片
光绪十三年五月二十二日（1887年7月12日）

再，臣据补用总兵黄得遇呈称，该员由军功保至游击，留于广东尽先补用，均系以原名黄得遇列保。惟于同治七年捻匪由陕窜越山西，扰及直隶、山东追剿荡平案内，保以参将仍留广东补用，开列底衔，误将"得"字缮作"德"字。以后克复甘肃巴燕戎城案内，保以副将留甘补用；关陇肃清案内，保以总兵补用；会克吐鲁番案内，请保二品封典。均相沿缮作黄德遇，实系当时笔误所致，呈请附奏更正前来。

臣复核无异。合无仰恳天恩俯准，将该员黄德遇保举参将以上官阶各案名字一律改为黄得遇，饬部更正注册，以免歧异，出自鸿施。

除咨部外，谨附片具陈，伏乞圣鉴训示。谨奏。

（朱批）：该部知道。①

光绪十三年六月二十六日，奉朱批：该部知道。②

060. 查明何品忠等原保错误请饬更正片
光绪十三年五月二十二日（1887年7月12日）

再，臣据统带库精等营陕西汉中镇总兵戴宏胜呈称：定边四旗马队总哨升用总兵留江西补用副将铿僧额巴图鲁何品忠，于攻克古牧地坚巢、克复乌鲁木齐、迪化州、玛纳斯等城案内，误书何品珍，由江西补用都司保免补都司，以游击仍留原省尽先补用，并加副将衔。于攻克达阪城及托克逊贼巢并会师克复吐鲁番满、汉两城案内，又经前陕甘督臣左宗棠误以前次江西补用都司何品忠底衔，重保免补都司，以游击仍留原省补用。该员时方随同大军规复南疆，疾驰前进，两次行知均未奉到。嗣于克复喀喇沙尔、库车连复阿克苏、乌什各城案内，又误以江西补用都司拟保仍留原省补用游击作为底衔，保以副将仍留原省补用，并赏给锐勇巴图鲁名号。该员先后奉到

① 中国第一历史档案馆藏：《朱批原件》，档案编号：04—01—16—0220—119。
② 此朱批日期与内容，据《军机处随手登记档》（档案编号：03—0253—2—1213—195）校补。

行知,始悉各案保举名字、官阶均有错误,禀由该镇代恳附奏更正前来。

臣复核无异。合无仰恳天恩俯准将攻克古牧地案内保举之游击何品珍改为何品忠,并将克复达阪等城案内重保之游击何品忠改为免补游击,以参将仍留原省补用;克复喀喇沙尔等城一案即改为免补参将,以副将仍留原省补用,并赏给锐勇巴图鲁名号,饬部逐层更正注册,以昭核实而免歧异,出自逾格鸿慈。

除咨部外,谨附片具陈,伏乞圣鉴训示。谨奏。

(朱批):该部知道。①

光绪十三年六月二十六日,奉朱批:该部知道。②

061. 审拟伊犁客民马卖尔拒奸毙命一案折

光绪十三年六月初二日(1887年7月22日)

尚书衔降一级留任甘肃新疆巡抚二等男臣刘锦棠跪奏,为男子拒奸毙命,核明定拟,恭折具陈,仰祈圣鉴事。

窃伊犁客民马卖尔拒奸,殴伤马三牛身死一案,据前署伊犁抚民同知上官振勋验讯,填格通详,批饬审拟。适上官振勋因另案撤参,移交接署同知骆恩绶审明议拟,详由镇迪道兼按察使衔恩纶核转。

臣复加查核,缘回民马卖尔籍隶狄道州,光绪十年到伊犁雇工,十一年与同教之马三牛合伙种地,一炕住宿,素好无嫌。五月十七日夜,马三牛强奸,马卖尔不从,跑出房外哭闹。经同院之马狗娃子闻闹趋视,询问情由,马卖尔等均不明言。马三牛拖住马卖尔发辫,强拉进房,马卖尔不肯。马狗娃子叫马卖尔即便进去,看他如何。马卖尔始进房内。睡不一会,马三牛又要鸡奸,并说如再不肯,明日逢人便告,就说已被鸡奸,使其无言对人。马卖尔气忿,坐起啼哭。马三牛始行睡卧。马卖尔越想越气,羞忿难忍,听得马三牛睡熟,即拿枕头石块,打伤马三牛偏右。马三牛惊醒,马卖尔弃石,顺拿炕边靠着铁锨,连砍马三牛右耳根两下,随喊马狗娃子看视。讵马三牛伤重,延到天明身死。马卖尔即报知乡约,自行赴案投首。经伊犁抚

---

①中国第一历史档案馆藏:《朱批原件》,档案编号:04—01—16—0220—118。
②此朱批日期与内容,据《军机处随手登记档》(档案编号:03—0253—2—1213—195)校补。

民同知验讯通详,批饬审拟,由镇迪道兼按察使衔转详到臣,复核无异,自应按律问拟。

查例载:男子拒奸杀人,如死者年长凶犯十岁以外,确系拒奸起衅,别无他故,凶犯年在十六岁以上无论登时与否,照擅杀罪人律拟绞等语。此案凶犯马卖尔年二十一岁,已死马三牛三十六岁,是死者年长凶犯十岁以外。该犯坚供,实系拒奸起衅,并无别故,自应按律问拟。凶犯马卖尔合依男子拒奸杀人,死者长凶犯十岁以外,确系拒奸起衅,并无别故,凶犯年在十六岁以上,无论登时与否,均照擅杀罪人律拟绞例,拟绞监候。虽据自首,无因可免,毋庸置疑。马三牛强行鸡奸,罪有应得,业已身死,亦毋庸议。无干省释,尸棺饬属领埋,凶器案结销毁。

是否允协?除全案供招咨送刑部外,合将男子拒奸杀毙人命核明议拟缘由,谨会同署伊犁将军臣锡纶,恭折具奏,伏乞皇太后、皇上圣鉴,饬部核复施行。谨奏。光绪十三年六月初二日。

(朱批):刑部议奏。①

光绪十三年七月初六日,奉朱批:刑部议奏。钦此。②

【案】此折具奏日期,录副署"光绪十一年六月初二日",兹据原件及《军机处随手登记档》③校正。

062. 审拟昌吉客民李宏见致毙人命一案折
光绪十三年六月初二日(1887年7月22日)

尚书衔降一级留任甘肃新疆巡抚二等男臣刘锦棠跪奏,为主使捆缚,致毙人命,审明定拟,恭折仰祈圣鉴事。

窃昌吉县客民李宏见主使李长胜捆缚苏占元,致令气闷身死,并刀戳苏占元尸身,捏报自戕一案,据署昌吉县知县陈纯治验讯,获犯通详,批饬审拟。适陈纯治奉文交卸,未及详办。接署知县杨其澍审拟招解,由迪化府知府蒋诰审明,转解镇迪道兼按察使衔恩纶审解前来。

---
①中国第一历史档案馆藏:《朱批原件》,档案编号:04—01—26—0076—058。
②中国第一历史档案馆藏:《军机录副》,档案编号:03—7310—048。
③中国第一历史档案馆藏:《军机处随手登记档》,档案编号:03—0254—1—1213—202。

臣亲加研讯，缘李宏见、李长胜分隶四川双流、南部等县，向在关外贸易，与已死苏占元素识无嫌。光绪十二年八月十一日，苏占元行至李宏见门口，被何玉隆拦路索欠，口角争闹，随抽身佩小刀，将何玉隆并向前救阻之饶海山连戳倒地。李宏见闻闹出看，喝令陈占彪、邓木匠等将苏占元捆缚柱上，投知乡约，报官究治。适李长胜前来问之情由，因苏占元手绳已松，恐其挣脱，告知李宏见。李宏见即主使出外捆禁。李长胜遂将苏占元发辫连绳子一并捆缚，用冷水浇泼绳上。苏占元旋即气闷身死。李宏见畏罪，乘陈占彪解缚之时，潜用小刀割苏占元肚腹一下，意欲捏报自戕，希图免罪。报县验讯通详，批饬审拟招解，由府解道，转解到臣，提讯无异，自应按例问拟。

查律载：威力制缚人因而致死者绞。又主使之人为首，下手之人为从，减一等。又残毁他人死尸，杖一百，流三千里。若伤者减一等各等语。此案苏占元被李宏见喝令捆缚柱上，又主使李长胜将绳加紧，致苏占元气闷身死，自应照律问拟。李宏见除见苏占元身死后刀戳肚腹、罪止杖徒轻罪不议外，合依威力制缚人因而致死者绞律，拟绞监候。据供亲老丁单，是否属实，饬县俟秋审，取结核办。李长胜听从将绳加紧，合依下手之人为从，减一等，杖一百，流三千里律，拟杖一百，流三千里。陈占彪、邓木匠应均照余人，各杖一百。苏占元刀伤何玉隆等，罪有应得，业已身死，应与劝阻不及之周孝至，均无庸议。饶海山棍殴苏占元，获日另解。无干省释。尸棺据饬领埋。小刀寄存县库，案结销毁。

是否允协？除全案供招咨送刑部外，合将主使捆缚致毙人命审明定拟缘由，恭折具奏，伏乞皇太后、皇上圣鉴，饬部核议施行。谨奏。光绪十三年六月初二日。

（朱批）：刑部议奏。①

光绪十三年七月初六日，奉朱批：刑部议奏，钦此。②

063. 奏为请旌节妇李欧阳氏缘由折

光绪十三年六月初二日（1887年7月22日）

尚书衔降一级留任甘肃新疆巡抚二等男臣刘锦棠跪奏，为节妇年例相

---

①中国第一历史档案馆藏：《朱批原件》，档案编号：04—01—26—0076—059。
②中国第一历史档案馆藏：《军机录副》，档案编号：03—7310—047。

符,吁恳天恩,准于旌表,恭折仰祈圣鉴事。

窃据布政使魏光焘详:据署迪化县知县陈希洛等禀称:查有同乡湖南善化县节妇李欧阳氏,系处士欧阳孝之女、已故李树本之妻、现署镇西厅照磨甘肃候补主簿李裕勋之母,年十六归树本,甫二年,树本从征闽粤间,逾岁始一归。视氏奉姑谨家,故贫甘旨未尝缺乏。姑殁,哀毁尽礼。同治元年,树本以劳瘁卒于福建军次,氏时年二十有七,旅榇归葬,恸不欲生。旋念遗孤子四,长才八龄,幼者尚犹在抱,乃矢志抚孤,备尝辛苦,藉纺绩以资诵读,而于亲属中之贫婆者,复以时恤之,或脱簪珥以助葬。乡人称道勿置。现年五十二岁,计守节已二十六年。职等或谊属同寅,或情关桑梓,见闻既确,不忍听其湮没勿彰,造具事实册结,禀请旌表,由司转详前来。

臣查定例:各直省节孝妇女应旌表者,由督抚、学政臣会同具奏。其外省节孝妇女,亦准由同乡官出具册结,公恳奏咨,历经遵办有案。兹据详前情,臣复核无异。合无仰恳恩施俯准,饬部照例旌表,以彰苦节而维风化。

除将册结咨部查照外,谨会同陕甘总督臣谭钟麟、甘肃学政臣秦澍春,恭折具陈,伏乞皇太后、皇上圣鉴训示。谨奏。光绪十三年六月初二日。

(朱批):着照所请,礼部知道。①

光绪十三年七月初七日,奉朱批:着照所请,礼部知道。钦此。②

064. 审拟疏附县民思拉木卡巴克因赌斗毙折
光绪十三年六月十一日(1887年7月31日)

尚书衔降一级留任甘肃新疆巡抚二等男臣刘锦棠跪奏,为因赌起衅,斗殴毙命,核明定拟,恭折仰祈圣鉴事。

窃疏附县缠回思拉木卡巴克因赌起衅,殴伤阿布都鲁苏身死一案,据署疏附县知县张介祺访闻验讯,招解署疏勒州知州黄丙焜,转解署喀什噶尔道袁垚龄,亲提审明,咨镇迪道兼按察使衔恩纶,核明转详前来。

臣复加查核,缘思拉木卡巴克籍隶疏附县,与已死阿布都鲁苏素识无嫌。光绪十二年十一月二十六日晌午,思拉木卡巴克与思的克亦思拉木、

---

①中国第一历史档案馆藏:《朱批原件》,档案编号:04—01—12—0539—065。又《奏稿》第1619—1621页。

②中国第一历史档案馆藏:《军机录副》,档案编号:03—5546—002。

巴头爱奇克、巴头他司、克里木并已死之阿布都鲁苏，先后到哈生木家闲坐。思拉木卡巴克起意在哈生木家赌羊骨头。哈生木向卖馍馍生理，因赌博人多，好卖馍馍，亦即应允。共凑羊骨头四块，大众同赌。阿布都鲁苏赌输天罡一元。思拉木卡巴克等原先商定，共凑天罡一元，预备送查街之买卖他，免其前来拿赌。买卖他即阿布都鲁苏胞弟，因所凑天罡一元亦被阿布都鲁苏赌输。赌到午后，适买卖他路过哈生木门首，进屋查拿，众人分途逃散。

买卖他查问房主哈生木如何聚赌，维时思拉木卡巴克因阿布都鲁苏亦在同赌，又得众人天罡一元，伊弟买卖他前来捉赌，并不劝阻，向其村斥。阿布都鲁苏不服，彼此詈骂。阿布都鲁苏拢向殴打，思拉木卡巴克跑至门外渠边。阿布都鲁苏复又赶上抓殴，思拉木卡巴克情急，顺手拾起地下柴块吓掷。讵阿布都鲁苏将头一低，适伤顶心，登时倒地，旋即因伤身死。当经疏附县访拿验讯，解由州道咨镇迪道兼按察使衔，转详到臣，复核无异。

查律载：斗殴杀人者，不问手足、他物、金刃，并绞监候。又例载：赌博不分兵民，俱枷号两个月，杖一百。偶然会聚开场窝赌及存留之人，抽头无多者，枷号三个月，杖一百各等语。此案思拉木卡巴克因赌争闹，打伤阿布都鲁苏身死，自应依律问拟。思拉木卡巴克除赌博轻罪不议外，合依斗殴杀人者不问手足、他物、金刃并绞律，拟绞监候，秋后处决。思的克亦思拉木、巴头爱奇克、克里木、巴头他司合依赌博不分兵民，俱枷号两个月、杖一百例，个加号两个月、杖一百。房主哈生木合依偶然会聚开场窝赌及存留之人抽头无多者，个加号三个月、杖一百例，枷号三个月、杖一百。均俟枷满折责发落。玉孜巴什哎里未能先期查察，答责革役。买卖他并无藉端索诈情弊，应与在外生理均不知情之邻佑密腮里铁苗、救阻不及之见证提拉，均请免议。赌场天罡红钱与赌具羊骨四块，据供抛失，应免查起。无干省释。尸棺饬属领埋，凶器案结销毁。该县失察赌博，系自行拿获，照例免议。

是否允协？除全案供招咨送刑部外，合将因赌起衅，斗殴毙命，核明定拟缘由，恭折具奏，伏乞皇太后、皇上圣鉴，饬部核复施行。谨奏。光绪十三年六月十一日。

(朱批):刑部议奏。①

光绪十三年七月十五日,奉朱批:刑部议奏。钦此。②

065. 新省额设坛庙祠宇祀典请饬立案折

光绪十三年六月十一日(1887年7月31日)

尚书衔降一级留任甘肃新疆巡抚二等男臣刘锦棠跪奏,为新省额设坛庙、祠宇祀典请旨饬部立案,以垂久远,恭折具陈,仰祈圣鉴事。

窃臣据新疆布政使魏光焘详称:新疆镇迪各属向隶甘肃,所有祀典惟文庙、武庙、文昌庙照例举行,其余各坛庙尚多阙而未备。哈密一属只额设武庙、文昌庙,吐鲁番厅亦仅祀武庙,库尔喀喇乌苏改设同知,则尚未举行祀典。南路各属,承平时额祭关帝神庙及本境敕祀山川。改置郡县后,祀典亦未概照例章。现在初建行省,祭祀典礼攸关,自应亟为厘定。除各属旧有祀典不计外,其未备处所应即一律增设,以昭诚敬。又南路各属暂虽未定学额,而现已广设义学,取备俊生,则文庙亦应及时兴建。请于新疆通省各厅州县,照例额设文庙、武庙、文昌庙、社稷庙、神祇庙、先农庙、龙神祠各一所。府治及各直隶州、直隶厅治并照例各设昭忠祠一所。此外山川方镇,如迪化、阜康之博克达山、喀喇沙尔之博尔图、达阪、阿克苏之索木尔岭,悉从旧制,概自光绪十三年为始,一体照章春秋致祭。每岁共需祭祀二千三百八十八两八钱二分四厘。详请具奏立案,并另赍折请咨前来。

臣复核无异。相应请旨饬部立案,以重明禋而垂久远。除将赍到细数清折咨部外,谨恭折具陈,伏乞皇太后、皇上圣鉴训示。谨奏。光绪十三年六月十一日。

(朱批):该部知道。③

光绪十三年七月十六日,奉朱批:该部知道。钦此。④

---

①中国第一历史档案馆藏:《朱批原件》,档案编号:04—01—26—0076—060。
②中国第一历史档案馆藏:《军机录副》,档案编号:03—7310—052。
③中国第一历史档案馆藏:《朱批原件》,档案编号:04—01—37—0130—018。又《奏稿》第1623—1625页。
④中国第一历史档案馆藏:《军机录副》,档案编号:03—5546—007。

066. 奏报拜城县报被水灾情片

光绪十三年六月十一日（1887年7月31日）

再，温宿、乌什两州厅先后禀报闰四月十五、六等日被水大概情形，业经臣附片具奏在案。兹据署拜城县知县杨廷珍禀称：该县自闰四月十六日起至二十六日止，霪雨连绵，山水涨发，村庄、禾稼暨沿河两岸民房、渠道，间有损伤。其达阪、岐峡、河土拉、鹅斯堂等庄，小麦正秀，又被冰雹，灾伤较重。经该县督饬户民赶修渠道，酌量补种秋粮，并请员踏勘①等情前来。

当经臣批饬布政司魏光焘移行调署阿克苏道黄光达，派委妥员，迅赴该县，会同确切勘明是否成灾，禀由该道咨司，会衔详办。

除俟详复至日查明应否蠲缓并量为赈济，再由臣汇案奏明办理外，所有拜城县现报被水、被雹情形，谨附片具陈，伏乞圣鉴训示。谨奏。

（朱批）：知道了。即着饬属确勘被灾情形，妥为赈抚，毋任失所。余依议。钦此。②

光绪十三年七月十五日，奉朱批：知道了。即着饬属确勘被灾情形，妥为赈抚，毋任失所。余依议。钦此。③

067. 奏报各属光绪十三年四月雨水粮价情形折

光绪十三年六月二十四日（1887年8月13日）

尚书衔降一级留任甘肃新疆巡抚二等男臣刘锦棠跪奏，为恭报光绪十三年四月分粮价并得雨情形，谨缮折具奏，仰祈圣鉴事。

窃照本年三月分各厅州县粮价并得雨情形，业经臣奏报在案。兹查本年四月分北路镇迪道各属得雨入土二三寸及四五寸不等，南路拜城、库车得雨一寸及五寸有余，余皆微雨。幸值天气和暖，渠水畅流，地亩足资灌溉，民情安贴。

---

①"踏勘"，《奏稿》作"蹈勘"。
②中国第一历史档案馆藏：《朱批原件》，档案编号：04—01—01—0960—005。又《奏稿》第1627—1628页。
③中国第一历史档案馆藏：《军机录副》，档案编号：03—7103—015。

至通省粮价,镇西、吐鲁番、库尔喀喇乌苏、喀喇沙尔、英吉沙尔、哈密、温宿、迪化、昌吉、阜康、绥来等厅州县,俱与上月相同,余均略有增减。据藩司魏光焘汇详请奏前来。

理合恭折具陈,并缮粮价清单,敬呈御览。伏乞皇太后、皇上圣鉴。谨奏。光绪十三年六月二十四日。

(朱批):知道了。①

光绪十三年七月二十六日,奉朱批:知道了。钦此。②

068. 呈新疆各属光绪十三年四月粮价清单

光绪十三年六月二十四日(1887年8月13日)

谨将新疆各属光绪十三年四月分米粮时估价值缮具清折,恭呈御览。计开

四月分:

镇迪道属

迪化县:大米每京石价银四两四钱四分,小麦每京石价银一两五钱九分二厘,莞豆每京石价银一两六钱五分六厘,青稞每京石价银一两二钱五分八厘。俱与上月相同。

昌吉县:大米每京石价银二两八钱八分,小麦每京石价银一两三钱四分七厘,莞豆每京石价银一两三钱四分五厘,青稞每京石价银九钱一分七厘。俱与上月相同。

阜康县:粟米每京石价银一两二钱七分三厘,小麦每京石价银一两三钱八分,莞豆每京石价银一两二钱七分三厘,高粱每京石价银六钱七分二厘。俱与上月相同。

绥来县:大米每京石价银二两一钱一分,小麦每京石价银一两一钱三分二厘,莞豆每京石价银一两二钱九厘,高粱每京石价银八钱八分三厘。俱与上月相同。

奇台县:大米每京石价银三两一钱七分五厘,较上月减一分四厘。小

---

①中国第一历史档案馆藏:《朱批原件》,档案编号:04—01—25—0529—034。
②中国第一历史档案馆藏:《军机录副》,档案编号:03—6866—037。

麦每京石价银八钱四分九厘，较上月增三分六厘。莞豆每京石价银八钱六分三厘，与上月相同。

镇西直隶厅：小麦每京石价银一两九钱，莞豆每京石价银一两七钱六分，青稞每京石价银一两一钱二分。俱与上月相同。

哈密厅：粟米每京石价银一两五钱八分四厘，小麦每京石价银一两二钱五分五厘，莞豆每京石价银一两七钱二分八厘，青稞每京石价银一两二厘。俱与上月相同。

吐鲁番厅：小麦每京石价银一两七钱七分四厘，大麦每京石价银五钱六分，黄豆每京石价银一两四钱九分三厘，高粱每京石价银七钱四分六厘。俱与上月相同。

库尔喀喇乌苏厅：小麦每京石价银一两一钱三分五厘，莞豆每京石价银一两五钱一分，高粱每京石价银一两一两六分。俱与上月相同。

阿克苏道属

温宿直隶州：大米每京石价银一两一钱一分九厘，小麦每京石价银六钱九分，大麦每京石价银三钱六分，包谷每京石价银四钱八厘。俱与上月相同。

拜城县：小麦每京石价银三钱五分，较上月增五分。大麦每京石价银一钱七分，与上月相同。莞豆每京石价银二钱七分，较上月增二分。包谷每京石价银三钱，较上月增二分。

喀喇沙尔直隶厅：大米每京石价银二两八钱一分二厘，小麦每京石价银一两三分五厘，莞豆每京石价银九钱三分六厘，包谷每京石价银八钱三分二厘。俱与上月相同。

库车直隶厅：大米每京石价银一两九钱，与上月相同。小麦每京石价银五钱六分，较上月增四分。包谷每京石价银三钱五分，与上月相同。莞豆每京石价银六钱，较上月减一钱五分。

乌什直隶厅：大米每京石价银二两三钱三分五厘，较上月增一钱四分九厘。小麦每京石价银六钱六分，较上月增一钱三分二厘。大米每京石价银三钱二分一厘，较上月增五分四厘。包谷每京石价银五钱二分四厘，较上月增一钱三分一厘。

喀什噶尔道属

疏勒直隶州：大米每京石价银三两一钱五分，较上月增一钱五分。小麦每京石价银一两八钱四分九厘,与上月相同。包谷每京石价银一两一钱一分五厘,较上月增一分五厘。高粱每京石价银一两四分六厘,较上月增一分一厘。

疏附县:大米每京石价银三两一钱五分,较上月增一钱五分。小麦每京石价银一两九钱五分九厘,与上月相同。包谷每京石价银一两一钱六分五厘,较上月增一分五厘。高粱每京石价银一两四分六厘,较上月增一分一厘。

莎车直隶州:大米每京石价银一两七钱七分六厘,较上月减二钱九分六厘。小麦每京石价银八钱二分八厘,大麦每京石价银五钱。包谷每京石价银三钱九分六厘,较上月减一钱三分二厘。

叶城县:大米每京石价银二两四钱六分五厘,与上月相同。小麦每京石价银七钱,较上月减五分。包谷每京石价银三钱二分四厘,与上月相同。青稞每京石价银六钱二分五厘,较上月增一钱二分五厘。

和阗直隶州:大米每京石价银二两三钱八分,与上月相同。小麦每京石价银六钱九分,较上月减二钱七厘。包谷每京石价银三钱八分四厘,较上月增六分四厘。青稞每京石价银四钱一分四厘,较上月增六分八厘。

于阗县:大米每京石价银四两五钱五分四厘,小麦每京石价银一两七分二厘,俱与上月相同。包谷每京石价银八钱三分二厘,较上月增一钱六分六厘。

玛喇巴什直隶厅:大米每京石价银二两七钱六分七厘,较上月增二钱一分七厘。小麦每京石价银一两一钱,包谷每京石价银八钱九分,俱与上月相同。

英吉沙尔直隶厅:大米每京石价银三两一钱四分,小麦每京石价银八钱二分八厘,包谷每京石价银五钱五分,大麦每京石价银五钱一分八厘,与上月相同。

(朱批):览。①

069.审拟伊犁民人王连生妒奸毙命一案折

光绪十三年六月二十四日(1887年8月13日)

尚书衔降一级留任甘肃新疆巡抚二等男臣刘锦棠跪奏,为妒奸毙命,

---

①中国第一历史档案馆藏:《清单》,档案编号:03—6866—038。

核明定拟,恭折具陈,仰祈圣鉴事。

窃伊犁户民王连生妒奸斗杀,刀伤王菜保子身死,并戳伤童杨氏平复一案,据前署伊犁抚民同知上官振勋验讯,填格通详,批饬审拟。适上官振勋因另案撤参,移交接署同知骆恩绶,审明议拟,详由镇迪道兼按察使衔恩纶核明转详前来。

臣复加查核,缘王连生籍隶伊犁,与已死王菜保子素识无嫌。王连生姨妹童杨氏,其夫童贵带子欢学赴塔城探亲,童杨氏住绥定城,有王菜保子失家,遗下幼孩,托童杨氏抚养,时常来往。光绪十年十月,不记日期,王菜保子与童杨氏调戏成奸,以后遇便奸宿,给过钱物亦没细数。年底,童杨氏被其姑母张氏叫往度岁,并责备童杨氏不应抚养王菜保子幼孩。适王连生亦来张氏家拜年,童杨氏告知张氏责备之言,托王连生代赁房屋。王连生赁马绪福空房一间,分隔内外,言定每月租银一两。正月十七日,童杨氏搬往王连生,王连生住外一间。正月二十、二十三两夜,王连生调戏童杨氏不从,反为斥骂。王连生怀恨,不与童杨氏交言。二月初一夜,王菜保子来童杨氏家续旧。半夜,王连生回家瞥见,斥童杨氏与人通奸,偏拒伊不从,气忿叫骂。王菜保子起身,顺手拿木锨向王连生殴打。王连生抽出身佩小刀,狠戳王菜保子左胳膊一下。王菜保子扑拢撞头,王连生用刀连戳王菜保子胸膛、左乳,当时倒地。童杨氏声喊救命,王连生又刀戳童杨氏肩甲两下,携刀逃跑。经房东马绪福闻闹趋视,王菜保子当已因伤殒命。经伊犁抚民同知验讯,详由兼臬司核明具详,臣复核无异。

查律载:斗殴杀人者,不问手足、金刃、他物并绞。又例载:军民相奸者,奸夫、奸妇各枷号一个月,杖一百等语。此案王连生妒奸叫骂,与王菜保子斗殴,刀戳王菜保子胸膛等处殒命,自应照例问拟。王连生除调戏轻罪不计外,合依斗殴杀人不问手足、金刃、他物并绞律,拟绞监候,秋后处决。童杨氏与王菜保子通奸,亦应按犯奸律,拟枷号一个月,杖一百,系犯奸之妇,杖决加赎,传本夫领归,任其去留。王菜保子犯奸,罪有应得,业已身死,应毋庸议。无干省释。凶刀案结销毁,尸棺饬属领埋。

是否允协?除全案供招咨送刑部外,合将妒奸毙命核明议拟缘由,谨会同署伊犁将军臣锡纶,恭折具陈,伏乞皇太后、皇上圣鉴,饬部核议施行。谨奏。光绪十三年六月二十四日。

（朱批）：刑部议奏。①

光绪十三年七月二十六日，奉朱批：刑部议奏。钦此。②

070. 查明呼图克图徒众迁徙并筹哈巴河防务折

光绪十三年六月二十四日（1887年8月13日）

尚书衔降一级留任甘肃新疆巡抚二等男臣刘锦棠跪奏，为遵旨查明棍噶札拉参呼图克图所领徒众，新疆实无余处可资迁徙，拟请仍在旧地居住，并拟筹哈巴河一带防务，恭折具陈，仰祈圣鉴事。

窃臣承准军机大臣字寄：光绪十三年三月二十四日奉上谕：棍噶札拉参呼图克图于上年到京瞻觐后，曾据刘秉璋等奏请调赴西藏，经总理各国事务衙门议复请旨，当以棍噶札拉参于开导番众、议办通商等事恐不相宜，未经准行。③惟该呼图克图曾在塔尔巴哈台带兵剿贼，于西北边情自较熟习。曾在四川省城，丁宝桢与之接见，称其胸襟阔大，深明大义，奏请留备任使。该呼图克图才略短长，早在朝廷洞鉴之中，必须安置得宜，亦可储以待用。所领徒众应如何收回安插，前经谕令锡纶等详晰定议，迄今日久未据复奏，殊属延缓。着刘锦棠会同锡纶，妥为筹商，于新疆所属择一距俄较远可以安插之地，迅速奏明，请旨办理。将此由五百里各谕令知之。钦此。仰见圣谟广运、廑念边陲之至意，当即钦遵恭录咨商去后。适锡纶咨到遵议复奏各折片，于西北情形言之详尽，臣愚实无以易之。

查棍噶札拉参前在塔尔巴哈台带兵剿贼，著有成劳，此时筹度边防，自应妥筹安插。惟新疆北路伊犁、塔城距俄既近，而其余厅县又已奏明安插户口，兴修屯务，实无余地可以安插此项僧众。南路向系缠民居处，经教不同，其势亦难置议。必欲安插此项僧众，自仍以蒙古诸部落为宜，而蒙古诸部落中又无一距俄较远之地。是与其劳费他移，莫若仍居旧地，且该处距俄虽近，而人民既众，彼族亦无从生心。使一旦徙之以行，势必为俄属哈萨克占踞其地。如锡纶所奏，乌梁海部属人口无多，又恋寒畏热，不乐居山南

---

① 中国第一历史档案馆藏：《朱批原件》，档案编号：04—01—26—0076—057。
② 中国第一历史档案馆藏：《军机录副》，档案编号：03—7310—055。
③ 见《德宗景皇帝实录（四）》，卷二百三十五，光绪十二年十一月下，第167—168页。又中国第一历史档案馆编：《光绪朝上谕档》，第十三册，第202—203、213页。

之地，使不能保有此土，又将若何？是一议迁移，不独费巨人劳为多窒碍也。从前界务未定，棍噶札拉参曾与俄人有忿争之事。今则时越数年，界务亦已大定，即令还其故居，亦可相安无事。如虑该呼图克图无所管辖，恐复滋生事端，拟请以该呼图克图就近归塔尔巴哈台参赞大臣管辖，令于无事时，但率其徒众诵经，不得干预公事，庶僧俗相安，而与俄人亦无从生衅矣。

至哈巴河达承化寺一带地方，在塔城迤东，布伦托海迤北，阿尔泰山在其东北，紧接俄国七河、斜米两省，为中俄出入要冲。其南又有捷径直通迪化府属之古城、奇台、绥来等处。长庚前奏谓一旦有事，俄人由布伦托海南下古城，则伊犁、乌鲁木齐隔绝在西，新疆全局皆震。是布伦托海据古城之上游，地势已为扼要，况哈巴河一带又在布伦托海西北，其为扼要，尤属显然。光绪八年，俄人驻兵其地，意图侵占，经升任参赞大臣清安等奏明有案。① 查该处向归科布多管辖。同治年间，塔城遭回逆变乱，棍噶札拉参率其徒众，与柯勒依十二鄂拓克人众借居其地，耕种营生。当时筹办安插事宜，曾经升任乌里雅苏台将军臣额勒和布等先后议奏，请就近归塔尔巴哈台参赞管辖，并称布伦托海虽系科布多属，然去科西南十六台，去塔九台等语。是布伦托海去科已远，况哈巴河又在其西，去科尤为窎远，中间重冈迭巘，山径崎岖，冬苦雪封，夏又无水。虽承化寺地在布伦托海，东北距科稍近，然中隔大山，仍须绕由布伦托海行走。是哈巴河至承化寺一带地段，归科则道里隔绝，隶塔则声息相通。哈巴河之于塔城，犹门户之于堂奥，非防塔城，新疆北路无屏障。非防哈巴河一带，塔城东北无凭依也。

夫隶塔隶科，同为圣朝疆土，苟非关系新疆全局，臣亦何容置词？特以

---

① 详见光绪八年五月二十四日清安等奏报筹防俄人入潜科布多境内情形（台北故宫博物院藏：《军机及宫中档》，文献编号：123911），于是年六月二十一日得旨："清安等奏俄人带兵潜入科境宜先事筹备一折。据称四、五月间，俄人数百名突至哈巴河地方驻扎。该处为科境门户，又为塔城屏蔽，俄人早经垂涎，且恐有觊觎阿尔泰山之意。新定条约内，奎峒山系俄人诡谲，即是阿尔泰山，若任其勘改，实有关碍等语。俄人突至哈巴河地方，其情难测，着清安、额尔庆额饬令卡伦各员，确探动静，随时防范，不可稍涉张惶。西北边界，于科塔两城均有关系，既经定约，只宜按约勘改。惟条约内载，自奎峒山过黑伊尔特什河，至萨乌尔岭，画一直线。就此直线与旧界之间，酌定新界等语。所指地名必须查考确实，方免混淆。至旧直线以西、旧界以东，酌定新界，稍有迁就，出入甚大。长顺于查勘地界时，务当详慎妥办，不得稍涉大意，并着金顺、升泰随时会商办理，以清边界。将此由五百里各谕令知之。"（《德宗景皇帝实录（三）》，卷一百四十八，光绪八年六月下，第93—94页。）

该处即为险要所在,隶科不过少资游牧,蒙、哈之获利无多,隶塔即可自固藩篱,形势之所关甚大。臣与锡纶、春满等往复函商,意见相合,拟请将原借地段划归塔尔巴哈台管辖,以资防守。如蒙俞允,其一切建置事宜,容臣等另案奏明办理。

臣为慎重边防起见,是否有当?谨会同陕甘总督臣谭钟麟、署伊犁将军臣锡纶、署塔尔巴哈台参赞大臣春满,恭折具陈,伏乞皇太后、皇上圣鉴训示施行。再,此案因往返筹商,是以复奏稍迟,合并声明。谨奏。光绪十三年六月二十四日。

光绪十三年七月二十六日①,奉朱批:另有旨。钦此。②

【案】此案于光绪十三年七月二十六日获清廷批旨:

军机大臣字寄:甘肃新疆巡抚刘、署伊犁将军塔尔巴哈台参赞大臣锡:光绪十三年七月二十六日,奉上谕:刘锦棠奏棍噶札拉参所领徒众,拟请仍在旧地居住,并筹哈巴河防务一折。前因沙克都林札布等奏,乌梁海蒙哈官兵逼令承化寺僧众,赶紧移挪,情形急迫,当于五月二十二日谕令刘锦棠、锡纶迅筹复奏。此次该抚所奏,尚系议复三月间谕旨、未经奉到续谕之件。所称乌梁海部属人口无多,恋寒畏热,不乐居山南之地等语。与沙克都林札布等前奏该部落急盼还归各节,大相径庭。此事颇有关系,必须得一实在情形,着刘锦棠、锡纶懔遵前旨,确切查明,迅速筹议。一面咨商沙克都林札布等,秉公酌度,务须筹一妥善办法,奏明请旨,毋得各存成见,以致辗转稽迟,迄无定议。至所奏哈巴河以达承化寺一带地方,拟请划归塔尔巴哈台管辖等语,俟复奏到日,再行酌定降旨。将此由五百里各谕令知之。钦此。遵旨寄信前来。③

【附】光绪十二年七月十二日,总理衙门致函伊犁将军色楞额、塔尔巴哈台参赞大臣明春、科布多参赞大臣沙克都林扎布:

七月十二日,行伊犁将军文称:光绪十二年六月二十九日,准理藩院文开:据棍噶札拉参呼图克图呈称:呼图克图前因请假赴藏,经塔尔巴哈台参赞大臣锡奏准,于光绪九年抵藏,受戒更名,并熬茶事毕。十

---

①此奉旨日期,据《军机处随手登记档》(档案编号:03—0254—1—1213—222)校补。
②《奏稿》第1627—1636页。
③中国第一历史档案馆编:《光绪朝上谕档》,第十三册,第271—272页。

一年，由藏折回，行至四川，恳请入觐天颜，经四川总督丁奏明在案。兹由蜀抵京途次，接据阿勒泰山承化寺堪布达喇嘛等呈称：自呼图克图赴藏，前后六年之久，阿勒泰山更改界务，自奎峒山起至萨乌尔岭止，今定新界，人随地归。哈巴河东岸虽有塔尔巴哈台官兵驻扎，与分归界之哈萨克已在额尔济斯河、布伦托海一带过冬游牧，时常偷窃抢夺，承化寺屡被骚扰，请呼图克图作速回寺等情。窃思阿勒泰山久为俄人垂涎之地，呼图克图夙为彼族忌恨之人。从前界在齐桑淖尔迤西，相距千里，彼尚越界寻衅，致生坡塔宁乌拉斯付一案，积年未了。今新疆逼近，三面当敌，而哈萨克越境游牧，地方又正当承化寺僧众出山之路，虽欲不受其欺凌，势有不能。呼图克图若径行回寺，从前嫌隙已成，终必寻衅滋闹，不至决裂不止。查阿拉泰山本科布多所属，乌梁海游牧地前经乌科两城将军、大臣迭次奏奉谕旨，将棍噶札拉参呼图克图徒众在山南借地安插、建盖庙宇、分定界址、堆立鄂博在案。伏思蠢蝡有知，亦当自尽守夜之心，但实逼处此，与其贻后患，莫若防未然。再四思维，万不敢以一身误大局。

溯呼图克图，原系甘肃巩昌府洮州所属番僧，同治元年出关，在伊塔等处游方乞食。四年，塔城回匪变乱，自备资斧，带兵救援。塔城失陷，未能挽回，退保科境。曾无寸长可录，乃蒙圣恩，悉膺封号，赐以众徒，颁发印信，加恩特赐庙名。自念所为，名实未洽。现领喇嘛徒众，原系塔城所属额鲁特十苏木人。阿勒泰山原系科城乌梁海牧地。为今之计，惟有应请代奏，将徒众仍移归塔城安插地面，仍拨归科城收管。倘蒙恩准，印信即当缴销。棍噶札拉参以闲散回籍诵经，庶可稍逭带兵罪孽，而阿勒泰山交界处所亦暂可免生边衅等情。准此，查该呼图克图，有于俄人牵涉情事，应转咨贵衙门查照等因前来。

本衙门查该呼图克图立功边地，蒙赏封号。其喇嘛徒众移居阿勒泰山之南，并建立庙宇，业已有年。自该呼图克图请假后，该处情形究竟若何，现据呈请将徒众仍移归塔城安插地面，仍拨归科城收管，并请缴还印信等语。所有此项徒众若仍居阿勒泰山之南是否相宜，或准其移归塔城有无窒碍，及应否必须该呼图克图管领徒众，亦可听其回籍之处，一切情形，本衙门碍难悬揣，相应咨行贵署将军，悉心会商，酌定办法，迅速声复，以便知照理藩院核办可也。同日，行塔尔巴哈台参赞大臣、科布多大臣。文均同上。①

071. 奏报总兵戴宏胜因病出缺片

光绪十三年六月二十四日(1887年8月13日)

再，臣前据统领库精马步等营陕西汉中镇总兵戴宏胜呈称：本年闰四月间勘验，北往塔城驿站，沿途感冒风寒，致患痰喘诸证，呈请给假调理等情。臣正饬医往治间，适据该亲军左营总哨记名总兵易盛富呈报：戴宏胜已于六月初九日酉刻，因病出缺。查戴宏胜久历戎行，战功卓著，兹以积劳身故，殊堪悯恻！

除批饬易盛富将该故总兵身后一切妥为照料，亲军左营小马队事务即由该总哨暂行代理外，查伊、塔等处，哈萨克出没无常，库、精一带，时虞抢劫，边防最关紧要，驻防营旗不可无员统摄，已饬统领湘军头品顶戴记名提督汤彦和，率带湘军一旗，刻日开赴库尔喀喇乌苏驻扎，将库、精马步各营旗并归节制调遣，以专责成。所遗陕西汉中镇总兵员缺，应咨由督臣谭钟麟请旨简放。②其该故总兵生平战绩，容臣查明，另奏请恤，以慰幽魂。

所有陕西汉中镇总兵戴宏胜因病出缺缘由，谨附片具陈，伏乞圣鉴训示。谨奏。

（朱批）：知道了。③

光绪十三年七月二十六日，奉朱批：知道了。钦此。④

072. 请赏坎巨提头目翎顶片

光绪十三年六月二十四日(1887年8月13日)

再，臣准署乌鲁木齐提督臣谭上连会同喀什噶尔道员黄光达文称：色

---

①台北"中央研究院"近代史所藏：《外交档案》，文献编号：01—17—051—04—008。
②光绪十三年七月十八日，陕甘总督谭钟麟以总兵戴宏胜病故遗缺请旨简放缘由（中国第一历史档案馆藏：《军机录副》，档案编号：03—5851—001)，于十三年八月初一日得旨："内阁奉上谕：陕西汉中镇总兵员缺，着孙金彪补授。钦此。"（中国第一历史档案馆藏：《光绪朝上谕档》，第十三册，第275页。)
③中国第一历史档案馆藏：《朱批原件》，档案编号：04—01—16—0220—141。
④中国第一历史档案馆藏：《军机录副》，档案编号：03—6023—059。

勒库尔之南回部坎巨提头目赛必得哎里罕专差解贡来喀，以该头目初充部长，人心恐有未孚，请派弁赴查，以安民心，当经拣派布鲁特回目库尔班前往该部传示，并察看情形去后。据库尔班回称：该处民情安静，惟头目自以未有职衔，不足以孚众望，并由该部头目禀同前情，呈请核示前来。

臣查该部落，当回疆变乱之时，头目额则项以蕞尔微区，不甘从逆，凭险自守，岿然独存。南疆克复以来，旋即遣人进贡沙金，词意恳挚，实属深明大义。当经臣咨由前大学士陕甘总督左宗棠奏明有案。现查该回部频年贡献，殚竭悃忱，遇各外部偶有不靖，随即专差禀报。此次该头目初领部众，又复禀请查看，洵属恭顺可嘉。

合无仰恳天恩俯准，赏给该头目花翎四品顶戴，以示怀柔而昭激劝。臣为抚绥外部起见，是否有当？谨据情附奏，伏乞圣鉴训示。谨奏。

光绪十三年七月二十六日①，奉朱批：着照所请，该部知道。钦此。②

073. 奏销关外光绪七八两年报销各款折
光绪十三年七月初三日（1887年8月21日）

尚书衔降一级留任甘肃新疆巡抚二等男臣刘锦棠跪奏，为甘肃关外光绪七、八两年报销，复奉部驳，谨再开具详细清单，逐款复陈，吁恳天恩饬部核销，恭折仰祈圣鉴事。

窃臣准部咨：议甘肃关外登复光绪七、八两年报销一折，暨咨详核收支各款应行厘正各等因，当经先后钞单转行去后。

兹据粮台司道详称：查关外军需、善后各款，系由前督臣左宗棠核定章程，于六年以前报销有案。七年后，粮台将一切用款列为二十四条，详请分别奏咨，嗣奉部议核减更正，遵将已支各款仍照旧报销。兹复奉部指驳各节，应即遵照分别办理，再行开具清单，逐一登复。如支发楚、皖、蜀各军统费暨长夫口粮，应统至三千人以上，方准支银百两、加夫十名，照章核算，计七、八两年应删除银一万二千余两。又支发湘军各营旗分统及营务处公费，应删除银一万九千三百六十余两，除有着可追之款遵照追赔，归入十一

---

①此奉旨日期，据《军机处随手登记档》（档案编号：03—0254—1—1213—222）校补。
②《奏稿》第1639—1640页。

年销案内列支造报外，惟已故乌鲁木齐提督金运昌、已故宁夏镇总兵官谭拔萃、已故署阿克苏道罗长祜，均由东南转战西北，多历年所，积劳病故，或家贫亲老，或稚弱仅存。已支之款实系无从着追，仍请准销。

至采运粮料，亦系率循旧章，实因雕敝之余，分防列戍，兵食甚巨，供支维艰。又值镇迪各属频年灾祲，幸奏蒙恩准豁免十年以前民欠钱粮，广筹采运，挹彼注兹，始能斗价不增，军民安帖。若令遽停采运，以子遗之民食，勒巢以供大军，将不待军情涣散而民乱早已嚣然矣。迨后草莱渐辟，收获稍丰，即将原设之库尔勒、布告尔、库车、奇台、吉布库、济木萨六采运局截至九年八月底裁撤，安西、玉门、敦煌、喀喇沙尔四采运局截至十年底裁撤。惟酌留哈密、古城、迪化、吐鲁番、巴里坤五采运局，于四柱清单内随案注明，委系实用实销，毫无浮冒。至如何支发、如何扣收，原单未能明晰，谨再遵照指示各节，于清单内详细声明，以便查核。

除提运抚彝、高台采买粮石脚价银九千三百两仍由关内造报请销外，所有关外七、八两年采买粮料、柴草价银一十七万六千六百九十余两，仍请户部照单准销；运粮脚价银三十六万一千二百八十余两，应请兵部照单准销等情，详请具奏前来。

臣复查无异。合无仰恳天恩饬部准销，以昭核实而清积案。除咨部外，谨会同陕甘总督臣谭钟麟，缮单恭折复陈，伏乞皇太后、皇上圣鉴训示。谨奏。光绪十三年七月初三日。

（朱批）：该部议奏，单并发。①

光绪十三年八月初三日，奉朱批：该部议奏，单并发。钦此。②

074. 呈光绪七八两年部驳关外报销各款登复清单

光绪十三年七月初三日（1887年8月21日）

谨将光绪七、八两年甘肃关外报销收支各款遵照部驳各节，逐细登复，缮具清单，恭呈御览。

收款项下：

---

①中国第一历史档案馆藏：《朱批原件》，档案编号：04—01—35—050—1426。
②中国第一历史档案馆藏：《军机录副》，档案编号：03—6560—047。

一、部议关外所收厘金未据专案册报款。查关外征收厘金，除循照向章支给委员薪粮、局费外，七年分实收百货厘金银二十万四千五百五两二钱二分九厘四毫六忽一微，八年分实收银十四万九千二百三十八两一钱三分二厘一毫八丝九忽一微，均系尽数列收，并无另行列收提用，理合登明。

一、部议关外七年分收房租、地课、磨课、税契、征铜铸钱易银等项银一万四千九百七十八两七钱一分六厘五毫七忽三微，八年分收银一万六千二百四两六钱二分四厘一毫一丝一忽八微款。查关外军兴后，征收房租、地课、磨课、税契、征铜铸钱易银，七八等年尚无定额，承平时常例奏销，亦无由查悉，概系按年实收实报。前奉部章分年分款造册，今将光绪九年以前收支钱粮并为一案，谨当遵照办理。

一、部议七年分收折征粮价银三万四百十四两七钱四厘九毫四丝一忽五微，八年分收银六万九千四百三十两九钱七分三厘四丝一忽五微款。查关外征粮折色，七八等年尚无定额，亦无常例奏销，暂按该年实收实报。前奉部章分年分款造册，今将光绪九年以前收支钱粮并为一案，谨当遵照办理。

一、部议七年分收各军营旗扣缴征粮价银二十七万八千二百四十六两六钱，八年分收银二十三万四千九百七十一两二钱六分。此项粮石系某处某年征收某色粮石若干，发交某处某营某色粮石若干，以及如何扣缴，应令赶紧造册，送部查核款。谨当遵照办理。

一、部议七年分收各军营旗扣缴采买存粮价银九千八百三十六两七钱一分三厘六毫四丝六忽六微，八年分收银九千一百九十二两三钱八分七厘五毫六丝二忽四微。查后挑采买粮料款，仍行议驳，所有扣缴价银，应不准其列收款。查采买粮料价值，后条仍请核销此款，应请仍照原单列收。

一、部议七、八两年分共收各营旗缴存病故勇丁口粮银二万一千六百余两款。查外省勇丁从征万里，一旦捐躯，情实可矜。裁存口粮银两与报缴截旷不同，既奉部准核实办理，应存俟各该故勇亲属搬柩回籍请领至日，核实发给，列报请销，以示体恤。

一、部议七、八两年各台局经书、贴书、护勇、司事、教习人等支粮折价银一万一千四百二十八两五钱四分八厘八毫八丝三忽，复奉详核厘正，此款支粮折价应列收银一万二千一百二十八两三钱六分四厘款。

查报销单内，七年各台局经书、贴书支发大米二百五十石五斗、小麦一百一十八石五斗，共折合库平银八百五十三两六钱七分八厘六毫六忽。护勇等支发大米一百四十一石五斗、小麦四百五十八石，共折合库平银八百九十八两六钱四分四厘七毫二丝四忽一微。长夫支发大米七十一石、小麦一百六十石，共折合库平银三百七十六两五钱七分三厘八丝八忽。善后各局经书、贴书支发大米一百二十八石五斗、小麦一千五十二石，共折合库平银一千四百九十三两四钱一分七厘二毫三丝一忽三微。善后各局护勇等支发大米一百三石五斗、小麦一千九百八十六石、包谷三百二十三石五斗，共折合库平银二千五百七十一两九钱七分四厘八毫三丝五微。斗级等支发小麦一百六十二石、包谷六十四石八斗，共折合库平银二百三两八钱七分二厘二毫一丝六忽四微。蚕桑等局司事、教习等支发大米三十六石五斗、小麦一百三十石、包谷三百六十八石六斗八升，共折合库平银四百二十二两八钱八分四厘八毫一忽五微。

八年分各台局经书、贴书支发大米五十四石五斗、小麦一百九十二石、包谷六十八石五斗，共折合库平银三百九十五两八钱八分五厘七毫六丝九忽六微。护勇等支发大米八十二石五斗、小麦五百五十六石六斗、包谷一百三十一石，共折合库平银八百九十五两七钱一厘八毫三丝九忽三微。长夫支发大米二十八石五斗、小麦二百二十八石、包谷一百四十八石五斗，共折合库平银三百九十七两四钱三分四厘六毫五丝六忽三微。善后各局经书、贴书支发大米七十六石二斗、小麦一千一十石六斗，共折合库平银一千二百九十七两四钱四分四厘三毫三丝六忽八微。善后各局护勇等支发大米五十三石五斗、小麦一千五百三十二石、包谷二百八十六石五斗，共折合库平银一千九百二十五两四钱一分一厘四毫二丝三忽。斗级支发小麦一百五十二石、包谷五十四石四斗，共折合库平银一百八十八两一钱八分九厘七毫三丝八忽六微。蚕桑等局司事、教习等支发大米三十九石、小麦一百二十一石五斗、包谷三百二十二石四斗八升，共折合库平银三百九十八两七钱三分一厘八毫四丝八忽九微。

总计七、八两年关外各台局共支发大米一千六十五石七斗，每石作价银三两；小麦七千八百五十九石二斗，每石作价银一两一钱；包谷一千七百六十八石三斗六升，每石作价银五钱。总计三色粮石以湘平折合库平，共应折价银一万二千三百一十九两八钱四分五厘一毫一丝三微，应请查核在于应支口粮内划抵，归入征粮案内汇报请销，以符粮数，理合登明。

开除项下：

一、部议七八年分统费及长夫口粮银二万一千一百三十两六钱八分七厘，照章核算，准支银一万四千六百七十一两八钱二分九厘零，删除银六千四百五十八两八钱五分七厘。八年分发银一万二千四百七十九两六钱七分八毫六丝一忽六微，删除银三千五百六十七两五钱款。

查楚、皖、蜀各军统费及长夫口粮，系循前督臣左宗棠核定章程支发，实缘各将领公用浩繁，关外百货昂贵，非此不足以办公。以内地较之，故觉从优。关外情形大非内地可比，前经声明截至十年底止已支发之款，照旧报销。自十一年正月以后，遵照定章办理。兹复奉部议七、八两年共准销银二万三千五百八十三两九钱九分九厘，共应删除银一万二十六两三钱五分七厘，有着之款，照章追赔，归入十一年分销案内列报。惟查统领卓胜军已故提督金运昌，七年分支统费及长夫口粮银三千三百六十八两，八年分支银三千一百一十两，共湘平银六千四百七十八两，折合库平银六千二百七十一两五分五厘。按照部章核算，准销银五千五百二十八两四钱三分五厘，尚应追缴银七百四十二两六钱二分。又统领安远马步等营已故总兵谭拔萃七年分支统费及长夫口粮银三千一百九两，又支八年分银二千三百三十二两五钱，共湘平银五千四百四十一两五钱，折合库平银五千二百六十七两六钱六分六厘。按照部章核算，准销银二千五百八十三两六钱三分三厘，尚应追缴银二千六百八十七两三钱三厘。该二员血战一生，积劳病故，已支之款，邀免着追，仍请核销。

一、部议七年分发湘军各营旗分统及营务处公费银二万二千六百五十二两四钱六分八厘五毫三丝八忽二微，原删除银七千五百五十两八钱二分二厘八毫四丝六忽一微，仍应删除原行查银一万五千一百一两六钱四分五厘，内应准销银一万二千五百八十四两七钱，删除银二千五百一十六两九钱四分五厘六毫九丝二忽一微。八年分发银二万九百九两九钱九分九毫五丝八忽四微，原删除银六千九百六十九两九钱九分三毫一丝九忽四微，仍应删除原行查银一万三千九百三十九两九钱八分六毫三丝九忽，内应准销银一万一千六百一十六两六钱五分，仍删除银二千三百二十三两三钱三分六毫三丝九忽款。

查湘军各营旗分统及营务处公费，系循前督臣左宗棠核定章程支发，实缘各将领公用浩繁，关外百货昂贵，非此不足以办公。以内地较之，故觉从优。关外情形大非内地可比，前经声明截至十年底止已支发之款，照旧报销。自十一年正月以后，遵照定章办理。兹复奉部议七、八两年共准销银二万四千二百一两三钱五分，共应删除银一万九千三百六十一两零，有着之款，遵照追赔，归入十一年分销案内列报。惟查总理营务处兼充分统已故道员罗长祜，七年分支营务薪公、分统公费银六千七百六十两，八年分支银六千二百四十两，共湘平银一万三千两，折合库平银一万二千五百八十四两七钱四厘。按照部章核算，准销银四千八百四十两二钱七分一厘，尚应追缴银七千七百四十四两四钱四分三厘。该故员从征日久，积劳病故，已支之款，邀免着追，仍请核销。

一、部议七年分发采买粮料、柴草价银九万七百九十八两八钱三分八厘三毫三丝四忽九微款。查采运粮料、柴草，原系前督臣左宗棠定章，六年以前报销有案，七年以后相循办理，复经列入新疆用款二十四条，奏咨奉准有案，各营旗四柱季册又历经报明有案。在部臣一再议驳，系为慎重饷需起见，稽核不得不严，然此间实在情形，亦有未能遥度者。如部谓扣收粮价并未按色扣收，又扣收之数少于采买之数，又扣缴款目牵混不清各等语。

查七、八两年，共采买大米四百三十二万九千七百五十二斤，内支发各台局经书、贴书、护勇、工匠人等大米三十六万一千一百八十六斤，发各营旗大米三百九十六万八千五百六十六斤，每百斤照章扣价银二两，共应扣银八万六千五百九十五两四分。共采买小麦七百六十八万七千九百八十三斤，内除支发塘台、驿站书夫、医匠小麦二十五万六千三百七十八斤作正开销、不扣价银外，又支发各台局经贴书、护勇、通事、司事、教习、工匠人等小麦五十二万五千二百三十斤，发各营旗小麦六百九十万六千三百七十五斤，每百斤照章扣价银一两，共应扣价银七万四千三百一十六两五分。共采买豌豆、包谷、青稞四百五十二万四十七斤八两，内除支发官车、官骡驼马各色料一百九十一万七千三百五十六斤，又支发开花炮队车骡各色料七万八百七十七斤，又支发塘台、驿站各色马料二百七十八万三千二百五十四斤，以上三项作正开销不扣价外，计支发各营局并来往差弁莞豆三十四万八千五百六十斤八两，每百斤照章扣价银八钱，共应扣银二千七百八十八两四钱八分四厘。共采买柴三十万六千三百一斤，供支各营局并往来差使领用，每百斤照章扣价银二钱，共应扣银六百一十二两六钱二厘。共采买谷麦芦草一千五百七十万二千三十五斤，内除支发官车、官骡驼马各色草九百八十三万七百八十斤,又支发开花炮队车骡各色草三十二万三千六百四十斤,又支发塘站马草五百四十三万九千一百七十斤,以上三项作正开销不扣价外,计支发各营局并往来差使麦草一十万八千四百四十五斤,每百斤照章扣价银二钱,共应扣银二百一十六两八钱九分。统计七、八两年共支过采买粮料、柴草价值湘平银二十万九百一十六两九钱六分一厘,内除随时扣缴支发各营局粮料、柴草价银一万八千三百九十两五钱六分一厘抵除外,实请销采买粮料、柴草价银湘平折合库平银一十七万六千六百九十五两四钱五分一毫四丝五忽三微,内除七、八两年报销案内列收各军营旗扣缴湘平折合库平银一万九千二十九两一钱一厘二毫九忽外,尚有未收湘平折合库平银十一万三百六十三两四钱三分三毫,归入九年分销案内列收清款。又七、八两年各台局经书、贴书、护勇、通事、司事、教习、工匠人等支粮,已在应支口粮项下扣抵湘平折合库平银一万二千七十七两四钱六分三厘六毫九丝七忽八微。统计各项扣缴价银外,计七、八两年支发例支炮车、官车、官骡驼马、塘台、驿站、书夫、医匠、马匹粮料、草束,作正开销,不扣价值,实在津贴库平银三万五千二百二十五两四钱五分四厘九毫三丝八忽五微。此粮料、柴草分别应扣、不应扣之实在情形也。

至谓采买粮石并不转运,又谓转运粮数多于采买粮数,又谓采买粮数多于转运粮数各等语。查高台、抚彝两属所采大米,均已陆续提用。所用运价,已由关内开报请销。其转运粮数多于采买粮数者,实因征粮与采粮并运,故运浮于采。其采买粮数多于转运粮数者,或系就地供支各差,或系官车驼骡运送,不开脚价。此采之与运不能合数之实在情形也。

至谓喀喇沙尔粮价本不为贵,不须另行采运、摊入运脚;库车所买之粮并未转运等语。查喀喇沙尔现岁共征粮九千余石,内库尔勒、布古尔等庄占粮八千三百余石,余只征粮六百有奇。附郭户口无多,地尤瘠苦,产粮之少,此其明证,势不能不取之库尔勒、布古尔等处。至库车采粮,亦系就地供支营勇,故无转运之费也。

至谓哈密粮价小麦每百斤一两七钱,青稞每百斤一两三钱,若由安西、玉门采买,摊入运脚,其值数倍于哈密,即附近采运亦可不必等语。查哈密地旷人稀,产粮最少。该厅垦地仅数十户,纳市斗粮仅二百余石,合京斗不过八九百石,何能户有盖藏,采济军食?从前大军驻扎,悉从他处采运接济,而南路产粮较丰之区相距甚远,脚价愈贵,不得不就关外附近之安西、敦煌、玉门关内较近之抚彝、高台、肃州等处，分采供支。本地之粮仅供本地民食，故能斗价平减，而实非粮广价贱、足以赡军，当日必欲舍近求远也。至谓有运无采、有采无运各等语。查驻军之所，就地有粮可采，则有采无运；若无粮可因，非运不能接济，且同一运粮，而以官车骡驼运送，则虽有运，亦无运价。每年季册详载各营驻扎之处，均可复按报销。原单只报运价，而原奏则概言运事，并非采运之不实也。

至谓每勇一名月支饷银四两二钱，又月支津贴米折银四钱，北路如奇台等处粮价较贱，若听兵勇自行买粮，公司两有裨益；假手粮台委员采运，势必浮报，勇丁受其害，粮台享其利等语。查前陕甘督臣左宗棠定章，惟湘军及新归湘军统率出关之楚军马步各营旗，正饷之外每勇月给米折钱四钱五分，已奉部准销。其余各军勇饷仍照旧支给，并未加给米折银两。采运诸事系循左宗棠旧章，分途设局，另派委员经管，粮台不过总司稽核，汇造销案。前奏声明公中津贴，即指采运一事核减扣价而言，勇丁并未吃亏，粮台亦无所容其浮报也。

至柴草银两，据称照例准销，检查原单，并未声明某系支给某项差使，即使确系支应，自应另行开报兵部核明等语。查各军塘、驿站炮车、官车骡驼马，系作正开销之款，无从扣缴，已详载数目。其支应各差者，已经扣缴列收。总之，新疆地方颇多沙碛，一城之隔千数百里不等，此丰彼歉，甲贵乙贱，恒不相侔。又无经商大贾贩运流通，非若关内完善之区地大物博，日增数千人而粮不见乏，日减数千人而粮不见滞也。曩者招徕开垦，极力经营，而年岁不顺，物价太昂，以致户口旋聚旋亡，倏来倏去，迄今无大成效。假令不采不运，悉听营勇自谋，姑无论兵民交涉，强无为有，勒少供多，贻误边事。而食繁粮贵，临渴掘井，不免受制他人。伊塔各军从前皆有积欠俄商粮价之事，即不办采运之明徵也。所有七年分粮料、柴草价银九万七百九十八两八钱三分八厘三毫三丝四忽九微，应请仍照原单准销，以清款目。

一、部议七年分发运粮脚价银一十八万二千五百二十一两二钱六分三厘二丝二微款。查采买粮价，前条仍请开支，此项运脚，应请知照兵部核销。

一、部议八年分发统费及长夫口粮银一万二千四百七十九两六钱七分八毫六丝一忽六微款。查此款已遵照部议，分别请销追缴，于七年分声明，应请仍照七年办理。

一、部议八年分发湘军各营旗分统及营务处公费银二万九百九两九钱七分九毫五丝八忽四微款。查此款已遵照部议，分别请销追缴，于七年分声明，应仍照七年办理。

一、部议八年分发采买粮料、柴草银八万五千八百九十六两六钱一分一厘八毫一丝四微。查此款前已议驳，应照剔除款，遵查采买粮料、采草，已于七年分声明，仍请照单准销。

一、部议八年分发运粮脚价银十七万八千七百六十一两一钱二分四厘一毫一丝四忽二微款。查采买粮料，前条仍请开支，此款与七年分事同一律，应请知照兵部核销。

统计七、八两年原单，共应支库平银七百六十五万六千七百二十二两二钱九分八厘四毫九丝八忽五微，内除划抵各台局经贴、护勇、缠回通事、长夫、斗级等支过征粮扣价湘平折合库平银一万二千三百一十九两八钱四分五厘一毫一丝三微，应归征粮报销案内另案汇造，不列收支，又支过采粮扣价湘平折合库平银一万二千七十七两四钱六分三厘六毫九丝七忽八微，在应支口粮项下抵除，已于七、八两年采买粮价款内声叙，请免列收，均不计外，实应支库平银七百六十三万二千三百二十四两九钱八分九厘六毫九丝四微，内除七、八两年欠发勇饷银一百四十一万三千三百五十二两四钱二分六厘二毫九丝五忽二微外，只该银六百二十一万八千九百七十二两五钱六分三厘三毫九丝五忽二微，再除伊犁将军金顺借支银一十三万七千四百六十三两六钱九分七厘九毫六丝七忽一微，嵩武军借支银三十一万八千五百两一钱四分三厘二毫七丝二忽，嵩武军粮料合价银一十三万三千一百四十九两八钱四分三厘九毫一忽二微，另案办理外，实应请销银五百六十二万九千八百五十八两八钱七分八厘二毫五丝四忽九微，内应归兵部核销银八十一万四千二百二十两五钱七分一厘一毫五丝二忽三微，工部核销银一十三万一千九百四两五钱五分四厘三毫九忽三微，户部核销银四百六十八万三千七百三十三两七钱五分二厘七毫九丝三忽三微，内遵照删除统费、公费银一万八千二百一十三两八分四毫九丝六忽六微，应俟下案列收具报不计外，实请销银四百六十六万五千五百二十两六钱七分二厘二毫九丝六忽七微。

查截至八年十二月底止，仍照原案实存银七万八千二百八十九两七分一毫三丝一忽六微，仍欠发六年以前并七、八两年存饷银二百八万一千六百四十六两八钱七分一厘,合并陈明。

（朱批）:览。①

075. 奏报新省添设税务局试办缘由折

光绪十三年七月初三日（1887年8月21日）

尚书衔降一级留任甘肃新疆巡抚二等男臣刘锦棠跪奏,为新疆省城添设税务总分各局,谨将试办情形据实陈明,恭折仰祈圣鉴事。

窃维新疆防营岁饷向赖各省关协济,而设省以来,地方应办事宜需用浩繁,每岁就地筹款,所入无多,不敷尚巨。前准部咨,议筹封储之款。此时虽未遑计及,而每岁不敷既巨,仍不能不就地力筹,期其少有裨益。臣前于光绪十一年委员于哈密、古城两处,设局抽收百货入税,又委员于南路各城会同地方官查明出产货物,酌令照章收纳税课,曾于筹办开源节流二十四条案内,将试办情形奏明在案。

两年以来,哈密、古城两局每岁收银二万余两。南路各城土产货税,亦属寥寥。推原其故,实缘地方辽阔,奸商绕越偷漏,在所不免。即如哈密一局专收东路货税,古城一局专收北路货税,而西南两路出入货税,独未开办,无论稽查难周,亦不足以昭平允。现在省城商贾渐集,自应照章抽收货税,以归一律。臣当饬在省城设立税务总局,委员试办,兼以稽核哈密、古城各局报销事宜,并于西路之绥来县、南路之吐鲁番厅各设分局,抽收西路货税,兼事稽查,以免偷漏,庶于通省税务可期渐有起色。

抑臣更有请者,新疆开办土税以来,俄国商民藉有暂不纳税之条,一切土货、牲畜任意贩买,每有俄商入境,勾引中国商民,百计诪张,肆行包庇,或将原领旧票卖于商民,或引车辆同行,希图蒙混。一经分局查明,照章收税,俄商即称不守条约,捏报俄官,纷纷照会查办。其为洋货犹可,甚至土货亦然。其为真正俄商犹可,甚至久在新疆居住之安集延、哈萨克亦然。真伪混淆,巧诈百出,所由销货多而收税少也。

查中俄改定条约,准俄民在关外天山南北各城贸易,暂不纳税,俟将来商务畅旺,由两国议定税则,即将免税之例废弃等语。屈指订约已届七年,

---

①中国第一历史档案馆藏:《清单》,档案编号:03—6560—048。

俄商之运货出入者，喀什噶尔道属每年估计成本银约百二十万两，阿克苏道属亦不下二十余万两。其由伊、塔入中者，尚不在此数。新疆地方瘠苦，销货无多，似此即为畅旺。若不乘此议定俄商税则，一律抽收，窃恐俄商日逞其驵侩之心，而小民之生计因之日削。是不独包揽土税为可虑也。且一经明定税则，彼此遵行，弊窦即除，争端亦泯，尤足以安边息事，实于地方有益。如蒙俞允，相应请旨饬下总理各国事务衙门，照会俄国驻京公使，议定税则，分饬遵办，庶商民无所借口，而税课亦昭平允矣。据藩司魏光焘详请奏咨前来。

臣复查无异，当饬该司等先将土税妥为筹办，总期于公家有益，而下亦不至病民。除一应开支局费章程与开办洋税、设立边关各程式，俟奉到谕旨再行详奏外，所有新疆设立税务总分各局暨拟请议办洋税各缘由，谨会同陕甘总督臣谭钟麟，恭折具陈，伏乞皇太后、皇上圣鉴训示施行。谨奏。光绪十三年七月初三日。

（朱批）：该衙门知道。①

光绪十三年八月初三日，朱批：该衙门知道。②

076. 遵照部议候选州判舒体元另核请奖片

光绪十三年七月初三日（1887年8月21日）

再，六载边防案内汇保之同知衔候选州判舒体元，前因缮单重复，列名奏请仍照原保以知州不论双单月选用。其请免选本班，以知县不论双单月遇缺即选，恳饬删除，经部议复：舒体元以知州不论双单月选用，并非应升之项，核与章程不符，行令另核请奖等因。

臣查舒体元系候选州判，知州既非应升之项，合无仰恳天恩，俯准仍以知县不论双单月遇缺即选，饬部注册，以示奖励，出自鸿慈。

除咨部外，谨附片具陈，伏乞圣鉴训示。谨奏。

（朱批）：吏部议奏。③

---

①中国第一历史档案馆藏：《朱批原件》，档案编号：04—01—35—0565—001。又《奏稿》第1641—1645页。
②此奉旨日期与内容，据《军机处随手登记档》（档案编号：03—0254—1—1213—228）校补。
③中国第一历史档案馆藏：《朱批原件》，档案编号：04—01—12—0539—117。

光绪十三年八月初三日，奉朱批：吏部议奏。钦此。①

【案】此片具奏日期，原件目录署"光绪十三年七月二十日"，录副署"光绪十三年七月初三日"。查《军机处随手登记档》②，录副确，兹据校正。

077. 饬令库车直隶同知潘震即赴新任片
光绪十三年七月初三日（1887年8月21日）

再，臣前请以甘肃华亭县知县潘震调补新疆直隶厅同知，业经部议核准。现查该员别无委办事件，应即饬赴本任，以专责成。据藩、臬两司会详前来。

除由臣批饬给委外，谨会同陕甘总督臣谭钟麟，附片具奏，伏乞圣鉴。谨奏。

（朱批）：吏部知道。③

光绪十三年八月初三日，奉朱批：吏部知道。钦此。④

078. 奏报效力赎罪人员赵沃投到日期片
光绪十三年七月初三日（1887年8月21日）

再，臣前准部咨：光绪十二年十一月十六日奉上谕：徐延旭、赵沃均着加恩免予勾决，发往新疆效力赎罪。钦此。又准部咨：徐延旭途次病故各等因，均经先后转行去后。兹查革员赵沃，于本年五月十一日投到。据镇迪道兼按察使衔恩纶转详前来。

臣维新疆现值举办屯垦，事务殷繁，察看该革员精力尚健，拟派令管理民遣屯田事务，以期得力。

除火牌咨部查销外，谨附片具奏，伏乞圣鉴训示。谨奏。

---

① 中国第一历史档案馆藏：《军机录副》，档案编号：03—5226—010。
② 中国第一历史档案馆藏：《军机处随手登记档》，档案编号：03—0254—1—1213—228。
③ 中国第一历史档案馆藏：《朱批原件》，档案编号：04—01—12—0539—089。
④ 中国第一历史档案馆藏：《军机录副》，档案编号：03—5226—009。

（朱批）：知道了。①

光绪十三年八月初三日，奉朱批：知道了。钦此。②

079. 前乌鲁木齐都统银印及关防缴销片
光绪十三年七月初三日（1887年8月21日）

再，臣准前护乌鲁木齐都统臣富勒铭额咨称：光绪十三年六月初八日，由驿具奏交卸护任日期，业经钞稿咨明在案。兹将原接光字十二号乌鲁木齐都统银印及领队大臣木质关防各一颗一并封固，派员赍送，咨请代缴等因前来。

除将收到银印一颗派弁赍缴礼部查销并将木质关防由臣销毁外，理合附片具陈，伏乞圣鉴。具奏。

（朱批）：礼部知道。③

光绪十三年八月初三日，奉朱批：礼部知道。钦此。④

080. 奏报塔台营勇溃变并筹办大概情形折
光绪十三年七月初七日（1887年8月25日）

尚书衔降一级留任甘肃新疆巡抚二等男臣刘锦棠跪奏，为塔尔巴哈台步队三营勇丁溃变，戕害营官，谨将先筹大概情形恭折驰陈，仰祈圣鉴事。

臣于本月初二日夜子刻，据管带绥靖前营马队营官李兆祥禀称：绥靖中左右三营步队勇丁于六月二十七日夜同时溃变，戕毙中营营官陈明德。卑营驻扎南湖，距该营一百六十余里。据领饷勇丁回营禀报，该勇丁于路又闻得左右两营营官同被杀害，合先飞报等情。查统领库、精等营总兵戴宏胜于月前病故后，经臣檄委提督汤彦和接统其军，当经附奏陈明在案。该提督因在省城料理经手事务，尚未起身，臣闻报之下，即饬该提督星夜趱

---

①中国第一历史档案馆藏：《朱批原件》，档案编号：04—01—12—0539—090。
②中国第一历史档案馆藏：《军机录副》，档案编号：03—9554—077。
③中国第一历史档案馆藏：《朱批原件》，档案编号：04—01—01—0957—091。又《奏稿》第1647—1648页。
④中国第一历史档案馆藏：《军机录副》，档案编号：03—5696—034。

程，驰赴西湖防所，调集所部各营迅为准备，并加派老湘步队二旗、寿字马队一旗，续往西湖，统归调遣。正核办间，复准署塔尔巴哈台参赞大臣春满函开：六月二十七日夜二更时分，突有绥靖中营勇丁，纠合滋闹，杀毙营官陈明德，煽动左右两营同时溃变，逼进行台，施放枪炮，损坏大门、官厅。值领队图瓦强阿率领索伦营官兵闻变，前来接应，出署同往地户，扼要驻扎，请速派队伍协同兜剿，以防西窜等因。

臣查塔尔巴哈台辖境，东北通科布多，东南通古城、奇台、阜康、济木萨等处，皆经由布伦托海。西南通伊犁大路，经由西湖又有小路通绥来等处，道路纷歧，在在皆宜防守。而西北沿边一带近与俄邻，防守尤关紧要。现在西湖等处防营齐集，当可无虞窜越。臣复由省城附近抽调马队数旗，饬赴古城一带，会同蜀军马队，不时侦探。若该溃勇窜向布伦托海，即由古城前进。一面飞咨科布多参赞大臣，预为防范，以免疏虞。惟西北沿边一带，该处防营不敷分布，若径由西湖进队，恐逼其奔窜入俄。臣比飞咨署伊犁将军臣锡纶，速派统领一员，督带队伍，取道博罗塔拉，径抵绥靖城，以遏其西窜入俄之路。仍饬汤彦和约定日期，由西湖进队，并力擒剿，以期计出万全。

此起溃勇皆久役思归之众，如能悔罪乞抚，除应查明首要各犯惩办外，其余人众相应仰恳天恩，准其收抚，以广皇仁而示区别。署塔尔巴哈台参赞大臣春满，平素驭军尚称廉谨，此次变起仓猝，臣相距较远，尚未能尽知其详。

除俟办理就绪并委员查明详细情形再行据实陈奏外，理合先将塔尔巴哈台勇营溃变、现在筹办大概情形，谨会同署伊犁将军臣锡纶、陕甘总督臣谭钟麟，恭折驰奏，伏乞皇太后、皇上圣鉴训示。谨奏。光绪十三年七月初七日。

（朱批）：另有旨。①

光绪十三年八月初二日，奉朱批：另有旨。钦此。②

【案】此折于是年八月初二日得批旨：

---

① 中国第一历史档案馆藏：《朱批原件》，档案编号：04—01—01—0957—005。又《奏稿》第1649—1656页。
② 中国第一历史档案馆藏：《军机录副》，档案编号：03—6023—060。

军机大臣字寄：甘肃新疆巡抚刘、署伊犁将军塔尔巴哈台参赞大臣锡、署塔尔巴哈台参赞大臣春：光绪十三年八月初二日奉上谕：刘锦棠奏，塔尔巴哈台勇丁溃变、筹办大概情形一折。据称本年六月二十七日夜间，绥靖中左右三营步队勇丁溃变，戕毙营官陈明德，逼近春满行台，施放枪炮，损坏大门、官厅，经刘锦棠饬提督汤彦和驰赴西湖防所，并调派各旗营防范侦探，一面飞咨锡纶速派队伍，遏其窜路，仍饬汤彦和约期进剿等语。此起勇丁究竟因何溃变，春满驻扎该城，何以毫无布置，任其煽乱？着即查明起衅缘由，迅速具奏。现在该溃勇有无窜越情形，该处西连俄境，恐其铤而走险，着锡纶速派得力将弁，取道博罗塔拉，径抵绥靖，防其奔窜，并着刘锦棠会同该大臣等，督饬派出各营，并力兜剿，务将首要各犯严拿惩办。其余人众应剿应抚，即着妥筹办理，毋任日久蔓延，是为至要。将此由六百里各谕令知之。钦此。遵旨寄信前来。①

081. 查明溃勇就抚拟筹整顿缘由折

光绪十三年七月十一日（1887年8月29日）

尚书衔降一级留任甘肃新疆巡抚二等男臣刘锦棠跪奏，为查明塔尔巴哈台溃勇已均就抚，仍拟筹整顿，以重边防，恭折驰陈，仰祈圣鉴事。

窃臣前据管带绥靖前营马队营官李兆祥禀称，绥靖步队三营勇丁戕杀营官、同时溃变等情，当饬统领库、精等营提督汤彦和驰赴西湖防所，调集所部各营，相机防剿，并飞饬马步各营旗严防要隘，于本月初七日由驿六百里专折奏明在案。旋据塔城营务处副将陈荣光、李正荣申称：溃勇于六月二十七日夜，枪杀中营营官陈明德、右营营官刘春发，次日即各自回营，随于二十九日收抚等语。臣因所言未能详晰，其投递日期亦迟延特甚，又未接准春满来函，恐有未确，仍饬沿途各防营，飞速侦探去后。

兹于初九日酉刻，准署塔尔巴哈台参赞大臣春满咨称：二十七日夜，勇丁猝变，戕杀营官，其时索伦、额鲁特、蒙古各营兵丁，多派往屯工收获，存

---

①中国第一历史档案馆编：《光绪朝上谕档》，第十三册，第276页。又《德宗景皇帝实录（四）》，卷二百四十六，光绪十三年八月，第301页。

营无多,猝难调集,当饬统领副将陈荣光驰赴南湖,号召两营马队,自带差官人等,驻扎三十里堡,催调十苏木蒙古官兵,分防要隘。二十八日,派署通判刘凤翔、署城守营都司常畏前赴该营,先行安抚,并出示剀切晓谕。七月初一日,复亲为开导,遂各帖然,并未扰害,居民、市肆亦均安堵。现在督饬马队各营,严加防范,并饬陈荣光密为查办等因。

又据署塔尔巴哈台通判刘凤翔禀称:卑厅衙署距绥靖中营最近,二十七日夜,该营猝变,被掠一空,幸与家丁紧护关防,未曾遗失。因思附近街市半寓俄商,又无城垣卫蔽,倘有遗失,所损必多。至二十八日黎明,查悉街市尚未焚掠,当与都司常畏商议,禀明参赞,往各营招抚。各头目始犹不信,经卑职等再三开导,始令常畏留营,于初一日随同就抚。现查户民均无伤损,惟逃避山内者甚多,已谕令各归复业,禀报前来。

臣查塔尔巴哈台,地处极边,防守最关紧要。此次各该营溃变,虽旋经收抚,而积习已深,其势决不可用,若听其迁就了事,诚恐为患滋多。该处选锋五营向皆散处屯牧,所恃以资防守。惟绥靖马步五营,此次步队三营既经溃变,而其余两营马队又皆远驻南湖,相去百数十里,民心惶惑,即此可知。除咨春满仍严拿首要各犯务获究办,以示惩儆外,当饬提督汤彦和仍酌带队伍,由西湖前进,约距额敉勒河五六十里地方择要驻扎,以资镇摄。俟该提督到后,察看情形,再咨商春满,将此起就抚人众一律妥筹遣撤,庶积患可消,而边防可期整顿矣。至此次起衅根由,应俟臣确切查明,另案奏明办理。

是否有当?谨会同陕甘总督臣谭钟麟,恭折驰奏,伏乞皇太后、皇上圣鉴训示。谨奏。光绪十三年七月十一日。

(朱批):另有旨。①

光绪十三年八月初六日,奉朱批:另有旨。钦此。②

【案】光绪十三年八月初六日,刘锦棠等折件得清廷批旨:

军机大臣字寄:甘肃新疆巡抚刘、署伊犁将军塔尔巴哈台参赞大臣锡:光绪十三年八月初六日,奉上谕:前据刘锦棠奏塔尔巴哈台勇丁

---

①中国第一历史档案馆藏:《朱批原件》,档案编号:04—01—01—0957—101。又《奏稿》第1657—1661页。
②中国第一历史档案馆藏:《军机录副》,档案编号:03—6023—062。

溃变筹办大概情形,当经谕令该大臣等督饬各营并力兜剿。兹复据锡纶奏,塔城营勇溃变,派队驰往剿抚。刘锦棠奏溃勇就抚,仍筹整顿各一折。此项勇丁聚众哗溃,虽据称开导归营,尚未别滋扰害。惟该三营同时煽乱,并胆敢戕毙营官,其平时积习甚深,目无法纪,已可概见。倘不认真究办,何以肃军令而重边防! 即着该大臣等懔遵前旨,务将首要各犯严拿惩办,并将起衅缘由确切查明,据实具奏,毋得迁就了事。其各营就抚人众应如何一律遣撤,着刘锦棠等于事竣后察看情形,妥筹办理。将此由六百里各谕令知之。钦此。遵旨寄信前来。①

082. 请以张起宇借补英吉沙尔同知折
光绪十三年七月二十日(1887年9月7日)

尚书衔降一级留任甘肃新疆巡抚二等男臣刘锦棠跪奏,为拣员请补要缺同知,以重地方,恭折仰祈圣鉴事。

窃据甘肃新疆布政使魏光焘、兼按察使衔镇迪道恩纶会详称:英吉沙尔同知刘嘉德调补莎车直隶州知州,现奉部复照准,并令将所遗英吉沙尔同知要缺另行拣选等因。亟应遴员请补,以重职守。查南路新设各缺,经臣奏准由外拣补一次,以后援照甘肃变通章程办理。查变通章程内开:丞倅州县以及佐杂各要缺,将现任各员按照应升官阶,任内无论有无升案并是否到任实授,以及历俸、试俸未经期满各员,择其人地相宜者,准其一律升调。又定例:应调缺出,俱令于现任人员拣选调补,如无合例堪调之员,始准以候补人员内题补各等语。

今英吉沙尔同知系冲繁难三项要缺,该司等在于新疆通省现任各员内逐加拣选,非现居要缺,即人地不甚相宜。惟查有奏留甘肃新疆候补知府张起宇,年五十九岁,湖南长沙县人,由文童投效湘军,坚守宁国、泾县各城案内汇保,同治四年二月二十三日奉上谕:张起宇着以州吏目不论双单月,遇缺即选,并赏戴蓝翎。钦此。保固河防案内汇案奏保,六年九月十六日奉上谕:张起宇着免选本班,以县丞分发省分,尽先补用。钦此。防剿回捻

---
①中国第一历史档案馆编:《光绪朝上谕档》,第十三册,第279页。又《德宗景皇帝实录(四)》,卷二百四十六,光绪十三年八月,第302页。

案内汇保,七年八月初六日奉上谕:张起宇着以知县分发省分,归军功候补班前尽先即补。钦此。荡平新疆南北两路案内汇保,光绪六年正月三十日奉上谕:张起宇着俟补缺后,以直隶州知州补用,并赏加同知衔。钦此。新疆五次剿平边寇案内汇保,七年五月二十日奉上谕:张起宇着免补知县,以直隶州知州仍分省,归候补班前即补,并赏加知府衔。钦此。六载边防案内汇保,十年十月初四日奉上谕:张起宇着免补本班,以知府仍分省,归军功候补班补用,并赏加三品衔。钦此。十一年,留于新疆当差,五月二十一日到省,经臣奏留甘肃新疆差遣补用,十月二十六日奉旨:着照所请,吏部知道。钦此。钦遵各在案。该司等查该员张起宇,老成练达,办事精勤,随营当差有年,于新疆土俗边情尤为熟悉。以之请补英吉沙尔同知员缺,实堪胜任,人地亦极相宜。虽以知府请补同知,与例稍有未符,但新疆初设行省,各班人少,情形本有不同,会详请奏前来。

臣查该员张起宇,勤干耐劳,笃实有守,合无仰恳天恩俯念要缺需员,准以候补知府张起宇借补英吉沙尔同知,洵于地方有裨。如蒙俞允,俟奉部复,照例给咨送部引见;仍令试俸年满,另请销去试字。再,各项缺出,例应先行截缺报部后,再拣员请补。查截缺日期,甘肃系照章减半扣算,新疆限程未定,臣前咨请部示,尚未接准部复,所有此次缺出邀免截报,合并声明。

是否有当?谨会同陕甘总督臣谭钟麟,恭折具陈,伏乞皇太后、皇上圣鉴训示。谨奏。光绪十三年七月二十日。

(朱批):吏部议奏。①

光绪十三年八月二十三日,奉朱批:吏部议奏。钦此。②

083. 新疆各属光绪十二年征收征信册遵章印发折
光绪十三年七月二十日(1887年9月7日)

尚书衔降一级留任甘肃新疆巡抚二等男臣刘锦棠跪奏,为新疆各属光绪十二年征收额粮及催征带征粮石各征信册,遵照新章,刷印散发,恭折具

---

① 中国第一历史档案馆藏:《朱批原件》,档案编号:04—01—12—0539—093。
② 中国第一历史档案馆藏:《军机录副》,档案编号:03—5226—061。

陈,仰祈圣鉴事。

窃臣前准部咨:厘剔官吏经征钱粮积弊,并请行钱粮民欠征信册各折、片①,钦奉谕旨,行令钦遵办理等因。② 当经转行遵照去后。

兹据藩司魏光焘详称:新疆征收向止额粮一项,并无地丁银两各款,历系每年秋后开征,十二月截数。本年正月,饬属照依部限,将十二年经征钱粮及催征、带征历年民欠并缓征粮石,造具征信底册,刷印分发。嗣据各属陆续申复,除镇迪道属哈密、库尔喀喇乌苏两厅,绥来县、精河巡检及阿克苏、喀什噶尔两道属各厅州县经征十二年已垦熟地及催征、带征各年民欠

① 详见光绪十一年十二月二十一日大学士阎敬铭等以正供钱粮缺额过多,亟当厘剔官吏经征积弊,核实整顿,以复旧制而裕饷源缘由(中国第一历史档案馆藏:《军机录副》,档案编号:03—6216—017)。同日,大学士阎敬铭等又奏报遵议清厘官欠民欠钱粮积弊请颁征信册章程(中国第一历史档案馆藏:《军机录副》,档案编号:03—6216—015)。大学士阎敬铭等又奏各省遇有灾害蠲缓钱粮均照民欠征信册章程办理情形(中国第一历史档案馆藏:《军机录副》,档案编号:03—6216—018)。
② 户部之奏得允行,清廷颁布上谕曰:"光绪十一年十二月二十一日,内阁奉上谕:户部奏正供钱粮缺额过多,厘剔官吏经征积弊,又核对民欠,请颁征信册,并拟章程册式呈览,暨立蠲缓征信册各折片。钱粮为国家正供,小民具有天良,无不争先输纳。其偶有抗欠者,不过千百中之一二,全在封疆大吏督饬藩司粮道,认真考核,力杜官吏中饱之弊,上不亏国课,下不朘削民生。户部总理度支,通权出入,自以清厘正赋为国用之大经,现据详晰查明正杂各项赋税,每年短征在一千一百万两以外。推求其故,报荒不实,报灾不确,捏完作欠,征存不解,交代宕延。以上五弊,屡经该部陈奏通行,乃各直省锢习成风,因循息玩,钱粮弊窦,愈积愈深。若不严申禁令,痛除宿弊,年复一年,伊于何底。近年各省短征之数,据奏以安徽及江苏之江宁为最多,苏州、江西次之,河南又次之。其余各省,除四川全完外,均亏缺一二分不等。此次该部折内既指出致弊之由,复屡陈除弊之法,着各该督抚查照该部所筹办法各节,严饬所属逐一整顿,实心实力,期在必行。用人理财为疆吏专责,果能政事修明,财用不患不足,倘以簿书为故事,视浩诫为具文,经征钱粮仍前弊混,该管上司相率徇庇,即着该部将该督抚、藩司、粮道指名严参,决不姑容。其捏造民欠一节,蚩蚩愚氓,莫可控诉,尤宜定一简便之法,俾民间共知共晓。该部所拟民欠及蠲缓征信各册,立法已为详备,然有治法赖有治人,若徇颁发之名,无稽查之实,则一纸文书仍无实济,着各直省督抚饬令该管道府州县分散征信册,必须设法确付乡间,勿令稍有隔阂;仍不时下乡,按册抽查,总期与民相亲,不惮繁琐,庶穷百姓报上之忧纤悉必达,一切侵挪影射之弊不难尽行革除。我朝政崇宽大,大兵大役,从未加赋于民。自钱粮收不足数,不得已而榷货抽厘,物价增昂,民用不裕,朝廷念切疴瘝,岂忍迫以追呼,致失爱民以伤之隐! 现在清厘钱粮,专杜贪吏侵欺之弊,毫不扰累闾阎。倘有不肖州县巧立名目,借端苛敛,或刁劣绅士造言煽惑,包揽把持,均着执法严惩,以挽浇风而裕正课。但得钱粮渐次足额,厘金即可量减酌裁,与民休息,是为殷盼。至每年因灾蠲缓,一经督抚奏明,无不立沛恩施。而所叙灾区蠲缓各节,前后套搭,动辄牵混,适开胥吏舞弊之端。嗣后各省奏请蠲缓,务将各属银米等项分县开单,俟降旨允准后,即照单开数目,刊刻誊黄,遍行晓谕,庶使识字农夫一览了然,应蠲应缓,丝毫无混,用副体恤民艰、实事求是之至意。余均照该部所议行。将此通谕知之。单、册并发。钦此。"(中国第一历史档案馆编:《光绪朝上谕档》,第11册,第337—339页。又《德宗景皇帝实录(三)》,卷二百二十二,光绪十一年十二月下,第1107—1108页。)

并奇台县十二年额征、迪化县十二年额征、十一年缓征,均于十二年下忙截数之前一律全完,吐鲁番厅除因灾蠲缓系十三年二月奉到谕旨允准,应归下届办理,余亦扫数全完,均毋庸造具征信册外,其余镇西厅,昌吉、阜康两县、济木萨县丞、呼图壁巡检五属经征十二年并催征、带征粮石,均有未完。迪化、奇台两县催征九、十、十一等年民欠亦有未完。据各该属造具征信底册本,赍司发交经历司雇募工匠,刊刻活字印板,首列部拟清厘民欠章程十条①,次列各项民欠数目,一律摆印,并委库大使会同校对。计刊印镇西厅应征收十二年未完、催征节年民欠册各四十本,济木萨县丞征收十二年未完、催征节年民欠册各三十本,昌吉、阜康两县、呼图壁巡检征收十二年未完、催征节年民欠及带征十一年灾缓册各三十本,迪化、奇台两县催征节年民欠册各四十本,注明叶数,钤用司印。内迪化府属各县县丞、巡检征信册,遵限于六月内,发交镇迪道一半,发交迪化府一半。镇西厅册则全发镇迪道,分别转发各属绅民,散给各乡民,公同查阅,俾令周知,附赍各册,详请奏咨前来。

臣复查无异。除将各册咨部外,所有新疆各属光绪十二年征收额粮及催征、带征粮石征信册遵章刷印散发缘由,理合会同陕甘总督臣谭钟麟,恭折具陈,伏乞皇太后、皇上圣鉴训示。谨奏。光绪十三年七月二十日。

(朱批):户部知道。②

光绪十三年八月二十三日,奉朱批:户部知道。钦此。③

084. 新疆本年军政呈请仍准展缓片
光绪十三年七月二十日(1887年9月7日)

再,乌鲁木齐等处旗营军政迭经前任都统奏请展缓,奉旨允准在案。

---

①光绪十一年十二月二十一日,大学士阎敬铭等呈报酌拟清厘民欠章程十条清单:一、征收照例截限也。一、申送底本酌定限期也。一、刷印工本应作正开销也。一、册到司道应认真查核也。一、刷印款册应认真校对也。一、发给州县场卫册数、叶数应印明也。一、发册限期应行酌定也。一、分散查阅应令民共见也。一、侵欺官吏应按律治罪也。一、收到钱粮必给串票也(中国第一历史档案馆藏:《清单》,档案编号:03—6216—016)。

②中国第一历史档案馆藏:《朱批原件》,档案编号:04—01—35—0094—039。又《奏稿》第1665—1668页。

③中国第一历史档案馆藏:《军机录副》,档案编号:03—6223—033。

兹届光绪十三年军政之期，查乌鲁木齐、巴里坤各满营迁并古城尚未就绪，一切应裁应并均待奏办，本年军政仍难举行。据古城城守尉德胜呈请具奏展缓前来。

臣复核无异。所有本年旗营军政合无仰恳天恩，仍准展缓，下届再行照例举办。

除咨部外，谨会同署伊犁将军臣锡纶、陕甘总督臣谭钟麟，附片具陈，伏乞圣鉴训示。谨奏。

光绪十三年八月二十三日，奉朱批：着照所请，兵部知道。钦此。①

【案】此奏片具奏日期，录副目录作"光绪十三年八月二十三日"。查《军机处随手登记档》②，载有"报四百里，七月二十日发"等字样。据此，此片具奏日期当为"光绪十三年七月二十日"，兹据校正。

085. 奏报各属光绪十三年闰四月雨水粮价折

光绪十三年七月二十六日（1887年9月13日）

尚书衔降一级留任甘肃新疆巡抚二等男臣刘锦棠跪奏，为恭报光绪十三年闰四月分粮价并得雨情形，谨缮折具奏，仰祈圣鉴事。

窃照本年四月分各厅州县粮价并得雨情形，业经臣奏报在案。兹查本年闰四月分北路镇迪道各属得雨入土一二寸及三四寸不等，南路温宿、乌什、拜城均大雨数日，山水涨发。库车、玛喇巴什、叶城亦得雨入土一二寸以至尺许不等，余皆微雨。而天时炎热，渠水畅流，地亩足资灌溉，民情亦均安贴。

至通省粮价，哈密、吐鲁番、玛喇巴什、莎车、和阗、迪化、阜康、拜城等厅州县，俱与上月相同，余均略有增减。据藩司魏光焘汇详请奏前来。

理合恭折具陈，并缮粮价清单，敬呈御览。伏乞皇太后、皇上圣鉴。谨奏。光绪十三年七月二十六日。

（朱批）：知道了。③

---

①中国第一历史档案馆藏：《军机录副》，档案编号：03—5851—055。
②中国第一历史档案馆藏：《军机处随手登记档》，档案编号：03—0254—1—1213—247。
③中国第一历史档案馆藏：《朱批原件》，档案编号：04—01—25—0529—035。

光绪十三年八月三十日,奉朱批:知道了。钦此。①

086. 呈新疆各属光绪十三年闰四月粮价清单
光绪十三年七月二十六日(1887年9月13日)

谨将新疆各属光绪十三年闰四月分米粮时估价值缮具清单,恭呈御览。计开

闰四月分:

镇迪道属

迪化县:大米每京石价银四两四钱四分,小麦每京石价银一两五钱九分二厘,莞豆每京石价银一两六钱五分六厘,青稞每京石价银一两二钱五分八厘。俱与上月相同。

昌吉县:大米每京石价银二两五钱二分,较上月减三钱六分。小麦每京石价银一两三钱四分七厘,莞豆每京石价银一两三钱四分五厘,青稞每京石价银九钱一分七厘,俱与上月相同。

阜康县:粟米每京石价银一两二钱七分三厘,小麦每京石价银一两三钱八分,莞豆每京石价银一两二钱七分三厘,高粱每京石价银六钱七分二厘。俱与上月相同。

绥来县:大米每京石价银二两一钱二分,较上月增一分。小麦每京石价银一两一钱三分二厘,莞豆每京石价银一两二钱九厘,高粱每京石价银八钱八分三厘,俱与上月相同。

奇台县:大米每京石价银三两一钱七厘,较上月增二厘。小麦每京石价银七钱四分三厘,较上月减一钱六厘。莞豆每京石价银七钱九分四厘,较上月减六分九厘。

镇西直隶厅:小麦每京石价银一两六钱八分,较上月减二钱二分。莞豆每京石价银一两七钱二分,较上月减四分。青稞每京石价银一两,较上月减一钱二分。

哈密厅:粟米每京石价银一两五钱八分四厘,小麦每京石价银一两二钱五分五厘,莞豆每京石价银一两七钱二分八厘,青稞每京石价银一两二

---

①中国第一历史档案馆藏:《军机录副》,档案编号:03—6867—037。

厘。俱与上月相同。

吐鲁番厅:小麦每京石价银一两七钱七分四厘,大麦每京石价银五钱六分,黄豆每京石价银一两四钱九分三厘,高粱每京石价银七钱四分六厘。俱与上月相同。

库尔喀喇乌苏厅:小麦每京石价银一两一钱三分五厘,莞豆每京石价银一两五钱一分,俱与上月相同。高粱每京石价银一两二分,较上月减四分。

阿克苏道属

温宿直隶州:大米每京石价银一两一钱一分六厘,较上月减三厘。小麦每京石价银八钱二分八厘,较上月增一钱三分八厘。大麦每京石价银三钱六分,包谷每京石价银四钱八厘,俱与上月相同。

拜城县:小麦每京石价银三钱五分,大麦每京石价银一钱七分,莞豆每京石价银二钱七分,包谷每京石价银三钱。俱与上月相同。

喀喇沙尔直隶厅:大米每京石价银二两八钱一分一厘,较上月减一厘。小麦每京石价银一两三分五厘,莞豆每京石价银九钱三分六厘,包谷每京石价银八钱三分二厘,俱与上月相同。

库车直隶厅:大米每京石价银一两七钱五分,较上月减一钱五分。小麦每京石价银五钱六分,与上月相同。包谷每京石价银二钱八分,较上月减七分。莞豆每京石价银六钱,与上月相同。

乌什直隶厅:大米每京石价银二两三钱八分四厘,较上月增一钱四分九厘。小麦每京石价银六钱六分,大米每京石价银三钱二分一厘,包谷每京石价银五钱二分四厘,俱与上月相同。

喀什噶尔道属

疏勒直隶州:大米每京石价银三两,较上月减一钱五分。小麦每京石价银一两八钱四分九厘,与上月相同。包谷每京石价银一两八钱八厘,较上月增六钱九分三厘。高粱每京石价银一两三分五厘,较上月减一分一厘。

疏附县:大米每京石价银三两,较上月减一钱五分。小麦每京石价银一两九钱三分二厘,较上月减二分七厘。包谷每京石价银一两一钱三分九厘,较上月减二分六厘。高粱每京石价银一两三分五厘,较上月减一分一厘。

莎车直隶州：大米每京石价银一两七钱七分六厘，小麦每京石价银八钱二分八厘，大麦每京石价银五钱，包谷每京石价银三钱九分六厘。俱与上月相同。

叶城县：大米每京石价银二两三钱二分，较上月减一钱四分五厘。小麦每京石价银七钱，与上月相同。包谷每京石价银二钱八分八厘，较上月减三分六厘。青稞每京石价银四钱，较上月减二钱二分五厘。

和阗直隶州：大米每京石价银二两三钱八分，小麦每京石价银六钱九分，包谷每京石价银三钱八分四厘，青稞每京石价银四钱一分四厘。俱与上月相同。

于阗县：大米每京石价银四两一钱四分，较上月减四钱一分四厘。小麦每京石价银七钱三分七厘，较上月减三钱三分五厘。包谷每京石价银六钱四分，较上月减一钱九分二厘。

玛喇巴什直隶厅：大米每京石价银二两七钱六分七厘，小麦每京石价银一两一钱，包谷每京石价银八钱九分六厘。俱与上月相同。

英吉沙尔直隶厅：大米每京石价银二两五钱八分四厘，较上月减五钱五分六厘。小麦每京石价银七钱七分三厘，较上月减五分五厘。包谷每京石价银四钱八分二厘，较上月减六分八厘。大麦每京石价银三钱七分六厘，较上月减一钱四分二厘。

（朱批）：览。①

087. 审拟叶城县民胡完殴毙人命一案折

光绪十三年七月二十六日（1887年9月13日）

尚书衔降一级留任甘肃新疆巡抚二等男臣刘锦棠跪奏，为斗殴毙命，核明定拟，恭折具陈，仰祈圣鉴事。

窃叶城县缠民胡完因放渠水口角起衅，殴伤买买雪立甫移时殒命一案，据署叶城县知县周发镛验讯，招解署莎车州知州刘嘉德，转解喀什噶尔道黄光达讯明，咨镇迪道兼按察使衔恩纶核明转详前来。

臣复加查核，缘凶犯胡完籍隶叶城县，种地为业，与已死买买雪立甫素

---

①中国第一历史档案馆藏：《清单》，档案编号：03—6867—038。

识无嫌。买买雪立甫之父刁乃提与胡完公用渠水，轮流灌溉。光绪十二年五月十三日，正值公渠发水，胡完见刁乃提私渠水大，自家私渠水小，遂将自家私渠水口挖大。适刁乃提之次子哎沙瞥见，不准胡完挖大。正争论间，忽然公渠水势涨发。哎沙害怕冲坏地亩，又要胡完仍将渠口大些挖开，分散水势。胡完生气说：既先不准挖大，现公渠水涨，又要挖大，今日偏不防水。要去将渠口一齐堵塞。哎沙即抓住胡完衣领，不准堵塞。胡完亦将哎沙抓住。经刁乃提三子夏娃走拢解劝，彼此均未松手。夏娃用手向胡完头上连打两下，胡完遂将身佩小刀抽出。哎沙一见松手，转身将跑，胡完在其背后连戳两下，适刁乃提五子买买雪立甫忽已扑近胡完身边，胡完恐其帮护，慌忙转身，用小刀向买买雪立甫一迎，意欲吓退。因买买雪立甫来势太猛，人已近前，戳伤其左乳，当即倒地。胡完逃跑。讵买买雪立甫伤重，移时殒命。经叶城县验讯，招解州道，转咨镇迪道兼按察使衔核明具详臣，复核无异。

查律载：斗殴杀人者，不问手足、他物、金刃，并绞监候。又以手足杀人不成伤者，笞二十各等语。此案胡完因争水被哎沙抓住，用小刀戳伤哎沙跑开后，适买买雪立甫猛然从后跑来，该犯恐其帮护，用刀吓戳，适伤买买雪立甫毙命，实属斗杀，自应按律问拟。胡完一犯除戳伤哎沙轻罪不议外，合依斗殴杀人者不问手足、他物、金刃并绞律，拟绞监候，秋后处决。夏娃解劝，手殴胡完头上两下，并未成伤，亦应照手足殴人不成伤笞二十律，笞二十，折责发落。哎沙抓住胡完衣领，系恐堵塞渠水，并未揪殴，反被戳伤，与寻常肇衅者有间，邀免置议。无干省释。尸棺饬属领埋。

是否允协？除全案供招咨送刑部外，合将斗殴毙命核明定拟缘由，恭折具陈，伏乞皇太后、皇上圣鉴，饬部核复施行。谨奏。光绪十三年七月二十六日。

（朱批）：刑部议奏。①

光绪十三年八月三十日，奉朱批：刑部议奏。钦此。②

---

①中国第一历史档案馆藏：《朱批原件》，档案编号：04—01—27—0043—001。
②中国第一历史档案馆藏：《军机录副》，档案编号：03—7310—059。

088. 奏报新疆城署各工告竣请奖缘由折

光绪十三年七月二十六日（1887年9月13日）

  尚书衔降一级留任甘肃新疆巡抚二等男臣刘锦棠跪奏，为新疆城署各工次第告竣，抚臣、藩司均已迁入新署，拟将在事出力文武员弁遵照部章，恳恩俯准择尤汇奖，以示鼓励，恭折仰祈圣鉴事。

  窃臣前因南疆新置郡县、城署等工势不容缓，奏请兴修城工十三起、衙署十五起，仰蒙天恩准拨的款，得以次第兴修。惟各省关未能如期报解，不得不设法腾挪，以期蒇事。嗣因北路迪化新建省城，城垣、衙署尤应及时修理。古城、哈密、吐鲁番、绥来各城，悉属扼要，均经先后奏明兴修在案。

  兹据粮台司道详报：南路除疏附、拜城、于阗、叶城四县城尚待缓办外，其喀喇沙尔、阿克苏、和阗、库车、乌什、玛喇巴什、喀什噶尔、英吉沙尔、叶尔羌九城，北路古城、哈密、吐鲁番、绥来四城，均经次第完工，省城亦刻期告竣。南路应修衙署十五起，已修十三起，抚藩衙署俱已落成。臣于本年六月十三日移入巡抚衙署，藩司亦于上年十月间迁入新署。

  新疆初设行省，城垣为屏蔽所关，官廨亦体制攸系，规模粗具，堪以仰慰宸廑。惟前项土工专资勇力，原为撙节经费、体恤民艰起见。臣前奏事竣后恳恩奖励，经部议准，按照军务省分劝捐督修绅董保奖章程，择尤奖叙，奉旨：依议。钦此。钦遵咨行在案。各防营员弁勇丁感激恩奋，或监程督队，或掘堑筑堢，以工兼防，均能黾勉从公，不辞劳瘁。现在综计南北两路已用营工三百数十万，南路缠回生齿渐繁，佣值稍贱。北路人烟稀少，民间小工日需银二三钱不等。此项营勇帮工，通盘从减，估计约可节省银五十余万两，而频年河渠等工冞奋倍蓰？多系营勇之力，尚不在此数内。

  至于审择要隘，布置程式，筹采物料，协济工赈诸要务，创制之初，并无成法，罔不悉心筹画，俾臻妥善，则地方台局文武员弁之力居多，不无微劳足录。现值次第完竣，所有在事出力人等，合无仰恳天恩，俯准择尤照章保奖，以励勤劳而昭激劝。如蒙俞允，俟奉旨后，由臣开单汇案奏保，不敢稍涉浮滥。

  除饬取销册分起咨部外，谨会同陕甘总督臣谭钟麟，恭折具陈，伏乞皇太后、皇上圣鉴训示。谨奏。光绪十三年七月二十六日。

（朱批）：着准其择尤酌保,毋许冒滥。①

光绪十三年八月三十日,奉朱批：着准其择尤酌保,毋许冒滥。钦此。②

089. 催解南路工程银两并筹拨北路专款片
光绪十三年七月二十六日（1887年9月13日）

再,臣奏修南路各工,原请拨款三十七万四千余两,初次部拨西征欠饷银十八万两,限十年五月以前解到。二次部拨胡光墉侵取行用补水银十万六千七百八十四两,限十年闰五月前解到。又拨乌鲁木齐军饷银八万两。自十年四月起至十二月底止,改解甘肃粮台,以济要工。臣以部中指拨的款自属可靠,是以权于军饷腾挪,待款弥补,分饬一律动工,于十年奏明有案。乃截至上年十一月底,仅准各省关报解银一十七万六千七百八十四两。其山东省原拨银二万两,仅报解银一万两。江西拨银三万两,湖北拨银四万两,湖南拨银四万两,四川拨银五万两,河南拨银二万两,则全未报解,尚共欠解银一十九万两。

臣前咨由户部转催各该省督抚,严饬藩司无论如何为难,即将欠解前项工程银两迅速照数解清,毋任延欠,致误要需等因。现又截至本年七月止,屈指已逾九月,仍丝毫未据报解,任催罔应,几成画饼。加以北路城署各工需款又在一十九万四千两以外,既藉营勇之力以资节省,又亏营勇之饷无款筹还。

现值改支坐粮之时,蒙恩饬拨欠饷一百万两,俾资清理。而此项工程垫款尚虚悬无着,势难复缓,焦急徒深。合无仰恳天恩俯准,饬催各该省督抚,将欠解南路工程银一十九万两,限本年十月以前赶紧如数解清,毋再延欠。至北路工程,并无专款。前准户部咨查,无凭声复,所有前项动用银一十九万四千九百余两,究应如何筹拨清款之处,并乞饬部核议示遵,出自鸿施。臣不胜迫切惶悚之至。

谨会同陕甘总督臣谭钟麟,附片具奏,伏乞圣鉴训示。谨奏。

---

①中国第一历史档案馆藏：《朱批原件》,档案编号：04—01—16—0221—081。又《奏稿》第1669—1672页。
②中国第一历史档案馆藏：《军机录副》,档案编号：03—6617—116。

（朱批）：户部议奏。①

光绪十三年八月三十日，奉朱批：户部议奏。钦此。②

090. 奏报筹发欠饷并恳请续假折

光绪十三年八月初一日（1887年9月17日）

尚书衔降一级留任甘肃新疆巡抚二等男臣刘锦棠跪奏，为遵旨清厘臣军欠饷，办理已有端绪，仍恳天恩续假两月，以资调理，恭折仰祈圣鉴事。

窃臣前因部拨各省关欠解西征协饷二百八十余万屡催罔应，奏请饬拨部款一百四十万两，以济急需。旋承准军机大臣字寄：光绪十三年四月初八日奉上谕：现据户部于各省关应行解部款内，指拨银一百万两，着该将军、督抚、监督迅速筹拨，务于五月底如数解至甘肃，转解刘锦棠应用。谭钟麟、刘锦棠于此项拨款解到后，务当从速料理，尽此一百万两清厘该军欠饷等因。钦此。当即钦遵恭录咨行去后。

伏查臣军旧欠既多，新亏亦复不少。上年裁并湘军，挪用新饷二十八万余两，目下本难归款，而新饷需用孔急，仍应由此项下如数拨还。此外南路城署各工前经部拨专款，报解未能及半，而工役势难中止，挪用新饷十余万两。北路城署各工接续兴办，又挪用十余万两。均经臣另案具奏。合之十一、十二两年，各省欠解三十余万两，又共欠解新饷七十余万两。此时既议遣裁，则不但旧欠宜清，并新亏亦应补发，而各省所欠新饷部议许其带解者，远或期以五年。垫发城署各工，亦猝难归款。若不通融办理，窒碍实多。因饬各营先尽老弱疲废及入营最久者，酌量裁遣，余悉妥为开导，仍使留营，约以十成留六去四，即以留者之旧欠弥补去者之新亏。而留者之旧欠、新亏，概从缓发，然又恐其不得现银，易生觖望。其有欲寄家用者，亦准于存饷内酌发三四成，以示体恤。余即存记，俟城工专款及各省所欠新饷拨解到日，再行补发。此筹发欠饷之大概情形也。

附省各营因应调筑城尚未毕事，当饬南路各营及北路之巴里坤营，先行办起。原拟南路各营遣撤过省后，城工亦可告竣，即便接续办理，现因塔

---

①中国第一历史档案馆藏：《朱批原件》，档案编号：04—01—35—0093—047。又《奏稿》第1673—1676页。
②中国第一历史档案馆藏：《军机录副》，档案编号：03—6617—117。

尔巴哈台勇丁滋事,各该营队伍又多调赴古城、西湖及塔尔巴哈台等处,须稍迟调回,方可一律裁改。督臣谭钟麟现已解到银七十万两,余三十万两,亦准缄称随后即当齐解。此项拨款计除扣还新饷二十八万余两外,以清旧欠,实有不敷,容臣与谭钟麟妥速筹商,再会同奏明办理。

惟臣前因患病日久,奏请开缺,于本年闰四月初三日钦奉谕旨,优给假期,并颁珍药,令在任安心调理。抚躬循省,感悚弥深,当即赶紧延医调治。旋奉清厘欠饷之命,因一面延医,一面力疾视事,仍未敢稍耽安逸。原期假满即可照常办公,无如病势既深,非急切所能求效。痰凝胸膈,触寒即增,夏间喘嗽略平,又复病泄,日数十起,夜不成眠。寒热往来,不思饮食,脚气亦时时掣发。现在假期已满,而医治未愈,屡欲强自支持,急求销假,而日俟一日,仍苦不支,腹疾难平,而疲倦特甚,危坐略久,即头晕目昏,言语稍多,即汗出如渖。自惟薄弱,焦急徒深。而各营遣发未竣,又未敢遽申前情。惟有吁恳天恩,再赏假两月,俾得更医调理。其清厘欠饷、改发坐粮各事宜,臣不敢因卧病致有稽延,仍当会同督臣从速料理,以仰副朝廷绥靖边疆之至意。

所有筹发欠饷及恳请续假各缘由,谨恭折具陈,伏乞皇太后、皇上圣鉴训示。谨奏。光绪十三年八月初一日。

(朱批):着再赏假两个月,安心调理。①

光绪十三年九月初三日,奉朱批:着再赏假两个月,安心调理。钦此。②

091. 查明司库支绌请立案备拨缘由折

光绪十三年八月初一日(1887年9月17日)

尚书衔降一级留任甘肃新疆巡抚二等男臣刘锦棠跪奏,为查明司库支绌,不敷甚巨,恳请饬部立案备拨,以便报销,恭折仰祈圣鉴事。

窃照钱粮出入,各有常经,惟新疆甫建行省,一切征收额款,初无定则,即支发各项,亦因官制、营制次第议设,尚无定程。藩司魏光焘到任后,臣饬逐渐清理,两年以来,粗有端倪。

---

① 中国第一历史档案馆藏:《朱批原件》,档案编号:04—01—30—0202—021。又《奏稿》第1677—1682页。
② 中国第一历史档案馆藏:《军机录副》,档案编号:03—6108—004。

兹据详称：新疆地方瘠苦，入款无多，文武一切支款，就地取资，不敷甚巨。查通省田赋，已垦熟地岁征本色粮二十万三千二十余石，本色草一千三百九十五万八千二百余斤。粮以上下两色合计并本色草束，约抵银十余万两，粮草折色银五万四千余两，地课银三千六百余两。此外杂税如磨课、房租、税契、牲税等项，并无定额，每岁约征银三万六七千两。南路试办土产货税，及哈密、古城设局抽收百货税，每岁亦约三万两之谱。通计岁入银不过三十万上下。然本色粮草必须各营领用，始可陆续扣价，多寡尚难预定。是岁入的款只一十二万三千余两。此司库入款大略也。

每岁支款应需文职养廉银五万六千六百两、公费银一万七千九百二十两，加增公费银一万一千七百八十两，俸银三千三百八十余两，书役工食银七万六千五百一十余两，驿站夫马工料银一十万五千一百九十余两，均系奉准部复应支额款。又岁需祭祀银二千三百八十余两。通共岁需银二十七万三千七百六十余两，零星杂支尚不在内。

乌鲁木齐提标协路各营，除兵饷现照土勇章程由粮台支发外，应需各官养廉、俸薪等项照章折实银二万五千八百七十余两。巴里坤镇标协路各营，应需官兵俸饷各项银四万五千八百三十余两。又提镇各标岁需公费银二千九百七十余两，通共岁需银七万四千六百七十余两，零星杂支亦不在内。其满营迁并古城，饷章尚未奏定，估计亦约在六万五千余两。综计岁需文武各款银四十一万三千四百三十余两。此司库出款大略也。以入抵出，计不敷银二十九万四百三十余两。

除乌鲁木齐提标现经改设抚标，巴里坤镇标暨喀什噶尔、阿克苏各防营亦须照依新章办理，满营移并后饷章亦必酌定，应需廉俸、兵饷均应统入军饷估调不计外，实在文职养廉、驿站各项岁需银二十七万三千七百六十余两。以入抵支，仍不敷银一十五万两有奇。本色粮草既须各营领扣始有定数，而新疆地方辽阔，各城相距甚远，断不能概行变卖，致仓廪空虚，缓急莫恃。是有额之款，只折征粮草、地课两项银五万七千余两。其余税课增减无常，而文职廉俸、驿站各款，虽原议于地粮项下动支，并迭奉部饬有案。

无如地利所限，只有此数。且查十年原奏，时镇迪各属廉俸尚归甘藩司支发。十一年以后，概由新疆司库支领。又增出抚番养廉、役食及新设迪化府、库尔喀喇乌苏同知并各项佐杂廉费俸工，奚止四五万！皆当时所未计。虽不敷之款频年由粮台借拨垫支，迨值三年新饷期满，亟应清厘一切,并预筹应用,应请每岁加拨驿站经费银一十万两、廉俸公用银五万两,随饷拨交司库,作为常年专款,分款支发报销,仍由藩司查明每年入款,如能多收一分,即留抵一分。其本色粮石,如有各营领扣之价,亦即作抵减调,以期核实等情,详请具奏立案前来。

臣复核无异。除不敷各款咨由督臣谭钟麟汇入十四年军饷案内估调外,相应请旨饬部,立案备拨,以便报销施行。再,伊犁、塔尔巴哈台现议设道府以下等官,应需廉俸、驿站各项经费,容俟设定后,再饬藩司查明该处出入款目,奏明办理,合并陈明。

是否有当?谨会同陕甘总督臣谭钟麟,恭折具陈,伏乞皇太后、皇上圣鉴训示。谨奏。光绪十三年八月初一日。

(朱批):户部知道。①

光绪十三年九月初三日②,奉朱批:户部知道。钦此。③

【案】此折具奏日期,录副署"光绪十三年八月十一日",兹据原件及《军机处随手登记档》④校正。

092. 奏报旗营归并古城酌拟旗制饷章折
光绪十三年八月初一日(1887年9月17日)

尚书衔降一级留任甘肃新疆巡抚二等男臣刘锦棠跪奏,为乌鲁木齐、巴里坤旗营迁并古城,酌拟旗制、饷章,请旨办理,恭折仰祈圣鉴事。

窃照乌鲁木齐、巴里坤旗营迁并古城,上年准前护都统富勒铭额咨称:各旗官兵、世职现仅存一千四百余员名,为数不多,分设八旗,官多兵少,虚耗饷项,拟按六旗分设等因。并开送清册前来。臣比拟俟城守尉到任后,核实举办,嗣城守尉德胜抵省,即令会同候补道英林前往点验。旋据验明,拟定旗分,造册呈核。臣查册拟六旗,数目与富勒铭额原议相符,当饬藩司妥议饷章去后。

---

①中国第一历史档案馆藏:《朱批原件》,档案编号:04—01—35—0990—010。又《奏稿》第1683—1688页。
②此奉旨日期,据《军机处随手登记档》校补。
③中国第一历史档案馆藏:《军机录副》,档案编号:03—6108—003。
④中国第一历史档案馆藏:《军机处随手登记档》,档案编号:03—0254—1—1213—257。

兹据藩司魏光焘详称：遵查乌鲁木齐、巴里坤、古城各满营官兵，经城守尉点验，实存官四十六员，内协领三员、佐领十员、防御十员、骁骑校十员、笔帖式二员、委笔帖式三员。又云骑尉五员、恩骑尉三员。马步甲、匠役、养育兵九百九十八名，外闲散幼丁六十一名，按照旗制，仅敷六旗之数。综计六旗共设佐领六员、防御六员、骁骑校六员、部缺笔帖式一员、委笔帖式二员，催总、领催三十六名，前锋三十六名、马兵七百二十八名、炮手十二名、匠役十二名、步甲一百一十六名、养育兵六十名。总共设官二十一员，马步甲、炮手、匠役、养育兵一千名，照依现存官兵数目，应裁协三员，佐领、防御、骁骑校各四员，部缺笔帖式、委笔帖式各一员，尚应补兵二名。所裁各官除实缺协领二员如何委用应请部议饬遵外，其余各员拟概给马甲、钱粮，留营当差。候补世职，则分别已、未及岁，照章食俸。孀妇孤女，仍给津贴银粮。共设义学三堂，束脩照满营现章支给。官俸兵饷，均照乌鲁木齐、巴里坤满营承平旧制，分别定支。惟城守尉系属新设，新疆地尤瘠苦，廉俸及家口、例马、米粮、料草等项，拟请照庄浪城守尉旧章支领。仍仿从前关外领队大臣加增养廉之例，于定额养廉二百两外，每岁加增银二百两①，俾资帮贴。此外汉档房民书工食及纸红、公费等项一律酌定，按章核算，统计官兵俸饷、米麦、料草折各项，岁需银六万五千九百四十九两四钱一分二厘，本色京斗米麦一万五千九百二十九石八斗二合七勺，本色京斗料二千四十八石八斗一升一合八勺。银由司库按年随营饷请拨，粮料由奇台县仓供支，不敷再由他县拨运及将来满营屯田内支发。仍按定章，养廉以八成支发，俸银以八成减半支发。委笔帖式以下甲兵饷项，统以春冬七成、夏秋八成分别支放。惟现在标营官弁廉俸业经奏请仿照文职廉俸，概给十成，满营事同一律，拟恳准照十成支放，毋庸折减，以免向隅而示体恤，开折详请具奏前来。

臣复核无异，谨将酌拟旗制、饷章分别缮具清单，恭呈御览。相应请旨饬部核议，以凭遵办。惟前据德胜呈称：古城城守尉员缺关系紧要，应请赏加副都统衔，以资镇守。并续据该城守尉转准巴里坤护领队金贵咨：据各满营兵丁禀称：归并六旗，紊乱旗籍，恳请仍照八旗旧制等情。臣维新疆迁并满营，事属创始，并无成案可循。山西、河南城守尉所管旗分，无从查悉。

---

①"二百两"，《奏稿》作"一百两"，误。

惟查甘肃庄浪城守尉，原设兵丁八百五十名内，将八旗并作四旗，又设蒙古一旗，计止五旗。现在乌鲁木齐等处满营拟设六旗，系为兵少节饷起见。而查原册造赍兵额，其年在十二岁以下者，尚有二百五十八名。又报闲散幼丁六十一名，请补小甲，尚未编入甲名之内。若令删除，仅兵七百四十名，揆之庄浪旗制，即设五旗尚不足数，臣不敢不据实直陈。

第查各该营旗丁，多系阵亡官兵之后，军兴以来，流离失所，陆续归旗，类多穷困，非领钱粮，莫资养赡。而巴里坤各旗，当贼氛四起时，坚守危城，冲锋陷阵，率能捐躯报国，其节可嘉，其孤可悯，尤应优为抚恤，养成精壮，捍卫边疆。可否仰恳恩施，将前项编入马步甲幼丁一律分别准食钱粮，以足六旗兵额，并将册造闲散幼丁六十一名一律准补小甲，以示优恤。其古城城守尉请加副都统衔，查各省城守尉，无此成例，未敢遽请。至各旗官兵应否仍照八旗安设之处，伏乞饬部核议饬遵。

除咨部外，谨会同署伊犁将军臣锡纶、陕甘总督臣谭钟麟，恭折具陈，伏乞皇太后、皇上圣鉴训示。谨奏。光绪十三年八月初一日。

（朱批）：该部议奏，单二件并发。①

光绪十三年九月初三日，奉朱批：该部议奏。单二件并发。钦此。②

093. 呈满营归并古城拟设六旗官兵清单
光绪十三年八月初一日（1887年9月17日）

谨将乌鲁木齐、巴里坤满营归并古城拟设六旗官兵数目缮具清单，恭呈御览。计开

一、设镶黄、正白两旗合一旗，佐领一员，防御一员，骁骑校一员，催总一名，领催五名，前锋校一名，前锋小旗一名，前锋七名，马兵一百二十二名，炮手二名，匠役二名，步甲二十名，养育兵十名。

一、设镶白、正蓝两旗合一旗，佐领一员，防御一员，骁骑校一员，催总一名，领催五名，前锋校一名，前锋五名，马兵一百二十一名，炮手二名，匠役二名，步甲十九名，养育兵十名。

---

①中国第一历史档案馆藏：《朱批原件》，档案编号：04—01—01—0957—035。又《奏稿》第1689—1696页。
②中国第一历史档案馆藏：《军机录副》，档案编号：03—5754—041。

一、设正黄、正红两旗合一旗,佐领一员,防御一员,骁骑校一员,催总一名,领催五名,前锋校一名,前锋小旗一名,前锋四名,马兵一百二十二名,炮手二名,匠役二名,步甲二十名,养育兵十名。

一、设镶红、镶蓝两旗合一旗,佐领一员,防御一员,骁骑校一员,催总一名,领催五名,前锋校一名,前锋五名,马兵一百二十一名,炮手二名,匠役二名,步甲十九名,养育兵十名。

一、设左翼蒙古四旗合一旗,佐领一员,防御一员,骁骑校一员,催总一名,领催五名,前锋校一名,前锋五名,马兵一百二十一名,炮手二名,匠役二名,步甲十九名,养育兵十名。

一、设右翼蒙古四旗合一旗,佐领一员,防御一员,骁骑校一员,催总一名,领催五名,前锋校一名,前锋五名,马兵一百二十一名,炮手二名,匠役二名,步甲十九名,养育兵十名。

一、设印房部缺笔帖式一员。

一、设兵、户司委笔帖式二员。

以上共设官二十一员,前锋、催总、领催、马步甲、炮手、匠役、养育兵一千名。

(朱批):览。①

094. 满营归并古城六旗应需饷项清单
光绪十三年八月初一日(1887年9月17日)

谨将乌鲁木齐、巴里坤满营归并古城、拟设六旗官兵应需俸饷等项,缮具清单,恭呈御览。计开

一、古城满营连原设城守尉共官二十二员,内城守尉一员,岁支俸银一百三十两,养廉银二百两,加增养廉银二百两,粳米三十九石,粟米二十六石,坐马十二匹。佐领六员,每员岁支俸银一百五两,月支粳米家口十口,粟米家口十口,常川擒喂马四匹八分。防御六员,每员岁支俸银八十两,月支粳米家口四口,粟米家口十口,常川擒喂马三匹。骁骑校六员,每员岁支俸银六十两,月支粳米家口二口,粟米家口十口,常川擒喂马二匹四分。笔

---

①中国第一历史档案馆藏:《清单》,档案编号:03—5754—043。

帖式一员，岁支俸银二十一两一钱一分四厘，月支盐菜银八两，粟米家口十口，常川擒喂马一匹八分。委笔帖式二员，每员月支盐菜银三两、饷银二两，粟米家口十口，马一匹八分。

一、兵共一千名，内前锋三十六名，总催六名，领催三十名。以上均每名月支饷银三两、粟米家口十口，春冬二季擒喂马一匹八分。马甲兵七百二十八名，每名月支饷银二两、粟米家口十口，春冬二季擒喂马一匹八分。炮手十二名，每名月支饷银二两、粟米家口七口。匠役十二名，步甲一百一十六名，养育兵六十名。以上均每名月支饷银一两、粟米家口二口，又每名月加增京斗细粮二斗四升。

一、官兵共家口八千七百六十六口，内粳米家口九十六口、粟米家口八千六百七十口。

一、马共一千五百一十八匹六分，内官员常川擒喂马七十五匹、兵丁春冬季擒喂马一千四百四十三匹六分。

一、城守尉一员，岁支俸银一百三十两，养廉银二百两，加增养廉银二百两。又岁需粳米三十九石，每石折银一两五钱，共银五十八两五钱。又岁需粟米二十六石，内部折一半仓斗粟米一十三石，每石折银一两，共银一十三两。时折二分五厘仓斗粟米三石二斗五升，以加三合京斗粟米四石二斗二升五合，每石折银一两五钱，共银六两三钱三分七厘，实支七分五厘。仓斗粟米九石七斗五升，以加三合京斗粟米一十二石六斗七升五合，每石折面一百三十斤，共折面一千六百四十七斤十二两。每面一百八斤，折合京斗小麦一石，共折合京斗小麦一十五石二斗五升六合九勺。坐马十二匹，每匹月支仓斗料一石二斗，共料一十四石四斗，一岁共需料一百七十二石八斗，内部折一半仓斗料八十六石四斗，每石折银一两，共折银八十六两四钱。时折七分五厘仓斗料六十四石八斗，每石加四斗二升八合五勺，合京斗料九十二石五斗六升六合八勺，每石折银一两二钱，共折银一百一十一两八分。实支二分五厘仓斗料二十一石六升，每石加四斗二升八合五勺，合京斗料三十石八斗五升五合六勺。每匹月支七斤草六十束，共草七百二十束，一岁共需草八千六百四十束，内部折一半七斤草四千三百二十束，每束折银一分，共折银四十三两二钱。时折二分五厘七斤草一千八十束，每束折银一分五厘，共折银一十六两二钱，实支二分五厘七斤草一千八十束，折十斤草七百五十六束，每束折银六分，共折银四十五两三钱六分。

以上共俸米、料草、折价等项银九百一十两七分七厘。

一、佐领等官共岁需盐菜、俸银一千六百五十九两一钱一分四厘。

一、官员粳米、家口共九十六口，每口月支粳米二斗五升，共粳米二十四石，一岁共需粳米二百八十八石。照依部折章程，每石折银一两五钱，共折银四百三十二两。

一、官兵粟米家口共八千六百七十口，每口月支粟米二斗五升，共粟米二千一百六十七石五斗，一岁共需粟米二万六千一十石，内部折一半仓斗粟米一万三千五石，每石折银一两，共折银一万三千五两。时折二分五厘仓斗粟米三千二百五十一石二斗五升，加三合京斗粟米四千二百二十六石六斗二升五合，每石折银一两五钱，共折银六千三百三十九两九钱三分八厘，实支七分五厘仓斗粟米九千七百五十三石七斗五升，加三合京斗粟米一万二千六百七十九石八斗七升五合，每石折面一百二十斤，共折面一百六十四万八千三百八十三斤十二两，每面一百八十斤折小麦一石，共折小麦一万五千二百六十二石八斗一升二合五勺。

一、官员马共六十三匹，每匹月支仓斗料一石二斗，共料七十五石六斗，一岁共需料九百七石二斗，内部折一半仓斗料四百五十三石六斗，每石折银一两，共折银四百五十三两六钱。时折七分五厘仓斗料三百四十石二斗，每石加四斗二升八合五勺，合京斗料四百八十五石九斗七升五合七勺，每石折银一两二钱，共折银五百八十三两一钱七分一厘，实支二分五厘仓斗料一百一十三石四斗，每石加四斗二升八合五勺，共合京斗料一百六十一石九斗九升一合九勺。

一、官员马匹每匹月支草六十束，共草三千七百八十束，一岁共需草四万五千三百六十束，内部折一半七斤草二万二千六百八十束，每束折银一分，共折银二百二十六两八钱。时折二分五厘七斤草五千六百七十束，每束折银一分五厘，共折银八十五两五分，实支二分五厘七斤草五千六百七十束，折十斤草三千九百六十九束，每束折银六分，共折银二百三十八两一钱四分。

一、前锋、领催、催总等兵七十二名，共月支饷银二百一十六两，一岁共需饷银二千五百九十二两。

一、委笔帖式、马甲、炮手等兵七百四十二名，共月支饷银一千四百八十四两，一岁共需饷银一万七千八百八两。

一、步甲、匠役、养育兵一百八十八名，共月支饷银一百八十八两，一岁共需银二千二百五十六两，三共岁需银二万二千六百五十六两。

一、步甲、匠役、养育兵共一百八十八名，照依旧制，每名月加增京斗粮二斗四升，共粮四十五石一斗二升，一岁共需粮五百四十一石四斗四升，每石折面一百三十斤，共折面七万三百八十七斤三两二钱，每面一百八斤折合京斗小麦一石，共折合京斗小麦六百五十一石七斗三升三合三勺。

一、兵丁春冬季马共一千四百四十三匹六分，每匹月支料一石二斗，共料一千七百三十二石三斗二升，六个月共需料一万三百九十三石九斗二升，内部折一半仓斗料五千一百九十六石九斗六升，每石折银一两，共折银五千一百九十六两九钱六分。时折七分五厘仓斗料三千八百九十七石七斗二升，每石加四斗二升八合五勺，合京斗五千五百六十七石八斗九升三合，每石折银一两二钱，共折银六千六百八十一两四钱七分二厘，实支二分五厘仓斗料一千二百九十九石二斗四升，每石加四斗二升八合五勺，共合京斗料一千八百五十五石九斗六升四合三勺。

一、兵丁马匹春冬季每匹月需草六十束，共草八万六千六百六九十六束，六个月共需草五十一万九千六百九十六束，内部折一半七斤草二十五万九千八百四十八束，每束折银一分，共折银二千五百九十八两四钱八分。时折二分五厘七斤草六万四千九百六十二束，每束折银一分五厘，共折银九百七十四两四钱三分，实支二分五厘七斤草六万四千九百六十二束，每束折银六分，共折银二千七百二十八两三钱八分。

一、汉档房经书八名，每名月支工食银四两八钱，共月支三十八两四钱，纸红、油烛每月公费银六两。

一、佐领档房每月公费银三两，共月支银一十八两。

一、义学三堂，每堂每月公费银一十二两，共月支银三十六两，共岁需银一千一百八十两八钱。

以上总共岁需俸饷、米料、草束、折价等项银六万五千九百四十九两四钱一分二厘，本色京斗米麦一万五千九百二十九石八斗二合七勺，本色京斗料二千四十八石八斗一升一合八勺。

查前项应支银粮、料草各项，除官俸、养廉、公费外，余均遇闰加增，小建照扣，并按定章，养廉以八成支放，官俸以八成减半支放，兵饷春冬以七成支放，夏秋以八成支放。

再，乌鲁木齐、巴里坤、古城现存世职，有无年未及岁支领俸银，并孀妇等项应帮贴银粮，单内未经开入，一俟定章后，即由该营随饷，照章估领支发，合并声明。

（朱批）：览。①

095. 审拟英吉沙尔厅民于素普强奸毙命折
光绪十三年八月初八日（1887年9月24日）

尚书衔降一级留任甘肃新疆巡抚二等男臣刘锦棠跪奏，为强奸毙命，核明定拟，恭折具陈，仰祈圣鉴事。

窃英吉沙尔厅缠民于素普强奸犯奸之沙来比比未成，当将本妇殴伤毙命一案，经署英吉沙尔厅危兆麟验讯，招解署喀什噶尔道袁垚龄审明，咨镇迪道兼按察使衔恩纶，核明具详。

臣复加查核，缘缠民于素普籍隶英吉沙尔厅，乞食度日，与已死缠妇沙来比比并乞丐买买提尼牙子先不认识。沙来比比原嫁杜万为妻，买卖提尼牙子邻居，习见不避。光绪七年四月，不记日期，买买提尼牙子前往闲坐，适值杜万外出，与沙来比比调戏成奸，后非一次，未曾给过钱物。杜万并不知情。八年春间，沙来比比得患疯病，当被杜万休回。迨十一年，沙来比比疯证痊愈，即在四处讨吃。

十二年三月间，与买买提尼牙子相遇，遂复奸好，同伴乞食。是年八月二十日晚，在龙伏庄礼拜寺前住宿，适于素普亦来寺前投宿，会坐闲谈，旋各就寝。睡到二更，买买提尼牙子悄与沙来比比续奸一次，被于素普识破，遂来沙来比比睡处，欲与通奸。沙来比比不从，于素普恃强撅按，沙来比比抢棍殴打，于素普夺棍连殴，沙来比比詈骂更甚。于素普更加忿恨，顿起杀机，欲将沙来比比殴毙，持棍狠殴，致伤沙来比比，登时殒命。维时黑夜，棍伤何处，未及看清。买买提尼牙子赶拢吓救，当经庄民梭比闻闹查问，告知温巴什司马一报官相验，获犯讯拟，解由喀什噶尔道审明，咨镇迪道兼按察使衔转详前来。臣复核无异。

查例载：强奸犯奸妇女未成，将本妇立时杀死者，拟斩监候。又军民相

---

①中国第一历史档案馆藏：《清单》，档案编号：03—5754—042。

奸者,奸夫、奸妇各枷号一个月,杖一百各等语。此案于素普因强奸沙来比比不从,立时起意杀死,自应照例问拟。于素普合依强奸犯奸妇女不从,将本妇立时杀死者,拟斩监候例,拟斩监候,秋后处决,照例刺字。奸夫买买提尼牙子依军民相奸奸夫、奸妇各枷号一个月、杖一百例,拟枷号一个月、杖一百,折责发落。沙来比比犯奸,罪有应得,业已身死,应毋庸议。无干省释。尸棺饬埋,凶棍案结销毁。

是否允协? 除全案供招咨送刑部外,合将强奸毙命核明定拟缘由,恭折具陈,伏乞皇太后、皇上圣鉴,饬部核复施行。谨奏。光绪十三年八月初八日。

(朱批):刑部议奏。①

光绪十三年九月初九日,奉朱批:刑部议奏。钦此。②

096. 奏为胪陈戴宏胜战绩请饬优恤缘由折

光绪十三年八月初八日(1887年9月24日)

尚书衔降一级留任甘肃新疆巡抚二等男臣刘锦棠跪奏,为胪陈已故记名提督实缺总兵生平战绩,恳恩饬部从优议恤,恭折仰祈圣鉴事。

窃照头品顶戴记名提督赏穿黄马褂陕西汉中镇总兵骑都尉世职额尔克巴图鲁戴宏胜,本年六月间因病出缺,经臣檄委提督汤彦和接统该军,并附片具陈,请俟查明该故总兵生平战绩,由臣另奏请恤在案。兹据各该营旗官记名提督苏贵兴、汤咏山、马心胜,记名总兵易盛富、查春华、禹中海、谭用宾、许明耀造具该故总兵履历清册,呈请具奏前来。

臣查该故总兵自咸丰六年以武童投效霆军,转战江西、湖北、安徽、广东等省。当是时,贼踪遍东南,攻剿殆无虚日。该故总兵年壮气锐,蹈厉无前,由军功洊保副将,感激思奋,前后百数十战,迭受重伤,或炮子嵌膝骨,刃入肤寸许,血涔涔下,犹打呼杀贼,士气为奋。同治六年,以总兵由豫援楚。八年,凯撤回籍。十年,左宗棠调赴甘肃行营,旋克肃州,擒斩首逆,关内肃清,洊保提督。

---

①中国第一历史档案馆藏:《朱批原件》,档案编号:04—01—26—0076—069。
②中国第一历史档案馆藏:《军机录副》,档案编号:03—7310—065。

光绪二年，随臣出关，日帕首踔冰雪中，战必身先，遂捣古牧地坚巢，并会克乌鲁木齐等处，既定北路，复攻克达阪城，以临南疆，连复喀喇沙尔、库车、阿克苏、乌什、和阗各城，仰赖天威，将士用命，而该故总兵悫诚勇敢，口不言功，实为武弁中不可多得之员。

九年，蒙恩补授陕西汉中镇总兵员缺①，以边防紧要未及赴任，经臣檄饬驻防奎屯。上年，复饬统领库、精马步等营，进驻库尔喀喇乌苏，操演巡防，屹然为迤北捍蔽。该故总兵驭军严肃，尤能讲求边备。

十一年，臣奉旨赴伊犁，时过其营垒，壁门之内，耰锄毕具。该故总兵指挥塍陇，间遇士卒，一如家人，课其勤惰，不少贷，故屯务独为诸军冠。又建造庐舍，以处行旅。桥梁道路，无不完固治平，过其境者，虽未睹其人，皆知其能任事也。

该故总兵历年临阵，身受重伤，出血过多，气体大损，右膝一炮子伤，深入骨里，未能取出，尤时时作痛。本年夏间，卧病数日，遂以不起，道路闻之，皆为流涕。合无仰恳天恩俯准，饬部照提督军营立功后在营病故例，从优议恤，并将其生平战绩宣付史馆，仍附祀左宗棠新疆专祠，以彰忠荩，出自鸿施。

除将该故总兵履历咨部，并饬汤彦和派弁护送遗榇回籍外，谨会同陕甘总督臣谭钟麟，恭折具陈，伏乞皇太后、皇上圣鉴训示。谨奏。光绪十三年八月初八日。

（朱批）：戴宏胜着照提督军营立功后在营病故例，从优议恤。余依议，该衙门知道。②

光绪十三年九月初八日，奉朱批：戴宏胜着照提督军营立功后在营病故例，从优议恤。余依议，该衙门知道。钦此。③。

097. 请恤邹鲁彦等六员缘由片

光绪十三年八月初八日（1887年9月24日）

再，臣于光绪九年三月十六日具奏，请将立功后积劳病故员弁萧传薪

---

①光绪九年四月初七日，清廷以戴宏胜补授陕西汉中镇总兵（中国第一历史档案馆编：《光绪朝上谕档》，第九册，第115页）。

②中国第一历史档案馆藏：《朱批原件》，档案编号：04—01—16—0221—114。又《奏稿》第1697—1701页。

③中国第一历史档案馆藏：《军机录副》，档案编号：03—5851—090。

等议恤一折,并声明尚有遗漏未报员弁,容俟各军陆续查报到日,另案办理,奉旨:着照所请,该部知道。钦此。钦遵办理在案。兹据各营陆续查报积劳病故文武各员六名,呈恳奏请恩恤前来。

查已故补用知府留甘候补同知邹鲁彦,湖北天门县人。五品衔留广东补用县丞宇文鹤,湖南宁乡县人。蓝翎选用巡检陈士铎,湖南湘阴县人。头品顶戴记名提督王义和,湖南湘乡县人。头品顶戴题奏提督曾楚胜,湖南湘乡县人。副将衔留甘补用参将李桂馨,安徽天长县人。该故员等均系立功后积劳病故,合无仰恳天恩俯准,饬部一并照军营立功后积劳病故例议恤,以昭激劝而慰幽魂。

除咨部外,理合附片具陈,伏乞圣鉴训示。谨奏。

(朱批):邹鲁彦等均着照军营立功后积劳病故例议恤,该部知道。①

光绪十三年九月初八日,奉朱批:邹鲁彦等均着照军营立功后积劳病故例议恤,该部知道。钦此。②

098. 奏调道员王久铭赴新疆差遣片

光绪十三年八月初八日(1887年9月24日)

再,前督办新疆粮台陕西题奏道王久铭,于光绪十一年四月间,闻讣丁继母忧,经臣饬将经手事件办理就绪,于上年给咨,回籍守制,附片奏明在案。

查该员王久铭,廉干笃实,从臣日久,得力最多,于边务尤为熟悉。现在新疆办事需才,计该员业已服阙。合无仰恳天恩饬下湖南抚臣,转饬该员原籍湘乡县,传谕王久铭迅赴新疆,俾资差遣,出自鸿慈。

除咨部外,谨附片具陈,伏乞圣鉴训示。谨奏。

(朱批):知道了。③

光绪十三年九月初八日,奉朱批:知道了。即着该部咨行湖南巡抚,饬

---

① 中国第一历史档案馆藏:《朱批原件》,档案编号:04—01—16—0221—140。又《奏稿》第1705—1706页。
② 中国第一历史档案馆藏:《军机录副》,档案编号:03—5851—091。
③ 中国第一历史档案馆藏:《朱批原件》,档案编号:04—01—16—0221—141。又《奏稿》第1703—1704页。

令王久铭迅赴新疆,交刘锦棠差遣。钦此。钦此。①

099. 请以杨敏借补玛喇巴什通判缘由折

光绪十三年八月十四日(1887年9月30日)

尚书衔降一级留任甘肃新疆巡抚二等男臣刘锦棠跪奏,为拣员请补要缺通判,以重地方,恭折仰祈圣鉴事。

窃据甘肃新疆布政使魏光焘、兼按察使衔镇迪道恩纶会详称:新疆新设玛喇巴什通判地方,东连温宿州,西通疏勒州,西南与莎车州接壤,北有小径达布鲁特,地瘠民贫,兼司水利,加以该属土著之民与各城缠回种类不同,抚辑匪易,应请定为冲繁疲难四项要缺。该处系属新设,应即遴员请补,以重职守。查南路新设各缺,前奉部议准,照吉林章程由外拣补一次。

兹查有补用同知杨敏,年五十二岁,江苏阳湖县人,有监生投效军营,肃清皖南案内汇案奏保,同治四年闰五月初一日奉上谕:杨敏着以从九品不论双单月,遇缺即选。钦此。嗣于陕西全省肃清案内汇保,九年十二月二十六日奉上谕:杨敏着以县丞留于陕西,遇缺即补。钦此。攻克甘肃肃州坚城、歼除首要各逆案内汇保,十三年七月十二日奉上谕:杨敏着以通判仍留陕西补用。钦此。新疆五次剿平边寇案内汇保,光绪七年五月二十日奉上谕:杨敏着免补本班,以同知仍留原省前先补用,并赏戴蓝翎。钦此。均奉行知在案。九年二月,委署昌吉县知县篆务,三月二十二日到任。是年七月,准吏部咨:照章留于甘肃,以原官归原班补用。十年七月,调署奇台县知县篆务,八月二十五日接印视事。六载边防案内汇保,十年十月初四日奉上谕:杨敏着赏换花翎。钦此。十二年二月,交卸奇台县事。该司等查该员杨敏,心地朴诚,勤于民事,历署各缺,措置均臻妥协,且于新疆土俗边情尤为熟悉,以之请补玛喇巴什通判,实堪胜任,人地亦极相宜。虽以同知请补通判,与例稍有未符,但新疆初设行省,各班人少,情形本有不同,详请具奏前来。

臣查该员杨敏,端方有守,办事认真,合无仰恳天恩,准以补用同知杨敏借补玛喇巴什通判,洵于地方有裨。如蒙俞允,俟奉部复,照例给咨送部引见,仍令试俸年满,如果称职,另请销去试字。再,该员历署任内并无参

---

①中国第一历史档案馆藏:《军机录副》,档案编号:03—5227—014。

罚案件,合并声明。

是否有当？谨会同陕甘总督臣谭钟麟,恭折具陈,伏乞皇太后、皇上圣鉴训示。谨奏。光绪十三年八月十四日。

（朱批）：吏部议奏。①

光绪十三年九月十六日,奉朱批：吏部议奏。钦此。②

100. 奏报新疆暂难规复制钱缘由折

光绪十三年八月十四日（1887年9月30日）

尚书衔降一级留任甘肃新疆巡抚二等男臣刘锦棠跪奏,为新疆铜斤不敷鼓铸,暂难规复制钱,恭折具陈,仰祈圣鉴事。

窃臣前准部咨：本年正月间,钦奉皇太后懿旨：醇亲王奕譞等奏会议整顿钱法一折。③ 规复制钱,必应广筹鼓铸,福建所铸分量稍轻,嗣后每钱一文,均以重一钱为率,京局及各省一律照办等因。钦此。④ 前已恭录飞咨在案。现在各直省停铸已久,应再飞咨甘肃新疆巡抚,严饬藩司筹款办铜,加卯鼓铸。除搭放行用外,余备酌提等因,咨行到臣,当经转行遵办去后。

兹据藩司魏光焘详称：遵查新疆北路向用制钱,南路向用红钱。承平时,制钱于伊犁设宝伊局鼓铸,红钱于阿克苏设局,就温宿、拜城、库车三属额铜鼓铸。其钱沿缠俗普尔式样,枚重一钱三分,以一文当制钱之四,以五百文为一挂,合银一两。自阿古柏窃踞南八城,创铸天罡,形圆如饼,中无方孔,每圆五分,沿用既久,成色、分量任意低减,流弊滋多。

光绪六年,前陕甘督臣左宗棠奏请改铸银钱,每圆一钱,制造新式铜模校准,一律交前帮办军务升任山东抚臣张曜,设局试办,以防作伪。因工多费巨,旋复停止。北路制钱亦为入关商民携带略尽,市肆遂通用天罡。南路仍天罡、红钱并用。

十一年,因各属完纳额铜,民多不便,改征粮石。阿克苏局需用之铜遂

---

①中国第一历史档案馆藏：《朱批原件》,档案编号：04—01—12—0539—018。
②中国第一历史档案馆藏：《军机录副》,档案编号：03—5227—047。
③详见光绪十三年正月二十七日醇亲王奕譞等奏议开炉鼓铸制钱五款缘由（中国第一历史档案馆藏：《朱批原件》,档案编号：04—01—35—1372—042；《军机录副》,档案编号：03—9529—008）。
④此廷寄见中国第一历史档案馆编：《光绪朝上谕档》,第十三册,第27—28页；《德宗景皇帝实录（四）》,卷二百三十八,光绪十三年正月,第212页。

招民承采，由官价购。然小民类多穷苦，必须公家先给成本。嗣拟广筹红钱，为禁革天罡地步，复于北路南山试挖铜矿，就省鼓铸，以库车铜益之。南路则以拜城等处之铜专供阿克苏局，无如产铜之区多系童山，且隔民居，动辄数站，负粮运炭，咸苦远涉。北路人烟稀少，工价更昂，铜复不旺，以故南山铜斤岁不满万。温宿、拜城、库车三属合计亦不过五万余斤。工匠技艺未娴，每日工只成钱一挂。而北路多寒，南路多热，每年又需停工三五月不等。以铜炭价值、折耗、薪工等项通盘核计，阿克苏局之钱，每挂需本银九钱五六分，以钱一挂易银一两，尚属有赢。省城则需本银一两九分有零，不无赔贴。若铸制钱，按新疆从前市价二千文易银一两，赔贴将及三倍，时地所限，万难如内地筹办之易。请俟矿务畅旺、经费渐减，再行改铸制钱等情，详请具奏前来。

臣维规复制钱，必广筹鼓铸。欲筹鼓铸，必先办铜斤，如福建等省鼓铸之铜，或取资邻省，或转购外洋。新疆僻在西陲，水道不通，碍难照办。而红钱五百文计重四斤一两，制钱一千文计重六斤四两，以钱合银，红钱五百文易银一两，制钱二千文易银一两，两相比较，制钱费铜多至两倍有奇，改铸制钱势必益形竭蹶。合无仰恳天恩，俯念新疆铜矿不旺，暂难规复制钱，准用沿铸红钱照常行使，一俟工商辐辏、物价日平、铜斤足供鼓铸，徐图改造制钱，以归画一，出自圣裁。

除伊犁原设宝伊局能否照旧办理由署伊犁将军臣锡纶就近查明奏办外，谨会同陕甘总督臣谭钟麟，恭折具陈。是否有当？伏乞皇太后、皇上圣鉴训示。谨奏。光绪十三年八月十四日。

（朱批）：户部知道。①

光绪十三年八月十四日，奉朱批：户部知道。钦此。②

101. 奏报迪化府城隍神灵显应请敕封号折

光绪十三年九月初一日（1887年10月17日）

尚书衔降一级留任甘肃新疆巡抚二等男臣刘锦棠跪奏，为庙祀正神灵

---

①中国第一历史档案馆藏：《朱批原件》，档案编号：04—01—35—1372—060。又《奏稿》第1701—1711页。

②中国第一历史档案馆藏：《军机录副》，档案编号：03—9529—065。

应显著,恳恩敕加封号,以答神庥,恭折仰祈圣鉴事。

臣据署迪化府知府蒋诰详称:据署迪化县知县陈希洛转据绅士高廷选等禀称:迪化直隶州知州向建有城隍神庙,屡著灵应。前年旱魃为虐,经官绅祈祷,立沛甘霖。今岁灾疫流行,病者诣庙诚求,无不立愈。现值初开行省,迪化州已改府,凡此明神效顺,允宜秩典崇封。联名禀恳,由府转详请奏前来。

臣查庙祀正神,能御灾捍患、有功德于民者,例得请加封号。前巴里坤城隍庙神灵显应,经臣于光绪八年会同前乌鲁木齐都统臣恭镗奏准,敕封灵济钦遵在案。兹迪化府城隍神灵应迭著,洵属功德及民,合无仰恳天恩敕加封号,以昭灵贶而顺舆情。

谨会同陕甘总督臣谭钟麟,恭折具陈。是否有当?伏乞皇太后、皇上圣鉴训示施行。谨奏。光绪十三年九月初一日。

(朱批):礼部议奏。①

光绪十三年十月初四日奉朱批:礼部议奏。钦此。②

102. 奏报新疆光绪十三年五月雨水粮价情形折
光绪十三年九月初一日(1887年10月17日)

尚书衔降一级留任甘肃新疆巡抚二等男臣刘锦棠跪奏,为恭报光绪十三年五月分粮价并得雨情形,谨缮折具奏,仰祈圣鉴事。

窃照本年闰四月分各厅州县粮价并得雨情形,业经臣奏报在案。兹查本年五月分北路镇迪道各属得雨入土二三寸及四五寸不等,南路叶城得雨三寸有余,余皆微雨。天时炎热,渠水畅流,地亩足资灌溉,民情亦均安帖。至通省粮价,镇西、英吉沙尔、莎车、迪化、昌吉、阜康、拜城、于阗等厅州县,俱与上月相同,余均略有增减。据藩司魏光焘汇详请奏前来。

理合恭折具陈,并缮粮价清单,敬呈御览。伏乞皇太后、皇上圣鉴。谨奏。光绪十三年九月初一日。

(朱批):知道了。③

---

①中国第一历史档案馆藏:《朱批原件》,档案编号:04—01—14—0083—088。
②中国第一历史档案馆藏:《军机录副》,档案编号:03—5546—033。
③中国第一历史档案馆藏:《朱批原件》,档案编号:04—01—25—0530—012。

光绪十三年十月初四日，奉朱批：知道了。钦此。①

103. 呈新疆各属光绪十三年五月粮价清单

光绪十三年九月初一日（1887年10月17日）

谨将新疆各属光绪十三年五月分米粮时估价值缮具清单，恭呈御览。计开

五月分：

镇迪道属

迪化县：大米每京石价银四两四钱四分，小麦每京石价银一两五钱九分二厘，莞豆每京石价银一两六钱五分六厘，青稞每京石价银一两二钱五分八厘。俱与上月相同。

昌吉县：大米每京石价银二两五钱二分，小麦每京石价银一两三钱四分七厘，莞豆每京石价银一两三钱四分五厘，青稞每京石价银九钱一分七厘。俱与上月相同。

阜康县：粟米每京石价银一两二钱七分三厘，小麦每京石价银一两三钱八分，莞豆每京石价银一两二钱七分三厘，高粱每京石价银六钱七分二厘。俱与上月相同。

绥来县：大米每京石价银二两一钱一分，较上月减一分。小麦每京石价银一两一钱三分二厘，莞豆每京石价银一两二钱九厘，高粱每京石价银八钱八分三厘，俱与上月相同。

奇台县：大米每京石价银二两八钱六分五厘，较上月减二钱四分二厘。小麦每京石价银七钱四分二厘，较上月减一厘。莞豆每京石价银七钱二分五厘，较上月减六分九厘。

镇西直隶厅：小麦每京石价银一两六钱八分，莞豆每京石价银一两七钱二分，青稞每京石价银一两。俱与上月相同。

哈密厅：粟米每京石价银一两六钱五分六厘，较上月增七分二厘。小麦每京石价银一两二钱五分五厘，莞豆每京石价银一两七钱二分八厘，青稞每京石价银一两二厘，俱与上月相同。

---

①中国第一历史档案馆藏：《军机录副》，档案编号：03—6869—005。

吐鲁番厅：小麦每京石价银一两七钱七分四厘，大麦每京石价银五钱六分，黄豆每京石价银一两四钱九分三厘，高粱每京石价银七钱四分六厘。俱与上月相同。

库尔喀喇乌苏厅：小麦每京石价银一两一钱七厘，较上月增七分二厘。莞豆每京石价银一两五钱五分，较上月增四分。高粱每京石价银九钱四分九厘，较上月减七分一厘。

阿克苏道属

温宿直隶州：大米每京石价银一两二钱一分六厘，较上月增一钱。小麦每京石价银八钱二分八厘，大麦每京石价银三钱六分，包谷每京石价银四钱八厘，俱与上月相同。

拜城县：小麦每京石价银三钱五分，大麦每京石价银一钱七分，莞豆每京石价银二钱七分，包谷每京石价银三钱。俱与上月相同。

喀喇沙尔直隶厅：大米每京石价银二两八钱一分二厘，较上月增一厘。小麦每京石价银一两三分五厘，莞豆每京石价银九钱三分六厘，包谷每京石价银八钱三分二厘，俱与上月相同。

库车直隶厅：大米每京石价银一两九钱二分，较上月增一钱七分。小麦每京石价银六钱，较上月增四分。包谷每京石价银三钱，较上月增二分。莞豆每京石价银六钱一分，较上月增一分。

乌什直隶厅：大米每京石价银二两三钱八分四厘，小麦每京石价银六钱六分，俱与上月相同。大米每京石价银三钱二分，较上月减一厘。包谷每京石价银五钱二分四厘，与上月相同。

喀什噶尔道属

疏勒直隶州：大米每京石价银三两，与上月相同。小麦每京石价银一两六钱五分六厘，较上月减一钱九分三厘。包谷每京石价银一两二分四厘，较上月减七钱八分四厘。高粱每京石价银一两三分五厘，与上月相同。

疏附县：大米每京石价银三两三钱，较上月增三钱。小麦每京石价银一两六钱五分六厘，较上月减二钱七分六厘。包谷每京石价银一两一钱七分二厘，较上月增六分七厘。高粱每京石价银一两三分五厘，与上月相同。

莎车直隶州：大米每京石价银一两七钱七分六厘，小麦每京石价银八钱二分八厘，大麦每京石价银五钱，包谷每京石价银三钱九分六厘。俱与上月相同。

叶城县：大米每京石价银二两三钱二分，与上月相同。小麦每京石价银六钱，较上月减一钱。包谷每京石价银二钱八分八厘，与上月相同。青稞每京石价银四钱五分，较上月增五分。

和阗直隶州：大米每京石价银二两三钱八分，与上月相同。小麦每京石价银九钱六分六厘，较上月增二钱七分六厘。包谷每京石价银三钱八分四厘，与上月相同。青稞每京石价银三钱五分八厘，较上月减五分六厘。

于阗县：大米每京石价银四两一钱四分，小麦每京石价银七钱三分七厘，包谷每京石价银六钱四分。俱与上月相同。

玛喇巴什直隶厅：大米每京石价银二两九钱六分，较上月增一钱九分三厘。小麦每京石价银一两七分，较上月减三分。包谷每京石价银八钱九分六厘，与上月相同。

英吉沙尔直隶厅：大米每京石价银二两五钱八分四厘，小麦每京石价银七钱七分三厘，包谷每京石价银四钱八分二厘，大麦每京石价银三钱七分六厘。俱与上月相同。

（朱批）：览。①

104. 关外光绪十年军需善后收支请饬查销折

光绪十三年九月初一日（1887年10月17日）

尚书衔降一级留任甘肃新疆巡抚二等男臣刘锦棠跪奏，为造报甘肃关外光绪十年分军需、善后收支各款，分缮细数清册，吁恳天恩饬部核销，恭折仰祈圣鉴事。

窃臣前准部咨：各省军需、善后用款，自光绪九年起，一体造具细数清册，分送各部核销等因。业将甘肃关外九年分收支款目造册报销在案。

兹据新疆粮台司道详称：各省协甘军饷经前督臣左宗棠奏定，自光绪七年起，除开支后路各台局转运公用并还旧欠外，按关外六成、关内四成划分，前办七、八、九三年报销，将协饷、收支为一案，关内外支款各为一案。现经接续造报十年分细数清册，除十年各省协饷暨后路各台局转运公用并关内收支各款，业经甘肃藩司造册详请由督臣谭钟麟奏咨外，所有关外自

---

①中国第一历史档案馆藏：《清单》，档案编号：03—6869—006。

十年正月初一日起连闰截至十二月底止，旧管报销案内存银四十七万三千二十九两六分五厘，上案截至九年十二月底止，欠发关外各军营旗八年以前并九年饷银二百二十二万六千八百八十八两四钱三分六厘，新收甘肃总粮台分拨协饷暨新疆折征、课金、畜税、房租、地课、水磨碓租、课税、契税、征铜铸钱易银，裁减驿马变价，吐鲁番历年地课、畜税、征粮变价，蚕织总局变卖丝绸及各军营旗报缴截旷，精骑后营报缴溃勇存饷，采买、制办运脚扣回平余等项，统计满年共收银一百三十八万七千八百一十八两九钱五厘。此关外收款之总数也。

除关外发十年分连闰关饷、统费、倒马价值共银九十六万三百四十余两，假汰弁勇发八年以前及九年分欠饷银一十七万九千六百六十余两，公费及随营各员并各台局薪粮、口食、运脚、采买、制办各项杂款共银三十八万五千九十余两，廉俸、役食、塘台、驿站、善后各项共银二十万五千五十余两，拨给金顺、张曜各军、前乌鲁木齐都统恭镗、前哈密帮办大臣长顺共银一十一万二千八百八十六两七钱九分八厘，实存银一万七千七百九十两六钱二分三厘，欠发各军营旗九年以前并十年分饷银二百七十五万九千五百二十六两四钱七分七厘。此关外防军饷项、善后杂款支用、拨给、欠发之实数也。遵照支用各款总散细数清册，详请查核奏咨请销前来。

臣查该司道等所开关外军需、善后收支细数，皆系实用实销，并无浮冒，理合缮具简明清单，恭呈御览。仰恳天恩饬部核销，以清积案。

除清册分送各部查核外，谨会同陕甘总督臣谭钟麟，恭折具奏，伏乞皇太后、皇上圣鉴训示。再，关外十一、十二等年销案已饬司道等依次赶办，俟造报到日，再行分案办理，合并陈明。谨奏。光绪十三年九月初一日。

（朱批）：该部知道，单并发。①

光绪十三年十月初四日，奉朱批：该部知道，单并发。钦此。②

105. 呈光绪十年关外军需善后收支数目清单

光绪十三年九月初一日（1887年10月17日）

谨将光绪十年分甘肃关外防军、善后收支各款数目，缮具清单，恭呈御

---

①中国第一历史档案馆藏：《朱批原件》，档案编号：04—01—01—0959—042。
②中国第一历史档案馆藏：《军机录副》，档案编号：03—6618—003。

览。计开

旧管：

上案关外防军、善后报销案内截至九年十二月底止，实存银四十七万三千二十九两六分五厘。

一、截至光绪九年十二月底止，欠发关外各军营旗八年以前并九年饷银二百二十二万六千八百八十八两四钱三分六厘。

新收：

一、收协饷案内协拨关外银一百一十四万五千一百九十一两六钱六分五厘。

一、收各军营旗报缴截旷银一万六千两三钱九分八厘。

一、收精河后营报缴溃勇存饷银七千九百七十五两七钱四分四厘。

一、收新疆南北两路塘台、驿站裁减驿马变卖价银二千三百八十五两二钱八分五厘。

一、收各台局支发运脚、采买、制办等项扣回平余银二千九百一十八两一钱八分六厘。

一、收新疆折征、课金、畜税，征铜铸钱易银，水磨碓租课、地课、房租、税契、征粮、蚕织局丝绸变价共银二十一万三千三百四十七两六钱二分七厘。

开除：

一、除发马步各军营旗十年关现饷银八十八万五千八百八十八两九钱六分五厘。

一、除发开花炮队十年关现饷银一万六千一百五十五两七钱一分七厘。

一、除发各军十年分统领公费银二万六千一百四十五两三钱六分三厘。

一、除发小马队十年关现饷银二万一千七百六十七两一钱二分八厘。

一、除发马队各营旗十年分倒马价值银一万三百八十八两五钱三分七厘。

一、除发钦差大臣公费十年起至十月初一日停支止银四千八百五十六两四钱四厘。

一、除发营务、文案、支应、随营及各台局文武员弁十年分薪水银三万九千六百八两一厘。

一、除发各台局经贴各书、字识十年分口粮银五千四百六十一两七钱六分二厘。

一、除发各台局十年分纸张、笔墨、油烛银一千五两八钱八厘。

一、除发各台局护勇、长夫、通事十年分口粮银七千三百八十两九钱八分七厘。

一、除发各采运局仓夫、斗级十年分工食银一千九十七两七钱七分三厘。

一、除发采买粮料、柴草价值暨津贴、粮价银七万九千七百四两四分八厘。

一、除发新疆塘台、驿站书役十年分工食及倒马、添补什物等项价值银五万五千三百六十八两五钱一分二厘。

一、除发各台局转运饷装员役、护勇盘费、盐菜、口粮银一千六百三十八两五钱七分一厘。

一、除发官车骡驮驼、委员薪水、护运长夫、牵夫工食并骡马灌药、饮水、歇店、灯油、油盐、添制什物等项银二万九千三百八十九两七钱九分六厘。

一、除发军装制办局招募浙、粤并关内本地各匠十年分工食银六千五百四十七两九钱九分二厘。

一、除发各营局医生、跟役十年分工食、口食银三千九百三十四两七分五厘。

一、除发遣撤营员弁勇及假汰老弱、伤残、病故员弁勇丁灵柩车脚银五千七百七十七两九钱四分一厘。

一、除发资遣闲员、客民回籍车脚银七百三十八两七千七分九厘。

一、除发转运粮料、饷装、军火脚价除官车、骡马、驮驼不再支销外,共支陆路运脚银一十四万三千八百七十四两四钱四分一厘。

一、除发转运军装、军火、物料等项水路脚价银二千二百五十二两三钱七分四厘。

一、除发采制军装、军火、驼马鞍屉绳索、蚕织蚕桑器具、颜料并修整军装、器械、车骡、什物等项价值银五万一千八百六两三钱二分三厘。

一、除发各局房租及修理官店、防务、河堤工料、食面等项银五千八百六十六两六钱二分三厘。

一、除发新疆南路十年廉俸、公费、书役工食、盐菜等银五万三千五十一两七钱五分五厘。

一、除发善后、征粮、保甲、蚕织、蚕桑各局经贴各书十年分口食银九千八百三十五两四钱三分。

一、除发善后、征粮、保甲、蚕织、蚕桑各局护勇、缠回字识十年口粮银一万五千九百一十八两六钱六分四厘。

一、除发善后、征粮、保甲、蚕织、蚕桑、牛痘各局十年纸张、笔墨、油烛银三千七百一十九两二钱六分四厘。

一、除发各征粮局斗级、仓夫十年口食银四百七十九两七钱六分七厘。

一、除发义学塾师十年分薪水暨购办纸笔墨砚银二万八千一百八两九钱七分三厘。

一、除发蚕织、蚕桑各局司事、工匠、艺徒十年工食、口食银六千八百八十六两二钱三分四厘。

一、除发牛痘局医生、跟役、伙夫十年分工食、口食暨药资银五千三十五两二钱三分七厘。

一、除发色勒库尔、坎巨提头目及阿奇木伯克例赏大缎、办公、盐菜、犒赏羊只、布匹、茶叶等项银二百三十五两七钱五分。

一、除发吐鲁番、库车回子郡王恤赏、俸银九千九十九两七钱九厘。

以上三十四款，共支发银一百五十五万五百一两七钱二分。

一、除补发马步各营旗八年以前并九年存饷银一十七万九千六百六十八两八钱二分九厘。

一、除伊犁将军、嵩武军、乌鲁木齐都统、哈密帮办大臣各项并粮料合价共银一十一万二千八百八十六两七钱九分八厘。前项应由伊犁将军、嵩武军、乌鲁木齐都统、哈密帮办大臣等处各自列收报销，理合登明。

通共支销、拨发共银一百八十四万三千五十七两三钱四分七厘，内除拨发伊犁将军、嵩武军、乌鲁木齐都统、哈密帮办大臣借支各项及粮料合价银一十一万二千八百八十六两七钱九分八厘外，应由兵部核销步队各营旗子药夫口粮、马队倒马价值、塘台、驿站经费、转运军粮、饷装，遣撤资送营员、闲员、弁勇、客民脚价，官车骡驼经费，解运饷装盘费、盐菜、口粮等项银二十六万三千五百六十三两五钱七分四厘。

应由工部核销制办军装、军火、车骡马鞍屉、绳索、什物、蚕织、蚕桑颜料、器具、义学书籍等件、修整车骡、军装、器械、物料、修理官店、房屋、河堤等项银六万一千八百八十三两五钱四分八厘。

应由户部核销各军营旗暨随营各台局薪水、口食、公费、统费、欠饷，采买粮料、柴草、津贴、粮价、笔墨、油烛、纸张、廉俸、公费、书役口食、吐鲁番、库车回子郡王恤赏、俸银、善后、征粮、保甲、蚕织、蚕桑各局薪粮、工食、口食、义学、医生、洋炮、铁木各匠薪粮、工食、押运饷装、骑骡脚价等项银一百四十万四千七百二十三两四钱二分七厘。

实在：

一、存银一万七千七百九十两六钱二分三厘。

一、欠各军营旗九年以前并十年分饷银二百七十五万九千五百二十六两四钱七分七厘。前件查截至九年底止，原欠关外各军营旗八年以前并九年饷银二百二十二万六千八百八十八两四钱三分六厘。

开除项下补发银一十七万九千六百六十八两八钱二分九厘外，仍尚欠八年以前并九年饷银二百四十万七千二百一十九两六钱七厘。

又十年分连闰关外马步各军营旗、开花炮队、小马队，共计应支薪粮、马干等项银一百六十三万六千一百一十八两六钱九分。

开除项下支发现饷银九十二万三千八百一十一两八钱二分外，尚欠十年分饷银七十一万二千三百六两八钱七分。共计欠发饷银合符前数，应归十一年以后饷内，陆续补发，理合登明。

（朱批）：览。①

106. 奏报遵旨筹办塔尔巴哈台事务折

光绪十三年九月初十日（1887年10月26日）

尚书衔降一级留任甘肃新疆巡抚二等男臣刘锦棠跪奏，为遵旨筹办塔尔巴哈台事务，恭折仰祈圣鉴事。

窃臣前奉到八月初二日上谕，当即恭录咨行去后。兹复承准军机大臣字寄：光绪十三年八月初六日奉上谕：前据刘锦棠奏塔尔巴哈台勇丁溃变

---

①中国第一历史档案馆藏《清单》，档案编号：03—6561—066。再，此单既未署具呈者，具呈日期亦未确，兹据内容判定为04—01—01—0959—042号折附件。

筹办大概情形，当经谕令该大臣等督饬各营，并力兜剿。兹复据锡纶奏，塔城营勇溃变，派队驰往剿抚。刘锦棠奏溃勇就抚，仍筹整顿各一折。览奏，均悉。此项勇丁聚众哗溃，虽据称开导归营，尚未别滋扰害，惟该三营同时煽乱，并胆敢戕毙营官，其平时积习甚深，目无法纪，已可概见。倘不认真究办，何以肃军令而重边防！即着该大臣等懔遵前旨，务将首要各犯严拿惩办，并将起衅缘由确切查明，据实具奏，毋得迁就了事。其各营就抚人众应如何一律遣撤，着刘锦棠等于事竣后察看情形，妥筹办理。将此由六百里各谕令知之。钦此。

伏查此起溃勇就抚之后，臣饬提督汤彦和仍酌带队伍，前往额敉勒河附近地方，择要驻扎，并委营务处二品顶戴分省遇缺尽先题奏道袁鸿佑，会同前往察看情形。旋据该员等禀称：该处各营自光绪十一年奏明照楚军营制之后，每年发满饷三个月、盐菜九个月。饷系照章发给，盐菜则每月按名发银一两或一两二钱不等，从无短缺。惟营官转发，间有以货物抵折者，又或私相挪用，延不发清，以致众心怀恨。中营营官陈明德性情严急，曾因细故，鞭挞什长马士勋至死复苏，众尤不服。该处营规向不准给假，马士勋之党遂暗布谣言，谓不准给假是永无归期，又无发给存饷之望，欲以此激众为变。

六月二十七日夜，马士勋为首，纠合勇丁王得胜等，戕杀营官陈明德，即举火为号。其时营中持械出应者尚无多人，迨马士勋等声言营官已死，有不出应者即当搜杀，众始纷然哗溃。右营什长张玉春、周国栋亦乘乱戕杀营官，同时响应。左营只数十人窜出，余均未动。由是参赞衙署及随员私寓抢劫一空，饷项、军装已多被劫，惟未扰及街市。既变之后，众思窜赴伊犁，为南湖两马队所扼，知事不成，始行就抚。经参赞查明首犯马士勋、张玉春、周国栋，又续获魏生林、王得胜、陈万明等，一并正法。该处各营本未能足额，闻此次收抚之后，中营存勇二百三十余名、左营一百五十余名、右营一百三十余名而已，禀报前来。又准署塔尔巴哈台参赞大臣春满咨钞七月十七日奏稿，查与该道等所禀大略相同。惟于初变之时如何抢劫，既抚之后曾否严追，并未言及。其由西湖拿获之杜天成、张玉成二犯，供词狡展，现正饬查取确情，俟该处查复至日，再行核办。此查明起衅根由及拿获首要各犯分别惩办之实在情形也。

臣前与锡纶函商，诚恐其务为迁就，当由锡纶檄饬提督马玉昆，会同该处在事各员认真清理,仍察其可留者,编列入营。其不可留者,即令概行遣撤。现复经锡纶奏委副都统额尔庆额驰往该处,接办参赞大臣印务①,自系为彻底清查起见,臣自应钦遵谕旨,仍会同锡纶妥筹办理,以期上慰宸廑。

惟查关外防军多由内地招募,一经入伍,或至十有余年,人情久役思归,非势力之所能禁。以故臣军自新疆底定以来,虽未能一律遣撤,然必随时准假,或量为募补,或归并成旗,无岁不然,行之亦便。近因设立行省,请改就标营之制,而仍存其客勇之名。诚以著籍为兵,势不能听其求去。新疆既无土著可募为兵,即不能不为变通之计。幸蒙圣慈允准,各将士欢忭同深。伊犁、塔尔巴哈台等处勇营事同一律,而独不听其乞假,或虽准假而存饷缪辘不清,累月经年,犹须守候,相沿既久,习为故常,坐使奸人得有所借口。此次杜天成到案,并供称初溃之际,闻乱党以得归相庆,异口同声,则其弊较然可睹。从前伊犁营勇屡次哗溃,大率皆由于此。应请旨饬下各该处将军、参赞,嗣后应查明弁勇,实系入营年久者,即当酌量准假,并清其存饷,勿使稽延,著为定章,每年以一二成为率,仍随时募补,以重操防,庶张弛得宜,而军心亦定矣。

抑臣愚见所及,有不得不并以陈明者,臣前于本年三月十二日会同督臣谭钟麟,奏请增设伊塔道及府厅县以下各官,并声明各该处标营,亦应俟道府各官设定后,酌量变通,奏明办理,奉朱批:该部议奏。钦此。现在尚未接准部复,应俟接到部复后,如经照准,则伊犁、塔尔巴哈台等处除各旗营应由将军、参赞妥筹布置外,其镇协各标应如何整顿,臣自应悉心筹议,不敢避劳。

如部议各仍其旧,即应请旨饬下该将军、参赞,督饬各将领认真经理,臣即毋庸置议。否则,十羊九牧,其令难行,转非所以慎重边防之道。现在臣军遣裁老勇,改发坐粮,办理已将就绪。惟汤彦和所部各营,因该提督开往前途,未及同时举办,臣比饬该提督,俟额尔庆额到后,即督率所部仍回西湖,将应办事宜迅速办理,俟塔尔巴哈台等处设官议定,再定行止,以顺

---

① 详见光绪十三年九月初一日署伊犁将军锡纶奏报塔尔巴哈台溃勇虽已就抚,事多掩饰,所办实未妥协,拟以副都统额尔庆额先行驰往,认真整顿,以维边局(中国第一历史档案馆藏:《朱批原件》,档案编号:04—01—01—0957—008;《军机录副》,档案编号:03—5228—017);得旨允行(《德宗景皇帝实录(四)》,卷二百四十八,光绪十三年十月,第336页)。

事机。

是否有当？谨会同陕甘总督臣谭钟麟，恭折具奏，伏乞皇太后、皇上圣鉴训示。谨奏。光绪十三年九月初十日。

（朱批）：览奏，均悉。所筹伊犁等处勇营给假清饷各节，尚属妥善，即着刘锦棠咨行该将军、参赞，一体认真核办，以肃军纪而重边防。余依议。钦此。①

光绪十三年十月初八日，奉朱批：览奏，均悉。所筹伊犁等处勇营给假清饷各节，尚属妥善，即着刘锦棠咨行该将军、参赞，一体认真核办，以肃军纪而重边防。余依议。钦此。②

107. 特参通判周锡文庸劣不职请旨革职折
光绪十三年九月十九日（1887年11月4日）

尚书衔降一级留任甘肃新疆巡抚二等男臣刘锦棠跪奏，为特参劣员，恭折具陈，仰祈圣鉴事。

窃查卸署喀喇沙尔厅同知直隶州知州用候补通判周锡文，前在该厅任内于折征粮石，每石折收红钱六百文，加平各费一律在内，此外不准浮收详定之案，辄敢紊乱旧章，拟收红钱六百五十文，抵征银一百两，以致各粮户啧有烦言，不愿输纳。又各属驿站自光绪十一年八月初一日起，改照新章安设，该员因买马未能一律如额，仍不免有私派民马情事。又该员估修渡船四只，查只新修二只、补修二只，不无浮报。均经前署阿克苏道雷声远逐款禀揭。臣委调署喀什噶尔道袁尧龄复查属实，由藩司魏光焘、镇迪道兼按察使衔恩纶会详前来。

臣查周锡文浮收私派以及估报不实，虽未成迹，其居心究属贪鄙不职，未便因赃未入己曲为宽宥，相应请旨将前署喀喇沙尔厅同知直隶州知州候补通判周锡文即行革职，以肃官箴。

谨会同陕甘总督臣谭钟麟，恭折具陈，伏乞皇太后、皇上圣鉴训示。谨奏。光绪十三年九月十九日。

---

①中国第一历史档案馆藏：《朱批原件》，档案编号：04—01—16—0221—003。又《奏稿》第1713—1721页。
②中国第一历史档案馆藏：《军机录副》，档案编号：03—6108—036。

(朱批):周锡文着即行革职,吏部知道。①

光绪十三年十月二十二日,奉朱批:周锡文着即行革职,吏部知道。钦此。②

【案】此折录副具奏日期未确,兹据原件及《军机处随手登记档》③校正。

108. 请旌节妇张杨氏缘由折

光绪十三年九月十九日(1887年11月4日)

尚书衔降一级留任甘肃新疆巡抚二等男臣刘锦棠跪奏,为已故节妇年例相符,恳恩旌表,以维风化,恭折仰祈圣鉴事。

窃据三品衔遇缺题奏道陈晋蕃等禀称:查有已故同乡湖南湘潭县节妇张杨氏,系处士杨应章之女、张品光之妻、理问衔分省补用县丞张曜先之母,十四岁于归。逾五年而品光病,氏旦夕祷神,愿代夫死。既而品光殁,氏年十九,誓以身殉,一恸几绝。旋念舅姑在堂,祖母年老,病风痹暗不能语,孤子未离乳哺,遂矢志守节。家极贫,夜或燃松脂,纺绩达旦,堂上甘旨未尝缺乏,相继丧葬亦悉如礼。其子读书、婚配诸费,皆竭力经营,以迄成立。而于亲属之贫者,复分润之不少吝。殁年五十六岁,守节三十七年。职道等谊属同乡,见闻既确,未便听其湮没,造具事实册结,联名禀恳具奏前来。

臣查定例:各省节孝妇女应旌表者,由督抚、学政会同具奏。其外省节孝妇女,亦准同乡官出具册结,公恳奏咨,历经遵办在案。兹据禀前情,臣复核无异。合无仰恳天恩俯准,饬部照例旌表,以彰苦节而维风化。

除将事实册结咨部外,谨会同陕甘总督臣谭钟麟、甘肃学政臣秦澍春,恭折具奏,伏乞皇太后、皇上圣鉴训示。谨奏。光绪十三年九月十九日。

(朱批):着照所请,礼部知道。④

---

① 中国第一历史档案馆藏:《朱批原件》,档案编号:04—01—12—0540—037。
② 中国第一历史档案馆藏:《军机录副》,档案编号:03—5228—071。
③ 中国第一历史档案馆藏:《军机处随手登记档》,档案编号:03—0254—2—1213—305。
④ 中国第一历史档案馆藏:《朱批原件》,档案编号:04—01—14—0083—092。又《奏稿》第1723—1725页。

光绪十三年十月二十二日，奉朱批：着照所请，礼部知道。钦此。①

109. 审拟缠回玉素甫谋杀人命案由折
光绪十三年九月十九日（1887年11月4日）

尚书衔降一级留任甘肃新疆巡抚二等男臣刘锦棠跪奏，为挟忿谋杀，核明定拟，恭折具陈，仰祈圣鉴事。

窃哈密厅缠回玉素甫挟忿谋杀汉民毛松林身死一案，由哈密回子亲王沙木胡索特处问明，将凶犯玉素甫送交署哈密通判喻先麓诣验，填格取结，录供通详，批饬复鞫议拟。经镇迪道兼按察使衔恩纶核转前来。

臣复加查核，缘凶犯玉素甫系哈密缠回，与已死汉民毛松林熟识，先无嫌隙。玉素甫该欠毛松林货帐，久未清偿。十二年八月，经毛松林控告，哈密回子亲王断令玉素甫清还帐项，嗣后不准再与毛松林来往借帐。后玉素甫手中拮据，又私向毛松林赊欠货银三两。腊月二十九日，毛松林骑驴来玉素甫家中，催讨欠账，适玉素甫之妻往母家未归，玉素甫做饭款待，因无现银，央求将羊作抵，每羊一只作价银八钱。毛松林只允作价三钱，玉素甫求加，毛松林斥其混账，彼此口角。毛松林声言明日进城告状，竟自睡去。玉素甫恨毛松林作价太少，又怕告状吃亏，一时忿畏交加，起意谋杀，探听毛松林睡熟，悄用毛绳由毛松林颈脖项下慢慢穿过，将绳打一活结，用脚蹬在结缔之上，尽力扯勒，尚恐未死，复用脚踏其肩甲，登时毙命。当夜将毛松林尸身用驴驮往山沟，次早掩埋。又恐驴只被人看出，将驴牵往山坑，用枪打死。上压土块，冀图灭迹。嗣经回子亲王问出谋杀情事，将玉素甫送交哈密厅验讯，录供通详，批饬复鞫，实系一人挟忿起意谋杀，亦无同谋加功之人。再三究诘，矢口不移。案无遁饰。

查律载：谋杀人造意者，斩监候等语。此案玉素甫因挟毛松林作价太少，复称告状，一时挟忿，起意谋杀，将毛松林绳勒毙命，实属谋杀。玉素甫合依谋杀人斩律，拟斩监候，秋后处决。照例先刺字。无干省释，尸棺饬属领埋。毛绳案结销毁。

是否允协？除将全案供招咨送刑部外，合将挟忿谋杀核明定拟缘由，

①中国第一历史档案馆藏：《军机录副》，档案编号：03—5546—048。

恭折具奏,伏乞皇太后、皇上圣鉴,饬部核复施行。谨奏。光绪十三年九月十九日。

(朱批):刑部议奏。①

光绪十三年十月二十二日,奉朱批:刑部议奏。钦此。②

110.审拟温宿客民吾受尔斗殴毙命一案折
光绪十三年九月十九日(1887年11月4日)

尚书衔降一级留任甘肃新疆巡抚二等男臣刘锦棠跪奏,为斗殴毙命,核明定拟,恭折具陈,仰祈圣鉴事。

窃温宿州客民吾受尔因与同居之阿乙普口角起衅,按伤阿乙普咽喉,移时身死一案,据温宿州知州陈名钰诣验获犯,讯供议拟,招解阿克苏道黄光达审明,咨镇迪道兼按察使衔恩纶核明转详前来。

臣复加查核,缘温宿州客民吾受尔籍隶拜城县,光绪十二年,赴温宿州雇工,娶哈笛比必为妻,与已死阿乙普同院居住,素识无嫌。十三年三月十一日,吾受尔殴打伊妻哈笛比必,阿乙普从旁拉劝,吾受尔斥其多管,阿乙普不服,口角争闹。阿乙普赶向扑殴,右手抓吾受尔胸前,左手搯吾受尔咽喉。吾受尔用左手抓住阿乙普右手,用右手按阿乙普咽喉,彼此推耸。吾受尔被搯情急,将身向前一扑,一并跌地。阿乙普揪住吾受尔胸前不放,吾受尔急图挣起,用力过猛,不期按伤阿乙普咽喉,移时殒命。邻妇札毕达比必喊救不及。当经报州验讯,解阿克苏道审明,咨镇迪道转核前来。臣复核无异。

查律载:凡斗殴杀人者,不问手足、他物、金刃并绞等语。此案吾受尔与阿乙普口角,搯按咽喉,带跌挣起,按伤阿乙普咽喉,移时身死,自应按律问拟。吾受尔合依斗殴杀人者不问手足、他物、金刃并绞律,拟绞监候,秋后处决。哈笛比必被夫殴打,并未顶撞,应与喊救不及之札毕达比必,均免置议。尸棺饬埋。

是否允协?除将全案供招咨送刑部外,合将斗殴毙命核明定拟缘由,

---

①中国第一历史档案馆藏:《朱批原件》,档案编号:04—01—28—0023—073。
②中国第一历史档案馆藏:《军机录副》,档案编号:03—7310—069。

恭折具陈,伏乞皇太后、皇上圣鉴,饬部核复施行。谨奏。光绪十三年九月十九日。

（朱批）：刑部议奏。①

光绪十三年十月二十二日,奉朱批：刑部议奏。钦此。②

111. 奏报镇西厅禾稼被灾片

光绪十三年九月十九日（1887年11月4日）

再,臣据藩司魏光焘详：八月初八日,据镇西厅同知甘承谟详称：该厅夏间雨水调匀,豆麦滋长。不料入秋以后,田鼠为害。七月初八日,复降大雪,甫经晴霁,又霜结如冰,禾稼迭遭冻萎。据各乡约先后禀报,该厅于十九、二十至二十四、五等日,亲往各处履勘。查东路大泉、东西渠、大黑沟、小黑沟、石人子、拱北尔、松树塘、北乡、板房沟③、楼房沟、红旗沟等处,遍地鼠穴,早种之小麦、青稞、莞豆、油菜,均被啮断,苗脚仅存,并无收获。迟粮亦被冻坏,约仅可收一二三分不等。东北沙山子、柳沟,早粮被鼠,迟粮被冻,较各处尤甚,收成更无可望。其武威户暨西路花墙子、西大墩,或地处卑湿,或沙碛较多,虽无鼠伤,迭经霜雪,凝冻结稃秕瘦,收成亦仅约二三分。惟近营屯之三渠、四渠、大有庄、渊泉、敦煌、玉门,各渠居中平衍,损伤较少,尚可收四五分之谱。已由司饬令先行抚恤,一面移道委员,前往会勘等情,详请具奏前来。

臣查镇西厅,地本瘠苦,遇此灾伤,情殊可悯,当即饬司移行复勘,清查被灾户口,分别轻重,妥为抚恤。一面确查地亩、粮数,实系鼠伤若干,冻伤若干,是否成灾,钱粮应否蠲缓,即日分晰,禀复核办。

除俟查办完竣另案再办外,所有镇西厅被鼠被冻大概情形,谨附片具陈,伏乞圣鉴训示。谨奏。

（朱批）：知道了。着即饬属查明被灾户口,分别妥筹抚恤。余依议,

---

①中国第一历史档案馆藏：《朱批原件》,档案编号：04—01—28—0023—072。
②中国第一历史档案馆藏：《军机录副》,档案编号：03—7310—070。
③"板房沟",《奏稿》作"坂房沟"。

该部知道。①

光绪十三年十月二十二日,奉朱批:知道了。着即饬属查明被灾户口,分别妥筹抚恤。余依议,该部知道。钦此。②

112. 特参游击邓德贵等请旨革职片

光绪十三年九月十九日(1887年11月4日)

再,臣访闻前署库尔喀喇乌苏营游击陕甘补用副将邓德贵,行止卑污,声名甚劣;尽先补用副将乌鲁木齐提标左营游击方庆中,居心贪刻,不洽军情,均经臣查明,先后撤任。现当改设营制之际,此等劣员未便稍事姑容,相应请旨将前署库尔喀喇乌苏营游击陕甘补用副将邓德贵、尽先补用副将乌鲁木齐提标左营游击方庆中,均即行革职,以肃戎政。

谨会同陕甘总督臣谭钟麟、署乌鲁木齐提督臣谭上连,附片具陈,伏乞圣鉴训示。谨奏。

(朱批):邓德贵、方庆中均着即行革职,兵部知道。③

光绪十三年十月二十二日,奉朱批:邓德贵、方庆中均着即行革职,兵部知道。钦此。④

113. 奏报新疆光绪十三年六月雨水粮价情形折

光绪十三年九月二十八日(1887年11月13日)

尚书衔降一级留任甘肃新疆巡抚二等男臣刘锦棠跪奏,为恭报光绪十三年六月分粮价并得雨情形,谨缮折具奏,仰祈圣鉴事。

窃照本年五月分各厅州县粮价并得雨情形,业经臣奏报在案。兹查本年六月分北路镇迪道各属得雨入土二三寸及四五寸不等,南路拜城、叶城、疏附、英吉沙尔得雨入土一二寸及三四寸有余,余皆微雨。天时炎热,渠水

---

①中国第一历史档案馆藏:《朱批原件》,档案编号:04—01—04—0030—009。又《奏稿》第1727—1729页。
②中国第一历史档案馆藏:《军机录副》,档案编号:03—9470—007。
③中国第一历史档案馆藏:《朱批原件》,档案编号:04—01—16—0221—014。
④中国第一历史档案馆藏:《军机录副》,档案编号:03—5852—044。

畅流,地亩足资灌溉,民情亦均安帖。至通省粮价,吐鲁番、哈密、库尔喀喇乌苏、库车、喀喇沙尔、玛喇巴什、温宿、迪化、阜康、疏附等厅州县,俱与上月相同,余均略有增减。据藩司魏光焘汇详请奏前来。

理合恭折具陈,并缮粮价清单,敬呈御览。伏乞皇太后、皇上圣鉴。谨奏。光绪十三年九月二十八日。

(朱批):知道了。①

光绪十三年十月三十日,奉朱批:知道了。钦此。②

114. 呈新疆各属光绪十三年六月粮价清单

光绪十三年九月二十八日(1887年11月13日)

谨将新疆各属光绪十三年六月分米粮时估价值缮具清单,恭呈御览。计开

六月分:

镇迪道属

迪化县:大米每京石价银四两四钱四分,小麦每京石价银一两五钱九分二厘,莞豆每京石价银一两六钱五分六厘,青稞每京石价银一两二钱五分八厘。俱与上月相同。

昌吉县:大米每京石价银二两五钱二分,与上月相同。小麦每京石价银一两一钱八分七厘,较上月减一分六厘。莞豆每京石价银一两二钱七分三厘,较上月减七分二厘。青稞每京石价银九钱一分七厘,与上月相同。

阜康县:粟米每京石价银一两二钱七分三厘,小麦每京石价银一两三钱八分,莞豆每京石价银一两二钱七分三厘,高粱每京石价银六钱七分二厘。俱与上月相同。

绥来县:大米每京石价银二两一钱一分,与上月相同。小麦每京石价银九钱一分九厘,较上月减二钱一分三厘。莞豆每京石价银九钱九分八厘,较上月减二钱一分一厘。高粱每京石价银八钱八分三厘,与上月相同。

奇台县:大米每京石价银二两八钱三分一厘,较上月减三分四厘。小

---

①中国第一历史档案馆藏:《朱批原件》,档案编号:04—01—25—0530—011。
②中国第一历史档案馆藏:《军机录副》,档案编号:03—6869—037。

麦每京石价银七钱七分八厘，较上月增三分六厘。莞豆每京石价银六钱五分六厘，较上月减六分九厘。

镇西直隶厅：小麦每京石价银一两四钱六分，较上月减二钱二分。莞豆每京石价银一两四钱八分，较上月减二钱四分。青稞每京石价银八钱八分，较上月减一钱二分。

哈密厅：粟米每京石价银一两六钱五分六厘，小麦每京石价银一两二钱五分五厘，莞豆每京石价银一两七钱二分八厘，青稞每京石价银一两二厘。俱与上月相同。

吐鲁番厅：小麦每京石价银一两七钱七分四厘，大麦每京石价银五钱六分，黄豆每京石价银一两四钱九分三厘，高粱每京石价银五钱五分九厘。俱与上月相同。

库尔喀喇乌苏厅：小麦每京石价银一两一钱七厘，莞豆每京石价银一两五钱五分，高粱每京石价银九钱四分九厘。俱与上月相同。

阿克苏道属

温宿直隶州：大米每京石价银一两二钱一分六厘，小麦每京石价银八钱二分八厘，大麦每京石价银三钱六分，包谷每京石价银四钱八厘。俱与上月相同。

拜城县：小麦每京石价银三钱九分，较上月增四分。大麦每京石价银一钱七分，莞豆每京石价银二钱七分，俱与上月相同。包谷每京石价银三钱四分，较上月增四分。

喀喇沙尔直隶厅：大米每京石价银二两八钱一分二厘，小麦每京石价银一两三分五厘，莞豆每京石价银九钱三分六厘，包谷每京石价银八钱三分二厘。俱与上月相同。

库车直隶厅：大米每京石价银一两九钱二分，小麦每京石价银六钱，包谷每京石价银三钱，莞豆每京石价银六钱一分。俱与上月相同。

乌什直隶厅：大米每京石价银二两三钱八分四厘，小麦每京石价银六钱六分，大米每京石价银三钱二分，包谷每京石价银五钱二分四厘。俱与上月相同。

喀什噶尔道属

疏勒直隶州：大米每京石价银三两，与上月相同。小麦每京石价银一两五钱一分八厘，较上月减一钱三分八厘。包谷每京石价银一两二分四厘,高粱每京石价银一两三分五厘,俱与上月相同。

疏附县:大米每京石价银三两三钱,小麦每京石价银一两六钱五分六厘,包谷每京石价银一两一钱七分二厘,高粱每京石价银一两三分五厘。俱与上月相同。

莎车直隶州:大米每京石价银一两七钱七分六厘,与上月相同。小麦每京石价银六钱九分,较上月减一钱三分八厘。大麦每京石价银五钱,包谷每京石价银三钱九分六厘。俱与上月相同。

叶城县:大米每京石价银二两二钱二分,与上月相同。小麦每京石价银五钱,较上月减一钱。包谷每京石价银二钱四分,较上月减四钱八分。青稞每京石价银四钱,较上月减五分。

和阗直隶州:大米每京石价银二两四钱八分,较上月增一钱。小麦每京石价银九钱一分,较上月减五分六厘。包谷每京石价银三钱八分四厘,青稞每京石价银三钱五分八厘,俱与上月相同。

于阗县:大米每京石价银四两一钱四分,与上月相同。小麦每京石价银八钱七分一厘,较上月增一钱三分四厘。包谷每京石价银七钱四厘,较上月增六分四厘。

玛喇巴什直隶厅:大米每京石价银二两九钱六分,小麦每京石价银一两七分,包谷每京石价银八钱九分六厘,俱与上月相同。

英吉沙尔厅:大米每京石价银二两七钱三分六厘,较上月增一钱五分二厘。小麦每京石价银六钱六分二厘,较上月减一钱一分一厘。包谷每京石价银四钱四分二厘,较上月减四分。大麦每京石价银三钱八厘,较上月减六分八厘。

(朱批):览。[1]

115. 请将原保守备王大兴底衔饬部更正片

光绪十三年九月二十八日(1887年11月13日)

再,新疆南北两路一举荡平案内汇保之补用千总王大兴,请以守备尽先补用,并请加都司衔,奉旨允准,钦遵行知在案。兹据王大兴禀称,该弁

---

[1] 中国第一历史档案馆藏:《清单》,档案编号:03—6869—038。

于攻克达坂城、托克逊并克复吐鲁番各城案内,系由六品军功得保免补外委,以把总尽先拔补,并戴蓝翎。嗣于新疆荡平案内开保,适值奉差出营,营官将底衔误书千总,汇保守备,禀请附奏更正前来。

臣复核无异。合无仰恳天恩俯准将新疆南北两路一举荡平案内准保都司衔尽先补用守备王大兴,改为由蓝翎尽先拔补把总请保免补把总,以千总尽先拔补,并赏加守备衔,饬部更正注册,以昭核实,出自逾格鸿慈。

除咨部外,谨附片具陈,伏乞圣鉴训示。谨奏。

(朱批):兵部知道。[1]

光绪十三年十一月三十日,奉朱批:兵部知道。钦此。[2]

116.奏报绥来等处秋禾被灾情形片

光绪十三年九月二十八日(1887年11月13日)

再,北路镇西厅属各庄禾稼被鼠、被冻情形,业经臣附片奏明在案。兹据绥来县知县李原琳申称:该县七月初九、初十、十一等夜,迭降大霜,皓若积雪。八月二十二、三等日,据各乡农约禀报:各色秋禾自被霜后,早者浆渐干枯,半成穤壳,迟者未经结实,日就萎悴。经该县下乡逐段履勘,查东南西北四乡秋禾,在芒种前播种者,稻子约被灾五分,高粱、糜谷、小谷约被灾七分,其播种较迟者并无颗粒,委系因霜冻坏。又据署济木萨县丞酆甲英申称:该属近山一带,七月半间,麦禾迭被霜雪,虽旋经晴霁,而结颗迄难圆满,甚至苗叶焦黄。据各渠农约禀报,当经驰往勘验,其中太平、长山、兴隆三渠被灾较重,全无收获者,计有五十余户,余与各渠约冻伤十之五六,平地虽无冻伤之害,而雀啄虫伤,田鼠啮食,又至七八分不等。先后恳请委员踏勘,禀报前来。

臣查定例,夏灾不出六月底,秋灾不出九月底。甘肃地气较迟,夏灾不出七月半,秋灾不出十月半。关外北路地气尤迟,现值招徕屯垦,遇此灾伤,亟应妥为安抚,当饬藩司魏光焘一面饬查被灾户口,分别轻重,先行抚恤,一面移道委员,分赴该两属会勘,是否成灾,钱粮应否蠲缓,据实结报

---

[1] 中国第一历史档案馆藏:《朱批原件》,档案编号:04—01—16—0221—034。
[2] 中国第一历史档案馆藏:《军机录副》,档案编号:03—5852—060。此片录副具奏日期未确,兹据原件及《军机处随手登记档》(档案编号:03—0254—2—1213—313)校正。

详办。

除俟详复至日另案奏明办理，余仍查明有无灾伤陆续陈奏外，所有绥来、济木萨两属秋禾被灾大概情形，谨附片具陈，伏乞圣鉴训示。谨奏。

（朱批）：知道了。着即督饬查明被灾户口，分别妥筹抚恤。余依议，该部知道。①

光绪十三年十月二十二日，奉朱批：知道了。着即督饬查明被灾户口，分别妥筹抚恤。余依议，该部知道。钦此。②

【案】此奏片原件未署具奏者，具奏日期仅署"光绪朝"，录副日期亦未确。兹据刻本、《军机处随手登记档》③校正。

117. 奏报都司向科德因病身故请旨开缺片

光绪十三年九月二十八日（1887年11月13日）

再，臣据巴里坤镇总兵徐占彪呈报：哈密塔尔纳沁屯田都司向科德得患伤寒病证，调治不愈，于光绪十三年七月二十七日亥时病故，并取该故员原领都司札付及印甘各结，呈请核办前来。

臣复核无异，相应请旨开缺。除所遗都司员缺容臣另拣尽先合例人员请补，并将赍到札付各结咨送兵部外，谨会同陕甘总督臣谭钟麟、署乌鲁木齐提督臣谭上连，附片具陈，伏乞圣鉴训示。谨奏。

（朱批）：兵部知道。④

光绪十三年十一月三十日，奉朱批：兵部知道。钦此。⑤

【案】此片录副具奏日期未确，兹据原件及《军机处随手登记档》⑥校正。

---

①中国第一历史档案馆藏：《朱批原件》，档案编号：04—01—23—0204—021。又《奏稿》第1731—1733页。
②中国第一历史档案馆藏：《军机录副》，档案编号：03—7103—029。
③中国第一历史档案馆藏：《军机处随手登记档》，档案编号：03—0254—2—1213—313。
④中国第一历史档案馆藏：《朱批原件》，档案编号：04—01—16—0221—035。
⑤中国第一历史档案馆藏：《军机录副》，档案编号：03—5852—061。
⑥中国第一历史档案馆藏：《军机处随手登记档》，档案编号：03—0254—2—1213—313。

118. 审拟奇台客民徐昌家被贼抢劫一案折

光绪十三年十月十七日（1887年12月1日）

尚书衔降一级留任甘肃新疆巡抚二等男臣刘锦棠跪奏，为强盗重案，审明定拟，恭折具陈，仰祈圣鉴事。

窃照奇台县属古城客居徐昌家被贼临时行强，拒伤事主，又该县东吉尔户民张自有家被盗抢劫、伤人得财两案，均经署奇台县知县杨敏会营勘验，先后详报。旋经古城领队大臣魁福访闻，古城等处抢案有甲兵庆春等在内。派弁赴济木萨密查，适值甲兵增魁被捕盗差弁韩世学盘获，供报抢劫首犯姓名，缴出赃墨二条，畏罪投井身死。当将花翎即补佐领德忠阿、蓝翎即补骁骑校那斯浑、花翎即补防御常升阿摘去翎顶，发交奇台县，归案审办，并由迪化州等处先后拿获伙盗刘得奉、陈全幅、周奉乙、陈小山，解赴奇台县审拟具详，批饬提省审办。先经古城领队大臣魁福咨呈前伊犁将军金顺，以职官听从行劫奏参革审，于光绪十一年十一月二十二日奉旨：德忠阿、那斯浑、常升阿均着先行革职，归案审办。钦此。钦遵在案。

因查现获各犯，均以庆春在逃恃无质证，狡供避就，非拿获庆春不足以成信谳，迭经饬属设法严缉未获。复于本年四月，委候补知县钟逢焕，带同古城领队大臣魁福眼线，前赴伊犁，在于金顶寺地方，拿获逃盗庆春，就近禀知署伊犁将军臣锡纶，发给护票，于五月初四日解犯到省。当经镇迪道兼按察使衔恩纶督同署迪化府知府蒋诰、发审局委员黄率淮等，提验各犯，均无拷刺伤痕。正拟转详，旋据迪化县知县陈希洛详报：监犯周奉乙带病进监，于六月初四日病故等情。又经委验取结，批饬并案详办。兹据镇迪道兼按察使衔恩纶具详前来。

经臣亲提隔别研审，缘庆春籍隶吉林汉军镶黄旗，刘得奉即刘老么籍隶安徽凤阳县，陈全幅籍隶阜康县，已革蓝翎防御衔即补骁骑校那斯浑籍隶吉林正白旗，已革花翎协领衔即补佐领德忠阿籍隶吉林正黄旗，已革花翎即补防御常升阿籍隶吉林镶黄旗，陈小山籍隶贵州仁怀县，与已死甲兵增魁、周奉乙并在逃之八娃子、陈少叶、赵连生先未为匪。

光绪十一年四月，德忠阿探知周当加行囊充足，路过古城，起意抢劫。当邀现获之庆春、刘得奉、那斯浑、常升阿、在逃之赵连生、已故之增魁、周奉乙,又由周奉乙转约已获之陈全幅、陈小山、在逃之八娃子、陈少叶,商允各备马匹,跟到草地下手。因借马不出,德忠阿起意先偷许昌家银两,以为买马之用,均各允从。

五月初七日三更,庆春、刘得奉、八娃子、陈少叶、陈小山翻墙进院,德忠阿、增魁、常升阿在门外招呼。事主徐昌惊醒喊捕,陈小山当即开门,喊同门外之德忠阿等一并逃跑。庆春等临时行强,同刘得奉刀砍事主窗格,由窗跳入房内开门,陈少叶、八娃子进内,陈少叶刀砍徐昌左肩甲一下。八娃子搜得小匣一个,内装破烂账簿,随手抛弃,墨二条存留。均由大门而逸,后将赃墨给与增魁。

六月初二日,周当加由古城起程。维时,增魁、周奉乙有病,德忠阿、常升阿有事,均未同行。刘得奉、陈全幅、那斯浑、陈小山、八娃子、陈少叶、赵连生前往跟追。甫行一日,陈小山畏惧不行,庆春等七人分持刀棍,赶行六日,始行赶上。庆春喝令大众拦住车辆,正待上车抢劫财物,事主随带人众赶来护救,未曾得财,各自退回。赵连生随即另走。陈全幅素悉张自有家道殷实,起意商同庆春等前往抢劫。

六月十一日,令那斯浑中途看守行李,陈全幅引路,偕抵事主张自有门首。八娃子翻墙进内,打开大门。事主正在点亮,开门喊人。庆春、陈少叶、八娃子拥进事主卧房,陈全幅、刘得奉站在房外把风。庆春身带麻绳,令陈少叶将事主张自有两手反捆。八娃子用刀背打事主脊背两下,复拿香火烧事主额颅,拷问金银。事主被烧难受,说出藏放金银处所。八娃子搜取大宝一只、银锞一锭、碎银一包、金子三块、银手镯一只,并刘得奉抢得连鞍马一匹,携赃逃走,路过那斯浑,告知拷打事主,分给那斯浑银锞一锭、银手镯一只。庆春等回到古城,将大宝捶碎,照股俵分。刘得奉分连鞍马一匹、银十三两八钱,陈全幅分银二十两,陈少叶分金子五钱五分、银十两,八娃子分金子一两三钱、银四两,周奉乙分银六两,德忠阿分银四两。尚有应分金子三两二钱,因系一块,存庆春手内,随后再分,并分给增魁银二两,分给常升阿银二两,常升阿未收。

各事主报官勘验差拿,旋经古城领队大臣魁福访闻,派弁赴济木萨,查出增魁,被差弁拿获,供报抢劫首从姓名,缴出赃墨二条后,畏罪投井身死。随将德忠阿、那斯浑、常升阿发交奇台县审问,并由迪化州等处先后差获陈全幅、周奉乙、刘得奉、陈小山到案,起出那斯浑赃银一锭、银手镯一只,增魁原缴赃墨二条，传到事主张自有、徐昌，认系原赃，分别给领。事主伤已平复。录供通报，批饬提省审办。先经古城领队大臣魁福咨呈前伊犁将军金顺，以职官听从行劫奏请革审，奉旨：德忠阿、那斯浑、常升阿均着先行革职，归案审办。钦此。钦遵在案。嗣伙盗庆春在逃，迭经派弁严缉，复于本年四月委员带同跟线，前赴伊犁，拿获庆春解省，由镇迪道兼按察使衔恩纶督同署迪化府知府蒋诰，审拟转详。臣亲提研审，供认前情不讳。赃经主领，正盗无疑。从犯陈少叶等缉获无期，自应照例先行拟结。

查律载：强盗已行而不得财者，皆杖一百、流三千里；但得财者，不分首从皆斩。又例载：盗劫之案，把风接赃等犯亦系同恶相济，照为首一律问拟。又强盗引线，如首盗并无立意欲劫之家，其事主姓名、行劫道路悉由引线指出，又经分得赃物者，即与盗首一体拟罪。又共谋为盗，伙犯临时畏惧不行而行者仍为强盗，其不行之犯不分赃者，杖一百；如因患病不行及别故不行，事后分赃者，发新疆给官兵为奴；不分赃者，杖一百，徒三年。又律载：窃盗临时拒捕及杀伤人者，皆斩。共盗之人不知拒捕伤人，止依窃盗论。又窃盗并赃论罪，银一两以下杖六十。又强盗窝主造意，身虽不行但分赃者，斩。又旗人初次犯窃，即销除旗档，徒罪以上即照民人一体刺字发配。又断罪无正条者，引律比附，加减定拟各等语。

此案庆春、刘得奉听从上盗，未经得财，复均听从行窃，临时行强，二次听从行劫，庆春伤人得财，刘得奉把风分赃，除行劫未经得财轻罪不议外，其临时行强与强盗得财，均应拟斩，从一科断。庆春、刘得奉合依强盗已行但得财者不分首从皆斩律，拟斩立决。

陈全幅听从行劫，未经得财，复起意抢劫，指引道路，入室分赃，应与首盗一体拟罪。除听从行劫未经得财轻罪不议外，合依强盗得财不分首从皆斩律，拟斩立决，均先行刺字。

已革即补骁骑校那斯浑，听从行劫，未经得财，复听从行劫，在途看守行李，系属因别故不行，事后分赃。除听从行劫未经得财轻罪不议外，合依共谋为盗，因别故不行，事后分赃，发新疆给官兵为奴例，拟发新疆给官兵为奴。

已革佐领德忠阿起意行劫，因事不行，而行者已为强盗未曾得财，起意行窃，不知强情伙盗起意行劫，该犯事后分赃。遍查律例，并无专条。查后次行劫得财伤人，虽非该犯起意欲劫之家，而抢劫之衅实由该犯而启，又复事后分赃,且系职官,例应加重,自应加减问拟。德忠阿除起意行劫因事不行、起意行窃不知强情各轻罪不议外,合依强盗造意身虽不行但分赃斩律上减一等,发新疆给官兵为奴,拟发新疆给官兵为奴。均遵照新例,改发极边烟瘴足四千里为限,到配系带铁杆、石礅二年。

已革即补防御常升阿,听从行窃,不知强情,共谋为盗,因事不行,而行者抢劫已行,未曾得财,伙盗起意行劫,该犯并未分赃,亦无专条,自应加减问拟。除听从行劫不知强情轻罪不议外,合依共谋为盗,因事不行,又不分赃,杖一百、徒三年罪上量减一等,拟杖九十、徒二年半。常升阿系属职官,应否改发,听候部议。

庆春、那斯浑、德忠阿、常升阿一并销除旗档。陈小山听从行窃,不知强情,共谋为盗,畏罪不行,又不分赃。除听从行窃不知强情轻罪不议外,合依共谋为盗,畏惧不行,又不分赃,杖一百例,杖一百,折责发落。增魁听从行窃,不知强情,与周奉乙均系共谋为盗,因事不行,事后分赃,罪有应得。增魁已畏罪投井身死。

周奉乙带病进监,取供后监毙,应与讯无凌虐之禁卒均免置议。周奉乙系带病进监,管狱官职名邀免开报。增魁投井,看守之勇丁郭瑞殊属疏忽,亦应比律问拟。郭瑞请比照狱囚失于检点致囚自尽者,狱卒杖六十律,拟杖六十。

该犯等在外为匪,原籍牌保无从觉查,亦免置议。古城领队大臣魁福失察庆春等为匪,系自行查拿送案究办,照例免议。起出各赃,已传事主认领,未获各赃,照估追赔。逃犯陈少叶、八娃子、赵连生等,获日另结。此案获犯大半,兼获盗首,免开参限。

是否有当? 除将全案供招咨送刑部外,合将强盗重案审明定拟缘由,会同署伊犁将军臣锡纶,恭折具陈,伏乞皇太后、皇上圣鉴,饬部核议施行。谨奏。光绪十三年十月十七日。

(朱批):刑部速议具奏。①

光绪十三年十一月二十一日,奉朱批:刑部速议具奏。钦此。②

---

①中国第一历史档案馆藏:《朱批原件》,档案编号:04—01—01—0962—046。
②中国第一历史档案馆藏:《军机录副》,档案编号:03—7354—043。

119. 奏报库尔喀喇乌苏厅稻谷被灾片
光绪十三年十月十七日（1887年12月1日）

再，臣前于奏报绥来县、济木萨两属被灾案内，曾经声明余仍查明有无灾伤、陆续陈奏在案。兹据署库尔喀喇乌苏厅同知符瑞申称：该厅入秋以后，迭降严霜，稻谷均被冻伤，其结实者又被鼠耗。据各乡农约会同新老户民禀报，当即下乡逐勘。查四乡新安之户，自本年三月报领荒地，发给牛籽、农具、银两，饬令疏通渠道，及时垦种，不料全无收获。其老户已垦熟地，已被霜冻鼠啮，间有收割，不敷籽种。恳请委员勘验，并奏请蠲免等情前来。

臣查该厅新安各户甫经领垦，老户额粮岁只六十余石，人稀地广，正在招徕，遇此重灾，不但成本、额粮无可追缴，而嗷嗷待哺，实堪悯恻。

除饬藩司魏光焘移道委员，会同确切复勘，分别新老户民，蠲免额粮、成本，并应如何给赈及来春应否接济，据实详报，再行详细具奏外，所有库尔喀喇乌苏厅被灾情形，谨附片具陈，伏乞圣鉴训示。谨奏。

（朱批）：知道了。①

光绪十三年十一月二十一日，奉朱批：知道了。钦此。②

【案】此奏片原件未署具奏者，具奏日期亦未确，兹据《奏稿》及《军机处随手登记档》③校正。

120. 委令黄率淮署理库尔喀喇乌苏同知片
光绪十三年十月十七日（1887年12月1日）

再，署库尔喀喇乌苏同知符瑞调省，遗缺查有补用知州黄率淮，堪以委署。据藩、臬两司会详前来。除由臣批饬给委外，谨会同陕甘总督臣谭钟麟，附片具奏，伏乞圣鉴。谨奏。

---

①中国第一历史档案馆藏：《朱批原件》，档案编号：04—01—01—0957—096。又《奏稿》第1735—1736页。
②中国第一历史档案馆藏：《军机录副》，档案编号：03—6224—006。
③中国第一历史档案馆藏：《军机处随手登记档》，档案编号：03—0254—2—1213—334。

（朱批）：吏部知道。①

光绪十三年十一月二十一日，奉朱批：吏部知道。钦此。②

【案】此奏片原件未署具奏者，具奏日期仅署"光绪十三年"，兹据录副及《军机处随手登记档》③校正。

121. 委令连喜署理乌鲁木齐左翼佐领片
光绪十三年十月十七日（1887年12月1日）

再，据古城城守尉德胜呈称：据署乌鲁木齐左翼佐领苏克敦禀称：现当归并旗营之际，事务殷繁，自问恐难胜任，恳请开去署缺，仍供骁骑校原职等情。应请照准。所遗左翼佐领员缺，查有即补佐领连喜，堪以署理，呈请核示前来。

除批准给委外，谨会同署伊犁将军臣锡纶、陕甘总督臣谭钟麟，附片陈明，伏乞圣鉴。谨奏。

（朱批）：兵部知道。④

光绪十三年十一月二十一日，奉朱批：兵部知道。钦此。⑤

【案】此奏片原件未署具奏者，具奏日期仅署"光绪十三年十月"，兹据录副及《军机处随手登记档》⑥校正。

122. 新疆诸军员缺营制饷章仿照抚标拟议折
光绪十三年十月二十七日（1887年12月11日）

头品顶戴陕甘总督臣谭钟麟、尚书衔降一级留任甘肃新疆巡抚二等男臣刘锦棠跪奏，为新疆喀什噶尔、阿克苏、巴里坤提镇标路各营员缺、营制、饷章，仿照抚标章程分别拟设，谨缮具清单，恭折仰祈圣鉴事。

---

①中国第一历史档案馆藏：《朱批原件》，档案编号：04—01—12—0540—047。
②中国第一历史档案馆藏：《军机录副》，档案编号：03—5229—097。
③中国第一历史档案馆藏：《军机处随手登记档》，档案编号：03—0254—2—1213—334。
④中国第一历史档案馆藏：《朱批原件》，档案编号：04—01—16—0027—039。
⑤中国第一历史档案馆藏：《军机录副》，档案编号：03—5229—098。
⑥中国第一历史档案馆藏：《军机处随手登记档》，档案编号：03—0254—2—1213—334。

窃臣等前奏设立新疆抚标参用勇营章程,现准部臣议复内开:提镇各营,据称拟照此章,以次议设,应令该督等体察情形,即行会商兴办等因。奉旨允准、钦遵在案。惟查喀什噶尔、阿克苏、新疆省城,原驻开花炮队三哨,最利攻剿。边防要地,未便因改设营制,遽予遣撤,拟于喀什噶尔提属、阿克苏镇属,各照旧设开花炮队一哨,并于前设抚标内加设开花炮队一哨,均隶各城守营管辖,咨行商办去后。兹准署提臣谭上连咨称:先后会同喀什噶尔正署巡道袁尭龄、黄光达查察地势情形,拟议呈请酌办前来。

查喀什噶尔地处极边,紧与俄邻,原议以乌鲁木齐提督移驻,俾资镇守。今拟设提标中、前、左、右四营,参将一员,游击三员,守备七员,千总、把总、经制外委四十五员,步队四营,马队七旗。城守营拟设游击一员,守备二员,千总、把总、经制外委十员,步队、马队一旗,开花炮队一哨。回城驻分巡通商道员,中俄交涉,尤关紧要,拟设副将一员,都司一员,守备一员,千总、把总、经制外委十二员,步队一营,马队二旗。

英吉沙尔东连叶尔羌,西南紧接①奈曼、布鲁特,卡伦最多,防间不易,拟设参将一员,守备一员,千总、把总、经制外委九员,步队一营,马队一旗。

莎车州即叶尔羌,西界爱乌罕,南连英属之退摆特,西南山径通英属之克什米尔各部落,防范宜严,拟设副将一员,都司一员,守备二员,千总、把总、经制外委十五员,步队一营,马队三旗。其所属之叶城县,即由所设马队内分右旗一旗驻防。

玛喇巴什东接阿克苏,南通莎车州,西连喀什噶尔,为往来冲衢,实上下关键,拟设游击一员,守备一员,千总、把总、经制外委七员,步队一旗,马队一旗。

和阗州南通西藏,西南紧与英邻,巡防宜密,拟设参将一员,守备一员,千总、把总、经制外委九员,步队一营,马队一旗。其所属之于阗县,即由所设步队内分左哨驻防。

再,喀什噶尔与各外部毗连,往来文报必须翻译。查乌鲁木齐提标中、左两营,原设蒙古千总各一缺,兹参用勇营章程,千总必须带哨,拟于中营另设蒙古把总二缺,归提署差遣,遇有缺出,仍由古城满营合例人员内补放。

---

① "紧接",《奏稿》作"紧要"。

以上各营，均归提督管辖。计设副将二员、参将三员、游击五员、都司二员、守备十五员、千总十九员、把总五十五员、经制外委三十五员，并提督共官一百三十七员。步队九营一旗，马队十六旗，开花炮队一哨，除火勇共设正勇六千三百九十七名，并酌设提督稿书十名，缠文书办二名，通事二名，以资办公。此拟设喀什噶尔提标官弁勇丁之数目情形也。

又据署阿克苏镇总兵董福祥会同护阿克苏道陈名钰呈称：查阿克苏居南疆适中之地，非驻重兵不足以资策应，拟设镇标中、左、右三营，游击三员，守备六员，千总、把总、经制外委三十六员，步队三营，马队六旗，并将左营马队抽拨一旗，分驻拜城县治。城守营拟设都司一员，守备一员，千总、把总、经制外委五员，步队一旗，开花炮队一哨。乌什兼辖胡什齐、奇里克各布鲁特，又连俄境，防卫关重，拟设副将一员，都司二员，守备一员，千总、把总、经制外委十六员，步队一营一旗，马队二旗。

喀喇沙尔为南疆门户，蒙回杂处，南通罗布淖尔，拟设参将一员，守备一员，千总、把总、经制外委九员，步队一营，马队一旗。库车为东西通衢，所属沙雅尔民情刁悍，拟设游击一员，守备一员，千总、把总、经制外委七员，步队一旗，马队一旗，并于中营另设蒙古把总二缺，由古城满营合例人员内补放，归镇署差遣。

以上各营，均归总兵管辖。计设副将一员、参将一员、游击四员、都司三员、守备十员、千总十三员、把总三十九员、经制外委二十三员，并总兵共官九十五员。步队五营三旗，马队十旗，开花炮队一哨，除火勇共设正勇四千五百三十三名，仍酌设镇署稿书八名、缠文书办二名、通事二名。此拟设阿克苏镇标官弁勇丁之数目情形也。

至巴里坤镇标路各营，原额马步兵三千六百七十二名，现止八百八十五名，缺额已逾三倍，部臣谓未改。各营须酌留兵额，以符旧制。窃维现在因勇设标，系出一时权宜之计，而大致与原额相仿，俟将来察看土著可募为兵，自可徐图规复兵制，或仿照各省练兵章程，仍可随时参酌办理。

兹据巴里坤镇总兵徐占彪呈称：拟设镇标中、左、右三营，游击三员，守备三员，千总、把总、经制外委二十七员，步队三营，马队三旗。城守营拟设都司一员，千总、把总、经制外委四员，步队一旗。

哈密协营拟设副将一员，都司一员，守备一员，千总、把总、经制外委十二员，步队一营，马队二旗。哈密协属塔尔纳沁拟设守备一员，把总一员，步队一哨。

古城营拟设游击一员、守备一员,千总、把总、经制外委九员,步队一营,马队一旗。木垒营拟设守备一员,把总、经制外委三员,马队一旗,仍于中营另设蒙古把总二缺,由古城满营合例人员内补放,归镇署差遣。

以上各营,均归总兵管辖。计设副将一员、游击四员、都司二员、守备七员、千总十一员、把总二十九员、经制外委十八员,并总兵共官七十三员。步队五营一旗一哨,马队七旗,除火勇共设正勇三千五百一十七名,并添设镇署稿书八名、清书二名。此拟设巴里坤镇标官弁勇丁之数目情形也。

总共提镇标路各营官弁俸薪、蔬红、廉费、马干、料草折价及书办、通事口食,世职世俸,牧马扫雪兵丁盐菜、鞠鞋等项,岁需银一十万零三千六百九十一两六钱四分八厘,勇丁较原议人数有减无增,饷项照依抚标章程,岁需银九十六万一千九百六十五两四钱八分。例马草料,北路额征较少,前设抚标议给半本半折,巴里坤应请照旧全支折色。南路额征料草尚多,喀什噶尔、阿克苏拟概发给本色,岁需京斗料四千五百三十六石,岁需草二十一万一千六百八十束。两镇标路各营均归提督管辖,提镇各营均由抚臣节制,饬据藩司魏光焘议复,详请具奏前来。

臣等复核无异。谨分别缮具清单,恭呈御览。仰恳饬下户、兵等部核议,并将前设抚标加设开花炮队一哨并案议复遵行。其余未尽事宜,仍俟陆续察酌,随时奏明办理。

所有仿照抚标拟设喀什噶尔提属、阿克苏、巴里坤镇属标路各营员缺、营制、饷章,暨添设抚标炮队各缘由,谨会同署提督臣谭上连,合词恭折具奏,伏乞皇太后、皇上圣鉴训示。再,此折系臣锦棠主稿,合并声明。谨奏。十月二十七日。

光绪十三年十二月初一日,奉朱批:该部议奏。单三件并发。钦此。①

123. 呈拟设新疆诸军各营哨官弁勇数目清单
光绪十三年十月二十七日(1887年12月11日)

谨将拟设喀什噶尔提属、阿克苏、巴里坤镇属标路各营哨官弁勇丁数

---

① 中国第一历史档案馆藏:《军机录副》,档案编号:03—5754—050。又《奏稿》第 1737—1747 页。

目缮具清单。恭呈御览。计开

一、拟设喀什噶尔提标步队四营、马队七旗。内中营步队一营,营官中军参将一员,前、左两哨哨长千总二员,右、后两哨哨长把总二员,又蒙古把总二员,巡查经制外委二员。左旗马队一旗,旗官中军守备一员,左、右两哨哨长把总二员,巡查经制外委一员。右旗马队一旗,旗官守备一员,左、右两哨哨长把总二员,巡查经制外委一员。左营步队一营,营官游击一员,前、左两哨哨长千总二员,右、后两哨哨长把总二员,巡查经制外委二员。左旗马队一旗,旗官中军守备一员,左、右两哨哨长把总二员,巡查经制外委一员。右旗马队一旗,旗官守备一员,左、右两哨哨长把总二员,巡查经制外委一员。右营步队一营,营官游击一员,前、左两哨哨长千总二员,右、后两哨哨长把总二员,巡查经制外委二员。左旗马队一旗,旗官中军守备一员,左、右两哨哨长把总二员,巡查经制外委一员。右旗马队一旗,驻扎乌帕尔旗官守备一员,左、右两哨哨长把总二员,巡查经制外委一员。前营步队一营,营官游击一员,前、左两哨哨长千总二员,右、后两哨哨长把总二员,巡查经制外委二员。马队一旗,旗官中军守备一员,左、右两哨哨长把总二员,巡查经制外委一员。

一、拟设喀什噶尔提标城守营步队一营,营官游击一员,前、左两哨哨长千总二员,右、后两哨哨长把总二员,巡查经制外委二员。马队一旗,驻扎玉斯图阿尔图什庄旗官中军守备一员,左、右两哨哨长把总二员,巡查经制外委一员。开花炮队一哨,守备一员,把总一员。

一、拟设喀什噶尔回城协营步队一营、马队二旗。内中营步队一营,营官副将一员,前、左两哨哨长千总二员,右、后两哨哨长把总二员,巡查经制外委二员。左旗马队一旗,旗官中军都司一员,左、右两哨哨长把总二员,巡查经制外委一员。右旗马队一旗,驻扎明瑶路旗官守备一员,左、右两哨哨长把总二员,巡查经制外委一员。

一、拟设英吉沙尔步队一营,营官参将一员,前、左两哨哨长千总二员,右、后两哨哨长把总二员,巡查经制外委二员。马队一旗,旗官中军守备一员,左、右两哨哨长把总二员,巡查经制外委一员。

一、拟设莎车协营步队一营、马队三旗。内中营步队一营,营官副将一员,前、左两哨哨长千总二员,右、后两哨哨长把总二员,巡查经制外委二员。中旗马队一旗,旗官中军都司一员,左、右两哨哨长把总二员,巡查经制外委一员。左旗马队一旗，旗官守备一员，左、右两哨哨长把总二员，巡查经制外委一员。右旗马队一旗，驻防叶城县治旗官守备一员，左、右两哨哨长把总二员，巡查经制外委一员。

一、拟设玛喇巴什营步队一旗，旗官游击一员，中哨哨长千总一员，右、后两哨哨长把总二员，巡查经制外委一员。马队一旗，旗官中军守备一员，左、右两哨哨长把总二员，巡查经制外委一员。

一、拟设和阗营步队一营，营官参将一员，前、左两哨哨长千总二员，右、后两哨哨长把总二员，巡查经制外委二员。内分左哨驻防于阗县治。马队一旗，旗官中军守备一员，左、右两哨哨长把总二员，巡查经制外委一员。

以上计步队九营一旗、马队十六旗、开花炮队一哨。除提督外，共员弁一百三十六员，勇丁六千三百九十七名。除员弁廉俸等项照章支给外，勇饷按照抚标章程扣算，每年约计六大建、六小建，共需银四十三万五千五百三十两零九钱四分。

一、拟设阿克苏镇标步队三营、马队六旗。内中军步队一营，营官中军游击一员，前、左两哨哨长千总二员，右、后两哨哨长把总二员，又蒙古把总二员，巡查经制外委二员。左旗马队一旗，旗官中军守备一员，左、右两哨哨长把总二员，巡查经制外委一员。右旗马队一旗，旗官守备一员，左、右两哨哨长把总二员，巡查经制外委一员。中营步队一营，营官游击一员，前、左两哨哨长千总二员，右、后两哨哨长把总二员，巡查经制外委二员。左旗马队一旗，旗官中军守备一员，左、右两哨哨长把总二员，巡查经制外委一员。右旗马队一旗，旗官中军守备一员，左、右两哨哨长把总二员，巡查经制外委一员。右营步队一营，营官游击一员，前、左两哨哨长千总二员，右、后两哨哨长把总二员，巡查经制外委二员。左旗马队一旗，旗官中军守备一员，左、右两哨哨长把总二员，巡查经制外委一员。右旗马队一旗，旗官中军守备一员，左、右两哨哨长把总二员，巡查经制外委一员，分防拜城县治。

一、拟设阿克苏城守营步队一旗，旗官城守都司一员，中哨哨长千总一员，左、右两哨哨长把总二员，巡查经制外委一员，开花炮队一哨，守备一员、把总一员。

一、拟设乌什协营步队一营一旗、马队二旗。内中营步队一营，营官副将一员，前、左两哨哨长千总二员，右、后两哨哨长把总二员，巡查经制外委二员。中旗步队一旗，旗官中军都司一员，中哨哨长千总一员，左、右两哨哨长把总二员，巡查经制外委一员。左旗马队一旗，旗官都司一员，左、右两哨哨长把总二员，巡查经制外委一员。右旗马队一旗，旗官守备一员，左、右两哨哨长把总二员，巡查经制外委一员。

一、拟设喀什噶尔营步队一营，营官参将一员，前、左两哨哨长千总二员，右、后两哨哨长把总二员，巡查经制外委二员。马队一旗，旗官中军守备一员，左、右两哨哨长把总二员，巡查经制外委一员。

一、拟设库车营步队一旗，旗官游击一员，中哨哨长千总一员，左、右两哨哨长把总二员，巡查经制外委一员。马队一旗，旗官中军守备一员，左、右两哨哨长把总二员，巡查经制外委一员。

以上计步队五营三旗、马队十旗、开花炮队一哨。除总兵外，共员弁九十四员，勇丁四千五百三十三名。除员弁廉俸等项照章支给外，勇饷按照抚标章程扣算，每年约计六大建、六小建，共需银二十九万九千七百零八两七钱。

一、原设巴里坤镇标三营步兵八百三十八名，马兵一千一百一十七名，官处总兵一员外，游击三员，守备三员，千总六员，把总一十二员，经制外委一十八员，额外外委一十八名。拟设巴里坤镇标步队三营、马队三旗。内中营步队一营，营官中军游击一员，前、左两哨哨长千总二员，右、后两哨哨长把总二员，又蒙古把总二员，巡查经制外委二员。马队一旗，旗官中军守备一员，左、右两哨哨长把总二员，巡查经制外委一员。左营步队一营，营官游击一员，前、左两哨哨长千总二员，右、后两哨哨长把总二员，巡查经制外委二员。马队一旗，旗官中军守备一员，左、右两哨哨长把总二员，巡查经制外委一员。右营步队一营，营官游击一员，前、左两哨哨长千总二员，右、后两哨哨长把总二员，巡查经制外委二员。马队一旗，旗官中军守备一员，左、右两哨哨长把总二员，巡查经制外委一员。

一、原设镇标城守营步兵八十三名、马兵九十七名，都司一员，千总一员，把总二员，经制外委二员，额外外委二名。拟设巴里坤城守营步队一旗，旗官都司一员，中哨哨长千总一员，左、右两哨哨长把总二员，巡查经制外委一员。

一、原设镇属哈密协并塔尔纳沁二营步兵四百四十七名，马兵三百八十三名,副将一员,都司二员,千总二员,把总六员,经制外委六员,额外外委七名。拟设哈密协营步队一营、马队二旗。内中营步队一营,营官副将一员,前、左两哨哨长千总二员,右、后两哨哨长把总二员,巡查经制外委二员。左旗马队一旗,旗官中军都司一员,左、右两哨哨长把总二员,巡查经制外委一员。右旗马队一旗,旗官守备一员,左、右两哨哨长把总二员,巡查经制外委一员。拟设塔尔纳沁营步队一哨,屯田守备一员,把总一员,仍归哈密协副将管辖。

一、原设镇属古城营步兵二百二十名、马兵一百八十五名,游击一员,千总一员,把总二员,经制外委四员,额外外委四名。拟设古城营步队一营,营官游击一员,前、左两哨哨长千总二员,右、后两哨哨长把总二员,巡查经制外委二员。马队一旗,旗官中军守备一员,左、右两哨哨长把总二员,巡查经制外委一员。

一、原设镇属木垒营步兵一百七十四名、马兵一百二十八名,守备一员,把总二员,经制外委二员,额外外委二名。拟设木垒营马队一旗,旗官守备一员,左、右两哨哨长把总二员,巡查经制外委一员。

以上计步队五营一旗一哨、马队七旗。除总兵外,共员弁七十二员,勇丁三千五百一十七名。除官弁廉俸等项照章支给外,勇饷按照抚标章程扣算,每年约计六大建、六小建,共需银二十二万六千七百二十五两八钱四分。

(朱批):览。①

124. 呈拟定诸军各营旗哨等营制饷章清单
光绪十三年十月二十七日(1887年12月11日)

谨将拟定各营旗哨暨开花炮队营制、饷章,缮具清单,恭呈御览。计开
一、步队一营,以四百九十八人为定额,私夫在外。每营营官一员,除每岁廉俸、薪蔬、纸红、马干、本折、料草等项银两照章支领外,每月加制办旗帜、号衣银六十两,不扣建。私夫十六名,每名月支银二两七钱,扣建。营书四名,每名月支银六两,扣建。前、左两哨哨长千总二员,除每岁养廉、俸薪、马干等项银两照章支领外,每员加私夫二名,每名月支银二两七钱,

---
①中国第一历史档案馆藏:《清单》,档案编号:03—5754—062。

扣建。右、后两哨哨长把总二员,右、后两哨哨长把总二员,除每岁养廉、俸薪、马干等项银两照章支领外,每员加私夫二名,每名月支银二两七钱,扣建。巡查经制外委二员,除每岁养廉、俸薪、马干等项银两照章支领外,每员加私夫二名,每名月支银二两七钱,扣建。亲兵什长、额外外委六名,每名月支银四两五钱,扣建。各哨什长三十二名,每名月支银四两二钱,扣建。亲兵六十六名、哨书护兵二十名,每名月支银三两九钱,扣建。正勇三百二十名,每名月支银三两六钱,扣建。伙夫四十三名,每名月支银三两,扣建。共大建月支银一千九百三十七两四钱,小建月支银一千八百七十四两八钱二分。

一、步队一旗以三百六十七人为定额,私夫在外。每旗旗官一员,除每岁廉俸、薪蔬、纸红、马干等项银两照章支领外,每月加制办旗帜、号衣银五十两,不扣建。私夫八名,每名月支银二两七钱,扣建。营书三名,每名月支银六两,扣建。中哨哨长千总一员,除每岁养廉、俸薪、马干等项银两照章支领外,加私夫二名,每名月支银二两七钱,扣建。左、右两哨哨长千总二员,除每岁养廉、俸薪、马干等项银两照章支领外,每员加私夫二名,每名月支银二两七钱,扣建。巡查经制外委一员,除每岁养廉、俸薪、马干等项银两照章支领外,加私夫二名,每名月支银二两七钱,扣建。亲兵什长、额外外委四名,每名月支银四两五钱,扣建。各哨什长二十四名,每名月支银四两二钱,扣建。亲兵四十四名、哨书护兵十五名,每名月支银三两九钱,扣建。正勇二百四十名,每名月支银三两六钱,扣建。伙夫三十二名,每名月支银三两,扣建。共大建月支银一千四百二十两零一钱,小建月支银一千三百七十四两四钱三分。

一、步队一哨以一百四十人为定额,私夫在外。守备一员,除每岁廉俸、薪蔬、纸红、马干等项银两照章支领外,每月加制办旗帜、号衣银十六两,不扣建。私夫四名,每名月支银二两七钱,扣建。营书一名,每名月支银六两,扣建。把总一员,除每岁养廉、俸薪、马干等项银两照章支领外,加私夫二名,每名月支银二两七钱,扣建。什长八名,每名月支银四两二钱,扣建。护兵四名,每名月支银三两九钱,扣建。正勇八十名,每名月支银三两六钱,扣建。伙夫九名,每名月支银三两,扣建。共大建月支银四百二两四钱,小建月支银三百八十九两五钱二分。

一、马队一营以二百五十人为定额,伙夫、私夫在外。每营营官一员,除每岁廉俸、薪蔬、纸红、马干等项银两照章支领外,每月加制办旗帜、号衣银五十两,不扣建。私夫十六名,每名月支银二两七钱,扣建。营书三名,每名月支银六两。马夫各半名,月支银一两三钱五分,扣建。月支杂费银六钱,不扣建。前、左两哨哨长千总二员,除每岁养廉、俸薪、马干等项银两照章支领外,每员加私夫二名,每名月支银二两七钱,扣建。右、后两哨哨长把总二员,除每岁养廉、俸薪、马干等项银两照章支领外,每员加私夫二名,每名月支银二两七钱,扣建。巡查经制外委二员,除每岁养廉、俸薪、马干等项银两照章支领外,每员加私夫二名,每名月支银二两七钱,扣建。亲兵领旗额外外委二名,每名月支银四两五钱。马夫各半名,月支银一两三钱五分,扣建。月支杂费银六钱,不扣建。各哨领旗二十名,每名月支银四两二钱。马夫各半名,月支银一两三钱五分,扣建。月支杂费银六钱,不扣建。亲兵十八名、哨书护兵二十名,每名月支银三两九钱。马夫各半名,月支银一两三钱五分,扣建。月支杂费银六钱,不扣建。马勇一百八十名,每名月支银三两六钱。马夫各半名,月支银一两三钱五分,扣建。月支杂费银六钱,不扣建。伙夫二十七名,每名月支银三两,扣建。营书、额外外委及领旗、哨书、亲兵、护兵、正勇,每名骑马一匹,每匹月支马干银二两四钱,扣建。其营哨、巡查各官马匹、本折、料草、马干照章支领,不另议给。共大建月支银二千一百七十两八钱五分,小建月支银二千一百零五两一分五厘,例马价照章支领。

一、马队一旗以一百二十六人为定额,伙夫、私夫、马夫在外。每旗旗官一员,除每岁廉俸、薪蔬、纸红、马干等项银两照章支领外,每月加制办旗帜、号衣银二十五两,不扣建。私夫八名,每名月支银二两七钱,扣建。营书二名,每名月支银六两。马夫各半名,月支银一两三钱五分,扣建。月支杂费银六钱,不扣建。左、右两哨哨长把总二员,除每岁养廉、俸薪、马干等项银两照章支领外,每员加私夫二名,每名月支银二两七钱,扣建。巡查经制外委一员,除每岁养廉、俸薪、马干等项银两照章支领外,每员加私夫二名,每名月支银二两七钱,扣建。亲兵领旗额外外委三名,每名月支银四两五钱。马夫各半名,月支银一两三钱五分,扣建。月支杂费银六钱,不扣建。各哨领旗八名,每名月支银四两二钱。马夫各半名,月支银一两三钱五分,扣建。月支杂费银六钱,不扣建。亲兵二十七名、哨书护兵一十名,每名月支银一两三钱五分,扣建。月支杂费银六钱,不扣建。马勇七十二名,每名月支银三两六钱。马夫各半名,月支银一两三钱五分,扣建。月支杂费银六钱,不扣建。伙夫十四名,每名月支银三两,扣建。营书、额外外委及领旗、哨书、亲兵、护兵、正勇每名骑马一匹,每匹月支马干银二两四钱,扣建。其旗哨、巡查各官马匹、本折、料草、马干照章支领,不另议给。共大建月支银一千零九十八两一钱,小建月支银一千零六十四两七钱七分,例马价照章支领。

一、开花炮队一哨以九十二人为定额,私夫、车夫在外。每哨守备一员,除每岁廉俸、薪蔬、纸红、马干等项银两照章支领外,每月加制办旗帜、号衣银十六两,不扣建。私夫四名,每名月支银二两七钱,扣建。营书一名,月支银六两,扣建。把总一员,除每岁养廉、俸薪马干等项银两照章支领外,加私夫二名,每名月支银二两七钱,扣建。护兵四名,每名月支银四两二钱,扣建。炮勇七十二名,每名月支银三两九钱,扣建。伙夫七名,每名月支银三两,扣建。车夫八名,每名月支银三两,扣建。车骡十六头,每头月支干银二两四钱,扣建。共大建月支银四百四十六两二钱,小建月支银四百三十一两八钱六分。查开花炮队口粮,向较马步营旗为优。此次裁改坐粮,自难照旧支给。兹照步队饷章,量为加增,以示区别,合并声明。

(朱批):览。①

125. 呈拟设新疆诸军各营官弁数目清单
光绪十三年十月二十七日(1887年12月11日)

谨将拟设喀什噶尔提属、阿克苏、巴里坤镇属标路各营官弁数目,缮具清单,恭呈御览。计开

一、拟设喀什噶尔提督一员,除俸银照章停支外,岁需薪蔬银三百二十四两、纸红银二百两、养廉银二千八百两,例马二十匹,马干银六十两,共银三千三百八十四两,本色京斗料一百五十四石二斗八升五合七勺,本色草七千二百束。

一、拟添设喀什噶尔提署稿书十名,每名月支银六两,岁共支银七百二

---

①中国第一历史档案馆藏:《清单》,档案编号:03—5754—063。

十两。缠文书办二名,每名月支银四两八钱,岁共支银一百十五两二钱。通事二名,每名月支银九钱,岁共支银二十一两六钱。总共岁需银八百五十两八钱,遇闰加增,小建扣除,理合登明。

一、拟设喀什噶尔提标步队四营、马队七旗,共官五十八员,内参将一员,游击三员,守备七员,千总八员,把总二十二员,蒙古把总二员,经制十五员,例马一百一十八匹,经制骑操马十五匹,岁需俸薪、蔬红、养廉、马干等项银一万二千七百九十九两三钱,公费银二千三百九十四两四钱二分七厘,本色京斗料一千零二十六石,本色草四万七千八百八十束。

一、拟设喀什噶尔提标城守营步队一营、马队一旗、开花炮队一哨,共官十三员。内游击一员,守备二员,千总二员,把总五员,经制三员,例马二十八匹,经制骑操马三匹,岁需俸薪、蔬红、养廉、马干等项银三千零六十五两七钱五分二厘,公费银五百三十四两五钱二分,本色京斗料二百三十九石一斗四升二合九勺,本色草一万一千一百六十束。

一、拟设喀什噶尔回城协营步队一营、马队二旗,共官十五员。内副将一员,都司一员,守备一员,千总二员,把总六员,经制四员,例马三十六匹,经制骑操马四匹,岁需俸薪、蔬红、养廉、马干等项银四千零八十两零一钱零四厘,公费银一千三百六十五两五钱九分七厘,本色京斗料三百八石五斗七升一合四勺,本色草一万四千四百束。

一、拟设英吉沙尔营步队一营、马队一旗,共官十一员。内参将一员,守备一员,千总二员,把总四员,经制三员,例马二十四匹,经制骑操马三匹,岁需俸薪、蔬红、养廉、马干等项银二千六百九十九两零四分四厘,公费银七百九十两八钱六分七厘,本色京斗料二百八石二斗八升五合七勺,本色草九千七百二十束。

一、拟设莎车协营步队一营、马队三旗,共官十九员。内副将一员,都司一员,守备二员,千总二员,把总八员,经制五员,例马四十四匹,经制骑操马五匹,岁需俸薪、蔬红、养廉、马干等项银四千八百五十七两八钱一分二厘,公费银一千三百六十五两五钱九分七厘,本色京斗料三百七十八石,本色草一万七千六百四十束。

一、拟设玛喇巴什营步队一旗、马队一旗,共官九员。内游击一员,守备一员,千总一员,把总四员,经制二员,例马二十匹,经制骑操马二匹,岁需俸薪、蔬红、养廉、马干等项银二千二百一十六两零四分四厘,公费银五百三十四两五钱二分,本色京斗料一百六十九石七斗一升四合三勺,本色草七千九百二十束。

一、拟设和阗营步队一营、马队一旗,共官十一员。内参将一员,守备一员,千总二员,把总四员,经制三员,例马二十四匹,经制骑操马三匹,岁需俸薪、蔬红、养廉、马干等项银二千六百九十九两零四分四厘,公费银七百九十两八钱六分七厘,本色京斗料二百八石二斗八升五合七勺,本色草九千七百二十束。

以上总共设官一百三十七员,岁需俸薪、蔬红、养廉、马干、口食等项银三万六千六百五十七两九钱,公费银七千七百七十六两三钱九分五厘,本色京斗料二千六百九十二石二斗八升五合七勺,本色草一十二万五千六百四十束。

一、拟设阿克苏总兵一员,除俸银照章停支外,岁需薪蔬银二百八十四两,纸红银一百六十两,养廉银二千一百两,例马十六匹,马干银四十八两。共银二千五百九十二两,本色京斗料一百二十三石四斗二升八合六勺,本色草五千七百六十束。

一、拟设阿克苏镇署稿书八名,每名月支银六两,岁共支银五百七十六两。缠文书办二名,每名月支银四两八钱,岁共支银一百一十五两二钱。通事二名,每名月支银九钱,岁共支银二十一两六钱。总共岁需银七百一十二两八钱,遇闰加增,小建扣除,理合登明。

一、拟设阿克苏镇标步队三营、马队六旗,共官四十七员。内游击三员,守备六员,千总六员,把总一十八员,蒙古把总二员,经制外委一十二员,例马九十四匹,经制骑操马十二匹,岁需俸薪、蔬红、养廉、马干等项银一万一百两二钱五分六厘,公费银二千四百三十八两九钱四分五厘,本色京斗料八百一十七石七斗一升四合三勺,本色草三万八千一百六十束。

一、拟设阿克苏城守营步队一旗、开花炮队一哨,共官七员。内都司一员,守备一员,千总一员,把总三员,经制一员,例马一十六匹,经制骑操马一匹,岁需俸薪、蔬红、养廉、马干等项银一千七百零七两一钱零四厘,公费银三百五十六两三钱三分三厘,本色京斗料一百三十一石一斗四升二合八勺,本色草六千一百二十束。

一、拟设乌什协营步队一营一旗、马队二旗,共官二十员。内副将一员、都司二员、守备一员、千总三员、把总八员、经制五员，例马四十六匹，经制骑操马五匹，岁需俸薪、蔬红、养廉、马干等项银五千二百零二两五钱，公费银一千三百六十五两五钱九分七厘，本色京斗料三百九十三石四斗二升八合六勺，本色草一万八千三百六十束。

一、拟设喀什噶尔营步队一营、马队一旗，共官一十一员。内参将一员，守备一员，千总二员，把总四员，经制三员，例马三十四匹，经制骑操马三匹，岁需俸薪、蔬红、养廉、马干等项银二千六百九十九两零四分四厘，公费银七百九十两八钱六分七厘，本色京斗料二百八石二斗八升五合七勺，本色草九千七百二十束。

一、拟设库车营步队一旗、马队一旗，共官九员。内游击一员，守备一员，千总一员，把总四员，经制二员，例马二十匹，经制骑操马二匹，岁需俸薪、蔬红、养廉、马干等项银二千二百一十六两零四分四厘，公费银五百三十四两五钱二分，本色京斗料一百六十九石七斗一升四合三勺，本色草七千九百二十束。

以上总共设官九十五员，岁需俸薪、蔬红、养廉、马干、口食等项银二万五千二百二十九两七钱四分八厘，公费银五千四百八十六两二钱六分二厘，本色京斗料一千八百四十三石七斗一升四合三勺，本色草八万六千零四十束。

一、巴里坤镇总兵一员，除俸银照章停支外，岁需薪蔬银二百八十四两，纸红银一百六十两，养廉银二千一百两，例马十六匹，马干银四十八两，料草、折价银三百五十七两九钱四分三厘，共银二千九百四十九两九钱四分三厘。

一、添设巴里坤镇署稿书八名，每名月支银六两，岁共支银五百七十六两。清书二名，每名月支银四两八钱，岁共支银一百一十五两二钱。总共岁需银六百九十一两二钱，遇闰加增，小建扣除，理合登明。

一、拟设巴里坤镇标步队三营、马队三旗，共官三十五员。内游击三员，守备三员，千总六员，把总一十二员，蒙古把总二员，经制外委九员，例马七十匹，经制骑操马九匹，岁需俸薪、蔬红、养廉、马干、料草、折价等项银九千五百三十四两四钱七分三厘，公费银一千八百七十两三钱六分四厘。

一、拟设巴里坤城守营步队一旗，共官五员。内都司一员，千总一员，把总二员,经制外委一员,例马十匹,经制骑操马一匹,岁需俸薪、蔬红、养廉、马干、料草、折价等项银一千三百六十八两四钱八分二厘,公费银一百七十八两一钱七分三厘。

一、拟设哈密协营步队一营、马队二旗,共官一十五员。内副将一员,都司一员,守备一员,千总二员,把总六员,经制外委四员,例马三十六匹,经制骑操马四匹,岁需俸薪、蔬红、养廉、马干、料草、折价等项银四千九百七十四两九钱六分二厘,公费银六百二十四两六分五厘。

一、拟设哈密协属塔尔纳沁屯田步队一哨,共官二员。内守备一员,把总一员,例马六匹,岁需俸薪、蔬红、养廉、马干、料草、折价等项银七百一十八两九钱三分七厘,公费银八十三两七钱。

一、拟设古城营步队一营、马队一旗,共官一十一员。内游击一员,守备一员,千总二员,把总四员,经制外委三员,例马二十二匹,经制骑操马三匹,岁需俸薪、蔬红、养廉、马干、料草、折价等项银三千零四十两三钱二分九厘,公费银三百五十六两三钱四分七厘。

一、拟设木垒营马队一旗,共官四员。内守备一员,把总二员,经制外委一员,例马八匹,经制骑操马一匹,岁需俸薪、蔬红、养廉、马干、料草、折价等项银九百七十九两五分一厘,公费银二百六十七两七钱一分七厘。

一、标营世职骑都尉一员,云骑尉四员,岁需世俸银四百五十两。

一、东厂牧马兵丁三十二名,岁需盐菜、鞠鞋银三百四十五两六钱。

一、天山扫雪兵丁三十名,共岁需鞠鞋银一百八两。

以上总共设官七十三员,并世职共岁需俸薪、蔬红、养廉、例马、料草、折价、世俸、盐菜、鞠鞋、口食等项银二万五千一百六十两九钱七分七厘,公费银三千三百八十两三钱六分六厘。

再,前奏设抚标,官弁俸薪、蔬红、廉例、公费等项银两,系按定章折实扣算。现在经部议复,准以十成实银发给,无庸减成,是以单内将提镇标路各营官弁俸薪、廉费等项,均按十成之数开列,合并声明。

(朱批):览。①

————————

①中国第一历史档案馆藏:《清单》,档案编号:03—5754—064。

126. 奏报新疆光绪十三年七月雨水粮价情形折

光绪十三年十一月初一日（1887年12月15日）

尚书衔降一级留任甘肃新疆巡抚二等男臣刘锦棠跪奏，为恭报光绪十三年七月分粮价并得雨情形，谨缮折具陈，仰祈圣鉴事。

窃照本年六月分各厅州县粮价并得雨情形，业经臣奏报在案。兹查本年七月分北路绥来得雨入土三四寸，绥来及库尔喀喇乌苏等处复迭降大霜，镇西暨阜康之济木萨降雪积地四五寸及尺许不等，秋粮多被冻伤，不能一律成熟。南路拜城、库车、叶城、疏勒得雨入土一二寸或四五寸有余，余皆微雨。至通省粮价，哈密、喀喇沙尔、温宿、于阗、阜康等厅州县，俱与上月相同，余均略有增减。据藩司魏光焘汇详请奏前来。

理合恭折具陈，并缮粮价清单，敬呈御览。伏乞皇太后、皇上圣鉴。谨奏。十一月初一日。

光绪十三年十二月初六日，奉朱批：知道了。钦此。①

127. 呈新疆各属光绪十三年七月粮价清单

光绪十三年十一月初一日（1887年12月15日）

谨将新疆各属光绪十三年七月分米粮时估价值，缮具清单，恭呈御览。计开

七月分：

镇迪道属

迪化县：大米每京石价银三两八钱五厘，较上月减六钱三分五厘。小麦每京石价银一两五钱二分一厘，较上月减七分一厘。莞豆每京石价银一两六钱二分，较上月减三分六厘。青稞每京石价银一两二钱七厘，较上月减五分一厘。

昌吉县：大米每京石价银二两五钱二分，与上月相同。小麦每京石价银一两一钱八厘，较上月减七分九厘。莞豆每京石价银一两二钱一厘，较

---

①中国第一历史档案馆藏：《军机录副》，档案编号：03—6871—005。

上月减七分二厘。青稞每京石价银八钱七分五厘,较上月减四分二厘。

阜康县:粟米每京石价银一两二钱七分三厘,小麦每京石价银一两三钱八分,莞豆每京石价银一两二钱七分三厘,高粱每京石价银六钱七分二厘。俱与上月相同。

绥来县:大米每京石价银二两一钱一分,小麦每京石价银九钱一分九厘,莞豆每京石价银九钱九分八厘,俱与上月相同。高粱每京石价银七钱六分八厘,较上月减一钱一分五厘。

奇台县:大米每京石价银二两九钱三分四厘,较上月增一钱三厘。小麦每京石价银七钱七分八厘,与上月相同。莞豆每京石价银六钱九分,较上月增三分四厘。

镇西直隶厅:小麦每京石价银一两六钱八分,较上月增二钱二分。莞豆每京石价银一两七钱二分,较上月增二钱四分。青稞每京石价银一两,较上月增一钱二分。

哈密厅:粟米每京石价银一两六钱五分六厘,小麦每京石价银一两二钱五分五厘,莞豆每京石价银一两七钱二分八厘,青稞每京石价银一两二厘。俱与上月相同。

吐鲁番厅:小麦每京石价银一两四钱九分一厘,较上月减二钱八分三厘。大麦每京石价银五钱六分,黄豆每京石价银一两四钱九分三厘,高粱每京石价银五钱五分九厘,俱与上月相同。

库尔喀喇乌苏厅:小麦每京石价银一两二钱七厘,与上月相同。莞豆每京石价银一两四钱四厘,较上月减一钱四分六厘。高粱每京石价银九钱四分九厘,与上月相同。

阿克苏道属

温宿直隶州:大米每京石价银一两二钱一分六厘,小麦每京石价银八钱二分八厘,大麦每京石价银三钱六分,包谷每京石价银四钱八厘。俱与上月相同。

拜城县:小麦每京石价银一两四分,较上月增六钱五分。大麦每京石价银五钱二分,较上月增三钱五分。莞豆每京石价银六钱九分,较上月增四钱二分。包谷每京石价银八钱六分,较上月增五钱二分。

喀喇沙尔直隶厅:大米每京石价银二两八钱一分二厘,小麦每京石价银一两三分五厘,莞豆每京石价银九钱三分六厘,包谷每京石价银八钱三分二厘。俱与上月相同。

库车直隶厅：大米每京石价银二两一钱九厘，较上月增一钱八分九厘。小麦每京石价银七钱九分一厘，较上月增一钱九分一厘。包谷每京石价银七钱六厘，较上月增四钱六厘。莞豆每京石价银六钱六分四厘，较上月增五分四厘。

乌什直隶厅：大米每京石价银二两三钱八分四厘，较上月增四厘。小麦每京石价银六钱六分，与上月相同。大米每京石价银三钱六分七厘，较上月减五分三厘。包谷每京石价银五钱二分四厘，与上月相同。

喀什噶尔道属

疏勒直隶州：大米每京石价银三两三钱，较上月增三钱。小麦每京石价银一两六钱五分六厘，较上月增一钱三分八厘。包谷每京石价银一两二分四厘，高粱每京石价银一两三分五厘，俱与上月相同。

疏附县：大米每京石价银三两四钱五分，较上月增一钱五分。小麦每京石价银一两六钱五分六厘，包谷每京石价银一两一钱七分二厘，高粱每京石价银一两三分五厘，俱与上月相同。

莎车直隶州：大米每京石价银二两七分二厘，较上月增二钱九分六厘。小麦每京石价银六钱九分，大麦每京石价银五钱，包谷每京石价银三钱九分六厘，俱与上月相同。

叶城县：大米每京石价银一两八钱八分五厘，较上月减四钱三分五厘。小麦每京石价银四钱七分五厘，较上月减二钱五分。包谷每京石价银二钱四分，与上月相同。青稞每京石价银三钱七分五厘，较上月减二分五厘。

和阗直隶州：大米每京石价银二两三钱八分，较上月减一钱。小麦每京石价银八钱二分八厘，较上月减八分二厘。包谷每京石价银三钱八分四厘，青稞每京石价银三钱五分八厘，俱与上月相同。

于阗县：大米每京石价银四两一钱四分，小麦每京石价银八钱七分一厘，包谷每京石价银七钱四厘，俱与上月相同。

玛喇巴什直隶厅：大米每京石价银二两九钱六分，与上月相同。小麦每京石价银九钱六分六厘，较上月减一钱四厘。包谷每京石价银八钱九分六厘，与上月相同。

英吉沙尔厅：大米每京石价银二两七钱三分六厘，与上月相同。小麦每京石价银六钱一分，较上月减五分二厘。包谷每京石价银四钱八分，较上月增三分八厘。大麦每京石价银三钱七分六厘,较上月增六分八厘。

(朱批):览。①

128. 请准以陈希洛补授迪化县知县折

光绪十三年十一月初一日(1887年12月15日)

尚书衔降一级留任甘肃新疆巡抚二等男臣刘锦棠跪奏,为拣员请补要缺知县,以裨地方,恭折仰祈圣鉴事。

窃据新疆布政使魏光焘、按察使衔镇迪道恩纶会详称:新疆新设迪化县知县一缺,系附府首县,地当省会,辖境辽阔,汉维杂处,政务殷繁,应请定为冲繁难三项要缺。该县系新设,亟应遴员请补,以重职守。臣前奏请添设省会各官员缺折内声明,请照吉林新设各缺准于由外拣补一次。又于新疆留省补缺各章程内,请将甘肃候补及实缺人员调赴新疆差遣者,遇有人地相宜缺出,准予分别请补、调补,均经奉部复准在案。

今迪化县知县一缺,查有升用直隶州知州甘肃候补知县署迪化县知县陈希洛,现年四十三岁,湖南善化县人,由监生于克复张家川、龙山镇、莲花城等处案内汇保,同治四年四月二十三日奉上谕:陈希洛着以从九品不论双单月,遇缺尽先选用,并赏戴蓝翎。钦此。克复巩昌附城案内汇保,六年四月初三日奉上谕:陈希洛着免补本班,以府经历县丞分发省分,归军功班遇缺尽先补用,并赏加盐提举衔。钦此。又于击退华亭县张家川等处回逆案内汇保,十年五月初七日奉上谕:陈希洛着免补本班,以知县分发省分,归军功班,遇缺尽先补用。钦此。防守甘肃省城案内汇保,八年五月初九日奉上谕:陈希洛着赏换花翎。钦此。规复肃州案内汇保,经部复奏,俟补缺后,以直隶州知州尽先升用注册。其所请加运同衔系逾加衔限制,改为议叙。九年六月初九日,奉旨:依议。钦此。八年、十二年,两次委署玉门县篆务,奉准吏部议奏,留于甘肃,以原官归原班补用。光绪五年,请咨赴部引见。十月十五日,蒙钦派大臣验放,奏请照例发往甘肃。十月十六日,奉旨:依议。钦此。十月二十日,由部领照赴甘。六年三月十七日,到省缴照。七年七月,委署平番县篆务,八年十二月交卸。十一年经臣调赴新疆

---

①中国第一历史档案馆藏:《清单》,档案编号:03—6871—006。

差遣。十二年正月初五日，到新疆省当差。八月，委署迪化县事，是月二十一日到任。

该司等查该员陈希洛，才明识练，办事勤谨，前在甘肃历任地方，均无遗误。现署斯缺，安插遣屯，治理一切，诸臻妥协。以之请补，实于地方有裨等情，详请具奏前来。

臣查该员安详稳练，诚实耐劳，合无仰恳天恩，俯准以甘肃候补知县现署迪化县知县陈希洛补授迪化县知县，以重职守。如蒙俞允，该员系以知县请补知县，衔缺相当，应请毋庸送部引见；仍令试俸年满，另请销去试字。再，该员署任内并无参罚案件，合并声明。

是否有当？谨会同陕甘总督臣谭钟麟，恭折具陈，伏乞皇太后、皇上圣鉴训示。谨奏。十一月初一日。

光绪十三年十二月初六日，奉朱批：吏部议奏。钦此。①

129. 估修古城衙署兵房等工立案折
光绪十三年十一月初一日（1887年12月15日）

尚书衔降一级留任甘肃新疆巡抚二等男臣刘锦棠跪奏，为估修古城旗营衙署兵房等工，请旨饬部立案，恭折仰祈圣鉴事。

窃照乌鲁木齐、巴里坤旗营迁并古城，前经奏明就原建齐台县新城盖造房屋，以资居止，当饬藩司魏光焘委员勘修去后。兹据该司详据各委员等禀称：古城旗营暂按奏设六旗旗制，拟修城守尉衙署一所，佐领、防御、骁骑校衙署十八所，兵房暂修五百所，内一院三间者九十二所，一院两间者四百零八所。堆房六所，鼓楼一所，转角厅四所，粮仓、火器营、步军营、总学堂各一所，万寿宫、关帝庙各一所。共估需银八万八千两余两。该司查所估木料，系派营勇入山采伐，只按旬犒赏酒肉一次，所省实多。惟远在吉布库等处，距城百数十里不等，山路崎岖，不得不雇车搬运，以节勇力。泥、木各匠暨汉缠小工并应需一切物料，北路尤属翔贵，核计所估数目，委系极力撙节，恳请核办前来。

臣复查无异。除饬工竣造具实数由臣咨部核销，并俟迁并时查明工程

---

①中国第一历史档案馆藏：《军机录副》，档案编号：03—5230—010。

应否酌增,再行陆续陈奏外,所有估修古城旗营衙署、兵房等工,理合先行陈明,请旨饬部立案。

是否有当?谨会同陕甘总督臣谭钟麟,恭折具奏,伏乞皇太后、皇上圣鉴训示。谨奏。十一月初一日。

光绪十三年十二月初六日,奉朱批:该部知道。钦此。①

130. 查明边防案内原保不符遵照部议另奖折
光绪十三年十一月二十一日(1888年1月4日)

尚书衔降一级留任甘肃新疆巡抚二等男臣刘锦棠跪奏,为新疆六载边防案内部议应行驳正人员遵旨另核请奖,查明声复,并更正衔名改奖各员,缮具清单,恭折仰祈圣鉴事。

窃臣于光绪十一年五月二十四日准吏部咨:新疆六载边防请奖一折,所有劳绩保举核与例章不符应行驳正人员,于光绪十一年五月初四日具奏,奉旨:依议。钦此。等因,知照前来。比经钦遵移行原保各军查明具复,业将复到之白文清等二十八员于光绪十二年十一月初三日具奏在案。兹复陆续查明谭上珍等九员,或另核请奖,或更正底衔,或改奖请叙,谨缮清单,恭呈御览。合无仰恳天恩俯准,饬部分别注册,以示鼓励,出自鸿慈。

除未经查复各员仍俟到日再行另案办理外,是否有当?理合恭折具奏,伏乞皇太后、皇上圣鉴训示。谨奏。十一月二十一日。

光绪十三年十二月二十五日,奉朱批:该部议奏,单并发。钦此。②

131. 呈边防案内原保遵照部议另奖清单
光绪十三年十一月二十一日(1888年1月4日)

谨将新疆六载边防案内部议另核请奖,查明声复,及各员禀请更正衔名,改请奖叙各缘由,缮具清单,恭呈御览。

升用知府分省补用知州谭上珍,原请免补本班,以知府仍分省尽先补

---

①中国第一历史档案馆藏:《军机录副》,档案编号:03—6185—038。又《奏稿》第1757—1759页。
②中国第一历史档案馆藏:《军机录副》,档案编号:03—5853—056。

用。部议该员所请并非应升之项,应令另核请奖等因。谭上珍拟改请以直隶州知州仍分省尽先前补用,并请赏换知府顶戴。

甘肃候补直隶州知州准补镇西厅抚民同知甘承谟,原请加知府衔,奉旨允准钦遵行知在案。兹据禀称,该员于乌鲁木齐历办边防善后尤为出力各员请奖案内,经前乌鲁木齐都统臣恭镗汇保,请加运同衔,部议核准。光绪九年十月初八日具奏,奉旨:依议。钦此。兹复保加知府衔,查运同衔与知府衔均从四品等级,系属重复,呈请改奖前来。臣复核无异,甘承谟拟改请赏给四品封典。

河南补用同知卢佑珊,原请赏戴蓝翎,奉旨允准钦遵行知在案。兹据禀称:该员底衔系知州衔同知直隶州用河南候补知县。此案以河南候补同知列保,系属错误,由山东抚臣张曜咨请更正前来。臣复核无异,应请饬部将河南候补同知准保蓝翎之卢佑珊底衔更作知州衔同知直隶州用河南候补知县注册。

知县用江西试用州判王礼源,原请以知县仍留原省补用,奉旨允准钦遵行知在案。兹据禀称:该员前于新疆南北两路一举荡平案内,经前陕甘督臣左宗棠汇保,光绪六年正月三十日内阁奉上谕:江西试用州判王礼源,着以知县补用。钦此。此案复保以知县仍留原省补用,漏未声明"免补本班"字样,致前后列保重复,禀请更正前来。臣复核无异,应请饬部将知县用江西试用州判王礼源原保之仍留原省补用知县更作免补本班,以知县仍留原省补用注册。

分省补用县丞左湛恩,原请赏加州同衔。部议州同衔非县丞应升官阶之职衔,应改为加六品衔,行令遵照等因。兹据禀称,该员于新疆南北两路肃清案内,经前陕甘督臣左宗棠汇保准加六品衔在案。此次单开漏未声叙,以致部议重复,禀请更正改奖前来。臣复核无异,应请饬部将分省补用县丞左湛恩底衔更作六品衔分省补用县丞,改请俟补缺后,以知县前先补用。

留甘补用主簿李作霖,原请免补本班,以部库大使归部,不论双单月遇缺尽先即选;分省补用主簿李作霖,原请以县丞仍分省前先补用。部议李作霖两处列名是否一人,抑系两人?应令查明声复具奏,再行核办等因。查留甘补用主簿李作霖,系在蜀军效力,经巴里坤镇总兵徐占彪请保免补本班,以部库大使归部,不论双单月遇缺尽先即选。其分省补用主簿李作霖系在嵩武军供差,经升任山东抚臣张曜请保以县丞仍分省,前先补用。该二员分隶两军,拟保官阶亦异,委系两人,并非重列,应请饬部仍各照原保核奖。

提督衔尽先补用总兵周惟翔,奉旨赏给勖勇巴图鲁名号。钦此。钦遵行知在案。兹据禀称:该员底衔原系补用总兵,前开保时误书"提督衔尽先"字样,禀请更正前来。臣复核无异,应请饬部将周惟翔底衔以补用总兵更正注册。

蓝翎游击衔补用都司王有德,原请赏换花翎,经部议准行知在案。兹据禀称:该员原保底案本系王有德,刊刷奖单将"德"字缮作"得"字,自系笔误,恳请更正前来。臣复核无异,应请饬部将王有德底案"得"字更作"德"字注册。

(朱批):览。①

【案】此清单未署具呈者,具呈日期亦未确,兹据《军机处随手登记档》②及内容判定其为03—5853—056号折附件。

132. 奏报镇西等处被灾请分别蠲缓额征折
光绪十三年十一月二十一日(1888年1月4日)

尚书衔降一级留任甘肃新疆巡抚二等男臣刘锦棠跪奏,为新疆镇西、库尔喀喇乌苏、拜城、乌什各厅县被灾地亩,本年额征粮草分别应否蠲缓,恭折仰祈圣鉴事。

窃南路温宿、乌什、拜城被水、被雹,北路镇西、绥来、济木萨、库尔喀喇乌苏被冻、被鼠,经臣先后将大概情形奏明,并声明饬司,移行复勘是否成灾,钱粮应否蠲缓,再行汇办各在案。兹据藩司魏光焘详据各印委勘报:镇西厅属成灾地四万三百二十三亩四分二厘,额征粮三千七十石三斗五升三合三勺。库尔喀喇乌苏厅新老各户成灾地四百八十亩,额征粮四十六石二斗二升四合。该两厅地瘠民贫,灾伤甚重。所有本年额征粮石委系无力完缴,拟请概予豁免。其镇西厅十一、十二两年民欠额粮,十三年所借籽种,

---

①中国第一历史档案馆藏:《清单》,档案编号:03—5231—040。
②中国第一历史档案馆藏:《军机处随手登记档》,档案编号:03—0254—2—1213—367。

并库尔喀喇乌苏厅新安各户借领成本,一并请缓至来年秋收带征。拜城县属被水、被雹计地一万四十八亩一分,地面虽阔,灾伤较轻。本年额征粮一百九十四石七斗六升六合四勺,额草八千五百五十六斤一两六钱,应请缓至来年征收。以上三属,均经檄饬先行出示停征,并分别被灾轻重,酌量赈抚。其乌什厅属被水地亩尚少,又经补种秋粮,不至成灾,粮草已饬照常完纳等情,具详请奏前来。

臣复核无异。除饬俟温宿、绥来、济木萨等处勘复至日再行汇详请奏,并来春应否接济应俟届时确查情形,再行斟酌办理外,所有镇西、库尔喀喇乌苏、拜城各厅县被灾地亩额征粮草,仰恳天恩俯准分别蠲缓,以示体恤。如蒙俞允,俟钦奉谕旨后,饬司即将各灾户蠲缓粮石分别详细开载,敬刊誊黄,遍行晓谕,以广皇仁而昭实惠。

是否有当?谨会同陕甘总督臣谭钟麟,恭折具奏,伏乞皇太后、皇上圣鉴训示。谨奏。十一月二十一日。

光绪十三年十二月二十五日,奉朱批:另有旨。钦此。①

【案】此案旋得允行:

光绪十三年十二月二十五日,内阁奉上谕:刘锦棠奏镇西厅等处被灾,请将额征粮草分别蠲缓一折。新疆镇西、库尔喀喇乌苏、拜城,本年被水、被雹、被冻、被鼠,致成灾歉,若将应征粮草照常征收,民力实有未逮。加恩着照所请。所有镇西厅属成灾地四万三百二十三亩零,本年额征粮三千七十石零,库尔喀喇乌苏厅新老各户成灾地四百八十亩,本年额征粮四十六石零,着概予豁免。其镇西十一、十二两年民欠额粮、十三年所借籽种,并库尔喀喇乌苏厅新安各户借领成本,均着缓至来年秋成带征。拜城县属被水、被雹计地一万四十八亩零,本年额征粮一百九十四石零、草八千五百五十六斤零,着缓至来年征收,以纾民力。余着照所议办理。该抚即刊刻誊黄,遍行晓谕,务使实惠均沾,毋任胥吏舞弊,用副体恤民艰至意。该部知道。钦此。②

---

①中国第一历史档案馆藏:《军机录副》,档案编号:03—9470—022。又《奏稿》第1761—1766页。
②中国第一历史档案馆藏:《上谕》,档案编号:03—6233—042。又《光绪朝上谕档》,第十三册,第501页。

133. 边防遵保各省筹饷出力人员另核请奖折
光绪十三年十一月二十四日（1888年1月7日）

头品顶戴陕甘总督臣谭钟麟、尚书衔降一级留任甘肃新疆巡抚二等男臣刘锦棠跪奏，为新疆六载边防遵保各省关筹饷出力人员案内部议另核请奖查明声复并更正衔名各员，谨缮清单，恭折仰祈圣鉴事。

窃臣等于光绪十年八月二十二日具奏，遵保各省关及后路各台局筹饷差委出力人员一折，奉旨：该部议奏，单二件并发。钦此。嗣准吏部按其劳绩应得奖叙，分别准驳等因，知照前来。比经咨行原保各将军、督抚臣，查明具奏。其业经复到杨光熙等二十八员，已于光绪十二年十一月初三日具奏，并声明未经查复各员，仍俟复到，再行核办在案。兹复陆续查明沈学海等十一员，或另请核奖，或查明声复，或由各该员自行呈请更正。谨缮清单，恭呈御览。合无仰恳恩准，饬部分别注册，以示鼓励，出自鸿慈。

是否有当？理合恭折具陈，伏乞皇太后、皇上圣鉴训示。再，此折系臣锦棠主稿，合并声明。谨奏。十一月二十四日。

光绪十三年十二月二十九日，奉朱批：该部议奏，单并发。钦此。①

134. 呈各省关筹饷出力人员另核请奖清单
光绪十三年十一月二十四日（1888年1月7日）

谨将各省关筹解西征协饷各员遵照部议另核请奖、查明声复并请更正衔名各缘由，缮具清单，恭呈御览。

五品顶戴补用同知福建试用通判沈学海，原请赏加四品衔。部议查该员臣部官册并无其名，应查明是否劳绩保举，抑系捐纳，声复再办等因。兹准福州将军咨：据沈学海禀称，该员由监生报捐主事，分刑部山西司行走，同治三年五月到部。八年八月，奏留验放。光绪二年三月，改捐通判，分发福建试用，是年四月验放，领照出京到省。五年三月，于茶捐案内加捐盐提举衔。七年六月，于闽省通商出力人员案内保俟补缺后，以同知补用。是

---
①中国第一历史档案馆藏：《军机录副》，档案编号：03—5231—080。

年闰七月,奉旨:着照所请。钦此。至前缮作五品顶戴,系属笔误,并请随案更正,暨改奖四品顶戴等因前来。臣等查沈学海既以盐提举衔误缮五品顶戴,应请饬部注册更正,并改请赏加四品顶戴。

广东试用通判王存善、广东试用通判刘宗琨,均原请赏加同知衔,分行知照在案。兹准两广督臣张之洞咨称:该员王存善于光绪四年六月初一日在广东晋捐局捐有提举升衔,刘宗琨于光绪元年在广东黔捐局亦捐有提举升衔,前拟保清单均漏未声叙。兹均保加同知衔,同系五品顶戴,似觉重复,咨请改奖四品顶戴等因前来。臣等查王存善、刘宗琨二员,既将原衔漏叙,应请饬部将盐提举衔广东试用通判王存善、盐提举衔广东试用通判刘宗琨均更正底衔注册,并均改请赏加四品顶戴。

候选典史韩倬,原请俟选缺后,以县主簿升用。部议应改为得缺后,以应升之缺升用。兹据禀称,该员由俊秀在陕西捐修堡寨案内捐输经费,经户部于光绪元年五月二十三日奏准作为监生,以典史不论双单月选用。光绪五年,在陕西捐饷局遵捐捐米章程,加捐分发。六年二月十七日,复经户部核准。今误写候选,实与底案不符,禀由前西征粮台详请更正前来。臣等复核无异,应请饬部将候选典史韩倬底衔更正作分发典史注册。

山西尽先补用按司狱王文玉,原请俟本班补缺后以府经历补用,部议改为俟补缺后以应升之缺升用。兹据禀称:该员于光绪十一年二月间,遵海防新例,在晋省捐局由尽先补用按司狱捐升府经历,指发山西试用。所保之案与捐升官阶相同,系属重复。禀由前署山西巡抚臣奎斌咨会前来。臣等复核无异,应请饬部将尽先补用按司狱王文玉底衔更正作山西试用府经历,仍俟补缺后以应升之缺升用。

五品衔试用主簿潘诚志,原请以县丞补用。部议潘诚志系候补主簿请以县丞补用,所请系属免补,核与例章不符,应令另核请奖等因。潘诚志拟改请俟补缺后,以县丞补用。

县丞职衔谭廷弼,原请赏给六品顶戴。部议查管解军饷章程,不准衔上加衔。该员所请核与例章不符,应令另核请奖等因。谭廷弼拟改请以县丞不论双单月尽先选用。

文童罗诗玙,原请赏给从九品职衔,经部议准行知在案。兹据禀称:该员原保底案原系罗诗玙,刊刷奖单,将"玙"字缮作"屿"字,自系笔误,恳请更正前来。臣等复核无异,应请饬部将罗诗玙底案"屿"字更作"玙"字注册。

提督衔陕甘补用总兵陈登桂，原请赏给勇号。部议该员并非军营打仗功绩，所请勇号核与历办成案不符，应令另核请奖等因。兹据禀称：该员前于剿除河州叛逆案内，经前任陕甘督臣左宗棠奏保，光绪元年二月十四日奉上谕：总兵陈登桂着赏加噶尔萨巴图鲁名号。钦此。嗣于肃清关陇及新疆南北肃清各案内累保，以提督升用，恳请更正改奖前来。臣等复核无异，应请饬部将提督衔陕甘补用总兵陈登桂底衔更正，作升用提督陕甘补用总兵，改请给予加一级。

凉州镇标右营游击章凤先原请赏加参将衔；凉州镇标后营都司范德元，原请赏加游击衔，均奉谕旨允准，钦遵咨行在案。兹据章凤先禀称，该员于肃清关陇并新疆南北肃清以及关内防军出力员弁各案内，以保以副将尽先补用。又据范德元禀称，该员于肃清关陇并新疆南北肃清各案内已保以副将补用。均请更正改奖前来。臣等查该二员均系误以实缺底衔开保，以致拟保错误，应请饬部将凉州镇标右营游击章凤先底衔更正作尽先补用副将注册、凉州镇标后营都司范德元底衔更正作补用副将注册，均拟请赏加总兵衔。

（朱批）：览。①

135. 奏报新疆光绪十三年八月雨水粮价情形折

光绪十三年十一月二十九日（1888年1月12日）

尚书衔降一级留任甘肃新疆巡抚二等男臣刘锦棠跪奏，为恭报光绪十三年八月分粮价并得雨情形，谨缮折具陈，仰祈圣鉴事。

窃照本年七月分各厅州县粮价并得雨情形，业经臣奏报在案。兹查本年八月分北路绥来县得雨入土三寸有余，南路英吉沙尔、叶城得雨入土一二寸、四五寸不等，余皆微雨。惟镇西厅属降雪积地二三寸，各色秋粮除镇西暨库尔喀喇乌苏、绥来、济木萨等处原被灾伤不计外，余皆渐次成熟。

至通省粮价，温宿、镇西、哈密、吐鲁番、库尔喀喇乌苏、喀喇沙尔、乌什、迪化、昌吉、绥来等厅州县，俱与上月相同，余均略有增减。据藩司魏光

---

① 中国第一历史档案馆藏：《清单》，档案编号：03—5231—081。

恭汇详请奏前来。

理合恭折具陈,并缮粮价清单,敬呈御览。伏乞皇太后、皇上圣鉴。谨奏。十一月二十九日。

（朱批）：知道了。①

光绪十四年正月初四日,奉朱批：知道了。钦此。②

136. 呈新疆各属光绪十三年八月粮价清单

光绪十三年十一月二十九日（1888年1月12日）

谨将新疆各属光绪十三年八月分米粮时估价值缮具清单,恭呈御览。计开

八月分：

镇迪道属

迪化县：大米每京石价银三两八钱五厘,小麦每京石价银一两五钱二分一厘,莞豆每京石价银一两六钱二分,青稞每京石价银一两二钱七厘。俱与上月相同。

昌吉县：大米每京石价银二两五钱二分,小麦每京石价银一两一钱八厘,莞豆每京石价银一两二钱一厘,青稞每京石价银八钱七分五厘。俱与上月相同。

阜康县：粟米每京石价银一两二钱七分三厘,小麦每京石价银一两三钱八分,俱与上月相同。莞豆每京石价银一两三钱八分,较上月增一分七厘。高粱每京石价银六钱七分二厘,与上月相同。

绥来县：大米每京石价银二两一钱一分,小麦每京石价银九钱一分九厘,莞豆每京石价银九钱九分八厘,高粱每京石价银七钱六分八厘。俱与上月相同。

奇台县：大米每京石价银二两九钱三分四厘,与上月相同。小麦每京石价银九钱九分,较上月增二钱一分二厘。莞豆每京石价银八钱六分三厘,较上月增一钱七分三厘。

---

①中国第一历史档案馆藏：《朱批原件》,档案编号：04—01—25—0528—040。
②中国第一历史档案馆藏：《军机录副》,档案编号：03—9975—002。

镇西直隶厅:小麦每京石价银一两六钱八分,莞豆每京石价银一两七钱二分,青稞每京石价银一两。俱与上月相同。

哈密厅:粟米每京石价银一两六钱五分六厘,小麦每京石价银一两二钱五分五厘,莞豆每京石价银一两七钱二分八厘,青稞每京石价银一两二厘。俱与上月相同。

吐鲁番厅:小麦每京石价银一两四钱九分一厘,大麦每京石价银五钱六分,黄豆每京石价银一两四钱九分三厘,高粱每京石价银五钱五分九厘。俱与上月相同。

库尔喀喇乌苏厅:小麦每京石价银一两二钱七厘,莞豆每京石价银一两四钱四厘,高粱每京石价银九钱四分九厘。俱与上月相同。

阿克苏道属

温宿直隶州:大米每京石价银一两二钱一分六厘,小麦每京石价银八钱二分八厘,大麦每京石价银三钱六分,包谷每京石价银四钱八厘。俱与上月相同。

拜城县:小麦每京石价银八钱六分三厘,较上月减一钱七分七厘。大麦每京石价银五钱四分,较上月增二分。莞豆每京石价银六钱九分,较上月增四钱二分。包谷每京石价银八钱六分,较上月增五钱二分。

库车直隶厅:小麦每京石价银八钱九分九厘,较上月增一分八厘。包谷每京石价银五钱八分九厘,较上月减一钱一分七厘。莞豆每京石价银六钱三分,较上月减三分四厘。

乌什直隶厅:大米每京石价银二两三钱八分四厘,小麦每京石价银六钱六分,大米每京石价银三钱六分七厘,包谷每京石价银五钱二分四厘。俱与上月相同。

喀什噶尔道属

疏勒直隶州:大米每京石价银三两,较上月减三钱。小麦每京石价银一两六钱五分六厘,包谷每京石价银一两二分四厘,高粱每京石价银一两三分五厘,俱与上月相同。

疏附县:大米每京石价银三两,较上月减四钱五分。小麦每京石价银一两六钱五分六厘,包谷每京石价银一两一钱七分二厘,高粱每京石价银一两三分五厘,俱与上月相同。

莎车直隶州:大米每京石价银二两七分二厘,与上月相同。小麦每京石价银六钱二分一厘,较上月减六分九厘。大麦每京石价银三钱七分五厘,较上月减一钱二分五厘。包谷每京石价银三钱九分六厘,与上月相同。

叶城县:大米每京石价银二两八分八厘,较上月增二钱三厘。小麦每京石价银五钱,较上月增二分五厘。包谷每京石价银二钱八分八厘,较上月增四分八厘。青稞每京石价银四钱,较上月增二分五厘。

和阗直隶州:大米每京石价银二两一钱,较上月减二钱八厘。小麦每京石价银八钱二分八厘,包谷每京石价银三钱八分四厘,青稞每京石价银三钱五分八厘,俱与上月相同。

于阗县:大米每京石价银四两一钱四分,与上月相同。小麦每京石价银八钱四厘,较上月减六分七厘。包谷每京石价银六钱四分,较上月减六分四厘。

玛喇巴什直隶厅:大米每京石价银三两二钱五分六厘,较上月增二钱九分六厘。小麦每京石价银一两三分七厘,较上月增六分九厘。包谷每京石价银八钱九分六厘,与上月相同。

英吉沙尔厅:大米每京石价银二两八钱九分,较上月增一钱五分四厘。小麦每京石价银八钱三分,较上月增二钱二分。包谷每京石价银五钱三分六厘,较上月增五分六厘。大麦每京石价银三钱七分六厘,与上月相同。

(朱批):览。①

137. 奏报温宿等处被灾请予蠲缓额征折

光绪十三年十一月二十九日(1888年1月12日)

尚书衔降一级留任甘肃新疆巡抚二等男臣刘锦棠跪奏,为南路温宿、北路绥来、济木萨等处被水被冻,本年应完粮草、成本分别应否蠲缓,恭折仰祈圣鉴事。

窃镇西、库尔喀喇乌苏、乌什、拜城等厅县,业经臣饬勘报被灾分数,奏请蠲缓在案。兹据藩司魏光焘详:据各印委结报,查温宿州属被水成灾十分地三千七百四亩四分,应请蠲免十分之七粮六十五石八斗五升五合一勺、草八千四百九十五斤十三两七钱,应请缓征粮二十八石二斗二

---

①中国第一历史档案馆藏:《清单》,档案编号:03—9975—003。

升三合六勺、草三千六百四十一斤一两三钱，分作三年带征。又成灾八分地三千六百五十七亩四分，应请蠲免十分之四粮三十九石九斗五合七勺、草五千一斤六两，应请缓征粮五十九石八斗五升八合五勺、草七千五百二斤一两，分作三年带征。又成灾七分地一千七百四十一亩二分八厘，应请蠲免十分之二粮八石九斗五升一合七勺、草一千一百九十二斤十两二钱，应请缓征粮三十五石八斗六合五勺、草四千七百七十斤八两八钱，分作二年带征。又成灾六分地九千三百二十八亩三分五厘，应请蠲免十分之一粮二十三石一斗五升七合八勺、草二千九百七十五斤四两八钱，应请缓征粮二百八石四斗二升一合二勺、草二万六千七百七十七斤十一两二钱，分作二年带征。又收成歉薄地一万五百九十亩五分七厘，额征粮三百二十三石九斗四升八合九勺、草三万六千三百二十三斤，应请缓至来年秋收带征。绥来县属秋禾虽被冻伤，查各老户种有夏粮，牵合计算，尚不成灾。惟新户甫经安插，只种秋禾，无可牵补。本年应征成本银两，应请缓至来年收还。济木萨属被冻地三千三百六十四亩，额征粮二百石二斗六升三合五勺，应请缓至来年秋收带征。其余间有损伤，情形较轻，应照常征收。以上应蠲应缓各户，均经檄饬先行出示停征，并酌量被灾轻重，妥为赈抚等情，具详请奏前来。

臣复核无异。合无仰恳天恩俯准，将温宿州、绥来县、济木萨县丞被灾地亩应完粮草、成本，分别蠲缓，以示体恤。如蒙俞允，即饬司将蠲缓粮草各数目，敬刊誊黄，遍行晓谕，务令实惠及民，以副皇上轸念灾区之至意。至来春应否接济，仍俟届时确察情形，斟酌办理。

是否有当？谨会同陕甘总督臣谭钟麟，恭折具陈，伏乞皇太后、皇上圣鉴训示。谨奏。光绪十三年十一月二十九日。①

（朱批）：另有旨。②

光绪十四年正月初四日，奉朱批：另有旨。钦此。③

【案】此案旋于次年正月初四日得允行：

---

① 关于此折具奏日期，《奏稿》署"光绪十三年十二月二十九日"，原件、录副署"光绪十三年十一月二十九日"，复查《军机处随手登记档》亦然，兹据校正。
② 中国第一历史档案馆藏：《朱批原件》，档案编号：04—01—35—0095—011。又《奏稿》第1799—1807页。
③ 中国第一历史档案馆藏：《军机录副》，档案编号：03—9975—001。

光绪十四年正月初四日，内阁奉上谕：刘锦棠奏温宿等处被灾，请将额征粮草分别蠲缓一折。新疆南路温宿州、北路绥来县、济木萨县丞所属地亩被水被冻，致成灾歉。若将应征粮草照常征收，民力实有未逮。加恩着照所请。所有温宿州属被水成灾十分地三千七百四亩零，着蠲免十分之七粮六十五石零、草八千四百九十五斤零。其应缓征粮二十八石零、草三千六百四十一斤零，着分作三年带征。成灾八分地三千六百五十七亩零，着蠲免十分之四粮三十九石零、草五千一斤零。其应缓征粮五十九石零、草七千五百二斤零，着分作三年带征。成灾七分地一千七百四十一亩零，着蠲免十分之二粮八石零、草一千一百九十二斤零。其应缓征粮三十五石零、草四千七百七十斤零，着分作二年带征。成灾六分地九千三百二十八亩零，着蠲免十分之一粮二十三石零、草二千九百七十五斤零。其应缓征粮二百八石零、草二万六千七百七十七斤零，着分作二年带征。收成歉薄地一万五百九十亩零，额征粮三百二十三石零、草三万六千三百二十三斤，着缓至光绪十四年秋收后带征。绥来县属应缴成本银两，着缓至光绪十四年收还。济木萨属被冻地三千三百六十四亩，额征粮二百石零，着缓至光绪十四年秋收后带征。以纾民力。余着照所议办理。该抚即刊刻誊黄，遍行晓谕，务使实惠均沾，毋任吏胥舞弊，用副轸念民艰至意。该部知道。钦此。①

138. 病难速痊仍恳开缺回籍就医折

光绪十三年十二月十三日（1888年1月25日）

尚书衔降一级留任甘肃新疆巡抚二等男臣刘锦棠跪奏，为微臣病难速痊，仍恳天恩允准开缺，回籍就医，以资调理，恭折仰祈圣鉴事。

窃臣于本年二月因病恳请开缺，蒙恩赏假三月，加赏人参，令在任安心调理。旋于八月因病仍未痊，而核发各营旧欠亦未告竣，复经奏请续假。十月初七日，兵部递回原折，奉朱批：着再赏假两个月，安心调理。钦此。屡蒙高厚之施，莫罄发肤之报，生非木石，岂有不知？惟臣自七月以来，病

---

① 中国第一历史档案馆编：《光绪朝上谕档》，第十四册，第4—5页。

骨支离益甚,初患脾泄,既而闭结,旋又便血。医者寒热杂投,莫衷一是,终以下血不止,引动肝风,发于偏左肢体麻木,皆在一偏。即同一舌间,亦觉半非己有,言语寒涩,口角喎斜。连易数医,血止而偏风如故。脚气亦时时触发,发则痛入骨髓,彻夜不眠,狼狈不堪,殆难言喻。此僚友所共知。臣即欲强自支持,不可得也。

臣早岁从军,习于劳苦,自蒙恩畀兹重任,与民更始,共沐深仁,风教日开,商旅渐集。视昔之兵戈扰攘,奚啻天渊,饱食安居,于臣已过,臣复何所容其趋避?所虑者,及今年力尚可有为,若遂病废不支,将永无报效涓埃之日也。臣军旧欠未清,前承恩命,准拨部款百万,令会同督臣迅速清理。现已督饬各营,先后截清存饷。自光绪十四年起,一律改发坐粮。关内招募新勇已陆续报到,即可次第按照营旗,挑补足额。至此项银两尚有不敷,臣已与督臣会商,容另案奏明办理。此外应办事宜,非臣愚之所素习,而臣于此数月皆在病中,每对簿书,不能终幅。现在假期又满,而病且益深,若不急治,恐遂成偏枯之证。关外既苦无医药,思维再四,焦灼徒深。惟有仰恳天恩,仍准开缺,回籍就医,俾得赶紧调理,一俟医治就痊,即当趋叩阙廷,求赏差使,断不敢稍耽安逸,不胜迫切屏营之至。

谨恭折沥陈,伏乞皇太后、皇上圣鉴训示。谨奏。光绪十三年十二月十三日。

(朱批):览奏,殊深廑系。新疆地方紧要,该抚办事诸臻妥协,朝廷正资倚任。着再赏假四月,安心调理,毋庸开缺。①

光绪十四年正月二十四日,奉朱批:览奏,殊深廑系。新疆地方紧要,该抚办事诸臻妥协,朝廷正资倚任。着再赏假四月,安心调理,毋庸开缺。钦此。②

139. 查明被灾各属来春分别接济折

光绪十三年十二月十四日(1888年1月26日)

尚书衔降一级留任甘肃新疆巡抚二等男臣刘锦棠跪奏,为遵旨查明新

---

① 中国第一历史档案馆藏:《朱批原件》,档案编号:04—01—13—0389—005。又《奏稿》第1767—1770页。
② 中国第一历史档案馆藏:《军机录副》,档案编号:03—5233—071。

疆本年被灾各属,来春应分别接济,恭折具陈,仰祈圣鉴事。

窃臣于光绪十三年十一月初八日承准军机大臣字寄:光绪十三年十月初三日奉上谕:本年甘肃新疆温宿等处被水,经该督抚等查勘抚恤,小民谅可不至失所。惟念来春青黄不接之时,民力未免拮据。着传谕该督抚等体察情形,如有应行接济之处,即查明据实复奏,于封印以前奏到,候朕于新正降旨加恩。再,甘肃新疆拜城县被水、被雹,均经该督抚等委员查勘。即着迅速办理,并将来春应否接济之处一并查明,于封印前奏到。此外各省有无被灾地方应行调剂抚恤之处,着该督抚等一并查奏,候旨施恩等因。钦此。仰见皇上轸恤灾黎有加无已之至意,当经钦遵转饬查办去后。

兹据藩司魏光焘详称:新疆镇西、库尔喀喇乌苏、拜城、乌什暨温宿、绥来、济木萨等处被灾各户业经檄饬酌量赈抚,并本年应完粮草成本应否蠲缓,先后详请奏明在案。兹查镇西、库尔喀喇乌苏两厅,被灾较重,来春食粮、籽种均无所出,应请量为接济,以资耕种。其拜城、乌什、温宿、绥来、济木萨被灾等属,或收成歉薄,或勘不成灾,亦已分别征缓。此外所属各厅州县,本年夏秋麦禾收成尚称中稔,均请来春毋庸接济等情,具详请奏前来。

臣复查无异。所有遵旨查明新疆本年被灾各属来春应分别接济各情形,谨会同陕甘总督臣谭钟麟,恭折具陈,伏乞皇太后、皇上圣鉴训示。谨奏。十三年十二月十四日。

光绪十四年正月十二日,奉朱批:知道了。钦此。①

140. 指拨新疆光绪十四年饷数并应议各条复陈折
光绪十三年十二月十四日(1888年1月26日)

尚书衔降一级留任甘肃新疆巡抚二等男臣刘锦棠跪奏,为新疆省十四年实需饷数并应议各条,谨分晰开单复陈,恭折仰祈圣鉴事。

窃甘肃十四年新饷经户部奏请援案指拨,并缮具八条,令臣与督臣等会商,分别关内外裁省若干,实需若干,妥筹奏办等因,咨行到臣,当饬藩司、粮台议复去后。

兹据详称:新疆省应分新饷,自光绪十一年起至十三年止,岁需勇饷银

---

① 中国第一历史档案馆藏:《军机录副》,档案编号:03—9975—016。又《奏稿》第1771—1773页。

一百九十万两,制办军装、器械银十六万两,善后经费银十四万两,共银二百二十万两。又由四分平余项下另拨旗营经费银十万两,实共岁需银二百三十万两。现将防营一律裁并,奏设抚提镇标,自十四年起,官弁兵勇俸饷等项岁需银一百五十六万两,计减银三十四万两。添制军装、器械岁需银十万两,计减银六万两。善后经费岁需银七万两,计减银七万两。旗营俸饷等项岁需银六万五千两,计减银三万五千两。惟前拨善后经费、部议北路城工,令于此项银两内取给,应请仍照原拨银十四万两,旗营经费十一、二、三等年支发饷项并修理衙署等工已将罄尽,迁徙费仍无出,请仍照原拨银十万两。又原估勇饷皆计口授食,自设行省,出款隐增,如乌鲁木齐提标、巴里坤镇标官弁俸饷岁需银九万余两,向由甘肃藩库搭解支放。自十一年以后,概由新疆在于新饷内挪移垫发。又司库例支不敷,岁需银十五万两,以及地方供应例支杂差作正开报之款,皆当日原估所未计及,无不指饷挪垫。计三年中共已垫银八十余万两,益以各省欠解南路经费银十九万两,并各省欠解新饷又不下数十万两,新亏极巨,应请补拨补解,以资清厘。兹切实估计,光绪十四年实需官弁勇丁俸饷银一百五十六万两,添制军装、器械银十万两,善后经费银十四万两,旗营经费银十万两,司库例支不敷银十五万两,粮饷、军装运脚暨地方例支杂差、车脚口分银五万两。通共需银二百一十万两。缮具应议各条清折,详请具奏前来。

  臣查光绪十年臣原奏新疆裁撤旧勇,改支坐粮,岁可省银八十万两,系合伊犁、塔尔巴哈台等处统筹核计。其时省制未兴,诸凡未备,如司库例支及地方杂差等项,非臣愚所能预估。兹据该司道等估详前情,查明实系万无可省。然岁需俸饷及军装、器械等项已省银四十万两,核与本年四月部议臣军改支坐粮后岁可省银三十余万两一语,尚无不合。提镇两标支款,本不在原拨之内,既悉由新疆支给,则出款隐增,于拨款又为隐减,合之司库例支等项,共需银二百一十万两,较原拨二百三十万两之数,仍属有减无增。伊犁、塔尔巴哈台等处,前经臣咨商办理,旋准锡纶等均以行粮不能遽改,请照原拨等因,先后咨复。臣固未便置议。其关内撤勇改兵,亦已由督臣力求节省,减拨银十万两,另案奏明。当此河患方深,偏灾迭见,惟有与将军、督臣等共体时艰,核实减省,下以纾邻封协济之劳,上以慰皇上眷念边陲之至意。

  除伊犁、塔尔巴哈台额饷应由锡纶及现署塔尔巴哈台参赞大臣额尔庆额会商奏办外,所有新疆省十四年实需饷数暨应议各条,谨缮清单,恭呈御览。伏乞皇太后、皇上圣鉴训示。谨奏。光绪十三年十二月十四日。

(朱批):户部知道,单并发。①

光绪十四年正月十二日,奉朱批:户部知道,单并发。钦此。②

141. 呈报新疆省应议各条分晰复陈清单

光绪十三年十二月十四日(1888年1月26日)

谨将关外新疆省应议各条分晰复陈,缮具清单,恭呈御览。

一、部议兵饷等项应划定数目一条,内载常年款目应分为十二,新疆巡抚所属古城旗营应分某某等项若干,绿营某某等项若干,勇饷若干,军装、器械银若干。伊犁、塔尔巴哈台两处亦仿照分别酌定等因。查新疆省原奏设官兵二万一千人,于十四年起一律改支坐粮,业经酌定饷章,次第奏设。计抚标官弁岁需廉俸、薪蔬、粮折、草折、公费等项银四万二千三百余两,喀什噶尔提标官弁岁需廉、公等项银四万四千四百余两,阿克苏镇标官弁岁需廉、公等项银三万七百余两,巴里坤镇标官弁岁需廉、公等项银二万八千五百余两。又各标岁需倒马价银九千八百余两。通共计岁需银十五万五千八百余两。此新省标营廉公、俸薪、倒马各等项常年应需实在数目也。

抚标镇迪属步队八营三旗、马队十五旗、开花炮队一哨,岁需勇饷银四十三万三千二百余两。提标喀什噶尔步队九营一旗、马队十六旗、开花炮队一哨,岁需勇饷银四十三万五千五百余两。镇标阿克苏属步队五营三旗、马队十旗、开花炮队一哨,岁需勇饷银二十九万九千七百余两。巴里坤属步队五营一旗一哨、马队七旗,岁需勇饷银二十二万六千七百余两。通共计步队二十七营八旗一哨、马队四十八旗、开花炮队三哨,岁需饷银一百三十九万五千一百余两。此新省标营饷项常年应需实在数目也。

新疆地处极边,需用军装、器械、子药大率采诸内地,购自外洋,操防所必需。每岁原拨银十六万两,现改坐粮,通盘核计,每岁至减仍需银十万两。此新省军械制办常年应需实在数目也。旗营经费原拨每岁银十万两,

---

① 中国第一历史档案馆藏:《朱批原件》,档案编号:04—01—30—0214—018。又《奏稿》第1775—1780页。
② 中国第一历史档案馆藏:《军机录副》,档案编号:03—6619—013。

迁徙之费一并在内。现在核定饷章，奏明每岁需银六万五千余两，但十一、二、三等年由四分平余项下，奉拨银三十万两支发饷项。至修理古城城垣、衙署、兵房、庙宇各费已将罄尽，迁徙费仍无出，遽难减估，拟请仍照原拨旗营经费银十万两，以备支发。此又旗营经费十四年仍需银十万两之实在情形也。

又司库支发文职廉公、驿站各款，以每岁地粮税课所入尽数抵支，尚不敷银十五万两，前已另案详晰奏咨。此亦常年应需应请随饷估拨之数也。

又善后经费每岁原拨银十四万两，内义学一项每年支款二万六千余两，由杂税项下动支，不敷始由善后经费内添拨。查杂税系地方例款，现在由司提归例支项下统算，备抵例支义学经费，别无所出，不能不由善后款内专拨。他若牛痘、保甲、蚕桑、矿务、测绘疆里、经理通商各事宜，以及渠道、工程、卡伦、屯垦各项，在在需费，各台局员弁、丁夫、通事、翻译各项，亦不能概行裁撤，统计仍需银七万两。惟北路城工动用银一十九万四千九百余两，部议于新疆巡抚每年应分善后银两内取给。善后经费，三年之内只有此数，不敷甚巨，应请仍照原拨银十四万两，以资弥补。运解粮饷、军装、脚价、川资、官车、驼骡、杂费，现在驿站未复，奉准由饷内动支。又各属地方官支应过往杂差、车价、口分等项，例准作正开报。新省别无他款抵支，亦不能不预请指拨，约共每岁需银五万两。此非常年应需暂请随饷估拨之数也。

以上除岁需旗营经费十万两、善后经费银十四万两外，军饷、军装、转运及不敷廉费等项，岁需银一百八十六万两，内司库廉俸经费不敷银十五万两，转运各费银五万两，为当日统筹全局案内所未估及其余标营官弁兵勇俸饷、军装、制办，岁需银一百六十六万两，较原分军饷、军装两项银二百六万两，已减银四十万两。乌鲁木齐提标官弁廉俸暨巴里坤镇标官弁廉俸、饷干，向例应由甘藩库搭解支放。自十一年起，历由新疆藩库垫支，较原估隐增出款，每岁约九万余两。以此乘除减数，约已将及五十万两。原奏旧饷裁毕统改坐粮，可省饷银八十万两，系并伊犁、塔尔巴哈台合算，计亦不相径庭。惟善后经费原请三年后停止，现在察酌情形，不能不请展缓，则因初设行省，一切应办之事实非仓促所能就绪，且加入义学支款，与原估之数量所减已将及二万。至划还部垫拨款一节，所省坐粮虽可渐次改定，十一、二两年新省应分新饷，各省欠解已三十八万余两，南路工程经费银十九万两,剜肉补疮,新亏尚巨。所有部款百万应请仍由部臣前次指拨各省关光绪十年以前旧欠饷内,按限解还部库清款。关外转运军饷,除南北各城饷装运费已估请拨款备支外,其新饷自泾州运至新省所需转运公费,另于下条登复。

一、部议军饷等项应统收分支一条。查光绪十一、二、三等年,甘肃新饷由承协各省分派员解交甘藩库统收,按月分数开单汇总,派员解交新疆粮台统收,按月分数解赴南北路各处支放。伊犁、塔尔巴哈台两城派员赴新省,自行领用散放,历经办理在案。应请仍照旧章办理。

一、部议解饷脚价应分别办理一条。查光绪十一、二、三等年,新饷由承协各省派员解赴甘肃,自泾州至肃州,历哈密以达新疆省城,所需脚价、川资、鞘钉、纸张等项,均由甘肃新饷内扣除四分平余项下开支。光绪十四年以后新省估拨饷数,皆系计口授食,累铢积算,纤毫无溢。倘于应分饷内提一公用之款,即于应发饷内短一实支之数,故分运南北各城装饷脚价,尚请估拨备支。其新饷由泾州转运新省,以新省应分饷数二百二十万两,估计需运费银二万二千两,非比关内为数有限,可就估拨饷数内提出,应请另拨专款,作为转运公用。

一、部议军饷内扣除湘平银两应照划扣一条。查甘肃收各省解到库平新饷,以湘平折支,每银一两,扣平银四分,封存备用。十三年以前,每岁拨给旗营经费十万两。部议自十四年起,由新疆军饷内匀出供支,现在仍请照拨。计十四年新饷,部臣系照原数指拨,关内外实用饷数均有节减,应请于十四年军饷四百八十万两之中,提拨银十万两,作为新省十四年分旗营经费,毋庸指拨四分平余。又关外饷银自泾州直达新省,运费向指四分平余开支,现在声明请筹专款。若并于关内外节减赢余数内专提备用,前项平余自可遵照部示,自光绪十七年起,循章划扣湘平,以一半存储甘肃司库,一半存储新疆司库,以重边储。

一、部议正杂款内扣除湘平六分平应令封储一条。查新疆省司库支发例支各款,应扣六分平余,历经遵办在案。惟岁入之款抵支文职公用、廉俸、驿站各项,不敷甚巨,业经另案奏咨,请每岁拨银十五万两。倘拨解如额,足备支发。所有前项六分减平银应遵部示封储,专备紧急军需之用,并于年终盘查奏报一次,以备稽考。

一、部议赋税流抵应从缓议一条。查新疆省城赋税所入,以之抵支出款,尚有不敷,应遵部示缓议。本地所入银粮仍认真经理,不敢滥支。

一、部议解部书吏饭银应分别办理一条。查前山西抚臣张之洞前奏军需善后销案内,每准销一万两,解饭银十两,专指军需善后报销而言,业经遵办在案。自光绪十一年起,除伊犁、塔尔巴哈台如何办理应咨明查复汇办外,甘肃议由甘藩库筹解。所有新省军需善后用款照章应解饭银,请随案先解八成,其余二成俟核准后补解,均由新疆知会甘藩库批解,归新省应分饷内划扣。

一、部议新饷应按年指拨一条。查甘肃新饷,光绪十三年以前,每年拨银四百八十万两。十四年分,新省估饷实需银一百二十万两,又宁夏、凉庄、西宁等处银二十万两。惟部臣既照原案指拨新省,应请仍照原数,划分银二百三十万两,余存仍留抵十五年新饷。其伊犁、塔尔巴哈台实需饷数,应由该将军、参赞等确估奏办,合并声明。

(朱批):览。①

142. 委令夏毓衡等署理知县等缺片

光绪十三年十二月十四日(1888年1月26日)

再,署于阗县知县娄绍豫请假,遗缺查有现署玛喇巴什通判候补知县夏毓衡,堪以调署。其递遗之玛喇巴什通判员缺,查有请补斯缺留陕补用同知杨敏,应饬先行署理。据藩、臬两司会详前来。

除由臣批饬分别给委外,谨会同陕甘总督臣谭钟麟,附片具奏,伏乞圣鉴。谨奏。

(朱批):吏部知道。②

光绪十四年正月十二日,奉朱批:吏部知道。钦此。③

【案】此奏片具奏日期,原件署"光绪二年三月二十八日",录副署"光绪十四年正月十二日"。查《军机处随手登记档》朱批刘锦棠折④,载有"上年十二月十四日"等字样。据此,此片具奏日期当为"光绪十

---

①中国第一历史档案馆藏:《清单》,档案编号:03—6619—014。
②中国第一历史档案馆藏:《朱批原件》,档案编号:04—01—12—0522—062。
③中国第一历史档案馆藏:《军机录副》,档案编号:03—5233—016。
④中国第一历史档案馆藏:《军机处随手登记档》,档案编号:03—0257—1—1214—009。

三年十二月十四日",兹据校正。

143. 奏请核销光绪九年以前收支银粮折

光绪十三年十二月十六日(1888年1月28日)

尚书衔降一级留任甘肃新疆巡抚二等男臣刘锦棠跪奏,为查明甘肃新疆光绪九年以前收支银粮,分年分款造报清晰,吁恳天恩饬部核销,恭折仰祈圣鉴事。

窃臣前准部咨:将光绪九年以前收支钱粮等项并为一案,分年分款造具细册,光绪十年收支钱粮等项即可接续造报等因,咨行到臣,当经转饬遵照去后。

兹据粮台司道详称:查新疆南北各城,陆续恢复。自光绪四年次第设局兴办,所有岁入银款如折征、课金、房租、地课、水磨碓租课、税契、征铜铸钱易银及税厘、征粮变价等项,均未定额,概据各局员实收实报,粮除喀喇沙尔一属流亡未复,四年分尚无征余,均按民间收粮实数十一分而取其一,实收实报,亦未厘定额数。兹查自开办起,银除厘金截至八年六月底停止外,余均截至九年十二月底止,收折征银二十万二千七百六十余两,课金折银二万四千四百六十余两,房租、地课、水磨碓租课、税契、征铜铸钱易银等款,共银五万九千七百四十余两,厘金、畜税银九十九万一千四十余两,征粮变价银六十二万三千三十余两。通计共收银一百九十万一千二百五十二两三钱八分六厘四毫六丝三忽四微。收本色折、色京斗粮一百八十八万六千八百九十七石二斗七合六勺六撮,内除折色京斗粮二十六万四千七百八十四石三斗三升三合八勺六撮另款列收折征银两不计外,实收本色京斗各色粮一百六十二万二千一百一十二石八斗七升三合八勺。此新疆九年以前岁入银粮各款之总数也。

银除四、五、六等年军需善后报销案内列收新疆各处税课、地租、折征、厘税等款银六十九万五千八百七两七钱九分五厘一毫六丝六忽一微,七年分防军、善后报销案内列收新疆折征、税厘、房租、地课、磨课、税契、征铜铸钱易银、征粮变价等项银五十二万六千一百四十四两六钱二分八毫五丝四忽九微,八年分防军、善后报销案内列收新疆折征、税厘、房租、地课、磨课、税契、征铜铸钱易银、征粮变价等款银四十六万九千八百四十四两九钱八分九厘四毫四丝二忽四微,九年分防军、善后报销案内列收新疆折征、课金、房租、地课、磨课、税契、畜税、征铜铸钱易银、征粮变价等款银一十九万八千三十三两四钱七厘,十年分防军善后报销案内列收新疆九年分课金、吐鲁番厅历年地课、畜税等款银九千四百二十一两五钱七分四厘。实在,无项。粮除拨发各军营旗暨巴里坤满营各处,共京斗各色粮九十九万八千六百四十六石九升七斗四合二勺,支发北路各衙门役食暨监禁人犯、养济院孤贫口食、南路善后、采运、军装硝药、征粮、保甲暨蚕桑、蚕织各局领用食粮,各起官车、驮驼骡马、开花炮队车骡喂养、塘台、驿站号书、兽医、铁匠、马夫、跑夫、驿马粮料等款,共京斗各色粮一十六万二千九百八十六石三斗六升六合,实在存本色京斗各色粮四十六万四百七十九石五斗三升三合六勺。此新疆九年以前支发银粮各款之总数也。

遵造简明清单,恭呈御览,仰恳天恩饬部核销。除将清册咨部查核并十年分容俟接续造报外,谨会同陕甘总督臣谭钟麟,恭折具陈,伏乞皇太后、皇上圣鉴训示。谨奏。光绪十三年十二月十六日。

(朱批):户部知道,单二件并发。①

光绪十四年正月十七日,奉朱批:户部知道,单二件并发。钦此。②

144. 呈核销光绪九年以前收支本色京斗粮石清单

光绪十三年十二月十六日(1888年1月28日)

谨将新疆粮台光绪九年以前甘肃新疆岁入收支本色京斗粮石数目,缮具四柱清单,恭呈御览。计开

旧管:无项。

新收:

一、收新疆南北两路征本色京斗各色粮一百六十二万二千一百一十二石八斗七升三合八勺,内大米五千一百八十石九合二勺,小麦四十七万三千三百三十石六斗六升九合九勺,稻谷一万八千六百八十八石九斗四升八合六勺,高粱七万二千六百一十二石七斗六升八合二勺,莞豆一千六百石三升

---

① 中国第一历史档案馆藏:《朱批原件》,档案编号:04—01—35—0991—037。
② 中国第一历史档案馆藏:《军机录副》,档案编号:03—6619—017。

八合五勺,青稞五千八百一十五石七合六勺,大麦七千五百六十六石五斗三升四合一勺,小谷七百一十一石三斗四升一勺,包谷一百三万六千二百四十一石九合五勺,黄豆五十八石六斗,糜子八百四十九石四斗六升九合九勺,荞麦八石四斗七升八合二勺。

开除:

一、除第一册拨各军营旗暨各处京斗各色粮九十七万八千八百九石六斗三升七合八勺。

一、除第二册拨发巴里坤满营兵食京斗粮一万九千八百三十七石三斗三升六合四勺。

一、除第三册支发北路各衙门书役食粮暨监犯、养济孤贫口食京斗各色粮一万六千七百三十九石四斗三升四合八勺。

一、除第四册支发南路善后、采运、军装、硝药、征粮、保甲、蚕织、蚕桑各局京斗各色粮二万一千四百三石五斗五升。

一、除第五册支发各起官车、驮驼骡马暨开花炮队车骡喂养京斗各色粮七万六千六十石七斗三升九合四勺。

一、除第六册支发塘台、驿站号书、兽医、铁匠、马夫、跑夫、驿马京斗各色粮四万八千七百八十二石六斗四升一合八勺。

以上六款共开除京斗各色粮一百一十六万一千六百三十三石三斗四升二勺,内大米四千五百七十八石,小麦三十一万五千二百三十石四斗九升六合二勺,稻谷七百四十八石八斗七升九合六勺,莞豆一百六十九石八斗五合五勺,青稞三千八百九石三斗八升九合四勺,高粱五万五百三十九石三斗六升九合五勺,包谷七十八万二千八百五十七石九斗,大麦三千六百九十九石五斗。

应请兵部核销塘台、驿站号书、兽医、铁匠、马夫、跑夫、驿马、各起官车、驮驼骡马暨开花炮队车骡喂养等款,共支过京斗小麦一万五千三百九十三石八斗六升九合三勺,莞豆一百六十九石八斗五合五勺,青稞三千八百九石三斗八升九合四勺,稻谷七百四十八石八斗七升九合六勺,高粱四万七千二百一十六石二斗七升六合一勺,包谷五万七千五百五石一斗六升一合三勺。

户部核销各军营旗暨各处巴里坤满营、北路各衙门书役、监禁人犯、养济院孤贫口食、南路各局食粮等款,共支过京斗大米四千五百七十八石,小麦二十九万九千八百三十六石六斗二升六合九勺，包谷七十二万五千三百五十二石七斗三升八合七勺，高粱三千三百二十三石九升三合四勺，大麦三千六百九十九石五斗。

实在：

存京斗各色粮四十六万四百七十九石五斗三升三合六勺，内大米六百二石九合二勺，小麦一十五万八千一百石一斗七升三合七勺，包谷二十五万三千三百八十三石一斗九合五勺，高粱二万一千五百二十三石三斗九升八合七勺，稻谷一万七千九百四十石六升九合，莞豆一千四百三十石二斗三升三合，青稞二千五石六斗一升八合二勺，大麦三千八百六十七石三斗四升一勺，黄米五十八石六斗，糜子八百四十九石四斗六升九合九勺，荞麦八石四斗七升八合二勺。以上十二款均应归光绪十年分册报旧管项下列收，接续造报，理合登明。

（朱批）：览。①

145. 呈核销九年以前收支各款银两数目清单

光绪十三年十二月十六日（1888年1月28日）

谨将新疆粮台光绪九年以前甘肃新疆岁入收支各款银两数目，缮具四柱简明清单，恭呈御览。计开

旧管：无项。

新收：

一、收新疆折征粮二十万二千七百六十九两五钱五分二厘五毫八丝三忽。

一、收新疆课金折银二万四千四百六十五两三钱六分。

一、收新疆征粮变价银六十二万三千三十两一钱二分一厘。

一、收吐鲁番厅历年征收地课、畜税银五千三百四十四两一分四厘。

一、收新疆房租、地课、水磨碓租课、税契、征铜铸钱易银等款银五万四千五百九十七两七钱二分一厘六毫七丝三忽四微。

一、收新疆税厘银九十八万四千五百三十三两五钱五分六厘二毫

---

①中国第一历史档案馆藏：《清单》，档案编号：03—6619—019。

七忽。

一、收新疆畜税银六千五百一十二两六分一厘。

开除：

一、除光绪四、五、六等年关内外军需善后报销案内列收新疆各处税课、地租折征银六万五千一十七两六钱五毫五丝四忽三微。

一、除光绪四、五、六等年关外军需善后报销案内列收新疆各台局税厘银六十三万七百九十两一钱九分四厘六毫一丝一忽八微。

一、除光绪七年分关外防军善后报销案内列收折征银三万四百一十四两七分四厘九毫四丝一忽五微。

一、除光绪七年分关外防军善后报销案内列收新疆各军营旗领用征粮扣缴价银二十七万八千二百四十六两六钱。

一、除光绪七年分关外防军善后报销案内列收新疆房租、地课、磨课、税契、征铜铸钱易银等项银一万四千九百七十八两七钱一分六厘五毫七忽三微。

一、除光绪七年分关外防军善后报销案内列收新疆税厘银二十万四千五百五两二钱二分九厘四毫六忽一微。

一、除光绪八年分关外防军善后报销案内列收新疆折征银六万九千四百三十两九钱七分三厘一毫四丝一忽五微。

一、除光绪八年分关外防军善后报销案内列收新疆各军营旗领用征粮扣缴价银二十三万四千九百七十一两二钱六分。

一、除光绪八年分关外防军善后报销案内列收新疆房租、地课、磨课、税契、征铜铸钱易银等项银一万六千二百四两六钱二分四厘一毫一丝一忽八微。

一、除光绪八年分关外防军善后报销案内列收新疆税厘银一十四万九千二百三十八两一钱三分二厘一毫八丝九忽一微。

一、除光绪八年分关外防军善后报销案内列收新疆七、八两年分课金折银八千一百五十五两一钱二分。

一、除光绪九年分关外防军善后报销案内列收新疆折征银六万一千二百七十九两九钱八分。

一、除光绪九年分关外防军善后报销案内列收新疆各军营旗领用征粮扣缴价银一十万九千八百一十二两二钱六分一厘。

一、除光绪九年分关外防军善后报销案内列收新疆房租、地课、水磨碓租课、税契、征铜铸钱易银等项银一万二千二百七十三两九钱八分五厘。

一、除光绪九年分关外防军善后报销案内列收新疆税银六千五百一十二两六分一厘。

一、除光绪十年分关外防军善后报销案内列收新疆九年分课金折银四千七十七两五钱六分。

一、除光绪十年分关外防军善后报销案内列收吐鲁番厅历年地课、畜税银五千三百四十四两一分四厘。

以上七款共开除银一百九十万一千二百五十二两三钱八分六厘四毫六丝三忽四微,应由户部核销。

实在:无项。

(朱批):览。①

146. 奏报新疆光绪十三年九月雨水粮价折

光绪十三年十二月十六日(1888年1月28日)

尚书衔降一级留任甘肃新疆巡抚二等男臣刘锦棠跪奏,为恭报光绪十三年九月分粮价并得雨情形,谨缮折具陈,仰祈圣鉴事。

窃照本年八月分各州厅县粮价并得雨情形,业经臣奏报在案。兹查本年九月分北路绥来、奇台、镇西得雪积地十余至寸许不等,南路尚未得雪,得雨亦不及分寸,秋禾除被灾各属业经专案奏明外,余皆渐次登场,民情安帖。

至通省粮价,哈密、吐鲁番、库尔喀喇乌苏、喀喇沙尔、乌什、温宿、莎车、昌吉、阜康等厅州县,俱与上月相同。余均略有增减。据藩司魏光焘汇详请奏前来。

理合恭折具陈,并缮粮价清单,敬呈御览。伏乞皇太后、皇上圣鉴。谨奏。光绪十三年十二月十六日。

(朱批):知道了。②

---

①中国第一历史档案馆藏:《清单》,档案编号:03—6619—018。
②中国第一历史档案馆藏:《朱批原件》,档案编号:04—01—24—0160—112。

光绪十四年正月十七日，奉朱批：知道了。钦此。①

147. 呈新疆各属光绪十三年九月粮价清单
光绪十三年十二月十六日（1888年1月28日）

谨将新疆各属光绪十三年九月分米粮时估价值缮具清单，恭呈御览。计开

九月分：

镇迪道属

迪化县：大米每京石价银三两八钱五厘，与上月相同。小麦每京石价银一两二钱五分一厘，较上月减二钱七厘。莞豆每京石价银一两六钱二分，青稞每京石价银一两二钱七分，俱与上月相同。

昌吉县：大米每京石价银二两五钱二分，小麦每京石价银一两一钱八分，莞豆每京石价银一两二钱一厘，青稞每京石价银八钱七分五厘。俱与上月相同。

阜康县：粟米每京石价银一两二钱七分三厘，小麦每京石价银一两三钱八分，莞豆每京石价银一两三钱八分，高粱每京石价银六钱七分二厘。俱与上月相同。

绥来县：大米每京石价银二两三钱九分七厘，较上月增二钱八分七厘。小麦每京石价银九钱一分九厘，莞豆每京石价银九钱九分八厘，俱与上月相同。高粱每京石价银六钱二分七厘，较上月减一钱四分一厘。

奇台县：大米每京石价银二两九钱三分，与上月相同。小麦每京石价银一两一钱三分二厘，较上月增一钱四分二厘。莞豆每京石价银一两一钱五厘，较上月增二钱四分二厘。

镇西直隶厅：小麦每京石价银一两七钱二分，较上月增四分。莞豆每京石价银一两六钱八分，较上月减四分。青稞每京石价银一两，与上月相同。

哈密厅：粟米每京石价银一两六钱五分六厘，小麦每京石价银一两二钱五分五厘，莞豆每京石价银一两七钱二分八厘，青稞每京石价银一两二

---

①中国第一历史档案馆藏：《军机录副》，档案编号：03—9975—025。

厘。俱与上月相同。

吐鲁番厅：小麦每京石价银一两四钱九分一厘，大麦每京石价银五钱六分，黄豆每京石价银一两四钱九分三厘，高粱每京石价银五钱五分九厘。俱与上月相同。

库尔喀喇乌苏厅：小麦每京石价银一两二钱七厘，莞豆每京石价银一两四钱四厘，高粱每京石价银九钱四分九厘。俱与上月相同。

阿克苏道属

温宿直隶州：大米每京石价银一两二钱一分六厘，小麦每京石价银八钱二分八厘，大麦每京石价银三钱六分，包谷每京石价银四钱八厘。俱与上月相同。

拜城县：小麦每京石价银八钱六分三厘，与上月相同。大麦每京石价银五钱二分，较上月减二分。莞豆每京石价银六钱九分，包谷每京石价银五钱四分二厘，俱与上月相同。

喀喇沙尔直隶厅：大米每京石价银二两八钱一分二厘，小麦每京石价银一两三分五厘，莞豆每京石价银九钱三分六厘，包谷每京石价银八钱三分二厘。俱与上月相同。

库车直隶厅：大米每京石价银二两二钱二分，较上月增一钱四分八厘。小麦每京石价银一两三分五厘，较上月增一钱三分六厘。包谷每京石价银五钱八分九厘，与上月相同。莞豆每京石价银五钱九分二厘，较上月减三分八厘。

乌什直隶厅：大米每京石价银二两三钱八分四厘，小麦每京石价银六钱六分，大麦每京石价银二钱六分七厘，包谷每京石价银五钱二分四厘。俱与上月相同。

喀什噶尔道属

疏勒直隶州：大米每京石价银三两，小麦每京石价银一两六钱五分六厘，俱与上月相同。包谷每京石价银一两一钱五分二厘，较上月增一钱二分八厘。高粱每京石价银一两三分五厘，与上月相同。

疏附县：大米每京石价银三两，小麦每京石价银一两六钱五分六厘，俱与上月相同。包谷每京石价银一两二钱六厘，较上月增一钱三分四厘。高粱每京石价银一两三分五厘，与上月相同。

莎车直隶州：大米每京石价银二两七分二厘，小麦每京石价银六钱二分一厘,大麦每京石价银三钱七分五厘,包谷每京石价银三钱九分六厘。俱与上月相同。

叶城县:大米每京石价银二两三钱二分,较上月增二钱三分二厘。小麦每京石价银五钱,包谷每京石价银二钱八分八厘,俱与上月相同。青稞每京石价银三钱七分五厘,较上月减二分五厘。

和阗直隶州:大米每京石价银一两八钱二分,较上月减二钱八分。小麦每京石价银八钱二分八厘,与上月相同。包谷每京石价银三钱五分八厘,较上月减二分六厘。青稞每京石价银三钱三厘,较上月减五分五厘。

于阗县:大米每京石价银三两四钱五分,较上月减六钱九分。小麦每京石价银八钱四厘,包谷每京石价银六钱四分,俱与上月相同。

玛喇巴什厅:大米每京石价银三两二钱五分六厘,与上月相同。小麦每京石价银一两三分五厘,较上月减二分。包谷每京石价银八钱九分六厘,与上月相同。

英吉沙尔厅:大米每京石价银二两八钱九分,与上月相同。小麦每京石价银九钱二分,较上月增九分。包谷每京石价银六钱四分三厘,较上月增一钱七厘。大麦每京石价银三钱七分六厘,与上月相同。

(朱批):览。①

148. 奏报新疆光绪十三年夏秋禾约收分数折

光绪十三年十二月十六日(1888年1月28日)

尚书衔降一级留任甘肃新疆巡抚二等男臣刘锦棠跪奏,为查明甘肃新疆省本年夏秋禾约收分数,缮具清单,恭折仰祈圣鉴事。

窃照新疆省各处收成上年经臣奏明,每年统于十一月内并案具报一次,以归简易在案。兹据藩司魏光焘详称:新疆地气本较迟于内地,本年南路温宿、乌什、拜城,北路镇西、绥来、济木萨、库尔喀喇乌苏等处,因被灾伤,或补种杂粮,收割更晚,或委勘结报,动稽时日,以致汇报稍迟,分别造具收成分数,详请奏报前来。

臣复加查核,除温宿、镇西、库尔喀喇乌苏三属被灾较重各户业经臣奏

---

①中国第一历史档案馆藏:《清单》,档案编号:03—9975—026。

请蠲免额粮不计外，其余各属牵算统计，通省夏禾收成约六分有余，秋禾收成约六分有余，谨分别缮具清单，恭呈御览。

除咨部查照外，谨会同陕甘总督臣谭钟麟，恭折具陈，伏乞皇太后、皇上圣鉴。谨奏。光绪十三年十二月十六日。

（朱批）：知道了。①

光绪十四年正月十七日，奉朱批：知道了。钦此。②

【案】此折录副及清单二件具呈日期均署"光绪十四年正月十七日"，兹据原件及《军机处随手登记档》③校正。

149. 呈新疆光绪十三年夏禾约收分数清单

光绪十三年十二月十六日（1888年1月28日）

谨将甘肃新疆省各属光绪十三年夏禾约收分数，开具清单，恭呈御览。计开

约收九分有余者，吐鲁番厅、莎车州、叶城县、于阗县。

约收八分有余者，喀喇沙尔厅、疏勒州、疏附县、英吉沙尔厅。

约收六分有余者，绥来县、拜城县。

约收六分者，温宿州。

约收五分有余者，迪化县、昌吉县、呼图壁巡检、阜康县、济木萨县丞、奇台县、库尔喀喇乌苏厅、库车厅、乌什厅、和阗州、玛喇巴什厅。

约收五分者，哈密厅、精河巡检。

约收二分者，镇西厅。

查温宿、镇西、库尔喀喇乌苏夏禾收成各分数，系除被灾较重各户计算，合并声明。

（朱批）：览。④

---

①中国第一历史档案馆藏：《朱批原件》，档案编号：04—01—23—0204—004。
②中国第一历史档案馆藏：《军机录副》，档案编号：03—6719—002。
③中国第一历史档案馆藏：《军机处随手登记档》，档案编号：03—0257—1—1214—014。
④中国第一历史档案馆藏：《清单》，档案编号：03—6719—003。

150. 呈新疆光绪十三年秋禾约收分数清单
光绪十三年十二月十六日（1888年1月28日）

谨将甘肃新疆省各属光绪十三年秋禾约收分数,开具清单,恭呈御览。计开

约收九分有余者,于阗县。

约收八分有余者,疏勒州、莎车州、叶城县、喀喇沙尔厅。

约收七分有余者,吐鲁番厅、英吉沙尔厅。

约收七分者,和阗州。

约收六分有余者,温宿州、拜城县、玛喇巴什厅。

约收六分者,库车厅。

约收五分有余者,迪化县、昌吉县、阜康县、绥来县、疏附县。

约收五分者,呼图壁巡检、济木萨县丞、奇台县、哈密厅、库尔喀喇乌苏厅、精河巡检、乌什厅。

查温宿、库尔喀喇乌苏秋禾各分数,系除被灾较重各户计算。镇西天气早寒,向不种植秋禾,故无分数,合并声明。

(朱批):览。①

151. 新疆总兵城守尉司道等官年终密考折
光绪十三年十二月十六日（1888年1月28日）

尚书衔降一级留任甘肃新疆巡抚二等男臣刘锦棠跪奏,为新疆总兵、城守尉、司道等官,循例年终密考,缮具清单,恭折仰祈圣鉴事。

窃照新疆司道等官,经臣于光绪十二年年终出具切实考语,密行陈奏在案。惟巴里坤镇总兵向由督臣注考,古城城守尉上年尚未到任,是以武职均未举办。兹本年又已届期,巴里坤标营兵制业已奏请改设,古城城守尉亦经履任,自应一律循例办理。该总兵、城守尉、司道等经臣详加察看,于各员操守、才具一切见闻较确,除署事及未经到任人员例不注考外,谨就

---

①中国第一历史档案馆藏:《清单》,档案编号:03—6719—004。

现在实任各员,分别出具切实考语,密缮清单,恭呈御览。

至伊犁请设道府等官,尚未接准部复。伊犁镇总兵应仍由将军臣察看。其阿克苏镇总兵及迪化府知府等缺,尚未请补有员,是以均未注考,合并声明。伏乞皇太后、皇上圣鉴。谨奏。光绪十三年十二月十六日。

(朱批):知道了,单留中。①

光绪十四年正月十七日,奉朱批:知道了,单留中。钦此。②

152.呈新疆文武大员年终密考清单

光绪十三年十二月十六日(1888年1月28日)

谨将新疆总兵、城守尉、司道各员加具考语,密缮清单,恭呈御览。计开

巴里坤镇总兵官徐占彪,查该员久历戎行,素称勇敢,屯防训练,均属认真。

古城城守尉德胜,查该员勤慎趋公,和以处众,讲求旗制,不激不随。

新疆布政使魏光焘,查该员持纲握要,综核精详,洞达边情,体用俱备。

镇迪道兼按察使衔恩纶,查该员稳练老成,办事勤恳,审断庶狱,多所折中。

现署喀什噶尔道袁垚龄,查该员廉明果决,肆应有余,才识优长,善持大体。

现署阿克苏道黄光达,查该员勤谨笃实,廉洁自持,事必躬亲,不为苛细。③

153.核销新疆光绪十年收支银粮各数折

光绪十三年十二月十八日(1888年1月30日)

尚书衔降一级留任甘肃新疆巡抚二等男臣刘锦棠跪奏,为查明甘肃新

---

①中国第一历史档案馆藏:《朱批原件》,档案编号:04—01—30—0186—036。又《奏稿》第1781—1782页。
②中国第一历史档案馆藏:《军机录副》,档案编号:03—5854—021。
③台北故宫博物院藏:《军机及宫中档》,文献编号:408008574。

疆光绪十年分收支银粮各款，造具清册，吁恳天恩饬部核销，恭折仰祈圣鉴事。

窃臣前准部咨：将光绪九年以前收支钱粮等项并为一案，分年分款造报细册，光绪十年收支钱粮等项即可接续造报等因，业经臣饬将九年以前收支各款并案造册，详请奏咨在案。

兹据粮台司道详称：遵查光绪十年分正月起，连闰截至十二月底止，收折征粮价及棉花地折征银五万七千八百一十余两，折征草价银四千一百九十余两，课金折银四千七十余两，房租、地课、水磨碓租课、税契、征铜铸钱易银等款共银一万一千七百九十余两，牲畜税银七千二百九十余两。通共收银二十万一千二百一十二两一钱二分七厘，旧管存京斗各色粮四十六万四百七十九石五斗三升三合六勺，新收本色折征京斗各色粮二十二万九千八百八十五石三斗五升四合五勺，本色、折色草束二千二百三十九万八千二百五十五斤七两，内除折色京斗粮六万七千六百一十三石二斗三升三合七勺，折色草束八百三十八万五十七斤十二两，一并另款列收折征银两不计外，实征本色京斗各色粮一十六万二千二百七十二石一斗二升八勺，本色草束一千四百一万八千一百九十七斤十一两。此新疆十年分岁入银粮各款之总数也。

银除光绪十年分关外防军、善后报销案内列收新疆折征、课金、房租、地课、水磨碓租课、税契、畜税、征铜铸钱易银等款银八万五千一百六十八两九钱五分二厘，列收新疆征粮变价银一十一万六千四十三两一钱七分五厘。实在，无项。粮除拨发各军营旗及各处巴里坤、乌鲁木齐满营京斗各色粮三十万一千二百七十九石七斗三升九合，支发南北两路各衙门役食、监禁人犯、养济院孤贫口食、各起官车、官驼骡马、开花炮队车骡喂养、塘台、驿站驿书、号书、兽医、铁匠、马夫、驿马粮料等款京斗各色粮三万一千五百三十五石二斗一升四合八勺，拨发各军营旗草束一千五十一万四千三百三十二斤十三两。实在存京斗各色粮二十八万九千九百三十六石七斗六勺，草束三百五十万四千一百六十四斤十四两。此新疆十年分支发银粮各款之总数也。

遵造简明清单并总散清册，详请奏咨核销前来。臣复核无异。理合缮具简明清单，恭呈御览，仰恳天恩饬部核销。

除清册咨部查核外，谨会同陕甘总督臣谭钟麟，恭折具奏，伏乞皇太后、皇上圣鉴训示。谨奏。光绪十三年十二月十八日。

（朱批）：户部知道，单二件并发。①

光绪十四年正月二十一日，奉朱批：户部知道，单二件并发。钦此。②

154. 呈新疆光绪十年收支各款银两数目清单

光绪十三年十二月十八日（1888年1月30日）

谨将新疆粮台造报光绪十年分甘肃新疆岁入收支各款银两数目，缮具四柱清单，恭呈御览。计开

旧管：无项。

新收：

一、收新疆折征银五万六千七百二十一两五钱六分五厘。

一、收新疆折征草价银四千一百九十两二分七厘。

一、收新疆课金折银四千七十七两五钱六分。

一、收新疆房租、地课、水磨碓租课、税契、征铜铸钱易银等款银一万一千七百九十七两六钱三分四厘。

一、收新疆牲畜税银七千二百九十二两八钱八分二厘。

一、收新疆棉花地折征银一千八十九两二钱八分四厘。

一、收新疆折征变价银一十一万六千四十三两一钱七分五厘。

开除：

一、除光绪十年分关外防军善后报销案内列收新疆折征银六万二千两八钱七分六厘。

一、除光绪十年分关外防军善后报销案内列收新疆十年分课金折银四千七十七两五钱六分。

一、除光绪十年分关外防军善后报销案内列收新疆房租、地课、水磨碓租课、税契、征铜铸钱易银等款银一万一千七百九十七两六钱三分四厘。

一、除光绪十年分关外防军善后报销案内列收新疆牲畜税银七千二百九十二两八钱八分二厘。

---

①中国第一历史档案馆藏：《朱批原件》，档案编号：04—01—35—0991—041。
②中国第一历史档案馆藏：《军机录副》，档案编号：03—6562—007。

一、除光绪十年分关外防军善后报销案内列收新疆征粮变价银一十一万六千四十三两一钱七分五厘。

以上五款共开除银二十万一千二百一十二两一钱二分七厘,应由户部核销,理合登明。

实在:无项。

(朱批):览。①

155. 呈新疆光绪十年收支粮石草束各数清单
光绪十三年十二月十八日(1888年1月30日)

谨将新疆粮台造报光绪十年分甘肃新疆岁入收支各色粮石、草束数目,缮具四柱简明清单,恭呈御览。计开

旧管:

一、截至光绪九年十二月底止,存京斗各色粮四十六万四百七十九石五斗三升三合六勺,内大米六百二石九合二勺,小麦一十五万八千一百石一斗七升三合七勺,包谷二十五万三千三百八十三石一斗九合五勺,高粱二万一千五百二十三石三斗九升八合七勺,稻谷一万七千九百四十石六升九合,莞豆一千四百三十石二斗三升三合,青稞二千五石六斗一升八合二勺,大麦三千八百六十七石三升四合一勺,小谷七百一十一石三斗四升一勺,黄米五十八石六斗,糜子八百四十九石四斗六升九合九勺,荞麦八石四斗七升八合二勺。

新收:

一、收新疆南北两路征本色京斗各色粮一十六万二千二百七十二石一斗二升八勺,内大米二千二百九十石九斗六升一合五勺,小麦九万五千七百九十二石一斗九升三勺,稻谷四千四百七十一石一斗九升一合一勺,莞豆九十六石二斗,高粱一万八百二十三石六升九合三勺,包谷四万八千七百九十八石五斗八合六勺。

一、收新疆征本色草束一千四百一万八千一百九十七斤十一两。管、收两项共京斗各色粮六十二万二千七百五十一石五斗五升四合四勺,内大

---

①中国第一历史档案馆藏:《清单》,档案编号:03—6562—008。

米二千八百九十二石九斗七升七勺，小麦二十五万三千八百九十二石三斗六升四合，包谷三十万二千一百八十一石六斗一升八合一勺，高粱三万二千三百四十六石四斗六升八合，稻谷二万二千四百一十一石二斗六升一勺，莞豆一千五百二十六石四斗三升三合，青稞二千五石六斗一升八合二勺，大麦三千八百六十七石三升四合一勺，小谷七百一十石三斗四升一勺，黄米五十八石六斗，糜子八百四十九石四斗六升九合九勺，荞麦八石四斗七升八合二勺，草束一千四百一万八千一百九十七斤十一两。

开除：

一、除第一册拨发各军营旗暨各处领用京斗各色粮二十九万五千四百八十二石七斗九升三合。

一、除第二册拨发巴里坤暨乌鲁木齐满营兵食京斗粮五千七百九十六石九斗四升六合。

一、除第三册支发南北两路各衙门书役食粮暨监禁人犯、养济院孤贫口食京斗各色粮九千三百五十一石九升七合六勺。

一、除第四册支发各起官车、驮驼骡马暨开花炮队车骡喂养京斗各色粮五千六百九十一石四斗七升八勺。

一、除第五册支发塘台、驿站驿书、号书、兽医、铁匠、马夫、驿马京斗各色粮一万六千四百九十二石六斗四升四合四勺。

一、除拨发各军营旗领用草束一千五十一万四千三十二斤十三两。

以上六款共发过京斗各色粮料三十三万二千八百一十四石九斗五升三合八勺，内大米二百九十八石二斗三升三合，小麦四万四千八百二十四石一斗六升四合五勺，莞豆一十七石二斗九升二合二勺，稻谷七千一百三十六石三斗三升六合二勺，青稞二千五石六斗一升八合二勺，高粱三万一千五百二十六石七斗一升八合二勺，黄米二十三石六斗四升二合六勺，小谷六百三十六石五斗六升五勺，包谷二十四万四千三百八十七石九升二合，大麦一千九百五十九石二斗九升六合四勺。发过草束一千五十一万四千三十二斤十三两。

应请兵部核销塘台、驿站、驿书、号书、兽医、铁匠、马夫、驿马，各起官车、驮驼骡马暨开花炮队车骡喂养等款，共支过京斗小麦三千九百七十三石八斗四升六合四勺，稻谷二千四百二十四石六斗七升，青稞一千二百七十九石四斗，包谷一万四百八十六石六斗一升五合五勺，高粱四千一十九石五斗八升五合三勺。

户部核销各军营旗暨各处巴里坤、乌鲁木齐满营、南北两路各衙门书役、监禁人犯、养济院孤贫口食等款，共支过京斗大米二百九十八石二斗三升三合，小麦四万八百五十石三斗一升八合一勺，莞豆一十七石二斗九升二合二勺，黄米二十三石六斗四升二合六勺，青稞七百二十六石二斗一升八合二勺，稻谷四千七百一十一石六斗六升六合二勺，高粱二万七千五百七石一斗三升二合九勺，大麦一千九百五十九石三斗九升六合四勺，小谷六百三十六石五斗六升五勺，包谷二十三万三千九百石四斗七升六合五勺。

实在：

存京斗各色粮二十八万九千九百三十六石七斗六勺，内大米二千五百九十四石七斗三升七合七勺，小麦二十万九千六十八石一斗九升九合五勺，稻谷一万五千二百七十四石九斗二升三合九勺，莞豆一千五百九石一斗四升八勺，高粱八百一十九石七斗四升九合八勺，黄米三十四石九斗五升七合四勺，小谷七十四石七斗七升九合六勺，包谷五万七千七百九十四石五斗二升六合一勺，大麦一千九百七石七斗三升七合七勺，糜子八百四十九石四斗六升九合九勺，荞麦八石四斗七升八合二勺。存草束三百五十万四千一百六十四斤十四两。以上十二项均应归光绪十一年旧管项下列收，接续造报，理合登明。

（朱批）：览。①

156. 新疆十一年分司库收支恳饬核销折

光绪十三年十二月十八日（1888年1月30日）

尚书衔降一级留任甘肃新疆巡抚二等男臣刘锦棠跪奏，为造报光绪十一年分新疆司库收支各款银粮，分缮总散细数清册，吁恳天恩，饬部核销，恭折仰祈圣鉴事。

窃照各直省司库收支例有专款，按年奏销。新疆未设行省以前，一切款项向归粮台办理。自十一年藩司到任，始分别划归司库，应即由司分别

---

①中国第一历史档案馆藏：《清单》，档案编号：03—6562—009。

造报,以符定制。

兹据藩司魏光焘详称:查新疆三道属每年入款,如折征、粮草、地课、房租、牲税、契税、土产货税,抵发文武廉费、俸工、驿站、夫马、工料各款,惟喀什噶尔一道尚属有赢,阿克苏一道即有不足。该两道离省窎远,各属领解维艰,收支皆归道库,但由司汇总报销。其镇迪一道,岁入仅税课一项,出款尤属不敷。一应例支,由司库就近领解,欲如内地收支各分专款,不相牵混,势有不能。

该司到任之初,经臣饬由新饷项下,暂行拨款支发,仿照内地章程,设兵饷一款,经收新饷。其各标营官弁俸饷,即由兵饷内开支。又设公用一款,经收各属解交税课各项银两。其文职廉费、俸工、驿站等项,即由公用款内开支,不敷仍由兵饷款内腾挪提用。至建旷一款,现在未办估拨,所有应扣小建等项,皆于发银时核除,发给实银,并未另行扣储,其应由建旷项下支发。各武职署员钱粮,亦即由兵饷项下统支,邀免另造建旷款册,应扣六分减平并新章四分减平及应行折减各款,悉遵部章办理。

又该司未经到任之先,由粮台支过文职廉俸各款,概拨由司库作收作付。惟驿站经费系自十一年八月初一日起,照奏定新章起支,由司造销。以前概由粮台照依旧章支发,仍划归粮台,接续造报。征收粮草,于十二年始由各属清查科额,造册详请奏咨。其十一年分,仍照实收之数造报,支发粮草,各归各款,分别开支,仍汇总请销。各军营旗及善后支领粮草应扣价银,经粮台扣解到司者,照数作收汇报。未经扣解者,俟扣解之日作收,归入下届造报。税课银两,诸无定额,尽收尽报,解交司道各库。其由善后项下动用,如义学经费各款,概行作解粮台,由粮台作收,统支造报。旗营经费,满收满支,所有细数由该各营自行造报。

统计光绪十一年分司库经收各款银四十六万五千四百四十五两九钱五分,开除银二十六万九千一百八十四两八钱五分八厘。截至十一年底止,实共存银一十九万六千二百六十一两九分二厘,未解银九千三百七十七两七分一厘,于十二年分解缴动用,归十二年造报。又未支银三万八千八百三十八两二分四厘,长支银一千八十七两五钱三分四厘,分别补支扣还,归入下届造报附销。

又截至十年底止,各属仓储各色京斗粮二十九万九十九石七斗一升一合三勺。十一年分共收各色京斗粮料一十七万二百三十石五升八合四勺,开除各色京斗粮一十七万二千九百八十二石七斗六升二合三勺,实在应存各色京斗粮二十八万七千三百六十四石九斗八升一合二勺,征收未完籽种额粮一万三千六百九十五石一斗六升四合七勺,未支料三百五十一石六斗一合八勺,不敷粮一十七石九斗七升三合八勺。

又截至十年底止,各属厂储草三百五十万七千二百八斤七两五钱二分。十一年分共收草一千一百三万一千十五斤九两三钱八分,开除草六百二十万三千五百一十三斤十五两六钱,实存草八百三十三万四千七百一十斤一两三钱,征收未完草八十万八百九十二斤四两四钱,未支草二万六千三百八束。遵造银粮草束四柱清单并总散报销清册,详请奏咨核销前来。

臣复核无异,理合缮具简明清单,恭呈御览,仰恳天恩,饬部核销。除将清册分送部、科查核外,谨会同陕甘总督臣谭钟麟,恭折具奏,伏乞皇太后、皇上圣鉴训示。谨奏。光绪十三年十二月十八日。

(朱批):户部知道,单三件并发。①

光绪十四年正月二十一日,奉朱批:户部知道,单三件并发。钦此。②

157. 呈光绪十一年新疆各属收支各款清单

光绪十三年十二月十八日(1888年1月30日)

谨将新疆通省各属光绪十一年分收支实在各款银两,缮具四柱清单,恭呈御览。计开

旧管:无项。

新收:

一、收新疆行营粮台解到新饷银一十九万二千四十二两二钱三分。

一、收新疆行营粮台解到旗营经费银九万六千两。

一、收新疆行营粮台解到各属光绪十年分新疆折色粮草银二万三千四百六十三两九分二厘。

一、收新疆行营粮台解到库车厅征铜铸钱合银一千七百四十四两四钱二分。

---

①中国第一历史档案馆藏:《朱批原件》,档案编号:04—01—35—0831—033。又《奏稿》第1783—1789页。
②中国第一历史档案馆藏:《军机录副》,档案编号:03—6562—010。

一、收地课折色粮草银七万三千七百八十一两八钱七分五厘。
一、收新疆行营粮台拨解各属光绪十年分税银一千三百八十一两二钱二分八厘。
一、收新疆行营粮台拨解各属光绪十年分房租银四百四十二两五钱一分八厘。
一、收新疆行营粮台拨解各属光绪十年分契税银一百三十九两三钱七分二厘。
一、收新疆行营粮台拨发各属廉费银二千四百七十四两一钱。
一、收牲税银七千六百七十三两二分。
一、收房租银三千八百五十四两四钱三分一厘。
一、收水磨碓税银一万二千四百四十五两四钱七分二厘。
一、收契税银七千二十五两二钱一分六厘。
一、收金课银三十九两五钱六分七厘。
一、收地租银一千一百七十五两七钱一分五厘。
一、收草湖税银一千二百八十二两一钱八分六厘。
一、收百货税银二万六千三两六钱五分一厘。
一、收减平银九千一百五十两三分七厘。
一、收扣防营领用草价银八百一十三两九钱五分一厘。
一、收面价银二千四百九十两六钱。
一、收扣玛纳斯协营长支俸薪银一百三十七两五分三厘。
一、收扣哈密回子亲王长支俸银一千两。
一、收前乌鲁木齐提督金运昌缴还报销册内长支薪蔬银八百八十六两二钱一分六厘。
以上二十三款，共收银四十六万五千四百四十五两九钱五分。
开除：
一、支发文职养廉工费银八万六千二十三两三钱二分一厘。
一、支发驿站经费银三万七千二百二十四两九钱一分三厘。
一、支发武职廉俸、薪蔬、纸红、马干、公费、兵饷等项银六万二千八十七两七钱二分二厘。
一、支发哈密回子亲王沙木胡索特俸银二千两。
一、支发祭祀银四百四十二两一钱二厘。

一、支发哈密、古城两税局局费银五千一百两六钱三分九厘。

一、支发乌鲁木齐、古城、巴里坤三满营经费银四万七千三百四十七两二钱六分六厘。

一、支发新疆行营粮台银二万八千九百五十八两八钱九分五厘。

以上八款共支银二十六万九千一百八十四两八钱五分八厘。

实在：

一、存银一十九万六千二百六十一两九分二厘，内司库存银一十四万五千五百四十六两九钱八分一厘，镇迪道库存银四千八百五十四两三钱六分九厘，阿克苏道库存银一万四千八百五十九两三钱七分二厘，喀什噶尔道库存银三万一千两三钱七分。

一、未解银九千三百七十七两七分一厘。

一、未支银三万八千八百三十八两二分四厘。

一、长支银一千八十七两五钱三分四厘。

（朱批）：览。①

158. 呈光绪十一年新疆各属各色粮石清单

光绪十三年十二月十八日（1888年1月30日）

谨将新疆通省各属光绪十一年分管收除在各色粮石，缮具清单，恭呈御览。计开

旧管：

一、存各色京斗粮二十九万九十九石七斗一升一合三勺。

新收：

一、收各色京斗粮一十七万二百三十石五升八合四勺。

以上管、收京斗粮四十六万三百二十九石七斗六升九合七勺。

开除：

一、支发书役口食京斗粮七千二百三十九石一升八合六勺。

一、支发驿站书夫口食、马料京斗粮四千六百九十一石七斗四升三合。

一、支发乌鲁木齐提标协属各营例支马料京斗粮七百一十石六斗一合

---

①中国第一历史档案馆藏：《清单》，档案编号：03—6562—011。

九勺。

一、支发赈济被旱户民口食京斗粮九百八十一石四斗四升。

一、支发乌鲁木齐、巴里坤、古城三旗营官兵食粮、马料京斗粮五千八百一十石七斗四升三合二勺。

一、支发孤贫残废口粮京斗粮七百七十二石三斗二合。

一、支发监禁递解人犯口粮京斗粮四百九十七石五升三合。

一、支发防营及善后各项领用京斗粮一十四万五千二百七十一石一斗三合六勺。

一、支发户民及各营借领籽种京斗粮七千六石七斗五升七合。

以上九款共支发京斗粮一十七万二千九百八十二石七斗六升二合三勺。

实在:

一、存各色京斗粮二十八万七千三百六十四石九斗八升一合二勺。

一、库尔喀喇乌苏不敷京斗粮一十七石九斗七升三合八勺。

一、存户民及各营借领未完九、十、十一等年分籽种京斗粮八千二百三十四石九斗六升七勺。

一、缓征及民欠未完粮五千四百六十石二斗四合。

一、未支料三百五十一石六斗一合八勺。

(朱批):览。①

159. 呈新疆通省光绪十一年本色草束清单

光绪十三年十二月十八日(1888 年 1 月 30 日)

谨将新疆通省各属光绪十一年分管收除在本色草束,缮具清单,恭呈御览。计开

旧管:

一、存本色草三百五十万七千二百八斤七两五钱二分。

新收:

一、收本色额草一千一百三万一千十五斤九两三钱八分。

---

①中国第一历史档案馆藏:《清单》,档案编号:03—6562—012。

以上管、收共本色草一千四百五十三万八千二百二十四斤九钱。

开除：

一、支发本色草六百二十万三千五百一十三斤一十五两六钱。

实在：

一、存本色草八百三十三万四千七百一十斤一两三钱。

一、民欠未完草八十万八百九十二斤四两四钱。

一、未支草二万六千三百八束。

（朱批）：览。①

160. 云骑尉世职许世万年已及岁请准承袭折

光绪十三年十二月十九日（1888年1月31日）

尚书衔降一级留任甘肃新疆巡抚二等男臣刘锦棠跪奏，为世职年已及岁，例应承袭，恭折仰祈圣鉴事。

窃臣据甘肃新疆布政使魏光焘详：准巴里坤镇总兵徐占彪咨：案查同治八年四月十四日准兵部咨：议得同治五年十一月十三日，在哈密所属柳树泉打仗阵亡甘肃巴里坤镇标右营千总许广，照千总给恤银一百五十两，并给云骑尉世职，袭次完时，给予恩骑尉世职，世袭罔替等因。当经转行遵办。兹据镇西厅同知甘承谟详称：遵查同治五年十一月十三日，在哈密所属柳树泉打仗阵亡巴里坤镇标右营千总许广，有嫡长子许世万，现年二十九岁，恳请承袭云骑尉世职，其中并无假冒、过继、搀越等弊，理合造具三代宗图、履历册结，加具印结，详赍核转等情，由司详请验看具奏前来。

臣复查该请袭世职许世万，既据甘肃新疆布政使魏光焘详称实系阵亡巴里坤镇标右营千总许广之嫡长子，年已及岁，应准其承袭。

除将该世职先行验看，俟奉准部复后就近发标学习，准食全俸，扣至三年期满，照例给咨送部引见，并将赍到宗图、履历册结分送部、科外，谨会同陕甘总督臣谭钟麟、乌鲁木齐提督臣谭上连，恭折具奏，伏乞皇太后、皇上圣鉴，饬部查照施行。再，此案系改题为奏，合并声明。光绪十三年十二月十九日。

---

①中国第一历史档案馆藏：《清单》，档案编号：03—6562—060。

(朱批):兵部议奏。①

光绪十四年正月二十四日,奉朱批:兵部议奏。钦此。②

161. 奏为已故大臣明春请建专祠折

光绪十三年十二月十九日(1888年1月31日)

尚书衔降一级留任甘肃新疆巡抚二等男臣刘锦棠跪③奏,为已故大臣边功卓著,遗爱在民,吁恳天恩,宣付国史馆立传,并请于立功地方建立专祠,以彰劳勚而顺舆情,恭折仰祈圣鉴事。

窃臣前准署塔尔巴哈台参赞大臣春满咨开:光绪十三年三月十五日奉上谕:前署塔尔巴哈台参赞大臣明春,于咸丰年间由京营出兵从征,转战安徽、河南、陕西、甘肃等省,久历戎行,勤劳懋著。前于署塔尔巴哈台参赞任内因病请假,准开署缺调理,兹闻溘逝,轸惜殊深,加恩着照副都统例赐恤。任内一切处分,悉予开复。灵柩回旗时,沿途地方官妥为照料。应得恤典,该衙门察例具奏。钦此。仰见圣慈懋奖成劳、悯恤有加之至意,边陲将吏感励同深。

伏查该故大臣灵柩于本年六月由塔尔巴哈台启行,当即钦遵转饬所属沿途各厅县一体妥为照料,于七月十七日过省去讫。兹据署哈密厅通判喻先麓禀称:准哈密回子亲王沙木胡索特移开:同治十二年,为逆回所迫,尽室以行,缠民数千同时被胁,流离道路,艰苦备尝。光绪二年,大军克复南疆,始陆续得还故土,而田园、庐舍荒芜殆尽,赖故大臣明春之力,乃得有以自存。故大臣于缠民之始至也,视其饥则食之,视其寒则衣之,所以慰藉之者无弗至。继乃清其地亩,筹给资粮,计口授耕,劝使复业,所以安定之者又无弗至。平治道路,缮固屯防,力所得为,无弗备举。且疏浚龙泉以修水利,尤赖之。于其去也,攀辕者不绝于道。兹闻其溘逝,追慕尤深,愿建立专祠,以资报祀。移由该厅转禀,恳请具奏前来。

臣维该故大臣籍隶蒙古正红旗,由京营应调出征,初历皖、豫,继随原任荆州将军多隆阿转战入秦,由秦而陇,迭著战功,历保副都统衔,记名副都统、博奇巴图鲁。

---

①中国第一历史档案馆藏:《朱批原件》,档案编号:04—01—17—0139—023。
②中国第一历史档案馆藏:《军机录副》,档案编号:03—5854—027。
③此前衔据《军机处随手登记档》(档案编号:03—0257—1—1214—021)校补。

奏议(光绪十三年)

同治五年，因剿办肃州踞逆，分统一军以当前敌，自平番以西节节扫荡，破贼于凉州李家东庄，复击退金塔大股援贼，亲冒矢石，直抵肃州，逼城为垒，与贼相持者六年，大小数百战，善能以寡击众，每战辄有擒斩。贼犯各乡民堡，辄不分雨夜，驰往救援，由是所全甚众。

十二年四月，陕回白彦虎率其死党，奔窜出关，围攻安西、玉门、敦煌等州县甚急，经原任伊犁将军金顺奏派，该故大臣统带健锐等营出关援剿，驰逐于三城之地，历时三月，卧不解衣，激励饥军，人人自奋，贼解围窜去。奉旨以哈密帮办大臣，率所部赴援哈密，鼓行而西，抵哈密，贼又先窜。搜剿伏莽，务绝根株。乱后凡百无存，竭力经营，城防赖以粗备。旋以粮饷奇绌，移军就食巴里坤。次年，追剿叛回蓝得全，身被重伤，出血过多，由是得病。然勇于任事，志不少衰。

及光绪二年，钦承恩命为哈密办事大臣。① 是时臣督队出关，方剿北路，该故大臣屯军哈密，以壮声援。及北路既平，进军南路，该故大臣仍办理后路防务，练兵之外，专意兴屯，修浚沟渠，筹拨牛种，广为招徕，民至如归，南路各军得无后顾之忧者，该故大臣力也。八年，奏裁所部健锐及威仪两军。② 十一年九月，奉旨署理塔尔巴哈台参赞大臣事务。③ 上年春间，因病势日深，请开署缺，回旗调理，八月卸任，未及起身，即于本年二月病故。

该故大臣秉性和平，宅心仁厚，处僚友一以诚信，尤喜扶持善类，自奉俭约，与士卒同甘苦，故人皆乐为之用，在军中二十余年，家无余蓄，垂没之日，语不及私，惟殷殷以未报国恩为憾。其赴塔尔巴哈台署任也，道过省城，臣时亦奉旨将赴伊犁清理饷事，因与偕行，至西湖分道而去。是时其病已深，然于严寒风雪中，犹驰马日行百余里，劝使小休弗可。盖其坚忍耐劳出于天性者如此。在塔尔巴哈台遣撤大同镇换防官兵，筹发口粮，纤毫无缺，军士欢声载道。方意塔尔巴哈台务得该大臣实心经理，可以日进有功，不谓其止于是也。臣与共事有年，知之最悉。其在哈密任事最久，缠民之不忘报侑，亦系实情。

----

① 详见光绪二年八月初四日西安右翼副都统明春以补授哈密办事大臣具折谢恩缘由(中国第一历史档案馆藏：《军机录副》，档案编号：03—5779—018)。
② 详见光绪八年三月十一日哈密办事大臣明春奏报议裁撤防营情形(中国第一历史档案馆藏：《朱批原件》，档案编号：04—01—01—0946—018)。
③ 详见光绪十一年十一月二十六日明春奏报接署塔尔巴哈台参赞印务日期(台北故宫博物院藏：《军机及宫中档》，文献编号：408008259)。

合无仰恳天恩,准将该故大臣战功事迹宣付国史馆立传,并准于哈密地方建立专祠,以彰劳勋而顺舆情,出自鸿慈。谨恭折具陈,伏乞皇太后、皇上圣鉴训示。谨奏。光绪十三年十二月十九日。

光绪十四年正月二十四日①,奉朱批:该部知道。钦此。②

162.审拟缠民土的因奸殴毙堂嫂一案折
光绪十三年十二月十九日(1888年1月31日)

尚书衔降一级留任甘肃新疆巡抚二等男臣刘锦棠跪奏,为强奸缌麻以上亲之妻未成,将本妇捆殴毙命,核明定拟,恭折具陈,仰祈圣鉴事。

窃库车厅缠民土的强奸大功堂嫂阿易比比不从,当将阿易比比捆缚、殴伤身死一案,由署库车厅同知李时熙验明,获犯审拟,招解调署阿克苏道黄光达复审,咨镇迪道兼按察使衔恩纶核明转详。

臣复加查核,缘凶犯土的籍隶库车,父母俱故,并无妻子,与已死阿易比比之夫买卖提系共祖弟兄。阿易比比幼嫁买卖提为妻,向守妇道。土的常来买卖提家,与阿易比比叔嫂习见不避。光绪十二年四月初九日,土的探知买卖提已于初六日赴博罗海种地未归,遂于是夜赴阿易比比家,图与奸宿。及至门首,喊门不开,遂由屋后爬墙上屋,撬开天窗,吊入房内。阿易比比现闻喊门,已经坐起,惊见土的,正欲走避,即被土的扭住求奸。阿易比比不从,土的起意强奸。阿易比比愈加力拒,土的顺取炕旁木棍,连殴阿易比比左额角、左腋肋、右膝、右脚腕。阿易比比哭骂,土的又用棍连殴其左手背、右腿肚、右脚踝,复将炕上羊毡将阿易比比上身包裹,骑压身上,用绳缚其两脚。阿易比比愈加哭骂,抵死不从。土的一时忿极,向其右耳窍猛击一拳,当即身死。土的开门逃逸。次早,阿易比比幼女奔告邻庄要大什前往查看,适买卖提由地回家,投约保验,获犯审拟详道,咨兼臬司核转到臣,复核无异。

查例载:强奸本宗缌麻以上亲之妻未成,将本妇杀死者,斩决枭示等语。此案土的乘买卖提出外耕作,夜入伊室,强奸阿易比比未成,忿将阿易

---

①此奉旨日期,据《军机处随手登记档》(档案编号:03—0257—1—1214—021)校补。
②《奏稿》第1791—1798页。

比比捆殴殒命,淫凶已极。该犯与买卖提系共祖兄弟,服属大功,自应照律问拟。土的合依强奸本宗缌麻以上亲之妻未成,将本妇杀死者斩决枭示例,拟斩决枭示,照例刺字。缠妇阿易比比守正不污,被杀身死,洵属节烈可嘉,应随案拟请旌表,以维风化而慰幽魂。无干省释。尸棺饬埋,毛绳、木棍,案结销毁。

是否有当? 除全案供招咨送刑部外,合将强奸本宗缌麻以上亲之妻未成、将本妇捆殴毙命,核明定拟缘由,恭折具陈,伏乞皇太后、皇上圣鉴,饬部核议施行。谨奏。光绪十三年十二月十九日。

(朱批):刑部速议具奏。①

光绪十四年正月二十四日,奉朱批:刑部速议具奏。钦此。②

163. 审拟疏勒缠民托古答殴毙妻命一案折

光绪十三年十二月十九日(1888年1月31日)

尚书衔降一级留任甘肃新疆巡抚二等男臣刘锦棠跪奏,为殴妻毙命,核明定拟,恭折具陈,仰祈圣鉴事。

窃疏勒州缠民托古答与妻巴努罕口角起衅,踢伤巴努罕身死一案,据署疏勒州知州黄丙焜审拟,解由署喀什噶尔道袁垚龄复审,咨镇迪道兼按察使衔恩纶核明转详前来。

臣复加查核,缘缠民托古答籍隶疏勒州,种地为业。光绪十二年正月,聘娶已死巴努罕为妻,先好无嫌。是年六月初三日,缠民过年,巴努罕向托古答索买衣服、鞋帽。托古答仅买布帽、旧鞋,巴努罕嫌其不好,与托古答吵闹,即于下午赌气外出,傍晚未归。托古答出外找寻,瞥见巴努罕躺卧庄外梧桐树下,拢前斥骂。巴努罕翻身坐起,出言回骂。托古答生气,随折树枝向巴努罕乱打,殴伤左膄胅、左手腕、右肩甲、右手腕。巴努罕起夺树枝,托古答撩弃树枝,拳殴巴努罕左乳一下,巴努罕扑身撞头,托古答举脚吓踢,适伤巴努罕下身,倒地殒命。托古答回家,告知伊父得威什,往投回目报州,验讯通详,批饬复鞫解道,咨兼臬司转详臣,复核无异。

---

①中国第一历史档案馆藏:《朱批原件》,档案编号:04—01—27—0044—003。
②中国第一历史档案馆藏:《军机录副》,档案编号:03—7255—006。

查律载：夫殴妻致死者，绞监候等语。此案托古答因与妻巴努罕口角，踢伤巴努罕身死，自应按律问拟。托古答合依夫殴妻致死者绞监候律，拟绞监候，秋后处决。无干省释。尸棺饬埋。

是否允协？除全案供招咨送刑部外，合将殴妻毙命、核明定拟缘由，恭折具陈，伏乞皇太后、皇上圣鉴，饬部核复施行。谨奏。十三年十二月十九日。

光绪十四年正月二十四日，奉朱批：刑部速议具奏。钦此。①

164. 审拟张叙汶等图财害命一案折
光绪十三年十二月二十日（1888年2月1日）

尚书衔降一级留任甘肃新疆巡抚二等男臣刘锦棠跪奏，为图财害命，审明问拟，并承审人员分别惩劝，恭折具陈，仰祈圣鉴事。

窃据绥来县知县李原琳详报：张叙汶、朱占澥伙同图财，谋杀党溁发身死，劫去马匹、烟土，并朱占澥因陆祥幅认出赃马，复将陆祥幅致死灭口一案，当批该管迪化府提审。

旋据署迪化府知府蒋诰详称：审系朱占澥一人谋杀党溁发身死，并致死陆祥幅灭口，将朱占澥问拟斩决。张叙汶照容留匪人，拟杖八十等情。经镇迪道兼按察使衔恩纶核阅，犯供支离，批饬另行审拟。蒋诰仍未审出实情。经恩纶报委候补知府张开鉴、准补乌什同知袁运鸿、候补直隶州知州明征会同审讯，旋据张开鉴等审明，由恩纶复鞫，开具供折，呈请审办前来。

臣亲提研讯，缘朱占澥籍隶甘肃碾伯县，与绥来县民张叙汶向日相识。光绪十二年三月，张叙汶包看梁水被水冲，有榆树堵塞水口，同朱占澥各拿木棍前往抬树，正将树株抬起，躺身晒衣，适见山上有一骑马人至。朱占澥以此人从甘沟来，必有烟土，商之张叙汶，弄得来吃。张叙汶亦有此意，遂即允从。事主党溁发走到面前，朱占澥喊令下马吸烟，一面上前拉住马嚼口。张叙汶乘党溁发刚下马时，即拿木棍劈头一下，将党溁发打下马来。朱占澥起意弃尸，将马拴在石上，朱占澥抬头，张叙汶抬脚，将尸连凶棍一并撩弃河内，被水冲失。同回至拴马地方，拉下马上布袋，内装烟土约三十

---

①中国第一历史档案馆藏：《军机录副》，档案编号：03—7255—005。

两。朱占瀙将原装布袋仍搭马上。比时张叙汶先回，朱占瀙牵马后至，问张叙汶如何分法，张叙汶称烟土同吃，马由朱占瀙暂且招呼，并令朱占瀙赴乡约处，捏报检拾贼马。

二十二日，朱占瀙到乡约谢存玉家，告知有贼来张叙汶庄上偷牛，遗下马匹等语。二十八日，朱占瀙赴凉州户赶工，张叙汶令其回时向李天一借车辋子。朱占瀙到李天一家，将马拴在门外，被李天一雇工陆祥幅瞥见查问。朱占瀙以检拾贼马报过乡约为辞，陆祥幅不依，拉朱占瀙一同往投乡约。行至中途，朱占瀙恐事败露，起意将陆祥幅致死灭口，即用身佩小刀连戳，陆祥幅当即身死。朱占瀙骑马逃往西山一带，将马与潘鞋匠换得烟土六十两。嗣经绥来县访闻，差查尸亲。武生陆福绥亦找获陆祥幅尸骨，并尸妻党王氏查获赃马，报县获犯。勘验讯供，将朱占瀙、张叙汶拟斩，张叙汶拟杖。经镇迪道兼按察使衔报委候补知府张开鉴等审明，由兼臬司复鞫转详，臣亲审无异。

查律载：图财害命得财而杀死人命者，首犯与从而加工者，俱拟斩立决。又律载：谋杀人造意者斩各等语。此案朱占瀙、张叙汶伙同图财害命，杀死党溁发身死，劫去烟土、马匹，并朱占瀙复因陆祥幅认出赃马，起意致死灭口，自应按例问拟。朱占瀙两犯拟斩，从一科断，所有朱占瀙、张叙汶二犯，除弃尸已失轻罪不议外，均请照图财害命得财，杀死人命首犯与从而加工者俱拟斩立决例，拟斩立决，照例先行刺字。乡约谢存玉误信朱占瀙捏报，及潘鞋匠不知赃马，均免置议。至署迪化府知府本任疏勒州知州蒋诰，转审重案，轻任斩犯翻供；绥来县知县李原琳原审张叙汶无父母，现审父母俱存；原详朱占瀙、张叙汶同赴乡约处，捏报检拾贼马，现审张叙汶教令朱占瀙前往，罪名虽无出入，录供究属疏忽。

惟新疆初设行省，刑名多系生手，臣于上年九月十三日奏请变通章程，缕晰陈明，仰蒙圣慈俞允案件逾限，并引律错误暂免查取职名议处，俟三数年后，察看情形，再复旧制等因。刻下尚在变通限内，固不能遽行照例办理，亦未便竟置免议。臣已将署迪化府知府蒋诰撤任、绥来县知县李原琳记大过一次。至候补知府张开鉴、准补乌什同知袁运鸿、候补直隶州明征，将失出斩罪能审出实情改正，例应记录，亦改为各记大功一次，以示惩劝。

除全案供招咨送刑部外，合将图财害命、核明定拟，并承审人员分别惩劝各缘由，恭折具陈，伏乞皇太后、皇上圣鉴，饬部核复施行。谨奏。十三年十二月二十日。

(朱批):刑部速议具奏。①

光绪十四年正月二十四日,奉朱批:刑部速议具奏。钦此。②

---

①中国第一历史档案馆藏:《朱批原件》,档案编号:04—01—27—0043—003。
②中国第一历史档案馆藏:《军机录副》,档案编号:03—7311—006。

刘锦棠集辑校

Compilation and Proofreading of
Liu Jintang's Anthology

下 册

杜宏春 辑校

光绪十四年

001. 奏为赏福字及荷包等物谢恩折

光绪十四年二月初五日（1888年3月17日）

尚书衔降一级留任甘肃新疆巡抚二等男臣刘锦棠跪奏，为恭谢天恩，仰祈圣鉴事。

窃臣于光绪十四年正月二十八日承准军机处咨开：十一月二十八日由内交出年终恩赏福字荷包、银钱、银锞、食物等项，交兵部由驿驰递到臣。适微臣患病未痊，谨恭设香案，力疾望阙，叩头祗领。

伏念臣猥以弱植，忝绾边符，以采薪而迭被温纶，期勿药而久无明效。终朝窃位，清夜疚怀！兹当岁纪更新，复荷宸慈下逮。承御题之殊宠，敷锡九畴；仰圣化于太和，包容万类。重以金登三品，辉映天钱；果列百名，华征地产。调玉屑而粉养色洁，擘银丝则匕箸香来。叨逾格之鸿施，实悚衷而鳌戴。臣惟有冰渊震省，衣带恒铭，胥饮和食德之伦，欢肸含哺；上纳贶归琛之颂，庆纪升平。

所有微臣感激下忱，谨缮折叩谢天恩，伏乞皇太后、皇上圣鉴。谨奏。光绪十四年二月初五日。

（朱批）：知道了。钦此。①

光绪十四年三月二十六日，奉朱批：知道了。钦此。②

002. 代奏回子亲王沙木胡索特谢赏折

光绪十四年二月初五日（1888年3月17日）

尚书衔降一级留任甘肃新疆巡抚二等男臣刘锦棠跪奏，为据情代奏恭

---

① 中国第一历史档案馆藏：《朱批原件》，档案编号：04—01—16—0225—027。又《奏稿》第129—131页。
② 中国第一历史档案馆藏：《军机录副》，档案编号：03—5547—088。

谢天恩,仰祈圣鉴事。

窃臣接据哈密札萨克回子亲王沙木胡索特呈到满文,饬据译称:光绪十四年正月十六日承准军机处咨到清文内开:年终恩赏荷包、银锞、银钱、食物等项,交兵部由驿递到。当即恭设香案,望阙叩头祗领。伏以藩封忝备,覆帱叨容,未酬高厚之施,猥荷恩荣之赐,滋深感悚,弥切瞻依!所有感激下忱,呈请代奏前来。

理合据情代奏叩谢天恩,伏乞皇太后、皇上圣鉴。谨奏。二月初五日。

光绪十四年三月二十八日,奉朱批:知道了。钦此。①

003. 奏报呈进回部贡金折

光绪十四年二月初五日(1888年3月17日)

尚书衔降一级留任甘肃新疆巡抚二等男臣刘锦棠跪奏,为呈进回部贡金,恭折具陈,仰祈圣鉴事。

窃照新疆色勒库尔之南部坎巨提向来按年进贡沙金,该头目俄则项前于光绪四年遵例呈进,经前大学士陕甘总督左宗棠奏准,援案赏给大缎二匹,由左宗棠就近发给祗领,历经钦遵办理在案。兹据调署喀什噶尔道袁垚龄申称:该头目赛必德哎里罕呈到光绪十四年分进贡沙金一两五钱,遵将例赏大缎二匹发交赛必德哎里罕祗领,申请具奏前来。

臣复查无异。除将所进沙金一两五钱咨送内务府呈进外,理合恭折具奏,伏乞皇太后、皇上圣鉴。谨奏。二月初五日。

光绪十四年三月二十八日,奉朱批:该衙门知道。钦此。②

004. 恭报呈缴朱批原件折

光绪十四年二月初五日(1888年3月17日)

尚书衔降一级留任甘肃新疆巡抚二等男臣刘锦棠跪奏,为恭缴朱批事。

---

①中国第一历史档案馆藏:《军机录副》,档案编号:03—5547—086。
②中国第一历史档案馆藏:《军机录副》,档案编号:03—5547—087。

窃臣于光绪十三年正月起至十二月底止,历次奉到朱批原件、奏片共计一百一十三件,理合汇封呈缴。伏乞皇太后、皇上圣鉴。谨奏。光绪十四年二月初五日。

(朱批):知道了。①

光绪十四年三月三十日,奉朱批:知道了。钦此。②

005. 奏报新疆光绪十三年十月雨水粮价折
光绪十四年二月初十日(1888年3月22日)

尚书衔降一级留任甘肃新疆巡抚二等男臣刘锦棠跪奏,为恭报光绪十三年十月分粮价并得雪情形,谨缮折具陈,仰祈圣鉴事。

窃照光绪十三年九月分各厅州县粮价并得雨雪情形,业经臣奏报在案。兹查十月分北路阜康、昌吉、镇西、绥来、奇台,得雪积地二三寸至六七寸不等;南路和阗、叶城、疏附得雪积地一二寸及三寸有余,余皆微雪。秋禾除被灾各属业经专案奏明外,余已登场,民情安帖。

至通省粮价,镇西、哈密、吐鲁番、库尔喀喇乌苏、玛喇巴什、温宿、疏勒、于阗、昌吉、阜康等厅州县,俱与上月相同。余均略有增减。据藩司魏光焘汇详请奏前来。

理合恭折具陈,并缮粮价清单,敬呈御览。伏乞皇太后、皇上圣鉴。谨奏。光绪十四年二月初十日。

(朱批):知道了。③

光绪十四年三月十一日,奉朱批:知道了。钦此。④

006. 呈新疆各属光绪十三年十月粮价清单
光绪十四年二月初十日(1888年3月22日)

谨将新疆各属光绪十三年十月分米粮时估价值缮具清单,恭呈御览。

---

①中国第一历史档案馆藏:《朱批原件》,档案编号:04—01—01—0963—024。
②中国第一历史档案馆藏:《军机录副》,档案编号:03—5547—086。
③中国第一历史档案馆藏:《朱批原件》,档案编号:04—01—24—0161—082。
④中国第一历史档案馆藏:《军机录副》,档案编号:03—9960—001。

计开

十月分：

镇迪道属

迪化县：大米每京石价银三两八钱五厘，与上月相同。小麦每京石价银一两五钱二分一厘，较上月增二钱七分。莞豆每京石价银一两六钱二分，青稞每京石价银一两二钱七分，俱与上月相同。

昌吉县：大米每京石价银二两五钱二分，小麦每京石价银一两一钱八分，莞豆每京石价银一两二钱一厘，青稞每京石价银八钱七分五厘，俱与上月相同。

阜康县：粟米每京石价银一两二钱七分三厘，小麦每京石价银一两三钱八分，莞豆每京石价银一两三钱八分，高粱每京石价银六钱七分二厘，俱与上月相同。

绥来县：大米每京石价银二两二钱九分二厘，较上月减一钱五厘。小麦每京石价银九钱一分九厘，莞豆每京石价银九钱九分八厘，高粱每京石价银六钱二分七厘，俱与上月相同。

奇台县：大米每京石价银二两九钱三分四厘，与上月相同。小麦每京石价银一两一钱六分七厘，较上月增三分五厘。莞豆每京石价银一两一厘，较上月减四厘。

镇西直隶厅：小麦每京石价银一两七钱二分，莞豆每京石价银一两六钱八分，青稞每京石价银一两，俱与上月相同。

哈密厅：粟米每京石价银一两六钱五分六厘，小麦每京石价银一两二钱五分五厘，莞豆每京石价银一两七钱二分八厘，青稞每京石价银一两二厘，俱与上月相同。

吐鲁番厅：小麦每京石价银一两四钱九分一厘，大麦每京石价银五钱六分，黄豆每京石价银一两四钱九分三厘，高粱每京石价银五钱五分九厘，俱与上月相同。

库尔喀喇乌苏厅：小麦每京石价银一两二钱七厘，莞豆每京石价银一两四钱四厘，高粱每京石价银九钱四分九厘，俱与上月相同。

阿克苏道属

温宿直隶州：大米每京石价银一两二钱一分六厘，小麦每京石价银八钱二分八厘，大麦每京石价银三钱六分，包谷每京石价银四钱八厘，俱与上月相同。

拜城县：小麦每京石价银九钱四分九厘，较上月增八分六厘。大麦每京石价银六钱，较上月增八分。莞豆每京石价银六钱九分，与上月相同。包谷每京石价银六钱九分，较上月增一钱四分八厘。

喀喇沙尔直隶厅：大米每京石价银二两八钱一分二厘，与上月相同。小麦每京石价银一两一钱四厘，较上月增六分九厘。莞豆每京石价银一两一钱五分三厘，较上月增二钱一分七厘。包谷每京石价银九钱六分，较上月增一钱二分八厘。

库车直隶厅：大米每京石价银二两七分二厘，较上月减一钱四分八厘。小麦每京石价银八钱九分，较上月减一钱四分五厘。包谷每京石价银五钱八分九厘，莞豆每京石价银五钱九分二厘，俱与上月相同。

乌什直隶厅：大米每京石价银二两三钱八分四厘，与上月相同。小麦每京石价银七钱九分二厘，较上月增一钱三分二厘。大麦每京石价银三钱二分一厘，较上月增五分四厘。包谷每京石价银六钱五分五厘，较上月增一钱三分一厘。

喀什噶尔道属

疏勒直隶州：大米每京石价银三两，小麦每京石价银一两六钱五分六厘，包谷每京石价银一两一钱五分二厘，高粱每京石价银一两三分五厘，俱与上月相同。

疏附县：大米每京石价银二两八钱五分，较上月减一钱五厘。小麦每京石价银一两五钱一分八厘，较上月减一钱三分八厘。包谷每京石价银一两七分二厘，较上月减一钱三分四厘。高粱每京石价银九钱二分，较上月减一钱一分五厘。

莎车直隶州：大米每京石价银一两六钱二分八厘，较上月减四钱四分四厘。小麦每京石价银六钱二分一厘，与上月相同。大麦每京石价银四钱，较上月增二分五厘。包谷每京石价银四钱二分二厘，较上月增二分六厘。

叶城县：大米每京石价银二两四钱六分，较上月增一钱四分五厘。小麦每京石价银五钱五分，较上月增五分。包谷每京石价银三钱一分二厘，较上月增二分四厘。青稞每京石价银三钱七分五厘，与上月相同。

和阗直隶州：大米每京石价银一两六钱八分，较上月减一钱四分。小麦每京石价银八钱九分七厘，较上月增六分九厘。包谷每京石价银四钱九厘,较上月增五分一厘。青稞每京石价银三钱三厘,与上月相同。

于阗县:大米每京石价银三两四钱五分,小麦每京石价银八钱四厘,包谷每京石价银六钱四分,俱与上月相同。

玛喇巴什厅:大米每京石价银三两二钱五分六厘,小麦每京石价银一两三分五厘,包谷每京石价银八钱九分六厘,俱与上月相同。

英吉沙尔厅:大米每京石价银三两一钱九分,较上月增三钱。小麦每京石价银一两二分五厘,较上月增一钱一分五厘。包谷每京石价银六钱九分七厘,较上月增五分四厘。大麦每京石价银四钱七分九厘,较上月增一钱三厘。

(朱批):览。①

007. 委令曾松明署理城守营副将片

光绪十四年二月初十日(1888年3月22日)

再,臣前奏请设新疆省城城守营步队营官副将员缺,业准部臣议复,奉旨允准钦遵在案。亟应委员署理,以专责成。臣查有头品顶戴题奏提督额胜额巴图鲁曾松明,老成稳练,晓畅戎机,堪以委署。

除给委并先行刊给木质关防祗领启用外,谨会同陕甘总督臣谭钟麟,附片具陈,伏乞圣鉴。谨奏。

(朱批):兵部知道。②

光绪十四年三月十一日,奉朱批:兵部知道。钦此。③

【案】此奏片具奏日期,原件署"光绪十三年十二月十六日",录副则以朱批日期为具奏日期,兹据《军机处随手登记档》④校正。

008. 委令陈名钰等调署知府等缺片

光绪十四年二月初十日(1888年3月22日)

再,署迪化府知府蒋诰撤任,遗缺查有现任温宿直隶州知州陈名钰,老

---

①中国第一历史档案馆藏:《清单》,档案编号:03—9960—002。
②中国第一历史档案馆藏:《朱批原件》,档案编号:04—01—30—0186—039。
③中国第一历史档案馆藏:《军机录副》,档案编号:03—5855—005。
④中国第一历史档案馆藏:《军机处随手登记档》,档案编号:03—0257—1—1214—065。

成练达，为守兼优，堪以调署。递遗之缺，查有现署喀喇沙尔同知江遇璞，勤能朴实，廉洁爱民，堪以调署。递遗之缺，查有现署拜城县知县准补喀喇沙尔同知杨廷珍，应即饬赴本任，以专责成。其所遗拜城县知县一缺，查有候补知州李凌汉，堪以委署。据藩、臬两司会详前来。

除由臣批饬分别给委外，谨会同陕甘总督臣谭钟麟，附片具陈，伏乞圣鉴。谨奏。

（朱批）：吏部知道。①

光绪十四年三月二十一日，奉朱批：吏部知道。钦此。②

【案】此奏片原件未署具奏者，具奏日期仅署"光绪十四年"，而录副以朱批日期作为具奏日期，均未确。兹据《军机处随手登记档》③校正。

009. 查明游春泽等不法各员分别议拟缘由折

光绪十四年二月十一日（1888年3月23日）

臣刘锦棠、奴才锡纶跪奏，为遵查前会奏参伊犁不法文武各员贪劣情形，谨将情节重大者据实胪陈，请旨严行惩办，其余各员就查明情节，分别定拟，伏恳饬部核议，以免久稽明罚，恭折具奏，仰祈圣鉴事。

窃臣等于光绪十二年正月十二日会同陕甘督臣谭钟麟奏参前将军金顺任用各员一折，奉上谕：将游春泽各员等先行革职，仍着刘锦棠等将该员等贪劣各节彻底严行查讯具奏，分别惩办。钦此。并因周元庆先事开缺回籍，于折内声明请旨饬下库伦办事大臣、绥远城将军、察哈尔都统、山西、陕西巡抚，通饬所属毋论该员行抵何地，查获押解来伊犁，奉旨允准饬行在案。复准户部咨：以金顺报部册籍善后行营支发款目显有不实情形，行令将该各员等彻底根究，不可稍涉含糊，将历年报部案据与一切底簿核对，秉公查确，严行惩办等因前来。

臣刘锦棠时已料理回省，面订此案由奴才锡纶就近查办，咨商具奏。

---

①中国第一历史档案馆藏：《朱批原件》，档案编号：04—01—12—0541—041。
②中国第一历史档案馆藏：《军机录副》，档案编号：03—5235—042。
③中国第一历史档案馆藏：《军机处随手登记档》，档案编号：03—0257—1—1214—065。

金顺善后行营收支底簿启行时，检交候选知县徐桂芬携带赴京，为办理光绪九、十两年报销，并未移交，经奴才具陈在案。嗣金顺途次肃州，因病出缺。督臣谭钟麟揆度情形，必成不了之局，奏请将军应行报销，毋庸详细造册，荷蒙天恩，准由奴才饬令前经手各员开单具报。仰见朝廷笃念荩臣、曲予矜全之至意，跪聆之下，感泣同深。

查造具报销，必凭收支底簿。前准部咨，令将报部案据确查，亦非核对收支底簿不可。当即飞咨陕甘督臣谭钟麟，饬令徐桂芬赶将带去一切卷宗，转解伊犁。讵徐桂芬故意推延，奴才屡次严催，并分咨户部、陕甘、山西督臣，饬令徐桂芬赶带卷宗前来，迄今未到。除现已另折奏参外，前准绥远城将军咨称，于包头地方将周元庆查获押解，于上年三月到案。当饬抚民同知收管，听候查办。

十一年冬间，臣等先后驰抵伊犁，目击地方诸务废弛，军情汹涌。窃思金顺以一时名将，勋勤卓著，忠勇性成，蒙朝廷畀以边陲重寄，纵未谙吏治，办理或有未周，何至几成不可救药之势？悉心体察，证以往日所闻，与目前情事愈称。金顺自入伊犁后，以军务渐靖，在营文武相随多年，又值饷绌费繁，诸形拮据，因宽于驭下，不肯责备。该革员等罔知大体，专务欺饰，恣意贪婪，渐致上偷下惰，几堕前功。其尤著者，则游春泽、李永祐、和陈泰承办善后事务，周元庆、李占奎、贵庆承充巡捕、戈什哈，王金海、许文、万铭办理粮饷。臣等只得不避嫌怨，参劾多人。

上年派员传聚该革员等分别研讯，王金海、许文尚知俯首引咎，不敢置词，而游春泽等则任意狡展。究之善后情形，显然共见，虽欲遁饰，有所不能。周元庆之婪赃，李占奎之招摇嫁祸，万铭之行同市侩，亦皆查有的据。至于王金海、和陈泰、许文等，亦将实在情形逐一查明。臣等固不肯存苛刻之见，过于吹求，亦不敢因参劾于前，稍存回护。况臣等钦奉光绪十一年八月初四日上谕：其贪婪素著之营哨官严惩一二，以儆其余等因。钦此。臣等此次参办各员，原属遵旨办理之事，谨将查明各节请详陈之。

查王金海办理饷局，万铭管理饷局账目，许文办理收支粮局，游春泽总办善后事宜，兼充总理营务处，李永祐系善后局提调，和陈泰管理善后局账目，周元庆、李占奎均充当差弁，管理金顺署内事务，贵庆充当巡捕。光绪十一年营勇两次哗溃，金称饷局留银不发，粮局给领烂粮，善后局将筑城工价概不发给，或将工价发给各省汇票，穷民不能往取，局员复以半价售归。

至周元庆、李占奎则恃势招摇，平空嫁祸，控告不理，以致众怨沸腾，几酿巨祸。臣等抵伊犁时，尚属人言啧啧，复查善后各事，浮冒蒙报居多，只得遵旨据实参奏。

年来详细确查，再四参稽，始得实在情节。如王金海、万铭、许文办理粮饷各员，当金顺统率沿边诸军时，只两营专饷，余皆协饷，饷又时多不继，所到之银仅敷每勇七天半日之数。出关后，营勇加增，饷项愈形拮据，致七天半日之饷俨成定章，办理饷局之人亦不敢易，各勇亦习为故常。惟统带营哨各员暨奋勇、壮丁另给津贴，以资办公，兼示鼓励。王金海办理饷局在后，各营早系七天半日之饷，是饷章尚非王金海经手改变。

至金顺入伊犁后，各省皆设转运分局及沿途马拨，遇饷报解，其数难名。沿途截留充用，到伊之数已少，内拨善后、旗绿各营经费，实存更属无多。各勇营只闻报解之数，不知沿途截留及到伊后分拨情形，每遇发饷后，核算报解之数，遂疑饷局必有存银，加之该革员秉性拘谨，营员借支不肯通挪，因此人多怨恨，封殖之语，由此而生。调阅十一年收支账簿，并询之从前解饷委员及各营勇发饷数目、日期，亦相符合。惟该革道王金海值当日勇营哄传饷局留银不发，不将实在情形恺切开导，致匪徒得以借口，虽查无变乱饷章、封殖激变情弊，办理终有不善。

至于万铭每于饷项报解时，函致解饷委员代挪饷银置货，交给各营变价归偿，虽无亏短侵蚀，究属营利肥私；为人亦品行不端，声名甚劣。许文办理粮局仓廒粮石，自应随时盘晒，何至霉烂？即地气熏蒸，亦许呈报，何至勒发各营？奴才抵任，曾准金顺移交仓粮，每石银五两，尚值银十三万两有奇，盘验皆属整洁。乃溃勇供称，腐粮难咽。再四访悉当日营勇、局员，除赴局领取大米料豆外，食面系由饷局给条，向各磨房领取，磨房皆各营员、差官及民间所设。

十年冬季，雨雪连旬，磨房遂将未晒之粮磨面，潮湿成团，营勇领获，致生争闹。许文闻知，曾将该磨房送惩，并自请失查之罪，经金顺摘去翎顶在案。其实粮局发粮，并不发面。至霉烂之粮，粮局纵有仓底，未有仓面之粮未发先发仓底之理，是腐粮一节非许文勒领，尚属可信。惟该革员支发是其专责，各磨房发面，未详细稽查，致各营勇纷纷借口，匪徒遂乘机煽诱，几致酿成巨祸。纵非尽由腐面而起，军食攸关，该革员亦难辞咎。此查明办理粮饷各员之实在情形也。

周元庆籍隶陕西，先为营官陈义兴之私仆，因事革逐，夤缘入金顺营中，充当戈什哈。金顺见其勤敏，遂派管理内事，尚未敢公然恃势。久之，有不肖员弁因该革员为金顺所信任，趋奉日众，不肖员弁多与结为兄弟，其势益张，渐至与闻军事。金顺虽经觉察，而左右私党复为弥缝，军民争呼为周当家，睚眦必报，锱铢亦贪；蓄养优伶，以数千金制办戏箱，强勒各营，非其戏班，不准演唱。迨入伊犁后，复纵优人占住民房，私行售卖，军民稍有忤触，祸不旋踵。开设货店数处，皆由解饷委员为之代挪饷银置货来伊犁，以为谄悦。

十一年，闻金顺有交卸之信，该革员知为众怨所归，先事乞假，并求开去瞻德城营都司之缺，冀图幸脱，取道俄国，由恰克图潜匿包头地方。臣等前年奏参后，即据商民赵玉珠以恃强鲸吞、私刑威逼，孙玉庆以合伙同财、恃势强吞各等情具控，现已审明另结。所最奇者，前年准金顺移交仓粮计银十三万两有奇外，去冬复有商人执持汇票银一万七千余两，称属当日粮价，向饷局索银。经办理营务处提督曹正兴呈称，系该革员之票，折给各商。查该革员既未屯垦，何以有粮？既未卖粮，何以有价？但已折归商民，未便有失民信。该革员平日之招摇婪赃，已可概见。贵庆充当巡捕，营勇哗溃，佥称该革员阻截文报，并诬杀总兵蔡芝桂，与李占奎、周元庆等婪赃分肥。

现查该革员常川赴部领饷，十一年二月营勇哗溃，道路讹传会匪复定期起事。该革员恐无据之词传之后路、惊骇民心，又控会匪函约匪党，随传各台私书先须呈阅，方准发行，原为慎重起见，并非阻截。蔡芝桂之死，实由马偏头挟嫌诬报，但该革员知蔡芝桂为二品武职，曾充工程委员，不为辩明，谓之畏葸无能则可，谓之诬陷未也。况该革员在营时少，虽与周元庆、李占奎等同在金顺署内，至周元庆等倚势招摇各事，该革员常不在营，尚查无分肥实迹。李占奎绰号板凳腿，与周元庆同管金顺内事，李占奎且司收签公牍，其气焰与周元庆相埒，谄之者尤众，招摇尤甚。即前与回子坎吉巴易合伙买粮，侵吞粮价，坎吉巴易几至倾生，控案累累，皆系恃势吞骗之事。且有戈什哈郑茂德因赌毙命，该革员唆讼诈赃，恃势栽害一案，俱经查明另结。是该革员之婪赃嫁祸，迥出常情。此查明巡捕、差弁等之实在情形也。

游春泽前任江苏知县，经两江总督沈葆桢奏参革职，投效金顺营中，开服后，办理营务，总理善后事宜，兼办中俄局务，语言夸诞，心术险深。李永祜前任甘肃通判，行为谲诈，民间有四贼娃之名，经前督臣左宗棠参劾革职，投效金顺大营，开服后，加保直隶州知州，先办粮局。入伊犁复充善后局提调。和陈泰，伊犁驻防满洲管理善后局账目，当金顺奏请经费办理善后，原为安民固边起见。副都统长庚时任巴彦岱领队大臣，总理全军营务，创办善后，规画綦详，因回旗葬母，游春泽接办，悉改旧规，独断独行，惟与李永祜私商密计。会办善后前伊犁总兵刘宏发因熏莸各别，诸事毫未与闻，恐遭后累，曾禀明金顺，并求改派他人，益触游春泽之忌。藉该故镇因伤请假，遂朦禀改委提督李考祥接统礼字全军，邓增接署总兵，致刘宏发伤病增剧，赍恨而殁。游春泽益无忌惮。现查该革员善后劣迹，如穷民筑城工价汇总，勒给远省汇票计银一万三千两，知其不能往取，以半价售归。修建格登山高宗纯皇帝御制碑亭，委员邢长春领银三百八十两，竟请销银二千一百两有奇，俱有已革知府吴炳鑫列款之禀在；吞骗工价银二千五百六十两有奇，有工头方文斗联名之禀在；不发薪俸，有委员李时万之禀在；浮开物料价值，有已革主簿周炳南绘图胪款禀评旧案在。俱经查明。军台官兵口分部咨内开，或自光绪八年四月，或自九年三月起支，共请销银七万八千五百余两；马牛价银则八、九两年销案，已计银四千八百余两。但金顺于十一年十月始照会各领队大臣、总兵安设，有金顺之旧卷在。

至于城工用款，则瞻德城监工委员知州雷需霖具报，用银不足六万两。惠远大城据游春泽核驳游击王鸿发工价，将该城东西北三面悉照南面城垣。提督李考祥所报工价二万二千四百余两、面二十七万九千九百二十斤，开支禀经金顺批准在案。是该城工价四面共计用银不足十二万两，部咨内开瞻德城请销银十三万余两，惠远城请销银二十四万余两，二城计共捏报银十九万余两，有部咨及雷需霖之原禀与该员之原呈在。已革知府吴炳鑫承修绥定城工未完，即索完工保固印结，吴炳鑫未出，即以该员亏空巨款禀请参追，将南城一楼余工改派李永祜接修。金谓游春泽图冒后日报销起见，语虽无据，核之各城销数，亦如见其肺肝。河北军台并未修造，闻亦出有保固印结，侵欺更属有因。

总之，游春泽系奏派办理善后之人，李永祜系善后局提调，即以善后而论，屯垦未办，水利未兴，户口未安，道途未治，台卡未设，所办之事，毫无一善。仅此绥定、瞻德两城敷衍完工，工程用款合计实用不过三十余万两，而七十余万两之巨款已罄，汇赴各省之票，尚不知凡几。拱宸城尚停工待款，惠远城仅有周垣，已多坼裂。是其捏报之数，显系侵吞，但底簿未归，无从查其确数。臣等愚见以为即有底簿，该革员亦必弥缝无迹，断不致以浮冒之处稍留隙罅，招人指摘。且金顺已故，该革员于讯问之时辄攀指金顺，以为避罪之计。是金顺事局已被该革员等败坏于生前，而金顺声名复遭该革员等污蔑于身后，似非所以仰体朝廷矜全荩臣之意也。

该革员游春泽、李永祜将善后经费既未实用，捏报款项，罪已难宽，况捏报即为侵吞之计，侵吞遂误要工之需，罪状更显然共见乎！并查善后经费，系游春泽收储私宅，支发何项，同事者不能周知。即管理账目之和陈泰亦不过执笔登记、听其使令而已。和陈泰人本茸阘，游春泽遇事诳之，局员因其管理账目，向支薪俸，该革员不能自主，一味推辞。各员不知备细，遂疑其朋比侵吞。现查该革员和陈泰，尚无侵吞实据，亦无具控之人。此查明善后各员之实在情形也。

伏思该革员等自参革后，即交抚民同知看管，一面派员严密确查。军民人等无不欢呼夹道。乃游春泽、李永祜、周元庆、李占奎等仍纵恣如前，屡次禀催讯结，语多攀诬，意图挟制。余则兢兢守法，民间亦无控词。现既查明，应即拟结。前准部咨，以局员欺饰之款，例应查抄监追，行令指实其人等因前来。善后局员系游春泽、李永祜二人，该革员等浮词捏报之款，照部咨核计已不下二十七万余两，外尚有亏欠漏列各员之款。请旨饬下两江、四川、云贵各总督、贵州巡抚，将各该员游春泽、李永祜本籍及寄寓地方财产，严密查抄充抵，并偿该革员等亏欠漏列善后各员之款。惟查该二员所犯情节较重，应如何从严惩办之处，臣等未敢擅拟，相应请旨饬部施行。

其余情节较次者，分别定拟。周元庆查有恃势婪赃确据，拟请发往军台，充当苦差，不准纳赎。李占奎查有婪赃嫁祸之案，俟饬将坎吉巴易欠价缴清后，亦拟请发往军台，充当苦差。万铭查有营利肥私之事，已经革职，拟请永不叙用，递解回籍，交地方官严加管束。和陈泰查无朋比侵蚀的据，许文失查腐面，致溃勇得以借口，究非寻常疏忽可比。该二员已经革职，应请俱毋庸议。贵庆查无招摇情事，亦经革职，拟请仍留伊犁军营效力。王金海查无变乱饷章、封殖情弊，拟请开复原参处分，赏还花翎、勇号，以同知降补，仍留伊犁行营，办理金顺未经报销各案。许文亦拟暂留伊犁，帮同王金海办理金顺销案，以观后效，再行核办。

再，查已革县主簿周炳南，湖北天门县人，前因绘图列款具控李永祜，经游春泽朦禀金顺参革,递解回籍。现已查明游春泽、李永祜浮冒情形,是该已革县主簿事前首告,尚无不合,应恳天恩将已革县主簿周炳南原参处分注销,开复原官,以昭平允。至吴炳鑫一案,另片具陈。

是否有当?除将吴炳鑫、周炳南等禀词照抄封送军机处备查并咨部查照外,所有遵旨办理并分别议拟各缘由,谨会同陕甘督臣谭钟麟、伊犁副都统长庚,合词恭折复奏,伏祈皇太后、皇上圣鉴,饬部核议施行。再,此折系奴才锡纶主稿,合并声明。谨奏。光绪十四年二月十一日。

(朱批):另有旨。①

光绪十四年三月十九日,奉朱批:另有旨。钦此。②

【案】此折于光绪十四年三月十九日得旨允行:

光绪十四年三月十九日,内阁奉上谕:刘锦棠、锡纶奏参贪劣不法各员,当经降旨将知府游春泽等先行革职,并谕令将该革员等贪劣各节彻底严查惩办。兹据查明情节,分别定拟具奏。已革知府游春泽、已革直隶州知州李永祜,前在伊犁军营充当善后局员,浮开捏报,照部咨核计,已不下二十七万余两之多,此外尚有亏欠漏列各员之款,所犯情节甚重。游春泽、李永祜应得罪名,着刑部定拟具奏,并着两江、四川、云贵各总督、贵州巡抚,将该革员等原籍及寄寓地方财产严密查抄充抵,并偿还亏欠漏列各员款项。已革参将周元庆有恃势婪赃确据,着发往军台,充当苦差,不准纳赎。已革都司李占奎有婪赃嫁祸之案,着俟饬将坎吉巴易欠价缴清后,发往军台,充当苦差。已革都司万铭营利肥私,着永不叙用,递解回籍,交地方官严加管束。已革协领和陈泰尚无朋比侵蚀确据。已革直隶州知州许文失查腐面,致溃勇得以借口。该二员业经革职,均着毋庸置议。已革佐领贵庆查无招摇情事,着仍留伊犁军营效力。已革道员王金海查无紊乱饷章、封殖情弊,惟于营勇变乱时未能切实开导,着开复原参处分,赏还花翎勇号,以同知降补。已革主簿周炳南前控李永祜,尚无不合,着注销原参处分,并开复原官。③

---

①中国第一历史档案馆藏:《朱批原件》,档案编号:04—01—23—0205—005。
②中国第一历史档案馆藏:《军机录副》,档案编号:03—5855—026。
③中国第一历史档案馆编:《光绪朝上谕档》,第十四册,第106—107页。又《德宗景皇帝实录(四)》,卷二百五十三,光绪十四年三月,第413—414页。

010. 吴炳鑫等被参亏款冤抑请饬开复原官片

光绪十四年二月十一日（1888年3月23日）

再，已革花翎盐运使衔山西遇缺题奏知府吴炳鑫，承修绥定城工，经前将军金顺以亏款甚巨奏参，请旨勒限监追，并将听从之抗延记名副都统伊犁满营协领恩详请旨一并革职。奴才莅任后，准金顺抄稿，并将吴炳鑫亏空数目开单咨会。旋据吴炳鑫、恩祥①禀恳找发城工垫款，并呈到工程用款收支细数四柱清册及游春泽有意漏列该革员移交李永祜物料及垫发各款清折。复准陕甘督臣谭钟麟据吴炳鑫以游春泽把持善后，胪款禀讦，又抚臣刘锦棠据吴炳鑫以游春泽捏词朦禀，冤参求伸等情具禀，俱咨由奴才就近查办等因前来。

伏查此案应以亏空为关键，而亏空之实否则以该革员之用款虚实、游春泽等有无漏列短给为断，当派行营委员补用知县雷玉，会同署抚民同知联恩，确查禀复前来。奴才复采之舆论，佥称吴炳鑫监修绥定城工未完时，游春泽总理善后事务，向索完工保固印结，吴炳鑫因闻游春泽于惠远、瞻德两城有浮开用款之事，必俟完工核实造报，方出保固印结，致拂游春泽之意，遂将余工改派李永祜接修，遂以吴炳鑫亏款甚巨，朦禀金顺奏参，革职监追；以恩祥听从抗延一并奏参革职。是恩祥之获咎明为不出印结，而吴炳鑫之监追名虽亏款，亦实由不出印结所致。游春泽知以抗不出结禀参断难动听，且亦难杜人言，遂以亏款甚巨禀请参劾，既遂其报复之心，兼以威吓他人，不敢我违，以撑其浮开侵吞之迹。

如金顺移交吴炳鑫亏款清单内开：城工、委员薪水、口分等银二千九百九十七两，又装包口袋银三十两九钱，又自泾州运至伊犁经费运脚银一千一百六十三两二钱六分二厘，又户部饭食银七十一两五钱九分一厘，又领用官厂木料合价银一千五百四十一两八钱一分一厘六毫。查各员薪水系各员承领，今列于吴炳鑫实用项下，则行人之得未免为邑人之灾，口袋银自

---

① 恩祥（？—1906），满洲正红旗人。同治十三年（1874），承袭云骑尉世职，旋以功保即补防御，加四品顶戴，并戴花翎。光绪十二年（1886），充伊犁协领。是年，保记名副都统，旋因案革职。十四年（1888），开复原官衔翎，补伊犁满营右翼协领。二十三年（1897），迁察哈尔营领队大臣。同年，署伊犁副都统。三十二年（1906），因病出缺。

应列于善后报销。制办器具项下经费运脚、户部饭食，应由善后总局造销，非吴炳鑫所实用，不得混入工程项下。官厂木料原为工程而设，亦应由善后总局另款造销。且吴炳鑫移交，归还者甚多，亦列于吴炳鑫实用亏短项下，则游春泽之有意罗织，已可概见。况瞻德城仅三里七分，游春泽请销银十三万余两；绥定城四里三分，吴炳鑫实领经费湘平银八万二千六百十两。是吴炳鑫监修绥定城已属撙节估计，核实动用。前经金顺札知，暂行核议。承办城身湘平银八万二千六百十两五钱六分，而木石两工尚未核计。李永祐仅接修南城一楼，物料皆系造成移交者，费工无几。此外另有移交各物料合银五千七百余两，游春泽俱未列报，竟以亏空坐之，且以巨款诬之。是游春泽图掯侵吞之迹，故意周内，更属显然。游春泽等贪劣情形已查明，另案具陈。该革员吴炳鑫亏空项下，即照金顺所移清单，内除各员薪水、经部议准另案核销木料先已移交归还外，所有口袋、饭银、运脚皆非吴炳鑫实用之款，即非吴炳鑫亏缴之银，且有移交物料价值、垫发面价、运费可抵。现既漏报，应恳天恩准于游春泽、李永祐二人名下着追。该二革员现已请旨查抄，应于查抄项下拨抵，以重公款。其余游春泽短发吴炳鑫应领薪公、局费银四千五百九十余两，一并于游春泽名下追缴给领，以清缪辖。

现既查明吴炳鑫用款皆实、存款尚多，且于参劾后游春泽尚找发票银七千两，则亏款甚巨，明系周内之词，被参监追，不无屈抑，例许直陈，予其伸理。且查该革员吴炳鑫办事认真，直质好义，向为前山西巡抚鲍源深①、曾国荃所赏识。值此边防紧要，人材难得，奴才等往返函商，意见相同。合无吁恳天恩，准将已革花翎盐运使衔山西遇缺题奏知府吴炳鑫原参监追之案，饬部注销，开复原官、衔、翎，以昭平允，出自逾格鸿慈。再，伊犁驻防满营协领花翎记名副都统恩祥，事同一律，可否仰恳恩施，一并准其开复原官、衔、翎，以免向隅而昭激劝之处，伏候圣裁。

---

①鲍源深（1812—1884），字遂川，号花潭、穆堂、华潭、淡庵，安徽和州（今和县）人。道光二十七年（1847），中式进士，改庶吉士。三十年（1850），授翰林院编修。咸丰四年（1854），放贵州学政。九年（1859），充上书房行走，补文渊阁校理。同治元年（1862），放广西学政，旋升侍讲、右庶子，迁侍讲学士。二年（1863），补翰林院侍读学士。翌年，授大理寺卿。四年（1865），入直上书房。五年（1866），简授江苏学政。同年，调都察院左副都御史。七年（1868），调工部右侍郎兼管钱法堂事务，兼署礼部右侍郎。九年（1970），兼署吏部右侍郎。同年，授顺天学政。十年（1871），调兵部右侍郎，旋补户部右侍郎兼管钱法堂事务。同年，放山西巡抚，兼提督盐政，节制太原城守尉。光绪元年（1875），辞官归里。

奴才为边陲得人、照例伸理起见,是否允协?谨会同陕甘总督臣谭钟麟、新疆抚臣刘锦棠、伊犁副都统奴才长庚,据实附片复奏,伏祈圣鉴训示施行。谨奏。

(朱批):另有旨。①

光绪十四年三月十九日,奉朱批:另有旨。钦此。②

【案】此奏片未署具奏者,具奏日期仅署"光绪十三年"。查《军机处随手登记档》③,具奏者为锡纶、刘锦棠,具奏日期为"(光绪十四年)二月十一日",兹据校正。再,此片主稿亦应为锡纶。《光绪朝上谕档》:

光绪十四年三月十九日,内阁奉上谕:刘锦棠、锡纶奏参贪劣不法各员……另片奏,请将前参各员开复等语。已革知府吴炳鑫原参各节,既系游春泽捏辞蒙禀,实无亏款,已革协领恩祥亦无抗延情事。吴炳鑫着注销原参监追之案,与恩祥均着开复原官、衔、翎。余着照所议办理,该部知道。钦此。④

011.审拟于阗回妇海力姐谋杀本夫一案折
光绪十四年二月十九日(1888年3月31日)

尚书衔降一级留任甘肃新疆巡抚二等男臣刘锦棠跪奏,为奸妇奸夫谋杀本夫身死,核明定拟,恭折具陈,仰祈圣鉴事。

窃于阗缠民日音木下因奸起意,商同奸妇海力姐,谋杀本夫沙为身死一案,据署于阗县知县娄绍豫访闻,验明获犯,取供议拟,解和阗直隶州知州潘效苏审明,转解署喀什噶尔道袁尧龄亲提研鞫,咨镇迪道兼按察使衔恩纶核明转详。

臣复加查核,缘日音木下、海力姐均籍隶于阗县。已死沙为系海力姐之夫,与日音木下居隔四里,素识往来,海力姐见面不避。光绪十二年九

---

①中国第一历史档案馆藏:《朱批原件》,档案编号:04—01—37—0130—032。
②中国第一历史档案馆藏:《军机录副》,档案编号:03—6562—031。
③中国第一历史档案馆藏:《军机处随手登记档》,档案编号:03—0257—1—1214—073。
④中国第一历史档案馆编:《光绪朝上谕档》,第十四册,第106—107页。又《德宗景皇帝实录(四)》,卷二百五十三,光绪十四年三月,第413—414页。

月，不记日期，日音木下至沙为家中闲坐，适沙为外出，乘间与海力姐调戏成奸，陆续往来，给过钱物，本夫沙为并不知情。

十三年三月初四日早，沙为嘱海力姐收拾家具，同移居恰哈里克庄，便在金厂挖金。下午，沙为他往，日音木下踵至，海力姐告知移居情由。日音木下起意将沙为致死，图作长久夫妻。海力姐允从，商约次日一同动手。

初五日二更，日音木下携带木棍，走至沙为门首探望。维时，沙为业已睡熟。海力姐出外告知，令其快进屋动手。日音木下即随海力姐进屋，海力姐将灯点然，见沙为仰卧，日音木下猛力用棍打伤沙为额颅。沙为惊醒声喊。海力姐忙将两脚抱住，日音木下又用木棍狠打沙为囟门一下，尚恐未死，复拾地上石头，向其头面乱殴，皮肉破烂，难分部位。沙为登时殒命，海力姐松手。日音木下与海力姐将沙为尸身移至屋外坑内，用土掩埋，当将家中拾物收检，同回日音木下家中居住。

四月二十五日，有同沙为牧羊之士拉木巴乙路经沙为门首，进视无人，随过日音木下屋前，见海力姐站立屋外，即向盘问。海力姐以沙为已于三月内将伊休弃、独赴金厂挖金、伊改嫁日音木下为妻之言回答。士拉木巴乙信以为实。旋经于阗县访闻饬差协同乡约，前赴日音木下家盘诘，该犯等难以隐瞒，具以实告。连犯解县，并据尸佐补报前情，验讯议拟，解州转道，亲提审明，咨兼按察使衔核转。臣复核无异。

查律载：妻因奸同谋杀死亲夫者，凌迟处死。又例载：奸夫起意杀死亲夫之案，奸夫拟斩立决各等语。此案日音木下因与海力姐通奸，辄起意商同奸妇海力姐谋杀本夫沙为身死，实属淫凶，自应按照律例，分别问拟。海力姐合依妻因奸谋死亲夫者凌迟处死律，拟凌迟处死。日音木下合依奸夫起意杀死亲夫之案奸夫拟斩立决例，拟斩立决，照例先行刺字。无干省释。尸棺饬埋。

是否有当？除全案供招咨送刑部外，合将奸妇、奸夫谋杀本夫身死核明定拟缘由，恭折具陈，伏乞皇太后、皇上圣鉴，饬部核复施行。谨奏。二月十九日。

光绪十四年三月二十日，奉朱批：刑部速议具奏。钦此。①

---

①中国第一历史档案馆藏：《军机录副》，档案编号：03—7255—022。

012. 审拟英吉沙尔缠民苦则斗殴毙命一案折
光绪十四年二月十九日（1888年3月31日）

尚书衔降一级留任甘肃新疆巡抚二等男臣刘锦棠跪奏，为斗殴毙命，核明定拟，恭折具陈，仰祈圣鉴事。

窃英吉沙尔缠民苦则因护兄口角起衅，棍殴沙未左耳根等处，越时身死一案，据署英吉沙尔厅同知危兆麟验明，获犯讯供，解由喀什噶尔道袁垚龄审明，咨镇迪道兼按察使衔恩纶核明转详。

臣复加查核，缘苦则籍隶英吉沙尔厅，与已死喀什缠民沙未及其兄买买铁力等素不认识，均无嫌怨。光绪十二年九月二十一日，沙未随胞兄买买铁力并胞弟西特木往朝英吉沙尔厅属阿多怕的下麻棚，行至英吉沙尔之安属庄，天色已晚，即赴苦则胞兄托和土宋家借宿。托和土宋斥系匪类，不允借宿，彼此争闹。托和土宋取棍出殴，被沙未夺棍弃地，益加围闹。苦则闻闹赶视，见兄托和土宋被人围殴，拢前救护，亦被沙未推跌倒地，苦则起身赴家取棍赶殴，撞见沙未，拢向两棍，打伤沙未左后胁、右后肋。沙未转身夺棍，苦则持棍吓殴，适伤沙未左耳根。经郄六可喝阻。买卖铁力往投玉孜巴什，讵沙未因伤，延至次早殒命。报验，获犯，讯供，解道，咨镇迪道兼按察使衔核明转详。臣复核无异。

查律载：斗殴杀人者，不问手足、他物、金刃，并绞监候等语。此案苦则因救护伊兄口角争闹，棍伤沙未身死，自应照律问拟。苦则合依斗殴杀人者不问手足、他物、金刃并绞律，拟绞监候，秋后处决。托和土宋委以匪类斥人，致肇衅端，应照不应重律，拟杖八十。买买铁力等向托和土宋围闹，亦有不合，惟胞弟沙未业已身死，应与救阻不及之郄六可均免置议。尸饬领埋，木棍案结销毁。

是否允协？除全案供招咨送刑部外，合将斗殴杀人、核明定拟缘由，恭折具陈，伏乞皇太后、皇上圣鉴，饬部核议施行。谨奏。光绪十四年三月十九日。

光绪十四年三月二十日，奉朱批：刑部议奏。钦此。①

---

① 中国第一历史档案馆藏：《军机录副》，档案编号：03—7255—021。

【案】此折具奏日期,录副目录作"光绪十四年三月二十日"。查《军机处随手登记档》①,载有"报四百里,二月十九日发"等字样。据此,此折具奏日期当为"光绪十四年二月十九日",兹据校正。

013. 请饬官员解缴所欠新疆经费银两片
光绪十四年二月十九日(1888年3月31日)

再,前署安西直隶州知州廖溥明,于光绪十年在安西任内承领臣军各项经费,欠缴湘平银五千四百两,经臣饬令如数措缴,并檄甘藩司代催。旋据复称:该员已在肃州署任内闻讣丁忧,回籍守制,候咨四川布政司转行该员原籍,就近催缴解甘转解等情。迄今日久,未据报解。

又前任安肃道叶毓桐,在安肃道任内欠缴转运经费湘平银一千三百四两三钱六分四厘。该道于十三年春间交卸回籍,呈明到兰陕时,极力设措。迄今亦无报解消息。案关公款,未便任其久悬。查廖溥明籍隶四川富顺县,叶毓桐籍隶安徽桐城县,相应请旨饬下四川督臣、安徽抚臣,转饬各该原籍地方官传谕该员等迅速解缴来新,以清款目。

谨附片具陈,伏乞圣鉴训示。谨奏。

(朱批):另有旨。②

光绪十四年三月二十日,奉朱批:另有旨。钦此。③

【案】此奏片具奏日期,原件署"光绪十四年二月初五日",录副署"光绪十四年三月二十日"。查《军机处随手登记档》④,载有"二月十九日"字样,兹据校正。

此片于是年三月二十日得旨:

军机大臣字寄:四川总督刘、安徽巡抚陈:光绪十四年三月二十日奉上谕:刘锦棠奏前署安西直隶州知州廖溥明欠缴该军各项经费银五千四百两,前安肃道叶毓桐欠缴转运经费银一千三百四两零。该员等现已回籍,迄未缴解等语。公款关系紧要,岂容日久宕延!着刘秉璋、

---

① 中国第一历史档案馆藏:《军机处随手登记档》,档案编号:03—0257—1—1214—074。
② 中国第一历史档案馆藏:《朱批原件》,档案编号:04—01—35—0993—011。
③ 中国第一历史档案馆藏:《军机录副》,档案编号:03—6619—072。
④ 中国第一历史档案馆藏:《军机处随手登记档》,档案编号:03—0257—1—1214—074。

陈彝转饬各该原籍地方官,传知该员等迅速如数解缴,毋任迟缓。原片均着钞给阅看。将此各谕令知之。钦此。遵旨寄信前来。①

014. 提督陈建厚打仗受伤请免骑射片
光绪十四年二月十九日(1888年3月31日)

再,管带绥定中旗步队头品顶戴记名提督讷恩登额巴图鲁陈建厚,于咸丰六年攻打湖北红山,三次受伤,左脚受矛伤一处,额颅受枪子伤一处,左手腕受枪子伤一处。七年,攻打江西九江府,右眼胞受枪子伤一处。同治九年,攻打甘肃金积堡北面汉渠水卡,左胳膊受矛伤一处,左臂膊受矛伤一处,左右胁瞅受矛伤二处,左腿受矛伤二处,右肋受矛伤一处。十一年,攻打西宁小峡口,由左胯透出枪子伤一处。均因出血过多,筋骨被损,时作痛楚,骑射维艰,禀请奏免骑射前来。

臣查光绪九年部议新章:嗣后打仗受伤武职员弁,必须手足受有重伤,方准请免骑射,一律考验枪炮。该员随臣日久,从前手足迭受重伤,均经臣复加验看,委无捏情弊。合无仰恳天恩俯准,将头品顶戴记名提督讷恩登额巴图鲁陈建厚免骑射之处,出自鸿慈。

除咨部外,谨附片具陈,伏乞圣鉴训示。谨奏。

光绪十四年三月二十日,奉朱批:着照所请,该部知道。钦此。②

【案】此奏片具奏日期,录副目录作"光绪十四年三月二十日"。查《军机处随手登记档》③,载有"报四百里,二月十九日发"等字样。据此,此片具奏日期当为"光绪十四年二月十九日",兹据校正。

015. 委令袁运鸿等署理直隶厅同知片
光绪十四年二月十九日(1888年3月31日)

再,新设乌什直隶厅同知员缺,臣前请以留新疆委用知州袁运鸿借补,

---

①中国第一历史档案馆编:《光绪朝上谕档》,第十四册,第108页。又《德宗景皇帝实录(四)》,卷二百五十三,光绪十四年三月,第414—415页。
②中国第一历史档案馆藏:《军机录副》,档案编号:03—5855—027。
③中国第一历史档案馆藏:《军机处随手登记档》,档案编号:03—0257—1—1214—074。

业经部议核准在案。兹查该员别无委办事件，应即饬赴本任，以专责成。又署英吉沙尔直隶厅同知危兆麟丁忧，遗缺查有候补知府李庆棠，堪以委署。据藩、臬两司先后会详前来。

除由臣批饬分别给委外，谨会同陕甘总督臣谭钟麟，附片具奏，伏乞圣鉴。谨奏。

光绪十四年三月二十日，奉朱批：该部知道。钦此。①

【案】此奏片具奏日期，录副目录作"光绪十四年三月二十日"。查《军机处随手登记档》②，载有"报四百里，二月十九日发"等字样。据此，此片具奏日期当为"光绪十四年二月十九日"，兹据校正。

016. 欠饷清理就绪恳饬指拨以清借款折

光绪十四年三月初一日（1888年4月11日）

尚书衔降一级留任甘肃新疆巡抚二等男臣刘锦棠跪奏，为臣军欠饷现已清理就绪，并拟恳天恩，饬部仍在于原拨欠饷各省关指拨银二十万两，以清借款，恭折仰祈圣鉴事。

窃照臣军欠饷，截算至光绪十年止，经部指拨福建、浙江、广东、闽海各省关银二百八十五万两，内除闽海关解到银二万两，余悉未闻报解。臣于上年奏请由部垫拨银一百四十万两，经部议复，奏蒙恩准拨银一百万两，令会同督臣从速料理，当将筹办情形于上年八月初一日恭折奏明在案。

窃维关外各军，全资协济。各省关历年转馈，备极勤劳。欲求撙节之方，当以改发坐粮为第一义。然欠饷未清，则坐粮无由速改。自蒙恩准拨此款，臣始得有所措施。惟顾此边防不容忽视，当饬由关内招募新勇四千余人，并就地挑选精壮，编为步队一营、马队六旗。又据各营旗禀报，随时募补一千八百余人，更番抽换，共裁、遣旧勇八千余人，挑留旧勇六千余人。其十一年以后新募入营者，不在其内。仍将留营旧勇先后截清存饷，一律起支坐粮。各弁勇积欠既清，均无异议。此项欠饷除前于

---

①中国第一历史档案馆藏：《军机录副》，档案编号：03—5835—086。
②中国第一历史档案馆藏：《军机处随手登记档》，档案编号：03—0257—1—1214—074。

十二年发过银二十八万六千余两外,仍欠银二百五十六万四千余两,内应发遣撤弁勇存饷银一百二十四万七千余两,留营弁勇存饷银五十二万四千余两,皆锋镝余生,锱铢积累,所恃以为身家之计者。臣前已陈明,不宜短发。

此次收到库平银一百万两,又收到广东续解库平银一万两,共申合新湘平银一百五万二千余两,悉数支发,实有不敷。谭钟麟素抱公忠,力顾大局,前于上年春间,拨解新疆司库银二十万两,原约存储,以备缓急,至是嘱臣动用,无庸归款。① 又由兰州代借商款银二十万两,以资清发。此项借款自应及早筹还。际此时艰,饷源支绌,加以河流为患,宵旰焦劳,苟可勉力支撑,臣亦何敢再三渎请! 筹思无策,惟有仰恳天恩,饬部仍在于原拨欠饷各省关,指拨银二十万两,交由谭钟麟列收,以便归款。前于十二年所发银,除收到闽海关一款,余悉由新饷项下挪移动用,本拟于此次经收款内匀拨归还,适已支发无余,无从扣抵。而除节次发过现银外,尚不敷留营旧勇存饷银三十一万九千余两。

查江西、四川等省,尚欠解十一年以后新饷,经部臣议准,分年带解,但使各该省按成解足,毫无蒂欠,臣自应极力节省,仍在于此项新饷内酌量匀放,随时列报,不敢再有所请,致涉纷歧。此外病故勇丁存饷银十一万五千余两,查其家属各在一方,或迟至数年始来具领,拟并由以后新饷内,陆续查明补给。其统领营官应领薪公、夫价银六十七万七千余两,已由臣宣扬谕旨,勉以公心,幸各允从,概行报缴。② 所有臣军欠饷现已清理③就绪,并拟请筹还借款各缘由,谨会同陕甘总督臣谭钟麟,恭折具陈,伏乞皇太后、皇上圣鉴训示施行。谨奏。光绪十四年三月初一日。

(朱批):着照所请,户部知道。④

光绪十四年四月初二日,奉朱批:着照所请,户部知道。钦此。⑤

---

① 详见光绪十三年十二月二十日陕甘总督谭钟麟奏请饬催欠饷缘由(中国第一历史档案馆藏:《朱批原件》,档案编号:04—01—01—0959—076;《军机录副》,档案编号:03—6562—003;《德宗景皇帝实录(四)》,卷二百五十一,光绪十四年正月,第386—387页)。

②"报缴",《奏稿》作"报解"。

③"清理",《奏稿》作"清厘"。

④中国第一历史档案馆藏:《朱批原件》,档案编号:04—01—35—0993—028。又《奏稿》第1813—1818页。

⑤中国第一历史档案馆藏:《军机录副》,档案编号:03—6110—065。

017. 奏为遵保提镇各员缘由折
光绪十四年三月初一日（1888年4月11日）

尚书衔降一级留任甘肃新疆巡抚二等男臣刘锦棠跪奏，为遵旨列保提镇各员，开具清单，恭折仰祈圣鉴事。

窃臣前准军机大臣字寄：光绪十三年四月初八日奉上谕：各省提镇大员均有专阃之责，必须才略素优，方足以资整顿。迩来军务敉平，尤应安不忘危，物色将才，用备任使。着各直省督抚，于军营著绩人员内无论实缺候补，各就其人之才具，或长于陆路，或熟于水师，出具切实考语，分别保奏。其曾经引见发往各省差委之提镇各员，本欲令其练习营伍，以备缓急，并着随时留心察看，如有才识出众之员，一并奏保，听候简擢。各该督抚身膺疆寄，以知人为最要，务当确切考察，勿采虚声，勿徇情面，用副朝廷访求人才、整饬武备之至意。将此各谕令知之。钦此。

伏查关外各军，其人皆历练有年，诚多可用。惟地方平定，遣撤已多。兹谨就现留新疆及假归未久各员，察其才略出群及操守尤为可信者，开具考语，恭呈御览。又查有头品顶戴副都统衔前古城协领坚勇巴图鲁富勒铭额，久经战阵，洞达边情，亦非提镇一班，未敢开列。然前署乌鲁木齐领队并护理都统印务，与臣相处，知其实心任事，洵将领中不可多得之员，合并陈明，伏候采择。其余提镇各员内应膺保列者，尚不乏人，容臣悉心考察，随时开列，以仰副朝廷选拔真才之至意。

谨恭折具陈，伏乞皇太后、皇上圣鉴训示。谨奏。光绪十四年三月初一日。

光绪十四年四月初二日，奉旨：留中。钦此。①

018. 呈遵保提镇各员并填注考语清单
光绪十四年三月初一日（1888年4月11日）

谨将遵保提镇各营开具清单，填注考语，恭呈御览。

---

①中国第一历史档案馆藏：《军机录副》，档案编号：03—5855—059。又《奏稿》第1809—1811页。

赏穿黄马褂头品顶戴题奏提督甘肃西宁镇总兵署新疆提督骑都尉世职伯奇巴图鲁谭上连，忠慎廉干，洞达戎机。现在布置边防，改设营制，均能悉心规画，周密无遗。和易近人，宽而有制。

赏穿黄马褂头品顶戴题奏提督署阿克苏镇总兵云骑尉世职阿尔杭阿巴图鲁董福祥，忠诚笃实，果敢廉明，沉默寡言，而见事敏速，治军严整，谋勇兼优。

赏穿黄马褂头品顶戴题奏提督倭欣巴图鲁张俊，坚强勇敢，战必身先，遇士卒勤恳有恩，孜孜不倦，卓然有守，诚信不欺。

赏穿黄马褂头品顶戴记名提督札福孔阿巴图鲁汤彦和，部伍整齐，有条不紊，而每当大敌，奋迅无前，坚苦耐劳，廉明质实。

赏穿黄马褂头品顶戴记名提督额腾额巴图鲁曾松明，历练老成，器局深稳，善于持重，人莫能欺，谦约不争，勤于任事。

赏穿黄马褂头品顶戴记名提督霍伽春巴图鲁夏辛酉①，朴讷性成，而临阵最为奋勇，所至之处，不独秋毫无扰，且能勤恤民隐，民亦爱之。②

019. 请恤道员雷声远等片

光绪十四年三月初一日（1888年4月11日）

再，臣于光绪九年三月十六日具奏，请将立功后积劳病故员弁萧传薪等议恤一折，尚有遗漏未报员弁，容俟陆续查报到日，另案办理，奉旨：着照所请，该部知道。钦此。钦遵历经办理在案。兹查已故二品顶戴甘肃遇缺尽先题奏道前署阿克苏道雷声远，四川中江县人。五品顶戴尽先前选用知县前署疏附县知县张介祺，浙江余姚县人。总兵衔留甘补用副将马正国，甘肃化平厅人。

该员等均随征关外有年，积劳已久，兹或在任病故，或在营病故，均系

---

①夏辛酉（1843—1908），字绍襄，号庚堂，山东郓城人。同治七年（1868），投效左宗棠军营，以功保守备。十三年（1874），以克乌鲁木齐、玛纳斯达等城，赏戴花翎。光绪三年（1877），率军平定南疆，擢总兵，换号霍伽春巴图鲁勇号。二十年（1894），委充嵩武四营统领。二十一年（1895），补授广西右江镇总兵。二十四年（1898），调补山东登州镇总兵。同年，充武卫军左翼长。二十六年（1900），率军护卫京师，城陷回防山东。三十年（1904），擢云南提督，经直隶总督袁世凯留直隶，统带常备军，兼帮办北洋大臣。三十三年（1907），驻守曹州。
②中国第一历史档案馆藏：《清单》，档案编号：03—5855—060。

军营立功后积劳病故。合无仰恳天恩俯准，饬部一并照军营立功后积劳病故例议恤，以昭激劝而慰幽魂。

除咨部外，理合附片具陈，伏乞圣鉴训示。谨奏。

（朱批）：雷声远等均着交部，照军营立功后积劳病故例议恤。①

光绪十四年四月初二日，奉朱批：雷声远等均着交部，照军营立功后积劳病故例议恤。钦此。②

【案】此奏片原件未署具奏者，具奏日期仅署"光绪十四年"，兹据《奏稿》、录副及《军机处随手登记档》③校正。

020. 原保补用道孙寿昶另核请奖片

光绪十四年三月初一日（1888年4月11日）

再，二品顶戴按察使衔河南尽先补用道孙寿昶，前于会克吐鲁番城案内经前陕甘督臣左宗棠以知府用河南候补知县底衔汇保，请归知府班后，赏加盐运使衔。部驳知州、知县、在任候补知府不得加盐运使衔，改为五品衔，当经左宗棠以该员曾于同治元年河南守城剿匪案内亦保运同衔，奏改请俟补知府缺后，赏加盐运使衔。复经部议以并未声叙奉旨月日，行令查明具奏，再行核办各等因。先后饬行遵照在案。

兹准河南抚臣倪文蔚咨：据孙寿昶禀称，检查原奉行知，节次守城剿匪出力一案系以原名孙寿昌由蓝翎同知用候补知县请加运同衔，并换花翎，于咸丰十年十二月十四日奉旨允准，旋准改名孙寿昶，奉部复准。于肃清新疆五次剿平边寇及六载边防各案出力，历保二品顶戴、按察使衔河南尽先补用道等情，禀请咨奏改奖前来。

臣复核无异。合无仰恳天恩俯准，将该员孙寿昶前于会克吐鲁番城案内由运同衔知府用河南候补知县底衔拟保俟补知府缺后赏加运同衔一案，饬部另核改奖施行。

谨附片具陈，伏乞圣鉴训示。谨奏。

---

① 中国第一历史档案馆藏：《朱批原件》，档案编号：04—01—17—0140—044。又《奏稿》第1819—1820页。
② 中国第一历史档案馆藏：《军机录副》，档案编号：03—5855—061。
③ 中国第一历史档案馆藏：《军机处随手登记档》，档案编号：03—0257—2—1214—085。

（朱批）：吏部议奏。①

光绪十四年四月初二日，奉朱批：吏部议奏。钦此。②

【案】此奏片原件未署具奏者，具奏日期仅署"光绪十四年"，录副署"光绪十四年四月初二日"。兹据内容及《军机处随手登记档》③校正。

021. 查明原保候选道曾尔昌另核请奖片
光绪十四年三月初一日（1888年4月11日）

再，据统领清淮右副先锋马步、水师各营三品衔候选道曾尔昌禀称：前由候选通判投效甘肃大营，加捐候选同知。克复巴燕戎格后，请假离营，报捐指分江苏试用，于光绪四年十二月验放，五年三月缴照到省。复以同知原班捐离原省，改指南河，领咨到工。因新疆南北两路一举荡平各省关筹解协饷出力案内经前两江督臣沈葆桢以知府衔江苏候补同知咨由前陕甘督臣左宗棠于五年十二月汇保，请俟补缺后，以知府用。时适奉差远出，无从查悉，旋以底衔并无"知府衔候补"字样及已由江苏改指南河试用缘由，禀由左宗棠附奏，请将底衔更正，以南河候补班前先补用同知注册。嗣经部议寻常劳绩不准保免补、免选及候补班，应准更正底衔，仍请俟补缺后以知府用，奉旨：依议。钦此。惟该员于六年五月内接奉行知，始悉前克复巴燕戎格及肃清河州等处一案，已经左宗棠由候选同知汇保以知府选用，于同治十三年八月初三日奉旨允准。复于擒获海匪朱振刚案内，经前漕督臣黎培敬④奏保，部议以知府留于江苏，归试用班补用。又于西宁府城解围并克复大通县城案内保举歧异，经左宗棠查明，附片奏准改加三品衔。旋因回避从堂兄两江督臣曾国荃，赴部改掣山东，于十一年十一月领照出京。

①中国第一历史档案馆藏：《朱批原件》，档案编号：04—01—13—0362—019。
②中国第一历史档案馆藏：《军机录副》，档案编号：03—5236—005。
③中国第一历史档案馆藏：《军机处随手登记档》，档案编号：03—0257—2—1214—085。
④黎培敬（1826—1882），字简堂，一字开周，湖南湘潭人。咸丰十年（1860），中式进士，选庶吉士。同治元年（1862），授翰林院编修三年（1864），授贵州学政。六年（1867），署贵州布政使。七年（1868），实授贵州布政使。光绪元年（1875），擢贵州巡抚。五年（1879），因奏请解除前云贵总督贺长龄处分，降调四川按察使。六年（1880），授漕运总督。七年（1881），补江苏巡抚，旋因病返湘。谥文肃。

十二年二月,行抵山东,缴照到省。复遵例报捐道员选用各在案。所有光绪五年新疆南北两路一举荡平筹饷出力案内列保之补缺后以知府用实系重复,禀请注销改奖等情前来。

臣查该员克复巴燕戎格列保以知府选用系同治十三年具奏,新疆南北荡平列保补缺后以知府选用系光绪五年具奏,是保以知府选用之案在前,保补缺后以知府用之案在后,自系重复。该员现又报捐道员,可否仰恳天恩准将三品衔候选道曾尔昌前在新疆南北两路荡平筹饷出力列保补缺后以知府用之案注销,赏加二品顶戴,抑或另核改奖之处,饬部核议施行。

是否有当？谨会同陕甘督臣谭钟麟,附片具陈,伏乞圣鉴训示。谨奏。
（朱批）：吏部议奏。①
光绪十四年四月初二日,奉朱批：吏部议奏。钦此。②

【案】此奏片原件未署具奏者,具奏日期仅署"光绪十四年",录副署"光绪十四年四月初二日"。兹据内容及《军机处随手登记档》③校正。

022. 审拟张得胜刃伤滕海云毙命一案折
光绪十四年三月初三日（1888年4月13日）

尚书衔降一级留任甘肃新疆巡抚二等男臣刘锦棠跪奏,为斗殴毙命,审明定拟,恭折具陈,仰祈圣鉴事。

窃绥来县客民张得胜口角起衅,刃伤滕海云左胁身死一案,据绥来县知县李原琳验讯议拟,解由署迪化府知府蒋诰加看,解镇迪道兼按察使衔恩纶审明转详。

臣亲提研讯,缘凶犯张得胜籍隶甘肃皋兰县。光绪六年,来绥来县属牛圈子地方,与滕海云合伙种地。十二年夏,因收成歉薄,分伙另居,所有牛马、农具均已匀分,惟蒸笼只有一个,议定两家公用,时常来往,并无嫌

---

①中国第一历史档案馆藏：《朱批原件》,档案编号：04—01—13—0362—020。
②中国第一历史档案馆藏：《军机录副》,档案编号：03—5236—004。
③中国第一历史档案馆藏：《军机处随手登记档》,档案编号：03—0257—2—1214—085。

隙。十三年五月初三日上午,张得胜赴滕海云家取用蒸笼,值滕海云外出,将蒸笼锁藏房内,张得胜空手而归。是日挨晚,滕海云来张得胜家闲坐,张得胜正手持小刀削烟杆子,抱怨滕海云不应将蒸笼锁藏房内,以致馍不能蒸,面已发酸。滕海云回称,早未通知,不能在家守候,负气而走。张得胜拦住理论,滕海云斥骂,张得胜回詈,滕海云扭住张得胜发辫往地揿按,情急撩弃烟杆,顺将手持小刀冒戳一下,适伤滕海云左胁倒地。经李得有赶拢喝阻。讵滕海云伤重,移时殒命。李得有投约,报验获犯,讯供议拟,由府解镇迪道兼按察使衔审明转详。臣亲提复鞫,据供前情不讳,委非有心致死,亦无起衅别故。再三究诘,矢口不移,案无遁饰。

查律载:斗殴杀人者,不问手足、他物、金刃,并绞监候等语。此案张得胜因取蒸笼,口角斗殴,刃伤滕海云左胁,移时殒命,自应按例问拟。张得胜合依斗殴杀人不问手足、他物、金刃并绞律,拟绞监候,秋后处决。李得有救阻不及,应免置议。尸棺饬属领埋,凶刀案结销毁。

是否有当?除全案供招咨送刑部外,合将斗殴毙命、审明定拟缘由,恭折具陈,伏乞皇太后、皇上圣鉴,饬部核复施行。谨奏。光绪十四年三月初三日。

(朱批):刑部议奏。①

光绪十四年四月初三日,奉朱批:刑部议奏。钦此。②

023. 审拟缠民拉思尔与沙拉以顶斗殴毙命一案折

光绪十四年三月初三日(1888年4月13日)

尚书衔降一级留任甘肃新疆巡抚二等男臣刘锦棠跪奏,为斗殴毙命,核明定拟,恭折具陈,仰祈圣鉴事。

窃英吉沙尔厅缠民拉思尔与沙拉以顶因争渠水起衅,彼此扭夺,被铁锄背磕伤左额角□处身死一案,据署英吉沙尔厅同知兆麟验讯议拟,解喀什噶尔道袁垚龄亲提审讯,咨镇迪道兼按察使衔恩纶核明转详。

臣复加查核,缘凶犯拉思尔籍隶英吉沙尔厅,与已死沙拉以顶同村居

---

①中国第一历史档案馆藏:《朱批原件》,档案编号:04—01—27—0044—002。
②中国第一历史档案馆藏:《军机录副》,档案编号:03—7311—026。

住,素好无嫌。本村有渠一道,向系村民轮流灌溉。光绪十三年闰四月二十八日,应沙拉以顶灌水之期,开放□□始轮应拉思尔放水。是夜二更,拉思尔因地干燥,携带铁锄,私将渠水挖灌地亩,瞥见沙拉以顶□□,忙将水口堵塞。沙拉以顶行至渠边,斥拉思尔不应私放,扭拉思尔赴玉孜巴什家中评理。拉思尔以水口堵住,坚不同往。沙拉以顶不依,随夺拉思尔手执铁锄。拉思尔不肯松手,彼此扭夺,不期沙拉以顶站立未稳,以致扑跌倒地,适被铁锄背磕伤左额角,接连右眉。经买买提闻声趋视,告知沙拉以顶之弟,抬回医治,讵沙拉以顶于五月初三日因伤身死。投玉孜巴什报验,获犯议拟,解喀什道审明,咨镇迪道兼按察使衔核转,臣复核无异。

查例载:斗殴杀人者,不问手足、他物、金刃,并绞监候等语。此案拉思尔与沙拉以顶为水起衅,争扭夺锄,以致沙拉以顶扑跌,被铁锄背磕伤身死,自应照律问拟。拉思尔合依斗殴杀人者不问手足、他物、金刃并绞监候律,拟绞监候,秋后处决。买买提救阻不及,应无庸议。渠水饬令照旧轮放。无干省释。尸棺饬埋,凶锄案结销毁。

是否允协?除全案供招咨送刑部外,合将斗殴毙命、核明定拟缘由,恭折具陈,伏乞皇太后、皇上圣鉴,饬部核复施行。谨奏。三月初三日。

光绪十四年四月初三日,奉朱批:刑部议奏。钦此。①

024. 奏报光绪十三年十一月雨水粮价折

光绪十四年三月初六日(1888年4月16日)

尚书衔降一级留任甘肃新疆巡抚二等男臣刘锦棠跪奏,为恭报光绪十三年十一月分粮价并得雪情形,谨缮折具陈,仰祈圣鉴事。

窃照光绪十三年十月分各厅州县粮价并得雨雪情形,业经臣奏报在案。兹查十一月分北路绥来县得雪积地四寸有余;南路各厅州县并未得雪,民情尚称安帖。

至通省粮价,库尔喀喇乌苏、莎车、和阗、迪化、昌吉、阜康等厅州县,俱与上月相同,余均略有增减。据藩司魏光焘汇详请奏前来。

---

①中国第一历史档案馆藏:《军机录副》,档案编号:03—7311—025。

理合恭折具陈,并缮粮价清单,敬呈御览。伏乞皇太后、皇上圣鉴。谨奏。光绪十四年三月初六日。

(朱批):知道了。①

光绪十四年四月初六日,奉朱批:知道了。钦此。②

025. 呈新疆光绪十三年十一月粮价清单
光绪十四年三月初六日(1888年4月16日)

谨将新疆各属光绪十三年十一月分米粮时估价值缮具清单,恭呈御览。计开

十一月分:

镇迪道属

迪化县:大米每京石价银三两八钱五厘,小麦每京石价银一两五钱二分一厘,较上月增二钱七分。莞豆每京石价银一两六钱二分,青稞每京石价银一两二钱七分,俱与上月相同。

昌吉县:大米每京石价银二两五钱二分,小麦每京石价银一两一钱八分,莞豆每京石价银一两二钱一厘,青稞每京石价银八钱七分五厘。俱与上月相同。

阜康县:粟米每京石价银一两二钱七分三厘,小麦每京石价银一两三钱八分,莞豆每京石价银一两三钱八分,高粱每京石价银六钱七分二厘。俱与上月相同。

绥来县:大米每京石价银二两三钱九分七厘,较上月增一钱五厘。小麦每京石价银九钱一分九厘,莞豆每京石价银九钱九分八厘,俱与上月相同。高粱每京石价银六钱四厘,较上月增一钱一分三厘。

奇台县:大米每京石价银二两九钱三分四厘,与上月相同。小麦每京石价银一两二分六厘,较上月减一钱四分一厘。莞豆每京石价银一两一厘,与上月相同。

镇西直隶厅:小麦每京石价银一两七钱六分,较上月增四分。莞豆每

---

①中国第一历史档案馆藏:《朱批原件》,档案编号:04—01—25—0533—010。
②中国第一历史档案馆藏:《军机录副》,档案编号:03—9960—003。

京石价银一两七钱二分,较上月增四分。青稞每京石价银一两一钱二分,较上月增一钱二分。

哈密厅:粟米每京石价银一两七钱二分八厘,较上月增七分二厘。小麦每京石价银一两三钱八分,较上月增一钱二分五厘。莞豆每京石价银一两七钱二分八厘,青稞每京石价银一两二厘,俱与上月相同。

吐鲁番厅:小麦每京石价银一两二钱六分八厘,较上月减二钱二分三厘。大麦每京石价银五钱六分,黄豆每京石价银一两四钱九分三厘,高粱每京石价银五钱五分九厘,俱与上月相同。

库尔喀喇乌苏厅:小麦每京石价银一两二钱七厘,莞豆每京石价银一两四钱四厘,高粱每京石价银九钱四分九厘。俱与上月相同。

阿克苏道属

温宿直隶州:大米每京石价银一两八钱,较上月增五钱八分四厘。小麦每京石价银一两二钱四分二厘,较上月增四钱一分四厘。大麦每京石价银七钱八分,较上月增四钱二厘。包谷每京石价银八钱一分六厘,较上月增四钱八厘。

拜城县:小麦每京石价银一两四钱六分,较上月增五钱一分一厘。大麦每京石价银六钱五分,较上月增五分。莞豆每京石价银六钱九分,与上月相同。包谷每京石价银一两一钱二分,较上月增四钱三分。

喀喇沙尔直隶厅:大米每京石价银二两八钱一分二厘,小麦每京石价银一两一钱四厘,俱与上月相同。莞豆每京石价银一两一钱五分二厘,较上月减一厘。包谷每京石价银九钱六分,与上月相同。

库车直隶厅:大米每京石价银二两三钱七分,较上月增二钱九分八厘。小麦每京石价银一两九分,较上月减二钱。莞豆每京石价银五钱九分二厘,与上月相同。包谷每京石价银六钱四分,较上月减五分一厘。

乌什直隶厅:大米每京石价银二两六钱八分二厘,较上月增二钱九分八厘。小麦每京石价银九钱二分四厘,较上月增一钱三分二厘。大麦每京石价银四钱二分八厘,较上月增一钱七厘。包谷每京石价银七钱八分六厘,较上月增一钱三分一厘。

喀什噶尔道属

疏勒直隶州:大米每京石价银三两一钱五分,较上月增一钱五分。小麦每京石价银一两六钱五分六厘,包谷每京石价银一两一钱五分二厘,高梁每京石价银一两三分五厘,俱与上月相同。

疏附县:大米每京石价银三两,较上月增一钱五分。小麦每京石价银一两五钱一分八厘,包谷每京石价银一两七分二厘,高粱每京石价银九钱二分,俱与上月相同。

莎车直隶州:大米每京石价银一两六钱二分八厘,小麦每京石价银六钱二分一厘,大麦每京石价银四钱,包谷每京石价银四钱二分二厘。俱与上月相同。

叶城县:大米每京石价银二两四钱六分五厘,小麦每京石价银五钱五分,俱与上月相同。青稞每京石价银四钱,较上月增二分五厘。包谷每京石价银三钱一分二厘,与上月相同。

和阗直隶州:大米每京石价银一两六钱八分,小麦每京石价银八钱九分七厘,包谷每京石价银四钱九厘,青稞每京石价银三钱三厘。俱与上月相同。

于阗县:大米每京石价银二两七钱六分,较上月减六钱九分。小麦每京石价银八钱四厘,包谷每京石价银六钱四分,俱与上月相同。

玛喇巴什厅:大米每京石价银三两四钱,较上月增一钱四分四厘。小麦每京石价银九钱六分六厘,较上月减六分九厘。包谷每京石价银八钱九分六厘,与上月相同。

英吉沙尔厅:大米每京石价银三两四钱九分六厘,较上月增三钱六厘。小麦每京石价银八钱九分,较上月减一钱一分五厘。包谷每京石价银六钱四分,较上月减五分七厘。大麦每京石价银五钱七分,较上月增九分一厘。

(朱批):览。①

026. 奏报副将张大林底衔有误请饬更正片

光绪十四年三月初六日(1888年4月16日)

再,总兵衔推补副将张大林于攻拔古牧地坚巢、克复乌鲁木齐、迪化州等城案内,由蓝翎补用守备得保免补守备、都司,以游击尽先补用,并换花翎。旋以补用游击累保今职,历经奉旨允准、钦遵行知在案。兹据禀称:该

---

① 中国第一历史档案馆藏:《清单》,档案编号:03—9960—004。

员于关陇肃清案内系由军功汇保免补外委,以把总尽先拔补,并戴蓝翎。嗣于克复乌鲁木齐案内随折保奖,正值随队追剿前进,大营误将该员作为蓝翎补用守备底衔,请保以游击尽先补用,并换花翎。现又由游击历保总兵衔副将,惟因一时之误,遂致千总、守备两级终属虚悬。禀请附奏更正逐层递减前来。

臣复核无异。合无仰恳天恩俯准,将攻拔古牧地坚巢、克复乌鲁木齐、迪化州等城案内准保花翎尽先补用游击张大林,改为由蓝翎拔补把总请保免补把总、千总,以守备补用,并换花翎;攻克达阪城、托克逊坚巢并会克吐鲁番等城案内准保之尽先补用参将,改为请保免补守备,以都司补用;新疆南北两路一举荡平案内准保之总兵衔尽先补用副将,改为请保免补都司,以游击尽先补用,并请赏加参将衔。饬部更正。其六载边防案内准保严勇巴图鲁,仍照原案注册,以昭核实而免歧异之处,出自逾格鸿慈。

除咨部外,谨附片具陈,伏乞圣鉴训示。谨奏。

(朱批):兵部知道。①

光绪十四年四月初六日,奉朱批:兵部知道。钦此②。

【案】此奏片原件未署具奏者,具奏日期仅署"光绪十四年",录副署"光绪十四年四月初六日"。兹据内容及《军机处随手登记档》③校正。

027. 查明训导熊焕章出身请照原保核奖片

光绪十四年三月初六日(1888年4月16日)

再,候选训导熊焕章前于新疆六载边防案内经臣以候选训导汇保,请以教谕不论双单月遇缺即选。嗣准部复,以并未声叙何项出身,驳令查明复奏,再行核办等因。当经转行遵照去后。兹据禀称:该员系河北松滋县岁贡生,于光绪二年赴部呈请就职,以训导注册候选,领有执照在案,恳请据情复奏前来。

①中国第一历史档案馆藏:《朱批原件》,档案编号:04—01—17—0140—011。
②中国第一历史档案馆藏:《军机录副》,档案编号:03—5855—074。
③中国第一历史档案馆藏:《军机处随手登记档》,档案编号:03—0257—2—1214—089。

臣查熊焕章既据声明由岁贡生就职训导，此案由训导保升教谕，与例尚无不合。合无仰恳天恩饬部准将候选训导熊焕章，仍照原保以教谕不论双单月遇缺即选，出自鸿慈。

除咨部外，谨附片具陈，伏乞圣鉴训示。谨奏。

（朱批）：吏部知道。①

光绪十四年四月初六日，奉朱批：吏部知道。钦此。②

【案】此奏片原件未署具奏者，具奏日期仅署"光绪十四年"，录副署"光绪十四年四月初六日"。兹据内容及《军机处随手登记档》③校正。

028. 审拟和阗回妇立的皮谋杀人命一案折

光绪十四年三月初九日（1888年4月19日）

尚书衔降一级留任甘肃新疆巡抚二等男臣刘锦棠跪奏，为挟仇谋杀，核明定拟，恭折具陈，仰祈圣鉴事。

窃和阗州缠妇立的皮挟仇谋杀缠妇买冉目下身死一案，据和阗直隶州知州潘效苏验讯议拟，解由调署喀什噶尔道袁垚龄审明加看，咨镇迪道兼按察使衔恩纶核转前来。

臣复加查核，缘缠妇立的皮籍隶和阗州，幼嫁缠民玉素云为妻，生子五受，现年十龄，向未为匪，与已死事主缠妇买冉目下邻村居住，先无嫌隙。光绪十二年七月，不记日期，五受在买冉目下家与买冉目下七岁幼子托和大玩耍回归，告说买冉目下外出。立的皮即行起意，教令五受前往，窃得红钱二百五十文，跑回交给收存。维时，托合大瞥见五受形色慌张，疑其窃去钱物，当即寻获买冉目下归家，告知情由。查点失去钱文，往向索讨。立的皮不能隐瞒，始行承认，捏称钱经五受遗失，容后缓偿，并求勿与伊夫玉素云及外人告知。随后陆续给还，尚欠红钱七十文未给。九月，买冉目下向玉素云告知五受窃钱情事。玉素云回家，查问未认。立的皮恨其不应告知

---

① 中国第一历史档案馆藏：《朱批原件》，档案编号：04—01—13—0362—018。
② 中国第一历史档案馆藏：《军机录副》，档案编号：03—5236—015。
③ 中国第一历史档案馆藏：《军机处随手登记档》，档案编号：03—0257—2—1214—089。

其夫,且恐日后告知他人,随即蓄意将买冉目下致死灭口。十一月二十三日,买冉目下复往索讨余欠,恰值玉素云外出,立的皮诱说内房柜有包谷,一同去取,悄令五受将门关闭。买冉目下信以为真,同进内房。立的皮即取石头,用力向买冉目下脊背狠打一下,当即倒地不能喊叫。立的皮复用麻绳将其颈项拴住拉勒,立时毙命。教令五受帮同抬尸,至屋后厂地,用茨遮盖。是晚,玉素云归家,并不知觉。随经该处明巴什马木须看见尸身,报州验讯通详,批饬议拟解到,咨兼臬司核转,臣复核无异。

查律载:谋杀人造意者,斩监候。又窃盗赃一两以下杖六十,为从减一等。又十岁以下盗及伤人者收赎,余皆勿论各等语。此案缠妇立的皮教子五受窃得事主买冉目下红钱,因挟告知伊夫之嫌,蓄意致死事主灭口,即一人将事主诱入房内,用石绳殴勒毙命,实属谋杀。除教子行窃轻罪不议外,合依谋杀人造意者绞监候律,拟斩监候,秋后处决,系妇人,照例免刺。犯子五受听从母命,窃取买冉目下红钱,自应照律科罪。五受除帮抬移尸照律勿论外,合依窃盗赃一两以下杖六十,为从减一等律,笞五十。该犯年仅十岁,照律收赎。赃钱照追给领。玉素云不能禁约妻子为匪,应照不应重律杖八十,折责发落。无干省释。尸棺饬属领埋,凶器石、绳案结销毁。

是否允协?除全案供招咨送刑部外,合将挟仇谋杀、核明定拟缘由,恭折具陈,伏乞皇太后、皇上圣鉴,饬部核复施行。谨奏。光绪十四年三月初九日。

(朱批):刑部议奏。①

光绪十四年四月十一日,奉朱批:刑部议奏。钦此。②

029. 新疆十三年办理情罪大案摘由汇报折

光绪十四年三月初九日(1888年4月19日)

尚书衔降一级留任甘肃新疆巡抚二等男臣刘锦棠跪奏,为光绪十三年办结情罪重大、就地正法各案,照章摘由汇报,恭折具陈,仰祈圣鉴事。

---

① 中国第一历史档案馆藏:《朱批原件》,档案编号:04—01—26—0077—029。
② 中国第一历史档案馆藏:《军机录副》,档案编号:03—7311—032。

窃臣前以关外迥异内地奏准命盗等案变通办理,摘由汇报,历经遵办在案。嗣于光绪十三年三月初七日准刑部咨:议奏新疆案件情罪重大及决不待时人犯,暂准就地正法,奉旨:依议。钦此。钦遵咨行亦在案。兹查上年春季,各属尚称安靖。迨夏秋冬三季,拿获强盗及情罪重大各案共计十起,或迭次抢劫,轮奸妇女;或游勇行劫,枪伤事主;或重犯越狱,拒伤捕役;或临时行强,得赃逾贯;或逃勇戕害官长,或图财杀死二命,或以孙戕祖,或抢夺杀人。经各地方官录供通详,批各该管道及镇迪道兼按察使衔复审得实,统由臣详核案情,参诸律例,分别斩决、枭示、凌迟,即于犯事地方就地正法,庶几不法之徒有所警畏。

至各案内为从罪应军流等犯,前准部议,南北互相调发,以助屯政,诚为实边良法。第强盗凶暴昭著,非命案凶犯本系良民不过一朝逞忿、致罹法网者可比,且若辈游惰性成,未必安于耕作,拟请量为变通,军流等犯如系初犯,仍照章由南北调发,责令屯垦,予以自新。若系积匪,酌量监禁,满日系带铁杆,庶足以消其桀骜之气,果知悛改后,由地方官详请开释。

除将各案摘由开单恭呈御览外,所有光绪十三年夏秋冬三季办结情罪重大就地正法各案、照章摘由汇报缘由,恭折具陈,伏乞皇太后、皇上圣鉴训示施行。谨奏。光绪十四年三月初九日。

(朱批):刑部知道,单并发。①

光绪十四年四月十一日,奉朱批:刑部知道,单并发。钦此。②

030. 呈办理情罪重大案件摘由汇报清单

光绪十四年三月初九日(1888年4月19日)

谨将光绪十三年夏秋冬三季分变通办结情罪重大、就地正法各案摘由,汇缮清单,恭呈御览。计开

夏季分:

一件:盗犯热罕木都拉起意,纠约和加热亥、买提也亦木,下托乎大、托乎大阿洪,先后十七次骑马持械,抢劫事主尼牙子等银钱、衣物、马匹,捆拷

---

①中国第一历史档案馆藏:《朱批原件》,档案编号:04—01—01—0966—046。
②中国第一历史档案馆藏:《军机录副》,档案编号:03—7255—026。

事主，拒伤官兵，并热罕木都拉、和加热亥、买提也亦木、下托乎大四犯两次轮奸妇女。经和阗州知州潘效苏会营拿获，起出各赃，传主认领，讯供通详。臣查盗犯并轮奸之热罕木都拉等四犯，罪大恶极，批饬斩枭。托和大阿洪一犯即按强盗得财，批饬斩决。均即就地正法。从犯哈生木讯系被胁服役，那买提事后分赃，亦分别系杆枷号发落。

一件：盗犯王受堂、李占胜、刘玉廷、王金玉、李保林、蒋庆林，听从在逃李东升起意，行窃事主家财物。事主惊喊，李东升、王受堂、李占胜、刘玉廷、王金玉开放洋炮，打伤事主胁下，追问银两，搜劫赃物。经署精河粮员奎光会营勘验，获犯通报，批饬解省审办，由镇迪道兼按察使衔恩纶督同迪化府发审局委员等，讯供具详。臣查王受堂等均系游勇，胆敢执持洋炮，打伤事主，入室搜赃，实属凶暴昭著。王受堂、李占胜、刘玉廷、王金玉均系强盗得财，拟斩立决，就地正法。李保林供系被胁，是否狡避，暂行监禁。勒拿逃犯李东升，务获质审究办。蒋庆林听从行窃，不知强情，计赃科罪，拟杖七十，折责刺字，完案。

一件：斩犯个大喇嘛听从在逃之阿尤石起意，纠约现获之彩登、夯个斗儿、普里巴，偷盗官马五十四匹。经济木萨营参将恒祥、县丞邓甲瑛先后获犯，解阜康县审办。因未定案，暂交差役看管，个大喇嘛起意，纠约彩登，挖墙潜逃，乘夜越城。该县即派捕役、乡约，跟踪严缉，追至黄山口。个大喇嘛、彩登起意拒捕，差役沈有才被石掷伤，负痛倒地，震动随带防狼洋枪，致将彩登轰毙。个大喇嘛势孤被获。署阜康县知县王廷赞验讯通详。臣查蒙古偷盗马匹，定例綦严。此案个大喇嘛、彩登偷盗官马至五十四匹之多，复敢越城潜逃，拒伤捕役，实属憨不畏法。除彩登业经格杀毋庸再议外，个大喇嘛一犯，按例拟斩，就地正法，以昭炯戒。从犯夯个斗儿、普里巴听从偷盗官马数在三十匹以上，例应拟绞入缓，遵照部章，绞罪减流，南北互调。惟该犯夯个斗儿等系属蒙古，不谙耕作，量为变通，改为监禁三年，满日再系铁杆三年，重责递籍管束。逃犯阿尤石获日另结。

一件：盗犯巴思提纠约以思麻引、哎然木、索皮牙思、阿拉尔，行窃客民贺明玉家银两，被事主惊醒起捕，巴思提临时行强，将事主压倒，不令转动。以思麻引赶进房中，吓禁事主妇人，劫出银箱，并哎然木不知强情，事后分赃。经署吐鲁番厅同知龙魁勘验，获犯讯供，拟由镇迪道兼按察使衔恩纶，复核转详前来。臣查巴思提、以思麻引临时行强，得赃逾贯，应照强盗得财拟斩，批饬就地正法。哎然木等三犯听从行窃，不知强情，按例计赃科罪，应与满贯赃首犯绞罪上减一等，拟杖一百、流三千里。该犯等讯系初犯，遵照部章，南北互调，发往南路玛喇巴什厅，拨地耕种。起获原赃银六百三十二两，已给事主认领，完案。

一件：逃勇殷厚齐潜匿库车境内，私种罂粟，被署库车厅同知李时熙查出，饬令拔出罂粟。该犯挟仇谋杀，辄执木扁担，殴伤李时熙脑后重伤，并用小刀戳伤差役朱元项颈等处。经署库车厅同知李时熙禀报，臣恐另有别情，批据阿克苏道黄光达亲提审明，录供通详。臣查部民谋杀官长，大干法纪。该犯殷厚齐系属逃勇，本应按军法从事，批饬就地正法，以昭炯戒。

一件：凶犯克奇克图财害命，谋杀白合提及其五岁幼子思马一身死，并殴伤白合提之妻枣拉贝贝平复一案。据署疏勒县知县张介祺获犯验讯，解疏勒州知州黄丙焜审，解喀什噶尔道袁垚龄亲提讯明，咨镇迪道兼按察使衔恩纶核转。臣查克图克图财逞忿，谋杀一家二死一伤，实属凶残已极。批饬斩决枭示，就地正法，并酌断财产一半给被杀之家养赡，完案。

秋季分：

一件：逆犯开里木胡里因悄牵驼只被其祖父木沙和加查知出阻，该犯用棒迭殴祖父木沙和加头面等处，越日身死，并棍伤继祖母哈赤里玛平复。经喀什噶尔道袁垚龄访闻获犯，供认不讳。禀报前来。禀称该处系在卡外，布回游牧为生，距喀什噶尔城十余站。臣查以孙杀祖，罪不容诛，即批凌迟处死，传首犯事地方，悬竿示众，俾卡外部落咸知儆惕。

一件：盗犯沙地克纠同尼牙子等行窃，因事主黄鹤鸣尚未就寝，沙地克临时行强，棍伤事主囟门倒地。尼牙子虑恐声张，随用皮条勒住事主咽喉，登时殒命，搜取银两一案。据署于阗县知县娄绍豫获犯验讯，解和阗州知州潘效苏审，解喀什噶尔道袁垚龄亲提讯明，咨镇迪道兼按察使衔恩纶核转。臣查沙地克、尼牙子强盗杀人，法无可贷，批饬斩决枭示，就地正法，以昭炯戒。从犯苏旦不知强情，计赃科罪，拟杖九十，折责刺字发落。

一件：抢犯哈生木路遇缠妇克南木比比，起意强夺为妻。克南木比比被逼勉从。该犯复纠约已获之买卖提、买卖铁里、在逃之肉则土兰夏，抢夺过客艾买提艾牙思财物。哈生木、肉则土兰夏持棍打伤事主下马，用绳捆缚。买卖提、买卖铁里在场，并未动手，仅只伙抢银钱、衣物、马匹。据署玛喇巴什厅通判夏毓衡勘验获犯，招解喀什噶尔道袁垚龄审明，咨镇迪道兼按察使衔恩纶复核转详。臣查哈生木强夺妇女,并敢纠抢伤人得财,实属罪不容诛,按照强盗得财,拟斩立决,就地正法。买卖提、买卖铁里听从抢夺,仅只在场伙抢赃物,照例发遣新疆,给官兵为奴。该犯等讯系初犯,遵照部章,南北互调,发往北路迪化县。惟系发遣为奴,情罪较重,酌量变通,到配系带铁杆石礅二年,再行拨地,责令屯垦,庶与寻常军流人犯有所区别。肉则土兰夏缉获另结。

冬季分:

一件:抢犯于素普纠约铁木耳、帕夏胡里行窃,在路等候,因见事主的罕巴依骑马路过,临时起意抢夺,扑拢夺拉口袋,致将事主绊跌马下。事主的罕巴依用棍向于素普殴打,于素普夺棍拒伤事主的罕巴依,登时殒命。据署疏勒州知州黄丙焜获犯验讯,招解喀什噶尔道袁尧龄亲提讯明,咨镇迪道兼按察使衔恩纶核转。臣查于素普抢夺杀人,罪无可逭,批饬斩决,就地正法。铁木耳、帕夏胡里听从为从,未经帮殴,均照例拟军,部章南北调发,责令屯垦。惟该犯铁木耳等向系游荡度日,不谙耕作,酌量变通,改为监禁三年,满日再带铁杆石礅二年,如知悛改,重责发落。

(朱批):览。①

031. 查明游击杨德发底衔错误请饬更正片

光绪十四年三月初九日(1888年4月19日)

再,花翎补用游击杨德发,于新疆南北一举荡平案内由蓝翎补用千总请保免补千总、守备,以都司补用,并换戴花翎,奉旨允准在案。兹据该员禀称:汇保都司时将"德发"缮作"得法",实系笔误。禀请附奏更正前来。

臣复核无异。合无仰恳天恩俯准,将新疆南北两路一举荡平案内准保花翎都司之杨得发改为杨德发,饬部更正,以免歧异,出自鸿施。

除咨部外,谨附片具陈,伏乞圣鉴训示。谨奏。

(朱批):兵部知道。②

---

①中国第一历史档案馆藏:《清单》,档案编号:03—7256—063。
②中国第一历史档案馆藏:《朱批原件》,档案编号:04—01—16—0225—073。

光绪十四年四月十一日,奉朱批:兵部知道。钦此。①

032. 查明副将张清和底衔错误请饬更正片

光绪十四年三月初九日（1888 年 4 月 19 日）

再,记名提督署玛纳斯协副将张清和,咸丰年间由武童投效军营,历保今职。前据该提督造赍出身履历清册,经臣咨送兵部。嗣准部咨:该员于随剿大股发逆肃清皖境案内,由蓝翎外委保免补把总,以千总尽先补用。又随征陕西援剿回逆、鄜州、洛川等处迭次获胜案内,由花翎游击保以参将,仍留原省尽先补用。检查原保、原咨各案,均无其名,应令查明声复,再行核办等因。当即饬行查复去后。旋据禀称:肃清皖境案内经前安徽抚臣乔松年以该员随队打仗,屡带重伤,先行发给拟保千总行知,因戎马仓皇,随军征剿他省,即以千总底衔累保提督。兹奉部查,始悉前所保千总漏未列奖。至参将一阶,查前陕甘督臣左宗棠原保底案,实有其名。请将漏保尽先拔补千总在于以后各案逐层递减,禀请奏咨更正前来。

臣查张清和束发从戎,身经百战,洵属异常出力,合无仰恳天恩俯准,将该员于克复漳州等处城池肃清全闽案内原保换戴花翎尽先补用守备,改由蓝翎拔补外委,请免补把总,以千总尽先拔补;克复广东镇平、嘉应、塔子屿歼除首逆收复州城、发逆全股荡平案内原保留闽尽先补用游击,改由蓝翎尽先拔补千总,请以守备尽先补用,并换戴花翎;随征陕西、援剿回逆鄜州、洛川等处获胜案内原保留闽尽先补用参将,改由花翎尽先补用守备,请免补都司,以游击仍留原省尽先补用;陕西全境肃清案内原保挚勇巴图鲁留闽补用副将,改由留闽尽先补用游击,请以参将仍留原省尽先补用,并仍给挚勇巴图鲁名号;克复巴燕戎格、擒获叛逆、剿灭河州窜贼、戡定各境肃清案内原保留闽补用总兵,改为留闽尽先补用参将,请以副将仍留原省尽先补用;关陇肃清案内原保提督衔,改由留闽尽先补用副将,请以总兵仍留原省补用;新疆南北荡平案内原保改留甘肃补用总兵,改由留闽补用总兵,请加提督衔;五次剿平边寇案内原保正一品封典,改由提督衔留闽补用总兵,请以总兵改留甘肃尽先补用;六载边防案内原保记名提督并换阿克丹

①中国第一历史档案馆藏:《军机录副》,档案编号:03—5855—087。

巴图鲁,改由留甘尽先补用总兵,请给正一品封典,并仍给阿克丹巴图鲁名号。饬部逐层递减,更正注册,以昭核实,出自逾格鸿施。

除咨部外,谨附片具陈,伏乞圣鉴训示。谨奏。

(朱批):兵部议奏。①

光绪十四年四月二十一日,奉朱批:兵部议奏。钦此。②

【案】此片原件未署具奏者,具奏日期仅署"光绪十四年三月",兹据录副、《军机处随手登记档》③及内容判定、校正。

033. 奏报光绪十三年春夏防营官兵及台局数目折

光绪十四年三月十六日(1888年4月26日)

尚书衔降一级留任甘肃新疆巡抚二等男臣刘锦棠跪奏,为新疆防营员弁勇丁及各台局自光绪十三年正月初一日起至六月底止实在数目,分别缮具清单,奏明立案,恭折仰祈圣鉴事。

窃臣所部马步诸军截至光绪十二年十二月底止,共存马步六十三营旗、开花炮队三哨、小马队五哨及各台局实在数目,前经遵照部议分别奏咨在案。

兹据新疆粮台司道详称:十三年五、六等月,新募安远中营坐粮步队一营,挑募定远四旗、五旗、六旗并董字中左两旗、守化一旗坐粮马队共六旗,定远左营坐粮步队一营,右旗坐粮步队一旗。于闰四月并五月内,裁减绥定营行粮马队一营、董字中旗行粮马队一旗、定远左营行粮步队一营、右旗行粮步队一旗。通截至十三年六月底止,共存马步六十八营旗、开花炮队三哨、小马队五哨,共计额设弁勇二万六百九十一员名,额设营旗哨官三十二员名,营书二十三名,巡查十一员,额外营哨官九十二员,额外伙夫、公私长夫、马夫八千一百一十五名。其各台局均无增减。分晰缮具清单,详请奏咨前来。

臣复核无异。所有新疆各营局自光绪十三年正月初一日起至六月底

①中国第一历史档案馆藏:《朱批原件》,档案编号:04—01—16—0225—095。
②中国第一历史档案馆藏:《军机录副》,档案编号:03—5855—099。
③中国第一历史档案馆藏:《军机处随手登记档》,档案编号:03—0257—2—1214—104。

止实在数目,除咨部外,理合缮具清单,恭呈御览。伏乞皇太后、皇上圣鉴,饬部立案施行。谨奏。光绪十四年三月十六日。

(朱批):该部知道,单二件并发。钦此。①

光绪十四年四月十八日,奉朱批:该部知道,单二件并发。钦此。②

034. 呈光绪十三年春夏防营官兵等数目清单

光绪十四年三月十六日(1888年4月26日)

谨将新疆驻防楚湘蜀诸军马步各营旗员弁勇丁、夫马、炮车数目,自光绪十三年正月初一日起至六月底止,缮具四柱清单,恭呈御览。

旧管:

光绪十二年十二月底止,实存行粮步队十一营十五旗,坐粮步队三旗,土勇步队九旗,行粮马队六营八旗,坐粮马队十旗,土勇马队一旗。总共存马步六十三营旗,开花炮队三哨,小马队五哨。

共计旧存额设弁勇一万九千八百八十三员名,旧存额外营哨官一百员,旧存额外伙夫四百五十三名,旧存额外公长夫、马夫、私夫七千七百六十六名,旧存额马四千一百七十匹,旧存炮车十八辆、车骡四十八头。

新收:

光绪十三年五月初一日起,新募安边中营坐粮步队一营,照章新添额设营哨官五员,新添额设营书四名,新添额设巡查二名,新添额设弁勇四百八十七员名,新添额外私夫二十八名。

光绪十三年五月初一日起,挑募定边四旗、五旗、六旗坐粮马队三旗,照章新添额设旗哨官九员,新添额设营书六名,新添额设巡查三员,新添额设弁勇三百六十员名,新添额外伙夫四十二名,新添额外马夫、私夫二百三十七名,新添额马三百八十四匹。

光绪十三年六月初一日起,挑募董字中、左两旗、守化一旗坐粮马队三旗,照章新添额设旗哨官九员,新添额设营书六名,新添额设巡查三员,新添额设弁勇三百六十员名,新添额外伙夫四十二名,新添额外马夫、私夫二

---

① 中国第一历史档案馆藏:《朱批原件》,档案编号:04—01—16—0225—059。
② 中国第一历史档案馆藏:《军机录副》,档案编号:03—6024—028。

百三十七名。

光绪十三年六月初一日起,挑募定远左营坐粮步队一营、右旗步队一旗,照章新添额设营旗哨官九员,新添额设营书七名,新添额设巡查三员,新添额设弁勇八百四十六员名,新添额外私夫四十四名。

开除:

光绪十三年闰四月底止,裁减绥定营行粮马队一营,计裁减额设官弁勇丁二百五十员名,裁减额外伙夫二十七名,裁减额外马夫、私夫二百六十一名,裁减额马二百五十二匹。

光绪十三年五月底止,裁减董字中旗行粮马队一旗,计裁减额设官弁勇丁一百二十五员名,裁减额外伙夫四十名,裁减额外马夫、私夫一百二十八名,裁减额马一百二十七匹。

光绪十三年五月底止,裁减定远左营行粮步队一营、右旗步队一旗,共计裁减额外官弁勇丁八百七十员名,裁减额外营哨官八员,裁减额外公长夫三百四名。

实在:

光绪十三年六月底止,实存行粮步队十营十四旗、坐粮步队二营四旗、土勇步队九旗、行粮马队五营七旗、坐粮马队十六旗、土勇马队一旗,总共存马步六十八营旗、开花炮队三哨、小马队五哨。

共计实存额设营旗哨官三十二员,实存额设营书二十三名,实存额设巡查十一员,实存额设弁勇二万六百九十一员名,实存额外营哨官九十二员,实存额外伙夫四百九十六名,实存额外公长夫、马夫、私夫七千六百一十九名,实存额马四千五百五十九匹,实存炮车十八辆、车骡四十八头。

(朱批):览。①

035. 呈各台局义学光绪十三年上半年清单

光绪十四年三月十六日(1888年4月26日)

谨将新疆各台局暨义学数目自光绪十三年正月初一日起截至六月底止,缮具四柱清单,恭呈御览。

---

①中国第一历史档案馆藏:《清单》,档案编号:03—6024—029。

旧管：

光绪十二年十二月底止，实存新疆粮台，省城军装总局，省城及巴里坤、吐鲁番三采运局，哈密粮运局，哈密军装局，古城屯采局，省城柴草局。

哈密新城、吐鲁番新城、喀喇沙尔、库车、阿克苏、乌什、英吉沙尔、喀什噶尔汉城、叶尔羌、和阗、古城、迪化、绥来等处十三保甲局。

哈密、巴里坤、昌吉、吐鲁番、喀喇沙尔、库车、阿克苏、乌什、喀什噶尔、英吉沙尔、玛喇巴什、叶尔羌、和阗等处十三牛痘局。

哈密义学五堂，吐鲁番义学六堂，喀库义学四堂，库车义学五堂，阿克苏义学五堂，乌什义学三堂，喀什噶尔义学五堂，玛喇巴什义学三堂，英吉沙尔义学三堂，叶尔羌义学七堂，和阗义学四堂，巴里坤义学四堂，奇台义学四堂，济木萨义学三堂，阜康义学二堂，迪化州义学六堂，昌吉义学二堂，绥来义学四堂，呼图壁义学二堂，共计义学七十七堂。

新收：无项。

开除：无项。

实在：光绪十三年六月底止，实存新疆粮台，省城军装总局，省城及巴里坤、吐鲁番三采运局，省城柴草局，哈密粮运局，哈密军装局，古城屯采局。

哈密新城、吐鲁番新城、喀喇沙尔、库车、阿克苏、乌什、英吉沙尔、喀什噶尔汉城、叶尔羌、和阗、古城、迪化、绥来等处十三保甲局。

哈密、巴里坤、昌吉、吐鲁番、喀喇沙尔、库车、阿克苏、乌什、喀什噶尔、英吉沙尔、玛喇巴什、叶尔羌、和阗等处十三牛痘局。

哈密义学五堂，吐鲁番义学六堂，喀库义学四堂，库车义学五堂，阿克苏义学五堂，乌什义学三堂，喀什噶尔义学五堂，玛喇巴什义学三堂，英吉沙尔义学三堂，叶尔羌义学七堂，和阗义学四堂，巴里坤义学四堂，奇台义学四堂，济木萨义学三堂，阜康义学二堂，迪化州义学六堂，昌吉义学二堂，绥来义学四堂，呼图壁义学二堂，共计义学七十七堂。

（朱批）：览。①

【案】此清单未署具呈者，具呈日期仅署"光绪十四年"，兹据内容及《军机处随手登记档》②判定其为03—6024—028号折附件。

---

①中国第一历史档案馆藏：《清单》，档案编号：03—5704—038。
②中国第一历史档案馆藏：《军机处随手登记档》，档案编号：03—0257—2—1214—101。

036. 查明提督谭正南底衔错误请饬更正片

光绪十四年三月十六日（1888年4月26日）

再，记名提督资勇巴图鲁谭正南，于五次剿平边寇案内以记名总兵请保记名提督，均经奉旨允准、钦遵行知在案。兹据禀称：该员于攻克达阪城、托克逊并克复吐鲁番各城案内，系由副将衔尽先补用参将得保免补参将，以副将尽先补用，并加总兵衔。嗣于五次剿平边寇案内，将底衔误开记名总兵，请给勇号，禀请附奏递减前来。

臣复核无异。合无仰恳天恩俯准，将五次剿平边寇案内请保资勇巴图鲁之记名总兵谭正南，改为由总兵衔尽先补用副将准保免补副将，以总兵交军机处记名，遇有总兵缺出，请旨简放；六载边防案内请保之记名提督，改为由记名总兵赏给资勇巴图鲁勇号，饬部更正注册，以实官阶之处，出自鸿慈。

除咨部外，谨附片具陈，伏乞圣鉴训示。谨奏。

（朱批）：兵部知道。①

光绪十四年四月十八日，奉朱批：兵部知道。钦此。②

037. 审拟和阗州民胡完争殴毙命一案折

光绪十四年三月十九日（1888年4月29日）

尚书衔降一级留任甘肃新疆巡抚二等男臣刘锦棠跪奏，为索欠争殴，适伤毙命，核明定拟，恭折仰祈圣鉴事。

窃和阗州缠民胡完因被索讨欠租，口角争殴，戳伤艾则子身死一案，据署和阗直隶州知州潘效苏验讯议拟，解由调署喀什噶尔道袁尧龄审明加看，咨镇迪道兼按察使衔恩纶核转前来。

臣复加查核，缘胡完籍隶和阗州，与已死艾则子同庄居住，素好无嫌。光绪十三年二月间，艾则子租给胡完地亩，栽种西瓜，议定每年纳租粮九石，陆续付过租粮小麦二石八斗。八月初一日早，胡完在地守瓜。艾则子

---

① 中国第一历史档案馆藏：《朱批原件》，档案编号：04—01—16—0225—060。
② 中国第一历史档案馆藏：《军机录副》，档案编号：03—5855—098。

前往索取欠租,胡完答俟西瓜售完,再行归楚。艾则子不依斥骂,胡完回詈。艾则子随用左手揪住胡完胡须,向前拖走。胡完负痛,顺用右手将切瓜小刀吓戳,致伤艾则子左臂膊,艾则子仍不松手,并举右手拳殴,伤及胡完胸膛。胡完情急用刀格戳,适伤艾则子咽喉左,松手倒地。经邻人以敏赶拢喝阻,告知尸亲往看,讵艾则子因伤殒命。投约报验,获犯录供通详,批饬议拟,解道复审,咨兼臬司核转,臣复核无异。

查律载:斗殴杀人者,不问手足、他物、金刃,并绞监候等语。此案胡完因艾则子索讨欠租,口角争殴,戳伤艾则子身死,自应按律问拟。胡完合依斗殴杀人者不问手足、他物、金刃并绞律,拟绞监候,秋后处决。艾则子拳殴胡完成伤,罪有应得,业已被戳身死,应与救阻不及之以敏均免置议。胡完欠租照追给领,无干省释。尸棺饬埋,凶刀案结销毁。

是否允协?除全案供招咨送刑部外,合将索欠争殴、适伤毙命、核明定拟缘由,恭折具奏,伏乞皇太后、皇上圣鉴,饬部核复施行。谨奏。光绪十四年三月十九日。

(朱批):刑部议奏。①

光绪十四年四月二十一日,奉朱批:刑部议奏。钦此。②

038. 审拟莎车州民托古大斗殴毙命一案折
光绪十四年三月十九日(1888年4月29日)

尚书衔降一级留任甘肃新疆巡抚二等男臣刘锦棠跪奏,为斗殴毙命,核明定拟,恭折具陈,仰祈圣鉴事。

窃莎车州缠民托古大因放渠水口角争殴、刀伤土的身死一案,据莎车州知州刘嘉德验讯议拟,解由喀什噶尔道袁尧龄审明,咨镇迪道兼按察使衔恩纶核转前来。

臣复加查核,缘托古大籍隶莎车州,与已死土的同在托和大阿洪家佣工,素好无嫌。光绪十三年闰四月初七日,托古大挖开渠口,放水灌地,随即回家。土的因磨需水推转,乘托古大归家,私将渠口堵塞。挨晚时,托古

①中国第一历史档案馆藏:《朱批原件》,档案编号:04—01—26—0077—033。
②中国第一历史档案馆藏:《军机录副》,档案编号:03—7255—036。

大巡看地亩，水尚未到，查系土的闭塞，前往理论，互相争闹。土的骤将托古大推倒扑压，举手向殴。托古大混骂，土的顺拾土块，填塞其口。托古大气忿，右手抽出身带小刀，反向土的头上吓戳，适伤脑后、右耳根，土的仍用头向碰。托古大情急，复用刀戳伤土的左胁，松手倒地。当经托和尼牙斯喝住，并同知尸妻，医治罔效，移时殒命。随即投保报州验讯，详批审拟解道，咨兼臬司核转到臣，复核无异。

查律载：斗殴杀人者，不问手足、他物、金刃，并绞监候等语。此案托古大因放渠水口角争殴，刀伤土的左胁等处身死，自应按律问拟。托古大合依斗殴杀人者不问手足、他物、金刃并绞律，拟绞监候，秋后处决。托和尼牙斯阻救不及，免其置议。无干省释。尸饬领埋，凶刀案结销毁。

是否允协？除全案供招咨送刑部外，合将斗殴毙命、核明定拟缘由，恭折具奏，伏乞皇太后、皇上圣鉴，饬部核议施行。谨奏。光绪十四年三月十九日。

（朱批）：刑部议奏。①

光绪十四年四月二十一日，奉朱批：刑部议奏。钦此。②

039. 修建南路衙署并拟修通省武官营署折
光绪十四年三月二十八日（1888年5月8日）

尚书衔降一级留任甘肃新疆巡抚二等男臣刘锦棠跪奏，为南路提镇各衙署现拟分别修建，并拟陆续筹修通省副、参、游、都、守等官营署，请旨饬部立案，恭折仰祈圣鉴事。

窃南路新设道厅州县等官，臣前奏请兴修城工十三起、衙署十五起，所有已竣各工曾于上年恭折奏明，并饬赶造销册在案。惟查喀什噶尔提督、阿克苏总兵，均职在守边，责任綦重。而设标既定，衙署未修，恐外无以观示远人，内无以缉绥众志，当经咨行估办去后。兹据会勘估报：喀什噶尔地处极边，一切工料均较他处为贵。木料虽派勇砍伐，用费略省，而深山穷谷

---

①中国第一历史档案馆藏：《朱批原件》，档案编号：04—01—26—0077—032。
②中国第一历史档案馆藏：《军机录副》，档案编号：03—7255—035。

之中,车路不通,实难搬运。及昇至平地,雇车转运,尚离城二三百里或四五百里不等,运脚极多。通盘估计,共需银二万二千四百余两,需粮九万六百余斤。阿克苏应修镇署,查该处道署,尚为宽敞。现拟将道署改作镇署,州署改作道署,另修温宿州署,以资节省。镇署计原用银一万三千二百余两,道署计原用银八千九百余两,食粮在外。新修州署并吏目衙署以及监狱,计需银五千六百余两,需粮六万六千六百余斤。据藩司魏光焘详请具奏前来。

臣查所估各工,均尚核实,分饬赶紧兴修,工竣造册具报。至通省抚提镇各标,虽参用勇营章程,仍居营垒,然既各有官守,亦须略具规模。际此时艰,未便率请拨款。现拟各营所需兵房及哨长巡查应需公廨,诸从简朴,均令自行修造,派勇赴工。其副、参、游、都、守等官,或带步队一营,或带马队一旗,概令于营中盖造营署一所,取足办公,不求美备。惟需用匠工、木料等项,需费颇巨,应由臣另行筹款。各营副将及抚标中军,拟各给银二千两,参将、游击拟各给银一千二百两,都司、守备拟各给银八百两,略资津贴,邀免造报。如此变通办理,庶饷力既纾,而办公亦便。

是否有当?谨会同陕甘总督臣谭钟麟,恭折具奏,伏乞皇太后、皇上圣鉴训示,饬部立案施行。谨奏。光绪十四年三月二十八日。

(朱批):该部知道。①

光绪十四年四月二十八日,奉朱批:该部知道。钦此。②

040. 估修迪化府及经历衙署监狱银数片
光绪十四年三月二十八日(1888年5月8日)

再,新疆省城及抚藩衙署各工次第告竣,上年曾经奏明在案。惟迪化向系州治,自设行省改升为府,并添迪化县为附府首县,其旧有州署业经改为县署,府署暨经历衙署、监狱,均须另建,当经行司转饬迪化府知府,会同省城工程局委员勘估去后。兹据藩司魏光焘详称:照依例制,切实估计,共需工料银九千二百余两,委属极力核减,恳请兴修等情前来。

---

①中国第一历史档案馆藏:《朱批原件》,档案编号:04—01—20—0019—056。又《奏稿》第1821—1824页。
②中国第一历史档案馆藏:《军机录副》,档案编号:03—7156—048。

臣查核属实，除饬一面兴修，工竣造册请销外，谨会同陕甘总督臣谭钟麟，附片具陈，伏乞圣鉴，饬部立案。谨奏。

（朱批）：该部知道。①

光绪十四年四月二十八日，奉朱批：该部知道。钦此。②

041. 奏报光绪十三年十二月雨水粮价折

光绪十四年四月初三日（1888年5月13日）

尚书衔降一级留任甘肃新疆巡抚二等男臣刘锦棠跪奏，为恭报光绪十三年十二月分粮价并得雪情形，谨缮折具陈，仰祈圣鉴事。

窃照光绪十三年十一月分各厅州县粮价并得雪情形，业经臣奏报在案。兹查十二月分北路迪化及库尔喀喇乌苏微雪，昌吉、阜康、奇台、绥来得雪积地寸许及二三寸有余，余与南路均未得雪。

至通省粮价，镇西、哈密、吐鲁番、库尔喀喇乌苏、喀喇沙尔、玛喇巴什、疏勒、迪化、昌吉、阜康、疏附等厅州县，俱与上月相同，余均略有增减。据藩司魏光焘汇详请奏前来。

理合恭折具陈，并缮粮价清单，敬呈御览。伏乞皇太后、皇上圣鉴。谨奏。光绪十四年四月初三日。

（朱批）：知道了。③

光绪十四年五月初三日，奉朱批：知道了。钦此。④

042. 呈新疆光绪十三年十二月粮价清单

光绪十四年四月初六日（1888年5月13日）

谨将新疆各属光绪十三年十二月分米粮时估价值缮具清单，恭呈御览。计开

---

① 中国第一历史档案馆藏：《朱批原件》，档案编号：04—01—37—0131—004。又《奏稿》第1825—1826页。
② 中国第一历史档案馆藏：《军机录副》，档案编号：03—7156—049。
③ 中国第一历史档案馆藏：《朱批原件》，档案编号：04—01—24—0161—083。
④ 中国第一历史档案馆藏：《军机录副》，档案编号：03—9960—005。

十二月分：

镇迪道属

迪化县：大米每京石价银三两八钱五厘，小麦每京石价银一两五钱二分一厘，莞豆每京石价银一两六钱二分，青稞每京石价银一两二钱七分。俱与上月相同。

昌吉县：大米每京石价银二两五钱二分，小麦每京石价银一两一钱八分，莞豆每京石价银一两二钱一厘，青稞每京石价银八钱七分五厘。俱与上月相同。

阜康县：粟米每京石价银一两二钱七分三厘，莞豆每京石价银一两三钱八分，小麦每京石价银一两三钱八分，高粱每京石价银六钱七分二厘。俱与上月相同。

绥来县：大米每京石价银二两三钱九分七厘，小麦每京石价银九钱一分九厘，俱与上月相同。莞豆每京石价银一两八分，较上月增八分二厘。高粱每京石价银七钱八分，较上月增七分六厘。

奇台县：大米每京石价银二两九钱三分四厘，与上月相同。小麦每京石价银一两九分六厘，较上月增七分。莞豆每京石价银九钱六分六厘，较上月减三分五厘。

镇西直隶厅：小麦每京石价银一两七钱六分，莞豆每京石价银一两七钱二分，青稞每京石价银一两一钱二分。俱与上月相同。

哈密厅：粟米每京石价银一两七钱二分八厘，小麦每京石价银一两三钱八分，莞豆每京石价银一两七钱二分八厘，青稞每京石价银一两二厘。俱与上月相同。

吐鲁番厅：小麦每京石价银一两二钱六分八厘，黄豆每京石价银一两四钱九分三厘，大麦每京石价银五钱六分，高粱每京石价银五钱五分九厘。俱与上月相同。

库尔喀喇乌苏厅：小麦每京石价银一两二钱七厘，莞豆每京石价银一两四钱四厘，高粱每京石价银九钱四分九厘。俱与上月相同。

阿克苏道属

温宿直隶州：大米每京石价银二两五钱八分四厘，较上月增七钱八分四厘。小麦每京石价银一两五钱一分八厘，较上月增二钱七分六厘。大麦每京石价银九钱六分，较上月增二钱七分二厘。包谷每京石价银一两八分八厘,较上月增二钱七分二厘。

拜城县:小麦每京石价银一两一钱九分,较上月减一钱七分。大麦每京石价银六钱九分,较上月增四分。莞豆每京石价银六钱九分,与上月相同。包谷每京石价银一两三分,较上月减九分。

喀喇沙尔直隶厅:大米每京石价银二两八钱一分二厘,小麦每京石价银一两一钱四厘,莞豆每京石价银一两一钱五分二厘,包谷每京石价银九钱六分。俱与上月相同。

库车直隶厅:大米每京石价银二两三钱七分,与上月相同。小麦每京石价银一两一钱二分,较上月增三分。莞豆每京石价银五钱九分二厘,包谷每京石价银六钱四分,俱与上月相同。

乌什直隶厅:大米每京石价银二两六钱八分二厘,小麦每京石价银九钱二分四厘,大麦每京石价银四钱二分八厘,俱与上月相同。包谷每京石价银七钱八分二厘,较上月减四厘。

喀什噶尔道属

疏勒直隶州:大米每京石价银三两一钱五分,小麦每京石价银一两六钱五分六厘,包谷每京石价银一两一钱五分二厘,高粱每京石价银一两三分五厘。俱与上月相同。

疏附县:大米每京石价银三两,小麦每京石价银一两五钱一分八厘,包谷每京石价银一两七分二厘,高粱每京石价银九钱二分。俱与上月相同。

莎车直隶州:大米每京石价银一两七钱七分六厘,较上月增一钱四分八厘。小麦每京石价银六钱二分一厘,大麦每京石价银四钱,包谷每京石价银四钱二分二厘,俱与上月相同。

叶城县:大米每京石价银二两六钱一分,较上月增一钱四分五厘。小麦每京石价银五钱,较上月减五分。包谷每京石价银二钱八分,较上月减三分二厘。青稞每京石价银三钱七分五厘,较上月减二分五厘。

和阗直隶州:大米每京石价银一两六钱八分,与上月相同。小麦每京石价银八钱五分,较上月减四分二厘。青稞每京石价银三钱三厘,包谷每京石价银四钱九厘,俱与上月相同。

于阗县:大米每京石价银二两七钱六分,与上月相同。小麦每京石价银八钱六厘,较上月增二厘。包谷每京石价银六钱四分,与上月相同。

玛喇巴什厅：大米每京石价银三两四钱，小麦每京石价银九钱六分六厘，包谷每京石价银八钱九分六厘，与上月相同。

英吉沙尔厅：大米每京石价银三两四分，较上月增四钱五分六厘。小麦每京石价银八钱九分，包谷每京石价银六钱四分，俱与上月相同。大麦每京石价银五钱，较上月减七分。

（朱批）：览。①

043. 审拟吐鲁番客民朱元斗殴毙命一案折

光绪十四年四月初三日（1888年5月13日）

尚书衔降一级留任甘肃新疆巡抚二等男臣刘锦棠跪奏，为斗殴毙命，核明定拟，恭折具陈，仰祈圣鉴事。

窃吐鲁番厅客民朱元口角起衅，石伤钟景有身死一案，据署吐鲁番厅同知龙魁验讯议拟，详由镇迪道兼按察使衔恩纶核转前来。

臣复加查核，缘朱元籍隶肃州，向在关外赶车度日，与已死钟景有素识无嫌。光绪十三年二月，钟景有身患毒疮，举动维艰，央朱元在家照料，因系素好，未议工价。钟景有疮疾渐次痊可。复于八月二十日夜，钟景有肚腹微痛，商令朱元代烧洋烟，钟景有未曾吸好，斥骂朱元无用。朱元不服回骂。钟景有随拿播烟灰石椎，向朱元掷打。朱元闪开，钟景有起身扑殴。朱元即拾石椎殴钟景有左手背。钟景有将朱元揿按，朱元将身挣起，钟景有侧身扑压。朱元情急，复用石椎向钟景有吓殴，不料适伤钟景有右胁，延至黎明身死。朱元告知邻右吴忠有等，投约报验。该犯自首到厅，录供通详，批饬议拟，由兼臬司核转，臣复核无异。

查律载：斗殴杀人者，不问手足、他物、金刃，并绞监候。又例载：共生共食，彼此平等相称，不为使唤服役，素无主仆名分者，如有殴伤，各依凡人科断各等语。此案朱元因照料并无主仆名分，一时口角起衅，石伤钟景有右胁，移时殒命，应以凡人科断。虽据自首，无因可免。朱元合依斗殴杀人者不问手足、他物、金刃并绞律，拟绞监候，秋后处决。无干省释。尸饬领埋，凶器案结销毁。

①中国第一历史档案馆藏：《清单》，档案编号：03—9960—006。

是否允协？除全案供招咨送刑部外，合将斗殴毙命、核明定拟缘由，恭折具奏，伏乞皇太后、皇上圣鉴，饬部核复施行。谨奏。光绪十四年四月初三日。

（朱批）：刑部议奏。①

光绪十四年五月初三日，奉朱批：刑部议奏。钦此。②

044. 审拟缠民托胡大阿生木斗殴毙命一案折

光绪十四年四月初三日（1888年5月13日）

尚书衔降一级留任甘肃新疆巡抚二等男臣刘锦棠跪奏，为斗殴毙命，核明定拟，恭折具陈，仰祈圣鉴事。

窃温宿州缠民托胡大阿生木因水争殴，踢伤瓦倚思之母沙月比必身死一案，据温宿州知州陈名钰验讯议拟，解由阿克苏道黄光达审明，咨镇迪道兼按察使衔恩纶核转前来。

臣复加查核，缘托胡大阿生木籍隶温宿州，与已死沙月比必及其子瓦倚思同庄居住，素无嫌怨。光绪十三年九月十六日，托胡大阿生木往渠放水，适值渠口已开，查系瓦倚思灌溉地亩。托胡大阿生木乘瓦倚思归家，将渠水堵入己地。旋被瓦倚思瞥见不依，前往理论，互相争闹。瓦倚思拳伤托胡大阿生木左膀，彼此揪扭。瓦倚思之母沙月比必赶拢拉劝，托胡大阿生木疑其帮护，用脚拦开，适踢沙月比必左胁倒地。当经苦鲁板沙多克喝住。讵沙月比必医治罔效，随即身死。投约报州，验讯通详，批饬审拟解道，咨兼臬司核转前来。臣复核无异。

查律载：斗殴杀人者，不问手足、他物、金刃，并绞监候。又手足殴人成伤，笞三十各等语。此案托胡大阿生木因水争殴，用脚踢伤瓦倚思之母沙月比必左胁殒命，自应按律问拟。托胡大阿生木合依斗殴杀人者不问手足、他物、金刃并绞律，拟绞监候，秋后处决。瓦倚思拳殴托胡大阿生木左膀成伤，亦应以手足殴人成伤笞三十律，拟笞三十，折责发落。苦鲁板沙多克救阻不及，均免置议。无干省释。尸饬领埋，凶器案结销毁。

---

①中国第一历史档案馆藏：《朱批原件》，档案编号：04—01—26—0077—093。
②中国第一历史档案馆藏：《军机录副》，档案编号：03—7355—018。

是否允协？除全案供招咨送刑部外，合将斗殴毙命缘由，恭折具奏，伏乞皇太后、皇上圣鉴，饬部核议施行。谨奏。光绪十四年四月初三日。

（朱批）：刑部议奏。①

光绪十四年五月初三日，奉朱批：刑部议奏。钦此。②

045. 奏为奉旨开复降级处分谢恩折

光绪十四年四月二十四日（1888年6月3日）

尚书衔甘肃新疆巡抚二等男臣刘锦棠跪奏，为恭谢天恩，仰祈圣鉴事。

窃臣接准吏部咨开：光绪十四年正月二十三日内阁奉上谕：三载考绩，为国家激扬大典，中外满汉诸臣，有能职守恪共、劳勚最著者，允宜特加甄叙，以示优眷。兹当京察届期，吏部开单题请，详加披阅，甘肃新疆巡抚刘锦棠尽心民事，绥辑岩疆，殚竭荩忱，不辞劳瘁，着开复降一级留任处分等因。钦此。③钦遵恭录知照到臣。谨即恭设香案，望阙叩头谢恩。

伏念臣前以颛愚误干例议，仰蒙高厚，仅予薄惩，邀覆帱之优容，愧涓埃之未报。抚衷方疚，补过不遑。今者恭逢巨典激扬，乃荷殊恩甄叙。滥登上考，颁嘉勉之温纶；宽宥前愆，示矜全之至意。自天闻命，伏地悚颜。惟有益懔素餐，殚摅丹悃。恪共职守，图边陲绥固之基；惕省愆尤，答君父生成之德。

所有微臣感激下忱，谨缮折叩谢天恩，伏乞皇太后、皇上圣鉴。谨奏。光绪十四年四月二十四日。

（朱批）：知道了。④

光绪十四年六月十三日，奉朱批：知道了。钦此。⑤

---

① 中国第一历史档案馆藏：《朱批原件》，档案编号：04—01—26—0077—094。
② 中国第一历史档案馆藏：《军机录副》，档案编号：03—7311—036。
③ 此谕旨见中国第一历史档案馆编：《光绪朝上谕档》，第十四册，第21—22页；又《德宗景皇帝实录（四）》，卷二百五十一，光绪十四年正月，第387—388页。
④ 中国第一历史档案馆藏：《朱批原件》，档案编号：04—01—12—0542—031。
⑤ 中国第一历史档案馆藏：《军机录副》，档案编号：03—5237—038。

046. 查明新疆现办税务情形折

光绪十四年四月二十五日（1888年6月4日）

尚书衔甘肃新疆巡抚二等男臣刘锦棠跪奏，为遵照部咨，查明新疆现办税务各情形，恭折具陈，仰祈圣鉴事。

窃臣上年具奏新疆添设税务总分各局并请办洋税一折，旋准部咨，所征货税是否往来商税，抑系落地税银，税则按值百抽税若干，局费应需若干，应俟详细奏明，再行核办等因。

臣查光绪十一年新设东路哈密、北路古城两局，均征百货入税，一税之后，不复重收。上年春间，复于西路绥来县、南路吐鲁番厅添设分局，以收兼查，并于省城设立总局，征收落税，以归画一。大率新疆货物，自东北两路来者，皆陕甘、山西、归化、包头等处商民，贩运内地各货，为数较少。自西南两路来者，悉①本地汉回缠商，贩运一切土货，为数较多。现定税则，均值百两税银三两，较值百抽五之例，量为核减。所需局费，查内地抽厘章程，准按一成支销。新疆百物腾昂，创办艰苦，行令实支实销，但不得逾二成之数。

至称所税货物，系土人所贩土货，抑土人所贩洋货，或俄人所贩土货等语。查洋税未定，先收土税。俄商包庇，势所不免，已于前奏陈明在案。惟现在不能因未办洋税并废土税，亦未便独抽土税遂弃洋税。设法补救，惟有于华商洋货税于入境落地之时、俄商洋货税于转售华商之后，华商土货税收于贩户，俄商土货税收于卖主，征商人之税而不经商人之手，彼即无从置喙，办理亦觉持平。然此究属一时权宜，若欲税务畅兴，仍非开办洋税不可。据该总局司道查明，详请奏咨前来。

臣复核无异。除洋税一节仍俟总理衙门核复再行办理外，所有查明新疆现办税务情形，谨会同陕甘总督臣谭钟麟，恭折具陈，伏乞皇太后、皇上圣鉴训示，饬部查核施行。谨奏。光绪十四年四月二十五日。

（朱批）：该衙门知道。②

---

①"悉"，《奏稿》作"系"。
②中国第一历史档案馆藏：《朱批原件》，档案编号：04—01—35—0565—037。又《奏稿》第1827—1830页。

光绪十四年五月二十五日，奉朱批：该衙门知道。钦此。①

047. 原保选用训导陈寿昌请准改奖片
光绪十四年四月二十五日（1888 年 6 月 4 日）

再，五品顶戴不论双单月前先选用训导陈寿昌，前于新疆六载边防案内因重保训导，经臣改请免补本班，以知县前先选用，并赏戴蓝翎。嗣准吏部议复：改请奖叙并非应升之项，且由选用训导请免选本班以知县不论双单月前先选用并请戴蓝翎，系属两层，核与奏定章程不符，行令另核奏明请奖等因。当经转行遵照去后。兹据该员禀请改奖免选本班，以教谕前先补用等情前来。

臣复核无异。合无仰恳天恩俯准，将五品顶戴不论双单月前先选用训导陈寿昌前于六载边防案内重保训导一阶，改奖免选本班，以教谕前先选用，出自鸿慈。

谨附片具奏，伏乞圣鉴训示。谨奏。

（朱批）：吏部议奏。②

光绪十四年五月二十五日，奉朱批：吏部议奏。钦此。③

048. 奏报故大臣左宗棠专祠告成请饬立案折
光绪十四年四月二十五日（1888 年 6 月 4 日）

尚书衔甘肃新疆巡抚二等男臣刘锦棠跪奏，为遵旨建立已故大臣专祠，恳请饬部立案，恭折仰祈圣鉴事。

窃前大学士二等恪靖侯左宗棠，光绪十一年因病出缺，奉旨于湖南原籍及立功省分建立专祠等因。当饬布政使魏光焘、镇迪道兼按察使衔恩纶、道员陈晋蕃④、王久铭等筹款兴修去后。旋据各文武员弁捐集款项详

---

① 此奉旨日期与内容，据《奏稿》及《军机处随手登记档》（档案编号：03—0257—2—1214—137）校补。
② 中国第一历史档案馆藏：《朱批原件》，档案编号：04—01—12—0542—030。
③ 中国第一历史档案馆藏：《军机录副》，档案编号：03—5856—051。
④ 陈晋蕃（1838—?），湖南湘阴人。同治初，投效左宗棠军营。九年（1870），以功保从九品。十年（1871），保县丞。十三年（1874），升知县。光绪二年（1876），迁直隶州知州，并戴花翎。三年（1877），补授甘肃甘州直隶州知州。五年（1879），署理镇西厅同知。十年（1884），办理新疆粮台事务。十二年（1886），接办新疆粮台。十四年（1888），署理伊塔道篆。

委前署哈密协副将龙在田、候补知县罗正湘,会同署迪化县知县陈希洛,在于新疆省城南隅择地建修,上年十月,祠宇落成,当经安位致祭。详请奏咨立案前来。

臣查左宗棠,自奉命进规新疆,荡平南北两路,议设行省,允宜隆以享祀,上副朝廷褒嘉之典,下慰军民酬报之心。兹专祠告成,除祭祀、岁修等项饬由藩司转饬迪化府、县妥议章程,另案咨部外,谨恭折具陈,伏乞皇太后、皇上圣鉴训示。谨奏。光绪十四年四月二十五日。

(朱批):该部知道。①

光绪十四年五月二十五日,奉朱批:该部知道。钦此。②

049. 奏报捐建左宗棠祠宇并请附祀立案片
光绪十四年四月二十五日(1888年6月4日)

再,据巴里坤镇总兵徐占彪呈称:前大学士左宗棠已于省城建立专祠。惟查巴里坤城自遭回逆之变,满汉官兵士民阵亡伤故甚多,经左大臣遣师平定,功德昭著,令人思慕不忘。现与护领队大臣金贵并地方文武,于巴里坤城东关捐建左宗棠③祠宇一所,查明当日死事官兵士民计共一千九百余名,附祀祠内,以肃明禋而励殊俗,恳请奏咨立案前来。臣复查无异。相应请旨俯准将巴里坤东关捐建前大学士左宗棠祠宇并附祀官兵士民,饬部立案。

除花名清册容俟查明另案咨部外,谨附片具陈,伏乞圣鉴训示。谨奏。

(朱批):着照所请,该部知道。④

光绪十四年五月二十五日,奉朱批:着照所请,该部知道。钦此。⑤

---

① 中国第一历史档案馆藏:《朱批原件》,档案编号:04—01—14—0083—017。又《奏稿》第1831—1833页。
② 中国第一历史档案馆藏:《军机录副》,档案编号:03—5548—021。
③ "左宗棠",《奏稿》作"左大臣"。
④ 中国第一历史档案馆藏:《朱批原件》,档案编号:04—01—14—0083—022。又《奏稿》第1835—1836页。
⑤ 中国第一历史档案馆藏:《军机录副》,档案编号:03—5548—022。

050. 奏报新疆省捐修湘军忠义祠立案片

光绪十四年四月二十五日（1888年6月4日）

再，查乌鲁木齐地方，自光绪二年克复后，经臣在迪化城内择地捐修湘军忠义祠一所，入祀阵亡伤故文武员弁勇丁，并捐置房屋、园地、水磨，作为香火、岁修、祭祀等项经费。维时军务吃紧，臣率队进剿，未及入奏。现在乌鲁木齐建设新疆行省，所有从前捐修湘军忠义祠，相应请旨俯准饬部立案，岁时由地方官致祭，以垂久远而资激劝。

除各员弁勇丁姓名并房屋、园地、水磨租课银两饬由藩司转饬迪化府、县分别查造清单，至日另案送部外，谨附片具陈，伏乞圣鉴训示。谨奏。

（朱批）：着照所请，该部知道。①

光绪十四年五月二十五日，奉朱批：着照所请，该部知道。钦此。②

【案】此奏片原件具奏者误为"吉林将军希元"，具奏日期署"光绪十四年四月初九日"，兹据刻本、录副及《军机处随手登记档》③校正。

051. 审拟温宿买迈托胡达斗殴毙命一案折

光绪十四年四月二十七日（1888年6月6日）

尚书衔甘肃新疆巡抚二等男臣刘锦棠跪奏，为斗殴毙命，核明定拟，恭折具陈，仰祈圣鉴事。

窃温宿州缠民买迈托胡达口角争殴，刃伤尼牙子肚腹身死一案，据温宿州知州陈名钰验讯议拟，解由阿克苏道黄光达审明，咨镇迪道兼按察使衔恩纶核转前来。

臣复加查核，缘买迈托胡达籍隶布鲁特家贫难度，受雇温宿州缠民艾沙家佣工，与已死尼牙子同庄居住，素识无嫌。光绪十三年八月十二日，买

---

①中国第一历史档案馆藏：《朱批原件》，档案编号：04—01—14—0083—021。又《奏稿》第1839—1842页。
②中国第一历史档案馆藏：《军机录副》，档案编号：03—5548—023。
③中国第一历史档案馆藏：《军机处随手登记档》，档案编号：03—0257—2—1214—137。

迈托胡达正在门首持刀修整犁爬,尼牙子来找艾沙,买迈托胡达询问何事,尼牙子答以借牛,买迈托胡达回称牛不能借,只候将犁整好,便要耕田。尼牙子斥其不应作主,互相争闹。尼牙子伸手拉其胸襟,举拳欲殴。买迈托胡达情急,顺将手持小刀吓戳,致伤尼牙子肚腹倒地。比经艾沙喝住,医治,讵尼牙子伤重,逾日殒命。投约报州,验讯通详,批饬审拟解道,咨兼臬司核转,复核无异。

查律载:斗殴杀人者,不问手足、他物、金刃,并绞监候等语。此案买迈托胡达口角争殴,刃伤尼牙子肚腹身死,自应按律问拟。买迈托胡达一犯合依斗殴杀人者不问手足、他物、金刃并绞监候律,拟绞监候,秋后处决。艾沙救阻不及,应免置议。无干省释。尸饬属领埋,凶器案结销毁。

是否允协? 除全案供招咨送刑部外,所有斗殴毙命、核明定拟缘由,恭折具奏,伏乞皇太后、皇上圣鉴,饬部核议施行。谨奏。光绪十四年四月二十七日。

(朱批):刑部议奏。①

光绪十四年五月二十七日,奉朱批:刑部议奏。钦此。②

052. 审拟吐鲁番民秦澨伤人毙命一案折
光绪十四年四月二十七日(1888年6月6日)

尚书衔甘肃新疆巡抚二等男臣刘锦棠跪奏,为因奸拒捕,踢伤本夫身死,分别定拟,恭折具陈,仰祈圣鉴事。

窃吐鲁番厅汉民秦澨奸所拒捕,踢伤本夫周清鉴身死一案,据署吐鲁番厅同知龙魁验讯议拟,详由镇迪道兼按察使衔恩纶核转前来。

臣复加查核,秦澨籍隶吐鲁番厅,与已死周清鉴同街贸易,素识无嫌,彼此时常往来,周清鉴之妻媚兰习见不避。光绪十三年八月,不记日期,秦澨来周清鉴家闲坐,适周清鉴出外,乘间和媚兰调奸允从。因周清鉴管束甚严,不敢在家通奸,秦澨商允缠妇麦浪子借房奸宿两次。本夫周清鉴并不知情,给过钱物,亦无确数。

---

①中国第一历史档案馆藏:《朱批原件》,档案编号:04—01—26—0077—091。
②中国第一历史档案馆藏:《军机录副》,档案编号:03—7311—036。

十月十一日将晚时,媚兰来麦浪子家中,正与秦漘相会,尚未行奸。周清鉴跟踪找寻,走至麦浪子门首,听闻房内媚兰与秦漘说笑,房门掩闭,周清鉴用脚踢开房门,媚兰赶势逃跑。周清鉴抓住秦漘发辫,秦漘被扭情急图脱,起意拒捕,脚踢周清鉴下部,负痛松手。秦漘逃脱。周清鉴行至半路倒地。经街邻丘洪太告知尸族弟周义和等往看,询悉前情,将周清鉴抬回,医治不效,延至二更,因伤身死。投约报厅,获犯验讯,分别议拟,详由镇迪道核转到臣,复核无异。

查律载:罪人拒捕杀人者,斩。又例载:奸夫杀死本夫之案,奸妇虽不知情,亦绞。又刁奸者,杖一百。又媒合容止人通奸者,减犯人罪一等各等语。此案秦漘与媚兰通奸,经本夫周清鉴往捕,秦漘被扭图脱,踢伤周清鉴,移时身死,自应按律问拟。秦漘除刁奸轻罪不议外,合依罪人拒捕杀人者斩律,拟斩监候,秋后处决。奸妇媚兰因奸致本夫被踢身死,亦应依例问拟。媚兰合依奸夫杀死本夫之案,奸妇虽不知情亦绞例,拟绞监候,秋后处决。麦浪子借房容秦漘与媚兰奸宿,合依媒合容止通奸者减犯人罪一等,应照刁奸杖一百,杖九十,系妇女,照例收赎。无干省释,尸棺饬埋。

是否允协?除全案供招咨送刑部外,所有因奸拒捕,踢伤本夫身死,分别定拟缘由,恭折具奏,伏乞皇太后、皇上圣鉴,饬部核复施行。谨奏。光绪十四年四月二十七日。

(朱批):刑部议奏。[1]

光绪十四年五月二十七日,奉朱批:刑部议奏。钦此。[2]

053. 奏报新疆光绪十四年正月雨水粮价折

光绪十四年五月十五日(1888年6月24日)

尚书衔甘肃新疆巡抚二等男臣刘锦棠跪奏,为恭报光绪十四年正月分粮价并雨雪情形,谨缮折具陈,仰祈圣鉴事。

窃照光绪十三年十二月分各厅州县粮价并得雪情形,业经臣奏报在案。兹查正月分北路阜康得雨入土一寸有余,昌吉、奇台、绥来得雪积地一

---

[1]中国第一历史档案馆藏:《朱批原件》,档案编号:04—01—26—0077—090。
[2]中国第一历史档案馆藏:《军机录副》,档案编号:03—7311—042。

寸至三寸不等,迪化、库尔喀喇乌苏微雨微雪,镇西微雪。南路英吉沙尔得雨入土三寸至五寸有余,疏勒、疏附微雨微雪,莎车、于阗微雪,余无雨雪,民情尚称安帖。

至通省粮价,镇西、哈密、吐鲁番、库尔喀喇乌苏、乌什、莎车、迪化、昌吉、阜康、叶城、于阗等厅州县,俱与上月相同,余均略有增减。据藩司魏光焘汇详请奏前来。

理合恭折具陈,并缮粮价清单,敬呈御览。伏乞皇太后、皇上圣鉴。谨奏。光绪十四年五月十五日。

(朱批):知道了。①

光绪十四年六月十五日,奉朱批:知道了。钦此。②

054. 呈新疆光绪十四年正月粮价清单

光绪十四年五月十五日(1888年6月24日)

谨将新疆各属光绪十四年正月分米粮时估价值缮具清单,恭呈御览。计开

正月分:

镇迪道属

迪化县:大米每京石价银三两八钱五厘,小麦每京石价银一两五钱二分一厘,莞豆每京石价银一两六钱二分,青稞每京石价银一两二钱七分。俱与上月相同。

昌吉县:大米每京石价银二两五钱二分,小麦每京石价银一两一钱八分,莞豆每京石价银一两二钱一厘,青稞每京石价银八钱七分五厘。俱与上月相同。

阜康县:粟米每京石价银一两二钱七分三厘,莞豆每京石价银一两三钱八分,小麦每京石价银一两三钱八分,高粱每京石价银六钱七分二厘。俱与上月相同。

绥来县:大米每京石价银二两三钱九分七厘,与上月相同。小麦每京

---

①中国第一历史档案馆藏:《朱批原件》,档案编号:04—01—24—0161—084。
②中国第一历史档案馆藏:《军机录副》,档案编号:03—9960—007。

石价银九钱八分九厘,较上月增七分。莞豆每京石价银一两八分,与上月相同。高粱每京石价银八钱一分六厘,较上月增三分六厘。

奇台县:大米每京石价银二两九钱三分四厘,与上月相同。小麦每京石价银一两二分六厘,较上月减七分。莞豆每京石价银一两一厘,较上月增三分五厘。

镇西直隶厅:小麦每京石价银一两七钱六分,莞豆每京石价银一两七钱二分,青稞每京石价银一两一钱二分。俱与上月相同。

哈密厅:粟米每京石价银一两七钱二分八厘,小麦每京石价银一两三钱八分,莞豆每京石价银一两七钱二分八厘,青稞每京石价银一两二厘。俱与上月相同。

吐鲁番厅:小麦每京石价银一两二钱六分八厘,大麦每京石价银五钱六分,黄豆每京石价银一两四钱九分三厘,高粱每京石价银五钱五分九厘。俱与上月相同。

库尔喀喇乌苏厅:小麦每京石价银一两二钱七厘,莞豆每京石价银一两四钱四厘,高粱每京石价银九钱四分九厘。俱与上月相同。

阿克苏道属

温宿直隶州:大米每京石价银一两九钱七分六厘,较上月减六钱八厘。小麦每京石价银一两三钱八分,较上月减一钱三分八厘。大麦每京石价银九钱六分,包谷每京石价银一两八分八厘,俱与上月相同。

拜城县:小麦每京石价银一两一钱,较上月减一钱九分。大麦每京石价银六钱九分,莞豆每京石价银六钱九分,俱与上月相同。包谷每京石价银七钱五分,较上月减二钱八分。

喀喇沙尔直隶厅:大米每京石价银二两八钱一分二厘,与上月相同。小麦每京石价银一两三分五厘,较上月减六分九厘。莞豆每京石价银九钱三分六厘,较上月减二钱一分六厘。包谷每京石价银八钱三分二厘,较上月减一钱二分八厘。

库车直隶厅:大米每京石价银二两二钱三分,较上月减一钱四分。小麦每京石价银一两,较上月减一钱二分。莞豆每京石价银四钱八分,较上月减一钱一分二厘。包谷每京石价银五钱四分,较上月减一钱。

乌什直隶厅:大米每京石价银二两六钱八分二厘,小麦每京石价银九钱二分四厘,大麦每京石价银四钱二分八厘,包谷每京石价银七钱八分二厘。俱与上月相同。

喀什噶尔道属

疏勒直隶州：大米每京石价银三两一钱五分，与上月相同。小麦每京石价银一两三钱八分，较上月减二钱七分六厘。包谷每京石价银一两一钱五分二厘，高粱每京石价银一两三分五厘，俱与上月相同。

疏附县：大米每京石价银三两，与上月相同。小麦每京石价银一两三钱八分，较上月减一钱三分八厘。包谷每京石价银一两七分二厘，高粱每京石价银九钱二分，俱与上月相同。

莎车直隶州：大米每京石价银一两七钱七分六厘，小麦每京石价银六钱二分一厘，大麦每京石价银四钱，包谷每京石价银四钱二分二厘。俱与上月相同。

叶城县：大米每京石价银二两六钱一分，小麦每京石价银五钱，包谷每京石价银二钱八分，青稞每京石价银三钱七分五厘。俱与上月相同。

和阗直隶州：大米每京石价银一两六钱八分，与上月相同。小麦每京石价银八钱二分八厘，较上月减二分七厘。青稞每京石价银三钱三厘，与上月相同。包谷每京石价银三钱八分四厘，较上月减二分五厘。

于阗县：大米每京石价银二两七钱六分，小麦每京石价银八钱六厘，包谷每京石价银六钱四分。俱与上月相同。

玛喇巴什厅：大米每京石价银四两四钱四分，较上月增一两四分。小麦每京石价银一两三钱八分，较上月增四钱一分四厘。包谷每京石价银一两二分四厘，较上月增一钱二分八厘。

英吉沙尔厅：大米每京石价银三两四分，与上月相同。小麦每京石价银八钱三分，较上月减六分。包谷每京石价银六钱，较上月减四分。大麦每京石价银五钱，与上月相同。

（朱批）：览。①

055. 委任柳葆元署理疏附县知县片

光绪十四年五月十五日（1888年6月24日）

再，署疏附县知县张介祺病故，遗缺查有候补知县柳葆元，堪以委署。

---

①中国第一历史档案馆藏：《清单》，档案编号：03—9960—008。

据藩、臬两司会详前来。

除由臣批饬给委外，谨会同陕甘总督臣谭钟麟，附片具奏，伏乞圣鉴，训示。谨奏。

（朱批）：吏部知道。①

光绪十四年六月十五日，奉朱批：吏部知道。钦此。②

【案】此奏片具奏日期，原件署"光绪十四年五月十七日"，录副署"光绪十四年六月十五日"。兹据《军机处随手登记档》③校正。

056. 请设迪化府学额缘由折

光绪十四年五月十七日（1888年6月26日）

尚书衔甘肃新疆巡抚二等男臣刘锦棠、头品顶戴陕甘总督臣谭钟麟、提督甘肃学政臣秦澍春跪奏，为援案请设新疆迪化府学额，以符定制而资鼓励，恭折仰祈圣鉴事。

窃照新疆改建行省，经臣锦棠奏升迪化州为迪化府，增置迪化县为附府首县，以原设州学正为府教授，照旧兼管各县学事。其岁科两试，复经臣等奏明，仿照都统扃试旧章，改归抚臣办理各在案。上年岁科并行，由臣锦棠照章扃试，密封试卷，咨由臣澍春按额取进。因迪化州原管户籍、考试各事宜奏归迪化县经理，将原设州学进额改为迪化县学额，惟府学进额尚未议及。据在籍绅士高廷选等禀由前署迪化府知府蒋诰转详藩司魏光焘，详请添设前来。

臣等查甘肃八府府学进额，均由所属各厅州县额进之外，照文风高下酌取拨入。迪化等属自经兵燹，学校废弛。底定以来，学者渐众。上届入场人数已较前届加多，既经设府，自应于各县额进之外，酌取府学，以符定制。惟各属府学额数多少不一，臣锦棠查新疆旧设镇西府知府，管辖两县，定额府学三名、廪生二名、增生二名，六年一贡。嗣改府为厅，府学遂废。

---

①中国第一历史档案馆藏：《朱批原件》，档案编号：04—01—12—0542—060。
②中国第一历史档案馆藏：《军机录副》，档案编号：03—5237—042。
③中国第一历史档案馆藏：《军机处随手登记档》，档案编号：03—0257—1—1214—156。

今迪化府管辖五县,内迪化、昌吉、阜康、绥来四县岁科,均各取进四名。奇台一县岁科,各取进五名。应设府学学额,拟请援照镇西旧案,酌量添设。迪化为省会之地,文风较盛,拟于县学额进之外,酌取三名。昌吉、阜康、绥来、奇台,文风不相上下,各于县学额进之外,酌取一名。五属共取七名,拨入府学,岁科两试,一体照办。比较镇西两属拨府三名,额数尚无加增,并请照镇西府设廪增之例,俟府学生员已足三十名,添设廪生五名、增生五名,以岁科试优等生员充补,即以补廪之日为始,六年一贡,以广圣朝作人之化。合无仰恳天恩,饬部议复。如蒙俞允,即自下届岁科试起遵照办理。

是否有当?谨合词恭折具奏,伏乞皇太后、皇上圣鉴,训示,施行。再,此折系臣锦棠主稿,合并声明。谨奏。光绪十四年五月十七日。

(朱批):礼部议奏。①

光绪十四年六月十九日,奉朱批:礼部议奏。钦此。②

057. 奏委陈晋蕃署理伊塔道篆务片

光绪十四年五月十七日(1888年6月26日)

再,臣前会同臣谭钟麟奏设伊塔道府厅县等官,业经部议复准,应即委员署理,以重职守。查伊塔道以守兼巡,为冲繁疲难请旨最要缺,兹查有办理新疆粮台三品衔甘肃遇缺题奏道陈晋蕃,才长识卓,为守兼优,堪以委署。

除由臣给委并刊给木质关防祗领赴任,所遗粮台事务即饬交由藩司魏光焘等经理以专责成外,谨会同伊犁将军臣色楞额、陕甘总督臣谭钟麟,附片具陈,伏乞圣鉴,训示。谨奏。

(朱批):吏部知道。③

光绪十四年六月十五日,奉朱批:吏部知道。钦此。④

---

①中国第一历史档案馆藏:《朱批原件》,档案编号:04—01—38—0168—006。又《奏稿》第1839—1842页。
②中国第一历史档案馆藏:《军机录副》,档案编号:03—5237—057。
③中国第一历史档案馆藏:《朱批原件》,档案编号:04—01—12—0542—058。
④中国第一历史档案馆藏:《军机录副》,档案编号:03—5237—041。

058. 奏报新疆光绪十四年二月雨水粮价折

光绪十四年五月二十六日（1888年7月5日）

尚书衔甘肃新疆巡抚二等男臣刘锦棠跪奏，为恭报光绪十四年二月分粮价并得雨情形，谨缮折具陈，仰祈圣鉴事。

窃照光绪十四年正月分各厅州县粮价并雨雪情形，业经臣奏报在案。兹查二月分北路绥来得雨入土二寸有余，奇台得雨入土二三分，阜康、昌吉、库尔喀喇乌苏微雨。叶城得雨入土二三寸，疏附得雨入土一寸有余，库车、乌什、疏勒、莎车、英吉沙尔微雨，余未得雨。民情尚称安帖。

至通省粮价，镇西、哈密、吐鲁番、喀喇沙尔、乌什、温宿、疏勒、和阗、疏附、迪化、阜康等厅州县俱与上月相同，余均略有增减。据藩司魏光焘汇详请奏前来。

理合恭折具陈，并缮粮价清单，敬呈御览。伏乞皇太后、皇上圣鉴。谨奏。光绪十四年五月二十六日。

（朱批）：知道了。①

光绪十四年六月二十七日，奉朱批：知道了。钦此。②

059. 呈新疆各属光绪十四年二月粮价清单

光绪十四年五月二十六日（1888年7月5日）

谨将新疆各属光绪十四年二月分米粮时估价值缮具清单，恭呈御览。计开

二月分：

镇迪道属

迪化县：大米每京石价银三两八钱五厘，小麦每京石价银一两五钱二分一厘，莞豆每京石价银一两六钱二分，青稞每京石价银一两二钱七分。俱与上月相同。

---

① 中国第一历史档案馆藏：《朱批原件》，档案编号：04—01—25—0531—052。
② 中国第一历史档案馆藏：《军机录副》，档案编号：03—9960—009。

昌吉县：大米每京石价银二两五钱二分，与上月相同。小麦每京石价银一两一钱一分五厘，较上月增七厘。莞豆每京石价银一两二钱一厘，青稞每京石价银八钱七分五厘，俱与上月相同。

阜康县：粟米每京石价银一两二钱七分三厘，莞豆每京石价银一两三钱八分，小麦每京石价银一两三钱八分，高粱每京石价银六钱七分二厘。俱与上月相同。

绥来县：大米每京石价银二两二钱九分二厘，较上月减一钱五厘。小麦每京石价银九钱八分九厘，莞豆每京石价银一两八分，高粱每京石价银八钱一分六厘，俱与上月相同。

奇台县：大米每京石价银二两九钱三分四厘，与上月相同。小麦每京石价银九钱五分五厘，较上月减七分一厘。莞豆每京石价银八钱九分七厘，较上月减一钱四厘。

镇西厅：小麦每京石价银一两七钱六分，莞豆每京石价银一两七钱二分，青稞每京石价银一两一钱二分。俱与上月相同。

哈密厅：粟米每京石价银一两七钱二分八厘，小麦每京石价银一两三钱八分，莞豆每京石价银一两七钱二分八厘，青稞每京石价银一两二厘。俱与上月相同。

吐鲁番厅：小麦每京石价银一两二钱六分八厘，大麦每京石价银五钱六分，黄豆每京石价银一两四钱九分三厘，高粱每京石价银五钱五分九厘。俱与上月相同。

库尔喀喇乌苏厅：小麦每京石价银一两四钱八分六厘，较上月增二钱七分九厘。莞豆每京石价银一两五钱八分，较上月增一钱七分六厘。高粱每京石价银一两二钱二分四厘，较上月增二钱七分五厘。

阿克苏道属

温宿直隶州：大米每京石价银一两九钱七分六厘，小麦每京石价银一两三钱八分，大麦每京石价银九钱六分，包谷每京石价银一两八分八厘。俱与上月相同。

拜城县：小麦每京石价银一两四分，较上月减六分。大麦每京石价银七钱三分，较上月增四分。莞豆每京石价银六钱九分，俱与上月相同。包谷每京石价银七钱三分，较上月减二分。

喀喇沙尔直隶厅：大米每京石价银二两八钱一分二厘，小麦每京石价银一两三分五厘,莞豆每京石价银九钱三分六厘,包谷每京石价银八钱三分二厘。俱与上月相同。

库车直隶厅:大米每京石价银二两一钱一分,较上月减一钱二分。小麦每京石价银八钱九分,较上月减一钱一分。莞豆每京石价银八钱九分,较上月减九分。包谷每京石价银四钱四分,较上月减一钱。

乌什直隶厅:大米每京石价银二两六钱八分二厘,小麦每京石价银九钱二分四厘,大麦每京石价银四钱二分八厘,包谷每京石价银七钱八分二厘。俱与上月相同。

喀什噶尔道属

疏勒直隶州:大米每京石价银三两一钱五分,小麦每京石价银一两三钱八分,包谷每京石价银一两一钱五分二厘,高粱每京石价银一两三分五厘。俱与上月相同。

疏附县:大米每京石价银三两,小麦每京石价银一两三钱八分,包谷每京石价银一两七分二厘,高粱每京石价银九钱二分。俱与上月相同。

莎车直隶州:大米每京石价银一两六钱二分八厘,较上月减一钱四分八厘。小麦每京石价银六钱二分一厘,大麦每京石价银四钱,包谷每京石价银四钱二分二厘,俱与上月相同。

叶城县:大米每京石价银三两三钱二分,较上月减二钱九厘。小麦每京石价银五钱五分,较上月增五分。包谷每京石价银二钱八分八厘,较上月增八厘。青稞每京石价银三钱七分五厘,与上月相同。

和阗直隶州:大米每京石价银一两六钱八分,小麦每京石价银八钱二分八厘,青稞每京石价银三钱三厘,包谷每京石价银三钱八分四厘。俱与上月相同。

于阗县:大米每京石价银三两四钱五分,较上月增六钱九分。小麦每京石价银九钱三分八厘,较上月增一钱三分二厘。包谷每京石价银七钱四厘,较上月增六分四厘。

英吉沙尔厅:大米每京石价银二两七钱三分,较上月减三钱一分。小麦每京石价银六钱六分,较上月减一钱七分。包谷每京石价银四钱八分,较上月减一钱二分。大麦每京石价银二钱八分,较上月减二钱二分。

玛喇巴什厅:大米每京石价银五两一钱八分,较上月增七钱四分。小麦每京石价银一两三钱八分,包谷每京石价银一两二分四厘,俱与上月相同。

（朱批）：览。①

060. 提督萧拱照未能约束勇丁请旨处分片
光绪十四年五月二十六日（1888年7月5日）

再，查管带老湘二旗头品顶戴记名提督那斯洪阿巴图鲁萧拱照，所部勇丁与安边中营勇丁口角争殴，虽据该提督将滋事勇丁查明责革，究属事前未能约束，相应请旨将头品顶戴记名提督那斯洪阿巴图鲁萧拱照撤去头品顶戴，以副将降补，用示薄惩而观后效。

谨附片具陈，伏乞圣鉴训示。谨奏。

（朱批）：着照所请，兵部知道。②

光绪十四年六月二十七日，奉朱批：着照所请，兵部知道。钦此。③

【案】关于此片具奏者与具奏日期，原件署"色楞额、谭钟麟、刘锦棠，光绪十四年五月二十八日"，录副署"刘锦棠，光绪十四年六月二十七日"。查《军机处随手登记档》④，载有"朱批刘锦棠折，报四百里，五月二十六日发"等字样，兹据校正。

061. 委令联恩仍回伊犁理事同知原任片
光绪十四年五月二十六日（1888年7月5日）

再，伊犁理事同知联恩经前署伊犁将军臣锡纶奏调，署理伊犁抚民同知在案。兹查抚民同知一缺，现准部复议裁，应饬该员仍回本任。据藩、臬两司会详前来。

除由臣批饬给委外，谨会同伊犁将军臣色楞额、陕甘总督臣谭钟麟，附片具奏，伏乞圣鉴训示。谨奏。

（朱批）：吏部知道。⑤

---

①中国第一历史档案馆藏：《清单》，档案编号：03—9960—010。
②中国第一历史档案馆藏：《朱批原件》，档案编号：04—01—16—0223—055。
③中国第一历史档案馆藏：《军机录副》，档案编号：03—5237—068。
④中国第一历史档案馆藏：《军机处随手登记档》，档案编号：03—0257—2—1214—167。
⑤中国第一历史档案馆藏：《朱批原件》，档案编号：04—01—12—0542—045。

光绪十四年六月二十七日,奉朱批:吏部知道。钦此。①

【案】关于此片具奏者与具奏日期,原件署"色楞额、谭钟麟、刘锦棠,光绪十四年五月二十八日",录副署"刘锦棠,光绪十四年六月二十七日"。查《军机处随手登记档》②,载有"朱批刘锦棠折,报四百里,五月二十六日发"等字样,兹据校正。

062. 委令高敬昌等署理知县片

光绪十四年五月二十六日(1888年7月5日)

再,新设伊塔道员缺业经臣委甘肃题奏道陈晋蕃署理,附奏在案。兹查有候补通判高敬昌,堪以委署宁远县知县员缺,候补知县罗正湘堪以委署绥定县知县员缺。据藩、臬两司会详前来。

除批饬分别给委外,并刊发木质钤记,祗领赴任。其府厅及巡检、典史等官,仍俟由司拣员详委再行奏咨外,谨会同伊犁将军臣色楞额、陕甘总督臣谭钟麟,附片具奏,伏乞圣鉴训示。谨奏。

(朱批):吏部知道。③

光绪十四年六月二十七日,奉朱批:吏部知道。钦此。④

【案】关于此片具奏者与具奏日期,原件署"色楞额、谭钟麟、刘锦棠,光绪十四年五月二十八日",录副署"刘锦棠,光绪十四年六月二十七日"。查《军机处随手登记档》⑤,载有"朱批刘锦棠折,兹据校正。

063. 酌定伊塔旗营员缺并筹办营务折

光绪十四年五月二十八日(1888年7月7日)

伊犁将军臣色楞额、头品顶戴陕甘总督臣谭钟麟、尚书衔甘肃新疆巡

---

①中国第一历史档案馆藏:《军机录副》,档案编号:03—5237—067。
②中国第一历史档案馆藏:《军机处随手登记档》,档案编号:03—0257—2—1214—167。
③中国第一历史档案馆藏:《朱批原件》,档案编号:04—01—12—0542—046。
④中国第一历史档案馆藏:《军机录副》,档案编号:03—5237—067。
⑤中国第一历史档案馆藏:《军机处随手登记档》,档案编号:03—0257—2—1214—167。

抚二等男臣刘锦棠跪奏，为查照部议，酌定伊犁、塔尔巴哈台各旗营员缺，并拟筹办各勇营事务，恭折仰祈圣鉴事。

窃臣钟麟前奏请裁撤塔尔巴哈台参赞大臣员缺，以伊犁副都统一员移驻其地。其索伦、锡伯、察哈尔、额鲁特等部落，宜各择其人，派为总管，兼设千户、百户，以相箝制。伊犁、塔尔巴哈台既设道府，防营月饷应责成新疆藩司，按月解交道府，分支各营，自行采办食粮，粮局、粮员均可裁撤等因，经部议复准裁撤伊犁粮员，余仍令由臣等详晰会商，奏明办理，于光绪十三年八月初八日具奏，奉旨：依议。钦此。咨行到臣。现在臣色楞额业已到任，伊犁、塔尔巴哈台等处添设道府以下等官，亦经部议允准，自应会同妥筹办理。

伏查伊犁、塔尔巴哈台，事同一律。伊犁参赞大臣员缺，前经部议裁撤，改设副都统二员，以仿照内地驻防之制。塔尔巴哈台属境向例亦将军所辖，该处参赞大臣员缺自无须独留，应请一并裁撤，以免歧异。伊犁新设副都统二员，以一员与将军同城，办事尚属裕如，应请照臣钟麟原奏，以一员移驻塔尔巴哈台驻扎。该处旗队，向由伊犁换防。平定以来，大率由本地挑补，编列成营，无复换防之事。经臣锦棠奏准额设旗队千人，究如何改照驻防之处，俟此次奉旨后，再由该副都统体察情形，会同臣色楞额，妥为定拟。

其索伦、锡伯、察哈尔、额鲁特各部落，言语不同，性情亦异，非各有所属无以资弹压而专责成。所有伊犁现存之领队大臣四缺，应请毋庸裁撤。其塔尔巴哈台领队大臣一缺应否裁撤，亦应俟副都统移定后，再行定拟。各该领队大臣及新设之副都统，均归将军统辖，伊犁将军仍节制伊犁镇道。如此酌量变通，庶几法制相维，而事机亦顺矣。伊犁粮员既经部议裁撤，以后各该处月饷均应按照部议，由新疆藩司按月拨解分支。各营应领食粮，由各营自行采买。伊犁月饷解由该道收支。塔尔巴哈台既改定同知员缺，该处月饷亦应解由该同知收支，以归画一。

其各该处额设之粮饷章京应否裁撤，应俟各旗营事定，再由臣色楞额察酌具奏。至各该处防营均应及时整顿，前经臣锦棠于上年九月奏明，俟设官议定后，除各旗营应由将军、参赞妥筹布置外，其镇协各标臣自应悉心筹议，奉旨允准钦遵在案。现在色楞额到任，正在接收交代，而锡纶病故①，比饬经手各员，将锡纶任内一切应交案件迅速清理，并由臣锦棠咨明，俟接收交代后，照原议将勇营事务截清起止，交由臣锦棠会商办理。仍一面檄饬各统领营官，核算存饷，赶造清册，以便及时裁并，按照原奏额设四千人之数，改定标营。塔尔巴哈台事务，应俟伊犁诸务办理就绪，再行接办。

其余一切未尽事宜，容臣等随时会商，陆续奏明办理。所有查照部议先行定拟各情形，是否有当？谨合词恭折具奏，伏乞皇太后、皇上圣鉴训示施行。再，此折系由臣锦棠主稿，合并声明。谨奏。光绪十四年五月二十八日。

（朱批）：该部议奏。②

光绪十四年六月二十七日，奉朱批：该部议奏。钦此。③

064. 奏报龙神灵应请敕加封号折

光绪十四年六月十二日（1888 年 7 月 20 日）

尚书衔甘肃新疆巡抚二等男臣刘锦棠跪奏，为庙祀正神灵应显著，恳恩敕加封号，以答神庥，恭折仰祈圣鉴事。

窃据护迪化府知府迪化县知县陈希洛详：据绅民高廷选等禀称：迪化城西关向建有龙神祠，灵应素著，已历年所。今岁夏间，雨泽愆期，经官绅户民虔诚祈祷，立沛甘霖，御灾无形，不致旱魃为虐，洵属效灵助顺，允宜旷典崇封。联名禀恳，由府转详请奏前来。

臣查庙祀正神，实能御灾捍患有功德于民者，例得请加封号。前迪化府城隍神灵显应，经臣于上年奏准敕封，灵感钦遵在案。兹迪化城西关龙

---

① 详见光绪十四年五月初七日署伊犁将军锡纶具折自陈病危情形（中国第一历史档案馆藏：《军机录副》，档案编号：03—5236—124）、光绪十四年五月初十日伊犁将军色楞额奏报锡纶出缺日期（中国第一历史档案馆藏：《朱批原件》，档案编号：04—01—16—0223—075；《军机录副》，档案编号：03—5237—043），及清廷赐恤缘由（中国第一历史档案馆编：《光绪朝上谕档》，第十四册，第 190 页）。
② 中国第一历史档案馆藏：《朱批原件》，档案编号：04—01—12—0542—043。又《奏稿》第 1843—1848 页。
③ 中国第一历史档案馆藏：《军机录副》，档案编号：03—5755—011。

神灵应,屡著功德及民,合无仰恳天恩敕加封号,以答神庥而顺舆情。

谨会同陕甘总督臣谭钟麟,恭折具陈,伏乞皇太后、皇上圣鉴训示施行。谨奏。光绪十四年六月十二日。

(朱批):礼部知道。①

光绪十四年七月十三日,奉朱批:礼部知道。钦此。②

065. 奏请旌表节妇陈王氏折

光绪十四年六月十二日(1888年7月20日)

尚书衔甘肃新疆巡抚二等男臣刘锦棠跪奏,为已故节妇年例相符,相应恳恩旌表,以维风化,恭折仰祈圣鉴事。

窃据新疆布政使魏光焘详:据镇西厅同知甘承谟详:准署镇西厅训导刘柱南牒转在籍新选甘肃秦安县训导常九龄等呈称:查有已故节妇陈王氏,系里民王林之女,驰赠昭武都尉陈万选之妻,陈吉之母,游击衔尽先都司借补呼图壁守备陈登魁、补用守备巴里坤镇标千总陈发魁之祖母,年十六于归,事姑孝。姑没,哀毁尽礼。嘉庆二十五年,万选病故,氏年二十九岁,恸不欲生。旋以子吉才数龄,矢志抚孤,因强起营祭葬,继为吉择配,生两孙。家贫,恒藉纺绩市薪米。嗣遣吉入伍,吉夫妇先后病殁。氏又抚二孙成立,仍效力行间。同治初,逆回构乱,厅城濒于危者屡。氏辄以奋勇杀贼为二孙勖,城卒无恙。登魁等亦遂以军功累保今职。氏殁于同治三年冬,计守节四十四年。光绪七年,恭逢覃恩,赏给四品封典。职等谊属同里,见闻较确,未便听其湮没勿彰,造具事实册结,联名呈恳,由学及厅依次加结,详司核转前来。

臣查定例,直省节孝妇女应旌表者,由该督抚、学政会同具题,并取具册结,送部核议题准后,令地方官给银三十两,听本家建坊等因。历经遵奉在案。兹据详前情,臣复核无异。合无仰恳天恩俯准,饬部核议,照例旌表,以彰苦节而维风化。

除将事实册结咨部外,谨会同陕甘总督臣谭钟麟、甘肃学政臣秦澍春,

---

①中国第一历史档案馆藏:《朱批原件》,档案编号:04—01—14—0083—009。又《奏稿》第1849—1851页。
②中国第一历史档案馆藏:《军机录副》,档案编号:03—5548—053。

恭折具陈,伏乞皇太后、皇上圣鉴训示。再,上年礼部奏请通行各省嗣后各省贞孝节烈妇女,应照旧具题。如有再违例奏请者,应将该督抚随本附参,送交吏部议处等因。新疆初设行省,一切例案均系改题为奏,未能照例办理,邀免议处,合并声明。谨奏。光绪十四年六月十二日。

(朱批):着照所请,礼部知道。①

光绪十四年七月十三日,奉朱批:着照所请,礼部知道。钦此。②

066. 奏报讯明溃弁就地正法情形片

光绪十四年六月十二日(1888年7月20日)

再,查上年六月二十七日夜,塔尔巴哈台绥靖中营勇丁溃变,该营哨官杜天成、张玉成于溃勇戕杀营官后,均私取营官马匹、枪炮,带同溃勇抢掠参赞衙署,并攻扑开花炮队,事后同逃,经库尔喀喇乌苏防营盘获送厅录供,详由臣饬提省发审。因供词狡展,饬候咨查,于上年九月间奏明,俟查取确情,再行核办在案。兹准署塔尔巴哈台参赞大臣额尔庆额咨复:询据前绥靖左营帮办陈芝廷并各勇丁等佥称,是晚确见该犯带领溃勇,攻逼营垒,抢掠衙署等情,咨请从严惩办前来。

臣饬营务处道员袁鸿佑提案复鞫,该二犯供认前情不讳。臣查杜天成、张玉成,身充哨弁,胆敢带领溃勇,攻打炮队,抢劫衙署,实属罪大恶极。当于讯明后,绑赴市曹,就地正法,并枭首示众,以昭炯戒。

所有讯明溃弁杜天成、张玉成就地正法缘由,谨附片具奏,伏乞圣鉴训示。谨奏。

(朱批):刑部知道。③

光绪十四年七月十三日,奉朱批:刑部知道。钦此。④

【案】此片原件具奏者署"刘秉棠",兹据刻本及《军机处随手登记

---

①中国第一历史档案馆藏:《朱批原件》,档案编号:04—01—01—0963—005。又《奏稿》第1853—1856页。
②中国第一历史档案馆藏:《军机录副》,档案编号:03—5548—052。
③中国第一历史档案馆藏:《朱批原件》,档案编号:04—01—16—0224—042。又《奏稿》第1857—1858页。
④此奉旨日期与内容,据《奏稿》及《军机处随手登记档》(档案编号:03—0257—3—1214—180)校补。

档》①校正。

067. 查明总兵余福章底衔错误请饬更正片
光绪十四年六月十二日（1888年7月20日）

再，记名总兵花尚阿巴图鲁余福章，由武童于同治八年投效楚军，历保今职，均经奉旨允准钦遵在案。兹据禀称：该员于陕西全境肃清案内，经前大学士陕甘总督臣左宗棠赏给六品军功。嗣于荡平金积堡贼巢宁灵肃清案内，以六品军功底衔请保把总尽先拔补，并戴蓝翎。汇案时，将军功底衔误开外委，禀请附奏更正前来。

臣查军营异常劳绩保举把总，无论武童、军功外委出身，均经照准有案。该员荡平金积堡贼巢宁灵肃清一案，系属异常劳绩，由军功请保把总，例应照准。惟底衔汇开外委，究属错误。合无仰恳天恩俯准，将荡平金积堡宁灵肃清案内由外委得保之蓝翎尽先拔补把总余福章，改为由六品军功请以把总尽先拔补，并赏戴蓝翎，饬部更正注册，以实官阶之处，出自鸿慈。

除咨部外，谨附片具陈，伏乞圣鉴训示。谨奏。

（朱批）：兵部知道。②

光绪十四年七月十三日，奉朱批：兵部知道。钦此。③

【案】此奏片原件未署具奏者，具奏日期署"光绪十四年六月"，录副署"光绪十四年七月十三日"。查《军机处随手登记档》④，载有"朱批刘锦棠折，报四百里，六月十二日发"等字样。据此，其具奏日期当为"光绪十四年六月十二日"，具奏者亦明确无疑。

068. 查明提督周天财名字错误请饬更正片
光绪十四年六月十二日（1888年7月20日）

再，记名提督芬臣巴图鲁周天财，由六品军功保至都司衔尽先守备，均

---

①中国第一历史档案馆藏：《军机处随手登记档》，档案编号：03—0257—3—1214—180。
②中国第一历史档案馆藏：《朱批原件》，档案编号：04—01—16—0224—036。
③中国第一历史档案馆藏：《军机录副》，档案编号：03—5857—106。
④中国第一历史档案馆藏：《军机处随手登记档》，档案编号：03—0257—3—1214—180。

系周添才。后由守备历保提督,均误书"天财",其音虽同,其字则异。兹据禀请更正前来。

臣复查无异。合无仰恳天恩俯准将关陇肃清案内所保尽先补用都司;克复乌鲁木齐、玛纳斯各城案内所保尽先补用游击,并赏给二品顶戴;攻克达阪城、托克逊贼巢并克复吐鲁番满、汉两城案内所保尽先补用参将,并给佐勇巴图鲁名号;克复西四城新疆南路一律肃清随折案内所保记名总兵;漏逸贼酋纠众犯边、官军获胜案内随折所保二品封典,并换芬臣巴图鲁名号;六载边防案内所保记名提督之周天财,饬部逐案改为周添才,以免歧异之处,出自鸿施。

除咨部外,谨附片具陈,伏乞圣鉴训示。谨奏。

(朱批):兵部知道。①

光绪十四年七月十三日,奉朱批:兵部知道。钦此。②

【案】此奏片原件未署具奏者,具奏日期仅署"光绪十四年六月",而录副署"光绪十四年七月十三日"。查《军机处随手登记档》③,载有"朱批刘锦棠折,报四百里,六月十二日发"等字样。据此,其具奏日期当为"光绪十四年六月十二日",具奏者亦明确无疑。

069. 复陈关外光绪七八两年报销恳饬准销折
光绪十四年六月二十二日(1888年7月30日)

尚书衔甘肃新疆巡抚二等男臣刘锦棠跪奏,为甘肃关外光绪七、八两年报销三次部驳,谨再开具详细清单,逐款复陈,吁恳天恩饬部准销,恭折仰祈圣鉴事。

窃臣准户部咨:三次核驳甘肃关外登复七、八两年开单报销一折,计钞单一纸等因,当经转行遵办去后。兹据粮台司道遵照部驳各节,详细核明,于单内逐一登复,详请具奏前来。

臣查支发楚、皖、蜀各军统费、长夫口粮暨湘军各营旗分统、营务处公

---

①中国第一历史档案馆藏:《朱批原件》,档案编号:04—01—16—0224—037。
②中国第一历史档案馆藏:《军机录副》,档案编号:03—5857—027。
③中国第一历史档案馆藏:《军机处随手登记档》,档案编号:03—0257—3—1214—180。

费,照章核算,除准销外,有着之款,已遵照追缴,归入十一年销案内列收造报。惟已故乌鲁木齐提督金运昌、已故宁夏镇总兵谭拔萃,按照部算核计,溢支之款,本应删除,第该二员从征日久,积劳病故。查已故道员罗长祜可否免其着追,既经部议请旨,该二员事同一律,应恳一并邀恩免追,以示体恤。

至采买一节,遵查同治五年二月钦奉上谕:从前南省勇丁以甘肃地方瘠苦,多不愿往。若将调赴甘肃勇丁酌增饷银若干,当可乐于从事,益加奋勉等因。钦此。① 前督臣左宗棠入关度陇,仰体皇仁,奏明军行寒苦荒瘠之区,复当兵燹之后,物产既绌,陆运又极艰难,于正饷外分途设局,采运粮料、柴草,以资津贴。光绪四、五、六等年支发采买军粮米面、草料价值,除转发各营扣回价银外,实销津贴粮价银五十三万余两、脚价等项银一百六十余万两。

臣接绾钦符,驻师哈密,适值大乱初平,元气未复,非得粮价平减,灾黎尤难度日,因照旧章办理,酌留本地之粮,以养孑遗。委员分途采运,以供军食。道里之远、运费之艰,不暇计也。虽源源转馈,尚虑不支,偶遇粮运稍迟,市价骤增倍蓰。若概就地采买,荒苦之区,不难搜括殆尽,民既无以为食,军粮仍属不敷,饥溃堪虞。军民交病,何敢不事先预筹!此筹理采运之实在情形也。

臣查光绪十二年四月户部复核新疆各营支款章程单内第十三条,谓运费虽不便一概议裁,采运似可稍从节省。是关外情形不同,部臣早已曲为体谅。现在,新疆防营渐次规复标营兵制,如果年谷顺成,采运似可②停止。各军驻扎之所有征粮者,即由征粮项下估拨。其无征粮与有征粮而不敷估拨者,亦应由各营自行采买,以图节省。惟从前已支之款,当此时局艰难,在部臣一再议删,固为慎重度支起见。臣受恩深重,如果非实用实销,亦曷敢自蹈欺饰之罪!且查关外七、八两年采买价银七万余两,遵照部议删除,系由欠饷划抵。微臣赋性愚戆,十年以前欠饷,除发过现银及不敷留营存饷三十一万余两万难短发外,实已报缴银六十七万余两,抵无可抵,销不准销,中夜仿徨,莫知所措。

所有七、八两年分支发采买粮料,柴草价银一十七万六千六百九十余

---

①见《穆宗毅皇帝实录(五)》,卷一百六十八,同治五年二月上,第41—42页。
②"似可",《奏稿》作"自可"。

两,运粮脚价银三十六万一千二百八十余两,又由关内造报提运抚彝、高台采买粮石脚价银九千三百余两,委系核实办公,毫无冒滥,合无仰恳天恩,特允所请,饬下户、兵等部一并照单准销,以清积案,出自逾格鸿慈。臣不胜惶悚迫切待命之至。

除咨部外,谨会同陕甘总督臣谭钟麟,缮单恭折具陈,伏乞皇太后、皇上圣鉴训示。谨奏。光绪十四年六月二十二日。

(朱批):着照所请,该部知道,单并发。①

光绪十四年七月二十五日,奉朱批:着照所请,该部知道,单并发。钦此。②

070. 呈光绪七八两年关外报销收支各款清单
光绪十四年六月二十二日(1888年7月30日)

谨将光绪七、八两年分甘肃关外报销收支各款,遵照第三次奉驳各节,逐细登复,缮具清单,恭呈御览。

收款项下:

一、部议关外收支厘金、薪粮、局费系照何章、支银若干,未据报部,应令专案册报,以凭查核款。查七、八两年关外所收厘金开支委员薪粮、局费,按照奏定各台局薪粮局费章程,委员各按官阶、局费,分别繁简支给,遵照造报备查。

一、部议关外收支房租、地课、磨课、税契、征铜、铸钱易银,既据照办,应令迅速送部款。查光绪九年以前暨十年分已分年、分款造报在案。

一、部议折征粮价尾数稍有不符,应令查明咨部更正款。查七年分收银三万四百一十四两七分四厘九毫四丝一忽五微,八年分收银六万九千四百三十两九钱七分三厘一毫四丝一忽五微,应请仍照初次单内数目核销。

一、部议各军营旗扣缴征粮价银,既据照办,应令迅速送部款。查前项征粮,某处某年征收某色粮石若干,发过各营局某色粮石若干,分别扣缴价银,业经遵照造报在案。

---

①中国第一历史档案馆藏:《朱批原件》,档案编号:04—01—35—0993—058。又《奏稿》第1859—1864页。
②中国第一历史档案馆藏:《军机录副》,档案编号:03—6111—053。

一、部议七年分各军营旗扣缴采买存粮价银九千八百三十六两七钱一分三厘六毫四丝六忽六微，八年分收银九千一百九十二两三钱八分七厘五毫六丝二忽四微，后条采买粮料仍应议驳。所有扣缴价银仍不准其列收款。查采买粮料已于后条声明请销，此项扣缴价银，仍请查照原案列收。

一、部议七、八两年共收各营旗缴存病故勇丁口粮银二万一千六百余两，应令查核的确，始准发给，毋任滥支款。遵照办理。

一、部议七、八两年蚕桑等局司事、教习等支发大米，初次报销清单内开入八年分，系三十八石。此次作三十九石，计多一石，每石价湘平三两，合库平银二两九钱四厘一毫六丝二忽六微款。查八年分蚕桑等局司事、教习等支发大米底数，实系三十九石。初次报销清单如果误开三十八石，应请更正。上次登复系查照底数，开载所有三色粮石总数，应请仍以湘平折合库平银一万二千三百一十九两八钱四分五厘一毫一丝三微核销。

开除项下：

一、部议七、八两年分统费、长夫口粮银两，既据声明有着之款，归入十一年销案内列报，应如所请办理。至金运昌共支统费、长夫口粮湘平银六千四百七十八两，与初次单内之数符合，照部章月支统费银一百两，加夫十名，每名日支银一钱。核算共准支湘平银三千二百三十九两，删除银三千二百三十九两。今据声称照部章准销银五千五百二十八两四钱三分五厘，尚应追剿银七百四十二两六钱二分，数目殊不相符。谭拔萃一员准驳数目，照章扣算，亦不相合。此次单开数目恐有舛误，且原章统费多寡不等，碍难悬断，应令将该二员照该抚初次单开核算，每员应支某项若干，照部章核算。每员应支若干、准销若干、删除若干，分晰扣算明白报部，再行核办。

查前奏二十四条用款案内，声明凡统领一二营者，每月加银一百两、夫十名。三营以上者，每月加银一百五十两、夫十五名。五营以上者，每月加银二百两、夫二十名。金运昌一员统领营数较多，初次单内系按统领五营以上者扣算。谭拔萃一员统领营数间有增减，亦系按照前章分别支给。上次登复单内系按统领未及三千人者，照部章统领三千人扣算，未及五千人者，照部章统领五千人扣算。而部议金运昌一员准销银三千二百三十九两，系按统领三千人以上核算，是以不符。兹计金运昌一员，初次单内准销湘平银六千四百七十八两，照部章核算，准销湘平银三千二百三十九两，应删除银三千二百三十九两。谭拔萃一员初次单内请销湘平银五千四百四十一两五钱，照部章核算，亦应准销湘平银三千二百三十九两，删除银二千二百二两五钱。惟该二员从征日久，积劳病故，已支之款，无从着追。所有删除银两，仍请核销。

一、部议七、八两年分支发湘军各营分统及营务处公费，内称删除有著之款共银一万一千六百一十六两六钱四分六厘四毫九丝六忽六微，即据声称追缴归入十一年分销案内列报，应如所奏办理。至已故道员罗长祜应追剿银七千四百四十四两四钱四分三厘，可否免其着追之处，候旨遵行款，自应遵照。

一、部议七、八年分采买粮料、柴草价银九万七百九十八两八钱三分八厘三毫三丝四忽九微款。部驳未登复者四款，已复未指实者二款，不确者二款。一谓安西、玉门、敦煌粮石并无运至巴里坤之事，巴里坤小麦每百斤价银一两二钱，青稞每百斤价银六钱，较哈密粮价为贱，且巴里坤向运粮至哈密，无须由安西等处越哈密至巴里坤等语。查南人习食大米，不惯麦食。巴里坤地气极寒，土产粮料向以青稞为大宗，不产大米。军中需用食米必须由安西等处运至哈密。其由哈密运至巴里坤，系就巴里坤运粮送哈之车带运至坤，以资搭放。因系便车带运，不支脚价，故原单未载安西、玉门、敦煌运粮至巴里坤之事。

又谓绥来县无采买之事，奇台、古城、济木萨、阜康、昌吉无运粮至乌鲁木齐之事，原奏与报销原单不相符合。又谓托克逊、辟展各处采运，以供东西盐池十数站防军之食，与报销原单未能吻合等语。查前次登复案内，系就前后数年相提而论，以见运销之难。如奇、古、济、阜、昌、绥等处采运以供乌鲁木齐一带之军，此就十年以后之事而言。托克逊、辟展各处采运以供东西盐池十数站防军之食，此就七年以前之事而言，七、八两年本无是事。惟登复单内未及声叙明白，是以与原单未能吻合。

又谓该军驻扎之所直抵精河，报销原单所开小麦每百斤价值，巴里坤、古城均一两二钱，奇台、济木萨均一两。该军驻扎在北路者，其地粮价本贱，原无须移北路之勇以就南路之粮，更无须以南路之粮供北路等语。查前奉部议，光绪四年，据前督臣左宗棠奏关外米粮百货价值，与东南各省腹地相若，且有较内地更为平减者。复据该大臣奏称，三年冬，克复南路前敌各军，均就地采买，粮料充积，颇有谷贱伤农之患。六年分共收各色粮三十四万六千余石。既称粮料充积，何须另行采买？每年收粮三十余万石，核计该军人数,支食之外,尚有余粮二十余万石,更无须另行采买等因。当以新疆南北两路相距五六千里,地土肥硗不同,丰歉亦异,原奏所称粮料充积、谷贱伤农,系专指西四城而言。该处粮料较多,每年所收之粮,除供支防营外,尚有赢余,无须另采。北路户口凋残、产粮较少之区,开采过多,市价必然陡贵,穷民殊难度活,只得随时体察情形,酌量定采,仍于产粮较广之区采运,以供不足,是以粮价尚能平减,并非粮多价贱也。

又谓转运粮数多于采买粮数,采买粮数多于转运粮数。今据复称征采并用,故运浮于采。或系就地供支各差,或系官车骡驼运送,不开脚价,究竟转运某处、征粮若干、采粮若干,某处供支某差若干,车数、畜数及转运斤数、次数各若干,均未指实等语。查各处征粮、采粮数目,均经报明有案。惟七、八两年粮运紧急,各处仓廒无多,征粮、采粮合储一处,随收随运,络绎不绝,其中某为征粮、某为采粮,实难分别。至转运粮数若干、供支某差若干,如何扣收,上次单内业经声明。其官车、骡驼及转运粮斤,亦经报明有数,惟次数实无从分晰也。

又谓采运粮料、柴草并无核准案据,据称每年季册详载各营驻扎之处,均可复按。查七、八两年分,并未将季册报部等语。查采运粮料、柴草,前督臣左宗棠酌定章程,委员分途开办,采运有局,柴草有局。六年以前,奏销有案。七年以后,又将各台局薪粮、局费用款列入新疆用款二十四条内,或添或减,四柱单内均经按季报明在案。至七、八两年季册,查光绪九年六月初七日,准兵部咨称:应行文陕甘总督,督饬哈密粮台各员赶紧核明造册,呈由该督送部查核等因。当经饬行遵照去后。旋据粮台于十年二月逐一分晰,补造清册,咨送甘肃新疆总粮台,应由督臣咨部立案。

又谓从前总藉各营勇粮为词,今又牵入经书、贴书、护勇、匠工、医生、通事、司事、教习人等,均发粮石,亦在紧贴之列等语。查采买粮料,原系备支营勇,照章扣价。各局经书、贴书、护勇、匠工、医生、通事、司事、教习人等,均系随营办事,若不支粮米,未免向隅,是以照章支发扣价,并非牵入。

又谓总以粮价昂贵为词,考之粮价极贵之处,莫如哈密小麦,每百斤价银一两七钱,以每勇一名月食口粮四十余斤计算,每月仅需银七钱有奇。归湘军统率各营既月支正饷四两二钱,又月支津贴、米折银四钱,固不得于津贴、米折之外,复有津贴粮价名目,即无米折。各军每月应支饷银四两二钱,除口食外,尚可余银三两数钱。粮价较贱之处,则勇丁所余更多,何必劳费采运等语。查归湘军统率各营,驻防南路西四城,每勇于月支正饷外,每月另支津贴、米折银四钱,并未重支采粮津贴。北路产粮较少,每勇仅月支正饷四两二钱,所需食粮,势不能不由公家采运,以昭平允。

又谓喀喇沙尔粮少,不能不取之库尔勒、布古尔为词。考之喀喇沙尔头工在城东六十里,向有屯地一千四百二十亩。二工在城东七十里,向有屯地二千二十亩。每年应征粮三千余石,循照旧章办理,就地尽可取资。即使屯工均已废弃,查喀喇沙尔小麦,每百斤价银八钱,包谷每百斤价银四钱,价值甚贱,粮多可知,何不就地采买?乃于库尔勒购买小麦,价银一两,运至喀喇沙尔,合银多至一两七钱八分。布古尔采买包谷,价银四钱,运至喀喇沙尔,合银至二两三钱五分。舍近求远,舍贱买贵等语。查喀喇沙尔兵燹之后,户口逃亡,所有屯工早已废弃。该处产粮无多,岁止征粮六百余石。不采则价平减,小民可免怨咨;采则市价陡增,军食仍难腾饱。势不能不由库尔勒、布古尔采运,并非舍近求远、舍贱买贵。至库尔勒粮价八钱,喀喇沙尔粮价一两,由库运喀加入人工运费,本不合算。惟营勇食粮,势不容缓,只能视粮之有无,不能问价之贵贱。此必须由官采运以资接济者也。

又谓报销原单,采买粮石,有大米、小麦、包谷、青稞诸色,及查其扣收粮价,仅有大米、小麦二色。所买豌豆、包谷、青稞,并未按色扣收等语。查粮石支发各营者,照章扣价。其塘台、驿站、官骡驼马暨开花炮队车骡支用各色杂料,系作正开报,概不扣价。所以采粮有扣价、不扣价之分。至谓采买价银多至十七万余两,加以运脚,又费数十万两,原单仅扣收银一万余两,迨经议驳,始称有十一万余两,归入九年列收等语。查七、八两年支发营粮,已扣价者,自应列入原单报收。其尚未扣回者,自应俟九年扣缴,是以归入九年分造报,并非采供粮斤之不实也。总之,新疆初复之区,户民招徕未广。前项粮料、柴草委系因时因地,实采实销,并无浮冒。所有七年分菜价银九万七百九十八两八钱三分八厘三毫三丝四忽九微,仍请核销。

一、部议七年分发运粮脚价银一十八万二千五百二十一两二钱六分三厘二丝二微款。查采买粮价,前条仍请开支。此项运脚,应请知照兵部核销。

一、部议八年分发统费及长夫口粮银一万二千四百七十九两六钱七分八毫六丝一忽六微款。查此款已于七年分声明,应请核销。

一、部议八年分发湘军各营旗分统及营务处公费银二万九百九两九钱七分九毫五丝八忽四微款。查此款已于七年分声明,应请查核准销。

一、部议八年分发粮料、柴草价银八万五千八百九十六两六钱一分一厘八毫一丝四微款。查此款已于七年分声明，应请仍照原单准销。

一、部议八年分发运粮脚价银一十七万八千七百六十一两一钱二分四厘一毫一丝四忽二微款。查采买粮料，前条仍请开支。此款与七年分事同一律，应请知照兵部核销。

统计七、八两年原单，共应支库平银七百六十五万六千七百二十二两二钱九分八厘四毫九丝八忽五微，内除划抵各台局经贴、护勇、缠回通事、长夫、斗级等，支过征粮扣价湘平折合库平银一万二千三百一十九两八钱四分五厘一毫一丝三微，应归征粮报销案内另案汇造，不列收支。又支过采粮扣价湘平折合库平银一万二千七十七两四钱六分三厘六毫九丝七忽八微，在应支口粮项下抵。除已于七、八两年采买粮价款内声叙请免列收均不计外，实应支库平银七百六十三万二千三百二十四两九钱八分九厘六毫九丝四忽，内除七、八两年欠发勇饷银一百四十一万三千三百五十二两四钱二分六厘二毫九丝五忽二微外，实该银六百二十一万八千九百七十二两五钱六分三厘三毫九丝五忽二微。

再，除伊犁将军金顺借支银一十三万七千四百六十三两六钱九分七厘九毫六丝七忽一微，嵩武军借支银三十一万八千五百两一钱四分三厘二毫七丝二忽，嵩武军粮料合价银一十三万三千一百四十九两八钱四分三厘九毫一忽二微另案办理外，实应请销银五百六十三万九千八百五十八两八钱七分八厘二毫五丝四忽九微，内应归兵部核销银八十一万四千二百二十两五钱七分一厘一毫五丝二忽三微，工部核销银一十三万一千九百四两五钱五分四厘三毫九忽三微，户部核销银四百六十八万三千七百三十三两七钱五分二厘七毫九丝三忽三微，内遵照删除统费、公费银一万八千二百一十三两八分四毫九丝六忽六微，应俟下案列收具报不计外，实请销银四百六十六万五千五百二十两六钱七分二厘二毫九丝六忽七微。查截至八年十二月底，仍照原案实存银七万八千二百八十九两七分一毫三丝一忽六微，仍欠发六年以前并七、八两年存饷银二百八十万一千六百四十六两八钱七分一厘，合并陈明。

（朱批）：览。①

---

①中国第一历史档案馆藏：《清单》，档案编号：03—6111—054。

071. 原保即选知府邵醴泉另核改奖片
光绪十四年六月二十二日(1888年7月30日)

　　再，现办皖北练军营务处三品衔知府用即选知州邵醴泉，前于新疆六载边防案内经臣汇保以知府归部不论双单月尽先即选，经部议驳该员所请非应升之项，核与定章不符，应令另核奏明请奖等因。当经转行遵照去后。兹据该员禀称：知府既非应升之项，请改奖免选知州本班，以直隶州知州归部，不论双单月尽先即选，俟选缺后再以知府用等情。呈由安徽寿春镇总兵任祖文转请附奏前来。

　　合无仰恳天恩俯准，将三品衔知府用即选知州邵醴泉免选本班，以直隶州知州归部，不论双单月选用尽先即选，俟选缺后以知府用，出自鸿慈。

　　谨附片具陈，伏乞圣鉴训示。谨奏。

（朱批）：吏部议奏。①

光绪十四年七月二十五日，奉朱批：吏部议奏。钦此。②

　　【案】此奏片具奏日期，原件署"光绪十四年七月初一日"，录副署"光绪十四年六月二十三日"。查《军机处随手登记档》③，载有"报四百里，六月二十二日发"等语。据此，其具奏日期当为"光绪十四年六月二十二日"，兹据校正。

072. 奏报新疆光绪十四年三月雨水粮价折
光绪十四年七月初一日(1888年8月8日)

　　尚书衔甘肃新疆巡抚二等男臣刘锦棠跪奏，为恭报光绪十四年三月分粮价并得雨情形，谨缮折具陈，仰祈圣鉴事。

　　窃照光绪十四年二月分各厅州县粮价并雨情形，业经臣奏报在案。兹查三月分北路迪化得雨入土四五寸，昌吉、阜康、绥来得雨入土二三寸不

---

①中国第一历史档案馆藏：《朱批原件》，档案编号：04—01—12—0543—105。
②中国第一历史档案馆藏：《军机录副》，档案编号：03—5857—061。
③中国第一历史档案馆藏：《军机处随手登记档》，档案编号：03—0257—3—1214—192。

等,镇西、奇台微雨。南路疏勒、英吉沙尔得雨入土四五寸,莎车、拜城得雨入土一二寸不等,库车、乌什、玛喇巴什、和阗、于阗、疏附、叶城微雨,余未得雨。时值山中积雪融化,渠水畅流,土膏滋润,民情安帖。

至通省粮价,镇西、吐鲁番、喀喇沙尔、库车、玛喇巴什、疏勒、莎车、迪化、绥来、阜康等厅州县,俱与上月相同,余均略有增减。据藩司魏光焘汇详请奏前来。

理合恭折具陈,并缮粮价清单,敬呈御览。伏乞皇太后、皇上圣鉴。谨奏。光绪十四年七月初一日。

(朱批):知道了。①

光绪十四年八月初四日,奉朱批:知道了。钦此。②

073. 呈新疆光绪十四年三月粮价清单

光绪十四年七月初一日(1888年8月8日)

谨将各属光绪十四年三月分米粮时估价值缮具清单,恭呈御览。计开三月分:

镇迪道属

迪化县:大米每京石价银三两八钱五厘,小麦每京石价银一两五钱二分一厘,莞豆每京石价银一两六钱二分,青稞每京石价银一两二钱七分。俱与上月相同。

昌吉县:大米每京石价银二两五钱二分,与上月相同。小麦每京石价银一两一钱八厘,较上月减七厘。莞豆每京石价银一两二钱一厘,青稞每京石价银八钱七分五厘。俱与上月相同。

阜康县:粟米每京石价银一两二钱七分三厘,莞豆每京石价银一两三钱八分,小麦每京石价银一两三钱八分,高粱每京石价银六钱七分二厘。俱与上月相同。

绥来县:大米每京石价银二两二钱九分二厘,小麦每京石价银九钱八分九厘,莞豆每京石价银一两八分,高粱每京石价银八钱一分六厘。俱与

---

①中国第一历史档案馆藏:《朱批原件》,档案编号:04—01—25—0532—044。
②中国第一历史档案馆藏:《军机录副》,档案编号:03—9960—011。

上月相同。

奇台县：大米每京石价银二两六钱八分，较上月减二钱四分五厘。小麦每京石价银九钱九分，较上月增三分五厘。莞豆每京石价银九钱三分二厘，较上月增三分五厘。

镇西厅：小麦每京石价银一两七钱六分，莞豆每京石价银一两七钱二分，青稞每京石价银一两一钱二分。俱与上月相同。

哈密厅：粟米每京石价银一两七钱二分八厘，与上月相同。小麦每京石价银一两三钱五分，较上月减三分。莞豆每京石价银一两七钱二分八厘，青稞每京石价银一两二厘，俱与上月相同。

吐鲁番厅：小麦每京石价银一两二钱六分八厘，大麦每京石价银五钱六分，黄豆每京石价银一两四钱九分三厘，高粱每京石价银五钱五分九厘。俱与上月相同。

库尔喀喇乌苏厅：小麦每京石价银一两四钱八分六厘，莞豆每京石价银一两五钱八分，俱与上月相同。高粱每京石价银一两一钱二分四厘，较上月减一钱。

阿克苏道属

温宿直隶州：大米每京石价银三两四分，较上月增一两六分四厘。小麦每京石价银二两三分四厘，较上月增六钱五分四厘。大麦每京石价银一两四钱四分，较上月增四钱八分。包谷每京石价银一两六钱三分二厘，较上月增五钱四分四厘。

拜城县：小麦每京石价银九钱九分，较上月减五分。大麦每京石价银七钱三分，莞豆每京石价银六钱九分，俱与上月相同。包谷每京石价银六钱九分，较上月减四分。

喀喇沙尔直隶厅：大米每京石价银二两八钱一分二厘，小麦每京石价银一两三分五厘，莞豆每京石价银九钱三分六厘，包谷每京石价银八钱三分二厘。俱与上月相同。

库车直隶厅：大米每京石价银二两一钱一分，小麦每京石价银八钱九分，莞豆每京石价银八钱九分，包谷每京石价银四钱四分。俱与上月相同。

乌什直隶厅：大米每京石价银三两七钱二分五厘，较上月增一两四分三厘。小麦每京石价银一两六钱五分，较上月增七钱二分六厘。大麦每京石价银六钱四分二厘,较上月增二钱一分四厘。包谷每京石价银九钱四分三厘,较上月增一钱六分一厘。

喀什噶尔道属

疏勒直隶州:大米每京石价银三两一钱五分,小麦每京石价银一两三钱八分,包谷每京石价银一两一钱五分二厘,高粱每京石价银一两三分五厘。俱与上月相同。

疏附县:大米每京石价银二两七钱,较上月减三钱。小麦每京石价银一两三钱八分,包谷每京石价银一两七分二厘,俱与上月相同。高粱每京石价银八钱五厘,较上月减一钱一分五厘。

莎车直隶州:大米每京石价银一两六钱二分八厘,小麦每京石价银六钱二分一厘,大麦每京石价银四钱,包谷每京石价银四钱二分二厘。俱与上月相同。

叶城县:大米每京石价银三两三钱二分,与上月相同。小麦每京石价银五钱,较上月减五分。包谷每京石价银二钱六分四厘,较上月减二分四厘。青稞每京石价银三钱七分五厘,与上月相同。

和阗直隶州:大米每京石价银一两九钱六分,较上月增二钱八分。小麦每京石价银一两三分八厘,较上月增二钱七厘。青稞每京石价银四钱一分四厘,较上月增一钱一分一厘。包谷每京石价银五钱一分二厘,较上月增一钱二分八厘。

于阗县:大米每京石价银三两四钱五分,与上月相同。小麦每京石价银一两七分二厘,较上月增一钱三分四厘。包谷每京石价银七钱四厘,与上月相同。

英吉沙尔直隶厅:大米每京石价银二两七钱三分,与上月相同。小麦每京石价银五钱五分,较上月减一钱一分。包谷每京石价银四钱,较上月减八分。大麦每京石价银二钱八分,与上月相同。

玛喇巴什厅:大米每京石价银五两一钱八分,小麦每京石价银一两三钱八分,包谷每京石价银一两二分四厘。俱与上月相同。

(朱批):览。①

---

①中国第一历史档案馆藏:《清单》,档案编号:03—9960—012。

074. 奏报废员防守出力请旨减释缘由折
光绪十四年七月初一日（1888年8月8日）

尚书衔甘肃新疆巡抚二等男臣刘锦棠跪奏，为废员出力，拟请减释，恭折具陈，仰祈圣鉴事。

窃照废员张荣升系广州驻防汉军镶蓝旗人，曾补镶红旗骁骑校，因患腿疾，原品休致，支食全俸，在旗聚赌，发往乌鲁木齐等处效力赎罪。又废员赵清韶由山东文生报捐江西候补通判，解饷进京，由都察院条陈管见，发往军台效力，复在配潜逃，赴部控告同台废员，改发新疆充当苦差。于光绪十年正月、四月先后到配，迄今四五年，该废员等各安配所，颇知愧奋。节经派令随同官兵在精河、西湖一带防守，深为出力。

臣卷查效力废员武凤、明顺，于光绪六、七两年先后到配，各安配所，派同队伍在南山一带各隘口，协力防守，深资得力。经前乌鲁木齐都统臣恭镗具奏，光绪九年九月初四日，奉旨：准其释回。钦此。今废员张荣升、赵清韶各安配所，并随同官兵各处防守，深为出力，请释回籍，核与办过成案相符。

合无仰恳天恩将该废员张荣升等减释之处，出自鸿慈。谨恭折具陈，伏乞皇太后、皇上圣鉴，饬部核议施行。谨奏。光绪十四年七月初一日。

（朱批）：该部议奏。①

光绪十四年八月初四日，奉朱批：该部议奏。钦此。②

075. 奏报满营官兵迁并古城到防日期折
光绪十四年七月初一日（1888年8月8日）

尚书衔甘肃新疆巡抚二等男臣刘锦棠跪奏，为恭报乌鲁木齐满营官兵迁并古城到防日期，谨缮折具陈，仰祈圣鉴事。

窃照旗营迁并古城，定议已久。本年春间，据该工程局委员呈报：古城

---

①中国第一历史档案馆藏：《朱批原件》，档案编号：04—01—01—0967—009。
②中国第一历史档案馆藏：《军机录副》，档案编号：03—5857—075。

衙署、兵房各工渐次完竣,请饬赶紧迁徙,以资照料。当经饬据藩司议给盘费、车辆、盐菜等项,并借支俸饷,以便清理,刻期就道去后。

兹据古城城守尉德胜呈称:饬派署左翼佐领德克吉本带领乌鲁木齐满营头起兵眷,署右翼防御伊克精额带领乌鲁木齐满营二起兵眷并军装、车辆,暨该城守尉率带书吏、戈什人等先后起程①,于六月初四、初七、初九、十一等日均到古城防所,各按旗色、方向安置等情,呈报前来。

臣复查无异。所有乌鲁木齐满营官兵迁并古城到防日期,谨会同伊犁将军臣色楞额、陕甘总督臣谭钟麟,恭折具陈,伏乞皇太后、皇上圣鉴。谨奏。光绪十四年七月初一日。

(朱批):该部知道。②

光绪十四年八月初四日,奉朱批:该部知道。钦此。③

076. 委令德克吉本署理满营左翼佐领片

光绪十四年七月初一日(1888年8月8日)

再,署理乌鲁木齐满营左翼佐领连喜因案撤任。所遗员缺,查有即补协领德克吉本,堪以委署。据古城城守尉德胜呈请给委前来。除由臣檄委外,谨会同伊犁将军臣色楞额、陕甘总督臣谭钟麟,附片陈明,伏乞圣鉴。谨奏。

(朱批):兵部知道。④

光绪十四年八月初四日,奉朱批:兵部知道。钦此。⑤

077. 查明叶锡麟被参缘由并请即行革职片

光绪十四年七月初一日(1888年8月8日)

再,已革附生叶锡麟前在山东奉委挑挖淤滩,因应缴添夫工价迟延未

---

① 详见光绪九年七月初七日前乌鲁木齐都统恭镗奏委伊克精额接署乌鲁木齐满营左翼骁骑校缘由(中国第一历史档案馆藏:《军机录副》,档案编号:03—5826—022)。
② 中国第一历史档案馆藏:《朱批原件》,档案编号:04—01—01—0963—074。又《奏稿》第1871—1872页。
③ 中国第一历史档案馆藏:《军机录副》,档案编号:03—6024—053。
④ 中国第一历史档案馆藏:《朱批原件》,档案编号:04—01—16—0223—034。
⑤ 中国第一历史档案馆藏:《军机录副》,档案编号:03—5857—077。

缴,嗣经查究,始将银两如数缴清。经山东抚臣张曜奏参,光绪十三年二月初三日奉朱批:叶锡麟着革去附生,从重发往新疆,以示惩儆等因。钦此。光绪十三年十二月初四日,准山东抚臣张曜将该革生叶锡麟咨解到新。

臣查叶锡麟前在新疆效力,于六载边防出力案内汇保,光绪十年十月初四日奉上谕:附生叶锡麟着以县丞归部,不论双单月选用,并赏戴蓝翎。钦此。该革生在营请假,回籍乡试,彼时尚未奉到行知。十二年,投效山东河工,仍以附生当差。迨臣将保札递发该革生安徽原籍,而该革生已赴山东工次,致未奉到。实系得保在先、被参在后。所有原保官阶、翎枝,自应补参,以昭核实。相应请旨将已革附生原保蓝翎归部选用县丞叶锡麟即行革职,并拨去蓝翎,仍留新疆效力。

谨附片陈明,伏乞圣鉴训示施行。谨奏。

（朱批）:着照所请,该部知道。①

光绪十四年八月初四日,奉朱批:着照所请,该部知道。钦此。②

078.奏报动用商借银两分别抵销归还折

光绪十四年七月初七日（1888年8月14日）

尚书衔甘肃新疆巡抚二等男臣刘锦棠跪奏,为臣军清欠不敷,动用甘肃拨存司库银两及由商号代借银两,实应分别抵销归还,恭折具陈,仰祈圣鉴事。

窃臣准户部咨:议复新疆欠饷清理就绪一折,内称拨解、代借各款,案据两歧,请旨饬令详细查明,报部核办等因。臣正拟复奏间,适准督臣谭钟麟咨到查明新疆借款折稿③,逐加查核,前项拨存、代借之四十万两,不在部拨百万之内,谭钟麟已详细声复,臣可毋庸复赘。惟查谭钟麟所奏各节,有不能不陈于君父之前者。

臣前奏清理欠饷,原请拨部款一百四十万两,已属减而又减,未敢以为此数即能敷用。嗣谭钟麟奏请饬部借拨库平银七十万两,由甘肃四分平余

---

①中国第一历史档案馆藏:《朱批原件》,档案编号:04—01—01—0967—010。
②中国第一历史档案馆藏:《军机录副》,档案编号:03—5238—018。
③详见光绪十四年五月二十八日陕甘总督谭钟麟奏报查明新疆借款详细情形（中国第一历史档案馆藏:《朱批原件》,档案编号:04—01—35—0993—053;《军机录副》,档案编号:03—6562—059）。

项下拨银十余万两,饬司挪移银十余万。挪拨之款,势须划还,幸蒙圣慈明察,已先饬部指拨的款一百万,归款有着,臣始得有所藉手。既因假遣甚众,实在不敷,复向函商,乃称去冬所解二十万,不妨动用。若百二十万外,尚不敷银十余万两,当极力设法筹办等语。臣是以复将拨存司库银二十万两动用支发,并乞代挪商款以了此事。其拨存司库之款,原系十二年冬间由甘肃起解,十三年春间,始行解到。

其时,谭钟麟实有来信谓不扣还,后又有信,嘱将此款由臣奏明,臣是以前奏有毋庸归款之语。其由兰州代借之款,谭钟麟上年奏催江西、四川欠解十一、二年新饷,内称新疆抚臣应分三十八九万两。如果两省如数解到,自应先其所急,尽发欠饷。而咨报起解商款文内则又谓拟在十四年应分关外新饷内划扣。臣以江西、四川欠解之款尚待支发留营旧勇存饷,本年新饷亦指济本年之用。其不可扣留之故,亦迭次专函告明。是未具奏之先,实已商之再四。现在迭准咨称:已于江西、四川补解十一、二年关外应分欠饷内,扣去库平银九万二千八百余两,又由本年关外应分新饷内先后扣去银四万两,饷由关内分支①,自难阻其不扣。惟光绪七年以后岁饷,经前督臣左宗棠奏定,以六成划分新疆、四成划留甘肃。

查前伊犁将军金顺,七年分需饷甚殷,经前护督臣杨昌濬商由关内外分借,以济眉急。嗣据甘肃总粮台赍到分饷清折,关内借拨之八万两,系归十成公用截算。关外借拨之十四万二千两,悉于新疆六成协饷内划除。计应由关内补解银五万六千八百两。乌鲁木齐制兵额饷,例由甘藩库支发。谭钟麟商臣改勇为兵,仍束以防营之制,团扎训练,俾复步兵旧额之半,名曰土勇饷章,谓较甘兵为优,库支恐干部诘,嘱臣改由营发。计从八年七月初一日起,应由关内补解银二十四万五千四百三十八两二钱。哈密、巴里坤等处军塘经费亦系司库例支,前据护督臣杨昌濬商请,仿照司库向粮台拨款成案,于行营粮台拨发银两,作为司中借款。计从七年支发起,应由关内补解银五万九百一两一钱六分五厘七毫四丝四忽。以上七、八、九、十等年共欠解关外湘平银三十五万三千一百三十九两三钱六分五厘七毫四丝四忽。谭钟麟拨解新疆司库银二十万两,即悉数抵欠尚不敷银一十五万余

---

① 详见光绪十四年五月二十八日陕甘总督谭钟麟奏报收到江西、四川十一、二年欠饷缘由(中国第一历史档案馆藏:《朱批原件》,档案编号:04—01—01—0946—095;《军机录副》,档案编号:03—6620—020)。

两。此外有无别项,尚未逐细勾稽。臣初亦以关外为督臣所辖,协饷赖其转输,是以每自思维,苟于公用无亏,亦从不敢与之计较。关外分饷虽倍半于关内,关外防军亦倍半于关内,饷归正用,似不得谓之挥霍。但举关外应得之饷畀之关外,何敢于关内所有格外取求?臣前折已奉朱批:着照所请。谭钟麟若必指由兰州代借之款于关外新饷内取偿,是臣部留营旧勇存饷终归无着,本年之饷必至又启新亏,清欠之局仍不能一了百了。

惟有仰恳天恩,饬部仍遵前旨,在于原拨欠饷各省关指拨的款银二十万两,速清此款,俾免虚悬。谭钟麟所扣之银,仍令照数补解,各归各款,以符原案而免歧异。其七、八、九、十等年欠解关外银两,除以拨存司库二十万两饬台列收抵解外,其余下欠一十五万余两如何着落,应由谭钟麟据实奏明。

至新疆支款,臣自当督饬藩司,如能节省一分,即封存一分,随时奏咨立案,不得指为甘肃拨存之款。臣忝膺疆寄,幕友固所必需,然一应公事,究无不由臣自主,合并声明。

所有关外清欠不敷,动用甘肃拨存司库及由商号代借银两分别抵销归还缘由,谨据实恭折具奏,伏乞皇太后、皇上圣鉴训示。谨奏。光绪十四年七月初七日。

(朱批):户部议奏。①

光绪十四年八月十一日,奉朱批:户部议奏。钦此。②

079. 奏报阿克苏道黄光达闻讣丁忧等情折

光绪十四年七月十三日(1888年8月20日)

尚书衔甘肃新疆巡抚二等男臣刘锦棠跪奏,为报明道员闻讣丁忧日期,恭折仰祈圣鉴事。

窃据新疆布政使魏光焘详:据署温宿直隶州知州江遇璞转据阿克苏道黄光达家丁李升呈称:窃家主黄光达,现年四十五岁,系湖南湘乡县人,由文童投效楚军老湘营,历保二品顶戴、盐运使衔、甘肃遇缺尽先题奏道。光

---

① 中国第一历史档案馆藏:《朱批原件》,档案编号:04—01—01—0964—074。又《奏稿》第1877—1884页。
② 中国第一历史档案馆藏:《军机录副》,档案编号:03—6620—082。

绪九年，奉委署理喀什噶尔道，十年正月初九日到任。新疆六载边防案内出力汇请，赏给奇成额巴图鲁名号。十一年，奏补喀什噶尔道，旋调署阿克苏道，于十三年四月十五日到任。是年十一月，复奏请调补斯缺，奉部核准，于十四年三月二十五日具奏，奉旨：依议。钦此。兹于十四年六月初九日接到家信，家主亲父黄文耀于本年四月初一日在籍病故。家主系属亲子，例应丁忧等情，由司详请具奏前来。

臣复查无异。除饬取该员亲供另案送部，并俟拣员接署附片陈明外，所遗阿克苏道一缺，系冲繁疲三项要缺，例应请旨简放。惟边疆要缺道员例准在外拣员升调，归于酌量。上年，广西添设太平归顺兵备道一员，定为冲繁难三字边要缺，部咨准其由外拣调升补。

新疆初设行省，地处极边，现行变通章程载：甘肃道、府、丞、倅、州、县以及佐杂各要缺，将现任各员按照应升官阶，任内无论有无升案并是否到任实授以及历俸、试俸未经期满各员，准择其人地相宜者，一律升调等语。所有新疆新旧各道缺，除喀什噶尔、伊塔两道系奏明四项请旨最要缺，镇迪道缺向由内地拣选对调外，阿克苏道一员，系边疆三字要缺，可否扣留由外拣员酌量升调之处，应请饬下吏部核复施行。

是否有当？谨会同陕甘总督臣谭钟麟，恭折具奏，伏乞皇太后、皇上圣鉴，训示。再此案改题为奏，合并声明。谨奏。光绪十四年七月十三日。

（朱批）：吏部议奏。①

光绪十四年八月十六日，奉朱批：吏部议奏。钦此。②

080. 请准提督董福祥等留于新疆补用片

光绪十四年七月十六日（1888年8月23日）

再，投效新疆及随臣征剿各武员，多由军营立功，堪资差遣。除曾经奏留、改留甘肃补用者均毋庸议外，其有未经奏改者，亟应照章奏明，改留甘肃新疆补用，以资得力而符定制。兹查有现署理阿克苏镇总兵头品顶戴题奏提督云骑尉世职阿尔杭阿巴图鲁董福祥、头品顶戴题奏提督倭欣巴图鲁

①中国第一历史档案馆藏：《朱批原件》，档案编号：04—01—12—0543—089。
②中国第一历史档案馆藏：《军机录副》，档案编号：03—5238—063。

张俊、头品顶戴记名提督讷齐欣巴图鲁杜锡斌、头品顶戴记名提督奇臣巴图鲁张宗本、记名提督年常阿巴图鲁杨先胜、记名提督讷恩登额巴图鲁赵奉乐、记名提督利勇巴图鲁牛允诚、提督衔记名总兵年常阿巴图鲁禹中海、题奏总兵博卿额巴图鲁查春华、尽先补用副将张天有、副将衔尽先补用参将育勇巴图鲁张宗文、参将衔尽先补用游击蓝德清、二品顶戴尽先补用游击武勇巴图鲁廖克明、尽先补用都司张鸿畴等十四员,均在新疆带队,迭著战功,熟悉边防营伍。若以原官原衔留于甘肃新疆尽先补用,于营伍边防实有裨益。合无仰恳天恩俯准,将董福祥等十四员一并留于甘肃新疆补用,出自鸿慈。

除饬取该员等履历清册另咨送部并俟续查尚有堪留差遣之员再行陈奏外,谨会同陕甘总督臣谭钟麟,附片具陈,伏乞圣鉴训示。谨奏。

光绪十四年八月初四日,奉朱批:着照所请,兵部知道。钦此。①

【案】此奏片具奏日期,录副目录作"光绪十四年八月初四日"。查《军机处随手登记档》朱批刘锦棠折②,载有"报六百里,七月十六日发"等字样。据此,此片具奏日期当为"光绪十四年七月十六日",兹据校正。

081. 恳准开缺回籍就医藉遂乌私缘由折

光绪十四年七月十九日（1888年8月26日）

尚书衔甘肃新疆巡抚二等男臣刘锦棠跪奏,为微臣假期已满,病难速痊,仍恳天恩允准,开缺回籍就医,藉遂乌私,恭折仰祈圣鉴事。

窃臣前奏恳请开缺回籍就医,于光绪十四年三月十五日差弁赍回原折,奉朱批:览奏,殊深廑系。新疆地方紧要,该抚办事诸臻妥协,朝廷正资倚任,着再赏假四月,安心调理,毋庸开缺。钦此。跪聆之下,感激涕零。

伏念臣自卧病以来,已逾一稔,初蒙恩赏假三月,继又蒙恩赏假两月,未能自力,已惧旷官。兹复仰荷殊施,有逾常格。以朝廷之宵旰,宽臣子之职司。闻命惶悚,罔知所措,急欲医治就痊,以期上慰宸廑。无如积病已

---

①中国第一历史档案馆藏:《军机录副》,档案编号:03—5857—076。
②中国第一历史档案馆藏:《军机处随手登记档》,档案编号:03—0257—3—1214—200。

深,急难求效,现在假期又已届满,而手足麻木如故,或与僚属接见,坐未数语而脚筋抽转,其紧若弦,虽使数人按之,不能少止。如此数四,其苦异常,下久血虚,昏倦特甚。臣所以刻难再缓者,亦诚以边方紧要,未可稍有疏虞,而臣以久病之身肩此重任,日复一日,遗误必多,且臣祖母年高,望臣最苦。

臣前以谕旨有国尔忘家之训,未敢再四陈请,然乌鸟之私,实难自已,向使边隅未靖,臣不敢以此为辞。今仰赖宸谟,边陲无事,如臣久病,复何所施!惟有仍恳天恩,允准开缺,迅赐简放人员,俾臣得回籍就医,兼伸定省,亲心少慰。臣病略痊,即当趋叩阙廷,求赏差使,断不敢少耽安逸,有负生成。臣不胜迫切屏营之至。

谨恭折沥陈,伏乞皇太后、皇上圣鉴训示施行。谨奏。光绪十四年七月十九日。

(朱批):据奏病久未痊,殊深系念。新疆地处边陲,责任綦重。该抚威望素著,倚畀正殷,着再赏假六个月,安心调理,毋庸开缺,并赏给人参八两,俾资调摄。①

光绪十四年九月初十日,奉朱批:据奏病久未痊,殊深系念。新疆地处边陲,责任綦重。该抚威望素著,倚畀正殷,着再赏假六个月,安心调理,毋庸开缺,并赏给人参八两,俾资调摄。钦此。②

082. 奏报光绪十四年四月雨水粮价折

光绪十四年七月二十四日(1888年8月31日)

尚书衔甘肃新疆巡抚二等男臣刘锦棠跪奏,为恭报光绪十四年四月分粮价并得雨情形,谨缮折具陈,仰祈圣鉴事。

窃照光绪十四年三月分各厅州县粮价并雨情形,业经臣奏报在案。兹查四月分北路阜康、昌吉得雨入土四五寸不等,迪化、绥来、奇台、镇西、库尔喀喇乌苏微雨。南路拜城得雨入土二寸有余,温宿、喀喇沙尔、库车、乌什、疏勒、玛喇巴什、叶城、和阗、于阗微雨,余未得雨。幸值天气和暖,渠水

---

① 中国第一历史档案馆藏:《朱批原件》,档案编号:04—01—12—0543—085。又《奏稿》第1885—1888页。
② 中国第一历史档案馆藏:《军机录副》,档案编号:03—5239—019。

畅流,地亩足资灌溉,民情安帖。

至通省粮价,镇西、哈密、吐鲁番、库尔喀喇乌苏、喀喇沙尔、英吉沙尔、疏勒、和阗、迪化、昌吉、阜康等厅州县,俱与上月相同,余均略有增减。据藩司魏光焘汇详请奏前来。

理合恭折具陈,并缮粮价清单,敬呈御览。伏乞皇太后、皇上圣鉴。谨奏。光绪十四年七月二十四日。

(朱批):知道了。①

光绪十四年八月二十七日,奉朱批:知道了。钦此。②

083. 呈新疆各属光绪十四年四月粮价清单

光绪十四年七月二十四日(1888年8月31日)

谨将新疆各属光绪十四年四月分米粮时估价值缮具清单,恭呈御览。计开

四月分:

镇迪道属

迪化县:大米每京石价银三两八钱五厘,小麦每京石价银一两五钱二分一厘,莞豆每京石价银一两六钱二分,青稞每京石价银一两二钱七分。俱与上月相同。

昌吉县:大米每京石价银二两五钱二分,小麦每京石价银一两一钱八厘,莞豆每京石价银一两二钱一厘,青稞每京石价银八钱七分五厘。俱与上月相同。

阜康县:粟米每京石价银一两二钱七分三厘,莞豆每京石价银一两三钱八分,小麦每京石价银一两三钱八分,高粱每京石价银六钱七分二厘。俱与上月相同。

绥来县:大米每京石价银二两三钱九分七厘,较上月增一钱五厘。小麦每京石价银九钱八分九厘,莞豆每京石价银一两八分,高粱每京石价银八钱一分六厘,俱与上月相同。

---

①中国第一历史档案馆藏:《朱批原件》,档案编号:04—01—24—0161—085。
②中国第一历史档案馆藏:《军机录副》,档案编号:03—9960—013。

奇台县：大米每京石价银二两六钱八分九厘，莞豆每京石价银九钱三分二厘，俱与上月相同。小麦每京石价银一两一厘，较上月增一分一厘。

镇西厅：小麦每京石价银一两七钱六分，莞豆每京石价银一两七钱二分，青稞每京石价银一两一钱二分。俱与上月相同。

哈密厅：粟米每京石价银一两七钱二分八厘，小麦每京石价银一两三钱五分，莞豆每京石价银一两七钱二分八厘，青稞每京石价银一两二厘。俱与上月相同。

吐鲁番厅：小麦每京石价银一两二钱六分八厘，大麦每京石价银五钱六分，黄豆每京石价银一两四钱九分三厘，高粱每京石价银五钱五分九厘。俱与上月相同。

库尔喀喇乌苏厅：小麦每京石价银一两四钱八分六厘，莞豆每京石价银一两五钱八分，高粱每京石价银一两一钱二分四厘。俱与上月相同。

阿克苏道属

温宿直隶州：大米每京石价银三两四分，大麦每京石价银一两四钱四分，包谷每京石价银一两六钱三分二厘，俱与上月相同。小麦每京石价银一两九钱三分二厘，较上月减一钱二厘。

拜城县：小麦每京石价银九钱四分，较上月减五分。大麦每京石价银七钱三分，莞豆每京石价银六钱九分，包谷每京石价银六钱九分，俱与上月相同。

喀喇沙尔直隶厅：大米每京石价银二两八钱一分二厘，小麦每京石价银一两三分五厘，莞豆每京石价银九钱三分六厘，包谷每京石价银八钱三分二厘。俱与上月相同。

库车直隶厅：大米每京石价银二两一钱九分，较上月增八分。小麦每京石价银九钱八分六厘，较上月增九分六厘。莞豆每京石价银四钱八分，较上月增九分。包谷每京石价银五钱五分，较上月增一钱一分。

乌什厅：大米每京石价银四两二分三厘，较上月增二钱九分八厘。小麦每京石价银一两八钱八厘，较上月增一钱五分八厘。大麦每京石价银七钱四分九厘，较上月增一钱七厘。包谷每京石价银一两三钱一分，较上月增三钱六分七厘。

喀什噶尔道属

疏勒直隶州：大米每京石价银三两一钱五分，小麦每京石价银一两三钱八分,包谷每京石价银一两一钱五分二厘,高粱每京石价银一两三分五厘。俱与上月相同。

疏附县:大米每京石价银二两七钱,小麦每京石价银一两三钱八分,俱与上月相同。包谷每京石价银九钱三分八厘,较上月减一钱三分四厘。高粱每京石价银六钱九分,较上月减一钱一分五厘。

莎车直隶州:大米每京石价银一两七钱七分六厘,较上月增一钱四分八厘。小麦每京石价银四钱四分四厘,较上月减一钱七分七厘。大麦每京石价银三钱一分二厘,较上月减八分八厘。包谷每京石价银三钱三分,较上月减九分二厘。

叶城县:大米每京石价银二两六钱一分,较上月增二钱九分。小麦每京石价银三钱七分五厘,较上月减一钱二分五厘。包谷每京石价银二钱六分四厘,与上月相同。青稞每京石价银三钱五分,较上月减二分五厘。

和阗直隶州:大米每京石价银一两九钱六分,小麦每京石价银一两三分五厘,青稞每京石价银四钱一分四厘,包谷每京石价银五钱一分二厘。俱与上月相同。

于阗县:大米每京石价银四两一钱四分,较上月增六钱九分。小麦每京石价银一两七分二厘,与上月相同。包谷每京石价银七钱六分八厘,较上月增六分四厘。

英吉沙尔直隶厅:大米每京石价银二两七钱三分,小麦每京石价银五钱五分,包谷每京石价银四钱,大麦每京石价银二钱八分。俱与上月相同。

玛喇巴什厅:大米每京石价银四两四钱四分,较上月减七钱四分。小麦每京石价银一两一钱四厘,较上月减二钱七分六厘。包谷每京石价银一两二分四厘,与上月相同。

(朱批):览。①

084. 审拟温宿缠民哎曼尔斗殴毙命一案折
光绪十四年七月二十四日(1888年8月31日)

尚书衔甘肃新疆巡抚二等男臣刘锦棠跪奏,为斗殴毙命,核明定拟,恭

---

①中国第一历史档案馆藏:《清单》,档案编号:03—9960—014。

折具陈,仰祈圣鉴事。

窃温宿州缠民哎曼尔因磨面口角,刃伤艾丙拉左乳身死一案,据温宿州知州陈名钰验讯议拟,解由阿克苏道黄光达复审加看,咨镇迪道兼按察使衔恩纶核明转详。

臣复加查核,缘哎曼尔籍隶温宿州,与已死艾丙拉同庄居住,素识无嫌。光绪十四年正月十三日,哎曼尔因前数日有小麦送交艾丙拉磨房磨面,是日前往接面。艾丙拉因生意甚忙,尚未磨出。哎曼尔需面甚急,即找出自己麦袋,负气背走,另往别处租磨。艾丙拉贪利拦住,拉其麦袋,互相扭夺。哎曼尔恐被夺去,顺抽身佩小刀,转身吓戳一下,适伤艾丙拉左乳倒地。经沙吾尔喝住。讵艾丙拉伤重,移时身死。随据尸亲投约报州,相验获犯,讯供议拟,解阿克苏道,咨兼臬司核转前来,臣复核无异,

查律载:斗殴杀人者,不问手足、他物、金刃,并绞监候等语。此案哎曼尔因磨面口角扭夺,刃伤艾丙拉左乳,移时殒命,自应按律问拟。哎曼尔合依斗殴杀人者不问手足、他物、金刃并绞律,拟绞监候,秋后处决。沙吾尔救阻不及,应免置议。无干省释。尸饬领埋,凶刀案结销毁。

是否允协? 除全案供招咨送刑部外,合将斗殴毙命核明定拟缘由,恭折具奏,伏乞皇太后、皇上圣鉴,饬部核议施行。谨奏。光绪十四年七月二十四日。

(朱批):刑部议奏。①

光绪十四年八月二十七日,奉朱批:刑部议奏。钦此。②

085. 请准亲军校保庆留新疆差遣片

光绪十四年七月二十四日(1888年8月31日)

再,臣上年据亲军校保庆禀称:现年五十九岁,系京城正白旗满洲成福佐领下人,于光绪十二年十一月经御前大臣奏准给假,护送其子新疆候补直隶州知州明征眷属,于十三年九月初五日到新疆省城,情愿留营效力等情。臣以保庆系属京旗人员,未敢擅便,当呈请正白旗领侍卫内大臣奏明

---

①中国第一历史档案馆藏:《朱批原件》,档案编号:04—01—26—0077—055。
②中国第一历史档案馆藏:《军机录副》,档案编号:03—7311—059。

办理去后。兹准兵部转准侍卫处咨称：亲军校保庆系告假护送眷属人员，该抚自行酌量奏请留营差委等因。

臣查乌鲁木齐、巴里坤等处旗营迁并古城，正值需员差遣，该员精力尚强，可否留于新疆差委、俾资得力之处，出自逾格鸿施。

除分咨外，谨附片具陈，伏乞圣鉴训示。谨奏。

（朱批）：着照所请，该衙门知道。①

光绪十四年八月二十七日，奉朱批：着照所请，该衙门知道。钦此。②

【案】此奏片具奏日期，原件署"光绪十四年七月二十四日"，录副署"光绪十四年八月二十七日"。查光绪十四年八月二十七日《军机处随手登记档》③朱批刘锦棠折，载有"报四百里，七月二十四日发"等字样。据此，此片具奏日期当为"光绪十四年七月二十四日"，兹据校正。

086.哈密等处回王年班恳分年分班赴京折
光绪十四年七月二十六日（1888年9月2日）

尚书衔甘肃新疆巡抚二等男臣刘锦棠跪④奏，为哈密、吐鲁番、库车回子王等年班拟恳援案分年分班，赴京朝觐，以示怀柔而加体恤，恭折仰祈圣鉴事。

窃臣准理藩院咨：奏回子王等应行来京年班班次一片，于光绪十四年五月二十三日具奏，本日奉旨：依议。钦此。钦遵咨行前来。查原奏内称回子王等年班，例载本未明晰，应另定班次，将哈密、吐鲁番、库车回子王等三人定为三班，均令其间二年来京该班一次，总期每年有回子王一人来京。其本年年班，应令其次之吐鲁番回子王玛木特来京该班等因，当经钦遵转行去后。

旋据玛木特呈称：世爵自承袭以来，未得瞻仰天颜，稍纾忱悃，自应赴京该班，以崇盛典。惟兵燹之后，拮据异常，前蒙借支历年廉俸，早经修理衙署、坟墓动用无存，目下负债累累。新疆距京甚遥，往返旅费无从筹措，

---

① 中国第一历史档案馆藏：《朱批原件》，档案编号：04—01—16—0224—066。
② 中国第一历史档案馆藏：《军机录副》，档案编号：03—5857—130。
③ 中国第一历史档案馆藏：《军机处随手登记档》，档案编号：03—0257—3—1214—223。
④ 此前衔据《军机处随手登记档》（档案编号：03—0257—3—1214—225）校补。

恳请再行展限三年,以纾困苦等情。

臣查嘉庆十六年奉上谕:铁保等奏阿奇木伯克入觐年班恳恩展限一折。阿奇木伯克等年班瞻觐之例,向系分为六班,六年一轮,为期既速,其程途迂远,往返旅费亦未免拮据,着照铁保等所请,所有八城回子阿奇木等年班,加恩改为九班,俾三品阿奇木俱得一律领班,而四品以下伯克亦得稍为宽假,以昭体制而示优恤等因,钦此。① 又道光十年②正月二十六日,内阁奉上谕:向来回子伯克等每年朝觐,九班轮流。惟念万里驰驱,载途雨雪。朕俯怀况瘁,为期未免过勤,着加恩,自道光十九年起,回子伯克年班改为间二年朝觐,仍照旧九班轮流,第一班着于道光二十一年来京,第二班着于二十四年来京。此后俱照此办理,用示朕怀柔远服、体恤优加至意等因。钦此。

现在新疆改设行省,阿奇木伯克业已裁撤,仅存哈密、吐鲁番、库车回子王等三人,内哈密回子亲王所部回众尚多,差堪自立。其吐鲁番、库车回子郡王自前遭兵燹,家产荡尽,虽承袭世爵,无阿奇木伯克可兼,而廉俸无几,卯粮寅支,负债既深,拮据万状。兹玛木特呈称,旅费无从筹措,恳展限三年,亦系实在情形。

合无仰恳天恩,饬下理藩院核议,准援照道光十年③间二年朝觐成案,将该回子王等仍分三班,哈密札萨克回子亲王沙木胡索特已于光绪十二年进京该班一次,应即作为第一班。其吐鲁番札萨克回子郡王玛木特请作为第二班,于十五年进京该班一次。库车回子郡王阿密特请作为第三班,于

---

① 《清实录》:"铁保等奏阿奇木伯克入觐年班恳恩展限一折。阿奇木伯克等年班瞻觐之例,向系分为六班,每班派三品阿奇木一员,带领四品以下伯克九人。该处三品阿奇木共九员,六班轮派,领班止须六员,其余三员即作为散众跟随,未免于官制未符,且四品以下伯克六年一轮,为期既速,其程途迂远,往返旅费亦未免拮据。着照铁保等所请,所有八城回子阿奇木等年班,加恩改为九班,俾三品阿奇木俱得一律领班,而四品以下伯克亦得稍为宽假,以昭体制而示优恤。该衙门即遵谕行等因,钦此。"(《仁宗睿皇帝实录(四)》,卷二百四十,嘉庆十六年三月,第235—236页。)
② "道光十年",据上下文,此处应为"道光十九年",查《道光朝上谕档》,确。谕旨曰:"道光十九年正月二十六日,内阁奉上谕:向来回子伯克等每年朝觐,九班轮流。惟念万里驰驱,载途雨雪。朕俯怀况瘁,为期未免过勤,着加恩自道光十九年起,回子伯克年班改为间二年朝觐,仍照旧九班轮流,第一班着于道光二十一年来京,第二班着于二十四年来京。四川土司年班,改为间五年朝觐一次,仍照旧班轮流,第一班着于道光二十四年来京,第二班着于三十年来京。此后均照此办理,用示朕怀柔远服、体恤优加至意。该衙门即遵谕行。钦此。"(中国第一历史档案馆编:《道光朝上谕档》,第十九册,第25页;《宣宗成皇帝实录(五)》,卷三百十八,道光十九年正月,第975—976页。)
③ 此处亦应为"道光十九年"。

十八年进京该班一次。以后照此递推办理,为期既不过迫,其力自可稍纾。该回子王等自当各效悃忱,不敢再有违误,实足以存体制而示优恤。

所有哈密、吐鲁番、库车回子王等年班拟请援案分年分班朝觐缘由,是否有当?谨会同陕甘总督臣谭钟麟,恭折具陈,伏乞皇太后、皇上圣鉴训示。谨奏。光绪十四年七月二十六日。

光绪十四年八月二十九日①,奉朱批:该衙门议奏。钦此。②

087. 委任英林署理伊塔兵备道片
光绪十四年七月二十六日(1888年9月2日)

再,署理伊塔兵备道陈晋蕃因案撤任,所遗员缺查有二品顶戴遇缺尽先题奏道英林,通达治体,历练老成,堪以委署。除檄饬遵照外,谨会同伊犁将军臣色楞额、陕甘总督臣谭钟麟,附片具奏,伏乞圣鉴。谨奏。

(朱批):该部知道。③

光绪十四年八月二十九日,奉朱批:该部知道。钦此。④

088. 特参知县郑廷璧请旨革职归案审办折
光绪十四年七月二十七日(1888年9月3日)

臣刘锦棠、奴才色楞额跪奏,为特参职官藉端讹诈,核与查办讦告事件情节相似,传讯恃符逗刁,请旨先行革职,归案审办,恭折仰祈圣鉴事。

窃臣等承准军机大臣字寄:光绪十三年十二月十三日,钦奉慈禧端佑康颐昭豫庄诚皇太后懿旨:本日据醇亲王奕譞等及户部奏,收到锡纶咨文内,均有职官呈控侵冒军饷等事,抄录原呈呈览,各折片。览奏,殊堪诧异。马瑞麟呈控统带马亮纵令陈宗胜轰毙人命及马亮、郑增等捏造欠款、侵吞军饷并牵涉大员废弛营务各节,所控案情重大,虚实亟应彻底根究。色楞额甫经赴任,无所用其回护,着会同刘锦棠,确切查明,据实具奏,毋稍徇

---

① 此朱批日期,据《军机处随手登记档》(档案编号:03—0257—3—1214—225)校补。
② 《奏稿》第1889—1894页。
③ 中国第一历史档案馆藏:《朱批原件》,档案编号:04—01—16—0224—064。
④ 中国第一历史档案馆藏:《军机录副》,档案编号:03—5238—096。

隐！至马瑞麟于锡纶公文内擅附呈词，实属胆大妄为！即所讦非虚，亦应治以应得之罪，着色楞额等一并查究，按律惩办。原呈均着抄给阅看。将此各谕令知之。钦此。遵旨寄信前来等因。

承准此，遵即往复咨会行查，并无马瑞麟其人。维时，奴才色楞额已经接任，一面分别饬取被控各员亲供，调取案据，以凭核办。旋准前署将军锡纶咨：据前办营务粮饷记名副都统马亮①禀称：已经遣撤之文案委员补用知县郑廷璧以求索不遂，迭次写书讹诈，词意与马瑞麟所控相似，恐此次匿名讦告或系该员所为。并据署抚民同知联恩查明，郑廷璧曾在大河沿驿站借住月余，难保无串通私拆公文、夹递禀揭情弊，禀经锡纶咨由臣锦棠先后饬将郑廷璧及驿书朱瑞解赴伊犁备质，并派委署伊塔道陈晋蕃，会同奴才色楞额所派索伦营领队大臣崇勋，听候督饬查办。除将马瑞麟控告各款案关人命、军饷，情节重大，头绪纷歧，是否属实，尚须彻底根究，另行分别查明办理外，连日传讯郑廷璧，饬令缮呈切实亲供，不惟强词支吾，且敢夹递说帖，牵连案外多人，意存倾轧。逐加究诘，又复多方遁饰，根据茫无。质之大河沿驿书朱瑞，仅据供认上年十月郑廷璧到驿寄寓月余，而于通同拆损公文、附词揭控之事未肯承认。再三研诘，言语闪烁。

查郑廷璧去冬由新疆省城所寄马亮手书，词多映射，并附有德永和二十五家商号一纸，尾注户部密咨，陕甘密查，许为周旋等语。如果马瑞麟呈控之案郑廷璧全未与闻，何以致书马亮许为照拂？部中行查商号，名单从何撤取？行为诡诈，情弊显然。比取原函，举与对质，郑廷璧词穷理屈，反肆咆哮，实属胆大妄为，目无法纪。即令郑廷璧于前案事件毫不知情，而其所寄马亮私书，藉图恫喝，迹涉招摇，亦属有干例议。兹于奉旨行查重件，复敢任意逞刁，不服讯诘。兹值整饬地方之际，此等刁狡人员，未便稍事姑息。据索伦营领队大臣崇勋、署伊塔道陈晋蕃会衔详请奏参前来。

臣等复核无异。相应请旨将五品衔补用知县郑廷璧先行革职，归案审

---

①马亮（1845—1909），原隶汉军正白旗，改隶满州正白旗，哈丰阿巴图鲁。同治五年（1866），补骁骑校。八年（1869），加佐领衔。十二年（1873），升协领，晋副都统衔。光绪元年（1875），署巴里坤领队大臣。九年（1883），充防御。十年（1884），调补宁古塔佐领。十四年（1888），转拉林佐领。二十一年（1895），署伊犁镇总兵。二十六年（1900），补密云副都统。二十七年（1901），擢伊犁将军。三十一年（1905），调补乌里雅苏台将军，兼镶黄旗汉都统。三十四年（1908），补授成都将军。卒谥勇僖。

办。如查有擅拆公文、夹递揭帖及讹诈各实情，仍即按律严参惩办，以警官邪。

所有特参借端讹诈、恃符逞刁之五品衔补用知县郑廷璧，请旨先行革职、归案审办缘由，谨合词恭折具陈，伏乞皇太后、皇上圣鉴训示。再，此折系奴才色楞额主稿，合并声明。谨奏。光绪十四年七月二十七日。

（朱批）：郑廷璧着先行革职，归案审办，余依议，该部知道。①

光绪十四年九月初十日，奉朱批：郑廷璧着先行革职，归案审办，余依议，该部知道。钦此。②

089. 新疆抚标城守各营添改官缺均作题缺折
光绪十四年七月二十九日（1888年9月5日）

头品顶戴陕甘总督臣谭钟麟、尚书衔甘肃新疆巡抚二等男臣刘锦棠跪奏，为新疆抚标暨城守各营添设副、参、游、都、守等缺，均请作为题缺，由外拣员请补，以重边防，恭折仰祈圣鉴事。

窃臣等准兵部咨称：应将新疆改设抚标中左右三营、省城城守营、喀喇巴尔噶逊营、玛纳斯协营、济木萨营、库尔喀喇乌苏营、精河营及添设之吐鲁番营副参游都守等缺，应作何项之缺，体察情形，迅即奏明办理。至现设各缺，并令查明堪胜改缺之任者，分别奏咨报部，以凭换札注册。人地未宜者，奏明开缺另补，以符定制等因，当经行司妥议去后。

兹据藩司魏光焘、镇迪道兼按察使衔恩纶会详称：新疆抚标及城守各营副参游都守等官员缺，系以乌鲁木齐提标所部各营员缺，体察情形，分别改设、添设。计改设抚标中营参将一员、守备二员，左营游击一员、守备二员，右营游击一员、守备二员。省城城守营副将一员、都司二员、守备一员。喀喇巴尔噶逊营守备一员。玛纳斯协营副将一员、都司二员、守备一员。济木萨营参将一员、守备一员。库尔喀喇乌苏营游击一员、守备一员。精河营参将一员、守备一员。添设吐鲁番营游击一员、守备一员。其各该员缺从前均定由外拣选题补。诚以地处极边，界连外部，兵政极关紧要，非洞

---

①中国第一历史档案馆藏：《朱批原件》，档案编号：04—01—12—0543—074。
②中国第一历史档案馆藏：《军机录副》，档案编号：03—5239—018。

悉边情、练习营务之员，难期胜任。现虽建置行省，而情形今昔则同。所有改设、添设抚标中左右三营、省城城守营、喀喇巴尔噶逊营、玛纳斯协营、济木萨营、库尔喀喇乌苏营、精河营及添设之吐鲁番营副参游都守等缺，应请均作为题缺，由外拣员请补，详请具奏前来。

臣等查新疆设立行省，营制参用勇章，系属因地制宜。其副将以下员缺，必得熟悉地方情形、明干有为之员，方足以资治理。合无仰恳天恩俯准，将新疆抚标并城守营副参游都守等缺均作为题缺，由外拣员请补。如蒙俞允，臣等即遵照部议，将堪胜改缺之任者分别奏咨报部，换札注册，人地未宜者，奏明开缺，另行拣员请补，以重边防而资得力。

所有新疆抚标并城守等营员缺均请作为题缺由外拣补缘由，谨合词恭折具陈，伏乞皇太后、皇上圣鉴训示施行。再，此折系臣锦棠主稿，合并声明。谨奏。光绪十四年七月二十九日。

（朱批）：兵部议奏。①

光绪十四年九月初二日，奉朱批：兵部议奏。钦此。②

090. 奏报光绪十三年秋冬防营官兵台局数目折
光绪十四年八月初六日（1888年9月11日）

尚书衔甘肃新疆巡抚二等男臣刘锦棠跪奏，为新疆防营员弁勇丁及各台局自光绪十三年七月初一日起截至十二月底止实在数目，分别缮具清单，奏明立案，恭折仰祈圣鉴事。

窃臣所部马步诸军截至光绪十三年六月底止，共存马步六十八营旗、开花炮队三哨、小马队五哨及各台局实在数目，前经遵照部议分别奏咨在案。

兹据新疆粮台司道详称：十三年七、八、九、十、十一、十二等月，遵照奏定标营章程，新募马队一旗、步队一旗，挑募马队二营二十九旗、步队十三营二十旗。又自七月起至十二月底止，裁减行粮马队五营七旗、行粮步队十营十四旗、坐粮马队十一旗、步队三旗、行粮小马队四哨、坐粮小马队一

---

①中国第一历史档案馆藏：《朱批原件》，档案编号：04—01—16—0224—073。又《奏稿》第1895—1898页。
②中国第一历史档案馆藏：《军机录副》，档案编号：03—5858—002。

哨、土勇步队九旗。通截至十三年十二月底止，共存马步七十五营旗、开花炮队三哨。共计额设弁勇二万二百五十五员名，额设营旗哨官二百八十一员、营书二百四名、巡查九十二员、额外火夫、公私长夫、马夫、车夫四千五百三十一名。其各台局内于十二月底止，裁撤巴里坤、吐鲁番二采运局、古城屯采局、哈密粮运局。分晰缮具清单，详请奏咨前来。

臣复核无异。所有新疆各营局自光绪十三年七月初一日起至十二月底止实在数目，除咨部外，理合缮具清单，恭呈御览。伏乞皇太后、皇上圣鉴，饬部立案施行。谨奏。光绪十四年八月初六日。

（朱批）：该部知道，单二件并发。①

光绪十四年九月初十日，奉朱批：该部知道，单二件并发。钦此。②

091. 呈光绪十三年秋冬防营官兵等数目清单

光绪十四年八月初六日（1888年9月11日）

谨将新疆驻防楚湘蜀诸军马步各营旗员弁勇丁、夫马、炮车数目，自光绪十三年七月初一日起至十二月底止，缮具四柱清单，恭呈御览。

旧管：

光绪十三年六月底止，实存行粮步队十营十四旗，坐粮步队二营四旗，土勇步队九旗，行粮马队五营七旗，坐粮马队十六旗，土勇马队一旗，总共存马步六十八营旗，开花炮队三哨，小马队五哨。共计旧存额设营旗哨官三十二员，旧存额设营书二十三名，旧存额设巡查十一员，旧存额设弁勇二万六百九十一员名，旧存额外营哨官九十二员，旧存额外伙夫四百九十六名，旧存额外公长夫、马夫、私夫七千六百一十九名，旧存额马四千五百五十九匹，旧存炮车十八辆、车骡四十八头。

新收：

光绪十三年七月初一日起，新募定边七旗，马队一旗，精河营步队一旗。遵照标营章程，新添额设旗哨官七员，新添额设营书五名，新添额设巡查二名，新添额设弁勇四百七十九员名，新添额外伙夫十四名，新添额外马

---

①中国第一历史档案馆藏：《朱批原件》，档案编号：04—01—16—0224—007。
②中国第一历史档案馆藏：《军机录副》，档案编号：03—6024—061。

夫、私夫九十五名，新添额马一百二十八匹。

光绪十三年八月初一日起，挑募巴里坤镇标中营步队一营，右营及古城营步队各一旗，哈密协营步队一营一旗，镇标左营及城守营、木垒营马队各一旗。遵照标营章程，新添额设营旗哨官三十一员，新添额设营书二十三名，新添额设巡查十员，新添额设弁勇二千四百一十一员名，新添额外马夫、私夫三百四十一名，新添额外伙夫四十二名，新添额马三百八十四匹。

光绪十三年九月初一日起，挑募董字中、左步队二营，前、右步队各一旗，扬威中营步队一营，董字中旗、定远中旗马队各一旗。遵照标营章程，新添额设营旗哨官二十九员，新添额设营书二十二名，新添额设巡查十员，新添额设弁勇二千四百一十九员名，新添额外伙夫二十八名，新添额外马夫、私夫二百七十四名，新添额马二百五十六匹。

光绪十三年十月初一日起，挑募抚标中营步队一营，左、右两营步队各一旗，玛纳斯协营步队一营，济木萨营、库尔喀喇乌苏营步队各一旗，喀什噶尔、阿克苏防营步队各一旗。遵照标营章程，新添额设营旗哨官三十四员，新添额设营书二十六名，新添额设巡查十员，新添额设弁勇三千一百二十八员名，新添额外私夫一百五十二名。

光绪十三年十月初一日起，挑募喀喇巴尔噶逊营、玛纳斯营及定边一、二、三等旗，旌善前、左、右等旗，董字前旗，布鲁特马队、驭远布鲁特马队、喀喇沙尔蒙古马队，共计马队十三旗。遵照标营章程，新添额设营旗哨官三十六员，新添额设营书二十四名，新添额设巡查十二员，新添额设弁勇一千四百四十员名，新添额外伙夫一百六十八名，新添额外马夫、私夫九百四十八名，新添额马一千五百三十六匹。

光绪十三年十一月初一日起，挑募老湘亲军中营、靖远营步队各一营，老湘三、四旗，安边一、二旗，绥定中旗，共步队五旗。遵照标营章程，新添额设营旗哨官三十员，新添额设营书二十三名，新添额设巡查九员，新添额设弁勇二千七百六十九员名，新添额外私夫一百三十六名。

光绪十三年十一月初一日起，挑募西征三、四旗，恪靖中、右、后旗，共马队五旗。遵照标营章程，新添额设营旗哨官十五员，新添额设营书十名，新添额设巡查五员，新添额设弁勇六百员名，新添额外伙夫七十名，新添额外马夫、私夫三百九十五名，新添额马六百四十匹。

光绪十三年十二月初一日起，挑募省城城守营步队一营，亲军中营步队一营、老湘一旗，步队一营，安远中营步队一营、老湘二旗、武威中旗、安远前、左两旗，共步队四旗。遵照标营章程，新添额设营旗哨官三十六员，新添额设营书二十八名，新添额设巡查十二员，新添额设弁勇三千三百八十四员名，新添额外私夫一百七十六名。

光绪十三年十二月初一日起，挑募扬威左营马队一营，亲军中营马队一营，老湘寿字马队一营，安远中旗，定远八旗、九旗、十旗，老湘中旗，老湘亲军中旗，共马队七旗。遵照标营章程，新添额设营旗哨官三十一员，新添额设营书二十名，新添额设巡查十一员，新添额设弁勇一千三百二十员名，新添额外伙夫一百五十二名，新添额外马夫、私夫八百六十五名。

开除：

光绪十三年七月底止，裁减蜀军正旗、副旗行粮步队二旗，呼救马队左、右二旗，湘军中旗行粮步队一旗，哈密协营土勇步队一旗。共计裁减额设官弁勇丁一千七百三十员名，裁剪额外副哨官九员，裁减额外伙夫二十八名，裁减额外公长夫、马夫六百二十八名，裁减额马二百五十四匹。

光绪十三年八月底止，裁减董字中营行粮步队一营，左、右行粮步队二旗，前旗坐粮步队一旗，董军行粮小马队一哨，定远坐粮小马队一哨。共计裁减额设官弁勇丁一千七百八员名，裁剪额外营哨官十一员，裁减额外伙夫十名，裁减额外公长夫、马夫六百二十七名，裁减额马九十八匹。

光绪十三年九月底止，裁减老湘右营行粮步队一营，喀什噶尔防营步队一旗，乌鲁木齐提标中、左、右三营，喀喇巴尔噶逊营，济木萨营，玛纳斯协营，库尔喀喇乌苏营及阿克苏道标，共土勇步队八旗。共计裁减额设官弁勇丁三千八百三十员名，裁剪额外营哨官五员，裁减额外公长夫三百四名。

光绪十三年九月底止，裁减玛纳斯协马队定边一、二、三等旗，董字前旗，旌善前、左、右三旗，布鲁特马队，驭远布鲁特马队，喀什噶尔蒙古马队，共坐粮马队十一旗。共计裁减额设官弁勇丁一千三百七十五员名，裁减额外伙夫一百五十四名，裁减额外马夫、私夫六百一十五名，裁减额马一千三百九十七匹。

光绪十三年十月底止，裁减老湘亲军中营、靖远营行粮步队二营，老湘三、四旗，安边一旗、绥定中旗行粮步队各一旗，安边二旗坐粮步队一旗。

共计裁减额设官弁勇丁二千八百五十员名，裁减额外营哨官二十二员，裁减额外公长夫九百八十名。

光绪十三年十月底止，裁减西征左、右两营，行粮步队二营，恪靖右、后、中行粮马队三旗。共计裁减额设官弁勇丁八百七十五员名，裁减额外伙夫九十六名，裁减额外马夫、私夫六百九十六名，裁减额马八百八十五匹。

光绪十三年十一月底止，裁减亲军前、左、右、后行粮步队四营，老湘亲军左营、安远中营行粮步队各一营，老湘一、二两旗、安远前、左两旗，武威中旗行粮步队共五旗。共计裁减额设官弁勇丁四千八百五十员名，裁减额外营官四十五员，裁减额外公长夫一千七百名。

光绪十三年十一月底止，裁减官马队左右两营及扬威中营行粮步队三营，老湘寿字马队、安远中旗行粮马队各一旗，行粮小马队三哨。共计裁减额设官弁勇丁一千一百四十七员名，裁减额外伙夫一百二十四名，裁减额外马夫、私夫一千一百八十九名，裁减额马一千一百五十七匹。

实在：

光绪十三年十二月底止，实存防军标营饷章马队二营三十六旗，步队十五营二十二旗，行粮开花炮队三哨，系自十四年正月起改支坐粮。共计实存额设营哨官二百八十一员，实存额设营书二百四名，实存额设巡查九十二员，实存额设弁勇二万二百五十五员名，实存额外伙夫五百七十九名，实存额外公长夫、马夫、私夫、车夫三千九百五十二名，实存额马五千一百一十二匹，实存炮车十八辆、车骡四十八头。

（朱批）：览。①

092. 呈新疆各台局义学光绪十三年下半年清单

光绪十四年八月初六日（1888年9月11日）

谨将新疆各台局暨义学数目自光绪十三年七月初一日起截至十二月底止，缮具四柱清单，恭呈御览。

旧管：

光绪十三年六月底止，实存新疆粮台，省城军装总局，省城及巴里坤、

---

①中国第一历史档案馆藏：《清单》，档案编号：03—6024—062。

吐鲁番三采运局,省城柴草局,哈密粮运局,哈密军装局,古城屯采局。

哈密新城、吐鲁番新城、喀喇沙尔、库车、阿克苏、乌什、英吉沙尔、喀什噶尔汉城、叶尔羌、和阗、古城、迪化、绥来等处十三保甲局。

哈密、巴里坤、昌吉、吐鲁番、喀喇沙尔、库车、阿克苏、乌什、喀什噶尔、英吉沙尔、玛喇巴什、叶尔羌、和阗等处十三牛痘局。

哈密义学五堂,吐鲁番义学六堂,喀库义学四堂,库车义学五堂,阿克苏义学五堂,乌什义学三堂,喀什噶尔义学五堂,玛喇巴什义学三堂,英吉沙尔义学三堂,叶尔羌义学七堂,和阗义学四堂,巴里坤义学四堂,奇台义学四堂,济木萨义学三堂,阜康义学二堂,迪化州义学六堂,昌吉义学二堂,绥来义学四堂,呼图壁义学二堂,共计义学七十七堂。

新收:无项。

开除:

光绪十三年十二月底止,裁撤巴里坤、吐鲁番二采运局,古城屯采局,哈密粮运局。

实在:

光绪十三年十二月底止,实存新疆粮台,省城军装总局,省城采运局、柴草局,哈密军装局。

哈密新城、吐鲁番新城、喀喇沙尔、库车、阿克苏、乌什、英吉沙尔、喀什噶尔汉城、叶尔羌、和阗古城、绥来、迪化、省城等处十三保甲局。

哈密、巴里坤、昌吉、吐鲁番、喀喇沙尔、库车、阿克苏、乌什、喀什噶尔、英吉沙尔、玛喇巴什、叶尔羌、和阗等处十三牛痘局。

哈密义学五堂,吐鲁番义学六堂,喀喇沙尔义学四堂,库车义学五堂,拜城义学二堂,温宿州义学三堂,乌什义学三堂,疏勒州义学三堂,疏附县义学二堂,玛喇巴什义学三堂,英吉沙尔义学三堂,莎车州义学五堂,叶城县义学二堂,和阗州义学二堂,于阗县义学二堂,巴里坤义学四堂,奇台义学四堂,济木萨义学三堂,阜康义学二堂,迪化州义学六堂,昌吉义学二堂,绥来义学四堂,呼图壁义学二堂,共计义学七十七堂。

(朱批):览。①

---

①中国第一历史档案馆藏:《清单》,档案编号:03—6024—063。

093. 奏报伊犁营勇亟宜裁汰整顿折

光绪十四年八月十二日（1888年9月17日）

尚书衔甘肃新疆巡抚二等男臣刘锦棠跪奏，为伊犁营勇积习太深，亟宜大加裁汰，查照原议改定标营，以资整顿而重边圉，恭折仰祈圣鉴事。

窃臣准伊犁将军臣色楞额咨：奏酌遣伊犁勇队款项无出，吁恳特恩饬拨银十五万两，以维危局一折。[①] 臣维伊犁营勇积习之深，已非一日，从前藉索饷为名，屡次滋事，至于戕害营官，逃回大西沟，勾结匪徒，乘机滋扰。幸蒙天恩，饬拨部款三十万两交臣，会同前署将军臣锡纶核实查点，分别入营久暂、欠饷多少，分成匀给，并将勇丁应去应留，查明归并。臣与锡纶等钦遵办理数年以来，大西沟一带匪徒幸已敛戢。惟营勇闹饷，几成惯技。臣前于回省后请设立伊、塔道府等官，并拟改定标营，力祛积弊。尚未举行，而锡纶于上年冬间有裁遣惠远等旗之议。各该旗弁勇遂请于截算存饷外加给资费，锡纶亦无可如何，饬令暂缓勿裁，得以无事。至本年将军臣色楞额到任，臣比咨商将伊犁各勇定期交割，以便假遣另补，渐改标营。旋准咨复：察看各营旗勇数，尚浮于原额，似可无须另行募补，及动用经费有无存储，未准前任移交等语。

臣时已接准设官部复，即委候补道陈晋蕃署理伊塔道篆，以期先办地方之事。讵料该道行至大河沿一带，前途函牍纷来，谓此后防营月饷按月解由该道分支，各营俟其到后，定索取从前饷项。其实防营并未交割，饷仍由将军照旧派员领解，而营勇不知也。及抵绥定，果讹言四起，群情汹汹。军标卫队绥定各勇丁藉索存饷，拦舆递禀，来者麋集。该道见其人数众多，逼近俄界，倘有意外之变，必致贻笑俄人，又未携带卷宗，无从查悉，而人言纷纷，深惧酿成事变，不得已批准代恳补给，具禀前来。

臣查光绪十一年冬间，奉旨清理伊犁欠饷，其时前将军臣金顺移交案卷，于各该营勇只有入伍日期，并无存饷实数。即问之各营某人应得若干，亦皆不能自举，再四思维，不得不就部拨之实银，为按年匀拨之公议，查明

[①] 详见光绪十四年七月初三日伊犁将军色楞额奏报酌遣伊犁勇队款项无出，现拟设法另筹缘由（中国第一历史档案馆藏：《朱批原件》，档案编号：04—01—01—0964—071；《军机录副》，档案编号：03—6111—057）。

留营勇丁，入伍在一年之内者，发存饷银四两。一年之外，每岁酌加银二两，按年递加，积至十年，发银二十二两。以十年为断，其裁撤回籍者，酌加一倍。寄居落业者，酌加半倍。约共用去银二十一万五六千两，一律发给清楚。下存之银，移交锡纶，作为吉江马队遣撤盘费。以后月饷，自十二年二月起，照楚军行粮章程，按月关发，不得少有克扣。

原以当日部拨之款只有此数，不能不尽此了结。其遣撤回籍加倍给领者，则以年分较浅之勇所得无几，一旦裁假，不但不能回籍，且不能出伊犁境地，因酌其盈虚，务期均一。其实数虽略加，终不若留营勇丁新饷毫无短欠。当经臣与锡纶会商各统领营旗官，传谕各弁勇。佥称办理持平，毫无异议，并无留营勇丁尚有应领加项存俟准假找给之事。乃伊犁防军骄蹇成习，不思该道赴任本系办理地方之事，与防营绝无干涉，辄敢虚声恫喝，聚众拦索。诚如色楞额前奏所云，动以欠饷挟制官司，且防营未准造册移交，应由将军主政。不独该道不能干预，即臣亦不得与闻。该道不应批复。当经臣严切批斥，并分别咨行查照，仍将该道撤任各在案。① 色楞额旋以众议纷纭，复经批准，并请旨拨款，以定军心。

臣维当日清理欠饷，是否留营勇丁尚有加项存留未发，奏案具在，无容深辩。且该处营勇积习既深，每有裁遣，即相众而哗，其意不专在索饷，加以游手无赖之徒杂处城厢内外，幸灾乐祸，与营勇联络一气，几成牢不可破之势。若不大加裁汰、改定标营、一洗从前恶习，纵敷衍目前苟安无事，如治疾不抉其根，触邪即发，终非边陲之福。此次色楞额奏请拨款，如蒙圣慈允准，自应由色楞额妥为清理。

臣于事前既未尝许之以此，此时色楞额准其发给，臣即未便与闻。惟于清理之后应请旨饬下伊犁将军，核实挑留，余悉妥为遣撤。臣现因伊犁新设宁远县一带防务空虚，已檄饬提督张怀玉督带马步三营旗，前往驻扎。如该处各营旗遣撤之后不敷原奏四千人之额，再由臣调派营旗进驻防守，以资抽换，庶兵制易复，饷力亦纾，而边境亦可期安静矣。

臣为整顿边防起见，是否有当？谨恭折具陈，伏乞皇太后、皇上圣鉴训示施行。谨奏。光绪十四年八月十二日。

---

① 详见光绪十四年九月二十日吏部尚书锡珍等奏议处署伊塔道陈晋蕃擅准军饷缘由（中国第一历史档案馆藏《军机录副》，档案编号：03—5239—058）。

（朱批）：另有旨。①

光绪十四年九月十三日，奉朱批：另有旨。钦此。②

【案】此奏于是年九月十三日得清廷批旨：

军机大臣字寄：伊犁将军色、前陕甘总督谭、甘肃新疆巡抚刘：光绪十四年九月十三日，奉上谕：前据色楞额奏遣撤伊犁勇队，酌发饷项川资，请饬拨解银十五万两应用。当令户部速议具奏。旋据该部奏准，由谭钟麟先行如数垫发，解交刘锦棠设法妥办，迅速清结。兹据刘锦棠奏，该处营勇骄蹇成习，此次发款清理后，请核实挑留，余悉妥为遣撤等语。伊犁防军动辄藉饷滋闹，实属不成事体，亟应妥筹整理，以靖边陲。着谭钟麟遵照部议，无论何款，迅即垫拨银十五万两，解交应用，毋稍延缓，并着刘锦棠会同色楞额，妥速清厘，将该处勇丁核实挑留，其余妥为裁遣，并将营制饷章认真整顿，务期边军日久相安，是为至要。此次滋事勇丁，并着色楞额查明为首之人，照例惩办，以肃军律。余着照所议办理。将此由五百里各谕令知之。钦此。遵旨寄信前来。③

094. 奏报黄袁饬赴叶城县知县本任片

光绪十四年八月十二日（1888年9月17日）

再，叶城县知县员缺，臣前以留新委用知县黄袁请补，业经部议核准在案。兹查该员别无委办事件，应急饬赴本任，以专责成。据藩臬两司会详前来。除由臣批饬给委外，谨会同陕甘总督臣谭钟麟，附片具奏，伏乞圣鉴。谨奏。

（朱批）：吏部知道。④

光绪十四年九月十三日，奉朱批：吏部知道。钦此。⑤

---

①中国第一历史档案馆藏：《朱批原件》，档案编号：04—01—30—0146—011。又《奏稿》第1899—1905页。

②中国第一历史档案馆藏：《军机录副》，档案编号：03—6112—007。

③中国第一历史档案馆编：《光绪朝上谕档》，第十四册，第282页。又《德宗景皇帝实录（四）》，卷二百五十九，光绪十四年九月，第478—479页。

④中国第一历史档案馆藏：《朱批原件》，档案编号：04—01—12—0543—066。

⑤中国第一历史档案馆藏：《军机录副》，档案编号：03—5239—028。

【案】此奏片具奏日期，原件未署，录副署"光绪十四年九月十三日"。查《军机处随手登记档》①朱批刘锦棠折，载有"报五百里，八月十二日发"等字样。据此，此片具奏日期当为"光绪十四年八月十二日"，兹据校正。

095. 奏报查明镇西厅被旱被鼠大概片

光绪十四年八月十二日（1888年9月17日）

再，臣据藩司魏光焘详：据镇西厅同知甘承谟详称：该厅入夏以来，雨水稀少，麦豆各苗被旱，续有鼠伤。据各乡约先后禀报，当即下乡履勘，查东路大泉、西梁、奎素、二十里庄、沙山子、三县户、各渠、北山楼、枋沟、柳沟，西路西大墩、西园子、苏吉户及民户、四县、四渠等处，计地一万八千九百一十一亩五分，所种小麦、莞豆、青稞均遭亢旱，复被野鼠啮食。该厅民户凋残，遇此灾伤，深恐额粮无出，已由司移道委员，会同复勘等情，详请具奏前来。

臣比饬司移行确查旱伤若干，鼠伤若干，是否成灾，分别抚恤，钱粮应否蠲缓，据实结报详办。

除俟详复至日另案奏明办理外，所有镇西厅被旱、被鼠大概情形，谨附片具陈，伏乞圣鉴训示。谨奏。

光绪十四年九月十三日，奉朱批：知道了。钦此。②

【案】此奏片具奏日期，原件未署，录副署"光绪十四年九月十三日"。查《军机处随手登记档》③朱批刘锦棠折，载有"报五百里，八月十二日发"等字样。据此，此片具奏日期当为"光绪十四年八月十二日"，兹据校正。

096. 请准布政使魏光焘暂缓陛见片

光绪十四年八月十二日（1888年9月17日）

再，据甘肃新疆布政使魏光焘详称：光绪六年，在平庆泾固道任内，因

---

① 中国第一历史档案馆藏：《军机处随手登记档》，档案编号：03—0257—3—1214—236。
② 中国第一历史档案馆藏：《军机录副》，档案编号：03—6227—028。
③ 中国第一历史档案馆藏：《军机处随手登记档》，档案编号：03—0257—3—1214—236。

大计保荐卓异及本任俸满，并案请咨，赴部引见，蒙恩召见一次，领照回甘，旋署甘肃按察使。① 七年正月，补授甘肃按察使。② 九年三月，补授甘肃布政使。③ 十年十月，调补新疆布政使。④ 均于叩谢天恩折内吁恳陛见，奉旨：着毋庸来见。钦此。遵于十一年四月二十八日，到新疆藩司任，扣至十四年四月任满。计自六年回甘以后，迄今已阅八载，应请陛见，以伸犬马依恋之忱等情，详请代奏前来。

臣查藩司魏光焘，器识闳通。当新疆改设行省之初，事务极繁，创始匪易。该司在任三载，于用人理财诸要政，殚竭荩悃，因地制宜，罔不措置裕如，悉臻妥善，且素娴军旅，洞达边情。臣派兼管营务，兵制饷章，力求整顿，深资臂助。臣自膺疆寄，病苦侵寻，现复陈请开缺，回籍医治。藩司责任綦重，未便遽易生手，可否仰恳天恩，准藩司魏光焘暂缓陛见之处，恭候命下遵行。

谨附片具陈，伏乞圣鉴训示。谨奏。光绪十四年八月十二日。

（朱批）：着照所请。⑤

光绪十四年九月十三日，奉朱批：着照所请。钦此。⑥

【案】此奏片具奏日期，原件、录副均未确。查《军机处随手登记档》⑦朱批刘锦棠折，载有"报五百里，八月十二日发"等字样。据此，此片具奏日期当为"光绪十四年八月十二日"，兹据校正。

---

①详见光绪六年十月初四日陕甘总督左宗棠奏委魏光焘署理甘肃臬司篆务缘由（中国第一历史档案馆藏：《军机录副》，档案编号：03—5150—031）、光绪六年十月十二日魏光焘奏报接署甘肃臬司篆务日期并谢恩情形（中国第一历史档案馆藏：《军机录副》，档案编号：03—5153—088）。
②详见光绪七年二月二十四新授甘肃按察使魏光焘具折谢恩缘由（中国第一历史档案馆藏：《军机录副》，档案编号：03—5159—049）、光绪八年七月初八日魏光焘以奉旨接署藩篆具折谢恩缘由（中国第一历史档案馆藏：《军机录副》，档案编号：03—5168—056）。
③详见光绪九年三月二十二日魏光焘具折谢恩并请陛见缘由（中国第一历史档案馆藏：《军机录副》，档案编号：03—5178—051）。
④光绪十年十月初二日，清廷谕曰：授刘锦棠为甘肃新疆巡抚，仍以钦差大臣督办新疆事宜。以甘肃布政使魏光焘为甘肃新疆布政使（《德宗景皇帝实录（三）》，卷一百九十五，光绪十年十月上，第773页）。
⑤中国第一历史档案馆藏：《朱批原件》，档案编号：04—01—12—0543—032。又《奏稿》第1907—1909页。
⑥中国第一历史档案馆藏：《军机录副》，档案编号：03—5239—027。
⑦中国第一历史档案馆藏：《军机处随手登记档》，档案编号：03—0257—3—1214—236。

097. 乌垣提标参游以下各官一律开缺咨补折
光绪十四年八月二十二日（1888年9月27日）

　　头品顶戴陕甘总督臣谭钟麟、尚书衔甘肃新疆巡抚二等男臣刘锦棠跪奏，为乌鲁木齐提标原设参、游以下等官，拟请先行一律开去实缺，再分别奏咨改补、另补，以收实效而裨营伍，恭折仰祈圣鉴事。

　　窃新疆抚标并城守等营添设副、参、游、都、守等官，均请作为题缺由外拣补，业经具奏在案。惟查提标原设各缺，前准部议，所有裁撤各员弁应即留于该省，遇缺另补。其现设各缺，应令查明，堪胜改缺之任者，即行分别奏咨报部，换札注册，令其赴任。人地未宜者，亦即奏明开缺，另拣熟悉地方情形、明干有为之员请补等因。

　　臣等查新疆议设抚标等营，原系因勇设标，以官带勇，或就原设之营量为移改，或按新立营标分别添设。营制既别，饷章各殊。所设原缺，揆诸旧制，大缺改小者有之，小缺改大者有之，情形本自不一，而旧有实缺员弁，有现充别营旗哨等官者，有留他军差遣者，有署事关内者，有请假回籍者，且有查无下落者。而新设马步营旗需员训练，不能悬缺以待，若拘泥牵合，殊多窒碍。即应领廉俸、薪蔬等项不先截清起止，新旧互异，支发亦涉纷歧。

　　相应请旨饬部将乌鲁木齐提标中左右营、迪化城守营、喀喇巴尔噶逊营、玛纳斯协营、济木萨营、库尔喀喇乌苏营、精河营旧有参、游以下等官先行一律开去实缺，截至奉到此次部文之日止，俾清界限。仍由臣等细心察看，查明堪胜改缺之任者，分别奏咨，报部注册。人地未宜者，拣员另补，以收实效，核与部章亦属相符，于营伍不无裨益。

　　除饬取各该员弁原领札付另案咨缴，并将千把、经制外委等缺咨部办理外，所有请开乌鲁木齐提标参、游、都、守等实缺缘由，谨缮清单，恭折具奏，伏乞皇太后、皇上圣鉴训示施行。再，此折系臣锦棠主稿，合并声明。谨奏。光绪十四年八月二十二日。

　　（朱批）：兵部知道，单并发。①

---

① 中国第一历史档案馆藏：《朱批原件》，档案编号：04—01—16—0224—012。又《奏稿》第1911—1914页。

光绪十四年九月二十三日,奉朱批:兵部知道,单并发。钦此。①

098. 呈乌垣标营参游以下等官开缺清单
光绪十四年八月二十二日(1888年9月27日)

谨将请开乌鲁木齐提标各营原设参、游、都、守实缺等官姓名开具清单,恭呈御览。

乌鲁木齐提标中营参将叶占魁。

乌鲁木齐提标左营守备黄桂芳。

乌鲁木齐提标右营都司彭桂馥。

乌鲁木齐提标右营守备陈登魁。

迪化城守营都司张积功。

玛纳斯协左营都司蔡义兴。

玛纳斯协右营都司陶廷相。

玛纳斯协右营守备傅国相。

济木萨营参将恒祥。

济木萨营参将守备唐炳。

库尔喀喇乌苏营游击马心胜。

库尔喀喇乌苏营守备刘可全。

(朱批):览。②

099. 奏报新疆光绪十四年五月雨水粮价折
光绪十四年九月十三日(1888年10月17日)

尚书衔甘肃新疆巡抚二等男臣刘锦棠跪奏,为恭报光绪十四年五月分粮价并得雨情形,谨缮折具陈,仰祈圣鉴事。

窃照光绪十四年四月分各厅州县粮价并雨情形,业经臣奏报在案。兹查五月分北路镇西、奇台得雨入土四五寸,阜康、绥来得雨入土三寸有余,

---
①中国第一历史档案馆藏:《军机录副》,档案编号:03—5858—039。
②中国第一历史档案馆藏:《清单》,档案编号:03—5858—040。

吐鲁番、库尔喀喇乌苏、迪化微雨。新设伊塔道属宁远县得雨入土四五寸，绥定县微雨。南路英吉沙尔、疏勒、拜城得雨入土一二寸不等，喀喇沙尔、库车、乌什、和阗、于阗、疏附微雨，余未得雨。正值天时炎热，渠水畅流，地亩足资灌溉，民情亦均安帖。

至通省粮价，哈密、吐鲁番、库尔喀喇乌苏、英吉沙尔、迪化、昌吉、阜康、绥来等厅州县，俱与上月相同，余均略有增减。其绥定、宁远两县粮价，五月分方据折报。据藩司魏光焘汇详请奏前来。

理合恭折具陈，并缮粮价清单，敬呈御览。伏乞皇太后、皇上圣鉴。谨奏。光绪十四年九月十三日。

（朱批）：知道了。①

光绪十四年十月十五日，奉朱批：知道了。钦此。②

100. 呈新疆各属光绪十四年五月粮价清单

光绪十四年九月十三日（1888年10月17日）

谨将新疆各属光绪十四年五月分米粮时估价值缮具清单，恭呈御览。计开

五月分：

镇迪道属

迪化县：大米每京石价银三两八钱五厘，小麦每京石价银一两五钱二分一厘，莞豆每京石价银一两六钱二分，青稞每京石价银一两二钱七分。俱与上月相同。

昌吉县：大米每京石价银二两五钱二分，小麦每京石价银一两一钱八厘，莞豆每京石价银一两二钱一厘，青稞每京石价银八钱七分五厘。俱与上月相同。

阜康县：粟米每京石价银一两二钱七分三厘，莞豆每京石价银一两三钱八分，小麦每京石价银一两三钱八分，高粱每京石价银六钱七分二厘。俱与上月相同。

①中国第一历史档案馆藏：《朱批原件》，档案编号：04—01—25—0532—042。
②中国第一历史档案馆藏：《军机录副》，档案编号：03—9960—015。

绥来县：大米每京石价银二两三钱九分七厘，小麦每京石价银九钱八分九厘，莞豆每京石价银一两八分，高粱每京石价银八钱一分六厘。俱与上月相同。

奇台县：大米每京石价银二两六钱八分九厘，莞豆每京石价银九钱三分二厘，俱与上月相同。小麦每京石价银九钱九分，较上月减一分一厘。

镇西直隶厅：小麦每京石价银一两八钱六分，较上月增一钱。莞豆每京石价银一两七钱五分，较上月增三分。青稞每京石价银一两一钱二分，与上月相同。

哈密厅：粟米每京石价银一两七钱二分八厘，小麦每京石价银一两三钱五分，莞豆每京石价银一两七钱二分八厘，青稞每京石价银一两二厘。俱与上月相同。

吐鲁番厅：小麦每京石价银一两二钱六分八厘，大麦每京石价银五钱六分，黄豆每京石价银一两四钱九分三厘，高粱每京石价银五钱五分九厘。俱与上月相同。

库尔喀喇乌苏厅：小麦每京石价银一两四钱八分六厘，莞豆每京石价银一两五钱八分，高粱每京石价银一两一钱二分四厘。俱与上月相同。

新设伊塔道属

绥定县：大米每京石价银四两四钱四分，小麦每京石价银一两五钱一分八厘，大麦每京石价银九钱六分三厘，莞豆每京石价银一两五钱八分四厘。

宁远县：大米每京石价银三两六钱八分，小麦每京石价银一两一钱二分五厘，大麦每京石价银七钱二分，莞豆每京石价银一两一分。

阿克苏道属

温宿直隶州：大米每京石价银三两四分，与上月相同。小麦每京石价银二两七钱六分，较上月增八钱二分八厘。大麦每京石价银一两八钱，较上月增三钱六分。包谷每京石价银二两四钱四分八厘，较上月增八钱一分六厘。

拜城县：小麦每京石价银九钱，较上月减四分。大麦每京石价银六钱九分，较上月减四分。莞豆每京石价银六钱五分，较上月减四分。包谷每京石价银六钱五分，较上月减四分。

喀喇沙尔直隶厅：大米每京石价银三两一钱八厘，较上月增二钱九分六厘。小麦每京石价银一两二钱一分四厘,较上月增一钱七分九厘。莞豆每京石价银一两二钱六分七厘,较上月增三钱三分一厘。包谷每京石价银九钱六分,较上月增一钱二分八厘。

库车直隶厅:[①]

相同。小麦每京石价银一两七钱八分二厘,较上月减二分六厘。大麦每京石价银七钱四分九厘,包谷每京石价银一两三钱一分,俱与上月相同。

喀什噶尔道属

疏勒直隶州:大米每京石价银三两一钱五分,包谷每京石价银一两一钱五分二厘,高粱每京石价银一两三分五厘,俱与上月相同。小麦每京石价银一两二钱四分二厘,较上月减一钱三分八厘。

疏附县:大米每京石价银二两七钱,包谷每京石价银九钱三分八厘,高粱每京石价银六钱九分,俱与上月相同。小麦每京石价银一两三分五厘,较上月减三钱四分五厘。

莎车直隶州:大米每京石价银一两八钱五分,较上月增七分四厘。小麦每京石价银四钱四分四厘,大麦每京石价银三钱一分二厘,俱与上月相同。包谷每京石价银三钱三厘,较上月减二分七厘。

叶城县:大米每京石价银二两六钱一分,与上月相同。小麦每京石价银五钱,较上月减一钱二分五厘。包谷每京石价银二钱八分八厘,较上月增二分四厘。青稞每京石价银三钱七分五厘,较上月增二分五厘。

和阗直隶州:大米每京石价银二两一钱,较上月增一钱四分。小麦每京石价银九钱六分六厘,较上月减六分九厘。青稞每京石价银三钱四分五厘,较上月减六分九厘。包谷每京石价银五钱一分二厘,与上月相同。

于阗县:大米每京石价银三两四钱五分,较上月减六钱九分。小麦每京石价银一两七分二厘,与上月相同。包谷每京石价银七钱四厘,较上月减六分四厘。

英吉沙尔直隶厅:大米每京石价银二两七钱三分,小麦每京石价银五钱五分,包谷每京石价银四钱,大麦每京石价银二钱八分。俱与上月相同。

玛喇巴什厅:大米每京石价银五两一钱八分,较上月增七钱四分。小麦每京石价银一两一钱四厘,包谷每京石价银一两二分四厘,俱与上月

[①]此处缺页,该厅粮价缺失。

相同。

（朱批）：览。①

101. 请旌烈妇周罗氏缘由折

光绪十四年九月十三日（1888年10月17日）

尚书衔甘肃新疆巡抚二等男臣刘锦棠跪奏，为烈妇夫亡殉节，恳恩旌表，以维风化，恭折仰祈圣鉴事。

窃据新疆布政使魏光焘详：准②喀什噶尔道袁垚龄咨：据莎车直隶州刘嘉德禀称：代理叶城县知县陈启丰转据候选训导顾传诰等呈称：署叶城县知县周发镛，系湖南湘阴县人。其妾罗氏系甘肃张掖县民罗国望之女，性端静，言笑不苟。光绪九年，该令纳为簉室，经理家政，井井有条。逾年，举一男。十一年，随赴任所。嫡室顾氏旋由籍来署，氏奉事维谨。未几，其子以惊风折，而该令亦病。氏虽伤切于心，犹设词宽解。既而该令疾日增剧，氏侍汤药，衣不解带者累月。十四年二月初七日，该令身故。氏痛不欲生，语其嫡曰：扶榇旋里③，抚子承祧，主母任之，妾将侍主人于地下矣。次日，该故令殡毕，遂仰药以殉，年二十有二岁。职等谊属同乡，见闻真确，不忍听其湮没，造具事实册结，禀恳转详具奏前来。

臣查官员身故，其妻妾有殉节者，由同乡官于服官省分呈乞，奏请旌表。今已故署叶城县知县周发镛之妾罗氏捐躯殉节，义烈可嘉。合无仰恳天恩俯准，饬部照例旌表，以彰节烈而阐幽光。

除将册结咨部外，谨会同陕甘总督臣谭钟麟、甘肃学政臣秦澍春，恭折具陈，伏乞皇太后、皇上圣鉴训示。再，此案例应具题。为新疆初设行省，一切例案均系改题为奏，合并声明。谨奏。光绪十四年九月十三日。

（朱批）：着照所请，礼部知道。④

光绪十四年十月十五日，奉朱批：着照所请，礼部知道。钦此。⑤

---

①中国第一历史档案馆藏：《清单》，档案编号：03—9960—016。
②"准"，《奏稿》作"据"。
③"旋里"，《奏稿》作"回籍"。
④中国第一历史档案馆藏：《朱批原件》，档案编号：04—01—14—0084—116。又《奏稿》第1915—1917页。
⑤中国第一历史档案馆藏：《军机录副》，档案编号：03—5549—011。

102. 审拟库车缠民托哈斗殴毙命一案折

光绪十四年九月十三日（1888年10月17日）

尚书衔甘肃新疆巡抚二等男臣刘锦棠跪奏，为斗殴毙命，核明定拟，恭折具陈，仰祈圣鉴事。

窃库车厅缠民托哈即托乎大，因乞食口角，刃伤哎买儿左肋身死一案，据库车厅同知潘震验讯议拟，详解阿克苏道黄光达审明，咨镇迪道兼按察使衔恩纶核转前来。

臣复加查核，缘托哈即托乎大籍隶库车厅，行乞度日，与已死哎买儿先不认识。光绪十四年二月二十九日，托哈行至哎买儿家乞食。哎买儿之妻依麻宜比比随给小麦一勺，托哈嫌少，致相吵嚷。适哎买儿外归，斥其不应争闹，托哈回骂悭吝。哎买儿生气，顺拾木棍向殴。托哈逃避，被渠阻住。哎买儿追至，用棍连殴，致伤托哈偏右右臂膊。托哈情急，顺抽身佩小刀，转身吓戳，适伤哎买儿左肋倒地。比经庄妇吊来提比比喝散。讵哎买儿移时因伤殒命。投约报验，获犯讯供，详批审拟解到，咨兼按察使衔核明转详，臣复核无异。

查律载：斗殴杀人者，不问手足、他物、金刃，并绞监候等语。此案托哈因乞食口角，被殴情急，戳伤哎买儿左肋身死，自应按律问拟。托哈即托乎大合依斗殴杀人者不问手足、他物、金刃并绞监候律，拟绞监候，秋后处决。吊来提比比救阻不及，应免置议。无干省释。尸伤领埋，凶刀案结销毁。

是否允协？除全案供招咨送刑部外，合将斗殴毙命、核明定拟缘由，恭折具奏，伏乞皇太后、皇上圣鉴，饬部核议施行。谨奏。光绪十四年九月十三日。

（朱批）：刑部议奏。①

光绪十四年十月十五日，奉朱批：刑部议奏。钦此。②

---

①中国第一历史档案馆藏：《朱批原件》，档案编号：04—01—26—0077—064。
②中国第一历史档案馆藏：《军机录副》，档案编号：03—7311—065。

103. 奏报人犯在配脱逃请饬部议罪名折

光绪十四年九月十三日(1888年10月17日)

尚书衔甘肃新疆巡抚二等男臣刘锦棠跪奏,为新疆助垦人犯在配脱逃,请旨饬部,酌议罪名,恭折仰祈圣鉴事。

窃查新疆兵燹之后,户口稀少,前于光绪十一年经部议,将直隶、山东、山西、河南、陕西、四川、甘肃七省绞罪减流人犯,发往新疆助屯,以实边徼。嗣因七省一并起解,中途拥挤,并有恃众逞强情事,又经臣于十二年奏恳天恩,饬令直隶等七省,凡有家室者,务必签同起解,并声明各省报解人犯随带妻室子女者不过十之一二,殊与部臣实边之意相左。旋准部议:查免死减等各犯,签同妻子,改发新疆,原期室家相聚,既可尽力农耕,生齿日繁,并可渐臻富庶。若令只身前往,于兴屯实边仍属毫无裨益,应令凡有室家者,概行签同起解,不得任其藉词支饰,率免签发。其实系只身人犯,在途既易滋事端,到配亦难安耕作,毋庸再发新疆,以免烦扰等因。

在部臣专意实边,固已力防流弊,无如以前发来只身各犯,始犹小贸营生之犯乘间逃走,继则屯垦之户亦有逃走者矣。夫以不能力耕之人小贸营生,或往邻近贩运,或赴四乡赶集,因此潜逃,尚于屯政无损。而以安插屯垦之犯,公家不惜成本,发给牛具、籽种,拨以地亩,庇以室庐,缴本完粮,宽其岁月,而亦不免脱逃,则实非意料所及。推求其故,无非此辈游惰性成,孑然一身,无所系恋,不肯尽力农亩,由是脱逃。亟应酌量整顿,以裨屯政。

除据各属具报业经随时查拿外,查免死减等发往新疆遣犯,办理原有专条。惟此等发新助屯人犯,究与实犯外遣不同。遍查律例,并无逃走治罪恰合专条。此项逃犯如尚在新疆拿获,可否由臣酌量改发充当折磨差事?其逃入关内被获人犯,应如何定拟罪名,相应请旨饬部核议,以便遵照办理。

所有新疆助垦人犯在配脱逃请酌议罪名缘由,是否有当?谨恭折具陈,伏乞皇太后、皇上圣鉴训示。谨奏。光绪十四年九月十三日。

(朱批):该部议奏。①

---

①中国第一历史档案馆藏:《朱批原件》,档案编号:04—01—22—0063—029。又《奏稿》第1919—1922页。

光绪十四年十月十五日,奉朱批:该部议奏。钦此。①

104. 奏报新疆绥来县被雹大概情形片
光绪十四年九月十三日(1888年10月17日)

再,镇西厅被旱、被鼠业经臣附奏在案。兹绥来县西山新户庙七月二十六日陡降冰雹,其大径寸,自申至酉,积地尺许。同日,南山、甘沟、石厂、两渠亦降微雹,登时即止,禾稼幸无损伤,不至成灾。惟新户庙一渠所种麦稻被雹积压,茎穗委地,待至冰雹消融,又系泥水浸渍,颗粒无收。且该处附近山陂地气更迟,各色庄稼岁只一获。遇此灾伤,秋粮又无从补种。由该县知县李原琳据各乡约禀报,逐段查勘,详由新疆布政使魏光焘详转前来。

臣当即饬司移道,委迪化府亲诣该处,确切复勘,是否成灾,钱粮应否蠲免,并一面饬令妥为抚恤,迅即结报详办。

除俟详复至日再行奏明办理外,所有绥来县被雹大概情形,谨附片具陈,伏乞圣鉴训示。谨奏。

(朱批):知道了。②

光绪十四年十月十五日,奉朱批:知道了。钦此。③

【案】此奏片具奏日期,原件署"光绪十四年九月十三日",录副署"光绪十四年十月十五日"。查《军机处随手登记档》④,与原件同,兹据校正。

105. 委任陈名钰署理阿克苏道篆片
光绪十四年九月十三日(1888年10月17日)

再,阿克苏道黄光达丁忧遗缺,应即拣员接署,以专责成。兹查有三品衔甘肃题奏道温宿直隶州知州署迪化府知府陈名钰,勤政爱民,堪资表率,以之署理,实堪胜任。除由臣檄饬遵照外,谨会同陕甘总督臣谭钟麟,附片

---

① 中国第一历史档案馆藏:《军机录副》,档案编号:03—9990—061。
② 中国第一历史档案馆藏:《朱批原件》,档案编号:04—01—04—0031—005。
③ 中国第一历史档案馆藏:《军机录副》,档案编号:03—9960—019。
④ 中国第一历史档案馆藏:《军机处随手登记档》,档案编号:03—0257—4—1214—267。

具奏,伏乞圣鉴。谨奏。

(朱批):知道了。①

光绪十四年十月十五日,奉朱批:知道了。钦此。②

106. 委任潘效苏署理伊犁府知府片

光绪十四年九月十三日(1888年10月17日)

再,伊犁新设伊塔道暨宁远、绥定等县员缺,业经臣先后委员署理,附奏在案。兹查有和阗直隶州知州潘效苏,精明强干,表率有方,堪以调署伊犁府知府员缺。据藩、臬两司会详前来。

除由臣批饬给委,并刊发伊犁府钤记祗领赴任外,谨会同伊犁将军臣色楞额、陕甘总督臣谭钟麟,附片具陈,伏乞圣鉴。谨奏。

光绪十四年十月十五日,奉朱批:知道了。钦此。③

107. 估拨光绪十五年新饷汇入关内统收分支折

光绪十四年九月十五日(1888年10月19日)

尚书衔甘肃新疆巡抚二等男臣刘锦棠跪奏,为援案估计光绪十五年新疆饷数,恳恩饬部指拨,仍汇入关内新饷统收分支,以资接济,恭折仰祈圣鉴事。

窃照甘肃关内外十三年以后新饷,迭准部咨,每年秋季将来年饷数专案奏明指拨一次。查十四年新饷,经部臣奏准,仍照十一、二、三等年,共拨银四百八十万两。上年,臣开单复陈,新疆仍请划分银二百三十万两,如有余存,留抵十五年新饷。惟各省关现在尚未解齐,应俟年终再行核算。所有十五年饷数,前经臣饬司详复,咨请陕甘总督臣谭钟麟,汇入甘肃新饷内一并奏请指拨。

兹准谭钟麟咨:关内新饷业经奏请拨银一百三十万两④,新疆饷数尚

---

① 中国第一历史档案馆藏:《朱批原件》,档案编号:04—01—12—0543—034。
② 中国第一历史档案馆藏:《军机录副》,档案编号:03—5240—030。
③ 中国第一历史档案馆藏:《军机录副》,档案编号:03—5240—031。
④ 详见光绪十四年八月十二日陕甘总督谭钟麟奏请援案指拨甘肃十五年新饷缘由(中国第一历史档案馆藏:《朱批原件》,档案编号:04—01—01—0964—067;《军机录副》,档案编号:03—6111—062)。

未接准咨报,应由臣自行奏明办理等因。臣查新疆十五年抚提镇标俸饷需银一百五十六万两,添制军装、器械需银十万两,司库例支不敷需银十五万两,粮饷、军装、运脚、地方例支杂差、车脚、口分需银五万两。善后经费,上年原请拨银七万两,因北路城工部议令于此项银两内取给,仍请照十三年以前拨银十四万两。现查城工动用经费,尚待十五年善后余款弥补,应请仍拨银十四万两,俟十六年察看情形,酌议减拨。旗营经费,本年仍由甘肃统拨四百八十万两,内提银十万两,原以该营迁并必得此数,方可敷衍。自十五年起,应照臣奏定饷章,岁拨银六万五千两,定为常额。统计十五年实共需银二百六十万五千两,均系确切估计,万难议减。合无仰恳天恩,俯念饷需关紧,饬部指拨之款,汇入关内新饷,分限解由甘肃藩库照旧批解,以资支放。

除伊犁、塔尔巴哈台饷数应由将军臣色楞额、参赞大臣臣额尔庆额会商奏办外,所有援案请拨新疆十五年新饷缘由,理合恭折由驿驰奏,伏乞皇太后、皇上圣鉴训示。谨奏。光绪十四年九月十五日。

(朱批):户部议奏。①

光绪十四年十月十六日,奉朱批:户部议奏。钦此。②

108. 新疆首次遵办郑工捐输恳饬奖叙折

光绪十四年九月十五日(1888年10月19日)

尚书衔甘肃新疆巡抚二等男臣刘锦棠跪奏,为新疆第一次遵办郑工新例捐输,恳恩饬部分别奖叙,以资鼓励,恭折仰祈圣鉴事。

窃臣于光绪十三年十一月二十五日准户部咨开:会奏郑工新例铨补章程一折,奉旨:依议。钦此。③ 相应刊录原奏清单,飞咨查照。此次奏案外

---

①中国第一历史档案馆藏:《朱批原件》,档案编号:04—01—35—0994—044。又《奏稿》第1923—1926页。
②中国第一历史档案馆藏:《军机录副》,档案编号:03—6621—014。
③详见光绪十三年九月二十日工科给事中方汝绍以河工紧要具折敬陈管见缘由(中国第一历史档案馆藏:《清单》,档案编号:03—9600—107),光绪十三年九月二十八日大学士阎敬铭奏报遵议方汝绍敬陈管见一折(中国第一历史档案馆藏:《军机录副》,档案编号:03—9600—121),于光绪十三年九月二十八日得旨允行(《德宗景皇帝实录(四)》,卷二百四十七,光绪十三年九月,第328—329页)。

奏议（光绪十四年） 1113

省以接到部文之日起作为收捐日期，予限一年，所收各捐生应由各该省造具清册，按月分次咨部请奖，并将副实收及随收部饭照费银两一并随同奖册解部交纳。又准国子监咨：此次开办郑工捐输贡、监两项，应收监照饭银，仿照海防章程批解各等因，先后到臣，当经行司移道饬属一体遵办去后。

兹据新疆布政使魏光焘详称：新疆地处极边，异常瘠苦，历未开办捐输。兹值河工需款，遵例开捐。间有捐生，多系寄寓，为数无几。查自本年三月十三日开办起，截至七月底止，据各捐生报捐实官、职衔各项，均经照章减成收捐，并填发正实收，给予收执，一俟领换执照，即行收销，以杜假冒。计捐生四十名，填发实收四十张，共缴正项库平银九千八百一十一两五钱四分，专款存储，听候部拨。随收部饭银一百四十七两一钱七分三厘一毫、照费银八两、监饭银四十两四钱六厘，均如数解缴，并造赍各捐生报捐银数、三代年籍各清册及填过副实收，详请具奏，并请咨部填发执照，以便换给等情前来。

臣复核无异。除正项银两饬存候拨，其副实收照饭费银随册分别咨解外，所有新疆第一次遵办郑工新例捐输悬恩饬部核奖缘由，谨恭折具陈，伏乞皇太后、皇上圣鉴训示。谨奏。光绪十四年九月十五日。

（朱批）：该部议奏。[1]

光绪十四年十月十六日，奉朱批：该部议奏。钦此。[2]

109. 请将防御哲克栋俄开复革职处分片

光绪十四年九月十五日（1888年10月19日）

再，巴里坤防御哲克栋俄前因委提豫饷，挪用银九百四十二两六钱三分，延未措缴，经前署乌鲁木齐都统臣英翰于光绪三年十一月十三日奏准革职，勒限严追。嗣该革员之子瑞喜、侄斌芳等以家产无可变卖，情愿将各该名下应关钱粮分年扣抵，经前署乌鲁木齐都统臣恭镗于光绪九年十一月初三日据情具奏，奉旨允准钦遵在案。兹准护理巴里坤领队大臣金贵咨

---

[1] 中国第一历史档案馆藏：《朱批原件》，档案编号：04—01—01—0965—008。又《奏稿》第1927—1930页。
[2] 中国第一历史档案馆藏：《军机录副》，档案编号：03—9973—036。

称:该革员欠缴银两业已按年扣讫,恳请开复等因前来。

臣复查该革员挪用饷项,自经参革,尚知愧悔,而其子侄等各愿以应关钱粮扣抵清款,亦属可嘉。既已按年扣讫,可否开复该防御哲克栋俄原参革职处分,以昭激劝,出自逾格鸿慈。

除咨部外,理合附片具陈,伏乞圣鉴训示。谨奏。

(朱批):着照所请,该部知道。①

光绪十四年十月十六日,奉朱批:着照所请,该部知道。钦此。②

【案】此片具奏日期,原件署"光绪十四年九月二十六日",录副署"光绪十四年十月十六日"。查光绪十四年十月十六日《军机处随手登记档》③朱批刘锦棠折,载有"报五百里,九月十五日发"等字样。据此,此片具奏日期当为"光绪十四年九月十五日",兹据校正。

110. 奏报光绪十四年六月雨水粮价折

光绪十四年九月二十六日(1888年10月30日)

尚书衔甘肃新疆巡抚二等男臣刘锦棠跪奏,为恭报光绪十四年六月分粮价并得雨情形,谨缮折具陈,仰祈圣鉴事。

窃照光绪十四年五月分各厅州县粮价并雨情形,业经臣奏报在案。兹查六月分北路昌吉得雨入土一二寸,迪化、库尔喀喇乌苏微雨。伊塔道属绥定、宁远县微雨。南路喀喇沙尔得雨入土寸余,温宿、疏勒、和阗、英吉沙尔、玛喇巴什、库车、拜城、疏附、叶城微雨,余未得雨。正值天时炎热,渠水畅流,地亩足资灌溉,民情亦均安帖。

至通省粮价,哈密、镇西、吐鲁番、英吉沙尔、疏勒、莎车、迪化、昌吉、绥来等厅州县,俱与上月相同,余均略有增减。据藩司魏光焘汇详请奏前来。

理合恭折具陈,并缮粮价清单,敬呈御览。伏乞皇太后、皇上圣鉴。谨奏。光绪十四年九月二十六日。

(朱批):知道了。④

---

①中国第一历史档案馆藏:《朱批原件》,档案编号:04—01—16—0226—107。
②此朱批日期与内容,据军机录副(档案编号:03—5240—052)及《军机处随手登记档》校补。
③中国第一历史档案馆藏:《军机处随手登记档》,档案编号:03—0257—4—1214—268。
④中国第一历史档案馆藏:《朱批原件》,档案编号:04—01—25—0532—043。

光绪十四年十一月初二日，奉朱批：知道了。钦此。①

111. 呈新疆各属光绪十四年六月粮价清单

光绪十四年九月二十六日（1888年10月30日）

谨将新疆各属光绪十四年六月分米粮时估价值缮具清单，恭呈御览。计开

六月分：

镇迪道属

迪化县：大米每京石价银三两八钱五厘，小麦每京石价银一两五钱二分一厘，莞豆每京石价银一两六钱二分，青稞每京石价银一两二钱七分。俱与上月相同。

昌吉县：大米每京石价银二两五钱二分，小麦每京石价银一两一钱八厘，莞豆每京石价银一两二钱一厘，青稞每京石价银八钱七分五厘。俱与上月相同。

阜康县：粟米每京石价银一两二钱七分三厘，与上月相同。小麦每京石价银一两二钱七分四厘，较上月减一钱六厘。莞豆每京石价银一两二钱七厘，较上月减一钱七分三厘。高粱每京石价银六钱七分二厘，与上月相同。

绥来县：大米每京石价银二两三钱九分七厘，小麦每京石价银九钱八分九厘，莞豆每京石价银一两八分，高粱每京石价银八钱一分六厘。俱与上月相同。

奇台县：大米每京石价银二两六钱八分九厘，与上月相同。小麦每京石价银一两二分六厘，较上月增三分六厘。莞豆每京石价银九钱三分二厘，与上月相同。

镇西直隶厅：小麦每京石价银一两八钱六分，莞豆每京石价银一两七钱五分，青稞每京石价银一两一钱二分。俱与上月相同。

吐鲁番厅：小麦每京石价银一两二钱六分八厘，大麦每京石价银五钱六分，黄豆每京石价银一两四钱九分三厘，高粱每京石价银五钱五分九厘。俱与上月相同。

①中国第一历史档案馆藏：《军机录副》，档案编号：03—9960—017。

哈密厅：粟米每京石价银一两七钱二分八厘，小麦每京石价银一两三钱五分，莞豆每京石价银一两七钱二分八厘，青稞每京石价银一两二厘。俱与上月相同。

库尔喀喇乌苏厅：小麦每京石价银一两二钱四分二厘，较上月减二钱四分四厘。莞豆每京石价银一两五钱八分，高粱每京石价银一两一钱二分四厘，俱与上月相同。

伊塔道属

绥定县：大米每京石价银四两四钱四分，小麦每京石价银一两五钱一分八厘，俱与上月相同。大麦每京石价银一两七分，较上月增一钱七厘。莞豆每京石价银一两七钱二分八厘，较上月增一钱四分四厘。

宁远县：大米每京石价银三两八钱五分，较上月增一钱七分。小麦每京石价银八钱九分，较上月减二钱三分五厘。大麦每京石价银五钱四分，较上月减一钱八分。莞豆每京石价银八钱六分，较上月减一钱五分。

阿克苏道属

温宿直隶州：大米每京石价银二两二钱八分，较上月减七钱六分。小麦每京石价银九钱六分六厘，较上月减一两七钱九分四厘。大麦每京石价银七钱二分，较上月增减一两八分。包谷每京石价银一两二钱二分四厘，较上月减一两二钱二分四厘。

拜城县：小麦每京石价银八钱六分，较上月减四分。大麦每京石价银五钱二分，较上月减一钱七分。莞豆每京石价银六钱三厘，较上月减四分七厘。包谷每京石价银六钱三厘，较上月减四分七厘。

喀喇沙尔直隶厅：大米每京石价银三两七钱，较上月增五钱九分二厘。小麦每京石价银九钱六分六厘，较上月减二钱四分八厘。莞豆每京石价银一两八厘，较上月减二钱五分九厘。包谷每京石价银八钱七分，较上月减九分。

库车直隶厅：大米每京石价银二两一钱九分，与上月相同。小麦每京石价银六钱六分二厘，较上月减二钱一分八厘。莞豆每京石价银四钱，较上月减五分。包谷每京石价银四钱二分，较上月减四分。

乌什直隶厅：大米每京石价银三两一钱二分九厘，较上月减八钱九分四厘。小麦每京石价银一两二分九厘，较上月减七钱五分三厘。大麦每京石价银四钱九分二厘，较上月减二钱五分七厘。包谷每京石价银九钱四分三厘，较上月减三钱六分七厘。

喀什噶尔道属

疏勒直隶州：大米每京石价银三两一钱五分，小麦每京石价银一两二钱四分二厘，包谷每京石价银一两一钱五分二厘，高粱每京石价银一两三分五厘。俱与上月相同。

疏附县：大米每京石价银三两，较上月增三钱。小麦每京石价银一两二钱四分三厘，较上月增二钱七厘。包谷每京石价银九钱三分八厘，高粱每京石价银六钱九分，俱与上月相同。

莎车直隶州：大米每京石价银一两八钱五分，小麦每京石价银四钱四分四厘，大麦每京石价银三钱一分二厘，包谷每京石价银三钱三厘。俱与上月相同。

叶城县：大米每京石价银二两六钱一分，与上月相同。小麦每京石价银四钱，较上月减一钱。包谷每京石价银二钱八分八厘，青稞每京石价银三钱七分五厘，俱与上月相同。

和阗直隶州：大米每京石价银二两二钱四分，较上月增一钱四分。小麦每京石价银八钱二分八厘，较上月减一钱三分八厘。青稞每京石价银三钱四分五厘，包谷每京石价银五钱一分二厘，俱与上月相同。

于阗县：大米每京石价银三两四钱五分，与上月相同。小麦每京石价银一两五厘，较上月减六分七厘。包谷每京石价银七钱四厘，与上月相同。

英吉沙尔直隶厅：大米每京石价银二两七钱三分，小麦每京石价银五钱五分，包谷每京石价银四钱，大麦每京石价银二钱八分。俱与上月相同。

玛喇巴什厅：大米每京石价银五两一钱八分，与上月相同。小麦每京石价银一两三钱八分，较上月增二钱七分六厘。包谷每京石价银一两二钱八分，较上月增二钱五分六厘。

（朱批）：览。①

112. 代奏回子亲王恳请暂缓进京朝贺折

光绪十四年九月二十六日（1888年10月30日）

尚书衔甘肃新疆巡抚二等男臣刘锦棠跪②奏，为哈密回子亲王恳请暂

①中国第一历史档案馆藏：《清单》，档案编号：03—9960—018。
②此前衔系推补。

缓进京朝贺,恭折代奏,仰祈圣鉴事。

窃臣据御前行走哈密札萨克回子亲王沙木胡索特呈称:案准甘肃提督臣周达武①行知:承准理藩院咨:具奏皇上大婚届期,查照成案,蒙古王公及回子等分别来京朝贺一折,奉旨:依议。钦此。相应抄录原奏,飞咨查照,迅饬依限于本年内来京,恭候朝贺等因。窃维世爵仰沐皇恩,至优极渥,恭值大婚盛典,宜伸庆贺微忱,曷敢稽延,致滋咎戾。惟世爵于光绪十二年进京朝觐,十三年回至哈密,正逢天气炎蒸,沿途复冒风雨湿热,兼感两足酸疼,现在医治未痊,步履仍难如故,拟俟医就痊可,再行趋诣阙廷,恭伸叩贺等情,呈请代奏前来。

臣查沙木胡索特感受足疾,系属实情。可否暂缓进京朝贺以示体恤,出自鸿慈。除咨理藩院查照外,谨恭折据情代奏,伏乞皇太后、皇上圣鉴训示施行。谨奏。光绪十四年九月二十六日。②

光绪十四年十一月初二日,奉朱批:着照所请,该衙门知道。钦此。③

113. 请准提督黄万鹏等留于新疆补用片
光绪十四年九月二十六日(1888年10月30日)

再,臣前将投效新疆及随从征剿各武员奏留甘肃新疆补用,奉旨允准钦遵在案。兹查有头品顶戴记名提督二等轻车都尉伯奇巴图鲁黄万鹏、头品顶戴题奏提督额腾额巴图鲁曾松明、头品顶戴记名提督骑都尉巴克坦巴图鲁萧元亨、头品顶戴记名提督阿尔杭阿巴图鲁喻先达、头品顶戴记名提督额尔德蒙额巴图鲁赵宝林、题奏提督讲阿巴图鲁万胜常、记名提督绷僧额巴图鲁宋贤声、记名提督色拉谨巴图鲁张复良、记名提督芬臣巴图鲁周

---

①周达武(1813—1894),字梦熊,号渭臣,湖南宁乡人。咸丰四年(1854),以武童从军,因功赏六品顶带,拔补把总。五年(1855),升千总,赏戴蓝翎。六年(1856),迁守备。七年(1857),补都司。八年(1858),授游击,换花翎。九年(1859),擢参将。十年(1860),充营官,加总兵衔。同年,实授总兵。同治元年(1862),晋提督衔,赏质勇巴图鲁名号。同年,调四川建昌镇总兵,署四川提督。二年(1863),代理四川提督。四年(1865),调补贵州提督。七年(1868),加博奇巴图鲁勇号,赏穿黄马褂。十二年(1873),封骑都尉。光绪元年(1875),因病回籍调理。三年(1877),补授甘肃提督。
②《奏稿》第1931—1933页。
③此朱批日期与内容,据《奏稿》及《军机处随手登记档》(档案编号:03—0257—4—1214—282)校补。

添才、记名提督讷奇欣巴图鲁颜昌灿、记名提督西吉尔浑巴图鲁周大美、记名提督乌拉星额巴图鲁戴富臣、提督衔记名总兵爽勇巴图鲁朱德和、记名总兵勋勇巴图鲁谷振杰、总兵衔留湖南尽先补用副将诚勇巴图鲁谭其祥、尽先补用总兵勋勇巴图鲁周惟翔、记名总兵长勇巴图鲁杨鹤皋、尽先补用副将徐广学、降补副将那斯洪阿巴图鲁萧拱照、尽先补用副将超勇巴图鲁许明耀、副将衔尽先补用参将便勇巴图鲁徐春先、副将用浙江提标尽先补用游击恒勇巴图鲁陈文英等二十二员，均在新疆带队，迭著战功，营伍边防，尤为熟悉。合无仰恳天恩俯准，将头品顶戴记名提督黄万鹏等二十二员，一并以原官原衔留于甘肃新疆尽先补用，实于戎政大有裨益。

除饬取该员等履历清册咨部查核，并俟续查尚有应行留省之员再行陈奏外，谨会同陕甘总督臣谭钟麟，附片具陈，伏乞圣鉴训示。谨奏。

（朱批）：着照所请，兵部知道。①

光绪十四年十一月初二日，奉朱批：着照所请，兵部知道。钦此。②

【案】此片原件未署具奏者，兹据《奏稿》与录副，确为刘锦棠所奏。此片具奏日期，原件仅署"光绪朝"，录副署"光绪十四年九月二十八日"，与《奏稿》不符。查《军机处随手登记档》③朱批刘锦棠折，载有"报四百里，九月二十八日发"等字样，兹据校正。

114. 奏报金永声年已及岁请准承袭世职片折

光绪十四年九月二十八日（1888年11月1日）

尚书衔甘肃新疆巡抚二等男臣刘锦棠跪奏，为世职年已及岁，例应承袭，恭折仰祈圣鉴事。

窃前准吏部咨：具奏前任甘肃环县训导金柱在原籍奇台县于同治四年闰五月二十三日城陷被杀，从优照阵亡例，议给云骑尉世职，袭次完时，毋庸给予恩骑尉，奉旨：依议。钦此。钦遵咨行到臣，当经转行遵办去后。

兹据甘肃新疆布政使魏光焘详：据署奇台县知县刘澄清详称：遵查金

---

①中国第一历史档案馆藏：《朱批原件》，档案编号：04—01—30—0190—016。又《奏稿》第1935—1937页。
②中国第一历史档案馆藏：《军机录副》，档案编号：03—5858—088。
③中国第一历史档案馆藏：《军机处随手登记档》，档案编号：03—0257—4—1214—282。

柱有子三人，长子永昌、次子永清系金柱前妻所出，三子永声系其继妻所出。永昌早故无嗣。永清现年六十四岁，身多疾病，难以供职，恳请以永声承袭。查金永声现年三十三岁，应请承袭云骑尉世职。取具宗图、供结，加具印结，由司复核与例相符，详请验看具奏前来。

臣查该请袭世职金永声，既据甘肃新疆布政使魏光焘详称与例相符，应准其承袭。

除将该世职先行验看，俟奉准部复后，就近发标学习，准食全俸，扣至三年期满，照例给咨送部引见，并将宗图、供结分送部、科外，所有世职年已及岁例应承袭缘由，谨会同陕甘总督臣谭钟麟，恭折具奏，伏乞皇太后、皇上圣鉴，饬部查照施行。再，此案系改题为奏，合并声明。谨奏。光绪十四年九月二十八日。

（朱批）：兵部知道。①

光绪十四年十一月初二日，奉朱批：兵部知道。钦此。②

115. 审拟库车缠民那买提等共殴毙命一案折
光绪十四年九月二十八日（1888年11月1日）

尚书衔甘肃新疆巡抚二等男臣刘锦棠跪奏，为共殴毙命，核明定拟，恭折具陈，仰祈圣鉴事。

窃库车厅缠民那买提等口角起衅，共殴胡大拜底身死一案，据库车厅同知潘震验讯议拟，解由阿克苏道黄光达审明，咨镇迪道兼按察使衔恩纶核明转详。

臣复加查核，缘那买提、阿米提、阿巫提均籍隶库车厅，与已死胡大拜底同庄居住，素识无嫌。光绪十三年十二月二十八日，那买提等因乡约买卖提充役年满，公禀更换胡大拜底不允，斥其多事。阿米提分辩，胡大拜底回骂。阿米提顺拾地下木棍，殴伤胡大拜底左耳轮接连耳根。阿巫提亦拾木棍，殴伤胡大拜底偏右。那买提拢前拉劝，胡大拜底疑其帮殴，扑向那买提拼命。那买提一时情急，顺抽小刀冒戳一下，致伤胡大拜底左太阳穴。

---

①中国第一历史档案馆藏：《朱批原件》，档案编号：04—01—16—0226—105。
②中国第一历史档案馆藏：《军机录副》，档案编号：03—5241—010。

经祖尔登、托乎大等喝阻。讵胡大拜底伤重,越时身死。投约报验,获犯讯供,详批审拟解道,咨兼按察使衔核转前来。臣复核无异。

查律载:共殴人致死,下手致命伤重者,拟绞监候,余人杖一百等语。此案那买提等邀人禀换乡约,因胡大拜底未允,口角斗殴,阿米提等各用木棍殴打,伤均不重。惟该犯那买提戳伤胡大拜底左太阳穴骨损,系属致命重伤,自应以该犯当其重罪。那买提合依共殴人致死下手致命伤重者绞监候律,拟绞监候,秋后处决。阿米提、阿巫提各用木棍殴伤胡大拜底左耳根及偏右,合依余人杖一百律,各拟杖一百,折责发落。乡约买卖提役满,另行举人接充。祖尔登、托乎大救阻不及,均免置议。无干省释。尸饬领埋,凶器案节销毁。

是否允协?除全案供招咨送刑部外,合将共殴毙命、核明定拟缘由,恭折具奏,伏乞皇太后、皇上圣鉴,饬部核议施行。谨奏。光绪十四年九月二十八日。

(朱批):刑部议奏。①

光绪十四年十一月初二日,奉朱批:刑部议奏。钦此。②

116. 汇报光绪十四年春夏办理情罪重大案件折

光绪十四年九月二十八日(1888年11月1日)

尚书衔甘肃新疆巡抚二等男臣刘锦棠跪奏,为光绪十四年春夏季办结就地正法各案,照章摘由汇报,恭折具陈,仰祈圣鉴事。

新疆命盗等案情罪重大及决不待时人犯,暂准就地正法。其案内为从、罪应军流等犯,如系积匪,酌量监禁,系带铁杆,摘由汇报,业经奏明在案。本年春夏两季,拿获情罪重大各案共计八起,或捆缚事主,抢劫财物;或临时行强,拒杀二命;或伙同谋财,弃尸灭迹;或拦劫杀人;或会匪谋逆。经各地方官录供通详,批各该管道及镇迪道兼按察使衔复核遵行,统由臣详核案情,参诸律例,分别斩决枭示,即于犯事地方就地正法,以昭炯戒。

除将各案摘由开单恭呈御览外,所有光绪十四年春夏两季办结就地正法各案、照章摘由汇报缘由,谨恭折具陈,伏乞皇太后、皇上圣鉴训示施行。

①中国第一历史档案馆藏:《朱批原件》,档案编号:04—01—26—0077—063。
②中国第一历史档案馆藏:《军机录副》,档案编号:03—7311—070。

谨奏。光绪十四年九月二十八日。

（朱批）：刑部知道，单并发。①

光绪十四年十一月初二日，奉朱批：刑部知道，单并发。钦此。②

117. 呈光绪十四年春夏办理情罪重大案件清单

光绪十四年九月二十八日（1888年11月1日）

谨将光绪十四年春夏两季办结就地正法各案摘由汇缮清单，恭呈御览。计开：

春季分：

一件：盗犯子木拉提起意，纠约哈生木皮立冬、托和大、买卖提、阿洪、艾沙一共六人，行劫亦敏下家，捆殴事主，搜掠银物。艾沙抱赃投首，子木拉提拒捕格杀，阿洪畏罪自戕。经署于阗县知县娄绍豫验讯议拟，解由和阗州知州潘效苏转解喀什噶尔道袁垚龄审明，咨镇迪道兼按察使衔恩纶核转，臣复核无异。除子木拉提、阿洪二犯均已身死无庸议外，哈生木皮立东、托和大、买卖提三犯听从行劫，伤人得财，实属凶暴昭著，法无可贷，照章就地正法，以昭炯戒。艾沙听从行劫，在场并未动手，闻拿抱赃投首，例应发云贵、两广极边烟瘴充军，新疆南北互相调发，责令屯垦。惟该犯不谙耕作，量为变通，监禁三年，满日再系铁杆三年，如知悛改，再行详请责释。

一件：凶盗苏堵麻子、马正强、即肉则等临时行强，拒伤事主哎的八亥并雇工色令木牙斯二命身死一案，据署吐鲁番同知龙魁详报，缉获凶犯苏堵麻子、马正强、来买子、阿布都拉四犯，录供通详，臣批一并解省审办。经兼臬司恩纶审据苏堵麻子等，供认临时行强、拒杀二命等情不讳，详解到臣，亲审无异。除苏堵麻子取供后在省监病故无庸议外，马正强、即肉则照共谋为强盗杀人者不分首从皆斩律，拟斩立决，按照新章，就地正法。阿布都拉拒捕为从，棍伤事主，既非金刃，又非折伤，按例发云贵、两广极边烟瘴地方充军。来买子拒捕，未经帮殴，按例发极边足四千里充军，照章南北互相调发，责令屯垦。惟该犯等系属积匪，难安耕作，量为变通，发回监禁四

---

①中国第一历史档案馆藏：《朱批原件》，档案编号：04—01—01—0967—046。
②中国第一历史档案馆藏：《军机录副》，档案编号：03—7256—032。

年，满日阿布都拉再系铁杆三年，来买子再系铁杆二年，由地方官查看，如知悛改，详请重责，交保管束。

一件：凶犯周八海见陈德光身带银两，起意图财，邀允刘贵林，刃伤陈德光左额角身死，弃尸三年。据事后知情之魏得明告知尸亲，报疏勒州知州黄丙焜，获犯指出尸骨，验伤取供，解喀什噶尔道袁垚龄复审，咨镇迪道兼按察使衔恩纶核明转详。臣查周八海、刘贵林伙同图财，谋杀人命，漏网三年之久，未便再稽显戮，当即照章就地正法，以昭炯戒。魏得明事后知情，当未首告，拟杖一百，折责发落。

一、盗犯杨玉林、朱定康、周侹蕣听从在逃之杨占彪等，行劫事主袁珍家衣物，伤人得财，经署阜康县知县王廷赞验讯，获犯讯供议拟，由护理迪化府陈希洛转详兼臬司恩纶核转。臣查盗犯杨玉林、朱定康、周侹蕣，听从强劫杨玉林入室搜赃。朱定康、周侹蕣以免死流犯，又系哥老会匪在外把风，均属法无可贷，照章就地正法。逸犯杨占彪等获日另结。

夏季分：

一件：凶犯罗得胜见王得明身带银两，起意图财，诱至僻处，枪伤王得明身死。经署玛喇巴什通判夏毓衡验讯议拟，解喀什噶尔道袁垚龄审明，咨镇迪道兼按察使衔恩纶核转到臣。查罗得胜图财害命，照章就地正法，以昭炯戒。

一件：凶犯张大起意纠允李得胜，拦路行劫。张大施放洋枪，轰毙事主李兴智，李得胜石殴脚夫胡大亚二命身死，弃尸河内，劫掠财物。经署精河营参将张怀玉等盘获盗贼，张大畏罪自戕。署精河营守备蔡义兴捞获事主李兴智等尸身，验明通报。适署伊塔道陈晋蕃路出精河，就近提犯，供认劫杀等情不讳。禀报到臣。除首犯张大业已身死毋庸议外，李得胜一犯查照新章，洋枪杀人，首从俱拟斩决枭示，就地正法，并传首犯事地方宁远县属之登努斯口，悬竿示众，以昭炯戒。署精河巡检周芳煦、署精河营守备蔡义兴拿获邻近斩枭要犯，缉捕尚称得力，各记功一次。

一件：逆犯谢鸿翔、李青海、钟朝聘等倡立哥老会，开山放票，并树立红黑旗名色。经兼护迪化府迪化县知县陈希洛访拿谢鸿翔等七犯，起出逆据多件。据谢鸿翔供为坐堂山主，派李青海管事，钟朝聘红旗派宋丙武赴伊犁、童春华赴塔城纠伙放票等情不讳。查谢鸿翔、李青海、钟朝聘潜谋不轨，逆迹昭著。当饬署城守营副将曾松明会同迪化县知县陈希洛，将谢鸿翔、李青海、钟朝聘就地正法，枭首示众。彭世杰一犯，伙充会匪，尚未放票，姑贷一死，永远监禁。丘洪顺、向安邦、袁有胜甫经被诱，各予重责，锁解回籍，交地方官严加管束。逃犯宋丙武等，获日另结。

一件：逆犯周春堂充当哥老会匪，开山放票，又复伪造功牌、假银。经署哈密通判喻先麓访拿，起获逆据功牌、假银等件，供认在甘州放票一次，录供通详。臣飞咨甘肃提督周达武，一体查拿。旋准咨复：督饬张掖县拿获龚玉林等，佥供被周春堂煽惑，误允入会，旋将票子烧毁。似非甘心从逆，分别系枷责等因。核与周春堂供亦相符。查周春堂充当会匪，煽惑多人，复敢描摹印信，伪造假银，种种不法，实属罪无可逭。当饬就地正法，枭首示众，以昭炯戒。

（朱批）：览。①

118. 请将知县冯森楷与陈希洛革职议处片
光绪十四年九月二十八日（1888年11月1日）

再，蓝翎同知衔候补知县冯森楷于交卸哈密厅通判署任后，被驿书周光明以短发驿站经费呈控，经藩司批饬迪化府严切根究，由府将周光明发交迪化县看管，详饬现署哈密厅通判喻先麓查复去后。

旋据喻先麓申称：上年八月二十一日，接准冯森楷移交格子烟墩驿马一项，查与原额不符，未敢接收，旋准冯森楷饬由驿书如数补交足额。又据冯森楷呈递亲供内称：实系周光明短少马匹，后经查出，正拟斥革，适值交卸，故未详请究办各等语。经迪化府提讯，周光明初犹狡供，及再三研诘，始俯首无词，并称前因本官勒赔马匹，一时冒昧呈控，其实并无短发经费情事。详请将周光明责惩，递籍管束。讵周光明潜自出外，服毒自戕。当经迪化县报明，委验属实。臣查周光明因控词不实，情急自戕，既据查明委无凌虐情事，应毋庸议。惟冯森楷于该管驿书短少驿马事前并无觉察，直至后任不肯接收，始行查明追缴。是其平日玩视邮政，漫不经心，实非寻常疏忽可比。据布政使魏光焘、镇迪道兼按察使衔恩纶会详前来。

相应请旨将蓝翎同知衔候补知县冯森楷即行革职，并拔去翎枝，以示

---

①中国第一历史档案馆藏：《清单》，档案编号：03—7256—033。

惩儆。迪化县知县陈希洛于奉发人犯不妥为看管,致令潜出服毒自戕,实属疏忽,亦应请旨将迪化县知县陈希洛交部议处。

谨会同陕甘总督臣谭钟麟,附片具陈,伏乞圣鉴训示施行。谨奏。

(朱批):着照所请,该部知道。①

光绪十四年十一月初二日,奉朱批:着照所请,该部知道。钦此。②

119. 请将城守营守备邓得胜革职片

光绪十四年九月二十八日(1888年11月1日)

再,查前署迪化城守营守备花翎副将衔留陕尽先补用参将邓得胜,品行卑污,毫无检束。现值整顿营伍之际,未便稍事姑容,相应请旨将该员邓得胜即行革职,拔去花翎,勒令回籍,以肃军政。

除咨部外,谨会同署乌鲁木齐提督臣谭上连、陕甘总督臣谭钟麟,附片具陈,伏乞圣鉴训示。谨奏。

(朱批):着照所请,兵部知道。③

光绪十四年十一月初二日,奉朱批:着照所请,兵部知道。钦此。④

120. 奏报光绪十三年征收额粮及散发征信各册折

光绪十四年十月初三日(1888年11月6日)

尚书衔甘肃新疆巡抚二等男臣刘锦棠跪奏,为新疆各属光绪十三年征收额粮及催缴带征民欠缓征、豁免粮石征信各册,遵章刷印散发,恭折具陈,仰祈圣鉴事。

窃臣前准部咨:厘剔官吏经征钱粮积弊,并请行钱粮民欠征信册各折片,钦奉谕旨,行令钦遵办理等因,当经转行遵照去后。

兹据藩司魏光焘详称:光绪十三年征信册籍底本,已饬据各属陆续申

---

① 中国第一历史档案馆藏:《朱批原件》,档案编号:04—01—12—0543—043。
② 中国第一历史档案馆藏:《军机录副》,档案编号:03—5241—011。
③ 中国第一历史档案馆藏:《朱批原件》,档案编号:04—01—12—0544—111。再,此奏片原件未署具奏者,具奏日期署"光绪十四年",兹据录副校正。
④ 中国第一历史档案馆藏:《军机录副》,档案编号:03—5858—089。

复，除镇迪道属之吐鲁番厅、哈密厅、精河巡检及阿克苏、喀什噶尔两道属之喀喇沙尔、库车、乌什、和阗、于阗、疏勒、莎车、英吉沙尔、疏附、叶城、玛喇巴什等厅州县经征十三年已垦熟地应纳粮石，并吐鲁番厅带征十二年灾缓粮石，均于十三年夏忙截数之前一律征收全完，应请毋庸造具征信册外，至温宿州、库尔喀喇乌苏厅、拜城县三属，除十三年因灾蠲缓粮石外，余均扫数全完。其昌吉、迪化、呼图壁、奇台、镇西、阜康、济木萨、绥来等八属经征十三年粮石并催征、带征均有未完，内镇西厅、济木萨县丞尚有十三年因灾蠲缓粮石。

又温宿州、库尔喀喇乌苏厅、拜城县亦有因灾蠲缓之案，陆续据各属一并造赍征信册底本，由司发交经历司，雇募工匠，刊刻活字印板，首列部拟清厘民欠章程十条，次列各项民欠应蠲、应缓各数目，一律摆印，并委库大使会同校对。计刊印绥来县经征十三年未完册四十本，镇西厅经征十三年未完并催缴节年民欠及十三年因灾蠲免册各四十本，阜康县经征十三年未完并带征十一年原缓及催征节年民欠册各三十本，济木萨县丞经征十三年未完并催缴民欠及十三年因灾应缓册各三十本，迪化县经征十三年未完并催缴节年民欠册各四十本，呼图壁巡检经征十三年未完并催缴节年民欠册各三十本，昌吉县经征十三年未完并带征十一年原缓及催缴节年民欠册各三十本，奇台县经征十三年未完并催缴节年民欠册各四十本，库尔喀喇乌苏厅十三年因灾蠲免册三十本，拜城县因灾应缓册三十本，温宿州十三年因灾应蠲、应缓册各四十本。注明页数，钤用司印。内迪化府属、温宿州属各县县丞、巡检，遵章移送镇迪道一半，发交迪化府、温宿州一半。镇西厅、库尔喀喇乌苏厅册则全送镇迪道，分别转发各属绅民，散给各乡民公同查阅，俾令周知。附赍各册，详请奏咨前来。

臣复查无异。除将各册咨部外，所有新疆各属光绪十三年征收额粮及催征、带征民欠缓征、豁免粮石征信册，遵章刷印散发缘由，理合会同陕甘总督臣谭钟麟，恭折具陈，伏乞皇太后、皇上圣鉴训示。再，此案征信册，照章应于六月底刷印分发，因工匠必由关内募来，遇有事故，辄须停工以待，是以稽迟，合并声明。谨奏。光绪十四年十月初三日。

（朱批）：户部知道。①

---

①中国第一历史档案馆藏：《朱批原件》，档案编号：04—01—35—0565—062。

光绪十四年十一月初八日,奉朱批:户部知道。钦此。①

121. 特参游击秦上标请旨革职归审片
光绪十四年十月初三日(1888年11月6日)

再,据镇迪道兼按察使衔恩纶详:准喀什噶尔道袁尧龄咨:据署玛喇巴什通判杨敏详称:据民人陈有余呈控秦玉贵奸伊义女腊梅一案,当经提讯事出有因,而秦玉贵即秦上标系由军功保加副将衔补用游击,恃符狡展,坚不承认,详请参革,以便严审等情前来。

臣复查无异。相应请旨将副将衔补用游击秦上标即行革职,归案审办。谨会同陕甘总督臣谭钟麟,附片具陈,伏乞圣鉴训示施行。谨奏。

(朱批):着照所请,该部知道。②

光绪十四年十一月初八日,奉朱批:着照所请,该部知道。钦此。③

【案】此片原件未署具奏者,具奏日期仅署"光绪十四年",录副署"光绪十四年十一月初八日"。查光绪十四年十一月初八日《军机处随手登记档》④朱批刘锦棠折,载有"报四百里,十月初三日发"等字样。据此,此片具奏日期当为"光绪十四年十月初三日",兹据校正。

122. 原保副将黄泗元等衔名错误请饬更正片
光绪十四年十月初三日(1888年11月6日)

再,臣据留甘尽先补用副将黄泗元禀称:于同治七年跟剿捻匪、直东肃清案内,经大学士陕甘总督臣左宗棠由军功汇保免补外委,以把总尽先拔补,并戴蓝翎。原奉行知误书黄清元。又据尽先补用守备张贤楚禀称:于六载边防案内得保守备,奉到行知系张楚贤,实系原开衔名时笔误所致。均请更正前来。

臣复核无异。合无仰恳天恩俯准,将直东肃清案内所保蓝翎尽先拔补

---
① 中国第一历史档案馆藏:《军机录副》,档案编号:03—6228—009。
② 中国第一历史档案馆藏:《朱批原件》,档案编号:04—01—01—0966—053。
③ 中国第一历史档案馆藏:《军机录副》,档案编号:03—5858—104。
④ 中国第一历史档案馆藏:《军机处随手登记档》,档案编号:03—0257—4—1214—287。

把总之黄清元改为黄泗元,六载边防案内所保尽先补用守备之张楚贤改为张贤楚,饬部更正注册,以免歧异。

除咨兵部外,谨附片具陈,伏乞圣鉴训示。谨奏。

(朱批):兵部知道。①

光绪十四年十一月初八日,奉朱批:兵部知道。钦此。②

【案】此片原件未署具奏者,具奏日期仅署"光绪十四年",录副署"光绪十四年十一月初八日"。查光绪十四年十一月初八日《军机处随手登记档》③朱批刘锦棠折,载有"报四百里,十月初三日发"等字样。据此,此片具奏日期当为"光绪十四年十月初三日",兹据校正。

123. 原保补用都司彭炳南请旨改奖片

光绪十四年十月初三日(1888年11月6日)

再,蓝翎尽先补用都司彭炳南于六载边防案内经臣请保赏换花翎。旋准兵部议复:该员并无战功,请换翎枝,核与定章不符,应令另核请奖等因,咨行到臣。兹拟将蓝翎尽先补用都司彭炳南改请俟补缺后,以游击补用,恳恩俯准照奖,饬部注册,以示鼓励。

除咨部外,谨附片具陈,伏乞圣鉴训示。谨奏。

(朱批):兵部知道。④

光绪十四年十一月初八日,奉朱批:兵部知道。钦此。⑤

【案】此片原件未署具奏者,具奏日期仅署"光绪十四年",录副署"光绪十四年十一月初八日"。查光绪十四年十一月初八日《军机处随手登记档》⑥朱批刘锦棠折,载有"报四百里,十月初三日发"等字样。据此,此片具奏日期当为"光绪十四年十月初三日",兹据校正。

---

①中国第一历史档案馆藏:《朱批原件》,档案编号:04—01—01—0544—074。
②中国第一历史档案馆藏:《军机录副》,档案编号:03—5858—103。
③中国第一历史档案馆藏:《军机处随手登记档》,档案编号:03—0257—4—1214—287。
④中国第一历史档案馆藏:《朱批原件》,档案编号:04—01—12—0544—097。
⑤中国第一历史档案馆藏:《军机录副》,档案编号:03—5858—102。
⑥中国第一历史档案馆藏:《军机处随手登记档》,档案编号:03—0257—4—1214—287。

124.筹议古城满营官兵随缺地亩等情折

光绪十四年十月初八日(1888年11月11日)

尚书衔甘肃新疆巡抚二等男臣刘锦棠跪奏,为满营移并古城,遵旨筹拨官兵随缺地亩,并恳暂缓屯垦,以纾兵力,恭折仰祈圣鉴事。

窃臣于光绪十三年二月十六日承准军机大臣字寄:光绪十三年正月十七日奉上谕:富勒铭额奏乌鲁木齐满营官兵议迁古城,请援案拨还随缺地亩一折。① 据称乌鲁木齐、古城、巴里坤三营旗兵,前经拨给迪化州属熟荒地两万一千余亩,藉资生计。现遵部议,将该三营官兵一千余名并迁古城。查有古城地方头、二、三屯地,约计一万一千余亩,向为绿营屯耕之所。目前绿营屯兵无多,堪以拨归满营经理,并将古城迤东吉布库地方官屯拨为绿营屯地等语。乌鲁木齐等处满营迁并古城,官兵随缺地亩,自应预为筹拨,以资养赡。所请以头、二、三屯地拨给满营,以吉布库官屯拨给绿营之处,着刘锦棠悉心酌核,奏明请旨办理。原折着钞给刘锦棠阅看。钦此。遵旨寄信前来等因到臣。当经钦遵饬查,吉布库地亩现系归绿营耕种。其头、二、三等屯向为绿营屯地,自遭变乱,地亩尽荒。

光绪三年,经前陕甘总督臣左宗棠招集流亡,给资承垦,迄今陆续增添,已安插百数十户,共男妇一千数百口,耕稼婚娶,渐成土著。若以此项地亩拨归满营,不但迁移改拨徒滋劳费,且甫经招集,忽议迁徙,亦甚非朝廷劳来还定之意。

臣查古城东湾、中渠,地属上中,接引山水浇灌,得地一万余亩,拟归② 各满营耕种,不敷由附近之大板河、西岔拨给。查大板河约地三四千亩,西岔约地四五千亩。该各处虽有户民耕种,为数尚少,迁徙较易,毋庸将头、二、三屯地拨归满营。如此办理,似属兵民两便,并经行司饬县,估计修渠经费,檄行城守尉德胜委勘复办去后。

兹据德胜呈称:查巴里坤满营,现未迁齐。乌鲁木齐满营虽经迁并,安插尚未就绪。所拨东湾、中渠等处地亩,修理各渠,又非急切所能蒇事,拟

---
①详见光绪十二年十二月初十日护理乌鲁木齐都统富勒铭额奏请拨还官兵随缺地亩缘由(中国第一历史档案馆藏:《军机录副》,档案编号:03—6718—004)。
②"拟归",《奏稿》作"拨归"。

请展缓三年再行屯垦,藉纾兵力等情前来。

臣复加查核,自系实情。惟事关旗屯,未敢擅便。除饬司查取迪化县接收满营原拨地亩,招民承种应完额粮清册,另案奏咨外,所有遵拨满营官兵随缺地亩并暂缓屯垦各缘由,理合恭折具陈,伏乞皇太后、皇上圣鉴训示施行。谨奏。光绪十四年十月初八日。

（朱批）：户部知道。①

光绪十四年十一月十三日,奉朱批:户部知道。钦此。②

125. 审拟叶城缠民哈生木致毙人命一案折

光绪十四年十月初八日（1888年11月11日）

尚书衔甘肃新疆巡抚二等男臣刘锦棠跪奏,为救父情切,致毙人命,核明定拟,恭折仰祈圣鉴事。

窃叶城县缠民哈生木挣水起衅,见父受伤,情切救护,吓殴买买提尼则尔身死一案,据代理叶城县知县陈启丰验讯议拟,解由莎车直隶州知州刘嘉德讯明,转解喀什噶尔道袁尧龄复审,咨镇迪道兼按察使衔恩纶核转到臣。

复加查核,缘哈生木籍隶叶城县,务农度日,与已死买买提尼则尔公共渠水,素识无嫌。光绪十四年三月初三日,哈生木因地需水,携带锄头,随其父阿木冬往放渠水。买买提尼则尔瞥见阻止,阿木冬斥其逞强,互相口角。买买提尼则尔拾石殴伤阿生木右臂膊,阿生木跌地,买买提尼则尔赶上揿按。哈生木见父伤被按,事在危急,情切救护,随举锄头吓殴,适伤买买提尼则尔偏左。经一斯坎达喝住。讵买买提尼则尔伤重,延至半夜殒命。投约报验,讯供通详,批饬审拟解道,咨兼按察使衔核明转详,臣复核无异。

查律载：父母为人所殴,子孙即时救护而还殴行凶之人至死者,依常律。又斗殴杀人者,不问手足、他物、金刃,并绞监候各等语。此案哈生木因其父阿木冬被买买提尼则尔用石殴伤,复被揿按,事在危急,该犯情切救

---

① 中国第一历史档案馆藏:《朱批原件》,档案编号:04—01—01—0963—058。又《奏稿》第1939—1943页。
② 中国第一历史档案馆藏:《军机录副》,档案编号:03—6719—026。

护,举锄殴伤买买提尼则尔偏左身死,自应依常律问拟。哈生木合依斗殴杀人者不问手足、他物、金刃并绞监候律,拟绞监候,秋后处决。一斯坎达救阻不及,应毋庸议。阿木冬伤已平复。公共渠水仍饬照常公管,以杜争端。无干省释。尸棺饬埋,凶器案结销毁。再,此案系救亲情切,应否减流,应请旨饬部核议。

除全案供招咨刑部外,合将救父情切致毙人命、核明定拟缘由,恭折具陈,伏乞皇太后、皇上圣鉴,饬部核复施行。谨奏。光绪十四年十月初八日。

(朱批):刑部议奏。①

光绪十四年十一月十三日,奉朱批:刑部议奏。②

126. 审拟疏勒缠民沙五提拒杀人命一案折

光绪十四年十月初八日(1888年11月11日)

尚书衔甘肃新疆巡抚二等男臣刘锦棠跪奏,为窃盗拒捕,杀毙人命,核明定拟,恭折仰祈圣鉴事。

窃疏勒州贼犯沙五提行窃拒捕,刃伤事主买迈提身死一案,据署疏勒直隶州知州黄丙焜验讯议拟,解由喀什噶尔道袁垚龄审明,咨镇迪道兼按察使衔恩纶核转前来。

臣复加查核,缘沙五提籍隶疏勒州,先未为匪。光绪十四年三月二十九日,路过素识之玉素普,各道贫苦。沙五提稔知阿洪买迈提家殷实,起意纠窃,得赃分用,玉素普应允。至三月初二日,探得买迈提之二子外出。约于是夜三更,偕抵买迈提门首。沙五提爬墙进院开门,玉素普进来,在房门旁挖开一孔,悄同入内。玉素普擦然洋火,见买迈提与其妻伯什比比睡熟,沙五提潜到柜旁开锁,被买迈提惊醒叫捕。玉素普闻声先遁。沙五提被买迈提扭住,并叫伊妻唤人帮拿。沙五提恐经捉获,起意拒捕,用口咬伤买迈提右手背,脱逃跑出,旋被门槛绊跌。买迈提赶上揿按。沙五提图脱,顺抽身佩小刀,戳其咽喉,买迈提犹不松手,沙五提又用刀连戳买迈提肚腹、左肋倒地。比经尸妻伯什比比然灯查视,买迈提

---

①中国第一历史档案馆藏:《朱批原件》,档案编号:04—01—26—0077—062。
②此朱批日期等据《军机处随手登记档》(档案编号:03—0257—4—1214—292)校补。

业已殒命，并无失物。投约报验，获犯讯供，详批审拟解道，咨兼按察使衔核明转详，臣复核无异。

查律载：窃盗未经得财逃走，被事主追逐，拒捕因而杀人者，首犯拟斩监候。又载：同案抢窃不知拒捕情事，仍各照窃盗本律首从论。又律载：窃盗已行而不得财，笞五十，免刺；为从者，各减一等各等语。此案沙五提纠同玉素普行窃，尚未得财，当被事主扭住，临时拒捕，嗣因绊跌，复被事主揿按，用刀戳伤事主买迈提肚腹等处毙命，自应按律问拟。沙五提合依窃盗未经得财逃走，被事主追逐，拒捕因而杀人者拟斩例，拟斩监候，秋后处决，照例先行刺字。玉素普听纠行窃，于沙五提拒伤买迈提身死时，该犯业经先遁，委系不知拒捕情事，自应仍依窃盗本律问拟。玉素普系属为从，应于盗窃已行而不得财笞五十律上减一等，笞四十折责。该犯等行窃，其失察之牌保人等，照例传责。无干省释。尸饬领埋，凶器销毁。

是否允协？除全案供招咨送刑部外，合将盗贼拒捕、杀毙人命缘由，恭折具陈，伏乞皇太后、皇上圣鉴，饬部核议施行。谨奏。光绪十四年十月初八日。

（朱批）：刑部议奏。①

光绪十四年十一月十三日，奉朱批：刑部议奏。钦此。②

127. 整顿伊犁勇营先将拟办情形陈明折

光绪十四年十月二十三日（1888 年 11 月 26 日）

尚书衔甘肃新疆巡抚二等男臣刘锦棠跪奏，为遵旨整顿伊犁勇营，先将拟办情形据实陈明，仰祈圣鉴事。

窃臣准户部咨：议复伊犁将军请拨款十五万两，酌遣伊犁勇队等因一折，于本年八月十八日具奏，奉旨：依议。钦此。钦遵咨行到臣。正筹办间，复承准军机大臣字寄：光绪十四年九月十三日奉上谕：前据色楞额奏，遣撤伊犁勇队，酌发饷项川资，请饬拨解银十五万两应用，当令户部速议具

---

①中国第一历史档案馆藏：《朱批原件》，档案编号：04—01—26—0077—061。
②中国第一历史档案馆藏：《军机录副》，档案编号：03—7355—038。

奏。旋据该部奏准，由谭钟麟先行如数垫发，解交刘锦棠设法妥办，迅速清结。兹据刘锦棠奏，该处营勇骄蹇成习，此次发款清理后，请核实挑留，余悉妥为遣撤等语。伊犁防军动辄藉饷滋闹，实属不成事体，亟应妥筹整理，以靖边陲。着谭钟麟遵照部议，无论何款，迅即垫拨银十五万两，解交应用，毋稍延缓，并着刘锦棠会同色楞额妥速清厘，将该处勇丁核实挑留，其余妥为裁遣，并将营制饷章认真整顿，务期边军日久相安，是为至要。此次滋事勇丁，并着色楞额查明为首之人，照例惩办，以肃军律。余着照所议办理。将此由五百里各谕令知之。钦此。

伏查光绪十一年冬间，臣与前署将军臣锡纶钦奉谕旨，会同清理伊犁勇营旧欠。其时议定自十二年二月以后，按照楚军行粮章程，按月发饷，不得少有克扣。从前欠饷，概行截止，并无留营勇丁尚有应领加项、存俟准假找给之事，当经奏报有案，亦为众所共知。本年七月，色楞额奏请拨款，以资遣撤，臣不得不申明其事。兹蒙天恩准拨银十五万两，臣自应钦遵，会同色楞额妥为清理，以仰副朝廷慎重边防之至意。

惟查前此清理之时，分别挑留遣撤。其挑留一项，共银九万九千余两，内除酌发统领营官及哨长各项。其在勇丁者，实共银七万四千余两。此当时报部之实数也。其后锡纶任内，又续有假汰逃亡，今欲按名补发，则锡纶任内所已经假汰及逃亡、病故者，亦应删除。且加发一项，原只遣撤者有之，以其存饷无多，非此不足以示体恤，而遣撤之内又有回籍与落户之分，亦不能概归一律。色楞额前奏请将加发银两无分去留，先行算明，概予清结，不知当时原议既有回籍、落户之分。若不先定去留，何从区别？若无区别，又何以得事理之平？

臣再四思维，惟有仍照旧章办理。前此挑留弁勇花名清册，原饬造具二分，各注明籍贯箕斗、入伍日期并发过银两数目，一存伊犁，一由臣携带回省，底案具在，不难复按而知。拟俟谭钟麟解到此款①，即遵照部议存储

---

① 光绪十四年九月初六日，陕甘总督谭钟麟奏报筹解部拨伊犁遣撤勇饷日期："头品顶戴陕甘总督臣谭钟麟跪奏，为筹解部拨伊犁遣散勇饷，恭折仰祈圣鉴事。窃臣准户咨：议覆伊犁将军色楞额遣撤营勇需款孔急一折，奉谕旨，饬臣无论何款，拨银十五万两，先行垫解，由户部拨还等因。臣当饬藩司筹借银十五万两，于九月初六日起解，运至新疆省城，交藩库收存，并飞咨伊犁将军色楞额，预派员弁赴新省守领，以期妥速。除咨部外，谨缮折具陈，伏乞皇太后、皇上圣鉴。谨奏。九月初六日。光绪十四年九月十八日，奉朱批：户部知道。钦此。"（中国第一历史档案馆藏：《朱批原件》，档案编号：04—01—01—0964—056；《军机录副》，档案编号：03—6112—014。）

司库，一面咨商色楞额将应撤勇丁妥速遣撤。除新饷应由色楞额核发外，其加发此款，即由色楞额查明，饬令各营分别回籍落户，照前造具花名清册，赍送省城，以凭核对。其情愿寄居落户者，即解由伊犁，按名发给。其实系报明回籍者，即给票持赴省城，由臣饬司委员按名发给，并将前存底册发司，已经给领，即由司于册内注明。留营勇丁仍存俟准假之日，照此查明，分别发给。现在各该营于未定议之先已有遣撤，应令补造清册。其垫发此项银两，俟前款解到，如数拨还，以清款目。下存若干，由司随后查明，详请报部立案。似此办理，庶觉持平。统领营哨各官身受国恩，自不肯与勇丁一同再领。

至营制饷章，现如巴里坤及阿克苏等处，均已经臣奏定，伊犁事同一律，自可照行。惟该处各营向由将军统辖，未准色楞额造册移交，臣亦无由过问。色楞额前奏拟先尽入营年久及不胜差操者，酌量准假，发清存饷，资遣回籍。愿留勇丁，归并绿营，改支坐粮，以符原议四千人之数。臣愚实无以易此。现在蒙恩准发此款，正可及时举办。各统领营官有约束勇丁之责，亦当激发天良，共求整顿。臣比咨商色楞额，经此次奉旨之后，如各该营弁勇再有滋闹，即惟各统领营官是问，容臣与色楞额指名严参，以示惩儆。

除俟办理就绪再行会同详细具奏外，所有拟办情形，理合恭折具陈，伏乞皇太后、皇上圣鉴训示。谨奏。光绪十四年十月二十三日。

（朱批）：该部知道。①

光绪十四年十一月二十五日，奉朱批：该部知道。钦此。②

128. 请饬各省关速解银两以清垫款折
光绪十四年十月二十三日（1888年11月26日）

尚书衔甘肃新疆巡抚二等男臣刘锦棠跪奏，为南路已修城署经费，恳恩饬部核销，并请饬催各省关欠解银两，以清垫款而期蒇事，恭折具陈，仰祈圣鉴事。

---

①中国第一历史档案馆藏：《朱批原件》，档案编号：04—01—30—0146—012。又《奏稿》第1945—1951页。

②中国第一历史档案馆藏：《军机录副》，档案编号：03—6024—089。

窃臣于光绪九年奏修南路城工十三起、衙署十五起，土功①由各营派勇帮作。所需铁木、砖石、陶瓦、物料及工役薪粮、犒赏各款，从减估银三十七万四千余两，蒙恩饬部指拨各省关银三十六万六千七百余两，次第兴办。上年，复经臣将已竣各工并北路兴修城署各工奏明在案。

兹据各印委陆续造赍工料、银两、丈尺、做法、细数图说、保固印结，由粮台司道汇造图册，并委勘阿克苏、喀喇沙尔、库车、乌什、喀什噶尔、玛喇巴什、英吉沙尔、叶尔羌、和阗城工九起，阿克苏、喀什噶尔道署，喀喇沙尔、库车、乌什、玛喇巴什、英吉沙尔厅署，温宿、疏勒、莎车、和阗州署，疏附、于阗县署十三起，附修阿克苏、喀什噶尔道库大使，英吉沙尔照磨，温宿、疏勒、莎车吏目，疏附典史衙署七起。各属仓廒、监禁亦经次第修造，均属工坚料实，并无草率等情，转详前来。

臣查前项工程，大小二十余起，前后数年，派拨勇丁，帮同兴作，计工二百余万，十日犒赏酒肉一次，按照南路雇工，除给食粮日需银一钱有奇计算，实省银三十余万两。其应需工匠、物料，多有内地雇办，价值既昂，采运木料脚价尤属不赀。综计实用银三十二万五千余两，动支各省关解到银一十七万余两，收回平余银二千六百余两。不敷之数，无可腾挪，先后共由军需项下垫用银一十四万八千余两，委系撙节动支，核实开报，并无浮滥。相应缮呈清单，请旨饬将前项用过经费一并核销，以清款项。其北路城署各工，容俟汇造齐全，另案具奏。

至指拨各省关银三十六万六千余两，已报解一十七万余两，尚欠解一十九万两。现在挪用军饷，急须划还清款。拜城、疏附、叶城、于阗四县城，拜城、叶城两县署，尚待修建，应请旨饬下各省关，赶将下欠银两悉数提解，俾得清还垫款，一律蒇事，出自鸿施。

除将图说、册结咨部外，所有南路已修城署工程用过经费，并恳催解银两各缘由，谨会同陕甘总督臣谭钟麟，恭折具陈，伏乞皇太后、皇上圣鉴训示施行。谨奏。光绪十四年十月二十三日。

（朱批）：该部知道，单并发。所有各省关欠解银两，即着分咨催解，以清款目。②

---

①"土功"，《奏稿》作"土工"。
②中国第一历史档案馆藏：《朱批原件》，档案编号：04—01—35—0994—067。又《奏稿》第1953—1957页。

光绪十四年十一月二十五日，奉朱批：该部知道，单并发。所有各省关欠解银两，即着分咨催解，以清款目。钦此。①

129. 呈报南路已修城署等工收支经费清单

光绪十四年十月二十三日（1888年11月26日）

谨将南路已修城垣九起、衙署十三起并佐杂衙署七起及仓廒监禁等项，收支经费银两数目，缮具简明清单，恭呈御览。计开

收款：

一、收山西河东道协解银一万两。

一、收山西省协解银一万两。

一、收山东省协解银一万两。

一、收闽海关协解银九千九百九十一两九钱四分五厘。

一、收江汉关协解银一万两。

一、收江海关协解银一万两。

一、收粤海关协解银九千六百九十四两八钱八分三厘。

一、收浙江省追缴已故道员胡光墉银一十万四千六百八十二两九钱二分。

一、收扣回采买各款平余银二千六百四十八两三分九厘。

一、收军需项下垫发不敷经费银一十四万八千五百一十两八钱三分三厘。

以上共收银三十二万五千五百二十八两六钱二分。

支款：

一、建修喀喇沙尔城工，共支经费银二万三千五百三十七两五钱六分四厘。

一、补修库车城工，共支经费银六千二百五十两六钱一分一厘。

一、建修阿克苏城工，共支经费银三万二千八百二十三两六钱五分九厘。

一、补修乌什城工，共支经费银二万三千七百六十二两七钱一分九厘。

---

①中国第一历史档案馆藏：《军机录副》，档案编号：03—6621—058。

一、补修玛喇巴什城工,共支经费银一万五千一百五十四两八钱二分八厘。

一、补修喀什噶尔城工,共支经费银二万二百一十两六分七厘。

一、补修英吉沙尔城工,共支经费银二万二千二百七十六两七钱六分五厘。

一、补修叶尔羌城工,共支经费银二万一千一百七十七两二钱四分三厘。

一、建修和阗城工,共支经费银二万四千六百五十两八钱四厘。

以上共支银一十八万九千八百四十四两二钱六分。

一、建修阿克苏兵备道署,共支经费银一万一千一百五十四两三钱六分九厘。

一、建修喀什噶尔兵备道衙署,共支经费银一万一千六百六十六两四钱七分九厘。

一、建修温宿直隶州知州衙署,共支经费银八千六百二十两四钱三分六厘。

一、建修疏勒直隶州知州衙署,共支经费银九千八百二十两五钱九分九厘。

一、建修莎车直隶州知州衙署,共支经费银七千六百六十九两一钱一分二厘。

一、建修和阗直隶州知州衙署,共支经费银九千五百四十五两五钱八分三厘。

一、建修喀喇沙尔厅同知衙署,共支经费银一万一千一百四十五两五钱六分九厘。

一、建修库车厅衙署,共支经费银七千五百五十四两五钱五分七厘。

一、建修乌什厅同知衙署,共支经费银九千一百四十二两六钱四分七厘。

一、建修英吉沙尔厅同知衙署,共支经费银九千六百三十七两一钱三分五厘。

一、建修玛喇巴什通判衙署,共支经费银四千七十七两八分七厘。

一、建修疏附县知县衙署,共支经费银八千五百四十两三钱三分七厘。

一、建修于阗县知县衙署,共支经费银九千四十一两三钱五分九厘。

一、建修阿克苏道库大使衙署,共支经费银一千六百三十一两六钱一分六厘。

一、建修喀什噶尔道库大使衙署,共支经费银二千二十七两八钱五分三厘。

一、建修温宿州吏目衙署,共支经费银四千二两九钱九分二厘。

一、建修疏勒州吏目衙署,共支经费银二千二百三十一两九钱六分九厘。

一、建修莎车州吏目衙署,共支经费银三千八十五两七钱九分一厘。

一、建修英吉沙尔同知照磨衙署,共支经费银二千四百九十五两二钱三分八厘。

一、建修疏附县典史衙署,共支经费银二千二百九十三两五钱三分二厘。

以上共支银一十三万五千六百八十四两三钱六分。

统计城工、衙署共支经费银三十二万五千五百二十八两六钱二分,内由军需项下垫用银一十四万八千五百一十两八钱三分三两,合并声明。

(朱批):览。①

130. 委任张起宇署理吐鲁番厅同知片

光绪十四年十月二十三日(1888年11月26日)

再,署吐鲁番同知龙魁请假,遗缺查有准补英吉沙尔同知张起宇,堪以委署。据新疆布政使魏光焘、按察使衔镇迪道恩纶会详前来。除由臣批饬给委外,谨会同陕甘总督臣谭钟麟,附片具奏,伏乞圣鉴。谨奏。

光绪十四年十一月二十五日,奉朱批:吏部知道。钦此。②

131. 奏报新疆光绪十四年七月雨水粮价折

光绪十四年十一月初六日(1888年12月8日)

尚书衔甘肃新疆巡抚二等男臣刘锦棠跪奏,为恭报光绪十四年七月分

---

①中国第一历史档案馆藏:《清单》,档案编号:03—6621—059。
②中国第一历史档案馆藏:《军机录副》,档案编号:03—5241—104。

粮价并得雨情形,谨缮折具陈,仰祈圣鉴事。

窃照光绪十四年六月分各厅州县粮价并雨情形,业经臣奏报在案。兹查七月分北路哈密得雨入土二寸,绥来得雨入土寸余,迪化、阜康、奇台、镇西、库尔喀喇乌苏微雨。伊塔道属宁远微雨。南路于阗得雨入土尺许,喀喇沙尔、拜城、莎车、叶城、英吉沙尔得雨入土三寸及一二寸不等,温宿、库车、和阗、玛喇巴什微雨,余未得雨。

至通省粮价,哈密、镇西、吐鲁番、英吉沙尔、疏勒、昌吉、阜康、宁远等厅州县,俱与上月相同,余均略有增减。据藩司魏光焘汇详请奏前来。

理合恭折具陈,并缮粮价清单,敬呈御览。伏乞皇太后、皇上圣鉴。谨奏。光绪十四年十一月初六日。

(朱批):知道了。①

光绪十四年十二月十一日,奉朱批:知道了。钦此。②

132. 呈新疆各属光绪十四年七月粮价清单
光绪十四年十一月初六日(1888年12月8日)

谨将新疆各属光绪十四年七月分米粮时估价值缮具清单,恭呈御览。计开

七月分:

镇迪道属

迪化县:大米每京石价银二两八钱五厘,较上月减一两。小麦每京石价银一两五钱二分一厘,莞豆每京石价银一两六钱二分,青稞每京石价银一两二钱七分,俱与上月相同。

昌吉县:大米每京石价银二两五钱二分,小麦每京石价银一两一钱八厘,莞豆每京石价银一两二钱一厘,青稞每京石价银八钱七分五厘。俱与上月相同。

阜康县:粟米每京石价银一两二钱七分三厘,小麦每京石价银一两二钱七分四厘,莞豆每京石价银一两二钱七厘,高粱每京石价银六钱七分二

---

①中国第一历史档案馆藏:《朱批原件》,档案编号:04—01—25—0532—041。
②中国第一历史档案馆藏:《军机录副》,档案编号:03—9960—020。

厘。俱与上月相同。

绥来县：大米每京石价银二两三钱九分七厘，与上月相同。小麦每京石价银九钱一分九厘，较上月减七分。莞豆每京石价银一两八分，高粱每京石价银八钱一分六厘，俱与上月相同。

奇台县：大米每京石价银二两六钱九分二厘，较上月增三厘。小麦每京石价银一两二分六厘，莞豆每京石价银九钱三分二厘，俱与上月相同。

镇西直隶厅：小麦每京石价银一两八钱六分，莞豆每京石价银一两七钱五分，青稞每京石价银一两一钱二分。俱与上月相同。

吐鲁番厅：小麦每京石价银一两二钱六分八厘，大麦每京石价银五钱六分，黄豆每京石价银一两四钱九分三厘，高粱每京石价银五钱五分九厘。俱与上月相同。

哈密厅：粟米每京石价银一两七钱二分八厘，小麦每京石价银一两三钱五分，莞豆每京石价银一两七钱二分八厘，青稞每京石价银一两二厘。俱与上月相同。

库尔喀喇乌苏厅：小麦每京石价银一两一钱四厘，较上月减一钱三分八厘。莞豆每京石价银一两五钱八分，高粱每京石价银一两一钱二分四厘，俱与上月相同。

伊塔道属

绥定县：大米每京石价银四两四钱四分，小麦每京石价银一两五钱一分八厘，俱与上月相同。大麦每京石价银九钱六分三厘，较上月减一钱七厘。莞豆每京石价银一两五钱八分四厘，较上月减一钱四分四厘。

宁远县：大米每京石价银三两八钱五分，小麦每京石价银八钱九分，大麦每京石价银五钱四分，莞豆每京石价银八钱六分。俱与上月相同。

阿克苏道属

温宿直隶州：大米每京石价银三两四分，较上月增七钱六分。小麦每京石价银九钱六分六厘，与上月相同。大麦每京石价银六钱，较上月增减一钱二分。包谷每京石价银一两八分八厘，较上月减一钱三分六厘。

拜城县：小麦每京石价银七钱四分，较上月减一钱二分。大麦每京石价银四钱三分，较上月减九分。莞豆每京石价银五钱六分，较上月减四分三厘。包谷每京石价银五钱六分，较上月减四分三厘。

喀喇沙尔直隶厅：大米每京石价银三两七钱，与上月相同。小麦每京石价银一两一钱四厘,较上月增一钱三分八厘。莞豆每京石价银一两八厘,与上月相同。包谷每京石价银八钱九分六厘,较上月增二分六厘。

库车直隶厅:大米每京石价银二两一钱九分,与上月相同。小麦每京石价银六钱六分,较上月减二厘。莞豆每京石价银四钱,包谷每京石价银四钱二分,俱与上月相同。

乌什直隶厅:大米每京石价银二两九钱八分,较上月减一钱四分九厘。小麦每京石价银九钱五分,较上月减七分九厘。大麦每京石价银九钱五分,较上月减六分四厘。包谷每京石价银九钱一分七厘,较上月减二分六厘。

喀什噶尔道属

疏勒直隶州:大米每京石价银三两一钱五分,小麦每京石价银一两二钱四分二厘,包谷每京石价银一两一钱五分二厘,高粱每京石价银一两三分五厘。俱与上月相同。

疏附县:大米每京石价银三两,与上月相同。小麦每京石价银一两一钱四厘,较上月减一钱三分八厘。包谷每京石价银九钱三分八厘,高粱每京石价银六钱九分,俱与上月相同。

莎车直隶州:大米每京石价银一两九钱二分四厘,较上月增七分四厘。小麦每京石价银四钱四分四厘,大麦每京石价银三钱一分二厘,包谷每京石价银三钱三厘,俱与上月相同。

叶城县:大米每京石价银二两四钱六分,较上月减一钱四分五厘。小麦每京石价银四钱,包谷每京石价银二钱八分八厘,俱与上月相同。青稞每京石价银三钱二分五厘,较上月减五分。

和阗直隶州:大米每京石价银二两一钱,较上月减一钱四分。小麦每京石价银八钱二分八厘,青稞每京石价银三钱四分五厘,包谷每京石价银五钱一分二厘,俱与上月相同。

于阗县:大米每京石价银三两四钱五分,与上月相同。小麦每京石价银八钱七分一厘,较上月减一钱三分四厘。包谷每京石价银七钱四厘,与上月相同。

英吉沙尔直隶厅:大米每京石价银二两七钱三分,小麦每京石价银五钱五分,包谷每京石价银四钱,大麦每京石价银二钱八分。俱与上月相同。

玛喇巴什厅:大米每京石价银四两四钱四分,较上月减七钱四分。小麦每京石价银一两一钱四厘,较上月减二钱七分六厘。包谷每京石价银八钱九分六厘,较上月增三钱八分四厘。

(朱批):览。①

133. 请旌节妇王刘氏缘由折

光绪十四年十一月初六日(1888年12月8日)

尚书衔甘肃新疆巡抚二等男臣刘锦棠跪奏,为节妇年例相符,恳恩旌表,以维风化,恭折仰祈圣鉴事。

窃臣据新疆布政使魏光焘详:准镇迪道兼按察使衔恩纶咨:据署迪化府知府陈名钰详:据署奇台县知县刘澄清详转绅民冯积兴等禀称:节妇王刘氏系该县民人刘生魁之女,王林之妻,附生王承钧、王承铨之祖母。年十七于归,至道光二十三年,王林病故,氏年二十九岁,恸不欲生。亲族以姑老子幼劝勉,始节哀强起。维时遗孤子三,长者才七龄,幼者犹在抱,家甚贫,姑又以病瘵。氏藉针织之资以奉甘旨,朝夕扶持,未尝称懈。既而姑殁,葬祭皆如礼,抚诸孤成立。其孙承钧等相继入学,皆氏教也。现年七十四岁,计守节已四十五年。绅民等谊属戚族,见闻较确,不忍听其湮没,造具事实册结,联名禀恳,由县加结,依次转详前来。

臣查定例,直省节孝妇女应旌表者,由该督抚、学政会同具题,并取具册结,送部核议题准后,令地方官给银三十两,听本家建坊等因,历经遵办在案。兹节妇王刘氏年例均属相符,合无仰恳天恩,饬部核议,照例旌表,以彰节孝而维风化。

除将事实册结咨部外谨会同陕甘总督臣谭钟麟、甘肃学政臣秦澍春,恭折具陈,伏祈皇太后、皇上圣鉴训示。再,此案系改题为奏,合并声明。谨奏。光绪十四年十一月初六日。

(朱批):着照所请,礼部知道。②

光绪十四年十二月十一日,奉朱批:着照所请,礼部知道。钦此。③

---

①中国第一历史档案馆藏:《清单》,档案编号:03—9960—021。
②中国第一历史档案馆藏:《朱批原件》,档案编号:04—01—14—0084—110。又《奏稿》第1959—1961页。
③中国第一历史档案馆藏:《军机录副》,档案编号:03—5549—058。

134. 审拟缠回坎闵殴杀一家二命案由折

光绪十四年十一月初六日（1888年12月8日）

尚书衔甘肃新疆巡抚二等男臣刘锦棠跪奏，为殴杀一家二命，核明定拟，恭折具陈，仰祈圣鉴事。

窃吐鲁番厅审拟缠回坎闵因挡马起衅，殴杀王闻城、王来折子父子先后身死一案，据署吐鲁番厅同知龙魁验讯议拟，详经镇迪道兼按察使衔恩纶核明转详。

臣复加查核，缘坎闵籍隶库车厅，来至吐鲁番厅探亲，与已死王闻城、王来折子父子均不认识。光绪十四年四月二十六日，坎闵牵马出城饮水，忽然马逸跑至王闻城瓜地。王来折子瞥见，将马挡住，彼此揪扭。坎闵夺马不获，用刀吓戳，适伤王来折子左后胁倒地。王闻城闻知其子受伤赶来，抓住坎闵殴打。坎闵情急，用刀冒戳两下，致伤王闻城右乳、左胁，王闻城犹不放手。坎闵又用刀吓戳一下，不料适伤王闻城脐肚，松手倒地。该犯邀马归家躲避。讵王闻城、王来折子伤重，先后身死，均经乡约报验，获犯讯供议拟，详由兼按察使衔核转前来。臣复核无异。

查例载：殴杀一家二命者，绞立决等语。此案坎闵因挡马起衅，口角揪扭，刃伤王闻城、王来折子父子先后身死，系属一家二命，自应按例问拟。坎闵合依斗杀一家二命者绞立决例，拟绞立决，照例先行刺字。无干省释，尸棺均饬属埋。凶刀案结销毁。

是否有当？除全案供招咨送刑部外，合将殴杀一家二命、核明定拟缘由，恭折具奏，伏乞皇太后、皇上圣鉴，饬部核议施行。谨奏。光绪十四年十一月初六日。

（朱批）：刑部速议具奏。[1]

光绪十四年十二月十一日，朱批：刑部速议具奏。[2]

---

[1] 中国第一历史档案馆藏：《朱批原件》，档案编号：04—01—26—0077—048。
[2] 此朱批日期与内容，据《军机处随手登记档》（档案编号：03—0257—4—1214—319）校补。

135. 奏报新疆并无征收杂税未完片

光绪十四年十一月初六日（1888年12月8日）

再，前准户部咨：奏各省征收当、杂各税分别整顿勒赔一折，又片奏各省质当铺照例领帖一片，又具奏各省当税征银不实，酌拟章程、册式一折，均经奉旨：依议。钦此。刷印奏稿、章程、册式，咨行到臣。当即转发新疆布政司魏光焘，分饬所属一体遵照办理去后。

兹据该司详称：各厅州县陆续申复，新疆北路自兵燹后，并无旧有当商，亦无殷实之人呈请领帖开档。南路自承平以迄改设郡县，从未开设典当承纳税课。此外亦无别项杂税征收未完各等情，详请奏咨前来。

臣复查无异。除饬各属嗣后如有请开典当、牙行，应令照例领帖纳税，按年报完，以重课额，并咨部查照外，谨附片具陈，伏乞圣鉴。谨奏。

（朱批）：户部知道。①

光绪十四年十二月十一日，奉朱批：户部知道。钦此。②

136. 请以刘澄清补授奇台县知县缘由折

光绪十四年十一月十四日（1888年12月16日）

尚书衔甘肃新疆巡抚二等男臣刘锦棠跪奏，为拣员请补要缺知县，以重地方，恭折仰祈圣鉴事。

窃臣前于酌拟新疆补署各缺案内奏明北路镇迪道属旧有各缺，援照云贵、甘肃变通章程，由外拣员请补，经部复准在案。兹据新疆布政使魏光焘、兼按察使衔镇迪道恩纶会详：新疆奇台县知县员缺久悬，亟应拣员请补，以重职守。查变通章程内开：知县要缺一项，初任、候补并拣发、委用以及到省在后各员，均照通融拣选题补。其试用人员，无论正、佐各官，如遇要缺，一并准其请补等语。

今奇台县知县系冲烦难三项要缺，臣与该司等细加遴选，查有现署斯

①中国第一历史档案馆藏：《朱批原件》，档案编号：04—01—35—0566—002。
②中国第一历史档案馆藏：《军机录副》档案编号：03—6499—078。

缺之升用同知甘肃候补知县刘澄清，年四十六岁，系湖南湘阴县人，由文童投效四川军营，于援剿绵州、力解城围并肃清川北案内汇保，同治元年二月初八日奉上谕：刘澄清着以从九品归部，不论双单月遇缺即选，并赏戴蓝翎。钦此。陕西肃清案内汇保，九年十二月二十六日奉上谕：着以府经历留于陕西补用。钦此。荡平金积堡、中北两路案内汇保，仍以府经历本班留于甘肃，遇缺尽先前补用。十二年五月十八日，经部复奏，奉旨：依议。钦此。关陇肃清案内汇保俟补缺后，以知县补用，光绪二年十月十五日经部复奏，奉旨：依议。钦此。四年八月，委署甘肃环县知县。新疆肃清案内汇保，六年正月三十日奉上谕：着以知县仍留原省，归候补班前先补用。钦此。七年，请咨赴部。钦派王大臣验放，领照赴甘，八年正月十五日到省缴照，试看年满，照例甄别，以本班留省补用。十年四月，委署甘肃古浪县知县。嗣调赴新疆差委，于各省关及后路各台局筹解协饷案内汇保，俟补缺后以同知仍留原省补用。十一年十二月十七日，经部复奏，奉旨：依议。钦此。十二年，委署奇台县知县，二月二十二日到任。该司等查该员才具开展，办事勤能，署理奇台县事两年有余，办理一切诸臻妥协，以之请补斯缺，实堪胜任，人地亦极相宜等情，详请具奏前来。

臣查该员年富力强，留心民事，合无仰恳天恩，俯念要缺需员，准以刘澄清补授奇台县知县，实于地方有裨。如蒙俞允，该员以知县请补知县，衔缺相当，毋庸送部引见。仍令试俸年满，另请销去试字。再，该员署任内并无参罚案件，合并声明。

是否有当？谨会同陕甘总督臣谭钟麟，恭折具奏，伏乞皇太后、皇上圣鉴训示。谨奏。光绪十四年十一月十四日。

（朱批）：吏部议奏。①

光绪十四年十二月二十日，奉朱批：吏部议奏。钦此。②

137. 审拟吐鲁番回民故杀人命一案缘由折

光绪十四年十一月十四日（1888年12月16日）

尚书衔甘肃新疆巡抚二等男臣刘锦棠跪奏，为故杀人命，核明定拟，恭

---

①中国第一历史档案馆藏：《朱批原件》，档案编号：04—01—12—0544—135。
②中国第一历史档案馆藏：《军机录副》，档案编号：03—5242—094。

折具陈,仰祈圣鉴事。

窃吐鲁番厅回民摆溦因强住分析庶弟摆二不都房屋及护婿之嫌,故杀马马氏登时身死一案,据署吐鲁番厅同知龙魁验讯议拟,详镇迪道兼按察使衔恩纶核转前来。

臣复加查核,缘摆溦籍隶吐鲁番厅,与已死马马氏素识无嫌。光绪十四年四月初五日,摆溦向分析之庶弟摆二不都强借房屋,摆二不都答以房屋不闲,业经妻母马二、马马氏居住。摆溦生气,随将马二器具向外抛掷。马二不允,彼此揪扭,当经摆二不都扯散。马二往投乡约。摆溦疑庶弟袒护妻父,用刀赶戳,马马氏拢护,摆溦恨其居住房屋,兼挟护婿之嫌,起意戳伤马马氏出气,左手拉住马马氏衣领,右手持刀连戳,致伤左乳两处。马马氏用手抵护,摆溦用刀戳伤左肋,并砍伤右胳肘、左臂膊。马马氏滚地辱骂,该犯愈加忿恨,临时顿起杀机,随用刀乱砍三下,致伤脊膂、左右胳膊,复用刀割落左胳膊肉一块。马马氏登时身死。投约报验,获犯讯供,详批审拟,由兼按察使衔核明转详,臣复核无异。

查律载:故杀人者,斩监候等语。此案摆溦强住分析庶弟房屋,刀伤庶弟摆二不都,因马马氏护婿,该犯挟嫌故杀马马氏登时殒命,自应按律问拟。摆溦合依故杀者斩监候律,拟斩监候,秋后处决,照例先行刺字。马二因摆溦丢弃什物,以致揪扭,尚无不合,应与讯无干犯兄长伤已平复之摆二不都,均免置议。无干省释。尸棺饬埋,尸刀①案结销毁。

是否允协?除全案供招咨送刑部外,合将故杀人命、核明定拟缘由,恭折具陈,伏乞皇太后、皇上圣鉴,饬部核议施行。谨奏。光绪十四年十一月十四日。

(朱批):刑部议奏。②

光绪十四年十二月二十日,奉朱批:刑部议奏。钦此。③

138. 恳饬核销光绪九十两年部议删除行查各款折

光绪十四年十一月十四日(1888年12月16日)

尚书衔甘肃新疆巡抚二等男臣刘锦棠跪奏,为并案复陈甘肃关外

---

① "尸刀"应为"凶刀"。
② 中国第一历史档案馆藏:《朱批原件》,档案编号:04—01—26—0077—047。
③ 此朱批日期与内容,据《军机处随手登记档》(档案编号:03—0257—4—1214—319)校补。

光绪九、十两年报销部议删除、行查各款,恳恩饬部核销,恭折仰祈圣鉴事。

窃准户部咨:议奏甘肃关外九年分军需善后收支报销折稿、清单,并准咨议十年分军需善后收支报销一折、清单一纸,先后咨行到臣,当经转行遵办去后。兹据粮台司道遵照部议,分年分款,详细核明,缮具清单,详请并案奏咨前来。

臣查九年分报收军营扣回七、八两年采粮价银,部议不准列收。查七、八两年支发采买粮价及运脚银两,于前声复三次部驳案内请销,业奉谕旨:着照所请。则九年分扣回粮价,自应列收。

至九、十两年支发各军统领公费,照章核算,除准销外,应删之款,已遵照删除,归入十二年报销内列收。精骑后营马队,查系十年十月十五日夜哗溃,计溃弁勇一百四十九名。九年以前存饷,业于十年分册内列收。自十年正月初一日起截至十月底止,应缴饷银归入十一年分册内报缴。其余部议各款,均经逐一登复,委系实用实销,并无浮冒。谨分别缮呈清单,并案恳请饬销,以清款目。

除咨部查照外,谨会同陕甘总督臣谭钟麟,恭折复奏,伏乞皇太后、皇上圣鉴训示。谨奏。光绪十四年十一月十四日。

(朱批):户部知道,单并发。①

光绪十四年十二月二十一日,奉朱批:户部知道,单并发。钦此。②

139. 呈光绪九十两年关外报销军需收支清单

光绪十四年十一月十四日(1888年12月16日)

谨将光绪九、十两年分甘肃关外报销军需善后收支各款,除准销不计外,所有部议行查扣除各节,理合逐细登复,缮具清单,恭呈御览。计开

九年分

旧管项下:

一、部议九年分册内上案报销,截至光绪八年十二月底止,实存银数与

---

①中国第一历史档案馆藏:《朱批原件》,档案编号:04—01—01—0965—081。又《奏稿》第1963—1965页。
②中国第一历史档案馆藏:《军机录副》,档案编号:03—6113—022。

上案相符。惟上案收款项下实应列收银六百二十九万三百六十两八钱九分六厘零，以支银六百二十四万五千六百二十两四钱六分二厘零列抵外，实只该存银四万四千七百四十两四钱三分三厘零等因。查七、八两年不准收支之款，曾于第三次部驳案内逐一登复，应请列收列付。截至八年十二月底，仍照原案实存银七万八千二百八十九两七分一毫三丝一忽六微，钦奉朱批：着照所请等因。钦此。钦遵在案。前项银两应请仍照原数列收。

新收项下：

一、部议额粮折征、畜税、房租、地课、水磨碓租、税契、征铜铸钱易银、征粮变价等项，应令列入常例奏销。七、八两年课金折银，应俟报部再行核办各等因，业经遵照造报。

一、部议变卖丝绸价银二千三百二十九两五钱六分，丝绸若干，每斤每匹各变价若干，均未分晰，应令查明报部等因。查新疆所产之丝，概系织绸变价，并未另行变卖。且丝性生硬，织成绸匹，耗失甚多。其绸料又逊于内地，按照市估售销，计九年分变卖上等绸七十二匹，合价银九百八十二两八钱。中等绸八十八匹，合价银七百五十二两四钱。下等绸一百九十一匹，合价银五百九十四两三钱六分。以上绸匹合符前项变卖价银，应请照数列收。

一、部议收各军营领七、八两年采买粮石扣回价银十一万三百六十三两四钱三分。查采买数多，扣回数少，不准列收等因。查七、八两年采粮价银及运脚银两，曾于声复部驳三次案内请销，奉旨着照所请。钦遵在案。前项扣回银两，仍请列收。

统计九年分册内共列收银二百八十九万三千八百三十二两六钱七厘。管收合计共银二百九十七万二千一百二十一两六钱七分七厘，仍请按照原数列收。

开除项下：

一、部议第一册、二册、四册开发马步各军营旗薪粮、马干及开花炮队、小马队员弁勇夫薪粮并车骡、料草，数目相符。惟弁勇花名未据开列，应令补送等因。查内地标兵均系土著，并无客勇，一经入伍，历久充当。即按名造报，不至案牍纷更。惟新疆各营旗土著无多，专恃客勇以实营伍。该勇或久役假归，或因事假遣，随假随补，无月不有，前季之册，至次季又须更改。所有弁勇花名，请免造册，以省繁牍。

一、部议第三册开发统领公费银三万二十两四钱八分四厘，准销银二万六百四十二两七钱八分八厘，删除银一万一千三百五十七两六钱九分六厘等因。遵照删除，归入十二年分册内列收造报。

一、部议第三十六册开发色勒库尔、坎巨提头目及阿奇木伯克例赏大缎、办公盐菜、犒赏、羊只、布匹、茶叶等项银二百二十五两七钱五分，系照何例案折给，未据声叙，应令查明，再行核办等因。前项例赏大缎、办公、盐菜及犒赏、羊只、布匹、茶叶等项，系照该处当日市价折给，应请核销。

统计九年分册内，共开除库平银二百五十九万九千九十二两六钱一分二厘，内除拨伊犁嵩武军、乌鲁木齐、哈密借支各款、自行列收报销共银十四万七千二百三十八两八钱五分三厘外，实请销支发银二百三十五万一千八百五十三两七钱五分九厘。又除兵部核销银四十四万六千八百二十四两四钱五厘、工部核销银三万二千三百七十四两五钱三厘外，应归户部核销银一百八十七万二千六百五十五两三钱一厘，内遵照删除银一万一千三百五十七两六钱九分六厘，归入十二年分报销案内，如数列收外，实应销银一百八十六万一千二百九十七两六钱五厘。

实在项下：

一、截至光绪九年十二月底止，实存银四十七万三千二十九两六分五厘。至删除行查各项，已于各前款分别声明。其欠发关外各军营旗八年以前并九年分饷银，共二百二十二万六千八百八十八两四钱三分六厘，应归十年以后收到协饷，陆续补发。

十年分

旧管项下：

一、部议十年分册开上案，截至九年十二月底止，实存银四十七万三千二十九两六分五厘款，已于九年分旧管项下声明。仍请照数列存。

新收项下：

一、部议册开收变卖丝绸价银三千七百一十三两九钱二分六厘，丝绸若干，每斤每匹变价若干，未据查晰，应令查明报部等因。丝斤一项，已于九年分款内声明。查十年分织成绸匹，按照市估售销，计上等绸七十八匹，合价银九百九十八两四钱。中等绸九十六匹，合价银七百七十九两五钱二分。下等绸三百一十四匹，合价银九百三十六两六厘。以上绸匹合符前项变卖价银，应请照数列收。

一、部议册开收精骑后营报缴溃勇存饷银七千九百七十五两七钱四分四厘。查精骑后营系行粮马队，究于何年月日哗溃，共若干名，内先锋、领旗、亲兵、护勇、马勇各若干名，某名应存某年饷银各若干，均未据分晰声叙，应令逐一查明报部等因。查精骑后营马队于光绪十年十月十五日夜哗溃，弁勇一百四十九名，内哨长一名、先锋一名、领旗十二名、亲兵九名、护兵七名、马勇一百一十九名。按名截存饷数，计共应存九年以前饷银，合符前数。

统计十年分册内共收银一百三十八万七千八百一十七两九钱五厘，管收合计共银一百八十六万八百四十七两九钱七分，仍请照数列收。其七、八两年及九年分删除之款，已于各前款分别登明。

开除项下：

一、部议第一册、二册、四册开发马步各军营旗薪粮、马干及开花炮队、小马队弁勇薪粮、车骡、草料等项数目，与案相符，应准核销。惟精骑后营马队于十一月底改为安远中旗，至十二月止，连闰十三个月，共应支库平银三万七千八百九十八两九钱一分六厘，已支过银一万九千七百二十七两六钱二分九厘，尚欠银一万八千一百七十一两二钱八分七厘。应令查明于何年月日哗溃，已支未支若干，实存未溃人数。截至十一月底改旗止，已支若干，欠发若干，分晰报部等因。查精骑后营于十年十月十五日夜哗溃，计溃变勇一百四十九名，比将合营饷项自正月初一日起截至十一月底止，改为安远中旗。其已溃变勇应缴饷银八千一百九十二两七分，归入十一年销册内报缴。其未溃弁勇一百名并添募成旗各新勇，均截至十二月底止，存饷银九千九百七十九两二钱一分七厘，归入该旗清发，合符欠发该两营旗存饷银一万八千一百七十一两二钱八分七厘之数。至马步各营旗弁勇花名清册，请免造送，已于九年分款内声明。

一、部议第三册开发统领公费银二万六千一百四十五两三钱六分三厘，准销银一万六千九百七十五两七钱九分九厘，删除银九千一百六十九两五钱六分四厘等因。应即遵照删除，归入十二年册内列收造报。

一、部议第十五册开发各台局转运饷装、员役、盘费、盐菜、口粮银一千六百三十八两五钱七分一厘。查开支文武盐菜并文职跟役盐菜银，又文武员弁并跟役口粮米，均与军需则例相符。惟粳米每石照例折银二两六钱，粟米每石折银一两二钱，未据声明，系照何例章折价，应令查明报部等因。

查粳米每石二两六钱,粟米每石折银一两二钱,共口粮米折银四百九十三两,系照甘肃奏销成案办理,应请核销。

一、部议第三十四册开发色勒库尔、坎巨提头目及阿奇木伯克例赏大缎、办公、盐菜、犒赏、羊只、布匹、茶叶等项银二百二十五两七钱五分。查呈缴课金,赏给大缎二匹,与光绪九年奏案相符。惟缎匹改折价银及支给办公、盐菜、犒赏、羊只、布匹、茶叶等项,系照何例章折给,上案业经行查,迄今仍未登复,仍令一并查明报部等因。遵于九年分款内声明,应请核销。

统计十年分册内共开除库平银一百八十四万三千五十七两三钱四分七厘,内除拨发伊犁嵩武军、乌鲁木齐、哈密借支各项,自行列收报销共银一十一万二千八百八十六两七钱九分八厘外,实请销支发银一百七十三万一百七十两五钱四分九厘,内除兵部核销银三十五万三千六百七十五两九钱一分九厘,工部核销银六万一千八百八十三两五钱四分八厘,应归户部核销银一百三十一万四千六百一十一两八分二厘,内遵照删除银九千一百六十九两五钱六分四厘,归入下案列收。实准销银一百三十万五千四百四十一两五钱一分八厘。

实在项下:

一、截至光绪十年十二月底止,存银一万七千七百九十两六钱二分三厘。其删除行查各项,已于前款分别声明。欠发关外各军营旗九年以前并十年分饷银二百七十五万九千五百二十六两四钱七分七厘,应归入十一年以后收到协饷,陆续补发。至部议前次奏报截至光绪十年底止欠发银二百八十五万两,与销册二百七十五万余两之数不符、应令查明声复款。查前次奏报欠发银二百八十五万余两,原系湘平销册所载,二百七十五万余两,系以湘平折合库平,是以不符,理合登明。

(朱批):览。①

140. 请蠲免镇西等处额粮及民欠粮石折

光绪十四年十一月十四日(1888年12月16日)

尚书衔甘肃新疆巡抚二等男臣刘锦棠跪奏,为北路被灾厅县应征额粮

---

①中国第一历史档案馆藏:《清单》,档案编号:03—6113—023。

及民欠未完粮石分别蠲缓,恭折仰祈圣鉴事。

窃北路镇西厅本年夏禾被旱、被鼠,绥来县被雹,经臣先后将大概情形奏明,并声明饬司移勘是否成灾、钱粮应否蠲缓,再行办理在案。兹据藩司魏光焘详:据各印委结报:查镇西厅成灾地一万八千九百一十一亩五分,额粮一千四百三十八石四斗七升六合八勺。该厅地气较寒,向不栽种秋禾,本年应征粮石委系无力完缴,应请一律豁免。绥来县新户庙一渠成灾地三千七百八十亩八分五厘,额粮一百四十九石九斗五升九合三勺,应蠲免十分之七粮一百四斗九石七升一合五勺,应缓征十分之三粮四十四石九斗八升七合七勺九抄,分作三年带征。该渠尚有民欠未完十三年额粮三十九石二斗一升九合一勺,亦应邀缓至来年秋收带征。以上应行蠲缓各户,均檄饬先行出示停征,并酌量妥为赈抚等情,详请具奏前来。

臣复核无异,除被灾各户来春应否接济届时查明汇办外,所有镇西、绥来成灾地亩应征粮石,合无仰恳天恩俯准分别蠲缓,以示体恤。如蒙恩准,俟钦奉谕旨,饬司将蠲缓数目分别开载,敬刊誊黄,遍行晓谕,以广皇仁而昭实惠。

是否有当?谨会同陕甘总督臣谭钟麟,恭折具陈,伏乞皇太后、皇上圣鉴训示。谨奏。光绪十四年十一月十四日。

(朱批):另有旨。①

光绪十四年十二月二十日,朱批:另有旨。②

【案】《光绪朝上谕档》:

光绪十四年十二月二十日,内阁奉上谕:刘锦棠奏镇西厅等处被灾,请将额征粮石分别蠲缓一折。新疆镇西、绥来二厅县本年被旱、被鼠、被雹,地亩成灾,若将应征额粮照常征收,民力实有未逮。加恩着照所请,所有镇西厅成灾地一万八千九百十一亩零、额粮一千四百三十八石零,着一体豁免;绥来县新户庙一渠成灾地三千七百八十亩零、额粮一百四十九石零,着蠲免十分之七粮一百四石零,其应行缓征十分之三粮四十四石零,着分作三年带征。该渠民欠未完十三年额粮三十九石零,着递缓至来年秋收带征,以示体恤。余着照所请办理。该

---

①中国第一历史档案馆藏:《朱批原件》,档案编号:04—01—35—0096—024。
②此朱批日期与内容,据《军机处随手登记档》(档案编号:03—0257—4—1214—328)校补。

抚即刊刻誊黄,遍行晓谕,务使实惠均沾,毋任吏胥舞弊,用副轸念民艰至意,该部知道。钦此。①

141. 奏为赏假六月并人参八两谢恩折

光绪十四年十一月二十二日(1888年12月24日)

尚书衔甘肃新疆巡抚二等男臣刘锦棠跪奏,为恭谢天恩,仰祈圣鉴事。

窃臣前奏假期已满,病难速痊,仍恳开缺,回籍就医,藉遂乌私一折。兹于光绪十四年十一月十六日,差弁赍回原折,奉朱批:据奏病久未痊,殊深系念!新疆地处边陲,责任綦重。该抚威望素著,倚畀正殷,着再赏假六月,安心调理,毋庸开缺,并赏给人参八两,俾资调摄。钦此。并由兵部火票递到恩赏人参八两。臣当即恭设香案,望阙叩头祇领。

伏念臣边符久玷,凤疾未瘳,屡渎宸严,时深内疚。兹复仰邀眷注,渥荷矜全,赏逾格之假期,温纶曲逮;出尚方之珍药,异数频颁。朝廷高厚之施,恩荣不次;臣子遭逢之盛,古近罕伦。极沦肌浃髓以难名,虽糜顶捐躯而莫报!臣惟有糜加摄养,殚竭愚诚,冀枯干之回春,上纾慈念;策庸樗以效职,稍答生成。

所有微臣感激下忱,谨恭折叩谢天恩,伏乞皇太后、皇上圣鉴。谨奏。光绪十四年十一月二十二日。

(朱批):知道了。钦此。②

光绪十四年十二月二十八日,奉朱批:知道了。钦此。③

142. 恳恩展假数月回籍省亲缘由折

光绪十四年十一月二十二日(1888年12月24日)

尚书衔甘肃新疆巡抚二等男臣刘锦棠跪奏,为吁恳天恩展假数月,回籍省亲,恭折沥陈,仰祈圣鉴事。

---

① 中国第一历史档案馆编:《光绪朝上谕档》,第14册,第470页。
② 中国第一历史档案馆藏:《朱批原件》,档案编号:04—01—12—0544—127。又《奏稿》第133—135页。
③ 中国第一历史档案馆藏:《军机录副》,档案编号:03—5540—070。

窃臣前以久病迭荷圣慈,优给假期,宠颁珍药。现复蒙恩赏假六月,并赏给人参八两,俾资调摄,臣自应恪遵批旨,加意医调,以期上慰宸厪,亦何敢复有所请?惟臣少遭家难,赖祖母陈氏辛勤鞠育,得以有成。其后从役四方,相依之日恒少。今又十八年,未尝归省。上年臣弟自河南回籍省亲,臣未得归。臣祖母望之尤切,每遇乡人来者,必对之泣曰:安得吾孙使我一见也?臣祖母素明大义,非年衰病迫,亦不至以念思之意形于语言。臣是以迭次陈情,冀蒙允许。近得臣子来信,臣祖母于七月初间,倾仆不语,有类中风,数日医治未痊,家人皆轮流坐夜。此信系七月初十日发,今又数月未得来书,盖路远则闻信亦难。臣昼夜仿徨,罔知所措。

伏念臣祖母年逾八十有四,臣受恩深重,即不敢援例自陈,而贪禄忘亲,亦何以仰承孝治?且臣祖母平生艰苦,所出只臣父兄弟二人。臣父咸丰四年殁于岳州,臣叔原任广东陆路提督刘松山,于同治九年殁于金积堡,皆效命疆场,义不旋踵。臣叔无后,以臣弟嗣之。其在诸孙,又只臣兄弟二人而已,臣祖母之念臣最苦亦有由。

然臣所以窃窃上陈者,亦以为宜邀矜悯也。臣诚知甫经赏假,不应遽有所陈,然臣祖母老病侵寻,危在旦夕,若不及今陈请,诚恐永无见期。再四思维,惟有仰恳天恩,展假数月,俾臣得回籍一伸省视。现在边陲无事,藩司魏光焘于应办一切均能措理裕如。臣到家后,一俟假满,即当星夜驰回本任,于边防亦不废事。如蒙恩允准,可否即以藩司魏光焘署理巡抚事务,俾臣迅速启程,臣不胜迫切屏营待命之至。

谨恭折沥陈,伏乞皇太后、皇上圣鉴训示施行。谨奏。光绪十四年十一月二十二日。

(朱批):另有旨。①

光绪十四年十二月二十八日,奉朱批:另有旨。钦此。②

【案】《上谕档》:

光绪十四年十二月二十八日,内阁奉上谕:刘锦棠奏恳恩展假回籍省视祖母一折。览奏,情词恳切,自应勉如所请。刘锦棠着再赏假

---

①中国第一历史档案馆藏:《朱批原件》,档案编号:04—01—12—0544—128。又《奏稿》第1967—1971页。
②中国第一历史档案馆藏:《军机录副》,档案编号:03—5242—147。

六个月,准其回籍省视,假满即行回任,以资倚畀。甘肃新疆巡抚着魏光焘暂行护理。钦此。①

143. 奏报新疆光绪十四年八月雨水粮价折

光绪十四年十一月二十八日(1888 年 12 月 30 日)

尚书衔甘肃新疆巡抚二等男臣刘锦棠跪奏,为恭报光绪十四年八月分粮价并得雨情形,谨缮折具陈,仰祈圣鉴事。

窃照光绪十四年七月分各厅州县粮价并雨情形,业经臣奏报在案。兹查八月分北路阜康得雨入土三寸有余,昌吉得雨入土二寸,迪化、绥来、奇台、库尔喀喇乌苏微雨。伊塔道属宁远县微雨。南路英吉沙尔得雨入土三寸,喀喇沙尔、莎车、叶城得雨入土一二寸不等,温宿、库车、拜城、乌什、疏勒、玛喇巴什微雨,余未得雨。

至通省粮价,吐鲁番、喀喇沙尔、莎车、宁远等厅州县,俱与上月相同,余均略有增减。据藩司魏光焘汇详请奏前来。

理合恭折具陈,并缮粮价清单,敬呈御览。伏乞皇太后、皇上圣鉴。谨奏。光绪十四年十一月二十八日。

(朱批):知道了。②

光绪十五年正月初五日,奉朱批:知道了。钦此。③

144. 呈新疆各属光绪十四年八月粮价清单

光绪十四年十一月二十八日(1888 年 12 月 30 日)

谨将新疆各属光绪十四年八月分米粮时估价值缮具清单,恭呈御览。计开

八月分:

镇迪道属

---

①中国第一历史档案馆编:《光绪朝上谕档》,第十四册,第519页。又《德宗景皇帝实录(四)》,卷二百六十三,光绪十四年十二月下,第535页。
②中国第一历史档案馆藏:《朱批原件》,档案编号:04—01—25—0532—040。
③中国第一历史档案馆藏:《军机录副》,档案编号:03—6873—001。

迪化县：大米每京石价银三两八钱五厘，较上月增一两。小麦每京石价银一两五钱二分一厘，莞豆每京石价银一两六钱二分，青稞每京石价银一两二钱七分，俱与上月相同。

昌吉县：大米每京石价银二两五钱二分，与上月相同。小麦每京石价银一两六厘，较上月减一分二厘。莞豆每京石价银一两二钱一厘，青稞每京石价银八钱七分五厘，俱与上月相同。

阜康县：粟米每京石价银一两六分，较上月减二钱一分三厘。小麦每京石价银一两一钱三分二厘，莞豆每京石价银一两一钱，较上月减一钱七厘。高粱每京石价银五钱三分，较上月减一钱四分二厘。

绥来县：大米每京石价银二两一钱七分五厘，较上月减二钱二分二厘。小麦每京石价银九钱一分九厘，莞豆每京石价银一两八分，俱与上月相同。高粱每京石价银六钱四分，较上月减一钱七分六厘。

奇台县：大米每京石价银二两五钱八分九厘，较上月减一钱三厘。小麦每京石价银七钱七分八厘，较上月减二钱四分八厘。莞豆每京石价银九钱六分六厘，较上月增三分四厘。

镇西直隶厅：小麦每京石价银一两八钱二分，较上月减四分。莞豆每京石价银一两七钱一分，较上月减四分。青稞每京石价银一两一钱二分，与上月相同。

吐鲁番厅：小麦每京石价银一两二钱六分八厘，大麦每京石价银五钱六分，黄豆每京石价银一两四钱九分三厘，高粱每京石价银五钱五分九厘。俱与上月相同。

哈密厅：粟米每京石价银一两七钱二分八厘，与上月相同。小麦每京石价银一两三钱八分，较上月增三分。莞豆每京石价银一两七钱二分八厘，青稞每京石价银一两二厘，俱与上月相同。

库尔喀喇乌苏厅：小麦每京石价银一两一钱四厘，与上月相同。莞豆每京石价银一两二钱九分六厘，较上月减二钱八分四厘。高粱每京石价银一两一钱二分四厘，与上月相同。

伊塔道属

绥定县：大米每京石价银四两四钱四分，与上月相同。小麦每京石价银九钱一分九厘，较上月减五钱九分九厘。大麦每京石价银九钱六分三厘，与上月相同。莞豆每京石价银九钱一分八厘，较上月减六钱六分六厘。

宁远县:大米每京石价银三两八钱五分,小麦每京石价银八钱九分,大麦每京石价银五钱四分,莞豆每京石价银八钱六分。俱与上月相同。

阿克苏道属

温宿直隶州:大米每京石价银一两五钱二分,较上月较上月减一两五钱二分。小麦每京石价银八钱二分八厘,较上月减一钱三分八厘。大麦每京石价银四钱二分,较上月增减一钱八分。包谷每京石价银八钱一分六厘,较上月减二钱七分二厘。

拜城县:小麦每京石价银六钱,较上月减一钱四分。大麦每京石价银三钱四分,较上月减九分。莞豆每京石价银四钱三分,较上月减一钱三分。包谷每京石价银四钱三分,较上月减一钱三分。

喀喇沙尔直隶厅:大米每京石价银三两七钱,小麦每京石价银一两一钱四厘,莞豆每京石价银一两八厘,包谷每京石价银八钱九分六厘。俱与上月相同。

库车直隶厅:大米每京石价银二两一钱九分,与上月相同。小麦每京石价银五钱九分,较上月减七分。包谷每京石价银三钱八分,较上月减四分。莞豆每京石价银四钱,与上月相同。

乌什直隶厅:大米每京石价银八钱三分一厘,与上月相同。小麦每京石价银八钱三分一厘,较上月减一钱一分九厘。大麦每京石价银三钱七分四厘,较上月减五分四厘。包谷每京石价银八钱二厘,较上月减一分五厘。

喀什噶尔道属

疏勒直隶州:大米每京石价银三两一钱五分,与上月相同。小麦每京石价银九钱六分六厘,较上月减二钱七分六厘。包谷每京石价银一两二分四厘,较上月减一钱二分八厘。高粱每京石价银九钱三分,较上月减一钱一分五厘。

疏附县:大米每京石价银三两,与上月相同。小麦每京石价银九钱六分六厘,较上月减一钱三分八厘。包谷每京石价银九钱三分八厘,高粱每京石价银六钱九分,俱与上月相同。

莎车直隶州:大米每京石价银一两九钱二分四厘,小麦每京石价银四钱四分四厘,大麦每京石价银三钱一分二厘,包谷每京石价银三钱三厘。俱与上月相同。

叶城县:大米每京石价银二两三钱二分,较上月减一钱四分五厘。小麦每京石价银四钱,包谷每京石价银二钱八分八厘,俱与上月相同。青稞每京石价银三钱,较上月减二分五厘。

和阗直隶州:大米每京石价银一两五钱四分,较上月减五钱六分。小麦每京石价银八钱二分八厘,青稞每京石价银三钱四分五厘,俱与上月相同。包谷每京石价银四钱四分八厘,较上月减六分四厘。

于阗县:大米每京石价银三两四钱五分,小麦每京石价银八钱七分一厘,俱与上月相同。包谷每京石价银七钱六分八厘,较上月增六分四厘。

英吉沙尔直隶厅:大米每京石价银三两四钱,较上月增三钱一分。小麦每京石价银六钱九分,较上月增一钱四分。包谷每京石价银五钱三分六厘,较上月增一钱三分六厘。大麦每京石价银三钱四分,较上月增六分。

玛喇巴什厅:大米每京石价银四两四钱四分,与上月相同。小麦每京石价银八钱二分八厘,较上月减二钱七分六厘。包谷每京石价银六钱四分,较上月增二钱五分六厘。

(朱批):览。①

145. 奏报新疆光绪十四年夏秋禾约收分数折

光绪十四年十一月二十八日(1888年12月30日)

尚书衔甘肃新疆巡抚二等男臣刘锦棠跪奏,为查明甘肃新疆本年夏秋禾约收分数,缮具清单,恭折仰祈圣鉴事。

窃查新疆地气迟于内地,北路各属较南路尤迟,经臣奏明每年各属收成统于十一月内具奏一次,以归简易,历办在案。兹据藩司魏光焘详据各属陆续申报收成分数,会详请奏前来。

臣复加查核,除镇西、绥来被灾各户应征粮石业经奏请蠲缓,统计通省夏禾实七分有余,秋禾实七分有余,分别缮具清单,恭呈御览。

除咨部查照外,谨会同陕甘总督臣谭钟麟,恭折具陈,伏乞皇太后、皇上圣鉴。谨奏。光绪十四年十一月二十八日。

(朱批):知道了。②

---

①中国第一历史档案馆藏:《清单》,档案编号:03—6873—002。
②中国第一历史档案馆藏:《朱批原件》,档案编号:04—01—23—0205—008。

光绪十五年正月初五日,奉朱批:知道了。钦此。①

146. 呈光绪十四年夏秋禾约收分数清单

光绪十四年十一月二十八日(1888年12月30日)

谨将甘肃新疆光绪十四年各属夏秋禾收成分数开具清单,恭呈御览。计开

夏禾:

约收九分有余者,疏勒州、叶城县、于阗县。

约收八分有余者,库尔喀喇乌苏厅、精河巡检、温宿州、库车厅、乌什厅、莎车厅、英吉沙尔厅。

约收七分有余者,昌吉县、呼图壁巡检、济木萨县丞、奇台县、拜城县、喀喇沙尔厅、疏附县。

约收六分有余者,迪化县、绥来县、哈密厅、吐鲁番厅。

约收五分有余者,阜康县、和阗州、玛喇巴什厅。

约收四分有余者,镇西厅。

秋禾:

约收九分有余者,精河巡检、温宿州、库车厅、叶城县、于阗县。

约收八分有余者,绥来县、库尔喀喇乌苏厅、乌什厅、喀喇沙尔厅、疏勒州、疏附县、莎车州。

约收七分有余者,迪化县、昌吉县、呼图壁巡检、阜康县、奇台县、吐鲁番厅、拜城县、和阗州、英吉沙尔厅。

约收六分有余者,济木萨县丞、玛喇巴什厅。

约收五分有余者,哈密厅。

再,查镇西厅地气较寒,向不种植秋禾,故无分数,合并声明。

(朱批):览。②

---

①中国第一历史档案馆藏:《军机录副》,档案编号:03—6720—001。
②中国第一历史档案馆藏:《清单》,档案编号:03—6720—002。

147. 查明新疆被灾各属来春毋庸接济折

光绪十四年十一月二十八日（1888年12月30日）

尚书衔甘肃新疆巡抚二等男臣刘锦棠跪奏，为遵旨查明甘肃新疆被灾各属来春应否接济，恭折复陈，仰祈圣鉴事。

窃臣于光绪十四年十一月初九日承准军机大臣字寄：光绪十四年十月初三日奉上谕：本年顺天、直隶各属洼区积水未消，民情困苦，顺天赏拨京仓米三万石，直隶赏拨江苏海运漕米十万石，并由李鸿章在直隶藩库添提银五万两，办理春赈。顺天房山等处被水，加赏卢沟桥粥厂米石。江苏、安徽水旱为灾，特谕曾国荃等将本年江北河运米石及水脚运费等款，一并截留，俾资赈济。顺天固安等县被水，奉天凤凰等厅州县被水，安徽颍州等府被水，安庆等府被旱、被水；江西瑞昌等厅县被水、被旱，福建连江等县被风，河南祥符等州县被水，山东临朐等县被水，陕西咸宁等县被水、被雹，盩厔等县被水；甘肃皋兰等厅州县被雹，广东惠州等府被水，四会等州县被水，肇庆等府被水；广西融县被火，武宣县被水，苍梧等州县被水。均经该将军、督抚等查勘抚恤，小民谅可不至失所。惟念来春青黄不接之时，民力未免拮据，着传谕该将军、督抚等体察情形，如有应行接济之处，即查明据实复奏，务于封印以前奏到，候朕于新正降旨加恩。再，江西丰城等县被水，浙江富阳等县被水，余杭等县被水、被旱，归安等县被风、被虫、被旱；湖南华容等县被水，安乡等州县被水、被旱，武陵县被旱；陕西醴泉等县被雹，甘肃新疆镇西厅属被旱、被鼠。均经该督抚等委员查勘，即着迅速办理，并将来春应否接济之处一并查明，于封印前奏到。此外各省有无被灾地方应行调剂抚恤之处，着该将军、督抚等一并查奏，候旨施恩。将此各谕令知之等因。钦此。仰见皇上轸念民依、有加无已之至意，当经钦遵转饬查办去后。

兹据藩司魏光焘详称：本年镇西厅被旱、被鼠，绥来县被雹大概情形并应蠲缓粮石，详请奏明在案。兹查被灾各户，业饬各该厅县妥为抚恤。至来春应否酌借食粮、籽种，并饬察看情形，另案详办。其余各厅州县本年收成尚称中稔，均请毋庸接济等情前来。

臣复查无异。所有遵旨复陈新疆被灾各属来春应否接济缘由，谨会同陕甘总督臣谭钟麟,恭折具奏,伏乞皇太后、皇上圣鉴。谨奏。光绪十四年十一月二十八日。

(朱批):知道了。①

光绪十五年正月初五日,奉朱批:知道了。钦此。②

148.请简放新疆提督总兵各缺缘由折
光绪十四年十一月二十八日(1888年12月30日)

尚书衔甘肃新疆巡抚二等男臣刘锦棠跪奏,为新疆改定喀什噶尔提督、阿克苏镇总兵各员缺,请旨简放,以重职守,恭折仰祈圣鉴事。

窃臣前于光绪十年奏请,以乌鲁木齐提督移驻喀什噶尔,移喀什噶尔换防总兵于阿克苏。又于十一年会同督臣谭钟麟奏请,以头品顶戴题奏提督甘肃西宁镇总兵骑都尉世职伯奇巴图鲁谭上连署理乌鲁木齐提督。至十二年,复会同具奏请令谭上连移赴喀什噶尔,并声明阿克苏镇总兵一缺,请照巴里坤镇及绥定镇之例,作为挂印总兵,仍附奏请以头品顶戴题奏提督云骑尉世职阿尔杭阿巴图鲁董福祥署理,均经先后奉旨允准,钦遵在案。

该员等久经战阵,洞悉边情,自蒙恩委用以来,均能措理裕如,毫无遗误。惟边缺紧要,未便久悬,所有喀什噶尔提督、阿克苏镇总兵各员缺,相应请旨迅赐简放,以重职守。

除咨部查照外,谨会同陕甘总督臣谭钟麟,恭折具陈,伏乞皇太后、皇上圣鉴训示施行。谨奏。光绪十四年十一月二十八日。

(朱批):另有旨。③

光绪十五年正月初五日,奉朱批:另有旨。钦此。④

【案】《清实录》:

以甘肃西宁镇总兵谭上连为喀什噶尔提督,记名提督董福祥为阿克苏镇总兵官。⑤

---

①中国第一历史档案馆藏:《朱批原件》,档案编号:04—01—02—0088—014。
②中国第一历史档案馆藏:《军机录副》,档案编号:03—6720—001。
③中国第一历史档案馆藏:《朱批原件》,档案编号:04—01—16—0226—065。
④中国第一历史档案馆藏:《军机录副》,档案编号:03—5860—001。
⑤《德宗景皇帝实录(四)》,卷二百六十四,光绪十五年正月上,第539页。

149. 请以谭上连等补授提镇员缺片
光绪十四年十一月二十八日（1888 年 12 月 30 日）

再，新疆初定标营规制，尚无土著可募为兵，前经臣奏准，暂以勇丁填补。现在填补喀什噶尔提标者，即谭上连所部湘楚各军。填补阿克苏镇标者，即董福祥所部董定各军。是皆调习有年，似未便遽更生手。伏查提镇大员补授实缺，非臣下所敢擅请。惟边防紧要，务在人地相宜，臣不敢不据实陈明，伏候圣明采择。

谨会同陕甘总督臣谭钟麟，附片具奏，伏乞圣鉴训示。谨奏。①

光绪十五年正月初五日，原片存箧。②

【案】此奏片具奏日期据《军机处随手登记档》③校正。

150. 审拟叶城县缠民斯的克斗殴毙命一案折
光绪十四年十一月二十九日（1888 年 12 月 31 日）

尚书衔甘肃新疆巡抚二等男臣刘锦棠跪奏，为斗殴毙命，核明定拟，恭折具陈，仰祈圣鉴事。

窃叶城县缠民斯的克刀伤买买提身死一案，据代理叶城县知县陈启丰验讯，拟详莎车直隶州知州刘嘉德审明，解经喀什噶尔道袁垚龄提讯，转咨镇迪道兼按察使衔恩纶核转前来。

臣复加查核，缘斯的克籍隶和阗州，与已死买买提素好无嫌。光绪十四年春间，来至叶城县，商允买买提行窃斯拉木家财物，报县估值库平银二十两，饬拿未获。斯的克所分之赃寄顿买买提家，讵买卖提花用。至四月二十六日，斯的克查知索偿，买买提恃系贼赃，强行欺骗。斯的克斥骂，买买提举拳向殴。斯的克忿激，将其按倒，用刀割落鼻准出气，带划唇吻。买买提扭住斯的克拼命，斯的克情急，又用刀冒戳两下，适伤买买提右肋、右

---

①中国第一历史档案馆藏：《军机录副》，档案编号：03—5755—034。
②此奉旨日期等，据《军机处随手登记档》（档案编号：03—0258—1—1215—004）校补。
③中国第一历史档案馆藏：《军机处随手登记档》，档案编号：03—0258—1—1215—004。

胁。比经邻人克伯开、尸子阿乌提趋视喝阻。买买提伤重,越日身死。投约报验,获犯讯供议拟,详州解道,咨兼按察使衔核明转详,臣复核无异。

查律载:斗殴杀人者,不问手足、他物、金刃,并绞监候等语。此案斯的克因买买提强骗赃物,复被殴辱,该犯气忿,刀割买买提鼻准出气,因其撞头,用刀冒戳,适伤右肋等处殒命,自应按律问拟。斯的克除窃盗赃二十两为首杖八十轻罪不议外,合依斗殴杀人者不问手足、他物、金刃并绞监候律,拟绞监候,秋后处决。克伯开救阻不及,应与斯的克在外为匪无从查察之原籍牌保人等,均免置议。失察买买提为匪之牌保,照例传责。伙窃斯拉木赃物均系买买提变卖,仍着尸子赔缴给主。无干省释。尸棺饬埋,凶刀销毁。

是否有当?除全案供招咨送刑部外,合将斗殴毙命、核明定拟缘由,恭折具陈,伏乞皇太后、皇上圣鉴,饬部核议施行。谨奏。光绪十四年十一月二十九日。

(朱批):刑部议奏。①

光绪十五年正月初六日,奉朱批:刑部议奏。钦此。②

151. 审拟疏勒缠民阿和普殴毙庶母一案折

光绪十四年十一月二十九日(1888年12月31日)

尚书衔甘肃新疆巡抚二等男臣刘锦棠跪奏,为殴杀庶母,核明定拟,恭折具陈,仰祈圣鉴事。

窃疏勒州缠民阿和普殴伤庶母阿西罕身死一案,据署疏勒直隶州知州黄丙焜验讯议拟,解由喀什噶尔道袁尭龄审明,转咨镇迪道兼按察使衔恩纶核详前来。

臣复加查核,缘阿和普籍隶疏勒州。已死阿西罕是伊庶母,生有四女。阿和普之母故后,阿西罕接管家事,从此其母女任意穿吃,故意令阿和普吃粗面、穿破衣,并暗使其父于素普常将阿和普打骂。阿和普因此不甘,屡欲搬出另居。于素普又因年老不肯,阿和普随起意殴打报复。光绪十

---

①中国第一历史档案馆藏:《朱批原件》,档案编号:04—01—26—0077—041。
②中国第一历史档案馆藏:《军机录副》,档案编号:03—7312—002。

四年四月二十四日,于素普出外,只有阿西罕与其次女帕头满两人在家。上午时,帕头满在树上摘桑子。阿和普走进屋内,斥说阿西罕平素待伊太薄,今日定欲殴伊泄忿。阿西罕混骂,阿和普即拿门旁木棒连打,伤其左胳膊、左肋、左胁。阿西罕扑拢,将木棒扭住。阿和普随用拳殴伤其胸膛倒地,益肆辱骂。阿和普又用棒殴其嘴,不期伊滚转,适伤其左耳根。经帕头满同邻人司马易赶来救阻,阿和普当即住手,一同查看,阿西罕已因伤殒命。投约报验,讯供通详,批饬审拟解道,咨兼按察使衔核明转详,臣复核无异。

查例载:妻之子殴伤生有子女之庶母至死者,拟斩监候等语。此案阿和普因其庶母阿西罕待伊刻薄,起意殴打报复,不期冒殴,适伤阿西罕左耳根等处毙命,自应按例问拟。阿和普合依妻之子殴伤生有子女之庶母至死者拟斩监候例,拟斩监候,秋后处决。尸女帕头满及邻人司马易救阻不及,均免置议。无干省释,尸饬属埋。

是否允协?除全案供招咨送刑部外,合将殴杀庶母、核明定拟缘由,恭折具陈,伏乞皇太后、皇上圣鉴,饬部核议施行。谨奏。光绪十四年十一月二十九日。

(朱批):刑部议奏。①

光绪十五年正月初六日,奉朱批:刑部议奏。钦此。②

152. 遵旨清结中俄积案并陈交涉情形折

光绪十四年十一月二十九日(1888年12月31日)

尚书衔甘肃新疆巡抚二等男臣刘锦棠跪奏,为请旨清结中俄历年积案,并具陈交涉情形,恭折仰祈圣鉴事。

窃臣于光绪十四年八月初九日,承准总理各国事务衙门咨:奏新疆与俄境历年积案应迅为清理一折,奉朱批:依议。钦此。钦遵抄录奏稿,并译录俄外部来文节略与历年未结各案钞单,咨行到臣。当查内有伊犁、塔尔巴哈台事件,系在未设伊塔道以前,臣处无案可稽,业经分别咨由将军臣色

---

①中国第一历史档案馆藏:《朱批原件》,档案编号:04—01—26—0077—042。
②中国第一历史档案馆藏:《军机录副》,档案编号:03—7312—001。

楞额、署参赞臣额尔庆额,饬属清结,径咨呈总理衙门查照。其余新疆未结各案,由臣分饬各地方官遵办去后,兹据各属先后具复前来。

臣查俄文内称镇迪虐待俄人,兵勇抢劫等语。镇迪各属并无其事,惟南路入籍安回贸易各城①,娶妻置产,一经犯事,地方官不得不按法讯究,以示惩儆。而领事辄认为俄民被官凌虐。又喀什噶尔兵丁赴市买马,与俄商口角,领事遂指为兵勇抢劫。种种不实情形,前已缕晰咨呈总理衙门各在案。

至囚禁商人一节,大约指哈密监禁米尔开里木及其子米尔乌巴二犯。查该犯系在喀什噶尔生长,居住有年,安逆帕夏牙胡普扰乱南疆,该犯相从为逆,充当首领,残杀多人,缠民饮恨极深。官兵恢复各城,该犯逃匿。光绪十年,经布鲁特拿获,解送前帮办军务臣张曜,转解前来。当饬哈密厅监禁讯办,并咨呈总理衙门在案。

上年俄国使臣库满坚请开释,迭经据理照复,彼亦无词。或因计不得逞,遂向俄外部捏词耸听,殆未可知。又称中国违约取税②。查上年俄使由总理衙门钞送绥来县等处税票七张,核计税银仅一百八十余两,票内并未注有俄商字样,且无中俄执照。臣查俄商每年出入货物,约值③二百余万两,如果违约征收,则所收之税不应只此百数十两。果系俄商,何以无中俄执照?显有包庇影射情弊。即如此次来文,欲于新疆各城贩卖土货,其故违约章,尤可概见。

臣维新疆袤延万里,紧与俄邻,交涉事繁,动形掣肘,应请旨饬下总理各国事务衙门,照会该国公使转饬各领事,嗣后务须遵照约章办理。臣亦当督饬各属,遇事持平,不敢以委靡误公,亦不敢以矫激生事。

除将清理各案汇单咨呈总理各国事务衙门外,理合恭折复陈,伏乞皇太后、皇上圣鉴训示。谨奏。光绪十四年十一月二十九日。

光绪十五年正月初七日④,奉朱批:该衙门知道。钦此。⑤

---

① "各城",《清季外交史料》作"各埠"。
② "取税",《清季外交史料》作"征税"。
③ "约值",《清季外交史料》作"约计"。
④ 此奉旨日期据《军机处随手登记档》(档案编号:03—0258—1—1215—006)校补。
⑤《奏稿》第 1979—1982 页。王彦威纂辑,王亮、王敬立校:《清季外交史料》,第 1414—1415 页。

153. 讯结已革都司李占奎被控欠价一案片
光绪十四年十一月二十九日（1888年12月31日）

再，臣前奉光绪十四年三月十九日上谕：已革都司李占奎，着俟坎吉巴易欠价缴清，发往军台，充当苦差等因。钦此。旋准伊犁将军臣色楞额将李占奎并控案卷咨送来省，并据缠商坎吉巴易到省投案。臣委藩司魏光焘、镇迪道兼按察使衔恩纶，督同代理迪化府知府潘时策，提案追缴，兹据该司等详复前来。

臣查此案光绪八年八月，坎吉巴易以李占奎冒领等情具控，当经原任伊犁将军臣金顺委员集证质讯，取结完案。事后，坎吉巴易复行呈控。详加推鞫，缘李占奎充当戈什，恃势招摇，保坎吉巴易采办军粮，因恐误限，由李占奎向外借粮代缴，约以秋后还粮。讵料秋后粮价大涨，借户索粮，坎吉巴易支吾延展。李占奎稔知粮台存有坎吉巴易未领粮价，即冒名代领，扣还借户。坎吉巴易心不甘服，并李占奎代付车脚等项银三百八十两，均不承认。

又李占奎倩李芳第等送还银二千两，坎吉巴易只认收到银一千两。控经集证讯明，取结完案。而李占奎冒领一节并未深究，坎吉巴易怀疑莫释，是以上年复行具控。前署伊犁将军臣锡纶以李占奎系在营武弁，不应以巨款与缠商交结，又不应冒领私扣，是以饬令追缴。其实此项粮价本坎吉巴易应还之款，李占奎不应冒领扣还，尚无侵吞入己情事。业因另案奉旨发往军台，充当苦差，所有前项银两，应请免其追缴，仍饬司照例起解，以免稽延。至缠商坎吉巴易迭次控告，事出有因，与诬告图讹者不同，亦应免其置议。

除革员游春泽、李永祜等各案，俟调齐人证卷宗，研取确情，再行奏明办理外，所有讯结李占奎被控欠价一案，是否有当？理合会同伊犁将军臣色楞额，附片具陈，伏乞圣鉴训示。谨奏。

（朱批）：刑部知道。①

---

①中国第一历史档案馆藏：《朱批原件》，档案编号：04—01—01—0967—065。

光绪十五年正月初七日,奉朱批:刑部知道。钦此。①

【案】此奏片具奏日期,原件未署,录副署"光绪十五年正月初七日"。查光绪十五年正月初七日《军机处随手登记档》②朱批刘锦棠折,载有"报四百里,十四年十一月二十九日发"等字样。据此,此片具奏日期当为"光绪十四年十一月二十九日",兹据校正。

154. 特参知县娄绍豫、典史冯敬亭庸劣不职片
光绪十四年十一月二十九日(1888年12月31日)

再,正佐各员如有庸劣不职,自应随时奏参。兹查有花翎同知直隶州知州用候补知县娄绍豫,乖谬糊涂,致招物议;分缺先用巡检撤任阜康县典史冯敬亭,举止轻率,有玷官箴。据藩、臬两司呈请核转前来。臣复查无异,相应请旨将娄绍豫、冯敬亭二员即行革职,以示惩儆。

除咨部查照外,谨会同陕甘总督臣谭钟麟,附片具陈,伏乞圣鉴训示。谨奏。

(朱批):着照所请,该部知道。③

光绪十五年正月初七日,奉朱批:着照所请,该部知道。钦此。④

【案】此奏片具奏日期,原件未署,录副署"光绪十五年正月初七日"。查光绪十五年正月初七日《军机处随手登记档》⑤朱批刘锦棠折,载有"报四百里,十四年十一月二十九日发"等字样。据此,此片具奏日期当为"光绪十四年十一月二十九日",兹据校正。

155. 奏销新疆光绪十一年防军善后收支各款折
光绪十四年十二月初三日(1889年1月4日)

尚书衔甘肃新疆巡抚二等男臣刘锦棠跪奏,为造报甘肃新疆光绪十一

①中国第一历史档案馆藏:《军机录副》,档案编号:03—7400—052。
②中国第一历史档案馆藏:《军机处随手登记档》,档案编号:03—0258—1—1215—006。
③中国第一历史档案馆藏:《朱批原件》,档案编号:04—01—12—0544—124。
④中国第一历史档案馆藏:《军机录副》,档案编号:03—5245—009。
⑤中国第一历史档案馆藏:《军机处随手登记档》,档案编号:03—0258—1—1215—006。

年分防军、善后收支各款，分缮细数清册，吁恳天恩饬部核销，恭折仰祈圣鉴事。

窃照甘肃新疆防军、善后用款，光绪十年以前业经按年造销。至十一年分甘肃关内外饷项，系统筹全局案内经部臣于光绪十年奏准，指拨各省的款银四百八十万两，统名曰甘肃新饷，新疆应分二百二十万两，由甘藩库统收，扣除四分减平分支在案。

兹据粮台司道详称：光绪十一年分新疆收支各款，旧管存报销案内银一万七千七百九十两六钱二分三厘，按一零三三申合湘平银一万八千三百七十七两七钱一分三厘。上案截至十年十二月底止，欠发关外各军营旗九年以前并十年饷银二百七十五万九千五百二十六两四钱七分七厘，仍按一零三三申合湘平银二百八十五万五千五百九十两八钱五分。

新收甘藩库分解新饷暨甘肃总粮台分解十年分饷银、闽海关补解旧饷、遵照删除七、八两年分报销案内统领公费及各军营旗报缴截旷粮价、精骑后营报缴溃勇饷银、采买、制办、运脚、扣回平余等项，通计十一年分共收银二百一十四万六千一百九十四两一钱九分九毫。此新疆收款之总数也。

开除十一年分关饷、统费、夫价、倒马价值共银一百三十二万八千六百五十余两，随营及台局薪粮、口食、运脚、采买、制办各项杂款共银二十六万九千一百七十余两，塘台、驿站、义学、保甲、蚕桑、牛痘等项共银一十一万九千九百八十余两，拨给嵩武军、乌鲁木齐都统、塔尔巴哈台参赞及新疆藩库共银二十五万六千四百三十一两五钱五分八厘。通计十一年分共开除银一百九十七万四千二百五十两九钱三厘。此新疆支销拨发之总数也。

实在存银一十九万三百二十一两九毫，欠发各军营旗九年以前并十年饷银二百八十五万五千五百九十两八钱五分，又欠发各军营旗哨十一年分新饷银二十二万一千三百八两二钱一分。此项欠款应俟江西省补解十一年欠饷，再行清给。计截至十一年底止，共欠发新旧饷银三百七万一千八百九十九两六分。此新疆防军、善后实存并欠发之实数也。造具支用各款总散细数清册，详请奏销前来。

臣查该司道等所开新疆防军、善后收支细数，皆系实用实销，并无浮冒，理合缮具简明清单，恭呈御览。仰恳天恩饬部核销，以清款目。

除将清册分送各部查核外，谨会同陕甘总督臣谭钟麟，恭折具奏，伏乞皇太后、皇上圣鉴训示。再，关外十二、十三等年防军、善后销案，已饬司道等依次赶办,应俟造报到日,再行分案办理,合并声明。谨奏。光绪十四年十二月初三日。

(朱批):该部议奏,单并发。①

光绪十五年正月初九日,奉朱批:该部议奏,单并发。钦此。②

156. 呈光绪十一年甘肃关外防军收支各款清单

光绪十四年十二月初三日(1889年1月4日)

谨将光绪十一年分甘肃关外防军、善后收支各款数目缮具清单,恭呈御览。计开

旧管:

一、上案关外防军、善后报销案内,截至光绪十年十二月底止,实存银一万七千七百九十两六钱二分三厘,按一零三三申合湘平银一万八千三百七十七两七钱一分三厘。

一、截至光绪十年十二月底止,欠发关外各军营旗九年以前并十年分饷银二百七十五万九千五百二十六两四钱七分七厘,仍按一零三三申合湘平银二百八十五万五百九十两八钱五分。

新收:

一、收协饷案内甘肃藩库分拨新饷银一百九十六万九千二百一十五两三钱四分八厘五毫。

一、收甘肃总粮台分解十年分饷银六万四千九百三十六两七钱三分。

一、收闽海关补解旧饷银二万八百三十三两三钱三分三厘四毫。

一、收七、八两年报销案内遵照删除统费、公费银一万八千八百一十四两一钱一分二厘。

一、收十年分征粮报销案内拨发各军营旗粮料、已归十一年分应领月饷内扣缴粮料价值银四万五千九百六十五两六钱二分九厘。

一、收各军营旗报缴截旷银一万六千三百二十七两八钱四分三厘。

一、收精骑后营马队溃勇缴十年分饷银八千四百六十二两四钱八厘。

---

①中国第一历史档案馆藏:《朱批原件》,档案编号:04—01—01—0965—069。又《奏稿》第1983—1987页。

②中国第一历史档案馆藏:《军机录副》,档案编号:03—6114—003。

一、收各台局支发运脚、采买、制办等项扣回平余银一千六百三十八两七钱八分七厘。

开除：

一、除发马步各军营旗哨十一年分饷银一百二十八万九千六百四十两四钱三分八厘。

一、除发开花炮队十一年分饷银二万一千九百七十两五钱六分。

一、除发各军十一年分统领公费、夫价银七千六百五十五两七钱三分。

一、除发马队各营旗十一年分倒马价值银九千三百九十两五钱一分一厘。

一、除发营务、文案、支应、随营及各台局十一年分薪水银三万二千五十二两。

一、除发各台局经贴各书、字识十一年分口粮银三千七百九十五两二钱一厘。

一、除发各台局十一年分纸张、笔墨、油烛银九百四十两。

一、除发各台局护勇、长夫、通事十一年分口粮银六千五十五两三钱六分。

一、除发采运各局仓夫、斗级十一年分工食银五百八十七两五钱二分。

一、除发采买粮料、柴草津贴价值银一万五百九十九两九钱四分一厘。

一、除发新疆塘台、驿站经费，自十一年正月初一日起至七月底止，共银六万三千九百五两八钱六分七厘。

一、除发各台局押运饷装、军火等项员役、护勇盘费、盐菜、口粮银一千五百一十三两四钱四分七厘。

一、除发官车、骡马、驮驼、委员薪水、护运长夫、牵夫工食并骡马、料草、折价、灌药、饮水、歇店、灯油、油盐、添制什物等项银五万九千一百五十三两七钱二分八厘。

一、除发军装制办局招募浙、粤并关内本地各匠工食银六千二百四十六两五钱一分八厘。

一、除发各台局医生十一年分工食银四百两。

一、除发转运军装、军火等项水路运价银四百五十二两七钱三分六厘。

一、除发转运饷装、军火等项脚价除官车骡马、驮驼不再支销外，共支陆路运脚银一十一万四千七百三十二两二钱七分八厘。

一、除发病故员弁灵柩回籍车脚银一千五百七十四两八钱五分一厘。

一、除发采制军装、军火、骡马、什物并修整军装、器械、车骡、什物等项价值银三万一千七十三两八钱一分六厘。

一、除发各处保甲局十一年分经费银一万六千七百七两二分三厘。

一、除发各处蚕桑局十一年分经费银五千二百四十二两八钱六分八厘。

一、除发义学塾师十一年分薪水暨购办纸张、笔、墨、砚银二万七千五百八十六两五钱七分九厘。

一、除发牛痘局医生、跟役、通事、伙夫十一年分工食、口食暨药资银六千五百四十二两三钱七分三厘。

以上二十三款，共支银一百七十一万七千八百一十九两三钱四分五厘。

一、除拨发嵩武军、乌鲁木齐都统、塔尔巴哈台参赞、新疆藩司借支饷项并粮料合价，共银二十五万六千四百三十一两五钱五分八厘。前项应由嵩武军、乌鲁木齐都统、塔尔巴哈台参赞、新疆藩司等处各自列收报销，理合登明。

通共支销拨发共银一百九十七万四千二百五十两九钱三厘，内除拨发嵩武军、乌鲁木齐都统、塔尔巴哈台参赞、新疆藩司借支饷项及粮料合价银二十五万六千四百三十一两五钱五分八厘外，应由兵部核销步队各营旗子药夫口粮，马队倒马价值，塘台、驿站经费，转运饷装、军火、粮料，护送病故员弁灵柩回籍官车、骡、驮驼经费，解运饷装盘费、盐菜、口粮等项银二十六万八千五百八十六两六分九厘。

应由工部核销制办军装、军火、骡马、什物、义学、书籍等件，修整车骡、军装、器械、物料等项银三万五千三百四两一钱一分九厘。

应由户部核销各军营旗暨随营各台局薪水、口粮、统费、夫价，采买粮料、柴草、津贴价值，笔墨、油烛、纸张、义学、保甲、蚕桑、牛痘医生、洋炮、铁木各匠薪水、薪粮、工食、口食，押运饷装、骑骡、脚价等项银一百四十一万三千九百二十九两一钱五分七厘。

实在：

一、存银一十九万三百二十一两九毫。

一、欠各军营旗哨十年以前并十一年分新饷，共银三百七万一千八百九十九两六分。前件查截至十年底止,欠发各军营哨九年以前并十年分饷银二百七十五万九千五百二十六两四钱七分七厘,仍按一零三三申合湘平银二百八十五万五千五百九十两八钱五分。

又十一年分马步各军营旗哨、开花炮队共计应支薪粮、马干等项银一百五十三万二千九百一十九两二钱八厘。

开除项下支发饷银一百三十一万一千六百一十两九钱九分八厘外,尚欠十一年分新饷银二十二万一千三百八两二钱一分。

共计欠发饷银合符前数,应归十二年以后陆续补发,理合登明。

(朱批):览。①

157. 新疆光绪十二年分司库收支恳饬核销折

光绪十四年十二月初三日(1889年1月4日)

尚书衔甘肃新疆巡抚二等男臣刘锦棠跪奏,为造报甘肃新疆光绪十二年分司库收支银粮、草束,分缮总散清册,恳恩饬部核销,恭折仰祈圣鉴事。

窃照新疆光绪十一年分司库收支各属正杂银粮、草束,业经奏请核销在案。兹据藩司魏光焘详称:光绪十二年分,各属征收本折、粮草、地课、杂税等项,支发文武廉费、俸工、驿站、夫马、工料各款,仍分司库、道库实收实支数目,分别造册,汇总请销。至十一、十二两年分各军营旗以及善后各项、台驿各站支领粮料应扣价银,已经粮台扣收解司。各属征收税课银两,其有善后项下动用者,亦经粮台解还司库,照数作收汇报。又于阗课金局自十一年十一月试办起至十二年底止,征收金沙变价银两,亦应于册内列收造报。统计光绪十二年分旧管存银一十九万六千二百六十一两九分二厘,新收各款银五十一万八千八百六十五两八钱九分六厘,开除银三十九万三百三十四两七钱一分七厘。实在截至十二年底止,共存银三十二万四千七百九十二两二钱七分一厘。又未支银一万六百四十四两八钱六分,又仍未支十一年分银一千四百一十六两五钱八分,又长支银六百二十九两七钱一分一厘。旧管存各属仓储各色京斗粮二十八万七千三百六十四石九斗八升一合二勺,新收各色京斗粮二十二万四千一百三十石一斗九升四合

---

①中国第一历史档案馆藏:《清单》,档案编号:03—6114—004。

三勺,开除各色京斗粮一十五万八千七百九十八石七合,实在截至十二年底止,共存各色京斗粮三十五万二千八百三十七石二斗六升一合九勺。又各属征收未完籽种、额粮一万二千一百一十六石三斗三升五合六勺,又未支料七十七石八斗二升五合六勺,又仍未支十一年分料一百五十八石三斗六升六合四勺,又长支料八升三合九勺,又不敷十一、十二两年分粮一百五十八石六升七合二勺。旧管各属厂储草八百三十三万四千七百一十斤一两三钱,新收草一千五百五十三万三千三百八斤三两三钱二分,开除草一千一百九万五千八百三十三斤一十两五钱八分。实在截至十二年底止,各属共存草一千二百七十七万二千一百八十四斤一十两四分,又未支草二万八千六百束,又仍未支十一年分草二万八千九百六十四束。其长支、未支银粮、草束俟找发扣还后,归入下届附销,造具银粮、草束四柱清单并总散报销清册,详请奏咨核销前来。

臣复核无异,理合缮具简明清单,恭呈御览。仰恳天恩,饬部核销。

除将清册分送部、科查核外,谨会同陕甘总督臣谭钟麟,恭折具奏,伏乞皇太后、皇上圣鉴训示。谨奏。光绪十四年十二月初三日。

(朱批):户部议奏,单并发。①

光绪十五年正月初九日,奉朱批:户部议奏,单并发。钦此。②

158. 呈新疆各属光绪十二年收支各款银粮草束清单

光绪十四年十二月初三日(1889年1月4日)

谨将新疆各属十二年分管收除在各款银粮、草束数目缮具清单,恭呈御览。计开

一、银两项下

旧管:

一、存银一十九万六千二百六十一两九分二厘。

新收:

一、收新疆行营粮台及甘藩司解到旗营经费银九万六千两。

---

① 中国第一历史档案馆藏:《朱批原件》,档案编号:04—01—35—0995—010。又《奏稿》第1989—1993页。
② 中国第一历史档案馆藏:《军机录副》,档案编号:03—6564—002。

一、收各属园地课折色粮草银五万八千八百五十七两九钱二分七厘。

一、收牲税银八千四百三十五两六分六厘。

一、收园房地租银四千八百七十两三钱六分七厘。

一、收水磨碓税银一万二千九百四两八钱四分七厘。

一、收金课银七十四两八钱七厘。

一、收草湖税银一千三百五十六两六钱一分。

一、收契税银二千七百四两八钱一分九厘。

一、收金砂变价银八千四十四两八钱。

一、收新疆行营粮台解缴十一年分粮草价银一十三万二千三百四十三两六钱六分。

一、收新疆行营粮台解缴粮草价银九万八千七百八两七钱六厘。

一、收防营及善后解缴草价银八百八十七两二钱九分四厘。

一、收减粜粮石价银八千六百八十七两七钱四分六厘。

一、收变卖草价银八十两四钱二分一厘。

一、收百货土产税银四万五千五十二两八钱五分八厘。

一、收减平银一万九千一百八两四钱六分三厘。

一、收面价银六千五百八十二两九钱。

一、收扣哈密回子亲王沙木胡索特、库车回子郡王阿密特长支俸银二千八百两。

一、收各属及各标营缴还十一年分报销册内长支银一千八十七两五钱三分四厘。

一、收各属及哈密、古城两税局解缴十一年分征收未解银九千三百七十七两七分一厘。

以上二十款，共新收银五十一万八千八百六十五两八钱九分六厘。总共管收银七十一万五千一百二十六两九钱八分八厘。

开除：

一、支发文职廉俸、公费等项银一十六万六千六百二十九两九钱六分三厘。

一、支发驿站经费等项银一十万七千三百七十七两六钱四分三厘。

一、支发武职廉俸、薪蔬、纸红、马干、公费、兵饷等项银六万五千八百二十一两三钱一分。

一、支发祭祀银六百一十两九钱七分二厘。

一、支发哈密回子亲王沙木胡索特、库车回子郡王阿密特俸银五千六百两。

一、支发孤贫花布银二百五十七两八钱五分六厘。

一、支发坎巨提头目进贡金砂例赏物料价银二百二十一两四钱五分三厘。

一、支发刊刻誊黄工料银五十三两三钱七分六厘。

一、支发扣收各属长支银两减平银六十一两一钱五分二厘。

一、支发哈密、古城两税局局费银五千一百四十两四钱四分。

一、支发乌鲁木齐、巴里坤、古城三旗营经费银三万八千五百六十两五钱五分二厘。

以上十一款，共支发银三十九万三百三十四两七钱一分七厘。

实在：

一、存银三十二万四千七百九十二两二钱七分一厘，内司库存银二十七万七千七百七十九两九钱四分，阿克苏道库存银四百三十五两二钱二分四厘，喀什噶尔道库存银四万六千五百七十七两一钱七厘。

一、未支银一万六百四十四两八钱六分。

一、仍未支十一年分银一千四百一十六两五钱八分。

一、长支银六百二十九两七钱一分一厘。

一、粮石项下

旧管：

一、存各色京斗粮二十八万七千三百六十四石九斗八升一合二勺。

新收：

一、收各色京斗粮二十二万四千一百三十石一斗九升四合三勺。

以上管收共京斗粮五十一万一千四百九十五石一斗七升五合五勺。

开除：

一、支发书役口食京斗粮八千三百九十一石五斗五升一合八勺。

一、支发驿书夫口食京斗粮四千三百二十三石九斗五升八合三勺。

一、支发乌鲁木齐提标各营例马料京斗粮七百七十二石五斗三升四合六勺。

一、支发乌鲁木齐、巴里坤、古城三旗营官兵食粮、马料京斗粮九千六百七十四石一斗二升三合三勺。

一、支发孤贫残废口食京斗粮一千二百九十七石一斗六升六合九勺。

一、支发监禁递解人犯口食京斗粮五百五石二斗七升九合七勺。

一、支发赈济被灾户民口食京斗粮一千二十四石八斗三升五合。

一、支发军需、善后领用京斗粮一十万二千八百七十一石八升一合三勺。

一、支发减粜京斗粮八千七百六十二石三斗二升六合。

一、支发户民借领籽种京斗粮六千二十一石三斗四升四勺。

一、支发迪化县提用京斗粮一万五千一百五十三石八斗九合七勺。

以上十一款，共支发京斗粮一十五万八千七百九十八石七合。

实在：

一、存各色京斗粮三十五万三千八百三十七石二斗六升一合九勺。

一、库尔喀喇乌苏厅不敷京斗粮一百四十九升三合四勺。

一、库尔喀喇乌苏厅不敷十一年分京斗粮一十七石九斗七升三合八勺。

一、存民欠未完籽种京斗粮四千一百七十八石七斗一升一合四勺。

一、存民欠未完九、十、十一等年分籽种京斗粮二千五百九十九石八斗五升八合六勺。

一、缓征及民欠未完额粮一千八百九十三石四斗六合。

一、民欠未完九、十、十一等年分额粮三千四百四十四石三斗五升九合六勺。

一、乌鲁木齐提标协属各营长支京斗料八升三合九勺。

一、乌鲁木齐提标协属各营未支料七十七石八斗二升五合六勺。

一、乌鲁木齐提标协属各营仍未支十一年分马料一百五十八石三斗六升六合四勺。

一、草束项下

旧管：

一、存本色草八百三十三万四千七百一十斤一两三钱。

新收：

一、收本色草一千五百五十三万三千三百八斤三两三钱二分。

以上管收共草二千三百八十六万八千一十八斤四两六钱二分。

开除：

一、支发本色草一千一百九万五千八百三十三斤一十两五钱八分。

实在：

一、存本色草一千二百七十七万二千一百八十四斤一十两四分。

一、乌鲁木齐提标协属各营未支草二万八千六束。

一、乌鲁木齐提标协属各营仍未支十一年分草二万八千九百六十四束。

（朱批）：览。①

159. 请将巴里坤镇标副游都守开缺另补折

光绪十四年十二月初十日（1889年1月11日）

头品顶戴陕甘总督臣谭钟麟、尚书衔甘肃新疆巡抚二等男臣刘锦棠跪奏，为巴里坤镇标原补副、游、都、守各员，拟恳一律开缺，另行请补，恭折仰祈圣鉴事。

窃乌鲁木齐提标改为抚标，前经臣等奏请将旧设参、游等官开缺另补在案。查上年奏设喀什噶尔提标、阿克苏、巴里坤镇标，经部议准，分别裁改添设，所裁员弁留于该省另补。惟现设各缺，立营方始，操练巡防，均关紧要，务当遴选人材，毋稍瞻徇。其员缺尤②未便久悬，应即分别奏咨报部，以凭换札注册等因咨行到臣。

伏查喀什噶尔提标、阿克苏镇标，均属新设，副将以下应由臣等陆续奏咨请补。至巴里坤镇标向系绿营规制，奏定新章则系以官带勇，参用勇营章程，员缺既经添改，营制亦与曩殊。若将旧补各员强为迁就，窃恐人地不尽相宜，防务难期得力，相应请旨将巴里坤镇标中左右三营、城守营、哈密协营、木垒营副游都守各实缺一律开去，以奉到部文之日作为该各员开缺日期，俾清界限。容臣等细心察看，或以原官，或另拣员从新请补，给札注册，以期整饬戎行，上副朝廷慎重边陲之意。

除饬取该各员原领札付另案缴销，并千把、外委各弁咨部开缺外，所有

---

①中国第一历史档案馆藏：《清单》，档案编号：03—6564—003。
②"尤"，《奏稿》作"又"。

请补巴里坤镇标副、游、都、守实缺缘由，谨缮清单，合词恭折具陈，伏乞皇太后、皇上圣鉴训示。再，此折系臣锦棠主稿，合并声明。谨奏。光绪十四年十二月初十日。

（朱批）：兵部议奏，单并发。①

光绪十五年正月十七日，奉朱批：兵部议奏，单并发。钦此。②

160. 呈巴里坤镇标原设实缺武员姓名清单
光绪十四年十二月初十日（1889年1月11日）

谨将请开巴里坤镇标各营原设副、游、都、守实缺等官姓名开具清单，恭呈御览。

巴里坤镇标中营游击丁连科。

巴里坤镇标中营守备吴得喜。

巴里坤镇标左营游击戴福禄。

巴里坤镇标左营守备徐丕先。

巴里坤镇标右营游击马世勋。

巴里坤镇标右营守备杜得润。

巴里坤城守营都司李玉堂。

哈密协营副将王凤鸣。

哈密协营中军都司冯立春。

木垒营守备王有道。

（朱批）：览。③

161. 奏报新疆光绪十四年九月雨水粮价折
光绪十四年十二月十五日（1889年1月16日）

尚书衔甘肃新疆巡抚二等男臣刘锦棠跪奏，为恭报光绪十四年九月分

---

① 中国第一历史档案馆藏：《朱批原件》，档案编号：04—01—30—0186—044。又《奏稿》第1995—1997页。

② 中国第一历史档案馆藏：《军机录副》，档案编号：03—5860—014。

③ 中国第一历史档案馆藏：《清单》，档案编号：03—5860—015。

粮价并得雨情形，谨缮折具陈，仰祈圣鉴事。

窃照光绪十四年八月分各厅州县粮价并雨情形，业经臣奏报在案。兹查九月分北路阜康、绥来得雨入土三寸有余，昌吉得雨入土二寸，奇台微雪，迪化、镇西微雨。伊塔道属绥定、宁远微雨。南路温宿、乌什微雨，余未得雨。

至通省粮价，哈密、镇西、英吉沙尔、玛喇巴什、迪化、昌吉、阜康、奇台、绥定等厅州县，俱与上月相同，余均略有增减。据藩司魏光焘汇详请奏前来。

理合恭折具陈，并缮粮价清单，敬呈御览。伏乞皇太后、皇上圣鉴。谨奏。光绪十四年十二月十五日。

（朱批）：知道了。①

光绪十五年正月二十日，奉朱批：知道了。钦此。②

162. 呈新疆各属光绪十四年九月粮价清单

光绪十四年十二月十五日（1889年1月16日）

谨将新疆各属光绪十四年九月分米粮时估价值缮具清单，恭呈御览。计开

九月分

镇迪道属

迪化县：大米每京石价银三两八钱五厘，小麦每京石价银一两五钱二分一厘，莞豆每京石价银一两六钱二分，青稞每京石价银一两二钱七分。俱与上月相同。

昌吉县：大米每京石价银二两五钱二分，小麦每京石价银一两六厘，莞豆每京石价银一两二钱一厘，青稞每京石价银八钱七分五厘。俱与上月相同。

阜康县：粟米每京石价银一两六分，小麦每京石价银一两一钱三分二厘，莞豆每京石价银一两一钱，高粱每京石价银五钱三分。俱与上月相同。

---

① 中国第一历史档案馆藏：《朱批原件》，档案编号：04—01—25—0532—045。
② 中国第一历史档案馆藏：《军机录副》，档案编号：03—6873—031。

绥来县：大米每京石价银二两一钱七分五厘，小麦每京石价银九钱一分九厘，莞豆每京石价银一两八分，俱与上月相同。高粱每京石价银五钱六分三厘，较上月减七分七厘。

奇台县：大米每京石价银二两五钱八分九厘，小麦每京石价银七钱七分八厘，莞豆每京石价银九钱六分六厘。俱与上月相同。

镇西直隶厅：小麦每京石价银一两八钱二分，莞豆每京石价银一两七钱一分，青稞每京石价银一两一钱二分。俱与上月相同。

吐鲁番厅：小麦每京石价银一两一钱八厘，较上月减一钱六分。大麦每京石价银五钱六分，黄豆每京石价银一两四钱九分三厘，高粱每京石价银五钱五分九厘，俱与上月相同。

哈密厅：粟米每京石价银一两七钱二分八厘，小麦每京石价银一两三钱八分，莞豆每京石价银一两七钱二分八厘，青稞每京石价银一两二厘。俱与上月相同。

库尔喀喇乌苏厅：小麦每京石价银一两二钱七分，较上月增一钱六分六厘。莞豆每京石价银一两三钱三分三厘，较上月减三分七厘。高粱每京石价银七钱六分七厘，较上月减三钱五分七厘。

伊塔道属

绥定县：大米每京石价银四两四钱四分，小麦每京石价银九钱一分九厘，大麦每京石价银九钱六分三厘，莞豆每京石价银九钱一分八厘。俱与上月相同。

宁远县：大米每京石价银三两九钱，较上月增五分。小麦每京石价银九钱四分，较上月增五分。大麦每京石价银五钱八分，较上月增四分。莞豆每京石价银九钱二分，较上月增六分。

阿克苏道属

温宿直隶州：大米每京石价银一两五钱二分，小麦每京石价银八钱二分八厘，大麦每京石价银四钱二分，俱与上月相同。包谷每京石价银五钱四分四厘，较上月减二钱七分二厘。

拜城县：小麦每京石价银五钱六分，较上月减一钱四分。大麦每京石价银三钱，较上月减四分。莞豆每京石价银四钱三分，与上月相同。包谷每京石价银三钱九分，较上月减四分。

喀喇沙尔直隶厅：大米每京石价银二两六钱六分四厘，较上月减一两三分六厘。小麦每京石价银九钱六分六厘，较上月减一钱三分八厘。莞豆每京石价银九钱三分六厘，较上月减七分二厘。包谷每京石价银七钱五分八厘，较上月减一钱三分八厘。

库车直隶厅：大米每京石价银二两一钱五分，较上月减四分。小麦每京石价银五钱七分，较上月减二分。包谷每京石价银三钱四分五厘，较上月减三分五厘。莞豆每京石价银三钱八分五厘，较上月减一分五厘。

乌什直隶厅：大米每京石价银二两二钱五厘，较上月减七钱七分五厘。小麦每京石价银七钱七分八厘，较上月减五分三厘。大麦每京石价银三钱二分一厘，较上月减五分三厘。包谷每京石价银八钱八分一厘，较上月减一分二分一厘。

喀什噶尔道属

疏勒直隶州：大米每京石价银二两八钱五分，较上月减三钱。小麦每京石价银九钱六分六厘，与上月相同。包谷每京石价银八钱六分四厘，较上月减一钱六分。高粱每京石价银六钱九分，较上月减二钱三分。

疏附县：大米每京石价银二两八钱五分，较上月减一钱五分。小麦每京石价银八钱二分八厘，较上月减一钱三分八厘。包谷每京石价银九钱三分八厘，高粱每京石价银六钱九分，俱与上月相同。

莎车直隶州：大米每京石价银一两一钱八分四厘，较上月减七钱四分。小麦每京石价银四钱四分四厘，大麦每京石价银三钱一分二厘，包谷每京石价银三钱三厘，俱与上月相同。

叶城县：大米每京石价银二两四钱六分五厘，较上月减一钱四分五厘。小麦每京石价银三钱五分，较上月减五分。包谷每京石价银二钱二分，较上月减六分八厘。青稞每京石价银三钱，与上月相同。

和阗直隶州：大米每京石价银一两四钱，较上月减一钱四分。小麦每京石价银八钱二分八厘，青稞每京石价银三钱四分五厘，包谷每京石价银四钱四分八厘，俱与上月相同。

于阗县：大米每京石价银三两四钱五分，小麦每京石价银八钱七分一厘，俱与上月相同。包谷每京石价银六钱四分，较上月减一钱二分八厘。

英吉沙尔直隶厅：大米每京石价银三两四分，小麦每京石价银六钱九分，包谷每京石价银五钱三分六厘，大麦每京石价银三钱四分。俱与上月相同。

玛喇巴什厅:大米每京石价银四两四钱四分,小麦每京石价银八钱二分八厘,包谷每京石价银六钱四分。俱与上月相同。

(朱批):览。①

163. 伊犁新设各官关防印信请饬铸造颁发折
光绪十四年十二月十五日(1889年1月16日)

尚书衔甘肃新疆巡抚二等男臣刘锦棠跪奏,为伊犁新设正佐各官应用关防、印信,请旨饬部铸造颁发,以昭信守,恭折仰祈圣鉴事。

窃查伊犁新设伊塔道、伊犁府知府、绥定县知县、宁远县知县并伊塔道库大使、伊犁府经历、广仁城巡检,业经接准部咨,分别委员署理,暂刊木质关防钤记,给领启用,亟应循例颁发关防、印信,俾垂久远。兹据新疆布政使魏光焘开单,请铸分巡伊塔兵备道关防一颗,伊犁府知府、绥定县知县、宁远县知县、伊塔道库大使、伊犁府经历兼司狱、绥定县属广仁城巡检印各一颗,详请具奏前来。

臣复核无异,相应请旨饬部,分别铸造,颁发启用,以昭信守。

除将清单咨部查照外,谨会同陕甘总督臣谭钟麟,恭折具陈,伏乞皇太后、皇上圣鉴训示。至绥定、宁远两县典史钤记,例由藩司刊给,合并声明。谨奏。光绪十四年十二月十五日。

(朱批):着照所请,该部知道。②

光绪十五年正月二十一日,奉朱批:着照所请,该部知道。钦此。③

164. 委任刘昭南等署理知州等缺片
光绪十四年十二月十五日(1889年1月16日)

再,和阗直隶州知州潘效苏调署新设伊犁府知府,经臣附奏在案。所遗和阗直隶州知州员缺,查有候补知府刘昭南,堪以委署。又署库尔喀喇

---

① 中国第一历史档案馆藏:《清单》,档案编号:03—6873—032。
② 中国第一历史档案馆藏:《朱批原件》,档案编号:04—01—30—0004—018。又《奏稿》第1999—2000页。
③ 中国第一历史档案馆藏:《军机录副》,档案编号:03—5705—011。

乌苏同知黄率准撤任，遗缺查有候补直隶州知州周鼎铭，堪以委署。据藩、臬两司会详前来。

除由臣批饬给分别委外，谨会同陕甘总督臣谭钟麟，附片具陈，伏乞圣鉴。谨奏。

（朱批）：吏部知道。①

光绪十五年正月二十一日，奉朱批：吏部知道。钦此。②

165. 请将陈名钰开去署缺仍留新疆叙补折
光绪十四年十二月十八日（1889年1月19日）

尚书衔甘肃新疆巡抚二等男臣刘锦棠跪奏，为升用道知府借补直隶州知州三年俸满，恳请开去本缺，以道员仍留新疆叙补，恭折具陈，仰祈圣鉴事。

窃查新设温宿直隶州知州一缺，前经臣奏准以三品衔升用道甘肃候补知府陈名钰借补，三年俸满，照例升用。嗣调署迪化府知府，复委署阿克苏道，先后附奏在案。

兹据新疆布政使魏光焘详：准该员呈称：现年六十一岁，湖南永州府宁远县人，由廪生投效老湘营，历保三品衔安徽遇缺即补知府，补缺后以道员尽先升用。又于肃清直隶、山东案内，经陕甘督臣左宗棠奏保，奉上谕：陈名钰着赏给三品封典。钦此。同治八年，请咨赴部引见，奉上谕：陈名钰着准其免补本班，以知府仍留安徽，遇缺即补，俟补缺后，以道员升用，并赏给三品衔。钦此。遵即领凭到省。十年，委署池州府知府。光绪元年二月，闻讣丁父忧，请咨回籍守制。三年五月，服满起复，回省候补。六年，请假回籍措资，旋奉奏调来甘，改归甘肃候补。九年五月，委署温宿直隶州知州。十一年三月，奉文借补斯缺。嗣于六载边防案内保举免补知府，以道员仍留甘肃尽先题奏。经部议奏，陈名钰应准其遇有甘肃道员缺出，按照例章，尽先题补、奏补，奉旨：依议。钦此。十三年十二月，调署迪化府知府。十四年八月，委署阿克苏道，交卸赴任，例应呈请开去温宿直隶州知州

---

①中国第一历史档案馆藏：《朱批原件》，档案编号：04—01—12—0544—061。
②中国第一历史档案馆藏：《军机录副》，档案编号：03—5245—088。

本缺等情，详请具奏前来。

臣查升用道即补知府陈名钰，于光绪十一年借补温宿直隶州知州，旋保升以道员留于甘肃，尽先题补、奏补，现直隶州知州已届三年俸满，又经委署阿克苏道，合无仰恳天恩俯准，开去温宿直隶州知州本缺，以道员仍留新疆叙补，出自鸿施。

谨会同陕甘总督臣谭钟麟，恭折具奏，伏乞皇太后、皇上圣鉴训示。再，温宿直隶州知州系冲繁疲三项要缺，应请扣留由外拣补，合并声明。谨奏。光绪十四年十二月十八日。

（朱批）：吏部议奏。①

光绪十五年正月二十六日，奉朱批：吏部议奏。钦此。②

166. 光绪十二年防军善后收支恳饬核销折

光绪十四年十二月十八日（1889年1月19日）

尚书衔甘肃新疆巡抚二等男臣刘锦棠跪奏，为造报甘肃新疆光绪十二年分防军、善后收支各款，分缮细数清册，吁恳天恩饬部核销，恭折仰祈圣鉴事。

窃照甘肃新疆十一、二、三等年防军、善后用款，于统筹全局案内经部臣于光绪十年奏准，每年指拨各省的款银四百八十万两，统名曰甘肃新饷，新疆应分二百二十万两，由甘藩库统收，扣除四分减平分支，业将十一年分新疆防军、善后用款造报请销在案。

兹据粮台司道详称：光绪十二年分新疆收支各款，旧管报销案内存银一十九万三百二十一两九毫。上案截至十一年十二月底止，欠发关外各军营旗哨十年以前并十一年分新旧饷银三百七万一千八百九十九两六分，新收甘藩库分解新饷暨闽海关勾还西征军饷，遵照删除九年分报销案内统领公费及各军营旗报缴截旷、采买、制办、运脚、扣回平余等项，通计十二年分共收银二百一十万一千三百一十二两九钱一分八厘。此新疆收款之总数也。

---

①中国第一历史档案馆藏：《朱批原件》，档案编号：04—01—12—2544—029。
②中国第一历史档案馆藏：《军机录副》，档案编号：03—5245—116。

开除新疆十二年分关饷、统费、夫价、倒马价值共银一百四十万九千七百六十余两，又十年以前旧饷银二十八万六千四百六十余两，又十一年分新饷银二万四百七十余两，随营及各台局薪粮、口食、运脚、采买、制办各项杂款，共银一十八万九千六百四两八钱。义学、保甲、牛痘经费，遣犯车辆、口分等项，共银五万一千九百四十余两。拨给前哈密办事大臣借支饷项、新疆南路城工、衙署经费，共银一十六万六千六百九十八两七钱八分四厘。此新疆支发之总数也。

实在存银一十六万六千六百八十一两九毫，欠发各军营旗哨十年以前并十一年新旧饷银二百七十六万四千九百五十九两九钱一分。因四川省欠解十二年分新饷甚巨，又欠发各军营旗哨十二年分新饷银十五万一千一百七两七钱八分九厘。计截至十二年底止，共欠发新旧饷银二百九十一万六千六十七两六钱九分九厘。此新疆防军饷项、善后实存并欠发之总数也。造具收支各款总散细数清册，详请奏销前来。

臣查该司道等所开新疆防军、善后收支细数，皆系实用实销，并无浮冒，理合缮具简明清单，恭呈御览。吁恳天恩饬部核销，以清款目。

除将清册分送各部查核外，谨会同陕甘总督臣谭钟麟，恭折具陈，伏乞皇太后、皇上圣鉴训示。再，关外十三年分防军、善后销案，已饬司道等接续赶办，应俟造报至日，再行办理，合并声明。谨奏。光绪十四年十二月十八日。

（朱批）：该部议奏，单并发。[1]

光绪十五年正月二十六日，奉朱批：该部议奏，单并发。钦此。[2]

167. 呈关外光绪十二年防军善后收支清单
光绪十四年十二月十八日（1889年1月19日）

谨将光绪十二年分甘肃关外防军、善后收支各款数目缮具清单，恭呈御览。计开

旧管：

一、上案关外防军、善后报销案内，截至光绪十一年十二月底止，实存

---

[1] 中国第一历史档案馆藏：《朱批原件》，档案编号：04—01—01—0965—073。又《奏稿》第2001—2005页。
[2] 中国第一历史档案馆藏：《军机录副》，档案编号：03—6114—019。

银一十九万三百二十一两九毫。

一、截至光绪十一年十二月底止,欠发关外各军营旗哨十年以前并十一年分饷银三百七万一千八百九十九两六分。

新收:

一、收协饷案内甘肃藩库分拨新饷银二百四万六千一百五十两七钱九分一厘。

一、收闽海关匀还西征军饷银二万八百三十三两三钱三分三厘。

一、收九、十两年分报销案内遵照删除统领公费银二万一千二百四两六钱六分。

一、收各军营旗报缴截旷银一万二千一百三十一两五钱四分八厘。

一、收各台局支发运脚、采买、制办等项扣回平余银九百九十二两五钱八分六厘。

开除:

一、除发马步各军营旗哨十二年分饷银一百三十七万二百五十八两九钱二分七厘。

一、除发开花炮队十二年分饷银二万二千一百八两六分。

一、除发马步各营旗十年以前并十一年欠饷银三十万六千九百三十九两一钱五分。

一、除发各军十二年分统领公费、夫价银七千五百三十六两四钱五分四厘。

一、除发马队各营旗哨十二年分倒马价值银九千八百六十四两九分六厘。

一、除发营务、文案、支应、随员及各台局十二年分薪水银三万一千三百七十七两五钱。

一、除发各台局经贴各书、字识十二年分口食银三千七百五十五两四钱三分一厘。

一、除发各台局十二年分纸张、笔墨、油烛银八百七十四两。

一、除发各台局护勇、长夫、通事十二年分口粮银六千六百三十六两七钱二分。

一、除发采运各局仓夫、斗级十二年分工食银五百九十四两七钱二分。

一、除发十二年分采买粮料、柴草津贴价值银九千八百三十九两九分三厘。

一、除发各台局十二年分押运饷装、军火等项员役、护勇盘费、盐菜、口粮银一千一百二十两四钱三分。

一、除发十二年分官车、骡马、驮驼、委员薪水、护勇、长夫、牵夫工食并驿马料草、折价、灌药、饮水、歇店、灯油、油盐、添制什物等项银四万七千一百九十八两三分六厘。

一、除发军装制办局招募浙、粤并关内本地各匠十二年分工食银六千二百九十一两三钱四分八厘。

一、除发各台局医生十二年分工食银四百二十两。

一、除发十二年分转运军装、军火等项水路脚价银二百八十二两七钱六分九厘。

一、除发十二年分转运饷装、军火等项脚价除官车、骡马、驮驼不再支销外，共支陆路运脚银四万九千二十九两一钱五分三厘。

一、除发十二年分假遣员弁勇丁及残废病故员弁勇丁灵柩回籍车脚银七千五百三十三两六钱四分五厘。

一、除发十二年分遣返车辆、口分银五千二百五十两六钱二厘。

一、除发十二年分采运军装、骡马、什物并修整军装、器械、车骡驮、什物等项价值银二万四千六百五十一两九钱五分五厘。

一、除发各保甲局十二年分经费银一万三千六百三十三两九钱七分三厘。

一、除发义学塾师十二年分薪水暨购办纸笔墨砚等项银二万六千五百二十一两五钱二分二厘。

一、除发牛痘局医生、跟役、通事、伙夫十二年分工食、口食银六千五百三十六两五钱五分。

以上二十三款，共支发银一百九十五万八千二百五十四两一钱三分四厘。

一、除拨发前哈密办事大臣借支军饷银一万二千两，南路城工、衙署经费银一十五万四千六百九十八两七钱八分四厘。两款共银一十六万六千六百九十八两七钱八分四厘。前项前哈密办事大臣借支军饷，应自行列收报销。南路城工、衙署挪用经费，已另案造报，理合登明。

通共支销、拨发共银二百一十二万四千九百五十二两九钱一分八厘，内除拨发前哈密办事大臣借支军饷及南路城工、䌷署挪用经费共银一十六万六千九百九十八两七钱八分四厘外，应由兵部核销步队子药夫口粮、马队倒马价值、开花炮队车夫口粮、车骡料草、转运饷装、军火、粮料，假遣员弁勇丁及残废病故员弁灵柩回籍、遣犯车辆、口分、官车、骡马、驮驼经费、解运饷装盘费等项银一十四万一千四百九十九两九钱一分九厘。

应由工部核销制办军装、军火、骡马、什物、义学书籍等件，修整车骡、军装、器械、物料等项银二万六千九百五十六两八钱七分八厘。

应由户部核销各军营旗哨暨随营各台局薪水、工食、口粮、统费、夫价、欠饷、采买粮料、柴草、津贴价值、笔墨、油烛、纸张、义学、保甲、牛痘医生、洋炮、铁木各匠薪水、薪粮、工食、口食、押运饷装员役骑骡脚价、盐菜、口粮等项银一百七十八万九千七百九十七两三钱三分七厘。

实在：

一、存银一十六万六千六百八十一两九毫。

一、欠各军营旗哨十年以前旧饷并十一、十二两年分新饷，共银二百九十一万六千六十七两六钱九分九厘。前件查截至十一年底止，欠发各军营旗哨十年以前旧饷并十一年分新饷，共银三百七万一千八百九十九两六分，内除十二年分陆续发过十年以前旧饷银二十八万六千四百六十三两一钱一分。

又发过十一年分新饷银二百七十六万四千九百五十九两九钱一分，又十二年分马步各军营旗哨共计应支薪粮、马干等项银一百五十一万九千六百一十三两三两六钱一分六厘。

开除项下，支发饷银一百三十七万二百五十八两九钱二分七厘外，尚欠发银一十四万九千三百五十四两六钱八分九厘。

又十二年分开花炮队三哨共计应支薪粮银二万三千八百六十一两一钱六分。

开除项下，支发银二万二千一百八两六分外，尚欠发银一千七百五十三两一钱。共计欠发饷银，合符前数，应归十三年分以后，陆续补发，理合登明。

（朱批）：览。①

---

①中国第一历史档案馆藏：《清单》，档案编号：03—6114—020。

168. 奏报新疆文武官员年终密呈考语折

光绪十四年十二月十八日(1889年1月19日)

尚书衔甘肃新疆巡抚二等男臣刘锦棠跪奏,为新疆总兵、城守尉、司道等官,循例年终密考,缮具清单,恭折仰祈圣鉴事。

窃照各省镇、司、道、府,例于年终出具考语,密行陈奏。新疆实任各员,上年经臣循例具奏在案。兹本年又已届期,所有总兵、城守尉、司道等官,经臣详加察看,操守、才具皆有以观其深,理合循例注考,以凭查核。

除伊犁镇总兵仍由将军臣察看,阿克苏镇总兵及阿克苏道、伊塔道、迪化府知府、伊犁府知府各缺均系署事例不注考外,谨将实任各员出具切实考语,密缮清单,恭呈御览。伏乞皇太后、皇上圣鉴。谨奏。光绪十四年十二月十八日。

(朱批):知道了,单留中。①

光绪十五年正月二十六日,奉朱批:知道了,单留中。钦此。②

169. 呈新疆司道府官员年终密呈考语清单

光绪十四年十二月十八日(1889年1月19日)

谨将光绪十四年新疆实任总兵、城守尉、司、道等官循例注考,缮具清单,恭呈御览。

巴里坤镇总兵徐占彪,讲求军政,无以逾人,而平素敢战有声,兵民安之,足资坐镇。

古城城守尉德胜,宽和容众,朴实耐劳,现办旗营迁并事宜,亦均安静。

新疆布政使魏光焘,勇于任事,不涉矜张,善于论人,不为苛细,宽严相济,文武兼资。

镇迪道兼按察使衔恩纶,操守廉洁,心气和平,审察案情,均能详慎。

喀什噶尔道袁尧龄,果决精明,事无留滞,有为有守,廉政不阿。③

---

①中国第一历史档案馆藏:《朱批原件》,档案编号:04—01—30—0186—045。
②中国第一历史档案馆藏:《军机录副》,档案编号:03—5880—047。
③台北故宫博物院藏:《军机及宫中档》,文献编号:408017578。

170. 查明守备宋继唐等底衔错误请饬更正片
光绪十四年十二月十八日（1889年1月19日）

再，都司衔尽先补用守备宋继唐于六载边防案内，经臣由守备衔千总保免补千总，以守备尽先补用，并加都司衔。兹据该员禀称：底衔原系拔补千总，并无守备衔，委因呈请开保时笔误。又据总兵衔留甘即补副将李金良禀称：于攻克古牧地、乌鲁木齐、迪化州等城案内，经前陕甘总督臣左宗棠由蓝翎守备衔千总保免补千总，以守备尽先补用，并换花翎。原奉奖札系李景良，禀请更正各等情前来。

臣复核无异。相应请旨将六载边防案内准保都司衔尽先补用守备宋继唐，改为尽先拔补千总，请免补千总，以守备尽先补用；攻克古牧地、乌鲁木齐、迪化州案内准保花翎尽先补用守备李景良，改为李金良，饬部更正注册，以免歧异。

谨附片具陈，伏乞圣鉴训示。谨奏。

（朱批）：兵部议奏。①

光绪十五年正月二十六日，奉朱批：兵部议奏。钦此。②

171. 原保参将谢复胜底衔错误请饬更正片
光绪十四年十二月十八日（1889年1月19日）

再，臣据花翎副将衔尽先补用参将谢复胜禀称：于荡平西宁附属回逆并克复大通县城肃清边境案内，经前陕甘总督臣左宗棠由军功保免补外委，以把总尽先拔补，并戴蓝翎；于关陇肃清案内仍由军功保把总，并戴蓝翎；于克复乌鲁木齐、玛纳斯各城案内，以补用守备保免补守备，以都司尽先补用，并加游击衔。旋以游击衔都司历保今职。查关陇肃清一案请保把总，系属重复；克复乌鲁木齐、玛纳斯一案越保都司，系千总、守备二阶漏未列保，且此案又将"复胜"缮作"福胜"，委因各案开保时，或随队进剿，或奉

---

①中国第一历史档案馆藏：《朱批原件》，档案编号：04—01—16—0226—012。
②中国第一历史档案馆藏：《军机录副》，档案编号：03—5860—050。

差他往,致有各项错误,禀请附奏更正递减前来。

臣复核无异。合无仰恳天恩俯准,将关陇肃清案内由军功重保把总之谢复胜,改为由蓝翎拔补把总请免补把总,以千总尽先拔补;克复乌鲁木齐、玛纳斯各城案内准保游击衔尽先补用都司,改为蓝翎拔补千总请免补千总,以守备尽先补用,并赏加都司衔,并将此案"福胜"改作"复胜";新疆南北路一举荡平案内准保参将衔尽先补用游击,改为免补守备,以都司尽先补用,并请赏加游击衔;五次剿平边寇案内准保副将衔尽先补用参将,请改为免补都司,以游击尽先补用,并请赏加参将衔;六载边防案内由蓝翎副将衔尽先补用参将、请赏换花翎,改为由参将衔尽先补用游击,请赏换花翎,饬部更正注册,以昭核实而免歧异,出自逾格鸿施。

除咨部外,谨附片具陈,伏乞圣鉴训示。谨奏。

(朱批):兵部议奏。①

光绪十五年正月二十六日,奉朱批:兵部议奏。钦此。②

172. 原保提督田九福底衔错误请饬更正片
光绪十四年十二月十八日(1889年1月19日)

再,头品顶戴记名提督霍隆武巴图鲁田九福,同治八年,由武童投效湘军,历保今职,均经奉旨允准钦遵行知在案。兹据该员禀称:于荡平金积堡贼巢宁灵肃清案内,经前陕甘总督臣左宗棠由蓝翎把总保免补把总,以千总尽先拔补,加守备衔,并换花翎。嗣于攻克西宁小硖贼垒、径薄府城力解城围一案开保时,误以花翎守备请保免补守备,以都司尽先补用,并加游击衔,请附奏递减更正前来。

臣复核无异,合无仰恳天恩俯准,将攻克西宁小硖贼垒案内准保之游击衔尽先补用都司,改为守备衔尽先拔补千总,请保免补千总,以守备尽先补用;荡平西宁府属逆回、克复大通县城、边境肃清案内准保之尽先补用游击,改为免补守备,以都司尽先补用;攻克古牧地坚巢、克复乌鲁木齐、迪化州城池案内准保之副将衔留陕尽先补用参将,改为免补都司,以游击留陕

---
① 中国第一历史档案馆藏:《朱批原件》,档案编号:04—01—16—0226—014。
② 中国第一历史档案馆藏:《军机录副》,档案编号:03—5860—049。

尽先补用,并请赏加参将衔;攻克达阪城、托克逊坚巢并会师收复吐鲁番满汉两城案内准保之留陕副将,改为免补游击,以参将留陕尽先补用,仍赏给壮勇巴图鲁名号;克复西四城、新疆南路一律肃清案内准保之提督衔总兵,改为免补参将,以副将尽先补用,并请赏加总兵衔;漏逸贼酋纠众犯边、官军追剿获胜案内准保之遇缺简放提督、总兵,改为免补副将,以总兵记名,饬部逐层更正。至该员于连复阿克苏、乌什案内赏换霍隆武巴图鲁名号、六载边防案内保给头品顶戴,均请照原案注册,以实官阶,出自逾格鸿施。

除咨部外,谨附片具陈,伏乞圣鉴。谨奏。

(朱批):兵部议奏。①

光绪十五年正月二十六日,奉朱批:兵部议奏。钦此。②

光绪十五年

001. 筹议承化寺僧众迁徙事宜折

光绪十五年正月二十四日(1889年2月23日)

尚书衔甘肃新疆巡抚二等男臣刘锦棠、伊犁将军臣色楞额、署塔尔巴哈台参赞大臣伊犁副都统臣额尔庆额跪奏,为遵旨筹议承化寺僧众迁徙事宜,恭折仰祈圣鉴事。

窃臣锦棠前承准军机大臣字寄:光绪十三年七月二十六日奉上谕:刘锦棠奏棍噶札拉参所领徒众,拟请仍在旧地居住,并筹哈巴河防务一折。览奏,均悉。前因沙克都林札布等奏,乌梁海蒙哈官兵逼令承化寺僧众,赶紧移挪,情形急迫,当于五月二十二日谕令刘锦棠、锡纶迅筹复奏。此次该抚所奏,尚系议复三月间谕旨,未经奉到续谕之件。此事颇有关系,必须得一实在情形,着刘锦棠、锡纶懔遵前旨,确切查明,迅速筹议。一面咨商沙克都林札布等,秉公酌度,务须筹一妥善办法,奏明请旨。至所奏哈巴河以

---

①中国第一历史档案馆藏:《朱批原件》,档案编号:04—01—16—0226—013。
②中国第一历史档案馆藏:《军机录副》,档案编号:03—5860—048。

达承化寺一带地方，拟请划归塔尔巴哈台管辖等语，俟复奏到日，再行酌定降旨等因。钦此。又承准军机大臣字寄：光绪十三年十二月初一日奉上谕：锡纶奏，遵议棍噶札拉参所领僧众，请仍照刘锦棠前奏办理一折。该大臣所奏，仍与前奏大略相同。着刘锦棠会同沙克都林札布等，妥速筹商，并应否委员确勘，再行定议，务各破除成见，详审酌度，奏明办理等因，钦此。①

伏查此案迭奉谕旨，训示周详，无微弗至。臣等不能及时定议，惶悚实深。前署将军臣锡纶未及再议，旋即交卸。臣色楞额到任后，复会同筹商，沙克都林札布仍持前议，催令交还借地。是即令委员会勘，亦终无益，且臣额尔庆额曾在科布多任事，于该处情形知之甚悉。上年，复派员往查，亦毋庸再行会勘。该处原属乌梁海蒙部，前岁该部落雇人种地，意在迁回。继因赔累难堪，毫无所获，上年已无人再至。沙克都林札布原奏，请迁去承化寺僧众，收还借地，以便安插蒙哈。此起哈萨克，其始亦只系借地游牧，非科布多所有，且多于承化寺僧众约数十倍，乌梁海蒙部能听其安插，则无争于此土盖可知矣。惟其地紧与俄邻，棍噶札拉参曾与俄人构衅，久居其地，诚恐不能相安。前奉谕旨，令于新疆所属择一距俄境较远之地，奏明安插，臣等自应恪遵，惟择地甚难，非急切所能指定。

正筹议间，适臣色楞额据旧土尔扈特东部落盟长毕西勒尔图郡王巴雅尔呈称：棍噶札拉参前在库尔喀喇乌苏地方，该部落赖其保护，今闻会议，欲令其迁回新疆，让还科布多借地，部众皆愿其复来等语。复咨由臣锦棠饬据库尔喀喇乌苏厅，查明厅属八英沟一名察汗乌素，在西南山中，距城一百六十余里，原系该蒙古牧场，附近并无官地。中有寺院一所，原系棍噶札拉参建造，现住喇嘛二百余人，皆其旧日徒众。复询该处蒙民，佥称愿得棍噶扎拉参复来属实。上年十一月间，承化寺僧众人有省视棍噶札拉参回寺者，道过省城。臣锦棠复亲加询问，据称该寺僧众有招之近地者，有来自远方者。其招之近地者，现存约三百余人。其来自远方者，自棍噶扎拉参去日，多已从行。其后又或游化十方，所存不过数十人而已。

臣等公同商议，棍噶札拉参既应迁徙，而八英沟一带距俄实远，以迁于此，洵属相宜。该蒙部又望之甚殷，自可从其所请，但其徒众既多系招之近

---

①此廷寄见中国第一历史档案馆编：《光绪朝上谕档》，第十三册，第457页；《德宗景皇帝实录（四）》，卷二百五十，光绪十三年十二月，第363—364页。

地，各安其土，各有布施，恐迁地弗良，徒多耗费，且承化寺名由敕赐，工在不赀，亦未便听其毁弃。近年，棍噶札拉参远去。该徒众恟恟自守，亦尚相安，拟就其中量为区别。其原系来自远方者，前与俱来，今即应与之俱往。其原系招之近地者，即听其留居该寺，概免迁移，仍择大喇嘛一人领之，有愿随同迁徙亦听。以后该处若归塔尔巴哈台管辖，则所留僧众亦仍归塔尔巴哈台参赞大臣管辖，以专责成。如此则举动不劳，而事机亦顺。如蒙允准，应请旨饬下理藩院，催令该呼图克图速来新疆。其未尽事宜，应俟该呼图克图至日面商，再行详晰具奏。

至哈巴河一带地方，紧与俄邻，俄人窥伺已久。塔尔巴哈台自借地以来，即已派兵驻守，以故数年尚称安静。若一旦委之以去，使俄人乘虚而入，得以南下古城，则新疆隔绝在西，全局将为之俱震，非小失也。科布多远隔大山，势必不能为之固守，应否改隶塔尔巴哈台管辖，自应恭候谕旨遵行。

所有臣等会同拟议缘由，谨合词恭折具陈，伏乞皇太后、皇上圣鉴训示施行。再，此折系由臣锦棠主稿，因往返熟商，有需时日，是以复奏稽迟，合并声明。谨奏。光绪十五年正月二十四日。

（朱批）：着照所请，该衙门知道。①

光绪十五年二月二十六日，奉朱批：着照所请，该衙门知道。钦此。②

【附】光绪十五年十二月十七日，总理衙门王大臣奕劻等以棍噶札拉参赴新疆安插徒众，奏请准其驰驿前往：

总理各国事务多罗庆郡王臣奕劻等跪奏，为棍噶札勒参呼图克图拟赴甘肃新疆，安插徒众，援案恳请驰驿前往，恭折具陈，请旨遵行事。

光绪十五年十一月十八日，准北洋大臣直隶总督咨称：据棍噶札勒参呼图克图呈称：窃棍噶札勒参于光绪十二年四月到京，十四年四月，经总理衙门传旨，先后赏给银七千两，并将承化寺徒众给予勘合，由驿资遣回寺安插，棍噶札勒参暂赴五台山唪经。本年五月，伊犁将军奏，筹议承化寺僧众迁徙事宜，请旨饬令前往新疆，遵即束装，于八

---

① 中国第一历史档案馆藏：《朱批原件》，档案编号：04—01—09—0005—006。又《奏稿》第2013—2020页。
② 此奉旨日期与内容，据《奏稿》及《军机处随手登记档》（档案编号：03—0258—1—1215—054）校补。

月十三日到京，在理藩院报到。旋因左足旧受炮伤，触寒举发，来津就医，现拟整装，迅速前进。惟路途遥远，资斧维艰，可否援照上年由驿遣回徒众成案，准其由驿前往，行至甘肃省城，由藩库支领前次恩赏银二千两，交垂弼胜地方所建庙宇喇嘛等，择日永远唪经，恭祝皇太后、皇上万寿无疆。棍噶札勒参即当驰赴新疆，听候妥适迁徙，恳准咨照总理衙门，据情代奏等因。查该呼图克图熟悉边情，尚系有用之才，现拟遵旨前往甘肃，请领恩赏银两建寺，恭祝慈寿、圣寿，并驰赴新疆，安插徒众。既有由驿遣回徒众成案，应请奏恳恩施，准其由驿前往甘肃新疆，以示体恤等因前来。

臣等查上年三月二十日，臣衙门奏请将棍噶札勒参所带徒众三十余人，由驿先行遣回，并筹给银五千两，奉旨允准在案。此次该呼图克图呈请由驿前往，核与上年成案相符。合无仰恳天恩，俯如所请，准其由驿前往之处，臣等未敢擅便，谨恭折陈明，伏乞圣鉴训示遵行。再，此折系总理各国事务衙门主稿，会同理藩院办理，合并声明。谨奏。十二月十七日。①

总理各国事务多罗庆郡王臣奕劻，协办大学士户部尚书臣宗室福锟，军机大臣兵部尚书臣许庚身，军机大臣刑部尚书臣孙毓汶，户部左侍郎臣绩昌，户部右侍郎一等毅勇侯臣曾纪泽，礼部右侍郎臣廖寿恒，兵部左侍郎署刑部右侍郎臣徐用仪，经筵讲官太子少保大学士管理藩院事务都统臣恩承，理藩院尚书臣宗室松森，理藩院左侍郎副都统臣恩棠，理藩院右侍郎副都统臣庆福，理藩院额外侍郎臣达木定札布。

光绪十五年十二月十七日，奉朱批：依议。钦此。②

002. 奏报遵驳复核奸妇媚兰罪名缘由折
光绪十五年正月二十五日（1889年2月24日）

尚书衔甘肃新疆巡抚二等男臣刘锦棠跪奏，为遵驳复核奸妇罪名，恭

---

①因录副具奏日期漫漶，兹据《军机处随手登记档》（档案编号：03—0259—2—1215—337）校补。
②中国第一历史档案馆藏：《军机录副》，档案编号：03—5256—094。

折具陈，仰祈圣鉴事。

窃臣前奏吐鲁番厅汉民秦溏拒捕，踢伤本夫周清鉴身死案内奸妇媚兰拟绞一案，经刑部以周清鉴跟踪追捕，奸妇媚兰当即逃跑，其与秦溏将周清鉴拒踢致命并未在场，按例只应科以奸罪，奏令再行提犯研讯，详核案情例义，妥拟具奏到日再议等因。奉旨：秦溏着即处决，余依议。钦此。钦遵转饬去后。兹据镇迪道兼按察使衔恩纶详：据署吐鲁番厅龙魁复审，奸妇媚兰、奸夫秦溏均系前此咨部原供，再三究诘，矢口不移。除取供后将秦溏处决外，遵驳另拟前来。

臣复加查核，缘吐鲁番厅民妇媚兰与秦溏通奸，本夫周清鉴并不知情。因本夫管束甚严，秦溏借邻妇麦浪子房屋奸宿。光绪十三年十月十一日挨晚，媚兰来麦浪子家中，正与秦溏说笑，尚未行奸，被本夫周清鉴往捕，踢开房门，抓住秦溏发辫，媚兰乘势逃跑。秦溏图脱拒捕，脚踢周清鉴下部，移时殒命。署吐鲁番厅龙魁验讯议拟，将奸夫秦溏按罪人拒捕杀死应捕之人拟斩。因捉奸之时奸妇在场，误会奸夫拒捕，杀死本夫，奸妇在场，并未喊救，事后又未首告，问拟绞候。麦浪子借屋奸宿，照刁奸减等，拟杖九十，详镇迪道兼按察使衔恩纶核转，由臣具奏。奉驳前因，转饬复审，遵驳另拟。

查例载：奸夫、奸妇本无谋杀本夫之心，因本夫捉奸，奸夫拒捕，杀死本夫，奸妇逃避，只科奸罪。又军民通奸，奸夫、奸妇各杖一百，枷号一个月各等语。

此案奸夫秦溏拒伤本夫身死，业已处决，毋庸议外，奸妇媚兰既于本夫捉奸之时乘势逃避，不知奸夫拒捕，踢伤本夫身死，自应照驳只科奸罪。媚兰合依军民相奸，奸夫、奸妇各杖一百、枷号一个月，系犯奸之妇，杖决加赎。

除复审供招咨送刑部外，合将遵驳复核奸妇罪名缘由，恭折具陈，伏乞皇太后、皇上圣鉴，饬部议复施行。谨奏。光绪十五年正月二十五日。

（朱批）：刑部议奏。①

光绪十五年二月二十六日，奉朱批：刑部议奏。钦此。②

---

①中国第一历史档案馆藏：《朱批原件》，档案编号：04—01—26—0077—075。
②中国第一历史档案馆藏：《军机录副》，档案编号：03—7312—004。

003. 审拟托古大因奸谋毙人命一案缘由折
光绪十五年正月二十五日（1889年2月24日）

尚书衔甘肃新疆巡抚二等男臣刘锦棠跪奏，为奸夫、奸妇谋毙本夫，核明定拟，恭折仰祈圣鉴事。

窃莎车州缠民托古大因奸，商同奸妇则拉比比谋毙本夫哈生一案，据莎车直隶州知州刘嘉德验讯议拟，解喀什噶尔道袁垚龄审明，咨镇迪道兼按察使衔恩纶核详。

臣复加查核，缘托古大籍隶莎车州，与已死哈生熟识往来，哈生之妻则拉比比习见不避。光绪十二年六月，不记日期，托古大与则拉比比调戏成奸，后非一次，给过钱物，也没确数，本夫哈生并不知情。嗣因哈生管束甚严，则拉比比私往托古大家奸宿两夜，被哈生寻获，将则拉比比殴打，禁绝往来。托古大起意将哈生致死。十三年八月初十日，则拉比比在地摘取菜豆。托古大潜往密商前情，则拉比比恋其亲热，亦即应允，约定是夜三更动手。恰值哈生睡熟，托古大即骑压哈生身上，用右手搯住咽喉，左手按其肩甲。哈生手足弹动，则拉比比猛力按住，哈生气闭身死。托古大回归，则拉比比捏称哈生病毙。比经尸属看出哈生咽喉有伤，投约报验，获犯讯供，详批审拟解道，咨兼按察使衔核明转详，臣复核无异。

查律载：妻因奸同谋杀死亲夫者，凌迟处死。又例载：奸夫起意杀死亲夫之案，奸夫拟斩立决各等语。此案托古大与则拉比比通奸，因本夫哈生管束甚严，起意商同则拉比比，谋杀哈生毙命，凶淫已极，自应按照律例问拟。奸妇则拉比比合依妻因奸同谋杀死亲夫者凌迟处死律，凌迟处死。奸夫托古大合依奸夫起意杀死亲夫斩立决例，拟斩立决，照例先行刺字。无干省释。尸饬领埋。

是否有当？除全案供招咨送刑部外，合将奸夫、奸妇谋杀本夫身死、核明定拟缘由，恭折具陈，伏乞皇太后、皇上圣鉴，饬部核议施行。谨奏。光绪十五年正月二十五日。

（朱批）：刑部速议具奏。①

---

①中国第一历史档案馆藏：《朱批原件》，档案编号：04—01—26—0077—076。

光绪十五年二月二十六日,奉朱批:刑部速议具奏。钦此。①

004. 原保州判王礼元衔名错误请饬更正片
光绪十五年正月二十五日(1889年2月24日)

再,新疆六载边防案内知县用江西试用州判王礼源,因漏"免补本班"字样,以致列保重复,前经臣复奏请将原保仍留原省补用知县,更作免补本班,以知县仍留原省补用。经部议复:查新疆南北两路出力案内,有江西试用州判王礼元,请以知县补用,是否其人?应令该抚详细查明复奏,再行核办等因。

臣查新疆南北两路出力案内列保江西试用州判王礼元,即系该员衔名,因"源""元"音同,开单时误将"源"字缮作"元"字。兹经驳查,合无仰恳天恩俯准,饬部更正注册,仍照原请免补州判本班,以知县仍留原省补用,出自鸿慈。

除咨部外,谨附片具陈,伏乞圣鉴。谨奏。

(朱批):吏部知道。②

光绪十五年二月二十六日,奉朱批:吏部知道。钦此。③

005. 委任明征署理绥定县知县片
光绪十五年正月二十五日(1889年2月24日)

再,署伊犁府绥定县知县罗正湘撤任,遗缺查有候补直隶州知州明征,堪以委署。据新疆布政使魏光焘、兼按察使衔镇迪道恩纶会详前来。

除由臣批饬给委外,谨会同陕甘总督臣谭钟麟、伊犁将军臣色楞额,附片具奏,伏乞圣鉴。谨奏。

(朱批):吏部知道。④

---

① 中国第一历史档案馆藏:《军机录副》,档案编号:03—7312—003。
② 中国第一历史档案馆藏:《朱批原件》,档案编号:04—01—12—0545—199。
③ 中国第一历史档案馆藏:《军机录副》,档案编号:03—5246—111。
④ 中国第一历史档案馆藏:《朱批原件》,档案编号:04—01—12—0545—200。

光绪十五年二月二十六日,奉朱批:吏部知道。钦此。①

006. 特参知州严先礼形同无赖请旨革职片
光绪十五年正月二十五日(1889年2月24日)

再,运同衔尽先补用直隶州留甘补用知州严先礼,胆大妄为,形同无赖。据藩司魏光焘、兼按察使衔恩纶会详前来。臣复查无异,相应请旨将运同衔尽先补用直隶州留甘补用知州严先礼即行革职,永不叙用,以肃官箴。

谨会同陕甘总督臣谭钟麟,附片具陈,伏乞圣鉴训示。谨奏。

(朱批):着照所请,该部知道。②

光绪十五年二月二十六日,奉朱批:着照所请,该部知道。钦此。③

007. 奏报新疆光绪十四年十月雨水粮价折
光绪十五年正月三十日(1889年3月1日)

尚书衔甘肃新疆巡抚二等男臣刘锦棠跪奏,为恭报光绪十四年十月分粮价并得雨情形,谨缮折具陈,仰祈圣鉴事。

窃照光绪十四年九月分各厅州县粮价并雨情形,业经臣奏报在案。兹查十月分北路奇台、库尔喀喇乌苏得雪积地一尺许,阜康、昌吉、绥来得雪积地三寸有余,镇西、迪化微雪。伊塔道属宁远县得雪积地七八寸,绥定微雪。南路拜城、疏附、叶城、英吉沙尔微雪,余未得雪。

至通省粮价,哈密、镇西、库尔喀喇乌苏、喀喇沙尔、乌什、英吉沙尔、温宿、莎车、和阗、阜康、绥来等厅州县,俱与上月相同,余均略有增减。据藩司魏光焘汇详请奏前来。

理合恭折具陈,并缮粮价清单,敬呈御览。伏乞皇太后、皇上圣鉴。谨奏。光绪十五年正月三十日。

---

① 中国第一历史档案馆藏:《军机录副》,档案编号:03—5246—109。
② 中国第一历史档案馆藏:《朱批原件》,档案编号:04—01—12—0545—198。
③ 中国第一历史档案馆藏:《军机录副》,档案编号:03—5246—110。

(朱批):知道了。①

光绪十五年三月初四日,奉朱批:知道了。钦此。②

008. 呈新疆光绪十四年十月粮价清单

光绪十五年正月三十日(1889年3月1日)

谨将新疆各属光绪十四年十月分米粮时估价值缮具清单,恭呈御览。计开

十月分:

镇迪道属

迪化县:大米每京石价银三两八钱五厘,与上月相同。小麦每京石价银一两四钱一分五厘,较上月减一钱六厘。莞豆每京石价银一两四钱四分,较上月减一钱八分。青稞每京石价银一两三分五厘,较上月减一钱七分二厘。

昌吉县:大米每京石价银二两六钱六分四厘,较上月减三钱五分六厘。小麦每京石价银一两六厘,莞豆每京石价银一两二钱一厘,青稞每京石价银八钱七分五厘,俱与上月相同。

阜康县:粟米每京石价银一两六分,小麦每京石价银一两一钱三分二厘,莞豆每京石价银一两一钱,高粱每京石价银五钱三分。俱与上月相同。

绥来县:大米每京石价银二两一钱七分五厘,小麦每京石价银九钱一分九厘,莞豆每京石价银一两八分,高粱每京石价银五钱六分三厘。俱与上月相同。

奇台县:大米每京石价银二两七钱六分一厘,较上月增一钱七分二厘。小麦每京石价银七钱四分二厘,较上月减三分六厘。莞豆每京石价银一两一厘,较上月增三分五厘。

镇西直隶厅:小麦每京石价银一两八钱二分,莞豆每京石价银一两七钱一分,青稞每京石价银一两一钱二分。俱与上月相同。

吐鲁番厅:小麦每京石价银一两一钱八厘,大麦每京石价银五钱六分,

---

① 中国第一历史档案馆藏:《朱批原件》,档案编号:04—01—25—0534—038。
② 中国第一历史档案馆藏:《军机录副》,档案编号:03—6875—006。

黄豆每京石价银一两四钱九分三厘,俱与上月相同。高粱每京石价银四钱八分二厘,较上月减七分七厘。

哈密厅:粟米每京石价银一两七钱二分八厘,小麦每京石价银一两三钱八分,莞豆每京石价银一两七钱二分八厘,青稞每京石价银一两二厘。俱与上月相同。

库尔喀喇乌苏厅:小麦每京石价银一两二钱七分,莞豆每京石价银一两三钱三分三厘,高粱每京石价银七钱六分七厘。俱与上月相同。

伊塔道属

绥定县:大米每京石价银二两九钱六分,较上月减一两四钱八分。小麦每京石价银一两一钱四厘,较上月增一钱八分五厘。大麦每京石价银七钱四分九厘,较上月减二钱一分四厘。莞豆每京石价银一两二钱六分九厘,较上月增三钱五分一厘。

宁远县:大米每京石价银四两四钱四分,较上月增一钱四分。小麦每京石价银一两,较上月增六分。大麦每京石价银六钱六分,较上月增八分。莞豆每京石价银九钱八分,较上月增六分。

阿克苏道属

温宿直隶州:大米每京石价银一两五钱二分,小麦每京石价银八钱二分八厘,大麦每京石价银四钱二分,包谷每京石价银五钱四分四厘。俱与上月相同。

拜城县:小麦每京石价银四钱八分,较上月减八分。大麦每京石价银二钱一分,较上月减九分。莞豆每京石价银四钱,较上月减三分。包谷每京石价银三钱四分,较上月减五分。

喀喇沙尔直隶厅:大米每京石价银二两六钱六分四厘,小麦每京石价银九钱六分六厘,莞豆每京石价银九钱三分六厘,包谷每京石价银七钱五分八厘。俱与上月相同。

库车直隶厅:大米每京石价银三两一钱,较上月减五分。小麦每京石价银五钱六分,较上月减一分。包谷每京石价银三钱,较上月减四分五厘。莞豆每京石价银三钱五分,较上月减三分五厘。

乌什直隶厅:大米每京石价银二两二钱五厘,小麦每京石价银七钱七分八厘,大麦每京石价银三钱二分一厘,包谷每京石价银八钱八分一厘。俱与上月相同。

喀什噶尔道属

疏勒直隶州：大米每京石价银二两八钱五分，与上月相同。小麦每京石价银八钱二分八厘，较上月减一钱三分八厘。包谷每京石价银七钱六分八厘，较上月减九分六厘。高粱每京石价银六钱三分二厘，较上月减五分八厘。

疏附县：大米每京石价银二两八钱五分，小麦每京石价银八钱二分八厘，俱与上月相同。包谷每京石价银八钱四厘，较上月减一钱三分四厘。高粱每京石价银六钱三分二厘，较上月减五分八厘。

莎车直隶州：大米每京石价银一两一钱八分四厘，小麦每京石价银四钱四分四厘，大麦每京石价银三钱一分二厘，包谷每京石价银三钱三厘。俱与上月相同。

叶城县：大米每京石价银二两四钱六分五厘，小麦每京石价银三钱五分，较上月减五分。包谷每京石价银二钱二分，俱与上月相同。青稞每京石价银三钱五分，较上月增五分。

和阗直隶州：大米每京石价银一两四钱，小麦每京石价银八钱二分八厘，青稞每京石价银三钱四分五厘，包谷每京石价银四钱四分八厘。俱与上月相同。

于阗县：大米每京石价银二两七分，较上月减一两三钱八分。小麦每京石价银八钱七分一厘，包谷每京石价银六钱四分，俱与上月相同。

英吉沙尔直隶厅：大米每京石价银三两四分，小麦每京石价银六钱九分，包谷每京石价银五钱三分六厘，大麦每京石价银三钱四分。俱与上月相同。

玛喇巴什厅：大米每京石价银三两七钱，较上月减七钱四分。小麦每京石价银六钱九分，较上月减一钱三分八厘。包谷每京石价银六钱四分，与上月相同。

（朱批）：览。①

009. 奏报光绪十四年春夏防营官兵台局数目折

光绪十五年正月三十日（1889年3月1日）

尚书衔甘肃新疆巡抚二等男臣刘锦棠跪奏，为新疆防营员弁勇丁及各

①中国第一历史档案馆藏：《清单》，档案编号：03—6875—007。

台局、义学自光绪十四年正月初一日起至六月底止实在数目,分别缮具清单,奏明立案,恭折仰祈圣鉴事。

窃臣所部马步诸军截至光绪十三年十二月底止,共存马步七十五营旗、开花炮队三哨及各台局、义学实在数目,前经分别奏咨在案。

兹据新疆粮台司道详称:十四年正、二、三、五等月,遵照奏定标营章程,挑募开花炮队三哨,新募马队二旗,挑募马队三旗、步队二营。又自十三年十二月底起至十四年四月底止,裁减行粮开花炮队三哨、马队一营一旗、步队一营一旗。通截至十四年六月底止,共存马步七十八营旗、开花炮队三哨。共计额设弁勇二万六百三十八名,额设营旗哨官二百九十五员、营书二百一十三名、巡查九十五员,额外火夫、私夫、马夫、车夫四千七百二十九名。其各台局、义学于六月底止,并无增减。分晰缮具清单,详请奏咨前来。

臣复核无异。所有新疆各营局、义学自光绪十四年正月初一日起至六月底止实在数目,除咨部外,理合缮具清单,恭呈御览。伏乞皇太后、皇上圣鉴,饬部立案施行。谨奏。光绪十五年正月三十日。

(朱批):该部知道,单二件并发。①

光绪十五年三月初四日,奉朱批:该部知道,单二件并发。钦此。②

010. 呈光绪十四年上半年防营官兵等数目清单

光绪十五年正月三十日(1889年3月1日)

谨将新疆驻防马步各营旗员弁勇丁、夫马、炮车数目,自光绪十四年正月初一日起至六月底止,缮具四柱清单,恭呈御览。

旧管:

光绪十三年十二月底止,实存防军标营饷章马队二营三十六旗,步队十五营二十二旗,行粮开花炮队三哨,总共存马步七十五营旗,开花炮队三哨。共计额设营哨官二百八十一员,旧存额设营书二百四名,旧存额设巡查九十二员,旧存额设弁勇二万二百五十五员名,旧存额外伙夫五百七十

---

①中国第一历史档案馆藏:《朱批原件》,档案编号:04—01—01—0968—053。
②中国第一历史档案馆藏:《军机录副》,档案编号:03—5755—017。

九名，旧存额外马夫、私夫、车夫三千九百五十二名，旧存额马五千一百一十二匹，旧存炮车十八辆、车骡四十八头。

新收：

光绪十四年正月初一日起，挑募开花炮队三哨，照标营章程，新添额设正副哨官六员，新添额设营书三名，新添额设弁勇二百六十七员名，新添额外私夫、车夫四十二名，新添炮车十八辆、车骡四十八头。

光绪十四年二月初一日起，新募库尔喀喇乌苏马队、董字后旗马队二旗，遵照标营章程，新添额设哨官六员，新添额设营书四名，新添额设巡查二员，新添额设弁勇二百四十员名，新添额外火夫二十八名，新添额外马夫、私夫一百五十八名，新添额马二百五十六匹。

光绪十四年三月初一日起，挑募扬威左旗、右旗马队二旗，遵照标营章程，新添额设营哨官六员，新添额设营书四名，新添额设巡查二员，新添额设弁勇二百四十员名，新添额外火夫二十八名，新添额外马夫、私夫一百五十八名，新添额马二百五十六匹。

光绪十四年五月初一日起，挑募精河营、抚标左营步队二营，遵照标营章程，新添额设营哨官十员，新添额设营书八名，新添额设弁勇九百七十四员名，新添额外私夫五十六名。

光绪十四年五月初一日起，挑募精河营马队一旗，遵照标营章程，新添额设旗哨官三员，新添额设营书二名，新添额设巡查一员，新添额设弁勇一百二十员名，新添额外火夫一百四名，新添额外马夫、私夫七十九名，新添额马一百二十八匹。

开除：

光绪十三年十二月底止，裁减行粮开花炮队三哨，共计裁减旧额弁勇二百五十二员名，裁减额外伙夫二十一名，裁减额外车夫二十四名，裁减炮车一十八辆、车骡四十八头。

光绪十四年二月底止，裁减扬威左营马队一营，计裁减额设官弁勇丁二百五十员名，裁减额外伙夫二十七名，裁减额外马夫、私夫一百五十六名，裁减额马二百五十二匹。

光绪十四年四月底止，裁减安远中营步队一营、精河营步队一旗，共计裁减额设官弁勇丁八百六十五员名，裁减额外私夫四十四名。

光绪十四年四月底止，裁减定边三旗马队一旗，计裁减额设官弁勇丁一百二十六员名,裁减额外伙夫一百四名,裁减额外马夫、私夫七十九名,裁减额马一百二十八匹。

实在:

光绪十四年六月底止,实存防军标营饷章马队一营四十旗,步队一十六营二十一旗,开花炮队三哨。实存额设营旗哨官二百九十五员,实存额设营书二百一十三名,实存额设巡查九十五员,实存额设弁勇二万六百三十八名,实存额外伙夫五百八十七名,实存额外马夫、私夫、车夫四千一百四十二名,实存额马五千三百七十二匹,实存炮车一十八辆、车骡四十八头。

(朱批):览。①

011. 呈新疆各台局义学光绪十四年春夏清单

光绪十五年正月三十日(1889年3月1日)

谨将新疆各台局暨义学数目自光绪十四年正月初一日起截至六月底止,缮具四柱清单,恭呈御览。

旧管:

光绪十三年十二月底止,实存新疆粮台,省城军装总局,省城采运局、柴草局,哈密军装局。

哈密新城、吐鲁番新城、喀喇沙尔、库车、阿克苏、乌什、英吉沙尔、喀什噶尔汉城、叶尔羌、和阗、古城、绥来、迪化等处十三保甲局。

哈密、巴里坤、昌吉、吐鲁番、喀喇沙尔、库车、阿克苏、乌什、喀什噶尔、英吉沙尔、玛喇巴什、叶尔羌、和阗等处十三牛痘局。

哈密义学五堂,吐鲁番义学六堂,喀喇沙尔义学四堂,库车义学五堂,拜城义学二堂,温宿州义学三堂,乌什义学三堂,疏勒州义学三堂,疏附县义学二堂,玛喇巴什义学三堂,英吉沙尔义学三堂,莎车州义学五堂,叶城县义学二堂,和阗州义学二堂,于阗县义学二堂,巴里坤义学四堂,奇台义学四堂,济木萨义学三堂,阜康义学二堂,迪化州义学六堂,昌吉义学二堂,

---

①中国第一历史档案馆藏:《清单》,档案编号:03—6025—064。再,此清单未署具呈者,具呈日期仅署"光绪十五年",兹据内容判定为04—01—01—0968—053号折附件之一。

绥来义学四堂,呼图壁义学二堂,共计义学七十七堂。

新收:无项。

开除:无项。

实在:

光绪十四年六月底止,实存新疆粮台、省城军装总局、省城采运局、柴草局、哈密军装局。

哈密新城、吐鲁番新城、喀喇沙尔、库车、阿克苏、乌什、英吉沙尔、喀什噶尔汉城、叶尔羌、和阗、古城、绥来、迪化等处十三保甲局。

哈密、巴里坤、昌吉、吐鲁番、喀喇沙尔、库车、阿克苏、乌什、喀什噶尔、英吉沙尔、玛喇巴什、叶尔羌、和阗等处十三牛痘局。

哈密义学五堂,吐鲁番义学六堂,喀库义学四堂,库车义学五堂,阿克苏义学五堂,温宿州义学三堂,乌什义学三堂,疏勒州义学三堂,玛喇巴什义学三堂,英吉沙尔义学三堂,莎车州义学五堂,叶城县义学二堂,和阗州义学二堂,巴里坤义学四堂,奇台义学四堂,济木萨义学三堂,阜康义学二堂,迪化州义学六堂,昌吉义学二堂,绥来义学四堂,呼图壁义学二堂,共计义学七十七堂。

(朱批):览。①

012. 原保知县陈日新底衔错误请饬更正片
光绪十五年正月三十日(1889年3月1日)

再,同知衔留甘补用知县陈日新于克复巴燕戎格城及勘定河州案内,经前陕甘总督臣左宗棠由从九职衔保以从九品不论双单月,遇缺即选,奉旨允准钦遵行知在案。兹据该员禀称:前案底衔本系文童,汇案时误缮从九职衔,恳请更正等情前来。

臣复核无异,合无仰恳天恩俯准,将克复巴燕戎格及勘定河州案内准保不论双单月遇缺即选从九品陈日新底衔更作文童注册,出自鸿慈。

谨附片具陈,伏乞圣鉴。谨奏。

---

①中国第一历史档案馆藏:《清单》,档案编号:03—7209—018。再,此清单未署具呈者,具呈日期仅署"光绪十五年",兹据内容判定为 04—01—01—0968—053 号折附件之一。

(朱批):吏部知道。①

光绪十五年三月初四日,奉朱批:吏部知道。钦此。②

【案】此片具奏日期,原件署"光绪十五年正月初五日",录副署"光绪十五年三月初六日"。查《军机处随手登记档》③,载有"报四百里,正月三十日发"等字样。据此,此片具奏日期当为"光绪十五年正月三十日",兹据校正。

013. 审拟缠民哎不都克米斗殴毙命一案折
光绪十五年二月初一日(1889年3月2日)

尚书衔甘肃新疆巡抚二等男臣刘锦棠跪奏,为斗殴毙命,核明定拟,恭折具陈,仰祈圣鉴事。

窃和阗州缠民哎不都克米斗杀肉则买卖提身死一案,据和阗直隶州知州潘效苏获犯,验讯议拟,解喀什噶尔道袁垚龄审明,咨镇迪道兼按察使衔恩纶核转前来。

臣复加查核,缘哎不都克米籍隶和阗州,与已死肉则买卖提素识无嫌。光绪十四年五月二十四日,哎不都克米之幼侄克然木在肉则买卖提地内牧羊,经肉则买卖提瞥见禁止,克然木不听。肉则买卖提夺过克然木手内木杆,殴其左脚一下,克然木哭回。其父哎不都克米问知情由,即向肉则买卖提理论。肉则买卖提将艾不都客迷按到,撮土塞入口中。哎不都克米闻闹趋往,见兄被按,赶拢扯开。肉则买卖提斥其帮护,将哎不都克米扭住。哎不都克米被扭,顺抽身佩小刀吓戳,致伤肉则买卖提咽喉。肉则买卖提扑拢夺刀,哎不都克米恐被夺去,顺手冒戳一下,适伤其肚腹倒地,移时身死。投约报验,讯供通详,批饬审拟解道,咨兼按察使衔核明转详,臣复核无异。

查律载:斗殴杀人者,不问手足、他物、金刃,并绞监候等语。此案哎不都克米见兄被按,赶拢扯开,被肉则买卖提扭住,用刀戳其咽喉、肚腹殒命,自应按律问拟。哎不都克米合依斗殴杀人者,不问手足、他物、金刃并绞监

---

①中国第一历史档案馆藏:《朱批原件》,档案编号:04—01—12—0545—192。
②中国第一历史档案馆藏:《军机录副》,档案编号:03—5247—024。
③中国第一历史档案馆藏:《军机处随手登记档》,档案编号:03—0258—1—1215—061。

候律,拟绞监候,秋后处决。肉则买卖提用木杆殴伤克然木左脚成伤,罪应拟笞,业已身死,免其置议。克然木幼稚无知,哎不都克米因幼子被殴前往理论,尚无不合,均请免议。无干省释。尸饬领埋,凶刀案结销毁。

是否允协？除全案供招咨刑部外,合将斗殴毙命、核明定拟缘由,恭折具陈,伏乞皇太后、皇上圣鉴,饬部核议施行。谨奏。光绪十五年二月初一日。

（朱批）：刑部议奏。①

光绪十五年三月初四日,奉朱批：刑部议奏。钦此。②

014. 审拟缠民下玉斯坦杀毙人命一案折
光绪十五年二月初一日（1889年3月2日）

尚书衔甘肃新疆巡抚二等男臣刘锦棠跪奏,为故杀人命,核明定拟,恭折具陈,仰祈圣鉴事。

窃叶城县缠民下玉斯坦故杀下斯衣提身死一案,据署叶城县知县周发镛相验,获犯讯供通报,未及招解,周发镛病故。经代理叶城县知县陈启丰取供议拟,解由莎车直隶州知州刘嘉德转详喀什噶尔道袁垚龄提审,咨镇迪道兼按察使衔恩纶核转前来。

臣复加查核,缘下玉斯坦籍隶叶城县,与已死下斯衣提素好无嫌。光绪十三年十月十八日,下斯衣提邀允下玉斯坦结伴化缘,当言赚钱平分,各带马匹起程。至十一月初三日,投宿土逊家,清点所赚银物,除日用外,存有天罡十元、毡一块、袜三只、羊皮三张,概放下斯衣提马上。次早,牵马动身,行抵分路地方,下玉斯坦欲归暂歇,下斯衣提不允。下玉斯坦便欲分伙,索分银物。下斯衣提不理,一径邀马前行。下玉斯坦赶上,将马拉住。下斯衣提坐地斥骂。下玉斯坦被骂,用手按其口吻,被下斯衣提搭住手腕,咬伤其左手虎口。下玉斯坦随用两手搯住下斯衣提颈项,从后按到,又被下斯衣提抓伤其左手腕、右手大拇指。下玉斯坦即用膝盖跪住下斯衣提身上,顺拾地下石块,向其头上连打几下,致伤其偏左脑后。下玉斯坦起身,

---

①中国第一历史档案馆藏：《朱批原件》,档案编号：04—01—26—0077—085。
②中国第一历史档案馆藏：《军机录副》,档案编号：03—7312—007。

下斯衣提在地滚骂,声言日后定行报复。下玉斯坦素知下斯衣提暴横,恐其吃亏,临时顿起杀机,有心致死,遂举脚上铁掌皮靴,用力连踢下斯衣提发际,登时身死。偶见下斯衣提随身皮袄、靴袜、马匹,乘便携取。旋恐露泄,连夜仍将马匹、皮袄等件送置尸屋后逃逸。比经报验获犯,讯供议拟,解州详道审明,咨兼按察使衔核明转详,臣复核无异。

查律载:故杀者,斩监候。又例载:因他事杀人后偶见财物,乘便取去者,将所得之财追赔给主,仍各依本律定断各等语。此案下玉斯坦因下斯衣提不分银物,口角互殴,嗣恐报复,起意致死,踢伤下斯衣提发际殒命,偶见随身衣物,乘便携取,复将马匹、衣物送至死者屋后,可见初无图财之心,自应仍照故杀拟斩监候本律问拟。下玉斯坦合依故杀者斩监候律,拟斩监候,秋后处决,照例先行刺字。皮袄、马匹已经尸属收获,所有天罡、毡皮等项,仍于该犯名下追出给领。无干省释。尸饬领埋,凶器案结销毁。

是否允协?除全案供招咨送刑部外,合将故杀人命、核明定拟缘由,恭折具陈,伏乞皇太后、皇上圣鉴,饬部核议施行。谨奏。光绪十五年二月初一日。

(朱批):刑部议奏。①

光绪十五年三月初四日,奉朱批:刑部议奏。钦此。②

015. 奏为年终赏福字及荷包等物谢恩折
光绪十五年二月初二日(1880年3月3日)

尚书衔甘肃新疆巡抚二等男臣刘锦棠跪奏,为恭谢天恩,仰祈圣鉴事。

窃臣于光绪十五年正月二十五日承准军机处咨开:十一月二十八日,由内交出年终恩赏福字荷包、银钱、银锞、食物等项,交兵部由驿驰递到。臣当即恭设香案,望阙叩头,谢恩祗领。

伏念臣猥以轻材,久庸重寄,荷恩慈之迭沛,惭报称之毫无。兹当凤钥新更,复沐龙纶下逮。九畴敷锡,拜特眷于奎章;万类包容,凝太和于辰极。贡金品重,赤仄同类,赐果名嘉,琼芬并屑。润到滴酥之味,宠渥醍

---

① 中国第一历史档案馆藏:《朱批原件》,档案编号:04—01—26—0077—084。
② 中国第一历史档案馆藏:《军机录副》,档案编号:03—7312—006。

酬;参将切玉之方,洁侔冰雪。凡此鸿施之被,实滋鳌戴之深。臣惟有震省身心,咸铭衣带。进天保升恒之祝,上答丹宸;惟日用饮食之经,下诒黎庶。

所有微臣感激下忱,谨缮折叩谢天恩,伏乞皇太后、皇上圣鉴。谨奏。光绪十五年二月初二日。

(朱批):知道了。钦此。①

光绪十五年三月十三日,奉朱批:知道了。钦此。②

016. 代奏回子亲王沙木胡索特谢赏折

光绪十五年二月初二日(1889年3月3日)

尚书衔甘肃新疆巡抚二等男臣刘锦棠跪奏,为据情代奏恭谢天恩,仰祈圣鉴事。

窃臣接据哈密扎萨克亲王沙木胡索特呈到满文,饬据译称:光绪十五年正月十七日,承准军机处咨到清文内开年终恩赏荷包、银锞、银钱、食品等物,交兵部由驿递到。当即恭设香案,望阙叩头祗领。

伏以世守藩封,恩叨覆帱,未答生成于万一,乃邀赍锡于九重,拜沐鸿施,悚深龟戴。所有感激下忱,呈请代奏前来。

理合据情代奏,叩谢天恩,伏乞皇太后、皇上圣鉴。谨奏。二月初二日。

光绪十五年三月十三日,奉朱批:知道了。钦此。③

017. 伊犁塔城等处事权不一请旨定夺折

光绪十五年二月初二日(1889年3月3日)

尚书衔甘肃新疆巡抚二等男臣刘锦棠跪奏,为伊犁及塔尔巴哈台等处事权不一,请旨定夺,以重边防,恭折仰祈圣鉴事。

---

①中国第一历史档案馆藏:《朱批原件》,档案编号:04—01—12—0545—183。又《奏稿》第137—139页。
②中国第一历史档案馆藏:《军机录副》,档案编号:03—5247—108。
③中国第一历史档案馆藏:《军机录副》,档案编号:03—5247—105。

窃臣承准军机大臣字寄：光绪十四年十二月初五日奉上谕：色楞额奏俄国殴毙中国兵民一案，几肇衅端，并陈时局窒碍情形一折。宁远一案，前经总理各国事务衙门照会俄使确查妥办，并知照洪钧转电该将军，弹压兵民，勿任滋事。此事近在伊犁，色楞额责无旁贷，总在就地确查，与该领事持平商办。该处密迩邻疆，此等交涉，事所常有，必须持以镇静，断不可急遽张皇，致滋贻误。至所陈筹边要务各条，新疆建设行省，全局已定，该将军甫经到任，岂宜轻议更张！至善后未尽事宜及有应行变通之处，应随时与刘锦棠而衷商榷，会同妥办，慎勿各持意见，致误事机。色楞额原折着钞给刘锦棠阅看。将此由五百里各谕令知之等因。钦此。跪聆之下，仰见朝廷烛照无遗、训示周详之至意，钦服莫名。

伏查色楞额前过省城，与臣相见，意气极为浃洽，语及伊犁、塔尔巴哈台等处设官情事，即云风会所趋，自无疑义。惟边防事势与内地究有不同，若镇道不归节制，恐呼应不能灵通，所虑者只此而已，臣是以会同有伊犁将军节制镇道之奏。及色楞额到任后，遇事渐有参差，部复议准设官，臣是以委员往署。色楞额以为不合。宁远地连俄境，向未置营防守，及闹饷事起，欲商令调营扼守，而近地无营可调，臣是以派队前往，色楞额又以为不合。其见于原奏者，皆圣明所知，臣无庸复辩。

臣初疑其不应与前歧异，由今思之，新疆本应将军所辖，谓之总统，体制最崇，一旦改移以行省，色楞额即不以为忤，亦必有喜事者为之造言。如原奏所陈，已可概见。其实行省之议，自左宗棠发之，谭钟麟继言于其后，臣乃言之，且皆断自宸衷，非臣下一人之私智。色楞额初至，盖未之知也。现在蒙恩准拨银十五万两，为遣撤伊犁勇营之费，臣自应钦遵，会同办理。色楞额前奏系援臣十二年清饷原案，臣所奏亦请照原案办理，并无歧异。及拜折后，录稿咨商，请转饬各该营造册，而色楞额至今不复，诚恐迁延日久，各营勇又从而生心。发饷既如此其难，则营制更无能望其速改。

查伊犁自收还以后，已及数年，而应办事宜毫未就绪，非尽督催不力，正由承行者视非己事，故不肯尽心。谭钟麟前奏，请专派大员办理屯政，臣与锡纶皆知其无益，是以具奏请改设道府及以下等官。今既已设官，自无容更议。惟事无专属，实应明定章程。若因此纷争，尚复成何事体？

窃念设官分职，国家自有常经，若伊犁镇道等官应归抚臣统辖，则地方一切及勇营册籍，即应由色楞额悉数移交，以符体制。或以将军兼管伊犁、塔尔巴哈台等处巡抚事务，自伊犁原管大河沿以西以及塔尔巴哈台等处，仍划归将军管辖，该镇道以下悉由将军统辖，臣即毋庸过问。其应分协饷仍可由新疆统收分解，以利转输。臣与唇齿相依，亦断无漠不相关之理。但事权一定，则彼此心无芥蒂，遇有应商之事，仍可会商，事有合之而见其疏、分之而见其亲者，此类是也。臣不敢隐忍不言，致滋遗误，应请旨迅赐定夺，以便遵行。

再，查伊犁将军，旧时总统伊犁等处，其所统辖兼及南路各城，自新疆设省以来，臣与将军已各有专责，近复经部议，裁撤伊犁参赞，设副都统二员，以改照驻防之制。是职司已定，即不应复有总统之名。其所领敕书及原颁印信，似均应更换，以昭划一。

臣为慎重边防起见，是否有当？谨恭折陈明，伏乞皇太后、皇上圣鉴训示施行。谨奏。光绪十五年二月初二日。

光绪十五年三月初六日，奉朱批：所奏不为无见。前据色楞额等奏，伊塔地方请归将军专辖，已谕令该抚等妥商会奏，着俟复奏到日，再降谕旨。钦此。①

018. 审拟哈密绕子买卖提斗毙人命一案折
光绪十五年二月初十日（1889年3月11日）

尚书衔甘肃新疆巡抚二等男臣刘锦棠跪奏，为斗殴毙命，核明定拟，恭折具陈，仰祈圣鉴事。

窃哈密厅缠回绕子买卖提因被马踏糜地，口角起衅，脚踢小张肚腹，越日身死一案，据署哈密通判喻先麓验讯议拟，详镇迪道兼按察使衔恩纶核转前来。

臣复加查核，缘缠回绕子买卖提与已死小张素识无嫌，小张系绕子买卖提邻居徐仓雇工。光绪十四年九月初五日，小张牵马碾麦，下晚歇工，其马跑至绕子买卖提地内，贱踏糜子，被绕子买卖提瞥见，挡住马匹，声称要

---
①中国第一历史档案馆藏：《军机录副》，档案编号：03—5247—051。又《奏稿》第2021—2027页。

赔糜子。小张索马,彼此口角。小张扑拢撞头,绕子买卖提举脚吓踢,适伤小张肚腹。经刘忠孝喝阻,告知徐仓,将小张送至绕子买卖提家,医治罔效,延至初六日午后,因伤身死。投约报验,讯供通详,批厅复鞫议拟,由兼按察使衔核明转详,臣复核无异。

查律载:斗殴杀人者,不问手足、他物、金刃,并绞监候等语。此案绕子买卖提因被马踏糜子口角起衅,踢伤小张越日身死,自应照律问拟。绕子买卖提合依斗殴杀人者,不问手足、他物、金刃并绞监候律,拟绞监候,秋后处决。小张未将马匹系好,以致践踏糜子,亦有不合,业经因伤殒命,应与救阻不及之刘忠孝均免置议。尸饬领埋,凶器皮鞋案结销毁。

是否有当?除全案供招咨送刑部外,合将斗殴毙命、核明定拟缘由,恭折具陈,伏乞皇上圣鉴,饬部核议施行。谨奏。光绪十五年二月初十日。

(朱批):刑部议奏。①

光绪十五年三月十二日,奉朱批:刑部议奏。钦此。②

019. 审拟库车民人阿依斗毙人命一案折
光绪十五年二月初十日(1889年3月11日)

尚书衔甘肃新疆巡抚二等男臣刘锦棠跪奏,为斗殴毙命,核明定拟,恭折具陈,仰祈圣鉴事。

窃库车厅缠民阿依因赌起衅,刃伤呵四莫身死一案,据库车厅同知潘震验讯议拟,解由护理阿克苏道江遇璞审明,咨镇迪道兼按察使衔恩纶核转前来。

臣复加查核,缘阿依籍隶库车厅,与已死呵四莫素好无嫌。光绪十三年八月二十六日早饭后,呵四莫往阿依家闲谈,带有红钱一百五十文,与阿依商说耍赌消遣。阿依亦因无事,出红钱百余。两人坐地掷赌羊骨头。呵四莫输完红钱,脱衣押银四钱,复赌又输不止,向阿依强索,借衣再赌,阿依未允。呵四莫因赌输脸热,斥骂失情,用拳向阿依胸膛打倒,抢夺红钱。阿

---

①中国第一历史档案馆藏:《朱批原件》,档案编号:04—01—26—0077—082。
②中国第一历史档案馆藏:《军机录副》,档案编号:03—7312—011。

依坐起，因呵四莫无理生气，顺取地放镰刀，向呵四莫项颈吓砍两下，因镰刀弯长，致刀尖带划伤前面食气嗓。阿依站起要走，呵四莫拦住，力向夺刀。阿依急切难逃，又砍呵四莫臂膊两下，并带伤前面胸膛。呵四莫猛向阿依碰头，阿依急退一步，臂靠墙立，不能脱走，心中知道呵四莫头力甚大，防其复碰，持刀吓砍不休。呵四莫忽用手将阿依手茎奋力一拨，仍是一头碰来，究竟未曾拨得手开，砍其发际，更带伤右颔颏一处。呵四莫几乎倒地，随将左手拉住阿依前襟，大声哭喊。阿依情急图脱，心想用刀向其左手吓砍一下，使其护痛放手。不料呵四莫已支立不住，甫经迎砍，呵四莫将手一松，倾身扑入阿依怀中，适伤其脑后，并带伤右血盆一处，倒地身死，碰伤偏右。阿依恐怕尸露受累，起意弃尸灭迹，将尸装入口袋，藏放墙根，擦伤右腮颊。到晚，用马驮至水湖内丢弃，芦草遮盖。旋被尸兄尕以提见伊弟未归，投明乡约，向阿依查问，该犯吐出实情。比将阿依拿获报厅，验讯议拟解道，咨兼按察使衔转详，臣复核无异。

查律载：斗殴杀人者，不问手足、他物、金刃，并绞监候等语。此案阿依因与呵四莫赌博口角，砍伤呵四莫身死，除赌博弃尸不失各轻罪不议外，合依斗殴杀人者，不问手足、他物、金刃并绞监候律，拟绞监候，秋后处决。无干省释。尸棺饬埋，凶刀案结销毁。

是否允协？除全案咨刑部外，合将斗杀人命、核明定拟缘由，恭折具陈，伏乞皇上圣鉴，饬部核议施行。谨奏。光绪十五年二月初十日。

（朱批）：刑部议奏。①

光绪十五年三月十二日，奉朱批：刑部议奏。钦此。②

020. 关外光绪七八两年收支银粮等项报销折

光绪十五年二月初十日（1889年3月11日）

尚书衔甘肃新疆巡抚二等男臣刘锦棠跪奏，为甘肃关外光绪七、八两年征收厘金、支发薪粮、局费，缮具清单，恳恩饬销，恭折仰祈圣鉴事。

窃臣前准户部咨：议光绪七、八两年防军、善后报销案内列收厘金、支

---

①中国第一历史档案馆藏：《朱批原件》，档案编号：04—01—26—0077—083。
②中国第一历史档案馆藏：《军机录副》，档案编号：03—7312—010。

发委员薪粮、局费，系照何章、支银若干，应令专案册报，以凭查核等因。当经转行遵办，并于奏复报销案内声明，按照奏定各台局薪粮、局费章程，委员各按官阶、局费，分别繁简支给在案。兹据粮台司道开单，详请奏咨前来。

臣查关外厘金，前督臣左宗棠于光绪四年议行开办，八年五月二十三日奉旨停收，截至六月底，一律撤局。光绪六年以前征收之款，业经前督臣左宗棠开单报销。光绪七年分实征税厘库平银二十四万八千二百五十五两四钱六分九厘四毫六忽一微。八年正月起至六月底撤局停收止，实征税厘库平银一十六万九千四百一十两七钱三分四厘一毫八丝九忽一微。共银四十一万七千六百六十六两二钱三厘五毫九丝五忽二微，内除防军、善后报销七年分列收银二十万四千五百五两二钱二分九厘四毫六忽一微，八年分列收银一十四万九千二百三十八两一钱三分二厘一毫八丝九忽一微外，下余银六万三千九百二十二两八钱四分二厘。计七年分开支薪粮等项银四万三千七百五十两二钱四分，八年分开支薪粮等项银二万一百七十二两六钱二厘，均系照章，毫无冒滥。

除咨部外，谨缮清单，会同陕甘总督臣谭钟麟，恭折具陈，伏乞皇上圣鉴，饬部核销，以清款项。再，光绪八年以前报销，均系奉准开单，厘金、薪粮、局费应仍开单请销，以归一律，合并声明。谨奏。光绪十五年二月初十日。

（朱批）：户部议奏，单并发。①

光绪十五年三月十二日，奉朱批：户部议奏，单并发。钦此。②

021. 呈关外税厘各局支发薪粮等项清单
光绪十五年二月初十日（1889 年 3 月 11 日）

谨将甘肃关外税厘各局自光绪七年正月起至八年六月底撤局止支发薪粮等项银两，缮具清单，恭呈御览。

一、七年分支发新疆税厘各局文武员弁薪水。

---

①中国第一历史档案馆藏：《朱批原件》，档案编号：04—01—35—0998—006。又《奏稿》第 2029—2033 页。

②中国第一历史档案馆藏：《军机录副》，档案编号：03—6500—013。

内古城税厘总局：道员一员、知县一员，东西门两分卡佐杂一员、守备一员，西大桥分卡佐杂一员，奇台、济木萨两分卡佐杂二员。

乌鲁木齐税厘局：署迪化直隶州知州兼办东西南门三分卡佐杂一员、把总二员。

绥来税厘局：署绥来县知县兼办东西门两分卡佐杂一员、千总一员，安集海分卡佐杂一员。

巴里坤税厘局：署镇西厅同知兼办东南北门三分卡佐杂一员、把总一员、外委一员。

哈密厘税局：知县一员，东路新庄分卡佐杂一员，新城南北门两分卡千总一员、把总一员，土胡芦分卡佐杂一员，瞭墩分卡守备一员，南山口分卡都司一员。

吐鲁番税厘局：知州一员，辟展、托克逊两分卡佐杂一员、守备一员。

喀库税厘局：同知一员，喀喇沙尔两分卡佐杂一员、千总一员，库尔勒、哈勒哈尔满台两分卡佐杂二员，布古尔、洋萨尔两分卡佐杂一员、把总一员。

库车税厘局：知县一员，沙雅尔、托和奈两分卡佐杂一员、千总一员。

阿克苏税厘总局：知府一员、佐杂一员，东西北三处分卡佐杂二员、守备一员，尹阿瓦提、阿伊克冰、达阪、拜城、塞里木等处五分卡佐杂二员、守备一员、把总一员。

乌什税厘局：知县一员，洋海分卡佐杂一员。

喀什噶尔税厘总局：道员一员、知县一员，汉城、牌素巴特两分卡、玛喇巴什分卡佐杂二员、守备一员。

英吉沙尔税厘局：知县一员，本城分卡佐杂一员。

叶尔羌税厘局：直隶州知州一员，哈哈里克、嘓玛两分卡佐杂一员、千总一员。

和阗税厘局：知县一员，哈拉哈什、玉龙哈什两分卡佐杂二员。

以上共计道员二员，月支银八十两。知府一员，月支银六十两。同知、知县十员，每员月支银四十两。佐杂、都司二十九员，每员月支银三十两。守备六员，每员月支银二十四两。千总六员，每员月支银二十两。把总六员，每员月支银一十六两。外委一员，月支银一十二两。统计道府、同知、州县、佐杂、都司、千把、外委六十一员，每月应支薪水银一千八百六十二两。自光绪七年正月初一日起至闰四月底止，计五个月，共支银九千三百一十两。

又自五月初一日起，除哈喇哈什分卡请假佐杂一员，另派守备一员，计实存道员二员，知府一员，同知、知县十员，佐杂、都司二十八员，守备七员，千总六员，把总六员，外委一员，共计六十一员，每月应支薪水银一千八百五十六两。截至十二月底止，计八个月，共支银一万四千八百四十八两。

以上共支过湘平银二万四千一百五十八两，折合库平银二万三千三百八十六两二钱五分三厘，应由户部核销。

一、七年分支发新疆各税厘局经书、贴书口食。内古城、阿克苏、喀什噶尔三税厘总局，每局各设经书四名、贴书六名。乌鲁木齐、绥来、巴里坤、哈密、吐鲁番、喀库、库车、乌什、英吉沙尔、叶尔羌、和阗等处十一税厘局，每局各设经书二名、贴书三名。以上共设经书三十四名，每名月支银八两，贴书五十一名，每名月支银六两。计每月共应支口粮银五百七十八两。自光绪七年正月初一日起截至十二月底止，连闰计十三个月，共支过湘平银七千五百一十四两，折合库平银七千二百七十三两九钱五分九厘，应由户部核销。

一、七年分支发新疆各税厘局油烛、笔墨、纸张。内古城、阿克苏、喀什噶尔三税厘总局，每局月支银一十六两。乌鲁木齐、绥来、巴里坤、哈密、吐鲁番、喀库、库车、乌什、英吉沙尔、叶尔羌、和阗等处十一税厘局，每局各月支银八两。又古城、阿克苏、喀什噶尔、乌鲁木齐、绥来、巴里坤、哈密、吐鲁番、喀库、库车、乌什、英吉沙尔、叶尔羌、和阗等处，安设四十七分卡，每卡各月支银一两二钱。

以上计每月共支银一百九十二两四钱。自光绪七年正月初一日起截至十二月底止，连闰计十三个月，共支过湘平银二千五百一两二钱，折合库平银二千四百二十一两二钱九分七厘，应由户部核销。

一、七年分支发新疆各税厘局巡丁并缠回通事口粮。内古城、阿克苏、喀什噶尔三税厘总局，每局各募巡丁十二名。又阿克苏、喀什噶尔两总局，每局各募缠回通事二名。乌鲁木齐、绥来、巴里坤、哈密、吐鲁番、喀库、库车、乌什、英吉沙尔、叶尔羌、和阗等处十一税厘局，每局各募巡丁六名。又哈密、吐鲁番、喀库、库车、乌什、英吉沙尔、叶尔羌、和阗等处八税厘局，每局各募缠回通事一名。又古城、阿克苏、喀什噶尔、乌鲁木齐、绥来、巴里坤、哈密、吐鲁番、喀库、库车、乌什、英吉沙尔、叶尔羌、和阗等处，共计安设四十七分卡，每卡各募巡丁二名。

以上共计巡丁一百九十六名，内什长三名，照依楚军营制行粮章程，每名各日支银一钱六分，共日支银四钱八分。巡丁一百九十三名，每名各日支银一钱四分，共日支银二十七两二分。缠回通事十二名，每名各日支银一钱，共日支银一两二钱。统计日支口粮银二十八两七钱。自光绪七年正月初一日起截至十二月底止，内除小建六日不支外，连闰计三百八十四日，共支过湘平银一万一千二十两八钱，折合库平银一万六百六十八两七钱三分一厘，应由户部核销。以上四款，共计七年分支发银四万三千七百五十两二钱四分，应由户部核销。

一、八年分支发新疆税厘各局文武员弁薪水。内古城税厘总局：道员一员、知县一员，东西门两分卡佐杂一员、守备一员，西大桥分卡佐杂一员，奇台、济木萨两分卡佐杂二员。

乌鲁木齐税厘局：署迪化直隶州知州兼办东西南门三分卡佐杂一员、把总二员。

绥来税厘局：署绥来县知县兼办东西门两分卡佐杂一员、千总一员，安集海分卡佐杂一员。

巴里坤税厘局：署镇西厅同知兼办东南北门三分卡佐杂一员、把总一员、外委一员。

哈密厘税局：知县一员，东路新庄分卡佐杂一员，新城南北门两分卡千总一员、把总一员，土胡芦分卡佐杂一员，瞭墩分卡守备一员，南山口分卡都司一员。

吐鲁番税厘局：知州一员，辟展、托克逊两分卡佐杂一员、守备一员。

喀库税厘局：同知一员，喀喇沙尔两分卡佐杂一员、千总一员，库尔勒、哈勒哈尔满台两分卡佐杂二员，布古尔、洋萨尔两分卡佐杂一员、把总一员。

库车税厘局：知县一员，沙雅尔、托和奈两分卡佐杂一员、千总一员。

阿克苏税厘总局：知府一员、佐杂一员，东西北三处分卡佐杂二员、守备一员，尹阿瓦提、阿伊克冰、达阪、拜城、塞里木等处五分卡佐杂二员、守备一员、把总一员。

乌什税厘局：知县一员，洋海分卡佐杂一员。

喀什噶尔税厘总局：道员一员、知县一员，汉城、牌素巴特两分卡、玛喇巴什分卡佐杂二员、守备一员。

英吉沙尔税厘局：知县一员，本城分卡佐杂一员。

叶尔羌税厘局：直隶州知州一员，哈哈里克、喎玛两分卡佐杂一员、千总一员。

和阗税厘局：知县一员，哈拉哈什、玉龙哈什两分卡佐杂二员。

以上共计道员二员，月支银八十两。知府一员，月支银六十四两。同知、州县十员，每员月支银四十两。佐杂、都司二十八员，每员月支银三十两。守备七员，每员月支银二十四两。千总六员，每员月支银二十两。把总六员，每员月支银一十六两。外委一员，月支银一十二两。统计道府、同知、州县、佐杂、都司、千把、外委六十一员，每月应支薪水银一千八百五十六两。自光绪八年正月初一日起至三月底止，计三个月，共支银五千五百六十八两。

又自四月初一日起，除南山口分卡请假都司一员、另派佐杂一员，计实存道员二员、知府一员、同知、知县十员、佐杂二十八员、守备七员、千总六员、把总六员、外委一员，共计六十一员，每月应支薪水银一千八百五十六两。截至六月底停撤止，计三个月，共支银五千五百六十八两。以上共支过湘平银一万一千一百三十六两，折合库平银一万七百八十两二钱五分一厘，应由户部核销。

一、八年分支发新疆各税厘局经书、贴书口食。内古城、阿克苏、喀什噶尔三税厘总局，每局各设经书四名、贴书六名。乌鲁木齐、绥来、巴里坤、哈密、吐鲁番、喀库、库车、乌什、英吉沙尔、叶尔羌、和阗等处十一税厘局，每局各设经书二名、贴书三名。以上共设经书三十四名，每名月支银八两，贴书五十一名，每名月支银六两。计每月共应支口粮银五百七十八两。自光绪八年正月初一日起截至六月底停撤止，计六个月，共支过湘平银三千四百六十八两，折合库平银三千三百五十七两二钱一分二厘，应由户部核销。

一、八年分支发新疆各税厘局油烛、笔墨、纸张。内古城、阿克苏、喀什噶尔三税厘总局，每局月支银一十六两。乌鲁木齐、绥来、巴里坤、哈密、吐鲁番、喀库、库车、乌什、英吉沙尔、叶尔羌、和阗等处十一税厘局，每局各月支银八两。又古城、阿克苏、喀什噶尔、乌鲁木齐、绥来、巴里坤、哈密、吐鲁番、喀库、库车、乌什、英吉沙尔、叶尔羌、和阗等处,安设四十七分卡,每卡各月支银一两二钱。以上计每月共支银一百九十二两四钱。自光绪八年正月初一日起截至十二月底停撤止,计六个月,共支过湘平银一千一百五十四两四钱,折合库平银一千一百一十七两五钱二分一厘,应由户部核销。

一、八年分支发新疆各税厘局巡丁并缠回通事口粮。内古城、阿克苏、喀什噶尔三税厘总局,每局各募巡丁十二名。又阿克苏、喀什噶尔两总局,每局各募缠回通事二名。乌鲁木齐、绥来、巴里坤、哈密、吐鲁番、喀库、库车、乌什、英吉沙尔、叶尔羌、和阗等处十一税厘局,每局各募巡丁六名。又哈密、吐鲁番、喀库、库车、乌什、英吉沙尔、叶尔羌、和阗等处八税厘局,每局各募缠回通事一名。

又古城、阿克苏、喀什噶尔、乌鲁木齐、绥来、巴里坤、哈密、吐鲁番、喀库、库车、乌什、英吉沙尔、叶尔羌、和阗等处,共计安设四十七分卡,每卡各募巡丁二名。以上共计巡丁一百九十六名,内什长三名,照依楚军营制行粮章程,每名各日支银一钱六分,共日支银四钱八分。巡丁一百九十三名,每名各日支银一钱四分,共日支银二十七两二分。缠回通事十二名,每名各日支银一钱,共日支银一两二钱。统计日支口粮银二十八两七钱。自光绪八年正月初一日起截至六月底止,内除小建三日不支外,计一百七十七日,共支过湘平银五千七十九两九钱,折合库平银四千九百一十七两六钱一分八厘,应由户部核销。

(朱批):览。①

022. 奏报恭缴朱批折件折

光绪十五年二月十二日(1889年3月13日)

尚书衔甘肃新疆巡抚二等男臣刘锦棠跪奏,为恭缴朱批事。

窃臣于光绪十四年正月起至十二月底止,历次奉到朱批原件、奏片共计一百三十二件,理合汇封呈缴。伏乞皇上圣鉴。谨奏。光绪十五年二月十二日。

---

①中国第一历史档案馆藏:《清单》,档案编号:03—6500—014。

（朱批）：知道了。①

光绪十五年三月二十一日,奉朱批：知道了。钦此。②

【案】光绪十五年二月十二日,刘锦棠为呈缴上谕知会等事致军机处咨文：

兵部尚书兼都察院右都御史巡抚甘肃新疆等处地方二等男刘,为呈缴事。窃照本爵部院于光绪十四年奉到上谕七道、知会一张,附抄发原折二件、原呈三件、原单二件,相应呈缴。为此咨复贵处,谨请查收见复,施行。须至咨呈者。计呈缴上谕七道、知会一张、原折二件、原呈三件、原单二件。右咨呈军机处。光绪十五年二月十二日。③

023. 奏报巴里坤八旗古城满营迁并到防折

光绪十五年二月二十四日（1889年3月25日）

尚书衔甘肃新疆巡抚二等男臣刘锦棠跪奏,为恭报巴里坤八旗官兵迁徙到防古城,满营一律迁并就绪,恭折仰祈圣鉴事。

窃照乌鲁木齐、巴里坤满营,前经奏准迁并古城。上年,臣饬局藩司议给盘费、车辆等项,并分别借支俸饷,咨行护理巴里坤领队大臣金贵、古城城守尉德胜,分起迁徙,以符原奏,业将乌鲁木齐满营官兵到防日期具奏在案。旋据德胜呈报：护理领队大臣金贵督饬原设八旗官兵眷口及军械、文卷,于十月初一日至十二月二十四日先后到古城防所,拨给衙署、兵房分别居住,并据金贵将领队印信、两翼协领关防呈缴前来。

臣查兵部议奏乌鲁木齐、巴里坤满营,旧制向设八旗,现在迁并古城,今昔情形不同,应准暂按六旗安设,一俟兵丁数额、饷项充足,随时酌度,规复旧制,奏明办理等因。奉旨允准,钦遵咨行在案。兹据呈报前情,当饬德胜迅将一切接收具报,并将乌鲁木齐、巴里坤迁并各旗及古城旧有各官兵,查照奏定章程,作为六旗安设,分晰造赍旗佐年貌清册,另案奏咨。巴里坤满营报销,应由金贵截至十四年底止赶造咨部,俾清界限。

---

①中国第一历史档案馆藏：《朱批原件》,档案编号：04—01—12—0545—161。
②中国第一历史档案馆藏：《军机录副》,档案编号：03—5705—050。
③中国第一历史档案馆藏：《咨文》,档案编号：03—5246—061。

至乌鲁木齐、古城旧设协领、防御、骁骑校、笔帖式等官,均系委署。巴里坤旧补各员,应由德胜查开衔名,呈请咨部开缺。佐领以下,由德胜按现设六旗员数,或以原官,或另行拣员,呈请奏补,以资得力。其裁撤各员,拟给马甲、钱粮,留营当差候补。所裁协领二员,查副都统衔左翼协领英魁,年力衰迈,应请以原品休致。副都统衔右翼协领金贵,于光绪二年准补斯缺,屡护领队篆务,边防戎政均能措置裕如。上年迁并各旗,尤能妥为调度,一体安谧,洵属不可多得,应如何擢用以示鼓励,出自天恩。

所有巴里坤官兵到防古城,满营一律迁并就绪各情形,除咨部外,谨会同伊犁将军臣色楞额、陕甘总督臣谭钟麟,恭折具陈,伏乞皇上圣鉴训示。谨奏。光绪十五年二月二十四日。

(朱批):英魁着以原品休致,金贵着交军机处存记,该部知道。①

光绪十五年三月二十八日,奉朱批:英魁着以原品休致,金贵着交军机处存记,该部知道。钦此。②

024. 奏报总兵徐占彪呈请开缺缘由折
光绪十五年二月二十四日(1889年3月25日)

尚书衔甘肃新疆巡抚二等男臣刘锦棠跪奏,为总兵因病呈恳开缺,拟请由外委署,以重边防,恭折仰祈圣鉴事。

窃臣据巴里坤镇总兵徐占彪呈称:总兵自投效军营,转战四川、陕甘等省,率队临阵,屡受重伤。嗣随大军出关,驰驱冰雪之中,复被汗湿浸渍,渐至胁疼痰壅,气血两亏,虽迭次医痊,而偶然感触,病日加剧。新疆僻处边隅,医药缺乏,恳请开缺回籍调理等情前来。

臣查该总兵效力疆场,历有年所。前在甘肃臣与共事,见其临阵勇敢,奋不顾身,遍体鳞伤,筋骨俱碎。今其旧伤时时触发,委系实情,相应奏请开缺,俾该员得以回籍医治,将来痊可,尚堪效用。如蒙恩准,所遗巴里坤总兵员缺,例应请旨简放。惟现在全疆兵制改参营勇章程,非得熟悉边务之员,难资得力。可否由臣会商督臣暂行拣员,奏请署理,出自圣裁。

---

①中国第一历史档案馆藏:《朱批原件》,档案编号:04—01—01—0970—068。又《奏稿》第2033—2036页。
②中国第一历史档案馆藏:《军机录副》,档案编号:03—5755—019。

除咨部外，谨会同陕甘总督臣谭钟麟、喀什噶尔提督臣谭上连，恭折具陈，伏乞皇上圣鉴训示。谨奏。光绪十五年二月二十四日。

（朱批）：着照所请，兵部知道。①

光绪十五年三月二十八日，奉朱批：着照所请，兵部知道。钦此。②

025. 审拟缠民买卖热亦木因奸杀人一案折

光绪十五年二月二十四日（1889年3月25日）

尚书衔甘肃新疆巡抚二等男臣刘锦棠跪奏，为因奸拒捕，杀死本夫，奸妇在场，分别定拟，恭折具陈，仰祈圣鉴事。

窃叶城县缠民买卖热亦木与麦里牙斯之妻苏唐比比通奸，本夫往捕，买卖热亦木拒捕，斧伤本夫麦里牙斯身死，奸妇苏唐比比在场并未喊救，事后又未首告一案，据署叶城县知县周发镛验讯通报，未及招解，周发镛病故，经代理叶城县知县陈启丰议拟，解由莎车直隶州知州刘嘉德转解喀什噶尔道袁尧龄审明，咨镇迪道兼按察使衔恩纶核转前来。

臣复加查核，缘缠民买卖热亦木籍隶叶城县，与已死麦里牙斯素识往来，麦里牙斯之妻苏唐比比习见不避。光绪十二年四月，不记日期，买卖热亦木乘苏唐比比在家独坐，调戏成奸，以后遇便奸宿，并未给过钱物，本夫及娘家父母均不知情。十三年四月初九日，买卖热亦木商约苏唐比比在娘家旁屋奸宿。麦里牙斯因妻未归，即往娘家捉捕，瞥见旁屋门扇虚掩，推门查看。苏唐比比听门响，即拾木棍下炕撑门，黑暗中乍见人影，疑是窃贼，顺举木棍向殴，不期殴伤麦里牙斯脑后。麦里牙斯声喊，苏唐比比听是本夫声音，当即住手。买卖热亦木闻知本夫捉奸，随即逃跑，被麦里牙斯扭住。麦里牙斯情急图脱，起意拒捕，恰值脚绊地下铁斧，顺即拾斧连殴两下，致伤太阳等处，松手倒地。苏唐比比之母沙泥比比闻闹，执灯趋视，麦里牙斯业已身死，即向苏唐比比盘悉前情，报怨杀人屋内，必受拖累。买卖热亦木起意移尸，遂将麦里牙斯尸身背置路旁。次早，尸父波斯哈路过瞥见，投约报验，获犯讯供，由县议拟，招解莎车直隶州知州，详喀什噶尔道审

---

①中国第一历史档案馆藏：《朱批原件》，档案编号：04—01—16—0227—062。
②中国第一历史档案馆藏：《军机录副》，档案编号：03—5247—160。

明，咨镇迪道兼按察使衔核明转详，臣复核无异。

查律载：罪人拒捕，杀所捕人者，斩。又例载：奸夫并无谋杀本夫之心，因本夫捉奸，奸夫拒捕，杀死本夫，奸妇在场并不喊阻救护，又不首告者，应照奸夫自杀其夫，奸妇虽不知情律，拟绞监候各等语。此案买卖热亦木与苏唐比比通奸，经本夫捕获，辄敢用斧拒伤本夫麦里牙斯登时殒命，自应按律问拟。奸夫买卖热亦木除犯奸及移尸轻罪不议外，合依罪人拒捕杀所捕之人者斩律，拟斩监候，秋后处决，照例先行刺字。奸妇苏唐比比先用木棍殴伤本夫脑后，讯系疑贼误伤，犯时不知。惟买卖热亦木拒捕之时，该犯妇在场，并不喊阻救护，事后又不首告，亦应按律问拟。苏唐比比除犯奸及误伤本夫轻罪不议外，合依奸夫并无杀死本夫之心，因本夫捉奸，奸夫拒捕，杀死本夫，奸妇在场并不喊阻救护，事后又不首告，照奸夫自杀其夫，奸妇虽不知情拟绞律，拟绞监候，秋后处决。沙泥比比报怨杀人屋内，致买卖热亦木起意移尸，亦有不合，应照不应重律，杖八十，系妇女，照例收赎。无干省释，尸棺饬埋，凶器铁斧案结销毁。

是否允协？除全案供招咨送刑部外，合将奸夫拒捕、杀死本夫，奸妇在场，分别定拟缘由，恭折具陈，伏乞皇上圣鉴，饬部核议施行。谨奏。光绪十五年二月二十四日。

（朱批）：刑部议奏。①

光绪十五年三月二十八日，奉朱批：刑部议奏。钦此。②

026. 审拟缠民木沙斗殴毙命一案缘由折

光绪十五年二月二十四日（1889年3月25日）

尚书衔甘肃新疆巡抚二等男臣刘锦棠跪奏，为假差藉赌索诈，斗殴毙命，核明定拟，恭折具陈，仰祈圣鉴事。

窃英吉沙尔厅缠回木沙被白海提假充差役，藉赌索诈，木沙用刀吓戳白海提小腹等处身死一案，据署英吉沙尔厅同知李庆棠访闻，验讯议拟，解由喀什噶尔道袁尧龄审明，咨镇迪道兼按察使衔恩纶核详前来。

---

①中国第一历史档案馆藏：《朱批原件》，档案编号：04—01—26—0077—080。
②中国第一历史档案馆藏：《军机录副》，档案编号：03—7312—015。

臣复加查核,缘凶犯木沙籍隶英吉沙尔厅,与已死白海提素识无嫌。光绪十四年八月十七日上午,木沙与已获之买卖提热一木并在逃之克皮甲可、克利木、阿吉八一、胡大白的一共六人,各凑羊骨头,在于野地赌博,被白海提瞥见,起意索诈,假称新充差役,特来拿赌。木沙等信以为实,共给银二两,央免报官。白海提嫌少不收,定要每人给银二两。众人跑散,独木沙落后。白海提赶上,捏住木沙衣服。木沙顺抽身佩小刀迎戳,致伤白海提唇吻。白海提生气,扑拢殴打。木沙情急举刀吓戳,适伤白海提小腹倒地。经路过之买卖土的喝阻,讵白海提因伤殒命。旋经该厅访闻,并据乡约获犯报验,讯供议拟招解,由喀什噶尔道审明,咨兼按察使衔核明转详,臣复核无异。

查律载:斗殴杀人者,不问手足、他物、金刃,并绞监候,又例载:赌博不分兵民,俱枷号两个月,杖一百各等语。此案木沙因白海提假充差役,藉赌索诈,被殴情急,刀戳白海提小腹等处身死,皆系有罪之人,应以凡论。木沙除赌博轻罪不议外,合依斗殴杀人者,不问手足、他物、金刃并绞律,拟绞监候,秋后处决。共赌之买卖提热一木合依赌博不分兵民枷号两个月、杖一百例,拟枷号两个月、杖一百,满日杖责发落。在逃之克皮甲可等,获日另结。白海提假差索诈,罪有应得,业经被戳身死,应与阻救不及之买卖土的均免置议。此案系由该署同知李庆棠自行访闻,所有失察赌博、假差职名,邀免开报。

是否允协?除全案咨送刑部外,合将假差藉赌索诈、斗殴毙命、核明定拟缘由,恭折具陈,伏乞皇上圣鉴,饬部核复施行。谨奏。光绪十五年二月二十四日。

(朱批):刑部议奏。①

光绪十五年三月二十八日,奉朱批:刑部议奏。钦此。②

027. 查明潘凤翔等底衔错误请饬更正片

光绪十五年二月二十四日(1889年3月25日)

再,臣据头品顶戴记名提督潘凤翔禀称:于克复陕西绥德州城并在河

---

①中国第一历史档案馆藏:《朱批原件》,档案编号:04—01—26—0077—081。
②中国第一历史档案馆藏:《军机录副》,档案编号:03—7312—014。

北、直隶节次剿贼案内，经前陕甘总督臣左宗棠由把总保免补千总，以守备尽先补用，并戴蓝翎；于直东肃清案内保免补守备、都司，以游击尽先补用。原奉行知均将"凤翔"缮作"凤祥"。又于新疆南路五次剿平边寇案内，经臣请保赏给头品顶戴，底衔本系提督衔，接奉行知系以总兵请保。

又据记名总兵谷振杰禀称：于逼剿肃州回逆迭获胜仗、攻拔塔尔济坚巢案内，经前陕甘总督臣左宗棠由蓝翎千总保免补千总，以守备尽先补用，并换花翎。原奉行知系谷振杰。又据记名总兵易盛富禀称：于荡平西宁府属回逆、力解府城重围、克复大通县城、肃清边境案内，经前陕甘总督臣左宗棠由把总保免补把总、千总，以守备尽先补用。原奉行知系易慎富。恳请复奏更正各等情前来。

臣复查各案，均系开保时笔误所致，相应请旨饬部更正注册，以免歧异，出自鸿施。

谨附片具陈，伏乞圣鉴训示。谨奏。

（朱批）：兵部知道。①

光绪十五年三月二十八日，奉朱批：兵部知道。钦此。②

028. 原保蒋镇先衔名错误请饬更正片
光绪十五年二月二十四日（1889年3月25日）

再，俊秀蒋镇先于新疆南北两路肃清案内，由前统领楚军前路兼带刚毅中军记名提督刘端冕开单，呈由前陕甘督臣左宗棠汇奏，请以从九品留陕尽先补用，奉旨允准钦遵行知在案。兹据该员蒋镇先禀称：接奉前项行知，误作黄镇先。恳请查明更正前来。

臣饬查提督刘端冕所开底单，本系蒋镇先，汇案时缮作黄镇先，自属笔误。合无仰恳天恩俯准，将新疆南北两路肃清案内准保留陕尽先补用从九品之黄镇先作为蒋镇先，饬部更正注册，出自鸿慈。

除咨部外，谨附片具陈，伏乞圣鉴。谨奏。

（朱批）：吏部知道。③

---

①中国第一历史档案馆藏：《朱批原件》，档案编号：04—01—16—0227—064。
②中国第一历史档案馆藏：《军机录副》，档案编号：03—5861—060。
③中国第一历史档案馆藏：《朱批原件》，档案编号：04—01—16—0227—063。

奏议(光绪十五年) 1227

光绪十五年三月二十八日,奉朱批:吏部知道。钦此。①

029.代缴巴里坤领队银印及协领关防片
光绪十五年二月二十四日(1889年3月25日)

再,巴里坤领队大臣暨左右两翼协领各缺,业经奉旨裁撤在案。兹准护领队臣金贵赍送原颁干字五百三十六号巴里坤领队大臣银印一颗,又干字一万四千七百七号左翼协领铜质关防一颗、干字一万四千七百八号右翼协领铜质关防一颗,呈请代缴等因前来。

除将印信、关防镌刻缴字咨送礼部查销外,理合附片具陈,伏乞圣鉴。谨奏。

(朱批):礼部知道。②

光绪十五年三月二十八日,奉朱批:礼部知道。钦此。③

030.奏委黄万鹏等署理副将员缺片
光绪十五年二月二十四日(1889年3月25日)

再,新设喀什噶尔提属并阿克苏镇属各副将员缺亟应委员署理,以重职守。喀什噶尔回城协营副将员缺,查有头品顶戴记名提督黄万鹏,久经战阵,晓畅戎机,堪以委署。莎车协营副将员缺,查有题奏提督陶生林,精勤勇敢,历练老成,堪以委署。乌什协营副将员缺,查有头品顶戴题奏提督张俊,深明大略,洞达边情,堪以委署。

除分行遵照,饬司先行刊给木质关防暂资启用,并咨部查照外,谨会同陕甘总督臣谭钟麟、喀什噶尔提督臣谭上连,附片具陈,伏乞圣鉴。谨奏。

(朱批):兵部知道。④

光绪十五年三月二十八日,奉朱批:兵部知道。钦此。⑤

---

①中国第一历史档案馆藏:《军机录副》,档案编号:03—5861—057。
②中国第一历史档案馆藏:《朱批原件》,档案编号:04—01—16—0227—066。
③中国第一历史档案馆藏:《军机录副》,档案编号:03—5861—058。
④中国第一历史档案馆藏:《朱批原件》,档案编号:04—01—16—0227—065。
⑤中国第一历史档案馆藏:《军机录副》,档案编号:03—5861—059。

031. 请恤故员赵奉乐等八员片
光绪十五年二月二十四日（1889年3月25日）

再，新疆立功后积劳病故文武各员，迭经臣奏蒙恩准，照例议恤各在案。兹续查有记名提督讷恩登额巴图鲁赵奉乐，甘肃平远县人；提督衔记名总兵甘肃永昌协属新城营都司龙在田，湖南湘乡县人；总兵衔陕甘尽先推补副将岳正南，湖南武陵县人；副将衔留甘补用游击贺茂棠，湖南湘乡县人；参将衔留闽补用游击戴海廷，湖南宁乡县人；尽先补用都司赖国安，湖南湘潭县①人；分省补用通判张光绶，湖南宁乡县人；理问衔分省补用县丞张曜先，湖南湘潭县人。

该员等从征关外历有年所，先后在营病故，殊堪悯恻。合无仰恳天恩俯准，将该故员赵奉乐等八员一并饬部，照军营立功后积劳病故例议恤，以昭激劝而慰幽魂，出自逾格鸿慈。

除咨部外，谨附片具陈，伏乞圣鉴，训示。再，龙在田系借补甘肃新城营都司，所遗员缺，臣已咨明陕甘总督臣谭钟麟，奏请开缺另补，合并声明。谨奏。

（朱批）：着照所请，该部知道。②

光绪十五年三月二十八日，奉朱批：着照所请，该部知道。钦此。③

032. 保举郎中桂荣洋务出力请予奖叙片
光绪十五年二月二十四日（1889年3月25日）

再，户部候补郎中补缺后在任不论双单月归部即选知府桂荣，前经总理各国事务衙门派赴新疆，办理俄文翻译事务。新疆地连俄境，交涉事繁，该员前在外洋办事多年，于洋务情形最为熟悉，承办一切，悉臻周妥，毫无遗误。臣复遴选学童，委令教习，并能认真教导，不惮烦劳，实属异常出力。

---

①"湘潭县"，《奏稿》作"湘乡县"。
②中国第一历史档案馆藏：《朱批原件》，档案编号：04—01—16—0227—071。又《奏稿》第2041—2042页。
③中国第一历史档案馆藏：《军机录副》，档案编号：03—5247—161。

查洋务差委人员已及三年者,例准优保。

该员于光绪十二年三月二十六日投到,现在已及三年,合无仰恳天恩俯准,将该员桂荣免补郎中,以知府仍归部不论双单月尽先即选,并赏加盐运使衔,以示鼓励,出自鸿慈。

除将该员履历咨部外,谨附片具陈,伏乞圣鉴训示。谨奏。

(朱批):吏部议奏。①

光绪十五年三月二十八日,奉朱批:吏部议奏。钦此。②

【案】此奏片具奏日期,录副署"光绪十五年三月二十八日"。查《军机处随手登记档》③朱批刘锦棠折,载有"报四百里,二月二十四日发"等字样。据此,此片具奏日期当为"光绪十五年二月二十四日",兹据校正。

033.恳将留营军犯张得太释回片

光绪十五年二月二十四日(1889年3月25日)

再,已革外委张得太原犯诬良案内,发配靖远县安置,光绪六年到配。臣因关外积寒侵骨,从军士卒往往堕指裂肤,乏术诊视。闻张得太精于针灸推拿之术,于光绪九年商调来营,医治勇夫,著有成效。该犯籍隶天津,前闻顺直水灾,愿将历年所积医资银五百两捐助赈需,臣于光绪十年六月二十七日附片奏请留营在案。

查例载:发遣新疆等处效力官犯,若原犯军流从前加重改发者,定限十年期满,遵例奏闻,如蒙允准,即令各回旗籍。又发遣新疆废员派令管理铅铁等厂,如果妥协,其原犯军流例应十年奏请,准其于十年之内酌减三年,奏闻请旨。如蒙允准,即令各回旗籍④等语。

该犯张得太原系足四千里,发甘肃省靖远县安置,迨调新疆,几至万里,不啻加重改发,在营将届七年,合之到靖远县配所,共计十年,且系奏请留营医治兵勇,与原犯发遣新疆效力者实有不同,医术既精,保全甚众,劳

---

①中国第一历史档案馆藏:《朱批原件》,档案编号:04—01—12—0545—134。
②中国第一历史档案馆藏:《军机录副》,档案编号:03—5705—057。
③中国第一历史档案馆藏:《军机处随手登记档》,档案编号:03—0258—1—1215—085。
④"各回旗籍",《奏稿》作"各回旗"。

勘实不可没，又曾捐赀助赈，勇于悔过。可否仰恳天恩，准将留营军犯张得太释回之处，出自鸿慈。

谨会同陕甘总督臣谭钟麟，附片具陈，伏乞圣鉴训示施行。谨奏。

（朱批）：准其释回。①

光绪十五年三月二十八日，奉朱批：准其释回。钦此。②

034. 赏假回籍省视祖母谢恩折

光绪十五年二月二十五日（1889年3月26日）

尚书衔甘肃新疆巡抚二等男臣刘锦棠跪奏，为恭谢天恩，仰祈圣鉴事。

窃臣于光绪十五年二月二十三日准吏部咨开：光绪十四年十二月二十八日内阁奉上谕：刘锦棠奏，恳恩展假、回籍省视祖母一折。览奏，情词恳切，自应勉如所请。刘锦棠着赏假六个月，准其回籍省亲，假满即行回任，以资倚畀。甘肃新疆巡抚，着魏光焘暂行护理。钦此。跪聆之下，感激涕零。

伏念臣自膺边寄，未效涓埃，只缘乌鸟之私，莫解黄牛之执，屡申曲请，上冒宸严。方竞惕以弗遑，乃矜全之备至。特颁温语，悯一念之愚忱；优展假期，拜重申之宠命。虽碎骨粉身而莫报，亦沦肌浃髓以何言！省亲而诏奉九重，固臣子非常之遇；锡类而恩衔万里，尤古今罕有之荣。臣惟有赶紧料理，遄归省亲，一俟假期届满，遵即驰回本任，仍旧供职，以冀仰答高厚生成于万一。

除交卸起程日期恭折陈报外，所有微臣感激下忱，谨缮折叩谢天恩，伏乞皇太后、皇上圣鉴。谨奏。光绪十五年二月二十五日。

（朱批）：知道了。钦此。③

光绪十五年四月初十日，奉朱批：知道了。钦此。④

---

①中国第一历史档案馆藏：《朱批原件》，档案编号：04—01—01—0972—039。又《奏稿》第2043—2045页。

②中国第一历史档案馆藏：《军机录副》，档案编号：03—7400—054。

③中国第一历史档案馆藏：《朱批原件》，档案编号：04—01—12—0545—175。又《奏稿》第141—143页。

④中国第一历史档案馆藏：《军机录副》，档案编号：03—5248—048。

035. 奏报二次遵办郑工捐输请旨奖叙折
光绪十五年二月二十五日(1889年3月26日)

尚书衔甘肃新疆巡抚二等男臣刘锦棠跪奏，为新疆第二次遵办郑工新例捐输，恳恩饬部奖叙，恭折仰祈圣鉴事。

窃臣前准户部并国子监咨：议开办郑工捐输各等因。业将新疆自光绪十四年三月十三日开办起至是年七月底止，作为第一次收捐奏请奖叙在案。

兹据新疆布政使魏光焘详称：自光绪十四年八月初一日起至十二月底止，先后续据各捐生报捐实官、职衔各项，均经随时照章分别减成收捐，并填发正实收，给予收执。计共捐生三十八名，填给实收三十八张，共缴库平足色正项银八千九百六十九两八分，随收部饭银一百三十四两五钱三分六厘二毫、照费银七两六钱、监饭银四十八两五钱三分。所收正项银两存部候拨，其部、监饭、照银两并各捐生履历及填过副实收，相应赍解，详请具奏，并恳咨部填发执照，以凭转给等情前来。

臣复核无异。除将副实收、照费、饭银分送部、监查核外，所有新疆第二次遵办郑工新例捐输、恳恩饬部核奖缘由，谨恭折具陈，伏乞皇上圣鉴训示。谨奏。光绪十五年二月二十五日。

（朱批）：该部议奏。①

光绪十五年三月二十八日，奉朱批：该部议奏。钦此。②

036. 奏报呈进新疆回部贡金折
光绪十五年二月二十五日(1889年3月26日)

尚书衔甘肃新疆巡抚二等男臣刘锦棠跪奏，为呈进回部贡金，恭折具陈，仰祈圣鉴事。

窃照新疆色勒库尔之南回部坎巨提，向来按年进贡沙金。该头目俄则项前于光绪四年遵例呈进，经前大学士陕甘总督臣左宗棠奏准，援案赏给

---
①中国第一历史档案馆藏：《朱批原件》，档案编号：04—01—35—0698—015。
②中国第一历史档案馆藏：《军机录副》，档案编号：03—7080—042。

大缎二匹,由左宗棠就近发给祗领,历经钦遵办理在案。兹据喀什噶尔道袁尧龄申称:据该头目赛必德哎里罕呈到光绪十五年分进贡沙金一两五钱,遵将例赏大缎二匹发交赛必德哎里罕祗领,申请具奏前来。

臣复查无异。除将所进沙金一两五钱咨送内务府呈进外,理合恭折具奏,伏乞皇上圣鉴。谨奏。光绪十五年二月二十五日。

(朱批):该衙门知道。①

光绪十五年四月初十日,奉朱批:该衙门知道。钦此。②

037. 奏报交卸起程日期折

光绪十五年二月二十五日(1889年3月26日)

尚书衔甘肃新疆巡抚二等男臣刘锦棠跪奏,为恭报微臣交卸起程日期,仰祈圣鉴事。

窃臣钦奉谕旨,允准展假回籍,省视祖母,当即具折叩谢天恩。兹于本年二月二十五日派委署抚标中军参将郝忠裔、代理迪化府知府潘时策,将甘肃新疆巡抚关防一颗暨王命旗牌并文卷等件赍送护抚臣魏光焘,接收任事。③臣即于是日卸事起程。新疆改设标营,规制已定,护抚臣在事日久,洞达无遗,必能广益集思,和衷共济。臣一俟假满,即当驰回本任,勉竭愚忱,以仰副圣主曲赐矜全之至意。

所有微臣交卸起程日期,谨恭折具陈,伏乞皇上圣鉴。谨奏。光绪十五年二月二十五日。

(朱批):知道了。④

光绪十五年三月二十八日,奉朱批:知道了。钦此。⑤

【案】清廷旋以新疆关紧饬湘抚王文韶传谕刘锦棠,不必拘定假期,迅速回任:

---

①中国第一历史档案馆藏:《朱批原件》,档案编号:04—01—14—0084—079。
②中国第一历史档案馆藏:《军机录副》,档案编号:03—5248—051。
③详见光绪十五年二月二十八日护理新疆巡抚魏光焘奏报接护抚篆日期缘由(中国第一历史档案馆藏:《军机录副》,档案编号:03—5248—044)。
④中国第一历史档案馆藏:《朱批原件》,档案编号:04—01—12—0545—164。又《奏稿》第2047—2048页。
⑤中国第一历史档案馆藏:《军机录副》,档案编号:03—5247—162。

军机大臣字寄:升任云贵总督湖南巡抚王,光绪十五年七月十五日奉上谕:甘肃新疆巡抚刘锦棠,前经赏假六个月,回籍省亲。嗣据该抚奏报,于二月二十五日起程,现在计已行抵湖南。新疆地方紧要,边防诸务关系重大,朝廷廑念甚殷。着王文韶传知该抚,不必拘定假期,迅速回任。将此由四百里谕令知之。钦此。遵旨寄信前来。①

038. 原保裴传明底衔有误请饬更正片

光绪十五年二月二十五日(1889年3月26日)

再,蓝翎尽先补用参将裴传明于克复苏州省城及江阴、无锡、金匮等县案内,经前江苏抚臣李鸿章由蓝翎守备保以都司尽先补用,并换花翎;克复宜荆、溧阳、嘉、常等城案内,经前署两江督臣李鸿章仍由守备保以都司尽先补用,并换花翎;新疆六载边防案内误将都司底衔开作游击,经臣保免补游击,以参将尽先补用,并换花翎,均经奉旨允准钦遵行知在案。兹据该员将原奉各案奖札禀请附奏更正前来。

臣复核无异。合无仰恳天恩俯准,将克复宜荆、溧阳、嘉、常等城案内由守备重保花翎都司之裴传明,改为由都司保免补都司,以游击尽先补用;六载边防案内仍由游击请保免补游击,以参将尽先补用,饬部更正注册,以免歧异,出自鸿施。

谨附片具陈,伏乞圣鉴训示。谨奏。

(朱批):兵部议奏。②

光绪十五年三月二十八日,奉朱批:兵部议奏。钦此。③

039. 游春泽等侵冒一案移交护抚审拟片

光绪十五年二月二十五日(1889年3月26日)

再,上年二月间,前署伊犁将军臣锡纶会同具奏,查明贪劣各员分别定

---

①中国第一历史档案馆编:《光绪朝上谕档》,第十五册,第268页。又《德宗景皇帝实录(四)》,卷二百七十二,光绪十五年七月,第638—639页。
②中国第一历史档案馆藏:《朱批原件》,档案编号:04—01—16—0227—072。
③中国第一历史档案馆藏:《军机录副》,档案编号:03—5247—165。

拟一折,内称游春泽、李永祜二人侵吞帑金不下二十七万余两,尚有漏列亏欠之款等语。经刑部议奏,请令详细查讯明确,按例定拟具奏,再行议复,奉旨:依议。钦此。旋准色楞额咨送此案卷宗及原参各员到省。除周元庆等七名奉旨分别发往军台邀藉管束及降革仍留伊犁均已钦遵办理外,其应查讯之游春泽等,札委藩司魏光焘、兼按察使衔恩纶,会同审讯。据该司等详称:奉发伊犁送省卷宗多不齐全,请调报销底簿、各项帐据,并控游春泽等浮冒等款原呈,抄呈军机处有案之知府吴炳鑫等对质等情,复据情咨调在案。

臣查此项银两业经原任伊犁将军金顺报部核销,臣前在伊犁虽访查,该革员等平素不无侵欺,然实未闻其有此数,是以原参并未列入此款。上年锡纶会衔具奏,比由臣咨查,未准明晰咨复,锡纶即因病出缺。臣现在蒙恩准假回籍,而咨调伊犁证卷尚未到齐,应俟证卷到齐,由护抚臣详细查明定拟具奏,以重帑项而昭核实。

所有此案未能依限完结,请移交护抚臣办理缘由,理合附片陈明,伏乞圣鉴训示。谨奏。

(朱批):该部知道。①

光绪十五年三月二十八日,奉朱批:该部知道。钦此。②

040. 委令沈先锟署理哈密通判片
光绪十五年二月二十五日(1889年3月26日)

再,署哈密通判喻先麓丁忧,遗缺查有候补同知沈先锟,堪以委令署理。据新疆布政使魏光焘、兼按察使衔镇迪道恩纶会详前来。除批饬给委外,谨会同陕甘总督臣谭钟麟,附片具奏,伏乞圣鉴。谨奏。

(朱批):吏部知道。③

光绪十五年三月二十八日,奉朱批:吏部知道。钦此。④

---

① 中国第一历史档案馆藏:《朱批原件》,档案编号:04—01—01—0972—043。
② 中国第一历史档案馆藏:《军机录副》,档案编号:03—5861—061。
③ 中国第一历史档案馆藏:《朱批原件》,档案编号:04—01—12—0545—156。
④ 中国第一历史档案馆藏:《军机录副》,档案编号:03—5247—164。

041. 奏报转解伊犁勇饷日期片

光绪十五年二月二十五日（1889年3月26日）

再，臣于本年二月初四日承准军机大臣字寄：光绪十四年十二月二十九日奉上谕：色楞额奏清厘伊犁勇饷，抚臣请照旧章，碍难照办一折。① 所有伊犁遣撤勇队、酌发饷项川资各事宜，即着责成色楞额就近一手经理。前由谭钟麟拨解银十五万两，着刘锦棠派员转解伊犁应用等因。钦此。② 钦遵咨行在案。兹据藩司详称：前项银十五万两，遵于本月十三日委员管解去讫，并准色楞额咨钞原折咨照前来。

臣查此项银两，由色楞额批准给发，臣本不便与闻。部议令臣专办，臣正拟具奏，复奉旨饬令臣与色楞额会同办理，臣始不敢过辞。色楞额援前案请款，又不能照前案发饷，意实两歧。前此臣与锡纶会同发饷，实奉有谕旨，饬令分别入营久暂，分成匀给。色楞额盖未周知。伊犁勇营旧章，每月发饷七天半，其余粮料及衣履、包巾等项，随时作价。各营勇应存饷数，实不自知，以故当时按年匀给，各营勇并无异说。其后锡纶遣撤吉江马队，因有存饷可稽，核发至六十余万两。如各营勇存有饷册，乃藏而不出，岂非至愚？不然又岂臣所能强抑？此次色楞额请拨款十五万两，部议如无须此数，自应存储藩库，不得滥支。臣恐色楞额意有未安，故告以有余，仍当具奏，以济伊犁之用，不谓乃以此更生异论也。

臣现在请假回籍，已蒙恩允准。色楞额当信其无他。臣长于兵间，深知甘苦，从不敢过于严切。惟伊犁营勇积习太深，非严恐无以整顿。臣欲严而色楞额以宽，则色楞额之所处自易。惟望速清此款，早定营规，使边圉之民相安无事，则伊犁之幸，亦新疆全局之幸矣。

所有转解前项银两日期，谨附片陈明，伏乞圣鉴训示。谨奏。

---

① 详见光绪十四年十一月十七日伊犁将军色楞额具折奏报会同清厘伊犁勇饷，抚臣请照旧章有碍大局，断难查照办理，可否特饬抚臣来伊秉公清厘缘由（中国第一历史档案馆藏：《军机录副》，档案编号：03—6113—031）。

② 此廷寄见中国第一历史档案馆编：《光绪朝上谕档》，第十四册，第521页。又《德宗景皇帝实录（四）》，卷二百六十四，光绪十五年正月上，第536—537页。

（朱批）：户部知道。①

光绪十五年三月二十八日，奉朱批：户部知道。钦此。②

042. 委任袁尧龄等署理新疆藩司等缺片
光绪十五年二月二十五日（1889年3月26日）

再，新疆布政使魏光焘钦奉上谕，护理新疆巡抚篆务，业经臣将关防、文卷等件移交任事，另奏在案。所遗布政使一缺，用人理财，事多创始，现值全疆改设各标营制、饷章，尤资整顿。查有调补喀什噶尔道袁尧龄，堪以署理。未到任以前，委镇迪道兼按察使衔恩纶暂行兼理。递遗喀什噶尔道员缺，辖境辽阔，抚绥弹压，均关紧要，查有甘肃候补道向邦倬，堪以委署。

除分饬遵照外，谨会同陕甘总督臣谭钟麟，附片具奏，伏乞圣鉴。谨奏。

光绪十五年三月二十八日，奉朱批：知道了。钦此。③

043. 奏为赏加太子少保衔谢恩折
光绪十五年五月初十日（1889年6月8日）

太子少保尚书衔甘肃新疆巡抚二等男臣刘锦棠跪奏，为恭谢天恩，仰祈圣鉴事。

窃照臣于本月初二日行次兰州，恭阅邸抄，光绪十五年正月二十二日，钦奉慈禧端佑康颐昭豫庄诚皇太后懿旨：各省封疆大吏均为国家倚任之臣，其久历戎旃、熟谙韬略者，懋建殊勋，贤劳尤著。现任提镇诸臣，类皆起自行间，浃膺专阃。各该文武大员为国宣勤，历久不懈。现在归政伊迩，允宜分别施恩。甘肃新疆巡抚刘锦棠着赏加太子少保衔等因。钦此。当即恭设香案，望阙叩头谢恩。

---

① 中国第一历史档案馆藏：《朱批原件》，档案编号：04—01—30—0214—022。又《奏稿》第2049—2052页。
② 中国第一历史档案馆藏：《军机录副》，档案编号：03—6115—030。
③ 中国第一历史档案馆藏：《军机录副》，档案编号：03—5247—163。

伏念臣志幕请缨,术梳鼓箧。偶与小戎之列,遂领疆圻；未登大雅之堂,何堪师保！兹以建中德茂,归政礼成。合万国之欢心,帝隆孝养；迈百王之大法,世仰徽音。乃复俯念微劳,溥加懋赏。辅导而愧无心学,职备东宫；联翩而宠晋头衔,辉生西域。自天闻命,伏地滋惭！臣惟有倍矢靖共,力图报称。考汉代屯边之策,时幸能逢；绎礼经教胄之文,身先思慎。

所有微臣感激下忱,理合缮折,叩谢天恩,伏乞皇上圣鉴。再,臣此折系借用陕甘总督关防,合并陈明。谨奏。光绪十五年五月初十日。

（朱批）：知道了。钦此。①

光绪十五年六月初四日,奉朱批：知道了。钦此。②

044. 赐祭原任广东提督刘松山谢恩折

光绪十五年五月初十日（1889年6月8日）

太子少保尚书衔甘肃新疆巡抚二等男臣刘锦棠跪奏,为恭谢天恩,仰祈圣鉴事。

窃照臣于本月初二日行次兰州,恭阅邸抄,光绪十五年正月二十二日,钦奉慈禧端佑康颐昭豫庄诚皇太后懿旨：迩来各省军务一律敉平,朝廷安不忘危,每思疆场之臣身经百战。赍志捐躯,亮节孤忠,时深悯念。本年二月,举行归政典礼,论功行赏。普遍寰区,更宜泽及九原,以褒忠荩。原任广东陆路提督刘松山,着赐祭一坛等因。钦此。

伏念臣少遭家难,惟臣叔是依,长事戎行,亦臣叔所教,忠义实根诸性命,至今如见其生平。恩荣且及于子孙,永世不忘夫报ished！兹复仰蒙慈命,追念成劳。秩元祀而记功,宗三代之典章斯重；听鼓鼙而思将,帅四方之观感尤深。臣敢不慎守前型,勉图后效。奉晨昏于万里,祖孙怀锡类之仁；通魂梦于九原,存没共匪躬之义。

所有微臣感激下忱,理合缮折叩谢天恩,伏乞皇上圣鉴。再,臣此折系

---

①中国第一历史档案馆藏：《朱批原件》,档案编号：04—01—12—0545—051。又《奏稿》第145—147页。

②中国第一历史档案馆藏：《军机录副》,档案编号：03—5250—013。

借用陕甘总督关防,合并陈明。谨奏。光绪十五年五月初十日。

(朱批):知道了。钦此。①

光绪十五年六月初四日,奉朱批:知道了。钦此。②

045.奏报抵籍日期片
光绪十五年八月二十四日(1889年9月18日)

再,臣于八月初一日承准军机大臣字寄:光绪十五年七月十五日奉上谕:甘肃新疆巡抚刘锦棠,前经赏假六个月,回籍省亲。嗣据该抚奏报,于二月二十五日起程,现在计已行抵湖南。新疆地方紧要,边防诸务关系重大,朝廷廑念甚殷。着王文韶传知该抚,不必拘定假期,迅速回任。将此由四百里谕令知之。钦此。遵旨寄信前来。

臣查新疆抚臣刘锦棠,蒙恩准假省亲,于七月二十七日行抵湖南省城,彼此往还,小住三日,旋即遄回湘乡县本籍。钦奉前因,遵即恭录谕旨,备文知照去后。兹据呈称:锦棠前蒙恩准,展假六个月,回籍省视祖母。当即恭折叩谢天恩,并将交卸起程日期专折奏明在案。嗣因沿途感受暑湿,触动旧时便血及手足麻木诸证,随时医治,略有耽延,兹于八月初六日行抵湖南湘乡县本籍。锦棠祖母病势虽较前轻减,然终日昏瞀,不能辨识家人。其眠食、步履,一切需人。锦棠惟有加意医治,以期速愈,合将到籍日期呈请据情代奏等情。

核其发行月日,所有钦奉寄谕转行之件,自系尚未接到,理合先将该抚到籍日期,附片代奏,伏乞圣鉴。谨奏。

(朱批):知道了。③

光绪十五年九月初八日,奉朱批:知道了。钦此。④

---

① 中国第一历史档案馆藏:《朱批原件》,档案编号:04—01—14—0084—081。又《奏稿》第149—151页。
② 中国第一历史档案馆藏:《军机录副》,档案编号:03—5250—014。
③ 中国第一历史档案馆藏:《朱批原件》,档案编号:04—01—13—0365—025。又《奏稿》第2053—2055页。此片由湖南巡抚王文韶代奏。
④ 中国第一历史档案馆藏:《军机录副》,档案编号:03—5253—037。

046. 奏报俟祖母病势稍痊即行回任片（王文韶代）
光绪十五年八月二十九日（1889年9月23日）

再，臣于八月初一日，钦奉寄谕，以新疆地方紧要，饬即传知刘锦棠，不必拘定假期，迅速回任等因。钦此。当即恭录转行，并附片奏报在案。兹于八月二十八日①接据新疆抚臣刘锦棠文称：锦棠前蒙恩准，赏假六个月回籍，省视祖母，业将到籍日期呈请代奏。现在将近一月，祖母病势诸未轻减。锦棠虽日侍医药，祖母总不识锦棠为何人，口中时念孙归，目中不知孙归。是锦棠虽归，究与未归无异，伤心怵目，泣下潸然，五内仿徨，莫知所措。兹奉天语煌煌，跪读之下，莫名惶悚。计惟有赶延名医，多方调理，俟祖母病稍痊可，即当不拘假期，迅速回任，以期上慰宸廑等因，呈请转奏前来。

理合据情附片代奏，伏乞圣鉴。谨奏。

（朱批）：仍着传谕刘锦棠，新疆事务紧要，俟伊祖母病势稍轻即行回任，以重边防。②

光绪十五年九月二十九日，奉朱批：仍着传谕刘锦棠，新疆事务紧要，俟伊祖母病势稍轻即行回任，以重边防。钦此。③

047. 奏报祖母病笃恳开缺终养缘由折
光绪十五年十二月十三日（1890年1月3日）

头品顶戴湖南巡抚臣邵友濂跪奏，为据情恭折代奏，仰祈圣鉴事。

窃准甘肃新疆抚臣刘锦棠文称：锦棠前蒙恩准，赏假六个月，回籍省视祖母。到籍后，复奉谕旨，饬令不拘假期，迅速回任。当将祖母病未减轻、一俟稍愈、即行起程各节，呈请升任云贵总督前湖南巡抚王文韶附片代奏。光绪十五年十一月十二日，承准咨开：十月二十九日，在常德府途次接回原片，奉朱批：仍着传谕刘锦棠，新疆事务紧要，俟伊祖母病势稍轻，即行回

---

① "八月二十八日"，《奏稿》作"八月二十日"。
② 中国第一历史档案馆藏：《朱批原件》，档案编号：04—01—17—0142—045。又《奏稿》第2057—2058页。此片由湖南巡抚王文韶代奏。
③ 中国第一历史档案馆藏：《军机录副》，档案编号：03—5253—140。

任，以重边防。钦此。跪聆之下，感悚莫名！

锦棠一介庸愚，受恩深重，此身岂尚复为己有！且边防吃重，久旷厥职，尤为寝馈难安。到籍以来，初不意祖母之暮景颓唐至斯极也。名医访遍，祈祷多方，病且有增无减。向虽不能辨识家人，视听稍见精神。今则家人至其前，而不知其至矣。向虽饮食减少，犹有索食之时。今则竟日不自索食，必使人扶掖而以食，徐啖之，乃得进以少许矣。向虽心神恍惚，犹间有清醒语言。今则无非颠倒之词，家人环听而细测之，莫知其意之所在矣。向虽起处维艰，每当便溺，犹或示人以意。今则侍疾者略不经心，而混秽在身矣。锦棠日侍床蓐，昕夕所见，无非可悲可泣之状。医者谓：尺脉细弱，虚不受补。药方屡易，病证亦复屡变，所以久不见效。锦棠闻之，肝肠寸裂，忧惧之余，公私两念交迫于中，亦遂神魂莫定，夜不能寐，致成惊悸之疾。

伏思锦棠髫龄孤苦，赖祖母鞠育教诲，以有今日。历溯祖母生平艰苦之境，多不忍言。祖母所出，只锦棠之父与叔两人。咸丰四年，锦棠之父战殁岳州。同治九年，叔父刘松山殉节金积堡。皆祖母伤痛之事。锦棠又离家十有八载，久疏定省。此次仰荷逾格鸿施，获睹慈颜，方深庆幸，以谓今始得博老人一笑，乃事不从心若此。此时若遂不顾而行，弃绝恩义，圣朝以孝治天下，亦安用此忘亲不孝之人！

锦棠未尝学问，惟一片血诚秉诸天性，二十余年效力疆场，夫岂不知公而忘私之义！边防为重，祖母为轻，然锦棠于无可如何之中，作强自宽解之想，则亦有二说焉。现在边疆安谧，屡接关外来函，兼询南归员弁，皆言魏光焘措置裕如，军民悦服，可以上慰宸廑。是此时之边防，似尚宽缓，而锦棠祖母之情形，则极急切也。祖母今年八十有五，锦棠今年四十有六，是锦棠感激驰驱之日长，而依恋庭闱之日短也。是以屡奉廷旨催促，实有不克钦遵就道之苦衷。

转瞬假期届满，再四思维，若仅求恩展假，则祖母衰病弥留，何能应期而愈？祖母之病一日不愈，则锦棠之心一日不安。心一日不安①，则身一日无用。身既无用，则回任之期实难预必成行。与其愆期而获咎于后，何如据情而泣诉于前？惟有吁求天恩，俯准开锦棠甘肃新疆巡抚员缺，迅赐另简，以专责成，俾锦棠得以安心在籍，侍奉祖母余年。锦棠亦藉以稍纾忧

---

①"心一日不安"，《奏稿》作"一日不安"。

郁，留此身效力于将来，则有生之年，无非报国之日。犬马愚忱，虽赴汤蹈火，甘之如饴矣。冒昧渎陈，不胜迫切惶恐之至。所有锦棠祖母病势增剧、恳恩赏准开缺终养缘由，呈请据情转奏前来。

臣自到任后，接见绅耆，询以该抚臣祖母病状，均称其老病日笃，系属实情。兹准来文叙述情形，词尤肫切，理合恭折代奏，伏乞皇上圣鉴训示。谨奏。光绪十五年十二月十三日。

光绪十六年正月初八日，奉朱批：另有旨。钦此。①

【案】《上谕档》：

光绪十六年正月初八日，内阁奉上谕：邵友濂代奏刘锦棠沥陈祖母病状，恳恩开缺终养一折。览奏。情词悱恻，出于至诚，朝廷良深悯念。惟新疆事务重要，该抚久膺边寄，威望素孚，一时实难遽易生手。刘锦棠着毋庸开缺，再赏假四个月，并加恩赏给伊祖母人参八两，以资颐养。该抚其善求医药，尽心调治，一俟亲疾就痊，即行驰回本任，用副朕眷念西陲、优加倚任至意。钦此。②

光绪十六年—光绪二十年

001. 奏为年终赏赐谢恩折

光绪十六年正月二十二日（1890年2月11日）

暂行护理湖南巡抚按察使臣沈晋祥③跪奏，为据情代奏，叩谢天恩，恭

---

①中国第一历史档案馆藏：《军机录副》，档案编号：03—5260—027。又《奏稿》第2059—2065页。
②中国第一历史档案馆编：《光绪朝上谕档》，第十六册，第20—21页。又《德宗景皇帝实录（四）》，卷二百八十，光绪十六年正月，第732页。
③沈晋祥(1837—?)，字眉孙，浙江归安（今湖州）人。同治六年(1867)，以功保免选本班，以直隶州知州分发省分，归候补缺补用，并加知府衔。十二年(1873)，赴部呈请分发，指省山西，是年十一月到省。光绪三年(1877)，于练军操防出力案内保，俟补缺后以知府用。同年八月，补保德直隶州知州。五年(1879)，于办理赈务出力，保俟开缺归知府班后加盐运使衔，旋经调补绛州直隶州知州。八年(1882)，署平定直隶州知州。九年(1883)，补授山西蒲州府知府。十年(1884)，署太原府知府。十二年(1886)，署冀宁道，六月交卸，回太原府本任。十三年(1887)，补授山西冀宁道，两次署理山西按察使。十五年(1889)，迁湖南按察使。同年，暂护湖南巡抚。十七年(1891)，擢甘肃布政使。

折仰祈圣鉴事。

窃准请假在籍甘肃新疆抚臣刘锦棠文开：光绪十五年十二月二十八日，承准军机处咨开：十一月二十八日，由内阁交出恩赏福字荷包、银钱、银锞、食物等项，交兵部由驿递到，按照单开数目祗领等因。承准此，当即恭设香案，望阙叩头祗领。

伏念锦棠薄植轻材，久膺疆寄，荷恩慈之远被，准乞假以陈情。兹当凤钥新更，复沐龙纶下逮。九畴敷锡，拜特眷于奎章；万类包容，凝泰和于辰极。贡金品重，赤仄同颁，赐果名嘉，琼芬并屑。润到滴酥之味，宠渥醍醐；持将切玉之方，洁侔冰雪。凡此鸿施之沛，实深鳌戴之忱。惟有震省身心，刻铭肺腑，以期仰答高厚于万一！所有感激下忱，请代奏叩谢天恩等情。

准此，理合据情恭折代奏，伏乞皇上圣鉴。谨奏。光绪十六年正月二十二日。

光绪十六年二月十八日，奉朱批：知道了。钦此。①

002. 奏为御赏祖母人参谢恩折

光绪十六年闰二月初九日（1890年3月29日）

暂行护理湖南巡抚按察使臣沈晋祥跪奏，为据情代奏叩谢天恩，恭折仰祈圣鉴事。

窃准请假在籍甘肃新疆巡抚刘锦棠咨：于光绪十六年正月二十七日接准臣差弁递到兵部木牌一面、参匣一个，并转准吏部咨行：光绪十六年正月初八日奉上谕：邵友濂代奏刘锦棠沥陈祖母病状，恳恩开缺终养一折。览奏，情词悱恻，出于至诚，朝廷良深悯念！惟新疆事务重要，该抚久膺边寄，威望素孚，一时实难遽易生手，刘锦棠着毋庸开缺，再赏假四个月，并加恩赏给伊祖母人参八两，以资颐养。该抚其善求医药，尽心调治，一俟亲疾就痊，即行驰回本任，用副朕眷念西陲、优加倚任至意。钦此。跪聆之下，感激涕零，当即恭设香案，望阙叩头祗领。

伏念锦棠祖母昔为井臼躬操，今已桑榆景迫。遭逢盛世，早分一命之

---

①中国第一历史档案馆藏：《军机录副》，档案编号：03—5261—081。又《奏稿》第2067—2069页。

荣;渥被皇仁,迭晋五花之诰。兹以锦棠恳请开缺终养,复邀宠锡,备荷荣施。赏逾格之假期,温纶下逮;出尚方之珍药,异数遥颁。泽本如春,藉舒爱日,权能造命,资永亲年。极沦肌浃髓以难名,虽糜顶捐躯而莫报。锦棠惟有悉心侍奉,加意珍调。冀逐乌鸟之情,上纾廑念;待竭驽骀之质,仰答生成。所有感激下忱,请据情转奏叩谢天恩等因。

准此,理合据情代奏,伏乞皇上圣鉴。谨奏。光绪十六年闰二月初九日。(朱批):知道了。①

光绪十六年三月初四日,奉朱批:知道了。钦此。②

003. 奏为恩赏祖母缎匹谢恩折

光绪十六年三月十五日(1890年5月3日)

头品顶戴湖南巡抚臣张煦③跪奏,为据情代奏,叩谢天恩,恭折仰祈圣鉴事。

窃准请假在籍甘肃新疆抚臣刘锦棠咨称:准前湖南抚臣邵友濂转交恩赏各寿妇缎匹一案,单开湘乡县命妇陈氏,未届百龄,亲见七代五世同堂,蒙恩赏给上用缎一匹、改折江绸二件等因。① 锦棠祗领之余,谨即恭设香案,望阙叩头谢恩。

伏念锦棠祖母陈氏,年逾八秩,钗荆安儒,素家风诰,捧五花翟茀,沐圣朝恩露。惜桑榆之已迫,有负鸿慈;感参药之频颁,久深鳌戴。兹复恭逢庆典,渥荷殊施,分出天章,璀璨焕云霞之色;谬膺上赏,乔黄生杖履之春。闻命自天,感恩无地! 锦棠惟有仰体皇仁,勉承亲志,傍药炉而戏彩,萱可忘

---

① 中国第一历史档案馆藏:《朱批原件》,档案编号:04—01—12—0547—078。
② 中国第一历史档案馆藏:《军机录副》,档案编号:03—5263—011。
③ 张煦(1824—1895),甘肃省宁夏府灵州人。咸丰三年(1853),中式进士。同治二年(1863),补刑部云南司员外郎、律例馆提调。三年(1864),迁刑部奉天司郎中。六年(1867),放贵州镇远府知府。九年(1870),署思南知府。十年(1871),补贵阳府知府。光绪四年(1878),调署贵西道。六年(1880),调署贵州按察使,兼办善后局兼稽查厘金事务。八年(1882),补贵州贵东道。九年(1883),迁陕西按察使。十一年(1885),升补广东布政使。十二年(1886),调补山西布政使。十四年(1888),擢陕西巡抚。十五年(1889),调湖南巡抚。十八年(1892),补授山西巡抚。
① 详见光绪十六年九月初八日吏部为查明新抚刘锦棠之祖母陈氏年岁事致军机处知照(中国第一历史档案馆藏:《知照》,档案编号:03—5289—021)、翰林院编修任贵震等呈查明新疆巡抚刘锦棠等老亲年岁清单(中国第一历史档案馆藏:《清单》,档案编号:03—5274—016)。

忧；企黼座以摅丹，葵还向日。所有感激荣幸下忱，咨请代奏叩谢天恩等情到臣。

理合据情恭折代奏，伏乞皇上圣鉴。谨奏。光绪十六年三月十五日。
（朱批）：知道了。①

光绪十六年四月初二日，奉朱批：知道了。钦此。②

004.奏为祖母病革恳暂行开缺折

光绪十六年三月十五日（1890年5月3日）

头品顶戴湖南巡抚臣张煦跪奏，为据情恭折代奏，仰祈圣鉴事。

窃准请假在籍甘肃新疆抚臣刘锦棠咨称：前将祖母病势增剧恳恩开缺终养各节，呈由前湖南抚臣邵友濂代奏，奉上谕：邵友濂代奏刘锦棠沥陈祖母病状，恳恩开缺终养一折。览奏。情词悱恻，出于至诚，朝廷良深悯念。惟新疆事务重要，该抚久膺边寄，威望素孚，一时实难遽易生手。刘锦棠着毋庸开缺，再赏假四个月，并加恩赏给伊祖母人参八两，以资颐养。该抚其善求医药，尽心调治，一俟亲疾就痊，即行驰回本任，用副朕眷念西陲、优加倚任至意。钦此。跪诵回环，涕零如雨，并准前护抚臣沈晋祥递到兵部木牌一面、参匣一个，业将叩谢天恩各情呈请代奏在案。

伏念锦棠至愚极陋，朝廷优加委任，谬膺边寄。此次陈情乞养，尤复过蒙恩眷，不以渎陈为干咎，且以重围衰病为可矜。天语慈祥，鸿恩稠迭，虽古仁圣之君，厚恤臣工家室，殆未有若是之笃至者！碎骨粉身，不足言报。锦棠具有天良，岂不知感激而奋兴！况边疆紧要，离任已周一年，尚复退食委蛇，日夜仿徨，神魂如失。皇天后土，实鉴此心！惟内顾祖母病势朝不保夕，锦棠不学，于古人仁孝之道未之有闻，然至诚恻怛，人各本于性生，何忍于祖母阽危之际，欣然离床蓐而赋长征？设征车甫经就道，而风木之声遽传于耳，其何以为心，其何以自立于世？此又乌私之苦万无可宽者也。仰蒙圣旨展假四个月，固已至优极渥，无以复加矣。

乃迄今又两月有余，医药遍求，祖母仍未稍痊。转瞬假期复满，再欲辗

---

① 中国第一历史档案馆藏：《朱批原件》，档案编号：04—01—12—0547—115。又《奏稿》第2071—2074页。
② 中国第一历史档案馆藏：《军机录副》，档案编号：03—5264—006。

转乞假,几无了期,尚复成何事体!慈谕又曰:一俟亲疾就痊,即行赴任。体恤周详,不加逼迫,方之李密之所谓诏书切峻者,可见孝治之世,其宽大之典远迈前朝。惟祖母衰老病笃,奄奄一息,痊愈不知何时。而锦棠受恩深重,实任封疆之身,日复一日,月复一月,虚膺重寄于田间,久旷职守于边省,既乖设官之体制,尤深内疚于神明。夫公义私情,轻重悬殊。惟公义乃举毕世之所重,私情为一时之所急。毕世之所重者,相期补报于毕世,暂乞纾徐于一时。一时之所急者,稍或蹉跎于一时,永贻痛憾于毕世。念进退之维谷,因仰首以悲鸣。凡人有疾痛忧患之事,未有不穷极而呼父母者。

锦棠四顾茫茫,如穷人之无归,再四思维,惟有高厚之恩可恃,以苏困心衡虑之苦,是以不揣冒昧,仍吁请我皇上之前,如孺子痛哭于慈父母之侧,伏恳曲加怜悯,俯听微忱,暂开锦棠甘肃新疆巡抚员缺,另简贤能,以专责成,俾要缺不至日久虚悬,锦棠亦稍解旷职之咎,聊纾兼顾之忧,庶得谨遵谕旨,善求医药,尽心调治。一俟就痊,即当泥首天廷,求赏差使,捐躯图报,理得心安。犬马愚忱,神人共鉴,决不敢辜负天恩,稍涉欺罔。所有祖母病势急切恳恩暂行开缺缘由,咨请代奏前来。

理合据情代奏,伏乞皇上圣鉴训示。谨奏。光绪十六年三月十五日。(朱批):另有旨。①

光绪十六年四月初二日,奉朱批:另有旨。钦此。②

【案】《上谕档》:

光绪十六年四月初六日,内阁奉上谕:张煦代奏刘锦棠沥陈祖母病笃,恳恩暂行开缺侍养,并请收回加衔成命各折片。览奏,情词迫切,具见悃忱。惟新疆为西陲要地,刘锦棠办理一切,深合机宜,朝廷正资倚任。着再赏假四个月,毋庸开缺,仍俟伊祖母病体稍愈,即行回任,以重职守……钦此。③

---

①中国第一历史档案馆藏:《朱批原件》,档案编号:04—01—12—0547—114。又《奏稿》第2075—2080页。
②中国第一历史档案馆藏:《军机录副》,档案编号:03—5264—009。
③《德宗景皇帝实录(四)》,卷二百八十四,光绪十六年四月,第780页。

005. 奏为恳辞赏加太子太保片
光绪十六年三月十五日（1890年5月3日）

再，准甘肃新疆抚臣刘锦棠咨称：窃锦棠恭阅邸抄，正月二十七日奉上谕：甘肃新疆巡抚刘锦棠，着赏加太子太保衔。钦此。① 跪聆之下，感激莫名。

伏念锦棠忝任封疆之重要，莫酬高厚于涓埃。自蒙鸿慈，得遂省亲之愿；久离雁塞，何辞旷职之愆。大母既荷推恩，颁尚方之药饵；锦棠更承温谕，缓边域之驰驱。已叨非分之荣，方虞瘝官②之惧。乃沦肌浃髓，复③惊拜赐于龙章；而福过灾生，窃恐贻忧于蚊负。况夫勋非萧瑀，何堪仪备三师；德愧召公，敢望班侪④六傅。庭闱婴⑤痼疾效刘审理之煮药，尚滞征车；辅弼号崇阶如南郭士之滥竽，滋惭梦毂。伏乞俯鉴愚忱，收回成命，俾宽罪戾，曷罄悚惶，情实出于肫诚，事非故为矫激。所有恳辞赏加太子太保衔缘由，咨请代奏前来。

理合据情代奏，伏乞圣鉴训示。谨奏。

（朱批）：另有旨。⑥

光绪十六年四月初二日，奉朱批：另有旨。钦此。⑦

【案】此片为湖南巡抚张煦代奏，旋于是年四月初六日得旨：

> 光绪十六年四月初六日，内阁奉上谕：张煦代奏刘锦棠沥陈祖母病笃，恳恩暂行开缺侍养，并请收回加衔成命各折片。览奏，情词迫切，具见悃忱……前以行庆宣纶，赏加该抚太子太保衔，酬庸懋赏，出自特恩，毋庸固辞。钦此。⑧

---

①见《德宗景皇帝实录（四）》，卷二百八十，光绪十六年正月，第740页。
②"瘝官"，《奏稿》作"废官"，是。
③"复"，《奏稿》作"频"。
④"侪"，《奏稿》作"跻"。
⑤"婴"，《奏稿》作"撄"。
⑥中国第一历史档案馆藏：《朱批原件》，档案编号：04—01—13—0432—064。又《奏稿》第2081—2085页。
⑦中国第一历史档案馆藏：《军机录副》，档案编号：03—5264—010。
⑧《德宗景皇帝实录（四）》，卷二百八十四，光绪十六年四月，第780页。

006. 奏为赏加太子太保衔谢恩折

光绪十六年五月二十七日(1890年7月13日)

头品顶戴湖南巡抚臣张煦跪奏,为据情代奏,叩谢天恩,恭折仰祈圣鉴事。

窃准在籍太子太保甘肃新疆巡抚臣刘锦棠咨开:前阅邸抄,恭读正月二十七日上谕:甘肃新疆巡抚刘锦棠,着赏加太子太保衔。钦此。比经备文呈请代奏,吁恳收回成命。五月十五日,接到转准吏部咨行:光绪十六年四月初二日奉上谕:张煦代奏刘锦棠沥陈祖母病笃,恳恩暂行开缺侍养,并请收回加衔成命各折片。览奏,情词迫切,具见悃忱。惟新疆为西陲要地,刘锦棠办理一切,深合机宜,朝廷正资倚任,着再赏假四个月,毋庸开缺,仍俟伊祖母病体稍愈,即行回任,以重职守。前以行庆宣纶,赏加该抚太子太保衔,酬庸懋赏,出自特恩,毋庸固辞等因。钦此。跪聆之下,感悚莫名。当即恭设香案,望阙叩头谢恩讫。

伏念锦棠谬膺疆寄,未报涓埃,屡叨异数之颁,恒切非常之惧。兹值同登寿寓,方殷顶祝于宸工;复荷恩纶,荣晋头衔于丞弼。闻命而时萦丹悃,献箴而愧列青宫。当亲病之未瘳,推恩展假;乃殊施之渥沛,旷职滋惭。棠惟有益懔冰渊,勉图报称。重围侍奉,每瞻雁塞以依驰;寸念仿徨,冀答鸿慈之高厚。所有感激荣幸下忱,请据情转奏叩谢天恩等因。

准此,理合据情恭折代奏,伏乞皇上圣鉴。谨奏。光绪十六年五月二十七日。

(朱批):知道了。①

光绪十六年六月十七日,奉朱批:知道了。钦此。②

007. 奏为代奏恳请开缺终养折

光绪十六年七月十八日(1890年9月1日)

头品顶戴湖南巡抚臣张煦跪奏,为在籍大员屡次陈情,恳乞开缺终养,

---

①中国第一历史档案馆藏:《朱批原件》,档案编号:04—01—12—0548—073。又《奏稿》第2087—2089页。
②中国第一历史档案馆藏:《军机录副》,档案编号:03—5266—057。

谨照录原咨,恭折代呈,仰祈圣鉴事。

窃臣于五月二十四日接奉寄谕:前因刘锦棠迭请开缺终养,两次赏假,谕令俟伊祖母病体稍痊,即行回任。兹据杨昌濬奏称,关外行省新立,善后百端待举,塔尔巴哈台尚未定局,事极繁重。该抚久驻新疆,文武各员指臂相联,延盼之心,同形焦切,请饬伊弟河南候补道刘𧰼,回籍侍养祖母,俾该抚得以安心就道等语。① 本日已有旨,谕令倪文蔚转饬刘𧰼迅回湖南矣。着张煦传谕刘锦棠,不必拘定假满,即行驰回本任。朝廷以该抚孝思肫笃,曲加体恤。该抚务当仰体朕怀,移孝作忠,以副眷念西陲至意。将此由四百里谕令知之。钦此。钦遵转行,并由臣加函,劝令遵旨,酌量订期起程回任去后。

旋准该抚臣以祖母病难速痊、不忍远离等语咨请代奏,经臣以既奉巽命,未便再为代陈答复,并将原咨退还。嗣该抚臣亲身来省面恳,又经臣当面力劝,并婉陈大意。乃该抚臣爱亲之心根于天性,非口舌所能争,仍留原咨,坚请代奏。臣情切桑梓,非不知新疆一隅关系綦重,该抚臣在任有年,办理悉合机宜,冀其早日就道,上纾圣主廑念边疆之意。无如伊祖母衰病缠绵,亦属实情。既据面投公牍,又未敢壅于上闻,谨将刘锦棠原咨恭录,进呈御览,请旨定夺。

所有臣恭折代呈缘由,伏乞皇上圣鉴训示遵行。谨奏。光绪十六年七月十八日。

(朱批):另有旨。②

光绪十六年八月十二日,奉朱批:另有旨。钦此。③

【案】《光绪朝上谕档》:

光绪十六年八月十三日,内阁钞出十二日奉上谕:张煦奏在籍大员吁恳开缺终养,据情代奏一折。刘锦棠于上年回籍省视祖母,嗣据屡次陈请开缺,均经加恩展假,并谕令伊弟河南候补道刘𧰼回籍侍养,俾该抚得以安心回任。朝廷加意体恤,不为不周。兹复据奏该抚祖母

---

① 详见光绪十六年四月二十七日陕甘总督杨昌濬以新疆边地关系紧要,奏请饬催新疆巡抚刘锦棠销假回任缘由(中国第一历史档案馆藏:《朱批奏折》,档案编号:04—01—13—0366—054;《录副奏折》,档案编号:03—5265—051)。
② 中国第一历史档案馆藏:《朱批奏折》,档案编号:04—01—12—0548—017。
③ 中国第一历史档案馆藏:《录副奏折》,档案编号:03—5268—024。

病益增剧,未能远离,仍恳开缺。在刘锦棠孝思肫挚,原属出于至诚。惟念新疆地方紧要,该抚威望素孚,整顿一切事宜,诸臻妥协,实未便准其开缺。刘锦棠着再赏假四个月,俟伊祖母病体稍痊,即行驰回本任,用副朝廷廑念边陲、优加倚任至意。钦此。①

008. 奏为请俟假满后起程赴京折

光绪十六年十月初六日(1890年11月17日)

头品顶戴湖南巡抚臣张煦跪奏,为据情代奏,仰祈圣鉴事。

窃臣接准在籍甘肃新疆抚臣刘锦棠文称:锦棠前将祖母痊愈难期、仍恳天恩开缺另简各缘由,呈请代奏在案。兹准咨开:转准吏部咨:光绪十六年八月十二日内阁奉上谕:张煦奏在籍大员吁恳开缺终养,据情代奏一折。刘锦棠于上年回籍省视祖母,嗣据屡次陈请开缺,均经加恩展假,并谕令伊弟河南候补道刘萧回籍侍养,俾该抚得以安心回任。朝廷加意体恤,不为不周。兹复据奏该抚祖母病益增剧,未能远离,仍恳开缺。在刘锦棠孝思肫挚,原属出于至诚。惟念新疆地方紧要,该抚威望素孚,整顿一切事宜,诸臻妥协,实未便准其开缺。刘锦棠着再赏假四个月,俟伊祖母病体稍痊,即行驰回本任,用副朝廷廑念边陲、优加倚任至意。钦此。恭录咨行,钦遵查照等因。

伏念锦棠草莽庸愚,受恩深重。上年荷蒙给假归省后,屡次陈情乞养,迭沐鸿施,不加诃责,宽予假期。每读温谕之慈祥,曷禁涕零之如雨!自顾此身何才何德,朝廷曲加体量,至再至三。心非木石,能无奋兴?现虽祖母沉疴未起,未忍决绝私情,弃之而去。然公义如此之重,实有不敢再申前请之势。差幸入秋以来,祖母以锦棠日侍床蓐,扶持抑搔,已周一年,虽仍不识锦棠为孙,尚不若前此之目为外人。适锦棠弟萧②奉旨,谕令回籍侍养,

---

①中国第一历史档案馆编:《光绪朝上谕档》,第十六册,第248页。又《德宗景皇帝实录(四)》,卷二百八十八,光绪十六年八月,第835页。

②刘萧(1848—1898),字毅吉,湖南湘乡人。同治七年(1868),捐纳同知。九年(1870),保知府,嗣以功升道员。光绪元年(1875),兼袭二等子世职。七年(1881),办理河南军需局事务。八年(1882),署理河北彰卫怀道。九年(1883),办理河南善后局事务。十三年(1887),充河南水利局总办。十四年(1888),办理河南营务处。十五年(1889),授武闱乡试提调官。十六年(1890),回籍养亲。二十年(1894),补授江西督粮道。二十一年(1895),擢山西按察使。

自五月三十日由豫禀报起程,因汴梁连旬大雨,驿路积水阻隔,改由周家口乘船,趋清淮,出长江,溯流而上,亦①于八月十五日抵家,登堂拜谒。祖母虽不能认识,似尚目为面熟家人。

自此,兄弟更番侍养,病势幸未增剧。此时距恩旨续假之期尚有数月,加紧调理,仰蒙福庇,但得平平如故,即当于明年正月假满后,破涕启行。明知年近九十之笃病老人,自此次拜别慈颜,安知尚有获见之一日?将求如现在之亲侍汤药,杳不可得,言之酸心。然高天厚地之恩沦肌浃髓,何敢再顾乌私,致滋罪戾!所为情同绝裾、不复踌躇者也。

惟念锦棠一家,自祖母以下历承恩眷,有加无已,数十年如一日,从未一觐天颜,寸心耿耿,无时或释。且新疆如常安谧,正宜乘此无事之时,求领训词,稍申孺恋。陛辞后,立即驰回本任,不致多延时日。伏恳圣慈俞允,不胜感激屏营之至。所有遵旨于明年正月假满后起行,先请陛见,即赴本任,并声明弟㣱到家日期各缘由,呈请代奏前来。

理合据情代奏,伏乞皇上圣鉴。谨奏。光绪十六年十月初六日。

(朱批):刘锦棠着俟假满后,即行来京陛见。②

光绪十六年十一月初八日,奉朱批:刘锦棠着俟假满后,即行来京陛见。钦此。③

【附】光绪十六年六月初六日④,河南巡抚倪文蔚奏报刘㣱起程回湘侍奉祖母情形:

再,臣钦奉五月十一日寄谕:杨昌濬奏请饬河南候补道刘㣱,回湘侍奉祖母,俾刘锦棠得以回任供职等语。新疆地方紧要,亟需该抚回任,以资镇抚。本日已有旨,令刘锦棠不俟假满,即回新疆。着倪文蔚饬令道员刘㣱,赶紧回湘,庶刘锦棠祖母侍养有人。该抚自可安心赴任,以重职守等因。钦此。仰见恩隆孝治,体恤庶情,凡在臣寮,同深钦感。

伏查道员刘㣱,由并袭二等子分发来豫,历办军需、水利各局事

---

① "亦",《奏稿》作"已"。
② 中国第一历史档案馆藏:《朱批原件》,档案编号:04—01—13—0367—064。又《奏稿》第2099—2104页。
③ 中国第一历史档案馆藏:《军机录副》,档案编号:03—5271—030。
④ 此具奏日期,据中国第一历史档案馆藏《军机处随手登记档》(档案编号:03—0264—2—1216—192)之同日所批折件补正。

务,曾署河北道篆。前此郑工事起,襄办工赈各事,咸臻得力。复因整顿营伍,经臣奏明,派令会同提督李承先总办营务。该员遇事整饬,悉洽机宜,器局闳达,才识兼优。历膺艰巨之事,实为监司中不可多得之员。本难令其遽离豫省,惟现当新疆地方紧要,该员本生胞兄锦棠奉旨即回本任,其祖母年老多病,不得不令刘鼎遵旨回湘侍奉。当即恭录谕旨,檄饬遵照。旋据该员禀称:已将经手营务交代清楚,即于五月三十日由汴起程,回湘侍养等情。呈报前来。

臣复查无异。所有道员遵旨回湘起程日期,理合附片具陈,伏乞圣鉴。谨奏。

光绪十六年六月二十日,奉朱批:吏部知道。钦此。①

009. 奏为赏祖母匾额绸缎谢恩折

光绪十七年正月二十二日(1891年3月2日)

头品顶戴湖南巡抚臣张煦跪奏,为据情代陈,仰祈圣鉴事。

窃臣准在籍甘肃新疆巡抚臣刘锦棠文称:接准行知:光绪十六年九月二十三日内阁奉上谕:本年朕二旬庆辰,业经覃敷闿泽,将在京大员老亲年逾八旬者,优加赏赉。兹据京外各衙门续查,太子太保尚书衔甘肃新疆巡抚刘锦棠等老亲,均年逾八旬,禄养承欢,允宜一体施恩,以昭盛典。尚书衔甘肃新疆巡抚刘锦棠之祖母陈氏,着赏给御书匾额一方、紫檀三镶玉如意一柄,大卷江绸袍料二匹、大卷八丝缎袍褂料二匹,用示锡类推恩至意。钦此。② 旋由驿发递恩赏各件到锦棠湘乡县原籍,当即恭设香案,望阙叩头祗领讫。

伏念锦棠世沐殊荣,备极优渥,愧无建树,莫报涓埃。兹值尧殿长春,畴陈五福,方效华封上祝,宠贲重闱。日丽天章,宸藻耀庭阶之色;珠明如意,皇图开仁寿之祥。膺申锡而彩绚丝纶,颂壬林而辉增黼黻。迭蒙赏赉,弥切悚惶。锦棠惟有勉竭庸愚,力图报称。望彤廷而忭舞,载咏南山;瞻丹徼以依驰,遥殷西向。所有锦棠感激荣幸下忱,咨请代奏等因前来。

理合据情恭折代奏,叩谢天恩,伏乞皇上圣鉴。谨奏。光绪十七年正

① 中国第一历史档案馆藏:《军机录副》,档案编号:03—5266—077。
② 见《德宗景皇帝实录(四)》,卷二百八十九,光绪十六年九月,第852—853页。

月二十二日。

（朱批）：知道了。①

光绪十七年二月十一日，奉朱批：知道了。钦此。②

010. 奏为年终御赏谢恩折
光绪十七年正月二十二日（1891年3月2日）

头品顶戴湖南巡抚臣张煦跪奏，为据情代陈，叩谢天恩，恭折仰祈圣鉴事。

窃臣准在籍甘肃新疆巡抚臣刘锦棠咨称：光绪十六年十二月二十七日承准军机处咨开：光绪十六年十一月二十九日，由内交出恩赏福字荷包、银钱、银锞、食物等项，交兵部由驿驰递，按照单开数目祇领等因。承准此，当即恭设香案，望阙叩头祇领讫。

伏念锦棠猥以微材，叨逢盛世，屡邀光宠，时切悚惶。兹当凤钥将更，忽荷龙纶下逮。宸翰焕云霞之色，敷锡九畴；覆帱彰天地之仁，包涵万类。贡金品重，宝并球图。赐果名嘉，颁来禁苑。滴酥同润，浓恩沾帝眷之隆；屑玉流芬，异味拜天厨之赐。凡此鸿施之沛，实深鳌戴之忱！惟有震省身心，刻铭肺腑，以期仰答高厚鸿慈于万一！所有感激下忱，咨请代奏叩谢天恩等因到臣。

理合据情恭折代陈，伏乞皇上圣鉴。谨奏。光绪十七年正月二十二日。

（朱批）：知道了。③

光绪十七年二月十一日，奉朱批：知道了。钦此。④

011. 奏为丁祖母承重忧例应开缺片
光绪十七年正月二十七日（1891年3月7日）

再，请假在籍甘肃新疆巡抚臣刘锦棠，自光绪十五年八月初六日到

---

①中国第一历史档案馆藏：《朱批原件》，档案编号：04—01—14—0087—078。又《奏稿》第2105—2107页。
②中国第一历史档案馆藏：《军机录副》，档案编号：03—5554—021。
③中国第一历史档案馆藏：《朱批原件》，档案编号：04—01—14—0087—079。
④中国第一历史档案馆藏：《军机录副》，档案编号：03—5276—043。

湘乡县本籍省亲,因伊祖母陈氏久病缠绵,业经三次陈情,均蒙恩赏假。又经臣于上年十月初六日代奏,俟假满后,即行赴京陛见。十二月初六日,钦奉朱批:刘锦棠着俟假满后,即行来京陛见。钦此。当即恭录咨行去后。

兹据藩司何枢①详报:据署湘乡县知县孙如卿申称:刘锦棠正拟料理起程赴京间,讵伊祖母陈氏于十七年正月初九日病故。该抚臣系承重嫡长孙,例应丁忧,呈请转详,奏咨开缺等情前来。

臣复查无异。除分咨吏部及陕甘督抚臣查照外②,理合附片陈明,伏乞圣鉴。谨奏。

(朱批):另有旨。③

光绪十七年二月二十三日,奉朱批:另有旨。钦此。④

【案】此片为湖南巡抚张煦代奏,于光绪十七年二月二十三日得旨允行:

光绪十七年二月二十三日,内阁奉上谕:甘肃新疆巡抚着陶模补授。钦此。⑤

012. 奏为暂缓进京陛见缘由折

光绪十九年正月二十四日(1893年3月12日)

头品顶戴湖南巡抚臣吴大澂跪奏,为据情代奏,仰祈圣鉴事。

光绪十九年正月初四日,承准军机大臣字寄:光绪十八年十二月十二日奉上谕:甘肃新疆巡抚刘锦棠在籍守制,现在计将服阙。着吴大澂传知

---

① 何枢(1828—1900),河南祥符(今开封)人。咸丰六年(1856),中式进士,选吏部文选司行走。同治九年(1870),升吏部主事,嗣迁员外郎。十一年(1872),升吏部郎中。光绪元年(1875),补授湖南常德府知府。二年(1876),调补长沙府知府。九年(1883),升授辰永沅靖道。十四年(1888),迁四川按察使。十五年(1889),擢湖南布政使。二十四年(1898),调补山西布政使。
② 光绪十七年二月十九日,吏部以刘锦棠丁祖母承重忧事致军机处知照(中国第一历史档案馆藏:《知照》,档案编号:03—5712—039)。
③ 中国第一历史档案馆藏:《朱批原件》,档案编号:04—01—13—0368—063。又《奏稿》第2013—2014页。
④ 中国第一历史档案馆藏:《军机录副》,档案编号:03—5276—083。
⑤ 中国第一历史档案馆编:《光绪朝上谕档》,第十七册,第47页。

该抚,于明春开河后,迅即来京陛见①,毋稍迟延!将此谕令知之。钦此。当即钦遵转行去后。

兹据前新疆巡抚臣刘锦棠遣家属来省呈称:家长恭读谕旨,仰荷圣恩高厚,感激涕零,应俟服阕后,赶即乘轮北上。惟家长两足感受潮湿,艰于行动。去冬偶因步履蹉跌,右肘受伤,并及腰胁,因此牵动肝风,两目昏花,不辨小楷。现在赶紧医治,自可日就痊愈。一俟目光清亮,行步不致艰难,当即进省奏报起程,不敢稍耽安逸,自外生成等情,呈请代奏前来。

臣查刘锦棠足疾未瘳,又增目疾,皆系日久居乡、积受风湿所致。若至北地高燥之区,易于调治。俟其到省,臣当劝令早日北上,病体必可复元,不致稽延。

所有据情代奏缘由,谨缮折具陈,伏乞皇上圣鉴。谨奏。光绪十九年正月二十四日。

(朱批):着传谕刘锦棠,一俟病体稍痊,即行来京陛见。②

光绪十九年二月二十二日,奉朱批:着传谕刘锦棠,一俟病体稍痊,即行来京陛见。钦此。③

013. 奏为俟病体稍痊即行赴京折

光绪十九年四月二十八日(1893年6月12日)

头品顶戴湖南巡抚臣吴大澂跪奏,为据情代奏,仰祈圣鉴事。

窃臣前据前新疆巡抚臣刘锦棠以足疾举发,并患目昏各情,呈请暂缓北上,当经恭折代奏。嗣于光绪十九年三月十一日接回原折,奉朱批:着传谕刘锦棠,一俟病体稍痊,即行来京陛见。钦此。钦遵转咨去后。

兹据刘锦棠呈称:钦奉谕旨,跪诵之下,感激涕零。计自光绪十七年正月初九日丁忧起,至十九年四月初九日,已经服阕,亟应起程北上,以副感恩图报之忱。惟两目昏蒙,近虽渐愈,而足疾则积冷如冰,少欲行动,须人扶掖,兼有头眩、自汗、便血等症,精神异常困惫。据医家云:两足病根过

---

①详见光绪十八年七月三十日御使余联沅奏请新抚刘锦棠等进京备任缘由(中国第一历史档案馆藏:《军机录副》,档案编号:03—5888—072)。
②中国第一历史档案馆藏:《朱批原件》,档案编号:04—01—12—0558—024。
③中国第一历史档案馆藏:《军机录副》,档案编号:03—5303—096。

深,调治得法,尚可望瘥。若再延缓,必成痼疾。清夜自思,殊深焦急。前此吁恳圣慈,稍为展缓,方虑上违朝旨,寝馈莫安。乃蒙俞允之恩,如获更生之庆。天良俱在,感奋何如。自当赶紧调治,一俟足能举步,各证稍见痊可,即束装就道,泥首阙廷,瞻仰天颜,跪聆圣训,不敢稍耽安逸,自外生成等情,呈请代奏前来。

臣查刘锦棠尚在中年,气体未衰,所患足软等证,皆由积受风湿,稍宽时日,俾得安心医治,自易复元。一俟疾体稍痊,臣当催令北上,仰副圣恩眷念之隆。

除咨明吏部起复外,所有据情代奏缘由,谨缮折具陈,伏乞皇上圣鉴。谨奏。光绪十九年四月二十八日。

(朱批):知道了。①

光绪十九年五月二十日,奉朱批:知道了。钦此。②

014. 奏为刘𪐀补授江西督粮道谢恩折

光绪二十年三月十八日(1894年4月23日)

头品顶戴湖南巡抚臣吴大澂跪奏,为据情代奏叩谢天恩,仰祈圣鉴事。

窃准在籍太子太保尚书衔一等男爵前甘肃新疆抚臣刘锦棠咨称:准湘乡县知照:奉湖南巡抚札:准吏部咨:光绪二十一年正月初八日奉上谕:江西督粮道员缺,着刘𪐀补授。钦此。相应知照等因。准此,伏念锦棠弟𪐀出继胞叔原任广东陆路提督刘松山为嗣,锦棠既愧难兄未勖厥弟,乃骏恩之重霈,庆鸿渐于一家,同膺宠锡以增荣,传为盛事;恭率合门而拜德,共洽欢心。惟是江西为繁盛之区,粮道乃赋粮之总,苟飞挽无裨于国计,而权衡莫济于民生,则蚊员怀惭,蚁诚徒切。锦棠惟有箴言频寄,冀无贻陨越之羞;庶几供职克勤,差可答生成之泽。所有感激微忱,呈请代奏前来。

理合据情恭折代奏,伏乞皇上圣鉴。光绪二十年三月十八日。

---

①中国第一历史档案馆藏:《朱批原件》,档案编号:04—01—12—0559—007。又《奏稿》第2115—2118页。
②中国第一历史档案馆藏:《军机录副》,档案编号:03—5306—091。

（朱批）：知道了。①

光绪二十年四月二十九日，奉朱批：知道了。钦此。②

015. 奏为晋一等男谢恩并请祝嘏折

光绪二十年三月二十六日（1894年5月1日）

头品顶戴湖南巡抚臣吴大澂跪奏，为据情代奏，叩谢天恩，并恳入都祝嘏，恭折仰祈圣鉴事。

窃准在籍太子太保尚书衔一等男前甘肃新疆抚臣刘锦棠咨开：恭阅邸抄：钦奉光绪二十年正月初一日上谕：朕钦奉慈禧端佑康颐昭豫庄诚寿恭钦献皇太后懿旨：本年予六旬庆辰，在廷臣工，业经降旨加恩，因念各省文武大臣，有久膺疆寄，卓著勋劳，允宜同膺懋赏。前甘肃新疆巡抚刘锦棠，着晋封一等男。钦此。

窃锦棠侄佝陋质，蹶躃孱躯，蒙赏假以养疴，未宣勤而报德，久已滋惭午夜，负疚寅恭矣。乃复跪诵纶音，钦承布泽。皇太后长生进录，万寿无疆；皇上锡类陈诗，一人有庆。仰重九阊阖，敷惠雨以如膏，合万国衣冠，沐恩波而似海。凡属在公鞅掌，尚因受宠惊心。矧锦棠职旷采薪，形同朽木，马空枥伏，雀未环衔。感曩时兑泽频沾，荣邀蒲璧；喜此日坤安永祝③，秩晋花珊。山戴鳌头，袭且递增十世；梁濡鹚翼，德讵足安众人。陪东门而领西门，遥羞灶养；由八次而逾九次，滥愧竽吹。理宜吁恳圣慈，收还成命，藉安愚分，未减重愆。

惟念长乐添筹，四海上南山之颂；中安戬谷，千宫称北斗之觞。白麟亦解呈祥，嵩呼响应；赤雁皆来献瑞，华祝声腾。莫不共切葵衷，争踊跃而申虎拜；岂其同膺芝诰，独逡巡而避龙恩。所幸万象维新，山川耀景，重轮普照，草木生辉。④锦棠仰托鸿厘，固沦肌而浃髓；从兹驽步，当应手以回春。现在药石频投，冀增起色，一俟趋跄稍胜，即便首涂，诣阙谢恩，随班祝嘏，

---

①中国第一历史档案馆藏：《朱批原件》，档案编号：04—01—12—0563—049。
②台北故宫博物院藏：《军机及宫中档》，文献编号：132196。
③"永祝"，《奏稿》作"上祝"。
④"莫不共切葵衷，争踊跃而申虎拜；岂其同膺芝诰，独逡巡而避龙恩。所幸万象维新，山川耀景，重轮普照，草木生辉"，《奏稿》作"莫不共沐龙恩，同申虎拜，重轮普照，草木生辉"，误。

虔申陛见，谨聆圣谟。所有感激微忱，呈请代奏前来。

臣查湖南武职大员，未经吁请祝嘏者，恪遵谕旨，毋庸再为代奏。惟刘锦棠本系奉旨催令入都陛见之员，其忠爱感激出于至诚，臣未便拘泥，仍应劝其早日北上。

理合据情恭折代奏，伏乞皇上圣鉴。谨奏。光绪二十年三月二十六日。

（朱批）：留中。①

光绪二十年四月二十七日，军机大臣知会，奉旨：留中。钦此。②

【附】光绪二十年六月初七日，吏科掌印给事中余联沅以日本兵犯朝鲜，奏请饬刘锦棠等分赴南北洋帮办军务，以固边防：

再，闻日本僻处东瀛，常以限于疆域为憾，故近年不惜巨款，制舰练兵，力谋军实。即如此次兵犯朝鲜，已备陆军五万人，海军十余艘，载兵商船十号，定买煤十五万吨，并带电料及工匠数百人，赴朝鲜赶造电线，所费已逾百万。推狡焉思启之心，如此竭力经营，其势即难中止。而中国北洋各海口海军只有铁舰八号，陆军合直、东、奉三省亦只二万数千人，战事方棘，水陆兵单，亟应预筹，以资防御。谨竭其一得之愚，仰祈圣明采择：

一、治军首在得人。前台湾巡抚刘铭传、前新疆巡抚刘锦棠，皆夙习韬钤，深通洋务，值此海氛不靖，该抚等受恩深重，理合共济时艰。拟请旨饬令分赴南北洋，帮办军务，克日就道，不准以病推诿。

一、用兵必先筹饷。各省与部库均属支绌，大宗款项势难猝办。闻现在办理庆典，存款尚多，当此时事艰难，不能不通盘筹画。可否恳请懿旨饬令内务府、户部，将未经动用银两酌拨若干，以济军饷。

一、临阵贵求宿将。拟请旨饬下南北洋大臣，于各省提镇及统兵将领无论有缺无缺，曾经著有战绩者，除海疆统兵不须调动外，其余边省及内地各员，均准其随时奏请调用。查广东南澳镇总兵刘永福素著声威，江苏按察使陈湜久历戎行，亦拟请旨饬赴南北洋，以备

---

①台北故宫博物院藏：《军机及宫中档》，文献编号：132165。又《奏稿》第2119—2124页。
②此奉旨日期与内容，据《奏稿》及《军机处随手登记档》（档案编号：03—0280—2—1220—113）校补。

任使。

一、制胜宜厚兵力。现在水陆不敷分布,拟请饬令南北洋大臣会商,应添练陆军若干、水军若干,迅速奏明办理,以资战守。

一、御夷须防海口。北洋如天津、燕台、旅顺,南洋如广东、福建、江西、浙江等地方,处处可通番舶。若台湾之孤悬海外,尤为紧要,拟请旨饬下沿江、沿海各督抚,先自为备,以固守藩篱,复互相援以联络声势,使彼族无隙可乘,而后可出奇而制胜。

考之以上五事,皆目前当务之急。是否有当?伏乞圣鉴训示施行。谨奏。①

016. 奏报病危遗折

光绪二十年七月初九日(1894年8月9日)

太子太保尚书衔前甘肃新疆巡抚一等男臣刘锦棠跪奏,为天恩未报,臣病垂危,伏枕哀鸣,恭折仰祈圣鉴事。

光绪二十年三月初一日,呈请湖南巡抚吴大澂代奏叩谢天恩,并陈下悃。维时足疾尚未少瘳,而虚火上炎,头眩眼昏诸症时时间作,梦寐觚棱,恨不奋飞。因先治其所急,专投行血补气之剂。入夏以后,渐能举足。五月中旬,已能独行数十步,私幸沈疴忽起,即可瞻拜阙廷。五月二十二日,行至湘乡县城,正拟克期起程,忽左体中风,势同痿痹,饮食少进,彻夜自汗,不能成寐。医者谓肝火内煎,脚气上迚。此由求效太速、药力偏胜所致,已成险症。正深焦虑,七月初四日,钦奉六月二十三日寄谕,即行来京陛见。

臣闻命之下,涕泪潸然。又闻朝鲜内变,日本肇衅。绥藩字小,上劳宵旰。当国家多事之秋,正臣子效命之日。臣卧病床褥,报恩不得,自揣病状,万无生理。以臣一介粗材,蒙皇太后、皇上破格之恩,久领兵符,洊膺疆寄。假归以后,犹复频邀异数,曾未一觐天颜,誓将力疾起程,而又危在旦夕,死不瞑目!伏愿皇上圣谟坚定,激励将帅,扫荡夷氛,绥靖藩服。自设立湘军以来,感荷殊恩,至今感戴奋发之忱未尝少替,尚有知兵夙将年力未

---

①台北故宫博物院藏:《军机及宫中档》,文献编号:133309。

衰,择而用之,必当力图报称。臣犬马依恋,惟有图报来生。
　　口授遗折,命子道谦、笃烈等于床前恭缮,呈由湖南巡抚臣吴大澂代奏,伏乞皇上圣鉴。谨奏。光绪二十年七月初九日。①

---

①台北故宫博物院藏:《军机及宫中档》,文献编号:134420。

外交函件

001. 咨请嗣后英商贸易未便照准由

光绪七年十一月三十日（1882年1月19日）

十一月三十日，督办新疆军务大臣刘锦棠文称：案准钦命帮办军务广东陆路提督军门张曜咨开：光绪七年七月二十日，据叶尔羌善后总局英道牍称：窃据阿奇木倭寿禀称：据奇灵洋卡温巴什哎克里报称：驻温都斯坦英国领事官伊垒仕派来克勒斯带货进卡，并声称带有禀贴，来局面递等情。据此，惟此种外夷本不令其进卡，以绝觊觎。查光绪五年内，伊垒仕曾来叶城，见过刘爵帅一次，既据差人前来，自应令其进卡，以便询其情形。随派伯克前往查明，带至叶城。细译来禀所叙，该克勒斯于先年大兵未到之前，曾倩伙伴在叶贸易。光绪四年，伙伴回国，剩下叶城各富商该欠账项均未收齐，该克勒斯此次前来收取。前债能否收齐，尚难预料，随带货物来叶销售，以作路费等语。职道复传该洋商面讯，所称相同。除饬该洋商暂行守候，并知会税厘局暂缓收税外，可否准其将货在叶销售以作路费，袛候批示等情。据此，当查该商人克勒斯既已带货到叶，远道而来，路费不赀，姑准就地销售，完日即令出境，以示体恤，备文知照在案。

二十一日，又据帮办西四城税厘总局袁道牍称：据叶尔羌税厘局委员魏牧敬先禀称：窃于本月十五日，有英吉利洋人底各里斯装运货物到叶。查叶城自开局以来，向无洋人贸易。此项货物是否准其销售，抑或估计成本，照章抽厘，卑职未敢擅举。比会商英道，暂令洋人货物存在行店，自行看管。卑局随即派人点验包数，过秤封号，计共四十九包，约重四千斤之谱，应如何办理之处，请示前来。职道查叶尔羌地方并非英人通商口岸，底各里斯运货到叶，是否准其销售，理合详请核示等情。本署帮办查底各里斯即系克勒斯一起。除照录英道来牍及复文行知袁道转饬查照外，惟英商来叶贸易，并未见有明文。此次克勒斯因其曾经倩伙到叶做过生意，收取旧帐，随带货物，销作路费，自应暂准售卖，以敦友邦睦谊。嗣后如再有英商取货而来，如何办理之处，咨请察核见复等因。准此，查上年英国退摆特地方领事官伊垒仕即伊来亚斯、副领事官敖仕屯即阿恩天等两员，前来叶尔羌、喀什噶尔游历。

本大臣爵司堂曾经承准钦命总理各国事务衙门咨行，饬属妥为照料，并准英国印度节度大臣来函在案。兹检查英国印度大臣前次来函,内称该咿垒仕现充英国所属退摆特地方领事官,该处与中国交界。今差咿垒仕前来恳恩通商,如蒙恩准,并恳将温都斯坦往叶尔羌贸易之商民妥为照料。又称咿垒仕系英国头目,此次前来因为通商两国和好之意,所有咿垒仕前来喀什噶尔、叶尔羌各情,业已呈明中国大皇帝等语。本大臣爵司堂复文内称:贵大臣所云通商一节,尔我两国和好,只要奉到我中国皇帝谕旨,准其通商,凡贵国来此贸易商民,自然妥为料照,只管放心等因,照复该国大臣,并抄呈总理各国事务衙门鉴核各在案。是英商于叶尔羌等处贸易一节,现在既未见有明文,自难照准。惟此次该商克勒斯一起,据称曾经情伙到叶贸易,此次远道而来,收取旧帐、携带货物、销作路费各情,应如来咨办理,暂准在叶售卖,以示体恤而敦邦谊。至此后如再有英商贩货前来,如未见明文,仍未便遽行照准以问其端。

除咨复外,相应咨呈。为此咨呈贵衙门,谨请鉴照施行。①

【案】光绪七年十二月初六日,此案获总署回复:

十二月初六日,行督办新疆军务大臣刘锦棠文称:光绪七年十一月三十日,接准咨开:准帮办军务广东陆路提督张曜咨:据叶尔羌善后总局禀称:驻温都斯坦英国领事官咿垒仕派来克勒斯带货进卡,据税厘总局派人点验包数、过秤,计共四十九包,约重四千斤之谱等情。本署帮办查英商来叶贸易,并未见有明文。此次克勒斯携带货物销作路费,自应暂准售卖。嗣后如何办理之处,咨请查核见复等因。准此,查上年英国领事官咿垒仕即伊来亚斯、副领事官敖仕屯即阿恩天等两员,前来叶尔羌、喀什噶尔游历,本大臣曾经承准总理衙门咨行,饬属妥为照料,并准英国印度大臣来函内称,差咿垒仕前来恳恩通商。本大臣复以通商一节,要奉到我中国谕旨准其通商,自然妥为照料在案。是英商于叶尔羌等处贸易,现未见有明文,自难妥料。惟此次该克勒斯远道而来,应暂准售卖,以示礼恤。此后如再有英商贩货,仍未便遽行照准,咨请鉴照前来。

本衙门查伊来亚斯等前赴叶尔羌等处,上年迭经英国威大臣请发护照,函谢礼待,并准贵大臣咨报各节,皆只声明到该地方游历,未叙

---

① 台北"中央研究院"近代史所藏:《外交档案》,馆藏号:01—31—002—07—001。

有贩货贸易之事,且各国洋人领有游历执照,本不得作为运销货物之用,叶尔羌等处亦未有准英人通商明文。除此次克勒斯一起业经暂准通融销售外,嗣后叶尔羌等处地方,如遇英人领有游历执照到境者,只准游历,不准携带货物销售。倘有商人运货前来售卖,自应告以该处不准通商,乃为正办,相应抄录照复英国威大臣文一件,咨复贵大臣,转饬一体遵照可也。①

002. 咨将办理情形咨呈核示由

光绪七年十二月二十三日(1882年2月11日)

十二月二十三日,督办新疆军务刘文称:准帮办军务广东陆路提督张咨开:本年闰七月初六日,准俄国七河巡抚公文一件,照译清文,知该国所管托和玛克地方哈萨克二十一家,夺取居民牛羊、驼只、马匹,于上年秋间逃入喀境,请追物给还等因。当经咨会在案。一面查得喀属恰哈玛克地方来有布鲁特,因派员同该管伯克前往查传,讯据头人坎吉希供称:现年八十岁,小的们系冲巴噶什部布鲁特,并非俄国哈萨克,向在中国管的克科雅尔居住。从前阿古柏在喀时,小的儿子米立瓦斯被提当兵,带到吐鲁番一年。阿古柏死了,米立瓦斯逃回,被伯克胡里知道,派本处把卡头人米尔子罕推里前来拿人。小的同族五十余家商量一起逃走,翻过铁列克达坂,到阿提巴什住了四年,俄国科派太重,一等人家每年出帖子三十张,二等二十张,三等十张,支差的驼马、牛羊不在此数。小的们实在苦累不过,又听得大兵到了噶尔已几年了,百姓安居乐业,因向俄官告归。俄官不准,大家商量留几十家在阿提巴什。小的们起程时,原有二十一家,托名牧放牲畜,移到黑子胡尔草厂。两个月后,于上年八月走一日,夜到恰哈玛克。临走时,留在阿提巴什的几十家牲畜,也有托小的等带走的。他们原想陆续逃还,不料被俄官扣住,还要问他们仍照常年收取例税。他们既少了牲畜,又加了例税,一时不能回来,心生悔恨,遂至俄官处告小的们掳掠牲畜。俄官错认作哈萨克,行文来追,所开牛羊、马驼数目也都不符。现在小的们居住恰哈玛克地方,只有此十七家,其余人家慌忙走失,现在何处并不知道。小的们就

---

①台北"中央研究院"近代史所藏:《外交档案》,馆藏号:01—31—002—07—003。

现有人家情愿凑还羊四百只、马四十匹、驼十只、牛二头给他们了结,求做主等语。质之此外各家,所说相同。该管伯克及克科雅尔恰哈玛克两处百姓均知此事。本署帮办查中国所管布鲁特,与哈萨克原易分别,现在逃回并无二十一家之数,既系中国原管布鲁特,其从阿提巴什带来牲畜,又系各家情愿托其带回,并非抢夺。所开牛羊、马驼,现在布鲁特金称并无此数,情愿就现有人家凑还羊四百只、马四十匹、驼十只、牛二头,求为了结,可否据此照会俄国七河巡抚酌核办理之处,相应咨商,请烦查核赐复等因。

准此,查此案前准张帮办咨会到营,旋经咨复,并分别咨行在案。兹准查明喀属恰哈玛克地方有布鲁特坎吉希等十七家,当即上年冬间安置之冲巴噶什布鲁特坎佳什一起。该布鲁特本系中国所管人民,寄居俄国阿提巴什,去年自行还回,临起身时,留住阿提巴什同宗各家将牧厂牲畜托其带走,并非抢夺。惟坎吉希等供称,同行时本有二十一家,现居恰哈玛克只有十七家,其余人家走失,仍当查出,以凭讯究。所称凑还牛、驼、羊、马,亦与七河巡抚来文数目不符。究竟去年坎吉希等起程,该布鲁特同宗某家托某家带走何项牲畜若干头,应并请张帮办饬讯查明,照数给还。如有短数,作价追偿。其所短之数,实在无力赔还,即作罢论,仍将无力赔还之家酌量责办销案。一俟查确,办有端绪,即请张帮办咨复七河巡抚,似此宽占地步,将来纵有辩驳,或尚不难与之理论也。

除咨复并分行外,相应咨呈。为此咨呈贵衙门,谨请核示施行。①

003. 俄商不得行销土货奉旨咨呈由
光绪八年四月二十八日(1882 年 6 月 13 日)

四月二十八日,督办新疆军务大臣刘锦棠文称:为照本大臣爵司堂,于光绪八年正月初四日在新疆哈密行营由驿具奏,俄商来往新疆贸易应遵查验,不得行销中国土货,以符约章一折,当经钞稿咨呈在案。兹于本年二月二十二日,准兵部火票递回原折,后开军机大臣奉旨:该衙门知道。钦此。

除钦遵咨行外,相应恭录咨呈。为此咨呈贵衙门,谨请钦遵查照

---

① 台北"中央研究院"近代史所藏:《外交档案》,馆藏号:01—17—050—02—021。

施行。①

004. 咨查缠回在俄贩货应照章纳税由
光绪八年七月二十九日（1882年9月11日）

七月二十九日，督办新疆军务大臣刘锦棠文称：案准帮办军务张咨：据办理西四城税厘总局丁道鹗牍称：有伊犁缠商买黑素它等贩货到喀，执持俄官所发一千八百十二年玛尔特月十五日中俄文字照票，并有回字执照，声明"一万八千银帖子货均应免税"字样。此项货物应否征收税厘，请示遵办等情。据此，本帮办查买黑素它等，即系伊犁著名缠商威列阿浑之伙，约内载明俄人行货天山南北暂不纳税，今威列阿浑买卖在俄国阿兰木图，居处在中国伊犁，若就买卖为凭，南疆缠商在阿兰木图等处坐庄贩运亦复不少，将来必援以为例。若就居处为凭，现在俄商居伊未迁去者甚多，不知威列阿浑现入何国册籍，免税、纳税均有词可藉。此系通商之始，应如何办理之处，咨请察核见复等因。

准此，查《中俄改订条约》第十二条内载：并准俄民在喀什噶尔及天山南北两路各城贸易，暂不纳税。又《陆路通商章程》第十六条载：俄商不准包庇华商货物运往各口等语。是天山南北两路各城贸易者，惟俄民始准暂不纳税，此外无论缠头、汉回附近各部落均应纳税也明矣。此次买黑素它既系伊犁缠商，即非俄商可比，其贩运到喀，自应照章完纳税厘，以归画一。乃俄官所发中俄文字照票并回字执照，声明"一万八千银帖子货均应免税"字样，核与约章俄民免税之条不符，未便照准，且南疆缠回在俄国地方坐庄贩运者正不乏人，向均纳税。今买黑素它系属伊犁缠商，若一旦免其纳税，将来各城缠民在俄贩运货物，势必援以为例，有所借口。总之，天山南北两路各城贸易，惟俄民始准暂不纳税，非俄民即应照章完纳。买黑素它既系伊城缠商，应饬丁道勒令照章完厘，不得稍有偷漏，以符条约而儆效尤。

除咨复并分行外，相应咨呈。为此咨呈贵衙门，谨请鉴核施行。②

---

①台北"中央研究院"近代史所藏：《外交档案》，馆藏号：01—20—006—02—002。
②台北"中央研究院"近代史所藏：《外交档案》，馆藏号：01—20—033—01—004。

005. 函复免税遵办惟饷需应添各情由

光绪八年十月十九日（1882年11月29日）

　　十月十九日，督办军务刘锦棠函称：昨为新勘边界，有险要必争之处，禀陈大概情形，度可上尘钧鉴。前奉五月廿五日新字廿号密缄，读晓种种，仰见体恤边氓至意！伏思新疆开办厘务之始，锦棠原不谓然，亦谓所得无多而流弊则不可究诘。自接绾兵符以来，躬任师行粮食之责，始知关外军需蹄涔皆贵。当日季高中堂锐意办厘，委实具有苦心。锦棠于本年春间曾经通饬各厘局，将如何便民、恤商、严杜包庇之法详晰申复，以凭筹度，原欲于此中留一关捩，为日后议立俄商税则张本，又不仅为目前经费起见也。大疏所称影射营私、有名无实各节，固属洞中肯綮，而蠲豁之令自禁网出，尤足以广帝泽而固人心。锦棠业经钦遵办理，分别咨行在案矣。第厘金岁入廿万两，本系有着之款，且取携甚便，无辗转解运之劳，一旦骤少此项，实于新疆军需添出一番亏累。

　　锦棠谬承重寄，无术点金，不得已而申拨款弥补之请，惟望圣明远烛万里，农部诸公公忠在抱，有以鉴谅愚衷，则为至幸！若夫九年分新疆各营饷项及一切善后经费，并山西欠解卓胜军积年之饷，亦经具折吁请饬部核议，分别指拨咨催，未雨绸缪，更非得已！合并禀闻。抑有请者，新疆南北两路界务将次清厘，中俄通商新约亦将开办，而经久之制迄未厘定，不但各营局无所结束，且于绥边怀远之义亦多扞格。锦棠蠡测之见，首建职官，次定兵制，有官而后，各路善后局可撤。兵制立而后，客军可以陆续裁并，于一切民情、军事、中外交涉始有一定不移之责成。锦棠前奏请设巡抚、藩司、道、府、厅、州、县等官，并酌裁各缺，因时制宜，实已斟酌再四。昨阅邸抄：编修刘海鳌有请权缓急之奏，未蒙抄给阅看，不知所主何说。锦棠春冰虎尾，陨坠时虞，惟盼廷议早决，俾臣下有所遵守耳。肃禀，敬叩钧安。①

---

①台北"中央研究院"近代史所藏：《外交档案》，馆藏号：01—20—033—01—005。

006. 致总署抄录奏稿咨呈由

光绪九年三月初一日(1883年4月7日)

三月初一日,督办新疆军务刘锦棠文称:案照本大臣爵司堂于光绪九年二月初十日,在喀什噶尔行营由驿具奏,安集延商人持领俄官路票,赴新疆各城贸易,恐开衅端,并附俄之汉缠各回及哈萨克人众越界滋事,亟应论辩阻止,以杜后患而重邦交一折。除俟奉到谕旨恭录咨呈外,所有折稿相应抄录咨呈。为此合呈贵衙门,谨请鉴照施行。计折稿,详见三月初三日军机处抄折。①

007. 安人滋事一折恭录谕旨知照由

光绪九年五月二十七日(1883年7月1日)

五月二十七日,督办新疆事务大臣刘锦棠文称:光绪九年二月初十日,在新疆哈密行营,会列伊犁将军金、帮办军务张台衔,由驿具奏,安集延人持领俄官路票,赴新疆各城贸易,恐开衅端,并附俄之汉缠各回及哈萨克人众越界滋事,亟应论辩阻止,以杜后患而重邦交一折。前已钞稿咨呈在案。兹于光绪九年三月二十一日,准兵部火票递回原折,后开军机大臣奉旨:该衙门知道。钦此。

除钦遵咨行外,相应恭录咨呈。为此咨呈贵衙门,谨请钦遵查照,施行。②

008. 安集延通商难准请照会俄使由

光绪九年九月初一日(1883年10月1日)

九月初一日,督办新疆军务刘锦棠文称:案准俄国驻伊领事官空索尔宝照会:案照本空索尔近因安集延等商人前赴新疆各城贸易各事,业经照

---

①台北"中央研究院"近代史所藏:《外交档案》,馆藏号:01—20—006—02—003。
②台北"中央研究院"近代史所藏:《外交档案》,馆藏号:01—20—006—02—008。

会贵大臣查照在案。兹接准管理外事部院衙门由铁线寄到札饬，内开若条约之语。是俄国所属何项人等，无所区别，按照新约第十二条内载俄国所属之人，准其在伊犁、塔尔巴哈台、天山南北两路各城庄村地方贸易。今由中国官饬令不准安集延人等贸易，殊与条约不符。除咨行中国曾大臣暨俄国驻京大臣外，相应札饬伊犁空索尔，即便遵照等因。准此，查阅贵大臣来咨，不准俄国安集延人等前往天山南北两路各城贸易一节，似与条约不符，相应照会。为此照会贵大臣，请烦查照。希即转饬所属地方遵照。有因本国商务从前驻扎及新来贸易并原系俄属安集延，又由伊犁归附俄国人等，即请一概勿论，均为优待，方与条约相符。如由贵大臣所属地方不令安集延等商人援引条约，且恐贵国于此地方似有干涉。请将本空索尔所求文件，接到后见复施行等因。

准此，查安集延盘踞南疆，十有余载，烧民房屋，夺民家产，奸民妇女，屠戮生灵，难以数计。回民饮恨，思啖其肉，直非一时一刻所能忘怀。此外，汉缠各回谋逆倡乱，本为中国叛贼，大军进剿，逃往贵国，未及伏诛，已属漏网。而当日之奸淫掳掠，杀人放火，其结怨于汉缠诸民者，与安集延无异。若均任其通商，而诸民之受其害者，积怨生忿，积忿生怒，势必聚众寻仇。或向索其兄弟妻子，或向索其财产牲畜，甚至逞刃持刀，以泄其恨。两国官吏事前既无从防范，事后亦难于处治。盖其冤仇相报，公忿使然也。本大臣爵司堂相时度势，惟有防于未然，止其不来，可以杜愚民之忿，即可以免意外之虞。检查新约第十二条内载，准其在中国蒙古地方并塔尔巴哈台、喀什噶尔、乌鲁木齐及关外之天山南北两路各城贸易，首标"俄国民人"四字，并非贵国所附安集延及收纳中国叛逆所能影射，何得援以为例。然使勉强援例，而非平日结怨于民，则彼此交易有何不可？况新约虽云暂免税厘，一俟商旺，即应议抽。彼时众商云集，于中国税厘自有裨益，又何不乐为？惟以安集延等从前肆恶逞凶，积郁已久，一旦触目心，诚有众怒难犯之势。与其激民生变，而贻中俄之忧，何如审慎当几，特设变通之法。所有安集延及新附贵国诸人之货物，应请毋庸发给路票分赴各城，只准在伊犁、喀什两城售卖，以便两国官吏会同稽查，毋任滋事。如各城或需此货，当必有客商前来，转为贩运，何必身历其境始畅销售？更何必以图利之身尝试于嫌怨之地而祸福转难预分？安夷等虽愚，当亦翻然自悟也。如此通融办理，实皆曲谅贵国恤属之意。业经本大臣爵司堂专案奏请饬下总理衙门照会贵国驻京使臣在案。兹译来文,内称一概勿论,均为优待等语。是于彼此情形孰利孰害,尚未熟权,并于前项公文未加详审也。

又查欧洲各种公法,有通商不可强逼之条。贵领事来文,意欲令安集延及新附俄国诸人强援贵国民人之例,一律通商。既与条约不符,复与公法有悖,本大臣爵司堂再四筹维,万难照准,用特照复相商。如贵领事意在必行,应请呈明贵国大臣明白照复本大臣爵司堂。以后如安集延及新附俄国之人往来新疆各城,或被汉民、缠回仇杀,不得向中国官吏求为申理,以免临时龃龉,庶足弭衅端而敦和谊。

除咨复外,相应咨呈。为此咨呈贵衙门,谨请查照,转行俄国驻京使臣,查照办理。①

【案】此案于光绪九年九月十二日获总理各国事务衙门咨行：

九月十二日,行督办新疆军务通政使刘锦棠文称：光绪九年九月初一日,接准来咨,以限制安集延及新附俄之各回民在伊犁等处贸易一事,抄录与俄国领事来往照会前来,均已阅悉。查此事迭经本衙门与俄国韦署使往复辩论,于三月十九日、三十日两次照会各在案。近复准韦署使照会,其意以俄属安集延、哈萨克及各回均为俄人,并无分别,执新约十二条为词,愿请中国将此办法收回等因。本衙门查照前议,并将来文所叙重为申明照复去讫。此事现由曾大臣与俄国外部商办。曾接曾大臣电报,拟复俄文意,为预防滋事起见,商请俄官勿给路票。与贵处所议办法及本衙门照会语意相合。已电复照办,并嘱其随时辩论。除俟曾大臣报到俄外部如何照复再行知照外,相应将本衙门与俄署使来往照会二件、与曾大臣来往电信二件、曾大臣与俄国来往照会二件,一并咨行贵大臣查照可也。②

009. 俄商路票舛错已饬属严禁由

光绪十年三月初七日(1884年4月4日)

三月初七日,督办新疆军务刘锦棠文称：案准俄国总管图尔齐斯坦总

---

① 台北"中央研究院"近代史所藏：《外交档案》,馆藏号：01—20—006—02—010。
② 台北"中央研究院"近代史所藏：《外交档案》,馆藏号：01—20—006—02—014。

督吉尼拉尔林特那忒车拉尼雅也福咨开:接准贵大臣于光绪九年五月二十九日由哈密大营发来公文,内开喀什噶尔明约路卡,有爱乌罕人买卖提热素鲁特执俄票,坚求进卡。查验其票,系贵巡抚印押,发给俄商玛果米得前往喀什贸易,并无货物件数。讯据买卖提热素鲁供称:在俄国头目前取路票一纸,希图进卡,搬取妻子等语。此事人且与中俄新订条约,全不相符等因。惟此本大臣即时行文与本国费尔干省巡抚,令其查明详复。该巡抚来文内云:查得满古浪地方之阿奇木,前次与爱乌罕人名买卖提热素鲁,给发路票一纸,内注前往喀什,搬取其妻,因此未写货物件数。其玛果米得名字,或者被写票人写错,亦是有之等情。据此,本大臣即时饬行合署官员,嗣后倘有赴喀商民,务要备细查明,照中俄所定新章给票,不得稍有舛错,严禁在案外,相应咨复,请烦查照等因。

准此,除分别咨行外,相应咨呈。为此咨呈贵衙门,请烦查照施行。①

010. 俄人入境咨查俄督复文各情由
光绪十年三月初七日(1884年4月4日)

三月初七日,督办新疆军务刘锦棠文称:案准俄国总管图尔齐斯坦总督吉尼拉尔林特那忒车拉尼雅也福咨开:接准贵大臣来文,内开据喀什噶尔阿奇木禀称:木吉地方来有俄罗斯头目名布大提,连跟随共计二十人,又无文票呈验,并不先期照会等因。前次本大臣曾令布大提等二十人,以到贵境采办药材并游览山景各情,业经当时饬令驻扎喀什噶尔空索尔领撒,照会帮办军务张转饬该属边界官员知道在案。此件照会与布大提等由塔什干地方同日起程,不意此文中途耽延日久,故此布大提等行走急速,先抵贵国边界,致帮办军务张不知此信,未及饬知守外卡之人,嗣后若有俄人来者,务必先行照会可也。相应咨复,为此咨呈贵大臣,请烦查照等因。

准此,除分别咨行外,相应咨呈,为此咨呈贵衙门,请烦查照施行。②

---

①台北"中央研究院"近代史所藏:《外交档案》,馆藏号:01—20—006—02—017。
②台北"中央研究院"近代史所藏:《外交档案》,馆藏号:01—20—006—02—018。

011. 安集延到喀请照会公使申禁由
光绪十年五月初六日（1884年5月30日）

五月初六日，督办新疆军务刘锦棠文称：案准帮办军务张咨开：案照咸丰十年中俄约章第五条，内开俄国商人不拘年限，往中国通商之区一处往来人数，通共不过二百人。第六条内开试行贸易喀什噶尔与伊犁、塔尔巴哈台，一律办理各等语。今自俄国领事官撒托勒福斯克到喀什噶尔以来，安集延无论有货无货，有帐无帐，有票无票，日来日多。前据百姓查禀：安集延坏人、闲人，开单知照领事官，饬令回去，迄未见复。现查出卡回去之人，仍然寥寥，不知是何意见。查原定章程，系指真正俄商而言，尚有限制不得过二百人。今安集延系屡次滋事之人，本地百姓迭被扰害，又有团结不解之仇。若再漫无限制，任其去来，万一滋生事端，所关匪细。除再知照领事官外，相应咨明等情。

准此，相应咨呈，谨请据实照会俄国驻京大臣，知照该国领事各官严行申禁，以示限制。为此咨呈贵衙门，谨请查照施行。①

012. 安人前助逆者照会转饬回籍由
光绪十年五月初六日（1884年5月30日）

五月初六日，督办新疆军务刘锦棠文称：案准帮办军务张咨开：案照安集延人曾在南八城滋事者，一概不准入境。曾经贵爵大臣奏明、知照俄国大臣在案。现经俄国领事官面言：凡从前滋事之安集延人，查出均令回去等语。即据喀属百姓公禀：安集延尼札等二十一人，实系从前滋事助逆之人。又买迈伊敏科等五十余人，游手好闲，并无货物，均求饬令回去等情，开具名单呈报前来。除照会领事官饬即回籍并行黄道知照外，相应钞单、咨会查照。并准函开：自俄国领事官到喀以来，安集延人络绎而至，竟有数百之多。现据百姓禀报：前项安夷，业经照会俄领事，饬令回籍。如该领事不能认真办理，再行咨酌等因。准此，查安夷窜扰南疆，凶残暴虐，缠民饮

---
①台北"中央研究院"近代史所藏：《外交档案》，馆藏号：01—20—006—02—022。

恨极深。

光绪三年，规复各城后，其安夷流寓者，尚有数千人，均从宽放回原籍，自不准其再来。又附俄之布鲁特、哈萨克种人，屡次越卡抢劫，深为地方之害。上年，本大臣爵部堂奏明，嗣后安集延商民货物，南路准在喀什噶尔一处销售，北路准在伊犁一处销售，毋得发给路票分赴各城。如谓安集延即系俄人，强准贸易，要必与俄使约法，凡安集延前此助逆之众，如被缠回仇杀，不得向中国官员求为申理。其附俄之哈萨克、布鲁特与伊犁新归俄籍之人，亦只准在伊、喀两处贸易，以便中俄官吏会同稽查，俄领事尤当严加管束，以杜后患而重邦交等因一折，奉旨：该衙门知道。钦此。钦遵咨行各在案。

本大臣爵部堂初意，诚恐安集延人动假俄国商民，重来从前犯事地方，肆行无忌。禁之则与俄约有碍，不禁则各城被害，缠回势必逞力寻仇，争相报复，反伤两国和好。故设为限制，以便两国官员就近约束，无非推诚相与、敦睦邻邦之道。此次既据喀什噶尔百姓公禀，安集延尼札等二十一人实系从前助逆滋事之人。又买迈伊敏科等五十四人游手好闲，并无货物。均求饬令回去等情。开具名单呈报。应即如咨办理，以防滋事，而消隐患。其余在喀贸易之安夷，应请帮办军务张派员会同俄领事稽查，并照会该俄领事，照章严加约束，货物销完后，仍令迅速回籍。倘或擅出喀境，遇有饮恨缠回伤害，中国官员实在不能照料。其附俄之库萨克、布鲁特以及伊犁新附俄籍之人，均须查照办理。如有越城贸易者，查出立即禀明，饬令回籍。

除咨复并分行各城遵照外，相应咨呈。为此合咨贵署，谨请查照，转行照会驻京俄大臣，一体施行。

照录粘单

在喀闲住及充过安夷头目安集延人：尼札，充过于什巴什。巴图，系尼札之子。二人在阿不都格伊提处。沙伊普尼札，充过潘甲巴什，住阿不都格伊提处。呼达雅，充过于什巴什，新巴杂开茶馆。沙五，充过腰扫，住英于斯塘。苏拉满胡里，充过潘甲巴什。阿尔图格，充过潘甲巴什。和甲买提，充过潘甲巴什。他什买提，充过于什巴什。阿伊普，充过达尔巴什。纳尔科则，充过达尔巴什。买迈提明，旁色提买卖则雅之子。哎素兰，充过于什巴什。阿尔图买提，充过于什巴什。伊不拉引姜，其父米尔克立本充过英城阿奇木。伊满阿吉,充过达尔巴什。于素伏姜,充过达尔巴什。买迈尼牙斯,旁色提买卖则雅之子。库鲁买提,充过潘甲巴什。毛拉他什伯克,充过乌帕头目,现住乌帕。尼的和甲,充过兵。以上二十一名,前在安夷跟前充过头目。

买迈伊敏科、哈的买哈图木、纳斯姜、买迈提于素伏、吉立引商及其弟、铁拉罕、爱买提、祖奴、约路达什、木明、辖格、他什买提、阿达阿里、阿伊和甲引商、希林雅、苏拉满及两弟、色格立克卡拉、尼札和甲、哎买提、米尔希立布科、哈拉买提、甲帕尔、米尔姜、苏皮、买迈哎则木姜、买迈提木沙、买迈伊不拉引姜、巴海、于素普阿吉、伊沙克姜、尼格巴伊、阿拉伊提姜、阿吉斯罕及其子、买迈提胡里、他什买提、米达雅提和甲、哎买提和甲、买木图、买迈于素伏、辖格、哎里阿浑、沙比、买斯唐奇、尼的和甲、买迈提哎则木,住罕尔罕引商。铁拉、哈生木,二人住阿不都格伊提处。色立木、卖买哈生、买迈伊不拉引,以上五十四名,在喀闲住。①

013.照会俄使转饬领事按约办理由
光绪十年六月十二日(1884年8月2日)

六月十二日,督办新疆军务大臣刘锦棠函称:五月中浣,连奉新字三十二、三两号钧谕并承抄寄照会等件,祗领种切!米尔开里木一犯,罪大恶极,务置重典,方足以快人心,并使入卡安夷知所儆惧,即可隐杜乱萌。盥诵贵署原函,词严义正,法无所逃,亟盼复音,俾无稽于显戮,庶民情顺而国典章矣。俄使文称叶尔羌、和阗两城驱逐俄属回民出境一节,阅之茫然。敝处并未新立此等章程,亦未据该处印官呈报,实无驱逐之事。至锦棠上年疏请限制新附俄籍之安集延人贸易,当经抄稿恭录谕旨通饬钦遵在案。盖缘前此积相仇恨,恐其遇便报复,转非所以敦和谊。兹经贵署再四譬晓,彼终不从,而以驱逐为词,必欲任其在于各城贸易而后已,实属异常狡黠。来示嘱以熟权事势,另筹严密稽查之法,仰见廑怀边徼,力计安全,曷任钦服!彼既不遵限制之说,则嗣后新附俄属安夷,除伊、喀两城外,必贸易于各城,地方尚有往年积怨之人,两相劫杀,中国官断难准理,以绝祸根。前

---
①台北"中央研究院"近代史所藏:《外交档案》,馆藏号:01—20—006—02—023。

议如此,应由彼族自行斟酌,在我既经痛陈厉害,彼务坚执,设有疏虞,不任其责。若谓我能指出姓名,彼即不另入卡,不独从前滋扰人极众多,如卓议所云不能一一指出,纵有名册可按,而既附彼国,可仍执在俄为安居之人,务须同沾利益。设词狡展,即如米尔开里木罪恶昭彰,彼可纵入？顷又据喀什道详称:有米尔札巴依,前在胖色提依萨克部下带兵,常与中国接仗,缠汉咸知。彼又给票来喀,似此有心纵喉,不能不思患预防之计。且按约章,一处来往不过二百人。现据查报:喀城附俄安夷已近四百之多,而察其贸易,不必皆有货物。即如馍馍、瓜果之类,亦假通商之名游荡城中,将来日集日多,勾引煽惑,势所不免,拟恳贵署迅商俄使,转饬边界官,按约定数,方免纠聚,是为要着。此外,如挟娶中国缠回妇女一联姻娅,则男女出入卡伦易于藏奸,已檄该道分饬晓谕各庄头目人等,不准与附俄安夷开亲,违者惩办,庶内政修明而后外奸可绝。

是否有当？悉听鸿裁。肃勒,敬请钧安,诸维垂鉴。①

014. 限制安夷混来贸易办法等情由

光绪十年六月十二日（1884年8月2日）

六月十二日,督办新疆军务刘锦棠文称:据署喀什噶尔通商道黄道光达详称:窃维筹边之道,先贵查禁弊端,睦邻之方,尤宜恪守条约。新疆中俄通商事宜,职道详查情形,熟权利害,现在亟应申明预筹办法者,其端有三。

一、违约俄票也。喀城自俄国设领事官,安集延人络绎不绝,辄假通商之名入卡,及卡员查询,有有货无票者,有有票无货者,有无货无票者,有票到而货未到者,有票无汉、蒙文者,有有汉、蒙文字而无货物、马匹数目者,有执俄票而来探亲雇工者,有执往俄国行走支票而来喀城游荡者,有执此卡伦之票转而入彼卡伦者,种种不合,悉数难终。既不服卡员盘查,又不听卡员折转。及至到城之日,职道按起备文送交,请其按约照办,不独已否查办不可得知,并无多未准其照复。倘久与优容,则愈来愈多,居民惊讶。若概纵查究,则装聋作哑,领事含糊。再不妥为清厘,难保不滋生事故。职道

---

①台北"中央研究院"近代史所藏:《外交档案》,馆藏号:01—20—006—02—025。

拟令嗣今以往如有票、照糊涂者，即由坐卡委员一面查实禀明，一面勒令折转，不准入卡，庶免安夷纠集滋扰地方。

一、越管流寓各城安民也。南疆西四城地方向有寄籍之安集延人民，与缠回贸易互市，婚娶通好，守望相助，耕凿与同，历久相安无事，并非若变乱时有逆党余烬之比，又非若分界时有听入俄籍之条。该安民人等本为中国百姓，其户婚、词讼应归中国官经理，毫无疑义。乃俄领事到喀以来，自称有安集延隶俄之说，妄派乡约，分投管理，致另各城从前流寓之安民等遇有大小事故，归中归俄，靡所适从。愿此孑遗，摄于两国之间而莫知所主，久之必肇衅端。职道思维至再，若一律勒令迁徙出卡，不独有失安民依恋之情，且恐有妨国家宽大之政。卷查光绪九年寄居安民等因案禀称，有云民等在中国大皇帝地方做买卖，有四五十年、二三十年不等，置产娶妻，生养儿女，额征粮草与喀什百姓一样交纳。从前廓清回疆时，清查安集延坏人，驱逐出境。民等在此安居，亦未追究等情。今若饬令迁徙，决不乐从，应请照会俄外部，转饬俄国领事官，速除此等办法，嗣后中国流寓安集延人民照旧归中国地方官编入户籍，由保甲局派员清查。词讼、赋役，概由中国官经理，俄领事丝毫不得干预。其俄属之安夷人等来喀贸易者，既有领事官主持，亦无须另派乡约，庶使主客分明，以符体制。

一、附俄安夷追取旧债也。从前安集延人与各城缠民贸易历有年所，彼此认识，赊欠亦非一处。此等债务无论事在扰乱以前者，地方收复，咸与维新，本来不能清理。即其平时私相交易，动辄告官追欠，向亦无此办法。乃领事时有索债照会，若不示以限制，将朦混牵引，愈出愈奇，势必日不暇给。拟请自既设领事之后，其有因赊欠含混相争酿成大小事故者，中国官始能会同查办，以符约章。凡此皆为消隐患、重邦交起见，应恳审台咨会总理衙门转商俄国驻京大臣，明定章程，一体遵照，庶足以免烦扰而便防闲等情，并开清折一纸，到本大臣爵部堂行营。据此，查陆路通商章程第二条内详载：俄国商民前往各处贸易，应有本国官所发中俄两国文字并释出蒙古字，或回文执照，汉文照内可用蒙古字，或回回字，注明商人姓名、随人姓名、货色包件、牲畜数目若干。

又载：其无执照过界者，任凭中国官扣留，交付近俄国边界官或领事官，从严惩办等语。约章分明，毫无蒙混。兹阅黄署道所开清折：俄国所属安夷入卡票、照糊涂，无所不至，显与约章相违。据称按起备文送交，多未照复,更非两国官员会办之道。黄署道请由坐卡委员查实禀明,即就卡伦折回之处,自是正办。嗣后俄国外部大臣发给新附安夷执照,务与约章符合,方准入卡,否则断不准其仍前蒙混,致令难于稽查,且恐俄国真正商民以为执照疏漏亦可入卡,请领时或涉大意未能恰符,一经折转,反伤和谊。各城流寓安民曾经本大臣爵部堂于廓清回疆时,造具清册,悉数饬查。其从前助逆余党,谨体朝廷宽大之仁,未予骈诛,按起押送出境,发各部落原籍安置。其有显归俄国者,亦即饬令迁出卡伦以外,隶籍俄国为百姓,其一切自主之权,中国官未曾过问。内有在喀娶妻生聚者,如后新疆未变以前流寓回疆安民之户,悉令与各属寄籍客民一体看待,由中国官责成该阿奇木与回民一律管束,杜禁勾引。该安民人等亦即安居乐业,耕我土田,完我粮饷,应我差徭,守我法令,永远为我百姓,与俄国毫无干涉。

查旧约载:地面分在何国,人丁即归何国管辖,田地即归何国征纳粮饷。又查万国公法载:各国自主之权,即由各国疆内自操专权以制法行法,故凡疆内产业居民,无论生斯土者,自外来者,按理皆当归地方律法管辖,且疆内行止举动,莫不归其所制。在疆内之人,无论其住之久暂,莫不归其辖下。又载:无论是己民与否,非现住疆内者,各国不能以律法制之各等语。今喀什噶尔等处流寓安民既住中国疆内,即当归中国地方律法管辖,疆内行止举动,即莫不归中国所制。是按公法,纵为俄民,俄国亦不能以律法制之,何况久住中国地方,历归中管,与俄国渺不相涉,俄国领事何得干预我国内政,妄派乡约?嗣后除俄国所属新附安夷由俄官发给妥确执照来喀贸易者,一处来往不过二百人,应由俄国领事管束,无须再派乡约外,其各城流寓安民词讼、赋役,概由中国官自为经理,俄国领事即一毫不得干预,方足以示限制而全信睦。其已派安夷乡约,请速除此办法,用全两国和好。

索债一节,查此次新约内载:如因贸易事物致起争端,听其自行择人从中国调处。如不能调处完结,再由两国官员会同查办。此指定约通商、俄国改设领事以后而言,非谓以前旧债,且约内系指赊欠相争、大小事故而言,非谓彼此讨账即成事故也。嗣后俄国商民与各城回民赊账,当自为斟酌,以免争端。中国官守约会办,断自喀什噶尔既设领事之后为始,其未设领事之前者,为日既久,牵引缪轕,中国官万难准理,已饬黄署道以后遇有俄国领事追取旧债照会,即行据约驳回。其既设领事以后者,果至含混相争，酿成事故，即当如约会同查办，庶足符条约而笃邦交。总之，以上各条，谅你俄国领事未及细查条约，姑为权宜试办，俄外部大臣素循理法，自必确守约章。

除批饬黄署道遵照办理，并照会俄国外部大臣及分咨外，相应咨呈。为此咨呈贵署，烦请查照，照会俄国驻京大臣，转饬俄外部一律照办，见复施行。①

015. 咨请照会俄使照约开办纳税由

光绪十一年十月初七日（1885年11月13日）

十月初七日，新疆巡抚刘锦棠函称：前奉新字四十七、八两号钧谕，祗悉种端时以粮事早以驰陈。英员伊来亚斯尚未入境，久稽裁复，谅蒙鉴原。昨据喀什噶尔道员黄光达申：转署莎车州刘牧报称：伊来亚斯已于八月初一日由叶城县克里阳卡入境。初五日，行抵该州坡斯坎地方，经该牧照约保护，接见两次，尚无议定通商章程之举。从前贵署密函先已抄寄黄道，饬属遵照。此次英员纵有议论，各属当能仰体盖虑，严词拒绝也。粮事延搁至今，游守春泽顷有禀来，称俄国喀总督因事未回乌木斯科，吴领事请缓两月等语。当经批饬请缓之期计时已满，该守务须会同丁道讯图完结，未卜能否如法清厘，倘使再有支吾，锦棠年内有乌孙之行，届时当力图了结，用纾廑系。惟此案自经游守入场，重与宝领事结算之后，议补俄商魏哩实银一十八万两。蒲节以前，和阗以事有成说，特遣李道滋森到省，称渠处一时筹款不及，恐致延误，嘱令锦棠帮同措办。彼时拮据万状，勉凑现银、期票共四万两，交由李道带回伊犁，前经函达贵署在案。

窃计清还粮价，应由和阗归款，应已早为准备。如果锦棠到伊面与俄领事议结，则游守等议补一项需用甚殷，应请贵署切实致函，以免延搁。俄罗斯与爱乌罕部落战事，据喀什噶尔由墨克朝祖之人归述，本年二月以后，俄兵渡过阿木托河，到爱乌罕所管漫依玛纳境内窥探虚实，即与爱部交战。俄兵大挫后，又有俄兵偷扑爱乌罕卡子，亦被爱部战败。英吉利并有加兵助爱之说。兹将原查禀件照录附呈，即希鉴及。抑锦棠更有请者，查新约

---

① 台北"中央研究院"近代史所藏：《外交档案》，馆藏号：01—20—006—02—026。

第十二条内载：俄商在新疆各城贸易，暂不纳税，俟将来商务兴旺，由两国议定税则，将免税之例废弃等语。锦棠前准户部咨开：饬查关外俄商进卡出卡货物，并估计时价各等因。当经分饬东西四城两道及伊塔等处，一律查明具报。嗣接喀什、阿克苏两道估册，各城贸易以俄商为大宗，即北路科布多、塔城、古城、迪化州数处，亦络绎不绝，只以暂不纳税之故。南路缠商、北路蒙哈向应照章完纳者，动假俄商之名，全行脱免，而俄商又贩卖土产之牛羊驼马，行销北路各城，侵占中属蒙哈土民生计，甚至由科布多入卡之货报验不及十之二三，及入中境，竟有增至三四倍之多者，且有中国报案被盗之马，旋即于俄商马群内认出，弊端种种，悉数难终。责以包揽货税之约，则查不胜查。科以沿途私售之条，亦禁不及禁。偶遇与民交涉之件，北路亦无领事，地方官不得不传询俄商，乃身甫上堂，嚣凌万状。

乌垣省会之区，该商尚稍知敛抑，然每有应讯事宜，亦动与有司抗拒。官吏体制所在，其何以堪！迭据各路道、厅、州、县纷纷禀收俄税前来，锦棠均以暂从缓议批驳。乃近据各处来牍坚称：俄商贸易，南北两路到处通行，再不与定税则，将俄商贩运土货，随地销售，侵占土民生计，为害滋大，且令从前有着牲税亦并潜销云云。明知新收俄税款目本属无多，特以既设行省就地榷税，自属常经，无论中外商民，事须一律办理，方足以符体制而免弊端。譬如乡民居家，自置田产、房屋，间被刁佃租赁，不完课税，即平日之安分完缴者，亦将起而效尤，又有何以自立门户？思维至再，惟有恳请贵署会商俄国驻京公使，援照第十二条办法，从新抽税，庶使两国商民各安贸易，而以上各项弊窦不戢自除。如蒙许可，一俟奉到复示，即当请开办，机有可乘，而时不可失。愚昧之见，伏维酌察，而成全之商民幸甚！新疆幸甚！肃泐，敬请钧安。①

016. 黑里黑斯滋事已由领事查办由

光绪十二年四月初八日（1886年5月11日）

四月初八日，行新疆巡抚刘锦棠文称：光绪十二年正月二十八日，接准咨称：据阿克苏道转申乌什厅详称：俄国游历官尼因民夏由乌什回国，随带

---

①台北"中央研究院"近代史所藏：《外交档案》，馆藏号：01—20—033—01—007。

黑里黑斯四五十人，于光绪十一年十月初二日行抵依布拉引卡伦歇宿。至初三日，尼因民夏由该卡动身，其随带之黑里黑斯逗遛，与巡丁口角，将卡门毁坏，并抢去马匹等物。似此恃强横闹，与约不合，请照会俄使转行外部，饬知该游历官查明黑里黑斯姓名，追还抢去服物、马匹等件，并将黑里黑斯送交驻喀俄领事，会同巡道惩办等因。当经本衙门照会俄使博白傅去后。兹据署公使拉德仁复称：俄属之人滋事，自应咨行惩办，惟因回国尼官难记从行之黑里黑斯，即哈萨克四五十人姓名，外部无从饬查，亦令喀什噶尔领事就近查讯，转饬边界官惩办，以免送喀城。一面照会新疆巡抚，一面咨报本署，以便再行照复等因前来。

相应抄录往来照会各一件，咨行贵抚查照。至俄领事如何办结，仍希咨报本衙门备案可也。①

017. 俄商欠银一案请转行俄使速结由

光绪十二年六月二十四日（1886年7月25日）

六月二十四日，新疆巡抚刘锦棠文称：案据喀什噶尔道黄道光达详称：案据天津商民李锦森、刘宝顺、郭有德等禀称：为抗卡累极，恳恩作主事。前因俄属凶犯艾买提于光绪十年闰五月凭保人袁绍文通事，由民等店内赊去各项货物，赴和阗发卖，共计价银八百二十三两二钱，有喀城五舒商约，书立取货清单，确呈议定。是年九月，如数兑清。届期着人接取，仅兑来货物抵价银一百九十两，下少六百三十三两二钱，任民追取，分厘不给。嗣因伊在和阗殴毙人命，经民等开呈数目，禀恳宪恩行文俄国领事官转饬清还，并禀恳行提保人袁绍文通事来喀，帮同追讨，均蒙批准咨行在案。迨艾买提由和阗解来喀什，又蒙派差将民等送至领事官公馆，与该凶犯艾买提质对账目虚实。该凶犯均照单开数目供认，丝毫不错。领事官比对民等说：艾买提虽经犯罪，尚存有货物天罡，一俟将和阗帐债并所存货物银两取来，即与尔等清还。厥后，不次问信，领事官每以差出和阗之人未回为词。即艾买提起解赴俄，时民等曾前去问将来帐项下落。领事官犹说：艾买提现在虽要解俄，尔等帐项将来自有我作主归还等语。民等以领事官原系俄国

---

① 台北"中央研究院"近代史所藏：《外交档案》，馆藏号：01—17—042—08—002。

办理通商之员，断不自食前言，且以艾买提之所存代清民等之帐，亦甚易易，谅不致无故拖延，因亦同声应允，听其起解。乃今将一载，该艾买提所存和阗货物、银两、帐债均已端人取回，而领事官竟不顾前言，任意卡抗。数次前去追问，每推不见，要民等转问大人等语。噫，何其狡也！

伏思民等生意久已歇业，坐食此间，累费不少，万余里营生，原欲将本求利，今以凭保明买之货银，始抗于艾买提，继卡于俄领事。倘再淹留此地，将见捆载出关，必致空拳而返。无端受卡，含忿莫伸。揣俄领事之意，似不仅袒庇俄商，实欲卡骗此项以肥己也。不然，在俄商之不肯还不能还者，亦设法代为清理，何至以缴存该领事之货物银两顿悖前此代为作主清还之言，久卡不偿乎？现值中俄通商互市，交易买卖赊欠比比皆然，若俄商可以赊骗中商货银，俄官可以卡骗中商货银，在大人一视同仁，故不肯无理于彼。即民等素知国法，亦不敢恃强于彼。设有无知之辈效彼之尤，亦倩保尽数多赊，或远扬他处，或任意抗骗，俄商顾肯甘心失债乎？俄领事亦肯任令失债乎？民等将静而听其举动矣。总之，艾买提所欠民等之货银，始经凭保赊去，继经该领事三面质对，毫无差异。虽艾买提犯罪解俄，而该犯非力不能还之主，况该犯所存货物银两概存该领事手中，众人咸知，又经该领事数次自任作主清还，则民等之向彼追索，实理所应。然今卡抗如此，受累如彼，民等财与命连，即与生死一决，固所不惜，只以大人爱民如子，实未敢以此相累也。冒死上渎，泣恳大人电情作主，不胜迫切待命之至等情。

据此，伏查此案自俄商艾买提由和阗犯案，后据该商民等先后禀控各情，均经备文照会俄领事，请其饬令清还，并于卷册内汇报宪台在案。虽未接准俄领事复文，而节次派人追问，该领事每身任作主，并无异言。迨该凶犯艾买提已经起解赴俄，询悉所存和阗货物帐项，均经该领事专人取来。比催令清还，该领事竟任意延缓，置若罔闻。复经派员面商，该领事遂百端狡展，谓中国百姓欠俄商债项甚多，中国官员既不能一一代追，我亦不能代为清理等语。及据约理论，驳以事不相同，前此既经自任作主，而今推却，未免反复，不成事体。该领事于理屈词穷时，辄谓我既无理请即上报，恃强遏刁，百计莫化。而该商民等禀控不休，亦有欲得而甘心之势，且商贩小民万里营生，羁卡于此，情垂可怜，摈斥不理，亦似未便。虽钱债小事，本不应上渎宪听，而事属交涉，值俄领事狡谲如此，殊难了结。除再据约照会俄领事并批饬外，所有据天津商民李锦森等禀控，驻喀俄领事卡抗货银各情由，理合备文详请宪台察夺示遵等情，到本大臣爵抚部院行营。

据此，除批查约载两国人民如因贸易事务致起争端，听其自行择人从中调处，如不能调处完结，再由两国官员会同查办。是商民赊欠含混，两国官员能与清理，不能代赔，本是一定办法。惟此案情节与别项钱债不同，艾买提当赊账之先，即凭保立有字据，迨后另犯重案，由和阗解到喀什，经该领事提质，供认丝毫不错，其贩卖之货又经该领事端人在和，一一收取，概存手中，是艾买提情愿清还，与势所能还可知。况当艾买提起解赴俄之时，李锦森等前赴领事公寓问过下落，该领事犹对中商自称，艾买提虽要解俄，尔等帐项将来自我作主归还等语。复经该道照会，又派人询问，尚身任作主，并无异言。事前既再三斟酌，该领事何能于艾买提起解之后，一味推却，脱身事外？似此认还在先，收货在手，又何得执俄国债务中国不能一一代追，藉相抵制？倘长此延搁，实与两国商务有碍，且恐致生事端，印发外，相应咨呈。为此咨呈贵衙门，谨请查照转行俄国驻京公使，知照该领事，妥速办理完结施行。①

018. 现拟条规六则希照复领事照办由

光绪十二年九月二十六日（1886年10月23日）

九月二十六日，新疆巡抚刘锦棠文称：案据喀什噶尔通商道黄道光达详称：窃维喀什自俄国设立领事以来，凡遇通商事宜，靡不动滋口舌，而其易于启衅者，莫如入籍安集延人民，计自职道莅任迄今，如喀什巴依父子之抗粮漏税，哈生木汉之与营勇争闹，卡密里江之因案被责，依麻木和加之私请俄票，均系久住中国、置产立业、娶妻生子、籍隶中国老民，前被领事勾引，或诱匿公寓，藐抗官传；或无故冒认，藉端滋扰。曾经申报在案。嗣有居疏勒县之哈大克江、买卖哈勒克等亦系中国老住百姓，只因请票出卡，领事认为俄民。昨又有克木力牙合普买提与排拉孜等请票出贸俄疆，职道将执照、路票送与画押，俄领事又称，该商民等应归俄管。百计刁难，延不挂号，职道当饬查明。旋据回目库尔班等禀称：该民人等久在喀什地方，置有

---

①台北"中央研究院"近代史所藏：《外交档案》，馆藏号：01—20—002—01—001。

田产、房屋，纳粮当差，与俄毫无干涉等语。似此遇事胡闹，若不及时申明约章、查照原议，将不肖者去来自便，良善者亦相与效尤等情，详请批示前来。

查喀什噶尔原住安集延人民，自光绪三年大兵收复之后，其从前在中国滋害者，悉行查明，逐出卡外；其有准令入籍为民者，皆系置产立业、娶妻生子及在中国安分之人。当俄国未设领事之先，该在籍人民耕凿相安，无敢作慝，并无安集延人名色。自领事百计勾引，偶因姓名相似，指为彼国人民；哄骗无识刁徒，认入俄国册籍。一遇该民犯有案件，中国官员查拿，领事即挺身扛帮，诱入公寓，抗不到案，并嗾使认为俄属安夷，幸逃斥责。种种谬妄，悉数难终，不思彼国人民私逃私住。约有明文，即彼国领事借地盖屋与择圈地屯货，照约应由中国官员指定，岂有彼国百姓听其在中买卖田地、婚娶室家之理！况地面归何国管辖，人民即归何国管治，约章煌煌，岂容淆混！今黄道所禀领事冒认之在籍人民，均在中国住有十余年、二三十年之久不等，无不置有田产、房屋，自立室家，曾经黄道赍造清册有案。本大臣爵抚部院上年于筹办通商三条内指明，在籍中国安夷总以娶妻生子、置买田屋为据，俄国外部大臣并咨呈贵署在案。兹领事不顾前议，不守约章，若不设法防制，将来民心不定，枝节愈多，后患殊难防范。

本大臣爵抚部院现拟条规六则，发交黄道刊发各属，散给在籍年久安夷人民，嗣后如有在中国地方置产立业，娶妻生子，本为中国百姓，或因出境贸易，或因在籍犯案，听信他人哄给，自认为俄国人民，与恃领事包庇者，中国官员立将该民所置田产、房屋提出充公，听其自投他国，妻子亦即撵出卡外，永不许回中国。似此办理，该民人等断不肯弃已有产业，出籍他国，领事亦不得干预我国自主之权、无理取闹，此等案件或可不戢自消。惟此令一出，领事势必向贵署晓渎，捏词搅扰。本大臣爵抚部院系为安定民志、绥靖边陲起见，倘或彼国任意妄渎，务望据情照复，以戢狡黠而靖地方，是所切祷。

除批示黄道照办外，相应咨呈。为此咨呈贵署，谨请鉴照施行。①

---

① 台北"中央研究院"近代史所藏：《外交档案》，馆藏号：01—17—042—09—001。

019.咨请总署颁条约等书籍由

光绪十三年十月初五日（1887年11月19日）

十月初五日,新疆巡抚刘锦棠①文称:窃照新疆自与俄国通商以来,案牍纷繁,现拟开设洋学馆,考选俊秀子弟,教习俄国语言文字,应需《汉俄合璧字类》十本;各道办理商务,请领《通商各国约章类编》五册、《中俄约章会要》五册,承贵署颁发各项条约均只一分,除存留本爵抚部院署中借用外,此间无从购买。至近年有无刊刻洋务成案,急需领借查照,兹乘差便,相应备文即请领,即恳贵署饬承检发,以备要需,是所切祷。相应咨呈。为此合咨贵署,谨请查照施行。②

【案】光绪十三年十月十五日,此呈得总署咨复:

十月十五日,行新疆巡抚刘锦棠文称:十月初五日,接准来咨内开:新疆通商以来,案牍纷繁,现开设西学馆,应需《汉俄合璧字类》十本、《通商各国条约类编》五册、《中俄约章会要》五册。又近年有无刊刻洋务成案,兹乘差便,请饬检发,以备要需等因。准次,查《汉俄合璧字类》,本署并无刻本,现在外觅得二本,交来差带去。《类编》三十六卷,系天津刻本,本署亦无此书,容俟咨取续寄。兹由本衙门检送《各国通商条约》五部、《中俄约章会要》五部、《光绪七年新约》五本,备文兹复,封交原弁,带呈贵抚查照可也。③

020.喀兵掠俄商马饬查并领事照会由

光绪十三年十月初七日（1887年11月21日）

十月初七日,新疆巡抚刘锦棠函称:本年八月初三日,奉到新字五十二号钧谕,祗聆种切。喀城兵击俄官,石河官借银两,此间虽有其事,而领事所呈多有不实,不过中国地方官不欲深与置辩也。彼国假以鸣谢,意在借

---

①"刘锦棠",原文作"刘铭传",显误。
②台北"中央研究院"近代史所藏:《外交档案》,馆藏号:01—21—029—01—054。
③台北"中央研究院"近代史所藏:《外交档案》,馆藏号:01—21—029—01—055。

事发端，为未结各案写照耳。不然中外交涉之件相与持平办结者，岂止一二事耶？喀什噶尔兵勇骗掠俄商马匹，前已缕晰具陈。本年市马到期之先，袁道垚龄先行备文咨会该处提军，嘱令严禁勇丁，不许赴市买马，即有需用甚急者，亦当报明本管营官，派弁同往，免致滋生口舌。数月以来，既未据领事知照有案，谭提军亦复认真稽察，冀弭事端，足以仰慰荩注。库公使来函胪陈所失各项马匹，大约系去年之事，亦未据该处道员详报，难保无捏词耸听。既承钧嘱饬属详细查明，秉公办结。已将原函抄行远道知照矣。肃此，敬请钧安。①

021. 前驻塔城领事呈验公文虚假由

光绪十三年十月初七日（1887年11月21日）

敬再肃者：本年七月二十八日，案准塔尔巴哈台春筱珊参赞来咨：七月十五日，接据前驻塔城领事官巴勒喀什来文：本俄国莫讷巴特尔衙门着派我往西湖、玛纳斯、乌鲁木齐、吐鲁番等处，查阅本属商人买卖，祈请转饬所属军台、卡汛，不可阻滞等情前来。除发给路票外，相应自请转饬各厅州县一体知照等因。正在行文饬属遵照，旋接巴领事来函：业经行抵新疆省城，约期请见。锦棠念在友邦之人，随于次日接见，优礼相待。巴领事备送磁器、洋糖等物，坚求收存。越日，即具宴相邀，以答其意。巴领事席间谈及添设领事与中国收税各事，坚称中国若欲开办洋税，尽可与我议定税则，我系本国特派而来，有筹议商务税务之权等语。锦棠答以俄商收税与否，现在虽已奏请，尚未奉到谕旨并总理衙门议准开办公文，未便擅议。巴领事无词而退。次日，复送来俄文照会，仍请筹议商税各务。比复一缄，又恐其未能尽喻，因派升用知府桂荣前往申明其说。巴领事忽斥其为通事，不应与我接谈。旋送来俄文内称：贵抚听任属员，不受礼物，轻慢外人，定要向总理衙门理论等语。遣人视之，则已径去。问之桂守，据称该洋人馈送马表、洋扇等件，辞未敢收，实有其事。

窃思中俄交涉之事向有定章，该国纵须添设领事，商办税务，亦应照章由驻京公使照会贵署行知方为正办。访问该领事此次到省并非因公，实系

① 台北"中央研究院"近代史所藏：《外交档案》，馆藏号：01—17—040—04—004。

暗受商民之托。其初至时呈验公文,译系一千八百八十二年任塔城领事时所得委牌之类,迄今已越数年,其荒谬已可概见。迨至所欲不遂,乃复藉事生端,怂然以去。锦棠本不欲以此细事琐渎聪听,特恐彼国边界无事人员动辄擅自照会,贸然入中。不理,既虑有伤睦谊;理会,又恐易滋事端,似非慎重邦交之道。可否恳请贵署援照成案,照会该国公使,嗣后如欲派员来中议事,仍应由贵署先期行文知照,以符旧案,且免此等劣员无故节外生枝也。兹将来函朦抄呈,即希鉴察。专肃,再请钧安。

照录清折:大俄国塔城领事官巴,为照会事。照得本领事既系本国特派领事,即有筹议俄商贸易中国商务之权,并有筹议商务奏明本国之责。按照新约第十一条,本领事可与中国大宪筹办一切通商事宜,是以新疆通商事宜,贵抚若肯与持平酌办,即与本领事公同商议,并无不合,为此敬请酌拟会商日期可也。

一、何城何镇俄商,贵抚拟抽货税、租税。

一、何项货物拟按年抽收税银若干,何项货税拟定常税若干。

一、商人贸易省内以及贩运土货出省,应享何权利,遵何章程。

一、总局、分局如何设法抽收货税、租税。

一、牲畜税一项可否从轻抽收,令税局持平酌定。

一、俄商贩运华货既拟抽税,若中俄商人贩运俄国作房的货,可否准其一律免税,以期货物畅行。

以上所载各条,公同商酌后,本领事拟将所拟详细办法照会贵抚,并一面奏明本国,一面回国将天山一带地方情形报知,并声明若在吐鲁番或乌鲁木齐等处设立领事,如何便于照料俄商,以便本国照新约第十条,会同中国,酌设领事。

以上各事,本领事屡次声明,可惜通俄话的委员并未据实回明,且本国塔城领事设乡约的事,照会所说的话,他都不懂得。如今我定要会商此事,倘贵抚不愿同本领事照新约第十一条会商以上各事,即请作速函复。本领事即由乌城起行,一面奏知本国,一面报知驻京公使,再请告知贵属员等,须知本领事系俄国皇上特派领事官,与钦差代国大臣无异。每遇与伊等会商各事,本领事不得已,惟有屈身至署,不得已僦居缠回狭隘房屋,所以甘心受此屈者,皆为我国家事也。须至照会者。大清督办新疆事宜爵抚部刘,一千八百八十七年九月十五日。

为照会事。

案据贵领事来文内开：胪列收税条款，拟将详细办法共同商酌，并要会议塔城领事、议设乡约之事等情。据此，查俄商贸易新疆商务似见兴旺，只因有暂时不纳税之条，于是华商假托俄商，希图免税。俄商包揽华商，从中渔利。且俄商票、照按约应用中俄两国文字，而商人所呈往往只有俄文，并无汉字，中国难于查验。每因镠轇生事，案牍烦滋。本抚部院已奏明大皇帝饬由总理衙门知照俄国驻京公使，彼此商量开办税务，一则俄商可免包揽侵夺之嫌，一则华商可免假冒漏课之弊，实与两国大有利益。但必先奉我们总理衙门明文，方可建议。若无明文，中国官员不敢擅议。现看贵领事也无议税明文，自然都不敢议就，议也办不好。既拟由乌城起行前赴各城查看商情，所有收税条款尽可暂作罢论也。塔城领事添设乡约，与历年条约不合。从前南路所放乡约，均经照会贵国外部大臣商同一律裁撤，何得再设乡约？此事更毋庸议，相应照复。为此照会贵领事，请烦查照施行。须至照会者。右照会大俄国塔城领事巴。光绪十三年八月十三日。

照录巴领事呈阅勒书

为晓谕事。

今奉谕旨：俄中两国邻邦和好之谊，照一千八百八十一年十二日于森彼得堡都城所定条约，着部员巴喇哈盛前往塔城，当为领事官，并在塔尔巴哈台又附近蒙古地方俄国商民保护、通商各等事，均归该员办理。钦此。钦遵本国，合请中国将该员已认为领事官，并希中国地方官必要相帮。该员责任应行办理之事，而容其享领事官常理便益好处，特此发给盖国印勒书为凭临御。一千八百八十二年。

大俄国塔城领事巴，为咨知事。

贵属员前收本领事送他的时辰表一个、扇子一把、洋糖两盒、地图一张。过日，因我责他负约，并传话不明，气愤间竟敢将我送给他的东西退回，及至我两次打发人到抚署、县署，将此各礼物送回，并问迪化县，该属员所行是贵抚准他的不是。该县答言："是，抚台晓得。"因此，本领事就把各样衣物分给穷人。贵抚既准属员如此不恭敬俄国领事，本领事定将此事报知本国驻京钦差，如果将来生出事端，就是因贵抚得缘故激成的。本领事今将此信原文咨呈贵总理衙门大臣，并将此信录呈本国驻京钦差，特此咨知贵抚查核也。右咨行甘肃新疆巡抚爵部院刘。一千八百八十七年九月二十日。①

022. 咨送光绪十二年俄商进出货物价值由

光绪十三年十月初七日（1887年11月21日）

十月初七日，新疆巡抚刘锦棠文称：光绪十年十一月二十八日，案准户部咨，粘单内开：光绪七年，《中俄改订条约》内载：准俄民在伊犁、塔尔巴哈台、喀什噶尔、乌鲁木齐及关外之天山南北各城贸易，暂不纳税，俟将来商务兴旺，再将免税之例废弃等语。现计俄人于新疆各城贸易已有数年，应由该大臣密查每年出口、进口货物，某项究有若干，系何价值，逐一登记，按年间单咨送本部及总理各国事务衙门备查，庶将来议定税则之日不致为所欺朦等因。准此，当经本爵抚部院通行新疆各道，饬令各查本属往来俄商进口分销若干货，贩运出口若干货，分别价值多少，逐项登记，按季造册申送，以凭转咨在案去后。十一年分，案据各道汇报为数尚少，当饬从十二年春季起至是年冬季止，务须就货估价，按季册呈。旋据各道详转各应州县禀称：俄货既系密查，只能揣其大数等情。现在，十二年一分业经各道申送到辕。本爵抚部院逐加核阅，共计俄商进口货物价银计一百八万三千有奇，出口货物价银共计六十四万有奇。伊犁、塔尔巴哈台两城尚未准咨报成数。现值奏请开办洋税之期，应将出、进各项货物及价银多寡，详细开单汇报贵署、户部，存案备查，庶将来筹议税则之时，可以藉为估量也。除分咨外，相应咨呈。为此咨呈贵署，谨请查照施行。

照录抄单

兵部尚书兼都察院左副都御史降一级留任巡抚甘肃新疆等处地方二等男刘，案据阿克苏、喀什噶尔、镇迪三巡道详造光绪十二年分按季估计俄商贩运货物价值、出入卡伦清单，呈请查核，须至单者。

计开：

阿克苏道单报

春季分，俄商贩运入卡各色货物项下：

哈萨布五十六匹，每匹价银五两，共合银二百八十两。洋蜡三千二百

---

① 台北"中央研究院"近代史所藏：《外交档案》，馆藏号：01—20—008—02—001。

斤，每斤价银二钱，共合银六百四十两。红花碗八百个，每个价银一钱五分，共合银一百二十两。烟叶四千斤，每斤价银五分，共合银二百两。白糖二千斤，每斤价银四钱，共合银八百两。红葡萄四千斤，每斤价银五分，共合银二百两。松子四百八十斤，每斤价银五分，共合银二十四两。红草根四百八十斤，每斤价银一钱，共合银四十八两。獭皮一十六张，每张价银七两五钱，共合银一百二十两。木油粉四百八十斤，每斤价银七分，共合银三十三两六钱。花洋布一百三十二匹，每匹价银五两，共合银六百六十两。花霞绒四百匹，每匹价银一两五钱，共合银六百两。霞绒帽八百顶，每顶价银四钱，共合银三百二十两。布腰带二百四十根，每根价银二钱，共合银四十八两。经书六十四本，每本价银一两五钱，共合银九十六两。洋巾八十条，每条价银六分，共合银四两八钱。杏仁一千二百四十斤，每斤价银一钱五分，共合银一百八十六两。麻烟二百四十斤，每斤价银八钱，共合银一百九十二两。红花叶七百二十斤，每斤价银五钱，共合银三百六十两。皮纸一百二十刀，每刀价银一钱，共合银一十二两。蜂蜜七千二百斤，每斤价银二钱，共合银一千四百四十两。熟铁二万一千七百四十八斤，每斤价银一钱，共合银二千一百七十四两八钱。草药一千一百六十斤，每斤价银四钱八分，共合银五百五十六两八钱。洋火一百六十箱，每箱价银一两八钱，共合银二百八十八两。花篮干三百二十匹，每匹价银一两五钱，共合银四百八十两。花毡二十八条，每条价银二两，共合银五十六两。花毯一百四条，每条价银七钱五分，共合银七十八两。红枣一千斤，每斤价银五分，共合银五十两。葡萄糖六百斤，每斤价银一钱五分，共合银九十两。花洋布二百匹，每匹价银四两，共合银八百两。铜茶壶一十二把，每把价银四两，共合银四十八两。白洋糖一千六百斤，每斤价银二钱五分，共合银四百两。洋铁一万八百斤，每斤价银一钱，共合银一千八十两。生铁七百二十斤，每斤价银四分，共合银二十八两八钱。铁锅一千六百口，每口价银六钱，共合银九百六十两。狐抓子二百个，每个价银五钱，共合银一百两。杏茶六百斤，每斤价银八分，共合银四十八两。棉花一千斤，每斤价银五分，共合银五十两。白土布八百匹，每匹价银一钱五分，共合银一百二十两。羊皮八百张，每张价银四钱，共合银三百二十两。以上入卡各色货物，共合价银一万三千二百四十八两八钱。

夏季分，俄商贩运入卡各色货物项下：

各色洋布二万一千四百四匹，每匹价银四两，共合银八万五千六百一十六两。獭皮四千张，每张价银七两八钱，共合银三万一千二百两。杂货共合银四千四百两。白土布八千八百匹，每匹价银一钱五分，共合银一千三百二十两。洋蓝八百匹，每匹价银五钱，共合银四百两。霞绒帽子五千六百四十顶，每顶价银四钱，共合银二千二百五十六两。照镜四千四百个，每个价银二钱五分，共合银一千一百两。马鞍一百四十副，每副价银四两六钱，共合银六百四十四两。红糖八百斤，每斤价银二钱五分，共合银二百两。小石坛一百六十个，每个价银一钱，共合银一十六两。熟铁六千斤，每斤价银一钱，共合银六百两。白洋纱三十六匹，每匹价银一两四钱，共合银五十两四钱。蜂蜜一千六百斤，每斤价银二钱，共合银三百二十两。洋火五千箱，每箱价银二两，共合银一万两。麻烟四百斤，每斤价银八钱，共合银三百二十两。铁锅五百八十八口，每口价银六钱，共合银三百五十二两八钱。洋纸八十刀，每刀价银一两七钱，共合银一百三十六两。生铁三万二千斤，每斤价银四分，共合银一千二百八十两。洋糖三千六百四十八斤，每斤价银二钱五分，共合银九百一十二两。黄桂皮棉袍二十八件，每件价银二两五钱，共合银七十两。烟叶三百二十斤，每斤价银五分，共合银一十六两。霞衣绸三千八百六十匹，每匹价银一两五钱，共合银五千七百九十两。铁锅一千二百七十二口，每口价银八钱，共合银一千一十七两六钱。大小账簿二百五十二本，每本价银一两，共合银二百五十二两。羊皮纸一十二包，每包价银五钱，共合银六两。阿缎绒八包，每包价银三两，共合银二十四两。小洋刀四百把，每把价银七分，共合银二十八两。蜜糖三百六十斤，每斤价银一钱五分，共合银五十四两。白糖二百八十斤，每斤价银四钱，共合银一百一十二两。西毡八十八条，每条价银五钱，共合银四十四两。香牛皮一百六十张，每张价银八钱，共合银一百二十八两。羊皮八十张，每张价银四钱，共合银三十二两。红铜二百斤，每斤价银五钱，共合银一百两。以上入卡各色货物共合价银一十四万八千七百九十六两八钱。

秋季分，俄商贩运入卡各色货物项下：

红白花洋布二千五百四匹，每匹价银四两，共合银一万一十六两。熟铁一万一千四百八十斤，每斤价银一钱，共合银一千一百四十八两。洋糖五千二百七十二斤，每斤价银二钱五分，共合银一千三百一十八两。胡椒一千八百斤，每斤价银五钱，共合银九百两。各色霞绒五千三百六十匹，每匹价银一两五钱，共合银八千四十两。蓝霞绒腰带八十根，每根价银一两五钱，共合银一百二十两。霞绒帽子八千八百五十六顶，每顶价银三钱五分，共合银三千九十九两六钱。照镜九千五十六个，每个价银二钱五分，共合银二千二百六十四两。洋纸一百六十刀，每刀价银一两五钱，共合银二百四十两。香羊皮六百张，每张价银三钱，共合银一百八十两。牛角梳一千四十把，每把价银五分，共合银五十二两。丝带二千根，每根价银二分，共合银四十两。红洋布棉袍二十件，每件价银二两，共合银四十两。红霞绒手巾一千六百条，每条价银四钱，共合银六百四十两。青呢四匹，合银二十八两八钱。马八百六十四匹，每匹价银十两，共合银八千六百四十两。羊八百八十只，每只价银一两，共合银八百八十两。冰糖一千斤，每斤价银五钱，共合银五百两。洋火四百一十二箱，每箱价银一两八钱，共合银七百四十一两六钱。牛皮四十张，每张价银二两五钱，共合银一百两。洋蜡一百三十二箱，每箱价银六两，共合银七百九十二两。红白糖六千六百四十斤，每斤价银四钱，共合银二千六百五十六两。钢六百四十斤，每斤价银一钱五分，共合银九十六两。生铁二千二百斤，每斤价银四分，共合银八十八两。蜜糖八百斤，每斤价银一钱五分，共合银一百二十两。钢丝一千斤，每斤价银一两，共合银一千两。羊毛一千四百斤，每斤价银五厘，共合银七两。羊皮七十六张，每张价银四钱，共合银三十两四钱。羊毛黑毡八十条，每条价银六钱，共合银四十八两。袈衣四百件，每件价银一两五钱，共合银六百两。钢哈萨盆一百只，每只价银七钱五分，共合银七十五两。洋铁脚盆一百八十只，每只价银四钱，共合银七十二两。洋铁桶二百只，每只价银四钱，共合银八十两。俄茶八十块，每块价银二钱，共合银一十六两。桂皮布一十六板，每板价银七两，共合银一百一十二两。各色洋布四百板，每板价银七两五钱，共合银三千两。以上入卡各色货物共合价银四万七千七百八十两四钱。

冬季分，俄商贩运入卡各色货物项下：

各色洋布三百五十二匹，每匹价银四两，共合银一千四百八两。丝头四百八十斤，每斤价银五钱，共合银二百四十两。白土布五千二百匹，每匹价银一钱五分，共合银七百八十两。哈萨布五十六匹，每匹价银五两，共合银二百八十两。花霞衣绸九百六十匹，每匹价银一两五钱，共合银一千四百四十两。青阿缎绒二十四板，每板价银七两五钱，共合银一百八十两。

黑白毡五十六条，每条价银六钱，共合银三十三两六钱。羊皮袜二百双，每双价银三钱，共合银六十两。羊羔皮四十张，每张价银六钱，共合银二十四两。生熟牛皮七十六张，每张价银一两，共合银七十六两。生羊皮二百八十张，每张价银四分，共合银一十一两二钱。烟叶一千斤，每斤价银五分，共合银五十两。俄茶六百斤，每斤价银二钱，共合银一百二十两。红白糖一万六百斤，每斤价银四钱，共合银四千二百四十两。药材一千八百斤，每斤价银四钱八分，共合银八百六十四两。松子一千六百斤，每斤价银五分，共合银八十两。牛油二千八百斤，每斤价银四分，共合银一百一十二两。蜜糖四千四百斤，每斤价银一钱五分，共合银六百六十两。洋糖五千八百斤，每斤价银二钱五分，共合银一千四百五十两。洋钢八百斤，每斤价银二钱，共合银一百六十两。洋纸四十块，每块价银一两七钱，共合银六十八两。洋蓝四百斤，每斤价银五钱，共合银二百两。大小铁锅五百九十二口，每口价银七钱五分，共合银四百四十四两。洋牌扣一千二百副，每副价银七分，共合银八十四两。洋火八十八箱，每箱价银一两八钱，共合银一百五十八两四钱。马四百二十匹，每匹价银十两，共合银四千二百两。以上入卡各色货物共合银一万七千四百二十三两二钱。

  春季分，俄商贩运出卡各色货物项下：

  白羊皮袄四百件，每件价银一两二钱，共合银四百八十两。老羊皮四千五百二十张，每张价银八钱，共合银三千六百一十六两。丝头二百斤，每斤价银五钱，共合银一百两。官茶二百三十二封，每封价银三两，共合银六百九十六两。各色花洋布四百一十二匹，每匹价银四两，共合银一千六百八十四两。皮靴八十双，每双价银六钱，共合银四十八两。犁头八十个，每个价银三钱五分，共合银二十八两。胰子三百斤，每斤价银六分，共合银一十八两。葡萄三千六百斤，每斤价银六分，共合银一百八十三两六钱。白矾二千三百二十斤，每斤价银六分，共合银一百三十九两二钱。大绒毯六十八条，每条价银十二两五钱，共合银八百五十两。小绒毯十六条，每条价银四两，共合银六十四两。各色西毡三百七十二条，每条价银九钱，共合银三百三十四两八钱。棉线搭子八十四个，每个价银三钱，共合银二十五两二钱。铜壶二百八把，每把价银六钱，共合银一百二十四两八钱。棉线小带八千根，每根价银四分，共合银三百二十两。白洋纱三十二匹，每匹价银一两四钱，共合银四十四两八钱。棉花一千斤，每斤价银五分，共合银五十两。蓝白布一千八十匹，每匹价银一两五钱，共合银一千六百二十两。羊皮四千五百二十张，每张价银八钱，共合银三千六百一十六两。羊毛二千八百斤，每斤价银二分，共合银五十六两。白糖六百斤，每斤价银四钱，共合银二百四十两。水果五万二千颗，每千颗价银二两，共合银一百四两。木碗六百个，每个价银一钱五分，共合银九十两。牛皮四十张，每张价银一两二钱，共合银四十八两。白搭连布二百匹，每匹价银二两，共合银四百两。野羊皮一百二十张，每张价银一钱五分，共合银一十八两。烟叶二千四百二十斤，每斤价银六分，共合银一百四十五两二钱。红枣三百四十斤，每斤价银六分，共合银二百四两。核桃一千六百斤，每斤价银二分，共合银三十二两。磁碗一千二百只，每只价银一钱五分，共合银一百八十两。以上出卡各色货物共合价银一万五千五百二十三两六钱。

夏季分，俄商贩运出卡各色货物项下：

獭皮九百六十张，每张价银七两五钱，共合银七千二百两。灰坎布二十四匹，每匹价银十四两，共合银三百三十六两。白矾三万六千六百四十斤，每斤价银六分，共合银二千一百九十八两四钱。蓝花大碗一千六百个，每个价银三钱，共合银四百八十两。蓝花小碗二千一百六十个，每个价银一钱七分，共合银三百六十七两二钱。搭连布夹袍三十二件，每件价银五钱五分，共合银一十七两六钱。蓝花布手巾一百条，每条价银六分，共合银六两。各色花土布六千五百五十二匹，每匹价银二钱五分，共合银一千六百三十八两。青回绒一十六匹，每匹价银五两，共合银八十两。各色花洋布一千一百七十六匹，每匹价银四两，共合银四千七百四两。哈萨布二十八匹，每匹价银五两，共合银一百四十两。紫桂皮布八匹，每匹价银七两，共合银五十六两。洋布腰带八匹，每匹价银二两五钱，共合银二十两。哈萨缎二十匹，每匹价银九两六钱，共合银一百九十二两。绿羽纱四匹，每匹价银四两，共合银一十六两。牛皮靴八十八双，每双价银二钱，共合银一十七两六钱。官茶二千一百六十封，每封价银三两，共合银六千四百八十两。羊皮袍六百四十八件，每件价银一两二钱，共合银七百七十七两六钱。羔皮三千二百张，每张价银六钱，共合银一千九百二十两。铜茶壶四十把，每把价银四两，共合银一百六十两。苹果五十六驮，每驮价银八钱，共合银四十四两八钱。搭连布三百二十匹，每匹价银六钱，共合银一百九十二两。牛皮一百四十四张，每张价银一两二钱，共合银一百七十二两八钱。白毡一百三十六条，每条价银九钱，共合银一百二十二两四钱。核桃八万颗，每万颗价银二两，共合银一十六两。搭子四十个，每个价银二钱，共合银八两。羊皮六千三百六十张，每张价银八钱，共合银五千八十八两。灰布六百匹，每匹价银六钱，共合银三百六十两。白大布六百四十匹，每匹价银一两五钱，共合银九百六十两。霞衣绸六十四匹，每匹价银一两五钱，共合银九十六两。杏干六十八驮，每驮价银六钱，共合银四十两八钱。棉花六千四百斤，每斤价银一钱二分，共合银七百六十八两。丝线四百斤，每斤价银一两六钱，共合银六百四十两。绒毯八十条，每条价银四两，共合银三百二十两。大毛毡八十条，每条价银一两三钱，共合银一百四两。小毛毡二百条，每条价银五钱，共合银一百两。烟叶一千六百斤，每斤价银六分，共合银九十六两。以上出卡各色货物共合价银三万五千九百三十五两二钱。

秋季分，俄商贩运出卡各色货物项下：

鹿茸八架，每架价银十两，共合银八十两。药材二百斤，每斤价银四钱，共合银八十两。红麻绳七十六斤，每斤价银四钱，共合银三十两四钱。洋蓝八百斤，每斤价银五钱，共合银四百两。红花大碗六百八十个，每个价银三钱，共合银二百四两。白毡一百八十八条，每条价银九钱，共合银一百六十九两二钱。铜器五百六十二斤，每斤价银四钱八分，共合银二百六十九两七钱六分。官茶八十块，每块价银三两，共合银二百四十两。白矾八万七十八百斤，每斤价银六分，共合银五千二百六十八两。獭皮八十张，每张价银七两五钱，共合银六百两。花洋布四十八匹，每匹价银五两，共合银二百四十两。青坎布十六匹，每匹价银十四两，共合银二百二十四两。红洋布八匹，每匹价银四两，共合银三十二两。红霞衣八十八匹，每匹价银一两五钱，共合银一百三十二两。羊皮袍桶一百九十二件，每件价银一两二钱，共合银二百三十两四钱。熟铁四百八十斤，每斤价银一钱，共合银四十八两。钢四百八十斤，每斤价银一钱五分，共合银七十二两。梧桐漏七百二十斤，每斤价银一分，共合银七两二钱。铜茶壶十六把，每把价银八两，共合银一百二十八两。胡椒二百斤，每斤价银四钱，共合银八十两。洋火四十箱，每箱价银一两八钱，共合银七十二两。洋纸四十刀，每刀价银一两八钱，共合银七十二两。水果一百八十驮，每驮价银二两，共合银三百七十六两。白土布三千四百四十匹，每匹价银二钱，共合银六百八十八两。杏干一千六百斤，每斤价银一分五厘，共合银二十四两。皮靴八十双，每双价银八钱，共合银六十四两。核桃八驮，每驮价银一两三钱五分，共合银一十两八钱。葡萄二十驮，每驮价银二两，共合银四十两。花搭连布迦衣一百四十八件，每件价银八钱，共合银一百一十八两四钱。白搭连布八十匹，每匹价银六钱，共合银四十八两。以上出卡各色物共合价银一万四十八两一钱六分。

冬季分，俄商贩运出卡各色货物项下：

净丝一千一十二斤，每斤价银一两，共合银一千一十二两。丝头二千二百斤，每斤价银五钱，共合银一千一百两。杏仁八百斤，每斤价银五分，共合银四十两。白稀布一万五千五百七十二匹，每匹价银二钱，共合银三千一百一十四两四钱。棉花六千八百斤，每斤价银一钱二分五厘，共合银八百五十两。老羊皮袍五千三十六件，每件价银一两二钱，共合银六千四十三两二钱。黑牛皮四十八张，每张价银一两五钱，共合银七十二两。水果二十驮，每驮价银二两，共合银四十两。香梨二万个，每千个价银二两，共合银四十两。马二百四十四匹，每匹价银十两，共合银二千四百四十两。核桃八十三万八百颗，每万颗价银三两，共合银二百四十九两二钱四分。皮碗套五十六个，每个价银一钱，共合银五两六钱。白毡三十六条，每条价银九钱五分，共合银三十四两二钱。茶壶皮套三百六十个，每个价银一钱，共合银三十六两。烟叶二千斤，每斤价银八分，共合银一百六十两。毡袜二百四十双，每双价银六分，共合银一十四两四钱。毛毡二百十六条，每条价银一两二钱五分，共合银二百七十两。皮纸三千二百张，每百张价银八钱，共合银二十五两六钱。白矾一万五千斤，每斤价银六分，共合银九百两。红搭连布四百八匹，每匹价银七钱五分，共合银三百六两。杂色搭连布八百二十八匹，每匹价银八钱，共合银六百六十二两四钱。铜茶壶二十四把，每把价银八两，共合银一百九十二两。沙枣二千斤，每百斤价银八钱，共合银一十六两。杏干八千二百斤，每百斤价银一两，共合银八十二两。灰布一千六百匹，每匹价银二两，共合银三千二百两。搭连斜布衣三百四件，每件价银七钱五分，共合银二百二十八两。羊毛二千斤，每百斤价银二两，共合银四十两。毛毡七百八条，每条价银九钱，共合银六百三十七两二钱。花洋布四百匹，每匹价银四两，共合银一千六百两。皮靴四十双，每双价银六钱五分，共合银二十六两。白梭布六千匹，每匹价银一两五钱，共合银九千两。梨子一万八千四百个，每千个价银四两，共合银五十九两二钱。葡萄四千八百斤，每百斤价银五两，共合银二百四十两。绒马褥八条，每条价银二两，共合银一十六两。羊皮五百一十二张，每张价银八钱，共合银四百九两六钱。杂色布八百匹，每匹价银一两五钱，共合银一千二百两。铜器一百三十斤，每斤价银四钱五分，共合银五十九两四钱。以上出卡各色货物共合价银三万四千四百二十两四钱四分。

喀什噶尔道单报

春季分，俄商贩运入卡各色货物项下：

各色洋布一万二千五百八十板，每板价银二两，共合银三万七千七百四十两。各色洋缎一千一百四十板，每板价银十二两，共合银一万三千六百八十两。各色哈萨缎二千五百二十板，每板价银四两七钱，共合银九千六百八十二两。各色坎布一千六百四十板，每板价银二两八钱，共合银四千五百九十二两。各色哈萨布二千五百二十板，每板价银三两，共合银七千五百六十两。各色霞衣绸四千四百四十匹，每匹价银二两二钱，共合银八千八百八十四两。獭皮五百张，每张价银四两五钱，共合银二千二百五十两。各色花小帽二千七百五十顶，每顶价银三钱，共合银八百二十五两。香牛皮五百七十张，每张价银三两，共合银一千七百一十两。香羊皮四百三十张，每张价银五钱，共合银二百一十五两。各色染草一万三千四百斤，每斤价银八分，共合银一千零七十二两。洋钢一万一千四百斤，每斤价银一钱，共合银一千一百四十两。生熟铁四万一千斤，每斤价银四分，共合银一千六百四十两。烟叶二万零四百斤，每斤价银四分，共合银八百十六两。洋糖二万九千四百斤，每斤价银一钱八分，共合银五千二百九十二两。洋蜡三千七百斤，每斤价银一钱七分，共合银六百二十九两。铁小刀一千四百把，每把价银一钱五分，共合银二百一十两。大小铁斧刀七百四十把，每把价银五钱，共合银三百七十两。铜铁踏蹬六百副，每副价银二钱五分，共合银一百五十两。大小铁锅五百二十口，每口价银二两，共合银一千一百二十两。铁瓢二百把，每把价银四钱，共合银八十两。大小铁盘一千二百个，每个价银二钱，共合银二百四十两。洋铁桶一百四十只，每只价银五钱，共合银七十两。蜂蜜九百斤，每斤价银一钱六分，共合银一百四十四两。杏干一千四百斤，每斤价银七分，共合银九十八两。巴达杏一千斤，每斤价银一钱一分，共合银一百一十两。黑葡萄五千九百斤，每斤价银二分，共合银一百一十八两。松子三千七百斤，每斤价银一钱，共合银三百七十两。药材九百斤,每斤价银六分,共合银五十四两。洋火一千二百九十箱,每箱价银二两二钱,共合银二千八百三十八两。洋纸八百板,每板价银八钱,共合银六百四十两。鼻烟二百斤,每斤价银六分,共合银十二两。毛毡三百一十条,每条价银五钱,共合银一百五十五两。胡椒七百斤,每斤价银四钱五分,共合银三百十五两。各样马鞍二百七十副,每副价银二两,共合银五百四十两。秋辔二百五十副,每副价银三钱,共合银七十五两。马一千八百八匹,每匹价银九两,共合银一万六千二百七十二两。骆驼二百二十八头,每头价银十四两,共合银三千一百九十二两。驴三百七十三头,每头价银三两,共合银一千一百一十九两。牛五十三头,每头价银六两,共合银三百一十八两。羊三百六十七只,每只价银一两,共合银三百六十七两。玻璃一千一百斤,每斤价银一两五钱,共合价银一千六百五十两。以上入卡各色货物共合价银一十二万四千三百五十四两。

　　夏季分,俄商贩运入卡各色货物项下:

　　各色洋布一万七千零五板,每板价银三两,共合银五万一千零一十五两。各样金丝缎一百九十匹,每匹价银二十四两,共合银四千五百六十两。各色洋缎五百六十匹,每匹价银六两,共合银三千三百六十两。各色洋呢二百三十板,每板价银十二两,共合银二千七百六十两。各色坎布一千二百七十板,每板价银四两,共合银五千零八十两。各色桂皮布一千三百六十板,每板价银五两,共合银六千八百两。各色哈萨缎一千五百八十板,每板价银六两,共合银九千四百八十两。各色哈萨布一千九百三十板,每板价银三两,共合银五千七百九十两。各色霞衣绸九百二十匹,每匹价银一两二钱,共合银一千一百零四两。棉夹花小帽五千六百六十顶,每顶价银三钱,共合银一千六百六十八两。各色绸腰带八千五百根,每根价银二两,共合银一万七千两。大小毛毯九百六十条,每条价银五钱,共合银四百八十两。羊羔皮三千七百五十张,每张价银三钱,共合银一千一百二十五两。香牛皮一千七百五十张,每张价银三两,共合银五千二百五十两。獭皮五百张,每张价银四两五钱,共合银二千二百五十两。大丝毯七床,每床价银八两,共合银五十六两。染草一千九百斤,每斤价银六分,共合银一百一十四两。各色靛七百斤,每斤价银八钱,共合银五百六十两。洋红一百斤,每斤价银五两,共合银五百两。洋糖二万三千八百斤,每斤价银一钱八分,共合银四千二百八十四两。洋钢二千六百斤,每斤价银一钱,共合银二百六十两。生、熟铁七万四千九百斤,每斤价银五分,共合银三千七百四十五两。小洋刀子一千五百把,每把价银一钱五分,共合银二十二两五钱。大小斧刀六百二十把,每把价银四钱,共合银二百四十八两。铜铁马踏蹬二百四十副,每副价银四钱,共合银九十六两。马鞍二百四十五个,每个价银一两八钱,共合银四百四十一两。洋针四百匣,每匣价银一两,共合银四百两。大小铁锅二百一十四口,每口价银二两,共合银四百二十八两。洋铁桶五十个,每个价银五钱,共合银二十五两。琉璃三千三百斤,每斤价银一两五钱,共合银四千九百五十两。洋蜡二千二百斤,每斤价银一钱八分,共合银三百九十六两。烟叶八千六百斤,每斤价银四分,共合银三百四十四两。巴达杏七百斤,每斤价银一钱,共合银七十两。葡萄一千六百斤,每斤价银二分,共合银三十二两。松子六百斤,每斤价银一钱,共合银六十两。洋纸七百五十板,每板价银八钱,共合银六百两。药材一千九百五十斤,每斤价银五分,共合银九十七两五钱。洋火八百六十箱,每箱价银二两三钱,共合银一千九百七十八两。胡椒六百斤,每斤价银五钱,共合银三百两。马四千四百三十八匹,每匹价银十二两,共合银五万三千一百三十六两。骆驼二百八十五头,每头价银十四两,共合银三千九百九十两。牛三十三头,每头价银六两,共合银一百九十八两。羊一万一千零二十四只,每只价银一两二钱,共合银一万三千二百二十八两八钱。驴四百九十头,每头价银三两,共合银一千四百七十两。大小洋铁盘一千九百八十个,每个价银二钱,共合银三百九十六两。以上入卡各色货物共合价银二十一万零一百四十七两八钱。

  秋季分,俄商贩运入卡各色货物项下:

  各色洋布一万一千二百九十板,每板价银三两,共合银三万三千八百七十两。各色洋缎二千一百八十板,每板价银六两,共合银一万三千零八十两。各色哈萨缎一千二百板,每板合银六两,共合银七千二百两。各色坎布二千四百八十板,每板价银四两,共合银九千九百二十两。各色霞衣绸二千三百四十匹,每匹价银一两二钱,共合银二千八百零八两。各色桂皮布一千一百板,每板价银五两,共合银五千五百两。各色霞衣绸夹绊三百四十件,每件价银二两五钱,共合银八百五十两。各色洋呢四百二十板,每板价银十二两,共合银五千零四十两。各色小夹帽二千五百顶,每顶价银三钱,共合银七百五十两。生、熟铁八万六千二百斤,每斤价银五分,共合银四千三百一十两。大小铁锅七百三十口，每口价银二两，共合银一千四百六十两。钢六千五百斤，每斤价银五钱，共合银三千二百五十两。洋铁桶一百八十个，每个价银五钱，共合银九十两。洋针二百匣，每匣价银一两，共合银二百两。大小洋铁盘一千三百个，每个价银二钱，共合银二百六十两。大小铜盘四百五十个，每个价银六钱，共合银二百七十两。大小铜盆三百个，每个价银一两，共合银三百两。洋糖二万二千八百斤，每斤价银一钱八分，共合银四千一百零四两。烟叶二万一千一百斤，每斤价银六分，共合银一千二百六十六两。各色染草一万二千三百斤，每斤价银六分，共合银七百三十八两。洋火七百七十箱，每箱价银二两三钱，共合银一千七百七十一两。洋蜡三千斤，每斤价银一钱八分，共合银五百四十两。蜂蜜八千七百斤，每斤价银一钱六分，共合银一千三百九十二两。胡椒一千斤，每斤价银五钱，共合银五百两。药材一千七百斤，每斤价银五分，共合银八十五两。洋纸九百板，每板价银八钱，共合银七百二十两。大小斧刀七百把，每把价银四钱，共合银七百二十两。松子一千七百斤，每斤价银一钱，共合银一百七十两。小铁刀四百把，每把价银一钱五分，共合银六十两。水银二百斤，每斤价银一两三钱，共合银二百六十两。马鞍五百个，每个价银一两七钱，共合银八百五十两。马秋辔二百五十副，每副价银三钱，共合银七十五两。丝瓣带五千根，每根价银一钱，共合银五百两。皮鞋一百五十双，每双价银六钱，共合银九十两。毯子八百条，每条价银五钱，共合银四百两。牛皮七百张，每张价银一两，共合银七百两。羊皮二千四百张，每张价银一钱，共合银二百四十两。玻璃四千九百斤，每斤价银一两五钱，共合银七千三百五十两。马七千二百四十二匹，每匹价银十二两，共合银八万六千九百零四两。骆驼六百五十八只，每只价银十四两，共合银九千二百一十二两。驴七百四十七头，每头价银三两，共合银二千二百四十一两。牛七十三头，每头价银六两，共合银四百三十八两。羊三万九千五百十三只，每只价银一两二钱，共合银四万七千四百一十五两六钱。以上入卡各色货物共合价银二十五万七千四百五十九两六钱。

冬季分，俄商贩运入卡各色货物项下：

各色洋布一万四千二百板，每板价银三两，共合银四万二千六百两。各色洋缎一千二百板，每板价银六两，共合银七千二百两。各色哈萨缎一千六百七十板，每板价银六两，共合银一万零二十两。各色坎布六百板，每板价银四两,共合银二千四百两。各色霞衣绸四百匹,每匹价银一两二钱,共合银四百八十两。各色桂皮布六百四十板,每板价银五两,共合银三千二百两。各色大小夹帽一百五十顶,每顶价银二钱五分,共合银三十七两五钱。生、熟铁三千六百斤,每斤价银五分,共合银一百八十两。大小铁锅一千四十口,每口价银二两,共合银二千零八十两。洋钢一千二百斤,每斤价银一钱,共合银一百二十两。洋针四百匣,每匣价银一两,共合银四百两。大小洋铁桶八十个,每个价银四钱,共合银三十二两。大小铜盆二百个,每个价银一两,共合银二百两。各样洋糖五万六千五百斤,每斤价银一钱七分,共合银九千六百零五两。各色染草一万七千二百斤,每斤合银七分,共合银一千二百零四两。烟叶八千三百斤,每斤价银六分,共合银四百九十八两。蜂蜜六百四十斤,每斤价银一钱四分,共合银一百零二两四钱。洋火一千四百四十箱,每箱价银二两二钱,共合银三千一百六十八两。玻璃一千一百斤,每斤价银一两五钱,共合银一千六百五十两。胡椒一千九百斤,每斤价银五钱,共合银九百五十两。药材四百五十斤,每斤价银五分,共合银二十二两五钱。丝辫带八千一百根,每根价银一钱,共合银八百一十两。洋纸一百五十板,每板价银八钱,共合银一百二十两。洋蜡五千斤,每斤价银一钱八分,共合银九百两。大小斧刀三千把,每把价银四钱,共合银一千二百两。小铁刀二百把,每把价银一钱五分,共合银三十两。松子一千一百斤,每斤价银一钱,共合银一百一十两。巴达杏一千斤,每斤价银一钱,共合银一百两。葡萄三千一百斤,每斤价银二分,共合银六十二两。马鞍三百二十个,每个价银一两七钱,共合银五百四十四两。毛毡八百五十条,每条价银五钱,共合银四百二十五两。牛皮五百五十张,每张价银一两,共合银五百五十两。羊皮一千七百四十张,每张价银一钱,共合银一百七十四两。獭皮五十张,每张价银四两五钱,共合银二百二十五两。狐皮三百张,每张价银五钱,共合银一百五十两。马一千八百五十四匹,每匹价银十二两,共合银二万二千二百四十两。骆驼六百五十七只,每只价银十五两,共合银九千八百五十五两。驴三百七十七头,每头价银三两,共合银一千一百三十一两。牛六十七头,每头价银六两,共合银四百零二两。羊一万一千六百五十只,每只价银一两二钱,共合银一万三千九百八十两。以上入卡各色货物共合价银一十三万七千九百七十七两四钱。

春季分,俄商贩运出卡各色货物项下:

白土布三十五万二千二百三十匹，每匹价银一钱五分，共合银五万两二千八百四十九两五钱。印花土布八千四百四十匹，每匹价银一钱五分，共合银一千二百六十六两。搭连土布五千七百八十匹，每匹价银二钱五分，共合银一千四百四十五两。各样土丝六万一千九百二十斤，每斤价银一两，共合银六万一千九百二十两。大小毛毡一万三千一百铺，每铺价银五钱，共合银六千五百五十两。白矾一万八千五百二十斤，每斤价银二分，共合银三百七十两零四钱。各色布棉袍四百一十件，每件价银四钱五分，共合银一百八十四两五钱。土布单衣裤七百零八套，每套价银三钱，共合银二百一十二两四钱。牛皮四百二十张，每张价银一两，共合银四百二十两。羊皮一千二百三十张，每张价银一钱，共合银一百二十三两。羊皮袍一百八十件，每件价银一两五钱，共合银二百七十两。大小丝毡二百一十铺，每铺价银五两，共合银一千零五十两。马一千九百九十七匹，每匹价银九两，共合银一万七千九百七十三两。骆驼九百二十一头，每头价银十四两，共合银一万二千八百两。驴三百二十头，每头价银三两，共合银九百六十两。以上出卡各色货物共合价银一十五万八千五百八十七两八钱。

　　夏季分，俄商贩运出卡各色货物项下：

　　白土布三十万零六千七百四匹，每匹价银一两五钱，共合银四万六千零一十一两。各样丝一万二千八百斤，每斤价银一两，共合银一万二千八百两。印花土布四千四百匹，每匹价银一钱二分，共合银五百二十八两。搭连土布二千九百四十匹，每匹价银四钱，共合银一千一百七十六两。大小毡子六千零一十六条，每条价银五钱，共合银三千零八两。棉衣二千七百一十四件，每件价银五钱，共合银一千三百五十七两。和阗绸四百匹，每匹价银六钱，共合银二百四十两。牛皮一百八十张，每张价银一两，共合银一百八十两。羊皮一千七百六十张，每张价银一钱，共合银一百七十六两。土布汗褂裤一百一十六套，每套价银三钱，共合银三十四两八钱。棉花二千斤，每斤价银一钱，共合银二百两。皮靴一百七十五双，每双价银五钱，共合银八十七两五钱。大小毛毯六十一条，每条价银八钱，共合银四十八两八钱。白矾二万九千三百斤，每斤价银二分，共合银五百八十六两。口袋一百四十五只，每只价银三钱，共合银四十三两五钱。大小磁碗五百二十个，每个价银三钱，共合银一百五十七两二钱。玻璃三百斤，每斤价银一两五钱，共合银四百五十两。马一千四百三十四匹，每匹价银十二两，共合银一万七千一百六十两。骆驼六百零六头,每头价银十四两,共合银八千四百八十四两。驴五百四十七头,每头价银三两,共合银一千六百四十一两。以上出卡各色货物共合价银九万四千一百八十八两八钱。

秋季分,俄商贩运出卡各色货物项下:

白土布二十三万一千一百匹,每匹价银一钱五分,共合银三万四千六百六十五两。搭连土布三万一千三百匹,每匹价银四钱,共合银一万二千五百二十两。印花土布五千六百匹,每匹价银一钱二分,共合银六百七十二两。各色土布棉袍二千八百件,每件价银五钱,共合银一千四百两。白土布汗褂裤三百套,每套价银三钱,共合银九十两。白矾五万四千斤,每斤价银二分,共合银一千零八十两。和阗丝毡三百八十铺,每铺价银五两,共合银一千九百两。和阗丝一万零九百斤,每斤价银一两,共合银一万零九百两。大小毛毡二千八百条,每条价银五钱,共合银一千四百两。羊皮袍六百件,每件价银一两五钱,共合银九百两。羊皮四千四百张,每张价银一钱,共合银四百四十两。各样皮小帽三百顶,每顶价银三钱五分,共合银一百零五两。大小磁碗三百对,每对价银三钱,共合银九十两。皮鞋四百双,每双价银六钱,共合银二百四十两。杏干二千一百斤,每斤价银七分,共合银一百四十七两。各样水果五万六千斤,每斤价银二分,共合银一千一百二十两。棉花一千斤,每斤价银一钱,共合银一百两。马一千九百零八匹,每匹价银十二两,共合银二万二千八百九十六两。骆驼四百八十六只,每只价银十四两,共合银六千八百零四两。驴六百三十八头,每头价银三两,共合银一千九百一十四两。以上出卡各色货物共合价银九万九千三百八十三两。

冬季分,俄商贩运出卡各色货物项下:

白土布三十四万八千五百匹,每匹价银一钱五分,共合银五万二千二百七十五两。搭连土布三千一百二十匹,每匹价银四钱,共合银一千二百四十八两。印花土布五百匹,每匹价银一钱二分,共合银六十两。土布棉袍一千四百八十件,每件价银五钱,共合银七百四十两。棉花九千一百斤,每斤价银一钱,共合银九百一十两。白矾一千八百斤,每斤价银二分,共合银三十六两。和阗丝一万八千二百斤,每斤价银一两,共合银一万八千二百两。大小棉线带四百根,每根价银一钱,共合银四十两。羊皮袍一千五百八十件,每件价银一两五钱,共合银二千三百七十两。毛毡二千六百八十条,每条价银五钱,共合银一千三百四十两。羊皮一千八百张,每张价银一钱,共合银一百八十两。大小毛毯一百一十铺,每铺价银三两,共合银三百三十两。各样水果三千四百斤,每斤价银二分,共合银六十八两。姜皮一百五十斤,每斤价银二钱,共合银三十两。大小磁碗四百对,每对价银三钱,共合银一百六十二两。土碗一千七百对,每对价银二分,共合银三十四两。皮纸二万张,每万张价银十三两,共合银二十六两。马一千九百五十七匹,每匹价银十二两,共合银二万三千四百八十四两。骆驼七百六只,每只价银十五两,共合银一万五千九十两。驴四百八十四头,每头价银三两,共合银一千四百五十二两。以上出卡各色货物共合价银一十一万三千三百三十三两。

镇迪道单报

春季分,俄商贩运入卡各色货物项下:

哈萨布四十六板,每板价银五两,共合银二百三十两。红洋布一百四十板,每板价银六两,共合银八百四十两。洋绉二十板,每板价银一十二两,共合银二百四十两。桂皮布二百五十板,每板价银八两,共合银二千两。杂色坎布一千二十四匹,每匹价银六两,共合银六千一百四十两。花洋布五百一十板,每板价银七两,共合银三千五百七十两。杂色哈萨缎三十四板,每板价银六两,共合银二百四两。白洋布三十板,每板价银五两,共合银一百五十两。杂色哈喇一十二板,每板价银七十七两,共合银九百二十四两。回绒一十五板,每板价银六两,共合银九十两。白标布一十二板,每板价银三两五钱,共合银四百二十两。洋斜布五百二十板,每板价银六两,共合银三千一百二十两。洋搭连布三百一十六匹,每匹价银八钱,共合银二百五十二两八钱。铜盘三千一百个,每个价银五钱,共合银一千五百五十两。洋铁盘二千五百三十五个,每个价银二钱,共合银五百七两。洋火一百二十箱,每箱价银二两五钱,共合银三百两。洋胰子四十六箱,每箱价银三两,共合银一百三十八两。香牛皮二百二十一张,每张价银三两二钱,共合银七百七两二钱。铜茶壶六十八把,每把价银一两,共合银六十八两。羊毛毯一百六十八条,每条价银八钱,共合银一百三十四两四钱。洋匣子一百五十个,每个价银一两五钱,共合银二百二十五两。时辰表一百六十个,每个价银一十二两,共合银一千九百二十两。绿洋布二十四板,每板价银三两五钱,共合银八十四两。马九十五匹,每匹价银四两五钱,共合银四百二十七两五钱。毛牛三百五十只,每只价银七两五钱,共合银二千六百二十五两。犍牛二百只,每只价银九两,共合银一千八百两。以上入卡各色货物共合银二万八千六百七十两九钱。

夏季分,俄商贩运入卡各色货物项下:

回绒八十六板,每板价银六两,共合银五百一十六两。羽绫一百二十板,每板价银五两五钱,共合银六百六十两。达连布四百匹,每匹价银八钱,共合银三百二十两。哈萨布六百三十五匹,每匹价银五两,共合银三千一百七十五两。桂皮布三百一十五匹,每匹价银八两,共合银二千五百二十两。红洋布六百八十匹,每匹价银六两,共合银四千八十两。白洋布五百四十六匹,每匹价银四两五钱,共合银二千四百五十七两。哈萨缎一百四十板,每板价银六两,共合银八百四十两。洋绉六十八板,每板价银一十二两,共合银八百一十六两。杂色洋布一千三十板,每板价银五两,共合银五千一百五十两。洋花带四千四百条,每条价银一钱,共合银四百四十两。洋丝布九百二十四板,每板价银三两五钱,共合银三千二百三十四两。香牛皮一千三百五十六张,每张价银三两二钱,共合银四千三百三十九两二钱。羊毛毯五千六百六条,每条价银八钱,共合银四千四百八十四两八钱。洋胰子四十六箱,每箱价银三两,共合银一百三十八两。铜盘二千七百五十个,每个价银九钱,共合银二千四百七十五两。洋匣子一百个,每匣价银三两五钱,共合银三百五十两。洋火五百六十箱,每箱价银二两五钱,共合银一千四百两。生铁三千四百六十斤,每斤价银七分,共合银二百四十二两二钱。洋钢四千六百四十斤,每斤价银一钱,共合银四百六十四两。洋糖九百六十斤,每斤价银二钱,共合银一百九十二两。照镜一千九百五十六个,每个价银二钱六分,共合银五百八两五钱六分。洋纸四千六百刀,每刀价银一钱五分,共合银六百九十两。洋铁盘一千一百个,每个价银二钱,共合银二百二十两。马五百匹,每匹价银八两,共合银四千两。绵羊一千三百五十只,每只价银七钱,共合银九百四十五两。山羊五百九十二只,每只价银六钱四分,共合银三百七十八两八钱八分。以上入卡各色货物共合银四万五千三十五两六钱四分。

秋季分,俄商贩运入卡各色货物项下:

坎布八百五十六匹,每匹价银六两,共合银五千一百三十六两。杂色花洋布一百一十匹,每匹价银七两,共合银七百七十两。红洋布六百三十匹，每匹价银六两，共合银三千七百八十两。哈萨布二十三板，每板价银五两，共合银一百一十五两。白标布四百三十板，每板价银三两，共合银一千二百九十两。羽绫一百二十板，每板价银五两，共合银六百六十两。华兔绒七十九板，每板价银六两，共合银四百七十四两。回绒一十八板，每板价银六两，共合银一百八两。达连布二百五十四匹，每匹价银八钱，共合银二百两。洋铁盆五百八十个，每个价银三钱，共合银一百七十四两。铜盘一千五百个，每个价银九钱，共合银一千三百五十两。铜蜡台九百对，每对价银一两二钱，共合银一千八十两。洋胰子四十八箱，每箱价银三两，共合银一百四十四两。香牛皮八百张，每张价银三两二钱，共合银二千五百六十两。钢茶壶五百七十六把，每把价银一两，共合银五百七十六两。铜盘三百个，每个价银五钱，共合银一百五十两。时辰表一百三十个，每个价银一十二两，共合银一千五百六十两。套登一百二十匹，每匹价银四两，共合银四百八十两。洋毯一百九十个，每个价银八钱，共合银一百五十二两。洋糖一千三百斤，每斤价银二钱，共合银二百六十两。洋铁二千六百斤，每斤价银七分，共合银一百八十二两。洋火四百箱，每箱价银二两五钱，共合银一千两。洋匣子一百八十个，每个价银三两五钱，共合银六百三十两。绵羊三千二百只，每只价银七钱，共合银二千二百四十两。山羊九百五十只，每只价银七钱四分，共合银七百三两。马七百四十八匹，每匹价银八两，共合银五千九百八十四两。毛牛四百四十五只，每只价银七两五钱，共合银三千三百三十七两五钱。以上入卡各色货物共合银三万五千七十九两五钱。

冬季分，俄商贩运入卡各色货物项下：

花霞衣绸五百六十匹，每匹价银一两五钱，共合银八百四十两。青阿绒八匹，每板价银七两五钱，共合银六十两。黑白毡一百九十条，每条价银六钱，共合银一百一十四两。羊羔皮六百张，每张价银六钱，共合银三百六十两。羊皮袜七百二十双，每双价银三钱，共合银二百一十六两。生羊皮五百张，每张价银四分，共合银二十两。烟叶二千斤，每斤价银五分，共合银一百两。铜盆一百五十个，每个价银九钱，共合银一百三十五两。洋糖三千斤，每斤价银二钱五分，共合银七百五十两。洋纸二百六十块，每块价银一两七钱，共合银四百四十二两。蓝洋布一百二十匹，每匹价银四两，共合银四百八十两。洋排扣一千三百副，每副价银七分，共合银九十一两。哈萨布三百五十匹，每匹价银五两，共合银一千七百五十两。洋铁盆八百六十五个,每个价银二钱,共合银一百七十三两。洋毯六百五十八条,每条价银八钱,共合银五百二十六两四钱。时辰表五百二十个,每个价银十二两,共合银一百八十两。洋铁五千六百斤,每斤价银八分,共合银四百四十八两。大小铁锅四百五十口,每口价银二两,共合银九百两。山羊二千六百只,每只价银六钱四分,共合银一千六百六十四两。马一千二百二十匹,每匹价银六两六钱,共合银八千五十二两。以上入卡各色货物共合银一万七千三百一两四钱。

春季分,俄商贩运出卡各色货物项下:

桂皮布五百五十六匹,每匹价银八两,共合银四千四百四十八两。红洋布二百一十匹,每匹价银六两,共合银一千二百六十两。花洋布五十三匹,每匹价钱七两,共合银三百七十一两。青哈喇一十五板,每板价银七十七两,共合银一千一百五十五两。绿洋布二十四板,每板价钱三两五钱,共合银八十四两。洋斜布八板,每板价银六两,共合银四十八两。梭布二百五十四匹,每匹价银九钱,共合银二百二十八两六钱。官茶五十四封,每封价银三两三钱,共合银一百七十八两二钱。各色杂货二十八箱,每箱价银五十两,共合银一千四百两。花布五千四百四十匹,每匹价银二钱五分,共合银一千三百六十两。以上出卡各色货物共合银一万五百三十二两八钱。

夏季分,俄商贩运出卡各色货物项下:

各色洋布九百四十六匹,每匹价银四两,共合银三千七百八十四两。红霞衣一百六十五匹,每匹价银一两四钱,共合银二百三十一两。灰布二十匹,每匹价银六钱,共合银一十二两。哈萨布一百八十八匹,每匹价银五两,共合银九百四十两。绿羽纱四匹,每匹价银四两,共合银一十六两。杂色哈萨布二百五十板,每板价银五两,共合银一千二百五十两。桂皮布一百三十五匹,每匹价银八两,共合一千八十两。洋大呢三十七板,每板价银十二两,共合银四百四十四两。洋绉五板,每板价银十二两,共合银六十两。达连布三百二十匹,每匹价银八钱,共合银二百五十六两。各色哈萨缎六百八十五板,每板价银六两,共合银四千一百一十两。和阗绸七百匹,每匹价银七钱,共合银四百九十两。姜皮三千四百斤,每百斤价银二十五两,共合银八百五十两。大小磁碗四百对,每对价银三钱,共合银一百二十两。马五百八十四匹,每匹价银八两,共合银四千六百七十二两。骆驼一百九十五头,每头价银十四两,共合银二千七百三十两。以上出卡各色货物共合银二万一千四十五两。

秋季分，俄商贩运出卡各色货物项下：

哈萨布二百五十八板，每板价银五两，共合银一千二百九十两。杂色哈萨布三百七十五板，每板价银五两，共合银一千八百七十五两。桂皮布一百五十六匹，每匹价银八两，共合银一千二百四十八两。上色花洋布五十板，每板价银七两，共合银三百五十两。洋毯六十八条，每条价银八钱，共合银五十四两四钱。哈喇九板，每板价银七十七两，共合银六百九十三两。洋绉一百二匹，每匹价银十二两，共合银一千二百二十四两。哈萨缎四十六板，每板价银六两，共合银二百七十六两。达连布三百二十匹，每匹价银八钱，共合银二百五十六两。洋斜布八十板，每板价银六两，共合银四百八十两。洋手巾一千二百一十条，每条价银八分，共合银九十六两八钱。回绒四十八板，每板价银六两，共合银二百八十八两。白土布三千二百三十三匹，每匹价银一钱八分，共合银五百八十一两九钱四分。棉花一万三百斤，每斤价银九分八厘，共合银一千九两四钱。印花土布二千二百匹，每匹价银一钱二分，共合银二百六十四两。口袋一千一百四十五条，每条价银三钱，共合银三百四十三两五钱。和阗丝毯一百六十五铺，每铺价银五两，共合银八百二十五两。羊皮袍桶五百件，每件价银三两六钱，共合银一千八百两。大小磁碗三百个，每个价银一钱五分，共合银四十五两。官茶五十六封，每封价银三两三钱，共合银一百八十四两八钱。各样水果三万四百斤，每斤价银二分，共合银六百八两。姜皮一百五十斤，每斤价银二钱，共合银三十两。驴八百九十四头，每头价银四两五钱，共合银四千二十三两。羊三千一百五十只，每只价银六钱，共合银一千八百九十两。马一千一百五十八匹，每匹价银九两六钱，共合银一万一千一百一十六两八钱。骆驼四百八十只，每只价银十二两，共合银五千七百六十两。以上出卡各色货物共合银三万六千六百一十二两六钱四分。

冬季分，俄商贩运出卡各色货物项下：

白洋布五百七十二匹，每匹价银五两，共合银二千八百六十两。哈萨缎四百二十匹，每匹价银五两，共合银二千一百两。杂色洋布七百七十匹，每匹价银四两，共合银三千八十两。白毡一百九十八条，每条价银九钱，共合银一百七十八两。羊皮袍桶三百九十二件，每件价银三两，共合银一千一百七十六两。洋火四十六箱，每箱价银二两，共合银九十二两。洋铁盘二百五十八个，每个价银二钱，共合银五十一两六钱。毡袜四百八十双，每双价银一钱，共合银八十四两。葡萄四千八百斤，每百斤价银三两，共合银一百四十四两。羊毛四千六百斤，每百斤价银一两五钱，共合银六十九两。杏干一万八千二百斤，每百斤价银九钱，共合银一百六十三两八钱。牛四十八条，每条价银八两，共合银三百八十四两。羊一千一百八十五只，每只价银六钱，共合银七百一十一两。以上出卡各色货物共合银一万一千九十三两六钱。

阿克苏道详报：光绪十二年分，俄商贩运入卡各色货物共合价银二十二万七千二百四十九两二钱，出卡各色货物共合价银九万五千九百二十七两四钱。

喀什噶尔道详报：光绪十二年分，俄商贩运入卡各色货物共合价银七十二万九千九百三十八两八钱，出卡各色货物共合价银四十六万五千六百九十二两六钱。

镇迪道详报：光绪十二年分，俄商贩运入卡各色货物共合价银一十二万六千八十七两四钱四分，出卡各色货物共合价银七万九千二百八十四两四分。

以上总共俄商入卡货物价银一百八万三千二百七十五两四钱四分，俄商出卡货物价银六十四万九百四两四分。①

023.哈密米尔开里木请照会公使处决由
光绪十三年十一月二十一日（1888年1月4日）

十一月二十一日，新疆巡抚刘锦棠文称：准贵署咨开：俄属人克哩木布尔哈诺伏在哈密监禁一案，七月二十四日，业将库公使照称各节抄录，咨请贵抚饬属确查，秉公核办在案。八月二十二日，复据库使照称：克哩木布尔哈诺伏系倭舍人，署土尔吉斯坦总督佛利德于光绪九年十二月初五日，发四千六百七十号执照，前往喀什噶尔。伊将及喀城，遇中国捕役，向伊称领事唤伊前去，该役领伊至张提督，由喀进京带伊而行。其在喀城，张提督

---

①台北"中央研究院"近代史所藏：《外交档案》，馆藏号：01—20—033—01—008。计算错误之处均从底本。

相待甚善，月给银八两，并给口粮，惟不准其出门。比至哈密，将伊交给驻扎刘大臣，相待亦善，仍不准其出门。自刘大臣离哈密后，方将克哩木布尔哈诺伏禁于狱内，迄今未见释放，现亦不与饭食，令同居狱内之伊子素性痴呆，出外做活养赡。俄商阔帖列尼阔伏视其可怜，供应饭食，切请转饬哈密官员，将此人释放等因前来。

查俄属人克哩木布尔哈诺伏究竟因何系狱，虚实均应彻究。前次行查，尚未接贵抚咨复。兹据俄公使照称各节，相应咨行贵处，速即饬属确查，秉公妥办，并咨复本衙门，以凭转复俄公使可也等因。承准此，查此案本年八月三十日，本爵抚部院承准贵署来咨，当经查检各城报到监犯档案，并无克哩木布尔哈诺伏其人，只有光绪十年接准升任山东巡抚张咨解喀什噶尔布鲁特孥送安回米尔开里木及其子米尔巴乌二名。其情罪重大，应恳贵署查阅成案，据情照会，以便即日处决，免稽显戮各情。当即备文，于九月初七日咨呈并案。此次库使所称，想即指该犯而言。究竟该犯之穷凶极恶，万无开释之理，惟有恳请照会该国，及早见复，以除民害，是为至祷。至哈密厅不与饭食一节，当系言失其实。但既据照称各情，究竟有无其事，应饬哈密厅确切查明，严禁狱卒凌虐等弊。兹准前因，相应咨复。为此咨呈贵署，谨请查照转复施行。①

024. 咨行俄领事文函往来姑予通融由

光绪十三年十二月十三日（1888年1月25日）

十二月十三日，行新疆巡抚刘锦棠文称：光绪十三年十二月初四日，准俄公使库满照会内称：按照条约，领事官不但与中国地方官，即中国大宪亦能往来文函，此贵王大臣不得不知也。乃新疆抚台避与驻喀俄领事径行往来文函，每遇事件向请本国边界大宪。查此项办法不但与约章不符，且于办公致生躭延。且大半系归该领事专责之事，非俄边督抚应管之事，展转躭延误会，殊非两国之益。烦贵王大臣转恳新疆抚台，凡遇领事分内应办之事，径行向办，毋庸咨会俄边督抚，以免躭延。至不归该领事之要件，应由贵署与本馆抑或两国政府会办可也等因前来。查各直省督抚与各口领

---

①台北"中央研究院"近代史所藏：《外交档案》，馆藏号：01—20—002—03—017。

事，遇有交涉事件，文函往来，通行已久。贵处向来遇事行文彼国边界大员，与内地办法不同，俄使谓恐展转贻延误会，所言尚非不情之请，且交涉之事总宜随时速了，方免别生枝节。此后似可分别事之轻重，或径与领事文函，或仍行文彼国大员，随时酌办可也。①

025. 拟改俄商贸易票照式样呈阅由

光绪十四年正月初五日（1888年2月15日）

　　正月初五日，甘肃新疆巡抚刘锦棠文称：案据省城税务总局司道详称：案奉宪台札开：准署塔尔巴哈台参赞大臣咨：据塔城印务处兼办边防章京范令一畏呈：以俄商贸易票、照塔城领事请仍照旧办理，是否允协？章京未敢擅便，请示遵办等情前来。相应咨请鉴照等因。准此，应饬该总局悉心筹议。除原文邀免全录外，尾开如何查验方与税务有益，如何通行方与商民称便，如何酌量方与约章不背，仰即妥议具详，以便转饬遵照。此札等因。奉此，本总局熟加筹度，现在俄商货物免税，华商货物收税，轩轾相形，包揽假冒，势所不免。欲杜其弊，自以按照约章，务令俄商先呈原领本国官所发中俄两国文字执照，填写商人、随人姓名、货色、包件、牲畜数目，交中国该管官查验，给照放行。其由领事请领货照者，应仿用彼国巡抚、总督所发中俄两国文字执照，填写商人、随人姓名、货色、包件、牲畜数目，不用小票，只将原领执照交中国该管官查验，给照放行。其有入卡销售未完之货运往各城销售者，即在中国官所发护照内注载明白，中国官所发护照尾刊刻改运护照程式。俄商运货到彼，其在该处销售者，报明地方官，将该商余存货物注写改运护照空白纸上，由本处官加印放行。其在该处并未销售者，本处官查明货照相符，即于护照纸内盖某年月日、某处验票放行戳记。无论已销、未销，地方官均应严禁司事人役，不得索取分文，亦不得故为延搁。其有运往南路者，仿此护照及改运护照票式，拟呈鉴核。本总局犹恐文义拘牵，彼国难于辨认，并拟简明规条数则，俾知按照办理，以免歧异。另纸附呈钧鉴。如蒙宪台允准，护票即由本总局刊刷，通饬遵照。拟请一面咨复署塔城参赞春，转饬章京照办；一面照会俄国领事各官一体知照，以

---

①台北"中央研究院"近代史所藏：《外交档案》，馆藏号：01—34—001—06—002。

益税务而便商民,庶于约章不背。是否有当?伏候批示祗遵。计呈清折一纸、票式一张等情。

据此,本爵抚部院以本年新省开办税务,迭据领事官照会,以华官误收俄税。及至严札行查,委因票照不清,致滋繆葛,迄难偏咎华官。查俄商入中,由中国边界官发给路票,原系伊犁、塔尔巴哈台历办旧章。此次税局所拟规条票式,实为保护俄商、极力区别、以免华商假托起见,事属可行。除批准并分别咨行外,相应咨呈。为此合咨贵署,谨请查照施行。

照录清折

计开:

一、查约载:俄商不得包庇华商货物运往各口,嗣后俄国官员发给商民执照,应请查明父名居址,必要确系俄国商民,方可发给执照。倘有中国边界商民人等希图免税,假充俄商,请领俄官执照者,查出即送交中国官员惩办。至中国商欲赴俄国贩货者,必先报明中国该管官,给发路票,送由俄领事挂号,方准越界运货,迨至贩货回中,仍由中国该管官消号。该管官一验票放行之戳,不必给发执照,以示区别。华商由塔城运货来省者,自应踊跃奉公、照章完税。如有私赴俄官托请执照、蒙混免税者,一经查出,除将货物入官外,仍治以偷漏应得之罪。

一、俄商请领运货执照,无论由本国总督、巡抚及领事官发给,均应用中俄两国文字刊板执照。汉文照内各项空白处,能用汉文填注固好,否则回文或蒙古文填写商人、随人姓名、货色、包件、牲畜数目,呈中国该管官查验相符,方可发给汉文护照。如仅有领事小票而无刊板执照者,不给。

一、俄商请领中国护照时,先将原领本国官所发执照呈中国该管官查验相符,即将执照内所注商人、随人姓名、货色、包件、牲畜数目等项,用汉文填写明白,并将执照内原注货数各种文字起止处押盖图章,复将护照粘连钤印于执照尾。倘有执照货数本多、护照填写短少者,咎在中国官。执照货数本少、查出加多者,不给护照,挡回卡外。

一、俄商执中国该管官护照运往各城贸易,沿途中国官只照护照内货数查验。如有至西湖、玛纳斯等处货数忽然加多者,非系贩卖土货,即系包揽华商,一经查出,听凭中国官扣留,交附近俄国边界官或领事官,从严罚办。查有违禁之物,即将违禁之物全罚入官。

一、俄商运赴各城售销之货,其有未经销完运往别城销售者,由该商将粘连两项执照持赴地方官衙门或税局，报明呈验。已销者，由地方官局将该商余货物注明改运护照内空白纸上，钤印放行。未销者，应查明货照相符，盖"某年月日、某处查验"戳记。无论已销、未销，地方官均应严禁司事人役，不得索取分文，亦不得故为耽搁，以示体恤。

一、俄商贩吆牲畜进口，必先由指定卡伦入境，照呈中国坐卡委员查验，盖戳放行。卡员务将入卡数目单呈章京，俟俄商赴章京请发护照时，查明有无发卖，抑或全数吆往别城，必期与入卡原数目相合。如与原数目加多，必系由中国贩买，应即查照贩运土货沿途销售之例罚办，以杜在中添贩牲畜之弊，且免侵夺华民生计。其贩运土货回国，照约办理。如有沿途销售者，亦照逢关纳税、过卡抽厘之约办理。①

026. 派员会讯买买提阿立普债务案情由
光绪十四年正月初五日（1888年2月15日）

正月初五日，新疆巡抚刘锦棠文称：案据调署喀什噶尔通商道袁道垚龄申称：窃照职道据通商委员贺显良回称：本月二十日，因入籍中国和阗百姓买买提阿立普与安回克然木占、牙合普占等帐债事件，奉饬前赴领事官公馆，会商查验，当与帮办赛格挑列验明，该回等彼此所立字据，业在和阗凭证算明，一概清结，本无须再行会讯。乃该帮办谓原立字据不足为凭，定欲彻底查算。职只得与之当堂会问。讵该帮办故意刁难，以字据内还过之天罡六万余元，只肯承认三万四千余元，其余二万六千余元，定欲买买提阿立普接取账目，从新算结。卑职比以案件由和阗清结，彼此均无异言，该帮办定欲频翻前案，知其难以了事，当将买买提阿立普呈验各字据收拾，发还该回。该回即起身接取，并无不合。乃该帮办下堂，将该回拳打足踢，横加凶殴。比经卑职面斥其非，始获放手。复将一切情形面告领事，领事官反加该回以抢取凭证之罪，欲卑职当堂责惩，不然即传俄兵站班，欲复鞭打。虽经卑职据理辩驳，已获幸免，而似此无理，实属违约已极，应请宪台做主等情。据此，查约载：两国商民遇有大小案件，领事馆与地方官各办各国之人等语。该买买提阿立普系中国入籍百姓，前已会讯明白。纵有不是，亦

---
①台北"中央研究院"近代史所藏：《外交档案》，馆藏号：01—20—010—06—001。

应由中国官员责惩。而该领事、帮办擅将中国人民殴打,已属有违约章,而以官员下堂拳打足踢,尤属不成事体!既经该委员登时面告,该领事自应严加申饬,以全和好。乃复欲将该回鞭打,更属不合约章而碍睦谊。除据理照会俄领事外,理合备文申报。为此具申,伏乞鉴核施行等情。

据此,除批案经议结,彼此无词,该领事、帮办频翻前案,已属非是。况经该道、委员会讯,纵前议不公,亦应据理辩驳,何至以俄国官员下堂擅打中国百姓?贺委员既将一切情形告知领事,倘稍知守约,即应斥责帮办之非,以全睦谊,何得反加中属百姓当堂抢取凭据之罪,犹欲传兵鞭打?似此无理取闹,违约已极,未便再为优容,仰候咨呈总署,照会该国驻京公使,从严惩办,以顾条约而全睦谊,抄由发印外,查约载:两国人民所犯案件,应由两国官员各治所属之罪,不得彼此妄拿,所以杜欺凌而示区别。此案俄国帮办、领事既经会同中国官员审讯,以华民即有不是,不难面请官员索惩,何至下堂凶殴?似此无理取闹,难保不别滋事故,应请贵署据约照会该国驻京公使,转饬该处领事,嗣后如与华官会讯案件,自应恪守约章,不准任便自逞,致生别衅,是为至要。相应咨呈。为此咨呈贵署,谨请查照施行。①

【附】光绪十四年正月二十日总署给俄国公使库满照会:

正月二十日,给俄国公使库满照会称:光绪十四年正月初五日,接据正月初五日新疆巡抚刘咨:据喀什噶尔道申称:入籍中国和阗百姓买买提阿立普与安回克然木占、牙合普占等帐债事件,派通商委员贺显良前赴领事官公所,会商查验,当与帮办、领事赛格挑列验明,该回等彼此所立字据,业在和阗凭证算明,一概清结,本无须再行会讯。乃该帮办谓原立字据不足为凭,定欲彻底查算。贺委员遂同当堂会问。讵该帮办故意以字据内还过之天罡六万余元,只肯承认三万四千余元,其余二万六千余元,定欲买买提阿立普接取账目,从新算结。贺委员以此事由和阗清结,彼此均无异言,该帮办定欲频翻前案,当将买买提阿立普呈验各字据收发还接取,并无不合。乃该帮办下堂,将该回拳打足踢,横加凶殴。经贺委员面折其非,始获放手。嗣将一切情形面告领事官,领事官反加该回以抢取凭证之罪,欲贺委员当堂责惩,不然即传俄兵,欲复鞭打。虽据理辩驳获免,而似此无理违约,应请照会

---

① 全国图书馆文献缩微复印中心影印:《清代新疆地区涉外档案汇编》,2008年,第587—592页。

驻京大臣,转饬该处领事,从严惩办等因。

本衙门查约载:两国人民遇有大小案件,应由两国官员各办各国之人,不得妄拿等语。此案业经议结,彼此无词,俄领事、帮办欲翻前案,已属不公。既经委员会同审讯,华民即有不是,亦可据理辩驳,何至以俄国官员下堂擅打中国百姓?实属不成事体。亟应照会贵大臣,迅饬驻喀领事官,嗣后如与华官会讯案件,务须恪守约章,彼此和平商办,若遇事任便自逞,未免有伤睦谊,并将查办情形照复本衙门可也。①

027. 和阗回民买买提阿立普帐债一案等情由

光绪十四年五月初二日(1888年6月11日)

五月初二日,新疆巡抚刘锦棠文称:窃照光绪十四年三月二十日,承准贵总署咨开:接俄公使库满照称:和阗回民买买提阿立普与安集延民克然木占等帐债一案,俄官并无不合,请即彻底根究。又布回托古太逊等逃入喀境,应按约饬交。又俄属木哈灭忒、沙奇尔拜占拜先后赴和阗贸易,均受华官凌虐逼勒,请为办理。又俄民塔什拜哈集拿拜伏经华官桎梏监禁,请为释放等语。均已先行照复,应并抄录往来照会,咨明确查办理,以凭转复等因。承准此,查买买提阿立普等帐债一案,前据喀什噶尔袁道垚龄申报各情,当经咨呈贵署在案;并批饬仍将此案详细根由禀复,以凭查核去后。嗣据申称:查入籍回民买买提阿立普,前与俄商蓝满巴依合伙贸易,嗣蓝满巴依在俄病故,其子牙合普占来至和阗,与买买提阿立普清算账目,业凭该处阿浑、商民等算结清楚,经牙合普占凭众书立两无龃龉字据。迨后蓝满巴依之长子克然木占又向领事衙门控告,是以职道札饬和阗州,将买买提阿立普解喀质审,曾派通商委员署道库大使贺显良赴领事衙门,与俄帮办赛格挑列传案会讯。据买买提阿立普供称:彼此账目业在和阗凭众算结,牙合普占并立有两无龃龉字据。当饬呈据阅看属实,贺委员旋将字据交与买买提阿立普领去。买买提阿立普遂起身接取字据,赛帮办谓字据不应交与该商领去,且谓该商不应自行接取,竟下堂将买买提阿立普拳殴脚踢。贺委员面告领事,该领事既不为帮办认错,且欲将买买提阿立普重加鞭责,

① 全国图书馆文献缩微复印中心影印:《清代新疆地区涉外档案汇编》,第593—596页。

以雪其忿。贺委员再三理论而止。一切情形，业经职道照会领事，与之争论。嗣据该领事两次照会，大抵无理狡赖，不肯认错。查商民银钱往来，全凭字据。兹买买提阿立普与蓝满巴依合伙贸易一切账目，既与其子牙合普占当面算结清楚，且凭众立有字据，自已两无干涉。如谓牙合普占不应将资本全行收去，则克然木占尽可与其弟牙合普占理论，亦与买买提阿立普无涉。现在买买提阿立普拖累已久，已饬回和自理生业，并照会领事在案，理合将此案原委缕晰陈明等情前来。

查约载：遇有不按字据办理情事，领事官及地方官设法，务令照依字据办理等语。此案该帮办、领事始则谓字据不足为凭，继则以字据不应给领，又不问收债立据之俄民，而下堂殴打中国之百姓，实与约章不合，辄又改换情节，架词妄禀。兹阅袁道所申各节，以牙合普占既立有两无缪辖字据，一切账目即与买买提阿立普无干。买买提阿立普将字据当堂呈看，贺委员自应仍交与领去，买买提阿立普自应起身接取。剖晰明白，毫无偏袒，益知领事之言为不可信。大约俄领事因驻京公使鸾远，往来虚捏其词，多方播弄。即如塔什拜哈集拿拜伏一案，公使称查驻喀领事案卷，有中国克复喀什噶尔时将俄民同他各安民传至监禁，奉给元宝三十五锭，后将伊等逐出境外等语。查光绪三年，官军进抵喀什，安集延头目及各逆党闻风逃走，所遗财物当饬各营局一律查缴，以充公用。经前爵阁部堂于四年九月附片具奏在案。从未有将安集延逆党先行监禁、勒出银两、然后逐出境外之事，又岂有将该民等无端监禁勒银、无端逐出境外之理！而领事竟影射其事，将无作有，则他事之诬诞，已可概见。

除哈木灭忒沙奇尔拜占拜及塔什拜哈集拿拜伏并托古太逊各案未据各地方官申报，应饬详细查明，再行核复并分咨外，相应咨呈。为此咨呈贵总署，谨请鉴照转复施行。①

028. 请领商票夹带私茶事咨由

光绪十四年八月初八日（1888年9月13日）

八月初八日，新疆巡抚刘锦棠文称：窃照晋商在理藩院请领商票，夹带

---

① 全国图书馆文献缩微复印中心影印：《清代新疆地区涉外档案汇编》，第597—604页。

私茶，诡立千两、百两等名目，潜销新疆伊、塔地面，前经谭督部堂奏准，以后晋商领票应注明"不准贩运私茶"字样，并由户部分咨理藩院、绥远城将军严饬晋商，不准贩私侵占甘司引地。犯者罚令将货入官，仍治其罪等因。各在案。现在伊、塔两处竟有中国奸商贩运川块等茶，假冒俄商之名，希图贩卖，或串通俄商包庇，即在该处囤贩私售，或将私茶运出卡伦，贩与俄商，由俄倒灌入中，侵销伊、塔一带。种种弊窦，莫可究诘，亟应严饬地方官，设法查禁。查中俄陆路通商新旧章程内载：俄商不准包庇华商货物运往各口，俄商贩买土货只准回国，不准沿途销售，如违此章，其货全行入官各等语。川块等茶既系土货，并非洋货，自不能由俄贩入中国。嗣后如中国奸商有假冒串通情弊，应仍照谭督部堂奏准之案罚办。如系俄商囤贩私售及倒灌侵销，应照改订约章第八条所定章程罚办。

除照会俄国七河省巡抚及饬镇迪道照会伊塔、喀什各领事并咨行外，相应咨呈。为此咨呈贵总署，谨请鉴照施行。①

029. 查明绥来征收税项一案等情由

光绪十四年八月初八日（1888年9月13日）

八月初八日，新疆巡抚刘锦棠文称：前承准贵总署函开：光绪十四年三月初二日，准俄使库满函称：俄商在各蒙古地方及天山南北路贸易，新疆地方官仍征俄商货物、牲畜税项用银，后经俄领事馆理论，新疆巡抚始行严禁，而非理征税之事尚犹未息。兹将私行征税之票七张附送查阅，请转饬该处将票内所开银数偿还原纳俄商，并嗣后不准向俄商征收税项用银，以符条约等语。并将送来税票七张以并钞寄，应如何办理之处，即希查明见复等因。承准此，当将原查绥来县征收商民色立克哈奇木坚税项案卷附函钞呈贵总署在案。其未禀报各案，亦即分别行查去后。兹据办理绥来税局委员陈先明禀称：去年四月初六、初七等日，征收俄商民式克马二克满税项两票，查式克马即式克满，实系一人，本入籍安民，在绥来县城内贸易历有年所，若系代运俄商货物，彼时何以无票照呈验？其为该商事后假托毫无疑义。又据绥来县李原琳禀称：去年三月二十一日，商民阿克时贩牛七十

---

① 台北"中央研究院"近代史所藏：《外交档案》，馆藏号：01—20—024—08—001。

头,至绥来之安集海地方,经司事细诘之实,并无中俄两国文字执照及塔城通商局路票,始照章征税,填给印票交该商收存。又据署库尔喀喇乌苏厅黄率淮申称:去年三月十八日,征收阿克时姓七十一条牛,系前符署承瑞任内事,今蒙钞发执照,询据牙侩禀称:符官任内遇有俄商贩运牲畜过境,只验票照放行,从来未有征收税银之事各等情前来。

查《陆路通商章程》内载:俄国商民前往蒙古及天山南北两路贸易者,应有本国官所发中俄两国文字执照。其无执照商民过界者,任凭中国官扣留,交附近俄国边界官或领事馆,从严罚办等语。该商民若果系俄商,断未有不领执照、自干罚办之理,其为假托无疑。至票载洋铁一项,既非俄商,应毋庸议。

除批示外,相应咨呈。为此咨呈贵总署,谨请鉴照执行。①

030. 照会七河巡抚改发票照等情由
光绪十四年八月二十五日(1888 年 9 月 30 日)

八月二十五日,新疆巡抚刘锦棠文称:案据护理阿克苏道署理温宿直隶州知州江遇璞详称:窃照职道于光绪十四年六月十五日案据乌什厅同知袁丞运鸿详称:窃查乌什所属依布拉引卡伦,为由俄入中大路。每年中属汉、回、缠民人等多赴俄国哈喇湖,贩运各色货物,即由乌什过界销售。新疆间有俄属商民,亦持俄官所发执照贩货来销,均经验票放行,照约办理在案。讵意近日俄商所持路票既无汉文,又无俄官印文,实系违约私发。而中属缠回往往影射,图免税课。查新约第二条载:俄商贸易天山南北,应有本国官所发中俄两国文字并译出蒙古文或回文执照,下即申明汉文照内可用蒙古字或回回字,注明商人、随人姓名、货色、包件等语。盖言汉文照内空白处应注姓名、包数者,恐俄人汉文不便,准用蒙、回各文字,以示体恤,非谓执照可全无汉文也。从前俄商所呈执照,均一面汉文,一面俄文。其汉文照内并有俄国某省巡抚所发,合请中国官员查验保护等语。今全无汉文,究系某处俄官所发,无从查悉。而传询俄商,则云由乌牙子所发。若令此等私票通行中国,则包庇假托之弊更无止息。可否仰恳宪台,详请爵抚

---
①台北"中央研究院"近代史所藏:《外交档案》,馆藏号:01—20—033—02—001。

部院照会俄国七河巡抚,嗣后不准各边界官擅发前项路票,以符约章而杜蒙混。卑职愚昧之见,实为此等货票充斥,恳为豫防流弊。是否有当? 祗候批示祗遵等情。

据此,查俄商执照,必用中俄两国文字执照,刊板印刷,汉文照内并译出回文或蒙古字,盖用红色蜡印,方合约章。此次该厅所呈俄商货票式样不同,比饬逐张翻译。其中虽将商人姓名、货色、包件开载详明,究与约章不合。兹据该厅究其票之由来,悉系俄国乌牙子所发。夫乌牙子者,即驻哈喇湖之俄官也。前项票照亦非该俄官私行具造,实从其七河巡抚处预为领存,备供散发。平日俄商运货出境,惟此等票张不难请领,故其票盛行一时。现在新疆开办税务,偷漏在所必防。该厅见前项俄票式样不同,窃恐往哈喇湖之汉缠各商亦以钻营而得过界,难于稽查,故恳详请照会七河巡抚,嗣后缮发商票,务照约章办理,以备确查等情,到本爵部院。据此,查俄商贸易新疆,应有本国官所发中俄两国文字执照。今该俄商只有路票,并无执照,且路票式样各有不同,既难免影射、包庇诸弊,又非哈喇湖俄官私造,实从七河巡抚预为领存,则将来刊板空白执照,贵国边界官亦不难照办,应请七河巡抚转饬边界官,嗣后商民请领执照来中贸易,应按照光绪七年《改定陆路通商章程》第二条办理,不得再发各样票照,以符约章而归画一。

除批行并照会俄国七河省巡抚查照外,相应咨呈。为此咨呈贵总署,谨请鉴照施行。①

031. 咨报俄商违章饬照会领事究办由
光绪十四年九月二十八日(1888年11月1日)

九月二十八日,新疆巡抚刘锦棠文称:案据新疆税务总局详称:本年八月初六日,案据塔尔巴哈台理事通判刘署倅凤翔详称:窃卑职前将遵办查禁私茶各情形,业经备文具详在案。近因俄商居奇故抗,晋枭阳奉阴违,偷卖私茶,弊窦丛生,迭奉宪札饬令认真查办。卑职曷敢玩泄,视为具文! 复经严饬差役会同茶商,暨协营、稽查各局亲兵,细加访查。兹于本月十六日

---

①台北"中央研究院"近代史所藏:《外交档案》,馆藏号:01—20—021—05—001。

查获行营街市汉缠商民五家，共计私茶二百三十八块。经卑职讯究来路，半称买自俄商。正在罚辩间，适有俄商乡约阿布都拉木杂来署，声称查获缠商萨拉阿洪私茶八十块，系俄人之货，即请退还等语。卑职谕以果真是尔等之茶，可具一押印字据，方能凭信。该乡约当即具到押印回文字据一纸，译汉内称：都尔伯津俄罗斯乡约阿布都拉木杂谨呈地方官大老爷麾下，为禀报事。窃现在都尔伯津萨拉阿洪之人是系大清国之人，那铺子货物等项都是俄属之人伊斯哈克拜的货物，来署令要铺子茶八十块，并无萨拉阿洪自己的茶，原是俄属伊斯哈克拜之茶，你们所属商人货物等项，本属之人要的理也没有。此茶实是本属伊斯哈克拜之茶，为此乡约阿布都拉木杂押印谨呈等情。据此，伏查缠商萨拉阿洪在行营街市贸易已非一日，原系华民。该俄商等以中国土货行销中国属地本属违约，更兼申禁茶令，屡次饬传，赶将各种私茶运出边界，不惟抗违不理，又复散寄华商行销。兹于中国自行查获之际，出而干预，公然包庇，具字讨要，实与约章大相违背。况华商查禁最严，俄商行销日甚，不独轻重相形，窒碍公令，且不免华商心怀向隅，啧有烦言。现在贸易圈内既不能稽查行营，街市又任其居积，以致晋枭得施伎俩，私相授受，稽查难周，奸商巧为趋避，借作护符，动辄牵制。闻新换俄领事奢口石玛老普业已到任，仍前故抗。卑职恐启衅端，又不敢冒昧从事，诸多为难，办理殊形掣肘，虽怨讟丛集，亦不敢顾令。该俄商贩卖土货，包庇华商，确有字据可凭，正与十七条所载"凡有敢防偷漏诸法，任凭中国官随时设法办理"约章相符，拟请宪台详明督、抚宪，转咨总署，照会驻京公使，照约秉公办理。饬行俄领事，赶将贸易圈及行营、街市所囤各茶运出边界。倘得俄私禁绝，则事权操纵由我，再将私茶根株查革净尽，官引即不难畅行矣。除将查获私茶二百三十八块存储官茶号，并先行筹款赏给差役、亲兵等以示激励外，是否有当？理合备文详请鉴核办①。为此具详。伏乞批示施行等情。

据此，查据详查获行营、街市汉缠商民五家，共计私茶二百三十八块，内缠商萨拉阿洪铺中起出私茶八十块，有俄商乡约阿布都拉木杂出为承认，具字索还，经该厅取具字据，悉数封存，先行筹赏兵役，并俄商居奇故抗，晋商阳奉阴违，现在贸易圈及行营、街市囤积尚多，俄商包庇假托，稽查

---

① "鉴核办"，疑为"鉴核办理"之夺"理"字。

难周，新换领事仍前故抗，办理殊形掣肘，请转详督、抚宪，咨会总督，照会驻京公使照约办理，饬令俄领事敢将贸易圈及行营、街市所囤私茶运出边界等情。该厅不辞劳怨，认真办公，深堪嘉尚。查俄商囤贩私茶，或包庇假托，倒灌侵销，前经爵抚宪通饬并本总局详奉批行，均照改定约章第八条所定章程罚办，已分别咨行照会俄国七河巡抚，及饬镇迪道照会各俄领事一体遵办在案。兹俄商等仍敢故违，于贸易圈、行营、街市到处囤积，并于已经查获之私茶公然具字索还，殊属显背约章，应即遵照通饬章程，照约罚办。其查获汉缠商民私茶，均一律罚令入官，并将该商等按律治罪，以儆刁顽。查获私茶之兵役，应照章每百块提茶五块充赏，以示奖励。其余私茶俟结案后，鲜交本总局，转解藩库存储，并候转详爵抚部院核办，另檄饬遵可也。该厅以后仍当破除情面，严密稽查，务使私茶净尽，官引畅销，是为至要。仰即遵照办理，印发外，所有案据塔城理事通判详查获汉缠商民私茶，俄商出为承任，具字索取，请照约罚办，并故违约章，包庇假托，弊窦丛生。现在贸易圈圈、行营、街市等处存私尚多，拟请分别咨行饬令一律运出边界缘由，理合据情详请鉴核示遵等情，到本爵部院。

据此，查俄乡约阿布都拉木杂，胆敢包庇华商萨拉阿洪囤贩私茶，具字索还，实属有违条约，候饬镇道照会奢领事究办，以儆效尤。所获私茶应即解由潘司，照章办理。至塔城俄商囤积私茶，应由该厅限期饬令悉数运出边界，如再有存留，希图销售，一经查出，即知会领事将茶斤全行入官，以弭影射而杜包庇。

除批发并咨行外，相应咨呈。为此咨呈贵总署，谨请鉴照施行。①

032. 咨报光绪十三年俄商进出口货物咨呈由

光绪十四年十月十四日（1888年11月17日）

十月十四日，新疆巡抚刘锦棠文称：前准户部咨粘单内开：光绪七年，《中俄改订条约》内载：俄民在伊犁、塔城、喀什及关外之天山南北各城贸易，暂不纳税，俟将来商务兴旺，再将免税之例废弃等语。现计俄人于新疆各城贸易已有数年，应由该大臣密查每年出口、进口货物某项究有若

---

①台北"中央研究院"近代史所藏：《外交档案》，馆藏号：01—20—024—09—001。

干，系何价值，逐一登明，按年开单咨送本部及总理各国事务衙门备查，庶将来议定税则之日，不致为所欺蒙等因。准此，查光绪十二年分，俄商出入卡伦货物价值，业经本爵部院开单咨呈在案。兹将光绪十三年分镇迪、喀什噶尔、阿克苏三道申送各单饬承核算，共计俄商进口货物价银六十八万六千有奇，出口货物价银三十四万一千有奇。伊犁、塔城尚未准咨报成数，应俟下届再行汇报。除咨送户部外，相应咨呈。为此咨呈贵总署，谨请鉴照施行。

照录清折：谨将阿克苏、喀什噶尔、镇迪三道详造光绪十三年分按季估计俄商贩运货物价值、出入卡伦清单，呈请查核。须至单者。

计开：

阿克苏道单报

春季分，俄商贩运入卡各色货物项下：

洋烛八箱，每箱价银一十二两五钱，合银一百两。洋火二百三十六箱，共价银五百八两。红洋布四十匹，共价银一百九十五两。白土布二万二千七百匹，每匹价银一钱五分，合银三千四百五两。蜂蜜二千二百斤，共价银四百二十两。熟铁五千四百九十六斤，每斤价银一钱，合银五百四十九两六钱。马九十二匹，每匹价银一十两，合银九百二十两。药材一百斤，每斤价银二钱，合银二十两。花洋布二百三十四匹，共价银九百六两。马鞍子二十九个，每个价银一两五钱，合银四十三两五钱。窝缎绒二匹，共价银一十五两。香羊皮一百张，每张价银五钱，合银五十两。洋铜六百斤，每斤价银一钱五分，合银九十两。水獭皮十张，每张价银四两五钱，合银四十五两。红牛皮十张，每张价银五两，合银五十两。铜铁四百斤，每百斤价银一十五两，合银六十两。铁锅八十四口，共价银三十二两九钱。玻璃镜子三十块，每块价银一钱五分，合银四两五钱。袈裟六十件，每件价银一两六钱，合银九十六两。瓜子一百五十斤，每百斤价银六两，合银九两。蓝靛四百斤，每斤价银八钱，合银三百二十两。白糖一千斤，共价银一百四十两。洋冰糖一百斤，价银二十两。红糖一千七百七十五斤，共价银三百二十六两二钱五分。白蜜三百斤，每百斤价银十两，合银三十两。青哈萨缎六匹，每匹价银六两，合银三十六两。洋火二万四千把，每把价银二厘，合银四十八两。花霞绒帽子四百个，每个价银三钱，合银一百二十两。花小布一百二十匹，每匹价银三两，合银三百六十两。白坎布五十匹，每匹价银五两，合银二百五十两。紫坎布二十五匹,每匹价银四两五钱,合银一百一十二两五钱。蜜糖六十斤,共价银九两。色洋布四十二匹,每匹价银二两五钱,合银一百五两。洋糖七百斤,共价银一百二十四两。洋布十六匹,每匹价银四两,合银六十四两。杂色搭连布三百匹,每匹价银四钱,合银一百二十两。白洋布四百一十九匹,共价银一千二百八十一两。以上入卡各色货物共合银一万九百八十五两二钱五分。

  夏季分,俄商贩运入卡各色货物项下:

  胡椒二百二十斤,共价银八十六两。蜂蜜一百斤,每斤价银一钱二分,合银一十二两。洋白各糖二千七百五十斤,共价银五百五十二两五钱。洋火一百三十六箱,共价银二百九十七两四钱。熟铁一万六千七十斤,每斤价银一钱,合银一千六百七两。缠头花霞绒各帽子一万一千一百八十四顶,共价银二千七百七十二两三钱。杂色花洋各布五千二百九十三匹,共价银二万二千三百六十两五钱。花坎各布一百三十四匹,共价银二百二十一两九钱。洋铜四百斤,共价银四十八两。洋针八百封,每封价银三钱,合银二百四十两。梳篦二百五十套,每套价银一钱,合银二十五两。胭脂二百匣,每匣价银五钱,合银一百两。洋木箱八口,每口价银一两五钱,合银一十二两。药材二百四十斤,每斤价银二钱,合银四十八两。桂皮布二十五匹,每匹价银五两,合银一百二十五两。花红手巾五千五百四十条,共价银六百四十两。洋烛油二十四瓶,每瓶价银九两,合银二百一十六两。镜子一百个,每个价银二钱,合银二十两。扣子四百副,每副价银四分,合银一十六两。珊瑚五百七十串,每串价银五钱,合银二百八十五两。獭皮一百八十张,每张价银八两,合银一千四百四十两。铁小刀子一千二百一十二把,共价银一百四十七两。各色带子四千八百根,每根价银一钱五分,合银七百二十两。黑蜡一百二十斤,每斤价银一钱五分,合银一十八两。松香六十斤,每斤价银一钱,合银六两。白洋各纸二十八刀,共价银三十两八钱。霞衣绸九十二匹,每匹价银二两五钱,合银二百三十两。衣料绸一百二十匹,每匹价银八钱,合银九十六两。各色哈萨缎五百八十匹,每匹价银十两,合银五千八百两。松子四百斤,每百斤价银十两,合银四十两。哈纱布五十匹,每匹价银五两,合银二百五十两。马一千一百一十二匹,共价银六千一百二十二两一钱。羊四百五十四只,共价银四百五十四两。铜铁五百斤,共价银一百一十五两。牛皮胶一百斤,共价银五两。洋铁桶二百一十一只，共价银五十六两七钱五分。马鞍子七个，每个价银一两五钱，合银一十两五钱。绒马褥二十八对，每对价银三两，合银八十四两。红花小毡三十六条，每条价银六钱，合银二十一两六钱。洋铜蜡台二百个，每个价银三钱，合银六十两。花洋布三十二匹，共价银七十一两。白洋糖二十块，共价银九十两。洋白扣布十二板，共价银四十二两。以上入卡各色货物共合银四万五千五百九十四两三钱五分。

秋季分，俄商贩运入卡各色货物项下：

各色红花格子扣洋布二千八百一十六匹，共价银一万一千二百二十三两五钱。药材四百斤，每斤价银二钱五分，合银一百两。黑蜡六十斤，每斤价银一钱二分，合银七两二钱。洋蓝四百斤，每斤价银六钱，合银二百四十两。红土二百斤，每斤价银一钱，合银二十两。荜麻子二百斤，每斤价银五钱，合银一百两。洋针一万六千口，每千口价银五钱，合银八两。松香五十斤，每斤价银四钱，合银二十两。麻烟五百斤，每斤价银三钱，合银一百五十两。黄丹二百五十斤，每斤价银二钱，合银五十两。时辰表二十个，共价银一百六十两。黄土二百五十斤，每斤价银一分五厘，合银三两七钱五分。坐钟二架，估价银三十两。香牛皮三十张，估价银三十两。马五百三十八匹，共价银三千六百五十九两二钱。羊一千三百九十一只，共价银一千一百三十七两六钱。牛十二条，共银五十四两。松子一百斤，共价银一十两。洋茶壶四把，共价银二十两。色丝线四包，共价银四两五钱。镜子一百个，共价银十五两。铁锅八十七口，共价银一百三十两五钱。铁锁五十把，共价银五两。洋火十箱，共价银二十三两。熟铁两千九百五十斤，共价银二百九十五两。葡萄四百五十斤，共价银二十四两。生铁二百斤，共价银一十两。大小玻璃瓶子三个，共价银七两五钱。羊油六百斤，共价银二十两。花红霞绒四百五十五匹，共价银六百七十四两五钱。缠花霞绒各帽七百二十顶，共价银二百三十一两。洋铁桶八十个，每个价银四钱，合银三十二两。窝缎绒十一匹，共价银八十两。白洋纱十六匹，共价银三十二两。哈萨布八匹，共价银三十二两。蓝布腰带一百根，每根价银三钱，合银二十两。花洋布手巾五十五条，共价银一十四两二钱五分。桂子皮四十五匹，共价银三百五十六两四钱。蜜糖三百斤，共价银四十五两。洋烛五十斤，共价银七两五钱。白糖二百斤，共价银二十两。花毛带子四百根，每根价银一钱，合银四十两。黑洋毛毡子六条，共价银三两六钱。以上入卡各色货物共合银一万九千一百五十六两。

冬季分,俄商贩运入卡各色货物项下:

洋烛一千把,每百把价银五两五钱,合银五十五两。洋纸三十刀,共价银三十二两五钱。大小铜洋蜡台六十个,每个价银四钱,合银二十四两。铜面盆一百个,每个价银四钱,合银四十两。洋蜡四十四个,共价银一百九十六两。洋糖七十九个,共价银三百八十二两七钱三分五厘。洋铁盆四个,每个价银一十三两七钱五分,合银五十五两。洋品红四斤,每斤价银三两七钱五分,合银十五两。假珊瑚二十七斤,每斤价银七钱五分,合银二十两二钱五分。回书七十二本,共价银一十三两三分。白磁砂二十七斤,每斤价银七钱,合银一十八两九钱。大小镜子四百一十个,共价银三十二两。花椒一十三筒半,共价银一百五十两五分。大小自鸣钟四个,每个价银五两三钱八分,合银二十一两五钱二分。铜丝二个,每个价银一两五钱五分,合银三两一钱。洋茶壶四把,共价银一十五两五钱。碓窝子二个,共价银七两。时辰马表一个,共价银一十二两。回绒二匹,每匹价银一十二两五钱,合银二十五两。药材八十三斤,共价银六十八两七钱五分。熟铁八千三百五十斤,共价银八百九十六两五钱。水獭皮一百八十张,每张价银六两二钱,合银一千一百一十六两。羊七百一十四只,每只价银一两,合银七百一十四两。蜂蜜三千二百斤,共价银四百四十两。洋火一百二十箱,共价银三百两。牛二十七条,共价银一百三十五两。生铁二百斤,共价银五两。马一十一匹,共价银六十六两。洋蜡三十箱,共价银三百六十两。白洋糖一百一十斤,每斤价银二钱,合银二十二两。洋铁盘子四百个,共价银八十三两。洋扣子八十副,每副价银五分,合银四两。大小花洋手巾一万六千八十个,共价银八百六十八两六钱八分。铜盆五十个,每个价银三钱六分,合银一十八两。洋红二十七斤八两,每斤价银一两三钱二分,合银三十六两三钱。洋布四百五十匹,共价银六百七十两。白土布一千九百六十匹,每匹价银一钱,合银一百九十六两。香羊皮六百六十张,每张价银六钱,合银三百九十六两。洋钢四百斤,每斤价银二钱,合银八十两。洋铁二百斤,共价银二十两。生铁锅八十口,共价银九十两。斜衣二百件,每件价银一两五钱,合银三百两。黄蜡五十斤,每斤价银五钱,合银二十五两。绸斜衣二百五十件,每件价银四两,合银一千两。福布七十八匹,共价银七百六十两。桂布一百一匹，共价银九百一十两七钱。毛布二百八匹，每①价银一千七百三两七钱五分。白洋布一千五百六十八匹，共价银四千六百五十三两五钱。提克洋布七百九十三匹，共价银三千二百九十两六钱二分四厘。各色厚布一百三十四匹，共价银八百七十三两六钱。铁三十五筒，每筒价银二两四钱七分五厘，合银八十六两六钱二分五厘。达普拉景达药根五筒，价银六十两。细布八十五匹，共价银五百七十两五钱五分。花霞绒五十六匹，每匹价银一两五钱，合银八十四两。花棉布二十八匹，每匹价银四两，合银一百一十二两。窝缎绒二板，共价银一十两。熟牛皮一十二张，每张价银二两，合银二十四两。洋蜡二百斤，每斤价银一钱二分五厘，合银二十五两。色洋布三十八匹，共价银一百九十两。洋铁桶三十四个，每个价银三钱，合银十两二钱。白哈萨布一十二匹，每匹价银五两四钱，合银六十四两八钱。白扣布二匹，每匹价银四两，合银八两。英都褐子布二十二匹，每匹价银一十二两五钱，合银二百七十五两。洋蜡四驮，共价银六十两。花红各色洋布五千五百六十八匹，共价银二万六千二百五两八钱。以上入卡各色货物共合银四万八千九百四十三两九钱六分四厘。

　　春季分，俄商贩运出卡各色货物项下：

　　马四十匹，每匹价银一十两，合银四百两。白羊羔皮三十六张，每张价银二钱，合银七两二钱。黑羔皮袍桶二件，每件价银六两，合银一十二两。葡萄三百斤，每斤价银三钱，合银九十两。貂皮十二张，每张价银六两，合银七十二两。三号毛毯六十六条，每条价银三钱，合银一十九两八钱。黑羔皮三十六张，每张价银三钱，合银一十两八钱。芝麻一石二斗五升，每升价银一钱五分，合银一十八两七钱五分。羊肠子一万二千五百根，共价银三十八两五钱。二号红毡一百九条，每条价银五钱五分，合银五十九两九钱五分。二号白毡九十九条，每条价银三钱五分，合银三十四两六钱五分。大毯九条，每条价银七两，合银六十三两。绒马褥二十三对，每对价银三两，合银六十九两。六号毡六十三条，每条价银二钱，合银一十二两六钱。三五毯一百一十九条，每条价银三两五钱，合银四百一十六两五钱。和阗毯七条，每条价银五两，合银三十五两。白羔皮桶四件，每件价银五两，合银二十两。花土布三百三十六匹，每匹价银三钱，合银一百两八钱。羊羔

----
①"每"，当为"共"。

皮二百五十张，共价银一十一两七钱。药香三百斤，共价银三十三两。马龙头一百一十副，每副价银一钱五分，合银一十六两五钱。棉花一千五百斤，共价银一百五十五两。搭连布一千七百匹，共价银六百三十五两。华果四千个，共价银四两五钱。椅垫三块，每块价银五钱，合银一两五钱。马屉十九对，每对价银四钱，合银七两六钱。净丝三百二十七斤，每两价银二钱，合银六十五两四钱。枣子三千斤，共价银五百四十三两。沙枣子四百斤，共价银四两。洋蓝一百斤，每斤价银五钱，合银五十两。红花小碗六十个，每个价银二钱，合银一十二两。和阗丝线一千四百一十三斤，每斤价银二两，合银二千八百二十六两。绒马屉六十七块，每块价银八钱，合银五十三两六钱。毡马屉二十四块，每块价银四钱，合银九两六钱。和阗毡五百一十六条，每条价银五钱，合银二百五十八两。钱搭二块，每块价银五分，合银一钱。杏干四百斤，每斤价银六钱，合银二十四两。和阗毯子十七铺，每铺价银一两，合银一十七两。斜木料二百六十件，共价银一百九十八两。水果五驮，每驮价银六钱，合银三两。烟叶一百斤，共价银一十二两五钱。桃皮子一千二百斤，每百斤价银十两，合银一百二十两。白稀布一千二十匹，每匹价银一钱五分，合银一百五十三两。水果四千三百个，共价银六两五钱。白布六千九百一十四匹，共价银九百八十八两。熟牛皮二十张，共价银一十五两七钱五分。核桃五百六十斤，共价银一十两。花布一千六百匹，每百匹价银一十两，合银一百六十两。核桃一十一万一千个，共价银三十四两一钱。毛毡二条，每条价银四钱，合银八钱。以上出卡各色货物共合银七千九百一十六两九钱。

  夏季分，俄商贩运出卡各色货物项下：

  棉花四千七百九十斤，共价银五百八两二钱。白矾二万五千五十斤，每斤价银一分六厘，合银四百两八钱。红花碗五十个，每个价银三钱，合银一十五两。马串二十九对，每对价银一两，合银二十九两。照镜一百个，每个价银五分，合银五两。水獭皮一百四十张，每张价银九两，合银一千二百六十两。洋针六万四千个，每千个价银五钱，合银三十二两。小铜锁子三百六十把，每把价银一钱，合银三十六两。桂子皮一匹，价银六两。川湖绸六匹，共价银八十两。姜椒一百斤，共价银二十五两。醉烟五百斤，每百斤价银八两，合银四十两。生杏仁二百斤，每斤价银二分二厘，合银四两四钱。苹果二万三十个，每十个价银六钱，合银一十三两八钱。刷子二十把，共价银二两。大本碗二百个，每个价银四分，合银八两。白土布五千二百六十四匹，共价银七百八十九两一钱八分。牛皮一百八十张，共价银一百九十两。牛皮靴十六双，每双价银六钱，合银九两六钱。小棉裤带一千五百根，每百根价银四钱，合银六两。铁剪子十把，共价银一两。杏干子七百五十斤，每百斤价银四钱，合银三两。斜衣一百四十七件，共价银八十八两。马龙头一千个，共价银一十两。黑羊羔皮二百五十张，每张价银五钱，合银一百二十五两。大小绒毯五十一条，每条价银四两，合银二百零四两。大小毡七百九十六条，每条价银五钱，合银三百九十八两。线毯一条，价银三两。红羊皮二十七张，每张价银三钱，合银八两一钱。草剪二十八根，每根价银一钱，合银二两八钱。袈衣六十五件，共价银四十五两。白羊羔皮二百二十五张，共价银一十一两二钱五分。红小毡二十一条，每条价银五钱，合银一十两五钱。白小毡四十五条，每条价银三钱，合银一十三两五钱。羊毛口袋一条，价银四钱。马褥七十六对，共价银二百二十七两。粗羊皮袍筒二百一十五件，每件价银三两，合银六百四十五两。羊羔皮四百一十六张，每张价银五分，合银二十两八钱。白达连布二十匹，每匹价银四钱，合银八两。蓝达连布二匹，共价银二两。白稀布四百匹，每匹价银一钱五分，合银六十两。搭连布一百八十五匹，共价银七十三两五钱。白糖一百三十斤，每斤价银二钱二分，合银二十八两六钱。夹袢三十五件，共价银二十五两二钱五分。熟牛皮二十三张，共价银三十八两。小帽子三百八十顶，每顶价银三钱，合银一百一十四两。白毡六十二条，共价银二十一两八钱。色达连布十四匹，每匹价银一两，合银一十四两。羊毛马褥五条，每条价银八钱，合银四两。白布九千六百匹，共价银一千四百三十一两。和阗毯子一铺，价银七钱五分。花洋布七百五匹，共价银六百一十两。色布一千五百二十匹，共价银二百二十九两。白洋布六匹，每匹价银三两五钱，合银二十一两。白羊毛毡五十铺，每铺价银四钱，合银二十两。以上出卡各色货物共合银七千九百七十七两二钱三分。

秋季分，俄商贩运出卡各色货物项下：

清油二百斤，每斤价银三分六厘，合银七两二钱。烟叶一百斤，每斤价银三分，合银三两。棉花八百斤，每斤价银一钱二分，合银九十六两。黑羊皮四百张，每张价银四钱，合银一百六十两。毛毡五十条，每条价银四钱，合银二十两。熟牛皮一百八十六张，共价银二百四十六两。马尾四十斤，共价银六两。牛皮靴子八十一双,共价银五十八两二钱。箩筛子一百三十个,共价银七两一钱。蓝大布二千一百七十匹,共价银三百四十六两五钱。生葡萄二千八百五十斤,共价银一十三两二钱。苹果三万一千五百个,共价银一十九两六钱。沙枣子二千斤,共价银一十八两。生葡萄四驮,共价银二两八钱。沙枣子五驮,共价银四两。白大布三千三百四十匹,共价银三百五十二两五钱。白稀布三千九百匹,共价银四百六十三两五钱。核桃六百斤,共价银九两。达连布一百五十匹,共价银一百二十两。红牛皮三十张,共价银六十两。老羊皮袍三百三十件,共价银二百五十六两。棉斜衣一百一十六件,共价银九十三两七钱。白羊羔皮一百五十张,共价银七两五钱。铜器一十五斤,共价银十二两。和阗毯二十铺,共价银六十两。以上出卡各色货物共合银二千四百四十一两八钱。

  冬季分,俄商贩运出卡各色货物项下:

  官茶一十块,每块价银三两,合银三十两。珊瑚六十两,每两价银七钱,合银四十二两。胡椒五十斤,每斤价银六钱,合银三十两。白矾八百四十斤,共价银九十六两。白羊皮袄四百七十三件,共价银三百六十一两五钱。白羊皮三百五十张,每张价银七分,合银二十四两五钱。白毡子八十九条,每条价银五钱,合银四十四两五钱。铜锅九斤八两,每斤价银四钱,合银三两八钱。核桃一万五千颗,每千颗价银一两二钱,合银一十八两。沙枣子九百五十斤,每百斤价银一两,合银九两五钱。杏干子五百斤,每斤价银四分,合银二十两。棉花八百五十斤,每斤价银一钱五分,合银一百二十七两五钱。熟牛皮七十六张,每张价银一两,合银七十六两。醉烟四百七十五斤,共价银六十二两五钱。马尾子四十斤,每斤价银一钱,合银四两。油麻子一千二百八十斤,每斤价银六厘,合银七两六钱八分。白土布三万四千四百六十五匹,每匹价银一钱五分,合银五千一百六十九两七钱五分。斜衣二百二件,共价银一百四十两九钱五分。棉衣三百八十五件,共价银二百八十四两五钱。搭连布一千四百四十七匹,共价银八百八十三两二钱。搭连袋二百七十个,共价银三十九两五钱。皮靴子一百九十双,共价银一百五十七两。小花帽三百顶,每顶价银三钱,合银九十两。绸衣料一百匹,每匹价银一两二钱五分,合银一百三十五两。老羊皮袍筒五百八十件,共价银四百八十两。棉带子三百六十根,共价银三十六两。核桃二百斤,每斤价银一分五厘,合银三两。花斜布八十件,每件价银九钱,合银七十二两。色布三百匹，每匹价银二两，合银六百两。搭连斜衣三十件，每件价银六钱，合银一十八两。黑粗大毡四条，每条价银一两，合银四两。以上出卡各色货物共合银九千七十两三钱八分。

喀什噶尔道单报

春季分，俄商贩运入卡各色货物项下：

各色洋布一万一百六十板，每板价银三两，合银三万四百八十两。各色金丝缎七十匹，每匹价银二十四两，合银一千六百八十两。各色洋缎三百二十板，每板价银六两，合银一千九百二十两。各色哈萨缎五百六十板，每板价银六两，合银三千三百六十两。各色坎布四百板，每板价银四两，合银一千六百两。各色桂皮布二百五十板，每板价银五两，合银一千二百五十两。各色哈萨布六百三十板，每板价银三两，合银一千八百九十两。各色洋呢一百四板，每板价银一十二两，合银一千二百四十八两。各色霞衣绸三千匹，每匹价银一两二钱，合银三千六百两。丝辫带九千四百根，每根价银一钱，合银九百四十两。棉小帽六千一百四十顶，每顶价银二钱五分，合银一千五百三十五两。獭皮三十张，每张价银四两五钱，合银一百三十五两。生、熟铁二万五千三百斤，每斤价银五分，合银一千二百六十五两。各样洋糖三万三千四百斤，每斤价银一钱七分，合银五千六百七十八两。黑葡萄八千八百斤，每斤价银二分，合银一百七十六两。鼻烟一千四百斤，每斤价银六分，合银八十四两。胡椒一千二百斤，每斤价银五钱，合银六百两。松子一千七百斤，每斤价银一钱，合银一百七十两。烟叶一万六千七百斤，每斤价银六分，合银一千二百两。大小铁锅二百七十口，每口价银二两，合银五百四十两。洋钢一千四百斤，每斤价银一钱，合银一百四十两。大小斧刀四百二十把，每把价银四钱，合银一百六十八两。小洋刀四百把，每把价银一钱五分，合银六十两。大小铜盆二百个，每个价银一两，合银二百两。药材一千九百斤，每斤价银五分，合银九十五两。蜂蜜七千斤，每斤价银一钱六分，合银一千一百二十两。洋蜡一千一百斤，每斤价银一钱八分，合银一百九十八两。染草一万三百斤，每斤价银七分，合银七百二十一两。洋纸三百板，每板价银八钱，合银二百四十两。苏木一千斤，每斤价银一钱五分，合银一百五十两。马鞍四百四十个，每个价银一两七钱，合银七百四十八两。玻璃一千七百斤，每斤价银一两五钱，合银二千五百五十两。大小洋镜四百个，每个价银五钱，合银二百两。洋火一千二百三十箱，每箱价银二两二钱，合银二千七百六两。毛毡四百七十条，每条价银五钱，合银二百三十五两。线口袋二百四十个，每个价银四钱，合银九十六两。马九百二十三匹，每匹价银一十二两，合银七千四百七十六两。牛一十三头，每头价银六两，合银七十八两。驴一百八十头，每头价银三两，合银五百四十两。羊七百四十八只，每只价银一两二钱，合银八百九十七两六钱。以上入卡各色货物共合价银七万七千七百七十一两六钱。

夏季分，俄商贩运入卡各色货物项下：

各色洋布一万二千五百六十板，每板价银二两八钱，合银三万五千一百六十八两。各色金丝缎六十匹，每匹价银十四两，合银八百四十两。各色洋缎四百二十匹，每匹价银六两，合银二千五百二十两。各色哈萨缎七百五十板，每板价银六两，合银四千五百两。各色坎布一千三十板，每板价银三两八钱，合银三千九百一十四两。各色桂皮布四百七十板，每板价银四两八钱，合银二千二百五十六两。各色哈萨布一千一百五十板，每板价银二两八钱，合银三千二百二十两。各色洋呢一百七十板，每板价银十二两，合银二千四十两。各色霞衣绸一千四百匹，每匹价银一两二钱，合银一千六百八十两。各色洋纱五百五十匹，每匹价银一两，合银五百五十两。各色丝瓣带八千根，每根价银一钱，合银八百两。各色霞衣绸棉袍一百四十件，每件价银二两，合银二百八十两。各色棉夹小帽一千五百顶，每顶价银二钱，合银三百两。各样獭皮四十张，每张价银四两五钱，合银一百八十两。生、熟铁一十三万五千斤，每斤价银六分，合银八千一百两。大小铁锅三百口，每口价银一两五钱，合银四百五十两。洋钢二千六百斤，每斤价银一钱，合银二百六十两。大小斧刀五百把，每把价银三钱，合银一百五十两。铁小刀七百把，每把价银一钱，合银七十两。大小铜盆一百五十个，每个价银一两，合银一百五十两。大小洋铁盘八百个，每个价银一钱五分，合银一百二十两。大小线口袋二百个，每个价银四钱，合银八十两。洋蜡一千五百斤，每斤价银一钱五分，合银二百二十五两。黑蜡七百斤，每斤价银一钱，合银七十两。白蜡二百斤，每斤价银四钱，合银八十两。洋火一千二百一十箱，每箱价银二两二钱，合银二千六百六十二两。大毛毡九百二十铺，每铺价银八钱，合银七百三十六两。马鞍八百五十个，每个价银一两五钱，合银一千二百七十五两。钢铁踏镫一百副，每副价银四两，合银四十两。各样洋糟一万三千八百斤，每斤价银七分，合银九百六十六两。胡椒二十斤，每斤价银四钱，合银八百两。松子二千斤，每斤价银一钱，合银二百两。药材五千八百斤，每斤价银五分，合银二百九十两。烟叶三万一千五百斤，每斤价银五分，合银一千五百七十五两。蜂蜜五千八百斤，每斤价银一钱五分，合银八百七十两。染草二万一千一百斤，每斤价银一钱五分，合银一千二百六十六两。香牛皮五十张，每张价银三两，合银一百五十两。羊羔皮四千三百张，每张价银一钱五分，合银六百四十五两。马二千三百六十匹，每匹价银十一两，合银二万五千九百六十两。骆驼一百六十四只，每只价银十四两，合银二千二百九十六两。牛一十五头，每头价银六两，合银九十两。羊二万一千三十只，每只价银一两二钱，合银二万五千二百三十六两。以上入卡各色货物共合银三万三千六十两。

秋季分，俄商贩运入卡各色货物项下：

各色洋布一万五百五十板，每板价银二两六钱，合银二万七千四百三十两。各色金丝缎四十匹，每匹价银十四两，合银五百六十两。各色洋缎二百一十板，每板价银六两，合银一千二百六十两。各色哈萨缎四百四十板，每板价银六两，合银二千六百四十两。各色坎布七百五十板，每板价银三两八钱，合银二千八百五十两。各色桂皮布四百板，每板价银四两八钱，合银一千九百二十两。各色哈萨布一千三十板，每板价银二两八钱，合银二千八百八十四两。各色洋呢一百二十板，每板价银十二两，合银一千四百四十两。各色洋四百四十匹，每匹价银八钱，合银三百五十二两。各色霞衣绸二千四百匹，每匹价银一两二钱，合银二千八百八十两。各色丝辫带八千五百根，每根价银一钱，合银八百五十两。各色霞衣绸棉袍八十件，每件价银二两，合银一百六十两。各色棉夹小帽一千六百顶，每顶价银二钱，合银三百二十两。各色染草一万七千七百斤，每斤价银七分，合银一千二百三十九两。大小毛毡五千四百铺，每铺价银五钱，合银二千七百两。各色獭皮六十张，每张价银四两五钱，合银二百七十两。香牛皮八十五张，每张价银三两，合银二百五十五两。羔羊皮二千一百张，每张价银一钱五分，合银三百一十五两。生、熟铁一十二万四百斤，每斤价银六分，合银七千二百二十六两。大小铁锅一千四百口，每口价银一两五钱，合银二千一百两。大小斧刀四百把，每把价银三钱，合银一百二十两。铁小刀五百把，每把价银一钱，合银五十两。洋钢二千四百斤，每斤价银一钱，合银二百四十两。大小铜盆五百个，每个价银一两，合银五百两。大小洋铁盆三千二百个,每个价银一钱五分,合银四百八十两。大小样箱三十三口,每口价银一两五钱,合银四十九两五钱。洋蜡三千斤,每斤价银一钱五分,合银四百五十两。各样洋糖二万一千斤,每斤价银七分,合银一千四百七十两。白蜡三百斤,每斤价银四钱,合银一百二十两。蜂蜜二千八百斤,每斤价银一钱五分,合银四百二十两。烟叶二万五千七百斤,每斤价银五分,合银一千二百八十五两。各色坎布一千三十板,每板价银三两八钱,合银三千九百一十四两。各色桂皮布四百七十板,每板价银四两八钱,合银二千二百五十六两。各色哈萨布一千一百五十板,每板价银二两八钱,合银三千二百二十两。各色洋呢一百七十板,每板价银十二两,合银二千四十两。各色霞衣绸一千四百匹,每匹价银一两二钱,合银一千六百八十两。各色洋纱五百五十匹,每匹价银一两,合银五百五十两。各色丝辫带八千根,每根价银一钱,合银八百两。各色霞衣绸棉袍一百四十件,每件价银二两,合银二百八十两。各色棉夹小帽一千五百顶,每顶价银二钱,合银三百两。各样獭皮四十张,每张价银四两五钱,合银一百八十两。生、熟铁一十三万五千斤,每斤价银六分,合银八千一百两。大小铁锅三百口,每口价银一两五钱,合银四百五十两。洋钢二千六百斤,每斤价银一钱,合银二百六十两。大小斧刀五百把,每把价银三钱,合银一百五十两。铁小刀七百把,每把价银一钱,合银七十两。大小铜盆一百五十个,每个价银一两,合银一百五十两。大小洋铁盘八百个,每个价银一钱五分,合银一百二十两。大小线口袋二百个,每个价银四钱,合银八十两。洋蜡一千五百斤,每斤价银一钱五分,合银二百二十五两。黑蜡七百斤,每斤价银一钱,合银七十两。白蜡二百斤,每斤价银四钱,合银八十两。洋火一千二百一十箱,每箱价银二两二钱,合银二千六百六十二两。大毛毡九百二十铺,每铺价银八钱,合银七百三十六两。马鞍八百五十个,每个价银一两五钱,合银一千二百七十五两。钢铁踏镫一百副,每副价银四两,合银四十两。各样洋糟一万三千八百斤,每斤价银七分,合银九百六十六两。胡椒二千斤,每斤价银四钱,合银八百两。松子二千斤,每斤价银一钱,合银二百两。药材五千八百斤,每斤价银五分,合银二百九十两。烟叶三万一千五百斤,每斤价银五分,合银一千五百七十五两。蜂蜜五千八百斤,每斤价银一钱五分,合银八百七十两。染草二万一千一百斤,每斤价银一钱五分,合银一千二百六十六两。香牛皮五十张,每张价银三两,合银一百五十两。羊羔皮四千三百张,每张价银一钱五分，合银六百四十五两。马二千三百六十匹，每匹价银十一两，合银二万五千九百六十两。骆驼一百六十四只，每只价银十四两，合银二千二百九十六两。牛一十五头，每头价银六两，合银九十两。羊二万一千三十只，每只价银一两二钱，合银二万五千二百三十六两。以上入卡各色货物共合银一十三万三千六十两。

秋季分，俄商贩运入卡各色货物项下：

各色洋布一万五百五十板，每板价银二两六钱，合银二万七千四百三十两。各色金丝缎四十匹，每匹价银十四两，合银五百六十两。各色洋缎二百一十板，每板价银六两，合银一千二百六十两。各色哈萨缎四百四十板，每板价银六两，合银二千六百四十两。各色坎布七百五十板，每板价银三两八钱，合银二千八百五十两。各色桂皮布四百板，每板价银四两八钱，合银一千九百二十两。各色哈萨布一千三十板，每板价银二两八钱，合银二千八百八十四两。各色洋呢一百二十板，每板价银十二两，合银一千四百四十两。各色洋四百四十匹，每匹价银八钱，合银三百五十二两。各色霞衣绸二千四百匹，每匹价银一两二钱，合银二千八百八十两。各色丝辫带八千五百根，每根价银一钱，合银八百五十两。各色霞衣绸棉袍八十件，每件价银二两，合银一百六十两。各色棉夹小帽一千六百顶，每顶价银二钱，合银三百二十两。各色染草一万七千七百斤，每斤价银七分，合银一千二百三十九两。大小毛毡五千四百铺，每铺价银五钱，合银二千七百两。各色獭皮六十张，每张价银四两五钱，合银二百七十两。香牛皮八十五张，每张价银三两，合银二百五十五两。羊羔皮二千一百张，每张价银一钱五分，合银三百一十五两。生、熟铁一十二万四百斤，每斤价银六分，合银七千二百二十六两。大小铁锅一千四百口，每口价银一两五钱，合银二千一百两。大小斧刀四百把，每把价银三钱，合银一百二十两。铁小刀五百把，每把价银一钱，合银五十两。洋钢二千四百斤，每斤价银一钱，合银二百四十两。大小铜盆五百个，每个价银一两，合银五百两。大小洋铁盆三千二百个，每个价银一钱五分，合银四百八十两。大小样箱三十三口，每口价银一两五钱，合银四十九两五钱。洋蜡三千斤，每斤价银一钱五分，合银四百五十两。各样洋糖二万一千斤，每斤价银七分，合银一千四百七十两。白蜡三百斤，每斤价银四钱，合银一百二十两。蜂蜜二千八百斤，每斤价银一钱五分，合银四百二十两。烟叶二万五千七百斤，每斤价银五分，合银一千二百八十五两。药材八千九百斤,每斤价银五分,合银四百四十五两。松子七千七百斤,每斤价银一钱,合银七百七十两。胡椒四千二百斤,每斤价银四钱,合银一千六百八十两。黑葡萄一千五百斤,每斤价银二分,合银三十两。巴达杏二千六百斤,每斤价银一钱二分,合银三百一十二两。洋火五千五百箱,每箱价银二两二钱,合银一万二千一百两。玻璃九百斤,每斤价银一两五钱,合银一千三百五十两。马鞍八百七十个,每个价银一两二钱,合银一千四十四两。铜铁踏镫五百副,每副价银四钱,合银二百两。马一千九百七十匹,每匹价银一十两,合银一万九千七百两。骆驼四百八十只,每只价银十三两,合银六千二百四十两。驴二百一十只,每只价银二两五钱,合银五百二十五两。牛五百五十头,每头价银五两,合银二千七百五十两。羊三万九千八百七十只,每只价银一两二钱,合银四万七千八百四十四两。以上入卡各色货物共合价银一十五万九千八百二十三两五钱。

冬季分,俄商贩运入卡各色货物项下:

各色洋布七千三百六十板,每板价银二两五钱,合银一万八千四八两。各色金丝缎二十匹,每匹价银十四两,合银二百八十两。各色洋缎一百二十板,每板价银六两,合银七百二十两。各色哈萨缎四百板,每板价银六钱,合银二百四十两。各色坎布五百三十板,每板价银三两八钱,合银二千一十四两。各色桂皮布一百六十板,每板价银四两八钱,合银七百六十八两。各色哈萨布七百二十板,每板价银二两八钱,合银二千一十六两。各色洋呢六十五板,每板价银十二两,合银七百八十两。各色洋纱三百一十板,每板价银七钱,合银二百一十七两。各色霞衣绸一千五百匹,每匹价银一两二钱,合银一千八百两。各色棉夹小帽五百顶,每顶价银二钱,合银一百两。各色染草四万六百斤,每斤价银七分,合银二千八百四十二两。丝辫带一千五百根,每根价银一钱,合银一百五十两。大小毛毡三千一百八十铺,每铺价银五钱,合银一千五百九十两。香牛皮六十张,每张价银三两,合银一百八十两。羊羔皮一千五百张,每张价银一钱五分,合银二百二十五两。洋钢五千九百斤,每斤价银一钱二分,合银七百八两。生、熟铁一十万二千五百斤,每斤价银六分,合银六千一百五十两。大小铁锅三百八十口,每口价银一两五钱,合银五百七十两。大小斧刀五百把,每把价银三钱,合银一百五十两。大小铜盆三百五十个,每个价银一两,合银三百五十两。大小洋铁盘一千六百个,每个价银一钱五分,合银二百四十两。洋蜡三百斤，每斤价银一钱六分，合银四百六十四两。白蜡三百斤，每斤价银四钱，合银一百二十两。各样洋糖二万八千三百斤，每斤价银七分，合银一千九百八十一两。蜂蜜七千二百斤，每斤价银一钱五分，合银一千八十两。烟叶三万一千三百斤，每斤价银五分，合银四千六百九十五两。药材一千五百斤，每斤价银五分，合银二百二十五两。松子五千九百斤，每斤价银一钱，合银五百九十两。巴达杏一千四百斤，每斤价银一钱二分，合银一百六十八两。胡椒六百斤，每斤价银四钱，合银二百四十两。黑葡萄一万一千七百斤，每斤价银二分，合银二百三十四两。洋火四千六百三十箱，每箱价银二两一钱，合银一万一百八十六两。玻璃一千斤，每斤值钱一两五钱，合银一千五百两。马鞍三百一十个，每个价银一两二钱，合银三百七十二两。钢铁踏镫一百五十副，每副价银四钱，合银六十两。马三百四十匹，每匹价银十一两，合银三千七百四十两。骆驼六十一头，每头价银十四两，合银八百五十四两。牛五十七头，每头价银五两，合银二百八十五两。羊三千四百八十只，每只价银一两二钱，合银四千一百七十六两。以上入卡各色货物共合价银七万一千四百六十两。

春季分，俄商贩运出卡各色货物项下：

白土布二十一万三千六百匹，每匹价银一钱五分，合银三万二千四十两。搭连土布二万六千匹，每匹价银四钱，合银一万四百两。印花土布一万一千匹，每匹价银一钱二分，合银一千三百二十两。和阗丝二万七千九百斤，每斤价银一两，合银二万七千九百两。大小丝毡二百四十铺，每铺价银七两，合银一千六百八十两。和阗绸一千匹，每匹价银六钱，合银六百两。白土布汗褂七百五十套，每套价银三钱，合银二百二十五两。土布棉袍二百件，每件价银五钱，合银一百两。棉线带一千六百根，每根价银一钱，合银一百六十两。白矾一万一千二百斤，每斤价银二分，合银二百二十四两。磁碗三百对，每对价银三钱，合银九十两。土碗五百对，每对价银二分，合银十两。杏干二千四百斤，每斤价银六分，合银一百四十四两。核桃七百斤，每斤价银三分，合银二十一两。红枣五百斤，每斤价银五分，合银二十五两。葡萄二千斤，每斤价银二分，合银四十两。剃头刀二百把，每把价银六分，合银十二两。毛毡七百三十条，每条价银五钱，合银三百六十五两。毛口袋一百个，每个价银三钱，合银三十两。毛绳一千五十根，每根价银五分，合银五十二两五钱。羊皮袍九百件，每件价银一两五钱，合银一千三百五十两。狐皮一百张，每张价银四钱，合银四十两。皮靴、皮鞋二百套，每套价银一两，合银二百两。羊皮一千七百四十张，每张价银一钱，合银一百七十四两。牛皮一百八十张，每张价银一两，合银一百八十两。马一百八十匹，每匹价银十二两，合银二千二百五十六两。驴一百五十八头，每头价银三两，合银四百七十四两。以上出卡各色货物共合银八万一百一十二两五钱。

夏季分，俄商贩运出卡各色货物项下：

白土布三十万六千四百匹，每匹价银一钱五分，合银四万五千九百六十两。搭连土布一万五千八百匹，每匹价银四钱，合银六千三百二十两。印花土布九千五十匹，每匹价银一钱二分，合银一千八十六两。和阗丝八千一百斤，每斤价银一两，合银八千一百两。大小和阗丝毡一百三十铺，每铺价银七两，合银九百一十两。和阗绸二千四百匹，每匹价银八钱，合银一千九百二十两。白布汗布裤二百二十套，每套价银三钱，合银六十六两。各色布棉袍一千五百三十件，每件价银五钱，合银七百六十五两。白矾四万七千斤，每斤价银二分，合银九百四十两。土碗二千四百对，每对价银二分，合银四十八两。杏干二千八百斤，每斤价银五分，合银一百四十两。红枣八百二十斤，每斤价银五分，合银四十一两。毛绳三千五百根，每根价银五分，合银一百七十五两。毛口袋一百个，每个价银三钱，合银三十两。羊皮袍九百二十件，每件价银一两五钱，合银一千三百八十两。皮靴、皮鞋一百七十套，每套价银一两，合银一百七十两。牛皮二百二十张，每张价银一两，合银二百二十两。羊皮三千张，每张价银一钱，合银三百两。大小毛毡一万一千四百铺，每铺价银六钱，合银六千八百四十两。以上出卡各色货物共合银七万五千四百一十一两。

秋季分，俄商贩运出卡各色货物项下：

白土布二十五万七千九百匹，每匹价银一钱五分，合银三万八千六百八十五两。搭连土布八千六百匹，每匹价银四钱，合银三千三百四十两。印花土布五千八百匹，每匹价银一钱二分，合银六百九十六两。和阗丝四千五百斤，每斤价银一两，合银四千五百两。和阗丝毡一百二十铺，每铺价银七两，合银八百四十两。和阗绸一千八百匹，每匹价银八钱，合银一千四百四十两。白土布汗裤二千五百套，每套价银三钱，合银七百五十两。各色土布棉袍一千二百件，每件价银五钱，合银六百两。白矾四万五百斤，每斤价银二分，合银八百一十两。土碗一千五百对，每对价银二分，合银三十两。红枣八百斤，每斤价银五分，合银四十两。杏干一千八百斤，每斤价银五分，合银九十两。毛口袋四百个，每个价银三钱，合银一百二十两。羊毛绳八千根，每根价银五分，合银四百两。羊皮袍一千八百件，每件价银一两五钱，合银二千七百两。皮靴、皮鞋八百套，每套价银一两，合银八百两。牛皮二百五十张，每张价银一两，合银二百五十两。羊皮二千三百张，每张价银一钱，合银二百三十两。大小毛毡一百四十铺，每铺价银五钱，合银七十两。棉花五千斤，每斤价银一钱，合银五百两。以上出卡各色货物共合银五万六千九百九十一两。

冬季分，俄商贩运出卡各色货物项下：

白土布二十八万六十七百匹，每匹价银一钱八分，合银五万一千六百六两。搭连土布一万八百匹，每匹价银四钱，合银四千三百二十两。印花土布一千六百五十匹，每匹价银一钱五分，合银二百四十七两五钱。和阗丝二万一千六百斤，每斤价银一两，合银二万一千六百两。大小和阗丝毡二百二十铺，每铺价银七两，合银一千五百四十两。和阗绸九百匹，每匹价银九钱，合银八百一十两。白土布汗布褂八百三十套，每套价银四钱，合银三百三十二两。各色土布棉袍六百八十件，每件价银六钱，合银四百八两。白矾三万八千五百斤，每斤价银二分，合银七百七十两。土碗三千九百对，每对价银二分，合银七十八两。土果七千九百斤，每斤价银五分，合银三百九十五两。羊皮袍三千三百六十件，每件价银一两五钱，合银五千四十两。皮靴、皮鞋一百七十套，每套价银一两，合银一百七十两。和阗丝腰带一千七百根，每根价银一两，合银一千七百两。大小毛毡九千七百九十铺，每铺价银五钱，合银四千八百九十五两。棉花一万五千斤，每斤价银八分，合银一千二百两。以上出卡各色货物共合银九万五千一百一十一两五钱。

镇迪道单报

春季分并无俄商贩运入卡各色货物，理合声明。

夏季分，俄商贩运入卡各色货物项下：

白洋布九百八十二板，每板价银三两，合银二千九百四十六两。杂色哈萨布四百八十三板，每板价银五两，合银二千四百一十五两。杂色坎布一千二百八十八板，每板价银六两，合银七千七百二十八两。杂色洋绉一千三百六十板，每板价银八两，合银一万八百八十两。杂色鸦尔缎五百二十板,每板价银五两,合银二千六百两。砖茶三百一十二块,每块价银三两三钱,合银一千二十九两六钱。铜器二百七十五斤,每斤价银一百一十三两九钱。桂子皮二百六十板,每板价银八两,合银二千八十两。双蓝梭六十板,每板价银三两,合银一百八十两。杂色哈萨缎五百六十板,每板价银六两,合银三千三百六十两。杂色达连布五百匹,每匹价银八钱,合银四百两。铜盆一千七百八十斤八两,每斤价银九钱,合银一千六百八两七钱五分。洋火柴三百三十箱,每箱价银二两五钱,合银八百二十五两。洋花带四千四百根,每根价银一钱,合银四百四十两。回绒一百五十板,每板价银六两,合银九百两。洋线二十五扛,每扛银一钱,合银二两五钱。大小铁锅四百口,每口价银二两,合银八百两。大小铁桶一千五百一十二斤八两,每斤价银二钱,合银三百二两五钱。洋胰子五箱,每箱价银十两,合银五十两。大小铁杓二百个,每个价银一钱五分,合银三十两。皮袷帽子三百顶,每顶价银五钱,合银一百五十两。洋箱六个,共银十八两。胡椒二百四十七斤八两,每斤价银五钱,合银一百二十三两七钱五分。洋糖六百五斤,每斤价银二钱,合银一百二十一两。牛三十条,共价银三十六两。骆驼两双,共价银四十两。黑尔黑二百二十四板,共价银三百八十二两。羊三百五十只,每只价银一两,合银三百五十两。马八匹,每匹价银八两,合银六十四两。杂色洋布六千五百七十三板,每板价银五两,合银三万二千八百六十五两。以上入卡各色货物共合银七万二千八百四十一两。

秋季分,俄商贩运入卡各色货物项下:

洋铁二万二百四十斤,每斤价银一钱,合银二千二十四两。炒杓五百十把,每把价银一钱五分,合银八十二两五钱。铁缸子一十五桶,每桶价银十二两,合银一百八十两。吞塔尔糖一百四十斤,每斤价银二钱,合银二十八两。铜响器四箱,共价银四百九十五两五钱。杂色洋布二千一百九板,每板价银五两,合银一万五百四十五两。洋烛一百五十六箱,每箱价银二两五钱,合银三百九十两。洋白糖五箱,每箱价银二十五两,合银一百二十五两。茶盘四百个,每个价银四钱,合银一百六十两。杂货六箱,共价银二千一百两。以上入卡各色货物共合银一万六千一百三十两。

冬季分,入卡各色货物项下:

杂货铜板盘四箱,共价银七百五十两。铁一百一十条,共价银十八两。洋烛五十八个,每个价银一两五钱,合银八十七两。洋火六十五箱,每箱价银二两五钱,合银一百六十二两五钱。牛一百二十四条,共价银九百九十二两。马八匹,每匹价银八两,合银六十四两。骆驼六十五只,每只价银十五两,合银九百七十五两。羊三千一百只,每只价银一两,合银三千一百两。小刀子五百把,每把价银八分,合银四十两。毛巾二百七十四条,每条价银二钱,合银五十四两八钱。核桃十六蒲筒,共价银三十五两。股子皮三十张,每张价银一两二钱,合银三十六两。毡靴子五双,共价银四两。缠头靴鞋一百双,共价银一百两。香牛皮十张,每张价银三两二钱,合银三十二两。杏仁十六蒲筒,共价银三十五两。金银线十一包,共价银二百八十两。马鞍子十二盘,每盘价银四两,合银四十八两。珊瑚二十四串,每串价银七钱,合银一十六两八钱。铁盘八蒲筒半,共价银四十两。马嚼口五副,每副价银六钱,合银三两。洋糖三蒲筒,共价银六十两。洋烛二十五箱,每箱价银二两五钱,合银六十二两五钱。俄油一百五十斤,共价银二十四两。口袋三包,共价银三十两。洋烛台一箱,共价银五十两。饭盆九包,共价银七十二两。铁锁二箱,共价银四十两。杂色洋布三千三百九十一板,每板价银五两,合银一万六千九百五十五两。洋茶壶一箱,共价银六十两。铜盆六包,共价银四十八两。铁床七个,每个价银三两,合银二十一两。手套一箱,共价银六十两。铁椅凳六个,每个价银一两,合银六两。洋纸五块,共价银八两五钱。铃铛一包,共价银十二两。褥子九条,每条价银八两,合银七十二两。红毡十五条,共价银二十二两五钱。治病药一蒲筒,共价银二十两。胰子六百块,每百块价银二两五钱,合银一十五两。杂货三十三箱,共价银五千二百两。小夹帽子六百一十顶,每顶价银二钱,合银一百二十二两。纱带子一百二十条,共价银一十二两。缠头白布二十匹,每匹价银一钱五分,合银三两。鱼十二条,共价银六两。洋缎二百二匹,每匹价银六两,合银一千二百一十二两。毡子三百二十条,每条价银一两,合银三百二十两。羊油六斤,共价银三两六分。洋油四斤,共价银一两二钱。鱼洋油二十八斤,共价银四两二钱。天平一架,价银六两。铜四包,共价银十二两。铁桶二包,共价银十八两。油烛四包,共价银十六两。洋铁六斤,共价银六钱。以上入卡各色货物共合银三万一千四百七十四两九钱六分。

春季分、夏季分,均无俄商贩运出卡各色货物,理合声明。

秋季分,俄商贩运出卡各色货物项下:

红茶四百封,每封价银三两三钱,合银一千三百二十两。棉花三千四百三十斤,每斤价银九分八厘,合银三百三十六两一钱四分。羊皮七百张,每张价银二钱,合银一百四十两。羊毛一千七百二十斤,每百斤价银一两五钱,合银二十五两八钱。生羊皮六百张,每张价银一钱,合银六十两。大布四千匹,每匹价银一两,合银四千两。葡萄三千二百八十斤,每百斤价银五两,合银一百六十四两。以上出卡各色货物共合银六千四十五两九钱四分。

冬季分,并无俄商贩运出卡各色货物,理合声明。

阿克苏道详报:光绪十三年分,俄商贩运入卡各色货物共合银一十二万四千六百七十九两五钱六分四厘,出卡各色货物共合银二万七千四百六两三钱一分。

喀什噶尔道详报:光绪十三年分,俄商贩运入卡各色货物共合银四十四万二千一百一十五两一钱,出卡各色货物共合银三十万七千六百二十六两。

镇迪道详报:光绪十三年分,俄商贩运入卡各色货物共合银一十二万四百四十五两九钱六分,出卡各色货物共合银六千四十五两九钱四分。

以上总共俄商入卡货物银六十八万七千二百四十两六钱二分四厘,俄商出卡货物银三十四万一千七十八两二钱五分。①

033. 俄领事请以俄人派充乡约难准由
光绪十四年十一月初一日(1888年12月3日)

十一月初一日,新疆巡抚刘锦棠文称:据塔尔巴哈台石领事照会内开:照得本领事前经接准镇迪道恩本年六月二十九日照会一角,据称署理塔城领事费拣派安回沙利夫拜充当乌城乡约一节,未蒙贵抚允行,并叙称从前喀什领事所设乡约,均经禁革各等因。照会前来。查此节曾经费领事禀请驻京公使与贵外部公同酌议,迄今未接复文。兹本领事合将署领事费拣派乡约本义,再于贵抚爵前缕晰陈之。查新旧条约,均无准设乡约明条,所云固属信然,但按约俄民准许居住中国,并准其在于各城镇贸易,是以一切稽

————
① 台北"中央研究院"近代史所藏:《外交档案》,馆藏号:01—20—033—02—003。计算错误之处均从底本。

查商民、听断词讼以及兴利除弊各端,皆为领事之责。惟是商民散处各城,地方辽阔,相距窎远,若一切争讼小故均望领事亲履自断,其势有所不行,是以领事欲尽其责,必须选派乡约,以便各该处遇有一切琐屑事件,可以随时通报,并可代行领事之权,原为友邦官员尽可藉此脱累,是选派乡约一事,本系领事分所当为、无容推卸者。至于华官是否愿与乡约往来办事,此节可以听其自便,但华官尽可不认乡约为代领事办事之人,遇有交涉事件,不与之商办而已。其人若无违律犯法之事,则华官即无将其任便遣回之理。至若因乡约之设该处官民能否称便,此节似难置词也。再,凡领事选派乡约均系体面和厚之人,中国地方官若肯遇事与之商办,揆之与各商人饶舌,岂不各外爽神! 况新疆地方辽阔,交涉事繁,一有乡约稍假威权,即遇商民有违例犯案者,便可径行通报领事核办,华官岂不从此省心多多? 再,查本领事前在天津领事任内,彼时津海关道曾以商民词讼各端不堪其扰,商请本领事由张家口俄商内拣派乡约,代理各事,此节本属有案可循。再,查两国商民时有争讼小事,亟需作速完结,如必逐件咨行领事查办,则不惟稽延时日,亦且琐屑实多。若不即时了结,又恐互生嫌隙,致于两国友谊有碍。以上碍难各端,当事者不得不筹及之也。兹者本领事惟望贵抚务将以上所叙各节详加筹思,勿拘前见,准许安回沙利夫拜在乌充当本国乡约,并请饬知各该处地方官,遇有交涉事宜,准与领事所派乡约会办,并须推诚相待。如此办理,两国商民庶不致互生嫌隙,不但于约章毫不相背,且于敦睦友谊之道更属有济也。为此照会,合请贵抚详加熟思,核夺施行等情,到本爵部院。

查改订条约第十二条载:俄国应设领事官各处及张家口,准俄民建造铺房、行栈,他处、内地不得援以为例等语。是天山南北各城凡未设立领事官处所,虽准俄商贸易,究非通商口岸,既不能开设行栈、长川居住,即不能比照天津设立乡约。现在俄商往来南北各城,或下客店,或居华商行铺,卖卖洋货,贩运土货,均未设立乡约,甚属相安。且从前喀什、叶尔羌等处因驻喀什领事派设乡约,不独于商无益,且徒滋生事端。当经本爵部院咨呈钦命总理各国事务衙门,照会驻京俄公使饬禁,后复改为商头,均已一律革除,以符定约在案。今新疆省城贸易,俄商时来时去,为数无多,即或两国商民因贸易相争,应照约听其自行择人调处。若预先设立乡约,是领事官为之择人,非商民自行择人也,不仅与约不合,于商情亦有未顺。所请准许沙利夫拜在乌充当乡约，实难照允，仰镇迪道备文照会石领事，查照约章办理可也。

除分行外，相应咨呈。为此咨呈贵署，谨请鉴照施行。①

034. 俄商违约已饬镇迪道备文照会由

光绪十四年十一月初一日（1888年12月3日）

十一月初一日，新疆巡抚刘锦棠文称：据塔尔巴哈台石领事照会内称：照得本领事前经接准镇迪道恩光绪十四年七月二十日照会内称：案奉贵抚札开：现经遵奉谕旨札饬所属，禁止晋商在新疆一带贩运各种私茶。据此，照请本领事转饬俄商，恪遵约章，不准包庇华商货物屯贩侵销，并有不准俄商在中国内地贩茶以及贩运各种土货之禁各等因。照会前来。又本领事日前接据塔城章京范文称：现奉贵抚札开：不准俄商吆贩牲畜来中销售，以谓条约之所例禁。是以该章京迄今未允查验俄商前往西湖、玛纳斯、乌城等处贩牲票照。本领事详查贵抚所称俄商不准包庇华商货物贩运侵销一节，查此禁本有明条，但本领事迄今未闻俄商中或有敢违此例之人，日后倘遇某商敢违此条，本领事自当相助贵国官员严行追究，照章罚办。至贵抚所称只准俄商在中国贩运俄货一节，本领事实难允从，缘《陆路通商章程》第八条本与关外通商无涉，盖此条但指中国内地通商而言，至关外各处则应援照光绪七年改订新约第十二条一律办理。

查此条所载，准许俄民在伊犁、塔尔巴哈台、喀什葛尔、乌鲁木齐及关外之天山南北两路各城贸易，暂不纳税，并称以上所载中国各处，准俄民出入贩运各国货物。查此条原义是无论华货、洋货均在其内也。今贵抚饬禁俄商在乌鲁木齐等处贩茶、贩牲，显与两国约章有所不符。本领事惟有特请贵抚务守约章，勿执前见，以固两国友谊，并请转咨塔城参赞，并饬知税务章京一律遵办可也。为此照会，并希示复等情，到本爵部院。查改订条约第十二条载：准俄民出入贩运各国货物，或用现钱，或以货相易俱可等语。所云各国货物，自系专指洋货而言。来文指为华货、洋货均在其内，实与条约不合。其或以洋货易土货，亦应遵照贩运土货只准回国、不准沿途

---

① 台北"中央研究院"近代史所藏：《外交档案》，馆藏号：01—16—076—01—001。

销售章程办理。川块等茶系属土货,前饬镇迪道照会领事官,禁止俄商在中国地方贩卖,并非概禁贩运。来文以为只准俄商在中国贩运俄货,是石领事误会贩卖为贩运,固无怪其实难允从也。

至来文称第八条办法系指中国内地,与关外通商无涉等语。查第八条载系专指俄国陆路通商经过各处而言,关外系俄国通商经过之处,不得谓之无涉,且此条又载各海口及各省内地不得援以为例,明系专指关外各处陆路通商办法。其非内地章程,更不待烦言。而解牲畜一项,本无贩卖之条,即俄商运货前来塔城,所带骑驼牲畜,只于指定有草地方牧放,不得践踏田苗、坟墓,犯者即交领事官究办。前此俄商竟以盈千累万牲畜在北路各城肆行牧放,骚扰地方,实与约章不符,故行文禁阻,以免滋生事端。本爵部院办理通商事件,胥秉大公,以全睦谊,仰镇迪道备文照复石领事,查照约章办理可也。

除咨行外,相应咨呈。为此咨呈贵总署,谨请鉴照施行。①

035. 安回充当乡约违约知照禁革等情由
光绪十五年正月二十九日(1889 年 2 月 28 日)

正月二十九日,新疆巡抚刘锦棠文称:案据塔尔巴哈台②石领事照会内称:照得现因本署前派乌鲁木齐乡约安回沙利夫拜呈请销差。本领事令将俄属安回阿吉木拜木杂巴业甫遣派赴乌,接充乡约差使,以便约束俄属商民。查该乡约系由俄国商民公同推举,日后中俄两国商民如因贸易等事致起争端,不能商同择人调处者,即可由该乡约会同该管华官,代为清理。本领事前接镇迪道恩光绪十四年十月初八日照会内称:转奉贵抚札开:现在新疆省城俄国商民往来无多,如因贸易相争,即可按约听其自行择人调处等语。惟查省会之地,如日后贸易人数随时增多,则口角争端在所难免,设若该商民等不愿商同自行择人调处,抑或一时无人可择,亦只得径向两国所设该管官员申诉。再,查新旧条约本有准设乡约、照料商民之义。至俄国商民住中国者,遇有大小案件,应按本国法律惩治,缘其既不归中国属

---

① 台北"中央研究院"近代史所藏:《外交档案》,馆藏号:01—20—024—05—002。
② "哈",原文作"恰",误。

辖,中国官员即无惩治之责也。为此照会,烦请查照施行等情,到本爵部院。

查上年费领事木哈灭得匝依得沙利夫巴戈夫一名来省充当乡约,当饬镇迪道会同税务总局援案禁革。本年九月,石领事又有派沙利夫拜充当乡约之请,复援光绪九、十等年禁革南路各城乡约、商头,并将设立乡约有背约章、不顺商情各节咨呈贵总署,并饬镇迪道照会石领事在案。兹石领事并不细绎前文事理,辄以日后贸易人众,设有争端,不愿择人调处,或一时无人可择等语,以为乡约不可不设。查争端有无,不关人数多少。约章择人调处一节极为妥协,盖商民有事相争,设立乡约为调处,倘不得其人,反不免挟见庇徇情诸弊。惟听其自行择人,则是以两国商民处置两国商民之事,剖断不至偏私,清结亦行迅速。倘该商民等不愿择人调处,是故背条约,石领事亦何得因此狡狯之徒变乱旧章,设立乡约! 现查所派阿吉木拜木杂巴业甫业已到省,应饬镇迪道会同税务总局,迅即抄录来文知照石领事,查明禁革乡约各前案办理。一面转饬迪化县,谕令阿吉木拜木杂巴业甫迅速回俄,不得在省城充当乡约。倘任意逗遛、干预公事,即由该县派役解送塔城,交石领事惩办,以符定约。

除咨行外,相应咨呈,为此咨呈贵总署,谨请鉴照施行。①

036. 俄人贩卖牲畜量与通融及禁止由
光绪十五年三月初三日(1889年4月2日)

三月初三日,新疆巡抚刘锦棠文称:案照光绪十五年正月初五日承准贵署咨开:光绪十四年七月十四日准咨:俄人贩卖成群牲畜,应一律严行禁止,当即照会俄公使库满。此次俄公使照复声明,嗣后牲畜践踏田苗,令该商公平赔偿,是已认为理屈。至所称或限以准卖若干一层,究竟此项牲畜贩入中国,是否适用? 于农民耕种有无益处? 除申明不准践踏田苗、坟墓外,或酌定数目,立一限制。是否可行? 咨行查复等因,到本爵部院。

承准此,查新疆地处极边,部落居民多务畜牧,其牧地各有一定,如农之有畔,虽在乡邻,尚不容相越,岂可任听俄商贩至盈千累万? 从前军务未

---
①台北"中央研究院"近代史所藏:《外交档案》,馆藏号:01—16—076—01—002。

平,百姓虽受累不堪,亦无所控诉。今既设为行省,务在养民,岂可不为禁阻? 若遇有践踏田苗等事,辄令赔偿,则不胜其烦。若限以每次准贩若干,则此往彼来,川流不息,亦与未经立限无异。总之,贩卖牲畜为约章所无,自以不准其贩卖为是。此次经贵署再三指驳,彼自无词。至于量与通融,则伊犁、塔尔巴哈台及喀什噶尔沿边之地设有领事官,指有牧放牲畜处所,应准其就地贩卖,与百姓公平交易,仍不得践踏田苗、坟墓。其非从前指有牧放处所,仍应禁止,以示限制。

除分行外,相应咨呈。为此咨呈贵总署,谨请鉴照施行。①

037. 桑株布回业经恭顺呈进免究由

光绪十五年三月初九日(1889年4月8日)

三月初九日,新疆巡抚刘锦棠文称:案据喀什噶尔道袁垚龄详称:窃坎巨提小头买买色海前次掳去叶城所属桑株布回二十一名,业将谕饬该部落头目悉数退还,并商请派兵驻防塔墩巴什一带各情,详奉宪批在案。嗣据涉车州②刘牧详报:坎巨提掳去桑株布回二十一名,现已退回二十名,其余牙合浦一名扣留未还等语。旋坎巨提贡差到喀,据称买买色海掳掠桑株布回,小的头目赛必哎里罕知道此事,即将买买色海办了,正拟派人送还,适奉大人谕饬,因将布回二十名退还,其余牙合浦一名,本是纳噶尔人,向头目再三恳求放回纳噶尔地方,是以不曾退还等语。职道察其语意,尚属实在。窃思该部掳掠叶城布回既非该部头目本意,而奉到谕饬即已退还,且又及时呈进贡金,似尚恭顺,未便过为吹求。除将贡金另文赍呈外,理合备文详报。为此具详。伏乞鉴核等情,到本爵部院。

除批坎巨提前次掳去桑株布回,掳称非该头目之意,现在既经送还,又复呈进贡金,尚属恭顺,姑免深究,仰该道传谕该头目,嗣后务须约束部众,毋得滋生事端,是为至要。印发并咨行外,相应咨呈。为此咨呈贵衙门鉴照施行。③

---

①全国图书馆文献缩微复印中心影印:《清代新疆地区涉外档案汇编》,第625—627页。
②"涉车州",即"莎车州"。
③台北"中央研究院"近代史所藏:《外交档案》,馆藏号:01—17—051—07—004。

附 录

附录一　奏恤、祀典、列传

01. 奏报前新疆巡抚刘锦棠病故缘由折
光绪二十年七月十七日（1894年8月17日）

头品顶戴湖南巡抚臣吴大澂跪奏，为大员在籍病故，呈递遗折，吁恳天恩准将生平事迹宣付国史馆立传，以彰忠荩而励臣节，恭折仰祈圣鉴事。

窃前新疆巡抚臣刘锦棠于光绪十五年正月，奉旨赏假回籍省亲。二月二十五日由新疆起程，八月初六日行抵湖南湘乡县本籍。旋因刘锦棠祖母病势沈重，未能克期销假。光绪十七年正月初九日，在籍丁祖母承重忧，扣至光绪十九年四月初八日，服阙。屡经传旨，催令进京陛见。该故抚臣始因两足感受潮湿，行动维艰，加以两目昏花，不辨小楷，赶紧延医调治。数月以来，渐有成效。钦奉六月二十三日电旨：着张之洞传谕刘锦棠，即日来京陛见。钦此。该故抚臣闻命之下，拟即治装，扶病起程。自谓年力未衰，一息尚存，自当勉济时艰，力图报称。不意左体忽患中风，病势骤增，竟于七月初十日病故。专遣家丁进省，呈递遗折，由臣代奏。

伏念刘锦棠以一介书生，驰骋戎马，智勇兼优。胞叔刘松山在甘肃灵州力战阵亡，刘锦棠接统湘军。将士服其胆略，协力同心，卒能克复金积堡。身经数十战，屡破回巢，廓清关陇，故大学士左宗棠倚为腹心。与诸将如家人父子，同甘共苦，用能迭奏肤功，誉为时栋。臣于光绪元年以陕甘学政按试西宁，适刘锦棠在西宁道任内。臣见其激昂慷慨，忠勇性成，蒿目时艰，有揽辔澄清之志，遂与臣为布衣昆弟之交。旋即奉命督师出关，克复新疆，厘定伊犁边界，力兴屯垦，抚辑民回。蒙恩擢授新疆巡抚，改设郡县，规画有方，以艰苦卓绝之才，布草昧经营之略，破除成见，吏治为之一新。其筹兵筹饷，举重若轻，事事必图久远，不为目前苟且之计。非有过人之胆识，不能任此艰巨，屹然为西北长城。

其生平战功政绩载在方略，久蒙皇太后、皇上倚畀之隆。乃因积劳成疾,未竟厥施耿耿忠诚,赍志以殁。拟恳天恩,准其将生平事迹宣付国史馆立传,可否于立功省分及原籍地方建立专祠,出自特恩,非臣所敢擅拟。谨将已故新疆巡抚臣刘锦棠呈递遗折,专折代陈,伏乞皇上圣鉴。

再,该故抚臣长子道谦,监生。次笃烈,优增生。次国祉,双月选用州同。次国祐、次国祐,均业儒。孙六人:家璠、家玙、家瑞、家瑗、家璐、家琛,合并陈明。谨奏。光绪二十年七月十七日。

(朱批):另有旨。①

光绪二十年八月初五日,奉朱批:另有旨。钦此。②

02. 赐恤上谕

光绪二十年八月初五日(1894年9月4日)

光绪二十年八月初五日,内阁奉上谕:吴大澂奏大员在籍病故,代递遗疏,恳恩赐恤一折。前任甘肃新疆巡抚刘锦棠秉性忠勇,卓著勋勤。同治年间,随同刘松山剿办回匪,接统湘军,克复金积堡,身经数十战,屡破回巢,廓清关陇,由道员荐擢京卿,授为钦差大臣,督办新疆军务,运筹决策,悉合机宜,于抚辑民回、创办屯垦事,尤臻妥协。补授甘肃新疆巡抚,赏加尚书衔,办理新疆善后及地方事宜,均能悉心规画,劳瘁不辞。前经迭次恳请终养,赏假回籍省视,旋以丁忧开缺。本年正月,钦奉懿旨,晋封一等男爵。六月间,有旨召令来京,方冀长资倚畀,遽闻溘逝,悼惜殊深。刘锦棠着照巡抚例赐恤,加恩予谥,准其于立功省分建立专祠。生平战绩事实,宣付国史馆立传。赏银一千两治丧,由湖南藩库给发。任内一切处分悉予开复。应得恤典,该衙门查例具奏。

伊子监生刘道谦,着以员外郎用。优增生刘笃烈,着赏给举人,准其一体会试。伊孙刘家璠着以主事用,以示笃念荩臣至意。钦此。③

①中国第一历史档案馆藏:《朱批原件》,档案编号:04—01—12—0564—026。
②台北故宫博物院藏:《军机及宫中档》,文献编号:134417。
③中国第一历史档案馆藏:《谕旨》,档案编号:03—5898—005。又《光绪朝上谕档》,第二十册,第408页。又《德宗毅皇帝实录(五)》,卷三百四十六,光绪二十年八月,第431—432页。

03. 请准于原籍建刘锦棠专祠折

光绪二十一年闰五月二十日（1895年7月12日）

头品顶戴革职留任湖南巡抚吴大澂跪奏，为已故大员功德及于桑梓，据情吁恳天恩，准于原籍建立专祠，以顺舆情而隆报飨，恭折仰祈圣鉴事。

窃已故太子太保原任新疆巡抚一等男爵刘锦棠，于上年七月间在籍病故，经臣据情代奏，奉旨：加恩予谥襄勤，准将生平事迹宣付史馆立传。并据翰林院编修赵启霖等联名禀称：故抚刘锦棠生有至性，孝事重闱，幼年痛其父厚荣殉难岳州，即以灭贼复仇为志。迨督师关外，荡平回匪，边事大定，一闻其祖母陈氏病耗，披沥陈情，疏凡十数上，乃得邀恩归省。抵里后，依侍经年，遽罹大故，哀痛迫切，悲感路人。庐墓三年，不归私第，苦由积湿，触发腿足旧恙，病益增剧，盖始终与祖母相依为命，其克敦乎天显，实无间于人言。且身都将帅，洊任封圻，殁后家无余财。计在外三十年，公费廉俸所余，则捐建本籍书院，兴办社仓，倡修文庙及试馆宾兴各经费，为数颇巨。去春，武冈土匪蔓扰数县，人心惶惶，几成巨患。故抚督集乡团，严密防守，匪不得逞，桑梓赖以保全，乡人至今感荷。沐圣恩褒扬，准于立功省分建立专祠，而原籍尚属阙如，里人追念不忘，应请在于省城及原籍湘乡县建立专祠，岁时致祭等情，禀请具奏前来。

臣查故抚刘锦棠公忠体国，懋建殊勋，生平战功政绩为天下士民所钦仰。其秉性肫诚，宜笃桑梓。在籍时，至行义举有足矜示闾阎者，至今乡里尤深感念。相应据情奏恳天恩赏准将该故抚刘锦棠于在湖南省城及原籍湘乡县各建立专祠，春秋由地方官致祭，以顺舆情而隆报飨。

理合据情具陈，伏乞皇上圣鉴，训示。谨奏。光绪二十一年闰五月二十日。

光绪二十一年六月十四日，奉朱批：另有旨。钦此。①

【案】《上谕档》：

光绪二十一年六月十四日，内阁奉上谕：吴大澂奏已故大员功德

---

① 中国第一历史档案馆藏：《朱批原件》，档案编号：04—01—12—0567—062。又《军机录副》，档案编号：03—5326—060。

及于桑梓，请准于原籍建立专祠一折。原任新疆巡抚刘锦棠于上年七月间在籍病故，当经降旨优恤予谥，并准于立功省分建立专祠。该故抚久膺边寄，懋建殊勋。其在籍时至行义举，尤足以矜式乡里，加恩着准其于湖南省城及原籍湘乡县各建专祠，由地方官春秋致祭，以彰荩绩而顺舆情。该部知道。钦此。①

04. 湘抚陈宝箴奏报刘道谦请袭世职片

光绪二十三年八月二十九日（1897年9月25日）

再，据湖南湘乡县知县王祖荫详称：特用员外郎刘道谦禀称：现年三十二岁，系湖南湘乡县人，于光绪十九年在江苏赈捐案内遵例报捐监生。缘伊亲父前甘肃新疆巡抚刘锦棠由监生报捐县丞，投效军营，转战安徽、河南、陕西、甘肃新疆等省，克复名城，递保是职，补授甘肃新疆巡抚，并迭蒙恩旨，赏给一等男兼一云骑尉世职。光绪二十年七月初十日，忽患中风之证，在籍病故，经前抚臣吴大澂具奏，代递遗折，钦奉谕旨：刘锦棠着照巡抚例赐恤，加恩予谥。准其于立功省分建立专祠，生平战绩事实，宣付国史馆立传，赏银一千两治丧，由湖南藩库给发。任内一切处分，悉予开复。应得恤典，该衙门查例具奏。伊子刘道谦着以员外郎用等因。钦此。钦遵在案。刘道谦系刘锦棠嫡长子，幼习诗书，未谙弓马，已奉恩旨以员外郎用。现在业已服阕，所有伊故父刘锦棠遗出一等男兼一云骑尉世职，自应遵例由员外郎呈请兼袭等情，由县造具册结具文，详请附片具奏兼袭，并给咨赴部，暨将刘锦棠原领二等男敕书呈缴前来。

臣复核无异。除给咨批饬赴兵部科告投带领引见，并将敕书咨送吏部核销暨分咨外，理合附片陈明，伏乞圣鉴。谨奏。

光绪二十三年九月二十一日，奉朱批：该部知道。钦此。②

---

①中国第一历史档案馆编：《光绪朝上谕档》，第二十一册，第249页。
②中国第一历史档案馆藏：《朱批原件》，档案编号：04—01—17—0162—024。又台北故宫博物院藏：《军机及宫中档》，文献编号：141915。再，此片具奏日期未确，查《军机处随手登记档》（档案编号：03—0293—1—1223—251），同日朱批折件具奏日期为"光绪二十三年八月二十九日"，兹据校正。

05. 湘抚俞廉三奏报刘锦棠专祠落成片
光绪二十五年五月初四日（1899年6月11日）

再，已故太子太保原任新疆巡抚一等男爵刘锦棠前在籍病故时，经前抚臣吴大澂据情代奏，奉旨：加恩予谥襄勤，准将生平事迹宣付史馆立传，并于立功省分建立专祠等因。钦此。续经前抚臣吴大澂奏请在于原籍建祠，奉上谕：加恩着准其于湖南省城及原籍湘乡县各建专祠，由地方官春秋致祭，以彰荩绩而顺舆情，该部知道。钦此。钦遵转行遵照在案。

兹据在籍四品衔工部主事郑祖焕等禀，以刘锦棠专祠由其各旧部捐资，在省城东垣地名"落星田"购基兴建，兹已落成，恳请奏报前来。合无仰恳天恩俯准，饬部立案，列入祀典，以垂久远。

除咨部外，谨附片具陈，伏乞圣鉴。谨奏。

光绪二十五年五月二十日，奉朱批：着照所请，该部知道。钦此。①

06. 署新抚吴引孙奏请故道英林附祀专祠片
光绪三十二年四月二十四日（1906年5月17日）

再，据伊犁府宁远县知县李方学详称：案据附贡生李钟麟、吴光荣、佾生杨春荣、黄应选、李英、乡约田植荆、巫伯龄等禀称：已故花翎二品顶戴伊塔道调任西宁道英林，于光绪二十九年二月初九日在西宁任内病故。查光绪初年，该故道随前新疆抚臣刘锦棠出关，剿平南北两路回寇，累功保至道员，补授伊塔道，调署镇迪道，三次兼办中俄交涉事宜。是时，甫设行省，诸事草创，如开屯垦，兴水利，招流亡，建议学，订交涉条约，结历年积案千数百起。该故道不惮烦苦，措置裕如。其巴尔鲁克山一案，尤为擘画精勤。巴尔鲁克山者，塔城西路之屏蔽。光绪九年，与俄勘界，借给俄属之哈萨克游牧，约十年为期。十九年限满，经前伊犁将军奏派该故道赴塔城索还。维时俄势甚强，领事宝德林异常狡诈。该故道以单骑往，不动声色，与之辩

---

①中国第一历史档案馆藏：《朱批原件》，档案编号：04—01—14—0094—038。又《军机录副》，档案编号：03—5376—030。

论数日,据理直争,掉三寸舌,卒收数百里丰牧之地。伊犁士民追念旧德,至今犹感泣不忘,恳将该故道奏请附祀前抚臣刘锦棠专祠,以隆禋祀而昭劳勋等情前来。

臣查该故道官新多年,政绩卓著,索还巴尔鲁克山,实属顾全大局。光绪二十九年,已故喀什噶尔道黄光达经前抚臣潘效苏奏请附祀刘锦棠专祠,旋奉旨允准在案。因思该故道随湘军出关,久为刘锦棠所倚重,合无仰恳天恩俯准,将已故伊塔道调任西宁道英林附祀前抚臣刘锦棠专祠,以彰忠荩而顺舆情,出自鸿施逾格。

除咨部查照外,谨会同陕甘总督臣升允①,附片具陈,伏乞圣鉴训示。谨奏。

光绪三十二年五月初二日,奉朱批:着照所请,礼部知道。钦此。②

07.《清史稿·刘锦棠传》

刘锦棠,字毅斋,湖南湘乡人,松山从子也。从松山讨捻,积勋至同知直隶州。从入陕,复同州、朝邑,释省城围,擢巡守道。同治七年,左宗棠西征,从克怀远、镇边,还定绥德,赐号法福凌阿巴图鲁。进军甘肃,攻金积堡,夷旁近七寨,破灵州。

九年,击马五寨,松山战死,诏加三品卿衔,接统其军。军新败,偏裨自恃为宿将,滋骄,锦棠礼诎之。丧悬吴忠堡,或请徙它处,锦棠不可,曰:"榇在军,可系将士心。"宗棠贻书,为列坚守、退顿二策。锦棠谓:"不力战,则灵州不保,必勠力致死,而后军可全。"于是一战擒马五,再战破河、狄,军复振。是时马化龙焰日炽,三决水困我军,锦棠三拒之,不获逞,粮且匮,率其子耀邦乞款附。锦棠曰:"诺。令若先缴马械。"不应,再引马连水入湖。

---

①升允(1858—1931),字吉甫,号素庵,蒙古镶黄旗人。光绪十二年(1886),补总理各国事务衙门章京。十六年(1890),充出使俄国参赞。十八年(1892),报捐知府。二十年(1894),加布政使衔。二十四年(1898),署陕安道。二十五年(1899),授陕西督粮道。同年,迁陕西布政使。二十六年(1900),补山西按察使。同年,授甘肃布政使,回任山西布政使。二十七年(1901),调补陕西布政使。同年,擢陕西巡抚。三十年(1904),调补江西巡抚,授察哈尔都统。三十一年(1905),擢陕甘总督。

②中国第一历史档案馆藏:《朱批原件》,档案编号:04—01—12—0649—111。又《军机录副》,档案编号:03—5460—011。

会大风从西北起,涛啮堤岸,势汹涌。锦棠囊土以御,化龙计益窘,哀词乞耕垦。锦棠知其诈,隐卒下桥、永宁洞,又败去,乘势下蔡家桥,克东关。化龙度不得脱,于是三踵军门乞抚矣。锦棠白宗棠请进止,乃徙陕回化平川,而分置甘回于灵州。论功,予云骑尉世职,赏黄马褂。

十年,诛化龙父子,生致马八条,置丧所,胾而祭之,遂舆丧归。明年,度陇攻西宁。次碾伯平戎驿,先破小峡,遣军夺南北两山,围解,道员郭襄之率男妇二万襁负来迎。是役也,提湘军八十营,扼攻九十里,往往彻夜不休,露立冰天雪窖中,诏嘉之。

十二年,克大通,斩叛官马寿。遴陕回为旌善五旗,余徙平凉、秦安、清水。白彦虎奔肃州。方湘军之定西宁也,宗棠缘事责锦棠,盛气辩,衔之,以故徇肃州未下,亦不召。及锦棠至,又大喜,为夸其军以励众。锦棠计诛马天禄,杀土回、客回立尽,关陇平。权西宁道。明年,破河州,获闪殿臣,伏诛。乃合诸将蹙回于贾家集、郭家嘴,歼焉。

光绪元年,出关。时彦虎走依安集延,帕夏阿古柏助之,势复炽。二年,至阜康,与金顺计事,议先攻古牧。遣将分壁木垒河,而自领军军九营街。度戈壁乏水,佯掘井以懈敌,阴遣精骑袭夺黄田,通汲道,收古牧地。锦棠策乌城寇必骇奔,复自将精兵走之,遂复乌鲁木齐、迪化,予骑都尉世职。

三年春,逾岭西南攻达坂。寇引湖水卫城,泥深及马腹。锦棠周城徽循,诫各营警备。列燧如白昼,轰击之,弹落爆药窖,声砉然,人马碎裂。乃下令军中曰:"能缚献服异服者赏。"于是爱伊德尔呼里以下皆就俘,爱伊德尔呼里,犹华言"大总管"也。且释降回数千,给赍粮纵归。或请其故,曰:"俾归为我宣播朝威也,吾欲以不战胜之。"自是破吐鲁番、托克逊,南路门洞开,阿古柏如失左右手,亦被执,饮药死。赏双眼花翎。已而彦虎据开都河西岸,觊入俄。师抵曲惠,与余虎恩分击,彦虎亦决水以阻。锦棠入喀喇沙尔城,庐舍漂没,乃徙和硕特帐房河东数百户,实后路,复库尔勒。会军中患饥乏,下令掘窖粮,获数千石以济。连下库车、拜城。其南缠回苦安集延淫暴久,重以彦虎奔扰,益不堪命,旦夕望我军如时雨。比至,各城阿奇木伯克、阿浑玉子巴什各携潼酪,持牛羊来犒师。抵阿克苏,锦棠先入城,受降毕,回皆伏服。闻彦虎奔乌什,亟遣旌善旗渡河复其城。于是东四城俱下,诏晋三品京卿。值喀城守备何步云告亟,遂大举出师,令虎恩、黄万鹏分道进取,而自率师径捣叶尔羌,并克之。彦虎遁入俄。锦棠进定英吉沙尔,遣董福祥收和阗,西四城亦下,锡二等男。

四年,锦棠既定喀城,以次巡历叶尔羌、和阗。凡西人侨居其地者,英乳目阿喇伯十余人,印度温都斯坦五千余人,咸服其勇略,称为"飞将军"云。方彦虎之入俄也,俄人处之阿尔玛图。锦棠犹致书图尔齐斯坦总督,谓将入境搜捕,宗棠劝止之。俄复徙之托呼玛克。其秋,彦虎又遣党犯乌什边,骤入格尔品。锦棠扼之玛喇尔巴什,别遣将要其归路,大败之。未几,安集延入,又破之玉都巴什。是岁补太常寺卿,转通政使。

五年,安夷复构布鲁特内犯,战乌帕尔,捕斩二千余级。自是边寇颇息警。维时俄据伊犁,宗棠疏请崇其秩,资镇抚,诏佐军事。俄益增兵守纳林河。已,宗棠入都,上以此专属任锦棠关外事,命署钦差大臣。徙顿哈密,益治军。逾岁除真。

八年,和议成,锦棠策善后,请设新疆行省,省置巡抚、布政使,加镇迪道按察使衔,道、府、州、县视内地。立城垣、坛庙、学校、驿传,又广屯田,兴水利。南疆岁征赋至二十余万石。

九年,擢兵部右侍郎,加尚书衔,旋除新疆巡抚,仍行钦差事。十一年,进驻乌鲁木齐,奏省参赞大臣,改置都统,设喀什噶尔、阿克苏、巴里坤提镇各营。复增道、府、厅、县,徙分防官驻要塞,南北郡县之制始定。

先是,锦棠以祖母老病,累疏乞归省,不许。十三年,申前请,始俞允。锦棠悉召诸部酋长大酺,遂发。所过,黄童白叟望风相携负以迎,往往拥车数日不得走。

十五年,加太子少保衔。明年,晋太子太保。

二十年,晋锡一等男。会弟鼐以山西按察使入觐,垂询近状,欲强起之。适中日有违言,电旨趣召,未行而病作,朝廷书问日数至。疾革时,犹喃喃呼旧校指述边事。未几,卒,年五十一。事闻,震悼,谥襄勤,予建祠。[1]

---

[1] 赵尔巽等撰:《清史稿》,卷四五四,中华书局,1976年,第12607—12611页。

附录二 左宗棠等保奏折件

01. 左宗棠保举刘锦棠接统老湘全军片
同治九年正月（1870年1月30日—2月28日）

再，刘松山马步全军员弁、勇丁，均湖南人，而籍隶湘乡者尤多，于此时而谋接统之将，非能调护诸将而才堪一面之寄者不可。查有现在总理该军营务布政使衔即选道法福凌阿巴图鲁刘锦棠，本刘松山之侄，随同刘松山转战各省，于用兵机宜夙有领会，胆略甚优，在该军总理营务已久，军情禽服，堪以接充总统。惟老湘一军营哨各官，多已保至提镇，总统之员非位望稍崇不可。刘锦棠自晋入陕，由陕赴甘，战功卓著，本应保奖之员。可否仰恳天恩，先赏刘锦棠京衔，以资镇压，伏候圣裁。

又记名提督头品顶戴瑚松额巴图鲁黄万友，与刘松山同为予谥壮武前布政使衔即选道王鑫旧部，现在该军办理营务，稳练勇往，素得军心，堪以派充帮办。臣谨檄饬遵照，以定军心。

理合附片陈奏，伏乞圣鉴训示施行。谨奏。

（朱批）：军机大臣奉旨：另有旨。钦此。①

【案】同治九年二月初四日，左宗棠之奏旋得允行：

庚子又谕：左宗棠奏提督刘松山阵亡后，该军统率需员，查明布政使衔候选道刘锦棠，胆略尚优，军情禽服，堪以接统，请赏加京衔等语。刘锦棠着赏加三品卿衔，接统刘松山旧部，用资镇率。②

02. 奏报合围金积堡之役详细情形折
同治九年十月二十日（1870年11月12日）

钦差大臣大学士督办新疆军务陕甘总督一等恪靖伯加一等轻车都尉

---

①中国第一历史档案馆藏：《朱批原件》，档案编号：04—01—16—0189—172。
②《穆宗毅皇帝实录（六）》，卷二百七十六，同治九年二月上，第826页。

臣左宗棠跪奏，为官军会剿逆回，连克寨垒，迭获大胜，现在合围金积老巢，首逆被创，恭折驰陈，仰祈圣鉴事。

窃北路各军八月二十日以前、中路各军二十三日以前战状，臣已于九月二十日陈奏。八月二十一日，刘锦棠、金运昌会商，金积东关既克，当掘濠筑墙，锁围困之。湘军由东北起，掘东、南两面，金运昌军由东北起，掘正北面。

二十四日黎明，金运昌率所部兴工，西北出回众千余，蜂拥来扑。金运昌当派队伍三成，一面掘濠，饬副将王化成、邵升堂，提督方庭芝、参将董布亮，各率所部队伍七成，从左右抄入贼阵，饬总兵张怀玉、副将高得胜、守备龚心明等奋勇直前，毙悍贼七十余名。贼犹抗拒。刘锦棠得信，飞派队伍径由南门外出西门截之，贼始溃退入堡。午刻，濠深数尺矣。回众复出大队约二千余，携带锹锄器具而前，意图拼死填濠，分股掊战。金运昌乘其分布未定，饬各营停工，一齐猛进，锐不可当，斩首百余。鏖战一时之久，贼乃大败。我军追至西门，收队而还。阵亡勇丁六名，受伤二十余名而已。

二十五日五鼓，金运昌预挑精锐伏濠墙内，静以待之，饬勇夫挥锄修掘。该逆登墙瞭望，谓我军无备也，马步贼千数百名蜂拥而来。勇夫弃锄佯遁，诱近濠边，伏兵突起，刀矛并举，枪炮排轰，贼即败退。已革总兵胡国龙，率所部冲出追之。计轰毙、杀毙之贼三百二三十名，余众遁入堡内。据生擒贼供认，濠外死尸有余彦禄胞弟余彦寿、马正和股内头目马光贝，暨甘回头目数名等语。讯毕斩之。先是，吴忠堡境内尚存永宁洞马家两寨，一名马家双桅杆，一名油坊寨。春间，马化漋决断秦渠，淹灌官军。刘锦棠开沟导水，由波浪湖下永宁洞。该两寨地势较低，周围积水甚深，贼得以小船渡洋麻湖，与洋麻湖回逆潜通声息，官军阻水，不克往攻也。七月间，中路各军夺回峡口，堵遏秦渠水源，该两寨积水日渐消涸。

二十七日，刘锦棠传令驻吴忠堡之统带董字营军功董福祥，乘夜袭之。是夜四更，董福祥率军功张俊、李双良，出队五成，携带梯牌，衔枚疾走，直抵双桅杆寨下。回党酣睡未觉。董福祥等率死士悄登，立斩坐更贼三名，各勇蚁附而上，火器齐发，回逆梦中惊起，仓皇失措，登时杀毙数十名。余贼约数十名及寨头马重生缒墙而下，遁入油坊寨，死守如故。

二十九日，刘锦棠复派提督谭上连、都司陈宗蕃等马步往攻，黎明，驰抵寨下，连发喷筒火箭轰之。适寨内火药被然，震倒寨墙二三丈。谭上连等乘势冲入，寨贼二百余名，搜杀无遗，擒回目马重生、马金元，并斩之。计勇丁阵亡七名，受伤四十七名。是时两军所掘之濠已深至丈余，宽至二丈，濠上之墙亦累高八尺余。刘锦棠、金运昌乃各派所部凭濠墙，分段以守。

九月初一日，刘锦棠、金运昌、双寿等商议，陕回自东、南、北三面卡寨全破后，支帐金积堡西门外，以悍贼护之，宜会队进剿。

初二日五鼓，潜师夜起，刘锦棠率马步各营会同双寿统带吉林马队，衔枚疾驰，沿马连渠直上金积西南三里许，即分饬提督何作霖、王承赞、知州李树棠等，率所部进左，提督罗照升、朱德开、周国胜、参将潘凤翔率所部进右。其余各营潜伏渠旁，双寿率营总吴俊、花良阿，与提督余虎恩、熊有常、周云祥、谭上连、都司陈宗蕃、副将郭宗仪等，各率马队进左路之左，以备抄杀，金运昌亲督张怀玉、高得胜、龚心明、郭占元马步，于五更时出队接应。黎明，何作霖等径薄西门，枪炮齐轰，火弹喷筒一时迸发，顷刻烟焰漫天，火光纷起。回众惊呼，仓皇四窜。步军冲入贼中，刀斫矛刺，马队两旁抄杀，无一漏网。计焚毙、杀毙之贼不下千余，夺获骡马、器械、辎重不计其数。正在搜杀间，金积堡枪炮纷注如雨，甘回缒墙下扑者纷纷，势甚凶猛。各营且击且收，贼殊死斗。刘锦棠飞令潜伏渠旁之提督尹兴茂、李占椿、喻执益、陶定升、易致中、谭拔萃，各率所部，分两路冲出接应，杀毙悍贼甚多，贼稍却退。于时关外卡中各贼突出数百人，绕出湘军之后。金运昌督队迎击，立毙悍贼三百余名，贼甫败溃，忽金运昌带伤坠马，贼复率党回扑。张怀玉、高得胜率所部横截而出，将贼击退。忽洪乐堡迤东又出骑贼一支，抄过马连渠而南，金积南门出步贼一大支，直犯正南，其势甚锐。双寿、余虎恩等见之，飞马通击马连渠之贼，军功董福祥、张俊、李双良、提督萧章开、李云贵等，率所部径趋正南接战，雷正绾、黄鼎各军急驰出洪乐堡前，以掣贼势。贼见官军势盛，仍即败退。是役各军共毙贼一千数百名，生擒贼百余名，讯明正法。而营官董福祥，头受枪子伤，从脑后穿出，周国胜左腿骨为枪子击断，湘军弁丁阵亡至二十二名，受伤至七十五名。卓军阵亡七名，受伤至四十八名。盖血战也。

初四日，刘锦棠亲至中路，晤商黄鼎、徐文秀，定议合成锁围，湘军于金积正南右军右旗之西再扎两营，扼金积西南，雷正绾、黄鼎、徐文秀中路各军，由洪乐堡分营东向，修垒掘濠，以期联络一气。

初五日巳刻雨后，刘锦棠正传令出队修垒，忽右军右旗李云贵专马飞报,金积回逆悉数西趋,径扑中路各军。刘锦棠闻之,一面带队驰往策应,一面知会卓军。金运昌裹袍上马,率所部由左路进,饬王化成、方庭芝等率所部,排列阵后,以截金积援贼。时刘锦棠所部已由右路进马连渠之南,何作霖、王承赞、李树棠各营已进渠之北,余虎恩、熊有常、陈宗蕃马队已排列于王化成等之旁。贼见前后皆官军,胸缩不前。雷正绾、黄鼎、徐文秀率各军,乘势压之。湘、卓两军马步夹击,毙贼约二三百名,余众遁入西关。是日,湘军营官陈宗蕃左胁受枪子伤,由后胁穿出,弁勇阵亡三名,受伤十七名。卓军勇丁受伤五名。

初六、七、八等日,贼伏巢不出。刘锦棠得一意修垒,中路各军亦赶紧修掘濠堑,渐可与湘、卓两军联接。回众见官军日逼,惶惧益甚。

十二日,黄鼎、徐文秀等正督所部移营进扎,逆回忽出大股来犯。刘锦棠、金运昌率马步各营,驰往奋击,分统提督方庭芝枪子伤腮,营官李树棠矛伤颔颏,潘凤翔肩甲受枪子击穿。刘锦棠、金运昌督队鏖战,毙贼三百余名,贼仍缩入堡内。共计勇丁受伤者九十余名,阵亡者二十四名。讯据逃出难民供称,陕回急谋窜走。刘锦棠、金运昌令各营以五成队,站守长濠,每夜躬亲查阅。

十三夜四鼓,回逆循金积堡南折趋东南,扑近长濠。各营发炮轰击,该逆却退。旋闻西面枪炮更紧,比派弁侦之,报称陕回二千余人,由西面冲出。时天色未明,刘锦棠、金运昌一面派骑驰追,一面派队先攻余彦禄贼堡,一鼓克之。辰刻,追骑回营。据称,追行十余里,见人马踪迹,折转正南,沿山脚东窜,获落后回逆七名回营。讯据供称,陕回马步约一千数百人,归余彦禄带领,拟赴王洪寨一带索粮,仍回金积堡,陈林因伤重未去。讯毕斩之。

十五日黎明,陕回果回窜金积正东,马贼约七八百名,步贼不满千人。维时金积甘回纷纷出巢,扑近东南、正东长濠,希图内外夹攻,使我腹背受敌。刘锦棠飞饬各营凭濠布阵,排开枪炮轰之,亲率四营,会合金运昌所部两营,迎头猛击,毙悍贼数百名。官军阵亡九名,受伤三十八名。蹑追八里许,至汉伯堡,沿途贼尸枕藉,余贼循堡脚奔洋麻湖而去。其金积出巢之回,经各营连环轰击,亦败退。刘锦棠、金运昌等会商,以王洪、杨明、枣园三堡,与汉伯堡狼狈相依,皆在官军长濠之外,不极力攻克,足为官军肘腋患。

十六日,各派步队分左右击之,派马队分列以防溢出之贼。刘锦棠亲督中军，专用螺丝炮击其正中，连开二十余炮，毙贼甚多。壮士奋扑濠边，墙上矢石雨注，屡却屡前，阵亡二十三名，受伤七十二名。环攻一日，三堡仍未下。是夜，别派马步潜伏堡旁，贼之潜出者皆被官军擒斩。

十七日，刘锦棠督所部于长濠之外，复掘重濠，以御外贼，一面约黄鼎、徐文秀会攻汉伯堡。

十八日，各军猛攻数时，因汉伯堡三面阻水，贼阵负墙列阵，虽轰毙不少，而凶焰未衰。午后，撤队由东北攻枣园堡三寨，布阵丁家寨前，开花大子轰坍数垛，弁勇径扑墙下，寨中男妇齐抛砖石，弁丁带伤颠坠者多，卒不得上，仍收队回营。刘锦棠念功在垂成，弃之可惜，仍以火器护梯，四面环攻。适有贼数十缒墙而下，官军截击无得脱者。旋掷火包，延烧前寨柴草，寨贼始乱，其后寨之贼二百余，乘官军围攻前寨，开壁潜出，经官军斫刺殆尽，其逃出寨外者，又为金运昌伏兵所杀。

十九日天明，前寨火熄，入视，贼骸狼藉。复于废垒中搜出二十余贼。据供，贼目丁春已赴火自焚矣。是役烧毙、杀毙之贼约六七百人。官军阵亡三十五名，受伤一百十九名。随掣队攻马家寨，贼出栅抗拒。官军迎头痛击，毙贼甚伙，收队而还。

二十四夜，忽报马家寨贼弃寨而逃，刘锦棠、金运昌派队追之，及于河滨，斩贼数十。天明搜寨，复于荒茅断堙中获逸贼数十，歼之，枣园堡贼乃尽。刘锦棠、金运昌督队加修金积堡外重濠，围攻益紧。回众连夜扑濠，均经击退。

十月初一日，官军昇开花炮安向东门，测准轰击，忽见堡内尘氛大起，守贼喧嚷甚急，不知其故。是夜，守濠兵勇擒获逃出数贼，讯供，是日辰刻，逆首马化漋登东门城催修墙垛，忽炮子飞穿楼瓦，碎片击毙五人，马化漋左耳受碎片重伤倒地，十数人昇归。黄鼎营中获贼供亦相同。似该逆被创情形确矣。刘锦棠以逆目余彦禄窜出后，往来汉伯、王洪两堡，与各贼合势。汉伯堡地介洋麻湖、波浪湖之间，三面阻水，其西北平衍之处，沟渠重迭，湖水灌之，刘锦棠数次进攻，未能即拔。

初二日，刘锦棠带马队百数十骑，往勘地势，拟移数营驻之。甫循渠而南，见贼骑二百余正迎面而来。刘锦棠伏数十骑于废寨中，以数十骑向前挑战。贼见官军马队无多，纵马齐冲。刘锦棠拨马返走，贼急追之。比过伏所，刘锦棠勒马回拒，伏兵突起，斩骑贼三十余而夺其马，追贼至汉伯堡，贼为沟渠所阻，急切不能逾沟，复毙落后贼二十余名。回营后，约雷正绾、黄鼎、徐文秀会剿。

初三、初四两日大风，未果。

初五日，风止，刘锦棠、雷正绾、黄鼎、徐文秀三路并进，双寿亦率马队前来。刘锦棠饬提督萧章开、何作霖等，于要隘分筑左、右两垒，并修二卡，各军列阵营前。堡贼倚墙开放排枪，拼死抗拒。王洪堡贼骑二百余飞驰来援。余虎恩、双寿等率所部跃马截击，阵斩骑贼七八十名，夺马四十二匹，余贼败遁。午后，垒卡成，贼之倚墙列队者益密。官军以开花大炮连番轰击，悍贼伤亡已多，逆目金大川中炮立毙。惟寨墙坚厚，仅轰坍上截一段，而堡外濠堑深阔，未可飞越。急令囊沙缚草为填濠之备，各营将士分伏濠外伺之。二鼓，堡贼穴后墙拼死出窜。官军齐起截击，枪轰矛刺，塞满重堑。其得脱者，马队复截之洋麻湖边。官军入堡纵火，未出之贼亦皆赴火自焚。计轰毙、杀毙、焚毙、溺毙之贼约共千数百名，妇孺丁壮之乞命幸免者，不过百余而已。

总计各战破堡寨十余，毙贼近六千名，夺获骡马数百匹，枪械无数。官军阵亡者一百五十余名，受伤者五百八十余名。此八月二十四日至十月初五日，刘锦棠等马步各军剿败陕甘逆回，连克坚堡，迭获大胜，歼除逆目多名，首逆被创之实在情形也。

中路各军，自八月二十三日徐占彪攻拔洪乐堡前两小寨、移营填扎后，二十五日，复率所部后路各营，移前筑垒。陕甘各回乘我筑垒未成，率众来扑。徐文秀俟其近前，督总兵萧宝林、副将彭清和、游击陈缔高，率枪炮队连环轰击，毙悍贼二三名，贼众败却。徐占彪带队横出截击，复毙贼百余，贼仍遁入金积堡。马化漋以刘锦棠不允其抚，二十四日复遣逆弟马玉漋、普洱阿浑诣黄鼎营乞抚。黄鼎谕陕回尽缴马械，甘回先将马家堡、洪乐堡献出再议。该逆不报。

二十六夜，黄鼎令徐占彪、黄有忠、总兵黄虎臣、赵兴隆等，袭米姑寺贼堡。二更后，抢入贼卡，杀贼数十。堡贼惊觉，枪炮齐轰，弁丁伤亡十余名。乃就卡筑垒逼之。

二十八日，徐文秀派副将郑守南，袭秦坝关附近小垒，郑守南炮伤右足，弁丁伤亡三十余名。

二十九日，马化漋等复诣营，称请献米姑寺两堡及洪乐堡。雷正绾、黄鼎、徐文秀会商，洪乐堡逼近金积，地势散漫，马家、丁家、谭家十数堡环之，官军势难分布，该逆之不并献马家堡而专献洪乐堡者，意图给官军共聚洪乐，便其抄围隔截，俾长围不能速合也，姑漫应之。即夜函商刘锦棠、金运昌，出队东南以缀陕回。

雷正绾、黄鼎于九月初二日率徐占彪、阎定邦、萧宝林移营前进。适刘锦棠、金运昌力攻陕回获捷，遂乘势移据洪乐堡。越日，晤商刘锦棠，定合围之策。

初五日，黄鼎派黄有忠、陈攀仙两营，雷正绾派李广珠一营，移扎金积堡西南半里间，令徐占彪、朱兰亭向前列队，护其筑垒。已刻，陕甘各逆回马步万余来扑。徐占彪、朱兰亭督队迎击，雷正绾、黄鼎、徐文秀飞饬所部，分途策应，毙悍贼二百余名，阵斩伪元帅邹麻子，贼为夺气。乘胜追至金积外濠。堡上枪炮如雨，官军阵亡者三十余名，带伤者百余名，朱兰亭右膀中子伤，副将张友德、参将王宗谱中枪殒命。徐占彪传令收队。该逆复乘势出扑。黄鼎飞调李吉安、冷玉超率队御之，雷正绾、徐文秀调队策应，刘锦棠、金运昌复从后抄击，贼遂大败。各军奋威冲杀，毙贼五六百名，追至金积外濠，始行收队。雷正绾、黄鼎急督各营，掘濠修垒，然丁家、马家、谭家等十一堡未克，不能与金运昌合西北之围。

初七夜，雷正绾饬提督阎定邦、千总胡起云潜师袭之，兵分三支，各攻一堡，堡后各备木梯，约堡前枪炮声紧，堡后即竖梯齐上。三鼓，阎定邦等各督所部分赴堡前，排开枪炮，喷筒、火箭齐施，堡中各贼均向堡前抵拒，不意官军已由堡后抢入，杀声突起，生擒甘回头目丁玉贵、丁玉洪，毙贼四五百名，丁家三堡平，余逆悉奔马家堡。其附近之廖家三堡，亦弃堡而遁。阵亡哨官一员，伤亡弁丁十余名。初九日，围攻谭家堡未克，伤亡帮办哨官六员、弁丁二百余名。雷正绾、黄鼎、徐文秀愤甚，冒险督队，猱腾而上，短兵相接，毙贼二百余名。余贼犹奔聚一隅，拼死抵格。血战一时，始将堡贼五六百名歼除净尽，生擒甘回头目严鼎均、严洪发、庄红等三名，斩之。时已薄暮，雷正绾、黄鼎、徐文秀令军士传餐少憩，接攻马家等堡。各堡贼见官军近逼，知势不敌，弃堡而奔。官军追斩二百余名。惟马家堡贼稳踞如故。雷正绾、黄鼎、徐文秀督队环攻。是时大风卷地，军士顺风施放火器，堡内房屋柴草均被延烧，人声鼎沸，官军四面缘梯而上，贼溃围纷窜。官军内搜外剿，毙贼约七八百名。自是金积西南一带大小堡寨百余所乃一律铲除，长围可合矣。

十二日，徐文秀、徐占彪复移营进逼金积堡西门，雷正绾、黄鼎派队护修营垒。午刻，金积堡贼倾巢出扑，堡上老幼妇女无数，齐声助势，呼号震地。徐文秀、徐占彪等一面掘濠修垒，一面派队迎击，各军互相策应，毙贼数百，贼败归巢。

十三日，徐文秀复进前添筑一营，并击退出扑之贼。是夜四鼓后，陕回数千径扑新筑营垒，徐文秀率所部力战却之，毙贼数百名。黄鼎派队会追，行抵米姑寺河边，该逆正在抢渡，官军从后掩杀，计淹毙、杀毙数百名，夺获骡马千余匹，生擒百余名。接攻秦坝关堡及下关寨，一鼓克之，毙悍贼二百余名。另股逆回乘夜由后路后营蜀军新左营中空濠垒未接之地冲出，向汉伯堡遁走，经刘锦棠迭次截剿，毙贼数百名。据擒贼供，首逆余彦禄于窜出时受枪子伤，自左腮下穿入右耳旁透出，旋昇赴王洪堡，气已将绝。黄鼎获贼讯供，亦称余彦禄伤重垂毙。

臣处所遣侦探回民郭黑狗儿则云，亲见余彦禄受伤甚重，所指受伤处所亦同，似此贼当已伏诛矣。回逆窜至汉伯堡，败后又分起窜逸，一由水沟北窜河西，一由汉伯南窜罗山、预望城一带，经驻半角城记名提督周绍濂、驻固原之署平庆泾道魏光焘截剿。臣复饬已革山西臬司陈湜，带马步五营出固原，提督杨世俊带所部马步四营、道员李耀南出巉口，截其窜河州之路，另片陈明，以清眉目。

统计雷正绾、黄鼎、徐文秀各军，自八月二十五日起，九月十八日止，攻克堡寨关卡二十余所，擒斩悍目多名，杀毙、轰毙、焚毙、溺毙及生擒逆贼约三千余名，获骡马千余头，军械无算。此中路各军剿败陕甘逆回，连克堡寨，迭获大胜，歼毙逆目实在情形也。

臣维金积堡城周九里有奇，东自吴忠以至灵州，堡寨共四百五十余所，现仅存王洪、杨明两堡。西自洪乐、老马家堡以至峡口、张恩堡，堡寨关卡共一百二十余所，现仅存大河、中洲、马家滩四堡，余皆一律扫除。刘锦棠一军自金积东面扎至南面，金运昌一军扎北面，距逆堡半里许或一里，西北徐文秀、正西黄鼎、西南雷正绾，延扎营垒，距贼堡一二里或三里，北与金运昌接，南与刘锦棠接。掘濠两道，一御金积堡内窜出之贼，一备金积堡外来援之贼。濠深不及一丈，以其地滨河，为自古积淤所成，平地掘三尺则见水，不能深也。现于墙上垒土为堤，合高深计之，共二丈余，濠阔三丈，匀拨各营昼夜防守，正隅各面一律分布锁围，已成飞走绝迹。

贼中渠魁马化漋已被重创，穆生花已于七月二十七日染时疫伏冥诛，贼势衰蹙可想。惟金积堡高近四丈，堡身厚约三丈许。堡中有堡，为首逆老巢，贼呼为王城，其高厚亦如之。中间墙壁纵横，以大城包小城式为之。渠水环复，尺寸皆坚。马化漋从前诈降后，一意筑掘，广储枪炮，增险负固，蓄谋已久，地势之难攻如此。自乾隆四十九年马明心、苏四十三以新教煽乱伏诛后，根株未净，萌蘖潜滋，至马化漋而复炽。灵州士民且谓马化漋即苏四十三之遗孽，其详固不得而知，然其教轻生好胜，凶狡忍鸷，较回中老教为尤甚。此次官军逼近，马化漋尚有乞抚之说，其党族则一心作贼，并不求生。堡寨将破时，先刃其家属或掷诸水火，乃解衣格斗，死而后已。其坚悍如此！贼中子药尚多，每攻一堡，将目多有伤亡。

贼中乏粮者虽三分有一，而马化漋之族积年所储，犹支数月。攻坚历无善策，地道既以土薄水浅，不能成功，开花炮弹即测准施放，炸裂之后，铁片质轻，又多为墙壁隔阂，势难透远。臣所购西洋普鲁社即布洛斯之义耳炮，军中所称后膛开花螺丝大炮者也。其力大有准，为中外所仅见。近日攻克各堡多得其力，贼胆之寒亦在乎此。然已用过七百余子，正饬匠作加工速制，计每月不过成三百余颗，不足以供急需。且堡城系泥土所筑，非砖石垒砌而成，屋顶皆平，而四角微低，傅泥土极厚，炮子落街上穿墙，则开花后多所轰毙，若坠屋顶而已开花，则铁片直下无力，或随势溜落，不能奏功。以之横攻堡墙，则墙厚三丈，炮子不能穿透，在土中开裂，亦不能彻底掀翻。故攻坚虽群推此器，而用之不能曲尽其妙，亦贼之堡屋有以限之。此地道不能开、炸炮不能破之实在情形也。

臣原拟攻克峡口，即可放秦渠以淹金积，放汉渠以淹各堡。乃峡口甫得，而湘军已破金积东关，移营驻之。若图开放渠水，则必令湘军预为迁避乃可。无论兵事有进无退，万无令其迁避之理，设令其迁避引水，苟迟久无成，臣将何词以自解！湘军既进逼东关，则峡口两渠且宜闭塞来源，以期安心攻剿。而攻坚必损壮士，现在各堡寨虽已扫除殆尽，而各军将士伤亡实已不少。前奉谕旨，仰窥圣意，以用饷多而程功缓，无以上对朝廷。臣比宣示诸统将，冀各发天良，俾得迅速奏功，稍宽咎责。而察看近时，每战必捷，而伤亡更多。臣若再为峻督，恐或冒昧图功，转致偾事，大局深为不便。合无仰恳皇上天恩，稍宽时日，冀可从容就绪，以慰慈廑。锁围已成，贼已坐困,其间必有机可乘,有懈可击,精诚所至,金石为开,众志协和,何坚不克! 敢有拥兵观望,攻剿不力,致失机宜者,无论统领、营官,臣当据实奏劾,按军法治罪。如臣敢含糊徇饰,颠倒是非,并请皇上明正臣罪,以为不忠者戒。

所有各战阵亡之记名总兵萧荣发、张祥源、陈福堂,总兵衔副将李存孝、罗道德,补用副将余万喜、张友德、副将衔参将曾保元、沈涟清,参将王宗谱,参将衔游击侯华山、游击衔都司许敬德、游击杨奠山、都司苏兆云、张占魁、都司衔守备杨俊南、守备高先玉、袁世清、洪玉兴、龙应祥、罗胜贵、周启明、千总彭树森、李显云、把总王义春、蒋贵良、袁重伦、张学珠、外委岳学顺、徐得功、军功刘正新、汪耀龙、滕家元、刘焕春,均系冲锋陷阵,血战捐躯,应恳天恩,饬部从优议给恤典,以励军心。

谨据实披沥上陈,伏乞皇太后、皇上圣鉴训示施行。谨奏。

军机大臣奉旨:另有旨。钦此。①

03. 左宗棠奏请赏给刘锦棠父母封典片

同治九年十月二十五日(1870年11月12日)

再,接统老湘全军三品卿衔布政使衔即选道法福凌阿巴图鲁刘锦棠,向在老湘军总理营务,随同刘松山转战数省,卓著战功。本年正月,刘松山阵亡,奉旨赏加刘锦棠三品卿衔,统其军。该员调度一切,悉中机宜。每遇战事,必身先士卒。计自二月进兵以来,连破贼垒、卡寨数百座,诛王洪、杨明等首要各逆多名,擒斩以数万计。虽由将士用命,戮力同心,亦刘锦棠忠勇奋发、克承刘松山之志也。

现在金积锁围已成,刘锦棠督军环逼,誓洗坚巢,亟应先为吁请恩施,以示优异。合无仰恳赏给刘锦棠父母正二品封典,俾诸军咸知朝廷廑念戎行,恩加不次,益奋勉以立功名,实于军务大有裨益。

谨附片具陈,伏乞圣鉴训示施行。谨奏。

同治九年闰十月二十五日,奉朱批:另有旨。钦此。②

---

①《左宗棠全集·奏稿四》,第386—397页。
②中国第一历史档案馆藏:《朱批原件》,档案编号:04—01—16—0322—221。又台北故宫博物院藏:《军机及宫中档》,文献编号:104275。

04. 奏报刘锦棠攻剿大捷并请奖出力员弁折
同治十一年十一月初九日（1872年12月9日）

钦差大臣陕甘总督一等恪靖伯臣左宗棠、钦命西宁办事大臣臣豫师跪奏，为详陈西宁剿匪捷状，并续获大捷，攻破小峡口坚垒数十座，径薄西宁府城，立解重围，现筹办理情形，恭折驰陈，伏祈圣鉴事。

窃照统领湘军道员刘锦棠八月二十四日至九月初四日，西宁剿匪获胜，并初六日踏破观音堂贼垒，大略情形已于九月十九日附片具陈，并声明详细情形容俟续报。八月二十四日，马步贼数千，分为二股，一循山而下，直扑西营子都司李双梁防营，一出彦才沟，阻截前路各营。刘锦棠率游击熊隆名、都司董福祥、副将陈宗蕃，分道往击，遥见扑营之贼五六百，而山谷沟坎伏贼甚多。刘锦棠麾军急进，李双梁亦出垒夹攻，先将扑营之贼击败。原上之贼预砌炮台，凭高下击。提督谭和义、苏大德、罗照升、陈启明，副将陶鼎金各率马步，由平戎驿驰至。贼之出彦才沟者，知势不敌，缩退沟内。熊隆名乘势压迫，谭和义等鼓锐登山，立歼悍贼多名，贼乃大溃，逐北越岭，毙贼百余名。是夜，马步队分伏彦才沟口，俟贼出，击之。贼知有伏不出。

二十五日，羊角湾贼数千列队小峡口各山头，千余贼由三十里铺扑提督谭上连营垒。提督何作霖、余虎恩出队援之。谭上连亦凭垒力击，炮石雨注，贼负创遁。刘锦棠闻报，密调后路马步，合扎三十里铺，各营并于营边修砌炮台，安放后膛开花车轮大炮以待。

二十六日，贼匪不出，而湟北陕回营内骡马千余，出垒放草。副将邓增以车轮大炮测准，向人马聚处轰之，连开三十余炮，炮子半飞入贼垒，半落人马丛中。贼弃垒越山而逃。是夜，湟北收尸之贼，纷呶彻旦，毙贼盖不知其数也。

二十七日，各营仍依山设伏。午间，贼由山顶迤逦而下，熊隆名以马队诱之，贼见队少，拥扑而下。邓增仍连放大炮，何作霖等分队击之，贼大溃。追近贼卡而返。旋据西营防营李双梁报称：是日马步贼千余扑近营垒，李双梁凭墙力御，有悍贼挥大刀径扑营壕，为官军洋枪击倒，群贼以矛杆舁之而逸。复获生贼，询之，盖即白彦虎也。

二十八日，各营仍于三十里铺设伏，贼仅以数百人散匿山谷，官军亦以零队击之，贼遁。刘锦棠以羊角湾之贼知我有备，料不复出，而高疆沟紧逼平戎，为白彦虎、毕大才之党所据，倚观音堂、红水泉为固，必诱出剿之。遂抽队夜抵彦才沟口。

二十九日，见马贼百余驰骋沟中，大股继出。陈宗蕃佯作败状，诱其深入，贼噪而前，伏队四起，贼骇而奔。追杀十余里，贼尸枕籍。遥见骆驼堡贼卡十余座，刘锦棠挥军紧追，贼不及入卡，守卡者亦相随狂窜。时已黄昏，即就贼垒分军驻之。

凌晨，检视贼尸，计五百余具，刀矛枪炮，则拾不胜拾矣。生擒土回领队马仲供称：白彦虎二十七日出队，为炮子洞穿左乳。又西宁首逆马桂源之弟马真源亦为炮子洞穿右肋，撒拉回目多拜为官军擒斩。此八月二十四日至九月初四日以前剿贼连获大胜之实在情形也。

该逆垒迭经痛剿，仍恃众稳抗，并分股绕出沙沟一带，伺劫粮运。时督带绥定营候补直隶州知州龙锡庆驻大峡口，初五日，率所部三百人寻探贼踪，甫抵郭尔堡，即遇逆股四五百，蜂拥接战。龙锡庆击败之，追抵沙沟，乘胜破贼垒一座，守贼歼焉，余三座惊窜。官军入堡传餐，忽有大股骤至，逼堡环攻。龙锡庆力守达曙，亡伤弁丁七十余人，仍整队旋营。参将禹士立督战不力，龙锡庆斩之军前以徇。

刘锦棠闻龙锡庆深入被围，初六日黎明，飞调马步向观音堂沟赴援，入沟十里许，道旁有贼堡七座，马队先至，堡贼纷纷出拒，比步队至，奋威冲杀，贼弃巢奔，立焚其巢，蹑追八九里。大堡中出马步贼千余，另股由两山旁抄出。刘锦棠分军力战三时之久，贼均败溃。适龙锡庆亦已旋营，遂收队还。

初八日，小峡之贼以大股出扑营垒，另股由左面山沟抄出。刘锦棠饬谭上连等列队垒前，饬邓增以大炮向击，贼哗溃，不复成列。马步跟踪驰追，山沟之贼，从旁冲出。陶鼎金等下马，持矛攒刺。何作霖等分路抄之，贼不能支，追越山巅，毙贼三四百名。

初九日，贼大股趋北岸，邓增以大炮击散。其南岸贼千余排列山顶，各营以枪炮仰击，旋亦败遁。

初十日，副将谭慎典率亲军马队赴碾伯迎粮，过平戎驿，忽马贼二百余拥至。谭慎典分其队之半护粮，一半接仗，行近高店堡，都司张俊从堡中跃出，贼纷窜。

十二、三两日，刘锦棠抽队赴平戎驿修桥，并渡湟至红崖子沟筑垒，以通威远堡粮路。威远之马圈口、班家湾等处时有回逆出扰，迭经统带靖西三营提督西宁镇总兵黄武贤搜剿，颇有斩馘。

十四日，平戎桥工将竣，有百余马贼从观音堂沟、彦才沟鼓噪而来。刘锦棠、陈启明、陶鼎金率马队冲击。南山复有大股贼至，绵亘二十里。陈启明等以众寡悬绝收队，凭垒施放枪炮。刘锦棠飞令各军渡湟而南，贼趁官军半渡，四面猛扑，适谭和义、苏大德齐至，士卒直前奋击，毙贼多名。熊隆名、董福祥时在马营湾，闻平戎驿炮声甚紧，疾驰而来。提督席大成、尹兴茂等亦至，张两翼分抄。罗照升、陈启明等乘机猛进，贼大败。官军合围兜追，斩馘二百余名，生擒十名。十五日夜，贼乘雪于李双梁营垒西三里山巅联筑七卡，大股纷扎，隔截前敌各营。

十六日，刘锦棠前往察看。马贼扰至平戎驿，步贼排列护卡，约近万人。刘锦棠饬李双梁坚守勿出，飞率各营渡桥直上。马贼向前抗拒，官军枪炮齐发，立毙多人。官军猛追抵马营湾对岸，刘锦棠令苏大德等筑垒，罗照升等列队以待。贼忽大至，驰下平川。适何作霖、席大成、尹兴茂等驰至，邓增亦护大炮前来，连开数炮，贼稍却去。军分左右力战，歼馘无数。贼缩退垒中，官军逼攻，垒中炮石纷飞，官军伤亡不少。刘锦棠令勿撤队。是夜风雪严寒，裂肤刺骨，军士露立贼垒之外，无一懈者。

十七日黎明，刘锦棠由北岸乱流而渡，令邓增向山顶轰三十余炮，毙贼甚多，大股走匿山凹。刘锦棠以坚垒骤难荡平，乃整旅折赴马营湾河滩上，下令董福祥连夜添造木桥。

二十日，抽拨三营，渡湟筑垒，令谭上连、何作霖等分扼湟南北，以扼贼冲。部署甫定，贼果率大股下山，意图阻官军工作。何作霖等分途荡决，毙贼数十名，贼败上山梁。少顷，复率数百骑，由北岸山沟冲近河边。刘锦棠饬各军迎剿，一面令邓增以大炮隔河轰之，贼大败而逸。陶鼎金等飞马截之，斩馘多名，生擒一名。

二十二、三两日，贼时以零骑分扰南北，而于红庄子对岸联扎数垒，盖防官军由北岸进攻也。刘锦棠佯若不知，日夜督修桥垒，并于桥两旁筑炮台护之。

二十四、五、六等日，陆续派队往碾伯接粮，并增修卡垒。零贼时出阻扰，多被擒斩。

二十八日五鼓，大股扑近新修之卡，白彦虎、毕大才之党，约土回由马营湾山下平川渡湟，两股将合约七八千人。刘锦棠分军渡湟猛扑之，贼惶惧缩退，其凫水不及者，董福祥等悉斩之。贼回扑席大成营垒，董福祥等由左路驰至夹击，贼仍败遁湟南。贼见北岸贼败，渡水来援。尹兴茂等折回夹击，贼翻山而窜。是日步贼千余至小峡，分股伏沟中，舁大铁炮，攻何作霖之营，炮子坠入垒中者，约重二斤余。何作霖率队从垒墙跃出，击散贼众，并夺其炮。

二十九日，刘锦棠令于北岸山上修筑一营。

十月初一日，又于新营西五六里增修一营，为进逼计。两日有马步贼来扰，均击败。

初二日，小峡口贼千余来扑营垒，谭上连等击斩数十，生擒三名。讯据供称，是日陕回往北川，攻民寨掠食。刘锦棠令各营分左右卷旗疾趋，夺高寨之险。高寨前一小卡，守贼数十人，见官军突至，弃卡逃入高寨。高寨守贼约三千余，列械出拒。官军马步齐进，锐不可当。忽隔河开花大炮子飞坠贼丛中，贼益恂惧，蓦山滚涧而逃。官军欢噪乘之，刀斫矛刺，贼尸枕籍。高寨一带十余卡垒，一气踏平。比小峡大队马贼来援，亦经邓增以大炮击退，擒斩二百余，夺获马械极多。据擒贼赵起太于积尸中指认回目苏九和一名，并供此股陕回最多。是夜，官军即扎于此，增修一垒。

初三日，臣宗棠所调前往助剿之提督刘明灯，及副将滕春山等至高寨，与刘锦棠晤商。刘明灯所部马步六营从七里铺延扎至彦才沟，替出刘锦棠所部左右翼两营及绥定两营，以便滚移进取。又增修三垒。贼见官军连日于高寨增垒，意南岸必虚。

初五日，大股由小峡出扑官军，迄未得逞。官军亦未穷追。是夜，又于八旗垒左山头增修一卡，阻贼包抄之路。

初六日，又于四旗垒西增修两卡。

初七日，贼大股围扑新修之卡。官军以连夜未眠，仅以枪石、火箭火蛋御之。贼见官军不出，各持马刀，纷入濠沟，何作霖、谭上连等分两路挺矛直出，立斩悍贼三十余名，贼稍退。适邓增运大炮至，对路狭贼多处，连发十余炮，贼乃败溃。

初八日，分军扼小峡正路及西南两路，另派队上山增修一卡。贼纷至，官军击却之。一股凶悍异常，愈击愈进。何作霖愤甚，大呼陷阵，纵军冲杀，纵横荡决。贼不能支，始纷纷败溃。

初九日黎明，贼大股由三十里铺窜至，官军按队不动，俟贼渐逼营前，乃分左右出击。贼屡却屡前，官军奋威冲杀，立斩悍贼二十余名，乘势压剿，斩馘遂多。此九月初五日至十月初九滚营进逼、连获大捷、攻克各要隘之实在情形也。

刘锦棠以南岸难攻，遂于是夜潜师，夜起改率各营，由马营湾过桥，至高寨会袭小峡贼垒，分前、左、右三路，衔枚驰近北岸贼垒，贼始警觉。官军已蜂拥而上，次第夺山麓三垒，拔帜立帜。正追逐间，忽小峡内尘沙蔽日，贼约万人，由山头及中路奔来。官军整队迎击，殪贼数十。左翼一营列队左山巅，贼力争此地，自辰至申，血战不少却。谭和义等皆身被数创，仍裹创立战，大呼突阵，贼皆辟易，纷纷败退。是日，湟南一股，扑近官营，并以枪横击湟北官军，经何作霖等击毙多名。是夜，刘锦棠令各营急运砖石，增修废垒，并于山头添修一垒扼之。

十一日，贼于对山亦筑数垒。

十二日，侦贼大股匿峡中，守垒之贼坚壁不出。刘锦棠悬重赏挑选壮士，攻南山各卡。其北山四垒，分各军攻其三。刘锦棠亲率各营随后策应。夜近贼垒，乘贼未觉，火器纷飞，着处即燃，贼惊起拒战，而壮士已从壕中跃起，以肩为梯，攀垒腾上矣。须臾，三垒均破，南山贼卡亦同时攻克，各卡垒贼约近千人，无漏逸者。官军即夜分填所夺三垒驻之。

十三日，贼大股来犯，刘锦棠饬三垒各以一营守垒，余列长阵护之。罗照升、陈宗蕃、李双梁等率所部奋击，毙贼多名，立将所破贼垒，修筑完好，护粮入垒，并接修运炮车大道。

十七日，署西宁道郭襄之遣人缒城来告，被围两月，城中粮食将尽。十四夜五鼓，贼乘梯袭城，虽经击退，然势甚危迫，乞速应援。适马桂源禀请：官军暂退碾伯，即诚心就抚。又撒拉八工回目昂员奴勒等亦具禀，代西宁土回乞抚。刘锦棠知其意在缓兵。

十八日黎明，饬余虎恩、席大成护五十里铺各垒，自率各营，护大炮上北岸山顶。正在分拨之际，贼忽分三股，一由小峡口南山，一由马营湾下，径犯官营，妄意乘南岸之虚。其大股则向北山急进。刘锦棠以南岸各卡修缮完固，力足制贼，令邓增测准北山贼垒，开大炮轰击，令谭和义护之。一面分饬两路攻左右贼垒，一路击正中大股，一路策应。两时发大炮子六十余,贼三垒墙垣皆坍,避匿沟中。刘锦棠麾各路猛进,阵斩悍贼二三百名。贼大溃,官军蹑踪紧追,连破北山西面卡垒十余座,乘胜压下山梁,贼弃山麓各垒而逃。一由湟北窜颜家口,一凫水渡湟南。当将峡内羊角湾、罗家湾、二十里铺、十里铺一带卡垒悉数踏平。其南岸之贼,见官军自北面南,截其归路,窜走南山之南。余虎恩、席大成追之,破其山上卡垒十余座,越山至羊角湾会队。其窜颜家口一带者,见董福祥、罗照升等引军突至,均弃寨向西宁而逃。薄暮,刘锦棠饬各营归队,分扎两岸贼垒,一面整修濠墙,防贼回扑。夜分,贼数千复拼命来犯。官军结队冲击,贼尸遍野,仍即败遁。

十九日黎明,瞭见西宁附城各庄寨火起,刘锦棠飞调马步迅进,比抵东关,逆首马本源、马桂源等已同各土回头目于先夕三鼓,各挈逆眷,向东川窜走。殿后马贼数百,被陶生林等追击四散,向南川而遁。计连日毙贼约共三四千人,马骡、军械遗弃满路。署西宁道郭襄之、西宁知县恩禄率城内难民男妇老弱三万余名,望尘迎拜,喜极而涕。刘锦棠宣布皇仁,逐加抚谕,令其照常防守。其城外老弱回民约千余口,吁乞曲贷生命,亦令免死安插,并谕土回被裹者,准其归候安插。此十月初十至二十日攻破小峡要隘、力解西宁府城重围之实在情形也。

臣维碾伯赴西宁距县七里,渡湟水西南达府城,两山对峙,湟水中流,古所称湟中者也。由大峡口抵小峡口数十里,高峰危耸,中通一径,岸路仅宽数尺,兵马能鱼贯,不能雁行。南北沟岔纷歧,贼踪出没其间,排叉子枪平地施放,命中较易。此次叛逆马本源、马桂源兄弟先请官军驱逐陕回。迨官军甫进大峡,忽嗾陕回助逆,拼死抗拒,又纠五工、八工撒拉回众,合势抗拒,地险贼众,又皆著名凶狡。刘锦棠孤军深入,以马步十八营,分扎八十余里,贼时于山凹中出队阻截运道,围扑各营,声气间隔,时须调拨救援。前后计两月有余,大小五十余战。幸赖朝廷威福,无战不捷,得以扫除积年凶慝,挈湟中境土,仍隶职方。此固非臣等所能逆料也。

至边地苦寒,大小峡一带山谷盘亘,日月蔽亏,冰凌凝结最早。计五十余战中,半皆夜不收队,露立雪窖中,击柝之声与号寒之声相杂,而军士无一怨者,非平时训练有方,奚以致此!现据刘锦棠禀报:马本源、马桂源带同各土回目,挈眷逃入撒拉,盖该逆本循化厅人,与撒拉同乡井,撒拉素所昵就者也。臣已饬按察使陈湜、河州镇沈玉,遂督同河州抚回马占鳌图之。

据报该逆已抵巴燕戎格矣。大抵回情最忌缚献阿訇,总须其自投罗网耳。至陕回已焚弃所踞大小南川巢穴,扬言直奔甘州,嗣仍踞西川未动,意或求抚,亦未可知。臣宗棠前调提督吴隆海率果军,降补参将杨世俊率奇捷马步等营,合马队三营、步队八营,随同刘锦棠进剿。比抵碾伯,则小峡口业已攻克,刘锦棠兵撤西宁矣。现正搜除余匪,分别剿抚,以靖地方。

所有此次最为出力员弁,合无仰恳天恩,加以鼓励。赏穿黄马褂三品卿衔布政使衔即选道云骑尉世职法福凌阿巴图鲁刘锦棠,敏锐善战,谋勇兼优,耐苦耐劳,为一时统帅之最,臣等不敢妄拟保叙,应如何加恩之处,出自圣裁。

……

同治十一年十一月二十日,军机大臣奉旨:另有旨。钦此。①

【案】此折于同治十一年十一月二十日得允行:

谕军机大臣等:左宗棠、豫师奏,西宁解围,现筹办理情形一折。西宁被围日久,此次刘锦棠督军深入,立解城围,并分别安插难民降众,办理甚妥。该处久为贼扰,民不聊生,一切善后事宜,即着豫师会商左宗棠,悉心布置,毋令失所。回族结党甚固,丑类繁多,仍恐有不逞之徒暗中勾结,别滋事端,亟应将伏莽一律扫除,毋贻后患,并着左宗棠、豫师随时加意防范,以期绥靖地方。至叛逆马本源等带同土匪,挈眷逃遁,已抵巴燕戎格,岂可任其远扬!仍当设法按名弋获,明正典刑,以示惩儆。陕回是否仍踞西川,如其逃向甘州,左宗棠当饬令各军跟踪追剿,并檄甘凉各队迎头兜击,就地歼除,毋听其乞抚缓师,致堕贼计。将此由六百里各谕令知之。②

05. 左宗棠奏委刘锦棠署理西宁道片

同治十三年九月(1874年10月10日—11月8日)

再,西宁道郭襄之现准部咨,行令赴部引见,自应委员接替,以便该道

---

①中国第一历史档案馆藏:《军机录副》,档案编号:03—4679—076。又吴丰培编:《豫师青海秦稿》,青海人民出版社,1981年。刘锦棠以下保奏名单从略。
②《穆宗毅皇帝实录(七)》,卷三百四十五,同治十一年十一月下,第543—544页。

迅速起程。臣查有统领老湘马步全军即选道刘锦棠，十一年力解西宁重围，收抚降卒，迁徙客回，分别安插本地汉回，办理善后一切事宜，均极妥协，驻军已久，情形尤为熟悉，堪以委令接署，以期周妥。

除给委并行司知照外，谨附片陈明，伏乞圣鉴训示。谨奏。

同治十三年十月初二日，奉朱批：知道了。钦此。①

06. 奏报刘锦棠调补西宁道篆缘由缺

光绪元年十月十五日（1875年11月12日）

钦差大臣大学士督办新疆军务陕甘总督一等恪靖伯加一等轻车都尉臣左宗棠跪奏，为遴员请补西宁道缺，以惬舆情，恭折仰祈圣鉴事。

窃臣于光绪元年八月初六日准吏部咨会：西宁道郭襄之赴部引见，复因病未痊，禀由直隶督臣李鸿章奏请开缺，并声明将来病痊，尚堪起用等因。光绪元年七月初四日，军机大臣奉旨：郭襄之着准其开缺。钦此。由部开单咨行查照序补前来。

臣维西宁道原系请旨简放之缺，前经署督臣沈兆霖奏请，将西宁道、府二缺比照省会首府之例，由外调补，经部议准咨复在案。兹郭襄之因病开缺，随照部咨，于通省实缺人员内逐加遴选，非现居要职，即人地未宜。查西宁地处边徼，从前回汉纷争扰攘多年，几至不可收拾。同治十一年，臣派总统老湘军布政使衔三品卿衔候选道法福灵阿巴图鲁刘锦棠督兵赴湟，攻破大小硖坚垒，力解西宁城围，克复大通县城，收抚降卒，迁徙客回，分别安插本地汉回，剿抚兼施，恩威并用。嗣经奏署西宁道缺，筹办善后一切，条理裕如，全湟深资保障，成效业有可睹。现饬交卸篆务，部署出关。阖属士民纷恳留任，舆情爱戴，实出忠诚。

查刘锦棠战功、才识，卓越寻常，经臣于剿办河州叛回闵殿臣事竣案内奏请破格录用，奉旨交军机处记名，兹仍请补西宁道缺，实因边防民望所系，未敢壅不上闻。如蒙俞允，刘锦棠虽随征出塞而兼署，人员谨遵旧政，可免纷更，地方士民知实任如常，自更日臻绥谧。

---

① 台北故宫博物院藏：《军机及宫中档》，文献编号：117231。又中国第一历史档案馆藏：《朱批原件》，档案编号：04—01—17—0114—074。

是否有当？伏乞皇太后、皇上圣鉴训示施行。谨奏。十月十五日。
光绪元年十一月初八日,军机大臣奉旨:另有旨。钦此。①

【案】《上谕档》:

光绪元年十一月初八日,上谕:左宗棠奏请以刘锦棠补授西宁道缺一折。甘肃西宁道员缺着刘锦棠调补,所遗甘凉道员缺着铁珊补授。钦此。②

07. 奏报刘锦棠等攻克达阪等城折

光绪三年四月二十五日(1877年6月6日)

钦差大臣大学士督办新疆军务陕甘总督一等恪靖伯加一等轻车都尉臣左宗棠跪奏,为官军进规南路,攻克达阪城,夷回擒斩无遗,连克托克逊坚巢,逆竖狂窜,并分兵会克吐鲁番满、汉两城详细情形,请旨奖叙,以励军心,恭折驰陈,仰祈圣鉴事。

窃官军会克吐鲁番两城大概情形,已于三月二十九日专折驰陈。惟时刘锦棠攻克达阪城、托克逊捷报,由乌垣、古城驿站递肃,较由吐鲁番取道哈密递肃远逾千余里,未能速到。

兹据三品卿衔布政使衔西宁道骑都尉世职法福灵阿巴图鲁刘锦棠三月十三日由达阪城驰报:三月初一日,亲率马步各营旗及开花炮队由乌鲁木齐逾岭而南。初三日,抵柴窝铺,派队修垒,留营驻扎。侦知达阪踞贼坚守如故,遂于是日黄昏派陕安镇总兵余虎恩,提督陶生林、黄万鹏,参将崔伟、毕大才、禹益长、禹中海,游击李金良、夏辛酉各率马队,汉中镇总兵谭上连,提督戴宏胜、陈广发、谭和义各率步队,于是夜初鼓衔枚疾走,乘贼不觉,径趋达阪,期以五鼓会集城下,立合锁围,杜贼窜逸。夜间,我军前进中途,斩贼探十骑。近城十余里,又擒两贼,一安集延兵,一本地缠头回,讯供达阪城之贼尚谓官军在红庙未来也。近城一派草湖,淤泥深及马腹,盖贼新引湖水图阻官军者。余虎恩、陶生林、夏辛酉率马队掠过深淖,列城左山冈。谭上连、谭和义、戴宏胜、陈广发率步队列城后山阿。黄万鹏、崔伟、毕

---

①中国第一历史档案馆藏:《军机录副》,档案编号:03—5101—021。
②中国第一历史档案馆编:《光绪朝上谕档》,第一册,第342页。

大才、马正国等各以马队与余虎恩马队联接成阵。禹中海、禹益长、李金良等各以马队与谭和义联接成阵。天明雾收，贼在城头瞥见官军环列圆阵，匀布整齐，擎洋枪指击，并发开花大炮。我军伤亡十余人，屹立如故。自卯至午，城中枪炮不歇。刘锦棠策马周览城濠，诱贼出击。所至贼枪密注，子下如雨，从骑有伤者，刘锦棠坐骑亦中子立毙，易马而前。饬各营严防冲突，一面筑垒掘濠，以断援贼。初五日，宁夏镇总兵谭拔萃解开花大炮至，相地筑立炮台。探报山后有贼五六百骑来援，比饬陶生林等率马队迎头往剿。甫出隘口，与贼相遇，枪炮对施，贼殊猛扑。余虎恩令长矛手上前攒刺，立毙悍贼十余名。陶生林、夏辛酉率队左右包抄，贼骑却退，官军追逐五六里，擒斩颇多。忽前途骑贼千余纷驰而至，败余之贼遂窜入其群，一并狂奔而逸。讯据生贼供，先后两起骑贼均帕夏第二子海古拉嚓令来达阪探援者，不虞甫近达阪，即为官军击败。城中投出缠回报称，安夷盼援不到，官军锁围日逼，群议突围而走。刘锦棠传令严防，夜间列燧照耀，光如白昼。初六日，城东炮台成。是夜初鼓，炮台子墙成。刘锦棠令参将侯名贵、都司庄伟率弁丁护开花大炮三尊，测准安放。饬先轰贼中大炮台，次轰月城及城垛，三炮连环迭轰，勿任间断。逾时，城中炮台倾圮，城身及月城已轰坍数口。最后一子飞堕城中子药房，砉然一声，山摧地裂，大风骤起，火焰更张，引烧贼储药弹及所有开花子，砰訇震撼，贼中人马碎裂，遗骴堆积。城贼开东门结团窜走，东驰西突，经官军刀矛攒刺，卒不得出。刘锦棠传令贼中装束稍异者缚献有赏，于是大小头目悉至麾下，无一人一骑漏网者。总计是役炮毙、阵毙、焚毙之贼二千数百余名，生擒一千二百余名，夺获贼马八百余匹、精利枪炮军械一千四百余件，大开花铜炮一尊。官军阵亡员弁勇丁五十二员名，受伤者一百十六员名。此三月初七日攻克达阪城夷回悉数擒斩之详细情形也。

　　刘锦棠饬道员罗长祜等提讯生擒各贼，计安集延人二百十三名，南八城及吐鲁番、托克逊等处缠回八百六十五名，喀喇沙尔、土尔扈特种人六十九名，本地回民一百六十四名。内有安集延夷官大通哈一员，其名为爱伊德尔呼里。大通哈者，犹华言大总管也。又安集延胖色提六员，一爱什迈特，一宜牙子迈特，一毛喇阿迈特，一他亦尔呼罗，一爱里迈特，一迈买地里。胖色提者，犹华言营官也。又安集延玉子巴什三十六员，南八城玉子巴什二十二员。玉子巴什者，犹华言哨官也。其余夷职尚多，则华称管理、执事、什长之员。缠回与安集延语言相近，刘锦棠令缠回通事传话译供，得其崖略。据大通哈爱伊德尔呼里供，愿遣人报知帕夏，缚送逆回白彦虎，表归顺之诚，缴回南八城地方，再求恩宥。各胖色提同声代帕夏乞款。刘锦棠试令其归，向帕夏面陈一切。爱伊德尔呼里等坚称，情愿留军中候帕夏回音，以明心迹。刘锦棠许其各遣亲信数人，告知帕夏及海古拉，将大通哈等发交余虎恩，暂行羁押。将玉子巴什等解交留防乌鲁木齐提督汤秀斋看守。其就缚之南八城各回、土尔扈特种人及土回等，则均给以衣粮，纵令各归原部，候官军前进，或为内应，或导引各酋自拔来归。各贼目于丧胆之余，怀不杀之德，皆惊喜过望，踊跃欢呼而去。其前此潜赴乌垣求抚土回三百余名，给以牛种，令就达阪旧城水地耕垦栽植，俾复故业，料量甫毕。

十一日，潜师夜起。十二日辰刻，抵白杨河，派道员罗长祜，宁夏镇总兵谭拔萃，肃州镇总兵章洪胜，巴里坤镇总兵席大成，提督陶生林、谭和义、汤仁和，率马步六营，分由东南进吐鲁番。刘锦棠自率汉中镇总兵谭上连，提督黄万鹏、张沛、李隆宝、戴宏胜、陈广发、贺长发，总兵董福祥，副将胡登花，参将田九福、崔伟、毕大才、禹益长、马正国、禹中海，游击李金良等马步十四营，由西南进，直捣托克逊城。行九十里，未刻，抵小草湖。据托克逊缠回报：安酋闻达阪已失，大小头目无一幸脱，惊惧不已，急图逃窜。逆首白彦虎嗾其死党，四出抢掠人畜，焚烧村堡，裹胁缠回，随同奔窜。泣求大军速援。并称大军所遣免死回目驰归，宣布官军威德，回众无复疑惧，俱延颈以待官军。刘锦棠立饬将士传餐毕，马队先发，步队继之。晡后，齐抵近城十余里间，瞭见前面火光四起，隐隐闻枪炮声，知贼正围攻庄堡也，黄万鹏即率所部马队急进。忽马步贼队从路旁空庄冲出，将官军前后包围，势殊猖獗。黄万鹏、崔伟、毕大才、禹益长、禹中海、李金良纵横冲杀。正鏖战间，刘锦棠率马步大队驰至，饬谭上连、戴宏胜、陈广发、贺长发由左路，董福祥、田九福由右路，横截而出。刘锦棠自率各队，由中路继进。比近城，号鼓齐鸣，杀声振天。贼众惊溃，举火自焚存粮、火药，弃城而逃。官军紧追，枪炮止，刀矛接。黄万鹏等复从内杀出，贼尸遍野，余贼纷窜。天明，瞭望败贼约千余骑向西而逃，刘锦棠饬谭上连、董福祥率所部马步追之。立复托克逊城，扑熄余火。而本地缠回及所裹吐鲁番、哈密、迪化、陕甘各处回民约二万余，齐跪马前乞降。刘锦棠受之，令缴枪械、战马，听候迁移安插。午刻，谭上连、黄万鹏等回报：追贼三十余里，毙贼三四百名，生擒十九名，夺战马数十匹、枪械数百件而还。讯据生擒贼供，海古拉、白彦虎于十二日各带随身骑贼，护其辎重及开花大炮、洋枪，仓皇西窜，留悍贼二千余并本地缠回及裹来吐鲁番、哈密各处回众，以缀官军。是役毙贼约二千余名，生擒百余名，夺获战马数百匹、枪械二千数百件，受降二万有奇。而官军阵亡者三十九员名，受伤者五十三员名。此三月十三日刘锦棠一军克复托克逊城之详细情形也。

十五日，刘锦棠接谭拔萃、罗长祜等驰报：奉派分路前进，尽一日一夜之力，十三日寅刻，齐抵吐鲁番，适张曜、徐占彪两军同日从东路驰至，遂会克满、汉两城。安集延所置阿奇木马人得诣军前乞降，回众万余跪地求抚，罗长祜等受之。吐鲁番全境荡平。窃维官军自上年克古牧地坚巢，连复乌鲁木齐两城，军威日盛，安集延酋帕夏及陕西逆回白彦虎、甘回马人得等偷息南路。官军本可乘胜急进，扫荡而前，以取破竹之势，因会攻玛纳斯南城，稍滞戎机。至十月以后，大雪封山，则履冰逾岭，势有难行。帕夏与白逆得乘其暇，移达阪新城子两山间，高厚坚整，迥殊常度。筑成，帕夏以大通哈及大小各头目踞为坚巢，又以托克逊为由乌垣、红庙进南路总要隘口，形势最胜，坚筑两城于此，官军不能飞越。筑成，帕夏以次子海古拉率悍党踞为坚巢。

至吐鲁番，虽路通哈密，然东距哈密尚千余里，东北距巴里坤、古城中段穆家地沟一带七百余里，自东西盐池以东，又分遣贼党稳踞。其吐鲁番旧有满、汉两城，本尚完固，海古拉又日役万夫，修筑王府，雄阔坚固，足资踞守。帕夏固自谓设险重迭，有恃无恐也。不料达阪遽为官军所破，一人一骑不返，官军乘胜进攻托克逊，风声一播，白彦虎即弃吐鲁番，海古拉即弃托克逊，跟跄而逃，曾不停趾也。以目前局势言之，南八城门户洞开，应即整旃长驱，以符缓进急战之议。惟帕夏自去冬派其大通哈等守达阪城，海古拉守托克逊城，白彦虎、马人得守吐鲁番城，原拟力抗官军，自居喀喇沙尔为中，权伸缩自如计。兹海古拉、白彦虎败蹙西逃，达阪破而大通哈就擒，吐鲁番弃而马人得就抚。为帕夏计，如知去逆效顺，缚白彦虎，献南八城，固可不重烦兵力。否则，深沟高垒，先据形势，图老我师，则官军分道长驱，集粮转馈，事不容已，仍宜多方措置，劳与费不能惜也。官军由吐鲁番进喀喇沙尔，为程一千零二十里，由托克逊进喀喇沙尔，近一百八十里，水草虽可就便,而沿途产粮非多,仍须裹粮而行,一面由吐鲁番节节转馈而前,始免缺乏。吐鲁番产粮虽广,时值新谷未升,一时采运维艰,无可指成数。且官民驼只疲乏已极,又值歇厂届期,长途运脚无从雇备,势非仍由巴里坤、哈密转现粮,用车驮灌输吐鲁番不可。现饬哈密、巴里坤两局就储存之粮,分拨车驮,一由巴里坤入穆家地沟,取道七克腾木、辟展,以达吐鲁番,一由哈密取道嘹墩,以达吐鲁番。且需协济前敌各军,车驮由吐鲁番转托克逊。是战事利钝虽在前茅,而采运劳费仍贵重后路也。

臣饬刘锦棠速谋进取,务出万全,咨张曜同赴前行,兼筹粮运,饬孙金彪、徐占彪留吐鲁番,加意拊循,毋失回民之望。委候补道雷声远带同随营文员,赴吐鲁番,设局办理抚辑、采运、善后事宜。委狄道州知州奎绂署理吐鲁番同知,委候选府经历贺炳翠署吐鲁番巡检,委补用典史陈寿樽署辟展巡检,均刊给木质关防、印记,管理回务,盘诘游匪,以靖地方。已据禀报成行矣。

此次大军约期三道并进,两旬之间,攻拔各要隘,迭复各城池,将领、士卒持满而发,奸夷、逆贼应弦而下,斩擒以万计,受降以数万计。是皆仰赖圣谟广运于万里以外,情状洞瞩无遗。而诸军感荷皇仁,踊跃奋勉,迅赴戎机,其劳绩实有未可掩抑者。合无仰恳天恩,加之奖叙,以励前劳而策后效,庶边方蒇事有期矣。

总理行营营务处总统马步全军赏穿黄马褂三品卿衔布政使衔骑都尉世职法福灵阿巴图鲁甘肃西宁兵备道刘锦棠,出奇决胜,每战身先,方略优娴,机宜允协,迭经奏请逾格优叙。此次应如何奖励,出自天恩。

……

谨将官军进规南路,攻克达阪城,夷回擒斩无遗,连克托克逊坚巢,并分兵会克吐鲁番满汉两城详细情形,会同帮办新疆军务大臣伊犁将军臣金顺,恭折驰陈,伏乞皇太后、皇上圣鉴,训示,施行。谨奏。光绪三年四月二十五日。

军机大臣奉旨:另有旨。钦此。①

---

①《左宗棠全集·奏稿六》,第605—616页。刘锦棠以下保奏名单从略。

08. 奏报新疆肃清并恳奖恤阵亡各员弁折

光绪四年二月初二日（1878年3月6日）

钦差帮办新疆军务大臣头品顶戴伊犁将军云骑尉世职阿尔塔济巴图鲁臣金顺、钦差大臣大学士督办新疆军务陕甘总督一等恪靖伯加一等轻车都尉臣左宗棠、钦差帮办陕甘军务头品顶戴太仆寺卿云骑尉世职阿尔彬巴图鲁臣刘典跪奏，为官军克复西四城，新疆南路一律肃清，首逆未获，详细情形，恭折驰报，仰祈圣鉴事。

窃维南疆自克复东四城，进规西四城，总理行营营务处候补三品京堂刘锦棠派提督余虎恩、黄万鹏，分路先进喀什噶尔，自率各营扼叶尔羌、和阗冲要。十一月十三夜，余虎恩等克复喀什噶尔，追剿窜贼。十七日，刘锦棠克复叶尔羌城，绕由英吉沙尔赴喀什噶尔，收抚和阗。大概情形，臣已于正月初七日附报，并声明所有复城杀贼详细情形，俟刘锦棠到喀城后具报到臣，当即露布上闻。兹据刘锦棠抵喀城后驰递捷报前来，复核确实，谨为我皇上敬陈之。方刘锦棠定议三路进兵也，志在掩贼不备，取迅雷下击之势，故未俟张曜全军并赴，先率所部遄进玛纳尔巴什，径捣叶尔羌、英吉沙尔两城，以遏窜路，而策应两路进规喀什噶尔之军；一面商派张曜助剿之马队由乌什继进，以厚西路兵力。

上年十一月十五日，刘锦棠师至阿郎格尔，遇安集延骑贼百余，斩之，讯知踞叶尔羌各逆尚不疑官军遽至也。疾驱而前，十七日午间，抵叶尔羌，踞城之贼已于先夕闻阿郎格尔之败遁去矣。刘锦棠入居安夷所筑新城，派道员罗长祜、提督谭拔萃搜除余逆，安抚缠回，自率马步绕道英吉沙尔，会师喀城。适接余虎恩喀城驰报，则已于十三夜克复喀什噶尔，擒斩甚众，分营留守，复出城追捕窜贼。刘锦棠将大概情形驰报后，二十日，派总兵董福祥率所部略定和阗，自率马步倍道向英吉沙尔。比至英吉沙尔，则城内之贼已随伯克胡里窜喀城，城外八栅缠回二十余户伏地乞抚。见伯克胡里所杀汉民三百数十人尸体枕藉道旁，询之缠回，则伯克胡里以何步云等据汉城反正仇恨所致也。比饬缠回掩埋，并告罗长祜、谭拔萃速捕叶尔羌、和阗逸贼，仍即策马前行。二十二日申刻，抵喀什噶尔。适余虎恩亦于是日收队回喀，刘锦棠详询一切，并提讯生擒各贼，始得其详。

方两路之分路进兵也，刘锦棠以道里远近、程途险易计之，应于十一月十四日齐抵喀城。余虎恩、黄万鹏率各营星夜疾驰，十三日午刻，黄万鹏所部已抵喀城之北麻古木，余虎恩所部已抵喀城之东牌素特，相距六十余里，彼此商议，贼攻汉城甚紧，当急起援之。是夜三鼓，两军齐抵城下，见城内火光烛天，城外贼骑遍布。余虎恩即由城东中路进，饬提督萧元亨由左，提督戴宏胜由右，总兵桂锡桢、副将夏辛酉率马队出左路之左，提督陈建厚、总兵张宗本出右路之右，号鼓齐鸣，马步如墙而进。贼众仓皇弃各卡垒逃走。将士奋威冲杀，歼毙已多。一股贼骑千余，径向中路猛扑，贼首正指挥冲突，忽为步队矛戳坠马，斩首以献，讯之擒贼，指称白逆之副元帅王元林也。步兵压逼而前，骑兵张两翼围之，此股遂歼除净尽。

时城西北隅，骑贼、步贼三四千正奔救东面之贼。忽闻北路号鼓齐鸣，则黄万鹏、张俊已率所部马步各营奋威驰至。余虎恩督众力战，据守汉城之前署喀什噶尔镇标中营守备何步云、前喀什噶尔粮饷回务章京英韶、前署喀什噶尔城守营守备杨世统，凭城呐喊助势。群贼恟惧失措，开西门出窜，图与城外之贼合并狂奔。时天色犹未明也，余虎恩、黄万鹏以士卒苦饥，下令传餐。适何步云等率百余骑前来，据称十三日申刻，贼骑探回报称，大兵至矣，安夷所裹缠回闻知先溃，夷目禁杀不止。白逆之党及所裹乌鲁木齐、吐鲁番回众尚留城东，伯克胡里及陕逆余小虎所裹西四城缠回尚留城西北，而白逆则已向西北窜走，伯克胡里已向正西窜走，其绐诸贼留后者，欲暂缀官军，俾其眷口、辎重得以善脱也。余虎恩与黄万鹏商，贼既分窜，官军自宜分道急追。遂留张俊步队守城，饬何步云等及喀城回目办行粮，备裹带。天明，黄万鹏率队向西北追白逆，余虎恩率队向正西追伯克胡里及余小虎。

十五日，余虎恩等追贼至明要路，及之，擒讯落后贼供，此股贼众一千五六百人，均关外痞回遣犯，伯克胡里令余小虎带领断后护眷口者，伯克胡里已同贼骑四百先窜矣。余虎恩令桂锡桢、夏辛酉、张宗本、陈建厚各率马队由捷径疾驰，截贼去路，自督萧元亨、戴宏胜步队蹑追，前后夹击，贼势披靡。都司余福章、军功马德海阵擒余小虎，西征马队阵斩哈密叛回蓝得全，此股贼众歼除净尽。余虎恩派戴宏胜押解余小虎及逆眷四百余口回喀，拟率队穷追。适布鲁特回子来报，伯克胡里已于昨日窜过，此时计抵过路峡，距俄国窝什地方不远，俄国早派多人在彼照管，俟伯克胡里到，即收取军械,放入界内。讯之擒贼,供亦相同。余虎恩以伯克胡里既窜入俄界,未便穷追,而白逆向西北窜走,必由恰哈玛克经过,由明要路至彼,计程不过三百余里,横截而出,应可拦头,遂拟舍伯克胡里不追,与黄万鹏合势追白彦虎。黄万鹏十六日追贼至岌岌槽,与贼之尾队相值,正挥军掩击间,适余虎恩所遣萧元亨步队亦到,合力纵击,旌善右旗生擒伪元帅马元,西征马队斩其副白彦龙,此股遂尽。

讯据生贼供,白逆十五日早由此经过。黄万鹏、萧元亨令各营马步露宿作食。是夜五鼓,拔队再进。黄万鹏先发,萧元亨继之。行三十余里,黄万鹏队伍甫过,忽山沟内冲出骑马持械一股,人数约五六百。萧元亨疑为白逆,然谛视装束却与贼殊,急遣人告知黄万鹏返旗夹击。此股亦按队不动。遣随行通事向其探问,乃知为俄属布鲁特部众,所称黑勒黑斯者也。询其在此何为,答称:我头目派来放卡,知中国有人由此过路,故来看视,头起过去已远矣。告以过去者系贼头白彦虎,来者系中国追贼之官兵。答称:地属俄罗斯界,非先知照不得便过,如要拿人,非头目自行捆送不可。问:头目何在?答称:在纳林河,距此尚数十站。问:此间有无头目?答称:无之。余均信口支吾,无从究诘。萧元亨与黄万鹏折转商议,以奉令追贼,未便于事外别起衅端,且就地屯扎,转报余虎恩,以取进止。余虎恩驰至,亦谓有此停待,贼去更远,前进无益,闻总统不日可到喀城,且轻骑诣商再定。刘锦棠到喀什噶尔,是日,余虎恩亦即驰至,询悉各情,并讯据生擒各贼,金供白彦虎于秋杪已遣甘回马壮,赍所掠金银货宝,由俄属布鲁特赴俄国买路求生,至今未回。此次一闻官军骤至,即与叛弁前玛纳尔巴什守备马振威、甘回索老三、黑宝才、马良会等先行窜走。至伯克胡里平日谄附俄人,较阿古柏、海古拉之厚结英人有加。此次窜入俄界,虽未谋之白彦虎,而其求生觅路,用心则同。又据购派侦探贼踪之布鲁特回子陆续报称:白彦虎一股窜过恰哈玛克时,正值大雪,冻僵无数,余一二百骑于十一月二十四日到俄界纳林河桥,俄人收其军械,放令过桥而去。此伯克胡里、白彦虎均由俄属布鲁特窜入俄境俄人纳之实在情形也。

刘锦棠又接据派赴和阗提督董福祥驰报:十一月二十九日,由叶尔羌驰抵和阗。集延踞城之贼尚未窜尽,闻官军至,骇而奔。董福祥饬提督申道发、副将田九福、参将杜锡斌分路追捕,斩馘甚多,生擒安夷头目达的罕条连和洛巴什俄波、土回伪元帅常世和、王孝及等三十二名,谕抚和阗城乡头目,令各安堵。十二月初二日,回民报:安集延贼五六百骑,踞城南五十里地方。董福祥驰往剿之,贼列阵抗拒,官军整队冲击,贼败走。蹑追三十余里,阵擒胖色提赛伊德买卖克令等大小头目四十余名及夷众三百余名。次日搜山,擒获二十余名,并令各乡缠回缚献来营,次第斩决。和阗肃清。罗长祜经过叶尔羌时,据缠回报:沙雅尔漏逸之麻木尔及原踞喀城大通哈哈的胡里及胖色提吐巴的奴尔巴易等纠党二百余人,与和阗逃去安夷百余人合股,希图窜出南口。比商同谭拔萃,派陶生林率所部威营马队及亲兵小队驰往追捕。十一月二十六日,生擒麻木尔、哈的胡里、吐尔的奴尔巴易等犯,并阵斩七十余名。叶尔羌余氛亦靖。

刘锦棠查喀城复后,帕夏阿古柏眷口亲属经官军冲散,有伏匿近地者,派马队带布鲁特本地回民分途搜觅,陆续擒获阿古柏第五子引上胡里,年十九岁,并其子一,仅止两岁;第六子迈底胡里,年十四岁;第八子七岁,第九子四岁,均无名;阿古柏女二,一四岁,一二岁;伯克胡里一子,方三岁。均监禁候办。阿古柏在喀娶妇三,伯克胡里娶妇一,讯皆新疆汉回之女,拟饬其亲属具领择配。又查获同治三年勾引阿古柏入喀之逆回金相印父子讯明,提同余小虎、马元两逆目一并磔诛,枭示喀城。此外,安夷、陕逆大小头目及各悍党经派队捕获、回民缚献讯明正法者,共一千一百六十六名,夺获后膛进子开花大炮七座,开花螺丝铜炮四座,前膛进子开花铜炮百余座,战马一万数千匹,枪械之多不可数计。此收复叶尔羌、和阗、英吉沙尔、喀什噶尔四城,追剿窜贼,擒斩大小头目、贼众,夺获枪炮、马匹实在情形数目也。

臣维安集延帕夏阿古柏,本浩罕别部一胖色提耳。同治三年,布鲁特叛酋思的克等肇乱喀什噶尔,逆回金相印父子勾引过山,围攻喀什噶尔城,破之,遂蚕食南八城,恣其饕虐,浸假踞吐鲁番,占乌鲁木齐,盗我腴疆,偃然自大,结强大之异族为外援,纳凶顽之叛厮为内助。迨天戈西指,连下名城,夺其险隘,诛其党羽,鼠技已穷,蚁封遂溃,遂仰药自尽,幸免刑诛。逆竖海古拉负尸窜走,又以争立为其兄伯克胡里中途所杀。伯克胡里昏骏成性,凶悖殊常,仍思窃踞边域,苟延残喘。迨官军深入,径危须以抵焉耆,渡渤泽而扫乌垒,复由龟兹逾姑墨,而抵温宿尉头,东四城次第光复。伯克胡里尚无所闻,仍以外援为足恃,西四城终可相庇以安。闻和阗伯克呢牙斯扬言反正,急率喀城贼骑五千,由英吉沙尔出叶尔羌、和阗之南攻之。呢牙斯与战不利，并失和阗，逆焰复张，且驰书英、俄告捷。时官军已连克东四城矣。逸贼以报伯克胡里，乃留其大通哈、胖色提等分守叶尔羌、和阗，自率骑贼复由英吉沙尔返喀什噶尔，然犹谓官军多南人，不耐冰雪，冬令必不遽来，属守叶尔羌、和阗贼众，严扼两城，俟旋喀后益派骑贼前来助力，预防官军春间进队。嗣闻喀城守贼驰报何步云等据汉城遥应官军，始许白逆助攻汉城自效，不知白逆九月底窜至卡里他亚以两克为阿里达什拒却时，已嗾其党马壮贿通俄属布鲁特，为预投俄界之计，故一闻官军两路倏到，虽惝惧失措，而坦然由之，给其党留抗官军，挈队向西北迅窜。盖贼计固早办一走，自谓有所恃以无恐也。伯克胡里则以素结俄人，早向其乞地容身，不虞拒绝，虽与白彦虎各不相喻，而希图得过纳林河为幸，彼此固有同情。

臣阅刘锦棠所录贼供及何步云等所述贼情，与余虎恩、黄万鹏所报追贼情形，而知其详。余虎恩、黄万鹏等十三夜夹击留拒之贼，擒斩毕事，时已四鼓，不辨贼踪所向。比天明蹑踪分捕，穷日夜之力，始追及两逆殿后之余小虎、马元等股，一鼓歼旗。若前途无容纳之事、无遮阻之人，白彦虎、伯克胡里两逆固无难生致麾下，以竟全功。不幸事与愿违，竟致漏网。据刘锦棠转禀：诸将士忿气勃发，请仍分路追剿，务期罪人斯得。刘锦棠亦义愤填膺，愿率所部，与共周旋，求仰副朝廷除恶务尽之意。

臣筹维再四，伯克胡里亡国逆竖，譬若孤豚；白逆败灭残魂，譬犹腐鼠，虽觅路逃窜，同恶无几，死灰何能复然？俄边虽已任其阑入，然所属布鲁特人尚有可由头目押送之说。两逆阑入纳林桥边时，俄官亦令先收军器，或自知招亡纳叛为非，意在缚送以敦睦谊，或遵人随地归定约，留伯克胡里而献白彦虎，均未可知。惟过纳林河桥俄国地方，究竟何官管辖，无从查询。行文向索，应否敕下总理各国事务衙门向俄国公使理论，如将白彦虎及马壮等逆交出，固见友邦厚谊，微臣亦有以慰诸将士之心。否则诸将士戮力行间，不惟坐失全功，且难免纵寇之耻。深恐嫌隙一开，将来为所欲为，难保无寻衅生端之日。愚陋之见如斯，伏候圣慈酌度。

至此次克复四城，未逾一月，廓清二千数百里，斩获极多，在事文武将弁著有微劳，应恳天恩加之甄叙。总理行营营务处总统马步各军赏穿黄马褂赏戴双眼花翎候补三品京堂骑都尉世职法福灵阿巴图鲁刘锦棠，筹策精详，器识宏远，功宣绝域，威震诸边，应如何优加奖叙，出自逾格恩施。

……

所有官军克复西四城，新疆南路一律肃清，首逆未获详细情形，谨合词恭折驰陈，伏乞皇太后、皇上圣鉴训示施行。谨奏。光绪四年二月初二日。①

09. 请饬在籍新疆巡抚刘锦棠驰回本任折
光绪十六年五月二十七日（1890年7月13日）

奴才额尔庆额跪奏，为伊犁事局紧要，拟请将地方文武升迁降调各事宜，由将军会同督抚办理，以重事权，并请旨饬催在籍巡抚速回本任，以资镇抚，谨恭折密陈，仰祈圣鉴事。

窃维伊犁为极边要地，控驭素难。将军系专阃大员，事权宜重。溯查新疆自乾隆年间勘定以来，设立将军员缺，统辖南北两路，印信、敕书特加总统字样，节制都统、提督以下，所以隆体制而重事权也。自新疆改建行省，伊犁新设府道，而将军之权遂轻，伊犁事局因之日坏。查已故伊犁将军色楞额于前年赴任时，道过新疆省城，自以于关外情形不甚熟习，商之抚臣调员差遣，以收指臂之效。于是劣员钻营，转相汲引，随同该将军前往办事，名相维持，实则箝制。道府则虚文崇奉而呼应不灵，将弁则骄蹇奢华而积习不改。其余同城文武皆以旗绿各别，无所忌惮，每存轻视之心。色楞额见遇事龃龉，业已积忿难平。兹复因属员朦蔽钱法，办理不善，贻害地方，而且牵涉俄商，恐生边衅。自以累世受恩深重，愧愤交集，服毒捐生。虽咎由自取，而情实可矜。

奴才之愚以为色楞额之事既往矣，无可深求，似宜亟思变计，以图补救之方。惟伊犁地处极边，毗连俄境，中外交涉，关系匪轻，将军员缺自非他省驻防可比。查陕甘总督距伊犁五千余里，甘肃新疆巡抚距伊犁一千余里，均属鞭长莫及。拟请将伊犁文武员弁自镇道以下如有优劣，应听伊犁将军随时举劾。凡升迁、调补各事宜，并由将军随时会同督抚办理，以重事权。如此酌量变通，庶属吏知所敬畏，而边防得以措手矣。倘邀俞允，并恳天恩饬部立案，以便遵守。

---

①中国第一历史档案馆藏：《朱批原件》，档案编号：04—01—01—0938—045。又《左宗棠全集·奏稿七》，第27—41页。刘锦棠以下保奏名单从略。

抑奴才更有请者，新疆行省初立，一切粗有规模，惟南路缠回苦官吏之烦苛，狡焉思逞，徒以慑于兵威，暂就羁縻，苟安无事，游匪潜踪。各处稽查难遍，遇事生风，吏治渐习因循，民气日趋浇薄。整顿抚绥，实非易易。护理甘肃新疆巡抚布政使魏光焘，居心刻薄，物议沸腾，众望未孚，难资表率。查准假在籍甘肃新疆巡抚刘锦棠，夙著声威，军民悦服，行省之议，实总其成。相应请旨饬催该抚臣，迅速驰回本任，俾得一手经理，以资镇抚而竟全功。

奴才愚昧之见，是否有当？谨恭折密陈，伏乞皇上圣鉴训示。谨奏。光绪十六年五月二十七日。①

---

①中国第一历史档案馆藏：《军机录副》，档案编号：03—5265—083。

附录三　刘锦棠被参之案

01. 代奏李昌振特参刘锦棠折

光绪十年十二月初七日（1885年1月22日）

都察院左都御史臣宗室奎润等跪奏，为奏闻事。

据山西试用从九品李昌振以呈恳代奏等词，赴臣衙门呈递。臣等公同查阅原呈内称：窃职系湖南长沙府醴陵县人，幸值广开言路之时，敬谨缮折，并取具同乡京官印结，恳为代奏等语。臣等查该员所陈折内尚无违悖字样，既据呈恳代奏前来。

臣等不敢壅于上闻，谨抄录原呈并原折一件，恭呈御览。伏乞圣鉴训示。谨奏。光绪十年十二月初七日。都察院左都御史臣宗室奎润，左都御史臣祁世长，左副都御史臣英煦，左副都御史臣宗室志元，左副都御史臣吴大澂（差），署左副都御史臣沈源深，左副都御史臣白垣（假）。①

02. 呈递抄录李昌振呈文

光绪十年十二月初七日（1885年1月22日）

具呈：山西试用从九品李昌振为事关国计有困军民，目击实在情形，呈恳代奏事。

窃卑职于光绪八年，由山西请假回籍湖南。九年二月，由籍驰赴新疆，投效军营，历抵伊犁、喀什噶尔等处，亲见各营局虚糜国帑、苛虐军民种种情弊，目睹心惊。况新疆初设行省，立法之始，万不容有此无穷之患。幸值朝廷广开言路之时，是以不揣冒昧，将实在目击情形敬谨恭折缮恳俯准代奏，实为公便。至折内并无违犯不合字样，除敬谨恭折外，并取具同乡官印

---

① 中国第一历史档案馆藏：《军机录副》，档案编号：03—6094—014。

结,缮写履历,叩恳裁夺施行。须至呈者。①

03. 特参刘锦棠等请旨查究折

光绪十年十二月初七日（1885年1月22日）

　　山西试用从九品臣李昌振跪奏,为大臣漠视边疆,侵蚀军饷,习气骄奢,恳请钦派大臣驰往查究,以固边疆而节糜饷,恭折仰祈圣鉴事。

　　窃维新疆一隅,自回民滋扰,经大学士左宗棠督战数年,糜饷数千万,始克一律肃清。嗣后驻边大臣宜如何妥筹善后事宜,洗心涤虑,公忠体国,岂可肆行欺罔,苛虐军民,虚糜国帑！臣自山西请假回籍,于去春由籍驰赴新疆,投效军营,往返年余,觉诸军种种弊端,有不待细访周咨而自骇闻惊见者。

　　窃以为新疆目前虽称安靖,而将来可虑之端、隐形之患,日积日深,若不亟为整顿,弊端何所底止？谨将目击实在情形,敬为皇太后、皇上缕晰陈之。

　　夫营伍之额不虚,则战守可恃。饷资所发不扣,则士为腾欢。未有利归将帅、怨遍军民而可为安边长策者。计督办军务新疆巡抚刘锦棠除围队十大哨外,所部楚湘军自哈密南至阿克苏、北至乌鲁木齐等处,沿途驻扎所部营官,均以目前无战攻之事,辄敢虚额侵饷,或五六人一队,六七队一哨,百余人一旗。刘锦棠查实情形,委员查阅,各营官则联为一气,东移西换,互相瞒骗搪抵,百计弥缝。又或贿赠多金,以塞委员之口,刘锦棠为其蒙蔽。各营官恃此巧术,私橐充盈。向例勇丁告假回籍者,历年所存应得之饷须一时全给。营官私图吞蚀,辄不准假。勇丁无计自全,欲仍旧当差,则苛虐难胜。欲逃脱还乡,则旅资莫措。因此逸出营门,结群攘夺。各城游勇纷集,扰害商民。此楚湘军之大病一端也。

　　帮办军务伊犁将军金顺所部勇丁虚额过半,每月每勇仅发饷银一两、冬夏棉单衣各一套,其余扣克不发,均归侵蚀。勇丁食用不敷,就营外开设厅子,聚赌抽头,名曰官赌。输赢不均时,或争攘殴斗,酿成人命巨案,而统帅置若罔闻。勇丁口粮既被营官吞蚀,虽有潜行攘夺商旅之事,亦辄从宽

---

①中国第一历史档案馆藏:《呈文》,档案编号:03—6094—015。

不究。懦弱之勇不过私积怨怒而已，强悍之勇则反幸主帅之不以军法相绳，而一切得以为非纵欲，盖赌抢之所获，或转多于每年应得口粮。然而往来行旅何以安全，附近居民岂无苦恨，是防堵外夷之兵，转为该境蹂躏之盗，皆统帅、营官嗜利侵饷有以纵之也。统帅侵蚀，何能禁止营官？营官侵蚀，何能禁止勇丁不法？患之所集，势有相因。私索所充，何止巨万？丰大之愿既偿，骄奢之气益炽。

伊犁起公文不由驿递，另置金军马拨，岁糜饷数万金，沿途均设粮台，转运局车马络绎，往来不绝，假号军装，其实非海错山珍，即吴绫粤绣。每一宴客，盛演新剧，塞外黄沙惨淡，偏来蛮部，笙歌战场，白骨飘零，却惜梨园子弟，虽效古名将有不矜小节者，而以民间膏血充入私囊。现值国帑支绌之时，纵淫佚骄奢之用，扪心自问，何以克安？又有宠仆周当家者，怙势揽权，助其气焰，肆行无忌，臣闻刘锦棠曾函斥之，伊甚不畅。帮办军务广东陆路提督张曜，性情狡诈，笼络多谋，于刘锦棠所部营务处营员及办善后之员，均罗为门下士，贿赠多金，意在邀结众誉，义取贤声。以侵饷所余之财，盖目不识丁之消。所部嵩武军亦虚额过半，每月每勇发天罡二十元，计银一两。冬夏发棉单衣各一套。其余概不发给，均归侵蚀。既以畜额为敛财之计，复以扣饷为苛虐之谋。刘锦棠于各军积弊，岂绝无闻？特以同事有年，顾瞻情面，即间有飞函戒饬之举，愈以形宽容不究之衷。此皆二三驻边大臣一时联络不顾后患之情形也。

如光绪六年八月十五日，嵩武军变。幸保举提督孙金彪勇力过人，手刃数勇，兼前后楚湘军弹压，幸免成祸，二三大臣密不以闻。事虽已过，犹可确究。前哈密办事大臣明春，扣克军饷，勇散时，闯入刘锦棠营，纷纷告索。幸勇皆残弱，不获为凶。刘锦棠以全队弹之，分遣回籍。此皆计出侥幸，勉强弥缝。今新疆改设行省，新添道厅州县，驻边将吏尤宜抚恤居民，乃多方肆虐，利尽纤毫。即如摊派柴草一端，本有官钱发价，各局委员从中取利。如派万斤之数，民间实已照数供给，不与称量，估作三四千斤，必索多钱折交，方为满数。是民间名虽得价，其实数倍赔偿。柴草虽云细事，各局资之，各营资之。凡往来贸易商贾，或系某帅官亲，或系某官朋友。司局务者，亦悉资之。在局不费之惠，在民实膏血之供。摊派既多，折钱愈广，怨府所敛，民命何堪？各局委员不以民事为心，但讲求局缺肥瘠。闻叶尔羌、和阗、喀什噶尔等处，局员指为上缺，阿克苏等处次之。请以喀什噶尔而言，所征粮课，多方报销。所征牲畜税，月得二千余两，报解不过五百两。每局周年应酬酒席，需银万余金。若非刻薄民财，何以如斯丰厚？候补道丁鹗，前办西四城厘金局，接办喀什噶尔善后局，甫及三年，家资已逾十万。金军驻哈粮台候补道李滋森，于哈密新城开设干复泰京货局，官车转运，人莫敢言。

臣窃以为大臣侵饷，则军心之敛怨必深，逃亡日多，攘夺日炽。设苦兵游勇互相勾结，遇激生变，谁职其咎？臣所谓可虑之端、隐形之患者一也。回民新服，不加存恤，柴草犹苛，矧更他事？逼迫逾甚，何以聊生？不获安全，必出危侮。臣所谓可虑之端、隐形之患者二也。将帅骄奢，军民苦瘠。大臣遇事不以直闻，淫佚日增，风气日坏，人心贪竞，吏治荒芜。臣所谓可虑之端、隐形之患者三也。臣观新疆虽多戈壁，而各城附郭地美，民多殷富，非容以因有戈壁而皆称不毛也。南北各城所产粮食，裕绰有余。南八城所产牛羊、马畜、丝棉、布帛、金玉、百果，即内地亦不多睹之区。二三大臣实心实政，讲求地利，仿古屯田之法，认真督戍守之军，开垦力作，必可睹耕九余三之庆。前逆夷安集延之窃据，实饱地土之利薮。臣谓以逐年内地数百万之正课，供边臣无厌之侵吞，年复一年，无所底止。以有用之财为二三大臣奢华之需。多事之秋，筹饷甚殷之际，臣甚惜之。且新疆原可有为之地，果能尽力筹画，俱事核实，以新疆之财济新疆之用，未为不足。总之，理财之道，要在得人也。况安集延已属强夷，西陲之国俄罗斯蚕食新疆，民病勇苦。各大臣若不早苏民困、整顿营伍，其弊可胜言哉？

臣本草野末吏，智识庸愚，何敢越职言事？顾以亲历目睹之情形，军民共冤之疾苦，有不知何以迫结于寤寐而不能自已者。今幸值朝廷广开言路之时，不弃土壤细流之效，是以不避愚庸之诮、冒昧之愆，谨恳请遴派办事认真、忠直素著之大臣，驰赴新疆，破除情面，清查勇丁虚额，整顿奢风习气，发边臣欺饰之私，苏民勇艰辛之气，节虚糜侵蚀之饷，杜外夷觊觎之渐，厘剔弊端，规模吏治，庶消隐患于无形，而边疆从此永固也。臣越职渎陈，不胜悚惶待罪之至。

所有恳请派员查究缘由，是否可采？伏乞皇太后、皇上圣鉴。谨奏。光绪十年十二月初七日。①

---

① 中国第一历史档案馆藏：《军机录副》，档案编号：03—6094—010。

【案】光绪十年十二月初八日，都察院代奏代递山西试用从九品李昌振之折，清廷震怒，饬令将其即行革职，并着嗣后不应具折人员有怀欲白，须由该员具呈各该堂官酌定，再行代奏，不准自行具折。《上谕档》：

　　光绪十年十二月初八日，内阁奉上谕：都察院代递山西试用从九品李昌振陈奏，刘锦棠、金顺、张曜、明春等膜视边疆、侵蚀军饷、习气骄奢一折。览奏，殊堪诧异。刘锦棠等如果似此辜恩溺职，自难逃朝廷洞鉴。李昌振以山西试用人员，潜赴新疆投效，又复胪列各款，呈由都察院代递，显有所欲不遂、挟嫌攻讦情事。恭读仁宗睿皇帝圣训，国家求言之意，原冀各抒谠论，然必定以官阶，予以限制。嗣后不应言事之人，不得妄行封奏，违者按律治罪等因。于广开言路之中，严防淆乱观听之弊，训谕煌煌，至为严切。乃李昌振以微末人员，辄敢将疆臣优劣，封章入奏，实属胆大妄为，着即行革职，递回原籍，交该地方官严加管束，不准出外滋事。嗣后不应具折人员有怀欲白，着懔遵咸丰三年二月十一日谕旨，由该员具呈各该堂官酌定，再行代奏，不准自行具折，以符体制。钦此。①

04. 奏明刘锦棠等被参一案缘由折

光绪十一年四月十六日（1885年5月29日）

　　头品顶戴陕甘总督臣谭钟麟跪奏，为遵旨查明复奏，恭折仰祈圣鉴事。窃臣准军机大臣字寄：光绪十年十二月初八日奉上谕：都察院代递山西试用从九品李昌振奏，大臣膜视边疆，请派员查究一折。据称刘锦棠、金顺、张曜、明春等所部各营勇丁，半皆虚额，饷项侵蚀甚多，竟尚骄奢，积弊难返，请饬查办等语。所奏是否属实，着谭钟麟查明具奏。原折着钞给阅看。将此谕令知之。钦此。遵旨寄信前来。

　　臣查原折所称竟尚奢侈一节。方行军之际，用财欲泰，优赏将士，盖欲得其死力。而游客抽丰之辈，名为投效，实则张罗，营中无可位置，不能不

---

①中国第一历史档案馆编：《光绪朝上谕档》，第十册，第407页。又见《德宗景皇帝实录（三）》，卷一百九十九，光绪十年十二月上，第829页。

资之以去，彼此投赠，在所不免。近年，协饷弗继，各营支绌万分，此风寝息。如李昌振，殆亦张罗而不得意者，故摭拾从前积习，以泄私忿耳。自战争息，而防营无所事事，弹丝击筑，勇丁类能为之。闻新年扮演，营官亦不能禁。此辈原不可以礼法绳，且亦无关大局也。至勇丁逃革假归，营官悬缺不补，诚不能无，大约统帅严密稽查，则弊较少，此各路防营皆然，不独新疆，即关外各军情形，亦自互异。如刘锦棠所部湘勇，起初皆比闾子弟，充营哨官者，亦平时素相尔汝之侪，未敢以势位相欺压。棚内短一人，则九人哗然。故湘军营制极为整肃。其后并楚军兼收降众，虽不必尽湘人，而营官守湘军规制，无甚更易。行营长夫本多，数目或有出入，若勇丁则决不致旷缺也。

张曜一军饷额，本较湘楚各军为薄。光绪三、四年，河南大祲，饷不时至，营中减成放给，理固有之。亦何至如李昌振所云，每年每勇发天罡三十元①、计银一两之数。今春正月，嵩武营提督孙金彪过兰，臣面询光绪六年八月十五日之事。孙金彪谓，彼时提督尚在阿克苏，并未闻营中有闹饷之语。勇丁远戍绝域，终岁发银一两，谁甘隐忍？比其哗溃，亦岂提督一人所能弹压？嵩武军现调近畿，其有无虚额，不能掩人耳目也。金顺驻军绥远城，年来协饷甚稀，积欠累累，不能满发月饷，自是实在情形，非关侵蚀克扣。自绥来以西千四百里皆金营，分扎地段绵长，一营散布百余里，照料有所难周。道路传闻，固不足信，而人言藉藉，似非无因。然欲确指某营缺额几名，不但远隔四千里，臣无由知，恐金顺亦未必尽知之。游勇路劫之案，亦所时有，责营官以疏防之咎，固无可辞。谓系营勇肆掠，则未必然。其沿途分设马拨，在军务紧急时，只取文报饷糈之迅速，不遑计经费之繁巨。近因饷绌，亦渐撤矣。所谓周当家者，遍询不知其名字，或谓营中并无当家名目。即有其人，殆亦无足轻重者耳。明春一军，早经遣撤，其虚实无从查考。

南路柴草局往时由阿奇木伯克采办，不能无弊。上年，刘锦棠悉行裁撤营勇，发价归官经理，地方相安。候补道丁鹗在营日久，并无劣迹。九年，办西四城厘局，不数月即奉文免收厘金，各局全撤。查新疆厘银，岁不过二十万，安有委员管局数月可得十万之理？候补道李滋森系金营转运委

---

①"三十元"，录副作"二十元"。

员,本住哈密。哈城北关有干福泰货店,湖北黄冈万姓所开。李滋森与之同乡邻近,往来时或有之,并无用官车转运货物之事。李昌振所如不合,任意诋毁,其人本不足道,而所言边疆之患,亦有可动人猛省者。

臣窃谓刘锦棠、金顺、张曜,皆朝廷倚畀重臣,戎马驰驱,备尝辛苦。当兹度支告匮,转馈为难,尚何忍以至艰且窘之饷恣情挥霍。惟营官性情各异,优劣不齐,缺旷侵欺之弊,安能保其必无?今张曜一军已入关矣,刘锦棠移驻乌鲁木齐,与金顺各营较近,诚宜不分畛域,互相稽查,庶营官有顾忌不至沿袭旧习。此后若不从新整顿,万一强邻决裂,以不精不实之军当之,其复何恃?相应请旨饬下金顺、刘锦棠,彼此推诚相与,遇事和衷商榷,勿因局外浮言堕其志气,亦不得以目前无事姑息弥缝,则西事幸甚,大局幸甚。

所有遵旨查明复奏缘由,谨缮折缕陈,伏乞皇太后、皇上圣鉴训示。谨奏。四月十六日。

光绪十一年四月二十八日,军机大臣奉旨:另有旨。钦此。①

【案】谭钟麟之奏旋于光绪十一年四月二十八日得清廷批旨:

军机大臣字寄:钦差大臣督办新疆事宜甘肃新疆巡抚刘、帮办军务伊犁将军金:光绪十一年四月二十八日奉上谕:前据都察院代递从九品李昌振奏大臣漠视边疆,请派员查究一折,当谕令谭钟麟查明具奏。兹据奏称,原参各营虚额蚀饷各节,查无实据。惟营官优劣不齐,旷缺侵欺之弊难保必无,宜稽查整顿等语。边防各军关系紧要,亟应整饬营规,力除积习,着刘锦棠、金顺悉心筹商,认真整顿,随时严密稽查,毋任滋生弊端,以重营务。原折均着钞给阅看。将此由四百里各谕令知之。钦此。遵旨寄信前来。②

---

① 《谭文勤公奏稿》,第 673—679 页。又中国第一历史档案馆藏:《军机录副》,档案编号:03—5832—127。
② 中国第一历史档案馆编:《光绪朝上谕档》,第十一册,第 104—105 页。又《德宗景皇帝实录(三)》,卷二百六,光绪十一年四月,第 929—930 页。

参考文献

[1] 中国第一历史档案馆藏:《朱批奏折》《朱批奏片》。
[2] 中国第一历史档案馆藏:《录副奏折》《录副奏片》。
[3] 中国第一历史档案馆藏:《谕旨》。
[4] 中国第一历史档案馆藏:《咨文》。
[5] 中国第一历史档案馆藏:《清单》。
[6] 中国第一历史档案馆藏:《呈文》。
[7] 中国第一历史档案馆藏:《户科题本》。
[8] 中国第一历史档案馆藏:《刑科题本》。
[9] 中国第一历史档案馆藏:《呈状》。
[10] 中国第一历史档案馆藏:《禀文》。
[11] 台北故宫博物院藏:《宫中档朱批折件》。
[12] 台北故宫博物院藏:《军机处录副折件》。
[13] 台北故宫博物院藏:《清单》。
[14] 台北故宫博物院藏:《廷寄》。
[15] 台北"中央研究院"近代史所档案馆藏:《外交档案》。
[16] 中国第一历史档案馆编:《道光朝上谕档》,广西师范大学出版社,1999年。
[17] 中国第一历史档案馆编:《光绪朝上谕档》,广西师范大学出版社,1996年。
[18] 中华书局影印:《清实录·仁宗睿皇帝(嘉庆)实录》,中华书局,1986年。
[19] 中华书局影印:《清实录·宣宗成皇帝(道光)实录》,中华书局,1986年。
[20] 中华书局影印:《清实录·穆宗毅皇帝(同治)实录》,中华书局,1987年。
[21] 中华书局影印:《清实录·德宗景皇帝(光绪)实录》,中华书局,1987年。

[22] 中国第一历史档案馆编:《光绪朝朱批奏折》,中华书局,1995年。

[23] 台北故宫博物院编:《宫中档光绪朝奏折》,东亚制本所,1973—1975年。

[24] 台湾史料集成编辑委员会编:《明清台湾档案汇编》,远流出版有限公司,2009年。

[25] 中国第一历史档案馆编:《清代军机处电报档汇编》,中国人民大学出版社,2005年。

[26] 中国第一历史档案馆编:《清代军机处随手登记档》,国家图书馆出版社,2013年。

[27] 秦国经主编:《清代官员履历档案全编》,华东师范大学出版社,2008年。

[28] 中国第一历史档案馆、福建师范大学历史系编:《清末教案》,中华书局,1996年。

[29] 台北"中央研究院"近代史所编:《教务教案档》,台北"中央研究院"近代史所,1974—1981年。

[30] 顾廷龙主编:《清代朱卷集成》,成文出版社,1992年。

[31] 中央民族大学图书馆藏:《钦定平定陕甘新疆回匪方略》。

[32] 刘泱泱等点校:《左宗棠全集》,岳麓书社,2009年。

[33] 曾纪泽著:《曾惠敏公遗集》,《近代中国史料丛刊》第十九辑,文海出版社,1968年。

[34] 宝鋆等修:《筹办夷务始末(同治朝)》,《近代中国史料丛刊》第六十二辑,文海出版社,1971年。

[35] 谭宝箴等编:《谭文勤公奏稿》,《近代中国史料丛刊》第三十三辑,文海出版社,1969年。

[36] 朱寿朋编:《光绪朝东华录》,中华书局,1958年。

[37] 王先谦等编:《东华续录·同治朝》,光绪戊戌年(1898)文澜书局石印本。

[38] 蒋良骐编:《东华录》,中华书局,1980年。

[39] 贵州大学历史系近代史教研室点校:《平黔纪略》,贵州人民出版社,1988年。

[40] 汪兆镛编:《碑传集三编》,《近代中国史料丛刊续编》第七十辑,文海

出版社,1980年。

[41] 翁同龢著,陈义杰整理:《翁同龢日记》,中华书局,1993年。

[42] 金梁辑:《近世人物志》,《近代中国史料丛刊续编》第六十八辑,文海出版社,1977年。

[43] 来新夏撰:《近三百年人物年谱知见录》,上海人民出版社,1983年。

[44] 李灵年、杨忠编:《清人别集总目》,安徽教育出版社,2000年。

[45] 赵尔巽等撰:《清史稿》,中华书局,1976年。

[46] 王钟翰点校:《清史列传》,中华书局,1987年。

[47] 中国社科院近代史研究所编:《曾国藩未刊往来函稿》,岳麓书社,1986年。

[48] 王彦威纂辑,王亮、王敬立编:《清季外交史料》,书目文献出版社,1987年。